Instituto *Antônio Houaiss* de Lexicografia

DIRETORIA

† ANTÔNIO HOUAISS

MAURO DE SALLES VILLAR

† FRANCISCO MANOEL DE MELLO FRANCO

MINIDICIONÁRIO HOUAISS *da língua portuguesa*

As informações referentes ao DICIONÁRIO DIGITAL encontram-se na última página deste livro.

São Pau...

Instituto Antônio Houaiss de Lexicografia
Equipe editorial

Diretor de projeto
Mauro de Salles Villar

Coordenação Editorial e Administrativa
João Rodrigo de Mello Franco
Rodrigo Otávio Coelho Villar

Grupo redatorial
Vera Lúcia Coelho Villar (chefia)
Elizabeth Lissovsky
Liana Köiller
Maria Clara A. Jerônimo
Rita Bueno
Suzana d'Ávila

Colaboração externa
Flávio de Aguiar Barbosa (gramática)
Vera Cristina Rodrigues (conjugação dos verbos)

Minienciclopédia
Fabrício Neves
Vera Lúcia Coelho Villar

Assistência editorial
Flávia de Mattos Magano Borba

Dados Internacionais de Catalogação na Publicação (CIP)
(Câmara Brasileira do Livro, SP, Brasil)

Minidicionário Houaiss da língua portuguesa / Instituto Antônio Houaiss de Lexicografia, [organizador] ; diretoria Antônio Houaiss, Mauro de Salles Villar, Francisco Manoel de Mello Franco. -- São Paulo : Moderna, 2019.

1. Língua portuguesa - Dicionários I. Instituto Antônio Houaiss de Lexicografia II. Houaiss, Antônio, 1915-1999. III. Villar, Mauro de Salles. IV. Franco, Francisco Manoel de Mello, 1933-2015.

19-28983 CDD-469.3

Índices para catálogo sistemático:

1. Língua Portuguesa : Dicionários 469.3

Maria Alice Ferreira - Bibliotecária - CRB-8/7964

ISBN 978-85-16-12203-4

EDITORA MODERNA LTDA.
Rua Padre Adelino, 758 - Belenzinho
São Paulo - SP - Brasil - CEP 03303-904
Vendas e Atendimento: Tel. (0_ _11) 2602-5510
www.moderna.com.br
2024
Impresso no Brasil

1 3 5 7 9 10 8 6 4 2

Editora Moderna

Coordenação editorial
Marisa Martins Sanchez

Edição de texto
Marília Gabriela M. Pagliaro
Marisa Martins Sanchez
Nilce Xavier
Thaís Totino Richter
Carolina Tomasi
Kelly Soares

Revisão técnica da Minienciclopédia
Fernando Cohen, Miroslávia Lima,
Paulo Ferraz de Camargo Oliveira

Assistência editorial
Magda Reis

Gerência de *design* e produção gráfica
Everson de Paula

Coordenação de produção
Patricia Costa

Suporte administrativo editorial
Maria de Lourdes Rodrigues

Coordenação de *design* e projetos visuais
Marta Cerqueira Leite

Projeto gráfico e capa
Paula Coelho e Bruno Tonel

Coordenação de arte
Carolina de Oliveira Fagundes

Edição de arte
Eliazar Alves Cavalcanti Junior

Editoração eletrônica
Setup Bureau Editoração Eletrônica

Coordenação de revisão
Elaine Cristina del Nero

Revisão
Ana Cortazzo
Ana Paula Felippe
Andrea Vidal
Denise Ceron
Dirce Y. Yamamoto
Leandra Trindade
Márcia Leme
Nancy H. Dias
Roseli Simões
Tatiana Malheiro
Vera Rodrigues

Coordenação de *bureau*
Rubens M. Rodrigues

Pré-impressão
Alexandre Petreca
Everton L. de Oliveira
Marcio H. Kamoto
Vitoria Sousa

Coordenação de produção industrial
Wendell Monteiro

Impressão e acabamento
Bercrom Gráfica e Editora
Lote: 796.867 Código da Op: 12122034

Sumário

Introdução

Mauro de Salles Villar

O primeiro dicionário Houaiss saiu publicado em 2001 e a partir daí praticamente todos os dias úteis introduzimos melhorias e aperfeiçoamentos no texto do nosso banco de dados, registrando novas palavras, novas acepções de palavras antigas, aprimorando as etimologias e datações, e uma série de outras operações paralelas. Esse enorme banco de dados é hoje a geratriz de todas as nossas criações, do menor ao maior dos nossos dicionários. Os produtos dele derivados são metódica e continuamente atualizados e acrescentados. Buscamos com isso manter a sua eficácia.

Este Míni é um fruto novo dessa longa pesquisa e sequência de atualizações, moldando-se pela fôrma por nós proposta para obras de seu porte. Dezenas de pessoas trabalharam por anos para que esta obra pudesse existir com as características e qualidade que exigimos que tenha, e que agora vimos pôr à disposição do público. Tentar captar a língua é tarefa sempre árdua e por isso é preciso manter contida discrição sobre os resultados desse trabalho. Confesso, porém, que o que foi obtido com o esforço não nos vexa. Esperamos que este também seja o seu julgamento sobre a obra.

Esta nova versão apresenta uma seleção de 30.694 verbetes (palavras e locuções) da língua viva no Brasil. De novo buscamos que as definições dos verbetes fossem as mais simples, claras e precisas possível, concentrando-nos no público-alvo do dicionário, que são os alunos do Ensino Fundamental ao Ensino Médio — mas não apenas nestes, por se tratar de obra de valimento bem mais geral.

O dicionário oferece informações de ortoépia; plural de palavras terminadas em *-ão*, *-l*, *-m*, *-n -r*, *-s*, *-x* e *-z*; plural de palavras compostas e das estrangeiras; femininos, aumentativos e diminutivos irregulares; timbre da vogal tônica quando este se altera no plural; divisão silábica; identificação da sílaba tônica; superlativos absolutos sintéticos irregulares ou eruditos; particípios verbais duplos; sinônimos; conjugação verbal e indicação de maiusculização em substantivos. Confronta ainda homônimos e alguns parônimos, assinala a etimologia de homônimos homógrafos homófonos e traz outras informações de natureza gramatical e morfológica. Acrescenta aos verbetes dados sobre coletivos e pronúncia aproximada das palavras estrangeiras. Os verbetes de verbos informam as preposições requeridas pelos objetos indiretos, predicativos etc.

O dicionário tem textos iniciais com a história da língua; uma gramática com noções de sintaxe, morfologia, pontuação, crase, hífen, formas de tratamento. Há ainda inúmeros adendos, tais como a correspondência de medidas, a tabela periódica de elementos químicos etc. O volume se completa com uma minienciclopédia de 2.265 verbetes, acrescida de um quadro sobre os pontos mais altos do Brasil e outro de países/nacionalidades/idiomas/moedas.

Chave de uso

A coluna central reproduz verbetes do dicionário; e indicações de texto que esclarece a sua natureza.

homônimos homógrafos homófonos
marcas registradas
entrada múltipla
remissiva de entrada múltipla
divisão de sílabas e sílaba tônica
prefixos
sufixos
palavras só usadas em certas fórmulas
timbre de vogal tônica
informações gramaticais básicas
alteração de timbre no plural e no feminino
modelo de conjugação
regências verbais
preposição que a regência pede
exemplos de uso
só usado no Brasil
nível de uso
minidefinição
observações
plural com sentido próprio
outras informações de gramática e uso
palavras relacionadas com a entrada
pronúncia figurada

[1]co.la *s.f.* sinal que se deixa ao passar; rastro [ORIGEM: do esp. *cola* 'cauda de animal'] (...)

[2]co.la *s.f.* **1** substância grudenta us. para ligar materiais como madeira, couro, pano, papel etc.; grude **2** *B infrm.* meio de obter desonestamente as respostas de uma prova (...)

Te.flon ® *s.m.* nome comercial de material não aderente e resistente ao calor, us. em revestimentos, isolantes térmicos etc.

as.so.bi.o ou **as.so.vi.o** *s.m.* som ger. agudo que se produz expirando o ar pelos lábios (...)

as.so.vi.o *s.m.* → *ASSOBIO*

on.ça-pin.ta.da [pl.: *onças-pintadas*] *s.f.* ZOO grande felino ameaçado de extinção (...)

re- *pref.* **1** 'volta, recuo': *recaída, regredir* **2** 'repetição': *reeditar, refazer*

-ez ou **-eza** /ê/ *suf.* 'qualidade': *beleza, limpeza, mesquinhez, nudez*

a.ves.sas *s.f.pl.* ◗ us. em: **às a.** ao contrário, pelo avesso *<vestiu as meias às a.>*

ce.pa /ê/ *s.f.* **1** BOT tronco da videira (...)

an.ci.ão [pl.: *-ãos, -ães* e *-ões*; fem.: *anciã*] *adj.s.m.* homem idoso (...)

cu.ri.o.so /ô/ [pl.: /ó/; fem.: /ó/] *adj.s.m.* **1** que(m) tem vontade de saber (...)

sen.tir *v.* {mod. 28} (...)

com.prar *v.* {mod. 1} *t.d. e t.d.i.* **1** (prep. *a, de*) adquirir, pagando (a pessoa, empresa etc.), a propriedade ou o uso de (...) □ *t.d.* **2** *fig.* conseguir com muito esforço (...)

in.ves.tir *v.* {mod. 28} *t.d., t.i. e pron.* **1** (prep. *contra*) atirar-se com ímpeto contra; atacar (...) □ *t.d. e t.d.pred.* **2** (prep. *em*) conferir (cargo, responsabilidade, dignidade) a; nomear (...)

sen.tir *v.* {mod. 28} *t.d.* **1** perceber por qualquer órgão dos sentidos **2** experimentar no corpo, na mente *<s. dor>* **3** ser sensível a; comover-se por **4** perceber ao longe ou antes de acontecer; pressentir, prever *<sentiu que não daria certo>* (...)

a.gi.to *s.m.* *B* *infrm.* **1** estado de agitação, de excitação **2** multidão agitada e ruidosa

pi.ra.do *adj.* *B* *gír.* que pirou; maluco

fi.na.lís.si.ma *s.f.* final ('último jogo ou prova')

jú.pi.ter [pl.: *-es*] *s.m.* ASTR nome do quinto e maior planeta do sistema solar ☞ inicial maiúsc.; cf. *Júpiter* na parte enciclopédica

fun.da.men.to *s.m.* **1** alicerce de uma construção **2** *fig.* causa, razão, motivo (...) ▼ ***fundamentos*** *s.m.pl.* **3** princípios básicos de uma ciência, arte etc.

al.vo.re.cer [pl.: *-es*] *v.* {mod. 8} *int.* **1** raiar (o dia); amanhecer (...) ◉ GRAM/USO verbo só us. na 3ª p., exceto quando fig.

ras.te.jar *v.* {mod. 1} *int.* **1** mover-se tocando o chão; arrastar-se (...) □ *t.d.* **3** seguir a pista de (caça, fugitivo etc.); rastrear ~ **rastejador** *adj.s.m.* - **rastejante** *adj.2g.* - **rastejo** *s.m.*

joystick [ing.; pl.: *joysticks*] *s.m.* INF em jogos de computador e vídeo, dispositivo com alavancas e botões para controle de movimentos na tela ≈ pronuncia-se djóistic

Para entender o dicionário

Mauro de Salles Villar

• Entrada

1 **Entrada** é a palavra, locução, sigla ou elemento de composição (prefixo ou sufixo) que abre o verbete, sendo objeto de definição e/ou de informação. Neste dicionário, vem em negrito e em tipo redondo, se se tratar de língua portuguesa, e em negrito e em tipo itálico, se se tratar de palavra ou locução de língua estrangeira.

> **ju.ba** *s.f.* **1** crina de leão **2** *p.ext.* vasta cabeleira
> ***a priori*** [lat.] *loc.adj.* **1** independente da experiência (raciocínio, método etc.) ■ *loc.adv.* **2** por dedução, a partir de elementos prévios (...)
> **ISS** *s.m.* sigla de *imposto sobre serviços*
> **deci-** *pref.* 'a décima parte' (em unidades de medida): *decibel, decilitro*

1.1 No caso de variantes próximas ou puramente gráficas, com estatística de uso semelhante ou aproximada e mesmo nível de uso, utilizaram-se **entradas múltiplas**. Todas as vezes em que esse múltiplo não vier imediatamente anteposto ou posposto ao verbete em que está definido, a palavra ganha entrada autônoma, meramente remissiva, na nominata alfabetada do dicionário.

> **as.so.bi.o** ou **as.so.vi.o** *s.m.* som ger. agudo que se produz expirando o ar pelos lábios apertados (...)
> **as.so.vi.o** *s.m.* → ***ASSOBIO***

1.2 As palavras simples, as compostas por hífen e as locuções portuguesas trazem sempre indicação de sua divisão silábica marcada por pontos e a sua sílaba tônica, sublinhada:

> **mi.o.pi.a** *s.f.* MED deficiência visual em que (...)
> **on.ça-pin.ta.da** [pl.: *onças-pintadas*] *s.f.* ZOO grande felino (...)
>
> **pé de mo.le.que** [pl.: *pés de moleque*] *s.m.* **1** doce consistente feito com amendoim torrado e açúcar (...)

1.2.1 Nessa separação, nos casos dos encontros vocálicos da língua que ficam, na pronúncia, entre o ditongo e o hiato (diérese e sinérese) [ca.de/a.do, de.cep.ci/o.nan.te, es.pé.ci/e, ma.lí.ci/a etc.] utilizamos preferencialmente as divisões de uso mais comum, embora, geralmente, ambas sejam consideradas igualmente válidas.

1.2.2 No caso das palavras estrangeiras, o dicionário registrou algumas das de uso percentualmente mais corriqueiro na língua e com sua pronúncia figurada (ver item **11**), mas não lhes indica divisão silábica ou de elementos formantes.

1.3 Nas entradas, só se usaram letras **maiúsculas** quando se tratou de símbolos (por exemplo, W, Hz), de siglas (por exemplo, as dos estados brasileiros: SP, RJ, MG), de alguns acrônimos (FEB) e de certas marcas comerciais, quando assim registradas no departamento competente (*Lycra*). Quando a maiusculização se emprega apenas em determinada acepção, é no campo das OBSERVAÇÕES, de que mais à frente falaremos (ver o item 6), que o fato vem indicado. São quatro as variedades possíveis de indicação de maiusculização:

inicial maiúsc.
inicial ger. maiúsc.
inicial freq. maiúsc.
inicial por vezes maiúsc.

an.ti.gui.da.de /gu *ou* gü/ *s.f.* **1** característica do que é antigo **2** tempo durante o qual se vem exercendo cargo, função **3** HIST período da história, de início indefinido, que se encerra com a queda do Império Romano do Ocidente (476 d.C.) ☞ inicial maiúsc. **4** objeto antigo e valioso
tu.pã *s.m.* MIT entre os indígenas de língua tupi, o trovão, cultuado como divindade suprema ☞ inicial freq. maiúsc.
ân.ge.lus *s.m.2n.* REL **1** prece à Virgem Maria, que se reza ao amanhecer, ao meio-dia e ao anoitecer ☞ inicial por vezes maiúsc. **2** *p.ext.* toque do sino que anuncia a hora da ave-maria

1.3.1 No caso das siglas, este dicionário optou, geralmente, por não interromper com pontos de abreviação a sua sequência, seguindo o uso mais recente da mídia. Em verdade, ocorre atualmente grande flutuação dentro da língua no emprego de pontos nas siglas. Quem preferir pontuá-las na escrita, portanto, não estará incorrendo em erro: ONU ou O.N.U., CPF ou C.P.F. etc.

1.3.2 Quando a sigla remete para um verbete, a remissão se faz com itálico:

OMS *s.f.* sigla de *Organização Mundial da Saúde*

Se o intitulativo da sigla não tiver entrada autônoma no dicionário, aparece em tipo redondo:

FGTS *s.m.* sigla de Fundo de Garantia do Tempo de Serviço

1.4 Nas entradas que são **marcas registradas**, a indicação dessa sua qualidade é visível na cabeça do verbete com o sinal ® ou no texto do verbete:

Te.flon ® *s.m.* nome comercial de material não aderente e resistente ao calor, us. em revestimentos, isolantes térmicos etc.
nái.lon [pl.: *náilones* e *(B) náilons*] *s.m.* **1** forma aportuguesada de *nylon*, marca registrada de materiais sintéticos de poliamida, us. na confecção de fibras, tecidos, plásticos etc. **2** tecido ou fibra feito com esses materiais

1.5 Homônimos homógrafos homófonos. Um algarismo alceado à esquerda da unidade léxica que se define é usado nos casos de grupos desses vocábulos que se escrevem e pronunciam da mesma maneira, mas têm origens etimológicas diferentes. Quando é esse o caso, registramos a etimologia de cada uma das palavras, para justificar ao leitor a autonomia das entradas.

[1]co.la *s.f.* sinal que se deixa ao passar; rastro [ORIGEM: do esp. *cola* 'cauda de animal'] (...)
[2]co.la *s.f.* **1** substância grudenta us. para ligar materiais como madeira, couro, pano, papel etc.; grude **2** *B infrm.* meio de obter desonestamente as respostas de uma prova (...) [ORIGEM: do gr. *kólla,ēs* 'goma, cola']
[3]co.la *s.f.* BOT noz-de-cola [ORIGEM: do lat.cien. gên. *Cola*]

1.6 Homônimos homógrafos não homófonos. Neste caso, não há número alceado nas entradas, pois a ortoépia se encarrega de justificá-los como palavras de entrada autônoma. Na nominata, os de timbre aberto entram sempre antes dos de timbre fechado.

bes.ta /é/ *s.f.* antiga arma portátil (...)
bes.ta /ê/ *s.f.* **1** quadrúpede, ger. doméstico (...)

1.7 Se a entrada é um **afixo** (prefixo ou sufixo), ela aparece igualmente grafada em negrito redondo, antecedida de um hífen, se se tratar de afixo pospositivo.

re- *pref.* **1** 'volta, recuo': *recaída, regredir* **2** 'repetição': *reeditar, refazer*
trans-, **tra-**, **tras-** ou **tres-** *pref.* 'mudança, deslocamento para além de ou através de': *transbordar, travestir, trasladar, tresnoitado*
-ez ou **-eza** /ê/ *suf.* 'qualidade': *beleza, limpeza, mesquinhez, nudez*

Neste dicionário, os **prefixos** e **sufixos** vêm alfabetados no conjunto de verbetes do corpo do dicionário, para facilitar o seu acesso. Foram redigidos de modo muito simples, a fim de se poder dar o máximo de informação na forma mais concisa possível.

1.8 Quanto a **gentílicos**, constam do corpo do dicionário apenas aqueles das capitais dos estados brasileiros, do Distrito Federal e poucos outros. Os que existem citados num exaustivo quadro de países/nacionalidades/idiomas/moedas, nas páginas finais do dicionário, geralmente só nesse quadro aparecem, para não haver duplicação de informação.

1.9 No caso das palavras que só se usam em determinadas locuções, o dicionário não as definiu, passando de imediato à locução em causa. Um sinal de meia-lua (◗) indica esse tipo de verbete:

a.ves.sas *s.f.pl.* ▸ us. em: **às a.** ao contrário, pelo avesso *<vestiu as meias às a.>*
bre.ca *s.f.* ▸ us. em: **levado da b.** muito travesso

• Campo da ortoépia

2 **Ortoépia** é a indicação normativa da pronúncia de um vocábulo da língua. É apresentada entre barras, imediatamente a seguir à entrada.

2.1 Na **ortoépia**, o dicionário indica o timbre das vogais tônicas fechadas *e* e *o*, quando já não expressamente acentuadas com sinal diacrítico e, conforme o Acordo Ortográfico de 1990, o timbre aberto das vogais *e* e *o* dos ditongos orais que deixaram de ser acentuados graficamente, e a indicação da prolação do *u* nas combinações *gue*, *gui*, *que* e *qui*, anteriormente com trema; indica também hiatos e o som da letra *x*, no caso de esta valer por /cs/, /gz/ ou /z/. Exemplos:

ce.pa /ê/ *s.f.* **1** BOT tronco da videira (...)
to.co /ô/ *s.m.* **1** parte de planta cortada (...)
i.dei.a /éi/ *s.f.* **1** representação mental (...)
he.roi.co /ói/ *adj.* **1** característico de herói (...)
quin.qua.ge.ná.rio /qü/ *adj.s.m.* que(m) tem entre 50 e 59 anos de idade
lin.gui.ça /gü/ *s.f.* tripa recheada de carne (...)
tó.xi.co /cs/ *adj.s.m.* **1** (o) que produz efeitos nocivos no organismo (...)
ê.xi.to /z/ *s.m.* **1** resultado, efeito **1.1** bom resultado; sucesso

2.1.1 Se houver mais de uma pronúncia possível para determinada palavra, o campo explicita essa informação:

gru.me.te /ê *ou* é/ *s.m.* MAR marinheiro de menor graduação na armada
lí.qui.do /qu *ou* qü/ *adj.* **1** diz-se do estado da matéria intermediário (...)

2.1.2 Para elucidação, o dicionário por vezes indica o som de vogais tônicas de timbre aberto, não acentuadas com sinal gráfico (diacrítico), especialmente no caso de vocábulos terminológicos ou quando frequentemente sobre a palavra incida equívoco de pronúncia:

lo.bo /ó/ *s.m.* ANAT **1** parte de um órgão (...)
bes.ta /é/ *s.f.* antiga arma portátil que arremessa setas curtas
ca.te.ter /é/ [pl.: *-es*] *s.m.* MED tubo ou sonda (...)

2.1.3 O *Vocabulário Ortográfico da Língua Portuguesa*, da Academia Brasileira de Letras, nas palavras formadas com o elemento de composição antepositivo **hex(a)-**, registra como pronúncias aceitáveis /cs ou z/. Em tais casos, registramos as três pronúncias que hoje ocorrem tanto no Brasil como em Portugal:

he.xá.go.no /z, cs *ou* gz/ *s.m.* GEOM polígono de seis lados

2.2 O registro que fazemos da pronúncia, em representação simplificada, das palavras estrangeiras não aparece nesse campo, mas no final do verbete (ver item **11**).

• Campo das informações gramaticais imediatas

3 A seguir à ortoépia, o dicionário indica, junto à cabeça do verbete e entre colchetes, **dados gramaticais** relativos a plural e feminino.

3.1 Os plurais das palavras terminadas em *-ão*, *-l*, *-m*, *-n*, *-r*, *-s*, *-x* e *-z* são sempre registrados; no caso das terminadas em *-n*, indica-se o plural aceito na língua como um todo e o usado apenas no Brasil (com um *B*).

ar.te.são [pl.: *-ãos*; fem.: *artesã*] *s.m.* artista ou profissional que (...)
ti.gre [fem.: *tigresa*] *s.m.* ZOO grande felino asiático de pelo amarelado com listras negras
sax /cs/ *s.m.2n.* MÚS saxofone ◉ GRAM/USO admite-se tb. o pl. *saxes*
hí.fen [pl.: *hífenes* e *(B) hifens*] *s.m.* GRAM sinal [-] us. para unir os elementos de palavras compostas (...)
guar.di.ão [pl.: *-ões* e *-ães*; fem.: *guardiã*] *s.m.* indivíduo que defende ou conserva algo (...)
an.ci.ão [pl.: *-ãos*, *-ães* e *-ões*; fem.: *anciã*] *adj.s.m.* homem idoso ~ **ancianidade** *s.f.*
ar.roz /ô/ [pl.: *-es*] *s.m.* BOT **1** planta com inúmeras variedades (...)

3.1.1 Registra-se o plural, simples ou duplo, das palavras locucionais ou compostas por hífen e também das palavras ou locuções estrangeiras:

sem.pre-vi.va [pl.: *sempre-vivas*] *s.f.* BOT nome comum dado a flores ornamentais que secam sem murchar
na.vi.o-tan.que [pl.: *navios-tanque* e *navios-tanques*] *s.m.* MAR navio destinado ao transporte de líquidos, ger. água ou combustíveis
curriculum vitae [lat.; pl.: *curricula vitae*] *loc.subst.* documento que reúne os dados pessoais, acadêmicos e profissionais de alguém (...)

3.1.2 O plural das palavras estrangeiras e locuções entra na cabeça do verbete, na língua original, como se vê no último exemplo do item anterior. Em casos especiais, damos nesse local o plural utilizado na língua estrangeira, e no campo GRAM/USO informamos o plural corrente no Brasil:

pizza [it.; pl.: *pizze*] *s.f.* CUL massa assada em forma de disco, coberta por molhos diversos, fatias de mozarela, tomate etc. ◉ GRAM/USO pl. corrente no Brasil: *pizzas* ⇒ pronuncia-se pitsa ▣ **acabar em *p.*** *fig. B infrm.* ficar sem punição (falta ou crime) (...)

3.2 Registra-se, ainda, a alteração de timbre da tônica nos plurais em que tal fato sucede:

cu.ri.o.so /ô/ [pl.: /ó/; fem.: /ó/] *adj.s.m.* **1** que(m) tem vontade de saber (...)

• Campo da classe gramatical

4 No esquema estrutural do verbete, é a **classificação gramatical** da unidade léxica o que se segue. Ela vem sempre grafada em itálico e em cor:

curriculum vitae [lat.; pl.: *curricula vitae*] *loc.subst.* documento que reúne os dados pessoais (...)
be.lis.cão [pl.: *-ões*] *s.m.* apertão dado na pele com as pontas ou nós dos dedos (...)

4.1 Nos verbetes das letras, um triângulo colorido (▲) dá entrada aos símbolos, pelo fato de estes terem classificação autônoma:

[1]a *s.m.* **1** primeira letra (vogal) do nosso alfabeto (...) ▲ **5** símbolo de *are* (...)

4.2 Em alguns verbetes, as categorias gramaticais podem vir combinadas. Isto ocorre basicamente nos verbetes curtos e especialmente nos puramente remissivos:

a.ca.dê.mi.co *adj.s.m.* **1** próprio de ou membro de academia ou universidade (...)
e.fe.mi.na.do *adj.s.m.* afeminado

4.3 Quando uma acepção ou uma palavra tem dupla classe, como *adjetivo* e como *substantivo*, usou-se frequentemente de parênteses para distinguir a definição adjetiva da substantiva. O substantivo é o elemento dentro dos parênteses. Veja a acp. **3** deste exemplo:

po.ei.ra *s.f.* **1** qualquer substância reduzida a pó muito fino **2** terra seca reduzida a pó ■ *adj.s.m.* **3** *B* (cinema) de baixa categoria (...)

• Campo das definições

5 As **acepções** dos verbetes são numeradas sequencialmente e separadas por um símbolo convencional (■) todas as vezes que se altera o qualificativo da classe gramatical ou quando a classe muda:

se.não *conj.altv.* **1** do contrário ■ *conj.advrs.* **2** mas *<não recebeu apoio, s. críticas>* ■ *prep.* **3** exceto *<todos, s. você, riram>* ■ *s.m.* **4** pequena imperfeição; falha *<trabalho sem qualquer s.>* (...)

5.1 Quando não se trata de uma nova acepção, mas sim de uma subacepção do sentido anterior, em vez de um número inteiro, usou-se um decimal:

sul [pl.: *suis*] *s.m.* **1** direção à direita de quem se volta para o nascente **2** na rosa dos ventos, ponto cardeal que marca essa direção [símb.: *S*] ■ *adj.2g.s.m.* **3** GEO (o) que se situa ao sul (diz-se de região ou conjunto de regiões) [abrev.: *S.*] **3.1** diz-se de ou região brasileira que compreende os estados do Paraná, Santa Catarina e Rio Grande do Sul [abrev.: *S.*] ☞ inicial maiúsc. **4** (vento) que sopra dessa direção ■ *adj.2g.* **5** que fica, está ou segue na direção sul (acp. 1 e 2) *<latitude s.>*

5.2 No caso dos **verbos**, a primeira informação que o leitor encontra logo após a classe gramatical é um número que remete ao paradigma de conjugação que se ajusta ao seu caso (ver página XXXVIII).

a.de.quar *v.* {mod. 3} (...)
sen.tir *v.* {mod. 28} (...)

5.2.1 As **regências** das acepções verbais precedem a sua numeração. As acepções estão agregadas em blocos por suas regências comuns; se não há indicação de regência na acepção de um verbo, é por ser ela igual à(s) anterior(es):

sen.tir *v.* {mod. 28} *t.d.* **1** perceber por qualquer órgão dos sentidos **2** experimentar no corpo, na mente *<s. dor>* **3** ser sensível a; comover-se por **4** perceber ao longe ou antes de acontecer; pressentir, prever
com.prar *v.* {mod. 1} *t.d. e t.d.i.* **1** (prep. *a*, *de*) adquirir, pagando (a pessoa, empresa etc.), a propriedade ou o uso de *<c. um lanche>* *<comprou o carro a um amigo>* *<c. um imóvel diretamente do proprietário>* □ *t.d.* **2** *fig.* conseguir com muito esforço *<comprou sua paz ao quitar as dívidas>* **3** subornar ou conseguir com suborno *<c. o silêncio da testemunha>* **4** RECR apanhar (carta) do baralho durante o jogo (...)

5.2.2 Todas as vezes em que há mudança de regência, este sinal (□) indica-o:

sen.tir *v.* {mod. 28} *t.d.* **1** perceber por qualquer órgão dos sentidos **2** experimentar no corpo, na mente *<s. dor>* **3** ser sensível a; comover-se por **4** perceber ao longe ou antes de acontecer; pressentir, prever *<sentiu que não daria certo>* □ *t.d. e pron.* **5** ter ou tomar consciência de (impressão íntima, estado espiritual, ou condição física) **6** encarar de modo negativo; ressentir-se □ *pron.* **7** estar em certa condição física, mental provisória; passar *<s.-se mal>* □ *t.d.,t.d.pred. e pron.* **8** julgar(-se), considerar(-se) *<s. que ainda há esperanças> <sinto-o tão feliz!> <sente-se muito idoso>* □ *int.* **9** ter pesar

5.2.3 A fim de facilitar a consulta, mas também para manter a obra próxima da realidade de sala de aula e acessível ao maior número de pessoas, evitamos criar novas nomenclaturas para a classificação dos verbos quanto à predicação, priorizando o que recomenda a Nomenclatura Gramatical Brasileira (NGB). Não utilizamos a designação *verbo de ligação*, optando por manter *verbo predicativo*, convenção adotada no *Grande dicionário Houaiss da língua portuguesa*, pelo fato de também poder ser usada junto aos verbos que, além do objeto, exigem, por seu sentido, um predicativo do seu objeto.
Eis as classificações e as abreviações adotadas neste dicionário:

t.d. — transitivo direto
t.i. — transitivo indireto
t.d.i. — transitivo direto e indireto
t.d.pred. — transitivo direto predicativo
t.i.pred. — transitivo indireto predicativo
pred. — predicativo (verbo de ligação)
int. — intransitivo
pron. — pronominal

NOTA: quanto às regências registradas, pautamo-nos pela gramática da norma culta, uma vez que o objeto desta obra são informações linguísticas voltadas aos usos do ensino oficial do Brasil. Foram aqui, no entanto, também inventariados, ocasionalmente, outros usos regenciais que captamos em dinâmica na língua.

5.2.4 As acepções encontram-se ordenadas basicamente pelo critério semântico e de uso na língua — registram-se antes as acepções mais comuns —, mas os vários sentidos dos verbos submeteram-se também a um segundo critério de organização, o da predicação, para facilitar a consulta ao leitor. Vêm separados em blocos, de acordo com as regências comuns a diferentes acepções.

5.2.5 Inclui-se nos verbos outra informação, relacionada à sua regência. Junto a cada acepção pertencente a um bloco que tenha predicação *t.i.*, *t.d.i.* ou *pron.*, o dicionário fornece a **preposição** ou **preposições** que a regência verbal pede:

in.ves.tir *v.* {mod. 28} *t.d.,t.i. e pron.* **1** (prep. *contra*) atirar-se com ímpeto contra; atacar *<a tropa investiu (contra) o inimigo> <i.-se contra o adversário>* □ *t.d. e t.d.pred.* **2** (prep. *em*) conferir (cargo, responsabilidade, dignidade) a; nomear *<i. o mais votado na presidência> <investiram-no rei>* □ *pron.* **3** (prep. *em*) tomar posse de □ *t.i. e t.d.i.* **4** (prep. *em*) empregar (recursos, tempo, esforço etc.) em (algo), esperando obter sucesso **5** (prep. *em*) fazer (investimento financeiro) em; aplicar

5.2.6 O dicionário fornece exemplos de uso sempre que estes ajudem na compreensão de determinada acepção. Não se deram exemplos de todas as regências nos verbetes de verbos por motivo de espaço, mas procurou-se contemplar especialmente aquelas que exigem preposição. Exemplifica-se também todas as vezes em que há dificuldades sintáticas ou semânticas.

5.3 Quanto aos **grupos indígenas** brasileiros, só foram deixadas no corpo do dicionário as denominações mais corriqueiras (aimoré, tupinambá, tupiniquim, xavante etc.).

5.4 Os **elementos químicos** têm verbetes no corpo do dicionário com informações úteis sobre a sua utilização, e remetem para a *tabela periódica*, um adendo posto no bloco final do dicionário.

pro.mé.cio *s.m.* QUÍM elemento químico radiativo, us. em baterias nucleares, para medir espessuras muito finas etc. [símb.: *Pm*] ☞ cf. *tabela periódica* (no fim do dicionário)

5.5 As acepções neste dicionário, especialmente quando se trata de terminologia, têm indicação da área do saber ou fazer humano a que pertencem por meio de uma **rubrica** temática, como se pode ver nos exemplos abaixo. As rubricas usadas estão listadas a seguir a estas informações, na página XV.

lú.pus *s.m.2n.* MED inflamação crônica da pele, caracterizada por ulcerações ou manchas
so.ma *s.f.* **1** conjunto constituído pela reunião de diversos subconjuntos; total, conjunto, somatório **2** MAT operação e resultado da adição **3** certa quantidade (...)
u.su.fru.to *s.m.* **1** DIR direito de gozar ou fruir de um bem que pertence a outrem **2** *p.ext.* posse (...)

5.6 O dicionário informa sobre a **derivação** das acepções, sempre que se trata de sentidos metafóricos (*fig.*) ou de sentidos derivados de metonímias, sinédoques e analogias (*p.ext.*):

a.cla.rar *v.* {mod. 1} *t.d.,int. e pron.* **1** tornar(-se) claro; iluminar(-se) <*a luz da lua aclarava o terraço*> **2** dar ou tomar cor mais clara <*acrescentou tinta branca para a. a mistura*> □ *t.d. e pron. fig.* **3** tornar(-se) compreensível; esclarecer(-se)
mi.lhão [pl.: *-ões*] *n.card.* **1** mil vezes mil (10^6) ■ *s.m. p.ext.* **2** grande quantidade <*contou a história um m. de vezes*> (...)

5.7 Se determinada palavra, locução ou acepção é de emprego exclusivo no Brasil (dialetismo vocabular ou semântico) ou é uma variante brasileira de uma palavra da língua, esse dado é informado ao leitor por meio de um *B*:

a.gi.to *s.m. B infrm.* **1** estado de agitação, de excitação **2** multidão agitada e ruidosa

5.8 O dicionário informa também sobre o **nível de uso**, na língua, da palavra, locução ou acepção registrada, ou seja, a faixa linguística de expressão em que é empregada. Eis os níveis de uso averbados neste dicionário:

a) linguagem formal *frm.*:

lá.ba.ro *s.m. frm.* bandeira, estandarte

b) linguagem informal *infrm.*:

a.gi.to *s.m. B infrm.* **1** estado de agitação, de excitação **2** multidão agitada e ruidosa

c) gíria *gír.*:

pi.ra.do *adj. B gír.* que pirou; maluco

d) os tabuísmos, expressões consideradas chulas, grosseiras ou ofensivas na maioria dos contextos *gros.*:

por.ra.da *s.f. gros.* **1** pancada, bordoada **2** grande quantidade

e) linguagem pejorativa *pej.*:

gen.ti.nha *s.f. pej.* **1** indivíduo de baixa condição social, econômica e/ou cultural **2** pessoa mesquinha, dada a intrigas (...)

f) palavra, locução ou acepção jocosa *joc.*:

e.co.no.mês [pl.: *-eses*] *s.m. joc.* linguajar técnico dos economistas

g) linguagem infantil *l.inf.*:

do.dói *adj.2g. l.inf.* **1** doente ou machucado <*estar d.*> ■ *s.m. l.inf.* **2** escoriação, ferida **3** doença

h) linguagem de usuários de drogas *drg.*:

bo.la *s.f.* **1** qualquer objeto de forma esférica; globo **2** círculo; circunferência <*saia com bolas*> **3** futebol, pelada <*adora jogar b.*> **4** comida envenenada para matar cães **5** pessoa ou coisa engraçada <*ele é uma b.*> **6** *infrm.* mente, juízo <*ruim da b.*> ● GRAM/USO dim.irreg. *bolota*; aum.irreg. *bolaço* ▣ **dar b.** *infrm.* **1** dar importância; ligar **2** flertar, paquerar

(Por vezes, mais de um nível pode qualificar uma única acepção: por exemplo, *infrm. joc.*)

5.9 O dicionário, em suas **remissões**, não faz referência a números de acepções de outros verbetes. Usa, em lugar disso, uma *minidefinição* da acepção para a qual se remete — síntese curta, geralmente em uma ou duas palavras, entre parênteses e aspas simples —, para que o leitor saiba imediatamente do que se trata ou, desejando, possa ir à definição completa no outro verbete e encontrá-la com facilidade:

fi.na.lís.si.ma *s.f.* final ('último jogo ou prova')

5.10 No emprego dos parênteses nas definições do dicionário foi adotado o seguinte padrão:

a) são usados nas palavras que podem ser consideradas ou desconsideradas no texto de uma definição (ver **afiar**, acp. **1**, em seguida);

b) usados nos sujeitos e objetos potenciais nos verbos (ver **afiar**, acp. **3**, em seguida);

c) usados nas acepções verbais que são objetivas diretas conjuntamente com a voz pronominal, quando o *-se* é indicado parenteticamente (ver **afiar**, acp. **4**, em seguida);

d) usados nas acepções verbais que são objetivas diretas, conjuntamente com outras regências, onde o *fazer* interparentético vale pela regência objetiva direta (ver **acrescer**, acp. **1**, em seguida);

e) usados para identificar a partícula que a regência pede (ver **acrescer**, acp. **1**, em seguida);

a.fi.ar *v.* {mod. 1} *t.d.* **1** tornar (mais) cortante o gume de; amolar <*a. a faca*> **2** tornar fino na ponta; afilar <*a. a haste da flecha*> **3** *fig.* tornar (o que se diz) mordaz, ferino <*a. as palavras*> □ *t.d. e pron. fig.* **4** tornar(-se) apurado, refinado; aprimorar(-se) <*a. o ouvido*> <*a-se no estilo*> ~ **afiador** *adj.s.m.*

a.cres.cer *v.* {mod. 8} *t.d.,t.d.i. e int.* **1** (prep. *de*, *a*) [fazer] crescer, esp. pela adição de elementos; aumentar, acrescentar <*quer a. a casa de dois quartos*> <*com o tempo, a amizade acresce*> □ *t.i.,t.d.i. e pron.* **2** (prep. *a*) juntar-se (uma coisa) [a outra]; acrescentar(-se) <*testes serviram para a. dados (à pesquisa)*> □ *t.i.,int. e pron.* **3** (prep. *a*) ser condição ou fato complementar a ser considerado <*acresce (a isso) que foi impossível achá-lo*>

NOTA: todas as vezes que parênteses ocorrem dentro de parênteses ou parênteses são colocados ao lado de outros segmentos também entre parênteses, um par deles torna-se colchetes (ver **acrescer**, acp. **1** e **2**, acima).

• Campo das observações

6 Este campo, sinalizado por um sinal dito índice (☞), contém informações que ger. não são da natureza da gramática ou do uso vocabular ou locucional. Eis as suas utilizações neste minidicionário:

a) indicações de maiusculização (ver o item **1.3**);

b) indicação, em certas palavras compostas por hífen e locuções, de que existe uma forma reduzida também usada (*tb. se diz apenas*):

co.bra-co.ral [pl.: *cobras-coral* e *cobras-corais*] *s.f.* ZOO nome comum a serpentes venenosas, de até 1,5 m de comprimento, corpo colorido, ger. uma combinação de anéis vermelhos, amarelos e pretos ☞ tb. se diz apenas *coral*

c) sugestão de que se confira outro verbete (cf.), por se tratar, por exemplo, de um parônimo ou homônimo, ou por sua definição ter a ver com o verbete que se está consultando etc.:

ab.sol.ver *v.* {mod. 8} *t.d. e t.d.i.* **1** (prep. *de*) isentar (alguém) [de acusação, crime, pena etc.] □ *t.d.,t.d.i. e pron.* **2** (prep. *de*) perdoar(-se), desconsiderando erros passados ☞ cf. *absorver*

d) remissões à minienciclopédia, na segunda parte deste volume:

jú.pi.ter [pl.: *-es*] *s.m.* ASTR nome do quinto e maior planeta do sistema solar ☞ inicial maiúsc.; cf. *Júpiter* na parte enciclopédica

e) no caso dos verbos, informação sobre algum fenômeno morfológico peculiar ligado a determinada acepção (ver **8.1**);

f) informação sobre o emprego mais frequente de uma palavra ou acepção no plural:

ar.re.dor [pl.: *-es*] *s.m.* conjunto das localidades vizinhas; redondeza <*fez um passeio pelos a.*> ☞ mais us. no pl.

g) remissão de um verbete de elemento químico para a *tabela periódica*:

pa.lá.dio *s.m.* QUÍM elemento químico metálico, us. em diferentes ligas e em trabalhos de joalheria, prótese dentária etc. [símb.: *Pd*] ☞ cf. *tabela periódica* (no fim do dicionário)

h) algumas informações gramaticais ligadas a determinada acp.:

s *s.m.* **1** 19ª letra (consoante) do nosso alfabeto ■ *n.ord. (adj.2g.2n.)* **2** diz-se do 19º elemento de uma série <*item 4s*> ☞ empr. após um substantivo ou numeral ▲ **3** símbolo de [1]segundo ◉ GRAM/USO na acp. s.m., pl.: *ss*

i) algumas informações de nível de uso:

cai.pi.ra *adj.2g.s.2g.* *B* **1** habitante do campo, de hábitos rústicos e jeito simples; matuto ☞ pode ter uso pej. ■ *adj.2g.* *B* **2** próprio de caipira <*costumes c.*> **3** diz-se das festas juninas e da indumentária que as caracteriza ~ **caipirada** *s.f.* - **caipiragem** *s.f.*

j) algumas informações sobre marcas registradas.

• Campo do plural com sentido próprio

7 Este campo vem englobado no corpo do verbete, antes das locuções, e um triângulo invertido (▼) indica o seu início.

A numeração das acepções do verbete se estende até ele, em sequência. O plural, em tais oportunidades, aparece escrito por extenso, em negrito-itálico, fazendo as vezes de uma subentrada dentro do corpo do verbete:

fun.da.men.to *s.m.* **1** alicerce de uma construção **2** *fig.* causa, razão, motivo, base de uma escola de pensamento, corrente, escola, opinião etc. ▼ ***fundamentos*** *s.m.pl.* **3** princípios básicos de uma ciência, arte etc.

O dicionário só lança mão deste recurso quando a unidade léxica inclui de fato um ou mais sentidos especiais, privativos de sua forma plural. Caso contrário, o fato não passa de uma acepção que também é usada no plural, ou que é mais usada no plural, ou é frequentemente empregada no plural — embora tenha o mesmo sentido no singular:

ar.re.<u>dor</u> [pl.: *-es*] *s.m.* conjunto das localidades vizinhas; redondeza *<fez um passeio pelos a.>* ☞ mais us. no pl.

• Campo da gramática e/ou uso

8 Na estrutura do verbete, este campo segue-se imediatamente àquele do plural com sentido próprio. Em ◉ GRAM/USO, encontram-se informações gramaticais não fornecidas no grupo das ligadas à cabeça do verbete (item 3). Neste campo registram-se aumentativos e diminutivos irregulares; superlativo absoluto sintético etc. e dados sobre o emprego do vocábulo ou locução e informações sobre ortografia.

mão [pl.: *mãos*] *s.f.* **1** ANAT extremidade do braço (...) ◉ GRAM/USO aum.irreg.: *manzorra, manopla* (...)
a.<u>gu</u>.do *adj.* **1** que termina em ponta (...) ◉ GRAM/USO sup.abs.sint.: *agudíssimo, acutíssimo* ~ **agudez** *s.f.* - **agudeza** *s.f.*
si.<u>cra</u>.no *s.m.* indivíduo indeterminado ◉ GRAM/USO empr. ger. depois de *fulano* e de *beltrano*

8.1 Por ser o verbo uma classe de palavras de comportamento morfológico peculiar, este dicionário fornece, quando necessário, variadas informações sobre elas no campo de GRAM/USO e também, em algumas acepções, no das OBSERVAÇÕES. Indicam-se os particípios irregulares, os duplos particípios, assim como se os verbos são defectivos, impessoais, conjugados em certas pessoas ou, ainda, se há alguma informação importante sobre a sua conjugação nos comentários do modelo de flexão verbal incluído no início do dicionário (ver item 5.3).

des.pra.<u>zer</u> *v.* {mod. 13} *t.i. e int.* **1** (prep. *a*) desagradar (a) *<tal rebeldia sempre desprazia (à mãe)>* ■ *s.m.* **2** descontentamento ☞ como s.m., pl.: *-es* ◉ GRAM/USO **a)** verbo ger. só us. nas 3ªˢ p.; **b)** cf. observação no modelo

• Campo da origem da palavra

9 Este dicionário só registra a origem etimológica dos homônimos homógrafos homófonos para justificar a sua entrada em separado na nominata. Fazê-lo para todas as palavras, como seria o ideal, significaria um enorme aumento do volume do texto, mesmo usando de etimologias compactas, pois seria necessário incluir, por exemplo, várias centenas de elementos mórficos da língua na nominata, além dos afixos que registramos. Tal fato impôs-nos a opção pelos homônimos homógrafos homófonos apenas. Quando existente no verbete, este campo segue-se ao da GRAM/USO:

¹cir.cu.<u>lar</u> [pl.: *-es*] *adj.2g.* **1** relativo ou semelhante a círculo; redondo *<formato c.>* **2** que descreve uma trajetória em círculo *<movimento c.>* **3** que parte de um determinado local e, ao fim do percurso, retorna ao ponto inicial *<ônibus c.>* ■ *adj.2g.s.f.* **4** (texto escrito) que se envia a muitas pessoas com interesse comum [ORIGEM: do lat. *circulāris,e* 'que tem a forma de círculo']
²cir.cu.<u>lar</u> *v.* {mod. 1} *t.d. e t.d.i.* **1** (prep. *de*) formar círculo(s) em torno de; cercar *<praias circulam a ilha>* *<c. de renda a toalha>* □ *t.d.* **2** estar ou mover-se ao redor de *<c. uma fogueira>* □ *t.i. e int.* **3** (prep. *em*) mover-se num circuito, retornando ao ponto inicial *<o sangue circula nas veias>* *<a água da piscina circula passando pelo filtro>* **4** (prep. *em, por*) transitar, deslocar-se *<c. pela sala>* *<caminhões impedidos de c. (em túneis)>* □ *int.* **5** girar, rodar *<a ventoinha circula e renova o ar>* **6** ter ou estar em circulação *<circulam duas moedas na fronteira>* *<jornal que circula há anos>* **7** ser divulgado; difundir-se *<a novidade circulou rápido>* [ORIGEM: do lat. *circulāre* 'fazer círculo ou roda'] ~ **circulante** *adj.2g.*

• Campo dos coletivos

10 O dicionário informa **coletivos** num campo específico do corpo de seus verbetes. Este sinal (◉) dá entrada a tais informações:

<u>lo</u>.bo /ô/ [fem.: /ô/] *s.m.* ZOO grande mamífero carnívoro da fam. dos canídeos, que vive em grupos de cerca de sete indivíduos, de pelagem longa, ger. cinzenta no dorso e esbranquiçada nas partes inferiores ◉ GRAM/USO dim.irreg.: *lobacho, lobato*; aum.irreg.: *lobaz* ◉ COL alcateia
<u>pom</u>.bo *s.m.* ZOO ave de voo possante, bico coberto de cera na base, domesticada para servir de alimento e correio ◉ COL revoada
ba.<u>lei</u>.a *s.f.* **1** ZOO nome comum a várias espécies de grandes mamíferos cetáceos marinhos ☞ cf. *caxaréu* **2** *p.ext. pej.* pessoa muito gorda ◉ COL baleal

• Campo da pronúncia

11 As palavras estrangeiras têm uma representação simplificada de sua pronúncia, uma vez que não se poderia transcrevê-las em caracteres fonéticos num minidicionário voltado basicamente aos ensinos fundamental e médio. Essa representação vem no fim do verbete, em seguida a um índice (⇒) e a expressão "pronuncia-se":

joystick [ing.; pl.: *joysticks*] *s.m.* INF em jogos de computador e vídeo, dispositivo com alavancas e botões para controle de movimentos na tela ⇒ pronuncia-se d<u>jói</u>stic

11.1 O dicionário usa dos acentos agudo (´) e circunflexo (^), nessas representações de pronúncia, apenas para marcar timbre aberto ou fechado, respectivamente, das vogais, sendo a sílaba tônica sublinhada:

> ***kosher*** [iídiche] *adj.2g.2n.* **1** que é permitido pela lei judaica (diz-se de alimento) **2** que se comporta de acordo com a lei judaica ⇒ pronuncia-se côxer
> ***bodyboard*** [ing.; pl.: *bodyboards*] *s.m.* ESP **1** prancha curta e flutuante sobre a qual se deita o tronco para deslizar nas ondas **2** esse esporte ⇒ pronuncia-se bódibórd

• Campo das locuções e da fraseologia

12 Na estrutura do verbete, o campo dos sintagmas locucionais e das chamadas frases feitas segue-se ao campo geral das definições. Nele, registram-se as combinações da unidade léxica que é cabeça do verbete com outra ou outras palavras. Este símbolo (▣) dá-lhe entrada.

12.1 Todas as locuções e frases feitas são grafadas em negrito e iniciam-se por letra minúscula, salvo se se tratar de antropônimo, topônimo ou qualquer dos outros casos em que a maiusculização é de uso.

12.2 Quando a palavra que é cabeça do verbete tem mais de duas letras, reduz-se, na locução, à sua inicial e um ponto, mesmo que se trate de palavra composta com hífen. Faz-se exceção a isso quando na locução ela aparece no plural e tal coisa não se pode inferir do conjunto do texto. Neste caso, ela vem grafada por extenso. O mesmo ocorre quando se trata de verbo flexionado, pois só no infinitivo impessoal se pode reduzi-lo à sua primeira letra mais um ponto. (Os verbos de regência pronominal, no infinitivo, abreviam-se também, mas o *-se* permanece visível.)

12.3 Em caso de haver multiplicidade de sentidos para a locução (*polissemia*), cada acepção vem antecedida de um número sequente em negrito:

> **cou.ro** *s.m.* tecido curtido e resistente feito da pele de certos animais, us. na confecção de sapatos, roupas, móveis etc. ▣ **c. cabeludo** pele do crânio onde nascem os cabelos • **dar no c.** *fig.* mostrar-se eficiente em algo • **tirar o c. de** *infrm.* **1** falar mal de **2** explorar (alguém) financeiramente **3** forçar (alguém) a realizar um trabalho

12.4 As locuções vêm separadas por um ponto quando mais de uma existir nesse campo; o mesmo quanto à fraseologia:

> **á.gua** *s.f.* **1** líquido sem cor, odor ou sabor, essencial à vida (...) ▣ **á. benta** REL água benzida pelo celebrante da missa católica • **á. destilada** QUÍM água obtida por destilação de sólidos e organismos dissolvidos ou suspensos, us. sobretudo para fins químicos e farmacêuticos • **á. doce** água (de rios, lagos etc.) que não contém cloreto de sódio • **á. mineral** água potável de valor medicinal por conter sais minerais (...)
> **gi.bi** *s.m. B infrm.* **1** revista em quadrinhos **2** menino negro ▣ **não estar no g.** *fraseol. B infrm.* ser fora do comum

• Campo dos derivados e cognatos

13 Não têm verbete autônomo no dicionário os derivados e os cognatos cujo sentido se pode depreender daquele(s) da palavra-base definida. Eles entram embutidos no final do verbete, seguidos de suas classificações gramaticais. Este sinal (~) antecede as inclusões:

> **a.pru.mar** *v.* {mod. 1} *t.d. e pron.* **1** pôr(-se) em linha vertical *<a. um muro>* **2** pôr(-se) reto, direito; endireitar(-se) (...) **4** *fig. B* melhorar de sorte, saúde etc. *<anos depois, conseguiram a.-se>* ~ **aprumação** *s.f.*
> **ras.te.jar** *v.* {mod. 1} *int.* **1** mover-se tocando o chão; arrastar-se (...) ~ **rastejador** *adj.s.m.* - **rastejante** *adj.2g.* - **rastejo** *s.m.*

NOTA: quando o derivado ou o cognato é palavra de emprego percentualmente alto na língua ou não se consegue deduzir o seu sentido facilmente da palavra de entrada, ou quando contém acepções que devem ser necessariamente esclarecidas ao leitor, ele se torna um verbete autônomo na nomenclatura do dicionário, contrariando a regra referida no item **13** (é o que ocorre, por exemplo, com **condensação**, **condensador**, **condensar**).

14 A primeira parte deste volume se completa com uma série de adendos que incluem correspondências de medidas, unidades de base e derivadas, quadro de algarismos, quadro de numerais, lista de elementos químicos e tabela periódica (ver página **842**).

15 A segunda parte do volume é a da minienciclopédia com seus adendos específicos (ver página **847**).

Abreviações, rubricas e sinais

abrev.	abreviação; abreviatura
AC	Acre
a.C.	antes de Cristo
acp.	acepção ou acepções
adj.	adjetivo
adj.2g.	adjetivo de dois gêneros
adj.2g.2n.	adjetivo de dois gêneros e dois números
adj.2g.2n.s.2g.	adjetivo de dois gêneros e dois números e substantivo de dois gêneros
adj.2g.2n.s.2g.2n.	adjetivo de dois gêneros e dois números e substantivo de dois gêneros e dois números
adj.2g.2n.s.m.	adjetivo de dois gêneros e dois números e substantivo masculino
adj.2g.2n.s.m.2n.	adjetivo de dois gêneros e dois números e substantivo masculino de dois números
adj.2g.s.2g.	adjetivo de dois gêneros e substantivo de dois gêneros
adj.2g.s.2g.s.f.	adjetivo de dois gêneros, substantivo de dois gêneros e substantivo feminino
adj.2g.s.2g.s.m.	adjetivo de dois gêneros, substantivo de dois gêneros e substantivo masculino
adj.2g.s.f.	adjetivo de dois gêneros e substantivo feminino
adj.2g.s.m.	adjetivo de dois gêneros e substantivo masculino
adj.s.m.	adjetivo e substantivo masculino
adp.	adaptação(ões), adaptado(a/s)
adv.	advérbio, adverbial
AER	aeródinos, aeronáutica, aerostação, aerostática, aeróstatos, dirigíveis
afrn.	africânder
AGR	agricultura
AL	Alagoas
al.	alemão
alt.	alteração
alt.gráf.	alteração gráfica
AM	Amazonas

Abreviações, rubricas e sinais

AMAZ — Amazônia
ANAT — anatomia
ant. — antigo
antr. — antropônimo
ANTRPOL — antropologia
AP — Amapá
aport. — aportuguesamento
aprox. — aproximadamente
ár. — árabe
arc. — arcaico
ARQ — arquitetura
art. — artigo
art.def. — artigo definido
art.ind. — artigo indefinido
ART.PLÁST — artes plásticas
ASTR — astronomia
ASTRL — astrologia
aum. — aumentativo
aum.irreg. — aumentativo irregular
B — Brasil, brasileirismo
BA — Bahia
BIBLIO — bibliologia
BIO — biologia
BIOQ — bioquímica
b.-lat — baixo-latim
BOT — botânica
CE — Ceará
cf. — conferir
chn. — chinês
CINE — cinema
C.-O. — centro-oeste
COL — coletivo
COMN — comunicação
comp.inf. — comparativo de inferioridade
comp.super. — comparativo de superioridade
conj. — conjunção
conj.adt. — conjunção aditiva
conj.advrs. — conjunção adversativa
conj.altv. — conjunção alternativa
conj.caus. — conjunção causal
conj.comp. — conjunção comparativa
conj.concl. — conjunção conclusiva
conj.concs. — conjunção concessiva
conj.cond. — conjunção condicional
conj.confr. — conjunção conformativa
conj.explc. — conjunção explicativa
conj.fin. — conjunção final
conj.intg. — conjunção integrante
conj.prop. — conjunção proporcional
conj.temp. — conjunção temporal
CONSTR — construção
contr. — contração; contracto
CUL — culinária
der. — derivado
desc. — desconhecida
desin. — desinência
desus. — desusado
DF — Distrito Federal
dim. — diminutivo
dim.irreg. — diminutivo irregular
DIR — direito
DNÇ — dança
drg. — linguagem de drogados
duv. — duvidoso(a)
ECO — ecologia
ECON — economia
el.comp. — elemento de composição
ELETR — eletricidade
ELETRÔN — eletrônica
empr. — empregado(s)/a(s); emprega-se
ENG — engenharia em geral, especialmente a civil
ES — Espírito Santo
esp. — espanhol; especialmente
ESP — esporte
EUA — Estados Unidos da América
ex. — exemplo
f. — forma
FARM — farmacologia
f.divg. — forma divergente
fem. — feminino
fem.irreg. — feminino irregular
fig. — figurado
FIL — filosofia
FÍS — física
FISL — fisiologia
FISQUÍM — fisioquímica
f. mais us. — forma mais usada
f. menos us. — forma menos usada
FOLC — folclore
FON — fonética; fonologia
FONO — indústria fonográfica e afins
FOT — fotografia
fr. — francês
f.rad. — forma radical
fraseol. — fraseologia

freq.	frequentemente
frm.	linguagem formal
fut.	futuro
fut.pres.	futuro do presente
fut.pret.	futuro do pretérito
FUTB	futebol
gên.	gênero (taxonômico)
GEN	genética
GEO	geografia
GEOL	geologia
GEOM	geometria
ger.	geralmente
ger.maiúsc.	geralmente maiúscula
gír.	gíria
GO	Goiás
gr.	grego
GRÁF	gráfica, artes gráficas
GRAM	gramática
gros.	grosseiro
heb.	hebraico
HIST	história
id.	idem, de mesmo sentido
imp.	imperativo
imp.neg.	imperativo negativo
inf.	infinitivo
INF	informática
inf.flex.	infinitivo flexionado
infrm.	linguagem informal
ing.	inglês
int.	intransitivo
int. e pron	intransitivo e pronominal
interj.	interjeição, interjetiva(o), interjetivamente
INTERN	internet
ior.	iorubá
irreg.	irregular, irregularidade
it.	italiano
jap.	japonês
joc.	jocoso
JOR	jornalismo
lat.	latim
lat.cien.	latim científico
lat.cl.	latim clássico
lat.medv.	latim medieval
lat.tar.	latim tardio
lat.vulg.	latim vulgar
l.inf.	linguagem infantil
LING	linguística
LIT	literatura
LITUR	liturgia
loc.adj.	locução adjetiva
loc.adv.	locução adverbial
loc.conj.	locução conjuntiva
loc.subst.	locução substantiva
MA	Maranhão
mais us.	mais usado
maiúsc.	maiúscula(s)
MAR	marinha (termo de); náutica
masc.	masculino
MAT	matemática
MEC	mecânica
MED	medicina
menos us.	menos usado
MET	meteorologia
MG	Minas Gerais
MICRB	microbiologia
MIL	militar (termo), assuntos militares (esp. exército)
MINER	mineralogia
MIT	mitologia
mod.	modelo
MS	Mato Grosso do Sul
MT	Mato Grosso
MÚS	música
N.	norte
n.	número (gramatical); numeral
n.card.	numeral cardinal
N.E.	nordeste
n.frac.	numeral fracionário
n.mult.	numeral multiplicativo
n.ord.	numeral ordinal
O.	oeste
ODONT	odontologia
ÓPT	óptica
orign.	originalmente
p., *p.*	pessoa(s); pessoal
PA	Pará
pal.	palavra
part.	particípio
part.irreg.	particípio irregular
part.pas.	particípio passado
PB	Paraíba
PE	Pernambuco
pej.	pejorativo
p.ex.	por exemplo
p.ext.	por extensão

Abreviações, rubricas e sinais

PI — Piauí
pl. — plural
plat. — espanhol platino
POL — política
port. — português
port.ant. — português antigo
p.pl. — pessoa do plural
PR — Paraná
pred. — predicativo
pred. e pron. — predicativo e pronominal
pred.,int. e pron. — predicativo, intransitivo e pronominal
pref. — prefixo
prep. — preposição
prep.lat. — preposição latina
pres. — presente
pres.ind. — presente do indicativo
pres.subj. — presente do subjuntivo
pret.imperf. — pretérito imperfeito
pret.perf. — pretérito perfeito
pret.m.-q.-perf. — pretérito mais que perfeito
pron. — pronome; pronominal, reflexivo e/ou recíproco
pron.dem. — pronome demonstrativo
pron.ind. — pronome indefinido
pron.ind.pl. — pronome indefinido plural
pron.interg. — pronome interrogativo
pron.p. — pronome pessoal
pron.pos. — pronome possessivo
pron.rel. — pronome relativo
pron.trat. — pronome de tratamento
prov. — proveniente
PSIC — psicologia
PSICN — psicanálise
p.sing. — pessoa do singular
PSIQ — psiquiatria
QUÍM — química
quimb. — quimbundo
RÁD — rádio
REC.AV — recursos audiovisuais
RECR — recreação
red. — redução; forma reduzida
regr. — regressivo
REL — religião
RJ — Rio de Janeiro
RN — Rio Grande do Norte
RO — Rondônia
RR — Roraima
RS — Rio Grande do Sul
S. — sul
SC — Santa Catarina
s.2g. — substantivo de dois gêneros
s.2g.2n. — substantivo de dois gêneros e dois números
s.2g.pl. — substantivo de dois gêneros plural
SE — Sergipe
S.E. — sudeste
séc. — século(s)
s.f. — substantivo feminino
s.f.2n. — substantivo feminino de dois números
s.f.pl. — substantivo feminino plural
SI — Sistema Internacional
símb. — símbolo
sing. — singular
s.m. — substantivo masculino
s.m.2n. — substantivo masculino de dois números
s.m.pl. — substantivo masculino plural
S.O. — sudoeste
SOC — sociologia
SP — São Paulo (estado)
subj. — subjuntivo
subst. — substantivo
substv. — substantivação, substantivado
suf. — sufixo
sup.abs.sint. — superlativo absoluto sintético
sup.abs.sint.irreg. — superlativo absoluto sintético irregular
tb. — também
t.d. — transitivo direto
t.d. e int. — transitivo direto e intransitivo
t.d. e pron. — transitivo direto e pronominal
t.d. e t.d.i. — transitivo direto e transitivo direto e indireto
t.d. e t.d.pred. — transitivo direto e transitivo direto predicativo
t.d. e t.i. — transitivo direto e transitivo indireto
t.d.i. — transitivo direto e indireto
t.d.i. e int. — transitivo direto e indireto e intransitivo
t.d.i. e pron. — transitivo direto e indireto e pronominal
t.d.,int. e pron. — transitivo direto, intransitivo e pronominal
t.d.i.,int. e pron. — transitivo direto e indireto, intransitivo e pronominal

t.d.pred. — transitivo direto predicativo
t.d.pred. e pron. — transitivo direto predicativo e pronominal
t.d.pred. e t.i.pred. — transitivo direto predicativo e transitivo indireto predicativo
t.d.,t.d.i. e int. — transitivo direto, transitivo direto e indireto e intransitivo
t.d.,t.d.i. e pron. — transitivo direto, transitivo direto e indireto e pronominal
t.d.,t.d.i.,int. e pron. — transitivo direto, transitivo direto e indireto, intransitivo e pronominal
t.d.,t.d.i.,t.i. e int. — transitivo direto, transitivo direto e indireto, transitivo indireto e intransitivo
t.d.,t.d.i.,t.i.,int. e pron. — transitivo direto, transitivo direto e indireto, transitivo indireto, intransitivo e pronominal
t.d.,t.d.pred. e pron. — transitivo direto, transitivo direto predicativo e pronominal
t.d.,t.d.pred. e t.d.i. — transitivo direto, transitivo direto predicativo e transitivo direto e indireto
t.d.,t.i. e int. — transitivo direto, transitivo indireto e intransitivo
t.d.,t.i. e pron. — transitivo direto, transitivo indireto e pronominal
t.d.,t.i. e t.d.i. — transitivo direto, transitivo indireto e transitivo direto e indireto
t.d.,t.i.,int. e pron. — transitivo direto, transitivo indireto, intransitivo e pronominal
t.d.,t.i.pred. e int. — transitivo direto, transitivo indireto predicativo e intransitivo
t.d.,t.i.,t.d.i. e pron. — transitivo direto, transitivo indireto, transitivo direto e indireto e pronominal
t.d.,t.i.,t.d.pred. e pron. — transitivo direto, transitivo indireto, transitivo direto predicativo e pronominal
TEAT — teatro
TEL — telecomunicações
term. — terminação
t.i. — transitivo indireto
t.i. e int. — transitivo indireto e intransitivo
t.i. e pron. — transitivo indireto e pronominal
t.i. e t.d.i. — transitivo indireto e transitivo direto e indireto
t.i.,int. e pron. — transitivo indireto, intransitivo e pronominal
t.i.,t.d.i. e int. — transitivo indireto, transitivo direto e indireto e intransitivo
t.i.,t.d.i. e pron. — transitivo indireto, transitivo direto e indireto e pronominal
t.i.,t.i.pred. e int. — transitivo indireto, transitivo indireto predicativo e intransitivo
TO — Tocantins
top. — topônimo
TV — televisão
us. — usado(s)/a(s)
v. — verbo
VEST — vestuário
VET — veterinária
vulgarm. — vulgarmente
ZOO — zoologia

Sinais

■ — mudança de classe gramatical ou do qualificativo da classe gramatical
❏ — mudança de regência
® — marca registrada
▲ — símbolo (sem classe gramatical)
☞ — campo das observações
▼ — plural com sentido próprio
◉ — gramática e/ou uso, coletivos e vozes
▣ — início das locuções
• — separador de locuções
~ — campo das palavras embutidas
→ — remissão a uma entrada múltipla
◗ — ver diretamente a locução
⇒ — pronúncia
* — palavra hipotética

Gramática

Flávio de Aguiar Barbosa

I • História, domínio e variedade da língua portuguesa

Para contar a história da língua portuguesa devemos nos deslocar até o continente europeu e voltar no tempo a oito séculos antes de Cristo. Nessa época, algumas tribos que viviam no território que hoje corresponde à Itália se uniram, formando uma cidade chamada Roma. Esse foi o ponto de partida para a criação de um dos maiores impérios da história: o Império Romano.

Os romanos, grandes guerreiros e conquistadores, foram pouco a pouco aumentando os seus domínios a partir de disputas militares por territórios; suas conquistas avançaram cada vez mais e chegaram à sua extensão máxima no segundo século depois de Cristo, quando o Império Romano ocupava a maior parte da Europa, além de territórios na África e na Ásia.

Durante a expansão do império, os guerreiros romanos chegaram à ponta ocidental da Europa, região que chamaram de *Hispânia* e que hoje é a península Ibérica, onde ficam Portugal e Espanha.

Quando conquistavam um território, os romanos implantavam nele o seu modo de viver e também a sua língua, o *latim*, para facilitar a administração e a comunicação por todo o império; o domínio romano, portanto, trazia geralmente alterações na economia, na política, na integração do território, no desenvolvimento das cidades, na cultura etc.

Depois do desenvolvimento máximo, o Império Romano entrou em declínio. Surgiram crises políticas, econômicas, populacionais, que foram se agravando até que, no quinto século depois de Cristo, o império se desintegrou.

Cada um dos territórios conquistados pelos romanos passou a ter um desenvolvimento mais individual depois da queda do império. A partir dessa individualização, formaram-se aos poucos nações com governos independentes e línguas próprias. Muitas dessas línguas (principalmente as europeias) são da mesma família, pois todas se desenvolveram do latim: são *línguas neolatinas*, como o português, o espanhol, o francês, o italiano e o romeno.

Portugal foi um desses territórios que se desenvolveram e unificaram, formando uma nação. Suas fronteiras terminaram de ser instauradas em 1252 e a língua portuguesa, que vinha se formando desde o fim do Império Romano, também terminou o seu estabelecimento nessa época (os textos mais antigos em português são do final do século XII).

O próximo momento histórico importante para explicar a chegada da língua portuguesa ao Brasil, assim como a outras partes do mundo, é o século XVI. Nessa época, graças a avanços nos conhecimentos sobre navegação, os portugueses fizeram várias expedições, descobrindo novas terras, principalmente na África e na América. Fundaram colônias nesses lugares e, como os romanos, implantaram nelas o seu modo de viver e a sua língua.

Vendo a extensão dos domínios coloniais de Portugal nessa época, podemos compreender a amplitude do domínio atual da nossa língua pelo mundo: a partir do século XIX as colônias portuguesas foram conquistando a independência. Ficando independentes, ou adotaram o português como língua oficial (como fez o Brasil), ou mantiveram suas línguas anteriores, com influências da língua dos colonizadores (como fez Goa, estado da Índia).

A grande difusão da língua portuguesa, que hoje é falada oficialmente em três continentes, não quer dizer unidade absoluta: é só compararmos o jeito de falar de um português com o de um brasileiro para percebermos que cada um dos dois usa uma variedade diferente da língua.

Nem é preciso comparar países diferentes para perceber que a língua não é uniforme. Se observarmos apenas o vocabulário do português do Brasil, perceberemos que há várias maneiras de dizer a mesma coisa, usadas em diferentes situações, por diferentes tipos de pessoas, ou com diferentes intenções.[1]

Para o que chamamos regularmente de *alimento*, ou *comida*, dependendo da situação, das intenções do falante, da região do país etc., pode-se usar *manjar* (uso formal e elogioso); *pão* (uso figurado); *papá* (uso infantil); *boia*, *gravanço*, *paparoca*, *salgueiro* ou *rango* (usos informais), *gororoba*, *bodega*, *mistela*, *soquete* ou *grude* (usos informais e depreciativos); *de-comer* (uso popular); *mixórdia* (uso depreciativo); *xepa* (uso informal entre militares); *épula* ou *cibo* (uso antigo); *manjuba* (uso informal da Bahia e de São Paulo).

Para o que regularmente qualificamos como *ótimo* ou *excelente*, também dependendo da situação, podemos usar *soberbo*, *excelso*, *luculento* ou *fabuloso* (usos formais), *superno* (uso formal e figurado); *legal*, *bonzão*, *genial*, *bacana* (usos informais); *supimpa* (uso informal e jocoso); *maneiro*, *irado* (gírias); *mantena* (uso de Goiás e Tocantins); *marmo* (uso do nordeste do Brasil e de Minas Gerais).

[1] *Algumas das palavras listadas nos exemplos a seguir pertencem a usos muito específicos do português do Brasil. Por isso, você não encontrará todas elas neste minidicionário. Se quiser saber mais sobre alguma que não esteja registrada aqui, procure-a em um dicionário de grande porte.*

Da mesma forma, *trabalho*, *ocupação* ou *serviço* podem ser *afã*, *labor*, *labuta*, *lida* ou *mister* (usos formais); *andança*, *batalha*, *canseira* ou *suor* (usos figurados); *batente*, *bico*, *biscate*, *esfrega*, *galho*, *gregueu*, *quefazer*, *rojão*, *trabulança* ou *viração* (usos informais); *trampo* (uso informal de São Paulo).

Muitos outros exemplos poderiam ser dados, mas, a partir desses, você já deve ter constatado que, na unidade geral da língua portuguesa do Brasil, há espaço para uma série de variações que podem acontecer de acordo com o lugar, a situação, a identidade ou mesmo a intenção de quem fala.

A variedade da língua faz parte da riqueza da nossa cultura. Para que essa herança cultural não fique de fora dos nossos estudos de português, devemos buscar conhecer não só a forma oficial da língua — que, sem dúvida, deve ser valorizada e preservada, pois é a referência geral, que garante a sua unidade — mas também essas diferentes opções de uso. Alcançar o conhecimento abrangente da língua portuguesa é indispensável para dominá-la verdadeiramente.

II • A estrutura básica das orações

A maioria das orações na língua portuguesa é construída a partir de duas estruturas básicas: o sujeito, que geralmente tem como núcleo um substantivo, e o predicado, que tem como núcleo um verbo.

Ex.: [O **casal**] [**viajou** em férias.]
SUJEITO PREDICADO

O verbo é o único elemento realmente indispensável para a existência de uma oração. A estrutura básica da oração é estabelecida a partir do significado e das possibilidades de combinação dessa palavra com outras. Vejamos, a seguir, os tipos principais de verbos que formam diferentes construções de orações.

Há verbos que precisam de uma única estrutura nominal para formar uma oração. Esses verbos são classificados como intransitivos:

Ex.: [O bebê] **dormiu**.
SUJEITO

Obs.: além da definição da estrutura da oração, o verbo *dormir*, por seu significado, restringe o grupo dos substantivos que podem ocupar a posição de sujeito: a não ser que se fale em linguagem figurada (mudando o sentido original das palavras), não se diz, por exemplo, *o tijolo dormiu*.

Há verbos que precisam de duas estruturas nominais para formar uma oração. São classificados como transitivos diretos, quando a estrutura que os sucede, complementando seu sentido, vem sem preposição (o objeto direto):

Ex.: [Meu pai] **varreu** [o quintal] ontem.
SUJEITO OBJETO DIRETO

Obs.: 1) novamente, a não ser que se fale em linguagem figurada, não se diz, por exemplo, *a cadeira varreu o lixo da calçada*, ou *o faxineiro varreu os postes da rua*;
Obs.: 2) no exemplo anterior, além do sujeito e do objeto direto, há a palavra *ontem*, que não estava prevista na estrutura estabelecida pelo verbo: é um advérbio, que situa a ação de varrer no tempo. Os advérbios servem para esclarecer circunstâncias relacionadas ao significado do verbo; para mais informações sobre essa classe de palavras, veja o que se diz sobre advérbios na seção "Classes de palavras".

Se o complemento que sucede esses verbos é preposicionado (o objeto indireto), são classificados como transitivos indiretos:

Ex.: [Essa menina] sempre **gostou** [de cantar.]
SUJEITO OBJETO INDIRETO

Há, ainda, outro tipo desses verbos, que precisam de um objeto direto, ou indireto, qualificado por uma segunda estrutura nominal, o predicativo. São os verbos transitivos diretos predicativos, ou transitivos indiretos predicativos:

Ex.: [Os juízes] **consideraram** [o atleta]
SUJEITO OBJETO DIRETO
[apto à disputa.]
PREDICATIVO DO OBJETO DIRETO

[O cliente] **precisa** [da encomenda] [pronta]
SUJEITO OBJETO INDIRETO PREDICATIVO DO OBJETO INDIRETO
até amanhã.

Há verbos que precisam de três estruturas nominais para formar uma oração. São conhecidos como transitivos diretos e indiretos, quando, além do objeto direto, também são sucedidos por um objeto indireto:

Ex.: [Nós] **vendemos** [o apartamento]
SUJEITO OBJETO DIRETO
[aos antigos inquilinos.]
OBJETO INDIRETO

Obs.: por causa do significado do verbo *vender*, a não ser que se fale em linguagem figurada, não se diz *a cortina vendeu um carro ao jovem*, ou *o balconista vendeu cinco soluços ao cliente*, ou *vendi livros a meu cachorro*.

Os verbos de ligação, como seu nome já diz, *ligam* um sujeito a um predicativo, que traz informações novas sobre o sujeito.

Ex.: [Eu] **estou** [atrasado.]
SUJEITO PREDICATIVO

[Meu nome] **é** [Paulo.]
SUJEITO PREDICATIVO

[Esta porta] **é** [de ferro.]
SUJEITO PREDICATIVO

[Nossos amigos] **ficaram** [felizes.]
SUJEITO PREDICATIVO

[O jogo] **é** [hoje.]
SUJEITO PREDICATIVO

Obs.: como os verbos predicativos ou de ligação não têm significado próprio, nas orações com esse tipo de verbo as restrições de combinação dependem do significado do sujeito e do predicativo; assim, a não ser que se fale em linguagem figurada, não se diz, por exemplo, *a madeira está enferrujada*, ou *a noite é ensolarada.*

Alguns poucos verbos não precisam de nenhuma estrutura nominal para formar uma oração. Esses verbos geralmente nomeiam fenômenos da natureza.

Ex.: **Chove**. **Troveja**. **Venta** muito.

Obs.: em alguns usos da linguagem figurada, esses verbos precisam que um sujeito e, por vezes, também um objeto direto os complementem:

Ex.: **Choveram** [denúncias] durante a investigação.
SUJEITO

[O pai,] exaltado, **trovejava** [insultos.]
SUJEITO OBJETO DIRETO

III • Classes de palavras

Esta é uma descrição geral das classes de palavras, baseada em três categorias de cada uma delas: significado, forma e função.

• Substantivos

Significado: nomeiam principalmente seres, coisas e ideias.

Ex.: *homem* (um ser); *pedra* (uma coisa); *felicidade* (uma ideia ou sentimento).

Forma: são geralmente variáveis; suas variações expressam as ideias de gênero (masculino ou feminino) e número (singular ou plural).

Ex.: *moço* (masculino singular) / *moça* (feminino singular)
moços (masculino plural) / *moças* (feminino plural)

Obs.: veja mais informações sobre a formação do feminino e do plural nas seções deste dicionário dedicadas a esses assuntos.

Função: ocupam o núcleo de unidades nominais, como o sujeito, o objeto direto, o objeto indireto, o predicativo ou o agente da passiva.

Ex.: [O **balconista**] informou [as **horas**] [à **cliente**.]
SUJEITO OBJETO DIRETO OBJETO INDIRETO

[O meu **irmão** mais velho] é [**professor**.]
SUJEITO PREDICATIVO

[O **samba**] foi muito bem interpretado
SUJEITO

[pelo jovem **cantor**.]
AGENTE DA PASSIVA

• Verbos

Significado: nomeiam principalmente ações, processos e fenômenos da natureza.

Ex.: *Protegi*-me da chuva forte. (nomeação de uma ação)

A água *molhou* as minhas compras. (nomeação de um processo)

Choveu por duas horas. (nomeação de um fenômeno da natureza)

Obs.: os chamados *verbos predicativos* ou *verbos de ligação* não têm significado próprio; costumam ligar o sujeito a uma qualidade ou estado.

Ex.: Meus pés *estavam* molhados.

Forma: são variáveis; suas variações expressam as ideias de pessoa, número, tempo e modo.

Ex.: Se eles *gostassem* de chocolate, eu *faria* esta torta para a sobremesa.
gostassem — verbo *gostar*; pessoa: terceira; número: plural; tempo: pretérito imperfeito; modo: subjuntivo
faria — verbo *fazer*; pessoa: primeira; número: singular; tempo: futuro do pretérito; modo: indicativo

Obs.: além de verbos simples, há, também, locuções verbais, formadas por um verbo auxiliar conjugado mais um verbo principal no particípio, no gerúndio ou no infinitivo: *tinha perguntado* (em vez de *perguntara*), *teria molhado* (em vez de *molharia*), *está falando*, *poderá saber* etc.

Função: ocupam o núcleo do predicado; são a base da oração.

Ex.: [Toda a família] [**vai** ao casamento.]
SUJEITO PREDICADO

Obs.: em frases com verbo de ligação, como

[Nós] [**estamos** atrasados para a festa.]
SUJEITO PREDICADO

o predicado é considerado nominal, porque o núcleo do seu significado é um nome: o adjetivo *atrasados.*

• Adjetivos

Significado: nomeiam principalmente qualidades, características ou estados.

Ex.: música *agradável* (nomeação de uma qualidade)
fio *metálico* (nomeação de uma característica)

pãezinhos *quentes* (nomeação de estado)

Forma: são geralmente variáveis; suas variações expressam as ideias de gênero (masculino ou feminino) e número (singular ou plural).

Ex.: caderno *novo* (masculino singular) / cadernos *novos* (masculino plural)
caneta *nova* (feminino singular) / canetas *novas* (feminino plural)

Obs.: 1) veja mais informações sobre a formação do feminino e do plural nas seções deste dicionário dedicadas a esses assuntos;

Obs.: 2) além de adjetivos simples, como *metálico*, há também locuções adjetivas, como *de metal*, *de pedra* e *de madeira*. As locuções adjetivas são estruturas de mais de uma palavra sempre introduzidas por uma preposição.

Função: na maioria dos casos, ligam-se a substantivos, modificando o seu significado:

Ex.: [O *jovem* **balconista**] informou [as **horas** *exatas*] [à **cliente** *apressada*.]

Podem, também, ter a função de núcleo do predicativo:
Ex.: A pintura da casa ficou [**bonita**]

• Advérbios

Significado: nomeiam circunstâncias.

Ex.: Chegamos *tarde*. (circunstância de tempo)
Passeamos *calmamente por toda a cidade*. (circunstâncias de modo e de lugar)
Estávamos *muito* cansados. (circunstância de intensidade)

Forma: são invariáveis.

Obs.: além de advérbios simples, como *sempre* e *cuidadosamente*, há, também, locuções adverbiais, como *por toda a cidade*, *à noite* e *com cuidado*. As locuções adverbiais são estruturas de mais de uma palavra sempre introduzidas por uma preposição.

Função: ligam-se a verbos, adjetivos e substantivos, modificando o seu significado.

Ex.: **Estudei** *ontem* para a prova de biologia.
Estava *meio* **aborrecida**
O jogo **é** *hoje*.

Obs.: 1) os advérbios de intensidade podem, também, se ligar a outros advérbios:

Ex.: Comemos *muito* **bem** no jantar.

Obs.: 2) em alguns casos, o advérbio pode se ligar a uma oração inteira:

Ex.: *Infelizmente*, **não ouvimos o seu chamado**

• Artigos

Significado: indicam se o significado dos substantivos aos quais se ligam é específico ou genérico — o artigo definido é usado para marcar um significado específico (determinado) e o indefinido é usado para marcar um significado genérico (indeterminado).

Ex.: *O* rapaz da padaria esteve aqui. (artigo definido: ideia específica)
Um rapaz esteve aqui. (artigo indefinido: ideia genérica)

Forma: são variáveis. Suas variações expressam as ideias de gênero (masculino ou feminino) e número (singular ou plural).

Ex.: *o* rapaz / *os* rapazes / *um* rapaz / *uns* rapazes
a moça / *as* moças / *uma* moça / *umas* moças

Função: ligam-se a substantivos especificando ou indeterminando o seu significado.

• Numerais

Significado: nomeiam quantidades (inteiras, fracionárias ou multiplicativas) e indicam a posição de elementos em uma série.

Ex.: Já li *dois* livros neste mês. (nomeação de uma quantidade inteira)
Fiz *dois terços* do trabalho. (nomeação de uma quantidade fracionária)
Ele é o *décimo terceiro* da fila. (indicação da posição em uma série)
Consegui cinco novas figurinhas e ele conseguiu o *dobro* disso. (indicação da multiplicação de uma quantidade)

Forma: há dois grupos — um de numerais variáveis e um de numerais invariáveis.

Ex.: Essas *duas* senhoras moram a *dois* quarteirões daqui. (numeral variável)
Vamos fazer *meia* viagem em *meio* dia. (numeral variável)
O filme começa às *dez* horas e *dez* minutos. (numeral invariável)
As *três* amigas foram conhecer a Praça dos *Três* Poderes. (numeral invariável)

Função: podem ocupar o núcleo do sujeito, do objeto direto, do objeto indireto, do predicativo ou do agente da passiva (função substantiva) ou ligar-se a um substantivo, modificando o seu significado (função adjetiva).
Ex.: Elas eram sempre [as ***primeiras*** a chegar.] (função substantiva)

[A *primeira* **coisa** que fiz] foi limpar aquela bagunça. (função adjetiva)

• Pronomes

Significado: 1) indicam as pessoas participantes de uma situação comunicativa (quem fala — a 1ª pessoa; com quem se fala — a 2ª pessoa; de quem se fala — a 3ª pessoa; **2)** indicam uma pessoa ou coisa indefinida, desconhecida ou já mencionada; **3)** situam as pessoas e coisas no tempo e no espaço e estabelecem relações entre elas e outros elementos.

Ex.: *Eu te* disse que sairíamos hoje. (indicação da 1ª e da 2ª pessoas do singular)
Tudo estava preparado para a apresentação. (indicação de coisas indefinidas)
Quem está aí? (indicação de pessoa desconhecida, que se quer descobrir)
Um amigo *que* sabe ouvir é um tesouro. (indicação de uma pessoa já mencionada)
Este carro é maior do que *aquele*. (indicação da localização de objetos em relação aos falantes)
Nossos trabalhos foram premiados. (indicação de relação de posse)

Forma: há dois grupos — um de pronomes variáveis e um de pronomes invariáveis.

Ex.: *Eles a* convidaram para sair, mas *ela* não quis. (pronomes variáveis)
Aquele pacote está molhado. *Aqueles outros* estão secos. (pronomes variáveis)
Alguém esteve na biblioteca. (pronome invariável)
Aquilo parece um incêndio. (pronome invariável)

Função: podem ocupar o núcleo do sujeito, do objeto direto, do objeto indireto, do predicativo ou do agente da passiva (função substantiva) ou ligar-se a um substantivo, modificando o seu significado (função adjetiva).

Ex.: *Eu o* vi ontem à noite. (função substantiva)
[*Este* **relógio**] é caro. (função adjetiva)

Obs.: com relação aos pronomes pessoais no português do Brasil, é muito frequente o uso, mesmo em situações formais, de *você(s)* com referência à segunda pessoa do singular ou do plural (aquele[s] com quem se fala). Já *tu* e *vós* têm sido pouco usados; o pronome *tu*, entretanto, é muitas vezes empregado com concordância na terceira pessoa, fora da norma-padrão:

Ex.: *Tu* foste à festa ontem? / Vós *fostes* à festa ontem? (usos raros no português brasileiro atual)
Você foi à festa ontem? / *Vocês* foram à festa ontem? (usos comuns, tanto informal quanto formalmente)
**Tu* foi à festa ontem? (uso não correspondente à norma-padrão)

Outro pronome comum nos usos informais, também encontrável em expressões mais cuidadas, é *a gente*, substituindo *nós*. A concordância é na terceira pessoa do singular, mas, por associação com o significado do pronome, muitas vezes se faz a concordância pela primeira pessoa do plural, o que não corresponde à norma-padrão:

Ex.: *A gente* foi à festa ontem. (uso comum, principalmente informal)
**A gente* fomos à festa ontem. (uso não correspondente à norma-padrão)

• Preposições

Significado: em geral são consideradas palavras vazias de significado, sendo definidas apenas a partir da sua função de ligar palavras:

Ex.: Gosto *de* bananas. (palavra vazia de significado)
Concordo *com* você. (palavra vazia de significado)
O livro consiste *em* anotações e artigos inéditos. (palavra vazia de significado)

Entretanto, em certos casos, pode-se perceber seu significado:

Ex.: Fui *de* São Paulo *a* Fortaleza. (preposição *de* com a ideia de 'ponto de partida' e preposição *a* com a ideia de 'destino')
Fui à praia *com* a família. (ideia de 'companhia')
O presente foi entregue *em* uma caixa colorida. (ideia de 'localização no interior')

Obs.: além de preposições simples, há, também, locuções prepositivas, como *a partir de*, *dentro de*, *antes de* etc.

Forma: são invariáveis.

Função: ligam palavras dentro do limite da oração, relacionando-as sintaticamente.

Ex.: Essa **porta** [*de* madeira] é resistente. (função adjetiva)
Lutamos [*contra* a discriminação.] (função adverbial)

• Conjunções

Significado: em geral são consideradas palavras vazias de significado, sendo definidas apenas a partir da sua função de ligar palavras:

Ex.: Pedro *e* Paulo saíram apressados. (palavra vazia de significado)
Disse *que* me ajudaria. (palavra vazia de significado)

Entretanto, em certos casos, pode-se perceber seu significado:

Ex.: Estou cansado. *Entretanto*, não consigo dormir. (ideia de 'oposição de informações')
Está ficando tarde. *Portanto*, devemos sair logo. (ideia de 'conclusão')

Obs.: além de conjunções simples, há, também, locuções conjuntivas, como *no entanto, por conseguinte, desde que, ainda que* etc.

Forma: são invariáveis.

Função: ligam palavras ou locuções dentro de uma mesma oração, ou orações entre si.

Ex.: **Preciso** de [pratos] *e* [talheres] novos. (ligação de palavras dentro da mesma oração)
[**Ganhamos** o jogo,] [*mas* o campeonato não **acabou**.] (ligação de orações)
[**Saímos**] [*quando* o filme **terminou**.] (ligação de orações)

• Interjeições

Significado: exprimem sentimentos e emoções de quem fala ou escreve.

Ex.: *Droga*! Deu tudo errado! (expressão de aborrecimento)
Nossa, como essa menina cresceu! (expressão de espanto)
Viva! Passei de ano! (expressão de alegria)

Forma: são invariáveis.

Obs.: além de interjeições simples, como *ai!* e *hem?*, há, também, locuções interjetivas: *puxa vida!*; *meu Deus do céu!*; *que beleza!*

Função: têm o valor de frases isoladas (sem função sintática dentro da oração), que exprimem sentimentos e emoções.

IV • A formação do plural em português

Apresentam-se, a seguir, os principais mecanismos de formação do plural de substantivos e adjetivos:

Regra geral: para formar o plural de uma dessas palavras, geralmente se usa -s. Por exemplo: casa > casas; beijo > beijos; grande > grandes; doce > doces.

Veja alguns casos nos quais a regra geral sofre alterações:

Caso	Alteração	Exemplos
final em *-ão*	torna-se *-ões*	*informação > informações* *caminhão; cartão; chorão; comilão; coração; exceção; leão; limão; milhão; portão* etc.
	torna-se *-ãos*	*irmão > irmãos* *acórdão; artesão; bênção; cidadão; grão; mão; órfão; órgão; são; sótão; vão* etc.
	torna-se *-ães*	*pão > pães* *alemão; cão; capelão; capitão; sacristão* etc.
	tem mais de um plural	*aldeão > aldeões, aldeãos* e *aldeães;* *ancião > anciãos, anciões* e *anciães;* *guardião > guardiões* e *guardiães;* *vilão > vilões, vilãos* e *vilães* etc.
final em *-l*	torna-se *-is*[1]	*animal > animais;* *anel > anéis;* *servil > servis;* *anzol > anzóis; carnaval; mortal; cascavel; cruel; nível; papel; barril; funil; sutil; álcool; espanhol; lençol; azul; paul* etc.
	torna-se *-eis*	*útil > úteis* *afável; amável; móvel; notável; fácil; fóssil; fútil; projétil; réptil*[2] etc.
	tem mais de um plural	*cal > cais* ou *cales;* *aval > avais* ou *avales*
	outras exceções	*cônsul > cônsules;* *mal > males*
finais em *-m* **ou** *-n*	tornam-se *-ns*	*imagem > imagens;* *pólen > polens;* *álbum; batom; bom; comum; homem; refém; selim; totem* etc.
	têm mais de um plural	*abdômen > abdomens* e *abdômenes;* *gérmen > germens* e *gérmenes;* *hífen > hifens* e *hífenes* etc.
final em *-r*	torna-se *-res*	*jantar > jantares* *ator; cantor; senhor; torcedor; trator; vencedor; amor; bar; cor; elixir; flor; hambúrguer; mar; mártir* etc.
final em *-s*	torna-se *-ses*	*país > países* *cortês; freguês; marquês; ás; cós; gás; mês* etc.
	mantém-se invariável	*bis; cais; clitóris; cútis; íris; lápis; xis; atlas; isósceles; ônibus; ourives; pires; reles; simples* etc.
final em *-x*	mantém-se invariável	*anticlímax; bômbix; clímax; dúplex; ônix; tórax* etc.
	flexão facultativa	*durex > durex, durexes* *fax; pirex; sax; xerox* etc.
final em *-z*	torna-se *-zes*	*paz > pazes* *capataz; cartaz; gravidez; vez; cicatriz; giz; avestruz; luz* etc.

[1]***Cuidado:*** *os substantivos terminados por* -u *seguem a regra geral. Passá-los para o plural como se fossem terminados por* -l *é uma confusão comum. Veja:* troféu > troféus*; idem para* céu, degrau *etc.*

[2]Reptil *e* projetil*, como oxítonos, fazem plural em* -is*:* reptil > reptis*;* projetil > projetis.

Veja, a seguir, outros casos, que destoam dos já registrados:

Classe	Caso	Exemplos
substantivos	normalmente não se empregam no plural[3]	*oxigênio, ouro* (na acp. química) etc.
	normalmente só se empregam no plural[4]	*anais; núpcias; parabéns; víveres* etc.

• Formação do plural de compostos

1 Quando o composto é formado por um verbo e um substantivo, só o segundo elemento recebe a marca de plural: para-choque > para-choques. *Idem* para bate-boca; beija-flor; fura-bolo; guarda-roupa; marca-passo; mata-burro; pega-ladrão; porta-bandeira; quebra-queixo; vaga-lume etc.;

2 quando o composto é formado pela repetição de um verbo, há duas opções: pisca-pisca > pisca-piscas ou piscas-piscas. *Idem* para corre-corre; mata-mata; mexe-mexe; pega-pega; pula-pula; treme-treme etc.;

3 quando o composto é formado por palavras que imitam sons, somente a última pluraliza-se: pingue-pongue > pingue-pongues. *Idem* para bangue-bangue; reco-reco; teco-teco; tique-taque; vapt-vupt; tico-tico etc.;

4 quando o composto é formado por uma palavra invariável[5] e uma variável[6], só a última recebe a marca de plural: super-homem > super-homens. *Idem* para abaixo-assinado; alto-falante; ave-maria; bem-estar; contra-ataque; ex-namorado; grã-fino; grão-vizir; mal-educado; pré-vestibular; sempre-viva; vice-campeão etc.;

5 quando o composto é formado por um substantivo e um adjetivo, ambos pluralizam-se: cabeça-dura > cabeças-duras. *Idem* para ar-condicionado; bicho-papão; boia-fria; cabra-cega; cachorro-quente; carne-seca; cartão-postal; conta-corrente; conversa-fiada; dedo-duro; guarda-florestal; novo-rico; pão-duro; pé-frio; ponta-direita; quadro-negro etc.;

6 quando o composto é formado por dois substantivos, segue um dos modelos a seguir:

[3] *Referem-se geralmente a coisas indivisíveis ou incontáveis.*

[4] *Referem-se, geralmente, a coisas que existem aos pares ou que têm implícita a ideia de pluralidade; podem, ainda, ser usados assim por convenção.*

[5] *Advérbio, preposição etc.*

[6] *Substantivo, adjetivo etc.*

6.1 carta-bomba[7] > cartas-bomba ou cartas-bombas. *Idem* para carro-pipa; cobra-coral; couve-flor; decreto-lei; fruta-pão; homem-sanduíche; livro-caixa; navio-escola; pau-brasil; porco-espinho; rádio-relógio; salário-família; samba-enredo; tamanduá-bandeira etc.;

6.2 diretor-gerente[8] > diretores-gerentes. *Idem* para médico-professor; sócio-proprietário; tenente-coronel etc.;

7 quando o composto, ou locução, é formado por substantivos ligados por preposição, só o primeiro substantivo recebe a marca de plural: banana-da-terra > bananas-da-terra; água de coco > águas de coco. *Idem* para baião de dois; carne de sol; castanha-de-caju; estrela-do-mar; flor-de-lis; fruta-de-conde; leão de chácara; mala sem alça; mula sem cabeça; pau de arara; rosa dos ventos; porco-do-mato etc.;

8 quando o composto, ou locução, é formado por uma frase substantiva, é ger. invariável: leva e traz (singular e plural). *Idem* para bumba meu boi; chove não molha; comigo-ninguém-pode; disse me disse; louva-a-deus; tomara que caia etc. Exceções: bem-te-vi (pl.: bem-te-vis); bem-me-quer (pl.: bem-me-queres).

• Adjetivos compostos

Regra geral: na maioria dos casos, apenas a segunda palavra desse tipo de composto se pluraliza: congressos *afro-brasileiros*; ações *político-sociais*.

Exceção: em surdo-mudo, ambas as palavras pluralizam-se — jovens *surdos-mudos*.

Quando o adjetivo composto designa uma cor, segue um dos modelos seguintes:

1 geralmente, apenas a última palavra recebe a marca de plural: paletós *azul-escuros*. *Idem* para cinza-claro, rubro-negro, verde-azul, amarelo-fosco etc.[9]

Exceções: azul-marinho e furta-cor permanecem invariáveis no plural — calças *azul-marinho*, tecidos *furta-cor*.

2 quando a segunda palavra é um substantivo designativo de algo que tem a cor nomeada na primeira parte do composto, ele permanece invariável no plural: toalhas *verde-oliva*. *Idem* para azul-violeta, vermelho-sangue, amarelo-ouro etc.

[7] *O segundo substantivo geralmente especifica ou qualifica o primeiro.*

[8] *O segundo substantivo geralmente indica cargo ou função.*

[9] *Como substantivos, essas palavras seguem as regras de formação daquela classe de compostos (consulte-as no item anterior): azuis-escuros, azuis-marinhos; verdes-olivas ou verdes-oliva; furta-cores etc.*

V • A formação do feminino em português

Apresentam-se, a seguir, os principais mecanismos de formação do feminino de substantivos e adjetivos:

Regra geral: para formar o feminino de uma dessas palavras, geralmente usa-se *-a*. Por exemplo: *moço > moça; urso > ursa; belo > bela; alto > alta.*

Veja alguns casos nos quais a regra geral sofre alterações:

Caso	Alteração	Exemplos
terminação *-ão*	torna-se *-ã*	*órfão > órfã;* *irmão; afegão; aldeão; alemão; anão; ancião; artesão; capitão; cidadão; cristão; espião; tabelião; sacristão* etc.
	torna-se *-ona*	*valentão > valentona;* *bonachão; chorão; comilão; folião; mandão; solteirão; valentão* etc.
	torna-se *-oa*	*leitão > leitoa;* *ermitão; leão; patrão; pavão*
	exceções	*barão > baronesa;* *cafetão > cafetina;* *sultão > sultana;* *cão > cadela;* *perdigão > perdiz*
terminação *-eu*	torna-se *-eia*	*europeu > europeia;* *ateu; fariseu; galileu; hebreu; pigmeu*
	torna-se *-ia*	*judeu > judia;* *sandeu > sandia*

Em outros casos, o feminino é formado por adição ou mudança de sufixo:

Caso	Alteração	Exemplos
sufixos *-dor* **ou** *-tor*	tornam-se *-triz*	*imperador > imperatriz;* *ator; embaixador*[1]
	seguem a regra geral ***maioria dos casos**	*carregador > carregadora;* *embaixador*[2]*; imitador; sofredor; poupador; autor; cantor; doutor* etc.
terminação *-éu*	torna-se *-oa*	*ilhéu > ilhoa;* *tabaréu > tabaroa*
	exceção	*réu > ré*
substantivos com diferentes sufixos ou terminações (ger. nomeando títulos)	recebem os sufixos *-esa* ou *-essa*	*cônsul > consulesa;* *duque; príncipe; marquês;* *abade > abadessa;* *conde*[3]
	recebem o sufixo *-ina*	*maestro > maestrina;* *czar; herói*
	recebem o sufixo *-isa*	*poeta > poetisa;* *papa; diácono; profeta; sacerdote*
	recebem o sufixo *-inha*	*rei > rainha; galo > galinha*

Obs.: em certos casos há mais de um feminino possível: *ladrão > ladra, ladrona* ou *ladroa*; *vilão > vilã* ou *viloa*; *bordador > bordadora* ou *bordadeira*; *presidente > presidenta* ou *presidente*; *prior > priora* ou *prioresa*.

Finalmente, veja a seguir casos excepcionais, que destoam dos já registrados:

[1] Embaixatriz *é a esposa do embaixador.*

[2] Embaixadora *é a mulher que tem o cargo de embaixador.*

[3] *Se já são terminados por* -s, *seguem a regra geral:* marquês > marquesa.

Classe	Caso	Exemplos
substantivos	feminino nomeado por um substantivo diferente do masculino	*pai > mãe; homem > mulher; macho > fêmea; boi > vaca; cavalo > égua; bode > cabra* etc.
	mesma forma para o masculino e o feminino, **com variação de artigo**	*o chefe > a chefe; homossexual; policial; pedinte; profissional* etc.
	mesma forma para o masculino e o feminino, **sem variação de artigo**	*a sentinela; a criança; a testemunha; o músico; a vítima; a cobaia; o animal; a pessoa* etc.
	uso dos adjetivos *macho* e *fêmea* para diferenciar os sexos	*cobra-macho; jacaré-fêmea* etc.
adjetivos	mesma forma para o masculino e o feminino	*agrícola; breve; comum; contente; doente; exemplar; experiente; feliz; feroz; fiel; simples; útil* etc.

VI • O emprego da crase

Ocorre a crase quando a preposição 'a' se encontra e funde com outro 'a'.

Usa-se a crase:

1 diante de palavra feminina precedida do artigo definido ('a'), singular ou plural: *<ir à aula>, <dedicar-se às crianças>*;

2 diante dos pronomes demonstrativos 'a'(s), 'aquele'(s), 'aquela'(s), 'aquilo': *<roupa semelhante à que ela tinha>, <nunca assistiu àquele filme>*;

3 diante do pronome relativo feminino 'a qual': *<sabe a matéria à qual o professor se referiu>*;

4 em locução adverbial, prepositiva ou conjuntiva, que contenha ou introduza palavra do gênero feminino: *<à tarde>, <às vezes>, <devido à (situação)>, <à medida que>*;

5 para indicar hora: *<às dez horas>, <à uma hora>, <à meia-noite>*;

6 antes da palavra moda (expressa ou não): *<vestido à (moda) antiga>, <bigode à (moda de) Salvador Dalí>*.

Nunca se usa a crase:

1 diante de palavra masculina: *<andar a cavalo>*;

2 diante de verbo: *<decidido a renunciar>*;

3 diante de artigo indefinido, numeral cardinal e pronome (exceto os supracitados): *<tributo a uma heroína>, <a duas léguas de distância>, <atenda a ela primeiro>, <cumprimentos a V. Ex.ª>, <não sabe a quem pedir>*;

4 em expressões formadas por palavras repetidas: *<linha a linha>, <frente a frente>*;

5 diante de topônimos que não requerem o artigo definido feminino: *<ir a Roma>* (cf. *<vir de Roma>*);

6 diante de palavras femininas não precedidas do artigo definido: *<a estratégia refere-se a leis de mercado, a direito tributário e a competição>*.

Casos excepcionais:

1 diante de nome próprio feminino: *<respondeu a (ou à) Maria com um sim>*;

2 diante de pronome possessivo feminino: *<respondeu a (ou à) sua pergunta>*.

Obs.: 1) no caso da palavra *casa*, só se usa a crase se estiver determinada: *<foi à casa da avó>* (mas: *foi a casa, saiu de casa, está em casa, dirigiu-se para casa*); **2)** na linguagem de Marinha, a palavra *terra* não admite crase: *<foi a terra>, <desceu a terra>*.

Sugestões práticas para o uso da crase:

1 substituir a palavra feminina por uma masculina e ver se aparece 'ao'; se aparecer, a crase é obrigatória (cf. *vou à cidade — vou ao teatro / barco a vela — barco a motor*);

2 substituir a preposição 'a' por outra (para, em, de, por etc.) e ver se se usaria 'para a', 'na', 'da', 'pela' etc.

VII • Acentuação gráfica

Antes de listar as regras de acentuação gráfica, é preciso explicar o conceito de **sílaba tônica**: quando falamos uma palavra de mais de uma sílaba, pronunciamos uma delas com maior força do que a(s) outra(s). É essa sílaba mais forte que chamamos de sílaba tônica. Por exemplo, nas palavras ***mú****-si-ca*, ***li****-vro* e *ca-****ju*** a sílaba em destaque é a tônica.

Dependendo da posição da sílaba tônica, as palavras podem ser classificadas como: **oxítonas** — as que têm a última sílaba tônica, como *pa-***pel** e *ma-***ré**; **paroxítonas** — as que têm a penúltima sílaba tônica, como *ca-***ne***-ta* e **tú***-nel*; e **proparoxítonas** — as que têm a antepenúltima sílaba tônica, como **mé***-di--co* e **câ***-ma-ra*.

Observando os exemplos anteriores, podemos perceber que em algumas daquelas palavras a sílaba tônica é marcada por um acento gráfico e em outras, não. Há algumas regras que determinam se as palavras devem receber acentuação gráfica ou não:

1 As palavras oxítonas que terminam em *a(s), e(s), o(s), em(-ens)* são acentuadas. Por exemplo: *Pa-***rá**, *li-***lás**; *ca-***fé**, *con-***vés**; *ro-***bô**, *ro-***bôs**; *re-***fém**, *re-***féns**.

2 As palavras paroxítonas que ***não terminam*** em *a(s), e(s), o(s), em(-ens)* são acentuadas. Por exemplo: **cá***-qui*, **lá***-pis*; **ló***-tus*, **bô***-nus*; *a-gra-***dá***-vel*, *de--***cá***-tlon*, **pôs***-ter*, **tó***-rax*; **ál***-bum*, **ór***-fão*, **vô***-lei*, **í***-mã*; *co-***mé***-dia*, *ca-***ná***-rio*, *es-***pé***-cie*.

Obs.: repare que em *co-***mé***-dia*, *ca-***ná***-rio* e *es-***pé***-cie*, as terminações não são simplesmente *a*, *o* e *e*: nesses casos, encontramos os ditongos *ia*, *io* e *ie*. Por isso aquelas palavras são acentuadas.

3 ***Todas*** as palavras proparoxítonas são acentuadas. Por exemplo: **ár***-vo-re*, **lá***-gri-ma*, **pé***-ro-la*, *al-***môn***--de-ga*.

4 Os **monossílabos tônicos** (palavras que têm uma única sílaba e são pronunciadas com voz forte), quando terminam em *a(s)*, *e(s)* e *o(s)*, recebem acento. Por exemplo: ***gás***, ***mês***, ***nó***.

5 Os ditongos abertos *ei* e *oi*, quando estão na sílaba tônica, não são acentuados em vocábulos paroxítonos, mas sim em oxítonos. Por exemplo: *i-***dei***-a*, *cau--***bói**, *a-***néis**, *ji-***boi***-a*.

6 As vogais *i* e *u*, quando são tônicas e estão em hiato com outras vogais de sílaba anterior, são acentuadas. Já os grupos de vogais *oo* e *ee*, também quando estão em hiato, não recebem acento no primeiro *o* e *e*. Por exemplo: *pa-ra-***í***-so*, *sa-***ú***-de*, *vi-***ú***-vo*, *v***o***-o*, *cr***e***-em*.

Obs.: há exceções para essa regra. As vogais *i* e *u*, mesmo tônicas e em hiato com a vogal anterior, ***não são acentuadas*** se forem seguidas de *l*, *m*, *n*, *r* ou *z* ou antecedidas de ditongo decrescente. Por exemplo: *Ra-***ul**, *cons-ti-tu-***in***-te*, *a-men-do-***im**, *ca-***ir**, *ju-***iz**, *cau-***i***-la*, *fei-***u***-ra*. Essas mesmas vogais também não são acentuadas quando estão em hiato e são seguidas de *nh*, mesmo que não seja na mesma sílaba. Por exemplo: *mo-***i***-nho*, *ra-***i***-nha*, *ba-***i***-nha*.

VIII • Notações léxicas

Veremos, agora, alguns sinais que trazem informações sobre como as palavras devem ser pronunciadas:

´ Acento agudo

O acento agudo sempre cai na sílaba tônica. Quando usado nas vogais *e* ou *o*, informa que devem ser pronunciadas abertas.
Ex.: ***pé***; ***só***; *ca-***fé**; *for-***ró**; *va-ta-***pá**; **prá***-ti-co*; **quí***-mi-ca*; **mú***-si-ca*.

^ Acento circunflexo

O acento circunflexo sempre cai na sílaba tônica, sobre as vogais *a*, *e* ou *o*. Quando é usado, informa que essas vogais devem ser pronunciadas fechadas:
Ex.: ***dê***; ***xô***; *vo-***vô**; **tâ***-ma-ra*; **fê***-me-a*; **cô***-mi-co*.

~ Til

O til é usado sobre as letras *a* e *o* para informar que o seu som é nasalizado.
Ex.: *fã*; *lã*; *cristã*; *órfã*; *canções*.

ç Cedilha

A cedilha é usada na letra *c*, sempre antes de *a*, *o* ou *u*, para indicar que o seu som é como o da letra *s* no início de uma palavra (em *seta*, por exemplo).
Ex.: *pe-***ça**; *po-***ço**; *a-***çú***-car*.

` Acento grave

O acento grave é usado para informar que houve uma fusão (também chamada de *crase*) entre duas vogais *a* (geralmente uma preposição e um artigo).
Ex.: Ir ***à*** praia. Dar um presente ***à*** namorada.
Dediquei-me *àquele* projeto o quanto pude.

' Apóstrofo

O apóstrofo serve para informar que um som foi apagado de uma locução.
Ex.: *gota de água / gota* ***d'água***; *cabelos de ouro / cabelos* ***d'ouro***.

- Hífen

O hífen serve para:
1) ligar as partes de palavras compostas:
Ex.: ***bem-te-vi***; ***tira-teima***; ***beija-flor***.
2) ligar verbos e pronomes:
Ex.: ***decida-se***; ***pedi-lhe*** *um conselho*; ***faltava-nos*** *tempo para esperar*.
3) separar sílabas:
Ex.: *Pegou a mala sem fazer barulho e saiu* ***de-va-ga--ri-nho***.

¨ Trema

O trema é usado para alterar o som de determinada vogal (como no alemão *Führer*) em palavras derivadas de nomes próprios estrangeiros (p.ex., *mülleriano*, a partir de J. Fritz T. *Müller*, *hübnerita*, a partir de Adolf *Hübner*).

IX • Pontuação

Esta é a relação dos sinais de pontuação usados em língua portuguesa, com uma breve explicação do seu uso:

. Ponto

O ponto indica, na leitura, uma pausa longa. Esse sinal costuma ser usado no final de uma frase.
Ex.: Siga a rua do museu até chegar a uma praça. Vire, então, à direita e procure uma casa amarela.

, Vírgula

A vírgula indica, na leitura, uma pausa breve e é usada para separar frases encadeadas entre si ou elementos dentro de uma frase.
Ex.: Vou ao supermercado comprar carne, leite, feijão, arroz, farinha e óleo.
Fui ao banco, conversei com o gerente, fiz o pagamento e voltei para casa.

; Ponto e vírgula

O ponto e vírgula indica, na leitura, uma pausa média. Destacaremos, aqui, dois de seus usos: **1)** antes de conjunções como *logo*, *portanto*, *assim*, *entretanto*, *contudo*, *todavia* etc., interrompendo o que se fala para depois continuar o raciocínio; **2)** separando, em uma série de itens, cada um deles:
Ex.: Está chovendo; portanto, talvez seja melhor ficarmos em casa.
Estamos cansados; entretanto, acho que devemos andar mais um pouco.
Tarefas domésticas: a) lavar a louça; b) varrer a casa; c) arrumar o quarto.

: Dois-pontos

Os dois-pontos geralmente são usados para indicar que em seguida será feita uma citação ou alguma coisa será explicada ou esclarecida.
Ex.: Então ele disse: "Acredito em você: por isso vou ajudar.".
Por isso você está atrasado: só foi dormir hoje de madrugada.
Gostaria de lembrar uma coisa: na próxima semana viajaremos.

? Ponto de interrogação

O ponto de interrogação é usado para frases interrogativas:
Ex.: — Boa noite. Qual é o seu nome?
— Carlos. E o seu?
— Helena. Prazer em conhecê-lo.

! Ponto de exclamação

O ponto de exclamação marca expressões de espanto, animação e irritação, entre outras.
Ex.: Nossa! Que dia bonito!
Parabéns! Você é papai!
Droga! Perdi o ônibus.

... Reticências

As reticências marcam uma interrupção do que está sendo dito, porque a frase não foi mesmo terminada ou porque alguma coisa foi deixada sugerida.
Ex.: — Olha, a bateria do celular está acabando. Eu queria te avisar que...
Conversamos na fila do cinema, compramos pipoca, peguei em sua mão, pus o braço sobre seus ombros, ela sorriu, aí...

" " Aspas

As aspas são usadas para abrir e fechar citações ou destacar palavras ou expressões em uma frase:
Ex.: Lembre-se do velho ditado: "Prudência e caldo de galinha não fazem mal a ninguém.".
"Furdunço" significa "festa animada".

( ) Parênteses

Os parênteses são usados para acrescentar nos textos comentários e explicações:
Ex.: O hábito de fumar (que eu, aliás, acho horroroso) é prejudicial à saúde.
Deodoro da Fonseca (o primeiro presidente da República do Brasil) era alagoano.

— Travessão

O travessão serve para indicar, por escrito, as falas que compõem diálogos ou (assim como os parênteses) para acrescentar comentários em um texto:
Ex.: — Alô.
— Bom dia, é da casa da Cláudia?
— Bom dia, aqui não mora nenhuma Cláudia, não.
— Ah, então me desculpe. Foi engano.
A encomenda — esperada ansiosamente por todos — finalmente chegou.

[ ] Colchetes

Os colchetes são usados para inserir comentários em uma citação ou para, num trecho que já está entre parênteses, acrescentar mais comentários:
Ex.: O solista interrompeu a apresentação: "[com voz irritada] Desculpem-me, mas a qualidade do som está péssima. [dirigindo-se ao técnico:] Vou fazer uma pausa para você ajeitar isso.".
Os animais vertebrados (peixes, anfíbios, répteis, aves e mamíferos [e, dentre estes últimos, o homem]) são os mais desenvolvidos biologicamente.

X • Regras de ortografia

A ortografia é o estudo das regras que estabelecem como escrever corretamente as palavras. Também cuida de assuntos como pontuação e acentuação gráfica, já tratados em outras seções deste minidicionário.

A consulta ao dicionário é a melhor maneira de se ter certeza sobre como se escreve uma palavra: uma das funções desse tipo de livro é exatamente registrar a forma de escrever corretamente.

Certas regras ajudam a resolver algumas dúvidas de ortografia:

1 Regras para o uso de *x* ou *ch*:

- após um ditongo, usa-se *x*. Por exemplo: *b**ai**xo*, *fr**ou**xo*, *qu**ei**xo*;
- escreve-se com *x* a maioria das palavras iniciadas pelo prefixo *en-*. Por exemplo: ***en**xaguar*, ***en**xofre*, ***en**xugar*.

  Exceções: as palavras da família de *encher* (como *enchente* e *preencher*) e as derivadas de outras que são escritas com *ch* (como *enchapelar*, que vem de *chapéu*) não seguem essa regra;
- escrevem-se com *x* as palavras iniciadas por *me* (como ***me**xer*, ***me**xicano* e ***me**xerica*).

  Exceções: a palavra *mecha* e as outras da sua família (como *mechar* e *mechagem*) não seguem essa regra;
- em geral, escrevem-se com *x* palavras que vêm de línguas indígenas e africanas: *abacaxi*, *pataxó*, *Xingu*, *axé*, *oxalá*, *maxixe*.

2 Regras sobre o uso de *g* ou *j*:

- escrevem-se com *g* as palavras terminadas pelos sufixos *-agem*, *-igem* e *-ugem*. Por exemplo: *bob**agem***, *or**igem***, *ferr**ugem***.

  Exceções: as palavras *pajem* e *lambujem* não seguem essa regra.

  Obs.: *viagem* (substantivo) escreve-se com *g*, mas o verbo *viajar*, em todas as suas flexões, é escrito com *j*;
- também escrevem-se com *g* as palavras terminadas por *-ágio*, *-égio*, *-ígio*, *-ógio* e *-úgio*. Por exemplo: *est**ágio***, *col**égio***, *vest**ígio***, *rel**ógio***, *subterf**úgio***;
- depois de *a* no início da palavra, usa-se *ge* ou *gi*. Por exemplo: *agência*, *agitar*.

  Exceções: algumas palavras de origem indígena e as palavras da família de *jeito*, mesmo que comecem com *a*, são escritas com *j*: veja as duas regras seguintes;
- em geral, escrevem-se com *j* as palavras que vêm de línguas indígenas e africanas: *jenipapo*, *jequitibá*, *jerimum*; *acarajé*, *canjerê*, *jiló*;
- escrevem-se com *j* palavras derivadas de outras escritas com *j*. Por exemplo: ***jeito*** / *ajeitar*, *jeitoso*; ***loja*** / *lojista*; ***nojo*** / *nojeira*, *nojento*; ***sujo*** / *sujeira*.

3 Regras sobre o uso de *s* ou *z*:

- escrevem-se com *s* as palavras derivadas de outras escritas com *s*. Por exemplo: ***base*** / *basear*, *básico*; ***brasa*** / *abrasador*, *abrasar*, *braseiro*; ***prisão*** / *aprisionar*, *prisioneiro*;
- da mesma forma, escrevem-se com *z* as palavras derivadas de outras escritas com *z*. Por exemplo: ***cinza*** / *cinzeiro*, *cinzento*; ***cruz*** / *cruzado*, *cruzamento*, *cruzeiro*;
- preste atenção na diferença: são escritos com *s* substantivos que nomeiam uma nacionalidade ou um título e que são terminados pelos sufixos *-ês*, *-esa*: *portugu**ês***, *japon**esa***, *marqu**ês*** e *baron**esa***. No entanto, são escritos com *z* substantivos que nomeiam ideias abstratas e que são terminados pelos sufixos *-ez*, *-eza*: *estupid**ez***, *palid**ez***, *bel**eza***, *cert**eza***;
- escrevem-se com *s* os sufixos *-ense*, *-oso* e *-osa*. Por exemplo: *circ**ense***, *canad**ense***, *cear**ense***; *aren**oso***, *gost**oso***, *oci**oso***; *bab**osa***, *muc**osa***, *nebul**osa***;
- escreve-se com *z* o sufixo *-izar*. Por exemplo: *agil**izar***, *cicatr**izar***, *paraben**izar***.

  Exceções: cuidado! Os verbos terminados em *-ar* que vêm de palavras escritas com *s* continuam com *s*. Por exemplo: *análise* / *analisar*; *liso* / *alisar*; *pesquisa* / *pesquisar*;
- depois de ditongo, usa-se *s*. Por exemplo: *apl**au**so*, ***ou**sado*, *p**au**sa*, *rep**ou**so*;
- nas flexões dos verbos *pôr* e *querer* usa-se *s*. Por exemplo: *pusemos*, *pusesse*, *puser*; *quisemos*, *quisesse*, *quiser*.

XI • Emprego do hífen em compostos por prefixos e falsos prefixos

1º elemento	2º elemento
aero agro ('terra') alfa ante anti arqui auto beta bi bio contra eletro entre extra foto geo hetero hidro hipo homo infra intra iso lipo macro maxi meso micro mini mono multi neo neuro paleo para ('junto a') peri pluri poli proto pseudo psico retro semi sobre supra tele tetra tri ultra	**a)** iniciado por vogal igual à vogal final do 1º elemento **b)** iniciado por *h*
re	iniciado por *h*
hiper inter nuper super	iniciado por *h* e *r*
ab ob sob sub	iniciado por *b*, *h* e *r*

1º elemento	2º elemento
ad	iniciado por *d*, *h* e *r*
pan	**a)** iniciado por qualquer vogal **b)** iniciado por *h*, *m* e *n* (diante de *b* e *p* passa a *pam*)
circum	**a)** iniciado por qualquer vogal **b)** iniciado por *h*, *m* e *n*
além aquém ex ('cessamento'; 'estado anterior') para ('de parar') recém sem sota soto vice	qualquer (sempre com hífen)
pós pré pró	sempre que conserve autonomia vocabular

Observações:

a) Emprega-se o hífen, nas palavras compostas por sufixação, somente naquelas terminadas por sufixos de origem tupi-guarani, como *açu*, *guaçu* e *mirim*, quando o primeiro elemento termina em vogal acentuada graficamente ou quando a pronúncia exige a distinção gráfica dos dois elementos: *amoré-guaçu, anajá-mirim, capim-açu.*

b) Não se emprega o hífen em palavras cujo prefixo ou elemento antepositivo termina em vogal e o segundo elemento começa por *r* ou *s*, que se duplicam: *antirreligioso, antissemita, infrassom, minissaia.*

c) Não se emprega o hífen em palavras cujo prefixo ou elemento antepositivo termina em vogal e o segundo elemento começa por vogal diferente: *antiaéreo, coeducação, extraescolar, aeroespacial, autoestrada, agroindustrial, hidroelétrico.*

d) *euro, indo, sino, franco, anglo, luso, afro* etc. escrevem-se sem hífen quando funcionam adjetivamente como elemento mórfico (*eurocomunista, afrolatria, francofonia, sinofilia, lusofilia*); quando se trata da soma de duas ou mais identidades, o hífen tem de ser empregado: *euro-africano, euro-afro-americano, indo-português, anglo-americano, franco-suíço, sino-japonês.*

e) Palavras com os prefixos *ab-*, *ad-*, *ob-*, *sob-* e *sub-* seguidos da consoante *r*: em conformidade com a ABL, mantém-se a grafia consagrada com hífen (*ab-rogar, ad-renal, ob-rogar, sob-roda, sub-reptício*), uma vez que o *r* dos grupos *br* e *dr*, nesses casos, não representa uma vibrante alveolar (como, p.ex., em *abraço*), tratando-se de duas sílabas separadas. Já *adrenalina* só se escreve sem hífen, e *ab-rupto* e *ad-renal* aceitam dupla grafia, com ou sem hífen.

f) Palavras com o prefixo *co-* escrevem-se sem hífen, mesmo havendo encontro da vogal *o* (*coobrigado, coordenação* etc.). Quando o segundo elemento começa por *h*, a ABL sugere a supressão dessa letra na posição intermédia, a exemplo de *coabitar*, registrando, em seu Vocabulário Ortográfico, *coerdar* e *coerdeiro.*

g) Este quadro vai além dos limites de informação impostos ao corpo de um minidicionário como este; mesmo assim, vai aqui disponibilizado por sua enorme utilidade, uma vez que cobre praticamente qualquer dúvida que possa ocorrer aos leitores nessa questão.

XII • Formas de tratamento de autoridades

❶ Civis

Título	Cabeçalho de correspondência	Abreviatura	Forma de referência	Abreviatura
presidente da República, governador, ministro de Estado, chefe da casa civil, senador, deputado, secretário de Estado, embaixador, prefeito	Excelentíssimo Senhor	Exmo Sr.	Vossa Excelência	V. Ex.ª
diretor (de estatal, autarquia etc.)	Senhor Diretor	Sr.	Vossa Senhoria	V. S.^{a}
vereador	Senhor Vereador	Sr.	Vossa Excelência	V. Ex.ª
cônsul	Ilustríssimo Senhor Cônsul	Il.^{mo} Sr.	Vossa Excelência	V. Ex.ª
reitor	Magnífico Reitor	—	Vossa Magnificência	V. Mag.^{a}

❷ Judiciárias

Título	Cabeçalho de correspondência	Abreviatura	Forma de referência	Abreviatura
desembargador, promotor, curador	Excelentíssimo Senhor	Exmo Sr.	Vossa Excelência	V. Ex.ª
juiz	Excelentíssimo Senhor Juiz	Exmo Sr.	Meritíssimo	MM.

❸ Militares

Título	Cabeçalho de correspondência	Abreviatura	Forma de referência	Abreviatura
oficiais generais ou comandantes (até coronel ou capitão de mar e guerra)	Excelentíssimo Senhor (patente)	Exmo Sr. (patente)	Vossa Excelência	V. Ex.ª
demais patentes	Ilustríssimo Senhor (patente)	Il.^{mo} Sr. (patente)	Vossa Senhoria	V. S.^{a}

4 Eclesiásticas

Título	Cabeçalho de correspondência	Abreviatura	Forma de referência	Abreviatura
papa	Sua Santidade	S. S.	Sua Santidade	S. S.
cardeal	Eminentíssimo Senhor	Em.^mo^ Sr.	Vossa Eminência Reverendíssima	V. Em.^a^ Rev.^ma^
arcebispo, bispo	Reverendíssimo Senhor	Rev.^mo^ Sr.	Vossa Excelência Reverendíssima	V. Ex.ª Rev.^ma^
abade, cônego, monsenhor, sacerdote, superior de ordem religiosa e demais autoridades	Reverendíssimo Senhor	Rev.^mo^ Sr.	Vossa Reverendíssima	V. Rev.^ma^

5 Monárquicas

Título	Cabeçalho de correspondência	Abreviatura	Forma de referência	Abreviatura
rei, rainha	Sua Majestade (Real)	S.M.(R.)	Vossa Majestade	V. M.
imperador, imperatriz	Sua Majestade Imperial	S.M.I.	Vossa Majestade	V. M.
príncipe, princesa	Sua Alteza (Cristianíssima, Fidelíssima, Imperial, Real ou Sereníssima)	S.A. (S.A.C., S.A.F., S.A.I, S.A.R., S.A.S.)	Vossa Alteza	V. A.

6 Diversas

Título	Cabeçalho de correspondência	Abreviatura	Forma de referência	Abreviatura
dom	Digníssimo Dom	Dig.^mo^ D.	Vossa Senhoria	V. S.^a^
doutor	Senhor Doutor	Sr. Dr.	Doutor	Dr.
professor	Senhor Professor	Sr. Prof.	Professor	Prof.
comendador	Senhor Comendador	Sr. Com.	Comendador	Com.

***Obs.:** as práticas de abreviação modernas condenam o uso excessivo de superposições (p.ex.: Il.^mo^, Exmo, Rev.^mo^ etc.).*

Conjugação dos verbos

Vera Cristina Rodrigues

[Adaptação às Normas do Acordo Ortográfico de 1990 por José Carlos de Azeredo]

Cada verbo do dicionário remete a um dos 32 **modelos** de conjugação aqui descritos. Os conceitos empregados na descrição desses modelos vão aqui explicados.

Rizotônicas são as formas do verbo cuja acentuação tônica recai no radical; **arrizotônicas** são aquelas que têm acentuação tônica fora do radical. Para efeito desta descrição da conjugação de verbos, essa diferença importa, sobretudo, no pres.ind., no pres. subj. e no imp.afirm. dos verbos da 1ª conjugação:

• Rizotônicas

	pres.ind.	pres.subj.	imp.
1ª p.s.	rizot.	rizot.	—
2ª p.s.	rizot.	rizot.	rizot.
3ª p.s.	rizot.	rizot.	rizot.
1ª p.pl.			
2ª p.pl.			
3ª p.pl.	rizot.	rizot.	rizot.

• Arrizotônicas

	pres.ind.	pres.subj.	imp.
1ª p.s.			—
2ª p.s.			
3ª p.s.			
1ª p.pl.	arrizot.	arrizot.	arrizot.
2ª p.pl.	arrizot.	arrizot.	arrizot.
3ª p.pl.			

São aqui considerados verbos de **irregularidade 1 (irreg.1)** e de **irregularidade 2 (irreg.2)** os que apresentam alteração no radical, nas formas assinaladas nos quadros a seguir:

• Irregularidade 1

	pres.ind.	pres.subj.	imp.
1ª p.s.	irreg.1	irreg.1	—
2ª p.s.		irreg.1	
3ª p.s.		irreg.1	irreg.1
1ª p.pl.		irreg.1	irreg.1
2ª p.pl.		irreg.1	
3ª p.pl.		irreg.1	irreg.1

• Irregularidade 2

	pres.ind.	pres.subj.	imp.
1ª p.s.	irreg.2	irreg.2	—
2ª p.s.	irreg.2	irreg.2	irreg.2
3ª p.s.	irreg.2	irreg.2	irreg.2
1ª p.pl.		irreg.2	irreg.2
2ª p.pl.		irreg.2	
3ª p.pl.	irreg.2	irreg.2	irreg.2

Os poucos verbos de **irregularidade 3 (irreg.3)** apresentam alterações nas 2ª e 3ª p.s., 3ª p.pl. do pres. ind. e 2ª p.s. do imp. Os de **irregularidade 4 (irreg.4)** são os chamados irregulares fortes e anômalos, que têm, em sua conjugação, radicais primários diferentes. Por isso, nesses verbos, diferentemente dos das outras três irregularidades e dos regulares, não haverá identidade nas formas do infinitivo flexionado e do fut.subj.: *caber, caberes* etc., *couber, couberes* etc.

Verbos **defectivos** são aqueles a que faltam algumas formas; a uns, identificados aqui por **D1**, faltam as formas marcadas no quadro irreg.1; a outros, chamados **D2**, faltam as formas marcadas no quadro irreg.2; outros, ainda, os **D3**, só são conjugados nas 3ªs p. de todos os tempos verbais.

• D1

	pres.ind.	pres.subj.	imp.
1ª p.s.	falta	falta	—
2ª p.s.		falta	
3ª p.s.		falta	falta
1ª p.pl.		falta	falta
2ª p.pl.		falta	
3ª p.pl.		falta	falta

• D2

	pres.ind.	pres.subj.	imp.
1ª p.s.	falta	falta	—
2ª p.s.	falta	falta	falta
3ª p.s.	falta	falta	falta
1ª p.pl.		falta	falta
2ª p.pl.		falta	
3ª p.pl.	falta	falta	falta

Verbos **abundantes** são os que têm mais de uma forma em determinadas flexões: uns apresentam duas — e até três — formas para o particípio: uma regular, outra(s) irregular(es), p.ex., *aceitado/ aceito/aceite*; outros, em algumas de suas pessoas, apresentam variações, geralmente de ordem dialetal, como *constróis/construis*.

Para alguns verbos pode haver necessidade de **adequação ortográfica**:

-car: o *-c-* passa a *-qu-* antes de *-e*
-çar: o *-ç-* passa a *-c-* antes de *-e*
-gar: o *-g-* passa a *-gu-* antes de *-e*
-cer, -scer, -cir: o *-c-* passa a *-ç-* antes de *-o* e *-a*
-ger, -gir: o *-g-* passa a *-j-* antes de *-o* e *-a*
-guer, -guir: o *-gu-* (sem pronúncia do *-u-*) perde o *-u-* diante de *-o* e *-a*

Os **tempos compostos** são formados pelos auxiliares *ter* ou *haver* seguidos do part. do verbo principal:

• Indicativo

	pret.perf.	
1ª p.s.	tenho/hei	aceitado
2ª p.s.	tens/hás	
3ª p.s.	tem/há	
1ª p.pl.	temos/havemos	
2ª p.pl.	tendes/haveis	
3ª p.pl.	têm/hão	

	pret.m.-q.-perf.	
1ª p.s.	tinha/havia	aceitado
2ª p.s.	tinhas/havias	
3ª p.s.	tinha/havia	
1ª p.pl.	tínhamos/havíamos	
2ª p.pl.	tínheis/havíeis	
3ª p.pl.	tinham/haviam	

	fut.pres.	
1ª p.s.	terei/haverei	aceitado
2ª p.s.	terás/haverás	
3ª p.s.	terá/haverá	
1ª p.pl.	teremos/haveremos	
2ª p.pl.	tereis/havereis	
3ª p.pl.	terão/haverão	

	fut.pret.	
1ª p.s.	teria/haveria	aceitado
2ª p.s.	terias/haverias	
3ª p.s.	teria/haveria	
1ª p.pl.	teríamos/haveríamos	
2ª p.pl.	teríeis/haveríeis	
3ª p.pl.	teriam/haveriam	

• Subjuntivo

	pret.perf.	
1ª p.s.	tenha/haja	aceitado
2ª p.s.	tenhas/hajas	
3ª p.s.	tenha/haja	
1ª p.pl.	tenhamos/hajamos	
2ª p.pl.	tenhais/hajais	
3ª p.pl.	tenham/hajam	

	pret.m.-q.-perf.	
1ª p.s.	tivesse/houvesse	aceitado
2ª p.s.	tivesses/houvesses	
3ª p.s.	tivesse/houvesse	
1ª p.pl.	tivéssemos/houvéssemos	
2ª p.pl.	tivésseis/houvésseis	
3ª p.pl.	tivessem/houvessem	

	fut.	
1ª p.s.	tiver/houver	aceitado
2ª p.s.	tiveres/houveres	
3ª p.s.	tiver/houver	
1ª p.pl.	tivermos/houvermos	
2ª p.pl.	tiverdes/houverdes	
3ª p.pl.	tiverem/houverem	

• Formas nominais não conjugadas

	infinitivo	gerúndio	
	ter/haver	tendo/havendo	aceitado

• Infinitivo flexionado

1ª p.s.	ter/haver	aceitado
2ª p.s.	teres/haveres	
3ª p.s.	ter/haver	
1ª p.pl.	termos/havermos	
2ª p.pl.	terdes/haverdes	
3ª p.pl.	terem/haverem	

Forma-se a **voz passiva**, de todos os tempos e modos, com o verbo auxiliar *ser* flexionado, acompanhado do part. do verbo principal. Quando o verbo admite mais de um part., a passiva geralmente se faz com a forma irregular: fomos aceitos.

O **imperativo negativo** se faz com as formas do pres.subj. precedidas de advérbio de negação: *não fales* tu, *não faleis* vós.

Os verbos com os pronomes oblíquos *o/a, os/as,* enclíticos (ou mesoclíticos), sofrem alterações em algumas das desinências número-pessoais: os *-s* e *-r* (ou *-z*) finais caem, e o pronome passa a se apoiar na consoante *l-*; quando a desinência é nasal, o pronome vem precedido de *n-*. Como algumas dessas formas passam a oxítonas, há alterações na acentuação gráfica, como se vê nos exemplos a seguir, antecedidos da forma correspondente com o pronome proclítico:

pronome proclítico	pronome mesoclítico	pronome enclítico
tu o amas		(tu) amá-lo
nós as perdemos		(nós) perdemo-las
de o dizer		de dizê-lo
(para) eu o conseguir		(para eu) consegui-lo
eu os fiz		(eu) fi-los
elas o quiseram		(elas) quiseram-no
eu o direi	(eu) di-lo-ei	
vós o saberíeis	(vós) sabê-lo-íeis	

Na 1ª p.pl. a desinência número-pessoal perde o *-s* diante do pron.p. *nos*: *perdemo-nos*.

Os verbos tomados como modelo para a conjugação de outros estão, a seguir, apresentados em caixa-alta.

Modelos de conjugação

• Modelo 1 AMAR

Indicativo

	pres.	pret.imperf.	pret.perf.
1ª p.s.	amo	amava	amei
2ª p.s.	amas	amavas	amaste
3ª p.s.	ama	amava	amou
1ª p.pl.	amamos	amávamos	amamos
2ª p.pl.	amais	amáveis	amastes
3ª p.pl.	amam	amavam	amaram

	pret.m.-q.- -perf.	fut.pres.	fut.pret.
1ª p.s.	amara	amarei	amaria
2ª p.s.	amaras	amarás	amarias
3ª p.s.	amara	amará	amaria
1ª p.pl.	amáramos	amaremos	amaríamos
2ª p.pl.	amáreis	amareis	amaríeis
3ª p.pl.	amaram	amarão	amariam

Subjuntivo

	pres.	pret.imperf.	fut.
1ª p.s.	ame	amasse	amar
2ª p.s.	ames	amasses	amares
3ª p.s.	ame	amasse	amar
1ª p.pl.	amemos	amássemos	amarmos
2ª p.pl.	ameis	amásseis	amardes
3ª p.pl.	amem	amassem	amarem

Imperativo/infinitivo flexionado

	imp.	imp.neg.	inf.flex.
1ª p.s.	—	—	amar
2ª p.s.	ama	não ames	amares
3ª p.s.	ame	não ame	amar
1ª p.pl.	amemos	não amemos	amarmos
2ª p.pl.	amai	não ameis	amardes
3ª p.pl.	amem	não amem	amarem

Formas nominais não conjugadas

infinitivo	particípio	gerúndio
amar	amado	amando

Observações:

1) Grafa-se sem acento circunflexo o hiato *-oo* da 1ª p.s. do pres.ind. dos verbos em *-oar*: *abençoo, enjoo, perdoo.*

2) Os verbos em *-oiar* têm ditongo aberto, nas formas rizotônicas, sem marca gráfica: *apoio, apoie* etc.

3) Os verbos *mobiliar, resfolegar* e *tresfolegar* têm, em função de sua tonicidade, suas formas rizotônicas graficamente acentuadas: *mobílio, mobílias, mobílie, mobílies* etc., *mobília* tu, *mobílie* você, *mobíliem* vocês; *resfólego, tresfólegas* etc. Também existem as variantes *mobilhar, resfolgar* e *tresfolgar*, que são regulares.

4) Não se acentuam graficamente as flexões *para, pelo, pela* e *pelas*, respectivamente dos verbos *parar* e *pelar.*

5) O verbo *grassar* é **D3.**

• Modelo 2 SAUDAR/ARRUINAR

Os verbos que seguem este modelo apresentam hiato graficamente acentuado nas formas rizotônicas; as outras são totalmente regulares, seguindo o Modelo [1].

Hiato acentuado nas formas rizotônicas

	pres.ind.	pres.subj.	imp.
1ª p.s.	saúdo/ arruíno	saúde/ arruíne	—
2ª p.s.	saúdas/ arruínas	saúdes/ arruínes	saúda/ arruína
3ª p.s.	saúda/ arruína	saúde/ arruíne	saúde/ arruíne
1ª p.pl.			
2ª p.pl.			
3ª p.pl.	saúdam/ arruínam	saúdem/ arruínem	saúdem/ arruínem

• Modelo 3 AGUAR

Os verbos terminados em *-aguar, -inguar* e *-inquar* têm, nas formas rizotônicas, acento gráfico no *-a-* ou no *-i-*. O *-u-* é sempre pronunciado, sem receber qualquer sinal gráfico.

Acentuação nas formas rizotônicas

	pres.ind.	pres.subj.	imp.
1ª p.s.	águo	águe	—
2ª p.s.	águas	águes	água
3ª p.s.	água	águe	águe
1ª p.pl.			
2ª p.pl.			
3ª p.pl.	águam	águem	águem

Observações:

1) Alguns gramáticos brasileiros admitem ou preferem para estes verbos a conjugação prevista no Modelo [4].

2) O verbo *adequar*, tradicionalmente considerado defectivo (**D2**), já é amplamente usado no Brasil segundo este modelo.

• Modelo 4 APAZIGUAR

Este modelo abrange os verbos terminados em *-iguar*, *-eguar* e *-iquar*, e difere do anterior pela tonicidade no *-u-* nas respectivas formas rizotônicas. Como no Modelo [3], o *-u-* é sempre pronunciado, sem receber qualquer sinal gráfico.

Acentuação nas formas rizotônicas

	pres.ind.	pres.subj.	imp.
1ª p.s.	apaziguo	apazigue	—
2ª p.s.	apaziguas	apazigues	apazigua
3ª p.s.	apazigua	apazigue	apazigue
1ª p.pl.			
2ª p.pl.			
3ª p.pl.	apaziguam	apaziguem	apaziguem

• Modelo 5 CEAR

Nos verbos terminados em *-ear*, o *-e-* passa a *-ei-* nas formas rizotônicas; as demais formas seguem o Modelo [1]. Para os verbos *estrear* e *idear* e para os terminados em *-iar*, ver observações.

Ditongação das rizotônicas

	pres.ind.	pres.subj.	imp.
1ª p.s.	ceio	ceie	—
2ª p.s.	ceias	ceies	ceia
3ª p.s.	ceia	ceie	ceie
1ª p.pl.			
2ª p.pl.			
3ª p.pl.	ceiam	ceiem	ceiem

Observações:

1) Os verbos *idear* e *estrear* apresentam ditongo aberto, sem acentuação gráfica: *ideio*, *estreias* etc.

2) Os verbos em *-iar* são regulares, mas *ansiar*, *incendiar*, *intermediar*, *mediar*, *remediar* e *odiar* seguem o padrão dos verbos em *-ear* nas formas rizotônicas: *medeio*, *anseias*, *remedeiem* etc.

• Modelo 6 DAR

Indicativo

	pres.	pret.imperf.	pret.perf.
1ª p.s.	dou	dava	dei
2ª p.s.	dás	davas	deste
3ª p.s.	dá	dava	deu
1ª p.pl.	damos	dávamos	demos
2ª p.pl.	dais	dáveis	destes
3ª p.pl.	dão	davam	deram

	pret.m.-q.- -perf.	fut.pres.	fut.pret.
1ª p.s.	dera	darei	daria
2ª p.s.	deras	darás	darias
3ª p.s.	dera	dará	daria
1ª p.pl.	déramos	daremos	daríamos
2ª p.pl.	déreis	dareis	daríeis
3ª p.pl.	deram	darão	dariam

Subjuntivo

	pres.	pret.imperf.	fut.
1ª p.s.	dê	desse	der
2ª p.s.	dês	desses	deres
3ª p.s.	dê	desse	der
1ª p.pl.	demos	déssemos	dermos
2ª p.pl.	deis	désseis	derdes
3ª p.pl.	deem	dessem	derem

Imperativo/infinitivo flexionado

	imp.	imp.neg.	inf.flex.
1ª p.s.	—	—	dar
2ª p.s.	dá	não dês	dares
3ª p.s.	dê	não dê	dar
1ª p.pl.	demos	não demos	darmos
2ª p.pl.	dai	não deis	dardes
3ª p.pl.	deem	não deem	darem

Formas nominais não conjugadas

infinitivo	particípio	gerúndio
dar	dado	dando

• Modelo 7 ESTAR

Indicativo

	pres.	pret.imperf.	pret.perf.
1ª p.s.	estou	estava	estive
2ª p.s.	estás	estavas	estiveste
3ª p.s.	está	estava	esteve
1ª p.pl.	estamos	estávamos	estivemos
2ª p.pl.	estais	estáveis	estivestes
3ª p.pl.	estão	estavam	estiveram

	pret.m.-q.-perf.	fut.pres.	fut.pret.
1ª p.s.	estivera	estarei	estaria
2ª p.s.	estiveras	estarás	estarias
3ª p.s.	estivera	estará	estaria
1ª p.pl.	estivéramos	estaremos	estaríamos
2ª p.pl.	estivéreis	estareis	estaríeis
3ª p.pl.	estiveram	estarão	estariam

Subjuntivo

	pres.	pret.imperf.	fut.
1ª p.s.	esteja	estivesse	estiver
2ª p.s.	estejas	estivesses	estiveres
3ª p.s.	esteja	estivesse	estiver
1ª p.pl.	estejamos	estivéssemos	estivermos
2ª p.pl.	estejais	estivésseis	estiverdes
3ª p.pl.	estejam	estivessem	estiverem

Imperativo/infinitivo flexionado

	imp.	imp.neg.	inf.flex.
1ª p.s.	—	—	estar
2ª p.s.	está	não estejas	estares
3ª p.s.	esteja	não esteja	estar
1ª p.pl.	estejamos	não estejamos	estarmos
2ª p.pl.	estai	não estejais	estardes
3ª p.pl.	estejam	não estejam	estarem

Formas nominais não conjugadas

infinitivo	particípio	gerúndio
estar	estado	estando

• Modelo 8 VENDER

Para verbos terminados em *-screver*; para *jazer* e derivados; para os defectivos, ver observações.

Indicativo

	pres.	pret.imperf.	pret.perf.
1ª p.s.	vendo	vendia	vendi
2ª p.s.	vendes	vendias	vendeste
3ª p.s.	vende	vendia	vendeu
1ª p.pl.	vendemos	vendíamos	vendemos
2ª p.pl.	vendeis	vendíeis	vendestes
3ª p.pl.	vendem	vendiam	venderam

	pret.m.-q.-perf.	fut.pres.	fut.pret.
1ª p.s.	vendera	venderei	venderia
2ª p.s.	venderas	venderás	venderias
3ª p.s.	vendera	venderá	venderia
1ª p.pl.	vendêramos	venderemos	venderíamos
2ª p.pl.	vendêreis	vendereis	venderíeis
3ª p.pl.	venderam	venderão	venderiam

Subjuntivo

	pres.	pret.imperf.	fut.
1ª p.s.	venda	vendesse	vender
2ª p.s.	vendas	vendesses	venderes
3ª p.s.	venda	vendesse	vender
1ª p.pl.	vendamos	vendêssemos	vendermos
2ª p.pl.	vendais	vendêsseis	venderdes
3ª p.pl.	vendam	vendessem	venderem

Imperativo/infinitivo flexionado

	imp.	imp.neg.	inf.flex.
1ª p.s.	—	—	vender
2ª p.s.	vende	não vendas	venderes
3ª p.s.	venda	não venda	vender
1ª p.pl.	vendamos	não vendamos	vendermos
2ª p.pl.	vendei	não vendais	venderdes
3ª p.pl.	vendam	não vendam	venderem

Formas nominais não conjugadas

infinitivo	particípio	gerúndio
vender	vendido	vendendo

Observações:

1) Os verbos *escrever* e seus derivados têm part. irreg.: *escrito, circunscrito* etc.

2) O verbo *jazer* e seus derivados perdem o *-e* da 3ª p.s. (ele *jaz*), mantendo a variante com *-e* no imperativo afirmativo: *jaz* ou *jaze* tu.

3) Os verbos *precaver* e *desprecaver* são **D2**. (O verbo *viger*, geralmente considerado **D1**, tem apresentado pres.subj.: *vija*.)

• Modelo 9 MOER

Para defectivos, ver observação.

Indicativo

	pres.	pret.imperf.	pret.perf.
1ª p.s.	moo	moía	moí
2ª p.s.	móis	moías	moeste
3ª p.s.	mói	moía	moeu
1ª p.pl.	moemos	moíamos	moemos
2ª p.pl.	moeis	moíeis	moestes
3ª p.pl.	moem	moíam	moeram

	pret.m.-q.-perf.	fut.pres.	fut.pret.
1ª p.s.	moera	moerei	moeria
2ª p.s.	moeras	moerás	moerias
3ª p.s.	moera	moerá	moeria
1ª p.pl.	moêramos	moeremos	moeríamos
2ª p.pl.	moêreis	moereis	moeríeis
3ª p.pl.	moeram	moerão	moeriam

Subjuntivo

	pres.	pret.imperf.	fut.
1ª p.s.	moa	moesse	moer
2ª p.s.	moas	moesses	moeres
3ª p.s.	moa	moesse	moer
1ª p.pl.	moamos	moêssemos	moermos
2ª p.pl.	moais	moêsseis	moerdes
3ª p.pl.	moam	moessem	moerem

Imperativo/infinitivo flexionado

	imp.	imp.neg.	inf.flex.
1ª p.s.	—	—	moer
2ª p.s.	mói	não moas	moeres
3ª p.s.	moa	não moa	moer
1ª p.pl.	moamos	não moamos	moermos
2ª p.pl.	moei	não moais	moerdes
3ª p.pl.	moam	não moam	moerem

Formas nominais não conjugadas

infinitivo	particípio	gerúndio
moer	moído	moendo

Observações:

1) São defectivos os verbos *soer* (**D1**), *doer* e *condoer* (**D3**).

2) Quando pronominais, *doer-se* e *condoer-se* têm conjugação completa.

• Modelo 10 Verbos com irregularidade 1 (irreg.1)

Para todos estes verbos, as formas não assinaladas no quadro da **irreg.1** são regulares, conjugando-se pelo Modelo [8].

VALER: *valho, vales* etc.; *valha, valhas* etc.; *vale, valha, valhamos, valei, valham.*

PERDER: *perco, perdes* etc.; *perca, percas* etc.; *perde, perca, percamos, perdei, percam.*

REQUERER: *requeiro, requeres, requer* etc.; *requeira, requeiras* etc.; *requer(e), requeira, requeiramos, requerei, requeiram.*

	pres.ind.	pres.subj.	imp.
1ª p.s.	lh/c/ei	lh/c/ei	—
2ª p.s.		lh/c/ei	
3ª p.s.		lh/c/ei	lh/c/ei
1ª p.pl.		lh/c/ei	lh/c/ei
2ª p.pl.		lh/c/ei	
3ª p.pl.		lh/c/ei	lh/c/ei

• Modelo 11 CRER

Ditongo *-ei-* nas formas de **irreg.1**. Assinala-se com circunflexo apenas o timbre fechado das formas terminadas em *-ê* e *-ês*: *crê, descrês.*

	pres.ind.	pres.subj.	imp.
1ª p.s.	creio	creia	—
2ª p.s.	crês	creias	crê
3ª p.s.	crê	creia	creia
1ª p.pl.	cremos	creiamos	creiamos
2ª p.pl.	credes	creiais	crede
3ª p.pl.	creem	creiam	creiam

Atenção: *creem, descreem.*

• Modelo 12 VER

Assinala-se com circunflexo apenas o timbre fechado das formas terminadas em *-ê* e *-ês*: *vê, revê, provês.* Para *prover* e *desprover*, ver observação.

Indicativo

	pres.	pret.imperf.	pret.perf.
1ª p.s.	vejo	via	vi
2ª p.s.	vês	vias	viste
3ª p.s.	vê	via	viu
1ª p.pl.	vemos	víamos	vimos
2ª p.pl.	vedes	víeis	vistes
3ª p.pl.	veem	viam	viram

	pret.m.-q.-perf.	fut.pres.	fut.pret.
1ª p.s.	vira	verei	veria
2ª p.s.	viras	verás	verias
3ª p.s.	vira	verá	veria
1ª p.pl.	víramos	veremos	veríamos
2ª p.pl.	víreis	vereis	veríeis
3ª p.pl.	viram	verão	veriam

Subjuntivo

	pres.	pret.imperf.	fut.
1ª p.s.	veja	visse	vir
2ª p.s.	vejas	visses	vires
3ª p.s.	veja	visse	vir
1ª p.pl.	vejamos	víssemos	virmos
2ª p.pl.	vejais	vísseis	virdes
3ª p.pl.	vejam	vissem	virem

Imperativo/infinitivo flexionado

	imp.	imp.neg.	inf.flex.
1ª p.s.	—	—	ver
2ª p.s.	vê	não vejas	veres
3ª p.s.	veja	não veja	ver
1ª p.pl.	vejamos	não vejamos	vermos
2ª p.pl.	vede	não vejais	verdes
3ª p.pl.	vejam	não vejam	verem

Formas nominais não conjugadas

infinitivo	particípio	gerúndio
ver	visto	vendo

Observação: *prover* e *desprover* conjugam-se por VER, mas são regulares no pret.perf. e tempos dele derivados (m.-q.-perf., pret.imperf. e fut.subj.) e no particípio — *provi, proveste, proveu* etc.; *provera, provesse, prover* etc.; *provido.*

Atenção: *veem, reveem, proveem.*

• Modelo 13 HAVER

Para *prazer* e seus derivados e para defectivos, ver observações.

Indicativo

	pres.	pret.imperf.	pret.perf.
1ª p.s.	hei	havia	houve
2ª p.s.	hás	havias	houveste
3ª p.s.	há	havia	houve
1ª p.pl.	havemos/hemos	havíamos	houvemos
2ª p.pl.	haveis/heis	havíeis	houvestes
3ª p.pl.	hão	haviam	houveram

	pret.m.-q.-perf.	fut.pres.	fut.pret.
1ª p.s.	houvera	haverei	haveria
2ª p.s.	houveras	haverás	haverias
3ª p.s.	houvera	haverá	haveria
1ª p.pl.	houvéramos	haveremos	haveríamos
2ª p.pl.	houvéreis	havereis	haveríeis
3ª p.pl.	houveram	haverão	haveriam

Subjuntivo

	pres.	pret.imperf.	fut.
1ª p.s.	haja	houvesse	houver
2ª p.s.	hajas	houvesses	houveres
3ª p.s.	haja	houvesse	houver
1ª p.pl.	hajamos	houvéssemos	houvermos
2ª p.pl.	hajais	houvésseis	houverdes
3ª p.pl.	hajam	houvessem	houverem

Imperativo/infinitivo flexionado

	imp.	imp.neg.	inf.flex.
1ª p.s.	—	—	haver
2ª p.s.	há	não hajas	haveres
3ª p.s.	haja	não haja	haver
1ª p.pl.	hajamos	não hajamos	havermos
2ª p.pl.	havei	não hajais	haverdes
3ª p.pl.	hajam	não hajam	haverem

Formas nominais não conjugadas

	infinitivo	particípio	gerúndio
	haver	havido	havendo

Observação:

1) Os verbos *prazer*, *aprazer*, *desprazer* são **D3** e conjugam-se como HAVER no pretérito perfeito e formas dele derivadas. Nas demais formas, são regulares (Modelo [8]), perdendo a vogal temática na 3ª p.s. do pres. ind. (*praz*). Há divergências entre os gramáticos quanto à conjugação defectiva desses verbos. Alguns admitem, também, sua conjugação totalmente regular.
2) O verbo *comprazer*, de conjugação completa, é também abundante, pois apresenta, para o pretérito perfeito e formas dele derivadas, variantes regulares (Modelo [8]).
3) Quando pronominais, *prazer* e seus derivados têm conjugação completa.
4) O verbo *reaver* é **D2**.

• Modelo 14 FAZER

Indicativo

	pres.	pret.imperf.	pret.perf.
1ª p.s.	faço	fazia	fiz
2ª p.s.	fazes	fazias	fizeste
3ª p.s.	faz	fazia	fez
1ª p.pl.	fazemos	fazíamos	fizemos
2ª p.pl.	fazeis	fazíeis	fizestes
3ª p.pl.	fazem	faziam	fizeram

	pret.m.-q.-perf.	fut.pres.	fut.pret.
1ª p.s.	fizera	farei	faria
2ª p.s.	fizeras	farás	farias
3ª p.s.	fizera	fará	faria
1ª p.pl.	fizéramos	faremos	faríamos
2ª p.pl.	fizéreis	fareis	faríeis
3ª p.pl.	fizeram	farão	fariam

Subjuntivo

	pres.	pret.imperf.	fut.
1ª p.s.	faça	fizesse	fizer
2ª p.s.	faças	fizesses	fizeres
3ª p.s.	faça	fizesse	fizer
1ª p.pl.	façamos	fizéssemos	fizermos
2ª p.pl.	façais	fizésseis	fizerdes
3ª p.pl.	façam	fizessem	fizerem

Imperativo/infinitivo flexionado

	imp.	imp.neg.	inf.flex.
1ª p.s.	—	—	fazer
2ª p.s.	faze/faz	não faças	fazeres
3ª p.s.	faça	não faça	fazer
1ª p.pl.	façamos	não façamos	fazermos
2ª p.pl.	fazei	não façais	fazerdes
3ª p.pl.	façam	não façam	fazerem

Formas nominais não conjugadas

	infinitivo	particípio	gerúndio
	fazer	feito	fazendo

• Modelo 15 DIZER

Indicativo

	pres.	pret.imperf.	pret.perf.
1ª p.s.	digo	dizia	disse
2ª p.s.	dizes	dizias	disseste
3ª p.s.	diz	dizia	disse
1ª p.pl.	dizemos	dizíamos	dissemos
2ª p.pl.	dizeis	dizíeis	dissestes
3ª p.pl.	dizem	diziam	disseram

	pret.m.-q.-perf.	fut.pres.	fut.pret.
1ª p.s.	dissera	direi	diria
2ª p.s.	disseras	dirás	dirias
3ª p.s.	dissera	dirá	diria
1ª p.pl.	disséramos	diremos	diríamos
2ª p.pl.	disséreis	direis	diríeis
3ª p.pl.	disseram	dirão	diriam

Subjuntivo

	pres.	pret.imperf.	fut.
1ª p.s.	diga	dissesse	disser
2ª p.s.	digas	dissesses	disseres
3ª p.s.	diga	dissesse	disser
1ª p.pl.	digamos	disséssemos	dissermos
2ª p.pl.	digais	dissésseis	disserdes
3ª p.pl.	digam	dissessem	disserem

Imperativo/infinitivo flexionado

	imp.	imp.neg.	inf.flex.
1ª p.s.	—	—	dizer
2ª p.s.	diz/dize	não digas	dizeres
3ª p.s.	diga	não diga	dizer
1ª p.pl.	digamos	não digamos	dizermos
2ª p.pl.	dizei	não digais	dizerdes
3ª p.pl.	digam	não digam	dizerem

Formas nominais não conjugadas

infinitivo	particípio	gerúndio
dizer	dito	dizendo

• Modelo 16 TER

Para os verbos derivados de TER, ver observação.

Indicativo

	pres.	pret.imperf.	pret.perf.
1ª p.s.	tenho	tinha	tive
2ª p.s.	tens	tinhas	tiveste
3ª p.s.	tem	tinha	teve
1ª p.pl.	temos	tínhamos	tivemos
2ª p.pl.	tendes	tínheis	tivestes
3ª p.pl.	têm	tinham	tiveram

	pret.m.-q.-perf.	fut.pres.	fut.pret.
1ª p.s.	tivera	terei	teria
2ª p.s.	tiveras	terás	terias
3ª p.s.	tivera	terá	teria
1ª p.pl.	tivéramos	teremos	teríamos
2ª p.pl.	tivéreis	tereis	teríeis
3ª p.pl.	tiveram	terão	teriam

Subjuntivo

	pres.	pret.imperf.	fut.
1ª p.s.	tenha	tivesse	tiver
2ª p.s.	tenhas	tivesses	tiveres
3ª p.s.	tenha	tivesse	tiver
1ª p.pl.	tenhamos	tivéssemos	tivermos
2ª p.pl.	tenhais	tivésseis	tiverdes
3ª p.pl.	tenham	tivessem	tiverem

Imperativo/infinitivo flexionado

	imp.	imp.neg.	inf.flex.
1ª p.s.	—	—	ter
2ª p.s.	tem	não tenhas	teres
3ª p.s.	tenha	não tenha	ter
1ª p.pl.	tenhamos	não tenhamos	termos
2ª p.pl.	tende	não tenhais	terdes
3ª p.pl.	tenham	não tenham	terem

Formas nominais não conjugadas

infinitivo	particípio	gerúndio
ter	tido	tendo

Observação: os verbos derivados de TER recebem acento agudo nas 2ª e 3ª p.s. do pres.ind. e na 2ª p.s. do imperativo: *conténs, contém*; *contém* tu.

• Modelo 17 PODER

Indicativo

	pres.	pret.imperf.	pret.perf.
1ª p.s.	posso	podia	pude
2ª p.s.	podes	podias	pudeste
3ª p.s.	pode	podia	pôde
1ª p.pl.	podemos	podíamos	pudemos
2ª p.pl.	podeis	podíeis	pudestes
3ª p.pl.	podem	podiam	puderam

	pret.m.-q.-perf.	fut.pres.	fut.pret.
1ª p.s.	pudera	poderei	poderia
2ª p.s.	puderas	poderás	poderias
3ª p.s.	pudera	poderá	poderia
1ª p.pl.	pudéramos	poderemos	poderíamos
2ª p.pl.	pudéreis	podereis	poderíeis
3ª p.pl.	puderam	poderão	poderiam

Subjuntivo

	pres.	pret.imperf.	fut.
1ª p.s.	possa	pudesse	puder
2ª p.s.	possas	pudesses	puderes
3ª p.s.	possa	pudesse	puder
1ª p.pl.	possamos	pudéssemos	pudermos
2ª p.pl.	possais	pudésseis	puderdes
3ª p.pl.	possam	pudessem	puderem

Imperativo/infinitivo flexionado

	imp.	imp.neg.	inf.flex.
1ª p.s.	—	—	poder
2ª p.s.	pode	não possas	poderes
3ª p.s.	possa	não possa	poder
1ª p.pl.	possamos	não possamos	podermos
2ª p.pl.	podei	não possais	poderdes
3ª p.pl.	possam	não possam	poderem

Formas nominais não conjugadas

	infinitivo	particípio	gerúndio
	poder	podido	podendo

Observação: raramente o verbo *poder* é empregado no imperativo.

• Modelo 18 QUERER

Indicativo

	pres.	pret.imperf.	pret.perf.
1ª p.s.	quero	queria	quis
2ª p.s.	queres	querias	quiseste
3ª p.s.	quer	queria	quis
1ª p.pl.	queremos	queríamos	quisemos
2ª p.pl.	quereis	queríeis	quisestes
3ª p.pl.	querem	queriam	quiseram

	pret.m.-q.- -perf.	fut.pres.	fut.pret.
1ª p.s.	quisera	quererei	quereria
2ª p.s.	quiseras	quererás	quererias
3ª p.s.	quisera	quererá	quereria
1ª p.pl.	quiséramos	quereremos	quereríamos
2ª p.pl.	quiséreis	querereis	quereríeis
3ª p.pl.	quiseram	quererão	quereriam

Subjuntivo

	pres.	pret.imperf.	fut.
1ª p.s.	queira	quisesse	quiser
2ª p.s.	queiras	quisesses	quiseres
3ª p.s.	queria	quisesse	quiser
1ª p.pl.	queiramos	quiséssemos	quisermos
2ª p.pl.	queirais	quisésseis	quiserdes
3ª p.pl.	queiram	quisessem	quiserem

Imperativo/infinitivo flexionado

	imp.	imp.neg.	inf.flex.
1ª p.s.	—	—	querer
2ª p.s.	quer/quere	não queiras	quereres
3ª p.s.	queira	não queira	querer
1ª p.pl.	queiramos	não queiramos	querermos
2ª p.pl.	querei	não queirais	quererdes
3ª p.pl.	queiram	não queiram	quererem

Formas nominais não conjugadas

	infinitivo	particípio	gerúndio
	querer	querido	querendo

Observação: a 1ª p.s. do pres.ind. do verbo *requerer* é *requeiro*, diferentemente do que ocorre em *querer*.

• Modelo 19 SABER

Indicativo

	pres.	pret.imperf.	pret.perf.
1ª p.s.	sei	sabia	soube
2ª p.s.	sabes	sabias	soubeste
3ª p.s.	sabe	sabia	soube
1ª p.pl.	sabemos	sabíamos	soubemos
2ª p.pl.	sabeis	sabíeis	soubestes
3ª p.pl.	sabem	sabiam	souberam

	pret.m.-q.- -perf.	fut.pres.	fut.pret.
1ª p.s.	soubera	saberei	saberia
2ª p.s.	souberas	saberás	saberias
3ª p.s.	soubera	saberá	saberia
1ª p.pl.	soubéramos	saberemos	saberíamos
2ª p.pl.	soubéreis	sabereis	saberíeis
3ª p.pl.	souberam	saberão	saberiam

Subjuntivo

	pres.	pret.imperf.	fut.
1ª p.s.	saiba	soubesse	souber
2ª p.s.	saibas	soubesses	souberes
3ª p.s.	saiba	soubesse	souber
1ª p.pl.	saibamos	soubéssemos	soubermos
2ª p.pl.	saibais	soubésseis	souberdes
3ª p.pl.	saibam	soubessem	souberem

Imperativo/infinitivo flexionado

	imp.	imp.neg.	inf.flex.
1ª p.s.	—	—	saber
2ª p.s.	sabe	não saibas	saberes
3ª p.s.	saiba	são saiba	saber
1ª p.pl.	saibamos	não saibamos	sabermos
2ª p.pl.	sabei	não saibais	saberdes
3ª p.pl.	saibam	não saibam	saberem

Formas nominais não conjugadas

infinitivo	particípio	gerúndio
saber	sabido	sabendo

• Modelo 20 TRAZER

Indicativo

	pres.	pret.imperf.	pret.perf.
1ª p.s.	trago	trazia	trouxe
2ª p.s.	trazes	trazias	trouxeste
3ª p.s.	traz	trazia	trouxe
1ª p.pl.	trazemos	trazíamos	trouxemos
2ª p.pl.	trazeis	trazíeis	trouxestes
3ª p.pl.	trazem	traziam	trouxeram

	pret.m.-q.- -perf.	fut.pres.	fut.pret.
1ª p.s.	trouxera	trarei	traria
2ª p.s.	trouxeras	trarás	trarias
3ª p.s.	trouxera	trará	traria
1ª p.pl.	trouxéramos	traremos	traríamos
2ª p.pl.	trouxéreis	trareis	traríeis
3ª p.pl.	trouxeram	trarão	trariam

Subjuntivo

	pres.	pret.imperf.	fut.
1ª p.s.	traga	trouxesse	trouxer
2ª p.s.	tragas	trouxesses	trouxeres
3ª p.s.	traga	trouxesse	trouxer
1ª p.pl.	tragamos	trouxéssemos	trouxermos
2ª p.pl.	tragais	trouxésseis	trouxerdes
3ª p.pl.	tragam	trouxessem	trouxerem

Imperativo/infinitivo flexionado

	imp.	imp.neg.	inf.flex.
1ª p.s.	—	—	trazer
2ª p.s.	traze/traz	não tragas	trazeres
3ª p.s.	traga	não traga	trazer
1ª p.pl.	tragamos	não tragamos	trazermos
2ª p.pl.	trazei	não tragais	trazerdes
3ª p.pl.	tragam	não tragam	trazerem

Formas nominais não conjugadas

infinitivo	particípio	gerúndio
trazer	trazido	trazendo

• Modelo 21 CABER

Indicativo

	pres.	pret.imperf.	pret.perf.
1ª p.s.	caibo	cabia	coube
2ª p.s.	cabes	cabias	coubeste
3ª p.s.	cabe	cabia	coube
1ª p.pl.	cabemos	cabíamos	coubemos
2ª p.pl.	cabeis	cabíeis	coubestes
3ª p.pl.	cabem	cabiam	couberam

	pret.m.-q.- -perf.	fut.pres.	fut.pret.
1ª p.s.	coubera	caberei	caberia
2ª p.s.	couberas	caberás	caberias
3ª p.s.	coubera	caberá	caberia
1ª p.pl.	coubéramos	caberemos	caberíamos
2ª p.pl.	coubéreis	cabereis	caberíeis
3ª p.pl.	couberam	caberão	caberiam

Subjuntivo

	pres.	pret.imperf.	fut.
1ª p.s.	caiba	coubesse	couber
2ª p.s.	caibas	coubesses	couberes
3ª p.s.	caiba	coubesse	couber
1ª p.pl.	caibamos	coubéssemos	coubermos
2ª p.pl.	caibais	coubésseis	couberdes
3ª p.pl.	caibam	coubessem	couberem

Imperativo/infinitivo flexionado

	imp.	imp.neg.	inf.flex.
1ª p.s.	—	—	caber
2ª p.s.	cabe	não caibas	caberes
3ª p.s.	caiba	não caiba	caber
1ª p.pl.	caibamos	não caibamos	cabermos
2ª p.pl.	cabei	não caibais	caberdes
3ª p.pl.	caibam	não caibam	caberem

Formas nominais não conjugadas

	infinitivo	particípio	gerúndio
	caber	cabido	cabendo

Observação: raramente o verbo *caber* é empregado no imperativo.

Subjuntivo

	pres.	pret.imperf.	fut.
1ª p.s.	seja	fosse	for
2ª p.s.	sejas	fosses	fores
3ª p.s.	seja	fosse	for
1ª p.pl.	sejamos	fôssemos	formos
2ª p.pl.	sejais	fôsseis	fordes
3ª p.pl.	sejam	fossem	forem

Imperativo/infinitivo flexionado

	imp.	imp.neg.	inf.flex.
1ª p.s.	—	—	ser
2ª p.s.	sê	não sejas	seres
3ª p.s.	seja	não seja	ser
1ª p.pl.	sejamos	não sejamos	sermos
2ª p.pl.	sede	não sejais	serdes
3ª p.pl.	sejam	não sejam	serem

Formas nominais não conjugadas

	infinitivo	particípio	gerúndio
	ser	sido	sendo

• Modelo 22 SER

Indicativo

	pres.	pret.imperf.	pret.perf.
1ª p.s.	sou	era	fui
2ª p.s.	és	eras	foste
3ª p.s.	é	era	foi
1ª p.pl.	somos	éramos	fomos
2ª p.pl.	sois	éreis	fostes
3ª p.pl.	são	eram	foram

	pret.m.-q.- -perf.	fut.pres.	fut.pret.
1ª p.s.	fora	serei	seria
2ª p.s.	foras	serás	serias
3ª p.s.	fora	será	seria
1ª p.pl.	fôramos	seremos	seríamos
2ª p.pl.	fôreis	sereis	seríeis
3ª p.pl.	foram	serão	seriam

• Modelo 23 PÔR

Indicativo

	pres.	pret.imperf.	pret.perf.
1ª p.s.	ponho	punha	pus
2ª p.s.	pões	punhas	puseste
3ª p.s.	põe	punha	pôs
1ª p.pl.	pomos	púnhamos	pusemos
2ª p.pl.	pondes	púnheis	pusestes
3ª p.pl.	põem	punham	puseram

	pret.m.-q.- -perf.	fut.pres.	fut.pret.
1ª p.s.	pusera	porei	poria
2ª p.s.	puseras	porás	porias
3ª p.s.	pusera	porá	poria
1ª p.pl.	puséramos	poremos	poríamos
2ª p.pl.	puséreis	poreis	poríeis
3ª p.pl.	puseram	porão	poriam

Subjuntivo

	pres.	pret.imperf.	fut.
1ª p.s.	ponha	pusesse	puser
2ª p.s.	ponhas	pusesses	puseres
3ª p.s.	ponha	pusesse	puser
1ª p.pl.	ponhamos	puséssemos	pusermos
2ª p.pl.	ponhais	pusésseis	puserdes
3ª p.pl.	ponham	pusessem	puserem

Imperativo/infinitivo flexionado

	imp.	imp.neg.	inf.flex.
1ª p.s.	—	—	pôr
2ª p.s.	põe	não ponhas	pores
3ª p.s.	ponha	não ponha	pôr
1ª p.pl.	ponhamos	não ponhamos	pormos
2ª p.pl.	ponde	não ponhais	pordes
3ª p.pl.	ponham	não ponham	porem

Formas nominais não conjugadas

	infinitivo	particípio	gerúndio
	pôr	posto	pondo

• Modelo 24 PARTIR

Ver observações para os verbos *abrir, boquiabrir, entreabrir, reabrir*; para os verbos em *-uzir*; para os verbos em *-guir*; para os verbos *coibir, proibir* e *reunir*, e para defectivos.

Indicativo

	pres.	pret.imperf.	pret.perf.
1ª p.s.	parto	partia	parti
2ª p.s.	partes	partias	partiste
3ª p.s.	parte	partia	partiu
1ª p.pl.	partimos	partíamos	partimos
2ª p.pl.	partis	partíeis	partistes
3ª p.pl.	partem	partiam	partiram

	pret.m.-q.- -perf.	fut.pres.	fut.pret.
1ª p.s.	partira	partirei	partiria
2ª p.s.	partiras	partirás	partirias
3ª p.s.	partira	partirá	partiria
1ª p.pl.	partíramos	partiremos	partiríamos
2ª p.pl.	partíreis	partireis	partiríeis
3ª p.pl.	partiram	partirão	partiriam

Subjuntivo

	pres.	pret.imperf.	fut.
1ª p.s.	parta	partisse	partir
2ª p.s.	partas	partisses	partires
3ª p.s.	parta	partisse	partir
1ª p.pl.	partamos	partíssemos	partirmos
2ª p.pl.	partais	partísseis	partirdes
3ª p.pl.	partam	partissem	partirem

Imperativo/infinitivo flexionado

	imp.	imp.neg.	inf.flex.
1ª p.s.	—	—	partir
2ª p.s.	parte	não partas	partires
3ª p.s.	parta	não parta	partir
1ª p.pl.	partamos	não partamos	partirmos
2ª p.pl.	parti	não partais	partirdes
3ª p.pl.	partam	não partam	partirem

Formas nominais não conjugadas

	infinitivo	particípio	gerúndio
	partir	partido	partindo

Observações:

1) *abrir, boquiabrir, entreabrir, reabrir* têm part. em *aberto* (*boquiaberto* etc.).

2) Os verbos terminados em *-uzir* perdem o *-e* na 3ª p.s. do pres.ind., podendo mantê-lo na 2ª p.s. do imp. (*traduz, traduz/traduze* tu).

3) Os verbos *coibir, proibir* e *reunir* apresentam hiato com acentuação gráfica, nas formas rizotônicas: *coíbo, coíbes, coíbe, coíbem*; *proíba, proíbas, proíba, proíbam*; *reúne* tu, *reúna* você, *reúnam* vocês.

4) Verbos terminados em *-guir* (sem pronúncia do *-u-*) perdem esta letra diante de *-o* ou *-a*: *distingo, distingam*.

5) São defectivos:

D1: *abolir, aturdir, balir, banir, bramir, brandir, carpir, comedir, demolir, descomedir-se, extorquir, fremir, fulgir, ganir, premir, refulgir, retorquir*.

	pres.ind.	pres.subj.	imp.
1ª p.s.	falta	falta	—
2ª p.s.		falta	
3ª p.s.		falta	falta
1ª p.pl.		falta	falta
2ª p.pl.		falta	
3ª p.pl.		falta	falta

(Muitos verbos considerados defectivos têm sido usados com conjugação completa: é o caso, por exemplo, de *colorir, eclodir, erodir, esculpir, implodir, explodir* [que eu *exploda* ou *expluda*]; de *haurir* e *exaurir*; de *espargir*; dos verbos em *-ungir*; de *emergir, imergir, submergir* — que têm assumido conjugação regular. Quanto aos verbos *brunir* e *tugir* há gramáticos que preferem considerá-los **D1**.)

D2: *adir, aducir, aguerrir, combalir, ebulir, empedernir, escandir, espavorir, falir, florir, fornir, garrir, inanir, lenir, reflorir, remir, ressequir.*

	pres.ind.	pres.subj.	imp.
1ª p.s.	falta	falta	—
2ª p.s.	falta	falta	falta
3ª p.s.	falta	falta	falta
1ª p.pl.		falta	falta
2ª p.pl.		falta	
3ª p.pl.	falta	falta	falta

(O verbo *ressarcir*, considerado por muitos defectivo, tem hoje conjugação completa e regular.)

D3: *concernir* e *urgir*.

(Para alguns gramáticos, o verbo *rugir* é sempre **D3**.)

• Modelo 25 SAIR

Para defectivos, ver observação.

Indicativo

	pres.	pret.imperf.	pret.perf.
1ª p.s.	saio	saía	saí
2ª p.s.	sais	saías	saíste
3ª p.s.	sai	saía	saiu
1ª p.pl.	saímos	saíamos	saímos
2ª p.pl.	saís	saíeis	saístes
3ª p.pl.	saem	saíam	saíram

	pret.m.-q.- -perf.	fut.pres.	fut.pret.
1ª p.s.	saíra	sairei	sairia
2ª p.s.	saíras	sairás	sairias
3ª p.s.	saíra	sairá	sairia
1ª p.pl.	saíramos	sairemos	sairíamos
2ª p.pl.	saíreis	saireis	sairíeis
3ª p.pl.	saíram	sairão	sairiam

Subjuntivo

	pres.	pret.imperf.	fut.
1ª p.s.	saia	saísse	sair
2ª p.s.	saias	saísses	saíres
3ª p.s.	saia	saísse	sair
1ª p.pl.	saiamos	saíssemos	sairmos
2ª p.pl.	saiais	saísseis	sairdes
3ª p.pl.	saiam	saíssem	saírem

Imperativo/infinitivo flexionado

	imp.	imp.neg.	inf.flex.
1ª p.s.	—	—	sair
2ª p.s.	sai	não saias	saíres
3ª p.s.	saia	não saia	sair
1ª p.pl.	saiamos	não saiamos	sairmos
2ª p.pl.	saí	não saiais	sairdes
3ª p.pl.	saiam	não saiam	saírem

Formas nominais não conjugadas

infinitivo	particípio	gerúndio
sair	saído	saindo

Observações: o verbo *embair* é **D2**.

• Modelo 26 AFLUIR

Os verbos em *-uir* com o *-u-* pronunciado são conjugados pela regra de AFLUIR (não o são, portanto, os com terminação em *-quir* e *-guir*, que seguem o Modelo [25]). Para *construir, desconstruir, reconstruir, destruir*, ver observações.

Indicativo

	pres.	pret.imperf.	pret.perf.
1ª p.s.	afluo	afluía	afluí
2ª p.s.	afluis	afluías	afluíste
3ª p.s.	aflui	afluía	afluiu
1ª p.pl.	afluímos	afluíamos	afluímos
2ª p.pl.	afluís	afluíeis	afluístes
3ª p.pl.	afluem	afluíam	afluíram

	pret.m.-q.-perf.	fut.pres.	fut.pret.
1ª p.s.	afluíra	afluirei	afluiria
2ª p.s.	afluíras	afluirás	afluirias
3ª p.s.	afluíra	afluirá	afluiria
1ª p.pl.	afluíramos	afluiremos	afluiríamos
2ª p.pl.	afluíreis	afluireis	afluiríeis
3ª p.pl.	afluíram	afluirão	afluiriam

Subjuntivo

	pres.	pret.imperf.	fut.
1ª p.s.	aflua	afluísse	afluir
2ª p.s.	afluas	afluísses	afluíres
3ª p.s.	aflua	afluísse	afluir
1ª p.pl.	afluamos	afluíssemos	afluirmos
2ª p.pl.	afluais	afluísseis	afluirdes
3ª p.pl.	afluam	afluíssem	afluírem

Imperativo/infinitivo flexionado

	imp.	imp.neg.	inf.flex.
1ª p.s.	—	—	afluir
2ª p.s.	aflui	não afluas	afluíres
3ª p.s.	aflua	não aflua	afluir
1ª p.pl.	afluamos	não afluamos	afluirmos
2ª p.pl.	afluí	não afluais	afluirdes
3ª p.pl.	afluam	não afluam	afluírem

Formas nominais não conjugadas

infinitivo	particípio	gerúndio
afluir	afluído	afluindo

Observação: os verbos *construir, desconstruir, reconstruir, destruir* apresentam variantes nas seguintes formas: pres.ind. *constróis, constrói, constroem*; imp.afirm. *constrói* tu. As formas regulares — *construis, construi, construem* — são mais usadas em Portugal.

• Modelo 27 Verbos com irregularidade 2 (irreg.2)

Todos os verbos deste modelo apresentam **irreg.2** em relação ao Modelo [24]. Para *cerzir*, ver observação.

AGREDIR: o *-e-* da penúltima sílaba do infinitivo passa a *-i-* nas formas de irreg.2: *agrido, agrides, agride, agridem*; *agrida, agridas* etc.

POLIR: o *-o-* da penúltima sílaba do infinitivo passa a *-u-* nas formas de irreg.2: *pulo, pules, pule, pulem, pula, pulas* etc.

	pres.ind.	pres.subj.	imp.
1ª p.s.	i/u	i/u	—
2ª p.s.	i/u	i/u	i/u
3ª p.s.	i/u	i/u	i/u
1ª p.pl.		i/u	i/u
2ª p.pl.		i/u	
3ª p.pl.	i/u	i/u	i/u

Observação: para *cerzir*, também é aceita a conjugação *cirzo, cerzes, cerze* etc.

• Modelo 28 Verbos com irregularidade 1 (irreg.1)

Todos os verbos deste modelo apresentam irregularidade em relação ao Modelo [24] nas formas da irreg.1.

PEDIR: *peço*; *peça, peças* etc.

OUVIR: *ouço*; *ouça, ouças* etc.

ADERIR: *adiro*; *adira, adiras* etc.

TOSSIR: *tusso*; *tussa, tussas* etc.

PARIR: *pairo*; *paira, pairas* etc.

	pres.ind.	pres.subj.	imp.
1ª p.s.	ç/i/u/ai	ç/i/u/ai	—
2ª p.s.		ç/i/u/ai	
3ª p.s.		ç/i/u/ai	ç/i/u/ai
1ª p.pl.		ç/i/u/ai	ç/i/u/ai
2ª p.pl.		ç/i/u/ai	
3ª p.pl.		ç/i/u/ai	ç/i/u/ai

• Modelo 29 Verbos com irregularidade 3 (irreg.3) ACUDIR/FRIGIR

	pres.ind.	imp.
1ª p.s.		—
2ª p.s.	acodes/freges	acode/frege
3ª p.s.	acode/frege	
1ª p.pl.		
2ª p.pl.		
3ª p.pl.	acodem/fregem	

• Modelo 30 RIR

Os dois verbos deste modelo mantêm a vogal temática *-i-* em todas as formas e têm a desinência *-des* na 2ª p.pl. do pres.ind.; o imp. para as 2ªs p. é *ri, ride, sorri, sorride*.

• Modelo 31 VIR

Indicativo

	pres.	pret.imperf.	pret.perf.
1ª p.s.	venho	vinha	vim
2ª p.s.	vens	vinhas	vieste
3ª p.s.	vem	vinha	veio
1ª p.pl.	vimos	vínhamos	viemos
2ª p.pl.	vindes	vínheis	viestes
3ª p.pl.	vêm	vinham	vieram

	pret.m.-q.- -perf.	fut.pres.	fut.pret.
1ª p.s.	viera	virei	viria
2ª p.s.	vieras	virás	virias
3ª p.s.	viera	virá	viria
1ª p.pl.	viéramos	viremos	viríamos
2ª p.pl.	viéreis	vireis	viríeis
3ª p.pl.	vieram	virão	viriam

Subjuntivo

	pres.	pret.imperf.	fut.
1ª p.s.	venha	viesse	vier
2ª p.s.	venhas	viesses	vieres
3ª p.s.	venha	viesse	vier
1ª p.pl.	venhamos	viéssemos	viermos
2ª p.pl.	venhais	viésseis	vierdes
3ª p.pl.	venham	viessem	vierem

Imperativo/infinitivo flexionado

	imp.	imp.neg.	inf.lex.
1ª p.s.	—	—	vir
2ª p.s.	vem	não venhas	vires
3ª p.s.	venha	não venha	vir
1ª p.pl.	venhamos	não venhamos	virmos
2ª p.pl.	vinde	não venhais	virdes
3ª p.pl.	venham	não venham	virem

Formas nominais não conjugadas

infinitivo	particípio	gerúndio
vir	vindo	vindo

Observação: todos os verbos derivados de *vir* têm acento agudo nas 2ª e 3ª p.s. do pres.ind. e na 2ª p.s. do imperativo: *advéns, advém*; *advém* tu.

• Modelo 32 IR

Indicativo

	pres.	pret.imperf.	pret.perf.
1ª p.s.	vou	ia	fui
2ª p.s.	vais	ias	foste
3ª p.s.	vai	ia	foi
1ª p.pl.	vamos	íamos	fomos
2ª p.pl.	ides	íeis	fostes
3ª p.pl.	vão	iam	foram

	pret.m.-q.- -perf.	fut.pres.	fut.pret.
1ª p.s.	fora	irei	iria
2ª p.s.	foras	irás	irias
3ª p.s.	fora	irá	iria
1ª p.pl.	fôramos	iremos	iríamos
2ª p.pl.	fôreis	ireis	iríeis
3ª p.pl.	foram	irão	iriam

Subjuntivo

	pres.	pret.imperf.	fut.
1ª p.s.	vá	fosse	for
2ª p.s.	vás	fosses	fores
3ª p.s.	vá	fosse	for
1ª p.pl.	vamos	fôssemos	formos
2ª p.pl.	vades	fôsseis	fordes
3ª p.pl.	vão	fossem	forem

Imperativo/infinitivo flexionado

	imp.	imp.neg.	inf.flex.
1ª p.s.	—	—	ir
2ª p.s.	vai	não vás	ires
3ª p.s.	vá	não vá	ir
1ª p.pl.	vamos	não vamos	irmos
2ª p.pl.	ide	não vades	irdes
3ª p.pl.	vão	não vão	irem

Formas nominais não conjugadas

infinitivo	particípio	gerúndio
ir	ido	indo

Quadro de particípios duplos

Tradicionalmente, a lista de verbos que apresentam particípios duplos, um regular e outro irregular, costuma ser a seguinte:

Verbo	Particípio regular / Particípio irregular
absorver	absorvido / absorto
abstrair	abstraído / abstrato
aceitar	aceitado / aceito* / aceite
acender	acendido / aceso*
adstringir	adstringido / adstrito
afetar	afetado / afeto
afligir	afligido / aflito
anexar	anexado / anexo
apensar	apensado / apenso
apreender	apreendido / apreenso
aspergir	aspergido / asperso
assentar	assentado / assente*
assumir	assumido / assumpto
atender	atendido / atento
benquerer	benquerido / benquisto
benzer	benzido / bento
cativar	cativado / cativo
cegar	cegado / cego
circundar	circundado / circuso
coagir	coagido / coacto
coligir	coligido / coleto
completar	completado / completo
comprimir	comprimido / compresso
concluir	concluído / concluso*
confessar	confessado / confesso
confundir	confundido / confuso
constringir	constringido / constrito
consumir	consumido / consumpto
contrair	contraído / contracto
controverter	controvertido / controverso
contundir	contundido / contuso
convencer	convencido / convicto

Verbo	Particípio regular / Particípio irregular
converter	convertido / converso
corrigir	corrigido / correto
corromper	corrompido / corrupto
crucificar	crucificado / crucifixo
cultivar	cultivado / culto
defender	defendido / defeso
demitir	demitido / demisso
deprimir	deprimido / depresso
desenvolver	desenvolvido / desenvolto
desoprimir	desoprimido / desopresso
despertar	despertado / desperto*
destingir	destingido / destinto
devolver	devolvido / devoluto
difundir	difundido / difuso
digerir	digerido / digesto
diluir	diluído / diluto
dirigir	dirigido / direto
disjungir	disjungido / disjunto
dispersar	dispersado / disperso*
dissolver	dissolvido / dissoluto
distender	distendido / distenso
distinguir	distinguido / distinto
eleger	elegido / eleito*
emergir	emergido / emerso
empregar	empregado / empregue
encarregar	encarregado / encarregue
entregar	entregado / entregue*
envolver	envolvido / envolto*
enxugar	enxugado / enxuto
erigir	erigido / ereto
esconder	escondido / escuso
escurecer	escurecido / escuro
escusar	escusado / escuso
espargir	espargido / esparso
exaurir	exaurido / exausto
excluir	excluído / excluso
expelir	expelido / expulso*
exprimir	exprimido / expresso*

Verbo	Particípio regular / Particípio irregular
expulsar	expulsado / expulso*
extinguir	extinguido / extinto*
extrair	extraído / extrato
fartar	fartado / farto*
findar	findado / findo*
fixar	fixado / fixo
frigir	frigido / frito*
fritar	fritado / frito*
ganhar	ganhado / ganho*
gastar	gastado / gasto*
imergir	imergido / imerso*
imprimir	imprimido / impresso*
incluir	incluído / incluso
incorrer	incorrido / incurso*
induzir	induzido / induto
infectar	infectado / infecto
inquietar	inquietado / inquieto
inserir	inserido / inserto*
insurgir	insurgido / insurreto
interromper	interrompido / interrupto
inverter	invertido / inverso
isentar	isentado / isento
jungir	jungido / junto
juntar	juntado / junto
libertar	libertado / liberto*
limpar	limpado / limpo*
livrar	livrado / livre
malquerer	malquerido / malquisto
manifestar	manifestado / manifesto
matar	matado / morto*
misturar	misturado / misto
morrer	morrido / morto
murchar	murchado / murcho
nascer	nascido / nato
ocultar	ocultado / oculto*
omitir	omitido / omisso
oprimir	oprimido / opresso
pagar	pagado / pago*

Verbo	Particípio regular / Particípio irregular
pasmar	pasmado / pasmo
pegar	pegado / pego*
perverter	pervertido / perverso
possuir	possuído / possesso
prender	prendido / preso*
pretender	pretendido / pretenso
prostituir	prostituído / prostituto
quedar	quedado / quedo
reeleger	reelegido / reeleito*
remitir	remitido / remisso
repelir	repelido / repulso
repreender	repreendido / represo
resolver	resolvido / resoluto
ressurgir	ressurgido / ressurreto
restringir	restringido / restrito*
reverter	revertido / reverso
revolver	revolvido / revolto
romper	rompido / roto
safar	safado / safo
salvar	salvado / salvo*
secar	secado / seco*
segurar	segurado / seguro*
sepultar	sepultado / sepulto*
situar	situado / sito
soltar	soltado / solto*
submergir	submergido / submerso*
submeter	submetido / submisso
sujar	sujado / sujo*
sujeitar	sujeitado / sujeito*
suprimir	suprimido / supresso
surgir	surgido / surto
surpreender	surpreendido / surpreso
suspeitar	suspeitado / suspeito
suspender	suspendido / suspenso*
tingir	tingido / tinto
torcer	torcido / torto
tumefazer	tumefazido / tumefacto
vagar	vagado / vago

Quadro de particípios duplos

Entretanto, apesar de todos esses particípios irregulares de fato serem originados de particípios latinos, a maioria deles atualmente não se comporta mais, no nível sintático, como formas verbais, e sim como adjetivos, substantivos, ou advérbios:

Estava tão **absorta (adj.)** com a leitura que se esqueceu de apagar o forno.

Seus óculos caíram e a armação ficou **torta (adj.)**.

Veja-se a seção de **anexos (subst.)** para mais informações.

Ganhou um **crucifixo (subst.)** entalhado em madeira.

Comemorou o **aceite (subst.)** recebido para seu artigo científico.

Queria ir **junto (adv.)** com o pai à pescaria.

Estava cansada e foi **direto (adv.)** para casa depois do trabalho.

Os particípios irregulares assinalados na tabela com um asterisco, entretanto, ainda têm o comportamento de formas verbais, integrando locuções e ocupando o núcleo de significado dessas estruturas:

Passou pela seleção e **foi aceito** como funcionário da empresa.

A fraudadora finalmente **foi pega** pela polícia.

Essas embarcações bombardeadas **foram submersas** há séculos.

O acarajé costuma **ser frito** no azeite de dendê.

No uso formal da língua, considera-se recomendável que o particípio irregular seja combinado com os verbos auxiliares *ser* e *estar*, em construções de voz passiva. Entretanto, encontram-se frequentemente, em textos escritos, esses particípios em outros tipos de locuções, correspondentes ao pretérito mais-que-perfeito do indicativo, para as quais tradicionalmente se recomendariam os particípios regulares, combinados com os auxiliares *ter* e *haver*:

... a desgraçada (...) ainda no irresponsável arrebatamento do primeiro amor, **havia eleito** já o homem a quem sua alma teria de pertencer... (Aluísio Azevedo, *O Mulato*)

Até o mês passado [a Prefeitura] já **havia gasto** 76% dos recursos previstos para o serviço em 2009. (*Folha de S.Paulo*, 09/09/2009)

... não ia mais roubar a Nossa Senhora (...) e que nem queria mais os 25 contos que já **tinha ganho**... (Antônio Callado, *A Madona de Cedro*)

Quem havia se inscrito e não **tinha pago** a taxa não precisa se reinscrever... (*Folha de S.Paulo*, 06/10/2009)

Também estamos nos concentrando nos usos atuais da língua. Até o século XIX, outros desses particípios irregulares eram empregados na língua e estão registrados, por exemplo, em passagens de nossa Literatura:

Antes te **houvessem roto** na batalha, / Que servires a um povo de mortalha!... (Castro Alves, *O Navio Negreiro*)

João Maria, em troca, impôs outra [condição]: que ao quadro **fosse apenso** um rótulo, com o nome dele e a circunstância de não saber nada. (Machado de Assis, *Habilidoso*)

... como a primeira capela se achava arruinada, pretendia (...) erigir nova (...). **Foi benta** e novamente **ereta** sete anos depois... (Manoel de Oliveira Paiva, *Dona Guidinha do Poço*)

Finalmente, nesta exposição nos concentramos no português do Brasil. Se considerássemos a variedade lusitana da língua, haveria outros usos verbais de particípios irregulares a serem indicados, como se pode perceber nos exemplos a seguir:

... os 15 mil contos **serão** integralmente **empregues** na recuperação da sede da velha colectividade, na rua da Voz do Operário. (*O Público*, 1994)

Não perdia a Francelina pela demora, entendeu D. Ester, e **foi** a Judite **encarregue** de ir! (Tomaz de Figueiredo, *A Gata Borralheira*)

Minidicionário **Houaiss** da Língua Portuguesa

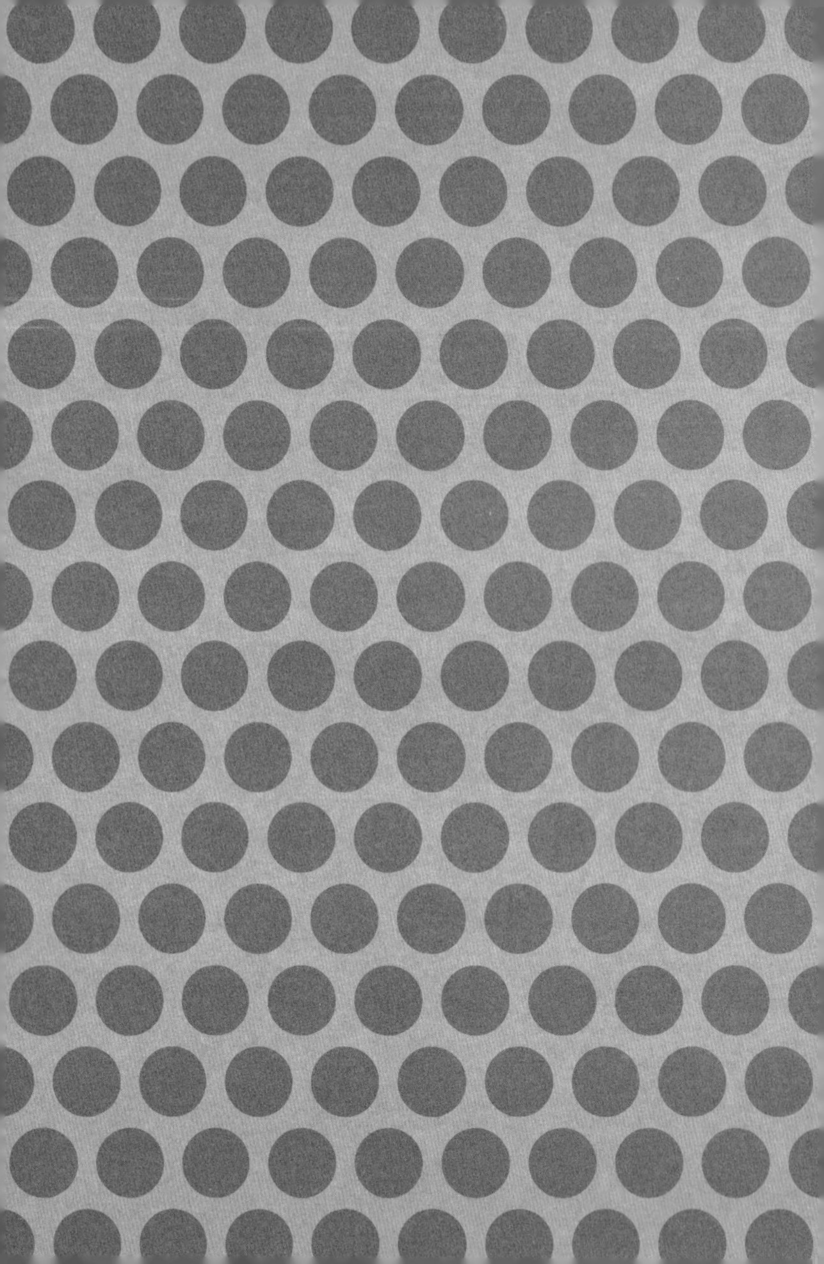

Aa

[1]a *s.m.* **1** primeira letra (vogal) do nosso alfabeto ■ *n.ord. (adj.2g.2n.)* **2** diz-se do primeiro elemento de uma série *<item 1a>* ☞ empr. após um subst. ou numeral **3** diz-se da primeira classe na escala de poder e riqueza *<classe A>* **4** BIO grupo sanguíneo *<sangue A positivo>* ☞ ger. maiúscula ▲ **5** símbolo de *are* ◉ GRAM/USO na acp. s.m., pl.: *aa* [ORIGEM: do nome da primeira letra do alfabeto latino]

[2]a *art.def.* **1** fem. de *o* (art.def.) *<a escola>* ■ *pron.dem.* **2** fem. de *o* (pron.dem.) *<esta menina é Ana, a que está atrás é Ruth>* ■ *pron.p.* **3** fem. de [2]*o* (pron.p.) *<Jô está bem, eu a vi na rua>* [ORIGEM: do acusativo latino *illu(m)* e *illa(m)* do pron.dem. latino *ille, illa, illud* 'aquele, aquela, ele, ela']

[3]a *prep.* **1** subordina e expressa **1.1** movimento *<ando da casa à loja>* **1.2** tempo *<daqui a um mês>* **1.3** direção no tempo ou espaço *<trabalhou da meia-noite à uma>* *<foi do Rio a Niterói>* **1.4** situação *<a 100 metros>* *<a 3%>* *<cara a cara>* **1.5** modo, meio ou matéria *<falar aos berros>* *<andar a pé>* *<pintura a óleo>* **2** antes de um verbo no infinitivo, exprime **2.1** uma circunstância *<estar a brincar>* **2.2** o início de uma ação *<começar a perceber>* **2.3** um propósito ou fim *<estar a ouvir>* [ORIGEM: da prep. latina *ad* 'aproximação etc.']

A ELETR FÍS símbolo de *ampere*

[1]a- ou **ad-** *pref.* 'proximidade': *abeirar, adjunto, arribar, assimilação* [ORIGEM: da prep.lat. *ad* 'em direção a, aproximação']

[2]a-, **ab-**, **abs-** ou **av-** *pref.* 'distanciamento': *abdicar, abster, aversão* [ORIGEM: da prep.lat. *ab* 'id.']

[3]a- ou **an-** *pref.* 'negação, privação': *acefalia, amoral, anaeróbio* [ORIGEM: do pref.gr. *an-* 'id.']

[1]à *contr.* da preposição *a* com o artigo definido feminino *a* *<deu nota máxima à aluna>* ◉ GRAM/USO fem. de *ao*; pl.: *às*

[2]à *contr.* da preposição *a* com o pronome demonstrativo *a* ('aquela') *<uma caixa igual à que lhe dei>* ◉ GRAM/USO fem. de *ao*; pl.: *às*

AA *s.m.* sigla de Alcoólicos Anônimos

ab- *pref.* → [2]A-

a.ba *s.f.* **1** parte saliente (de chapéu, roupa, objeto) **2** lugar ao lado de outro **3** parte inferior de montanha; sopé ◉ GRAM/USO dim.irreg.: *abeta*

a.ba.ca.te *s.m.* BOT fruto do abacateiro

a.ba.ca.tei.ro *s.m.* BOT árvore de até 20 m, cultivada por seus frutos ovais de casca verde, grande semente esférica envolta por polpa verde e amarelada, esp. us. em saladas e em sobremesas ◉ COL abacateiral

a.ba.ca.xi *s.m.* **1** planta terrestre da fam. das bromeliáceas, nativa do Brasil, com uma coroa de folhas com beirada espinhosa sobre seus frutos comestíveis, que chegam a 15 cm; abacaxizeiro **2** o fruto dessa planta **3** *fig. infrm.* problema, complicação

a.ba.ca.xi.zei.ro *s.m.* abacaxi ('planta') ◉ COL abacaxizal

a.ba.ci.al [pl.: *-ais*] *adj.2g.* **1** relativo a abade ou a abadia **2** próprio de abade

á.ba.co *s.m.* quadro us. em cálculos aritméticos, composto de fileiras de pequenas bolas que deslizam sobre hastes fixas

a.ba.de [fem.: *abadessa /ê/*] *s.m.* REL **1** título ou cargo do monge que dirige uma ordem religiosa ou uma abadia **2** indivíduo com esse título ou cargo

a.ba.di.a *s.f.* REL **1** mosteiro em que monges ou monjas vivem em retiro **2** instituição à qual pertencem esses monges ou monjas, ger. dirigida por abade ou abadessa **3** tipo de governo ou poder eclesiástico associado ao cargo de abade

a.ba.fa.do *adj.* **1** coberto para manter o calor **2** em que não se pode respirar; sufocante **3** *p.ext.* não divulgado, ocultado **4** diz-se de som fraco, amortecido **5** *infrm.* muito ocupado ~ **abafadiço** *adj.*

a.ba.fa.dor /ô/ [pl.: *-es*] *adj.s.m.* **1** (utensílio) que se usa para apagar uma chama **2** MÚS (dispositivo) que diminui o som de um instrumento; surdina

a.ba.fa.men.to *s.m.* **1** falta de ar ou ventilação **2** *p.ext.* aflição ou cansaço provocados por falta de ar; sufocação

a.ba.fan.te *adj.2g.* **1** que abafa, sufoca **2** *infrm.* que se destaca pela elegância, beleza etc. **3** *fig.* que envolve, absorve; estonteante

a.ba.far *v.* {mod. 1} *t.d.* **1** cobrir para manter o calor **2** interromper (combustão) **3** *fig.* conter, dominar *<a. uma revolta>* **4** dificultar que se ouça (um som), amortecendo-o **5** *fig.* impedir aparecimento ou divulgação de; esconder *<a. um caso>* □ *t.d.,int. e pron.* **6** impedir que respire ou não poder respirar *<a colcha abafava a criança>* *<a. de cansaço>* *<abafou-se tanto que quase desmaiou>* □ *int.* **7** *fig. gír.* furtar, roubar **8** *fig. B gír.* ser um sucesso *<subiu no palco e abafou>*

A

a.bai.xar *v.* {mod. 1} *t.d.,int. e pron.* **1** tornar(-se) baixo ou mais baixo **2** mover(-se) de cima para baixo; inclinar(-se), curvar(-se) *<a. o olhar> <a.-se para calçar o sapato>* **3** *fig.* humilhar(-se), rebaixar(-se) □ *int.* **4** descer ao chão ou ao fundo de recipiente (pó, resíduo etc.) □ *t.d. e int.* **5** diminuir de valor, intensidade, grau ou quantidade ~ **abaixado** *adj.* - **abaixamento** *s.m.*

a.bai.xo *adv.* **1** em lugar menos elevado; embaixo *<ponha o teto mais a.>* **2** em posição imediatamente seguinte *<ver os exemplos a.>* **3** em direção descendente *<rolou ladeira a.>* **4** ao chão *<o prédio veio a.>* ■ *interj.* **5** exclamação de protesto e repúdio *<a. a impunidade>* ▣ **a. de 1** em categoria, situação, posição, condição, número etc. inferior a *<tirar nota a. de cinco> <inteligência a. do normal>* **2** depois de, em seguida a *<a. de Pedro, há mais três irmãos>*

a.bai.xo-as.si.na.do [pl.: *abaixo-assinados*] *s.m.* documento de reivindicação, protesto ou solidariedade assinado por várias pessoas

a.ba.jur [pl.: *-es*] *s.m.* **1** peça adaptada a uma lâmpada que dirige a claridade para determinada área; quebra-luz **2** *p.ext.* luminária de mesa

a.ba.lan.çar *v.* {mod. 1} *t.d.* **1** pesar em balança **2** calcular (valor, quantidade etc.) □ *pron.* **3** (prep. *a*) arriscar-se, aventurar-se *<a.-se a desafiar o chefe>*

a.ba.lar *v.* {mod. 1} *t.d. e pron.* **1** (fazer) tremer **2** *fig.* (fazer) sentir forte emoção; impressionar(-se) **3** *fig.* tornar(-se) perturbado; desassossegar(-se) □ *t.d.,int. e pron.* **4** (fazer) perder a firmeza, a resistência; enfraquecer(-se) □ *int. e pron.* **5** ir embora; partir *<já era hora de as visitas (se) abalarem>* □ *int.* **6** pôr-se em fuga; escapar ~ **abalado** *adj.* - **abalamento** *s.m.*

a.ba.li.za.do *adj.* **1** marcado com balizas **2** que se assinalou; indicado **3** que demonstra muita competência; capaz ~ **abalizamento** *s.m.*

a.ba.li.zar *v.* {mod. 1} *t.d.* **1** demarcar (campo, terreno etc.) com balizas **2** assinalar, marcar *<a. um ponto de escavação>* □ *t.d.i.* **3** *fig.* (prep. *a*) impor (limites ou restrições) a □ *pron.* **4** (prep. *em*) adquirir importância, peso; destacar-se

a.ba.lo *s.m.* **1** tremor, trepidação **2** *fig.* comoção, perturbação emocional

a.bal.ro.ar *v.* {mod. 1} *t.d.,t.i.,int. e pron.* (prep. *com*) ir de encontro a; chocar-se com ~ **abalroamento** *s.m.*

a.ba.na.dor /ô/ [pl.: *-es*] *adj.s.m.* **1** (o) que abana ■ *s.m.* **2** abano

a.ba.nar *v.* {mod. 1} *t.d. e pron.* **1** refrescar(-se) com o vento de abano, leque □ *t.d. e int.* **2** agitar de um lado para outro; sacudir *<a. o rabo> <com o vento, a bandeira a.>*

a.ban.car *v.* {mod. 1} *t.d.,int. e pron.* **1** sentar(-se) à banca ou à mesa □ *int. e pron.* **2** ficar num lugar demoradamente

a.ban.da.lhar *v.* {mod. 1} *t.d. e pron.* (fazer) perder a dignidade ou qualidade; aviltar(-se)

a.ban.do.nar *v.* {mod. 1} *t.d.* **1** largar de vez; deixar **2** deixar sem condições (de sobreviver, p.ex.); desamparar **3** desistir de; renunciar *<a. os ideais>* □ *pron.* **4** (prep. *a*) entregar-se, render-se *<a.-se ao fracasso>*

a.ban.do.no *s.m.* **1** partida sem a intenção de volta **2** desistência **3** falta de amparo ou cuidado **4** sensação de relaxamento físico e/ou mental

a.ba.no *s.m.* objeto com que se agita o ar manualmente; abanador ◉ GRAM/USO dim.irreg.: *abanico*

a.ba.rá *s.m.* CUL *BA* massa de feijão-fradinho enrolada em folha de bananeira e cozida

a.bar.car *v.* {mod. 1} *t.d.* **1** envolver com os braços ou as mãos; abraçar **2** conter em si; abranger *<o texto abarca a vida do autor>* **3** alcançar, atingir, abranger *<a. todo o vale>* ~ **abarcamento** *s.m.* - **abarcante** *adj.2g.*

a.bar.ro.tar *v.* {mod. 1} *t.d. e t.d.i.* **1** (prep. *de*, *com*) encher demais; entulhar *<abarrotou a geladeira (de frutas)>* □ *pron.* **2** comer demais; empanturrar-se ~ **abarrotado** *adj.* - **abarrotamento** *s.m.*

a.bas.ta.do *adj.* **1** bem provido **2** rico, endinheirado

a.bas.tan.ça *s.f.* **1** abastecimento satisfatório; suficiência **2** abundância, riqueza

a.bas.tar.dar *v.* {mod. 1} *t.d. e pron.* **1** (fazer) perder as características originais **2** degenerar(-se) moralmente; corromper(-se)

a.bas.te.ce.dor /ô/ [pl.: *-es*] *adj.s.m.* (o) que abastece; fornecedor

a.bas.te.cer *v.* {mod. 8} *t.d.,t.d.i. e pron.* (prep. *de*) fornecer ou passar a ter, contar com (o que for necessário, útil); prover(-se), munir(-se) ~ **abastecimento** *s.m.*

a.ba.ta.ta.do *adj.* **1** que tem forma de batata **2** diz-se de nariz grosso e largo

a.ba.te *s.m.* **1** matança de animais para consumo **2** derrubada de árvores **3** abatimento ('desconto')

a.ba.te.dou.ro *s.m.* matadouro

a.ba.ter *v.* {mod. 8} *t.d.* **1** fazer cair; derrubar **2** cortar *<a. árvores>* **3** matar (animais) □ *t.d. e t.d.i.* **4** *fig.* (prep. *em*, *de*) descontar (valor, preço etc.) [de um total] □ *t.d. e pron. fig.* **5** tornar(-se) triste, desanimado; abalar(-se) □ *t.d.,int. e pron. fig.* **6** (fazer) perder as forças; debilitar(-se)

a.ba.ti.do *adj.* **1** que se abateu **2** lançado por terra; caído, derrubado **3** que desmoronou ou desabou **4** *fig.* que foi descontado (de um total); deduzido **5** *fig.* que perdeu o ânimo ou as forças; desanimado, enfraquecido **6** *fig.* que aparenta estar doente; débil **7** que foi morto (esp. animal)

a.ba.ti.men.to *s.m.* **1** abate **2** *fig.* desconto ou redução em valor, preço etc. **3** *fig.* falta de ânimo

a.ba.u.lar *v.* {mod. 2} *t.d.,int. e pron.* tornar(-se) convexo; arquear(-se) ~ **abaulado** *adj.* - **abaulamento** *s.m.*

abc *s.m.* abecê

ab.di.car *v.* {mod. 1} *t.d.,t.i. e int.* **1** (prep. *de*) renunciar a (poder, autoridade) por vontade própria ☐ *t.d.,t.i. e pron.* **1.1** (prep. *de*) abrir mão de; desistir ~ **abdicação** *s.f.*

ab.do.me ou **ab.dô.men** [pl.: *abdômenes* e *(B) abdomens*] *s.m.* ANAT no homem e em outros animais vertebrados, parte do corpo entre o tórax e a bacia ('cavidade'); barriga, ventre

ab.do.mi.nal [pl.: *-ais*] *adj.2g.* **1** do abdome ■ *s.2g.* **2** exercício para fortalecer os músculos dessa região ☞ mais us. no pl.

ab.du.ção [pl.: *-ões*] *s.f.* **1** rapto por violência ou sedução **2** ANAT movimento de afastamento (de membro ou parte de membro) do corpo humano

ab.du.tor [pl.: *-es*] *adj.s.m.* ANAT (o) que executa o movimento de abdução (diz-se de músculo)

ab.du.zir *v.* {mod. 24} *t.d.* **1** raptar, sequestrar **2** ANAT afastar (membro ou parte de membro) do corpo *<a. um braço>*

a.be.be.rar *v.* {mod. 1} *t.d. e pron.* saciar a sede (de)

a.be.cê ou **á-bê-cê** [pl.: *á-bê-cês*] *s.m.* **1** forma substantivada das três primeiras letras do abecedário, com que se designa o alfabeto **2** as primeiras noções de uma arte, ciência, técnica, doutrina etc. **3** elementos básicos da instrução primária **4** cartilha ou livro de leitura elementar

a.be.ce.dá.rio *s.m.* alfabeto ('série ordenada')

a.bei.rar *v.* {mod. 1} *t.d.* **1** pôr-se à beira de ☐ *t.d. e pron.* **2** (prep. *a, de*) chegar perto de; aproximar(-se) *<o público abeirava mil pessoas> <a.-se de uma mesa>* ~ **abeirado** *adj.*

a.be.lha /ê/ *s.f.* ZOO inseto que vive em colônia e produz mel e cera ◉ GRAM/USO masc.: *zangão* ◉ COL enxame

a.be.lha-mes.tra [pl.: *abelhas-mestras*] *s.f.* ZOO única fêmea fecundada de uma colônia de abelhas; rainha

a.be.lhu.do *adj.s.m. infrm.* curioso, intrometido ~ **abelhudice** *s.f.*

a.ben.ço.ar *v.* {mod. 1} *t.d.* **1** dar bênção a; benzer *<o padre abençoou os animais>* **2** *p.ext.* desejar bem a *<a. a todos, sem distinção>* ☐ *pron.* **3** fazer o sinal da cruz; persignar-se *<abençoava-se ao entrar no avião>*

a.ber.ra.ção [pl.: *-ões*] *s.f.* **1** desvio do que é considerado padrão; anomalia **2** defeito de uma forma da natureza; monstruosidade **3** desvio da lógica ou do bom senso; extravagância

a.ber.ta *s.f.* **1** abertura; fenda **2** clareira **3** vala, canal **4** lugar por onde se pode passar; acesso **5** curto período de tempo sem chuva

a.ber.to *adj.* **1** desimpedido, desobstruído **2** sem cobertura *<varanda a.>* **3** amplo, sem limites (diz-se de espaço) **4** cuja entrada é permitida a todos *<parque a.>* **5** sem nuvens; límpido *<céu a.>* **6** franco; manifesto **7** ESP competição (torneio, campeonato) de que podem participar esportistas amadores e profissionais **8** FON articulado com a língua mais baixa do que a posição de descanso (diz-se de som de vogal) ◉ GRAM/USO part. de *abrir* ▣ **em a.** a ser resolvido (assunto, questão etc.)

a.ber.tu.ra *s.f.* **1** fenda; buraco; passagem **2** primeiro momento; início, inauguração **3** *fig.* tolerância *<é preciso ter a. para dialogar com as pessoas>* **4** FON timbre de uma vogal resultante do distanciamento entre a língua e o céu da boca

a.bes.pi.nhar *v.* {mod. 1} *t.d. e pron.* (fazer) ficar irritado ou aborrecido, amuado; agastar(-se) ~ **abespinhamento** *s.m.*

a.bes.ta.do *adj. N.E.* leso, bobo, tolo

a.bes.ta.lha.do *adj.* abobado, espantado

a.bes.ta.lhar-se *v.* {mod. 1} *pron.* **1** ficar pasmo; surpreender-se **2** tornar-se tolo; imbecilizar-se

a.be.to /ê/ *s.m.* BOT pinheiro da América do Norte e Europa, cultivado esp. pela madeira, us. em marcenaria e no fabrico de papel

a.bi.ei.ro *s.m.* BOT árvore frondosa nativa da Amazônia, muito cultivada por seus frutos comestíveis e pela madeira de boa qualidade

a.bi.o *s.m.* BOT fruto do abieiro, de polpa amarela e doce ☞ ver *abiu*

a.bi.o.se *s.f.* BIO **1** interrupção aparente de vida pela retirada de algum elemento vital, como a água ou o oxigênio **2** ausência de vida **3** estado do que é incapaz de viver ~ **abiótico** *adj.*

a.bis.coi.tar *v.* {mod. 1} *t.d.* **1** conseguir, ganhar **2** *B* receber (vantagem ou melhoria)

a.bis.mal [pl.: *-ais*] *adj.2g.* **1** relativo a abismo; abissal **2** *fig.* que parece não ter fim, muito profundo **3** *fig.* que apavora; aterrorizante

a.bis.mar *v.* {mod. 1} *t.d. e pron.* **1** lançar(-se) no abismo **2** espantar(-se); admirar(-se) ☐ *pron.* **3** (prep. *em*) ficar absorto; concentrar-se ~ **abismado** *adj.*

a.bis.mo *s.m.* **1** grande depressão ou cavidade natural, quase vertical, ou vertical; precipício, despenhadeiro **2** *fig.* o que é insondável, misterioso *<a mente é um a.>* **3** *fig.* grande distância *<a falta de diálogo provocou um a. entre nós>* ~ **abismático** *adj.*

a.bis.sal [pl.: *-ais*] *adj.2g.* **1** relativo a abismo; abismal **2** GEO diz-se de profundidade oceanográfica de mais de 2.000 m **3** *fig.* imenso

a.biu *s.m.* BOT abio ☞ a term. *-iu* é de flexão verbal; prefira escrever essa palavra com final *-io*

ab.je.to *adj.* moralmente baixo; desprezível; infame ~ **abjeção** *s.f.*

ab.ju.rar *v.* {mod. 1} *t.d. e int.* **1** renegar (fé religiosa, crença etc.) ☐ *t.d.* **2** voltar atrás (sobre algo confuso, polêmico); retratar-se ~ **abjuração** *s.f.* - **abjuramento** *s.m.*

ABL *s.f.* sigla de Academia Brasileira de Letras

a.bla.ção [pl.: *-ões*] *s.f.* MED retirada cirúrgica de uma parte do corpo, esp. devido a tumor

a.blu.ção [pl.: *-ões*] *s.f.* **1** lavagem do corpo ou de parte dele **2** REL ritual de purificação (do corpo ou de parte dele) por meio da água

ab.ne.ga.do *adj.s.m.* (o) que revela abnegação, dedicação desinteressada; altruísta

ab.ne.gar *v.* {mod. 1} *t.d.* **1** abrir mão de; renunciar a □ *t.i.* **2** (prep. *de*) renegar (fé, crença, ideal) □ *pron.* **3** sacrificar-se em benefício de alguém ou algo ~ **abnegação** *s.f.*

a.bó.ba.da *s.f.* teto abaulado; cúpula ▣ **a. celeste** o céu • **a. palatina** o céu da boca ~ **abobadar** *v.t.d.*

a.bo.ba.do *adj.* tolo, abobalhado ~ **abobar** *v.t.d. e pron.*

a.bo.ba.lha.do *adj.* bobo; tolo ~ **abobalhar** *v.t.d. e pron.*

a.bó.bo.ra *s.f.* **1** BOT fruto da aboboreira, de polpa comestível, de um tom entre o alaranjado e o vermelho ■ *s.m.* **2** a cor desse fruto ■ *adj.2g.2n.* **3** que tem essa cor *<saia a.>* **4** diz-se dessa cor *<colcha de cor a.>*

a.bo.bo.rei.ra *s.f.* BOT nome comum a várias ervas, trepadeiras e rastejantes, cultivadas pela polpa e sementes dos frutos

a.bo.bri.nha *s.f.* **1** BOT variedade de abóbora comprida, de casca verde-clara com riscas mais escuras e polpa esverdeada **2** *B gír.* bobagem, tolice

a.bo.ca.nhar *v.* {mod. 1} *t.d.* **1** pegar com a boca **2** dar dentadas em; morder **3** *B infrm.* obter de forma ilegal ou indevida, com astúcia, artimanhas *<a. um cargo>* ~ **abocanhador** *adj.s.m.* - **abocanhamento** *s.m.*

a.boi.o /ô/ *s.m. B* canto, ger. lento e sem palavras, com que os vaqueiros guiam ou chamam a boiada ~ **aboiar** *v.t.d. e int.*

a.bo.le.tar *v.* {mod. 1} *t.d. e pron.* **1** dar alojamento a ou alojar-se; instalar(-se) *<aboletou os amigos em sua casa> <aboletaram-se no hotel mais próximo>* □ *pron.* **2** (prep. *em*) estirar-se, refestelar-se *<a.-se no sofá>* ~ **aboletamento** *s.m.*

a.bo.li.ção [pl.: *-ões*] *s.f.* revogação de um costume ou lei; anulação, supressão

a.bo.li.cio.nis.mo *s.m.* HIST **1** movimento político que pregava o fim da escravatura **2** doutrina originada desse movimento

a.bo.li.cio.nis.ta *adj.2g.* **1** relativo ao abolicionismo ■ *adj.2g.s.2g.* **2** partidário do abolicionismo

a.bo.lir *v.* {mod. 24} *t.d.* **1** tirar a validade de; revogar, anular **2** deixar de usar; largar □ *t.d.i.* **3** (prep. *de*) afastar, banir ◉ GRAM/USO verbo defectivo

a.bo.ma.so *s.m.* ZOO quarta câmara do estômago dos ruminantes, onde ocorre a digestão; coalheira

a.bo.mi.nar *v.* {mod. 1} *t.d. e pron.* detestar(-se), odiar(-se) ~ **abominação** *s.f.* - **abominado** *adj.*

a.bo.mi.ná.vel [pl.: *-eis*] *adj.2g.* que merece ser abominado; detestável, odioso

a.bo.na.ção [pl.: *-ões*] *s.f.* **1** garantia de uma obrigação ou compromisso; caução, fiança **2** recomendação favorável; abono **3** atitude de aprovação; abono **4** ato de desculpar falta(s) ao trabalho; abono

a.bo.na.do *adj.* **1** garantido; aprovado **2** abastado, rico **3** acreditado, confiável ■ *s.m.* **4** que(m) é rico

a.bo.nar *v.* {mod. 1} *t.d. e pron.* **1** mostrar(-se) ser bom, válido, verdadeiro *<a. a qualidade de um filme> <abonava-se mostrando suas notas altas>* □ *t.d.* **2** comprovar, confirmar *<seus quadros não abonam sua fama>* **3** ser fiador de; afiançar *<a. um contrato>* **4** desculpar (falta, atraso etc.) □ *t.d.i.* **5** (prep. *a*) conceder (liberdade, licença etc.) para ~ **abonador** *adj.s.m.* - **abonatório** *adj.*

a.bo.no *s.m.* **1** aprovação; recomendação **2** gratificação salarial **3** ato de desculpar falta(s), não descontando as ausências ao trabalho

a.bor.da.gem [pl.: *-ens*] *s.f.* **1** aproximação de duas embarcações; abalroamento **2** *p.ext.* qualquer tipo de aproximação **3** *fig.* maneira ou método de tratar ou interpretar algo

a.bor.dar *v.* {mod. 1} *t.d.* **1** chegar à beira de **2** *p.ext.* aproximar-se de *<abordou o vigia para pedir informação>* **3** tratar de (tema, questão, ideia etc.) □ *t.d. e int.* **4** encostar-se (o navio) com o bordo (em cais, outro navio etc.)

a.bo.rí.gi.ne ou **a.bo.rí.ge.ne** *adj.2g.s.2g.* (aquele) que é nascido na terra onde vive; indígena, autóctone, nativo

a.bor.re.cer *v.* {mod. 8} *t.d. e pron.* **1** causar ou sofrer desgosto ou contrariedade; desagradar(-se) **2** causar ou sentir tédio; enfadar(-se) **3** tornar(-se) zangado; irritar(-se) ~ **aborrecedor** *adj.s.m.*

a.bor.re.ci.do *adj.* **1** que se aborreceu; chateado, contrariado **2** que causa aborrecimento; desagradável; maçante

a.bor.re.ci.men.to *s.m.* **1** sentimento de desgosto; contrariedade, desagrado **2** sensação de enfado ou zanga; tédio **3** coisa ou situação que aborrece

a.bor.tar *v.* {mod. 1} *int.* **1** expulsar o feto do útero, natural ou artificialmente □ *t.d. e int.* **2** *fig.* (fazer) falhar; frustrar *<a. o plano original> <a revolta abortou>* □ *t.d.* INF **3** interromper (processo ou tarefa) propositalmente ou não

a.bor.ti.vo *adj.s.m.* (substância) que provoca interrupção da gravidez

a.bor.to /ô/ *s.m.* **1** expulsão prematura do feto **2** *fig.* o que não obteve sucesso

a.bo.to.a.du.ra *s.f.* enfeite us. para fechar punho de camisa

a.bo.to.ar *v.* {mod. 1} *t.d.* **1** fechar (peça de roupa), introduzindo os botões nas casas **2** pregar botões em □ *int. B gír.* **3** morrer ~ **abotoamento** *s.m.*

a.bra.ca.da.bra *s.m.* **1** palavra de significado secreto a que se atribuía a propriedade de curar doenças **2** *p.ext.* palavra mágica

a.bra.çar *v.* {mod. 1} *t.d. e pron.* **1** envolver(-se) com os braços □ *t.d.* **2** *fig.* dispor-se em torno de; cercar *<águas abraçam a ilha>* **3** *fig.* seguir (profissão, ideia, causa etc.) □ *pron.* **4** prender-se com os braços; agarrar-se

a.bra.ço *s.m.* **1** ato de apertar, envolver entre os braços **2** *fig.* sinal de afeto ou amizade *<mandou um a. ao primo>*

a.bran.dar *v.* {mod. 1} *t.d.,int. e pron.* **1** tornar(-se) flexível; amolecer **2** *fig.* diminuir a intensidade (de) **3** *fig.* tornar(-se) sereno ou suave ~ **abrandamento** *s.m.*

a.bran.gen.te *adj.2g.* que abrange, contém; abrangedor

a.bran.ger *v.* {mod. 8} *t.d.* **1** envolver, cercar **2** conter em si ou em seus limites; compreender, incluir *<o livro abrange a história do bairro>* ~ **abrangedor** *adj.s.m.* - **abrangência** *s.f.*

a.bra.sa.dor /ô/ [pl.: *-es*] *adj.s.m.* **1** (o) que abrasa **2** (o) que está muito quente **3** *fig.* (o) que é excitante, arrebatador

a.bra.sa.men.to *s.m.* **1** ato de pôr fogo, de incendiar; queima **2** *fig.* entusiasmo **3** *fig.* paixão ou excitação sexual

a.bra.são [pl.: *-ões*] *s.f.* **1** desgaste por fricção **2** esfolamento, escoriação **3** GEOL erosão de rocha por fricção ou impacto (de vento, água corrente etc.)

a.bra.sar *v.* {mod. 1} *t.d.,int. e pron.* **1** reduzir(-se) a brasa; queimar(-se) **2** (fazer) ficar quente; arder ☐ *t.d. e pron. fig.* **3** tornar(-se) da cor de brasa; avermelhar(-se), ruborizar **4** (fazer) ter sentimentos intensos; entusiasmar(-se) *<a atriz abrasa seu coração; abrasou-se pela luta dos estudantes>* ~ **abrasante** *adj.2g.*

a.bra.si.lei.rar *v.* {mod. 1} *t.d. e pron.* adequar(-se) ao modo de ser ou costumes brasileiros ~ **abrasileiramento** *s.m.*

a.bra.si.vo *adj.s.m.* (o) que causa abrasão, desgaste ou dá polimento

a.bre-a.las *s.m.2n.* carro ou grupo que abre desfile de escola de samba, bloco carnavalesco etc.

a.breu.gra.fi.a *s.f.* radiografia do tórax ☞ f. menos us.: *abreografia*

a.bre.vi.a.ção [pl.: *-ões*] *s.f.* **1** redução, encurtamento **2** redução de palavra a algumas sílabas ou letras; abreviatura **3** redução de uma palavra que passa a funcionar como seu sinônimo (p.ex., *microcomputador/micro*)

a.bre.vi.ar *v.* {mod. 1} *t.d.* **1** tornar (mais) breve; encurtar *<a. a reunião>* **2** resumir, sintetizar *<a. um texto>* **3** reduzir (palavra, locução) a algumas de suas letras ou sílabas, de modo compreensível ou conforme critério convencionado *<a. o nome de uma empresa>*

a.bre.vi.a.tu.ra *s.f.* **1** abreviação **2** redução de uma palavra ou locução **3** redução de uma locução a uma sigla (p.ex., *registro geral/RG*) **4** sinal ou cifra com que se representa uma palavra ou locução

a.bri.có *s.m.* BOT fruto do abricoteiro, semelhante ao damasco

a.bri.co.tei.ro *s.m.* BOT árvore de até 18 m, nativa da América Central e cultivada no Brasil, de folhas verde-escuras, flores brancas aromáticas e frutos carnosos us. em doces; abricozeiro

a.bri.co.zei.ro *s.m.* BOT abricoteiro

a.bri.dor /ô/ [pl.: *-es*] *adj.s.m.* **1** (o) que abre ■ *s.m.* **2** utensílio que abre garrafas, latas etc.

a.bri.gar *v.* {mod. 1} *t.d. e pron.* **1** dar ou receber acolhida; hospedar(-se) *<a. parentes> <os meninos abrigaram-se no acampamento>* ☐ *t.d.,t.d.i. e pron.* **2** (prep. *de*) proteger(-se) [de dano, ameaça etc.]; resguardar(-se) *<à noite, é preciso a. o gado> <abrigou as roupas da chuva> <preferiu a.-se no bar>* ☐ *t.d.* **3** poder conter; comportar *<o galpão abriga mil frangos>*

a.bri.go *s.m.* **1** refúgio, proteção **2** agasalho **3** casa que acolhe desamparados **4** *fig.* amparo, acolhimento ~ **abrigada** *s.f.* - **abrigadouro** *s.m.*

a.bril [pl.: *-is*] *s.m.* o quarto mês do ano no calendário gregoriano, composto de 30 dias ~ **abrilino** *adj.* - **aprilino** *adj.*

a.bri.lhan.tar *v.* {mod. 1} *t.d. e pron.* **1** (fazer) ficar reluzente, brilhante *<a. uma fantasia com purpurina> <o colar abrilhantava-se com a luz do sol>* **2** *fig.* dar ou receber brilho, pompa; realçar(-se) *<contrataram dançarinos para a. a festa> <abrilhantou-se ao colocar o colar de pérolas>* ~ **abrilhantamento** *s.m.*

a.brir *v.* {mod. 24} *t.d.* **1** desunir as partes móveis de *<a. os olhos>* **2** retirar a tampa ou invólucro de **3** tornar acessível *<a. uma possibilidade>* **4** estender, esticar *<a. os braços>* **5** cortar, rasgar *<a. a testa>* **6** quebrar, partir *<o tremor abriu o muro>* **7** cavar (poço, túnel etc.) **8** deixar fluir (algo retido ou bloqueado) *<a. o gás>* **9** dar início a; pôr em funcionamento; começar, inaugurar *<a. inquérito> <a. uma loja>* **10** obter (vantagem, melhor pontuação etc.) sobre o adversário *<a. sete pontos no placar>* **11** INF acessar (arquivo, programa) ☐ *t.d. e int.* **12** mover(-se) [porta, janela etc.], possibilitando acesso a um lugar ☐ *t.d. e pron.* **13** possibilitar a passagem (por); desbloquear(-se) *<a. estradas>* ☐ *int. e pron.* **14** desabrochar **15** rasgar(-se), partir(-se) *<a calça abriu(-se)>* ☐ *int.* **16** *B* ficar limpo, ensolarado (o tempo) **17** começar a funcionar *<a loja abre cedo>* **18** passar a verde (sinal de trânsito), permitindo o avanço de veículos ou pedestres ☐ *pron.* **19** fazer confidência(s); desabafar *<abre-se com a vizinha>* ◉ GRAM/USO part.: *aberto*

ab-ro.gar *v.* {mod. 1} *t.d.* **1** revogar (lei) **2** pôr fora de uso (hábito, costume etc.); abolir ~ **ab-rogação** *s.f.* - **ab-rogatório** *adj.*

a.bro.lho /ô/ [pl.: */ó/*] *s.m.* rochedo marinho, recife ☞ freq. us. no pl.

a.brup.to ou **ab-rup.to** *adj.* **1** muito inclinado, íngreme **2** *fig.* que ocorre de maneira súbita; repentino **3** *fig.* rude, indelicado ◉ GRAM/USO a pronúncia usual é a.brup.to

a.bru.ta.lha.do *adj.* de modos brutos; grosseiro ~ **abrutalhar** *v.t.d. e pron.*

abs- *pref.* → [2]**A-**

abs.ces.so *s.m.* acúmulo de pus causado por inflamação

abs.cis.sa *s.f.* GEOM **1** distância numa reta entre um ponto e outro tomado como origem **2** coordenada que define a posição de um ponto num plano ou no espaço

ab.sen.tis.mo ou **ab.sen.te.ís.mo** *s.m.* **1** falta de constância na frequência ao trabalho, à escola etc. **2** hábito de abandonar o cumprimento de deveres e funções de certo posto ou cargo

ab.si.de *s.f.* REL local onde fica o altar-mor em certas igrejas

ab.sin.to *s.m.* **1** BOT erva aromática nativa da Europa, de que se extrai óleo tóxico, us. no licor de absinto; losna **2** bebida alcoólica, esverdeada, preparada com óleo de absinto, anis e outras plantas aromáticas

ab.so.lu.ta.men.te *adv.* **1** de modo absoluto, completo; totalmente **2** em absoluto

ab.so.lu.tis.mo *s.m.* **1** POL sistema de governo em que o dirigente assume poderes ilimitados **2** *p.ext.* qualquer forma de tirania ~ **absolutista** *adj.2g.s.2g.*

ab.so.lu.to *adj.* **1** que não depende de nada ou de ninguém; independente, soberano *<Estado a.>* **2** que não admite condições, limites; total *<poder a.>* **3** único, supremo *<líder a.>* **4** que não permite contestação; incondicional *<amor a.>* ■ *s.m.* **5** realidade plena, que só depende de si mesma para existir ⊡ **em a.** de modo nenhum; absolutamente

ab.sol.ver *v.* {mod. 8} *t.d. e t.d.i.* **1** (prep. *de*) isentar (alguém) [de acusação, crime, pena etc.] □ *t.d.,t.d.i. e pron.* **2** (prep. *de*) perdoar(-se), desconsiderando erros passados ☞ cf. *absorver*

ab.sol.vi.ção [pl.: *-ões*] *s.f.* perdão de pecados, culpas, erros ou faltas

ab.sor.ção [pl.: *-ões*] *s.f.* **1** processo de absorver ou de ser absorvido **2** FISQUÍM processo em que uma substância é retida no interior de outra ☞ cf. *adsorção* **3** *fig.* concentração mental

ab.sor.to /ô/ *adj.* **1** que se absorveu; absorvido **2** concentrado em seus pensamentos ◉ GRAM/USO part. de *absorver*

ab.sor.ven.te *adj.2g.* **1** que absorve ou assimila **2** *fig.* que atrai, chama a atenção *<texto a.>* ■ *s.m.* **3** o que absorve ⊡ **a. higiênico** peça de material absorvente, us. para recolher o fluxo da menstruação

ab.sor.ver *v.* {mod. 8} *t.d.* **1** encher-se de (líquido); embeber-se **2** reter em si; incorporar **3** aspirar, respirar **4** consumir (tempo, energia, paciência etc.) **5** tomar para si; monopolizar *<a. todo o lucro>* □ *t.d.,t.d.i. e pron.* **6** (prep. *em*) deter a atenção, o pensamento (em); concentrar(-se) ☞ cf. *absolver* ◉ GRAM/USO part.: *absorvido, absorto* ~ **absorvedor** *adj.*

ab.sor.vi.do *adj.* **1** absorto **2** consumido aos poucos; corroído, dissipado **3** puxado para dentro; aspirado, inalado, sorvido **4** que foi monopolizado; açambarcado

abs.tê.mio *adj.s.m.* que(m) não toma bebida alcoólica

abs.ten.ção [pl.: *-ões*] *s.f.* **1** recusa de membro de assembleia de participar em decisão, votação etc. **2** privação *<a. de comida>* **3** declaração de que não se quer algo ~ **abstencionismo** *s.m.* - **abstencionista** *adj.2g.s.2g.*

abs.ter *v.* {mod. 16} *t.d.i. e pron.* **1** (prep. *de*) privar(-se) [de exercer função ou direito]; impedir(-se) □ *pron.* **2** (prep. *de*) abrir mão de; abdicar **3** não interferir, não participar

abs.ti.nên.cia *s.f.* **1** renúncia ao uso de algo *<a. de álcool>* **2** privação voluntária de bens materiais ou desejos sexuais ~ **abstinente** *adj.2g.s.2g.*

abs.tra.ção [pl.: *-ões*] *s.f.* **1** ato de abstrair(-se) ou o seu efeito **2** imagem mental irreal **3** ART.PLÁST escultura ou desenho que não representa uma forma visível na natureza **4** alheamento, distração

abs.tra.cio.nis.mo *s.m.* ART.PLÁST arte sem imagens figurativas ~ **abstracionista** *adj.2g.s.2g.*

abs.tra.ir *v.* {mod. 25} *t.d.i.* **1** (prep. *de*) observar (elemento, qualidade etc.) à parte (de um todo), avaliando suas propriedades em separado *<a. de um objeto a sua cor>* □ *t.i. e pron.* **2** (prep. *de*) não se deter em; alhear-se *<abstraiu(-se) de todas as distrações>* □ *pron.* **3** (prep. *em*) deter toda a atenção em; concentrar-se ◉ GRAM/USO part.: *abstraído, abstrato*

abs.tra.to *adj.* **1** que não se baseia em fatos reais, mas apenas em ideias e suas associações **2** *fig.* de difícil compreensão **3** ART.PLÁST relativo aos artistas e estilos de arte não figurativos **4** GRAM que nomeia seres imateriais, como qualidade, ação, sentimento, estado, modo de ser etc. (diz-se de substantivo) *<beleza é um substantivo a.>* ☞ cf. *concreto*

ab.sur.do *adj.s.m.* **1** (o) que contraria a razão ou o bom senso ■ *adj.* **2** *p.ext.* inaceitável *<preço a.>* ~ **absurdez** *s.f.* - **absurdeza** *s.f.* - **absurdidade** *s.f.*

a.bu.li.a *s.f.* MED perda ou diminuição da vontade ou da iniciativa ~ **abúlico** *adj.*

a.bun.dân.cia *s.f.* **1** grande quantidade; fartura **2** *p.ext.* quantidade excessiva; fortuna, luxo

a.bun.dan.te *adj.2g.* **1** que existe em grande número ou quantidade; copioso, farto **2** que é rico ou opulento; abastado **3** GRAM que apresenta mais de uma forma de particípio passado (diz-se de verbo)

a.bun.dar *v.* {mod. 1} *t.i. e int.* **1** (prep. *em*) ter ou existir em grande quantidade □ *int.* **2** sobrar, superabundar *<caixas aqui abundam>*

a.bu.sa.do *adj.s.m.* **1** (o) que vai além do razoável ou permitido **2** intrometido, confiado **3** *N. N.E.* que(m) costuma se meter em brigas ou procurar confusão

a.bu.sar *v.* {mod. 1} *t.i.* **1** (prep. *de*) usar de modo inadequado *<abusou do aparelho, que acabou quebrando>* **2** (prep. *de*) usar em excesso; exceder-se *<a. da maquiagem>* **3** (prep. *de*) desonrar, violentar *<a. de uma donzela>* □ *t.i. e int.* **4** (prep. *de*) tirar vantagem; aproveitar-se, explorar *<abusaram do colega>* *<como a tia é bondosa, as crianças abusam>* □ *int.* **5** fazer mal uso de condição superior *<os poderosos abusam>*

a.bu.si.va.men.te *adv.* **1** com abuso (de poder ou autoridade); arbitrariamente **2** em excesso; exageradamente

a.bu.so *s.m.* **1** uso exagerado, injusto ou errado *<a. de poder>* **2** desaforo, desrespeito **3** defloramento, estupro

a.bu.tre *s.m.* **1** ZOO ave de rapina da Europa, Ásia e África, de até 1 m de comprimento e 3 m de envergadura, ger. de cabeça e pescoço pelados **2** *fig. pej.* pessoa ambiciosa

Ac QUÍM símbolo de *actínio*

AC sigla do Estado do Acre

a.C. abrev. de *antes de Cristo*

-aça *suf.* 'aumento': *barcaça, caraça, couraça*

a.ça *adj.2g.s.2g. B* **1** albino ■ *s.2g.* **2** mulato alourado

a.ca.ba.do *adj.* **1** concluído, pronto **2** perfeito *<exemplo a. de malandro>* **3** *fig.* abatido; envelhecido **4** *fig.* com as forças reduzidas; exausto

a.ca.ba.men.to *s.m.* **1** operação que completa ou aperfeiçoa algo; arremate **2** resultado dessa operação *<roupa de bom a.>* **3** fim, termo

a.ca.ba.na.do *adj.* **1** em forma de cabana **2** [1]cabano

a.ca.ba.nar *v.* {mod. 1} *t.d.* **1** usar como cabana ou dar forma de cabana a *<a. cobertores para brincar>* **2** *B* dobrar para baixo ou fazer descer (chapéu ou sua aba)

a.ca.bar *v.* {mod. 1} *t.d.,t.i.,int. e pron.* **1** (prep. *com*) [fazer] chegar ao fim; terminar, encerrar(-se) *<a. um trabalho> <a. com o barulho> <a. cedo> <acabou-se o que era doce>* ☐ *t.i.* **2** (prep. *com*) dar cabo de; exterminar *<a. com os cupins>* **3** (prep. *em*) ter como fim; terminar em *<a festa acabou em confusão>* **4** (prep. *com*) causar grande prejuízo a; destruir ☐ *pred.* **5** vir a ser; tornar-se *<acabou aprovado>* ☐ *t.i.,int. e pron.* **6** (prep. *com*) causar a ou sofrer sérios danos; prejudicar(-se), arruinar(-se) *<a. com a reputação> <se não se alimentar, sua saúde irá a.(-se)>* ☐ *t.i. e int.* **7** (prep. *com*) estragar(-se), envelhecer ☐ *t.d.,t.i. e int.* **8** terminar relação (de namoro, noivado etc.); romper *<a. (com) o namoro> <a. para sempre>*

a.ca.bo.cla.do *adj.* **1** de origem ou aparência cabocla **2** de comportamento rústico, simples; caipira

a.ca.bru.nha.do *adj.* **1** abatido, desanimado **2** humilhado; envergonhado ~ **acabrunhador** *adj.s.m.*

a.ca.bru.nhar *v.* {mod. 1} *t.d.,int. e pron.* **1** causar ou sentir falta de ânimo, abatimento; prostrar(-se) *<a tristeza (nos) acabrunha> <a.-se com a decepção>* ☐ *t.d. e pron.* **2** entristecer(-se), desalentar(-se) *<a má notícia acabrunhou-a> <vai a.-se ao saber a verdade>* **3** envergonhar(-se), mortificar(-se) *<a desafinação do cantor acabrunhou a plateia> <acabrunha-se com o desemprego>* ~ **acabrunhamento** *s.m.* - **acabrunhante** *adj.2g.*

a.ca.çá *s.m.* CUL *B* **1** bolinho cozido de farinha de arroz ou de milho, envolvido ainda quente em folhas de bananeira **2** refresco fermentado de fubá, arroz ou milho

a.ca.ça.par ou **a.ca.cha.par** *v.* {mod. 1} *t.d. e pron.* **1** esconder(-se) bem; ocultar(-se) *<a. o cofre> <a.-se atrás da porta>* **2** achatar(-se), encolher(-se) ☐ *t.d. fig.* **3** derrotar, dominar *<a. o adversário>* **4** diminuir moralmente; humilhar *<a. o derrotado>* ~ **acaçapado/acachapado** *adj.*

a.cá.cia *s.f.* BOT **1** nome comum a árvores e arbustos da fam. das leguminosas, cultivados como ornamentais, forrageiros ou para extração de tinturas e resinas us. em medicina e perfumaria **2** flor amarela dessa árvore, que nasce em cachos

a.ca.de.mi.a *s.f.* **1** escola de ensino superior; faculdade, universidade **2** agremiação cultural (literária, científica, artística) **3** *p.ext.* o conjunto dos membros dessa agremiação **4** local para práticas esportivas ou recreativas **5** RECR *RN* ver *amarelinha*

a.ca.de.mi.cis.mo *s.m.* **1** comportamento de quem integra a academia **2** mentalidade clássica ou conservadora **3** ART.PLÁST obediência às regras acadêmicas **4** *p.ext.* ART.PLÁST cópia de obras de arte da escola clássica

a.ca.dê.mi.co *adj.s.m.* **1** próprio de ou membro de academia ou universidade ■ *adj.* **2** de estilo clássico ou conservador *<pintor a.>*

a.ca.fa.jes.ta.do *adj.* que se veste ou age como cafajeste ~ **acafajestar** *v.t.d. e pron.*

a.ça.frão [pl.: *-ões*] *s.m.* **1** BOT erva nativa da Europa e cultivada desde a Antiguidade para uso na culinária e na fabricação de bebidas e corantes **2** CUL pó amarelo preparado com os estigmas da flor dessa erva e us. como corante e tempero

a.ça.í *s.m.* **1** BOT palmeira de até 25 m, que produz palmito e pequenos frutos roxo-escuros, de polpa comestível, em cachos; açaizeiro **2** BOT fruto dessa palmeira **3** o sumo desse fruto

a.ça.i.zei.ro *s.m.* BOT palmeira de açaí ◉ COL açaizal

a.ca.ju *s.m.* **1** mogno **2** madeira castanho-avermelhada como o mogno ■ *adj.2g.2n.* **3** dessa cor *<cabelos a.>* **4** diz-se dessa cor *<mesa de cor a.>*

a.ca.lan.tar *v.* {mod. 1} → ***ACALENTAR***

a.ca.lan.to *s.m.* cantiga de ninar

a.ca.len.tar ou **a.ca.lan.tar** *v.* {mod. 1} *t.d. e pron.* **1** (fazer) dormir ao som de cantiga *<a. o bebê> <a.-se no colo da mãe>* ☐ *t.d.* **2** levar consolo a; confortar *<a visão da família acalentou-a>* **3** *fig.* incentivar, alimentar (ideias, planos, projetos etc.) *<a. esperanças>*

a.ca.len.to *s.m.* **1** ação de ninar criança **2** acalanto **3** conforto, consolo **4** demonstração de afeto; carícia

a.cal.mar *v.* {mod. 1} *t.d.,int. e pron.* **1** tornar(-se) calmo; tranquilizar(-se) *<a. o filho> <a multidão acalmou(-se)>* **2** (fazer) perder a intensidade; amansar(-se) *<a. a dor> <o vento acalmou(-se)>*

a.ca.lo.ra.do *adj.* **1** quente; afogueado **2** animado, entusiasmado **3** *fig.* impetuoso; exaltado

a.ca.lo.rar *v.* {mod. 1} *t.d. e pron.* **1** dar ou receber calor; aquecer(-se) *<a água fervente acalora o bule> <a.-se junto ao fogo>* **2** *fig.* tornar(-se) vivo, caloroso *<a. os ânimos> <o debate acalorou-se no final>*

a.ca.ma.do *adj.* **1** deitado na cama; estendido, recostado **2** que está de cama; adoentado, doente **3** disposto em camadas ou camas

a.ca.mar *v.* {mod. 1} *t.d. e pron.* **1** deitar(-se) em cama ou outra superfície *<a. as crianças> <cansado, acamou-se>* ☐ *int. e pron.* **2** ficar doente *<acamou(-se) de repente>* ☐ *t.d.* **3** dispor em camadas

a.çam.bar.car *v.* {mod. 1} *t.d.* **1** tomar o controle de; monopolizar *<a. o comércio de CDs>* **2** tomar para si; apoderar-se *<a. mercadorias>* ~ **açambarcador** *adj.s.m.* - **açambarcamento** *s.m.*

a.cam.pa.men.to *s.m.* **1** MIL instalação de tropa(s) em barracas **2** instalação provisória de pessoas em marcha **3** *p.ext.* o local em que ficam essas pessoas **4** grupo de pessoas acampadas ▣ **levantar a.** *fig.* ir-se embora

a.cam.par *v.* {mod. 1} *t.d.,int. e pron.* **1** instalar(-se) em campo ou acampamento, esp. militar *<a. a tropa> <logo o grupo (se) acampou>* **2** *p.ext.* alojar(-se) provisoriamente *<acamparam(-se) na clareira>*

a.ca.na.lhar *v.* {mod. 1} *t.d. e pron.* tornar(-se) canalha, desprezível ~ **acanalhado** *adj.*

a.ca.nha.do *adj.* **1** pouco espaçoso; apertado **2** tímido, inibido *<rapaz a.>*

a.ca.nha.men.to *s.m.* **1** falta de espaço; aperto, estreiteza **2** falta de traquejo social; embaraço, timidez

a.ca.nhar *v.* {mod. 1} *t.d. e pron.* **1** (fazer) sentir vergonha; encabular(-se) *<elogios acanham-na> <não é preciso a.-se diante da plateia>* **2** tornar(-se) estreito, apertado *<o armário acanhou o quarto> <a rua se acanha no final>* **3** submeter(-se) a pressão; intimidar(-se) *<o grito da patroa acanhou-a> <a.-se diante do chefe>*

a.can.to *s.m.* **1** BOT nome comum a arbustos de flores chamativas e folhas muito recortadas **2** ARQ enfeite inspirado nas folhas desses arbustos

a.can.to.nar *v.* {mod. 1} *t.d.,int. e pron.* acampar (tropa, grupo) em lugar habitado (p.ex., para descansar) *<a. a tropa> <os turistas acantonaram(-se) na vila>* ~ **acantonamento** *s.m.*

a.ção [pl.: *-ões*] *s.f.* **1** evidência de uma força, um agente etc. e o seu efeito *<a. do tempo, de remédio>* **2** disposição ou capacidade para agir *<ficar sem a.>* **3** modo de proceder; comportamento **4** CINE TEAT TV conjunto de eventos de uma história, filme etc.; intriga, enredo **5** DIR processo pelo qual se pode reclamar à justiça um direito ou a punição de um infrator das leis **6** ECON título ou documento de propriedade que representa fração do capital de uma sociedade ▣ **a. de graças** LITUR ato de devoção e agradecimento a Deus ou a um santo por graça recebida • **a. entre amigos** *B* rifa ~ **acional** *adj.2g.*

a.ca.rá *s.m.* ZOO peixe de água doce com cores e desenhos variados

a.ca.ra.jé *s.m.* CUL *BA* bolinho de feijão-fradinho frito em azeite de dendê

a.ca.re.ar *v.* {mod. 5} *t.d. e t.d.i.* **1** (prep. *com*) pôr cara a cara *<acareou os vizinhos> <a. um indivíduo com outro>* **2** DIR (prep. *com*) reunir perante autoridade judicial (pessoas com declarações divergentes) *<a. testemunhas (com o réu)>* ~ **acareação** *s.f.* - **acareamento** *s.m.*

a.ca.ri *s.m.* ZOO peixe de rio de cabeça grande e corpo delgado, revestido por uma couraça formada por placas ósseas; cascudo

a.ca.ri.a.se ou **a.ca.rí.a.se** *s.f.* MED **1** infestação por ácaros **2** sarna

a.ca.ri.ci.ar *v.* {mod. 1} *t.d. e pron.* **1** fazer(-se) carícias em ou trocar carícias *<a. o filho> <acariciou-se após o tombo> <acariciaram-se diante da família>* ☐ *t.d.* **2** *p.ext.* tocar ou roçar levemente; afagar *<a brisa acaricia as flores>* **3** *fig.* tratar com carinho; lisonjear *<a. o ego>*

a.ca.ri.ci.da *adj.2g.s.m.* (substância) que elimina ácaros

a.ca.ri.nhar *v.* {mod. 1} *t.d.* **1** dar tratamento carinhoso a *<a. o cão>* **2** tocar ou roçar levemente; afagar *<a. o braço da amiga>* ☐ *t.d. e pron.* **3** fazer carícias em ou trocar carícias *<acarinham-se a todo momento>* ~ **acarinhamento** *s.m.*

a.ca.ri.no.se *s.f.* MED acaríase

a.car.nei.ra.do *adj.* **1** que lembra o carneiro **2** *fig.* doce, manso, suave **3** *fig.* que não tem vontade própria **4** *fig.* coberto de pequenas nuvens (diz-se do céu e das próprias nuvens)

á.ca.ro *s.m.* ZOO nome comum a pequenos aracnídeos parasitas, entre os quais se incluem os causadores da sarna e de outras doenças de pele no homem e em animais

a.car.pe.tar *v.* {mod. 1} *t.d.* revestir de carpete *<mandou a. o quarto>*

a.car.re.tar *v.* {mod. 1} *t.d. e t.d.i.* (prep. *a*) trazer como consequência; ocasionar *<sua distração pode a. um desastre> <a enchente acarretou danos à cidade>* ~ **acarretamento** *s.m.*

a.ca.sa.la.men.to *s.m.* **1** junção de macho e fêmea para procriação; cruzamento, cruza **2** ato sexual; coito

a.ca.sa.lar *v.* {mod. 1} *t.d.,int. e pron.* **1** (prep. *com*) juntar(-se), formando um casal, um par *<a. amigos> <a. meias> <pronto para a.(-se)>* **2** (prep. *com*) unir(-se) [macho e fêmea] para procriar; cruzar *<a. cães> <aves acasalam(-se) no verão>*

a.ca.so *s.m.* **1** sorte, destino **2** acontecimento casual, incerto ou imprevisível ■ *adv.* **3** talvez, porventura ▣ **ao a.** de qualquer modo, sem reflexão • **por a. 1** de maneira imprevista **2** eventualmente *<quem por a. virá amanhã?>*

a.cas.ta.nha.do *adj.* **1** que tem o tom marrom da castanha ou com ela se parece **2** diz-se dessa cor ■ *s.m.* **3** essa cor

a.ca.tar *v.* {mod. 1} *t.d.* agir de acordo com (ordem, regulamento, opinião etc.); obedecer, seguir ~ **acatamento** *s.m.* - **acato** *s.m.*

a.cau.ã *s.2g.* ZOO ave de até 50 cm de comprimento, penas creme e dorso escuro, cujo canto, no nascer e no pôr do sol, é considerado anunciador de má sorte ou de chuva

a.cau.te.la.do *adj.* **1** posto de sobreaviso; cauteloso, precavido, prudente **2** que está resguardado; cuidado, protegido

a.cau.te.lar *v.* {mod. 1} *t.d.,t.d.i. e pron.* **1** (prep. *contra*) pôr(-se) de sobreaviso; prevenir(-se), precaver(-se) *<a ordem era a. problemas> <a. a região contra a possibilidade iminente de terremotos> <acautelaram-se contra a tempestade>* **2** (prep. *de, contra*) pôr(-se) a salvo, protegido (contra mal, dano etc.); resguardar(-se) *<a. as economias> <acautelou o amigo das dificuldades do desemprego>* ~ **acautelamento** *s.m.*

a.cau.te.la.tó.rio *adj.* que serve para prevenir(-se)

a.ca.va.la.do *adj.* **1** que se acavalou **2** semelhante a cavalo **3** *fig. pej.* de modos grosseiros; estúpido

a.ca.va.lar *v.* {mod. 1} *t.d.* **1** cobrir (a égua) para procriar ☐ *t.d. e pron.* **2** sobrepor(-se), amontoar(-se) *<dois dentes acavalaram-se> <a. livros>*

a.ce.bo.la.do *adj.* **1** semelhante a cebola **2** com gosto de cebola **3** feito com cebola

a.ce.der *v.* {mod. 8} *t.i. e int.* **1** (prep. *a, em*) estar de acordo; concordar *<acedeu em renunciar> <sabia a hora de discutir e a hora de a.>* **2** (prep. *a, em*) conformar-se, aceitar *<acabou acedendo (à ordem superior)>* ~ **acedência** *s.f.* - **acedente** *adj.2g.s.2g.*

a.ce.fa.li.a *s.f.* **1** MED anormalidade no feto que provoca a formação de corpo sem cabeça **2** *fig.* ausência de liderança, comando ou orientação

a.cé.fa.lo *adj.s.m.* **1** que(m) não tem cabeça ■ *adj.* **2** *fig.* sem inteligência **3** *fig.* sem chefia ~ **acefalismo** *s.m.*

[1]**a.cei.rar** *v.* {mod. 1} *t.d.* **1** converter (ferro) em aço ☐ *t.d. e pron.* **2** (fazer) adquirir resistência; fortalecer(-se) *<a. os sentimentos> <aceiraram-se com o sofrimento>* [ORIGEM: [1]*aceiro* + [2]*-ar*]

[2]**a.cei.rar** *v.* {mod. 1} *t.d.* isolar (parte de terreno) abrindo uma clareira na vegetação, para impedir que incêndios se espalhem [ORIGEM: [2]*aceiro* + [2]*-ar*]

[1]**a.cei.ro** *adj.s.m.* **1** que(m) trabalha com aço ■ *adj.* **2** que tem as propriedades do aço **3** *fig.* que é forte, resistente [ORIGEM: lat.tar. *aciarĭum* 'aço']

[2]**a.cei.ro** *s.m.* faixa limpa em torno de um terreno que o protege de incêndio [ORIGEM: duv., talvez de um lat.tar. der. de *acĭes,ēi*, 'fileira'] ~ **aceiramento** *s.m.*

a.cei.ta.ção [pl.: *-ões*] *s.f.* **1** ato ou efeito de concordar; anuência **2** facilidade em ser bem recebido e acolhido publicamente; receptividade **3** ato ou efeito de aprovar, de considerar bom; aplauso, aprovação

a.cei.tan.te *adj.2g.s.2g.* ECON (pessoa ou instituição) que se responsabiliza pelo pagamento de letra de câmbio ou de título de crédito

a.cei.tar *v.* {mod. 1} *t.d.* **1** ficar com (algo dado ou oferecido) *<a. um presente>* **2** estar de acordo com; aprovar, concordar *<aceitou todas as sugestões>* **3** submeter-se sem revolta a (fato, condição etc.); conformar-se *<a. a decisão da diretoria>* **4** reagir de determinada forma *<o ator aceitou mal as críticas>* **5** tomar para si; assumir *<a. a culpa>* **6** ter como verdadeiro, correto *<aceita qualquer bobagem que lhe digam>* ☐ *t.d.pred.* **7** admitir, reconhecer *<a. como verdadeira a história> <aceitou-o como amigo>* ◉ GRAM/USO part.: *aceitado, aceito, aceite* ~ **aceitável** *adj.2g.*

a.cei.te *s.m.* ECON **1** assinatura do responsável pelo pagamento de um título de crédito **2** esse título de crédito ◉ GRAM/USO part. de *aceitar*

a.ce.le.ra.ção [pl.: *-ões*] *s.f.* **1** ato ou efeito de acelerar(-se) **2** aumento de velocidade ou de movimento **3** diminuição do tempo de ocorrência; abreviação, antecipação

a.ce.le.ra.dor /ô/ [pl.: *-es*] *adj.s.m.* **1** (o) que acelera ■ *s.m.* MEC **2** pedal ou dispositivo que regula a velocidade de um motor

a.ce.le.rar *v.* {mod. 1} *t.d.,int. e pron.* **1** (fazer) adquirir mais velocidade ou movimento *<a. o passo> <ao avistar o sinal, acelerou> <aceleraram-se para chegar na hora>* ☐ *t.d. e pron.* **2** (fazer) ocorrer com maior agilidade; apressar(-se) *<a. a cura> <aceleraram-se para não perder o voo>* ☐ *t.d.* **3** estimular, instigar *<a. uma rebelião com discursos>* ~ **aceleramento** *s.m.*

a.cel.ga *s.f.* BOT hortaliça de folhas grandes, ger. verdes, claras e crespas

a.ce.lu.lar [pl.: *-es*] *adj.2g.* BIO MED não formado por células (diz-se de organismo ou tecido)

a.cém [pl.: *-éns*] *s.m.* carne do lombo do boi

a.ce.nar *v.* {mod. 1} *t.i. e int.* **1** (prep. *a, para*) fazer sinais (com as mãos, cabeça ou olhos), para prevenir, provocar, despedir-se, chamar etc. *<acena para o pai> <ao entrar no carro, acenou>* ☐ *t.d.* **2** dar a perceber; indicar, mostrar *<prestem atenção ao que o mercado acena>* ☐ *t.i.* **3** (prep. *a*) fazer alusão; referir-se *<o escritor acenava a um tempo que já ia longe>*

a.cen.de.dor /ô/ [pl.: *-es*] *adj.s.m.* (o) que acende

a.cen.der *v.* {mod. 8} *t.d.,int. e pron.* **1** pôr fogo em ou pegar fogo; (fazer) arder *<a. vela, fogueira, lareira> <o fogão acendeu(-se) sozinho>* **2** pôr(-se) em funcionamento (luz, aparelho, equipamento etc.) *<a. o rádio> <o painel se acende automaticamente>* ☐ *t.d. e pron. fig.* **3** inflamar(-se),excitar(-se) *<acenderam(-se) os ânimos>* ☞ cf. *ascender* ◉ GRAM/USO part.: *acendido, aceso* ~ **acendimento** *s.m.*

a.ce.no *s.m.* **1** gesto de cabeça, mão ou olhos para avisar, informar o que se deseja **2** convite; apelo; convocação

a.cen.to *s.m.* **1** FON realce de intensidade, altura ou duração que uma sílaba ou uma palavra têm em comparação com outras **2** GRAM sinal gráfico que indica a tonicidade ou o timbre de uma vogal **3** MÚS destaque dado a uma nota, acorde ou pulsação **4** sotaque ☞ cf. *assento* ▣ **a. agudo** GRAM sinal gráfico (´) us. para marcar a vogal tônica (*dádiva, país, baú*) e, no caso das vogais *e* e *o*, tb. o timbre aberto (*café, óbvio*) • **a. circunflexo** GRAM sinal gráfico (^) us. para indicar a sílaba tônica associada ao timbre

fechado das vogais *e* e *o* (*você* e *capô*), e a tonicidade da sílaba com *a* seguida de consoante nasal (*lâmpada*) • **a. diferencial** GRAM o acento circunflexo us. para diferençar palavras de mesma grafia e sons diferentes (verbo *pôr* e preposição *por*; o pretérito *pôde* e o presente *pode*) • **a. grave** GRAM sinal gráfico (`) que assinala a existência de crase (*ir à cidade* e *ir àquele museu*) • **a. tônico** FON destaque que uma sílaba possui dentro de uma palavra; acentuação tônica ~ **acentual** *adj.2g.*

a.cen.tu.a.ção [pl.: *-ões*] *s.f.* **1** FON tom de voz que revela a intenção ou o sentimento de quem fala; entonação, inflexão, modulação **2** FON destaque de intensidade, altura ou duração dado a uma sílaba ou palavra em comparação com outras **3** GRAM colocação de acento gráfico sobre vogal **4** MÚS realce dado na execução de uma nota ou acorde musical; acento ▣ **a. tônica** FON acento tônico

a.cen.tu.a.da.men.te *adv.* **1** com grande intensidade **2** com destaque ou relevo; marcadamente

a.cen.tu.a.do *adj.* **1** GRAM que leva acento gráfico **2** que se destaca; proeminente, saliente **3** que é bem marcado; definido **4** mais forte, mais intenso **5** posto em destaque; realçado

a.cen.tu.ar *v.* {mod. 1} *t.d.* **1** FON emitir (uma sílaba) com mais força que as outras **2** GRAM pôr acento gráfico em (palavra) **3** MÚS destacar (pulsação, nota ou acorde); fazer um acento □ *t.d. e pron.* **4** pôr ou estar em destaque; realçar(-se) *<acentuou que queria se vingar>* *<sua beleza acentua-se nessa roupa>* **5** tornar(-se) mais forte, mais intenso; aumentar *<as olheiras acentuavam seu cansaço>* *<acentuam-se no mundo as diferenças econômicas>* □ *int.* **6** falar ou escrever as palavras com os devidos acentos

-áceo *suf.* 'semelhança, pertinência': *farináceo*, *sebáceo*

a.cep.ção [pl.: *-ões*] *s.f.* cada sentido de uma palavra ou frase de acordo com cada contexto

a.ce.pi.pe *s.m.* **1** aperitivo, petisco **2** comida saborosa

a.ce.rar *v.* {mod. 1} *t.d.* **1** converter em aço; aceirar **2** revestir de aço, para dar maior resistência *<a. a fechadura>* **3** afiar, amolar **4** *fig.* estimular, excitar *<a. a ira do inimigo>* ~ **acerado** *adj.*

a.cer.bo /ê/ *adj.* **1** de sabor azedo ou amargo **2** difícil de suportar; cruel, terrível

a.cer.ca /ê/ *adv.* us. em ▣ **a. de** a respeito de, sobre

a.cer.car *v.* {mod. 1} *t.d.i. e pron.* **1** (prep. *de*) colocar(-se) perto; aproximar(-se) *<a. do leito os parentes>* *<a.-me da diretora>* □ *t.d. e pron.* **2** (prep. *de*) cercar(-se), rodear(-se) *<a. o banco>* *<a.-se de amigos>* ~ **acercamento** *s.m.*

a.ce.ro.la *s.f.* BOT **1** planta da América tropical, cultivada por seus frutos comestíveis, ricos em vitamina C **2** o fruto dessa planta, pequeno, arredondado e de cor alaranjada

a.cer.ta.do *adj.* **1** de bom senso; razoável **2** que é apropriado; adequado, certo **3** que foi objeto de combinação, acordo

a.cer.tar *v.* {mod. 1} *t.d.* **1** descobrir, encontrar *<a. a saída>* **2** deixar certo, regulado; consertar, endireitar *<a. os relógios>* **3** pôr em harmonia; igualar *<a. o passo>* **4** eliminar erro de; corrigir □ *t.d. e t.d.i.* **5** (prep. *com*) resolver em conjunto; combinar *<a. os detalhes da viagem (com o filho)>* **6** (prep. *em*) aplicar (golpe, soco etc.) [em alguém ou algo] *<a. um tapa (no colega)>* □ *t.i.* **7** (prep. *em*, *com*) ser bem-sucedido ou satisfazer-se *<a. com um médico>*

a.cer.to /ê/ *s.m.* **1** acordo, ajuste **2** ação correta **3** acaso feliz, sorte ▣ **a. de contas** desforra, vingança

a.cer.vo /ê/ *s.m.* conjunto de bens de uma pessoa, uma instituição ou um país

a.ce.so /ê/ *adj.* **1** que tem chama; inflamado **2** que se acendeu; iluminado **3** *fig.* vivo, animado ■ *s.m.* **4** *fig.* auge, apogeu *<no a. do debate, ofendeu o colega>*

a.ces.sar *v.* {mod. 1} *t.d.* INF *B* obter acesso a (informação, dados de computador etc.) *<a. a internet>*

a.ces.sí.vel [pl.: *-eis*] *adj.2g.* **1** a que se pode ter acesso; fácil de chegar **2** que se pode comprar ou possuir; de valor razoável **3** que é facilmente compreendido **4** sociável; comunicativo *<pessoa a.>* ~ **acessibilidade** *s.f.*

a.ces.so *s.m.* **1** caminho, passagem **2** possibilidade de alcançar (algo difícil) **3** direito à entrada (em local ou instituição) **4** ataque repentino; crise *<a. de tosse>* **5** INF comunicação com um dispositivo, unidade de rede, arquivo etc., visando receber ou fornecer dados

a.ces.só.rio *adj.* **1** secundário; adicional ■ *s.m.* **2** detalhe; complemento *<a. para automóveis>*

a.ce.ta.to *s.m.* **1** QUÍM sal ou éster do ácido acético ou ânion dele derivado **2** REC.AV base não inflamável de película fotográfica e cinematográfica **3** FONO disco de alumínio us. como matriz de discos fonográficos

a.cé.ti.co *adj.* **1** QUÍM relativo ao ácido que forma o vinagre e lhe dá cheiro e sabor próprios **2** relativo ao vinagre ☞ cf. *ascético*

a.ce.ti.le.no *s.m.* QUÍM gás combustível us. na indústria química e em maçaricos para corte e solda de metais

a.ce.til.sa.li.cí.li.co *s.m.* QUÍM ácido us. como analgésico; aspirina ◉ GRAM/USO tb. us. como adj.

a.ce.ti.na.do *adj.* lustroso e macio como cetim

a.ce.ti.nar *v.* {mod. 1} *t.d.* tornar macio e lustroso (papel, tecido) ~ **acetinagem** *s.f.*

a.ce.to.na *s.f.* QUÍM líquido incolor, inflamável e que evapora facilmente, us. como solvente, esp. para remover esmalte de unhas

a.cha *s.f.* pedaço de madeira us. para fazer lenha para fogo ou fogueira

a.cha.car *v.* {mod. 1} *t.d.* **1** causar aborrecimento a; incomodar *<o barulho achaca os vizinhos>* **2** *B* *infrm.* exigir dinheiro (para não prender, não multar etc.) *<a. comerciantes>* □ *t.d. e t.d.pred.* **3** (prep. *de*) apontar defeito em; acusar *<a. os trabalhos da irmã>* *<achacou-o de desonesto>* □ *int. e pron.* **4** adoecer *<as crianças achacam(-se) mais no inverno>*

a.cha.do *adj.* **1** encontrado ■ *s.m.* **2** aquilo que se achou, encontrou; descoberta **3** *infrm.* sorte, acaso providencial

a.cha.ma.lo.ta.do *adj.* semelhante ao chamalote

a.cha.que *s.m.* doença sem gravidade; mal-estar, indisposição

a.char *v.* {mod. 1} *t.d.* **1** topar com (algo que se procurava ou não); encontrar *<a. uma moeda>* **2** *fig.* criar, descobrir ou inventar *<a. um modo barato de viajar>* □ *t.d. e t.d.pred.* **3** ter a impressão; pensar, crer *<acha que vai chover> <acho isso possível>* □ *t.d.,t.d.pred. e pron.* **4** julgar(-se), considerar(-se) *<achei que isto não tinha solução> <achou-a cansada> <acha-se dono da verdade>* □ *pron.* **5** estar em certo lugar ou situação; encontrar-se *<achava-se numa situação difícil> <acha--se longe de casa>* ~ **achamento** *s.m.*

a.cha.ta.do *adj.* **1** que tem ou tomou forma chata; plano **2** *fig.* que foi diminuído ou rebaixado *<salário a.>* **3** *fig.* diminuído moralmente; humilhado **4** *fig.* derrotado física ou intelectualmente; arrasado, batido

a.cha.tar *v.* {mod. 1} *t.d. e pron.* **1** tornar(-se) chato, plano *<a. a almofada> <a esponja achatou-se ao ser espremida>* **2** *fig.* não deixar ter ou não ter destaque; rebaixar(-se), humilhar(-se) *<a timidez achatou a menina> <achata-se diante dos mais fortes>* ~ **achatamento** *s.m.*

a.che.ga /ê/ *s.f.* **1** algo que se junta ao principal; acréscimo **2** ajuda, contribuição

a.che.gar *v.* {mod. 1} *t.d.,t.d.i. e pron.* **1** (prep. *a*) pôr(-se) perto (de); aproximar(-se) *<a. um banco para sentar-se> <a. a cadeira à mesa> <a.-se ao grupo>* □ *t.d.* **2** agrupar, reunir ~ **achego(ê)** *s.m.*

a.chin.ca.lhar *v.* {mod. 1} *t.d.* **1** zombar de; ridicularizar *<o humorista achincalha os políticos>* **2** tratar com desdém; rebaixar *<a. o irmão>* ~ **achincalhação** *s.f.* - **achincalhe** *s.m.*

-acho *suf.* 'diminuição': *riacho, fogacho*

a.cho.co.la.ta.do *adj.s.m.* **1** (o) que tem a cor ou o sabor do chocolate **2** (o) que contém chocolate ~ **achocolatar** *v.t.d.*

a.ci.a.ri.a *s.f.* setor em usina siderúrgica em que se produz aço

a.ci.ca.tar *v.* {mod. 1} *t.d.* **1** incitar (mula, cavalo) usando espora **2** *fig.* dar estímulo a; animar, incentivar *<o prêmio acicatou-o>*

a.ci.ca.te *s.m.* **1** espora **2** *fig.* estímulo, encorajamento

a.ci.cu.lar [pl.: *-es*] *adj.2g.* que tem feitio de agulha

a.ci.den.ta.do *adj.* **1** cheio de elevações e depressões; irregular ■ *adj.s.m.* **2** que(m) sofreu acidente

a.ci.den.tal [pl.: *-ais*] *adj.2g.* **1** que acontece por acaso; eventual, casual **2** que ocorre por acidente, sem desejo ou intenção *<morte a.>* **3** que não é essencial a algo; acessório, suplementar ~ **acidentalidade** *s.f.*

a.ci.den.tal.men.te *adv.* por acaso; casualmente, fortuitamente

a.ci.den.tar *v.* {mod. 1} *t.d. e pron.* **1** causar ou sofrer acidente; vitimar(-se) *<a batida acidentou quatro pessoas> <acidentou-se na escalada>* **2** tornar(-se) [um terreno] irregular *<os alagamentos acidentaram a rua> <o terreno acidenta-se muito>*

a.ci.den.te *s.m.* **1** acontecimento imprevisto **2** desastre **3** alteração de relevo *<um planalto com muitos a.>* ▣ **a. de percurso** *fig.* acontecimento imprevisto que interrompe a evolução ou o desenvolvimento de um trabalho, de um projeto etc. • **a. vascular cerebral** MED hemorragia cerebral seguida de perda das funções cerebrais [sigla: *AVC*]

a.ci.dez /ê/ [pl.: *-es*] *s.f.* **1** característica do que é ácido ou azedo; azedume **2** QUÍM quantidade de ácido existente numa substância química

á.ci.do *adj.* **1** que tem cheiro ou sabor azedo como o do vinagre, acre **2** que tem propriedade ácida, corrosiva **3** *fig.* irônico ou cruel *<comentário á.>* ■ *s.m.* QUÍM **4** substância ou íon capaz de doar prótons e que reage com base para formar sal e água ▣ **á. ascórbico** QUÍM substância rica em vitamina C encontrada em vegetais verdes e frutas cítricas • **á. clorídrico** QUÍM ácido us. na produção de cloretos empregados no tratamento de metais, na indústria alimentícia etc.; ácido muriático • **á. desoxirribonucleico** QUÍM ácido contido nos cromossomos que determina a estrutura e função de cada célula e é responsável pela herança biológica de quase todos os seres vivos [sigla: *ADN* (tb. us. *DNA*, em ing.)] • **á. graxo** QUÍM ácido orgânico com número par de átomos de carbono, encontrado nas gorduras e óleos animais e vegetais • **á. muriático** QUÍM ácido clorídrico • **á. nítrico** QUÍM ácido us. na produção de fertilizantes, corantes, explosivos etc. • **á. ribonucleico** QUÍM ácido que transporta as informações contidas no ADN, do núcleo para o citoplasma [sigla: *ARN* e, em ing., *RNA*] • **á. sulfúrico** QUÍM ácido us. na fabricação de fertilizantes, detergentes, pigmentos inorgânicos, catalisadores etc. • **á. úrico** QUÍM ácido presente na urina dos animais carnívoros, us. em síntese orgânica

a.ci.do.se *s.f.* MED acúmulo de ácido no organismo ou perda de reserva alcalina

a.cí.du.lo *adj.* levemente ácido

a.ci.ma *adv.* **1** em lugar mais alto *<voou a. da cidade>* **2** para cima *<marchou montanha a.>* **3** em posição anterior (em texto) *<exemplo a. mencionado>* ▣ **a. de** em situação, posição, condição etc. superior a *<inteligência a. da média>*

a.cin.te *s.m.* ofensa; provocação ~ **acintoso** *adj.*

a.cin.zen.tar *v.* {mod. 1} *t.d.,int. e pron.* **1** tornar(-se) cinzento *<o tapete acinzentou(-se) com o tempo>* **2** *p.ext.* tornar(-se) menos luminoso ou colorido; escurecer(-se) *<o céu acinzenta(-se) antes de uma tempestade>* ~ **acinzentado** *adj.*

a.cio.nar *v.* {mod. 1} *t.d.* **1** pôr em ação; fazer funcionar *<a. um mecanismo>* **2** DIR mover ação judicial contra; processar ~ **acionador** *adj.s.m.*

a.cio.nis.ta *adj.2g.s.2g.* ECON que(m) possui ação de empresa, sociedade anônima etc.

a.cir.ra.do *adj.* **1** que teve a agressividade despertada ou aumentada; atiçado, instigado **2** que foi levado a agir ou reagir; excitado, estimulado **3** que é enérgico, intenso *<debate a.>*

a.cir.rar *v.* {mod. 1} *t.d. e t.d.i.* **1** (prep. *contra*) despertar ou aumentar a agressividade de *<acirrou o cão (contra o bandido)>* **2** *p.ext.* (prep. *a*) levar (alguém) [a determinada reação]; instigar *<seu exemplo acirrou-os a resistir>* ☐ *t.d. e pron.* **3** *p.ext.* irritar(-se), enervar(-se) *<a discussão acirrou os adversários>* **4** aguçar(-se), avivar(-se) *<a. os ânimos>* ~ **acirramento** *s.m.*

a.cla.ma.ção [pl.: *-ões*] *s.f.* **1** saudação entusiasmada **2** aprovação ruidosa **3** proclamação, declaração ▣ **por a.** por meio de aplausos, gritos etc., sem votação individual *<eleito por a.>*

a.cla.mar *v.* {mod. 1} *t.d.* **1** saudar com entusiasmo *<começaram a aclamá-lo assim que chegou>* **2** manifestar aprovação, ger. com gritos, aplausos etc. *<os torcedores aclamavam a seleção>* ☐ *t.d.pred. e pron.* **3** proclamar(-se), declarar(-se) *<aclamou-se presidente da empresa>*

a.cla.rar *v.* {mod. 1} *t.d.,int. e pron.* **1** tornar(-se) claro; iluminar(-se) *<a luz da lua aclarava o terraço>* **2** dar ou tomar cor mais clara *<acrescentou tinta branca para a. a mistura>* ☐ *t.d. e pron. fig.* **3** tornar(-se) compreensível; esclarecer(-se) *<o filme aclarou(-se) no final>*

a.cli.mar *v.* {mod. 1} *t.d.,t.d.i. e pron.* **1** (prep. *a*) adaptar(-se) [a condições atmosféricas ou climáticas, ou a ambiente ou meio biológico] *<o animal não se aclimou bem à temperatura baixa>* **2** *fig.* (prep. *a*) harmonizar(-se) [com ambiente, condições etc.] *<a. o filme (à plateia)>* ☐ *t.d.i. e pron.* **3** (prep. *a*) habituar(-se), acostumar(-se) *<a. as crianças às novas regras>*

a.cli.ma.tar *v.* {mod. 1} *t.d.,t.d.i. e pron.* aclimar ~ **aclimatação** *s.f.*

a.cli.ve *s.m.* subida, ladeira (considerada de baixo para cima)

ac.ne *s.f.* MED doença de pele causada por inflamação da cavidade onde nasce o pelo, com acúmulo de secreção sebácea, podendo causar cravos, espinhas ou lesões avermelhadas

-́aco *suf.* 'relativo a': *cardíaco, demoníaco, maníaco*

-aço *suf.* 'aumento': *inchaço, ricaço*

a.ço *s.m.* **1** liga de ferro e carbono **2** qualquer arma branca (faca, punhal etc.)

a.co.ar *v.* {mod. 1} *int. SC RS* soltar latidos; ladrar ◉ GRAM/USO só us. nas 3as p., exceto quando fig.

a.co.ber.tar *v.* {mod. 1} *t.d. e pron.* **1** pôr(-se) coberta, capa; cobrir(-se) *<acobertou-se com um xale>* **2** *fig.* manter(-se) seguro; resguardar(-se) *<acobertaram-se da chuva>* ☐ *t.d.* **3** manter em segredo; encobrir, esconder *<a. fraudes>* ~ **acobertamento** *s.m.*

a.co.bre.ar *v.* {mod. 5} *t.d. e pron.* **1** dar ou adquirir a cor do cobre *<os talheres acobrearam-se>* ☐ *t.d.* **2** revestir com camada de cobre *<a. uma panela>*

a.co.co.rar *v.* {mod. 1} *t.d. e pron.* **1** pôr(-se) de cócoras; agachar(-se) *<acocorou-se para esperar>* **2** *fig.* rebaixar(-se), humilhar(-se)

a.ço.dar *v.* {mod. 1} *t.d. e pron.* **1** aumentar velocidade, ritmo (de); acelerar(-se) *<a. o ritmo dos tambores>* **2** apressar(-se), precipitar(-se) *<a impaciência açodou-a>* ☐ *t.d.* **3** instigar, atiçar (esp. cão) ~ **açodamento** *s.m.*

a.coi.mar *v.* {mod. 1} *t.d.* **1** fazer pagar multa **2** *p.ext.* castigar, punir *<a. os desobedientes>* ☐ *t.d.pred. e pron.* **3** atribuir(-se) [culpa, responsabilidade ou defeito] *<acoimou-os de desonestos>* ~ **acoimado** *adj.*

a.coi.tar *v.* {mod. 1} *t.d. e pron.* **1** abrigar(-se); proteger(-se) *<acoitaram-se em barracas>* ☐ *t.d.,t.d.i. e pron.* **2** (prep. *de*) proteger(-se), amparar(-se) *<o país a. os refugiados>* ☐ *t.d.* **3** esconder da justiça (infrator, criminoso)

a.çoi.tar *v.* {mod. 1} *t.d. e pron.* **1** golpear(-se) com açoite ou outro instrumento, como vara *<açoitou os prisioneiros>* ☐ *t.d.* **2** *fig.* chocar-se com ou ir de encontro a, com força ou violência *<as ondas do mar açoitavam a embarcação>* **3** *p.ext.* causar dor, morte, dano e/ou destruição a *<a miséria açoitava a população>* ~ **açoitador** *adj.s.m.* - **açoitamento** *s.m.*

a.çoi.te *s.m.* **1** chicote **2** golpe aplicado com açoite; chicotada

a.co.lá *adv.* em lugar afastado da pessoa que fala e de seu interlocutor; naquele lugar, lá, além, adiante

a.col.cho.a.do *adj.* **1** revestido com forro macio ou com espuma ■ *s.m.* **2** colcha ou tecido de forro macio **3** *PR* cobertor de lã

a.col.cho.ar *v.* {mod. 1} *t.d.* **1** forrar com colcha **2** rechear ou revestir com material macio, como espuma, lã etc. *<a. o sofá>* ~ **acolchoamento** *s.m.*

a.co.lhe.dor /ô/ [pl.: *-es*] *adj.s.m.* (o) que oferece bom acolhimento; hospitaleiro

a.co.lher *v.* {mod. 8} *t.d. e pron.* **1** dar ou obter refúgio, proteção ou conforto físico *<acolheu os vizinhos por uma noite>* **2** hospedar(-se), abrigar(-se) *<acolheu o tio durante a obra da casa>* ☐ *t.d.* **3** reagir, receber *<a. mal as críticas>* **4** aceitar, atender a (pedidos, sugestões etc.) *<o juiz acolheu o pedido de pensão>* ~ **acolhimento** *s.m.*

a.co.lhi.da *s.f.* **1** maneira de receber ou de ser recebido; acolhimento, recepção **2** local seguro; refúgio, abrigo

a.co.li.tar *v.* {mod. 1} *t.d. e int.* **1** REL auxiliar em serviço religioso, na função de acólito ☐ *t.d.* **2** estar sempre próximo a (alguém), auxiliando-o; ajudar

a.có.li.to *s.m.* **1** REL na Igreja católica, pessoa que auxilia o padre nas missas; sacristão **2** ajudante

a.co.me.ter *v.* {mod. 8} *t.i, t.d.i, int. e pron.* **1** (prep. *contra*) [fazer] iniciar agressão, esp. com arma ou força física; atacar *<a. contra o adversário> <a raiva o acometeu contra o colega> <acometeram assim que foi dado o sinal>* □ *t.d.* **2** insultar, hostilizar *<a. o professor com gestos ofensivos>* **3** chocar-se com; abalroar *<o caminhão acometeu o táxi>* **4** tomar completamente; apossar-se *<a ferrugem acometeu a fechadura>* □ *t.d. e int.* **5** afetar (alguém) de repente (doença, paixão, raiva etc.) *<a tristeza acometeu-o> <a doença acometeu seus rins>* ~ **acometedor** *adj.s.m.*

a.co.me.ti.da *s.f.* acometimento

a.co.me.ti.men.to *s.m.* **1** investida vigorosa; ataque **2** manifestação repentina (de uma doença, sentimento, desejo etc.) **3** esforço para obter algo difícil; empreendimento, tentativa

a.co.mo.da.ção [pl.: *-ões*] *s.f.* **1** ato de alojar(-se), de hospedar(-se); alojamento, hospedagem **2** divisão de um local; aposento, cômodo, dependência *<o hotel tinha excelentes a.>* ☞ mais us. no pl. **3** adaptação, adequação, conformidade **4** ausência de ambição; conformismo **5** GEOL movimento da crosta terrestre, com nivelamento ou superposição de camadas

a.co.mo.da.do *adj.* **1** convenientemente disposto; arrumado, organizado **2** instalado, alojado, hospedado **3** que aceita ou se submete a uma situação indesejada; conformado ■ *s.m.* **4** indivíduo que se acomodou *<não passa de um a.>*

a.co.mo.dar *v.* {mod. 1} *t.d.* **1** tornar cômodo; adaptar *<a. a sala de estar>* **2** conter ou poder conter; comportar *<a caixa acomoda dois sapatos>* **3** pôr em ordem; arrumar *<a. roupas na gaveta>* □ *t.d.,t.d.i. e pron. p.ext.* **4** (prep. *em*) pôr(-se) em lugar ou posição confortável ou adequada *<a. a criança (no colo)> <acomodou-se para ver o filme>* **5** (prep. *em*) instalar(-se), provisoriamente ou não, com relativo conforto *<a. os primos (no quarto do fundos)> <acomodou-se no canto da sala>* **6** *fig.* (prep. *a, com*) pôr(-se) em acordo ou harmonia; adequar(-se) *<a. opiniões divergentes> <acomodou a teoria aos fatos> <seus métodos não se acomodam com os nossos>* □ *pron.* **7** acostumar-se a, resignar-se com *<a.-se a uma situação injusta>*

a.co.mo.da.tí.cio *adj.* que se acomoda com facilidade

a.com.pa.drar *v.* {mod. 1} *t.d. e pron.* **1** (prep. *com*) tornar-se compadre (de) *<acompadrou o amigo> <acompadrou-se com o chefe>* □ *pron.* **2** *p.ext.* (prep. *com*) fazer alianças; aliar-se *<acompadrou-se com o prefeito>* □ *t.d.,t.d.i. e pron. p.ext.* **3** (prep. *com*) firmar relações de amizade (com) *<tentou acompadrá-los (com o síndico)> <não demoraram a a.-se>* ~ **acompadração** *s.f.*

a.com.pa.nha.dor /ô/ [pl.: *-es*] *adj.s.m.* **1** acompanhante **2** MÚS (instrumentista) que acompanha cantor ou outro instrumentista

a.com.pa.nha.men.to *s.m.* **1** conjunto de pessoas que acompanha outra(s); cortejo, comitiva, séquito **2** aquilo que acompanha ou vem em seguida **2.1** guarnição de um prato de comida **3** MED assistência ou supervisão de profissional a alguém que esteve sob seus cuidados **4** MÚS parte de composição musical (voz, instrumento) que assessora e complementa a melodia

a.com.pa.nhan.te *adj.2g.s.2g.* **1** que(m) acompanha **2** que(m) faz companhia e dá assistência a pessoa idosa ou doente

a.com.pa.nhar *v.* {mod. 1} *t.d.* **1** estar, ficar ou ir junto com *<acompanhou a família na viagem>* **2** ir na mesma direção de *<acompanhou o fluxo dos carros>* **3** deslocar-se na mesma velocidade que *<conseguiu a. o líder da corrida>* **4** estar associado ou relacionado a *<chuvas acompanham a frente fria>* **5** ser complemento ou acessório de *<uma salada acompanha a carne> <a. o texto com figuras>* **6** observar o andamento, o progresso de *<a. uma obra>* **7** *fig.* prestar atenção a, entendendo o que é dito, pensado etc. *<a. um raciocínio>* **8** tomar consciência ou conhecimento de *<a. as notícias>* □ *t.d. e pron.* **9** MÚS seguir, com voz ou instrumento, a melodia *<a. cantores em suas apresentações> <quando canta, acompanha-se ao piano>* □ *pron.* **10** (prep. *de*) ter junto a si companhia, ajudante(s); cercar-se *<a.-se de bons profissionais>*

a.con.che.gan.te *adj.2g.* que aconchega, acolhe agradavelmente; acolhedor, caloroso

a.con.che.gar *v.* {mod. 1} *t.d.,t.d.i. e pron.* **1** (prep. *a*) colocar(-se) próximo; achegar(-se) *<a. o bebê (ao peito)> <mal aconchegou-se à varanda, caiu a chuva>* □ *t.d. e pron.* **2** posicionar(-se) confortavelmente; acomodar(-se) *<a. o corpo> <aconchegaram-se no sofá>* □ *t.d.* **3** tornar mais confortável *<a. um travesseiro>*

a.con.che.go /ê/ *s.m.* **1** proteção, acolhimento, amparo físico *<o a. de um abraço>* **2** comodidade, conforto *<o a. de uma casa>*

a.con.di.cio.nar *v.* {mod. 1} *t.d.* **1** guardar em lugar ou em condições adequadas, esp. para conservação *<a. alimentos>* **2** embalar, empacotar *<a. louça com cuidado>* **3** dotar de certa condição, índole, caráter *<a boa educação acondicionou sua vida>* ~ **acondicionamento** *s.m.*

a.con.se.lhar *v.* {mod. 1} *t.d.,t.d.i.,int. e pron.* **1** (prep. *a*) dar ou pedir conselho(s) [a alguém] *<ainda não tem experiência para a. (ninguém)> <aconselha a todos que bebam muita água> <aconselhou-se com amigos>* □ *t.d. e t.d.i.* **2** (prep. *a*) mostrar a necessidade ou conveniência de; sugerir *<aconselharam (a ele) um remédio caseiro>* ~ **aconselhamento** *s.m.*

a.con.se.lhá.vel [pl.: *-eis*] *adj.2g.* que se deve ou pode aconselhar; conveniente, apropriado

a.con.te.cer *v.* {mod. 8} *t.i. e int.* **1** (prep. *a, com*) ser ou tornar-se realidade; ocorrer *<algo triste aconteceu com ele> <nada vai a. a você> <acidentes acontecem>* □ *int. fig. B infrm.* **2** fazer sucesso *<a banda aconteceu>* ~ **acontecido** *adj.s.m.*

a.con.te.ci.men.to *s.m.* **1** fato, evento **2** *fig. infrm.* pessoa ou fato que causa sensação; sucesso

a.co.pla.gem [pl.: *-ens*] *s.f.* acoplamento

A

a.co.pla.men.to *s.m.* **1** junção, encaixe **2** junção, no espaço, de duas astronaves, ou de uma astronave e uma estação espacial, para abastecimento ou outro serviço

a.co.plar *v.* {mod. 1} *t.d.,t.d.i. e pron.* **1** (prep. *a*) juntar(-se) fisicamente num único conjunto *<a. dois circuitos elétricos> <a. um sistema a outro> <os módulos espaciais acoplaram-se>* **2** (prep. *a, com*) estabelecer ou apresentar vínculo ou compatibilidade *<a. estratégias de venda ao mercado> <nossos esforços acoplam-se com os objetivos da chefia>*

a.cór.dão [pl.: *-ãos*] *s.m.* DIR sentença definitiva dada por tribunal

[1]**a.cor.dar** *v.* {mod. 1} *t.d.,t.i.,t.d.i. e pron.* **1** (prep. *a, com, sobre*) [fazer] ficar em acordo, em harmonia; conciliar(-se) *<a. opiniões contrárias> <a. os atos às intenções> <estão tão zangados, que jamais irão acordar-se>* ☐ *t.d. e t.i.* **2** (prep. *com*) admitir como verdadeiro ou legítimo *<acordou ser real a notícia> <acordaram com os argumentos>* **3** (prep. *com*) consentir *<não acordaram (com) tal desrespeito>* **4** (prep. *em*) decidir ou resolver conjuntamente *<a. um contrato> <acordaram (em) adiar a reunião>* ☐ *t.d.,t.i. e pron.* **5** (prep. *em*) resolver(-se), decidir(-se) individualmente *<acordou (em) atendê-la> <afinal acordou-se quanto à viagem>* [ORIGEM: de um lat. **accordāre*, de *concordāre* 'estar de acordo']

[2]**a.cor.dar** *v.* {mod. 1} *t.d.,t.d.i.,t.i. e int.* **1** (prep. *de*) [fazer] sair do sono ou recobrar os sentidos; despertar *<acordou-a bem cedo> <acordou a avó de um desmaio> <a. de um pesadelo> <só acorda depois das nove>* ☐ *t.d.fig.* **2** tornar mais ativo, intenso; avivar *<a batucada acordou o ambiente>* ☐ *t.d. e t.d.i. fig.* **3** (prep. *em*) provocar (emoção, sentimento) [em alguém] *<os gritos acordaram a reação (no time)>* [ORIGEM: do adj. *acordado* 'prudente, sensato', do lat. *cordātus*, de *cor* 'coração']

a.cor.de *adj.2g.* **1** que está de acordo; conforme ■ *s.m.* MÚS **2** execução simultânea de duas ou mais notas musicais

a.cor.de.ão [pl.: *-ões*] ou **a.cor.de.om** [pl.: *-ons*] *s.m.* MÚS instrumento musical portátil que tem, de um lado, um pequeno teclado e, do outro, uma série de botões e é dotado de um fole que faz vibrar palhetas de metal; sanfona

a.cor.de.o.nis.ta *adj.2g.s.2g.* MÚS que(m) toca acordeão

a.cor.do /ô/ *s.m.* **1** entendimento recíproco **2** ajuste formal; pacto, convenção **3** permissão, consentimento ▣ **a. de cavalheiros** entendimento garantido pela palavra, com base na confiança entre as partes • **de a. com** conforme, segundo • **de comum a.** com a concordância de todos • **estar de a.** ser da mesma opinião; concordar

a.ço.ri.a.no *adj.* **1** do arquipélago português dos Açores ■ *s.m.* **2** natural ou habitante dessas ilhas

a.cor.ren.tar *v.* {mod. 1} *t.d,t.d.i. e pron.* **1** (prep. *a*) prender(-se) com corrente; amarrar(-se) *<acorrentou-os (à grade)> <o mágico acorrentou-se e escapou logo depois>* **2** *fig.* (prep. *a*) pôr(-se) na dependência forçada de; sujeitar(-se) *<a. a produção (ao mercado)> <acorrentou-se ao passado>* ~ **acorrentamento** *s.m.*

a.cor.rer *v.* {mod. 8} *t.d.,t.i. e int.* (prep. *a*) ir ou vir em auxílio de; socorrer *<a. os necessitados> <acorreu aos doentes com a vacina> <bons amigos acorrem nos momentos difíceis>*

a.cos.sar *v.* {mod. 1} *t.d.* **1** perseguir, caçar *<a. o animal selvagem>* **2** machucar, ferir (física e moralmente) *<espinhos acossavam seu corpo>* **3** *fig.* perturbar insistentemente; atormentar *<jornalistas acossavam-na>* ~ **acossador** *adj.s.m.*

a.cos.ta.men.to *s.m.* faixa lateral de uma rodovia, destinada a paradas de emergência dos veículos

a.cos.tar *v.* {mod. 1} *t.d.,t.d.i. e pron.* **1** (prep. *a*) [fazer] tocar a superfície de *<a. a estante (à parede)> <acostou-se à porta para não cair>* **2** MAR encostar ou atracar (navio) junto a (cais, outra embarcação) *<a. a embarcação (ao cais)> <o barco de salvamento acostou-se ao navio>* ☐ *t.i, t.d.i, int. e pron.* **3** (prep. *a, contra, em*) pôr(-se) junto ou próximo a; encostar(-se) *<o carro acostou (na margem da estrada)> <acostou-se contra a parede> <acostou a orelha à porta para ouvir melhor>* ~ **acostado** *adj.*

a.cos.tu.ma.do *adj.* **1** que age habitualmente de determinada maneira; habituado **2** condicionado por estímulos externos; adaptado **3** costumeiro, habitual

a.cos.tu.mar *v.* {mod. 1} *t.d.,t.i.,t.d.i. e pron.* **1** (prep. *a, com*) [fazer] agir de certo modo, com regularidade ou frequência; habituar(-se) *<acostumou os filhos ao trabalho> <acostumou(-se) rápido com a escola>* ☐ *t.d.i. e pron.* **2** (prep. *a*) adaptar(-se), ajustar(-se) *<a. a vista à escuridão> <a.-se ao frio>*

a.co.to.ve.lar *v.* {mod. 1} *t.d.* **1** tocar ou golpear com o cotovelo ☐ *pron.* **2** dar cotoveladas ou esbarrões recíprocos; empurrar-se *<todos acotovelaram-se na saída>*

a.çou.gue *s.m.* lugar onde se vendem carnes

a.çou.guei.ro *s.m.* **1** dono ou funcionário de açougue **2** *fig. B infrm. pej.* mau cirurgião; carniceiro

a.co.var.dar *v.* {mod. 1} *t.d. e pron.* **1** tornar(-se) covarde; intimidar(-se) *<a chegada do policial acovardou o ladrão> <acovardou-se ao ver o precipício>* **2** *fig.* (fazer) perder o ânimo, a disposição *<a chuva acovardou o corredor> <acovardou-se ao ver a fila de candidatos>* ~ **acovardamento** *s.m.*

[1]**a.cre** *adj.2g.* **1** azedo **2** *fig.* que não é amável; áspero, ríspido ◉ GRAM/USO sup.abs.sint.: *acríssimo*, *acérrimo* [ORIGEM: do lat. *acer,acris,acre* 'id.'] ~ **acridade** *s.f.* - **acridez** *s.f.*

[2]**a.cre** *s.m.* unidade de medida agrária [ORIGEM: do ing. *acre* 'campo; medida agrária']

a.cre.a.no *adj.s.m.* grafia do gentílico do Estado do Acre oficializada pela Lei n. 3.148, sancionada pelo governador do Acre a 27 de julho de 2016 e publicada no Diário Oficial do Estado no dia seguinte; ver *acriano*

a.cre.di.ta.do *adj.* **1** que é aceito como possível ou verdadeiro **2** que se considera provável ou possível; plausível **3** bem conceituado, digno de confiança; respeitado

a.cre.di.tar *v.* {mod. 1} *t.i. e int.* **1** (prep. *em*) tomar por verdadeiro; crer *<a. em fadas>* *<jurou, mas não acreditei>* ☐ *t.i.* **2** (prep. *em*) ter confiança; crer *<a. no amigo>* **3** (prep. *em*) ter esperança; confiar *<a. na vitória>* ☐ *t.d.* **4** credenciar (alguém) para representar país ou instituição (perante país estrangeiro ou outra instituição) *<a. um diplomata>* ☐ *t.d. e t.d.pred.* **5** pensar, sem ter certeza; julgar, supor *<acredita que vai encontrá-lo>* *<acreditam fundamental a sua ajuda>* ~ **acreditável** *adj.2g.*

a.cres.cen.tar *v.* {mod. 1} *t.d.,t.d.i. e pron.* **1** (prep. *a*) tornar(-se) maior em tamanho, número, força, extensão; aumentar *<acrescentaram 40 lugares (ao auditório)>* *<a pobreza acrescentou-se durante a guerra>* **2** (prep. *a*) juntar (uma coisa) [a outra]; adicionar(-se) *<ao final, acrescentou os agradecimentos>* *<a. café ao leite>* *<acrescentou-se disposição à competência>* ☐ *t.d. e t.d.i.* **3** adicionar informações para esclarecer ou completar; aditar *<acrescentou que voltaria tarde>* *<a. detalhes à história>* ~ **acrescentador** *adj.s.m.* - **acrescentamento** *s.m.*

a.cres.cer *v.* {mod. 8} *t.d.,t.d.i. e int.* **1** (prep. *de, a*) [fazer] crescer, esp. pela adição de elementos; aumentar, acrescentar *<quer a. a casa de dois quartos>* *<com o tempo, a amizade acresce>* ☐ *t.i.,t.d.i. e pron.* **2** (prep. *a*) juntar-se (uma coisa) [a outra]; acrescentar(-se) *<testes serviram para a. dados (à pesquisa)>* ☐ *t.i.,int. e pron.* **3** (prep. *a*) ser condição ou fato complementar a ser considerado *<acresce (a isso) que foi impossível achá-lo>*

a.crés.ci.mo *s.m.* o que se acrescenta; adição, aumento

a.cri.a.no *adj.* **1** do Acre ■ *s.m.* **2** natural ou habitante desse estado ◉ GRAM/USO acriano é a grafia registrada no Acordo Ortográfico para este gentílico (Base V, 2º, c)

a.cri.do.ce /ô/ *adj.2g.s.m.* agridoce

a.crí.li.co *s.m.* **1** resina sintética transparente ■ *adj.* **2** feito de ou com propriedades dessa resina

a.cri.mô.nia *s.f.* **1** azedume **2** *fig.* tratamento indelicado; aspereza, rispidez ~ **acrimonioso** *adj.*

a.cri.so.lar *v.* {mod. 1} *t.d.* **1** tirar as impurezas de (metal precioso) ☐ *t.d. e pron. fig.* **2** tornar(-se) melhor; aperfeiçoar(-se) *<seu texto acrisolou-se>* **3** purificar(-se) moralmente pelo sofrimento

a.cro.ba.ci.a *s.f.* **1** exercício executado por acrobata **2** *fig.* manobra audaciosa

a.cro.ba.ta *s.2g.* artista que realiza exercícios de agilidade e força em espetáculos ou competições

a.cro.bá.ti.co *adj.* relativo a acrobata ou acrobacia

a.cro.fo.bi.a *s.f.* MED pânico de altura ~ **acrofóbico** *adj.s.m.* - **acrófobo** *adj.s.m.*

a.cro.má.ti.co *adj.* **1** sem cor **2** que não distingue as cores ~ **acromatismo** *s.m.*

a.cro.me.ga.li.a *s.f.* MED crescimento exagerado das extremidades do corpo (pés, mãos, rosto) ~ **acromegálico** *adj.s.m.*

a.crô.ni.mo *adj.s.m.* (palavra) que se forma com as iniciais ou sílabas de uma locução, frase etc. (p.ex., *Sudam* = *Su*perintendência do *D*esenvolvimento da *Am*azônia)

a.cró.po.le *s.f.* local mais alto das antigas cidades gregas, que servia de cidadela

a.crós.ti.co *s.m.* LIT poesia em que as letras iniciais de cada verso, quando lidas verticalmente, formam uma palavra ou frase ◉ GRAM/USO tb. us. como adj.

ac.ti.ni.í.deo ou **ac.ti.ní.deo** *s.m.* QUÍM qualquer elemento da família dos actiniídeos, que, na tabela periódica, vai de actínio a laurêncio ☞ cf. *tabela periódica* (no fim do dicionário) ◉ GRAM/USO tb. us. como adj.

ac.tí.nio *s.m.* QUÍM elemento químico radioativo [símb.: *Ac*] ☞ cf. *tabela periódica* (no fim do dicionário)

a.cu.ar *v.* {mod. 1} *t.d.* **1** levar (caça) a local ou situação de fuga impossível; encurralar *<a. a onça>* ☐ *int.* **2** empacar (animal) *<a mula acuou>* ☐ *t.d. e pron. fig.* **3** (fazer) ficar sem saída, sem alternativa; inibir(-se) *<acuaram-no e teve de confessar o crime>* *<os políticos acuaram-se diante dos fatos>* ~ **acuação** *s.f.* - **acuamento** *s.m.*

a.çú.car [pl.: *-es*] *s.m.* **1** substância doce obtida esp. da cana-de-açúcar e da beterraba; sacarose **2** QUÍM nome genérico dado a carboidratos de sabor doce e que dissolvem em água, como sacarose, frutose, glicose

a.çu.ca.rar *v.* {mod. 1} *t.d.* **1** temperar ou cobrir com açúcar ☐ *t.d.,int. e pron.* **2** converter(-se) em açúcar (mel, calda) *<o mel açucarou(-se)>* ☐ *t.d. e pron. fig.* **3** tornar(-se) agradável, suave (tom, palavra, discurso); suavizar(-se) *<a. a voz para falar com a namorada>* *<seu discurso açucarou-se, pois temia a reação do público>*

a.çú.car-can.de [pl.: *açúcares-cande* e *açúcares-candes*] *s.m.* açúcar formado pela cristalização da sacarose

a.çu.ca.rei.ro *s.m.* **1** pote para guardar e servir açúcar ■ *adj.* **2** relativo a açúcar ou cana-de-açúcar *<indústria a.>*

a.çu.ce.na *s.f.* BOT planta ornamental e sua flor, apreciada pelo perfume

a.çu.de *s.m.* **1** CONSTR barragem **2** lago que se forma por represamento

a.cu.dir *v.* {mod. 29} *t.d.,t.i. e int.* **1** (prep. *a*) pôr-se à disposição de (alguém em dificuldade); ajudar, socorrer *<a. os amigos>* *<o médico acudiu ao doente>* *<a polícia foi chamada e logo acudiu>* ☐ *t.i. e int.* **2** (prep. *a*) atender ou obedecer a (pedido, convite, ordem etc.) *<a. à convocação>* *<chamados, todos acudiram>* ☐ *t.i. e pron.* **3** (prep. *a, de*) recorrer, valer-se *<leu o livro sem a.-se do dicionário>*

a.cui.da.de *s.f.* **1** qualidade do que é agudo **2** grande capacidade de percepção

A

a.çu.lar *v.* {mod. 1} *t.d. e t.d.i.* **1** (prep. *contra*) atiçar (cão) a morder, atacar **2** *p.ext.* (prep. *contra*) provocar, irritar *<a. a torcida (contra o time adversário)>* **3** *p.ext.* (prep. *a*) estimular, incentivar *<a recompensa açulou-o (a prosseguir)>* ~ **açulamento** *s.m.*

a.cú.leo *s.m.* **1** BOT estrutura vegetal dura e pontiaguda que cresce na superfície de certas plantas e pode ser arrancada sem ferir muito a planta ☞ cf. *espinho* **2** ZOO ferrão ou espinho de animais **3** *p.ext.* ponta aguçada

a.cul.tu.ra.ção [pl.: *-ões*] *s.f.* ANTRPOL adaptação de um indivíduo ou grupo a uma cultura diferente ~ **aculturar** *v.t.d. e pron.*

a.cu.mu.la.ção [pl.: *-ões*] *s.f.* **1** conjunto ou volume de coisas reunidas; acúmulo, amontoamento **2** GEOL sedimentação

a.cu.mu.la.da *s.f.* no turfe, aposta num só jogo em cavalos de vários páreos

a.cu.mu.la.dor /ô/ [pl.: *-es*] *adj.s.m.* **1** (o) que acumula ■ *s.m.* **2** FISQUÍM dispositivo capaz de transformar, de forma reversível, energia química em energia elétrica

a.cu.mu.lar *v.* {mod. 1} *t.d.,t.d.i. e pron.* **1** (prep. *em, sobre*) reunir(-se) ordenada ou desordenadamente; amontoar(-se), empilhar(-se) *<a. camadas (sobre camadas)> <os papéis acumulavam-se na mesa>* **2** (prep. *sobre*) realizar(-se) sucessivamente *<a. feitos heroicos> <acumula decepções sobre decepções> <as críticas acumulavam-se, mas não desistiu>* □ *t.d. e pron.* **3** juntar(-se), reunir(-se) *<a. informações para um trabalho> <os alunos se acumularam na porta da escola>* □ *t.d. e t.d.i.* **4** (prep. *a, com*) exercer (cargos, funções) simultaneamente *<muitos profissionais acumulam empregos> <acumula a função de secretário com a de redator>* □ *t.d. e int.* **5** juntar (dinheiro ou riquezas); poupar *<trabalha muito, mas não consegue acumular>* ~ **acumulativo** *adj.*

a.cú.mu.lo *s.m.* acumulação

a.cu.pun.tu.ra *s.f.* MED ramo da medicina tradicional chinesa que introduz agulhas finas em determinados pontos do corpo do paciente para tratá-lo ~ **acupunturista** *adj.2g.s.2g.*

a.cu.rar *v.* {mod. 1} *t.d.* **1** cuidar de (alguém ou algo) com dedicação, atenção □ *t.d. e pron.* **2** aprimorar(-se), aperfeiçoar(-se) *<a.-se em culinária brasileira>*

a.cu.sa.ção [pl.: *-ões*] *s.f.* **1** atribuição de culpa ou crime **2** crítica desfavorável do comportamento de alguém **3** DIR advogado da parte que acusa

a.cu.sa.do *adj.* **1** que foi alvo de acusação; incriminado, indiciado **2** posto a descoberto; revelado ■ *s.m.* **3** quem é alvo de acusação **4** DIR réu em processo judicial

a.cu.sar *v.* {mod. 1} *t.d.,t.d.i.,int. e pron.* **1** (prep. *de*) atribuir (falta, crime) [a alguém ou si próprio]; culpar(-se) *<acusou o vizinho (de machucar seu gato)> <não se deve a. sem provas> <o adolescente achou melhor se a.>* □ *t.d.pred.* **2** (prep. *de*) qualificar, tachar *<acusou o político de corrupto>* □ *t.d.* **3** *fig.* tornar conhecido; mostrar *<a radiografia acusou a fratura>* **4** notificar, confirmar (recepção de carta, ofício etc.) ~ **acusador** *adj.s.m.*

a.cu.sa.ti.vo *adj.* relativo a acusação

a.cús.ti.ca *s.f.* **1** FÍS estudo dos sons **2** qualidade de um local do ponto de vista da propagação do som

a.cús.ti.co *adj.* **1** relativo ao som ou à acústica **2** relativo à audição ou ao ouvido **3** MÚS que não envolve meios eletrônicos

a.cu.tân.gu.lo *adj.* GEOM que tem todos os ângulos agudos ~ **acutangulado** *adj.* - **acutangular** *adj.2g.*

ad- *pref.* → [1]**A-**

-ada *suf.* **1** 'coleção': *bicharada, boiada* **2** 'porção contida em': *colherada* **3** 'produto alimentício': *laranjada, macarronada* **4** 'ação ou resultado da ação': *caminhada, facada, largada*

a.da.ga *s.f.* espada curta e larga, de um ou dois gumes

[1]**a.dá.gio** *s.m.* MÚS composição musical ou movimento de uma composição em andamento lento [ORIGEM: do it. *adagio* 'devagar, lentamente']

[2]**a.dá.gio** *s.m.* frase moral de origem popular; provérbio [ORIGEM: do lat. *adagĭum,i* 'id.']

a.da.man.ti.no *adj.* semelhante ao diamante; diamantino

a.da.mas.ca.do *adj.* **1** que apresenta relevo semelhante ao damasco ('tecido') **2** da cor ou do sabor do damasco ('fruto') ~ **adamascar** *v.t.d.*

a.dap.ta.ção [pl.: *-ões*] *s.f.* **1** acomodação, ambientação **2** conversão de uma obra escrita a outro meio de comunicação

a.dap.ta.dor /ô/ [pl.: *-es*] *adj.s.m.* **1** que(m) adapta **2** ELETR (dispositivo) que pode associar dois sistemas elétricos ou eletrônicos

a.dap.tar *v.* {mod. 1} *t.d.i. e pron.* **1** (prep. *a*) pôr(-se) de acordo, em harmonia; ajustar(-se), adequar(-se) *<adaptou a blusa às suas medidas> <adaptaram-se bem à nova escola>* □ *t.d. e t.d.i.* **2** (prep. *a, para*) adequar (obra escrita) [a outro público, veículo de comunicação] *<a. um romance (para a televisão)>* ~ **adaptável** *adj.2g.*

a.de.ga *s.f.* **1** local onde se guardam vinhos e outras bebidas **2** *p.ext.* coleção de vinhos e outras bebidas **3** estabelecimento onde se servem bebidas, esp. vinhos, e iguarias

a.de.jar *v.* {mod. 1} *int.* **1** agitar as asas durante voo **2** dar pequenos e repetidos voos ☞ nas duas acp., só us. nas 3as p., exceto quando fig. □ *t.d. e int.* **3** mover ou agitar, como o bater de asas; abanar ~ **adejo** *s.m.*

a.del.ga.çar *v.* {mod. 1} *t.d.,int. e pron.* **1** tornar(-se) delgado, estreito; afinar(-se) *<a obra adelgaçou a calçada> <a perna engessada adelgaçou(-se)>* □ *t.d. e pron.* **2** emagrecer ~ **adelgaçado** *adj.* - **adelgaçamento** *s.m.*

a.de.mais *adv.* além disso, além do mais

a.de.ma.ne *s.m.* gesto com as mãos; trejeito ☞ mais us. no pl.

a.den.do *s.m.* ou **a.den.da** *s.f.* aquilo que se junta (a uma obra escrita)

a.de.no.car.ci.no.ma *s.m.* MED tumor maligno de um tecido glandular

a.de.noi.de /ói/ *adj.2g.* **1** em forma de glândula ■ *s.f.* **2** tecido dos gânglios linfáticos entre as fossas nasais e a garganta **3** MED desenvolvimento excessivo desse tecido ☞ mais us. no pl. nessas duas acp.

a.de.no.ma *s.m.* MED tumor, ger. benigno, cuja estrutura se assemelha à das glândulas

a.de.no.ví.rus *s.m.2n.* MED vírus encontrado no tecido adenoide e responsável por infecções respiratórias agudas

a.den.sar *v.* {mod. 1} *t.d.,int. e pron.* tornar(-se) mais espesso, compacto *<o excesso de açúcar adensou o leite> <aos poucos, a escuridão adensava> <as nuvens adensavam-se>*

a.den.trar *v.* {mod. 1} *t.d.,int. e pron.* entrar, penetrar em *<conversaram antes de a. (o salão)> <adentraram-se na floresta>* ~ **adentramento** *s.m.*

a.den.tro *adv.* em direção ao interior de

a.dep.to *adj.s.m.* que(m) segue uma escola, doutrina, hábito; partidário, seguidor

a.de.qua.do *adj.* **1** que está em perfeita conformidade com algo; adaptado, ajustado **2** próprio para determinado uso ou fim; apropriado, conveniente, oportuno *<roupa a.>*

a.de.quar *v.* {mod. 3} *t.d.i. e pron.* **1** (prep. *a*) pôr(-se) ou estar ajustado, em harmonia; adaptar(-se), combinar *<a. buzina nova ao carro> <a.-se aos horários da escola>* **2** (prep. *a*) tornar(-se) conveniente, próprio *<a. o traje à ocasião> <o texto adequa-se à norma culta>* ~ **adequação** *s.f.*

a.de.re.çar *v.* {mod. 1} *t.d. e pron.* enfeitar(-se), adornar(-se) *<a. o salão de festas> <a-se antes de sair>* ~ **adereçamento** *s.m.*

a.de.re.ço /ê/ *s.m.* **1** enfeite, adorno **2** REC.AV acessório que compõe cena de teatro, cinema etc. **3** *B* objeto levado no desfile por componentes de escolas de samba, blocos de carnaval etc. ▼ ***adereços*** *s.m.pl.* **4** elementos (joias, bijuterias, chapéus etc.) que complementam um traje **5** arreios de cavalo

a.de.rên.cia *s.f.* **1** característica ou propriedade do que é aderente **2** adesão de uma coisa a outra(s); junção *<a. do selo ao envelope>* **3** força de contato entre os pneus de um veículo e o solo

a.de.ren.te *adj.2g.s.2g.* **1** (o) que é pegajoso, adesivo **2** que(m) aceitou uma ideia ou credo; adepto, seguidor

a.de.rir *v.* {mod. 28} *t.i. e int.* **1** (prep. *a*) tornar-se aderente; grudar, colar *<a fuligem aderia à pele> <o esparadrapo aderiu bem>* □ *t.i.* **2** (prep. *a*) tornar-se adepto de (causa, seita, partido etc.) *<a. a um novo partido>* **3** (prep. *a*) apoiar (pessoa, causa etc.) **4** (prep. *a*) adaptar-se a (local, situação etc.) □ *t.d.i.* **5** (prep. *a*) juntar, unir *<a. nova peça ao motor>*

a.der.nar *v.* {mod. 1} *t.d. e int.* MAR inclinar(-se) [embarcação] sobre um dos lados; virar *<a onda adernou a canoa> <a carga fazia o barco a.>* ~ **adernamento** *s.m.*

a.de.são [pl.: *-ões*] *s.f.* ação de aderir

a.de.sio.nis.mo *s.m.* costume de aderir imediatamente a ideias ou práticas novas; adesismo ~ **adesionista** *adj.2g.s.2g.*

a.de.sis.mo *s.m.* adesionismo ~ **adesista** *adj.2g.s.2g.*

a.de.si.vo *adj.* **1** que gruda, adere ■ *s.m.* **2** objeto colante (fita, papel, plástico etc.) **3** substância que cola

a.des.tra.dor /ô/ [pl.: *-es*] *adj.s.m.* que(m) adestra; amestrador, treinador

a.des.trar *v.* {mod. 1} *t.d. e pron.* **1** tornar(-se) capaz, hábil; preparar(-se) *<a. atletas> <a.-se para a luta>* □ *t.d.* **2** ensinar (animais) a ter certas habilidades; treinar ~ **adestramento** *s.m.*

a.deus *interj.* **1** expressão de despedida ■ *s.m.* **2** aceno de despedida *<saiu sem um a.>* **3** separação *<o a. de uma amiga>*

a.di.a.men.to *s.m.* transferência para outra ocasião ou data

a.di.an.ta.men.to *s.m.* **1** movimento para a frente; avanço **2** aceleração **3** progresso, desenvolvimento **4** pagamento antecipado de parte de um total

a.di.an.tar *v.* {mod. 1} *t.d. e pron.* **1** movimentar(-se) para diante; avançar *<a. o passo> <a-se na marcha>* □ *t.d.* **2** apressar ou antecipar a execução, a realização de *<a. uma tarefa>* □ *t.d. e t.d.i.* **3** (prep. *a*, *para*) fazer acontecer ou anunciar antes *<adiantei a visita (para hoje)> <a. (ao irmão) a decisão do pai>* **4** (prep. *a*) pagar com antecipação (parte ou todo) □ *int.* **5** trazer proveito, benefício; valer a pena *<não adianta recorrer à violência>* **6** trabalhar (o relógio) acelerado

a.di.an.te *adv.* **1** na frente; à frente; antes *<a padaria fica ali a.>* **2** *fig.* em prosseguimento de ação *<tossiu e seguiu a. com a aula>* ■ *interj.* **3** exprime incentivo, estímulo

a.di.ar *v.* {mod. 1} *t.d.* marcar para outro dia; transferir, postergar *<a. festa, encontro>* ~ **adiável** *adj.2g.*

a.di.ção [pl.: *-ões*] *s.f.* **1** MAT operação aritmética que une em um único número unidades ou frações de unidades; soma **2** acréscimo *<com a. de açúcar>*

a.di.cio.nal [pl.: *-ais*] *adj.2g.s.2g.* **1** (o) que se acrescenta ■ *s.m.* **2** gratificação salarial **3** cobrança extra

a.di.cio.nar *v.* {mod. 1} *t.d.i.* **1** (prep. *a*) juntar (alguma coisa) [a outra]; acrescentar *<a. uma cadeira à mesa>* □ *t.d. e int.* **2** MAT realizar a adição; somar

a.di.do *s.m.* funcionário com cargo especial em embaixada de seu país no estrangeiro

a.dim.plên.cia *s.f.* DIR cumprimento de uma obrigação

a.dim.plen.te *adj.2g.s.2g.* DIR que(m) cumpre uma obrigação

a.di.po.so /ô/ [pl.: /ó/; fem.: /ó/] *adj.* **1** muito gordo ou obeso **2** ANAT que contém ou é formado por gordura (diz-se de tecido) ~ **adiposidade** *s.f.*

a.dir *v.* {mod. 24} *t.d.i.* **1** (prep. *a*) juntar, acrescentar <*a. ideias ao projeto*> □ *pron.* **2** (prep. *a*) pôr-se junto; agregar-se <*a.-se à campanha*> ◉ GRAM/USO verbo defectivo

a.di.ta.men.to *s.m.* adendo, complementação (em um documento)

a.di.tar *v.* {mod. 1} *t.d.,t.d.i. e int.* **1** (prep. *a*) fazer acréscimo(s) [a]; adicionar <*a. uma palavra (ao texto)*> <*revendo o livro, mais cortava do que aditava*> □ *pron. p.ext.* **2** (prep. *a*) pôr-se junto; ligar-se

a.di.ti.va *s.f.* GRAM ver ***CONJUNÇÃO ADITIVA***

a.di.ti.vo *adj.s.m.* **1** (o) que se acrescenta ■ *s.m.* **2** QUÍM substância acrescentada a outra para alterar suas propriedades

a.di.vi.nha *s.f.* **1** RECR pergunta que exige resposta criativa; enigma, adivinhação **2** mulher que pode prever o futuro

a.di.vi.nhar *v.* {mod. 1} *t.d.* **1** desvendar ou conhecer (fatos ocultos) por meios sobrenaturais ou por intuição <*a. o futuro*> **2** descobrir por suposição ou por acaso <*a. o resultado da loteria*> ~ **adivinhação** *s.f.*

a.di.vi.nho *s.m.* vidente

ad.ja.cên.cia *s.f.* característica ou condição do que está próximo, adjacente; vizinhança

ad.ja.cen.te *adj.2g.* que fica ao lado; contíguo

ad.je.ti.var *v.* {mod. 1} *t.d.* **1** GRAM qualificar com adjetivo(s), atributo(s) <*a. frases*> **2** GRAM dar função de adjetivo a □ *t.d.pred. e pron.* **3** (prep. *de*) considerar(-se); ter(-se) por <*adjetivou seu esforço de inútil*> <*a.-se de esforçado*> □ *int.* **4** GRAM usar adjetivos <*não sabe a.*> ~ **adjetivação** *s.f.*

ad.je.ti.vo *adj.s.m.* GRAM **1** (palavra) que se une a um substantivo, modificando-o ou qualificando-o ■ *adj.* **2** subordinado, conexo; secundário <*razões a.*> ▣ **a. de dois gêneros** GRAM o que tem a mesma forma para os gêneros masculino e feminino (*fácil, crescente, ruim*) • **a. de dois números** GRAM o que tem a mesma forma no singular e no plural (*simples, isósceles*) ~ **adjetival** *adj.2g.*

ad.ju.di.car *v.* {mod. 1} *t.d. e t.d.i.* DIR **1** (prep. *a*) entregar a posse de (algo) [a alguém], por decisão judicial <*a. os bens (aos herdeiros)*> □ *t.d.i. e pron.* **2** (prep. *a*) considerar(-se) responsável por; atribuir(-se) <*adjudicou-se o sucesso da festa*> ~ **adjudicação** *s.f.*

ad.jun.to *adj.* **1** próximo a, contíguo ■ *adj.s.m.* **2** (o) que auxilia; assistente, assessor ■ *s.m.* **3** aquele que substitui alguém; suplente **4** GRAM palavra ou expressão que serve para precisar o sentido de um substantivo, adjetivo, advérbio ou verbo ▣ **a. adnominal** GRAM palavra ou expressão que especifica ou delimita o significado de um substantivo • **a. adverbial** GRAM palavra ou expressão que indica alguma circunstância de um verbo, ou intensifica o sentido deste, de um adjetivo ou de um advérbio

ad.ju.tó.rio *s.m.* **1** prestação de ajuda; auxílio **2** *N.E. ES SP PR* ajuda coletiva e gratuita, esp. entre trabalhadores do campo; mutirão

ad.mi.nis.tra.ção [pl.: *-ões*] *s.f.* **1** ato ou efeito de administrar **2** ação de governar ou gerir empresa, órgão público etc. ~ **administrativo** *adj.*

ad.mi.nis.tra.dor /ô/ [pl.: *-es*] *adj.s.m.* que(m) administra, gerencia ou governa

ad.mi.nis.trar *v.* {mod. 1} *t.d. e int.* **1** exercer mando, ter poder de decisão (sobre); dirigir, gerir <*a. uma empresa*> <*mostrou que sabe a.*> □ *t.d. e t.d.i.* **2** REL (prep. *a*) ministrar (sacramento) [a alguém] <*o padre administrou o batismo (aos gêmeos)*> **3** MED VET (prep. *a*) determinar o uso de (líquido, remédio etc.) [a pessoa ou animal] <*administrou uma dose de xarope (ao doente)*> □ *t.d.i.* **4** (prep. *a*) aplicar (golpe, pancada etc.) [em alguém] <*administrou-lhe um tapa*>

ad.mi.ra.ção [pl.: *-ões*] *s.f.* **1** respeito, consideração **2** sentimento de surpresa ou espanto ~ **admirativo** *adj.*

ad.mi.ra.dor /ô/ [pl.: *-es*] *adj.s.m.* **1** que(m) admira, gosta de (alguém ou algo); aficionado, apreciador, entusiasta **2** *p.ext.* que(m) manifesta grande paixão, amor, veneração por outrem; amante, apaixonado

ad.mi.rar *v.* {mod. 1} *t.d.* **1** observar com deleite, interesse; apreciar <*a. um espetáculo*> □ *t.d. e pron.* **2** considerar(-se) com respeito, veneração, apreço <*a. os pais*> <*a.-se pelo sucesso conquistado*> □ *t.i. e int.* **3** (prep. *a*) causar espanto (a); surpreender <*a novidade admirou a todos*> <*não admira que ela vá viajar*> □ *pron.* **4** (prep. *de*) sentir surpresa; espantar-se <*admirou-se com a chegada do pai*> ~ **admirado** *adj.*

ad.mi.rá.vel [pl.: *-eis*] *adj.2g.* capaz de provocar admiração ou digno dela

ad.mis.são [pl.: *-ões*] *s.f.* ato ou efeito de admitir

ad.mis.sí.vel [pl.: *-eis*] *adj.2g.* que se pode admitir; aceitável

ad.mi.tir *v.* {mod. 24} *t.d.* **1** reconhecer (algo evidente, incontestável) <*a. a superioridade do time adversário*> **2** ter como aceitável; consentir, tolerar <*a. atrasos*> **3** deixar entrar em recinto, instituição etc. <*o bar admitia cachorros*> **4** tornar possível; permitir <*o contrato não admite alterações*> **5** aceitar como hipótese; supor <*admitamos que ele não tenha feito por mal*> □ *t.d. e t.d.pred.* **6** aceitar ou contratar (alguém) para exercer atividade, ofício <*a empresa admitiu novas secretárias*> <*admitiram-no como professor*> ~ **admitido** *adj.*

ad.mo.es.tar *v.* {mod. 1} *t.d.* **1** avisar de incorreção no modo de agir, pensar etc.; repreender <*admoestou o devedor, ameaçando denunciá-lo*> □ *t.d.i.* **2** (prep. *a*) advertir de maneira branda (sobre algo); aconselhar <*admoestaram o filho a obedecer a professora*> ~ **admoestação** *s.f.*

ADN *s.m.* BIOQ sigla de *ácido desoxirribonucleico* ☞ ver *DNA*

ad.no.mi.nal [pl.: *-ais*] *adj.2g.* GRAM que se liga a um substantivo e o determina, qualificando-o, quantificando-o etc. (diz-se de adjunto)

-ado *suf.* **1** 'titulação, instituição': *bacharelado, noviciado* **2** 'território subordinado a um nobre': *condado, ducado* **3** 'propriedade, fartura': *barbado* **4** 'caráter, semelhança': *amarelado*

a.do.be /ô/ *s.m.* tijolo seco ao sol

a.do.çan.te *adj.2g.* **1** que adoça ■ *s.m.* **2** substância, natural ou artificial, us. para adoçar alimento, bebida ou medicamento

a.do.ção [pl.: *-ões*] *s.f.* **1** ato ou efeito de adotar **2** DIR processo legal em que se aceita uma criança ou jovem como filho

a.do.çar *v.* {mod. 1} *t.d.* **1** tornar doce, acrescentando açúcar, mel etc. *<a. um suco>* **2** *fig.* tornar (algo) agradável, aprazível *<os detalhes curiosos adoçaram a história>* □ *t.d. e pron. fig.* **3** aliviar(-se) [sofrimento, aflição, dor etc.] *<a viagem adoçou sua tristeza> <adoçou-se com a esperança dada pelos médicos>* ~ **adoçado** *adj.* - **adoçamento** *s.m.*

a.do.ci.ca.do *adj.* **1** de sabor levemente doce **2** *fig.* suave, brando, agradável ~ **adocicar** *v.t.d.*

a.do.e.cer *v.* {mod. 8} *t.d. e int.* tornar(-se) doente; enfermar *<o frio adoeceu o bebê> <não aproveitou a viagem porque adoeceu>*

a.do.en.ta.do *adj.* um pouco doente ~ **adoentar** *v.t.d. e pron.*

a.doi.da.do *adj.* **1** meio maluco **2** que não tem prudência; inconsequente ■ *adv. infrm.* **3** muito; à beça

a.do.les.cên.cia *s.f.* período da vida entre a infância e a idade adulta ~ **adolescer** *v.int.*

a.do.les.cen.te *adj.2g.* **1** relativo a adolescência ■ *adj.2g.s.2g.* **2** que(m) está na adolescência

a.dô.nis *s.m.2n.* jovem muito bonito ☞ cf. *Adônis* na parte enciclopédica

a.do.ra.ção [pl.: *-ões*] *s.f.* **1** REL culto à divindade ou a alguém ou algo assim considerado **2** *p.ext.* amor excessivo; idolatria, paixão **3** *p.ext.* gosto descomedido, exagerado

a.do.rar *v.* {mod. 1} *t.d.* **1** REL prestar culto a (divindade) **2** *p.ext.* ter veneração por; reverenciar *<a. os mestres>* **3** *infrm.* gostar muito de □ *t.d. e pron.* **4** *p.ext.* amar(-se) de maneira extrema, apaixonada *<meus tios adoravam-se>* ~ **adorador** *adj.s.m.*

a.do.rá.vel [pl.: *-eis*] *adj.2g.* **1** digno de culto, de adoração **2** *p.ext.* que exerce fascínio; encantador

a.dor.me.cer *v.* {mod. 8} *t.d. e int.* **1** (fazer) dormir *<a avó adormeceu a criança> <o rapaz adormeceu>* **2** *fig.* entorpecer (sentimentos, emoções, inquietações etc.); anestesiar, aquietar *<a desilusão adormeceu seu coração> <aos poucos, suas angústias adormeciam>* □ *t.d.* **3** reduzir a sensibilidade física de *<a. o braço>* ~ **adormecimento** *s.m.*

a.dor.nar *v.* {mod. 1} *t.d. e pron.* colocar(-se) enfeites; ornar(-se) *<o quadro adornava a parede> <adornou-se para o namorado>*

a.dor.no /ô/ *s.m.* enfeite

a.do.tar *v.* {mod. 1} *t.d.* **1** DIR tomar (alguém) legalmente como filho, dando-lhe direitos **2** seguir (ideia, doutrina etc.) *<a. uma religião>* **3** usar temporariamente (atitude, comportamento); assumir *<a. postura grosseira>* **4** dar preferência a; escolher *<adotaram o plano do gerente>*

a.do.ti.vo *adj.* **1** relativo a adoção ('processo legal') **2** que foi adotado *<filho a.>* **3** que adotou *<mãe a.>*

ad.qui.rir *v.* {mod. 24} *t.d. e t.d.i.* **1** (prep. *de*) tornar-se dono de (algo), por compra, troca etc. *<a. uma casa> <adquiriu um carro de seu vizinho>* □ *t.d.* **2** passar a ter (uma qualidade, uma condição etc.); alcançar, assumir *<a. habilidades> <adquiriu permissão para trabalhar>* **3** vir a ter (doença, moléstia); contrair *<adquiriu uma forte gripe>* ~ **adquirente** *adj.2g.s.2g.*

a.dre.de /ê/ *adv.* previamente *<faltou à reunião a. marcada>*

a.dre.na.li.na *s.f.* **1** BIOQ hormônio secretado pelas glândulas suprarrenais cuja ação estimula o coração e eleva a pressão arterial **2** *p.ext. infrm.* excitação, emoção muito forte

a.dri.á.ti.co *adj.* relativo ao mar Adriático ou às regiões por ele banhadas

a.dri.ça *s.f.* MAR cabo ou corda para içar vela ou bandeira ~ **adriçamento** *s.m.*

a.dro *s.m.* ARQ pátio externo de uma igreja; átrio

ad.sor.ção [pl.: *-ões*] *s.f.* FISQUÍM processo em que íons, átomos ou moléculas são retidos na superfície de um sólido ou líquido por interações de natureza química ou física ☞ cf. *absorção*

ads.trin.gen.te *adj.2g.s.m.* **1** (o) que adstringe, comprime **2** MED (substância) que provoca constrição

ads.trin.gir *v.* {mod. 24} *t.d. e pron.* **1** comprimir(-se), apertar(-se) *<a. os nós das cordas> <as bordas da ferida adstringiram-se>* □ *pron.* **2** limitar-se, restringir-se *<adstringia-se a citar ideias de outros>* □ *t.d.* **3** MED produzir contração em (tecidos orgânicos) ◉ GRAM/USO part.: *adstringido, adstrito* ~ **adstringência** *s.f.*

ads.tri.to *adj.* **1** ligado a, incorporado **2** que se contraiu; apertado **3** submetido a; obrigado; limitado ◉ GRAM/USO part. de *adstringir*

a.du.a.na *s.f.* alfândega

a.du.a.nei.ro *adj.* **1** relativo a aduana ■ *s.m.* **2** funcionário de aduana

a.du.bar *v.* {mod. 1} *t.d.* pôr adubo em (terra, terreno)

a.du.bo *s.m.* conjunto de resíduos minerais ou vegetais us. para fertilizar a terra; estrume

a.du.ção [pl.: *-ões*] *s.f.* **1** exposição (de razões, provas, argumentos etc.) **2** ANAT movimento de aproximação (de membro ou parte de membro) do corpo

a.du.e.la *s.f.* **1** cada uma das tábuas arqueadas que formam os tonéis e os barris **2** ARQ cada uma das pedras de seis faces us., encaixadas, na composição dos arcos e abóbadas **3** CONSTR madeira que guarnece o vão de uma passagem, porta ou janela

a.du.lar *v.* {mod. 1} *t.d.* elogiar em excesso, ger. por interesse; bajular <*a. o chefe*> ~ **adulação** *s.f.* - **adulador** *adj.s.m.*

a.dul.te.ra.ção [pl.: *-ões*] *s.f.* **1** alteração das características iniciais; mudança, modificação **2** falsificação ~ **adulterador** *adj.s.m.*

a.dul.te.ra.do *adj.* **1** modificado em sua essência original, ger. pela ação da natureza; transformado **2** que sofreu processo de falsificação **3** que foi propositadamente alterado

a.dul.te.rar *v.* {mod. 1} *t.d. e pron.* **1** causar alteração em ou sofrer mudança; modificar(-se) <*o calor adultera a tinta*> <*viu a.(-se) o projeto*> □ *t.d.* **2** falsificar (esp. documentos) <*a. passaportes*> □ *int.* **3** cometer adultério <*é contra a.*>

a.dul.te.ri.no *adj.* **1** que sofreu falsificação; adulterado **2** em que ocorre adultério; adúltero **3** decorrente de adultério

a.dul.té.rio *s.m.* infidelidade no casamento

a.dúl.te.ro *adj.s.m.* que(m) comete adultério

a.dul.to *adj.s.m.* **1** (o) que já atingiu o máximo de seu crescimento ■ *adj.* **2** maduro; amadurecido

a.dun.co *adj.* em forma de gancho; curvo ~ **aduncar** *v.t.d.*

a.du.tor [pl.: *-es*] *adj.s.m.* **1** (o) que aduz, transporta <*(cano) a. de dejetos*> **2** ANAT (músculo) que executa o movimento de adução, em direção ao centro do corpo

a.du.to.ra /ô/ *s.f.* canal ou cano que conduz água para um reservatório

a.du.zir *v.* {mod. 24} *t.d. e t.d.i.* **1** (prep. *a*) expor (razões, provas etc.) <*a. os motivos*> <*a. as provas ao juiz*> □ *t.d.* **2** ANAT aproximar (membro ou parte de membro) do corpo <*a. a perna*>

ad.ven.tí.cio *adj.s.m.* **1** que(m) chega de fora; forasteiro ■ *adj.* **2** que ocorre inesperadamente; acidental **3** BIO que se encontra fora de seu local ou de sua época normal

ad.ven.tis.mo *s.m.* REL doutrina ou seita protestante que acredita na iminência de uma segunda vinda de Cristo à Terra ~ **adventista** *adj.2g.s.2g.*

ad.ven.to *s.m.* **1** chegada; início **2** *fig.* aquilo que começa ou se institui <*o a. da República*> **3** REL período de quatro semanas que antecede o Natal, destinado à preparação espiritual e à purificação para a vinda do Salvador ☞ inicial maiúsc.

ad.ver.bi.al [pl.: *-ais*] *adj.2g.* GRAM **1** próprio de advérbio **2** que tem valor, caráter ou função de advérbio

ad.vér.bio *s.m.* GRAM palavra invariável que modifica verbo, adjetivo, outro advérbio ou frase, atribuindo circunstância de tempo, modo, intensidade, lugar etc.

ad.ver.sá.rio *adj.s.m.* (o) que se opõe a ou compete com; antagonista, oponente

ad.ver.sa.ti.va *s.f.* GRAM ver ***CONJUNÇÃO ADVERSATIVA***

ad.ver.si.da.de *s.f.* **1** característica ou condição do que é adverso, desfavorável **2** infelicidade, infortúnio, revés **3** transtorno, contrariedade

ad.ver.so *adj.* **1** que provoca infortúnio; prejudicial, desfavorável **2** contrário, antagônico

ad.ver.tên.cia *s.f.* **1** aviso, informação **2** repreensão

ad.ver.tir *v.* {mod. 28} *t.d. e t.d.i.* **1** (prep. *de, a*) fazer (alguém) ciente (de algo); avisar, informar <*advertiu o chefe (de que sairia cedo)*> **2** (prep. *de, a*) fazer saber antes; prevenir <*advertiram-no da chuva*> **3** (prep. *de*) dar advertência; repreender <*advertiu o filho (da falha no compromisso)*> ~ **advertido** *adj.*

ad.vir *v.* {mod. 31} *t.i. e int.* **1** (prep. *a*) acontecer, ocorrer <*a sorte adveio-lhe*> <*a recompensa logo advirá*> □ *t.i.* **2** (prep. *de*) surgir como consequência; resultar <*o divórcio adveio da sua insegurança*> ~ **advindo** *adj.*

ad.vo.ca.ci.a *s.f.* **1** profissão de advogado **2** o exercício dessa profissão ~ **advocatício** *adj.*

ad.vo.ga.do *s.m.* **1** pessoa formada em Direito, habilitada a prestar assistência jurídica **2** *p.ext.* indivíduo que protege alguém ou uma causa; defensor, patrono

ad.vo.gar *v.* {mod. 1} *t.d.* **1** DIR representar (pessoa ou causa) em juízo **2** defender (alguém ou algo) com argumentos, ideias etc. <*a. a causa dos pobres*> □ *t.d. e t.i.* **3** (prep. *por*) atuar a favor de; trabalhar por <*a. por melhores condições de vida*> □ *int.* **4** DIR atuar como advogado <*advoga desde que se formou*>

aedes [lat.] *s.m.2n.* ZOO gênero de mosquitos vetores de várias doenças, abundantes na região tropical e subtropical ⇒ pronuncia-se édes ▣ ***a. aegipti*** mosquito vetor da febre amarela e da dengue

a.e.ra.ção [pl.: *-ões*] *s.f.* renovação do ar, ventilação ~ **aerar** *v.t.d.*

a.é.reo *adj.* **1** relativo ao ar **2** BOT diz-se de órgão vegetal que se desenvolve acima do solo e da água **3** relativo a avião ou aviação **4** *fig.* distraído, desatento

a.e.rí.co.la *adj.2g.* BIO que vive no ar (diz-se de organismo vivo)

a.e.ro.bar.co *s.m.* barco a motor que desliza rente à superfície da água

a.e.ró.bi.ca *s.f.* método de condicionamento físico que envolve exercícios rápidos para ativar a oxigenação do organismo

a.e.ró.bi.co *adj.* **1** BIO que apresenta atividade ou ocorre apenas em presença do oxigênio <*respiração a.*> **2** relativo a ginástica aeróbica

a.e.ró.bio *adj.s.m.* BIO (organismo) que precisa de oxigênio para sobreviver ☞ cf. *anaeróbio*

a.e.ro.clu.be *s.m.* **1** centro que forma pilotos civis **2** clube para prática amadora de voos

a.e.ro.di.nâ.mi.ca *s.f.* FÍS o estudo do movimento dos gases e a interação desse movimento com corpos sólidos

a.e.ro.di.nâ.mi.co *adj.* **1** FÍS relativo a aerodinâmica **2** construído de forma a diminuir a resistência na passagem por um meio fluido, como o ar, a água etc.

a.e.ro.du.to *s.m.* CONSTR encanamento para conduzir o ar

a.e.ro.es.pa.ci.al [pl.: *-ais*] *adj.2g.* relativo a aeroespaço

a.e.ro.es.pa.ço *s.m.* espaço aéreo

a.e.ro.fó.lio *s.m.* peça aerodinâmica que aumenta a estabilidade de um veículo

a.e.ró.gra.fo *s.m.* **1** aparelho que estuda as propriedades do ar **2** instrumento de ar comprimido us. para aplicar tinta

a.e.ró.li.to *s.m.* meteorito

a.e.ro.mo.ça /ô/ *s.f.* tripulante que atende os passageiros de avião comercial; comissária de bordo

a.e.ro.mo.de.lis.mo *s.m.* **1** construção de aeromodelo para pesquisa, competição ou diversão **2** ESP prática de manobras com aeromodelo ~ **aeromodelista** *adj.2g.s.2g.*

a.e.ro.mo.de.lo /ê/ *s.m.* miniatura de aeronave us. para fins experimentais, diversão ou competição

a.e.ro.nau.ta *s.2g.* quem comanda ou tripula aeronave

a.e.ro.náu.ti.ca *s.f.* **1** ciência e prática da navegação aérea **2** MIL força militar responsável pela defesa aérea da nação; Força Aérea ☞ inicial maiúsc. ~ **aeronáutico** *adj.*

a.e.ro.na.val [pl.: *-ais*] *adj.2g.* MIL **1** relativo às forças aérea e naval simultaneamente **2** da força aérea da Marinha

a.e.ro.na.ve *s.f.* veículo capaz de se sustentar e se conduzir no ar ◉ COL esquadrilha

a.e.ro.na.ve.ga.ção [pl.: *-ões*] *s.f.* navegação aérea; aeronáutica

a.e.ro.pla.no *s.m.* veículo aéreo com asas; avião

a.e.ro.por.to /ô/ [pl.: /ó/] *s.m.* local para pouso e decolagem de aeronaves, com instalações para embarque e desembarque de passageiros e de cargas

a.e.ro.por.tu.á.rio *adj.* **1** referente a aeroporto ■ *adj.s.m.* **2** que(m) trabalha em aeroporto

a.e.ros.sol [pl.: *-óis*] *s.m.* **1** FISQUÍM suspensão de partículas sólidas ou líquidas num meio gasoso **2** *p.ext.* embalagem que permite borrifar essas partículas

a.e.ros.tá.ti.ca *s.f.* **1** FÍS estudo dos gases em equilíbrio **2** estudo dos aeróstatos e da técnica de manejá-los

a.e.ros.tá.ti.co *adj.* relativo a aerostática ou a aeróstato

a.e.rós.ta.to *s.m.* veículo aéreo sustentado por ar quente ou gás mais leve que o ar

a.e.ro.ter.res.tre *adj.2g.* **1** referente ao ar e à terra ao mesmo tempo **2** MIL relativo às forças militares do ar e da terra sob um único comando

a.e.ro.trans.por.te *s.m.* **1** transporte de passageiros, cargas etc. feito por via aérea **2** avião com grande capacidade de transporte

a.e.ro.vi.a *s.f.* **1** espaço aéreo delimitado para organizar e controlar o tráfego de aviões entre aeroportos **2** rota de aviões, esp. de carreira

a.e.ro.vi.á.rio *adj.* **1** relativo a aerovia ou a aerotransporte ■ *s.m.* **2** funcionário de empresa aérea

a.é.ti.co *adj.* [2]anético

a.fã *s.m.* **1** muita pressa; afobação **2** sentimento de aflição; ansiedade **3** trabalho intenso; faina, lida **4** *p.ext.* empenho, zelo

a.fa.bi.li.da.de *s.f.* qualidade ou comportamento de quem é afável; amabilidade, delicadeza

a.fa.di.gar *v.* {mod. 1} *t.d. e pron.* (fazer) sentir fadiga; cansar(-se) *<o trabalho afadigou-o> <afadiga-se facilmente>*

a.fa.gar *v.* {mod. 1} *t.d.,int. e pron.* **1** fazer(-se) carinho, ger. com a mão *<a. um cachorro> <não paravam de a.-se>* □ *t.d. fig.* **2** dar proteção a; favorecer *<a sorte afaga-o sem cessar>* **3** alimentar, acalentar (sonhos, planos etc.) *<a. a esperança de tornar-se médico>*

a.fa.go *s.m.* **1** carícia **2** *fig.* favor, agrado que se faz a alguém

a.fa.ma.do *adj.* que adquiriu fama; célebre, famoso

a.fa.mar *v.* {mod. 1} *t.d. e pron.* (fazer) adquirir fama *<o domínio da técnica afamou-os> <afamou-se como cirurgião>*

a.fa.nar *v.* {mod. 1} *t.d. e int.* **1** *B infrm.* roubar, furtar *<a. uma carteira> <foi visto afanando na feira>* □ *int. e pron.* **2** trabalhar intensamente *<a. dia e noite> <afanou-se para entregar o trabalho>*

a.fa.si.a *s.f.* MED diminuição ou perda do uso da linguagem devido a lesão cerebral ~ **afásico** *adj.s.m.*

a.fas.ta.do *adj.* **1** que está muito longe; distante, remoto **2** distante de, separado, apartado **3** cujo grau de parentesco é longínquo *<primo a.>* **4** que foi demitido ou exonerado de cargo ou está de licença por problema de saúde

a.fas.ta.men.to *s.m.* **1** ato ou efeito de pôr(-se) a certa distância; distanciamento, separação **1.1** *fig.* distanciamento (ger. físico) do convívio social e/ou familiar **2** desligamento de funcionário (esp. público) das funções ou do cargo que exerce; demissão, exoneração **3** licença para tratamento de saúde

a.fas.tar *v.* {mod. 1} *t.d.,t.d.i. e pron.* **1** (prep. *de*) pôr(-se) a certa distância de; distanciar(-se), separar(-se) *<a. (da mente) os maus pensamentos> <afastou-se para dar passagem ao bloco> <afastaram-se da família>* □ *t.d.i. e pron.* **2** (prep. *de*) demitir(-se) [de função, cargo etc.] *<o chefe afastou-o da firma> <afastou-se da gerência>*

a.fá.vel [pl.: *-eis*] *adj.2g.* **1** delicado, educado no trato; amável **2** de aspecto agradável, bondoso *<rosto a.>* ◉ GRAM/USO sup.abs.sint.: *afabilíssimo*

[1]**a.fa.zer** *v.* {mod. 14} *t.d.i. e pron.* **1** (prep. *a*) acostumar(-se), habituar(-se) *<a. o corpo aos exercícios> <afez-se ao trabalho noturno>* **2** (prep. *a*) pôr(-se) em harmonia (com novo ambiente); adaptar(-se) *<afez seus horários ao novo emprego> <a.-se à nova cidade>* [ORIGEM: [1]*a-* + *fazer*]

[2]**a.fa.zer** [pl.: *-es*] *s.m.* tarefa a ser cumprida; ocupação ☞ mais us. no pl. [ORIGEM: substantivação da expressão *a fazer*]

a.fec.ção [pl.: *-ões*] *s.f.* MED doença física ou psíquica

a.fei.ção [pl.: *-ões*] *s.f.* **1** ligação afetiva; afeto **2** inclinação para algo *<a. pelas artes>*

[1]**a.fei.ço.ar** *v.* {mod. 1} *t.d. e pron.* **1** (prep. *a, de*) [fazer] sentir afeto, amizade, amor por *<conseguiu logo afeiçoá-lo> <afeiçoou-se ao cão>* ☐ *t.d.i. e pron.* **2** (prep. *a*) [fazer] desenvolver gosto por *<o pai afeiçoou-o aos esportes> <a.-se aos estudos>* [ORIGEM: afeição sob a f. *afeiço-* + [2]*-ar*] ~ **afeiçoamento** *s.m.*

[2]**a.fei.ço.ar** *v.* {mod. 1} *t.d.* **1** dar ou tomar certa forma; modelar *<a. a madeira>* ☐ *t.d.i. e pron.* **2** (prep. *a*) adaptar(-se), ajustar(-se) *<a. os alunos ao novo método> <afeiçoou-se ao horário de verão>* [ORIGEM: [1]*a-* + *feição* sob a f. *feiço-* + [2]*-ar*] ~ **afeiçoamento** *s.m.*

a.fei.to *adj.* acostumado, habituado

a.fé.lio *s.m.* ASTR ponto da órbita de um planeta, ou de um cometa, em que este alcança a sua distância máxima do Sol

a.fe.mi.na.do *adj.s.m.* **1** que(m) não tem ou perdeu os modos masculinos **2** (homem) homossexual ■ *adj.* **3** *fig.* que é exageradamente delicado, sensual ~ **afeminar** *v.t.d. e pron.*

a.fe.ren.te *adj.2g.* **1** que conduz, que traz ou leva **2** ANAT que conduz sangue a um órgão, linfa a um gânglio ou estímulo a centro nervoso

a.fé.re.se *s.f.* FON supressão de fonema(s) no princípio da palavra (*enamorar* > *namorar*) ~ **aferésico** *adj.* - **aferético** *adj.*

a.fe.ri.ção [pl.: *-ões*] *s.f.* **1** ação ou efeito de aferir (pesos, medidas etc.) e o resultado dessa ação; aferimento **2** o que resulta de uma comparação; avaliação

a.fe.rir *v.* {mod. 28} *t.d.* **1** comparar (pesos, medidas etc.) com os padrões *<a. o peso do bebê>* **2** examinar a exatidão de (instrumentos para pesar, medir etc.) *<a. uma balança>* ☐ *t.d. e t.d.i. fig.* **3** (prep. *a, por*) julgar por comparação; avaliar, verificar *<a. a habilidade do adversário> <aferiu o filme pelo anterior>* ~ **aferidor** *adj.s.m.* - **aferimento** *s.m.*

a.fer.rar *v.* {mod. 1} *t.d.* **1** prender, segurar com gancho de ferro *<a. carne no frigorífico>* **2** prender, fixar (com ferro ou outro material) *<a. o poste com cimento>* ☐ *t.d.,t.d.i. e pron. p.ext.* **3** (prep. *a, com, por*) agarrar(-se) com força; prender(-se) *<a. o gato (pela coleira)> <aferrou-se à boia>* ☐ *pron. fig.* **4** (prep. *a*) apegar-se com firmeza (a sentimentos, ideias) *<a.-se à vida, à luta>* **5** dedicar-se (a tarefa, trabalho etc.) ~ **aferrado** *adj.*

a.fer.ro.ar *v.* {mod. 1} *t.d.* **1** picar com ferrão; ferroar *<a abelha aferroou-a>* **2** *fig.* magoar, ofender *<suas palavras aferroaram a irmã>* **3** *fig.* despertar reação (física, moral ou mental); provocar, estimular *<a frieza da moça aferroava-o>*

a.fer.ro.lhar *v.* {mod. 1} *t.d.* **1** fechar ou prender com ferrolho *<a. o gado>* **2** *p.ext.* pôr na prisão **3** *p.ext.* trancar em local seguro ~ **aferrolhado** *adj.*

a.fer.ven.tar *v.* {mod. 1} *t.d.* ferver rápido *<a. legumes>*

a.fer.vo.rar *v.* {mod. 1} *t.d.* **1** pôr em ebulição; ferver ☐ *t.d. e pron. fig.* **2** tornar(-se) caloroso, intenso; intensificar(-se) *<a. a caridade> <sua fé afervorou-se>*

a.fe.ta.ção [pl.: *-ões*] *s.f.* **1** ausência de naturalidade *<fala com a.>* **2** atitude fingida, falsa *<saudou-os com a.>* **3** desejo de atrair admiração; vaidade

a.fe.ta.do *adj.* **1** sem naturalidade; exagerado **2** acometido por uma doença ou afecção **3** tocado de forma afetiva; abalado

a.fe.tar *v.* {mod. 1} *t.d.* **1** dizer respeito a; interessar, concernir *<a decisão nos afeta>* **2** aparentar, fingir *<a. modéstia>* **3** causar lesão em; atingir *<o corte afetou o nervo>* **4** fazer mal a; afligir *<a perda do avô afetou-os>* **5** comover, sensibilizar *<a tragédia afetou o país>* ☐ *pron.* **6** (prep. *a, em*) apurar-se de modo exagerado, ridículo *<a.-se ao falar>* ◉ GRAM/USO part.: *afetado, afeto*

a.fe.ti.vo *adj.* **1** relativo a afeto ou a afetividade **2** que tem ou denota afeição; afetuoso ~ **afetividade** *s.f.*

[1]**a.fe.to** *s.m.* **1** afeição por uma pessoa ou um animal **2** o objeto dessa afeição [ORIGEM: do lat. *affectus,us* 'id.']

[2]**a.fe.to** *adj.* **1** admirador, simpatizante **2** que se destina a algo **3** subordinado a alguém ou algo [ORIGEM: do lat. *affĕctus,a,um* 'afetado, cheio etc.']

a.fe.tu.o.si.da.de *s.f.* **1** demonstração de afeto; apego, carinho **2** simpatia por algo ou alguém

a.fe.tu.o.so /ô/ [pl.: /ó/; fem.: /ó/] *adj.* cheio de afeto; carinhoso

a.fi.a.do *adj.* **1** que tem gume bem amolado; cortante **2** *fig.* feito com perspicácia; penetrante *<observação a.>* **3** *B infrm.* preparado *<a. para fazer o teste>*

a.fi.an.çar *v.* {mod. 1} *t.d.,int. e pron.* **1** responsabilizar-se (por), ser fiador (de) *<a. a execução do projeto> <essa firma não afiança mais> <afiançou-se (de tudo) antes do julgamento>* ☐ *t.d. e t.d.i. p.ext.* **2** (prep. *a*) afirmar com certeza; assegurar *<afiançou (à mãe) que voltaria cedo>* ~ **afiançamento** *s.m.* - **afiançável** *adj.2g.*

a.fi.ar *v.* {mod. 1} *t.d.* **1** tornar (mais) cortante o gume de; amolar *<a. a faca>* **2** tornar fino na ponta; afilar *<a. a haste da flecha>* **3** *fig.* tornar (o que se diz) mordaz, ferino *<a. as palavras>* ☐ *t.d. e pron. fig.* **4** tornar(-se) apurado, refinado; aprimorar(-se) *<a. o ouvido> <a-se no estilo>* ~ **afiador** *adj.s.m.*

a.fi.cio.na.do *adj.s.m.* **1** (o) que é entusiasta, simpatizante **2** que(m) tem inclinação para uma atividade esportiva, artística etc.

a.fi.dí.deo *adj.s.m.* ZOO (espécime) dos afidídeos, família de insetos sem asas, popularmente chamados pulgões, sugadores de ramos ou folhas de plantas, considerados pragas sérias de lavouras

a.fi.gu.rar *v.* {mod. 1} *t.d.* **1** apresentar a forma ou figura de; assemelhar-se a *<o monte afigura a corcova de um camelo>* **2** dar forma ou figura a *<a. o barro>* ☐ *t.d.pred.* **3** dar a impressão de; aparentar, parecer *<afigurava-a mais alta>* ☐ *t.d.i. e pron.* **4** (prep. *a*) representar na mente; imaginar *<no escuro, o vulto afigurou-lhe um ladrão> <a possível vitória afigurou-se>*

a.fi.lar *v.* {mod. 1} *t.d.* **1** dar forma de fio a *<a. as fibras da planta>* ☐ *t.d. e pron.* **2** tornar(-se) fino e comprido *<a. a massa da torta> <seu rosto afilou-se>* ☐ *t.d.,int. e pron.* **3** tornar(-se) pontudo; aguçar *<a. a ponta do lápis> <com o calor, o* iceberg *afila(-se)>* ~ **afilação** *s.f.* - **afilado** *adj.* - **afilamento** *s.m.*

a.fi.lha.da.gem [pl.: *-ens*] *s.f.* **1** grupo numeroso de afilhados **2** favoritismo para com afilhados; nepotismo

a.fi.lha.do *s.m.* **1** quem recebeu batismo, casou--se etc., em relação a seu padrinho e/ou madrinha **2** quem recebe proteção como se fosse filho ◉ COL afilhadagem

a.fi.li.ar *v.* {mod. 1} *t.d.i. e pron.* (prep. *a*) associar (-se) [a clube, entidade, sociedade etc.] *<afiliou-se ao clube para usar a piscina>* ~ **afiliação** *s.f.* - **afiliado** *adj.s.m.*

a.fim [pl.: *-ins*] *adj.2g.* **1** que tem afinidade, semelhança ou ligação ☞ cf. *a fim de*, no verbete *fim* ■ *adj.2g.s.2g.* **2** (indivíduo) ligado a outro(s) por parentesco não sanguíneo

a.fi.na.do *adj.* **1** tornado fino **2** MÚS que está no tom certo; harmonioso **3** bem preparado; apto **4** de acordo com (outros) *<a. com o chefe>*

a.fi.nal *adv.* **1** enfim, finalmente *<a., formou-se>* **2** afinal de contas *<a., quem venceu?>*

a.fi.nar *v.* {mod. 1} *t.d.* **1** tornar (mais) fino *<a. a ponta de um lápis>* **2** livrar (metais) de impurezas; purificar ☐ *t.d. e int.* **3** MÚS pôr em harmonia (instrumentos, vozes) *<a. a guitarra antes de tocar> <esse coro nunca afina>* ☐ *t.d. e pron. fig.* **4** tornar(-se) melhor, mais perfeito; apurar(-se) *<o estudo afina o conhecimento> <com a idade, seu gosto afinou-se>* ☐ *t.i.,t.d.i. e pron. fig.* **5** (prep. *com*, *a*) pôr(-se) em concordância, equilíbrio; ajustar(-se) *<a atitude dela afinava com a da mãe> <devo a. minhas ideias com as do grupo> <não se afinava com o irmão>* ☐ *int.* **6** *B infrm.* assustar-se diante do adversário (esp. no futebol) *<ao ver o tamanho do zagueiro, o atacante afinou>* ~ **afinação** *s.f.*

a.fin.co *s.m.* conduta firme; perseverança, persistência

a.fi.ni.da.de *s.f.* **1** vínculo de parentesco não sanguíneo *<primos por a.>* **2** relação entre pessoas existente pela coincidência ou semelhança (de gostos, sentimentos etc.) *<foram amigos, mas já não há a. entre eles>* **3** relação de semelhança entre coisas da mesma espécie (ideias, teorias); identidade

a.fir.ma.ção [pl.: *-ões*] *s.f.* **1** ato de dizer sim ou seu efeito; asserção **2** o que se afirma como verdade; afirmativa **3** declaração firme; afirmativa, asserção **4** autoafirmação

a.fir.mar *v.* {mod. 1} *t.d. e t.d.i.* **1** (prep. *a*) dizer com firmeza, assumindo a verdade do que é dito; asseverar *<afirmou que voltaria cedo> <afirma que será reeleito>* ☐ *t.d. e pron.* **2** tornar(-se) firme; estabelecer(-se), consolidar(-se) *<a. termos do contrato> <a.-se no emprego>* ☐ *t.d.* **3** garantir a veracidade, a existência de; comprovar *<o atestado afirma que a joia é antiga>*

a.fir.ma.ti.va *s.f.* **1** afirmação **2** resposta positiva; confirmação

a.fir.ma.ti.vo *adj.* **1** que afirma ou que envolve afirmação **2** que revela certeza; categórico **3** GRAM LING em que não há negação (diz-se de palavra, frase etc.)

a.fi.ve.lar *v.* {mod. 1} *t.d.* **1** prender com fivela *<a. o cinto de segurança>* **2** pôr fivela em *<a. a correia do relógio>*

a.fi.xar /cs/ *v.* {mod. 1} *t.d.* **1** tornar fixo; fixar *<a. os pés da mesa>* **2** colar (aviso, cartaz etc.) *<a. as notas no mural>* ~ **afixação** *s.f.*

a.fi.xo /cs/ *adj.* **1** unido, preso ■ *s.m.* GRAM **2** elemento acrescentado ao início, meio ou fim de uma palavra base, us. para formar outra palavra, por derivação, ou para flexioná-la em número, gênero etc. ☞ cf. *prefixo, sufixo* e [2]*infixo*

a.flau.ta.do *adj.* **1** que tem som ou aparência semelhante a de uma flauta **2** *fig.* doce, suave *<voz a.>*

a.fli.ção [pl.: *-ões*] *s.f.* **1** agitação, inquietação, desconforto **2** sentimento de persistente dor ou tristeza; angústia **3** preocupação, receio

a.fli.gir *v.* {mod. 24} *t.d. e pron.* **1** (fazer) sentir inquietação, angústia; atormentar(-se) *<o atraso da prova afligiu os candidatos> <afligiu-se ao perder o trem>* ☐ *t.d.* **2** causar destruição a; assolar, devastar *<a seca aflige a região>* ◉ GRAM/USO part.: *afligido*, *aflito*

a.fli.ti.vo *adj.* **1** que provoca aflição ou angústia; desesperador **2** que consome, tortura; lancinante

a.fli.to *adj.s.m.* **1** que(m) está angustiado, preocupado **2** que(m) está muito ansioso; inquieto

a.flo.rar *v.* {mod. 1} *int.* **1** vir à superfície; emergir *<mergulhou e demorou para a.>* ☐ *t.d. e int. fig.* **2** tornar(-se) visível; manifestar(-se) *<a. um sorriso> <seu talento para música aflorou cedo>* ~ **afloração** *s.f.* - **afloramento** *s.m.*

a.flu.ên.cia *s.f.* **1** chegada ou presença de muitas pessoas ou coisas **2** GEO ato de dois ou mais rios seguirem para um mesmo ponto **3** GEO esse ponto

a.flu.en.te *adj.2g.* **1** que acorre em grande quantidade *<público a.>* **2** abundante, caudaloso ■ *adj.2g.s.m.* **3** GEO (rio) que deságua em outro rio ou em lago *<o rio Içá é a. do rio Amazonas>*

a.flu.ir *v.* {mod. 26} *int.* **1** correr para; confluir *<o Amazonas aflui ao Atlântico>* **2** chegar em quantidade *<fiéis afluíam ao templo>* ~ **afluição** *s.f.*

a.flu.xo /cs/ *s.m.* **1** fluxo, enchente *<o a. das águas>* **2** convergência em grande quantidade; abundância *<a. de gente>*

a.fo.ba.ção [pl.: *-ões*] *s.f.* *B* **1** muita pressa, precipitação **2** grande atrapalhação ou perturbação ~ **afobado** *adj.*

a.fo.bar *v.* {mod. 1} *t.d. e pron.* **1** (fazer) ficar com muita pressa ou precipitação *<afobou-se e derrubou o copo>* **2** (fazer) ficar perturbado; atrapalhar(-se) *<perguntas difíceis afobaram o candidato> <sempre se afoba ao encontrá-la>* ~ **afobamento** *s.m.*

a.fo.far *v.* {mod. 1} *t.d. e int.* tornar(-se) fofo, mole; amaciar(-se) *<a. travesseiros> <após a lavagem, o tecido afofou>* ~ **afofamento** *s.m.*

a.fo.ga.di.lho *s.m.* pressa, precipitação ⊡ **de a.** às pressas, de modo precipitado

a.fo.gar *v.* {mod. 1} *t.d. e pron.* **1** matar(-se) ou morrer por asfixia, imergindo em líquido *<sem querer, afogou o inseto no tanque> <não mergulhou com medo de se a.>* □ *t.d. fig.* **2** procurar esquecer; abafar *<a. as mágoas>* □ *int. p.ext.* **3** MEC enguiçar (motor de veículo) por excesso de gasolina ou deficiência de entrada de ar no carburador ~ **afogado** *adj.s.m.* - **afogador** *adj.s.m.* - **afogamento** *s.m.*

a.fo.gue.a.do *adj.* **1** muito quente, escaldante **2** *p.ext.* que enrubesceu, corou *<faces a.>*

a.fo.gue.ar *v.* {mod. 5} *t.d.* **1** tornar muito quente; abrasar *<o calor do motor afogueava o piloto>* □ *t.d. e pron. p.ext.* **2** tornar(-se) corado; ruborizar(-se) *<a vergonha afogueou seu rosto> <qualquer elogio a faz a.-se>* ~ **afogueamento** *s.m.*

a.foi.to *adj.* **1** que tem coragem; destemido **2** que é muito valente; valentão **3** apressado; ansioso ~ **afoitar** *v.t.d. e pron.* - **afoiteza** *s.f.*

a.fo.ni.a *s.f.* MED perda parcial ou total da voz

a.fô.ni.co *adj.* **1** que padece de afonia total ou parcial **2** relativo a ou próprio da afonia

a.fo.ra *adv.* **1** para fora *<saiu porta a.>* **2** adiante, em frente (no tempo ou no espaço) *<pela vida a.> <pela estrada a.>* ■ *prep.* **3** exceto *<a. você, todos o culparam>* **4** além de *<a. um carro, ganhou uma viagem>*

a.fo.ra.men.to *s.m.* DIR direito permanente de utilizar um imóvel mediante a obrigação de não deteriorá-lo e de pagar um foro ('imposto') anual

a.fo.rar *v.* {mod. 1} *t.d. e t.d.i.* **1** DIR (prep. *a*) dar ou tomar por aforamento *<aforou a sede do clube> <a. terras aos indígenas>* □ *pron.* **2** (prep. *de*) atribuir-se (direitos, qualidades etc.) *<aforava-se a responsável pela vitória>*

a.fo.ris.mo *s.m.* máxima ou sentença que exprime um conceito ou uma lição moral ~ **aforista** *adj.2g.s.2g.* - **aforístico** *adj.*

a.for.mo.se.ar *v.* {mod. 5} *t.d. e pron.* **1** tornar(-se) formoso; embelezar(-se) *<a operação aformoseou seu nariz> <a.-se com a idade>* **2** enfeitar(-se), adornar(-se) *<a. a entrada da casa> <a.-se para ver o namorado>*

a.for.tu.na.do *adj.s.m.* que(m) foi abençoado com a boa sorte, felicidade; bem-aventurado ~ **afortunar** *v.t.d. e pron.*

a.fo.xé *s.m.* **1** cortejo meio religioso meio leigo que desfila no carnaval, na Bahia, ger. como obrigação de um candomblé **2** MÚS *B* instrumento composto de uma cabaça com contas presas em fio à sua volta, cujo som é semelhante ao do chocalho

a.fran.ce.sar *v.* {mod. 1} *t.d. e pron.* dar ou tomar aspecto ou característica própria do povo, da cultura, da língua francesa

a.fres.co /ê/ *s.m.* ART.PLÁST **1** método de pintura mural feita sobre argamassa úmida **2** pintura feita desse modo

a.fri.cân.der [pl.: *-es*] ou **a.fri.câ.ner** [pl.: *-es*] *s.m.* **1** LING uma das línguas oficiais da África do Sul, derivada do holandês ■ *s.2g.* **2** indivíduo sul-africano, descendente de holandês, que fala essa língua **3** raça sul-africana de gado bovino ■ *adj.2g.* **4** relativo a essa língua, a esse indivíduo e a essa raça bovina

a.fri.ca.nis.mo *s.m.* **1** influência africana na cultura dos demais continentes **2** LING palavra, construção ou expressão tomada de empréstimo de qualquer das línguas africanas

a.fri.ca.ni.zar *v.* {mod. 1} *t.d. e pron.* dar ou tomar aspecto ou característica própria dos povos, culturas, línguas da África

a.fro *adj.s.m.* **1** africano ■ *adj.2g.2n.* **2** típico da África negra *<dança a.; cabelo a.>*

a.fro-bra.si.lei.ro [pl.: *afro-brasileiros*] *s.m.* **1** brasileiro descendente de africanos negros ■ *adj.* **2** relativo a esse descendente **3** relativo ao mesmo tempo à África e ao Brasil **4** que mistura essas duas culturas

a.fro-cu.ba.no [pl.: *afro-cubanos*] *s.m.* **1** cubano que descende de africanos negros ■ *adj.* **2** relativo a esse cubano **3** relativo ao mesmo tempo à África e a Cuba

a.fro.des.cen.den.te *adj.2g.s.2g.* que(m) descende de família ou de indivíduo africano negro

a.fro.di.sí.a.co *adj.s.m.* (substância) que aumenta ou restabelece os desejos sexuais ~ **afrodisia** *s.f.*

a.fron.ta *s.f.* **1** ofensa, insulto, ultraje **2** *fig.* o que contraria ou ofende um padrão estabelecido

a.fron.ta.do *adj.* **1** que sofreu afronta; insultado **2** *infrm.* incomodado por má digestão

a.fron.tar *v.* {mod. 1} *t.d. e pron.* **1** enfrentar(-se), defrontar(-se) *<a. o inimigo> <a.-se com a adversário>* □ *t.d.* **2** dirigir ofensa a; insultar *<a. os colegas>* **3** causar mal-estar físico a *<o almoço afrontou-o>* ~ **afrontamento** *s.m.*

a.fron.to.so /ô/ [pl.: /ó/; fem.: /ó/] *adj.* **1** que constitui ou envolve afronta, ofensa; ofensivo, ultrajante **2** que causa mal-estar

a.fror.re.li.gi.o.so /ô/ [pl.: /ó/; fem.: /ó/] *adj.* relativo a, pertencente a ou próprio da tradição religiosa africana

a.frou.xar *v.* {mod. 1} *t.d. e int.* **1** tornar(-se) frouxo, flexível *<a. o nó da gravata> <as cordas do violão afrouxaram>* □ *t.d.* **2** tornar-se mais lento ou menos intenso *<a. o passo>* □ *t.d. e pron.* **3** (fazer) perder rigor, severidade *<a. a disciplina> <os costumes afrouxaram-se>* □ *int.* **4** perder o ânimo ou a coragem *<diante da força do outro, afrouxou>* ~ **afrouxamento** *s.m.*

af.ta *s.f.* MED pequena ferida, na boca ou lábios, ger. causada por vírus, fungos, ou problemas alimentares

af.to.sa *s.f.* VET febre aftosa

af.to.se *s.f.* MED qualquer doença com presença de aftas

af.to.so /ô/ [pl.: /ó/; fem.: /ó/] *adj.* relativo a ou que tem aftas ou aftosa

a.fu.gen.tar *v.* {mod. 1} *t.d.* **1** pôr em fuga; expulsar, enxotar *<a. as abelhas>* **2** *fig.* fazer desaparecer; extinguir *<a luz afugenta as trevas>* ~ **afugentador** *adj.s.m.* - **afugentamento** *s.m.*

a.fun.dar *v.* {mod. 1} *t.d.,int. e pron.* **1** (fazer) ir ao fundo; imergir *<a. o pé numa poça> <não deixava o filho a.(-se)>* **2** naufragar *<a onda afundou o navio> <o barco afundou>* ☐ *t.d.,int. e pron.* **3** *fig. infrm.* (fazer) sair-se mal, ter mau êxito *<a prova afundou o aluno> <afundou(-se) no final da competição>* ☐ *t.d.* **4** escavar para tornar fundo *<a. o leito do rio>* ☐ *int. e pron.* **5** penetrar, embrenhar-se *<a.(-se) na mata>* ☐ *t.i. e pron.* **6** *fig.* (prep. *em*) deixar-se imergir, mergulhar *<a.(-se) em lembranças>* ~ **afundamento** *s.m.*

a.fu.ni.lar *v.* {mod. 1} *t.d. e pron.* **1** (fazer) tomar forma de funil **2** afinar(-se) na extremidade; estreitar(-se) *<a obra afunilará a estrada> <a ladeira afunila(-se) depois da curva>* ☞ cf. *enfunilar* ~ **afunilamento** *s.m.*

Ag QUÍM símbolo de *prata*

a.gá *s.m.* nome da letra *h*

a.ga.cha.men.to *s.m.* **1** ato ou efeito de agachar-se; abaixamento, acocoramento **2** *fig.* atitude servil; submissão, subserviência

a.ga.char *v.* {mod. 1} *t.d. e pron.* **1** (fazer) ficar abaixado, de cócoras *<cansado, agachou o corpo> <agachou-se para desviar da bola>* ☐ *pron.* **2** submeter-se, rebaixar-se *<não se agachava para ninguém>*

a.ga.da.nhar *v.* {mod. 1} *t.d.* agarrar, ferir com as mãos, unhas, garras etc. *<o leão agadanhou a presa>*

á.ga.pe *s.2g.* **1** HIST REL refeição dos antigos cristãos para celebrar a Eucaristia **2** *p.ext.* refeição de confraternização

á.gar [pl.: *-es*] *s.m.* QUÍM ágar-ágar

á.gar-á.gar [pl.: *ágar-ágares*] *s.m.* QUÍM substância tirada de certas algas, us. para dar consistência gelatinosa a alimentos, cosméticos etc.; ágar

a.gá.ri.co *s.m.* BIO nome comum a fungos comestíveis, conhecidos como cogumelos, de corpo grande, carnoso e cores variadas

a.gar.ra.ção [pl.: *-ões*] *s.f.* agarramento

a.gar.ra.do *adj.* **1** preso firmemente **2** *fig.* muito unido; muito próximo, apegado *<irmãos a.>*

a.gar.ra.men.to *s.m.* **1** ato de agarrar(-se) ou o seu efeito; agarração **2** *B* apego excessivo a coisas ou pessoas

a.gar.rar *v.* {mod. 1} *t.d.* **1** prender com garra *<a. um animal>* **2** conseguir pegar; prender, deter *<a. um ladrão>* **3** apanhar, pegar, segurar *<a. uma bola>* ☐ *t.d. e pron. fig.* **4** (prep. *a*) segurar(-se) com força *<a. uma escada> <a-se a um poste para não cair>* ☐ *pron.* **5** estar sempre próximo a; grudar-se *<a.-se ao chefe para mostrar eficiência>* ☐ *int.* **6** FUTB *B* jogar na posição de goleiro *<desde pequeno, gosta de agarrar>*

a.ga.sa.lhar *v.* {mod. 1} *t.d. e pron.* **1** cobrir(-se) com agasalho; aquecer(-se) *<a. a criança> <está frio; agasalhe-se>* **2** *p.ext.* acolher(-se), hospedar(-se) *<a. amigos estrangeiros> <a.-se na casa do vizinho>* **3** *p.ext.* proteger(-se), resguardar(-se) *<a. os animais durante a tempestade> <agasalhou-se da chuva>* ☐ *t.d. fig.* **4** guardar no íntimo; nutrir *<a. um sonho>* **5** conter em si; abrigar *<a mata agasalha vários animais>*

a.ga.sa.lho *s.m.* **1** roupa que protege da chuva ou do frio **1.1** ESP roupa usada sobre o uniforme de jogo ou competição

a.gas.tar *v.* {mod. 1} *t.d. e pron.* (fazer) ficar irritado; zangar(-se), aborrecer(-se) *<os preços altos agastaram os clientes> <a.-se por qualquer coisa>* ~ **agastamento** *s.m.*

á.ga.ta *s.f.* **1** MINER pedra semipreciosa com círculos de cores, us. na confecção de joias e objetos ornamentais **2** ferro esmaltado; ágate

á.ga.te *s.m.* ferro esmaltado; ágata

a.ga.vá.cea *s.f.* BOT espécime das agaváceas, família de árvores e ervas tropicais e subtropicais, que armazenam grande quantidade de água, cultivadas esp. pelas fibras, como o sisal ~ **agaváceo** *adj.*

a.ga.ve *s.m.* BOT nome comum a certas plantas de folhas ger. grandes, carnosas e rígidas, depurativas e benéficas para o estômago, que fornecem fibras tb. us. na produção da tequila

-agem *suf.* **1** 'ação ou resultado da ação': *lavagem, regulagem* **2** 'coleção': *folhagem, plumagem*

a.gên.cia *s.f.* **1** empresa que presta serviços a outra **2** sucursal de indústria, banco, firma, jornal etc.

a.gen.ci.ar *v.* {mod. 1} *t.d.* **1** cuidar de (negócios, interesses), como representante ou agente *<a. artistas>* **2** buscar, solicitar (benefício) *<a. um empréstimo>* ~ **agenciador** *adj.s.m.* - **agenciamento** *s.m.*

a.gen.da *s.f.* **1** série de compromissos e atividades **2** *p.ext.* livro que registra esses compromissos e afins ▣ **a. eletrônica** INF dispositivo computadorizado que armazena compromissos, nomes, endereços etc.

a.gen.dar *v.* {mod. 1} *t.d.* incluir (compromisso) em agenda

a.gen.te *adj.2g.s.2g.* **1** que(m) atua, opera, agencia ■ *s.2g.* **2** pessoa ou algo que desencadeia ação ou efeito *<descobriram o a. da infecção>* **3** intermediário em negociações mercantis ou de artistas, escritores, músicos etc. **4** membro de corporação policial ■ *s.m.* **5** causa, motivo ■ *adj.2g.s.m.* **6** GRAM (aquele) que executa a ação expressa pelo verbo ▣ **a. da passiva** GRAM na voz passiva, complemento verbal que expressa o ser que executa a ação do verbo • **a. secreto** espião

a.gi.gan.ta.do *adj.* **1** que tem dimensões de gigante; colossal, descomunal, gigantesco **2** dotado de grande força; hercúleo, vigoroso

a.gi.gan.tar *v.* {mod. 1} *t.d. e pron.* **1** tornar(-se) gigante, enorme *<a crise tende a a. os problemas> <as despesas agigantaram-se>* **2** *fig.* aumentar muito; exagerar *<vaidoso, vive a a. suas virtudes> <agiganta-se para brilhar>* ☐ *pron. fig.* **3** ter grande destaque; sobressair *<o goleiro agigantou-se naquela defesa>* ~ **agigantamento** *s.m.*

A

á.gil [pl.: *-eis*] *adj.2g.* **1** que se move com facilidade; ligeiro **2** desembaraçado, vivo, rápido *<diálogo á.>* **3** eficiente no trabalho; diligente ◉ GRAM/USO sup.abs. sint.: *agílimo*, *agilíssimo*

a.gi.li.da.de *s.f.* **1** característica de quem ou do que é ágil; ligeireza, rapidez **2** *fig.* desenvoltura, vivacidade

a.gi.li.zar *v.* {mod. 1} *t.d. e pron.* tornar(-se) mais rápido, mais ativo, mais eficiente *<a. as entregas>* *<a.-se sem perder a eficiência>* ~ **agilização** *s.f.*

á.gio *s.m.* ECON **1** lucro nas operações do câmbio de moeda **2** juro superior à taxa legal, nos empréstimos em dinheiro

a.gi.o.ta *adj.2g.s.2g.* que(m) se dedica à agiotagem

a.gi.o.ta.gem [pl.: *-ens*] *s.f.* **1** especulação sobre o câmbio, o preço de mercadorias etc., visando a grandes lucros **2** empréstimo de dinheiro a juros superiores à taxa legal; usura ~ **agiotar** *v.int.*

a.gir *v.* {mod. 24} *int.* **1** tomar providências; atuar *<só falavam, não agiam>* **2** produzir efeito ou reação *<o ácido age sobre metais>* **3** exercer atividade; trabalhar *<ladrões agem na sombra>* **4** proceder, comportar-se *<a. com cautela>*

a.gi.ta.ção [pl.: *-ões*] *s.f.* **1** ato ou efeito de agitar(-se); agitamento **2** movimento irregular e repetido; oscilação *<a. do mar>* **3** perturbação moral, psíquica etc.; desassossego, inquietação **4** movimento que resulta de grande concentração de pessoas (na rua, em bares etc.); rebuliço, tumulto

a.gi.ta.do *adj.* **1** que se movimenta muito **2** *fig.* que transcorre com desassossego, inquietação **3** caracterizado pelo excesso ■ *adj.s.m.* **4** que(m) se mostra perturbado, inquieto ou travesso

a.gi.ta.dor /ô/ [pl.: *-es*] *adj.s.m.* que(m) provoca agitação; fomentador, incitador

a.gi.tar *v.* {mod. 1} *t.d. e pron.* **1** mover(-se) muito; sacudir *<o vento agitava a bandeira>* *<o lençol se agitava à brisa>* **2** tornar(-se) inquieto; perturbar(-se) □ *t.d.* **3** incitar à revolta; sublevar *<a. as massas>* ~ **agitamento** *s.m.*

a.gi.to *s.m.* *B infrm.* **1** estado de agitação, de excitação **2** multidão agitada e ruidosa

a.glo.me.ra.ção [pl.: *-ões*] *s.f.* **1** ato ou efeito de juntar(-se), misturar(-se); aglomerado, concentração, mistura **2** grande quantidade de coisas ou pessoas; aglomerado, multidão

a.glo.me.ra.do *adj.* **1** reunido ■ *s.m.* **2** conjunto de coisas ou pessoas reunidas; aglomeração *<a. de estrelas>* **3** CONSTR bloco ou peça formada de fragmentos de pedra, cortiça etc., prensados e colados com cimento ou resina, us. como material de construção **4** CONSTR *B* chapa plana prensada de partículas de madeira e resina

a.glo.me.rar *v.* {mod. 1} *t.d. e pron.* pôr(-se) junto; reunir(-se), amontoar(-se) *<a. caixas>* *<a.-se em uma esquina.>*

a.glu.ti.na.ção [pl.: *-ões*] *s.f.* **1** união e integração de elementos distintos, formando um todo em que dificilmente se reconhecem as partes originais **2** GRAM reunião de dois ou mais vocábulos em um só, com significado novo, perda de fonemas e esp. de acento de um dos vocábulos aglutinados (p.ex.: *aguardente* por *água* + *ardente*) ☞ cf. *justaposição* e *composição*

a.glu.ti.nan.te *adj.2g.s.m.* **1** (o) que aglutina, que pega como grude ■ *s.m.* **2** substância que liga e fixa pigmento de tinta

a.glu.ti.nar *v.* {mod. 1} *t.d.,t.d.i. e pron.* **1** (prep. *a*, *com*) unir(-se) com grude, cola etc. *<a. uma etiqueta (ao pacote)>* *<com o tempo, as folhas do velho livro se aglutinaram>* **2** (prep. *a*, *com*) juntar(-se) [coisas diversas]; reunir(-se) *<a. metais (a uma liga)>* *<os componentes aglutinaram-se na mistura>* **3** *fig.* (prep. *a*, *com*) unir(-se), de modo que não se diferenciem as partes; fundir(-se), misturar(-se) *<a. ideias (a um projeto)>* *<manteiga e açúcar aglutinam-se perfeitamente>*

ag.nos.ti.cis.mo *s.m.* FIL doutrina segundo a qual é impossível entender questões como a existência de Deus, o sentido da vida, a origem e destino dos seres, por não se comprovarem cientificamente ☞ cf. *ateísmo*

ag.nós.ti.co *adj.* **1** relativo ao agnosticismo ■ *adj.s.m.* **2** partidário ou seguidor do agnosticismo ☞ cf. *ateu*

a.go.gô *s.m.* MÚS *B* instrumento de percussão, de origem afro-brasileira, em que dois cones de metal, unidos pela ponta mais estreita, são percutidos com uma vareta de metal

a.go.ni.a *s.f.* **1** respiração ruidosa dos moribundos **2** *B infrm.* pressa, afobação **3** *fig.* aflição ou sofrimento agudo, de origem física ou moral **4** *fig.* últimos momentos; declínio *<a a. de um império>* **5** *infrm.* mal-estar provocado por enjoo ou náusea ~ **agônico** *adj.*

a.go.ni.a.do *adj.* **1** que sente agonia, estertores de aflição e morte; agonizado **2** *p.ext.* que está sofrendo de indisposição ou enjoo; indisposto, nauseado **3** *fig.* dominado por amargura, tristeza ou aflição **4** *B* que tem pressa; afobado, apressado

a.go.ni.ar *v.* {mod. 1} *t.d. e pron.* **1** tornar(-se) amargurado, aflito; atormentar(-se) *<qualquer crítica agoniava-o>* *<a.-se com tanta crueldade>* **2** (fazer) ficar irritado; agastar(-se) *<a demora agoniava toda a família>* *<agoniava-se com aquele barulho>*

a.go.ni.zan.te *adj.2g.s.2g.* **1** que(m) agoniza, está prestes a morrer; moribundo ■ *adj.2g.* **2** próprio da agonia **3** *p.ext.* que causa agonia, que atormenta; aflitivo, angustiante

a.go.ni.zar *v.* {mod. 1} *int.* **1** estar prestes a morrer **2** *fig.* estar em decadência *<a monarquia agonizava>* □ *t.d.* **3** causar aflição a; atormentar ~ **agonizado** *adj.*

a.go.ra *adv.* **1** neste momento, neste instante *<a. não posso>* **2** há poucos instantes *<chegou a. mesmo>* **3** atualmente *<a. vivemos tempos difíceis>* **4** daqui por diante *<a. resta esperar>* ■ *conj.advrs.* **5** porém; contudo *<falar é fácil, a. vai fazer!>* ■ *conj.altv. frm.* **6** ora ▣ **a. mesmo** *infrm.* neste mesmo instante; agorinha • **a. que** uma vez que, a partir do momento em que *<a. que chegou, pode começar>* • **de a. em diante** a partir deste momento

á.go.ra *s.f.* na Grécia antiga, praça principal, em que ficava o mercado e aconteciam as assembleias do povo; era tb. um centro religioso

a.go.ri.nha *adv. B* há poucos instantes, agora mesmo

a.gos.to /ô/ *s.m.* o oitavo mês do ano no calendário gregoriano, composto de 31 dias

a.gou.rar *v.* {mod. 1} *t.d.,t.i.,t.d.i. e pron.* **1** (prep. de, *a, para*) adivinhar, prever, pressentir *<a. sucesso (a todo novo projeto)>* *<a. bem do novo sócio>* *<a.-se um futuro afortunado>* ☐ *t.d.* **2** desejar mau agouro a *<a. o inimigo>* **3** ser sinal de (mau agouro, desgraça etc.) *<espelho quebrado agoura infelicidades>* ~ **agoureiro** *adj.s.m.*

a.gou.ren.to *adj.s.m.* **1** que(m) crê em agouros; supersticioso **2** *pej.* (o) que envolve ou traz mau agouro

a.gou.ro *s.m.* **1** predição, profecia **2** sinal que pressagia algo **3** presságio de acontecimento ou notícia ruim ~ **agoural** *adj.2g.*

a.gra.ci.ar *v.* {mod. 1} *t.d.,t.d.pred. e t.d.i.* (prep. *com*) conceder (graças, condecorações, honras etc.) [a alguém] *<a. o antigo funcionário (com uma placa)>* *<a rainha agraciou-o cavalheiro>* ~ **agraciador** *adj.s.m.*

a.gra.dar *v.* {mod. 1} *t.d.,t.i. e int.* **1** (prep. *a*) estar a gosto de; ser agradável; contentar, satisfazer *<a. os filhos>* *<a solução não (lhe) agradou>* ☐ *pron.* **2** (prep. *de*) encantar-se com *<a.-se dos presentes>*

a.gra.dá.vel [pl.: *-eis*] *adj.2g.* **1** que agrada, satisfaz **2** delicado, cortês ■ *adj.2g.s.m.* **3** (o) que dá prazer, satisfação ◉ GRAM/USO sup.abs.sint.: *agradabilíssimo*

a.gra.de.cer *v.* {mod. 8} *t.d.,t.d.i.,t.i. e int.* **1** (prep. *a*) mostrar gratidão (por algo) [a alguém]; reconhecer *<a. um favor>* *<a. (ao santo) a graça recebida>* *<não saia sem a.>* ☐ *t.d.* **2** retribuir, recompensar *<a. uma gentileza>* ~ **agradecimento** *s.m.*

a.gra.do *s.m.* **1** sentimento de satisfação; contentamento, gosto **2** manifestação de carinho; afago **3** *B infrm.* gorjeta, presente, gratificação

a.gra.ma.ti.cal [pl.: *-ais*] *adj.2g.* que não foi formado de acordo com a estrutura gramatical de uma língua

a.grá.rio *adj.* relativo ao campo e à agricultura; rural

a.gra.va.do *adj.* **1** que se tornou pior, mais grave ■ *adj.s.m.* DIR **2** (pessoa ou decisão judicial) que recebeu agravo

a.gra.van.te *adj.2g.s.2g.* **1** (o) que agrava, sobrecarrega **2** DIR que(m) interpõe recurso de agravo **3** DIR (circunstância) que torna mais grave crime ou falta

a.gra.var *v.* {mod. 1} *t.d. e pron.* **1** tornar(-se) grave ou mais grave; piorar *<o desemprego vai a. a crise>* *<a doença agravou-se>* ☐ *t.i. e int.* DIR **2** recorrer com agravo ('recurso') *<o advogado vai a. (da sentença)>* ☐ *t.d.,t.i. e pron.* **3** (prep. *a*) ofender(-se), magoar(-se) *<tais palavras vão a. (a) seus pais>* *<não se agravou com a ofensa>* ~ **agravamento** *s.m.*

a.gra.vo *s.m.* **1** ofensa que se faz a alguém; injúria, afronta **2** agravamento de mal ou doença **3** DIR recurso a uma instância judicial superior, para que se mude decisão de juiz de instância inferior

a.gre.dir *v.* {mod. 27} *t.d.* **1** praticar agressão contra; atacar *<a. uma pessoa desconhecida>* **2** dirigir ofensas a; insultar *<agrediu o vizinho>* **3** causar sensação ruim em; incomodar *<o odor agrediu seu olfato>* ☐ *pron.* **4** trocar agressões *<agrediram-se na fila do ônibus>* ~ **agressor** *adj.s.m.*

a.gre.ga.do *adj.* **1** que está junto ou anexo; reunido ■ *s.m.* **2** conjunto, aglomerado **3** *B* quem se junta a uma família, como membro ou serviçal **4** *B* trabalhador rural que mora em terras alheias, cultiva a terra e dá alguns dias de trabalho ao dono, como remuneração

a.gre.gar *v.* {mod. 1} *t.d. e pron.* **1** juntar(-se) em um só (elementos sem ligação natural) *<agregou vários poemas e publicou um livro>* **2** reunir(-se), agrupar(-se) *<agregou alguns cantores ao ensaio>* *<agregou-se à turma de dança>* ☐ *t.d.i. e pron.* **3** (prep. *a*) associar(-se), acrescentar(-se) *<a vida agregou-lhe experiência>* *<novas ideias podem a.-se à pesquisa>* ~ **agregação** *s.f.* - **agregativo** *adj.*

a.gre.mi.a.ção [pl.: *-ões*] *s.f.* **1** associação, agrupamento **2** grupo de pessoas com atividades ou interesses comuns, submetidas a um regulamento; grêmio ~ **agremiar** *v.t.d. e pron.*

a.gres.são [pl.: *-ões*] *s.f.* **1** ataque físico ou moral a alguém **2** ato de hostilidade, de provocação **3** ofensa ou insulto

a.gres.si.vi.da.de *s.f.* **1** característica, modo de ser do que ou de quem é agressivo **2** disposição para agredir e/ou provocar **3** *fig.* espírito empreendedor; combatividade, dinamismo

a.gres.si.vo *adj.* **1** que agride, envolve ou revela agressão **2** voltado para o ataque; aguerrido, lutador ■ *adj.s.m.* **3** PSIC que(m) tem tendência para um comportamento hostil ou destrutivo

a.gres.te *adj.2g.s.m.* **1** (o) que se refere aos campos; selvagem **2** *fig.* que(m) se caracteriza, no trato social, pela aspereza, grosseria ■ *s.m.* **3** GEO no nordeste do Brasil, zona árida, próxima ao litoral, entre a mata e a caatinga ~ **agrestia** *s.f.* - **agrestidade** *s.f.*

a.gri.ão [pl.: *-ões*] *s.m.* BOT erva ger. aquática, cultivada pelos talos e folhas verdes, de sabor azedo, ger. consumidos em saladas, ricos em minerais e propriedades medicinais

a.grí.co.la *adj.2g.* **1** relativo ao campo, à agricultura; agrário, campestre, rural **2** que se dedica à agricultura ou nela se baseia ■ *s.2g.* **3** agricultor

a.gri.cul.tor /ô/ [pl.: *-es*] *adj.s.m.* que(m) se dedica à agricultura; lavrador

a.gri.cul.tu.ra *s.f.* **1** cultivo do solo para produção de vegetais úteis à alimentação do ser humano e/ou de animais e também na fabricação de medicamentos, matéria-prima para indústria etc.; lavoura **2** conjunto de métodos e técnicas desse cultivo

a.gri.do.ce /ô/ *adj.2g.s.m.* (sabor) que é acre e doce ao mesmo tempo; acre-doce, acridoce

a.gri.lho.ar *v.* {mod. 1} *t.d.* **1** prender com grilhões; acorrentar *<a. um prisioneiro>* **2** *fig.* reprimir, refrear *<a. sentimentos>* □ *t.d.i. e pron. fig.* **3** (prep. *a*) tornar(-se) submisso ou escravo *<a. os empregados à empresa> <agrilhoou-se a uma rotina cansativa>* ~ **agrilhoamento** *s.m.*

a.gri.men.sor /ô/ [pl.: *-es*] *adj.s.m.* que(m) está legalmente habilitado para medir, dividir e/ou demarcar terras ou propriedades rurais

a.gri.men.su.ra *s.f.* **1** medição de terras, campos etc. **2** técnica dessa medição ~ **agrimensar** *v.t.d.*

a.gro.bi.o.lo.gi.a *s.f.* BIO estudo da nutrição e crescimento das plantas direcionado ao aumento da produção agrícola

a.gro.e.co.lo.gi.a *s.f.* ECO parte da ecologia que estuda os agroecossistemas

a.gro.e.cos.sis.te.ma *s.m.* ECO ecossistema artificial que se estabelece em áreas agrícolas

a.gro.in.dús.tria *s.f.* indústria que se ocupa da transformação de produtos agrícolas ~ **agroindustrial** *adj.2g.*

a.gro.ne.gó.cio *s.m.* ECON conjunto de operações da cadeia produtiva, que vai desde as atividades agropecuárias até a comercialização do produto

a.gro.no.mi.a *s.f.* conjunto das ciências, técnicas e conhecimentos sobre a prática da agricultura ~ **agronômico** *adj.*

a.grô.no.mo *s.m.* diplomado ou especialista em agronomia

a.gro.pe.cu.á.ria *s.f.* atividade que envolve o cultivo do solo e a criação de gado ~ **agropecuário** *adj.*

a.gro.tó.xi.co /cs/ *adj.s.m.* (produto químico) us. no combate e prevenção de pragas da lavoura; defensivo agrícola

a.gro.vi.a *s.f.* via (terrestre, marítima, fluvial) que liga centros de produção agrícola e armazenagem a centros de consumo

a.gro.vi.la *s.f. B* povoado que abriga os que trabalham na construção de estradas, esp. em terras ainda não exploradas

a.gru.pa.men.to *s.m.* condição do que se acha agrupado, reunido, aglomerado; associação, grupo

a.gru.par *v.* {mod. 1} *t.d. e pron.* juntar(-se) em grupo(s); reunir(-se) *<a. os talheres> <agruparam-se na porta do ônibus>*

a.gru.ra *s.f.* **1** sabor ácido; azedume **2** *fig.* situação difícil; empecilho, obstáculo **3** *fig.* padecimento físico ou espiritual; aflição, insatisfação

á.gua *s.f.* **1** líquido sem cor, odor ou sabor, essencial à vida **2** a parte líquida da superfície terrestre **3** ARQ cada lado de um telhado **4** *fig. B infrm.* confusão mental causada por excesso de álcool; embriaguez ▼ ***águas*** *s.f.pl.* **5** grandes extensões de água (mares, rios, lagos) **6** as chuvas **7** nascentes de águas minerais e medicinais; termas ▣ **á. benta** REL água benzida pelo celebrante da missa católica • **á. destilada** QUÍM água obtida por destilação de sólidos e organismos dissolvidos ou suspensos, us. sobretudo para fins químicos e farmacêuticos • **á. doce** água (de rios, lagos etc.) que não contém cloreto de sódio • **á. mineral** água potável de valor medicinal por conter sais minerais • **á. na boca** *fig.* forte vontade de comer; grande desejo • **á. oxigenada** líquido antisséptico e alvejante • **á. que passarinho não bebe** *fraseol. B infrm.* cachaça • **á. sanitária** líquido desinfetante à base de cloro • **á. passadas** *fig.* coisas do passado; o que já passou e não interessa mais • **até debaixo de á.** *fraseol. fig. B infrm.* **1** muito, demais, em excesso **2** em todas as situações; em quaisquer circunstâncias • **ir por á. abaixo** *fraseol.* não dar certo; falhar, fracassar • **tirar á. do joelho** *fraseol. B infrm. joc.* urinar

a.gua.cei.ro *s.m.* chuva forte, súbita e passageira

a.gua.cen.to *adj.* **1** impregnado de água; encharcado **2** diluído em água; aquoso **3** semelhante à água

á.gua com a.çú.car *adj.2g.2n.* **1** sentimental, piegas **2** simples, ingênuo

a.gua.da *s.f.* **1** abastecimento de água potável, ger. para viagem **2** lugar em que se faz esse abastecimento **3** *RS* bebedouro de animais **4** ART.PLÁST técnica us. em aquarela, nanquim etc. em que a tinta é diluída em água **5** ART.PLÁST obra em que é us. essa técnica

á.gua de chei.ro [pl.: *águas de cheiro*] *s.f. B infrm.* água-de-colônia

á.gua de co.co [pl.: *águas de coco*] *s.f. B* líquido rico em substâncias nutritivas, encontrado no interior do coco ainda verde

á.gua-de-co.lô.nia [pl.: *águas-de-colônia*] *s.f.* preparação com álcool e certos óleos aromáticos, us. como perfume; água de cheiro

á.gua de flor [pl.: *águas de flor*] *s.f.* água aromatizada com flores de laranjeira

a.gua.do *adj.* **1** diluído em água **2** que tem muita água e pouca substância nutritiva (diz-se de caldos, sopas, refrescos etc.) **3** inundado de água; regado, molhado **4** *B infrm.* com água na boca **5** *fig.* que se frustrou, fracassado

á.gua-for.te [pl.: *águas-fortes*] *s.f.* **1** QUÍM solução de ácido nítrico **2** ART.PLÁST técnica de gravura a entalhe em metal obtido com ácido nítrico **3** ART.PLÁST chapa de cobre, zinco ou ferro us. nessa técnica **4** ART.PLÁST gravura que se obtém por esse processo

á.gua-for.tis.ta [pl.: *água-fortistas*] *adj.2g.s.2g.* (artista) que usa a técnica de água-forte

á.gua-fur.ta.da [pl.: *águas-furtadas*] *s.f.* ARQ cômodo entre o telhado e o forro de uma casa; mansarda

á.gua-ma.ri.nha [pl.: *águas-marinhas*] *s.f.* MINER pedra brasileira, semipreciosa, de um tom claro de azul ou verde

a.gua.pé *s.m.* **1** BOT nome comum a várias plantas aquáticas flutuantes, cultivadas como ornamentais, como forragem para o gado e esp. para purificar a água **2** emaranhado de plantas aquáticas que cobre as águas dos rios, lagos e pantanais

a.guar *v.* {mod. 3} *t.d.* **1** molhar, regar *<a. o jardim>* **2** adicionar água a (um líquido) *<a. o café>* **3** *fig.* estragar, frustrar (prazer, alegria etc.) *<a. os planos>* □ *int. e pron. infrm.* **4** salivar, por vontade de comer algo; ficar com água na boca ~ **aguador** *adj.s.m.*

a.guar.dar *v.* {mod. 1} *t.d. e t.i.* (prep. *por*) ficar na expectativa de; esperar *<a. o namorado> <a. (por) uma oportunidade>* ~ **aguardo** *s.m.*

a.guar.den.te *s.f.* bebida de alto teor alcoólico obtida da destilação de vegetais (cana-de-açúcar, cereais, raízes etc.) depois de fermentados ▣ **a. de cana** cachaça ~ **aguardenteiro** *s.m.*

a.guar.rás *s.f.* essência de terebintina, us. como solvente ◉ GRAM/USO esta pal. ordinariamente não se empr. no pl.

á.gua-vi.va [pl.: *águas-vivas*] *s.f.* ZOO nome comum dado a animais invertebrados, marinhos, de corpo gelatinoso e transparente, cujos tentáculos podem provocar sérias queimaduras nos humanos; caravela

a.gu.ça.do *adj.* **1** terminado em bico ou proeminência fina; agudo, pontudo **2** que apresenta forma afilada; adelgaçado, fino **3** que tem gume; afiado, amolado **4** *fig.* capaz de perceber sensações com exatidão (diz-se de qualquer dos sentidos); apurado **5** *fig.* que apresenta perspicácia, sagacidade; astuto, perspicaz

a.gu.çar *v.* {mod. 1} *t.d. e int.* **1** tornar(-se) pontiagudo *<a. um lápis> <no topo, o rochedo aguça>* □ *t.d.* **2** afiar, amolar *<a. facas>* **3** *fig.* fazer surgir ou intensificar-se; estimular *<a. o apetite>* **4** *p.ext.* aumentar a capacidade sensorial de *<a. os ouvidos>* ~ **aguçamento** *s.m.*

a.gu.do *adj.* **1** que termina em ponta aguçada; pontiagudo **2** que tem gume ou aresta **3** *fig.* perspicaz, sutil **4** *fig.* que é áspero, cortante, frio (diz-se do vento) **5** *fig.* que apresenta fortes sintomas e evolução rápida (diz-se de doença) **6** *fig.* que demonstra ironia, mordacidade; irônico **7** GEOM que mede menos de 90° (diz-se de ângulo) **8** GRAM diz-se de acento agudo ■ *adj.s.m.* **9** MÚS (som) elevado na escala musical ◉ GRAM/USO sup.abs.sint.: *agudíssimo, acutíssimo* ~ **agudez** *s.f.* - **agudeza** *s.f.*

a.guen.tar /gü/ *v.* {mod. 1} *t.d.* **1** sustentar (carga, peso etc.) *<a. a mala>* **2** tolerar, suportar *<a. as reclamações>* **3** manter a sobrevivência de; sustentar *<a. seis filhos>* □ *t.d. e int.* **4** resistir, suportar *<a. tanto sofrimento> <não aguentou, morreu>* □ *pron.* **5** manter-se, conservar-se *<a.-se na presidência>*

a.guer.ri.do *adj.* **1** preparado, armado, treinado para a guerra **2** exaltado, violento **3** *p.ext.* que demonstra destemor; valente, corajoso

á.guia *s.f.* **1** ZOO ave de grande porte, cosmopolita, da família dos gaviões, predadora, com bico e garras muito fortes **2** *fig.* pessoa notável por seu talento e/ou inteligência ■ *s.2g. B pej.* **3** pessoa velhaca, espertalhona

a.gui.lhão [pl.: *-ões*] *s.m.* **1** ponta afiada de ferro **2** *fig.* fator estimulante, excitante **3** ZOO ferrão de certos insetos

a.gui.lho.a.da *s.f.* **1** picada ou ferimento com aguilhão **2** *fig.* dor forte e súbita; pontada **3** *fig.* estímulo

a.gui.lho.ar *v.* {mod. 1} *t.d.* **1** picar com aguilhão **2** *fig.* causar dor física ou moral em *<a culpa aguilhoava sua consciência>* **3** *fig.* estimular, provocar *<a fome aguilhoava seu mau humor>* ~ **aguilhoamento** *s.m.*

a.gu.lha *s.f.* **1** haste fina e pontuda de metal, com orifício na extremidade, por onde passa linha, lã, barbante etc., us. para costurar, bordar ou tecer **2** *p.ext.* qualquer objeto alongado e/ou pontiagudo construído pelo ser humano **3** peça de toca-discos us. para transmitir as vibrações sonoras de um disco de vinil **4** peça metálica pontiaguda us. em injeções, costuras cirúrgicas e punções **5** ponteiro (de relógio, bússola, rádio etc.) **6** parte móvel do trilho, que permite que o trem passe de uma via para outra **7** MAR equipamento us. para navegação, que indica o norte **8** pico de montanha com extremidade pontiaguda ◉ GRAM/USO tb. us. como adj. (*salto agulha*)

a.gu.lha.da *s.f.* **1** picada de agulha **2** *fig.* dor forte e súbita; pontada

a.gu.lhei.ro *s.m.* **1** estojo ou suporte para guardar agulhas de costura **2** nas estradas de ferro, o encarregado de movimentar a agulha dos trilhos

ah *interj.* exprime alegria, decepção, surpresa, ironia etc.

ai *interj.* **1** exprime dor, tristeza, lamento ■ *s.m.* **2** manifestação de sofrimento, dor *<não disse um ai>* ☞ tb. us. no pl. ▣ **ai de** pobre de, desgraçado de, infeliz *<ai dele se não chegar>*

a.í *adv.* **1** nesse lugar, próximo ao ouvinte *<o livro está aí na sua frente>* **2** no lugar a que se fez referência; lá, ali *<foi à biblioteca e aí vai estudar>* **3** nesse aspecto, nesse ponto *<é aí que está o problema>* **4** nesse momento; então *<a noiva chegou e, aí, a festa começou>* **5** junto, anexado *<aí vai o dinheiro>* ■ *interj.* **6** *B infrm.* exprime aprovação, aplauso ou incentivo *<aí, garoto!>* **7** denota sentido brincalhão *<aí, hein, namorando...>* ▣ **por aí 1** pelo mundo afora, em lugar indeterminado *<saiu por aí>* **2** mais ou menos, cerca de *<custou cem reais, por aí>* **3** em algum lugar *<viu minha gravata por aí?>* **4** assim, dessa maneira *<não é por aí, pense bem>*

ai.a *s.f.* **1** criada de uma dama nobre; camareira **2** dama de companhia

ai.a.to.lá *s.m.* REL líder religioso dos muçulmanos xiitas

-aico *suf.* 'referência, pertinência': *hebraico, prosaico*

ai.dé.ti.co *adj.s.m.* (indivíduo) infectado pelo vírus HIV e que apresenta *Aids*

Aids [ing.] *s.f.2n.* sigla de *acquired immunological deficiency syndrome* (síndrome de imunodeficiência adquirida, Sida) ◉ GRAM/USO tb. grafado com letras maiúsc.: AIDS

aikido [jap.] *s.m.* ESP ver ***AIQUIDÔ*** ⇒ pronuncia-se aiquidô

A

ai.mo.ré *s.2g.* **1** indivíduo dos aimorés, designação de grupos indígenas que não falavam o tupi ■ *adj.2g.* **2** relativo a esse indivíduo ou aos seus grupos indígenas

a.in.da *adv.* **1** até este momento (presente) <*a. não chegou*> **2** até aquele momento (passado) <*quando saí, ele a. estava lá*> **3** agora mesmo; em tempo recente (passado) <*a. há cinco minutos estava aqui*> **4** até lá, até esse tempo (futuro) <*quando ele voltar, ela estará a. à sua espera*> **5** um dia, algum dia (futuro) <*a. serei feliz*> **6** além disso, também, mais <*há a. outras pessoas interessadas*> **7** ao menos <*se a. tivesse dinheiro, poderia comer um doce*> **8** mesmo, até, inclusive <*a. os atrasados entraram*> ▣ **a. agora** há pouco <*a. agora estava aqui*> • **a. bem** felizmente <*a. bem que chegaram cedo*> • **a. que** mesmo que

ai.pim [pl.: *-ins*] *s.m.* **1** BOT arbusto nativo do Brasil, muito semelhante à mandioca, porém menos venenoso, cultivado pelas raízes, de elevado teor alimentício **2** essa raiz, consumida frita, assada ou cozida; macaxeira ☞ cf. *mandioca*

ai.po *s.m.* BOT erva de caule largo, com propriedades para combater a febre, os gases intestinais e o escorbuto, us. em saladas e sopas; salsão

ai.qui.dô *s.m.* ESP arte marcial japonesa baseada em movimentos de rotação e esquiva, nos quais a própria força do oponente é us. para desequilibrá-lo e vencê-lo

air bag [ing.] *s.m.* saco inflável que, em caso de batida, se enche de ar, amortecendo o choque sofrido por motorista e passageiros de veículos automotivos ⇒ pronuncia-se érbég

ai.ro.so /ô/ [pl.: /ó/; fem.: /ó/] *adj.* **1** que tem boa aparência **2** que demonstra gentileza; delicado **3** honroso, digno <*saída a.*> ~ **airosidade** *s.f.*

a.jan.ta.ra.do *s.m.* *B* **1** refeição farta servida fora do horário habitual, ger. aos domingos e feriados, com a finalidade de dispensar o jantar ■ *adj.* **2** semelhante a um jantar <*almoço a.*>

a.jar.di.nar *v.* {mod. 1} *t.d.* construir ou plantar jardim em <*a. a frente da casa*> ~ **ajardinamento** *s.m.*

a.jei.tar *v.* {mod. 1} *t.d.,t.d.i. e pron.* **1** (prep. *a*) pôr(-se) a jeito; acomodar(-se) <*a. o cabelo*> <*a. a sala às exigências*> <*não se a. às condições*> □ *t.d. e t.d.i.* **2** (prep. *a, para*) conseguir por meios hábeis; arranjar <*tentou a. uma casa*> <*a. um emprego para o amigo*> □ *pron.* **3** sair de dificuldade <*perdeu dinheiro, mas ajeitou-se*> **4** (prep. *com*) relacionar-se bem <*a.-se com a vizinhança*> ~ **ajeitação** *s.f.* - **ajeitamento** *s.m.*

a.jo.e.lhar *v.* {mod. 1} *t.d.,int. e pron.* **1** pôr(-se) de joelhos <*a. os filhos para rezar*> <*a.(-se) antes de deitar*> **2** *fig.* (fazer) agir com submissão <*a. as multidões*> <*a.(-se) diante do líder*> ~ **ajoelhado** *adj.*

a.jou.jo *s.m.* **1** correia, cordão ou corrente com que se prendem dois a dois (cães, bois etc.) **2** *p.ext.* par de animais presos um ao outro ~ **ajoujado** *adj.* - **ajoujar** *v.t.d.*

a.ju.da *s.f.* **1** ação ou resultado de ajudar, de auxiliar; auxílio, amparo, socorro **2** favor que se presta a alguém; obséquio ▣ **a. de custo** remuneração por despesa ou serviço extraordinário

a.ju.dan.te *adj.2g.s.2g.* **1** que(m) ajuda; auxiliar **2** (funcionário) às ordens de outro; assistente

a.ju.dan.te de or.dens [pl.: *ajudantes de ordens*] *s.m.* oficial sob o comando de um superior militar ou civil (chefe de governo, ministro etc.)

a.ju.dar *v.* {mod. 1} *t.d.,t.d.i.,t.i.,int. e pron.* **1** (prep. *a, em*) prestar socorro, assistência (a outrem ou si mesmo); auxiliar(-se) <*a. os desabrigados*> <*ajudou-a em suas tarefas*> <*fez tudo sem ninguém lhe a.*> <*todos queriam a.*> <*eles se ajudam*> □ *t.d.* **2** tornar mais fácil; facilitar <*caminhar ajuda a digestão*>

a.ju.i.za.do *adj.* **1** que tem juízo; sensato, prudente **2** DIR submetido a juiz; processado <*recurso a.*>

a.ju.i.zar *v.* {mod. 2} *t.d. e t.i.* **1** (prep. *de*) formar juízo ou ideia sobre; julgar <*a. o fato*> <*a. de suas qualidades*> □ *t.d.* **2** fazer a avaliação de; calcular <*a. os prejuízos*> **3** DIR levar a juízo □ *t.d. e pron.* **4** (fazer) ter discernimento, moderação e bom senso <*tentou a. seus filhos*> <*ajuizou-se com a idade*> ~ **ajuizamento** *s.m.* - **ajuizável** *adj.2g.*

a.jun.ta.men.to *s.m.* **1** agrupamento de pessoas; aglomeração **2** *MG* mutirão ('auxílio gratuito') **3** união matrimonial; casamento

a.jun.tar *v.* {mod. 1} *t.d.,t.d.i.,int. e pron.* juntar

a.jus.tar *v.* {mod. 1} *t.d.* **1** fazer os reparos necessários; acertar <*a. a balança*> **2** tornar mais justo; apertar <*a. a saia*> **3** fazer acerto para; combinar, determinar <*a. o preço*> **4** saldar, liquidar (contas, dívidas) □ *t.i.,t.d.i. e pron.* **5** (prep. *em, a*) adaptar(-se) com perfeição; acomodar(-se) <*a chave não ajusta na fechadura*> <*a. os gastos aos ganhos*> <*o casal não se ajustou bem*> ~ **ajustado** *adj.* - **ajustamento** *s.m.* - **ajustável** *adj.2g.*

a.jus.te *s.m.* **1** adaptação harmônica de um elemento em um contexto **2** estabelecimento de pacto, acordo ▣ **a. de contas** **1** quitação de dívidas e obrigações **2** *fig.* vingança, acerto de contas

-al *suf.* **1** 'relação': *anual, brutal, pessoal* **2** 'coleção': *laranjal, seringal*

Al QUÍM símbolo de *alumínio*

AL sigla do Estado de Alagoas

a.la *s.f.* **1** fileira de objetos; fila **2** facção (dentro de um grupo ou partido) **3** cada parte lateral (de prédio, de ponte) **4** subdivisão (de batalhão, escola de samba etc.) ■ *adj.2g.s.2g.* *B* **5** ESP (atleta) que atua pelas laterais do campo, em esportes coletivos

a.lá *s.m.* REL designação muçulmana de Deus ☞ inicial maiúsc.

a.la.bar.da *s.f.* antiga lança cuja ponta é atravessada por uma lâmina em forma de meia-lua ~ **alabardeiro** *s.m.* - **alabardino** *adj.*

a.la.bas.tro *s.m.* **1** MINER rocha branca e transparente, finamente granulada ou maciça **2** vaso feito dessa pedra **3** *fig.* alvura, brancura ~ **alabastrino** *adj.*

á.la.cre *adj.2g.* vivo, animado

a.la.do *adj.* **1** dotado de asas, que voa **2** com forma de asa

a.la.ga.di.ço *adj.* **1** sujeito a inundações **2** encharcado, lodoso ■ *s.m.* **3** solo úmido e pesado, próprio para a cultura do arroz

a.la.ga.do *adj.* **1** coberto de água; inundado ■ *s.m.* **2** pequeno lago, lagoa ou porção de água estagnada, de existência temporária, decorrente de chuva ou inundação **3** terreno pantanoso; atoleiro, brejo

a.la.gar *v.* {mod. 1} *t.d.,int. e pron.* **1** cobrir(-se) ou encher(-se) de água; inundar(-se) *<a água da chuva alagou a garagem> <cuidado, as ruas podem alagar(-se)>* □ *t.d.,t.d.i. e pron.* **2** (prep. *de*) molhar(-se) muito; encharcar(-se) *<o suor alagava seu rosto> <o calor alagava-a de suor> <a.-se de lágrimas>* ~ **alagamento** *s.m.*

a.la.go.a.no *adj.* **1** de Alagoas ■ *s.m.* **2** natural ou habitante desse estado

a.la.mar [pl.: *-es*] *s.m.* **1** enfeite de roupa, feito com cordão trançado de seda, lã ou metal **2** peça de uniforme militar formada por cordões trançados ☞ nesta acp., mais us. no pl.

a.lam.bi.ca.do *adj.* **1** destilado em alambique **2** *fig. pej.* pretensioso, vaidoso **3** *N.E.* embriagado, bêbado

a.lam.bi.que *s.m.* **1** aparelho us. para destilar, composto por caldeira, tubulação e condensador **2** *p.ext.* local onde está esse aparelho; destilaria

a.lam.bra.do *adj.* **1** que possui cerca de arame ■ *s.m.* **2** cerca de arame **3** terreno com essa cerca ☞ cf. *aramado*

a.la.me.da /ê/ *s.f.* **1** rua (ou caminho) com árvores enfileiradas **2** lugar arborizado para passeio; aleia

¹a.lar *v.* {mod. 1} *pron.* **1** adquirir asas *<na época própria, as formigas se alam>* **2** movimentar-se voando *<o passarinho se alou no ar>* ☞ nas duas acp., só us. nas 3ªˢ p., exceto quando fig. □ *t.d.* **3** dispor ou organizar em alas *<a. uma tropa>* [ORIGEM: *ala* 'asa' + ²*-ar*]

²a.lar [pl.: *-es*] *adj.2g.* **1** em forma de asa **2** relativo ou semelhante a asa [ORIGEM: do lat. *alāris,e* 'das alas de um exército']

a.la.ran.ja.do *s.m.* **1** a cor do fruto da laranjeira; laranja ■ *adj.* **2** que lembra essa cor *<calça a.>* **3** diz-se dessa cor *<a cor a.>* **4** que tem gosto, forma ou odor de laranja

a.lar.de *s.m.* **1** atitude exibicionista, ostentosa **2** vaidade grande e infundada; vanglória

a.lar.de.ar *v.* {mod. 5} *t.d.* **1** exibir ou anunciar com ostentação *<a. riqueza>* □ *int. e pron.* **2** gabar-se, vangloriar-se *<alardeava(-se) diante dos colegas>* ~ **alardeamento** *s.m.*

a.lar.gar *v.* {mod. 1} *t.d.,int. e pron.* **1** tornar(-se) mais largo *<a. a rua> <ali o rio alarga> <o horizonte alargava-se ao redor>* **2** tornar(-se) menos apertado; afrouxar *<a. o cinto> <a saia alargou(-se)>* □ *t.d. e pron.* **3** tornar(-se) mais amplo, maior; aumentar *<a. o prazo> <sua influência alarga-se>* □ *int. e pron.* **4** dilatar, aumentar *<com o calor, os metais alargaram> <seus olhos alargam-se de espanto>* ~ **alargado** *adj.* - **alargamento** *s.m.*

a.la.ri.do *s.m.* **1** ruído de vozes, de gritos; algazarra, gritaria **2** lamentação, lamúria

a.lar.man.te *adj.2g.* **1** que causa alarme; assustador **2** que apresenta gravidade, perigo

a.lar.mar *v.* {mod. 1} *t.d. e pron.* pôr(-se) em alarme, em sobressalto; assustar(-se), inquietar(-se) *<o ruído alarmou-as> <a.-se com uma notícia>* ~ **alarmado** *adj.*

a.lar.me *s.m.* **1** aviso de ameaça de perigo **2** dispositivo de segurança em portas, janelas etc., para denunciar tentativas de roubo, invasão etc. **3** tumulto *<causar a.>*

a.lar.mis.mo *s.m.* divulgação de boatos ou notícias alarmantes

a.lar.mis.ta *adj.2g.s.2g.* que(m) costuma propagar notícias ou boatos alarmantes

a.las.tra.men.to *s.m.* ato ou efeito de alastrar(-se); difusão, propagação

a.las.trar *v.* {mod. 1} *t.d.,int. e pron.* **1** espalhar(-se); estender(-se) *<o sol alastra seu calor> <a fumaça alastrou(-se)>* □ *t.d. e pron.* **2** tornar(-se) conhecido; difundir(-se) *<a. um boato> <a notícia alastrou-se>* **3** aumentar a ação ou incidência (de vírus, doença etc.); proliferar(-se) *<o frio alastra a gripe> <a dengue alastrou-se no último ano>* ~ **alastrante** *adj.2g.*

a.las.trim [pl.: *-ins*] *s.m.* MED forma branda da varíola

a.la.ú.de *s.m.* MÚS instrumento de cordas dedilháveis, de origem árabe, com caixa convexa e em forma de gota

a.la.van.ca *s.f.* **1** barra resistente us. para mover ou erguer objetos pesados **2** *fig.* meio us. para obter um resultado; instrumento ◉ GRAM/USO dim.irreg.: *alavancote*

a.la.van.car *v.* {mod. 1} *t.d.* **1** mover, erguer com alavanca **2** *fig.* favorecer o desenvolvimento de; impulsionar *<a. a carreira>*

a.la.zão [pl.: *-ães* e *-ões*; fem.: *alazã*] *adj.s.m.* (cavalo) que tem o pelo cor de canela

al.bar.da *s.f.* sela grosseira de bestas de carga

al.bar.dão [pl.: *-ões*] *s.m.* **1** grande albarda ('sela') **2** GEO conjunto de pequenas elevações entre baixadas, ao longo de rios e cursos afins **3** GEO terreno elevado à margem de rios ou lagunas

al.ba.troz [pl.: *-es*] *s.m.* ave oceânica do hemisfério sul, de corpo robusto, cauda curta e asas longas e estreitas, que atinge mais de 3,5 m de envergadura

al.ber.gar *v.* {mod. 1} *t.d.,int. e pron.* **1** alojar(-se), hospedar(-se) *<a. um amigo> <albergaram-se em um hotel>* □ *t.d. e pron.* **2** abrigar(-se), asilar(-se) *<a. um sem-teto>* ~ **albergamento** *s.m.*

al.ber.gue *s.m.* **1** hospedaria, estalagem **2** *p.ext.* local de refúgio; abrigo

al.bi.nis.mo *s.m.* MED anomalia genética caracterizada pela ausência total ou parcial de pigmentação na pele, pelos e olhos

al.bi.no *adj.s.m.* que apresenta a anomalia genética do albinismo; aça, sarará

al.bor /ô/ [pl.: *-es*] *s.m.* → ***ALVOR***

al.bor.noz /ó/ [pl.: *-es*] *s.m.* **1** manto de lã com capuz, us. pelos árabes **2** casaco de mangas largas, com capuz ou gola subida

ál.bum [pl.: *-uns*] *s.m.* **1** livro próprio para colagem de fotografias, postais, selos etc. **2** livro de registro de notas pessoais, autógrafos etc. **3** volume composto por um ou mais discos, CDs, CD-ROMs etc., ger. acompanhado de folheto informativo

al.bu.me ou **al.bú.men** [pl.: *albúmenes* e *(B) albumens*] *s.m.* **1** clara de ovo **2** BOT tecido rico em substâncias nutritivas que envolve o embrião nas sementes

al.bu.mi.na *s.f.* BIOQ proteína solúvel em água e coagulável com o calor, encontrada na clara de ovo, leite, sangue e plantas ~ **albuminoso** *adj.*

al.bur.no *s.m.* BOT parte periférica do tronco das árvores constituída por células vivas que realizam a condução de água

al.ça *s.f.* **1** parte de um objeto, ger. em forma de asa ou presilha, us. para segurá-lo ou movê-lo *<a. da xícara>* **2** tira que se passa pelos ombros para segurar certas peças do vestuário *<vestido de a.>* **3** ANAT parte de um órgão que descreve um arco *<a. do intestino>*

al.ca.cho.fra /ô/ *s.f.* BOT **1** planta hortense cujas folhas (brácteas) e base carnosa são comestíveis e ricas em minerais **2** a flor dessa planta ◉ COL alcachofral

al.ca.çuz [pl.: *-es*] *s.m.* **1** BOT arbusto cultivado pelo seu rizoma, do qual se extrai uma pasta ou xarope us. em confeitaria, remédios para tosse e na produção de cerveja preta **2** essa pasta ou xarope

al.ça.da *s.f.* **1** DIR jurisdição; limite de competência ou autoridade de juiz, tribunal, chefes de repartição pública etc. **2** *fig.* campo de atuação; atribuição

al.ca.gue.tar /gü/ ou **ca.gue.tar** /gü/ *v.* {mod. 1} *t.d. e t.d.i. infrm.* **1** (prep. *a, para*) denunciar como culpado; acusar *<a. o colega (para a professora)>* **2** (prep. *a, para*) fazer denúncia de; delatar *<a. o esconderijo (à polícia)>*

al.ca.gue.te /güê/ ou **ca.gue.te** /güê/ *s.2g. B infrm.* **1** delator; dedo-duro **2** espião da polícia

al.cai.de [fem.: *alcaidessa /ê/*] *s.m.* **1** antigo governador de castelo ou província **2** antigo funcionário encarregado de cumprir determinações judiciais **3** autoridade espanhola correspondente ao prefeito

ál.ca.li *s.m.* QUÍM hidróxido cuja solução aquosa reage com (ou neutraliza) ácidos para formar sal e água

al.ca.li.no *adj.* QUÍM **1** relativo a álcali **2** que tem pH maior que 7; básico ■ *s.m.* **3** QUÍM metal alcalino ~ **alcalinidade** *s.f.*

al.ca.loi.de /ói/ *s.m.* QUÍM classe de compostos orgânicos de nitrogênio e, freq., oxigênio, que tb. podem ser obtidos por síntese; alguns possuem ação terapêutica (morfina, estricnina)

al.can.çar *v.* {mod. 1} *t.d.* **1** chegar junto de (alguém ou algo) *<correu para a. o amigo>* **2** pegar, tocar (algo) ger. com as mãos *<não alcançou o açucareiro>* **3** abarcar com a vista; avistar *<seguiu-a até onde seu olhar pôde alcançá-la>* **4** *fig.* entender, compreender *<a. a explicação do professor>* **5** atingir número, quantidade, quantia de; chegar a *<o time alcançou 50 pontos>* ☐ *t.d.,t.d.i. e int.* **6** (prep. *de*) ter êxito na conquista de; conseguir *<alcançou boa situação na firma>* *<alcançou do pai o que queria>* *<não basta querer para a.>* ~ **alcançável** *adj.2g.*

al.can.ce *s.m.* **1** distância dentro da qual se consegue ver, tocar ou atingir algo **2** obtenção, conquista *<o a. da vitória>* **3** importância, valor *<comentário de pouco a.>* **4** perseguição *<ir em a. do amigo>* **5** intenção *<não entendeu o a. da proposta>*

al.can.til [pl.: *-is*] *s.m.* **1** rochedo alto, com forte declive **2** lugar íngreme; abismo, precipício **3** ponto mais alto de uma elevação; cume, píncaro ~ **alcantilado** *adj.*

al.ça.pão [pl.: *-ões*] *s.m.* **1** porta ou abertura que dá passagem ao porão ou ao desvão do telhado **2** armadilha para pássaro

al.ca.par.ra *s.f.* BOT **1** alcaparreira **2** botão floral da alcaparreira, verde, aromático, que, conservado em vinagre, é us. como condimento ◉ COL alcaparral

al.ca.par.rei.ra *s.f.* BOT arbusto da região do Mediterrâneo, cultivado esp. por seu botão floral, a alcaparra; alcaparra

al.çar *v.* {mod. 1} *t.d. e pron.* **1** tornar(-se) mais alto; erguer(-se), levantar(-se) *<a. voo>* *<alçou-se na ponta dos pés>* ☐ *t.d.* **2** realizar construção de; erigir *<a. uma torre>* ☐ *pron.* **3** (prep. *a*) alcançar posição de destaque; elevar-se *<alçou-se à chefia do grupo>* ~ **alçamento** *s.m.*

al.ca.tei.a /éi/ *s.f.* **1** bando de lobos **2** *fig.* bando de criminosos

al.ca.ti.fa *s.f.* **1** tapete, alfombra **2** *p.ext.* o que lembra um tapete *<a. de grama>* ~ **alcatifar** *v.t.d.*

al.ca.tra *s.f.* carne da parte superior da anca do boi

al.ca.trão [pl.: *-ões*] *s.m.* QUÍM líquido negro e viscoso destilado de substâncias orgânicas, como o petróleo e o carvão, us. em produtos químicos e farmacêuticos ~ **alcatroar** *v.t.d.*

al.ca.traz [pl.: *-es*] *s.m.* grande ave marinha, de cauda bifurcada e plumagem escura, que ocorre em grande parte do litoral brasileiro

al.ce *s.m.* mamífero ruminante das regiões frias do hemisfério norte, de pelos escuros, ponta do focinho larga e chifres ramificados, presentes apenas nos machos

al.ce.ar *v.* {mod. 5} *t.d.* **1** pôr no alto; erguer *<a. um troféu>* **2** pôr alça em *<a. uma sacola>* ~ **alceado** *adj.* - **alceamento** *s.m.*

al.cio.ná.ceo *adj.s.m.* ZOO (espécime) dos alcionáceos, ramo de animais invertebrados aquáticos, tropicais, conhecidos como corais-moles, cuja colônia tem a forma de cogumelo

ál.co.ol [pl.: *álcoois* e *alcoóis*] *s.m.* **1** QUÍM substância sem cor, que queima e evapora com facilidade, geralmente obtida pela fermentação de açúcares ou por processos sintéticos **2** bebida alcoólica ▣ **á. etílico**

QUÍM substância obtida da fermentação ou destilação de açúcares e us. em bebidas, perfumaria e como combustível • **á. metílico** QUÍM metanol

al.co.ó.la.tra *adj.2g.s.2g.* que(m) sofre de alcoolismo

al.co.ó.li.co *adj.* **1** relativo a álcool **2** que contém álcool ■ *adj.s.m.* **3** alcoólatra

al.co.o.lis.mo *s.m.* MED dependência física e psíquica de bebidas alcoólicas

al.co.o.li.za.do *adj.* **1** que contém álcool **2** que se embriagou; bêbado ~ **alcoolizar** *v.t.d. e pron.*

al.co.rão ou **co.rão** [pl.: *-ões* e *-ães*] *s.m.* REL livro sagrado dos muçulmanos ☞ inicial maiúsc.; cf. *Alcorão* na parte enciclopédica

al.co.va /ô/ *s.f.* **1** quarto de dormir sem passagem para o exterior **2** quarto de mulher ou de casal

al.co.vi.tar *v.* {mod. 1} *t.d. e t.d.i.* **1** (prep. *a*) mediar as relações amorosas de *<alcovitou a prima (ao melhor amigo)>* □ *int.* **2** fazer intrigas; mexericar *<vivia de a.>* ~ **alcovitaria** *s.f.* - **alcovitice** *s.f.*

al.co.vi.tei.ro *adj.s.m.* **1** intermediário de relações amorosas **2** *p.ext.* fofoqueiro

al.cu.nha *s.f.* denominação que substitui ou é acrescentada ao nome próprio de alguém, de um grupo de pessoas, de um povo etc.; apelido ~ **alcunhar** *v.t.d.pred.*

al.de.a.men.to *s.m.* **1** conjunto de aldeias **2** HIST *B* povoação de índios administrada por missionários ou autoridades leigas

al.de.ão [pl.: *-ãos, -ães* e *-ões*; fem.: *aldeã*] *adj.* **1** relativo a aldeia **2** camponês, rústico ■ *s.m.* **3** natural ou habitante de aldeia

al.de.ar *v.* {mod. 5} *t.d.* **1** construir aldeia(s) em *<a. uma região>* **2** reunir numa só aldeia *<aldearam ali mais de uma etnia indígena>* **3** dispor em aldeias *<a. trabalhadores de uma hidrelétrica em construção>*

al.dei.a *s.f.* **1** povoado indígena **2** pequeno povoado ◉ GRAM/USO dim.irreg.: *aldeola* e *aldeota* ◉ COL aldeamento

al.de.o.la ou **al.de.o.ta** *s.f.* pequena aldeia ◉ GRAM/USO dim.irreg. de *aldeia*

al.dra.va ou **al.dra.ba** *s.f.* **1** pequena tranca metálica de porta ou janela **2** peça móvel de metal com que se bate à porta

a.le.a.tó.rio *adj.* que depende do acaso

a.le.crim [pl.: *-ins*] *s.m.* BOT **1** arbusto aromático, nativo da Europa, cujo óleo das sementes é us. como cicatrizante e em cosméticos, e as flores e folhas us. como tempero **2** ramo, folha ou flor desse arbusto

a.le.ga.ção [pl.: *-ões*] *s.f.* o que se apresenta como argumento; explicação

a.le.gar *v.* {mod. 1} *t.d.bit.* (prep. *a*) apresentar (fatos, argumentos etc.) como defesa, justificativa, explicação de algo *<a. inocência>* *<a. ao patrão razões particulares>*

a.le.go.ri.a *s.f.* **1** representação de pensamentos, ideias etc. por elementos simbólicos **2** história, pintura, discurso etc. com personagens e acontecimentos simbólicos **3** carro ou ornamentação que ilustra um enredo de escola de samba

a.le.gó.ri.co *adj.* **1** que envolve ou contém alegoria; figurado, metafórico **2** referente a alegoria, ornamentação *<carro a.>*

a.le.grar *v.* {mod. 1} *t.d.,int. e pron.* **1** (fazer) sentir alegria, satisfação, prazer *<o mágico alegrou a festa>* *<boas amizades alegram>* *<alegrei-me em vê-la>* □ *t.d. e int.* **2** deixar bonito, cheio de vida; avivar *<flores alegram a casa>* *<o vermelho é uma cor que alegra>*

a.le.gre *adj.2g.* **1** que causa ou sente alegria, contentamento **2** ligeiramente bêbado **3** de tom forte, vivo (diz-se de cor)

a.le.gri.a *s.f.* **1** estado de satisfação e prazer; contentamento **2** acontecimento feliz

a.le.gro *s.m.* MÚS composição musical ou movimento de uma composição em andamento rápido

a.lei.a /éi/ *s.f.* alameda

a.lei.ja.do *adj.s.m.* que(m) tem uma deficiência física ou não tem uma parte do corpo

a.lei.jão [pl.: *-ões*] *s.m.* **1** *pej.* deformidade física **2** *p.ext.* qualquer coisa disforme ou malfeita

a.lei.jar *v.* {mod. 1} *t.d.,int. e pron.* tornar(-se) aleijado *<o tombo aleijou sua perna>* *<soldados aleijaram(-se) na guerra>* ~ **aleijamento** *s.m.*

a.lei.tar *v.* {mod. 1} *t.d.* dar leite a; amamentar ~ **aleitamento** *s.m.*

a.lei.vo.si.a *s.f.* **1** traição, deslealdade **2** acusação baseada numa mentira; calúnia ~ **aleivoso** *adj.*

a.le.lui.a *s.f.* **1** REL no culto cristão, cântico de alegria ou de ação de graças, na ocasião da Páscoa **2** REL o sábado de Páscoa, quando se celebra a ressurreição de Cristo **3** LITUR trecho da missa que antecede o Evangelho ■ *interj.* **4** exclamação de alegria

além- *pref.* do adv. *além* (ver) *<além-mar, além-túmulo>* ☞ us. em adv. (às vezes substv. tb.)

a.lém *adv.* **1** mais adiante **2** em lugar (bem) longe *<que haveria a. da serra?>* ■ *s.m.* **3** o outro mundo ◉ GRAM/USO o subst. ordinariamente não se empr. no pl. ▣ **a. de 1** mais à frente de **2** para mais de *<já ia a. dos 50 quando casou>* **3** do outro lado de *<a casa fica a. da serra>* **4** acima de; mais do que *<come a. do que precisa>* **5** somado a *<a. de bonito, é inteligente>* • **a. disso** ou **do mais** ademais *<toca piano e, a. disso, canta bem>*

a.lém-mar [pl.: *além-mares*] *s.m.* **1** território situado do outro lado do mar; ultramar ■ *adv.* **2** do outro lado do mar

a.lém-tú.mu.lo [pl.: *além-túmulos*] *s.m.* o que vem depois da morte

a.len.tar *v.* {mod. 1} *t.d. e pron.* **1** (fazer) recobrar ânimo; encorajar(-se) *<as palavras do amigo alentaram-no>* *<suas pulsações alentaram-se>* □ *t.d.* **2** *fig.* tornar mais forte, vigoroso; alimentar *<o sonho alenta seu espírito>* □ *pron.* **3** tomar alento; respirar *<parou de correr para a.-se>* ~ **alentado** *adj.* - **alentador** *adj.s.m.*

a.len.to *s.m.* **1** fôlego, respiração **2** ânimo, entusiasmo **3** *p.ext.* o que alimenta, revigora, inspira

a.ler.gê.ni.co *adj.* que causa alergia

a.lér.ge.no ou **a.ler.gê.nio** *s.m.* substância que causa alergia

a.ler.gi.a *s.f.* **1** MED reação anormal e específica do organismo a certa substância **2** *fig.* sentimento de antipatia; aversão

a.lér.gi.co *adj.* **1** de ou próprio de alergia ■ *adj.s.m.* **2** que(m) tem alergia

a.ler.gis.ta *adj.2g.s.2g.* especialista em doenças alérgicas; alergologista

a.ler.go.lo.gi.a *s.f.* MED estudo e tratamento das doenças alérgicas ~ **alergologista** *adj.2g.s.2g.*

a.ler.ta *adj.2g.* **1** atento, vigilante ■ *s.m.* **2** sinal ou aviso para estar vigilante **3** estado de atenção ou vigilância ■ *adv.* **4** atentamente; de vigia *<viver a. aos movimentos do inimigo>* ■ *interj.* **5** grito de aviso

a.ler.tar *v.* {mod. 1} *t.d.,t.d.i.,int. e pron.* (fazer) ficar atento, de sobreaviso *<a. os soldados (para o perigo)> <os animais alertaram(-se) com o ruído>*

a.le.tri.a *s.f.* CUL macarrão de fio muito fino us. em pratos salgados e doces

a.le.vi.no *s.m.* ZOO estágio inicial da vida dos peixes

[1]a.le.xan.dri.no *adj.* **1** de Alexandria (Egito) ■ *s.m.* **2** natural ou habitante dessa cidade [ORIGEM: do lat. *alexandrīnus,a,um* 'id.']

[2]a.le.xan.dri.no *s.m.* LIT **1** verso de 12 sílabas, ger. com acento na sexta; dodecassílabo ■ *adj.* **2** relativo a esse verso [ORIGEM: do antr. *Alexandre* + *-ino*]

al.fa *s.m.* **1** primeira letra do alfabeto grego (α, Α) **2** ASTR estrela principal de uma constelação

al.fa.be.tar *v.* {mod. 1} *t.d.* pôr em ordem alfabética ~ **alfabetação** *s.f.* - **alfabetamento** *s.m.*

al.fa.bé.ti.co *adj.* **1** relativo ou pertencente a alfabeto **2** que segue a ordem das letras do alfabeto

al.fa.be.ti.za.do *adj.s.m.* que(m) aprendeu a ler e a escrever

al.fa.be.ti.zar *v.* {mod. 1} *t.d. e pron.* ensinar ou aprender a ler e escrever *<a. adultos> <alfabetizou-se sozinha>* ~ **alfabetização** *s.f.*

al.fa.be.to *s.m.* **1** série ordenada das letras de uma língua; abecedário **2** qualquer série ou sistema de sinais convencionados para representar letras, fonemas, palavras etc. *<a. fonético>*

al.fa.ce *s.f.* BOT hortaliça de folhas largas dispostas em roseta, verde-claras ou violáceas, us. em salada

al.fa.fa *s.f.* BOT erva us. mundialmente para alimentar o gado

al.fai.a *s.f.* **1** móvel ou adorno de uma casa **2** enfeite; joia **3** REL objeto us. em culto religioso; adorno de igreja

al.fai.a.ta.ri.a *s.f.* oficina e/ou loja de alfaiate

al.fai.a.te [fem.: *alfaiata*] *s.m.* aquele que faz roupas com corte masculino (paletós, ternos etc.) ~ **alfaiatar** *v.t.d. e int.*

al.fân.de.ga *s.f.* **1** repartição pública que fiscaliza bagagens e mercadorias que entram e saem de um país; aduana **2** local onde funciona essa repartição; aduana

al.fan.de.gá.rio *adj.* relativo ou pertencente a alfândega; aduaneiro

al.fan.je *s.m.* sabre de lâmina curta e larga

al.fa.nu.mé.ri.co *adj.* composto por letras e números

al.far.rá.bio *s.m.* livro antigo ~ **alfarrabista** *adj.2g.s.2g.*

al.fa.va.ca *s.f.* BOT arbusto de pequenas folhas, flores lilases ou amarelo-esverdeadas, de uso medicinal e culinário

al.fa.ze.ma *s.f.* **1** BOT planta cultivada como ornamental e para extração de óleo essencial, us. em perfumaria e medicina; lavanda **2** essência aromática extraída dessa planta ~ **alfazemar** *v.t.d.*

al.fe.res *s.m.2n.* antiga patente militar, logo abaixo de tenente

al.fi.ne.ta.da *s.f.* **1** picada com alfinete **2** dor aguda e rápida, comparável à dessa picada; fisgada **3** *fig.* crítica mordaz; insinuação maliciosa

al.fi.ne.tar *v.* {mod. 1} *t.d.* **1** espetar ou prender com alfinete **2** *fig.* provocar sensação de picada a *<a dor alfineta seu corpo>* **3** *fig.* criticar ou observar com sarcasmo *<críticos alfinetaram o filme>*

al.fi.ne.te /ê/ *s.m.* **1** fina haste de metal com ponta, us. para prender ou marcar peças de roupa, papéis etc. **2** enfeite que se espeta em gravata, chapéu etc. ▣ **a. de fralda** alfinete de segurança com que se prendem as fraldas de pano de bebês • **a. de segurança** alfinete composto de duas partes articuladas, em que a ponta de uma das partes se prende na cavidade de uma cabeça soldada à outra parte

al.fom.bra *s.f.* **1** tapete espesso e macio; alcatifa **2** *p.ext.* chão coberto de relva, flores etc. ~ **alfombrar** *v.t.d.*

al.for.je *s.m.* saco duplo, fechado nas extremidades e aberto no meio, por onde se dobra, formando duas bolsas iguais ~ **alforjar** *v.t.d.*

al.for.ri.a *s.f.* **1** HIST liberdade concedida a escravo **2** *p.ext.* libertação; emancipação

al.for.ri.a.do *adj.s.m.* que(m) recebeu alforria ou carta de alforria; liberto

al.for.ri.ar *v.* {mod. 1} *t.d.* **1** dar alforria a; libertar □ *pron.* **2** ficar livre; libertar-se

al.ga *s.f.* BOT espécime das algas, divisão do reino vegetal que reúne plantas de coloração diversa, com grande variedade de formas e tamanhos, que vivem em água salgada ou doce ▣ **a. azul** BOT cianofícea • **a. parda** BOT feofícea • **a. verde** BOT clorofícea • **a. vermelha** BOT rodofícea

al.ga.ris.mo *s.m.* sinal convencional us. para representação gráfica dos números ▣ **a. arábico** cada um dos dez caracteres representativos dos números 0 (zero), 1 (um), 2 (dois), 3 (três), 4 (quatro), 5 (cinco), 6 (seis), 7 (sete), 8 (oito), 9 (nove), cuja divulgação no Ocidente se deve aos árabes • **a. romano** representação numérica por meio das letras I (um), V (cinco), X (dez), L (cinquenta), C (cem), D (quinhentos), M (mil) ~ **algarítmico** *adj.*

al.ga.zar.ra *s.f.* barulheira, gritaria

ál.ge.bra *s.f.* MAT parte da matemática elementar que introduz letras e outros símbolos para representar os números ~ **algébrico** *adj.*

al.ge.ma *s.f.* par de argolas interligadas, ger. de metal, us. para prender alguém pelos pulsos ou tornozelos ◉ GRAM/USO mais us. no pl. ~ **algemar** *v.t.d.*

al.gi.bei.ra *s.f.* VEST pequeno bolso, ger. costurado no lado de dentro da roupa

ál.gi.do *adj.* muito frio, glacial ~ **algidez** *s.f.*

al.go *pron.ind.* **1** alguma coisa; qualquer coisa ■ *adv.* **2** um pouco, em algum grau *<era bom aluno, mas a. disperso>*

al.go.dão [pl.: *-ões*] *s.m.* **1** BOT algodoeiro **2** BOT conjunto de pelos longos, entrelaçados e ger. brancos que revestem as sementes do algodoeiro **3** fio ou tecido fabricado com esses pelos ◉ COL algodoal

al.go.dão-do.ce [pl.: *algodões-doces*] *s.m.* doce feito de fios muito finos de açúcar que, unidos, parecem um floco de algodão

al.go.do.a.ri.a *s.f.* fábrica de fiação ou de tecidos de algodão

al.go.do.ei.ro *s.m.* BOT **1** arbusto que fornece o algodão ■ *adj.s.m.* **2** que(m) produz algodão

al.go.lo.gi.a *s.f.* BOT ramo da botânica dedicado ao estudo das algas

al.go.rit.mo *s.m.* MAT sequência finita de regras, raciocínios ou operações que, aplicada a um número finito de dados, permite solucionar classes semelhantes de problemas matemáticos ~ **algorítmico** *adj.*

al.goz /ó *ou* ô/ [pl.: *-es*; /ó ou ô/] *s.2g.* **1** [1]carrasco **2** *fig.* aquele que trata os outros com crueldade

al.guém *pron.ind.* **1** pessoa sem identidade definida ou especificada **2** pessoa importante *<ser a. na vida>* ■ *s.m.* **3** ser humano, pessoa

al.gum [pl.: *-uns*] *pron.ind.* **1** us. para indicar um indivíduo ou coisa indeterminada; um, certo número de algo *<a. de nós terá de sair>* **2** nem muito nem pouco *<tem a. experiência>* **3** nenhum (após um subst.) *<dinheiro a. o trará de volta>*

al.gu.res *adv.* em algum lugar

-alha *suf.* 'quantidade': *gentalha*

a.lhe.ar *v.* {mod. 5} *pron.* **1** distrair-se, absorver-se *<alheava-se com frequência>* □ *t.d.,t.d.i. e pron.* **2** (prep. *de*) manter(-se) afastado; desviar(-se) *<a. o pensamento (de problemas)> <a.-se do que se passa à sua volta>* □ *t.d.* **3** passar a alguém domínio ou direito de; ceder, alienar *<a. um bem>* ~ **alheação** *s.f.* - **alheamento** *s.m.*

a.lhei.o *adj.s.m.* **1** (o) que pertence a outra pessoa ■ *adj.* **2** que não se relaciona com o assunto de que se trata; impróprio *<observação a. à conversa>* **3** que se mostra indiferente; distraído

a.lho *s.m.* BOT **1** erva de até 60 cm, com flores brancas ou avermelhadas e cujo bulbo, formado por gomos (dentes), é us. como condimento **2** o bulbo dessa erva ◉ COL alhada, alhal, réstia ▣ **misturar alhos com bugalhos** *fraseol. infrm.* confundir coisas muito diferentes; fazer grande confusão ~ **aliáceo** *adj.*

a.lho-por.ro /ô/ [pl.: *alhos-porros*] ou **a.lho-po.ró** [pl.: *alhos-porós*] *s.m.* BOT erva originária da Eurásia e norte da África, com um ou dois bulbos e folhas longas, us. na alimentação humana

a.lhu.res *adv.* em outro lugar

a.li *adv.* **1** em lugar diferente do que se está *<vou a. e já volto>* **2** naquele lugar, momento ou situação *<as compras chegaram até a. em perfeito estado>*

a.li.a.do *adj.s.m.* **1** (o) que se liga a outro para defender a mesma causa ou atacar o mesmo inimigo **2** cúmplice, parceiro

a.li.an.ça *s.f.* **1** anel de noivado ou casamento **2** pacto ou tratado entre indivíduos, partidos, povos ou governos

a.li.ar *v.* {mod. 1} *t.d.,t.d.i. e pron.* (prep. *a, com, contra*) firmar união, ligação, pacto (com); associar(-se), combinar(-se) *<a. parceiros> <a. o útil ao agradável> <a.-se contra o inimigo>*

a.li.ás *adv.* **1** de outro modo *<estuda muito; a. tiraria notas ruins se não estudasse>* **2** além disso *<a., não era a primeira vez que faltava>* **3** isto é *<estamos em agosto, a. julho>*

á.li.bi *s.m.* **1** DIR prova que inocenta o réu do crime de que foi acusado **2** *p.ext. infrm.* justificação ou desculpa aceitável

a.li.ca.te *s.m.* ferramenta composta de duas barras articuladas como tesoura, com extremidades achatadas ou recurvadas, us. para segurar ou cortar

a.li.cer.çar *v.* {mod. 1} *t.d.* **1** colocar o(s) alicerce(s) de *<a. uma casa>* **2** *fig.* dar base a; fundamentar *<a. uma opinião>* **3** *fig.* tornar firme, sólido; consolidar *<a. uma amizade>*

a.li.cer.ce *s.m.* **1** CONSTR bloco de alvenaria sobre o qual se assentam as estruturas externas de uma construção; base, fundação **2** *fig.* o que serve de fundamento para algo

a.li.ci.a.dor /ô/ [pl.: *-es*] *adj.s.m.* aliciante

a.li.ci.an.te *adj.2g.s.2g.* **1** (o) que atrai, alicia **2** *fig.* encantador, fascinante **3** (o) que instiga

a.li.ci.ar *v.* {mod. 1} *t.d.* atrair, criando a esperança de prazer ou vantagem *<a. eleitores>* ~ **aliciamento** *s.m.*

a.li.e.na.ção [pl.: *-ões*] *s.f.* **1** afastamento, alheamento, distração **2** DIR transferência de um bem ou direito para outra pessoa **3** indiferença às questões políticas ou sociais **4** loucura, perda da razão

a.li.e.na.do *adj.* **1** DIR que foi transferido, cedido ou vendido ■ *adj.s.m.* **2** *infrm.* que(m), voluntariamente ou não, se mantém distanciado da realidade política e social **3** *infrm.* louco, maluco

a.li.e.nar *v.* {mod. 1} *t.d. e t.d.i.* **1** DIR (prep. *de*) transferir a posse de; alhear *<a. um prédio> <alienou de si todas as suas posses>* □ *t.d. e pron.* **2** (fazer) ficar maluco; enlouquecer *<a tragédia alienou o rapaz> <depois do choque, alienou-se>* **3** tornar(-se) indiferente esp. às questões sociais e políticas *<alienaram*

os filhos> <após ser preso, alienou-se> ☐ *t.d.i. e pron.* **4** (prep. *de*) tornar(-se) separado; afastar(-se) *<aquela atitude alienou dele vários amigos> <a.-se da vida em sociedade>* ~ **alienante** *adj.2g.s.2g.*

a.li.e.na.tá.rio *s.m.* DIR aquele a quem se transfere algum direito, bem, posse etc.

a.li.e.ní.ge.na *adj.2g.s.2g.* **1** que(m) é natural de outro país; estrangeiro **2** *fig.* (o) que é de outros planetas ☞ cf. *indígena*

a.li.e.nis.ta *s.2g.* PSIQ médico especialista em doenças mentais

a.li.gei.rar *v.* {mod. 1} *t.d. e pron.* **1** tornar(-se) rápido; apressar(-se) *<a. uma decisão> <aligeirou-se para não chegar atrasado>* **2** tornar(-se) mais suave; aliviar(-se) *<a. a dor>* ☐ *t.d.* **3** tornar mais leve *<a. a carga do navio>*

a.li.jar *v.* {mod. 1} *t.d.* **1** tornar menos pesado (ger. embarcação), tirando parte da carga ☐ *t.d. e pron.* **2** (prep. *de*) [fazer] ficar livre de; afastar(-se) *<alijou a família> <a.-se dos problemas>* ~ **alijamento** *s.m.*

a.li.má.ria *s.f.* **1** animal, esp. quadrúpede **2** besta de carga **3** *fig.* pessoa estúpida e grosseira

a.li.men.ta.ção [pl.: *-ões*] *s.f.* **1** abastecimento com as substâncias necessárias à conservação da vida; sustento **2** *p.ext.* abastecimento de algo com o necessário ao seu funcionamento

¹a.li.men.tar *v.* {mod. 1} *t.d. e pron.* **1** prover(-se) de substâncias necessárias ao metabolismo; nutrir(-se) *<a. os animais> <alimente-se bem>* **2** *fig.* manter(-se) vivo, aceso (sonho, emoção etc.) *<a. desejos> <sua alegria alimenta-se do sucesso dos filhos>* ☐ *t.d.* **3** abastecer, munir *<a. uma caldeira>* [ORIGEM: *alimento* + *²-ar*]

²a.li.men.tar [pl.: *-es*] *adj.2g.* **1** relativo a alimento ou a alimentação **2** próprio para a alimentação [ORIGEM: *alimento* + *¹-ar*]

a.li.men.tí.cio *adj.* que alimenta, que nutre

a.li.men.to *s.m.* **1** toda substância que sirva para alimentar ou nutrir **2** *p.ext.* tudo o que contribui para a subsistência de algo *<o álcool serviu de a. para o fogo>* **3** *fig.* o que mantém ou sustenta

a.lí.nea *s.f.* **1** primeira linha de um novo parágrafo **2** *p.ext.* subdivisão de um artigo de lei, decreto ou contrato, ger. indicado por letras

a.li.nha.do *adj.* **1** colocado em linha reta **2** vestido com elegância **3** correto nas maneiras e ações; íntegro **4** POL harmonizado com, aliado

a.li.nha.men.to *s.m.* **1** fila de pessoas ou coisas em linha reta **2** *fig.* apuro, correção **3** tomada de partido; adesão, engajamento ▣ **a. das rodas** ajuste da suspensão de um veículo para garantir segurança e estabilidade

a.li.nhar *v.* {mod. 1} *t.d. e pron.* **1** pôr(-se) em linha reta; enfileirar(-se) *<a. cadeiras> <os cavalos alinharam-se para a largada>* **2** *fig.* tornar(-se) bem cuidado; enfeitar(-se) *<a. o cabelo, a roupa> <alinhou-se para o encontro>* ☐ *pron.* **3** (prep. *a*) pôr-se no mesmo nível; equiparar-se *<procurava a.-se ao mestre>* **4** (prep. *a*) ligar-se, aderir *<alinhou-se ao partido do tio>*

a.li.nha.var *v.* {mod. 1} *t.d.* **1** costurar provisoriamente, com pontos largos **2** *fig.* traçar as linhas gerais de; esboçar *<a. um texto>* **3** *fig.* fazer às pressas e/ou com imperfeições *<alinhavaram o discurso de formatura>*

a.li.nha.vo *s.m.* **1** ponto largo de costura provisória **2** *fig.* esboço de uma obra; delineamento **3** *fig.* elaboração apressada

a.lí.quo.ta *s.f.* **1** percentual a ser pago sobre o valor de algo **2** MAT parte que divide um todo sem deixar resto

a.li.sar *v.* {mod. 1} *t.d.* **1** tornar plano; nivelar, igualar *<a. madeira>* **2** deslizar a mão ou os dedos sobre, ger. com delicadeza *<a. o bigode>* ☐ *t.d.,int. e pron.* **3** (fazer) ficar sem rugas, pregas, dobras; esticar(-se) *<a. pele, roupa> <a roupa alisou(-se) após a lavagem>* **4** (fazer) perder as ondulações; desencrespar(-se) *<a. o cabelo> <o tecido alisou(-se) após a lavagem>* ☞ cf. *alizar* ~ **alisador** *adj.s.m.* - **alisamento** *s.m.*

a.lí.sio *adj.s.m.* (vento) que sopra durante todo o ano, de sudeste para noroeste no hemisfério sul e de nordeste para sudoeste no hemisfério norte

a.lis.ta.men.to *s.m.* inscrição, arrolamento, esp. para prestar o serviço militar

a.lis.tar *v.* {mod. 1} *t.d.* **1** colocar em lista; relacionar ☐ *t.d. e pron.* **2** inscrever(-se), p.ex., para o serviço militar, para um trabalho voluntário

a.li.te.ra.ção [pl.: *-ões*] *s.f.* GRAM LIT repetição de sons idênticos ou semelhantes no início de várias palavras de uma frase ou verso *<o rato roeu a roupa do rei de Roma>* ~ **aliterar** *v.t.d. e int.*

a.li.vi.ar *v.* {mod. 1} *t.d.* **1** diminuir o peso de *<a. a carroça>* ☐ *t.d. e int.* **2** (fazer) ficar mais brando, suave; atenuar *<o remédio aliviou a cólica> <em pouco tempo a dor aliviou>* ☐ *t.d.,int. e pron.* **3** (prep. *de*) [fazer] sentir, ter tranquilidade, consolo, alívio *<boas novas para a. a mãe> <chora para aliviar(-se)>*

a.lí.vio *s.m.* **1** diminuição de peso, sofrimento, trabalho etc. **2** consolo

a.li.zar [pl.: *-es*] *s.m.* ENG **1** revestimento de madeira que cobre as ombreiras das portas e janelas **2** rodapé **3** lambri ☞ nesta acp., mais us. no pl. **4** faixa de madeira, fixada à altura do encosto da cadeira, us. para proteger a parede ☞ cf. *alisar*

al.ja.va *s.f.* estojo sem tampa para guarda e transporte de flechas, carregado nas costas, pendurado em um ombro

al.jô.far [pl.: *-es*] ou **al.jo.fre** /ô/ *s.m.* **1** pérola miúda e irregular **2** *fig.* gota de orvalho

al.ma *s.f.* **1** REL parte imortal do homem; espírito **2** natureza moral e emocional de uma pessoa **3** ser humano *<é uma boa a.>* **4** caráter de uma pessoa ou grupo *<a a. do povo italiano>* **5** fonte de animação ou liderança **6** emoção ou sentimento *<cantar com a.>* **7** fantasma **8** condição essencial para a realização de algo *<o segredo é a a. do negócio>* **9** interior oco de arma de fogo ▣ **a. gêmea** pessoa com quem se tem muita afinidade

al.ma.ço *adj.s.m.* diz-se de ou papel branco encorpado, us. no passado para documentos, registros etc.

al.ma.na.que *s.m.* **1** publicação que contém o calendário anual e informações úteis, recreativas etc. **2** edição especial de revistas

al.mei.rão [pl.: *-ões*] *s.m.* chicória

al.me.jar *v.* {mod. 1} *t.d.* e *t.i.* (prep. *por*) desejar muito; ansiar *<a. um aumento>* *<almejavam por dias melhores>* ~ **almejo** *s.m.*

al.mi.ran.ta.do *s.m.* **1** título de almirante **2** conjunto de almirantes

al.mi.ran.te *s.m.* MAR **1** o mais alto posto da Marinha de Guerra **2** oficial nesse posto ◉ COL almirantado

al.mi.ran.te de es.qua.dra [pl.: *almirantes de esquadra*] *s.m.* MAR **1** o posto de oficial-general mais elevado na hierarquia da Marinha do Brasil, em tempo de paz, logo acima do vice-almirante e abaixo do almirante **2** oficial que detém esse posto

al.mís.car [pl.: *-es*] *s.m.* **1** substância de odor forte obtida de certos animais (como o almiscareiro), us. em perfumaria **2** *p.ext.* essência preparada com essa substância ou que tenha tal odor ~ **almiscarar** *v.t.d. e pron.*

al.mis.ca.rei.ro *s.m.* ZOO mamífero ruminante da família dos cervos, veados e renas, de tamanho pequeno, sem chifres, cujos machos possuem no abdome uma glândula produtora de almíscar, substância us. em perfumes

al.mo.çar *v.* {mod. 1} *int.* **1** ingerir o almoço *<almoçou bem>* □ *t.d.* **2** comer (algo) ao almoço *<a. peixe>*

al.mo.ço /ô/ *s.m.* **1** a primeira refeição substancial depois do café da manhã, feita ger. por volta do meio-dia **2** a comida servida nessa refeição

al.mo.cre.ve *s.m.* quem conduz animais de carga ~ **almocrevaria** *s.f.*

al.mo.fa.da *s.f.* **1** saco estofado para encosto, assento etc. **2** peça saliente ou superfície de pequena extensão contornada por moldura, em portas, móveis etc. **3** pequeno acolchoado que retém a tinta, us. para tingir os carimbos

al.mo.fa.di.nha *s.2g.* *B* quem é arrumado demais, esp. no vestuário; janota ~ **almofadismo** *s.m.*

al.mo.fa.riz [pl.: *-es*] *s.m.* recipiente para triturar e misturar substâncias sólidas

al.môn.de.ga *s.f.* CUL bolinho de carne moída cozido ou frito, servido ger. com molho

al.mo.to.li.a *s.f.* **1** recipiente em forma de cone, de gargalo estreito, us. para azeite e óleos **2** pequena vasilha, com bico estreito e comprido, us. para lubrificar máquinas

al.mo.xa.ri.fa.do *s.m.* numa empresa, depósito de materiais para reposição

al.mo.xa.ri.fe *s.m.* responsável pelo almoxarifado

a.lô *interj.* **1** us. para chamar a atenção de alguém **2** us. como saudação, esp. ao telefone ■ *s.m.* **3** cumprimento em que se usa essa palavra *<dirigiu-me um a.>*

a.lo.car *v.* {mod. 1} *t.d.* **1** pôr (alguém ou algo) em determinado lugar **2** destinar (verba, recursos etc.) para uma entidade ou fim específico *<a. dinheiro para a reforma>* ~ **alocação** *s.f.*

a.lóc.to.ne *adj.2g.s.2g.* que(m) não é originário do país onde se encontra

a.lo.cu.ção [pl.: *-ões*] *s.f.* discurso curto, ger. proferido em solenidades

a.lo.é *s.m.* ou **a.lo.és** *s.m.2n.* BOT **1** planta medicinal de hastes longas e carnudas e folhas em forma de espada; babosa, erva-babosa **2** sumo extraído da folha dessa planta

a.loi.ra.do *adj.* → ***ALOURADO***

a.loi.rar *v.* {mod. 1} → ***ALOURAR***

a.lo.ja.men.to *s.m.* **1** local provisório de moradia **2** acampamento de tropa militar

a.lo.jar *v.* {mod. 1} *t.d.,int. e pron.* **1** oferecer ou receber abrigo, hospedagem *<a. cães abandonados>* *<a.-se em um hotel>* **2** acampar □ *pron.* **3** tomar posição fixa; ficar *<a bala alojou-se na perna>* ~ **alojado** *adj.*

a.lon.ga.do *adj.* **1** que se dilatou, prolongou (diz-se de prazo); dilatado **2** cuja forma é longa; comprido **3** que foi ou está estendido *<músculo a.>*

a.lon.ga.men.to *s.m.* **1** aumento de comprimento; prolongamento **2** exercício físico destinado a estender os músculos

a.lon.gar *v.* {mod. 1} *t.d. e pron.* **1** expandir(-se) no tempo ou no espaço; prolongar(-se), estender(-se) *<a. a conversa>* *<a reunião se alongou>* **2** esticar(-se), estender(-se) *<a. os braços>* *<a estrada alongava-se à frente>*

a.lo.pa.ta ou **a.ló.pa.ta** *adj.2g.s.2g.* (profissional) que utiliza a alopatia

a.lo.pa.ti.a *s.f.* MED método de tratamento cujos remédios combatem as doenças, produzindo, no organismo, efeitos contrários a elas ☞ cf. *homeopatia* ~ **alopático** *adj.*

a.lo.pe.ci.a *s.f.* MED perda ou ausência de cabelo ou pelos ~ **alopécico** *adj.s.m.*

a.lo.pra.do *adj.s.m. infrm.* **1** muito agitado **2** doido, desatinado ~ **aloprar** *v.int.*

a.lou.ra.do ou **a.loi.ra.do** *adj.* **1** um pouco louro **2** tostado ou dourado ao fogo

a.lou.rar ou **a.loi.rar** *v.* {mod. 1} *t.d.,int. e pron.* tornar(-se) louro *<a. os cabelos>* *<o trigo alourava(-se) ao sol>*

[1]al.pa.ca *s.f.* **1** ZOO mamífero ruminante de menor porte que a lhama, pelagem longa, macia e lanosa, encontrado na região dos Andes **2** a lã desse animal **3** tecido feito com essa lã [ORIGEM: do esp. *alpaca* 'id.']

[2]al.pa.ca *s.f.* QUÍM liga de cobre, zinco, níquel e prata, us. na confecção de talheres, bijuterias etc.; metal-branco [ORIGEM: duv.]

al.par.ga.ta *s.f.* alpercata

al.pen.dra.do *adj.* **1** que tem alpendre **2** que tem formato ou aspecto de alpendre

al.pen.dre *s.m.* ARQ **1** cobertura saliente na entrada de uma construção, para abrigo do sol ou da chuva ou apenas como enfeite **2** varanda ou pátio coberto

al.per.ca.ta *s.f.* **1** sandália com tiras de couro ou pano **2** sapato de lona com sola de corda

al.pi.nis.mo *s.m.* ESP esporte que consiste em escalar montanhas, picos etc.; montanhismo

al.pi.nis.ta *adj.2g.s.2g.* relativo a alpinismo ou aquele que pratica esse esporte; montanhista

al.pi.no *adj.* **1** dos Alpes ☞ cf. *Alpes* na parte enciclopédica ■ *s.m.* **2** natural ou habitante dessas montanhas

al.pis.te *s.m.* BOT **1** grão us. na alimentação de pássaros domésticos ou engaiolados **2** planta que produz esse grão

al.que.bra.do *adj.* **1** que anda curvado, devido a doença, cansaço ou velhice; arqueado **2** que se apresenta abatido, cansado

al.que.brar *v.* {mod. 1} *t.d. e int.* **1** dobrar (a coluna) por doença, fraqueza ou velhice *<a artrite alquebrou sua espinha>* *<depois de certa idade, alquebrou>* □ *t.d.,int. e pron.* **2** tornar(-se) fraco, abatido moral ou fisicamente; debilitar(-se) *<os desgostos alquebraram suas forças>* *<alquebrara(-se) de tanto trabalhar>* ~ **alquebramento** *s.m.*

al.quei.re *s.m.* *B* unidade de medida de superfície agrária ▣ **a. mineiro** medida agrária equivalente a 48.400 m² • **a. paulista** medida agrária equivalente a 24.200 m²

al.qui.mi.a *s.f.* química medieval que buscava descobrir a cura de todos os males e a pedra filosofal, capaz de transformar metais em ouro ~ **alquímico** *adj.*

al.qui.mis.ta *adj.2g.s.2g.* que(m) se dedicava à alquimia

al.ta *s.f.* **1** elevação de preço ou cotação **2** autorização dada ao paciente para deixar o hospital

al.ta-cos.tu.ra [pl.: *altas-costuras*] *s.f.* **1** arte de criar e confeccionar roupas femininas exclusivas e sofisticadas **2** conjunto dos grandes costureiros

al.ta-fi.de.li.da.de [pl.: *altas-fidelidades*] *s.f.* **1** ELETRÔN técnica de reproduzir e amplificar som sem distorções e com baixos níveis de ruído **2** equipamento de som cujo funcionamento se baseia nessa técnica

al.ta.na.ri.a *s.f.* **1** capacidade de voar alto (aves) **2** caçada feita com aves de rapina treinadas **3** arte de adestrar tais aves **4** *fig.* orgulho, altivez

al.ta.nei.ro *adj.* **1** que se eleva ou voa muito alto *<falcão a.>* **2** cheio de altivez; orgulhoso

al.tar [pl.: *-es*] *s.m.* REL **1** mesa sagrada em que se celebra a missa **2** estrutura ger. elevada destinada a sacrifícios ou imolações; ara

al.tar-mor [pl.: *altares-mores*] *s.m.* altar principal numa igreja

al.ta-ro.da [pl.: *altas-rodas*] *s.f.* alta sociedade; elite

al.te.ar *v.* {mod. 5} *t.d.,int. e pron.* **1** tornar(-se) alto ou mais alto; erguer(-se), aumentar *<a. a voz>* *<o preço do pão alteou>* *<perto, alteava-se a colina>* □ *int.* **2** crescer em volume *<a massa do bolo não vai a.>* □ *pron.* **3** (prep. *a*) subir (de posto, posição social etc.) *<a.-se a juiz>* ~ **alteamento** *s.m.*

al.te.ra.ção [pl.: *-ões*] *s.f.* **1** modificação, mudança do estado normal ou no qual se encontrava **2** ato de adulterar algo voluntariamente; adulteração, falsificação **3** decomposição, deterioração **4** estado de excitação, desassossego **5** *B* discussão, bate-boca, confusão

al.te.ra.do *adj.* **1** que sofreu alteração **2** que se adulterou; falsificado *<documento a.>* **3** que se acha em estado de decomposição ou deterioração *<alimento a.>* **4** que se encontra ou se mostra desassossegado, inquieto

al.te.rar *v.* {mod. 1} *t.d. e pron.* **1** causar ou sofrer mudança; transformar(-se) *<a. o roteiro da viagem>* *<a cor da saia alterou-se>* **2** decompor(-se), deteriorar(-se) *<umidade altera os alimentos>* **3** *fig.* causar ou sentir inquietação; perturbar(-se) *<a morte do avô alterou-a>* *<alteraram-se ao ver a casa aberta>* **4** *fig.* irritar(-se), enfurecer(-se) *<a derrota do time alterou-o>* *<alterou-se com a mentira da irmã>* ~ **alterado** *adj.*

al.ter.ca.ção [pl.: *-ões*] *s.f.* discussão acalorada; bate-boca, desavença

al.ter.car *v.* {mod. 1} *t.i. e int.* (prep. *com*) discutir com raiva, com veemência *<altercou com o primo>* *<na rua, os lojistas altercavam>*

al.te.ri.da.de *s.f.* qualidade do que é outro ou diferente; diversidade

al.ter.na.dor /ô/ [pl.: *-es*] *adj.s.m.* **1** (o) que alterna ■ *s.m.* **2** ELETR sistema elétrico que fornece corrente alternada

al.ter.nân.cia *s.f.* **1** repetição intercalada de dois ou mais elementos, sempre obedecendo à mesma ordem **2** revezamento

al.ter.nar *v.* {mod. 1} *t.d.,t.d.i.,int. e pron.* (prep. *com*) suceder(-se) ou substituir(-se) de forma intercalada; revezar *<os vigias alternaram (seus turnos)>* *<a peça alterna o bem com o mal>* *<alternam-se no trabalho>*

al.ter.na.ti.va *s.f.* **1** uma de duas ou mais possibilidades pelas quais se pode optar *<suas a. eram ir à praia ou ir ao clube>* **2** GRAM ver ***CONJUNÇÃO ALTERNATIVA***

al.ter.na.ti.vo *adj.* **1** que oferece possibilidade de escolha **2** que representa uma opção não convencional *<imprensa a.>*

al.te.ro.so /ô/ [pl.: /ó/; fem.: /ó/] *adj.* **1** que tem altura elevada **2** *fig.* cheio de altivez; grandioso

al.te.za /ê/ *s.f.* **1** título dado aos príncipes ☞ inicial maiúsc. **2** *fig.* elevação moral; nobreza

al.tí.me.tro *s.m.* instrumento para medir altitudes

al.ti.nho *s.m.* RECR divertimento em que a bola é controlada pelos jogadores durante algum tempo sem tocar o chão e sem a ajuda das mãos

al.ti.pla.no *s.m.* GEO planalto

al.tis.so.nan.te *adj.2g.* **1** que soa muito alto; retumbante **2** *fig.* que demonstra pompa; rebuscado

al.ti.tu.de *s.f.* altura em relação ao nível do mar

al.ti.vez /ê/ [pl.: *-es*] *s.f.* **1** sentimento de dignidade **2** arrogância; orgulho

al.ti.vo *adj.* **1** que revela dignidade; ilustre **2** que demonstra generosidade; magnânimo, nobre **3** dominado pela arrogância, pela soberba; presunçoso

al.to *adj.* **1** de altura superior à média **2** *fig.* caro **3** *fig.* de nível elevado; superior *<a. estudos>* **4** *fig.* de maior importância, de mais destaque *<pontos a. do filme>* **5** MÚS diz-se de som agudo **6** que atinge graus mais elevados, superiores à média ou ao que é normal *<febre a.>* *<jogador de a. gabarito>* **7** afastado da costa *<mar a.>* **8** que se encontra muito distante *<a. sertão>* **9** distanciado ou avançado no tempo *<a. Idade Média>* *<ficou acordado até a. horas>* **10** *infrm.* levemente bêbado ■ *s.m.* **11** o ponto mais elevado *<o a. da torre>* ■ *adv.* **12** a grande altura do solo *<voar a.>* **13** com som forte ou agudo *<fale mais a.>* **14** MÚS em tom agudo ◉ GRAM/USO nas acp. adj., sup.abs.sint.: *altíssimo* ▣ **de a. a baixo 1** de cima a baixo **2** em toda a extensão *<a rua foi ocupada de a. a baixo>* **3** *fig.* com arrogância ou desdém *<olhou-o de a. a baixo>* • **por a.** sem entrar em detalhes *<contou o caso por a.>*

al.to-as.tral [pl.: *altos-astrais* (subst.); *alto-astrais* (adj.)] *adj.2g.s.2g.* (o) que é simpático, interessante, estimulante

al.to-co.mis.sá.rio [pl.: *altos-comissários*] *s.m.* delegado especial do governo, com amplos poderes

al.to-cú.mu.lo [pl.: *altos-cúmulos*] *s.m.* MET formação de nuvens altas, dispostas em grandes flocos

al.to-es.tra.to [pl.: *altos-estratos*] *s.m.* MET nuvem alta em forma de véu espesso e cinzento

al.to-fa.lan.te [pl.: *alto-falantes*] *s.m.* **1** amplificador de som em aparelhos de rádio, caixas de som etc. **2** megafone

al.to-for.no [pl.: *altos-fornos*] *s.m.* forno coberto por chapas metálicas por fora e tijolos refratários por dentro, que funde minério de ferro, transformando-o em ferro-gusa

al.to-mar [pl.: *altos-mares*] *s.m.* região marítima longe da costa ou fora das águas territoriais de uma nação; mar alto

al.to-re.le.vo [pl.: *altos-relevos*] *s.m.* ART.PLÁST figura que se esculpe ou molda, em relevo, sobre uma superfície plana ☞ cf. *baixo-relevo*

al.tru.ís.mo *s.m.* preocupação com a felicidade e o bem-estar alheio ~ **altruístico** *adj.*

al.tru.ís.ta *adj.2g.* **1** relativo a altruísmo **2** que revela altruísmo ■ *adj.2g.s.2g.* **3** que(m) pratica o altruísmo; filantropo, humanitário

al.tu.ra *s.f.* **1** dimensão de um corpo, da base para cima *<a a. do prédio>* **2** dimensão vertical de um indivíduo; estatura **3** ponto elevado; elevação *<daquela a., vê-se a ponte>* **4** propriedade do som (grave ou agudo), determinada pela frequência das vibrações das ondas sonoras **5** intensidade de som *<fala numa a. insuportável>* **6** determinado ponto; lugar *<ande até aquela a.>* **7** momento determinado; instante *<a certa a., dormiu>* ▣ **à a.** conforme é exigido pelas circunstâncias *<respondeu à a.>* *<é pessoa à a. da tarefa dada>* • **pôr nas a.** atribuir qualidades ideais a; exaltar

a.lu.á *s.m.* CUL *B* refresco feito com cascas de frutas, sumo de limão e farinha de arroz ou milho

a.lu.a.do *adj.s.m.* que(m) é distraído ~ **aluar** *v.t.d. e pron.*

a.lu.ci.na.ção [pl.: *-ões*] *s.f.* **1** PSIC perturbação mental caracterizada pelo aparecimento de sensações (visuais, auditivas etc.) atribuídas a causas que na realidade não existem **2** *p.ext.* impressão falsa; delírio, ilusão

a.lu.ci.na.do *adj.* **1** que(m) sofre de alucinações; louco **2** que(m) perdeu momentaneamente o uso da razão, do entendimento **3** *fig.* que(m) perdeu a razão ou o equilíbrio por causa de sofrimentos; cego, desvairado **4** *fig.* que(m) está ou ficou fascinado; deslumbrado, encantado

a.lu.ci.nan.te *adj.2g.* **1** que provoca alucinação, que perturba a mente e os sentidos com visões ou percepções imaginárias; alucinatório **2** que produz impressão fascinante ou deslumbrante; extraordinário **3** *p.ext.* que apaixona, que arrebata; estonteante

a.lu.ci.nar *v.* {mod. 1} *t.d. e pron.* **1** (fazer) perder momentaneamente a razão, o entendimento; desvairar(-se) *<a dor alucina-o>* *<ao ver que perdera tudo, alucinou-se>* **2** (prep. *com*) maravilhar(-se), encantar(-se) *<o filme alucinou o menino>* *<a.-se com uma apresentação>* □ *t.d. e int.* **3** provocar delírio ou desvario em *<certas bebidas alucinam (pessoas sensíveis)>* ~ **alucinatório** *adj.*

a.lu.ci.nó.ge.no *adj.s.m.* (substância) que provoca alucinações

a.lu.de *s.m.* **1** GEOL avalanche **2** *fig.* grande quantidade de pessoas ou coisas em movimento

a.lu.dir *v.* {mod. 24} *t.i.* (prep. *a*) fazer rápida menção; referir-se *<aludiu à festa, sem dar detalhes>* ◉ GRAM/USO não aceita o pron. *lhe(s)*, apenas *a ele(s)*, *a ela(s)*

a.lu.gar *v.* {mod. 1} *t.d. e t.d.i.* **1** (prep. *a*, *para*) conceder (a outrem) o uso de (algo), por certo tempo e mediante pagamento; locar *<alugou a sala (a amigos)>* □ *t.d.* **2** usar (algo de outrem) por um período, pagando por isso *<alugou a casa e se mudou para lá>* **3** *B gír.* tomar o tempo, a atenção de (alguém) *<alugava a irmã com suas queixas>*

a.lu.guel [pl.: *-éis*] *s.m.* **1** uso de algo móvel ou imóvel por tempo e valor determinados; arrendamento **2** o preço pago por esse uso

a.lu.ir *v.* {mod. 26} *t.d.* **1** tirar a firmeza de; abalar *<a. uma rocha>* **2** arruinar, prejudicar *<a. o bom nome de alguém>* □ *t.d.,int. e pron.* **3** (fazer) cair; derrubar(-se) *<o vento aluiu as árvores>* *<com a chuva, o muro aluiu(-se)>* □ *int.* **4** sair do lugar; mexer-se *<fizeram muita força para que a pedra aluísse>* ~ **aluimento** *s.m.*

a.lu.me ou **a.lú.men** [pl.: *alúmenes* e *(B) alumens*] *s.m.* QUÍM sulfato duplo de alumínio e metais alcalinos, us. em corantes, papel, porcelana, purificação de água, clarificação de açúcar; ume

a.lu.mi.ar *v.* {mod. 1} *t.d.,int. e pron.* **1** encher(-se) de luz, tornar(-se) claro; iluminar(-se) *<a. a sala> <a vela alumia> <alumiavam-se com uma lanterna>* □ *t.d.* **2** fazer sair luz de; acender *<a. o lampião>* ~ **alumiação** *s.f.* - **alumiamento** *s.m.*

a.lu.mí.nio *s.m.* QUÍM metal abundante na crosta terrestre, branco prateado, flexível e leve, bom condutor de eletricidade e calor e resistente à oxidação, us. na indústria [símb.: *Al*] ☞ cf. *tabela periódica* (no fim do dicionário) ~ **alumínico** *adj.* - **aluminizar** *v.t.d.*

a.lu.nis.sar ou **a.lu.ni.zar** *v.* {mod. 1} *int.* pousar na Lua ~ **alunissagem** *s.f.* - **alunizagem** *s.f.*

a.lu.no *s.m.* quem recebe instrução ou educação em estabelecimento de ensino ou particularmente; discípulo, estudante ◉ COL alunado, classe

a.lu.são [pl.: *-ões*] *s.f.* referência rápida ou vaga a algo ou alguém ~ **alusivo** *adj.*

a.lu.vi.ão [pl.: *-ões*] *s.2g.* **1** GEOL depósito composto de cascalho, argila, areia etc., transportados por correntes de água **2** inundação de terras provocada por águas correntes, pluviais etc.; enchente, enxurrada ~ **aluvial** *adj.2g.*

al.va *s.f.* **1** primeira claridade da manhã; aurora **2** LITUR veste branca e comprida us. pelos padres

al.va.cen.to *adj.* quase branco; esbranquiçado

al.vai.a.de *s.m.* QUÍM pigmento branco, constituído de carbonato de chumbo, us. em pintura de exteriores

al.var [pl.: *-es*] *adj.2g.* de cor branca; alvacento

al.va.rá *s.m.* **1** licença concedida por autoridade administrativa para exercer atividades como comércio, construção etc. **2** DIR documento judiciário ou administrativo no qual se ordenam ou se autorizam determinados atos

al.ve.dri.o *s.m.* livre arbítrio, vontade própria

al.ve.jan.te *adj.2g.s.m.* (substância) que alveja, torna branco

[1]**al.ve.jar** *v.* {mod. 1} *t.d. e int.* tornar(-se) branco ou mais branco *<a cal alvejou o muro> <a roupa branca alvejava ao sol>* [ORIGEM: [1]*alvo* + *-ejar*]

[2]**al.ve.jar** *v.* {mod. 1} *t.d.* acertar com precisão; atingir *<a. a caça>* [ORIGEM: [2]*alvo* + *-ejar*]

al.ve.na.ri.a *s.f.* **1** arte, atividade ou ocupação de pedreiro **2** pedra, tijolo etc. us. em construção **3** qualquer obra de pedra e cal

al.ve.o.lar [pl.: *-es*] *adj.2g.* **1** relativo ou pertencente a alvéolo **2** semelhante a alvéolo; alveolado

al.vé.o.lo *s.m.* **1** pequena cavidade **2** local, no favo, onde a abelha deposita o mel ▣ **a. dental** ANAT cada uma das cavidades em que os dentes se encaixam nos maxilares • **a. pulmonar** ANAT cada uma das pequenas cavidades, em forma de saco, no fundo do pulmão

al.vís.sa.ras *interj.* exclamação de alegria por notícia ou acontecimento feliz

al.vis.sa.rei.ro *adj.s.m.* **1** (o) que anuncia ou promete boas novas ou acontecimento feliz ■ *adj.* **2** promissor

al.vi.trar *v.* {mod. 1} *t.d. e t.d.i.* **1** (prep. *a*) mostrar a necessidade ou conveniência de; sugerir, propor *<a. uma solução para o caso> <alvitrou a ela um novo emprego>* **2** (prep. *a*) atribuir, fixar (remuneração) *<a. a féria dos garis> <alvitrou-lhe um bom salário>* ~ **alvitramento** *s.m.*

al.vi.tre *s.m.* o que é sugerido ou lembrado; conselho

[1]**al.vo** *adj.* branco, claro [ORIGEM: do lat. *albus,a,um* 'id.']

[2]**al.vo** *s.m.* **1** ponto que se procura atingir com tiro, flecha etc. **2** *fig.* centro de interesse; motivo, objeto *<ele foi a. de críticas>* **3** *fig. p.ext.* aquilo que se procura alcançar; intuito, objetivo *<o a. da atriz era a TV>* ◉ GRAM/USO nas acp. fig., pode vir ligado por hífen a outro subst., como palavra invariável (*público-alvo, mercados-alvo*) [ORIGEM: do lat. *album,i* 'cor branca; parte branca de algo; quadro, lista de nomes etc.']

al.vor ou **al.bor** /ô/ [pl.: *-es*] *s.m.* **1** a primeira luz do amanhecer **2** *fig.* começo, princípio **3** *fig.* qualidade do que é branco ou claro

al.vo.ra.da *s.f.* **1** primeira claridade da manhã; amanhecer **2** canto das aves ao amanhecer **3** MIL toque de corneta para acordar a tropa **4** *fig.* começo, princípio *<a. da vida>*

al.vo.re.cer *v.* {mod. 8} *int.* **1** raiar (o dia); amanhecer **2** *fig.* começar a manifestar-se; surgir, aparecer *<o cinema alvoreceu no século XIX>* ■ *s.m.* **3** o nascimento do dia; alvorada ◉ GRAM/USO verbo só us. na 3ª p., exceto quando fig.; como subst., pl.: *alvoreceres.*

al.vo.ro.çar *v.* {mod. 1} *t.d. e pron.* **1** pôr(-se) agitado; inquietar(-se) *<a notícia alvoroçou a cidade> <ao chegar o carro, todos se alvoroçaram>* **2** encher(-se) de alegria; entusiasmar(-se) *<o bom resultado na prova alvoroçou-o> <alvoroçou-se ao saber que viajariam>* **3** provocar revolta em ou revoltar(-se); rebelar(-se) *<o atraso alvoroçou o público> <os alunos alvoroçaram-se contra o diretor>* **4** assustar(-se), espantar(-se) *<o barulho alvoroça o gado> <o bebê alvoroçou-se com os latidos>* ~ **alvoroço** *s.m.*

al.vu.ra *s.f.* estado ou qualidade do que é alvo, branco; brancura

Alzheimer [al.] *s.m.* MED ver ***MAL DE ALZHEIMER*** ⇒ pronuncia-se alzaimer, em português

Am QUÍM símbolo de *amerício*

AM sigla do Estado do Amazonas

-ama *suf.* 'quantidade, abundância, coleção': *dinheirama*

a.ma *s.f.* **1** senhora, patroa **2** babá

a.ma.bi.li.da.de *s.f.* **1** delicadeza, gentileza **2** dito ou ato amável

a.ma.ci.ar *v.* {mod. 1} *t.d.* **1** fazer ficar macio; amolecer *<a. o couro>* **2** deixar liso ou sedoso; desembaraçar *<a. o pelo>* □ *t.d. e pron.* **3** *fig.* tornar(-se) brando; acalmar(-se) *<o amor amacia até pessoas sérias> <amaciou-se no contato com as crianças>* □ *t.d. e int. B* **4** (fazer) trabalhar (motor), a baixa velocidade, para ajuste das peças *<a. o motor do ônibus> <a essa velocidade, o motor não amacia bem>* ~ **amaciamento** *s.m.* - **amaciante** *adj.2g.s.2g.*

a.ma de lei.te [pl.: *amas de leite*] *s.f.* mulher que amamenta filho de outra ☞ cf. *ama-seca*

a.ma.do *adj.s.m.* (o) que é muito querido

a.ma.dor /ô/ [pl.: *-es*] *adj.s.m.* **1** que(m) se dedica a uma arte ou ofício por gosto, não por profissão **2** que(m) gosta muito de algo; amante, apreciador **3** *pej.* inexperiente ■ *adj.* **4** praticado por amadores (diz-se de esporte, arte ou ofício)

a.ma.do.ris.mo *s.m.* **1** dedicação a arte ou ofício, sem caráter profissional; diletantismo **2** *pej.* demonstração de incompetência ou inabilidade em atividade ~ **amadorista** *adj.2g.s.2g.*

a.ma.du.re.cer *v.* {mod. 8} *t.d.,int. e pron.* **1** desenvolver(-se) plenamente [esp. fruto] *<o sol amadurece os frutos>* *<o mamão não amadureceu>* □ *t.d. e int. fig.* **2** tornar(-se) mais experiente, consciente, sensato *<o sofrimento amadureceu-o>* *<a criança amadureceu cedo>* □ *t.d.* **3** elaborar, desenvolver *<a. uma ideia>* ~ **amadurecimento** *s.m.*

â.ma.go *s.m.* **1** parte central de alguma coisa ou pessoa; cerne **2** *fig.* a parte mais íntima ou fundamental; essência, bojo

a.mai.nar *v.* {mod. 1} *t.d. e int.* **1** perder força, ímpeto (vento, mar etc.) *<o fim da ventania amainou o mar>* *<o vento amainou>* □ *t.d.,int. e pron. fig.* **2** tornar(-se) sereno; abrandar(-se) *<o chefe amainou sua raiva>* *<a discussão amainou(-se)>*

a.mal.di.ço.ar *v.* {mod. 1} *t.d.* **1** lançar maldição a; praguejar, maldizer *<o vilão amaldiçoou o super-herói>* **2** ter horror a; abominar *<a. a má sorte>* ~ **amaldiçoado** *adj.s.m.* - **amaldiçoador** *adj.s.m.*

a.mál.ga.ma *s.m.* **1** QUÍM nome genérico das ligas metálicas que contêm mercúrio, us. em obturações dentárias, no garimpo de ouro etc. **2** *fig.* conjunto formado por elementos diferentes ou heterogêneos

a.mal.ga.mar *v.* {mod. 1} *t.d.* **1** fazer liga de mercúrio com (outro metal) *<a. a prata>* □ *t.d.,t.d.i. e pron. fig.* **2** (prep. *com*) fazer ou sofrer mistura, fusão; combinar(-se), juntar(-se) *<a. sons e cores>* *<a. a preposição com o artigo>* *<índio e branco amalgamaram-se, originando o mameluco>*

a.ma.lu.car *v.* {mod. 1} *t.d.,int. e pron.* (fazer) ficar louco; endoidecer *<o barulho dos aviões amalucou o rapaz>* *<com tanto azar, quase amalucou>* *<amalucou-se ao receber o dinheiro do prêmio>* ~ **amalucado** *adj.*

a.ma.men.tar *v.* {mod. 1} *t.d. e int.* dar de mamar (a); aleitar *<a. o filho>* *<é importante a.>* ~ **amamentação** *s.f.*

a.man.ce.bar-se *v.* {mod. 1} *pron.* (prep. *com*) viver com (alguém), sem se casar; amasiar-se ~ **amancebado** *adj.s.m.* - **amancebamento** *s.m.*

a.ma.nhã *adv.* **1** no dia seguinte ao presente **2** em um futuro indeterminado ■ *s.m.* **3** o dia seguinte **4** o futuro

a.ma.nhar *v.* {mod. 1} *t.d.* **1** cultivar, lavrar (a terra) *<a. o campo>* **2** pôr ordem em; arrumar *<a. as roupas>* □ *t.d. e pron.* **3** enfeitar(-se) para ficar elegante *<amanhou o vestido e saiu>* *<a.-se com bom gosto>* ~ **amanho** *s.m.*

a.ma.nhe.cer *v.* {mod. 8} *int.* **1** começar, raiar (a manhã, o dia) □ *pred. fig.* **2** encontrar-se, pela manhã, em certo estado ou condição *<amanheceram felizes>* □ *int. fig.* **3** encontrar-se de manhã em um lugar qualquer *<não vamos a. aqui>* ■ *s.m.* **4** o começo do dia; alvorecer **5** *fig.* o início de algo *<o a. do século>* ◉ GRAM/USO verbo impessoal, exceto quando fig.; como subst., pl.: *amanheceres.*

a.man.sar *v.* {mod. 1} *t.d.,int. e pron.* **1** (fazer) ficar manso ou dócil *<a. um leão>* *<a fera amansou-(se)>* **2** *fig.* tornar(-se) calmo, sereno; aquietar(-se) *<o mar amansou suas ondas>* *<a tempestade amansou(-se)>* □ *t.d. e pron. fig.* **3** tornar(-se) mais suave; aliviar(-se) *<a.(-se) a sede>* ~ **amansamento** *s.m.*

a.man.te *adj.2g.s.2g.* **1** que(m) ama; apaixonado **2** admirador, apreciador ■ *s.2g.* **3** pessoa que mantém relações sexuais extraconjugais com outra; amásio

a.man.tei.ga.do *adj.* **1** untado com manteiga **2** semelhante a manteiga **3** *fig.* que é brando, macio, mole ■ *adj.s.m.* **4** (o) que é feito com muita manteiga *<(biscoitos) a. de Petrópolis>*

a.ma.nu.en.se *s.2g.* **1** quem escreve texto à mão; escrevente **2** antigo funcionário público que copiava ou registrava documentos ~ **amanuensal** *adj.2g.*

a.ma.pa.en.se *adj.2g.* **1** do Amapá ■ *s.2g.* **2** natural ou habitante desse estado

a.mar *v.* {mod. 1} *t.d. e pron.* **1** sentir amor (por) *<amava seu marido>* *<sempre se amaram>* **2** ter relações sexuais (com) □ *t.d.* **3** sentir grande devoção por; adorar *<a. o próximo>* ☞ tb. us. com a prep. *a* **4** gostar muito de; apreciar *<ama estudar>* □ *pron.* **5** ter muito amor-próprio *<ama-se por ser quem é>*

a.ma.ran.tá.cea *s.f.* BOT espécime das amarantáceas, família de muitas ervas, alguns arbustos, trepadeiras e poucas árvores, cultivadas como ornamentais, como as sempre-vivas, ou para alimentação ~ **amarantáceo** *adj.*

a.ma.ran.to *s.m.* BOT nome comum a diversas plantas nativas de regiões tropicais e temperadas, cultivadas como ornamentais e/ou pelas sementes e folhas comestíveis

a.ma.rar *v.* {mod. 1} *t.d.,int. e pron.* amerissar ~ **amaragem** *s.f.*

a.ma.re.la.do *adj.* **1** que tem cor puxada ao amarelo *<retrato a.>* **2** diz-se dessa cor *<cor a. das cortinas>* **3** que amarelou *<papel a.>* **4** sem viço; anêmico, pálido *<pele a.>* ■ *s.m.* **5** a cor amarelada *<o a. dos dentes>*

a.ma.re.lão [pl.: *-ões*] *s.m.* MED VET ancilostomíase

a.ma.re.lar *v.* {mod. 1} *t.d.,int. e pron.* **1** tornar(-se) amarelo ou amarelado; amarelecer *<o sol amarela as folhas>* *<a camisa amarelou(-se)>* □ *int.* **2** perder o viço, o frescor; amarelecer, empalidecer *<sua pele amarelou>* **3** *infrm.* perder a coragem em situação difícil, perigosa etc.; acovardar-se *<amarelou ao ver o adversário>*

A

a.ma.re.le.cer *v.* {mod. 8} *t.d.,int. e pron.* amarelar ('tornar[-se] amarelo', 'perder o viço') ~ **amarelecimento** *s.m.*

a.ma.re.li.dão [pl.: *-ões*] *s.f.* **1** palidez **2** aspecto do que tem cor amarela ~ **amarelidez** *s.f.*

a.ma.re.li.nha *s.f.* RECR *B* brincadeira em que se pula em uma só perna dentro de quadrados riscados no chão, saltando aquele em que se jogou uma pedrinha, ou objeto semelhante, que deve ser depois recuperada

a.ma.re.lo *s.m.* **1** cor primária entre o verde e o laranja; a cor da gema do ovo ■ *adj.* **2** que tem essa cor *<pano a.>* **3** diz-se dessa cor *<a cor a.>* **4** descorado, pálido *<faces a.>*

a.mar.fa.nhar *v.* {mod. 1} *t.d. e pron.* encher(-se) de pregas, vincos ou dobras; amassar(-se) *<a. um tecido> <a.-se ao sentar>*

a.mar.gar *v.* {mod. 1} *int.* **1** ter sabor amargo ou azedo *<frutas verdes amargam>* □ *t.d.* **2** tornar amargo *<a. um molho com vinagre>* **3** *fig.* tornar doloroso, penoso *<a traição amargou sua vida>* □ *t.d. e pron. fig.* **4** (fazer) sentir amargura, tristeza; afligir(-se) *<amargava-o tanta injustiça> <a.-se com o fracasso>*

a.mar.go *adj.* **1** de sabor áspero como o da bílis *<remédio a.>* **2** não doce; sem doce **3** *fig.* penoso, aflitivo **4** *fig.* cheio de mágoa, de amargura; desgostoso ■ *s.m.* **5** amargor ('sabor') ◉ GRAM/USO sup.abs. sint.: *amarguíssimo, amaríssimo* ~ **amargoso** *adj.*

a.mar.gor /ô/ [pl.: *-es*] *s.m.* **1** sabor amargo **2** *fig.* desgosto; angústia

a.mar.gu.ra *s.f.* **1** sabor amargo; amargor **2** *fig.* aflição, angústia

a.mar.gu.rar *v.* {mod. 1} *t.d. e pron.* **1** causar ou sentir angústia, aflição; afligir(-se) *<a espera amargurava seus dias> <a.-se com a doença do cachorro>* □ *t.d.* **2** tornar penoso, difícil *<a solidão amargurou sua vida>* ~ **amargurante** *adj.2g.*

a.ma.ri.li.dá.cea *s.f.* BOT espécime das amarilidáceas, família de ervas com grandes e belas flores coloridas, como a açucena ~ **amarilidáceo** *adj.*

a.ma.rí.lis *s.2g.2n.* BOT nome comum de plantas cultivadas por suas flores ger. avermelhadas e cheirosas, também conhecidas como açucena

a.mar.ra *s.f.* **1** MAR corrente ou cabo que prende a âncora à embarcação **2** *p.ext.* qualquer cabo, corda ou corrente com que se prende algo

a.mar.rar *v.* {mod. 1} *t.d.,t.d.i. e pron.* **1** (prep. *a, em*) ligar fortemente; atar, prender *<a. o cavalo (na árvore)> <a. um pé ao outro> <a.-se à árvore>* □ *t.d.* **2** atar (com corda, fita etc.) *<a. um embrulho>* **3** *fig. B* impedir o bom andamento de; travar *<a. o trabalho alheio>* □ *t.d.i. e pron. fig.* **4** (prep. *a, em*) prender(-se) com laços amorosos *<o acaso amarrara-o àquela moça> <a.-se em alguém>* **5** prender por obrigação moral *<a promessa amarrava-o> <a.-se por uma dívida>* □ *t.d.i.* **6** *fig.* (prep. *a*) fazer depender; sujeitar *<a. um aumento a outro>* □ *pron.* **7** *B gír.* (prep. *em*) gostar demais *<a.-se em teatro>* **8** *fig.* (prep. *a*) ligar-se a (convicções, ideias) *<a.-se à política>* ~ **amarração** *s.f.*

a.mar.ron.za.do *adj. B* **1** de tonalidade puxada ao marrom ou que com ela se parece; acastanhado **2** diz-se dessa cor *<cor a.>* ■ *s.m.* **3** a cor amarronzada *<o a. dos olhos>*

a.mar.ro.tar *v.* {mod. 1} *t.d. e pron.* encher(-se) de vincos, dobras por compressão ou pressão; amassar(-se) *<a. a saia> <a.-se ao sentar>* ~ **amarrotado** *adj.* - **amarrotamento** *s.m.*

a.ma-se.ca [pl.: *amas-secas*] *s.f.* mulher que cuida de criança sem amamentar; ama ☞ cf. *ama de leite*

a.ma.si.ar-se *v.* {mod. 1} *pron.* (prep. *com*) viver com (alguém), sem se casar; amigar-se

a.má.sio *s.m.* **1** aquele que vive com alguém como cônjuge, sem ser casado; amigado **2** amante ('pessoa')

a.mas.sar *v.* {mod. 1} *t.d.* **1** transformar em massa ou pasta *<a. barro>* **2** *fig.* dar pancada em; bater *<a. o nariz de alguém>* □ *t.d.,int. e pron.* **3** achatar(-se) por pressão ou esmagamento *<a batida amassou o carro> <esse metal amassa> <ao cair, a jarra amassou-se>* **4** encher(-se) de dobras, rugas; amarrotar(-se) *<a. o papel> <tecido que não amassa> <a.-se a pele do rosto>* ~ **amassadela** *s.f.* - **amassadura** *s.f.*

a.má.vel [pl.: *-eis*] *adj.2g.* **1** digno de ser amado **2** afável, simpático **3** que causa impressão agradável; encantador ◉ GRAM/USO sup.abs.sint.: *amabilíssimo*

a.ma.vi.o *s.m.* **1** poção para despertar o amor; filtro **2** meio de sedução, encanto, feitiço ◉ GRAM/USO mais us. no pl.

a.ma.zo.na *s.f.* **1** mulher que anda a cavalo **2** mulher corajosa ▼ *amazonas* *s.f.pl.* MIT **3** corajosas guerreiras lendárias que, na Antiguidade, teriam vivido às margens do mar Negro

a.ma.zo.nen.se *adj.2g.* **1** do Amazonas ■ *s.2g.* **2** natural ou habitante desse estado

[1]**a.ma.zô.ni.co** *adj.* relativo a amazona [ORIGEM: do lat. *amazonicus,a,um* 'id.']

[2]**a.ma.zô.ni.co** *adj.* relativo ou pertencente à Amazônia ☞ cf. *Amazônia* na parte enciclopédica [ORIGEM: do topônimo *Amazônia* + *-ico*]

âm.bar [pl.: *-es*] *s.m.* **1** a cor do âmbar-amarelo ■ *adj.2g.* **2** que tem a cor entre castanho e amarelo **3** diz-se dessa cor *<a cor â.>* ~ **ambarino** *adj.*

âm.bar-a.ma.re.lo [pl.: *âmbares-amarelos*] *s.m.* resina fóssil, semitransparente, de cor entre o castanho e o amarelo, us. na confecção de piteiras, colares etc.

âm.bar-gris [pl.: *âmbares-grises*] ou **âm.bar-cin.zen.to** [pl.: *âmbares-cinzentos*] *s.m.* substância formada no intestino dos cachalotes e us. na indústria de perfumes

ambi- *pref.* 'duplicidade': *ambidestro, ambivalente*

am.bi.ção [pl.: *-ões*] *s.f.* **1** anseio por poder, riqueza, fama etc.; cobiça **2** anseio forte de alcançar determinado objetivo; pretensão

am.bi.cio.nar *v.* {mod. 1} *t.d.* **1** desejar com ardor (esp. riquezas, honras); cobiçar *<a. o poder>* **2** ter como objetivo, desejo; pretender *<ambiciona viajar>*

am.bi.ci.o.so /ô/ [pl.: /ó/; fem.: /ó/] *adj.s.m.* **1** que(m) tem ambição ■ *adj.* **2** cuja execução exige competência ou coragem; arrojado

am.bi.des.tro /é *ou* ê/ *adj.s.m.* que(m) usa as duas mãos com a mesma habilidade ~ **ambidestreza** *s.f.* - **ambidestria** *s.f.*

am.bi.ên.cia *s.f.* **1** o meio físico em que se vive; meio ambiente **2** *p.ext.* conjunto de condições sociais, culturais, morais etc. que cercam e influenciam uma pessoa; meio ambiente

am.bi.en.tal [pl.: *-ais*] *adj.2g.* relativo a ou próprio de ambiente ou do meio ambiente

am.bi.en.ta.lis.mo *s.m.* conjunto de ideias, ideologia ou movimento em defesa da preservação do meio ambiente ~ **ambientalista** *adj.2g.s.2g.*

am.bi.en.tar *v.* {mod. 1} *t.d. e pron.* **1** adaptar(-se) a um ambiente *<a. uma planta> <ambientaram-se rapidamente>* □ *pron.* **2** acontecer (filme, peça, história) em determinado lugar *<a história ambienta-se em Porto Alegre>* ~ **ambientação** *s.f.*

am.bi.en.te *adj.2g.s.m.* **1** (o) que rodeia e constitui o meio em que se vive *<temperatura a.> <este é o ambiente ideal>* ■ *s.m.* **2** recinto, espaço, em que se está ou vive **3** conjunto de condições que envolve as pessoas; atmosfera *<o a. parecia tenso>* **4** CINE LIT TEAT TV conjunto dos aspectos de um meio social, natural ou histórico em que se situa uma ação **5** INF configuração de um computador ~ **ambiental** *adj.2g.*

am.bi.gui.da.de /gü/ *s.f.* **1** característica ou condição do que é ambíguo **2** imprecisão de sentido (de palavras, formas, expressões etc.) **3** hesitação entre possibilidades; dúvida, incerteza

am.bí.guo *adj.* **1** que tem ou pode ter mais de um sentido; equívoco **2** que desperta dúvida; vago

âm.bi.to *s.m.* **1** espaço físico limitado; recinto **2** *fig.* setor, área de atuação

am.bi.va.len.te *adj.2g.* que apresenta dois poderes ou valores, contrários ou não ~ **ambivalência** *s.f.*

am.bos *pron.pl.* **1** os dois, um e outro (referente a pessoas ou coisas mencionadas em pares) *<beijou-lhe a. as mãos>* **2** os dois, um e outro (referente a pessoas ou coisas de que se falou anteriormente) *<quanto aos livros, a. são bons>*

am.bro.si.a *s.f.* **1** alimento dos deuses do Olimpo, que concedia ou mantinha a imortalidade **2** *fig.* o que causa grande prazer **3** CUL *B* doce de ovos cozidos em leite com açúcar e baunilha ~ **ambrosíaco** *adj.*

am.bu.lân.cia *s.f.* carro equipado para atender e transportar doentes e feridos

am.bu.lan.te *adj.2g.* **1** que se transporta sempre de um lugar para outro *<comércio a.>* ■ *adj.2g.s.2g.* **2** que(m) exerce sua atividade em local não fixo

am.bu.la.tó.rio *s.m.* **1** enfermaria para consulta ou primeiros socorros, em hospital, fábrica etc. ■ *adj.* **2** que não força o doente a hospitalizar-se (diz-se esp. de doença ou tratamento) ~ **ambulatorial** *adj.2g.*

-ame *suf.* 'quantidade, abundância, coleção': *vasilhame*

a.me.a.ça *s.f.* **1** promessa de castigo ou dano **2** prenúncio ou indício de acontecimento desagradável; ameaço, sinal **3** início de algo negativo, que não chega a consumar-se *<a. de enfarte>* **4** constrangimento imposto a alguém *<compareceu sob a.>* ~ **ameaçador** *adj.s.m.*

a.me.a.çar *v.* {mod. 1} *t.d.* **1** pôr medo em, com promessas de causar dano, dar castigo **2** *p.ext.* pôr em risco; prejudicar *<a. um projeto>* **3** *fig.* fazer menção de (fazer algo) *<ameaçou denunciar o colega>* □ *t.d. e int.* **4** estar prestes a (acontecer, chegar) *<o muro ameaça cair> <está ameaçando uma tragédia>*

a.me.a.ço *s.m.* ameaça ('prenúncio')

a.me.a.lhar *v.* {mod. 1} *t.d. e int.* **1** juntar (dinheiro) aos poucos; economizar *<costuma a. (o que ganha)>* □ *t.d. fig.* **2** juntar, acumular *<amealhou muitos amigos>* ~ **amealhador** *adj.s.m.*

a.me.ba *s.f.* ZOO microrganismo que se instala no intestino humano, causando colite, disenteria e cólica ~ **amebiano** *adj.* - **amébico** *adj.*

a.me.bí.a.se *s.f.* MED infecção causada por ameba, que se caracteriza por diarreia dolorosa com perda de sangue

a.me.dron.tar *v.* {mod. 1} *t.d.,int. e pron.* (fazer) ficar com medo; aterrorizar(-se) *<a careta amedrontou as crianças> <a escuridão amedronta> <amedrontou-se e fugiu>* ~ **amedrontador** *adj.s.m.* - **amedrontamento** *s.m.*

a.mei.a *s.f.* cada um dos parapeitos denteados, no alto de muralhas ou torres de fortalezas e castelos ☞ mais us. no pl.

a.mêi.joa *s.f.* ZOO molusco bivalve comestível, encontrado no lodo de mangues; lambreta, sarnambi, sernambi

a.mei.xa *s.f.* BOT fruto com um único caroço, roxo-escuro, comestível, carnoso e suculento, com propriedade laxante

a.mei.xei.ra *s.f.* BOT árvore da ameixa

a.mém [pl.: *-éns*] *interj.* REL **1** assim seja ■ *s.m. infrm.* **2** aprovação, consentimento

a.mên.doa *s.f.* BOT **1** fruto e semente da amendoeira e suas variedades **2** *p.ext.* qualquer semente contida num caroço

a.men.do.a.do *adj.* **1** que se assemelha a amêndoa na cor ou no aspecto **2** de contorno acentuadamente oblongo; puxado *<olhos a.>*

a.men.do.ei.ra *s.f.* BOT árvore nativa da Europa e Ásia, de frutos esverdeados contendo uma semente, a amêndoa

a.men.do.im [pl.: *-ins*] *s.m.* BOT **1** planta anual, brasileira, de fruto em forma de cilindro que se desenvolve e amadurece sob a terra **2** a semente dessa planta, muito us. na alimentação humana

A

a.me.ni.a *s.f.* MED amenorreia

a.me.ni.da.de *s.f.* **1** jeito característico do que é ameno, agradável, tranquilo **2** conjunto de qualidades e condições que provocam o bem-estar *<a a. da vida no campo>* ▼ ***amenidades*** *s.f.pl.* **3** assuntos, atividades etc. leves, agradáveis

a.me.ni.zar *v.* {mod. 1} *t.d.,int. e pron.* **1** tornar(-se) ameno, suave; abrandar(-se) *<a leitura ameniza o repouso forçado> <o tempo amenizou(-se) bastante>* **2** tornar(-se) menos penoso, difícil; suavizar(-se) *<remédio para a. a dor> <a subida logo amenizou(-se)>* ~ **amenização** *s.f.*

a.me.no *adj.* **1** que causa bem-estar; agradável, brando, suave *<clima a.>* **2** que tem serenidade; calmo, tranquilo

a.me.nor.rei.a /éi/ *s.f.* MED ausência de menstruação; amenia ~ **amenorreico** *adj.*

a.me.ri.ca.nis.mo *s.m.* **1** admiração, mania ou imitação da cultura norte-americana **2** LING palavra ou expressão própria dos EUA ou que aí teve origem ~ **americanista** *adj.2g.s.2g.*

a.me.ri.ca.ni.zar *v.* {mod. 1} *t.d. e pron.* dar ou tomar aspecto ou característica própria do povo, da cultura, da língua dos EUA *<a. hábitos e roupas> <seu sotaque americanizou-se>* ~ **americanização** *s.f.*

a.me.ri.ca.no *adj.* **1** relativo à América ou às línguas indígenas faladas nesse continente **2** relativo aos EUA; estadunidense, norte-americano, ianque ■ *s.m.* **3** natural ou habitante da América **4** natural ou habitante dos EUA; estadunidense, norte-americano, ianque

a.me.rí.cio *s.m.* QUÍM elemento químico da família dos actiniídeos [símb.: *Am*] ☞ cf. *tabela periódica* (no fim do dicionário)

a.me.rín.dio *s.m.* **1** indígena americano **2** LING cada uma das línguas indígenas nativas do continente americano ■ *adj.* **3** relativo a esse indígena ou língua

a.me.ris.sar *v.* {mod. 1} *t.d.,int. e pron.* **1** afastar(-se) da terra em direção ao alto-mar; amarar *<a. o navio> <amerissaram(-se) cedo>* □ *int.* **2** pousar (aeronave) na água; amarar *<o hidroavião amerissou hoje>* ~ **amerissagem** *s.f.*

a.mes.qui.nhar *v.* {mod. 1} *t.d. e pron.* tornar(-se) pequeno, de pouco valor; rebaixar(-se) *<a crítica amesquinha tudo> <grandes homens às vezes amesquinham-se>* ~ **amesquinhamento** *s.m.*

a.mes.trar *v.* {mod. 1} *t.d.* **1** ensinar (animais) a desenvolver habilidades; treinar **2** *p.ext.* tornar manso (animal); domar *<a. um tigre>* ~ **amestrador** *adj.s.m.* - **amestramento** *s.m.*

a.me.tis.ta *s.f.* MINER pedra semipreciosa lilás, variedade de quartzo

a.mi.an.to *s.m.* nome comercial de um mineral resistente ao calor, us. em materiais (como fios para tecidos, placas etc.) que não queimam

a.mí.da.la *s.f.* → ***AMÍGDALA***

a.mi.da.li.te *s.f.* → ***AMIGDALITE***

a.mi.do *s.m.* carboidrato presente em vegetais, como trigo, arroz, batata etc.

a.mi.gar-se *v.* {mod. 1} *pron.* (prep. *com*) unir-se a (alguém) sem se casar; amancebar-se *<amigou-se com a primeira namorada>* ~ **amigado** *adj.*

a.mi.gá.vel [pl.: *-eis*] *adj.2g.* **1** característico de amigo(s); amistoso **2** dito ou realizado de forma conciliadora

a.míg.da.la ou **a.mí.da.la** *s.f.* ANAT ver ***TONSILA***

a.mig.da.li.te ou **a.mi.da.li.te** *s.f.* MED ver ***TONSILITE***

a.mi.go *s.m. infrm.* **1** partidário de alguém ou de alguma causa; simpatizante ■ *adj.s.m.* **2** que(m) ama, demonstra amizade **3** (o) que mantém relações amistosas com outro(s); aliado

a.mi.go da on.ça [pl.: *amigos da onça*] *s.m. B infrm.* amigo falso, hipócrita, infiel; amigo-urso

a.mi.go-o.cul.to [pl.: *amigos-ocultos*] *s.m.* **1** *B infrm.* espécie de sorteio entre amigos, colegas de trabalho ou familiares, realizado esp. no Natal, em que cada um recebe em segredo o nome da pessoa a quem deve presentear; amigo-secreto **2** quem foi sorteado para ser presenteado; amigo-secreto

a.mi.go-se.cre.to [pl.: *amigos-secretos*] *s.m.* amigo-oculto

a.mi.go-ur.so [pl.: *amigos-ursos*] *s.m. B infrm.* amigo da onça

a.mi.lá.ceo *adj.* **1** semelhante ao amido **2** que contém amido ou similar

a.mi.na *s.f.* QUÍM classe de compostos orgânicos que derivam da amônia

a.mi.no.á.ci.do *s.m.* QUÍM ácido orgânico, principal componente das proteínas

a.mis.to.so /ô/ [pl.: *ó*; fem.: *ó*] *adj.* **1** que é próprio de amigo(s); amigável, afetuoso ■ *adj.s.m.* *B* **2** (partida, ger. de futebol) fora de campeonato ou de torneio

¹a.mi.u.dar *v.* {mod. 2} *t.d.* **1** fazer (algo) com frequência *<amiudou suas visitas aos pais>* □ *int. e pron.* **2** acontecer muitas vezes, repetidamente *<sua faltas amiudaram> <no verão, as chuvas fortes amiudam-se>* [ORIGEM: *amiúde* + *²-ar*] ~ **amiudado** *adj.*

²a.mi.u.dar *v.* {mod. 2} *t.d.,int. e pron.* tornar(-se) miúdo; reduzir(-se) *<a falta de adubo amiudou a plantação> <aos poucos, a chuva foi amiudando> <sua passada amiudou-se com o cansaço>* [ORIGEM: *¹a-* + *miúdo* + *²-ar*]

a.mi.ú.de *adv.* repetidas vezes, com frequência *<visitava a. o amigo>*

a.mi.za.de *s.f.* **1** sentimento de simpatia, de afeição **2** concordância de sentimentos ou posição a respeito de algo; aliança **3** *p.ext.* amigo, companheiro, camarada

am.né.sia *s.f.* MED perda parcial ou total da memória ~ **amnésico** *adj.s.m.*

âm.nio *s.m.* ANAT membrana da bolsa que protege o feto dos vertebrados ~ **amniótico** *adj.*

am.ni.o.cen.te.se *s.f.* MED retirada de líquido amniótico do abdome da grávida para análise

am.ni.os.co.pi.a *s.f.* MED exame direto do líquido amniótico e das membranas, feito no final da gravidez

a.mo *s.m.* dono da casa, patrão

a.mo.fi.na.ção [pl.: *-ões*] *s.f.* ato ou efeito de amofinar(-se), de apoquentar(-se); amolação, contrariedade

a.mo.fi.nar *v.* {mod. 1} *t.d. e pron.* (fazer) ficar triste, descontente; aborrecer(-se) *<o barulho amofina os vizinhos> <amofinava-se por bobagens>*

a.mo.la.ção [pl.: *-ões*] *s.f.* **1** ato (ou efeito) de afiar de instrumento de corte **2** aquilo que aborrece, que incomoda; contrariedade, maçada

a.mo.la.dor /ô/ [pl.: *-es*] *adj.s.m.* **1** (o) que amola **2** *B* (o) que aborrece ■ *s.m.* **3** máquina ou instrumento us. para amolar facas, tesouras etc.

a.mo.lar *v.* {mod. 1} *t.d.* **1** tornar (mais) cortante o gume de; afiar *<a. um canivete>* □ *t.d.,int. e pron. fig. B* **2** causar ou sofrer aborrecimento; importunar(-se) *<sem saber, amolava o cachorro> <saia e não amole> <ninguém se amolou com o atraso>* ~ **amolado** *adj.*

a.mol.dar *v.* {mod. 1} *t.d. e pron.* **1** ajustar(-se) ao molde; moldar(-se) *<a. o gesso> <o barro não se amoldou bem>* □ *t.d.,t.d.i. e pron. fig.* **2** (prep. *a*) tornar(-se) adequado a; conformar(-se) *<tentava a. seu estilo (ao dos sogros)> <preferia não se a. às ideias da maioria>* □ *t.d.i. e pron. fig.* **3** (prep. *a*) acostumar(-se), habituar(-se) *<a necessidade amoldou-os a uma vida simples> <com o tempo amoldou-se à solidão>*

a.mo.le.ca.do *adj.* **1** com jeito de moleque **2** que age como moleque; irresponsável

a.mo.le.cer *v.* {mod. 8} *t.d.,int. e pron.* **1** tornar(-se) mole, flexível, macio *<o calor amolecerá a cera> <na água, o couro amolece> <amoleceu-se o asfalto com o sol forte>* **2** *fig.* tornar(-se) menos rígido, mais brando; enternecer(-se) *<o choro do cão amoleceu o coração do dono> <com a idade, o pai amoleceu(-se)>* □ *int. fig. infrm.* **3** ceder a pedido, súplica etc. *<amoleceu diante da insistência da filha>* ~ **amolecido** *adj.* - **amolecimento** *s.m.*

a.mol.gar *v.* {mod. 1} *t.d.,int. e pron.* **1** deformar(-se) esmagando ou amassando *<a. o chapéu> <alumínio amolga bem> <muitos metais não se amolgam>* □ *t.d.i. fig.* **2** (prep. *a*) obrigar, forçar *<a profissão amolgava-o a sacrificar os fins de semana>* □ *int. e pron.* **3** submeter-se, sujeitar-se *<pediram que desistisse, mas não (se) amolgou>* ~ **amolgadura** *s.f.*

a.mô.nia *s.f.* QUÍM solução aquosa do amoníaco, us. como reagente químico

a.mo.ní.a.co *s.m.* QUÍM gás incolor de cheiro forte, solúvel em água, us. em fertilizantes, fluido de refrigeração etc. ~ **amoniacal** *adj.2g.*

a.mon.to.ar *v.* {mod. 1} *t.d.* **1** juntar ou empilhar em grande quantidade, com ou sem ordem *<a. papéis>* □ *t.d. e pron.* **2** pôr ou estar disposto de qualquer maneira, esp. sem ordem *<amontoou as roupas sujas no chão> <no porão, móveis velhos amontoavam-se>* □ *int. e pron.* **3** formar monte; acumular-se *<a chuva levou a terra a amontoar(-se) em alguns pontos>* ~ **amontoado** *adj.s.m.* - **amontoamento** *s.m.*

a.mor /ô/ [pl.: *-es*] *s.m.* **1** atração afetiva ou física **2** adoração, veneração, culto **3** afeto, carinho, ternura, dedicação **4** aventura amorosa; caso, namoro **5** o ser amado **6** demonstração de zelo, dedicação; fidelidade **7** *fig.* apego a algo que dá prazer; paixão, fascínio ⊡ **fazer a.** *infrm.* manter relação sexual

a.mo.ra *s.f.* BOT **1** fruto vermelho-escuro quase negro da amoreira, comestível ao natural ou em geleias **2** amoreira

a.mo.ral [pl.: *-ais*] *adj.2g.* **1** moralmente neutro (nem moral, nem imoral) ■ *s.2g.* **2** pessoa sem senso moral ☞ cf. *imoral* ~ **amoralidade** *s.f.*

a.mo.rá.vel [pl.: *-eis*] *adj.2g.* **1** inclinado ao amor e à amizade; afetuoso **2** *fig.* ameno, agradável

a.mor.da.çar *v.* {mod. 1} *t.d.* **1** pôr mordaça em *<amordaçaram o xerife>* **2** *fig.* proibir de falar, de dar opinião; silenciar *<a. a oposição>* ~ **amordaçamento** *s.m.*

a.mo.rei.ra *s.f.* BOT árvore nativa do Irã, de folhas que servem de alimento ao bicho-da-seda e cujos frutos são as amoras; amora ◉ COL amoreiral

a.mor.fo *adj.* que não tem forma definida ~ **amorfia** *s.f.* - **amórfico** *adj.* - **amorfismo** *s.m.*

a.mor.nar *v.* {mod. 1} *t.d.,int. e pron.* **1** (fazer) ficar morno *<a. o leite> <aumente o fogo ou a água não amornará> <com as luvas, as mãos amornaram-se>* □ *int.* **2** *fig.* perder o entusiasmo, a intensidade *<não foi à festa, pois seu ânimo amornou>*

a.mo.ro.so /ô/ [pl.: *ó*; fem.: *ó*] *adj.s.m.* **1** (o) que tem inclinação para o amor ■ *adj.* **2** que tem ou demonstra amor **3** que demonstra ternura, afeto; terno ~ **amorosidade** *s.f.*

a.mor-per.fei.to [pl.: *amores-perfeitos*] *s.m.* BOT erva nativa da Europa, de flores com coloração roxa, branca e amarela, cultivada como ornamental

a.mor-pró.prio [pl.: *amores-próprios*] *s.m.* sentimento de dignidade, estima ou respeito por si mesmo

a.mor.te.ce.dor /ô/ [pl.: *-es*] *adj.* **1** que amortece **2** que torna mais suave, mais brando ■ *s.m.* **3** MEC em veículos automotores, peça ajustada ao sistema de suspensão que amortece a oscilação das molas

a.mor.te.cer *v.* {mod. 8} *t.d.,int. e pron.* **1** (fazer) ficar dormente; entorpecer(-se) *<a posição amorteceu seu braço> <levante-se ou suas pernas irão (se) a.>* **2** (fazer) perder a força (golpe, choque etc.) *<conseguiu a. o chute> <a flecha amorteceu(-se) em sua trajetória>* **3** *fig.* acalmar(-se), moderar(-se) [paixão, sentimento etc.] *<o tempo amortece a saudade> <ano após ano, o amor amortecia(-se)>* ~ **amortecimento** *s.m.*

a.mor.ti.zar *v.* {mod. 1} *t.d.* pagar (dívida, empréstimo etc.) aos poucos ou em prestações ~ **amortização** *s.f.*

a.mos.tra *s.f.* **1** parte que pode dar ideia do todo **2** mostra, sinal, revelação **3** exemplo perfeito, completo **4** porção ou miniatura de um produto que é oferecida ao possível consumidor **5** em estatística, conjunto cujas características ou propriedades são estudadas com o objetivo de estendê-las a outro conjunto do qual é parte

a.mos.tra.gem [pl.: *-ens*] *s.f.* ação, processo ou técnica de escolha de amostras para análise de um todo

a.mo.ti.nar *v.* {mod. 1} *t.d.,t.d.i. e pron.* (prep. *contra*) provocar motim em ou envolver(-se) em motim; rebelar(-se) *<a. o povo (contra o governo)> <os marinheiros amotinaram-se>* ~ **amotinador** *adj.s.m.*

a.mo.ví.vel [pl.: *-eis*] *adj.2g.* que se pode remover ou transferir ~ **amovibilidade** *s.f.*

am.pa.rar *v.* {mod. 1} *t.d. e pron.* **1** segurar(-se) para não cair; escorar(-se) *<amparou o amigo na hora da queda> <a.-se no muro>* ☐ *t.d.,t.d.i. e pron.* **2** (prep. *de, contra*) proteger(-se), resguardar(-se) *<a jaqueta amparava-o (contra o frio)> <amparou-se do sol embaixo da árvore>* ☐ *t.d.* **3** garantir o sustento de *<com seu salário podia a. os pais>* **4** dar amparo moral a; apoiar *<a. os amigos>*

am.pa.ro *s.m.* **1** ato de amparar ou o seu efeito; apoio **2** que(m) ajuda, protege, socorre

am.pe.ra.gem [pl.: *amperagens*] *s.f.* ELETR intensidade de corrente elétrica, medida em amperes

ampere ou ***ampère*** *s.m.* ELETR FÍS unidade de medida para a corrente elétrica no Sistema Internacional [símb.: *A*]

am.ple.xo /cs/ *s.m.* abraço

am.pli.a.ção [pl.: *-ões*] *s.f.* **1** alargamento, dilatação, aumento *<a. da estrada>* **2** FOT reprodução fotográfica em escala maior que o negativo **3** FOT a foto aumentada

am.pli.a.dor /ô/ [pl.: *-es*] *adj.* **1** que amplia ■ *s.m.* **2** FOT aparelho que aumenta e imprime imagens fotográficas

am.pli.ar *v.* {mod. 1} *t.d. e pron.* **1** tornar(-se) mais abrangente, maior (em tamanho, extensão, intensidade etc.) *<a. os conhecimentos> <ampliou-se o número de participantes>* ☐ *t.d.* **2** FOT reproduzir (fotografia, imagem) em tamanho maior ~ **ampliativo** *adj.* - **ampliável** *adj.2g.*

am.pli.dão [pl.: *-ões*] *s.f.* **1** grande extensão; vastidão, grandeza **2** o espaço, o céu

am.pli.fi.ca.dor /ô/ [pl.: *-es*] *adj.* **1** que aumenta, intensifica ■ *s.m.* **2** ELETRÔN aparelho us. na reprodução ou aumento de sons

am.pli.fi.car *v.* {mod. 1} *t.d. e pron.* tornar(-se) amplo ou mais amplo; ampliar(-se) *<a. o som> <suas ideias amplificaram-se>* ~ **amplificação** *s.f.*

am.pli.tu.de *s.f.* **1** grande extensão ou largueza; vastidão, amplidão *<a. dos mares>* **2** *fig.* importância, valor, relevância

am.plo *adj.* **1** de grandes dimensões; vasto, espaçoso *<quarto a.>* **2** muito extenso; abundante *<a. material de trabalho>* **3** que apresenta grande largura; folgado *<paletó a.>* **4** abrangente *<pesquisa a.>* **5** que é aberto, franco, generoso *<sorriso a.>* **6** sem restrições *<a. poderes>*

am.po.la /ô/ *s.f.* **1** tubo inteiriço, de vidro, plástico ou metal, totalmente fechado após a introdução de um fluido **2** *p.ext.* o conteúdo desse tubo **3** empola

am.pu.lhe.ta /ê/ *s.f.* instrumento, com dois compartimentos idênticos, que serve para medir o tempo, com a ajuda da areia que escorre de um compartimento para o outro

am.pu.tar *v.* {mod. 1} *t.d.* **1** cortar (membro ou parte dele); decepar *<a. uma perna>* **2** *fig.* eliminar, suprimir *<a direção amputou uma parte do texto>* ~ **amputação** *s.f.*

a.mu.a.do *adj.* aborrecido, mal-humorado, carrancudo

a.mu.ar *v.* {mod. 1} *t.d.,int. e pron.* (fazer) ficar mal-humorado, aborrecido *<vivia amuando os irmãos> <amuava-se à toa>*

a.mu.la.ta.do *adj.* que tem cor ou traços de mulato ~ **amulatar** *v.t.d. e pron.*

a.mu.le.to /ê/ *s.m.* objeto, fórmula escrita ou figura (medalha, figa etc.) que alguém guarda consigo para defesa contra azares, desgraças etc. ~ **amulético** *adj.*

a.mu.o *s.m.* enfado ou mau humor manifestado por gestos, palavras ou expressões faciais

a.mu.ra.da *s.f.* **1** MAR parapeito em convés de navio **2** CONSTR muro de arrimo; paredão

a.mu.ra.lhar *v.* {mod. 1} *t.d.* cercar (casa, propriedade) de muralhas ou muros

a.mu.rar *v.* {mod. 1} *t.d.* **1** cercar de muros; amuralhar *<a. um terreno>* **2** *B* pôr na prisão; prender

an- *pref.* → [3]**A-**

ana- *pref.* **1** 'inversão': *anagrama* **2** 'repetição': *anabatismo*

a.na.ba.tis.mo *s.m.* REL seita protestante que prega o batismo somente na idade adulta ~ **anabatista** *adj.2g.s.2g.*

a.na.bo.lis.mo *s.m.* BIOQ conjunto de fenômenos metabólicos em que as substâncias são incorporadas às células, após a digestão; assimilação ☞ cf. *catabolismo* ~ **anabólico** *adj.*

a.na.bo.li.zan.te *adj.2g.s.m.* (substância) que favorece o anabolismo, esp. o aumento da massa muscular

A.nac *s.f.* sigla de Agência Nacional de Aviação Civil

a.na.car.di.á.cea *s.f.* BOT espécime das anacardiáceas, família de árvores, arbustos, cipós e poucas ervas, cultivadas pelos frutos comestíveis, como a manga, o caju e o pistache, pela madeira, ou para extração de tinturas e produção de laca ~ **anacardiáceo** *adj.*

a.na.con.da *s.f.* ZOO sucuri

a.na.co.re.ta /ê/ *s.m.* **1** monge cristão ou eremita que vive em retiro, esp. dos primeiros tempos do cristianismo ☞ cf. *cenobita* **2** *p.ext.* pessoa que vive afastada do convívio social; eremita

a.na.crô.ni.co *adj.* **1** fora de época **2** contrário ao que é moderno; retrógrado

a.na.cro.nis.mo *s.m.* **1** erro na datação de acontecimentos **2** atitude ou fato que não está de acordo com sua época

a.na.e.ró.bi.co *adj.* **1** BIO que apresenta atividade ou ocorre na ausência de oxigênio *<bactéria a.> <respiração a.>* **2** que ocorre sem ou com pouco consumo de oxigênio *<exercícios a.>*

a.na.e.ró.bio *adj.s.m.* BIO (organismo) capaz de viver na ausência de ar ou de oxigênio ☞ cf. *aeróbio*

a.na.fi.lá.ti.co ou **a.na.fi.lác.ti.co** *adj.* MED diz-se de reação violenta de um organismo vivo a um *antígeno* ~ **anafilaxia** *s.f.*

a.na.fro.di.sí.a.co *adj.s.m.* (substância, remédio etc.) que inibe o desejo sexual ~ **anafrodisia** *s.f.*

a.na.gra.ma *s.m.* palavra formada pela troca da ordem das letras de outra palavra ou frase (p.ex.: *amor*, por *Roma*) ~ **anagramático** *adj.* - **anagramatizar** *v.t.d. e int.*

a.ná.gua *s.f.* VEST saia que as mulheres usam sob outra saia ou vestido

a.nais *s.m.pl.* **1** narração ou história organizada ano por ano **2** publicação periódica de uma área científica, literária ou artística **3** registro de memórias, fatos pessoais

a.nal [pl.: *-ais*] *adj.2g.* relativo ou pertencente a ânus *<região a.>*

a.nal.fa.be.to *adj.s.m.* **1** que(m) não sabe ler nem escrever **2** *p.ext.* *B* que(m) desconhece ou conhece muito mal um assunto ou matéria ~ **analfabetismo** *s.m.*

a.nal.ge.si.a *s.f.* MED perda ou ausência de sensibilidade à dor

a.nal.gé.si.co *adj.* **1** relativo a analgesia ■ *adj.s.m.* **2** (remédio) que diminui ou tira a dor

a.na.li.sar *v.* {mod. 1} *t.d.* **1** separar elementos ou componentes de (um todo) *<a. um texto>* **2** observar, examinar em detalhes *<responderá após a. o caso>*

[1]**a.ná.li.se** *s.f.* **1** estudo das diversas partes de um todo **2** investigação; exame [ORIGEM: do fr. *analyse* 'id.']

[2]**a.ná.li.se** *s.f.* psicanálise [ORIGEM: red. de *psicanálise*]

[1]**a.na.lis.ta** *adj.2g.s.2g.* **1** (aquele) que analisa **2** (aquele) que realiza análises (químicas, clínicas etc.) [ORIGEM: do fr. *analyste* 'id.',] ▣ **a. de sistemas** INF profissional que elabora, desenvolve ou organiza sistemas de informação

[2]**a.na.lis.ta** *adj.2g.s.2g.* psicanalista [ORIGEM: red. de *psicanalista*]

[1]**a.na.lí.ti.co** *adj.* **1** relativo a [1]análise **2** que tem tendência ao estudo detalhado ou age desse modo **3** que separa um todo em suas partes *<método a.>* [ORIGEM: do lat.tar. *analytĭcus,a,um* 'analítico, explicativo']

[2]**a.na.lí.ti.co** *adj.* relativo a psicanálise; psicanalítico [ORIGEM: red. de *psicanalítico*]

a.na.lo.gi.a *s.f.* **1** relação ou semelhança entre coisas ou fatos **2** lógica baseada nessa semelhança **3** LING criação ou alteração de forma linguística para se adaptar a um modelo existente (p.ex.: *friorento* tem *or* por analogia com *calorento*)

a.na.ló.gi.co *adj.* **1** que tem relação de semelhança **2** que se funda ou se baseia na analogia *<raciocínio a.>* **3** INF diz-se de representação de grandezas ou valores em fluxo contínuo, linear *<mostrador a.>* ☞ cf. *digital*

a.ná.lo.go *adj.s.m.* (o) que é semelhante, parecido, afim

a.na.nás [pl.: *ananases*] *s.m.* BOT **1** planta tropical da família das bromeliáceas, cujo fruto carnoso tem propriedades medicinais **2** fruto dessa planta **3** abacaxi ('fruto', 'planta')

a.não [pl.: *-ãos* e *-ões*; fem.: *anã*] *adj.s.m.* **1** (o) que apresenta nanismo **2** *p.ext.* (o) que tem tamanho muito abaixo do normal; nanico ◉ GRAM/USO como adj., pode ligar-se ou não por hífen a um subst. precedente (*estrela anã*; *bananeira-anã*)

a.nar.qui.a *s.f.* **1** sistema político baseado na negação do princípio da autoridade **2** *p.ext.* confusão, desordem ~ **anárquico** *adj.*

a.nar.quis.mo *s.m.* **1** FIL HIST POL teoria e movimento político que sustenta a ideia de que a sociedade existe de forma independente e contrária ao poder exercido pelo Estado **2** *p.ext.* qualquer ataque à ordem social ~ **anarquista** *adj.2g.s.2g.*

a.nar.qui.zar *v.* {mod. 1} *t.d. e pron.* **1** (fazer) cair na anarquia *<o fim do Império romano anarquizou a Europa>* *<o país anarquizou-se com a luta pelo poder>* □ *t.d.* **2** causar anarquia ou desordem em; desorganizar *<as medidas do prefeito anarquizaram a cidade>* *<a. os arquivos>* □ *t.d. e t.i.* *fig.* **3** (prep. *com*) desmoralizar, ridicularizar *<anarquizou (com) o juiz>* ~ **anarquização** *s.f.* - **anarquizador** *adj.s.m.*

a.nás.tro.fe *s.f.* GRAM inversão da ordem natural entre duas palavras (p.ex.: *de ira cheio* por *cheio de ira*)

a.ná.te.ma *s.m.* **1** REL sentença que expulsa da Igreja; excomunhão **2** *p.ext.* reprovação enérgica; condenação, maldição ■ *adj.s.m.* **3** REL que(m) sofreu excomunhão; excomungado **4** *p.ext.* que(m) está à margem da sociedade; maldito, execrado ~ **anatemático** *adj.*

a.na.te.ma.ti.zar *v.* {mod. 1} *t.d.* **1** REL condenar com anátema; excomungar □ *t.d. e pron.* *p.ext.* **2** reprovar(-se), amaldiçoar(-se) *<a empresa anatematiza o casamento entre funcionários>* *<a.-se pelos erros da mocidade>* ~ **anatematização** *s.f.*

a.na.tí.deo *adj.s.m.* ZOO (espécime) dos anatídeos, família de aves aquáticas, que incluem marrecos, patos, cisnes e afins, encontrados no mundo todo

a.na.to.mi.a *s.f.* **1** ANAT dissecação do corpo humano ou de qualquer animal ou vegetal para estudo de sua organização interna **2** MED ramo da medicina que realiza esse estudo do corpo humano **3** *p.ext.* livro, compêndio, tratado sobre esse estudo **4** *p.ext.* forma e estrutura de qualquer corpo, máquina etc. **5** *fig.* aparência externa do corpo humano ~ **anatômico** *adj.* - **anatomista** *adj.2g.s.2g.*

an.ca *s.f.* **1** cada uma das laterais do corpo humano, da cintura à articulação da coxa; cadeira, quadril **2** garupa ('a anca') ☞ nas duas acp., tb. us. no pl.

-ança ou **-ância** *suf.* 'ação ou resultado da ação': *implicância, lembrança, liderança, observância*

A

an.ces.tral [pl.: *-ais*] *adj.2g.* **1** próprio dos antepassados ou antecessores **2** muito antigo ou velho <*costumes a.*> ■ *s.m.* **3** familiar antepassado ▼ ***ancestrais*** *s.m.pl.* **4** avós, antepassados ~ **ancestralidade** *s.f.*

an.cho *adj.* **1** que tem grande extensão; amplo, espaçoso **2** *fig.* convencido, orgulhoso

an.cho.va /ô/ *s.f.* ZOO grande peixe marinho, de valor comercial, com dorso esverdeado, ventre branco, nadadeiras amareladas e peito com mancha escura; enchova

-ância *suf.* → ***-ANÇA***

an.ci.ão [pl.: *-ãos*, *-ães* e *-ões*; fem.: *anciã*] *adj.s.m.* homem idoso ~ **ancianidade** *s.f.*

an.ci.lo.se *s.f.* MED diminuição ou perda de movimento de uma articulação

an.ci.los.to.mí.a.se *s.f.* MED VET doença caracterizada por grave anemia, produzida no ser humano e em vários mamíferos por vermes; amarelão, ancilostomose

an.ci.lós.to.mo *s.m.* ZOO verme parasita do intestino de mamíferos, causador da ancilostomíase no ser humano

an.ci.los.to.mo.se *s.f.* MED VET ancilostomíase

an.ci.nho *s.m.* ferramenta agrícola dentada e com longo cabo, us. para juntar palha, folhas etc. e preparar a terra para o plantio

ân.co.ra *s.f.* **1** MAR peça de ferro que, lançada à água, retém as embarcações **2** *fig.* amparo, proteção, abrigo <*ser a â. da família*> ■ *s.2g.* **3** RÁD TV principal apresentador e comentarista de programas jornalísticos

an.co.ra.dou.ro *s.m.* lugar próprio para a ancoragem segura de embarcações

an.co.rar *v.* {mod. 1} *t.d. e int.* **1** MAR lançar âncora de (embarcação) <*a frota ancorou longe da costa*> □ *t.i.,t.d.i. e pron. fig.* **2** (prep. *em*) tomar como fundamento; basear(-se) <*a esperança ancora na estação das chuvas*> <*ancorou sua teoria em estudiosos*> <*a.-se na família*> □ *t.d. e int.* RÁD TV **3** comandar a apresentação de (um programa de notícias) <*a. um telejornal*> <*jornalista experiente, ancorou muito bem*> ~ **ancoragem** *s.f.*

an.da.ço *s.m. infrm.* **1** epidemia sem gravidade **2** *B* diarreia

an.da.dor /ô/ [pl.: *-es*] *adj.s.m.* **1** (pessoa ou animal) que anda muito ou rápido; andejo ■ *s.m. B* **2** aparelho us. como apoio para ajudar a andar

an.da.du.ra *s.f.* modo de andar (esp. de cavalgadura)

an.dai.me *s.m.* CONSTR armação provisória sobre a qual os operários trabalham nas construções

an.da.luz [pl.: *-es*] *adj.2g.* **1** da Andaluzia, região do sul da Espanha **2** relativo ao dialeto do espanhol falado nessa região ■ *s.m.* **3** natural ou habitante dessa região **4** LING o dialeto falado nessa região

an.da.men.to *s.m.* **1** ato de andar ou seu efeito; andada **2** velocidade ou modo com que se anda **3** *fig.* curso de um processo, um negócio etc. **4** MÚS velocidade das pulsações de um trecho musical; tempo

an.dan.ça *s.f.* **1** ato de andar ou seu efeito; andamento **2** viagem ou série de viagens ☞ nesta acp., mais us. no pl.

[1]**an.dan.te** *adj.2g.* **1** errante ■ *adj.2g.s.m.* **2** (semana, mês, ano) que está em curso; corrente [ORIGEM: *andar* + *-nte*]

[2]**an.dan.te** *s.m.* MÚS composição ou movimento de uma composição em andamento moderado, entre o [1]adágio e o alegro [ORIGEM: do it. *andante* 'id.']

an.dar *v.* {mod. 1} *int.* **1** percorrer ou fazer caminho a pé; caminhar **2** mover-se, por força própria ou não <*o bebê já anda*> **3** decorrer, passar (o tempo) **4** funcionar, trabalhar (ger. mecanismo) **5** comportar-se, agir <*o mar anda agitado*> **6** ser conduzido ou transportado <*a. de avião*> **7** mover-se, agir com pressa; aviar-se **8** estar acompanhado <*a. com amigos*> □ *pred.* **9** estar, sentir-se, viver (em certo estado ou condição) <*a. doente*> ■ *s.m.* **10** ato ou modo de caminhar; marcha **11** cada uma das áreas em que se divide horizontalmente um edifício; pavimento **12** *p.ext.* cada divisão do que é formado de partes superpostas; camada ☞ como *s.m.*, pl.: *-es*

an.da.ri.lho *adj.s.m.* (o) que anda muito ou por vários lugares

an.de.jo /ê/ *adj.s.m.* **1** (o) que anda muito **2** (o) que não para em lugar algum

an.di.no *adj.* **1** dos Andes ☞ cf. *Andes* na parte enciclopédica ■ *s.m.* **2** natural ou habitante dessa região; andícola

an.di.ro.ba *s.f.* BOT árvore tropical, de até 30 m, com madeira de qualidade, flores amarelas ou vermelhas, de cujas sementes se extrai óleo medicinal ◉ COL andirobal

an.dor /ô/ [pl.: *-es*] *s.m.* armação em que se levam as imagens sacras nas procissões

an.do.ri.nha *s.f.* ZOO pequena ave, migratória, de asas longas e pontiagudas, que vive em bandos e se alimenta de insetos, ger. capturados em voo ◉ COL revoada

an.dra.jo *s.m.* **1** pano velho e rasgado; trapo ▼ ***andrajos*** *s.m.pl.* **2** vestes sujas e/ou rasgadas ~ **andrajoso** *adj.*

an.dro.ceu /êu/ *s.m.* BOT conjunto dos órgãos masculinos da flor, os estames ☞ cf. *gineceu*

an.dro.fo.bi.a *s.f.* **1** aversão ao ser humano **2** MED distúrbio mental caracterizado por horror ao sexo masculino

an.dró.gi.no *adj.s.m.* **1** BIO hermafrodita **2** (o) que tem aparência sexualmente indefinida ~ **androginia** *s.f.*

an.droi.de /ói/ *adj.2g.* **1** semelhante ao ser humano; antropoide ■ *s.m.* **2** robô com figura de humano, cujos movimentos imita

an.dro.pau.sa *s.f.* MED diminuição ou parada da atividade sexual e de reprodução no homem por envelhecimento

a.ne.do.ta *s.f.* **1** narrativa curta e engraçada; piada **2** história curiosa e pouco divulgada de pessoa ou fato histórico ◉ COL anedotário

a.ne.do.tá.rio *s.m.* conjunto de anedotas

a.nel [pl.: *-éis*] *s.m.* **1** aro ou fita circular com que se prende ou segura algo **2** pequeno aro com que se adorna um dedo **3** *p.ext.* qualquer objeto, órgão, linha ou figura circular <*a. de cabelo*> **4** *p.ext.* cada um dos diversos elos de uma corrente; argola **5** ASTR matéria que circula ao redor de um corpo celeste <*os a. de Saturno*>

[1]**a.ne.lar** *v.* {mod. 1} *int.* **1** respirar com dificuldade; ofegar □ *t.d. e t.i.* **2** (prep. *por*) desejar ardentemente; ansiar <*a. o retorno de seus pais*> <*a. por um aumento*> [ORIGEM: do lat. *anhelāre* 'respirar com dificuldade']

[2]**a.ne.lar** *v.* {mod. 1} *t.d. e pron.* (fazer) tomar forma de anel; enrolar(-se) <*a. os cabelos*> <*seu bigode anelou-se*> [ORIGEM: *anel* + [2]*-ar*]

[3]**a.ne.lar** [pl.: *-es*] *adj.2g.* **1** em forma de anel ■ *adj.2g.s.m.* **2** (dedo da mão) entre o médio e o mínimo, em que se usa aliança ou anel; anular [ORIGEM: *anel* + [1]*-ar*]

a.ne.lí.deo *adj.s.m.* ZOO (espécime) dos anelídeos, ramo de invertebrados de corpo segmentado em forma de anéis, que inclui as minhocas e sanguessugas

a.ne.lo *s.m.* desejo intenso

a.ne.mi.a *s.f.* MED diminuição do número de glóbulos vermelhos no sangue ou seu teor de hemoglobina, freq. produzindo sintomas como palidez e fadiga

a.nê.mi.co *adj.s.m.* **1** que(m) sofre de anemia ■ *adj.* **2** relativo a anemia **3** *fig.* sem brilho, sem destaque <*desempenho a.*>

a.ne.mo.fi.li.a *s.f.* BOT polinização das plantas por ação do vento

a.ne.mô.me.tro *s.m.* aparelho que mede a velocidade dos ventos e, às vezes, tb. a sua direção

a.nê.mo.na *s.f.* BOT erva muito cultivada pelas suas flores decorativas e por suas propriedades medicinais

a.nê.mo.na-do-mar [pl.: *anêmonas-do-mar*] *s.f.* ZOO nome comum a animais aquáticos invertebrados bem coloridos, que habitam águas costeiras, onde ger. aderem a superfícies ou sedimentos embaixo da água

a.nen.ce.fa.li.a *s.f.* MED distúrbio do desenvolvimento embrionário caracterizado pela ausência parcial do encéfalo e do crânio

-âneo *suf.* 'relação': *litorâneo, momentâneo*

a.ne.quim [pl.: *-ins*] *s.m.* ZOO *B* tubarão encontrado nos mares tropicais e temperados, muito veloz e agressivo, de focinho pontudo e nadadeira da cauda em forma de meia-lua; enequim

a.nes.te.si.a *s.f.* MED **1** perda da sensibilidade, por problemas neurológicos ou por medicamento **2** medicamento anestésico ▣ **a. peridural** anestesia que insensibiliza o tórax e a parte inferior do corpo

a.nes.te.si.ar *v.* {mod. 1} *t.d.* **1** reduzir ou eliminar a sensibilidade física de <*a. o paciente antes da cirurgia*> **2** *fig.* tornar frio, indiferente; insensibilizar <*a mágoa anestesiou-o*> ~ **anestesiante** *adj.2g.*

a.nes.té.si.co *adj.s.m.* FARM (substância, medicamento) que diminui ou elimina a sensibilidade

a.nes.te.sis.ta *adj.2g.s.2g.* (profissional) que prepara e administra anestesia

[1]**a.né.ti.co** *adj.* MED que reduz a dor (diz-se de medicamento) [ORIGEM: do gr. *anetikós,ḗ,ón* 'que relaxa, que enfraquece']

[2]**a.né.ti.co** *adj.* contrário à ética, à moral; aético [ORIGEM: *a(n)-* 'privação' + *ético*]

a.ne.to /ê/ *s.m.* BOT erva de odor forte, cujas sementes e folhas são us. como tempero em peixes, sopas, saladas etc.

a.neu.ris.ma *s.m.* MED dilatação anormal de veia ou artéria ~ **aneurismal** *adj.2g.* - **aneurismático** *adj.*

a.ne.xar /cs/ *v.* {mod. 1} *t.d.i.* **1** (prep. *a*) juntar, como anexo (a algo principal); unir, acrescentar <*o advogado anexou provas ao processo*> **2** (prep. *a*) incorporar (país, região etc.) [a outro] <*a Áustria foi anexada à Alemanha na Segunda Guerra Mundial*> **3** INF (prep. *a*) juntar arquivo a uma mensagem de correio eletrônico <*a. currículo ao e-mail*> □ *pron.* **4** (prep. *a*) passar a fazer parte de; unir-se <*a.-se a um grupo*> ◉ GRAM/USO part.: *anexado, anexo* ~ **anexação** *s.f.* - **anexador** *adj.s.m.*

a.ne.xim [pl.: *-ins*] *s.m.* provérbio popular que expressa um conselho sábio (p.ex.: *não deixe para amanhã o que pode fazer hoje*)

a.ne.xo /cs/ *adj.s.m.* **1** (o) que é ligado ou subordinado a algo principal <*quarto a.*> ■ *adj.* **2** que tem relação lógica com outra coisa; correlacionado ■ *s.m.* **3** INF arquivo anexado a uma mensagem de correio eletrônico

an.fe.ta.mi.na *s.f.* FARM substância estimulante do sistema nervoso, us. no tratamento do mal de Parkinson, entre outras doenças

anfi- *pref.* **1** 'duplicidade': *anfíbio* **2** 'ao redor': *anfiteatro*

an.fí.bio *s.m.* ZOO **1** espécime dos anfíbios, classe de animais vertebrados, que inclui sapos e salamandras entre outros, de pele lisa, sem escamas, com muitas glândulas de veneno e muco; os adultos são terrestres e as larvas, aquáticas ■ *adj.* **2** ZOO relativo a essa classe **3** *p.ext.* que tanto pode andar ou pousar em terra ou na água (diz-se de tanque, lancha, avião etc.)

an.fí.po.de *s.m.* ZOO **1** espécime dos anfípodes, ordem de crustáceos de corpo comprimido nas laterais e sem carapaça ■ *adj.2g.* ZOO **2** relativo a essa ordem **3** que tem dois tipos de pés (diz-se de crustáceo)

an.fi.te.a.tro *s.m.* espaço circular, oval ou semicircular, com arquibancadas e palco, us. para shows, aulas, palestras etc. ~ **anfiteatral** *adj.2g.* - **anfiteátrico** *adj.*

an.fi.tri.ão [pl.: *-ões*; fem.: *anfitriã* e *anfitrioa*] *s.m.* o dono da casa, que recebe convidados

A

ân.fo.ra *s.f.* vaso de cerâmica, com duas asas, us. pelos antigos gregos e romanos para conservar líquidos e cereais ◉ GRAM/USO dim.: *anforeta, anfórula* ~ **anforal** *adj.2g.*

an.ga.ri.ar *v.* {mod. 1} *t.d.* **1** obter mediante solicitação (colaboração, adesão) *<a. dinheiro para realizar a festa>* **2** atrair para grupo, agremiação etc.; recrutar *<a. alunos para o grupo de estudos>* ~ **angariação** *s.f.* - **angariador** *adj.s.m.*

an.ge.li.cal [pl.: *-ais*] *adj.2g.* **1** relativo a ou próprio de anjo; angélico **2** *fig.* completamente puro; imaculado, angélico

an.gé.li.co *adj.* angelical

ân.ge.lus *s.m.2n.* REL **1** prece à Virgem Maria, que se reza ao amanhecer, ao meio-dia e ao anoitecer ☞ inicial por vezes maiúsc. **2** *p.ext.* toque do sino que anuncia a hora da ave-maria

an.gi.co *s.m.* BOT nome comum a várias árvores nativas da América tropical, a maioria do Brasil, freq. exploradas ou cultivadas pela boa madeira

an.gi.na *s.f.* MED **1** dor espasmódica, sufocante **2** infecção de garganta e faringe ▣ **a. do peito** MED doença do coração caracterizada por dor forte no peito e ombro esquerdo, acompanhada da sensação de sufocação e desmaio

an.gi.o.gra.ma *s.m.* MED radiografia de vaso(s) sanguíneo(s)

an.gi.o.lo.gi.a *s.f.* MED **1** parte da anatomia que estuda o coração e os vasos sanguíneos e linfáticos **2** ramo da medicina que estuda as doenças vasculares e seu tratamento ~ **angiológico** *adj.* - **angiologista** *adj.2g.s.2g.*

an.gi.o.pa.ti.a *s.f.* MED nome genérico para as doenças do aparelho vascular ~ **angiopático** *adj.*

an.gi.o.plas.ti.a *s.f.* MED cirurgia para reparar vaso sanguíneo

an.gi.os.per.ma *s.f.* BOT espécime das angiospermas, subdivisão do reino vegetal que compreende as plantas que produzem flores e cujas sementes ficam dentro do fruto; ao final do séc. XX, passou-se a usar também a denominação *magnoliófita* ☞ cf. *gimnosperma*

an.gli.ca.nis.mo *s.m.* REL doutrina e religião protestante oficial na Inglaterra

an.gli.ca.no *adj.* **1** relativo ou pertencente à Inglaterra, aos ingleses, a sua língua ou religião oficial ■ *adj.s.m.* **2** (o) que professa ou é partidário do anglicanismo

an.gli.cis.mo *s.m.* LING palavra ou expressão inglesa, ou dela originada, us. em outra língua

an.glo-bra.si.lei.ro [pl.: *anglo-brasileiros*] *adj.* **1** relativo ou pertencente ao mesmo tempo à Grã-Bretanha e ao Brasil ■ *adj.s.m.* **2** que(m) é brasileiro de origem e/ou de língua inglesa

an.glo-sa.xão /cs/ [pl.: *anglo-saxões*] *s.m.* **1** HIST indivíduo dos anglo-saxões, povo germânico estabelecido na Inglaterra no séc. V **2** *p.ext.* inglês ('natural') **3** LING idioma falado pelos anglo-saxões, que deu origem ao inglês ■ *adj.* **4** relativo a esse indivíduo, povo e língua

an.go.rá *adj.2g.s.2g.* **1** (raça de gato, coelho, cabra) de pelo longo e sedoso **2** *p.ext.* (roupa ou tecido) feito com esse material

an.gra *s.f.* GEO pequena baía ou enseada

an.gu *s.m. B* **1** CUL papa feita de farinha de milho (fubá), de mandioca ou de arroz, cozida com água; polenta **2** *infrm.* falta de ordem; confusão, complicação **3** *infrm.* briga que envolve muitas pessoas

an.gui.lí.deo /gü/ *adj.s.m.* ZOO (espécime) dos anguilídeos, família de peixes ósseos, conhecidos como enguias e moreias, encontrados em alguns mares tropicais e temperados

an.gu.la.do *adj.* que tem ângulo(s); anguloso

an.gu.lar [pl.: *-es*] *adj.2g.* **1** relativo a ângulo **2** em forma de ou com ângulo(s); angulado, anguloso ~ **angularidade** *s.f.*

ân.gu.lo *s.m.* **1** GEOM figura geométrica delimitada por duas semirretas de mesma origem **2** GEOM medida do afastamento de duas semirretas que têm um ponto comum **3** *p.ext.* aresta, quina, canto *<o â. da mesa>* **4** *fig.* aspecto sob o qual se observa ou analisa algo; ponto de vista ▣ **â. agudo** GEOM aquele menor que um ângulo reto (menos de 90 graus) • **â. obtuso** GEOM ângulo maior do que um ângulo reto (mais de 90 graus) • **â. reto** GEOM ângulo formado por duas retas perpendiculares, formando 90 graus • **â. suplementar** GEOM ângulo que se deve adicionar a outro para se obter 180 graus

an.gu.lo.so /ô/ [pl.: /ó/; fem.: /ó/] *adj.* **1** angulado **2** com arestas ou saliências pontudas; ossudo ~ **angulosidade** *s.f.*

an.gús.tia *s.f.* estado de ansiedade, de inquietude; sofrimento, tormento ~ **angustiador** *adj.s.m.* - **angustiante** *adj.2g.*

an.gus.ti.ar *v.* {mod. 1} *t.d. e pron.* (fazer) sentir aflição, ansiedade; agoniar(-se) *<o mau comportamento do filho angustiava-o> <a.-se com uma má notícia>*

a.nhan.gá *s.m. B* ente mitológico tupi-guarani, que protege os animais de caçadores e pescadores

a.nhan.gue.ra /gü/ *s.m. B* **1** gênio manhoso e traiçoeiro **2** valente ■ *adj.2g.s.m. B* **3** corajoso, valentão

a.nhi.mí.deo *adj.s.m.* ZOO (espécime) dos anhimídeos, família de aves aquáticas, representadas por marrecos, patos, anhumas etc., que vivem em pântanos ou charcos da América do Sul

a.nho *s.m.* ZOO cordeiro

a.nhu.ma *s.f.* ZOO ave aquática, originária dos pântanos ou charcos amazônicos, de plumagem preta e branca, e uma saliência na testa

a.ni.a.gem [pl.: *-ens*] *s.f.* tecido grosseiro us. esp. na confecção de sacos

a.ni.dro *adj.* QUÍM que não contém água, líquidos orgânicos etc.

a.nil [pl.: *-is*] *adj.2g.2n.* **1** diz-se de certa tonalidade de azul *<cor azul a.>* **2** que lembra essa tonalidade *<céu a.>* ■ *s.m.* **3** QUÍM corante azul de origem vegetal ou sintética; índigo **4** o tom azul desse corante **5** azul *<o a. da Bandeira Nacional>* ~ **anilar** *v.t.d.*

a.ni.lha *s.f.* **1** pequeno aro **2** anel, ger. de alumínio, us. na marcação individual de aves

a.ni.li.na *s.f.* QUÍM substância venenosa, derivada do benzeno, muito us. em corantes, resinas, perfumes etc.

a.ni.ma.ção [pl.: *-ões*] *s.f.* **1** agitação, movimento, rebuliço **2** expressividade, vida *<olhos cheios de a.>* **3** *fig.* entusiasmo, alegria, vivacidade **4** CINE TV técnica de produzir a ilusão de movimento a partir de imagens fixas, por meio de dispositivo mecânico, cinematográfico etc.

a.ni.ma.do *adj.* **1** dotado de vida e de movimento *<ser a.>* **2** que parece ter movimento *<desenho a.>* **3** *fig.* muito alegre; bem-disposto, vivaz **4** *fig.* cheio de entusiasmo, de vivacidade **5** *fig.* muito confiante; esperançoso

a.ni.ma.dor /ô/ [pl.: *-es*] *adj.s.m.* **1** (o) que estimula, anima **2** RÁD TEAT TV que(m) apresenta programas de auditório ou faz *show* em casas de espetáculo; mestre de cerimônias **3** CINE TV que(m) faz animação de imagens audiovisuais

a.ni.mal [pl.: *-ais*] *s.m.* **1** ser vivo multicelular, capaz de locomover-se e de reagir a estímulos externos **2** animal irracional **3** *fig.* indivíduo bruto ■ *adj.2g.* **4** relativo a animal **5** relativo a ou próprio dos animais irracionais; bestial **6** que se relaciona com o físico, o material; carnal ◉ COL fauna ▣ **a. irracional** qualquer animal, exceto o ser humano; bicho, alimária • **a. racional** o ser humano

a.ni.ma.les.co /ê/ *adj.* **1** relativo a ou próprio de animal **2** *fig.* bruto, estúpido

a.ni.ma.li.da.de *s.f.* **1** conjunto de características próprias dos animais irracionais e da parte instintiva do homem; bestialidade, brutalidade **2** *fig.* o que é brutal, grosseiro, violento

a.ni.ma.li.zar *v.* {mod. 1} *t.d. e pron.* assemelhar(-se) a um animal; bestializar(-se) *<o sofrimento bestializou-o> <com a solidão, animalizou-se>* ~ **animalização** *s.f.*

a.ni.mar *v.* {mod. 1} *t.d. e pron.* **1** (fazer) adquirir entusiasmo, vivacidade; alegrar(-se) *<a. uma festa> <animou-se e saiu com os amigos>* □ *t.d.,t.d.i.,int. e pron.* **2** *fig.* (prep. *a*) (fazer) criar ânimo, coragem, alento; encorajar(-se) *<a. o espírito do time> <a família animou-o a fazer o concurso> <bastou um telefonema para ela a.> <animou-se a viajar>* □ *t.d.* **3** intensificar, avivar *<a. fogo>*

a.ní.mi.co *adj.* relativo a ou próprio da alma

a.ni.mis.mo *s.m.* FIL cada uma das doutrinas que afirmam a existência da alma humana, considerada como base das percepções, sentimentos e pensamentos ~ **animista** *adj.2g.s.2g.*

â.ni.mo *s.m.* **1** manifestação de desejo; vontade **2** determinação diante do perigo ou do sofrimento; coragem, decisão **3** caráter natural; temperamento ■ *interj.* **4** coragem, força *<â., já estamos chegando!>*

a.ni.mo.si.da.de *s.f.* má vontade constante; aversão, antipatia

a.ni.nhar *v.* {mod. 1} *t.d. e pron.* **1** recolher(-se) em ninho *<a. os filhotes> <o gavião aninhou-se>* **2** acomodar(-se) confortavelmente *<a. o filho no peito> <a.-se no sofá>* □ *int.* **3** fazer ninho *<os pássaros aninharam no telhado>*

â.ni.on [pl.: *aníones* e *ânions*] *s.m.* FISQUÍM íon de carga elétrica negativa

a.ni.qui.lar *v.* {mod. 1} *t.d.* **1** destruir, exterminar *<a. os inimigos>* **2** tornar sem efeito; anular *<a. ordem judicial>* □ *t.d. e pron.* **3** abater(-se) física ou moralmente *<a virose aniquilou-o> <ela é forte, não se aniquila facilmente>* ~ **aniquilação** *s.f.* - **aniquilador** *adj.s.m.* - **aniquilamento** *s.m.*

a.nis [pl.: *-es*] *s.m.* BOT erva aromatizante e sua semente, us. em balas, licor etc.; erva-doce

a.ni.se.te *s.m.* licor de anis

a.nis.ti.a *s.f.* DIR perdão coletivo de algum delito político ou legal ~ **anistiar** *v.t.d.*

a.nis.tó.ri.co *adj.* **1** que não participa da história; não histórico **2** avesso, antagônico à história; anti-histórico

a.ni.ver.sa.ri.an.te *adj.2g.s.2g.* que(m) faz aniversário

a.ni.ver.sá.rio *s.m.* **1** dia em que alguém completa ano(s) de vida **2** dia em que se completa um ou mais anos de ocorrência de um fato ~ **aniversariar** *v.int.*

an.jo *s.m.* **1** REL mensageiro celestial entre Deus e os homens **2** *p.ext.* representação (em escultura, pintura etc.) desse ser **3** *p.ext.* criança vestida de anjo em procissões e outras cerimônias católicas **4** *fig.* pessoa boa e tranquila **5** criança morta

-ano *suf.* **1** 'origem, procedência': *sergipano* **2** 'relação': *republicano, freudiano*

a.no *s.m.* **1** intervalo de tempo que a Terra leva para circundar o Sol, equivalente a 365 dias e 6 horas, aprox. **2** período de 12 meses seguidos, tomado como unidade de medida de idade ou de tempo decorrido *<ele tem 80 a.>* ▣ **a. bissexto** ano de 366 dias e que ocorre a cada quatro anos • **a. civil** período de 1º de janeiro a 31 de dezembro • **a. letivo** período escolar

a.no-bom [pl.: *anos-bons*] *s.m.* ano-novo ('meia-noite', 'dia 1º')

a.no.di.ni.a *s.f.* ausência de dor

a.nó.di.no *adj.* **1** que diminui a dor **2** *fig.* pouco eficaz; insignificante

a.nó.fe.le *s.m.* ZOO designação comum a mosquitos que ocorrem em todos os continentes e são responsáveis pela transmissão da malária ~ **anofelino** *adj.s.m.*

a.noi.te.cer *v.* {mod. 8} *int.* **1** tornar-se noite *<anoiteceu de repente>* ☞ nesta acp., é impessoal, exceto quando fig. □ *t.d. fig.* **2** cobrir de trevas; escurecer *<nuvens escuras anoiteceram o vale>* ■ *s.m.* **3** o início da noite ◉ GRAM/USO como s.m., pl.: *anoiteceres*

a.no-luz [pl.: *anos-luz*] *s.m.* ASTR unidade que corresponde à distância (aprox. 9 trilhões e 450 bilhões de km) percorrida pela luz, no vácuo, durante um ano, à velocidade de 300 mil km/s

a.no.ma.li.a *s.f.* o que não é normal, o que se desvia do padrão; irregularidade, aberração

a.nô.ma.lo *adj.* **1** fora da ordem, da norma estabelecida; diferente do normal; anormal, atípico, estranho **2** LING diz-se de verbo que não segue as regras gerais de formação (p.ex.: o verbo *ir*, que apresenta mais de um radical ao ser conjugado - eu vou, eu fui, eu iria)

a.no.na /ô/ *s.f.* BOT **1** araticum (árvore e fruto) **2** fruta-de-conde **3** graviola

a.no.ni.ma.to *s.m.* condição ou característica do que é anônimo

a.nô.ni.mo *adj.* **1** sem o nome do autor *<texto a.>* **2** de nome desconhecido *<denúncia a.>* **3** que não tem fama, renome *<ainda era um cantor a.>*

a.no-no.vo [pl.: *anos-novos*] *s.m.* **1** o ano que entra **2** meia-noite do dia 31 de dezembro; ano-bom **3** dia 1º de janeiro; ano-bom ☞ nas 3 acp., iniciais por vezes maiúsc.

a.no.ra.que *s.m.* VEST **1** agasalho de pele e com capuz us. pelos esquimós **2** *p.ext.* agasalho impermeável com capuz

a.no.re.xi.a /cs/ *s.f.* MED perda de apetite ▣ **a. nervosa** MED grave perda de apetite, de fundo emocional

a.no.ré.xi.co /cs/ *adj.s.m.* **1** que(m) tem anorexia ■ *adj.* **2** relativo a anorexia

a.nor.mal [pl.: *-ais*] *adj.2g.* **1** que não está de acordo com a norma **2** fora do comum; extraordinário *<talento a.>* ■ *adj.2g.s.2g.* **3** que(m) apresenta desenvolvimento físico, intelectual ou mental deficiente ~ **anormalidade** *s.f.*

a.no.ta.ção [pl.: *-ões*] *s.f.* **1** ato ou efeito de anotar, de tomar notas **2** registro escrito; apontamento, nota **3** série de comentários (ger. sobre texto ou obra); comentário, observação

a.no.tar *v.* {mod. 1} *t.d.* **1** tomar nota(s) de; registrar **2** incluir nota em (texto) **3** comentar por meio de notas *<a. trechos de um livro>* ~ **anotado** *adj.* - **anotador** *adj.s.m.*

an.sei.o *s.m.* desejo forte; ânsia

ân.sia *s.f.* **1** náusea, enjoo **2** ansiedade, desassossego **3** anseio

an.si.ar *v.* {mod. 5} *t.d. e t.i. fig.* **1** (prep. *por*) desejar muito; almejar *<ansiava ser cantora> <a. pelas férias>* □ *t.d. e pron.* **2** (fazer) sentir ansiedade, preocupação; angustiar(-se) *<doença de filho anseia a mãe> <a.-se por não poder viajar>* □ *t.d.,int. e pron.* **3** (fazer) sentir náusea(s); enjoar *<andar de carro anseia a criança> <a.(-se) com o cheiro de gasolina>*

an.si.e.da.de *s.f.* **1** sensação de angústia; inquietação, intranquilidade **2** desejo impaciente *<aguardava com a. sua chegada>*

an.si.o.lí.ti.co *adj.s.m.* FARM (medicamento) que reduz a ansiedade, a tensão

an.si.o.sa.men.te *adv.* **1** com grande inquietação, angústia, aflição; impacientemente **2** com muita ânsia, desejo, sofreguidão

an.si.o.so /ô/ [pl.: *ó*; fem.: *ó*] *adj.* **1** que sente ânsia, inquietação, aflição **2** *fig.* muito desejoso de; ávido

an.ta *s.f.* ZOO mamífero selvagem, pesado e de pernas curtas, com focinho comprido em forma de pequena tromba; tapir

an.ta.gô.ni.co *adj.* que se opõe; contrário, incompatível

an.ta.go.nis.mo *s.m.* tendência contrária; rivalidade, oposição

an.ta.go.nis.ta *adj.2g.s.2g.* **1** que(m) age em sentido oposto; opositor **2** que(m) é contra alguém ou contra alguma coisa; adversário, rival ■ *adj.2g.* **3** relativo a antagonismo

an.ta.go.ni.zar *v.* {mod. 1} *t.d. e pron.* mostrar-se contrário, antagônico a; opor-se *<a. a autoridade> <a.-se com antigos amigos>*

an.ta.nho *adv.* **1** em tempos passados; antigamente ■ *s.m.* **2** o passado

an.tár.ti.co *adj.* do polo sul

ante- *pref.* 'precedência': *anteontem, anteprojeto*

-ante *suf.* equivale a *-nte*

an.te *prep.* **1** em frente a; diante de *<a prova estava a. seus olhos>* **2** em consequência de *<a. a insistência, aceitou o convite>*

an.te.bra.ço *s.m.* ANAT parte do braço entre o punho e o cotovelo

an.te.câ.ma.ra *s.f.* antessala

an.te.ce.dên.cia *s.f.* ato ou efeito de anteceder(-se) ▣ **com a.** antes do tempo marcado

an.te.ce.den.te *adj.2g.* **1** anterior *<dia a. à mudança>* ▼ ***antecedentes*** *s.m.pl.* **2** fatos do passado de uma pessoa

an.te.ce.der *v.* {mod. 8} *t.d. e t.i.* **1** (prep. *a*) ser anterior a, vir antes de; preceder *<trovões antecederam a chuva> <preparativos que antecedem à festa>* □ *pron.* **2** (prep. *a*) adiantar-se, antecipar-se *<a-se aos demais na descoberta>*

an.te.ces.sor /ô/ [pl.: *-es*] *adj.s.m.* que(m) antecede

an.te.ci.pa.ção [pl.: *-ões*] *s.f.* **1** ocorrência antes do tempo normal *<a. das férias>* **2** o que precede ou se posiciona antes de um acontecimento futuro *<a. do bônus de Natal>*

an.te.ci.par *v.* {mod. 1} *t.d.,int. e pron.* **1** (prep. *a*) fazer chegar ou ocorrer antes do esperado; adiantar(-se) *<mandou a. o salário de todos> <mais vale esperar do que a.> <o inverno antecipou-se este ano>* □ *t.d.i.* **2** (prep. *a*) comunicar com antecedência *<não anteciparam nada aos alunos sobre o assunto>* □ *t.d. e pron.* **3** (prep. *a*) chegar antes de; adiantar(-se) *<o amigo antecipara-o na chegada ao cinema> <a empresa antecipou-se à lei>* ~ **antecipado** *adj.* - **antecipatório** *adj.*

an.te.da.tar *v.* {mod. 1} *t.d.* pôr data anterior em *<a. um documento>* ☞ cf. *pré-datar*

an.te.di.lu.vi.a.no *adj.* **1** anterior ao dilúvio narrado na Bíblia **2** *fig.* muito antigo

an.te.go.zar *v.* {mod. 1} *t.d.* deliciar-se por (algo) antes de sua realização *<a. a vitória>* ~ **antegozo** *s.m.*

an.te-his.tó.ri.co [pl.: *ante-históricos*] *adj.* pré-histórico ☞ cf. *anti-histórico*

an.te.mão *adv.* ▸ us. em: **de a.** de modo antecipado, com antecedência

an.te.me.ri.di.a.no *adj.* anterior ao meio-dia

an.te.na *s.f.* **1** ELETRÔN FÍS TEL dispositivo que capta e transmite ondas eletromagnéticas **2** ZOO cada um dos apêndices sensoriais alongados de insetos, crustáceos etc.

an.te.na.do *adj.* **1** com antena(s) **2** *fig. infrm.* bem informado; atento

an.te.nis.ta *adj.2g.s.2g.* que(m) instala ou conserta antenas ('dispositivo')

an.te.on.tem *adv.* no dia anterior ao dia de ontem

an.te.pa.rar *v.* {mod. 1} *t.d.* **1** pôr anteparo em *<anteparou a passagem com um portão>* **2** *fig.* evitar, impedir *<a. um mal>* ☐ *t.d. e int.* **3** (fazer) parar antecipadamente *<a. um cavalo na corrida>* *<obrigaram a turma a a. antes do fim da caminhada>* ☐ *int. e pron.* **4** parar de repente *<sentindo o perigo, o animal anteparou>* *<anteparava-se diante de qualquer dificuldade>* ☐ *t.d.,t.d.i. e pron. p.ext.* **5** (prep. *de*) oferecer ou dar proteção (física ou moral); defender(-se) *<por causa da explosão, buscou a. o rosto>* *<tentou antepará-lo daquela decepção>* *<usou os braços para a.-se do golpe>*

an.te.pa.ro *s.m.* o que se coloca diante de alguém ou de algo para abrigo ou defesa

an.te.pas.sa.do *s.m.* **1** parente em linha ascendente ▼ ***antepassados*** *s.m.pl.* **2** gerações anteriores de um indivíduo; ancestrais

an.te.pas.to *s.m.* CUL aperitivo servido antes da refeição

an.te.pe.núl.ti.mo *adj.s.m.* (o) que está antes do penúltimo

an.te.por *v.* {mod. 23} *t.d.i. e pron.* **1** (prep. *a*) pôr(-se) antes de; antecipar(-se) *<a. o adjetivo ao substantivo>* *<a construção da piscina antepôs-se à reforma do salão>* **2** (prep. *a*) pôr(-se) em oposição a; contrapor(-se) *<antepunha sua vontade ao desejo dos colegas>* *<a.(-se) às injustiças>* ☐ *t.d.i. fig.* **3** (prep. *a*) considerar mais importante; preferir *<antepôs seus estudos à diversão>* ◉ GRAM/USO part.: *anteposto* ~ **anteposição** *s.f.*

an.te.pro.je.to *s.m.* estudo preparatório de um projeto

an.te.ra *s.f.* BOT extremidade dilatada do estame onde fica o pólen

an.te.ri.or /ô/ [pl.: *-es*] *adj.2g.* **1** que vem antes **2** situado na parte da frente ~ **anterioridade** *s.f.*

an.tes *adv.* **1** em tempo ou lugar anterior *<chegou a. de todos>* **2** de preferência, melhor *<a. só que mal acompanhado>* **3** primeiramente *<afirmou que, antes, lavaria a louça>* **4** pelo contrário *<não era uma boa pessoa, a. revelava-se um egoísta>*

an.tes.sa.la *s.f.* **1** sala anterior à sala principal; antecâmara **2** sala de espera

an.te.ver *v.* {mod. 12} *t.d.* **1** ver, observar com antecedência *<anteviu o carro na contramão e evitou a batida>* **2** *p.ext.* perceber (fato futuro) por meios sobrenaturais; prever, adivinhar *<a. uma tragédia>* ~ **antevisão** *s.f.*

an.te.vés.pe.ra *s.f.* o dia anterior à véspera

anti- *pref.* 'oposição': *antipatia, antigripal, antioxidante* ☞ usa-se hífen quando o segundo el. for iniciado por *i* ou *h* (*anti-inflamatório*)

an.ti.a.bo.li.cio.nis.mo *s.m.* HIST movimento político contrário à abolição da escravidão ~ **antiabolicionista** *adj.2g.s.2g.*

an.ti.a.bor.to /ô/ *adj.2g.2n.* que se opõe à prática do aborto

an.ti.á.ci.do *adj.s.m.* FARM (remédio) que combate a acidez do estômago

an.ti.a.de.ren.te *adj.2g.s.2g.* (produto ou revestimento) que impede aderência ~ **antiaderência** *s.f.*

an.ti.a.é.reo *adj.* que protege de ataques aéreos

an.ti.a.lér.gi.co *adj.s.m.* **1** FARM (medicamento) que combate alergia ■ *adj.* **2** que não provoca alergia *<cobertor a.>*

an.ti.a.me.ri.ca.no *adj.s.m.* que(m) é contra os EUA ou a sua influência em outros países

an.ti.as.má.ti.co *adj.s.m.* FARM (medicamento) que combate a asma

an.ti.bac.te.ri.a.no *adj.s.m.* (agente ou substância) que inibe o desenvolvimento de bactérias

an.ti.bi.ó.ti.co *adj.s.m.* FARM (substância) que combate microrganismos causadores de doenças infecciosas

an.ti.ci.clo.ne *s.m.* zona de alta pressão atmosférica, de onde os ventos sopram em espiral ~ **anticiclônico** *adj.*

an.ti.cle.ri.cal [pl.: *-ais*] *adj.2g.s.2g.* POL que(m) combate a influência política, social ou moral do clero ~ **anticlericalismo** *s.m.* - **anticlericalista** *adj.2g.s.2g.*

an.ti.clí.max /cs/ *s.m.2n.* **1** CINE LIT TEAT TV numa narrativa, cena menos relevante do que a antecedente (o clímax) **2** *p.ext.* situação, por vezes decepcionante, que não corresponde à expectativa de um clímax

an.ti.co.a.gu.lan.te *adj.2g.s.m.* FARM (substância) que evita a coagulação do sangue

an.ti.con.cep.ção [pl.: *-ões*] *s.f.* método ou conjunto de métodos para evitar a fecundação ou a nidação; contracepção

an.ti.con.cep.cio.nal [pl.: *-ais*] *adj.2g.s.m.* **1** (o) que impede a fecundação do óvulo; contraceptivo ■ *s.m.* **2** FARM medicamento us. por mulheres para evitar a gravidez

an.ti.cons.ti.tu.cio.nal [pl.: *-ais*] *adj.2g.* que contraria ou infringe a Constituição de um país

an.ti.con.vul.si.vo *adj.s.m.* FARM (medicamento) que previne ou combate convulsões

A

an.ti.cor.po /ô/ [pl.: /ó/] *s.m.* BIO proteína que o organismo de uma pessoa ou animal produz em seu sangue para combater germes, bactérias e substâncias tóxicas

an.ti.cor.ro.si.vo *adj.s.m.* (o) que evita ou combate a corrosão

an.ti.cor.rup.ção [pl.: *-ões*] *adj.2g.2n.* que investiga e/ou combate a corrupção

an.ti.cris.to *s.m.* REL no livro do Apocalipse, personagem misteriosa que deverá aparecer algum tempo antes do fim do mundo, enchendo a Terra de crime e impiedade, sendo afinal vencido por Cristo ☞ inicial maiúsc.

an.ti.de.mo.cra.ta *adj.2g.s.2g.* (o) que se opõe à democracia

an.ti.de.mo.crá.ti.co *adj.* que é contrário à democracia; antidemocrata

an.ti.de.pres.si.vo *adj.s.m.* FARM (medicamento) que evita ou torna menos intensa a depressão psíquica

an.ti.der.ra.pan.te *adj.2g.s.m.* (o) que impede derrapagens

antidoping [ing.] *adj.2g.2n.* ESP **1** realizado para verificar se houve uso ilegal de alguma substância por um atleta em competição esportiva **2** contrário ao uso do *doping* <*políticas a.*> ⇒ pronuncia-se antidóping

an.tí.do.to *adj.s.m.* FARM (medicamento) que combate os efeitos de toxina ou veneno

an.ti.e.co.nô.mi.co *adj.* **1** que não gera economia ou não reduz gastos **2** contrário à boa gestão da economia

an.ti.es.pas.mó.di.co *adj.s.m.* FARM (substância) que combate espasmos; antispasmódico

an.ti.es.por.ti.vo *adj.* que não respeita as regras ou os procedimentos numa competição esportiva

an.ti.es.tá.ti.co *adj.* ELETRÔN **1** que impede ou limita a formação de eletricidade estática **2** que diminui interferências atmosféricas nas comunicações sem fio

an.tí.fo.na *s.f.* **1** LITUR versículo cantado ou recitado antes e depois de um salmo **2** MÚS composição feita sobre o texto dessa seção da liturgia ~ **antifônico** *adj.*

an.tí.fra.se *s.f.* LING emprego de palavra ou frase com sentido oposto ao verdadeiro, como, p.ex., *muito bonito!* por *que coisa feia!* ~ **antifrástico** *adj.*

an.ti.ga.men.te *adv.* **1** em época remota, no passado; outrora ■ *s.m.* **2** época mais ou menos distante no tempo <*roupas de a.*>

an.tí.ge.no *s.m.* BIO FARM MED partícula, molécula ou substância que, ao ser introduzida no organismo, provoca a formação de anticorpos específicos ~ **antigenicidade** *s.f.* - **antigênico** *adj.*

an.ti.go *adj.* **1** que existe há muito tempo **2** que tem precedência; anterior <*era mais feliz na casa a.*> ◉ GRAM/USO sup.abs.sint.: *antiguíssimo, antiquíssimo*

an.ti.gri.pal [pl.: *-ais*] *adj.2g.s.m.* FARM (medicamento) que combate ou previne a gripe ou os seus sintomas

an.ti.gua.lha ou **an.ti.qua.lha** *s.f.* qualquer coisa antiga

an.ti.gui.da.de /gu *ou* gü/ *s.f.* **1** característica do que é antigo **2** tempo durante o qual se vem exercendo cargo, função **3** HIST período da história, de início indefinido, que se encerra com a queda do Império Romano do Ocidente (476 d.C.) ☞ inicial maiúsc. **4** objeto antigo e valioso

an.ti-he.rói [pl.: *anti-heróis*; fem.: *anti-heroína*] *s.m.* personagem que não possui as características de um herói ou cujas características se opõem às do herói

an.ti-hi.gi.ê.ni.co [pl.: *anti-higiênicos*] *adj.* contrário às normas da higiene

an.ti-his.ta.mí.ni.co [pl.: *anti-histamínicos*] *adj.s.m.* FARM (medicamento) que combate a ação da histamina e impede seus efeitos no organismo, us. esp. contra alergia

an.ti-his.tó.ri.co [pl.: *anti-históricos*] *adj.* contrário à história, seus dados e fundamentos; anistórico ☞ cf. *ante-histórico*

an.ti-ho.rá.rio [pl.: *anti-horários*] *adj.* que tem rotação contrária à dos ponteiros do relógio <*sentido a.*>

an.ti-in.fec.ci.o.so [pl.: *anti-infecciosos* /ó/; fem.: /ó/] *adj.s.m.* (substância) que combate infecção

an.ti-in.fla.cio.ná.rio [pl.: *anti-inflacionários*] *adj.* que previne ou age contra a inflação

an.ti-in.fla.ma.tó.rio [pl.: *anti-inflamatórios*] *adj.s.m.* FARM (substância ou medicamento) que combate inflamações

an.ti.jo.go /ô/ [pl.: /ó/] *s.m.* ESP comportamento, em campo ou na quadra, que contraria o espírito esportivo, a lealdade, a honestidade entre os oponentes

an.ti.lha.no *adj.* **1** das Antilhas ☞ cf. *Antilhas* na parte enciclopédica ■ *s.m.* **2** natural ou habitante desse arquipélago

an.tí.lo.pe *s.m.* ZOO mamífero ruminante de chifres longos e arqueados para trás, comum na África

an.ti.mag.né.ti.co *adj.* que resiste à magnetização

an.ti.ma.té.ria *s.f.* matéria que se pensa existir no universo cujas partículas teriam características e propriedades opostas às da matéria comum

an.ti.mi.có.ti.co *adj.s.m.* FARM (medicamento) que combate micoses

an.ti.mís.sil [pl.: *-eis*] *s.m.* arma destinada a interceptar e destruir mísseis

an.ti.mô.nio *s.m.* QUÍM elemento químico us. em ligas metálicas [símb.: *Sb*] ☞ cf. *tabela periódica* (no fim do dicionário) ~ **antimonial** *adj.2g.s.m.*

an.ti.ne.vrál.gi.co *adj.s.m.* FARM (medicamento) que alivia a nevralgia

an.ti.nu.cle.ar [pl.: *-es*] *adj.2g.* **1** contrário ao uso de energia atômica ou armamento nuclear **2** que protege da radiação nuclear (diz-se de abrigo)

an.ti.o.fí.di.co *adj.s.m.* FARM (substância) que combate veneno de cobra

an.ti.o.xi.dan.te /cs/ *adj.2g.s.m.* QUÍM (substância) que evita a oxidação ~ **antioxidação** *s.f.*

an.ti.pa.ti.a *s.f.* aversão espontânea, gratuita, por algo ou alguém
an.ti.pá.ti.co *adj.s.m.* que(m) provoca ou inspira antipatia; desagradável
an.ti.pa.ti.zar *v.* {mod. 1} *t.i.* (prep. *com*) ter antipatia por, aversão a; implicar <*antipatiza com a vizinha*>
an.ti.pa.tri.o.ta *adj.2g.s.2g.* que(m) é contra a sua pátria
an.ti.pa.tri.ó.ti.co *adj.* contra os interesses da pátria
an.ti.pa.tri.o.tis.mo *s.m.* **1** falta de patriotismo **2** atitude antipatriótica
an.ti.pe.da.gó.gi.co *adj.* contrário à pedagogia
an.ti.pers.pi.ran.te *adj.2g.s.m.* FARM (substância) que reduz o suor; antitranspirante
an.ti.pi.ré.ti.co *adj.s.m.* FARM (substância ou medicamento) que combate a febre; antitérmico
an.tí.po.da *s.m.* **1** habitante do globo que, em relação a outro, vive em lugar diametralmente oposto ■ *adj.2g.s.m.* **2** (o) que se situa em lugar diametralmente oposto <*Brasil e Japão são a.*> **3** *p.ext.* (o) que tem características que se opõem
an.ti.pó.lio *adj.2g.s.f.* FARM (vacina) contra a poliomielite
an.ti.po.lu.en.te *adj.2g.s.m.* (substância ou processo) que reduz a poluição ambiental
an.ti.po.pu.lar [pl.: *-es*] *adj.2g.* contrário aos desejos do povo, à opinião pública ☞ cf. *impopular*
an.ti.pro.gres.sis.ta *adj.2g.s.2g.* que(m) é contrário ao progresso
an.ti.pru.ri.gi.no.so /ô/ [pl.: /ó/; fem.: /ó/] *adj.s.m.* FARM (substância) que combate pruridos e coceiras
an.ti.qua.do *adj.* ultrapassado, fora de moda
an.ti.qua.lha *s.f.* → ***ANTIGUALHA***
an.ti.quá.rio *s.m.* **1** colecionador ou vendedor de objetos antigos **2** loja de objetos antigos
an.tir.rá.bi.co *adj.s.m.* FARM (medicamento) que evita ou combate a raiva ('doença')
an.tir.re.tro.vi.ral [pl.: *-ais*] *adj.2g.s.m.* FARM (droga) que combate infecções por retrovírus
an.tis.pas.mó.di.co *adj.s.m.* FARM antiespasmódico
an.tis.se.mi.ta *adj.2g.s.2g.* que(m) se opõe aos semitas, esp. aos judeus ~ **antissemitismo** *s.m.*
an.tis.sép.ti.co *adj.s.m.* FARM (substância ou medicamento) que impede a contaminação e combate a infecção
an.tis.si.fi.lí.ti.co *adj.s.m.* FARM (medicamento) que combate a sífilis
an.tis.so.ci.al [pl.: *-ais*] *adj.2g.* **1** contrário às ideias, costumes ou interesses da sociedade **2** avesso à vida social
an.ti.ta.ba.gis.mo *s.m.* movimento ou opinião contrários ao hábito de fumar ~ **antitabagista** *adj.2g.s.2g.*
an.ti.tér.mi.co *adj.s.m.* **1** (o) que protege do calor **2** FARM antipirético
an.ti.ter.ro.ris.mo *s.m.* movimento ou atitude contrários ao terrorismo ~ **antiterrorista** *adj.2g.s.2g.*
an.tí.te.se *s.f.* **1** ideia que é o oposto de uma outra ideia, que apresenta um contraste muito nítido **2** figura de retórica que opõe duas ideias ou palavras de sentido contrário (p.ex.: *ela era seu bem e seu mal*) ~ **antitético** *adj.*
an.ti.te.tâ.ni.co *adj.s.m.* FARM (medicamento) que evita ou combate o tétano
an.ti.tó.xi.co /cs/ *adj.s.m.* antídoto ~ **antitoxicidade** *s.f.*
an.ti.trans.pi.ran.te *adj.2g.s.m.* antiperspirante
an.ti.trus.te *adj.2g.2n.* que limita a formação de truste
an.ti.tús.si.co *adj.s.m.* FARM antitussígeno
an.ti.tus.sí.ge.no *adj.s.m.* FARM (substância ou medicamento) que acalma ou elimina a tosse
an.ti.va.ri.ó.li.co *adj.s.m.* FARM (medicamento) que previne ou trata a varíola
an.ti.vi.ral [pl.: *-ais*] *adj.2g.* FARM que imuniza ou atua contra vírus
an.ti.vi.ró.ti.co *adj.s.m.* FARM (substância) que combate vírus
an.ti.ví.rus *adj.2g.2n.s.m.2n.* INF (programa) que detecta e elimina vírus de computador
an.to.lhos /ó/ *s.m.pl.* par de peças, ger. de couro, colocadas ao lado dos olhos de animal de montaria, para que ele só olhe para frente
an.to.lo.gi.a *s.f.* **1** coleção de textos organizados segundo tema, época etc. **2** livro que contém essa coleção ~ **antologista** *adj.2g.s.2g.*
an.to.ló.gi.co *adj.* **1** que merece figurar em antologia **2** digno de ser relembrado <*jogada a.*>
an.to.ní.mia *s.f.* **1** LING relação de sentido que opõe dois termos (p.ex. *grande/pequeno*; *perguntar/responder*; *solteiro/casado*) **2** estudo de ou teoria sobre antônimos **3** lista de antônimos
an.tô.ni.mo *adj.s.m.* LING (palavra) de sentido contrário a outra ◉ COL antonímia ~ **antonímico** *adj.*
an.to.no.má.sia *s.f.* LING substituição de um nome de pessoa, objeto etc. por outra denominação (*um romeu* por *um homem apaixonado*)
an.traz [pl.: *-es*] *s.m.* MED carbúnculo
an.tro *s.m.* **1** caverna profunda e escura **2** *p.ext.* lugar onde se reúnem criminosos ou pessoas de má índole
an.tro.po.cên.tri.co *adj.* que interpreta a realidade sob o ponto de vista do antropocentrismo
an.tro.po.cen.tris.mo *s.m.* FIL REL forma de pensamento que considera o homem o centro do universo e interpreta tudo de acordo com valores e experiências humanas ~ **antropocentrista** *adj.2g.s.2g.*
an.tro.po.fa.gi.a *s.f.* ato ou fato de comer carne humana ~ **antropofágico** *adj.*
an.tro.pó.fa.go *adj.s.m.* que(m) come carne humana
an.tro.poi.de /ói/ *adj.2g.* **1** semelhante ao homem **2** relativo aos antropoides ■ *s.m.* **3** ZOO espécime dos antropoides, subordem de primatas desprovidos de cauda, como o homem, o orangotango etc.

an.tro.po.lo.gi.a *s.f.* ciência que estuda a natureza do homem e sua cultura ~ **antropológico** *adj.*

an.tro.pó.lo.go *s.m.* o especialista em antropologia

an.tro.po.mor.fo *adj.* que tem forma humana ~ **antropomorfia** *s.f.* - **antropomórfico** *adj.*

an.tro.po.ní.mia *s.f.* **1** estudo dos nomes próprios de pessoa **2** lista de antropônimos

an.tro.pô.ni.mo *s.m.* nome de pessoa ~ **antroponímico** *adj.*

an.tú.rio *s.m.* BOT planta tropical ornamental, de folhas grandes, que pode ter flores vermelhas, rosa ou brancas

a.nu ou **a.num** [pl.: *-uns*] *s.m.* ZOO pequena ave preta de bico forte e cauda longa

a.nu.al [pl.: *-ais*] *adj.2g.* **1** que ocorre uma vez por ano *<festa a.>* **2** que dura um ano *<contrato a.>*

a.nu.á.rio *s.m.* publicação anual que registra informações sobre um ou vários ramos de atividade ou as principais ocorrências da vida de uma instituição e suas atividades durante o ano

a.nu.ên.cia *s.f.* consentimento, aprovação

a.nu.i.da.de *s.f.* quantia que se paga uma vez por ano

a.nu.ir *v.* {mod. 26} *t.i. e int.* (prep. *a*) estar de acordo; aprovar, permitir *<anuiu ao meu pedido> <deu sinal de que anuíra>*

[1]a.nu.lar *v.* {mod. 1} *t.d. e pron.* **1** tornar(-se) nulo, sem efeito; invalidar(-se) *<a. um teste> <a defesa anulou-se ante as provas da acusação>* □ *t.d.* **2** tornar insignificante ou quase nulo *<bastava sua presença para a. minhas pretensões>* □ *pron.* **3** perder a identidade; desvalorizar-se *<a.-se diante da equipe adversária>* [ORIGEM: do lat. *anulāre* 'id.'] ~ **anulação** *s.f.* - **anulador** *adj.s.m.* - **anulatório** *adj.*

[2]a.nu.lar [pl.: *-es*] *adj.2g.* **1** relativo a anel **2** que tem feitio de anel ■ *adj.2g.s.m.* **3** [3]anelar [ORIGEM: do lat. *anulāris,e* 'id.']

a.num [pl.: *-uns*] *s.m.* → ***ANU***

a.nun.ci.a.ção [pl.: *-ões*] *s.f.* **1** comunicação de uma mensagem **2** REL notícia recebida por Maria de que ela seria a mãe do Filho de Deus ☞ inicial ger. maiúsc. **3** REL festa da Igreja católica em memória desse acontecimento ☞ inicial maiúsc.

a.nun.ci.an.te *adj.2g.s.2g.* **1** (o) que anuncia ou prenuncia; anunciador, divulgador **2** (o) que patrocina anúncios em qualquer meio de comunicação; patrocinador

a.nun.ci.ar *v.* {mod. 1} *t.d.,t.d.i. e int.* **1** (prep. *a*) comunicar, divulgar *<a. a inauguração da loja> <anunciaram aos clientes o cardápio do dia> <para vender é preciso a.>* □ *t.d. e t.d.i.* **2** (prep. *a*) mostrar claramente, por gesto, sinal etc.; indicar *<as nuvens escuras anunciam chuva> <uma buzina anunciou aos competidores o início da corrida>* **3** (prep. *a*) prevenir da presença ou chegada de *<o mordomo anunciou a visita (aos patrões)>* □ *t.d. e int.* **4** fazer propaganda (de produto, serviço etc.) *<a. nova marca de sabão> <decidiram a. em jornais>* ~ **anunciador** *adj.s.m.*

a.nún.cio *s.m.* **1** ação de divulgar algo ao público; notícia **2** sinal que indica acontecimento futuro *<cigarras cantando é a. de tempo quente>* **3** comercial *<abaixo o volume na hora dos a.>*

a.nu.ro *adj.* **1** que não possui cauda ■ *s.m.* **2** ZOO espécime dos anuros, ordem de anfíbios cujos adultos não possuem cauda, como sapos, rãs e pererecas

â.nus *s.m.2n.* ANAT abertura do reto por onde saem as fezes

a.nu.vi.ar *v.* {mod. 1} *t.d. e pron.* **1** cobrir(-se) de nuvens; nublar(-se) *<São Pedro anuviou o céu> <o tempo anuviou-se à noite>* **2** *fig.* entristecer(-se), perturbar(-se) *<a partida do amigo anuviou toda a turma> <anuviou-se, como se nunca mais fosse sorrir>* ~ **anuviamento** *s.m.*

an.ver.so *s.m.* **1** parte da frente de qualquer objeto que apresente dois lados opostos **1.1** nas moedas e medalhas, face com emblema ou efígie; cara

an.zol [pl.: *-óis*] *s.m.* pequeno gancho com uma ponta fina que faz um ângulo agudo, us. para fisgar peixes

[1]-ão *suf.* **1** 'aumento': *camisolão* **1.1** com sentido pejorativo: *machão* **1.2** com sentido afetivo: *paizão* **2** 'diminuição': *calção* **3** 'ação ou seu resultado': *encontrão* [ORIGEM: lat. *-ĭo,iōnis*]

[2]-ão *suf.* **1** ligado a hábitos (ger. censuráveis): *beberrão* **2** a numerais: *bilhão, trilhão* **3** a idade: *quarentão* **4** a origem gentílica ou de lugar: *bretão, aldeão* **5** a ofícios, profissões: *cirurgião, tecelão* **6** a instrumentos: *boticão, pilão* [ORIGEM: lat. *-anu-*]

[3]-ão *suf.* de origens diversas (grega, árabe, espanhola, francesa, italiana, tupi etc.): *anão, algodão, chimarrão, avião, artesão, mutirão* etc.

a.on.de *adv.* para onde; para qual lugar *<E vocês? A. vão?>*

a.or.ta /ór/ *s.f.* ANAT grande artéria que distribui sangue do ventrículo esquerdo do coração para todo o organismo ~ **aórtico** *adj.*

AP sigla do Estado do Amapá

A.PA *s.f.* sigla de *área de proteção ambiental*

a.pa.che *s.2g.* **1** indivíduo dos apaches, povo indígena dos EUA ■ *s.m.* **2** LING língua falada pelos apaches ■ *adj.2g.* **3** relativo a esse indivíduo, povo ou língua

a.pa.dri.nhar *v.* {mod. 1} *t.d.* **1** ser padrinho de (em batizado, casamento, formatura etc.) **2** pôr sob sua proteção <a. uma candidatura> **3** patrocinar, financiar *<a. um atleta>* **4** lutar em favor de; defender *<a. a causa dos moradores de rua>* ~ **apadrinhamento** *s.m.*

A.pae *s.f.* sigla de Associação de Pais e Amigos dos Excepcionais

a.pa.ga.do *adj.* **1** que não tem mais fogo ou luz; extinto **2** *fig.* sem brilho; amortecido, embaciado **3** *fig.* que não se destaca; insignificante, medíocre **4** *fig.* riscado, raspado, sumido (diz-se de escrita) **5** *fig.* excluído da lembrança; esquecido **6** *fig.* em estado de inconsciência causado por drogas ou álcool **7** *fig.* sem ânimo ou entusiasmo; abatido, desanimado, murcho **8** *fig. B infrm.* assassinado, morto

a.pa.ga.dor /ô/ [pl.: *-es*] *adj.s.m.* **1** (o) que apaga ■ *s.m.* **2** utensílio com uma superfície de feltro ou esponja us. para limpar os escritos em quadro-negro ou similar

a.pa.gão [pl.: *-ões*] *s.m.* falta repentina de eletricidade ☞ cf. *blecaute*

a.pa.gar *v.* {mod. 1} *t.d.,int. e pron.* **1** (fazer) acabar (luz, fogo) *<a. uma lâmpada> <a lareira apagou(-se)>* □ *t.d.* **2** desligar (rádio, televisão etc.) **3** *fig.* esquecer, anular *<a. uma lembrança>* **4** *B infrm.* tirar a vida de; matar □ *t.d. e pron.* **5** (fazer) sumir escrito, traço, marca *<apagou dois nomes da lista> <as marcas na areia apagaram-se>* **6** *fig.* (fazer) perder o brilho, o colorido; embaciar(-se); desbotar *<o sofrimento apagou o seu sorriso> <depois da tragédia, seu olhar apagou-se>* □ *t.d. e int. B infrm.* **7** (fazer) perder os sentidos *<o lutador apagou o adversário> <dançou e pulou até a.>* □ *int. e pron. B* **8** ceder ao cansaço, dormir *<apesar de adorar o carnaval, apagou(-se) logo>* ~ **apagamento** *s.m.*

a.pai.xo.na.do *adj.s.m.* **1** que(m) está dominado por amor intenso e profundo; enamorado **2** que(m) denota arrebatamento; exaltado *<era um (leitor) a.>* **3** que gosta muito; admirador, entusiasta, fanático

a.pai.xo.nan.te *adj.2g.* que apaixona, que prende a atenção; cativante, envolvente

a.pai.xo.nar *v.* {mod. 1} *t.d. e pron.* **1** (prep. *por*) despertar ou sentir paixão *<sua inteligência o apaixonou desde cedo> <apaixonou-se pelo colega>* **2** (prep. *por*) encher(-se) de entusiasmo; arrebatar(-se) *<o futebol apaixona multidões> <apaixonou-se pela poesia de Manuel Bandeira>*

a.pa.la.vrar *v.* {mod. 1} *t.d. e t.d.i.* **1** (prep. *a*) combinar verbalmente; acertar *<a. um negócio> <apalavrei ao advogado a venda da casa>* □ *pron.* **2** dar a palavra; comprometer-se *<apalavrou-se para trabalhar todo dia>* ~ **apalavramento** *s.m.*

a.pal.pa.de.la *s.f.* toque delicado com as mãos ▣ **às a.** sem enxergar, pelo tato

a.pal.par *v.* {mod. 1} *t.d. e pron.* **1** tocar(-se) com a(s) mão(s); tatear(-se) *<apalpou o melão para ver se estava maduro> <apalpou-se à procura da carteira>* □ *t.d. B infrm.* **2** tocar (alguém) com fins libidinosos; bolinar *<foi acusado de a. uma moça no trem>* ~ **apalpação** *s.f.* - **apalpamento** *s.m.*

a.pa.ná.gio *s.m.* **1** vantagem particular; privilégio **2** *fig.* propriedade característica de alguém ou algo

a.pa.nha *s.f.* **1** ato ou efeito de apanhar **2** captura de animais em larga escala **3** colheita de qualquer produto agrícola

a.pa.nha.do *adj.* **1** que se apanhou, agarrou ■ *s.m.* **2** resumo *<um a. dos fatos>*

a.pa.nhar *v.* {mod. 1} *t.d.* **1** recolher ou segurar (algo), com auxílio das mãos ou de objeto; pegar *<a. um lápis>* **2** tornar prisioneiro; capturar *<o delegado apanhou os bandidos>* **3** embarcar em (veículo) *<não vá a pé, apanhe um ônibus>* **4** ser atingido (por chuva, vento etc.) *<apanhou um temporal mais cedo>* **5** chegar junto a (o que vai à frente); alcançar *<correu para a. os amigos>* **6** contrair (doença) *<a. uma gripe>* □ *int.* **7** levar surra **8** *B infrm.* ter dificuldade; sofrer *<apanhou para resolver a questão>* □ *t.d.pred. e pron.* **9** encontrar(-se) [em certo estado, situação ou lugar]; flagrar *<apanhou-o distraído e lhe deu um susto> <apanhou-se na praia sem dinheiro>* □ *t.i. e int. fig.* **10** (prep. *de*) ser derrotado; perder *<seu time sempre apanha do meu> <essa equipe só apanha>* ~ **apanhador** *adj.s.m.*

a.pa.ni.gua.do *adj.s.m.* que(m) recebe proteção especial de alguém ~ **apaniguar** *v.t.d.*

a.pa.ra *s.f.* sobra de qualquer material (papel, madeira etc.) que foi cortado

a.pa.ra.dei.ra *s.f. infrm.* parteira

a.pa.ra.dor /ô/ [pl.: *-es*] *s.m.* móvel em que se apoiam as travessas durante a refeição

a.pa.ra.fu.sar *v.* {mod. 1} *t.d.* **1** fixar, apertar com parafuso; atarraxar *<a. a estante>* **2** *p.ext.* tornar firme, fixo; firmar

a.pa.rar *v.* {mod. 1} *t.d.* **1** segurar, sustentar (com mãos, objeto etc.) [algo que cai] *<o goleiro aparou a bola>* **2** retirar o excesso de (algo) cortando, serrando *<a. grama>* **3** tornar fino ou pontudo; aguçar *<a. a ponta do lápis>* **4** *fig.* melhorar a qualidade de; aprimorar *<a. o estilo de um texto>* ~ **aparação** *s.f.* - **aparo** *s.m.*

a.pa.ra.to *s.m.* **1** demonstração de luxo; ostentação, pompa **2** adereço, adorno **3** aparelho, dispositivo, artefato **4** conjunto de elementos necessários ao desenvolvimento de uma atividade *<a. teórico de uma tese>* ~ **aparatoso** *adj.*

a.pa.re.cer *v.* {mod. 8} *t.i. e int.* **1** (prep. *a*, *para*) tornar-se visível, perceptível; surgir *<a avó apareceu-lhe em um sonho> <o sol apareceu>* □ *int.* **2** estar presente; comparecer *<apareceu à tarde na escola>* **3** começar a manifestar-se; surgir, ocorrer *<apareceram casos de pneumonia>* **4** *fig. B* fazer-se notar; exibir-se *<faz de tudo para a.>*

a.pa.re.ci.men.to *s.m.* **1** manifestação, aparição **2** primeira aparição; origem, princípio *<desde seu a., a revista mantém a qualidade>*

a.pa.re.lha.gem [pl.: *-ens*] *s.f.* conjunto de peças que compõem um equipamento

a.pa.re.lha.men.to *s.m.* conjunto de providências necessárias para realização de algo

a.pa.re.lhar *v.* {mod. 1} *t.d.,int. e pron.* **1** prover(-se) do que é necessário; (fazer) ficar em condições de funcionar; equipar(-se) *<a. um hospital> <a.-se para a guerra>* □ *t.d.* **2** pôr arreios em *<a. uma égua>*

a.pa.re.lho /ê/ *s.m.* **1** equipamento de uso específico **2** *B* conjunto de peças us. na mesa durante refeições **3** ANAT grupo de órgãos que participam de uma mesma função *<a. circulatório>* **4** *B* telefone ou [2]*celular* **5** *N.E. infrm.* vaso sanitário; privada ◉ COL aparelhagem ▣ **a. dentário** ODONT peça para correção da arcada dentária • **a. digestivo** ANAT FISL denominação substituída por *sistema digestório* (quanto à fisiologia humana)

a.pa.rên.cia *s.f.* **1** aquilo que se mostra imediatamente; aspecto *<a. cansada>* **2** apresentação enganosa; fingimento

[1]**a.pa.ren.ta.do** *adj.* que tem parentesco [ORIGEM: part. de [1]*aparentar*]

[2]**a.pa.ren.ta.do** *adj.* parecido, semelhante [ORIGEM: part. de [2]*aparentar*]

[1]**a.pa.ren.tar** *v.* {mod. 1} *t.d.,t.d.i. e pron.* (prep. *com*) tornar(-se) parente *<o casamento aparentou-os (com aquela família)> <a.-se com uma família tradicional>* [ORIGEM: [1]*a- + parente +* [2]*-ar*]

[2]**a.pa.ren.tar** *v.* {mod. 1} *t.d.* **1** revelar na aparência *<a. cansaço>* □ *pred. e pron.* **2** (prep. *de*) dar(-se) ares de; afetar(-se) *<a. de importante> <a.-se infeliz para comover os amigos>* □ *pron.* **3** tornar-se semelhante, esp. na forma *<os quadros aparentam-se>* [ORIGEM: *aparente +* [2]*-ar*]

a.pa.ren.te *adj.2g.* **1** visível, evidente **2** cuja aparência não corresponde à realidade; suposto

a.pa.ren.te.men.te *adv.* pelo que se pode observar; pelo visto *<está a. recuperado da doença>*

a.pa.ri.ção [pl.: *-ões*] *s.f.* **1** ato ou efeito de aparecer; aparecimento, surgimento **2** ser sobrenatural que se faz visível; assombração, visagem

a.par.ta.men.to *s.m.* cada uma das residências num edifício de moradia ▣ **a. conjugado** conjugado

a.par.tar *v.* {mod. 1} *t.d.* **1** separar (quem briga, discute) *<a. cães>* □ *t.d.,t.d.i. e pron.* **2** (prep. *de*) afastar(-se), desunir(-se) *<a. gomos de um fruto> <apartou-o dos colegas> <mal casaram, já se apartaram>* **3** (prep. *de*) pôr(-se) à parte; separar(-se) *<a. frutas estragadas (das boas)> <a.-se do grupo para ir ao cinema>* **4** (prep. *de*) desviar(-se) [de caminho, direção etc.] *<apartou o olhar (do rapaz)> <cansado, apartou-se da trilha>* □ *t.d. e t.d.i.* **5** (prep. *de*) servir como separação entre *<o rio aparta as propriedades> <um biombo aparta a sala do terraço>* ~ **apartação** *s.f.* - **apartador** *adj.s.m.*

a.par.te *s.m.* fala que interrompe um discurso ☞ cf. *à parte*, no verbete *parte*

a.par.te.ar *v.* {mod. 5} *t.d. e int. B* interromper (fala, discurso etc.) com aparte(s) *<a. um discurso> <tem mania de a.>*

apartheid [afrn.] *s.m.* regime de segregação racial, esp. o que se estabeleceu na África do Sul pela minoria branca ⇒ pronuncia-se apartêid

a.part-ho.tel [pl.: *apart-hotéis*] *s.m.* prédio de apartamentos com serviços de hotel

a.par.ti.dá.rio *adj.* **1** que não segue um partido **2** que não apoia nenhuma das partes em disputa, que não toma partido ~ **apartidarismo** *s.m.*

a.par.va.lha.do *adj.* **1** que é tolo ou que age como tolo **2** desorientado, desnorteado ~ **aparvalhamento** *s.m.* - **aparvalhar** *v.t.d. e pron.*

a.pas.cen.tar *v.* {mod. 1} *t.d.* **1** conduzir ao pasto *<a. ovelhas>* **2** vigiar no pasto ~ **apascentador** *adj.s.m.* - **apascentamento** *s.m.*

a.pas.si.va.dor /ô/ [pl.: *-es*] *adj.s.m.* GRAM (elemento gramatical) que coloca o verbo na voz passiva

a.pa.te.ta.do *adj.* **1** que é tolo ou age como tolo **2** desnorteado, distraído ~ **apatetar** *v.t.d. e pron.*

a.pa.ti.a *s.f.* **1** estado caracterizado por falta de atividade e de interesse **2** *p.ext.* falta de ânimo; abatimento, moleza

a.pá.ti.co *adj.* que demonstra apatia; que está sem ânimo; desinteressado, indiferente, insensível

a.pá.tri.da *adj.2g.s.2g.* que(m) perdeu sua nacionalidade de origem e não adquiriu outra; que(m) está oficialmente sem pátria

a.pa.vo.ra.do *adj.* que sente muito pavor; assustado, aterrorizado

a.pa.vo.ran.te *adj.2g.* que provoca pavor; amedrontador, aterrador

a.pa.vo.rar *v.* {mod. 1} *t.d.,int. e pron.* (fazer) sentir grande medo; aterrorizar(-se) *<a. uma criança> <a escuridão apavora> <a.-se com uma tempestade>* ~ **apavoramento** *s.m.*

a.pa.zi.guar *v.* {mod. 4} *t.d. e pron.* **1** pôr(-se) em paz; pacificar(-se) *<tratou de a. o casal> <a.-se com a família>* **2** pôr(-se) em acordo; harmonizar(-se) *<a. os ânimos> <após discutir, apaziguaram-se>* ~ **apaziguador** *adj.s.m.* - **apaziguamento** *s.m.*

a.pê *s.m. infrm.* forma reduzida de apartamento

a.pe.ar *v.* {mod. 5} *t.d.,t.d.i.,int. e pron.* **1** (prep. *de*) (fazer) descer de montaria ou veículo *<a. a carga> <a. a criança do cavalo> <apeou e alimentou o animal> <a.(-se) do ônibus>* □ *t.d.* **2** *fig.* pôr abaixo; derrubar *<a. uma parede>* □ *t.i.,int. e pron. B* **3** (prep. *em*) hospedar-se, acomodar-se *<a. na casa de um amigo> <buscar um lugar para a.(-se)>* ~ **apeamento** *s.m.*

a.pe.dre.jar *v.* {mod. 1} *t.d.* **1** jogar pedra(s) em *<a. uma vidraça>* □ *t.d. e int. fig.* **2** dizer injúrias, xingamentos etc.; insultar *<a. alguém com calúnias> <ora elogia, ora apedreja>* ~ **apedrejamento** *s.m.*

a.pe.gar *v.* {mod. 1} *t.d.i. e pron.* **1** (prep. *a*) [fazer] sentir apego a; afeiçoar(-se) *<o bom ambiente apegou-o à escola> <a.-se a alguém>* **2** (prep. *a*) habituar(-se), acostumar(-se) *<a riqueza apegou-o ao conforto> <a.-se às facilidades da internet>* □ *pron.* **3** (prep. *a*) grudar-se, agarrar-se *<a hera se apegou ao muro>* **4** (prep. *a*) pôr-se sob a proteção de; recorrer, amparar-se *<a.-se à religião>* ~ **apegado** *adj.*

a.pe.go /ê/ *s.m.* **1** ligação afetuosa, estima **2** dedicação excessiva *<a. ao dinheiro>*

a.pe.la.ção [pl.: *-ões*] *s.f.* **1** DIR recurso judicial para revisão de processo **2** *infrm.* exploração da ingenuidade ou dos sentimentos de outrem, para obter vantagem, sair de dificuldade etc.

a.pe.lar *v.* {mod. 1} *t.i. e int.* **1** DIR (prep. *de*) recorrer por apelação de (sentença) *<a. da decisão> <a promotoria apelou>* **2** *B infrm.* (prep. *para*) usar (recurso rude, grosseiro, ilícito) para ter vantagem, sair de dificuldade *<a. para o choro não adiantou> <Se não ganhar a aposta, vai a.>* □ *t.d.* □ *t.i.* **3** (prep. *para*) pedir auxílio, proteção a; recorrer <a. para deus e o mundo> ~ **apelatório** *adj.*

a.pe.la.ti.vo *adj.* que atrai a atenção ou a piedade com o uso de recursos excessivos ou por vezes contrários à ética

a.pe.li.dar *v.* {mod. 1} *t.d.,t.d.pred. e pron. B* (prep. *de*) chamar(-se) por apelido; alcunhar(-se) <a. o bebê (de Careca)> <a.-se Herói do Povo> ~ **apelidação** *s.f.*

a.pe.li.do *s.m. B* nome familiar e informal

a.pe.lo /ê/ *s.m.* solicitação de ajuda; pedido, súplica

a.pe.nas *adv.* **1** só, exclusivamente <falava a. com a mãe> **2** a custo, com dificuldade <fraco, a. sussurrava> ■ *conj.temp.* **3** logo que, assim que <a. o dia clareou, começaram a mudança>

a.pên.di.ce *s.m.* **1** parte pertencente a outra, maior, e que a completa; acessório **1.1** ANAT parte acessória de um órgão **1.2** ANAT apêndice cecal ▣ **a. cecal** ANAT prolongamento saliente do ceco que apresenta a forma de um dedo de luva

a.pen.di.ci.te *s.f.* MED inflamação do apêndice cecal

a.pen.sar *v.* {mod. 1} *t.d.i.* (prep. *a*) pôr em anexo; juntar, incorporar <a. uma certidão ao processo> ◉ GRAM/USO part.: *apensado, apenso* ~ **apensação** *s.f.* - **apensamento** *s.m.*

a.pen.so *adj.* **1** que se acrescentou ■ *s.m.* **2** texto, documento etc. que se anexa a uma obra; suplemento

a.pe.que.nar *v.* {mod. 1} *t.d. e pron.* **1** tornar(-se) pequeno; encolher(-se) <móveis grandes vão a. a sala> <imagens apequenam-se à distância> **2** *fig.* rebaixar(-se), humilhar(-se) <a. os criados> <a.-se diante do rival>

a.per.ce.ber *v.* {mod. 8} *t.d. e pron.* **1** (prep. *de*) dar(-se) conta de; perceber, notar <a. as árvores ao luar> <ninguém se apercebeu do fato> □ *t.d.,t.d.i. e pron.* **2** preparar(-se) para tarefa, missão, ação etc. <a. o pelotão (para a luta)> <a.-se para o combate> ~ **apercebimento** *s.m.*

a.per.fei.ço.ar *v.* {mod. 1} *t.d. e pron.* tornar(-se) melhor ou perfeito; aprimorar(-se) <a. um invento> <a.-se na prática do violão> ~ **aperfeiçoamento** *s.m.*

a.pe.ri.ti.vo *adj.s.m.* (bebida ou comida) que se serve antes da refeição, para abrir o apetite

a.per.re.ar *v.* {mod. 5} *t.d. e pron.* aborrecer(-se), irritar(-se) <a. os irmãos> <não se aperreie> ~ **aperreação** *s.f.* - **aperreamento** *s.m.*

a.per.ta.do *adj.* **1** segurado com força **2** que se deixou sem espaço livre, sem folga; comprimido <cinto a.> **3** pouco espaçoso, pequeno <quarto a.> **4** *fig.* em que há amargura, sofrimento; angustiado, aflito <coração a.> **5** *fig.* com limite para expandir; restrito, curto <orçamento a.> **6** *fig.* de tempo curto, ger. insuficiente para realizar algo <horário a.> **7** *fig.* em que a diferença é mínima (diz-se de resultado) <placar a.> **8** *fig. B infrm.* que tem urgência de urinar **9** *fig. B infrm.* que passa por dificuldade financeira (diz-se de pessoa) ■ *adv.* **10** com dificuldade, a custo <nosso time venceu a.>

a.per.tar *v.* {mod. 1} *t.d. e pron.* **1** segurar(-se) em volta, com força; cingir(-se) <a. as mãos> <a.-se num abraço carinhoso> **2** unir(-se) muito, anulando espaços entre; comprimir(-se) <a. os arreios do cavalo> <a.-se no ônibus> **3** afligir(-se), angustiar(-se) <a tragédia aperta sua alma> <sentiu o coração a.-se> □ *t.d.* **4** fixar com força; firmar <a. um parafuso> **5** fazer pressão em; pressionar <a. o dedo na porta> **6** tornar menos largo ou frouxo; ajustar <a. um vestido> **7** interrogar com insistência; pressionar <a. a testemunha> **8** *fig.* tornar mais veloz; apressar <a. o passo> □ *int.* **9** tornar-se mais intenso, forte, rigoroso <corre que a chuva apertou> **10** diminuir diferença <quando o placar apertou, pressionaram o time adversário> □ *pron. B infrm.* **11** estar em dificuldade financeira <apertou-se este mês> ~ **apertadela** *s.f.* - **apertão** *s.m.*

a.per.to /ê/ *s.m.* **1** pressão **2** *fig.* constrangimento físico ou psicológico **3** ajuste, estreitamento **4** lugar estreito, sem espaço **5** *fig.* dificuldade temporária ou aflição

a.pe.sar *adv.* ◗ us. em: **a. de** a despeito de, não obstante <responsável, a. de jovem> • **a. de que** embora <saiu, a. de que estivesse mal>

a.pe.te.cer *v.* {mod. 8} *t.d.* **1** ter apetite por (comida) <sem fome, apeteceu só uma salada> □ *t.i. e int.* **2** (prep. *a*) despertar apetite (em) <no verão, feijoada não apetece (a todos)> **3** (prep. *a*) despertar interesse; agradar <viajar já não (lhe) apetece> ~ **apetecedor** *adj.s.m.*

a.pe.tên.cia *s.f.* apetite

a.pe.ti.te *s.m.* **1** desejo, vontade de comer; apetência **2** *fig.* ânimo para agir; vontade

a.pe.ti.to.so /ô/ [pl.: /ó/; fem.: /ó/] *adj.* **1** saboroso **2** que provoca o desejo, tentador

a.pe.tre.cho /ê/ *s.m.* **1** instrumento de guerra (armas, munições etc.); petrecho **2** utensílio, ferramenta; petrecho ☞ em ambas as acp., mais us. no pl. ~ **apetrechar** *v.t.d. e pron.*

a.pi.á.rio *s.m.* **1** local para criação de abelhas ■ *adj.* **2** relativo a abelha

á.pi.ce *s.m.* **1** ponto mais alto; topo **2** *fig.* o mais alto grau; apogeu <á. da carreira>

a.pi.cul.tu.ra *s.f.* criação de abelhas ~ **apicultor** *adj.s.m.*

a.pi.e.dar *v.* {mod. 1} *t.d. e pron.* (fazer) sentir piedade, compaixão; comover(-se) <seus problemas apiedaram-no> <a.-se de animal abandonado>

a.pi.men.ta.do *adj.* **1** condimentado, temperado com pimenta; picante **2** *p.ext.* que excita, estimula o desejo; estimulante, instigante, provocante **3** *fig.* malicioso, licencioso, indecente

a.pi.men.tar *v.* {mod. 1} *t.d.* **1** temperar com pimenta **2** *fig.* tornar (fala, discurso etc.) malicioso <a. histórias>

a.pi.nha.do *adj.* **1** muito cheio; abarrotado, repleto **2** muito junto; aglomerado, amontoado

a.pi.nhar *v.* {mod. 1} *t.d. e pron.* **1** unir(-se) estreitamente **2** encher(-se) completamente; coalhar(-se) <a. as ruas> <alunos apinham-se na sala>

a.pi.tar *v.* {mod. 1} *int.* **1** emitir som usando apito **2** *B infrm.* manifestar opinião sem ter sido solicitado *<criança aqui não apita>* ☐ *t.d. e int.* **3** ESP ser juiz (em jogo); arbitrar *<o árbitro não apitou (a falta) porque não viu>*

a.pi.to *s.m.* **1** tubo metálico mais estreito numa ponta ou com uma fenda por onde se força a passagem de ar ou vapor para produzir som *<a. de fábrica, de locomotiva>* **2** pequeno instrumento de sopro cujo som é produzido pela passagem de ar através de uma ranhura **3** assobio produzido por esses instrumentos; silvo **4** *p.ext.* ruído prolongado e estridente

a.pla.car *v.* {mod. 1} *t.d.,int. e pron.* **1** tornar(-se) quieto, tranquilo; serenar *<a. a fúria do incêndio> <a ventania aplacou(-se)>* **2** (fazer) diminuir a força, intensidade de (falando de sentimentos); suavizar(-se) *<a. o desejo de vingança> <aos poucos, seu ódio (se) aplacava>*

a.plai.nar *v.* {mod. 1} *t.d.* **1** passar plaina em *<a. uma tábua>* **2** tornar plano; nivelar, aplanar *<a. um terreno>*

a.pla.nar *v.* {mod. 1} *t.d. e pron.* tornar(-se) plano ou raso, aplainar; nivelar(-se) *<a. uma estrada> <com a chuva, o terreno aplanou-se>*

a.plau.dir *v.* {mod. 24} *t.d. e int.* **1** dar aplausos a *<o público não parava de a. (o espetáculo)>* ☐ *t.d. e pron.* **2** *fig.* aprovar(-se), elogiar(-se) *<a. uma escolha> <aplaudiu-se pela conquista>*

a.plau.so *s.m.* **1** aclamação ruidosa (esp. com palmas) **2** *p.ext.* manifestação de apoio dada a alguém; aprovação, elogio

a.pli.ca.ção [pl.: *-ões*] *s.f.* **1** uso prático de algo *<a. da lei>* **2** sobreposição (de algo) em superfície *<a. de pérolas num vestido>* **3** administração de remédio **4** investimento financeiro **5** atenção constante; dedicação *<aluno de muita a.>*

a.pli.car *v.* {mod. 1} *t.d. e t.d.i.* **1** pôr em cima de; sobrepor *<a. compressa (na ferida)>* **2** (prep. *a*) impor (pena, castigo etc.) [a pessoa, instituição etc.] *<a. multa (ao infrator)>* **3** (prep. *em*) desferir (golpe, pancada) [contra alguém ou algo] *<a. uma surra (no ladrão)>* **4** (prep. *a*) pôr em prática; empregar *<aplicou conhecimentos (no campo da economia)>* ☐ *pron.* **5** dedicar-se com afinco a (estudo, trabalho etc.) *<aplicou-se e tirou ótimas notas>* ~ **aplicabilidade** *s.f.*

a.pli.ca.ti.vo *s.m.* INF programa de computador projetado para auxiliar a execução de uma tarefa específica (p.ex., processamento de textos, cálculos etc.)

a.pli.que *s.m.* **1** enfeite posto sobre tecido, parede etc. **2** *B* mecha de cabelo aplicada sobre a cabeça ou sobre os próprios cabelos de uma pessoa

ap.nei.a /éi/ *s.f.* MED breve interrupção da respiração ~ **apneico** *adj.*

a.po.as.tro *s.m.* ASTR ponto da órbita de um astro em que este se acha mais distante do seu centro de atração

a.po.ca.lip.se *s.m.* **1** REL qualquer dos antigos textos judaicos ou cristãos, esp. o último livro do Novo Testamento, com revelações esp. sobre o fim do mundo ☞ inicial maiúsc. **2** *fig.* grande catástrofe; fim do mundo ~ **apocalíptico** *adj.*

a.pó.co.pe *s.f.* FON queda de fonema(s) no final de uma palavra (*cinema > cine, belo > bel*) ~ **apocopado** *adj.*

a.pó.cri.fo *adj.s.m.* **1** (livro, documento etc.) de autoria não comprovada **2** REL (obra religiosa) destituída de autoridade canônica ~ **apocrifia** *s.f.*

a.po.dar *v.* {mod. 1} *t.d.* **1** tornar ridículo; zombar *<os colegas apodavam seu ar superior>* ☐ *t.d.,t.d.pred. e pron.* **2** (prep. *de*) dar(-se) apelido; alcunhar(-se) *<desistiram de apodá-lo> <apodaram-no (de) perna de pau> <apodava-se de Lindinho>*

a.po.de.rar-se *v.* {mod. 1} *pron.* **1** (prep. *de*) tomar posse de (bem, objeto de valor etc.); apossar-se *<a.-se de um livro>* **2** *fig.* (prep. *de*) tomar conta de; invadir *<a tristeza apoderou-se dele>*

a.po.do /ô/ *s.m.* **1** apelido **2** dito irônico; troça, gracejo

a.po.dre.cer *v.* {mod. 8} *t.d.,int. e pron.* **1** tornar(-se) podre; estragar(-se) *<a umidade apodreceu as sementes> <as maçãs apodreceram(-se) rapidamente>* ☐ *t.i.* **2** *fig.* (prep. *em*) ficar muito tempo em (algum lugar) [por qualquer motivo]; ficar esquecido em (algum lugar) *<a. na cadeia>* ~ **apodrecimento** *s.m.*

a.pó.fi.se *s.f.* ANAT ver em ***PROCESSO*** ~ **apofisário** *adj.* - **apofisiário** *adj.*

a.po.geu *s.m.* **1** o mais alto grau; auge **2** ASTR maior distância do Sol ou de um satélite em relação à Terra

a.poi.ar *v.* {mod. 1} *t.d.* **1** dar apoio a; aprovar *<a. uma decisão>* **2** ajudar, amparar *<a. um amigo>* ☐ *t.d. e pron.* **3** encostar(-se), amparar(-se) *<para não cair, precisou a.(-se) na parede>* ☐ *t.d.i. e pron.* **4** (prep. *em*) ter como base; fundamentar(-se) *<a. o estudo em livros especializados> <a.-se nas palavras do médico>* ~ **apoiado** *adj.*

a.poi.o /ô/ *s.m.* **1** o que serve para sustentar; suporte **2** ajuda, amparo **3** aprovação, aplauso

a.pó.li.ce *s.f.* ECON **1** documento de dívida comercial **2** ação financeira de uma companhia ou de uma sociedade anônima ▣ **a. de seguro** contrato feito com uma companhia de seguros, e que garante indenização por determinado prejuízo (p.ex., perda de bens, acidente, morte etc.)

a.po.lí.neo *adj.* **1** relativo a Apolo ☞ cf. *Apolo* na parte enciclopédica **2** belo como esse deus grego

a.po.lí.ti.co *adj.* **1** que não é político, que não apresenta significado político ■ *adj.s.m.* **2** que(m) não se interessa por política

a.po.lo.gé.ti.co *adj.* **1** que contém apologia; que defende e justifica (conceito, ideia etc.); laudatório ■ *s.m.* **2** defesa que se faz de alguém ou de algo

a.po.lo.gi.a *s.f.* **1** discurso de defesa ou elogio **2** *p.ext.* defesa apaixonada de alguém ou algo ~ **apologista** *adj.s.m.*

a.pó.lo.go *s.m.* LIT narrativa mais ou menos longa, ger. dialogada, cujos personagens são animais ou seres inanimados e que contém uma lição moral ☞ cf. *fábula*

[1]a.pon.ta.dor /ô/ [pl.: *-es*] *adj.s.m.* **1** (indivíduo) que aponta, que faz pontas através de instrumento **2** *B* (objeto) que é us. para apontar lápis [ORIGEM: apontado (part. de [1]*apontar*) + *-or*]

[2]a.pon.ta.dor /ô/ [pl.: *-es*] *adj.s.m.* **1** que(m) é encarregado de anotar o ponto ('registro') dos outros empregados **2** que(m) serve de ponto ('funcionário') nos teatros [ORIGEM: *apontado* (part. de [2]*apontar*) + *-or*]

a.pon.ta.men.to *s.m.* resumo ou registro de algo lido, ouvido ou observado ☞ mais us. no pl.

[1]a.pon.tar *v.* {mod. 1} *t.d.* **1** fazer a ponta de **2** *fig.* fazer referência a; mencionar *<a. os vencedores>* **3** *fig.* apresentar (razões, provas etc.) *<apontou os motivos da briga>* ☐ *t.d. e t.d.i.* **4** (prep. *a, para*) mostrar, indicar com dedo, gesto, olhar etc. *<a. o assaltante> <a. ao pedestre o caminho certo>* ☐ *int.* **5** vir surgindo; aparecer *<viu-a a. no fim da rua>* [ORIGEM: [1]*a-* + *ponta* + [2]*-ar*]

[2]a.pon.tar *v.* {mod. 1} *t.d.* **1** marcar com ponto ou sinal *<a. trechos do livro>* **2** *fig.* tomar notas; registrar *<a. nomes dos faltosos>* ☐ *t.d.,t.d.i. e int.* **3** (prep. *para*) dirigir para um ponto ou alvo; mirar *<a. a luneta (para o céu)> <segurou a arma e apontou>* [ORIGEM: [1]*a-* + *ponto* + [2]*-ar*]

a.po.plé.ti.co ou **a.po.pléc.ti.co** *adj.* **1** relativo a apoplexia **2** *fig.* vermelho de raiva; furioso ■ *adj.s.m.* **3** (indivíduo) acometido de apoplexia

a.po.ple.xi.a /cs/ *s.f.* MED hemorragia cerebral que causa paralisia

a.po.quen.tar *v.* {mod. 1} *t.d.* **1** tirar o sossego; chatear, aporrinhar ☐ *t.d. e pron.* **2** aborrecer(-se) com coisas menores, pouco importantes *<apoquenta-o a solidão> <a.-se por qualquer coisa>* ~ **apoquentação** *s.f.* - **apoquentador** *adj.s.m.*

a.por *v.* {mod. 23} *t.d.i.* **1** (prep. *em*) pôr junto a; colocar *<a. endereço no envelope>* **2** (prep. *a*) acrescentar, juntar *<a. um comentário à petição>* ◉ GRAM/USO part.: *aposto*

a.por.ri.nhar *v.* {mod. 1} *t.d. e pron. infrm.* apoquentar ~ **aporrinhação** *s.f.*

a.por.tar *v.* {mod. 1} *t.i. e int.* chegar (embarcação) a porto, ilha etc.; ancorar, fundear *<a. o navio em Santos> <o barco aportou cedo>*

a.por.tu.gue.sar *v.* {mod. 1} *t.d. e pron.* dar ou tomar aspecto ou característica própria do povo, da cultura ou da língua portuguesa *<a. uma palavra estrangeira> <aportuguesou-se, depois de tantos anos em Lisboa>* ~ **aportuguesamento** *s.m.*

a.pós *prep.* **1** atrás de, em seguida a (no espaço) *<as crianças entraram a. os idosos>* **2** depois de (no tempo) *<a. uma breve pausa, continuou>* ■ *adv.* **3** em seguida *<o sinal abriu e, logo a., ela atravessou>*

a.po.sen.ta.do *adj.s.m.* **1** que(m) obteve aposentadoria **2** que(m) recebe mensalmente a pensão da aposentadoria

a.po.sen.ta.do.ri.a *s.f.* **1** afastamento (de uma pessoa) do trabalho por invalidez ou por já ter completado o tempo de serviço estabelecido por lei **2** remuneração mensal recebida pelo aposentado

a.po.sen.tar *v.* {mod. 1} *t.d. e pron.* **1** conceder ou obter aposentadoria *<aposentaram-no por tempo de serviço> <aposentou-se há dez anos>* ☐ *t.d. fig.* **2** *B* pôr de lado; deixar de usar *<a. uma roupa velha>*

a.po.sen.to *s.m.* cômodo de uma casa, esp. o quarto de dormir ☞ mais us. no pl.

a.po.si.ção [pl.: *-ões*] *s.f.* **1** união de alguma coisa a outra; justaposição **2** GRAM emprego de um substantivo ou locução substantiva como aposto

a.po.si.ti.vo *adj.* **1** relativo a aposição **2** em que existe aposição ■ *adj.s.m.* GRAM **3** (palavra ou locução invariável) que condensa uma frase de caráter adjetivo (p.ex., leis *antidroga* = leis que combatem o uso das drogas)

a.pos.sar *v.* {mod. 1} *t.d.* **1** dar posse a; empossar *<o diretor apossou os assistentes>* ☐ *pron.* **2** (prep. *de*) tomar posse de; apoderar-se *<apossaram-se da casa da avó>* **3** *fig.* (prep. *de*) tomar conta, apoderar-se *<o pânico apossou-se dela>*

a.pos.ta *s.f.* **1** ajuste entre pessoas com opiniões diferentes sobre um fato, em que a que perder ou errar paga à outra o valor combinado **2** quantia ou coisa em que se aposta *<a a. foi uma caixa de bombons>*

a.pos.tar *v.* {mod. 1} *t.d.,t.d.i.,t.i. e int.* **1** (prep. *em*) fazer aposta; arriscar, jogar *<apostou seu lanche (na vitória da turma)> <aposta na loteria toda semana> <saiu de casa para a.>* ☐ *t.d.* **2** afirmar com convicção; asseverar *<aposto que ele não vem>* ☐ *t.i.* **3** (prep. *em*) confiar no sucesso, na vitória de *<o escritor apostava em seu novo livro>* ~ **apostador** *adj.s.m.*

a.pos.ta.si.a *s.f.* **1** REL renúncia de uma religião ou crença **2** *p.ext.* abandono de um partido, doutrina, teoria etc.

a.pós.ta.ta *adj.2g.s.2g.* que(m) abandonou sua fé, sua crença, sua ideologia ~ **apostatar** *v.t.i. e int.*

a.pos.te.ma *s.m.* **1** MED abscesso **2** *fig.* grande sofrimento; desgosto

a.pos.te.mar *v.* {mod. 1} *t.d.* **1** produzir abscesso em *<o ferrão da abelha apostemou seu pé>* ☐ *int. e pron.* **2** criar pus; supurar *<a ferida apostemou(-se)>*

a posteriori [lat.] *loc.adj.* **1** baseado na experiência ■ *loc.adv.* **2** posterior à observação *<solução dada a posteriori>* ☞ cf. *a priori* ⇒ pronuncia-se a posteriόri

a.pos.ti.la *s.f.* **1** *B* brochura que contém resumo de textos, aulas etc. **2** livro que reúne anotações feitas em outras obras **3** anotação complementar ou esclarecedora feita à margem de um texto

a.pos.ti.lar *v.* {mod. 1} *t.d. e t.d.i.* (prep. *a*) acrescentar (nota, comentário etc.) [a textos, documentos, ger. nas margens] *<apostilou observações às receitas de sua mãe>*

a.pos.to /ô/ [pl.: /ó/; fem.: /ó/] *adj.* **1** posto ao lado de **2** GRAM ligado a outro por aposição ■ *s.m.* GRAM **3** termo que explica, desenvolve ou resume outro, adquirindo seu valor sintático (p.ex.: João, *primo de Maria*)

^{1}a.pos.to.la.do *s.m.* **1** HIST REL grupo dos 12 apóstolos de Jesus Cristo ☞ cf. *Jesus Cristo* na parte enciclopédica **2** REL obrigação, missão de apóstolo **3** *p.ext.* difusão de uma doutrina ou ideia [ORIGEM: do lat. *apostolātus,us* 'id.']

^{2}a.pos.to.la.do *adj.* **1** doutrinado por apóstolo **2** difundido, vulgarizado (doutrina ou ideia) [ORIGEM: particípio de ^{1}*apostolar*]

a.pos.to.lar *v.* {mod. 1} *t.d.,t.d.i. e int.* (prep. *a*) difundir (Evangelho, doutrina, ensinamento etc.); pregar *<a. o Evangelho (à juventude)> <dedicou sua vida a a.>* [ORIGEM: *apóstolo* + ^{2}*-ar*]

a.pos.tó.li.co *adj.* **1** relativo a ou próprio de apóstolo **2** procedente dos apóstolos ou por eles estabelecido *<ensinamento a.>* **3** relativo ao papa ou que provém da sua autoridade **4** relativo à Santa Sé *<palácio a.>*

a.pós.to.lo *s.m.* **1** HIST REL cada um dos 12 homens escolhidos por Jesus Cristo entre seus discípulos, e aos quais deu autoridade para ensinar em seu nome ☞ cf. *Jesus Cristo* na parte enciclopédica **2** *p.ext.* quem se dedica à defesa e propagação de uma doutrina; evangelizador, doutrinador

a.pós.tro.fe *s.f.* **1** LING LIT interrupção súbita do discurso, para dirigir-se a alguém ou a algo (p.ex.: a seguir, *leitor amigo*, contarei a história tal como sucedeu) **2** GRAM palavra ou expressão que inicia um enunciado, para indicar o destinatário da mensagem (p.ex.: *você*, venha cá) ☞ cf. *vocativo* **3** frase violenta com que se interrompe ou ataca alguém ☞ cf. *apóstrofo* ~ **apostrofar** *v.t.d. e int.*

a.pós.tro.fo *s.m.* GRAM sinal em forma de vírgula suspensa que indica supressão de letra(s) e som(ns) ['] (p.ex., mãe-d'água) ☞ cf. *apóstrofe*

a.po.te.o.se *s.f.* **1** cena final gloriosa (em espetáculos, desfiles etc.) **2** momento mais importante de um acontecimento **3** glorificação (de algo ou alguém) ~ **apoteótico** *adj.*

a.pou.car *v.* {mod. 1} *t.d. e pron.* **1** reduzir(-se), diminuir *<como a sala era pequena, apoucou os convidados> <após o escândalo, os amigos apoucaram-se>* **2** tornar(-se) menos intenso; enfraquecer(-se) *<a doença apoucara seu ânimo> <com o tempo, sua coragem apoucou-se>* **3** tornar(-se) sem importância ou valor; rebaixar(-se) *<os falsos elogios o apoucaram> <apoucava-se trabalhando naquele escritório>* ~ **apoucamento** *s.m.*

a.pra.zar *v.* {mod. 1} *t.d.* **1** marcar (tempo, data) para realização de algo *<aprazaram a data do noivado>* **2** estipular (duração, tempo, prazo) *<a. um ano para o fim da obra>* ~ **aprazamento** *s.m.*

a.pra.zer *v.* {mod. 13} *t.i.,int. e pron.* (prep. *a, em*) causar prazer a ou sentir prazer; deleitar(-se) *<essa decisão apraz aos senhores?> <poucas são as opiniões que aprazem> <apraz-se em ficar o tempo todo diante da televisão>* ◉ GRAM/USO **a)** só us. nas 3as p., exceto quando pron. **b)** cf. observação no modelo ~ **aprazimento** *s.m.*

a.pra.zí.vel [pl.: *-eis*] *adj.2g.* **1** que causa prazer; agradável **2** que tem aspecto agradável e clima ameno (diz-se de lugar) ~ **aprazibilidade** *s.f.*

a.pre.çar *v.* {mod. 1} *t.d.* **1** perguntar, discutir ou ajustar o preço de *<antes de comprar, apreçava os mantimentos de que precisava>* **2** avaliar o preço de *<não sabia em quanto a. a mercadoria>* ☞ cf. *apressar* ~ **apreçamento** *s.m.*

a.pre.ci.a.ção [pl.: *-ões*] *s.f.* **1** opinião moral sobre (alguém ou algo); análise, juízo, julgamento **2** o resultado dessa opinião **3** estimação do valor de objeto, bem material etc.; avaliação, cotação **4** atenção dedicada a algo que proporcione prazer, emoção etc.

a.pre.ci.a.dor /ô/ [pl.: *-es*] *adj.s.m.* que(m) aprecia; admirador

a.pre.ci.ar *v.* {mod. 1} *t.d.* **1** dar valor a, ter apreço por; estimar, prezar *<a. a companhia dos amigos>* **2** deleitar-se com; admirar *<a. a paisagem em silêncio>* **3** fazer estimativa de; avaliar *<a. os prejuízos>* ~ **apreciativo** *adj.*

a.pre.ço /ê/ *s.m.* consideração que se tem por alguém ou algo; estima

a.pre.en.der *v.* {mod. 8} *t.d.* **1** assimilar mentalmente; compreender *<teve dificuldades para a. as ideias do autor>* **2** tomar, pegar *<a. os cigarros do filho>* **3** tomar posse de (algo) com base legal; confiscar *<a. um contrabando>* ◉ GRAM/USO part.: *apreendido, apreenso* ~ **apreensível** *adj.2g.*

a.pre.en.são [pl.: *-ões*] *s.f.* **1** compreensão; percepção *<texto de difícil a.>* **2** confisco *<a. de mercadoria roubada>* **3** preocupação, temor *<a. em relação ao futuro>*

a.pre.en.si.vo *adj.* **1** que apreende **2** preocupado, receoso

a.pre.go.ar *v.* {mod. 1} *t.d.* **1** anunciar em voz alta; tornar público, divulgar *<um camelô apregoava canetas e isqueiros>* **2** anunciar (produtos) em pregão *<a. os objetos mais valiosos>* □ *t.d. e pron.* **3** (fazer) ficar muito conhecido; promover(-se) *<vaidoso, apregoava as próprias conquistas> <resolveu a.-se para arranjar um bom casamento>* ~ **apregoador** *adj.s.m.* - **apregoamento** *s.m.*

a.pren.der *v.* {mod. 8} *t.d.,t.i. e int.* **1** (prep. *a*) adquirir conhecimento (de) ou habilidade prática (em) *<a. língua> <a. a nadar> <tem facilidade para a.>* □ *t.d.,t.i. e t.d.i.* **2** (prep. *a, com*) ter melhor compreensão de (algo), esp. por intuição, experiência, convivência *<aprendeu cedo que dinheiro não é tudo> <tiveram de a. a comer melhor> <a. o exemplo com os pais>*

a.pren.diz [pl.: *-es*] *s.m.* **1** quem aprende uma arte ou ofício **2** quem começa a aprender algo; principiante, novato

a.pren.di.za.do *s.m.* **1** processo de aprender; aprendizagem **2** duração desse processo; aprendizagem

a.pren.di.za.gem [pl.: *-ens*] *s.f.* aprendizado

a.pre.sar *v.* {mod. 1} *t.d.* **1** tomar como presa; capturar *<a. inimigos durante um combate>* **2** agarrar com as presas *<o gavião apresou o coelho>* ~ **apresamento** *s.m.*

a.pre.sen.ta.ção [pl.: *-ões*] *s.f.* **1** ação de fazer (alguém) conhecer (alguém ou algo) **2** espetáculo **3** aparência pessoal **4** LIT texto inicial de obra literária; prefácio **5** CINE RÁD TV parte, ger. inicial, de filme, programa de rádio ou TV na qual se indicam o título e os nomes dos que participaram da obra

a.pre.sen.ta.dor /ô/ [pl.: *-es*] *adj.s.m.* RÁD TEAT TV **1** que(m) faz a apresentação inicial de um programa ou de um espetáculo **2** que(m) conduz programa de entrevistas, debates ou de auditório

a.pre.sen.tar *v.* {mod. 1} *t.d.,t.d.i. e pron.* **1** (prep. *a*) pôr(-se) em contato (uma pessoa) [com outra(s)] *<apresentou o companheiro> <a. o amigo ao ministro> <apresentou-se ao novo diretor>* ☐ *t.d.i. e pron.* **2** (prep. *a*) pôr(-se) diante ou na presença de; mostrar(-se) *<apresentaram a ele o lugar> <apresentou-se ao quartel>* ☐ *t.d. e t.d.i.* **3** (prep. *a*) pôr à vista; evidenciar; mostrar *<a. sinais de arrombamento> <apresentou ao fiscal seus documentos>* **4** (prep. *a*) dar a conhecer ou tornar público; expor, divulgar *<resolveu a. os últimos quadros que havia feito> <apresentou aos jornais a nova coleção de biquínis>* ☐ *t.d.* **5** ter em si; conter, mostrar *<o livro apresenta falhas>* ☐ *pron.* **6** estar presente; comparecer *<a.-se na diretoria>* **7** atuar em (espetáculo, teatro etc.) *<apresenta-se toda noite no teatro>*

a.pre.sen.tá.vel [pl.: *-eis*] *adj.2g.* de boa aparência

a.pres.sa.do *adj.* **1** que tem pressa **2** que se caracteriza pela falta de reflexão; precipitado (diz-se de ato) **3** impaciente, ansioso

a.pres.sar *v.* {mod. 1} *t.d. e pron.* **1** (fazer) agir ou realizar algo com maior agilidade; aviar(-se) *<a. os filhos> <apressaram-se para sair>* ☐ *t.d.* **2** fazer adquirir velocidade, agilidade; acelerar *<a. o passo>* **3** fazer que ocorra mais cedo; precipitar *<pediram que apressasse o conserto das roupas>* ☞ cf. *apreçar*

a.pres.tar *v.* {mod. 1} *t.d. e pron.* preparar(-se) prontamente; aprontar(-se) *<mandou a. os exércitos> <aprestaram-se para viajar>* ~ **aprestamento** *s.m.* - **apresto** *s.m.*

a.pri.mo.rar *v.* {mod. 1} *t.d. e pron.* tornar(-se) melhor, mais perfeito; aperfeiçoar(-se) *<a. o ensino> <aprimorou-se com a leitura de bons livros>* ~ **aprimoramento** *s.m.*

a priori [lat.] *loc.adj.* **1** independente da experiência (raciocínio, método etc.) ■ *loc.adv.* **2** por dedução, a partir de elementos prévios *<a priori, todos temos os mesmos direitos>* ☞ cf. *a posteriori* ⇒ pronuncia-se a priόri

a.pris.co *s.m.* curral de ovelhas

a.pri.sio.nar *v.* {mod. 1} *t.d.* **1** fazer prisioneiro; prender **2** pôr na prisão; encarcerar ~ **aprisionador** *adj.s.m.* - **aprisionamento** *s.m.*

a.pro.ar *v.* {mod. 1} *t.d.* **1** levar a proa de (embarcação) para certo rumo *<a. o barco para oeste>* ☐ *int.* **2** chegar (embarcação) a porto, ilha etc.; aportar *<o navio aproou>*

a.pro.ba.ti.vo *adj.* **1** que aprova **2** que contém ou manifesta aprovação

a.pro.ba.tó.rio *adj.* aprobativo

a.pro.fun.dar *v.* {mod. 1} *t.d. e pron.* **1** tornar(-se) mais fundo ou profundo *<o excesso de preocupação aprofundou suas rugas>* **2** meter(-se) muito para dentro; adentrar(-se) *<a. uma estaca> <aprofundou-se no mato>* **3** *fig.* examinar, estudar, observar com muita atenção (tema, problema, fato etc.) *<a. um debate> <não me aprofundei nesse assunto>* **4** *fig.* levar ou chegar ao extremo *<a atitude da direção aprofundou a crise>* ~ **aprofundamento** *s.m.*

a.pron.tar *v.* {mod. 1} *t.d. e pron.* **1** pôr(-se) pronto; preparar(-se) *<a. a mala> <a.-se para o ataque>* **2** *infrm.* vestir(-se), enfeitar(-se) para sair; arrumar(-se) *<aprontou a filha> <aprontaram-se rapidamente>* ☐ *t.d.* **3** pôr em condições de uso ou funcionamento; aparelhar *<a. uma embarcação>* **4** concluir, terminar *<aprontou o lanche em alguns minutos>* ☐ *t.d. e int. B infrm.* **5** fazer (algo errado, indevido) ou proceder mal, ger. provocando confusão *<a. um escândalo> <bebe e apronta>* ~ **aprontamento** *s.m.* - **apronto** *s.m.*

a.pro.pri.a.do *adj.* adequado, conveniente

a.pro.pri.ar *v.* {mod. 1} *t.d. e pron.* **1** (prep. *de*) tomar para si; apoderar(-se) *<as famílias apropriaram a terra invadida> <apropriou-se do dinheiro da empresa>* ☐ *t.d.i. e pron.* **2** (prep. *a*) tornar(-se) próprio ou adequado; adaptar(-se) *<apropriou seu tom de voz ao dos outros debatedores> <a música apropriava-se à cerimônia>* ~ **apropriação** *s.f.*

a.pro.va.ção [pl.: *-ões*] *s.f.* **1** manifestação de consentimento; anuência, licença **2** avaliação positiva de conduta, ato etc.; aplauso **3** ato pelo qual se considera alguém aprovado em exame, concurso etc.

a.pro.va.do *adj.s.m.* (o) que obteve aprovação, acordo

a.pro.var *v.* {mod. 1} *t.d.* **1** considerar bom, justo, adequado; concordar *<a. a atitude do amigo>* **2** permitir a realização de; autorizar *<a prefeitura aprovou o desfile dos blocos>* **3** dar por habilitado (candidato, aluno) *<a banca aprovou o candidato>*

a.pro.vei.ta.dor /ô/ [pl.: *-es*] *adj.s.m.* **1** que(m) aproveita **2** *pej.* que(m) tira vantagem de alguém ou de alguma situação

a.pro.vei.ta.men.to *s.m.* **1** ato ou efeito de tirar proveito ou vantagem; desfrute *<a. do tempo livre>* **2** progresso físico, mental ou moral; avanço, desenvolvimento *<bom a. nos estudos>* **3** utilização adequada de algo; proveito *<a. de terras férteis>*

a.pro.vei.tar *v.* {mod. 1} *t.d.,int. e pron.* **1** (prep. *de*) tirar proveito ou vantagem de; utilizar, valer-se *<a. as horas vagas> <a. enquanto é tempo> <aproveitou-se das boas amizades para subir na vida>* ☐ *t.d. e int.* **2** fazer progresso esp. intelectual (em) *<aproveitou bem as aulas> <vai à aula, mas não parece a.>* ☐ *t.d.* **3** fazer uso de (algo que já tenha sido usado ou descartado) *<a. as roupas do irmão>* ☐ *pron.* **4** (prep. *de*) abusar da ingenuidade ou da benevolência alheia *<aproveitou-se da bondade do amigo>*

a.pro.vi.sio.nar *v.* {mod. 1} *t.d. e pron.* munir(-se) de provisões; abastecer(-se) *<a. a despensa> <aprovisionou-se com alguns alimentos>* ~ **aprovisionador** *adj.s.m.* - **aprovisionamento** *s.m.*

a.pro.xi.ma.ção /ss/ [pl.: *-ões*] *s.f.* **1** proximidade no espaço ou no tempo *<souberam cedo da a. do inimigo> <fazia calor, apesar da a. do inverno>* **2** restabelecimento de relações pessoais ou políticas; reconciliação *<promoveu a a. dos colegas>* **3** avaliação próxima a determinado resultado; estimativa, previsão *<valor por a.>* **4** *fig.* comparação entre coisas, fatos ou ideias; confronto, paralelo

a.pro.xi.ma.da.men.te /ss/ *adv.* cerca de; mais ou menos *<não tira férias há a. dois anos>*

a.pro.xi.mar /ss/ *v.* {mod. 1} *t.d.,t.d.i. e pron.* **1** (prep. *de*) pôr(-se), tornar(-se) próximo no espaço ou no tempo *<aproximou o copo (das mãos do pai)> <aproximava-se o dia de seu aniversário>* **2** (prep. *de*) estabelecer ou restabelecer relações; unir(-se) *<a. os dois adversários> <a.-se dos inteligentes>* □ *pron.* **3** (prep. *de*) ter semelhança; parecer *<a cor das cortinas aproxima-se da cor do sofá>* ~ **aproximado** *adj.* - **aproximativo** *adj.*

a.pru.ma.do *adj.* **1** que está a prumo; ereto, vertical **2** que tem boa postura; ereto **3** *fig.* muito correto e digno; honesto, íntegro **4** *fig. B* recuperado nos negócios, nas finanças ou na saúde

a.pru.mar *v.* {mod. 1} *t.d. e pron.* **1** pôr(-se) em linha vertical *<a. um muro>* **2** pôr(-se) reto, direito; endireitar(-se) *<a. as costas> <aprume-se!>* □ *pron.* **3** vestir-se com elegância *<aprumou-se para encontrar a noiva>* **4** *fig. B* melhorar de sorte, saúde etc. *<anos depois, conseguiram a.-se>* ~ **aprumação** *s.f.*

a.pru.mo *s.m.* **1** posição vertical **2** *fig.* altivez; arrogância **3** *B* elegância, capricho no vestir **4** *B* melhoria financeira, de saúde etc.

ap.ti.dão [pl.: *-ões*] *s.f.* vocação inata; inclinação

ap.to *adj.* **1** capaz, hábil **2** autorizado legalmente *<a. a dirigir>*

a.pu.nha.lar *v.* {mod. 1} *t.d. e pron.* **1** ferir(-se) ou matar(-se) com punhal *<a. o rival> <ao fim do duelo, apunhalaram-se>* □ *t.d. e int. fig.* **2** ferir moralmente; magoar *<as mentiras apunhalaram-no> <a traição sempre apunhala>* □ *t.d. fig.* **3** ser desleal, infiel a; trair *<a. o sócio>*

a.pu.po *s.m.* vaia ~ **apupar** *v.t.d. e int.*

a.pu.ra.ção [pl.: *-ões*] *s.f.* **1** exame cuidadoso; verificação, investigação **2** *p.ext.* levantamento de informações para matéria jornalística; esclarecimento **3** contagem de votos de uma eleição; cômputo **4** ação de concentrar algo para dar-lhe consistência; espessamento *<a. de um molho>* **5** aguçamento de sentido *<a. do paladar>*

a.pu.rar *v.* {mod. 1} *t.d.,int. e pron.* **1** tornar(-se) melhor; aprimorar(-se) *<a. a caligrafia> <com a experiência, seu estilo apurou(-se)>* □ *t.d.* **2** examinar em detalhes **3** tornar mais sensível, preparado; aguçar *<apurou a audição na adolescência>* **4** fazer a contagem de; calcular **5** obter, juntar (dinheiro de venda, coleta, trabalho etc.) □ *t.d. e int.* **6** concentrar(-se) [líquido], por meio de ebulição demorada *<o molho, afinal, apurou>* ~ **apurado** *adj.* - **apurativo** *adj.*

a.pu.ro *s.m.* **1** situação difícil ☞ mais us. no pl. **2** capricho, esmero *<veste-se com a.>*

a.qua.cul.tu.ra *s.f.* aquicultura ~ **aquacultor** *adj.s.m.*

Aqua-Lung ® [ing.; pl.: *Aqua-Lungs*] *s.m.* dispositivo us. para respirar embaixo da água ⇒ pronuncia-se áqua lang

a.qua.pla.na.gem [pl.: *-ens*] *s.f.* **1** pouso ou deslizamento sobre a água **2** *infrm.* derrapagem em pista molhada ~ **aquaplanar** *v.int.*

a.qua.re.la *s.f.* ART.PLÁST **1** tinta diluída em água **2** técnica de pintura com essa tinta **3** a pintura feita com essa técnica ~ **aquarelista** *adj.2g.s.2g.*

a.qua.ri.a.no *adj.s.m.* **1** ASTRL que(m) é do signo de Aquário ■ *adj.* **2** relativo ao signo de Aquário

a.quá.rio *s.m.* **1** recipiente com água para manter, criar ou observar plantas e animais aquáticos **2** décima primeira constelação zodiacal, situada entre Capricórnio e Peixes ☞ inicial maiúsc. **3** ASTRL décimo primeiro signo do zodíaco (de 21 de janeiro a 19 de fevereiro) ☞ inicial maiúsc.

a.qua.rio.fi.li.a *s.f.* criação de peixes em aquário ~ **aquariófilo** *adj.s.m.*

a.quar.te.lar *v.* {mod. 1} *t.d. e pron.* **1** alojar(-se) [tropa, soldado etc.] em quartel *<a. militares> <os soldados aquartelaram-se cedo>* **2** *p.ext.* instalar(-se) em qualquer lugar *<a avó aquartelou-o em casa> <o cão aquartelou-se embaixo da cama>* ~ **aquartelamento** *s.m.*

a.quá.ti.co *adj.* **1** que vive na água ou em sua superfície **2** que se refere a ou se realiza na água *<balé a.>*

a.qua.vi.a *s.f.* hidrovia ~ **aquaviário** *adj.*

a.que.ce.dor /ô/ [pl.: *-es*] *adj.s.m.* **1** (o) que aquece ■ *s.m.* **2** aparelho us. para aquecer água, ambientes etc.

a.que.cer *v.* {mod. 8} *t.d.,int. e pron.* **1** tornar(-se) quente; esquentar *<a. os pés> <o café aquecia sobre o fogão> <aqueceu-se ao sol>* **2** *fig.* passar ou receber calor, conforto *<a. o coração> <as amizades aquecem> <a.-se com um carinho>* □ *t.d. e pron.* **3** *fig.* tornar(-se) excitado; entusiasmar(-se) *<a proximidade da viagem aquecia a jovem> <a plateia demorou a se a.>* **4** ESP pôr(-se) em boas condições físicas (esp. os músculos) *<o treino aqueceu os jogadores> <aqueceu-se para iniciar a corrida>* □ *t.d.* **5** ECON intensificar a atividade econômica em (setor, mercado etc.) *<a. as vendas>* ~ **aquecido** *adj.*

a.que.ci.men.to *s.m.* **1** elevação da temperatura **2** ESP série de exercícios físicos leves, feitos antes de ginástica, jogo, competição etc. **3** ECON aumento das vendas ou da atividade econômica ▣ **a. global** elevação da temperatura na superfície da Terra, prov. causada por efeito estufa

a.que.du.to *s.m.* CONSTR canal artificial para condução de água

a.que.le /ê/ *pron.dem.* designa o que está afastado no espaço e no tempo da pessoa que fala e da que ouve *<a. homem lá fora é meu tio> <a. dia foi inesquecível para os alunos>* ◉ GRAM/USO fem.: *aquela*; pl.: *aqueles*, *aquelas*

à.que.le /ê/ *contr.* da preposição *a* com o pronome demonstrativo *aquele <entregou a taça à. que fez mais gols>* ◉ GRAM/USO fem.: *àquela*; pl.: *àqueles*, *àquelas*

a.quém *adv.* na parte de cá, neste lado ▣ **a. de 1** do lado de cá *<mora a. da ponte>* **2** abaixo de *<este preço está a. do seu valor real>*

a.qui *adv.* **1** neste ou a este lugar *<moro a.>* **2** até este lugar *<de Roma a. é uma grande distância>* **3** nesta ocasião, neste ponto *<a. houve uma pausa>*

a.qui.cul.tu.ra /qü/ *s.f.* criação de animais ou plantas aquáticas; aquacultura ~ **aquicultor** *adj.s.m.*

a.qui.es.cer *v.* {mod. 8} *t.i. e int.* (prep. *a*, *em*) agir ou considerar com tolerância; concordar, consentir *<aquiesceu ao pedido dos filhos> <após ouvir o argumento, aquiesci>* ~ **aquiescência** *s.f.* - **aquiescente** *adj.2g.*

a.qui.e.tar *v.* {mod. 1} *t.d.,int. e pron.* pôr(-se) ou tornar(-se) quieto; tranquilizar(-se) *<a. os ânimos> <dia após dia, seu espírito aquietava> <aquietou-se com o fim do verão>* ~ **aquietação** *s.f.*

a.qui.la.tar *v.* {mod. 1} *t.d.* **1** determinar o quilate de (metal ou pedra preciosa) **2** *fig.* apreciar, avaliar o valor de *<a. o caráter de alguém>* ☐ *t.d. e pron. fig.* **3** tornar(-se) melhor; aperfeiçoar(-se) *<a bondade aquilata o cidadão> <a.-se na virtude>* ~ **aquilatação** *s.f.*

a.qui.li.no *adj.* **1** próprio de águia **2** curvo como bico de águia; adunco

a.qui.lo *pron.dem.* designa algo distante, no espaço ou no tempo, tanto do falante como do ouvinte *<a. é a entrada do sítio> <a. foi uma tragédia>*

à.qui.lo *contr.* da preposição *a* com o pronome demonstrativo *aquilo <prefiro sanduíche à. que ela sugeriu>*

a.qui.nho.ar *v.* {mod. 1} *t.d.* **1** dividir em partes; repartir *<aquinhoaram os bens do falecido>* **2** favorecer, agraciar *<a sorte aquinhoou esta moça>* ☐ *t.d. e t.i.* **3** (prep. *de*) participar de; compartilhar *<aquinhoamos (de) seu sofrimento>* ~ **aquinhoamento** *s.m.*

a.qui.si.ção [pl.: *-ões*] *s.f.* **1** compra ou tomada de posse de uma coisa **2** a coisa comprada ou apossada

a.qui.si.ti.vo *adj.* **1** relativo a aquisição **2** que possibilita adquirir *<poder a.>*

a.quo.so /ô/ [pl.: /ó/; fem.: /ó/] *adj.* **1** que contém água **2** da natureza da água ou semelhante a ela ~ **aquosidade** *s.f.*

¹-ar *suf.* 'relação': *escolar*, *retangular*, *veicular* [ORIGEM: do suf. lat. formador de adj. *-aris,e*]

²-ar *term.* de verbos da 1ª conjugação: *cantar*, *espalhar*, *moldar* [ORIGEM: da term. lat. *-are*, formadora de verbos da 1ª conjugação]

ar [pl.: *-es*] *s.m.* **1** mistura de gases que forma a atmosfera terrestre **2** brisa, vento **3** *fig.* indício *<um ar de felicidade rondava a sala>* **4** *fig.* aparência, aspecto *<ar de superioridade>* ▣ **ar condicionado** ar resfriado ou aquecido por meio de aparelho próprio ☞ cf. *ar-condicionado* • **ao ar livre** em espaço aberto

Ar QUÍM símbolo de *argônio*

a.ra *s.f.* REL altar ('estrutura')

á.ra.be *s.2g.* **1** natural ou habitante da península Arábica (Ásia) ■ *s.m.* **2** LING língua dessa região ■ *adj.2g.* **3** relativo a essa região, habitante ou língua ☞ veja *quadro de países/nacionalidades/idiomas/moedas* no final deste volume

a.ra.bes.co /ê/ *s.m.* **1** ART.PLÁST ornamento de origem árabe, no qual se entrelaçam linhas, ramagens, flores etc. **2** *p.ext.* linha irregular; rabisco

a.rá.bi.co *adj.* relativo à Arábia, aos árabes ou a sua cultura

a.ra.bis.mo *s.m.* **1** LING palavra ou expressão característica da língua árabe **2** defesa dos valores árabes

a.ra.bis.ta *adj.2g.s.2g.* **1** especialista na língua e/ou cultura árabes **2** partidário do arabismo ('defesa')

a.ra.bi.zar *v.* {mod. 1} *t.d. e pron.* dar ou tomar aspecto ou característica própria do povo, da cultura, da língua árabe *<a carne arabizou-se com os temperos>*

a.ra.çá *s.m.* BOT **1** fruta silvestre semelhante à goiaba **2** a planta que produz essa fruta; araçazeiro

a.ra.ca.ju.a.no *adj.* **1** de Aracaju (SE); aracajuense ■ *s.m.* **2** natural ou habitante dessa capital

a.ra.ca.ju.en.se *adj.2g.s.2g.* aracajuano

a.ra.ça.zei.ro *s.m.* BOT nome comum a vários arbustos e árvores com o tronco malhado e frutos, ger. comestíveis, semelhantes aos da goiabeira; araçá ◉ COL araçazal

a.rac.ní.deo *adj.s.m.* ZOO (espécime) dos aracnídeos, classe de animais invertebrados mais conhecidos por aranhas, ácaros e escorpiões, com quatro pares de patas e sem antenas

a.rac.no.fo.bi.a *s.f.* MED medo doentio de aranhas ~ **aracnofóbico** *adj.* - **aracnófobo** *adj.s.m.*

a.rac.noi.de /ói/ *adj.2g.s.f.* **1** ANAT diz-se de ou membrana serosa, fina e transparente que envolve o cérebro e a medula espinhal ☞ cf. *dura-máter* e *pia-máter* ■ *adj.2g.* **2** semelhante a uma aranha

a.ra.do *s.m.* instrumento para arar a terra

a.ra.gem [pl.: *-ens*] *s.f.* brisa

a.ra.ma.do *adj.* **1** feito de arame **2** fechado por tela de arame ■ *s.m.* **3** tela ou cerca de arame ☞ cf. *alambrado*

a.ra.mai.co *s.m.* LING língua falada na antiga Síria e na Mesopotâmia

a.ra.me *s.m.* fio metálico ▣ **a. farpado** cabo formado por fios de arame enrolados, com pontas agudas ou farpas

a.ra.meu *s.m.* HIST **1** indivíduo dos arameus, povo semita que vivia em Aram (na antiga Síria) e na Mesopotâmia **2** LING aramaico ■ *adj.* **3** relativo a esse indivíduo, povo ou língua

a.ran.de.la *s.f.* **1** suporte de parede para lâmpada ou vela **2** peça circular colocada na boca do castiçal para recolher pingos de cera

a.ra.nha *s.f.* zoo nome comum a aracnídeos de aspecto e tamanho variados, muitos dos quais tecem teias para capturar suas presas

a.ra.nha-ca.ran.gue.jei.ra [pl.: *aranhas-caranguejeira* e *aranhas-caranguejeiras*] *s.f.* zoo aranha grande, que não faz teia, e que possui o corpo coberto de pelos

a.ra.pon.ga *s.f.* **1** zoo ave de penas brancas, garganta e face peladas e esverdeadas, cujo canto lembra o som de golpes de ferro numa bigorna ■ *s.2g. fig. B infrm.* **2** quem trabalha para serviços de informação; espião

a.ra.pu.ca *s.f.* **1** armadilha para caçar pássaros pequenos **2** *fig.* armadilha, cilada **3** *fig.* negócio desonesto

a.rar *v.* {mod. 1} *t.d.* fazer sulcos (na terra) com o arado, preparando-a para o cultivo ~ **aração** *s.f.* - **arada** *s.f.*

a.ra.ra *s.f.* **1** zoo ave de cores vivas, bico alto e curvo e cauda longa **2** peça roliça presa a dois suportes us. para pendurar cabides e peças de vestuário

a.ra.ru.ta *s.f.* **1** BOT erva de cujo caule subterrâneo se produz uma farinha **2** farinha branca e nutritiva, extraída dessa planta, muito us. em alimentação

a.ra.ti.cum [pl.: *-uns*] ou **a.ra.ti.cu** *s.m.* BOT **1** nome de árvores e arbustos da região do cerrado, cultivados pelos frutos comestíveis; anona **2** a fruta dessas plantas

a.ra.tu *s.m.* zoo caranguejo cinza e de carapaça quadrada, capaz de subir nas árvores do mangue, onde se alimenta e se acasala

a.rau.cá.ria *s.f.* BOT pinheiro de copa uniforme, típico do Estado do Paraná

a.rau.to *s.m.* **1** HIST na Idade Média, oficial da monarquia encarregado do anúncio de guerra ou paz, de informar sucessos de batalha etc. **2** *fig.* o que anuncia *<a cigarra é o a. do verão>* **3** *fig.* aquele que defende (uma ideia, uma causa etc.)

ar.bi.tra.gem [pl.: *-ens*] *s.f.* **1** julgamento, avaliação por árbitro(s) ou perito(s) **1.1** ESP atuação de árbitro em jogos e competições **2** DIR poder concedido a juiz, ou pessoa escolhida, para que decida sobre conflito entre partes

ar.bi.trar *v.* {mod. 1} *int.* **1** servir de juiz □ *t.d.* **2** decidir, resolver *<a. uma questão familiar>* **3** ESP dirigir (jogo) como árbitro; apitar □ *t.d.i.* **4** DIR (prep. *a*) decidir judicialmente; estabelecer *<arbitraram a ele uma pensão baixa>* ~ **arbitramento** *s.m.*

ar.bi.tra.rie.da.de *s.f.* **1** DIR abuso de autoridade; violência **2** comportamento ilógico e injusto; capricho

ar.bi.trá.rio *adj.* **1** que depende da vontade de quem age; sem regras **2** que se pode fazer ou não, que pode existir ou não; opcional, casual, eventual *<escolheu um número a. para demonstrar o cálculo>* **3** violento, sem medida

ar.bí.trio *s.m.* **1** decisão dependente apenas da vontade **2** domínio ou poder absoluto *<a. real>* **3** DIR sentença de juiz ou árbitro; parecer

ár.bi.tro *s.m.* **1** DIR mediador, juiz **2** ESP em um jogo ou competição, quem faz cumprir as regras estabelecidas; juiz

ar.bó.reo *adj.* **1** relativo ou próprio de árvore **2** que apresenta características de árvore (diz-se de planta)

ar.bo.res.cen.te *adj.2g.* diz-se de planta que toma a forma ou o porte de uma árvore

ar.bo.re.to /ê/ *s.m.* lugar onde se cultivam árvores, arbustos e plantas para fins científicos, exibição ao público etc.

ar.bo.rí.co.la *adj.2g.* que vive nas árvores (diz-se de animal ou vegetal)

ar.bo.ri.cul.tu.ra *s.f.* estudo, técnica e cultivo de árvores ~ **arboricultor** *s.m.*

ar.bo.ris.mo *s.m.* → ***ARVORISMO***

ar.bo.ri.zar *v.* {mod. 1} *t.d.* plantar árvores em *<a. a rua>* ~ **arborização** *s.f.* - **arborizado** *adj.*

ar.bus.to *s.m.* BOT vegetal de no máximo 6 m de altura, com ramos saídos do caule muito próximos do solo ~ **arbustivo** *adj.*

ar.ca *s.f.* caixa grande para guardar roupas, objetos, louças etc.; baú ▣ **a. da aliança** HIST REL arca em que os hebreus guardavam as tábuas da lei de Moisés • **a. de Noé** HIST REL embarcação em que Noé, com sua família e um casal de cada espécie de animais, se salvou do dilúvio bíblico; arca do dilúvio

ar.ca.bou.ço *s.m.* **1** CONSTR estrutura de uma construção; esqueleto *<o a. de um prédio>* **2** esboço *<a. de um romance>* **3** ANAT conjunto dos ossos que formam o tórax

ar.ca.buz [pl.: *-es*] *s.m.* antiga arma de fogo, portátil, de cano curto e largo

ar.ca.da *s.f.* **1** série de arcos em sequência (em galerias, passagens etc.) **2** ANAT estrutura em forma de arco *<a. dentária>* **3** MÚS direção do movimento do arco em instrumento de cordas

ár.ca.de *adj.2g.* **1** relativo à Arcádia, região da Grécia **2** próprio do estilo das arcádias ■ *s.2g.* **3** natural ou habitante da Arcádia **4** LIT membro de uma arcádia

ar.cá.dia *s.f.* LIT nome comum das sociedades literárias dos séc. XVII e XVIII seguidoras do Classicismo e cujos membros assinavam suas obras com nomes de pastores ☞ inicial por vezes maiúsc. ~ **arcádico** *adj.*

ar.ca.dis.mo *s.m.* **1** LIT corrente literária ou escola representada pelas arcádias, na qual o artista idealizava a vida no campo e se imaginava pastor em contato com a natureza ☞ inicial maiúsc. **2** caráter arcádico, neoclássico ~ **arcadista** *adj.2g.*

ar.cai.co *adj.* **1** muito antigo *<português a.>* **2** ultrapassado, obsoleto

ar.ca.ís.mo *s.m.* **1** LING palavra, expressão ou acepção que deixou de ser usada na norma atual de uma língua **2** uso ou tendência para usar palavras ou expressões arcaicas

ar.ca.i.zar *v.* {mod. 2} *t.d. e pron.* **1** (fazer) adquirir feição arcaica *<a. uma frase usando palavras antigas> <esse adjetivo arcaizou-se>* ☐ *int.* **2** usar arcaísmos ~**arcaização** *s.f.* - **arcaizante** *adj.2g.*

ar.can.jo *s.m.* REL anjo de ordem superior, que atua como mensageiro

ar.ca.no *adj.s.m.* (o) que é misterioso, secreto

ar.ção [pl.: *-ões*] *s.m.* armação arqueada e saliente da sela, feita de madeira coberta de couro

[1]**ar.car** *v.* {mod. 1} *t.d.* **1** dar forma de arco a *<a. as sobrancelhas>* **2** pôr arcos em *<a. um barril>* ☐ *t.d.,int. e pron.* **3** sofrer ou fazer força para baixo; curvar(-se) *<arcando as costas, apanhou os sapatos> <de tão pesados, os ramos arcavam> <seu corpo arcou-se com o passar dos anos>* [ORIGEM: do lat. *arcuāre* 'dobrar em arco']

[2]**ar.car** *v.* {mod. 1} *t.i.* (prep. *com*) responsabilizar-se por; assumir *<a. com as despesas, as consequências>* [ORIGEM: *arca* + [2]*-ar*]

ar.caz [pl.: *-es*] *s.m.* grande arca com gavetas

ar.ce.bis.pa.do *s.m.* REL **1** território sob a responsabilidade de um arcebispo **2** cargo de arcebispo **3** período de exercício desse cargo

ar.ce.bis.po *s.m.* REL bispo responsável por uma arquidiocese ~**arcebispal** *adj.2g.*

ar.cho.te *s.m.* corda coberta de breu, que se acende para iluminar um lugar ou caminho; tocha

ar.co *s.m.* **1** GEOM segmento de uma curva **2** curvatura *<fez um a. com os bigodes>* **3** arma portátil composta de uma vara flexível com uma corda presa às suas extremidades, para atirar flechas **4** ARQ a forma curva de uma abóbada **5** FUTB o conjunto formado pelas balizas e rede; gol **6** MÚS peça us. para fazer vibrar as cordas de violino, viola, contrabaixo etc. **7** círculo metálico ou de madeira que prende as aduelas de um barril; aro **8** VEST acessório em forma de meio círculo, us. para segurar o cabelo

ar.co-í.ris *s.m.2n.* arco luminoso multicolorido produzido quando a luz solar é refletida por gotículas de água da chuva

ar-con.di.cio.na.do [pl.: *ares-condicionados*] *s.m.* aparelho us. para resfriar ambientes fechados ☞ cf. *ar condicionado*

ar.dên.cia *s.f.* **1** estado ou característica do que arde, fica em fogo, queima; ardor, calor, quentura **2** sensação semelhante ao ardor de queimadura; afogueamento, enrubescimento **3** sabor picante

ar.den.te *adj.* **1** que queima em chamas ou brasas **2** que concentra ou causa calor **3** picante, apimentado **4** *fig.* entusiasmado, intenso

ar.der *v.* {mod. 8} *int.* **1** estar em chamas; queimar *<a mata arde>* **2** *p.ext.* sentir como se queimasse *<seu corpo ardia (em febre)>* **3** estar aceso *<o lampião já não arde>* **4** ter sabor picante *<essa pimenta arde muito?>* **5** *fig.* ficar com a face vermelha; ruborizar-se *<tímido, sentiu o rosto a.>* ☐ *t.d. e int.* **6** (fazer) ter sensação de ardor; queimar *<a. a ferida> <a queimadura ardia>* ~**ardimento** *s.m.*

ar.dil [pl.: *-is*] *s.m.* esquema para enganar; artimanha, astúcia ~**ardileza** *s.f.*

ar.di.lo.so /ô/ [pl.: /ó/; fem.: /ó/] *adj.* que faz uso de ardis, cheio de astúcias; astuto, esperto

ar.dor /ô/ [pl.: *-es*] *s.m.* **1** calor forte **2** sabor picante; ardência **3** amor intenso, paixão **4** *fig.* entusiasmo

ar.do.ro.so /ô/ [pl.: /ó/; fem.: /ó/] *adj.* que tem ardor, entusiasmo, paixão

ar.dó.sia *s.f.* rocha compacta, de cor cinza, us. para revestimento de pisos, paredes, telhados etc.

ár.duo *adj.* **1** de difícil acesso; íngreme **2** *fig.* cansativo; trabalhoso ~**arduidade** *s.f.*

a.re *s.m.* medida agrária equivalente a 100 m^2 [símb.: *a*]

á.rea *s.f.* **1** extensão limitada de espaço, terreno ou superfície **2** GEOM a medida de superfície de uma figura geométrica *<a á. do triângulo>* **3** campo de conhecimento ou de atividade (profissional etc.) *<á. científica>* **4** pátio interno ☞ cf. *ária* ▣ **á. de proteção ambiental** região legalmente preservada para a conservação da vida silvestre e dos recursos naturais [sigla: *APA*] • **á. de trabalho** INF parte da interface gráfica de sistemas operacionais que exibe, no vídeo, representações de objetos presentes nas mesas de trabalho, como documentos, arquivos, pastas e impressoras; *desktop* • **grande á.** FUTB zona retangular diante do gol, dentro da qual o goleiro ainda pode defender a bola com as mãos e onde fica a marca do pênalti • **pequena á.** FUTB zona dentro da *grande área* na qual o goleiro dá o tiro de meta sem ser atacado pelos jogadores adversários

a.re.al [pl.: *-ais*] *s.m.* **1** extensa superfície coberta de areia **2** local de onde se extrai areia

a.re.ar *v.* {mod. 5} *t.d.* **1** limpar ou polir, esfregando com areia ou algo similar *<a. panelas>* **2** escovar (os dentes) ☐ *t.d. e pron.* **3** cobrir(-se) com areia *<a ventania areou a calçada> <a.-se na praia>* ~**areamento** *s.m.*

a.re.en.to *adj.* misturado ou coberto com areia; arenoso

a.rei.a *s.f.* **1** MINER substância formada por pedaços minúsculos de rocha, que se encontra no leito dos rios, dos mares, nas praias e nos desertos **2** *p.ext.* praia **3** grão calcificado encontrado na urina ▣ **a. movediça** atoleiro de areia, em que se pode afundar

a.re.ja.do *adj.* **1** que tem boa circulação de ar **2** *fig.* que é aberto ao que é novo, ao não convencional; liberal *<mente a.>*

a.re.jar *v.* {mod. 1} *t.d.* **1** fazer circular o ar em; ventilar *<a. o recinto>* **2** expor ao ar para secar, tirar odor etc. *<a. a roupa>* **3** *fig.* entrar em contato com o novo; renovar *<a. as ideias>* ☐ *int. e pron.* **4** *fig.* tomar novo ânimo; distrair, espairecer *<caminhava para a.(-se)>* ~**arejamento** *s.m.*

a.re.na *s.f.* **1** área central do circo; picadeiro **2** ESP estrado onde lutam os boxeadores **3** espaço circular para touradas e outros espetáculos **4** *p.ext.* local de debate, de desafio **5** HIST parte central, coberta de areia, dos anfiteatros romanos **6** *p.ext.* qualquer anfiteatro

a.ren.ga *s.f.* **1** discurso cansativo e longo; lenga-lenga **2** discussão, disputa ~ **arengar** *v.t.d.,t.i. e int.*

a.re.ni.to *s.m.* rocha sedimentar formada por detritos de outras rochas, us. como material de construção, pavimentação etc.

a.re.no.so /ô/ [pl.: /ó/; fem.: /ó/] *adj.* cheio de areia ou semelhante a ela

a.ren.que *s.m.* ZOO peixe com cerca de 30 cm de comprimento, dorso azulado e ventre prateado, encontrado no Pacífico e Atlântico norte, consumido fresco, salgado, defumado ou em conserva

a.ré.o.la *s.f.* **1** pequena área **2** ANAT área castanha ou rosada que circunda o mamilo **3** ASTR área luminosa que circunda o Sol ou a Lua ☞ cf. *auréola* ~ **areolado** *adj.* - **areolar** *adj.2g.*

a.res.ta *s.f.* **1** GEOM a reta formada pela interseção de dois planos **2** ângulo; quina ▼ ***arestas*** *s.f.pl.* **3** pontos de conflito ou detalhes *<aparar as a. para fechar um negócio>* ~ **arestoso** *adj.*

-aréu *suf.* 'aumento': *fogaréu, mundaréu*

ar.far *v.* {mod. 1} *int.* **1** respirar com dificuldade; ofegar *<a. após uma corrida>* **2** balançar, oscilar *<ao vento, as folhas arfam>* ~ **arfagem** *s.f.* - **arfante** *adj.2g.*

ar.ga.mas.sa *s.f.* CONSTR mistura de areia, água e um aglutinante us. em construções

ar.gên.teo *adj.* **1** feito de ou que contém prata **2** da cor da prata

ar.gi.la *s.f.* barro que se molda quando molhado e que endurece quando seca, us. na fabricação de cerâmicas, telhas etc. ~ **argiloso** *adj.*

ar.go.la *s.f.* **1** aro metálico para prender ou puxar algo **2** qualquer objeto circular e vazio no meio **3** VEST brinco de forma circular ▼ ***argolas*** *s.f.pl.* ESP **4** aparelho de ginástica que consiste em dois aros presos à extremidade de cordas suspensas

ar.go.nau.ta *s.2g.* **1** MIT cada um dos heróis gregos que viajaram na nau Argo em busca da lã de ouro **2** navegante destemido, explorador dos mares **3** ZOO gên. de polvos cujas fêmeas têm uma espécie de concha calcária ~ **argonáutico** *adj.*

ar.gô.nio *s.m.* QUÍM gás nobre us. em lâmpadas incandescentes, soldas, *laser* etc. [símb.: *Ar*] ☞ cf. *tabela periódica* (no fim do dicionário)

ar.gú.cia *s.f.* **1** percepção aguçada; sagacidade **2** sutileza de raciocínio, habilidade de argumentação ~ **argucioso** *adj.*

ar.guei.ro *s.m.* **1** pequena partícula separada de um corpo; cisco, pó **2** *fig.* coisa sem importância; ninharia

ar.gui.ção /gü/ [pl.: *-ões*] *s.f.* **1** prova oral **2** DIR citação de razões ou motivos para provar ou defender algo; alegação, argumentação

ar.guir /gü/ *v.* {mod. 26} *t.d.,t.d.i. e int.* *B* **1** (prep. *sobre*) examinar (aluno, candidato), questionando ou interrogando *<a. os alunos (sobre a matéria dada)>* *<no momento de a., esqueceu as questões>* □ *t.d. e t.d.i.* **2** (prep. *de*) repreender, censurar, condenar *<a. o suspeito>* *<a. alguém de ter outras ideias>* □ *t.d.* **3** contradizer com argumentos; refutar *<a. uma acusação>* ~ **arguidor** *adj.s.m.*

ar.gu.men.tar *v.* {mod. 1} *t.d.,t.i. e int.* **1** (prep. *com, contra*) apresentar fatos, razões, provas contra ou a favor (de algo) *<a. que não tem dinheiro>* *<a. contra uma proposta>* *<a. durante horas sem chegar a um acordo>* □ *t.d.* **2** apresentar (ideia, fato) como argumento; alegar *<argumentou que desconhecia o fato>* ~ **argumentação** *s.f.*

ar.gu.men.to *s.m.* **1** DIR raciocínio que conduz à dedução de algo **2** prova que serve para afirmar ou negar um fato **3** CINE TV resumo do enredo a partir do qual se desenvolve um roteiro cinematográfico ou de televisão

ar.gu.to *adj.* capaz de perceber rapidamente as coisas mais sutis; perspicaz

-aria *suf.* **1** 'local, estabelecimento': *carvoaria, padaria* **2** 'coleção': *pedraria* **3** 'ação de alguém': *patifaria, pirataria*

á.ria *s.f.* MÚS movimento ou parte de ópera, cantata ou oratório, para voz solista ☞ cf. *área*

a.ri.a.nis.mo *s.m.* teoria nazista que afirmava a superioridade dos descendentes do povo ariano ~ **arianista** *adj.2g.s.2g.*

¹a.ri.a.no *adj.s.m.* diz-se de ou grupo humano que se pensa abrangesse os que no passado falavam línguas indo-europeias e seus atuais descendentes não misturados com outros grupos, gente descrita como brancos europeus, de estatura elevada, olhos azuis e cabelos louros, esp. os nórdicos e alemães (hipótese essa ligada às teorias nazistas de raça superior) [ORIGEM: do lat. *ariānus,a,um* 'de ou relativo à região de Ária (Pérsia)']

²a.ri.a.no *adj.s.m.* **1** que(m) é do signo de Áries ■ *adj.* **2** relativo ao signo de Áries [ORIGEM: *ári(es)* + *-ano*]

á.ri.do *adj.* **1** seco *<clima á.>* **2** que pouco ou nada produz; estéril, improdutivo **3** *fig.* difícil de ser compreendido ~ **aridez** *s.f.*

á.ries *s.m.2n.* **1** ASTR primeira constelação zodiacal, situada entre Peixes e Touro; Carneiro ☞ inicial maiúsc. **2** ASTRL primeiro signo do zodíaco (de 21 de março a 20 de abril); Carneiro ☞ inicial maiúsc.

a.rí.e.te *s.m.* antiga máquina de guerra us. para derrubar muralhas e portões

a.ri.lo *s.m.* BOT saliência, ou conjunto de camadas, presente na superfície de sementes como a mamona, a noz-moscada etc.

-ário *suf.* **1** 'relação': *diário, contrário, temporário* **2** 'profissão': *bancário, ferroviário* **3** 'local': *orquidário, vestiário*

a.ri.ra.nha *s.f.* ZOO mamífero carnívoro, diurno e semiaquático, com cerca de 1 m de comprimento, corpo marrom e cauda achatada em forma de remo

a.ris.co *adj.* **1** desconfiado, tímido **2** de difícil convivência **3** que não se deixa domesticar (diz-se de animal)

a.ris.to.cra.ci.a *s.f.* **1** classe dos nobres; nobreza **2** organização social e política em que uma classe social formada por nobres detém o poder, ger. por herança

a.ris.to.cra.ta *adj.2g.s.2g.* **1** que(m) é membro da aristocracia **2** que(m) tem atitudes nobres

a.ris.to.crá.ti.co *adj.* **1** pertencente ou relativo à aristocracia; fidalgo, nobre **2** *fig.* que demonstra distinção, nobreza; elegante, fino

a.ris.to.té.li.co *adj.* **1** relativo a Aristóteles ou à sua doutrina ■ *adj.s.m.* **2** adepto do aristotelismo ☞ cf. *Aristóteles* na parte enciclopédica

a.ris.to.te.lis.mo *s.m.* FIL doutrina de Aristóteles, cujos conceitos serviram à criação da lógica formal e da ética, e que ainda influencia o pensamento ocidental ☞ cf. *Aristóteles* na parte enciclopédica ~ **aristotelista** *adj.2g.s.2g.*

a.rit.mé.ti.ca *s.f.* **1** MAT o estudo das operações numéricas: soma, subtração, multiplicação, divisão **2** livro, esp. escolar, que contém essa matéria **3** *p.ext.* tudo que exige um cálculo qualquer ~ **aritmético** *adj.*

ar.le.quim [pl.: *-ins*] *s.m.* **1** personagem da comédia italiana (séc. XVI e XVII) que, com traje de losangos coloridos, divertia o público nos intervalos das peças ☞ inicial maiúsc. **2** *p.ext.* fantasia carnavalesca inspirada nesse personagem **3** *fig.* quem se comporta de maneira ridícula; palhaço, bufão

ar.ma *s.f.* **1** instrumento, aparelho, substância preparada ou adaptada para ataque ou defesa **2** *fig.* argumento us. para tentar vencer ou defender-se numa discussão **3** cada uma das tropas de um exército (cavalaria, artilharia etc.) **4** cada uma das três forças militares (Exército, Marinha, Aeronáutica) ▼ ***armas*** *s.f.pl.* **5** as forças armadas de um país ◉ COL armamento ▣ **a. branca** arma com lâmina metálica e cabo • **a. de fogo** arma que lança projétil por explosão de uma carga de pólvora ou outro material que provoque combustão • **a. nuclear** arma que possui enorme poder de destruição por utilizar a energia liberada na fissão ou fusão do núcleo do átomo

ar.ma.ção [pl.: *-ões*] *s.f.* **1** conjunto de peças que sustenta, reforça ou une as partes de um todo **2** estrutura ou arcabouço de alguma coisa **3** *infrm.* o que se planeja com a finalidade de enganar alguém; golpe

ar.ma.da *s.f.* **1** conjunto das forças navais de um país **2** conjunto de navios de guerra; esquadra

ar.ma.di.lha *s.f.* **1** objeto ou dispositivo para capturar animais **2** *fig.* artifício enganador; cilada

ar.ma.dor /ô/ [pl.: *-es*] *s.m.* **1** MAR pessoa física ou jurídica que explora comercialmente uma embarcação mercante, sendo ou não seu proprietário **2** *B* gancho que prende rede de dormir **3** *infrm.* quem prepara armadilhas ou planeja situações para levar vantagem sobre os outros **4** ESP *B* jogador que arma jogadas do meio do campo, distribuindo a bola para os companheiros de ataque; meia-armador ■ *adj.s.m.* **5** (o) que arma

ar.ma.du.ra *s.f.* **1** vestimenta de batalha dos antigos guerreiros (elmo, couraça etc.) **2** *p.ext.* ZOO qualquer estrutura (chifres, espinhos, carapaça, escudo etc.) us. pelos animais para defesa ou ataque **3** ENG tudo aquilo que sustenta qualquer obra; armação **4** *fig.* sistema de proteção; defesa

ar.ma.ge.dão [pl.: *-ões*] ou **ar.ma.ge.dom** [pl.: *-ons*] *s.m.* batalha final entre o Bem e o Mal ☞ inicial maiúsc.

ar.ma.men.tis.mo *s.m.* teoria que defende o armamento ou o aumento de material bélico de um ou mais países ~ **armamentista** *adj.2g.s.2g.*

ar.ma.men.to *s.m.* **1** ato de armar(-se) ou o seu efeito **2** conjunto de armas de um exército, de um país etc.

ar.mar *v.* {mod. 1} *t.d. e pron.* **1** (prep. *com, contra, de*) dar armas para ataque ou defesa *<a. uma tropa (com escudos)> <o país armava-se rapidamente>* □ *t.d.* **2** preparar (arma de fogo) para atirar *<o caçador armou a espingarda>* **3** *p.ext.* aprontar (mecanismo) para funcionar *<não soube a. a máquina>* **4** fazer a instalação de; montar *<a. a barraca>* **5** *fig.* pensar, elaborar (plano, situação etc.) *<a. uma revolta>* **6** *infrm.* fazer (algo errado, indevido) ou proceder mal, ger. provocando confusão *<a. escândalo>* □ *pron.* **7** *fig.* (prep. *contra*) prevenir-se; resguardar-se *<a.-se contra o frio>* **8** *p.ext.* estar na iminência de; preparar-se (falando de objetos ou acontecimentos) *<armava-se forte tempestade>* □ *t.d. e int.* **9** arrumar ou encaixar partes ou peças de (objeto); montar *<a. a rede de dormir> <brinquedo de a.>*

ar.ma.ri.a *s.f.* **1** conjunto ou depósito de armas **2** a arte dos brasões; heráldica

ar.ma.ri.nho *s.m.* **1** pequeno armário **2** *B* loja em que se vendem materiais para costura e outras miudezas

ar.má.rio *s.m.* **1** móvel com divisões internas para guardar roupas, louças etc. **2** *fig.* *B* *infrm.* homem muito grande e forte ▣ **sair do a.** *infrm.* assumir a própria homossexualidade

ar.ma.zém [pl.: *-éns*] *s.m.* **1** estabelecimento comercial que vende gêneros alimentícios e vários utensílios domésticos; mercearia **2** grande depósito de mercadorias, munições etc.

ar.ma.ze.nar *v.* {mod. 1} *t.d.* **1** guardar em armazém *<o agricultor armazenou a safra>* **2** *fig.* acumular, juntar *<a. energias>* **3** conter, comportar *<o galpão armazena mil sacas>* **4** INF guardar (dados) na memória, para recuperá-los depois □ *t.d. e int.* **5** criar provisão, estoque de (alimentos, mantimentos) para uso futuro *<devido à inflação, decidiu a. (alimentos)>* ~ **armazenagem** *s.f.* - **armazenamento** *s.m.*

ar.mei.ro *s.m.* **1** quem fabrica, conserta, limpa ou vende armas **2** local para guardar armas **3** o responsável pela guarda e distribuição de armas de uma tropa, batalhão ou quartel

ar.mi.nho *s.m.* **1** ZOO mamífero carnívoro da família das doninhas, lontras e ariranhas, com pelos vermelho-acastanhados no verão e brancos no inverno, encontrado em regiões polares **2** a pele ou pelo desse animal ▼ ***arminhos*** *s.m.pl.* **3** títulos de nobreza

ar.mis.tí.cio *s.m.* acordo que suspende uma guerra; trégua

ar.mo.ri.a.do *adj.* decorado com armas ou brasões

ar.mo.ri.al [pl.: *-ais*] *s.m.* **1** livro de registro dos brasões da nobreza ■ *adj.2g.* **2** relativo a heráldica ou brasões; heráldico

ARN *s.m.* sigla de *ácido ribonucleico*

ar.nês [pl.: *-eses*] *s.m.* **1** armadura completa dos antigos guerreiros **2** arreio de cavalo

ar.ni.ca *s.f.* **1** BOT planta nativa de regiões árticas e temperadas do hemisfério norte, de flores amarelas ou alaranjadas, cultivada como ornamental ou medicinal **2** tintura extraída dessa planta

a.ro *s.m.* **1** linha circular de extremidades ligadas, formando um círculo; anel, argola **2** armação circular das rodas de certos veículos **3** armação de óculos ou luneta **4** CONSTR peça us. como moldura da janela ou da porta

a.ro.ei.ra *s.f.* BOT árvore originária dos Andes peruanos, explorada ou cultivada pela madeira compacta, pelas propriedades medicinais da resina da casca e pelos frutos que fornecem tintura amarela e rosada

a.ro.ma *s.m.* **1** odor natural agradável *<a. do campo>* **2** cheiro agradável que emana de substâncias de origens diversas *<a. de bolo>* **3** aditivo que reforça ou dá sabor ou cheiro a alimentos industrializados

a.ro.má.ti.co *adj.* **1** relativo a aroma **2** que tem aroma agradável

a.ro.ma.ti.zar *v.* {mod. 1} *t.d.,int. e pron.* (fazer) ficar com aroma; perfumar(-se) *<ervas aromatizam (a casa)>* *<frutos aromatizam-se ao amadurecer>* ~ **aromatização** *s.f.* - **aromatizante** *adj.2g.s.m.*

ar.pão [pl.: *-ões*] *s.m.* instrumento de ferro em forma de seta que se fixa a um cabo, us. para fisgar grandes peixes e cetáceos

ar.pe.jar *v.* {mod. 1} *int.* MÚS executar arpejos ☞ cf. *harpejar*

ar.pe.jo /ê/ *s.m.* MÚS execução sucessiva das notas de um acorde musical

ar.po.ar *v.* {mod. 1} *t.d.* **1** cravar o arpão em *<a. um tubarão>* □ *int.* **2** arremessar o arpão *<mirou no alvo e arpoou>* ~ **arpoação** *s.f.* - **arpoador** *adj.s.m.*

ar.que.a.do *adj.* que tem forma de arco

ar.que.a.no *adj.* GEOL **1** primeira das divisões do Pré-Cambriano, durante a qual se formaram as rochas mais antigas; azoico ☞ este subst. não se usa no plural; inicial maiúsc. ■ *adj.* **2** desse período; azoico

ar.que.ar *v.* {mod. 5} *t.d. e pron.* dobrar(-se) em forma de arco; curvar(-se) *<a árvore arqueava os galhos>* *<com a idade, suas costas arquearam-se>* ~ **arqueação** *s.f.* - **arqueadura** *s.f.* - **arqueamento** *s.m.*

¹ar.quei.ro *s.m.* **1** quem fabrica ou vende arcos **2** guerreiro armado de arco **3** FUTB *B* goleiro [ORIGEM: *arco* + *-eiro*, com alt. gráf. *-c-* > *-qu-*]

²ar.quei.ro *s.m.* quem fabrica e/ou vende arcas [ORIGEM: *arca* + *-eiro*, com alt. gráf. *-c-* > *-qu-*]

ar.que.jar *v.* {mod. 1} *int.* respirar com dificuldade ou sob tensão; ofegar ~ **arquejamento** *s.m.* - **arquejante** *adj.2g.*

ar.que.jo /ê/ *s.m.* respiração difícil e ger. acelerada

ar.que.o.lo.gi.a *s.f.* ciência que, utilizando processos como coleta e escavação, estuda os costumes e culturas dos povos antigos através do material (artefatos, monumentos etc.) que restou da vida desses povos ~ **arqueológico** *adj.*

ar.que.ó.lo.go *s.m.* aquele que se dedica à arqueologia, que tem essa disciplina como profissão

ar.que.óp.te.rix /cs/ *s.m.2n.* nome da primeira ave conhecida, que viveu no Jurássico

ar.que.o.zoi.co /ói/ *s.m.* GEOL **1** segundo período geológico da era pré-cambriana, entre o Azoico e o Proterozoico, em que aparecem as primeiras formas de vida, como certos tipos de bactérias e algas ☞ este subst. não se usa no plural; inicial maiúsc. ■ *adj.* **2** desse período

ar.qué.ti.po *s.m.* **1** modelo mais típico de algo; protótipo **2** modelo ou tipo ideal

ar.qui.ban.ca.da *s.f.* **1** conjunto de bancadas ou assentos destinados ao público de um evento artístico ou esportivo **2** público que ocupa esse espaço

ar.qui.di.o.ce.se *s.f.* REL diocese que tem poder sobre outras e que se encontra sob o controle oficial de um arcebispo; arcebispado ~ **arquidiocesano** *adj.*

ar.qui.du.ca.do *s.m.* **1** conjunto de terras de um arquiduque **2** titulo de arquiduque

ar.qui.du.cal [pl.: *-ais*] *adj.2g.* relativo a arquiduque e a arquiducado

ar.qui.du.que [fem.: *arquiduquesa*] *s.m.* **1** título superior ao de duque **2** quem tem esse título

ar.qui-i.ni.mi.go [pl.: *arqui-inimigos*] *adj.s.m.* que(m) é o maior inimigo ou o maior rival

ar.qui.mi.lio.ná.rio *adj.s.m.* que(m) é muitas vezes milionário

ar.qui.pé.la.go *s.m.* grupo de ilhas mais ou menos próximas umas das outras

ar.qui.te.tar *v.* {mod. 1} *t.d.* **1** fazer o projeto arquitetônico de **2** *fig.* planejar, tramar *<a. uma vingança>*

ar.qui.te.to *s.m.* profissional que idealiza, planeja, desenha e acompanha projetos de construção, jardins etc.

ar.qui.te.tu.ra *s.f.* **1** arte e técnica de organizar espaços e criar ambientes para as diversas atividades humanas **2** conjunto das construções que caracterizam uma época, um povo ou um lugar **3** projeto ou estilo de uma construção *<a. clássica>* ~ **arquitetônico** *adj.*

ar.qui.tra.ve *s.f.* ARQ viga mestra horizontal, assentada sobre pilares ou colunas

ar.qui.var *v.* {mod. 1} *t.d.* **1** guardar em arquivo *<a. documentos>* **2** DIR interromper andamento jurídico de (inquérito ou processo) **3** *fig.* guardar na mente; memorizar **4** *fig. infrm.* deixar de lado; esquecer ~ **arquivamento** *s.m.*

ar.qui.vis.ta *adj.2g.s.2g.* que(m) é responsável por um arquivo

ar.qui.vo *s.m.* **1** conjunto de documentos relativos à história de um país, região, cidade, instituição, família, pessoa etc. **2** local ou móvel onde se guardam esses documentos **3** INF conjunto de dados ou instruções armazenados em computador, identificado por nome

-arra *suf.* 'aumento': *bocarra*

ar.ra.bal.de *s.m.* **1** parte de uma cidade ou povoação que fica fora ou nas vizinhanças; subúrbio **2** lugar muito afastado do centro de uma cidade ou povoação; arredor, cercania ☞ tb. us. no pl.

ar.rai.a *s.f. B* **1** ZOO peixe ovovivíparo, de corpo achatado e nadadeiras peitorais muito desenvolvidas, cuja cauda pode ter ferrão; raia **2** RECR pipa; papagaio

ar.rai.al [pl.: *-ais*] *s.m.* **1** pequena aldeia ou povoado **2** local para festas juninas, inspirado nessas aldeias **3** lugarejo de caráter provisório, temporário

ar.rai.ga.do *adj.* **1** que lançou raízes; enraizado **2** *fig.* que se estabeleceu; radicado **3** gravado na memória, nos costumes, na cultura do indivíduo ou da coletividade

ar.rai.gar *v.* {mod. 1} *t.d.,int. e pron.* **1** fixar(-se) [a planta] pela raiz *<não deixe as ervas daninhas arraigarem(-se) aqui>* **2** *fig.* estabelecer(-se), firmar(-se) de maneira definitiva ou profunda *<a. os imigrantes na cidade> <a doença arraigou(-se)>* ~ **arraigamento** *s.m.*

ar.rais *s.m.2n.* MAR mestre ou comandante de embarcação

ar.ran.ca.da *s.f.* **1** começo da rodagem de um veículo ou do funcionamento de um motor **2** ESP numa competição, aceleração repentina para se distanciar de um adversário ou para atacar **3** *fig.* grande avanço ou melhora

ar.ran.car *v.* {mod. 1} *t.d.* **1** tirar, extrair fazendo uso da força ☐ *t.d. e t.d.i.* **2** (prep. *de*) fazer aparecer ou surgir; provocar *<arrancou aplausos (da plateia)>* **3** (prep. *de*) tirar (vegetal) da terra *<a. batatas (do solo)>* ☐ *t.d.i.* **4** (prep. *de*) obter com dificuldade *<tanto fizeram que arrancaram o segredo da irmã>* **5** (prep. *de*) obter por ameaça ou violência; extorquir *<a. dinheiro dos comerciantes>* ☐ *t.i. e int.* **6** (prep. *com, contra*) avançar, sair com ímpeto e de repente *<a. contra o adversário> <o piloto arrancou com o carro> <o carro arrancou>* ~ **arrancamento** *s.m.*

ar.ran.ca-ra.bo [pl.: *arranca-rabos*] *s.m. B infrm.* discussão, briga

ar.ran.char *v.* {mod. 1} *t.d. e pron.* **1** reunir(-se) em ranchos ('grupos de pessoas'); associar(-se) *<a. a tropa> <moças e rapazes arranchavam-se na festa>* **2** abrigar(-se), hospedar(-se) ☐ *int. e pron.* **3** estabelecer-se provisoriamente **4** consumir o rancho ('comida') *<os soldados, famintos, arrancharam(-se) naquela hora>* ~ **arranchamento** *s.m.*

ar.ra.nha-céu [pl.: *arranha-céus*] *s.m.* prédio muito alto, com muitos andares

ar.ra.nha.du.ra *s.f.* arranhão

ar.ra.nhão [pl.: *-ões*] *s.m.* **1** ferimento superficial na pele; arranhadura, arranhado **2** fenda pouco profunda em superfície polida; arranhadura

ar.ra.nhar *v.* {mod. 1} *t.d.,int. e pron.* **1** ferir(-se) levemente, com a unha, objeto pontiagudo, superfície áspera *<a. o rosto> <esses gatos arranham> <arranhou-se no braço>* ☐ *t.d. e int.* **2** causar, por atrito, sensação desagradável (em) *<arranhou a marcha ao engatar a ré> <essa toalha arranha>* ☐ *t.d.* **3** produzir ranhura, traço em (superfície); riscar *<arranhou a mesa>* **4** *infrm.* conhecer pouco (assunto, idioma etc.)

ar.ran.jar *v.* {mod. 1} *t.d. e t.d.i.* **1** (prep. *a, para*) conseguir, obter (algo que queria ou de que precisava) *<arranjou companhia (para sair)>* ☐ *t.d.* **2** pôr em ordem; arrumar *<a. o quarto>* **3** colocar enfeites em; adornar *<arranjou o salão para o baile>* **4** pôr em condições de funcionar; consertar *<arranjou o ônibus e seguiram viagem>* **5** MÚS fazer arranjo de (peça musical) *<o violonista arranjou esta peça>* ☐ *pron.* **6** sair-se bem de dificuldades *<não se preocupe, ele se arranja>* ~ **arranjamento** *s.m.*

ar.ran.jo *s.m.* **1** disposição harmoniosa ou artística **2** ordem, harmonia, conforto no cotidiano **3** situação ou circunstância planejada, ordenada **4** combinação, ajuste **5** *B* acordo para enganar outras pessoas; negociata **6** MÚS adaptação de uma melodia ou peça musical a uma outra forma de execução ▼ ***arranjos*** *s.m.pl.* **7** medidas prévias de organização; preparativos

ar.ran.que *s.m.* **1** movimento inesperado, feito de uma só vez **2** partida súbita e violenta

-arrão *suf.* 'aumento': *canzarrão, homenzarrão*

ar.ra.sar *v.* {mod. 1} *t.d.* **1** causar muitos estragos a; danificar, destruir *<o acidente arrasou o carro> <o temporal arrasou as ruas>* **2** tornar raso, plano; nivelar *<o matagal arrasou o terreno>* ☐ *t.d. e pron.* **3** debilitar(-se) física ou moralmente; abater(-se) *<o diagnóstico arrasou-o> <arrasaram-se com a viagem>* ☐ *t.i.* **4** (prep. *com*) agir contra (alguém), com palavras ou atos *<a crítica arrasou com o autor>* ☐ *int. gír.* **5** ser um sucesso; abafar *<o grupo arrasou>* ☐ *pron.* **6** perder a riqueza, o dinheiro; arruinar-se *<arrasou-se com os maus negócios>* ~ **arrasador** *adj.s.m.* - **arrasamento** *s.m.* - **arrasante** *adj.2g.*

ar.ras.tão [pl.: *-ões*] *s.m.* **1** *B* ação de recolher do mar a rede de pesca **2** *p.ext.* a pesca realizada desta forma **3** *p.ext.* rede que se usa nesse tipo de pesca **4** *B infrm.* assalto cometido por turmas em praias, praças etc.

ar.ras.ta-pé [pl.: *arrasta-pés*] *s.m. B infrm.* **1** baile em que se costuma dançar forró, samba etc. **2** reunião informal, esp. familiar, para dançar

ar.ras.tar *v.* {mod. 1} *t.d.* **1** puxar fazendo deslizar pelo chão ou por uma superfície qualquer *<arrastou a mala em vez de carregá-la>* **2** INF mover (texto, arquivo etc.) no computador, com o auxílio do *mouse* □ *t.d. e pron.* **3** conduzir(-se) à força ou com dificuldade *<a. o assaltante até a delegacia> <o doente arrastava-se pelo hospital>* □ *t.d.,int. e pron.* **4** (fazer) roçar no chão *<a. a cauda do vestido> <não use a calça, ela arrasta> <o manto se arrastava pelo tapete>* □ *pron.* **5** deslizar por qualquer superfície; rastejar *<as cobras se arrastavam em silêncio>* **6** passar lentamente; demorar *<o domingo se arrastou>* ~ **arrastamento** *s.m.* - **arrasto** *s.m.*

-arraz *suf.* 'aumento': *pratarraz*

ar.ra.zo.ar *v.* {mod. 1} *t.i.* **1** (prep. *sobre*) abordar (tema), expondo razões ou pontos de vista *<a. sobre um assunto que domina>* □ *t.d.* **2** fazer censura a; repreender *<a. o filho que não quer estudar>* **3** DIR apresentar razões, argumentos de (ideia, tese) em juízo *<a. a defesa perante o juiz>* □ *t.i. e int.* **4** (prep. *com*) discutir, altercar *<a. com os que recusaram a proposta> <ele arrazoou até restabelecer a calma>* ~ **arrazoado** *adj.s.m.* - **arrazoamento** *s.m.*

ar.re *interj.* palavra que exprime aborrecimento, zanga ou raiva *<a., que droga!>*

ar.re.ar *v.* {mod. 5} *t.d.* colocar arreios em (cavalgadura) ☞ cf. *arriar* ~ **arreamento** *s.m.*

ar.re.ba.nhar *v.* {mod. 1} *t.d.* **1** reunir em rebanho *<a. as ovelhas>* **2** *p.ext.* juntar ou recolher (objetos) *<arrebanhou suas coisas e partiu>* □ *t.d. e pron.* **3** juntar(-se) em grupo; reunir(-se) *<a. gente> <os candidatos arrebanhavam-se aos poucos>* ~ **arrebanhamento** *s.m.*

ar.re.ba.tar *v.* {mod. 1} *t.d. e t.d.i.* **1** (prep. *a*, *de*) puxar, levar com força ou de repente; arrancar *<o vento arrebatou o papel (das mãos da moça)>* □ *t.d. e pron.* **2** encantar(-se), deslumbrar(-se) *<a poesia arrebata as pessoas sensíveis> <a.-se com o pôr do sol>* **3** enfurecer(-se), irar(-se) *<a intolerância o arrebata> <arrebatou-se com a provocação>* ~ **arrebatador** *adj.s.m.* - **arrebatamento** *s.m.* - **arrebatante** *adj.2g.*

ar.re.ben.ta.ção [pl.: *-ões*] *s.f.* **1** choque das ondas sobre a praia, recife ou outro obstáculo; rebentação **2** local onde as ondas se quebram; rebentação

ar.re.ben.tar *v.* {mod. 1} *t.d. e int.* **1** fazer(-se) em pedaços; romper(-se), rebentar(-se) *<a tempestade arrebentou os mastros do veleiro> <a corda do varal de roupas arrebentou>* **2** estourar, explodir; rebentar *<o alfinete arrebentou o balão de gás> <as bolhas arrebentaram>* **3** fazer-se em espuma (as ondas, o mar); rebentar □ *int.* **4** *gír.* ter um ótimo desempenho; sair-se muito bem *<estudou para as provas e arrebentou>* □ *pron.* **5** *fig.* cansar-se muito (física ou mentalmente) *<arrebentou-se de tanto trabalhar>* ~ **arrebentamento** *s.m.*

ar.re.bi.ta.do *adj.* **1** que tem a ponta virada para cima *<nariz a.>* **2** *fig.* arrogante, atrevido ou genioso *<um adolescente a.>* ~ **arrebitar** *v.t.d. e pron.*

ar.re.bol [pl.: *-óis*] *s.m.* cor avermelhada do nascer ou do pôr do sol

ar.re.ca.dar *v.* {mod. 1} *t.d.* **1** fazer cobrança ou recolhimento de; receber *<a. taxas>* **2** ter ou guardar em segurança *<a. joias>* □ *t.d. e int.* **3** conseguir, alcançar, obter (o que se deseja, esp. riquezas) *<o time arrecadou vários campeonatos> <depois de muito trabalhar, arrecadou bastante>* ~ **arrecadação** *s.f.* - **arrecadador** *adj.s.m.* - **arrecadamento** *s.m.*

ar.re.ci.fe *s.m.* recife

ar.re.dar *v.* {mod. 1} *t.d.,int. e pron.* **1** (fazer) ir para trás; recuar(-se), afastar(-se) *<os policiais arredaram os curiosos> <os mais sensatos arredavam(-se) dali>* □ *t.d.* **2** transportar (algo ou alguém); remover, retirar *<a. a cadeira para sentar>* □ *t.d.i. e pron.* **3** (prep. *de*) deixar ou fazer deixar (local, morada) *<ninguém o arredava da sala> <não me arredo de minha casa>* **4** (prep. *de*) convencer a desistir; dissuadir(-se), demover(-se) *<nenhum argumento arredou-o de seus propósitos> <ele não se arredava de seu modo de pensar>* ~ **arredamento** *s.m.*

ar.re.di.o *adj.* **1** que foge do convívio social **2** que se desvia ou separa; apartado

ar.re.don.da.do *adj.* de forma ou feitio redondo, circular ou esférico

ar.re.don.dar *v.* {mod. 1} *t.d. e pron.* **1** tornar(-se) redondo *<arredondou a beirada da mesa> <dobrou o papel, e as linhas do desenho arredondaram-se>* □ *t.d.* **2** calcular (valor, número) dispensando as frações *<arredondou a gorjeta por falta de troco> <a. a nota da prova de 7,8 para 8>* ~ **arredondamento** *s.m.*

ar.re.dor [pl.: *-es*] *s.m.* conjunto das localidades vizinhas; redondeza *<fez um passeio pelos a.>* ☞ mais us. no pl.

ar.re.ei.ro *s.m.* arrieiro

ar.re.fe.cer *v.* {mod. 8} *t.d.,int. e pron.* **1** tornar(-se) frio; esfriar *<o frio arrefeceu a comida> <entrou na casa porque já arrefecia> <o café arrefeceu(-se)>* **2** *fig.* desanimar ou provocar o desânimo de *<a injustiça arrefeceu os trabalhadores> <seu entusiasmo arrefeceu(-se) com o tempo>* □ *int.* **3** *fig.* ficar mais brando, mais fraco *<a febre arrefeceu>* ~ **arrefecedor** *adj.s.m.* - **arrefecimento** *s.m.*

ar.re.ga.çar *v.* {mod. 1} *t.d.* **1** dobrar ou puxar para cima (roupa ou parte dela) *<arregaçou as mangas do casaco>* □ *t.d. e pron.* **2** levantar(-se) [os lábios], enrolando-os, arqueando-os ou enrugando-os *<a. os lábios> <o lábio superior arregaçou-se em um sorriso>* ~ **arregaçado** *adj.* - **arregaçamento** *s.m.*

ar.re.ga.lar *v.* {mod. 1} *t.d.* abrir muito (os olhos), por alegria, espanto etc.; esbugalhar ~ **arregalado** *adj.*

ar.re.ga.nhar *v.* {mod. 1} *t.d.* **1** abrir muito (a boca, os olhos etc.) *<arreganhou os lábios>* □ *t.d. e pron.* **2** deixar ver (os dentes) abrindo os lábios *<o cachorro arreganhou os dentes para o treinador> <a.-se numa careta>* □ *pron.* **3** rir muito; gargalhar *<a plateia arreganhava-se com o humorista>* ~ **arreganhamento** *s.m.* - **arreganho** *s.m.*

ar.re.gi.men.tar *v.* {mod. 1} *t.d.* **1** MIL reunir em regimento militar ☐ *t.d. e pron.* **2** associar(-se) em partido, grupo etc. *<a. todos os amigos para a reunião> <a.-se e avançar contra o exército inimigo>* ~ **arregimentação** *s.f.*

ar.re.go /ê/ *s.m.* **1** ato ou efeito de desistir de algo; desistência ■ *interj.* **2** *B infrm.* expressa renúncia, impossibilidade de continuar suportando determinada situação (por medo, irritação, impaciência ou constatação de derrota) ▣ **pedir a.** *B infrm.* desistir de algo, dando-se por vencido; arregar ~ **arregar** *v.int. e pron.*

ar.rei.o *s.m.* conjunto de peças us. para preparar a cavalgadura para montaria ou para trabalho de carga ☞ mais us. no pl. ◉ COL selaria

ar.re.li.a *s.f.* aborrecimento, chatice, zanga; impaciência ~ **arreliado** *adj.*

ar.re.li.ar *v.* {mod. 1} *t.d. e pron.* (fazer) ficar aborrecido, zangado; aborrecer(-se) *<a derrota arreliou o time> <arreliava-se com falta de educação>* ~ **arreliação** *s.f.* - **arreliado** *adj.*

ar.re.ma.tar *v.* {mod. 1} *t.d.,int. e pron.* **1** dar ou alcançar finalização; acabar *<arrematou a tarefa depois de anos> <seu namoro arrematou(-se) de maneira triste>* ☐ *t.d.* **2** completar com detalhes, retoques finais *<a. a pintura>* **3** dizer (algo) para encerrar conversa ou discussão **4** fazer os acabamentos em (uma roupa) *<a. a bainha da saia>* **5** comprar em leilão *<a. todas as obras de arte>* ☐ *t.d. e int.* **6** chutar em gol como conclusão de (jogada ou série de jogadas) *<o atacante arrematou o gol com perfeição> <depois de uma troca de passes, o ponta arrematou com força>* ~ **arrematação** *s.f.* - **arrematador** *adj.s.m.*

ar.re.ma.te *s.m.* **1** término, desfecho **2** acabamento final de uma roupa (como bainhas, colocação de botões etc.); remate

ar.re.me.dar *v.* {mod. 1} *t.d.* **1** tentar reproduzir (som, estilo etc.) *<a. o estilo de Machado de Assis>* **2** imitar, fazendo graça ou zombaria *<gostava de a. o professor>* **3** *fig.* ser semelhante a; parecer *<esta cidade arremeda Friburgo>* ~ **arremedo** *s.m.*

ar.re.mes.sar *v.* {mod. 1} *t.d.* **1** lançar longe, com força; atirar *<o atleta girou antes de a. o peso>* ☐ *pron.* **2** (prep. *contra*) lançar-se em ataque, com ímpeto *<a.-se contra o inimigo>* **3** (prep. *a*) arriscar-se, aventurar-se *<a-se a situações perigosas>* ~ **arremessador** *adj.s.m.* - **arremessamento** *s.m.*

ar.re.mes.so /ê/ *s.m.* **1** ato ou efeito de arremessar **1.1** ESP lançamento da bola à cesta, no basquete **2** ação ofensiva; ataque

ar.re.me.ter *v.* {mod. 8} *t.i. e int.* **1** (prep. *contra*) lançar-se em ataque (contra) *<a. contra o adversário> <a tropa arremeteu>* ☐ *int.* **2** ir apressadamente em direção a *<a. à saída>* **3** AER fazer voltar ou voltar (a aeronave) a subir durante uma aproximação de pouso *<o piloto decidiu a.>* ~ **arremetimento** *s.m.*

ar.re.me.ti.da *s.f.* **1** atitude de atacar com fúria ou ímpeto; investida **2** ação impetuosa que demonstra grande coragem **3** AER operação de arremeter a aeronave no pouso

ar.ren.da.dor /ô/ [pl.: *-es*] *adj.s.m.* que(m) oferece algo, ger. bem imóvel, em arrendamento

ar.ren.da.men.to *s.m.* **1** contrato que garante o uso de um imóvel (ger. rural) por tempo e preço determinados **2** título ou escritura desse contrato

ar.ren.dar *v.* {mod. 1} *t.d. e t.d.i.* **1** (prep. *a*) permitir uso de (imóvel, ger. rural), por certo tempo e mediante pagamento *<arrendou as terras (ao governo)>* **2** (prep. *de*) poder usar por certo tempo (imóvel, ger. rural), mediante pagamento *<a. (do patrão) uma propriedade>*

ar.ren.da.tá.rio *s.m.* indivíduo que toma alguma coisa em arrendamento; rendeiro

ar.re.pa.nhar *v.* {mod. 1} *t.d.* **1** pegar ou arrancar com violência *<o urso arrepanhou o peixe com uma só patada>* **2** *p.ext.* roubar, furtar *<arrepanhou a bolsa e saiu correndo>* **3** arregaçar *<a. o vestido>* ☐ *t.d. e pron.* **4** tornar(-se) enrugado *<a idade arrepanhou a pele do seu rosto> <sua boca arrepanhou-se num sorriso>* ~ **arrepanho** *s.m.*

ar.re.pen.der-se *v.* {mod. 8} *pron.* (prep. *de*) lamentar mal, erro ou ato do passado *<arrependeu-se de ter recusado o convite>* ~ **arrependido** *adj.s.m.*

ar.re.pen.di.men.to *s.m.* sentimento de quem se arrepende; lamentação por um mal cometido

ar.re.pi.an.te *adj.2g.* **1** que dá arrepios **2** que aterroriza, causa pavor; amedrontador, apavorante

ar.re.pi.ar *v.* {mod. 1} *t.d. e int.* **1** levantar(-se) [cabelos, pelos, penas etc.] *<o leão rugiu tão forte que seu cabelo arrepiou>* ☐ *t.d.,int. e pron.* **2** (fazer) sentir arrepios, por frio, medo *<o medo arrepiou a moça> <suas atitudes arrepiam> <arrepiou-se diante da tragédia>* ☐ *int.* **3** *RJ* ter bom desempenho, destacar-se *<a. no jogo>* ▣ **de a.** aterrorizante, espantoso ~ **arrepiadura** *s.f.* - **arrepiamento** *s.m.*

ar.re.pi.o *s.m.* rápido tremor involuntário, por frio, medo etc.; calafrio

ar.res.to *s.m.* DIR apreensão judicial dos bens do devedor, para garantir a futura cobrança da dívida; embargo ~ **arrestante** *adj.2g.s.2g.* - **arrestar** *v.t.d.*

ar.re.ta.do *adj. N.E. infrm.* palavra que pode expressar diversos elogios; legal, bom, belo etc.

ar.re.ve.sa.do *adj.* de difícil compreensão; complicado, confuso *<falar um alemão a.>*

ar.re.ve.sar *v.* {mod. 1} *t.d.* **1** pôr às avessas *<a. uma roupa>* **2** dar sentido contrário a; inverter *<a. uma intenção>*

ar.ri.ar *v.* {mod. 1} *t.d.* **1** fazer descer; abaixar *<a. a bandeira>* **2** pousar (objeto) em superfície plana, esp. o chão ☐ *int.* **3** cair ou vergar-se por pressão ou falta de sustentação *<a prateleira arriou>* **4** cair ou tombar por perda das energias; ficar exausto *<o cavalo arriou no final da reta>* **5** *B* ficar sem carga (bateria); descarregar ☐ *int. e pron.* **6** cair ou deixar-se cair, por cansaço, fadiga etc. *<a.(-se) na poltrona>* ☞ cf. *arrear* ~ **arriamento** *s.m.*

ar.ri.ba *adv.* para acima, adiante

ar.ri.ba.ção [pl.: *-ões*] *s.f.* **1** chegada a algum lugar; arribada **2** deslocamento de animais, ger. aves e peixes, de uma região para outra

ar.ri.ba.da *s.f.* **1** arribação ('chegada') **2** *infrm.* recuperação da saúde ou de situação difícil

ar.ri.bar *v.* {mod. 1} *t.i. e int.* **1** MAR (prep. *a, em*) chegar (embarcação) a porto, praia etc.; aportar *<depois de dois dias, o navio arribou (à praia)>* **2** *p.ext.* (prep. *a, em*) chegar (a algum lugar) *<a. em outra cidade>* **3** (prep. *de*) melhorar de (saúde, sorte etc.) *<a moça arribou da doença> <depois de maus momentos, felizmente ele arribou>* ☐ *t.i.* **4** (prep. *de*) não dar continuidade a; desistir *<arribou dos estudos>* ☐ *int.* **5** mudar de região (aves); migrar

ar.ri.ei.ro *s.m.* **1** guia de animais de carga; tropeiro, arreeiro **2** *fig.* pessoa grosseira, sem educação

ar.ri.mar *v.* {mod. 1} *t.d. e pron.* **1** fornecer(-se) apoio ou suporte; amparar(-se), sustentar(-se) *<o poste arrimava o muro> <arrima-se na bengala>* ☐ *t.d. fig.* **2** dar amparo (financeiro, afetivo etc.) a *<trabalhava para a. a família>* **3** pôr em pilha; empilhar *<a. livros>* ☐ *pron.* **4** usar como apoio ou base; valer-se; basear-se *<arrimam-se na fortuna do pai> <a.-se em fatos>*

ar.ri.mo *s.m.* **1** peça ou lugar onde se encosta ou se apoia; encosto, apoio **2** indivíduo ou situação que protege, dá apoio afetivo, financeiro etc. *<a. de família>*

ar.ris.ca.do *adj.* que oferece risco; perigoso

ar.ris.car *v.* {mod. 1} *t.d. e pron.* **1** pôr(-se) em risco, perigo; expor(-se) *<a. a vida> <arriscou-se ao subir a montanha>* **2** sujeitar(-se) a boa ou má sorte; aventurar(-se) *<a. o dinheiro numa aposta> <o jogador arriscou-se ao tentar fazer aquela cesta>*

ar.rit.mi.a *s.f.* **1** irregularidade no ritmo **2** MED arritmia cardíaca ▣ **a. cardíaca** MED irregularidade nas contrações cardíacas ~ **arrítmico** *adj.*

ar.ri.vis.ta *adj.2g.s.2g.* que(m) é ambicioso e inescrupuloso ~ **arrivismo** *s.m.*

ar.ri.zo.tô.ni.co *adj.* GRAM diz-se de forma verbal cujo acento tônico recai fora do radical (p.ex., *livr-aste, am-amos*)

ar.ro.ba /ô/ *s.f.* **1** unidade de peso equivalente a 15 kg **2** INF sinal gráfico (@) us. em endereços de correio eletrônico

ar.ro.char *v.* {mod. 1} *t.d. e pron.* **1** apertar(-se) muito *<a. o cinto> <arrochava-se dentro da roupa>* ☐ *t.d. e int. fig.* **2** ser implacável, duro, exigente; oprimir *<a. os contribuintes> <para admitir gente, a empresa arrochava>* ~ **arrochamento** *s.m.*

ar.ro.cho /ô/ *s.m.* **1** pau torto e curto us. para torcer e apertar as cordas que prendem cargas, fardos etc. **2** qualquer coisa que sirva para atar ou apertar **3** *infrm.* abraço impetuoso **4** *fig.* circunstância difícil **5** *B* forte repressão policial ou de outras autoridades ▣ **a. salarial** grande controle do nível de salários, para diminuir despesas ou estabilizar preços • **dar um a. em** exercer forte pressão ou coação sobre alguém

ar.ro.gân.cia *s.f.* **1** ato de atribuir a si direito, poder ou privilégio, ou o seu efeito **2** *p.ext.* falta de respeito; insolência, atrevimento **3** *p.ext.* orgulho ostensivo, altivez

ar.ro.gan.te *adj.2g.s.2g.* **1** que(m) demonstra arrogância; orgulhoso, altivo ■ *adj.2g.* **2** insolente, mal-educado, atrevido

ar.ro.gar *v.* {mod. 1} *t.d.,t.d.i. e pron.* (prep. *a*) atribuir(-se) [direito, poder etc.] *<a. uma liderança indiscutível> <arrogava a si o direito de acordar tarde> <arrogava-se o privilégio de comandar o time>* ~ **arrogação** *s.f.*

ar.roi.o /ô/ *s.m.* pequeno curso de água; regato

ar.ro.ja.do *adj.* **1** em que há ousadia; arriscado **2** que apresenta características inovadoras, progressistas; ousado

ar.ro.jar *v.* {mod. 1} *t.d. e pron.* **1** lançar(-se) com força; jogar(-se) *<a. uma pedra> <arrojou-se ao mergulho no ar>* **2** arrastar(-se) no chão *<o vento arrojava os papéis para a rua> <a cobra arrojava-se no gramado>* ☐ *pron.* **3** (prep. *a*) fazer (algo) com ousadia; aventurar-se *<arrojou-se ao projeto com garra>* ~ **arrojamento** *s.m.*

ar.ro.jo /ô/ *s.m.* **1** movimento que atira longe; lançamento, arremesso, expulsão **2** *fig.* grande coragem; audácia, ousadia

ar.ro.lar *v.* {mod. 1} *t.d.* **1** pôr em rol ou lista; relacionar ☐ *t.d. e pron.* **2** inscrever(-se), alistar(-se) *<a. novos voluntários> <arrolaram-se no exército>* ~ **arrolador** *adj.s.m.* - **arrolamento** *s.m.*

ar.ro.lhar *v.* {mod. 1} *t.d.* tapar com rolha ~ **arrolhamento** *s.m.* - **arrolho** *s.m.*

ar.rom.ba *s.f. infrm.* cantiga animada, tocada na viola ▣ **de a.** *B infrm.* sensacional, espetacular *<festa de a.>*

ar.rom.bar *v.* {mod. 1} *t.d.* **1** abrir um rombo em; romper *<a força da água arrombou a barragem>* **2** abrir à força, de modo violento *<a. um cofre>* ~ **arrombador** *adj.s.m.* - **arrombamento** *s.m.*

ar.ros.tar *v.* {mod. 1} *t.d.,t.i. e pron.* (prep. *a, com, contra*) olhar(-se) de frente, sem medo; enfrentar(-se) *<ninguém ousou a. o bando> <a.-se com a morte>*

ar.ro.tar *v.* {mod. 1} *t.d. e int.* **1** soltar (gases estomacais) pela boca, ger. com ruído *<a. refrigerante> <ao terminar o almoço, arrotou>* ☐ *t.d. fig.* **2** vangloriar-se de, alardear *<a. valentia>* ~ **arrotação** *s.f.*

ar.ro.te.ar *v.* {mod. 5} *t.d.* **1** limpar (terreno), preparando-o para plantação **2** *fig.* dar educação a; instruir ~ **arroteamento** *s.m.*

ar.ro.to /ô/ *s.m.* emissão dos gases do estômago pela boca

ar.rou.bo *s.m.* manifestação repentina de entusiasmo; arrebatamento ~ **arroubar** *v.t.d. e pron.*

ar.ro.xe.a.do *adj.* **1** que tem cor aproximada ou semelhante a roxo *<lenço a. de seda>* **2** diz-se dessa cor *<a cor a. duma flor>* ■ *s.m.* **3** essa cor

ar.roz /ô/ [pl.: *-es*] *s.m.* BOT **1** planta com inúmeras variedades, cultivada pelos grãos, importante elemento da dieta básica de grande parte da população mundial **2** o grão dessa planta ◉ COL arrozal, arrozeira

ar.roz-do.ce [pl.: *arrozes-doces*] *s.m.* CUL doce feito com arroz cozido em leite, açúcar e ovos, que se polvilha com canela

ar.ru.a.ça *s.f.* **1** tumulto ou desordem de rua **2** *p.ext.* muito barulho ~ **arruaçar** *v.int.*

ar.ru.a.cei.ro *adj.s.m.* **1** que(m) promove ou participa de arruaça, confusão na rua; baderneiro **2** que(m) demonstra valentia em brigas de rua; brigão, valentão

ar.ru.a.men.to *s.m.* **1** traçado, demarcação ou abertura de ruas **2** disposição, distribuição das ruas de um loteamento ou bairro

ar.ru.da *s.f.* BOT planta de odor muito forte, cultivada por seus usos medicinais

ar.ru.e.la *s.f.* plaqueta com furo central, que se coloca entre a porca e o parafuso

ar.ru.far *v.* {mod. 1} *t.d.,int. e pron.* **1** tornar(-se) irritado; zangar(-se) *<suas palavras arrufaram a irmã>* *<arrufa(-se) com injustiças>* **2** tornar(-se) crespo, arrepiado; ouriçar *<o pavão arrufa a cauda>* *<seus cabelos arrufaram(-se) com o vento>* ~ **arrufo** *s.m.*

ar.ru.i.nar *v.* {mod. 2} *t.d.* **1** transformar em ruínas **2** *p.ext.* causar dano(s) ou devastação a; destruir, arrasar *<pragas arruinaram a plantação>* □ *t.d. e pron. fig.* **3** reduzir(-se) à miséria; empobrecer *<a. a fortuna no jogo>* *<arruinou-se com excesso de gastos>* **4** levar(-se) à decadência física e/ou moral; destruir(-se) *<o vício arruinou sua vida>* *<arruinou-se com apostas>* ~ **arruinação** *s.f.*

ar.ru.lhar *v.* {mod. 1} *int.* **1** emitir arrulhos (pombo, rola) □ *t.d. e int.* **2** *fig.* exprimir (sentimento) com ternura; dizer palavras doces a *<arrulhei meu amor em seu ouvido>* *<o casal briga, mas depois arrulha>* ◉ GRAM/USO só us. nas 3ªs p., exceto quando fig.

ar.ru.lho *s.m.* **1** voz, canto ou gemido característico de rolas e pombos **2** *fig.* fala meiga, carinhosa (ger. de namorados)

ar.ru.ma.ção [pl.: *-ões*] *s.f.* **1** conjunto de operações para manter algo em ordem **2** *fig.* disposição harmônica; organização

ar.ru.ma.dei.ra *s.f.* *B* empregada que arruma e limpa casa, escritório etc.

ar.ru.ma.de.la *s.f.* arrumação rápida e superficial, para organizar um pouco; arrumada

ar.ru.mar *v.* {mod. 1} *t.d.* **1** pôr (algo) em ordem; organizar, ordenar *<a. a mesa>* **2** dar rumo a (embarcação) **3** *infrm.* consertar, reparar *<ele veio a. o vazamento>* **4** *B* provocar a ocorrência de *<a. confusão>* □ *t.d. e t.d.i.* **5** *B* (prep. *a*, *para*) conseguir, obter, arranjar *<a. entradas (para o show)>* □ *pron.* **6** conseguir boa situação; arranjar-se *<custou para a.-se na vida>* **7** sair de dificuldades; avir-se *<após meses, conseguiu se a.>* **8** cuidar da aparência, esp. no vestuário; apronta-se *<a.-se para uma festa>* ~ **arrumada** *s.f.* - **arrumado** *adj.*

ar.se.nal [pl.: *-ais*] *s.m.* **1** fábrica e depósito de armas **2** grande quantidade de qualquer coisa; conjunto *<um a. de ideias>*

ar.sê.ni.co *adj.s.m.* QUÍM **1** (ácido) us. como agente para desfolhar plantas, esterilizar o solo, na fabricação de vidros etc. **2** (substância) us. como inseticida, em tingimento etc.

ar.sê.nio *s.m.* QUÍM elemento químico us. em ligas metálicas, semicondutores, xerografia etc. [símb.: *As*] ☞ cf. *tabela periódica* (no fim do dicionário)

ar.te *s.f.* **1** habilidade humana de pôr em prática uma ideia, pelo domínio da matéria *<a a. de usar o fogo>* **2** o uso dessa habilidade nos campos do pensamento e do conhecimento humano e/ou da experiência prática *<a a. do saber>* **3** perfeição técnica na elaboração; requinte *<jardim realizado com a.>* **4** o conjunto de técnicas características de um ofício ou profissão, esp. manual *<a a. da culinária>* **5** o próprio ofício *<a. da marcenaria>* **6** capacidade especial; aptidão, jeito, dom *<a a. de lidar com crianças>* **7** ardil, artimanha, astúcia *<usou de a. para convencer os pais>* **8** *B infrm.* travessura, traquinagem ☞ tb. us. no pl. **9** produção de obras, formas ou objetos com ideal de beleza e harmonia ou para a expressão da subjetividade humana *<a. literária>* **10** conjunto dessas obras, pertencente a determinada época, corrente, espaço geográfico ou cultural *<a. moderna>* ▣ **a. cênicas** TEAT conjunto das artes e técnicas relativas à representação teatral • **a. gráficas** GRÁF **1** conjunto de processos relativos à criação e preparação de trabalhos de arte destinados à reprodução (desenho de figuras, letras, diagramação, arte-final etc.), e aos processos, mecânicos ou artesanais, de impressão, acabamento, encadernação etc. **2** conjunto das artes e técnicas relativas à atividade gráfica • **a. plásticas** ART.PLÁST conjunto de artes em que se recriam linhas, formas, cores, volumes, como o desenho, a pintura, a escultura, a gravura e a arquitetura • **sétima a.** o cinema

ar.te.fa.to *s.m.* **1** objeto, dispositivo, artigo industrializado **2** aparelho, engenho construído para um fim determinado

ar.te-fi.nal [pl.: *artes-finais*] *s.f.* GRÁF **1** projeto final de um trabalho gráfico **2** esse trabalho pronto para reprodução ~ **arte-finalista** *adj.2g.s.2g.*

ar.tei.ro *adj.* **1** *B* que apronta artes; travesso **2** esperto, ardiloso, sagaz ~ **arteirice** *s.f.*

ar.te.lho /ê/ *s.m.* ANAT **1** articulação; junta de ossos **2** cada um dos dez dedos dos pés

ar.té.ria *s.f.* **1** ANAT veia que transporta sangue oxigenado do coração para o resto do corpo, exceto para os pulmões **2** *fig.* via de comunicação importante por onde circula grande parte do tráfego ~ **arterial** *adj.2g.*

ar.te.ri.os.cle.ro.se *s.f.* **1** MED doença degenerativa da artéria devido à destruição de suas fibras **2** *p.ext. infrm.* condição de quem está ou de quem se diz estar caduco ~ **arteriosclerosо** *adj.* - **arteriosclerótico** *adj.s.m.*

A

ar.te.sa.nal [pl.: *-ais*] *adj.2g.* relativo a ou próprio de artesão ou de artesanato

ar.te.sa.na.to *s.m.* **1** arte ou técnica do trabalho manual não industrializado, realizado por artesão **2** peça ou conjunto de peças artesanais *<loja de a. indígena>*

ar.te.são [pl.: *-ãos*; fem.: *artesã*] *s.m.* artista ou profissional que se dedica a trabalhos manuais

ar.te.si.a.no *adj.* **1** diz-se do lençol de água subterrâneo escoado por um poço profundo e perpendicular ao solo **2** relativo a esse poço

ár.ti.co *adj.* **1** do polo norte **2** que se encontra ao norte; setentrional, boreal

ar.ti.cu.la.ção [pl.: *-ões*] *s.f.* **1** ANAT ponto de junção de duas partes do corpo ou de dois ou mais ossos **2** FON sequência das etapas da emissão de um som **3** pronúncia clara das palavras **4** ajuste entre partes; inter-relação

[1]**ar.ti.cu.lar** *v.* {mod. 1} *t.d. e pron.* **1** unir(-se) pelas articulações *<a. as hastes de uma armação de óculos>* *<as janelas articulam-se>* **2** tornar(-se) ligado; unir(-se), juntar(-se) *<a. as partes de um todo>* *<peças que se articulam e formam uma mesa>* **3** dar organização a ou organizar-se *<houve um almoço para a. uma questão>* *<os grupos já se articularam>* □ *t.d.* **4** dizer, pronunciar *<não articulou uma só palavra durante o passeio>* *<articula mal as vogais>* [ORIGEM: do lat. *articulāre* 'separar, pronunciar distintamente'] ~ **articulado** *adj.* - **articulável** *adj.2g.*

[2]**ar.ti.cu.lar** [pl.: *-es*] *adj.2g.* relativo às articulações [ORIGEM: do lat. *articulāris,e* 'id.']

ar.ti.cu.lis.ta *adj.2g.s.2g.* que(m) escreve artigos de jornal, revista etc.

ar.tí.fi.ce *s.2g.* trabalhador, artesão que produz algum artefato ou que se dedica a uma arte

ar.ti.fi.ci.al [pl.: *-ais*] *adj.2g.* **1** feito pelo homem; postiço *<braço a.>* **2** que não revela naturalidade; afetado, fingido *<sorriso a.>* ~ **artificialidade** *s.f.* - **artificialismo** *s.m.* - **artificializar** *v.t.d. e pron.*

ar.ti.fí.cio *s.m.* **1** expediente, recurso ou meio engenhoso **2** uso da astúcia a fim de enganar; sagacidade **3** processo ou meio através do qual se obtém um artefato ou um objeto artístico ~ **artificioso** *adj.*

ar.ti.go *s.m.* **1** mercadoria, objeto de comércio **2** DIR cada uma das divisões, ger. numeradas, de uma constituição, código, lei, tratado etc. **3** texto completo e independente de uma publicação *<a. de jornal>* **4** GRAM palavra que precede o substantivo, indicando-lhe gênero e número ☞ ver *definido* e *indefinido*

ar.ti.lha.ri.a *s.f.* **1** MIL conjunto de materiais de guerra (canhões, projéteis etc.) **2** MIL o corpo de artilheiros ('militares')

ar.ti.lhei.ro *s.m.* **1** MIL militar que maneja peças de artilharia **2** FUTB *B* jogador que faz mais gols numa partida ou numa competição ◉ COL artilharia

ar.ti.ma.nha *s.f.* procedimento para levar alguém ao engano; ardil, artifício

ar.tio.dá.ti.lo ou **ar.tio.dác.ti.lo** *s.m.* ZOO **1** espécime dos artiodátilos, ordem de mamíferos herbívoros providos de casco e dedos pares, como os porcos, camelos e ruminantes ■ *adj.* **2** relativo a essa ordem

ar.tis.ta *s.2g.* **1** quem se dedica às artes ou faz delas sua profissão **2** quem interpreta papéis em teatro, cinema, televisão ou rádio; ator **3** quem tem habilidades especiais e as exibe em circos, feiras etc. ■ *adj.2g.* **4** que tem o sentimento ou o gosto da arte ■ *adj.2g.s.2g.* **5** *infrm.* que(m) tem talento, engenho

ar.tís.ti.co *adj.* **1** relativo às artes, esp. às belas-artes **2** executado com arte

ar.tri.te *s.f.* MED inflamação de uma articulação ~ **artrítico** *adj.s.m.*

ar.tro.pa.ti.a *s.f.* MED qualquer doença das articulações

ar.tró.po.de *s.m.* ZOO **1** espécime dos artrópodes, filo de animais invertebrados, com corpo segmentado e membros articulados, como os crustáceos, insetos, lacraias, aranhas, ácaros e escorpiões ■ *adj.2g.* **2** relativo a esse filo

a.ru.a.que *s.m.* **1** indígena pertencente a qualquer dos grupos aruaques, povos distribuídos pelas Antilhas e América do Sul **2** LING família linguística que compreende as línguas faladas por esses povos **3** LING língua pertencente a essa família ■ *adj.2g.* **4** relativo a esse indígena, a esses povos e a essas línguas

ar.vo.rar *v.* {mod. 1} *t.d.* **1** hastear (bandeira, insígnia etc.) **2** *p.ext.* pôr no alto; levantar, erguer □ *pron. fig.* **3** (prep. *a*, *de*) assumir por vontade própria título, encargo etc. *<a.-se a defensor dos oprimidos>* ~ **arvorado** *adj.*

ár.vo.re *s.f.* BOT vegetal composto de um caule ereto e único, o tronco, que emite ramificações formadoras da copa ◉ GRAM/USO dim.irreg.: *arvoreta* ◉ COL arboreto, arvoredo, bosque, floresta, mata, pomar ▣ **á. genealógica** representação gráfica dos antepassados de um indivíduo

ar.vo.re.do /ê/ *s.m.* extenso aglomerado de árvores em determinada área

ar.vo.ris.mo ou **ar.bo.ris.mo** *s.m.* entretenimento que consiste em percorrer um circuito formado por diferentes estruturas (pontes de cordas, redes etc.), montadas entre copas de árvores

As QUÍM símbolo de *arsênio*

ás [pl.: *-es*] *s.m.* **1** carta de baralho que inicia ou termina a sequência de cada naipe **2** *fig.* pessoa que se destaca em um assunto ou em sua atividade (esporte, profissão etc.)

a.sa *s.f.* **1** ZOO cada um dos membros superiores das aves, morcegos, insetos voadores, us. para voar **2** *p.ext.* parte lateral pela qual se pegam objetos *<a. da xícara>* **3** AER cada parte lateral que sustenta um avião no ar ◉ GRAM/USO dim.irreg.: *aselha* ▣ **arrastar a a. para** fazer a corte (como fazem algumas aves); cortejar, paquerar *<arrastar a a. para uma aluna nova>* • **cortar (as) a.** limitar a liberdade de alguém; reprimir • **dar a.** ou **asas a** dar liberdade a *<dar a. à imaginação>*

a.sa-del.ta [pl.: *asas-delta* e *asas-deltas*] *s.f.* ESP **1** aparelho composto de armação metálica triangular coberta por tecido sintético, us. para a prática de voo livre **2** essa prática; voo livre

as.bes.to *s.m.* MINER mineral não combustível, us. como isolante térmico, acústico e elétrico ☞ cf. *amianto*

as.bes.to.se *s.f.* MED doença pulmonar causada pela inalação de partículas de asbesto

as.ca.rí.deo *adj.s.m.* ZOO ascaridídeo

as.ca.ri.dí.a.se *s.f.* MED doença causada pela presença de vermes ascaridídeos nos intestinos

as.ca.ri.dí.deo *adj.s.m.* ZOO (espécime) dos ascaridídeos, família de vermes que reúne seis gêneros de parasitas intestinais de vertebrados

as.cen.dên.cia *s.f.* **1** movimento para cima; subida **2** *p.ext.* promoção profissional ou social **3** origem, genealogia **4** influência que se exerce sobre alguém

as.cen.den.te *adj.2g.s.2g.* **1** diz-se de ou pessoa de quem se descende; ancestral, antepassado ☞ mais us. no pl. ■ *adj.2g.* **2** que se eleva, que se dirige para cima, vai progredindo, aumentando, crescendo; afluente, crescente *<movimento a.>* ■ *adj.2g.s.m.* **3** ASTRL diz-se de ou astro do zodíaco que se eleva no horizonte oriental no momento do nascimento de alguém, ou de um evento

as.cen.der *v.* {mod. 8} *int. e pron.* **1** mover(-se) para cima; subir *<a.(-se) ao segundo andar>* □ *t.i. fig.* **2** (prep. *a*) elevar-se (em cargo, posto etc.) *<a. à presidência>* ☞ cf. *acender* ~ **ascendimento** *s.m.*

as.cen.são [pl.: *-ões*] *s.f.* **1** ato ou efeito de ascender; ascendimento, elevação **2** acesso ou elevação a cargo ou categoria superior; promoção **3** REL a subida ao céu de Jesus Cristo ressuscitado ☞ inicial maiúsc. ~ **ascensional** *adj.2g.*

as.cen.sor /ô/ [pl.: *-es*] *adj.s.m.* **1** (o) que ascende ■ *s.m.* **2** máquina que serve para elevar; elevador

as.cen.so.ris.ta *adj.2g.s.2g.* que(m) maneja um elevador

as.ce.se *s.f.* **1** conjunto de exercícios de meditação religiosa ou melhoria corporal que leva ao aperfeiçoamento espiritual **2** misticismo, exaltação religiosa

as.ce.ta *s.2g.* **1** quem se dedica à ascese **2** *p.ext.* pessoa que leva uma vida austera, privando-se dos prazeres materiais

as.ce.ti.cis.mo *s.m.* FIL REL ascetismo

as.cé.ti.co *adj.s.m.* **1** que(m) se dedica ao ascetismo **2** *p.ext.* que(m) é sisudo, austero ☞ cf. *acético*

as.ce.tis.mo *s.m.* FIL REL **1** doutrina que considera a disciplina e o autocontrole do corpo e do espírito como o caminho a Deus, à verdade ou à virtude; asceticismo **2** o conjunto de práticas e comportamentos dessa doutrina; asceticismo

-asco *suf.* 'aumento': *penhasco*

as.co *s.m.* sensação de nojo, repugnância; aversão

as.fal.to *s.m.* **1** impermeabilizante derivado do petróleo, us. para pavimentação; betume **2** essa pavimentação **3** *fig.* espaço urbanizado e privilegiado das grandes cidades, em oposição esp. a favela ou a ambiente rural ~ **asfaltamento** *s.m.* - **asfaltar** *v.t.d.*

as.fi.xi.a /cs/ *s.f.* dificuldade ou impossibilidade de respirar, causada por estrangulamento, afogamento etc.

as.fi.xi.ar /cs/ *v.* {mod. 1} *t.d. e int.* **1** (fazer) perder a respiração; sufocar *<a raiva o asfixiava>* *<calor que asfixia>* □ *t.d. e pron.* **2** matar(-se) ou morrer por asfixia □ *int. e pron.* **3** não poder respirar livremente *<passageiros (se) asfixiam em trens lotados>* ~ **asfixiante** *adj.2g.s.2g.*

a.si.á.ti.co *adj.* **1** da Ásia ■ *s.m.* **2** natural ou habitante desse continente

a.si.lar *v.* {mod. 1} *t.d. e pron.* **1** abrigar(-se) em asilo de caridade *<a. a população de rua>* *<a.-se numa instituição pública>* **2** dar ou procurar para si proteção em local seguro *<a. perseguidos políticos>* *<a.-se numa embaixada>*

a.si.lo *s.m.* **1** instituição de assistência social que abriga crianças, doentes mentais, idosos etc. **2** *fig.* proteção, amparo, segurança *<buscou a. na casa dos tios>*

a.si.ni.no *adj.* **1** relativo a asno **2** *fig.* desprovido de inteligência; estúpido

as.ma *s.f.* MED doença dos brônquios caracterizada por crises de falta de ar, respiração ruidosa e ofegante, tosse seca e sensação de opressão no peito

as.má.ti.co *adj.s.m.* relativo a asma ou que(m) sofre dessa doença

as.ne.ar *v.* {mod. 5} *int. infrm.* dizer ou fazer bobagens, tolices

as.nei.ra *s.f.* ato ou dito tolo ou impensado; bobagem, tolice ~ **asneirento** *adj.s.m.*

as.no [fem.: *asna*] *s.m.* **1** jumento **2** *fig. infrm.* indivíduo pouco inteligente; burro ◉ COL asnada, asnaria, récua

as.par.go *s.m.* BOT planta cultivada pelas raízes medicinais e esp. pelos brotos carnosos, muito apreciados como alimento

as.par.ta.me *s.m.* adoçante artificial 160 vezes mais forte que o açúcar comum

as.pas *s.f.pl.* sinal gráfico (" ") us. para delimitar citações, títulos de obras, sentidos figurados etc.

as.pec.to *s.m.* **1** aparência exterior **2** ponto de vista, ângulo, lado **3** parte de um todo *<diferentes a. de uma doença>*

as.pe.re.za /ê/ *s.f.* **1** característica ou qualidade do que não é liso e uniforme *<a. de um tronco de árvore>* **2** característica do que é ácido; acidez, travo *<a. de um vinho>* **3** *fig.* fator que impressiona desagradavelmente os ouvidos; desarmonia, dissonância **4** característica de quem ou do que é rude; grosseria, indelicadeza

as.per.gir *v.* {mod. 28} *t.d. e pron.* **1** molhar(-se) com pequenas gotas; borrifar(-se) *<a. a sala com lavanda>* *<a.-se com perfume>* **2** borrifar(-se) de água benta ◉ GRAM/USO part.: *aspergido, asperso* ~ **aspersão** *s.f.*

A

ás.pe.ro *adj.* **1** que tem superfície desigual, ger. desagradável ao tato **2** cheio de irregularidades (diz-se de terreno); acidentado, escarpado **3** *fig.* árduo, penoso *<tarefa á.>* **4** *fig.* de trato difícil; rude, ríspido *<pessoa á.>* ◉ GRAM/USO sup.abs.sint.: *asperíssimo, aspérrimo*

as.per.sor /ô/ [pl.: *-es*] *adj.s.m.* **1** (o) que asperge ■ *s.m.* **2** peça us. em irrigação de plantas

as.per.só.rio *s.m.* LITUR instrumento us. para aspergir água benta

ás.pi.de *s.f.* ZOO serpente europeia, de corpo marrom com estrias negras nas costas, que em regiões mais frias pode hibernar por longos períodos

as.pi.ra.ção [pl.: *-ões*] *s.f.* **1** ato de aspirar ou o seu efeito; inspiração, sucção **2** *fig.* sonho, ambição **3** FON ruído de atrito produzido pela saída do ar na expiração durante a articulação de certos sons

as.pi.ra.dor /ô/ [pl.: *-es*] *adj.s.m.* **1** (o) que aspira ■ *s.m.* **2** aparelho us. para sugar gases, vapores, líquidos, sujeira, pó etc.

as.pi.ran.te *adj.2g.s.2g.* **1** (o) que aspira, suga **2** (o) que ambiciona (objeto, posição, cargo etc.) ■ *s.2g.* **3** MIL militar que ocupa hierarquicamente a posição de aspirante (aspirante a oficial, aspirante a guarda-marinha)

as.pi.ran.te a guar.da-ma.ri.nha [pl.: *aspirantes a guarda-marinha*] *s.2g.* MIL estudante (praça especial) que cursa os primeiros quatro anos de graduação em ciências navais da Escola Naval ☞ cf. *guarda-marinha*

as.pi.ran.te a o.fi.ci.al [pl.: *aspirantes a oficial*] *s.2g.* MIL **1** patente do aluno que concluiu o curso superior de uma escola militar e aguarda a promoção a oficial **2** militar dessa patente

as.pi.rar *v.* {mod. 1} *t.d.* **1** atrair ou recolher por sucção *<a. os pelos do cachorro>* **2** trazer (o ar) aos pulmões; inalar, inspirar *<a. ar puro>* □ *t.i.* **3** (prep. *a*) desejar muito; almejar *<a. ao sucesso>*

as.pi.ri.na ® *s.f.* **1** FARM ácido acetilsalicílico sintético **2** *p.ext.* comprimido que contém essa substância

as.quel.min.to *s.m.* ZOO espécime dos asquelmintos, pequenos vermes marinhos e de água doce, com corpos alongados e ger. cilíndricos

as.que.ro.so /ô/ [pl.: /ó/; fem.: /ó/] *adj.* **1** que causa nojo; repugnante **2** *fig.* que tem conduta condenável; sórdido, ignóbil ~ **asquerosidade** *s.f.*

as.sa.car *v.* {mod. 1} *t.d.i.* (prep. *a*) afirmar, acusar sem fundamento; caluniar *<assaca os próprios erros aos assessores>* ~ **assacador** *adj.s.m.*

as.sa.dei.ra *s.f.* utensílio de cozinha em que se levam alimentos ao forno para assar

as.sa.do *adj.s.m.* **1** (carne) que se assou **2** (pele) que apresenta assaduras

as.sa.du.ra *s.f.* inflamação na pele causada por transpiração ou atrito

as.sa-fé.ti.da [pl.: *assas-fétidas*] *s.f.* **1** BOT nome comum a plantas de odor forte, antigamente muito us. como remédio, tempero ou na conservação de alimentos **2** FARM resina obtida dessas plantas, us. em perfumaria ou como remédio

as.sa.la.ri.a.do *adj.s.m.* que(m) trabalha por salário ~ **assalariar** *v.t.d. e pron.*

as.sal.tan.te *adj.2g.s.2g.* que(m) assalta; ladrão ◉ COL bando, quadrilha

as.sal.tar *v.* {mod. 1} *t.d. e int.* **1** atacar (pessoa, instituição, residência) para roubar, mediante ameaça e/ou violência *<foi preso por a. (um banco)>* **2** atacar com ímpeto e de repente *<a. as trincheiras inimigas>* *<invasores assaltam de toda parte>*

as.sal.to *s.m.* **1** ataque de surpresa, com uso de força e intuito de furtar, sequestrar etc. **2** ESP cada período em que se divide uma luta (livre, boxe etc.) *<nocauteado no segundo a.>* **3** *fig.* *B infrm.* cobrança exagerada de preço

as.sa.nha.men.to *s.m.* **1** *B infrm.* excitação erótica; assanho **2** estado de irritação; fúria

as.sa.nhar *v.* {mod. 1} *t.d. e pron.* **1** causar ou ter sanha, fúria; irritar(-se) *<a. o touro antes do rodeio>* *<assanha-se se a provocam>* **2** *B infrm.* (fazer) ficar irrequieto ou animado; alvoroçar(-se) *<o barulho assanhou-o>* *<assanhou-se com o bloco carnavalesco>* **3** tornar(-se) revolto *<o vento assanha seu cabelo>* *<o mar assanhou-se com a tempestade>* □ *pron.* **4** portar-se revelando excitação, às vezes sem compostura ou comedimento ~ **assanho** *s.m.*

as.sar *v.* {mod. 1} *t.d. e int.* **1** preparar (alimento) ao forno ou junto a brasas *<a. um frango na grelha>* *<pôs o pudim para a.>* **2** provocar assadura (em) *<a lã assou suas axilas>* *<tecidos sintéticos podem a.>* **3** causar ou sofrer muito calor; queimar *<o sol do deserto assava os viajantes>* *<o calor costuma assar>* ~ **assador** *adj.s.m.*

as.sas.si.nar *v.* {mod. 1} *t.d.* **1** tirar a vida de; matar **2** *fig.* dar fim a; exterminar, destruir *<a. a flora>* **3** *fig.* praticar ou executar mal (arte, ofício etc.) *<a. uma canção>* ~ **assassinado** *adj.*

as.sas.si.na.to *s.m.* ato ou efeito de assassinar

as.sas.sí.nio *s.m.* assassinato

as.sas.si.no *s.m.* **1** indivíduo que tira a vida a alguém **2** *fig.* o que causa uma perda, ruína, destruição *<o a. da esperança>* ■ *adj.* **3** que causa a morte de algo ou alguém *<arma a.>*

as.saz *adv.* em alto grau; muito, bastante

as.se.ar *v.* {mod. 5} *t.d. e pron.* tornar(-se) limpo; lavar(-se) *<a. a casa>* *<a.-se com cuidado>*

as.se.cla *s.2g.* pessoa que segue alguém; adepto, correligionário

as.se.di.ar *v.* {mod. 1} *t.d.* **1** perseguir com insistência; importunar *<a. artistas>* **2** pôr cerco a; sitiar *<a. um castelo>*

as.sé.dio *s.m.* **1** insistência incômoda, perseguição constante a alguém **2** cerco com a finalidade de dominar *<o a. à cidade durou meses>* ▣ **a. sexual** **1** abordagem com intenções sexuais **2** pressão de superior para obter favores sexuais de subalterno(a)

as.se.gu.rar *v.* {mod. 1} *t.d. e t.d.i.* **1** (prep. *a*) tornar (algo) infalível, garantido, seguro; garantir *<a. o sucesso do plano> <a. água encanada a todos>* **2** (prep. *a*) afirmar com certeza; asseverar *<a. o sucesso do livro> <assegurou aos pais que venceria o concurso>* ☐ *pron.* **3** (prep. *de*) ter certeza; certificar-se *<a.-se do horário da consulta>* ~ **asseguração** *s.f.*

as.sei.o *s.m.* característica do que é limpo; higiene, limpeza

as.sem.blei.a /éi/ *s.f.* **1** reunião de pessoas para discutir e deliberar sobre um tema determinado **2** *p.ext.* local ou instituição onde acontece essa reunião; plenário **3** REL reunião de fiéis em serviços religiosos; congregação ▣ **a. constituinte** POL assembleia que se reúne para fazer ou alterar a Constituição de um país; constituinte • **a. legislativa** POL **1** lugar ou órgão em que se reúnem os representantes do povo de um estado ou país; congresso, parlamento **2** no Brasil, órgão que reúne os deputados estaduais e elabora as leis de sua competência ☞ iniciais maiúsc.

as.se.me.lhar *v.* {mod. 1} *t.d.,t.d.i. e pron.* **1** (prep. *a*) tornar(-se) semelhante a *<o penteado assemelhou-as> <o traje assemelhava-o a um nobre> <o casal acabou por se a.>* ☐ *pron.* **2** (prep. *a*) ser semelhante a; parecer-se *<assemelha-se muito ao pai>* ~ **assemelhação** *s.f.*

as.se.nho.re.ar *v.* {mod. 5} *t.d.* **1** dominar, comandar como senhor *<a. províncias>* ☐ *pron.* **2** (prep. *de*) tornar-se dono de; apoderar-se *<a.-se dos bens da família>* ~ **assenhoramento** *s.m.*

as.sen.ta.men.to *s.m.* **1** *B* núcleo de povoamento constituído por camponeses ou trabalhadores rurais **2** *B* ato que fixa o trabalhador rural a terras desapropriadas ou o seu efeito **3** registro escrito de algo; apontamento

as.sen.tar *v.* {mod. 1} *t.d. e pron.* **1** pôr(-se) sobre assento; acomodar(-se) *<assentou a criança> <por fim, pôde a.-se>* **2** estabelecer(-se) em núcleo de povoamento *<a. moradia na vila> <conseguiu a.-se legalmente>* ☐ *t.d.,int. e pron.* **3** pôr ou estar apoiado, de forma estável *<a. os alicerces> <a viga assenta(-se) no solo>* ☐ *t.d.* **4** montar, instalar *<a. uma barraca>* **5** *B* dar posse legal de terra a *<a. trabalhador rural>* **6** concluir em função de reflexão; supor *<assentou ser boa ocasião para viajar>* **7** anotar, registrar *<a. as despesas>* **8** manter arrumado (cabelo ou penteado) *<a. os cabelos>* **9** aplicar, passar *<a. uma camada de tinta>* **10** dar, aplicar (golpe, pancada) em *<a. um tapa>* ☐ *t.i.* **11** (prep. *em, com*) estar em harmonia com; combinar com *<a saia assenta com a blusa>* ☐ *t.d.i.* **12** *fig.* (prep. *sobre, em*) estabelecer (sobre uma base); fundamentar *<a. as ideias sobre princípios rígidos>* ☐ *t.d. e t.d.i.* **13** (prep. *de*) decidir, resolver, combinar *<a. de auxiliar os colegas>* ☐ *t.d. e int.* **14** tornar(-se) ajuizado, ponderado *<a idade assentou-o> <com o casamento, assentou>* ☐ *int.* **15** pousar, baixar *<a poeira assentou>* ☐ *pron.* **16** inscrever-se, alistar-se *<a.-se num partido>* ◉ GRAM/USO part.: *assentado, assente*

as.sen.te *adj.2g.* estabelecido de comum acordo; definido, ajustado ◉ GRAM/USO part. de *assentar*

as.sen.tir *v.* {mod. 28} *t.i.* **1** (prep. *a, em*) dar permissão ou aprovação para; consentir *<a. na escolha dele>* ☐ *t.i. e int.* **2** (prep. *com, em*) entrar em acordo; concordar *<a. em colaborar> <prefere discordar a a.>* ~ **assentimento** *s.m.*

as.sen.to *s.m.* **1** superfície ou coisa sobre a qual se senta **2** parte horizontal de cadeira, sofá etc. onde se senta **3** *infrm.* conjunto das nádegas ☞ cf. *acento*

as.sep.si.a *s.f.* MED conjunto de meios us. para impedir a entrada de germes no organismo ou num ambiente ~ **asséptico** *adj.*

as.ser.ção [pl.: *-ões*] *s.f.* afirmação categórica; assertiva ~ **assertivo** *adj.*

as.ser.ti.va *s.f.* asserção

as.ses.sor /ô/ [pl.: *-es*] *s.m.* **1** quem ajuda alguém em suas funções; auxiliar, assistente ■ *adj.* **2** que presta assessoria ~ **assessorial** *adj.2g.*

as.ses.so.rar *v.* {mod. 1} *t.d.* **1** servir de assessor a *<assessora o presidente da empresa>* ☐ *pron.* **2** (prep. *de*) cercar-se de assessores ou procurar assessoria *<a.-se de técnicos especializados>* ~ **assessoramento** *s.m.*

as.ses.so.ri.a *s.f.* **1** órgão ou pessoa(s) que prestam ajuda técnica a um chefe **2** empresa que presta serviço de coleta e fornecimento de dados relacionados a um assunto

as.ses.tar *v.* {mod. 1} *t.d. e t.d.i.* (prep. *para, contra*) direcionar, apontar, mirar *<a. a luneta (para o céu)> <a. arma contra o inimigo>*

as.se.ve.rar *v.* {mod. 1} *t.d. e t.d.i.* **1** (prep. *a*) declarar com certeza; assegurar *<a. a validade do acordo> <assevero a vocês que aceito a proposta>* ☐ *t.d.* **2** dar como certo; provar *<a. a chegada do embaixador>* ~ **asseveração** *s.f.* - **asseverativo** *adj.*

as.se.xu.a.do /cs/ *adj.s.m.* **1** (ser) que não tem órgãos sexuais **2** BIO (o) que é desprovido de processo reprodutivo envolvendo os órgãos sexuais **3** que(m) não tem interesse ou atividade sexual

as.se.xu.al /cs/ [pl.: *-ais*] *adj.2g.* BIO que ocorre sem fecundação *<reprodução a.>*

as.sí.duo *adj.* **1** que se faz presente constantemente em determinado lugar **2** que não falta às suas obrigações **3** que não sofre interrupção; contínuo, constante ~ **assiduidade** *s.f.*

as.sim *adv.* **1** deste, desse ou daquele modo *<não faça a. com seu irmão>* **2** igual *<nunca vi chuva a.>* **3** em (ou com) grande quantidade *<o jardim está a. de flores>* ■ *conj.concl.* **4** deste modo, portanto *<você está de dieta, a. não deve comer doces>* ▣ **a. como** do mesmo modo que *<os velhos, a. como os jovens, têm direito ao lazer>*

as.si.me.tri.a *s.f.* **1** ausência de simetria **2** *fig.* grande diferença; disparidade, discrepância ~ **assimétrico** *adj.*

as.si.mi.la.ção [pl.: *-ões*] *s.f.* **1** ato de absorver uso, costume etc. e incorporá-los como parte integrante sua, ou o seu efeito **2** BIOQ anabolismo **3** LING modificação que um fonema sofre por estar em contato com outro, vizinho, do qual adquire traços e ao qual se torna mais semelhante

as.si.mi.lar *v.* {mod. 1} *t.d.* **1** converter em substância própria *<nosso corpo só assimila parte dos nutrientes consumidos>* **2** BIOQ realizar o anabolismo ☐ *t.d. e t.d.i.* **3** (prep. *a*) incorporar (costume, técnica, cultura etc.) *<o jovem escritor assimilou o estilo de Machado de Assis> <os povos ibéricos assimilaram à sua cultura a civilização romana>* ☐ *pron.* **4** (prep. *a*) passar a fazer parte de; incorporar-se *<as crianças assimilaram-se bem à nova escola>* ~ **assimilativo** *adj.* - **assimilável** *adj.2g.*

as.si.na.la.do *adj.* **1** marcado com sinal **2** indicado, apontado **3** que se distinguiu; ilustre

as.si.na.lar *v.* {mod. 1} *t.d.* **1** marcar com um sinal *<a. os substantivos da frase>* **2** diferenciar por traços especiais; particularizar *<a. bem as diferenças entre os irmãos>* ☐ *t.d. e pron.* **3** pôr(-se) em destaque; evidenciar(-se) *<a doação desse dinheiro assinala seu interesse pelos pobres> <sempre se assinalou por sua inteligência>* ~ **assinalação** *s.f.* - **assinalamento** *s.m.*

as.si.nan.te *adj.2g.s.2g.* **1** que(m) assina um papel, documento etc. **2** que(m) recebe produto ou serviço por meio de uma assinatura ('contrato')

as.si.nar *v.* {mod. 1} *t.d.* **1** firmar com o nome, assumindo autoria, responsabilidade, conhecimento de algo; subscrever *<a. obra, documento>* **2** fazer assinatura ('contrato') de (publicações e/ou serviços) *<assinou o jornal por apenas seis meses>*

as.si.na.tu.ra *s.f.* **1** nome de uma pessoa escrito por ela mesma; firma **2** contrato entre fornecedor e cliente para que este receba regularmente um produto ou serviço

as.sín.cro.no *adj.* que não apresenta sincronia ~ **assincronia** *s.f.* - **assincronismo** *s.m.*

as.sin.dé.ti.co *adj.* GRAM diz-se de oração sem conjunção ~ **assíndeto** *s.m.*

as.sin.to.má.ti.co *adj.* que não tem ou não produz os sintomas característicos

as.sí.rio *adj.* **1** da Assíria (Mesopotâmia, atual Oriente Médio) ■ *s.m.* **2** natural ou habitante desse antigo reino

as.si.sa.do *adj.* que age com siso; ajuizado

as.sis.tên.cia *s.f.* **1** grupo de pessoas presentes num evento **2** proteção, amparo *<dar a. a desabrigados>* **3** socorro médico **4** *B* ambulância ('carro') **5** ESP no futebol e no basquete, passe que possibilita ao companheiro de equipe fazer gol ou cesta ~ **assistencial** *adj.2g.*

as.sis.ten.te *adj.2g.s.2g.* **1** que(m) auxilia alguém nas suas funções; auxiliar, ajudante **2** que(m) presencia

as.sis.tir *v.* {mod. 24} *t.i.* **1** (prep. *a*) estar presente a; presenciar, ver *<não conseguiram a. ao* show*>* ☞ não pode ligar-se ao pronome *lhe(s)* **2** (prep. *a*) ser responsabilidade de; caber, competir *<assiste a você a limpeza da sala>* ☐ *t.d. e t.i.* **3** (prep. *a*) prestar auxílio ou assistência a; socorrer; ajudar *<a. (a)o amigo em situação difícil> <assiste (a)os doentes em sua casa>* ☐ *t.d.* **4** ESP passar a bola a (outro jogador da própria equipe), deixando-o bem colocado para fazer a cesta ou o gol

as.so.a.lhar *v.* {mod. 1} *t.d.* pôr piso de tábuas, tacos ou material similar em

as.so.a.lho *s.m.* piso de madeira ou similar

as.so.ar *v.* {mod. 1} *t.d. e pron.* soprar o ar (pelo nariz) para expelir o muco ou secreção *<a. o nariz> <assoou-se após o espirro>*

as.so.ber.ba.do *adj.* **1** que age com soberba; arrogante **2** muito atarefado *<funcionário a. de trabalho>* ~ **assoberbamento** *s.m.* - **assoberbar** *v.t.d.,t.d.i.,int. e pron.*

as.so.bi.ar ou **as.so.vi.ar** *v.* {mod. 1} *int.* **1** emitir assobio ou produzir som semelhante *<chegou contente, assobiando>* ☐ *t.d.* **2** reproduzir (melodia) com assobios

as.so.bi.o ou **as.so.vi.o** *s.m.* som ger. agudo que se produz expirando o ar pelos lábios apertados ◉ COL assobiada ~ **assobiador** *adj.s.m.*

as.so.bra.da.do *adj.* de dois pavimentos (diz-se de construção) ~ **assobradar** *v.t.d. e int.*

as.so.ci.a.ção [pl.: *-ões*] *s.f.* **1** ação de aproximar, de combinar *<a. de cores>* **2** reunião de pessoas com interesses comuns

as.so.ci.a.do *adj.* **1** que se associou ■ *s.m.* **2** sócio ou membro de associação

as.so.ci.ar *v.* {mod. 1} *t.d.,t.d.i. e pron.* **1** (prep. *a*) pôr(-se) junto; reunir(-se), unir(-se) *<a. ideias> <a. o raro ao comum> <associaram-se os elementos semelhantes>* **2** (prep. *a*) tornar(-se) sócio *<o clube associou mais 12 atletas> <a. vários parentes à empresa> <a.-se a um clube>* ~ **associativo** *adj.*

as.so.lar *v.* {mod. 1} *t.d.* **1** pôr por terra; devastar, destruir *<a enchente assolou a aldeia>* **2** *fig.* pôr em grande aflição; agoniar *<preocupação que assola o país>* ~ **assolação** *s.f.* - **assolador** *adj.* - **assolamento** *s.m.*

as.so.mar *v.* {mod. 1} *int.* **1** subir ao alto, ao cume *<a. ao monte>* **2** surgir num ponto alto para ver ou ser visto *<a. ao terraço>* **3** aparecer, surgir *<a lua assomou ao longe>*

as.som.bra.ção [pl.: *-ões*] *s.f.* **1** sentimento de terror por coisas inexplicáveis **2** fantasma

as.som.brar *v.* {mod. 1} *t.d.,int. e pron.* **1** causar ou sentir susto, medo; aterrorizar(-se) *<eram casos que assombravam (as crianças)> <assombra-se com a violência>* **2** (fazer) sentir espanto ou admiração; maravilhar(-se) *<a magia da natureza assombrou-os> <sua capacidade de trabalho assombra> <a.-se com o talento de alguém>* ☐ *t.d.* **3** aparecer (em um lugar) na forma de fantasma, assombração *<a. o castelo>* ☐ *t.d. e pron.* **4** cobrir(-se) de sombra *<a nuvem assombrou o sol> <o terraço assombrou-se>* ~ **assombramento** *s.m.*

as.som.bro *s.m.* **1** grande espanto ou admiração **2** pessoa ou coisa que causa admiração **3** pessoa ou coisa que causa terror

as.som.bro.so /ô/ [pl.: /ó/; fem.: /ó/] *adj.* que causa assombro; espantoso, impressionante

as.so.mo /ô/ *s.m.* **1** surgimento, aparecimento **2** impulso, ímpeto *<num a. pulou no lago>*

as.so.nân.cia *s.f.* semelhança ou igualdade de sons em palavras próximas ~ **assonântico** *adj.*

as.so.nan.te *adj.2g.s.2g.* (o) que tem ou produz assonância

as.so.prar *v.* {mod. 1} *t.d.,t.d.i. e int.* soprar ~ **assopradela** *s.f.* - **assopramento** *s.m.*

as.so.pro /ô/ *s.m.* sopro

as.so.re.a.men.to *s.m.* acúmulo de areia ou outros sedimentos carregados por um rio

as.so.re.ar *v.* {mod. 5} *t.d.,int. e pron.* obstruir(-se) [rio, canal] com areia, terra etc. *<a. rios para fazer uma barragem> <esse rio assoreou em alguns pontos> <o canal assoreou-se>*

as.so.vi.ar *v.* {mod. 1} → ***ASSOBIAR***

as.so.vi.o *s.m.* → ***ASSOBIO***

as.su.a.da *s.f.* **1** desordem, confusão, arruaça **2** vaia, apupo ~ **assuar** *v.t.d.*

as.su.mir *v.* {mod. 24} *t.d.* **1** tomar para si; apropriar-se **2** ser ou ficar responsável por *<a. cuidar do filho>* **3** adquirir, apresentar (característica, aparência) *<assumiu um ar muito sério>* **4** vir a ter; alcançar, atingir *<o caso assumiu proporção inesperada>* ☐ *t.d. e int.* **5** tomar posse (em cargo, função) *<assume hoje (a chefia do departamento)>* ☐ *t.d. e pron.* **6** revelar(-se), declarar(-se) *<a. o ateísmo> <depois que se assumiu como mãe mudou por completo>* ☐ *int.* **7** *B* reconhecer-se publicamente como homossexual ◉ GRAM/USO part.: *assumido*

as.sun.ção [pl.: *-ões*] *s.f.* **1** promoção a um cargo ou dignidade **2** REL dogma relativo à subida do corpo da Virgem Maria ao céu ☞ inicial maiúsc. **3** REL festa católica que celebra esse evento ☞ inicial maiúsc.

as.sun.tar *v.* {mod. 1} *t.d. e int.* **1** prestar atenção (em); observar, reparar *<a. ruídos suspeitos> <saiu para a.>* ☐ *t.d.* **2** verificar com detalhes; apurar *<assuntou as razões da demissão>* ☐ *t.i. e int.* **3** (prep. *em*) pensar longamente; refletir *<a. na vida> <passa horas assuntando>*

as.sun.to *s.m.* aquilo que é tema de observação, consideração, interesse etc.

as.sus.ta.dor /ô/ [pl.: *-es*] *adj.s.m.* (o) que assusta

as.sus.tar *v.* {mod. 1} *t.d.,int. e pron.* (fazer) levar susto ou sentir medo; apavorar(-se) *<suas palavras já não (me) assustam> <assustou-se com a sombra>* ~ **assustadiço** *adj.* - **assustado** *adj.*

ás.ta.to ou **as.ta.tí.nio** *s.m.* QUÍM elemento químico radiativo [símb.: *At*] ☞ cf. *tabela periódica* (no fim do dicionário)

as.te.ca *s.2g.* **1** indivíduo dos astecas, povo indígena que fundou, no território do México atual, um império pré-colombiano ■ *s.m.* **2** LING língua falada pelos astecas ■ *adj.2g.* **3** relativo a esse indivíduo, povo ou língua

as.te.ni.a *s.f.* MED perda ou diminuição da força física

as.tê.ni.co *adj.* MED **1** referente a astenia ■ *adj.s.m.* MED **2** que(m) sofre de astenia

as.te.ris.co *s.m.* sinal gráfico em forma de estrela (*) us. em textos ger. como chamada para notas

as.te.roi.de /ói/ *adj.2g.* **1** em forma de estrela ■ *s.m.* ASTR **2** qualquer dos pequenos corpos celestes que gravitam em torno do Sol; planetoide

as.tig.ma.tis.mo *s.m.* MED deficiência visual causada por deformação na curvatura da córnea, do cristalino ou do globo ocular, que provoca visão embaralhada tanto de perto como de longe ~ **astigmático** *adj.s.m.*

as.tra.cã *s.m.* **1** pele com pelos escuros e encaracolados de certo cordeiro asiático recém-nascido ou que não chegou a nascer **2** tecido de lã que imita essa pele

as.tral [pl.: *-ais*] *adj.2g.* **1** dos astros; sideral ■ *s.m.* **2** *B infrm.* estado de espírito *<pessoa de bom a.>* **3** ASTRL plano intermediário entre o mundo físico e o espiritual

as.tro *s.m.* **1** ASTR qualquer corpo celeste (estrela, planeta etc.), com ou sem luz própria **2** *fig.* pessoa que se destaca na sua atividade

as.tro.fí.si.ca *s.f.* ramo da física que estuda as propriedades dos astros, bem como sua origem e evolução

as.tro.fí.si.co *adj.* **1** referente a astrofísica ■ *s.m.* **2** especialista em astrofísica

as.tro.lá.bio *s.m.* ASTR MAR antigo instrumento náutico que media a altura dos astros para determinar a latitude e a longitude

as.tro.lo.gi.a *s.f.* estudo da influência dos astros na vida das pessoas e no curso dos acontecimentos terrestres ~ **astrológico** *adj.*

as.tró.lo.go *adj.s.m.* especialista em astrologia

as.tro.nau.ta *s.2g.* piloto ou passageiro de nave espacial; cosmonauta

as.tro.náu.ti.ca *s.f.* ciência da construção e operação de veículos espaciais ~ **astronáutico** *adj.*

as.tro.na.ve *s.f.* nave espacial

as.tro.no.mi.a *s.f.* ciência que estuda os astros e o espaço sideral; uranografia

as.tro.nô.mi.co *adj.* **1** referente a astronomia **2** *fig.* de grandes proporções *<preços a.>*

as.trô.no.mo *s.m.* especialista em astronomia

as.tú.cia *s.f.* **1** habilidade para não se deixar enganar; sagacidade **2** habilidade para usar artifícios enganadores; malícia, artimanha ~ **astuto** *adj.*

At QUÍM símbolo de *astatínio*

-ata *suf.* 'ação ou resultado da ação': *passeata*

[1]**a.ta** *s.f.* registro escrito de uma reunião [ORIGEM: do lat. *acta* 'coisas feitas, obras']

A

[2]a.ta *s.f.* fruta-de-conde [ORIGEM: duv., talvez palavra indígena]

a.ta.ba.lho.ar *v.* {mod. 1} *t.d.* **1** fazer às pressas, de qualquer jeito *<atabalhoou seus deveres para ir brincar>* **2** fazer ou dizer (algo) sem ordem nem propósito *<foi reprovado porque atabalhoou as provas>* ☐ *t.d. e pron.* **3** confundir(-se), atrapalhar(-se) *<o sinal enguiçado atabalhoou os motoristas> <ele se atabalhoa nas situações mais simples>* ~ **atabalhoamento** *s.m.*

a.ta.ba.que *s.m.* MÚS tambor comprido, em forma de funil, com uma pele na extremidade de maior abertura, que se toca com as mãos

a.ta.ca.dis.ta *adj.2g.s.2g.* **1** (comerciante) que negocia por atacado ☞ cf. *varejista* ■ *adj.2g.* **2** do comércio de [2]atacado ☞ cf. *varejista*

[1]a.ta.ca.do *adj.* **1** que sofreu ataque *<gato a. por cachorro>* **2** *infrm.* mal-humorado; irritado *<hoje ele está a.>* [ORIGEM: part. de *atacar*]

[2]a.ta.ca.do *s.m.* venda de mercadorias em grande quantidade [ORIGEM: duv., talvez ligado a *taco*]

a.ta.can.te *adj.2g.s.2g.* **1** que(m) ataca; que(m) toma a ofensiva ■ *s.2g.* **2** ESP jogador que atua no ataque

a.ta.car *v.* {mod. 1} *t.d. e int.* **1** investir contra (alguém ou algo), de repente e com violência *<o cão atacou o gato> <esperaram anoitecer para a.>* **2** ESP tomar a iniciativa e procurar marcar ponto, deixando (o adversário) na defensiva *<o tenista atacou o oponente> <o time não parava de a.>* ☐ *t.d. e pron.* **3** agredir(-se) fisicamente *<um bando de abelhas atacou-os> <os leões atacaram-se>* ☐ *t.d.* **4** lançar ofensas contra; insultar *<o jornal atacou o presidente>* **5** reprovar moralmente; criticar *<a. os fumantes>* **6** afetar de repente; acometer *<a gripe atacou-o>* **7** causar estragos a; danificar *<a maresia ataca os metais>* **8** *B infrm.* comer com grande apetite; devorar *<atacou a macarronada>*

a.ta.du.ra *s.f.* **1** ato ou efeito de atar **2** tira de tecido, ger. gaze, us. para fixar curativo

a.ta.lai.a *s.2g.* **1** aquele que vigia, que observa; sentinela ■ *s.f.* **2** local alto de onde se vigia ▣ **de a.** de vigia; à espera, de sobreaviso ~ **atalaiar** *v.t.d.,int. e pron.*

a.ta.lhar *v.* {mod. 1} *t.d.* **1** impedir que prossiga; interromper *<a. uma discussão>* ☐ *t.d. e int.* **2** seguir por atalho para encurtar (caminho) *<para a. a subida, meteu-se pelo mato> <antes de chegar à barreira, atalhou>* ~ **atalhador** *adj.s.m.* - **atalhamento** *s.m.*

a.ta.lho *s.m.* **1** caminho mais curto que o habitual **2** INF acesso rápido a um arquivo, imagem, programa etc., por meio do teclado ou de um ícone na área de trabalho

a.ta.man.car *v.* {mod. 1} *t.d.* **1** fazer às pressas, sem cuidado *<a. o trabalho para não perder o prazo>* ☐ *int.* **2** agir com precipitação *<sabia que não devia a.>*

a.ta.pe.tar *v.* {mod. 1} *t.d.* **1** forrar com tapete *<a. a sala>* ☐ *t.d. e pron.* **2** *p.ext.* cobrir(-se) como um tapete *<a árvore atapetou o chão com folhas> <na primavera, os campos atapetaram-se>* ~ **atapetado** *adj.*

a.ta.que *s.m.* **1** ação violenta contra algo ou alguém **2** agressão física ou moral **3** manifestação inesperada; acesso *<a. de tosse>* **4** ESP jogada ofensiva *<gol>* **5** ESP grupo de jogadores encarregados das jogadas ofensivas

a.tar *v.* {mod. 1} *t.d. e t.d.i.* **1** (prep. *a*, *em*) prender com nó; amarrar *<a. os cordões> <a. um barbante em outro>* ☐ *t.d.,t.d.i. e pron.* **2** (prep. *a*) criar relação direta com; ligar(-se), vincular(-se) *<a. as sugestões> <a. o trabalho à inspiração> <calma e competência devem a.-se>* ☐ *t.d.i.* **3** (prep. *com*) formar, estabelecer (relações) com *<atou um namoro com o colega>* ☐ *t.d. e pron. fig.* **4** tolher(-se), conter(-se) *<o susto atou sua voz> <seus movimentos ataram-se>*

a.ta.ran.ta.do *adj.* confuso, atrapalhado

a.ta.ran.tar *v.* {mod. 1} *t.d. e pron.* perturbar o raciocínio, a percepção (de); desnortear(-se), confundir(-se) *<o barulho atarantou-o> <atarantou-se ao ver a beleza da moça>* ~ **atarantação** *s.f.*

a.ta.re.far *v.* {mod. 1} *t.d.* **1** dar tarefa a ☐ *t.d. e pron.* **2** sobrecarregar(-se) de trabalho *<a. a secretária antes de viajar> <atarefou-se para o dia passar rápido>* ~ **atarefamento** *s.m.*

a.tar.ra.ca.do *adj.* baixo e corpulento

a.tar.ra.xar *v.* {mod. 1} *t.d.* **1** apertar ou fixar com tarraxa **2** tornar firme, fixo; prender

a.tas.car *v.* {mod. 1} *t.d. e pron.* **1** meter(-se) na lama; atolar(-se) *<a. o caminhão> <atascaram-se na subida>* **2** ligar-se a vício, mau hábito; degradar-se *<as más companhias o atascaram no jogo> <após a viuvez, atascou-se na bebida>*

a.ta.ú.de *s.m.* caixão de defunto

a.ta.vi.o *s.m.* enfeite ~ **ataviamento** *s.m.* - **ataviar** *v.t.d. e pron.*

a.ta.vis.mo *s.m.* BIO reaparição de características de algum antepassado remoto que não se manifestaram por várias gerações ~ **atávico** *adj.*

a.ta.za.nar *v.* {mod. 1} *t.d.* importunar com insistência; incomodar, atenazar, azucrinar ~ **atazanamento** *s.m.*

a.té *prep.* **1** expressa limite de tempo e de espaço *<esperou a. o meio-dia> <a trilha vai a. a estrada>* ■ *adv.* **2** também, inclusive, ainda *<come de tudo, a. carne crua>* **3** no máximo *<só pago a. 30>*

a.te.ar *v.* {mod. 5} *t.d.i.* **1** (prep. *em*) provocar (fogo, incêndio) em *<a. fogo na roupa>* ☐ *t.d. e pron. fig.* **2** começar, intensificar(-se) [ideias, paixões, lutas etc.] *<a atriz ateava nossas fantasias> <a batalha ateou-se novamente>*

a.te.ís.mo *s.m.* FIL doutrina de quem não crê na existência de qualquer divindade ☞ cf. *agnosticismo* ~ **ateísta** *adj.2g.s.2g.*

a.te.li.ê *s.m.* oficina de artesãos ou artistas; estúdio

a.te.moi.a /ói/ *s.f.* BOT fruta da família da fruta-do-conde, ger. em forma de coração ou arredondada, com polpa doce, suculenta e poucas sementes pretas

a.te.mo.ri.zar *v.* {mod. 1} *t.d.,int. e pron.* (fazer) sentir temor ou susto; assustar(-se) *<a história atemorizou as crianças> <esse filme atemoriza> <a.-se diante do desconhecido>* ~ **atemorizante** *adj.2g.*

a.tem.po.ral [pl.: *-ais*] *adj.2g.* que não varia em função do tempo

a.te.na.zar *v.* {mod. 1} *t.d.* **1** apertar com tenaz **2** submeter à tortura **3** *fig.* causar dor em; mortificar *<a lembrança o atenazava>* **4** *fig.* atazanar

a.ten.ção [pl.: *-ões*] *s.f.* **1** concentração da atividade mental sobre algo **2** cuidado, zelo com algo ou alguém ■ *interj.* **3** expressa advertência *<A.! O sinal abriu!>* ▣ **chamar a.** ser muito visível ou vistoso; exibir-se • **chamar a a. de 1** fazer advertência; repreender, advertir **2** despertar, atrair o interesse (de alguém) *<seu olhar chamou a a. de todos>*

a.ten.ci.o.so /ô/ [pl.: *ó*; fem.: *ó*] *adj.* **1** que presta atenção; atento, concentrado **2** cuidadoso, gentil

a.ten.den.te *adj.2g.s.2g.* *B* **1** recepcionista **2** auxiliar de enfermagem

a.ten.der *v.* {mod. 8} *t.d. e t.i.* **1** (prep. *a*) dar atenção a *<a. (a)os conselhos do pai>* **2** (prep. *a*) responder a (chamado) *<a. (a)o telefone>* **3** (prep. *a*) estar disponível para ouvir; receber *<atendia (a) todos que o procuravam>* **4** (prep. *a*) dar solução a; resolver *<isto não atende (a)o nosso caso>* **5** (prep. *a*) ser favorável a; deferir; aprovar *<a. (às) as solicitações>* **6** (prep. *a*) prestar socorro; acudir *<a. as (às) vítimas>* □ *t.d.,t.i. e int.* **7** (prep. *a*) dar audiência ou consulta (a) *<a. (a)os ministros> <o médico não atende hoje>* □ *int.* **8** cumprir ordem; obedecer *<mandou-o sair, e ele atendeu>* ◉ GRAM/USO part.: *atendido, atento* ~ **atendimento** *s.m.*

a.te.neu *s.m.* instituição de ensino

a.te.ni.en.se *adj.2g.* **1** de Atenas (Grécia) ■ *s.2g.* **2** natural ou habitante dessa capital

[1]a.ten.ta.do *s.m.* **1** ato criminoso contra pessoas, ideias etc. **2** infração, violação das normas *<a. contra o bom gosto>* [ORIGEM: do fr. *attentat* 'id.'] ~ **atentatório** *adj.*

[2]a.ten.ta.do *adj.* que tem prudência; atento, vigilante [ORIGEM: part. de [2]*atentar*]

[1]a.ten.tar *v.* {mod. 1} *t.i.* **1** (prep. *contra*) cometer crime contra *<a. contra a própria vida>* **2** *fig.* (prep. *contra*) cometer ofensa, abuso contra *<a. contra a moral>* □ *t.d.* **3** pôr em execução; empreender *<a. um projeto>* □ *t.d. e int.* *B infrm.* **4** causar aborrecimento (a); importunar *<pare de a. sua mãe!> <essa mosca está sempre atentando>* [ORIGEM: do lat. *attemptāre* 'experimentar, atacar, intentar']

[2]a.ten.tar *v.* {mod. 1} *t.d. e t.i.* **1** (prep. *a, em, para*) observar com atenção; reparar *<a. (para) o texto>* □ *t.d.,t.i. e int.* **2** (prep. *a, em, para*) fazer reflexões, ponderações (sobre) *<atenta (a)o que aprende> <distraído, não atentava, nem ouvia>* □ *t.d.* **3** aplicar com atenção *<a. o faro>* [ORIGEM: *atento* + [2]*-ar*]

[3]a.ten.tar *v.* {mod. 1} *t.d.* induzir a ou seduzir para o mal; tentar, instigar *<a cobiça o atentou>* [ORIGEM: *a-* (como prótese) + *tentar*]

a.ten.to *adj.* **1** que presta atenção ao que faz **2** feito com atenção *<análise a. dos fatos>*

a.te.nu.an.te *adj.2g.s.f.* DIR (circunstância) que diminui a gravidade de um delito

a.te.nu.ar *v.* {mod. 1} *t.d. e pron.* **1** fazer(-se) menos espesso *<a. a viscosidade de um líquido> <o sangue atenuou-se>* **2** tornar(-se) menos intenso, forte; suavizar(-se) *<medidas recentes atenuaram os efeitos da seca> <a tristeza com o tempo atenuou-se>* ~ **atenuação** *s.f.* - **atenuado** *adj.*

a.ter.ra.gem [pl.: *-ens*] *s.f.* **1** aterrissagem **2** aproximação (de barco) da terra

[1]a.ter.rar *v.* {mod. 1} *t.d.,int. e pron.* aterrorizar [ORIGEM: duv., talvez *a-* + lat. *terrere* 'atemorizar'] ~ **aterrador** *adj.*

[2]a.ter.rar *v.* {mod. 1} *t.d.* **1** cobrir ou encher com terra **2** depositar esp. terra sobre (área), formando base firme, nivelada ou alteada *<a. um pântano>* □ *int.* **3** pousar em terra (aeronave, astronave etc.); aterrissar [ORIGEM: *a-* (como prótese) + *terra* + *-ar*] ~ **aterrado** *adj.*

a.ter.ris.sa.gem [pl.: *-ens*] *s.f.* descida em terra de aeronave, paraquedas etc.; aterragem, pouso

a.ter.ris.sar ou **a.ter.ri.zar** *v.* {mod. 1} *int.* pousar em terra (aeronave, paraquedas etc.)

a.ter.ro /ê/ *s.m.* **1** terra ou entulho us. para nivelar ou elevar um terreno **2** terreno aterrado ▣ **a. sanitário** ECO ENG área preparada para o depósito de lixo, que é disposto em camadas intercaladas com terra ☞ cf. *lixão*

a.ter.ro.ri.zar *v.* {mod. 1} *t.d.,int. e pron.* (fazer) sentir terror, pavor; apavorar(-se), aterrar(-se) *<a notícia aterrorizou-o> <esse filme foi feito para a.> <aterroriza-se ao viajar de avião>* ~ **aterrorização** *s.f.* - **aterrorizante** *adj.2g.*

a.ter-se *v.* {mod. 16} *pron.* **1** (prep. *a*) dedicar-se exclusivamente a; limitar-se *<a.-se ao trabalho>* **2** (prep. *a*) dar muita atenção a; prender-se *<atinha-se aos mínimos detalhes>*

a.tes.ta.do *s.m.* **1** documento no qual se atesta algo; certificado *<a. médico>* **2** *infrm.* prova, evidência *<sua resposta foi um a. de burrice>*

a.tes.tar *v.* {mod. 1} *t.d.* **1** afirmar ou provar oficialmente **2** declarar por escrito *<a. a saúde de alguém>* □ *t.d. e t.d.i.* **3** (prep. *a*) dar prova ou demonstração de; comprovar *<seu rosto atestava seu cansaço> <a prova atestou aos juízes o talento da equipe>* ~ **atestação** *s.f.* - **atestatório** *adj.*

a.teu [fem.: *ateia* /éi/] *adj.s.m.* (indivíduo) que não crê na existência de qualquer divindade; ateísta ☞ cf. *agnóstico*

a.ti.çar *v.* {mod. 1} *t.d.* **1** ativar ou avivar (fogo, chama etc.) **2** *fig.* estimular, animar *<a. brigas>* □ *t.d. e t.d.i.* *fig.* **3** (prep. *a*) dar incentivo a (alguém) [para fazer algo]; incitar, impelir *<o cheiro de comida atiçou sua fome> <a leitura atiçou-o às aventuras>* ~ **atiçador** *adj.s.m.* - **atiçamento** *s.m.*

-átil *suf.* 'passível de': *portátil, volátil*

a.ti.la.do *adj.* **1** que age com inteligência; esperto, vivo **2** cumpridor de suas obrigações **3** que tem juízo; sensato ~ **atilamento** *s.m.*

A

a.ti.lar *v.* {mod. 1} *t.d.* **1** fazer com cuidado e atenção *<atila tudo que faz>* **2** dar o último retoque em □ *t.d. e pron.* **3** tornar(-se) esperto, hábil *<atilou-se com a experiência dos anos>* ~ **atilamento** *s.m.*

a.ti.lho *s.m.* **1** barbante ou fita para atar **2** estopim ('fio') **3** *B* feixe de espigas de milho

á.ti.mo *s.m.* porção mínima ▣ **num á.** muito rapidamente

a.ti.nar *v.* {mod. 1} *t.d. e t.i.* **1** (prep. *com*) descobrir por dedução, observação; perceber *<não atinava (com) o motivo daquela carta>* □ *t.i.* **2** (prep. *com*) dar-se conta de; reparar *<a. com um prejuízo>* **3** (prep. *com*) recordar, lembrar *<não atinou com o nome dela>* ~ **atino** *s.m.*

a.ti.nen.te *adj.2g.* que diz respeito a ~ **atinência** *s.f.*

a.tin.gir *v.* {mod. 24} *t.d.* **1** chegar a, até (lugar, objeto, pessoa etc.); alcançar *<a. a Lua>* **2** *fig.* conseguir (um objetivo) *<atingiu todas as suas metas>* **3** *fig.* chegar a (certa quantidade, marca, idade etc.); alcançar *<atingiu os 90 anos>* **4** *fig.* dizer respeito a; abranger *<o desconto só atinge os sócios>* **5** *fig.* ter compreensão, percepção de; apreender *<a. a mensagem do filme>* **6** *fig.* fazer mal a; afetar *<sua ofensa não o atinge>* **7** acertar, ferir *<a flecha atingiu o alvo>* ~ **atingível** *adj.2g.*

a.tí.pi.co *adj.* incomum, raro ~ **atipicidade** *s.f.*

a.ti.ra.dei.ra *s.f.* RECR bodoque; estilingue

a.ti.ra.do *adj.s.m.* (indivíduo) destemido, desembaraçado

a.ti.rar *v.* {mod. 1} *t.d. e pron.* **1** lançar(-se) longe, com força; jogar(-se) *<atirou com força o copo>* *<a.-se ao mar>* □ *t.i. e int.* **2** (prep. *em*) dar tiro (em) *<atirou na onça para se defender>* *<ia a., mas perdeu a coragem>* □ *pron.* **3** *fig.* (prep. *a*) entregar-se inteiramente; lançar-se *<atirou-se à política com gosto>* **4** deixar-se cair *<a.-se na cama>* ~ **atirador** *adj.s.m.* - **atiramento** *s.m.*

a.ti.tu.de *s.f.* **1** modo de agir **2** maneira como o corpo está posicionado; pose, postura ▣ **tomar (uma) a.** tomar uma decisão enérgica para mudar uma situação insatisfatória

a.ti.va *s.f.* **1** B exercício total ou parcial de uma atividade *<embora idoso, continua na a.>* **2** B período em que um servidor público militar ou civil realiza atividade funcional **3** GRAM voz ativa (do verbo)

a.ti.va.do *adj.* que se tornou ativo ou mais intenso

a.ti.var *v.* {mod. 1} *t.d. e pron.* tornar(-se) ativo ou aumentar a atividade *<a. a produção>* *<a.(-se) uma função orgânica>* ~ **ativação** *s.f.*

a.ti.vi.da.de *s.f.* **1** capacidade de agir, de funcionar, de pensar etc. e seu uso **2** ocupação profissional ou trabalho produtivo **3** realização de uma ação **4** realização de várias ações de modo acelerado e vigoroso *<a a. desse cão incomoda>*

a.ti.vis.mo *s.m.* doutrina que privilegia a ação em vez da teoria e da especulação; engajamento, militância ~ **ativista** *adj.2g.s.2g.*

a.ti.vo *adj.* **1** que envolve ação ou movimento **2** que é mais dado à ação do que à contemplação; atuante, diligente **3** que exerce ação intensa *<medicamento a.>* **4** que está funcionando ou valendo *<tem uma conta a. no banco>* **5** que está ou poderá entrar em erupção (diz-se de vulcão) **6** esperto, vivo ■ *s.m.* ECON **7** conjunto de bens e capitais de pessoa ou empresa ☞ cf. *passivo*

a.tlân.ti.co *adj.* do oceano Atlântico ou que sofre sua influência

a.tlas *s.m.2n.* **1** publicação com uma coleção de mapas **2** ANAT a primeira vértebra cervical, que sustenta o crânio

a.tle.ta *s.2g.* **1** praticante de qualquer modalidade esportiva; esportista **2** praticante de atletismo **3** *p.ext.* indivíduo forte, saudável ◉ COL time, equipe

a.tlé.ti.co *adj.* relativo a atleta ou a atletismo

a.tle.tis.mo *s.m.* ESP **1** conjunto de exercícios físicos que compreendem corrida, lançamento (de disco, peso, dardo) e salto **2** a prática do atletismo

at.mos.fe.ra *s.f.* **1** FÍS camada de gases que envolve um planeta, como a Terra **2** *p.ext.* conjunto de condições meteorológicas; tempo, céu **3** *fig.* ambiente social ou espiritual; clima *<a. de calma>* ~ **atmosférico** *adj.*

-ato *suf.* **1** 'titulação; instituição': *mecenato, pensionato* **2** 'atividade, ofício': *artesanato*

a.to *s.m.* **1** aquilo que se faz; ação *<a. de caridade>* **2** ocasião, momento *<no a. da matrícula, apresente uma foto>* **3** solenidade social ou política *<a posse do diretor foi um a. simples>* **4** cada parte de uma peça de teatro, de um balé etc. **5** DIR documento público que expõe a decisão de uma autoridade *<um a. administrativo>* ▣ **a. falho** PSIC um erro na fala, na escrita ou numa ação física que supostamente remete para conteúdos ou desejos recalcados

à to.a *adj.2g.2n.* **1** fácil de fazer *<uma tarefa à toa>* **2** insignificante, desprezível *<um machucado à toa>* ☞ cf. *à toa* (loc.adv.) no verbete *toa*

a.to.a.lha.do *adj.* **1** de textura felpuda, similar à de uma toalha de banho ■ *s.m.* **2** pano ou toalha de mesa ~ **atoalhar** *v.t.d.*

a.to.bá *s.m.* ZOO ave de asas compridas e estreitas que se alimenta de peixes que captura mergulhando

a.to.char *v.* {mod. 1} *t.d.* **1** fazer entrar com força; enfiar *<a. a rolha na garrafa>* **2** encher em demasia; entulhar *<atochou a mala e não pode fechá-la>*

a.tol [pl.: *-óis*] *s.m.* recife de forma oval, com lagoa central, que se forma distante da costa ☞ cf. *recife*

a.to.lar *v.* {mod. 1} *t.d.,int. e pron.* **1** meter(-se), afundar(-se) em atoleiro, na lama, no lodo *<a. os pés>* *<há perigo de a. por aí>* *<a carroça atolou-se no caminho encharcado>* □ *t.d.i. e pron.* **2** (prep. *com, de*) encher(-se) de (trabalho, obrigação etc.) *<a. de trabalho os alunos>* *<atolou-se com obrigações>* □ *pron.* **3** *fig.* meter-se em dificuldades, embaraços *<tentou ajudar a família e atolou-se>* ~ **atolador** *adj.s.m.* - **atolamento** *s.m.*

a.to.lei.mar *v.* {mod. 1} *t.d. e pron.* tornar(-se) tolo, pateta

a.to.lei.ro *s.m.* **1** solo pantanoso, alagadiço **2** *infrm.* situação difícil; apuro

a.tô.mi.co *adj.* FISQUÍM **1** próprio do ou pertencente ao átomo *<massa a.>* **2** referente ao poder produzido pela energia liberada pela desintegração do núcleo do átomo *<bomba a.>* **3** que utiliza essa energia *<combustível a.>*

a.to.mi.za.dor /ô/ [pl.: *-es*] *adj.s.m.* nebulizador

a.to.mi.zar *v.* {mod. 1} *t.d. e pron.* **1** reduzir(-se) a átomos **2** *p.ext.* reduzir(-se) a dimensões mínimas *<a. um pedra> <a vidraça atomizou-se>* □ *t.d.* **3** *fig.* dividir em partes menores; fragmentar *<a. uma empresa>* **4** borrifar com atomizador

á.to.mo *s.m.* FISQUÍM a menor parte de um elemento que pode existir sozinha ou em combinação com outra

a.to.nal [pl.: *-ais*] *adj.2g.* MÚS não executado ou escrito numa tonalidade definida ou na escala de oitavas ~ **atonalidade** *s.f.*

a.to.ni.a *s.f.* MED perda de força física e mental; debilidade geral

a.tô.ni.to *adj.* **1** assombrado, admirado **2** confuso, atrapalhado

á.to.no *adj.* GRAM sem acento tônico (diz-se de vogal, sílaba ou palavra) ~ **atonicidade** *s.f.*

a.to.pe.tar *v.* {mod. 1} *t.d.* **1** MAR içar até o topo do mastro *<a. a bandeira>* **2** *B* encher demais; abarrotar *<a. a sala de móveis>*

a.tor /ô/ [pl.: *-es*; fem.: *atriz*] *s.m.* **1** homem que representa em teatro, cinema etc. **2** *fig.* homem que finge, dissimula **3** quem tem papel ativo em algum acontecimento

a.tor.do.ar *v.* {mod. 1} *t.d. e pron.* **1** (fazer) sofrer perturbação da mente e dos sentidos por efeito de pancada, queda, bebida, estrondo etc.; aturdir(-se) *<a bolada atordoou a jogadora>* □ *t.d.* **2** surpreender muito; maravilhar *<a beleza da moça atordoou-o>* ~ **atordoado** *adj.s.m.* - **atordoamento** *s.m.* - **atordoante** *adj.2g.*

a.tor.men.tar *v.* {mod. 1} *t.d. e int.* **1** submeter a tormento; torturar *<um sapato apertado atormenta (qualquer um)>* **2** *fig.* causar incômodo ou aborrecimento (a); importunar *<o ruído da rua atormenta-o> <esses mosquitos atormentam dia e noite>* □ *t.d. e pron. fig.* **3** (fazer) sofrer desgosto ou angústia; afligir(-se) *<sua indiferença atormenta a mulher> <a.-se com o excesso de preocupações>* ~ **atormentação** *s.f.*

a.tó.xi.co /cs/ *adj.* não tóxico; não venenoso

a.tra.ca.dou.ro *s.m.* lugar onde se atracam as embarcações

a.tra.ção [pl.: *-ões*] *s.f.* **1** força que aproxima dois corpos materiais *<a. do ferro pelo ímã>* **2** *fig.* fascínio, encanto, interesse *<sente forte a. pelo teatro>* **3** lugar, acontecimento ou espetáculo a que as pessoas vão por ser do seu interesse ou para se divertir *<uma a. para os turistas>* **4** diversão, número artístico ou artista de um espetáculo *<o cantor foi a maior a. da noite>*

a.tra.car *v.* {mod. 1} *t.d. e int.* MAR **1** aproximar(-se) [embarcação] do cais ou de outra embarcação *<o oficial vai a. o navio> <o iate atracou>* □ *pron.* **2** entrar em luta corpo a corpo; engalfinhar-se *<atracaram-se no meio do pátio>* **3** *infrm.* (prep. *com*) abraçar-se com força; agarrar-se *<emocionado, atracou-se com o pai>* ~ **atracação** *s.f.*

a.tra.en.te *adj.2g.* que tem o poder de atrair

a.trai.ço.ar *v.* {mod. 1} *t.d.* **1** trair a confiança de; enganar *<atraiçoou o chefe>* **2** ser infiel a; trair *<atraiçoava a mulher desde que casou>* □ *t.d. e pron.* **3** revelar (segredo íntimo); denunciar(-se) *<o riso nervoso o atraiçoou> <atraiçoou-se ao desviar o olhar>*

a.tra.ir *v.* {mod. 25} *t.d.* **1** trazer para si; aproximar *<o grito atraiu o segurança>* **2** ser objeto de desejo, de cobiça *<chocolate o atrai>* **3** conquistar atenção, admiração, desejo ou afeto de *<sua pintura atrai um público diverso>* **4** fazer surgir (ideia, sentimento, opinião etc.); provocar *<sua fala atraiu a admiração de todos>* □ *t.d.i.* **5** (prep. *para*) levar à adesão de; aliciar, conquistar *<a. deputados para o partido>*

a.tra.pa.lha.do *adj.* **1** sem saber o que fazer ou dizer; embaraçado, atarantado **2** sem organização, confuso *<um reencontro a.>* **3** em apuros; em dificuldades, esp. financeiras

a.tra.pa.lhar *v.* {mod. 1} *t.d. e int.* **1** ser um obstáculo a; estorvar *<o homem alto atrapalhou a minha visão> <se não quer ajudar, pelo menos não atrapalhe>* □ *t.d.* **2** agir mal, impedindo as ações de *<a. o estudo do irmão>* □ *pron.* **3** ficar confuso; confundir-se *<atrapalhou-se na hora do discurso>* ~ **atrapalhação** *s.f.*

a.trás *adv.* **1** em posição posterior; detrás *<a tomada fica a. da mesa>* **2** depois, após *<um cão vinha correndo a. do menino>* **3** antes *<chegou dias a.>* **4** no passado *<tempos a.>*

a.tra.sar *v.* {mod. 1} *t.d.* **1** fazer recuar *<a. o ponteiro do relógio>* **2** passar para data posterior; adiar *<a. o retorno da viagem>* **3** *fig.* impedir o progresso de; prejudicar *<isso atrasou sua vida>* **4** fazer com que demore; retardar *<remanchou e atrasou os colegas>* □ *t.d.,int. e pron.* **5** (fazer) chegar, realizar-se, acontecer após o previsto *<a. o pagamento> <o trem atrasou(-se)>* □ *int. e pron.* **6** trabalhar com menos velocidade do que o normal, o necessário *<este relógio sempre atrasa> <a.-se nas tarefas>* □ *t.d. e t.d.i.* FUTB *B* **7** (prep. *para*) tocar a bola para trás, no sentido do seu próprio gol *<a. a bola (para o goleiro)>* ~ **atrasado** *adj.*

a.tra.so *s.m.* **1** demora, retardamento **2** falta de pontualidade **3** falta de desenvolvimento econômico ou cultural; subdesenvolvimento **4** falta, privação *<tirar o a. do sono>*

a.tra.ti.vo *s.m.* **1** o que atrai, seduz **2** estímulo, incentivo ■ *adj.* **3** que chama a atenção, seduz; atraente **4** que é capaz de atrair *<força a. do ímã>* ~ **atratividade** *s.f.*

a.tra.van.car *v.* {mod. 1} *t.d.* **1** pôr obstáculos em (um lugar), impedindo o trânsito ou o acesso *<a. uma rua>* **2** *fig.* causar dificuldade a; atrapalhar *<a. a ação da justiça>* **3** encher por completo; abarrotar *<a. a sala de móveis>* ~ **atravancamento** *s.m.* - **atravanco** *s.m.*

a.tra.vés *adv.* em sentido transversal ▣ **a. de 1** pelo interior de *<caminhar a. da floresta>* **2** no decorrer de *<tradição mantida a. dos anos>* **3** por meio de *<educar a. de exemplos>*

a.tra.ves.sa.dor /ô/ [pl.: *-es*] *adj.s.m.* **1** (o) que atravessa **2** *pej.* que(m) compra mercadorias do produtor e revende para o varejista; intermediário

a.tra.ves.sar *v.* {mod. 1} *t.d. e pron.* **1** dispor(-se) de forma a cruzar com *<a. a régua no caderno>* *<a.-se na cama>* □ *t.d.* **2** passar para o outro lado de *<a. a rua>* **3** passar por entre *<a. a multidão>* **4** percorrer de ponta a ponta; cruzar, transpor *<a. um terreno>* **5** penetrar, passando de um lado a outro; perfurar *<a agulha atravessou o tecido>* **6** durar (certo tempo); prolongar-se *<os descobrimentos portugueses atravessaram dois séculos>* **7** passar, sofrer (dificuldades, crises) *<a. maus momentos>* **8** comprar dos produtores para revender com lucro □ *int.* MÚS *B infrm.* **9** nos desfiles das escolas de samba, faltar sincronia entre a música e o ritmo da bateria, ou entre o canto das alas que compõem a escola *<o samba atravessou>* ~ **atravessado** *adj.s.m.*

a.tre.lar *v.* {mod. 1} *t.d.* **1** prender (animais) com trela □ *t.d. e t.d.i. p.ext.* **2** (prep. *a*) ligar, engatar, prender *<a. o carro (ao reboque)>* □ *t.d.i. fig.* **3** (prep. *a*) tornar dependente; submeter, vincular *<a. novas contratações ao lucro da empresa>* ~ **atrelagem** *s.f.*

a.tre.ver-se *v.* {mod. 8} *pron.* (prep. *a*) ter coragem, audácia suficiente para; ousar, arriscar-se *<a.-se a desafiar o campeão>*

a.tre.vi.do *adj.s.m.* **1** que(m) não demonstra medo ou submissão; ousado, destemido **2** que(m) não demonstra o devido respeito; malcriado

a.tre.vi.men.to *s.m.* **1** coragem excessiva; audácia **2** falta de respeito; desaforo

a.tri.bu.i.ção [pl.: *-ões*] *s.f.* **1** ação de atribuir **2** o que foi atribuído **3** responsabilidade própria de um cargo ou função *<esclarecer crimes é a. de detetives>*

a.tri.bu.ir *v.* {mod. 26} *t.d.i.* **1** (prep. *a*) considerar causador, autor ou possuidor de; imputar *<a. a alguém defeitos que não tem>* **2** (prep. *a*) conceder, conferir, dar *<a. tarefas a um funcionário>* □ *pron.* **3** tomar para si; arrogar-se *<a.-se o direito de sair mais cedo>* ~ **atribuível** *adj.2g.* - **atributivo** *adj.*

a.tri.bu.la.ção [pl.: *-ões*] *s.f.* **1** sofrimento moral, aflição **2** acontecimento desagradável; adversidade

a.tri.bu.lar *v.* {mod. 1} *t.d. e pron.* (fazer) sofrer atribulações; perturbar(-se), afligir(-se) *<a revelação atribulou sua alma>* *<a.-se com ameaças>*

a.tri.bu.to *s.m.* **1** qualidade, característica *<a simpatia era um de seus a.>* **2** GRAM termo que se acrescenta ao significado de um substantivo (p.ex.: casa *nova*)

á.trio *s.m.* **1** ARQ pátio interno, fechado por construções, ger. com arcadas **2** ARQ espaço coberto que dá acesso ao interior de um edifício; vestíbulo, saguão **3** ARQ adro **4** ANAT cavidade do coração que recebe sangue venoso

a.tri.to *s.m.* **1** fricção entre dois corpos **2** *fig.* desentendimento, desavença ~ **atritar** *v.t.d.,t.d.i. e pron.*

a.triz [pl.: *-es*] *s.f.* **1** mulher que representa em teatro, cinema etc. **2** *fig.* mulher capaz de simular sentimentos, atitudes etc.

a.tro.a.da *s.f.* barulho muito alto

a.tro.ar *v.* {mod. 1} *t.d.* **1** fazer estremecer por estrondo *<as explosões atroaram a cidade>* **2** *fig.* perturbar com barulho *<atroou os presentes com seu vozeirão>* □ *int.* **3** fazer grande barulho; ressoar *<um trovão atroou>* ~ **atroo** *s.m.*

a.tro.ci.da.de *s.f.* ato cruel; perversidade

a.tro.fi.a *s.f.* **1** BIO falta de desenvolvimento de um corpo, órgão, membro etc., ou sua diminuição **2** *fig.* diminuição da capacidade de ação ~ **atrófico** *adj.*

a.tro.fi.ar *v.* {mod. 1} *t.d.,int. e pron.* **1** BIO causar ou sofrer atrofia (corpo, órgão etc.) *<a doença atrofiou suas mãos>* *<a planta atrofiou(-se)>* **2** *fig.* tornar(-se) debilitado ou menos intenso; enfraquecer *<as dificuldades atrofiaram seus ideais>* *<o ressentimento atrofiou(-se) aos poucos>* ~ **atrofiamento** *s.m.*

a.tro.pe.lar *v.* {mod. 1} *t.d.* **1** bater em (algo), derrubando-o e/ou passando por cima dele *<uma bicicleta atropelou-o>* **2** *fig.* realizar mal ou com pressa *<a. o serviço>* **3** *fig.* ignorar a ordem, a sequência natural de *<a. etapas>* □ *t.d. e pron.* **4** mover-se dando esbarrões e cotoveladas (em); empurrar(-se) *<fugiu, atropelando os pedestres>* *<os alunos atropelam-se na saída para o recreio>* **5** (fazer) perder a coerência (palavras, ideias etc.) *<a. os argumentos>* *<seus pensamentos atropelam-se>* ~ **atropelamento** *s.m.*

a.tro.pe.lo /ê/ *s.m.* **1** falta de organização; confusão, tumulto **2** *fig.* aflição, preocupação

a.troz [pl.: *-es*] *adj.2g.* **1** muito cruel; impiedoso **2** difícil de controlar ou tolerar *<saudade a.>* **3** que é horrível; assombroso, monstruoso ◉ GRAM/USO sup.abs.sint.: *atrocíssimo*

a.tu.a.ção [pl.: *-ões*] *s.f.* **1** ato de agir, de atuar **2** o efeito desse ato **3** CINE TEAT TV interpretação de personagem em filme, peça teatral etc.; representação

a.tu.al [pl.: *-ais*] *adj.2g.* da época presente

a.tu.a.li.da.de *s.f.* momento ou época presente

a.tu.a.li.zar *v.* {mod. 1} *t.d. e pron.* **1** tornar(-se) atual; modernizar(-se) *<a. um manual>* *<atualizou-se comprando novo computador>* **2** informar(-se) sobre pesquisas, dados, notícias etc. mais atuais ou mais recentes *<a. profissionais>* *<ler artigos para se a.>* ~ **atualização** *s.f.*

a.tu.al.men.te *adv.* nos dias que correm; na atualidade, no presente; hoje

a.tu.an.te *adj.2g.* que participa ativamente em empreendimento, grupo etc.; ativo, militante

a.tu.ar *v.* {mod. 1} *int.* **1** exercer ação ou atividade; agir *<o bombeiro atuou com coragem>* **2** CINE TEAT TV interpretar um papel (em peça, filme etc.) *<a. bem num filme>* ☐ *t.i.* **3** (prep. *em*) ter influência em; influir *<a. na formação de alguém>* ☐ *t.i. e int.* **4** (prep. *em*) produzir efeito *<as mudanças atuaram bem no ritmo do trabalho> <remédio que atua devagar>*

a.tu.lhar *v.* {mod. 1} *t.d.,t.d.i. e pron.* (prep. *com, de*) entulhar ~ **atulhamento** *s.m.*

a.tum [pl.: *-uns*] *s.m.* ZOO designação comum a certos peixes marinhos de corpo alongado e robusto, de carne muito apreciada

a.tu.rar *v.* {mod. 1} *t.d.* lidar (com algo desagradável, ruim, prejudicial) com paciência e resignação; suportar, tolerar *<não atura intolerância>* ~ **aturável** *adj.2g.*

a.tur.di.do *adj.* **1** com a mente ou os sentidos perturbados **2** espantado, maravilhado, surpreso

a.tur.dir *v.* {mod. 24} *t.d.,int. e pron.* **1** (fazer) sofrer perturbação da mente e dos sentidos; aturdir(-se) *<o tumulto aturdiu-o> <ruído que aturde> <a.-se com uma notícia>* ☐ *t.d.* **2** causar surpresa a; maravilhar, pasmar *<a paisagem aturdiu os hóspedes>* ◉ GRAM/USO verbo defectivo ~ **aturdimento** *s.m.*

Au QUÍM símbolo de *ouro*

au.dá.cia *s.f.* **1** impulso que leva o indivíduo a realizar ações difíceis **2** falta de respeito; atrevimento

au.da.ci.o.so /ô/ [pl.: /ó/; fem.: /ó/] *adj.* **1** valente **2** atrevido, abusado **3** que é inovador, arrojado

au.daz [pl.: *-es*] *adj.2g.* audacioso ◉ GRAM/USO sup.abs.sint.: *audacíssimo*

au.di.ção [pl.: *-ões*] *s.f.* **1** FISL sentido que permite captar os sons **2** apresentação pública de obra musical ou teatral

au.di.ên.cia *s.f.* **1** reunião de uma autoridade com pessoas que desejam falar-lhe *<marcar a. com o prefeito>* **2** DIR sessão de tribunal *<a a. foi interrompida>* **3** RÁD TV grupo de ouvintes ou de espectadores *<programa de grande a.>*

áu.dio *s.m.* **1** sinal sonoro; som **2** ELETRÔN transmissão, recepção e reprodução de sons por meios eletrônicos **3** *p.ext.* equipamento us. para tal **4** CINE RÁD TV componente sonoro de filme, transmissão de TV, vídeo etc.

au.dio.con.fe.rên.cia *s.f.* conferência na qual o diálogo entre as várias pessoas se estabelece através de internet ou de contato telefônico

au.di.o.fo.ne *s.m.* **1** par de pequenos alto-falantes que se põe nos ouvidos para ouvir música etc., adaptados a um arco que se ajusta na cabeça; fone de ouvido, *headphone* **2** pequeno aparelho que amplifica os sons, us. pelas pessoas com deficiência auditiva

au.di.o.li.vro *s.m.* gravação sonora da leitura de um livro para reprodução em aparelho de som, computador etc.

au.dio.me.tri.a *s.f.* MED exame da capacidade auditiva por meio de instrumentos

au.dio.vi.su.al [pl.: *-ais*] *adj.2g.* **1** que se destina a ou visa estimular os sentidos da audição e da visão simultaneamente **2** que utiliza som e imagem na transmissão de mensagens ou ensinamentos ■ *s.m.* **3** qualquer produção que conjugue som e imagem

au.di.ta.gem [pl.: *-ens*] *s.f.* auditoria

au.di.ti.vo *adj.* relativo ao ouvido ou à audição

au.di.to.ri.a *s.f.* **1** análise dos movimentos financeiros de uma empresa; auditagem **2** *p.ext.* controle do funcionamento de uma atividade ~ **auditar** *v.t.d.* - **auditor** *s.m.*

au.di.tó.rio *s.m.* **1** sala para palestras, concertos etc. **2** público que a ocupa

au.dí.vel [pl.: *-eis*] *adj.2g.* que pode ser ouvido ~ **audibilidade** *s.f.*

au.ê *s.m. gír.* **1** confusão, tumulto, briga **2** agitação, vibração

au.fe.rir *v.* {mod. 28} *t.d. e t.d.i.* (prep. *de*) ter como resultado; conseguir, obter *<a. benefícios (de um acordo)>* ~ **auferível** *adj.2g.*

au.ge *s.m.* apogeu, máximo

au.gu.rar *v.* {mod. 1} *t.d. e t.d.i.* **1** (prep. *a*) fazer previsão (sobre); prever, pressagiar *<a. a vitória (à tropa)>* **2** (prep. *a*) fazer votos de; desejar *<a. sucesso (ao viajante)>* ☐ *t.d.* **3** dar indícios de; indicar *<nuvens escuras auguram chuvas fortes>*

au.gú.rio *s.m.* presságio de um acontecimento futuro; profecia, vaticínio

au.gus.to *adj.* **1** que merece respeito **2** de grande imponência; majestoso ■ *s.m.* HIST **3** na Roma antiga, título dado a alguns imperadores

au.la *s.f.* **1** explicação sobre alguma matéria; lição **2** sala em que se leciona; classe **3** parte de um programa de ensino, no conjunto de um curso

áu.li.co *adj.s.m.* cortesão, palaciano

au.men.tar *v.* {mod. 1} *t.d. e int.* **1** tornar(-se) maior (em extensão, quantidade, intensidade etc.) *<cheiro de comida aumenta a fome> <a família aumentou>* ☐ *t.d.* **2** tornar mais grave; piorar *<o silêncio aumentou sua agonia>* **3** fazer com que se mostre maior; ampliar *<a. detalhes de uma foto>* **4** estender o enredo de (caso, narrativa etc.), com exageros, fantasias ou mentiras *<os jornais aumentaram muito o fato>* ☐ *t.i.* **5** (prep. *de*) adquirir mais (volume, tamanho etc.) *<a. de peso>*

au.men.ta.ti.vo *adj.s.m.* GRAM diz-se de ou grau que acrescenta ao significado do substantivo ou do adjetivo a noção de 'grande' ou 'muito', p.ex.: felizardo ('muito feliz'), altão ('muito alto'), moçona ('moça grande') etc. ☞ tb. pode expressar ideias de importância ou intensidade, p.ex.: amigão ('amigo muito querido')

au.men.to *s.m.* **1** desenvolvimento em tamanho ou quantidade **2** acréscimo no valor do salário

au.ra *s.f.* **1** conjunto de elementos sutis que caracterizam uma coisa ou pessoa; ar, indício *<casa com a. de mistério>* **2** suposto campo de energia que irradia dos seres vivos *<a. de bondade>* ~ **aural** *adj.2g.*

áu.reo *adj.* **1** de ouro ou dourado **2** *fig.* que brilha, sobressai; esplendoroso, magnífico <*estilo á.*> **3** *fig.* diz-se de época, período etc. de grande florescimento cultural, ou marcado por acontecimentos felizes ou excepcionais

au.ré.o.la *s.f.* **1** aro dourado colocado sobre a cabeça de imagens sacras **2** *p.ext.* qualquer círculo luminoso; halo, nimbo ☞ cf. *aréola*

¹au.re.o.lar *v.* {mod. 1} *t.d. e pron.* **1** ornar(-se) com auréola **2** *fig.* (fazer) adquirir prestígio; glorificar(-se) <*a boa atuação vai a. o ator*> <*a.-se com vitórias*> [ORIGEM: *auréola* + ²*-ar*]

²au.re.o.lar [pl.: *-es*] *adj.2g.* que tem forma de auréola [ORIGEM: *auréola* + ¹*-ar*]

au.rí.cu.la *s.f.* ANAT **1** parte externa da orelha **2** cada uma das cavidades superiores do coração, acima dos ventrículos ~ **auricular** *adj.2g.*

au.rí.fe.ro *adj.* que tem ouro <*mina a.*>

au.ri.ver.de /ê/ *adj.2g.* dourado (ou amarelo) e verde

au.ro.ra *s.f.* **1** claridade que precede o nascer do sol **2** *p.ext.* a primeira manifestação de qualquer coisa <*a. da vida*> ▣ **a. austral** fenômeno luminoso que resulta do encontro de partículas solares com a atmosfera da região antártica • **a. boreal** fenômeno luminoso que resulta do encontro de partículas solares com a atmosfera da região ártica ~ **auroral** *adj.2g.* - **auroreal** *adj.2g.*

aus.cul.ta.dor /ô/ [pl.: *-es*] *adj.s.m.* **1** que(m) ausculta ■ *s.m.* **2** MED estetoscópio

aus.cul.tar *v.* {mod. 1} *t.d.* **1** MED escutar, com ou sem aparelho, ruídos de (parte do organismo) <*a. o coração*> **2** *fig.* procurar saber; investigar <*a. colegas para formar opinião*> ~ **ausculta** *s.f.* - **auscultação** *s.f.*

au.sên.cia *s.f.* **1** afastamento temporário de uma pessoa de seu domicílio, dos lugares que frequenta, de uma atividade etc. **2** não comparecimento <*sentiram sua a. na festa*> **3** tempo em que se está ausente <*muita coisa aconteceu na sua a.*> **4** falta, carência <*a. de leite no mercado*> **5** MED perda temporária de consciência

au.sen.tar *v.* {mod. 1} *t.d. e pron.* **1** afastar(-se) de um local por tempo limitado; retirar(-se) <*o trabalho ausenta-o de casa*> <*a.-se discretamente*> □ *pron.* **2** (prep. *de*) não participar de algo <*a.-se do auxílio às vítimas*> **3** (prep. *de*) não se manifestar <*ele parece ter-se ausentado do problema*>

au.sen.te *adj.2g.s.2g.* **1** que(m) se afastou **2** que(m) não compareceu **3** DIR (indivíduo) cujo desaparecimento foi reconhecido por um juiz

aus.pi.ci.ar *v.* {mod. 1} *t.d. e t.d.i.* (prep. *a*) prever, predizer (algo), ger. em sentido favorável <*a. boas colheitas (aos lavradores)*>

aus.pí.cio *s.m.* **1** bom ou mau pressentimento ▼ ***auspícios*** *s.m.pl.* **2** apoio financeiro, patrocínio

aus.pi.ci.o.so /ô/ [pl.: /ó/; fem.: /ó/] *adj.* que é ou parece promissor, de bom agouro

aus.te.ro *adj.* **1** de caráter severo; sóbrio, rigoroso **2** sem enfeites <*ambiente a.*> ~ **austeridade** *s.f.*

aus.tral [pl.: *-ais*] *adj.2g.* do sul ou voltado para o sul <*vento a.*>

aus.tra.lo.pi.te.co *s.m.* primata extinto da família dos hominídeos, que andava ereto, sobre os dois pés

au.tar.qui.a *s.f.* *B* entidade pública que tem autonomia administrativa e presta serviço auxiliar ao Estado ~ **autárquico** *adj.*

au.ten.ti.car *v.* {mod. 1} *t.d.* **1** reconhecer como autêntico ou verdadeiro; legitimar <*a. uma obra de arte*> **2** DIR tornar legítimo (ato ou documento), declarando-o verdadeiro; validar ~ **autenticação** *s.f.*

au.ten.ti.ci.da.de *s.f.* **1** caráter do que é genuíno, verdadeiro **2** caráter do que é adequado; pertinência <*a a. de uma opinião*>

au.tên.ti.co *adj.* **1** verdadeiro, legítimo **2** adequado, pertinente

au.tis.mo *s.m.* PSIQ fenômeno patológico que se caracteriza por privilegiar o mundo dos pensamentos, das representações e dos sentimentos pessoais e se afastar, em maior ou menor grau, do mundo real

au.tis.ta *adj.2g.* **1** relativo a autismo ou aos autistas ■ *adj.2g.s.2g.* **2** PSIQ que(m) é centrado sobre si mesmo, preso a seu mundo interior, com grande dificuldade de se comunicar com os outros, por força de certa desordem mental ~ **autístico** *adj.*

¹au.to *s.m.* **1** cerimônia pública **2** DIR registro de investigação judicial ou administrativa **3** LIT TEAT gênero do teatro medieval **4** TEAT teatro ligado às festas do Natal ▼ ***autos*** *s.m.pl.* **5** DIR documentos de um processo judicial [ORIGEM: do lat. *ăctus,us* 'movimento; representação de peça teatral']

²au.to *s.m.* automóvel [ORIGEM: redução de *automóvel*]

au.to.a.cu.sa.ção [pl.: *-ões*] *s.f.* acusação a si próprio

au.to.a.fir.ma.ção [pl.: *-ões*] *s.f.* **1** tentativa ou fato de impor sua identidade, direitos, opiniões etc. à aceitação do meio **2** demonstração de independência ~ **autoafirmar-se** *v.pron.*

au.to.a.ju.da *s.f.* **1** prática que consiste em utilizar os próprios recursos mentais e morais para alcançar objetivos de ordem prática ou resolver dificuldades psicológicas ou emocionais **2** conjunto de informações, orientações, conselhos que visam possibilitar essa prática

au.to.a.ten.di.men.to *s.m.* sistema em que o cliente se serve sozinho em lojas, postos de gasolina etc.; autosserviço

au.to.a.va.li.a.ção [pl.: *-ões*] *s.f.* avaliação de si próprio

au.to.cen.su.ra *s.f.* censura dos próprios atos, pensamentos etc.

au.to.cla.ve *s.f.* **1** aparelho em que se podem controlar condições como a pressão e a temperatura, us. para diversos fins **2** MED aparelho que utiliza vapor de água sob pressão para esterilizar instrumentos

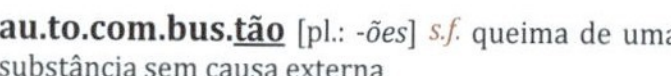

au.to.com.bus.tão [pl.: *-ões*] *s.f.* queima de uma substância sem causa externa

au.to.con.fi.an.ça *s.f.* confiança em si mesmo

au.to.con.tro.le /ô/ *s.m.* domínio sobre as próprias emoções e reações

au.to.cra.ci.a *s.f.* POL regime político em que o governante detém poder ilimitado e absoluto

au.to.cra.ta *adj.2g.s.2g.* (governante) cujo poder é ilimitado e absoluto

au.to.crí.ti.ca *s.f.* **1** ato de reconhecer os próprios erros e acertos, defeitos e qualidades **2** capacidade de agir dessa forma ~ **autocriticar-se** *v.pron.* - **autocrítico** *adj.*

au.tóc.to.ne *adj.2g.s.2g.* **1** que(m) é natural do lugar em que habita ■ *adj.2g.* **2** que se origina da região onde é encontrado *<vegetação a.>* ~ **autoctonia** *s.f.* - **autoctonismo** *s.m.*

au.to de fé [pl.: *autos de fé*] *s.m.* cerimônia de proclamação e execução de sentença pelo tribunal da Inquisição

au.to.de.fe.sa /ê/ *s.f.* defesa de si mesmo ~ **autodefender-se** *v.pron.*

au.to.des.tru.i.ção [pl.: *-ões*] *s.f.* destruição de si mesmo ~ **autodestruir-se** *v.pron.*

au.to.de.ter.mi.na.ção [pl.: *-ões*] *s.f.* poder de decidir por si mesmo; livre escolha do próprio destino

au.to.di.da.ta *adj.2g.s.2g.* que(m) se instrui, sem a ajuda de mestre ~ **autodidatismo** *s.m.*

au.tó.dro.mo *s.m.* local destinado a corridas de automóveis, composto de pistas e instalações diversas (oficinas, arquibancadas etc.)

au.to.es.co.la *s.f.* escola que forma motoristas

au.to.es.ti.ma *s.f.* qualidade de quem se valoriza, se contenta com seu modo de ser e demonstra confiança em seus atos e julgamentos

au.to.es.tra.da *s.f.* rodovia para tráfego veloz com pistas duplas ou triplas e acessos limitados; autopista

au.to.e.xa.me /z/ *s.m.* exame que uma pessoa faz em si mesma, para verificar alguma anormalidade

au.to.ges.tão [pl.: *-ões*] *s.f.* ECON administração de uma empresa pelos próprios empregados

au.tó.gra.fo *s.m.* **1** assinatura de pessoa famosa ou de artista ■ *adj.s.m.* **2** (manuscrito) original de um autor ~ **autografar** *v.t.d.*

au.to.i.mu.ne *adj.2g.* **1** que diz respeito a autoimunidade *<doença a.>* **2** produzido por autoimunidade

au.to.i.mu.ni.da.de *s.f.* MED condição em que um organismo é agredido por seus próprios anticorpos

au.to.lim.pan.te *adj.2g.* que limpa a si mesmo

au.to.ma.ção [pl.: *-ões*] *s.f.* **1** sistema em que os dispositivos mecânicos ou eletrônicos de um aparelho, processo ou sistema são realizados por operação automática e não por trabalho humano **2** processo de substituição do trabalho humano por esse tipo de sistema

au.to.ma.ti.ca.men.te *adv.* **1** de forma automática, mecânica, sem operadores *<o disjuntor desliga a.>* **2** *fig.* de modo maquinal, involuntário *<responder a.>* **3** sem intervenção de causas externas *<o contrato foi renovado a.>*

au.to.má.ti.co *adj.* **1** que funciona por si mesmo **2** *fig.* cuja operação se realiza sem a intervenção consciente da vontade; involuntário

au.to.ma.ti.zar *v.* {mod. 1} *t.d.* **1** prover de máquinas, para agilizar produção, serviços etc. *<a. a rede telefônica>* □ *t.d. e pron. fig.* **2** tornar(-se) maquinal ou inconsciente (pessoa, ação, reação etc.) *<o treinamento automatizou o cão>* *<os jogadores automatizaram-se>* ~ **automatização** *s.f.* - **automatizado** *adj.*

au.tô.ma.to *s.m.* **1** aparelho com movimentos mecânicos (p.ex., um relógio) **2** máquina com aparência de um ser animado, movido por meios mecânicos ou eletrônicos **3** *fig.* pessoa que age como máquina, sem raciocínio e sem vontade própria ~ **automatismo** *s.m.*

au.to.me.di.car-se *v.* {mod. 1} *pron.* consumir remédio sem orientação médica ~ **automedicação** *s.f.*

au.to.mo.bi.lis.mo *s.m.* **1** indústria de fabricação de automóveis **2** ESP esporte cuja prática consiste em corridas de automóvel ~ **automobilístico** *adj.*

au.to.mo.de.lis.mo *s.m.* **1** ciência ou técnica de projetar e construir miniaturas de automóveis **2** passatempo que envolve essa atividade

au.to.mo.ti.vo *adj.* relativo a automóvel ou à indústria automobilística

au.to.mo.tor /ô/ [pl.: *-es*] *adj.* **1** cujo movimento resulta de mecanismo próprio, sem intervenção de força exterior **2** movido a motor

au.to.mo.triz [pl.: *-es*] *s.f.* trem que possui motor próprio, tendo, portanto, função de locomotiva e de vagão

au.to.mó.vel [pl.: *-eis*] *s.m.* veículo de passageiros, movido a motor de explosão, ger. de quatro rodas ▣ **a. conversível** automóvel cuja capota pode ser baixada, recolhida ou retirada ☞ tb. se diz apenas *conversível*

au.to.no.mi.a *s.f.* **1** capacidade de governar a si próprio **2** DIR direito reconhecido a um país de ser governado segundo suas próprias leis; soberania **3** liberdade, independência moral ou intelectual **4** distância percorrida por um veículo sem ser reabastecido

au.tô.no.mo *adj.* **1** capaz de determinar as próprias normas de conduta, sem imposições (diz-se de indivíduo, instituição etc.) **2** que se governa segundo as suas leis e costumes ■ *adj.s.m.* **3** que(m) exerce por conta própria uma atividade profissional remunerada

au.to.pe.ça *s.f.* **1** peça ou acessório para automóvel **2** *p.ext.* loja que vende essa peça ou acessório

au.to.pis.ta *s.f.* autoestrada

au.to.pre.ser.va.ção [pl.: *-ões*] *s.f.* **1** proteção contra a destruição ou ferimento de si mesmo **2** tendência instintiva para agir em função da preservação da própria existência

A

au.tóp.sia ou **au.to.psi.a** *s.f.* MED exame médico de um cadáver, para determinar o momento e a causa da morte; necropsia ~ **autopsiar** *v.t.d.*

au.to.pu.ni.ção [pl.: *-ões*] *s.f.* punição imposta a si próprio ~ **autopunitivo** *adj.*

au.tor /ô/ [pl.: *-es*] *s.m.* **1** escritor *<é o segundo livro desse a.>* **2** indivíduo responsável pela criação de algo; inventor, descobridor *<a. de uma teoria>* **3** aquele que causa algo; agente *<a. de reformas administrativas>* **4** DIR quem pratica um delito *<a. do crime>* **5** DIR quem inicia processo judicial

au.to.ral [pl.: *-ais*] *adj.2g.* relativo a autor de obra literária, artística ou científica

au.to.ri.a *s.f.* **1** qualidade ou condição de autor *<assumiu a a. do desenho>* **2** o que causa a ocorrência de algo *<ao grêmio cabe a a. da comemoração>*

au.to.ri.da.de *s.f.* **1** direito ou poder de ordenar, de decidir, de se fazer obedecer **2** pessoa com esse direito ou poder **3** representante do poder público **4** influência exercida por uma pessoa sobre outra; ascendência *<ter grande a. com os filhos>* **5** força convincente; peso *<sua sinceridade deu a. à sua história>* **6** especialista respeitado em um assunto *<a. em história>*

au.to.ri.tá.rio *adj.* **1** que se apoia numa autoridade forte *<regime a.>* **2** dominador *<temperamento a.>* **3** relativo a autoridade ~ **autoritarismo** *s.m.*

au.to.ri.za.ção [pl.: *-ões*] *s.f.* **1** determinação pela qual se autoriza ou se concede algum poder ou licença **2** *p.ext.* o poder ou a licença obtida *<tenho a. para entrar por aqui>* **3** registro escrito dessa determinação

au.to.ri.zar *v.* {mod. 1} *t.d. e t.d.i.* **1** (prep. *a*) dar motivo, razão para; legitimar, validar *<a violência autorizou a reação>* *<a injustiça autoriza o povo a reclamar>* **2** (prep. *a*) dar permissão para; consentir *<a. novas contratações>* *<autorizei-o a sair>*

au.tor.re.tra.to *s.m.* retrato que alguém faz de si mesmo, sob forma de desenho, pintura, fotografia etc. ~ **autorretratar-se** *v.pron.*

au.tos.ser.vi.ço *s.m.* autoatendimento

au.tos.su.fi.ci.en.te *adj.2g.* **1** capaz de viver sem depender de ninguém; independente **2** ECON capaz de atender às próprias necessidades de consumo, sem importar ~ **autossuficiência** *s.f.*

au.tos.su.ges.tão [pl.: *-ões*] *s.f.* ato de convencer a si mesmo de algo por meio de sugestão ou sugestões

au.tos.sus.ten.tá.vel [pl.: *-eis*] *adj.2g.* capaz de assegurar sua própria sobrevivência, sem auxílio externo *<uma casa a. usa energia solar>*

au.to.tró.fi.co *adj.* BIO que é capaz de produzir seu próprio alimento (diz-se de alguns vegetais e bactérias) ~ **autotrofia** *s.f.* - **autotrofismo** *s.m.* - **autótrofo** *adj.s.m.*

au.to.va.ci.na *s.f.* MED vacina feita de germes colhidos de secreções ou tecidos do próprio paciente ~ **autovacinação** *s.f.*

au.tu.ar *v.* {mod. 1} *t.d.* DIR **1** lavrar auto de infração contra *<o delegado autuou o criminoso>* **2** reunir e ordenar em forma de processo ~ **autuação** *s.f.* - **autuado** *adj.s.m.*

¹au.xi.li.ar /ss/ [pl.: *-es*] *adj.2g.* **1** que auxilia, que socorre ■ *adj.2g.s.2g.* **2** que(m) ajuda alguém em seu trabalho ou função **3** que(m) exerce função secundária [ORIGEM: do lat. *auxiliāris,e* 'que socorre, ajuda']

²au.xi.li.ar /ss/ *v.* {mod. 1} *t.d. e t.d.i.* **1** (prep. *em*) prestar ajuda, assistência a *<a. os refugiados (na fuga)>* □ *t.d. e t.i.* **2** (prep. *em*) dar apoio a; contribuir, colaborar *<a tecnologia auxilia nosso progresso>* *<a. numa campanha>* □ *t.d.* **3** trabalhar como ajudante, assistente etc. *<ela auxilia o advogado nas pesquisas>* [ORIGEM: de *auxílio* + *²-ar*]

au.xí.lio /ss/ *s.m.* **1** contribuição para a realização de uma tarefa; ajuda **2** amparo, proteção *<a. às crianças de rua>*

av- *pref.* → **²A-**

a.va.ca.lhar *v.* {mod. 1} *t.d. e pron. infrm.* **1** desmoralizar(-se), ridicularizar(-se) *<os alunos avacalharam o treinador>* *<avacalhou-se com as falsas promessas>* □ *t.d. infrm.* **2** fazer sem cuidado, sem capricho *<a. um trabalho>* ~ **avacalhação** *s.f.* - **avacalhado** *adj.*

a.val [pl.: *-ais*] *s.m.* **1** DIR garantia pessoal, em título de crédito, de cumprimento das obrigações de outra pessoa **2** *fig.* apoio, aprovação ~ **avalista** *adj.2g.s.2g.*

a.va.lan.che ou **a.va.lan.cha** *s.f.* **1** GEOL queda rápida e violenta de neve ou gelo pela encosta de montanhas altas; alude **2** *fig.* queda barulhenta de coisas pesadas *<a. de pedras>* **3** *fig.* tudo o que surge ou invade com força *<a. de lágrimas>*

a.va.li.a.ção [pl.: *-ões*] *s.f.* **1** cálculo do valor de um bem; cômputo, estimativa **2** *p.ext.* valor determinado por quem avalia **3** observação das características, da qualidade ou das condições de algo ou de alguém; análise, parecer **4** apreciação da competência de um profissional, do progresso de um aluno etc.

a.va.li.ar *v.* {mod. 1} *t.d.* **1** estabelecer o valor ou o preço de *<a. uma peça antiga>* **2** determinar a quantidade de; contar *<ainda não puderam a. as perdas no acidente>* **3** pensar ou determinar a qualidade, a intensidade etc. de *<avaliou a distância e saltou>* *<a. o sofrimento de alguém>*

a.va.li.zar *v.* {mod. 1} *t.d.* **1** DIR dar aval a *<a. uma compra>* **2** *fig.* garantir a honestidade, a propriedade etc. de *<avalizou o funcionário>* *<a. um lote de medicamentos>* **3** *fig.* apoiar, abonar *<os diretores avalizaram as novas contratações>*

a.van.ça.do *adj.* **1** que está adiante *<tropa a.>* **2** que atingiu um nível alto de desenvolvimento **3** adiantado no tempo **4** muito moderno, inovador **5** *fig.* exótico, singular

a.van.çar *v.* {mod. 1} *t.i. e int.* **1** (prep. *para*) mover(-se) para a frente *<as tropas avançaram para o litoral>* *<o exército avançou>* □ *t.d.,t.i. e int.*

2 (prep. *em*) (fazer) ter progresso; desenvolver(-se) *<avançaram bastante o projeto> <o aluno avançou em química> <as obras não avançam>* □ *t.d.* **3** ir além de (ponto permitido); ultrapassar *<a. o sinal>* □ *t.i.* **4** (prep. *contra, em, para*) lançar-se, investir, atacar *<o cachorro avançou contra o menino> <os garotos avançaram no bolo>* **5** (prep. *a, até, por, sobre*) estender-se, expandir-se *<a plantação avança pelo terreno> <a varanda avança sobre a praia>* □ *int.* **6** passar (o tempo) *<as horas avançaram sem percebermos>* ~ **avanço** *s.m.*

a.van.ta.ja.do *adj.* maior do que o comum

a.van.ta.jar *v.* {mod. 1} *t.d.,t.d.i. e pron.* **1** (prep. *a, em*) [fazer] sobressair; destacar(-se) *<a natureza avantajou-a (em talento artístico)> <o conhecimento de línguas avantajava-o aos outros candidatos> <avantaja-se aos demais por sua capacidade de observação>* □ *t.d. e pron.* **2** tornar(-se) mais vantajoso; melhorar *<a. um empreendimento> <os negócios avantajaram-se com a valorização da moeda>* **3** tornar(-se) maior; aumentar *<o incêndio avantajou-se>* □ *t.d. fig.* **4** considerar melhor, maior do que é *<a. suas virtudes>* ~ **avantajamento** *s.m.*

a.van.te *adv.* **1** para a frente *<seguiram a. até o próximo vilarejo>* **2** em localização à frente; adiante *<mais a. pegaremos um atalho>* ■ *interj.* **3** expressa estímulo para que se prossiga

a.va.ran.da.do *adj.* **1** que tem varanda ■ *s.m.* **2** varanda coberta; alpendre

a.va.ren.to *adj.s.m.* **1** que(m) é obcecado por juntar dinheiro; avaro, sovina **2** *p.ext.* que(m) não é generoso; avaro ~ **avareza** *s.f.*

a.va.ri.a *s.f.* qualquer dano, deterioração ou desgaste que ocorra a algo ~ **avariar** *v.t.d. e pron.*

a.va.ro *adj.s.m.* avarento

a.vas.sa.lar *v.* {mod. 1} *t.d.* **1** causar devastação a; arrasar *<um terremoto avassalou a costa>* **2** *fig.* ter domínio sobre; subjugar *<o medo avassala o país> <um homem que avassala corações>* **3** tornar vassalo *<a. um povo>* ~ **avassalador** *adj.s.m.* - **avassalamento** *s.m.*

a.va.tar [pl.: *-es*] *s.m.* **1** REL na crença hindu, materialização de um deus em forma humana ou animal **2** manifestação, modalidade; encarnação (de alguém ou algo) **3** INF RECR personificação simbólica de um usuário em ambientes virtuais (p.ex., internet, jogos etc.)

AVC *s.m.* sigla de *acidente vascular cerebral*

¹a.ve *s.f.* ZOO **1** nome comum a animais vertebrados, que põem ovos, de corpo coberto por penas, com asas, bico duro e sem dentes ▼ ***aves*** *s.f.pl.* ZOO **2** classe de animais vertebrados encontrados no mundo inteiro [ORIGEM: do lat. *āvis,is* 'ave'] ◉ COL avifauna, bando, revoada ▣ **a. de rapina 1** ZOO nome comum a diversas aves carnívoras, como gaviões, águias, falcões e corujas, de bico, curto e curvo, e garras fortes **2** *fig.* pessoa ambiciosa ~ **avícola** *adj.*

²a.ve *interj.* forma us. em saudação, equivalente a 'salve' [ORIGEM: do lat. *avēre* 'dar bom-dia a alguém, saudar']

a.vei.a *s.f.* BOT **1** cereal nativo do Mediterrâneo, com grãos altamente nutritivos, muito cultivado para a alimentação humana e animal **2** o grão desse cereal

-ável *suf.* equivalente a *-vel*

a.ve.lã *s.f.* BOT **1** aveleira **2** o fruto dessa árvore

a.ve.lei.ra *s.f.* BOT árvore cultivada como ornamental, pelas sementes muito us. em doces, chocolates e licores, e pelas raízes com propriedades medicinais; avelã

a.ve.lu.da.do *adj.* **1** que tem a textura ou a aparência do veludo **2** *fig.* agradável aos sentidos ('órgão'); suave

a.ve-ma.ri.a [pl.: *ave-marias*] *s.f.* REL **1** oração católica à Virgem Maria ☞ inicial por vezes maiúsc. **2** cântico que tem como tema essa oração ▼ ***ave-marias*** *s.f.pl.* REL **3** conjunto de três badaladas do sino, que chama os fiéis à reza da ave-maria; ângelus

a.ve.na *s.f.* BOT nome comum a plantas nativas da Europa, África e Ásia, mais conhecidas como aveia, entre as quais algumas são cultivadas como cereais

a.ven.ca *s.f.* BOT nome comum a várias plantas nativas do Brasil, de folhas muito delicadas, que ger. nascem e vivem em lugares sombrios e úmidos

a.ve.ni.da *s.f.* via pública urbana, mais larga do que a rua

a.ven.tal [pl.: *-ais*] *s.m.* VEST vestimenta us. para proteger a roupa

a.ven.tar *v.* {mod. 1} *t.d.* **1** expor e agitar ao vento *<a. um pano>* **2** pressentir, prever *<a. o fracasso de um projeto>* □ *t.d. e t.d.i.* **3** (prep. *a*) sugerir, propor *<quis a. sua ideia (ao grupo)>*

a.ven.tu.ra *s.f.* **1** circunstância ou fato inesperado; peripécia **2** experiência arriscada e perigosa **3** relacionamento amoroso passageiro

a.ven.tu.rar *v.* {mod. 1} *t.d. e pron.* (prep. *a*) submeter(-se) ao desconhecido e/ou ao perigo; arriscar(-se), ousar *<resolveu a. seu destino e partiu> <aventurou-se pela mata, em busca de comida>*

a.ven.tu.rei.ro *adj.s.m.* **1** que(m) ama ou procura aventuras ('peripécia'); audacioso **2** que(m) conta com a sorte e vive de golpes ■ *adj.* **3** que envolve risco, perigo; arriscado

a.ver.bar *v.* {mod. 1} *t.d.* **1** firmar por escrito; registrar *<a. um depoimento>* **2** anotar na margem de um documento ou registro público, para assinalar uma alteração ao original *<averbou a sentença de separação no registro de casamento>* ~ **averbação** *s.f.* - **averbamento** *s.m.*

a.ve.ri.guar *v.* {mod. 4} *t.d.* **1** fazer cuidadoso exame de; apurar *<a. as causas do crime>* **2** concluir por meio de pesquisa; certificar-se □ *t.d.i.* **3** (prep. *de*) procurar informações sobre; indagar *<averigou dos detalhes do acidente>* ~ **averiguação** *s.f.* - **averiguador** *adj.s.m.*

a.ver.me.lha.do *adj.* **1** que tem cor tirante a vermelho ou que a ela se assemelha *<olhos a.>* **2** puxado para o vermelho *<roxo a.>* **3** diz-se dessa cor *<a cor a. das folhas no outono>* ■ *s.m.* **4** a cor avermelhada *<o a. do crepúsculo>*

a.ver.me.lhar *v.* {mod. 1} *t.d.,int. e pron.* **1** tornar(-se) vermelho *<o sangue avermelhou a água> <a roupa avermelhou(-se) na máquina>* **2** *p.ext.* corar, enrubescer (face, rosto, pele) *<os elogios avermelharam suas faces> <seu rosto avermelhou(-se) ao vê-la>* ~ **avermelhamento** *s.m.*

a.ver.são [pl.: *-ões*] *s.f.* **1** sentimento de repulsa; repugnância **2** rancor, ódio

a.ves.sas *s.f.pl.* ▸ us. em: **às a.** ao contrário, pelo avesso *<vestiu as meias às a.>*

a.ves.so /ê/ *adj.* **1** que é contra algo; antagônico, hostil *<a. às práticas esportivas>* **2** não adepto (no sentido moral) *<a. às manifestações do espírito>* ■ *s.m.* **3** a parte de trás, o reverso de algo *<o a. da saia>* **4** *fig.* o oposto *<ela é o a. da irmã>*

a.ves.truz [pl.: *-es*] *s.2g.* ZOO maior ave que existe, com cerca de 2,5 m de altura, pernas longas e fortes, e cabeça e pescoço quase sem penas

a.ve.xar *v.* {mod. 1} *t.d. e pron.* → ***VEXAR***

a.vi.a.ção [pl.: *-ões*] *s.f.* **1** sistema de navegação aérea **2** ciência relativa aos transportes aéreos **3** frota de aeronaves, funcionários especializados etc. que fornecem o transporte aéreo *<a. comercial>* **4** indústria e técnica de fabricação de aeronaves ~ **aviatório** *adj.*

a.vi.a.dor /ô/ [pl.: *-es*] *s.m.* indivíduo que pilota avião [ORIGEM: do fr. *aviateur* 'id.']

a.vi.ão [pl.: *-ões*] *s.m.* **1** aeronave impulsionada por motor e dotada de asas que a mantêm no ar **2** *fig. B infrm.* mulher muito atraente **3** *B drg.* intermediário na compra e venda de drogas

a.vi.ar *v.* {mod. 1} *t.d.* **1** concluir (trabalho, obra etc.) **2** preparar (medicamento, produto de beleza etc.) conforme uma receita **3** despachar, expedir, remeter *<a. encomendas>* □ *int. e pron.* **4** mover-se ou agir com maior pressa; apressar-se *<avie(-se), estamos atrasados>* ~ **aviado** *adj.* - **aviamento** *s.m.*

[1]**a.vi.á.rio** *s.m.* **1** viveiro de aves **2** local de criação ou venda de aves [ORIGEM: do lat. *aviarĭum,ĭi* 'id.']

[2]**a.vi.á.rio** *adj.* referente a aves; avícola [ORIGEM: do lat. *aviarĭus,a,um* 'id.']

a.vi.cul.tu.ra *s.f.* criação de aves ~ **avicultor** *adj.s.m.*

á.vi.do *adj.* **1** que deseja com ardor **2** ansioso ~ **avidez** *s.f.*

a.vil.tar *v.* {mod. 1} *t.d.,int. e pron.* **1** tornar(-se) vil, indigno; desonrar(-se) *<o poder avilta (os fracos)> <aviltou-se com a ambição desmedida>* □ *t.d. e pron.* **2** submeter(-se) a vexame; humilhar(-se) *<aviltou o ex-marido em público> <avilta-se não reagindo à agressão>* □ *t.d.* **3** baixar muito o preço de; baratear ~ **aviltação** *s.f.* - **aviltamento** *s.m.* - **aviltante** *adj.2g.*

a.vi.na.gra.do *adj.* **1** que contém vinagre **2** que tem gosto ou cheiro de vinagre; azedo

a.vi.na.grar *v.* {mod. 1} *t.d.* **1** temperar com vinagre □ *int. e pron.* **2** tornar-se azedo *<a bebida avinagrou(-se)>* □ *int.* **3** transformar-se em vinagre por causa da fermentação *<o vinho avinagrou>*

a.vi.o *s.m. B* **1** execução de algo **2** cada um dos materiais, equipamentos etc. us. na realização de uma tarefa *<os a. de pesca>* ☞ nesta acp., mais us. no pl.

a.vir *v.* {mod. 31} *t.d. e pron.* **1** pôr(-se) em harmonia (com); conciliar(-se) *<fez tudo para a. os irmãos brigados> <avieram-se após longa conversa>* □ *pron.* **2** (prep. *com*) adaptar-se, ajustar-se *<teve que se a. com aquela situação>* ~ **avindo** *adj.*

a.vi.sa.do *adj.* **1** que recebeu aviso **2** que usa de prudência; ajuizado, sensato **3** discreto, reservado

a.vi.sar *v.* {mod. 1} *t.d.,t.d.i.,int. e pron.* **1** (prep. *a*, *de*) fazer(-se) ciente; informar(-se), comunicar(-se) *<a. o vizinho da reunião> <a. aos alunos a data da prova> <saiu e não avisou> <avisaram-se da presença do policial>* □ *t.d.,t.d.i. e int.* **2** (prep. *a*) mostrar a conveniência de; aconselhar, recomendar *<avisou-o para largar o cigarro> <avisei-lhe que não saísse> <ele avisou, mas não o ouvi>* □ *t.d.i. e int.* **3** (prep. *de*) chamar a atenção (de); advertir *<avisei-o dos erros daquela resposta> <ela bem que avisou>*

a.vi.so *s.m.* **1** toda e qualquer espécie de comunicação, informação ou declaração prestada a alguém **2** carta ou documento pelo qual se informa algo a alguém **3** aquilo que adverte; advertência, conselho, recomendação

a.vi.so-pré.vio [pl.: *avisos-prévios*] *s.m.* **1** comunicação pela qual o empregador ou o empregado informa um ao outro o término do contrato de trabalho, em certo prazo (ger. um mês) **2** quantia que o empregado recebe quando o empregador decide rescindir o contrato de trabalho imediatamente

a.vis.tar *v.* {mod. 1} *t.d.* **1** alcançar com a vista; enxergar, ver **2** *fig.* perceber, pressentir *<a. perigo>* □ *pron.* **3** (prep. *com*) encontrar-se por acaso; topar *<avistou-se com o pai na feira>*

a.vi.ta.mi.no.se *s.f.* MED doença causada por falta de vitamina(s)

a.vi.var *v.* {mod. 1} *t.d. e pron.* **1** tornar(-se) mais vivo; animar(-se), revigorar(-se) *<sua memória avivou-se>* **2** tornar(-se) mais forte; intensificar(-se) *<a. mágoas> <o antigo sonho avivou-se com aquela oferta>* **3** realçar(-se), destacar(-se) *<a maquiagem aviva sua face> <a pintura avivou-se com a moldura>* □ *t.d.,int. e pron.* **4** (fazer) recobrar os sentidos; reanimar(-se) *<avivou-o com amoníaco> <com a chuva, afinal, avivou(-se)>* ~ **avivador** *adj.s.m.* - **avivamento** *s.m.*

a.vi.zi.nhar *v.* {mod. 1} *t.d.,t.d.i. e pron.* **1** (prep. *de*) [fazer] ficar próximo; aproximar(-se) *<avizinhou os jovens na mesa de jantar> <avizinhei o abajur do sofá> <avizinha-se o fim do ano>* □ *t.d.* **2** ser vizinho de; confinar *<a igreja avizinha o museu>* ~ **avizinhação** *s.f.* - **avizinhamento** *s.m.*

a.vo *s.m.* MAT palavra posta junto ao numeral do denominador de uma fração, quando este é maior que dez (p.ex.: 1/12, um doze avos; 4/20, quatro vinte avos)

a.vó *s.f.* a mãe do pai ou da mãe; vovó ◉ GRAM/USO masc.: *avô*

a.vô [fem.: *avó*] *s.m.* **1** o pai do pai ou da mãe; vovô ▼ ***avôs*** *s.m.pl.* **2** o pai do pai e o pai da mãe ▼ ***avós*** *s.m.pl.* **3** o avô e a avó (o casal) de um indivíduo **4** os antepassados

a.vo.a.do *adj. B* que está ou vive distraído, aéreo

a.vo.car *v.* {mod. 1} *t.d.* **1** chamar para si *<avocou-as para junto de si>* ☐ *t.d.i.* **2** (prep. *a*, *para*) levar à adesão de; atrair *<a. indecisos para seu partido>* ☐ *pron.* **3** atribuir-se, arrogar-se *<a.-se o poder de decisão>* ~ **avocação** *s.f.* - **avocatório** *adj.*

a.vo.en.go *adj.* **1** que se herdou dos avós ■ *s.m.* **2** avô; antepassado ☞ nesta acp., freq. us. no pl.

a.vo.lu.mar *v.* {mod. 1} *t.d.,int. e pron.* aumentar (em volume, tamanho, quantidade, intensidade) *<esse xampu avoluma os cabelos> <na gaveta, as cartas avolumam> <o lixo avolumou-se nas ruas>* ~ **avolumamento** *s.m.*

à von.ta.de [pl.: *à vontades*] *s.m.* naturalidade no comportamento; desembaraço ☞ cf. *à vontade* (loc.) no verbete *vontade*

a.vul.so *adj.* **1** que não faz parte de um todo *<selos a.>* **2** separado do conjunto de que faz parte *<venda a. de exemplares da revista>* **3** arrancado ou separado à força

a.vul.tar *v.* {mod. 1} *t.d.,int. e pron.* **1** tornar(-se) maior ou mais intenso; aumentar, intensificar(-se) *<a. a produção> <sua influência sobre a turma tem(-se) avultado>* ☐ *t.d.* **2** elevar (custo, preços etc.) **3** engrandecer, glorificar *<elogios para a. a obra do poeta>* **4** representar em forma de vulto ou relevo *<a. um animal no mármore>* ☐ *int.* **5** distinguir-se, sobressair *<uma voz forte avultava entre todas>* ~ **avultação** *s.f.* - **avultante** *adj.2g.* - **avultoso** *adj.*

a.vun.cu.lar [pl.: *-es*] *adj.2g.* relativo ao tio ou à tia, esp. maternos

a.xa.dre.za.do *adj.* que apresenta quadrados semelhantes ao tabuleiro de xadrez *<camisa a.>* ~ **axadrezar** *v.t.d.*

a.xé *s.m.* **1** REL no candomblé, a força sagrada de cada orixá **2** MÚS *B* gênero musical dançante, originário da Bahia, criado a partir de elementos afro-brasileiros ■ *interj.* **3** saudação com votos de felicidade

a.xi.al /cs/ [pl.: *-ais*] *adj.2g.* **1** relativo a ou em forma de eixo **2** que funciona como eixo, que divide ao meio **3** *fig.* essencial, primordial

a.xi.la /cs/ *s.f.* ANAT cavidade sob o ombro; sovaco ~ **axilar** *adj.2g*

a.xi.o.ma /cs/ *s.m.* **1** FIL enunciado considerado verdadeiro sem necessidade de demonstração **2** *p.ext.* provérbio, dito, máxima ~ **axiomático** *adj.*

-az *suf.* 'aumento': *audaz, eficaz, voraz*

a.za.do *adj.* conveniente, oportuno *<momento a.>*

a.zá.fa.ma *s.f.* **1** pressa na execução de algo **2** *p.ext.* grande atividade e confusão; atropelo ~ **azafamado** *adj.*

a.za.fa.mar *v.* {mod. 1} *t.d. e pron.* **1** tornar(-se) mais ágil; apressar(-se) *<a falta de tempo azafamou-o> <os garçons azafamavam-se para atender a todos>* **2** sobrecarregar(-se) de tarefas *<o acúmulo de funções azafamou-o> <azafamou-se e não conseguiu dar conta do serviço>* **3** pôr ou ficar em azáfama; alvoroçar(-se), agitar(-se) *<o tumulto na rua azafamou a vizinhança> <azafamou-se com tantas visitas>*

a.za.gai.a *s.f.* qualquer lança de arremesso; zagaia

a.zá.lea ou **a.za.lei.a** /éi/ *s.f.* BOT nome comum a plantas nativas de clima temperado do hemisfério norte, mundialmente cultivadas pelas flores coloridas

a.zar [pl.: *-es*] *s.m.* **1** infelicidade, infortúnio **2** acaso, eventualidade *<por a., tropeçou no degrau>* ■ *interj. B* **3** exprime aceitação da má sorte (freq. acompanhada de gesto, p.ex., dar de ombros) ~ **azarado** *adj.s.m.*

a.za.rão [pl.: *-ões*] *s.m.* **1** ESP cavalo com poucas chances de vencer uma corrida **2** *p.ext.* o que tem poucas possibilidades de vencer uma disputa ou de dar certo em algum empreendimento; zebra

a.za.rar *v.* {mod. 1} *t.d.* **1** levar má sorte a *<a. um jogo de cartas>* ☐ *t.d. e int. gír.* **2** mostrar interesse amoroso (por); paquerar *<foi à festa para a. o colega de turma> <saiu para a.>*

a.za.ren.to *adj.* **1** que tem má sorte; azarado **2** que traz ou produz supostamente azar

a.ze.dar *v.* {mod. 1} *t.d. e int.* **1** (fazer) ficar azedo ('ácido', 'estragado'); estragar(-se) *<o excesso de vinagre azedou o molho> <o leite azedou>* **2** *fig.* tornar(-se) amargo, irritado; agastar(-se) *<suas críticas azedaram-no> <ela azedou ao vê-lo com outra>* ~ **azedamento** *s.m.*

a.ze.do /ê/ *adj.* **1** de sabor ou cheiro ácido; acre *<uva a.>* **2** estragado pela fermentação (diz-se de alimento) **3** *infrm.* amargo *<café frio e a.>* **4** *fig.* de mau humor; irritado *<fica a. quando está com fome>* **5** *fig.* que demonstra contrariedade; áspero, rude *<falou com um tom a.>* ■ *s.m.* **6** o sabor ácido; acidez

a.ze.du.me *s.m.* **1** sabor ácido; acidez **2** estado de espírito que demonstra amargor, irritação

a.zei.te *s.m.* **1** substância líquida e oleosa extraída da azeitona, us. na alimentação **2** *p.ext.* óleo extraído de outros frutos, plantas, ou de alguns animais ▣ **a. de dendê** dendê ('azeite') ~ **azeitar** *v.t.d.*

a.zei.to.na *s.f.* **1** BOT fruto da oliveira; oliva ■ *s.m.* **2** a cor verde desse fruto ■ *adj.2g.2n.* **3** que tem essa cor; oliva *<calças a.>* **4** diz-se dessa cor *<a cor a.>* ~ **azeitonado** *adj.s.m.*

a.zê.mo.la *s.f.* ZOO besta de carga

a.ze.nha *s.f.* moinho movido a água

a.ze.vi.che *s.m.* **1** MINER substância mineral us. para fazer objetos de adorno **2** a cor muito negra dessa substância

a.zi.a *s.f.* MED sensação semelhante à de uma queimadura que vai do estômago à faringe, ger. acompanhada de arroto e aumento de saliva; pirose

a.zi.a.go *adj.* **1** que traz má sorte; azarento **2** em que há infelicidade; desafortunado <*vida a.*>

a.zi.do.ti.mi.di.na *s.f.* FARM substância inibidora da duplicação do vírus da Aids [sigla: *AZT*]

á.zi.mo *adj.s.m.* (pão) sem fermento ou levedura

a.zi.nha.vre *s.m.* camada verde que se forma no cobre ou latão expostos à umidade; zinabre ~ **azinhavrar** *v.t.d.,int. e pron.*

-ázio *suf.* 'aumento': *copázio*

a.zo *s.m.* motivo, causa; oportunidade <*brigas deram a. à sua saída*>

a.zo.a.do *adj.* **1** tonto **2** aborrecido, irritado

a.zoi.co /ói/ *adj.s.m.* GEOL arqueano ☞ como subst. não se usa no plural; inicial maiúsc.

a.zo.to /ô/ *s.m.* QUÍM antiga denominação para nitrogênio ~ **azótico** *adj.s.m.*

a.zou.gue *s.m.* **1** QUÍM *infrm.* mercúrio **2** *fig.* pessoa muito viva e inquieta

AZT ® *s.m.* sigla de *azidotimidina*, droga us. no tratamento de Aids

a.zu.cri.nar *v.* {mod. 1} *t.d.,int. e pron.* importunar(-se), aborrecer(-se) <*pare de a. seu irmão!*> <*não ajuda o grupo, só azucrina*> <*azucrinava-se com a demora do ônibus*> ~ **azucrinação** *s.f.* - **azucrinante** *adj.2g.*

a.zul [pl.: *-uis*] *s.m.* **1** cor primária entre o verde e o violeta **2** *p.ext.* o céu <*sonha olhando o a.*> ■ *adj.2g.* **3** que tem essa cor <*caneta a.*> **4** diz-se dessa cor <*a cor a.*>

a.zu.la.do *adj.* **1** que tem cor tirante a azul, ou que a ele se assemelha **2** diz-se dessa cor <*flor de cor a.*> ■ *s.m.* **3** a cor azulada <*o a. de seus olhos*>

a.zu.lão [pl.: *-ões*] *s.m. B* **1** tom forte de azul **2** tecido rústico de algodão, de cor azul **3** ZOO ave canora, cujos machos têm plumagem azulada, asas e cauda negras, e as fêmeas são pardas

a.zu.lar *v.* {mod. 1} *t.d.,int. e pron.* **1** (fazer) adquirir tom azul ou azulado <*a. um tecido*> <*o céu azulou(-se) após a chuva*> □ *int. B infrm.* **2** fugir, escapar <*azulou quando viu os fiscais*>

a.zu.le.jo /ê/ *s.m.* placa de cerâmica esmaltada, colorida, com que se revestem paredes ~ **azulejado** *adj.* - **azulejar** *v.t.d.* - **azulejista** *adj.2g.s.2g.*

a.zul-ma.ri.nho [pl. do subst.: *azuis-marinhos*] *s.m.* **1** tom escuro similar ao azul do mar ■ *adj.2g.2n.* **2** que tem essa cor <*calças azul-marinho*> **3** diz-se dessa cor <*a cor a.*>

a.zul-pis.ci.na [pl. do subst.: *azuis-piscina* e *azuis-piscinas*] *s.m.* **1** cor azul tirante a verde ■ *adj.2g.2n.* **2** que tem essa cor <*olhos azul-piscina*> **3** diz-se dessa cor <*a cor a.*>

a.zul-vi.o.le.ta [pl. do s.m.: *azuis-violetas* e *azuis-violeta*] *s.m.* **1** tom arroxeado de azul ■ *adj.2g.2n.* **2** que tem essa cor **3** diz-se dessa cor

Bb

b *s.m.* **1** segunda letra (consoante) do nosso alfabeto ■ *n.ord.* *(adj.2g.2n.)* **2** diz-se do segundo elemento de uma série *<casa B>* *<item 1b>* ☞ empr. após um substantivo ou numeral **3** diz-se da segunda classe na escala de poder e riqueza *<classe B>* **4** BIO grupo sanguíneo *<sangue B negativo>* ☞ ger. maiúscula ◉ GRAM/USO na acp. s.m., pl.: *bb*

B **1** INF símbolo de *byte* **2** QUÍM símbolo de *boro*

Ba QUÍM símbolo de *bário*

BA sigla do Estado da Bahia

bá *interj.* *RS* usada para demonstrar aprovação ou desaprovação

ba.ba *s.f.* **1** saliva que escorre sem que se queira **2** gosma secretada por caracóis e lesmas **3** substância pegajosa de certos vegetais **4** *gír.* muito dinheiro **5** FUTB *BA TO infrm.* pelada

ba.bá *s.f.* pessoa contratada para cuidar de crianças

ba.ba.ca *adj.2g.s.2g.* *infrm. gros.* **1** que(m) é ingênuo, tolo; babaquara ■ *adj.2g.* *infrm.* **2** que não desperta interesse; bobo, fútil *<filme b.>*

ba.ba.çu *s.m.* BOT **1** palmeira de folhas us. no fabrico de esteiras, cestos etc. e frutos com sementes comestíveis, das quais se extrai óleo **2** o fruto dessa palmeira ◉ COL babaçual, babaçuzal

ba.ba de mo.ça [pl.: *babas de moça*] *s.f.* CUL *B* doce feito com leite de coco, gemas e açúcar

ba.ba.do *adj.* **1** molhado de baba **2** *B infrm.* orgulhoso, envaidecido ou apaixonado ■ *s.m.* *B* **3** enfeite ou remate de tecido franzido **4** *infrm.* fofoca; mexerico

ba.ba.dor /ô/ [pl.: *-es*] ou **ba.ba.dou.ro** *s.m.* peça, ger. de pano, us. para proteger a roupa ao comer e/ou aparar a baba de crianças e idosos

ba.ba.lo.ri.xá [fem.: *ialorixá*] *s.m.* REL *B* no candomblé e na umbanda, chefe espiritual e administrador da casa, responsável pelo culto aos orixás; pai de santo

ba.bão [pl.: *-ões*; fem.: *babona*] *adj.s.m.* **1** (o) que baba muito **2** que(m) fala ou faz tolices; bobo **3** *fig.* que(m) está perdidamente apaixonado

ba.ba.qua.ra *adj.2g.s.2g.* *infrm.* tolo; babaca

ba.ba.qui.ce *s.f.* *infrm.* **1** bobagem; tolice **2** o que é muito superficial, não desperta interesse

ba.bar *v.* {mod. 1} *t.d.,int. e pron.* **1** molhar(-se), sujar(-se) de baba *<b. o travesseiro>* *<alguns doentes babam>* *<o neném babou-se todo>* □ *pron. fig. infrm.* **2** (prep. *por*) gostar muito de *<b.-se por cinema>*

ba.bel [pl.: *-éis*] *s.f.* **1** confusão de línguas **2** *p.ext.* confusão de vozes; gritaria **3** *p.ext.* movimentação barulhenta de pessoas; balbúrdia ~ **babélico** *adj.*

ba.bi.lô.nio ou **ba.bi.lô.ni.co** *adj.* **1** relativo à cidade ou ao império da Babilônia ■ *s.m.* **2** natural ou habitante dessa cidade ou império

ba.bo.sa *s.f.* **1** BOT aloé **2** sua resina

ba.bo.sei.ra *s.f.* dito sem importância; asneira

ba.bu.gem [pl.: *-ens*] *s.f.* **1** baba **2** espuma formada pela agitação da água **3** restos, esp. de comida **4** coisa sem importância

ba.bu.í.no *s.m.* ZOO macaco africano de focinho longo, que vive em grandes bandos

ba.bu.jar *v.* {mod. 1} *t.d.i. e pron.* **1** (prep. *de*) sujar (-se) [com baba ou comida] *<b. de comida a roupa>* *<b.-se de sopa>* □ *t.d.* *fig.* **2** tratar sem respeito *<b. as regras da gramática>* **3** bajular, adular *<b. os poderosos>*

ba.ca.ba *s.f.* BOT **1** nome comum a várias palmeiras, umas produtoras de frutos e sementes oleaginosas, outras de palmito **2** o fruto dessas palmeiras e seu sumo **3** a fibra dessas palmeiras ~ **bacabeira** *s.f.*

ba.ca.lhau *s.m.* **1** ZOO peixe do Atlântico Norte, ger. vendido seco e salgado **2** *B* chicote de couro cru trançado us. para castigar escravos **3** *infrm.* pessoa muito magra

ba.ca.lho.a.da *s.f.* CUL bacalhau cozido, preparado com azeite, batatas, cebolas etc.

ba.ca.lho.ei.ro *s.m.* **1** pescador ou vendedor de bacalhau ■ *adj.* **2** relativo à pesca, ao comércio e à industrialização desse peixe

ba.ca.mar.te *s.m.* arma de fogo de cano curto e largo, em forma de sino; garrucha, trabuco

ba.ca.na *adj.2g.* *B infrm.* **1** palavra que qualifica pessoas ou coisas com atributos positivos; bonito, bom, correto etc. ■ *s.2g.* **2** indivíduo rico; grã-fino

ba.ca.nal [pl.: *-ais*] *s.f.* **1** festa em honra de Baco, deus do vinho **2** *p.ext. infrm.* orgia sexual com mais de duas pessoas

ba.can.te *s.f.* **1** sacerdotisa do deus Baco **2** *fig.* mulher depravada

ba.ce.lo /ê/ *s.m.* BOT **1** muda de videira us. para reprodução **2** *p.ext.* videira pequena e nova

B

ba.cha.rel [pl.: *-éis*] *s.m.* **1** quem completa curso universitário **2** quem se forma em direito; advogado ~ **bacharelar** *v.t.d. e pron.*

ba.cha.re.la.do ou **ba.cha.re.la.to** *s.m.* **1** curso para obter grau de bacharel **2** esse grau ~ **bacharelando** *s.m.*

ba.ci.a *s.f.* **1** recipiente largo e raso para líquidos **2** GEOL depressão de terra ocupada por rio, lago etc. **3** ANAT cavidade formada pelos ossos do quadril, sacro e cóccix; pelve

ba.ci.lo *s.m.* BIO bactéria alongada, em forma de bastonete ~ **bacilar** *adj.2g.*

ba.ci.o *s.m.* penico

[1]**ba.ço** *s.m.* ANAT víscera, próxima ao estômago, que destrói glóbulos vermelhos inúteis e libera hemoglobina [ORIGEM: duv., talvez do gr. *hēpátion*, dim. de *hêpar* 'fígado']

[2]**ba.ço** *adj.* **1** embaciado, opaco **2** moreno [ORIGEM: de um lat. *opaceus*, der. de *opācus* 'opaco, sombrio']

bacon [ing.] *s.m.* toucinho defumado ◉ GRAM/USO em ing., invariável ⇒ pronuncia-se bêicon

ba.co.re.jar *v.* {mod. 1} *t.d.* **1** adivinhar, prever *<b. grande sucesso no novo empreendimento>* **2** sugerir, propor *<b. a solução de um problema>* □ *int.* **3** grunhir (o leitão) ☞ nesta acp., só us. nas 3as p., exceto quando fig.

bá.co.ro ou **ba.co.ri.nho** *s.m.* ZOO leitão ◉ COL bacorada, bacoral

bac.té.ria *s.f.* BIO micróbio, parasita ou não, essencial para o processo de decomposição de matéria orgânica ~ **bacteriano** *adj.* - **bactérico** *adj.*

bac.te.ri.ci.da *adj.2g.s.m.* (substância) que elimina bactérias

bac.te.ri.ó.fa.go *adj.s.m.* (vírus) que destrói bactérias

bac.te.rio.lo.gi.a *s.f.* BIO ciência que estuda as bactérias e suas propriedades ~ **bacteriológico** *adj.* - **bacteriologista** *adj.2g.s.2g.* - **bacteriólogo** *s.m.*

bac.te.ri.os.ta.se ou **bac.te.ri.ós.ta.se** *s.f.* BIO condição em que não há reprodução de bactérias ~ **bacteriostático** *adj.s.m.*

bá.cu.lo *s.m.* **1** REL bastão de extremidade curva us. por bispos **2** *p.ext.* cajado, [1]bordão **3** *fig.* apoio moral ou financeiro

[1]**ba.cu.ri** *s.m.* BOT **1** árvore da região amazônica, de madeira nobre, flores rosadas e frutos grandes us. para refrescos e doces; bacurizeiro **2** o fruto dessa árvore [ORIGEM: do tupi *ïwaku'ri* 'espécie de palmeira']

[2]**ba.cu.ri** *s.m.* *B infrm.* menino pequeno [ORIGEM: duv., talvez de *bacorinho*]

ba.cu.ri.zei.ro *s.m.* BOT [1]bacuri

ba.da.la.ção [pl.: *-ões*] *s.f. infrm.* **1** vida social ativa; divertimento **2** divulgação de algo, exagerando suas qualidades

ba.da.la.da *s.f.* **1** pancada do badalo no sino **2** o som produzido por essa pancada

ba.da.lar *v.* {mod. 1} *t.d. e int.* **1** fazer soar ou soar por badalada(s) *<b. uma sineta> <sinos badalam na cidade>* □ *int. B infrm.* **2** frequentar lugares diversos, festas etc. *<adolescentes adoram b.>* □ *t.d. fig. infrm.* **3** divulgar, promover *<badalaram o concerto por um mês>* ~ **badalador** *adj.s.m.*

ba.da.lo *s.m.* peça pendurada no interior de sinos, sinetas etc., que os faz vibrar e soar, batendo em suas paredes

ba.de.jo /ê *ou* é/ *s.m.* ZOO *B* nome comum a vários peixes de valor comercial, que vivem sobre fundos rochosos ou arenosos das águas costeiras tropicais e não formam cardumes

ba.der.na *s.f.* situação em que há desordem ~ **badernar** *v.t.d. e int.* - **badernista** *adj.2g.s.2g.*

ba.der.nei.ro *adj.s.m.* **1** que(m) é dado a fazer baderna, a criar desordem ou confusão; arruaceiro, desordeiro **2** que(m) promove noitadas ou vive na farra; boêmio, farrista

badminton [ing.] *s.m.* ESP jogo de quadra em que dois adversários ou duas duplas, munidos de raquetes e separados por uma rede, rebatem alternadamente uma espécie de peteca ◉ GRAM/USO em ing., esta pal. não se emprega no pl. ⇒ pronuncia-se bédminton

ba.du.la.que *s.m.* **1** penduricalho ▼ **badulaques** *s.m.pl.* **2** coisas pequenas e de pouco valor *<loja de b.>*

ba.e.ta /ê/ *s.f.* tecido felpudo, de lã ou algodão grosso

ba.fa.fá *s.m.* *B infrm.* tumulto, confusão

ba.fe.jar *v.* {mod. 1} *int.* **1** exalar bafo *<b. de cansaço>* □ *t.d.* **2** soprar sobre *<b. as mãos geladas>* **3** *fig.* favorecer, proteger *<a sorte o bafeja>* ~ **bafejador** *adj.s.m.*

ba.fe.jo /ê/ *s.m.* **1** ar que sai da boca; sopro **2** *fig.* proteção *<b. da sorte>*

ba.fi.o *s.m.* cheiro característico de ambientes úmidos e abafados

ba.fo *s.m.* **1** ar que sai dos pulmões pela boca; hálito **2** hálito contaminado por outro odor *<b. de cigarro>* **3** *infrm.* conversa fiada, mentira

ba.fô.me.tro *s.m.* *B infrm.* aparelho que mede na expiração o grau de concentração de álcool no sangue de uma pessoa

ba.fo.ra.da *s.f.* **1** exalação quente de gás ou vapor **2** fumaça expelida ao fumar ~ **baforar** *v.t.d. e int.*

ba.ga *s.f.* **1** BOT fruto carnudo, ger. comestível **2** *fig.* gota (de suor, de orvalho) ☞ cf. *bago*

ba.ga.cei.ra *s.f.* **1** local onde se junta bagaço **2** *p.ext.* resto; tralha **3** *B infrm.* aguardente de cana, cachaça

ba.ga.ço *s.m.* **1** resto (de fruta, cana etc.) após a extração do sumo **2** *p.ext.* mau aspecto, má aparência *<meu tênis está um b.>* **3** RECR em certos jogos de baralho, conjunto de cartas descartadas

ba.ga.gei.ro *adj.s.m.* **1** (o) que transporta bagagens *<(vagão) b. do trem>* ■ *s.m.* **2** estrutura metálica presa ao teto de carro, ônibus etc. para acomodar bagagens

ba.ga.gem [pl.: *-ens*] *s.f.* **1** conjunto de malas etc. de viagem **2** conteúdo dessas malas **3** *fig.* a experiência de vida e o conjunto de conhecimentos de alguém *<b. intelectual>*

ba.ga.na *s.f. drg.* guimba

ba.ga.te.la *s.f.* **1** coisa sem valor; bugiganga **2** quantia insignificante; ninharia

ba.go *s.m.* **1** cada uva de um cacho **2** *p.ext.* fruto carnoso semelhante à uva *<b. de jaca>* **3** *p.ext.* grão miúdo *<b. de trigo>*

ba.gre *s.m.* ZOO peixe sem escamas, com barbilhões no maxilar inferior, que vive no fundo de águas salgadas ou doces

ba.gual [pl.: *-ais*] *adj.2g.s.m.* **1** *RS* diz-se de ou cavalo arisco ■ *adj.2g. RS infrm.* **2** muito bom

ba.gue.te *s.f.* pão francês comprido e fino

ba.gu.lho *s.m. infrm.* **1** coisa de má qualidade; cacareco **2** qualquer objeto **3** *pej.* pessoa feia ou envelhecida **4** *drg.* maconha

ba.gun.ça *s.f. infrm.* falta de ordem; confusão

ba.gun.çar *v.* {mod. 1} *t.d. e int.* **1** promover desordem (em) *<crianças costumam b. (o quarto)>* □ *t.d. e t.i.* **2** (prep. *com*) agir de modo a destruir algo; arrasar *<b. (com) um projeto>*

ba.gun.cei.ro *adj.s.m.* que(m) faz e/ou gosta de bagunça

bai.a *s.f.* **1** compartimento da cocheira em que ficam os cavalos **2** *p.ext.* ambiente separado por divisórias **3** *B* área reservada para embarque e desembarque de passageiros em ônibus

ba.í.a *s.f.* GEO **1** enseada num litoral em que se pode aportar **2** *p.ext. B* lagoa que se comunica com um rio através de um canal **3** região da costa mais larga no interior do que na entrada, por onde penetram as águas do mar

bai.a.cu *s.m.* ZOO peixe espinhoso, de água salgada ou doce, que infla o corpo se ameaçado

bai.a.na *s.f.* **1** mulher natural ou habitante da Bahia **2** *p.ext.* vendedora de pratos típicos da culinária afro-baiana **3** seu traje típico *<desfilou de b.>*

bai.a.no *adj.* **1** da Bahia ■ *s.m.* **2** natural ou habitante desse estado

bai.ão [pl.: *-ões*] *s.m.* DNÇ MÚS *N.E.* dança e canto popular, com influência do samba e da conga, acompanhado por sanfona e violas ▣ **b. de dois** CUL *CE* prato feito com feijão e arroz cozidos juntos, ger. acompanhado de carnes

bai.la *s.f.* ▸ us. em: **trazer à b.** lembrar no momento adequado *<trouxeram à b. os novos argumentos>* • **vir à b.** ser lembrado, ser mencionado *<o assunto veio à b.>*

bai.la.do *adj.* **1** em que há dança ■ *s.m.* **2** dança **3** *p.ext.* qualquer movimento que lembre uma dança *<o b. das folhas ao vento>* **4** coreografia

bai.lar *v.* {mod. 1} *t.d. e int.* **1** mover o corpo em certo ritmo, ger. com música; dançar *<b. um tango>* *<bailaram até o dia raiar>* □ *int.* **2** *p.ext.* agitar-se, balançar *<a chama da vela bailava ao sopro da brisa>* **3** *p.ext.* mover-se em curvas; rodopiar *<a folha bailava no ar>* ~ **bailador** *adj.s.m.*

bai.la.ri.no *adj.s.m.* (indivíduo) que dança profissionalmente

bai.le *s.m.* festa dançante ▣ **dar um b.** *fig. B infrm.* **1** ter excelente atuação *<meu time deu um b.>* **2** repreender alguém; censurar

ba.i.nha *s.f.* **1** estojo de couro, madeira ou metal em que se guarda a lâmina de uma arma branca **2** dobra costurada pelo avesso nas barras de um tecido cortado (p.ex., saias, calças, cortinas) **3** ANAT tecido que recobre um órgão ou estruturas como vasos, músculos etc. **4** BOT base da folha que envolve o ramo ou o caule

bai.o *adj.s.m.* (cavalo) de cor castanha

bai.o.ne.ta /ê/ *s.f.* lâmina metálica pontuda que se prende à boca do fuzil

bair.ris.mo *s.m.* defesa entusiasmada de seu bairro ou terra natal ~ **bairrista** *adj.2g.s.2g.*

bair.ro *s.m.* cada uma das divisões de uma cidade ou vila

bai.ta *adj.2g. B infrm.* **1** muito grande *<b. sala>* **2** *fig.* muito bom no que faz *<b. cantor>*

bai.to.la /ô *ou* ó/ *adj.2g.s.m. B gros.* homem homossexual

bai.u.ca *s.f. infrm.* **1** casa comercial em que se vendem bebidas alcoólicas; taberna, botequim **2** *p.ext.* local sujo, mal frequentado

bai.xa *s.f.* **1** diminuição de valor *<a b. dos juros>* **2** dispensa de emprego ou serviço militar *<dar b. na carteira de um empregado>* **3** MIL soldado morto, ferido ou capturado em ação militar **4** *p.ext.* perda ou afastamento (de alguém num grupo) **5** GEO depressão de terreno

bai.xa.da *s.f.* GEO área plana entre montanhas

bai.xa-mar [pl.: *baixa-mares*] *s.f.* maré depois da vazante, até começar a encher; maré baixa

bai.xar *v.* {mod. 1} *t.d.,int. e pron.* **1** tornar(-se) baixo ou mais baixo *<b. os olhos>* *<viu a altura em que estava e baixou(-se)>* □ *t.i.* **2** (prep. *a*) encaminhar-se, descer *<b. ao porão>* □ *t.d. e t.d.i.* **3** (prep. *para*) expedir (portaria, aviso etc.) [para setor, seção etc.] *<baixou uma ordem de serviço (para os funcionários da secretaria)>* **4** INF (prep. *de, para*) transferir (dados) da internet ou de um computador (para outro) *<b. um programa>* □ *t.i. e int.* REL *B* **5** (prep. *em*) manifestar-se (ser espiritual, p.ex., um orixá) no corpo e/ou no espírito de alguém (p.ex., um médium); incorporar-se, materializar-se *<Iemanjá baixou (na mãe de santo)>*

bai.xa.ri.a *s.f. infrm.* pessoa, coisa, ação desagradável, grosseira

bai.xe.la *s.f.* conjunto de travessas, pratos, talheres etc. de metal

bai.xe.za /ê/ *s.f.* **1** característica ou estado do que é baixo ou está embaixo **2** *fig.* falta de dignidade

bai.xi.o *s.m.* GEO banco de areia ou rochedo coberto por pouca quantidade de água do mar ou de rio

bai.xis.ta *adj.2g.s.2g.* que(m) toca contrabaixo

bai.xo *adj.* **1** de pouca estatura **2** de nível inferior ao normal *<o rio está b.>* **3** que está a pouca altura do solo **4** que custa ou vale pouco; barato **5** grosseiro, mal-educado **6** mais próximo no tempo *<b. Idade Média>* ■ *s.m.* **7** MÚS voz masculina de registro mais grave **8** cantor com essa voz **9** contrabaixo **10** parte inferior de algo *<a vila fica no b. da montanha>* ■ *adj.2g.* **11** MÚS que tem registro grave (diz-se de cantor ou instrumento) ■ *adv.* **12** a pouca altura do solo *<voar b.>* **13** com pouco volume *<falem b.>* **14** MÚS em tom grave *<esse tom está b. para você>* ▼ ***baixos*** *s.m.pl.* **15** GEO depressões de terreno ▣ **por b. 1** em situação difícil, desmoralizado *<esse anda por b.>* **2** por menos *<calculou por b. as despesas>*

bai.xo-as.tral [pl.: *baixos-astrais* (subst.); *baixo-astrais* (adj.)] *adj.2g.s.2g. infrm.* (o) que é desagradável, deprimente etc.

bai.xo-la.tim [pl.: *baixos-latins*] *s.m.* LING latim da Idade Média, us. esp. como língua escrita

bai.xo-re.le.vo [pl.: *baixos-relevos*] *s.m.* ART.PLÁST figura esculpida com pouco relevo em relação ao fundo plano ☞ cf. *alto-relevo*

bai.xo.te [fem.: *baixota*] *adj.s.m. pej.* que(m) é muito baixo

bai.xo-ven.tre [pl.: *baixos-ventres*] *s.m.* ANAT parte inferior do abdome

ba.ju.la.dor /ô/ [pl.: *-es*] *adj.s.m.* **1** que(m) bajula ■ *adj.* **2** em que há bajulação

ba.ju.lar *v.* {mod. 1} *t.d.* lisonjear para obter vantagens; adular *<bajulou o chefe, para conseguir o aumento>* ~ **bajulação** *s.f.*

ba.la *s.f.* **1** doce de tamanho pequeno, mais ou menos duro, e de sabores variados **2** projétil de arma de fogo ◉ GRAM/USO aum.irreg.: *balaço* ▣ **mandar b.** *infrm.* executar com presteza uma tarefa, uma ordem; tocar para a frente

ba.la.ço *s.m.* **1** bala ('projétil') grande **2** *infrm.* tiro de bala **3** FUTB chute forte e certeiro na bola

ba.la.da *s.f.* **1** LIT MÚS poema narrativo popular, acompanhado ou não de música **2** MÚS canção romântica em ritmo lento **3** *B infrm.* diversão noturna nos grandes centros urbanos, esp. em danceterias e boates

ba.lai.o *s.m.* cesto grande para guardar ou transportar objetos

ba.lan.ça *s.f.* **1** aparelho us. para pesar pessoas, produtos etc. **2** ASTRL o signo de Libra ☞ inicial maiúsc. ▣ **b. comercial** ECON registro do saldo entre exportações e importações

ba.lan.çar *v.* {mod. 1} *t.d.,int. e pron.* **1** mover(-se) de um lado para outro *<o vento balançava a corda do sino> <sentia o trem b.> <b.-se na rede>* □ *t.d.i.* **2** (prep. *com*) compensar, equilibrar *<b. uma reclamação com um elogio>* □ *t.d.* **3** *fig.* causar abalo a; comover, afetar *<o acidente balançou-o>* □ *t.i.* **4** *fig.* (prep. *entre*) ficar indeciso; hesitar *<b. entre duas propostas>*

ba.lan.cê *s.m.* DNÇ passo de quadrilha em que a pessoa desloca o peso do corpo de um pé para o outro, sem sair do lugar

ba.lan.ce.a.do *adj.* **1** que se balanceou **2** que tem elementos nutritivos equilibrados *<dieta b.>* ■ *s.m.* **3** ginga, movimento

ba.lan.ce.ar *v.* {mod. 5} *t.d.,int. e pron.* **1** mover(-se) de um lado para outro *<o vento balanceava a bandeira> <o barco balanceou> <b.-se na cadeira>* □ *t.d.i.* **2** (prep. *com*) compensar, equilibrar *<balanceou a reclamação com um sorriso>* □ *t.i.* **3** (prep. *em*, *entre*) hesitar, vacilar *<balanceava entre viajar ou ficar com a família>* □ *t.d.* **4** equilibrar (as rodas de um veículo) para garantir estabilidade ~ **balanceamento** *s.m.*

ba.lan.ce.te /ê/ *s.m.* **1** levantamento parcial das despesas e receitas de uma firma, condomínio etc. **2** *fig.* avaliação; estimativa de valor

ba.lan.cim [pl.: *-ins*] *s.m.* **1** MEC peça com movimento oscilatório que transmite movimento a outras peças **2** GRÁF prensa us. para impressão em relevo **3** ZOO órgão de equilíbrio localizado em cada lado do tórax dos insetos dípteros

ba.lan.ço *s.m.* **1** movimento para a frente e para trás, ou para um lado e outro **2** verificação de receita e despesa de uma empresa etc. **3** *fig.* análise; exame profundo **4** RECR assento suspenso por correntes, cordas etc., us. para balançar-se

ba.lan.gan.dã *s.m.* enfeite que, ger., fica pendurado; berloque

ba.lão [pl.: *-ões*] *s.m.* **1** AER aeronave cheia de ar quente ou gás mais leve que o ar **2** objeto de papel fino inflado pelo ar aquecido por buchas acesas (muito comum nas festas juninas, mas perigoso, pois pode causar incêndios) **3** bola de encher **4** *B* local para retorno em estradas, vias etc.; rotatória **5** espaço para diálogos nas histórias em quadrinhos ▣ **b. dirigível** dirigível

ba.lão de en.sai.o [pl.: *balões de ensaio*] *s.m.* **1** AER MET pequeno balão que verifica a direção do vento **2** recipiente esférico de vidro com gargalo estreito us. em laboratórios químicos **3** *fig.* experiência, ensaio, tentativa

ba.lão-son.da [pl.: *balões-sonda* e *balões-sondas*] *s.m.* MET balão de observação meteorológica

ba.lar *v.* {mod. 1} *int.* balir ◉ GRAM/USO só us. nas 3as p., exceto quando fig.

ba.la.ta *s.f.* **1** BOT árvore de madeira resistente de que se extrai o látex **2** o látex dessa árvore, us. como isolante e na fabricação de correias de transmissão de veículos automotores

ba.la.us.tra.da *s.f.* ARQ **1** série de balaústres que forma um parapeito **2** *p.ext.* corrimão, grade de apoio ou parapeito

ba.la.ús.tre *s.m.* **1** ARQ cada uma das pequenas colunas de sustentação, dispostas em fila, ligadas por um corrimão de escada ou por parapeito de sacada, terraço etc. **2** haste em transportes coletivos para auxiliar o embarque e desembarque de passageiros

bal.bu.ci.ar *v.* {mod. 1} *t.d. e int.* **1** pronunciar gaguejando *<balbuciou umas poucas palavras>* *<balbuciava alto>* **2** emitir sons sem sentido *<o bebê não falava, balbuciava>* **3** *fig.* falar (sobre algo) sem conhecimento *<balbuciou umas bobagens sobre pintura>* ~ **balbuciação** *s.f.* - **balbuciante** *adj.2g.* - **balbucio** *s.m.*

bal.búr.dia *s.f.* **1** algazarra **2** situação confusa ~ **balburdiar** *v.t.d.*

bal.cão [pl.: *-ões*] *s.m.* **1** ARQ varanda, sacada **2** móvel comprido para atender público ou expor mercadorias **3** TEAT cada um dos andares situados acima das últimas filas da plateia, entre os camarotes e as galerias

bal.co.nis.ta *adj.2g.s.2g.* que(m) atende fregueses em estabelecimentos comerciais; caixeiro

bal.da.quim [pl.: *-ins*] ou **bal.da.qui.no** *s.m.* ARQ tipo de cobertura com cortinas, apoiada em colunas, us. sobre altares, tronos etc.

bal.dar *v.* {mod. 1} *t.d. e pron.* tornar(-se) inútil; frustrar(-se), anular(-se) *<sua ausência baldou o empenho da equipe>* *<baldaram-se todas as advertências>*

bal.de *s.m.* **1** recipiente com alça, us. para tirar ou carregar líquidos, areia etc. **2** *p.ext.* qualquer recipiente com esse formato

bal.de.ar *v.* {mod. 5} *t.d.,t.d.i. e int.* **1** (prep. *para*) transferir (alguém ou algo) de um veículo (para outro) *<vou b. minha bagagem>* *<a professora baldeou as crianças para o trem>* *<em que estação vamos b.?>* ☐ *t.d.i. e pron. p.ext.* **2** (prep. *para*) transferir(-se), deslocar(-se) *<b. os melhores alunos para uma turma adiantada>* *<não queremos nos b. deste hotel (para outro)>* ☐ *t.d.* **3** tirar (algo) com balde *<b. areia>* **4** molhar ou lavar com balde *<b. o quintal>* ~ **baldeação** *s.f.*

bal.di.o *adj.* **1** sem cultivo; abandonado *<terreno b.>* **2** que não vale a pena; inútil *<esperanças b.>*

ba.lé *s.m.* **1** dança, música e dramatização conjuntas **2** peça musical para execução dessa dança **3** grupo profissional de bailarinos **4** coreografia

ba.le.ar *v.* {mod. 5} *t.d.* ferir ou matar com bala de arma de fogo

ba.le.ei.ra *s.f.* embarcação pequena, com a popa e a proa mais ou menos iguais, finas e elevadas, orign. us. na pesca de baleias

ba.le.ei.ro *adj.s.m.* **1** que(m) pesca baleias ■ *s.m.* **2** navio-baleeiro

ba.lei.a *s.f.* **1** ZOO nome comum a várias espécies de grandes mamíferos cetáceos marinhos ☞ cf. *caxaréu* **2** *p.ext. pej.* pessoa muito gorda ◉ COL baleal

ba.lei.ro *s.m.* **1** vendedor ambulante de balas, doces etc. **2** pote para balas, doces etc.

ba.le.la *s.f.* boato; mentira

ba.le.o.te *s.m.* ZOO baleia de até 10 m, com cabeça quase triangular, corpo cinza e nadadeira peitoral com uma grande mancha branca

ba.li.do *s.m.* som emitido por ovelha ou cordeiro

ba.lir *v.* {mod. 24} *int.* berrar (ovelha ou cordeiro) ◉ GRAM/USO só us. nas 3ªs p., exceto quando fig.

ba.lís.ti.ca *s.f.* estudo da trajetória dos projéteis, esp. os disparados por armas de fogo ~ **balístico** *adj.*

ba.li.za *s.f.* **1** marco, estaca ou qualquer objeto que assinale um limite **2** ESP gol, meta ■ *s.2g.* **3** quem abre desfiles manejando um bastão

ba.li.zar *v.* {mod. 1} *t.d.* **1** marcar com balizas; delimitar *<b. um sítio>* *<b. um caminho>* **2** determinar a grandeza de; medir *<b. um patrimônio>* **3** distinguir, separar *<b. uma palavra (com grifo)>* ~ **balizagem** *s.f.* - **balizamento** *s.m.*

bal.ne.ar [pl.: *-es*] *adj.2g.* relativo a banho ou próprio para banhos; balneário

bal.ne.á.rio *adj.* **1** relativo a banho; balnear ■ *s.m.* **2** estância de águas medicinais ou minerais **3** *p.ext.* local público destinado a banhos, us. para descanso e lazer **4** edifício construído para banhos, com banheiras, duchas, piscinas

ba.lo.ei.ro *s.m.* quem faz ou solta balões

ba.lo.fo /ô/ *adj.* **1** muito volumoso em relação ao peso **2** *pej.* muito gordo ■ *s.m.* **3** *pej.* pessoa gorda ~ **balofice** *s.f.*

ba.lo.nis.mo *s.m.* passatempo ou técnica de soltar balões ou esporte de neles voar ~ **balonista** *adj.2g.s.2g.*

ba.lou.çar *v.* {mod. 1} *t.d.,int. e pron.* mover(-se) de um lado para outro; balançar(-se) *<b. os braços>* *<a mesa balouça>* *<b.-se na rede>*

bal.sa *s.f.* **1** transporte flutuante para curtas distâncias **2** embarcação que atravessa veículos e pessoas em rios sem ponte ~ **balsear** *v.t.d. e int.*

bal.sa.mar ou **bal.sa.mi.zar** *v.* {mod. 1} *t.d.* **1** destilar, gotejar bálsamo em **2** perfumar, aromatizar *<b. os lençóis>* **3** *fig.* tornar mais ameno ou suave; aliviar *<b. o sofrimento>*

bál.sa.mo *s.m.* **1** resina aromática de certas plantas us. em perfumaria e farmácia **2** *p.ext.* infusão caseira com que se friccionam partes doloridas do corpo **3** aroma agradável; perfume **4** *fig.* alívio *<férias são um b.>* ~ **balsâmico** *adj.s.m.*

ba.lu.ar.te *s.m.* **1** fortaleza, bastião **2** *p.ext.* local totalmente seguro **3** *fig.* alicerce, base *<o b. da civilização ocidental>*

bal.za.qui.a.no *adj.* **1** referente ao escritor francês Honoré de Balzac ou à sua obra ■ *adj.s.m.* **2** *p.ext.* que(m) tem 30 ou mais anos de idade

bam.ba *adj.2g.s.2g.* *infrm.* **1** que(m) é valentão **2** *fig.* que(m) domina um assunto; bambambã *<b. em português>*

bam.bam.bã *adj.2g.s.2g.* bamba

bam.be.ar *v.* {mod. 5} *t.d. e int.* **1** tornar(-se) bambo; afrouxar(-se) *<o excesso de peso bambeou a corda do varal> <com medo, suas pernas bambearam>* □ *int.* **2** hesitar, vacilar *<bambeou antes de tomar a decisão>* ~ **bambeio** *s.m.*

bâm.bi *s.m.* ZOO **1** filhote de gazela ou corço **2** bovídeo africano de até 1,15 m, de pelo cinza ou amarelado e chifres curtos

bam.bi.ne.la *s.f.* cortina franjada dividida em duas partes erguidas e presas dos lados

bam.bo *adj.* **1** que não está esticado *<corda b.>* **2** pouco firme, instável *<dente b.>*

bam.bo.lê *s.m.* RECR aro, ger. de plástico, que se faz girar em torno do corpo, como forma de jogo ou brinquedo

bam.bo.le.ar *v.* {mod. 5} *t.d.,int. e pron.* **1** mover(-se), balançando (quadris, corpo); gingar(-se) *<b. os quadris> <o cachorro anda (se) bamboleando>* □ *int. p.ext.* **2** tremular, tremer *<a bandeira bamboleava ao vento>* ~ **bamboleio** *s.m.*

bam.bu *s.m.* BOT planta de caule oco us. para ornamento, divisão de terrenos, mobília, cestaria etc. ◉ COL bambual, bambuzal ~ **bambuada** *s.f.*

bam.bur.rar *v.* {mod. 1} *int. AMAZ BA* **1** ter sorte no garimpo **2** *p.ext.* enriquecer de repente

bam.búr.rio *s.m. infrm.* **1** descoberta casual de ouro ou pedras preciosas **2** *p.ext.* fortuna súbita **3** sorte em jogo

ba.nal [pl.: *-ais*] *adj.2g.* sem originalidade; vulgar, corriqueiro

ba.na.li.da.de *s.f.* condição ou atributo do que é banal; insignificância, trivialidade

ba.na.li.zar *v.* {mod. 1} *t.d. e pron.* tornar(-se) banal, comum; vulgarizar(-se) *<os filmes de vampiros banalizaram o terror> <o uso do computador banalizou-se>* ~ **banalização** *s.f.*

ba.na.na *s.f.* **1** BOT fruta tropical sem sementes, rica em amido e potássio, comprida, um pouco curva, de casca amarela **2** *B infrm.* gesto ofensivo em que se apoia a mão na dobra do outro braço, mantendo-o erguido e de punho fechado ■ *adj.2g.s.2g.* **3** *infrm.* que(m) é covarde **4** *infrm.* que(m) não tem iniciativa ▣ **b. de dinamite** dinamite embalada em cartucho cilíndrico, fino e alongado

ba.na.na-com.pri.da [pl.: *bananas-compridas*] *s.f.* BOT banana-da-terra

ba.na.na.da *s.f.* **1** grande quantidade de bananas **2** CUL doce de banana

ba.na.na-d'á.gua [pl.: *bananas-d'água*] *s.f.* BOT banana comprida, de polpa amarela e doce

ba.na.na-da-ter.ra [pl.: *bananas-da-terra*] *s.f.* BOT *S.E. S.* banana grande, de casca espessa, que se come cozida; banana-comprida

ba.na.na-ma.çã [pl.: *bananas-maçã* e *bananas-maçãs*] *s.f.* BOT banana de casca fina e polpa esbranquiçada que, mesmo madura, tem muita cica

ba.na.na-na.ni.ca [pl.: *bananas-nanicas*] *s.f.* BOT banana comprida, de polpa amarela e doce

ba.na.na-ou.ro [pl.: *bananas-ouro*] *s.f.* BOT banana muito pequena, de casca fina, polpa amarela e doce

ba.na.na-são-to.mé [pl.: *bananas-são-tomé*] *s.f.* BOT banana muito doce que se come assada ou frita

ba.na.nei.ra *s.f.* planta que produz a banana ◉ COL bananal ▣ **plantar b.** ficar de cabeça para baixo, apoiando-se nas mãos

ba.na.nei.ro *adj.* **1** relacionado a banana ■ *s.m.* **2** quem cultiva e/ou comercializa bananas

ba.na.ni.cul.tu.ra *s.f.* plantação de bananeiras com fins comerciais ou industriais ~ **bananicultor** *adj.s.m.*

ba.na.no.sa *s.f. B infrm.* situação muito complicada

ban.ca *s.f.* **1** mesa grande e rústica *<b. de verduras>* **2** local de venda de jornais e revistas **3** grupo de pessoas encarregadas de examinar os candidatos em um concurso **4** escritório de advocacia **5** em jogos de azar, fundo de apostas destinado a pagar aos jogadores **6** *infrm.* pose *<entrou cheio de b.>* ▣ **pôr** ou **botar b.** *infrm.* gabar-se

ban.ca.da *s.f.* **1** balcão de trabalho ou apoio **2** POL representação de um estado, de um partido etc. nas câmaras de vereadores, assembleias etc.

ban.car *v.* {mod. 1} *t.d. e int.* **1** servir de banqueiro (em jogos de azar) *<ele costuma b. (o jogo)>* □ *t.d.* **2** pagar os gastos de; financiar, custear □ *pred. infrm.* **3** fazer-se de; fingir *<b. o conquistador>*

ban.cá.rio *adj.* **1** relativo a banco ou a funcionário de banco ■ *s.m.* **2** funcionário de banco

ban.car.ro.ta /ô/ *s.f.* falência ~ **bancarrotear** *v.int.*

ban.co *s.m.* **1** assento com ou sem encosto ou apoio para os braços, ger. para mais de uma pessoa **2** tamborete **3** ECON instituição financeira **4** local onde algo é guardado para utilização futura *<b. de leite>* ▣ **b. central** ECON instituição estatal que emite moeda e fiscaliza o sistema bancário • **b. de areia** GEOL elevação do fundo do mar ou de curso de água • **b. de dados** INF conjunto de informações armazenadas em sistemas de processamento de dados • **b. eletrônico** INTERN banco que tem suas operações realizadas por meios eletrônicos, pela internet

[1]ban.da *s.f.* **1** MÚS conjunto de música popular **2** parte lateral; lado **3** metade de algo **4** *RJ* rasteira dada de pé ▼ **bandas** *s.f.pl.* **5** lugar; local *<nunca estive naquelas b.>* **6** direção; lado(s) *<vivia para as bandas de Itu>* [ORIGEM: do fr. *bande* 'tropa']

[2]ban.da *s.f.* tira larga de tecido; barra [ORIGEM: do fr. *bande* / *bende* (ant.) 'faixa, tira'] ▣ **b. larga** INF TEL conexão com a internet de velocidade maior que a realizada por linha discada

ban.da.gem [pl.: *-ens*] *s.f.* **1** faixa de gaze ou outro tecido us. como curativo ou para sustentação **2** tecido de algodão macio e com trama aberta de que se faz a bandagem

band-aid ® [ing.; pl.: *band-aids*] *s.m.* pequeno curativo adesivo com uma almofada de gaze no centro ☞ marca registrada (*Band-Aid*) que passou a designar o seu gênero ⇒ pronuncia-se bandêid

ban.da.lha *s.f. RJ* **1** bandalheira **2** corja ~ **bandalhice** *s.f.*

ban.da.lhei.ra *s.f. B pej.* **1** atitude de bandalho; indignidade **2** negócio ilícito; roubalheira

ban.da.lho *s.m.* **1** pessoa sem dignidade **2** indivíduo maltrapilho

ban.da.na *s.f.* lenço ou faixa de tecido que se amarra à cabeça

ban.da.ri.lha *s.f.* haste enfeitada que o toureiro crava no touro ~ **bandarilheiro** *s.m.*

ban.de.ar *v.* {mod. 5} *int. e pron.* **1** mudar de opinião ou ligar-se a outro partido, grupo *<bandeou logo que percebeu a derrota> <b.(-se) para o lado inimigo>* ☐ *t.d.* **2** inclinar para o lado *<b. a gola da blusa>* **3** balançar, agitar *<b. o lenço>* ~ **bandeamento** *s.m.*

ban.dei.ra *s.f.* **1** peça de pano com cores e/ou desenhos que simbolizam uma nação, partido etc.; estandarte, lábaro, pavilhão, pendão **2** MAR pedaço de pano usado para transmitir mensagens em código **3** ideal que orienta um partido, um grupo etc.; lema **4** dispositivo no taxímetro que marca o início da corrida **5** HIST no Brasil colonial, expedição pelo interior do país para capturar indígenas e descobrir novas jazidas minerais ☞ mais us. no plural ■ *s.2g.* FUTB **6** bandeirinha ◉ GRAM/USO dim.irreg.: *bandeirola* ▣ **b. a meio pau** aquela içada até a metade do mastro em sinal de luto • **b. branca** pano branco com que se acena ao inimigo o desejo de cessar o combate • **dar b.** *infrm.* **1** *gír.* deixar transparecer que está sob efeito de drogas **2** *p.ext.* deixar escapar algo que deveria ser ocultado

ban.dei.ra.da *s.f.* **1** sinal dado com uma bandeira **2** quantia fixa que o taxímetro inclui no preço final a ser pago pelo passageiro, nas corridas de táxi

ban.dei.ran.te *s.m.* **1** HIST homem que tomava parte de uma bandeira ('expedição') ■ *s.f.* **2** menina ou moça que se dedica ao bandeirantismo ■ *adj.2g.s.2g.* **3** pioneiro, desbravador **4** paulista ■ *adj.2g.* **5** próprio de bandeirante **6** relativo ao bandeirantismo

ban.dei.ran.tis.mo *s.m.* variação feminina do escotismo

ban.dei.ri.nha *s.2g.* **1** FUTB auxiliar de arbitragem; bandeira ■ *s.f.* **2** pequena bandeira; bandeirola **3** cada uma das bandeirolas presas em um barbante us. para enfeitar festas juninas, quermesses etc.

ban.dei.ro.la *s.f.* pequena bandeira ◉ GRAM/USO dim.irreg. de *bandeira*

ban.dei.ro.so /ô/ [pl.: /ó/; fem.: /ó/] *adj. gír.* que revela o que devia ser ocultado; que dá bandeira

ban.de.ja /ê/ *s.f.* recipiente raso usado para apoiar e transportar objetos ▣ **dar de b.** *fig. infrm.* revelar ou entregar espontaneamente *<deu a resposta de b. para a turma>*

ban.de.jão [pl.: *-ões*] *s.m.* **1** bandeja grande **2** restaurante que serve refeição a preço baixo, ger. em fábricas, universidades etc.

ban.di.do *s.m.* **1** indivíduo que pratica crimes; assaltante, malfeitor **2** *p.ext.* pessoa de mau caráter ■ *adj.* **3** cruel, infeliz *<vida b.>* ◉ COL bandidagem, bando, quadrilha

ban.di.tis.mo *s.m.* **1** modo de vida de bandido **2** criminalidade ('conjunto dos crimes')

ban.do *s.m.* **1** grupo de pessoas ou animais *<b. de pássaros>* **2** grupo de bandidos

ban.dô *s.m.* peça decorativa que esconde o trilho das cortinas

ban.do.lei.ra *s.f.* correia us. a tiracolo para prender arma de fogo

ban.do.lei.ro *s.m.* **1** *infrm.* bandido **2** cangaceiro **3** *infrm.* trapaceiro

ban.do.lim [pl.: *-ins*] *s.m.* MÚS instrumento com o corpo em forma de gota arredondada e o braço curto, de quatro cordas duplas, tocado com palheta ~ **bandolinista** *adj.2g.s.2g.*

ban.du.lho ou **pan.du.lho** *s.m.* barriga, pança

ban.ga.lô *s.m.* casa, ger. de madeira, com varandas e estilo campestre

ban.guê /gü/ *s.m.* **1** padiola para carregar diferentes objetos, como material de construção, bagaço de cana etc. **2** HIST *B* padiola us. para transportar o cadáver dos escravos **3** engenho de açúcar primitivo, movido por força animal

ban.gue-ban.gue [pl.: *bangue-bangues*] *s.m.* **1** CINE LIT faroeste ('filme ou livro') **2** troca de tiros; tiroteio

ban.gue.la *adj.2g.s.2g.* que(m) tem falta de um ou mais dentes da frente; desdentado ▣ **na b.** *infrm.* em ponto morto *<descer a ladeira na b.>*

ba.nha *s.f.* **1** gordura animal, esp. a de porco **2** *p.ext.* gordura localizada

ba.nha.do *s.m. S.* pântano raso coberto de vegetação

ba.nhar *v.* {mod. 1} *t.d. e pron.* **1** dar ou tomar banho; lavar(-se) *<b. um bebê> <b.-se no rio>* ☐ *t.d.* **2** molhar; umedecer *<b. as mãos>* **3** passar em ou junto de; correr por *<o rio banha a vila>* ☐ *t.d. e t.d.i.* **4** (prep. *em*) mergulhar (algo) [em água ou outro líquido] *<b. material fotográfico> <b. o pão no leite>*

ba.nhei.ra *s.f.* **1** grande cuba us. para lavar o corpo **2** *p.ext. B infrm.* automóvel grande e ger. antigo **3** FUTB *infrm.* impedimento

ba.nhei.ro *s.m.* **1** local público ou privado com vaso sanitário; toalete **2** cômodo para banho, equipado com banheira e/ou chuveiro

ba.nhis.ta *s.2g.* **1** quem está em traje de banho numa praia, piscina etc. **2** *S.* salva-vidas ('nadador')

ba.nho *s.m.* **1** imersão de algo em um líquido, para lavar, higienizar, refrescar **2** o líquido us. para esse fim *<b. quente>* **3** exposição a raios, vapores etc. *<b. de sol>* **4** *fig. infrm.* vitória com grande diferença de pontos ▼ ***banhos*** *s.m.pl.* **5** balneário

B

ba.nho-ma.ri.a [pl.: *banhos-maria* e *banhos-marias*] *s.m.* modo de aquecer, cozinhar etc. qualquer substância em que a vasilha ou panela contendo a substância é colocada dentro de um recipiente com água fervente ou quente ▣ **cozinhar em b.** *fig. infrm.* deixar para depois; protelar *<ele nos deixou cozinhando em b.>*

ba.ni.do *adj.s.m.* **1** que(m) foi condenado ao exílio **2** *p.ext.* que(m) foi expulso

ba.nir *v.* {mod. 24} *t.d.* **1** mandar embora de um lugar, esp. da pátria; desterrar **2** expulsar, excluir *<b. alguém do clube>* **3** pôr de lado; afastar *<b. o medo>* **4** eliminar, abolir *<b. uma norma>* ◉ GRAM/USO verbo defectivo ~ **banimento** *s.m.*

ban.jo *s.m.* MÚS instrumento de cordas cujo corpo se assemelha a um pandeiro ~ **banjoísta** *adj.2g.s.2g.*

banner [ing.; pl.: *banners*] *s.m.* **1** peça publicitária em forma de bandeira, impressa de um ou de ambos os lados, ger. para ser pendurada em postes, fachadas ou paredes; galhardete **2** curta mensagem publicitária em uma página *web*, com *link* para o *site* do anunciante ⇒ pronuncia-se bâner

ban.quei.ro *s.m.* **1** quem dirige ou é proprietário de um banco **2** quem controla as apostas em jogos de azar

ban.que.ta /ê/ *s.f.* **1** pequeno banco **2** pequena banca ou mesa

ban.que.te /ê/ *s.m.* refeição solene ou refinada

ban.que.te.ar *v.* {mod. 5} *t.d.* **1** oferecer banquete a, ou em honra de *<b. os premiados>* ☐ *pron.* **2** participar de banquete *<b.-se com os amigos>* **3** (prep. *com, em*) comer muito bem *<banqueteou-se num excelente restaurante>*

ban.to *s.m.* **1** LING grupo de línguas faladas em extensa área africana, da atual Cabinda até a África do Sul ■ *adj.s.m.* **2** (indivíduo) dos bantos, povos negroides africanos falantes de qualquer dessas línguas **3** (indivíduo desse grupo) trazido como escravo para o Brasil

ban.zar *v.* {mod. 1} *t.d.* **1** causar surpresa a; pasmar *<novos costumes banzam os mais idosos>* ☐ *int.* **2** ficar pensativo; refletir *<ficou ali, o olhar perdido, banzando>*

ban.zé *s.m.* **1** *infrm.* confusão, tumulto **2** *infrm.* gritaria, algazarra

ban.zo *s.m.* nostalgia profunda que afetava escravos africanos no Brasil

ba.o.bá *s.m.* BOT árvore de tronco muito largo, originária da África, cujos frutos, flores e sementes são comestíveis e possuem usos medicinais

ba.que *s.m.* **1** som de um corpo ao cair ou ao bater em outro **2** queda **3** má sorte súbita; dissabor, contratempo

ba.que.ar *v.* {mod. 5} *int.* **1** tombar de repente, vir abaixo; desabar *<sentiu tonteira e baqueou>* **2** *fig.* falir *<a empresa baqueou devido à crise mundial>* ☐ *t.d. fig.* **3** enfraquecer, debilitar *<o câncer baqueou-o>* ☐ *t.d. e int. fig.* **4** abater(-se), abalar(-se) *<o acidente baqueou-o>* *<b. diante de alguém>* ~ **baqueado** *adj.*

ba.que.ta /ê/ *s.f.* MÚS vareta de madeira us. em instrumentos de percussão

bar [pl.: *-es*] *s.m.* **1** estabelecimento em que se vendem bebidas e petiscos; botequim **2** móvel no qual se guardam garrafas de bebida

ba.ra.ço *s.m.* corda, cordão ou laço

ba.ra.fun.da *s.f.* situação confusa; bagunça, tumulto

ba.ra.fus.tar *v.* {mod. 1} *int. e pron.* **1** entrar com violência ou rapidez *<b.(-se) pelo bosque atrás do filho>* ☐ *int.* **2** espernear, debater-se *<o gato barafustava atrás do armário>* **3** esforçar-se (por algo) *<b. por um emprego>*

ba.ra.lha.da *s.f.* confusão; barafunda

ba.ra.lhar *v.* {mod. 1} *t.d. e pron.* embaralhar ~ **baralhador** *adj.s.m.* - **baralhamento** *s.m.*

ba.ra.lho *s.m.* RECR conjunto de cartas de jogo

ba.ran.ga *adj.2g.* *B pej.* **1** de baixa qualidade; de pouco ou nenhum valor ■ *s.f.* *B pej.* **2** mulher feia ou deselegante

ba.rão [pl.: *-ões*; fem.: *baronesa*] *s.m.* **1** homem com título de nobreza abaixo de visconde **2** *p.ext.* magnata do comércio, da indústria etc.; homem de negócios notável em determinado ramo

ba.ra.ta *s.f.* ZOO nome comum a insetos de corpo achatado e oval, ger. de hábitos noturnos e domésticos ▣ **b. tonta** pessoa desnorteada

ba.ra.ta-cas.cu.da [pl.: *baratas-cascudas*] *s.f.* ZOO barata de hábitos domésticos que chega a medir 45 mm

ba.ra.te.ar *v.* {mod. 5} *t.d. e int.* **1** diminuir de preço; baixar *<os feirantes baratearam seus produtos>* *<o tomate barateou>* ☐ *t.d. e pron.* **2** dar(-se) pouco valor; depreciar(-se) *<b. o trabalho de alguém>* *<barateia-se perante os amigos>* ~ **barateamento** *s.m.* - **barateio** *s.m.*

ba.ra.tei.ro *adj.* que cobra preços baixos

ba.ra.ti.nar *v.* {mod. 1} *t.d. e pron.* (fazer) perder a serenidade, o controle; desnortear(-se) *<o excesso de trabalho baratina-o>* *<baratinou-se com os preparativos para a festa>* ~ **baratinado** *adj.*

ba.ra.to *adj.* **1** de baixo custo **2** *pej.* sem qualidade *<filme b.>* **3** *pej.* sem elegância; vulgar *<ambiente b.>* ■ *s.m.* **4** *infrm.* o que proporciona prazer *<a irmã dele é um b.>* **5** *infrm.* o que está na moda *<o b. agora é usar saia>* **6** *infrm. drg.* sensação provocada pelo uso de droga ■ *adv.* **7** por preço baixo *<comprou b. a bicicleta>* **8** *fig.* sem muito custo *<saiu-lhe b. a ajuda ao amigo>* ~ **barateza** *s.f.*

bar.ba *s.f.* **1** pelos que nascem nas faces do homem **2** pelos ou penas que crescem no focinho de alguns mamíferos, ou na base do bico de algumas aves **3** arestas de madeira serrada ou papel aparado ▣ **nas b. de** na presença de (alguém), por desrespeito ou desafio • **pôr as b. de molho** *fraseol.* precaver-se contra perigo ou risco próximo, ou previsível; acautelar-se

bar.ba-a.zul [pl.: *barbas-azuis*] *s.m.* homem dado a conquistas, homem de muitas mulheres

bar.ba.da *s.f.* **1** *infrm.* competição, tarefa etc. em que se obtém facilmente bom resultado <*a prova foi uma b.*> **2** ESP *infrm.* cavalo favorito no páreo

bar.ba.do *adj.s.m.* **1** que(m) usa barba ou está com a barba por fazer ■ *s.m. infrm.* **2** homem adulto; marmanjo

bar.ban.te *s.m.* cordão fino

bar.ba.ri.da.de *s.f.* **1** selvageria, crueldade **2** absurdo, tolice **3** GRAM erro grosseiro de linguagem ou escrita; barbarismo ■ *interj. RS* **4** exclamação de espanto, admiração

bar.bá.rie *s.f.* condição ou estado de bárbaro; selvageria

bar.ba.ris.mo *s.m.* **1** barbárie **2** GRAM erro gramatical, de pronúncia, de grafia etc.

bar.ba.ri.zar *v.* {mod. 1} *t.d. e pron.* **1** tornar(-se) bárbaro, rude; embrutecer(-se) <*b. um povo*> <*barbarizou-se naquele ambiente hostil*> □ *int.* **2** *infrm.* ter bom desempenho <*nossa equipe barbarizou*> **3** GRAM cometer barbarismo ('erro')

bár.ba.ro *adj.s.m.* **1** que(m) é rude, grosseiro **2** que(m) é cruel, desumano **3** HIST (indivíduo) dos povos invasores do Império Romano; estrangeiro ■ *adj. infrm.* **4** muito bom, muito interessante <*viagem b.*> <*amigo b.*> **5** GRAM que é impróprio, incorreto <*estilo b.*> ~ **barbaresco** *adj.* - **barbaria** *s.f.*

bar.ba.ta.na *s.f.* **1** ZOO dobra cutânea externa de peixes e de certos animais marinhos **2** VEST haste flexível us. na armação de certas peças do vestuário

bar.be.a.dor /ô/ [pl.: *-es*] *s.m.* aparelho de barbear

bar.be.ar *v.* {mod. 5} *t.d. e pron.* fazer a barba (de) <*barbeou o filho*> <*b.-se diariamente*>

bar.be.a.ri.a *s.f.* salão ou loja de barbeiro

bar.bei.ra.gem [pl.: *-ens*] ou **bar.bei.ra.da** *s.f. infrm.* **1** manobra ruim de um motorista **2** ação descuidada, imperícia

bar.bei.ro *s.m.* **1** indivíduo que barbeia por profissão **2** barbearia **3** ZOO inseto transmissor da doença de Chagas ■ *adj.s.m. infrm.* **4** mau motorista **5** profissional descuidado

bar.be.la *s.f.* **1** ZOO pelanca sob o pescoço de ruminantes e lagartos ou sob o bico de certas aves **2** papada

bar.bi.cha *s.f.* **1** barba curta e rala **2** barba pequena e pontuda **3** a barba estreita e comprida do bode

bar.bi.lhão [pl.: *-ões*] *s.m.* ZOO **1** barbela **2** filamento sensitivo desenvolvido nos maxilares de certos peixes

bar.bi.lho *s.m.* tipo de focinheira us. em certos animais para que não mordam, mamem ou comam a plantação

bar.bi.tú.ri.co *s.m.* FARM medicamento de efeito sonífero e calmante

bar.bu.do *adj.s.m.* que(m) tem muita barba

bar.ca *s.f.* embarcação de fundo raso us. para transporte de cargas e passageiros em rios e baías

bar.ca.ça *s.f.* **1** grande barca **2** embarcação de madeira us. para carregar ou descarregar navios no porto **3** *BA* local para secagem das sementes de cacau ao sol

bar.ca.ro.la *s.f.* **1** MÚS canção dos gondoleiros de Veneza **2** MÚS peça musical inspirada nessa canção **3** LIT gênero de poesia em que o verso imita o ritmo dos remos batendo na água

bar.co *s.m.* qualquer embarcação miúda ▣ **deixar o b. correr** *fraseol.* permitir que os fatos sigam seu curso natural; não interferir • **estar no mesmo b.** *fraseol.* estar na mesma situação ou compartilhar os desejos ou metas de alguém

bar.do *s.m.* **1** HIST entre os celtas e gauleses, o que compõe ou declama poemas épicos **2** *p.ext.* qualquer poeta, trovador

bar.ga.nha *s.f. infrm.* **1** transferência de coisas, ger. de pouco valor, entre seus respectivos donos; troca **2** algo cujo preço é muito baixo; pechincha **3** *pej.* troca de favores e/ou privilégios de forma pouco ética, esp. em política

bar.ga.nhar *v.* {mod. 1} *t.d. e int.* **1** pedir redução no preço (de); pechinchar <*b. uma compra*> <*não sabe comprar sem b.*> □ *t.d. e t.d.i.* **2** (prep. *por*) negociar por troca <*b. trabalho por comida*> <*b. votos para reeleger-se*> ~ **barganhista** *adj.2g.s.2g.*

bá.rio *s.m.* QUÍM elemento químico us. em velas de ignição, tubos de alto vácuo etc. [símb.: *Ba*] ☞ cf. *tabela periódica* (no fim do dicionário)

ba.ris.fe.ra *s.f.* GEOL núcleo rígido da Terra ☞ cf. *litosfera* e *pirosfera*

ba.rí.to.no *s.m.* MÚS **1** voz masculina de registro médio, entre o tenor e o baixo **2** cantor com essa voz ■ *adj.2g.* **3** que tem esse registro (diz-se de cantor ou instrumento)

bar.la.ven.to *s.m.* MAR **1** direção da qual sopra o vento **2** *p.ext.* lado da embarcação que recebe o vento ☞ cf. *sota-vento*

bar mitzvah [heb.; pl.: *bnei mitzvah*] *loc.subst.* REL **1** na religião judaica, menino que atinge a maioridade religiosa (ao completar 13 anos) **2** *p.ext.* a cerimônia de sua iniciação religiosa ⇒ pronuncia-se bar mitsva

ba.rô.me.tro *s.m.* FÍS instrumento que mede a pressão atmosférica ~ **barométrico** *adj.*

ba.ro.na.to *s.m.* título de barão

ba.ro.ne.sa /ê/ *s.f.* **1** esposa de barão **2** mulher que recebeu baronato ('título')

bar.quei.ro *s.m.* indivíduo que dirige barco

bar.ra *s.f.* **1** borda ou acabamento de vestimenta, cortina etc. <*b. da saia*> **2** bainha ('dobra') **3** bloco de qualquer substância rígida <*b. de ouro*> <*b. de sabão*> **4** peça rígida, comprida e estreita, de diferentes materiais e para diversas finalidades <*grade com b. de ferro*> **5** apoio de exercícios de ginástica ou balé com essas características **6** GRÁF sinal em diagonal (/) us. para separar números, dia, mês e ano de uma data, entre outros fins **7** GEO entrada de baía **8** GEO local em que um rio deságua no mar ou em lago; foz, desembocadura **9** *B infrm.* situação difícil *<a caminhada foi uma b.>* ▣ **b. de compasso** MÚS traço vertical que separa os compassos na pauta • **b. de ferramentas** INF faixa horizontal estreita em que ficam os botões, identificados por um ícone, que permitem acesso mais rápido às ferramentas do programa • **aguentar a b.** *B infrm.* suportar a pressão; manter o domínio de situação difícil ou penosa

bar.ra.ca *s.f.* **1** abrigo portátil para acampamento **2** tenda de fácil remoção *<b. de frutas>* **3** guarda-sol *<b. de praia>*

bar.ra.cão [pl.: *-ões*] *s.m.* **1** galpão us. como alojamento, depósito ou oficina **2** barraco

bar.ra.co *s.m.* **1** *B* moradia pobre de acabamento muito simples **2** *B infrm.* escândalo, confusão ▣ **armar um b.** *B infrm.* arrumar confusão

bar.ra.cu.da *s.f.* ZOO peixe grande cuja carne é considerada tóxica

bar.ra.gem [pl.: *-ens*] *s.f.* CONSTR obstáculo artificial que interrompe ou desvia um curso de água; açude, levada, represa

bar.ra-lim.pa [pl.: *barras-limpas*] *adj.2g.s.2g. infrm.* que(m) é confiável ou boa-praça; que(m) não cria problemas

bar.ran.ca *s.f.* → ***BARRANCO***

bar.ran.cei.ra *s.f.* **1** rocha argilosa na beira do rio **2** grande ribanceira de rio

bar.ran.co *s.m.* ou **bar.ran.ca** *s.f.* **1** escavação em terreno provocada pelo homem ou pela natureza **2** margem de rio alta e íngreme

bar.ra-pe.sa.da [pl.: *barras-pesadas*] *adj.2g.s.2g. B infrm.* **1** que(m) é perigoso ou tido como tal **2** (situação) de difícil solução

bar.ra.quei.ro *adj.s.m.* **1** que(m) possui ou trabalha em barraca, em feira, praia etc. **2** que(m) fabrica ou vende barraca [ORIGEM: *barraca* + *-eiro*, com alt. gráf. *-c-* > *-qu-*]

[1]**bar.rar** *v.* {mod. 1} *t.d.* **1** atravessar com barras ('peça rígida') *<b. a porta>* **2** adornar com barra(s) ('acabamento') *<b. a saia>* **3** converter em barra(s) *<b. sabão>* **4** *fig.* impedir, proibir *<b. a entrada>* **5** *p.ext.* ESP *B* não escalar (jogador) *<b. um jogador>* [ORIGEM: *barra* + [2]*-ar*]

[2]**bar.rar** *v.* {mod. 1} *t.d.* cobrir, encher ou tapar (algo) usando barro *<barra os potes para guardá-los>* [ORIGEM: *barro* + [2]*-ar*]

[1]**bar.rei.ra** *s.f.* **1** obstáculo, impedimento **2** deslizamento de terra à margem de estrada que pode impedir o trânsito **3** escarpa sem vegetação à beira de rio **4** posto fiscal de fronteiras para controle de veículos e mercadorias **5** ESP em competições de atletismo, cada um dos obstáculos da pista que os corredores devem saltar **6** FUTB em cobranças de falta, grupo de jogadores que se coloca, um ao lado do outro, entre a bola e o gol [ORIGEM: *barra* + *-eira*]

[2]**bar.rei.ra** *s.f.* local de onde se extrai barro; barreiro [ORIGEM: *barro* + *-eira*]

bar.rei.ro *s.m.* **1** [2]barreira **2** terreno com salitre aonde vão o gado e os animais silvestres em busca de sal

bar.re.la *s.f.* solução de cinzas vegetais us. para clarear roupa

bar.ren.to *adj.* **1** que contém muito barro **2** da cor do barro

bar.re.ta.da *s.f.* **1** saudação com o barrete ou o chapéu **2** *p.ext.* cumprimento exagerado; rapapé

bar.re.te /ê/ *s.m.* **1** VEST espécie de gorro de tecido mole **2** VEST chapéu quadrangular sem aba us. pelos cardeais **3** ZOO segunda cavidade do estômago dos ruminantes

bar.ri.ca *s.f.* pequeno tonel de madeira, us. esp. para guardar líquidos

bar.ri.ca.da *s.f.* trincheira improvisada para obstruir uma passagem

bar.ri.do ou **bar.ri.to** *s.m.* som emitido pelo elefante

bar.ri.ga *s.f.* **1** ANAT abdome **2** protuberância na região do abdome *<exercícios para perder b.>* **3** *p.ext.* saliência em qualquer superfície ▣ **b. da perna** ANAT panturrilha • **chorar de b. cheia** lamentar-se sem motivo • **empurrar com a b.** adiar a solução de um problema • **pegar b.** engravidar

bar.ri.ga.da *s.f.* **1** golpe na ou com a barriga **2** prenhez dos animais **3** *p.ext.* conjunto de filhotes paridos de uma só vez; ninhada

bar.ri.ga-d'á.gua [pl.: *barrigas-d'água*] *s.f. infrm.* acúmulo de líquido na cavidade do abdome

bar.ri.ga-ver.de [pl.: *barrigas-verdes*] *adj.2g.s.2g. infrm.* catarinense

bar.ri.gu.do *adj.s.m.* que(m) tem barriga grande

bar.ri.guei.ra *s.f.* **1** peça de arreio que prende a sela ao cavalo; cilha **2** *S.* couro retirado da barriga dos animais **3** *S.* a carne da barriga de uma rês

bar.ril [pl.: *-is*] *s.m.* tonel ◉ GRAM/USO dim.irreg.: *barrilete*

bar.ri.le.te /ê/ *s.m.* pequeno barril

bar.ri.lha *s.f.* QUÍM nome comercial dos carbonatos de sódio e de potássio, us. na fabricação de vidro, sabão, fibras sintéticas etc.

bar.ri.to *s.m.* → ***BARRIDO***

bar.ro *s.m.* terra us. para fazer tijolos, telhas etc.; argila ~ **barrear** *v.t.d.* - **barroso** *adj.*

bar.ro.ca *s.f.* **1** buraco formado por enxurrada; barranco **2** precipício

bar.ro.co /ô/ *s.m.* HIST ART.PLÁST **1** estilo artístico, que vigorou entre os séc. XVII e XVIII, caracterizado pela abundância de ornamentos, linhas curvas e expressões de movimento ☞ inicial maiúsc. ■ *adj.* **2** que pertence ou se assemelha a esse estilo **3** *p.ext. pej.* extravagante, excêntrico

bar.ro.quis.mo *s.m.* **1** qualidade do que é barroco **2** *p.ext. pej.* extravagância, exagero

bar.ro.te *s.m.* CONSTR peça de madeira us. para fixar assoalho, forro etc.

ba.ru.lhen.to *adj.* **1** que faz barulho **2** em que há barulho

ba.ru.lho *s.m.* **1** som alto e forte; estrondo **2** algazarra, confusão **3** tumulto por motivo político ou social *<demissões causaram b. na fábrica>* ~ **barulhada** *s.f.* - **barulheira** *s.f.*

ba.sal [pl.: *-ais*] *adj.2g.* **1** relativo à base; básico **2** MED indicador do patamar mínimo de atividade de um organismo em total repouso

ba.sal.to *s.m.* GEOL rocha vulcânica escura ~ **basáltico** *adj.*

bas.ba.que *adj.2g.s.2g.* **1** que(m) se admira à toa **2** que(m) diz tolices **3** ingênuo; tolo ~ **basbaquice** *s.f.*

bas.co *adj.* **1** do País Basco (região entre a França e a Espanha); vasco ■ *s.m.* **2** natural ou habitante dessa região; vasco **3** LING a língua basca; vasconço

bás.cu.la *s.f.* **1** balança para objetos pesados **2** ENG básculo ('ponte')

bas.cu.lan.te *adj.2g.* **1** que sobe e desce com auxílio de um contrapeso *<portão de garagem b.>* ■ *s.m.* **2** janela cujos painéis de vidro se abrem girando em seus eixos horizontais ~ **bascular** *v.t.d.*

bás.cu.lo *s.m.* **1** ENG ponte levadiça; báscula **2** peça de metal que gira numa cavilha para abrir ou fechar portas, janelas etc.

ba.se *s.f.* **1** o que serve de apoio ou sustentação; a parte inferior de alguma coisa **2** parte ou aspecto essencial de algo; princípio, origem **3** AER MAR MIL central de apoio *<b. aérea>* **4** primeira camada que cobre uma superfície sobre a qual se aplica(m) outra(s) de acabamento **5** ingrediente principal de uma mistura *<a b. do bolo é a farinha>* **6** QUÍM substância que reage com ácidos, formando um sal **7** POL conjunto de militantes de partido ou sindicato *<decidiu consultar as b.>* ☞ mais us. no pl. **8** GEOM lado ou face de uma figura geométrica sobre a qual ela se apoia *<a b. de um triângulo>* ▣ **b. de dados** INF banco de dados • **b. espacial** centro de lançamento de foguetes e satélites • **à b. de 1** à custa de; com base em, na base de *<trabalha à b. de muito café>* **2** incluindo (certo produto ou ingrediente) *<dieta à b. de legumes>* • **tremer nas b.** *B* ter muito medo ou receio; intimidar-se, apavorar-se

[1]**ba.se.a.do** *adj.* que está sustentado por fundamento intelectual, moral etc. [ORIGEM: part. de *basear*]

[2]**ba.se.a.do** *s.m.* *B infrm.* cigarro de maconha [ORIGEM: desc.]

ba.se.ar *v.* {mod. 5} *t.d.* **1** servir de base a; fundamentar *<o ensino da matemática deve b. o da física>* □ *t.d.i. e pron.* **2** (prep. *em*) firmar(-se), apoiar(-se) *<b. a defesa em provas> <b.-se em falsas informações>*

ba.si.ca.men.te *adv.* **1** na essência, no que é fundamental *<a cozinha constitui-se b. de pia e fogão>* **2** quase exclusivamente *<alimenta-se b. de vegetais>*

bá.si.co *adj.* **1** que está na ou serve de base **2** fundamental, essencial **3** QUÍM que tem propriedade de base ('substância'); alcalino

ba.si.lar [pl.: *-es*] *adj.2g.* **1** que está na base ou a constitui **2** básico, fundamental

ba.sí.li.ca *s.f.* REL igreja católica com jurisdição própria concedida pelo papa

ba.si.lis.co *s.m.* **1** MIT lagarto ou serpente lendária que tinha o poder de matar com o olhar, o bafo ou contato **2** ZOO lagarto da fam. dos iguanídeos que ocorre do México à Colômbia **3** antigo canhão feito de bronze

bas.que.te.bol [pl.: *-óis*] ou **bas.que.te** *s.m.* ESP jogo em que dois times de cinco pessoas devem bater a bola no chão e arremessá-la a uma cesta suspensa, usando apenas as mãos

bas.sê *s.m.* ZOO cão de pernas curtas, orelhas compridas, corpo e focinho longos

bas.ta *interj.* **1** chega; pare *<b.! já falou demais>* ■ *s.m.* **2** ponto final; limite, termo ▣ **dar um b.** interromper ou finalizar

bas.tan.te *adj.2g.s.m.* **1** (o) que basta, (o) que é suficiente ■ *pron.ind.* **2** em grande quantidade; muito ■ *adv.* **3** em quantidade suficiente

bas.tão [pl.: *-ões*] *s.m.* **1** pedaço de madeira roliço e alongado **2** *p.ext.* qualquer forma cilíndrica similar **3** cajado

bas.tar *v.* {mod. 1} *t.i. e int.* **1** (prep. *a*, *para*, *de*) ser suficiente; chegar *<poucas coisas bastam às pessoas não ambiciosas> <sua força não basta para nos tirar daqui> <uma semana de folga não basta>* □ *pron.* **2** não precisar de ajuda alheia; ser autossuficiente *<ela se basta para viver>*

bas.tar.do *adj.s.m.* **1** (o) que nasceu fora do casamento **2** (o) que degenerou da espécie a que pertence ☞ cf. *híbrido*

bas.ti.ão [pl.: *-ães* e *-ões*] *s.m.* **1** parte avançada de uma fortificação us. para vigiar a face externa da muralha; baluarte **2** *p.ext.* posto avançado para defesa de um território, país etc. **3** *fig.* o que ou quem serve de referência na luta por uma causa

bas.ti.dor /ô/ [pl.: *-es*] *s.m.* **1** par de aros entre os quais se prende o pano esticado para bordar, pintar etc. ▼ ***bastidores*** *s.m.pl.* **2** TEAT espaço que contorna o palco atrás do cenário; coxias **3** ambiente em que resoluções são tomadas sem o conhecimento do grande público *<os. b. do governo>*

bas.to *adj.* **1** espesso, encorpado *<cabeleira b.>* **2** abundante, numeroso ~ **bastidão** *s.f.* - **bastura** *s.f.*

bas.to.ne.te /ê/ *s.m.* **1** pequeno bastão **2** BIO bactéria em forma de bastão

ba.ta *s.f.* VEST **1** blusa larga e reta us. por fora da saia ou da calça **2** vestido solto e largo **3** traje de trabalho us. sobre a roupa para protegê-la; jaleco

ba.ta.lha *s.f.* **1** confronto armado entre forças rivais; combate **2** disputa acirrada; confronto não armado **3** trabalho ou empenho constantes

ba.ta.lha.dor /ô/ [pl.: *-es*] *adj.s.m.* **1** que(m) batalha; lutador **2** que(m) trabalha muito; trabalhador **3** defensor militante de uma ideia, um princípio, uma religião, uma instituição, um partido etc.

ba.ta.lhão [pl.: *-ões*] *s.m.* **1** MIL unidade de um regimento subdividida em companhias **2** *infrm.* grande número de pessoas; multidão

ba.ta.lhar *v.* {mod. 1} *int.* **1** entrar em batalha; combater, lutar *<b. até a morte>* ☐ *t.i. fig.* **2** (prep. *por*) brigar ou agir em favor de; lutar *<b. pela democracia>* ☐ *t.d. e t.i. fig.* **3** (prep. *por*) esforçar-se, empenhar-se *<b. (por) um emprego público>*

ba.ta.ta *s.f.* **1** BOT tubérculo comestível de certos vegetais, como a batata-inglesa **2** *p.ext.* BOT qualquer tubérculo ◉ COL batatal ▣ **b. da perna** *infrm.* panturrilha • **b. quente** *infrm.* problema, dificuldade *<passaram a b. quente para o novato>* • **ser b.** *infrm.* não falhar; não deixar de ocorrer

ba.ta.ta-ba.ro.a [pl.: *batatas-baroas*] *s.f.* BOT **1** erva de tubérculos amarelos comestíveis e cujas folhas servem de forragem; mandioquinha **2** o tubérculo dessa planta

ba.ta.ta.da *s.f.* **1** CUL doce feito com batatas-doces **2** *infrm.* grande tolice

ba.ta.ta-do.ce [pl.: *batatas-doces*] *s.f.* BOT **1** erva cujos tubérculos, ricos em açúcar, são comestíveis **2** o tubérculo dessa planta, ger. de casca arroxeada

ba.ta.ta-in.gle.sa [pl.: *batatas-inglesas*] *s.f.* BOT **1** erva cultivada mundialmente por seus tubérculos comestíveis e dos quais se extrai fécula **2** o tubérculo dessa planta, arredondado, de casca fina e amarelada

ba.ta.vo *adj.* **1** da Batávia, antigo nome da Holanda ■ *s.m.* **2** natural ou habitante desse país

ba.te.a.da *s.f.* quantidade de minério ou detritos de uma bateia

ba.te-bo.ca [pl.: *bate-bocas*] *s.m. B infrm.* discussão agressiva; desentendimento

ba.te-bo.la [pl.: *bate-bolas*] *s.m.* FUTB *infrm.* **1** jogo recreativo, informal; pelada **2** troca de passes, antes do jogo, para aquecimento muscular **3** FOLC *RJ* clóvis

ba.te.dei.ra *s.f.* aparelho, manual ou elétrico, que mexe ingredientes de massas e de outras misturas culinárias

ba.te.dor /ô/ [pl.: *-es*] *adj.s.m.* **1** (o) que bate **2** que(m) vai à frente de um grupo ou personalidade para abrir-lhe caminho

ba.te-es.ta.cas *s.m.2n.* **1** máquina para fincar estacas no solo **2** MÚS *B infrm.* música eletrônica com ritmo constante marcado por pancadas fortes

bá.te.ga *s.f.* chuva forte ☞ mais us. no pl.

ba.tei.a /êi *ou* éi/ *s.f.* recipiente de madeira ou metal us. na garimpagem de pedras e metais preciosos ~ **batear** *v.t.d.* - **bateeiro** *s.m.*

ba.tel [pl.: *-éis*] *s.m.* pequeno barco

ba.te.la.da *s.f.* **1** carga transportada por um batel **2** *p.ext.* grande quantidade

ba.te.lão [pl.: *-ões*] *s.m.* **1** barca us. para transporte de carga pesada **2** *AMAZ* embarcação movida a remo ou a reboque, us. no comércio fluvial

ba.ten.te *s.m.* **1** relevo no vão de porta ou janela em que ela encosta ao fechar **2** *infrm.* trabalho diário; ganha-pão

ba.te-pa.po [pl.: *bate-papos*] *s.m. infrm.* conversa amigável

ba.te-pron.to [pl.: *bate-prontos*] *s.m.* **1** rebatida de bola que mal tocou o chão **2** *p.ext.* resposta rápida *<aceitou o convite de b.>*

ba.ter *v.* {mod. 8} *t.d.* **1** dar pancadas ou golpes em *<b. um prego>* **2** *fig.* agitar *<bateu asas e voou>* **3** misturar, sovar (alimento) *<b. a massa>* **4** vencer; superar, ultrapassar *<b. um recorde>* **5** mover, tremer (dentes, queixo), de frio, medo, raiva etc. **6** usar muito; surrar *<b. uma calça>* **7** *B infrm.* furtar, roubar *<b. carteira>* **8** *B infrm.* comer vorazmente; devorar *<bateu um prato de arroz com feijão>* **9** *B* efetuar cobrança de (lateral, falta, tiro de meta etc.) *<b. um pênalti>* ☐ *t.i. e int.* **10** (prep. *a*, *em*) dar golpes (em porta, janela etc.), para que atendam *<bateram na porta com força>* *<entre sem b.>* **11** (prep. *com*, *em*) chocar-se, colidir com *<b. com o carro>* *<virou-se rapidamente e bateu>* ☐ *t.d. e t.i. fig.* **12** (prep. *em*) alcançar, atingir (um valor) *<a inflação bateu em 6,4%>* ☐ *t.d. e int.* **13** datilografar; digitar *<bateu duas páginas e cansou>* *<já escrevi; falta b.>* **14** soar, tocar *<o sino bateu>* ☐ *t.d.,t.i. e int.* **15** (prep. *com*) fechar(-se) com força *<bateu (com) a porta e saiu>* *<a janela bateu>* ☐ *int.* **16** pulsar, palpitar *<sentia o coração b.>* ☐ *pron.* **17** lutar, empenhar-se *<bateu-se para conseguir o ingresso>*

ba.te.ri.a *s.f.* **1** MÚS instrumento de percussão constituído por bumbo, caixas, tarol e pratos **2** MÚS grupo de percussão numa escola de samba **3** ELETR fonte de voltagem contínua que converte energia química, térmica, nuclear ou solar em energia elétrica **4** conjunto de panelas **5** conjunto de testes, exames ou provas **6** cada etapa de um torneio esportivo **7** MIL unidade da artilharia **8** MIL conjunto de peças de artilharia

ba.te.ris.ta *adj.2g.s.2g.* MÚS que(m) toca bateria ('instrumento')

ba.ti.cum [pl.: *-uns*] *s.m. B* **1** som de sapateado e palmas, como nos batuques **2** *p.ext.* série de pancadas fortes, marteladas etc.

ba.ti.da *s.f.* **1** pulsação **2** choque entre dois corpos **3** *p.ext.* vibração sonora produzida por pancada **4** *p.ext. infrm.* ritmo musical **5** andamento rápido em alguma atividade *<não acompanho sua b. no trabalho>* **6** averiguação policial **7** bebida preparada com cachaça e suco de fruta

ba.ti.do *adj.* **1** gasto pelo uso **2** banalizado; comum ■ *adv.* **3** *B infrm.* rapidamente *<passou b. por nós>*

ba.ti.men.to *s.m.* **1** choque; pancada **2** movimento de pulsação; batida *<b. cardíaco>*

ba.ti.me.tri.a *s.f.* ciência que mede a profundidade das massas de água (oceanos, lagos etc.) e determina a topografia do seu leito

ba.ti.na *s.f.* veste longa sem gola e de mangas compridas, ger. preta, us. por sacerdotes católicos; roupeta

ba.<u>ti</u>.que *s.m.* **1** método manual de estampar tecido revestindo com cera partes dele e retirando-a após sua imersão em tinta **2** tecido assim estampado

ba.<u>tis</u>.mo *s.m.* **1** REL o primeiro sacramento dos cristãos e seu ritual; batizado **2** *p.ext.* rito de iniciação em qualquer religião, seita, partido, grupo etc. **3** ato de dar um nome **4** MAR ato de benzer (navio) **5** *infrm.* adição de água a bebida, a gasolina etc. ~ **batismal** *adj.2g.*

ba.<u>tis</u>.ta *adj.2g.s.2g.* **1** que(m) batiza ■ *adj.2g.* **2** REL diz-se do protestantismo que prega o batismo consentido pelo fiel ■ *s.2g.* **3** REL membro dessa religião

ba.tis.<u>té</u>.rio *s.m.* local da igreja onde fica a pia batismal

ba.ti.<u>za</u>.do *s.m.* REL **1** rito do batismo ■ *adj.* **2** que recebeu batismo

ba.ti.<u>zar</u> *v.* {mod. 1} *t.d. e pron.* **1** ministrar batismo a ou (fazer) receber esse sacramento *<b. os bebês>* *<batizou-se aos cinco anos>* □ *t.d.* **2** ser padrinho ou madrinha de batismo de (alguém) **3** *infrm.* adulterar (líquido), ger. adicionando água □ *t.d. e t.d.pred.* **4** *fig.* (prep. *de*) dar nome, apelido a (alguém ou algo) *<b. uma invenção>* *<batizou-o (de) Pedro>*

bat mitzvah [heb.; pl.: *bnot mitzvah*] REL **1** na religião judaica, menina que atinge a maioridade religiosa (por volta dos 12 anos) **2** a cerimônia de sua iniciação religiosa ⇒ pronuncia-se bat <u>mi</u>tsva

ba.<u>tom</u> [pl.: *-ons*] *s.m.* **1** pasta sólida e oleosa em forma de bastão us. como cosmético para os lábios **2** o bastão desse cosmético e sua embalagem

ba.<u>to</u>.que *s.m.* **1** rolha que veda orifício no bojo de barris **2** *p.ext.* esse orifício **3** *p.ext. pej.* pessoa baixa e gorda

ba.<u>trá</u>.quio *adj.s.m.* ZOO (animal) anfíbio de cabeça unida ao corpo, sem cauda, com membros posteriores próprios para o salto e a natação (sapo, rã, perereca)

ba.tu.<u>ca</u>.da *s.f.* **1** ato ou efeito de batucar; batuque **2** diversão popular com instrumentos de percussão, podendo haver dança e canto

ba.<u>tu</u>.car *v.* {mod. 1} *t.d. e int.* *B* **1** marcar ritmo (de algo) com percussão *<b. um samba numa caixa de fósforo>* *<começou a b.>* □ *int.* **2** dançar e cantar o batuque ~ **batucador** *adj.s.m.*

ba.<u>tu</u>.que *s.m.* **1** ritmo marcado por tambores ou instrumentos de percussão; batucada **2** DNÇ MÚS nome genérico de algumas danças afro-brasileiras acompanhadas de percussão e, por vezes, canto ~ **batuqueiro** *adj.s.m.*

ba.<u>tu</u>.ta *s.f.* **1** MÚS bastão fino e leve com que os regentes dirigem orquestras, bandas etc. ■ *adj.2g.* **2** *B infrm.* excelente, primoroso *<atitude b.>* ■ *adj.2g.s.2g.* **3** *B infrm.* que(m) é muito capaz

ba.<u>ú</u> *s.m.* **1** caixa com tampa para guardar ou transportar bens **2** *p.ext.* espécie de caixa com tampa arqueada, us. para guardar ou transportar (bens), ou como objeto decorativo **3** caçamba fechada de caminhão **4** *B infrm.* pessoa rica

bau.<u>ni</u>.lha *s.f.* **1** BOT planta aromática tropical de frutos compridos dos quais se extrai a essência de baunilha **2** BOT o fruto seco dessa planta **3** substância extraída desse fruto ou produzida sinteticamente, us. em culinária e perfumaria

bau.<u>ru</u> *s.m.* sanduíche de pão francês com rosbife, tomate, mozarela e picles de pepino, temperado com orégano e sal

bau.<u>xi</u>.ta *s.f.* rocha com a aparência da argila, mas não moldável, principal fonte de alumínio ~ **bauxítico** *adj.*

<u>bá</u>.va.ro *adj.* **1** da Baviera (Alemanha) ■ *s.m.* **2** natural ou habitante dessa região

ba.<u>zar</u> [pl.: *-es*] *s.m.* **1** loja de artigos variados **2** exposição e venda de objetos ger. com fins beneficentes

ba.<u>zó</u>.fia *s.f.* vaidade exagerada e sem motivo

ba.zo.fi.<u>ar</u> *v.* {mod. 1} *t.d.,t.i. e int.* (prep. *de*) dizer, mostrar bazófia; vangloriar-se *<b. poder e riqueza>* *<bazofiava de suas grandes conquistas>* *<gostava de b. nas festas>* ~ **bazofiador** *adj.s.m.* - **bazófio** *adj.s.m.*

ba.<u>zu</u>.ca *s.f.* arma portátil em forma de tubo, manejada ger. por duas pessoas, us. para lançar granadas que penetram em veículos blindados

BCG *s.f.* vacina contra tuberculose, sigla de bacilo de Calmette-Guérin, bacteriologistas franceses que a desenvolveram

Be QUÍM símbolo de *berílio*

bê *s.m.* nome da letra *b*

be.a.<u>bá</u> ou **bê-á-<u>bá</u>** [pl.: *bê-á-bás*] *s.m.* **1** conjunto das letras do alfabeto; abecedário **2** *fig.* noção básica de algum assunto

[1]be.<u>a</u>.ta *s.f.* **1** REL mulher beatificada pela Igreja **2** mulher muito dedicada às práticas religiosas **3** *pej.* mulher exageradamente religiosa e puritana; carola [ORIGEM: fem. substv. de *beato*]

[2]be.<u>a</u>.ta *s.f.* *drg.* ponta queimada de cigarro (ger. de maconha); bagana, guimba [ORIGEM: desc.]

be.a.<u>ti</u>.ce *s.f.* *pej.* devoção exagerada, fingida ou afetada

be.a.ti.fi.ca.<u>ção</u> [pl.: *-ões*] *s.f.* REL ato e cerimônia em que um indivíduo falecido, de reconhecidas virtudes, é incluído pelo papa no catálogo dos bem-aventurados ☞ cf. *canonização*

be.a.ti.<u>fi</u>.car *v.* {mod. 1} *t.d.* **1** REL (a Igreja) declarar (alguém) beato, conceder-lhe a beatificação ☞ cf. *canonizar* □ *t.d. e pron.* **2** *fig.* elogiar(-se) com entusiasmo ou em excesso *<os alunos beatificavam a professora>* *<a falta de modéstia o levava a b.-se>*

be.a.ti.<u>tu</u>.de *s.f.* **1** REL serenidade trazida à alma pelo êxtase místico **2** *p.ext.* felicidade suprema; placidez

be.<u>a</u>.to *adj.s.m.* **1** REL que(m) goza da bem-aventurança celeste; bem-aventurado **2** REL que(m) foi beatificado pela Igreja católica **3** que(m) demonstra grande devoção religiosa **4** *pej.* carola

<u>bê</u>.ba.do ou **<u>bê</u>.be.do** *adj.s.m.* **1** que(m) se intoxicou com bebida alcoólica **2** que(m) se embriaga por hábito ■ *adj.* **3** zonzo, atarantado *<estava b. de sono>*

be.bê *s.2g.* criança de poucos meses; neném ▣ **b. de proveta** criança gerada por fecundação em laboratório

be.be.dei.ra *s.f.* **1** estado de quem ingeriu bebida(s) alcoólica(s) e ficou bêbado; embriaguez **2** ato de embebedar-se

bê.be.do *adj.s.m.* → ***BÊBADO***

be.be.dou.ro *s.m.* **1** aparelho do qual jorra água filtrada; bebedor **2** recipiente ou local onde os animais bebem água

be.ber *v.* {mod. 8} *t.d.* **1** ingerir (líquido) *<b. água>* **2** ingerir o conteúdo líquido de *<b. um copo de suco>* **3** absorver (líquido) por ser esponjoso, poroso etc. *<a terra bebeu a água da chuva>* **4** *fig.* absorver com atenção; mergulhar em *<b. os ensinamentos dos mais velhos>* □ *t.d. e int. fig. B* **5** (veículo) consumir muito (combustível) *<esse carro bebe muita gasolina>* □ *int.* **6** ingerir bebida alcoólica *<atletas não devem b.>* ~ **bebedor** *adj.s.m.*

be.be.ra.gem [pl.: *-ens*] *s.f.* **1** preparado medicinal caseiro; garrafada **2** bebida de sabor ruim

be.be.ri.car ou **be.ber.ri.car** *v.* {mod. 1} *t.d.* **1** beber a goles pequenos *<b. um pouco de champanhe>* □ *t.d. e int.* **2** beber pouco, repetida e frequentemente *<o passarinho bebericava (sua água)>*

be.ber.rão [pl.: *-ões*; fem.: *beberrona*] *adj.s.m.* que(m) bebe muito; ébrio

be.bes *s.m.pl.* coisas de beber; bebidas

be.bi.da *s.f.* **1** qualquer líquido que se bebe **2** bebida alcoólica **3** vício de se embriagar

be.bi.do *adj.* **1** que foi ingerido **2** embriagado

be.ca *s.f.* VEST **1** longa veste us. por formandos de grau superior, juízes e advogados **2** *infrm.* roupa elegante

be.ça *s.f.* ▸ us. em: **à b.** **1** em grande quantidade *<comeu à b.>* **2** em grande intensidade; muito *<ruim à b.>*

be.ca.pe *s.m.* ver ***CÓPIA DE SEGURANÇA*** ~ **becapar** *v.t.d.* - **becapear** *v.t.d.*

be.co /ê/ *s.m.* rua estreita e curta, por vezes sem saída ▣ **b. sem saída** *fig.* **1** situação difícil; aperto **2** problema sem solução

be.del [pl.: *-éis*] *s.m.* **1** inspetor de alunos **2** funcionário encarregado de tarefas administrativas nas faculdades

be.de.lho /ê/ *s.m.* ferrolho de porta ▣ **meter o b.** *infrm.* intrometer-se onde não é chamado

be.du.í.no *s.m.* árabe nômade do deserto

be.ge *adj.2g.2n.s.m.* diz-se de ou cor da lã natural, ou de fibras de tecido não tingidas, entre o branco e o marrom muito claro

be.gô.nia *s.f.* BOT **1** planta ornamental de folhagem vistosa e flores coloridas **2** a flor dessa planta

be.go.ni.á.cea *s.f.* BOT espécime das begoniáceas, família de ervas de folhas grandes e coloridas e flores brancas, róseas ou vermelhas, mais encontradas em lugares úmidos ~ **begoniáceo** *adj.*

be.ha.vio.ris.mo *s.m.* PSIC teoria que procura examinar o comportamento humano e animal com destaque para a observação das reações físicas a estímulos ~ **behaviorista** *adj.2g.s.2g.*

bei.ço *s.m.* lábio

bei.ço.la *s.f.* **1** lábio grosso e grande ■ *s.2g.* **2** beiçudo ◉ GRAM/USO aum.irreg. de *beiço*

bei.çu.do *adj.s.m.* que(m) tem beiços grossos

bei.ja-flor [pl.: *beija-flores*] *s.m.* ZOO pequena ave de bico longo e voo veloz, que se alimenta do néctar das flores; chupa-flor, colibri

bei.ja-mão [pl.: *beija-mãos*] *s.m.* ato ou ritual de beijar as costas da mão de um soberano

bei.ja-pé [pl.: *beija-pés*] *s.m.* **1** ato ou cerimônia em que se beija o pé de alguém ou de uma imagem **2** ato de dar o pé a beijar

bei.jar *v.* {mod. 1} *t.d.* **1** dar beijo(s) em; oscular **2** roçar os lábios sobre *<b. uma foto>* **3** *fig.* tocar levemente; roçar *<a brisa beija a folha>* **4** *fig. joc.* bater em, chocar-se com *<b. o poste>* □ *pron.* **5** trocar beijo(s) com *<beijaram-se na porta de casa>*

bei.jo *s.m.* toque com lábios, com leve sucção, que exprime afeto ou consideração

bei.jo.ca *s.f.* **1** beijo estalado **2** beijo leve ~ **beijocar** *v.t.d. e pron.*

bei.jo.quei.ro *adj.s.m.* que(m) gosta de dar beijos ou beijocas

bei.ju ou **bi.ju** *s.m.* CUL espécie de bolo de goma de tapioca ou massa de mandioca assada

bei.ra *s.f.* **1** margem de rio, lago, mar etc. **2** parte que determina os limites (de qualquer coisa); borda **3** espaço vizinho, cercania *<mora lá para as b. de Mauá>* ☞ nesta acp. tb. us. no pl.

bei.ra.da *s.f.* **1** borda, margem **2** parte pequena que se tira de um todo, junto à borda **3** *N.* região vizinha

bei.ral [pl.: *-ais*] *s.m.* CONSTR borda de telhado

bei.ra-mar [pl.: *beira-mares*] *s.f.* região costeira, litoral

bei.rar *v.* {mod. 1} *t.d.* **1** mover-se, ir pela margem de *<b. o rio>* **2** *fig.* estar a ponto de atingir; aproximar-se *<isso b. o desleixo>* □ *t.d. e t.i.* **3** (prep. *com*) fazer limite com; confinar *<o lago beira (com) nosso quintal>* **4** (prep. *por*) contar aproximadamente *<b. (pel)os 20 anos>*

bei.ru.te *s.m.* CUL sanduíche em pão árabe, ger. com rosbife, queijo derretido e tomate

bei.se.bol [pl.: *-óis*] *s.m.* ESP jogo entre dois times de nove componentes que devem, um por vez, rebater a bola com um bastão e tentar dar uma volta completa em torno do campo

be.la.do.na *s.f.* BOT erva originária da Europa e da Ásia cultivada para uso medicinal

be.las-ar.tes *s.f.pl.* manifestações artísticas de natureza visual e plástica; artes plásticas

be.las-le.tras *s.f.pl.* manifestações literárias consideradas sob o ponto de vista de suas qualidades estéticas, seu valor, sua beleza

bel.chi.or [pl.: *-es*] *s.m.* **1** comerciante de coisas usadas **2** a loja desse comerciante; brechó

bel.da.de *s.f.* **1** qualidade do que é belo **2** mulher muito bela

be.le.léu *s.m. infrm.* morte; desaparecimento ▣ **ir para o b.** *infrm.* **1** morrer **2** sumir ou estragar-se **3** *fig.* não ter êxito *<o encontro foi para o b.>*

be.le.nen.se *adj.2g.* **1** de Belém (PA) ■ *s.2g.* **2** natural ou habitante dessa capital

be.le.za /ê/ *s.f.* **1** qualidade do que é belo **2** pessoa ou coisa bela

be.le.zo.ca *s.2g. infrm.* pessoa ou coisa bonita

be.li.che *s.m.* **1** móvel com duas ou mais camas apoiadas uma(s) sobre a(s) outra(s), ligadas por escada; cama-beliche **2** vão para camas em cabines de trem ou navio

be.li.cis.mo *s.m.* **1** doutrina ou tendência que incita à guerra ou ao armamentismo **2** a prática dessas ideias ~ **belicista** *adj.2g.s.2g.*

bé.li.co *adj.* **1** relativo à guerra ou ao belicismo **2** *p.ext.* que apresenta comportamento agressivo

be.li.co.so /ô/ [pl.: /ó/; fem.: /ó/] *adj.s.m.* **1** que(m) tende ou incita à guerra **2** que(m) é agressivo ~ **belicosidade** *s.f.*

be.li.ge.rân.cia *s.f.* **1** estado de quem está em guerra **2** agressividade, belicosidade ~ **beligerante** *adj.2g.s.2g.*

be.lis.cão [pl.: *-ões*] *s.m.* apertão dado na pele com as pontas ou nós dos dedos ou com as unhas, para causar dor

be.lis.car *v.* {mod. 1} *t.d.,int. e pron.* **1** dar beliscão (em outrem ou em si próprio) *<b. o braço de alguém>* *<adora fazer cócegas e b.!>* *<beliscou-se para ver se estava acordado>* ☐ *t.d.* **2** prender, ferir levemente *<a gaveta beliscou seu dedo>* ☐ *t.d. e int.* **3** *fig.* tirar ou comer pequena porção (de) *<não jantou, só beliscou (um pouco de salada)>*

be.lo *adj.* **1** que tem formas e proporções harmônicas **2** que causa admiração **3** vantajoso, lucrativo *<fez um b. negócio>* **4** de elevado valor moral *<b. alma>* **5** notável pela quantidade, pela qualidade etc. *<uma b. coleção>* ■ *s.m.* **6** beleza *<apreciar o b.>*

be.lo-ho.ri.zon.ti.no [pl.: *belo-horizontinos*] *adj.* **1** de Belo Horizonte (MG) ■ *s.m.* **2** natural ou habitante dessa capital

be.lo.na.ve *s.f.* navio de guerra

bel-pra.zer [pl.: *bel-prazeres*] *s.m.* vontade ou prazer pessoal ▣ **a (seu) b.** segundo a (sua) própria escolha

bel.tra.no *s.m.* pessoa cujo nome se desconhece ou não se quer dizer ◉ GRAM/USO empr. ger. depois de *fulano* e antes de *sicrano*

bel.ve.der /dê/ [pl.: *-es*] ou **bel.ve.de.re** /dê/ *s.m.* mirante

bel.ze.bu *s.m.* o demônio

bem *s.m.* **1** o que é bom ☞ por vezes maiúsc. **2** o que traz bem-estar *<queria o b. de todos>* **3** ente querido **4** patrimônio ☞ mais us. no pl.; como s.m., pl. *-ens* ■ *adv.* **5** de modo bom *<falaram b. de você>* **6** com saúde, disposição *<sente-se b. agora>* **7** em paz; à vontade *<estou b. nessa casa>* **8** muito, bastante *<essa pergunta é b. difícil>* **9** com acerto, precisão *<chegamos b. na hora>* **10** com fartura *<comeu b.!>* ▣ **b. como** da mesma forma que *<no jantar, b. como no almoço, não bebeu nada>* • **b. comuns** DIR **1** os de propriedade e de uso geral (p.ex. o ar, o mar etc.) **2** os pertencentes a duas ou mais pessoas, em condomínio **3** os pertencentes ao casal, pelo regime de comunhão • **bens de capital** ECON os que servem para a produção de outros, esp. de consumo (p.ex. máquinas, materiais de construção etc.) • **bens de consumo** ECON os que atendem necessidades da população a médio ou longo prazo (p.ex. um automóvel, um eletrodoméstico) • **de b.** correto; honesto *<um homem de b.>* • **nem b.** logo que *<nem b. saiu, começou a chover>* • **se b. que** ainda que, embora

bem-a.ca.ba.do [pl.: *bem-acabados*] *adj.* realizado com capricho

bem-a.ma.do [pl.: *bem-amados*] *adj.* **1** que é ou foi objeto de grande estima ou amor particular ■ *s.m.* **2** aquele a quem se quer muito

bem-a.pes.so.a.do [pl.: *bem-apessoados*] *adj.* de boa aparência

bem-a.ven.tu.ra.do [pl.: *bem-aventurados*] *adj.s.m.* **1** REL merecedor das graças divinas **2** REL que(m) foi beatificado pela Igreja **3** que(m) é feliz ~ **bem-aventurança** *s.f.*

bem-bom [pl.: *bem-bons*] *s.m.* vida folgada

bem-com.por.ta.do [pl.: *bem-comportados*] *adj.* que se porta ou se comporta bem

bem-dis.pos.to [pl.: *bem-dispostos* /ó/; fem.: /ó/] *adj.* em bom estado de ânimo e de saúde

bem-do.ta.do [pl.: *bem-dotados*] *adj.* **1** bonito **2** que tem alguma qualidade (p.ex., inteligência, habilidade etc.) acima da média ☞ cf. *superdotado*

bem-e.du.ca.do [pl.: *bem-educados*] *adj.* que recebeu boa educação, que tem boas maneiras; educado

bem-es.tar [pl.: *bem-estares*] *s.m.* **1** estado de satisfação plena **2** sensação de segurança, tranquilidade, conforto

bem-fei.to [pl.: *bem-feitos*] *adj.* **1** feito com capricho **2** que tem belas formas; elegante ☞ cf. *bem feito* e *benfeito*

bem-hu.mo.ra.do [pl.: *bem-humorados*] *adj.* de bom humor; alegre

bem-in.ten.cio.na.do [pl.: *bem-intencionados*] *adj.s.m.* (aquele) que tem boas intenções

bem-me-quer [pl.: *bem-me-queres*] *s.m.* BOT erva de flores amarelas nativa dos campos do Brasil; malmequer

bem-nas.ci.do [pl.: *bem-nascidos*] *adj.s.m.* que(m) vem de família rica ou nobre

be.mol [pl.: *-óis*] *s.m.* MÚS **1** sinal gráfico que indica que a nota por ele antecedida deve ser abaixada de um semitom [símb.: ♭] ■ *adj.2g.* **2** alterada por este sinal (diz-se de nota) ☞ cf. *sustenido* ~ **bemolizar** *v.t.d.*

bem-pos.to [pl.: *bem-postos* /ó/; fem.: /ó/] *adj.* **1** harmonioso, elegante nos movimentos **2** vestido com elegância; alinhado

bem-que.rer *v.* {mod. 18} *t.d.* **1** desejar o bem a; amar ■ *s.m.* **2** sentimento de amizade, afeição; benquerença ☞ como s.m., pl. *-es*; cf. *benquerer* **3** boa disposição de ânimo; benevolência

bem-su.ce.di.do [pl.: *bem-sucedidos*] *adj.* **1** de sucesso **2** *p.ext.* cuja situação financeira é boa

bem-te-vi [pl.: *bem-te-vis*] *s.m.* ZOO pequena ave de bico longo, dorso verde, ventre amarelo e cabeça preta e branca com uma mancha amarela no topo, reconhecida por seu canto, que lembra seu nome

bem-vin.do [pl.: *bem-vindos*] *adj.* recebido ou aceito com gosto

bem-vis.to [pl.: *bem-vistos*] *adj.* **1** que tem boa reputação, renome **2** estimado, querido

bên.ção [pl.: *-ãos*] *s.f.* **1** pedido de proteção divina **2** graça divina *<confia nas b. do céu>* **3** *p.ext.* algo oportuno e bom *<a chuva foi uma b.>* **4** voto de felicidade ou aprovação ditos em favor de alguém *<viajou com a b. da família>*

ben.di.to *adj.* **1** que se abençoou **2** que faz o bem; generoso **3** que acontece no momento adequado; oportuno, conveniente *<b. a hora em que saímos>* **4** protegido ■ *s.m.* **5** cântico católico iniciado por essa palavra **6** ZOO *MG* louva-a-deus ◉ GRAM/USO part. de *bendizer*

ben.di.zer *v.* {mod. 15} *t.d.* **1** lançar bênção sobre; benzer *<b. os fiéis>* **2** tornar feliz ou próspero; abençoar **3** agradecer por (favor ou graça recebidos) *<bendigo a hora em que ele nasceu>* ◉ GRAM/USO part.: *bendito* ~ **bendição** *s.f.*

be.ne.di.ti.no *s.m.* REL **1** monge da ordem de São Bento ☞ cf. *Beneditinos* na parte enciclopédica ■ *adj.* **2** próprio desses monges ou de sua ordem

be.ne.fi.cên.cia *s.f.* **1** inclinação para o bem **2** caridade

be.ne.fi.cen.te *adj.2g.* **1** caritativo *<torneio b.>* **2** benéfico *<decisão b. para todos>*

be.ne.fi.ci.ar *v.* {mod. 1} *t.d. e pron.* **1** (prep. *com*) trazer benefício(s) a ou usufruir dele(s); favorecer(-se) *<a lei só beneficiou parte dos funcionários>* *<beneficiou-se com as críticas dos professores>* □ *t.d.* **2** melhorar (produtos, imóveis etc.) com reformas, processos industriais etc. *<b. o bairro com uma rua>* ~ **beneficiado** *adj.* - **beneficiamento** *s.m.*

be.ne.fi.ci.á.rio *adj.s.m.* **1** favorecido por vantagem ou direito *<b. de uma herança>* ■ *adj.* **2** relativo a benefício ■ *s.m.* **3** segurado ou dependente da previdência social que tem direito à prestação de serviços e benefícios

be.ne.fí.cio *s.m.* **1** auxílio, favor **2** privilégio ou provento concedidos a alguém **3** resultado de benfeitoria *<os b. valorizaram a escola>* **4** circunstância favorável *<o b. da dúvida>* **5** auxílio da previdência social, assegurado em lei

be.né.fi.co *adj.* **1** que faz bem **2** que beneficia; positivo, favorável

be.ne.mé.ri.to *adj.s.m.* **1** que(m) merece louvor, elogio **2** que(m) colabora com causa ou instituição ■ *adj.* **3** distinto, ilustre *<professor b.>* ~ **benemerência** *s.f.*

be.ne.plá.ci.to *s.m.* **1** consentimento, concordância **2** aprovação dada por autoridade superior *<b. régio>*

be.nes.se *s.2g.* **1** REL remuneração eclesiástica **2** *p.ext.* presente, dádiva **3** *p.ext.* vantagem obtida sem esforço

be.ne.vo.lên.cia *s.f.* **1** boa vontade **2** generosidade; complacência ~ **benevolente** *adj.2g.*

be.né.vo.lo *adj.* **1** favorável, benfazejo **2** que tem bons propósitos; bem-intencionado **3** compreensivo ◉ GRAM/USO sup.abs.sint.: *benevolentíssimo*

ben.fa.ze.jo /ê/ *adj.* que pratica ou proporciona o bem

ben.fei.to *adj.* **1** que se benfez; beneficiado ■ *s.m.* **2** benefício, benfeitoria ☞ cf. *bem feito* e *bem-feito*

ben.fei.tor /ô/ [pl.: *-es*] *adj.s.m.* **1** (o) que pratica o bem **2** (o) que faz benfeitorias

ben.fei.to.ri.a *s.f.* obra de melhoria ou reparo em propriedades ~ **benfeitorizar** *v.t.d.*

ben.ga.la *s.f.* **1** bastão us. como apoio para caminhar **2** pão longo e fino **3** tipo de fogo de artifício

be.nig.no *adj.* **1** de bom caráter e boa índole **2** que é benfazejo (diz-se de objeto inanimado ou circunstância); propício, benéfico *<chuva b.>* **3** MED sem gravidade (diz-se de tumor ou doença) ~ **benignidade** *s.f.*

ben.ja.mim [pl.: *-ins*] *s.m.* **1** filho caçula ou predileto **2** *p.ext.* o mais jovem ou preferido de um grupo **3** ELETR peça que acrescenta entradas às tomadas elétricas

ben.jo.ei.ro *s.m.* BOT planta de que se extrai o benjoim

ben.jo.im [pl.: *-ins*] *s.m.* **1** resina aromática de uso cosmético e medicinal **2** BOT planta que produz essa resina; benjoeiro

ben.que.ren.ça *s.f.* **1** fato de querer bem a; afeição, afeto, amor **2** manifestação de estima; amizade, carinho **3** benevolência ~ **benquerente** *adj.2g.*

ben.que.rer *v.* {mod. 18} *t.d.,t.i. e pron.* **1** (prep. *a*) querer bem a; dedicar grande afeição, amizade, estima a (algo, alguém ou reciprocamente) *<benqueremos (a)o estado em que nascemos>* *<era visível que os dois se benqueriam>* ■ *s.m.* **2** pessoa amada ou estimada; bem-amado ☞ como *s.m.*, pl. *-es*; cf. *bem-querer* ◉ GRAM/USO part.: *benquerido, benquisto*

ben.quis.to *adj.* querido ou aceito por todos

ben.ti.nho *s.m.* escapulário, patuá

ben.to *adj.* **1** benzido em ritual religioso ■ *s.m.* **2** monge beneditino

ben.tos *s.m.pl.* BIO fauna e flora do fundo dos mares, rios e lagos ~ **bêntico** *adj.* - **bentônico** *adj.*

ben.ze.du.ra *s.f.* reza proferida por leigo com o intuito de afastar o mal ~ **benzedeiro** *adj.s.m.*

ben.ze.no *s.m.* QUÍM hidrocarboneto aromático us. como solvente e na fabricação de detergentes, corantes etc.

ben.zer *v.* {mod. 8} *t.d.* **1** invocar a graça divina sobre; abençoar <*b. os fiéis*> **2** consagrar ao culto de Deus <*b. uma igreja*> **3** fazer benzedura(s) em; rezar □ *pron.* **4** fazer o sinal da cruz <*benzeu-se ao embarcar*> ◉ GRAM/USO part.: *benzido, bento*

ben.zi.na *s.f.* QUÍM solvente us. em detergentes, corantes etc.

be.ó.cio *adj.s.m.* **1** que(m) é natural ou habitante da Beócia, região da antiga Grécia **2** *p.ext. pej.* (indivíduo) grosseiro, ignorante ou ingênuo ■ *s.m.* **3** LING dialeto falado na antiga Beócia

be.qua.dro *s.m.* MÚS sinal que anula o efeito de sustenidos e bemóis e repõe em seu tom natural a nota elevada ou abaixada [símb.: ♮]

be.que *s.m.* FUTB zagueiro

ber.bi.gão [pl.: *-ões*] *s.m.* ZOO molusco bivalve marinho, comestível, muito encontrado no litoral brasileiro; vôngole

ber.çá.rio *s.m.* local, nas maternidades e hospitais, onde ficam os recém-nascidos

ber.ço /ê/ *s.m.* **1** cama para bebês **2** *fig.* origem ou local de nascimento

be.ren.guen.dém [pl.: *-éns*] *s.m. B* balangandã

ber.ga.mo.ta *s.f.* BOT **1** pequena árvore de flores aromáticas e fruto em forma de pera, com casca fina, lisa e amarela **2** o fruto dessa árvore **3** *S.* tangerina ~ **bergamoteira** *s.f.*

be.ri.bé.ri *s.m.* MED inflamação nos nervos devida à carência de vitamina B1, causadora de paralisia, esp. das pernas, edemas e problemas cardíacos

be.rí.lio *s.m.* QUÍM elemento químico us. em ogivas de foguetes, molas de relógio, reatores atômicos, tubos de raios X, computadores etc. [símb.: *Be*] ☞ cf. *tabela periódica* (no fim do dicionário)

be.ri.lo *s.m.* MINER mineral, principal fonte do berílio, que forma cristais us. como pedras preciosas ou semipreciosas

be.rim.bau *s.m.* MÚS instrumento formado por um arco de madeira com um fio de arame unindo cada uma de suas pontas e uma meia cabaça presa em sua extremidade inferior, us. na capoeira

be.rim.bau de bo.ca [pl.: *berimbaus de boca*] *s.m.* MÚS pequeno instrumento cujo som, produzido pela vibração de uma lingueta metálica que sai do seu centro, é controlado com a boca e o polegar

be.rin.ge.la *s.f.* BOT berinjela ◉ GRAM/USO encontra-se o registro dessa palavra com *g* desde a sua entrada na língua portuguesa; a partir do séc. XX, a grafia com *j* passa a ser comum

be.rin.je.la *s.f.* BOT **1** planta de horta de fruto roxo comestível, rico em iodo **2** esse fruto

ber.ké.lio *s.m.* QUÍM → ***BERQUÉLIO***

ber.lin.da *s.f.* **1** RECR jogo infantil em que uma criança é alvo de comentários anônimos de outras **2** carruagem pequena com vidraças laterais **3** pequeno oratório com paredes de vidro ▣ **estar** ou **ficar na b. 1** ser o alvo dos comentários, no jogo da berlinda **2** *p.ext.* ser objeto de comentários ou atenção pública

ber.li.nen.se *adj.2g.* **1** de Berlim (Alemanha) ■ *s.2g.* **2** natural ou habitante dessa capital

ber.lo.que *s.m.* **1** enfeite que se traz pendurado na corrente de relógio, pulseira etc.; penduricalho **2** coisa de pouco valor ☞ mais us. no pl.

ber.mu.das *s.f.pl.* ou **ber.mu.da** *s.f.* VEST calças curtas que vão quase até os joelhos

ber.ne *s.m.* **1** ZOO larva de certa mosca **2** MED tumor subcutâneo criado por essa larva

ber.qué.lio ou **ber.ké.lio** *s.m.* QUÍM elemento químico artificial da família dos actniídeos [simb.: *BK*] ☞ cf. *tabela periódica* (no fim do dicionário)

ber.ran.te *adj.2g.* **1** que berra **2** de cor forte, chamativa <*jaqueta b.*> ■ *s.m.* **3** trombeta de chifre us. para tanger o gado

ber.rar *v.* {mod. 1} *int.* **1** soltar a voz (vários animais); urrar ☞ só us. nas 3ªs p., exceto quando fig. **2** chorar forte **3** *fig.* produzir ruído contínuo e agudo; zunir <*o vento berrava*> **4** ter cor muito viva **5** não combinar; destoar <*esses dois estampados berram*> □ *t.d.,t.i. e int.* **6** (prep. *com, por*) dizer aos berros, falar alto; gritar <*b. palavrões*> <*b. com a mãe*> <*b. por seus direitos*> <*não falam, berram!*>

ber.rei.ro *s.m.* **1** série de berros; gritaria **2** choro ruidoso; choradeira

ber.ro *s.m.* **1** voz de ovelha, cabrito etc. **2** grito **3** *B infrm.* revólver

ber.ru.ga *s.f.* → ***VERRUGA***

be.sou.ro *s.m.* ZOO nome genérico dado a insetos com um par de asas membranosas, protegidas por um par de asas duras, que faz um zumbido forte quando voa; cascudo ~ **besoural** *adj.2g.*

bes.ta /é/ *s.f.* antiga arma portátil que arremessa setas curtas

bes.ta /ê/ *s.f.* **1** quadrúpede, ger. doméstico **2** animal de carga **3** ZOO burro ('animal estéril') **4** *fig. pej.* pessoa grosseira ■ *adj.2g.s.2g. pej.* **5** (indivíduo) pouco inteligente **6** grosso; bruto ■ *adj.2g. infrm.* **7** banal, sem importância <*acidente b.*> **8** pasmo <*ficou b. de ver como cresci*> **9** arrogante, soberbo ◉ COL récua, tropa ▣ **fazer (alguém) de b.** *fig. infrm.* enganar (alguém) • **fazer-se de b.** *fig. infrm.* **1** fazer-se de tolo, fingir desconhecimento **2** mostrar-se abusado <*fez-se de b. com a diretora e quase foi expulso*> • **metido a b.** *fig. infrm.* pretensioso, arrogante

bes.ta-fe.ra [pl.: *bestas-feras*] *s.2g.* **1** animal feroz **2** *fig.* indivíduo cruel, desumano

bes.ta.lhão [pl.: *-ões*; fem.: *bestalhona*] *adj.s.m.* tolo, bobo, besta

bes.tar *v.* {mod. 1} *int. infrm.* **1** falar ou fazer besteira **2** andar sem destino; errar, vagar **3** perder tempo. ficar ocioso (por vontade própria ou não) <*ficou bestando a tarde toda*>

B

bes.tei.ra *s.f.* **1** bobagem, asneira **2** insignificância, ninharia **3** *infrm.* atitude de quem se ofende à toa; melindre ☞ nesta acp., mais us. no pl.

bes.ti.al [pl.: *-ais*] *adj.2g.* **1** animalesco **2** cruel, sanguinolento ~ **bestialidade** *s.f.*

bes.ti.a.li.zar *v.* {mod. 1} *t.d. e pron.* **1** *fig.* tirar ou perder a natureza humana; animalizar(-se) *<o sofrimento bestializou-o> <b.-se com a vida dura>* **2** *fig.* tornar(-se) bruto, ignorante; brutalizar(-se)

bes.ti.a.ló.gi.co *adj. infrm.* **1** sem nexo ■ *s.m.* **2** fala ou texto disparatado, cheio de asneiras

bes.ti.ce *s.f.* **1** tolice **2** arrogância

bes.ti.fi.car *v.* {mod. 1} *t.d. e pron.* **1** bestializar(-se) **2** *B* (fazer) ficar espantado; pasmar(-se) *<a surpresa bestificou os convidados> <b.-se com notícias inesperadas>*

best-seller [ing.; pl.: *best-sellers*] *s.m.* **1** livro de sucesso **2** produto muito vendido ⇒ pronuncia-se bést séler

bes.tun.to *s.m. infrm.* **1** cabeça **2** *pej.* inteligência limitada

be.sun.tar *v.* {mod. 1} *t.d.,t.d.i. e pron.* **1** (prep. *de, com*) dotar(-se) [de camada gordurosa] *<b. o pão (com manteiga)> <b.-se de creme>* **2** *p.ext.* (prep. *de, com*) sujar(-se), lambuzar(-se) *<b. a camisa (de chocolate)> <b.-se com maionese>*

be.ta *s.m.* segunda letra do alfabeto grego (β, B)

be.ta.blo.que.a.dor /ô/ [pl.: *-es*] *adj.s.m.* BIOQ diz-se de ou substância us. no tratamento de cardíacos e hipertensos

be.ta.ca.ro.te.no *s.m.* provitamina A frequente em legumes e frutas de cor amarela e verde-escura

be.tão [pl.: *-ões*] *s.m.* concreto

be.ter.ra.ba *s.f.* BOT **1** planta de raiz comestível rica em açúcar e betacaroteno **2** a raiz dessa planta ◉ COL beterrabal

be.to.nei.ra *s.f.* máquina de misturar concreto

be.tu.lá.cea *s.f.* BOT espécime das betuláceas, família de mais de 100 espécies de árvores e arbustos, ger. cultivadas pela madeira, pelas nozes comestíveis ou como ornamentais

be.tu.me *s.m.* **1** QUÍM impermeabilizante us. na pavimentação de estradas e na fabricação de borrachas, tintas etc. **2** massa de vidraceiro ~ **betumar** *v.t.d.* - **betuminoso** *adj.*

be.xi.ga *s.f.* **1** ANAT órgão em forma de saco que acumula a urina antes de ser excretada **2** *p.ext.* bola de encher **3** *infrm.* varíola **4** *p.ext.* marca deixada por essa doença

be.xi.guen.to *adj.s.m.* (o) que tem bexiga (varíola ou suas marcas)

be.zer.ro /ê/ *s.m.* filhote de vaca que ainda mama ◉ COL bezerrada

Bh QUÍM símbolo de *bóhrio*

bi- ou **bis-** *pref.* 'dois, duas vezes': *bianual, bicarbonado, bisavô*

[1]bi *n.card.* red. de ***BILHÃO***

[2]bi *adj.2g.2n.s.2g.2n.* red. de ***BICAMPEÃO*** e ***BICAMPEONATO***

Bi QUÍM símbolo de *bismuto*

bi.a.nu.al [pl.: *-ais*] *adj.2g.* **1** que ocorre, se realiza ou aparece duas vezes por ano; semestral **2** que dura ou se dá a cada dois anos; bienal ~ **bianualidade** *s.f.*

bi.be.lô *s.m.* **1** pequeno objeto decorativo **2** *p.ext.* quem tem beleza delicada **3** *p.ext. pej.* pessoa ou coisa bela e inútil

bí.blia *s.f.* **1** REL livro sagrado dos judeus (Antigo Testamento) e dos cristãos (com o acréscimo do Novo Testamento) ☞ inicial ger. maiúsc. **2** *p.ext.* livro muito importante, us. como modelo ou guia ~ **biblicismo** *s.m.* - **bíblico** *adj.*

bi.bli.o.can.to *s.m.* objeto, us. freq. aos pares, que se coloca de um ou dos dois lados de um conjunto de livros, para conservá-los em posição vertical sobre prateleiras, mesas etc.

bi.bli.o.fi.li.a *s.f.* bibliomania ~ **bibliofílico** *adj.* - **bibliófilo** *adj.s.m.*

bi.bli.o.gra.fi.a *s.f.* **1** relação de obras consultadas ou citadas em livros, textos etc. **2** listagem de obras de um autor ~ **bibliográfico** *adj.* - **bibliógrafo** *adj.s.m.*

bi.bli.o.lo.gi.a *s.f.* ciência da história e composição material dos livros ~ **bibliológico** *adj.* - **bibliólogo** *adj.s.m.*

bi.bli.o.ma.ni.a *s.f.* interesse por colecionar livros, esp. os raros; bibliofilia ~ **bibliomaníaco** *adj.s.m.*

bi.bli.o.te.ca *s.f.* **1** coleção de livros **2** local onde se guardam, ordenam e catalogam livros e outros impressos para consulta, leitura e empréstimo ao público

bi.bli.o.te.cá.rio *s.m.* **1** quem trabalha em biblioteca ■ *adj.* **2** relativo a biblioteca

bi.bli.o.te.co.no.mi.a *s.f.* ciência da organização e administração de bibliotecas ~ **biblioteconômico** *adj.* - **biblioteconomista** *adj.2g.s.2g.*

bi.bo.ca *s.f.* *B* **1** mercearia ou bar pequeno e simples **2** casa humilde **3** local de difícil acesso ou perigoso **4** *p.ext.* lugar suspeito

bi.ca *s.f.* **1** abertura, calha, cano ou similar por onde escorre líquido **2** fonte de água corrente **3** torneira

bi.ca.ma *s.f.* móvel com duas camas, uma embutida sob a outra

bi.cam.pe.ão [pl.: *-ões*; fem.: *-ã*] *adj.s.m.* que(m) foi duas vezes campeão na mesma competição, torneio ou campeonato ☞ tb. se diz apenas [2]*bi*

bi.cam.pe.o.na.to *s.m.* campeonato vencido por um indivíduo ou um clube, colégio, time etc. por duas vezes, seguidas ou não

bi.car *v.* {mod. 1} *t.d.,int. e pron.* **1** picar(-se) com o bico *<o papagaio bicou meu dedo> <periquitos bicavam(-se) na gaiola>* □ *t.d.* **2** pegar com o bico, ger. para comer ou beber *<galinhas bicam milho>* **3** *p.ext.* tirar pequena porção de *<b. um doce>* **4** *p.ext.* bebericar □ *int. e pron.* *B* **5** ingerir bebida alcoólica *<beber pouco e (se) b.>* ~ **bicada** *s.f.*

bi.car.bo.na.do *adj.* QUÍM que contém dois átomos de carbono

bi.car.bo.na.to *s.m.* QUÍM sal ou ânion derivado do ácido carbônico ▣ **b. de sódio** sal us. no tratamento da acidez estomacal

bi.cen.te.ná.rio *adj.* **1** que tem entre 200 e 300 anos ■ *s.m.* **2** espaço de 200 anos

bí.ceps *s.m.2n.* ANAT cada um dos músculos do corpo cuja extremidade superior tem duas inserções de ligamentos ou tendões ▣ **b. braquial** ANAT músculo que flexiona o antebraço sobre o braço e vira a palma da mão para cima • **b. femoral** ANAT músculo que flexiona a perna sobre a coxa e gira lateralmente a perna quando está dobrada ~ **bicipital** *adj.2g.*

bi.cha *s.f.* **1** *infrm.* verme, esp. lombriga **2** ZOO sanguessuga ■ *adj.2g.s.2g.* **3** *gros.* (indivíduo) afeminado, homossexual masculino

bi.cha.no *s.m.* **1** gato manso, ger. doméstico **2** filhote de gato

bi.char *v.* {mod. 1} *int.* encher-se (ferida, madeira, fruta etc.) de bicho (verme ou inseto)

bi.cha.ra.da *s.f.* uma porção de animais

bi.chei.ra *s.f.* **1** ferida causada por larva de moscas *<o boi está com b.>* **2** essa larva

bi.chei.ro *s.m.* banqueiro do jogo do bicho ou seu empregado

bi.cho *s.m.* **1** qualquer animal, exceto o homem **2** animal feroz; fera **3** verme, inseto, larva **4** *p.ext.* pessoa muito feia ou antipática **5** *B infrm.* qualquer pessoa ou coisa de que(m) se fala *<pegou o revólver e apontou o b. para o ladrão>* **6** jogo do bicho **7** ESP gratificação que jogadores e técnico recebem após uma vitória

bi.cho-ca.be.lu.do [pl.: *bichos-cabeludos*] *s.m.* ZOO lagarta que queima; taturana

bi.cho-car.pin.tei.ro [pl.: *bichos-carpinteiros*] *s.m.* ZOO **1** nome comum a várias espécies de besouro que, durante a fase larvar, furam troncos ou cascas de árvores **2** escaravelho ▣ **estar com b.** mostrar-se muito agitado

bi.cho-da-se.da [pl.: *bichos-da-seda*] *s.m.* ZOO inseto cujo casulo fornece as fibras com que se faz a seda

bi.cho de se.te ca.be.ças [pl.: *bichos de sete cabeças*] *s.m.* coisa de difícil solução

bi.cho-do-pé [pl.: *bichos-do-pé*] ou **bi.cho-de-pé** [pl.: *bichos-de-pé*] *s.m.* ZOO inseto cuja fêmea fecundada penetra sob a pele, ger. do pé, causando infecção e coceira

bi.cho-pa.pão [pl.: *bichos-papões*] *s.m.* FOLC monstro inventado para meter medo em crianças; papão

bi.cho-pau [pl.: *bichos-pau* e *bichos-paus*] *s.m.* ZOO inseto semelhante a um graveto ou um pequeno ramo seco

bi.ci.cle.ta *s.f.* **1** veículo de duas rodas, alinhadas uma atrás da outra, e impulsionado por pedais **2** FUTB chute para trás, por cima da cabeça

bi.co *s.m.* **1** ZOO saliência resistente e dura da boca das aves **2** extremidade pontuda de um objeto *<o b. da chaleira>* **3** chute com a ponta do calçado *<deu um b. na bola>* **4** *infrm.* serviço eventual; biscate

bi.co de pa.pa.gai.o [pl.: *bicos de papagaio*] *s.m.* **1** *infrm.* deformação em forma de gancho que ocorre na coluna vertebral **2** nariz curvo ☞ cf. *bico-de-papagaio*

bi.co-de-pa.pa.gai.o [pl.: *bicos-de-papagaio*] *s.m.* BOT planta ornamental com folhas vermelhas ☞ cf. *bico de papagaio*

bi.co de pe.na [pl.: *bicos de pena*] *s.m.* ART.PLÁST **1** técnica de desenho que utiliza pena de bico fino e nanquim **2** a obra realizada com essa técnica

bi.co.lor /ô/ [pl.: *-es*] *adj.2g.* de duas cores

bi.côn.ca.vo *adj.* de duas faces côncavas opostas ~ **biconcavidade** *s.f.*

bi.con.ve.xo /cs/ *adj.* de duas faces convexas opostas ~ **biconvexidade** *s.f.*

bi.co.ta *s.f.* *B* beijo rápido ou beijo estalado; beijoca ☞ dim.irreg. de *bico*

bi.cu.do *adj.* **1** de bico grande *<animal b.>* **2** pontudo **3** *infrm.* difícil *<tempos b.>*

bi.dé ou **bi.dê** *s.m.* bacia sanitária para higiene íntima

bi.di.men.sio.nal [pl.: *-ais*] *adj.2g.* que possui duas dimensões

bi.don.go *s.m.* *infrm.* **1** *C.-O. TO* galo ('calombo') ou hematoma ou furúnculo **2** *TO* parte mais dura da madeira; nó

bi.e.la *s.f.* **1** haste de aço articulada a duas peças móveis que transmite a uma o movimento da outra **2** nos automóveis, caminhões, aviões etc., peça de ligação entre o êmbolo e o eixo de manivelas, que transforma o movimento retilíneo do primeiro no movimento circular do segundo

bi.e.nal [pl.: *-ais*] *adj.2g.* **1** que dura ou vale por dois anos; bianual **2** que ocorre de dois em dois anos; bianual ■ *s.f.* **3** evento cultural, artístico, que ocorre a cada dois anos ☞ inicial ger. maiúsc.

bi.ê.nio *s.m.* período de dois anos consecutivos

bi.fá.si.co *adj.* ELETR de duas fases *<circuito b.>*

bi.fe *s.m.* **1** fatia de carne, esp. bovina **2** CUL essa fatia grelhada, cozida ou frita, us. como alimento **3** *infrm.* corte acidental na pele ao fazer a barba, as unhas etc.

bí.fi.do *adj.* BIO dividido em duas partes semelhantes por uma fissura ou corte no sentido do comprimento *<língua b.>*

bi.fo.cal [pl.: *-ais*] *adj.2g.* **1** com dois focos **2** ÓPT com duas distâncias focais diferentes, uma para longe, outra para perto (diz-se de lente, óculos)

bi.fur.car *v.* {mod. 1} *t.d.* e *pron.* dividir(-se) em dois ramos, dois caminhos; bipartir(-se) *<o engenheiro bifurcou a estrada>* *<a avenida bifurca-se na praça>* ~ **bifurcação** *s.f.*

bi.ga *s.f.* na Roma antiga, carro de duas ou quatro rodas puxado por dois cavalos

bi.ga.mi.a *s.f.* realização de novo casamento sem dissolução do anterior ☞ cf. *monogamia, poligamia* ~ **bígamo** *adj.s.m.*

big bang [ing.] *loc.subst.* **1** FÍS teoria que explica a criação do universo a partir de uma explosão cósmica **2** essa explosão ⇒ pronuncia-se big beng

bi.gno.ni.á.cea *s.f.* BOT espécime das bignoniáceas, família com mais de 700 espécies de árvores e cipós, cultivadas para ornamentação ou arborização urbana; algumas fornecem madeiras nobres, como o ipê ~ **bignoniáceo** *adj.*

bi.go.de *s.m.* parte da barba crescida sobre o lábio superior ~ **bigodudo** *adj.s.m.*

bi.go.dei.ra *s.f.* bigode farto

bi.gor.na *s.f.* **1** peça de ferro sobre a qual se malham ou amoldam metais **2** ANAT pequeno osso da orelha, situado na caixa do tímpano, entre o martelo e o estribo

bi.guá *s.m.* ZOO ave aquática ger. negra ou marrom, semelhante ao pelicano, do tamanho de um pato, de bico estreito e curvo, pescoço e cauda longos, e asas curtas

bi.ju *s.m.* → ***BEIJU***

bi.ju.te.ri.a *s.f.* objeto de adorno como brincos, anéis, broches etc. que imitam joias

bike [ing.; pl.: *bikes*] *s.f.* bicicleta ⇒ pronuncia-se baik

bi.la.bi.a.do *adj.* BOT ZOO que tem dois lábios

bi.la.te.ral [pl.: *-ais*] *adj.2g.* **1** que tem dois lados **2** que diz respeito a dois lados *<paralisia b.>* **3** DIR em que há um pacto entre as duas partes ~ **bilateralidade** *s.f.*

bil.bo.quê *s.m.* RECR brinquedo composto de uma bola de madeira com um furo, ligada por um barbante a um pequeno bastão, onde ela deve se encaixar, depois de atirada para o ar

bi.le *s.f.* BIOQ ***BÍLIS***

bi.lha *s.f.* **1** vaso de barro para líquidos; moringa **2** pequena esfera de aço us. dentro dos rolamentos para reduzir atrito

bi.lhão [pl.: *-ões*] *n.card.* mil milhões

bi.lhar [pl.: *-es*] *s.m.* RECR **1** jogo com duas bolas vermelhas e uma branca que devem ser empurradas por um taco sobre uma mesa retangular, forrada de feltro verde, sem caçapas **2** mesa onde esse jogo é praticado **3** estabelecimento onde se joga sinuca e/ou bilhar

bi.lhe.te /ê/ *s.m.* **1** carta ou mensagem curta **2** ingresso para espetáculos, jogos etc. **3** impresso que permite o transporte por via aérea, marítima, rodoviária etc. **4** cédula numerada de loteria

bi.lhe.te.ri.a *s.f.* posto de venda de ingressos, passagens etc. ~ **bilheteiro** *adj.s.m.*

bi.li.ão [pl.: *-ões*] *n.card.* bilhão

bi.li.ar.dá.rio *adj.s.m.* bilionário

bi.lín.gue /gü/ *adj.2g.* **1** que fala duas línguas *<secretária b.>* **2** que ensina em duas línguas, a oficial do país e outra *<escola b.>* **3** escrito ou apresentado em duas línguas *<edição b. de um texto>*

bi.lin.guis.mo /gü/ *s.m.* **1** coexistência de duas línguas oficiais num país **2** uso regular de duas línguas por um falante ou grupo

bi.li.o.ná.rio *adj.s.m.* que(m) possui patrimônio (bens, valores etc.) que soma mais de um bilhão

bi.li.o.né.si.mo *n.ord.* **1** (o) que, numa sequência, ocupa a posição do número um bilhão ■ *n.frac.* **2** (o) que é um bilhão de vezes menor que a unidade

bi.li.o.so /ô/ [pl.: /ó/; fem.: /ó/] *adj.* **1** que tem bílis **2** produzido ou provocado pela bílis **3** *p.ext.* mal-humorado **4** da cor da bílis

bi.li.ro *s.m.* *PA PE* espécie de grampo us. para prender o cabelo

bi.lir.ru.bi.na *s.f.* BIOQ composto de coloração alaranjada comum na bile de vertebrados, resultante da degradação da hemoglobina

bí.lis *s.f.2n.* **1** BIOQ líquido amarelo-esverdeado segregado pelo fígado; fel **2** *fig.* mau humor ~ **biliar** *adj.2g.* - **biliário** *adj.*

bi.lo.to /ô/ *s.m.* *infrm.* **1** pequena verruga ou saliência carnuda **2** *CE* botão *<b. de elevador>*

bil.ro *s.m.* peça de madeira ou metal em forma de fuso, us. para fazer renda artesanal

bil.tre *adj.2g.s.2g.* (indivíduo) desprezível

bim.ba.lhar *v.* {mod. 1} *t.d. e int.* soar ou fazer soar (sino ou similar); badalar

bi.men.sal [pl.: *-ais*] *adj.2g.* **1** que ocorre de 15 em 15 dias; quinzenal **2** que ocorre de dois em dois meses ☞ cf. *bimestral* ~ **bimensalidade** *s.f.*

bi.mes.tral [pl.: *-ais*] *adj.2g.* que ocorre de dois em dois meses ☞ cf. *bimensal* ~ **bimestralidade** *s.f.*

bi.mes.tre *s.m.* período de dois meses

bi.mo.tor /ô/ [pl.: *-es*] *adj.s.m.* (veículo) de dois motores

bi.na.cio.nal [pl.: *-ais*] *adj.2g.* **1** de duas nações **2** que tem dupla nacionalidade

bi.ná.rio *adj.* **1** que tem dois elementos ou unidades **2** MÚS que tem dois tempos *<compasso b.>*

bin.go *s.m.* **1** jogo de azar com cartelas numeradas que devem ser preenchidas à medida que os números vão sendo sorteados; loto **2** reunião ou local onde se pratica esse jogo ■ *interj.* **3** grito us. para indicar que se completou o cartão e venceu o jogo

bi.nó.cu.lo *s.m.* instrumento óptico portátil para observação a distância composto de dois telescópios que podem ser postos em foco ao mesmo tempo

bi.nô.mio *s.m.* MAT expressão algébrica composta de dois termos ligados por um sinal de mais ou de menos ~ **binomial** *adj.2g.*

bi.o.ce.no.se *s.f.* BIO comunidade

bi.o.ci.clo *s.m.* BIO sequência de fases por que passam certos seres vivos; ciclo vital

bi.o.ci.ên.cia *s.f.* biologia

bi.o.com.bus.tí.vel [pl.: *-eis*] *adj.2g.s.m.* (combustível) produzido a partir de matéria orgânica (vegetais, lixo etc.)

bi.o.de.gra.dá.vel [pl.: *-eis*] *adj.2g.* que pode ser destruído por um agente biológico (p.ex., bactérias)

<detergente b.> ~ **biodegradação** *s.f.* - **biodegradar** *v.t.d. e pron.*

bi.o.die.sel /dízel/ [pl.: -*eis*] *s.m.* QUÍM combustível biodegradável, não tóxico e pouco poluente, produzido a partir de óleos vegetais, e que pode ser usado em motores diesel

bi.o.di.ges.tor /ô/ [pl.: -*es*] *s.m.* QUÍM equipamento us. para produzir biogás

bi.o.di.ver.si.da.de *s.f.* BIO **1** conjunto de todos os seres vivos **2** conjunto de todos os seres vivos de determinada região ou época *<a b. da mata atlântica>*

bi.o.e.ner.gé.ti.ca *s.f.* BIO ramo da biologia que estuda as transformações de energia nos seres vivos ~ **bioenergético** *adj.*

bi.o.e.ner.gi.a *s.f.* BIO **1** energia renovável obtida da transformação química da biomassa **2** força vital

bi.o.en.ge.nha.ri.a *s.f.* **1** BIO engenharia genética **2** ENG aplicação de princípios e técnicas da engenharia na criação de equipamentos para solução de problemas biomédicos ~ **bioengenheiro** *s.m.*

bi.o.e.ta.nol [pl.: -*óis*] *s.m.* BIO QUÍM etanol produzido a partir de biomassa ou de resíduos orgânicos, para utilização como biocombustível

bi.o.é.ti.ca *s.f.* estudo das questões morais relativas às pesquisas médicas e genéticas e suas aplicações

bi.o.gás *s.m.* QUÍM gás obtido da fermentação, sem oxigênio, de material orgânico ◉ GRAM/USO pl.: *biogases* (esta pal. ordinariamente não se empr. no pl.)

bi.o.gê.ne.se *s.f.* BIO formação de um ser vivo a partir de outro já existente ~ **biogenético** *adj.*

bi.o.ge.o.gra.fi.a *s.f.* BIO ECO estudo da distribuição das espécies de seres vivos no planeta e de suas relações com o ambiente em que vivem ~ **biogeográfico** *adj.* - **biogeógrafo** *s.m.*

bi.o.gra.far *v.* {mod. 1} *t.d.* pesquisar e escrever a biografia de alguém

bi.o.gra.fi.a *s.f.* **1** relato da vida de alguém **2** livro, filme etc. que contém esse relato ~ **biográfico** *adj.* - **biógrafo** *s.m.*

bi.o.lo.gi.a *s.f.* ciência que estuda a estrutura, funcionamento, evolução, distribuição e relações dos seres vivos entre si e com o ambiente ~ **biológico** *adj.* - **biologista** *adj.2g.s.2g.* - **biólogo** *s.m.*

bi.o.lu.mi.nes.cên.cia *s.f.* BIO emissão de luz por seres vivos ~ **bioluminescente** *adj.2g.*

bi.o.ma *s.m.* ECO comunidade ecológica estável e desenvolvida, caracterizada ger. por um tipo predominante de vegetação, p.ex., o cerrado, o deserto, a mata atlântica

bi.o.mas.sa *s.f.* BIO **1** massa de matéria viva **2** matéria de origem vegetal us. como fonte de energia

bi.om.bo *s.m.* divisória móvel ger. feita de caixilhos ou de folhas de madeira articuladas por dobradiças

bi.o.me.câ.ni.ca *s.f.* BIO FÍS estudo das leis da mecânica aplicadas às estruturas orgânicas vivas, esp. ao sistema locomotor do corpo humano ~ **biomecânico** *adj.s.m.*

bi.o.me.di.ci.na *s.f.* MED medicina baseada nas ciências naturais (biologia, bioquímica etc.) ~ **biomédico** *adj.s.m.*

bi.o.me.tri.a *s.f.* BIO MAT análise estatística de fatos biológicos ~ **biométrico** *adj.*

bi.ô.ni.co *adj.s.m.* **1** que(m) tem capacidade humana reforçada por mecanismos eletrônicos **2** *B infrm. joc.* que ou aquele que é nomeado para um cargo de natureza eletiva, sem ter sido eleito (diz-se esp. de deputado e senador)

bi.óp.sia ou **bi.op.si.a** *s.f.* MED **1** exame de fragmento de tecido vivo para diagnóstico **2** esse fragmento

bi.o.quí.mi.ca *s.f.* BIO QUÍM ramo da química que estuda as transformações ocorrentes nas substâncias e moléculas que se originam de seres vivos e de seus processos metabólicos ~ **bioquímico** *adj.s.m.*

bi.or.rit.mo *s.m.* BIO manifestação cíclica de processos biológicos ~ **biorrítmico** *adj.*

bi.os.fe.ra *s.f.* ECO **1** parte da Terra onde há ou pode haver vida **2** conjunto dos organismos vivos e seu ambiente; ecosfera ~ **biosférico** *adj.*

bi.os.sín.te.se *s.f.* BIOQ produção de compostos químicos por seres vivos; síntese

bi.os.sis.te.ma *s.m.* ECO ecossistema

bi.o.ta *s.f.* ECO conjunto de todos os seres vivos de uma região

bi.o.tec.ni.a *s.f.* BIO ENG biotécnica

bi.o.téc.ni.ca *s.f.* BIO ENG conjunto de técnicas que visa adequar a utilização de seres vivos às necessidades humanas; biotecnia

bi.o.tec.no.lo.gi.a *s.f.* **1** BIO tecnologia desenvolvida a partir de conhecimentos de uma ou mais áreas da biologia, ger. com finalidade produtiva **2** GEN estudo e desenvolvimento de organismos geneticamente modificados e seu uso ~ **biotecnológico** *adj.*

bi.o.ter.ro.ris.mo *s.m.* forma de terrorismo que recorre a armas biológicas para destruição em massa ~ **bioterrorista** *adj.2g.s.2g.*

bi.ó.ti.co *adj.* BIO ECO **1** relativo a biota **2** relativo ou pertencente à vida ou aos seres vivos

bi.ó.ti.po ou **bi.o.ti.po** *s.m.* **1** BIO grupo de indivíduos geneticamente semelhantes **2** tipo físico ~ **biotípico** *adj.* - **biotipologia** *s.f.*

bi.o.vu.lar [pl.: -*es*] *adj.2g.* BIO derivado de dois óvulos (diz-se de gêmeos)

bi.par *v.* {mod. 1} *t.d.* chamar (alguém) por meio de bipe

bi.par.ti.da.ris.mo *s.m.* POL existência de apenas dois partidos, ou de apenas dois partidos importantes, na vida política de um país ~ **bipartidário** *adj.* - **bipartidarista** *adj.2g.s.2g.*

bi.par.tir *v.* {mod. 24} *t.d. e pron.* dividir(-se) em duas partes, iguais ou não *<b. uma laranja> <há vermes que se bipartem>* ~ **bipartição** *s.f.*

bi.pe *s.m.* sinal sonoro curto e agudo

bí.pe.de *adj.2g.s.m.* (o) que tem ou anda com dois pés ~ **bipedal** *adj.2g.*

bi.po.lar [pl.: *-es*] *adj.2g.* **1** que tem ou opõe dois polos ■ *adj.2g.s.2g.* PSIQ **2** diz-se de ou pessoa com transtorno psiquiátrico de humor caracterizado por episódios de depressão e mania ~ **bipolaridade** *s.f.*

bi.po.lo *s.m.* ELETR ELETRÔN dispositivo ou circuito que apresenta dois terminais

bi.quei.ra *s.f.* **1** peça que se ajusta à extremidade de algo, para complementar ou dar acabamento; ponteira **2** bico ou ponta de calçado

bi.quí.ni *s.m.* VEST **1** maiô de duas peças **2** variedade de calcinha

bi.ri.ta *s.f. infrm.* **1** cachaça **2** *p.ext.* qualquer bebida alcoólica ~ **biritar** *v.t.d. e int.*

bi.rô *s.m.* **1** escrivaninha **2** escritório **3** GRÁF estúdio de computação gráfica ou editoração eletrônica

bi.ros.ca *s.f. infrm.* **1** pequena venda, simples, misto de bar e mercearia **2** *p.ext.* bar ou venda de aspecto sujo

bir.ra *s.f.* **1** insistência exagerada; teimosia **2** antipatia sem motivo aparente **3** mau humor, aborrecimento ~ **birrar** *v.t.i. e int.* - **birrento** *adj.s.m.*

bi.ru.ta *s.f.* **1** saco em forma de cone preso no alto de um mastro, para indicar o rumo do vento ■ *adj.2g.s.2g.* **2** *infrm.* (indivíduo) sem rumo; maluco

bis- *pref.* → ***BI-***

bis *s.m.2n.* **1** repetição (de algo) *<pedir b.>* **2** qualquer peça que um artista repete, a pedido do público **3** o grito com que se pede que uma peça ou número seja repetido ■ *interj.* **4** expressa pedido de repetição de uma peça musical ou prolongamento de um espetáculo

bi.são [pl.: *-ões*] *s.m.* ZOO bovídeo encontrado na América do Norte e Europa, de pelagem longa sobre o quarto anterior do corpo e cabeça grande, com chifres curtos e firmes

bi.sar *v.* {mod. 1} *t.d. e int.* **1** tornar a fazer, dizer etc.; reiterar *<b. a sobremesa>* *<deu a resposta uma vez e bisou, para que entendessem>* □ *t.d.* **2** repetir ou pedir repetição de (parte de espetáculo) *<bisou a última música>*

bi.sa.vó *s.f.* mãe do avô ou da avó

bi.sa.vô [fem.: *bisavó*] *s.m.* **1** o pai do avô ou da avó ▼ ***bisavós*** *s.m.pl.* **2** o bisavô e a bisavó (o casal) de um indivíduo

bis.bi.lho.tar *v.* {mod. 1} *t.d. e int.* **1** investigar (algo alheio); intrometer-se *<distraía-se bisbilhotando (a vida alheia)>* **2** buscar com minúcia; vasculhar *<b. documentos>* *<bisbilhotou até descobrir o livro que queria>* ~ **bisbilhoteiro** *adj.s.m.* - **bisbilhotice** *s.f.*

bis.ca *s.f.* **1** RECR nome dado a diversas modalidades de jogo para duas ou quatro pessoas, em que se usa um baralho de 52 cartas **2** RECR a carta de número sete, quando us. como trunfo **3** *pej.* indivíduo mau-caráter, patife

bis.ca.te *s.m.* ocupação ou serviço ocasional e ger. mal pago; bico ~ **biscatear** *v.int.* - **biscateiro** *adj.s.m.*

bis.coi.tei.ra *s.f.* **1** recipiente em que se guardam biscoitos e bolachas **2** mulher que faz e/ou vende biscoitos e bolachas

bis.coi.to *s.m.* CUL massa crocante de farinha, ovos etc., doce ou salgada, ger. assada em forno ~ **biscoiteiro** *s.m.*

biscuit [fr.; pl.: *biscuits*] *s.m.* **1** massa de porcelana fina **2** objeto feito dessa massa ⇒ pronuncia-se biscuí

bi.sel [pl.: *-éis*] *s.m.* **1** corte diagonal em borda de vidro, cristal, metal etc.; chanfradura **2** borda de vidro ou cristal com esse corte ~ **biseladora** *s.f.* - **biselamento** *s.m.* - **biselar** *v.t.d.*

bis.mu.to *s.m.* QUÍM elemento químico us. em extintores de incêndio e fusíveis [símb.: *Bi*] ☞ cf. *tabela periódica* (no fim do dicionário)

bis.na.ga *s.f.* **1** tubo flexível us. como embalagem de cremes **2** pão de formato comprido, mais grosso do que a baguete

bis.ne.to *s.m.* filho de neto ou neta

bi.so.nho *adj.* **1** sem habilidade ou treinamento; inexperiente **2** que não tem confiança em si mesmo **3** *infrm.* malvestido

bi.son.te *s.m.* ZOO bisão

bis.pa.do *s.m.* REL **1** cargo de bispo **2** período de exercício desse cargo **3** conjunto de paróquias sob a autoridade espiritual de um bispo

bis.par *v.* {mod. 1} *t.d.* **1** *infrm.* observar de longe; espreitar *<bispava o gato lá no telhado>* **2** *PE infrm.* furtar, afanar *<b. laranjas na feira>*

bis.po *s.m.* **1** REL em religiões cristãs, sacerdote que exerce a direção espiritual de uma diocese **2** RECR peça do jogo de xadrez que se move, em diagonal, para a frente e para trás ◉ COL concílio, episcopado

bis.se.ção ou **bis.sec.ção** [pl.: *-ões*] *s.f.* divisão em duas partes iguais ~ **bissecional/bisseccional** *adj.2g.* - **bissetar/bissectar** *v.t.d.*

bis.sec.triz [pl.: *-es*] *s.f.* → ***BISSETRIZ***

bis.se.ma.nal [pl.: *-ais*] *adj.2g.* que se faz, se efetua ou aparece duas vezes por semana

bis.se.triz [pl.: *-es*] ou **bis.sec.triz** [pl.: *-es*] *s.f.* MAT reta que divide ao meio um ângulo

bis.sex.to /ê/ *s.m.* **1** o dia que, de quatro em quatro anos, é acrescido ao mês de fevereiro ■ *adj.* **2** em que isso acontece (diz-se do ano) **3** *fig.* que exerce uma atividade com pouca frequência *<ator b.>*

bis.se.xu.al /cs/ [pl.: *-ais*] *adj.2g.* **1** que abrange ou reúne os dois sexos ■ *adj.2g.s.2g.* **2** BIO hermafrodita **3** que(m) sente atração sexual por homens e mulheres ~ **bissexuado** *adj.s.m.* - **bissexualidade** *s.f.* - **bissexualismo** *s.m.*

bis.trô *s.m.* pequeno bar e restaurante aconchegante

bis.tu.ri *s.m.* instrumento cirúrgico cortante, de lâmina curta

bit [ing.; pl.: *bits*] *s.m.* INF **1** menor parcela de informação processada por um computador **2** algarismo do sistema binário que só pode assumir as formas 0 ou 1; dígito binário [símb.: *b*] ⇒ pronuncia-se bit

bi.ta.ca *s.f. infrm.* **1** *MG* pequena venda; botequim **2** *CE* gola, colarinho

bi.to.la *s.f.* **1** medida-padrão us. em gráfica, construção, indústria etc. **2** largura entre os trilhos de uma ferrovia **3** CINE largura de um filme (p.ex.: 35 mm, 16 mm, 8 mm)

bi.to.la.do *adj.* **1** medido com bitola **2** *infrm. pej.* limitado na conduta ou no pensamento ~ **bitolar** *v.*

bi.tran.si.ti.vo *adj.s.m.* GRAM (verbo) que pede objeto direto e objeto indireto

bi.tri.bu.ta.ção [pl.: *-ões*] *s.f.* DIR incidência de dois tributos sobre um mesmo ato ou produto ~ **bitributar** *v.t.d.*

bi.u.ní.vo.co *adj.* MAT que associa a cada um dos elementos de um conjunto um único elemento de outro conjunto, e vice-versa (diz-se de relação)

bi.val.ve *adj.2g.s.m.* ZOO (o) que tem duas conchas, esp. moluscos

bi.vi.te.li.no *adj.* **1** que apresenta dois ovos ou óvulos **2** relativo à gestação de fetos formados de dois óvulos distintos **3** que provém de gestação desse tipo *<gêmeos b.>*

bi.volt *adj.2g.* ELETR que pode ser ligado em duas voltagens

bi.zan.ti.nis.mo *s.m.* **1** estudo da história e da civilização do Império Bizantino **2** *fig.* tendência a se preocupar com temas complexos e sem importância ou consequência prática **3** *fig.* algo que é ao mesmo tempo pretensioso e inútil ~ **bizantinista** *adj.2g.s.2g.*

bi.zan.ti.no *adj.* **1** HIST de Bizâncio (atual Istambul, Turquia), antiga capital do Império Romano do Oriente **2** HIST relativo ao Império Romano do Oriente (tb. dito Império Bizantino) **3** *fig. pej.* fútil, inútil ■ *s.m.* **4** HIST natural ou habitante dessa antiga capital

bi.zar.ro *adj. infrm.* que é esquisito, estranho, excêntrico ~ **bizarria** *s.f.* - **bizarrice** *s.f.* - **bizarrismo** *s.m.*

Bk QUÍM símbolo de *berkélio*

blá-blá-blá [pl.: *blá-blá-blás*] *s.m.* conversa oca, sem conteúdo; conversa fiada

black tie [ing.; pl.: *black ties*] *loc.subst.* VEST ver ***SMOKING*** ⇒ pronuncia-se blék tai

bla.gue *s.f.* gozação, zombaria

blas.fe.mar *v.* {mod. 1} *int.* **1** proferir blasfêmia ('afirmação') **2** rogar praga(s); amaldiçoar *<agrediu e blasfemou com violência>* □ *t.i.* **3** (prep. *de, contra, sobre*) usar insultos ao se dirigir ou se referir a *<blasfemavam dele e da sua ajuda>* *<b. contra tudo e todos>* *<b. sobre o clima>* ~ **blasfemador** *adj.s.m.*

blas.fê.mia *s.f.* **1** afirmação que insulta o que é considerado sagrado **2** *p.ext.* expressão ou afirmação que insulta ou ofende o que é considerado digno de respeito ~ **blasfematório** *adj.*

blas.fe.mo /ê/ *adj.* **1** herege; ofensivo ■ *adj.s.m.* **2** (aquele) que profere insultos ou heresias

bla.so.nar *v.* {mod. 1} *t.d.* **1** anunciar, alardear *<vive a b. suas conquistas>* □ *pred.,int. e pron.* **2** (prep. *de*) gabar-se, vangloriar-se *<não blasones de valente>* *<está sempre a b., mas não prova o que diz>* *<b.-se de possuir nobreza e virtudes>* ~ **blasonador** *adj.s.m.*

bla.tá.rio *s.m.* ZOO espécime dos blatários, subordem dos insetos terrestres, alados ou não, de corpo alongado, como os gafanhotos, as esperanças e as baratas

bla.te.rar *v.* {mod. 1} *int.* **1** soltar a voz (o camelo) ☞ só us. nas 3ªs p., exceto quando fig. □ *t.d. e int. p.ext.* **2** falar muito, alto ou com ênfase; berrar, vociferar *<blaterou que não aceitaria tal situação>* *<blaterava, alternando elogios e insultos>*

bla.tí.deo *adj.s.m.* ZOO (espécime) dos blatídeos, família de pequenas baratas, ger. aladas, com antenas longas e patas finas

blazer [ing.; pl.: *blazers*] *s.m.* VEST paletó esportivo ⇒ pronuncia-se bleizer

ble.cau.te *s.m.* **1** interrupção noturna no fornecimento de luz elétrica, planejada ou não, que afeta um bairro, uma cidade, uma região etc. ☞ cf. *apagão* **2** *p.ext.* cortina grossa e opaca us. para vedar a entrada de luz

ble.far *v.* {mod. 1} *int.* **1** RECR iludir no jogo, fingindo ter boas cartas, para intimidar o(s) oponente(s) *<blefa sempre que joga>* □ *t.d. e int. p.ext.* **2** enganar, iludir *<blefou o porteiro e entrou>* *<não tem o apoio da turma, está blefando>* ~ **blefador** *adj.s.m.* - **blefista** *adj.2g.s.2g.*

ble.fe /é *ou* ê/ *s.m.* simulação ou fingimento para tirar proveito de uma situação, esp. em jogo de cartas

ble.nor.ra.gi.a *s.f.* MED doença bacteriana transmitida por via sexual que provoca inflamação da mucosa genital; gonococia, gonorreia ~ **blenorrágico** *adj.s.m.*

blin.dar *v.* {mod. 1} *t.d.* **1** revestir com peça(s) ou camada(s) de metal, aço *<b. um carro>* □ *t.d. e t.i. p.ext.* **2** (prep. *de, com, contra*) cobrir, envolver (com algo resistente ou impermeável) *<a concha blinda os moluscos (contra ataques dos predadores)>* □ *t.d.i. e pron. fig.* **3** (prep. *de, contra*) preservar(-se), guardar(-se) *<quer b. os filhos de problemas>* *<desejava b.-se contra as tristezas>* ~ **blindado** *adj.* - **blindagem** *s.f.*

blitz [al.; pl.: *Blitze*] *s.f.* **1** ataque militar repentino **2** batida policial ◉ GRAM/USO em al., inicial maiúsc. ⇒ pronuncia-se blitz

blo.co *s.m.* **1** porção de matéria sólida **2** grupo de coisas afins **3** cada prédio de um conjunto habitacional ou comercial **4** grupo carnavalesco **5** certo tipo de obturação dentária **6** maço de folhas de papel destacáveis

blog [ing.; pl.: *blogs*] *s.m.* INTERN blogue ⇒ pronuncia-se blóg

blo.gue *s.m.* INTERN página pessoal ou coletiva, em que criadores e visitantes podem trocar experiências, comentários etc. ~ **blogueiro** *adj.s.m.* - **bloguista** *adj.2g.s.2g.*

blo.que.a.dor /ô/ [pl.: *-es*] *adj.s.m.* (o) que bloqueia ▣ **b. solar** preparação química para proteção da pele humana contra as radiações solares

blo.que.ar *v.* {mod. 5} *t.d.* **1** impor cerco militar sobre; sitiar <*bloquearam a cidade*> **2** impedir a passagem por <*b. uma rua*> **3** impedir o trânsito ou o movimento de; parar, travar <*a areia bloqueou as rodas do carro*> **4** *fig.* criar obstáculos a; dificultar <*o diretor bloqueou o aumento dos funcionários*>

blo.quei.o *s.m.* **1** ato ou efeito de bloquear **2** obstrução ou impedimento de entrada, saída ou passagem, por meio de algum obstáculo físico; barreira **3** interrupção de movimento, desenvolvimento, funcionamento etc. de algo <*b. de telefone*> **4** cerco militar à entrada e saída de pessoas, informações, mantimentos etc.; sítio **5** ESP no voleibol, tentativa de deter o ataque adversário, ger. com a(s) mão(s), erguida(s) acima da rede **6** MED interrupção de uma função normal <*b. cardíaco*> **7** PSIQ interrupção repentina do pensamento ou de um ato (gesto, palavra etc.) causada por fatores emocionais

Bluetooth ® [ing.] *s.m.* COMN padrão global e tecnologia de conexão e troca de informações sem fio, via frequência de rádio, entre equipamentos habilitados (p.ex., telefones celulares, computadores etc.) ⇒ pronuncia-se blu*tus*

blu.sa *s.f.* VEST peça de roupa usada na parte de cima do corpo para cobrir o tronco

blu.são [pl.: *-ões*] *s.m.* **1** camisa folgada **2** casaco; jaqueta

BNDES *s.m.* sigla de Banco Nacional de Desenvolvimento Econômico e Social

bo.a-fé [pl.: *boas-fés*] *s.f.* pureza de intenções

bo.a-noi.te [pl.: *boas-noites*] *s.m.* cumprimento com que se saúda alguém à noite

bo.a-pin.ta [pl.: *boas-pintas*] *adj.2g.s.2g.* *infrm.* que(m) tem boa aparência

bo.a-pra.ça [pl.: *boas-praças*] *adj.2g.s.2g.* *infrm.* que(m) é afetuoso, simpático, confiável

bo.as-fes.tas *s.f.pl.* votos de felicitações por ocasião do Natal e do Ano-Novo

bo.as-vin.das *s.f.pl.* expressão de satisfação pela chegada de alguém

bo.a-tar.de [pl.: *boas-tardes*] *s.m.* cumprimento com que se saúda alguém à tarde

bo.a.te *s.f.* casa noturna de entretenimento, ger. com pista de dança

bo.a.to *s.m.* notícia que se espalha sem que se saiba se é verdadeira ~ **boataria** *s.f.* - **boateiro** *adj.s.m.*

bo.a-vi.da [pl.: *boas-vidas*] *adj.2g.s.2g.* **1** que(m) pouco trabalha **2** que(m) vive sem preocupação

bo.a-vis.ten.se [pl.: *boa-vistenses*] *adj.2g.* **1** de Boa Vista (RR) ■ *s.2g.* **2** natural ou habitante dessa capital

bo.ba.gem [pl.: *-ens*] *s.f.* **1** dito ou ação boba, impensada; tolice; disparate **2** coisa de pouca importância ou de pouco valor **3** *infrm.* presente modesto

bo.ba.lhão [pl.: *-ões*; fem.: *bobalhona*] *adj.s.m.* tolo demais

bo.be *s.m.* pequeno rolo us. para cachear cabelos

bo.be.ar *v.* {mod. 5} *int.* **1** fazer ou dizer bobagem, tolice **2** *infrm.* desperdiçar uma oportunidade <*bobeou e perdeu o jogo*> **3** *infrm.* enganar-se, descuidar-se <*bobeou e perdeu o dia da prova*> ~ **bobeada** *s.f.*

bo.bei.ra *s.f.* **1** *infrm.* atitude de tolo **2** coisa insignificante ▣ **de b.** à toa <*passar o dia de b.*> • **marcar b.** perder oportunidade

bo.bi.na *s.f.* **1** carretel us. para enrolar fios, fitas, papel etc. **2** ELETR enrolamento ~ **bobinagem** *s.f.* - **bobinar** *v.t.d.*

bo.bo /ô/ *s.m.* **1** palhaço do rei; bufão <*b. da corte*> **2** RECR FUTB jogo em que os participantes em círculo trocam passes entre si, enquanto um jogador, no centro, tenta reter a bola **3** RECR FUTB quem, nesse jogo, fica no meio do círculo para interceptar a bola ■ *adj.s.m.* **4** que(m) é fútil, idiota ou ingênuo; tolo ■ *adj.* **5** de pouco valor ou insignificante

bo.bó *s.m.* CUL *B* creme de inhame ou aipim cozido com azeite de dendê e temperos, que se come puro ou com frutos do mar

bo.bo.ca *adj.2g.s.2g.* ingênuo, bobo

bo.ca /ô/ *s.f.* **1** ANAT cavidade da cabeça pela qual os homens e os animais ingerem os alimentos **2** o contorno dos lábios **3** abertura; entrada; início <*b. da caverna*> **4** foz **5** *fig.* indivíduo a ser alimentado <*tinha oito b. em casa*> **6** *B infrm.* chance de ganhar dinheiro fácil <*arrumou uma b. na empresa do tio*> **7** *B drg.* local de venda de drogas ▣ **b. a b.** transmitido por via oral, de uma pessoa a outra • **bater b.** *B infrm.* discutir (com alguém)

bo.ca-a.ber.ta [pl.: *bocas-abertas*] *s.2g.* *infrm. pej.* pessoa que se admira à toa

bo.ca.do *s.m.* **1** porção de comida que cabe na boca **2** fração, parte ▣ **passar um mau b.** *fraseol.* passar dificuldades • **um b.** muito, bastante <*riu um b.*>

bo.ca do li.xo [pl.: *bocas do lixo*] *s.f.* *infrm.* zona de tráfico e prostituição

bo.cai.na *s.f.* GEO vale entre duas serras

bo.cai.u.va *s.f.* BOT **1** palmeira de caule liso cujos frutos têm polpa comestível, amarela e doce **2** esse fruto

bo.cal [pl.: *-ais*] *s.m.* **1** abertura de pote, vaso, garrafa etc. **2** ELETR peça onde se atarraxa a lâmpada; soquete **3** MÚS peça móvel que serve de embocadura para certos instrumentos de sopro de metal **4** *C.-O.* embocadura do berrante, pela qual o vaqueiro sopra

bo.çal [pl.: *-ais*] *adj.2g.s.2g.* que(m) é rude ou insensível ~ **boçalidade** *s.f.*

bo.ca-li.vre [pl.: *bocas-livres*] *s.f.* *infrm.* **1** evento social com entrada, comida e bebida de graça **2** mamata

bo.ca-ri.ca [pl.: *bocas-ricas*] *s.f.* *infrm.* chance de ganhar dinheiro sem esforço

bo.car.ra *s.f.* boca enorme ou toda aberta ◉ GRAM/USO aum.irreg. de *boca*

bo.ce.jo /ê/ *s.m.* movimento involuntário de abrir a boca por sono ou tédio ~ **bocejador** *adj.s.m.* - **bocejar** *v.int.*

bo.ce.ta /ê/ *s.f.* **1** caixinha **2** caixa de rapé **3** *gros.* vulva

bo.cha *s.f.* RECR **1** jogo praticado com várias bolas maciças grandes e uma pequena, da qual as bolas grandes, ao serem roladas, devem se aproximar o mais possível **2** cada uma dessas bolas

bo.che.cha /ê/ *s.f.* cada lado carnoso da face

bo.che.char *v.* {mod. 1} *t.d. e int.* agitar (líquido) na boca, enchendo e esvaziando as bochechas *<b. água com sal> <escova os dentes e depois bochecha>* ~ **bocheho** *s.m.*

bo.che.chu.do *adj.s.m.* que(m) tem bochechas grandes

bó.cio *s.m.* MED inchaço crônico na glândula tireoide devido à carência de iodo

bo.có *adj.2g.s.2g. infrm.* que(m) é tolo, simplório

bo.da /ô/ *s.f.* cerimônia de casamento ◉ GRAM/USO mais us. no pl.

bo.de *s.m.* **1** ZOO ruminante de chifres grandes e pelos no queixo que parecem uma barba comprida; o macho da cabra **2** *infrm.* briga, encrenca **3** *infrm.* exaustão, prostração **4** *infrm.* mal-estar causado por ingestão de droga ▣ **b. expiatório** pessoa ou coisa sobre a qual recaem culpas alheias

bo.de.ga *s.f.* **1** local que serve refeições baratas **2** pequeno armazém **3** *infrm.* coisa suja ou de má qualidade; porcaria ~ **bodegueiro** *adj.sm.*

bo.do.que *s.m.* RECR brinquedo us. para atirar pedras, feito com uma forquilha e elástico; atiradeira

bo.dum [pl.: *-uns*] *s.m.* **1** fedor de bode não castrado **2** *p.ext. pej.* fedor de suor de gente ou bicho **3** *p.ext. pej.* mau cheiro

bodyboard [ing.; pl.: *bodyboards*] *s.m.* ESP **1** prancha curta e flutuante sobre a qual se deita o tronco para deslizar nas ondas **2** esse esporte ⇒ pronuncia-se bódibórd

bo.e.mi.a ou **bo.ê.mia** *s.f.* **1** modo de vida de boêmio **2** vida alegre e sem regras **3** vadiagem

bo.ê.mio *adj.* **1** da Boêmia, região ocidental da República Tcheca **2** próprio dos ciganos ■ *s.m.* **3** natural ou habitante da Boêmia **4** LING dialeto tcheco dessa região **5** cigano ■ *adj.s.m.* **6** que(m) vive em noitadas **7** que(m) leva uma vida de prazeres, sem regras ou controle

bo.fe *s.m.* **1** *infrm.* pulmão *<botar os b. para fora>* ☞ mais us. no pl. **2** *infrm.* pessoa feia ▼ ***bofes*** *s.m.pl.* **3** vísceras de animal **4** temperamento *<maus b.>*

bo.fe.ta.da *s.f.* **1** tapa no rosto **2** *p.ext.* ofensa, afronta

bo.fe.tão [pl.: *-ões*] *s.m.* bofetada ('tapa') violenta

bo.ga.ri *s.m.* BOT arbusto de flores perfumadas com as quais se aromatizam chás e cuja essência é us. em perfumaria

bo.go.ta.no *adj.* **1** de Bogotá (Colômbia) ■ *s.m.* **2** natural ou habitante dessa capital

bóh.rio *s.m.* QUÍM elemento químico artificial radioativo [símb.: *Bh*] ☞ cf.: *tabela periódica* (no fim do dicionário)

boi [fem.: *vaca*] *s.m.* ZOO **1** mamífero ruminante, ger. domesticado, us. para tração e extração de carne, couro etc. **2** touro adulto castrado ◉ COL boiada, rebanho ▣ **estar de b.** *N.E. infrm.* menstruar

bói *s.m.* empregado que faz trabalhos de entregas, pagamentos etc. de um escritório; contínuo

boi.a /ói/ *s.f.* **1** objeto que flutua na água e serve para sinalizar algo ou auxiliar pessoas ou objetos a não afundar **2** *B infrm.* comida

boi.a.da *s.f.* rebanho bovino

boi.a.dei.ro *adj.s.m.* **1** que(m) conduz a marcha da boiada **2** proprietário de boiada

boi.a-fri.a [pl.: *boias-frias*] *adj.2g.s.2g. B* trabalhador rural temporário e itinerante

boi.ar *v.* {mod. 1} *t.d. e int.* **1** (fazer) flutuar em meio líquido, prendendo(-se) ou não a boia(s) *<b. toras de madeira> <não nada, só consegue b.>* □ *int.* **2** *B gír.* não entender ou perceber algo *<na aula, muitos alunos boiaram>*

boi-bum.bá [pl.: *bois-bumbá* e *bois-bumbás*] *s.m.* FOLC *AMAZ MA* variação do bumba meu boi

boi.co.tar *v.* {mod. 1} *t.d.* **1** recusar, como forma de punição, qualquer tipo de relação com *<b. um grupo>* **2** negar colaboração a *<b. a passeata>* **3** recusar e/ou proibir transação comercial com *<b. o supermercado>*

boi.co.te *s.m.* **1** recusa de um grupo a trabalhar ou negociar com indústria ou firma **2** não participação em determinado ato ou manifestação pública *<b. à greve>* **3** não comparecimento a atividade a que se tenha sido convidado

bo.í.deo *adj.s.m.* ZOO (espécime) dos boídeos, família de cobras tropicais que inclui a sucuri e a jiboia

boiler [ing.; pl.: *boilers*] *s.m.* caldeira elétrica para aquecimento de água ⇒ pronuncia-se bóiler

boi.na *s.f.* VEST boné achatado sem aba, ger. de lã

boi.o.la *s.m. B infrm. gros. pej.* homossexual do sexo masculino

boi.ta.tá *s.m.* **1** FOLC *B* mito indígena simbolizado por uma cobra de fogo ou por um touro que lança fogo pelo nariz **2** fogo-fátuo

boi.u.na *s.f.* **1** FOLC *AMAZ* cobra lendária capaz de se transformar em qualquer embarcação e, mais raramente, em uma mulher **2** ZOO sucuri

bo.jo /ô/ *s.m.* **1** parte mais larga do interior de um recipiente ou de qualquer objeto **2** saliência arqueada, convexa **3** *fig.* âmago *<o b. da questão>* ~ **bojudo** *adj.*

bo.la *s.f.* **1** qualquer objeto de forma esférica; globo **2** círculo; circunferência *<saia com bolas>* **3** futebol, pelada *<adora jogar b.>* **4** comida envenenada para matar cães **5** pessoa ou coisa engraçada *<ele é uma b.>* **6** *infrm.* mente, juízo *<ruim da b.>* ◉ GRAM/USO dim.irreg. *bolota*; aum.irreg. *bolaço* ▣ **dar b.** *infrm.* **1** dar importância; ligar **2** flertar, paquerar

bo.la.cha *s.f.* **1** biscoito crocante e achatado, ger. redondo **2** *infrm.* bofetada **3** círculo de papelão us. em bares para apoiar copo de chope **4** FONO *gír.* disco

bo.la.ço *s.m.* ESP jogada executada com excelência (em qualquer jogo com bola); bolão ◉ GRAM/USO aum.irreg. de *bola*

[1]bo.la.da *s.f.* arremesso ou golpe com bola [ORIGEM: *bola* + *-ada*]

[2]bo.la.da *s.f. infrm.* muito dinheiro [ORIGEM: [1]*bolo* + *-ada*]

bo.la de ne.ve [pl.: *bolas de neve*] *s.f. fig.* situação que se desenvolve rapidamente e sem controle *<a dívida virou uma b.>*

[1]bo.lão [pl.: *-ões*] *s.m.* **1** bola grande **2** grande quantidade de qualquer coisa [ORIGEM: *bola* + *-ão*] ▣ **bater um b.** ESP *B* jogar muito bem

[2]bo.lão [pl.: *-ões*] *s.m. infrm.* **1** grande prêmio em dinheiro; bolada **2** aposta feita coletivamente [ORIGEM: [1]*bolo* + *-ão*]

bo.lar *v.* {mod. 1} *t.d. infrm.* criar na mente; inventar, arquitetar

bo.las *interj.* expressa desagrado, aborrecimento *<b.! perdi o trem>*

bol.bo *s.m.* BOT bulbo

bol.che.vi.que *adj.2g.s.2g.* HIST POL bolchevista

bol.che.vis.ta *adj.2g.s.2g.* HIST POL (membro) da antiga ala esquerda do Partido Comunista russo; bolchevique ☞ cf. *menchevista* ~ **bolchevismo** *s.m.*

bol.do /ô/ *s.m.* BOT árvore de cujas folhas se faz chá digestivo

bol.dri.é *s.m.* VEST **1** tira passada de um ombro ao quadril oposto que serve para sustentar uma espada ou a haste de uma bandeira **2** cinturão largo de couro **3** cadeirinha ('conjunto')

bo.le.a.dei.ras *s.f.pl. RS* peça com três esferas (de pedra, ferro ou marfim), revestidas de couro e unidas por tiras de couro presas entre si, us. para laçar animais

bo.le.ar *v.* {mod. 5} *t.d.* **1** dar forma de bola a *<b. o barro>* **2** *RS* arremessar boleadeiras para prender (animal) *<b. potros>* □ *t.d. e pron.* **3** tornar(-se) arredondado ou roliço *<b. a ponta da espada> <b.-se, mesmo de dieta>* □ *t.d.,int. e pron.* **4** requebrar(-se), rebolar(-se) *<b. os quadris> <boleou(-se) a noite inteira>* □ *pron. B* **5** tombar do cavalo depois que ele empina *<b.-se no meio do picadeiro>*

bo.lei.a /éi/ *s.f.* **1** assento do cocheiro ou motorista **2** no caminhão, cabine do motorista

bo.le.ro *s.m.* **1** DNÇ MÚS música e dança popular espanhola **2** DNÇ MÚS música, canção e dança popular na América Latina **3** VEST jaqueta curta, com ou sem mangas, ger. us. sobre outra peça

bo.le.tim [pl.: *-ins*] *s.m.* **1** breve texto informativo para circulação interna ou para divulgação pública **2** documento com as notas de um aluno

bo.le.to /ê/ *s.m.* **1** documento de pagamento a ser feito em banco **2** bilhete de acesso a espetáculo (de cinema, teatro etc.)

bo.lha /ô/ *s.f.* **1** pequeno globo de ar *<b. de sabão>* **2** borbulha de água na pele ■ *adj.2g.s.2g.* **3** *B infrm.* (pessoa) que chateia os outros

bo.li.che *s.m.* ESP **1** jogo cujo objetivo é derrubar pinos de madeira com uma bola pesada arremessada por uma pista estreita **2** local onde se pratica esse jogo

bó.li.de *s.f.* **1** ASTR meteorito muito grande que produz ruído e deixa um rastro luminoso ao atravessar a atmosfera **2** *fig.* pessoa ou objeto que se desloca em alta velocidade

bo.li.na *s.f.* MAR **1** cabo que orienta a vela para o vento **2** chapa adaptada à quilha de embarcações para equilibrá-las

bo.li.nar *v.* {mod. 1} *t.d.* MAR **1** conduzir (barco) usando bolina ('cabo') **2** aproximar a proa da linha do vento □ *t.d. e int. B infrm.* **3** tocar ou encostar-se com fins libidinosos *<bolinou uma senhora sentada a seu lado> <foi preso por b. no ônibus>* ~ **bolinação** *s.f.* - **bolinador** *adj.s.m.* - **bolinagem** *s.f.*

[1]bo.lo /ô/ *s.m.* **1** qualquer substância amontada em forma de bola **2** CUL massa, doce ou salgada, à base de farinha, cozida ao forno **3** *infrm.* ajuntamento desordenado, confusão *<um b. de gente em frente ao cinema>* **4** monte de dinheiro, ou seu equivalente, em mesa de jogo **5** prêmio **6** *infrm.* golpe dado na palma da mão **7** *infrm.* confusão, rolo [ORIGEM: duv., talvez de *bola* /ó/] ▣ **dar (o) b.** *infrm.* faltar a compromisso ou encontro

[2]bo.lo /ô/ *s.m.* **1** argila avermelhada por conter ferro **2** *p.ext.* porção de barro us. na criação de objetos de cerâmica [ORIGEM: do lat. *bŏlus,i* 'massa, argila'] ▣ **b. alimentar** MED massa de alimento mastigado, formado na boca no início da digestão

bo.lo de ro.lo *s.m.* CUL *N.E.* doce preparado com camadas muito finas de massa amanteigada, intercaladas com recheio doce, ger. goiabada, e enroladas, tomando forma semelhante à de um rocambole

bo.lo.nhês [pl.: *-eses*] *adj.* **1** de Bolonha (Itália) ■ *s.m.* **2** natural ou habitante dessa cidade ▣ **à bolonhesa** CUL com molho de tomate e carne moída

bo.lor /ô/ [pl.: *-es*] *s.m.* **1** BIO mofo **2** bafio ~ **bolorento** *adj.*

bo.lo.ta *s.f.* **1** pequena bola **2** BOT fruto do carvalho **3** *infrm.* pompom

bol.sa /ô/ *s.f.* **1** saco de couro, tecido etc., ger. com alça e fecho, us. para transportar ou guardar objetos diversos; sacola **2** ANAT qualquer cavidade semelhante a um saco **3** MED bolha, ger. de água ou pus **4** auxílio financeiro para a realização de alguma tarefa *<b. de estudo>* **5** ECON instituição em que se comercializam mercadorias ou documentos de valor (ações, títulos, fundos) *<b. de valores>*

bol.são [pl.: *-ões*] *s.m.* **1** bolsa ou bolso grande **2** área em que ocorre um fenômeno ou um foco de algo, distinto da realidade que a circunda

bol.sis.ta *adj.2g.s.2g.* que(m) recebe bolsa de estudos

bol.so /ô/ *s.m.* **1** pequeno saco costurado na roupa para guardar miudezas **2** *fig. infrm.* dinheiro, patrimônio *<as despesas saem do meu b.>* ▣ **de b.** pequeno; portátil *<livro de b.>*

bom [pl.: *bons*; fem.: *boa*] *adj.* **1** que apresenta as qualidades esperadas **2** competente; eficaz **3** generoso; bondoso **4** saboroso **5** agradável *<tivemos um b. dia>* **6** curado de um mal *<logo ficou b.>* **7** grande *<comeu um b. pedaço de torta>* **8** favorável, vantajoso ■ *s.m.* **9** pessoa honrada *<junte-se aos b.>* ☞ mais us. no pl. **10** qualidade positiva *<o b. da peça são os atores>* **11** o que é superior em qualidade, beleza etc. *<ele é o b. em física>* ◉ GRAM/USO **a)** comp. super.: *melhor*; sup.abs.sint.irreg.: *ótimo*; **b)** usa-se dizer corretamente "mais bom" e "mais boa", e não "melhor", quando se comparam duas qualidades diferentes em relação à mesma pessoa ou coisa: *um filme mais bom do que ruim*

bom.ba *s.f.* **1** artefato explosivo **2** máquina para extrair ou sugar líquidos **3** CUL doce de massa cozida recheado de creme; ecler *<b. de chocolate>* **4** *S.* canudo para tomar chimarrão **5** *infrm.* reprovação em exame **6** *infrm.* anabolizante **7** *fig. infrm.* acontecimento que causa descontrole *<a notícia foi uma b.>* **8** *infrm. pej.* coisa malfeita, de qualidade inferior ▣ **b. atômica** explosivo formado por átomos de urânio ou plutônio ☞ tb. se diz apenas *bomba A*

bom.ba.cá.ce.a *s.f.* BOT espécime das bombacáceas, árvores tropicais ger. cultivadas para extração da paina ou para arborização de ruas, como a paineira ~ **bombacáceo** *adj.*

bom.ba.chas *s.f.pl.* VEST *B* calças largas nas pernas e apertadas nos tornozelos, como as do traje típico dos gaúchos

bom.ba.da *s.f.* **1** cada movimento completo de uma bomba ('máquina') **2** *B infrm.* prejuízo, perda

bom.ba.do *adj. B infrm.* que tem o corpo desenvolvido pela prática de ginástica; malhado

bom.bar *v.* {mod. 1} *t.d.* **1** bombear □ *t.i. gír.* **2** (prep. *em*) ser reprovado (em prova, exame) *<bombou em química>* □ *int.* **3** atingir alto grau de intensidade, alegria; ferver *<o evento está bombando>*

bom.bar.dão [pl.: *-ões*] *s.m.* MÚS **1** instrumento metálico de sopro, de som grave, com pistons **2** bombardino

bom.bar.de.ar *v.* {mod. 5} *t.d.* **1** lançar bombas ou projéteis de artilharia em □ *t.d. e t.d.i. fig.* **2** (prep. *com*) incomodar, combater, agredir (com argumentos, perguntas etc.) *<bombardeou a namorada (com perguntas tolas)>* ~ **bombardeio** *s.m.*

bom.bar.dei.ro *s.m.* AER avião projetado para lançar bombas

bom.bar.di.no *s.m.* MÚS **1** instrumento metálico de sopro, de timbre semelhante ao barítono, us. em banda **2** trombone de pistons **3** quem toca esses instrumentos

bom.ba-re.ló.gio [pl.: *bombas-relógio* e *bombas-relógios*] *s.f.* **1** dispositivo que explode em momento prefixado **2** *fig.* qualquer coisa com uma reação retardada potencialmente perigosa

bom.bás.ti.co *adj.* **1** de efeito devastador *<notícias b.>* **2** cuja linguagem é empolada

bom.be.ar *v.* {mod. 5} *t.d.* movimentar (fluido) por meio de bomba *<b. água para fora do barco>* ~ **bombeamento** *s.m.*

bom.bei.ro *s.m.* **1** membro de corporação que presta socorro em caso de incêndio, acidente ou dano a um bem **2** *RJ* encanador

bôm.bi.ce *s.m.* → ***BÔMBIX***

bom.bi.lha *s.f. S.* canudo ger. metálico para beber chimarrão

bôm.bix /cs/ *s.m.2n.* ou **bôm.bi.ce** *s.m.* ZOO bicho-da-seda

bom.bo ou **bum.bo** *s.m.* MÚS tambor grande; zabumba

bom-bo.ca.do [pl.: *bons-bocados*] *s.m.* CUL bolinho feito com gemas, farinha de trigo, açúcar e coco ralado

bom.bom [pl.: *-ons*] *s.m.* CUL pequeno doce ger. coberto de chocolate e recheado ou não

bom.bo.na *s.f.* QUÍM frasco para armazenar gases ou produtos químicos

bom.bo.ne.ri.a *s.f.* estabelecimento em que se vendem bombons, balas etc.

bom.bor.do *s.m.* AER MAR lado esquerdo de uma embarcação ou aeronave, olhando da popa para a proa ☞ cf. *boreste* e *estibordo*

bom-di.a [pl.: *bons-dias*] *s.m.* cumprimento com que se saúda alguém de manhã

bom-mo.ço [pl.: *bons-moços*] *s.m. B infrm. joc.* aquele que se faz passar por honesto, sério

bom-tom [pl.: *bons-tons*] *s.m.* bom comportamento social ▣ **de b.** apropriado, educado *<é de b. falar baixo>*

bo.na.chão [pl.: *-ões*; fem.: *bonachona*] *adj.s.m.* que(m) é simples e muito bondoso

bo.na.chei.rão [pl.: *-ões*; fem.: *bonacheirona*] *adj.s.m.* bonachão

bo.nan.ça *s.f.* MAR MET **1** tempo propício à navegação **2** *fig.* tranquilidade, sossego ~ **bonançoso** *adj.*

bon.da.de *s.f.* **1** aquilo que é bom **2** ação de praticar o bem **3** cortesia; favor *<tenha a b. de aguardar um pouco>*

bon.de *s.m.* veículo urbano, ger. movido a eletricidade, que trafega sobre trilhos ▣ **pegar o b. andando** *fraseol. infrm.* entrar numa conversa já iniciada, sem saber o que foi dito antes • **tomar o b. errado** *fraseol. infrm.* equivocar-se, confundir-se

bon.di.nho *s.m.* **1** pequeno bonde **2** carro de elevador de rua ou de teleférico

bon.do.so /ô/ [pl.: /ó/; fem.: /ó/] *adj.* que tem ou demonstra bondade

bo.né *s.m.* VEST tipo de chapéu sem abas e com uma pala sobre os olhos

B

bo.ne.ca *s.f.* **1** RECR brinquedo que representa a figura feminina **2** moça ou menina bonita e bem arrumada **3** *pej.* homem afeminado **4** *B pej.* homossexual masculino ou travesti **5** pequeno saco de pano (com tempero, anil, verniz etc.) us. em culinária ou tarefas domésticas **6** GRÁF projeto gráfico de livro ou revista que visa definir as características (diagramação, tipo de papel, encadernação etc.) que deverá ter o produto impresso **7** GRÁF modelo de uma publicação (livro, revista etc.), com o tamanho e formato finais, mas ainda sem texto e capa definitivos

bo.ne.co *s.m.* **1** RECR objeto que representa a figura masculina **2** *infrm.* pessoa facilmente influenciável

bo.ne.quei.ro *adj.s.m.* **1** que(m) fabrica ou vende bonecos **2** que(m) manipula bonecos em espetáculos

bon.gô *s.m.* MÚS instrumento de percussão constituído de dois pequenos tambores ligados entre si

bo.ni.fi.ca.ção [pl.: *-ões*] *s.f.* concessão de prêmio ou vantagem; gratificação ~ **bonificar** *v.t.d.*

bo.ni.fra.te *s.m.* **1** fantoche ou marionete **2** *fig. pej.* pessoa que é manipulada por outra **3** *fig. pej.* quem se veste ou age de forma ridícula

bo.ni.to *adj.* **1** que agrada **2** que tem beleza **3** nobre; generoso *<b. gesto>* **4** ensolarado, aberto *<b. dia>* ■ *adv.* **5** com bom estilo; bem *<falar b.>* ■ *interj.* **6** exprime aprovação ou reprovação ~ **boniteza** *s.f.*

bo.no.mi.a *s.f.* característica de quem é bom, crédulo, simples

bon.sai *s.m.* **1** técnica japonesa de cultivar plantas em miniatura **2** árvore cultivada nessa técnica

bô.nus *s.m.2n.* **1** pagamento extra dado a um empregado; abono **2** *p.ext.* algo que se dá ou recebe além do esperado **3** prêmio oferecido por estabelecimento comercial a seus clientes **4** ECON título de crédito emitido por empresa pública ou privada

bon.zo *s.m.* REL monge budista, esp. das ordens budistas do Japão e da China

book [ing.; pl.: *books*] *s.m.* espécie de portfólio com fotos de modelo profissional ou candidatos a modelo ⇒ pronuncia-se buc

boot [ing.; pl.: *boots*] *s.m.* INF operação que dá início ao funcionamento do computador ⇒ pronuncia-se but

bo.quei.ra *s.f.* ferida no canto dos lábios

bo.quei.rão [pl.: *-ões*] *s.m.* **1** boca grande **2** grande abertura de rio ou canal

bo.que.jar *v.* {mod. 1} *t.d. e int.* **1** falar baixo e/ou com mau humor *<b. confidências> <b. pelos corredores>* □ *t.i.* **2** (prep. *de, em, sobre*) falar mal de *<vive a b. da própria irmã>* □ *t.i. e int.* **3** (prep. *com*) discutir *<boqueja com todos que discordam dele> <passaram o dia a b.>*

bo.que.te /é/ *s.m. gros.* felação

bo.qui.a.ber.to *adj. fig.* cheio de admiração; estupefato ~ **boquiabrir** *v.t.d. e pron.*

bo.qui.nha *s.f.* boca pequena ▣ **fazer b.** franzir os lábios como sinal de zanga • **fazer uma b.** fazer uma refeição leve

bo.rá *s.m. MG TO* som grave produzido pelo sopro nas mãos em cuia

bo.ra.gi.ná.cea *s.f.* BOT espécime das boragináceas, família de ervas, árvores ou arbustos, cultivadas como ornamentais, como o miosótis, e pela madeira, tinturas ou frutos comestíveis ~ **boragináceo** *adj.*

bo.ra.to *s.m.* QUÍM qualquer sal do ácido bórico

bó.rax /cs/ *s.m.2n.* QUÍM substância us. como antisséptico

bor.bo.le.ta /ê/ *s.f.* **1** ZOO inseto diurno com asas coloridas **2** dispositivo com três ou quatro barras giratórias us. para dar passagem a uma pessoa por vez (em ônibus, cinema, estádio etc.); roleta, catraca, molinete **3** ESP estilo de nado **4** dobradiça com duas asas para sustentar janelas que deslizam na vertical **5** parafuso provido de duas asinhas, com as quais ele é apertado ◉ COL panapaná

bor.bo.le.te.ar *v.* {mod. 5} *int.* **1** dar voos curtos, sem rumo certo **2** *p.ext.* andar a esmo; errar **3** *fig.* sonhar, devanear *<a mente vive a b.>*

bor.bo.rig.mo ou **bor.bo.ris.mo** *s.m.* MED ruído intestinal causado por gases em movimento

bor.bo.tão [pl.: *-ões*] *s.m.* jato forte e volumoso; jorro ▣ **aos b.** *fig.* em grande quantidade, em profusão *<gente aos b.>*

bor.bo.tar *v.* {mod. 1} *t.d.* **1** expelir, expulsar, lançar *<vulcões borbotam lava>* □ *int.* **2** jorrar, brotar, espirrar *<o sangue borbotava da ferida>* **3** *fig.* surgir em grande número *<as ideias custaram a b.>* **4** formar botões (a planta)

bor.bu.lha *s.f.* **1** bolha de ar formada pela agitação ou ebulição de líquido **2** MED bolha de água ou pus na pele

bor.bu.lhar *v.* {mod. 1} *int.* **1** produzir borbulhas **2** sair em borbulhas ou gotas ~ **borbulhante** *adj.2g.* - **borbulhento** *adj.*

bor.co /ô/ *s.m.* ◗ us. em: **de b. 1** de bruços *<caiu de b.>* **2** com a abertura para baixo

bor.da *s.f.* **1** extremidade de superfície; beira **2** parte que arremata e enfeita um objeto **3** faixa de terra que ladeia qualquer massa de água; margem

bor.da.dei.ra *s.f.* mulher ou máquina que faz bordados

bor.da.do *s.m.* **1** ato de bordar **2** trabalho ornamental sobre tecido feito com agulha e linha ~ **bordador** *adj.s.m.*

bor.da.dor /ô/ [pl.: *-es*; fem.: *bordadeira, bordadora*] *adj.s.m.* que ou aquele que borda

[1]**bor.dão** [pl.: *-ões*] *s.m.* **1** cajado us. como apoio; bastão **2** *fig. B* palavra ou frase repetida na fala ou na escrita [ORIGEM: do lat. *būrdo,ōnis* 'bastão']

[2]**bor.dão** [pl.: *ões*] *s.m.* MÚS nota ou corda mais grave de instrumento musical [ORIGEM: do fr. *bourdon*, onomatopeia do zumbido de abelha]

[1]**bor.dar** *v.* {mod. 1} *t.d. e int.* enfeitar (pano ou estofo) com fios, pérolas etc. usando agulha *<b. uma toalha> <costumava b. após o jantar>* [ORIGEM: de um lat. **brosdare* 'id.']

[2]**bor.dar** *v.* {mod. 1} *t.d.* **1** acompanhar a margem de *<fileiras de árvores bordavam a rua>* **2** encher até a borda *<o leite vazou por b. a panela>* [ORIGEM: *borda* + *-ar*]

bor.de.jar *v.* {mod. 1} *int.* **1** MAR navegar em zigue-zague, com o vento alternando-se entre os dois bordos **2** *p.ext.* MAR navegar sem rumo certo; fazer passeios por mar *<o iate bordejou pelas ilhas>* **3** *fig.* andar sem equilíbrio; cambalear *<saiu da montanha-russa bordejando>* **4** *fig. B infrm.* buscar aventuras amorosas ☐ *t.d.* **5** andar ao redor de *<bordejaram a praça>*

bor.de.jo /ê/ *s.m.* **1** MAR navegação em zigue-zague ou a esmo **2** *p.ext. B infrm.* passeio a esmo

bor.del [pl.: *-éis*] *s.m.* casa de prostituição

bor.de.rô *s.m.* documento que detalha os débitos e créditos de uma operação bancária ou comercial

bor.do /ó/ *s.m.* **1** limite de uma superfície; borda **2** MAR cada lado de embarcação ☞ cf. *bombordo, boreste, estibordo* ▣ **a b.** dentro (de barco, avião, trem)

bor.dô *s.m.* **1** a cor do vinho tinto ■ *adj.2g.2n.* **2** que tem essa cor **3** diz-se dessa cor

bor.do.a.da *s.f.* **1** pancada com bordão; cacetada, paulada **2** *fig.* o que causa grande abalo psicológico; golpe

bor.du.na *s.f.* tacape ~ **bordunada** *s.f.*

bo.re.al [pl.: *-ais*] *adj.2g.* **1** relativo ao hemisfério norte **2** pertencente ao norte terrestre; ártico *<aurora b.>* **3** que vem do lado norte; setentrional *<vento b.>*

bo.res.te *s.m.* MAR lado direito de uma embarcação; estibordo ☞ cf. *bombordo*

bo.re.ta /ê/ *s.f. TO C.-O.* fêmea do cavalo; égua

bó.ri.co *adj.* QUÍM **1** diz-se de ácido us. em materiais à prova de fogo, cosméticos, corantes e como antisséptico ■ *s.m.* QUÍM **2** esse ácido ~ **boricado** *adj.*

bor.la *s.f.* **1** pompom do qual pendem franjas **2** barrete de doutores e magistrados **3** *p.ext.* grau de doutor

bor.nal [pl.: *-ais*] *s.m.* embornal

bo.ro *s.m.* QUÍM elemento químico us. em aços, reatores nucleares, semicondutores etc. [símb.: *B*] ☞ cf. *tabela periódica* (no fim do dicionário)

bo.ro.co.xô *adj.2g.s.2g. B infrm.* que(m) está envelhecido e/ou desanimado

bo.ro.ro /ô/ ou **bo.ro.ró** *s.2g.* **1** indivíduo dos bororos, povo indígena do leste de Mato Grosso ■ *s.m.* **2** LING língua falada pelos bororos ■ *adj.2g.* **3** relativo a esse indivíduo, povo ou língua

bor.ra /ô/ *s.f.* **1** resíduo espesso de uma substância *<b. de café>* **2** parte mais grosseira e espessa da lã, do algodão etc., de que se fazem tecidos mais grossos

bor.ra-bo.tas *s.2g.2n. pej.* **1** mau profissional **2** joão-ninguém

bor.ra.cha *s.f.* **1** substância elástica de látex ou sintética **2** material resultante da manufatura ou industrialização dessa substância *<botas de b.>* **3** pedaço industrializado dessa substância us. para apagar traços escritos **4** [2]mangueira ('tubo') **5** *B infrm.* cassetete **6** *CE* menina jovem

bor.ra.cha.ri.a *s.f. B* estabelecimento em que se consertam e/ou se vendem pneumáticos; borracheiro

bor.ra.chei.ra *s.f.* **1** bebedeira **2** ato, dito ou comportamento de borracho ('bêbado') **3** *p.ext. infrm.* coisa de má qualidade ou malfeita

bor.ra.chei.ro *s.m.* **1** pessoa ou loja que conserta ou vende pneus **2** *B* seringueiro

bor.ra.cho *adj.s.m.* **1** bêbado ■ *s.m.* **2** ZOO pombo de plumagem incompleta, que ainda não voa

bor.ra.chu.do *adj. B infrm.* **1** com a consistência da borracha *<bife b.>* ■ *s.m.* **2** ZOO nome comum a mosquitos negros de fêmeas que picam

bor.ra.dor /ô/ [pl.: *-es*] *adj.s.m.* **1** (o) que borra **2** (o) que serve para rascunho ■ *s.m.* **3** diário de registro de operações comerciais

bor.ra.lha *s.f.* **1** borralho **2** cinza

bor.ra.lhei.ra *s.f.* local onde se acumula a borralha; borralheiro

bor.ra.lhei.ro *adj.* **1** que vive junto ao borralho ou nele se aquece **2** sujo de cinzas **3** *p.ext.* que pouco sai de casa ■ *s.m.* **4** borralheira

bor.ra.lho *s.m.* **1** braseiro coberto de cinzas; borralha **2** *fig.* lugar aquecido e confortável **3** o calor da lareira

bor.rão [pl.: *-ões*] *s.m.* **1** mancha de tinta **2** borrador ('rascunho') **3** *fig.* mácula na honra ou reputação **4** *infrm.* pessoa covarde

bor.rar *v.* {mod. 1} *t.d.,int. e pron. infrm.* **1** sujar(-se) com borrão; manchar(-se) *<borrei o dedo> <a pintura borrou> <borraram-se com guache>* ☐ *t.d. e pron. gros.* **2** sujar(-se) com fezes *<b. as calças> <borrou-se de medo>* ☐ *t.d. p.ext.* **3** rabiscar, riscar (algo escrito) ☐ *pron. fig. gros.* **4** ter medo; apavorar-se *<borrou-se ao ver o filme>*

bor.ras.ca *s.f.* tempestade violenta, esp. no mar; temporal, tormenta

bor.re.go /ê/ *s.m.* ZOO cordeiro de até um ano ◉ COL borregada

bor.ri.far *v.* {mod. 1} *t.d. e pron.* molhar(-se) salpicando pequenas gotas *<b. água nas plantas> <borrifou-se com perfume>* ~ **borrifador** *adj.s.m.*

bor.ri.fo *s.m.* **1** difusão ou aspersão de gotas **2** porção de gotas miúdas de orvalho ou de chuva

bor.ze.guim [pl.: *-ins*] *s.m.* VEST bota fechada com cadarço

bos.que *s.m.* extenso aglomerado de árvores e arbustos em determinada área; floresta, mata

bos.que.jo /ê/ *s.m.* **1** ART.PLÁST desenho incompleto e simplificado; esboço, rascunho **2** *p.ext.* descrição vaga ou genérica de algo; síntese ~ **bosquejar** *v.t.d. e int.*

B

bos.sa *s.f.* **1** saliência nas costas ou no peito; corcova **1.1** calombo produzido por uma contusão **2** *B infrm.* inclinação para alguma atividade; talento *<ter b. para música>* **3** *infrm.* virtude que diferencia algo ou alguém (pela simpatia, novidade, originalidade etc.) ▣ **b. nova** MÚS *B* movimento e estilo musical brasileiro iniciado no Rio de Janeiro nos anos 1960

bos.ta *s.f.* **1** excremento animal ou humano **2** *fig. pej.* indivíduo mole, preguiçoso **3** *fig. pej.* coisa malfeita ■ *interj.* **4** *gros.* expressa aborrecimento, desprazer, descontentamento

bo.ta *s.f.* VEST calçado de cano alongado ▣ **bater as b.** *infrm.* morrer

bo.ta-fo.ra *s.m.2n.* festa de despedida

bo.ta-me.sa [pl.: *bota-mesas*] *s.m.* ZOO *PE* louva-a-deus

bo.tâ.ni.ca *s.f.* BIO campo da biologia que estuda o reino vegetal

bo.tâ.ni.co *s.m.* **1** especialista em botânica ■ *adj.* **2** relativo a botânica, a esse especialista ou a plantas

bo.tão [pl.: *-ões*] *s.m.* **1** pequena peça, ger. redonda, us. para unir partes de uma roupa **2** peça us. para controlar volume, sintonia, ligar ou desligar aparelhos e máquinas **3** BOT estágio da flor antes de desabrochar **4** BOT gema ('saliência')

bo.tar *v.* {mod. 1} *t.d. infrm.* **1** vestir ou calçar *<b. um casaco, uma meia>* **2** lançar para fora; expelir *<a chaminé está botando fumaça>* **3** preparar, arrumar *<b. a mesa>* **4** *infrm.* fazer cair dentro de; deitar *<bote mais água no feijão>* **5** introduzir, meter *<botou as mãos nos bolsos>* **6** fazer ingressar; pôr *<b. o filho na escola>* **7** colocar, estender *<b. roupa na cama>* **8** guardar, depositar *<b. as economias no banco>* □ *t.d.i. e pron. infrm.* **9** (prep. *a, em*) (fazer) tomar posição, deslocar(-se); pôr(-se) *<o professor botou-o na primeira carteira> <botou-se logo à entrada>* □ *t.d.i.* **10** *fig. infrm.* (prep. *em*) atribuir, conferir *<ele bota defeito em tudo>* **11** *infrm.* (prep. *em*) deslocar (algo) de um local para (outro); pôr, colocar *<b. o carro na garagem>* □ *t.d. e int. infrm.* **12** pôr (ovos) □ *t.d.pred. infrm.* **13** fazer ficar; tornar *<seu atraso botou a mãe nervosa>*

bo.ta.réu *s.m.* ARQ pilar afastado da parede que apoia estruturalmente e absorve o peso da cobertura

[1]bo.te *s.m.* MAR pequeno barco ou escaler [ORIGEM: do fr. *bot* 'id.']

[2]bo.te *s.m.* **1** golpe aplicado com lança, espada etc. **2** *p.ext.* salto (de animal, esp. cobra) sobre a presa **3** *fig.* qualquer agressão ou investida [ORIGEM: regr. de *botar*]

bo.te.co *s.m.* botequim

bo.te.quim [pl.: *-ins*] *s.m.* bar popular em que servem bebidas, lanches, tira-gostos e pratos simples; boteco ~ **botequineiro** *s.m.*

bo.ti.ca *s.f.* antiga farmácia em que se preparavam e vendiam remédios

bo.ti.cão [pl.: *-ões*] *s.m.* alicate para extrair dente

bo.ti.cá.rio *s.m.* **1** proprietário ou administrador de botica **2** farmacêutico ('profissional')

bo.ti.ja *s.f.* vasilha em forma de garrafa, de gargalo fino e curto, ger. com asa

bo.ti.jão [pl.: *-ões*] *s.m. B* **1** recipiente para armazenar e transportar gases e substâncias que evaporam; bujão **2** o conteúdo desse recipiente *<comprar um b. de gasolina>*

bo.ti.na *s.f.* VEST bota de cano baixo

bo.to /ô/ *s.m.* ZOO pequeno mamífero cetáceo, marinho ou de água doce

bo.to.a.ri.a *s.f.* fábrica, indústria ou loja de botões de roupa

bo.to.cu.do *s.m.* **1** nome dado pelos portugueses aos indivíduos de vários povos indígenas que usavam botoque ■ *adj.* **2** relativo a esses indivíduos ■ *adj.s.m.* **3** *pej.* que(m) é inimigo das boas maneiras; rude

bo.to.ei.ra *s.f.* **1** casa de botão **2** casa na lapela de casaco

bo.to.ei.ro *s.m.* quem fabrica ou vende botões

bo.to.que *s.m.* **1** *B* enfeite indígena us. no lábio inferior e nas orelhas **2** rolha para vedar orifícios

bo.to-ver.me.lho [pl.: *botos-vermelhos*] *s.m.* ZOO *B* boto dos rios Amazonas e Orenoco, de focinho longo, corpo alongado de coloração cinza ou rosada e olhos pequenos

Botox ® [ing.] *s.m.* nome comercial de uma toxina, que, injetada em pequenas doses em músculos ou glândulas, reduz temporariamente sua atividade ◉ GRAM/USO pal. sem pl. registrado ⇒ pronuncia-se botócs

bo.tu.li.na *s.f.* BIOQ toxina que age sobre o sistema nervoso, causando paralisia muscular

bo.tu.lis.mo *s.m.* MED intoxicação provocada por bacilo presente em alimentos mal enlatados ou mal conservados ~ **botulínico** *adj.*

bou.ba *s.f.* MED **1** doença tropical contagiosa caracterizada por lesões da pele e dos ossos **2** *infrm.* ferimento com pus **3** pequeno tumor de origem venérea

bo.ví.deo *adj.s.m.* ZOO (espécime) dos bovídeos, mamíferos ruminantes, de chifres ocos, pares e não ramificados, representados por bois, cabras e ovelhas

bo.vi.no *adj.* **1** relativo ou próprio do boi *<casco b.>* ■ *s.m.* ZOO **2** o animal bovídeo

[1]bo.xe /cs/ *s.m.* ESP luta de socos, em que se usam luvas especiais; pugilismo [ORIGEM: do ing. *boxing* 'id.']

[2]bo.xe /cs/ *s.m.* **1** compartimento separado de outros por divisórias, em cavalariças, em escritórios, nas enfermarias etc. **2** compartimento para banho de chuveiro **3** ESP nos circuitos de corridas, cada um dos espaços onde as equipes montam as suas oficinas *<após a batida, o carro foi para o b.>* **4** texto posto dentro de um retângulo, numa página impressa [ORIGEM: do ing. *box* 'caixa, compartimento pequeno']

bo.xe.a.dor /cs...ô/ [pl.: *-es*] *s.m.* ESP **1** praticante do [1]boxe ■ *adj.* **2** relativo a essa luta ~ **boxear** *v.int.*

bó.xer [pl.: *bóxeres*] *s.m.* cão de origem alemã, robusto, de tamanho médio, pelo curto e focinho achatado

bps INF sigla de *bits por segundo*, velocidade da transferência digital de dados

Br QUÍM símbolo de *bromo*

bra.bo *adj.* **1** feroz, bravo, violento **2** danado, furioso **3** que não é bom para comer; venenoso *<mandioca b.>* **4** difícil, ruim *<fase b.>* ~ **brabeza** *s.f.*

bra.ça *s.f.* **1** antiga unidade de comprimento equivalente a 2,2 m **2** medida de comprimento equivalente a 1,829 m, us. em sondagens de marinha

bra.ça.da *s.f.* **1** o que se pode abarcar com os braços *<b. de flores>* **2** ESP movimento do braço ao nadar

bra.ça.dei.ra *s.f.* **1** faixa us. no braço **2** tira ou argola fixada atrás do escudo e pela qual se enfia o braço **3** presilha que une ou firma duas ou mais peças *<usou uma b. para fixar o fio>* **4** tira de tecido ou argola que prende cortina

bra.çal [pl.: *-ais*] *adj.2g.* **1** relativo a braço **2** feito com os braços *<serviço b.>* **3** que executa serviços pesados *<trabalhador b.>*

bra.ce.jar *v.* {mod. 1} *int.* **1** gesticular fortemente **2** *p.ext.* mover-se como braços *<com o vento, bracejam as pás do moinho>* **3** deslocar-se na água com movimentos dos braços *<b. contra a corrente>* ~ **bracejador** *adj.s.m.* - **bracejamento** *s.m.*

bra.ce.le.te /ê/ *s.m.* adorno usado no pulso ou braço

bra.ço *s.m.* **1** ANAT segmento de cada um dos membros superiores que se estende da articulação do ombro à do cotovelo ☞ cf. *antebraço* **2** ANAT membro superior entre o ombro e a mão *<b. direito> <b. esquerdo>* **3** *p.ext.* tentáculo **4** *fig.* trabalhador braçal **5** autoridade, poder *<b. da lei>* **6** haste ou barra horizontal por onde se pega algo, ou que permite prender, empurrar ou acionar algo *<o b. da manivela>* **7** GEO porção de mar ou rio que entra pela terra **8** GEO ramificação de rio **9** MÚS parte sobre a qual ficam as cordas dos instrumentos musicais *<b. do violão>* **10** apoio para o antebraço nas cadeiras, poltronas etc. ▣ **b. direito** *fig.* auxiliar principal *<é o b. direito do chefe>*

brác.tea *s.f.* BOT folha modificada situada abaixo de uma flor

bra.dar *v.* {mod. 1} *t.d. e int.* **1** dizer aos brados ou soltar brados; gritar *<b. insultos> <socava o ar e bradava>* □ *t.i.* **2** (prep. *por*, *contra*) pedir, protestar em voz alta *<b. contra as injustiças>*

bra.di.car.di.a *s.f.* MED redução do ritmo cardíaco abaixo de uma frequência de 60 batimentos por minuto ~ **bradicardíaco** *adj.s.m.*

bra.do *s.m.* **1** voz forte e enérgica de forma a ser ouvida longe ou com temor; grito **2** grito de queixa, súplica ou protesto; clamor

bra.gui.lha *s.f.* VEST abertura na parte dianteira das calças, cuecas etc.

brail.le ou **brai.le** *s.m.* **1** sistema de leitura e escrita para cegos ■ *adj.2g.* **2** próprio desse sistema

bra.ma *s.m.* REL deus supremo dos hindus ☞ inicial maiúsc.

brâ.ma.ne ou **brâ.mi.ne** *adj.2g.s.2g.* FIL REL (indivíduo) dos brâmanes, membros da casta sacerdotal, a primeira da estratificação social indiana

bra.ma.nis.mo *s.m.* FIL REL período da religião indiana anterior ao hinduísmo, marcado pela consolidação do sistema de castas e pela hegemonia religiosa da casta sacerdotal dos brâmanes ~ **bramanista** *adj.2g.s.2g.*

bra.mar *v.* {mod. 1} *int.* **1** soltar a voz (certos mamíferos); berrar *<os veados bramam>* ☞ nesta acp., só us. nas 3as p., exceto quando fig. **2** *p.ext.* falar ou reclamar em tom colérico *<bramava para conter os rebeldes>* **3** produzir grande ruído; retumbar *<as ondas bramavam>* □ *t.i. p.ext.* **4** (prep. *por*) suplicar aos gritos *<b. por atenção>*

bra.mi.do *s.m.* **1** rugido de fera **2** *p.ext.* reclamação em alta voz; clamor **3** *p.ext.* ruído forte e impressionante; estrondo

bra.mir *v.* {mod. 24} *int.* **1** soltar a voz (as feras, o gamo) ☞ só us. nas 3as p., exceto quando fig. **2** gritar com fúria **3** produzir grande ruído; retumbar **4** *p.ext.* estar revolto ou em tempestade (mar, atmosfera etc.) □ *t.i. fig.* **5** (prep. *por*) suplicar aos berros *<b. por atenção>* ◉ GRAM/USO verbo defectivo

bran.ca.cen.to *adj.* que tende a branco

bran.co *s.m.* **1** a cor do leite, da cal etc. **2** indivíduo com tom de pele claro **3** *fig. infrm.* lapso mental *<teve um b. e esqueceu a resposta>* ■ *adj.* **4** diz-se dessa cor *<cor b.>* **5** de cor cinza-pálida brilhante; prateado *<ouro b.>* **6** que tem essa cor **7** de cor branco-amarelada ou rosada (diz-se de carnes, peixes etc.) *<só come carne b.>* **8** *fig.* pálido, sem cor *<b. de medo>* **9** *fig.* inocente, puro, ingênuo ▣ **em b.** que não está preenchido *<cheque em b.>* ~ **brancura** *s.f.*

bran.dir *v.* {mod. 24} *t.d.* **1** erguer (arma) antes do ataque ou disparo **2** agitar (a mão ou algo nela contido) como ameaça *<b. o guarda-chuva>* **3** balançar, agitar *<b. uma bandeira>* □ *int.* **4** oscilar, vibrar *<as folhas brandiam ao vento>* ◉ GRAM/USO verbo defectivo ~ **brandimento** *s.m.*

bran.do *adj.* **1** afável *<temperamento b.>* **2** que reflete suavidade, doçura *<voz b.>* **3** que não é rígido, não é severo *<castigo b.>* **4** pouco intenso *<febre b.>* ~ **brandura** *s.f.*

bran.que.ar *v.* {mod. 5} *t.d. e int.* **1** tornar(-se) branco ou mais branco; alvejar(-se) *<b. a roupa> <a parede rosa branqueou>* □ *t.d.* **2** cobrir (algo) com tinta, pó etc. de cor branca ~ **branqueador** *adj.s.m.* - **branqueamento** *s.m.*

brân.quia *s.f.* ZOO estrutura respiratória dos animais aquáticos; guelra ~ **branquial** *adj.2g.*

bran.qui.cen.to *adj.* um tanto branco; brancacento

bran.qui.nha *s.f.* *B infrm.* cachaça

B

bra.qui.al [pl.: *-ais*] *adj.2g.* relativo a braço

bra.quí.ce.ro *adj.s.m.* ZOO (espécime) dos braquíceros, subordem de insetos, de antenas ou chifres curtos

bra.qui.lo.gi.a *s.f.* GRAM abreviação de uma palavra, expressão etc., sem prejuízo do seu sentido (p.ex., *cine* por *cinema*)

bra.qui.ó.po.de *adj.2g.s.m.* ZOO (espécime) dos braquiópodes, ramo de animais invertebrados, marinhos, cujos tentáculos servem para locomoção e respiração

bra.qui.os.sau.ro *s.m.* ZOO nome comum aos maiores dinossauros existentes, herbívoros, de cabeça pequena e cauda e pescoços longos

bra.sa *s.f.* **1** carvão que arde sem chama **2** *fig.* coisa muito quente, escaldante **3** *p.ext.* forte calor ◉ COL braseiro

bra.são [pl.: *-ões*] *s.m.* **1** conjunto de figuras que compõem escudo de famílias nobres, cidades, corporações, estados etc. **2** *fig.* lema, princípio

bra.sei.ro *s.m.* **1** grande quantidade de brasa, lenha, carvões ou objetos incendiados **2** fogareiro **3** aquecedor alimentado por brasas **4** *p.ext.* calor intenso

bra.si.lei.ri.ce *s.f.* modo de ser dos brasileiros

bra.si.lei.ris.mo *s.m.* LING palavra ou expressão típica do português do Brasil

bra.si.lei.ro *adj.* **1** do Brasil (América do Sul) ■ *s.m.* **2** natural ou habitante desse país

bra.si.li.a.na *s.f.* coleção de estudos, livros, publicações, filmes, músicas etc. sobre o Brasil

bra.si.li.a.nis.ta *adj.2g.s.2g.* (estrangeiro) especializado em temas brasileiros ~ **brasilianismo** *s.m.*

bra.sí.li.co *adj.* **1** relativo aos indígenas brasileiros ■ *adj.s.m.* **2** brasileiro

bra.si.li.da.de *s.f.* qualidade ou caráter próprio do que ou de quem é brasileiro

bra.si.li.en.se *adj.2g.* **1** de Brasília (DF) ■ *s.2g.* **2** natural ou habitante dessa capital

bra.va.ta *s.f.* **1** atitude ou ação arrogante; fanfarronice **2** prova de força ou de coragem desnecessária e danosa

bra.va.te.ar *v.* {mod. 5} *t.d.,t.i.pred. e int.* **1** (prep. *de*) mostrar-se presumido; gabar-se *<b. (de) grandes conquistas>* *<b. de (ser) especialista num assunto>* *<vive a b.>* □ *t.d.,t.d.i. e int.* **2** (prep. *a*) dirigir (ameaças, insultos etc.) [a] *<b. ameaças (ao júri)>* *<bravateava e dava socos no ar>* ~ **bravateador** *adj.s.m.*

bra.vi.o *adj.* **1** não domesticado; selvagem, feroz **2** rude, bruto **3** revolto, tempestuoso *<mar b.>*

bra.vo *adj.s.m.* **1** que(m) é destemido, valente ■ *adj.* **2** feroz ou furioso; brabo **3** tempestuoso, revolto *<mar b.>* ■ *interj.* **4** exclamação de aprovação, de entusiasmo ~ **braveza** *s.f.*

bra.vu.ra *s.f.* **1** ação de bravo **2** coragem, destemor

bre.ar *v.* {mod. 5} *t.d.* **1** revestir de breu *<b. um cabo>* **2** dar cor de breu a □ *t.d. e pron. infrm.* **3** *N.E. C.-O.* sujar(-se) [ger. de algo pegajoso] *<b. um vestido de azeite>* *<b.-se de graxa>*

bre.ca *s.f.* ▸ us. em **levado da b.** muito travesso

bre.car *v.* {mod. 1} *t.d. e int.* parar (veículo) com o breque; frear ~ **brecada** *s.f.*

bre.cha *s.f.* **1** fenda, rachadura, em cerca, muralha, tapume etc. **2** espaço vazio; lacuna **3** *fig.* tempo livre; folga **4** *fig.* chance *<dar b. para o diálogo>*

bre.chó *s.m.* loja de objetos usados; belchior

bre.ga *adj.2g.s.2g. infrm. pej.* **1** cafona **2** que(m) tem mau gosto ~ **breguice** *s.f.*

bre.gue.ço /ê/ [pl.: /é/] *s.m. B infrm.* **1** roupa velha **2** cacareco, quinquilharia, traste **3** objeto pessoal, pertence **4** qualquer objeto ◉ GRAM/USO mais us. no pl.

bre.jei.ro *adj.s.m.* **1** que(m) habita um brejo **2** que(m) tem graciosidade e certa malícia ~ **brejeiral** *adj.2g.* - **brejeirice** *s.f.*

bre.jo *s.m.* **1** terreno lodoso; pântano **2** terreno agreste ▣ **ir para o b.** *B infrm.* não dar certo; gorar

bre.nha *s.f.* **1** mata cerrada; matagal **2** *p.ext.* coisa emaranhada **3** *fig.* algo difícil de entender, indecifrável, secreto ~ **brenhoso** *adj.*

bre.que *s.m. B* **1** freio **2** MÚS *B* no samba, interrupção da música, para que o cantor possa fazer observações, ger. engraçadas, sobre o que é narrado na letra

bre.tão [pl.: *-ões*; fem.: *bretã*] *adj.s.m.* **1** (natural ou habitante) da Grã-Bretanha (Inglaterra, Escócia e País de Gales) **2** (natural ou habitante) da Bretanha, região francesa ■ *s.m.* **3** LING língua falada na Bretanha

breu *s.m.* **1** substância inflamável obtida do alcatrão **2** *fig.* escuridão

bre.ve *adj.2g.* **1** de curta duração **2** de limitada extensão espacial *<distância b.>* **3** sucinto, resumido *<descrição b.>* **4** pouco profundo; resumido *<uma b. ideia dos planos>* ■ *s.m.* **5** patuá com uma oração **6** REL documento que contém decisões do papa ■ *adv.* **7** logo, brevemente *<b. vão viajar>*

bre.vê *s.m.* **1** AER diploma de piloto de avião **2** registro de invenção ou patente

bre.vi.á.rio *s.m.* **1** resumo, sumário **2** REL livro das rezas cotidianas dos sacerdotes católicos **3** *p.ext.* conjunto de princípios, convicções etc.

bre.vi.da.de *s.f.* **1** curta duração **2** concisão **3** CUL tipo de bolinho doce quebradiço, leve e farinhento

bre.vi.lí.neo *adj.* **1** de linhas ou dimensões curtas **2** ANAT de tronco e membros mais curtos que a média (diz-se de indivíduo) ☞ p. opos. a *longilíneo*

bri.ba *s.f.* **1** *B* lagartixa **2** *B* cachaça **3** *N.E.* lagarto

bri.ca.bra.que *s.m.* **1** conjunto de objetos usados **2** brechó ~ **bricabraquista** *adj.2g.s.2g.*

bri.da *s.f.* **1** rédea **2** MED formação fibrosa de cicatrizes, úlceras etc. ▣ **a toda b.** a toda velocidade

bri.dão [pl.: *-ões*] *s.m.* **1** freio leve de cavalgadura, us. em corridas de cavalo **2** o jóquei que usa tal sistema de freio **3** *fig.* impedimento, restrição

bri.ga *s.f.* **1** luta, combate, disputa **2** *p.ext.* discussão; bate-boca **3** rompimento de relações

bri.ga.da *s.f.* **1** MIL unidade militar organizada **2** grupo de pessoas voltado para a execução de certos serviços *<b. de incêndio>* ~ **brigadista** *adj.2g.s.2g.*

bri.ga.dei.ro *s.m.* **1** AER MIL oficial que comanda uma brigada **2** AER oficial que detém essa patente **3** CUL doce de chocolate com leite condensado

bri.ga.dei.ro do ar [pl.: *brigadeiros do ar*] *s.m.* AER oficial que detém a patente entre a de major-brigadeiro e a de coronel-aviador

bri.ga.lha.da *s.f.* briga longa; série de brigas constantes

bri.gão [pl.: *-ões*; fem.: *brigona*] *adj.s.m.* que(m) é dado a brigas; briguento

bri.gar *v.* {mod. 1} *t.i. e int.* **1** (prep. *com*) combater, lutar *<pôs-se a b. (com o irmão)>* **2** (prep. *com*) desentender-se, discutir *<briga muito (com a vizinha), mas logo se acalma>* **3** *B* (prep. *com*) romper relações sociais ou amorosas *<brigou com o amigo há anos> <brigaram, rompendo o namoro>* □ *t.i.* **4** (prep. *com*) ralhar, repreender *<brigou com o filho pelas notas baixas>* **5** *B* (prep. *por*) disputar, batalhar *<b. por um salário maior>* ~ **brigado** *adj.*

bri.guen.to *adj.s.m.* brigão

bri.lhan.te *adj.2g.* **1** que emite ou reflete uma luz forte; luzente *<estrela b.>* **2** que, por ter brilho, reluz; lustroso *<cabelo b.>* **3** *fig.* vivo, forte, vistoso *<cor b.>* **4** *fig.* que tem grande notoriedade e distinção; ilustre *<cientista b.>* **5** *fig.* inteligente e/ou original *<aluno b.>* ■ *s.m.* **6** diamante lapidado

bri.lhan.ti.na *s.f.* cosmético que dá brilho e fixa os cabelos

bri.lhan.tis.mo *s.m.* **1** característica ou aspecto do que é brilhante; brilho, cintilação **2** *fig.* grande luxo; esplendor, pompa **3** *fig.* grande talento; maestria, perícia **4** *fig.* perfeição, excelência *<saiu-se com b. no exame>*

bri.lhar *v.* {mod. 1} *int.* **1** lançar ou refletir luz; luzir *<o sol brilha desde cedo>* **2** *fig.* mostrar-se superior; sobressair *<sua atuação brilhou>* □ *t.i. fig.* **3** (prep. *em*) revelar-se, manifestar-se *<o ódio brilha em seu olhar>*

bri.lho *s.m.* **1** luz que um corpo irradia ou reflete *<o b. dos metais>* **2** *p.ext. fig.* intensidade, vibração **3** *fig.* luxo, opulência, grandiosidade *<o b. dos salões>* **4** *fig.* virtude ou característica do que é de muito boa qualidade

bri.lho.so /ô/ [pl.: /ó/; fem.: /ó/] *adj.* que brilha; brilhante, lustroso

brim [pl.: *-ins*] *s.m.* tecido resistente de linho, algodão, fibra sintética etc.

brin.ca.dei.ra *s.f.* **1** jogo, divertimento, esp. de crianças; passatempo **2** gracejo, zombaria *<não gostou da b.>* **3** *infrm.* algo fácil de resolver *<esse teste é b.>* ▣ **nem de b.** de jeito nenhum

brin.ca.lhão [pl.: *-ões*; fem.: *brincalhona*] *adj.s.m.* **1** que(m) gosta de brincar **2** que(m) faz gracejo

brin.car *v.* {mod. 1} *t.i. e int.* **1** (prep. *de*) distrair-se com jogos, brinquedos infantis *<passou a tarde brincando (de mímica)>* **2** (prep. *com*) entreter-se, divertir-se *<brincaram (com a bola) durante horas>* □ *t.i.* **3** (prep. *com*) não dar importância *<brincou (com a sorte) e agora se arrepende>* □ *t.d.,t.i. e int.* **4** (prep. *com*) não falar a sério *<brinca que está apaixonado> <não brinque (comigo), fale direito>* □ *t.d. e t.i.* **5** (prep. *em*) participar (de festas carnavalescas) *<vai b. (n)o carnaval este ano?>*

brin.co *s.m.* **1** enfeite us. na orelha **2** *fig.* palavra que designa uma série de qualidades positivas: coisa bem-feita, bem organizada, bem cuidada

brin.dar *v.* {mod. 1} *t.d.,t.i. e int.* **1** (prep. *a*) beber em homenagem a *<todos brindaram (os vencedores)> <brindemos à sua promoção>* **2** (prep. *a*) levantar brinde (a) *<levantou-se para b. (aos noivos)> <ergueram as taças para b.>* □ *t.d.i.* **3** (prep. *com*) presentear *<b. a amiga com flores>*

brin.de *s.m.* **1** ato de saudar algo ou alguém **2** presente, mimo

brin.que.do /ê/ *s.m.* **1** objeto usado para brincar **2** jogo ou distração; passatempo, brincadeira

bri.o *s.m.* **1** sentido de dignidade; amor-próprio *<ser ferido nos b.>* ☞ tb. us. no pl. **2** coragem; disposição *<enfrentar desafios com b.>*

bri.o.che *s.m.* CUL espécie de pão de massa leve, doce ou não, feito com farinha, água ou leite, fermento, ovos e manteiga

bri.ó.fi.ta *s.f.* ou **bri.ó.fi.to** *s.m.* BOT espécime das briófitas, divisão do reino vegetal que reúne plantas sem flores, como os musgos

bri.o.so /ô/ [pl.: /ó/; fem.: /ó/] *adj.* **1** que tem brio; digno, honrado **2** orgulhoso de sua condição; altivo **3** corajoso, valente **4** que tem muita energia (diz-se de cavalo); fogoso

bri.sa *s.f.* vento leve e fresco; aragem

bri.ta *s.f.* pedra em pequenos fragmentos us. em estradas de rodagem, na composição de concreto, na filtragem de água etc.; cascalho

bri.ta.dei.ra *s.f.* máquina para quebrar pedras, concreto, asfalto etc.

bri.tâ.ni.co *adj.* **1** da Grã-Bretanha (Inglaterra, Escócia e País de Gales) ou do Reino Unido (Grã-Bretanha e Irlanda do Norte) ■ *s.m.* **2** natural ou habitante dessas regiões

bri.tar *v.* {mod. 1} *t.d.* quebrar em pequenos pedaços; triturar *<b. pedra>* ~ **britador** *adj.s.m.* - **britagem** *s.f.* - **britamento** *s.m.*

bro.a /ô/ *s.f.* CUL pão ou bolo arredondado de fubá de milho

bro.ca *s.f.* **1** instrumento de perfuração *<b. do dentista>* **2** *p.ext.* furo, orifício **3** ZOO *B* inseto que perfura ou corrói madeiras, livros, plantas etc. ~ **brocar** *v.t.d. e int.*

bro.ca.do *s.m.* **1** tecido bordado a ouro e/ou prata **2** qualquer tecido que imite esse bordado ■ *adj.* **3** bordado como esses tecidos

bro.car.do *s.m.* **1** DIR máxima jurídica **2** *p.ext.* qualquer máxima ou provérbio ~ **brocárdico** *adj.*

bro.cha ou **bro.xa** *s.f.* **1** prego curto e chato; tacha **2** pincel grande us. em pintura e caiação ■ *adj.2g.s.2g.* **3** *B pej. gros.* (homem) impotente sexualmente **4** *p.ext. infrm. pej.* (indivíduo) desanimado, indiferente

bro.chan.te *adj.2g. B* **1** *pej. gros.* desestimulante da potência sexual **2** *p.ext. infrm.* desanimador

bro.char *v.* {mod. 1} *t.d.* **1** encadernar (livro, publicação) em brochura **2** pregar brocha ('prego') em **3** pintar com brocha ('pincel') □ *int. B* **4** *gros.* perder, provisoriamente ou não, a potência sexual **5** *infrm.* desanimar

bro.che *s.m.* joia ou bijuteria com alfinete e fecho, us. ger. ao peito para prender ou enfeitar a roupa

bro.che.te *s.f.* **1** espeto para grelhar ou assar carnes na brasa **2** CUL alimento assim preparado; espetinho

bro.chu.ra *s.f.* **1** livro de capa mole **2** a capa us. nesse tipo de livro

bró.co.lis ou **bró.co.los** *s.m.pl.* BOT nome comum a diversas variedades de couve cultivada, com pequenos botões florais muito próximos

bro.mé.lia *s.f.* BOT nome comum a plantas da família das bromeliáceas, nativas da América tropical e cultivadas como ornamentais

bro.me.li.á.cea *s.f.* BOT espécime das bromeliáceas, família de plantas de caule pequeno, cultivadas como ornamentais, ou por suas fibras ou frutos, como o abacaxi

bro.me.li.á.ceo *adj.* BOT relativo às bromeliáceas

bro.mo *s.m.* QUÍM elemento químico tóxico, avermelhado, us. em corantes e produtos de farmácia [símb.: *Br*] ☞ cf. *tabela periódica* (no fim do dicionário)

bron.ca *s.f. B infrm.* **1** repreensão áspera **2** reclamação ou crítica a respeito de pessoa ou estado de coisas **3** implicância, cisma

bron.co *adj.s.m.* que(m) é ignorante, grosseiro, pouco inteligente

bron.co.pneu.mo.ni.a *s.f.* MED inflamação aguda do tecido pulmonar

bro.nha *s.f. B gros.* masturbação masculina

bron.que.ar *v.* {mod. 5} *t.i.* **1** (prep. *com*) dar bronca em; repreender *<bronqueou com o amigo por uma bobagem>* □ *t.i. e int.* **2** (prep. *com*) protestar, reclamar *<mudaram as regras do jogo, e ele bronqueou (com o responsável)>*

brôn.quio *s.m.* ANAT cada um dos dois canais que se ramificam da traqueia e conduzem o ar aos pulmões ~ **bronquial** *adj.2g.* - **brônquico** *adj.*

bron.qui.te *s.f.* MED inflamação da traqueia e dos brônquios

bron.tos.sau.ro *s.m.* ZOO nome comum a dinossauros quadrúpedes, herbívoros, de até 30 t e 22 m de comprimento

bron.ze *s.m.* **1** liga de cobre e estanho **2** *p.ext.* ART. PLÁST obra de arte fundida em bronze **3** *p.ext.* em competições esportivas, a terceira colocação, que faz jus à medalha de bronze **4** *p.ext. B* a cor morena da pele; bronzeado *<foi à praia pegar um b.>* ~ **brônzeo** *adj.*

bron.ze.a.dor /ô/ [pl.: *-es*] *adj.s.m.* **1** (o) que bronzeia ■ *s.m.* **2** substância própria para bronzear a pele

bron.ze.ar *v.* {mod. 5} *t.d.* **1** revestir ou cobrir de bronze *<b. uma jarra>* □ *t.d.,int. e pron.* **2** dar ou tomar aspecto ou cor do bronze *<b. um espelho>* *<o dourado da cadeira bronzeou(-se) com o tempo>* **3** (fazer) adquirir tom moreno *<foi à praia para b. as pernas>* *<este sol fraco não bronzeia>* *<bronzeou-se no passeio de barco>* ~ **bronzeado** *adj.s.m.* - **bronzeamento** *s.m.*

bro.tar *v.* {mod. 1} *t.d.,t.i. e int.* **1** (prep. *de*) gerar rebentos (a planta); germinar *<a cerejeira brotou centenas de rebentos>* *<uma trepadeira brota dessa semente>* *<essas flores brotam na primavera>* □ *t.i. fig.* **2** (prep. *de*) ter origem; nascer, provir *<desta alma não mais brotarão tristezas>* □ *t.d.* **3** produzir (secreção); expelir *<seus olhos brotaram lágrimas de alívio>* □ *t.i. e int.* **4** (prep. *de*) sair em jato; jorrar *<brotou muito petróleo (do solo)>* □ *int. fig.* **5** aparecer, surgir *<esse prédio brotou rápido>* ~ **brotamento** *s.m.*

bro.to /ô/ *s.m.* **1** BOT início do desenvolvimento de um novo órgão numa planta; rebento *<os b. da goiabeira>* **2** *p.ext. B infrm.* pessoa jovem

bro.to.e.ja /ê/ *s.f.* MED erupção na pele que forma pequenas bolhas muito próximas umas das outras e causa coceira

brownie [ing.; pl.: *brownies*] *s.m.* CUL variedade de bolo de chocolate com nozes, amêndoas etc. ⇒ pronuncia-se brauni

browser [ing.; pl.: *browsers*] *s.m.* INF ver ***NAVEGADOR*** ⇒ pronuncia-se brauzer

bro.xa *adj.2g.s.2g.* → ***BROCHA***

bru.a.ca *s.f. B* **1** saco ou mala de couro cru, us. para transporte de mantimentos sobre bestas **2** *infrm. pej.* mulher idosa e feia

bru.ce.lo.se *s.f.* MED infecção bacteriana transmitida ao homem por contato com caprinos, bovinos, suínos e cães

bru.ços *s.m.pl.* ◗ us. em: **de b.** deitado de barriga para baixo

bru.gue.lo *s.m. N.E. infrm.* **1** criança pequena; bebê **2** filho; filho menor **3** filhote de ave

bru.ma *s.f.* **1** nevoeiro; neblina **2** névoa, esp. no mar ~ **brumoso** *adj.*

bru.nir *v.* {mod. 24} *t.d.* **1** tornar brilhante; polir, lustrar *<b. panelas>* **2** *fig.* apurar, aperfeiçoar (estilo, ideia etc.) ~ **brunidor** *adj.s.m.* - **brunidura** *s.f.*

brus.co *adj.* **1** rude, indelicado *<modos b.>* **2** repentino, imprevisto *<manobra b.>* ~ **brusquidão** *s.f.*

bru.tal [pl.: *-ais*] *adj.2g.* **1** próprio de bruto; irracional **2** violento; cruel **3** *fig.* que impressiona **4** *infrm.* extraordinário; colossal ~ **brutalizar** *v.t.d.,int. e pron.*

bru.ta.li.da.de *s.f.* **1** modo de ser ou característica de quem é bruto ou daquilo que é brutal **2** violência, selvageria **3** ação ou palavra grosseira; grosseria, estupidez

bru.ta.mon.tes *s.2g.2n.* ou **bru.ta.mon.te** *s.2g.* **1** indivíduo corpulento **2** indivíduo de modos rudes

bru.to *adj.s.m.* **1** (animal) que vive em estado natural; selvagem **2** que(m) age como um animal selvagem

3 que(m) não tem instrução ou refinamento **4** que(m) é violento ■ *adj.* **5** que não foi tocado <*diamante b.*> **6** que não é racional; violento <*força b.*> **7** que está sem desconto ou abatimento <*renda b.*> ~ **bruteza** *s.f.* - **brutidade** *s.f.*

bru.xa *s.f.* **1** mulher que usa forças supostamente sobrenaturais para causar o mal, prever o futuro e fazer feitiços **2** *p.ext. pej.* mulher má e/ou feia **3** ZOO nome comum a diversas mariposas com mais de 10 cm e de cor escura

bru.xa.ri.a *s.f.* **1** ação ou prática de bruxa; feitiço, mandinga **2** *fig.* atração irresistível; encantamento

bru.xis.mo /cs/ *s.m.* MED hábito de ranger os dentes durante o sono ◉ GRAM/USO pronúncia corrente *bruxismo* /ch/

bru.xu.le.ar *v.* {mod. 5} *int.* **1** brilhar com tremulações ou fracamente <*a chama da vela bruxuleia*> **2** *fig.* estar para acabar; agonizar <*sua inspiração bruxuleava*> ~ **bruxuleante** *adj.2g.* - **bruxuleio** *s.m.*

bu.bão [pl.: *-ões*] *s.m.* MED **1** inchação de gânglio; íngua **2** pústula ou tumor de pele ~ **bubônico** *adj.*

bu.bui.ar *v.* {mod. 1} *int. infrm.* **1** *AMAZ TO* manter-se à tona; boiar, flutuar <*o peixe veio bubuiando para o nosso lado*> **2** *B* borbulhar ('produzir bolhas') <*embaixo da cachoeira bubuia muito*>

bu.cal [pl.: *-ais*] *adj.2g.* relativo a boca; oral

bu.ca.nei.ro *s.m.* pirata que atuava no Caribe no séc. XVII

bu.cha *s.f.* **1** objeto us. para vedar orifício ou fenda **2** peça que se embute na parede para fixar prego ou parafuso **3** BOT trepadeira alta, de flores amarelas com riscas verdes, nativa e/ou cultivada em regiões tropicais por seus usos medicinais e seus brotos, frutos e fibras **4** material fibroso extraído do fruto seco da bucha, us. como esfregão para banho **5** *p.ext.* qualquer tipo de material, natural ou sintético, us. para tomar banho ou lavar louças; esponja **6** pedaço de papel ou pano us. para prender e calcar a carga de armas de carregar pela boca **7** chumaço combustível dos balões juninos ▣ **na b.** imediatamente <*responder na b.*>

bu.cha.da *s.f.* **1** estômago e demais entranhas de animais **2** CUL cozido das entranhas de bode, cabrito, carneiro ou ovelha

bu.cho *s.m.* **1** ZOO estômago de animais **2** *B infrm.* estômago do homem; barriga, ventre **3** *B pej.* mulher velha e/ou muito feia

bu.clê *adj.s.m.* (tecido) cujos fios formam pequenas alças, parecendo crespos

bu.ço *s.m.* penugem do lábio superior

bu.có.li.co *adj.* **1** relativo a pastores e animais de qualquer rebanho **2** relacionado à vida e aos costumes do campo **3** *p.ext.* relativo à natureza **4** *p.ext.* que ama o campo ou a natureza **5** *fig.* sem malícia; puro, ingênuo ~ **bucolismo** *s.m.* - **bucolista** *adj.2g.s.2g.*

bu.da *s.m.* FIL REL título dado pelos budistas a quem alcança a iluminação, livrando-se do sofrimento humano e do processo de transmigração das almas ☞ inicial ger. maiúsc.

bu.dis.mo *s.m.* FIL REL religião e filosofia oriental que busca, por meio da meditação e do amor a todos os seres vivos, superar o sofrimento humano e atingir o nirvana ☞ cf. *Buda* na parte enciclopédica ~ **budista** *adj.2g.s.2g.*

B

bu.ei.ro *s.m.* **1** abertura para escoamento de águas para o subsolo **2** *p.ext.* a caixa de ferro dessa abertura e sua tampa grelhada

bú.fa.lo *s.m.* ZOO nome comum a duas espécies de bovídeos, a africana, selvagem, e a asiática, atualmente domesticada e distribuída pelo mundo, de que se usam o leite, a carne e o couro

bu.fan.te *adj.2g.* VEST folgado e afastado do corpo (diz-se de roupa ou parte dela)

bu.fão [pl.: *-ões*; fem.: *bufona*] *s.m.* **1** palhaço de rei; bobo ■ *adj.s.m.* **2** *p.ext.* (pessoa) que fala ou se comporta de modo cômico ou inoportuno **3** *p.ext.* que(m) se vangloria muito ~ **bufonaria** *s.f.*

bu.far *v.* {mod. 1} *t.d.* e *int.* **1** expelir (ar, sopro, vapor etc.) com força <*a locomotiva bufava nuvens de fumaça*> <*subiram a ladeira bufando*> □ *t.i.* e *int. fig.* **2** (prep. *de*) enfurecer-se ou protestar intensamente <*bufava de raiva*> <*saia daí sem b.*>

bu.fê *s.m.* **1** mesa, aparador **2** serviço que fornece comidas e bebidas em festas, reuniões etc. **3** *p.ext.* conjunto das comidas e bebidas servidas nessas ocasiões <*havia um b. japonês na festa*>

bu.fo *s.m.* **1** palhaço de rei; bobo, bufão ■ *adj.* **2** TEAT com texto e música cômicos; burlesco (diz-se de peça teatral)

bug [ing.; pl.: *bugs*] *s.m.* INF defeito ou falha no código de um programa de computador ⇒ pronuncia-se bâg

bu.ga.lho *s.m.* **1** nódulo globular no carvalho formado por ação de insetos, fungos, bactérias etc. **2** *p.ext.* qualquer objeto esférico que lembre esse nódulo **3** *p.ext. infrm.* o olho

bu.gan.ví.lia *s.f.* BOT trepadeira ornamental com espinhos nos galhos e cacho de flores coloridas; primavera

bu.gi.gan.ga *s.f.* objeto de pouco valor

bu.gi.o *s.m.* ZOO macaco ~ **bugiar** *v.int.* - **bugiaria** *s.f.*

bu.gre [fem.: *bugra*] *s.m.* **1** *pej.* nome dado pelos europeus a todos os índios **2** *fig. pej.* pessoa mal-educada e inculta **3** *fig.* pessoa desconfiada

bu.jão [pl.: *-ões*] *s.m.* **1** peça us. para vedar um orifício ou uma fenda **2** botijão

bu.jar.ro.na *s.f.* MAR vela grande, triangular, que se iça à proa da embarcação

bu.la *s.f.* **1** impresso explicativo de um medicamento **2** REL decreto, escrito solene ou carta expedida em nome do papa ~ **bulático** *adj.*

bul.bo *s.m.* **1** BOT órgão vegetal arredondado, aéreo ou subterrâneo, responsável pela nutrição da planta; bolbo <*b. de cebola*> **2** *p.ext.* qualquer estrutura, elemento ou parte dele que lembre um bulbo **3** parte dilatada de órgão vegetal ou animal **4** cobertura de metal ou vidro em lâmpada ou válvula ~ **bulbar** *adj.2g.* - **bulboso** *adj.*

B

bul.do.gue *s.m.* ZOO cão inglês, baixo, musculoso, de pelo curto, patas dianteiras separadas e maxilar inferior proeminente

bul.dô.zer [pl.: *-es*] *s.m.* trator de terraplenagem equipado com lâmina frontal de aço

bu.le *s.m.* recipiente de louça, metal etc. com tampa, asa e bico em que se faz e/ou serve chá, café etc.

bu.le.var [pl.: *-es*] *s.m.* rua ou avenida larga, ger. arborizada

bu.lha *s.f.* **1** confusão de vozes; gritaria **2** *p.ext.* desordem; tumulto ~ **bulhar** *v.t.i. e int.* - **bulhento** *adj.s.m.*

bu.lhu.fas *pron.ind.* *B infrm.* coisa nenhuma, nada *<não entende b. de química>*

bu.lí.cio *s.m.* **1** ruído de agitação; murmúrio **2** falta de sossego; inquietação

bu.li.ço.so /ô/ [pl.: /ó/; fem.: /ó/] *adj.* agitado, inquieto

bu.li.mi.a *s.f.* PSIC distúrbio caracterizado por ingestão excessiva de alimentos, seguida de indução ao vômito, uso de laxantes, jejuns etc., a fim de impedir aumento de peso

bu.lir *v.* {mod. 29} *t.d.,t.i.,int. e pron.* **1** (prep. *com*) mover(-se) ou agitar(-se) de leve; mexer(-se) *<disse não sem nem b. (com) a cabeça>* *<a brisa era tão leve que o milharal nem bulia>* *<ficou ali, sem se b.>* □ *t.i.* **2** (prep. *em*) pôr as mãos; tocar *<não pode b. no armário>* **3** *fig.* (prep. *com*) aborrecer; incomodar *<deixe-o em paz, não vá b. com ele>* ~ **bulimento** *s.m.*

bullying [ing.] *s.m.2n.* comportamento insistente de quem procura intimidar, por meio de violência física ou psicológica, alguém que é incapaz de se defender, ger. em ambiente escolar ◉ GRAM/USO em ing., invariável ⇒ pronuncia-se bâling

bum.ba meu boi *s.m.2n.* FOLC encenação do ciclo natalino, realizada em todo o Brasil, com variações locais, cujo protagonista é um boi que morre e ressuscita; boi-bumbá

bum.bo *s.m.* → ***BOMBO***

bum.bó.dro.mo *s.m.* construção com arquibancadas e área para apresentação de agremiações de boi-bumbá em Parintins (AM) no mês de junho

bum.bum [pl.: *-uns*] *s.m.* *B l.inf.* bunda

bu.me.ran.gue *s.m.* peça arqueada de madeira, us. para caça e guerra, que retorna ao ponto do qual foi lançada

bun.da *s.f.* **1** região das nádegas **2** *p.ext. infrm.* conjunto das nádegas e do ânus ◉ GRAM/USO aum.irreg.: *bundão* ▣ **nascer com a b. para a lua** *fraseol. infrm.* ter muita sorte

bun.da-ca.nas.tra [pl.: *bundas-canastras*] *s.f.* RECR *N.E. TO* cambalhota em que ger. se apoia a cabeça no chão

bun.da-mo.le [pl.: *bundas-moles*] *adj.2g.s.2g.* *pej.* **1** que(m) é fraco, medroso **2** que(m) é apático, desanimado

bun.dão [pl.: *-ões*; fem.: *bundona*] *adj.s.m.* *infrm.* **1** que(m) é tolo, desanimado, maçante ■ *s.m.* **2** bunda grande ◉ GRAM/USO aum.irreg. de *bunda*

bu.quê *s.m.* **1** ramo de flores **2** aroma dos vinhos envelhecidos

bu.ra.co *s.m.* **1** espaço vazio, natural ou artificial, em um corpo ou superfície **2** toca **3** *fig. pej.* lugar isolado, pobre e/ou pequeno ▣ **b. de ozônio** ASTR área da camada de ozônio destruída pela poluição atmosférica • **b. negro** **1** ASTR FÍS região cósmica dotada de força gravitacional muito intensa **2** *joc.* local ou situação em que coisas desaparecem sem explicação

bu.ra.quei.ra *s.f.* grande quantidade de buracos

bur.bu.re.jar *v.* {mod. 1} *int.* ter ou fazer som de água a borbulhar *<o riacho burbureja>* ◉ GRAM/USO só us. nas 3as p., exceto quando fig.

bur.bu.ri.nho *s.m.* **1** ruído prolongado de vozes; murmurinho **2** som produzido pela água que corre; murmúrio ~ **burburinhar** *v.int.*

bur.ca *s.f.* VEST vestimenta que cobre todo o corpo, desde a cabeça, com uma pequena abertura para os olhos, us. por algumas mulheres muçulmanas

bu.rel [pl.: *-éis*] *s.m.* tecido grosseiro de lã parda, marrom ou preta

bur.go *s.m.* **1** HIST na Idade Média, fortaleza **2** povoação, aldeia

bur.go.mes.tre *s.m.* cargo equivalente a prefeito, em certas cidades alemãs, belgas, holandesas e suíças

bur.guês [pl.: *-eses*] *s.m.* **1** HIST na Idade Média, habitante livre de um burgo ■ *adj.* **2** relativo ou próprio do burgo **3** relativo à burguesia, cujo ofício não é manual (como o dos operários e camponeses) ■ *adj.s.m.* **4** que(m) pertence à classe média **5** *pej.* que(m) é preconceituoso, conservador e apegado a valores materiais

bur.gue.si.a *s.f.* **1** conjunto dos que exercem profissões liberais, estando mais ou menos ligados às esferas dirigentes e que detêm a economia; classe média **2** *pej.* caráter considerado típico dessa classe social

bu.ril [pl.: *-is*] *s.m.* **1** ferramenta de aço com ponta oblíqua cortante us. na gravação em metal e madeira **2** *p.ext.* ART.PLÁST gênero de gravura em placa de metal na qual se trabalha diretamente com o buril

bu.ri.lar *v.* {mod. 1} *t.d.* **1** gravar ou lavrar com buril *<b. o metal>* **2** *fig.* aprimorar, melhorar *<b. um texto>* ~ **burilada** *s.f.*

bu.ri.ti *s.m.* BOT **1** palmeira de cujas folhas se extrai fibra us. em cobertura de casas e artesanato **2** seu fruto ◉ COL buritizal

bu.ri.ti.zei.ro *s.m.* buriti ('palmeira')

bur.lar *v.* {mod. 1} *t.d.* **1** desrespeitar, transgredir *<b. a lei>* **2** enganar, ludibriar *<burlou a vigilância dos pais e saiu>* **3** fraudar *<burlou o freguês em cem reais>* ~ **burla** *s.f.* - **burlador** *adj.s.m.* - **burlão** *adj.s.m.*

bur.les.co /ê/ *adj.* **1** cômico ou grotesco **2** que provoca riso ou zombaria por ser extravagante ou muito grosseiro, ou apresentar uma visão comicamente vulgar

bu.ro.cra.ci.a *s.f.* **1** sistema de procedimentos administrativos **2** *pej.* a ineficiência no desempenho desses procedimentos **3** conjunto de funcionários desse sistema ~ **burocratização** *s.f.* - **burocratizar** *v.t.d.,int. e pron.*

bu.ro.cra.ta *s.2g.* **1** funcionário da burocracia **2** *pej.* indivíduo preso a rotinas

bu.ro.crá.ti.co *adj.* **1** relativo a burocracia **2** próprio de burocrata

bur.ra *s.f.* **1** fêmea do burro **2** caixa em que se guardavam objetos de valor e/ou dinheiro; cofre ▣ **encher a b.** *infrm.* ganhar muito dinheiro

bur.ra.da *s.f.* **1** ajuntamento de burros **2** ato estúpido; besteira

bur.ri.ce *s.f.* **1** falta de inteligência **2** asneira; tolice

bur.ri.nho *s.m.* **1** ZOO burro pequeno ou jovem **2** MEC bomba para aspirar líquidos **3** MEC compressor de ar ou óleo, esp. o us. no sistema de freios dos automóveis

bur.ro *s.m.* ZOO **1** jumento **2** animal estéril, cruza de cavalo com jumenta ou de jumento com égua; mu, muar, mulo ■ *adj.s.m.* *fig.* **3** teimoso; ignorante ◉ GRAM/USO dim.irreg.: *burrico* ▣ **pra b.** *infrm.* muito <*a topada doeu pra b.*>

bur.si.te *s.f.* MED inflamação de alguma bolsa ('cavidade') do organismo

bus.ca *s.f.* **1** esforço para achar ou descobrir algo **2** pesquisa minuciosa; revista; investigação **3** esforço para obter ou atingir algo; tentativa, pretensão

bus.ca-pé [pl.: *busca-pés*] *s.m.* fogo de artifício que corre em zigue-zague pelo chão antes de estourar

bus.car *v.* {mod. 1} *t.d.* **1** esforçar-se por descobrir, encontrar (alguém ou algo) <*b. uma palavra no dicionário*> **2** pesquisar, investigar <*buscou o motivo da discussão*> **3** apanhar, pegar <*veio b. os livros*> **4** tentar obter; procurar <*buscaram o apoio da família*> **5** esforçar-se por, empenhar-se <*buscava vender seus doces em restaurantes*> **6** imaginar, pensar <*b. um modo de vencer*> **7** dirigir-se, ir para <*rios buscam o mar*>

bu.sí.lis *s.m.2n.* a essência do problema; dificuldade

bús.so.la *s.f.* **1** instrumento de orientação formado por uma agulha magnética que gira na horizontal sobre um pino e aponta para o norte magnético **2** *fig.* direção a seguir; meta **3** *fig.* o que serve de guia

bus.ti.ê *s.m.* VEST corpete feminino curto, ger. sem alças

bus.to *s.m.* **1** parte do corpo da cintura para cima **2** ART.PLÁST estátua ou pintura da parte superior do tronco humano **3** os seios da mulher

bu.ta.no *s.m.* QUÍM gás incolor us. como combustível

bu.ti.á *s.m.* BOT **1** palmeira de fruto oleaginoso e longas folhas us. em artesanato **2** seu fruto ~ **butiazeiro** *s.m.*

bu.ti.que *s.f.* **1** loja pequena de artigos finos **2** *p.ext.* qualquer loja pequena e elegante

bu.tu.ca *s.f.* **1** ZOO mutuca **2** *B infrm.* olho <*com as b. arregaladas*>

bu.zi.na *s.f.* **1** dispositivo sonoro de veículos **2** *p.ext.* qualquer aparelho que produza som estridente com fins de sinalização **3** corneta ou trombeta ~ **buzinada** *s.f.*

bu.zi.nar *v.* {mod. 1} *t.d. e int.* **1** tocar a buzina (de) <*buzinava o carro a todo momento*> <*os motoristas não paravam de b.*> ☐ *t.d. e t.d.i.* *fig.* **2** (prep. *a*) repetir várias vezes; repisar <*b. (aos ouvidos da noiva) que a ama*>

bú.zio *s.m.* **1** ZOO nome comum dado a diversos moluscos dotados de grandes conchas **2** a concha espiralada desses moluscos ▣ **jogar búzios** ler a sorte conforme a disposição dos búzios ('conchas') lançados sobre mesa ou peneira

bu.zu.le.ta /ê/ *s.f.* *TO infrm.* coisa complicada, esquisita, fora do comum

byte [ing.; pl.: *bytes*] *s.m.* INF unidade de informação constituída por 8 *bits* [símb.: *B*] ⇒ pronuncia-se bait

Cc

c *s.m.* **1** terceira letra (consoante) do nosso alfabeto ■ *n.ord. (adj.2g.2n.)* **2** diz-se do terceiro elemento de uma série *<casa C> <item 1c>* ☞ empr. após um substantivo ou numeral **3** diz-se da terceira classe na escala de poder e riqueza *<classe C>* ◉ GRAM/USO na acp. s.m., pl.: *cc*

C **1** MAT símbolo do número 100, em algarismos romanos **2** FÍS símbolo de *Celsius* **3** QUÍM símbolo de [1]*carbono* **4** FÍS símbolo de *coulomb*

Ca QUÍM símbolo de *cálcio*

[1]cá *adv.* **1** aqui **2** agora *<de uns tempos para cá>* [ORIGEM: do lat. *eccum hāc* 'eis aqui']

[2]cá *s.m.* nome da letra *k* [ORIGEM: pronúncia da letra grega *kapa*]

cã *s.f.* cabelo branco ☞ mais us. no pl.

ca.a.ba *s.f.* REL **1** santuário muçulmano, em forma de cubo, localizado em Meca, Arábia Saudita **2** pedra sagrada, grande e negra, colocada nessa construção

ca.a.po.ra *s.2g. B* **1** caipora ('ser') **2** *AMAZ* habitante da mata

ca.a.tin.ga *s.f. B* **1** BOT vegetação típica do nordeste brasileiro e de parte do norte de MG, formada por arbustos espinhentos **2** GEO área dessa vegetação

ca.ba.ça *s.f.* **1** BOT planta de frutos ocos e casca dura, us. no fabrico de diferentes objetos; cabaceiro **2** BOT fruto dessa planta; cabaço **3** cuia ger. feita da metade desse fruto; cabaço

ca.ba.cei.ro *s.m.* BOT **1** pequena árvore, de madeira branca e leve, própria para caixotaria **2** cabaça ('planta')

ca.ba.ço *s.m.* **1** cabaça ('fruto' e 'cuia') **2** *gros.* hímen **3** *gros.* mulher ou homem virgem

ca.bal [pl.: *-ais*] *adj.2g.* que é ou está como deve ser; completo, pleno

ca.ba.la *s.f.* **1** REL sistema filosófico-religioso judaico de interpretações dos textos do Antigo Testamento **2** *fig.* negociação ou combinação secreta; conspiração ~ **cabalista** *adj.2g.s.2g.*

ca.ba.lar *v.* {mod. 1} *int.* **1** conspirar, tramar *<cabalavam nos corredores do parlamento>* □ *t.d.* **2** obter por meios ardilosos *<c. eleitores>*

ca.ba.lís.ti.co *adj.* **1** relativo a cabala **2** *fig.* que tem significado oculto

ca.ba.na *s.f.* casa pequena e rústica, ger. campestre

[1]ca.ba.no *adj.* diz-se de animal cujos chifres ou orelhas são voltados para baixo; acabanado [ORIGEM: desc.]

[2]ca.ba.no *s.m.* HIST *B* partidário de facções políticas do Norte e do Nordeste durante a regência (1831-1840) [ORIGEM: duv., talvez de *cabana*]

ca.ba.ré *s.m.* casa de diversões que apresenta espetáculos para adultos e oferece serviço de bar

ca.baz [pl.: *-es*] *s.m.* cesto de vime, junco etc., com alças e ger. com tampa

ca.be.ça /ê/ *s.f.* **1** ANAT parte do corpo humano composta pelo crânio e pela face e que contém o cérebro e os órgãos da visão, audição, olfato e paladar **2** ANAT parte análoga do corpo de outros animais **3** *infrm.* couro cabeludo *<lave bem a c.!>* **4** extremidade maior, superior ou anterior de qualquer objeto **5** parte superior; topo, alto **6** bulbo ou tubérculo de certos vegetais, de forma arredondada **7** *fig.* pessoa reconhecida por sua inteligência e/ou cultura **8** mente, inteligência **9** bom senso, cautela **10** indivíduo ou animal considerado como a unidade de um grupo *<c. de gado>* ■ *s.2g.* **11** líder *<o c. do bando>* ◉ GRAM/USO aum.irreg.: *cabeçorra, cabeção* ▣ **c. fria** tranquilidade, equilíbrio • **de c. 1** sem usar o cálculo escrito ou a calculadora *<fazer contas de c.>* **2** de cor, de memória *<recitar um poema de c.>*

ca.be.ça-cha.ta [pl.: *cabeças-chatas*] *s.2g. B pej.* **1** pessoa que nasce no Nordeste, esp. no Ceará ☞ palavra ofensiva **2** ZOO perigoso tubarão costeiro, de carne saborosa, pele us. como couro, de cujo fígado se extrai óleo

ca.be.ça.da *s.f.* **1** pancada com a cabeça **2** ESP ato de impulsionar a bola com a cabeça **3** *fig.* atitude insensata ou imprudente

ca.be.ça de ba.gre [pl.: *cabeças de bagre*] *s.2g. B infrm. pej.* **1** ESP mau jogador **2** pessoa estúpida

ca.be.ça de cha.ve [pl.: *cabeças de chave*] *s.2g.* ESP *B* jogador ou equipe favorita que encabeça cada uma das chaves de um torneio

ca.be.ça de ne.gro [pl.: *cabeças de negro*] *s.f.* RECR fogo de artifício que explode com grande estrondo ☞ cf. *cabeça-de-negro*

ca.be.ça-de-ne.gro [pl.: *cabeças-de-negro*] *s.f.* BOT arbusto brasileiro, de frutos grandes e comestíveis, cujas sementes se usam no alívio da diarreia ☞ cf. *cabeça de negro*

ca.be.ça de pon.te [pl.: *cabeças de ponte*] *s.f.* MIL posição de vanguarda que uma tropa invasora ocupa em terreno inimigo e serve de ponto de partida para ataques posteriores ☞ cf. *cabeça de praia*

ca.be.ça de por.co [pl.: *cabeças de porco*] *s.f. B infrm. pej.* cortiço ('casa')

ca.be.ça de prai.a [pl.: *cabeças de praia*] *s.f.* MIL área conquistada no litoral inimigo para desembarque de tropas e material ☞ cf. *cabeça de ponte*

ca.be.ça de pre.go [pl.: *cabeças de prego*] *s.f. infrm.* furúnculo pequeno ☞ cf. *cabeça-de-prego*

ca.be.ça-de-pre.go [pl.: *cabeças-de-prego*] *s.f.* ZOO inseto de aparência achatada e circular, que ataca árvores frutíferas ☞ cf. *cabeça de prego*

ca.be.ça de ven.to [pl.: *cabeças de vento*] *s.2g. infrm.* pessoa que vive distraída ou tem pouca responsabilidade

ca.be.ça-du.ra [pl.: *cabeças-duras*] *s.2g. infrm.* **1** indivíduo teimoso, obstinado *<é difícil convencer aquela c.>* **2** pessoa de pouca inteligência *<aqueles c. custam a aprender>*

ca.be.ça.lho *s.m.* **1** conjunto de informações no alto da página de qualquer escrito, documento ou formulário **2** GRÁF título permanente que encabeça e identifica uma publicação periódica (revista, jornal etc.); cabeço

ca.be.ção [pl.: *-ões*] *s.m.* **1** cabeça grande; cabeçorra **2** VEST gola grande **3** VEST *BA* a parte superior da camisa do traje típico das baianas

ca.be.ça-o.ca [pl.: *cabeças-ocas*] *s.2g.* indivíduo desatento, esquecido ou insensato

ca.be.ce.ar *v.* {mod. 5} *int.* **1** mover a cabeça *<cabeceou para negar-lhe o pedido>* **2** deixar pender a cabeça *<c. de sono>* □ *t.d.,t.d.i. e int.* **3** golpear ou impulsionar com a cabeça *<c. a bola (para o gol)> <esse jogador não cabeceia bem>* ~ **cabeceio** *s.m.*

ca.be.cei.ra *s.f.* **1** parte da cama em que se pousa a cabeça **2** cada uma das duas extremidades de uma mesa retangular ou oval **3** posição ou lugar de maior destaque à mesa de refeição ou reunião **4** nascente de um rio ☞ nesta acp. mais us. no pl.

ca.be.ço /ê/ *s.m.* **1** topo arredondado de um monte **2** monte baixo e arredondado **3** cabeçalho ('título') ◉ GRAM/USO aum.irreg.: *cabeçorro*

ca.be.çor.ra /ô/ *s.f.* cabeça grande; cabeção

ca.be.çor.ro /ô/ *s.m.* grande cabeço ('monte'); morro

ca.be.ço.te *s.m.* **1** dispositivo us. para fixar peça a ser trabalhada no torno **2** ENG peça inteiriça da parte superior de um motor **3** ELETRÔN mecanismo de leitura e gravação de disquete ou de fita magnética

ca.be.çu.do *adj.s.m.* **1** (o) que tem cabeça grande **2** *fig.* que(m) é teimoso

ca.be.dal [pl.: *-ais*] *s.m.* **1** conjunto de bens e recursos materiais **2** *fig.* saber, experiência ou reputação adquirida

ca.be.de.lo /ê/ *s.m.* GEO faixa de areia junto à foz dos rios

ca.be.lei.ra *s.f.* **1** cabelo cheio e longo **2** peruca **3** ASTR nuvem de gás e poeira que envolve o núcleo de um cometa; coma

ca.be.lei.rei.ro *s.m.* **1** profissional que corta e trata cabelos **2** estabelecimento em que trabalha esse profissional e que oferece outros serviços cosméticos

ca.be.lo /ê/ *s.m.* **1** conjunto de pelos que crescem no corpo humano, esp. na cabeça **2** cada um desses pelos ◉ COL cabeleira, madeixa, mecha, melena

ca.be.lo de an.jo [pl.: *cabelos de anjo*] *s.m. S.E.* macarrão bem fino, tb. us. em sopas e sobremesas

ca.be.lu.do *adj.s.m.* **1** (o) que tem cabelos longos e/ou cheios ■ *adj. fig. infrm.* **2** difícil de lidar; complicado *<problema c.>* **3** sem sutileza ou finura; grosseiro **4** obsceno, imoral

ca.ber *v.* {mod. 21} *t.i.* **1** (prep. *em*) poder ser ou estar contido dentro de *<só cabem dez pessoas na sala>* **2** (prep. *em*) poder entrar ou passar por *<o móvel coube na porta> <o vestido ainda cabe em mim>* **3** (prep. *em*) poder realizar-se (em um dado espaço de tempo) *<a aula cabe em uma hora>* **4** (prep. *a*) competir a, ser da responsabilidade de *<cabe a você decidir>* **5** (prep. *a*) ser adequado; convir *<suas palavras não cabem a um professor>* □ *int.* **6** ter cabimento; convir *<já não cabem recursos>*

ca.bi.de *s.m.* **1** peça de madeira, de metal ou de outros materiais, triangular ou arqueada, com gancho para pendurar paletós, camisas, calças etc. **2** móvel com pequenos braços em que se penduram roupas, chapéus, bengalas etc.; cabideiro **3** suporte com hastes que se prende ger. a uma parede e serve para pendurar roupas ou outros utensílios; cabideiro

ca.bi.de de em.pre.gos *s.m. B infrm.* empresa, repartição, organização, que contrata empregados desnecessários para satisfazer interesses políticos ou de amizade

ca.bi.dei.ro *s.m.* cabide ('móvel' e 'suporte')

ca.bi.de.la *s.f.* **1** conjunto das extremidades das aves (cabeça, pescoço, pés, asas) e dos miúdos **2** CUL ensopado feito com esses miúdos, a que se acrescentam outros pedaços e o sangue da ave

ca.bi.do *s.m.* conjunto dos cônegos de uma catedral

ca.bil.da *s.f.* **1** grupo ou tribo nômade **2** *pej.* quadrilha, bando

ca.bi.men.to *s.m.* **1** condição do que é aceitável, razoável, louvável **2** característica do que é conveniente, apropriado

ca.bi.ne ou **ca.bi.na** *s.f.* **1** compartimento do avião onde se encontram os instrumentos de voo e no qual viajam o piloto e outros tripulantes **2** compartimento de um caminhão, utilitário etc. ocupado pelo motorista e ajudante(s) **3** camarote em navios, trens etc. **4** local reservado para experimentar roupas em lojas **5** boxe ou guarita em que se instala um telefone público **6** guarita **7** plataforma ou caixa móvel do elevador

ca.bi.nei.ro *s.m. B* **1** pessoa responsável pelas cabines de trens ou navios e que ger. recolhe os bilhetes de passagem **2** ascensorista

ca.bis.bai.xo *adj.* **1** de cabeça baixa **2** *fig.* moralmente abatido; triste

ca.bi.ú.na ou **ca.vi.ú.na** *s.f.* **1** BOT árvore alta, de madeira nobre e ger. escura, us. em móveis, objetos de enfeite etc. **2** madeira dessa árvore ■ *adj.2g.s.2g.* **3** da cor dessa madeira quando escura **4** (boi ou cavalo) de pelo escuro ■ *s.2g.* **5** negro ou mulato escuro

ca.bí.vel [pl.: *-eis*] *adj.2g.* que tem cabimento; admissível, aceitável

[1]**ca.bo** *s.m.* **1** extremidade pela qual se maneja ou segura algo **2** ELETR TEL feixe de fios us. para transmissão de eletricidade e sinais telefônicos, de televisão, de internet etc. [ORIGEM: do lat. *capŭlum,i* 'corda para laçar, prender ou guiar animais, esp. o cavalo']

[2]**ca.bo** *s.m.* **1** MIL graduação de praça logo acima da de soldado (no Exército e na Aeronáutica) ou de marinheiro e imediatamente inferior a terceiro-sargento (nas três armas) **2** MIL militar que detém essa graduação **3** GEO ponta de terra que entra pelo mar **4** fim, final *<levar a c. um projeto>* [ORIGEM: do lat. *caput,ĭtis* 'cabeça, extremidade etc.'] ▣ **c. eleitoral** quem faz campanha para um candidato a cargo eletivo • **dar c. de 1** acabar com ou matar **2** fazer desaparecer; exterminar *<deu c. dos ratos que infestavam a casa>* **3** concluir, rematar; levar a cabo *<já deu c. do serviço>* • **de c. a rabo** do início ao fim

ca.bo.cli.nho *s.m.* ZOO **1** passarinho encontrado no Brasil, Argentina e Paraguai, em pântanos e campos de arbustos, com plumagem variada e cocuruto negro ▼ ***caboclinhos*** *s.m.pl.* DNÇ FOLC *N.E.* **2** grupos de danças folclóricas com temas indígenas, na época do carnaval

ca.bo.clo /ô/ *s.m.* **1** mestiço descendente de índio e branco **2** pessoa de pele morena ou acobreada **3** caipira, roceiro ■ *adj.* **4** relativo a esse mestiço ou caipira, seus hábitos, sua índole **5** de cor morena ◉ COL caboclada (pode ter uso pej.)

ca.bo de guer.ra [pl.: *cabos de guerra*] *s.m.* *B* jogo entre duas equipes que puxam em direções opostas as pontas de uma corda, para arrastar o oponente

ca.bo.gra.ma *s.m.* telegrama transmitido por cabo submarino

ca.bo.ré *s.2g.* *B* caburé ('caipira', 'indivíduo feio', 'coruja')

ca.bo.ta.gem [pl.: *-ens*] *s.f.* MAR navegação mercante entre portos de um mesmo país

ca.bo.ti.nis.mo *s.m.* **1** ação ou comportamento de cabotino **2** modo de vida de cabotino ('ator')

ca.bo.ti.no *adj.s.m.* **1** que(m) é presunçoso e procura atrair a atenção para as próprias qualidades ■ *s.m.* **2** ator ambulante, esp. cômico

ca.bra *s.f.* ZOO **1** fêmea do bode ■ *s.2g.* *B infrm.* **2** jagunço, capanga **3** indivíduo, sujeito, cara *<c. bom>* ◉ COL (acp. 1) fato, rebanho

ca.bra-ce.ga [pl.: *cabras-cegas*] *s.f.* RECR brincadeira em que um participante, de olhos vendados, tem de pegar outro, que será o novo pegador

cabra da peste [pl.: *cabras da peste*] *s.m.* *N.E. infrm.* pessoa admirada ou temida por sua valentia e firmeza; cabra-macho

ca.bra-ma.cho [pl.: *cabras-machos*] *s.m.* *N.E. infrm.* cabra da peste

ca.brão [pl.: *-ões*] *s.m.* **1** macho da cabra; bode **2** *gros.* quem foi traído por namorada, companheira etc.

cá.brea *s.f.* guindaste para grandes pesos de construção, contêineres etc.

ca.brei.ro *adj.* **1** *B infrm.* desconfiado, arisco **2** *B infrm.* astucioso, enganador, dissimulado **3** que age ou trabalha com rapidez e eficiência ■ *s.m.* **4** quem trabalha com cabras

ca.bres.tan.te *s.m.* MAR mecanismo para içar grandes pesos, âncoras etc. ☞ cf. [2]*guincho*

ca.bres.to /ê/ *s.m.* **1** arreio para prender animais de montaria ou controlar sua marcha **2** *fig.* algo que subjuga

ca.bre.ú.va ou **ca.bri.ú.va** *s.f.* BOT árvore brasileira de madeira nobre, serragem us. em perfumaria, e folhas e frutos medicinais

ca.bril [pl.: *-is*] *s.m.* curral de cabras

ca.bri.o.la *s.f.* **1** salto de cabra **2** cambalhota **3** *fig.* mudança súbita de opinião ou de partido

ca.bri.o.lar *v.* {mod. 1} *int.* **1** dar cabriolas **2** *fig.* ter muitas curvas, voltas (p.ex., um rio)

ca.bri.o.lé *s.m.* **1** carruagem de duas rodas e capota móvel, puxada por cavalo **2** carroceria de carro conversível de dois ou três lugares

ca.bri.ta *s.f.* **1** cabra nova **2** *B infrm.* menina-moça

ca.bri.tar *v.* {mod. 1} *int.* saltitar como cabrito

ca.bri.to *s.m.* **1** bode jovem **2** *infrm.* menino levado **3** *infrm.* homem mulato ou bem moreno; cabrocha

ca.bri.ú.va *s.f.* → ***CABREÚVA***

ca.bro.cha *s.f.* *B infrm.* **1** mulata jovem, esp. a que samba ou participa de desfiles carnavalescos ■ *s.2g.* *B* **2** mulato ou mestiço jovem **3** *AM* filho de índio e mulata ou vice-versa

cá.bu.la *s.f.* **1** falta às aulas por vadiagem **2** artimanha para escapar do trabalho **3** *infrm.* falta de sorte; azar ■ *s.2g.* **4** quem falta às aulas; gazeteiro **5** quem usa artimanhas para escapar do trabalho ~ **cabulice** *s.f.*

ca.bu.lar *v.* {mod. 1} *int.* **1** não comparecer à aula sem motivo **2** usar artifícios para fugir de obrigações

ca.bu.lo.so /ô/ [pl.: /ó/; fem.: /ó/] *adj.* *B infrm.* **1** que traz ou tem azar; azarento **2** aborrecido, tedioso

ca.bu.ré *s.m.* *B* **1** mestiço de negro com índio; cafuzo **2** mestiço de branco com índio; caboclo **3** habitante da roça; caipira, caboré **4** indivíduo feio e melancólico; caboré **5** pessoa baixa e corpulenta **6** ZOO pequena coruja de hábitos diurnos; caboré

ca.ca *s.f.* *infrm.* **1** excremento; fezes **2** *fig.* coisa malfeita; porcaria

ca.ça *s.f.* 1 ação de caçar; caçada 2 conjunto de animais caçados 3 *fig.* busca insistente; perseguição ☞ cf. *cassa* ▣ **c. submarina** ESP pesca subaquática feita com arpão; pesca submarina

ca.ça.da *s.f.* ação de caçar; caça

ca.ça.dor /ô/ [pl.: *-es*] *adj.s.m.* (o) que caça

ca.ça.dor-co.le.tor /ô...ô/ [pl.: *caçadores-coletores*] *adj.s.m.* ANTRPOL que(m) vive da caça, pesca e coleta de materiais da natureza

ca.ça-do.tes *s.2g.2n.* *B* quem busca enriquecer casando-se com pessoa rica

ca.ca.jau *s.m.* ZOO gênero de macacos amazônicos, tb. conhecidos como uacaris

ca.çam.ba *s.f.* *B* 1 balde ger. preso a uma corda, para tirar água de poços 2 receptáculo acoplado a caminhões, guindastes, escavadeiras etc., que serve para conter ou transportar lixo, terra etc. 3 parte da betoneira em que se prepara o concreto

ca.ça-mi.nas *s.m.2n.* MAR MIL *B* navio com um dispositivo para detectar e destruir minas

ca.ça-ní.queis *s.m.2n.* 1 máquina de jogo de azar que funciona com introdução de moedas ■ *adj.2g.2n.s.m.2n.* *pej.* 2 (o) que visa exclusivamente ao lucro

ca.ção [pl.: *-ões*] *s.m.* ZOO tubarão, esp. o de pequeno ou médio porte, apreciado como alimento

ca.ça.pa *s.f.* RECR na sinuca, cada uma das seis redes em que caem as bolas

ca.ça.po *s.m.* ZOO láparo ('filhote')

ca.çar *v.* {mod. 1} *t.d.* 1 perseguir (animal) para prender ou matar 2 *p.ext.* procurar para prender; perseguir *<c. ladrões>* 3 buscar insistentemente; catar *<c. peças para uma coleção>* □ *int.* 4 perseguir animais para prender ou matar *<c. por esporte>* ☞ cf. *cassar*

ca.ca.re.co *s.m.* *B* 1 objeto velho e/ou gasto 2 *p.ext.* objeto sem valor ◉ GRAM/USO mais us. no pl.

ca.ca.re.jar *v.* {mod. 1} *int.* 1 cantar (a galinha) ☞ só us. nas 3as p., exceto quando fig. 2 *fig. pej.* falar muito; tagarelar

ca.ca.re.jo /ê/ *s.m.* 1 ação ou efeito de cacarejar 2 canto da galinha 3 *fig.* ação ou hábito de quem fala demais; tagarelice

ca.ça.ro.la *s.f.* panela alta, com alças e tampa

ca.ca.tu.a *s.f.* ZOO nome comum a aves da família dos psitacídeos, de plumagem ger. branca e longo topete de penas

ca.cau *s.m.* 1 BOT fruto do cacaueiro, com polpa adocicada e comestível 2 BOT semente desse fruto 3 matéria-prima do chocolate extraída das sementes dessa fruta ◉ COL cacaual

ca.cau.ei.ro ou **ca.cau.zei.ro** *s.m.* BOT árvore muito cultivada pelos seus frutos e sementes, conhecidos como cacau

ca.cau.i.cul.tor /ô/ [pl.: *-es*] *adj.s.m.* (o) que cultiva o cacau; cacaulista

ca.cau.i.cul.tu.ra *s.f.* AGR plantação ou cultivo de cacau

ca.cau.lis.ta *adj.2g.s.2g.* *B* 1 cacauicultor 2 que(m) negocia com cacau

ca.cau.zei.ro *s.m.* BOT → ***CACAUEIRO***

ca.ce.ta /ê/ *s.f.* *B gros.* pênis, cacete

ca.ce.ta.da *s.f.* 1 golpe com cacete; bordoada 2 *p.ext.* qualquer pancada forte, golpe 3 *B infrm.* grande quantidade

ca.ce.te /ê/ *s.m.* 1 bastão de madeira, us. para dar pancadas, servir de apoio etc. 2 algo cuja forma comprida e/ou cilíndrica lembra a desse bastão 3 *gros.* pênis, caceta 4 *B infrm.* cacetada, bordoada 5 *p.ext. infrm.* surra ☞ cf. *cassete* ■ *adj.2g.s.2g.* 6 (o) que provoca tédio, aborrecimento; maçante ■ *interj.* 7 *gros.* expressa apreensão, lembrança repentina, aborrecimento ▣ **pra c.** *B infrm. gros.* muito, em grande quantidade ou intensidade

ca.ce.te.a.ção [pl.: *-ões*] *s.f.* *B* 1 coisa ou situação enfadonha, chata 2 aborrecimento

ca.ce.te.ar *v.* {mod. 5} *t.d.* 1 bater com cacete em; espancar □ *t.d. e pron.* *B* 2 aborrecer(-se), chatear (-se) *<caceteava-o fazer compras>* *<um livro ajuda a não se cacetear enquanto espera>*

ca.cha.ça *s.f.* 1 aguardente obtida da fermentação e destilação das borras do melaço da cana-de-açúcar 2 *fig. B infrm.* aquilo que se faz com entusiasmo; paixão, mania

ca.cha.ção [pl.: *-ões*] *s.m.* 1 empurrão ou pancada no cachaço 2 *p.ext.* golpe com a mão; bofetada

ca.cha.cei.ro *adj.s.m.* *B* que(m) tem o hábito de beber muita cachaça ou outra bebida alcoólica

ca.cha.ço *s.m.* 1 parte posterior do pescoço; nuca 2 *B* porco reprodutor; varrão

ca.cha.lo.te *s.m.* ZOO baleia cinzenta ou preta, com até 20 m de comprimento, de cabeça enorme e quase quadrangular

ca.chão [pl.: *-ões*] *s.m.* 1 jato forte e volumoso; borbotão 2 agitação ou turbilhão de água ou outro líquido 3 *MG* cachoeira alta e com grande volume de água; tombo

ca.chê *s.m.* 1 remuneração que um artista recebe por apresentação 2 pagamento por participação em peça publicitária ou espetáculo público

ca.che.ar *v.* {mod. 5} *t.d. e int.* deixar ou ficar (o cabelo) com cachos *<produto para c. os cabelos>* *<seu cabelo cacheia quando cresce>* ~ **cacheado** *adj.s.m.*

ca.che.col [pl.: *-óis*] *s.m.* VEST faixa comprida de lã ou outro tecido us. para agasalhar o pescoço

ca.chim.ba.da *s.f.* ato de aspirar e soltar a fumaça do cachimbo

ca.chim.bar *v.* {mod. 1} *int.* 1 fumar cachimbo *<o professor costuma c.>* 2 *fig.* exalar vapor(es) ou fumaça *<um vulcão a c.>*

ca.chim.bo *s.m.* utensílio para fumar, composto de um tubo ligado a um bojo em que arde o tabaco

ca.chi.mô.nia *s.f.* *infrm.* 1 centro do intelecto; mente 2 capacidade de lembrar; memória 3 paciência, calma

ca.cho *s.m.* **1** BOT conjunto de flores ou frutos que brotam em um eixo comum **2** anel de cabelo **3** *B infrm.* caso amoroso

ca.cho.ei.ra *s.f.* **1** queda-d'água **2** torrente de água que corre ou cai, formando um borbotão

ca.cho.la *s.f. infrm.* cabeça ('centro do intelecto')

ca.cho.le.ta /ê/ *s.f.* pancada na cabeça com o dorso da mão ou com uma vara

ca.cho.pa /ô/ *s.f. TO C.-O.* colmeia de abelhas ou casa de marimbondos

ca.chor.ra /ô/ *s.f.* **1** *B* fêmea do cão; cadela **2** cadela nova **3** *pej.* mulher de mau caráter **4** *pej.* mulher devassa, imoral ▣ **com a c.** *B infrm.* muito mal-humorado

ca.chor.ra.da *s.f.* **1** bando de cães **2** *fig. pej.* grupo de indivíduos de má índole; corja **3** *fig. infrm.* ato ou comportamento baixo, indigno; cachorrice

ca.chor.ri.ce *s.f. B* cachorrada ('ato')

ca.chor.ro /ô/ [fem.: *cadela, cachorra*] *s.m.* **1** ZOO *B* cão **2** cão novo **3** filhote de outros animais como o lobo, o leão, a hiena **4** *fig. pej.* indivíduo desprezível; canalha ◉ COL matilha ▣ **matar c. a grito** *B infrm.* estar em situação difícil • **pra c.** *B infrm.* em grande quantidade ou intensidade; muito

ca.chor.ro-quen.te [pl.: *cachorros-quentes*] *s.m.* CUL sanduíche de pão com salsicha, ger. com molho quente

ca.ci.fe *s.m. B* **1** em jogo de aposta, quantia mínima que cada jogador deve ter para participar **2** *fig. infrm.* conjunto de condições necessárias para realizar algo

ca.cim.ba *s.f.* poço que se cava até um lençol de água subterrâneo

ca.ci.que *s.m.* **1** chefe indígena; morubixaba **2** *fig.* chefe político de grande influência em uma localidade **3** *fig.* chefe, dirigente ☞ nas duas acp. fig., pode ter uso pej.

ca.co *s.m.* **1** fragmento ou pedaço de vidro, louça etc. **2** objeto estragado ou muito gasto **3** *fig. infrm. pej.* pessoa envelhecida e/ou doente **4** TEAT *infrm.* fala improvisada introduzida pelo ator no texto original

ca.ço.a.da *s.f.* troça, zombaria

ca.ço.ar *v.* {mod. 1} *t.i. e int.* (prep. *de*) ridicularizar com gestos, palavras etc.; zombar *<tem o mau hábito de c. (de todos)>*

ca.co.e.te /ê/ *s.m.* **1** contração muscular involuntária e repetitiva; tique **2** *p.ext.* gesto, trejeito ou ação habitual desagradável; mania

ca.có.fa.to *s.m.* GRAM som desagradável ou palavra de mau gosto que se forma do encontro de sons de palavras vizinhas (p.ex., "vou-me já"); cacofonia

ca.co.fo.ni.a *s.f.* GRAM **1** pronúncia feia ou incorreta de palavras, formando cacófato ☞ cf. *eufonia* **2** cacófato ~ **cacofônico** *adj.*

ca.co.gra.far *v.* {mod. 1} *t.d. e int.* escrever com erros de ortografia *<é mestre em c. (palavras estrangeiras)>*

ca.co.gra.fi.a *s.f.* GRAM grafia errada ~ **cacográfico** *adj.*

cac.tá.cea *s.f.* BOT espécime das cactáceas, família de plantas espinhentas, de regiões quentes e secas das Américas, com caules engrossados por amplas reservas de água, cultivadas como ornamentais, alimento ou cerca viva ~ **cactáceo** *adj.*

cac.to *s.m.* ou **các.tus** *s.m.2n.* BOT nome comum a várias plantas da família das cactáceas, de caule espinhoso e suculento

ca.çu.la *adj.2g.s.2g. B* que(m) é o mais novo dos filhos ou irmãos

ca.cun.da *s.f. B* **1** a região das costas; dorso **2** corcunda ■ *adj.2g.s.2g. B* **3** corcunda

ca.da *pron.ind.* **1** num conjunto, série ou totalidade, indica todo e qualquer elemento considerado individualmente *<c. criança ganhou um brinquedo>* **2** indica repetição ou intervalos regulares dentro de uma série ou conjunto *<vê a tia a c. três semanas>* **3** us. com valor de reforço *<é c. ideia!>*

ca.da.fal.so *s.m.* tablado para execução pública de condenados; patíbulo

ca.dar.ço *s.m. B* cordão a que se dá um laço para ajustar os calçados aos pés

ca.das.trar *v.* {mod. 1} *t.d.* **1** incluir num cadastro; fazer o cadastro de *<c. as famílias carentes>* □ *pron.* **2** dar informações para fazer o próprio cadastro ~ **cadastramento** *s.m.*

ca.das.tro *s.m.* **1** registro de dados (sobre clientes, fornecedores, bens etc.) **2** documento ou arquivo que contém esses dados ▣ **c. de pessoa física** cadastro de contribuintes individuais do imposto de renda [sigla: *CPF*] • **c. nacional de pessoa jurídica** identificação numérica, na Receita Federal, das pessoas jurídicas e de algumas sem personalidade jurídica (p.ex., condomínios, fundos) [sigla: *CNPJ*] ~ **cadastral** *adj.2g.*

ca.dá.ver [pl.: *-es*] *s.m.* **1** corpo morto, esp. de um ser humano **2** *fig.* indivíduo muito doente ou enfraquecido, ou apresentando aspecto pouco saudável (palidez, magreza etc.) ◉ COL mortualha

ca.da.vé.ri.co *adj.* **1** relativo a cadáver ou semelhante a ele **2** que se dá ou se faz no cadáver *<exame c.>* **3** *fig. pej.* muito magro

ca.dê *adv. B infrm.* quede

ca.de.a.do *s.m.* tranca portátil e móvel, provida de uma barra ou de um arco em forma de U, cuja extremidade livre é presa ao corpo da tranca

ca.dei.a *s.f.* **1** série ou conjunto de elementos ligados entre si *<c. de montanhas>* **1.1** série de elos, anéis etc., us. para prender, amarrar, sustentar etc. **1.2** QUÍM arranjo de átomos ligados entre si **2** prisão **3** COMN conjunto de meios de comunicação, informação; rede **4** ECON conjunto de estabelecimentos comerciais sob a mesma administração, marca, franquia etc.

ca.dei.ra *s.f.* **1** assento com encosto e pernas, ger. para uma pessoa **2** *fig.* lugar de honra ocupado por político, cientista, literato etc. *<assumir uma c. na ABL>* **3** *fig.* disciplina; cátedra *<c. de geografia>* **4** *fig.* anca, quadril ☞ freq. us. no pl.

ca.dei.ran.te *adj.2g.s.2g.* (pessoa) que se locomove em cadeira de rodas

ca.dei.ri.nha *s.f.* **1** liteira pequena **2** RECR brincadeira em que duas pessoas carregam uma terceira nos braços entrelaçados **3** conjunto de montanhismo, feito de fitas de náilon, resistentes, costuradas entre si para envolver as coxas e a cintura do escalador; boldrié

ca.de.la *s.f.* **1** fêmea do cão **2** *pej.* mulher vulgar ◉ GRAM/USO dim.irreg.: *cadelita*; fem.irreg. de *cão*

ca.dên.cia *s.f.* **1** encadeamento ou sucessão regular de sons, movimentos etc. **2** *p.ext.* ritmo, compasso

ca.den.ci.a.do *adj.* que tem cadência; cadente, ritmado

ca.den.ci.ar *v.* {mod. 1} *t.d.* **1** dar cadência a; ritmar **2** *fig.* impor o ritmo adequado a

ca.den.te *adj.2g.* **1** que cai ou está caindo **2** cadenciado

ca.der.ne.ta /ê/ *s.f.* pequeno caderno para registros diversos ▣ **c. de poupança** ECON *B* depósito bancário em que a quantia não movimentada rende juros; poupança • **c. de vacinação** MED documento que contém os registros das vacinas tomadas e por tomar na época própria

ca.der.no *s.m.* **1** conjunto de folhas de papel reunidas que formam como um livro para se escrever, desenhar etc. **2** cada grupo de folhas que compõe uma unidade num jornal, num livro impresso etc.

ca.de.te /ê/ *s.m.* aluno de escola militar que forma oficiais

ca.di.nho *s.m.* **1** QUÍM vaso resistente ao fogo us. para fundir metais, minérios etc.; crisol **2** *fig.* lugar onde pessoas ou coisas se misturam ou se fundem

cád.mio *s.m.* QUÍM elemento químico metálico, dúctil e maleável, us. em baterias e em placas de proteção de reatores nucleares [símb.: *Cd*] ☞ cf. *tabela periódica* (no fim do dicionário)

ca.du.car *v.* {mod. 1} *int.* **1** tornar-se antigo ou obsoleto **2** *B* perder a lucidez, por velhice **3** desaparecer, extinguir-se <*sua fé caducou*> **4** perder a validade ou o efeito legal (contrato, direito etc.)

ca.du.ceu *s.m.* **1** bastão com duas serpentes enroscadas e asas na extremidade superior, símbolo do deus Mercúrio **2** emblema com essa figura **3** esse emblema us. como símbolo da Medicina

ca.du.ci.da.de *s.f.* **1** estado de caduco; decrepitude, velhice **2** DIR estado do que se tornou inválido ou ineficaz

ca.du.co *adj.s.m.* **1** que(m) perdeu parcialmente o juízo devido à idade ou a doença mental ■ *adj.* **2** que cai **3** que perdeu a força, a firmeza e/ou o brilho; decrépito, velho **4** DIR sem validade <*lei c.*> ~ **caduquez** *s.f.* - **caduquice** *s.f.*

ca.e.té *s.2g.* **1** indivíduo dos caetés, povo indígena que vivia no litoral nordestino, da foz do rio São Francisco à foz do rio Parnaíba, na Paraíba, no séc. XVI ■ *adj.2g.* **2** relativo a esse indivíduo e a esse povo

ca.fa.jes.ta.da *s.f.* *B* **1** ato ou comportamento de cafajeste **2** grupo de cafajestes

ca.fa.jes.te *adj.2g.s.2g.* *B* **1** (pessoa) de mau caráter; velhaco **2** (pessoa) sem refinamento, atrevida e que se veste ger. com mau gosto ■ *adj.2g.* *B* **3** de modos grosseiros, ordinários, abusados ~ **cafajestagem** *s.f.* - **cafajestice** *s.f.*

ca.far.na.um [pl.: *-uns*] *s.m.* **1** lugar em que há tumulto **2** falta de ordem; confusão **3** lugar muito afastado; cafundó

ca.fé *s.m.* **1** BOT cafeeiro **2** BOT fruto do cafeeiro **3** bebida feita desse fruto depois de seco, torrado e moído **4** estabelecimento onde se servem café, bebidas, lanches **5** a cor marrom do grão do café **6** *B* refeição que se toma ao acordar ■ *adj.2g.2n.* **7** que tem a cor do café ('fruto', 'bebida') **8** diz-se dessa cor <*coloração c.*> ◉ COL cafezal ▣ **c. preto** café puro, sem mistura de leite

ca.fé-can.tan.te [pl.: *cafés-cantantes*] *s.m.* TEAT café-concerto

ca.fé com lei.te [pl.: *cafés com leite* (subst.)] *s.m.* **1** cor bege ■ *adj.2g.2n.* **2** que tem essa cor **3** diz-se dessa cor <*tom café com leite*>

ca.fé-con.cer.to [pl.: *cafés-concerto*] *s.m.* TEAT pequeno teatro onde se pode beber e comer enquanto se assiste a números musicais e de variedades; café-cantante, café-teatro

ca.fé da ma.nhã [pl.: *cafés da manhã*] *s.m.* *B* refeição que se toma ao acordar; desjejum

ca.fe.ei.ro *s.m.* BOT **1** arbusto de cujas sementes se faz, por torrefação e moagem, o pó de café ■ *adj.* **2** relativo a café, esp. à produção ou ao comércio

ca.fe.i.cul.tu.ra *s.f.* AGR cultivo ou plantação de cafeeiros ~ **cafeicultor** *adj.s.m.*

ca.fe.í.na *s.f.* QUÍM substância estimulante e diurética presente no café, mate etc.

ca.fé-pe.que.no [pl.: *cafés-pequenos*] *s.m.* *infrm.* **1** coisa simples, fácil de fazer **2** pessoa, coisa ou fato sem importância

ca.fe.tã *s.m.* VEST túnica comprida, ger. forrada de peles, us. esp. pelos turcos e árabes

ca.fe.tão [pl.: *-ões*; fem.: *cafetina, caftina*] *s.m.* *B* homem que arranja fregueses para prostitutas e fica com grande parte do dinheiro pago a elas; cáften

ca.fé-te.a.tro [pl.: *cafés-teatros* e *cafés-teatro*] *s.m.* TEAT café-concerto

ca.fe.tei.ra *s.f.* vasilha ou máquina para fazer e/ou servir café

ca.fe.te.ri.a *s.f.* local público especializado em servir cafés e por vezes outras bebidas e lanches

ca.fe.ti.na ou **caf.ti.na** *s.f.* *B* mulher que vive da exploração de prostitutas

ca.fe.zi.nho *s.m.* café que se serve em xícaras pequenas

cá.fi.la *s.f.* **1** grupo de camelos que transportam mercadorias **2** caravana de mercadores na Ásia e África **3** *pej.* corja

C

ca.fo.fo /ô/ *s.m. B infrm.* **1** lugar onde se mora **2** esconderijo

ca.fo.na *adj.2g.s.2g. B infrm.* (o) que revela mau gosto, pouca sofisticação ~ **cafonice** *s.f.*

caf.ta *s.f.* CUL iguaria árabe de carne moída, farinha de trigo e especiarias, assada (em espeto ou em forno) ou frita

cáf.ten [pl.: *caftens*; fem.: *caftina, cafetina*] *s.m.* cafetão

caf.ti.na *s.f. B* → ***CAFETINA***

ca.fu.a *s.f.* **1** cova, caverna **2** lugar isolado e escuro **3** antro, esconderijo **4** *B* aposento escuro onde os alunos eram deixados de castigo; cafundó ◉ GRAM/USO aum.: *cafuão*

ca.fu.bi.ra *s.f.2n. MG GO TO infrm.* coceira muito forte

ca.fun.dó *s.m. B* **1** lugar distante e pouco habitado ☞ tb. us. no pl. **2** baixada estreita entre encostas altas e íngremes **3** cafua ('aposento')

ca.fu.né *s.m.* carícia na cabeça ☞ tb. us. no pl.

ca.fun.gar *v.* {mod. 1} *t.d. e int.* cheirar com força; fungar *<c. a panela> <está resfriado e não para de c.>* ~ **cafungada** *s.f.*

ca.fu.zo *adj.s.m. B* **1** diz-se de ou mestiço de negro com índio **2** *p.ext.* diz-se de ou mestiço de pele muito escura ou negra e cabelos lisos e cheios

ca.ga.ço *s.m. gros.* **1** medo, susto **2** falta de coragem; covardia **3** *CE* censura, repreensão

ca.ga.da *s.f. gros.* **1** ação de cagar **2** porção de fezes expelidas no ato de defecar **3** *B* porcaria, sujeira **4** coisa malfeita **5** boa sorte inesperada

cá.ga.do *s.m.* ZOO **1** réptil de água doce de pescoço longo e casco mais achatado que o do jabuti ■ *adj.s.m. fig. infrm.* **2** que(m) é lento, vagaroso

ca.gai.ta *s.f.* BOT fruto da cagaiteira

ca.gai.tei.ra *s.f.* BOT árvore de cujos frutos se fazem sucos, geleias e sorvetes, além de álcool e vinagre, por fermentação

ca.gão [pl.: *-ões*; fem.: *cagona*] *adj.s.m. infrm.* **1** que(m) é medroso, covarde **2** (pessoa) que tem sorte; sortudo

ca.gar *v.* {mod. 1} *int. e pron. gros.* **1** expelir fezes ou sujar-se com elas ou com outra coisa □ *t.d.,t.d.i. e pron. gros.* **2** (prep. *de*) sujar(-se), emporcalhar(-se) *<c. a calça (de molho)> <c.-se de tinta>* □ *t.i. fig. B gros.* **3** (prep. *para*) não dar importância a; desprezar *<c. para conselhos>*

ca.ga-re.gras *s.2g.2n. B pej.* pessoa que se julga superior aos outros e quer impor a própria vontade

ca.gue.ta /güe/ *s.2g.* → ***CAGUETE***

ca.gue.tar /gü/ *v.* {mod. 1} *infrm.* → ***ALCAGUETAR***

ca.gue.te /güê/ ou **ca.gue.ta** /güe/ *s.2g. infrm.* → ***ALCAGUETE***

cai.a.na *s.f.* **1** BOT cana-caiana **2** *p.ext. B infrm.* cachaça

cai.a.pó *s.2g.* **1** indivíduo dos caiapós, grupo indígena brasileiro ■ *s.m.* **2** língua falada pelos caiapós ■ *adj.2g.* **3** relativo a esse indivíduo e a esse grupo

cai.a.que *s.m.* **1** canoa para uma ou mais pessoas, movida com um remo que tem uma pá em cada extremidade, us. para esporte e lazer **2** canoa esquimó feita de ossos de baleia e coberta com pele animal

cai.ar *v.* {mod. 1} *t.d.* **1** pintar com mistura de cal, água e, ger., cola **2** *fig.* tornar branco ou mais branco *<a neve caiou a rua>* ~ **caiação** *s.f.*

cãi.bra ou **câ.im.bra** *s.f.* contração muscular súbita, dolorosa e involuntária

cai.bro *s.m.* CONSTR peça de madeira retangular, us. em armação de telhado, forro, soalho etc.

cai.ça.ra *s.f. B* **1** cerca feita de galhos ou varas ■ *s.2g. RJ SP* **2** habitante do litoral que vive de modo rústico ◉ COL caiçarada

ca.í.do *adj.* **1** que caiu ou foi derrubado; tombado **2** *fig.* abatido, enfraquecido **3** *fig.* desanimado, triste **4** *fig.* muito apaixonado

cai.ei.ra *s.f. B* **1** forno próprio para fazer a cal **2** fábrica de cal **3** forno ou fogueira us. para cozer tijolos

cai.mão [pl.: *-ões*] *s.m.* ZOO nome de algumas espécies de jacaré, encontradas em rios e lagos das Américas Central e do Sul

câ.im.bra *s.f.* → ***CÃIBRA***

ca.i.men.to *s.m.* **1** desvio, inclinação **2** *B* modo como tecido ou roupa toma a forma do corpo

cai.pi.ra *adj.2g.s.2g. B* **1** habitante do campo, de hábitos rústicos e jeito simples; matuto ☞ pode ter uso pej. ■ *adj.2g. B* **2** próprio de caipira *<costumes c.>* **3** diz-se das festas juninas e da indumentária que as caracteriza ~ **caipirada** *s.f.* - **caipiragem** *s.f.*

cai.pi.ri.nha *s.f. B* bebida feita de limão macerado, aguardente, açúcar e gelo

cai.pi.rís.si.ma *s.f.* caipirinha em que a cachaça é substituída por rum ou outro destilado (que não vodca)

cai.pi.ros.ca *s.f.* caipirinha em que a cachaça é substituída por vodca

cai.po.ra *s.2g.* FOLC *B* **1** ser mitológico indígena, protetor das matas; caapora ■ *adj.2g.s.2g. fig. B* **2** (indivíduo) azarento

cai.po.ri.ce *s.f. B* má sorte constante; caiporismo

cai.po.ris.mo *s.m. B* caiporice

ca.í.que *s.m.* MAR *B* barco pequeno para curtas distâncias, us. para recreio ou como embarcação secundária transportada por outra maior (p.ex., em pesca, atividades portuárias etc.)

ca.ir *v.* {mod. 25} *int.* **1** ir de cima para baixo; tombar *<o golpe o fez c.> <o vaso caiu>* **2** descer sobre a terra *<caiu forte chuva>* **3** soltar-se, desprender-se *<seu cabelo caiu>* **4** perder força, qualidade, intensidade; decair *<o serviço caiu muito>* **5** jogar-se, atirar-se *<c. na piscina>* **6** estar pendurado; pender *<o colar lhe caía pelo busto>* **7** desvalorizar-se (moeda, ação etc.) *<as ações vão c.>* **8** perder cargo ou poder *<o ministro caiu>* **9** ser enganado *<c. no conto do vigário>* **10** sofrer interrupção (sistema de comunicação, funcionamento, transmissão) <*a ligação caiu*> **11** baixar, diminuir (temperatura, preço etc.) **12** *infrm.* participar intensamente <*c. no samba*> **13** ocorrer <*o feriado cai na quinta-feira*> **14** ter caimento <*este tecido cai bem*> □ *t.i.* **15** (prep. *em*) recair, incidir <*em avô, o acento cai na última sílaba*> **16** (prep. *em*) incorrer (em erro, falta) <*c. em tentação*> **17** (prep. *com*) ajustar-se, combinar <*a roupa cai bem com a ocasião*> □ *pred.* **18** tornar-se; ficar <*c. doente*> ▣ **c. bem** ser adequado ou apropriado <*os óculos lhe caem bem*> • **c. em si** tomar consciência de um fato ou da própria condição • **c. fora** *B infrm.* sair, ir embora; dar o fora • **c. mal** não ser adequado ou apropriado <*o comentário caiu mal*>

cai.ro.ta *adj.2g.* **1** do Cairo (Egito) ■ *s.2g.* **2** natural ou habitante dessa capital

cais *s.m.2n.* num porto, plataforma para embarque e desembarque de passageiros ou carga

cái.ser [pl.: *-es*] *s.m.* designação do imperador da Alemanha, de 1871 a 1918

cai.ti.tu *s.m.* ZOO *B* mamífero aparentado dos porcos, de pernas longas, casco pequeno e pelagem áspera cinza-escura com uma faixa branca no pescoço; porco-do-mato, cateto

cai.xa *s.f.* **1** recipiente de formatos diversos, com ou sem tampa, us. para guardar ou transportar objetos **1.1** *fig.* seu conteúdo <*comeu uma c. de bombons*> **2** local onde se realizam o pagamento e recebimento de valores **3** ECON provisão de dinheiro <*falta de c.*> **4** MÚS tipo de tambor pequeno, com membranas nas duas extremidades ■ *s.m.* **5** livro de registro de receita e despesa ■ *s.2g.* **6** funcionário que opera uma caixa (acp. 2) ◉ GRAM/USO dim.irreg.: *caixeta, caixote* ▣ **c. de som** ou **acústica** ELETRÔN conjunto formado por um ou mais alto-falantes e, eventualmente, outros dispositivos de ampliação e reprodução sonora • **c. dois** livro de registro de dinheiro não declarado ao fisco • **c. eletrônico** equipamento acionado por cartão magnético, que presta serviços bancários ao correntista (saques, depósitos, pagamentos etc.) • **c. torácica** ANAT conjunto de ossos do tórax formado pelas vértebras, costelas e esterno

cai.xa-al.ta [pl.: *caixas-altas*] *s.f.* GRÁF em tipografia, letra maiúscula

cai.xa-bai.xa [pl.: *caixas-baixas*] *s.f.* GRÁF em tipografia, letra minúscula

cai.xa-d'á.gua [pl.: *caixas-d'água*] *s.f.* reservatório de água que abastece casa, edifício, bairro, cidade etc.

cai.xa-for.te [pl.: *caixas-fortes*] *s.f.* recinto de alta segurança, ger. num banco, empresa etc., para guarda de dinheiro, documentos e outros valores

cai.xão [pl.: *-ões*] *s.m.* **1** caixa de madeira com tampa onde o defunto é colocado para ser enterrado; esquife, féretro, ataúde **2** caixa grande

cai.xa-pre.gos *s.m.2n.* *B infrm.* lugar ermo e afastado; cafundó

cai.xa-pre.ta [pl.: *caixas-pretas*] *s.f.* **1** aparelho que grava os dados de funcionamento de uma aeronave e as conversas entre os tripulantes e os controladores de voo **2** *fig.* sistema, instituição etc., cujos mecanismos de funcionamento interno são obscuros

cai.xei.ro *s.m.* **1** balconista **2** pessoa que entrega mercadorias nos domicílios; entregador

cai.xei.ro-vi.a.jan.te [pl.: *caixeiros-viajantes*] *s.m.* vendedor que exerce sua atividade viajando

cai.xe.ta /ê/ *s.f.* **1** caixa pequena **2** *p.ext.* *B* forma pequena de papel para bolos, doces etc. **3** BOT árvore nativa do Brasil, de madeira branca, porosa e mole, us. para boias, salva-vidas e palmilhas; caxeta

cai.xi.lho *s.m.* **1** CONSTR armação onde são fixados vidros de janelas, portas etc. **2** moldura que adorna ou mantém presos painéis, telas, quadros etc. ◉ COL caixilharia ~ **encaixilhar** *v.t.d.*

cai.xi.nha *s.f.* **1** caixa pequena **2** *B infrm.* gorjeta recebida por empregado de bar, restaurante etc. **3** *B infrm.* coleta de dinheiro para algum fim

cai.xo.te *s.m.* **1** caixa tosca de madeira para embalar e transportar produtos **2** *fig.* *B infrm.* onda do mar que quebra abruptamente e por inteiro ◉ COL caixotaria

ca.já *s.m.* BOT **1** fruto da cajazeira, amarelo, azedo e aromático **2** cajazeira **3** cajá-manga

ca.ja.do *s.m.* **1** vara com a extremidade superior curvada em gancho, us. por pastores **2** bastão us. como apoio ~ **cajajada** *s.f.*

ca.já-man.ga [pl.: *cajás-mangas* e *cajás-manga*] *s.m.* BOT **1** árvore nativa do Brasil, da família da manga e do cajá, cultivada pelos frutos comestíveis; cajá, cajarana **2** o fruto dessa árvore

ca.ja.ra.na *s.f.* BOT cajá-manga

ca.ja.zei.ra *s.f.* BOT grande árvore nativa dos trópicos, de madeira branca e fruto alaranjado, resinoso e ácido; cajá, cajazeiro, taperebá

ca.ja.zei.ro *s.m.* BOT cajazeira

ca.ju *s.m.* BOT **1** pedúnculo comestível do fruto do cajueiro, amarelo, rosado ou vermelho, rico em vitamina C, e o fruto propriamente dito, duro e oleaginoso (castanha-de-caju); acaju **2** cajueiro ~ **cajuzeiro** *s.m.*

ca.ju.a.da *s.f.* *B* refresco ou doce de caju

ca.ju.ei.ro *s.m.* BOT árvore que produz o caju ◉ COL cajual, cajueiral

ca.ju.í.na *s.f.* *B* espécie de vinho feito com caju

[1]**cal** [pl.: *cais* e *cales*] *s.f.* QUÍM pó branco extraído de pedras calcárias, us. em cerâmicas, tintas, revestimento contra fogo, na manufatura de papel etc. [ORIGEM: lat. vulgar *cals*, do lat. *calx,is* 'pedra calcária']

[2]**cal** FÍS símbolo de *caloria*

ca.la.bou.ço *s.m.* prisão subterrânea; cárcere, masmorra

ca.la.brês [pl.: *-eses*; fem.: *calabresa*] *adj.* **1** da Calábria, sul da Itália ■ *s.m.* **2** natural ou habitante dessa região **3** LING dialeto italiano falado nessa região

ca.la.da *s.f.* silêncio completo

[1]ca.la.do *adj.* **1** que não diz nada; que está em silêncio **2** que costuma falar pouco [ORIGEM: part. de [1]*calar*]

[2]ca.la.do *s.m.* distância vertical entre a parte inferior da quilha e a linha de flutuação de uma embarcação [ORIGEM: part. de [2]*calar*, usado como subst.]

ca.la.fa.te *s.m.* profissional cujo ofício é calafetar

ca.la.fe.tar *v.* {mod. 1} *t.d.* vedar (frestas, juntas etc.) com massa apropriada, estopa, papel etc. *<c. o barco>* ~ **calafetação** *s.f.* - **calafetagem** *s.f.*

ca.la.fri.o *s.m.* tremor da pele causado por frio, medo, febre etc.; arrepio

ca.la.mar [pl.: *-es*] *s.m.* ZOO *B* lula

ca.la.mi.da.de *s.f.* grande dano, desgraça, destruição ou infortúnio; catástrofe

ca.la.mi.to.so /ô/ [pl.: /ó/; fem.: /ó/] *adj.* que causa calamidade; desastroso, catastrófico

ca.lan.dra *s.f.* máquina para produzir matrizes de reprodução tipográfica, acetinar papel, lustrar, alisar ou frisar tecido ~ **calandragem** *s.f.* - **calandrar** *v.t.d.*

ca.lan.go *s.m.* **1** ZOO nome comum a pequenos lagartos que vivem ger. no solo ou em pedreiras e que se alimentam de vermes, insetos etc.; calangro **2** *N.E.* o bíceps; muque **3** DNÇ FOLC *MG RJ* dança popular parecida com o coco nordestino

ca.lan.gro *s.m.* ZOO calango

ca.lão [pl.: *-ões*] *s.m.* linguajar rude ▣ **baixo c.** linguajar vulgar e obsceno

[1]ca.lar *v.* {mod. 1} *int. e pron.* **1** manter-se em silêncio *<calou(-se) durante o debate>* ☐ *t.d. e pron.* **2** (fazer) parar de falar ou de produzir qualquer som; silenciar(-se) *<o trovão calou os animais>* *<calaram(-se) diante do diretor>* ☐ *t.d.,int. e pron.* **3** conter(-se), reprimir(-se) *<c. a opinião pública>* *<o adversário calou(-se)>* [ORIGEM: duv., talvez de um lat. **callare* 'baixar a voz']

[2]ca.lar *v.* {mod. 1} *t.d.* MIL **1** aprontar (a baioneta) para a luta ☐ *t.i. fig.* **2** (prep. *em*) atingir o íntimo de, produzindo forte impressão *<as palavras calaram fundo em nós>* [ORIGEM: duv., talvez do lat.tar. *calāre* 'fazer baixar; abrir']

cal.ça *s.f.* VEST *B* calças

cal.ça.da *s.f.* *B* caminho pavimentado para pedestres, numa rua; passeio

cal.ça.dão [pl.: *-ões*] *s.m.* calçada larga e extensa

cal.ça.dei.ra *s.f.* apetrecho us. para facilitar a entrada do pé no calçado

cal.ça.do *adj.* **1** revestido de pedras, paralelepípedos ou outro material; pavimentado **2** que tem os pés protegidos por sapatos etc. **3** apoiado ou equilibrado em calço ■ *s.m.* VEST **4** peça de vestuário que protege os pés

cal.ça.men.to *s.m.* **1** ato ou efeito de revestir com asfalto, pedras etc. **1.1** pavimentação

cal.câ.neo *s.m.* ANAT **1** osso do calcanhar ■ *adj.* **2** relativo ao calcanhar ou ao osso que o forma

cal.ca.nhar [pl.: *-es*] *s.m.* ANAT parte posterior, arredondada, do pé humano, abaixo do tornozelo

cal.ca.nhar de a.qui.les [pl.: *calcanhares de aquiles*] *s.m.* ponto fraco

cal.ção [pl.: *-ões*] *s.m.* VEST tipo de calça curta, de boca larga, que se ajusta à cintura por cordão ou elástico ☞ cf. *caução* ▣ **c. de banho** VEST traje masculino para banho de mar, piscina etc., justo e bem curto

cal.car *v.* {mod. 1} *t.d.* **1** fazer pressão com os pés sobre; pisar *<marchou, calcando o solo com força>* **2** comprimir, apertar *<c. os grãos com pilão>* **3** decalcar ('reproduzir') **4** *fig.* menosprezar, depreciar *<c. as leis>* **5** *fig.* conter, reprimir *<c. um impulso>* ☐ *t.d.i. fig.* **6** (prep. *em, sobre*) ter como base; basear *<c. a conduta em princípios sólidos>*

cal.çar *v.* {mod. 1} *t.d. e pron.* **1** revestir com sapatos, meias, luvas os pés ou as mãos de *<calce logo as crianças>* *<calçou-se e saiu>* ☐ *t.d.* **2** pôr nos pés ou nas mãos, para vesti-los *<c. os sapatos>* **3** revestir (ruas, caminhos etc.) com pedras, pavimento *<c. a entrada de terra>* **4** pôr calço em *<c. a mesa>* **5** FUTB dar calço em *<o zagueiro calçou o atacante>* ☐ *int.* **6** adaptar-se, ajustar-se *<a bota calça bem>*

cal.cá.rio *s.m.* GEOL **1** rocha constituída esp. de carbonato de cálcio, us. na produção de cal, no refino do açúcar etc. ■ *adj.* **2** relativo a cal ou a calcário, ou que os contém

cal.ças *s.f.pl.* VEST peça única de roupa masculina ou feminina que se ajusta à cintura e cobre cada uma das pernas, ger. até os tornozelos; calça

cal.cei.ro *s.m.* **1** fabricante de calças **2** peça para guardar calças, em armários, *closets* etc.

cal.ce.mi.a *s.f.* MED presença de cálcio no sangue

cal.ce.ta /ê/ *s.f.* argola de ferro com que se prendiam os prisioneiros pelos tornozelos

cal.ce.tar *v.* {mod. 1} *t.d.* revestir (ruas, caminhos etc.) com pedras, postas lado a lado; calçar *<calcetaram a outra rua>*

cal.ce.tei.ro *s.m.* trabalhador que calça ruas e calçadas com pedras ou paralelepípedos

cal.ci.fi.ca.ção [pl.: *-ões*] *s.f.* **1** MED depósito de cálcio no esqueleto durante o processo de ossificação **2** MED infiltração anormal de cálcio em tecidos do organismo **3** AGR aplicação de substância com cálcio para diminuir a acidez do solo

cal.ci.fi.car *v.* {mod. 1} *t.d.,int. e pron.* **1** (fazer) passar por processo de calcificação *<c. uma articulação>* *<a fratura calcificou(-se)>* **2** dar o aspecto ou a consistência da cal a

cal.ci.nar *v.* {mod. 1} *t.d. e pron. p.ext.* **1** queimar(-se) completamente; incinerar(-se) *<as chamas calcinaram a casa>* *<a explosão fez o carro c.(-se)>* ☐ *t.d.* **2** transformar (o carbonato de cálcio) em cal pela ação do calor

cal.ci.nhas *s.f.pl.* ou **cal.ci.nha** *s.f.* VEST calça muito curta do vestuário feminino íntimo, que vai da cintura, ou pouco abaixo da cintura, até as virilhas; calcinha

cál.cio *s.m.* QUÍM elemento químico presente na cal e em alguns alimentos (leite, queijo) e que é parte importante da composição dos ossos e dos dentes [símb.: *Ca*] ☞ cf. *tabela periódica* (no fim do dicionário)

cal.ço *s.m.* algo que se põe sob ou junto a um objeto para nivelá-lo, firmá-lo ou elevá-lo

cal.ço.la *s.f.* ou **cal.ço.las** *s.f.pl.* VEST *N.E. TO* calcinha feminina ou de criança

cal.çu.do *adj.* **1** que usa calças muito compridas **2** *fig.* que tem as pernas cobertas de penas (diz-se de ave)

cal.cu.la.do.ra /ô/ *s.f.* máquina, de formatos variáveis, que faz cálculos matemáticos

cal.cu.lar *v.* {mod. 1} *t.d. e int.* **1** determinar (um valor) por meio de operações matemáticas *<c. uma despesa> <aprendeu a c. aos cinco anos>* □ *t.d.* **2** avaliar com base em indícios; estimar *<já podem c. o prejuízo>* **3** fazer ideia de; imaginar *<tente c. o meu susto>* **4** adivinhar, supor, prever *<não pôde c. que perderia>* ~ **calculador** *adj.s.m.* - **calculável** *adj.2g.*

cal.cu.lis.ta *adj.2g.s.2g.* **1** que(m) faz cálculos **2** *pej.* que(m) age para obter benefícios para si próprio; interesseiro

cál.cu.lo *s.m.* **1** MAT operação ou conjunto de operações matemáticas ou algébricas; cômputo **2** estimativa, avaliação **3** MED corpo sólido que se forma em alguns órgãos por sedimentação de certas substâncias ou sais minerais *<c. na vesícula>*

cal.da *s.f.* líquido grosso obtido da fervura de água com açúcar e, por vezes, outros ingredientes

cal.de.ar *v.* {mod. 5} *t.d.* **1** tornar incandescente ou maleável (metal, vidro etc.) *<forno para c. ferro>* **2** soldar (metal aquecido) *<ele sabe c. ferro e outros metais>* **3** mergulhar (ferro em brasa) na água para lhe dar têmpera *<caldeou a peça de ferro que esculpiu>* **4** transformar em calda ou massa *<c. a barra de chocolate>* □ *t.d.i. e pron. fig.* **5** (prep. *com*) amalgamar(-se), misturar(-se) *<o escritor costuma c. a narrativa com fatos reais> <no Brasil, várias culturas se caldeiam>* ~ **caldeamento** *s.m.*

cal.dei.ra *s.f.* grande recipiente metálico para aquecer líquidos, produzir vapor, cozinhar alimentos etc.

cal.dei.ra.da *s.f.* **1** CUL ensopado à base de peixes e/ou frutos do mar, à moda dos pescadores **2** porção de líquido que uma caldeira pode conter

cal.dei.rão [pl.: *-ões*] *s.m.* **1** panela grande e alta, us. esp. para cozimento em água fervente **2** capacidade ou o conteúdo dessa panela

cal.dei.rei.ro *s.m.* **1** quem fabrica caldeiras e outros utensílios de metal **2** quem trabalha nas caldeiras dos engenhos de açúcar

cal.dei.ri.nha *s.f.* pequeno recipiente para água benta

cal.deu [fem.: *caldeia /éi/*] *s.m.* **1** indivíduo dos caldeus, povo que habitava a Caldeia, país na antiga Mesopotâmia, às margens do rio Eufrates **2** LING língua semítica falada pelos caldeus ■ *adj.* **3** pertencente ou relativo a esse indivíduo, país, língua ou povo

cal.do *s.m.* **1** alimento líquido ou molho preparado a partir do cozimento de carne, peixe, legumes etc. **2** sumo de frutas, vegetais etc. **3** *p.ext. infrm.* puxão ou empurrão da cabeça de alguém para baixo da água ▣ **entornar o c.** *infrm.* complicar(-se) ainda mais uma situação que já é ruim

ca.le.ça *s.f.* *B* caleche

ca.le.che *s.f.* carruagem com quatro rodas e dois assentos, puxada por dois cavalos em parelha; caleça

ca.le.fa.ção [pl.: *-ões*] *s.f.* sistema de aquecimento para recintos fechados

ca.lei.dos.có.pio ou **ca.li.dos.có.pio** *s.m.* tubo cilíndrico com jogo interno de espelhos que, ao ser movido, produz múltiplas imagens simétricas

ca.le.ja.do *adj.* **1** que tem calos **2** *fig.* que tem experiência, prática; experimentado **3** *fig.* endurecido, pouco sensível; empedernido

ca.le.jar *v.* {mod. 1} *t.d.,int. e pron.* **1** (fazer) adquirir calos *<o trabalho na roça calejou as minhas mãos> <ela é jovem, suas mãos ainda não (se) calejaram>* **2** *fig.* tornar(-se) insensível; empedernir(-se) *<a vida rude calejou-o> <não perdem a esperança, não (se) calejaram>*

ca.len.dá.rio *s.m.* **1** sistema oficial de medida que divide o tempo em anos, meses e dias **2** tabela dos dias, semanas, meses e feriados do ano; folhinha **3** grupo de datas especiais prefixadas *<c. de provas>*

ca.len.das *s.f.pl.* entre os antigos romanos, o primeiro dia de cada mês ▣ **c. gregas** dia que nunca chegará

ca.lên.du.la *s.f.* BOT erva da família das compostas, de flores alaranjadas, us. contra febres, frieiras, verrugas etc., como aromatizante e no fabrico de cosméticos

ca.lha *s.f.* **1** cano aberto na parte superior, semelhante a um sulco, us. para escoar as águas das chuvas, esp. as que caem do telhado **2** *p.ext.* qualquer canal para escoar líquidos, grãos etc.

ca.lha.ma.ço *s.m.* *infrm.* livro ou caderno com muitas páginas

ca.lham.be.que *s.m.* carro velho

ca.lhan.dra *s.f.* ZOO ave de belo canto, encontrada na Europa, Ásia e África, semelhante à cotovia

ca.lhar *v.* {mod. 1} *int.* **1** ser oportuno; convir *<o feriado veio a c.>* **2** ocorrer por acaso *<calhou chegarmos todos juntos>* □ *t.i.* **3** (prep. *a*) cair bem; adaptar-se *<a roupa calha a seu estilo>*

ca.lhau *s.m.* **1** fragmento de rocha **2** no jargão jornalístico, qualquer texto us. para preencher espaço numa página diagramada

ca.lhor.da *adj.2g.s.2g.* que(m) é desprezível, sem valor ~ **calhordice** *s.f.*

ca.li.bra.dor /ô/ [pl.: *-es*] *adj.s.m.* **1** (o) que calibra ■ *s.m.* **2** aparelho us. para calibrar; calibre

ca.li.brar *v.* {mod. 1} *t.d.* **1** dar a correta pressão de ar a (pneu, câmara de ar etc.) *<calibrou os pneus do carro antes de viajar>* **2** medir ou ajustar o calibre de ~ **calibragem** *s.f.*

C

C

ca.li.bre *s.m.* **1** diâmetro da parte interior de um cilindro **2** diâmetro interno de uma peça de artilharia **3** diâmetro exterior de um projétil ou corpo cilíndrico **4** *fig.* volume, tamanho ou grandeza consideráveis **5** *p.ext.* valor, importância *<mestres de mesmo c.>* **6** calibrador ('aparelho')

ca.li.ça *s.f.* **1** entulho de obra **2** camada de cal ou argamassa que recobre uma superfície; reboco

[1]**cá.li.ce** *s.m.* **1** pequena taça us. para servir vinhos, licores etc. **2** o conteúdo dessa taça **3** LITUR taça us. na missa para a consagração do vinho [ORIGEM: do lat. *calix,ĭcis* 'id.']

[2]**cá.li.ce** *s.m.* BOT envoltório de flores mais externo, formado pelas sépalas, ger. verdes e herbáceas [ORIGEM: do gr. *káluks,ukos* 'id.']

cá.li.do *adj.* **1** que tem calor; quente **2** *fig.* que irradia entusiasmo; caloroso ~ **calidez** *s.f.*

ca.li.dos.có.pio *s.m.* → ***CALEIDOSCÓPIO***

ca.li.fa *s.m.* líder espiritual e temporal da comunidade muçulmana, sucessor de Maomé (c570-632)

ca.li.fa.do *s.m.* **1** dignidade e jurisdição de califa **2** território governado por um califa **3** período do governo de um califa

ca.li.fom [pl.: *-ons*] *s.f.* *N.E.* sutiã

ca.li.fór.nio *s.m.* QUÍM elemento químico artificial radioativo [símb.: *Cf*] ☞ cf. *tabela periódica* (no fim do dicionário)

ca.li.gra.fi.a *s.f.* **1** arte ou técnica de escrever à mão com beleza e harmonia **2** escrita produzida com essa arte ou técnica **3** estilo ou maneira própria de escrever à mão ~ **caligráfico** *adj.*

ca.lí.gra.fo *s.m.* especialista em caligrafia ('arte')

ca.li.pí.gio *adj.* que tem belas nádegas *<Vênus c.>*

ca.lip.so *s.m.* MÚS gênero musical originário do Caribe, com andamento vívido e muito acentuado

ca.lis.ta *s.2g.* especialista no cuidado e tratamento dos pés (esp. dos calos)

ca.li.tri.quí.deo *adj.s.m.* ZOO (espécime) dos calitriquídeos, família de pequenos primatas florestais, encontrados nas Américas Central e do Sul, conhecidos como saguis ou micos

cal.ma *s.f.* **1** serenidade de ânimo ou de disposição; tranquilidade **2** ausência de ventos, esp. no mar; calmaria **3** calor forte do dia

cal.man.te *adj.2g.* **1** que acalma ■ *adj.2g.s.m.* MED **2** (medicamento) que diminui a ansiedade ou a dor; sedativo, tranquilizante

cal.mar *v.* {mod. 1} *t.d.,int. e pron.* acalmar

cal.ma.ri.a *s.f.* **1** ausência de ventos, esp. no mar; calma **2** grande calor sem ventos; calma **3** *fig.* serenidade de espírito, de ânimo; calma, tranquilidade

cal.mo *adj.* que não apresenta movimento, agitação, perturbação; quieto, sossegado

ca.lo *s.m.* **1** pele endurecida por atrito, compressão ou outra irritação frequente; calosidade **2** *fig.* manha ou malícia de quem é experiente ▣ **c. ósseo** MED matéria óssea que solda as partes de um osso fraturado ~ **caloso** *adj.*

ca.lom.bo *s.m.* **1** inchação, tumor **2** ondulação ou proeminência numa superfície

ca.lor /ô/ [pl.: *-es*] *s.m.* **1** característica, estado ou condição do que é ou está quente **2** sensação de aquecimento **3** *fig.* veemência, impetuosidade **4** *fig.* afeto, compreensão demonstrados por palavras, gestos, olhares etc. **5** FÍS forma de energia que se transfere de um sistema para outro graças à diferença de temperatura entre eles

ca.lo.ren.to *adj.* **1** que tem calor; quente **2** que provoca sensação de calor **3** sensível ao calor

ca.lo.ri.a *s.f.* FÍS **1** unidade de medida de energia definida como a quantidade de calor necessária para elevar a temperatura de 1 grama de água de 14,5°C a 15,5°C [símb.: [2]*cal*] **2** essa unidade us. para medir o valor energético dos alimentos [símb.: [2]*cal*]

ca.ló.ri.co *adj.* **1** referente a calor ou a caloria **2** que contém muitas calorias

ca.lo.rí.fe.ro *adj.s.m.* **1** (o) que tem, produz ou transmite calor **2** (aparelho) que serve para aquecer recintos fechados

ca.lo.rí.fi.co *adj.* **1** relativo a calor ou a produção de calor **2** que tem capacidade de realizar ou passar por trocas de energia sob forma de calor

ca.lo.ro.so /ô/ [pl.: /ó/; fem.: /ó/] *adj.* **1** que tem ou provoca calor; quente **2** estimulante, cheio de simpatia **3** que demonstra entusiasmo; ardoroso

ca.lo.si.da.de *s.f.* endurecimento da pele em locais submetidos a atrito ou irritação; calo

ca.lo.ta *s.f.* **1** peça arredondada de metal que protege as rodas de automóvel **2** parte superior ou cobertura em forma esférica de algo **3** GEOM parte de uma esfera limitada por um plano que a corta ▣ **c. polar** GEO região que se estende ao redor do polo de um planeta, coberta de gelo ou outras substâncias congeladas

ca.lo.te *s.m.* *infrm.* dívida não paga ou que se contraiu sem a intenção de pagar ~ **calotear** *v.t.d. e int.* - **caloteiro** *adj.s.m.*

ca.lou.ro *s.m.* novato em uma instituição, corporação ou grupo, esp. estudante recém-chegado à universidade ~ **calourice** *s.f.*

ca.lu.da *interj.* palavra us. para pedir silêncio

ca.lun.du *s.m.* *B* mau humor e irritabilidade

ca.lun.ga *s.2g.* **1** FOLC *PE* no maracatu, boneco carregado pela rainha do cortejo **2** pequeno boneco tosco **3** qualquer objeto pequeno ■ *s.m.* **4** REL entre os povos de origem banta, divindade associada à morte, ao mar e ao inferno **5** imagem dessa divindade

ca.lú.nia *s.f.* **1** afirmação falsa e desonrosa sobre alguém **2** *B infrm.* mentira, invenção

ca.lu.ni.ar *v.* {mod. 1} *t.d. e int.* fazer afirmação falsa sobre; difamar *<c. um colega>* *<calunia quando não tem argumentos>* ~ **caluniador** *adj.s.m.*

ca.lu.ni.o.so /ô/ [pl.: /ó/; fem.: /ó/] *adj.* **1** que faz calúnia **2** que contém calúnia

cal.va *s.f.* porção do couro cabeludo onde os cabelos deixaram de crescer; careca

cal.vá.rio *s.m. fig.* sofrimento prolongado; martírio ☞ cf. *Calvário* na parte enciclopédica

cal.ví.cie *s.f.* ausência total ou parcial de cabelos na cabeça

cal.vi.nis.mo *s.m.* REL doutrina protestante fundada por João Calvino (1509-1564) ~ **calvinista** *adj.2g.s.2g.*

cal.vo *adj.s.m.* que(m) tem pouco ou nenhum cabelo na cabeça; careca

ca.ma *s.f.* **1** móvel us. para deitar ou dormir; leito **2** conjunto composto desse móvel e da roupa *<fazer a c.>* **3** camada de material macio ▣ **de c.** doente

ca.ma-be.li.che [pl.: *camas-beliches*] *s.f.* beliche ('móvel')

ca.ma.da *s.f.* **1** porção de matéria estendida por igual sobre uma superfície **2** revestimento mais ou menos uniforme aplicado sobre uma superfície **3** conjunto de pessoas com características sociais semelhantes; nível, estrato ▣ **c. de ozônio** camada da atmosfera que absorve parte da radiação ultravioleta

ca.ma de ga.to [pl.: *camas de gato*] *s.f.* **1** RECR brincadeira em que se dão diversas formas a um barbante cujas pontas se entrelaçam nos dedos **2** golpe em que se empurra alguém de encontro a alguém agachado atrás dele **3** ESP lance, esp. no futebol, em que se derruba o adversário desequilibrando-o por trás com o corpo

ca.ma.feu *s.m.* **1** pedra semipreciosa, com duas camadas de cor ou tonalidade, numa das quais se esculpe uma figura em alto-relevo **2** *infrm.* mulher de rosto delicado

ca.ma.le.ão [pl.: *-ões*] *s.m.* **1** ZOO lagarto arborícola, de língua longa e pegajosa, capaz de alterar a cor da pele para se proteger de predadores **2** *fig.* quem muda de opinião ou atitude por interesse ou conveniência ~ **camaleônico** *adj.*

ca.ma.rá *s.m.* BOT arbusto nativo do Brasil, de flores amarelas, laranja ou vermelhas e fruto carnoso roxo-escuro; cambará

câ.ma.ra *s.f.* **1** aposento de uma casa **2** assembleia de poderes e atribuições legislativas *<Câmara dos Deputados>* ☞ inicial maiúsc. **3** local onde funciona essa assembleia **4** junta de indivíduos ligados a determinada atividade *<c. de comércio>* **5** parte de algo fechada ou quase fechada **6** REC.AV máquina de filmar ou fotografar; câmera ▣ **c. digital** FOT INF câmara fotográfica que transforma a imagem captada em informação digital armazenável, p.ex., num cartão de memória

ca.ma.ra.da *s.2g.* **1** companheiro, colega **2** *infrm.* indivíduo, pessoa ■ *adj.2g.* **3** que expressa companheirismo, amizade **4** *p.ext. infrm.* que é um favor ou benefício *<preço c.>*

ca.ma.ra.da.gem [pl.: *-ens*] *s.f.* **1** convivência amigável entre companheiros **2** atitude, gesto próprio de camarada

câ.ma.ra de ar [pl.: *câmaras de ar*] *s.f.* globo ou tubo de borracha que, cheio de ar, dá consistência e forma a pneus, bolas etc.

ca.ma.rão [pl.: *-ões*] *s.m.* **1** ZOO nome comum a crustáceos da ordem dos decápodes, marinhos ou de água doce, com abdome longo e corpo comprimido nas laterais, muito us. na culinária **2** *fig. B infrm.* pessoa cuja pele adquiriu um tom vermelho por exposição ao sol

ca.ma.rei.ra *s.f.* aia

ca.ma.rei.ro *s.m.* **1** pessoa que cuida dos compartimentos pessoais de hotéis, navios, trens etc. e atende aos que estão neles acomodados **2** CINE TEAT TV profissional encarregado de organizar os figurinos e auxiliar os artistas a vesti-los **3** fidalgo que serve um rei, rainha ou pessoa nobre, em seus aposentos

ca.ma.ri.lha *s.f.* grupo que convive com uma autoridade ou pessoa importante e procura influir em suas decisões

ca.ma.rim [pl.: *-ins*] *s.m.* CINE TEAT TV recinto em que artistas se preparam para sua apresentação ou descansam

ca.ma.ri.nha *s.f.* **1** quarto pequeno **2** pequena prateleira num canto ou nicho da sala **3** *N.E.* quarto de dormir

ca.ma.ro.ei.ro *s.m.* **1** rede ou arco us. na pesca de camarões **2** pescador de camarões

ca.ma.ro.te *s.m.* **1** TEAT em salas de espetáculo, espaço para espectadores, fechado e separado da plateia **2** compartimento de navio ou trem em que se alojam tripulantes ou passageiros; cabine

ca.ma.ro.tei.ro *s.m.* **1** TEAT pessoa que vende bilhetes de entrada para camarotes de teatro **2** camareiro que, em navios ou trens, limpa e arruma os camarotes e atende seus ocupantes

ca.mar.te.lo *s.m.* **1** tipo de martelo com um lado da cabeça pontiagudo e outro achatado, us. para assentar, cortar ou picar pedras, tijolos etc. **2** *fig.* qualquer instrumento para quebrar ou demolir

cam.ba *s.f.* MEC cada uma das peças curvas que formam a circunferência externa da roda de um veículo

cam.ba.da *s.f.* **1** porção de objetos pendurados ou enfiados em algum suporte **2** cambulhada ('grande agrupamento') **3** molho de chaves **4** *fig.* grupo de pessoas, ger. de má índole

cam.bai.o *adj.s.m.* **1** que(m) tem pernas tortas **2** que(m) tem dificuldade de andar; cambeta ~ **cambaiar** *v.t.d. e pron.*

cam.ba.la.cho *s.m. infrm.* negócio fraudulento; trapaça ~ **cambalachar** *v.int.* - **cambalacheiro** *adj.s.m.*

cam.ba.le.ar *v.* {mod. 5} *int.* andar sem equilíbrio, sem firmeza; bordejar *<c. no fim da maratona>* ~ **cambaleante** *adj.2g.* - **cambaleio** *s.m.*

cam.ba.lho.ta *s.f.* giro completo do corpo sobre a cabeça; cabriola ~ **cambalhotar** *v.int.*

cam.ba.pé *s.m. infrm.* **1** golpe com o pé ou a perna por entre as pernas de outra pessoa, para derrubá-la; rasteira **2** *fig.* golpe traiçoeiro; armadilha

cam.bar *v.* {mod. 1} *t.d. e int.* **1** (fazer) ficar inclinado ou torto *<o cansaço cambou-o>* *<o peso fez a prateleira c.>* □ *int.* **2** andar sem equilíbrio; cambalear ~ **cambamento** *s.m.*

cam.ba.rá *s.m.* BOT **1** árvore frondosa de flores amarelas em cachos e frutos em forma de cápsulas **2** camará

cam.ba.xir.ra ou **cam.ba.xil.ra** *s.f.* ZOO pequena ave parda com faixas negras nas asas e na cauda

cam.be.ta /ê/ *adj.2g.s.2g.* cambaio ~ **cambetear** *v.int.*

cam.bi.al [pl.: *-ais*] *adj.2g.* relativo a câmbio

cam.bi.an.te *adj.2g.* **1** que passa por mudanças **2** que muda ou parece mudar de cor ■ *s.m.* **3** cor indefinida

cam.bi.ar *v.* {mod. 1} *t.d. e t.d.i.* **1** (prep. *por*) dar e receber mutuamente; trocar, permutar *<c. figurinhas>* *<c. pirulitos por balas>* **2** transformar, modificar *<a prática cambiou suas teorias>* *<c. ideias em ações>* □ *t.d.,t.d.i. e int.* **3** (prep. *por*) trocar (moeda de um país) [por moeda de outro] *<c. reais (por euros)>* *<loja proibida de c.>* □ *t.i.* **4** (prep. *de*) mudar, trocar *<c. de opinião>* □ *t.d. e int.* **5** causar ou apresentar alteração de aspecto, cor etc. *<a luz cambiava (a paisagem) constantemente>*

câm.bio *s.m.* **1** ECON operação de venda, compra ou troca da moeda de um país pela de outro **2** *p.ext.* ECON relação numérica estabelecida entre a moeda de um país e a de outro, nas operações de câmbio **3** alavanca us. pelo motorista para alterar as marchas do veículo ▣ **c. negro** ECON prática ilegal do câmbio; mercado paralelo de moeda estrangeira ou de mercadoria

cam.bis.ta *adj.2g.s.2g.* **1** que(m) negocia dinheiro ou outros títulos de crédito **2** que(m) revende, ilicitamente, ingressos a preços mais altos

cam.bi.to *s.m. joc.* perna fina

[1]**cam.bo.ta** *adj.2g.s.2g. TO MA RS infrm. pej.* **1** diz-se de ou pessoa de pernas tortas **2** diz-se de ou pessoa que coxeia [ORIGEM: *camba* 'peça curva do arado' + [1]*-ota*]

[2]**cam.bo.ta** *s.f.* cambalhota [ORIGEM: duv., talvez alt. de *cambalhota*]

cam.brai.a *s.f.* tecido fino de algodão ou linho

cam.bri.a.no *s.m.* GEOL **1** primeiro e mais antigo período geológico da era paleozoica, anterior ao Ordoviciano, em que se verifica a presença de grande parte dos grupos de invertebrados e começam a surgir as plantas terrestres ☞ este subst. não se usa no plural; inicial maiúsc. ■ *adj.* **2** desse período

cam.bu.cá *s.m.* BOT **1** árvore de flores brancas e frutos amarelos comestíveis; cambucazeiro **2** seu fruto

cam.bu.ca.zei.ro *s.m.* BOT cambucá ('árvore')

cam.bu.ci *s.m.* BOT **1** árvore nativa do Brasil, de flores brancas e frutos comestíveis **2** fruto dessa árvore

cam.bu.lha.da *s.f.* **1** ajuntamento de coisas; cambada **2** *fig.* reunião de coisas diversas; mistura **3** falta de ordem; confusão ▣ **de c.** sem ordem, em alvoroço

cam.bu.qui.ra *s.f.* **1** BOT broto da aboboreira **2** CUL guisado feito desse broto

cam.bu.rão [pl.: *-ões*] *s.m.* carro de polícia com compartimento traseiro fechado, para transporte de presos

ca.me.lei.ro *adj.s.m.* que(m) conduz camelos

ca.mé.lia *s.f.* BOT **1** arbusto japonês de flores coloridas, cultivado como ornamental **2** sua flor

ca.me.lo /ê/ *s.m.* ZOO mamífero ruminante com duas corcovas no dorso ◉ COL cáfila

ca.me.lô *s.2g.* *B* vendedor que expõe suas mercadorias na rua, muitas vezes sem permissão legal

câ.me.ra *s.f.* **1** câmara ('máquina') ■ *s.2g.* **2** pessoa que opera uma câmara, esp. cinematográfica

ca.mer.len.go *s.m.* REL cardeal que governa a Igreja católica enquanto o cargo do papa está vago

ca.mi.ca.se *adj.2g.s.m.* **1** (avião japonês) utilizado para ataques suicidas a alvos inimigos na Segunda Guerra Mundial **2** (piloto) treinado para pilotar esse avião

ca.mi.nha.da *s.f.* **1** passeio a pé **2** longo percurso feito ou por fazer **3** marcha coletiva em que se manifesta o apoio a uma causa, uma reivindicação etc.; passeata

ca.mi.nhão [pl.: *-ões*] *s.m.* **1** veículo motorizado, com quatro ou mais rodas, destinado ao transporte de grandes cargas **2** *p.ext.* porção de carga que esse veículo pode levar **3** *fig.* grande quantidade

ca.mi.nhar *v.* {mod. 1} *int.* **1** percorrer ou fazer caminho a pé; andar *<c. é um bom exercício>* **2** *fig.* desenvolver-se, progredir *<esse projeto não c.>* □ *t.i.* **3** *fig.* (prep. *para, a*) ter propensão a; tender *<o caso caminha para o desenlace>* ~ **caminhante** *adj.2g.s.2g.* - **caminheiro** *adj.s.m.*

ca.mi.nho *s.m.* **1** faixa de terreno que leva de um lugar a outro **2** rumo, direção **3** trajeto, rota **4** *fig.* maneira de atingir um objetivo ▣ **c. das pedras** maneira mais fácil de chegar a um lugar ou objetivo

ca.mi.nho.nei.ro *s.m.* motorista de caminhão

ca.mi.nho.ne.ta /ê/ *s.f.* caminhonete

ca.mi.nho.ne.te *s.f.* veículo para transporte de passageiros com espaço para pequenas cargas; perua, picape

ca.mi.sa *s.f.* VEST peça de roupa com mangas, ger. fechada na frente por botões, que cobre o tronco ▣ **suar a c.** trabalhar arduamente, com dedicação ou empenho • **vestir a c.** adotar uma causa e lutar por ela

ca.mi.sa de for.ça [pl.: *camisas de força*] *s.f.* **1** espécie de camisa de tecido resistente para amarrar e imobilizar doentes mentais em acessos de fúria **2** *fig.* algo que limita ou impede a ação

ca.mi.sa de vê.nus [pl.: *camisas de vênus*] *s.f.* invólucro de látex muito fino que cobre o pênis, us. nas relações sexuais para evitar a concepção e doenças sexualmente transmissíveis; camisinha, preservativo

ca.mi.sa.ri.a *s.f.* estabelecimento onde se fabricam ou vendem camisas

ca.mi.sei.ro *s.m.* **1** quem faz ou vende camisas **2** móvel para guardar camisas
ca.mi.se.ta /ê/ *s.f.* VEST camisa sem botões, ger. de malha, com ou sem mangas
ca.mi.si.nha *s.f.* **1** camisa pequena **2** *B infrm.* camisa de vênus
ca.mi.so.la *s.f.* VEST **1** roupa feminina para dormir, semelhante a uma camisa comprida ou a um vestido **2** vestido largo
ca.mo.mi.la *s.f.* BOT erva da família das compostas, nativa da Europa, de flores brancas e amarelas, com propriedades digestivas e calmantes; macela
ca.mo.ni.a.no *adj.* **1** relativo ao poeta português Luís de Camões (c1525-1580) ■ *adj.s.m.* **2** que(m) estuda a obra ou a vida de Camões
ca.mor.ra /ô/ *s.f.* associação de criminosos; máfia
[1]**cam.pa** *s.f.* sino pequeno; sineta [ORIGEM: do lat. *campāna,ae* 'espécie de balança; sino']
[2]**cam.pa** *s.f.* **1** laje que cobre a sepultura **2** *p.ext.* sepultura, túmulo [ORIGEM: desc.]
cam.pa.i.nha *s.f.* **1** pequeno sino de mão **2** dispositivo, ger. elétrico, que ao ser acionado emite sinal sonoro **3** ANAT *infrm.* úvula
cam.pal [pl.: *-ais*] *adj.2g.* que se realiza em campo aberto
[1]**cam.pa.na** *s.f.* sino [ORIGEM: do lat. *campāna,ae* 'espécie de balança; sino']
[2]**cam.pa.na** *s.f.* *RJ gír.* ato de seguir ou vigiar (alguém), sem que seja percebido, para roubar, prender etc. [ORIGEM: duv., talvez do esp. *acampanar* 'dar forma de sino (campana)'] ~ **campanar** *v.t.d.*
cam.pa.ná.rio *s.m.* ARQ **1** torre da igreja onde ficam os sinos **2** abertura da torre onde se encaixam os sinos
cam.pa.nha *s.f.* **1** soma de esforços ou meios para alcançar um objetivo **2** MIL série de operações em determinado lugar por determinado tempo **3** GEO grande extensão de terreno plano; planície
cam.pâ.nu.la *s.f.* **1** objeto em forma de sino **2** redoma us. para proteger objetos ou alimentos
cam.pe.ão [pl.: *-ões*; fem.: *campeã*] *adj.s.m.* **1** vencedor de prova, torneio etc. **2** que(m) se destaca por fazer algo melhor que a maioria
cam.pe.ar *v.* {mod. 5} *t.d.* **1** procurar (animais) no campo, a cavalo **2** *p.ext.* buscar, procurar □ *int.* **3** instalar-se num local temporariamente; acampar **4** estar em campanha; batalhar *<soldados campeiam com bravura>* **5** exercer domínio; imperar, prevalecer *<impedir que a violência campeie na cidade>* ~ **campeação** *s.f.* - **campeador** *adj.s.m.* - **campeio** *s.m.*
cam.pei.ro *adj.* **1** relativo ao campo ■ *adj.s.m.* **2** que(m) trabalha no campo, cuida do gado e monta bem
cam.pe.o.na.to *s.m.* ESP torneio que dá ao vencedor o título de campeão
cam.pe.si.na.to *s.m.* conjunto dos camponeses
cam.pe.si.no *adj.* **1** campestre ■ *adj.s.m.* **2** diz-se de ou camponês
cam.pes.tre *adj.2g.* relativo ao campo; campesino, rural
cam.pi.na *s.f.* campo extenso, plano, com vegetação rasteira e sem árvores
camping [ing.] *s.m.* **1** ato ou prática de acampar fazendo uso de barraca, tenda etc.; acampamento **2** *p.ext.* local destinado a essa atividade ◉ GRAM/USO em ing., invariável ⇒ pronuncia-se kemping
cam.po *s.m.* **1** extensão de terra, ger. destinada à agricultura ou pastagem **2** terreno cultivado; plantação **3** região afastada dos centros urbanos, onde predominam as atividades agrícolas **4** matéria; assunto *<o c. da física>* **5** ESP local para a prática de certos esportes **6** espaço que deve ser preenchido com certo tipo de informação num formulário, questionário, banco de dados etc. ▣ **c. de ação** área de interesse ou de atividade; esfera, domínio • **c. de batalha** local de combates • **c. de concentração** local de confinamento de prisioneiros de guerra, presos políticos etc. • **c. visual** ou **de visão** área que o olho é capaz de perceber quando está imóvel
cam.po-gran.den.se [pl.: *campo-grandenses*] *adj.2g.* **1** de Campo Grande (MS) ■ *s.2g.* **2** natural ou habitante dessa capital
cam.po.nês [pl.: *-eses*; fem.: *-esa* /ê/] *adj.s.m.* **1** que(m) vive e trabalha no campo ■ *adj.* **2** relativo ao campo; agrário **3** próprio de camponês (subst.)
cam.pô.nio *s.m.* pessoa que vive e trabalha no campo; camponês
cam.po-san.to [pl.: *campos-santos*] *s.m.* lugar onde se enterram os mortos; cemitério
campus [lat.; pl.: *campi*] *s.m.* conjunto das instalações de uma universidade ⇒ pronuncia-se campus
ca.mu.fla.gem [pl.: *-ens*] *s.f.* **1** ato ou efeito de camuflar **1.1** qualquer coisa que sirva para disfarçar(-se)
ca.mu.flar *v.* {mod. 1} *t.d. e pron.* **1** disfarçar(-se) para confundir(-se) com o meio ambiente, esp. na guerra **2** *fig.* dissimular(-se), disfarçar(-se) *<c. sentimentos>* *<ele se camufla sob uma aparente timidez>*
ca.mun.don.go *s.m.* ZOO pequeno rato caseiro, de orelhas arredondadas e cauda longa e sem pelos
ca.mur.ça *s.f.* **1** ZOO mamífero de montanha semelhante à cabra **2** pele curtida desse animal
[1]**ca.na** *s.f.* **1** BOT caule de várias gramíneas como a cana-de-açúcar e o bambu **2** BOT cana-de-açúcar **3** *infrm.* aguardente de cana; cachaça [ORIGEM: do lat. *canna,ae* 'cana, junco fino, caniço']
[2]**ca.na** *s.f.* *infrm.* cadeia, prisão [ORIGEM: desc.] ▣ **em c.** *infrm.* na cadeia, na prisão
ca.na-cai.a.na [pl.: *canas-caianas*] *s.f.* BOT variedade de cana-de-açúcar, originária de Caiena (Guiana Francesa)
ca.na-de-a.çú.car [pl.: *canas-de-açúcar*] *s.f.* BOT planta alta da família das gramíneas, nativa da Ásia e cultivada no Brasil, de cujo caule se extrai suco para produção de açúcar, aguardente, álcool combustível etc. ◉ COL canavial

C

ca.nal [pl.: *-ais*] *s.m.* **1** sulco ou vala por onde corre água **2** via natural ou artificial de comunicação entre rios, mares etc. **3** GEO braço de mar ou rio entre ilhas ou continentes **4** tubo para transportar líquidos ou gases **5** leito de rio **6** ANAT ver ***DUCTO*** **7** *fig.* caminho, via <*c. diplomático*> ☞ mais us. no pl. **8** ELETRÔN via de entrada, memória ou saída de som ou imagem, em equipamentos de gravação, edição ou reprodução sonora ou televisiva **9** RÁD TV faixa de frequência para emissão de rádio ou TV ▣ **c. dentário** ODONT conduto que dá passagem aos nervos e vasos dentro dos dentes

ca.na.le.ta /ê/ *s.f.* **1** calha **2** duto de concreto, retangular, com tampas, us. na instalação de condutores elétricos **3** *PR* via exclusiva para ônibus

ca.na.lha *adj.2g.s.2g.* **1** que(m) é indigno de confiança; crápula, desonesto, traiçoeiro ■ *s.f.* **2** conjunto de pessoas desprezíveis ~ **canalhada** *s.f.*

ca.na.lhi.ce *s.f.* ação própria de canalha

ca.na.li.za.ção [pl.: *-ões*] *s.f.* **1** ato ou efeito de canalizar **2** conjunto de canos ou canais

ca.na.li.zar *v.* {mod. 1} *t.d.* **1** fazer escorrer por canais, valas, canos etc. <*c. o esgoto*> **2** instalar rede de água e esgoto em <*c. o bairro*> □ *t.d.i. fig.* **3** (prep. *para, contra*) conduzir, dirigir para <*c. a força para o trabalho*>

ca.na.neu [fem.: *cananeia /éi/*] *adj.* **1** de Canaã (Palestina) ■ *s.m.* **2** natural ou habitante dessa região

ca.na.pé *s.m.* **1** espécie de sofá com encosto e braços **2** CUL pequena fatia de pão coberta por patê, frios etc., servida como aperitivo

ca.na.ri.no *adj.* **1** das ilhas Canárias (África); canário ■ *s.m.* **2** natural ou habitante desse arquipélago; canário

ca.ná.rio *s.m.* ZOO **1** pássaro original das ilhas Canárias, verde-amarelado, de belo canto **2** *fig.* pessoa que canta bem ■ *adj.s.m.* **3** canarino

ca.nas.tra *s.f.* **1** cesta baixa e larga, feita com ripas flexíveis de madeira entrelaçadas, com ou sem tampa **2** *B* caixa ou maleta em que se guardam roupas e pequenos objetos

ca.nas.trão [pl.: *-ões*; fem.: *canastrona*] *s.m. infrm.* mau ator ◉ GRAM/USO tb. us. como adj.

ca.na.vi.ei.ro *adj.* **1** próprio de cana-de-açúcar ■ *s.m.* **2** quem planta cana-de-açúcar

can.cã *s.m.* DNÇ dança típica dos cabarés de Paris, na qual as dançarinas lançam as pernas para o alto, erguendo e sacudindo as saias com as mãos

can.ção [pl.: *-ões*] *s.f.* **1** MÚS composição musical para ser cantada **2** LIT MÚS poesia dos trovadores medievais

can.ce.la *s.f.* **1** portão largo que fecha a entrada de fazenda, sítio etc.; porteira **2** trave metálica ou de madeira para abrir ou fechar o trânsito em passagens de nível, entradas de garagens, postos de pedágio etc.

can.ce.lar *v.* {mod. 1} *t.d.* **1** interromper definitivamente ou não; suspender <*c. o espetáculo*> **2** riscar (algo escrito) para torná-lo sem efeito **3** invalidar, anular <*c. um contrato*> ~ **cancelamento** *s.m.*

cân.cer [pl.: *-es*] *s.m.* **1** MED *B* doença que se manifesta pela multiplicação desordenada de células de um tecido ou órgão, levando à formação de tumores **2** MED *B* tumor maligno **3** ASTR quarta constelação zodiacal, situada entre Gêmeos e Leão ☞ inicial maiúsc. **4** ASTRL quarto signo do zodíaco (de 22 de junho a 21 de julho) ☞ inicial maiúsc.

can.ce.ri.a.no *adj.s.m.* ASTRL **1** que(m) é do signo de Câncer ■ *adj.* **2** relativo a esse signo

can.ce.rí.ge.no *adj.* que gera câncer

can.ce.ro.lo.gi.a *s.f.* MED especialidade que se dedica ao estudo e tratamento do câncer; oncologia ~ cancerologista *adj.2g.s.2g.*

can.ce.ro.so /ô/ [pl.: /ó/; fem.: /ó/] *adj.* **1** próprio ou da natureza do câncer ■ *adj.s.m.* MED **2** que(m) tem câncer

can.cha *s.f.* **1** pista de corrida de cavalos **2** campo (de futebol, tênis, basquete etc.) **3** *infrm.* conhecimento adquirido na prática; experiência, tarimba

can.cio.nei.ro *s.m.* **1** LIT MÚS coleção de canções ou de poemas **2** LIT coleção da antiga poesia lírica da Galiza, Portugal e Provença

can.cio.nis.ta *s.2g.* MÚS quem compõe canções

can.ço.ne.ta /ê/ *s.f.* MÚS **1** pequena canção **2** canção leve, bem-humorada ou satírica

can.cro *s.m.* **1** MED ferida na pele ou mucosas comum a várias doenças venéreas **2** *fig.* mal que destrói algo gradativamente

can.dan.go *s.m.* **1** operário que construiu Brasília (DF) **2** *p.ext.* cada um dos primeiros habitantes de Brasília

can.de ou **cân.di** *s.m.* açúcar formado pela cristalização da sacarose; açúcar-cande

can.de.ei.ro *s.m.* utensílio para iluminação provido de líquido combustível e mecha

can.dei.a *s.f.* aparelho de iluminação com óleo ou gás inflamável e mecha, preso à parede por um prego

can.de.la *s.f.* ÓPT unidade de intensidade luminosa do Sistema Internacional [símb.: *cd*]

can.de.la.bro *s.m.* castiçal com braços providos de focos luminosos nas extremidades

can.den.te *adj.2g.* **1** aquecido até ficar em brasa; incandescente **2** *fig.* cheio de entusiasmo; com ardor; ardoroso

cân.di *s.m.* → ***CANDE***

cân.di.da *s.f.* BIO nome comum a fungos causadores de micoses, como pé de atleta, vaginite, afta e sapinho

can.di.da.tar *v.* {mod. 1} *t.d.i. e pron.* **1** (prep. *a*) apresentar(-se) como candidato <*c. a cidade a sede do evento*> <*c.-se a prefeito*> **2** (prep. *a*) tornar(-se) apto; credenciar(-se) <*seu currículo o candidata ao cargo*> <*não me candidato a tamanha honraria!*> □ *pron.* **3** oferecer-se, dispor-se <*alguém se candidata a limpar a sala?*>

can.di.da.to *s.m.* quem se apresenta para concorrer (a um cargo eletivo, em concurso etc.)

can.di.da.tu.ra *s.f.* **1** condição de candidato **2** indicação de um candidato para eleição

can.di.dí.a.se *s.f.* MED micose causada por cândida

cân.di.do *adj.* **1** *frm.* muito branco; imaculado **2** *fig.* puro, inocente **3** *fig.* que revela inocência, candura *<olhar c.>* ~ **candidez** *s.f.*

can.dom.blé *s.m.* REL **1** religião animista afro-brasileira que cultua os orixás com danças, cantos e oferendas **2** local desse culto **3** a liturgia, as cerimônias dessa religião

can.don.ga *s.f.* **1** carinho fingido **2** intriga; fofoca **3** pessoa querida ~ **candonguice** *s.f.*

can.don.gar *v.* {mod. 1} *t.d.* **1** tratar com lisonjas; adular *<candonga a filha e a cobre de mimos>* □ *int.* **2** fazer mexerico; intrigar *<eles candongaram a tarde toda>*

can.don.guei.ro *adj.s.m.* **1** que(m) demonstra falso afeto **2** mexeriqueiro, fofoqueiro ■ *s.m.* **3** atabaque pequeno de som agudo

can.du.ra *s.f.* característica de quem ou do que é puro, inocente

ca.ne.ca *s.f.* copo com asa

ca.ne.co *s.m.* **1** caneca alta e estreita **2** *B infrm.* troféu dado ao vencedor de um torneio

ca.ne.la *s.f.* **1** BOT árvore cuja casca é us. como tempero; caneleira **2** CUL casca dessa árvore, us. em pó ou pedaços **3** parte anterior da perna entre o joelho e o pé ■ *s.m.* **4** cor marrom da canela em pó ■ *adj.2g.2n.* **5** que tem essa cor *<pulseiras canela>* **6** diz-se dessa cor *<tom c.>* ▣ **esticar as c.** *infrm.* morrer

ca.ne.la.da *s.f.* pancada na canela ou com a canela

ca.ne.lei.ra *s.f.* **1** ESP proteção acolchoada us. na canela **2** ESP tornozeleira pesada us. em musculação **3** BOT canela

ca.ne.ta /ê/ *s.f.* **1** utensílio para escrever ou desenhar **2** *fig. infrm.* perna, esp. muito fina

ca.ne.tar *v.* {mod. 1} *t.d.* **1** *BA gír.* dedurar **2** *B gír.* multar **3** estabelecer por meio de assinatura *<c. a demissão de um funcionário>* ~ **canetada** *s.f.*

ca.ne.ta-tin.tei.ro [pl.: *canetas-tinteiro* e *canetas-tinteiros*] *s.f.* caneta com reservatório para tinta

cân.fo.ra *s.f.* QUÍM substância extraída da madeira da canforeira e tb. sintetizada, us. em produtos farmacêuticos e cosméticos ~ **canforado** *adj.* - **canforar** *v.t.d.*

can.fo.rei.ra *s.f.* BOT árvore de até 25 m, nativa da China e do Japão, de copa piramidal, flores brancas ou amareladas, de cuja madeira se obtém cânfora

[1]**can.ga** *s.f.* peça de madeira que prende a junta de bois ao carro ou ao arado [ORIGEM: prov. do célt. **cambica* 'madeira curva']

[2]**can.ga** *s.f.* tecido que se enrola da cintura para baixo, sobre a roupa de banho, us. como saída de praia [ORIGEM: prov. do port. *tanga*]

can.ga.cei.ro *s.m. B* bandido fortemente armado que andava em bando pelos sertões do nordeste brasileiro

can.ga.ço *s.m. B* **1** bagaço da uva depois de pisada **2** modo de vida do cangaceiro **3** conjunto dos cangaceiros

can.ga.lha *s.f.* armação que sustenta a carga no lombo de animais

can.gam.bá *s.m.* ZOO jaritataca

can.ga.pé *s.m. B* pontapé na barriga da perna

can.go.te *s.m.* cachaço, nuca

can.gu.ru *s.m.* ZOO mamífero marsupial saltador, encontrado na Austrália e arredores, de cabeça pequena, orelhas grandes, patas posteriores longas e fortes, e cauda longa e grossa

ca.nha.da *s.f. S.* terreno plano e baixo entre duas colinas pequenas

câ.nha.mo *s.m.* **1** BOT arbusto asiático de 2 m a 3 m, cujo caule fornece fibras têxteis e de cujas folhas e flores se originam a maconha e o haxixe **2** fibra, fio ou tecido desse arbusto

ca.nhão [pl.: *-ões*] *s.m.* **1** MIL arma pesada de cano longo para tiro horizontal de grande alcance **2** extremidade do cano da bota **3** FOT TEAT refletor potente com foco ajustável e gelatinas ('folha de celofane') para mudança da cor de cena **4** *pej.* pessoa feia

ca.nhes.tro /ê/ *adj.* **1** desajeitado; sem habilidade **2** tímido

ca.nho.na.ço *s.m.* disparo de canhão

ca.nho.ne.ar *v.* {mod. 5} *t.d.* dar tiros de canhão contra *<c. a fortaleza inimiga>*

ca.nho.nei.ra *s.f.* MIL **1** abertura no parapeito de uma fortaleza para dar passagem a atiradores **2** MAR navio de pequeno calado munido de artilharia grossa

ca.nho.nei.ro *adj.* **1** provido de canhões ■ *adj.s.m.* **2** que(m) lida com canhão

ca.nho.ta /ó *ou* ô/ *s.f.* a mão ou a perna esquerda; sinistra *<fez o gol com a c.>*

ca.nho.to /ô/ [fem.: /ó/] *adj.s.m.* **1** que(m) é mais hábil com a mão esquerda ■ *s.m.* **2** num talonário (de recibos, cheques etc.), a parte não destacável, ger. à esquerda

ca.ni.bal [pl.: *-ais*] *adj.2g.s.2g.* **1** antropófago **2** (animal) que devora outro da mesma espécie ~ **canibalesco** *adj.*

ca.ni.ba.lis.mo *s.m.* ato, comportamento de canibal ~ **canibalístico** *adj.*

ca.ni.ba.li.zar *v.* {mod. 1} *t.d.* aproveitar peças de (equipamento inoperante) para reposição em outro igual ou similar *<c. carros>*

ca.ní.cie *s.f.* **1** embranquecimento dos cabelos **2** *p.ext.* velhice

ca.ni.ço *s.m.* **1** BOT cana fina **2** vara de pescar **3** *fig. infrm.* pessoa magra e alta **4** *fig. infrm.* perna fina

ca.ní.cu.la *s.f.* calor muito forte

ca.ni.cu.lar [pl.: *-es*] *adj.2g.* próprio da canícula

ca.ni.cul.tu.ra *s.f.* criação de cães ~ **canicultor** *adj.s.m.*

ca.ní.deo *adj.s.m.* ZOO (espécime) dos canídeos, família de mamíferos que andam sobre os dedos, da ordem dos carnívoros, que inclui os cães, os lobos e as raposas

C

ca.nil [pl.: *-is*] *s.m.* local para alojamento e/ou criação de cães

ca.ni.na.na *s.f.* **1** ZOO cobra preta e amarela não venenosa com cerca de 2,5 m de comprimento **2** *fig. infrm.* pessoa irritadiça

ca.nin.dé *s.m.* ZOO arara de até 80 cm de comprimento, parte superior do corpo azul e inferior amarela, alto da cabeça verde, penas negras na face e na garganta

ca.ni.nha *s.f.* **1** cana pequena **2** *infrm.* cachaça

¹ca.ni.no *adj.* relativo a cão ou próprio dele [ORIGEM: lat. *canīnus,a,um* 'de cão']

²ca.ni.no *adj.s.m.* ANAT ODONT (dente) pontudo que permite rasgar os alimentos [ORIGEM: red. de *dente canino*]

câ.nion [pl.: *caníones* e *(B) cânions*] *s.m.* GEO grande desfiladeiro sinuoso por onde corre um rio

ca.ni.tar [pl.: *-es*] *s.m. B* cocar feito de penas, us. pelos indígenas em suas cerimônias

ca.ni.ve.te *s.m.* pequena navalha com lâmina dobrável

can.ja *s.f.* **1** CUL sopa de galinha com arroz **2** *B infrm.* apresentação não programada de um artista ▣ **ser c.** *B infrm.* ser fácil, moleza

can.je.rê *s.m. B* **1** reunião para a prática de feitiçaria **2** *p.ext.* feitiço, bruxaria

can.ji.ca *s.f.* CUL **1** mingau de milho branco com leite de coco; munguzá **2** papa de milho verde ralado e cozido com leite e açúcar

can.ji.rão [pl.: *-ões*] *s.m.* jarro grande de boca larga

ca.no *s.m.* **1** cilindro longo e oco para escoar líquido ou gás **2** em arma de fogo, tubo por onde sai a bala **3** parte da bota que cobre a perna acima do tornozelo ◉ COL encanamento, tubulação ▣ **c. de descarga** nos veículos, cano por onde escapam os gases provenientes do motor • **dar o (um) c.** *B infrm.* faltar a compromisso marcado • **entrar pelo c.** *B infrm.* dar-se mal em alguma empreitada

ca.no.a /ô/ *s.f.* **1** pequena embarcação a remo, sem quilha **2** qualquer objeto com a forma dessa embarcação ▣ **embarcar em c. furada** *fraseol.* meter-se em uma situação arriscada

ca.no.a.gem [pl.: *-ens*] *s.f.* ESP modalidade de esporte em que a descida de rios caudalosos é feita em canoas e botes [Como esporte olímpico, é praticado em caiaques ou canoas em duas modalidades: velocidade e *slalom*, na qual os canoístas devem passar remando por 18 a 25 "portas" que pendem de fios metálicos.] ~ **canoísta** *adj.2g.s.2g.*

ca.no.ei.ro *s.m.* **1** aquele que conduz canoa **2** quem produz canoas

câ.no.ne ou **câ.non** [pl.: *cânones*] *s.m.* **1** regra ou princípio geral; norma, padrão **2** REL decisão de um concílio da Igreja católica sobre matéria de fé ou de disciplina **3** REL lista dos livros que compõem a Bíblia **4** REL lista dos santos da Igreja católica **5** LITUR parte central da missa, durante a qual o sacerdote consagra o pão e o vinho **6** MÚS composição cujo tema, iniciado por uma voz, é repetido por outra(s) em tempos diferentes ~ **canonista** *adj.2g.s.2g.*

ca.nô.ni.co *adj.* **1** relativo a cânone **2** conforme as regras ou os preceitos ~ **canonicidade** *s.f.*

ca.no.ni.za.ção [pl.: *-ões*] *s.f.* REL ato solene em que o papa declara uma pessoa falecida inscrita no catálogo dos santos ☞ cf. *beatificação*

ca.no.ni.zar *v.* {mod. 1} *t.d.* declarar santo (alguém já morto), inscrevendo-o (a Igreja católica) numa lista chamada *cânone* ☞ cf. *beatificar*

ca.no.ro *adj.* que canta bem; melodioso

can.sa.ço *s.m.* sensação de fraqueza devido a esforço físico ou doença; fadiga, canseira

can.sa.do *adj.* **1** que se cansou; fatigado **2** que se aborreceu; entediado, farto, exausto

can.san.ção [pl.: *-ões*] *s.m.* BOT cada uma de várias espécies de urtiga

can.sar *v.* {mod. 1} *t.d.,int. e pron.* **1** (prep. *de*) (fazer) sentir cansaço *<o esforço cansou o operário>* *<este exercício é leve e não cansa>* *<cansei-me de ler>* **2** *fig.* (prep. *de*) aborrecer(-se), enfastiar(-se) *<os alunos cansaram o mestre com perguntas>* *<cansa muito esperar os atrasados>* *<cansei-me de pedir silêncio>* ◉ GRAM/USO tb. é empr. como v.aux., com a prep. *de* e o inf. de outro verbo, para indicar a ideia de 'insistência da ação': *cansei de dizer que não queria mais*

can.sa.ti.vo *adj.* que causa cansaço; fatigante

can.sei.ra *s.f.* **1** cansaço, fadiga **2** trabalho intenso; faina

can.ta.da *s.f. infrm.* ato de tentar seduzir com palavras agradáveis

can.ta.dor /ô/ [pl.: *-es*] *adj.s.m.* **1** que(m) canta; cantor ■ *s.m. N.E.* **2** cantor ou poeta popular que relata acontecimentos em versos cantados de improviso, ger. acompanhados de viola ou rabeca ☞ cf. *repentista*

can.tan.te *adj.2g.* **1** que canta **2** próprio para ser cantado

can.tão [pl.: *-ões*] *s.m.* divisão territorial de alguns países europeus, como a Suíça

can.tar *v.* {mod. 1} *t.d. e int.* **1** expressar com a voz (sons musicais) *<c. marchinhas>* *<ouviu-o c.>* **2** interpretar pelo canto (peça ou um trecho musical) *<c. uma ária>* □ *int.* **3** emitir sons (ave) □ *t.d.* **4** celebrar em verso ou prosa *<c. feitos heroicos>* **5** *fig. B infrm.* tentar convencer (alguém) a fazer algo *<queria ajuda e cantou o colega>* □ *t.d. e t.d.i.* **6** (prep. *para*) prever, prevenir *<cantou (para o colega) o que estava para acontecer>* ◉ GRAM/USO como *s.m.*, pl.: *-es*

can.ta.ri.a *s.f.* CONSTR pedra lavrada em forma geométrica para construções

cân.ta.ro *s.m.* vaso para líquidos, bojudo e com asas

can.ta.ro.lar *v.* {mod. 1} *t.d. e int.* cantar baixo, ger. para si mesmo *<cantarolou uma singela melodia>* *<distraída, cantarolava>*

can.ta.ta *s.f.* MÚS composição vocal e instrumental, freq. religiosa, em vários movimentos ('parte')

can.tei.ro *s.m.* porção de terra demarcada para cultivar plantas ▣ **c. de obras** *B* local anexo à área da construção us. como depósito, alojamento etc.

cân.ti.co *s.m.* MÚS **1** canto religioso em louvor à divindade; hino **2** *p.ext.* hino ou poema de louvor

can.ti.ga *s.f.* **1** LIT MÚS canto formado de versos curtos dividido em estrofes **2** MÚS qualquer composição popular para ser cantada

can.til [pl.: *-is*] *s.m.* pequeno recipiente us. por soldados, esportistas etc. para levar água

can.ti.le.na *s.f.* **1** canção breve e simples **2** *fig.* queixa repetida e monótona **3** *fig.* conversa maçante

can.ti.na *s.f.* **1** local onde se vendem alimentos e bebidas em escolas, quartéis etc.; lanchonete **2** *B* restaurante simples de comida italiana

[1]**can.to** *s.m.* **1** ângulo formado pela união de duas linhas ou dois planos **1.1** ESP ângulo formado pela linha lateral e pela linha de fundo num campo de futebol, hóquei, handebol **2** limite lateral de uma cavidade corporal; comissura *<c. do olho>* **3** lugar onde se vive *<só sai do seu c. para trabalhar>* **4** local afastado, com pouco movimento **5** lugar indeterminado *<em que c. se meteu o gato?>* [ORIGEM: do lat. *canthus,i* 'área ou faixa de ferro que envolve a roda']

[2]**can.to** *s.m.* **1** emissão de sons musicais pela voz; ato de cantar **2** sequência de sons produzidos por alguns animais *<c. dos passarinhos>* **3** música cantada; canção, cantiga **4** MÚS arte e técnica de cantar **5** LIT cada parte de um poema longo [ORIGEM: do lat. *cantus,us* 'id.']

can.to.chão [pl.: *-ãos*] *s.m.* LIT MÚS canto da Igreja católica ocidental, de ritmo livre e a uma só voz, us. na recitação de textos litúrgicos; canto gregoriano

can.to.nei.ra *s.f.* **1** móvel que se encaixa em ângulo da parede **2** peça de metal em L para sustentar prateleiras **3** reforço nos cantos de pastas, encadernações etc. **4** triângulo de papel que prende, pelos cantos, fotografias, selos etc.

can.tor /ô/ [pl.: *-es*] *adj.s.m.* que(m) canta, esp. como profissional ◉ COL coro

can.to.ri.a *s.f.* **1** ação de cantar; canto **2** conjunto de vozes cantando **3** *B* desafio de cantadores

ca.nu.do *s.m.* tubo cilíndrico estreito, com finalidades diversas

câ.nu.la *s.f.* MED pequeno tubo, aberto em ambas as extremidades, adaptável a instrumentos cirúrgicos, seringas, drenos etc.

ca.nu.ti.lho *s.m.* pequeno canudo de vidro e/ou fio de ouro ou prata enrolado em espiral us. em bordados e passamanaria

can.zar.rão [pl.: *-ões*] *s.m.* cão muito grande ◉ GRAM/USO aum.irreg. de *cão*

can.zo.a.da *s.f.* **1** agrupamento de cães **2** barulheira de cães

cão [pl.: *-ães*; fem.: *cadela*] *s.m.* **1** ZOO mamífero quadrúpede, carnívoro, domesticável, da família dos canídeos, representado por diversas raças; cachorro **2** *fig. pej.* pessoa muito má **3** *B infrm.* o diabo **4** peça da arma de fogo que faz disparar a cápsula ◉ GRAM/USO aum.irreg.: *canzarrão* ◉ COL matilha

ca.o.lho /ô/ *adj.s.m.* *B pej.* **1** que(m) é cego de um olho **2** estrábico, vesgo

caos *s.m.2n.* **1** estado desorganizado da matéria primordial antes da criação de todos os seres do universo **2** *fig.* mistura de coisas desarrumadas; confusão

ca.ó.ti.co *adj.* em que há caos; confuso, desordenado

cão-ti.nho.so /ô/ [pl.: /ó/] *s.m.* *infrm.* o diabo

[1]**ca.pa** *s.f.* **1** VEST veste longa, sem mangas, que se usa sobre a roupa para proteger contra a chuva ou o frio **2** *p.ext.* envoltório que protege ou oculta **3** BIBLIO parte exterior de qualquer publicação *<c. de livro>* [ORIGEM: do lat.tar. *cappa,ae* 'proteção para a cabeça; certo tipo de casaco com capuz']

[2]**ca.pa** *s.m.* nome da décima letra do alfabeto grego (κ, Κ) [ORIGEM: do gr. *káppa* 'id.']

ca.pa.ce.te /ê/ *s.m.* proteção para cabeça feita com material resistente a impactos

ca.pa.cho *s.m.* **1** tapete us. para limpar as solas dos sapatos **2** *p.ext. infrm. pej.* bajulador; puxa-saco

ca.pa.ci.da.de *s.f.* **1** volume que pode ser contido em algo *<sala com c. para 100 pessoas>* **2** poder de produção *<reduzimos nossa c. em 30%>* **3** competência e/ou talento para realizar ou compreender algo **4** *p.ext.* pessoa de muito talento

ca.pa.ci.ta.ção [pl.: *-ões*] *s.f.* ação ou resultado de capacitar(-se)

ca.pa.ci.tar *v.* {mod. 1} *t.d.i. e pron.* **1** (prep. *para*) tornar(-se) capaz, apto (a uma função, serviço etc.); habilitar(-se) *<c. atletas para um torneio>* *<c.-se para um concurso>* **2** (prep. *de*) convencer(-se), persuadir(-se) *<o relatório capacitou-os de que as mudanças eram urgentes>* *<ela não se capacitou do inevitável>*

ca.pa.ci.tor /ô/ [pl.: *-es*] *s.m.* ELETR *B* conjunto de condutores isolados que armazenam carga elétrica no campo que se forma entre eles; condensador

ca.pa.do *adj.* **1** a que se extraíram os órgãos reprodutores; castrado ■ *s.m.* *B* **2** animal, ger. o porco, castrado para engorda; capão

ca.pan.ga *s.m.* *B* **1** pessoa que acompanha outra para protegê-la; guarda-costas ■ *s.f.* *B* **2** bolsa pequena, us. a tiracolo por viajantes, comerciantes etc. **3** *p.ext.* bolsa de mão para homem

[1]**ca.pão** [pl.: *-ões*] *s.m.* animal castrado para engorda, esp. frango [ORIGEM: do lat. *capo,onis* 'galo castrado']

[2]**ca.pão** [pl.: *-ões*] *s.m.* pequena extensão de vegetação, de volume e composição variados, e aspecto diferente da que a circunda [ORIGEM: do tupi *ka'a pu'ã* 'mato redondo' ou *kaa'paũ* 'mato isolado']

ca.par *v.* {mod. 1} *t.d.* retirar ou inutilizar os órgãos reprodutores de; castrar *<c. um touro>*

ca.pa.taz [pl.: *-es*] *s.m.* **1** chefe de grupo organizado de trabalhadores braçais **2** *B* administrador de fazenda

ca.pa.ta.zi.a *s.f.* **1** função de capataz **2** *p.ext.* grupo de trabalhadores chefiado por um capataz

C

ca.paz [pl.: *-es*] *adj.2g.* **1** que pode conter, abrigar algo em si <*ônibus c. de levar 44 pessoas*> **2** que tem competência ou condições para (algo) <*vidro c. de isolar calor*> <*ser c. de dirigir*> **3** legalmente apto ◉ GRAM/USO sup.abs.sint. *capacíssimo*

cap.ci.o.so /ô/ [pl.: /ó/; fem.: /ó/] *adj.* **1** que procura confundir **2** que engana

ca.pe.ar *v.* {mod. 5} *t.d.* **1** guarnecer de capa; encapar **2** recobrir (muros, estradas etc.) com o revestimento final **3** *fig.* encobrir, disfarçar <*c. as emoções*> ~ **capeamento** *s.m.*

ca.pe.la *s.f.* **1** pequena igreja com um só altar **2** *p.ext.* local em uma igreja, com altar próprio, reservado para orações, meditação etc. **3** *p.ext.* local destinado ao culto religioso fora das igrejas <*c. de hospital*>

ca.pe.lão [pl.: *-ães*] *s.m.* **1** padre de uma capela **2** padre que dá assistência espiritual em quartéis, hospitais, asilos etc. ~ **capelania** *s.f.*

ca.pe.lo /ê/ *s.m.* **1** capuz de frade **2** chapéu de cardeal **3** pequena capa us. por doutores em cerimônias acadêmicas

ca.pen.ga *adj.2g.s.2g.* **1** que(m) se apoia mais em uma das pernas para andar; manco ■ *adj.2g. fig.* **2** sem apoio, bambo **3** incompleto; defeituoso <*texto c.*> <*desculpa c.*>

ca.pen.gar *v.* {mod. 1} *t.i. e int.* (prep. *de*) caminhar apoiando-se mais em uma das pernas; mancar <*c. de uma perna*> <*não podia porque capengava*>

ca.pe.ta /ê/ *s.m. infrm.* **1** o diabo ■ *adj.2g.s.2g. infrm.* **2** que(m) é travesso

ca.pe.ti.ce *s.f.* ato ou comportamento de quem é capeta; diabrura, travessura

ca.pi.au [fem.: *capioa*] *adj.s.m. B* habitante do campo, de jeito simples e hábitos rústicos; caipira

ca.pi.lar [pl.: *-es*] *adj.2g.* **1** relativo a cabelo **2** fino como fio de cabelo ■ *s.m.* ANAT **3** vaso sanguíneo muito fino ~ **capilaridade** *s.f.*

ca.pim [pl.: *-ins*] *s.m.* BOT nome comum a diversas gramíneas, que cobrem áreas mais ou menos extensas e são us. para forragem

ca.pi.na *s.f.* ação ou resultado de capinar; retirada de capim; capinação

ca.pi.na.ção [pl.: *-ões*] *s.f.* capina

ca.pi.nar *v.* {mod. 1} *t.d.* retirar capim, mato ou ervas daninhas de <*c. um terreno*>

ca.pin.zal [pl.: *-ais*] *s.m.* terreno coberto de capim

ca.pis.ta *s.2g.* profissional que cria capas de livros, discos etc.

ca.pi.tal [pl.: *-ais*] *adj.2g.* **1** de primeira importância; fundamental <*assunto c.*> **2** que provoca a morte <*pena c.*> ■ *s.f.* **3** cidade que sedia um governo **4** cidade que é o centro de uma atividade <*c. da moda*> ■ *s.m.* ECON **5** conjunto de dinheiro e outros bens que forma o patrimônio de alguém **6** bem que pode ser aplicado à produção **7** riqueza capaz de produzir renda

ca.pi.ta.lis.mo *s.m.* ECON regime econômico e social baseado na propriedade privada e na fixação livre dos preços, segundo a concorrência e a relação entre a oferta e a procura

ca.pi.ta.lis.ta *adj.2g.* **1** próprio do capitalismo ■ *adj.2g.s.2g.* **2** que(m) possui capital ('conjunto') **3** *p.ext.* que(m) é muito rico **4** partidário do capitalismo

ca.pi.ta.li.za.ção [pl.: *-ões*] *s.f.* ECON **1** acumulação de juros ao capital investido **2** formação ou aumento de um capital

ca.pi.ta.li.zar *v.* {mod. 1} *t.d.* **1** ECON converter em capital, em dinheiro <*c. ações da bolsa*> **2** ECON guardar ou investir para formar um capital <*c. economias*> **3** ECON acrescentar juros ou rendimentos a (um capital) **4** *fig.* tirar proveito de <*soube c. as reivindicações do povo*> □ *int.* ECON **5** acumular riquezas; formar ou aumentar um capital

ca.pi.ta.ne.ar *v.* {mod. 5} *t.d.* **1** comandar como capitão <*c. um navio*> **2** *p.ext.* dirigir, governar <*c. uma empresa*>

ca.pi.ta.ni.a *s.f.* **1** cargo ou posto de capitão **2** sede administrativa de um porto ▣ **c. dos portos** MAR repartição do Ministério da Marinha responsável por inspecionar, policiar e controlar os portos e o pessoal marítimo • **c. hereditária** HIST cada uma das unidades administrativas do Brasil colonial

ca.pi.tâ.nia *s.f.* MAR navio em que viaja o comandante ◉ GRAM/USO tb. us. como adj.: *nau capitânia*

ca.pi.tão [pl.: *-ães*; fem.: *capitã* e *capitoa*] *s.m.* **1** MIL posto militar abaixo de major e acima de tenente **2** MIL oficial nesse posto **3** comandante de navio **4** *p.ext.* chefe de qualquer grupo de pessoas **5** ESP membro de uma equipe que a representa e comanda ◉ GRAM/USO nas acp. de MIL, freq. não se empregam as formas femininas: o *capitão*, a *capitão*

ca.pi.tão de cor.ve.ta [pl.: *capitães de corveta*] *s.m.* MIL **1** posto de oficial da Marinha de Guerra superior ao de capitão-tenente e inferior ao de capitão de fragata **2** oficial que tem esse posto ◉ GRAM/USO freq. não se emprega o feminino: o *capitão de corveta*, a *capitão de corveta*

ca.pi.tão de fra.ga.ta [pl.: *capitães de fragata*] *s.m.* MIL **1** posto de oficial da Marinha de Guerra superior ao de capitão de corveta e inferior ao de capitão de mar e guerra **2** oficial que tem esse posto ◉ GRAM/USO freq. não se emprega o feminino: o *capitão de fragata*, a *capitão de fragata*

ca.pi.tão de mar e guer.ra [pl.: *capitães de mar e guerra*] *s.m.* MIL **1** posto de oficial da Marinha de Guerra superior ao de capitão de fragata e inferior ao de contra-almirante **2** oficial que tem esse posto ◉ GRAM/USO freq. não se emprega o feminino: o *capitão de mar e guerra*, a *capitão de mar e guerra*

ca.pi.tão do ma.to [pl.: *capitães do mato*] *s.m. B* caçador de escravos fugidos

ca.pi.tão-mor [pl.: *capitães-mores*] *s.m.* HIST **1** título dado aos donatários das capitanias hereditárias **2** autoridade militar que chefiava a milícia de uma cidade ou vila

ca.pi.tão-te.nen.te [pl.: *capitães-tenentes*] *s.m.* MIL **1** posto de oficial da Marinha de Guerra superior ao de primeiro-tenente e inferior ao de capitão de corveta **2** oficial que tem esse posto ◉ GRAM/USO freq. não se emprega o feminino: o *capitão-tenente*, a *capitão-tenente*

ca.pi.ta.ri *s.m.* **1** BOT árvore ribeirinha da Amazônia de flores róseas e madeira castanho-escura us. para marcenaria **2** ZOO *N.* macho da tartaruga

ca.pi.tel [pl.: *-éis*] *s.m.* ARQ parte superior, ger. trabalhada, de uma coluna

ca.pi.to.so /ô/ [pl.: /ó/; fem.: /ó/] *adj.* **1** que tem alto teor alcoólico **2** *fig.* que embriaga, entontece

ca.pi.tu.la.ção [pl.: *-ões*] *s.f.* **1** ato ou efeito de capitular **2** MIL ato pelo qual se estabelecem as condições para a rendição de um chefe militar **3** desistência, renúncia, sujeição

¹ca.pi.tu.lar *v.* {mod. 1} *t.d.* **1** ajustar sob determinadas condições *<c. um acordo>* **2** descrever detalhadamente *<c. sintomas>* **3** dividir (texto) em capítulos **4** *p.ext.* enumerar, listar *<c. os formandos>* □ *t.d.pred.* **5** (prep. *de*) dar a qualificação de; classificar *<c. o candidato de radical>* □ *int.* **6** deixar de resistir; render-se *<o inimigo capitulou>* **7** *p.ext.* ceder, transigir *<insistiu até ele c.>* [ORIGEM: do lat. *capitulare* 'fazer um pacto']

²ca.pi.tu.lar [pl.: *-es*] *adj.2g.* **1** relativo ou pertencente a capítulo ('assembleia') **2** maiúsculo *<letra c.>* ■ *s.f.* **3** letra capitular [ORIGEM: do lat. *capitulāris,e* 'id.']

ca.pí.tu.lo *s.m.* **1** divisão de livro, código etc. **2** REL assembleia religiosa para decidir sobre dado assunto **3** BOT inflorescência formada de pequenas flores inseridas em um só receptáculo

ca.pi.va.ra *s.f.* ZOO grande mamífero roedor, semiaquático, de corpo compacto, pernas curtas, pés anteriores com quatro dedos e posteriores com três

ca.pi.xa.ba *adj.2g.* **1** do Espírito Santo ■ *s.2g.* **2** natural ou habitante desse estado

ca.pô *s.m.* cobertura móvel que protege o motor dos automóveis

¹ca.po.ei.ra *s.f.* **1** AGR terreno desmatado para cultivo ou outros fins **2** vegetação que surge após a derrubada da mata original [ORIGEM: do tupi *ko'pwera*, de *ko* 'roça' + *pwera* 'que já foi']

²ca.po.ei.ra *s.m.* **1** negro que vivia na capoeira ('terreno') e assaltava viajantes ■ *s.f.* **2** luta introduzida no Brasil por escravos bantos, hoje praticada como jogo e esporte ■ *s.2g.* **3** praticante de capoeira; capoeirista [ORIGEM: duv., talvez de ¹*capoeira*]

³ca.po.ei.ra *s.f.* cesto de varas ou gaiola para guardar capões e outras aves [ORIGEM: *capão* sob a f. rad. *capon-*, com perda da nasalidade, + *-eira*]

ca.po.ei.ris.ta *s.2g.* ²capoeira ('praticante')

ca.po.ral [pl.: *-ais*] *s.m.* *B* tabaco picado, de má qualidade

ca.po.ta *s.f.* cobertura de automóveis, removível ou não

ca.po.tar *v.* {mod. 1} *int.* **1** tombar (automóvel, avião etc.), de rodas para cima ou dando voltas sobre si **2** *infrm.* cair em sono profundo, ger. por cansaço

ca.po.te *s.m.* VEST **1** capa larga e longa, com ou sem capuz **2** casacão longo us. por soldado da infantaria

ca.po.tei.ro *s.m.* aquele que faz ou conserta capotas de veículos

ca.pri.char *v.* {mod. 1} *t.i. e int.* (prep. *em*) fazer com capricho, com perfeição; esmerar-se *<gosta de c. (na comida)>*

ca.pri.cho *s.m.* **1** grande esforço em fazer bem qualquer coisa; apuro, esmero **2** desejo ou vontade repentina, que muda com frequência **3** atitude de quem insiste sem razão; teimosia, obstinação

ca.pri.cho.so /ô/ [pl.: /ó/; fem.: /ó/] *adj.* **1** que faz as coisas com capricho, apuro; cuidadoso, aplicado **2** cuja vontade muda com frequência; inconstante

ca.pri.cor.ni.a.no *adj.s.m.* ASTRL que(m) é do signo de Capricórnio

ca.pri.cór.nio *s.m.* **1** ASTR décima constelação zodiacal, situada ao sul do equador celeste, entre Sagitário e Aquário ☞ inicial maiúsc. **2** ASTRL décimo signo do zodíaco (de 22 de dezembro a 20 de janeiro) ☞ inicial maiúsc

ca.pri.no *adj.* **1** relativo a cabra ou bode ■ *s.m.* ZOO **2** espécime dos caprinos, fam. de bovídeos que inclui, entre outros, cabras, carneiros e ovelhas

cáp.su.la *s.f.* **1** qualquer invólucro vedado que lembra uma caixa pequena **2** FARM invólucro de goma que contém medicamento **3** AER compartimento pressurizado de espaçonave, que leva astronautas e instrumentos

¹cap.su.lar [pl.: *-es*] *adj.2g.* em forma de cápsula ou relativo a ela [ORIGEM: *cápsula* + ¹*-ar*]

²cap.su.lar *v.* {mod. 1} *t.d.* colocar em cápsula; encapsular *<c. um medicamento>* [ORIGEM: *cápsula* + ²*-ar*]

cap.tar *v.* {mod. 1} *t.d.* **1** trazer para si; atrair, conquistar *<c. a atenção>* **2** recolher, obter *<c. recursos>* **3** apreender pela inteligência; compreender, entender *<c. a mensagem>* **4** recolher e canalizar para determinado local *<c. água das chuvas>* **5** RÁD TV receber (sinais de áudio e vídeo) ~ **captação** *s.f.*

cap.tor /ô/ [pl.: *-es*] *adj.s.m.* (o) que captura

cap.tu.ra *s.f.* ato ou efeito de capturar; prisão, aprisionamento

cap.tu.rar *v.* {mod. 1} *t.d.* privar da liberdade; prender *<c. bandidos>* ~ **capturador** *adj.s.m.*

ca.pu.chi.nho *adj.s.m.* **1** (religioso) de um ramo da ordem de São Francisco de Assis ■ *s.m.* **2** capuz pequeno

ca.puz [pl.: *-es*] *s.m.* VEST parte de casaco, capa, hábito etc. que cobre a cabeça

ca.quei.ro *s.m.* **1** *BA* vaso de plantas **2** *CE* jarro

ca.qué.ti.co *adj.* **1** relativo a caquexia **2** que sofre de caquexia **3** *fig.* muito abatido, envelhecido **4** *fig.* *pej.* ultrapassado, antiquado

ca.que.xi.a /cs/ *s.f.* MED grau extremo de enfraquecimento causado por desnutrição ou velhice

C

ca.qui *s.m.* BOT **1** fruto avermelhado do caquizeiro, de polpa gelatinosa e doce **2** caquizeiro

cá.qui *s.m.* **1** cor castanho-amarelada **2** brim dessa cor, ger. us. em uniformes militares ■ *adj.2g.2n.* **3** que tem essa cor *<bolsas cáqui>* **4** diz-se dessa cor

ca.qui.zei.ro *s.m.* BOT árvore com flores amareladas, nativa do Japão, que dá o caqui; caqui

ca.ra *s.f.* **1** parte anterior da cabeça, composta pela testa, olhos, nariz, boca, queixo e bochechas; face, rosto **2** expressão facial; fisionomia, semblante **3** aparência, aspecto **4** lado da moeda que tem uma efígie ☞ cf. *coroa* ■ *s.m. infrm.* **5** indivíduo, pessoa qualquer ◉ GRAM/USO aum.irreg.: *caraça, carão* ▣ **c. a c.** de frente (um para o outro); frente a frente • **amarrar** ou **fechar a c.** *fig.* demonstrar desagrado ou irritação • **dar as c.** *infrm.* aparecer ou comparecer • **de c.** *infrm.* logo no início, de saída • **meter a c. em** *infrm.* empenhar-se em • **quebrar a c.** não alcançar o objetivo; frustrar-se

ca.rá *s.m.* BOT **1** trepadeira cujo tubérculo, rico em amido, é comestível **2** o tubérculo dessa planta

ca.ra.bi.na *s.f.* espingarda curta; clavina ~ **carabinada** *s.f.*

ca.ra.bi.nei.ro *s.m.* **1** soldado que usa carabina **2** pessoa que fabrica ou vende carabina

[1]**ca.ra.ca** *s.f. B infrm.* **1** casca de ferida **2** camada de sujeira na pele **3** muco ressecado do nariz; cataraca, meleca [ORIGEM: duv., talvez de *craca*]

[2]**ca.ra.ca** *interj. B infrm.* expressa admiração, entusiasmo, surpresa ou indignação [ORIGEM: eufemismo, por *caralho*]

ca.ra.ça *s.f.* **1** cara enorme ■ *s.m.* **2** boi ou cavalo com mancha branca no focinho

ca.ra.ca.rá *s.m.* ZOO → ***CARCARÁ***

ca.ra.col [pl.: *-óis*] *s.m.* **1** ZOO molusco gastrópode, terrestre, com concha espiralada ☞ cf. *caramujo* **2** cacho de cabelo

ca.ra.co.lar *v.* {mod. 1} *int.* **1** mover-se em círculos ou em espiral **2** fazer (o cavalo) curvetas; corcovear

ca.rac.te.re *s.m.* INF qualquer letra, algarismo, símbolo, sinal que pode ser armazenado em computador ☞ cf. *caráter*

ca.rac.te.rís.ti.ca *s.f.* aquilo que caracteriza; qualidade distintiva

ca.rac.te.rís.ti.co *adj.* que caracteriza; distintivo, particular, próprio

ca.rac.te.ri.za.ção [pl.: *-ões*] *s.f.* **1** ato ou efeito de caracterizar **2** CINE TEAT TV modificação efetuada no rosto e corpo do ator para representar determinado papel

ca.rac.te.ri.zar *v.* {mod. 1} *t.d. e pron.* **1** (prep. *por*) evidenciar, destacar as características (de); distinguir(-se) *<a emoção caracteriza os seus discursos> <sua vida se caracteriza pela humildade>* **2** preparar(-se) [ator] para encarnar um personagem *<os camareiros terminaram de c. a atriz> <o ator se caracterizou com perfeição>*

ca.ra.cu *adj.2g.s.2g.* ZOO (boi) de pelo curto e ruivo

ca.ra de pau [pl.: *caras de pau*] *adj.2g.s.2g. infrm.* **1** que(m) não se incomoda com as próprias atitudes reprováveis; cínico, descarado ■ *s.f. infrm.* **2** petulância, atrevimento

ca.ra.du.ra *s.f. B pej.* **1** cara de pau ■ *adj.2g.s.2g. B pej.* **2** cara de pau

ca.ra.du.ris.mo *s.m. infrm.* falta de vergonha, de escrúpulos; caradura, desfaçatez

ca.ra.í.ba *s.m. B* **1** homem branco, europeu, na denominação dos indígenas do séc. XVI **2** coisa sagrada ou sobrenatural

ca.ra.já *adj.2g.s.2g.* (indivíduo) dos carajás, povo indígena que vive ao longo do rio Araguaia (C.-O.)

ca.ra.lho *interj. gros.* **1** pênis ■ *interj. gros.* **2** expressa admiração, entusiasmo **3** exprime raiva, indignação ▣ **pra c.** *B gros.* **1** muito, demais **2** em grande quantidade; à beça

ca.ra.man.chão [pl.: *-ões*] *s.m.* construção leve, ger. de madeira e coberta por plantas trepadeiras nos jardins

ca.ram.ba *interj. infrm.* expressa surpresa, admiração ou ironia

ca.ram.bo.la *s.f.* **1** BOT fruto da caramboleira, facetado, de sabor ácido e cor amarelada **2** RECR bola vermelha, no bilhar **3** RECR tacada no bilhar que atinge duas bolas de uma vez

ca.ram.bo.lar *v.* {mod. 1} *int.* **1** RECR no bilhar, atingir duas bolas numa tacada **2** *fig.* trapacear, enganar

ca.ram.bo.lei.ra *s.f.* ou **ca.ram.bo.lei.ro** *s.m.* BOT árvore da carambola, de tronco tortuoso e flores pequenas

ca.ra.me.lo *s.m.* **1** calda de açúcar queimado **2** guloseima feita dessa calda **3** cor do açúcar queimado ■ *adj.2g.2n.* **4** que tem essa cor *<bolsas caramelo>* **5** diz-se dessa cor *<tons caramelo>* ~ **caramelizar** *v.t.d.,int. e pron.*

ca.ra-me.ta.de [pl.: *caras-metades*] *s.f. infrm.* pessoa com quem se namora ou se é casado; alma gêmea

ca.ra.min.guás *s.m.pl. B infrm.* **1** pertences de pouco valor **2** dinheiro de pouco valor

ca.ra.mi.nho.las *s.f.pl. infrm.* **1** sonhos impossíveis; fantasias **2** histórias falsas; mentiras

ca.ra.mu.jo *s.m.* ZOO molusco gastrópode, de água doce ou salgada, de concha espiralada, grossa e forte ☞ cf. *caracol*

ca.ran.go *s.m.* ou **ca.ran.ga** *s.f. B infrm.* automóvel, carro

ca.ran.gue.jei.ra *s.f.* ZOO aranha-caranguejeira

ca.ran.gue.jo /ê/ *s.m.* ZOO nome comum a crustáceos decápodes de carapaça larga e grandes pinças, encontrados em mangues

ca.ran.gue.jo.la *s.f.* **1** armação pouco firme, de madeira **2** *p.ext.* estrutura instável de objetos sobrepostos

ca.ran.to.nha *s.f.* **1** cara feia e grande; carão **2** máscara grotesca **3** careta, esgar

ca.rão [pl.: *-ões*] *s.m.* **1** cara muito grande e feia; carantonha **2** *infrm.* repreensão, advertência, bronca ◉ GRAM/USO aum.irreg. de *cara*

ca.ra.o.quê *s.m.* **1** tipo de espetáculo em que os frequentadores de um bar, casa noturna etc. podem cantar ao microfone, acompanhados pelos músicos da casa ou por fundos instrumentais gravados **2** aparelho sonoro ou audiovisual que reproduz fundos instrumentais de músicas para acompanhar quem canta no microfone

ca.ra.pa.ça *s.f.* **1** escudo rígido no dorso de certos animais, como tartarugas, tatus, caranguejos **2** *p.ext.* qualquer proteção rígida (tb. fig.)

ca.ra.pa.nã *s.m. AMAZ* mosquito

ca.ra.pe.ba *s.f.* ZOO peixe comestível de boca pequena e sem dentes

ca.ra.pi.cu *s.m.* ZOO nome comum a vários peixes que possuem nadadeiras anais com espinhos

ca.ra.pi.nha *s.f.* cabelo muito crespo, próprio das pessoas negras; pixaim

ca.ra.pi.nha.da *s.f.* bebida feita com xarope ou sumo de fruta e raspas de gelo

ca.ra-pin.ta.da [pl.: *caras-pintadas*] *adj.2g.s.2g.* (jovem) que pinta o rosto em manifestações políticas de rua

ca.ra.pu.ça *s.f.* **1** gorro em forma de cone **2** crítica indireta ▣ **vestir a c.** sentir-se atingido por crítica

ca.ra.tê *s.m.* ESP método oriental de defesa pessoal em que se usam apenas os pés e as mãos

ca.ra.te.ca *s.2g.* ESP pessoa que pratica caratê

ca.rá.ter [pl.: *caracteres*] *s.m.* **1** personalidade, temperamento, índole **2** traço distintivo de pessoa, coisa ou grupo **3** sinal (letra, número etc.) ou figura us. na escrita ☞ cf. *caractere* **4** honestidade, dignidade ▣ **a c.** de acordo com o lugar, a época, os costumes (diz-se de traje)

ca.ra.tin.ga *s.m.* **1** ZOO peixe comum no sudeste brasileiro, mas de carne pouco apreciada **2** BOT trepadeira nativa do Brasil com tubérculo comestível

ca.ra.va.na *s.f.* **1** grupo de mercadores ou viajantes que se juntam para atravessar regiões perigosas **2** *p.ext.* qualquer grupo de pessoas ou veículos que viajam juntos ~ **caravaneiro** *s.m.*

ca.ra.van.ça.rá *s.m.* no Oriente Médio, estalagem gratuita para caravanas

ca.ra.ve.la *s.f.* **1** MAR antiga embarcação veloz, a vela e com até quatro mastros **2** ZOO água-viva

car.bo-hi.dra.to [pl.: *carbo-hidratos*] ou **car.bo.i.dra.to** *s.m.* QUÍM composto orgânico formado por carbono, hidrogênio e oxigênio, tal como os açúcares, o amido e a celulose

car.bo.na.to *s.m.* QUÍM sal ou éster do ácido carbônico ou ânion dele derivado ▣ **c. de cálcio** QUÍM substância us. como suplemento alimentar de cálcio, como antiácido, em dentifrícios e cosméticos, em tintas, abrasivos etc. • **c. de chumbo** QUÍM substância us. industrialmente como pigmento branco em tintas

car.bo.ne.to /ê/ *s.m.* QUÍM combinação química com carbono; carbureto

car.bô.ni.co *adj.* **1** que diz respeito a, ou que contém [1]carbono ■ *adj.s.m.* QUÍM **2** (o) que é formado pela dissolução de gás carbônico em água (diz-se de ácido) ☞ cf. *gás carbônico*

car.bo.ní.fe.ro *s.m.* GEOL **1** quinto período geológico da era paleozoica, entre o Devoniano e o Permiano, em que se formaram grandes jazidas de carvão e surgiram os batráquios e répteis ☞ este subst. não se usa no plural; inicial maiúsc. ■ *adj.* **2** desse período **3** que contém ou produz carvão *<jazida c.>*

car.bo.ni.zar *v.* {mod. 1} *t.d. e pron.* **1** reduzir(-se) a carvão □ *t.d.* **2** queimar completamente ~ **carbonização** *s.f.*

[1]**car.bo.no** *s.m.* QUÍM elemento químico que constitui os diamantes, o carvão, o grafite etc. [símb.: *C*] ☞ cf. *tabela periódica* (no fim do dicionário) [ORIGEM: lat. *carbo,ōnis* 'carvão'] ▣ **c. 14** QUÍM isótopo radioativo do carbono us. na datação arqueológica

[2]**car.bo.no** *s.m.* papel-carbono [ORIGEM: red. de *papel-carbono*]

car.bún.cu.lo *s.m.* MED infecção que ataca homens e animais caracterizada pela presença de pústulas necrosantes na pele ou em outros tecidos; antraz

car.bu.ra.dor /ô/ [pl.: *-es*] *s.m.* MEC dispositivo que mistura ar e combustível em motores de explosão

car.bu.ran.te *s.m.* **1** produto ou combustível us. em motor de explosão ■ *adj.2g.* **2** que carbura, queima

car.bu.rar *v.* {mod. 1} *t.d.* misturar (vapor de combustível) com ar, em motor de explosão *<c. a gasolina>* ~ **carburação** *s.f.*

car.bu.re.to /ê/ *s.m.* QUÍM carboneto

car.ca.ça *s.f.* **1** esqueleto de animal **2** cadáver de animal de açougue **3** qualquer arcabouço, armação ou estrutura *<c. de um navio>* **4** *infrm.* corpo humano **4.1** *infrm.* corpo velho, abatido

car.ca.ma.no *s.m. B pej.* italiano ou seu descendente

car.ca.rá ou **ca.ra.ca.rá** *s.m.* ZOO ave de rapina semelhante ao gavião, com até 56 cm de comprimento, encontrada nas Américas

car.ce.ra.gem [pl.: *-ens*] *s.f.* **1** local onde ficam os presos nas delegacias **2** ação de encarcerar; aprisionamento **3** despesa com a manutenção de presos

cár.ce.re *s.m.* **1** prisão, cadeia **2** cela em que o preso fica detido **3** calabouço ~ **carcerário** *adj.*

car.ce.rei.ro *s.m.* pessoa que vigia os prisioneiros

car.ci.nó.ge.no *s.m.* MED agente que provoca carcinoma

car.ci.no.ma *s.m.* MED tumor maligno que se origina em tecido epitelial ou glandular; câncer ~ **carcinomatoso** *adj.*

car.ci.no.se *s.f.* MED disseminação de um câncer pelo organismo

car.co.ma *s.f.* **1** caruncho **2** o que corrói ou destrói

car.co.mer *v.* {mod. 8} *t.d.* **1** reduzir (madeira) a pó *<os cupins carcomeram a árvore toda>* **2** *p.ext.* corroer, desgastar (tb. fig.) *<o uso vai c. os sapatos>* *<o homem foi carcomido pelos anos de trabalho>*

C

car.cun.da *s.f.* 1 corcunda ■ *adj.2g.s.2g.* 2 corcunda

car.da *s.f.* 1 ferramenta us. para cardar lã, algodão, linho etc. 2 máquina industrial para desembaraçar e limpar fibras têxteis

car.da.mo.mo *s.m.* BOT 1 erva cujas sementes são us. como condimento 2 essa semente

car.dá.pio *s.m.* 1 nos restaurantes, lista de pratos com seus preços; menu 2 conjunto dos pratos que se servem numa refeição

car.dar *v.* {mod. 1} *t.d.* desembaraçar fios de (lã, algodão, pelo etc.) ~ **cardação** *s.f.* - **cardadura** *s.f.* - **cardagem** *s.f.*

car.de.al [pl.: *-ais*] *adj.2g.* 1 que é muito importante; fundamental, principal, cardinal ☞ cf. *ponto cardeal* ■ *s.m.* 2 cada um dos dignitários da Igreja católica que elegem o papa 3 ZOO nome comum de várias aves encontradas na América do Sul com cabeça vermelha e topete

cár.dia *s.f.* ANAT orifício pelo qual o esôfago se comunica com o estômago

car.dí.a.co *adj.* 1 relativo ao coração ■ *adj.s.m.* MED 2 que(m) sofre de doença no coração; cardiopata

car.di.gã *s.m.* VEST casaco ou suéter com decote redondo ou em V, que se abotoa à frente no tórax

car.di.nal [pl.: *-ais*] *adj.2g.* 1 cardeal ■ *adj.2g.s.m.* GRAM 2 (numeral) que expressa quantidade absoluta ☞ cf. *ordinal*

car.di.na.la.to *s.m.* título de cardeal

car.di.na.lí.cio *adj.* relativo a cardeal ('dignitário')

car.dio.gra.fi.a *s.f.* MED registro dos movimentos do coração por meio do cardiógrafo ~ **cardiográfico** *adj.*

car.di.ó.gra.fo *s.m.* aparelho que registra graficamente os movimentos do coração

car.dio.gra.ma *s.m.* MED gráfico obtido por meio do cardiógrafo

car.dio.lo.gi.a *s.f.* MED ramo da medicina que estuda as doenças do coração e dos vasos sanguíneos ~ **cardiológico** *adj.*

car.dio.lo.gis.ta *adj.2g.s.2g.* MED especialista em cardiologia

car.dio.pa.ta *adj.2g.s.2g.* MED que(m) sofre de doença no coração; cardíaco

car.dio.pa.ti.a *s.f.* MED doença do coração

car.dio.pul.mo.nar [pl.: *-es*] *adj.2g.* relativo ao coração e aos pulmões

car.dio.vas.cu.lar [pl.: *-es*] *adj.2g.* relativo ao coração e aos vasos sanguíneos

car.do *s.m.* BOT nome comum a várias plantas com folhas espinhosas e caule revestido de pelos

car.du.me *s.m.* agrupamento de peixes

ca.re.ca *adj.2g.s.2g.* 1 que(m) não tem cabelos; calvo ■ *s.f.* 2 parte da cabeça sem cabelos; calva ■ *adj.2g. infrm.* 3 gasto (diz-se de pneu)

ca.re.cer *v.* {mod. 8} *t.i.* 1 (prep. *de*) ser desprovido de; não ter *<c. de talento>* 2 (prep. *de*) precisar, necessitar *<a criança carece de atenção>*

ca.rei.ro *adj.* 1 que cobra caro 2 que vende por preço elevado

ca.re.na *s.f.* 1 parte da quilha do navio que fica submersa 2 *p.ext.* BOT peça formada pelas duas pétalas inferiores das flores cuja forma parece uma quilha 3 *p.ext.* ZOO crista em forma de quilha, de certos ossos, como no esterno das aves

ca.rên.cia *s.f.* 1 falta, necessidade 2 tempo de espera para ter direito aos benefícios de um seguro, plano de saúde etc.

ca.ren.te *adj.2g.* 1 que tem necessidade, que precisa *<c. de carinho>* 2 que nada possui; pobre

ca.re.pa *s.f.* 1 descamação do couro cabeludo; caspa 2 superfície áspera de madeira grosseiramente desbastada 3 pó que aparece na superfície de algumas frutas secas 4 penugem de alguns frutos

ca.res.ti.a *s.f.* 1 escassez, falta 2 encarecimento do custo de vida 3 preço elevado, acima do valor real

ca.re.ta /ê/ *s.f.* 1 contração involuntária ou proposital dos músculos da face; trejeito, esgar ■ *adj.2g.s.2g. gír.* 2 (pessoa ou coisa) afastada do padrão considerado moderno 3 *drg.* que(m) não usa drogas

ca.re.tei.ro *adj.s.m.* que(m) faz caretas

ca.re.ti.ce *s.f. gír.* qualidade de quem ou do que é careta

car.ga *s.f.* 1 ação de carregar; carregação, carregamento *<área de c. e descarga>* 2 grande quantidade de algo 3 porção de explosivo com que se carrega uma arma de fogo 4 investida impetuosa ▣ **c. elétrica** ELETR quantidade de eletricidade acumulada numa matéria • **c. horária** 1 número de horas de trabalho que um empregado deve cumprir 2 número de horas de duração de um curso

car.ga-d'á.gua [pl.: *cargas-d'água*] *s.f.* 1 chuva forte ▼ ***cargas-d'água*** *s.f.pl. infrm.* 2 motivo desconhecido *<por que c. agiram assim?>*

car.go *s.m.* 1 emprego; função *<c. de auxiliar>* *<c. de prefeito>* 2 dever assumido; responsabilidade *<a limpeza está a seu c.>*

car.guei.ro *adj.* 1 que leva carga ■ *s.m.* 2 besta de carga 3 pessoa que conduz besta de carga 4 navio que transporta carga

ca.ri.ar *v.* {mod. 1} *t.d. e int.* provocar cárie em ou criar cárie *<o açúcar caria os dentes>* *<o dente cariou>* ~ **cariado** *adj.*

ca.ri.bé *s.m.* CUL 1 mingau de farinha fina de mandioca 2 refresco feito com beiju de tapioca

ca.ri.be.nho *adj.* 1 do Caribe ■ *s.m.* 2 natural ou habitante dessa região

ca.ri.bo.ca *s.2g.* → ***CURIBOCA***

ca.ri.ca.to *adj.* 1 semelhante a uma caricatura 2 que causa riso; ridículo

ca.ri.ca.tu.ra *s.f.* 1 desenho em que se exageram os traços de uma pessoa ou situação para dar um tom jocoso ou grotesco 2 *p.ext.* reprodução deformada de alguma coisa 3 *p.ext.* indivíduo de aparência ou modos ridículos ~ **caricatural** *adj.2g.* - **caricaturar** *v.t.d.*

ca.ri.ca.tu.ris.ta *adj.2g.s.2g.* que(m) faz caricaturas

ca.rí.cia *s.f.* manifestação de afeição ou amor por meio de toque; carinho

ca.ri.da.de *s.f.* **1** ação que beneficia outra pessoa, esp. os pobres e desfavorecidos; beneficência **2** donativo ou ajuda que se dá aos pobres; esmola **3** REL ver em ***VIRTUDE TEOLOGAL*** ☞ cf. *fé* e *esperança* ~ **caridoso** *s.m.*

cá.rie *s.f.* **1** ODONT lesão que destrói o esmalte do dente, podendo atingir a raiz **2** MED corrosão progressiva de um osso

ca.ri.jó *adj.2g.s.2g.* (galo ou galinha) de penas salpicadas de preto e branco; pedrês

ca.ril [pl.: *-is*] *s.m.* CUL **1** tempero indiano composto de várias especiarias; *curry* **2** molho com esse tempero

ca.ri.mã *s.2g.* *B* **1** farinha de mandioca seca e fina **2** bolo de farinha de mandioca **3** praga que ataca algodoeiros

ca.rim.bar *v.* {mod. 1} *t.d.* **1** fazer marca com carimbo em *<c. um documento>* **2** *fig.* atingir com força *<a bola carimbou a trave>*

ca.rim.bo *s.m.* **1** peça cuja base contém inscrição ou figura em relevo us. para marcar à tinta papel, tecido etc. **2** marca feita por essa peça

ca.rim.bó *s.m.* **1** DNÇ *PA MA* dança de roda com uma dançarina no centro **2** MÚS *PA* tambor que acompanha essa dança

ca.ri.nho *s.m.* **1** manifestação de estima, desvelo, cuidado **2** carícia

ca.ri.nho.so /ô/ [pl.: /ó/; fem.: /ó/] *adj.* **1** que trata com carinho; afetuoso, terno **2** em que há carinho *<gesto c.>*

ca.ri.o.ca *adj.2g.* **1** do Rio de Janeiro (RJ) ■ *s.2g.* **2** natural ou habitante dessa cidade ☞ cf. *fluminense*

ca.ri.ri *s.m.* BOT **1** *AC* macaxeira **2** *PB* caatinga de vegetação menos rude

ca.ris.ma *s.m.* **1** fascínio pessoal que influencia as outras pessoas **2** REL dom de inspiração divina ~ **carismático** *adj.*

ca.ri.ta.ti.vo *adj.* que tem caridade; caridoso, beneficente

ca.ri.tó *s.m.* *N.E.* **1** casinha pobre **2** prateleira ou nicho, nas casas sertanejas **3** quarto de guardar coisas velhas ▣ **ficar no c.** *fig. N.E. infrm.* envelhecer (a mulher) sem conseguir se casar

car.lo.vín.gio *adj.* → ***CAROLÍNGIO***

car.ma *s.m.* FIL REL segundo o budismo e o hinduísmo, resultado das ações de uma pessoa que a afetam nesta existência ou nas seguintes ~ **cármico** *adj.*

car.me.li.ta *adj.2g.s.2g.* REL (frade ou freira) da ordem de Nossa Senhora do Carmo ou do Monte Carmelo

car.me.sim [pl.: *-ins*] *s.m.* **1** carmim ('cor') ■ *adj.2g.* **2** que tem a cor do carmim *<almofada c.>* **3** diz-se dessa cor *<cor c.>*

car.mim [pl.: *-ins*] *s.m.* **1** substância corante de tom vermelho forte **2** cor desse corante; carmesim ■ *adj.2g.2n.* **3** dessa cor *<seda c.>* **4** diz-se dessa cor *<tom c.>*

car.mo.na *s.f.* cremona

car.na.ção [pl.: *-ões*] *s.f.* **1** cor da carne ou da pele humana **2** ART.PLÁST representação do corpo humano nu, com a cor natural

car.na.du.ra *s.f.* **1** aparência externa do corpo humano **2** parte carnosa do corpo humano

car.nal [pl.: *-ais*] *adj.2g.* **1** do corpo, em oposição ao espírito **2** relativo ao instinto sexual; sensual **3** consanguíneo ~ **carnalidade** *s.f.*

car.na.ú.ba *s.f.* **1** BOT palmeira nativa do nordeste brasileiro, com até 15 m de altura, de cujas folhas se extrai cera **2** cera dessa palmeira ◉ COL carnaubal

car.na.val [pl.: *-ais*] *s.m.* **1** período de três dias anteriores à Quarta-Feira de Cinzas, marcados por desfiles e bailes populares **2** conjunto de festejos desses dias **3** *infrm.* alegria coletiva; folia

car.na.va.les.co /ê/ *adj.* **1** relativo a carnaval **2** extravagante; ridículo ■ *s.m.* *B* **3** folião **4** artista responsável pela criação e produção do enredo e do desfile de uma escola de samba

car.ne *s.f.* **1** tecido muscular do corpo humano e animal **2** carne animal comestível *<c. de boi>* ☞ não se usa para peixes **3** corpo, por oposição ao espírito, à alma **4** instinto sexual **5** parte comestível das frutas; polpa ▣ **c. branca** carne de coloração clara como a de frango etc. • **c. vermelha** a que tem cor vermelha como a de boi • **em c. viva** sem pele ou esfolado

car.nê *s.m.* talonário para pagamento de prestações

car.ne.ar *v.* {mod. 5} *t.d. e int.* abater e esquartejar (gado) ~ **carneação** *s.f.* - **carneador** *adj.s.m.*

car.ne de sol [pl.: *carnes de sol*] *s.f.* *N. N.E.* carne bovina levemente salgada e seca ao sol

car.ne.gão [pl.: *-ões*] *s.m.* *B* carnicão

car.nei.ra.da *s.f.* **1** rebanho de carneiros **2** *fig. pej.* grupo de pessoas submissas

[1]**car.nei.ro** *s.m.* **1** ZOO animal bovídeo de que se aproveita a lã, a carne e o leite **2** onda que faz muita espuma **3** *infrm.* pessoa obediente, submissa **4** signo de Áries ☞ inicial maiúsc. [ORIGEM: de um lat. **carnariu* 'id.']

[2]**car.nei.ro** *s.m.* gaveta ou urna para sepultar cadáver [ORIGEM: do lat. *carnarĭum* 'id.']

car.ne-se.ca [pl.: *carnes-secas*] *s.f.* CUL *B* charque ▣ **estar por cima da c.** *B infrm.* estar dominando a situação

car.ni.ça *s.f.* **1** cadáver de animal em decomposição **2** RECR jogo infantil no qual várias crianças se postam em fila e pulam sucessivamente por sobre as costas daquelas à sua frente

car.ni.cão [pl.: *-ões*] *s.m.* núcleo dos furúnculos, endurecido e cheio de pus; carnegão

car.ni.cei.ro *adj.* **1** que se alimenta de carne; carnívoro ■ *adj.s.m.* **2** que(m) se satisfaz em ver ou derramar sangue; sanguinário ■ *s.m.* **3** açougueiro **4** *infrm. pej.* mau cirurgião

car.ni.fi.ci.na *s.f.* grande massacre; matança

car.ní.vo.ro *adj.s.m.* **1** (o) que se alimenta de carne ■ *adj.* **2** que captura e digere insetos <*planta c.*> ■ *s.m.* ZOO **3** espécime dos carnívoros, ordem de mamíferos que possuem dentes adaptados para cortar carne, como os cães, gatos, ursos, entre outros

car.no.so /ô/ [pl.: /ó/; fem.: /ó/] *adj.* **1** cheio de carne; carnudo **2** com aparência ou consistência de carne **3** espesso e suculento <*fruta c.*> ~ **carnosidade** *s.f.*

car.nu.do *adj.* **1** cheio de carne; carnoso <*boca c.*> **2** que tem muita polpa <*fruto c.*>

ca.ro *adj.* **1** de preço alto **2** que cobra preços altos; careiro **3** querido, amado <*c. amigo*> ■ *adv.* **4** por preço alto <*vender c. uma casa*> **5** más consequências <*o erro lhe custou c.*>

ca.ro.á *s.m.* BOT **1** planta bromeliácea cujas folhas fornecem fibras longas e resistentes us. na fabricação de cordas **2** fibra dessa planta

ca.ro.ba *s.f.* BOT nome comum a várias árvores da família das bignoniáceas, nativas do Brasil e de propriedades medicinais

ca.ro.chi.nha *s.f.* mulher velha e/ou bruxa

ca.ro.ço /ô/ [pl.: /ó/] *s.m.* **1** BOT camada dura que envolve a semente de certos frutos, como ameixa, azeitona, manga etc. **2** BOT qualquer semente de fruto com casca endurecida **3** *infrm.* íngua ou tumefação na pele **4** *infrm.* pequena porção endurecida de alguma coisa ~ **caroçudo** *adj.*

ca.ro.la *adj.2g.s.2g.* que(m) é muito devoto, frequentador assíduo de cerimônias religiosas ~ **carolice** *s.f.* - **carolismo** *s.m.*

ca.ro.lín.gio ou **car.lo.vín.gio** *adj.* HIST relativo à dinastia de Carlos Magno (742-814), rei dos francos e imperador do Ocidente

ca.ro.na *s.f.* **1** transporte gratuito <*dar c.*> **2** peça dos arreios colocada diretamente sobre o dorso da cavalgadura ■ *s.2g.* **3** aquele que viaja de graça

ca.ro.te.no *s.m.* QUÍM substância encontrada em cenouras, manteiga, folhas verdes etc., us. como corante vermelho, aditivo de alimentos, em produtos farmacêuticos etc.

ca.ró.ti.da *s.f.* ANAT cada uma das duas artérias que levam o sangue ao pescoço e à cabeça ~ **carotídeo** *adj.*

car.pa *s.f.* ZOO peixe de água doce, ornamental e comestível, com boca pequena rodeada de barbas curtas

carpaccio [it.] *s.m.* CUL comida feita de fatias fininhas e cruas de carne ou peixe, geralmente, temperadas com sumo de limão e azeite de oliveira, entre outras coisas ⇒ pronuncia-se carpatio

car.pe.lo *s.m.* BOT cada uma das folhas transformadas que entram na constituição do gineceu da flor

car.pe.te *s.m.* tapete fixo que cobre todo o piso de um cômodo

car.pi.dei.ra *s.f.* **1** mulher contratada para chorar durante os funerais **2** *p.ext.* mulher que chora muito

car.pi.na *s.m.* carpinteiro

car.pin.ta.ri.a *s.f.* **1** trabalho de carpinteiro **2** objeto produzido por carpinteiro **3** oficina de carpinteiro

car.pin.tei.ro *s.m.* operário que trabalha com madeira, montando esp. obras pesadas; carpina

car.pir *v.* {mod. 24} *t.d.* **1** livrar do mato, de erva daninha; capinar <*c. um terreno*> □ *t.d. e pron.* **2** exprimir(-se) com lamentos, queixas; lastimar(-se) <*c. um parente morto*> <*passa o dia a c.-se*> ◉ GRAM/USO verbo defectivo

car.po *s.m.* **1** ANAT conjunto de ossos entre a mão e o antebraço **2** BOT fruto ('órgão')

car.pó.fa.go *adj.s.m.* (o) que se alimenta de frutos; frugívoro

car.que.ja /ê/ *s.f.* BOT planta de uso medicinal, esp. para males do estômago

car.qui.lha *s.f.* ruga, franzido da pele

car.ra.da *s.f.* **1** carga que um carro transporta de uma só vez **2** *fig.* grande quantidade ▣ **às c.** em grande quantidade • **com carradas de razão** com toda a razão

car.ran.ca *s.f.* **1** fisionomia de mau humor **2** figura ornamental de madeira colocada na proa de embarcações

car.ran.cu.do *adj.* cujo rosto expressa mau humor

car.ra.pa.ti.ci.da *adj.2g.s.m.* (substância) que mata carrapatos

car.ra.pa.to *s.m.* **1** ZOO nome comum a vários ácaros parasitas, que se agarram à pele de vertebrados terrestres para sugar-lhes o sangue **2** *infrm. fig.* pessoa que não desgruda da outra

car.ra.pe.ta /ê/ *s.f.* **1** pequeno pião que se faz girar com a ponta dos dedos **2** peça que impede o fluxo da água quando a torneira é fechada

car.ra.pi.cho *s.m.* BOT **1** nome comum a várias plantas que possuem pequenos frutos com espinhos ou pelos que aderem às roupas e aos pelos dos animais **2** fruto dessas plantas

[1]**car.ras.co** *s.m.* **1** pessoa que executa a pena de morte; algoz, verdugo **2** *fig.* quem é muito mau e não tem pena de ninguém [ORIGEM: do antr. Belchior Nunes *Carrasco*]

[2]**car.ras.co** *s.m.* *N.E.* **1** formação vegetal muito densa presente na caatinga **2** terreno pedregoso ou arenoso com essa vegetação [ORIGEM: duv., talvez de uma raiz pré-romana karr-, cujo signif. geral é 'carvalho']

car.ras.pa.na *s.f.* *B infrm.* **1** estado de quem ingeriu grande quantidade de bebida alcoólica; bebedeira **2** repreensão, bronca

car.re.ar *v.* {mod. 5} *t.d.* **1** levar de arrasto; carregar <*c. lenha nos ombros*> **2** transportar em carro <*os caminhões vão c. a produção da fazenda*> □ *t.d. e t.d.i.* **3** (prep. *a*) ser a causa de; causar, acarretar <*a chuva carreou prejuízos (aos moradores)*> □ *int.* **4** guiar carro <*esse peão não sabe c.*> ~ **carreação** *s.f.*

car.re.a.ta *s.f.* *B* passeata de carros em demonstração de protesto ou comemoração

car.re.ga.ção [pl.: *-ões*] *s.f.* **1** ato ou efeito de carregar; carga, carregamento **2** carga ou grande quantidade ▣ **de c.** malfeito ou de má qualidade

car.re.ga.do *adj.* **1** que tem ou recebeu carga **2** conduzido ou transportado por pessoa, por animal ou em veículo **3** muito cheio; repleto <*cesta c. de compras*> **4** que recebeu carga de munição <*arma c.*> **5** inclinado pelo peso dos frutos **6** que prenuncia chuva forte <*céu c.*> **7** em que há tensão, descontentamento, rancor <*ambiente c.*> **8** com fisionomia fechada; carrancudo **9** cheio <*c. de razão*>

car.re.ga.dor /ô/ [pl.: *-es*] *adj.s.m.* **1** que(m) transporta carga ou carrega bagagem ■ *s.m.* **2** aparelho que carrega baterias **3** pente de balas nas armas de fogo

car.re.ga.men.to *s.m.* **1** ato ou efeito de carregar; carga, carregação **2** conjunto do que forma a carga <*c. de frutas*>

car.re.gar *v.* {mod. 1} *t.d.* **1** ter consigo; transportar, levar <*carrega livros na bolsa*> **2** pôr carga em <*c. o navio*> **3** pôr munição em (arma de fogo) <*c. um revólver*> **4** acumular eletricidade em <*c. a bateria do carro*> **5** *fig.* arcar com, suportar <*c. o peso da idade*> **6** transferir dados de (um programa) para a memória do computador <*carregou o* software *e começou a trabalhar*> □ *t.i.* **7** (prep. *em*) pôr muito; exagerar <*c. no tempero*> □ *t.d. e t.i.* **8** (prep. *com*) levar consigo; conduzir, arrastar <*a enchente carregou (com) tudo*> □ *int. e pron. fig.* **9** tornar(-se) sombrio; anuviar(-se) <*o céu carregou(-se), vai chover*>

car.rei.ra *s.f.* **1** profissão em que há promoção ou progresso **2** corrida veloz **3** rota habitual de aviões e navios **4** sequência de pessoas ou coisas dispostas em fila **5** *drg.* pó de cocaína disposto em fileira para ser aspirado ▣ **às c.** às pressas

car.rei.ris.ta *adj.2g.s.2g.* que(m) emprega qualquer expediente para vencer na carreira ~ **carreirismo** *s.m.*

car.rei.ro *s.m.* **1** condutor do carro de bois **2** caminho estreito **3** fileira de formigas

car.re.ta /ê/ *s.f.* **1** *B* caminhão grande para cargas pesadas; jamanta **2** pequeno carro de duas rodas **3** carroça

car.re.tei.ro *s.m.* motorista de carreta

car.re.tel [pl.: *-éis*] *s.m.* cilindro com bordas largas us. para enrolar materiais longos e flexíveis, como fita, linha, arame etc.; bobina

car.re.ti.lha *s.f.* **1** instrumento dentado para cortar ou pontilhar massas, tecidos etc. **2** carretel com manivela us. em vara de pescar

car.re.to /ê/ *s.m.* **1** serviço de transporte de carga **2** valor que se paga por esse serviço

car.ril [pl.: *-is*] *s.m.* **1** rastro que as rodas de um veículo deixam no chão **2** ²trilho ('barra paralela')

car.ri.lhão [pl.: *-ões*] *s.m.* **1** conjunto de sinos afinados em diversos tons **2** relógio que badala com som de sino

car.ri.nho *s.m.* **1** carro pequeno **2** carro para levar bebês **3** carro de brinquedo **4** FUTB lance em que um jogador atira-se com as pernas estendidas aos pés do adversário, deslizando pelo chão, para tirar-lhe a bola

car.ri.nho de mão [pl.: *carrinhos de mão*] *s.m.* carro de uma só roda dianteira us. para carregar material de construção

car.ro *s.m.* **1** veículo de passageiros ger. com quatro rodas, movido a motor; automóvel **2** qualquer veículo dotado de rodas, motorizado ou não, para o transporte de coisas ou pessoas **3** vagão de um trem ▣ **c. alegórico** *B* carro ger. grande que exibe figuras e imagens alegóricas em desfiles, esp. no carnaval • **c. de praça** *B* táxi

car.ro-bom.ba [pl.: *carros-bombas* e *carros-bomba*] *s.m.* veículo ao qual se adapta uma bomba preparada para detonar num momento determinado

car.ro.ça *s.f.* **1** carro ger. de madeira puxado por animais **2** *infrm.* automóvel velho

car.ro.ção [pl.: *-ões*] *s.m.* **1** carroça grande com cobertura para o transporte de pessoas **2** *infrm.* expressão matemática com muitos termos **3** RECR no dominó, o seis duplo

car.ro.cei.ro *s.m.* pessoa que conduz carroça

car.ro.ce.ri.a ou **car.ro.ça.ri.a** *s.f.* **1** estrutura sobre o chassi dos automóveis em que vão o motorista e os passageiros **2** parte traseira dos caminhões em que vai a carga

car.ro-che.fe [pl.: *carros-chefes* e *carros-chefe*] *s.m.* *B* elemento que se destaca em um conjunto, por ser o principal, o mais apreciado etc.

car.ro.ci.nha *s.f.* **1** pequena carroça **2** veículo que recolhe cães abandonados nas ruas

car.ro de com.ba.te [pl.: *carros de combate*] *s.m.* MIL ²tanque

car.ro-for.te [pl.: *carros-fortes*] *s.m.* carro blindado que transporta valores

car.ro-guin.cho [pl.: *carros-guincho* e *carros-guinchos*] *s.m.* veículo com guincho, para rebocar outro veículo; reboque

car.ro-pi.pa [pl.: *carros-pipa* e *carros-pipas*] *s.m.* caminhão com um grande tanque que transporta água

car.ros.sel [pl.: *-éis*] *s.m.* RECR mecanismo composto de figuras de cavalos, carrinhos etc. em que as pessoas se sentam e que giram em torno de um eixo, comum em parques de diversões

car.ru.a.gem [pl.: *-ens*] *s.f.* veículo de quatro rodas sobre molas, puxado por cavalos, para transporte de passageiros

car.ta *s.f.* **1** mensagem escrita que se envia a uma pessoa, ger. num envelope; missiva, epístola **2** cada peça do baralho **3** cardápio **4** mapa <*c. náutica*> ▣ **c. branca** autorização dada a uma pessoa para agir da maneira que julgar melhor • **c. magna** a Constituição de um país ☞ iniciais freq. maiúsc.

car.ta-bom.ba [pl.: *cartas-bombas* e *cartas-bomba*] *s.f.* carta que explode ao ser aberta, por conter material explosivo

car.ta.da *s.f.* **1** lance com uma carta em jogo de baralho **2** *fig.* ação decisiva, ousada

car.ta.gi.nês [pl.: *-eses*] *adj.* **1** relativo à antiga Cartago (África) ■ *s.m.* **2** natural dessa cidade africana **3** língua fenícia falada em Cartago

car.tão [pl.: *-ões*] *s.m.* **1** papel espesso **2** retângulo desse papel para nele se escrever ou imprimir ▣ **c. de crédito** cartão magnético emitido por financeira, que permite a seu titular a compra de produtos ou serviços para pagamento posterior • **c. de memória** INF dispositivo portátil com grande capacidade de armazenar informações, us. em câmeras digitais, celulares, computadores etc. • **c. de ponto** numa empresa, cartão que marca a hora de entrada e de saída do empregado no local de trabalho • **c. magnético** ou **eletrônico** INF cartão ger. de plástico que contém uma faixa magnética na qual são armazenados dados que serão lidos por dispositivos eletrônicos

car.tão-pos.tal [pl.: *cartões-postais*] *s.m.* **1** cartão, enviado pelo correio, com uma imagem em um dos lados e o outro reservado para se escrever uma mensagem; postal **2** *fig.* símbolo visual que representa bem uma cidade, um país etc.

car.ta.pá.cio *s.m.* **1** carta muito grande **2** livro grande e antigo **3** conjunto de folhas manuscritas e papéis avulsos encadernados

car.ta-res.pos.ta [pl.: *cartas-resposta* e *cartas-respostas*] *s.f.* impresso, ger. com porte postal pré-pago, que se envia a um público-alvo para obter informações, receber pedidos de compra etc.

car.taz [pl.: *-es*] *s.m.* **1** grande folha de papel, papelão etc. com mensagens, avisos, anúncios, com ou sem imagens, afixada em lugares públicos ou carregada em manifestações populares **2** que está em exibição (em cinema, teatro etc.) **3** *infrm.* fama, notoriedade ~ **cartazista** *adj.2g.s.2g.*

car.te.a.do *s.m.* qualquer jogo de cartas

car.te.ar *v.* {mod. 5} *int.* **1** dar as cartas no jogo □ *t.d. e int.* **2** jogar (cartas)

car.tei.ra *s.f.* **1** pequena bolsa achatada e dobrável para documentos, dinheiro etc. **2** mesa pequena ou cadeira escolar **3** documento oficial de identificação ou licença em forma de cartão ou caderneta

car.tei.ra.da *s.f.* *RJ infrm.* apresentação de carteira profissional ou funcional por quem quer mostrar importância ou autoridade para obter vantagens ou privilégios

car.tei.ro *s.m.* funcionário do correio que entrega correspondência

car.tel [pl.: *-éis*] *s.m.* ECON acordo comercial entre empresas para controle de preços e produção, inibindo a livre concorrência ☞ cf. *truste* ~ **cartelização** *s.f.*

car.te.la *s.f.* **1** mostruário de miudezas **2** embalagem para pequenos objetos, remédios etc. **3** RECR cartão de jogos como víspora, bingo etc.

cár.ter [pl.: *cárteres*] *s.m.* MEC caixa metálica que recolhe e resfria o óleo lubrificante do motor dos automóveis

car.te.si.a.nis.mo *s.m.* FIL doutrina de René Descartes (1596-1650) e de seus seguidores que defende o questionamento constante do método para obtenção da verdade ☞ cf. *Descartes* na parte enciclopédica ~ **cartesianista** *adj.2g.s.2g.*

car.te.si.a.no *adj.s.m.* **1** que(m) segue o cartesianismo; cartesianista **2** metódico, racional

car.ti.la.gem [pl.: *-ens*] *s.f.* ANAT tecido resistente e flexível de que se originam os ossos, encontrado nas articulações, nas orelhas, no nariz etc. ~ **cartilaginoso** *adj.*

car.ti.lha *s.f.* **1** livro que ensina a ler **2** *p.ext.* livro que contém os fundamentos básicos sobre um assunto **3** *fig.* padrão de pensamento ou comportamento *<segue a c. do mestre>*

car.to.gra.fi.a *s.f.* **1** arte ou ciência de produzir mapas **2** descrição ou tratado sobre mapas ~ **cartográfico** *adj.* - **cartógrafo** *s.m.*

car.to.la *s.f.* VEST **1** chapéu masculino de copa alta e cilíndrica ■ *s.m.* *B infrm.* **2** dirigente de clube esportivo ☞ pode ter uso pej.

car.to.li.na *s.f.* cartão menos espesso que o papelão

car.to.man.te *s.2g.* pessoa que procura prever o futuro pela leitura de cartas de baralho ~ **cartomancia** *s.f.*

car.to.na.do *adj.s.m.* BIBLIO (livro) encadernado com lâminas de cartão ou papelão

car.to.na.gem [pl.: *-ens*] *s.f.* **1** fabricação de produtos de cartão ou papelão **2** encadernação com cartão ou papelão

cartoon [ing.] *s.m.* ver ***CARTUM*** ⇒ pronuncia-se cartum

car.tó.rio *s.m.* **1** repartição de registro, autenticação ou emissão de documentos, certidões etc. **2** local onde são arquivados documentos importantes ~ **cartorário** *adj.s.m.* - **cartorial** *adj.2g.*

car.tu.cha.me *s.m.* conjunto de cartuchos para arma de fogo

car.tu.chei.ra *s.f.* cinturão para guardar cartuchos de arma de fogo

car.tu.cho *s.m.* **1** recipiente que contém a carga de arma de fogo **2** recipiente que contém material substituível ou recarregável (tinta, fita magnética etc.) **3** invólucro cônico de papel em que se coloca pequena quantidade de um produto, alimento etc. ☞ cf. *cartuxo*

car.tum [pl.: *-uns*] *s.m.* **1** desenho caricatural ou humorístico, com ou sem legenda **2** história em quadrinhos **3** desenho animado

car.tu.nis.ta *adj.2g.s.2g.* desenhista de cartuns

car.tu.xa *s.f.* **1** ordem religiosa fundada em 1066 por São Bruno e conhecida por sua disciplina austera **2** convento dessa ordem

car.tu.xo *adj.s.m.* (religioso) da ordem cartuxa ☞ cf. *cartucho*

ca.run.char *v.* {mod. 1} *int.* ficar cheio de caruncho *<o armário carunchou>*

ca.run.cho *s.m.* **1** ZOO nome comum aos besouros que perfuram madeira, livros e cereais **2** pó da madeira carcomida por esses insetos ~ **carunchoso** *adj.*

ca.ru.ru *s.m.* **1** BOT nome comum a certas plantas de folhas comestíveis, algumas us. em culinária, e a maioria invasora de plantações **2** CUL *B* prato afro-brasileiro feito com quiabo, camarão seco, peixe e azeite de dendê

car.va.lho *s.m.* BOT árvore de até 45 m, nativa da Europa e do Mediterrâneo, de madeira nobre e resistente, cujo fruto é us. na alimentação de porcos ◉ COL carvalhal

car.vão [pl.: *-ões*] *s.m.* **1** QUÍM substância combustível, sólida, negra, rica em carbono e resultante da decomposição de matéria vegetal no subsolo; carvão mineral, hulha **2** lápis para desenho feito dessa substância **3** desenho feito com esse lápis **4** qualquer matéria carbonizada ▣ **c. ativado** carvão submetido a tratamento químico, us. em máscaras contra gases, medicamentos, solventes etc. • **c. vegetal** matéria obtida de madeira verde carbonizada pelo fogo ~ **carvoento** *adj.*

car.vo.a.ri.a *s.f.* local onde se fabrica ou armazena carvão

car.vo.ei.ro *s.m.* quem fabrica e vende carvão

ca.sa *s.f.* **1** construção ger. destinada a habitação e com mais de um cômodo **2** morada de uma família; lar **3** conjunto dos membros de uma família **4** estabelecimento comercial **5** abertura pela qual passa o botão da roupa **6** cada uma das divisões de um tabuleiro de jogo (dama, xadrez etc.) **7** posição de cada algarismo de um número <*c. decimal*> ◉ GRAM/USO aum.irreg.: *casarão*; dim.irreg.: *casebre*, *casinhola* ◉ COL casario ▣ **c. civil** órgão que auxilia diretamente o chefe de Estado e/ou de governo nas suas relações com os outros poderes ☞ iniciais ger. maiúsc. • **c. da moeda** ECON estabelecimento que imprime cédulas e cunha moedas com autorização do governo central ☞ iniciais ger. maiúsc. • **c. de câmbio** ECON estabelecimento que vende, compra e troca moedas estrangeiras segundo a taxa de câmbio do dia • **c. de detenção** penitenciária • **c. de espetáculos** local em que se apresentam espetáculos diversos (peças de teatro, musicais etc.) • **c. de saúde** hospital particular, clínica • **c. noturna** boate • **c. popular** *B* aquela construída para quem ganha pouco • **em c.** à vontade, descontraidamente <*aqui você está em c.*> • **ser de c.** frequentar a casa (de alguém) e participar da sua intimidade

ca.sa.ca *s.f.* VEST espécie de paletó de lapelas compridas, curto na frente e com duas abas que descem na parte de trás, a partir da cintura, us. como traje de gala ▣ **virar (a) c.** mudar de time, de partido, de opinião

ca.sa.cão [pl.: *-ões*] *s.m.* VEST casaco de tecido grosso e pesado, ger. comprido, e que se veste sobre outra roupa

ca.sa.co *s.m.* VEST vestimenta us. para agasalhar o tronco, de mangas longas e aberta na frente

ca.sa da mãe jo.a.na *s.f. infrm.* casa da sogra

ca.sa.do *adj.s.m.* **1** que(m) se casou; que(m) está unido pelo matrimônio ■ *adj.* **2** ligado, unido <*venda c.*>

ca.sa.dou.ro *adj.* **1** que está na idade de casar **2** que deseja casar

ca.sa-gran.de [pl.: *casas-grandes*] *s.f.* HIST *B* casa do proprietário de engenho ou fazenda

ca.sal [pl.: *-ais*] *s.m.* **1** par formado por macho e fêmea <*c. de passarinhos*> **2** par formado por marido e mulher ou por pessoas que mantêm relação amorosa

ca.sa.ma.ta *s.f.* MIL abrigo subterrâneo blindado para estocar armas, munições e outros materiais de guerra

ca.sa.men.tei.ro *adj.* que promove ou favorece casamentos

ca.sa.men.to *s.m.* **1** instituição social da união legalmente reconhecida entre um homem e uma mulher, ou entre duas pessoas do mesmo sexo, nos países em que há tal possibilidade; matrimônio **2** cerimônia em que essa união é celebrada **3** vida conjugal; o dia a dia das pessoas que se casaram **4** *fig.* associação, união

ca.sa.no.va *s.m.* mulherengo, *donjuán*

ca.sar *v.* {mod. 1} *t.d.,t.d.i.,t.i.,int. e pron.* **1** (prep. *com*) unir(-se) em casamento numa cerimônia, religiosa ou não <*vai c. a filha (com um bom rapaz)*> <*eles já têm idade para (se) c.*> **2** (prep. *com*, *a*) harmonizar; combinar <*a costureira casou bem as padronagens*> <*esta blusa casa com a saia*> □ *t.d. e t.d.i.* **3** (prep. *com*) unir em par; emparelhar <*c. meias*> <*c. um sapato com outro*>

ca.sa.rão [pl.: *-ões*] *s.m.* **1** casa grande **2** casa luxuosa, com vários cômodos; mansão

ca.sa.ri.o *s.m.* série ou conjunto de casas

cas.ca *s.f.* **1** camada externa de diversas partes dos vegetais (fruto, semente, caule etc.) **2** qualquer crosta que reveste total ou parcialmente alguma coisa; côdea **3** *fig.* aparência, superfície

cas.ca.bu.lho *s.m.* **1** *N.E.* monte de cascas **2** *fig. infrm.* coisa de pouca importância

cas.ca-gros.sa [pl.: *cascas-grossas*] *adj.2g.s.2g. infrm.* que(m) é grosseiro, rude

cas.ca.lho *s.m.* **1** conjunto de pedras britadas ou lascas de pedra us. em construção **2** *B* mistura de conchas, areia e pedras miúdas, nas praias e no fundo do mar **3** *B* camada de areia grossa ou de pedras roliças onde se encontram ouro e diamantes **4** *infrm.* dinheiro miúdo, esp. em moedas

cas.cão [pl.: *-ões*] *s.m.* **1** casca grossa **2** camada endurecida que se forma sobre uma superfície; crosta **3** camada de sujeira na pele

cas.ca.ta *s.f.* **1** pequena cachoeira, natural ou artificial, em que a água ger. escorre por entre pedras **2** *B infrm.* conversa fiada; mentira

cas.ca.tei.ro *adj.s.m. B infrm.* (pessoa) que conta vantagens ou mentiras; mentiroso

cas.ca.vel [pl.: *-éis*] *s.f.* **1** ZOO nome comum a várias serpentes venenosas com guizo na cauda, encontradas nas Américas **2** *fig.* pessoa traiçoeira

C

cas.co *s.m.* **1** unha de cavalo, boi, elefante e outros animais **2** MAR corpo de embarcação, sem os mastros e a aparelhagem **3** *infrm.* garrafa de vidro vazia, freq. de cerveja e refrigerante **4** couro cabeludo **5** conjunto dos ossos que formam o crânio

1cas.cu.do *s.m.* pancada na cabeça com os nós dos dedos; cocorote [ORIGEM: *casco* 'crânio' + *-udo*]

2cas.cu.do *adj.* **1** de casca grossa ou pele dura **2** *fig. B infrm.* que tem vivência, prática; calejado ■ *s.m.* ZOO **3** peixe de rio com cabeça grande e corpo delgado, revestido por uma couraça de placas ósseas [ORIGEM: *casca* + *-udo*]

ca.se.ar *v.* {mod. 5} *t.d.* fazer casa de botão em

ca.se.bre *s.m.* casa pequena e pobre

ca.se.í.na *s.f.* BIOQ proteína rica em fósforo encontrada no leite

ca.sei.ro *adj.* **1** que se usa em casa *<roupas c.>* **2** que gosta de ficar em casa **3** feito em casa *<comida c.>* ■ *s.m.* **4** empregado que cuida da casa, esp. de sítio, casa de praia etc.

ca.ser.na *s.f.* alojamento de soldados em quartel, forte etc.

ca.si.mi.ra *s.f.* tecido leve de lã

ca.si.nha *s.f.* **1** casa pequena **2** *infrm.* banheiro; privada

ca.si.nho.la *s.f.* casa pequena ou humilde

cas.mur.ro *adj.s.m.* **1** que(m) anda com o rosto fechado, triste; macambúzio **2** que(m) é teimoso; cabeçudo ~ **casmurrice** *s.f.*

ca.so *s.m.* **1** o que acontece, aconteceu ou pode acontecer; fato, ocorrência *<lembro desse c.>* **2** DIR ação judicial; causa, processo **3** fato ou conjunto de fatos que chamam a atenção pelo que têm de incomum ou extraordinário **4** história, narrativa *<contador de c.>* **5** *B infrm.* relação amorosa, ger. fora do casamento ■ *conj.cond.* **6** na hipótese de; se ▣ **em todo c.** de qualquer maneira • **fazer c. de** dar importância a

ca.só.rio *s.m. infrm.* cerimônia de casamento

cas.pa *s.f.* descamação natural do couro cabeludo ~ **caspento** *adj.s.m.*

cás.pi.te *interj.* expressa admiração, com tom de ironia; caramba

cas.quen.to *adj.* que tem muita casca ou casca grossa

cas.que.te *s.m.* VEST **1** cobertura para cabeça com pala para proteger os olhos; boné **2** boné sem abas, muitas vezes us. como complemento de uniforme; barrete

cas.qui.na.da *s.f.* gargalhada ou risada sarcástica

cas.qui.nar *v.* {mod. 1} *int.* dar uma série de risadas

cas.qui.nha *s.f.* **1** casca muito fina **2** cone ou copinho de biscoito em que se serve sorvete **3** sorvete servido dessa maneira ▣ **tirar (uma) c.** *B* tirar pequeno proveito de algo; aproveitar

cas.sa *s.f.* tecido fino, transparente, de linho ou de algodão ☞ cf. *caça*

cas.sar *v.* {mod. 1} *t.d. e t.d.i.* **1** (prep. *a*) impedir que produza efeitos; tornar inválido; anular *<cassaram(-lhe) o direito de exercer a medicina>* □ *t.d.* **2** privar dos direitos políticos, profissionais *<a Câmara cassou o deputado>* **3** apreender (documentos, publicações etc.) ☞ cf. *caçar* ~ **cassação** *s.f.*

cassata [it.; pl.: *cassate*] *s.f.* CUL sorvete recheado com frutas cristalizadas e bolo ⇒ pronuncia-se cassata

cas.se.te *s.m.* **1** estojo que contém fita magnética para gravação ou reprodução de áudio e/ou imagem em aparelhos próprios **2** aparelho para gravar e reproduzir sons com esse estojo; toca-fitas ☞ cf. *cacete* ◉ GRAM/USO tb. us. como adj.2g.2n.: *fita cassete, gravadores cassete*

cas.se.te.te *s.m.* bastão de madeira ou borracha, ger. us. por policiais

cas.si.no *s.m. B* casa de diversões e de jogos de azar

cas.si.te.ri.ta *s.f.* MINER *B* minério de que se extrai o estanho

cas.ta *s.f.* **1** SOC grupo social fechado e hereditário (p.ex., na Índia), cujos membros têm a mesma etnia, profissão ou religião **2** *p.ext.* SOC grupo de pessoas que compõem uma camada social **3** *p.ext.* natureza, espécie, gênero **4** BIO conjunto de espécies animais ou vegetais com características ou funções específicas

cas.ta.nha *s.f.* **1** fruto do castanheiro-da-europa, cuja polpa é consumida assada, cozida e em doces **2** fruto do cajueiro **3** semente desse fruto; castanha-de-caju **4** pancada na cabeça com os nós dos dedos; cascudo

cas.ta.nha-de-ca.ju [pl.: *castanhas-de-caju*] *s.f.* castanha ('semente')

cas.ta.nha-do-bra.sil [pl.: *castanhas-do-brasil*] *s.f.* castanha-do-pará

cas.ta.nha-do-pa.rá [pl.: *castanhas-do-pará*] *s.f.* semente de uma grande árvore amazônica (a castanheira-do-pará), muito nutritiva, consumida crua ou assada, em confeitos e doces; castanha-do-brasil

cas.ta.nhei.ro *s.m.* ou **cas.ta.nhei.ra** *s.f.* **1** nome comum a diversas plantas com sementes comestíveis tb. conhecidas como castanhas **2** castanheiro-da-europa

cas.ta.nhei.ro-da-eu.ro.pa [pl.: *castanheiros-da-europa*] *s.m.* árvore de até 30 m de altura, nativa do Mediterrâneo, cujo fruto é muito apreciado na culinária; castanheira, castanheiro

cas.ta.nho *adj.* **1** que tem a cor marrom da castanha **2** diz-se dessa cor *<tom c.>* ■ *s.m.* **3** essa cor

cas.ta.nho.las *s.f.pl.* MÚS instrumento de percussão formado de peças côncavas de madeira tocadas aos pares, presas aos dedos das mãos, batendo-se uma contra a outra

cas.tão [pl.: *-ões*] *s.m.* enfeite no punho de bengalas

cas.te.lão [pl.: *-ões* e *-ãos*; fem.: *castelã*] *s.m.* dono ou governador de castelo

cas.te.lha.no *adj.* **1** de Castela (Espanha) ■ *s.m.* **2** natural ou habitante dessa região **3** LING o idioma espanhol

cas.te.lo *s.m.* **1** grande residência real ou senhorial com fortificações **2** MAR parte mais alta do convés de um navio

cas.ti.çal [pl.: *-ais*] *s.m.* utensílio com bocal para encaixar vela ('peça de cera')

cas.ti.ço *adj.* **1** puro, de boa qualidade **2** que apresenta linguagem pura, sem estrangeirismos; vernáculo

cas.ti.da.de *s.f.* **1** condição de não fazer sexo com ninguém ou de só fazê-lo com a sua mulher ou o seu marido **2** *p.ext.* inocência, pureza, modéstia

cas.ti.gar *v.* {mod. 1} *t.d.,int. e pron.* **1** dar castigo, pena, repreensão a; punir(-se) *<a autoridade tem poder de c. (os infratores)> <não se castigue por esse erro>* □ *t.d.* **2** causar danos ou prejuízo a *<a ventania castigou a plantação>* **3** exigir o máximo (de si ou de algo); forçar

cas.ti.go *s.m.* **1** pena imposta a culpado; punição **2** repreensão, bronca **3** imposição de sofrimento

cas.to *adj.* **1** que vive a castidade **2** que se abstém de relações sexuais **3** inocente, cândido **4** *fig.* recatado, pudico

cas.tor /ô/ [pl.: *-es*] *s.m.* **1** ZOO roedor semiaquático com cauda achatada em forma de remo **2** pelo desse animal

cas.trar *v.* {mod. 1} *t.d.* **1** retirar ou inutilizar os órgãos reprodutores de *<c. bois>* **2** *fig.* reprimir iniciativa pessoal ou a personalidade de *<um pai não deve c. os filhos>* ~ **castração** *s.f.* - **castrado** *adj.* - **castrador** *adj.s.m.*

cas.tren.se *adj.2g.* **1** relativo à classe militar **2** relativo a acampamento militar

ca.su.al [pl.: *-ais*] *adj.2g.* **1** que ocorre por acaso **2** pouco frequente; ocasional *<cliente c.>* ~ **casualidade** *s.f.*

ca.su.a.ri.na *s.f.* BOT nome comum a várias árvores nativas da Indonésia e Oceania cultivadas pela madeira ou como ornamentais

ca.su.ís.mo *s.m.* **1** argumento enganoso e oportunista fundado em caso particular e não em princípio geral **2** submissão a ideias, doutrinas ou princípios **3** DIR obediência total à lei ~ **casuísta** *adj.2g.s.2g.* - **casuístico** *adj.*

ca.su.lo *s.m.* **1** ZOO invólucro sedoso construído pela larva de alguns insetos, dentro do qual passa pelo processo de metamorfose **2** BOT invólucro de certas sementes, como as do algodão

cata- *pref.* **1** 'embaixo, para baixo': *catacumba, catarata* **2** 'de cima para baixo, completamente': *cátodo, catálise*

ca.ta *s.f.* **1** ato ou efeito de catar; procura, busca **2** *B* exploração de minerais preciosos com instrumentos rudimentares; garimpagem **3** escavação para extração mineral ▣ **à c. de** à procura de, em busca de

ca.ta.bi *s.m.* *N.E.* **1** ondulação nas estradas que provoca tremores nos veículos em movimento **2** o solavanco produzido por essa irregularidade

ca.ta.bo.lis.mo *s.m.* BIOQ fase do metabolismo em que ocorre a decomposição pelo organismo das moléculas nutritivas, com liberação de energia ☞ cf. *anabolismo*

ca.ta.ce.go *adj. infrm.* **1** que enxerga mal **2** *fig.* pouco esperto

ca.ta.clis.mo *s.m.* **1** GEOL alteração geológica brusca e violenta na superfície terrestre **2** calamidade, desastre **3** *fig.* convulsão social

ca.ta.cre.se *s.f.* GRAM emprego de palavra em sentido figurado, por falta de termo próprio (p.ex.: *braços da poltrona, pé da cadeira*)

ca.ta.cum.ba *s.f.* **1** sepultura **2** galeria subterrânea para sepultamento ☞ nesta acp., mais us. no pl.

ca.ta.di.óp.tri.co *s.m.* ÓPT cada um dos instrumentos próprios para a reflexão e refração da luz us. na sinalização das vias públicas e nos veículos; olho de gato

ca.ta.du.pa *s.f.* **1** queda-d'água de altura considerável, em grande quantidade e com estrondo **2** *fig.* jorro, derramamento

ca.ta.du.ra *s.f.* **1** expressão do rosto de ser humano ou animal **2** *p.ext.* aspecto, aparência **3** *fig.* estado de ânimo; disposição

ca.ta.fal.co *s.m.* estrado alto sobre o qual se coloca o ataúde ou a representação de um morto a quem se quer homenagear

ca.ta.lão [pl.: *-ães*; fem.: *catalã*] *adj.* **1** da Catalunha (Espanha) ■ *s.m.* **2** natural ou habitante dessa região **3** LING língua românica falada na Catalunha, em Valência, Andorra e ilhas Baleares

ca.ta.lep.si.a *s.f.* MED estado temporário de rigidez muscular, perda de movimento e insensibilidade ~ **cataléptico** *adj.s.m.*

ca.ta.li.sa.dor /ô/ [pl.: *-es*] *adj.s.m.* **1** FISQUÍM (substância) que modifica a velocidade de uma reação química sem se alterar **2** *fig.* (o) que estimula ou dinamiza *<c. de ideias>* ■ *s.m.* MEC **3** peça acoplada ao cano de descarga de veículos, que diminui a emissão de gases poluentes ~ **catalisar** *v.t.d.*

ca.tá.li.se *s.f.* FISQUÍM modificação da velocidade de uma reação química pela presença de um catalisador ~ **catalítico** *adj.*

ca.ta.lo.gar *v.* {mod. 1} *t.d.* inscrever, ordenar em catálogo *<c. livros>* ~ **catalogação** *s.f.* - **catalogador** *adj.s.m.*

ca.tá.lo.go *s.m.* lista organizada, ger. por ordem alfabética

ca.ta.ma.rã *s.m.* MAR embarcação com dois cascos paralelos unidos por peças transversais sobre as quais se monta uma plataforma

ca.ta.na *s.f.* **1** espada japonesa curva e curta **2** *RN* faca de lâmina comprida ▣ **meter a c. em** *B* falar mal de

ca.tan.du.va ou **ca.tan.du.ba** *s.f.* **1** BOT árvore brasileira de madeira boa, flores amarelas e vagens em forma de foice **2** terreno argiloso e pouco fértil **3** mato espinhoso e rasteiro, comum nesse tipo de terreno

C

ca.tão [pl.: *-ões*] *adj.s.m.* (pessoa) de princípios e costumes muito rígidos

ca.ta-pi.o.lho [pl.: *cata-piolhos*] *s.m.* *B infrm.* o dedo polegar da mão

ca.ta.plas.ma *s.m.* pasta medicinal aplicada sobre local dolorido ou inflamado

ca.ta.po.ra *s.f.* MED doença infecciosa, comum na infância, provocada por vírus e caracterizada por febre e pequenas bolhas na pele; varicela

ca.ta.pul.ta *s.f.* **1** MIL antiga máquina de guerra para lançar projéteis **2** MAR MIL *B* em navios de guerra, aparelho para dar impulso inicial ao voo de aviões

ca.ta.pul.tar *v.* {mod. 1} *t.d.* **1** arremessar por meio de catapulta **2** *fig.* fazer progredir; levantar *<a descoberta vai c. sua pesquisa>*

ca.tar *v.* {mod. 1} *t.d.* **1** pegar, recolher, um por um, no meio de outras coisas *<c. gravetos>* **2** procurar com insistência *<catou as chaves pela casa>* **3** tirar e matar (parasitos), de alguém ou de si mesmo *<c. pulgas>* **4** selecionar, limpar *<c. feijão>* ~ **catador** *adj.s.m.*

ca.ta.ra.ca *s.f.* *infrm.* muco ressecado do nariz; meleca, caraca

ca.ta.ra.ta *s.f.* **1** cachoeira volumosa que cai de grande altura **2** MED doença que torna opaco o cristalino (*anat*) e causa cegueira parcial ou total

ca.ta.ri.nen.se *adj.2g.* **1** de Santa Catarina ■ *s.2g.* **2** natural ou habitante desse estado

ca.ta.ri.ne.ta /ê/ *adj.2g.s.2g.* *S.* catarinense

ca.tar.ral [pl.: *-ais*] *adj.2g.* **1** relativo a catarro ■ *s.2g.* **2** *infrm.* bronquite aguda

ca.tar.rei.ra *s.f.* *infrm.* grande quantidade de catarro

ca.tar.ro *s.m.* **1** MED muco produzido por inflamação das mucosas das vias respiratórias **2** MED defluxo ou constipação, ger. acompanhada de tosse **3** *N. N.E. infrm.* polpa do coco verde quando ainda está muito macia ~ **catarrento** *adj.*

ca.tar.se *s.f.* FIL PSIC TEAT liberação de emoções ou tensões reprimidas por meio de uma encenação dramática

ca.tár.ti.co *adj.* relativo a catarse

ca.ta.ru.cho *adj.s.m.* diz-se de ou habitante da fronteira entre Santa Catarina e o Rio Grande do Sul

ca.tás.tro.fe *s.f.* **1** acidente de grandes proporções **2** *p.ext.* fato de consequências graves ~ **catastrófico** *adj.*

ca.tas.tro.fis.mo *s.m.* **1** tendência a crer na ameaça de grandes riscos e perigos **2** pessimismo muito forte ~ **catastrofista** *adj.2g.s.2g.*

ca.ta.tau *s.m.* **1** coisa volumosa **2** grande quantidade **3** *N. N.E.* indivíduo muito baixo

ca.ta-ven.to [pl.: *cata-ventos*] *s.m.* **1** MET aparelho que indica a velocidade e a direção do vento **2** mecanismo que usa a força do vento para puxar água de poços **3** RECR brinquedo composto de uma haste de madeira que tem em sua extremidade um arranjo de papel em forma de pás de moinho; corrupio

ca.te.cis.mo *s.m.* **1** conjunto dos princípios fundamentais de uma religião, esp. a cristã **2** livro com esse ensinamento

ca.te.cú.me.no *s.m.* REL quem se prepara para receber o batismo

cá.te.dra *s.f.* **1** cargo de professor titular de universidade **2** assento do bispo em sua catedral

ca.te.dral [pl.: *-ais*] *s.f.* principal igreja da diocese, onde se encontra a cátedra do bispo

ca.te.drá.ti.co *adj.* **1** relativo a cátedra ■ *adj.s.m.* **2** (professor) detentor de uma cátedra de escola superior ■ *s.m.* *B infrm.* **3** profundo conhecedor de determinado assunto

ca.te.fra *s.f.* *PR gír.* grande grupo de pessoas; multidão

ca.te.go.ri.a *s.f.* **1** conjunto de pessoas ou coisas que possuem características comuns; classe, grupo **1.1** ESP grupo em que se classificam atletas *<c. profissional>* **2** posição numa hierarquia *<mudar de c.>* **3** grau de excelência; alta qualidade ▣ **c. gramatical** GRAM classe de palavras

ca.te.gó.ri.co *adj.* **1** relativo a categoria **2** que não permite dúvidas nem discussão; indiscutível

ca.te.go.ri.zar *v.* {mod. 1} *t.d.* **1** dividir em categorias; classificar *<c. a população>* **2** fazer subir de nível, dando mais prestígio, importância etc. *<a nova decoração vai c. o bar>* ~ **categorizado** *adj.*

ca.te.gu.te *s.m.* MED fio de origem animal us. em suturas cirúrgicas

ca.te.que.se *s.f.* ensino da fé cristã e das coisas religiosas em geral ~ **catequista** *adj.2g.s.2g.*

ca.te.qui.zar *v.* {mod. 1} *t.d.* **1** instruir nos princípios da religião *<c. os índios>* **2** iniciar em ou converter a uma doutrina, ideia etc. *<c. a oposição>*

ca.te.re.tê *s.m.* DNÇ FOLC *B* dança em que homens e mulheres, em fila, sapateiam e batem palmas ao som da viola; catira

ca.ter.va *s.f.* **1** grupo de pessoas, animais ou coisas **2** grupo de desordeiros

ca.te.ter /é/ [pl.: *-es*] *s.m.* MED tubo ou sonda introduzida em canais ou cavidades do corpo para retirar líquido, ministrar soro, medicamentos etc. ◉ GRAM/USO ocorre tb. a pronúncia *catéter*

ca.te.te.ris.mo *s.m.* MED introdução de cateter para exames, desentupimento de artérias etc.

¹ca.te.to /ê/ *s.m.* GEOM cada um dos lados do ângulo reto no triângulo retângulo [ORIGEM: do latim *cathĕtus,i* 'linha perpendicular']

²ca.te.to /ê/ *s.m.* ZOO *B* caititu; porco-do-mato [ORIGEM: prov. alt. de *caititu*]

ca.ti.li.ná.ria *s.f.* acusação violenta contra alguém

ca.tim.ba *s.f.* *B infrm.* **1** manha, astúcia, malícia **2** ESP ato de prejudicar o adversário com provocações, simulações etc. ~ **catimbar** *v.int.*

ca.tim.bó ou **ca.tim.bau** *s.m.* *B* **1** ritual de feitiçaria que junta magia branca europeia com elementos afros, ameríndios e católicos **2** *p.ext.* cachimbo us. nesse ritual

ca.ti.na *s.f.* VEST *PR infrm.* chinelo, sandália

[1]**ca.tin.ga** *s.f. B* mau cheiro [ORIGEM: prov. do tupi *kati* 'id.'] ~ **catingar** *v.int.* - **catingoso** *adj.s.m.* - **catinguento** *adj.s.m.*

[2]**ca.tin.ga** *s.f.* BOT GEO caatinga [ORIGEM: do tupi *kaa'tinga*]

cá.tion [pl.: *catíones* e *(B) cátions*] *s.m.* FISQUÍM íon com carga elétrica positiva

ca.ti.ra *s.2g.* DNÇ FOLC *TO S. MG GO* cateretê

ca.ti.ri.pa.po *s.m. B infrm.* **1** tapa, tabefe **2** empurrão

ca.ti.ta *adj.2g.s.2g.* que(m) se veste bem ou com elegância

ca.ti.van.te *adj.2g.* atraente, encantador, sedutor

ca.ti.var *v.* {mod. 1} *t.d. e pron.* **1** tornar(-se) cativo, preso (física ou moralmente) *<c. animais> <cativou-se à influência do mestre>* □ *t.d.* **2** *fig.* obter a simpatia ou o amor de *<cativou-a no primeiro encontro>* ◉ GRAM/USO part.: *cativado, cativo*

ca.ti.vei.ro *s.m.* **1** escravidão **2** lugar em que alguém se encontra preso

ca.ti.vo *adj.s.m.* **1** que(m) perdeu a liberdade ou foi forçado à escravidão **1.1** prisioneiro de guerra

cá.to.do ou **ca.to.do** /ô/ *s.m.* ELETR elétrodo de carga elétrica negativa ~ **catódico** *adj.*

ca.to.li.cis.mo *s.m.* REL **1** o conjunto dos dogmas, preceitos e rituais da Igreja católica **2** a totalidade dos católicos; catolicidade

ca.tó.li.co *adj.* **1** da Igreja católica ■ *adj.s.m.* REL **2** que(m) professa o catolicismo

ca.tor.ze /ô/ ou **qua.tor.ze** /ô/ *n.card.* **1** treze mais um **2** diz-se desse número *<ofício número c.>* **3** diz-se do décimo quarto elemento de uma série *<capítulo c.> <dia c.>* **4** que equivale a essa quantidade (diz-se de medida ou do que é contável) *<o prazo é de c. dias>* ■ *s.m.* **5** representação gráfica desse número ☞ em algarismos arábicos, *14*; em algarismos romanos, *XIV*

ca.tra.ca *s.f. B* borboleta ('dispositivo'), roleta

ca.trai.a *s.f.* MAR pequeno barco com duas proas us. para serviços nos portos ~ **catraieiro** *s.m.*

ca.tre *s.m.* **1** cama rústica e pobre **2** cama de viagem, dobrável

ca.tu.a.ba *s.f.* BOT arbusto brasileiro de flores grandes e cápsulas de tom ocre, cultivado como ornamental e por suas propriedades medicinais

ca.tu.cão [pl.: *-ões*] *s.m.* → ***CUTUCÃO***

ca.tu.car *v.* {mod. 1} → ***CUTUCAR***

ca.tur.ra *adj.2g.s.2g.* **1** que(m) é agarrado a ideias ou hábitos antigos **2** que(m) gosta de discutir por questões sem importância ~ **caturrice** *s.f.*

cau.bói *s.m.* **1** em filmes de faroeste, figura heroica de vaqueiro **2** *p.ext.* boiadeiro, vaqueiro

cau.ção [pl.: *-ões*] *s.f.* **1** valor que se deposita como garantia de um contrato ou de pagamento de dívida **2** cuidado em evitar dano ou prejuízo; precaução ☞ cf. *calção*

cau.cho *s.m.* BOT árvore brasileira com mais de 35 m, folhas alongadas, frutos com polpa mole e madeira própria para pasta de papel e látex de que se faz borracha

cau.cio.nar *v.* {mod. 1} *t.d.* dar dinheiro, ações etc. como caução de *<c. uma dívida>*

cau.da *s.f.* **1** apêndice que prolonga o corpo do animal; rabo **2** *fig.* parte posterior ou prolongamento de alguma coisa **3** rasto luminoso dos cometas, formado por partículas de poeira e material gasoso ☞ cf. *calda*

[1]**cau.dal** [pl.: *-ais*] *adj.2g.s.2g.* (água) que jorra ou escorre em abundância [ORIGEM: do latim *capitalis,e* 'relativo a cabeça; capital, principal', pelo espanhol *caudal* 'id.'] ~ **caudaloso** *adj.*

[2]**cau.dal** [pl.: *-ais*] *adj.2g.* da cauda *<nadadeira c.>* [ORIGEM: *cauda* + *-al*]

cau.da.tá.rio *s.m.* **1** quem carrega a cauda do manto de autoridades em cerimônias solenes **2** adepto, partidário *<c. do ambientalismo>* ■ *adj.s.m.* **3** que(m) não tem opinião ou pensamento próprio

cau.di.lho *s.m.* **1** político com força militar própria **2** *p.ext.* ditador ~ **caudilhismo** *s.m.*

cau.im [pl.: *-ins*] *s.m. B* bebida indígena feita de mandioca cozida e fermentada

cau.le *s.m.* BOT haste das plantas, freq. aérea, com folhas e ligada à raiz

cau.lim [pl.: *-ins*] *s.m.* MINER argila branca, us. em cerâmica e porcelana

cau.sa *s.f.* **1** razão para uma ação ou estado; motivo **2** o que faz com que algo exista ou aconteça; origem **3** ideia ou princípio que alguém defende ou apoia **4** DIR ação judicial; processo

cau.sal [pl.: *-ais*] *adj.2g.* **1** relativo a causa ■ *s.f.* **2** GRAM ver ***CONJUNÇÃO CAUSAL*** ~ **causalidade** *s.f.*

cau.sar *v.* {mod. 1} *t.d. e t.d.i.* (prep. *a*) ser causa de; motivar, provocar *<o descuido causou o acidente> <causou ao pai um grande desgosto>* ~ **causador** *adj.s.m.*

cau.sí.di.co *s.m.* quem se encarrega de causas judiciais; advogado

cau.so *s.m. B infrm.* caso, conto, história

caus.ti.car *v.* {mod. 1} *t.d.* **1** pôr substância cáustica em; cauterizar *<c. uma ferida>* □ *t.d. e int.* **2** aquecer muito; queimar *<no verão o sol caustica (a gente)>* ~ **causticante** *adj.2g.*

cáus.ti.co *adj.s.m.* **1** (substância) que corrói ou queima ■ *adj.* **2** *fig.* corrosivo, ácido *<humor c.>*

cau.te.la *s.f.* **1** precaução para evitar dano, prejuízo ou perigo; cuidado, prudência **2** DIR recibo de depósito ou de penhor

cau.te.lo.so /ô/ [pl.: /ó/; fem.: /ó/] *adj.* que age ou pensa com cautela, com prudência; cauto

cau.té.rio *s.m.* MED agente químico ou físico us. para queimar tecidos orgânicos e assim estancar sangramentos, fechar feridas e facilitar a cicatrização

cau.te.ri.zar *v.* {mod. 1} *t.d.* tratar com cautério *<c. um sangramento>* ~ **cauterização** *s.f.*

C

cau.to *adj.* que tem cautela; cauteloso

ca.va *s.f.* **1** VEST cada uma das aberturas (de camisa, colete etc.) por onde entram os braços **2** VEST abertura na parte central e superior do peito; decote **3** qualquer escavação; cova, buraco **4** ARQ MIL escavação em torno de fortaleza; fosso, vala **5** ANAT cada uma das duas grandes veias que levam o sangue do corpo para o átrio direito do coração ☞ nesta acp., tb. us. como adj.: *veia cava*

ca.va.ção [pl.: *-ões*] *s.f.* **1** ato ou efeito de cavar; escavação **2** *B infrm.* negócio ou vantagem obtida de modo ilegal **3** *B infrm.* esforço para obter vantagens ou condições melhores

ca.va.co *s.m.* **1** lasca de madeira; cavaqueira **2** MÚS cavaquinho **3** *fig. infrm.* conversa informal, bate-papo; cavaqueira ▣ **catar c.** *infrm.* correr tentando restabelecer o equilíbrio após tropeção ou choque físico

ca.va.do *adj.* **1** que se cavou **2** decotado *<vestido c.>*

ca.va.la *s.f.* ZOO peixe marinho comestível com cerca de 1,5 m de comprimento, dorso azul-escuro e ventre prateado

ca.va.lar [pl.: *-es*] *adj.2g.* **1** relativo a ou próprio de cavalo **2** *fig. infrm.* maior do que o normal; desmedido, excessivo

ca.va.la.ri.a *s.f.* **1** MIL tropa militar que usa cavalos como montaria **2** HIST instituição militar da Idade Média, formada por cavaleiros nobres **3** conjunto de cavalos

ca.va.la.ri.a.no *s.m.* MIL membro da cavalaria

ca.va.la.ri.ça *s.f.* alojamento de cavalos e de outros animais de montaria; cocheira

ca.va.la.ri.ço *s.m.* empregado que cuida de animais em cavalariças

ca.va.lei.ro *adj.s.m.* **1** que(m) anda a cavalo **2** que(m) é membro de uma ordem de cavalaria ▣ **c. andante** HIST cavaleiro medieval que corria terras em busca de aventuras e lutas por causas justas

ca.va.le.te /ê/ *s.m.* **1** estrutura móvel com três pés, us. como suporte para telas, trabalhos em madeira etc. **2** armação em que marceneiros, mecânicos etc. apoiam instrumentos de trabalho

ca.val.ga.da *s.f.* **1** grupo de pessoas a cavalo **2** marcha, galope de um grupo de pessoas a cavalo

ca.val.ga.du.ra *s.f.* **1** animal us. para montar; montaria **2** *fig. pej.* pessoa estúpida, grosseira

ca.val.gar *v.* {mod. 1} *int.* **1** andar a cavalo *<adora c. pelos prados>* □ *t.d. e t.i.* **2** (prep. *em*) sentar-se de pernas abertas sobre *<c. um corcel>* *<c. numa moto>*

ca.va.lha.da *s.f.* *B* **1** manada de cavalos **2** FOLC folguedo em que cavaleiros encenam lutas, lembrando as disputas medievais ☞ mais us. no pl.

ca.va.lhei.res.co /ê/ *adj.* próprio de cavalheiro; galante, distinto

ca.va.lhei.ris.mo *s.m.* **1** ação de cavalheiro; gentileza, cortesia **2** jeito de ser de cavalheiro *<sempre se porta com c.>*

ca.va.lhei.ro *s.m.* **1** homem de bom caráter, bem-educado e gentil **2** parceiro na dança (de uma mulher) ☞ cf. *dama* ■ *adj.* **3** próprio de cavalheiro; cavalheiresco

ca.va.lo [fem.: *égua*] *s.m.* **1** ZOO mamífero quadrúpede de grande porte, cauda e crina longas, us. como montaria e como animal de carga **2** *pej.* pessoa grosseira; cavalgadura **3** AGR planta em que se faz enxerto **4** RECR peça do jogo de xadrez **5** FÍS cavalo-vapor ◉ COL cavalaria ▣ **cair do c.** *fig. B infrm.* ficar muito surpreso, ger. de modo negativo • **tirar o c. da chuva** *fraseol. B infrm.* desistir de ideia ou projeto

ca.va.lo de ba.ta.lha [pl.: *cavalos de batalha*] *s.m. fig.* ideia ou assunto em que alguém insiste repetidamente

ca.va.lo de pau [pl.: *cavalos de pau*] *s.m.* **1** ESP aparelho composto de travessa de madeira, com ou sem alças, sobre quatro pernas, us. para saltos e movimentos atléticos; cavalo **2** freada súbita que inverte o rumo de um veículo

ca.va.lo-ma.ri.nho [pl.: *cavalos-marinhos*] *s.m.* ZOO pequeno peixe marinho que nada em posição vertical e cuja cabeça lembra a de um cavalo; hipocampo

ca.va.lo-va.por [pl.: *cavalos-vapor*] *s.m.* FÍS unidade de medida de potência equivalente a 735,5 watts [símb.: *cv*]; cavalo

ca.va.nha.que *s.m.* *B* barba aparada em ponta no queixo

ca.va.que.ar *v.* {mod. 5} *t.i. e int.* (prep. *com*) conversar à vontade; bater papo, papear *<gostava de c. (com os amigos do avô)>* ~ **cavaqueira** *s.f.*

ca.va.qui.nho *s.m.* MÚS instrumento de quatro cordas, semelhante a um pequeno violão, us. no samba e no choro

ca.var *v.* {mod. 1} *t.d.* **1** revolver ou furar (a terra), usando pá, enxada, as mãos etc. **2** fazer (algo) na terra, na pedra, abrindo nela um buraco *<c. um túnel>* **3** fazer (buraco, vala, fenda etc.) *<c. uma vala no quintal>* **4** *p.ext.* abrir buraco ou fenda em *<c. o tronco da árvore>* **5** abrir ou aumentar a cava de (roupa) *<c. uma blusa>* □ *t.d. e t.d.i. fig.* **6** (prep. a, *para*) conseguir (algo) [para si ou para outra pessoa] *<c. um emprego>* *<cavou uma vaga para ele no time>*

ca.vei.ra *s.f.* **1** parte do esqueleto composta pelos ossos do crânio e da face **2** esqueleto **3** *fig.* rosto muito magro ▣ **fazer a c. de** *fraseol. B infrm.* falar mal de; difamar

ca.ver.na *s.f.* **1** cavidade profunda numa rocha; gruta, furna **2** *p.ext.* qualquer cavidade profunda; cova ~ **cavernal** *adj.2g.*

ca.ver.ní.co.la *adj.2g.s.2g.* (o) que habita em caverna

ca.ver.no.so /ô/ [pl.: /ó/; fem.: /ó/] *adj.* **1** semelhante a caverna **2** que tem cavernas **3** rouco e profundo (diz-se de som) *<voz c.>*

ca.vi.ar [pl.: *-es*] *s.m.* CUL ova de esturjão em conserva

ca.vi.da.de *s.f.* **1** parte oca no interior de um corpo, objeto etc.; buraco **2** ANAT parte oca do corpo ou de seus órgãos *<c. abdominal>*

ca.vi.í.deo *adj.s.m.* ZOO (espécime) dos caviídeos, família de roedores sul-americanos como a cobaia e o preá, sem cauda, com pelos grossos, orelhas curtas, membros anteriores com quatro dedos e posteriores com três

ca.vi.la.ção [pl.: *-ões*] *s.f.* plano para enganar alguém ou levá-lo a errar ~ **cavilar** *v.t.i. e int.* - **caviloso** *adj.*

ca.vi.lha *s.f.* pino de madeira ou metal us. para tapar orifícios ou juntar peças

ca.vi.ú.na *adj.2g.s.2g.s.f.* → ***CABIÚNA***

ca.vo *adj.* **1** que tem o interior vazio; oco **2** côncavo, fundo *<olhos c.>* **3** *fig.* rouco, cavernoso (diz-se de som)

ca.vou.car *v.* {mod. 1} *t.d. e int.* **1** abrir cova, buraco (em) *<cavoucou a manhã toda (a terra)>* □ *t.d. p.ext.* **2** mexer em; cutucar *<c. o nariz>*

ca.vou.co *s.m.* escavação ou buraco na terra; cova

ca.vou.quei.ro *s.m.* **1** quem abre cavoucos **2** trabalhador de minas ou pedreiras

ca.xam.bu *s.m. B* **1** DNÇ dança afro-brasileira semelhante ao batuque, com canto ao som de tambor e cuícas **2** MÚS tambor, semelhante a uma zabumba, us. nessa dança e no jongo

ca.xan.gá *s.m.* ZOO siri encontrado nas Américas e na Europa, de carapaça cinzenta ou verde-azulada e carne muito apreciada

ca.xa.réu, **ca.xa.re.la** ou **ca.xa.re.lo** *s.m. B* macho adulto de baleia

ca.xe.mi.ra *s.f.* **1** lã fina e macia feita do pelo de cabra da Caxemira (Índia e Paquistão) **2** fio dessa lã

ca.xe.ta /ê/ *s.f.* BOT caixeta ('árvore')

ca.xi.as *adj.2g.2n.s.2g.2n. B infrm.* que(m) cumpre com extremo rigor suas obrigações e compromissos

ca.xin.gue.lê *s.m.* ZOO *B* esquilo florestal da Amazônia e do leste do Brasil, com cerca de 20 cm de comprimento, cauda longa e pelo marrom e laranja

[1]**ca.xi.xi** *s.m.* RECR *BA* brinquedo infantil feito de barro, esp. da área vizinha a Salvador [ORIGEM: duv., talvez do quimbundo *katito* 'pequeno', em cruzamento com *kaxixi* 'metade']

[2]**ca.xi.xi** *s.m.* MÚS pequeno chocalho feito de uma cestinha de vime com sementes dentro [ORIGEM: duv., talvez de uma língua banta]

ca.xum.ba *s.f.* MED *B* doença viral, que provoca febre e inflamação das parótidas e, às vezes, dos testículos, ovários e meninges; papeira ~ **caxumbento** *adj.*

cd ÓPT símbolo de *candela*

Cd QUÍM símbolo de *cádmio*

CD [ing.; pl.: *CDs*] *s.m.* FONO INF sigla de *compact disc* ⇒ pronuncia-se cidi, *corrente* cedê

CD player [ing.; pl.: *CD players*] *loc.subst.* equipamento que executa arquivos de multimídia (esp. músicas) gravados em *CD* ⇒ pronuncia-se cidi plêier, *corrente* cedê plêier

CD-ROM [ing.; pl.: *CD-ROMs*] *s.m.* disco compacto, us. em computadores, que armazena aplicativos diversos, arquivos de áudio e vídeo etc. ⇒ pronuncia-se cidi rom, *corrente* cedê rom

Ce QUÍM símbolo de *cério*

CE **1** sigla do Estado do Ceará ▲ **2** sigla de Comunidade Europeia

cê *s.m.* nome da letra *c*

ce.ar *v.* {mod. 5} *t.d. e int.* **1** tomar (o que compõe a ceia) *<c. chá e biscoitos>* □ *int.* **2** tomar a ceia *<vamos c. às dez horas>*

ce.a.ren.se *adj.2g.* **1** do Ceará ■ *s.2g.* **2** natural ou habitante desse estado

Ce.a.sa *s.f.* sigla de Centrais de Abastecimento S.A.

ce.bí.deo *adj.s.m.* ZOO (espécime) dos cebídeos, família de primatas florestais e arborícolas, de cauda longa e peluda, e cujo polegar do pé é desenvolvido e passível de se opor aos demais dedos

ce.bo.la /ô/ *s.f.* BOT **1** erva com bulbos membranosos, folhas ocas e compridas e flores esbranquiçadas **2** bulbo dessa planta, de sabor forte e picante, us. como condimento

ce.bo.lão [pl.: *-ões*] *s.m. B* **1** cebola grande **2** relógio de pulso grande, ger. de má qualidade **3** antigo relógio de bolso, grande e redondo

ce.bo.li.nha *s.f.* **1** cebola pequena **2** BOT erva de folhas compridas e cilíndricas, us. como tempero

ce.ce.ar *v.* {mod. 5} *t.d. e int.* pronunciar o som de (*s* ou *z*) com a ponta da língua entre os dentes *<c. muito (o s)>* ~ **ceceio** *s.m.*

cê-ce.di.lha [pl.: *cês-cedilhas*] *s.m.* letra *c* com o sinal gráfico da cedilha (ç)

ce.co *s.m.* ANAT parte inicial do intestino grosso ~ **cecal** *adj.2g.*

ce.der *v.* {mod. 8} *t.d. e t.d.i.* **1** (prep. *a*) transferir (a alguém) uma posse ou direito sobre (algo) *<c. a casa (ao amigo)>* **2** (prep. *a*) emprestar □ *t.i. e int.* **3** (prep. *a*) não resistir; sucumbir *<ela nunca cede (às ofertas de suborno)>* □ *int.* **4** perder a intensidade; diminuir *<a chuva cedeu>* **5** cessar, acabar *<a rivalidade entre os dois não cederá>* **6** tornar-se mais largo, solto; afrouxar *<o sapato novo vai cedendo com o uso>* ~ **cedente** *adj.2g.s.2g.*

ce.di.ço *adj.* **1** estragado, podre **2** estagnado, sujo ou fétido **3** *fig.* fora de uso ou de moda

ce.di.lha *s.f.* sinal gráfico colocado sob a letra *c* antes de *a*, *o* e *u* para indicar o som *'ss'* ~ **cedilhado** *adj.* - **cedilhar** *v.t.d.*

ce.do /ê/ *adv.* **1** antes do tempo previsto **2** em pouco tempo; logo **3** no início do dia

ce.dro *s.m.* **1** BOT nome comum a árvores da família dos pinheiros, cultivadas como ornamentais e pelas madeiras de qualidade **2** *p.ext.* a madeira dessas árvores ◉ COL cedral

cé.du.la *s.f.* **1** papel ou nota que representa a moeda oficial de um país; papel-moeda **2** documento impresso *<c. de identidade>*

ce.fa.lei.a /éi/ *s.f.* MED dor de cabeça

ce.fá.li.co *adj.* da cabeça

C

ce.fa.ló.po.de *adj.2g.s.m.* ZOO (espécime) dos cefalópodes, classe de moluscos marinhos predadores, com cabeça e olhos grandes, boca circundada por oito ou dez braços ou tentáculos (p.ex., lulas e polvos)

ce.fa.lo.tó.rax /cs/ *s.m.2n.* ZOO parte anterior do corpo dos aracnídeos e crustáceos, formada pela fusão da cabeça com o tórax

ce.ga *s.f.* mulher que não enxerga ▣ **às cegas 1** sem conseguir ver **2** sem raciocinar *<seguir conselhos às c.>*

ce.ga.men.te *adv.* **1** sem enxergar nada; às cegas **2** sem prestar atenção ao que há de negativo *<obedecer c. a alguém>* **3** sem pensar nas consequências; às cegas, inconscientemente

ce.gar *v.* {mod. 1} *t.d.,int. e pron.* **1** (fazer) perder a visão; tornar(-se) cego *<o glaucoma pode (nos) c.> <cegou(-se) por causa de um derrame>* □ *t.d. e int.* **2** impedir ou perturbar a visão (de) *<ao meio-dia, o sol cega (os sertanejos)>* □ *t.d. e pron.* **3** *fig.* deslumbrar(-se), fascinar(-se) *<o sucesso cegava-o> <c.-se diante de tanta beleza>* **4** *fig.* (fazer) perder a razão; alucinar(-se) *<a raiva cegou-o> <c.-se de ciúmes>* **5** (fazer) ficar sem corte, sem fio (faca, canivete etc.); embotar ☞ cf. *segar* ◉ GRAM/USO part.: *cegado*, *cego*

ce.ga-re.ga [pl.: *cega-regas*] *s.f.* ZOO cigarra

ce.go *adj.s.m.* **1** que(m) não tem a capacidade da visão em um ou ambos os olhos; deficiente visual ☞ a pal. pode ser ofensiva ■ *adj.* **2** que enfraquece ou anula a razão *<fé c.>* **3** sem fio *<faca c.>* **4** difícil de desatar *<nó c.>*

ce.go.nha *s.f.* **1** ZOO grande ave migratória, de bico e pernas compridos, penas brancas e asas negras, encontrada na Europa, África e Ásia **2** *B* caminhão longo, adequado para o transporte de carros; jamanta

ce.guei.ra *s.f.* **1** estado de quem não tem a capacidade da visão em um ou ambos os olhos **2** *fig.* incapacidade de perceber a realidade dos fatos

cei.a *s.f.* última refeição do dia, ger. pouco antes da hora de dormir

cei.fa *s.f.* **1** trabalho de cortar os cereais quando as espigas estão maduras; sega **2** conjunto dos cereais colhidos **3** época de ceifar **4** *fig.* grande número de mortes; mortandade ~ **ceifeiro** *adj.s.m.*

cei.fa.dei.ra *s.f.* máquina de ceifar; segadeira

cei.far *v.* {mod. 1} *t.d. e int.* **1** cortar (cereais, ervas etc.) com foice; segar *<hora de c. (o trigo)>* □ *t.d.* **2** *fig.* tirar a vida de; matar *<a aftosa ceifou o rebanho>* **3** *fig.* pôr fim a, destruir *<c. sonhos>*

ce.la *s.f.* **1** compartimento de prisão **2** quarto muito pequeno **3** aposento de frades e freiras ☞ cf. *sela*

ce.le.bra.ção [pl.: *-ões*] *s.f.* **1** ato ou efeito de celebrar; comemoração, festejo **2** realização formal de um contrato, acordo etc. **3** ofício religioso

ce.le.brar *v.* {mod. 1} *t.d.* **1** comemorar, festejar *<c. aniversário>* **2** realizar (contrato, acordo etc.) com solenidade **3** acolher com festejos *<c. a vitória>* **4** louvar, exaltar *<c. heróis>* □ *t.d. e int.* **5** rezar (missa) *<o papa irá c. (missa solene) em Roma>* ~ **celebrante** *adj.2g.s.2g.*

cé.le.bre *adj.2g.* **1** que tem muita fama; famoso, conhecido, ilustre **2** que merece ser lembrado *<data c.>* ◉ GRAM/USO sup.abs.sint.: *celebérrimo*

ce.le.bri.da.de *s.f.* **1** fato de ser célebre; fama, notoriedade **2** *p.ext.* pessoa famosa

ce.le.bri.zar *v.* {mod. 1} *t.d. e pron.* tornar(-se) célebre; notabilizar(-se) *<seus inventos o celebrizaram> <celebrizou-se ao publicar o livro>*

ce.lei.ro *s.m.* **1** construção rural para armazenar grãos ou provisões **2** *fig.* fábrica, fonte *<c. de craques>* ☞ cf. *seleiro*

ce.le.ra.do *adj.s.m.* **1** que(m) cometeu ou é capaz de cometer grandes crimes; criminoso **2** que(m) tem má índole; malvado, perverso

cé.le.re *adj.2g.* que anda rápido; ligeiro, veloz ~ **celeridade** *s.f.*

ce.les.te ou **ce.les.ti.al** [pl.: *-ais*] *adj.2g.* **1** relativo ao céu, ao espaço sideral **2** cuja tonalidade se assemelha à do céu claro *<azul c.>* **3** divino, sobrenatural **4** *fig.* de excelente qualidade; magnífico

ce.leu.ma *s.f.* **1** algazarra; tumulto **2** *fig.* discussão acalorada

ce.lí.a.co *adj.* ANAT **1** relativo à cavidade abdominal ■ *s.m.* **2** portador de *doença celíaca*

ce.li.ba.tá.rio *adj.s.m.* **1** que(m) não se casou ■ *adj.* **2** próprio de celibatário (subst.) ou de solteiro

ce.li.ba.to *s.m.* estado de quem é celibatário

ce.lo.fa.ne *s.m.* película transparente, feita de um composto de celulose, us. esp. para envolver alimentos e embrulhar presentes ☞ ® *Cellophan*, da Hoechst AG, que passou a designar o seu gênero ◉ GRAM/USO tb. us. como adj.2g.

Celsius *adj.2g.2n.* FÍS relativo à escala Celsius de temperatura e a cada um dos graus em que ela se divide [símb.: *C*] ☞ cf. *Celsius* na parte enciclopédica e *centígrado*

cel.ta *s.2g.* HIST **1** indivíduo dos celtas, povos que ocuparam a Europa ocidental na Antiguidade ■ *s.m.* LING **2** língua falada por esses povos ■ *adj.2g.* **3** relativo a esse indivíduo, povo ou língua ~ **céltico** *adj.*

cé.lu.la *s.f.* **1** BIO unidade microscópica fundamental dos seres vivos, constituída de citoplasma e núcleo limitados por uma membrana **2** elemento ou unidade de um conjunto, organização etc. *<a família é a c. básica da sociedade>* **3** grupo de pessoas que pensa e age de modo semelhante, ger. com fins políticos ▣ **c. fotoelétrica** ELETRÔN dispositivo fotossensível que gera corrente ou tensão elétrica quando estimulado; fotocélula

cé.lu.la-o.vo [pl.: *células-ovo* e *células-ovos*] *s.f.* BIO célula resultante da fertilização de um óvulo, ainda não dividida

[1]**ce.lu.lar** [pl.: *-es*] *adj.2g.* BIO **1** relativo a célula **2** formado por células [ORIGEM: *célula* + [1]*-ar*]

[2]**ce.lu.lar** [pl.: *-es*] *s.m.* TEL telefone celular [ORIGEM: red. de *telefone celular*]

cé.lu.la-tron.co [pl.: *células-tronco* e *células-troncos*] *s.f.* BIO célula capaz de dividir-se para formar outros tipos de células com propriedades e funções específicas

ce.lu.li.te *s.f.* MED conjunto de nódulos de gordura em tecido subcutâneo, com localizações mais ou menos delimitadas

ce.lu.loi.de /ói/ *s.2g.* QUÍM tipo de plástico us. em brinquedos, filmes fotográficos etc.

ce.lu.lo.se *s.f.* BIOQ substância vegetal us. como matéria-prima na produção do papel

cem *n.card.* **1** noventa mais dez *<c. reais>* **2** diz-se desse número *<ofício de número c.>* **3** diz-se do centésimo elemento de uma série *<página c.>* **4** que equivale a essa quantidade (diz-se de medida ou do que é contável) *<festa para c. convidados>* **5** grande número indeterminado *<repetiu c. vezes>* ■ *s.m.* **6** representação gráfica do número cem ☞ em algarismos arábicos, *100*; em algarismos romanos, *C* ◉ GRAM/USO pl. do s.m.: *cens* (virtual na língua)

ce.men.to *s.m.* ODONT tecido rico em cálcio que recobre a raiz dos dentes ☞ cf. *cimento*

ce.mi.té.rio *s.m.* **1** lugar em que se enterram os mortos; necrópole **2** *fig.* depósito de objetos velhos

ce.na *s.f.* **1** CINE LIT TEAT TV divisão de uma peça teatral, filme, obra literária, telenovela etc. que forma uma unidade da ação dramática **2** REC.AV conjunto dos elementos decorativos que formam o ambiente em que se passa a ação; cenário **3** TEAT espaço onde se desenvolve uma peça; palco **4** *fig.* fingimento, simulação, encenação **5** *fig.* situação de que participam duas ou mais pessoas que tomam atitudes escandalosas ou reprováveis; escândalo ~ **cênico** *adj.*

ce.ná.rio *s.m.* **1** CINE TEAT TV o local e a decoração das ações de peça, filme etc.; cena **2** *p.ext.* lugar em que se desenrola algum fato **3** *p.ext.* panorama; paisagem

ce.nho *s.m.* expressão ou fisionomia que demonstra irritação ou mau humor; carranca

ce.nó.bio *s.m.* residência de monges que vivem em comunidade; convento de cenobitas ~ **cenobial** *adj.2g.*

ce.no.bi.ta *adj.2g.s.2g.* (monge) que vive em comunidade ☞ cf. *anacoreta*

ce.no.gra.fi.a *s.f.* CINE TEAT TV arte e técnica de projetar cenários para filmes, peças etc. ~ **cenográfico** *adj.* - **cenógrafo** *s.m.*

ce.no.tá.fio *s.m.* túmulo ou monumento fúnebre em memória de alguém cujo corpo está sepultado em outro lugar

ce.no.téc.ni.ca *s.f.* CINE TEAT TV técnica de executar cenários para teatro, cinema etc. ~ **cenotécnico** *adj.s.m.*

ce.nou.ra *s.f.* BOT **1** raiz comestível alaranjada, rica em açúcar, caroteno e glúten **2** planta com essa raiz

ce.no.zoi.co /ói/ *s.m.* GEOL **1** era geológica mais recente, posterior ao Mesozoico e dividida em períodos terciário e quaternário, caracterizada pelo grande desenvolvimento dos mamíferos e extinção dos répteis gigantes ☞ este subst. não se usa no plural; inicial maiúsc. ■ *adj.* **2** diz-se dessa era

cen.so *s.m.* contagem da população de um país, de uma região etc.; recenseamento ☞ cf. *senso* ~ **censitário** *adj.* - **censual** *adj.2g.*

cen.sor /ô/ [pl.: *-es*] *adj.s.m.* **1** (o) que censura **2** (o) que critica, sugere correções etc. ~ **censório** *adj.*

cen.su.ra *s.f.* **1** advertência severa; repreensão **2** controle moral ou político de obras artísticas, publicações etc. **3** *p.ext.* comissão de pessoas encarregadas de exercer esse controle

cen.su.rar *v.* {mod. 1} *t.d.* **1** desaprovar, reprovar **2** exercer censura sobre (obra, filme etc.) ~ **censurável** *adj.2g.*

cen.tau.ro *s.m.* MIT ser fantástico, com rosto, torso e braços de homem, corpo e pernas de cavalo ~ **centáureo** *adj.*

cen.ta.vo *s.m.* centésima parte da moeda oficial de diversos países

cen.tei.o *s.m.* BOT planta de até 2 m, folhas planas e flores em espigas, com grãos ricos em glúten us. esp. no preparo de pães

cen.te.lha /ê/ *s.f.* **1** partícula que salta de um corpo em brasa; fagulha, faísca **2** luz forte que surge do choque entre dois corpos duros, ou de um corpo eletrizado **3** *p.ext.* brilho momentâneo **4** *fig.* inspiração ou intuição súbita ~ **centelhar** *v.int.*

cen.te.na *s.f.* grupo de 100 unidades; cento, centúria

cen.te.ná.rio *s.m.* **1** período de 100 anos **2** centésimo aniversário ■ *adj.s.m.* **3** que(m) atingiu 100 anos

cen.té.si.mo *n.ord.* **1** (o) que, numa sequência, ocupa a posição de número 100 ■ *n.frac.* **2** (o) que é 100 vezes menor que a unidade ~ **centesimal** *adj.2g.*

centi- *pref.* 'a centésima parte' (em unidades de medida): *centigrama*, *centímetro*

cen.ti.a.re *s.m.* unidade de medida agrária que corresponde a um metro quadrado ou à centésima parte do are

cen.tí.gra.do *adj.* FÍS **1** correspondente a um centésimo de intervalo na escala de temperatura de 100 graus *<grau c.>* **2** dividido em 100 graus *<escala c.>* ☞ cf. *Celsius*

cen.ti.gra.ma *s.m.* unidade de medida de massa equivalente à centésima parte do grama [símb.: *cg*]

cen.ti.li.tro *s.m.* unidade de medida de volume equivalente à centésima parte do litro [símb.: *cl*]

cen.tí.me.tro *s.m.* unidade de medida de comprimento equivalente à centésima parte do metro [símb.: *cm*]

cên.ti.mo *s.m.* centésima parte do euro e das moedas de diversos países

cen.to *s.m.* **1** conjunto de 100 unidades; centena ■ *n.card.* **2** cem (us. na designação de numerais de 101 a 199) ▣ **por c.** em cada cem, cento ou centena (símb. %) *<noventa por c. da população foi vacinada>*

cen.to.pei.a /éi/ *s.f.* ZOO animal artrópode com 15 ou mais pares de patas; lacraia

C

cen.tral [pl.: *-ais*] *adj.2g.* **1** situado no centro **2** *p.ext.* que está na base do funcionamento de (órgão, setor), por oposição ao que é secundário, regional etc. *<banco c.>* **3** *fig.* principal; fundamental ■ *s.f.* **4** construção (edifício, usina etc.) onde se provê o controle, o abastecimento, a distribuição, a geração etc. de algo *<c. de operações>*

cen.tra.lis.mo *s.m.* POL sistema em que há concentração do poder de decisão em uma pessoa ou em um grupo pequeno

cen.tra.li.za.ção [pl.: *-ões*] *s.f.* **1** ato ou efeito de centralizar(-se) **2** reunião em um mesmo centro ou local **3** forte concentração de poder nas mãos de um único centro ou grupo

cen.tra.li.zar *v.* {mod. 1} *t.d.,t.d.i. e pron.* **1** (prep. *em*) colocar(-se) ou reunir(-se) no centro *<centralizou o desenho (na cartolina)>* *<os bailarinos centralizavam-se no palco>* **2** (fazer) ir para o mesmo ponto; concentrar(-se) *<o bebê centralizava a atenção de todos>* *<o governo centralizou-se na capital>* ~ **centralizador** *adj.s.m.*

cen.trar *v.* {mod. 1} *t.d. e t.d.i.* **1** (prep. *em*) situar em posição central; centralizar *<c. o anúncio (na página)>* □ *t.d.,t.i. e int.* FUTB **2** (prep. *para*) passar (a bola) de grande distância, ger. pelo alto, para fazer a jogada seguir; cruzar *<não conseguiu c. (a bola)>* *<centrou para o atacante, que marcou o gol>*

cen.trí.fu.ga *s.f.* **1** eletrodoméstico us. esp. para extrair o suco de frutas e legumes **2** FÍS aparelho de alta rotação que separa substâncias de densidades diferentes

cen.trí.fu.go *adj.* que se afasta ou faz afastar do centro *<força c.>*

cen.trí.pe.to *adj.* que se aproxima ou faz aproximar do centro *<aceleração c.>*

cen.tris.mo *s.m.* POL atitude ou orientação política que procura se afastar dos extremismos de direita e de esquerda

cen.tris.ta *adj.2g.s.2g.* POL que(m) é militante de algum partido de centro ou simpatiza com o ideário do centrismo

cen.tro *s.m.* **1** ponto em relação ao qual são equidistantes os pontos de uma circunferência ou de uma superfície **1.1** ponto, região ou parte que se encontra a igual distância dos pontos periféricos; meio *<c. da sala>* **2** área de bairro ou cidade onde se concentram atividades comerciais, burocráticas e de serviços **3** *p.ext.* ponto de convergência (de olhares, pessoas etc.) *<ser o c. das atenções>* **4** *p.ext.* lugar principal de certas atividades *<c. cirúrgico>* **5** POL posição política que procura se afastar dos extremismos de direita e de esquerda **6** FUTB cruzamento ('ato de passar a bola') ▣ **c. de terapia intensiva** MED unidade de terapia intensiva [sigla: *CTI*]

cen.tro-a.me.ri.ca.no [pl.: *centro-americanos*] *adj.* **1** da América Central ■ *s.m.* **2** natural ou habitante desse continente

cen.tro.a.van.te *s.2g.* FUTB *B* jogador que atua no ataque, entre o meia-direita e o meia-esquerda

cen.tro-o.es.te [pl.: *centro-oestes*] *adj.2g.s.m.* GEO **1** (o) que está no centro de uma área a oeste **2** (o) que abrange áreas centrais e ocidentais (diz-se de região ou conjunto de regiões) [abrev.: *C.-O.*] **3** diz-se de ou região brasileira que compreende o Distrito Federal, Goiás, Mato Grosso e Mato Grosso do Sul [abrev.: *C.-O.*] ☞ nesta acp., iniciais maiúsc.

cen.tu.pli.car *v.* {mod. 1} *t.d. e pron.* **1** multiplicar(-se) por cem **2** *p.ext.* aumentar muito

cên.tu.plo *n.mult.* **1** que é 100 vezes maior que outro ■ *s.m.* **2** o produto da multiplicação por 100

cen.tú.ria *s.f.* **1** HIST MIL tropa romana de 100 cavaleiros **2** centena **3** período de 100 anos; século

cen.tu.ri.ão [pl.: *-ões*] *s.m.* HIST MIL líder de uma centúria romana

CEP *s.m.* *B* sigla de *código de endereçamento postal*

ce.pa /ê/ *s.f.* **1** BOT tronco da videira **2** *p.ext.* BOT videira **3** MICRBIOL população homogênea de organismos com características definidas; linhagem **4** origem social ou familiar; tronco, linhagem ▣ **de boa c.** de boa origem

ce.po /ê/ *s.m.* pedaço de tronco de árvore cortado transversalmente

cep.ti.cis.mo *s.m.* → **CETICISMO**

cép.ti.co *adj.s.m.* → **CÉTICO**

ce.ra /ê/ *s.f.* **1** substância amarelada e pastosa produzida pelas abelhas **2** qualquer substância semelhante à cera das abelhas **3** produto us. para polir madeiras, pisos etc. **4** *fig.* *B* *infrm.* prolongamento desnecessário da execução de trabalho, competição esportiva etc. ▣ **c. do ouvido** FISL substância mole, de aspecto ceroso, que se forma no fundo do canal auditivo e serve de barreira mecânica e química; cerume

ce.râ.mi.ca *s.f.* **1** arte de fabricar objetos de argila **2** *p.ext.* matéria-prima us. nessa fabricação **3** *p.ext.* objeto resultante dessa atividade **4** *p.ext.* local onde são fabricadas peças de cerâmica ~ **cerâmico** *adj.*

ce.ra.mis.ta *adj.2g.s.2g.* que(m) fabrica e/ou vende objetos de cerâmica

ce.ra.ti.na *s.f.* BIOQ proteína fibrosa e pouco solúvel em água, comum na epiderme, principal constituinte do cabelo, das unhas, dos chifres etc. ◉ GRAM/USO f. mais us.: *queratina*

[1]**cer.ca** /ê/ *s.f.* obra de madeira, ferro, arame etc. que limita ou protege um terreno, uma plantação, uma construção etc. [ORIGEM: duv., talvez regressivo do v. *cercar*] ▣ **c. viva** cerca feita de plantas

[2]**cer.ca** /ê/ *adv.* ▸ us. em: **c. de** quase, aproximadamente, mais ou menos [ORIGEM: do lat. *circa* 'ao redor de, em volta de']

cer.ca.do *adj.* **1** que tem [1]cerca *<terreno c.>* **2** que está entre vários elementos ao redor; rodeado *<casa c. de árvores>* **3** que sofreu cerco; sitiado *<cidade c.>* ■ *s.m.* **4** terreno delimitado por [1]cerca *<fez um c. para criar galinhas>* **5** móvel ger. de base quadrangular e gradeado onde se colocam crianças de colo

cer.ca.du.ra *s.f.* o que cerca; contorno, orla

cer.ca.ni.a *s.f.* região que está perto ou ao redor; arredor, imediação ☞ mais us. no pl.

cer.car *v.* {mod. 1} *t.d.* **1** limitar (área) com cerca ou muro **2** impedir a passagem de; parar *<cercaram o suspeito>* **3** pôr cerco a; sitiar **4** perseguir, assediar *<não gostava que os vendedores o cercassem>* □ *t.d. e t.d.i.* **5** (prep. *com, de*) pôr ou estar em volta de; circundar, rodear *<vamos c. a varanda com uma tela>* **6** *fig.* (prep. *de*) deixar repleto de; cobrir, cumular *<cerca a esposa de carinho>* □ *pron.* **7** (prep. *de*) acompanhar-se *<c.-se de pessoas de confiança>*

cer.ce *adv.* **1** pela base, pela raiz; rente *<cortar c.>* ■ *adj.2g.* **2** que alcança a base, a raiz; rente *<corte c.>*

cer.ce.ar *v.* {mod. 5} *t.d.* **1** cortar pela base, pela raiz *<c. a grama>* **2** aparar ou cortar toda a volta de *<c. a fronde da árvore>* **3** pôr fim a; impedir *<a justiça cerceou seus planos>* **4** *fig.* impor limite a; restringir *<a ditadura cerceia a liberdade dos cidadãos>* ~ **cerceamento** *s.m.*

cer.co /ê/ *s.m.* **1** ação ou efeito de cercar **2** roda em torno de algo **3** bloqueio a uma cidade, praça de guerra etc.

cer.da /é *ou* ê/ *s.f.* **1** pelo espesso e rígido de certos animais **2** *p.ext.* pelo ou fibra natural ou sintética de escova, pincel etc. ~ **cerdoso** *adj.*

cer.do /é *ou* ê/ *s.m.* ZOO porco

ce.re.al [pl.: *-ais*] *s.m.* **1** BOT planta que produz grão comestível, p.ex. arroz, milho, trigo, soja **2** *p.ext.* BOT grão ou semente dessas plantas **3** *p.ext.* alimento industrializado à base dos grãos dessas plantas ◉ COL tulha

ce.re.be.lo /ê/ *s.m.* ANAT parte posterior do cérebro, situada acima da medula, responsável pela coordenação muscular e pela manutenção do equilíbrio

ce.re.bral [pl.: *-ais*] *adj.2g.* **1** do cérebro **2** que afeta o cérebro **3** *fig.* que pensa e age de modo racional, com pouca emoção

cé.re.bro *s.m.* **1** ANAT parte do sistema nervoso situada no crânio; órgão do pensamento e da coordenação neural **2** *p.ext.* inteligência; talento **3** *fig.* cabeça pensante *<o c. do time>*

ce.re.ja /ê/ *s.f.* BOT **1** fruto da cerejeira, pequeno, redondo, vermelho e doce, com um só caroço no centro ■ *s.m.* **2** a cor desse fruto ■ *adj.2g.2n.* **3** de cor vermelho-escura, similar à desse fruto **4** diz-se dessa cor

ce.re.jei.ra *s.f.* BOT árvore com cerca de 20 m, casca lisa e cinzenta, flores brancas e frutos vermelhos comestíveis

ce.ri.mô.nia *s.f.* **1** conjunto de atos formais e solenes segundo regras rigorosas **2** *p.ext.* padrão de comportamento que expressa relação formal entre pessoas; protocolo **3** *p.ext.* timidez diante de pessoa ou fato *<não faça c.>*

ce.ri.mo.ni.al [pl.: *-ais*] *s.m.* **1** conjunto das formalidades de um evento solene ■ *adj.2g.* **2** relativo a cerimônia

ce.ri.mo.ni.o.so /ô/ [pl.: /ó/; fem.: /ó/] *adj.* que segue regras de polidez e etiqueta; cerimonial

cé.rio *s.m.* QUÍM elemento químico us. em isqueiros, dispositivos de ignição etc. [símb.: *Ce*] ☞ cf. *sério*; cf. *tabela periódica* (no fim do dicionário)

cer.nam.bi *s.m.* ZOO ver ***SERNAMBI***

cer.ne *s.m.* **1** BOT parte interna do tronco das árvores, formada por células mortas, em que não ocorre o transporte de água; durame, durâmen **2** *fig.* centro, âmago *<c. da questão>*

ce.roi.la *s.f.* → ***CEROULA***

ce.roi.las *s.f.pl.* → ***CEROULAS***

ce.rol [pl.: *-óis*] *s.m.* *B* mistura de vidro moído e cola que se passa na linha da pipa, para, no ar, cortar a linha de outra pipa

ce.ro.ma *s.f.* **1** MED tumor de tecidos que sofreram degeneração gordurosa **2** ZOO pele na base da maxila do bico das aves, por onde se abrem as narinas

ce.ro.so [pl.: /ó/; fem.: /ó/] *adj.* **1** feito de cera **2** semelhante a cera, a sua consistência ou cor

ce.ro.to /ô/ *s.m.* *N.E.* *infrm.* sujeira escura na pele devida a falta de higiene

ce.rou.la ou **ce.roi.la** *s.f.* ceroulas

ce.rou.las ou **ce.roi.las** *s.f.pl.* VEST roupa masculina, us. sob as calças, que cobre da cintura ao tornozelo

cer.ra.ção [pl.: *-ões*] *s.f.* **1** nevoeiro denso **2** *p.ext.* escuridão

cer.ra.do *adj.* **1** que está fechado, trancado ou tapado **2** apertado *<punhos c.>* **3** denso, compacto *<bosque c.>* **4** encoberto de nuvens ■ *s.m.* **5** BOT mata de vegetação herbácea e árvores pequenas, tortuosas e de casca grossa, típica do planalto central brasileiro **6** GEO área onde ocorre esse tipo de vegetação

cer.rar *v.* {mod. 1} *t.d. e pron.* **1** unir duas ou mais partes de, impedindo que passe ar, luz etc.; fechar (-se), tapar(-se) □ *t.d.* **2** unir com força; apertar □ *int. e pron.* **3** cobrir(-se) de névoa (o tempo, o céu); escurecer, carregar(-se) ☞ cf. *serrar*

cer.ro /ê/ *s.m.* pequeno monte; colina, outeiro

cer.ta *s.f.* ▸ us. em: **na c.** com certeza, decerto

cer.ta.me ou **cer.tâ.men** [pl.: *certâmenes* e *(B) certamens*] *s.m.* **1** combate físico **2** *p.ext.* disputa esportiva **3** *p.ext.* debate

cer.ta.men.te *adv.* **1** com toda a certeza ou com grande probabilidade *<ele c. estará aqui>* **2** indica concordância; claro, sem dúvida *<– Ela não é bonita? – C.>* **3** us. para responder de forma positiva um pedido; sim, claro *<– Pode me ajudar com os embrulhos? – C.>*

cer.tei.ro *adj.* **1** que acerta com exatidão; preciso **2** correto, acertado *<resposta c.>*

cer.te.za /ê/ *s.f.* **1** característica ou condição do que é certo ou considerado certo; verdade **2** estado de quem não tem dúvida; convicção *<temos c. de que vai vencer>* **3** conhecimento indiscutível *<as c. da ciência>* ▣ **com c.** sem dúvida; decerto, certamente *<com c. a proposta será aceita>*

C

cer.ti.dão [pl.: *-ões*] *s.f.* documento emitido por autoridade competente que serve de prova ou comprovação de algo

cer.ti.fi.ca.do *adj.* **1** que se certificou ■ *s.m.* **2** documento que certifica ou comprova algo; certidão

C

cer.ti.fi.car *v.* {mod. 1} *t.d. e t.d.i.* **1** (prep. *a*) afirmar (a alguém) a certeza, a verdade de; atestar *<c. as informações (às autoridades)>* □ *t.d.i. e pron.* **2** (prep. *de*) (fazer) obter a certeza de; assegurar(-se) *<certificou a irmã de que fora aprovada> <c.-se das próprias credenciais para o cargo>* □ *t.d.* **3** passar certidão de *<c. um nascimento>* ~ **certificador** *adj.s.m.*

cer.to *adj.* **1** sem erro **2** fácil de demonstrar **3** combinado; fixo **4** que não falha **5** correto, incontestável **6** que tem certeza; convicto ■ *pron.ind.* **7** indeterminado; algum, um, qualquer *<queria um c. remédio>* ■ *adv.* **8** corretamente *<responder c.>* **9** com certeza; sim *<Vai cumprir o combinado, c.?>* ■ *s.m.* **10** o que é correto ▣ **ao c.** com precisão; exatamente *<não sabemos ao c.>* • **por c.** sem dúvida *<por c. isso é cheiro de pão>*

ce.rú.leo *adj. frm.* **1** do céu **2** que tem a cor do céu em dias claros

ce.ru.me ou **ce.rú.men** [pl.: *cerúmenes* ou *(B) cerumens*] *s.m.* cera do ouvido

cer.ve.ja /ê/ *s.f.* bebida alcoólica fermentada, feita de cereais, esp. a cevada, e aromatizada com lúpulo ~ **cervejeiro** *adj.s.m.*

cer.ve.ja.ri.a *s.f.* **1** fábrica de cerveja **2** casa comercial onde se consome cerveja, entre outras bebidas e comidas

cer.vi.cal [pl.: *-ais*] *adj.2g.* **1** relativo à região da nuca (*cerviz*) **2** feito na cerviz *<punção c.>* **3** relativo à parte inferior do colo do útero

cer.ví.deo *adj.s.m.* ZOO (espécime) dos cervídeos, família de mamíferos ruminantes, como os veados, cervos, alces e renas, cujos machos possuem chifres ger. ramificados, trocados periodicamente

cer.viz [pl.: *-es*] *s.f.* ANAT **1** parte posterior do pescoço **2** cabeça **3** o colo ('porção estreitada') de um órgão

cer.vo /é *ou* ê/ *s.m.* ZOO **1** nome comum a diversas espécies de veado do hemisfério norte **2** veado grande encontrado em áreas pantanosas de vegetação alta, do sul do Peru e Brasil até o Uruguai ☞ cf. *servo*

cer.zi.dei.ra *s.f.* **1** agulha de cerzir **2** *p.ext.* mulher que cirze

cer.zir *v.* {mod. 27} *t.d. e int.* costurar (tecido puído ou rasgado) com pontos miúdos, quase imperceptíveis *<c. (meias) com agulhas finas>* ~ **cerzidura** *s.f.*

ce.sá.reo *adj.* relativo a cesariana

ce.sa.ri.a.na ou **ce.sá.rea** *s.f.* MED cirurgia que consiste numa incisão no abdome e no útero para retirar o feto

cé.sio *s.m.* QUÍM elemento químico us. em células fotelétricas, relógios atômicos, tubos de alto vácuo etc. [símb.: *Cs*] ☞ cf. *tabela periódica* (no fim do dicionário)

ces.são [pl.: *-ões*] *s.f.* **1** ato de ceder **2** DIR transferência de posse ou direito

ces.sar *v.* {mod. 1} *t.d. e int.* **1** dar fim a ou ter fim; parar *<c. a guerra> <a chuva cessou>* □ *t.i.* **2** (prep. *com, de*) não levar adiante; desistir *<c. de gritar> <c. com as brigas>* ~ **cessação** *s.f.* - **cessante** *adj.2g.*

ces.sar-fo.go [pl.: *cessar-fogos*] *s.m.* interrupção ou fim de um combate, guerra etc.; armistício

ces.sio.ná.rio *adj.s.m.* que(m) se beneficia de uma cessão

ces.ta /ê/ *s.f.* **1** utensílio de vime, palha etc., us. para guardar ou carregar coisas **2** quantidade de objetos que uma cesta pode conter *<c. de uvas>* **3** ESP rede sem fundo, presa a um aro, por onde a bola de basquete deve passar para marcar pontos **4** ESP cada ponto marcado no basquete ☞ cf. *sesta* ▣ **c. básica** *B* conjunto dos itens essenciais à subsistência de uma família durante um mês ~ **cesteiro** *adj.s.m.*

ces.ta.ri.a *s.f.* arte e técnica de fabricar cestas ou cestos

ces.ti.nha *s.f.* **1** cesta pequena ■ *s.2g.* ESP **2** no basquete, jogador que marca o maior número de pontos da partida **3** *p.ext.* jogador de basquete que marca muitos pontos

ces.to /ê/ *s.m.* cesta ('utensílio')

ce.su.ra *s.f.* abertura em superfície; corte, incisão ~ **cesurar** *v.t.d.*

ce.tá.ceo *s.m.* ZOO **1** espécime dos cetáceos, ordem de mamíferos aquáticos com corpo semelhante ao de peixes e orifícios respiratórios no alto da cabeça (p.ex., baleia, boto, golfinho) ■ *adj.* **2** relativo a essa ordem

ce.ti.cis.mo ou **cep.ti.cis.mo** *s.m.* **1** FIL atitude de quem afirma não ser possível alcançar com certeza a verdade **2** disposição para incredulidade

cé.ti.co ou **cép.ti.co** *adj.s.m.* **1** que(m) duvida ou descrê **2** partidário do ceticismo (*fil*)

ce.tim [pl.: *-ins*] *s.m.* tecido de seda lustroso e macio ~ **cetinoso** *adj.*

ce.tro *s.m.* **1** bastão que simboliza o poder real **2** *fig.* o poder do rei

céu *s.m.* **1** espaço onde se localizam e movem os astros **2** parte desse espaço, visível pelo homem; firmamento, abóbada celeste **3** REL local onde estão Deus, os anjos, as almas dos justos **4** *fig.* local de felicidade e harmonia ▣ **c. da boca** ANAT *infrm.* palato, abóbada palatina • **c. de brigadeiro** AER *B infrm.* condições atmosféricas ideais para voo de aeronave • **a c. aberto** ao ar livre • **cair do c.** *fig.* ocorrer de modo inesperado e bem-vindo

ce.va *s.f.* **1** ato ou efeito de cevar **2** alimento para engordar animais **3** *B* local onde se prendem os animais para a engorda

ce.va.da *s.f.* BOT cereal us. como alimento para o homem e o gado, e no fabrico de cerveja e outras bebidas alcoólicas

ce.va.do *adj.* **1** bem alimentado, nutrido **2** gordo ■ *s.m.* **3** animal criado na ceva ('local')

ce.var *v.* {mod. 1} *t.d.* **1** alimentar bem (animal) para que engorde **2** colocar isca em (anzol, armadilha) □ *t.d. e pron.* **3** alimentar(-se), nutrir(-se) **4** saciar(-se), fartar(-se) □ *pron. fig.* **5** enriquecer-se *<c.-se com diamantes>*

Cf QUÍM símbolo de *califórnio*

cg símbolo de *centigrama*

chá *s.m.* **1** chá-da-índia **2** *p.ext.* a folha de chá-da-índia **3** infusão dessas folhas **4** *p.ext.* infusão preparada com outros tipos de ervas **5** reunião social com chá ('infusão') e comidas leves

chã *s.f.* **1** planície **2** carne da coxa do boi

cha.bu *s.m. N.E.* falha em fogo de artifício ▣ **dar c.** *B infrm.* não sair como o previsto; falhar

cha.cal [pl.: *-ais*] *s.m.* ZOO mamífero carnívoro semelhante ao lobo que vive na África e na Ásia

chá.ca.ra *s.f. B* pequena propriedade rural ☞ cf. *xácara*

cha.ci.na *s.f.* assassinato de muitas pessoas; matança ~ **chacinar** *v.t.d.*

cha.coa.lhar *v.* {mod. 1} *t.d. e int. B* (fazer) sacudir, ger. com barulho; agitar, chocalhar *<c. o tapete> <o avião chacoalhou muito>* □ *t.d. B*

cha.co.ta *s.f.* deboche, zombaria ~ **chacoteação** *s.f.* - **chacotear** *v.t.d. e t.i.*

cha.cri.nha *s.f. infrm.* **1** *B* reunião informal **2** *p.ext.* conversa fiada **3** *p.ext.* agitação; bagunça

chá-da-ín.dia [pl.: *chás-da-índia*] *s.m.* BOT arbusto nativo da Índia e da China, de folhas verde-escuras de que se faz chá

chá de ca.dei.ra [pl.: *chás de cadeira*] *s.m. infrm.* longa espera

chã de den.tro [pl.: *chãs de dentro*] *s.f.* carne da parte interior da coxa do boi

chã de fo.ra [pl.: *chãs de fora*] *s.f.* carne da parte exterior da coxa do boi

chá de pa.ne.la [pl.: *chás de panela*] *s.m. B* reunião em que a noiva ganha presentes para a casa nova

cha.fa.riz [pl.: *-es*] *s.m.* ARQ CONSTR fonte com uma ou mais bicas por onde corre água

cha.fur.dar *v.* {mod. 1} *t.i.,int. e pron.* **1** (prep. *em*) atolar-se, revolver-se (em lama, lamaçal etc.) *<os porcos chafurdam(-se) (na lama)>* □ *t.i.* **2** *fig.* (prep. *em*) entregar-se (a vícios, maus hábitos) *<c. no alcoolismo>*

cha.ga *s.f.* ferida aberta; úlcera ~ **chaguento** *adj.*

chai.rel [pl.: *-éis*] *s.m.* xairel

cha.la.ça *s.f.* gracejo, ger. de mau gosto ~ **chalaceiro** *s.m.*

cha.la.na *s.f.* MAR pequena embarcação fluvial de fundo chato, lados retos e proa e popa salientes

cha.lé *s.m.* **1** casa de campo, de madeira, com telhado inclinado e terminando em ângulo agudo **2** casa rústica de madeira

cha.lei.ra *s.f.* **1** vasilha de metal com bico e tampa, us. para ferver água ■ *adj.2g.s.2g. B infrm.* **2** (pessoa) que bajula; puxa-saco

cha.lei.rar *v.* {mod. 1} *t.d.* bajular, adular

chal.re.ar ou **chal.rar** *v.* {mod. 5} *int.* **1** soltar a voz (algumas aves), como a imitar a fala ☞ só us. nas 3as p., exceto quando fig. **2** *fig.* falar com descontração, fazendo barulho *<as crianças chalreiam na varanda>* ~ **chalreio** *s.m.*

cha.ma *s.f.* **1** mistura gasosa e incandescente, acompanhada de luz e calor **2** *p.ext.* labareda, fogo *<as c. destruíram o prédio>* **3** *fig.* ardor; entusiasmo

cha.ma.da *s.f.* **1** ato de chamar; chamado, chamamento **1.1** ato de chamar as pessoas para verificar sua presença **2** telefonema **3** advertência; repreensão **4** COMN resumo (em jornal, revista, rádio, TV etc.) que chama atenção para certa matéria ou programa

cha.ma.do *s.m.* **1** ato ou efeito de chamar; chamada, chamamento **2** ato de dizer o nome de (alguém), para pedir aproximação ou verificar presença **3** ato de atrair a atenção por meio de som, gesto etc. ■ *adj.s.m.* **4** que(m) recebeu convite ou convocação; convidado, convocado *<25 foram os (jogadores) c. para a seleção>* ■ *adj.* **5** que recebeu apelido, qualificação; denominado, dito *<a c. cara-metade>*

cha.ma.lo.te *s.m.* tecido cuja trama produz efeitos ondulados ~ **chamalotado** *adj.*

cha.mar *v.* {mod. 1} *t.d. e t.i.* **1** (prep. *por*) dizer o nome de (alguém), esperando comunicação, aproximação ou indicação de presença *<c. os amigos, um a um> <em ordem alfabética, chamava pelos alunos>* **2** (prep. *por*) atrair a atenção de, com voz ou gesto *<c. um táxi> <chamou pela plateia, que estava dispersa>* □ *t.d.* **3** tirar do sono; acordar, despertar *<pediu ao pai que a chame cedo>* **4** acionar mecanismo de (elevador) *<aperte o botão para c. o elevador>* □ *t.d.i.* **5** (prep. *para*) convocar (para cargo, emprego); nomear *<chamou-o para monitor>* □ *t.d. e t.d.i.* **6** (prep. *para*) pedir a presença ou participação de (alguém) [em festa, reunião etc.]; convidar, convocar *<chamou 80 pessoas (para a festa)>* □ *t.d.pred.* **7** dar nome, apelido ou qualificativo a *<os colegas o chamam (de) Toninho> <chamam-lhe (de) crânio>* □ *int.* **8** soar (telefone) □ *pron.* **9** ter por nome *<c.-se Carlos>* **10** dizer-se, intitular-se *<c.-se vencedor>* ~ **chamamento** *s.m.*

cha.ma.riz [pl.: *-es*] *s.m.* coisa que atrai; isca

chá-ma.te [pl.: *chás-mate* e *chás-mates*] *s.m.* BOT mate ('chá')

cha.ma.ti.vo *adj.* **1** que chama a atenção; atraente; atrativo **2** berrante; vívido *<tecido c.>*

cham.ba.ril [pl.: *-is*] *s.m.* mocotó

cham.bre *s.m.* VEST peça de roupa aberta na frente, us. ger. sobre a roupa de dormir; roupão

cha.me.go /ê/ *s.m. B* **1** afeição; apego **2** troca de carícias íntimas ~ **chamegar** *v.t.d.,t.i. e int.* - **chameguento** *adj.*

cha.me.jar *v.* {mod. 1} *int.* **1** lançar chamas; queimar, arder *<as tochas chamejam>* **2** brilhar como chama; fulgurar, cintilar *<seus olhos chamejam quando fala dela>* ~ **chamejante** *adj.2g.*

cha.mi.né *s.f.* **1** CONSTR tubo por onde escapa a fumaça de fornalha, fogão, lareira etc. **2** *fig. pej.* pessoa que fuma excessivamente

cham.pa.nha ou **cham.pa.nhe** *s.2g.* **1** vinho espumante, branco ou rosado, produzido em Champagne, na França **2** qualquer vinho semelhante a esse

champignon [fr.] *s.m.* BIO cogumelo comestível, freq. cultivado ⇒ pronuncia-se chãpinhon

cham.pi.nhom [pl.: *-ons*] *s.m.* BIO aport. de *champignon*

cha.mus.ca *s.f.* chamuscamento

cha.mus.ca.men.to *s.m.* **1** queima de leve daquilo que se passa pelo fogo; chamusca, chamusco **2** enegrecimento pelo fogo; chamusca, chamusco

cha.mus.car *v.* {mod. 1} *t.d. e pron.* queimar(-se) ligeiramente *<c. o dedo no fogão> <ele chamuscou-se por desatenção>* ~ **chamuscado** *adj.*

cha.mus.co *s.m.* **1** chamuscamento **2** *p.ext.* cheiro de queimado

chan.ca *s.f. infrm.* **1** pé grande, feio **2** sapato grande e tosco **3** FUTB *B* chuteira ou sua sola

chan.ce *s.f.* **1** possibilidade de algo acontecer **2** oportunidade, ocasião, vez

chan.ce.la *s.f.* **1** selo ou carimbo em documento **2** impressão da assinatura ou de qualquer sinal que serve para aprovar, autenticar ou certificar algo

chan.ce.lar *v.* {mod. 1} *t.d.* **1** pôr chancela em *<o oficial chancelou o documento>* **2** aprovar, referendar *<o congresso chancelou a indicação presidencial>*

chan.ce.la.ri.a *s.f.* **1** unidade do serviço público onde se aplica o selo do Estado em documentos **2** POL ministério encarregado das relações exteriores em certos países **3** POL cargo de chanceler

chan.ce.ler [pl.: *-es*] *s.m.* POL **1** chefe de governo ou primeiro-ministro de certos países **2** ministro encarregado das relações exteriores em alguns países

chan.cha.da *s.f.* CINE TEAT espetáculo ou filme em que predomina um humor ingênuo, burlesco, de caráter popular

chan.fra.du.ra *s.f.* corte em forma de meia-lua ou em ângulo na borda de um objeto; chanfro

chan.frar *v.* {mod. 1} *t.d.* cortar na diagonal ou em meia-lua a borda de (vidro, madeira etc.) ~ **chanfrador** *adj.s.m.*

chan.fro *s.m.* chanfradura

chan.ta.ge.ar *v.* {mod. 5} *t.d. e int.* exigir dinheiro ou vantagem de (alguém), p.ex., para não revelar fato desabonador a seu respeito; fazer chantagem contra *<tentou c. o cúmplice> <é honesto, não chantageia>*

chan.ta.gem [pl.: *-ens*] *s.f.* pressão sobre alguém para obter dinheiro ou favores por meio de ameaças; extorsão

chan.ta.gis.ta *adj.2g.s.2g.* que(m) faz chantagem

chan.ti.li *s.m.* CUL creme de leite fresco batido e açucarado ☞ tb. us. como adj.2g.2n.: *creme chantili*

chanuca [heb.] *s.m.* REL festa judaica, tb. dita da Consagração ou das Luzes, comemorada próximo do Natal ☞ inicial maiúsc. ⇒ pronuncia-se ranuca

chão [pl.: *chãos*] *s.m.* **1** superfície sólida da crosta terrestre; solo, terra **2** pavimento, piso *<c. de cimento>*

cha.pa *s.f.* **1** peça plana, fina, feita de metal, vidro etc., ger. us. para revestir, reforçar ou proteger algo; lâmina, folha **2** peça metálica que se aquece para cozer ou fritar alimentos **3** *infrm.* radiografia ('imagem') **4** conjunto de candidatos de um grupo ou partido **5** *B* placa de metal colocada na dianteira e/ou traseira de um veículo, com o número do licenciamento; placa ■ *s.2g.* **6** *infrm.* amigo, camarada

cha.pa.da *s.f.* GEO **1** superfície elevada e plana, ou com poucas ondulações; planalto **2** grande extensão de terreno plano; planície

cha.pa.dão [pl.: *-ões*] *s.m.* GEO **1** chapada ou planalto extenso **2** série de chapadas

cha.pa.do *adj.* **1** revestido de chapa(s) **2** *B infrm.* deitado, estirado **3** *B infrm.* muito parecido **4** *fig. infrm.* exausto, alcoolizado ou drogado

cha.par *v.* {mod. 1} *t.d. e t.d.i.* **1** (prep. *com, de*) pôr chapa(s) em; chapear *<c. o casco do navio> <c. as janelas com material corta-fogo>* **2** dar forma de chapa a *<c. o alumínio>* **3** cunhar (moeda) □ *pron.* **4** (prep. *em*) cair estendido; estatelar-se *<c.-se na areia>*

cha.pe.ar *v.* {mod. 5} *t.d.* **1** revestir ou reforçar com chapas metálicas ou não; chapar *<c. o casco de um barco>* **2** fazer com argamassa, barro ou cimento revestimento áspero e desigual em (parede, teto, muro)

cha.pe.la.ri.a *s.f.* **1** local onde são fabricados ou vendidos chapéus **2** em algumas casas de espetáculos, lugar onde se guardam chapéus e, atualmente, casacos, guarda-chuvas etc.

cha.pe.lei.ra *s.f.* **1** mulher que fabrica ou vende chapéus **2** caixa para guardar e transportar chapéus **3** cabide para chapéus, bonés etc.

cha.pe.lei.ro *s.m.* aquele que fabrica ou vende chapéus

cha.pe.le.ta /ê/ *s.f.* **1** VEST pequeno chapéu **2** válvula de couro us. em certas bombas de água

cha.péu *s.m.* **1** VEST peça de vestuário para a cabeça, feita de diferentes materiais e ger. constituída de copa e aba **2** *B* guarda-chuva **3** FUTB *B* jogada em que a bola é chutada por cima do adversário e recuperada logo adiante, às suas costas; lençol ◉ GRAM/USO aum.: *chapelão, chapeirão*; dim.: *chapeleta, chapelete, chapelinho*

cha.péu-co.co [pl.: *chapéus-coco* e *chapéus-cocos*] *s.m.* VEST chapéu de homem, de feltro duro, com a copa arredondada e a aba estreita voltada para cima

cha.péu de chu.va [pl.: *chapéus de chuva*] *s.m.* guarda-chuva

cha.péu de sol [pl.: *chapéus de sol*] *s.m.* guarda-sol

cha.péu-pa.na.má [pl.: *chapéus-panamá* e *chapéus-panamás*] *s.m.* VEST chapéu masculino de palha fina; panamá

cha.pi.nha *s.f.* **1** chapa pequena **2** *B* tampa metálica us. para vedar o gargalo de garrafas **3** *B* artefato us. para alisar cabelos

cha.pi.nhar *v.* {mod. 1} *t.d. e int.* **1** agitar (água, lama etc.) com os pés ou as mãos *<c. a água> <gosta de c. na banheira>* □ *int.* **2** atolar *<c. na lama>*

cha.pis.co *s.m.* CONSTR **1** argamassa de cimento e areia que se aplica em superfície lisa para formar uma base irregular, áspera, sobre a qual se fixa o reboco **2** revestimento de parede feito por esse processo ~ **chapiscar** *v.t.d.*

cha.ra.da *s.f.* **1** enigma cuja solução é uma palavra ou expressão **2** *p.ext.* linguagem pouco inteligível, enigmática, obscura **3** *fig.* coisa difícil de solucionar ou entender; enigma, problema ▣ **matar a c.** *B* achar a resposta para algum problema ou dúvida ~ **charadista** *adj.2g.s.2g.*

cha.ran.ga *s.f.* **1** MÚS banda pequena, formada principalmente por instrumentos de sopro **2** *p.ext. pej.* conjunto musical desafinado e barulhento **3** *B infrm.* carro velho

cha.rão [pl.: *-ões*] *s.m.* **1** verniz de laca, negro ou vermelho, us. no revestimento de madeira, papelão, couro etc. **2** objeto de madeira revestido com esse verniz

char.co *s.m.* **1** pântano **2** lugar com água parada e lamacenta; lamaçal ~ **charcoso** *adj.*

char.ge *s.f.* cartum que contém crítica social, política etc. ~ **chargista** *adj.2g.s.2g.*

char.lar *v.* {mod. 1} *int.* conversar à toa, sem assunto determinado ~ **charla** *s.f.* - **charlador** *adj.s.m.*

char.la.ta.ni.ce *s.f.* ou **char.la.ta.nis.mo** *s.m.* atitude, linguagem, método ou obra de charlatão

char.la.tão [pl.: *-ões* e *-ães*; fem.: *charlatona*] *adj.s.m.* **1** que(m) explora a credulidade alheia, ostentando qualidades que não tem **2** *p.ext.* que(m) se faz passar por médico **3** (médico) incompetente ou inescrupuloso ~ **charlatanear** *v.t.d. e int.* - **charlatanesco** *adj.*

char.me *s.m.* graça sedutora própria daquele que agrada, cativa ou deslumbra; encanto ▣ **fazer c.** *B infrm.* fingir desinteresse ou indiferença; fazer doce ~ **charmoso** *adj.*

char.ne.ca *s.f.* *B* pântano, charco

cha.ro.la *s.f.* andor

char.que *s.m.* carne bovina cortada em mantas, salgada e seca, ger. ao sol; carne-seca, jabá ~ **charquear** *v.t.d. e int.*

char.que.a.da *s.f.* *B* local onde os bois são abatidos e onde se prepara o charque

char.re.te *s.f.* veículo para duas ou três pessoas, com duas rodas, puxado por cavalo

char.ru.a *s.f.* grande arado de ferro ~ **charruar** *v.t.d. e int.*

charter [ing.; pl.: *charters*] *s.m.* **1** avião alugado por contrato para fins específicos, p.ex., turísticos ■ *adj.2g.2n.* **2** feito nessas condições *<voo c.>* ⇒ pronuncia-se tcharter

cha.ru.ta.ri.a *s.f.* *B* **1** tabacaria **2** arte e técnica de fazer charutos **3** local onde se fabricam charutos

cha.ru.tei.ra *s.f.* estojo para charutos

cha.ru.tei.ro *s.m.* **1** operário que fabrica charutos **2** dono de charutaria

cha.ru.to *s.m.* rolo de folhas secas de tabaco para se fumar

chas.si *s.m.* *B* estrutura de aço sobre a qual se monta a carroceria de um veículo

chat [ing.; pl.: *chats*] *s.m.* INTERN bate-papo virtual entre usuários da internet, em que as mensagens escritas aparecem no monitor em tempo real ⇒ pronuncia-se tchét

cha.ta *s.f.* MAR embarcação quadrangular, de fundo chato, us. para dragagem, transporte de carga etc.

cha.te.ar *v.* {mod. 5} *t.d.,int. e pron. infrm.* **1** (fazer) ficar aborrecido; irritar(-se) *<pare com isso, e não (me) chateie!> <c.-se à toa>* **2** (fazer) sentir tédio; enfadar(-se), entediar(-se) *<c. o público com discursos> <música que chateia> <c.-se em reuniões formais>* ~ **chateação** *s.f.*

cha.ti.ce *s.f.* *infrm.* **1** condição ou característica do que é chato **2** o que chateia; chateação

cha.to *adj.* **1** que tem a superfície plana ou uniforme **2** *p.ext.* de pouca profundidade; raso *<vasilha c.>* **3** *p.ext.* de pouca altura ou pouca espessura ■ *adj.s.m. fig. infrm.* **4** (o) que é entediante, monótono ou insistente ■ *s.m.* ZOO **5** piolho encontrado nos pelos pubianos do ser humano

chau.vi.nis.mo /chô/ *s.m.* **1** patriotismo exagerado e agressivo **2** entusiasmo intransigente por uma causa, atitude etc. ~ **chauvinista** *adj.2g.s.2g.*

cha.vão [pl.: *-ões*] *s.m.* frase ou dito tão repetido que perdeu seu valor expressivo; clichê, lugar-comum

cha.ve *s.f.* **1** peça metálica que abre e fecha uma fechadura **2** peça análoga que liga e desliga motores **3** peça com que se dá corda a relógios, brinquedos etc. **4** ferramenta para ajuste de peças, parafusos etc. **5** interruptor **6** numa linha férrea, dispositivo pelo qual se faz a passagem de um trem para outra linha vizinha **7** *fig.* elemento essencial **8** *fig.* o que permite a compreensão ou explicação *<c. do enigma>* **9** início ou fim de um poema **10** MAT sinal gráfico ({) que agrupa os elementos de uma operação **11** sinal gráfico ({) que reúne itens relacionados entre si formando um grupo **12** ESP em campeonatos e torneios, cada um dos grupos de participantes que devem enfrentar, em sequência, os adversários de outro(s) grupo(s) **13** golpe que comprime uma parte do corpo do adversário com os braços ou com as pernas *<c. de braço>* **14** MÚS mecanismo que, em certos instrumentos de sopro, controla a abertura dos orifícios ◉ GRAM/USO dim.irreg. *chaveta*; aum.irreg. *chavão*

cha.ve.ar *v.* {mod. 5} *t.d.* trancar, fechar à chave *<c. as janelas>* ~ **chaveamento** *s.m.*

cha.vei.ro *s.m.* *B* **1** profissional que faz cópias ou conserta chaves **2** objeto portátil ou fixo onde se prendem chaves

cha.ve.lho /ê/ *s.m.* ZOO chifre, corno

chá.ve.na *s.f.* xícara

cha.ve.ta /ê/ *s.f.* **1** pequena chave **2** MEC peça que, na extremidade do eixo, fixa a roda **3** peça que segura uma cavilha **4** haste que une as duas partes de uma dobradiça

C

che.ca.pe *s.m.* aport. de *checkup*

che.car *v.* {mod. 1} *t.d.* **1** verificar, conferir *<c. um equipamento>* □ *t.d.i.* **2** (prep. *com*) confrontar, comparar *<c. o documento com uma cópia>* ~ **checagem** *s.f.*

check-in [ing.; pl.: *check-ins*] *s.m.* **1** nos aeroportos comerciais, verificação do bilhete de viagem e autorização para embarcar **2** registro das informações pessoais na chegada a um hotel, hospital, congresso etc. ⇒ pronuncia-se tchequin

checkout [ing.; pl.: *checkouts*] *s.m.* ato ou efeito de desocupar o cômodo que se usava e pagar pela estada (freq. num hotel) ⇒ pronuncia-se tchecaut

checkup [ing.; pl.: *checkups*] *s.m.* **1** MED exame médico completo **2** *p.ext.* análise minuciosa para verificação de uma situação, de um fato etc. ⇒ pronuncia-se tchecap

cheeseburger [ing.; pl.: *cheeseburgers*] *s.m.* CUL hambúrguer com uma fatia de queijo sobre a carne ⇒ pronuncia-se xisburguer

che.fa.tu.ra *s.f.* **1** seção, esp. na polícia, onde o chefe trabalha **2** cargo de chefe; chefia

che.fe *s.2g.* **1** autoridade principal **2** aquele que chefia, dirige **3** pessoa reconhecida como autoridade dentro de um grupo social, cultural, religioso etc. ◉ GRAM/USO tb. se aceita o fem. infrm. *chefa*

che.fi.a *s.f.* **1** cargo ou função de chefe **2** *B infrm.* chefe, patrão

che.fi.ar *v.* {mod. 1} *t.d. e int.* exercer cargo ou função de chefe *<está capacitado para c. (o departamento)>*

che.ga /ê/ *interj.* expressa ordem de interromper algo que irrita; basta

che.ga.da *s.f.* **1** ato ou efeito de chegar **2** momento em que algo ou alguém chega a um lugar **3** momento em que algo se inicia *<a c. da primavera>* **4** ESP marca que indica o fim de uma corrida

che.ga.do *adj.* **1** que acabou de chegar **2** muito próximo no espaço **3** íntimo, próximo *<primos c.>* **4** que tem inclinação ou gosto; propenso, dado

che.gan.ça *s.f.* DNÇ FOLC *B* dança dramatizada que evoca as aventuras marítimas portuguesas e as lutas entre cristãos e mouros

che.ga pra lá *s.m.2n.* *B infrm.* **1** encontrão, empurrão **2** ato de repreender alguém e seu efeito **3** ato de manter alguém afastado ou seu efeito

che.gar *v.* {mod. 1} *t.i. e int.* **1** (prep. *a, de*) atingir o fim de um percurso *<c. cedo (à reunião)>* **2** (prep. *a*) acontecer, sobrevir *<a noite chegou (à floresta)>* □ *t.i.* **3** (prep. *a*) alcançar um ponto no espaço ou no tempo *<a saia chega ao chão>* **4** (prep. *a*) alcançar (quantia, valor) *<o lucro chega a 100 mil>* **5** (prep. *de, para*) ser suficiente; bastar *<isso chega para pagar o serviço>* □ *t.d.i.* **6** (prep. *a*) juntar duas coisas; aproximar *<c. o lenço à fronte>* □ *pron.* **7** achegar-se, aproximar-se

chei.a *s.f.* **1** aumento rápido do nível de um curso de água ☞ cf. *vazante* **2** *p.ext.* inundação, enchente

chei.o *adj.* **1** totalmente preenchido; repleto **2** cuja lotação está completa; lotado **3** *fig.* bem preenchido ou sem horas vagas **4** que tem formas arredondadas; gordo, redondo *<rosto c.>* **5** *B infrm.* que está nos limites da paciência, da tolerância; farto ◉ GRAM/USO sup.abs.sint.: *cheiíssimo* ▣ **c. de si** convencido, metido • **em c.** com precisão, sem erro

chei.rar *v.* {mod. 1} *t.d.* **1** sentir ou tentar sentir o cheiro de *<c. uma flor>* □ *int.* **2** usar o sentido do olfato *<perdeu a capacidade de c.>* □ *t.d.* **3** inalar, aspirar *<c. rapé>* □ *t.i.* **4** (prep. *a*) exalar cheiro *<a cozinha cheira a feijão>* **5** *infrm.* (prep. *a*) dar indício de; parecer *<isso cheira a confusão>*

chei.ro *s.m.* **1** impressão produzida no olfato pela emanação volátil dos corpos; odor **2** fragrância, perfume **3** mau cheiro; fedor **4** *N.E.* ato de cheirar alguém com carinho *<dar um c.>*

chei.ro.so /ô/ [pl.: /ó/; fem.: /ó/] *adj.* que tem cheiro agradável

chei.ro-ver.de [pl.: *cheiros-verdes*] *s.m.* CUL raminho de salsa, cebolinha etc., us. para temperar a comida

che.ni.le *s.f.* tecido de fio aveludado, com fibras protuberantes, us. esp. em colchas e tapetes

che.que *s.m.* documento por meio do qual o titular de uma conta ordena ao banco o pagamento de certa quantia a favor de outra pessoa ou firma ☞ cf. *xeque*

cher.ne *s.m.* ZOO *B* peixe ósseo, marinho, da família dos badejos e garoupas, de águas tropicais, com cerca de 1,5 m de comprimento, apreciado como alimento

chi.a.do *s.m.* ato ou efeito de chiar; chio

chi.ar *v.* {mod. 1} *int.* **1** emitir chiados (certos animais) *<grilos chiam ao anoitecer>* **2** produzir ruído áspero (ger. por atrito); ranger *<ouviu o portão c.>* **3** produzir som semelhante ao de fervura ou fritura *<o bife chia na grelha>* **4** *gír.* reclamar, protestar *<chiou ao ser expulso>* ~ **chiada** *s.f.* - **chiadeira** *s.f.*

chi.ba.ta *s.f.* **1** vara fina e flexível us. para bater **2** *B* chicote ~ **chibatar** *v.t.d.*

chi.ba.ta.da *s.f.* golpe com chibata; chicotada

chi.bé *s.m.* CUL *AMAZ MA* papa ou refresco de farinha de mandioca adoçada

chi.ca.na *s.f.* **1** argumentação astuciosa de advogado **2** *p.ext.* tramoia, ardil **3** passagem de carro em zigue-zague por obstáculos **4** conjunto desses obstáculos ~ **chicanear** *v.int.*

chi.ca.nei.ro *adj.s.m.* que(m) faz chicana, trapaceia

chicano [esp.] *adj.s.m.* (norte-americano) de ascendência latino-americana, esp. mexicana ⇒ pronuncia-se tchicano

chi.cle *s.m.* **1** látex do sapoti, matéria-prima da goma de mascar **2** goma de mascar

chi.cle.te *s.m.* certa goma de mascar (cuja marca registrada no Brasil é *Chiclets*)

chi.co *s.m. B infrm.* **1** mico ou macaco doméstico **2** menstruação

chi.có.ria *s.f.* BOT erva da família das compostas, de folhas amargas, comestíveis, us. como forragem ou como mistura para o café; almeirão

chi.co.ta.da *s.f.* golpe com chicote; chibatada

chi.co.te *s.m.* conjunto de tiras de couro presas a um cabo us. para golpear; látego, açoite, chibata ~ **chicoteamento** *s.m.* - **chicotear** *v.t.d.*

chi.co.te-quei.ma.do [pl.: *chicotes-queimados*] *s.m.* RECR jogo em que as crianças devem encontrar um objeto previamente escondido

chi.cun.gu.nha *s.2g.* BIO **1** vírus causador da doença que tem esse nome ■ *adj.2g.s.2g.* MED **2** diz-se de ou febre transmitida pela picada de mosquitos *aedes* infectados por esse vírus, e caracterizada por fortíssimas dores musculares e articulares

chiffon [fr.; pl.: *chiffons*] *s.m.* tecido fino feito de seda, náilon ou raiom ⇒ pronuncia-se xifon

chi.fra.da *s.f.* golpe com chifre(s)

chi.frar *v.* {mod. 1} *t.d.* **1** golpear com o(s) chifre(s); cornear ☞ nesta acp., só us. nas 3as p., exceto quando fig. **2** *infrm.* ser infiel a (namorado, cônjuge); trair, cornear

chi.fre *s.m.* ZOO **1** cada um dos dois apêndices ósseos na cabeça de muitos ruminantes; corno **2** cada um dos tentáculos de um caracol ou das antenas de um inseto; corno

chi.fru.do *adj.s.m.* **1** (animal) que tem chifre(s) **2** *B infrm.* (cônjuge) enganado pelo parceiro; corno ■ *s.m. infrm.* **3** diabo

chi.le ou **chi.li** *s.m.* CUL molho de pimenta vermelha muito forte, comum na culinária do México e de Macau

chi.li.que *s.m. infrm.* **1** ataque de nervos; faniquito **2** desfalecimento, desmaio

chil.re.a.da *s.f.* chilreio

chil.re.ar *v.* {mod. 5} ou **chil.rar** *v.* {mod. 1} *t.d. e int.* cantar, gorjear (pássaros) *<o canário chilreava (sons claros e alegres)>* ◉ GRAM/USO só us. nas 3as p., exceto quando fig.

chil.rei.o *s.m.* voz de pássaro que se faz ouvir em pios, trinados ou gorjeios sucessivos; chilreada

chi.mar.rão [pl.: *-ões*] *s.m.* mate amargo que se bebe quente, sem açúcar, ger. numa cuia, com uma bombilha

chim.pan.zé ou **chi.pan.zé** *s.m.* ZOO nome comum a macacos de orelhas e lábios grandes, braços mais longos que as pernas e sem cauda, capazes de criar ferramentas para a obtenção de alimento

chi.na *adj.2g.s.f.* (mulher) indígena ou descendente de índio

chin.chi.la *s.f.* **1** ZOO nome comum a pequenos roedores ger. de pelo cinza macio **2** a pele desses roedores

chi.ne.la *s.f.* VEST chinelo

chi.ne.la.da *s.f.* pancada com chinelo

chi.ne.lo *s.m.* VEST calçado confortável us. em casa; chinela

chin.frim [pl.: *-ins*] *adj.2g. pej.* ordinário, de mau gosto

chi.nó *s.m.* cabeleira postiça no alto da cabeça

chi.o *s.m.* **1** chiado **2** som do atrito de duas superfícies polidas

chip [ing.; pl.: *chips*] *s.m.* ELETRÔN INF circuito integrado ⇒ pronuncia-se tchip

chi.pan.zé *s.m.* → ***CHIMPANZÉ***

chi.que *adj.2g.* que se destaca pela elegância e pelo bom gosto

chi.quê *s.m. B infrm.* afetação pretensiosa de luxo, requinte ou ostentação

chi.quei.ro *s.m.* **1** curral para porcos; pocilga **2** *fig. infrm.* lugar imundo

chis.pa *s.f.* **1** fragmento luminoso que sai de um corpo em brasa ou em atrito com outro; centelha, faísca **2** *fig.* manifestação intensa e brilhante de um sentimento, de uma ideia; centelha, lampejo

chis.pa.da *s.f. B* corrida veloz, disparada

chis.par *v.* {mod. 1} *t.d. e int.* **1** soltar (chispas); faiscar, lampejar *<o vento fazia c. fagulhas em todas as direções> <os relâmpagos chispavam>* □ *t.i. infrm.* **2** correr, disparar *<chispa daqui!>*

chis.pe *s.m.* pé de porco, esp. o us. na culinária

chis.te *s.m.* dito espirituoso, ger. de humor fino e adequado; gracejo ~ **chistoso** *adj.*

chi.ta *s.f.* tecido barato de algodão, estampado em cores

chi.tão [pl.: *-ões*] *s.m.* chita com grandes estampados

cho.ça *s.f.* cabana, casebre de palha, ramos etc.

cho.ca.dei.ra *s.f.* aparelho aquecido, us. para chocar ovos e abrigar as crias; incubadora, incubadeira

cho.ca.lhar *v.* {mod. 1} *t.d. e int.* **1** (fazer) soar (chocalho ou objeto similar) *<c. o maracá> <de longe, ouvia-se o burrinho c.>* **2** *p.ext.* agitar (líquido ou recipiente que o contenha) *<c. um xarope> <pegou a mamadeira e chocalhou>* ~ **chocalhante** *adj.2g.*

cho.ca.lho *s.m.* **1** instrumento de metal, provido de badalo, em forma de cone ou cilindro, que se põe no pescoço de animais **2** MÚS instrumento de percussão que consiste numa estrutura oca contendo pedras ou sementes **3** objeto de metal ou plástico, us. para distração de crianças de colo

cho.can.te *adj.2g.* **1** que choca, abala **2** *B gír.* muito bom, bonito ou divertido

[1]**cho.car** *v.* {mod. 1} *t.i. e pron.* **1** (prep. *em*, *contra*, *com*) ir de encontro a; bater(-se) *<o carro chocou no poste> <os dois navios chocaram-se>* □ *t.d.,int. e pron.* **2** (prep. *com*) ofender(-se), escandalizar(-se) *<o crime chocou a opinião pública> <ele choca (os outros) com suas ideias polêmicas> <palavras e gestos que chocam> <ela se chocou com a grosseria do menino>* [ORIGEM: do fr. *choquer*]

C

²cho.car *v.* {mod. 1} *t.d. e int.* **1** postar-se (uma ave) de modo que transmita o calor do corpo a (os ovos) e assim faça desenvolver embrião; incubar <*uma pata chocou um ovo de cisne*> <*a galinha fez o ninho para c.*> □ *int. fig.* **2** esperar por muito tempo <*chocou durante uma hora no ponto de ônibus*> [ORIGEM: duv., talvez de ²*choco* + ²*-ar*]

cho.car.ri.ce *s.f.* **1** chiste **2** gracejo de mau gosto, insolente ~ **chocarrear** *v.t.d. e int.* - **chocarreiro** *adj.s.m.*

cho.char *v.* {mod. 1} *int.* **1** ficar murcho, seco (a planta) ☞ só us. nas 3ªˢ p., exceto quando fig. **2** *fig.* não ir à frente; gorar <*o projeto vai c.*>

cho.cho /ô/ *adj.* **1** sem suco ou miolo <*castanha c.*> **2** *fig.* sem interesse ou consistência; superficial, fraco <*filme c.*> **3** *fig.* sem graça; desanimado

¹cho.co /ô/ *s.m.* estado ou período de incubação [ORIGEM: regr. de ²*chocar*]

²cho.co /ô/ [pl.: /ó/; fem.: /ó/] *adj.* **1** que está chocando **2** cujo embrião está em desenvolvimento (diz-se de ovo) **3** *p.ext.* que se deteriorou; podre, estragado **4** que perdeu a gaseificação <*cerveja c.*> [ORIGEM: duv., talvez de um lat. **clocca*, onom. da voz da galinha *choca*]

cho.co.la.te *s.m.* **1** pasta de cacau e açúcar em forma de tablete ou bombom **2** pó feito de cacau e açúcar **3** a bebida preparada com esse pó **4** cor ou tom amarronzado de chocolate ■ *adj.2g.2n.* **5** que tem essa cor **6** diz-se dessa cor <*tom c.*>

cho.co.la.tei.ra *s.f.* jarro em que se prepara ou serve chocolate ('bebida')

cho.co.la.tei.ro *adj.s.m.* **1** que(m) fabrica ou vende chocolate ('pasta de cacau') **2** *B infrm.* que(m) negocia ou produz cacau

cho.fer [pl.: *-es*] *s.m.* motorista de automóvel

cho.fre /ô/ *s.m.* choque repentino ▣ **de c. 1** de repente **2** em cheio <*o sol batia de c. nas pedras*>

chol.dra /ô/ *s.f. infrm.* **1** tumulto causado por gente de má índole **2** gente vil; ralé, escória **3** coisa que não presta; droga

cho.pe /ô/ *s.m.* **1** cerveja fresca acondicionada em barril **2** copo ou caneca dessa cerveja

cho.pe.ri.a *s.f. B* estabelecimento em que se serve chope; cervejaria

cho.que *s.m.* **1** efeito nervoso no homem e no animal, produzido por descarga elétrica **2** encontro violento entre corpos e o seu efeito **3** *p.ext.* luta, batalha **4** *fig.* oposição violenta; conflito <*c. de opiniões*> **5** abalo emocional ou psíquico **6** MED desequilíbrio fisiológico

cho.ra.dei.ra *s.f.* **1** choro longo ou ruidoso **2** *p.ext.* queixa lamentosa; lamúria

cho.ra.min.gar *v.* {mod. 1} *int.* **1** chorar sem motivo, repetidamente e com poucas lágrimas □ *t.d. e int.* **2** reclamar ou pedir com voz chorosa

cho.ra.min.gas ou **cho.ra.mi.gas** *s.2g.2n.* pessoa que choraminga; chorão

cho.rão [pl.: *-ões*; fem.: *chorona*] *adj.s.m.* **1** que(m) chora muito **2** MÚS *B* (instrumentista) que toca choro ■ *adj.* **3** de ramos pendentes para o chão (planta)

cho.rar *v.* {mod. 1} *int.* **1** derramar lágrimas **2** manifestar-se (um bebê), por meio de gritos e movimentos de pernas e braços <*c. de fome*> □ *t.d.* **3** queixar-se de, ger. com lágrimas; lastimar <*c. uma separação*> **4** expressar tristeza pela perda ou ausência de <*c. um ente querido*> □ *t.d. e int. B infrm.* **5** pedir redução do preço de; regatear, pechinchar <*c. um preço*> <*esse paga, não sabe c.*>

cho.ri.nho *s.m.* MÚS *B* variante do choro ('gênero de música') de andamento vivo e corrido

cho.ro /ô/ *s.m.* **1** ato de chorar ou seu efeito **2** ação de verter lágrimas; pranto **3** MÚS gênero de música popular brasileira, cuja formação hoje compreende um bandolim, um ou dois violões de seis cordas e outro de sete cordas, um cavaquinho, um pandeiro e, eventualmente, um ou mais instrumentos de sopro **4** MÚS conjunto que executa esse gênero musical e a música desse gênero

cho.ro.so /ô/ [pl.: /ó/; fem.: /ó/] *adj.* **1** que chora **2** *fig.* que indica tristeza, sofrimento, lástima <*voz c.*> **3** *fig.* sentimental, piegas

chor.ri.lho *s.m.* conjunto de coisas semelhantes, que se sucedem como que jorrando

cho.ru.me.la *s.f. B* coisa de pouco valor; ninharia

chou.pa.na *s.f.* casa tosca e humilde

chou.po *s.m.* BOT nome comum a árvores da família do salgueiro, de folhas espiraladas, ger. cultivadas pelas madeiras, pelos usos medicinais e como ornamentais ◉ COL choupal

chou.ri.ço *s.m.* CUL tripa recheada de carne de porco picada, sangue, gordura e temperos, e defumada

cho.ve não mo.lha *s.m.2n. B infrm.* coisa ou situação que não se resolve

cho.ver *v.* {mod. 8} *int.* **1** cair chuva **2** cair como chuva <*c. granizo*> ☞ nestas acp., é impessoal, exceto quando fig. **3** *fig.* chegar em quantidade <*c. pedidos*>

chu.ca ® *s.f.* pequena mamadeira com formato apropriado para dar água, remédios ou outros líquidos aos bebês

¹chu.char *v.* {mod. 1} *t.d. e int.* **1** mamar ao seio <*o bebê chuchava o leite da mãe*> **2** chupar, sugar <*c. o dedo*> □ *t.d. p.ext.* **3** ingerir (líquido); beber [ORIGEM: duv., talvez onomatopaica]

²chu.char *v.* {mod. 1} *t.d.* **1** estimular a raiva de; cutucar <*c. o cachorro*> **2** atiçar ânimo, curiosidade de <*mestre que sabe c. os alunos*> [ORIGEM: *chuço* + ²*-ar*]

chu.chu *s.m.* **1** BOT trepadeira da família da abóbora, do melão, do pepino e da melancia, tropical das Américas, com frutos em forma de peras, verdes, amarelados ou esbranquiçados, rugosos, de até 20 cm, comestíveis após cozimento **2** BOT esse fruto

chu.ço *s.m.* vara provida de uma ponta de ferro aguçada

chu.cro *adj.* **1** não domado; bravo **2** *p.ext.* desprovido de conhecimento, de instrução

chu.cru.te *s.m.* CUL iguaria de repolho picado e fermentado em salmoura

chu.é *adj.2g.* **1** ordinário, reles **2** sem cuidado; desleixado

chu.la *s.f.* DNÇ MÚS **1** dança popular portuguesa, com canto acompanhado por rabecas, violas, guitarras e percussão **2** dança gaúcha com canto e sapateado ao redor de uma lança fincada no chão

chu.lé *s.m. infrm.* **1** mau cheiro dos pés humanos **2** sujeira malcheirosa que se forma entre os dedos dos pés

chu.le.ar *v.* {mod. 5} *t.d. e int.* dar pontos nas bordas de (tecido), para que não desfie *<c. uma saia>* *<sabe c. com pontos regulares>* ~ **chuleio** *s.m.*

chu.lo *adj.* **1** grosseiro, rude **2** *p.ext.* de baixo calão, obsceno ~ **chulice** *s.f.* - **chulismo** *s.m.*

chu.ma.ço *s.m.* **1** pequena porção arredondada de algodão, cabelo, paina, gaze etc. **2** material com que se acolchoa qualquer coisa; estofo ◉ GRAM/USO dim. irreg.: *chumacete* ~ **chumaçar** *v.t.d.*

chum.ba.da *s.f.* **1** tiro de chumbo **2** ferimento por ele causado **3** *B* pedaço de chumbo preso à rede ou à linha de pescar

chum.ba.do *adj.* **1** soldado, fixado ou tapado com chumbo **2** *fig.* sem forças; abatido, prostrado **3** *fig. infrm.* muito embriagado; bêbado

chum.bar *v.* {mod. 1} *t.d.* **1** soldar, prender ou tapar com chumbo ou outro metal fusível *<c. a grade>* **2** ferir ou matar com tiro; balear *<c. a caça>* **3** munir com pesos de chumbo *<c. a rede de pesca>* **4** *fig.* fechar muito bem *<c. o cofre>* **5** *fig.* enfraquecer muito *<a gripe chumbou toda a família>*

chum.bo *s.m.* **1** QUÍM elemento químico us. em soldas, fusíveis, baterias, encanamentos e proteção contra radiações [símb.: *Pb*] ☞ cf. *tabela periódica* (no fim do dicionário) **2** *fig.* objeto muito pesado **3** a cor cinza-escura do chumbo (acp. 1) ■ *adj.2g.2n.* **4** que tem essa cor **5** diz-se dessa cor

chu.pa-flor [pl.: *chupa-flores*] *s.m.* ZOO beija-flor

chu.pão [pl.: *-ões*] *s.m. B infrm.* **1** beijo violento **2** marca deixada por uma sucção na pele

chu.par *v.* {mod. 1} *t.d.* **1** sugar (líquido) **2** fazer movimentos de sucção em *<c. o dedo>* **3** encher-se de (líquido); absorver **4** manter (algo) na boca, dissolvendo na saliva *<c. bala>* **5** *fig. B* imitar, copiar (ideia, invenção)

chu.pe.ta /ê/ *s.f.* **1** bico de borracha em forma de mamilo, que se costuma dar às criancinhas para que o suguem e se aquietem **2** MEC *B* recurso que consiste em carregar a bateria de um veículo ligando-a a outra em perfeitas condições

chu.pim [pl.: *-ins*] *s.m. B* **1** ZOO ave canora cujo macho é azul-violeta e a fêmea, negra, que põe seus ovos nos ninhos de outras aves **2** ZOO melro **3** *p.ext. RJ infrm. pej.* homem que vive à custa da esposa **4** *p.ext. PR pej.* quem vive à custa dos outros; aproveitador

chu.pi.nhar *v.* {mod. 1} *int. PR pej.* aproveitar-se dos outros

chu.pi.tar *v.* {mod. 1} *t.d.* chupar ou beber aos poucos, lentamente

chur.ras.ca.ri.a *s.f. B* restaurante cuja especialidade é churrasco

chur.ras.co *s.m.* CUL *B* carne assada na grelha ou no espeto

chur.ras.quei.ra *s.f. B* aparelho ou instalação us. para fazer churrasco

chur.ras.quei.ro *s.m. B* pessoa que prepara churrasco

chur.ras.qui.nho *s.m.* CUL *B* churrasco feito de carne partida em pedaços pequenos e servida presa a um palito ou a um espeto

chur.ro *s.m.* CUL cilindro de massa de farinha frito, recheado ou não com doce, e ger. passado em açúcar e canela

chus.ma *s.f.* grande quantidade de pessoas ou coisas; montão

chu.tar *v.* {mod. 1} *t.d. e int.* **1** dar chute(s) [em] *<o zagueiro chutou (a bola) com força>* □ *t.d.* **2** *B gír.* tentar acertar (respostas, testes) por sorte *<chutou duas questões da prova>* **3** *B gír.* abandonar (namorado, cônjuge, emprego etc.)

chu.te *s.m.* **1** golpe com a ponta ou o dorso do pé; pontapé **2** *fig. B infrm.* tentativa de acertar uma resposta sobre assunto que pouco ou nada se conhece

chu.tei.ra *s.f.* FUTB *B* sapato fechado com travas na sola, próprio para jogar futebol ▣ **pendurar as c.** *fig.* **1** FUTB encerrar a carreira como jogador profissional **2** *p.ext.* deixar de exercer qualquer profissão; aposentar-se

chu.va *s.f.* **1** precipitação formada de gotas de água, resultante da condensação do vapor de água contido na atmosfera **2** *fig.* abundância de algo

chu.va.da *s.f.* chuva abundante, mas passageira; chuvarada

chu.va.ra.da *s.f. B* chuvada

chu.vei.ra.da *s.f. B* banho rápido de chuveiro

chu.vei.ro *s.m.* **1** *B* dispositivo com uma chapa dotada de furos pela qual jorra a água com que se toma banho **2** *p.ext. B* local onde está instalado esse dispositivo **3** peça perfurada colocada no bico dos regadores e de objetos semelhantes **4** chuva forte **5** *B* anel com uma pedra preciosa rodeada de brilhantes

chu.vis.car *v.* {mod. 1} *int.* cair chuva fina e rala ou chover pouco, em intervalos ◉ GRAM/USO verbo impessoal, exceto quando fig.

chu.vis.co *s.m.* **1** chuva fina **2** CUL *B* docinho de gema de ovo, em forma de gota

chu.vo.so /ô/ [pl.: /ó/; fem.: /ó/] *adj.* **1** em que chove; com chuva **2** em que chove muito ou frequentemente

Ci FÍS símbolo de *curie*

cí.a.no *s.m.* **1** a cor azul pura, uma das três cores básicas ■ *adj.* **2** que tem essa cor **3** diz-se dessa cor

C

ci.a.no.fí.cea *s.f.* BOT espécime das cianofíceas, classe de algas microscópicas, abundantes na água doce e no solo, onde formam tapetes conhecidos como limo ou se associam a certos fungos, formando os liquens; alga azul ~ **cianofíceo** *adj.*

ci.a.no.se *s.f.* MED tom azulado da pele e das mucosas, devido à baixa oxigenação do sangue ~ **cianótico** *adj.s.m.*

ci.á.ti.ca *s.f.* MED dor no nervo ciático, que se irradia para a parte posterior do quadril e da coxa, podendo chegar até o pé; lumbago

ci.á.ti.co *adj.* **1** relativo à articulação do quadril **2** próprio do nervo ciático

ci.ber.ca.fé *s.m.* café ('estabelecimento') onde os clientes dispõem de computadores com acesso à internet

ci.be.res.pa.ço *s.m.* INF espaço das comunicações por redes de computação

ci.ber.né.ti.ca *s.f.* ciência que estuda comparativamente os sistemas de comunicação, controle e regulação nos seres vivos e nas máquinas ~ **cibernético** *adj.*

ci.ber.pi.ra.ta *s.2g.* INF pessoa com conhecimentos de informática que eventualmente os utiliza para violar sistemas ou exercer outras atividades ilegais

ci.bor.gue *s.m.* criatura que é parcialmente humana e parcialmente máquina

ci.ca *s.f. B* sabor amargo e adstringente, característico das frutas ainda verdes ou ricas em tanino, como o caju

ci.ca.triz [pl.: *-es*] *s.f.* marca ou tecido fibroso formado pela cicatrização de uma lesão, corte etc. ~ **cicatricial** *adj.2g.*

ci.ca.tri.zar *v.* {mod. 1} *t.d.,int. e pron.* curar(-se) formando cicatriz; fechar(-se) *<pomada para c. queimaduras>* *<a ferida cicatrizou(-se)>* ~ **cicatrização** *s.f.* - **cicatrizante** *adj.2g.s.m.*

ci.ce.ro.ne *s.2g.* pessoa que mostra e explica a visitantes ou a turistas os aspectos de determinado lugar; guia ~ **ciceronear** *v.t.d.*

ci.ci.ar *v.* {mod. 1} *int.* **1** fazer ruído fraco e contínuo, como sussurro *<mosquitos ciciam à noite>* □ *t.d. e int.* **2** dizer em voz baixa; sussurrar *<c. segredos>* *<o locutor ciciava>*

ci.ci.o *s.m.* **1** som brando, continuado e agudo *<c. das folhas>* **2** ruído de vozes baixo e confuso; murmúrio

ci.cla.gem [pl.: *-ens*] *s.f.* ELETR frequência de oscilação de uma corrente elétrica alternada

ci.cla.ma.to *s.m.* QUÍM substância sintética us. como adoçante dietético

cí.cli.co *adj.* **1** relativo ou pertencente a ciclo **2** *fig.* que se repete com regularidade

ci.clis.mo *s.m.* locomoção ou exercício em bicicleta como esporte ou recreação ~ **ciclístico** *adj.*

ci.clis.ta *adj.2g.s.2g.* **1** que(m) se locomove de bicicleta **2** ESP praticante de ciclismo

ci.clo *s.m.* **1** espaço de tempo durante o qual um fenômeno ou um fato ocorre e se completa **2** série de fatos que ocorrem periodicamente *<c. das estações>* **3** fase em que predomina determinado fato político, social, econômico etc. *<c. do ouro>* ▣ **c. vital** BIO sequência de etapas por que passam certos seres vivos; biociclo

ci.clo.fai.xa *s.f.* área de tráfego de bicicletas e afins visualmente limitada, p.ex., por uma faixa pintada no chão

ci.clo.ne *s.m.* MET tempestade de ventos violentos e velozes que giram em turbilhão ~ **ciclonal** *adj.2g.* - **ciclônico** *adj.*

ci.clo.pe *s.m.* MIT gigante com um só olho no meio da testa ~ **ciclópico** *adj.*

ci.clo.vi.a *s.f.* **1** pista para a prática de ciclismo **2** área de tráfego de bicicletas e afins limitada por muro, mureta, canteiro etc. ~ **cicloviário** *adj.*

ci.co.ni.í.deo *adj.s.m.* ZOO (espécime) dos ciconiídeos, família de aves de grande porte, pescoço e bico longos, pernaltas, de ampla distribuição, representadas pelas jaburus, tuiuiús etc.

ci.cu.ta *s.f.* **1** BOT nome comum a ervas venenosas, nativas do hemisfério norte **2** veneno extraído dessas ervas

ci.da.da.ni.a *s.f.* condição ou fato de se ser cidadão

ci.da.dão [pl.: *-ãos*; fem.: *cidadã* e *cidadoa*] *s.m.* **1** habitante da cidade **2** indivíduo que goza de direitos e deveres civis e políticos num país **3** *infrm.* indivíduo qualquer; sujeito

ci.da.de *s.f.* **1** área geograficamente circunscrita, com concentração populacional não agrícola, na qual são desenvolvidas atividades culturais, industriais, financeiras etc. **2** núcleo dessa área, onde se concentram importantes atividades administrativas, comerciais, financeiras etc.; centro *<trabalha na c.>* **3** conjunto de habitantes dessa área *<a c. recebeu os campeões>* **4** *B* sede de município **5** a vida urbana *<prefere o campo à c.>*

ci.da.de.la *s.f.* MIL fortaleza localizada estrategicamente, que domina e protege uma cidade

ci.da.de-sa.té.li.te [pl.: *cidades-satélites* e *cidades-satélite*] *s.f.* cidade que cresce próxima a uma metrópole à qual está ligada, com ou sem autonomia administrativa

ci.dra *s.f.* BOT fruto da cidreira, cuja casca é muito us. em compotas ☞ cf. *sidra*

ci.drei.ra *s.f.* BOT arbusto cítrico, originário da Índia e da Indochina, de folhas com óleo essencial, e de frutos cujas cascas são us. na confecção de compotas

ci.ên.cia *s.f.* **1** conjunto de conhecimentos sistematizados relativos a um determinado objeto de estudo **2** noção precisa; consciência *<tomar c. do problema>* **3** conjunto de conhecimentos práticos, técnicos ou intuitivos ▣ **c. biológicas** BIO biologia • **c. econômicas** ECON economia • **c. exatas** ciências cujos métodos e resultados se baseiam na fidelidade e precisão de números, grandezas etc. • **c. humanas** disciplinas que tratam dos aspectos do homem como indivíduo e como ser social • **c. naturais** ciências que têm por objeto a observação e o estudo da natureza e dos fenômenos naturais • **c. sociais** disciplinas que têm por objeto o estudo das sociedades humanas em seus diferentes aspectos

ci.en.te *adj.2g.* **1** que tem ciência de algo sabedor **2** versado em qualquer ciência ou matéria

ci.en.ti.fi.car *v.* {mod. 1} *t.d.i. e pron.* (prep. *de, sobre*) tornar(-se) ciente; informar(-se) *<c. os pais das notas do aluno> <cientificaram-se do ocorrido>*

ci.en.ti.fi.cis.mo *s.m.* FIL concepção filosófica que afirma a superioridade da ciência sobre todas as outras formas de compreensão humana da realidade; cientismo

ci.en.tí.fi.co *adj.* **1** relativo à ciência ('conjunto de conhecimentos') *<pesquisa c.>* **2** que possui o rigor e a objetividade da ciência *<método c.>*

ci.en.tis.mo *s.m.* FIL cientificismo

ci.en.tis.ta *adj.2g.s.2g.* que(m) se dedica a uma ciência

ci.fo.se *s.f.* MED convexidade anormal da coluna vertebral, na região do tórax, devido a causas patológicas ou postura imprópria ☞ cf. *escoliose* e *lordose*

ci.fra *s.f.* **1** algarismo zero (0), que confere valores relativos aos algarismos que o acompanham, segundo a posição que ocupam **2** *p.ext.* montante, valor **3** *p.ext.* conjunto de sinais, palavras convencionadas, us. em escrita secreta **3.1** *fig.* linguagem cifrada **4** MÚS número ou letra que representa um acorde musical

ci.fra.do *adj.* escrito ou transmitido em cifra, em código

ci.frão [pl.: *-ões*] *s.m.* o sinal gráfico ($) que indica as unidades monetárias de diversos países

ci.frar *v.* {mod. 1} *t.d.* **1** registrar em cifras (algarismos, números) *<c. dados>* **2** comunicar em código *<c. uma mensagem>* □ *t.d.i. e pron.* **3** (prep. *a, em*) resumir(-se), limitar(-se) *<c. a felicidade às posses> <sua vida cifra-se ao ambiente doméstico>*

ci.ga.no *adj.s.m.* **1** (indivíduo) dos ciganos, povo itinerante que emigrou da Índia para todo o mundo, com talento para a música e a magia; zíngaro **2** *p.ext.* que(m) tem vida incerta e errante; boêmio ☞ esta acp. é por vezes preconceituosa ◉ COL bando, cabilda, ciganada, gitanaria ~ **ciganear** *v.int.*

ci.gar.ra *s.f.* **1** ZOO nome comum a insetos sugadores de seiva, notáveis devido à cantoria entoada pelos machos no período quente do ano; cega-rega **2** sirene estridente

ci.gar.rei.ra *s.f.* porta-cigarros

ci.gar.ri.lha *s.f.* cigarro enrolado na própria folha de tabaco

ci.gar.ri.nha *s.f.* ZOO nome comum e genérico de muitas espécies de pequenos insetos, saltadores e sugadores de seiva, que causam prejuízos à agricultura

ci.gar.ro *s.m.* fumo picado, enrolado em papel ou palha, que se destina a ser fumado

ci.la.da *s.f.* **1** ação de surpreender o inimigo ou a caça; emboscada **2** ação que visa iludir; ardil, armadilha, arapuca **3** *fig.* traição

ci.lha *s.f.* cinta us. na barriga das cavalgaduras para prender a sela ou a carga ~ **cilhar** *v.t.d.*

ci.li.ar [pl.: *-es*] *adj.2g.* **1** relativo ou semelhante a cílio(s) **2** que margeia cursos de água (diz-se de formação vegetal, mata etc.)

ci.lí.cio *s.m.* **1** veste ou faixa de pano grosseiro us. sobre a pele por penitência **2** cinto ou cordão com cerdas ou correntes de ferro pontudas, amarrado ao corpo, us. como penitência ☞ cf. *silício*

ci.lin.dra.da *s.f.* MEC capacidade máxima de volume de gás carburante em um cilindro de motor a explosão

ci.lin.drar *v.* {mod. 1} *t.d.* **1** passar cilindro ou rolo sobre (matéria pastosa) *<c. o asfalto da estrada>* **2** dar forma de cilindro a *<c. uma peça no torno>*

ci.lín.dri.co *adj.* que tem forma de cilindro

ci.lin.dro *s.m.* **1** GEOM sólido gerado por um retângulo que gira em torno de um de seus lados **2** GEOM superfície gerada por uma linha reta móvel (geratriz) que descreve com um dos seus pontos uma curva fechada, esp. um círculo, conservando-se paralela a si mesma **3** corpo alongado, com o mesmo diâmetro em todo o seu comprimento; rolo **4** MEC peça cilíndrica, oca, na qual se move o pistom de um motor

cí.lio *s.m.* **1** cada um dos pelos unidos das bordas das pálpebras, que protegem os olhos; pestana **2** BIO filamento muito fino da superfície celular, dotado de movimento sincronizado, responsável pela locomoção dos organismos unicelulares e de certas larvas de invertebrados

ci.ma *s.f.* parte mais alta; alto ▣ **por c.** em posição superior a; sobre *<por c. do alvo> <guarde o bolo com um pano por c.>*

ci.ma.lha *s.f.* ARQ moldura saliente que arremata a fachada de um edifício e em que são assentados os beirais

cím.ba.lo *s.m.* MÚS **1** antigo instrumento de cordas **2** instrumento de percussão constituído de pratos metálicos; prato

ci.mei.ro *adj.* **1** que está no alto **2** *fig.* do mais alto nível *<conferência c.>*

ci.men.tar *v.* {mod. 1} *t.d.* CONSTR unir, encher ou revestir com cimento *<c. azulejos> <c. o chão do alpendre>*

ci.men.to *s.m.* CONSTR **1** massa de substâncias calcárias e argilosas misturadas com água, que se enrijece ao secar **2** essa massa pulverizada industrialmente ☞ cf. *cemento*

ci.mi.tar.ra *s.f.* espada de lâmina curva e mais larga na extremidade livre, us. pelos guerreiros muçulmanos

ci.mo *s.m.* a parte de cima; topo, cume

ci.na.mo.mo *s.m.* BOT nome comum a árvores e arbustos tropicais, aromáticos, muitos cultivados pelas cascas, de que se extraem aromatizantes, essências e substâncias medicinais, como, p.ex., a canela e a cânfora

cin.co *n.card.* **1** quatro mais um **2** diz-se desse número *<cartões de número c.>* **3** diz-se do quinto elemento de uma série *<nota c.>* **4** que equivale a essa quantidade (diz-se de medida ou do que é contável) *<bebê de c. quilos>* ■ *s.m.* **5** representação gráfica desse número ☞ em algarismos arábicos, *5*; em algarismos romanos, *V*

cin.dir *v.* {mod. 24} *t.d.,t.d.i. e pron.* **1** (prep. *em*) dividir(-se), separar(-se) [em duas ou mais partes] *<o arado cinde o solo> <a polêmica cindiu a assembleia em dois grupos> <a multidão cindiu-se à passagem do cortejo>* □ *t.d.* **2** abrir traços fundos; sulcar *<rugas de tristeza cindem-lhe a testa>* **3** passar transversalmente; cruzar *<o navio cinde os mares>* **4** *fig.* tornar nulo; romper *<c. um compromisso>*

ci.ne *s.m.* sala de projeção de filmes; cinema

ci.ne.as.ta *s.2g.* CINE diretor ou realizador de filmes

ci.ne.clu.be *s.m.* CINE associação de caráter amador, para estudo, debates e exibição de filmes selecionados ~ **cineclubista** *adj.2g.s.2g.*

ci.né.fi.lo *adj.s.m.* que(m) ama o cinema como arte ou forma de lazer

ci.ne.gé.ti.ca *s.f.* arte da caça com cães ~ **cinegético** *adj.*

ci.ne.gra.fis.ta *adj.2g.s.2g.* CINE TV que(m) opera câmara de cinema ou de televisão

ci.ne.ma *s.m.* CINE **1** sala de projeção de filmes cinematográficos **2** cinematografia **3** conjunto de pessoas que trabalham na indústria cinematográfica ▣ **fazer c.** *B infrm.* fingir ou chamar atenção de modo artificial; fazer fita

ci.ne.ma.te.ca *s.f.* CINE **1** coleção de filmes; filmoteca **2** local onde são conservados filmes cinematográficos, esp. aqueles com valor cultural ou artístico **3** entidade incumbida de guardar e exibir esses filmes

ci.ne.má.ti.ca *s.f.* FÍS ramo da mecânica que estuda os movimentos dos corpos, sem referência às forças que os produzem ☞ cf. *cinética* ~ **cinemático** *adj.*

ci.ne.ma.to.gra.fi.a *s.f.* CINE **1** arte e técnica us. para transformar imagens estáticas sequenciais (fotogramas) em filme cinematográfico; cinema **2** conjunto de filmes de um autor, de um país, de uma época

ci.ne.ma.to.grá.fi.co *adj.* **1** relativo a cinematografia e a cinema **2** relativo a cinema como meio de expressão *<linguagem c.>* **3** *fig.* que tem atrativos físicos ou qualidades estéticas, tais como os que são vistos nos filmes **4** *fig.* que lembra o que se vê em filmes de cinema *<beijo c.>*

ci.ne.ma.tó.gra.fo *s.m.* CINE antigo aparelho de fotografia e projeção de imagens em sequência, que cria a ilusão de cenas em movimento

ci.ne.ra.ma *s.m.* CINE projeção de cinema com três aparelhos sincronizados em tela côncava, capaz de dar ao espectador uma sensação de tridimensionalidade

ci.ne.rá.rio *adj.* **1** relativo a cinzas **2** que contém as cinzas de um morto **3** relativo aos mortos; fúnebre ■ *s.m.* **4** jazigo, sepultura **5** caixão mortuário

ci.nes.có.pio *s.m.* ELETRÔN tubo de imagem de televisão

ci.né.ti.ca *s.f.* FÍS ramo da física que trata da ação das forças nas mudanças de movimento dos corpos ☞ cf. *cinemática*

ci.né.ti.co *adj.* relativo a movimento *<energia c.>*

ci.ne.to.se *s.f.* MED qualquer distúrbio causado por um movimento não habitual do corpo, como o enjoo que experimenta quem viaja de navio, avião etc.

cin.gir *v.* {mod. 24} *t.d. e t.d.i.* **1** (prep. *de*) fechar, conter ou incluir no seu interior; rodear *<todos deram-se as mãos e cingiram o monumento> <c. o terreno de muros>* **2** (prep. *a*) prender a (cinta, cintura) *<c. o punhal (à cinta)>* □ *t.d.,t.d.i. e pron.* **3** (prep. *com*) pôr (enfeite, acessório etc.) ao redor de (parte do corpo) *<uma pulseira cingia seu braço> <c. os quadris (com uma faixa)> <para proteger-se, cingiu-se de perneiras de couro>* **4** (prep. *a*) apertar(-se), envolver(-se) fortemente □ *t.d.i. e pron. fig.* **5** (prep. *a*) limitar(-se), ater(-se) *<c. a conversa ao essencial> <c.-se a ouvir>* ~ **cingido** *adj.*

cí.ni.co *adj.s.m.* **1** que(m) afronta as convenções e conveniências morais e sociais **2** *p.ext.* que(m) é dado a atos e/ou ditos imorais, impudicos, escandalosos; desavergonhado **3** que(m) é fingido, hipócrita

ci.nis.mo *s.m.* atitude ou caráter de pessoa que revela descaso pelas convenções sociais e pela moral; desfaçatez

ci.no.gra.fi.a *s.f.* tratado descritivo sobre raças de cães

ci.no.lo.gi.a *s.f.* estudo sobre os cães

cin.quen.ta /qü/ *n.card.* **1** quarenta mais dez **2** diz-se desse número *<pasta de número c.>* **3** diz-se do quinquagésimo elemento de uma série *<capítulo c.>* **4** que equivale a essa quantidade (diz-se de medida ou do que é contável) *<uma festa para c. convidados>* ■ *s.m.* **5** representação gráfica desse número ☞ em algarismos arábicos, *50*; em algarismos romanos, *L* ◉ GRAM/USO seguido do conectivo *e* antes das unidades, forma os numerais cardinais entre 50 e 60

cin.quen.tão /qü/ [pl.: *-ões*] *adj.s.m. infrm.* que(m) está na faixa dos 50 anos de idade; quinquagenário

cin.quen.te.ná.rio /qü/ *s.m.* quinquagésimo aniversário

cin.ta *s.f.* **1** VEST peça íntima us. para apertar e modelar a cintura e o abdome **2** MED peça análoga, para conter o abdome em certos casos patológicos ou cirúrgicos **3** faixa de tecido, couro ou outro material que cinge a cintura *<espada na c.>* **4** cintura **5** tira de papel que envolve jornais, livros etc. para remessa pelo correio **6** anel, aro ou tira de material resistente para reforçar ou prender algo

cin.tar *v.* {mod. 1} *t.d.* **1** pôr faixa ou cinta para envolver ou prender *<c. um embrulho>* **2** costurar (roupa), marcando a cintura *<c. paletós>*

cin.ti.lan.te *adj.2g.* que emite raios luminosos ou que brilha, faisca *<estrela c.>*

cin.ti.lar *v.* {mod. 1} *int.* **1** luzir com pequenos intervalos; faiscar *<estrelas cintilam>* **2** brilhar muito; reluzir ~ **cintilação** *s.f.*

cin.to *s.m.* VEST tira de couro, tecido etc., us. em torno da cintura, presa com fivela ou outro fecho ▣ **c. de segurança** tira reforçada, ajustável, que mantém os ocupantes de aeronaves, automóveis etc. presos ao assento para evitar que sejam projetados em caso de acidente

cin.tu.ra *s.f.* **1** parte mais estreita do tronco humano situada entre os quadris e a região inferior do busto **2** *p.ext.* parte do vestuário que a rodeia ~ **cinturado** *adj.*

cin.tu.rão [pl.: *-ões*] *s.m.* **1** cinto largo **2** faixa de terreno que limita uma área ▣ **c. verde** GEO região periférica de centros urbanos, cujo objetivo é melhorar as condições ambientais ou fornecer produtos hortifrutigranjeiros

cin.za *s.f.* **1** pó resultante da queima de certas substâncias (madeira, folhas etc.); borralha ■ *adj.2g.2n.s.m.* **2** cinzento ▼ ***cinzas*** *s.f.pl.* **3** restos mortais

cin.zei.ro *s.m.* recipiente em que se jogam as cinzas e pontas de cigarros, charutos etc.

cin.zel [pl.: *-éis*] *s.m.* instrumento com extremidade cortante us. para entalhar, esculpir, cortar ou gravar materiais duros

cin.ze.lar *v.* {mod. 1} *t.d.* **1** trabalhar (peça, material) com cinzel *<c. o mármore>* **2** *fig.* fazer com esmero; apurar *<c. um poema>* ~ **cinzeladura** *s.f.* - **cinzelamento** *s.m.*

cin.zen.to *s.m.* **1** cor das cinzas; cinza ■ *adj.* **2** que tem essa cor; cinza *<tapete c.>* **3** diz-se dessa cor; cinza *<tom c.>*

ci.o *s.m.* BIO **1** estado fisiológico cíclico das fêmeas de muitos mamíferos, favorável à fecundação e à gestação; estro **2** *p.ext.* período de excitação sexual próprio de tal estado; estro

ci.o.so /ô/ [pl.: /ó/; fem.: /ó/] *adj.* **1** que tem ciúmes ou zelos por amizade ou por amor **2** que zela cuidadosamente por algo a que está ligado **3** invejoso

ci.pó *s.m.* BOT *B* nome comum a plantas tropicais, lenhosas e trepadeiras, que pendem das árvores e nelas se trançam; liana

ci.po.al [pl.: *-ais*] *s.m.* **1** emaranhado de cipós, difícil de atravessar **2** *fig.* situação complicada

ci.pres.te *s.m.* BOT nome comum a árvores e arbustos com copa ger. muito estreita e esguia ou piramidal, muito cultivados como ornamentais e pela madeira

ci.pri.ni.cul.tu.ra *s.f.* criação de ciprinídeos, esp. carpas ~ **ciprinicultor** *adj.s.m.*

ci.pri.ní.deo *adj.s.m.* ZOO (espécime) dos ciprinídeos, família de peixes ósseos, fluviais, representados esp. pelas carpas, importantes para a alimentação, a criação em aquários e o desenvolvimento de pesquisas

ci.ran.da *s.f.* **1** DNÇ dança de roda com trovas cantadas **2** *fig.* movimentação, agitação **3** peneira grossa de palha ~ **cirandar** *v.t.d. e int.*

ci.ran.di.nha *s.f.* DNÇ ciranda

cir.ca.di.a.no *adj.* **1** que dura cerca de 24 horas *<período c.>* **2** que ocorre no organismo diariamente mais ou menos à(s) mesma(s) hora(s) *<ritmo c. do sono>*

cir.cen.se *adj.2g.* relativo ou pertencente a circo

cir.co *s.m.* **1** recinto circular coberto por toldo, ger. desmontável, que tem um picadeiro rodeado por arquibancadas, no qual se apresenta espetáculo com malabaristas, acrobatas, palhaços etc. **2** esse espetáculo

cir.cui.to *s.m.* **1** ELETR ELETRÔN série de componentes conectados por onde circula uma corrente elétrica **2** linha que limita um espaço, uma área, uma região; contorno **3** deslocamento espacial em torno de uma área; percurso, volta *<o c. da Pampulha>* **4** grupo de empresas ligadas a um determinado ramo de serviços; rede *<c. de cinemas>* **5** *fig.* série de espetáculos realizados sucessivamente em locais diferentes ▣ **c. integrado** ELETRÔN INF pequeno dispositivo que incorpora todos os componentes de um circuito eletrônico completo, com funções determinadas; microcircuito, *chip* ~ **circuitar** *v.t.d. e int.*

cir.cu.la.ção [pl.: *-ões*] *s.f.* **1** movimento ordenado e contínuo de um corpo num trajeto circular com retorno ao ponto de partida *<c. de água na caldeira>* **2** *p.ext.* movimentação contínua de pessoas ou coisas; fluxo, deslocamento **3** FISL movimento contínuo de líquido no organismo, que distribui substâncias essenciais e remove excreções **4** distribuição de mercadorias, dinheiro etc. **5** quantidade de exemplares de uma publicação *<jornal de grande c.>* ~ **circulatório** *adj.*

cir.cu.la.dor /ô/ [pl.: *-es*] *adj.s.m.* (aparelho) que faz circular ar, água etc.

[1]**cir.cu.lar** [pl.: *-es*] *adj.2g.* **1** relativo ou semelhante a círculo; redondo *<formato c.>* **2** que descreve uma trajetória em círculo *<movimento c.>* **3** que parte de um determinado local e, ao fim do percurso, retorna ao ponto inicial *<ônibus c.>* ■ *adj.2g.s.f.* **4** (texto escrito) que se envia a muitas pessoas com interesse comum [ORIGEM: do lat. *circulāris,e* 'que tem a forma de círculo']

[2]**cir.cu.lar** *v.* {mod. 1} *t.d. e t.d.i.* **1** (prep. *de*) formar círculo(s) em torno de; cercar *<praias circulam a ilha>* *<c. de renda a toalha>* □ *t.d.* **2** estar ou mover-se ao redor de *<c. uma fogueira>* □ *t.i. e int.* **3** (prep. *em*) mover-se num circuito, retornando ao ponto inicial *<o sangue circula nas veias>* *<a água da piscina circula passando pelo filtro>* **4** (prep. *em, por*) transitar, deslocar-se *<c. pela sala>* *<caminhões impedidos de c. (em túneis)>* □ *int.* **5** girar, rodar *<a ventoinha circula e renova o ar>* **6** ter ou estar em circulação *<circulam duas moedas na fronteira>* *<jornal que circula há anos>* **7** ser divulgado; difundir-se *<a novidade circulou rápido>* [ORIGEM: do lat. *circulāre* 'fazer círculo ou roda'] ~ **circulante** *adj.2g.*

cír.cu.lo *s.m.* **1** GEOM superfície plana limitada por uma circunferência **2** movimento circular; circuito **3** anel, arco, roda **4** associação de pessoas com interesses comuns

circum- ou **circun-** *pref.* 'em volta de': *circum-navegar, circumpolar, circunscrever, cincunvizinhança*

cir.cum-na.ve.gar *v.* {mod. 1} *t.d. e int.* rodear (continente, ilha etc.) navegando *<expedições circum-navegaram (a terra) para fins científicos>* ~ **circum-navegação** *s.f.* - **circum-navegador** *adj.s.m.*

cir.cum.po.lar [pl.: *-es*] *adj.2g.* próximo ou em torno de um dos polos terrestres *<fauna c.>*

circun- *pref.* → ***CIRCUM-***

cir.cun.ci.dar *v.* {mod. 1} *t.d. e pron.* realizar a circuncisão em ou submeter-se à circuncisão *<judeus circuncidam seus meninos> <c.-se por indicação médica>* ◉ GRAM/USO part.: *circuncidado, circunciso* ~ **circuncidado** *adj.s.m.* - **circunciso** *adj.s.m.*

cir.cun.ci.são [pl.: *-ões*] *s.f.* **1** MED retirada cirúrgica do prepúcio **2** REL cerimônia, esp. entre judeus e muçulmanos, em que se pratica ritualmente tal ato

cir.cun.dar *v.* {mod. 1} *t.d.* **1** estar em volta de; cercar **2** mover-se à volta de; rodear ◉ GRAM/USO part.: *circundado, circuso* ~ **circundante** *adj.2g.*

cir.cun.fe.rên.cia *s.f.* **1** GEOM curva plana fechada que limita um círculo e cujos pontos estão à mesma distância do centro, situado no mesmo plano **2** contorno mais ou menos circular *<a c. do crânio>*

cir.cun.fle.xo /cs/ *adj.* GRAM diz-se do acento gráfico (^) us. para indicar a sílaba tônica e timbre fechado das vogais *e* e *o* (*você, capô*), e a tonicidade do *a* seguido de consoante nasal (*lâmpada*)

cir.cun.ja.cen.te *adj.2g.* circunvizinho

cir.cun.lo.cu.ção [pl.: *-ões*] *s.f.* circunlóquio

cir.cun.ló.quio *s.m.* **1** série de palavras ou locuções us. em lugar de um termo específico; perífrase, circunlocução **2** uso excessivo de palavras num enunciado que não chega a ser claramente expresso; rodeio, circunlocução

cir.cuns.cre.ver *v.* {mod. 8} *t.d.* **1** definir limites de (área, espaço) *<c. um terreno>* **2** GEOM traçar uma circunferência ou uma elipse que passa por todos os vértices de (um polígono) *<c. um quadrado>* **3** *fig.* conter em si; abranger *<o contrato circunscreve as exigências legais>* □ *t.d.,t.d.i. e pron.* **4** (prep. *a*) limitar(-se), restringir(-se) *<c. um debate (à pauta)> <c.-se ao tema da redação>* ◉ GRAM/USO part.: *circunscrito*

cir.cuns.cri.ção [pl.: *-ões*] *s.f.* divisão territorial para fins administrativos, eleitorais etc.

cir.cuns.cri.to *adj.* **1** de limites bem marcados *<área c.>* **2** GEOM limitado por linha ou superfície *<triângulo c.>* **3** *fig.* limitado, restrito

cir.cuns.pec.to ou **cir.cuns.pe.to** *adj.* **1** que encara com cuidado todos os aspectos de um fato, uma questão etc. **2** que mantém atitude séria e reservada ~ **circunspecção/circunspeção** *s.f.*

cir.cuns.tân.cia *s.f.* **1** condição de tempo, lugar ou modo associada a um fato ou situação **2** conjunto de fatores materiais ou não que acompanham alguém ou alguma coisa; contexto **3** momento, ocasião **4** formalidade, cerimônia, solenidade

cir.cuns.tan.ci.al [pl.: *-ais*] *adj.2g.* **1** relativo a circunstância **2** que depende ou está ligado a uma circunstância **3** GRAM que indica uma circunstância (lugar, tempo, modo etc.) *<complemento c.>* **4** DIR que se baseia em indícios e deduções (diz-se de prova)

cir.cuns.tan.ci.ar *v.* {mod. 1} *t.d.* relatar as circunstâncias de (fato, situação), enumerando-as com detalhes *<c. ocorrências>*

cir.cuns.tan.te *adj.2g.* **1** que está ao redor ■ *adj.2g.s.2g.* **2** participante ou espectador de algo

cir.cun.vi.zi.nhan.ça *s.f.* território ou população vizinha

cir.cun.vi.zi.nho *adj.* que está próximo ou ao redor de; circunjacente

cir.cun.vo.lu.ção [pl.: *-ões*] *s.f.* **1** movimento circular **2** contorno sinuoso **3** ANAT cada uma das dobras sinuosas da face externa do cérebro

ci.ri.gue.la /gü/ *s.f.* BOT → ***SERIGUELA***

cí.rio *s.m.* **1** grande vela de cera **2** procissão em que se conduz essa vela ☞ *sírio* com *s* é quem é natural da Síria

cir.ro *s.m.* MET nuvem formada por pequenos cristais de gelo e situada de 6.000 m a 12.000 m de altitude

cir.ro-cú.mu.lo [pl.: *cirros-cúmulos*] *s.m.* MET conjunto de nuvens formadas por pequenos flocos brancos dispostos em grupos ou fileiras; cúmulo-cirro

cir.ro-es.tra.to [pl.: *cirros-estratos*] *s.m.* MET nuvem de cristais de gelo, que dá a impressão de um véu fino e esbranquiçado; estrato-cirro

cir.ro.se *s.f.* MED doença crônica, causada ger. por hepatite ou alcoolismo, que provoca alteração das células do fígado ▣ **c. hepática** MED cirrose ~ **cirrótico** *adj.*

ci.rur.gi.a *s.f.* MED **1** especialidade de diagnóstico e tratamento por meio de incisões que permitem o acesso direto à parte afetada do corpo **2** tratamento em que se aplica esse procedimento; intervenção cirúrgica, operação ~ **cirúrgico** *adj.*

ci.rur.gi.ão [pl.: *-ões* e *-ães*; fem.: *cirurgiã*] *s.m.* MED especialista em cirurgia

cis- *pref.* 'aquém': *cisalpino, cisplatino*

ci.sal.pi.no *adj.* que se situa aquém dos Alpes, na Europa (em relação a Roma)

ci.san.di.no *adj.* que se situa aquém dos Andes (oeste da América do Sul)

ci.são [pl.: *-ões*] *s.f.* **1** ato ou efeito de cindir **2** divisão de um partido, sociedade etc. ▣ **c. nuclear** FÍS fissão nuclear

cis.car *v.* {mod. 1} *t.d. e int.* **1** *B* remexer (o solo) [ave] *<viu a galinha ciscando (o chão)>* □ *t.d.* **2** tirar ou afastar ciscos, folhas etc. de *<c. o jardim>*

cis.co *s.m.* **1** *B* pequena partícula ou grão (de poeira etc.) que entra no olho **2** graveto, folha ou qualquer pequeno detrito

cis.ma *s.m.* **1** separação de uma pessoa ou grupo de pessoas de uma coletividade, esp. religiosa ■ *s.f.* **2** ato ou efeito de cismar **3** preocupação obsessiva **4** desconfiança, suspeita

cis.ma.do *adj.* *B* que tem cisma; desconfiado

cis.mar *v.* {mod. 1} *t.d.,t.i. e int.* **1** (prep. *em*) pensar muito (em algo) *<c. novo rumo para sua vida> <passa horas cismando (no futuro)>* **2** (prep. *em, de*) teimar, insistir (em) *<cisma que é um grande ator> <cismou de viajar> <o garoto cismou e não tomou o remédio>* □ *t.i.* **3** (prep. *com*) antipatizar, implicar *<cismou com o advogado>*

cis.ne *s.m.* ZOO ave aquática, de corpo pesado, plumagem branca e pescoço muito longo

cis.pla.ti.no *adj.* que está aquém do Rio da Prata (sul da América do Sul) ☞ cf. *transplatino*

cis.si.pa.ri.da.de *s.f.* BIO processo de reprodução assexuada em que um organismo unicelular se divide em dois organismos semelhantes; divisão binária

cis.ter.na *s.f.* **1** *B* em prédios urbanos, reservatório subterrâneo de água potável **2** reservatório de águas pluviais, abaixo do nível da terra; poço

cis.ti.te *s.f.* MED inflamação da bexiga

cis.to *s.m.* MED cavidade anormal em órgão ou tecido em que ger. se acumula líquido; quisto ~ **cístico** *adj.*

ci.ta.ção [pl.: *-ões*] *s.f.* **1** referência a um trecho ou a uma opinião autorizada **2** texto citado **3** DIR intimação para que alguém, em data fixada, compareça ou responda perante autoridade judiciária, civil etc.

ci.ta.di.no *adj.* **1** relativo a cidade ■ *adj.s.m.* **2** habitante de cidade

ci.tar *v.* {mod. 1} *t.d.* **1** fazer referência a; mencionar *<c. nomes>* **2** usar (palavras, texto etc.) como exemplo, abonação *<c. texto legal na defesa>* **3** DIR intimar para ir a juízo ou cumprir ordem judicial *<o juiz mandou citá-lo>* ~ **citado** *adj.s.m.*

cí.ta.ra *s.f.* MÚS instrumento de cordas dedilháveis ou tocado com palheta, semelhante à lira, cujas cordas atravessam toda a caixa de ressonância ~ **citarista** *adj.2g.s.2g.*

ci.to.lo.gi.a *s.f.* BIO estudo da estrutura, desenvolvimento e função das células ~ **citológico** *adj.* - **citologista** *adj.2g.s.2g.* - **citólogo** *s.m.*

ci.to.plas.ma *s.m.* BIO fluido gelatinoso, rico em moléculas orgânicas e organelas, que circunda o núcleo das células ~ **citoplasmático** *adj.*

cí.tri.co *adj.* **1** relativo a árvores como o limoeiro, a laranjeira etc. e seus frutos **2** relativo ao ácido nelas encontrado

ci.tri.cul.tu.ra *s.f.* AGR cultivo de frutas cítricas ~ **citricultor** *adj.s.m.*

ci.tri.no *adj.s.m.* **1** (o) que tem cor e sabor da cidra ou do limão ■ *adj.* **2** diz-se dessa cor ou sabor ■ *s.m.* **3** fruto cítrico **4** MINER variedade de quartzo amarelado, semelhante ao topázio

ci.tro.ne.la *s.f.* **1** BOT planta da qual se extrai essência us. como repelente de insetos **2** essa essência

ci.u.ma.da *s.f.* *B infrm.* ciumeira

ci.ú.me *s.m.* **1** sentimento causado pelo receio de perder o afeto de alguém para outrem ☞ tb. us. no pl. **2** medo de perder alguma coisa *<c. dos seus livros>* **3** inveja *<c. das notas do colega>*

ci.u.mei.ra *s.f.* *infrm.* **1** ciúme exagerado; ciumada **2** demonstração pública de ciúme; ciumada

ci.u.men.to *adj.s.m.* que(m) tem ciúmes

cí.vel [pl.: *-eis*] *adj.2g.* relativo ao direito civil; civil

cí.vi.co *adj.* **1** relativo ao cidadão como membro do Estado **2** que revela amor à pátria; patriótico

ci.vil [pl.: *-is*] *adj.2g.* **1** relativo ao cidadão **2** que não é militar nem religioso **3** cível ■ *s.2g.* **4** quem não é militar

ci.vi.li.da.de *s.f.* conjunto de formalidades adotadas para demonstrar mútuo respeito e consideração; polidez, cortesia

ci.vi.lis.mo *s.m.* doutrina que defende o exercício do poder por civis ~ **civilista** *adj.2g.s.2g.* - **civilístico** *adj.*

ci.vi.li.za.ção [pl.: *-ões*] *s.f.* **1** conjunto de aspectos referentes à vida intelectual, artística, moral etc. de um povo, de um lugar ou de um período **2** condição de adiantamento e de cultura social; progresso **3** tipo de cultura

ci.vi.li.za.do *adj.* **1** que tem civilização; desenvolvido **2** que é bem-educado, cortês

ci.vi.li.zar *v.* {mod. 1} *t.d. e pron.* **1** tirar ou sair do estado primitivo *<muitos pretenderam c. os silvícolas>* *<aquela região jamais se civilizou>* **2** tornar(-se) educado, gentil ~ **civilizador** *adj.s.m.*

ci.vis.mo *s.m.* ardor cívico; patriotismo

ci.zâ.nia *s.f.* **1** BOT planta daninha a plantações, esp. às de trigo, por seus frutos serem infestados de fungos; joio **2** *fig.* falta de harmonia; discórdia

cl símbolo de *centilitro*

Cl QUÍM símbolo de *cloro*

clã *s.m.* tribo ou conjunto de famílias com ancestrais comuns

cla.mar *v.* {mod. 1} *t.d. e int.* **1** dizer em voz alta e forte; gritar, bradar *<clamava que era inocente>* *<clamaram diante daquela injustiça>* □ *t.i. e int.* **2** (prep. *contra*, *por*) protestar, reclamar *<c. contra a desordem>* *<a multidão clamava nas ruas>* □ *t.d.,t.i. e t.d.i.* **3** (prep. *por*, *a*) pedir com insistência; suplicar, implorar *<c. (por) misericórdia>* *<clamava a Deus que o ajudasse>*

cla.mor /ô/ [pl.: *-es*] *s.m.* **1** brado, grito **2** queixa ou súplica em voz alta

cla.mo.ro.so /ô/ [pl.: /ó/; fem.: /ó/] *adj.* **1** que se faz ou manifesta por clamor; feito com clamor **2** muito claro; gritante *<erro c.>*

clan.des.ti.no *adj.* **1** feito em segredo **2** ilegal, ilegítimo ■ *adj.s.m.* **3** que(m) entrou ilegalmente num país ou num meio de transporte ~ **clandestinidade** *s.f.*

clan.gor /ô/ [pl.: *-es*] *s.m.* som forte, estridente, como o de alguns instrumentos metálicos de sopro (trombeta, trompa etc.)

cla.que *s.f.* **1** RÁD TEAT TV grupo contratado para aplaudir ou vaiar uma peça, um ator etc. **2** *p.ext.* conjunto dos admiradores de alguém ou de algo

cla.ra *s.f.* matéria transparente que envolve a gema do ovo; albume ▣ **às c.** sem esconder nada; à vista de todos

cla.ra.boi.a /ói/ *s.f.* CONSTR abertura no teto, ger. envidraçada, por onde entra luz

cla.rão [pl.: *-ões*] *s.m.* **1** claridade intensa **2** jato de luz momentâneo

cla.re.ar *v.* {mod. 5} *t.d. e int.* **1** tornar(-se) claro; iluminar(-se) *<o luar clareava a estrada> <saiu quando o dia clareou>* **2** *fig.* tornar(-se) compreensível; esclarecer(-se) *<clareou a questão em poucas palavras> <depois das explicações, o mal-entendido clareou>* ~ **clareamento** *s.m.*

cla.rei.ra *s.f.* espaço sem árvores em bosque, mata, floresta

cla.re.za /ê/ *s.f.* **1** característica do que é claro **2** característica do que é fácil de entender **3** possibilidade de distinguir bem objetos, avaliar fatos etc. *<pensar com c.>*

cla.ri.da.de *s.f.* **1** qualidade do que é claro **2** luz intensa **3** foco luminoso

cla.ri.fi.car *v.* {mod. 1} *t.d. e pron.* **1** tornar(-se) claro ou mais claro *<pôs mais leite para c. o café> <a água do poço clarificou-se>* **2** tornar(-se) facilmente compreensível; esclarecer(-se) *<o professor clarificou todas as dúvidas da turma> <as ideias clarificaram-se em sua mente>* ~ **clarificação** *s.f.*

cla.rim [pl.: *-ins*] *s.m.* MÚS instrumento de sopro com bocal e tubo mais estreito que o da corneta, us. em sinais militares

cla.ri.na.da *s.f.* MÚS toque de clarim

cla.ri.ne.ta /ê/ *s.f.* ou **cla.ri.ne.te** /ê/ *s.m.* MÚS instrumento de sopro, de madeira ou metal, de palheta simples ~ **clarinetista** *adj.2g.s.2g.*

cla.ri.vi.dên.cia *s.f.* **1** capacidade de pensar com clareza **2** percepção extrassensorial ~ **clarividente** *adj.2g.s.2g.*

cla.ro *adj.* **1** que clareia, ilumina; luminoso, resplandecente **2** que recebe luz; iluminado *<sala c.>* **3** límpido; transparente **4** distinto, nítido **5** que não é muito forte, vivo ou intenso *<cor c.>* **6** que se ouve bem *<som c.>* **7** fácil de entender **8** que não deixa dúvida; evidente ■ *s.m.* **9** espaço vazio; lacuna *<acampou num c. da floresta>* ■ *adv.* **10** com clareza *<falou c.>* ■ *interj.* **11** sem dúvida *<ela virá, c.!>*

cla.ro-es.cu.ro [pl.: *claro-escuros* e *claros-escuros*] *s.m.* ART.PLÁST em pintura, desenho, fotografia etc., imitação do efeito de luz e sombra

clas.se *s.f.* **1** conjunto de seres ou coisas com características comuns **2** categoria legal ou social **3** grau atribuído a pessoas ou coisas segundo uma ordem de importância *<hotel de primeira c.>* **4** grupo de pessoas de mesma ocupação, opinião etc. *<c. dos motoristas>* **5** veículo ou parte de veículo de transporte segundo as acomodações ou o valor da passagem *<c. econômica>* **6** *B infrm.* elegância de maneiras; educação **7** aula **8** grupo de alunos que frequenta determinada aula; turma **9** local onde são dadas as aulas **10** BIO na classificação dos seres vivos, categoria que agrupa ordens relacionadas segundo a história da evolução e distinguíveis das outras por diferenças marcantes ▣ **c. de palavras** GRAM subconjunto das palavras que compõem o vocabulário de uma língua, reunido por propriedades comuns, definidas por critério morfológico, sintático ou semântico; categoria gramatical

clas.si.cis.mo *s.m.* **1** ART.PLÁST LIT estilo artístico ou literário baseado nos modelos da Antiguidade greco-romana ☞ inicial freq. maiúsc. **2** característica do que é clássico ~ **classicista** *adj.2g.*

clás.si.co *adj.* **1** relativo à literatura, às artes ou à cultura da Antiguidade greco-latina **2** que pertence ou se inspira no Classicismo **3** que serve de modelo; exemplar **4** tradicional ■ *s.m.* **5** obra ou autor que constitui modelo digno de imitação **6** jogo entre dois times importantes

clas.si.fi.ca.ção [pl.: *-ões*] *s.f.* **1** ato ou efeito de classificar(-se) **2** lista dos classificados numa competição, concurso etc. **3** posição obtida por um candidato em uma competição, concurso etc.

clas.si.fi.ca.do *adj.s.m.* **1** que(m) se classificou ■ *s.m.* **2** pequeno anúncio de compra, venda, emprego, aluguel etc., em jornal ou revista ☞ nesta acp., mais us. no pl.

clas.si.fi.ca.dor /ô/ [pl.: *-es*] *s.m.* **1** pasta em que se guardam anotações, documentos etc. devidamente classificados ■ *adj.s.m.* **2** (o) que classifica

clas.si.fi.car *v.* {mod. 1} *t.d. e t.d.i.* **1** (prep. *em*) distribuir (objetos, pessoas etc.) [em classes] □ *t.d.* **2** pôr em ordem (coleções, documentos etc.) □ *t.d. e pron.* **3** aprovar ou ser aprovado em exame, concurso etc. *<a banca classificou apenas um candidato> <dez concorrentes se classificaram para o torneio>* □ *t.d.pred. e pron.* **4** (prep. *de*) emitir opinião ou julgamento sobre; considerar(-se) *<classificou-o de metido> <costumava c.-se de afável>*

clau.di.can.te *adj.2g.* **1** que manca; capenga **2** *fig.* que revela incerteza; vacilante **3** *fig.* que comete erros ou demonstra falhas ~ **claudicância** *s.f.*

clau.di.car *v.* {mod. 1} *t.i. e int.* **1** (prep. *de*) não ter firmeza em um dos pés; capengar, mancar *<após o acidente, passou a c. (de uma perna)>* □ *int.* **2** ter defeito, imperfeição; falhar *<ultimamente sua memória claudica muito>* □ *t.i. fig.* **3** (prep. *em*) cometer falta; errar *<às vezes claudica nas contas>*

claus.tro *s.m.* **1** pátio interno cercado de arcadas, num convento ou mosteiro **2** *p.ext.* convento, mosteiro **3** vida monástica; clausura ~ **claustral** *adj.2g.*

claus.tro.fo.bi.a *s.f.* PSIQ medo de ficar em lugares fechados ~ **claustrofóbico** *adj.s.m.* - **claustrófobo** *adj.s.m.*

cláu.su.la *s.f.* cada um dos itens de um contrato, testamento etc. ▣ **c. pétrea** DIR dispositivo constitucional que não pode ser alterado

clau.su.ra *s.f.* **1** local fechado (esp. em convento ou mosteiro) **2** vida reclusa, esp. a dos monges; claustro ~ **clausural** *adj.2g.*

cla.va *s.f.* tora com uma extremidade mais larga, us. como arma ◉ GRAM/USO dim.irreg.: *clávula*

cla.ve *s.f.* MÚS sinal colocado no início da pauta musical que identifica o nome e o tom das notas

cla.ví.cu.la *s.f.* ANAT osso que articula o esterno com a escápula ~ **clavicular** *adj.2g.*

cla.vi.na *s.f.* carabina

clá.vu.la *s.f.* pequena clava ◉ GRAM/USO dim.irreg. de *clava*

cle.mên.cia *s.f.* disposição para perdoar as ofensas; indulgência, bondade ~ **clemente** *adj.2g.*

clep.si.dra *s.f.* antigo instrumento formado por dois cones, um deles cheio de água, unidos pelo ápice, us. para medir o tempo; relógio de água

clep.to.ma.ni.a *s.f.* PSIQ desejo doentio de roubar ~ **cleptomaníaco** *adj.s.m.* - **cleptômano** *adj.s.m.*

cle.ri.cal [pl.: *-ais*] *adj.2g.* relativo ao ou próprio do clero

cle.ri.ca.lis.mo *s.m.* poder ou influência do clero sobre assuntos não religiosos

clé.ri.go *s.m.* **1** quem recebeu as ordens sacras **2** sacerdote cristão ◉ COL clero ~ **clericato** *s.m.*

cle.ro *s.m.* conjunto dos clérigos de uma religião ou de um país, cidade etc.

cli.car *v.* {mod. 1} *t.d. e int. B* **1** apertar (um botão, a tecla do *mouse* do computador etc.) □ *t.d. B* **2** fotografar

cli.chê *s.m.* **1** frase ou ideia banalizada por repetição excessiva; lugar-comum **2** GRÁF placa gravada em relevo para impressão tipográfica

cli.en.te *s.2g.* quem recebe, em troca de pagamento, serviços de dentista, advogado, comerciante, banco etc. ◉ COL clientela

cli.en.te.la *s.f.* conjunto de clientes

cli.en.te.lis.mo *s.m. B* prática eleitoreira de privilegiar um conjunto de indivíduos em troca de seus votos ~ **clientelista** *adj.2g.s.2g.*

cli.ma *s.m.* **1** MET conjunto das condições do tempo (temperatura, pressão, umidade etc.) de uma região ou de um período **2** *fig.* ambiente favorável ou não para a realização de algo; atmosfera ~ **climático** *adj.*

cli.ma.té.rio *s.m.* MED período que antecede o término da capacidade reprodutiva da mulher ~ **climatérico** *adj.*

cli.ma.ti.za.ção [pl.: *-ões*] *s.f.* **1** criação ou manutenção, num local, de certa temperatura e umidade **2** *p.ext.* conjunto dos aparelhos us. para esse fim **3** acondicionamento de produto, material etc. para resistir à ação do clima ~ **climatizar** *v.t.d.*

cli.ma.to.lo.gi.a *s.f.* MET ciência que descreve, explica e classifica os climas, investigando seus fenômenos e influências

clí.max /cs/ *s.m.2n.* **1** ponto mais alto; ápice, auge **2** CINE LIT TEAT TV parte de uma narrativa de maior tensão dramática, prenunciando o desfecho

clí.ni.ca *s.f.* **1** prática ou exercício da medicina **2** clientela de um médico **3** local de consulta, tratamento e realização de exames, cirurgias etc. ▣ **c. geral** MED especialidade que trata doenças dos vários aparelhos e sistemas do corpo que não necessitam de tratamento cirúrgico

cli.ni.car *v.* {mod. 1} *int.* praticar a medicina

clí.ni.co *adj.* **1** relativo à clínica ou ao tratamento médico ■ *adj.s.m.* **2** (médico) de clínica geral

cli.pa.gem [pl.: *-ens*] *s.f.* COMN **1** serviço que apura e fornece recortes de matérias de jornais e revistas a respeito de determinado assunto, instituição etc. **2** conjunto desses recortes **3** conjunto de sinopses das principais notícias da mídia impressa ou eletrônica

¹cli.pe *s.m.* **1** pequena peça de metal ou plástico us. para juntar papéis **2** enfeite com alfinete e fecho, us. ger. ao peito; broche [ORIGEM: do ing. *clip* 'id.', der. de *to clip* 'prender, segurar']

²cli.pe *s.m.* MÚS TV curta-metragem em filme ou vídeo que ilustra uma música; videoclipe [ORIGEM: red. de *videoclipe*]

cli.que *s.m.* **1** ação de clicar **2** som curto e estalado

clis.ter [pl.: *-es*] *s.m.* MED introdução de água ou medicamentos no organismo por via retal; lavagem

cli.tó.ris *s.m.2n.* ANAT pequeno órgão erétil do aparelho genital feminino, situado na parte anterior da vulva ~ **clitorídeo** *adj.* - **clitoridiano** *adj.*

clo.a.ca *s.f.* **1** ZOO cavidade comum dos sistemas digestivo, excretor e reprodutor de aves, répteis, anfíbios e muitos peixes **2** fossa ou cano para receber dejetos **3** vaso sanitário ~ **cloacal** *adj.2g.*

clo.na.gem [pl.: *-ens*] *s.f.* **1** GEN técnica que permite passar material genético de uma célula a outra, a qual adquire e multiplica as características genéticas da primeira **2** *fig.* ação de copiar ilegalmente

clo.nar *v.* {mod. 1} *t.d.* **1** GEN gerar (organismo, célula etc.) por clonagem **2** *fig.* fazer cópia ou imitação ilegal de *<c. o telefone celular>*

clo.ne *s.m.* **1** GEN conjunto de células geneticamente idênticas derivadas de uma única célula original **2** GEN indivíduo geneticamente idêntico a outro, produzido por engenharia genética **3** *p.ext.* cópia idêntica

clo.rar *v.* {mod. 1} *t.d.* **1** tratar (água) com cloro **2** misturar cloro com ~ **cloração** *s.f.*

clo.re.to /ê/ *s.m.* QUÍM sal do ácido clorídrico ou ânion dele derivado ▣ **c. de sódio 1** QUÍM substância us. na fabricação do ácido clorídrico, em misturas refrigerantes, na indústria de corantes e cerâmicas, como anti-inflamatório tópico etc. **2** *p.ext. infrm.* sal de cozinha

clo.ro *s.m.* QUÍM elemento químico us. como alvejante, desinfetante e no tratamento de águas [símb.: *Cl*] ☞ cf. *tabela periódica* (no fim do dicionário)

clo.ro.fí.cea *s.f.* BOT espécime das clorofíceas, classe de um dos maiores grupos de algas, em número e ocorrência, apresentando grande diversidade de formas; alga verde ~ **clorofíceo** *adj.*

clo.ro.fi.la *s.f.* BIOQ pigmento verde dos vegetais essencial à realização da fotossíntese

clo.ro.fi.la.do *adj.* que tem clorofila

clo.ró.fi.ta *s.f.* BOT espécime das clorófitas, divisão do reino vegetal que reúne algas de coloração verde encontradas em todo o planeta

clo.ro.fór.mio *s.m.* QUÍM substância volátil us. como solvente, empr. no passado como anestésico ~ **clorofórmico** *adj.*

clo.ro.plas.to *s.m.* BOT organela que contém clorofila, presente na maioria das células das plantas autotróficas expostas à luz

clo.ro.se *s.f.* **1** MED anemia que ataca mulheres jovens e causa esverdeamento da pele do rosto, perturbações menstruais e fraqueza **2** BOT amarelecimento ou branqueamento das folhas provocado por parasita ou deficiência mineral

closet [ing.; pl.: *closets*] *s.m.* ARQ cômodo fechado, ger. anexo ao dormitório, us. como guarda-roupa ⇒ pronuncia-se clózet

cló.vis *s.m.2n.* FOLC *RJ* mascarado que sai no carnaval de macacão colorido e capa bordada, carregando uma bola presa a um cordão, a qual ele bate com força no chão; bate-bola

CLT *s.f.* sigla de Consolidação das Leis do Trabalho

clu.be *s.m.* **1** associação com objetivo recreativo, cultural, esportivo etc. **2** local onde se realizam as reuniões dessa associação; sede do clube (acp. 1)

cm FÍS símbolo de *centímetro*

Cm QUÍM símbolo de *cúrio*

CMN *s.m.* sigla de Conselho Monetário Nacional

Cn QUÍM *símb.* de *copernício*

CNBB *s.f.* sigla de Conferência Nacional dos Bispos do Brasil

cni.dá.rio *s.m.* ZOO espécime dos cnidários, animais aquáticos invertebrados como as águas-vivas, os corais, as anêmonas-do-mar, de corpo simétrico, boca localizada na parte inferior do corpo, rodeada por tentáculos

CNPJ *s.m.* sigla de *cadastro nacional de pessoa jurídica*

co-, **col-**, **com-**, **con-** ou **cor-** *pref.* 'companhia, proximidade, junto com': *coabitar, coautor, colateral, compressão, comprometer, consanguíneo, conviver, correlação, corroer*

Co QUÍM símbolo de *cobalto*

C.-O. abreviatura de *Centro-Oeste* ('região')

co.a.bi.tar *v.* {mod. 1} *t.d. e t.i.* **1** (prep. *com, em*) morar junto com ou existir no mesmo espaço que *<c. o mesmo apartamento> <coabitava com os irmãos>* ☐ *t.i. e int.* **2** (prep. *com*) viver (com alguém) na condição de cônjuge *<Antônio coabita com Manuela há 10 anos> <Noivaram um ano antes de começarem a c.>* ☐ *t.d. e int. fig.* **3** conviver pacificamente (em) *<ideias opostas coabitam sua mente> <foram obrigados a c.>* ~ **coabitação** *s.f.*

¹co.a.ção [pl.: *-ões*] *s.f.* **1** ato ou efeito de coagir **2** DIR constrangimento físico ou moral imposto a alguém [ORIGEM: do lat. *coactĭo,ōnis* 'ação de recolher, resumo, condição imposta']

²co.a.ção [pl.: *-ões*] *s.f.* ato ou efeito de coar [ORIGEM: *coar* + *-ção*]

co.ad.ju.tor /ô/ [pl.: *-es*] *adj.s.m.* **1** que(m) ajuda **2** (padre) auxiliar ou substituto

co.ad.ju.van.te *adj.2g.s.2g.* **1** ajudante, auxiliar **2** (ator ou atriz) com papel secundário

co.ad.ju.var *v.* {mod. 1} *t.d.,t.d.i. e pron.* (prep. *em*) prestar auxílio a; ajudar *<quis c. o irmão no trabalho> <os colegas se coadjuvavam>* ~ **coadjuvação** *s.f.*

co.a.dor /ô/ [pl.: *-es*] *adj.s.m.* (utensílio) que serve para coar

co.a.du.nar *v.* {mod. 1} *t.d.* **1** pôr junto, para formar um todo; reunir *<c. todas as sugestões>* ☐ *t.d.,t.d.i. e pron.* **2** (prep. *com*) pôr(-se) em harmonia; combinar(-se) *<c. diferentes pontos de vista> <c. firmeza com bondade> <seus atos não se coadunam com o cargo>* ~ **coadunação** *s.f.*

co.a.gir *v.* {mod. 24} *t.d. e t.d.i.* (prep. *a*) obrigar (alguém) [a fazer ou não fazer algo]; forçar *<c. o réu para que confesse> <não se pode coagi-lo a mentir>* ◉ GRAM/USO part.: *coagido, coacto*

co.a.gu.la.ção [pl.: *-ões*] *s.f.* passagem de líquido (esp. sangue, leite) ao estado sólido, pela ação de mecanismos físicos e químicos

co.a.gu.lar *v.* {mod. 1} *t.d.,int. e pron.* (fazer) perder a fluidez, transformando(-se) em massa ou sólido (esp. sangue e leite) *<esse produto coagula o sangue rapidamente> <o sangue da galinha coagulou(-se)>* ~ **coagulador** *adj.s.m.* - **coagulante** *adj.2g.s.m.*

co.á.gu.lo *s.m.* FISL massa mais ou menos sólida de sangue ou linfa; coalho

co.a.la *s.m.* ZOO pequeno marsupial da Austrália de pelos cinzentos e brancos, que vive em árvores e alimenta-se de folhas de eucalipto

co.a.lha.da *s.f.* leite coalhado

co.a.lhar *v.* {mod. 1} *t.d.,int. e pron.* **1** coagular ☐ *t.d.,t.d.i. e pron.* **2** (prep. *de*) encher(-se) inteiramente (de algo); apinhar(-se) *<barcos coalham o mar> <a noite coalhou o céu de estrelas> <a praça coalhara-se de gente>*

co.a.lhei.ra *s.f.* **1** substância ou produto us. nas queijarias para coalhar o leite; coalho **2** ZOO abomaso

co.a.lho *s.m.* **1** coágulo **2** coalheira ('substância')

co.a.li.zão [pl.: *-ões*] *s.f.* acordo ou aliança para fins comuns ~ **coalizar-se** *v.pron.*

co.ar *v.* {mod. 1} *t.d.* separar as partículas sólidas de (líquido), fazendo-o passar por coador, peneira etc.

co.au.tor /ô/ [pl.: *-es*] *s.m.* **1** quem executa com outro(s) obra ou trabalho **2** DIR quem contribui em um crime de outra pessoa; cúmplice ~ **coautoria** *s.f.*

co.a.xar *v.* {mod. 1} *int.* soltar a voz (a rã, o sapo) ◉ GRAM/USO só us. nas 3ªs p., exceto quando fig.

co.a.xi.al /cs/ [pl.: *-ais*] *adj.2g.* **1** que tem eixos coincidentes **2** ELETR ELETRÔN TEL constituído por condutores concêntricos isolados entre si

COB *s.m.* sigla de Comitê Olímpico Brasileiro

co.bai.a *s.f.* **1** ZOO roedor encontrado como animal doméstico, us. em experiências de laboratório; porquinho-da-índia, preá **2** *p.ext.* qualquer animal ou pessoa us. como objeto de experimentação

co.bal.to *s.m.* **1** QUÍM elemento químico us. em aços, cerâmicas, catalisadores etc. [símb.: *Co*] ☞ cf. *tabela periódica* (no fim do dicionário) **2** a cor azul-escura do cobalto ■ *adj.2g.2n.* **3** que tem essa cor *<cor cobalto>* **4** diz-se dessa cor *<tom c.>* ~ **cobáltico** *adj.*

co.ber.ta *s.f.* o que se usa para cobrir ou proteger

co.ber.to *adj.* **1** que se cobriu **2** protegido, tapado **3** carregado; repleto *<c. de frutos>*

co.ber.tor /ô/ [pl.: *-es*] *s.m.* coberta grossa para agasalhar, esp. ao dormir

co.ber.tu.ra *s.f.* **1** tudo o que serve para cobrir (teto, tampa, véu etc.) **2** camada ('revestimento') **3** apartamento construído sobre a laje do último andar dos edifícios **4** *fig.* entre policiais, esportistas etc., ato ou efeito de proteger ou apoiar quem está no ataque ou na defesa **5** registro de um fato pela imprensa **6** proteção dada por um contrato de seguro

co.bi.ça *s.f.* forte desejo de possuir ou conseguir bens materiais, honrarias etc.

co.bi.çar *v.* {mod. 1} *t.d.* ter cobiça por (esp. riquezas, honras); ambicionar ~ **cobiçoso** *adj.s.m.*

co.bra *s.f.* ZOO **1** nome comum aos répteis carnívoros, de corpo alongado coberto de escamas, sem membros, ouvidos e pálpebras, e com língua terminada em duas pontas; serpente, ofídio **2** *fig.* pessoa má ■ *adj.2g.s.2g.* **3** *B infrm.* (pessoa) muito capaz

co.bra-co.ral [pl.: *cobras-coral* e *cobras-corais*] *s.f.* ZOO nome comum a serpentes venenosas, de até 1,5 m de comprimento, corpo colorido, ger. uma combinação de anéis vermelhos, amarelos e pretos ☞ tb. se diz apenas [3]*coral*

co.bran.ça *s.f.* ato ou efeito de cobrar ou receber (o que é devido)

co.brar *v.* {mod. 1} *t.d. e t.d.i.* **1** (prep. *a, de*) fazer que (alguém) pague (dívida, conta etc.) ou cumpra (promessa, compromisso etc.) *<mandou c. a dívida (ao cliente)>* **2** (prep. *a*) fazer exigências (a); pedir, reclamar *<c. (ao pai) aumento de mesada>* □ *t.d.* **3** exigir em troca *<pague e cobre o recibo>* **4** *B* executar (jogada) como punição de uma infração do adversário ou para dar sequência à partida ~ **cobrador** *adj.s.m.*

co.bre *s.m.* QUÍM **1** metal us. em fios condutores de eletricidade, encanamentos, ligas etc. [símb.: *Cu*] ☞ cf. *tabela periódica* (no fim do dicionário) **2** *fig. infrm.* dinheiro

co.brei.ro ou **co.bre.lo** /ê/ *s.m. B infrm.* lesão na pele (herpes-zóster) popularmente atribuída ao contato com roupa sobre a qual passou uma cobra

co.brir *v.* {mod. 28} *t.d. e t.d.i.* **1** (prep. *de, com*) colocar (algo que tapa ou protege) sobre *<um lenço cobria sua cabeça> <cobriu o rosto com as mãos>* □ *t.d.* **2** estender-se por cima de *<a névoa cobriu o monte>* **3** sobrepor-se a (fêmea) para acasalar ☞ nesta acp., só us. nas 3as p., exceto quando fig. **4** pagar, liquidar *<c. a despesa>* **5** fazer reportagem sobre **6** percorrer (distância) *<cobriu 10 km em uma hora>* □ *t.d.i. e pron.* **7** (prep. *de*) encher(-se), cumular(-se) *<c. o filho de beijos> <c.-se de joias>* ◉ GRAM/USO part.: *coberto*

[1]**co.ca** *s.f.* BOT arbusto com folhas que concentram alcaloides, de uso medicinal para mastigação e em chá e como principal fonte da pasta com a qual se produzem o *crack* e a cocaína [ORIGEM: do esp. *coca* 'arbusto da América do Sul de cujas folhas se extrai a substância cocaína']

[2]**co.ca** ® *s.f.* refrigerante gaseificado, aromatizado com extratos vegetais e tingido com corante caramelo [ORIGEM: red. de *Coca-Cola*, marca registrada]

[3]**co.ca** *s.f. B infrm.* cocaína [ORIGEM: red. de *cocaína*]

co.ça *s.f.* surra, espancamento

co.ca.da *s.f.* CUL doce de coco ralado e calda de açúcar

co.ca.í.na *s.f.* FARM alcaloide extraído das folhas da coca, us. com restrições como anestésico, por causar dependência

co.ca.i.nô.ma.no *adj.s.m.* PSIQ que(m) é viciado em cocaína ~ **cocainomania** *s.f.*

co.car [pl.: *-es*] *s.m.* adorno de cabeça us. pelos indígenas, feito de penas com suporte trançado ou tecido

co.çar *v.* {mod. 1} *t.d. e pron.* **1** esfregar (parte do corpo) com as unhas ou objeto áspero *<c. as costas> <ele não para de se c.>* □ *int.* **2** produzir coceira *<a ferida coça muito>* ~ **coçadura** *s.f.*

coc.ção [pl.: *-ões*] *s.f.* cozimento

coc.ci.ne.lí.deo *adj.s.m.* ZOO (espécime) dos coccinelídeos, família de besouros com cerca de 5.000 espécies conhecidas vulgarmente por joaninha, que apresenta corpo arredondado, convexo e de coloração brilhante

cóc.cix /csis/ *s.m.2n.* ANAT osso da extremidade inferior da coluna vertebral

có.ce.ga *s.f.* **1** sensação que provoca vontade de rir, causada por toques em certos pontos do corpo **2** *fig.* vivo desejo; tentação ◉ GRAM/USO mais us. no pl. em ambas as acp. ~ **coceguento** *adj.* - **cosquento** *adj.*

co.cei.ra *s.f.* **1** grande vontade de se coçar **2** irritação na pele causada pelo ato continuado de coçar

co.che /ô/ *s.m.* **1** carruagem fechada **2** *B* carro fúnebre

co.chei.ra *s.f.* **1** local para guardar coches e carruagens **2** cavalariça

co.chei.ro *s.m.* quem conduz os cavalos de carruagem, coche ou charrete

co.chi.char *v.* {mod. 1} *t.d.,t.i. e int.* (prep. *a, com*) falar em voz baixa; sussurrar *<c. segredos (ao amigo)> <cochichou com ela o tempo todo> <evitem c. na sua presença>* ~ **cochicho** *s.m.*

co.chi.lar *v.* {mod. 1} *int.* **1** dormir de leve *<gosta de c. à tarde>* **2** *fig. infrm.* distrair-se ou descuidar-se *<fez boa prova, mas cochilou na última questão>* ~ **cochilo** *s.m.*

co.chi.ni.lha *s.f.* → **COCHONILHA**

co.cho /ô/ *s.m.* **1** tronco escavado us. para colocar comida ou água para o gado **2** comedouro ou bebedouro para o gado com formato parecido ao de um tronco escavado ☞ cf. *coxo*

C

co.cho.ni.lha ou **co.chi.ni.lha** *s.f.* ZOO nome comum a famílias de insetos parasitas de plantas, alguns dos quais segregam corante vermelho us. em alimentos, medicamentos e como indicador químico

co.ci.en.te *s.m.* → *QUOCIENTE*

cockpit [ing.; pl.: *cockpits*] *s.m.* local para o piloto nos aviões e carros de corrida ⇒ pronuncia-se cókpit

có.clea *s.f.* ANAT parte anterior do labirinto que serve à audição, situada na orelha interna

co.co /ó/ *s.m.* BIO bactéria de forma esférica

[1]**co.co** /ô/ *s.m.* **1** BOT fruto do coqueiro e de outras palmeiras **2** *fig. B* crânio, cabeça; cuca [ORIGEM: duv., talvez do lat. *calcāre* 'apertar']

[2]**co.co** /ô/ *s.m.* DNÇ MÚS *N. N.E.* tipo de dança de roda cantada em coro e acompanhada por percussão [ORIGEM: desc.]

co.có *s.m. B infrm.* coque de cabelo

co.cô *s.m. B* **1** excremento; fezes **2** *p.ext. pej.* coisa de péssima qualidade

có.co.ras *s.f.pl.* ▸ us. em: **de c.** apoiado sobre os pés ou sobre a ponta dos pés, com os joelhos dobrados e as nádegas sobre os calcanhares; agachado

co.co.ri.car *v.* {mod. 1} *int.* cantar (o galo) ◉ GRAM/USO só us. nas 3as p., exceto quando fig. ~ **cocoricó** *s.m.* - **cocorocó** *s.m.*

co.co.ro.te *s.m. B* pancada na cabeça com os nós dos dedos; cascudo

co.cu.ru.to *s.m.* **1** alto da cabeça **2** ponto mais alto; cume

cô.dea *s.f.* **1** parte exterior e endurecida (de árvores, frutos, queijo etc.); crosta, casca **2** *p.ext.* pedaço de pão endurecido

co.de.í.na *s.f.* FARM produto anestésico, analgésico e antitussígeno, preparado a partir da morfina

có.di.ce *s.m.* **1** BIBLIO HIST grupo de folhas de pergaminho manuscritas, unidas, numa espécie de livro, por cadarços e/ou cosedura e encadernação **2** reunião de manuscritos, documentos históricos ou leis

co.di.fi.ca.dor /ô/ [pl.: *-es*] *adj.s.m.* **1** (o) que codifica **2** INF (dispositivo) que traduz uma forma de expressão (código) para outra aceitável por um computador

co.di.fi.car *v.* {mod. 1} *t.d.* **1** reunir (p.ex., leis) em um código *<c. as leis trabalhistas>* **2** reunir numa obra (textos diversos); coligir, compilar *<c. textos do período colonial>* **3** converter (mensagem) em código ~ **codificação** *s.f.*

có.di.go *s.m.* **1** conjunto organizado de leis ou normas *<c. civil>* **2** sistema de sinais que contêm uma mensagem ▣ **c. de barras** INF conjunto de barras paralelas associadas a números e caracteres que são decodificados digitalmente e servem, p.ex., para o registro de preços de mercadorias e controle de estoque • **c. de endereçamento postal** *B* código postal que identifica um município, cidade, bairro ou logradouro público [sigla: *CEP*] • **c. genético** GEN informação contida nos genes, que determina o desenvolvimento dos seres vivos

co.di.no.me *s.m. B* nome que oculta a identidade de pessoa, ação, plano etc.

co.dor.na *s.f.* ZOO nome comum a aves de duas famílias, uma us. como presa de caça e outra doméstica, apreciada por sua carne e ovos; codorniz

co.dor.niz [pl.: *-es*] *s.f.* ZOO codorna

co.e.di.ção [pl.: *-ões*] *s.f.* edição realizada por convênio entre editores ~ **coeditar** *v.t.d.* - **coeditor** *s.m.*

co.e.fi.ci.en.te *s.m.* **1** MAT fator constante que multiplica uma expressão algébrica **2** propriedade que um objeto, fenômeno ou matéria tem de ser avaliado numericamente; grau, nível

co.e.lhei.ra *s.f.* local para criação de coelhos

co.e.lho /ê/ *s.m.* ZOO pequeno mamífero roedor, herbívoro, de longas orelhas, cauda curta, pelo macio e dois pares de dentes incisivos superiores ▣ **matar dois c. com uma cajadada** *fraseol. fig.* atingir dois objetivos de uma só vez

co.en.tro *s.m.* BOT erva de odor forte, us. como tempero

co.er.ção [pl.: *-ões*] *s.f.* ato ou efeito de coagir; coação, repressão

co.er.ci.ti.vo *adj.* que exerce coerção ~ **coercitividade** *s.f.*

co.er.ci.vo *adj.* coercitivo

co.er.dei.ro *s.m.* quem herda com outros

co.e.rên.cia *s.f.* ligação, lógica ou harmonia entre dois fatos ou ideias

co.e.ren.te *adj.2g.* **1** que tem nexo; lógico, racional **2** que age com coerência *<ele é c. em relação a suas ideias>*

co.e.são [pl.: *-ões*] *s.f.* **1** FÍS força de atração entre átomos e moléculas que constituem uma matéria que faz que elas permaneçam juntas **2** *fig.* coerência de um pensamento ou de uma obra **3** *fig.* solidariedade entre os integrantes de um grupo

co.e.so /é *ou* ê/ *adj.* **1** que é ou está intimamente ligado, unido **2** *fig.* que apresenta harmonia, lógica

co.e.tâ.neo *adj.s.m.* que(m) é da mesma idade ou época; coevo, contemporâneo

co.e.vo /é/ *adj.s.m.* coetâneo, contemporâneo

co.e.xis.tên.cia /z/ *s.f.* existência de uma pessoa ou coisa ao mesmo tempo que outra ~ **coexistente** *adj.2g.*

co.e.xis.tir /z/ *v.* {mod. 24} *t.i. e int.* (prep. *com*) existir junto (com) ou ao mesmo tempo (que) *<a pobreza coexiste com a dignidade> <força e bondade coexistiam naquela alma> <os torcedores podem c. pacificamente>*

co.fi.ar *v.* {mod. 1} *t.d.* afagar, alisar (bigode, barba, cabelo) com os dedos ou com a mão

co.fre *s.m.* caixa ou móvel resistente, ger. com segredo, onde se guardam dinheiro, documentos, joias etc.

co.gi.tar *v.* {mod. 1} *t.d. e t.i.* **1** (prep. *em, sobre*) pensar com insistência (sobre) *<c. uma viagem> <prometeu c. no caso> <c. sobre as manias de alguém>* ☐ *t.d.* **2** ter em mente; planejar *<cogita mudar-se>* ☐ *int.* **3** entregar-se a reflexões; meditar ~ **cogitação** *s.f.*

cog.na.to *adj.s.m.* **1** LING (palavra) de mesma raiz que outra(s) **2** que(m) tem a mesma ascendência ~ **cognação** *s.f.*

cog.ni.ção [pl.: *-ões*] *s.f.* capacidade, ato ou processo de adquirir conhecimento

cog.ni.ti.vo *adj.* relativo ao conhecimento, à cognição

cog.no.me *s.m.* apelido, alcunha ~ **cognominar** *v.t.d.,t.d.pred. e pron.*

cog.nos.cí.vel [pl.: *-eis*] *adj.2g.* que pode ser conhecido ~ **cognoscibilidade** *s.f.*

co.gu.la *s.f.* VEST túnica larga e sem mangas us. por certos monges

co.gu.lo *s.m.* **1** quantidade que ultrapassa as bordas de uma medida de grãos, farináceos etc. **2** *p.ext.* diferença para mais de uma quantidade sobre outra; excesso

co.gu.me.lo *s.m.* BIO fungo de talo curto e mais estreito que a cabeça, arredondada, com algumas espécies comestíveis e outras venenosas

COI *s.m.* sigla de Comitê Olímpico Internacional

co.i.bir *v.* {mod. 24} *t.d.* **1** impedir que continue; refrear, reprimir *<c. excessos>* ☐ *t.d. e t.d.i.* **2** (prep. *de*) impedir, tolher *<queria declarar-se, mas a timidez o coibia> <coibiram-no de se apresentar>* ☐ *pron.* **3** (prep. *de*) conter-se em ou privar-se *<c.-se de doces>* ~ **coibição** *s.f.*

coi.ce *s.m.* **1** golpe com as patas traseiras dado por certos quadrúpedes **2** recuo da arma de fogo quando disparada **3** *fig.* grosseria, patada ~ **coicear** *v.t.d. e int.*

coi.fa *s.f.* exaustor com chaminé para fogões, aquecedores etc.

coi.ma *s.f.* **1** pena em dinheiro por pequenos furtos **2** *p.ext.* multa por infração

co.in.ci.dên.cia *s.f.* **1** ocorrência simultânea e casual **2** identidade, igualdade de formas, ideias etc. ~ **coincidente** *adj.2g.*

co.in.ci.dir *v.* {mod. 24} *t.i.* **1** (prep. *com*) ocorrer ao mesmo tempo *<c. a chuva com o início do jogo>* ☐ *t.i. e int.* **2** (prep. *com*) ser condizente (com); combinar *<c. um depoimento com outro> <nossos pontos de vista coincidem>* **3** (prep. *com*) ser igual *<uma esfera coincidia com a outra> <os dois triângulos coincidem>*

coi.o.te *s.m.* ZOO mamífero da América do Norte e Central, semelhante ao lobo, porém menor, mais magro e com orelhas mais compridas

coi.ra.na *s.f.* BOT nome comum a arbustos de folhas com odor desagradável e propriedades diuréticas, sedativas e antiespasmódicas

co.ir.mão [pl.: *-ãos*; fem.: *coirmã*] *adj.s.m.* **1** diz-se de ou cada um dos filhos de um irmão em relação aos do outro irmão *<são (primas) c.>* ■ *adj.* **2** que pertence ao mesmo grupo ou partilha os mesmos interesses

coi.sa *s.f.* **1** tudo o que existe ou pode existir **2** qualquer ser inanimado **3** realidade; fato concreto *<c. são mais importantes do que palavras>* **4** ato; empreendimento *<o concerto foi uma c. espetacular>* **5** algo que não se quer ou não se pode nomear *<disse-lhe muitas coisas>* **6** objeto; item *<bolsa cheia de coisas>* **7** assunto; tema *<não se fala de outra c.>* **8** o que acontece; evento *<estava dormindo quando a c. começou>* **9** *infrm.* mal-estar súbito *<teve uma c. e caiu>* ▣ **c. pública** conjunto dos negócios e interesses do Estado ou da coletividade • **cheio de c.** *infrm.* que se magoa facilmente; suscetível

coi.sa à to.a [pl.: *coisas à toa*] *s.2g.* *B* **1** pessoa desprezível ■ *s.m.* *B infrm.* **2** diabo, coisa-ruim

coi.sa-fei.ta [pl.: *coisas-feitas*] *s.f.* *B* feitiço, bruxaria

coi.sa-ru.im [pl.: *coisas-ruins*] *s.m.* *B infrm.* diabo, coisa à toa

coi.si.fi.car *v.* {mod. 1} *t.d.* **1** tornar similar a uma coisa, um ato ou um objeto *<c. uma ideia>* **2** tratar (alguém) como algo apenas material *<o censo parece c. a população>* ~ **coisificação** *s.f.*

coi.ta.do *adj.s.m.* **1** que(m) é infeliz, digno de pena ■ *interj.* **2** exprime dó, compaixão

coi.tei.ro *s.m.* *N.E.* quem dá asilo ou proteção a bandido

coi.to *s.m.* ato sexual; cópula

coi.va.ra *s.f.* *B* quantidade de ramagens a que se põe fogo para limpar um terreno e adubá-lo com as cinzas

col- *pref.* → **co-**

[1]co.la *s.f.* sinal que se deixa ao passar; rastro [ORIGEM: do esp. *cola* 'cauda de animal'] ▣ **andar na c. de** *B infrm.* **1** seguir de perto **2** vigiar o comportamento de

[2]co.la *s.f.* **1** substância grudenta us. para ligar materiais como madeira, couro, pano, papel etc.; grude **2** *B infrm.* meio de obter desonestamente as respostas de uma prova **3** *B infrm.* conjunto de respostas preparadas para serem us. às escondidas numa prova [ORIGEM: do gr. *kólla,ēs* 'goma, cola']

[3]co.la *s.f.* BOT noz-de-cola [ORIGEM: do lat.cien. gên. *Cola*]

co.la.bo.ra.ção [pl.: *-ões*] *s.f.* **1** ação de colaborar; trabalho em conjunto; cooperação **2** participação em obra literária, científica etc. **3** artigo de jornal, revista etc. escrito por pessoa que não faz parte do grupo fixo de redatores

co.la.bo.ra.cio.nis.ta *adj.2g.s.2g.* que(m) auxilia ou apoia o inimigo ~ **colaboracionismo** *s.m.*

co.la.bo.ra.dor /ô/ [pl.: *-es*] *adj.s.m.* **1** (aquele) que colabora **2** que(m) produz com outro(s) qualquer trabalho ou obra; coautor **3** que(m) escreve para jornal, revista etc. sem pertencer ao grupo permanente de seus redatores

co.la.bo.rar *v.* {mod. 1} *t.i.* **1** (prep. *com*) ajudar (alguém) em tarefa, trabalho etc.; cooperar *<c. com um mutirão>* **2** (prep. *para*) ter parte em (um resultado); contribuir *<o desmatamento colabora para o aquecimento global>*

co.la.ção [pl.: *-ões*] *s.f.* **1** refeição leve **2** cotejo, comparação entre um original e uma cópia **3** concessão de título ou grau superior

co.la.gem [pl.: *-ens*] *s.f.* **1** ato ou efeito de colar **2** ART.PLÁST obra de arte feita de materiais diversos colados sobre uma superfície

co.lá.ge.no *s.m.* BIOQ proteína fibrosa do tecido conjuntivo (pele, cartilagens, ossos etc.) ~ **colagênico** *adj.*

co.lap.so *s.m.* **1** MED estado de prostração extrema, com baixa da pressão sanguínea e insuficiência circulatória **2** *fig.* diminuição súbita de eficiência ou poder; ruína

[1]**co.lar** [pl.: *-es*] *s.m.* enfeite de pedras, contas etc., us. em torno do pescoço [ORIGEM: lat. *collare,is* 'id.']

[2]**co.lar** *v.* {mod. 1} *t.d.,t.d.i. e int.* **1** (prep. *a*) [fazer] grudar com cola *<c. um selo>* *<c. o rótulo à garrafa>* *<esse adesivo não cola>* **2** *B gír.* (prep. *de*) copiar de outro ou ter consigo indevidamente (respostas, soluções etc.), num exame *<tentou c. (do colega) as respostas>* *<foi aprovado sem c.>* □ *t.d.i. e pron.* **3** (prep. *a*, *em*) pôr(-se) bem perto (de); grudar(-se) *<c. o ouvido à porta para escutar melhor>* *<c.-se a um muro para sair do tumulto>* □ *int. gír.* **4** ser plausível, verossímil *<a mentira não colou>* [ORIGEM: [2]*cola* ('goma') + [2]*-ar*]

[3]**co.lar** *v.* {mod. 1} *t.d.* receber (cargo, título, grau) *<c. grau de médico>* [ORIGEM: de *colação*]

co.la.ri.nho *s.m.* **1** gola de camisa bem junto ao pescoço **2** *B infrm.* espuma num copo de chope ou cerveja

co.la.ri.nho-bran.co [pl.: *colarinhos-brancos*] *s.m.* *B* profissional ou funcionário de alto nível

co.la.te.ral [pl.: *-ais*] *adj.2g.* **1** que está ao lado ou em plano paralelo *<ruas c.>* ■ *adj.2g.s.m.* **2** (parente) que não está em linha direta, p.ex. tios e sobrinhos ~ **colateralidade** *s.f.*

col.cha /ô/ *s.f.* coberta da roupa de cama

col.chão [pl.: *-ões*] *s.m.* grande peça estofada em que se deita, ger. us. sobre o estrado da cama ~ **colchoaria** *s.f.* - **colchoeiro** *s.m.*

col.chei.a *s.f.* MÚS **1** figura de ritmo que equivale à metade da semínima **2** seu símbolo (♪)

col.che.te /ê/ *s.m.* **1** conjunto formado por um pequeno gancho de metal e uma argola, us. para juntar duas partes de uma peça de roupa **2** GRAM par de sinais de pontuação [ ] us. para intercalar palavras ou frases em um texto

col.cho.ne.te *s.m.* pequeno colchão portátil, que ger. se pode enrolar ou dobrar

col.dre *s.m.* estojo para revólver, ger. preso ao cinto

co.le.ar *v.* {mod. 5} *t.d.,int. e pron.* mover-se em curvas ou fazendo zigue-zagues *<a expedição coleava a trilha sinuosa>* *<serpentes coleiam(-se) no mato>* ~ **coleante** *adj.2g.* - **coleio** *s.m.*

co.le.ção [pl.: *-ões*] *s.f.* **1** conjunto de objetos, reunidos por terem relação entre si **2** coletânea, compilação **3** conjunto de modelos de alta-costura *<c. de verão>*

co.le.cio.nar *v.* {mod. 1} *t.d.* reunir (objetos) em coleção, considerando qualidade(s) em comum *<c. moedas>* ~ **colecionador** *adj.s.m.*

co.le.ga *s.2g.* companheiro de estudos, trabalho, profissão etc.

co.le.gi.al [pl.: *-ais*] *s.2g.* **1** aluno de colégio ■ *adj.2g.* **2** próprio de colégio ou desse aluno *<uniforme c.>*

co.lé.gio *s.m.* **1** estabelecimento que se dedica ao ensino fundamental ou médio **2** associação de indivíduos de mesma profissão ou atividade **3** grupo de pessoas investidas da mesma dignidade ▣ **c. eleitoral** conjunto dos eleitores de um local, município, estado etc. ~ **colegiado** *s.m.*

co.le.guis.mo *s.m.* solidariedade entre colegas; camaradagem

co.lei.ra *s.f.* peça, ger. de couro, us. em volta do pescoço de cães e outros animais, e que pode ser presa a uma correia ou corrente

co.lên.qui.ma *s.m.* ANAT BOT tecido vegetal de parede celular com reforços de celulose, para sustentação dos órgãos em desenvolvimento ☞ cf. *esclerênquima*

co.le.óp.te.ro *s.m.* ZOO **1** espécime dos coleópteros, ordem de insetos conhecidos como besouros ■ *adj.* **2** relativo a essa ordem

có.le.ra *s.f.* **1** raiva intensa; ira ■ *s.2g.* MED **2** doença infecciosa de origem bacteriana, causadora de forte diarreia, cãibras, diminuição da urina e fraqueza

co.lé.ri.co *adj.s.m.* **1** (o) que se irrita facilmente; irascível **2** que(m) sofre de cólera (*med*)

co.les.te.rol [pl.: *-óis*] *s.m.* BIOQ substância produzida pelas células dos vertebrados, presente em gorduras animais, cujo nível elevado está relacionado a doenças cardiovasculares

co.le.ta *s.f.* **1** ato ou efeito de colher; recolhimento, arrecadação **2** ato de colher ou recolher produtos, elementos etc. para análise posterior

co.le.tâ.nea *s.f.* conjunto de textos selecionados da obra ou das obras de um ou vários autores, assuntos etc.; antologia

co.le.tar *v.* {mod. 1} *t.d.* **1** reunir, juntar (dados, provas etc.) **2** fazer a coleta de (doações, pagamentos etc.); recolher **3** colher para análise ou estudo *<c. uma amostra de sangue>*

co.le.te /ê/ *s.m.* VEST veste curta sem gola nem mangas, us. sobre a camisa justa ao peito ▣ **c. salva-vidas** MAR dispositivo inflável ou de material flutuante que se veste ao redor do tronco como medida de segurança ou em situações de risco

co.le.ti.vi.da.de *s.f.* **1** condição ou característica do que é coletivo **2** grupo que vive junto ou se agrega por algum interesse, profissão etc.

co.le.ti.vis.mo *s.m.* POL doutrina que procura transferir a riqueza e os bens particulares ao Estado, para que este os distribua à coletividade ~ **coletivista** *adj.2g.s.2g.* - **coletivizar** *v.t.d. e pron.*

co.le.ti.vo *adj.* **1** que abrange, pertence ou é utilizado por muitos *<transporte c.>* ■ *adj.s.m.* GRAM **2** (substantivo) que indica um conjunto de seres ou de coisas da mesma espécie consideradas como um todo ■ *s.m. B* **3** veículo para transporte de muitas pessoas (ônibus, trem etc.)

co.le.to *adj.* **1** que foi coletado, compilado **2** que foi recolhido ou arrecadado ◉ GRAM/USO part. de *coligir*

co.le.tor /ô/ [pl.: *-es*] *adj.s.m.* **1** (o) que coleta ou recebe algo **2** ELETR ELETRÔN (elétrodo) que coleta elétrons em um componente elétrico ou eletrônico ■ *s.m.* **3** funcionário federal encarregado de arrecadar os impostos determinados em lei **4** cano principal do esgoto

co.le.to.ri.a *s.f.* **1** repartição pública arrecadadora de impostos **2** cargo de coletor

co.lhão [pl.: *-ões*] *s.m. gros.* testículo

co.lhei.ta *s.f.* **1** coleta de produtos agrícolas **2** *p.ext.* o conjunto desses produtos colhidos num dado período; safra

co.lher [pl.: *-es*] *s.f.* **1** talher composto de um cabo com uma parte côncava na extremidade, us. para misturar, servir e levar alimentos à boca **2** colherada *<serviu-se de duas c. de arroz>*

co.lher /ê/ *v.* {mod. 8} *t.d.* **1** tirar (flores, frutos etc.), separando do ramo, da árvore etc. **2** retirar, pegar de um lugar *<c. água do poço>* **3** conseguir (informações, dados etc.) **4** arrecadar, coletar *<c. donativos>* **5** ter plantação de; cultivar *<o avô colhe soja na fazenda>* **6** *fig.* ter como recompensa *<c. os louros da vitória>* □ *t.d. e int.* **7** fazer a colheita de *<chegou a época de c. (o trigo)>*

co.lhe.ra.da *s.f.* porção que cabe numa colher

co.lhe.rei.ro *s.m.* ZOO ave de pescoço e pernas compridas, plumagem rosada e bico semelhante a uma colher, com o qual captura pequenos crustáceos na areia ou na lama

co.li.ba.ci.lo *s.m.* BIO bactéria presente na água, no leite e em certos alimentos e que vive como parasita no intestino

co.li.bri *s.m.* ZOO beija-flor

có.li.ca *s.f.* MED dor espasmódica na cavidade abdominal, esp. no cólon

co.li.dir *v.* {mod. 24} *t.i.,t.d.i. e int.* **1** (prep. *com*, *contra*) (fazer) ir de encontro a; chocar(-se) *<o carro colidiu com o bonde> <colidiu o carro contra o muro> <as embarcações colidiram>* □ *t.i. e int.* **2** (prep. *com*) ser oposto ou contraditório (a); contradizer(-se) *<seus interesses colidem com os meus> <nele, os atos e as palavras colidiam>*

co.li.for.me *adj.2g.s.m.* BIO (bacilo) de origem intestinal cuja presença na água indica poluição fecal e contaminação bacteriana potencial

co.li.ga.ção [pl.: *-ões*] *s.f.* associação (de pessoas, entidades, países etc.) que visa a um objetivo comum; aliança

co.li.gar *v.* {mod. 1} *t.d.,t.d.i. e pron.* (prep. *a*, *com*) unir(-se) em aliança; aliar(-se) *<c. correntes políticas (com o governo)> <dois grupos coligaram-se>*

co.li.gir *v.* {mod. 24} *t.d.* **1** reunir em coleção; colecionar *<c. moedas>* □ *t.d. e t.d.i.* **2** (prep. *com*) juntar, reunir (algo disperso) *<c. doações> <c. versos da juventude com novos trabalhos>* □ *t.d.i.* **3** (prep. *de*) concluir logicamente; deduzir *<o que se pode c. do que foi escrito>* ◉ GRAM/USO part.: *coligido*, *coleto*

co.li.na *s.f.* pequena elevação de terreno; outeiro

co.li.ne.ar [pl.: *-es*] *adj.2g.* GEOM que está sobre uma mesma reta que outro(s)

co.lí.rio *s.m.* FARM medicamento líquido para os olhos

co.li.são [pl.: *-ões*] *s.f.* **1** choque entre dois ou mais objetos; batida **2** luta, conflito entre partidos, facções etc. **3** discordância

co.li.seu *s.m.* **1** ARQ HIST grande anfiteatro em que, na Antiguidade, se realizavam jogos públicos **2** *p.ext.* estádio ou ginásio amplo

co.li.te *s.f.* MED inflamação do cólon

collant [fr.; pl.: *collants*] *s.m.* VEST **1** roupa de malha elástica que adere ao corpo **2** meia-calça ⇒ pronuncia-se colã

col.mei.a /éi *ou* êi/ *s.f.* **1** habitação de abelhas, natural ou artificial **2** *fig.* acúmulo de coisas ou pessoas ◉ GRAM/USO no Brasil, a forma mais comum é com o ditongo aberto /éi/ ~ **colmeeiro** *s.m.*

col.mo /ô/ *s.m.* **1** BOT caule das gramíneas (milho, trigo, cana etc.) **2** palha comprida extraída de diversas plantas

¹co.lo *s.m.* **1** ANAT pescoço **2** ANAT porção estreitada de um órgão *<c. do útero>* **3** ANAT parte estreita entre o corpo e a cabeça de certos ossos *<c. do fêmur>* **4** espaço da cintura até os joelhos de uma pessoa sentada; regaço [ORIGEM: do lat. *collum,i* 'id.'] ▣ **andar no c.** ser trazido nos braços e apoiado ao peito de alguém

²co.lo *s.m.* ANAT cólon [ORIGEM: gr. *kólon,ou* 'id.']

co.lo.ca.ção [pl.: *-ões*] *s.f.* **1** ato ou efeito de colocar (-se) **2** lugar ocupado em uma sequência **3** emprego, ocupação **4** *AMAZ* casa, ger. sobre palafitas, de seringueiro da Amazônia **5** GRAM ordem das palavras na frase e sua disposição em relação aos outros termos *<c. de pronomes>* **6** *infrm.* exposição de opinião, proposta, crítica etc.

co.lo.car *v.* {mod. 1} *t.d.i.* **1** (prep. *em*, *sobre*) pousar sobre; pôr, botar *<c. o pé no estribo> <c. a fruteira sobre o aparador>* **2** (prep. *em*) fixar, colar *<c. cartazes na parede>* **3** (prep. *em*) fazer investimento em; aplicar *<c. dinheiro na poupança>* **4** (prep. *em*) deixar (alguém) em (certa situação, condição); meter *<c. o amigo em problemas>* □ *t.d.i. e pron.* **5** conseguir emprego (para) *<c. o primo na empresa> <colocou-se no mercado>* **6** (prep. *em*) (fazer) tomar posição;

C

posicionar(-se) <c. o filho na fila> <c.-se à frente de todos> 7 (prep. *em*) fazer conseguir ou conseguir (determinada classificação ou colocação) <c. o time em primeiro lugar no torneio> <o nadador colocou-se entre os primeiros> ☐ *t.d.* 8 pôr em foco, em discussão; propor, aventar <c. uma questão, um problema> 9 usar segundo as normas gramaticais <c. vírgulas>

co.lo.fão [pl.: *-ões*] ou **có.lo.fon** [pl.: *colofones* e *(B) cólofons*] *s.m.* nos livros, inscrição final que indica data, lugar e tipo de papel em que a obra foi impressa

co.loi.dal [pl.: *-ais*] *adj.2g.* 1 referente a coloide (diz-se de sistema sólido, líquido ou gasoso); coloide <estado c.> 2 que tem o aspecto e a transparência da cola; coloide

co.loi.de /ói/ *s.m.* FISQUÍM sistema sólido, líquido e gasoso, aparentemente homogêneo, no qual partículas se encontram suspensas em um fluido; possui propriedades particulares de dispersão de luz, passagem através de membranas etc.

co.lom.bi.na *s.f.* TEAT 1 personagem da comédia italiana (séc. XVI e XVII), mulher sedutora, esperta e volúvel ☞ inicial freq. maiúsc. 2 traje carnavalesco inspirado nessa personagem

có.lon [pl.: *cólones* e *(B) cólons*] *s.m.* ANAT porção média do intestino grosso que vai do ceco ao reto; colo

co.lô.nia *s.f.* 1 território ocupado e administrado por um Estado, fora do âmbito de suas fronteiras geográficas 2 grupo de pessoas de mesma origem que habitam uma outra região ou país 3 grupo de pessoas que vivem em comum ou que repartem determinadas afinidades ou situações comuns; comunidade <c. de pescadores> 4 lugar em que tais pessoas vivem ou se agrupam 5 BIO conjunto de organismos de uma mesma espécie e que vivem juntos

co.lo.ni.al [pl.: *-ais*] *adj.2g.* 1 relativo a colônia ou a colonos 2 que tem as condições de colônia <territórios c.> 3 que possui colônia ou possessão <império c.> 4 relativo aos padrões artísticos do período colonial <igreja c.>

co.lo.ni.a.lis.mo *s.m.* 1 HIST processo histórico de fundação e administração de colônias 2 HIST época colonial 3 conjunto de meios pelos quais uma nação mantém sob seu domínio econômico, político ou cultural outra nação ou território ~ **colonialista** *adj.2g.s.2g.*

co.lo.ni.zar *v.* {mod. 1} *t.d.* 1 criar colônia(s) em; transformar em colônia <a Inglaterra colonizou a Índia> 2 habitar como colono <agricultores chegaram para c. a região> ~ **colonização** *s.f.* - **colonizador** *adj.s.m.*

co.lo.no *s.m.* 1 habitante de uma colônia 2 quem emigra para povoar uma terra estranha 3 lavrador assalariado que trabalha em terra alheia

co.lo.qui.al [pl.: *-ais*] *adj.2g.* de maneira espontânea, como uma conversa; informal

co.ló.quio *s.m.* 1 conversa entre duas ou mais pessoas 2 debate entre especialistas

co.lo.ra.ção [pl.: *-ões*] *s.f.* 1 ato ou efeito de colorir(-se) 2 aspecto de um corpo colorido; cor

co.lo.ran.te *adj.2g.* 1 que dá cor ■ *adj.2g.s.m.* 2 (substância) empregada para colorir alimentos, tecidos etc.; corante

co.lo.rar *v.* {mod. 1} *t.d. e pron.* colorir

co.lo.rau *s.m.* CUL condimento e colorante vermelho feito de pimentão seco ou de urucum

co.lo.ri.do *adj.* 1 que tem ou recebeu cores 2 que tem cores vivas, fortes ■ *adj.s.m.* 3 (o) que tem vivacidade, brilho ■ *s.m.* 4 cor ou mistura de cores 5 efeito do uso e distribuição das cores

co.lo.rir *v.* {mod. 24} *t.d. e pron.* 1 (prep. *de*) (fazer) adquirir cor(es); colorar <c. uma página com tinta verde e azul> <o canteiro coloriu-se de mil matizes> ☐ *t.d. fig.* 2 tornar vivo ou expressivo; colorar <c. as descrições de uma redação> 3 enfeitar, ornar; colorar <luzes coloriam a cena>

co.lo.ri.zar *v.* {mod. 1} *t.d.* 1 CINE converter (filme em preto e branco) em filme colorido <a empresa colorizou os filmes antigos> 2 *desus.* dar cores a; colorir ~ **colorização** *s.f.*

co.los.sal [pl.: *-ais*] *adj.2g.* 1 que tem dimensões de colosso; enorme, imenso 2 *fig.* espantoso, extraordinário

co.los.so /ô/ *s.m.* 1 estátua gigantesca 2 *fig.* pessoa ou coisa muito grande 3 *fig.* o que tem excepcional merecimento, valor, qualidade

co.los.to.mi.a *s.f.* MED 1 abertura cirúrgica do cólon, com a finalidade de criar um ânus artificial para a eliminação das fezes 2 abertura criada por esse procedimento

co.los.tro /ô/ *s.m.* líquido amarelado rico em anticorpos, secretado pelas glândulas mamárias alguns dias antes e logo após o parto

col.pi.te *s.f.* MED inflamação das paredes da vagina; vaginite

co.lu.brí.deo *adj.s.m.* ZOO (espécime) dos colubrídeos, grande família de serpentes, com cerca de 1.000 espécies, ger. inofensivas ao homem, encontradas em todos os continentes, tanto na água doce como na terra

co.lum.bí.deo *adj.s.m.* ZOO (espécime) dos columbídeos, família de aves com cabeça pequena e arredondada, corpo pesado, conhecidas como pombas, pombos ou rolas

co.lu.na *s.f.* 1 pilar cilíndrico que sustenta ou enfeita construções 2 *p.ext.* o que atinge uma altura considerável, apresentando forma mais ou menos cilíndrica <c. de fumaça> 3 *fig.* cada uma das divisões verticais de uma página impressa 4 *p.ext.* seção regularmente publicada em periódico (jornal, revista etc.) 5 MIL tropa em deslocamento ou alinhada em fila ▣ **c. vertebral** ANAT conjunto das vértebras superpostas, na parte dorsal do tronco, do crânio ao cóccix; raque, espinha

co.lu.nis.ta *adj.2g.s.2g.* que(m) escreve uma coluna ('seção') para jornais, revistas etc.

com- *pref.* → **co-**

com *prep.* **1** expressa mais comumente os sentidos de: **1.1** companhia; união *<café c. leite>* **1.2** comparação *<ser parecido c. a mãe>* **1.3** modo de ser ou de agir *<cozinhar c. prazer>* **1.4** simultaneidade *<acorda c. as galinhas>* **1.5** objetivo; propósito *<saiu c. a intenção de voltar logo>* **1.6** meio ou instrumento *<levantar a panela c. o cabo>*

[1]co.ma *s.f.* **1** juba, penacho ou cabelo crescido **2** copa de árvore frondosa **3** ASTR cabeleira ('nuvem') [ORIGEM: do lat. *coma,ae* 'id.']

[2]co.ma *s.f.* MÚS nas partituras musicais, sinal em forma de vírgula que indica o momento para respirar [ORIGEM: do lat. *comma,ătis* 'membro do período, parte de uma frase ou de um verso']

[3]co.ma *s.m.* MED estado de inconsciência profunda e perda da sensibilidade [ORIGEM: do gr. *kôma,atos* 'sono profundo'] ~ **comatoso** *adj.*

co.ma.dre *s.f.* **1** madrinha de uma pessoa em relação aos pais desta **2** mãe de uma pessoa em relação aos padrinhos desta **3** *p.ext. infrm.* mulher com quem se mantém estreita relação de amizade **4** *infrm.* urinol achatado us. por doentes que não podem se levantar da cama **5** *PR infrm.* menstruação ◉ GRAM/USO masc.: *compadre*

co.man.da *s.f.* formulário em que se anotam os pedidos em restaurantes, lanchonetes, boates etc.

co.man.dan.te *adj.2g.s.2g.* **1** (o) que comanda ■ *s.2g.* AER MAR MIL **2** oficial que exerce o comando (de aeronave, frota, navio etc.)

co.man.dar *v.* {mod. 1} *t.d.* **1** ter autoridade sobre; mandar *<c. uma tropa>* **2** administrar, governar *<c. uma fábrica>* **3** chefiar, coordenar *<c. uma equipe>* **4** *fig.* ter domínio sobre; controlar *<não pôde c. as pernas>*

co.man.di.ta *s.f.* DIR sociedade comercial em que alguns sócios entram com capital mas não gerenciam os negócios

co.man.do *s.m.* **1** AER MAR MIL ação de comandar, de dirigir uma força militar (terrestre, naval ou aérea) **2** função ou posto de comandante **3** AER MAR MIL força militar ou paramilitar esp. preparada para missões especiais **4** controle, domínio **5** INF instrução de um programa de computador especificada pelo usuário que faz que determinada ação se realize

co.mar.ca *s.f.* DIR *B* região sob a jurisdição de um juiz de direito

com.ba.lir *v.* {mod. 24} *t.d. e pron.* **1** tornar(-se) fraco; debilitar(-se) *<os acessos de tosse combaliam a criança> <o desfalque combaliu as finanças da firma> <combaliu-se muito com a doença>* **2** (fazer) sofrer abalo emocional; abater(-se) *<a falência do pai não chegou a c. os filhos> <a família combaliu-se nos tempos da guerra>* **3** (fazer) sofrer diminuição da solidez ou firmeza *<o terremoto combaliu as fundações do prédio> <combaliram-se as muralhas com as bombas inimigas>* ◉ GRAM/USO verbo defectivo

com.ba.te *s.m.* **1** ação em que duas forças militares se enfrentam; batalha, refrega, embate **2** luta, pugna **3** *fig.* discussão sobre um assunto

com.ba.ten.te *adj.2g.s.2g.* **1** (o) que combate ou está preparado para fazê-lo **2** soldado, guerreiro

com.ba.ter *v.* {mod. 8} *t.d.,t.i. e int.* **1** (prep. *com, por, contra*) lutar em combate *<os bárbaros combateram as legiões romanas> <Alexandre combateu contra os persas> <os soldados combateram a manhã inteira>* □ *t.d.* **2** ser contra; opor-se a *<c. as más influências>* **3** argumentar contra; contestar *<c. um orador oponente>* **4** debelar ou tentar debelar (doença) *<c. um resfriado>*

com.ba.ti.vo *adj.* **1** que tem espírito de combatente **2** que não recusa lutar, apesar das dificuldades **3** que defende ativamente uma causa; militante ~ **combatividade** *s.f.*

com.bi.na.ção [pl.: *-ões*] *s.f.* **1** ordenação de coisas por suas semelhanças ou diferenças **2** acordo, entendimento **3** conjunto de números que regulam a fechadura de um cofre; segredo **4** peça íntima feminina us. sob o vestido

com.bi.nar *v.* {mod. 1} *t.d. e t.d.i.* **1** (prep. *com*) unir (coisas diferentes ou afins); juntar *<c. as peças de roupa> <sabia c. os atores (com os personagens)>* **2** (prep. *com*) pactuar (ação, resolução etc.) [com alguém] □ *t.d.,t.d.i.,t.i. e int.* **3** (prep. *com*) pôr(-se) em harmonia; ajustar(-se), condizer *<c. tons> <c. o forro do sofá com as cortinas> <as duas propostas combinam>* □ *t.d.i.* **4** (prep. *com, em*) unir (dois ou mais elementos químicos) para formar um composto *<c. cobre com ouro>* ~ **combinado** *adj.s.m.*

combo [ing.; pl.: *combos*] *s.m.* **1** MÚS pequeno conjunto de *jazz* de no máximo oito músicos **2** combinação de diferentes produtos que se vendem juntos, ger. por um preço menor que o cobrado por cada item separadamente ⇒ pronuncia-se combou, *corrente* combo

com.boi.o /ô/ *s.m.* **1** série de veículos que se deslocam juntos **2** série de navios mercantes ou de guerra que navegam escoltados **3** conjunto de vagões puxados por locomotiva; trem **4** conjunto de animais ou pessoas que se deslocam próximos uns dos outros, com o mesmo destino

com.bu.ren.te *adj.2g.s.2g.* (o) que reage com um combustível para provocar a combustão

com.bus.tão [pl.: *-ões*] *s.f.* **1** QUÍM fenômeno da combinação de oxigênio com uma substância combustível, gerando fogo **2** estado de um sólido, líquido ou gás que se consome pelo fogo **3** ato ou efeito de queimar

com.bus.tí.vel [pl.: *-eis*] *adj.2g.* **1** que tem a propriedade de se queimar ou de se consumir pela combustão ■ *adj.2g.s.m.* QUÍM **2** (matéria) que se queima para gerar energia térmica ▣ **c. nuclear** ou **atômico** QUÍM elemento que libera energia por fissão ou fusão, us. como fonte de energia num reator nuclear

co.me.çar *v.* {mod. 1} *t.d. e int.* **1** dar início a ou ter início; principiar *<ele começou a conversa> <a chuva*

C

começou de manhã cedo> □ *int.* **2** fazer a primeira experiência ou tentativa *<aquele banqueiro começou cedo na vida>* □ *pred.* **3** ter início (em determinadas condições ou circunstâncias) *<a festa começou animada>* □ *t.i.* **4** (prep. *a, por*) iniciar (ação) com ímpeto e vontade; desandar *<quando viu a mãe, começou a chorar>* ◉ GRAM/USO na acp. 4, é v.aux. e exprime 'começo de ação'

co.me.ço /ê/ *s.m.* **1** momento inicial; início, princípio ▼ ***começos*** *s.m.pl.* **2** primeiros ensaios ou experiências; tentativas iniciais

co.mé.dia *s.f.* **1** REC.AV LIT obra que tem como objetivo fazer rir ☞ cf. *drama* **2** *fig. gír.* pessoa ou fato cômico; ridículo **3** *fig.* a aventura da existência *<a c. da vida>*

co.me.di.an.te *s.2g.* REC.AV ator ou atriz de comédia

co.me.di.do *adj.* que pensa, age ou se comporta com comedimento; moderado

co.me.di.men.to *s.m.* **1** moderação, sobriedade **2** prudência

co.me.dir *v.* {mod. 24} *t.d. e pron.* pôr(-se) no meio-termo; moderar(-se), controlar(-se) *<c. os impulsos> <c.-se no divertimento>* ◉ GRAM/USO verbo defectivo

co.me.mo.ra.ção [pl.: *-ões*] *s.f.* **1** cerimônia festiva em que se comemora um acontecimento ou uma pessoa **2** ato ou efeito de comemorar, de trazer à lembrança; memoração, recordação

co.me.mo.rar *v.* {mod. 1} *t.d.* **1** fazer festa, solenidade por; celebrar *<c. o aniversário>* **2** trazer à lembrança; recordar, memorar *<o texto comemorava datas históricas>* ~ **comemorativo** *adj.*

co.men.da *s.f.* **1** distinção honorífica; condecoração **2** antigo benefício concedido a militar ou eclesiástico

co.men.da.dor /ô/ [pl.: *-es*] *s.m.* quem recebeu comenda

co.men.sal [pl.: *-ais*] *s.2g.* cada um daqueles que comem juntos ◉ GRAM/USO tb. us. como adj.2g. ~ **comensalidade** *s.f.*

co.men.su.rar *v.* {mod. 1} *t.d.* **1** avaliar tamanho, extensão etc. de; medir **2** MAT medir (duas ou mais grandezas) com a mesma unidade ~ **comensurável** *adj.2g.*

co.men.tar *v.* {mod. 1} *t.d. e t.d.i.* **1** (prep. *com*) fazer comentário sobre *<c. (com o amigo) a viagem de férias>* □ *t.d.* **2** tornar compreensível, interpretar *<c. a poesia de Camões>* **3** analisar criticamente *<o examinador comentou a prova>*

co.men.tá.rio *s.m.* **1** observação crítica ou esclarecedora **2** parecer, ponto de vista

co.men.ta.ris.ta *adj.2g.s.2g.* especialista que comenta fatos, textos, notícias etc. na imprensa falada e escrita

co.mer *v.* {mod. 8} *t.d.* **1** pôr (alimentos) na boca, mastigando-os e engolindo-os *<c. uma maçã>* **2** RECR em xadrez e damas, eliminar (pedras do adversário) **3** corroer, gastar *<a maresia come o ferro>* **4** omitir, eliminar *<costuma c. palavras quando está nervoso>* **5** roubar, furtar *<a fraude comeu milhões de reais>* **6** *gros.* manter relação sexual com □ *t.i. fig.* **7** (prep. *de*) experimentar, provar *<c. de tudo um pouco>* □ *int.* **8** alimentar-se *<está abatido porque não come bem>* ~ **comedor** *adj.s.m.* - **comedouro** *s.m.*

co.mer.ci.al [pl.: *-ais*] *adj.2g.* **1** relativo a comércio **2** que dá ou pode dar lucro ■ *s.m.* **3** mensagem publicitária veiculada em rádio, televisão ou cinema; propaganda, reclame, anúncio

co.mer.ci.a.li.zar *v.* {mod. 1} *t.d.* **1** pôr no comércio; tornar comercial *<c. gêneros alimentícios>* □ *t.d.i.* **2** (prep. *com*) fazer negócio de (mercadoria, serviço) [com empresa, pessoa etc.] *<c. soja (com países europeus)>* ~ **comercialização** *s.f.*

co.mer.ci.an.te *adj.2g.s.2g.* que(m) trabalha com comércio

co.mer.ci.ar *v.* {mod. 1} *int.* **1** fazer negócios, exercer comércio □ *t.i. e t.d.i.* **2** (prep. *com, em*) fazer comércio (de mercadoria, serviço etc.) [com pessoa, empresa etc.] *<comerciamos com essa empresa há anos> <comercia em azeites e óleos comestíveis>*

co.mer.ci.á.rio *adj.s.m.* *B* **1** que(m) trabalha no comércio como empregado ■ *adj.* *B* **2** do comércio

co.mér.cio *s.m.* **1** troca, compra ou venda com fins lucrativos **2** classe dos comerciantes **3** aglomerado de lojas em um bairro, cidade etc. ▣ **c. eletrônico** INTERN comércio em que as transações são feitas pela internet

co.mes *s.m.pl.* petiscos, acepipes ▣ **c. e bebes** os alimentos e as bebidas de uma reunião festiva

co.mes.tí.vel [pl.: *-eis*] *adj.2g.s.m.* (o) que se pode comer

co.me.ta /ê/ *s.m.* ASTR astro que se move em torno do Sol e é formado por um núcleo pouco denso com um envoltório gasoso que, próximo ao Sol, se estende como uma cauda luminosa

co.me.ter *v.* {mod. 8} *t.d.* **1** fazer que ocorra; consumar *<c. um erro>* **2** praticar, perpetrar *<c. um crime>*

co.me.ti.men.to *s.m.* **1** ato ou efeito de cometer; acometimento **2** ato praticado **3** tentativa arriscada; aventura

co.me.zai.na *s.f.* **1** refeição farta; banquete **2** festa para comer e beber

co.me.zi.nho *adj.* **1** próprio da vida comum; corriqueiro, trivial **2** fácil de entender; simples **3** fácil de comer

co.mi.chão [pl.: *-ões*] *s.f.* **1** coceira, prurido **2** desejo forte

co.mi.char *v.* {mod. 1} *t.d. e int.* **1** (fazer) sentir comichão *<o sol comichava os ombros dele> <o corte começou a c.>* □ *t.i. e int.* **2** sentir impaciência ou vontade forte *<c. de curiosidade> <sentia a mão c. ao ver o dinheiro>*

co.mí.cio *s.m.* manifestação política de rua que reúne cidadãos em torno de alguém que discursa

cô.mi.co *adj.* **1** relativo a comédia **2** que diverte e/ou causa riso ■ *s.m.* **3** ator ou autor de comédias ~ **comicidade** *s.f.*

co.mi.da *s.f.* **1** aquilo que se come ou é próprio para comer; alimento **2** refeição *<hora da c.>* **3** culinária, cozinha *<a c. baiana é apreciada>*

co.mi.go [pl.: *conosco*] *pron.p.* **1** com a minha pessoa **2** em minha companhia ou poder **3** em mim *<trago c. boas lembranças>* **4** ao mesmo tempo que eu

co.mi.go-nin.guém-po.de *s.m.2n.* BOT planta nativa da Amazônia, ornamental, venenosa e de folhas verdes com manchas brancas

co.mi.lan.ça *s.f. B infrm.* **1** ação de comer muito **2** aquilo que se come muito; comida abundante

co.mi.lão [pl.: *-ões*; fem.: *comilona*] *adj.s.m.* que(m) come muito; guloso, glutão

co.mi.nar *v.* {mod. 1} *t.d.i.* (prep. *a*) fazer ameaça de ou impor (castigo, pena) [a alguém] *<a autoridade cominou duras penas aos reincidentes>* ~ **cominação** *s.f.* - **cominatório** *adj.*

co.mi.nho *s.m.* BOT erva aromática cuja semente é us. como tempero

co.mi.se.ra.ção [pl.: *-ões*] *s.f.* compaixão, piedade ~ **comiserativo** *adj.*

co.mi.se.rar *v.* {mod. 1} *t.d. e pron.* (prep. *de*) (fazer) sentir piedade, compaixão *<a cena comiserou os presentes> <c.-se dos miseráveis>*

co.mis.são [pl.: *-ões*] *s.f.* **1** incumbência, encargo **2** grupo de pessoas encarregadas de resolver um assunto **3** trabalho ou cargo temporário **4** gratificação paga a alguém pela execução de um serviço

co.mis.sa.ri.a.do *s.m.* **1** cargo de comissário **2** local onde esse cargo é exercido

co.mis.sá.rio *s.m.* **1** aquele que exerce uma incumbência **2** delegado de polícia **3** pessoa que desempenha determinada missão para o governo ou o representa ⊡ **c. de bordo** AER em aviões comerciais, tripulante encarregado do atendimento aos passageiros durante o voo

co.mis.sio.nar *v.* {mod. 1} *t.d.* **1** dar (a alguém) uma comissão, esp. cargo ou mandato **2** confiar uma tarefa temporária a *<a firma comissionou um vendedor para representá-la>* ~ **comissionado** *adj.s.m.*

co.mis.su.ra *s.f.* **1** ponto, superfície ou linha de união de duas partes correspondentes **2** ANAT nome genérico das junções dos lados de aberturas em forma de fenda, no corpo, p.ex., pálpebras, lábios etc.

co.mi.tê *s.m.* **1** grupo encarregado de resolver determinado assunto; comissão **2** local de reunião desse grupo

co.mi.ti.va *s.f.* **1** grupo de pessoas que acompanha alguém ou algo; séquito **2** *S.E. C.-O.* grupo de pessoas que segue com a boiada

co.mo *conj.caus.* **1** porque; visto que ■ *conj.confr.* **2** conforme ■ *conj.comp.* **3** do mesmo modo que; tal qual ■ *adv.* **4** de que modo **5** quanto; quão

co.mo.ção [pl.: *-ões*] *s.f.* **1** emoção forte **2** MED distúrbio no funcionamento de um órgão em decorrência de abalo físico ou nervoso

cô.mo.da *s.f.* móvel de gavetas sobrepostas us. para guardar roupas

co.mo.di.da.de *s.f.* **1** qualidade ou estado do que é cômodo, do que satisfaz plenamente; adequado, conveniente, útil **2** conforto, bem-estar **3** facilidade, conveniência

co.mo.dis.ta *adj.2g.s.2g.* que(m) só pensa na própria comodidade e evita qualquer esforço ou responsabilidade ~ **comodismo** *s.m.*

cô.mo.do *adj.* **1** que atende à finalidade a que se destina; conveniente **2** que não exige esforço ou responsabilidade **3** confortável, agradável ■ *s.m. B* **4** cada divisão do interior de uma casa; aposento

co.mo.ven.te *adj.2g.* que comove; emocionante, comovedor

co.mo.ver *v.* {mod. 8} *t.d.,int. e pron.* **1** (prep. *com*) emocionar(-se), impressionar(-se) *<o filme comoveu o público> <quis contar uma história para c.> <comoveu-se com os aplausos>* **2** (prep. *com*) (fazer) perder a frieza; enternecer(-se) *<tentou c. o rígido amigo> <sua gentileza comovia> <comoveram-se com a alegria dos alunos>* □ *t.d.* **3** mover com força; agitar *<o estouro comoveu os ares>* ~ **comovedor** *adj.s.m.*

com.pac.tar *v.* {mod. 1} *t.d.* **1** reduzir o volume *<c. lixo>* **2** juntar (partes, elementos etc.) num todo, diminuindo ou resumindo *<c. a obra de um poeta>* **3** INF *B* alterar o formato de (arquivo), para ocupar menor espaço na memória; comprimir ~ **compactação** *s.f.*

compact disc [ing.; pl.: *compact discs*] *loc.subst.* FONO INF disco de aprox. 12 cm de diâmetro, em que são gravados informações, músicas e outros tipos de arquivos, para reprodução por leitura de raios *laser*, em um sistema de som, computador ou dispositivo análogo [sigla: *CD*] ◉ GRAM/USO tb. se grafa *compact disk* ⇒ pronuncia-se compact disc

com.pac.to *adj.* **1** cujas partes constituintes estão muito próximas; condensado **2** cujas partes estão firmemente unidas; denso **3** de pequeno tamanho; reduzido *<carro c.>* ■ *s.m.* **4** TV edição resumida de um evento, programa etc. **5** FONO pequeno disco de vinil; disco compacto

com.pac.tu.ar *v.* {mod. 1} *t.i.* (prep. *com*) ser conivente; condescender *<não compactua com corruptos>*

com.pa.de.cer *v.* {mod. 8} *pron.* **1** (prep. *de*) sofrer junto; apiedar-se *<c.-se dos refugiados>* □ *t.d.* **2** inspirar compaixão em ~ **compadecimento** *s.m.*

com.pa.dre [fem.: *comadre*] *s.m.* **1** padrinho de uma pessoa em relação aos pais desta **2** pai de uma pessoa em relação aos padrinhos desta **3** *p.ext. infrm.* indivíduo com quem se mantém estreita relação de amizade

com.pa.dri.o *s.m.* **1** relação entre compadres **2** *p.ext.* sentimento de grande amizade

com.pai.xão [pl.: *-ões*] *s.f.* sentimento de tristeza em relação a quem sofre; piedade

com.pa.nhei.ris.mo *s.m.* convívio amigável e solidário; coleguismo, camaradagem

C

com.pa.nhei.ro *adj.s.m.* **1** que(m) faz companhia ■ *s.m.* **2** camarada, amigo **3** pessoa em relação à outra com quem vive, casado ou não com ela

com.pa.nhi.a *s.f.* **1** aquele ou aquilo que acompanha **2** presença de algo ou alguma coisa perto de alguém **3** sociedade comercial ou industrial **4** associação de pessoas para desenvolver um trabalho comum **5** subdivisão do batalhão ('unidade militar')

com.pa.ra.ção [pl.: *-ões*] *s.f.* ato ou efeito de comparar; cotejo, confronto

com.pa.rar *v.* {mod. 1} *t.d. e t.d.i.* **1** (prep. *com, a*) aproximar (coisas, seres, ideias) para achar suas semelhanças e diferenças *<c. produtos> <c. o homem aos primatas>* □ *t.d.,t.d.i. e pron.* **2** (prep. *com, a*) igualar(-se), equiparar(-se) *<não se deve c. os filhos> <como compará-la a outra jogadora?> <esse pão não se compara com o nosso>* ~ **comparável** *adj.2g.*

com.pa.ra.ti.va *s.f.* GRAM ver ***CONJUNÇÃO COMPARATIVA***

com.pa.ra.ti.vo *adj.* que envolve comparação *<estudo c.>*

com.pa.re.cer *v.* {mod. 8} *t.i. e int.* (prep. *a, em*) ir a ou estar em local, evento etc. *<c. a um encontro> <embora ocupado, não deixa de c.>*

com.pa.re.ci.men.to *s.m.* ato ou efeito de comparecer; apresentação de uma pessoa em determinado lugar a que foi convidada ou convocada

com.par.sa *s.2g.* cúmplice

com.par.ti.lhar *v.* {mod. 1} *t.d. e t.i.* **1** (prep. *de*) ter ou tomar parte em; participar *<c. (d)as alegrias da família>* □ *t.d.i.* **2** (prep. *com*) repartir, partilhar *<c. os lucros com os empregados>* ~ **compartilhamento** *s.m.*

com.par.ti.men.tar *v.* {mod. 1} *t.d.* **1** dividir em compartimentos *<c. um espaço>* **2** *fig.* separar em partes, categorias *<c. uma área do conhecimento>*

com.par.ti.men.to *s.m.* cada uma das divisões de uma casa, móvel etc.

com.par.tir *v.* {mod. 24} *t.d. e t.i.* **1** (prep. *de*) participar de; compartilhar *<c. (da) dor alheia>* □ *t.d.i.* **2** (prep. *com*) partilhar, dividir *<c. novidades com amigos>* □ *t.d.* **3** compartimentar

com.pas.sar *v.* {mod. 1} *t.d.* **1** medir com compasso *<c. um mapa>* **2** dividir com simetria *<c. os lotes de um terreno>* **3** dar ritmo regular a *<c. a respiração>* **4** tornar mais lento ou espaçado *<compassou o trote do cavalo>*

com.pas.si.vo *adj.* que se compadece; piedoso

com.pas.so *s.m.* **1** instrumento para traçar círculos ou transferir medidas que consiste de duas hastes móveis presas em uma extremidade **2** MÚS divisão da pauta musical em partes iguais

com.pa.ti.bi.li.da.de *s.f.* **1** condição ou característica do que é compatível **2** MED capacidade que apresentam dois grupos sanguíneos ou outros tecidos de se unirem e funcionarem em conjunto

com.pa.ti.bi.li.zar *v.* {mod. 1} *t.d.,t.d.i. e pron.* (prep. *com*) tornar(-se) compatível; harmonizar(-se) *<c. compromissos> <c. trabalho com lazer> <os temas se compatibilizam>*

com.pa.tí.vel [pl.: *-eis*] *adj.2g.* **1** capaz de coexistir **2** que pode funcionar conjuntamente **3** MED que tem compatibilidade *<sangue c.>*

com.pa.tri.o.ta *adj.2g.s.2g.* que(m) é do mesmo país ou região

com.pe.lir *v.* {mod. 28} *t.d.i.* (prep. *a*) fazer agir sob coação; obrigar *<c. o acusado a confessar>*

com.pên.dio *s.m.* **1** resumo de uma disciplina, ciência, técnica etc. **2** livro que contém esse resumo ~ **compendiar** *v.t.d.* - **compendioso** *adj.*

com.pe.ne.tra.do *adj.* **1** que se compenetrou *<c. de suas obrigações>* **2** concentrado, absorto

com.pe.ne.trar *v.* {mod. 1} *t.d.i. e pron.* (prep. *de*) (fazer) adquirir convicção, certeza; convencer(-se), persuadir(-se) *<a doença compenetrou-o de sua fragilidade> <c.-se de uma nova responsabilidade>* ~ **compenetração** *s.f.*

com.pen.sa.ção [pl.: *-ões*] *s.f.* **1** ação de compensar, de estabelecer o equilíbrio **2** benefício, recompensa **3** liberação do valor de um cheque depositado ▣ **em c.** como compensação

com.pen.sa.do *adj.* **1** que se compensou *<viu-se c. do esforço com a aprovação no teste>* **2** que passou por processo de compensação bancária *<cheque c.>* ■ *s.m.* **3** chapa formada por lâminas finas de madeira prensadas

com.pen.sa.dor /ô/ [pl.: *-es*] *adj.* **1** que traz vantagem, benefício; vantajoso **2** que recompensa; que vale a pena ■ *adj.s.m.* **3** us. para equilibrar ou anular os efeitos perturbadores capazes de entravar o funcionamento de um mecanismo, sistema etc.

com.pen.sar *v.* {mod. 1} *t.d.,t.d.i.,int. e pron.* **1** (prep. *com*) reparar (algo bom ou ruim) [com o efeito oposto]; contrabalançar *<a qualidade do show compensou a espera> <compensava a fraqueza com a inteligência> <o comércio com os asiáticos compensa> <na vida, o bem e o mal se compensam>* □ *t.d.* **2** estabelecer o equilíbrio entre; contrabalançar *<c. dois pesos>* **3** fazer a compensação de (cheque) ~ **compensatório** *adj.*

com.pe.tên.cia *s.f.* **1** conjunto de conhecimentos ou habilidades; aptidão **2** autoridade atribuída a um indivíduo por seu cargo ou sua função; atribuição, alçada

com.pe.ten.te *adj.2g.* **1** que tem competência *<profissional c.>* **2** adequado, conveniente

com.pe.ti.ção [pl.: *-ões*] *s.f.* **1** ação de competir; concorrência, disputa **2** ESP prova em que concorrem pessoas ou equipes

com.pe.ti.dor /ô/ [pl.: *-es*] *adj.s.m.* (o) que compete; concorrente

com.pe.tir *v.* {mod. 28} *t.i. e int.* **1** (prep. *com, em*) entrar em concorrência simultânea (com); concorrer *<em jogos, a sorte compete com o azar> <compete com a amiga em beleza> <o importante é c.>* □ *t.i.* **2** (prep. *a*) ser da responsabilidade ou direito de; caber *<a formação das crianças compete aos pais>* ~ **competitivo** *adj.*

com.pi.lar *v.* {mod. 1} *t.d.* reunir numa obra (textos de origens diversas) ~ **compilação** *s.f.* - **compilador** *adj.s.m.*

com.pla.cên.cia *s.f.* **1** disposição de atender os desejos de outra pessoa para agradar-lhe **2** *pej.* condescendência ou submissão indigna **3** brandura, benignidade ~ **complacente** *adj.2g.*

com.plei.ção [pl.: *-ões*] *s.f.* **1** constituição física **2** índole; temperamento

[1]**com.ple.men.tar** *v.* {mod. 1} *t.d. e pron.* dar complemento a, ou receber complemento; completar(-se) *<falta uma aula para c. o curso> <o relatório complementou-se com os novos dados>* [ORIGEM: *complemento* + [2]*-ar*] ~ **complementação** *s.f.*

[2]**com.ple.men.tar** [pl.: *-es*] *adj.2g.* relativo a ou que é o complemento de algo [ORIGEM: *complemento* + [1]*-ar*] ~ **complementaridade** *s.f.*

com.ple.men.to *s.m.* **1** o que completa ou aperfeiçoa um todo **2** GRAM palavra, locução ou oração que desempenham na frase a função de complementar o sentido de um substantivo (p.ex.: fazer o elogio *da virtude*), de um adjetivo (p.ex.: estar confiante *no resultado*), de um verbo (p.ex.: fechar *o armário*, desejar *que o natal chegue logo*) e de um advérbio (p.ex.: dormir depois *do almoço*)

com.ple.ta.men.te *adv.* **1** de modo completo, inteiro; totalmente, inteiramente **2** em alto grau; totalmente, absolutamente

com.ple.tar *v.* {mod. 1} *t.d. e pron.* **1** acrescentar a (algo) o que falta para torná-lo completo ou perfeito *<c. uma quantia> <como duas partes de um todo, completaram-se>* ☐ *t.d.* **2** concluir, terminar *<logo vou c. o trabalho>* **3** atingir (número, valor etc.) *<hoje completo 20 anos>* ◉ GRAM/USO part.: *completado, completo*

com.ple.to *adj.* **1** que possui todas as partes integrantes **2** *fig.* concluído, perfeito **3** no máximo da capacidade

com.ple.tu.de *s.f.* qualidade do que está perfeito, acabado

com.ple.xo /cs/ *adj.* **1** que se compõe de elementos diversos relacionados entre si **2** complicado, difícil ■ *s.m.* **3** conjunto, aglomerado *<c. industrial>* **4** PSIC conjunto de ideias, impressões e conceitos, mais ou menos conscientes, capaz de gerar reações e comportamentos doentios ~ **complexidade** *s.f.*

com.pli.ca.ção [pl.: *-ões*] *s.f.* **1** ato ou efeito de complicar(-se) **2** estado ou condição do que é complicado; complexidade **3** aquilo que complica; dificuldade, complicador **4** coisa complicada, confusa

com.pli.ca.do *adj.* **1** que apresenta complicação ou dificuldade; complexo, difícil **2** que se comporta de maneira obsessiva ou imprevisível; que cria complicações

com.pli.car *v.* {mod. 1} *t.d. e pron.* **1** tornar(-se) menos simples de apreender, usar, resolver *<c. uma explicação> <complicou-se ao consultar tantos autores>* **2** MED tornar(-se) pior; agravar(-se) *<a infecção complicou seu quadro clínico> <o estado do paciente complicou-se hoje>* ☐ *t.d.i.* **3** (prep. *em*) conduzir a (problema, constrangimento etc.); comprometer *<c. o amigo numa situação difícil>* ~ **complicador** *adj.s.m.*

com.plô *s.m.* conspiração; trama secreta

com.po.nen.te *adj.2g.s.2g.* (o) que é parte de um todo

com.por *v.* {mod. 23} *t.d. e pron.* **1** fazer parte de ou ser formado por *<30 alunos compõem o coral> <a peça compõe-se de três atos>* **2** pôr(-se) em harmonia; reconciliar(-se) *<a mãe compôs os filhos brigados> <os rivais compuseram-se>* ☐ *t.d.* **3** criar (música, poema etc.) **4** dar boa ou melhor disposição a; arrumar *<c. a roupa>* ☐ *pron.* **5** arrumar-se, ajeitar-se *<c.-se para sair>* ◉ GRAM/USO part.: *composto*

com.por.ta *s.f.* porta que retém a água num dique, represa etc.

com.por.ta.do *adj.* que tem bom comportamento; bem-comportado

com.por.ta.men.to *s.m.* **1** procedimento, conduta **2** reação de um indivíduo, de um grupo ou de uma espécie ao conjunto de fatores que compõem o seu meio ambiente **3** reação de uma coisa em determinadas circunstâncias

com.por.tar *v.* {mod. 1} *t.d.* **1** dar condições para; possibilitar *<tais perguntas comportam várias respostas>* **2** conter ou poder conter em si *<a sala não comporta mais ninguém>* **3** ter como exigência; requerer *<essa reforma comporta gastos elevados>* **4** ter como consequência; envolver *<seu mau gênio comporta muitas brigas>* ☐ *pron.* **5** proceder socialmente; portar-se, agir *<envergonhou os pais por c.-se mal na festa>* **6** agir de modo bem-comportado; portar-se bem *<ele sabia se c.>*

com.po.si.ção [pl.: *-ões*] *s.f.* **1** organização das partes de um todo; disposição, arrumação **2** criação artística, esp. musical **3** redação escolar **4** acordo, consenso **5** GRÁF montagem dos elementos tipográficos para fazer a impressão **6** conjunto dos vagões de um trem **7** GRAM processo de formação de palavra pela união de dois ou mais radicais ☞ cf. *aglutinação* e *justaposição*

com.po.si.tor /ô/ [pl.: *-es*] *s.m.* **1** o que compõe **2** pessoa que compõe obras musicais **3** GRÁF quem faz serviços de composição

com.pos.ta *s.f.* BOT espécime das compostas, família de arbustos, árvores e trepadeiras, em sua maioria daninhos, mas também cultivados como medicinais, na produção de inseticidas, como alimento ou pelas flores, como p.ex. a margarida, a dália, a alface, a alcachofra e o girassol

com.pos.to /ô/ [pl.: /ó/; fem.: /ó/] *adj.* **1** formado por mais de um elemento ■ *s.m.* QUÍM **2** mistura homogênea de diferentes átomos ou moléculas

com.pos.tu.ra *s.f.* decência, recato, comedimento

com.po.ta *s.f.* CUL doce de fruta cozida em calda de açúcar

com.po.tei.ra *s.f.* recipiente de vidro, provido de tampa e ger. pé, para compotas

com.pra *s.f.* **1** ato ou efeito de comprar **2** aquilo que se compra

com.prar *v.* {mod. 1} *t.d. e t.d.i.* **1** (prep. *a, de*) adquirir, pagando (a pessoa, empresa etc.), a propriedade ou o uso de *<c. um lanche> <comprou o carro a um amigo> <c. um imóvel diretamente do proprietário>* □ *t.d.* **2** *fig.* conseguir com muito esforço *<comprou sua paz ao quitar as dívidas>* **3** subornar ou conseguir com suborno *<c. o silêncio da testemunha>* **4** RECR apanhar (carta) do baralho durante o jogo ~ **comprador** *adj.s.m.*

com.pra.zer *v.* {mod. 13} *t.i. e int.* **1** (prep. *a, com*) ser gentil, agradar *<compraz às crianças oferecendo-lhes balas> <dançou para comprazer com a vontade da namorada> <sorrir para c.>* □ *t.i.* **2** (prep. *a*) ceder, atender (a súplica, pedido etc.) **3** (prep. *com*) ser tolerante, piedoso *<c. com os relapsos>* □ *pron.* **4** (prep. *com, de*) experimentar deleite; deliciar-se *<c.-se com o pôr do sol>* ◉ GRAM/USO verbo abundante ~ **comprazimento** *s.m.*

com.pre.en.der *v.* {mod. 8} *t.d.* **1** conter em si; abranger *<a coleção compreende 10 livros>* **2** apreender o sentido de; entender *<c. um texto>* **3** ter compreensão, simpatia, atenção com *<c. os jovens, os pobres>* ~ **compreendido** *adj.*

com.pre.en.são [pl.: *-ões*] *s.f.* **1** percepção, entendimento **2** domínio intelectual de um assunto **3** complacência, indulgência

com.pre.en.sí.vel [pl.: *-eis*] *adj.2g.* passível de ser compreendido, entendido; inteligível

com.pre.en.si.vo *adj.* **1** que compreende ou tem a capacidade de compreender **2** que demonstra compreensão, simpatia, boa vontade **3** que contém em si; que abrange; englobante

com.pres.sa *s.f.* **1** pedaço de tecido no qual às vezes se aplica medicamento, usado para cobrir ou comprimir uma ferida **2** tecido embebido em água quente ou fria que se põe sobre o corpo para aliviar dor ou febre

com.pres.são [pl.: *-ões*] *s.f.* **1** ação de comprimir **2** *fig.* ação de limitar, de restringir; corte **3** MED pressão, aperto praticado por meio de bandagem, ligadura ou aparelho cirúrgico ~ **compressibilidade** *s.f.*

com.pres.so *adj. frm.* que sofreu compressão; comprimido ◉ GRAM/USO part. de *comprimir*

com.pres.sor /ô/ [pl.: *-es*] *adj.s.m.* **1** (o) que comprime ■ *s.m.* **2** máquina de comprimir fluidos

com.pri.do *adj.* **1** extenso ou longo **2** de grande estatura; alto

com.pri.men.to *s.m.* **1** a maior dimensão horizontal de um objeto, de uma superfície **2** extensão de um objeto de uma extremidade à outra ☞ cf. *cumprimento*

com.pri.mi.do *adj.* **1** que se comprimiu; que sofreu compressão ■ *s.m.* FARM **2** pequena massa rígida de medicamento para ser ingerida; pílula ◉ GRAM/USO part. de *comprimir*

com.pri.mir *v.* {mod. 24} *t.d. e pron.* **1** (fazer) sofrer compressão *<c. uma veia> <c.-se o capô sob o peso>* **2** reduzir(-se) o volume de (algo) por pressão; contrair(-se) *<c. um fluido> <c.-se o gás sob ação do frio>* □ *t.d.* INF **3** compactar ◉ GRAM/USO part.: *comprimido, compresso*

com.pro.ba.tó.rio ou **com.pro.va.tó.rio** *adj.* que comprova

com.pro.me.te.dor /ô/ [pl.: *-es*] *adj.* **1** que compromete **1.1** que expõe ou pode expor a risco ou embaraço

com.pro.me.ter *v.* {mod. 8} *t.d.i. e pron.* **1** (prep. *a, com*) (fazer) assumir compromisso *<c. parceiros a agir como combinado> <c.-se com credores a quitar a dívida>* □ *t.d.* **2** dar como garantia moral; empenhar *<c. a palavra>* **3** causar dano a *<c. o joelho>* □ *t.d. e pron.* **4** expor(-se) a risco ou embaraço; arriscar(-se) *<descuidou-se e comprometeu a empresa> <seu depoimento pode c. o sócio> <aventurou-se e acabou comprometendo-se>* □ *pron.* **5** (prep. *com*) combinar casamento ~ **comprometimento** *s.m.*

com.pro.mis.so *s.m.* **1** obrigação assumida **2** combinação entre pessoas ou instituições; pacto, trato, acordo **3** *B* qualquer obrigação profissional, social etc.

com.pro.va.ção [pl.: *-ões*] *s.f.* ato ou efeito de comprovar; prova, confirmação

com.pro.van.te *adj.2g.* **1** que comprova ■ *s.m.* **2** documento que comprova algo

com.pro.var *v.* {mod. 1} *t.d.* **1** afirmar como verdadeiro; confirmar *<c. um álibi>* **2** afirmar com prova(s); provar *<c. a inocência do acusado>* □ *t.d. e t.d.i.* **3** (prep. *a*) tornar evidente; demonstrar *<c. sua coragem (a todos)>* ~ **comprovador** *adj.s.m.*

com.pro.va.tó.rio *adj.* → ***COMPROBATÓRIO***

com.pul.são [pl.: *-ões*] *s.f.* PSIC tendência irresistível que leva alguém a comportar-se de forma contrária a sua vontade

com.pul.sar *v.* {mod. 1} *t.d.* folhear (livros, documentos etc.) para fazer anotações, tirar dúvidas etc.; consultar ~ **compulsação** *s.f.*

com.pul.si.vo *adj.* **1** relativo a ou que envolve compulsão *<comportamento c.>* ■ *adj.s.m.* PSIC **2** que(m) é muito escrupuloso ou fortemente impelido por compulsão

com.pul.só.ria *s.f.* **1** aposentadoria imposta a servidores públicos por limite de idade **2** DIR sentença de um juiz para que outro, inferior, cumpra ordem sua

com.pul.só.rio *adj.* obrigatório

com.pun.ção [pl.: *-ões*] *s.f.* **1** grave pesar; arrependimento **2** manifestação desse sentimento; contrição

com.pun.gir *v.* {mod. 24} *t.d. e pron.* **1** (prep. *de*) (fazer) sentir compunção, arrependimento *<os erros passados compungem o velho> <c.-se de seus pecados>* **2** (prep. *com*) (fazer) sentir piedade, compaixão *<o drama do amigo o compungiu> <c.-se com a desgraça alheia>*

com.pu.ta.ção [pl.: *-ões*] *s.f.* **1** cômputo, contagem **2** ciência e técnica de tratar a informação por meio de computadores e demais dispositivos de processamento de dados; informática

com.pu.ta.dor /ô/ [pl.: *-es*] *adj.s.m.* **1** (o) que computa ou calcula ■ *s.m.* INF **2** equipamento eletrônico capaz de guardar, analisar e processar dados de acordo com programas previamente estabelecidos ▣ **c. pessoal** INF microcomputador

com.pu.ta.do.ri.za.do *adj.* **1** que usa computadores no trabalho diário; informatizado **2** feito por meio ou com o auxílio de computadores

com.pu.ta.do.ri.zar *v.* {mod. 1} *t.d.* INF prover de computadores; informatizar

com.pu.tar *v.* {mod. 1} *t.d.* **1** fazer o cômputo de; calcular *<c. os votos de uma eleição>* □ *t.d.i.* **2** (prep. *em*) estimar, orçar *<c. o prejuízo em milhões>*

côm.pu.to *s.m.* contagem, apuração

co.mum [pl.: *-uns*] *adj.2g.* **1** que pertence a mais de dois seres ou coisas *<amigo c.>* **2** relativo a todos os elementos de um conjunto; coletivo, geral **3** usual, habitual **4** simples ■ *s.m.* **5** o que é corriqueiro ou habitual

co.mum de dois [pl.: *comuns de dois*] *adj.2g.s.m.* GRAM (substantivo) que possui apenas uma forma para o feminino e o masculino, sendo a flexão de gênero indicada no artigo, pronome ou adjetivo (p.ex.: o colega/a colega, bom dentista/boa dentista) ☞ cf. *epiceno* e *sobrecomum*

co.mu.na *s.f.* **1** na Idade Média, cidade emancipada ■ *s.2g.* *B infrm.* **2** partidário do comunismo; comunista

co.mun.gar *v.* {mod. 1} *t.d. e t.i.* **1** (prep. *com*) concordar com (ideias, tendências etc.) *<c. a lição dos antigos> <c. com o pacifismo>* □ *t.i.* **2** (prep. *de*) ter participação; compartilhar *<c. da intimidade da irmã>* □ *t.d. e int.* **3** REL dar a comunhão a, ou receber (a comunhão, a hóstia consagrada) *<c. os paroquianos> <c. (a hóstia) de joelhos>* ~ **comungante** *adj.2g.s.2g.*

co.mu.nhão [pl.: *-ões*] *s.f.* **1** ação de fazer algo em comum ou o seu efeito **2** compartilhamento de sentimentos, de modo de pensar ou agir; identificação **3** REL no catolicismo, o sacramento da Eucaristia **4** REL a administração e o recebimento desse sacramento

co.mu.ni.ca.ção [pl.: *-ões*] *s.f.* **1** transmissão de uma mensagem **2** informação contida nessa mensagem **3** via de acesso; passagem **4** exposição, oral ou escrita, sobre determinado tema ▼ ***comunicações*** *s.f.pl.* **5** COMN TEL telecomunicações **6** rede de transportes

co.mu.ni.ca.do *adj.* **1** que se comunicou; transmitido **2** tornado conhecido ■ *s.m.* **3** aviso, informe, declaração, de ordem particular ou de fonte oficial

co.mu.ni.ca.dor /ô/ [pl.: *-es*] *adj.* **1** que comunica ■ *s.m.* COMN **2** profissional que trabalha em comunicação **3** apresentador de espetáculos, programas de rádio, televisão etc.

co.mu.ni.car *v.* {mod. 1} *t.d. e t.d.i.* **1** (prep. *a*) passar (informação, ordem, mensagem etc.) [a alguém] *<c. uma ideia> <c. uma resolução aos funcionários>* □ *t.d.i. e pron.* **2** (prep. *a*) transmitir(-se) [força, ação, energia etc.] para *<c. movimento a uma peça rotativa> <c.-se o movimento do eixo às rodas>* □ *pron.* **3** (prep. *com*) manter boas relações; entender-se *<feitas as pazes, voltaram a c.-se>* ~ **comunicante** *adj.2g.* - **comunicável** *adj.2g.*

co.mu.ni.ca.ti.vo *adj.* **1** expansivo, extrovertido **2** que envolve comunicação

co.mu.ni.da.de *s.f.* **1** conjunto de habitantes de um mesmo local **2** conjunto de indivíduos com características comuns *<a c. muçulmana>* **3** BIO conjunto de populações que habitam uma mesma área ao mesmo tempo; biocenose

co.mu.nis.mo *s.m.* POL doutrina que defende o fim da propriedade privada e o estabelecimento de uma sociedade sem classes

co.mu.nis.ta *adj.2g.* **1** do comunismo, relativo a comunismo ■ *adj.2g.s.2g.* POL **2** que(m) é partidário ou militante do comunismo

co.mu.ni.tá.rio *adj.* **1** relativo a ou que pertence a uma comunidade **2** em que sobressai o sentimento de comunidade

co.mu.ta.dor /ô/ [pl.: *-es*] *s.m.* ELETR **1** interruptor ■ *adj.* **2** que comuta

co.mu.tar *v.* {mod. 1} *t.d. e t.d.i.* **1** (prep. *com, por*) trocar, substituir *<c. mercadorias (com negociantes)> <c. ouro por combustível>* **2** DIR (prep. *a, em*) trocar (pena, castigo) [por outro menor] *<c. a pena do réu (em serviços comunitários)> <c. uma pena a um condenado>* ~ **comutação** *s.f.* - **comutável** *adj.2g.*

co.mu.ta.ti.vo *adj.* MAT cujo resultado independe da ordem dos elementos (diz-se de operação)

con- *pref.* → ***co-***

con.ca.te.nar *v.* {mod. 1} *t.d.,t.i.,t.d.i. e pron.* **1** (prep. *com*) juntar(-se) em sequência lógica *<c. ideias (com a ação)> <sua proposta concatena com o efeito que pretendemos> <os fatos concatenaram-se>* **2** (prep. *com*) harmonizar(-se), condizer *<c. interesses (com a conveniência)> <tal conceito concatena com minhas ideias> <concatenarem-se vontades diversas>* ~ **concatenação** *s.f.* - **concatenamento** *s.m.*

con.ca.vi.da.de *s.f.* **1** qualidade ou propriedade do que é côncavo **2** característica de um objeto que apresenta uma cavidade semelhante a uma calota *<c. de uma lente>* **3** parte côncava de um objeto

côn.ca.vo *adj.* **1** que tem uma depressão curva, mais funda no centro do que na borda ■ *s.m.* **2** concavidade

con.ce.ber *v.* {mod. 8} *t.d.* **1** formar (um ser), pela fecundação do óvulo *<c. um filho>* **2** *fig.* formar na mente; criar *<c. um plano>* **3** acalentar, alimentar (sonhos, ideais etc.) **4** perceber a razão de; entender *<c. lutar por uma causa>* ~ **concebível** *adj.2g.*

con.ce.der *v.* {mod. 8} *t.d. e t.d.i.* **1** (prep. *a*) pôr à disposição de; dar *<c. alvarás> <c. anistia a devedores>* **2** (prep. *a*) permitir, consentir *<c. que provas sejam apresentadas> <não concede entrevistas a ninguém>* ~ **concessor** *adj.s.m.*

con.cei.ção [pl.: *-ões*] *s.f.* REL **1** concepção da Virgem Maria, isenta de pecado **2** festa em que se comemora esse acontecimento ◉ GRAM/USO inicial freq. maiúsc.

con.cei.to *s.m.* **1** explicação de ideia por palavras; definição **2** noção, concepção, ideia **3** opinião, ponto de vista **4** reputação, fama **5** grau de avaliação do resultado escolar ~ **conceitual** *adj.2g.*

con.cei.tu.a.do *adj.* que tem bom conceito, boa reputação

con.cei.tu.ar *v.* {mod. 1} *t.d.* **1** criar e/ou enunciar conceito sobre; definir *<c. a beleza>* **2** emitir opinião sobre; avaliar *<c. bem um livro>* ☐ *t.d.pred.* **3** (prep. *de*) atribuir uma qualidade a (algo ou alguém); classificar de *<c. de sábio um estudioso>* ~ **conceituação** *s.f.*

con.ce.le.brar *v.* {mod. 1} *t.d. e int.* **1** comemorar em conjunto **2** REL celebrar (missa) com outro(s) sacerdote(s) *<três cardeais concelebraram (uma missa) antes do conclave>*

con.cen.tra.ção [pl.: *-ões*] *s.f.* **1** ação de concentrar(-se) **2** proporção de soluto dissolvido em uma solução química **3** ESP recolhimento de atletas antes de uma competição **4** local onde ficam esses atletas

con.cen.tra.do *adj.* **1** que se concentrou **2** *fig.* muito atento e aplicado a uma coisa; absorto **3** reunido em ou dirigido para o centro ou um ponto (diz-se do que estava disperso ou separado) ■ *adj.s.m.* **4** (alimento ou mistura de alimentos) de que se retirou água, para reduzi-lo a consistência sólida ou pastosa

con.cen.trar *v.* {mod. 1} *t.d.,t.d.i. e pron.* **1** (prep. *em*) (fazer) convergir para um mesmo ponto *<espelhos côncavos concentram os raios do sol> <c. ideias em um discurso> <crianças concentram-se no recreio>* **2** (prep. *em*) reunir(-se) num espaço limitado *<c. as duas turmas (numa sala)> <uma multidão concentra-se na rua>* **3** (prep. *em*) apresentar(-se) em grande quantidade ou intensidade; acumular(-se) *<concentra todas as qualidades de uma boa aluna> <c. em si todos os poderes> <algas concentram-se na superfície do mar>* ☐ *t.d.i. e pron.* **4** (prep. *em*) voltar totalmente (atenção, disposição etc.) [para um fim] *<c. os esforços em terminar a tarefa> <c.-se nos estudos>* ☐ *t.d.* **5** tornar mais denso, mais espesso *<c. a sopa>*

con.cên.tri.co *adj.* GEOM que tem o mesmo centro ~ **concentricidade** *s.f.*

con.cep.ção [pl.: *-ões*] *s.f.* **1** ação ou efeito de gerar (ou ser gerado) um ser vivo, em consequência da fecundação de um óvulo **2** produção intelectual; teoria, ideia **3** compreensão, percepção **4** ponto de vista, noção ~ **conceptivo** *adj.*

con.cer.nen.te *adj.2g.* que concerne; relativo, referente

con.cer.nir *v.* {mod. 24} *t.i.* **1** (prep. *a*) ter relação com *<a história não concerne ao tema da redação>* **2** (prep. *a*) ser adequado a; caber *<os elogios não me concernem>* **3** (prep. *a*) ser do interesse de; importar *<sua solidão só a ele concerne>* ◉ GRAM/USO só us. nas 3as p.

con.cer.tar *v.* {mod. 1} *t.d.,t.i. e pron.* **1** (prep. *com*) harmonizar(-se), conciliar(-se) [com] *<c. opiniões diversas (com as nossas)> <brigaram e depois concertaram-se>* ☐ *t.d.,t.i. e t.d.i.* **2** (prep. *contra*, *em*) entrar em acordo (sobre); combinar, concordar *<concertamos (em) voltar mais cedo> <c. um golpe contra os insurretos>* ☐ *int.* **3** soar harmoniosamente *<instrumentos que concertam>* ☞ cf. *consertar* ~ **concertamento** *s.m.*

con.cer.ti.na *s.f.* **1** MÚS acordeão de forma hexagonal, dotado de dois teclados de botões **2** tipo de arame farpado enrolado

con.cer.tis.ta *adj.2g.s.2g.* MÚS **1** (músico) que toma parte num concerto **2** (instrumentista ou cantor) que se apresenta em solo ou acompanhado por conjunto ou orquestra

con.cer.to /ê/ *s.m.* **1** MÚS composição musical longa com orquestra e solista(s) **2** execução ou audição pública ou privada de obra(s) musical(is) **3** combinação, acordo, pacto ☞ cf. *conserto*

con.ces.são [pl.: *-ões*] *s.f.* **1** ação ou efeito de conceder; consentimento **2** entrega, doação, cessão **3** licença oficial para explorar recurso natural ou serviço público

con.ces.sio.ná.ria *s.f.* **1** empresa que recebeu uma concessão ('licença') **2** revendedora de automóveis novos ou usados

con.ces.sio.ná.rio *adj.s.m.* (o) que tem uma concessão do Estado

con.ces.si.va *s.f.* GRAM ver ***CONJUNÇÃO CONCESSIVA***

con.ces.si.vo *adj.* que se concede ou pode conceder

con.cha *s.f.* **1** ZOO envoltório calcário e duro de certos invertebrados, esp. os moluscos (p.ex., ostra, caramujo), formado de uma ou duas peças côncavas **2** qualquer coisa que lembre essa forma **3** colher funda de cabo longo us. para servir caldos, sopas etc.

con.cha.vo *s.m.* **1** acordo, combinação **2** combinação com intenção ilícita ~ **conchavar** *v.t.d.,int. e pron.*

con.ci.da.dão [pl.: *-ãos*; fem.: *concidadã*] *s.m.* pessoa que, em relação a outra, é do mesmo país ou cidade

con.ci.li.á.bu.lo *s.m.* assembleia secreta com propósitos malévolos

con.ci.li.a.ção [pl.: *-ões*] *s.f.* acordo, harmonização

con.ci.li.a.dor /ô/ [pl.: *-es*] *adj.* **1** que concilia ou tem facilidade para conciliar ■ *s.m.* **2** indivíduo conciliador

[1]**con.ci.li.ar** *v.* {mod. 1} *t.d.,t.d.i. e pron.* **1** (prep. *com*) pôr(-se) em acordo; congraçar(-se) *<tentou c. os inimigos> <c. a família com os vizinhos> <povos hostis conciliaram-se>* **2** (prep. *com*) pôr(-se) em harmonia (coisas contrárias, incompatíveis); compatibilizar(-se) *<o livro concilia teses que pareciam díspares> <é difícil c. pressa com perfeição> <materiais diferentes conciliam-se na decoração>* [ORIGEM: do lat. *conciliāre* 'reunir, associar'] ~ **conciliatório** *adj.*

[2]**con.ci.li.ar** [pl.: *-es*] *adj.2g.* próprio ou resultante de concílio (de bispos etc.) [ORIGEM: *concílio* + [1]*-ar*]

con.cí.lio *s.m.* **1** junta de eclesiásticos, esp. bispos, presidida ou aprovada pelo papa **2** assembleia, reunião

con.ci.são [pl.: *-ões*] *s.f.* característica do que é conciso, resumido, sintético

con.ci.so *adj.* **1** reduzido ao essencial, a poucas palavras; resumido, sucinto **2** que se expressa com concisão; lacônico

con.ci.tar *v.* {mod. 1} *t.d. e t.d.i.* **1** (prep. *a*) convencer (alguém) [a praticar uma ação, ger. negativa]; instigar *<revoltosos concitaram os outros (ao levante)>* **2** (prep. *a*) transmitir vontade a; animar, estimular *<com carinho concitou o filho (a estudar)>* □ *t.d.* **3** provocar ou fazer aumentar (sentimento, vontade etc.) *<concitou os ânimos e levou a tropa adiante>*

con.cla.mar *v.* {mod. 1} *t.d.* **1** gritar em conjunto *<"Brasil!", conclamavam os torcedores>* □ *t.d. e t.d.i.* **2** (prep. *a, para*) convocar, chamar *<resolveu c. a população (para combater o mosquito)>* □ *t.d. e t.d.pred.* **3** aclamar coletivamente *<todos conclamaram o herói> <a tribo conclamou-o líder>* □ *int.* **4** protestar aos gritos ~ **conclamação** *s.f.*

con.cla.ve *s.m.* **1** reunião de cardeais para eleger o papa **2** local dessa reunião **3** *p.ext.* reunião para se discutir algo; congresso

con.clu.den.te *adj.2g.* que conclui, que leva à conclusão; conclusivo, terminante

con.clu.ir *v.* {mod. 26} *t.d.* **1** chegar ao fim de; terminar *<c. um trabalho>* **2** chegar a um acordo sobre *<c. um pacto de não agressão>* □ *t.d. e t.d.i.* **3** (prep. *de*) chegar a (resultado, ideia, afirmação), com base em dados, observações; deduzir *<c. que vale a pena viajar> <o que você conclui desta carta?>* ◉ GRAM/USO part.: *concluído, concluso*

con.clu.são [pl.: *-ões*] *s.f.* **1** ato ou efeito de concluir; acabamento, arremate **2** encerramento, fim **3** proposição a que se chega ao final de um raciocínio; dedução **4** ensinamento que se extrai de um texto ou fato; moral **5** acerto definitivo de um contrato, negócio etc.

con.clu.si.va *s.f.* GRAM ver ***CONJUNÇÃO CONCLUSIVA***

con.clu.si.vo *adj.* que contém ou leva a uma conclusão

con.clu.so *adj. frm.* concluído, terminado ◉ GRAM/USO part. de *concluir*

con.co.mi.tan.te *adj.2g.* que existe ou ocorre ao mesmo tempo que outro; simultâneo ~ **concomitância** *s.f.*

con.cor.dân.cia *s.f.* **1** ação de concordar **2** GRAM correspondência de flexões entre dois termos de uma oração (verbo e sujeito, adjetivo e substantivo)

con.cor.dar *v.* {mod. 1} *t.d. e t.d.i.* **1** (prep. *com*) pôr em harmonia; combinar *<c. os acessórios (com a roupa)>* □ *t.i.* **2** (prep. *com, em*) pôr-se ou estar de acordo *<c. com a proposta> <concordam em tudo>* **3** (prep. *em*) responder afirmativamente a um pedido; permitir *<concordou em deixá-lo entrar>* □ *t.d.* **4** resolver por acordo; pactuar *<terão de c. a pacificação>* □ *t.i. e t.d.i.* **5** (prep. *com*) estar ou pôr em concordância gramatical *<o verbo deve c. com o sujeito> <c. o adjetivo com o substantivo>* ~ **concordante** *adj.2g.* - **concorde** *adj.2g.*

con.cor.da.ta *s.f.* DIR acordo que uma empresa em dívida faz com os credores, para evitar a declaração de sua falência ~ **concordatário** *adj.s.m.*

con.cór.dia *s.f.* **1** entendimento, harmonia **2** paz, conciliação

con.cor.rên.cia *s.f.* **1** competição, disputa **2** competição mercantil entre produtores ou comerciantes **3** conjunto desses competidores **4** encontro, afluência **5** característica ou condição do que ocorre ao mesmo tempo; simultaneidade ▣ **c. pública** DIR processo de seleção de fornecedores de bens ou serviços para o governo

con.cor.rer *v.* {mod. 8} *t.i.* **1** (prep. *a, com*) opor-se (a outrem), tendo o mesmo objetivo e buscando vencer *<c. a uma vaga de monitor>* **2** (prep. *com*) disputar clientela no mercado *<c. com outros fabricantes>* **3** (prep. *para*) ter parte (em um resultado); contribuir *<a chuva concorre para gerar o medo de enchente>* □ *int.* **4** existir ao mesmo tempo *<na casa concorrem a paz e a alegria>* ~ **concorrente** *adj.2g.s.2g.*

con.cor.ri.do *adj.* **1** muito disputado **2** a que comparecem muitas pessoas

con.cre.ção [pl.: *-ões*] *s.f.* **1** ação de tornar concreto; concretização, solidificação **2** agregado de partículas sólidas precipitadas em uma solução **3** MED massa compacta que se forma numa cavidade natural do corpo ou dos tecidos; cálculo

con.cre.tis.mo *s.m.* ART.PLÁST corrente artística, do início do séc. XX, que busca mostrar conceitos intelectuais através de formas concretas ~ **concretista** *adj.2g.s.2g.*

con.cre.ti.zar *v.* {mod. 1} *t.d. e pron.* tornar(-se) concreto; realizar(-se), materializar(-se) *<c. um sonho> <suas aspirações se concretizaram>* ~ **concretização** *s.f.*

con.cre.to *adj.s.m.* **1** (o) que é real, existente ■ *adj.* **2** material, palpável, sólido **3** GRAM que nomeia tudo que é perceptível aos sentidos, seres e objetos do mundo físico (diz-se do substantivo) *<água é um substantivo c.>* ☞ cf. *abstrato* **4** diz-se da arte ligada ao concretismo ■ *s.m.* **5** massa de cimento, água, areia etc., us. em construções

con.cu.bi.na *s.f. pej.* mulher que vive como cônjuge com homem, sem ser com ele casada

con.cu.bi.na.to *s.m.* união livre e estável de duas pessoas que não são casadas uma com a outra e que vivem juntas como se fossem casadas

con.cu.nha.da *s.f.* cunhada de um cônjuge em relação ao outro

con.cu.nha.do *s.m.* cunhado de um cônjuge em relação ao outro

con.cu.pis.cên.cia *s.f.* **1** ambição por bens materiais **2** desejo de prazeres sensuais ~ **concupiscente** *adj.2g.*

con.cur.sa.do *adj.s.m.* que(m) foi aprovado em concurso

C

con.cur.so *s.m.* **1** exame de seleção para candidatos a uma vaga **2** competição **3** afluência, encontro **4** cooperação

con.cus.são [pl.: *-ões*] *s.f.* **1** ato ou efeito de concutir; abalo, choque **2** DIR obtenção de vantagens ilícitas por funcionário público

con.cu.tir *v.* {mod. 24} *t.d.* **1** dar pancadas ou golpes em; bater **2** fazer estremecer; sacudir □ *t.d.i. fig.* **3** (prep. *em*) inspirar, incutir *<sua presença concutia terror nas pessoas>*

con.da.do *s.m.* **1** título de conde **2** território sob o domínio de um conde **3** divisão administrativa em alguns países

con.dão [pl.: *-ões*] *s.m.* **1** dom ou capacidade especial **2** poder mágico *<varinha de c.>*

con.de [fem.: *condessa* /ê/] *s.m.* homem com título de nobreza acima de visconde e abaixo de marquês ~ **condal** *adj.2g.*

con.de.co.ra.ção [pl.: *-ões*] *s.f.* **1** ato ou efeito de condecorar *<es>* **2** prêmio honorífico, ou para recompensar por algum serviço **3** insígnia (medalha, cruz etc.) que representa esse prêmio

con.de.co.rar *v.* {mod. 1} *t.d. e t.d.i.* (prep. *com*) conferir título ou honraria a *<o governador condecorou políticos (com a medalha de Tiradentes)>* ~ **condecorativo** *adj.*

con.de.na.ção [pl.: *-ões*] *s.f.* **1** ação de condenar **2** sentença **3** pena imposta por essa sentença **4** reprovação, rejeição ~ **condenatório** *adj.*

con.de.na.do *adj.s.m.* **1** (pessoa) que recebeu o diagnóstico de um mal incurável **2** *fig.* (o) que está forçado, obrigado ■ *adj.* **3** considerado incorreto ou reprovável **4** prestes a desmoronar *<edifício c.>*

con.de.nar *v.* {mod. 1} *t.d. e pron.* **1** declarar(-se) culpado *<o juiz condenou o réu> <condenou-se porque não tinha um álibi>* □ *t.d. e t.d.i.* **2** (prep. *a*) impor pena a *<o desembargador irá c. a empresa (a pagar uma pesada multa)>* □ *t.d.* **3** declarar ou mostrar o perigo de *<a Defesa Civil c. o antigo prédio>* **4** reprovar, rejeitar *<a população c. as medidas do governo>* **5** considerar (doente) incurável □ *t.d.,t.d.i. e pron.* **6** *fig.* (prep. *a*) impor(-se) obrigação ou castigo; forçar(-se) *<o descuido o condenou (à pobreza)> <c.-se ao ostracismo>*

con.den.sa.ção [pl.: *-ões*] *s.f.* **1** ato ou efeito de condensar; concentração **2** FÍS passagem do estado gasoso para o estado líquido **3** síntese, resumo

con.den.sa.dor /ô/ [pl.: *-es*] *adj.s.m.* **1** (o) que condensa ■ *s.m.* ELETR **2** capacitor

con.den.sar *v.* {mod. 1} *t.d. e pron.* **1** tornar(-se) mais denso ou espesso *<c. sombras no desenho> <o leite condensou-se com a fervura>* **2** tornar(-se) líquido (gás ou vapor) *<c. um gás> <o vapor condensou-se no espelho do banheiro>* □ *t.d.,t.d.i. e pron.* **3** (prep. *em*) resumir(-se), sintetizar(-se) *<c. um livro (em uma lauda)> <a longa exposição condensou-se numa conclusão>* □ *t.d.* **4** *fig.* concentrar, juntar *<c. esforços>*

con.des.cen.dên.cia *s.f.* ato de condescender; complacência, consentimento

con.des.cen.den.te *adj.2g.* **1** que condescende; indulgente, transigente **2** que não impõe ordem, disciplina

con.des.cen.der *v.* {mod. 8} *t.i. e int.* (prep. *a, com, em*) concordar ou ceder em favor de (alguém ou algo), por interesse, bondade, temor etc. *<condescendeu em dormir na sala> <tinha de c. (com aquela desordem) para sobreviver>*

con.des.sa /ê/ *s.f.* **1** esposa de conde **2** na Idade Média, mulher que possuía um condado

con.di.ção [pl.: *-ões*] *s.f.* **1** modo de ser **2** estado (de algo ou alguém) **3** requisito, exigência **4** situação ou posição na sociedade; classe

con.di.cio.na.dor /ô/ [pl.: *-es*] *adj.s.m.* **1** (o) que condiciona **2** (produto) que torna os cabelos macios e desembaraçados ▣ **c. de ar** aparelho us. para resfriar ambientes fechados; ar-condicionado

con.di.cio.nal [pl.: *-ais*] *adj.2g.* **1** que contém uma condição ('requisito') **2** DIR liberdade condicional ■ *s.f.* GRAM **3** ver ***CONJUNÇÃO CONDICIONAL*** ~ **condicionalidade** *s.f.*

con.di.cio.nar *v.* {mod. 1} *t.d.* **1** regular a natureza, a existência ou o comportamento de *<as ações de hoje condicionam o futuro>* □ *t.d.i.* **2** (prep. *a*) impor (algo) como condição de *<c. sua apresentação a um cachê alto>* □ *t.d. e t.d.i.* **3** (prep. *a*) sugestionar, influenciar *<não tem direito de c. ninguém (a resignar-se)>* □ *t.d.i. e pron.* **4** (prep. *a*) adaptar(-se) [a novas condições] *<c. o corpo à altitude> <c.-se à rotina>* ~ **condicionamento** *s.m.*

con.dig.no *adj.* **1** adequado, merecido **2** que tem dignidade; digno

con.di.lo.ma *s.m.* MED lesão da pele ou das mucosas que se localizam esp. na região genital e anal, causada por vírus e bactérias

[1]**con.di.men.tar** *v.* {mod. 1} *t.d.* **1** pôr condimento(s) em; temperar **2** *fig.* tornar malicioso ou mordaz (texto, dito etc.) [ORIGEM: *condimento* + [2]*-ar*] ~ **condimentação** *s.f.* - **condimentoso** *adj.*

[2]**con.di.men.tar** [pl.: *-es*] *adj.2g.* relativo a condimento ou próprio para temperar [ORIGEM: *condimento* + [1]*-ar*]

con.di.men.to *s.m.* CUL substância que realça o sabor dos alimentos; tempero

con.di.zer *v.* {mod. 15} *t.i. e int.* **1** (prep. *com*) estar em harmonia ou de acordo (com); combinar *<o verde do tapete condiz com os tons da sala> <o cinzento e o lilás condizem>* **2** (prep. *com*) ser proporcional *<esta escada não condiz com o espaço do saguão> <o volume da escada e o do saguão não condizem>* ◉ GRAM/USO part.: *condito* ~ **condizente** *adj.2g.*

con.do.er *v.* {mod. 9} *t.d. e pron.* (fazer) sentir tristeza, compaixão; comover(-se) *<o quadro daquela miséria condoía os jovens> <c.-se com o sofrimento do irmão>* ◉ GRAM/USO só us. nas 3as p., exceto quando pron. ~ **condoimento** *s.m.*

con.do.lên.cia *s.f.* **1** piedade, compaixão ▼ ***condolências*** *s.f.pl.* **2** manifestação de pesar por infelicidade ou mal de outro; pêsames ~ **condolente** *adj.2g.*

con.do.mí.nio *s.m.* **1** posse simultânea de uma propriedade por duas ou mais pessoas; copropriedade **2** edifício residencial ou conjunto de casas cujos moradores dividem dependências e equipamentos de uso comum **3** administração de um prédio ou conjunto de casas **4** taxa mensal para as despesas com essa administração ~ **condominial** *adj.2g.*

con.dô.mi.no *s.m.* **1** indivíduo que, com outro(s), exerce o direito de propriedade sobre um bem não dividido; coproprietário **2** cada proprietário de um condomínio

con.dor /ô/ [pl.: *-es*] *s.m.* ZOO grande ave de rapina dos Andes

con.do.rei.ro *adj.s.m.* LIT *B* **1** (poeta) que segue o condoreirismo, escola poética de cunho político, da última fase do Romantismo brasileiro ■ *adj. pej.* **2** empolado, bombástico ~ **condoreirismo** *s.m.*

con.du.ção [pl.: *-ões*] *s.f.* **1** ação de conduzir **2** meio de transporte, esp. coletivo

con.du.cen.te *adj.2g.* que conduz ou tende para um fim

con.du.í.te *s.m.* CONSTR *B* tubo, ger. embutido na parede, por onde passam fios elétricos, cabos etc.

con.du.ta *s.f.* modo de agir, de se portar; procedimento

con.du.tân.cia *s.f.* ELETR capacidade de conduzir eletricidade; condutividade

con.du.ti.bi.li.da.de *s.f.* característica ou propriedade do que pode ser conduzido ou propagado

con.du.ti.vo *adj.* que conduz; condutor, transportador ~ **condutividade** *s.f.*

con.du.to *s.m.* **1** passagem para escoar algo de um local para outro; duto, canal **2** ANAT qualquer canal do organismo

con.du.tor /ô/ [pl.: *-es*] *adj.s.m.* **1** (o) que conduz **2** FÍS (objeto, substância ou sistema) capaz de transmitir energia elétrica, térmica ou acústica ■ *s.m.* **3** cobrador de passagens em trens e bondes

con.du.zir *v.* {mod. 24} *t.d. e t.d.i.* **1** (prep. *a*) acompanhar, de um lugar para outro, dando direção e/ou comando; guiar, dirigir *<c. rebanho> <c. o barco ao porto>* □ *t.d.* **2** ser responsável por; administrar *<c. os negócios da família>* **3** dar direção, ordem a; orientar *<c. os jovens no caminho certo>* **4** ser condutor de *<o ar conduz o som>* □ *t.i.* **5** (prep. *a*) possibilitar o acesso a *<essa passagem c. ao porão>* **6** *fig.* (prep. *a*) dar como resultado; levar a *<o esforço c. ao sucesso>* □ *pron.* **7** dirigir seus atos; comportar-se *<ele sabe c.-se em qualquer ambiente>*

co.ne *s.m.* **1** GEOM sólido geométrico formado por um plano que converge de uma base circular para um vértice **2** qualquer objeto com o formato aproximado desse sólido

co.nec.tar *v.* {mod. 1} *t.d.,t.d.i. e pron.* **1** (prep. *com, a*) estabelecer conexão entre; ligar(-se) *<c. dois cabos> <c. um telefone com outro> <os aparelhos ainda não se conectaram>* **2** INF *B* (prep. *com, a*) interligar(-se) [dispositivos, computadores] para transferir dados *<c. os terminais do colégio (com a internet)> <este celular conecta-se com o computador>* □ *pron.* INF **3** (prep. *a*) acessar (informações, serviços etc.) por meio de dispositivos, computadores postos em comunicação *<não consegui me conectar à internet>*

co.nec.ti.vo *adj.* **1** que estabelece conexão ■ *s.m.* GRAM **2** termo que liga palavras ou orações (preposição ou conjunção) ~ **conectividade** *s.f.*

co.nec.tor /ô/ [pl.: *-es*] *adj.* **1** que conecta ■ *s.m.* **2** peça que conecta outras **3** ELETR componente de um circuito que une dois dispositivos para a passagem da corrente elétrica

cô.ne.go *s.m.* padre pertencente ao colegiado de uma igreja

co.ne.xão /cs/ [pl.: *-ões*] *s.f.* **1** ligação, junção **2** relação lógica, coerência **3** peça que liga tubulações

co.ne.xo /cs/ *adj.* em que há correlação

con.fa.bu.lar *v.* {mod. 1} *t.i. e int.* **1** (prep. *com*) ter conversa amigável *<c. com os amigos> <passaram a noite confabulando>* **2** (prep. *com*) maquinar, tramar *<aquele homem está confabulando (com gente perigosa)>* ~ **confabulação** *s.f.*

con.fec.ção [pl.: *-ões*] *s.f.* **1** fabricação, preparação **2** pequena fábrica de roupas ~ **confeccionista** *adj.2g.s.2g.*

con.fec.cio.nar *v.* {mod. 1} *t.d.* **1** preparar (comida, bebida, remédio etc.) **2** fabricar (roupas, bolsas, adereços etc.)

con.fe.de.ra.ção [pl.: *-ões*] *s.f.* **1** associação de estados autônomos sob um governo central **2** agrupamento de associações ~ **confederar** *v.t.d. e pron.* - **confederativo** *adj.*

con.fei.tar *v.* {mod. 1} *t.d.* enfeitar (bolos, tortas etc.) com açúcar ou cobertura doce (ger. glacê) ~ **confeiteiro** *adj.s.m.*

con.fei.ta.ri.a *s.f.* estabelecimento onde se fabricam e/ou comercializam doces, tortas, biscoitos etc.

con.fei.to *s.m.* CUL **1** castanha coberta com calda de açúcar seca **2** bolinha colorida para enfeitar bolos e doces **3** *B* bala ('guloseima')

con.fe.rên.cia *s.f.* **1** conversa ou debate sobre tema importante **2** exposição oral para um auditório; palestra **3** ação de verificar semelhanças e diferenças entre duas coisas; comparação, confronto

con.fe.ren.ci.ar *v.* {mod. 1} *t.i. e int.* **1** (prep. *com, sobre*) discutir, analisar (algo) em conversa *<o deputado conferenciou com o ministro > <os presidentes conferenciaram por muitas horas (sobre o acordo)>* **2** (prep. *sobre*) proferir uma conferência *<o professor conferenciou sobre literatura> <o emissário estrangeiro ainda está conferenciando>*

con.fe.ren.cis.ta *adj.2g.s.2g.* que(m) faz conferências públicas

con.fe.rir *v.* {mod. 28} *t.d. e t.d.i.* **1** (prep. *com*) ver se há igualdade (entre); comparar *<c. as cópias (com o original)>* **2** (prep. *a*) conceder, transmitir *<c. prêmios (aos vencedores)>* **3** (prep. *a*) imprimir (característica, qualidade) [a] *<c. velocidade (ao veículo)>* □ *t.d.* **4** ver se há exatidão em (contas, listas etc.) □ *t.i. e int.* **5** (prep. *com*) estar exato ou conforme; condizer *<seu relato confere (com os fatos)>* ~ **conferição** *s.f.*

con.fes.sar *v.* {mod. 1} *t.d. e t.d.i.* **1** (prep. *a*) admitir, revelar (erro, culpa etc.) *<confessou o crime (à polícia)>* □ *t.d.,t.d.i. e pron.* REL **2** (prep. *a, com*) contar (os pecados) [a um padre] *<confessou (ao pároco) suas más ações> <confessou-se com o novo padre>* □ *t.d.* **3** REL ouvir (um padre) os pecados de *<o frade confessou o moribundo>* **4** *fig.* deixar transparecer; revelar *<seus olhos confessavam o que sua boca negava>* ◉ GRAM/USO part.: *confessado, confesso* ~ **confessável** *adj.*

con.fes.sio.ná.rio *s.m.* **1** local onde o padre ouve confissões **2** móvel dentro do qual o sacerdote se senta para ouvir confissões dos fiéis, que se ajoelham num genuflexório externo

con.fes.so *adj.* **1** que confessou **2** que se converteu ao cristianismo

con.fes.sor /ô/ [pl.: *-es*] *s.m.* REL **1** sacerdote que ouve confissões **2** pessoa que confessa a fé cristã com heroísmo ☞ nesta acp., cf. *mártir* ('pessoa')

con.fe.te *s.m.* **1** porção de pequeninas rodelas de papel colorido que os foliões jogam uns nos outros **2** *fig. B infrm.* elogio, adulação

con.fi.an.ça *s.f.* **1** sentimento de segurança na sinceridade ou na competência de alguém **2** crença de que alguma coisa sucederá bem; otimismo, esperança **3** *infrm.* atrevimento, insolência

con.fi.ar *v.* {mod. 1} *t.i. e int.* **1** (prep. *em*) ter esperança, fé; crer *<c. nas palavras do pai> <se não existe alternativa, o melhor é c.>* □ *t.d.i. e pron.* **2** (prep. *a*) pôr(-se) sob os cuidados de; entregar(-se) *<confiei ao caseiro as chaves do sítio> <c.-se a Deus>* □ *t.d.i.* **3** (prep. *a*) revelar (segredos, informações etc.) *<é preciso c. suas inquietações a alguém>* ~ **confiante** *adj.2g.*

con.fi.á.vel [pl.: *-eis*] *adj.2g.* **1** em que se pode confiar; honesto, leal **2** que dá segurança a quem usa (diz-se de objeto, aparelho, método etc.) **3** em que se pode acreditar; fidedigno ~ **confiabilidade** *s.f.*

con.fi.dên.cia *s.f.* comunicação feita em segredo

con.fi.den.ci.al [pl.: *-ais*] *adj.2g.* sigiloso, secreto

con.fi.den.ci.ar *v.* {mod. 1} *t.d. e t.d.i.* (prep. *a*) fazer confidência a *<c. seus remorsos (à mãe)>*

con.fi.den.te *adj.2g.s.2g.* (pessoa) a quem se confiam segredos ou intimidades ☞ cf. *confitente*

con.fi.gu.ra.ção [pl.: *-ões*] *s.f.* **1** aspecto externo de um corpo ou conjunto **2** disposição, arranjo **3** INF conjunto de opções definidas para o bom funcionamento de um *hardware* ou *software*

con.fi.gu.rar *v.* {mod. 1} *t.d.,t.d.i. e pron.* **1** (prep. *em*) (fazer) tomar a figura de *<movimentos geológicos configuram as montanhas> <c. o mármore em estátua> <o horizonte já se configurava>* □ *t.d.* **2** ser indicação de; caracterizar *<esse comportamento configura um tipo de neurose>* **3** INF ajustar as características de (componente, programa, computador), para permitir que funcione adequadamente com os demais elementos a que está conectado

con.fim [pl.: *-ins*] *s.m.* **1** fronteira, limite **2** lugar distante ☞ nessas duas acp., mais us. no pl.

con.fi.nar *v.* {mod. 1} *t.i. e int.* **1** (prep. *com*) fazer fronteira *<Rondônia confina com a Bolívia> <reinos que confinavam>* □ *t.d.* **2** traçar limites para; demarcar *<c. um bosque>* □ *t.d.,t.d.i. e pron.* **3** (prep. *em*) obrigar(-se) a ficar num espaço limitado; isolar(-se) *<c. um prisioneiro> <a chuva confinou os filhos em casa> <decidiu c.-se num mosteiro>* ~ **confinamento** *s.m.* - **confinante** *adj.2g.*

con.fir.ma.ção [pl.: *-ões*] *s.f.* **1** demonstração da verdade ou da exatidão de afirmação, crença ou fato anterior **2** validação de um ato ou fato anterior **3** REL sacramento mediante o qual se reafirma a graça do batismo; crisma ~ **confirmatório** *adj.*

con.fir.mar *v.* {mod. 1} *t.d.* **1** declarar como verdadeiro, exato (fato, crença, decisão anterior) *<c. uma suposição>* □ *t.d. e pron.* **2** provar(-se) verdadeiro; comprovar(-se) *<confirmou a tese na prática> <meu temor não se confirmou>* **3** REL dar a ou receber a crisma *<o bispo confirmou um grupo de adolescentes> <uma nova turma confirmou-se no sábado>* □ *t.d.i.* **4** (prep. *em*) manter, conservar *<confirmou-o no cargo>* ~ **confirmativo** *adj.*

con.fis.car *v.* {mod. 1} *t.d.* **1** apreender em proveito do fisco *<c. bens>* **2** tomar (algo), como punição ou cumprimento de regra que proíbe seu uso *<a fiscalização do aeroporto confiscou várias armas de brinquedo>* ~ **confiscação** *s.f.*

con.fis.co *s.m.* ato ou efeito de confiscar; confiscação

con.fis.são [pl.: *-ões*] *s.f.* **1** revelação de própria culpa, crime, pecado etc. **2** revelação do que se sabe, sente ou pensa **3** desabafo, confidência ☞ freq. us. no pl. **4** REL sacramento em que o católico revela os próprios pecados ao confessor, para obter a absolvição; penitência **5** ação em que o católico faz tal revelação e o sacerdote a ouve **6** REL cada uma das profissões de fé ou credos cristãos *<c. luterana>* ~ **confessional** *adj.2g.*

con.fi.ten.te *adj.2g.s.2g.* **1** que(m) revela os seus pecados para deles ser absolvido **2** que(m) revela o que sabe em juízo ☞ cf. *confidente*

con.fla.gra.ção [pl.: *-ões*] *s.f.* **1** grande incêndio **2** *fig.* conflito armado entre vários países; guerra

con.fla.grar *v.* {mod. 1} *t.d. e pron.* **1** incendiar(-se) por completo *<um raio conflagrou toda a floresta> <a cidade conflagrou-se em poucas horas>* □ *t.d. fig.* **2** estimular o conflito de; agitar *<c. uma nação>* **3** estimular, inflamar *<c. ódios>* □ *pron. fig.* **4** irritar-se, enfurecer-se

con.fli.tar *v.* {mod. 1} *t.i. e int.* **1** (prep. *com*) ficar ou estar em conflito; divergir *<seu depoimento conflita com o dela> <o pensamento dos debatedores não conflita>* □ *int.* **2** ser incompatível *<as ideias dos sócios conflitam>* ~ **conflitante** *adj.2g.*

con.fli.to *s.m.* **1** ato, estado ou efeito de divergirem muito ou de se oporem duas ou mais coisas **2** choque, enfrentamento **3** discussão acalorada; desavença

con.fli.tu.o.so /ô/ [pl.: /ó/; fem.: /ó/] *adj.* **1** em que há conflito(s) **2** propenso a conflitos

con.flu.ên.cia *s.f.* **1** fato de se reunirem em um mesmo ponto (rios, dutos etc.); convergência **2** ponto dessa convergência

con.flu.ir *v.* {mod. 26} *t.i. e int.* **1** (prep. *para*) correr para o mesmo lugar; afluir *<várias tropas confluíram para a frente de batalha> <estas retas confluem>* **2** *fig.* (prep. *com*) tornar-se afim; coincidir *<nossa iniciativa confluiu com a dele> <finalmente nossos interesses confluem>* ~ **confluente** *adj.2g.s.2g.*

con.for.ma.ção [pl.: *-ões*] *s.f.* **1** ação de dar ou de tomar forma **2** ato ou efeito de formar(-se) um ser ou uma coisa pelo arranjo de seus elementos **3** disposição ou configuração dessas partes ou elementos *<a c. de uma galáxia>* **4** forma, tamanho, aspecto (de um ser humano ou animal); compleição, constituição **5** resignação, submissão

con.for.mar *v.* {mod. 1} *t.d. e pron.* **1** dar ou tomar forma; configurar(-se) *<o sopro conforma o vidro> <a rocha conformou-se pela ação do vento>* □ *t.i. e pron.* **2** (prep. *a*, *com*) pôr(-se) em acordo; ajustar (-se) *<seu ritmo já (se) conforma com a vida rural>* □ *pron.* **3** (prep. *com*, *em*) resignar-se, aceitar *<não me conformo com a injustiça>*

con.for.ma.ti.va *s.f.* GRAM ver ***CONJUNÇÃO CONFORMATIVA***

con.for.me *adj.2g.* **1** igual, semelhante ou parecido **2** nos devidos termos *<a certidão está c.>* **3** proporcional, adequado *<reação c. aos estímulos>* **4** da mesma opinião; concorde **5** conformado, resignado *<estar c. à idade>* ■ *conj.confr.* **6** de acordo com; como ■ *conj.temp.* **7** *B* no momento em que; mal, assim que ■ *conj.prop.* **8** à medida que ■ *adv.* **9** em conformidade ■ *prep.* **10** de acordo com **11** na proporção de ~ **conformidade** *s.f.*

con.for.mis.mo *s.m.* resignação, passividade ~ **conformista** *adj.2g.s.2g.*

con.for.tar *v.* {mod. 1} *t.d. e pron.* **1** ter ou trazer consolo a; animar(-se) *<as cartas dos amigos confortavam-nos> <confortaram-se com as palavras do padre>* **2** renovar as forças de; revigorar(-se) *<o almoço confortou-os> <c.-se com uma boa noite de sono>* ~ **confortador** *adj.s.m.* - **confortante** *adj.2g.*

con.for.tá.vel [pl.: *-eis*] *adj.2g.* **1** que proporciona conforto físico **2** que proporciona bem-estar, segurança **3** livre de problemas; cômodo

con.for.to /ô/ *s.m.* **1** ato ou efeito de confortar(-se); alívio, consolo **2** aquilo que traz facilidade e bem-estar físico e emocional **3** bem-estar, comodidade

con.fran.ger *v.* {mod. 8} *t.d.* **1** quebrar com força; esmigalhar *<c. a porta do castelo>* □ *t.d. e pron.* **2** contrair(-se), apertar(-se) *<c. a boca> <sua sobrancelha confrangeu-se de preocupação>* **3** *fig.* afligir(-se), angustiar(-se)

con.fra.ri.a *s.f.* **1** associação de leigos com fins religiosos; congregação, irmandade **2** *p.ext.* grupo ligado por profissão ou gostos comuns ~ **confrade** *s.m.*

con.fra.ter.ni.za.ção [pl.: *-ões*] *s.f.* **1** ato ou efeito de confraternizar **2** demonstração mútua de amizade, cordialidade e estímulo

con.fra.ter.ni.zar *v.* {mod. 1} *t.d.* **1** unir como irmãos *<c. vitoriosos e vencidos>* □ *t.i.* **2** (prep. *com*, *em*) partilhar (ideias, sentimentos etc.) *<c. em preferências gastronômicas>* □ *t.i. e int.* **3** (prep. *com*) mostrar ou manter companheirismo, amizade; festejar *<c. com amigos> <confraternizaram a tarde toda>*

con.frei *s.m.* BOT erva da família das boragináceas, nativa da Europa, de folhas ásperas e de pontas finas, muito us. na medicina caseira

con.fron.tar *v.* {mod. 1} *t.d. e pron.* **1** estar em frente de *<nossa casa confronta o lago> <as saídas dos teatros confrontam-se>* □ *t.d.,t.d.i. e pron.* **2** (prep. *com*) pôr ou ficar frente a frente (com) *<c. os dois acusados> <c. o suspeito com a vítima> <os inimigos confrontaram-se>* □ *t.d. e t.d.i.* **3** (prep. *com*) comparar, cotejar *<c. as bulas> <c. um texto com o outro>* ~ **confrontação** *s.f.* - **confrontador** *adj.s.m.*

con.fron.te *adj.2g.* **1** que está em frente; defronte **2** que se delimita com; fronteiriço

con.fron.to *s.m.* **1** encontro face a face **2** comparação, cotejo **3** enfrentamento de interesses ou de ideias; luta **4** disputa esportiva

con.fun.dir *v.* {mod. 24} *t.d. e pron.* **1** tornar(-se) indistinto; misturar(-se) *<confundiu os contornos da imagem> <suas lembranças confundiram-se>* **2** (fazer) sofrer perturbação, perdendo concentração, segurança etc. *<o barulho confundia suas ideias> <confundiu-se com as observações>* □ *t.d. e t.d.i.* **3** (prep. *com*) tomar (uma coisa) [por outra]; baralhar *<c. nomes de pessoas> <c. alhos com bugalhos>* □ *pron.* **4** cometer engano; equivocar-se ◉ GRAM/USO part.: *confundido, confuso*

con.fu.são [pl.: *-ões*] *s.f.* **1** ato ou efeito de identificar uma coisa com outra até torná-las indistintas **2** *p.ext.* mistura confusa, desordenada, de seres ou coisas; mixórdia, misturada **3** *fig.* falta de clareza, de exatidão **4** *fig.* falta de ordem; desarrumação, bagunça **5** *fig.* tumulto, briga, enfrentamento **6** *fig.* equívoco, engano **7** *fig.* hesitação, embaraço

con.fu.so *adj.* **1** desordenado, caótico **2** que os sentidos não captam com nitidez; indistinto **3** *fig.* sem clareza, exatidão ou método; obscuro **4** emaranhado, intrincado, entrelaçado **5** *fig.* inseguro, hesitante

con.fu.tar *v.* {mod. 1} *t.d.* **1** contestar (argumentos, ideias) □ *pron.* **2** dar provas contra si; contradizer-se *<confutou-se nas páginas finais>* ~ **confutação** *s.f.*

con.ga *s.f.* **1** DNÇ MÚS dança e música popular em Cuba e em outros países da América Central **2** MÚS tambor que as acompanha

con.ga.da *s.f.* DNÇ *B* dança afro-brasileira que encena a coroação dos reis do Congo

C

con.ge.la.do *adj.* **1** solidificado pela ação do frio **2** muito frio; gélido **3** parado, imobilizado ■ *adj.s.m.* **4** (o) que foi submetido a temperaturas muito baixas, para que se conservar por mais tempo

con.ge.la.dor /ô/ [pl.: *-es*] *adj.* **1** que congela ■ *s.m.* **2** compartimento da geladeira ou eletrodoméstico us. para fazer gelo e congelar alimentos

con.ge.la.men.to *s.m.* **1** solidificação de líquido por resfriamento **2** entorpecimento por ação do frio; congelação **3** *fig.* tabelamento temporário (de valores, preços etc.) **4** *fig.* imobilização de movimento, imagem; paralisação

con.ge.lar *v.* {mod. 1} *t.d. e pron.* **1** tornar(-se) sólido por ação do frio *<c. a água> <o refresco congelou-se>* □ *t.d. e int.* **2** (fazer) sentir muito frio *<o vento nos congelou> <feche a porta, porque estamos congelando>* □ *t.d.* **3** *fig.* manter sem movimento *<c. uma imagem>* ~ **congelação** *s.f.*

con.ge.mi.nar *v.* {mod. 1} *t.d. e pron.* **1** harmonizar(-se), reconciliar(-se) *<o bom senso congemina desafetos> <almas que se congeminaram>* **2** multiplicar(-se), redobrar(-se) *<c. golpes de machado> <bocejos congeminavam-se pela sala>*

con.gê.ne.re *adj.2g.s.2g.* (o) que tem o mesmo gênero, espécie, origem etc. que outro

con.gê.ni.to *adj.* **1** que nasce com o indivíduo **2** que se manifesta espontaneamente; inato, natural **3** apropriado, adequado

con.ges.tão [pl.: *-ões*] *s.f.* MED acumulação excessiva de fluidos, esp. sangue, em um órgão ou região do corpo

con.ges.tio.na.men.to *s.m.* **1** ato ou efeito de congestionar(-se) **2** *B* acúmulo de pessoas, veículos ou objetos, impedindo ou dificultando a circulação

con.ges.tio.nar *v.* {mod. 1} *t.d.,int. e pron. fig. B* **1** deixar ou ficar obstruído (via, porto, praça etc.) pelo acúmulo de carros, pessoas etc. *<o acidente congestionou a avenida> <quando chove, a estrada (se) congestiona>* □ *t.d. e pron.* **2** (fazer) sofrer (órgão ou parte do corpo) acúmulo de fluido *<a pancada congestionou seu olho direito> <seus pulmões congestionaram-se>* **3** alterar(-se) ruborizando (rosto, face etc.); corar *<seu rosto congestionou-se de raiva>* ~ **congestionado** *adj.* - **congestionante** *adj.2g.s.2g.*

con.glo.me.ra.do *adj.* **1** reunido, aglutinado ■ *s.m.* **2** ECON agrupamento de várias empresas **3** GEOL rocha sedimentar formada por fragmentos de diversas origens

con.glo.me.rar *v.* {mod. 1} *t.d. e pron.* reunir(-se) em massa compacta ou num todo coerente *<as nações europeias conglomeraram-se numa comunidade>* ~ **conglomeração** *s.f.*

con.go *s.m.* **1** indivíduo dos congos, conjunto de povos bantos que habitam o baixo Zaire (ou Congo), o segundo maior rio da África **2** DNÇ dança dramática afro-brasileira ■ *adj.s.m.* **3** que(m) participa, como personagem, dessa dança

con.go.nha *s.f.* BOT nome comum a várias plantas cujas folhas são us. em lugar das folhas do mate

con.gra.çar *v.* {mod. 1} *t.d.,t.d.i. e pron.* (prep. *com*) (fazer) voltar à paz; reconciliar(-se) *<c. pessoas brigadas> <c. um colega com outro> <por fim se congraçaram>* ~ **congraçamento** *s.m.*

con.gra.tu.la.ção [pl.: *-ões*] *s.f.* **1** ato de congratular(-se) ou seu efeito ▼ ***congratulações*** *s.f.pl.* **2** parabéns, felicitações, cumprimentos ☞ aceita-se tb. us. no sing. ~ **congratulatório** *adj.*

con.gra.tu.lar *v.* {mod. 1} *t.d.,t.d.i. e pron.* **1** (prep. *por*) parabenizar, felicitar *<todos o congratularam (pelo feito)> <congratularam-se mutuamente>* □ *pron.* **2** (prep. *por, com, de*) alegrar-se com o sucesso, a felicidade próprios ou de alguém *<congratulei-me por um dia especial>* ~ **congratulante** *adj.*

con.gre.ga.ção [pl.: *-ões*] *s.f.* **1** ato ou efeito de congregar(-se); reunião **2** associação de sacerdotes, religiosos e/ou leigos **2.1** REL assembleia de fiéis

con.gre.gar *v.* {mod. 1} *t.d. e pron.* **1** pôr(-se) junto; reunir(-se) *<c. esforços> <sorte e coragem congregaram-se para a vitória>* **2** agregar(-se), misturar(-se) *<metais que se congregam para formar uma liga>* ~ **congregante** *adj.2g.s.2g.*

con.gres.so *s.m.* **1** reunião de especialistas para que se apresentem questões de interesse comum, estudos, novas descobertas etc. **2** POL conjunto dos que detêm um mandato eletivo e compõem o poder legislativo de um país; parlamento ☞ inicial ger. maiúsc. ~ **congressista** *adj.2g.s.2g.* - **congressual** *adj.2g.*

con.gru.ên.cia *s.f.* adequação, concordância, harmonia ~ **congruente** *adj.2g.*

co.nha.que *s.m.* bebida destilada de vinho branco

co.nhe.cer *v.* {mod. 8} *t.d.* **1** obter informações sobre; saber *<c. leis>* **2** ter consciência de *<c. a própria força>* **3** ver, visitar *<c. a Europa>* **4** saber muito sobre; dominar *<c. música>* **5** experimentar, sentir *<c. a derrota>* □ *t.d. e pron.* **6** ser apresentado a *<conhecemos seu irmão> <conhecem-se há pouco>* **7** manter relações pessoais com *<ainda não o conheço o bastante> <conhecemo-nos desde a infância>* □ *pron.* **8** ter consciência das próprias características, sentimentos etc. ~ **conhecedor** *adj.s.m.*

co.nhe.ci.do *adj.* **1** que muitos conhecem ou sabem **2** célebre, famoso **3** chamado, denominado ■ *adj.s.m.* **4** (pessoa) com quem se mantém relação superficial

co.nhe.ci.men.to *s.m.* **1** cognição, percepção **2** fato, estado ou condição de compreender; entendimento **3** informação sobre um fato, uma notícia; ciência **4** domínio (de um tema, arte etc.); competência, experiência ▼ ***conhecimentos*** *s.m.pl.* **5** erudição, sabedoria, cultura

cô.ni.co *adj.* **1** que tem forma de cone **2** relativo a cone

co.ní.fe.ra *s.f.* BOT espécime das coníferas, classe de árvores que vivem em regiões tropicais e frias, cultivadas como ornamentais, pelas sementes comestíveis, pela madeira e para produção de celulose e resinas

co.ni.ven.te *adj.2g.* **1** que encobre um mal praticado por alguém; condescendente **2** que participa de crime; cúmplice ~ **conivência** *s.f.*

con.jec.tu.ra ou **con.je.tu.ra** *s.f.* opinião baseada em informações incompletas, supostas ou imaginadas; hipótese, suposição

con.jec.tu.rar ou **con.je.tu.rar** *v.* {mod. 1} *t.d. e int.* **1** fazer conjecturas sobre; supor *<você conjecturou essas conclusões?>* *<não decidimos ainda, apenas conjecturamos>* ☐ *t.d.* **2** considerar como provável; presumir *<conjectura que se saiu bem na prova>* **3** ver antes; prever *<conjecturou a derrota do candidato>*

con.ju.ga.ção [pl.: *-ões*] *s.f.* **1** ato ou efeito de conjugar(-se); reunião, ligação **2** GRAM ato de conjugar um verbo **3** GRAM cada um dos conjuntos de verbos agrupados segundo um padrão de flexões *<o português tem três c.: terminadas em -ar, -er e -ir>* *<amar é um verbo da 1a c.>*

con.ju.ga.do *adj.* **1** que se conjugou; ligado, combinado ■ *s.m.* **2** apartamento constituído, em uma só peça, de quarto e sala, banheiro e cozinha; apartamento conjugado

con.ju.gal [pl.: *-ais*] *adj.2g.* **1** de cônjuge **2** do casal; matrimonial **3** do casamento ou da vida de casado

con.ju.gar *v.* {mod. 1} *t.d.,t.d.i. e pron.* **1** (prep. *a, com*) unir(-se), combinar(-se) *<c. duas opiniões>* *<c. cimento com areia>* *<a bondade e a alegria conjugam-se>* ☐ *t.d.* GRAM **2** falar ou escrever formas de (um verbo) em alguma das ou em todas as suas flexões (tempos, modos, pessoas e números) ~ **conjugável** *adj.2g.*

côn.ju.ge *s.m.* indivíduo casado com alguém; consorte

con.jun.ção [pl.: *-ões*] *s.f.* **1** oportunidade, ocasião; conjuntura **2** união **3** ASTR ASTRL alinhamento visual de dois ou mais astros **4** GRAM palavra invariável que liga duas orações ou dois termos, do mesmo tipo ou função, de uma oração ▣ **c. aditiva** GRAM conjunção coordenativa que liga duas palavras equivalentes na mesma oração ou duas orações coordenadas (p.ex.: *e, nem*) ☞ tb. se diz apenas *aditiva* • **c. adversativa** GRAM conjunção (ou locução conjuntiva) coordenativa que liga duas palavras da mesma oração ou duas orações de função idêntica, mas dando-lhes um sentido opositivo (p.ex.: *mas, contudo, entretanto, no entanto, porém, todavia* etc.) ☞ tb. se diz apenas *adversativa* • **c. alternativa** GRAM conjunção coordenativa que liga duas palavras da mesma oração, ou duas orações, de sentido diferente, determinando que, a acontecer um dos fatos mencionados, o outro não se cumprirá (p.ex.: *ou* [repetido ou não]; *nem, ora, quer, seja* [repetidos] etc.) ☞ tb. se diz apenas *alternativa* • **c. causal** GRAM conjunção (ou locução conjuntiva) que inicia uma oração subordinada, esclarecendo que o que nela se diz é causa ou motivo para o que se diz na oração principal (p.ex.: *como, já que, pois, porquanto, porque, que, visto como, visto que* etc.) ☞ tb. se diz apenas *causal* • **c. comparativa** GRAM cada uma das conjunções ou locuções conjuntivas iniciadoras de uma oração subordinada que tem o papel de segundo membro de uma comparação (p.ex.: *assim como, bem como, como se, do que* [depois de *mais, menos, maior, menor, melhor, pior*], [tal]... *qual*, [tanto]... *quanto, que, que nem*) ☞ tb. se diz apenas *comparativa* • **c. concessiva** GRAM conjunção (ou locução conjuntiva) que inicia uma oração subordinada contrariando o que se diz na oração principal, sem, porém, anular ou impedir o fato que está sendo mencionado (p.ex.: *ainda que, apesar de que, bem que, conquanto, embora, mesmo que, nem que, por mais que, por menos que, posto que, que, se bem que* etc.) ☞ tb. se diz apenas *concessiva* • **c. conclusiva** GRAM conjunção (ou locução conjuntiva) coordenativa que liga à oração anterior outra em que existe uma conclusão ou uma consequência (p.ex.: *assim, logo, pois, por conseguinte, por consequência, por isso, portanto* etc.) ☞ tb. se diz apenas *conclusiva* • **c. condicional** GRAM conjunção (ou locução conjuntiva) que inicia uma oração subordinada que contém uma hipótese ou uma condição necessária para que se cumpra o que se afirma na oração principal (p.ex.: *a menos que, a não ser que, caso, contanto que, dado que, desde que, salvo se, se, sem que* etc.) ☞ tb. se diz apenas *condicional* • **c. conformativa** GRAM conjunção (ou locução conjuntiva) que inicia uma oração subordinada na qual está expressa uma ideia de concordância com o que se afirma na oração principal (p.ex.: *como, conforme, consoante, segundo, na qualidade de* etc.) ☞ tb. se diz apenas *conformativa* • **c. consecutiva** GRAM conjunção (ou locução conjuntiva) que inicia uma oração subordinada cujo conteúdo é consequência do que se afirma na oração principal (p.ex.: *de forma que, de maneira que, de modo que, de sorte que, que* [combinada com *tal, tanto, tão* ou *tamanho*, presentes ou não na oração principal] etc.) ☞ tb. se diz apenas *consecutiva* • **c. coordenativa** GRAM conjunção que relaciona palavras ou orações que têm a mesma função gramatical; as conjunções coordenativas se classificam em *aditivas, adversativas, alternativas, conclusivas* e *explicativas* ☞ tb. se diz apenas *coordenativa* • **c. explicativa** GRAM conjunção que inicia uma oração coordenativa que liga duas orações, numa das quais se explica ou se justifica o que se afirma na outra (p.ex.: *pois, porquanto, porque, que* etc.) ☞ tb. se diz apenas *explicativa* • **c. final** GRAM cada uma das conjunções ou locuções conjuntivas que iniciam uma oração subordinada que exprime a finalidade daquilo afirmado pela oração principal (p.ex.: *a fim de que, para que, porque*) ☞ tb. se diz apenas *final* • **c. integrante** GRAM conjunção que inicia uma oração subordinada e que serve de sujeito, objeto direto ou indireto, predicativo, complemento nominal ou aposto de outra oração (são elas: *que, se*) ☞ tb. se diz apenas *integrante* • **c. proporcional** GRAM conjunção (ou locução conjuntiva) que inicia uma oração subordinada que cita um fato ocorrido ou que vai ocorrer ao mesmo tempo do fato de que

C

fala a oração principal (p.ex.: *à medida que, ao passo que, à proporção que, enquanto, quanto mais... mais, quanto mais... tanto mais, quanto mais... menos, quanto mais... tanto menos, quanto menos... menos, quanto menos... tanto menos, quanto menos... mais, quanto menos... tanto mais* etc.) ☞ tb. se diz apenas *proporcional* • **c. subordinativa** GRAM conjunção que introduz uma oração subordinada; ao ligá-la à oração principal, forma um período composto por subordinação; as conjunções subordinativas se classificam em *causais, comparativas, concessivas, condicionais, conformativas, consecutivas, finais, integrantes, proporcionais* e *temporais* ☞ tb. se diz apenas *subordinativa* • **c. temporal** GRAM conjunção (ou locução conjuntiva) que inicia uma oração subordinada que expressa uma circunstância de tempo (p.ex.: *ainda bem, ainda não, antes de, antes que, ao tempo que, apenas, assim que, até que, cada vez que, depois que, desde que, logo que, mal, no que, quando, que* ['desde que'], *sempre que, todas as vezes que* etc.) ☞ tb. se diz apenas *temporal* ~ **conjuncional** *adj.2g.*

con.jun.ti.va *s.f.* ANAT membrana que cobre o globo ocular e a parte interna das pálpebras ~ **conjuntival** *adj.2g.*

con.jun.ti.vi.te *s.f.* MED inflamação da conjuntiva

con.jun.ti.vo *adj.* **1** que junta, reúne **2** que serve para estabelecer relações entre pessoas ou coisas **3** GRAM que une palavras ou orações **4** ANAT que une, protege e sustenta as diversas partes e órgãos do corpo (diz-se de tecido)

con.jun.to *s.m.* **1** reunião de elementos vistos como um todo **2** soma total de elementos; totalidade **3** grupo de pessoas empenhadas num trabalho comum integrado; equipe **4** grupo de músicos ou de dançarinos ■ *adj.* **5** simultâneo *<ação c.>* **6** somado, reunido *<o clamor c.>*

con.jun.tu.ra *s.f.* **1** combinação de circunstâncias num dado momento; quadro **2** oportunidade, ocasião ~ **conjuntural** *adj.2g.*

con.ju.ra.ção [pl.: *-ões*] *s.f.* **1** associação de indivíduos para um fim comum **2** conspiração, trama, inconfidência **3** conjuro ('prece')

con.ju.rar *v.* {mod. 1} *t.d.,t.d.i. e pron.* **1** (prep. *contra*) unir(-se) com um objetivo determinado *<c. os camponeses (contra os invasores)> <os proprietários conjuraram-se contra a nova lei>* ☐ *t.d.* **2** tramar em comum *<c. um golpe de Estado>* **3** pedir com insistência a; suplicar *<c. que a turma o ouça>* **4** exorcizar *<c. o demônio>* ☐ *t.i. e pron.* **5** (prep. *para, contra*) contribuir, concorrer *<tudo conjura para nossa vitória>* ☐ *pron.* **6** lamentar-se, lastimar-se *<inútil c.-se contra o azar>*

con.ju.ro *s.m.* **1** prece mágica dirigida a forças, ocultas ou naturais, para que obedeçam à vontade de alguém; conjuração, esconjuro **2** exorcismo

con.lui.ar *v.* {mod. 1} *t.d.,t.d.i. e pron.* **1** (prep. *contra, com*) juntar(-se) em trama ou aliança *<c. bandidos (contra os cidadãos)> <os três países conluiaram-se com o inimigo do passado>* ☐ *t.d.i. e pron. p.ext.* **2** (prep. *com*) combinar(-se), somar(-se) *<c. inteligência com beleza> <conluíam-se nela amor e dedicação>*

con.lui.o *s.m.* **1** trama para prejudicar terceiro(s) **2** acordo, aliança, coligação

co.nos.co /ô/ *pron.p.* **1** em nossa companhia *<vive c.>* **2** em nosso poder *<o livro ficou c.>* **3** a nosso encargo *<o trabalho duro fica c.>*

co.no.ta.ção [pl.: *-ões*] *s.f.* **1** algo que uma palavra ou coisa sugere; implicação **2** GRAM ampliação do significado básico, direto e imediato de uma palavra ☞ cf. *denotação* ~ **conotar** *v.t.d.* - **conotativo** *adj.*

con.quan.to *conj.concs.* embora; se bem que

con.quis.ta *s.f.* **1** aquisição de algo pela força das armas ou pela concorrência **2** sucesso numa investida amorosa **3** coisa ou pessoa conquistada

con.quis.ta.dor /ô/ [pl.: *-es*] *adj.s.m.* **1** que ou aquele que conquista, que vence **2** que(m) atrai simpatias ou faz conquistas amorosas

con.quis.tar *v.* {mod. 1} *t.d.* **1** apossar-se de; tomar *<c. uma fortaleza>* **2** obter com esforço ou receber por merecimento *<c. um prêmio>* **3** *fig.* obter simpatia, amor, respeito de *<c. pessoas>* ~ **conquistado** *adj.* - **conquistável** *adj.2g.*

con.sa.gra.ção [pl.: *-ões*] *s.f.* **1** dedicação integral; entrega **2** louvor, elogio **3** *fig.* validação, legitimação, reconhecimento **4** REL ação sagrada de dedicar (algo ou alguém) à divindade **5** REL ato de consagrar o pão e o vinho durante a missa

con.sa.gra.do *adj.* **1** que se consagrou **2** dedicado a Deus ou aos santos **3** devotado, dedicado **4** que obteve sucesso na sua atividade

con.sa.grar *v.* {mod. 1} *t.d.pred.* **1** atribuir valor a (alguém ou algo); legitimar *<o novo dicionário consagra palavras de gíria> <a História consagrou Tiradentes como mártir da Independência>* ☐ *pron.* **2** ganhar fama *<só se consagrou depois dos 50 anos>* ☐ *t.d.i.* **3** (prep. *a*) destinar (algo) a (determinada finalidade) *<consagrou a vida à medicina>* ☐ *pron.* **4** (prep. *a*) ocupar-se totalmente com; dedicar-se *<consagrou-se à política>* ☐ *t.d.,t.d.i. e pron.* **5** REL dar qualidade ou função de sagrado a *<c. um templo (a Júpiter)> <aos 16 anos, decidiu c.-se servo de Deus>* ☐ *t.d.* **6** REL entre os católicos, converter na missa (pão e vinho) no corpo e sangue de Cristo *<só o sacerdote pode c. a hóstia e o vinho>*

con.san.guí.neo /gü/ *adj.* **1** que é do mesmo sangue, mesma origem **2** realizado entre parentes (diz-se de casamento) ■ *adj.s.m.* **3** descendente do mesmo ancestral de outra(s) pessoa(s) **4** que(m) é irmão de alguém apenas por parte de pai ~ **consanguinidade** *s.f.*

cons.ci.ên.cia *s.f.* **1** compreensão que se tem da própria existência **2** conhecimento, discernimento **3** faculdade de se julgar moralmente **4** posse das faculdades como ver, ouvir, pensar etc. *<perder a c.>* **5** sentido de responsabilidade, dever **6** dignidade, honradez

cons.ci.en.ci.o.so /ô/ [pl.: /ó/; fem.: /ó/] *adj.* **1** honesto, responsável **2** cuja execução é minuciosa; meticuloso, cuidadoso

cons.ci.en.te *adj.2g.* **1** que tem consciência de sua existência **2** que tem capacidade de pensar, desejar, perceber, raciocinar etc. **3** cônscio, ciente, informado **4** acordado, desperto ■ *s.m.* **5** nível superior da vida mental do qual uma pessoa tem percepção ☞ cf. *inconsciente* e *subconsciente*

cons.ci.en.ti.za.ção [pl.: *-ões*] *s.f.* ato de ficar consciente da própria condição ou situação

cons.ci.en.ti.zar *v.* {mod. 1} *t.d.,t.d.i. e pron.* (prep. *de*) fazer(-se) sabedor ou consciente de *<é preciso c. a criança (das suas capacidades)> <enfim se conscientizaram do erro>*

côns.cio *adj.* **1** que sabe, que tem noção clara; ciente, consciente **2** feito com meticulosidade, competência, cuidado

cons.cri.ção [pl.: *-ões*] *s.f.* alistamento para o serviço militar ~ **conscrito** *adj.s.m.*

con.se.cu.ção [pl.: *-ões*] *s.f.* ato ou efeito de conseguir; conquista, obtenção

con.se.cu.ti.va *s.f.* GRAM ver ***CONJUNÇÃO CONSECUTIVA***

con.se.cu.ti.vo *adj.* **1** que se segue após o outro; seguido **2** resultante, consequente

con.se.guin.te *adj.2g.s.m.* (o) que se segue; sucessivo, consecutivo ▣ **por c.** portanto, logo, por isso

con.se.guir *v.* {mod. 28} *t.d. e t.d.i.* **1** (prep. *de*) sair-se bem na busca de (resultado, objetivo etc.); conquistar *<conseguimos uma vitória> <tudo fez para c. da plateia um pouco de atenção>* □ *t.d.* **2** ter êxito na realização de *<conseguiu chegar são e salvo> <c. parar o carro>* **3** alcançar (número, quantia etc.) *<o time conseguiu 70 pontos no jogo>*

con.se.lhei.ro *adj.s.m.* **1** que(m) aconselha ■ *s.m.* **2** título da época do Império **3** indivíduo com esse título **4** membro de conselhos ou tribunais

con.se.lho /ê/ *s.m.* **1** opinião, parecer **2** bom senso; sabedoria *<opinião cheia de c.>* **3** corpo consultivo e/ou deliberativo de uma instituição pública ou privada

con.sen.so *s.m.* **1** concordância ou uniformidade de opiniões, sentimentos etc. **2** bom senso, senso comum ~ **consensual** *adj.2g.*

con.sen.tâ.neo *adj.* **1** apropriado, adequado **2** que combina com; coerente

con.sen.ti.men.to *s.m.* **1** permissão, licença **2** manifestação de que se aprova algo; concordância **3** tolerância, condescendência

con.sen.tir *v.* {mod. 28} *t.d.,t.i. e int.* **1** (prep. *a, em*) não se opor a; concordar, aprovar *<não consente (ao pai) prestar-lhe ajuda> <consentiu num abraço> <sabe quando proibir e quando c.>* □ *t.d. e t.d.i.* **2** (prep. *a*) possibilitar, propiciar *<o ritmo do trabalho não consentia ócio (ao grupo)>*

con.se.quên.cia /qü/ *s.f.* **1** efeito, resultado **2** conclusão que deriva de um raciocínio lógico; dedução **3** alcance, importância

con.se.quen.te /qü/ *adj.2g.* **1** que se segue como resultado ou efeito de algo **2** racional, coerente **3** inferido ou deduzido por raciocínio lógico

con.se.quen.te.men.te *adv.* como resultado; em consequência

con.ser.tar *v.* {mod. 1} *t.d.* **1** pôr em boas condições (algo danificado, parado, defeituoso etc.); reparar *<c. o relógio>* **2** *fig.* anular ou diminuir (efeitos de má atitude); remediar *<c. uma ação desastrada>* ☞ cf. *concertar* ~ **consertador** *adj.s.m.*

con.ser.to /ê/ *s.m.* **1** restauração ou recomposição de coisa deteriorada, partida etc. **2** *fig.* emenda, correção ☞ cf. *concerto*

con.ser.va *s.f.* **1** CUL alimento preservado em calda, vinagre ou outro preparado **2** ato ou efeito de conservar; conservação ~ **conserveiro** *adj.s.m.*

con.ser.va.ção [pl.: *-ões*] *s.f.* **1** ato ou efeito de conservar(-se); conserva **2** preservação contra dano, perda ou desperdício **3** BIO conjunto de práticas que visa à utilização dos recursos naturais, para permitir que se preservem e renovem ☞ cf. *preservação* ~ **conservativo** *adj.*

con.ser.va.dor /ô/ [pl.: *-es*] *adj.s.m.* **1** (o) que conserva **2** que(m) defende a manutenção do que é tradicional, de valores e costumes ultrapassados ou da ordem estabelecida

con.ser.va.do.ris.mo *s.m.* característica ou atitude do que ou de quem é conservador

con.ser.van.te *adj.2g.s.m.* QUÍM (substância) que é us. em produtos alimentícios para prevenir ou retardar a deterioração

con.ser.var *v.* {mod. 1} *t.d.,t.d.pred. e pron.* **1** manter(-se) em bom estado ou no estado anterior *<c. o sítio (impecável)> <c. perfeitos os tapetes> <as inscrições conservam-se visíveis>* □ *t.d. e pron.* **2** manter(-se) sem alteração (dado, característica etc.) *<ela conserva um sorriso infantil> <c.-se saudável>* **3** continuar a ter ou a exercer (cargo, emprego etc.) *<c. o emprego> <c.-se no cargo>* □ *t.d.* **4** não se desfazer de; preservar ~ **conservantismo** *s.m.*

con.ser.va.tó.rio *s.m.* **1** escola em que se ensinam artes, esp. música e canto ■ *adj.* **2** relativo a ou que serve para conservação

con.si.de.ra.ção [pl.: *-ões*] *s.f.* **1** respeito ou estima por algo ou alguém; deferência **2** reflexão, observação ☞ freq. us. no pl. **3** exame atento de algo ou alguém

con.si.de.ra.do *adj.* **1** que se considerou; levado em conta **2** que recebe certa qualificação ou juízo **3** respeitado, estimado

con.si.de.rar *v.* {mod. 1} *t.d.* **1** decidir após reflexão; julgar *<considerou melhor demitir-se>* **2** levar em conta *<o juiz considerou a petição>* **3** respeitar, prezar *<c. muito a diretora>* □ *t.i. e int.* **4** (prep. *sobre, em*) refletir, pensar *<c. sobre um assunto> <c. sozinha no quarto>* □ *t.d.pred. e pron.* **5** julgar(-se), qualificar(-se) *<c. um pedido aceitável> <c.-se apto para um cargo>*

con.si.de.rá.vel [pl.: *-eis*] *adj.2g.* **1** digno de consideração **2** *p.ext.* grande *<fortuna c.>*

con.sig.nar *v.* {mod. 1} *t.d.* **1** registrar por escrito *<c. um depoimento>* □ *t.d. e t.d.i.* **2** (prep. *a*) fazer notar; mencionar, assinalar *<o momento certo de c. um fato>* *<consignei ao chefe meu apreço>* **3** (prep. *a*) confiar aos cuidados (de alguém) *<c. (ao sócio) a presidência>* **4** (prep. *a*) entregar (mercadorias) [a alguém] para que as venda *<c. roupas (à loja)>* ~ **consignação** *s.f.* - **consignador** *adj.s.m.*

con.sig.na.tá.rio *s.m.* quem recebe mercadoria de outros para vender

con.si.go *pron.p.* **1** em sua companhia *<traga seus filhos c.>* **2** em seu poder *<tinha uma arma c.>* **3** dentro de si *<levar c. boa impressão>*

con.sis.tên.cia *s.f.* **1** qualidade ou estado do que é consistente **2** estado duro, sólido e coeso de um corpo **3** estado pastoso, espesso, de um líquido **4** *fig.* coerência

con.sis.ten.te *adj.2g.* **1** compacto, duro, sólido *<madeira c.>* **2** pastoso, espesso **3** *fig.* duradouro, estável **4** *fig.* bem estruturado e coerente

con.sis.tir *v.* {mod. 24} *t.i.* **1** (prep. *em*) ser, traduzir-se por *<seu objetivo consiste em reerguer a empresa>* **2** (prep. *em*) ser constituído por; compor-se *<o lanche consistia num só sanduíche>* **3** (prep. *em*) fundar-se, resumir-se *<sua alegria consiste na felicidade dos filhos>*

con.sis.tó.rio *s.m.* **1** assembleia solene; conselho **2** REL assembleia de cardeais convocada e presidida pelo papa **3** *p.ext.* sessão dessas assembleias **4** *p.ext.* local onde se reúne qualquer uma dessas assembleias

con.so.a.da *s.f.* **1** ceia noturna leve em dia de jejum **2** ceia familiar da noite de Natal ou de véspera de ano-novo

con.so.an.te *adj.2g.* **1** que concorda; harmonioso ■ *adj.2g.s.f.* GRAM **2** (fonema) em cuja produção o ar encontra obstáculo à sua passagem **3** (letra) que representa esse fonema ■ *conj.confr.* **4** conforme *<aja c. sua vontade>* ■ *prep.* **5** de acordo com *<reajo c. a provocação>*

con.so.la.ção [pl.: *-ões*] *s.f.* **1** alívio, conforto **2** pessoa ou coisa que consola **3** compensação, consolo

con.so.lar *v.* {mod. 1} *t.d. e pron.* **1** aliviar o sofrimento ou infortúnio (de) *<c. os enfermos>* *<c.-se de frustração comendo chocolate>* □ *t.d.,int. e pron. fig.* **2** (prep. *com*) (fazer) ter boa sensação; satisfazer(-se) *<c. o estômago>* *<um bom livro consola>* *<c.-se com o sucesso do filho>* □ *pron.* **3** (prep. *de*) conformar-se, resignar-se *<c.-se das perdas nos negócios>* ~ **consolador** *adj.s.m.*

[1]**con.so.le** *s.m.* tipo de prateleira em que se põem vasos, enfeites etc. [ORIGEM: do fr. *console* 'id.']

[2]**con.so.le** *s.m.* **1** equipamento que combina mostradores com dispositivos de entrada (teclado, botões, unidade de disco etc.), por meio do qual se opera um sistema (p.ex., um computador, *video game* etc.) **2** espaço, em carros, caminhões etc., entre os bancos dianteiros, us. para guardar objetos, cinzeiro etc. [ORIGEM: do ing. *console* 'id.']

con.so.li.da.ção [pl.: *-ões*] *s.f.* **1** solidificação, endurecimento **2** *fig.* estabilidade, firmeza **3** código, compilação de textos legais **4** fusão de várias empresas em uma única

con.so.li.dar *v.* {mod. 1} *t.d. e pron.* **1** tornar(-se) firme, estável; fortalecer(-se) *<c. o sistema de ensino>* *<c.-se a república>* **2** MED unir(-se), soldar(-se) [falando das partes de uma fratura] *<c. ossos partidos>* *<c.-se uma fratura>* □ *t.d.,int. e pron.* **3** tornar (-se) sólido; endurecer(-se) *<teve dificuldade de c. o cimento>* *<o concreto já (se) consolidou>*

con.so.lo /ô/ *s.m.* o que consola; alívio, consolação

con.so.nân.cia *s.f.* **1** ato ou efeito de soar ao mesmo tempo **2** harmonia de sons musicais **3** *fig.* concordância, conformidade

con.so.nan.tal [pl.: *-ais*] *adj.2g.* **1** formado por consoantes *<grupo c.>* **2** relativo a consoante, próprio de consoante *<fonema c.>* ☞ cf. *vocálico*

con.sor.ci.ar *v.* {mod. 1} *t.d.,t.d.i. e pron.* **1** (prep. *com, a, em*) pôr(-se) junto; unir(-se), associar(-se) *<c. as atividades favoritas>* *<c. fé e ciência>* *<as empresas consorciaram-se>* **2** (prep. *com*) casar(-se) *<c. a filha (com um bom rapaz)>* *<consorciaram-se em maio>*

con.sór.cio *s.m.* **1** associação, união **2** união matrimonial **3** cooperativa de compradores de um tipo de mercadoria, que é entregue a cada um por ordem de sorteio ou lance

con.sor.te *s.2g.* **1** colega, companheiro **2** *p.ext.* cônjuge

cons.pí.cuo *adj.* **1** bem visível **2** *p.ext.* notável, eminente, ilustre **3** *p.ext.* muito grave ou circunspecto; sério ~ **conspicuidade** *s.f.*

cons.pi.ra.ção [pl.: *-ões*] *s.f.* ato ou efeito de conspirar; conluio, trama ~ **conspiratório** *adj.*

cons.pi.rar *v.* {mod. 1} *t.d.,t.d.i.,t.i. e int.* **1** (prep. *contra*) planejar, secretamente e em conjunto, ações danosas (contra alguém); conluiar *<c. uma revolução>* *<c. (um levante) contra o rei>* *<os funcionários conspiram para tirá-lo da chefia>* □ *t.i. fig.* **2** (prep. *contra*) ser desfavorável *<o tempo conspira contra nós>* **3** (prep. *para, a*) concorrer, contribuir *<a sorte conspirou para a vitória>* ~ **conspirador** *adj.s.m.*

cons.pur.car *v.* {mod. 1} *t.d.* **1** sujar, manchar *<c. o traje de gala>* **2** pôr em dúvida (caráter, honra etc.); macular □ *t.d. e pron.* **3** tornar(-se) vil; corromper (-se) *<c.(-se) o idealismo dos jovens>* ~ **conspurcação** *s.f.* - **conspurcador** *adj.s.m.*

cons.tân.cia *s.f.* **1** qualidade, característica do que é constante **2** assiduidade, frequência **3** persistência, insistência, obstinação **4** quantidade de repetições de uma ação, um fenômeno etc. **5** prosseguimento, continuidade

cons.tan.te *adj.2g.* **1** que faz parte de algo; incluído **2** inalterável, invariável, fixo **3** contínuo, frequente **4** *p.ext.* progressivo, contínuo **5** persistente, tenaz

cons.tar *v.* {mod. 1} *t.i. e int.* **1** (prep. *a*) ser do conhecimento de; correr (notícia, boato) *<consta (ao povo) que os impostos irão baixar>* ☐ *t.i.* **2** (prep. *de, em*) fazer parte de *<a música consta do repertório>* **3** (prep. *de*) ser composto de *<o poema consta de três estrofes>*

cons.ta.tar *v.* {mod. 1} *t.d.* **1** tomar conhecimento de; perceber *<c. as condições de um hospital>* **2** descobrir a verdade sobre; verificar *<c. as circunstâncias do crime>* **3** provar, demonstrar *<experiências constataram a veracidade da hipótese>* ~ **constatação** *s.f.*

cons.te.la.ção [pl.: *-ões*] *s.f.* **1** grupo de estrelas próximas umas das outras, vistas da Terra **2** *fig.* grupo de pessoas famosas **3** ASTR cada uma das 88 subdivisões da esfera celeste

cons.ter.nar *v.* {mod. 1} *t.d. e pron.* causar ou sentir grande tristeza, perturbação, choque ou desânimo; abater(-se) *<a morte do ídolo consternou os fãs>* *<c.-se com o tiroteio>* ~ **consternação** *s.f.*

cons.ti.pa.ção [pl.: *-ões*] *s.f.* MED **1** prisão de ventre **2** resfriado

cons.ti.par *v.* {mod. 1} *t.d. e pron.* **1** (fazer) sofrer retenção de fezes *<má alimentação pode c. as crianças>* *<c.-se durante viagens>* ☐ *t.d.,int. e pron.* **2** (fazer) contrair um resfriado *<mudança de tempo constipa (muita gente)>* *<não vá se c. na chuva>*

cons.ti.tu.cio.nal [pl.: *-ais*] *adj.2g.* **1** relativo a constituição ('conjunto de leis') **2** de acordo com a constituição; legítimo, legal **3** regido por uma constituição **4** que faz parte da constituição biológica do indivíduo ~ **constitucionalidade** *s.f.*

cons.ti.tu.cio.na.lis.mo *s.m.* POL **1** doutrina que defende o regime constitucional **2** regime político regulado por uma constituição ~ **constitucionalista** *adj.2g.s.2g.*

cons.ti.tu.i.ção [pl.: *-ões*] *s.f.* **1** conjunto das leis fundamentais que regem uma nação; carta magna ☞ inicial freq. maiúsc. **2** preceitos e regras que regem uma instituição; regulamento, estatuto, regimento **3** formação, composição **4** compleição, físico

[1]**cons.ti.tu.in.te** *adj.2g.* **1** referente a constituição ■ *adj.2g.s.2g.* **2** (o) que constitui **2.1** integrante, componente **3** (congresso, assembleia, deputado etc.) com a missão de elaborar a Constituição **4** (deputado ou senador) que participa de uma assembleia constituinte **5** que(m) nomeia outrem seu procurador [ORIGEM: *constituir* + *-nte*]

[2]**cons.ti.tu.in.te** *s.f.* POL assembleia constituinte [ORIGEM: red. de *assembleia constituinte*]

cons.ti.tu.ir *v.* {mod. 26} *t.d. e pron.* **1** ser ou ter como a parte principal; compor(-se) *<células constituem os tecidos dos seres vivos>* *<os troncos de árvores constituem-se de várias camadas>* **2** criar(-se), formar(-se) *<c. um grupo de estudos>* *<o sistema solar constituiu-se de uma explosão do Sol>* ☐ *t.d.pred.* **3** escolher, nomear *<c. um procurador>* *<constituiu o neto seu herdeiro>*

cons.tran.ger *v.* {mod. 8} *t.d.* **1** sujeitar, dominar *<c. os empregados>* ☐ *t.d.i.* **2** (prep. *a*) obrigar (alguém), ger. com ameaças, (a fazer o que não quer); coagir *<vão constrangê-lo a se demitir>* ☐ *t.d. e pron.* **3** envergonhar(-se), embaraçar(-se) *<o excesso de elogios o constrangeu>* *<c.-se pela falta de habilidade>* **4** (fazer) perder o bom humor; aborrecer(-se) *<pedidos insistentes constrangem-no>* *<c.-se com a incompetência dos chefes>* ~ **constrangedor** *adj.s.m.*

cons.tran.gi.men.to *s.m.* **1** ato ou efeito de forçar alguém a fazer algo contra a própria vontade; pressão, coação **2** algo desagradável que não se pode evitar; aborrecimento, descontentamento **3** falta de coragem diante de outras pessoas; acanhamento, timidez

cons.tri.ção [pl.: *-ões*] *s.f.* **1** ação ou efeito de constringir **2** aperto, compressão **3** MED ato ou efeito de diminuir as dimensões de um órgão; estreitamento ~ **constritor** *adj.s.m.*

cons.trin.gir *v.* {mod. 24} *t.d.* **1** fazer pressão; apertar, comprimir *<a cinta constringe a barriga>* ☐ *t.d. e pron.* **2** diminuir o volume (de) [músculo, órgão etc.]; contrair(-se) *<gordura constringe as artérias>* *<sentiu c.-se a garganta>* ◉ GRAM/USO part.: *constringido, constrito* ~ **constringente** *adj.2g.*

cons.tri.to *adj.* **1** apertado, comprimido **2** constrangido, forçado, contido ◉ GRAM/USO part. de *constringir*

cons.tru.ção [pl.: *-ões*] *s.f.* **1** ação de reunir diferentes elementos, formando um todo **2** a obra construída **3** organização, estruturação de algo **4** evolução, consolidação **5** GRAM maneira de dispor as palavras numa oração

cons.tru.ir *v.* {mod. 26} *t.d.* **1** erguer (edifícios, casas etc.) **2** fabricar, produzir (veículos, máquinas etc.) **3** *fig.* elaborar, criar *<c. uma teoria>*

cons.tru.ti.vo *adj.* **1** próprio para construir **2** *fig.* criativo, fecundo **3** *fig.* que visa a melhorar; positivo

cons.tru.tor /ô/ [pl.: *-es*] *adj.s.m.* **1** (aquele) que constrói **2** que(m) possui empresa dedicada à construção de imóveis

cons.tru.to.ra /ô/ *s.f.* empresa de engenharia que constrói prédios, pontes, estradas etc.

con.subs.tan.ci.ar *v.* {mod. 1} *t.d. e pron.* (prep. *em*) unir(-se) para compor (uma única substância) *<boas ideias vêm c. sua proposta>* *<o espírito e a alma do time consubstanciam-se no capitão>* ~ **consubstancial** *adj.2g.*

con.su.e.tu.di.ná.rio *adj.* **1** habitual, usual **2** relativo a ou baseado nos costumes de um povo

côn.sul [pl.: *cônsules*] *s.m.* representante diplomático de uma nação em país estrangeiro, encarregado de assistir a seus concidadãos, representar o embaixador etc. ☞ cf. *consulesa* ~ **consular** *adj.2g.*

con.su.la.do *s.m.* **1** escritório ou residência de cônsul **2** cargo ou função de cônsul

con.su.len.te *adj.2g.s.2g.* que(m) consulta algo ou alguém em busca de informação, conselho, opinião etc.

con.su.le.sa /ê/ *s.f.* esposa do cônsul

C

con.sul.ta *s.f.* **1** pedido de opinião sobre algo a alguém mais experiente ou a especialista **2** parecer, conselho **3** ato de atender, aconselhar, diagnosticar ou efetuar tratamento médico ou seu efeito; atendimento **4** processo de obtenção de informação em livros, banco de dados ou via internet

con.sul.tar *v.* {mod. 1} *t.d.,t.d.i. e pron.* **1** (prep. *sobre, com*) pedir (a alguém) [opinião, parecer etc.] *<c. um médico (sobre a doença do filho)> <c.-se com um professor>* □ *t.d.* **2** buscar informações em *<c. uma enciclopédia>* □ *t.d. e int.* **3** dar consulta (a) *<ele consulta os pobres de graça> <é aqui que ele costuma c.>*

con.sul.ti.vo *adj.* **1** referente a consulta **2** que emite parecer, sem deliberar ou tomar decisões

con.sul.tor /ô/ [pl.: *-es*] *adj.s.m.* que(m) dá conselho ou parecer

con.sul.to.ri.a *s.f.* **1** ação ou efeito de dar consultas, conselhos, pareceres etc. **2** cargo ou local de trabalho de consultor

con.sul.tó.rio *s.m.* local em que profissional da área de saúde dá consulta aos seus clientes

[1]con.su.ma.ção [pl.: *-ões*] *s.f.* ato ou efeito de consumar(-se); finalização [ORIGEM: do lat. *consummatĭo,ōnis* 'ação de somar, soma']

[2]con.su.ma.ção [pl.: *-ões*] *s.f.* *B* consumo de bebida ou comida estipulado por bares, boates, casas de *show* etc. [ORIGEM: do fr. *consommation* na acp. 'porção de alimento que se serve num restaurante']

con.su.ma.do *adj.* **1** que foi terminado, finalizado **2** que não se pode desfazer ou mudar; irremediável **3** que desenvolveu qualidades (boas ou más)

con.su.mar *v.* {mod. 1} *t.d. e pron.* **1** concluir(-se), finalizar(-se) *<consumou(-se) a venda>* □ *t.d.* **2** realizar, fazer *<c. um ato condenável>* □ *pron.* **3** (prep. *como, em*) atingir a perfeição (em determinada atividade) *<c.-se como cozinheiro>*

con.su.mi.ção [pl.: *-ões*] *s.f.* **1** destruição total; aniquilamento **2** sofrimento, tormento **3** *B infrm.* aquilo que incomoda; amolação

con.su.mi.dor /ô/ [pl.: *-es*] *adj.s.m.* **1** (o) que consome **2** que(m) compra para usar; comprador

con.su.mir *v.* {mod. 29} *t.d. e pron.* **1** destruir(-se) totalmente *<a seca consumiu tudo> <a casa consumiu-se nas chamas>* **2** *fig.* afligir(-se); aborrecer(-se) *<c. os pais> <não se consuma por bobagens>* **3** danificar(-se) [a saúde]; debilitar(-se) *<c. a saúde em trabalho insalubre> <c.-se aos poucos no leito>* □ *t.d.,t.i. e int.* **4** (prep. *com*) gastar dinheiro (com produtos, serviços etc.) *<c. bens> <o povo consome pouco (com lazer)>* □ *t.d.* **5** fazer uso de; utilizar, gastar *<c. eletricidade>* **6** ingerir (comida ou bebida) ◉ GRAM/USO part.: *consumido, consumpto*

con.su.mis.mo *s.m.* consumo de bens acima das necessidades reais ~ **consumista** *adj.2g.s.2g.*

con.su.mo *s.m.* **1** ato ou efeito de consumir **2** compra e venda de produtos **3** o que se gasta; despesa, consumação **4** gasto, uso, emprego **5** ingestão, utilização

con.sump.to *adj. frm.* consumido, gasto, debilitado ◉ GRAM/USO part. de *consumir*

con.ta *s.f.* **1** ato ou efeito de contar; cálculo **2** operação aritmética **3** total de despesas em restaurante, hotel etc. **4** fatura cobrada por fornecimentos de várias espécies **5** conta-corrente **6** pequena peça furada no centro pela qual passa um fio. para formar colares, rosários etc. **7** *fig.* conceito, reputação *<ter alguém em alta c.>* ▣ **dar-se c. de** tomar consciência de; perceber, notar *<não se deu c. do mal que fazia>* • **em c.** por um preço razoável; barato *<comprar por atacado sai mais em c.>* • **por c. 1** muito zangado; furioso *<o pai ficou por c. por ele ter largado a faculdade>* **2** em lugar do total; como parte do total *<recebeu um terço do pagamento por c.>* • **sem c.** que não se pode contar *<esperamos horas sem c.>*

con.tá.bil [pl.: *-eis*] *adj.2g.* relativo a contabilidade

con.ta.bi.li.da.de *s.f.* **1** ciência e técnica de registro e cálculo de movimentações financeiras de uma empresa **2** conjunto desses cálculos ~ **contabilista** *s.2g.*

con.ta.bi.li.zar *v.* {mod. 1} *t.d.* **1** registrar sistematicamente (transações financeiras de uma empresa) **2** *p.ext. infrm.* calcular, avaliar *<c. os gastos>* ~ **contabilização** *s.f.*

con.ta-cor.ren.te [pl.: *contas-correntes*] *s.f.* inscrição em banco que dá direito a recebimento de salário, guarda de dinheiro, emissão de cheques etc.

con.tac.tar ou **con.ta.tar** *v.* {mod. 1} *t.d.,t.d.i. e int.* **1** (prep. *com*) pôr, entrar ou estar em contato com; ligar(-se), conectar(-se) *<contacte essa extremidade (com aquela)> <estes fios não contactam>* □ *t.d. e t.i.* **2** (prep. *com*) estabelecer comunicação com; comunicar-se *<c. um médico pela internet> <não consegue c. com o técnico>*

con.tac.to *s.m.* → ***CONTATO***

con.ta.dor /ô/ [pl.: *-es*] *adj.s.m.* **1** que(m) narra histórias, fatos etc. **2** *B* que(m) se formou em contabilidade ou em ciências contábeis **3** que(m) faz a contabilidade de firmas; guarda-livros **4** (o) que conta, mede, registra ■ *s.m.* **5** aparelho que mede o consumo de água, gás, luz etc.

con.ta.do.ri.a *s.f.* firma ou repartição que faz pagamentos e verificação de contas

con.ta.gem [pl.: *-ens*] *s.f.* **1** ato de contar **2** soma ou cômputo que se obtém **3** *B* placar de jogo esportivo; escore

con.ta.gi.an.te *adj.2g.* **1** que contagia **2** *fig.* que se propaga pela intensidade, pelo poder de influência etc.; contagioso *<alegria c.>*

con.ta.gi.ar *v.* {mod. 1} *t.d.,t.d.i. e pron.* **1** transmitir ou adquirir (doença); contaminar(-se) *<contagiou os hóspedes (com o vírus)> <contagiou-se no hospital>* **2** *fig.* influenciar ou deixar-se influenciar por *<contagiou os filhos (com seu otimismo)> <c.-se pela política>*

con.tá.gio *s.m.* **1** transmissão de doença **2** *fig.* transmissão de características negativas, vícios etc.

con.ta.gi.o.so /ô/ [pl.: /ó/; fem.: /ó/] *adj.* **1** transmitido por contato ou contágio **2** que constitui veículo para o contágio **3** *fig.* que se transmite pela intensidade, pela influência etc.; contagiante

con.ta-gi.ros *s.m.2n.* tacômetro

con.ta-go.tas *s.m.2n.* dispositivo us. para pingar gotas de um líquido

con.ta.mi.na.ção [pl.: *-ões*] *s.f.* **1** ato ou efeito de contaminar(-se) **2** transmissão de organismo nocivo ou de doença infecciosa; infecção **3** *fig.* influência de uma coisa sobre alguém ou algo

con.ta.mi.nar *v.* {mod. 1} *t.d. e pron.* **1** (prep. *com*) (fazer) adquirir doença; contagiar(-se) *<a peste contaminou toda a comunidade> <contaminou-se com o namorado gripado>* **2** (prep. *de*) tornar(-se) impuro; poluir(-se) *<agrotóxicos mal usados contaminam os vegetais> <a praia contaminou-se de óleo>* **3** (prep. *com*) influenciar(-se), contagiar(-se) *<sua alegria contaminava os alunos> <contaminou-se com a corrupção>* ~ **contaminador** *adj.s.m.*

con.tan.to *adv.* ▸ us. em: **c. que** com a condição de que; desde que

con.tar *v.* {mod. 1} *t.d.,t.i. e t.d.i.* **1** (prep. *sobre, de, a*) descrever (história, caso etc.); relatar *<vivia a c. (sobre) suas viagens> <contou à amiga uma história macabra>* ☐ *t.d. e int.* **2** fazer a conta de; calcular *<c. as cabeças de gado> <ele já sabe c.?>* **3** levar ou ser levado em conta *<trabalha e estuda, sem c. as outras atividades> <a experiência conta muito>* ☐ *t.i.* **4** (prep. *com*) ter à disposição; dispor *<o país conta com grandes jogadores>* **5** (prep. *com*) fazer previsão de; esperar *<contava achar a casa arrumada> <c. com tempo bom no dia do passeio>* **6** (prep. *em, com*) ter intenção de; pretender *<contava (em) acabar o trabalho no prazo>* ☐ *t.i.* **7** (prep. *com*) ter como certa a ajuda e/ou apoio de; confiar *<os pais idosos contam com os filhos>* ☐ *t.d. e t.d.i.* **8** (prep. *a*) revelar, divulgar *<c. um segredo (ao padre)>* ☐ *int.* **9** ter importância; pesar, importar *<inteligência conta mais que beleza>* ~ **contável** *adj.2g.*

con.ta.tar *v.* {mod. 1} → *CONTACTAR*

con.ta.to ou **con.tac.to** *s.m.* **1** situação em que dois ou mais objetos, seres etc. se tocam; toque **2** relacionamento, convívio **3** estabelecimento de comunicação com alguém ou algo, ou recepção de um sinal **4** indivíduo que tem a função de fazer troca de informações **5** em publicidade, o profissional que representa a agência perante o cliente

con.têi.ner [pl.: *-es*] *s.m.* grande recipiente destinado ao acondicionamento e transporte de carga em navios, trens etc.

con.tem.pla.ção [pl.: *-ões*] *s.f.* **1** concentração da vista em algo **2** concentração do espírito nas coisas divinas **3** *p.ext.* meditação, reflexão **4** consideração, benevolência

con.tem.plar *v.* {mod. 1} *t.d. e pron.* **1** olhar(-se) com atenção ou encantamento *<contemplou longamente o bebê> <c.-se no espelho>* ☐ *t.d.* **2** levar em conta; considerar *<a resolução só contempla os alunos novos>* ☐ *t.d. e t.d.i.* **3** (prep. *com*) conceder algo a, como prêmio, por consideração *<contemplou os vitoriosos (com belo troféu)>* ~ **contemplativo** *adj.*

con.tem.po.râ.neo *adj.s.m.* **1** (o) que viveu ou existiu na mesma época **2** (o) que é do tempo atual ~ **contemporaneidade** *s.f.*

con.tem.po.ri.zar *v.* {mod. 1} *t.i. e int.* **1** (prep. *com*) ser flexível, tolerante; condescender *<resolveu a disputa contemporizando (com o vizinho)>* ☐ *t.d.* **2** distrair, para ganhar tempo *<c. as crianças>* ~ **contemporização** *s.f.* - **contemporizador** *adj.s.m.*

con.ten.ção [pl.: *-ões*] *s.f.* *B* ato de conter(-se) ou o seu efeito

con.ten.ci.o.so /ô/ [pl.: /ó/; fem.: /ó/] *adj.* **1** em que há litígio **2** sujeito a dúvidas, a reivindicações; incerto ■ *s.m.* DIR **3** órgão público ou privado que cuida de pendências judiciais

con.ten.da *s.f.* **1** luta, combate, guerra **2** rixa, discussão **3** disputa judicial

con.ten.der *v.* {mod. 8} *t.i. e int.* **1** (prep. *com, sobre*) criar ou manter contenda; brigar, discutir *<ficavam horas a c. sobre política> <contende (com os alunos) quando o contradizem>* ☐ *t.i.* **2** (prep. *por*) disputar, concorrer *<os dois partidos contendem pelo poder>* **3** (prep. *com, em*) ser igual ou superior; rivalizar *<poucos contendiam com ela em álgebra>* ~ **contendor** *adj.s.m.*

con.ten.ta.men.to *s.m.* **1** estado de contente; alegria, júbilo **2** satisfação, agrado, prazer

con.ten.tar *v.* {mod. 1} *t.d. e pron.* **1** (prep. *com, em*) satisfazer os desejos, as exigências de *<a desculpa não contentou a mãe> <contenta-se com pouco> <não se contentou em ficar na segunda colocação>* ☐ *t.d.* **2** tranquilizar, sossegar *<as notícias contentaram a população>*

con.ten.te *adj.2g.* **1** cujos desejos, exigências etc. foram atendidos ou realizados; satisfeito **2** alegre, feliz

con.ten.to *s.m.* contentamento ▣ **a c.** de maneira satisfatória; satisfatoriamente

con.ter *v.* {mod. 16} *t.d. e pron.* **1** exercer controle sobre; controlar(-se), refrear(-se) *<c. gastos> <conteve-se, para não agredi-lo>* **2** ter em si; incluir(-se), encerrar(-se) *<o território contém muito minério> <neste manifesto se contém a essência de sua teoria>* ☐ *t.d.* **3** ter capacidade para abrigar, receber; comportar *<quantos litros contém esse bujão?>*

con.ter.râ.neo *adj.s.m.* que(m) é da mesma terra (cidade, estado etc.) que outro; compatriota

con.tes.ta.ção [pl.: *-ões*] *s.f.* **1** ato de contestar; oposição, objeção **2** rebeldia, insubmissão

con.tes.tar *v.* {mod. 1} *t.d.* **1** não aceitar a validade de; refutar *<c. o resultado>* **2** pôr em dúvida; questionar *<c. uma teoria>* ☐ *t.i.* **3** (prep. *a*) replicar, responder *<c. a uma arguição>* ~ **contestador** *adj.s.m.* - **contestável** *adj.2g.*

con.tes.ta.tá.rio *adj.s.m.* (indivíduo) que contesta, que põe em causa a ordem social

C

con.te.ú.do *s.m.* **1** aquilo que ocupa o espaço em algo ☞ cf. *continente* **2** tópico abrangido em livro, anúncio etc.; assunto **3** significação mais profunda; relevância

con.tex.to /ê/ *s.m.* **1** inter-relação de circunstâncias que acompanham um fato ou uma situação **2** o encadeamento do discurso ~ **contextual** *adj.*

con.tex.tu.a.li.zar *v.* {mod. 1} *t.d.* situar em certo contexto ~ **contextualização** *s.f.*

con.tex.tu.ra *s.f.* **1** modo como estão interligadas as partes de um todo; composição, estrutura **2** encadeamento de ideias, palavras etc. num conjunto organizado; contexto **3** entrelaçamento dos fios em um tecido; textura

con.ti.do *adj.* **1** que se contém **2** que foi ou está incluído **3** que está encerrado no interior de alguma coisa **4** comedido, reprimido

con.ti.go *pron.p.* **1** em tua companhia <*posso passear c.?*> **2** dentro de ti <*leve minha gratidão c.*> **3** referente a ti <*esse assunto é c.*>

con.tí.guo *adj.* **1** que toca em algo **2** adjacente, vizinho <*poltronas c.*> **3** *fig.* próximo no tempo ou no sentido <*ideias c. às minhas*> ~ **contiguidade** *s.f.*

con.ti.nên.cia *s.f.* **1** comportamento contido; comedimento **2** controle sobre os impulsos sexuais; castidade **3** saudação militar

con.ti.nen.tal [pl.: *-ais*] *adj.2g.* **1** relativo a continente (*geo*) **2** que tem a extensão de um continente <*país c.*>

con.ti.nen.te *s.m.* GEO **1** grande extensão de terra cercada por oceanos, que constitui cada uma das divisões tradicionais da Terra (Europa, Ásia, África, América, Oceania, Antártida) ■ *adj.2g.s.m.* **2** (o) que contém algo ☞ cf. *conteúdo*

con.tin.gên.cia *s.f.* **1** qualidade, característica do que é contingente, casual **2** possibilidade de que alguma coisa aconteça ou não **3** fato imprevisível que foge ao controle

con.tin.gen.ci.ar *v.* {mod. 1} *t.d.* **1** controlar (despesas) do orçamento governamental para evitar desequilíbrio financeiro **2** impor política econômica que estabeleça limites a

con.tin.gen.te *adj.2g.* **1** que pode ocorrer ou não; incerto **2** acidental; casual, fortuito ■ *s.m.* **3** grupamento, esp. de militar **4** determinação quantitativa; número <*c. populacional*>

con.ti.nu.a.ção [pl.: *-ões*] *s.f.* **1** ato ou efeito de dar sequência àquilo que foi iniciado **2** prolongamento no espaço; extensão **3** prolongamento no tempo; prosseguimento **4** obra literária, cinematográfica etc. que sucede e complementa outra anterior

con.ti.nu.ar *v.* {mod. 1} *t.d. e t.i.* **1** (prep. *com*) levar adiante, não interromper (o que começou) <*c. uma viagem*> <*o paciente deve c. com o tratamento*> □ *t.d.,t.i. e int.* **2** (prep. *com*) dar sequência após interrupção; prosseguir <*depois do almoço, continuamos o trabalho*> <*continuarão com as aulas extras em agosto*> <*o artigo continua no fim da revista*> □ *int.* **3** seguir existindo; manter-se □ *t.i.* **4** (prep. *em*) persistir, insistir <*continua no propósito de apurar a verdade*> □ *pred.* **5** manter-se do mesmo modo; permanecer <*a lei continua vigente*>

con.ti.nu.i.da.de *s.f.* **1** qualidade, característica de contínuo **2** persistência das características inerentes a um determinado contexto **3** aquilo que dá coerência e unidade a uma ação, a uma ideia, a uma narrativa etc. **4** CINE TV medidas que garantem coerência ao fluxo visual ou sonoro ou aos cortes de uma filmagem, mantendo unidade de ação nas tomadas e cenas que se sucedem **5** CINE RÁD TEAT TV desenvolvimento lógico e coerente na sequência de um programa, de um filme, de uma peça etc.

con.ti.nu.ís.mo *s.m.* *B* doutrina ou manobra que visa à perpetuação de uma pessoa ou grupo no poder

con.ti.nu.ís.ta *adj.2g.s.2g.* **1** que(m) é adepto do continuísmo **2** que(m) é responsável pela continuidade em filmagem ou gravação de programa

con.tí.nuo *adj.* **1** que não é dividido nem interrompido na extensão **2** sem interrupção no tempo **3** que perdura sem interrupção; constante **4** que se repete a intervalos breves e regulares; sucessivo ■ *s.m.* **5** encarregado de fazer entregas, levar recados e outros pequenos serviços; bói

con.tis.ta *s.2g.* pessoa que escreve contos

con.to *s.m.* história curta em prosa, com um só conflito e ação, e poucos personagens ☞ cf. *fábula* e *romance* ▣ **c. de fadas** LIT conto infantil que narra encantamentos e fatos maravilhosos com a intervenção de fadas

con.to da ca.ro.chi.nha *s.m.* **1** conto popular cujas personagens são seres fabulosos, animais que falam etc.; história da carochinha **2** *fig.* fruto da imaginação; invenção

con.to do vi.gá.rio *s.m.* *B* trapaça para tomar dinheiro de pessoa de boa-fé ou ambiciosa

con.tor.ção [pl.: *-ões*] *s.f.* **1** ato ou efeito de contorcer(-se) **2** movimento forte, voluntário ou não, do corpo, dos músculos de pessoas e animais **3** trejeito, ou crispação exagerada, que altera a expressão facial

con.tor.cer *v.* {mod. 8} *t.d. e pron.* **1** imprimir movimentos fortes de torção (a); retorcer(-se) <*o vendaval contorceu as antenas*> <*c.-se de dor*> **2** contrair(-se), torcer(-se) ou entortar <*c. a boca num esgar*> <*suas mãos contorciam-se de ansiedade*> ~ **contorcido** *adj.*

con.tor.cio.nis.ta *adj.2g.s.2g.* (pessoa) capaz de fazer movimentos e assumir posições contorcidas antinaturais na postura humana ~ **contorcionismo** *s.m.*

con.tor.nar *v.* {mod. 1} *t.d.* **1** mover-se à volta de; rodear <*Bartolomeu Dias contornou o cabo das Tormentas*> **2** estar em volta de; cercar <*grades contornam a mansão*> **3** traçar o contorno de <*c. o desenho com um traço preto*> **4** *fig.* dar solução imperfeita ou incompleta a (situação difícil) <*conseguimos c. o problema*>

con.tor.no /ô/ *s.m.* **1** linha que circunscreve uma superfície, uma figura, um objeto etc., indicando-lhes a forma; desenho, perfil *<c. dos olhos>* **2** circunferência, volta, perímetro **3** desvio, volta

con.tra *prep.* **1** em oposição a **2** no rumo oposto **3** de encontro a **4** de frente para **5** junto de **6** de combate a (doença, mal etc.) **7** na escala de; para ■ *adj.2g.* **8** contra seu próprio time ■ *s.m.* **9** aspecto negativo ou inconveniente **10** objeção ■ *adv.* **11** desfavoravelmente

con.tra-al.mi.ran.te [pl.: *contra-almirantes*] *s.m.* MAR **1** na Marinha de Guerra brasileira e portuguesa, posto logo abaixo de vice-almirante e imediatamente acima de capitão de mar e guerra **2** oficial que detém esse posto

con.tra-ar.gu.men.tar *v.* {mod. 1} *t.d.* apresentar argumentos contrários a *<não soube c. a acusação de omisso>* ~ **contra-argumento** *s.m.*

con.tra-a.ta.car *v.* {mod. 1} *t.d. e int.* **1** revidar um ataque *<acuado, o animal contra-atacou o invasor>* *<é hora de o pelotão c.>* **2** ESP reagir a um ataque tomando controle da bola de forma súbita e ágil *<c. (o adversário) com eficiência>*

con.tra-a.ta.que [pl.: *contra-ataques*] *s.m.* **1** ato ou efeito de contra-atacar **2** MIL ofensiva militar para desbaratar, destruir etc. força atacante **3** ESP em jogo, domínio súbito da bola, interrompendo ataque do adversário e impedindo-o de armar a defesa

con.tra-a.vi.so [pl.: *contra-avisos*] *s.m.* aviso que muda ou anula um anterior

con.tra.bai.xo *s.m.* MÚS maior e mais grave instrumento da família dos violinos; baixo, rabecão ~ **contrabaixista** *adj.2g.s.2g.*

con.tra.ba.lan.çar *v.* {mod. 1} *t.d.* **1** ser igual em peso a; equilibrar □ *t.d. e t.d.i. fig.* **2** (prep. *com*) reparar (algo bom ou ruim) [com o efeito oposto]; compensar *<os êxitos contrabalançam as lutas da vida>* *<contrabalança a timidez com meiguice>* **3** (prep. *com*) fazer que haja equilíbrio, harmonia entre (duas ou mais coisas); equilibrar, balancear *<c. receita e despesa>* *<c. o trabalho com o lazer>*

con.tra.ban.de.ar *v.* {mod. 5} *t.d. e int.* fazer contrabando de *<c. (bebidas) na fronteira>*

con.tra.ban.dis.ta *adj.2g.s.2g.* (aquele) que faz contrabando; muambeiro

con.tra.ban.do *s.m.* **1** importação clandestina de mercadorias estrangeiras sem pagamento de impostos **2** mercadoria contrabandeada; muamba

con.tra.ção [pl.: *-ões*] *s.f.* **1** ato ou efeito de contrair(-se); encolhimento **2** redução do volume de um músculo ou órgão, voluntária ou involuntária, devido a tensão **3** GRAM combinação das preposições *de* e *em*, que sofrem redução em sua forma, com os artigos definidos e indefinidos, com os pronomes pessoais, demonstrativos e indefinidos, formando um vocábulo único (p.ex.: *do, dele, daquela, deste*; *no, naquele* etc.)

con.tra.ca.pa *s.f.* cada uma das duas faces internas da capa de livro, revista etc.

con.tra.ce.nar *v.* {mod. 1} *t.i.* **1** (prep. *com*) atuar junto (com outro ator) □ *int.* **2** atuar em cenas secundárias

con.tra.cep.ção [pl.: *-ões*] *s.f.* conjunto dos métodos que visam evitar a fecundação de um óvulo ou a nidação do ovo; anticoncepção

con.tra.cep.ti.vo *adj.s.m.* (meio físico ou químico) que evita a concepção ('fecundação'); anticoncepcional

con.tra.che.que *s.m.* documento emitido pelo empregador que especifica o salário de um funcionário, autorizando-o a receber o que lhe é devido; holerite

con.trác.til [pl.: *-eis*] *adj.2g.* → ***CONTRÁTIL***

con.trac.to *adj.* que sofreu contração, diminuição de extensão ou volume; contraído ◉ GRAM/USO part. de *contrair*

con.tra.cul.tu.ra *s.f.* ANTRPOL movimento cultural que rejeita e questiona valores e práticas da cultura dominante da qual faz parte

con.tra.dan.ça *s.f.* **1** dança de quatro ou mais pares, uns de frente para o outro **2** música que acompanha essa dança **3** *fig. infrm.* mudança frequente ou sucessiva

con.tra.di.ção [pl.: *-ões*] *s.f.* **1** dito, procedimento ou atitude oposta ao que se tinha dito, ou a que se adotara anteriormente **2** *p.ext.* falta de lógica; incoerência

con.tra.di.ta *s.f.* **1** impugnação; contestação **2** DIR o conjunto das alegações contra a credibilidade de testemunha em processo judicial

con.tra.di.tar *v.* {mod. 1} *t.d.* **1** contrariar, contestar *<evitava c. o chefe>* **2** pôr em dúvida; questionar, refutar *<c. uma teoria>*

con.tra.di.tó.rio *adj.* **1** que envolve contradição; incoerente ■ *s.m.* DIR **2** igualdade entre as partes, o que lhes oferece as mesmas oportunidades de apresentar provas e de contradizê-las

con.tra.di.zer *v.* {mod. 15} *t.d. e pron.* **1** dizer o contrário de (algo já dito); desmentir(-se) *<o perito contradisse a informação dos jornais>* *<a testemunha se contradisse>* **2** não condizer (com); destoar *<esse comportamento contradiz sua educação>* *<as versões sobre o incidente se contradizem>* ◉ GRAM/USO part.: *contradito*

con.tra.en.te *adj.2g.s.2g.* que(m) assume um contrato; contratante

con.tra.fa.zer *v.* {mod. 14} *t.d.* **1** imitar com a intenção de falsificar *<c. uma assinatura>* **2** imitar, por comicidade ou zombaria *<costuma c. o tio nas reuniões de família>* □ *t.d. e pron.* **3** disfarçar(-se), dissimular(-se) *<contrafaz seus verdadeiros sentimentos>* *<contrafez-se para ocultar a própria identidade>* ~ **contrafação** *s.f.*

con.tra.fé *s.f.* DIR cópia autêntica de citação ou intimação judicial entregue ao intimado por oficial de justiça

con.tra.fei.to *adj.* **1** imitado por falsificação **2** constrangido, sem jeito *<sorriso c.>*

C

con.tra.fi.lé *s.m. B* corte de carne macia e magra, retirada da região lombar do boi

con.tra.for.te *s.m.* **1** CONSTR reforço de muro ou outra edificação **2** GEO cadeia secundária de montanhas, que dá um aspecto de sustentação a uma cadeia principal **3** pedaço de couro ou tecido para reforçar calçados ou outras peças

con.tra.gol.pe *s.m.* **1** golpe dado em reação a outro recebido **2** iniciativa que se antecipa a um golpe

con.tra.gos.to /ô/ *s.m.* ▸ us. em: **a c.** contra a vontade

con.tra.í.do *adj.* **1** que estreitou ou encolheu; apertado, crispado **2** tornado mais curto e menos volumoso, por fatores fisiológicos ou patológicos (diz-se de músculo, órgão etc.)

con.tra.in.di.ca.ção [pl.: *-ões*] *s.f.* **1** indicação oposta a outra **2** circunstância que desaconselha ou proíbe o uso de medicamento ou recurso médico

con.tra.in.di.car *v.* {mod. 1} *t.d. e t.d.i.* **1** (prep. *a*) considerar prejudicial ou inadequado a; desaconselhar *<o clínico contraindicou a vacina> <a crítica contraindicou o filme a menores>* □ *t.d.* **2** ser inadequado a *<sua condição cardíaca contraindica exercícios pesados>*

con.tra.ir *v.* {mod. 25} *t.d. e pron.* **1** diminuir o volume, a forma de; apertar, encolher *<contraiu os lábios> <o metal contrai-se sob baixa temperatura>* □ *t.d.* **2** adquirir (doença) *<contraiu malária na viagem>* **3** assumir (obrigação, dívida etc.) **4** ajustar (contrato, matrimônio etc.) ◉ GRAM/USO part.: *contraído, contracto/contrato*

con.tral.to *s.m.* MÚS **1** voz feminina de registro mais grave ■ *s.2g.* **2** cantora ou cantor com essa voz ■ *adj.2g.* **3** que tem esse registro (diz-se de cantor ou instrumento)

con.tra.luz [pl.: *-es*] *s.f.* **1** efeito obtido ao se iluminar um objeto por trás **2** lugar oposto à incidência da luz **3** TEAT foco de luz que incide do palco sobre a plateia

con.tra.mão [pl.: *-ãos*] *s.f. B* **1** sentido de rua, avenida etc. proibido ao fluxo de veículos vindos em direção oposta **2** *fig.* posição contrária ao que foi estabelecido ou convencionado ■ *adj.2g.2n.* **3** que fica no sentido contrário ao de um fluxo **4** *fig.* de difícil acesso; fora de mão *<lugar c.>*

con.tra.mar.cha *s.f.* marcha em sentido contrário ao que se fazia ou em retrocesso ao local em que foi iniciada

con.tra.me.di.da *s.f.* medida que anula ou atenua o efeito de outra medida

con.tra.mes.tre *s.m.* **1** chefe de um grupo de operários de fábrica, obras etc. **2** substituto do capitão no comando de um navio

con.tra.o.fen.si.va *s.f.* MIL **1** operação estratégica de retomada da iniciativa, após uma fase de defesa **2** operação em conjunto que responde a um ataque do inimigo

con.tra.or.dem [pl.: *-ens*] *s.f.* ordem que se opõe a ou revoga outra ~ **contraordenar** *v.t.d. e int.*

con.tra.pa.ren.te *s.2g.* **1** parente longínquo **2** parente por vínculo originado no casamento

con.tra.par.te *s.f.* **1** complemento, contrapartida **2** MÚS parte musical que dialoga com outra, esp. em duetos

con.tra.par.ti.da *s.f.* **1** complemento, contraparte **2** *p.ext.* correlação, correspondência, equivalência

con.tra.pe.sar *v.* {mod. 1} *t.d.* **1** equilibrar o peso de *<c. os pratos da balança>* **2** *fig.* recompensar, compensar *<as pequenas alegrias contrapesam as agruras do dia a dia>* **3** *fig.* avaliar, pesar *<c. uma proposta>*

con.tra.pe.so /ê/ *s.m.* **1** peso que compensa uma força oposta ou um outro peso **2** pequena porção que se acrescenta a uma mercadoria para completar o peso desejado pelo comprador **3** *fig.* aquilo que dá compensação e/ou equilíbrio

con.tra.pon.to *s.m.* MÚS **1** técnica de composição musical que consiste na superposição de duas melodias diferentes **2** composição que utiliza essa técnica

con.tra.por *v.* {mod. 23} *t.d. e t.d.i.* **1** (prep. *a*) pôr frente a frente; confrontar *<c. duas imagens> <c. uma foto à outra>* **2** (prep. *a*) comparar □ *t.d. e pron.* **3** (prep. *a*) pôr(-se) em contraste; opor(-se) ◉ GRAM/USO part.: *contraposto*

con.tra.po.si.ção [pl.: *-ões*] *s.f.* **1** posição ou disposição em sentido contrário **2** contrariedade, oposição, divergência

con.tra.pro.du.cen.te *adj.2g.* **1** que produz resultado oposto ao esperado **2** que prova o contrário do que se tinha intenção de provar

con.tra.pro.pa.gan.da *s.f.* propaganda que visa à anulação dos efeitos de outra

con.tra.pro.pos.ta *s.f.* proposta alternativa a outra que não foi aprovada

con.tra.pro.va *s.f.* **1** DIR prova que invalida a anterior **2** segunda experiência, que tem o objetivo de verificar a exatidão da primeira **3** GRÁF prova tipográfica feita depois das emendas de uma prova anterior

con.tra.ri.a.do *adj.* **1** que sofre ou sofreu oposição **2** aborrecido, desgostoso, descontente

con.tra.ri.ar *v.* {mod. 1} *t.d.* **1** dizer ou fazer o contrário de *<c. a vontade de alguém>* **2** estar em desacordo com *<a música contrariava a sobriedade da ocasião>* □ *t.d.,int. e pron.* **3** aborrecer(-se), descontentar(-se) *<seu egoísmo contraria a família> <insistiu no argumento só para c.> <contrariou-se com a indisciplina da turma>*

con.tra.ri.e.da.de *s.f.* **1** coisa ou situação que aborrece; desgosto **2** o que embaraça a realização ou o desenvolvimento de algo; dificuldade, estorvo **3** oposição, resistência

con.trá.rio *adj.* **1** que tem direção ou sentido oposto **2** avesso; reverso **3** em que há desacordo ou contradição **4** que é hostil a; adverso, antagônico **5** nocivo, prejudicial **6** que traz desventura; desfavorável ■ *s.m.* **7** o que é oposto ou inverso **8** adversário, inimigo ▣ **ao c. 1** do lado avesso **2** de frente para trás **3** de modo trocado • **do c.** de outro modo

con.trar.re.gra *s.2g.* CINE RÁD TEAT TV **1** técnico que cuida dos objetos de cena, indica as entradas e saídas dos atores etc. ■ *s.f.* **2** ofício desse técnico

con.trar.re.vo.lu.ção [pl.: *-ões*] *s.f.* revolução que se propõe a anular os resultados da anterior ~ **contrarrevolucionário** *adj.s.m.*

con.tras.se.nha *s.f.* palavra, frase ou sinal secreto que responde a uma senha

con.tras.sen.so *s.m.* ato ou dito contrário à boa lógica, à razão; disparate

con.tras.tar *v.* {mod. 1} *t.d. e t.d.i.* **1** (prep. *com*) examinar, comparando; confrontar *<c. duas radiografias> <c. uma declaração com outra>* □ *t.d. e t.i.* **2** (prep. *com*) mostrar-se o oposto de *<o céu escuro contrasta (com) o brilho das estrelas>* □ *t.d.* **3** ir contra; contrariar ~ **contrastante** *adj.2g.*

con.tras.te *s.m.* **1** diferença ou oposição entre coisas de mesma natureza **2** *p.ext.* comparação de objetos similares para se estabelecerem as respectivas diferenças **3** CINE FOT TV variação de claro e escuro numa imagem **4** MED substância introduzida no organismo do paciente para a realização de exames médicos em certas estruturas ou órgãos

con.tra.ta.ção [pl.: *-ões*] *s.f.* **1** combinação, trato **2** admissão a emprego

con.tra.tar *v.* {mod. 1} *t.d.* **1** ajustar por contrato *<c. os serviços de uma empresa>* **2** admitir em emprego; empregar **3** combinar, tratar *<c. casamento>* ~ **contratador** *adj.s.m.* - **contratante** *adj.2g.*

con.tra.tem.po *s.m.* **1** circunstância ou incidente inesperado **2** *p.ext.* obstáculo, estorvo, empecilho **3** contrariedade, aborrecimento, desgosto **4** MÚS a parte fraca da pulsação musical

con.trá.til [pl.: *-eis*] ou **con.trác.til** [pl.: *-eis*] *adj.2g.* capaz de sofrer contração, de diminuir

con.tra.to *s.m.* **1** acordo legal entre pessoas, com delimitação de seus direitos e deveres **2** documento que sela esse acordo ■ *adj.* **3** que sofreu contração, diminuição de extensão ou volume; contracto ◉ GRAM/USO part. de *contrair* ~ **contratual** *adj.2g.*

con.tra.tor.pe.dei.ro *s.m.* MAR navio veloz de combate, que dispõe de torpedos; destróier

con.tra.tu.ra *s.f.* **1** diminuição de tamanho; encolhimento **2** contração muscular involuntária e prolongada

con.tra.ven.ção [pl.: *-ões*] *s.f.* transgressão de regulamentos, contratos ou leis

con.tra.ve.ne.no *s.m.* FARM substância que neutraliza a ação de um veneno; antídoto

con.tra.ven.tor /ô/ [pl.: *-es*] *adj.s.m.* que(m) faz contravenção; infrator, transgressor

con.tri.bu.i.ção [pl.: *-ões*] *s.f.* **1** ato ou efeito de contribuir; ajuda, colaboração **2** quantia que se doa a alguém ou a alguma entidade **3** parte que cabe a cada um em despesa ou encargo comum; cota, quinhão **4** colaboração de caráter social, intelectual, científico etc.

con.tri.bu.in.te *adj.2g.s.2g.* **1** que(m) contribui com a parte que lhe é atribuída num total **2** que(m), segundo a lei, é obrigado a pagar imposto

con.tri.bu.ir *v.* {mod. 26} *t.i.* **1** (prep. *em*) colaborar na execução de; cooperar *<c. no levantamento de informações>* **2** (prep. *para*) ter parte (em um resultado); concorrer *<c. para a vitória do time>* **3** (prep. *com*) prestar (ajuda material e/ou financeira) *<c. com o que pode>* □ *t.i. e int.* **4** (prep. *em, para*) pagar cota (de despesa, encargo etc.) *<todos contribuíram para a obra> <negou-se a c.>* **5** (prep. *com*) pagar impostos *<contribui com 25% de seu salário> <quem contribui tem direito de reivindicar>* ~ **contributivo** *adj.*

con.tri.ção [pl.: *-ões*] *s.f.* REL **1** arrependimento dos pecados cometidos e pela ofensa a Deus **2** prece que expressa esse arrependimento

con.tris.tar *v.* {mod. 1} *t.d.,int. e pron.* (prep. *com*) tornar(-se) triste; entristecer(-se) *<a indiferença do irmão contristou-a> <tanta incompetência contrista> <c.-se com a pobreza à volta>* ~ **contristação** *s.f.*

con.tri.to *adj.* **1** que sente contrição; arrependido **2** que revela contrição

con.tro.la.do *adj.* **1** que se submete a controle ou fiscalização **2** que tem autocontrole; calmo; ponderado **3** que se manifesta de modo comedido, moderado

con.tro.lar *v.* {mod. 1} *t.d.* **1** submeter a exame e vigilância; fiscalizar, monitorar *<c. sua taxa de glicose> <c. a velocidade dos carros>* **2** agir com restrição sobre; conter *<c. gastos>* **3** ter domínio sobre; dominar *<c. a turma>* □ *pron.* **4** manter o autocontrole; conter-se *<controlou-se para não perder a paciência>* ~ **controlável** *adj.2g.*

con.tro.le /ô/ *s.m.* **1** monitoração ou fiscalização minuciosa de acordo, padrões, normas etc. **2** chave, botão etc. que controla e regula máquinas, aparelhos ou instrumentos **3** *fig.* poder, domínio ou autoridade sobre alguém ou algo **4** *fig.* domínio da própria vontade ou das emoções

con.tro.vér.sia *s.f.* discussão, debate, referente a ações ou propostas sobre as quais há divergências

con.tro.ver.so *adj.* que provoca controvérsia, polêmica, discussão; controvertido

con.tro.ver.ter *v.* {mod. 8} *t.d.* pôr em dúvida; contestar *<c. uma teoria>* ◉ GRAM/USO part.: *controvertido, controverso*

con.tro.ver.ti.do *adj.* **1** debatido, discutido **2** controverso ◉ GRAM/USO part. de *controverter*

con.tu.do *conj.advrs.* mas, porém, entretanto, todavia

con.tu.má.cia *s.f.* **1** extrema teimosia; insistência, obstinação **2** DIR desobediência consciente a ordens judiciais **3** DIR falta de comparecimento em juízo por questão criminal

con.tun.den.te *adj.2g.* **1** capaz de ferir **2** *fig.* categórico, incisivo **3** *fig.* que causa sofrimento, mágoa ~ **contundência** *s.f.*

con.tun.dir *v.* {mod. 24} *t.d. e pron.* **1** (fazer) sofrer contusão *<na queda contundiu o pé> <contundiu-se ao rolar a escada>* ☐ *t.d. fig.* **2** magoar, ofender *<c. alguém com calúnias>* ◉ GRAM/USO part.: *contundido, contuso*

con.tur.bar *v.* {mod. 1} *t.d. e pron.* **1** causar ou sentir perturbação; abalar(-se) *<a espera o conturba> <conturbou-se com a angústia do pai>* **2** rebelar(-se), revoltar(-se) *<o rigor das ordens conturbou os alunos> <os membros expulsos do grupo conturbaram-se>* ~ **conturbação** *s.f.*

con.tu.são [pl.: *-ões*] *s.f.* lesão causada por impacto, sem que haja ruptura da pele; traumatismo, pisadura

con.tu.so *adj. frm.* **1** que sofreu contusão; contundido **2** acompanhado de contusão *<ferimento c.>* ◉ GRAM/USO part. de *contundir*

co.nú.bio *s.m.* **1** casamento, matrimônio **2** *fig.* relação íntima

co.nur.ba.ção [pl.: *-ões*] *s.f.* extensa área urbana formada por cidades e vilarejos que foram surgindo e se desenvolvendo um ao lado do outro, formando um conjunto

con.va.les.cen.ça *s.f.* período de recuperação das forças e da saúde, depois de doença, cirurgia etc.

con.va.les.cer *v.* {mod. 8} *t.d.,t.i.,int. e pron.* (prep. *de*) [fazer] recobrar aos poucos o ânimo, a saúde, abalados por doença, lesão etc. *<o ar marinho convalesceu-o> <c. de uma gripe> <depois da cirurgia, foi c. no sítio> <convalesceu-se da depressão com a viagem>* ~ **convalescente** *adj.2g.s.2g.*

con.ven.ção [pl.: *-ões*] *s.f.* **1** acordo, pacto, combinação sobre determinado assunto **2** conjunto de costumes sociais estabelecidos e aceitos pelos indivíduos de uma comunidade, como regras de boa educação, de boa conduta etc. **3** assembleia ou encontro para tratar de assunto comum; congresso, conferência

con.ven.cer *v.* {mod. 8} *t.d.,t.d.i.,int. e pron.* (prep. *a, de*) levar a ou passar a crer, por motivo ou argumento bem fundamentado *<não convenceu o irmão (a mudar de time)> <um advogado hábil sempre convence> <só se convencerá com provas concretas>* ◉ GRAM/USO part.: *convencido, convicto*

con.ven.ci.do *adj.* **1** que se convenceu; persuadido, convicto ■ *adj.s.m.* **2** *B* que(m) é presunçoso, arrogante

con.ven.ci.men.to *s.m.* **1** ato ou efeito de convencer(-se) **2** convicção, certeza de algo **3** *B* atitude arrogante; presunção, soberba

con.ven.cio.nal [pl.: *-ais*] *adj.2g.* **1** criado por convenção **2** consolidado pelo uso ou pela prática **3** que obedece a padrões aceitos; comum **4** que não utiliza energia nuclear; não atômico ■ *s.2g.* **5** membro de uma convenção; congressista ~ **convencionalismo** *s.m.* - **convencionalista** *adj.2g.s.2g.*

con.ven.cio.nar *v.* {mod. 1} *t.d.,t.i. e pron.* (prep. *em*) estipular por convenção; ajustar *<c. um código secreto> <eles convencionaram em jantar sempre às 20 horas> <convencionou-se chamar um mau jogador de perna de pau>*

con.ve.ni.ên.cia *s.f.* **1** o que atende ao gosto, às necessidades de alguém **2** utilidade, vantagem **3** interesse ou vantagem material, social etc. **4** decoro, decência

con.ve.ni.en.te *adj.2g.* **1** apropriado, oportuno **2** que traz vantagem; útil, proveitoso **3** que facilita; cômodo, favorável **4** decente, decoroso ■ *adj.2g.s.2g.* **5** que(m) toma parte em convênio

con.vê.nio *s.m.* **1** contrato de prestação de serviço entre entidades públicas ou privadas **2** acordo entre pessoas; pacto ~ **conveniar** *v.t.d. e int.*

con.ven.to *s.m.* habitação de uma comunidade religiosa ~ **conventual** *adj.2g.s.2g.*

con.ver.gên.cia *s.f.* **1** ato de dirigir-se a ou unir-se em um mesmo ponto **2** concordância de objetivos, sentimentos ou opiniões

con.ver.gen.te *adj.2g.* **1** que se dirige para um ponto comum a outro **2** *fig.* que tende a um mesmo fim que outro **3** *fig.* que se identifica com outro

con.ver.gir *v.* {mod. 28} *t.i.* **1** (prep. *para, em*) dirigir-se (a um mesmo ponto) *<cinco ruas convergem para esse trevo>* **2** (prep. *em*) reunir-se, agrupar-se *<várias ideias convergem no programa do partido>* **3** *fig.* (prep. *para*) tender (para um objetivo); concentrar-se *<os esforços vão c. para o aumento da produção>*

con.ver.sa *s.f.* **1** troca de palavras, de ideias entre duas ou mais pessoas; diálogo **2** assunto dessa troca **3** *infrm.* lábia, astúcia **4** *infrm.* mentira, invenção ▣ **c. fiada** *infrm.* **1** conversa sem importância; conversa mole **2** proposta ou promessa que não se tem intenção de cumprir; conversa mole, conversa para boi dormir **3** palavreado com intuito de enganar; conversa mole ☞ cf. *conversa-fiada* • **c. mole** *B infrm.* conversa fiada

con.ver.sa.ção [pl.: *-ões*] *s.f.* **1** ação de conversar; conversa, colóquio **2** arte ou habilidade de conversar (ger. em língua estrangeira)

con.ver.sa-fi.a.da [pl.: *conversas-fiadas*] *s.2g. B infrm.* **1** pessoa que não cumpre o que se dispõe a fazer ou o que promete **2** indivíduo que conta vantagem; garganta **3** quem tem prazer em conversar ☞ cf. *conversa fiada*

con.ver.são [pl.: *-ões*] *s.f.* **1** transformação de uma coisa em outra **2** mudança de religião ou seita, de costumes etc. **3** operação de cálculo do valor da moeda de um país em relação à moeda de outro

con.ver.sar *v.* {mod. 1} *t.i.,t.d.i. e int.* (prep. *com, sobre*) trocar palavras, ideias, informações *<c. sobre cinema> <só conversa amenidades com os vizinhos> <um homem que conversa pouco>* ~ **conversador** *adj.s.m.*

[1]**con.ver.sí.vel** [pl.: *-eis*] *adj.2g.* **1** que se pode converter **2** cuja capota se pode dobrar ou remover (diz-se de carro, barco etc.) [ORIGEM: do lat. *conversibĭlis* ou *convertibis,e* 'que se pode virar ou mudar'] ~ **conversibilidade** *s.f.*

[2]**con.ver.sí.vel** [pl.: *-eis*] *s.m.* automóvel conversível [ORIGEM: red. de *automóvel conversível*]

con.ver.so *adj.s.m.* **1** que(m) se converteu a uma religião ou a uma forma de pensamento; convertido ■ *s.m.* **2** indivíduo leigo que serve em convento

con.ver.sor /ô/ [pl.: *-es*] *s.m.* **1** ELETR aparelho que transforma corrente elétrica contínua em alternada e vice-versa **2** ELETRÔN dispositivo que altera a frequência de um sinal e funciona paralelamente ao receptor de rádio ou televisão **3** INF aplicativo que transfere informações de um formato para outro

con.ver.ter *v.* {mod. 8} *t.d.i. e pron.* **1** (prep. *em*) transformar(-se) em; mudar *<o fogo converte a lenha em cinzas> <o choro converteu-se em riso>* □ *t.d.,t.d.i. e pron.* **2** (prep. *a*) [fazer] mudar de religião, de costumes etc. *<c. os pagãos (ao cristianismo)> <c.-se ao budismo>* □ *t.d.i.* **3** (prep. *em*) substituir por outra coisa; trocar, comutar *<c. uma pena em outra mais branda>* **4** (prep. *em*) trocar (moeda de um país) [pela de outro] *<c. euros em reais>* □ *t.d.* **5** fazer mudar de direção; virar *<c. a mão de direção>* **6** ESP encestar ◉ GRAM/USO part.: *convertido, converso*

con.vés [pl.: *conveses*] *s.m.* MAR pavimento dos navios descoberto ou protegido por toldo; deque

con.ve.xo /cs/ *adj.* que tem relevo exterior, abaulado, bojudo, como uma calota ~ **convexidade** *s.f.*

con.ve.xo-côn.ca.vo [pl.: *convexo-côncavos*; fem.: *convexo-côncava*] *adj.* convexo de um lado e côncavo do outro

con.vic.ção [pl.: *-ões*] *s.f.* crença ou opinião firme a respeito de algo

con.vic.to *adj.* **1** que tem convicção de algo; convencido, persuadido **2** comprovado *<réu c.>*

con.vi.da.do *adj.s.m.* **1** que(m) recebeu convite ■ *s.m.* **2** DNÇ *SP* dança do fandango brasileiro, na qual se alternam os momentos em que os pares se defrontam ou dançam juntos

con.vi.dar *v.* {mod. 1} *t.d. e t.d.i.* **1** (prep. *para, a*) solicitar a presença ou participação de; chamar, convocar *<só convidou os íntimos (para a festa)>* □ *t.i.,t.d.i. e int.* **2** (prep. *a*) despertar a vontade; induzir *<o silêncio convida à meditação> <o calor convida (as pessoas) à moleza> <o mar calmo convidava>* □ *pron.* **3** ir a festa, evento etc. sem ter sido chamado

con.vi.da.ti.vo *adj.* que atrai, que seduz; atraente

con.vin.cen.te *adj.2g.* **1** que convence; persuasivo **2** que manifesta certeza

con.vir *v.* {mod. 31} *t.i.* **1** (prep. *em*) concordar, aceitar *<c. nas condições do contrato>* **2** (prep. *a*) vir a propósito; servir *<esta casa convém à família>* □ *t.i. e int.* **3** (prep. *a*) ser conveniente, adequado, útil *<livro que convém a alunos de ensino médio> <o preço do imóvel convém>* **4** (prep. *a*) ficar bem; condizer *<essa cor de cabelo convém à sua pele> <mantenha-se discreto, como convém>*

con.vi.te *s.m.* **1** solicitação da presença ou participação de alguém em algo; convocação **2** meio que formaliza tal solicitação **3** apelo, chamamento **4** bilhete gratuito para espetáculo

con.vi.va *s.2g.* convidado em jantar, festa etc.; comensal

con.vi.vên.cia *s.f.* **1** vida em comum; convívio **2** intimidade, familiaridade, convívio

con.vi.ver *v.* {mod. 8} *t.i. e int.* **1** (prep. *com*) viver em comum *<o antropólogo conviveu com vários povos> <a família convive num sala e quarto>* **2** (prep. *com*) ter relações cordiais *<no trabalho, convive com todos igualmente> <as duas nações convivem em paz>* **3** (prep. *com*) compartilhar do mesmo espaço; coexistir *<na estufa, orquídeas convivem com avencas>* □ *t.i.* **4** (prep. *com*) adaptar-se, habituar-se (a certas condições) *<aprendeu a c. com o diabetes>* ~ **convivente** *adj.2g.s.2g.*

con.ví.vio *s.m.* convivência

con.vo.ca.ção [pl.: *-ões*] *s.f.* **1** ato ou efeito de chamar um ou mais indivíduos para participar de reunião, assembleia etc. **2** ESP chamada para fazer parte de uma seleção nacional **3** MIL chamada para o serviço militar ou para a guerra

con.vo.car *v.* {mod. 1} *t.d. e t.d.i.* **1** (prep. *para*) chamar (alguém) [para reunião, evento oficial etc.] *<o diretor irá c. os gerentes amanhã> <c. jogadores para a seleção>* □ *t.d.* **2** reunir, formar *<c. uma junta>* ~ **convocatório** *adj.*

con.vo.ca.tó.ria *s.f.* carta, circular ou ordem de convocação

con.vol.vu.lá.cea *s.f.* BOT espécime das convolvuláceas, família de arbustos, raras árvores e ervas, muitas espécies cultivadas como ornamentais, algumas pelos tubérculos, us. na alimentação (como a batata-doce) ~ **convolvuláceo** *adj.*

con.vos.co /ô/ *pron.p.* **1** em vossa companhia **2** dentro de vós *<não guardeis rancor c.>* **3** referente a vós *<a decisão é c.>* ◉ GRAM/USO no Brasil, pouco us., apenas em textos formais, bíblicos, etc.

con.vul.são [pl.: *-ões*] *s.f.* **1** MED contração violenta, dolorosa e involuntária do corpo **2** grande agitação, alvoroço **3** revolta social de grande impacto; revolução ~ **convulsivo** *adj.*

con.vul.sio.nar *v.* {mod. 1} *t.d.* **1** causar grande agitação a *<o prêmio convulsionou a família>* □ *t.d. e pron.* **2** revoltar(-se), sublevar(-se) *<c. os grevistas> <c.-se o país após o golpe de Estado>*

co.o.bri.ga.do *adj.s.m.* DIR (o) que assumiu obrigação juntamente com outrem

cookie [ing.; pl.: *cookies*] *s.m.* **1** CUL biscoito arredondado, crocante, freq. com passas, pedaços de chocolate etc. **2** INF arquivo de texto gravado pelo navegador no computador do usuário, com a função de guardar informações de acesso ⇒ pronuncia-se cuqui

co.o.nes.tar *v.* {mod. 1} *t.d.* **1** fazer parecer honesto; disfarçar *<c. negócios escusos>* **2** reconhecer como autêntico; legitimar *<c. uma hipótese>*

co.o.pe.ra.ção [pl.: *-ões*] *s.f.* ato ou efeito de cooperar; ajuda, colaboração

C

C

co.o.pe.ra.do *adj.s.m.* que(m) é membro de uma cooperativa; cooperativado

co.o.pe.rar *v.* {mod. 1} *t.i. e int.* (prep. *com, para*) ajudar (alguém), contribuindo com trabalho, esforços; colaborar *<os atores cooperaram com o diretor para o sucesso da peça> <a população cooperou durante a calamidade>* ~ **cooperador** *adj.s.m.*

co.o.pe.ra.ti.va *s.f.* associação civil gerenciada coletivamente em favor dos sócios

co.o.pe.ra.ti.va.do *adj.s.m.* cooperado

co.o.pe.ra.ti.vis.mo *s.m.* sistema econômico baseado em cooperativas ~ **cooperativista** *adj.2g.s.2g.*

co.o.pe.ra.ti.vo *adj.* **1** que coopera; cooperador **2** que envolve a contribuição de vários indivíduos, visando a um mesmo fim

co.op.tar *v.* {mod. 1} *t.d.* **1** fazer que (alguém) se associe; aliciar, atrair *<c. integrantes de grupo adversário>* **2** admitir em instituição, grupo etc., fora das condições usuais de admissão *<o conselho decidiu c. o filho do diretor>* ~ **cooptação** *s.f.*

co.or.de.na.ção [pl.: *-ões*] *s.f.* **1** disposição ou funcionamento segundo uma certa ordem **2** ato de conjugar um conjunto de elementos, de atividades etc., que tendem a resultado harmonioso **3** direção, gerenciamento de projeto, setor etc. **4** GRAM relação entre elementos linguísticos com as mesmas propriedades sintáticas ~ **coordenativo** *adj.*

¹co.or.de.na.da *s.f.* **1** GEOM referência que permite localizar um ponto numa linha, superfície ou espaço **2** diretriz, indicação; dado, informação ☞ nesta acp., mais us. no pl. [ORIGEM: fem.substv. de *coordenado*]

²co.or.de.na.da *s.f.* GRAM ver ***ORAÇÃO COORDENADA*** [ORIGEM: red. de oração coordenada]

co.or.de.na.do *adj.* **1** que se coordenou **2** GRAM diz-se de oração ligada a outra por coordenação

co.or.de.nar *v.* {mod. 1} *t.d. e pron.* **1** organizar(-se), ordenar(-se) *<c. etapas de um trabalho> <pensamentos que não se coordenam>* ☐ *t.d. e t.d.i.* **2** (prep. *a, com*) tornar ligado, relacionado a; conjugar, unir *<c. esforços> <c. um curso de língua com os demais>* ☐ *t.d.* **3** ser responsável por (setor, equipe etc.) *<c. a área de administração>* ~ **coordenador** *adj.s.m.*

co.or.de.na.ti.va *s.f.* GRAM ver ***CONJUNÇÃO COORDENATIVA***

co.pa *s.f.* **1** topo de árvore, constituído pelos ramos (com ou sem folhas) ☞ cf. *fronde* **2** saleta ligada à cozinha onde há uma mesa de refeições **3** local em hospitais, hotéis etc. onde são preparadas refeições leves **4** torneio cujo troféu é uma taça **5** parte do chapéu, do boné que cobre a cabeça ▼ ***copas*** *s.f.pl.* RECR **6** um dos quatro naipes do baralho, representado por um coração vermelho

co.pa.do *adj.* que apresenta copa densa e abundante (diz-se de árvore)

co.pa.í.ba *s.f.* BOT **1** nome comum a árvores da família das leguminosas, nativas do Brasil, de boa madeira e com óleo cicatrizante e antitetânico **2** esse óleo

co.pal [pl.: *-ais*] *s.2g.* QUÍM **1** resina secretada pelo jatobá, us. na fabricação de vernizes e colas ■ *adj.2g.* **2** diz-se dessa resina ■ *s.m.* **3** nome comercial dessa resina

co.par.ti.ci.par *v.* {mod. 1} *t.i.* (prep. *de, em*) tomar parte (em algo), juntando-se a outros *<todos os alunos coparticiparam do projeto>* ~ **coparticipação** *s.f.* - **coparticipante** *adj.2g.s.2g.*

co.pá.zio *s.m.* **1** copo grande **2** conteúdo desse copo ◉ GRAM/USO aum.irreg. de *copo*

co.pei.ro *s.m.* empregado doméstico que serve à mesa, atende à porta etc. ◉ COL copeiragem

co.per.ní.cio *s.m.* QUÍM elemento químico sintético [símb.: *Cn*] ☞ cf. *tabela periódica* (no fim do dicionário)

có.pia *s.f.* **1** transcrição de um texto original **2** reprodução de um texto, gravura, filme, fita por meio de impressão, gravação, fotografia etc. **3** imitação de obra de arte ou de trabalho original **4** *fig.* grande quantidade

co.pi.a.dor /ô/ [pl.: *-es*] *adj.s.m.* **1** (o) que copia ■ *s.m.* **2** quem copia textos à mão; copista **3** livro em que se copiam documentos, por decalque ou outro processo

co.pi.ar *v.* {mod. 1} *t.d.* **1** produzir cópia de, por transcrição *<c. um documento>* **2** fazer outra versão de (algo), mantendo as características do original; reproduzir *<c. um CD>* **3** falsificar, plagiar *<c. uma assinatura>* ☐ *t.d. e pron.* **4** (prep. *de*) tomar por modelo; imitar *<o filho copia o pai> <copiam-se no modo de vestir>*

co.pi.des.que *s.m.* **1** revisão de texto para correção e adequação às normas editoriais **2** setor de jornal, editora etc. onde se executa essa revisão ■ *s.2g.* **3** profissional que faz essa revisão ~ **copidescar** *v.t.d.*

co.pi.lo.to /ô/ *s.m.* AER piloto auxiliar de uma aeronave

co.pi.o.so /ô/ [pl.: /ó/; fem.: /ó/] *adj.* **1** em que há abundância; farto, numeroso **2** extenso, longo ~ **copiosidade** *s.f.*

co.pir.rai.te *s.m.* DIR aport. de *copyright*

co.pis.ta *adj.2g.s.2g.* **1** que(m) copia textos à mão, esp. partituras musicais **2** *pej.* (autor) sem originalidade; imitador

co.pla *s.f.* LIT MÚS poesia popular espanhola, de estrofes curtas, ger. cantada com música improvisada

co.po *s.m.* **1** recipiente cilíndrico, sem asa e sem tampa, us. para beber **2** *p.ext.* o conteúdo desse recipiente ◉ GRAM/USO aum.irreg.: *copaço, coparrão, copázio*; dim.irreg.: *copito*

co.po-de-lei.te [pl.: *copos-de-leite*] *s.m.* BOT planta aquática aveludada e de aroma suave, da família do antúrio, do inhame e da taioba, cultivada como ornamental

co.pro.du.zir *v.* {mod. 24} *t.d.* realizar (filmes, peças teatrais etc.) junto com indivíduo(s), empresa(s) etc. ~ **coprodução** *s.f.* - **coprodutor** *adj.s.m.*

co.pro.pri.e.tá.rio *s.m.* indivíduo que, com outro(s), exerce o direito de propriedade sobre um bem não dividido; condômino ~ **copropriedade** *s.f.*

có.pu.la *s.f.* **1** ato sexual; coito **2** ligação, união, vínculo ~ **copulativo** *adj.*

co.pu.lar *v.* {mod. 1} *t.i. e int.* **1** (prep. *com*) ter cópula ('ato sexual') *<o macho copula com a fêmea>* *<esses porcos ainda não copularam>* □ *t.d. e t.d.i.* **2** (prep. *a*) unir, acoplar *<c. os carros (ao reboque)>*

copyright [ing.; pl.: *copyrights*] *s.m.* DIR direito autoral ⇒ pronuncia-se copirráit

[1]**co.que** *s.m.* leve pancada na cabeça com os nós dos dedos [ORIGEM: onomatopaica]

[2]**co.que** *s.m.* QUÍM carvão mineral ou vegetal, us. como combustível na indústria química, na produção de calor etc. [ORIGEM: do ing. *coke* 'id.']

[3]**co.que** *s.m. B* penteado em que o cabelo é enrolado em espiral ou em forma de concha no alto ou na parte posterior da cabeça [ORIGEM: do fr. *coque* 'id.']

co.quei.ro *s.m.* BOT palmeira tropical, litorânea, cujas folhas são us. como cobertura ou em cestaria, as fibras dos frutos como material para cordas, isolamento e estofamento, e os frutos (coco), como alimento; coqueiro-da-baía ◉ COL coqueiral

co.quei.ro-da-ba.í.a [pl.: *coqueiros-da-baía*] *s.m.* BOT coqueiro

co.que.lu.che *s.f.* **1** MED doença infectocontagiosa causada por bacilo e caracterizada por fortes ataques de tosse **2** *fig. infrm.* objeto da preferência e/ou do entusiasmo momentâneo; moda

co.que.te *adj.2g.s.2g.* **1** que(m) procura despertar admiração, ger. apenas pelo prazer de seduzir **2** que(m) é bastante cuidadoso com a aparência pessoal ~ **coquetear** *v.int.* - **coquetismo** *s.m.*

co.que.tel [pl.: *-éis*] *s.m.* **1** drinque que combina bebidas, ger. alcoólicas **2** *p.ext.* combinação de remédios **3** reunião social com iguarias e bebidas

co.que.te.lei.ra *s.f. B* recipiente alongado, com tampa, us. para misturar ingredientes de um coquetel ('drinque')

cor- *pref.* → ***co-***

cor /ó/ [pl.: *-es*] *s.m.* ▸ us. em: **de c.** de memória

cor /ô/ [pl.: *-es*] *s.f.* **1** propriedade dos corpos de absorver ou refletir a luz em maior ou menor grau, produzindo no olho uma sensação característica **2** o que não é preto nem branco **3** colorido, matiz *<c. desbotada>* **4** coloração da pele **5** *fig.* vitalidade de linguagem; realce, colorido

co.ra.ção [pl.: *-ões*] *s.m.* **1** ANAT órgão muscular oco, que recebe o sangue das veias e o impulsiona para as artérias **2** *p.ext.* peito *<levar a mão ao c.>* **3** objeto ou desenho com o formato desse órgão **4** *fig.* símbolo do amor **5** *fig.* a parte mais central ou mais profunda de algo; âmago *<o c. da floresta>* **6** *fig.* a parte mais íntima de um ser **7** generosidade; piedade

co.ra.do *adj.* **1** que tem cor; colorido **2** *p.ext.* que apresenta as faces rosadas ou avermelhadas **3** *p.ext.* tomado de vergonha; vexado **4** tostado ao fogo

co.ra.dou.ro *s.m.* quaradouro

co.ra.gem [pl.: *-ens*] *s.f.* **1** moral e firmeza diante do perigo e dos riscos; bravura **2** capacidade de suportar esforço prolongado **3** *pej.* ousadia; desfaçatez ■ *interj.* **4** exclamação para encorajar, animar

co.ra.jo.so /ô/ [pl.: /ó/; fem.: /ó/] *adj.s.m.* **1** que(m) tem coragem; bravo, valente **2** que(m) é disposto e tem energia diante das situações difíceis ou críticas ■ *adj.* **3** que revela audácia, destemor (diz-se de ato, atitude etc.)

[1]**co.ral** [pl.: *-ais*] *s.m.* **1** ZOO nome comum a diversos animais marítimos, cuja secreção calcárea é responsável pela formação de recifes **2** essa secreção calcária, us. em joias e adornos **3** a cor avermelhada dessa secreção ■ *adj.2g.2n.* **4** que tem essa cor; coralino *<almofadas c.>* **5** diz-se dessa cor *<tom c.>* [ORIGEM: do lat.tar. *corallĭum,ĭi* 'coral']

[2]**co.ral** [pl.: *-ais*] *adj.2g.* MÚS **1** referente a coro ('conjunto de cantores') ■ *s.m.* **2** coro ('conjunto de cantores') [ORIGEM: do lat. *choralis* 'relativo a coro, canto']

[3]**co.ral** [pl.: *-ais*] *s.f.* ZOO cobra-coral [ORIGEM: red. de *cobra-coral*]

co.ra.li.no *adj.* **1** relativo a ou próprio de [1]coral **2** da cor do [1]coral; coral

co.ral-mo.le [pl.: *corais-moles*] *s.m.* ZOO nome comum a ramo de animais marinhos, tropicais, que inclui as águas-vivas, corais e anêmonas-do-mar, cujas colônias têm a forma de um cogumelo

co.ral-pé.treo [pl.: *corais-pétreos*] *s.m.* ZOO nome comum a corais da ordem dos escleractíneos, habitantes de mares quentes, principais formadores de recifes de coral

Co.ra.mi.na ® *s.f.* FARM substância us. como estimulante cardíaco e respiratório

co.ran.te *adj.2g.s.m.* (substância) us. para dar cor

co.rão [pl.: *-ões* e *-ães*] *s.m.* REL → ***ALCORÃO***

co.rar *v.* {mod. 1} *t.d. e int.* **1** (fazer) tomar cor *<a anilina corou a água>* *<esse cabelo não cora, não pega tinta>* **2** tornar(-se) rosado (pele); ruborizar(-se) *<o sol corou seu rosto>* *<morenos não coram facilmente>* **3** tostar pela ação do fogo ou do calor *<c. batatas>* *<por no forno para c.>* **4** quarar □ *int. fig.* **5** ficar envergonhado; acanhar-se *<ela cora quando o vê>*

cor.be.lha *s.f.* cesta, ger. de vime, com arranjos de flores, frutas ou doces

cor.cel [pl.: *-éis*] *s.m.* cavalo muito veloz

cor.ço /ô/ [fem.: *corça* /ô/] *s.m.* ZOO pequeno veado da Europa e da Ásia, de pelo avermelhado e marrom-acinzentado, com galhadas curtas e pontudas ☞ cf. *corso*

cor.co.va *s.f.* **1** corcunda, esp. em animais **2** curvatura muito convexa **3** curva, sinuosidade, volta **4** *B* salto ou pinote de cavalgadura; corcovo

C

cor.co.va.do *adj.* **1** que tem corcova ('curvatura convexa') **2** que tem a coluna vertebral arqueada, voltada para o chão; corcunda

cor.co.var *v.* {mod. 1} *t.d. e int.* **1** arquear (o corpo); curvar(-se) <*o gato corcovou (as costas), espreguiçando*> □ *int.* **2** tornar-se corcunda **3** dar saltos, curvando o dorso para cima (cavalo, burro etc.); corcovear

cor.co.ve.ar *v.* {mod. 5} *int.* **1** corcovar ('dar saltos') **2** arquear o corpo (pessoa); curvar-se **3** mover-se formando curvas <*o trem corcoveia pelo vale*>

cor.co.vo /ô/ [pl.: /ó/] *s.m.* corcova ('salto')

cor.cun.da *s.f.* **1** formação saliente no dorso dos animais; bossa, cacunda, carcunda, corcova **2** curvatura nas costas ou no peito do ser humano; cacunda, carcunda ■ *adj.2g.s.2g.* **3** (pessoa) que tem essa deformidade; cacunda, carcunda

cor.da *s.f.* **1** feixe de fios torcidos em espiral, us. para amarrar, laçar, puxar **2** varal de roupa **3** cabo de brincar de pular **4** mecanismo que aciona relógios, brinquedos etc. **5** fio de tripa, seda ou aço em violões, violinos etc., que produz som ao ser vibrado ▼ ***cordas*** *s.f.pl.* MÚS **6** conjunto dos instrumentos de cordas em uma orquestra ◉ COL cordame ▣ **c. vocal** ANAT ver ***PREGA VOCAL*** ~ **cordoaria** *s.f.* - **cordoeiro** *adj.s.m.*

[1]**cor.da.do** *s.m.* ZOO **1** espécime dos cordados, ramo de animais dotados, ao menos durante uma das fases da vida, de uma notocorda, guelras e cordão nervoso ■ *adj.* **2** relativo aos cordados [ORIGEM: do lat.cien. filo *Chordata*]

[2]**cor.da.do** *adj.* cuja base forma uma curva para dentro (diz-se de folha) [ORIGEM: do lat. *cordātus,a,um* 'referente a coração']

cor.da.me *s.m.* conjunto de cordas ou de cabos; cordame

cor.dão [pl.: *-ões*] *s.m.* **1** corda fina e flexível **2** cadarço **3** adorno de ouro ou prata, us. no pescoço **4** linha ou fila ininterrupta de pessoas ou coisas; cadeia, corda **5** *B* grupo de foliões carnavalescos ▣ **c. umbilical** ANAT estrutura que contém os vasos que ligam o feto à placenta e lhe asseguram oxigênio e nutrientes provindos do sangue da mãe

cor.da.to *adj.* **1** que concorda **2** sensato, judicioso, prudente ~ **cordura** *s.f.*

cor.dei.ro *s.m.* **1** ZOO filhote de carneiro de até um ano de idade **2** *fig.* pessoa pacífica, cândida

[1]**cor.del** [pl.: *-éis*] *s.m.* corda fina e flexível; barbante, cordão [ORIGEM: do fr. *cordeau*, dim. do fr. *corde* 'id.']

[2]**cor.del** [pl.: *-éis*] *s.m.* *B* literatura de cordel [ORIGEM: red. de *literatura de cordel*]

cor-de-ro.sa *s.m.2n.* **1** cor vermelho-clara da flor de certas roseiras ■ *adj.2g.2n.* **2** que tem essa cor <*fitas c.*> **3** *fig.* feliz, venturoso <*período c.*>

cor.di.al [pl.: *-ais*] *adj.2g.* **1** caloroso, franco **2** que revela disposição favorável em relação a outrem **3** em que há boa vontade ou convergência de pontos de vista ■ *s.m.* **4** bebida ou medicamento que fortalece ou conforta

cor.di.a.li.da.de *s.f.* manifestação de afeto e simpatia

cor.di.lhei.ra *s.f.* GEO grande cadeia de montanhas

cor.do.a.lha *s.f.* conjunto de cordas de vários tipos; cordame

cor.do.vão [pl.: *-ões*] *s.m.* couro de cabra curtido, us. esp. para fazer calçados

co.rei.a /éi/ *s.f.* **1** dança, bailado **2** MED síndrome nervosa caracterizada por movimentos involuntários, esp. no ombro e no quadril

co.re.o.gra.fi.a *s.f.* **1** DNÇ arte de criar movimentos e passos de dança **2** DNÇ conjunto desses movimentos e passos **3** *fig.* qualquer sequência de movimentos que lembram uma dança ~ **coreografar** *v.t.d.* - **coreógrafo** *s.m.*

co.re.to /ê/ *s.m.* construção com teto e sem paredes, us. para concertos musicais em praças públicas ▣ **bagunçar** ou **balançar o c.** *B infrm.* intrometer-se numa situação ou atividade, causando confusão ou embaraço (a alguém)

co.ri.á.ceo *adj.* **1** da consistência do couro **2** semelhante ao couro

co.ri.feu *s.m.* **1** regente do coro no antigo teatro grego **2** *p.ext.* líder de um grupo

co.ris.car *v.* {mod. 1} *int.* **1** produzir coriscos; relampejar <*coriscou ao cair a tarde*> ☞ nesta acp., é impessoal, exceto quando fig. **2** brilhar como um corisco; cintilar ☞ nesta acp., só us. nas 3as p., exceto quando fig.

co.ris.co *s.m.* faísca elétrica da atmosfera; raio ◉ COL coriscada

co.ris.ta *adj.2g.s.2g.* **1** MÚS que(m) canta em coro **2** MÚS TEAT (mulher) que dança e canta em teatros de revista, musicais etc.

co.ri.za *s.f.* MED corrimento nasal decorrente de inflamação ou alergia; defluxo

cor.ja *s.f.* grupo de indivíduos grosseiros, de má índole; malta, súcia

cór.nea *s.f.* ANAT membrana transparente que forma a parte anterior do olho

cor.ne.ar *v.* {mod. 5} *t.d.* **1** golpear com os cornos; chifrar **2** *fig. infrm.* ser infiel a (namorado, cônjuge); trair, chifrar

cór.neo *adj.* **1** relativo a corno, a chifre **2** constituído principalmente por ceratina (como os cornos dos bois, cabras etc.)

cór.ner [pl.: *-es*] *s.m.* FUTB *B* **1** escanteio **2** cada canto do campo de futebol

cor.ne.ta /ê/ *s.f.* MÚS instrumento de sopro feito de metal, com bocal e tubo cilíndrico que termina em forma de cone ~ **cornetear** *v.int.*

cor.ne.tei.ro *s.m.* aquele que toca corneta, esp. num batalhão, para transmitir ordens e sinais

cor.ní.fe.ro *adj.* que tem chifres; cornígero, cornudo

cor.ní.ge.ro *adj.* cornífero

cor.ni.ja *s.f.* ARQ moldura saliente que arremata o alto de fachadas, paredes, portas etc.

cor.no /ô/ [pl.: /ó/] *s.m.* ZOO **1** chifre ■ *adj.s.m. infrm. gros.* **2** que(m) foi traído por namorado, companheiro etc. ◉ GRAM/USO dim.irreg.: *cornicho, cornículo*

cor.nu.có.pia *s.f.* vaso em forma de chifre, que derrama flores e frutos; antigo símbolo da fertilidade e abundância, hoje simboliza a agricultura e o comércio

cor.nu.do *adj.s.m.* **1** (o) que tem cornos; chifrudo **2** *fig. pej.* (homem) traído pela mulher ou namorada; corno

co.ro /ô/ [pl.: /ó/] *s.m.* **1** MÚS conjunto de cantores que cantam em uníssono ou em várias vozes; coral **2** MÚS composição musical para conjunto de cantores **3** *p.ext.* conjunto de quaisquer sons **4** balcão de igreja reservado aos cânticos e ao clero

co.ro.a /ô/ *s.f.* **1** ornamento circular de cabeça que denota realeza, vitória ou enfeite **2** realeza, majestade ou o rei ☞ nesta acp., inicial ger. maiúsc. **3** círculo luminoso que se forma ao redor do Sol ou da Lua **4** parte mais elevada de algo; cocuruto, cume *<c. de morro>* **5** reverso de uma moeda ☞ cf. *cara* ■ *s.2g. B infrm.* **6** pessoa de meia-idade

co.ro.a.ção [pl.: *-ões*] *s.f.* **1** ato ou efeito de coroar **2** cerimônia em que se coroa alguém **3** *fig.* conclusão, arremate perfeito

co.ro.a.do *adj.* **1** que se coroou; guarnecido de coroa **2** arrematado de modo que lembra uma coroa **3** *fig.* que obteve prêmio ou reconhecimento

co.ro.ar *v.* {mod. 1} *t.d.* **1** pôr coroa em **2** estar à volta de; rodear **3** arrematar, completar (ação, tarefa etc.) com excelência *<coroou a narrativa com um desfecho singular>* **4** *fig.* premiar, recompensar **5** satisfazer (desejo, vontade etc.) *<ser mãe coroou o sonho da mulher>* □ *t.d. e t.d.pred.* **6** aclamar como soberano ou pontífice em cerimônia de coroação *<coroaram-no papa>* ~ **coroamento** *s.m.*

co.ro.ca *adj.2g. B pej.* **1** enfraquecido, adoentado ou idoso; caduco, decrépito ■ *s.2g. B pej.* **2** indivíduo velho e feio

co.ro.i.nha *s.2g.* jovem ou criança que ajuda o padre na missa ☞ cf. *acólito*

co.ro.la *s.f.* BOT conjunto das pétalas de uma flor ◉ GRAM/USO dim.irreg.: *corólula*

co.ro.lá.rio *s.m.* **1** verdade que se demonstra incidentalmente, na demonstração de uma outra **2** consequência natural; dedução

co.ro.ná.ria *s.f.* ANAT cada uma das duas artérias que levam oxigênio ao coração

co.ro.na.ri.a.no *adj.* relativo à(s) ou próprio da(s) coronária(s)

co.ro.ná.rio *adj.* que recobre um órgão ou parte do corpo como se fosse uma coroa (diz-se de cada um dos vasos, ligamentos etc.) *<artérias c.>*

co.ro.nel [pl.: *-éis*] *s.m.* **1** AER MIL patente imediatamente acima de tenente-coronel **2** AER MIL oficial que detém essa patente **3** *B* indivíduo, ger. grande proprietário rural, que exerce influência política e econômica em determinada região ~ **coronelato** *s.m.*

co.ro.nel-a.vi.a.dor [pl.: *coronéis-aviadores*] *s.2g.* AER **1** patente logo acima da de tenente-coronel e imediatamente inferior à de brigadeiro **2** oficial que detém essa patente

co.ro.ne.lis.mo *s.m.* POL *B* poder ou influência de uma elite rural sobre a vida política, econômica e social de uma região ~ **coronelista** *adj.2g.s.2g.*

co.ro.nha *s.f.* peça para o encaixe do cano da arma de fogo e para a empunhadura

co.ro.nha.da *s.f.* golpe com a coronha de uma arma

cor.pa.ço *s.m.* **1** grande corpo; corpanzil **2** *B infrm.* corpo muito bonito, bem-feito ◉ GRAM/USO aum. irreg. de *corpo*

cor.pan.zil [pl.: *-is*] *s.m.* corpo grande, forte; corpaço ◉ GRAM/USO aum.irreg. de *corpo*

cor.pe.te /ê/ *s.m.* VEST **1** blusa justa e até a cintura **2** sutiã

cor.po /ô/ [pl.: /ó/] *s.m.* **1** ANAT estrutura física dos animais e do ser humano **2** ANAT no ser humano, o conjunto da cabeça, tronco e membros **3** *p.ext.* o tronco humano ou animal *<c. atarracado>* **4** *p.ext.* compleição física; constituição **5** cadáver **6** *fig.* materialidade do ser *<os prazeres do c.>* ☞ cf. *alma* **7** substância, matéria, tudo o que ocupa lugar *<c. líquido>* **8** parte essencial ou principal de algo **9** conjunto de profissionais **10** GRÁF tamanho de letra impressa ◉ GRAM/USO aum.irreg.: *corpaço, corpanzil*; dim.irreg.: *corpúsculo* ▣ **c. a c.** contato ou luta física ☞ cf. *corpo a corpo* (s.m.) • **c. celeste** ASTR objeto natural existente no espaço, como planeta, estrela etc. • **c. de delito** DIR exame feito por perito, para constatar a existência de crime • **c. discente** conjunto de alunos de um estabelecimento de ensino • **c. docente** conjunto de professores de um estabelecimento de ensino

cor.po a cor.po *s.m.2n. B* **1** luta física **2** *p.ext.* confronto de ideias, opiniões etc. **3** contato direto de um político ou candidato a cargo legislativo com a população ☞ cf. *corpo a corpo* (loc.adv.)

cor.po.ra.ção [pl.: *-ões*] *s.f.* **1** associação de pessoas, freq. da mesma profissão, sujeitas a um mesmo regulamento, visando a um fim comum **2** empresa ou grupo de empresas de grande porte

cor.po.ral [pl.: *-ais*] *adj.2g.* **1** relativo ao corpo, próprio dele ou a ele pertencente **2** que tem corpo; físico **3** que afeta o corpo

cor.po.ra.ti.vis.mo *s.m.* doutrina baseada no agrupamento das classes produtoras em corporações de defesa dos próprios interesses ~ **corporativista** *adj.2g.s.2g.*

cor.po.ra.ti.vo *adj.* relativo a ou próprio de uma corporação

cor.pó.reo *adj.* corporal

cor.po.ri.fi.car *v.* {mod. 1} *t.d.,t.d.i. e pron.* (prep. *em*) (fazer) adquirir corpo, matéria; concretizar(-se), materializar(-se) *<c. um ideia (numa obra de arte)>* *<ela acha que um espírito pode c.-se>* ~ **corporificação** *s.m.*

cor.pu.len.to *adj.* **1** de corpo grande **2** *p.ext.* obeso, gordo **3** *p.ext.* de grande volume ou vulto ~ **corpulência** *s.f.*

cor.pús.cu.lo *s.m.* corpo muito pequeno ◉ GRAM/USO dim.irreg. de *corpo*

cor.re.a.me *s.m.* conjunto de correias

cor.re.ção [pl.: *-ões*] *s.f.* **1** ato ou efeito de pôr em bom estado ou em boa disposição algo que apresenta defeito, erro, falha **2** ato de reparar injustiça, ofensa etc., ou o seu efeito **3** aperfeiçoamento de uma obra, um trabalho etc. **4** comportamento incorrupto; honestidade **5** repreensão ou castigo **6** indicação de erros e acertos em provas, testes etc. ☞ cf. *correição* ▣ **c. monetária** ECON reajuste do valor de um título financeiro, para compensar a perda do poder aquisitivo da moeda ~ **correcional** *adj.2g.s.m.*

cor.re-cor.re [pl.: *corre-corres* e *corres-corres*] *s.m. B infrm.* correria

cor.re.dei.ra *s.f. B* trecho de rio com águas que correm mais ligeiras; cachoeira

cor.re.di.ço *adj.* que desliza ou escorrega facilmente; corredio

cor.re.di.o *adj.* corrediço

cor.re.dor /ô/ [pl.: *-es*] *adj.s.m.* **1** (o) que corre bem **2** *B* (cavalo) de corrida **3** que(m) participa de corridas a pé, de moto etc. ■ *s.m.* **4** passagem mais ou menos estreita no interior de prédio, apartamento etc.

cor.re.ei.ro *s.m.* pessoa que fabrica ou comercializa correias ou outros produtos em que se usa o couro como matéria-prima

cor.re.ge.dor /ô/ [pl.: *-es*] *s.m.* DIR magistrado que fiscaliza e corrige erros de autoridades judiciais

cor.re.ge.do.ri.a *s.f.* DIR **1** cargo, ofício ou jurisdição de corregedor **2** área de jurisdição de um corregedor **3** repartição onde o corregedor exerce seu ofício

cór.re.go *s.m.* **1** *B* pequeno rio com fluxo de água tênue; riacho **2** via estreita e funda entre montanhas; desfiladeiro

cor.rei.a *s.f.* tira resistente, ger. de couro, us. para atar, prender etc. ◉ COL correagem, correame, correadura ~ **correaria** *s.f.*

cor.rei.ção [pl.: *-ões*] *s.f.* **1** conserto de erro, imperfeição etc.; correção **2** ofício de corregedor **3** região sob a alçada de um juiz; comarca **4** *B* fila de formigas ☞ cf. *correção*

cor.rei.o *s.m.* **1** órgão público que recebe e expede correspondência **2** *p.ext.* local onde funciona esse órgão **3** *p.ext.* carteiro **4** correspondência pessoal *<não abriu o c. hoje>* ▣ **c. eletrônico** INTERN **1** troca de mensagens por meios eletrônicos, esp. em rede de computadores **2** mensagem de texto eletrônica

cor.re.la.ção [pl.: *-ões*] *s.f.* **1** ligação mútua entre dois ou mais termos, coisas etc. **2** relação de conformidade; correspondência

cor.re.la.cio.nar *v.* {mod. 1} *t.d.i. e pron.* (prep. *a*, *com*) fazer correlação entre (pessoas, coisas, ideias etc.) *<c. idade cronológica com idade mental>* *<teoria e prática se correlacionam no seu dia a dia>*

cor.re.la.to *adj.s.m.* (o) que apresenta correlação

cor.re.li.gio.ná.rio *adj.s.m.* que(m) é do mesmo grupo, partido, doutrina etc.

cor.ren.te *s.f.* **1** série ou cadeia de argolas, rolos interligados **2** fluxo *<c. de águas, de ar, de pensamento>* **3** correnteza **4** linha de pensamento, de opnião, de ação ■ *adj.2g.* **5** que corre ou flui **6** que, no momento, está passando (diz-se de tempo) **7** que tem curso; vigente **8** que é usual; comum **9** evidente, claro, notório ▣ **c. alternada** ELETR corrente elétrica que inverte periodicamente o sentido do seu fluxo, segundo uma frequência determinada • **c. contínua** ELETR corrente elétrica que flui sempre no mesmo sentido, como a gerada pelas pilhas • **c. elétrica** ELETR fluxo de cargas elétricas através de um condutor • **c. sanguínea** FISL circulação do sangue no corpo

cor.ren.te.za /ê/ *s.f.* fluxo de água ger. forte e contínuo; corrente

cor.ren.ti.o *adj.* **1** que corre com facilidade; corrediço **2** *fig.* que apresenta fluidez; fluente

cor.ren.tis.ta *adj.2g.s.2g. B* que(m) tem conta-corrente em banco

cor.rer *v.* {mod. 8} *int.* **1** deslocar-se velozmente, pelo contato rápido dos pés ou patas com uma superfície *<com o estrondo, os animais correram assustados>* **2** participar de corrida ('competição') **3** fluir ou descer (líquido) *<lágrimas que correm>* **4** decorrer, passar *<o tempo corre depressa>* **5** prosseguir, tramitar *<fazer c. uma ação>* **6** *fig.* tornar-se público; espalhar-se *<a notícia correu pela cidade>* □ *t.d.* **7** percorrer, viajar *<c. toda a França>* **8** mover, fazendo deslizar *<c. as cortinas>* **9** examinar ou percorrer, procurando algo *<c. um livro>* **10** estar sujeito a (risco, perigo etc.) □ *t.d. e t.i.* **11** (prep. *com*) expulsar, enxotar *<corra daqui com esse cão>* □ *t.i.* **12** (prep. *a*, *para*) dirigir-se com pressa (a um lugar) *<c. para casa>* □ *t.d.i.* **13** (prep. *por*) passar delicadamente; deslizar *<c. os dedos pelo rosto>*

cor.re.ri.a *s.f.* **1** ato, processo ou efeito de correr; corre-corre **2** grande pressa; corre-corre **3** tumulto, corre-corre

cor.res.pon.dên.cia *s.f.* **1** relação mútua entre pessoas ou coisas; conformidade **2** intercâmbio de mensagens, cartas etc. entre pessoas **3** conjunto de cartas, telegramas etc.

cor.res.pon.den.te *adj.2g.* **1** que apresenta analogia, semelhança **2** conveniente, adequado ■ *s.2g.* **3** jornalista que envia notícias de outra cidade ou país **4** quem troca correspondência com alguém

cor.res.pon.der *v.* {mod. 8} *t.i.* **1** (prep. *a*) ser equivalente, adequado, proporcional *<sua parte correspondia à metade da herança>* **2** (prep. *a*) responder (a gesto, favor etc.) de modo semelhante; retribuir *<correspondeu ao sorriso do amigo>* □ *pron.* **3** (prep. *com*) comunicar-se por meio de carta *<correspondia-se com a família>*

cor.res.pon.sá.vel [pl.: *-eis*] *adj.2g.s.2g.* que(m) divide responsabilidade com outrem ~ **corresponsabilidade** *s.f.*

cor.re.ta.gem [pl.: *-ens*] *s.f.* **1** atividade ou serviço de um ²corretor **2** comissão recebida por esse serviço ~ **corretar** *v.int.*

cor.re.ti.vo *adj.s.m.* **1** (o) que corrige ou pode corrigir **2** (castigo, punição) que se aplica com o propósito de corrigir **3** (cosmético) que cobre pequenas falhas da pele; corretor

cor.re.to *adj.* **1** sem falha, erros ou defeitos **2** emendado, corrigido **3** que corresponde (a certo padrão, norma etc.); perfeito **4** que apresenta exatidão **5** digno, irrepreensível, honrado (diz-se de pessoa)

¹**cor.re.tor** /ô/ [pl.: *-es*] *adj.s.m.* **1** que(m) corrige **2** (cosmético) que cobre pequenas falhas da epiderme; corretivo [ORIGEM: do lat. *corrēctor,ōris* 'o que emenda, corrige']

²**cor.re.tor** /ô/ [pl.: *-es*] *adj.s.m.* que(m) compra e vende bens de outrem ou ações da bolsa de valores em troca de comissão *<is>* [ORIGEM: do ant. provençal *corratier* 'intermediário']

cor.re.to.ra /ô/ *s.f.* entidade que atua no comércio de títulos e valores de bens móveis

cor.ri.da *s.f.* **1** ato ou efeito de correr **2** ESP competição de velocidade **3** caminho percorrido entre dois pontos; curso **4** nos táxis, quantia a ser paga pelo passageiro por um certo percurso

cor.ri.do *adj.* **1** que correu **2** que passou (diz-se esp. de tempo)

cor.ri.gen.da *s.f.* **1** repreensão, reprimenda **2** documento com lista de erros de uma obra; errata

cor.ri.gir *v.* {mod. 24} *t.d. e pron.* **1** (fazer) tomar a forma correta, melhor; endireitar(-se) *<c. o defeito do aparelho> <o problema da engrenagem corrigiu-se sozinho>* **2** castigar(-se), punir(-se) *<c. os filhos> <os noviços corrigiam-se com cilícios>* □ *t.d.* **3** indicar acertos e erros em (prova, teste etc.) **4** reparar, remediar (injustiça, ofensa etc.) ◉ GRAM/USO part.: *corrigido, correto*

cor.ri.mão [pl.: *-ãos* e *-ões*] *s.m.* barra de apoio para a mão em escadas, rampas etc.

cor.ri.men.to *s.m.* secreção que escorre de um órgão doente

cor.ri.o.la *s.f.* **1** RECR jogo com uma fita dobrada, na qual se metem ponteiros entre as voltas, ganhando quem consegue prender algum desses ponteiros quando a fita se desenrola **2** essa fita **3** *fig. infrm.* laço, artifício com que se engana uma pessoa; armadilha **4** *B infrm.* grupo de pessoas desonestas ou inescrupulosas; súcia, corja

cor.ri.quei.ro *adj.* **1** que é usual; comum, trivial **2** sem graça, estilo ou brilho; desgracioso

cor.ro.bo.rar *v.* {mod. 1} *t.d.* confirmar, comprovar *<sua pesquisa corroborou a hipótese do cientista>* ~ **corroboração** *s.f.*

cor.ro.er *v.* {mod. 9} *t.d. e pron.* **1** consumir(-se) aos poucos; desgastar(-se) *<a água corrói a madeira> <a paixão corrói-se com o tempo>* **2** *fig.* (prep. *de*) destruir(-se) *<a cobiça corrói o homem> <corroía-se de mágoa com a revelação>*

cor.rom.per *v.* {mod. 8} *t.d. e pron.* **1** tornar(-se) estragado; deteriorar(-se) *<a ferrugem corrompe o ferro> <os alimentos expostos corrompem-se facilmente>* **2** (fazer) comportar-se contra a ética, a moral etc.; perverter(-se) *<os hábitos desregrados corrompem os jovens> <corrompeu-se por causa das drogas>* □ *t.d.* **3** alterar, adulterar *<c. um texto>* **4** subornar (pessoa) por interesse próprio ou de outrem *<tentou c. o policial>* ◉ GRAM/USO part.: *corrompido, corrupto*

cor.ro.são [pl.: *-ões*] *s.f.* desgaste gradual de um corpo qualquer (rocha, metal etc.) por agentes externos

cor.ro.si.vo *adj.s.m.* (o) que causa corrosão

cor.ru.ga.do *adj.* que tem rugas ou pregas ~ **corrugar** *v.t.d.,int. e pron.*

cor.rup.ção [pl.: *-ões*] *s.f.* **1** deterioração física de algo; putrefação **2** *fig.* depravação de hábitos, costumes etc.; devassidão **3** oferta de dinheiro ou vantagem em troca de um benefício, ger. ilegal; suborno

cor.ru.pi.ão [pl.: *-ões*] *s.m.* ZOO *B* ave muito conhecida por sua voz e pela capacidade de imitar melodias, com algumas espécies de cor negra e laranja e outras, apenas laranja

cor.ru.pi.ar *v.* {mod. 1} *t.d. e int.* (fazer) girar em torno de um eixo; rodopiar

cor.ru.pi.o *s.m.* RECR **1** brincadeira em que um par rodopia de mãos dadas **2** cata-vento ('brinquedo')

cor.rup.te.la *s.f.* pronúncia ou escrita de palavra, expressão etc. distanciada de linguagem com maior prestígio social

cor.rup.to *adj.* **1** em que houve corrupção; estragado ■ *adj.s.m.* **2** (aquele) que age com desonestidade, ger. em benefício próprio ~ **corruptível** *adj.2g.*

cor.rup.tor /ô/ [pl.: *-es*] *adj.s.m.* **1** (o) que desvirtua (costumes, hábitos etc.) **2** (o) que suborna outra pessoa, em função de interesse próprio ou alheio

cor.sá.rio *s.m.* **1** MAR navio que se dedica à pirataria **2** pirata

¹**cor.so** /ô/ *s.m.* **1** guerra marítima que envolve navio mercante armado ou de guerra **2** antigo desfile carnavalesco de carros enfeitados com serpentinas, fitas etc. ☞ cf. *corço* [ORIGEM: do it. *corsa* 'ação bélica contra navios mercantes inimigos']

²**cor.so** /ô/ *adj.* **1** da Córsega (mar Mediterrâneo) ■ *s.m.* **2** natural ou habitante dessa ilha ☞ cf. *corço* [ORIGEM: do lat. *corsus,a,um* 'id.']

cor.ta.da *s.f.* ESP no tênis e no vôlei, golpe forte e rápido na bola de cima para baixo

cor.ta.do *adj.* **1** que se cortou **2** talhado (diz-se de vestimenta) **3** em que houve interrupção; interrompido, suspenso **4** regularmente interrompido; entremeado

cor.ta.dor [pl.: *-es*] *adj.s.m.* (o) que é us. para cortar (diz-se de qualquer instrumento ou máquina)

cor.ta-fo.go *adj.2g.2n.* que impede a propagação do fogo

cor.ta-ja.ca [pl.: *corta-jacas*] *s.m.* DNÇ dança caracterizada pela movimentação dos pés juntos, quase sem nenhuma flexão das pernas

cor.tan.te *adj.2g.* **1** que corta; afiado **2** *fig.* frio, gélido **3** *fig.* agudo; estridente (som)

cor.tar *v.* {mod. 1} *t.d.* **1** dividir em partes com instrumento afiado ou com as próprias mãos **2** talhar (costura) **3** retirar o excesso de; aparar *<c. o cabelo>* **4** interromper a transmissão de *<c. a energia elétrica>* **5** acabar com; anular *<remédio para c. a febre>* **6** deixar de usar, de consumir **7** sulcar (água de mar, rio etc.) **8** *fig.* cruzar (caminho, rua etc.) *<a rua corta a avenida>* **9** *B infrm.* tomar a dianteira de (veículo) de maneira arriscada; fechar **10** ESP em alguns jogos, interceptar (a bola ou jogada do adversário) □ *t.d. e t.d.i.* **11** (prep. *de*) separar com instrumento afiado *<c. da pizza só uma fatia>* **12** (prep. *de*) eliminar, suprimir *<c. do texto dois parágrafos>* □ *t.d. e pron.* **13** ferir(-se) com objeto cortante *<cortou-se picando legumes>* □ *int.* **14** ser afiado *<esta faca não corta>* **15** ESP dar cortada na bola

cor.te *s.m.* **1** ato ou efeito de cortar(-se) **2** ferimento causado por instrumento cortante **3** fio de faca, tesoura etc. **4** abate de animais em açougue ou matadouro **5** peça de carne de gado cortada esp. para consumo **6** acabamento de uma roupa **7** ato ou efeito de aparar; desbaste **8** supressão de trecho em livro, filme etc. **9** interrupção, suspensão **10** *fig.* rompimento de relação entre pessoas, países etc.

cor.te /ô/ *s.f.* **1** residência de soberano; paço **2** a nobreza que rodeia esse soberano; séquito **3** cidade onde o soberano reside **4** tribunal de justiça ▣ **fazer a c. a** dirigir a (alguém) palavras e gestos amáveis, visando atrair seu amor; cortejar

cor.te.jar *v.* {mod. 1} *t.d.* **1** tratar com cortesia, educação **2** fazer corte a (alguém); galantear **3** *pej.* bajular, adular ~ **cortejador** *adj.s.m.*

cor.te.jo /ê/ *s.m.* **1** saudação solene e especial **2** procissão, comitiva **3** galanteio, amabilidade, gentileza

cor.tês [pl.: *-eses*] *adj.2g.* **1** da corte ('cidade') **2** refinado, civilizado, urbanizado **3** *fig.* delicado nas palavras e ações; gentil

cor.te.sã *s.f.* **1** antiga dama da corte, favorita do rei **2** prostituta de luxo

cor.te.são [pl.: *-ãos* e *-ões*; fem.: *cortesã*] *adj.* **1** próprio da corte **2** urbanizado, civilizado **3** cortês, refinado ■ *s.m.* **4** quem vive e/ou trabalha na corte **5** indivíduo cortês

cor.te.si.a *s.f.* **1** amabilidade, polidez **2** brinde ou presente

cór.tex /cs/ *s.m.2n.* BIO parte externa de órgão ou estrutura animal ou vegetal

cor.ti.ça *s.f.* BOT **1** camada macia e porosa de alguns troncos e raízes, us. no fabrico de rolhas, boias etc. **2** nome comum a várias árvores que possuem essa camada

cor.ti.ço *s.m.* **1** *fig. B* casa que serve de habitação coletiva para a população pobre; casa de cômodos, cabeça de porco **2** *p.ext. B* aglomerado de casas pobres **3** peça feita de casca de árvore, para alojar colônias de abelhas

cor.ti.coi.de /ói/ *adj.2g.s.m.* BIOQ corticosteroide

cor.ti.cos.te.roi.de /ói/ *adj.2g.s.m.* (grupo de hormônios do córtex suprarrenal ou sintéticos) us. esp. como anti-inflamatórios; corticoide

cor.ti.na *s.f.* peça suspensa, ger. de pano, para cobrir vãos, separar e proteger espaços etc. ▣ **c. de fumaça 1** MAR fumaça espessa lançada pelas chaminés dos navios de guerra para despistar os inimigos **2** *fig.* atitude, gesto etc. feito com o propósito de ocultar, despistar alguma coisa

cor.ti.na.do *s.m.* armação de cortinas que envolve cama ou berço

cor.ti.so.na *s.f.* FARM hormônio extraído das glândulas suprarrenais de animais domésticos e tb. produzido sinteticamente, us. para tratar artrites, alergias etc.

co.ru.ja *s.f.* ZOO **1** ave de hábitos crepusculares e noturnos, com face em forma de coração e voo silencioso, que engole por inteiro pequenos mamíferos, insetos e aranhas, e depois vomita os pelos e fragmentos de ossos ■ *adj.2g. infrm.* **2** muito orgulhoso do que criou ou produziu *<pai c.>* ◉ GRAM/USO masc.: *corujo*; aum.: *corujão*

co.rus.car *v.* {mod. 1} *int.* emitir brilho, luz intensa; reluzir ◉ GRAM/USO só us. nas 3as p., exceto quando fig. ~ **coruscante** *adj.2g.*

cor.ve.ta /ê/ *s.f.* MAR navio de guerra de porte médio e boa mobilidade, menor que a fragata

cor.ví.deo *adj.s.m.* ZOO (espécime) dos corvídeos, família de grandes aves quase cosmopolitas, que inclui as gralhas e corvos, de asas largas, cauda longa, bico grande e forte, ger. pretas ou azul-violeta

cor.vi.na *s.f.* ZOO peixe ósseo, marinho, de dorso dourado com estrias negras e ventre amarelado, com grande valor comercial

cor.vo /ô/ [pl.: /ó/; fem.: *corva* /ô/ e *corvacha*] *s.m.* ZOO grande ave preta, da família dos corvídeos, famosa pela astúcia e inteligência, encontrada em todos os continentes, menos na América do Sul ◉ GRAM/USO dim.irreg.: *corvacho* ~ **corvino** *adj.*

cós *s.m.2n.* faixa de pano reforçada de arremate na cintura de calças, saias etc.

cos.ca *s.f. infrm.* cócega

cos.co.rão [pl.: *-ões*] *s.m.* casca grossa de ferida durante a cicatrização

cos.co.ro /ô/ *s.m.* **1** rigidez, dureza de um tecido que recebeu goma **2** enrugamento da pele **3** crosta

co.ser *v.* {mod. 8} *t.d. e int.* unir com pontos feitos com agulha e linha, fio etc.; costurar ☞ cf. *cozer* ~ **cosedura** *s.f.*

cos.mé.ti.ca *s.f.* **1** ciência de embelezamento físico por meio de produtos próprios **2** indústria desses produtos

cos.mé.ti.co *s.m.* **1** produto de higiene e beleza para pele, cabelos e unhas ☞ mais us. no pl. ■ *adj.* **2** relativo a esse produto **3** *fig.* não substancial, superficial *<medidas c.>*

cos.mo *s.m.* ou **cos.mos** *s.m.2n.* espaço universal, composto de matéria e energia e ordenado segundo suas próprias leis; universo ~ **cósmico** *adj.*

cos.mo.go.ni.a *s.f.* corpo de doutrinas (religiosas, míticas ou científicas) que se ocupa em explicar a origem do universo ☞ cf. *cosmologia*

cos.mo.lo.gi.a *s.f.* ASTR ciência que estuda a origem, a estrutura e a evolução do universo ☞ cf. *cosmogonia* ~ **cosmológico** *adj.*

cos.mo.nau.ta *s.2g.* piloto ou passageiro de nave espacial; astronauta

cos.mo.náu.ti.ca *s.f.* ciência e técnica de pilotagem de naves espaciais

cos.mo.po.li.ta *adj.2g.* **1** relativo a grandes cidades **2** que ocorre em todos os continentes e/ou águas oceânicas (diz-se de organismo, espécie, gênero etc.) ■ *adj.2g.s.2g.* **3** (indivíduo) que viveu em muitos países e não demonstra ligação com sua terra natal **4** *p.ext.* (indivíduo) muito viajado ~ **cosmopolitismo** *s.m.*

cos.mos *s.m.2n.* → ***cosmo***

cos.sa.co *s.m.* **1** indivíduo dos cossacos, povos guerreiros esp. do sul da Rússia, da Ucrânia e da Sibéria **2** soldado do exército russo czarista ■ *adj.* **3** referente a esse indivíduo, soldado ou povo

cos.se.can.te *adj.2g.s.f.* MAT (função) que é definida como o inverso do seno

cos.se.no *s.m.* MAT em um ângulo de um triângulo retângulo, o quociente entre o cateto adjacente e a hipotenusa

cos.ta *s.f.* **1** área próxima ao mar; litoral **1.1** parte do mar junto da terra firme *<navio ancorado na c.>* **2** encosta ▼ ***costas*** *s.f.pl.* **3** ANAT região posterior do tronco correspondente às vértebras; dorso **4** parte de trás de um objeto **5** parte de móvel onde se descansa as costas; encosto

cos.ta.do *s.m.* **1** parte lateral (esp. de barcos) **2** grau de inclinação de um terreno; declive **3** *infrm.* dorso de pessoa; costas **4** cada um dos quatro avós de uma pessoa

cos.te.ar *v.* {mod. 5} *t.d. e int.* **1** navegar ao longo de (costa) *<o navio costeou o litoral gaúcho> <vi a nau c. perto do litoral>* □ *t.d.* **2** percorrer pelas margens *<c. a serra>*

cos.tei.ro *adj.* que se refere a costa

cos.te.la *s.f.* **1** ANAT cada um dos 12 pares de ossos chatos e curvos que formam o tórax **2** *fig. B* a esposa de um homem

cos.te.le.ta /ê/ *s.f.* **1** costela de animais abatidos e comercializados em açougue, junto com a carne **2** CUL prato feito com essa costela **3** *B* faixa de barba junto à orelha; suíça

cos.tu.mar *v.* {mod. 1} *t.d.i. e pron.* **1** (prep. *a*) habituar(-se), adaptar(-se) *<os pais costumam os filhos à disciplina> <costumou-se ao trabalho árduo>* □ *t.d.* **2** ter por hábito *<ela costuma sair cedo>* ☞ nesta acp., o objeto direto será sempre oracional □ *int.* **3** ser comum (fato, ação etc.) *<costuma chover no verão>* ☞ nesta acp., é impessoal

[1]**cos.tu.me** *s.m.* **1** hábito, prática **2** modo de pensar e agir característico de pessoa, povo etc.; comportamento ☞ mais us. no pl. **3** moda **4** particularidade; peculiaridade, vezo [ORIGEM: do lat. *consuetūdo,ĭnis* 'costume, hábito, uso']

[2]**cos.tu.me** *s.m.* VEST **1** traje adequado a ocasiões sociais formais **2** traje social masculino composto ger. de calça comprida, paletó e colete [ORIGEM: do fr. *costume* 'vestimenta especial']

cos.tu.mei.ro *adj.* que é ou se tornou comum, habitual; frequente

cos.tu.ra *s.f.* **1** ato ou efeito de costurar, de unir duas ou mais coisas por meio de pontos feitos com linha, fio etc. e agulha **2** linha que une as partes costuradas **3** profissão, ofício, arte de costurar, esp. roupas

cos.tu.rar *v.* {mod. 1} *t.d. e int.* **1** unir com pontos feitos com agulha e linha *<costurou a bainha da calça> <aprender a c.>* **2** confeccionar (roupas), profissionalmente ou não *<c. vestidos de noiva> <costura naquela fábrica>* □ *t.d. e t.d.i. fig.* **3** (prep. *com*) combinar, articular *<c. um acordo (com a oposição)>* □ *int. fig. B* **4** dirigir um veículo em zigue-zague

cos.tu.rei.ro *adj.s.m.* **1** que(m) trabalha com costura **2** ANAT (músculo) que realiza a flexão da coxa e da perna

co.ta ou **quo.ta** *s.f.* **1** parcela determinada de um todo; quinhão **2** porção determinada ou não de algo **3** fração determinada de um sócio no capital de uma empresa **4** prestação paga por algum objeto **5** tempo de um anunciante em programa ou esquema publicitário

co.ta.ção [pl.: *-ões*] *s.f.* **1** ato de estabelecer preço, valor etc. de algo ou o seu efeito **2** valor de uma mercadoria, moeda etc., estabelecido pelo mercado **3** *fig. infrm.* apreço, consideração

co.tan.gen.te *s.f.* MAT tangente do complemento de um ângulo ou arco

co.ta-par.te [pl.: *cotas-partes*] ou **quo.ta-par.te** [pl.: *quotas-partes*] *s.f.* parte que cabe a cada pessoa na divisão de um todo

co.tar *v.* {mod. 1} *t.d. e t.d.i.* **1** (prep. *a*, *em*) fixar o valor, o preço de *<o governo cotou a gasolina (a três reais)>* □ *t.d.* **2** calcular a medida de *<o geógrafo cotou a cadeia de montanhas>* □ *t.d.pred.* **3** qualificar, tachar *<cotou-o de preguiçoso>*

co.te.jar *v.* {mod. 1} *t.d. e t.d.i.* (prep. *com*) investigar semelhanças e/ou diferenças entre; comparar *<a banca cotejou as provas> <cotejou as hipóteses com os resultados obtidos>*

co.te.jo /ê/ *s.m.* **1** comparação entre pessoas, coisas, elementos etc. **2** confronto entre duas provas tipográficas para detectar erros

C

co.ti.di.a.no ou **quo.ti.di.a.no** *adj.* **1** que é comum a todos os dias; diário **2** *p.ext.* que é comum; banal ■ *s.m.* **3** conjunto de ações realizadas por alguém todos os dias **4** dia a dia

co.ti.lé.do.ne *s.m.* BOT primeira folha que surge depois da germinação da semente, que nutre a planta germinada ~ **cotiledôneo** *adj.*

co.tin.gí.deo *adj.s.m.* ZOO (espécime) dos cotingídeos, família de aves tropicais das Américas, representadas pelas arapongas e afins, muito coloridas, cabeça larga, bico forte e asas grandes

co.tis.ta ou **quo.tis.ta** *adj.2g.s.2g.* (o) que possui cotas de capital, ações etc. em alguma sociedade mercantil

co.ti.zar ou **quo.ti.zar** *v.* {mod. 1} *t.d.* **1** dividir em cotas *<c. dívida>* □ *pron.* **2** contribuir individualmente

co.to /ô/ *s.m.* **1** parte restante de braço ou perna humana amputada **2** *p.ext.* resto de vela, lápis, cigarro etc.

co.tó *adj.* **1** sem rabo ■ *adj.s.m. infrm.* **2** (indivíduo) que tem braço ou perna amputado

co.to.co /ô/ *s.m. B infrm.* **1** coto **2** pequeno pedaço de algo

co.to.ne.te ® *s.m.* haste flexível, com algodão na ponta, us. para limpar ouvido, nariz etc. ☞ marca registrada (*Cotonete*) que passou a designar seu gênero

co.to.ni.cul.tu.ra *s.f.* AGR *B* cultivo de algodão ~ **cotonicultor** *adj.s.m.*

co.to.ve.la.da *s.f.* **1** golpe forte com o cotovelo **2** pressão leve com o cotovelo, us. para chamar a atenção

co.to.ve.lo /ê/ *s.m.* **1** ANAT parte posterior da articulação entre braço e antebraço **2** ANAT protuberância na face externa dessa articulação **3** *p.ext.* parte da manga de uma vestimenta, localizada sobre essa região **4** *p.ext.* ângulo de rio, estrada etc. ▣ **falar pelos c.** *infrm.* falar muito e com desembaraço

co.to.vi.a *s.f.* ZOO ave famosa pelo canto melodioso, de penas marrons ou pardas e garras posteriores compridas e retas, us. como suporte para andar e correr

co.tur.no *s.m.* VEST *B* bota de cano alto com cordões, us. por soldados

coulomb *s.m.* ELETR unidade de medida para a carga elétrica no Sistema Internacional [símb.: *C*]

cou.ra.ça *s.f.* **1** armadura para proteção do tronco dos soldados, de couro ou metal **2** ZOO conjunto de placas ou escamas ósseas que revestem o corpo de certos animais **3** MAR espesso revestimento de aço us. em navios de combate

cou.ra.ça.do *adj.* **1** protegido por couraça, revestimento; encouraçado ■ *s.m.* MAR **2** grande navio de guerra com poderosa artilharia e mísseis; encouraçado

cou.ro *s.m.* tecido curtido e resistente feito da pele de certos animais, us. na confecção de sapatos, roupas, móveis etc. ▣ **c. cabeludo** pele do crânio onde nascem os cabelos • **dar no c.** *fig.* mostrar-se eficiente em algo • **tirar o c. de** *infrm.* **1** falar mal de **2** explorar (alguém) financeiramente **3** forçar (alguém) a realizar um trabalho

cou.ve *s.f.* BOT hortaliça de folha verde-escura e ondulada

cou.ve-flor [pl.: *couves-flor* e *couves-flores*] *s.f.* BOT couve de caule curto, com folhas ger. verde-escuras e muitas hastes com flores brancacentas, carnosas e comestíveis

couvert [fr.; pl.: *couverts*] *s.m. B* **1** conjunto de pratos, talheres, guardanapos etc. postos à mesa para refeição **2** conjunto de alimentos (ger. pão, pastas, azeitonas etc.) que precedem a refeição; entrada **3** preço desse conjunto ⇒ pronuncia-se cuvér

co.va *s.f.* **1** escavação feita na terra para semear **2** *p.ext.* cavidade profunda; caverna **3** buraco na terra onde se enterram cadáveres ◉ GRAM/USO dim. irreg.: *covacho* e *coveta*

co.var.de *adj.2g.s.2g.* **1** que(m) é medroso, sem coragem **2** que(m) é desleal, perverso

co.var.di.a *s.f.* **1** falta de coragem **2** violência contra o mais fraco

co.vei.ro *s.m.* indivíduo que abre covas e enterra os mortos no cemitério

co.vil [pl.: *-is*] *s.m.* **1** cova habitada por animais ferozes; toca **2** *fig.* antro de ladrões, malfeitores etc.

co.vi.nha *s.f.* **1** cova pequena **2** pequena reentrância, esp. nas bochechas das pessoas, quando sorriem, e sob o queixo

co.vo /ó/ *s.m.* **1** cesto comprido, ger. de vime, us. para pescar **2** gaiola para criação de galinhas

co.vo /ô/ *adj.s.m.* (o) que apresenta profundidade, concavidade; côncavo

cowboy [ing.; pl.: *cowboys*] *s.m.* ver ***CAUBÓI*** ⇒ pronuncia-se caubói

co.xa /ô/ *s.f.* ANAT parte da perna entre o quadril e o joelho

co.xe.ar *v.* {mod. 5} *t.i. e int.* (prep. *de*) caminhar apoiando-se mais em uma das pernas; mancar *<c. de um pé> <passou a c. após a cirurgia>*

co.xi.a *s.f.* **1** TEAT espaço situado nas laterais e atrás do palco dos teatros, que não é visto pelo público ☞ mais us. no pl. **2** assento extra nas plateias **3** espaço ocupado por cada cavalo em uma cavalariça

co.xi.lha *s.f. S.* extensão de terra com pequenas e grandes elevações, constituindo uma espécie de ondulação, e na qual se desenvolve a atividade pastoril

co.xim [pl.: *-ins*] *s.m.* **1** leito ou sofá sem costas e sem braços, com colchão fino; divã **2** espécie de almofada us. como assento **3** assento da sela

co.xo /ô/ *adj.s.m. pej.* **1** → ***MANCO*** ■ *adj.* **2** a que falta uma perna ou pé (diz-se de objeto) **3** *fig.* incompleto ou defeituoso ☞ cf. *cocho*

co.ze.du.ra *s.f.* **1** ato ou efeito de cozer; cozimento, cocção **1.1** ato ou efeito de cozer matérias-primas, preparando-as para uso nos diferentes ramos da indústria

co.zer *v.* {mod. 8} *t.d. e int.* cozinhar ☞ cf. *coser*

co.zi.do *adj.* **1** que passou por cozimento ■ *s.m.* CUL **2** prato composto de carnes e legumes cozidos

co.zi.men.to *s.m.* ato ou efeito de cozer; cozedura, cocção

co.zi.nha *s.f.* **1** local, numa residência, restaurante etc. onde se preparam alimentos **2** arte ou técnica de preparo dos alimentos **3** conjunto de pratos característicos de um país ou região

co.zi.nhar *v.* {mod. 1} *t.d. e int.* **1** preparar (alimentos) ger. pela ação do fogo; cozer *<c. batatas> <ela cozinha bem>* **2** *infrm.* embromar, enrolar *<cozinhou (o chefe) até acabar o relatório>* ☐ *t.d. p.ext.* **3** submeter à ação do fogo; cozer *<c. tijolos>*

co.zi.nhei.ro *s.m.* quem cozinha, esp. como profissão

CPF *s.m.* sigla de *cadastro de pessoa física*

CPI *s.f.* sigla de comissão parlamentar de inquérito

CPU [ing.] *s.f.* INF sigla de *central processing unit* (unidade central de processamento), *UCP*

Cr QUÍM símbolo de *cromo*

cra.ca *s.f.* ZOO nome comum a crustáceos marinhos que vivem presos a rochas, corais e objetos flutuantes, fechados em uma carapaça semelhante a um pequeno vulcão

cra.chá *s.m.* cartão de identificação que se usa preso à roupa ou pendurado ao pescoço

crack [ing.; pl.: *cracks*] *s.m.* QUÍM droga de uso ilegal, que mistura cocaína, bicarbonato de sódio etc., ger. em forma de cristais que se fumam ⇒ pronuncia-se crac

crâ.nio *s.m.* **1** ANAT caixa óssea que envolve o cérebro **2** *p.ext.* o cérebro, fonte do pensamento **3** *p.ext. infrm.* pessoa muito inteligente ~ **craniano** *adj.*

crá.pu.la *adj.2g.s.2g.* **1** canalha **2** devasso ■ *s.f.* **3** vida desregrada; devassidão ~ **crapuloso** *adj.*

[1]**cra.que** *s.2g.* **1** quem é muito bom no que faz ■ *s.m.* **2** cavalo de corrida com desempenho excelente [ORIGEM: do ing. *crack* 'o que tem capacidade superior']

[2]**cra.que** *s.m.* **1** queda acentuada na cotação de bolsas de valores **2** *p.ext.* ruína financeira [ORIGEM: do ing. *crash* 'queda súbita de negócios, valores etc.']

cra.se *s.f.* GRAM **1** contração da prep. *a* com o artigo *a* ou com pronomes demonstrativos iniciados por *a* **2** acento grave que indica essa contração (`) ~ **crasear** *v.t.d.*

cras.so *adj.* **1** espesso, denso **2** *fig.* grosseiro *<erro c.>* ~ **crassidade** *s.f.* - **crassitude** *s.f.*

cra.te.ra *s.f.* **1** boca por onde saem a lava e os gases do vulcão **2** *p.ext.* grande buraco, cova aberta em uma superfície

cra.var *v.* {mod. 1} *t.d.,t.d.i. e pron.* **1** (prep. *em*) (fazer) penetrar à força e com profundidade *<c. pregos> <c. o punhal no inimigo> <c.-se a raiz no solo>* ☐ *t.d.i. fig.* **2** (prep. *em*) fixar (o olhar) [em alguém ou algo] *<cravou os olhos na moça>* **3** (prep. *em*) fixar (pedraria) [em joias, peças etc.]; engastar, embutir *<c. a safira no anel>*

cra.vei.ro *s.m.* **1** BOT erva de flores vermelhas, brancas ou variadas e frutos em forma de cápsula, muito cultivada como ornamental **2** serralheiro que faz cravos de ferraduras

cra.vei.ro-da-ín.dia [pl.: *craveiros-da-índia*] *s.m.* BOT árvore de até 15 m, nativa da Indonésia, com madeira de qualidade, flores róseas ou vermelhas, esp. cultivada pelo botão de sua flor

cra.ve.jar *v.* {mod. 1} *t.d. e t.d.i.* **1** fixar usando cravos, pregos etc. *<c. um quadro> <cravejaram-no na cruz>* ☐ *t.d.i.* **2** (prep. *em*) embutir (pedraria) [em peça, joia]; cravar, engastar *<c. brilhantes no bracelete>* **3** *fig.* (prep. *com, de*) pôr (algo) intercaladamente em; entremear *<Deus cravejou o céu de estrelas>* ~ **cravejado** *adj.*

cra.ve.lha /ê/ *s.f.* MÚS chave com que se esticam as cordas dos instrumentos musicais, para afiná-los

[1]**cra.vo** *s.m.* **1** BOT flor do craveiro **2** botão seco da flor do craveiro-da-índia, us. como condimento; cravo-da-índia **3** prego quadrangular de ferradura **4** HIST prego com que se fixavam as mãos e os pés dos condenados à cruz **5** calo em forma de cone na planta do pé **6** entupimento do poro por gordura e resíduos de pele e poeira [ORIGEM: do lat. *clavus,i* 'prego, cravo']

[2]**cra.vo** *s.m.* MÚS instrumento precursor do piano, com um ou dois teclados, cujo som é produzido por palhetas internas que puxam as cordas, fazendo-as vibrar [ORIGEM: duv., talvez adp. do fr. *clavier* 'teclado'] ~ **cravista** *s.2g.*

cra.vo-da-ín.dia [pl.: *cravos-da-índia*] *s.m.* [1]cravo ('botão seco')

crawl [ing.; pl.: *crawls*] *s.m.* ver ***NADO CRAWL*** ⇒ pronuncia-se cról

cre.che *s.f.* **1** instituição que cuida de crianças pequenas enquanto os pais trabalham **2** escola que recebe crianças até 3 anos e 11 meses, integrante do primeiro segmento da educação infantil

cre.den.ci.al [pl.: *-ais*] *s.f.* **1** cartão de identificação que permite a entrada em certo local, a participação em determinado evento etc. **2** título ou ato que justifica as pretensões de uma pessoa ☞ mais us. no pl. **3** POL documento emitido pelo governo a embaixador ou enviado em país estrangeiro, para se fazer acreditar junto a este ☞ mais us. no pl. ■ *adj.2g.* **4** que dá crédito a alguém

cre.den.ci.ar *v.* {mod. 1} *t.d.* **1** dar credencial ou credenciais a ☐ *t.d.,t.d.i. e pron.* **2** (prep. *a*) tornar(-se) apto (para função, atividade etc.); habilitar(-se) *<c. estagiário (ao cargo efetivo)> <c.-se a uma missão>* ~ **credenciado** *adj.* - **credenciamento** *s.m.*

cre.di.á.rio *s.m.* *B* **1** sistema de venda a prestações **2** dívida contraída nesse sistema ~ **crediarista** *adj.2g.s.2g.*

cre.di.bi.li.da.de *s.f.* **1** qualidade daquilo em que se pode acreditar **2** condição de uma pessoa em que se pode acreditar

cre.di.tar *v.* {mod. 1} *t.d. e pron.* **1** (prep. *em, para*) dar(-se) crédito (a); garantir(-se) *<creditou-o para o cargo> <c.-se na realização da tarefa>* ☐ *t.d.i. e pron.* **2** (prep. *a*) considerar causador, autor ou possuidor de; atribuir *<creditou-lhe o sucesso da peça> <c.-se todo o fracasso>* ☐ *t.d. e t.d.i.* **3** (prep. *em*) depositar (em conta-corrente) *<o pai creditou 100 reais (na conta do filho)>*

cré.di.to *s.m.* **1** segurança de que alguém ou algo é capaz ou veraz; confiança **2** boa reputação; confiabilidade **3** depósito em conta bancária **4** o que é devido a alguém **5** indicação de autoria ou participação em livros, filmes, discos etc. ☞ mais us. no pl. ~ **creditício** *adj.*

cre.do *s.m.* **1** REL oração cristã originariamente em latim, iniciada por credo *in unum Deus Patrem* ('creio em Deus pai') **2** *p.ext.* REL parte da missa em que se recita essa oração **3** crença religiosa; fé **4** doutrina, programa ideológico ou político ■ *interj.* **5** exprime espanto e, por vezes, repulsa; cruz-credo

cre.dor /ô/ [pl.: *-es*] *adj.s.m.* (aquele) a quem se deve

cré.du.lo *adj.s.m.* que(m) acredita com facilidade em qualquer pessoa ou coisa ~ **credulidade** *s.f.*

crei.om [pl.: *-ons*] *s.m.* **1** lápis de grafite macio, us. em desenho **2** *p.ext.* desenho feito com esse tipo de lápis

cre.ma.lhei.ra *s.f.* peça ou trilho dentado para transmissão e transformação do movimento em diversos tipos de engrenagens

cre.mar *v.* {mod. 1} *t.d.* reduzir (cadáver) a cinzas ~ **cremação** *s.f.*

cre.ma.tó.rio *adj.s.m.* (forno) próprio para cremar

cre.me *s.m.* **1** substância espessa e gordurosa que se forma na superfície do leite fervido, us. na produção de diversos alimentos; nata **2** CUL prato doce ou salgado preparado com leite engrossado, ovos e temperos variados **3** qualquer produto pastoso us. na higiene pessoal ou como cosmético **4** cor branco-amarelada semelhante à do creme ■ *adj.2g.2n.* **5** que tem a cor branco-amarelada *<calças creme>* **6** diz-se dessa cor ▣ **c. chantili** CUL chantili

cre.mo.na *s.f.* CONSTR ferragem us. para trancar portas e janelas; carmona

cre.mo.so /ô/ [pl.: /ó/; fem.: /ó/] *adj.* **1** relativo a ou que contém creme **2** que apresenta a consistência de creme ('substância')

cren.ça *s.f.* **1** estado ou condição de quem acredita em alguma coisa ou pessoa **2** religião **3** convicção profunda

cren.di.ce *s.f.* crença supersticiosa, sem base em religiões institucionalizadas; superstição

cren.te *adj.2g.s.2g.* **1** que(m) crê **2** *p.ext.* crédulo; ingênuo **3** que(m) segue uma fé religiosa **4** REL que(m) segue as novas Igrejas protestantes **5** *B pej.* que(m) adere a qualquer das facções consideradas de nível mais popular do protestantismo **6** *B* que(m) tem certeza de alguma coisa *<está c. que vai passar>*

cre.o.li.na *s.f.* QUÍM nome comercial de líquido desinfetante de cheiro forte, composto de óleo de alcatrão mineral e substâncias antissépticas e germicidas

cre.pe *s.m.* **1** tecido leve e crespo **2** faixa de tecido preto us. em sinal de luto **3** CUL panqueca de massa fina

cre.pe.ri.a *s.f.* restaurante especializado em crepes (CUL)

cre.pi.tar *v.* {mod. 1} *int.* produzir estalos ou estalidos por ação do fogo, das brasas *<a madeira crepita na lareira>* ~ **crepitação** *s.f.* - **crepitante** *adj.2g.*

cre.pom [pl.: *-ons*] *s.m.* **1** tecido de seda, lã ou algodão, crespo ou ondulado ■ *adj.s.m.* **2** diz-se de ou papel de seda enrugado

cre.pus.cu.lar [pl.: *-es*] *adj.2g.* **1** relativo a ou próprio de crepúsculo **2** que aparece ou ocorre ao cair da noite **3** *fig.* que declina; que está no fim; decadente

cre.pús.cu.lo *s.m.* **1** claridade entre a noite e o nascer do sol e entre o pôr do sol e a noite **2** *p.ext.* tempo de duração dessa claridade **3** *fig.* decadência; declínio

crer *v.* {mod. 11} *t.d.* e *t.i.* **1** (prep. *em*) ter confiança em; acreditar *<c. que tudo vai dar certo>* *<c. em Deus>* **2** (prep. *em*) ter por certo; confiar *<crê que ele sabe>* *<c. no futuro>* □ *t.d.pred.* e *pron.* **3** presumir(-se), imaginar(-se), julgar(-se) *<ela ainda o cria sincero>* *<ele se crê feliz>*

cres.cen.do *s.m.* **1** MÚS intensificação progressiva de um som musical ☞ cf. *diminuendo* **2** *fig.* aumento, gradação *<ritmo num c.>*

cres.cen.te *adj.2g.* **1** que cresce **2** que está na fase em que apenas a metade da sua superfície voltada para oeste está iluminada (diz-se da Lua) ■ *s.m.* **3** ASTR ver ***QUARTO CRESCENTE*** **4** qualquer coisa em forma de meia-lua **4.1** arma, estandarte ou divisa que simboliza os muçulmanos

cres.cer *v.* {mod. 8} *int.* **1** desenvolver-se progressivamente, por etapas próprias *<é preciso sol para a planta c.>* **2** aumentar (em quantidade, tamanho, intensidade, extensão etc.) *<deixou a barba c.>* **3** tornar-se mais experiente, maduro *<quando esse rapaz vai c.?>* □ *t.i. infrm.* **4** (prep. *para, sobre, contra*) avançar para agredir *<enfurecido, cresceu para o desafeto>*

cres.ci.do *adj.* que cresceu, que adquiriu maior dimensão física

cres.ci.men.to *s.m.* **1** aumento de dimensão, volume ou quantidade **2** ampliação; expansão **3** *fig.* desenvolvimento ou prosperidade

cres.po /ê/ *adj.* **1** que tem superfície áspera; rugoso **2** que apresenta textura ondulada ~ **crespidão** *s.f.*

cres.tar *v.* {mod. 1} *t.d.* e *pron.* **1** queimar(-se) levemente; tostar(-se) *<c. a pele>* *<c.-se na praia>* **2** ressecar por excesso de calor ou de frio *<o sol cresta o pasto>* *<com o frio, todas as folhas vão c.-se>*

cre.tá.ceo *s.m.* GEOL **1** terceiro e mais recente período geológico da era mesozoica, posterior ao Jurássico, em que aparecem os primeiros mamíferos, de pequeno porte, e as primeiras plantas floríferas ☞ este subst. não se usa no plural; inicial maiúsc. ■ *adj.* **2** desse período

cre.ten.se *adj.2g.* **1** de Creta (Grécia) ■ *s.2g.* **2** natural ou habitante dessa ilha do mar Mediterrâneo

cre.ti.ni.ce *s.f.* comportamento, atitude própria de pessoa insolente, atrevida, cínica; cretinismo

cre.ti.nis.mo *s.m.* **1** MED perturbação grave do desenvolvimento físico e intelectual decorrente de uma diminuição da atividade da tireoide **2** *infrm.* cretinice

cre.ti.no *adj.s.m.* **1** *B infrm.* que(m) é insolente ou idiota **2** que(m) sofre de cretinismo (MED)

cre.to.ne *s.m.* tecido grosso de linho ou algodão, us. em colchas, cortinas etc.

cri.a *s.f.* **1** animal recém-nascido ou que ainda mama **2** *p.ext. infrm.* criança **3** *p.ext.* pessoa criada em casa alheia **4** *infrm.* pessoa intelectualmente devedora de outra; seguidor

cri.a.ção [pl.: *-ões*] *s.f.* **1** ação de conceber, inventar, gerar ou de dar nova forma ou uso a algo já existente **2** REL ato divino de dar existência aos seres e ao mundo ☞ inicial maiúsc. **3** produção artística ou intelectual; obra **4** educação de uma pessoa **5** conjunto de animais ger. criados para venda, abate etc.

cri.a.cio.nis.mo *s.m.* REL doutrina segundo a qual o mundo foi criado por Deus a partir do nada ~ **criacionista** *adj.2g.s.2g.*

cri.a.do *adj.* **1** que se criou ■ *s.m.* **2** empregado doméstico ◉ COL criadagem

cri.a.do-mu.do [pl.: *criados-mudos*] *s.m.* mesa de cabeceira

cri.a.dor /ô/ [pl.: *-es*] *adj.s.m.* **1** (o) que cria, produz ■ *s.m.* **2** Deus ☞ inicial maiúsc. **3** pessoa que se ocupa da criação de animais

cri.an.ça *s.f.* **1** ser humano que se encontra na infância **2** filho ■ *adj.2g.s.f.* **3** que(m) age de maneira imatura ◉ COL criançada

cri.an.ça.da *s.f.* **1** grupo de crianças **2** criancice

cri.an.ci.ce *s.f.* ato ou comportamento infantil; criançada

cri.an.ço.la *s.m.* adolescente ou adulto que age como criança

cri.ar *v.* {mod. 1} *t.d.* **1** dar existência a *<Deus criou o homem à sua imagem>* **2** dar origem a; gerar *<para alguns, o big bang criou o universo>* **3** imaginar, inventar (algo ger. original, novo) *<c. uma personagem>* **4** fundar, instituir *<c. um instituição filantrópica>* **5** passar a ter; adquirir *<c. fama>* **6** educar, sustentar *<c. os filhos>* **7** *fig.* alimentar, sustentar *<c. esperança>* **8** cultivar (plantas) **9** desenvolver a criação de (animais) *<c. gado>* □ *t.d.i.* **10** (prep. *para*) ocasionar, causar *<criou transtornos para todos>* □ *t.d.i. e pron.* **11** (prep. *com*) crescer em convívio *<criaram-no com os primos>* *<criou-se com os avós>* □ *pron.* **12** (prep. *em*) crescer (em determinado lugar) *<criou-se no subúrbio>*

cri.a.ti.vi.da.de *s.f.* talento para criar, inventar, inovar; inventividade

cri.a.ti.vo *adj.* **1** que tem criatividade **2** que revela criatividade **3** inovador, original

cri.a.tó.rio *s.m.* local para criação de animais

cri.a.tu.ra *s.f.* **1** ser criado **2** indivíduo, pessoa **3** *p.ext.* ser com características horrendas; monstro

cri.ca *s.f.* *CE* moça jovem, pré-adolescente

cri.ci.ú.ma *s.f.* BOT gramínea cujo caule é us. no fabrico de cestos

cri-cri [pl.: *cri-cris*] *adj.2g.s.2g.* *B infrm.* **1** (o) que se refere apenas a crianças e criados (diz-se de conversa) **2** *p.ext.* (o) que é maçante, que só fala de coisas sem nenhum interesse

cri.cri.lar *v.* {mod. 1} *int.* cantar (o grilo) ◉ GRAM/USO só us. nas 3as p., exceto quando fig.

cri.me *s.m.* **1** ato ilegal; delito **2** ação condenável **3** criminalidade ■ *adj.2g.2n.* **4** criminal *<processo c.>*

cri.mi.nal [pl.: *-ais*] *adj.2g.* **1** concernente a ou que envolve crime; criminoso **2** que se refere a julgamento de crimes

cri.mi.na.li.da.de *s.f.* **1** característica ou estado de quem ou do que é criminal, criminoso **2** caracterização ou qualificação de um crime **3** conjunto dos crimes cometidos em um dado meio histórico e geográfico durante um determinado período; banditismo, crime **4** fenômeno social da prática criminosa, expressa em aspectos qualitativos e quantitativos; crime

cri.mi.na.lis.ta *adj.2g.s.2g.* (advogado) especializado em direito penal e/ou casos criminais

cri.mi.na.lís.ti.ca *s.f.* DIR disciplina que reúne conhecimentos e técnicas necessários à elucidação dos crimes e à descoberta de seus autores

cri.mi.na.li.zar *v.* {mod. 1} *t.d.* considerar como crime

cri.mi.no.lo.gi.a *s.f.* DIR **1** disciplina que se ocupa das teorias do direito criminal ou penal **2** estudo das causas do comportamento antissocial do homem, com base na psicologia e na sociologia

cri.mi.no.so /ô/ [pl.: /ó/; fem.: /ó/] *adj.s.m.* **1** que(m) comete crime ■ *adj.* **2** relativo a crime ou que envolve crime **3** *p.ext.* contrário às leis morais ou sociais

cri.na *s.f.* **1** pelo do alto da cabeça, do pescoço e da cauda de cavalo, zebra etc. **2** tecido áspero, de fibras vegetais, us. para fricção

cri.o.ge.ni.a *s.f.* FÍS estudo da produção de temperaturas muito baixas e de seus fenômenos

cri.o.gê.ni.co *adj.* **1** relativo a criogenia **2** capaz de produzir baixas temperaturas

cri.ou.lo *adj.s.m.* **1** negro nascido no continente americano **1.1** *p.ext.* diz-se de ou qualquer negro ☞ nesta acp. pode ter us. pej. **2** LING diz-se de ou língua derivada do contato de um idioma europeu com línguas nativas (p.ex., os crioulos portugueses da África, Índia, China)

crip.ta *s.f.* **1** galeria ou sala subterrânea us. para sepultamentos **2** *p.ext.* gruta; caverna

crip.to.gra.far *v.* {mod. 1} *t.d.* **1** reproduzir (mensagem) em código secreto, tornando-a inteligível somente para quem conhece esse código **2** INF codificar (informação) de modo que somente destinatários autorizados possam ter acesso a ela

crip.to.gra.fi.a *s.f.* **1** conjunto de princípios e técnicas us. para cifrar a escrita e torná-la ininteligível para os que não tenham acesso às convenções combinadas **2** em operações diplomáticas, militares, criminais etc., modificação codificada de um texto, para impedir sua compreensão pelos que não conhecem seus caracteres ou convenções

crip.to.grá.fi.co *adj.* relativo a ou que utiliza a criptografia *<escrita c.>*

crip.tô.nio *s.m.* QUÍM gás nobre us. em lâmpadas fluorescentes, fotografia, *laser* de ultravioleta etc. [símb.: *Kr*] ☞ cf. *tabela periódica* (no fim do dicionário)

crí.que.te *s.m.* ESP jogo inglês disputado em um gramado, entre duas equipes de 11 jogadores, com uma pequena bola maciça e pás de madeira

cri.sá.li.da *s.f.* ZOO estado intermediário entre o de lagarta e o de borboleta

cri.sân.te.mo *s.m.* BOT planta ornamental nativa da Ásia e sua flor; monsenhor

cri.se *s.f.* **1** MED estado de manifestação aguda ou agravamento de doença física, mental ou emocional **2** manifestação repentina de um sentimento **3** estado de incerteza ou vacilação **4** fase crítica de uma situação **5** momento de desequilíbrio emocional

cris.ma *s.f.* REL **1** entre os católicos, sacramento que confirma o batismo **2** cerimônia em que se celebra esse sacramento ■ *s.m.* REL **3** óleo bento us. nesse sacramento

cris.mar *v.* {mod. 1} *t.d.,int. e pron.* ministrar ou receber a crisma ('sacramento') *<a tia crismou-o quando tinha 15 anos> <o bispo é quem preferentemente pode c.> <crismou-se antes de casar>*

cri.sol [pl.: *-óis*] *s.m.* QUÍM cadinho

cri.só.li.to *s.m.* MINER pedra preciosa da cor do ouro

cris.pa.ção [pl.: *-ões*] *s.f.* **1** ato ou efeito de crispar(-se) **2** ato ou efeito de contrair(-se) em espasmo

cris.par *v.* {mod. 1} *t.d. e pron.* **1** encrespar(-se), enrugar(-se) *<crispou o tecido do bordado> <o milharal crispava-se sob a tempestade>* **2** contrair(-se) em espasmo *<crispou os lábios, escondendo a dor> <as mãos crisparam-se febrilmente>*

cris.ta *s.f.* **1** ZOO saliência carnosa na cabeça de certas aves **2** ZOO ornato de plumas na cabeça de certas aves; topete **3** ZOO protuberância no alto da cabeça ou no dorso de alguns peixes, répteis e anfíbios **4** ponto mais alto *<c. de uma onda>*

cris.tal [pl.: *-ais*] *s.m.* **1** mineral claro e transparente **2** GEOM poliedro com faces planas, regulares e unidas **3** vidro de boa qualidade, muito puro e transparente **4** *p.ext.* objeto feito com esse vidro ■ *adj.2g.* **5** granulado *<açúcar c.>*

cris.ta.lei.ra *s.f.* móvel envidraçado para guardar e expor esp. objetos de cristal

cris.ta.li.no *adj.* **1** claro e transparente como o cristal ■ *s.m.* ANAT **2** ver [1]***LENTE***

cris.ta.li.zar *v.* {mod. 1} *t.d.,int. e pron.* **1** (fazer) adquirir o aspecto, a consistência do cristal *<cristalizou as frutas que sobraram> <o mel verdadeiro (se) cristaliza>* **2** *fig.* imobilizar(-se), estagnar(-se) *<o fanatismo cristalizou suas opiniões> <a doença cristalizara(-se)>* □ *t.d.* CUL **3** tratar ou cobrir com açúcar ~ **cristalização** *s.f.*

cris.tan.da.de *s.f.* conjunto dos povos ou países cristãos ☞ inicial por vezes maiúsc.

cris.tão [pl.: *-ãos*; fem.: *cristã*] *adj.s.m.* REL **1** que(m) professa o cristianismo ■ *adj.* **2** de acordo com o cristianismo *<princípios c.>* ■ *s.m.* ◉ COL cristandade

cris.tão-no.vo [pl.: *cristãos-novos*; fem.: *cristã-nova*] *s.m.* **1** judeu que se converteu ao cristianismo **2** quem se converteu recentemente ao cristianismo

cris.ti.a.nis.mo *s.m.* REL **1** religião que se baseia nos ensinamentos de Jesus Cristo e na crença de ser Ele o filho de Deus ☞ inicial por vezes maiúsc. **2** conjunto das religiões ditas cristãs, baseadas nessa doutrina

cris.ti.a.ni.zar *v.* {mod. 1} *t.d. e pron.* tornar(-se) cristão *<c. os pagãos> <muitos indígenas cristianizaram-se>* ~ **cristianização** *s.f.*

cris.to *s.m.* **1** aquele que é ungido, consagrado [designação única e específica para Jesus, Filho de Deus.] ☞ inicial maiúsc. **2** Messias ☞ inicial maiúsc. **3** representação de Jesus Cristo crucificado **4** *fig.* pessoa que se torna vítima de injustiças ☞ cf. *Jesus Cristo* na parte enciclopédica ◘ **antes de C.** HIST em data anterior ao nascimento de Cristo [abrev.: *a.C.*] • **depois de C.** HIST em data posterior à era cristã [abrev.: *d.C.*]

cri.té.rio *s.m.* **1** norma de avaliação e escolha **2** *p.ext.* capacidade de identificar o que é certo; discernimento **3** *p.ext.* base para uma decisão

cri.te.ri.o.so /ô/ [pl.: /ó/; fem.: /ó/] *adj.* **1** que tem ou mostra critério **2** de bom senso, acertado

crí.ti.ca *s.f.* **1** arte ou técnica de julgar a obra de um autor, período etc. *<c. histórica>* **2** conjunto das pessoas que exercem tal atividade **3** *p.ext.* gênero literário proveniente dessa atividade **4** análise; exame; julgamento **5** *p.ext.* opinião desfavorável; censura

cri.ti.car *v.* {mod. 1} *t.d.* **1** fazer a crítica de (obras, peças, filmes etc.) **2** *p.ext.* apontar defeitos, dizer mal de; depreciar ~ **criticável** *adj.2g.*

crí.ti.co *adj.s.m.* **1** (o) que julga, avalia **2** (o) que censura, deprecia ■ *adj.* **3** que indica crise; grave **4** difícil; embaraçoso ◉ COL crítica

cri.var *v.* {mod. 1} *t.d.* **1** fazer passar por crivo; peneirar *<c. o centeio>* □ *t.d.i. e pron.* **2** (prep. *de*) furar(-se) em muitos pontos *<crivaram o animal de dardos envenenados> <c.-se de espinhos>* **3** *fig.* (prep. *de*) lançar(-se) em grande quantidade; encher(-se) *<crivou-o de insultos> <crivara-se de dúvidas>* **4** *fig.* (prep. *de*) cobrir(-se), encher(-se) [de pintas etc.] *<crivou a toalha de molho> <c.-se de picadas de mosquitos>* ~ **crivado** *adj.*

crí.vel [pl.: *-eis*] *adj.2g.* que se pode crer; acreditável ◉ GRAM/USO sup.abs.sint.: *credibilíssimo*

cri.vo *s.m.* **1** utensílio com o fundo perfurado para separar grãos, fragmentos etc., de acordo com o volume e a espessura; peneira **2** *p.ext.* exame detalhado **3** bordado de bastidor em que se removem alguns fios do tecido, formando uma grade sobre a qual se trabalha; labirinto

CRM *s.m.* sigla de Conselho Regional de Medicina

cro.can.te *adj.2g.* que se quebra, inteiramente ou em partes, com estalidos secos ao ser mordido

cro.chê ou **cro.ché** *s.m.* trabalho feito à mão com uma agulha terminada em gancho, que produz um trançado semelhante ao da malha ou da renda

cro.ci.tar *v.* {mod. 1} *int.* soltar a voz (corvo, coruja etc.) ◉ GRAM/USO só us. nas 3as p., exceto quando fig. ~ **crocitante** *adj.2g.*

cro.co.di.li.a.no *s.m.* ZOO **1** espécime dos crocodilianos, ordem de répteis aquáticos e ovíparos que inclui os crocodilos, jacarés e o gavial, encontrados esp. em regiões tropicais ■ *adj.* **2** relativo a essa ordem

cro.co.di.lo *s.m.* ZOO grande réptil de pele grossa, focinho longo com grandes dentes cônicos, mandíbulas fortes, pernas curtas terminadas em garras e cauda longa

croissant [fr.; pl.: *croissants*] *s.m.* CUL pãozinho de massa leve em forma de meia-lua ⇒ pronuncia-se kroassã

cro.ma.do *adj.* **1** recoberto de cromo ■ *s.m.* **2** parte ou acessório cromado de um veículo qualquer

cro.mar *v.* {mod. 1} *t.d.* aplicar camada de cromo sobre (superfície metálica) ~ **cromagem** *s.f.*

cro.má.ti.ca *s.f.* **1** arte de combinar as cores e os sons **2** ÓPT estudo das propriedades das cores

cro.má.ti.co *adj.* **1** relativo a cores e a semitons musicais **2** referente ou pertencente à cromática

crô.mio *s.m.* QUÍM cromo (elemento químico)

cro.mo *s.m.* **1** QUÍM elemento químico us. no aço inoxidável e no revestimento de metais [símb.: *Cr*]; crômio ☞ cf. *tabela periódica* (no fim do dicionário) **2** figura colorida impressa ou recortada, colada em álbuns, cadernos etc. **3** FOT diapositivo **4** couro macio e resistente us. no fabrico de calçados finos

cro.mos.so.mo ou **cro.mos.so.ma** *s.m.* GEN parte da célula vegetal ou animal que contém os genes determinantes das características desse vegetal ou animal ~ **cromossômico** *adj.*

cro.mo.te.ra.pi.a *s.f.* MED tratamento por meio de luzes de cores diversas ~ **cromoterápico** *adj.*

crô.ni.ca *s.f.* **1** HIST registro de fatos históricos em ordem cronológica **2** LIT pequeno texto ger. baseado em fatos do cotidiano **3** seção ou coluna de jornal sobre tema especializado

crô.ni.co *adj.* **1** que dura muito tempo <*mal c.*> **2** que sofre de doença de longa duração (diz-se de paciente) ~ **cronicidade** *s.f.*

cro.nis.ta *adj.2g.s.2g.* que(m) escreve crônicas

cro.nó.gra.fo *s.m.* aparelho que registra graficamente o tempo que transcorre entre eventos sucessivos

cro.no.gra.ma *s.m.* gráfico com as etapas e os prazos previstos para a execução de um trabalho

cro.no.lo.gi.a *s.f.* **1** estudo do tempo e de suas divisões para distinguir a ordem de ocorrência dos fatos **2** relação de datas e fatos históricos **3** qualquer listagem de situações e eventos na ordem em que aconteceram

cro.no.ló.gi.co *adj.* relativo a cronologia

cro.no.me.trar *v.* {mod. 1} *t.d.* **1** medir com cronômetro a duração de <*c. uma corrida*> **2** *p.ext.* delimitar com rigor a duração de <*o professor cronometra as aulas*> ~ **cronometragem** *s.f.*

cro.nô.me.tro *s.m.* instrumento de precisão capaz de medir o tempo em até frações de segundo ~ **cronométrico** *adj.*

cro.que.te *s.m.* **1** CUL bolinho de forma alongada feito de um creme misturado com carne moída e frito em gordura quente **2** *fig. gros. joc.* pênis

cro.qui *s.m.* ART.PLÁST esboço à mão de desenho, pintura, planta, projeto arquitetônico

cros.ta /ô/ *s.f.* camada endurecida que se forma sobre uma superfície ▣ **c. terrestre** GEOL camada mais externa da litosfera, constituída por rochas relativamente leves

cru *adj.* **1** não cozido **2** *fig.* em fase inicial; não elaborado **3** *fig.* ingênuo; não amadurecido **4** sem piedade; cruel **5** que não passou por uma preparação especial; em estado natural ~ **crueza** *s.f.*

cru.ci.al [pl.: *-ais*] *adj.2g.* **1** fundamental para a existência, para o destino de algo ou alguém **2** de opção inevitável; decisivo **3** em forma de cruz

cru.ci.an.te *adj.2g.* **1** que crucia, crucifica **2** *fig.* que aflige, tortura

cru.ci.ar *v.* {mod. 1} *t.d.* **1** pregar na cruz; crucificar **2** *fig.* atormentar, afligir

cru.cí.fe.ra *s.f.* BOT espécime das crucíferas, família de ervas com várias espécies cultivadas para alimentação, como a mostarda, a couve e o repolho

cru.ci.fe.rá.rio *s.m.* aquele que leva a cruz, esp. nas procissões

cru.ci.fi.car *v.* {mod. 1} *t.d.* **1** pregar na cruz **2** *fig.* atormentar, afligir **3** *fig.* criticar duramente ◉ GRAM/USO part.: *crucificado, crucifixo* ~ **crucificação** *s.f.*

cru.ci.fi.xo /cs/ *s.m.* imagem de Cristo crucificado

cru.el [pl.: *-éis*] *adj.2g.* **1** que gosta de maltratar **2** doloroso; infeliz ◉ GRAM/USO sup.abs.sint.: *crudelíssimo* e *cruelíssimo*

cru.el.da.de *s.f.* **1** característica do que é cruel **2** *p.ext.* prazer em fazer o mal

cru.en.to *adj.* **1** em que se derrama sangue **2** que gosta de derramar sangue; sanguinário

cru.pe *s.m.* MED obstrução da laringe decorrente de infecção, alergia, corpo estranho ou tumor, que provoca tosse, rouquidão e pode levar à asfixia

cru.pi.ê *s.2g.* empregado de cassino que paga e recolhe as apostas

crus.tá.ceo *adj.s.m.* ZOO (espécime) dos crustáceos, animais marinhos artrópodes que têm o corpo recoberto por uma crosta: camarões, cracas, tatuzinhos, lagostas, caranguejos e siris

cruz [pl.: *-es*] *s.f.* **1** GEOM figura formada por dois traços de interseção perpendicular **2** instrumento de tortura e execução formado por duas toras de madeira transversais **3** REL símbolo do cristianismo ☞ inicial maiúsc. **4** *fig.* sofrimento ■ *interj.* **5** indica medo, susto etc. ☞ tb. us. no pl. ◉ GRAM/USO dim. irreg.: *cruzeta* ~ **cruciforme** *adj.2g.*

C

cru.za *s.f.* **1** cruzamento, acasalamento **2** produto do cruzamento *<c. de cavalo com égua>*

cru.za.da *s.f.* **1** HIST na Idade Média, expedição militar e religiosa dos cristãos contra os muçulmanos para recuperar a Terra Santa ou contra quaisquer seitas hereges **2** *p.ext.* empreendimento por causa nobre

[1]**cru.za.do** *adj.* **1** disposto em cruz **2** atravessado; cortado *<caminhos c.>* **3** que resulta de cruzamento; mestiço **4** entrelaçado *<pernas, braços, dedos c.>* **5** que foi interceptado *<linha c.>* ■ *adj.s.m.* **6** (golpe oblíquo) que atinge o rosto do boxeador adversário [ORIGEM: part. de *cruzar*]

[2]**cru.za.do** *adj.s.m.* HIST **1** participante de uma cruzada ■ *s.m.* ECON **2** meio pelo qual eram efetuadas as transações monetárias no Brasil de 28 de fevereiro de 1986 a 15 de janeiro de 1989 [ORIGEM: de *cruzada*, com alt. da desin. *-a* para *-o*] ▣ **c. novo** ECON meio pelo qual eram efetuadas as transações monetárias no Brasil de 16 de janeiro de 1989 a 15 de março de 1990

cru.za.dor /ô/ [pl.: *-es*] *s.m.* MAR navio de guerra de grande porte utilizado em explorações e escolta de comboios etc.

cru.za.men.to *s.m.* **1** disposição em forma de cruz **2** encruzilhada ('ponto') **3** acasalamento ('junção') **4** FUTB ato de passar a bola de grande distância, ger. pelo alto, para fazer a jogada seguir; centro

cru.zar *v.* {mod. 1} *t.d. e pron.* **1** dispor(-se) [uma coisa sobre outra] em cruz □ *t.d.* **2** atravessar, cortar **3** passar através de *<c. a porta>* □ *t.i.* **4** (prep. *com*) deparar-se, encontrar-se *<cruza com o vizinho de manhã>* □ *t.d.i.* **5** (prep. *com*) unir(-se) [macho e fêmea] para procriar; acasalar *<resolveu c. seu cão com o do amigo>*

cruz-cre.do *interj.* credo

cru.zei.ro *s.m.* **1** cruz erguida em lugar público **2** parte da igreja entre a nave e a capela principal **3** viagem turística em navio **4** ECON meio pelo qual eram efetuadas as transações monetárias no Brasil nos períodos de novembro de 1942 a fevereiro de 1967; de junho de 1970 a fevereiro de 1986 e de março de 1990 a julho de 1993 ▣ **c. novo** ECON meio através do qual eram efetuadas transações monetárias no Brasil de março de 1967 a maio de 1970 • **c. real** ECON meio através do qual eram efetuadas transações monetárias no Brasil de agosto de 1993 a julho de 1994

cru.ze.ta /ê/ *s.f.* **1** cruz pequena **2** *SP* trecho de rio onde duas correntezas se cruzam, formando redemoinho **3** CONSTR cada uma das três réguas de madeira em forma de T, us. por topógrafos e pedreiros para nivelar pontos intermediários **4** ENG qualquer peça transversal na extremidade de uma haste, eixo ou equivalente

Cs QUÍM símbolo de *césio*

cte.nó.fo.ro *s.m.* ZOO espécime dos ctenóforos, animais marinhos semelhantes às medusas, com oito faixas de placas com cílios e dois tentáculos

CTI *s.m.* sigla de *centro de terapia intensiva*; UTI

cu *s.m. gros.* o final do intestino grosso, por onde saem as fezes; ânus

Cu QUÍM símbolo de *cobre*

cu.ba *s.f.* **1** grande recipiente de madeira para vinho, vinagre e outros líquidos **2** grande recipiente para fins industriais **3** recipiente de louça ou vidro us. em laboratórios

cu.ba-li.bre [pl.: *cubas-libres*] *s.f.* bebida preparada com rum e refrigerante à base de noz-de-cola

cú.bi.co *adj.* **1** em forma de ou relativo a cubo ('sólido') **2** referente ou pertencente a cubo ('terceira potência') *<metro c.>*

cu.bí.cu.lo *s.m.* **1** pequeno quarto **2** cela de convento ~ **cubicular** *adj.2g.*

cu.bis.mo *s.m.* ART.PLÁST estilo artístico surgido na primeira década do séc. XX, que retratava as formas como se pudessem ser vistas de vários ângulos ao mesmo tempo ☞ inicial maiúsc. ~ **cubista** *adj.2g.s.2g.*

cú.bi.to *s.m.* ANAT ver ***ULNA*** ~ **cubital** *adj.2g.*

cu.bo *s.m.* **1** GEOM sólido de seis faces quadradas de igual tamanho **2** *p.ext.* qualquer objeto com a forma desse sólido **3** MAT terceira potência de um número *<9 é o c. de 3>*

[1]**cu.ca** *s.f.* **1** FOLC ser fantástico us. para assustar as crianças **2** *infrm.* cabeça, cérebro [ORIGEM: ver em [1]*coco* /ô/]

[2]**cu.ca** *s.f.* CUL bolo de origem alemã que, no Brasil, pode ser coberto de maçã ou banana; cuque [ORIGEM: do alemão *Kuchen* 'bolo']

cu.co *s.m.* **1** ZOO pequena ave de bico forte e curvo, cauda longa, plumagem cinzenta no dorso, cujo canto é composto por duas notas **2** *p.ext.* em certos relógios de pêndulo, pássaro mecânico que marca as horas com um canto semelhante ao dessa ave **3** *fig.* esse tipo de relógio

cu-do.ce [pl.: *cus-doces*] *s.2g. B infrm. gros.* pessoa cheia de manhas ou que procura fazer-se de difícil ▣ **fazer c.** *B infrm. gros.* fingir que não quer; bancar o difícil

cu.e.ca *s.f.* ou **cu.e.cas** *s.f.pl.* VEST peça íntima do vestuário masculino us. sob as calças ou bermudas

cu.ei.ro *s.m.* pano leve e macio com que se envolvem os bebês da cintura para baixo

cui.a *s.f.* **1** BOT fruto da cuieira, oval, de casca muito dura **2** vasilha feita desse fruto depois de esvaziado e seco

cui.a.ba.no *adj.* **1** de Cuiabá (MT) ■ *s.m.* **2** natural ou habitante dessa capital

cu.í.ca *s.f.* **1** ZOO marsupial com cerca de 30 cm, cauda longa, peito e barriga de cor amarelo-clara e manchas da mesma cor acima dos olhos **2** MÚS tambor com uma varinha em seu interior em contato com a membrana que, ao ser friccionada, produz um som rouco

cui.da.do *adj.* **1** aprimorado; bem-feito ■ *s.m.* **2** atenção especial; cautela **3** desvelo que se dedica a algo ou alguém ■ *interj.* **4** exprime advertência

cui.da.do.so /ô/ [pl.: /ó/; fem.: /ó/] *adj.* **1** que demonstra cuidado, esmero **2** que demonstra cautela, precaução

cui.dar *v.* {mod. 1} *t.d.,t.i. e int.* **1** (prep. *em*) pensar, ponderar *<c. o que diz> <deve c. muito (em aceitar a oferta) até se decidir>* □ *t.i.* **2** (prep. *em*) prestar atenção; reparar *<c. no que faz>* **3** (prep. *de*) tomar conta; tratar *<c. dos idosos>* □ *t.d.,t.i.,t.d.pred. e pron.* **4** (prep. *de*) supor(-se), julgar(-se) *<não cuidava ser o projeto tão árduo> <não sabia mais o que c. dessa gente> <cuidara-o benfeitor de sua gente> <cuidou-se habilitado para o cargo>* □ *pron.* **5** ter atenção consigo mesmo **6** prevenir-se

cui.ei.ra *s.f.* BOT árvore frondosa nativa do Brasil, de folhas variadas, grandes flores coloridas e frutos ovais (cuias), com mais de 30 cm, de que se fazem vasilhas e instrumentos musicais

cu.jo *pron.rel.* us. para relacionar dois substantivos, sendo o segundo possuidor de algo (característica, qualidade, condição, sentimento etc.) designado pelo primeiro *<a árvore cuja beleza admirava> <os quadros com cuja segurança gastaram uma fortuna> <o amigo em cujo carro aprendeu a dirigir>*

cu.la.tra *s.f.* parte posterior do cano de arma de fogo

cu.lhão [pl.: *-ões*] *s.m. gros.* colhão

cu.li.ná.ria *s.f.* **1** arte e técnica de cozinhar **2** conjunto de pratos típicos de uma região ~ **culinário** *adj.*

cul.mi.nan.te *adj.2g.* que atingiu o mais elevado ou intenso grau, ponto etc.

cul.mi.nar *v.* {mod. 1} *t.i.* (prep. *em, com*) chegar ao auge *<o trabalho culminou em glória>* ~ **culminância** *s.f.*

-́culo *suf.* → *-́ULO*

cu.lo.te *s.m.* **1** excesso de gordura na face exterior da coxa, na altura da cabeça do fêmur **2** calça larga na parte de cima e bem justa nas pernas, própria para montaria ☞ mais us. no pl.

cul.pa *s.f.* **1** responsabilidade por dano causado a outrem **2** falta, delito **3** fato de que resulta um outro fato ruim; causa

cul.pa.do *adj.s.m.* **1** (aquele) que tem culpa **2** (aquele) que é responsável por qualquer falta ou crime

cul.par *v.* {mod. 1} *t.d.,t.d.i. e pron.* **1** (prep. *por*) declarar(-se) responsável por (delito, falta etc.) *<culpou o colega pelo barulho> <teve de c.-se pelo deslize>* □ *t.d.i.* **2** (prep. *por*) apontar (algo) como causa *<culpou a chuva pelo seu atraso>*

cul.pá.vel [pl.: *-eis*] *adj.2g.* passível de ser culpado ~ **culpabilidade** *s.f.*

cul.po.so /ô/ [pl.: /ó/; fem.: /ó/] *adj.* **1** que tem ou sente culpa **2** em que há culpa **2.1** DIR em que há culpa, mas não há intenção *<homicídio c.>* ☞ cf. *doloso*

cul.ti.va.do *adj.* **1** que é objeto de cultivo **2** produzido por tratamento especial *<pérola c.>* **3** *fig.* a que se dedicou atenção **4** *p.ext.* que possui grande cultura

cul.ti.va.dor /ô/ [pl.: *-es*] *adj.s.m.* (o) que cultiva; cultor

cul.ti.var *v.* {mod. 1} *t.d.* **1** plantar com cuidados especiais *<c. horaliças>* **2** criar artificialmente *<c. pérolas>* **3** buscar manter ou conservar *<c. a amabilidade>* **4** passar a ter; criar *<c. amizades>* □ *t.d. e pron.* **5** educar(-se), aperfeiçoar(-se) *<c. o caráter> <c.-se durante a juventude>* ◉ GRAM/USO part.: *cultivado, culto* ~ **cultivável** *adj.2g.*

C

cul.ti.vo *s.m.* ato ou efeito de cultivar (terra, campo etc.); cultura

cul.to *s.m.* **1** reverência a uma divindade **2** *p.ext.* ritual religioso **3** veneração; paixão intensa por alguém ou algo ■ *adj.* **4** que tem cultura ('conhecimento'); instruído

cul.tor /ô/ [pl.: *-es*] *adj.s.m.* **1** cultivador **2** (o) que se dedica a estudar determinado assunto ou personalidade

cul.tu.ar *v.* {mod. 1} *t.d.* tratar como objeto de culto; venerar *<c. um escritor>*

cul.tu.ra *s.f.* **1** ação ou efeito de cultivar a terra; cultivo **2** criação de certos animais **3** conjunto de padrões de comportamento, crenças, costumes, atividades etc. de um grupo social **4** forma ou etapa evolutiva das tradições e dos valores de um lugar ou período específico; civilização **5** *fig.* conhecimento; instrução

cul.tu.ral [pl.: *-ais*] *adj.2g.* **1** referente a ou característico de cultura ('conjunto de padrões') **2** relativo ao conjunto de conhecimentos de um indivíduo ou de um grupo **3** que divulga cultura

cu.ma.ri ou **cu.ma.rim** [pl.: *-ins*] *s.m.* BOT pimenta-malagueta

cum.bu.ca *s.f.* **1** cuia; cabaça **2** armadilha para apanhar macacos feita com essa cabaça

cu.me *s.m.* **1** ponto mais alto de monte, serra etc.; cimo, ápice **2** *fig.* auge, ponto máximo de algo ◉ COL cumeada

cu.me.a.da *s.f.* sucessão de cumes de montanhas

cu.me.ei.ra *s.f.* parte mais alta de um telhado

cúm.pli.ce *adj.2g.s.2g.* **1** que(m) contribui de forma secundária para o crime de outra pessoa **2** *p.ext. infrm.* que(m) colabora com outra pessoa; sócio, parceiro

cum.pli.ci.da.de *s.f.* ação ou modo de agir de quem é cúmplice; parceria

cum.pri.men.tar *v.* {mod. 1} *t.d.,int. e pron.* **1** dirigir cumprimentos (a); saudar(-se) *<quis c. todos os presentes> <ela não gosta de c.> <cumprimentaram-se educadamente>* □ *t.d.i.,int. e pron.* **2** (prep. *por*) felicitar (reciprocamente) [por algo] *<cumprimentaram-no pelo feito> <foi até lá c. ou zombar?> <cumprimentaram-se pela vitória>*

cum.pri.men.to *s.m.* **1** gesto ou palavra de saudação **2** elogio; felicitação ☞ mais us. no pl. **3** execução de algo ☞ cf. *comprimento*

cum.prir *v.* {mod. 24} *t.d.,t.i. e pron.* **1** (prep. *com*) realizar(-se) [algo dito, prometido, proposto etc.] *<fez c. o regulamento> <ele não cumpre (com) a palavra>*

<cumpriu-se com o prometido> □ *t.i.* **2** (prep. *a*) ser da responsabilidade de; caber *<cumpre a nós essa missão>* □ *t.d.* **3** submeter-se, sujeitar-se a *<c. sentença>* **4** completar, atingir *<c. dez anos de prisão>* **5** acatar, obedecer *<c. os mandamentos>* **6** preencher, satisfazer *<c. requisitos>* **7** satisfazer, realizar *<c. a vontade do pai>* □ *int.* **8** convir, valer *<cumpre ficar atento>* □ *pron.* **9** desenvolver-se, desenrolar-se *<o acordo não se cumpriu>* ~ **cumpridor** *adj.s.m.*

cu.mu.lar *v.* {mod. 1} *t.d.,t.d.i.,int. e pron.* acumular ~ **cumulativo** *adj.*

cú.mu.lo *s.m.* **1** grande quantidade de coisas sobrepostas; acúmulo **2** ponto mais alto de algo positivo ou negativo; máximo, auge **3** MET nuvem que lembra um floco de algodão

cú.mu.lo-cir.ro [pl.: *cúmulos-cirros*] *s.m.* MET cirro-cúmulo

cú.mu.lo-es.tra.to [pl.: *cúmulos-estratos*] *s.m.* MET estrato-cúmulo

cú.mu.lo-nim.bo [pl.: *cúmulos-nimbos*] *s.m.* MET nuvem carregada de chuva que toma, por causa dos cristais de gelo, uma forma que lembra a de torres superpostas; nimbo-cúmulo

cu.nei.for.me *adj.2g.* **1** com forma de cunha **2** inscrito, gravado em forma de cunha *<escrita c.>*

cu.nha *s.f.* peça triangular de metal ou madeira que se introduz numa brecha para rachar, ou calçar, ajustar e/ou nivelar algo

cu.nhã *s.f. AMAZ* **1** mulher jovem **2** *CE* empregada doméstica

cu.nha.da *s.f.* irmã de um dos cônjuges em relação ao outro e vice-versa

cu.nha.do *s.m.* irmão de um dos cônjuges em relação ao outro e vice-versa ~ **cunhadio** *s.m.*

cu.nhan.tã ou **cu.nha.tã** *s.f. AMAZ* **1** menina **2** jovem mulher, moça; cunhã

cu.nhar *v.* {mod. 1} *t.d.* **1** imprimir marca em (moeda) **2** transformar (metal) em moeda *<c. o cobre>* **3** *fig.* inventar, criar *<c. uma expressão>* ~ **cunhagem** *s.f.*

cu.nha.tã *s.f.* → ***CUNHANTÃ***

cu.nho *s.m.* **1** peça de ferro para marcar moedas e medalhas **2** *p.ext.* marca deixada por essa peça **3** traço característico de algo; selo, marca, caráter *<texto de c. jornalístico>*

cu.ni.cul.tu.ra *s.f.* criação de coelhos ~ **cunicultor** *adj.s.m.*

cu.pão [pl.: *-ões*] *s.m.* → ***CUPOM***

cu.pi.dez /ê/ [pl.: *-es*] *s.f.* cobiça de bens materiais; ambição

cu.pi.do *s.m.* **1** deus do amor (para os gregos, Eros), representado ger. com asas e arco e flechas, para acertar os corações ☞ inicial maiúsc. **2** *p.ext.* pessoa que promove ou favorece a união de um casal

cú.pi.do *adj.* **1** tomado por intenso desejo **2** ambicioso de dinheiro ou bens materiais

cu.pim [pl.: *-ins*] *s.m.* **1** ZOO nome comum a insetos abundantes nos trópicos, que se alimentam de madeira ou outras matérias vegetais **2** cupinzeiro **3** corcova dos touros, esp. zebus **4** carne dessa corcova

cu.pin.cha *s.2g. infrm.* amigo; camarada

cu.pin.zei.ro *s.m. B* monte de terra e outros resíduos, construído pelos cupins, constituindo o seu ninho; cupim

cu.pom [pl.: *-ons*] ou **cu.pão** [pl.: *-ões*] *s.m.* **1** fração destacável de um título, apólice etc. que dá direito a recebimento de juros e/ou dividendos **2** *p.ext.* cédula ou cartão destacável que dá direito a brindes, encomenda de mercadorias, participação em espetáculos etc.

cu.pres.sá.cea *s.f.* BOT espécime das cupressáceas, família de árvores e arbustos explorados e/ou cultivados pelas madeiras, resinas, frutos e tb. como ornamentais, como os ciprestes ~ **cupressáceo** *adj.*

cu.pu.a.çu *s.m.* BOT **1** fruta amazônica de casca dura e polpa aromática us. em doces, refrescos etc. **2** árvore dessa fruta

cú.pu.la *s.f.* **1** teto curvilíneo; abóbada **2** *fig.* conjunto constituído pelos dirigentes de uma instituição, partido político, empresa etc.; chefia, direção

cu.que *s.m.* CUL *PR* [2]cuca ('bolo')

cú.qui.na *s.f.* CUL *SC* bolo de origem alemã, preparado com farinha de trigo, fermento, ovos, manteiga, às vezes coberto de açúcar; cuca

cu.ra *s.f.* **1** restabelecimento da saúde **2** *fig.* solução; remédio **3** método de secagem de queijo, chouriço etc. ■ *s.m.* **4** vigário de aldeia

cu.ra.çau *s.m.* licor feito com cascas de laranja, cravo, canela etc., originário da ilha de mesmo nome (Antilhas holandesas)

cu.ra.dor /ô/ [pl.: *-es*] *adj.s.m.* DIR que(m) é judicialmente incumbido de zelar pelos interesses e bens dos que estejam impossibilitados de fazê-lo, p.ex. órfãos menores, doentes mentais etc. ▣ **c. de artes** quem organiza e mantém exposições de obras de arte em museus, galerias etc.

cu.ra.do.ri.a *s.f.* DIR função, cargo ou poder de curador

cu.ran.dei.ro *s.m.* quem trata doentes sem habilitação médica, ger. por meio de rezas, beberagens etc. ~ **curandeirice** *s.f.* - **curandeirismo** *s.m.*

cu.rar *v.* {mod. 1} *t.d.,t.d.i.,int. e pron.* **1** (prep. *de*) livrar(-se) [de doença] *<c. enfermos>* *<c. os aldeões de moléstias>* *<este remédio cura>* *<c.-se com um medicamento>* **2** *fig.* (prep. *de*) corrigir(-se) [defeito, vício etc.] □ *t.d.* **3** secar ou defumar (queijo, peixe etc.) ~ **curável** *adj.2g.*

cu.ra.re *s.m.* **1** veneno paralisante extraído de plantas, us. pelos índios em pontas de flechas **2** extrato vegetal us. como relaxante muscular e anestésico

cu.ra.ti.vo *adj.* **1** que cura ■ *s.m.* **2** limpeza e desinfecção de ferimento **3** material ou medicamento us. para esse fim

cu.ra.to *s.m.* **1** função ou residência de cura ('vigário') **2** aldeia pastoreada por um cura ('vigário')

cu.rau *s.m.* CUL papa de milho verde ralado e cozido com leite e açúcar

cu.re.ta /ê/ *s.f.* MED instrumento cirúrgico em forma de colher, us. para raspagem

cu.re.ta.gem [pl.: *-ens*] *s.f.* MED ato cirúrgico de raspagem interna de uma cavidade natural ou patológica ~ **curetar** *v.t.d.*

cú.ria *s.f.* conjunto das pessoas e instituições que auxiliam o papa no governo da Igreja católica

cu.ri.al [pl.: *-ais*] *adj.2g.* referente ou pertencente a cúria

cu.ri.bo.ca ou **ca.ri.bo.ca** *s.2g.* mestiço descendente de índio e branco; caboclo

curie *s.m.* FÍS unidade de medida radiativa [símb.: *Ci*]

cu.ri.mã *s.f.* ZOO *B* espécie de tainha

cu.rin.ga *s.m.* **1** RECR carta de baralho que, em certos jogos, vale para substituir outras **2** *B* pessoa que tem variadas qualidades ou habilidades

cu.ri.ó *s.m.* ZOO pássaro cantor, sendo o macho negro, o lado inferior das asas branco, e a fêmea acastanhada

cú.rio *s.m.* QUÍM elemento químico artificial us. como fonte de calor em baterias termonucleares [símb.: *Cm*] ☞ cf. *tabela periódica* (no fim do dicionário)

cu.ri.o.si.da.de *s.f.* **1** desejo de conhecer, experimentar algo novo **2** *p.ext.* vontade de aprender, pesquisar etc.; interesse intelectual **3** *p.ext. pej.* desejo de saber da vida alheia; indiscrição **4** informação interessante e surpreendente

cu.ri.o.so /ô/ [pl.: /ó/; fem.: /ó/] *adj.s.m.* **1** que(m) tem vontade de saber **2** *p.ext. pej.* que(m) se interessa pela vida alheia; bisbilhoteiro **3** *infrm.* que(m) desempenha uma atividade sem formação regular; amador ■ *adj.* **4** estranho, inesperado

cu.ri.ti.ba.no *adj.* **1** de Curitiba (PR) ■ *s.m.* **2** natural ou habitante dessa capital

cur.ral [pl.: *-ais*] *s.m.* **1** local onde se recolhe o gado **2** *B* armadilha de apanhar peixes

cur.rí.cu.lo *s.m.* **1** programação de um curso ou de matéria a ser examinada **2** *curriculum vitae* ~ **curricular** *adj.2g.*

curriculum vitae [lat.; pl.: *curricula vitae*] *loc.subst.* documento que reúne os dados pessoais, acadêmicos e profissionais de alguém ⇒ pronuncia-se currículum vite

cur.ru.pi.ra *s.m.* → ***CURUPIRA***

curry [ing.; pl.: *curries*] *s.m.* CUL ver ***CARIL*** ⇒ pronuncia-se câri

cur.sar *v.* {mod. 1} *t.d.* **1** fazer um curso de; estudar **2** percorrer, atravessar *<c. a nau os mares>*

cur.si.nho *s.m.* curso preparatório para o exame vestibular

cur.si.vo *adj.s.m.* (escrita) que é traçada de forma corrente, com letra manuscrita

cur.so *s.m.* **1** ato ou efeito de correr; corrida **2** movimento contínuo; trajetória **3** sequência, duração **4** divisão de uma programação de estudos **5** programa de estudos específicos para a atividade ou profissão pretendida **6** *p.ext.* estabelecimento em que se realiza algum ensino sistemático ▣ **c. de água** corrente de água doce

cur.sor /ô/ [pl.: *-es*] *s.m.* **1** peça que corre ao longo de outra **2** INF sinal que se move na tela acompanhando os movimentos do *mouse* **3** INF sinal que pulsa na tela para indicar onde será inserido o próximo caractere ■ *adj.* **4** que se desloca

cur.ta *s.m.* CINE red. de curta-metragem

cur.ta-me.tra.gem [pl.: *curtas-metragens*] *s.m.* CINE filme com duração de até 30 minutos

cur.ti.ção [pl.: *-ões*] *s.f.* **1** ato ou efeito de curtir; curtimento **2** *gír.* experiência agradável, prazer; barato **3** *gír.* pessoa ou coisa que dá prazer, que é agradável; barato

cur.tir *v.* {mod. 24} *t.d.* **1** colocar (couro, pele) de molho em líquido preparado para amaciá-lo e deter a sua decomposição **2** conservar (comida) em molho apropriado, como salmoura, vinagre, azeite **3** *fig.* suportar (sofrimento, dor etc.) **4** *B gír.* aproveitar, desfrutar *<c. as férias>* □ *int. fig.* **5** endurecer, calejar *<os sofrimentos fizeram-no c.>* ~ **curtido** *adj.* - **curtidor** *adj.s.m.* - **curtimento** *s.m.*

[1]**cur.to** *adj.* **1** de pouco comprimento **2** de pouca duração; breve **3** insuficiente, pouco *<o dinheiro está c.>* **4** *fig.* limitado, tacanho *<entendimento c.>* [ORIGEM: lat. *curtus,a,um* 'diminuído, encurtado'] ~ **curteza** *s.f.*

[2]**cur.to** *s.m.* ELETR curto-circuito [ORIGEM: red. de *curto-circuito*]

cur.to-cir.cui.to [pl.: *curtos-circuitos*] *s.m.* **1** ELETR num circuito elétrico, conexão acidental entre os polos que resulta numa passagem excessiva de corrente **2** *p.ext.* colapso no funcionamento de algo; pane

cur.tu.me *s.m.* **1** curtimento de couro, pele etc. **2** estabelecimento em que se exerce essa atividade

cu.rum.ba *s.2g.* *N.E.* **1** andarilho esfarrapado que percorre as estradas **2** pessoa proveniente do sertão, em busca de trabalho **3** sertanejo que, na época da safra, trabalha em canaviais ou engenhos

cu.ru.mim [pl.: *-ins*] ou **cu.ru.mi** *s.m.* *AMAZ* menino

cu.ru.pi.ra ou **cur.ru.pi.ra** *s.m.* FOLC ente fantástico das matas, descrito como um anão de cabelos vermelhos e pés virados para trás

cu.ru.ru *s.m.* ZOO sapo-cururu

cur.va *s.f.* **1** linha, superfície ou espaço em forma de arco **2** trecho de estrada, avenida, rua etc. com essa característica **3** traço que representa graficamente as alterações de algum fenômeno ▼ ***curvas*** *s.f.pl.* **4** as formas arredondadas e bem-feitas do corpo humano, ger. de mulher

cur.va.do *adj.* curvo

cur.var *v.* {mod. 1} *t.d.,int. e pron.* **1** tornar(-se) curvo, arqueado; envergar(-se) *<c. o vento os galhos>* *<o animal curvava por causa da carga>* *<c.-se para passar pela porta>* □ *t.d. e pron.* **2** inclinar (-se) ger. para a frente e para baixo *<c. o corpo>*

<*c.-se para cumprimentar*> **3** submeter(-se), sujeitar(-se) <*sua destreza curvou o adversário*> <*c.-se à vontade dos pais*>

cur.va.tu.ra *s.f.* **1** forma curva de algo **2** ato ou efeito de arquear; inclinação

cur.ve.ta /ê/ *s.f.* **1** curva pequena **2** passo cadenciado do cavalo, levantando e abaixando as patas, esp. as dianteiras ~ **curvetear** *v.t.d. e int.*

cur.vi.lí.neo *adj.* **1** com linhas curvas **2** cujo movimento apresenta curvas

cur.vo *adj.* que tem forma arqueada; inclinado, curvado

cus.co *s.m. RS* cachorro pequeno, vira-lata

cus.cuz *s.m.2n.* CUL **1** *N. N.E.* massa doce de tapioca, farinha de milho ou de arroz com leite de coco e coco ralado, cozida no vapor **1.1** essa mesma massa assada na grelha **2** *MG SP* bolo salgado e temperado cozido no vapor e feito com farinha de milho, legumes, peixe e camarão, ou galinha e ovos cozidos ◉ GRAM/USO admite-se tb. o pl. *cuscuzes*

cus.pa.ra.da *s.f.* **1** grande quantidade de cuspe **2** ato de expelir essa quantidade de cuspe

cus.pe ou **cus.po** *s.m.* saliva

cús.pi.de *s.f.* ponta aguda e ger. alongada

cus.pi.do *adj.* **1** que tem cusparadas **2** *p.ext.* lançado, ejetado, lançado fora (tb. fig.) ▣ **c. e escarrado** *infrm.* muito parecido

cus.pir *v.* {mod. 29} *t.i. e int.* **1** (prep. *em*) lançar cuspe (em) <*c. no chão*> <*vive cuspindo pela rua*> □ *t.d. e int.* **2** expelir pela boca (qualquer substância) <*c. sangue*> <*enjoado, não para de c.*>

cus.ta *s.f.* **1** gasto com alguma coisa ▼ ***custas*** *s.f.pl.* DIR **2** despesas em processos judiciais ▣ **à(s) c.(s) de 1** por conta de **2** com sacrifício de <*construiu a casa à c. da própria saúde*>

cus.tar *v.* {mod. 1} *t.d. e int.* **1** ter determinado preço; valer <*a blusa custa dez reais*> <*a casa custou caro*> □ *t.d. e t.d.i. fig.* **2** (prep. *a*) ser adquirido por determinado preço <*a casa custou milhões (ao homem)*> **3** (prep. *a*) ocasionar (para alguém) [prejuízo material, moral etc.] <*o erro custou (ao jornalista) o emprego*> □ *t.i. e int.* **4** *B* (prep. *a*) ser difícil, trabalhoso ou sofrido <*custou(-lhe) muito aceitar a traição*> **5** *B* (prep. *a*) ser lento; demorar <*a hora custa a passar*> <*custou, mas o resultado saiu!*>

cus.te.ar *v.* {mod. 5} *t.d.* pagar despesas, gasto(s) de; financiar <*c. o estudo de alunos carentes*>

cus.tei.o *s.m.* ato ou efeito de custear; financiamento

cus.to *s.m.* **1** ECON valor de mercado de alguma coisa, calculado com base no capital e no tempo gastos na sua produção e o lucro de seu produtor; preço **2** dificuldade, esforço físico ou intelectual **3** *B* demora; morosidade ▣ **c. Brasil** ECON conjunto dos custos da produção no Brasil em relação aos dos concorrentes estrangeiros • **c. de vida** ECON índice da variação dos preços de bens e serviços, com o qual é possível avaliar o poder de compra dos salários e o valor real da moeda • **a c.** com dificuldade, com esforço • **a todo (o) c.** sem medir esforços <*será eleito a todo c.*>

cus.tó.dia *s.f.* **1** DIR guarda; proteção **2** ato ou efeito de deter pessoa que comete algum delito; detenção **3** *p.ext.* lugar onde se guarda algo em segurança **4** REL ostensório

cus.to.di.ar *v.* {mod. 1} *t.d.* **1** colocar em custódia; proteger, guardar <*custodiou-o até que atingisse a maioridade*> **2** garantir proteção ou guarda a (alguém ou algo); proteger <*agentes vão c. a testemunha*> **3** prender sob custódia <*a polícia custodiou o criminoso*>

cus.tó.dio *adj.* que guarda ou protege <*anjo c.*>

cus.to.so /ô/ [pl.: /ó/; fem.: /ó/] *adj.* **1** que custa; que exige grande despesa; caro, dispendioso **2** que apresenta dificuldade; trabalhoso, árduo

CUT *s.f.* sigla de Central Única dos Trabalhadores

cu.tâ.neo *adj.* relativo à cútis

cu.te.la.ri.a *s.f.* **1** local ou oficina onde são feitos cutelos e/ou outros instrumentos cortantes **2** arte ou técnica de fabricação desses instrumentos

cu.te.lo *s.m.* **1** antigo instrumento de corte, com lâmina semicircular presa a um cabo de madeira **2** instrumento cortante us. para talhar carnes ~ **cuteleiro** *adj.s.m.*

cu.ti.a *s.f.* ZOO roedor de até 60 cm e 4 kg, pelagem curta, áspera e escura no dorso, e cauda curta

cu.tí.cu.la *s.f.* ANAT película que reveste o contorno da unha ~ **cuticular** *adj.2g.*

cu.ti.la.da *s.f.* **1** golpe com cutelo ou outro instrumento de corte **2** corte causado por esse golpe

cú.tis *s.f.2n.* ANAT **1** camada externa da pele humana; epiderme **1.1** pele do rosto; tez

cu.tu.ba *adj.2g. N. N.E.* **1** forte e corajoso; valente **2** de boa aparência; bonito **3** bondoso, simpático **4** inteligente, capaz, esperto **5** importante

cu.tu.cão [pl.: *-ões*] ou **ca.tu.cão** [pl.: *-ões*] *s.m. B infrm.* **1** ato ou efeito de tocar alguém com força, usando a ponta dos dedos e/ou o cotovelo **2** golpe com objeto cortante

cu.tu.car ou **ca.tu.car** *v.* {mod. 1} *t.d. B infrm.* **1** tocar (alguém) com os dedos, o cotovelo etc. para chamar-lhe a atenção **2** introduzir a ponta do dedo ou objeto fino e pontudo em (cavidade, orifício etc.) <*c. o ouvido*> ~ **cutucada/catucada** *s.f.*

CV FÍS símbolo de *cavalo-vapor*

cybercafe [ing.] *s.m.* ver ***CIBERCAFÉ*** ⇒ pronuncia-se saibercafé

czar [pl.: *-es*; fem.: *czarina*], **tsar** [pl.: *-es*; fem.: *tsarina*] ou **tzar** [pl.: *-es*; fem.: *tzarina*] *s.m.* HIST **1** título oficial do soberano russo **2** na Idade Média, título us. por soberanos búlgaros e sérvios

czar.da *s.f.* → ***XARDA***

cza.ri.na, **tsa.ri.na** ou **tza.ri.na** *s.f.* mulher do czar

cza.ris.mo, **tsa.ris.mo** ou **tza.ris.mo** *s.m.* HIST POL regime monárquico que vigorou na Rússia até o início do séc. XX ~ **czarista** *adj.2g.s.2g.* - **tsarista** *adj.2g.s.2g.* - **tzarista** *adj.2g.s.2g.*

Dd

d *s.m.* **1** quarta letra (consoante) do nosso alfabeto ■ *n.ord. (adj.2g.2n.)* **2** diz-se do quarto elemento de uma série *<casa D> <item 1d>* ☞ empr. após um substantivo ou numeral **3** diz-se da quarta classe na escala de poder e riqueza *<classe D>* ◉ GRAM/USO na acp. s.m., pl.: *dd*

dá.bliu ou **dá.blio** *s.m.* nome da letra *w*

-dade *suf.* 'qualidade': *capacidade, solidariedade*

dá.di.va *s.f.* **1** oferta espontânea; presente, doação **2** *fig.* favor; graça *<d. do céu>* ~ **dadivar** *v.t.d.*

da.di.vo.so /ô/ [pl.: /ó/; fem.: /ó/] *adj.* que gosta ou tem o hábito de fazer dádivas; generoso

[1]**da.do** *adj.* **1** que se deu de graça **2** amável, amistoso **3** habituado ou propenso **4** certo, determinado ■ *s.m.* **5** informação que serve de base para a solução de algo **6** *p.ext.* resultado de cálculo, pesquisa etc. **7** informação capaz de identificar um indivíduo **8** INF informação capaz de ser processada por um computador ■ *pron.ind.* **9** não determinado; algum, qualquer [ORIGEM: do lat. *dătus,a,um* 'dado, entregue']

[2]**da.do** *s.m.* objeto cúbico, cujas faces são marcadas por números, naipes, figuras etc., us. em jogos [ORIGEM: duv., talvez do ár. *dad* 'dado de jogo, o jogo' (persa *dada*)]

dag símbolo de *decagrama*

da.í *contr.* **1** desse lugar **2** desse momento **3** então **4** us. para indicar a consequência de algo dito antes *<saiu da sala, d. pensaram que tinha ido embora>* ◉ GRAM/USO contr. da prep *de* com o adv. *aí* ▣ **e d. 1** que importância tem isso? *<Chamou você de criança. E d.?>* **2** e que aconteceu depois? *<A noiva chegou à igreja antes do noivo? E d.?>*

dal símbolo de *decalitro*

da.lai-la.ma [pl.: *dalai-lamas*] *s.m.* REL supremo sacerdote e líder espiritual do Tibete

da.li *contr.* **1** daquele lugar, daquele ponto **2** daquele momento **3** de certo lugar, distante mas não muito ◉ GRAM/USO contr. da prep. *de* com o adv. *ali*

dá.lia *s.f.* **1** BOT planta ornamental e sua flor **2** CINE TEAT TV cartaz, escondido em um objeto de cena ou ao lado da câmera, com o texto que os apresentadores ou intérpretes devem dizer

dál.ma.ta *adj.2g.* **1** da Dalmácia, região do sul da Europa ■ *s.2g.* **2** natural ou habitante dessa região **3** raça de cão de porte médio, de pelo branco com pintas pretas, focinho quadrado e orelhas pendentes **4** esse cão

dal.tô.ni.co *adj.s.m.* (o) que tem daltonismo

dal.to.nis.mo *s.m.* MED incapacidade de perceber ou distinguir certas cores, esp. o vermelho e o verde

dam símbolo de *decâmetro*

da.ma *s.f.* **1** mulher; senhora **2** na dança, mulher que faz par com um cavalheiro **3** RECR carta de baralho com figura de mulher **4** RECR no jogo de damas, cada uma das peças que atinge a última linha de quadrados e passa a ter movimentação livre pelo tabuleiro ▼ ***damas*** *s.f.pl.* RECR **5** jogo para dois parceiros, com dois conjuntos de 12 peças, cada um de uma cor, sobre um tabuleiro dividido em 64 quadrados, em duas cores alternadas; jogo de damas ▣ **d. de honra** jovem que precede a noiva ao entrar na igreja

da.mas.ce.no *adj.* **1** de Damasco (Síria) ■ *s.m.* **2** natural ou habitante dessa capital

da.mas.co *s.m.* **1** BOT fruto de tom alaranjado, com polpa carnuda e suculenta, comestível ao natural e como passa ou doce **2** a cor desse fruto **3** tecido de seda ou lã bordado em relevo, com fios da mesma cor ■ *adj.2g.2n.* **4** da cor do damasco ('fruto'); adamascado *<pano damasco>* **5** diz-se dessa cor *<tom damasco>*

da.mas.quei.ro *s.m.* BOT árvore que atinge de 3 a 10 m, muito cultivada em diversos países, esp. pelo fruto (damasco)

da.na.ção [pl.: *-ões*] *s.f.* **1** decadência completa; ruína **2** REL condenação às penas do inferno **3** condenação, desgraça **4** raiva, fúria

da.na.do *adj.* **1** raivoso; irado **2** *infrm.* habilidoso; inteligente *<é d. para fazer contas>* **3** *infrm.* levado, travesso **4** de grande proporção; imenso *<um trabalho d.>* **5** condenado ao inferno **6** que tem raiva ('doença'); hidrófobo

da.nar *v.* {mod. 1} *t.d. e pron.* **1** (fazer) sofrer mal, perda ou prejuízo; prejudicar(-se), estragar(-se) *<ler no escuro pode d. a vista> <d.-se nos espinhos>* **2** passar ou adquirir hidrofobia ('raiva') **3** *fig.* tornar(-se) zangado, furioso; enraivecer(-se) *<seus modos danavam o pai> <d.-se com as broncas>* □ *t.i. B* **4** (prep. *a*) iniciar (ação) com ímpeto e vontade *<d. a chorar>* □ *pron.* **5** ter dificuldade em algo; extenuar-se **6** *B infrm.* sair-se mal; dançar ◉ GRAM/USO na acp. 4, é v.aux. e exprime 'começo de ação'

dan.ça *s.f.* **1** arte e/ou técnica de dançar **2** conjunto de movimentos ritmados do corpo, executados ger. ao som de música; bailado **3** estilo, gênero ou modo particular de dançar **4** reunião de pessoas com o propósito de dançar; baile **5** *fig. infrm.* movimentação ou empenho para obter voto, favor, distinção etc.

dan.çan.te *adj.2g.s.2g.* **1** dançarino ■ *adj.2g.* **2** em que há dança **3** que é próprio para dançar ou estimula a dança

dan.çar *v.* {mod. 1} *t.d. e int.* **1** movimentar o corpo em (certo ritmo), ger. seguindo música □ *int.* **2** *p.ext.* ir de um lado a outro; balançar **3** *fig.* estar largo, bambo *<a roupa dança no corpo>* **4** *fig. B gír.* sair-se mal; danar-se *<não se precaveu e dançou>* **5** *B gír.* perder oportunidade, benefício, vantagem *<quem se atrasar dança>* **6** *B gír.* deixar de acontecer ou não dar certo *<nosso passeio dançou>*

dan.ça.ri.no *adj.s.m.* que(m) gosta de dançar ou o faz profissionalmente; dançante

dan.ce.te.ri.a *s.f.* estabelecimento comercial de lazer, no qual se pode dançar, comer e beber

dân.di *s.m.* **1** homem que se veste com elegância e requinte **2** *p.ext.* homem que se veste e se comporta com afetação e delicadeza ~ **dandismo** *s.m.*

da.ni.fi.car *v.* {mod. 1} *t.d. e pron.* **1** (fazer) sofrer prejuízo material ou moral; estragar(-se) **2** (fazer) funcionar mal ou não funcionar; quebrar, enguiçar *<alta temperatura pode d. o aparelho> <o celular danificou-se ao cair>* ~ **danificação** *s.f.*

da.ni.nho *adj.* danoso

da.no *s.m.* **1** ato ou efeito de danar(-se); malefício, prejuízo **2** estrago, deterioração

da.no.so /ô/ [pl.: /ó/; fem.: /ó/] *adj.* que causa dano; daninho

dan.tes.co /ê/ *adj.* **1** relativo a Dante Alighieri ou a sua obra ☞ cf. *Dante Alighieri* na parte enciclopédica **2** *fig.* de grande horror; pavoroso

da.nu.ra *s.f. infrm.* **1** *C.-O.* arte de criança; travessura **2** *C.-O.* perseverança para alcançar algo **3** *TO* mania ou teima

-dão *suf.* 'qualidade': *escuridão, prontidão*

da.que.le *contr.* **1** designa o que se encontra espacialmente distante dos interlocutores e, no tempo, foi mencionado antes do momento em que se fala *<a casa fica d. lado> <precisamos falar d. assunto>* ▼ ***daqueles*** *contr.* **2** *B infrm.* us. no sentido de 'fora do comum', 'especial' *<foi uma vitória daquelas>* ◉ GRAM/USO contr. da prep. *de* com o pron.dem. *aquele*; fem.: *daquela*; pl.: *daqueles, daquelas*

da.qui *contr.* **1** deste lugar, deste ponto **2** deste momento, deste dia ◉ GRAM/USO contr. da prep. *de* com o adv. *aqui*

da.qui.lo *contr.* **1** de algo que se encontra espacialmente distante tanto do falante como do ouvinte *<quero um pedaço d. que está na prateleira>* **2** de algo a que se referiu num momento anterior ao da fala *<lembra-se d. que você me prometeu?>* ◉ GRAM/USO contr. da prep. *de* com o pron.dem. *aquilo*

dar *v.* {mod. 6} *t.d.i.* **1** (prep. *a*) pôr na posse de; entregar *<d. dinheiro a um necessitado>* **2** (prep. *a*) oferecer como presente *<deu ao filho uma bicicleta>* **3** (prep. *a*) pôr à disposição de; oferecer, conceder *<d. proteção aos fracos>* **4** (prep. *a*) tornar possível por consentimento, autorização; conceder, permitir *<deu entrada aos visitantes>* □ *t.d. e t.d.i.* **5** (prep. *a, para*) fazer doação de (algo) [para pessoa, instituição etc.] *<deu livros (para os alunos)>* **6** (prep. *a, para*) realizar, promover (evento, curso etc.) *<d. uma palestra (aos estagiários)>* **7** (prep. *a*) passar (informação, ordem, mensagem, aviso etc.) [a alguém] *<deu ordem de parar (aos músicos)>* **8** (prep. *a*) ser a causa de; provocar, suscitar *<a aula deu sono (aos alunos)>* **9** (prep. *a*) manifestar, expressar *<d. conselho (aos filhos)>* **10** (prep. *em*) aplicar, desferir *<d. uma bofetada (no inimigo)>* **11** (prep. *a*) ministrar, administrar *<d. remédio (ao doente)>* □ *t.d.* **12** gerar, produzir *<vacas dão leite>* **13** apresentar *<d. explicação>* **14** emitir, soltar *<d. um grito>* **15** passar, aplicar *<d. uma demão de tinta>* **16** bater, soar *<o relógio deu uma hora>* **17** infestar-se de (uma praga, p.ex.) *<a cômoda deu bicho>* □ *t.d.pred.* **18** ter na conta de; considerar *<d. o texto como pronto>* □ *int.* **19** ser capaz de passar por ou estar contido em; caber *<a cama não dá aqui>* □ *t.i.* **20** (prep. *em*) dar golpes; bater *<deu muito no pobre animal>* □ *pron.* **21** acontecer, ocorrer *<o fato deu-se ontem>* **22** (prep. *com*) ter contato com; relacionar-se *<d.-se com os vizinhos>* ▣ **d. com** encontrar, topar • **d. para 1** demonstrar qualidades ou características para ser **2** mostrar repetida tendência para **3** sentir o impulso de; começar a, desatar a **4** ser o suficiente para; bastar **5** abrir-se para (uma vista); ter vista para ou sobre **6** dar acesso, ser passagem para

dar.de.jar *v.* {mod. 1} *t.d. e int.* **1** lançar dardo(s) contra *<os lutadores antigos sabiam d. (o inimigo)>* □ *int.* **2** emitir brilho; cintilar *<o sol dardejava no horizonte>* ~ **dardejante** *adj.2g.*

dar.do *s.m.* **1** arma constituída por uma haste de madeira com uma ponta de ferro e que se arremessa horizontalmente **2** ESP haste semelhante à arma, us. em provas de arremesso a distância

DARF *s.m.* sigla de documento de arrecadação da Receita Federal

darms.tád.tio *s.m.* QUÍM elemento químico sintético [símb.: *Ds*] ☞ cf. *tabela periódica* (no fim do dicionário)

dar.wi.nis.mo *s.m.* BIO teoria de evolução que se baseia na seleção natural para explicar origem, transformação e perpetuação das espécies, fundamentada nas ideias de Charles Darwin ☞ cf. *Darwin* na parte enciclopédica ~ **darwinista** *adj.2g.s.2g.*

da.si.po.dí.deo *adj.s.m.* ZOO (espécime) dos dasipodídeos, família de mamíferos desdentados, conhecidos popularmente como tatus

da.ta *s.f.* **1** indicação de ano, mês e/ou dia **2** *p.ext.* período de tempo, época *<naquela d. eu não era nascido>*

da.tar *v.* {mod. 1} *t.d.* **1** pôr em (algo) a data de conclusão, emissão etc. *<d. uma carta>* **2** atribuir, por suposição ou indício, uma data a *<d. fósseis>* ☐ *int.* **3** existir a partir de *<a cidade data da era medieval>* **4** *p.ext.* ocorrer, acontecer (em uma data) *<o Descobrimento data de 1500>* ~ **datado** *adj.*

da.ti.lo.gra.far *v.* {mod. 1} *t.d. e int.* escrever à máquina datilográfica *<d. um contrato> <sabe d. muito bem>*

da.ti.lo.gra.fi.a *s.f.* técnica de escrever com máquina datilográfica

da.ti.lo.grá.fi.co *adj.* relativo a datilografia

da.ti.los.co.pi.a *s.f.* técnica para registrar e identificar impressões digitais ~ **datiloscópico** *adj.* - **datiloscopista** *adj.2g.s.2g.*

dB FÍS símbolo de *decibel*

Db QUÍM símbolo de *dúbnio*

d.C. HIST abrev. de *depois de Cristo*

DDC *s.m.* TEL sigla de *discagem direta a cobrar*

DDD *s.m.* TEL sigla de *discagem direta a distância*

DDI *s.m.* TEL sigla de *discagem direta internacional*

de- *pref.* **1** 'movimento para baixo': *decrescer* **2** 'separação': *depenar*

de *prep.* **1** subordina e exprime: **1.1** ponto de partida, origem *<venho de Brasília>* **1.2** assunto *<falamos de cinema>* **1.3** causa *<barulho das máquinas>* **1.4** matéria *<casaco de couro>* **1.5** instrumento *<queimadura de ácido>* **1.6** meio *<vive de renda>* **1.7** modo *<sair de fininho>* **1.8** tempo *<começou de manhã>* **2** ligando dois substantivos (ou equivalentes), diretamente ou com auxílio de verbos de ligação, adquire, entre outros, os sentidos de: **2.1** posse ou autoria *<o jardim (é) da escola> <poema de Manuel Bandeira>* **2.2** aquilo de que é parte *<maçaneta da porta>* **2.3** finalidade *<roupa de festa>* **2.4** continente ou conteúdo *<copo de água> <a água do copo>* **2.5** característica *<mulher de cabelos longos>* **2.6** dimensão *<árvore de 3 metros>* **2.7** mecanismo de manuseio de algo *<carrinho de mão>* **2.8** destino (equivalendo a *para*) *<o trem de Minas não parte mais desta estação>* **2.9** valor *<bolsa de 90 reais>* **2.10** origem *<o navio de Santos atrasou>*

dê *s.m.* nome da letra *d*

de.am.bu.lar *v.* {mod. 1} *int.* andar sem rumo; vagar

de.ão [pl.: *-ãos, -ães, -ões*; fem.: *deã*] *s.m.* **1** membro mais antigo de uma instituição, corporação, assembleia etc.; decano **2** dignitário eclesiástico que dirige o capítulo ('assembleia'); decano

de.ba.cle *s.f.* fracasso, ruína

de.bai.xo *adv.* em posição inferior, abaixo ▣ **d. de** embaixo de; sob

de.bal.de *adv.* em vão; inutilmente, embalde

de.ban.da.da *s.f.* fuga desordenada; correria, dispersão

de.ban.dar *v.* {mod. 1} *int.* **1** sair da fila, da ordem ou do rumo; dispersar-se *<a multidão debandou depois do comício>* ☐ *t.d. e int.* **2** pôr(-se) em fuga desordenada; dispersar *<o pelotão debandou os oponentes> <os soldados debandaram>*

de.ba.te *s.m.* **1** discussão acalorada entre duas ou mais pessoas sobre um tema **2** exposição de ideias, razões em defesa de ou contra algum argumento, ordem etc.

de.ba.ter *v.* {mod. 8} *int.* **1** entrar em discussão; altercar *<os dois debatem à toa>* ☐ *t.d.* **2** expor razões contra (ideia, argumento etc.); questionar *<d. uma acusação>* ☐ *t.d. e t.i.* **3** (prep. *sobre*) discutir, examinar (assunto, problema etc.) *<d. (sobre) um projeto>* ☐ *pron.* **4** agitar o corpo e/ou os membros, para livrar-se de sujeição física; contorcer-se *<a mosca debatia-se na teia da aranha>* ~ **debatedor** *adj.s.m.*

D

de.be.lar *v.* {mod. 1} *t.d.* **1** vencer em luta armada; derrotar *<os aliados debelaram o inimigo>* **2** *fig.* eliminar, extinguir *<d. uma doença>*

de.bên.tu.re *s.f.* ECON título de crédito ao portador que representa uma dívida garantida pelo patrimônio de quem o emitiu

de.bi.car *v.* {mod. 1} *t.d. e int.* **1** comer pequena quantidade (de); provar, beliscar *<ela só debicou (as iguarias)>* **2** picar (a ave) com o bico; bicar *<o bem-te-vi vive debicando (frutas)>* ☐ *t.d.,t.i. e int. fig.* **3** (prep. *de*) zombar, caçoar *<debica os políticos em seu programa> <rapaz irônico, vive a d. (das pessoas)>*

dé.bil [pl.: *-eis*] *adj.2g.* **1** sem força ou vigor físico; fraco **2** em que há pouco ânimo ou força moral; desanimado ■ *adj.2g.s.2g. pej.* **3** *infrm.* (o) que é pouco inteligente, tolo ~ **debilidade** *s.f.* - **debilitante** *adj.2g.*

de.bi.li.tar *v.* {mod. 1} *t.d. e pron.* **1** (fazer) perder o vigor físico ou a saúde; enfraquecer(-se) *<a doença debilitou-o> <após a viagem, os dois debilitaram-se muito>* **2** (fazer) perder o ânimo; esmorecer *<as críticas debilitaram sua vontade> <sua força de vontade debilitava-se a olhos vistos>* ~ **debilitação** *s.f.* - **debilitado** *adj.*

de.bi.loi.de /ói/ *adj.2g.s.2g. B infrm. pej.* idiota, débil mental

de.bi.tar *v.* {mod. 1} *t.d. e t.d.i.* **1** lançar (valor determinado) em débito *<d. mil reais (à caixa)>* **2** (prep. *em*) inscrever (alguém) como devedor *<d. um cliente (em cem reais)>*

dé.bi.to *s.m.* **1** o que é devido; dívida **2** inscrição de alguém como devedor **3** lançamento de uma quantia como dívida ou despesa

de.bo.cha.do *adj.* **1** que manifesta deboche, zombaria ■ *adj.s.m.* **2** (aquele) que tem o hábito de debochar dos outros

de.bo.char *v.* {mod. 1} *t.i.* **1** *B* (prep. *de*) zombar explicitamente; escarnecer *<d. dos humildes>* **2** (prep. *de*) não dar valor a; menosprezar *<d. da capacidade alheia>* ☐ *t.d. e pron.* **3** entregar(-se) à devassidão, à libertinagem *<as más companhias debocharam o rapaz> <debochou-se quando saiu da faculdade>*

de.bo.che *s.m.* **1** caçoada, zombaria **2** libertinagem, devassidão

de.bre.ar *v.* {mod. 5} *t.d. e int.* fazer uso do pedal de embreagem de *<d. (o carro) antes de passar a marcha>*

de.bru.ar *v.* {mod. 1} *t.d.* **1** contornar com debrum (orla de roupa, gravura etc.) <*d. um vestido*> **2** *p.ext.* acompanhar a margem de; beirar <*uma nova iluminação debrua a lagoa*>

de.bru.çar *v.* {mod. 1} *t.d.,t.d.i. e pron.* **1** (prep. *a, de, em, para, por, sobre*) tombar para a frente; inclinar(-se) <*d. a cabeça*> <*debruçou no parapeito*> <*a menina se debruçava para olhar a rua*> **2** (prep. *em, sobre*) pôr(-se) de bruços <*debruçou (no chão) o corpo*> <*o médico teve de d.-se sobre o leito do doente*>

de.brum [pl.: *-uns*] *s.m.* fita que se cose dobrada à orla de um tecido, ou tira que se prega em torno de quadro, gravura etc.

de.bu.lha *s.f.* **1** extração de grãos, bagos ou sementes **2** retirada da casca de cereal, fruta, legume etc.

de.bu.lhar *v.* {mod. 1} *t.d.* **1** retirar grãos, bagos, sementes ou casca de (cereal, fruta, legume) □ *pron. fig.* **2** desmanchar-se, desfazer-se <*d.-se em lágrimas*>

de.bu.tan.te *adj.2g.s.2g.* **1** que(m) se inicia em alguma atividade **2** (jovem) que se inicia na vida social **3** *p.ext.* que(m) está completando 15 anos (diz-se esp. de moça)

de.bu.tar *v.* {mod. 1} *int.* **1** *B* iniciar-se em alguma atividade **2** iniciar-se na vida social **3** *B* completar (esp. moça) 15 anos

dé.ca.da *s.f.* **1** período de dez anos; decênio **2** conjunto de dez dias consecutivos; decêndio **3** conjunto de dez seres ou elementos; dezena

de.ca.dên.cia *s.f.* estado do que decai e se encaminha rapidamente para o fim ~ **decadente** *adj.2g.s.2g.*

de.ca.e.dro *s.m.* GEOM poliedro de dez faces

de.cá.go.no *s.m.* GEOM polígono que tem dez lados e dez ângulos ~ **decagonal** *adj.2g.*

de.ca.gra.ma *s.m.* unidade de medida de massa correspondente a dez gramas [símb.: *dag*]

de.ca.í.do *adj.* **1** que se inclinou; pendente ■ *adj.s.m.* **2** (o) que passou a um estado ou condição inferior; decadente **3** (o) que está envelhecido, decrépito

de.ca.ir *v.* {mod. 25} *int.* **1** tombar, pender <*os galhos decaíram*> **2** diminuir, baixar (pressão, velocidade etc.) **3** *fig.* passar a estado ou condição inferior; piorar <*os serviços da empresa não podem d.*> □ *t.i.* **4** (prep. *de*) deixar de ter; perder <*d. de qualidade*>

de.cal.car *v.* {mod. 1} *t.d.* **1** reproduzir (desenho) por um papel transparente ou comprimindo-o sobre uma superfície; calcar <*d. o gráfico*> **2** *p.ext.* imitar, copiar <*d. um estilo*>

de.cal.co.ma.ni.a *s.f.* reprodução de imagens coloridas em que se comprime o material já estampado sobre a superfície que se pretende decorar

de.ca.li.tro *s.m.* unidade de medida de volume correspondente a dez litros [símb.: *dal*]

de.cá.lo.go *s.m.* **1** REL os dez mandamentos da lei de Deus **2** *p.ext.* conjunto de dez leis ou princípios

de.cal.que *s.m.* **1** ato ou efeito de decalcar; transferência de imagem gráfica **2** estampa ger. adesiva **3** *fig.* imitação, plágio

de.câ.me.tro *s.m.* unidade de medida de comprimento correspondente a dez metros [símb.: *dam*]

de.ca.na.to *s.m.* **1** cargo ou dignidade de decano ('deão') **2** ASTRL seção de dez graus do zodíaco, correspondente a um terço de cada signo

de.ca.no *s.m.* **1** membro mais antigo de uma instituição, corporação, assembleia etc.; deão **2** numa universidade, o chefe de um centro ou de uma sub-reitoria

1de.can.ta.dor /ô/ [pl.: *-es*] *adj.s.m.* **1** (o) que celebra em canto ou verso **2** (o) que faz elogios [ORIGEM: *decantado* (part. de 1*decantar*) + *-or*]

2de.can.ta.dor /ô/ [pl.: *-es*] *adj.s.m.* (recipiente) us. para decantar ou receber líquidos [ORIGEM: *decantado* (part. de 2*decantar*) + *-or*]

1de.can.tar *v.* {mod. 1} *t.d.* **1** celebrar em cantos ou poemas; cantar <*d. a pátria*> **2** elogiar, enaltecer [ORIGEM: do lat. *decantāre* 'louvar, exaltar']

2de.can.tar *v.* {mod. 1} *t.d. e t.d.i.* **1** (prep. *de*) separar (sedimentos, impurezas) de [um líquido], deixando-o em repouso <*d. a água (de partículas de açúcar)*> **2** *fig.* (prep. *de*) livrar (alguém) [de um mal]; purificar <*a prece decanta os homens (dos maus pensamentos)*> □ *pron.* **3** desaguar (fluxo, corrente) em <*o rio decanta-se no oceano*> [ORIGEM: do fr. *décanter* 'id.'] ~ **decantação** *s.f.*

de.ca.pi.tar *v.* {mod. 1} *t.d.* cortar a cabeça de; degolar <*a Revolução Francesa decapitou muitos opositores*> ~ **decapitação** *s.f.*

de.cá.po.de *s.m.* ZOO **1** espécime dos decápodes, ordem de crustáceos, ger. marinhos, que compreende camarões, lagostas, caranguejos e siris ■ *adj.2g.* **2** relativo a essa ordem **3** que tem dez pés ou patas

de.cas.sé.gui *s.m.* descendente de japonês que trabalha temporariamente no Japão

de.ca.tlo *s.m.* ESP conjunto de dez provas atléticas: corridas de 100 m, 400 m, 1.500 m e 110 m com barreiras; saltos em distância, altura e com vara; lançamentos de peso, disco e dardo

de.ce.nal [pl.: *-ais*] *adj.2g.* **1** que abrange um período de dez anos **2** que acontece a cada dez anos

de.cên.cia *s.f.* **1** conformidade com os padrões morais e éticos da sociedade; decoro **2** recato, vergonha ☞ cf. *deiscência* ~ **decente** *adj.2g.*

de.cên.dio *s.m.* espaço de dez dias; década

de.cê.nio *s.m.* período de dez anos; década

de.ce.par *v.* {mod. 1} *t.d.* extrair ou separar (parte de um todo) com objeto cortante; amputar ~ **decepamento** *s.m.*

de.cep.ção [pl.: *-ões*] *s.f.* **1** sentimento de tristeza ou frustração pela ocorrência de fato inesperado; desilusão **2** *p.ext.* esse fato ~ **decepcionante** *adj.2g.*

de.cep.cio.nar *v.* {mod. 1} *t.d. e pron.* **1** desiludir(-se), desapontar(-se) <*passou a reunião a d.-se*> □ *int. fig.* **2** ser um fracasso <*o time decepcionou*>

de.cer.to *adv.* com certeza, certamente

de.ces.so *s.m.* **1** morte, óbito **2** rebaixamento a um nível inferior (de classe, cargo etc.)

deci- *pref.* 'a décima parte' (em unidades de medida): *decibel, decilitro*

decibel [pl.: *-éis*] *s.m.* FÍS unidade que mede a intensidade do som [símb.: *dB*]

de.ci.di.do *adj.* **1** que foi resolvido **2** firme em seus princípios; resoluto **3** disposto; determinado

de.ci.dir *v.* {mod. 24} *t.d.,t.i. e int.* **1** (prep. *entre, sobre*) tomar resolução (sobre); deliberar, resolver *<d. sobre o término da guerra> <acho que ele decidiu bem>* □ *t.d. e t.i.* **2** (prep. *de*) estabelecer, instituir *<a lei decide que roubo é crime> <a Constituição decide do direito de greve>* **3** (prep. *sobre*) emitir juízo final sobre (questão, causa etc.) □ *t.d. e pron.* **4** (fazer) chegar a um resultado; resolver(-se) *<d. um impasse> <o conflito decidiu-se>* □ *pron.* **5** (prep. *por*) optar por; escolher

de.cí.duo *adj.* BIO que se desprende ou cai em certa fase do desenvolvimento

de.ci.frar *v.* {mod. 1} *t.d.* **1** ler, interpretar (texto ou inscrição em código total ou parcialmente desconhecido ou em mau estado, mal escrito, apagado etc.); decodificar **2** *p.ext.* resolver, desvendar (problema, enigma etc.) ~ **decifrável** *adj.2g.*

de.ci.gra.ma *s.m.* medida de massa ou peso correspondente a um décimo do grama [símb.: *dg*]

de.ci.li.tro *s.m.* medida de volume ou capacidade equivalente a um décimo do litro [símb.: *dl*]

de.ci.mal [pl.: *-ais*] *adj.2g.* **1** relativo a décimo; que se constitui de décimos ou se baseia em décimos *<número d.>* ■ *s.2g.* MAT **2** algarismo que representa a parte menor que a unidade de um número decimal, escrito após uma vírgula

de.cí.me.tro *s.m.* medida de comprimento equivalente a um décimo do metro [símb.: *dm*]

dé.ci.mo *n.ord.* **1** (o) que, numa sequência, ocupa a posição número dez ■ *n.frac.* **2** (o) que é dez vezes menor que a unidade

de.ci.são [pl.: *-ões*] *s.f.* **1** resolução tomada após julgamento; sentença **2** livre escolha; opção **3** capacidade de resolver sem hesitação; firmeza

de.ci.si.vo *adj.* **1** em que há ou houve decisão **2** que dá a solução; definitivo **3** que impõe decisão; corajoso

de.ci.só.rio *adj.* que tem o poder de decidir

de.cla.mar *v.* {mod. 1} *t.d. e int.* dizer (texto) em voz alta, usando gestos, expressões faciais e entonação apropriados; recitar ~ **declamação** *s.f.* - **declamativo** *adj.*

de.cla.ra.ção [pl.: *-ões*] *s.f.* **1** manifestação oral ou escrita; anúncio **2** relação de bens, mercadorias, renda etc., para submeter à fiscalização pública **3** revelação de sentimento ou intenção amorosa **4** depoimento, explicação ☞ mais us. no pl. **5** documento que declara algo, comprovando

de.cla.rar *v.* {mod. 1} *t.d.,t.d.i. e pron.* **1** (prep. *a*) tornar(-se) público; anunciar(-se), revelar(-se) *<declarou aos pais que ia casar> <declarou-se policial>* □ *t.d. e t.d.i.* **2** (prep. *a*) informar sobre (bens, renda etc.) [a órgãos públicos de fiscalização] *<d. a carga (à alfândega)>* **3** (prep. *a*) anunciar oficialmente; decretar *<d. guerra (ao inimigo)>* □ *t.d.pred. e pron.* **4** julgar(-se), considerar(-se) *<d. o réu culpado> <declarou-se ciente dos termos do acordo>* **5** nomear(-se), designar(-se) □ *pron.* **6** (prep. *a*) revelar sentimento *<d.-se ao amado>* ~ **declarado** *adj.*

de.cli.na.ção [pl.: *-ões*] *s.f.* **1** ato ou efeito de declinar **2** recusa, rejeição **3** decadência, declínio

de.cli.nar *v.* {mod. 1} *t.d. e int.* **1** direcionar(-se) para baixo; baixar *<d. o olhar> <seus olhos declinaram timidamente>* □ *int.* **2** passar a posição inferior; decair **3** perder a intensidade; diminuir □ *t.d. e t.i.* **4** (prep. *de*) demonstrar desinteresse; recusar *<d. (de) um convite>*

de.clí.nio *s.m.* **1** perda ou diminuição de intensidade ou força **2** decadência, ruína

de.cli.ve *s.m.* **1** grau de inclinação de uma superfície ■ *adj.2g.s.m.* **2** diz-se de ou superfície cuja altura diminui gradualmente

de.co.di.fi.ca.dor [pl.: *-es*] ou **des.co.di.fi.ca.dor** [pl.: *-es*] *adj.s.m.* **1** (o) que decodifica **2** INF TEL (aparelho, aplicativo) que interpreta um código, um conjunto de sinais, convertendo-os em informação inteligível

de.co.di.fi.car ou **des.co.di.fi.car** *v.* {mod. 1} *t.d.* **1** passar (mensagem) para linguagem compreensível; decifrar **2** INF TEL interpretar (um código, um conjunto de sinais), convertendo-os em informação inteligível ~ **decodificação/descodificação** *s.f.*

de.co.lar *v.* {mod. 1} *int.* **1** levantar voo (aeronave) **2** *fig.* ganhar destaque; ascender *<a candidatura não decolou>* ~ **decolagem** *s.f.*

de.com.por *v.* {mod. 23} *t.d.,t.d.i. e pron.* **1** (prep. *em*) dividir(-se) [um todo] (em seus constituintes, em partes); analisar(-se), desfazer(-se) *<d.(-se) um pensamento> <d. uma palavra em sílabas>* □ *t.d. e pron.* **2** (fazer) entrar em processo de putrefação; apodrecer, estragar *<congelados, os corpos não se decompõem>* **3** *fig.* alterar(-se) drasticamente; descompor(-se), transtornar(-se) ◉ GRAM/USO part.: *decomposto*

de.com.po.si.ção [pl.: *-ões*] *s.f.* **1** ato ou efeito de decompor(-se); divisão de algo em seus elementos integrantes **2** separação do que está unido; desagregação **3** deterioração, apodrecimento

de.co.ra.ção [pl.: *-ões*] *s.f.* **1** ato ou efeito de [2]decorar **2** *p.ext.* aquilo que decora, que adorna; arranjo ornamental

de.co.ra.dor /ô/ [pl.: *-es*] *adj.s.m.* **1** (o) que [2]decora **2** (profissional) que se dedica à decoração de ambientes

[1]**de.co.rar** *v.* {mod. 1} *t.d. e int.* gravar na memória; memorizar [ORIGEM: *decor-* (lat. *de* + *cor, cordis* 'coração') + [2]*-ar*]

[2]**de.co.rar** *v.* {mod. 1} *t.d.* **1** prover (casa, recinto) de elementos que a embelezem, como móveis, quadros etc. **2** servir de ornamento para; ornar, enfeitar [ORIGEM: do lat. *decorāre* 'enfeitar, honrar']

de.co.ra.ti.vo *adj.* **1** que serve para [2]decorar **2** *fig.* que não tem importância

de.co.re.ba *s.f.* *B infrm.* ato de decorar dados sem a preocupação de entendê-los ou relacioná-los

de.co.ro /ô/ *s.m.* **1** decência, recato **2** dignidade, honradez ~ **decoroso** *adj.*

de.cor.rer *v.* {mod. 8} *int.* **1** passar (tempo) *<já decorreram dois meses, desde que ele partiu>* **2** desenrolar-se, transcorrer *<a negociação decorre bem>* **3** ocorrer, acontecer *<fatos estranhos decorreram na sua ausência>* □ *t.i.* **4** (prep. *de*) ter origem em; derivar *<a recompensa decorre do esforço>* ~ **decorrência** *s.f.* - **decorrente** *adj.2g.*

de.co.ta.do *adj.* **1** que tem decote (diz-se de peça de roupa) **2** que usa roupa com decote (diz-se de pessoa)

de.co.tar *v.* {mod. 1} *t.d.* **1** abrir decote em (peça de roupa) **2** recortar em volta ou por cima; aparar *<d. árvores>* □ *pron.* **3** vestir-se com roupa decotada

de.co.te *s.m.* abertura na parte de cima da roupa, pela qual passa a cabeça

de.cré.pi.to *adj.* muito velho ou gasto

de.cre.pi.tu.de *s.f.* estado de adiantada velhice

de.cres.cen.te *adj.2g.* **1** que decresce, que diminui de tamanho, quantidade ou intensidade **2** que está em declínio; decadente

de.cres.cer *v.* {mod. 8} *t.i. e int.* (prep. *em*) diminuir aos poucos; baixar, enfraquecer *<aumentou em quantidade mas decresceu em qualidade>* *<sua energia decrescia progressivamente>* ~ **decrescimento** *s.m.*

de.crés.ci.mo *s.m.* ato ou efeito de decrescer; diminuição

de.cre.tar *v.* {mod. 1} *t.d.* **1** estabelecer por decreto *<o governo irá d. um aumento para os professores>* □ *t.d.,t.d.i. e int.* **2** (prep. *a, para*) determinar, mandar, ordenar *<a polícia decretou o fim da confusão>* *<a mãe decretou castigo para a filha>* *<ela decreta e ele faz>* ~ **decretação** *s.f.*

de.cre.to *s.m.* **1** ordem por escrito de autoridade superior **2** manifestação de vontade; desígnio *<d. divino>*

de.cú.bi.to *s.m.* posição do corpo deitado ▣ **d. dorsal** posição de quem está deitado de costas • **d. ventral** posição de quem está deitado de barriga para baixo

de.cu.par *v.* {mod. 1} *t.d.* CINE TV dividir (roteiro) em cenas, sequências e planos numerados, para facilitar a gravação

de.cu.pli.car *v.* {mod. 1} *t.d.,int. e pron.* tornar(-se) dez vezes maior *<d. o preço de um produto>* *<o custo de vida decuplicou(-se)>*

dé.cu.plo *n.mult.* (o) que contém dez vezes a mesma quantidade

de.cur.so *s.m.* **1** período de tempo; duração **2** DIR espaço de tempo já decorrido, prazo esgotado **3** distância percorrida em um determinado tempo; percurso *<o d. do Sol>*

de.da.da *s.f.* **1** quantidade que se pega com o dedo **2** mancha, sinal ou impressão deixada por um dedo **3** toque ou pancada com o dedo

de.dal [pl.: *-ais*] *s.m.* peça oca e cilíndrica que se encaixa na ponta do dedo, para ajudar a empurrar a agulha de costura

de.dão [pl.: *-ões*] *s.m.* dedo polegar do pé

de.dar *v.* {mod. 1} *t.d.* *B infrm.* dedurar

de.dei.ra *s.f.* cobertura de borracha, pano etc. que protege o dedo

de.de.ti.zar *v.* {mod. 1} *t.d.* aplicar inseticida em *<d. o escritório>* ~ **dedetização** *s.f.*

de.di.ca.ção [pl.: *-ões*] *s.f.* **1** qualidade ou condição de quem se dedica a alguém ou algo; entrega **2** manifestação de amor e consideração

de.di.ca.do *adj.* **1** que se dedica; que se empenha inteiramente; aplicado, devotado **2** oferecido afetuosamente; destinado

de.di.car *v.* {mod. 1} *t.d.i.* **1** (prep. *a*) destinar com afeição a; oferecer, ofertar *<d. livro ao pai>* **2** (prep. *a*) dar, prestar (adoração, afeto, amizade etc.) *<d. a vida à pátria>* **3** (prep. *a*) aplicar, empregar (tempo, esforço etc.) *<d. tempo ao estudo>* □ *pron.* **4** (prep. *a*) entregar-se, empenhar-se *<d.-se ao magistério>*

de.di.ca.tó.ria *s.f.* mensagem escrita com que se dedica uma obra, um presente etc. a alguém

de.di.lhar *v.* {mod. 1} *t.d.* **1** tocar (cordas de instrumento musical) com os dedos *<d. uma harpa>* **2** executar (peça musical) em instrumento de cordas *<d. uma sonata>* □ *int.* *p.ext.* **3** bater com os dedos; tamborilar

de.do /ê/ *s.m.* **1** ANAT cada um dos prolongamentos articulados das mãos e dos pés **2** na luva, cada uma das partes que envolvem os dedos **3** medida correspondente à espessura de um dedo humano **4** *fig.* manifestação de autoridade *<ali tem o d. do patrão>* **5** *fig.* marca de habilidade *<pode-se perceber o d. do artista>* ▣ **d. anular** ANAT o que se localiza entre os dedos médio e mínimo e ger. carrega a aliança ou o anel • **d. indicador** ANAT segundo dedo da mão; índex • **d. médio** ANAT terceiro e maior dedo da mão • **d. mínimo** ANAT quinto dedo da mão ou do pé • **d. polegar** ANAT **1** primeiro dedo da mão, o mais grosso, oponível aos outros quatro **2** primeiro dedo do pé, o mais grosso; dedão

de.do-de-mo.ça [pl.: *dedos-de-moça*] *s.m.* BOT pimenta cultivada originariamente no Brasil, cujo fruto, parecido com um pequeno dedo, é vermelho quando maduro e tem sabor levemente picante ◉ GRAM/USO tb. us. como adj.2g.2n.: *pimenta dedo-de-moça*

de.do-du.rar *v.* {mod. 1} *t.d.* *B gír.* dedurar

de.do-du.ro [pl.: *dedos-duros*] *adj.2g.s.m.* *B infrm.* que(m) denuncia; delator, alcaguete

de.du.ção [pl.: *-ões*] *s.f.* **1** conclusão lógica de um raciocínio ☞ cf. *indução* **2** retirada de uma parte de algo; diminuição, desconto

de.du.rar *v.* {mod. 1} *t.d.* fazer denúncia de; delatar, alcaguetar *<d. um cúmplice>*

de.du.ti.vo *adj.* **1** relativo a dedução **2** que parte de premissas ou hipóteses para tirar conclusões (diz-se de método ou raciocínio)

de.du.zir *v.* {mod. 24} *t.d. e t.d.i.* **1** (prep. *de*) concluir pelo raciocínio, a partir de fatos, indícios; inferir *<pela cara do amigo, deduziu que devia calar-se> <dessas leituras deduzirá que está enganado>* **2** (prep. *de*) descontar (valor, preço etc.) [de um total]; abater *<vamos d. 10 reais (do preço final)?>*

de.fa.sa.gem [pl.: *-ens*] *s.f.* **1** falta de coincidência ou de sincronia **2** falta de sintonia; atraso, descompasso ~ **defasado** *adj.* - **defasar** *v.t.d. e pron.*

default [ing.] *s.m.* INF escolha automática, feita pelo aplicativo, quando o usuário não especifica uma opção ◉ GRAM/USO em ing. invariável ⇒ pronuncia-se defólt

de.fe.car *v.* {mod. 1} *int.* **1** expelir as fezes; evacuar ☐ *t.d.* **2** separar (líquido) das fezes ou de sedimento; depurar ~ **defecação** *s.f.*

de.fec.ção [pl.: *-ões*] *s.f.* abandono de ou renúncia a um partido, crença etc.; deserção

de.fec.ti.vo *adj.* **1** que não é completo; defeituoso **2** GRAM que não apresenta todas as formas do modelo a que pertence (diz-se de verbo) ~ **defectividade** *s.f.*

de.fei.to *s.m.* **1** imperfeição física ou moral **2** falha; enguiço

de.fei.tu.o.so /ô/ [pl.: /ó/; fem.: /ó/] *adj.* **1** com defeito; imperfeito **2** que não funciona como deve; enguiçado

de.fen.der *v.* {mod. 8} *t.d.,t.d.i. e pron.* **1** (prep. *contra, de*) proteger(-se), resguardar(-se) [contra ataque, mal, perigo etc.] *<d. a honra da família> <d. os fracos (contra os opressores)> <um muro defende a casa (dos assaltos)> <d.-se dos perigos>* ☐ *t.d. e t.d.i.* **2** (prep. *de, contra*) lutar em favor de *<o advogado defendeu o réu com êxito>* **3** (prep. *de, contra*) sustentar (argumento, opinião etc.), expondo as razões *<sabe d. suas ideias (contra qualquer interlocutor)>* ☐ *t.d. e int. B* **4** ESP impedir ou fazer resistência a (ataque, gol, cortada etc.); jogar na defesa *<o goleiro defendeu o pênalti> <é atacante mas defende quando é preciso>* ◉ GRAM/USO part.: *defendido, defeso*

de.fe.nes.trar *v.* {mod. 1} *t.d.* **1** atirar violentamente pela janela **2** *fig.* expulsar ou destituir *<o clube defenestrou os sócios devedores>* ~ **defenestração** *s.f.*

de.fen.sá.vel [pl.: *-eis*] *adj.2g.* que pode ser defendido

de.fen.si.va *s.f.* **1** ação ou sucessão de operações visando à defesa **2** atitude de defesa; precaução desconfiada

de.fen.si.vo *adj.* **1** próprio para a defesa ■ *s.m.* **2** o que defende, preserva ▣ **d. agrícola** agrotóxico

de.fen.sor /ô/ [pl.: *-es*] *adj.s.m.* **1** que(m) defende ou protege **2** DIR que(m) defende em juízo os interesses de outra pessoa ▣ **d. público** advogado do Estado que defende gratuitamente o réu carente

de.fe.rên.cia *s.f.* atitude de respeito e consideração, ger. em relação a um superior ou a pessoa mais velha

de.fe.ri.men.to *s.m.* **1** despacho favorável; consentimento **2** ação de conceder; concessão ☞ cf. *diferimento*

de.fe.rir *v.* {mod. 28} *t.d. e t.i.* **1** (prep. *a*) atender a (pedido, requerimento) *<o governador deferiu (a)o pedido do suplicante>* ☐ *t.d.i.* **2** (prep. *a*) conceder ou atribuir (algo) a; conferir *<d. medalha ao vencedor>* ☞ cf. *diferir*

de.fe.sa /ê/ *s.f.* **1** capacidade de resistir a ataques **2** meio de proteção **3** argumento favorável; justificação

de.fe.so /ê/ *adj.* **1** não permitido; proibido **2** livre, isento de (ônus, pena etc.) ■ *s.m.* **3** período em que é proibido caçar ou pescar ◉ GRAM/USO part. de *defender*

dé.fi.ce *s.m.* ver ***DEFICIT***

de.fi.ci.ên.cia *s.f.* **1** perda de quantidade ou qualidade; falta, carência **2** MED insuficiência de uma função psíquica ou intelectual **3** MED insuficiência ou ausência de funcionamento de um órgão

de.fi.ci.en.te *adj.2g.* **1** que tem alguma deficiência; falho, falto *<resultado d.>* ■ *adj.2g.s.2g.* **2** portador de algum tipo de deficiência física ou mental

deficit [lat.] *s.m.2n.* **1** ECON o que falta, de um total previsto **2** *p.ext.* ECON situação decorrente dessa falta **3** MED deficiência que se pode medir, quantitativa ou qualitativamente *<d. auditivo>* ☞ tb. se grafa *déficit* ⇒ pronuncia-se déficit

dé.fi.cit *s.m.* ver ***DEFICIT***

de.fi.ci.tá.rio *adj.* em que há *deficit*; em que falta algo

de.fi.nhar *v.* {mod. 1} *t.d. e pron.* **1** (fazer) perder as forças; debilitar(-se) *<o trabalho em minas definha os operários> <d.-se com o passar dos anos>* ☐ *int.* **2** ficar aos poucos fraco, magro, abatido *<parecia d. de vez>* **3** ficar murcho; secar *<a roseira definhou>* ~ **definhamento** *s.m.*

de.fi.ni.ção [pl.: *-ões*] *s.f.* **1** ato ou efeito de definir; estabelecimento de limites **2** significado, sentido **3** enunciado que indica o sentido de uma palavra, expressão, conceito etc. **4** decisão **5** CINE FOT TV contorno nítido, contraste marcado (de imagem)

de.fi.ni.do *adj.* **1** exatamente delimitado; bem determinado **2** explicado com precisão **3** determinado, estabelecido **4** nítido **5** GRAM que individualiza ou se refere a algo ou alguém já identificado no contexto da fala ou da escrita (diz-se de artigo: *o, a, os, as*)

de.fi.nir *v.* {mod. 24} *t.d.* **1** demarcar os limites de; delimitar *<d. um terreno> <d. atribuições>* **2** determinar, estabelecer com precisão *<d. o valor de um serviço>* **3** explicar o sentido de *<d. uma palavra> <d. um sentimento>* ☐ *t.d. e pron.* **4** retratar(-se) pelos caracteres particulares *<os atos definem o caráter> <não sabe d.-se porque é imaturo>* ☐ *pron.* **5** decidir-se *<a diretoria definiu-se contra o reajuste>*

de.fi.ni.ti.vo *adj.* **1** que define; decisivo, determinante **2** que não volta atrás; categórico **3** tal como deve permanecer; final

de.fla.ção [pl.: *-ões*] *s.f.* ECON **1** ato de frear a inflação com medidas como controle do crédito, tabelamento de preços etc. ☞ cf. *inflação* **2** diminuição do dinheiro em circulação ~ **deflacionar** *v.t.d.*

de.fla.gra.ção [pl.: *-ões*] *s.f.* **1** QUÍM combustão rápida que provoca explosão **2** *fig.* aparecimento repentino

de.fla.grar *v.* {mod. 1} *t.d. e int.* **1** inflamar(-se) de repente, com chamas, explosões *<o detonador deflagrou as explosões> <o explosivo deflagrou sozinho>* **2** *fig.* provocar ou surgir repentinamente; irromper *<d. uma rebelião> <a guerra deflagrou>*

de.flo.rar *v.* {mod. 1} *t.d. e pron.* **1** retirar as flores de, ou perder as flores (planta, árvore); desflorar(-se) **2** *fig.* (fazer) perder a virgindade; desflorar(-se), desvirginar(-se) ~ **defloração** *s.f.* - **defloramento** *s.m.*

de.flu.ir *v.* {mod. 26} *int.* **1** correr (líquido) *<o rio deflui serenamente>* □ *t.i. fig.* **2** (prep. *de*) vir de; emanar, provir *<lembranças defluíam de sua mente>*

de.flu.xo /cs/ *s.m.* MED **1** inflamação da mucosa nasal **2** coriza

de.for.mar *v.* {mod. 1} *t.d. e pron.* **1** (fazer) mudar a forma ou aspecto original; desfigurar(-se) *<o uso deformou o sapato> <os dedos deformam-se com a artrite>* □ *t.d. fig.* **2** mudar para pior (modos, atitude etc.); corromper *<a preguiça deforma a vontade>* ~ **deformação** *s.f.* - **deformado** *adj.*

de.for.mi.da.de *s.f.* **1** estado do que perde sua forma original **2** defeito de constituição de um órgão ou parte do corpo **3** *fig.* defeito moral; imperfeição

de.frau.dar *v.* {mod. 1} *t.d. e t.d.i.* **1** (prep. *de*) privar (alguém) [de algo] por meio de fraude *<d. o herdeiro (de seus bens)>* □ *t.d.* **2** prejudicar com intenção *<d. fregueses>* **3** desrespeitar (norma, lei), usando subterfúgios ~ **defraudação** *s.m.*

de.fron.tar *v.* {mod. 1} *t.d.,t.i. e pron.* **1** (prep. *com*) pôr(-se) ou estar diante de *<a árvore defronta (com) a porta> <as casas defrontavam-se>* □ *t.d. e t.d.i.* **2** (prep. *com*) confrontar, comparar *<d. duas cópias (com o original)>* □ *t.i. e pron.* **3** (prep. *com*) deparar-se com; topar *<d.(-se) com alguém>* □ *t.d. e pron.* **4** (prep. *com*) encarar, enfrentar (p.ex., perigo, inimigo) *<d. os adversários> <d.-se com as dificuldades>* ~ **defrontação** *s.f.*

de.fron.te *adv.* diante, em frente ▣ **d. a** ou **de 1** diante de, em face de, frente a frente com *<estar d. ao inimigo>* **2** em comparação com ou em oposição a *<você é alto d. de seu irmão>*

de.fu.ma.dor /ô/ [pl.: *-es*] *adj.s.m.* **1** (o) que defuma **2** (recipiente) que contém substâncias para serem defumadas

de.fu.mar *v.* {mod. 1} *t.d.* **1** secar (carne, peixe etc.) expondo à fumaça; curar *<d. um queijo>* **2** queimar substância aromática, ervas, raízes para perfumar ou para purificar, atrair boa sorte a (alguém ou algum lugar) ~ **defumação** *s.f.* - **defumado** *adj.*

de.fun.to *adj.s.m.* que(m) morreu; morto

de.ge.lar *v.* {mod. 1} *t.d.,int. e pron.* **1** (fazer) sair de congelamento; descongelar(-se) *<o calor degelou os picos> <o lago degela na primavera> <ao pé do fogo conseguiu d.-se>* **2** *fig.* tornar(-se) menos rígido e/ou formal; amolecer *<a risada degelou o ambiente> <d.(-se) após uma dança>* ~ **degelado** *adj.*

de.ge.lo /ê/ *s.m.* ato ou efeito de degelar; descongelamento

de.ge.ne.rar *v.* {mod. 1} *int. e pron.* **1** perder (o ser vivo) as características próprias da espécie *<uma raça de cães que (se) degenerou>* **2** mudar para pior; estragar(-se) *<nossa amizade (se) degenerou>* □ *t.d.,int. e pron.* **3** (fazer) adquirir hábitos, práticas ruins; corromper(-se) *<maus exemplos podem d. os jovens> <más companhias vão fazê-lo d.(-se)>* □ *t.d.* **4** alterar, deturpar *<d. uma história>* ~ **degeneração** *s.f.* - **degenerado** *adj.s.m.* - **degenerativo** *adj.*

de.ge.ne.res.cên.cia *s.f.* **1** ato de degenerar ou seu efeito; degeneração **2** redução ou declínio de qualidade ~ **degenerescente** *adj.2g.*

de.glu.tir *v.* {mod. 24} *t.d. e int.* levar (alimento, remédio etc.) da boca ao estômago; engolir *<d. um comprimido> <dificuldade de d.>* ~ **deglutição** *s.f.*

de.go.la *s.f.* ato ou efeito de degolar(-se); decapitação

de.go.lar *v.* {mod. 1} *t.d. e pron.* **1** cortar o pescoço de *<d. reféns> <cometeu o suicídio, degolando-se>* □ *t.d.* **2** cortar a cabeça de; decapitar ~ **degolação** *s.f.*

de.gra.da.ção [pl.: *-ões*] *s.f.* **1** degeneração moral **2** *p.ext.* estrago, devastação **3** *fig.* condenação ao exílio; desterro **4** deposição desonrosa de cargo, dignidade etc. **5** QUÍM reação que consiste em romper uma ou mais ligações numa molécula, freq. quebrando-a em outras menores

de.gra.dar *v.* {mod. 1} *t.d. e t.d.i.* **1** (prep. *de*) privar (de graus, títulos etc.) com desonra *<d. um insubordinado (de sua patente)>* □ *t.d. e pron.* **2** tornar(-se) indigno; rebaixar(-se) *<a ambição degradou-o> <d.-se com a bebida>* □ *t.d.* **3** estragar, deteriorar *<o calor degradou o alimento>* **4** QUÍM converter (uma substância complexa) em outra mais simples ☞ cf. *degredar* ~ **degradante** *adj.2g.*

de.gra.dê *s.m.* **1** diminuição gradual de tons ou de intensidade (de cores, luzes etc.) ■ *adj.2g.* **2** que apresenta esse efeito

de.grau *s.m.* **1** cada peça plana em que se pisa, numa escada **2** cada um dos elementos ou níveis que compõem uma série; grau

de.gre.dar *v.* {mod. 1} *t.d. e t.d.i.* (prep. *para*) expulsar da pátria; banir, desterrar *<d. um traidor (para outro país)>* ☞ cf. *degradar* ~ **degredado** *adj.s.m.*

de.gre.do /ê/ *s.m.* **1** condenação ao desterro; exílio **2** local onde vive o degredado

de.grin.go.lar *v.* {mod. 1} *int.* **1** cair, tombar *<a roupa degringolou do varal>* **2** ficar na ruína, entrar em decadência; decair **3** *fig.* desorganizar-se; desandar *<o negócio degringolou>* ~ **degringolada** *s.f.*

de.gus.ta.ção [pl.: *-ões*] *s.f.* **1** ato ou efeito de degustar; prova **2** avaliação atenta pelo paladar

de.gus.tar *v.* {mod. 1} *t.d.* **1** apreciar o sabor de; saborear *<d. um sorvete>* **2** experimentar (bebida, comida), avaliando sua qualidade

de.i.da.de *s.f.* divindade

de.i.fi.car *v.* {mod. 1} *t.d. e pron.* atribuir(-se) natureza divina; endeusar(-se), divinizar(-se) ~ **deificação** *s.f.*

-deira *suf.* **1** 'ocupação': *lavadeira* **2** 'função': *batedeira, enceradeira* **3** 'ação excessiva': *choradeira*

deis.cên.cia *s.f.* BOT fenômeno em que um órgão vegetal se abre naturalmente ao alcançar a maturação ~ **deiscente** *adj.2g.*

de.ís.mo *s.m.* FIL doutrina que considera a razão como a única via capaz de nos assegurar da existência de Deus ☞ cf. *teísmo* ~ **deísta** *adj.2g.s.2g.*

dei.tar *v.* {mod. 1} *t.d.,t.d.i. e pron.* **1** (prep. *em*) estender(-se), pôr(-se) horizontalmente *<d. roupas para quarar> <d. garrafas na geladeira> <d.-se no divã>* □ *t.d. e pron.* **2** pôr(-se) na cama, para dormir, repousar etc. □ *t.d.* **3** deixar inclinado, pendente; inclinar **4** fazer cair; pôr *<d. sal na comida>* **5** expelir, secretar (substância) *<d. sangue>* **6** deixar escorrer (líquido); derramar

dei.xa *s.f.* **1** TEAT palavra ou gesto que indica o momento de entrar, falar ou agir em cena **2** acontecimento ou afirmação que possibilita reação; oportunidade

dei.xar *v.* {mod. 1} *t.d.* **1** sair de; retirar-se **2** não fazer mais parte de; abandonar *<d. a empresa>* **3** não se dedicar mais a (tarefas, atividades etc.) *<d. o esporte>* **4** desistir de (hábitos, vícios etc.) *<d. o cigarro>* **5** não levar consigo, por intenção ou esquecimento *<d. a chave em casa>* **6** pôr, colocar, pousar *<d. o livro na mesa>* **7** levar, conduzir *<foi d. a noiva em casa>* **8** dar autorização para; permitir *<d. o filho sair>* **9** tornar possível a; permitir, possibilitar *<a chuva não o deixou sair>* □ *t.d. e t.d.i.* **10** (prep. *em*) causar (sensação, sentimento etc.) *<d. (em todos) boa impressão>* □ *t.d.i.* **11** (prep. *para*) transmitir em herança; legar *<d. bens para a viúva>* □ *t.i.* **12** (prep. *de*) parar, cessar *<d. de chover>* □ *pron.* **13** não reagir ou resistir

de.je.ção [pl.: *-ões*] *s.f.* **1** excreção de fezes; dejeto, evacuação **2** GEOL matéria expelida por vulcões

de.je.jum [pl.: *-uns*] *s.m.* → ***DESJEJUM***

de.je.tar *v.* {mod. 1} *t.d. e int.* **1** excretar (fezes); evacuar □ *t.d.* **2** pôr para fora; expulsar *<o vulcão dejeta lava>*

de.je.to *s.m.* **1** dejeção ('excreção') **2** o que resta de material usado; resíduo *<d. industriais>*

de.la.ção [pl.: *-ões*] *s.f.* acusação secreta, denúncia ☞ cf. *dilação*

de.la.tar *v.* {mod. 1} *t.d.,t.d.i. e pron.* **1** (prep. *a*) denunciar(-se) como responsável por crime *<d. o comparsa (ao delegado)> <d.-se à polícia>* □ *t.d. e t.d.i.* **2** (prep. *a*) revelar (delito ou fato ligado a ele) *<d. o crime (às autoridades)>* □ *t.d. fig.* **3** deixar perceber; evidenciar ☞ cf. *dilatar*

de.la.tor /ô/ [pl.: *-es*] *adj.s.m.* (aquele) que delata; acusador, denunciante

de.le /ê/ [pl.: *deles*; fem.: *dela*] *contr.* GRAM de ('pertencente a', 'próprio de' etc.) algo ou alguém, já mencionado, cujo nome foi substituído pelo pron.p. *ele* *<sorte d.>* ◉ GRAM/USO em textos infrm., substitui o pron.pos. *seu*

de.le.ga.ção [pl.: *-ões*] *s.f.* **1** autorização para agir em nome de outrem; procuração **2** comissão que representa um país, uma escola etc.

de.le.ga.ci.a *s.f.* **1** repartição pública a cargo de um delegado **2** *B* repartição de um delegado de polícia

de.le.ga.do *s.m.* **1** representante **2** *B* maior autoridade policial de uma delegacia

de.le.gar *v.* {mod. 1} *t.d. e t.d.i.* **1** (prep. *a*) transmitir, conceder (poder) [a pessoa, comissão, instituição] *<delegou a direção da empresa (ao filho)>* □ *t.d.i.* **2** (prep. *para*) enviar (alguém) com poder de agir, falar em seu nome *<d. um representante para a reunião>*

de.lei.tar *v.* {mod. 1} *t.d. e pron.* (prep. *com*) (fazer) sentir deleite, satisfação, prazer; deliciar(-se) ~ **deleitoso** *adj.*

de.lei.te *s.m.* sensação agradável; satisfação, prazer

de.le.tar *v.* {mod. 1} *t.d.* INF apagar, eliminar (caractere, texto, arquivo etc.) de um computador

de.le.té.rio *adj.* **1** prejudicial à saúde **2** *p.ext.* que tem efeito destrutivo; nocivo

del.fim [pl.: *-ins*] *s.m.* **1** ZOO golfinho **2** HIST o filho mais velho do rei da França, herdeiro do trono

del.ga.do *adj.* **1** de pouca espessura; fino **2** magro

de.li.be.ra.do *adj.* **1** que foi decidido; resolvido **2** feito de propósito

de.li.be.rar *v.* {mod. 1} *t.d. e pron.* **1** (prep. *a*) decidir(-se), após reflexão e/ou consultas *<deliberou aceitar o emprego> <d.-se a achar o filho>* □ *t.i. e int.* **2** (prep. *sobre*) empreender reflexões e/ou discussões sobre (algo), para decidir o que fazer *<o congresso deliberou sobre a nova lei> <não se deve agir antes de d.>* ~ **deliberação** *s.f.* - **deliberativo** *adj.*

de.li.be.ra.ti.vo *adj.* que delibera, tem poder para decidir

de.li.ca.de.za /ê/ *s.f.* **1** qualidade ou característica do que é delicado; suavidade **2** constituição frágil; fragilidade **3** falta de resistência; debilidade **4** beleza sutil **5** cortesia, civilidade

de.li.ca.do *adj.* **1** macio ao toque; suave **2** carente de forças; frágil **3** de beleza sutil **4** que possui ternura; meigo **5** *fig.* complicado, difícil

de.li.ca.tés.sen [pl.: *delicatessens*] *s.f.* loja em que se vendem iguarias finas

de.lí.cia *s.f.* **1** sabor muito agradável **2** sensação de muito prazer; satisfação

de.li.ci.ar *v.* {mod. 1} *t.d. e pron.* (fazer) sentir contentamento, prazer; deleitar(-se) *<o jantar deliciou os convivas> <d.-se com a paisagem>*

de.li.ci.o.so /ô/ [pl.: /ó/; fem.: /ó/] *adj.* **1** que provoca delícia; muito gostoso **2** que encanta pela beleza **3** espirituoso, divertido

de.li.mi.tar *v.* {mod. 1} *t.d.* **1** fixar os limites espaciais de; demarcar **2** *p.ext.* estabelecer limites para <*d. direitos*> ~ **delimitação** *s.f.* - **delimitado** *adj.*

de.li.ne.a.dor /ô/ [pl.: *-es*] *adj.s.m.* **1** (o) que delineia ■ *s.m.* **2** maquiagem líquida para o contorno dos olhos

D

de.li.ne.ar *v.* {mod. 5} *t.d.* **1** desenhar os contornos de; esboçar **2** *fig.* planejar, arquitetar <*d. uma fuga*> ~ **delineação** *s.f.* - **delineado** *adj.* - **delineamento** *s.m.*

de.lin.quen.te /qü/ *adj.2g.s.2g.* criminoso, infrator ~ **delinquência** *s.f.*

de.lin.quir /qü/ *v.* {mod. 25} *t.i. e int.* (prep. *contra, em*) praticar crime(s) <*d. contra a lei*> <*desde jovem já delinquia*>

de.li.ran.te *adj.2g.* **1** em estado de delírio, de alucinação **2** que não apresenta organização lógica; caótico, desconexo **3** *infrm.* surpreendente, extraordinário

de.li.rar *v.* {mod. 1} *int.* **1** encontrar-se em estado de delírio **2** experimentar exaltação extrema **3** agir de forma desatinada ou dizer disparates

de.lí.rio *s.m.* **1** PSIC perturbação mental que provoca alucinações **2** *p.ext.* sentimento de grande entusiasmo; exaltação

de.li.to *s.m.* **1** DIR ato que contraria uma lei; crime **2** violação da moral ou de preceito preestabelecido ~ **delituoso** *adj.*

de.lon.gar *v.* {mod. 1} *t.d.* **1** tornar longo, demorado; retardar **2** deixar para depois; adiar <*d. uma decisão*> □ *t.d. e pron.* **3** manter(-se), prolongar(-se) <*a dor delonga seu sofrimento*> <*d.-se em questões irrelevantes*> ~ **delonga** *s.f.*

del.ta *s.m.* **1** quarta letra do alfabeto grego (δ, Δ) **2** GEO acúmulo de terra, de forma triangular, junto à foz dos rios ~ **deltaico** *adj.*

de.ma.go.gi.a *s.f.* **1** *pej.* ação política que apela às emoções populares para exercer dominação **2** *infrm.* apoio ou simpatia fingidos ~ **demagógico** *adj.*

de.ma.go.go /ô/ *adj.s.m. pej.* (aquele) que age com demagogia, que finge defender os interesses populares para alcançar os próprios objetivos

de.mais *adv.* **1** em excesso **2** de maneira muito forte ■ *pron.ind.pl.* **3** os outros, os que sobram <*vocês saem, os d. ficam*>

de.man.da *s.f.* **1** ação de procurar alguma coisa; busca, diligência **2** necessidade, precisão **3** ECON qualquer bem ou serviço procurado no mercado por determinado preço e em determinado momento **4** DIR processo judicial; ação, litígio

de.man.dar *v.* {mod. 1} *t.d.* **1** tentar obter, por pedido ou exigência; reivindicar <*os trabalhadores demandavam melhores salários*> **2** exigir, por ser necessário ou adequado; requerer <*estudo demanda disciplina*> **3** partir em busca de; procurar <*d. um tesouro escondido*> **4** instaurar processo judicial contra; processar ~ **demandante** *adj.2g.s.2g.*

de.mão [pl.: *-ãos*] *s.f.* camada de tinta, cal, verniz etc. aplicada sobre uma superfície

de.mar.car *v.* {mod. 1} *t.d.* **1** fixar os limites de; delimitar <*uma cerca demarcava a fazenda*> **2** *p.ext.* definir, estabelecer <*d. tarefas, prazos*> **3** *fig.* determinar as diferenças entre; distinguir <*d. questões diversas*> ~ **demarcação** *s.f.*

de.ma.si.a *s.f.* o que está em excesso ▣ **em d.** de forma exagerada

de.ma.si.a.do *adj.* **1** excessivo, exagerado <*apego d. ao cargo*> ■ *adv.* **2** por demais, em excesso <*estava d. calmo para a situação*>

de.mên.cia *s.f.* **1** MED deterioração mental, esp. na velhice **2** *p.ext.* comportamento que aparenta ou sugere loucura; insensatez

de.men.te *adj.2g.s.2g.* **1** que(m) sofre de demência **2** *infrm.* que(m) age de forma incoerente ou fora do comum; insensato

de.mé.ri.to *s.m.* ausência ou perda de consideração e estima; desmerecimento

de.mis.são [pl.: *-ões*] *s.f.* ato ou efeito de demitir(-se); dispensa dos serviços profissionais de uma pessoa

de.mis.si.o.ná.rio *adj.* que pediu demissão

de.mi.tir *v.* {mod. 24} *t.d.,t.d.i. e pron.* (prep. *de*) dispensar ou sair (de emprego, cargo); exonerar(-se), despedir(-se) <*o gerente demitiu vários funcionários (de seus cargos)*> <*um antigo empregado demitiu-se da empresa*> ◉ GRAM/USO part.: *demitido, demisso*

[1]de.mo *s.m.* demônio [ORIGEM: do lat. *daemon,ŏnis* 'divindade, gênio, demônio']

[2]de.mo *adj.2g.2n.s.2g.* REC.AV (vídeo, *CD* etc.) produzido para demonstração ou apresentação [ORIGEM: do ing. *demo*, red. de *demonstration* 'demonstração']

de.mo.cra.ci.a *s.f.* POL **1** governo em que o povo exerce a soberania **2** sistema comprometido com a igualdade ou a distribuição igualitária de poder

de.mo.cra.ta *adj.2g.s.2g.* (aquele) que defende os princípios da democracia

de.mo.crá.ti.co *adj.* **1** relativo à democracia **2** próprio do povo

démodé [fr.; pl.: *démodés*] *adj.2g.* que não está mais na moda ⇒ pronuncia-se demodê

de.mo.gra.fi.a *s.f.* estudo quantitativo das populações humanas ~ **demográfico** *adj.* - **demógrafo** *s.m.*

de.mo.lir *v.* {mod. 24} *t.d.* **1** pôr abaixo (algo construído); derrubar **2** *fig.* atacar violentamente (de um ponto de vista moral ou intelectual) <*d. uma instituição*> **3** *fig.* obter vitória esmagadora sobre <*o time demoliu o adversário*> ◉ GRAM/USO verbo defectivo ~ **demolição** *s.f.*

de.mo.ní.a.co *adj.* relativo a ou próprio de demônio; diabólico, satânico

de.mô.nio *s.m.* **1** REL espírito do mal; diabo ☞ inicial por vezes maiúsc. **2** *fig.* indivíduo cruel, malvado **3** *fig.* indivíduo irrequieto

de.mo.nis.mo *s.m.* **1** crença nos demônios **2** veneração dos demônios ~ **demonista** *adj.2g.s.2g.*

de.mons.tra.ção [pl.: *-ões*] *s.f.* **1** ato ou efeito de demonstrar **2** qualquer recurso capaz de atestar a veracidade de alguma coisa; prova **3** apresentação de habilidades especiais ou espetaculares; exibição

de.mons.trar *v.* {mod. 1} *t.d. e t.d.i.* **1** (prep. *a*) tornar evidente por meio de provas; comprovar *<demonstrou a sua teoria aos debatedores>* **2** (prep. *a*) tornar perceptível por sinais, indícios; manifestar *<d. solidariedade (ao próximo)>* **3** (prep. *a*) expor, apresentar, mostrar *<o acrobata demonstrou sua técnica ao público>* ~ **demonstrável** *adj.2g.*

de.mons.tra.ti.vo *adj.s.m.* **1** (o) que demonstra **2** GRAM (pronome) que localiza a coisa ou pessoa de que ou de quem se fala (primeira, segunda ou terceira pessoa), do ponto de vista de quem fala (p.ex.: *este* livro é meu; *essa* é a sua escrivaninha; observe *aquela* mulher) ■ *s.m.* **3** documento com a análise dos elementos de uma importância recebida ou paga

de.mo.ra *s.f.* **1** espaço de tempo que se estende para além do esperado; atraso, espera **2** período de tempo em que se permanece (em algum lugar ou do mesmo modo); estada

de.mo.ra.do *adj.* **1** que se demora; lento **2** que dura muito tempo **3** que chega com atraso; tardio

de.mo.rar *v.* {mod. 1} *int.* **1** tardar a se realizar ou estender-se no tempo *<as mudanças podem d.>* □ *t.d.* **2** causar atraso a; retardar *<ele demorava a decisão pois temia as consequências>* □ *int. e pron.* **3** ficar por longo tempo *<d.(-se) no trabalho>* □ *t.i. e pron.* **4** (prep. *a*) passar do tempo necessário ou combinado; atrasar-se, custar *<d. a sair>* *<d.-se em tomar a decisão>*

de.mo.ver *v.* {mod. 8} *t.d. e t.d.i.* **1** (prep. *de*) [fazer] desistir de (intento, ideia etc.); dissuadir *<os acontecimentos não a demoveram (de sua posição)>* □ *t.d.* **2** mudar de lugar; deslocar, remover *<d. uma pedra>*

De.na.tran *s.m.* sigla de Departamento Nacional de Trânsito

den.dê *s.m.* **1** fruto do dendezeiro **2** azeite obtido da polpa desse fruto, us. na culinária afro-brasileira e na fabricação de sabão, graxas e lubrificantes e na indústria siderúrgica; azeite de dendê

den.de.zei.ro *s.m.* BOT palmeira do dendê

de.ne.gar *v.* {mod. 1} *t.d.* **1** afirmar que não é verdade; negar **2** não atender a; indeferir *<d. requerimento>* **3** rejeitar, recusar *<d. uma oferta>* □ *pron.* **4** (prep. *a*) recusar-se *<d.-se a colaborar>* ~ **denegação** *s.f.*

de.ne.grir *v.* {mod. 27} → ***DENIGRIR***

den.go *s.m.* **1** lamentação infantil; birra, manha **2** delicadeza no comportamento; meiguice ~ **denguice** *s.f.*

den.go.so /ô/ [pl.: /ó/; fem.: /ó/] *adj.* **1** que se comporta de maneira manhosa, birrenta (diz-se de criança) **2** que tem comportamento delicado, terno **3** que age de forma astuciosa; ardiloso

den.gue *s.m.* **1** dengo ■ *s.f.* MED **2** doença infecciosa, transmitida pela picada do mosquito *Aedes aegypti*, caracterizada por febre alta, dor na cabeça e no corpo e cansaço

de.ni.grir *v.* {mod. 24} ou **de.ne.grir** *v.* {mod. 27} *t.d. e pron.* **1** tornar(-se) negro ou escuro; escurecer(-se) *<a poluição denigre o mármore>* *<a tinta denigre-se com o tempo>* **2** *fig.* diminuir a pureza, o valor de; desvalorizar(-se) *<tais hábitos denigriram sua honra>* *<ele denigriu-se com o escândalo>*

de.no.do /ô/ *s.m.* **1** coragem diante do perigo; ousadia, bravura **2** atitude irrefletida; precipitação **3** *fig.* brio, distinção ~ **denodado** *adj.*

de.no.mi.na.ção [pl.: *-ões*] *s.f.* **1** ato ou efeito de denominar; atribuição de um nome a um ser **2** o nome atribuído

D

de.no.mi.na.dor /ô/ [pl.: *-es*] *adj.s.m.* **1** (o) que nomeia ■ *s.m.* MAT **2** número ou termo situado sob o traço de fração, e que representa o divisor ▣ **d. comum** MAT qualquer múltiplo dos denominadores de um conjunto de frações

de.no.mi.nar *v.* {mod. 1} *t.d. e t.d.pred.* **1** (prep. *de*) pôr nome em; designar, nomear *<os astrônomos denominam as estrelas>* *<depois de terminar o livro, denominou-o (de)* Infância*>* □ *pron.* **2** dar-se apelido ou qualificação de; intitular-se *<denomina-se especialista, mas nada sabe do assunto>* ~ **denominativo** *adj.*

de.no.ta.ção [pl.: *-ões*] *s.f.* GRAM relação direta de significado que um nome estabelece com um objeto da realidade (sem sentidos figurados) ☞ cf. *conotação* ~ **denotativo** *adj.*

de.no.tar *v.* {mod. 1} *t.d.* **1** mostrar por sinais ou indícios; indicar *<febre denota problemas de saúde>* **2** ser a imagem de; simbolizar *<a balança denota a Justiça>*

den.si.da.de *s.f.* **1** qualidade do que é denso, compacto; espessura **2** *fig.* profundidade, complexidade

den.si.to.me.tri.a *s.f.* **1** ÓPT medição de densidade óptica em chapas fotográficas **2** MED exame radiológico da densidade de um órgão ▣ **d. óssea** MED exame para avaliar o conteúdo mineral dos ossos, esp. a percentagem de cálcio

den.so *adj.* **1** que possui estrutura compacta; espesso **2** *fig.* intenso em conteúdo; profundo

den.ta.da *s.f.* **1** compressão feita com os dentes; mordida **2** marca ou ferida provocada por essa compressão

den.ta.do *adj.* **1** que tem dentes **2** que tem forma semelhante à dos dentes *<roda d.>* **3** que possui marca ou vestígio de mordida

den.ta.du.ra *s.f.* **1** o conjunto dos dentes **2** estrutura de dentes postiços que substitui os naturais

den.tar *v.* {mod. 1} *t.d.* **1** fazer dentes em; dentear **2** dar dentadas em; morder □ *int.* **3** começar a apresentar dentes

den.tá.rio *adj.* **1** relativo aos dentes; dental **2** em que se presta atendimento odontológico

den.te *s.m.* **1** ANAT cada um dos corpos duros implantados nos maxilares, us. para morder e mastigar **2** *p.ext.* cada um dos recortes salientes de certos objetos ou instrumentos *<d. da engrenagem>* **3** *p.ext.* saliência ou ponta *<d. do pente>* ◉ COL dentadura ▣ **d. de leite** ANAT **1** cada um dos dentes que surgem entre os seis e os 30 meses de idade e começam a ser substituídos pelos permanentes por volta dos seis anos **2** FUTB jogador que tem entre sete e 12 anos, e que disputa torneios para sua idade ~ **dental** *adj.2g.*

D

den.te.a.do *adj.* **1** que tem dentes; dentado **2** que tem forma semelhante à dos dentes; dentado

den.te.ar *v.* {mod. 5} *t.d.* **1** fazer dentes em **2** recortar na forma de dentes

den.ti.ção [pl.: *-ões*] *s.f.* ANAT **1** processo de formação, nascimento e crescimento dos dentes **2** o conjunto dos dentes

den.ti.frí.cio *adj.s.m.* (pasta, creme etc.) us. para limpar os dentes

den.ti.na *s.f.* **1** a mais interna das duas camadas calcificadas dos dentes ☞ cf. *esmalte* **2** tecido rico em cálcio que recobre a polpa dos dentes

den.tis.ta *adj.2g.s.2g.* (profissional) que trata dos dentes; odontologista

den.tre *contr.* das prep. *de* e *entre*; do meio de

den.tro *adv.* **1** na parte interior **2** para o interior de; adentro

den.tu.ça *s.f.* **1** arcada dos dentes da frente grandes ou salientes ■ *s.2g.* **2** quem tem essa arcada

den.tu.ço *adj.s.m.* *B* que(m) tem dentes grandes ou salientes

de.nún.cia *s.f.* **1** acusação de ato ilegal **2** DIR cessação (de contrato, acordo etc.) **3** revelação de segredo **4** manifestação exterior de algo até então oculto; sinal ▣ **d. vazia** DIR ação de despejo sem qualquer motivo por parte do dono de imóvel

de.nun.ci.ar *v.* {mod. 1} *t.d.,t.d.i. e pron.* **1** (prep. *a*) declarar(-se) responsável por (crime, delito, falta); acusar(-se) *<d. a falta ao oficial> <denunciou-se à polícia>* □ *t.d. e t.d.i.* **2** (prep. *a*) tornar conhecido; revelar, anunciar □ *t.d. e pron.* **3** expôr(-se) à vista; evidenciar(-se), revelar(-se) ~ **denunciação** *s.f.* - **denunciante** *adj.2g.s.2g.*

de.nun.cis.mo *s.m.* onda de denúncias em sequência, esp. pelos meios de comunicação

de.pa.rar *v.* {mod. 1} *t.d.,t.i. e pron.* **1** (prep. *com*) encontrar-se de modo inesperado (com); topar *<d. (com) um obstáculo inesperado> <deparou-se com a criança perdida>* □ *pron.* **2** (prep. *a*) surgir de repente *<um carro se deparou aos ciclistas>*

de.par.ta.men.to *s.m.* setor, seção de organização pública ou privada (empresa, loja, faculdade etc.) ~ **departamental** *adj.2g.*

de.pau.pe.rar *v.* {mod. 1} *t.d.* **1** reduzir ou esgotar os recursos econômicos de □ *t.d. e pron.* **2** (fazer) perder o vigor físico ou a saúde; enfraquecer(-se), debilitar(-se) *<o homem depauperou-se de preocupação>*

de.pe.nar *v.* {mod. 1} *t.d. e pron.* **1** arrancar as penas de ou perdê-las □ *t.d. fig. infrm.* **2** tirar o dinheiro, os bens de **3** tirar as peças de (veículo roubado ou abandonado)

de.pen.dên.cia *s.f.* **1** característica de dependente; subordinação **2** submissão à vontade do outro **3** relação necessária; conexão **4** cômodo de uma residência ☞ mais us. no pl. **5** necessidade física ou psíquica de consumir repetidamente determinada substância

de.pen.den.te *adj.2g.s.2g.* **1** (o) que depende **2** que(m) tem necessidade física ou psíquica de consumir repetidamente determinada substância **3** que(m) vive à custa de outra pessoa

de.pen.der *v.* {mod. 8} *t.i.* **1** (prep. *de*) estar sujeito a *<d. da sorte>* **2** (prep. *de*) requerer decisão, resolução de *<a autorização das obras depende do governador>* **3** (prep. *de*) precisar do auxílio, proteção, sustento de *<d. dos pais para viver>* **4** (prep. *de*) surgir em consequência de; derivar, resultar *<o sucesso depende do trabalho>*

de.pen.du.rar *v.* {mod. 1} *t.d. e t.d.i.* suspender e fixar distante do chão (a prego, corda, gancho etc.); pendurar *<d. um lustre (no teto)>*

de.pe.ni.car *v.* {mod. 1} *t.d.* **1** arrancar aos poucos penas ou pelos de □ *t.d.,t.i. e int.* **2** (prep. *em*) comer aos poucos, em pequenas porções; beliscar *<d. (em) uma porção de batatas fritas> <d. em um bar com amigos>*

de.pe.re.cer *v.* {mod. 8} *int.* **1** morrer aos poucos **2** perder a força aos poucos; definhar ~ **deperecimento** *s.m.*

de.pi.la.ção [pl.: *-ões*] *s.f.* ato ou efeito de extrair os pelos do corpo

de.pi.la.dor /ô/ [pl.: *-es*] *adj.s.m.* **1** que(m) faz depilação como atividade profissional **2** (aparelho) que serve para depilar

de.pi.lar *v.* {mod. 1} *t.d. e pron.* extrair ou raspar os pelos de

de.pi.la.tó.rio *adj.s.m.* **1** (o) que depila ■ *s.m.* **2** preparado us. para retirar os pelos do corpo

de.ple.ção [pl.: *-ões*] *s.f.* MED perda de elementos fundamentais do organismo, como água, sangue etc.

de.plo.rar *v.* {mod. 1} *t.d. e pron.* **1** mostrar aflição, sofrimento por; lastimar(-se) *<deplorou-se pela partida do amigo>* **2** revelar inconformismo, desagrado; lamentar(-se) *<deplorou-se pelo fracasso do projeto>*

de.plo.rá.vel [pl.: *-eis*] *adj.2g.* **1** que merece ser deplorado **2** que provoca tristeza; lastimável **3** que desperta aversão; abominável, detestável

de.po.en.te *adj.2g.s.2g.* que(m) depõe em juízo, ger. como testemunha

de.po.i.men.to *s.m.* **1** ato ou efeito de depor **2** DIR declaração, em juízo, da testemunha sobre um fato

de.pois *adv.* **1** em seguida, após **2** atrás **3** além disso ▣ **d. de 1** em posição posterior a, no tempo ou no espaço; após **2** em posição inferior ou secundária a, numa escala de importância *<d. do Pedro, ele é o melhor>*

de.por *v.* {mod. 23} *t.d.* **1** pôr à parte; largar, deixar **2** renunciar a (cargo, título) □ *t.d. e t.d.i.* **3** (prep. *em*) repousar (objeto) num lugar; pôr *<d. o copo (na mesa)>* **4** (prep. *de*) destituir (de cargo, poder) *<o conselho deporá o presidente (de suas funções)>* □ *t.d. e int.* **5** declarar ou testemunhar em juízo □ *pron.* **6** acumular-se no fundo *<resíduos depuseram-se na lagoa>* ◉ GRAM/USO part.: *deposto*

de.por.ta.ção [pl.: *-ões*] *s.f.* **1** ato ou efeito de deportar, de afastar do país ou de um grupo social; degredo, exílio **2** DIR pena que o Estado impõe ao estrangeiro delinquente, e que consiste em fazê-lo sair do país, não podendo a ele retornar

de.por.tar *v.* {mod. 1} *t.d.* expulsar do país ou de um grupo social; banir

de.po.si.ção [pl.: *-ões*] *s.f.* destituição de função, cargo ou dignidade

de.po.si.tar *v.* {mod. 1} *t.d.i.* **1** (prep. *em*) pôr (algo valioso) [em depósito] *<d. dinheiro no cofre>* **2** (prep. *em*) repousar (objeto) num lugar; colocar *<d. o copo na mesa>* **3** (prep. *em*) comunicar em confiança; confiar *<depositou o patrimônio em suas mãos>* ☐ *pron.* **4** (prep. *em*) acumular-se no fundo; depor-se, assentar *<a sujeira da água depositou-se no vaso>* ~ **depositante** *adj.2g.s.2g.*

de.po.si.tá.rio *s.m.* **1** quem recebe e guarda um depósito **2** aquele a quem foi confiado um segredo ou confidência

de.pó.si.to *s.m.* **1** colocação de algo em algum lugar específico **2** a coisa depositada **3** local ou recipiente onde se guarda ou acumula algo **4** resíduo material acumulado no fundo de um líquido; borra, sedimento **5** estabelecimento comercial de venda de grande quantidade de mercadorias; armazém ▣ **d. bancário** quantia depositada em um banco comercial

de.pra.va.ção [pl.: *-ões*] *s.f.* **1** ato ou efeito de depravar(-se); corrupção, perversão **2** estado de quem se depravou

de.pra.va.do *adj.s.m.* que(m) está moralmente corrompido; devasso

de.pra.var *v.* {mod. 1} *t.d. e pron.* **1** mudar para pior; prejudicar(-se) *<seu estado geral depravou-se com as drogas>* **2** corromper(-se) moralmente; perverter(-se) *<depravou-se com más companhias>*

de.pre.ci.ar *v.* {mod. 1} *t.d.* **1** reduzir o preço de; baratear ☐ *t.d. e pron. fig.* **2** rebaixar o valor, a virtude (de); desvalorizar(-se) *<depreciou-se ao ver que fracassara>* ~ **depreciação** *s.f.* - **depreciador** *adj.*

de.pre.ci.a.ti.vo *adj.* que deprecia; pejorativo

de.pre.dar *v.* {mod. 1} *t.d.* **1** destruir, arruinar **2** roubar, saquear ~ **depredação** *s.f.*

de.pre.en.der *v.* {mod. 8} *t.d.* **1** perceber o sentido de; entender, compreender ☐ *t.d. e t.d.i.* **2** (prep. *de*) chegar a (uma conclusão) com base em; inferir, deduzir *<depreendeu (do fato) que a situação era grave>* ~ **depreensão** *s.f.*

de.pres.sa *adv.* de maneira apressada, rápida; com pressa

de.pres.são [pl.: *-ões*] *s.f.* **1** cova de pequena profundidade **2** diminuição de pressão **3** ECON crise econômica em que há queda no consumo, produção e emprego de um país **4** PSIC PSIQ síndrome caracterizada por tristeza e/ou irritabilidade e pela inibição das funções psíquicas ~ **depressivo** *adj.s.m.*

de.pri.men.te *adj.2g.* **1** que provoca depressão; depressivo **2** que causa lástima; lastimável, lamentável

de.pri.mir *v.* {mod. 24} *t.d. e pron.* **1** (fazer) sentir abatimento, tristeza, melancolia *<seu sofrimento deprimiu o irmão>* *<deprimiu-se com a tragédia>* ☐ *t.d.* **2** rebaixar *<d. um terreno>* **3** reduzir, diminuir *<d. a pressão sanguínea>* ◉ GRAM/USO part.: *deprimido, depresso*

de.pu.rar *v.* {mod. 1} *t.d.,t.d.i. e pron.* **1** (prep. *de*) limpar(-se) [de sujeira ou substâncias indesejáveis] *<um remédio para d. o sangue>* *<d. a água das sujidades>* *<d.-se no banho>* **2** (prep. *de*) purificar(-se) [de mácula ou pecado]; purgar(-se) *<o padre depurou o fiel (de todo o mal)>* *<d.-se com a fé>* ~ **depuração** *s.f.*

de.pu.ra.ti.vo *adj.s.m.* **1** (o) que depura **2** (substância) que purifica o organismo de toxinas e resíduos

de.pu.ta.do *s.m.* **1** quem recebeu autorização para agir em comissão; delegado, enviado **2** POL membro eleito de câmara ou assembleia legislativa ◉ COL assembleia, bancada, câmara

de.pu.tar *v.* {mod. 1} *t.d.i.* **1** (prep. *a*) enviar em missão *<cada escola deputou um professor à reunião>* **2** (prep. *em*) investir (em alguém) [poderes, expectativas]; delegar *<deputamos nela a nossa expectativa>* ~ **deputação** *s.f.*

de.que *s.m.* **1** piso descoberto de uma embarcação; convés **2** *p.ext.* terraço, patamar ou plataforma feita de tábuas paralelas

DER *s.m.* sigla de Departamento de Estradas de Rodagem

de.ri.va *s.f.* desvio de rota de navios ou aeronaves causado pelo vento, correntes ou força da gravidade ▣ **à d.** carregado pelas águas, sem direção certa

de.ri.va.ção [pl.: *-ões*] *s.f.* **1** ação de desviar um curso de água **2** *p.ext.* movimento de afastamento do caminho normal; desvio **3** GRAM processo de formação de palavras, com uso de afixo *<de casa forma-se caseiro por d.>* ~ **derivativo** *adj.*

de.ri.va.do *adj.s.m.* **1** (o) que se origina de transformação material **2** GRAM (o) que deriva de outro (diz-se de palavra) *<beleza é um (termo) d. de belo>* ■ *adj.* **3** resultante

de.ri.var *v.* {mod. 1} *t.i. e t.d.i.* **1** mudar a direção, o rumo (de) *<d. (a palestra) para outro tema>* ☐ *t.i. e pron.* **2** (prep. *de*) ter origem em; proceder *<sua angústia deriva(-se) da falta de trabalho>* **3** (prep. *de, para*) correr (o líquido); fluir *<a água deriva(-se) da nascente para a represa>* **4** LING GRAM (prep. *de*) formar-se (uma palavra) a partir de outra, com acréscimo de afixos *<bondade deriva(-se) de bom>* ☐ *t.d.i.* **5** (prep. *de*) extrair, retirar *<d. hipóteses dos fatos>*

der.ma *s.m.* ANAT derme

der.máp.te.ro *s.m.* ZOO **1** espécime dos dermápteros, ordem de insetos encontrados em regiões tropicais, de hábitos ger. noturnos, vulgarmente conhecidos como lacrainhas ■ *adj.* **2** relativo a essa ordem

der.ma.ti.te *s.f.* MED inflamação da pele

D

der.ma.to.lo.gi.a *s.f.* MED ramo da medicina que trata do diagnóstico e tratamento das doenças da pele ~ **dermatológico** *adj.* - **dermatologista** *adj.2g.s.2g.*

der.ma.to.se *s.f.* MED qualquer doença de pele, esp. quando não há inflamação

der.me *s.f.* camada da pele sob a epiderme; derma ~ **dérmico** *adj.*

der.móp.te.ro *s.m.* ZOO **1** espécime dos dermópteros, ordem de mamíferos conhecidos como lêmures-voadores, por possuírem membros unidos por uma prega de pele que se estende até o pescoço, dedos e cauda, o que lhes permite planar por entre as árvores das florestas tropicais da Ásia ■ *adj.* **2** relativo a esses mamíferos

der.ra.dei.ro *adj.* **1** que não é sucedido por nenhum outro de seu gênero **2** final; último

der.ra.ma *s.f.* HIST no período colonial, imposto pago pelos mineradores ou cobrança dos quintos atrasados

der.ra.mar *v.* {mod. 1} *t.d.,t.d.i. e pron.* **1** (prep. *em*) (fazer) sair (líquido, grãos etc.), ger. em grande quantidade e espalhando(-se) *<derrame a água (no ralo)>* **2** *p.ext.* (prep. *por*) espalhar(-se) sem direção precisa *<o sol derrama luz (pela casa)>* *<o odor derramava-se pela sala>* □ *t.d. e pron.* **3** expressar(-se) de forma abundante (sentimentos, emoções etc.) *<d.-se em gentilezas>* □ *t.d.* **4** cortar ou aparar os ramos de □ *pron. fig.* **5** (prep. *por*) estar apaixonado *<derrama-se pelo Paulo>* ~ **derramamento** *s.m.*

der.ra.me *s.m.* **1** ato de derramar ou o seu efeito; derramamento **2** MED ruptura de vaso sanguíneo gerando hemorragia

der.ra.par *v.* {mod. 1} *int.* deslizar de maneira desgovernada ~ **derrapagem** *s.f.* - **derrapante** *adj.2g.*

der.re.ar *v.* {mod. 5} *t.d. e pron.* **1** (fazer) tomar posição inclinada; curvar(-se) *<derreou o corpo para entrar no carro>* *<os galhos derreavam-se ao peso das frutas>* **2** (fazer) ficar muito cansado; esgotar(-se) ~ **derreamento** *s.m.*

der.re.dor *adv.* em redor *<olhou d., mas não viu ninguém>* ▣ **ao d.** ou **em d. (de)** em volta (de)

der.re.ter *v.* {mod. 8} *t.d.,int. e pron.* **1** tornar(-se) líquido; liquefazer(-se), fundir(-se) *<d. um metal>* *<o sorvete derretia(-se) rapidamente>* **2** *fig.* (fazer) sentir emoção intensa; comover(-se) *<seu coração se derretia com as graças da neta>* **3** *fig.* tornar(-se) mais suave; abrandar(-se) *<derreteu-se ao perceber a injustiça que cometera>* □ *pron. fig.* **4** (prep. *em*) mostrar sentimentos, emoções; desfazer-se *<d.-se em lágrimas>* **5** (prep. *por*) estar apaixonado *<d.-se pela esposa>*

der.re.ti.men.to *s.m.* **1** ato ou efeito de derreter(-se); transformação de sólido em líquido **2** *fig.* encantamento, enlevo

der.ri.bar *v.* {mod. 1} *t.d.* **1** fazer cair; derrubar **2** impor domínio sobre; vencer □ *t.d. e t.d.i.* **3** (prep. *de*) privar de (cargo, função, poder etc.); destituir *<d. políticos (de cargos de confiança)>* □ *pron.* **4** atirar-se, lançar-se *<derribaram-se sobre os inimigos>*

der.ro.ca.da *s.f.* **1** demolição de construção humana ou natural **2** *fig.* queda acompanhada de decadência

der.ro.ca.men.to *s.m.* derrocada

der.ro.car *v.* {mod. 1} *t.d. e pron.* **1** pôr ou vir abaixo; destruir(-se) *<a montanha se derrocou no terremoto>* □ *t.d. fig.* **2** destituir do poder; derrubar

der.ro.gar *v.* {mod. 1} *t.d.* **1** alterar em parte (lei, regulamento ou sentença) **2** tornar nulo; invalidar □ *t.i.* **3** (prep. *a*) contrariar (lei ou costume) *<d. aos costumes da família>* ~ **derrogação** *s.f.* - **derrogatório** *adj.*

der.ro.ta *s.f.* **1** perda de uma batalha, de uma guerra, de uma competição **2** revés (em negócio, amor etc.) **3** derrubada do poder; queda **4** *B infrm.* acontecimento infeliz, doloroso; calamidade

der.ro.tar *v.* {mod. 1} *t.d.* **1** vencer em luta, guerra, competição etc. **2** produzir cansaço em; fatigar **3** desencorajar, desestimular *<as dificuldades derrotaram-no>*

der.ro.tis.mo *s.m.* atitude pessimista daquele que só crê no fracasso, na derrota ~ **derrotista** *adj.2g.s.2g.*

der.ru.bar *v.* {mod. 1} *t.d. e t.d.i.* **1** (prep. *de, em*) deixar ou fazer cair *<derrubou o vaso (no chão)>* **2** (prep. *de*) privar (de cargo, função, poder etc.); destituir □ *t.d.* **3** vencer, arrasar *<d. o inimigo>* **4** *B gír.* pôr em situação desvantajosa; prejudicar **5** *fig.* abater, prostrar, desanimar *<os desafios não o derrubam>* ~ **derrubada** *s.f.*

der.ru.ir *v.* {mod. 26} *t.d. e pron.* **1** pôr ou vir abaixo; destruir(-se) *<o muro derruiu-se>* **2** *fig.* aniquilar(-se), extinguir(-se) *<a má gestão derruiu a empresa>* *<não deixarei d.-se nosso sonho>*

der.vi.xe *s.m.* REL monge muçulmano que faz votos de pobreza, humildade e castidade

des- *pref.* **1** 'separação, afastamento': *descascar, desenterrar* **2** 'oposição, negação': *desamor, desnortear* **3** 'aumento, reforço': *desinfeliz*

de.sa.ba.far *v.* {mod. 1} *t.d.,t.d.i.,t.i.,int. e pron.* **1** (prep. *com*) dizer (o que sente ou pensa) [a alguém] *<d. uma dor>* *<desabafa(-se) com o pai>* *<Rui desabafou as mágoas com a mulher>* *<você precisa d.>* □ *t.d. e pron.* **2** retirar o que abafa; descobrir(-se) *<desabafou-se por causa do calor>* □ *t.d.* **3** fazer circular o ar em; arejar ~ **desabafamento** *s.m.*

de.sa.ba.fo *s.m.* **1** manifestação de sentimentos e pensamentos íntimos **2** desafogo, desopressão

de.sa.ba.la.do *adj.* **1** que parece não ter freios ou limites **2** excessivo, enorme

de.sa.bar *v.* {mod. 1} *int.* **1** despencar, cair, desmoronar *<prédios ameaçam d.>* **2** *p.ext.* cair com violência (chuva, temporal etc.) ~ **desabamento** *s.m.*

de.sa.bi.li.tar *v.* {mod. 1} *t.d.,t.d.i. e pron.* (prep. *para*) [fazer] perder a habilidade (para atividade, função etc.) *<a velhice desabilitou-o (para o trabalho)>* *<por não estudar, desabilitou-se para o cargo>*

de.sa.bi.ta.do *adj.* que não tem habitantes; despovoado, deserto

de.sa.bi.tar *v.* {mod. 1} *t.d.* **1** deixar de habitar (casa, moradia etc.) **2** deixar (local) sem habitantes; despovoar *<a seca levou-os a d. suas terras>*

de.sa.bi.tu.ar *v.* {mod. 1} *t.d.i. e pron.* (prep. *de*) [fazer] perder o hábito (de); desacostumar(-se) *<a vida fácil desabituou-o de trabalhar> <desabituou-se logo da cidade grande>*

de.sa.bo.nar *v.* {mod. 1} *t.d. e pron.* tornar(-se) indigno de estima, consideração, crédito; desacreditar (-se) *<confio nele, nada o desabona> <faz de tudo para não d.-se>* ~ **desabonador** *adj.s.m.* - **desabono** *s.m.*

de.sa.bo.to.ar *v.* {mod. 1} *t.d.* **1** abrir retirando das casas ou dos fechos os botões de (roupa) *<d. uma camisa>* □ *t.d. e pron.* **2** abrir a roupa (de), soltando os botões *<d. o bebê> <desabotoou-se antes de entrar no banho>* □ *t.d.,int. e pron.* **3** desabrochar(-se) [botão de flor] *<as árvores desabotoavam belas flores> <uma flor desabotoou(-se) no jardim>*

de.sa.bri.do *adj.* **1** insolente, inconveniente **2** que é fisicamente desagradável; áspero, rude

de.sa.bri.ga.do *adj.s.m.* que(m) não tem ou perdeu o abrigo

de.sa.bri.gar *v.* {mod. 1} *t.d. e pron.* **1** tirar ou sair do abrigo; desalojar(-se) *<a tempestade desabrigou a população> <desabrigou-se, em busca de aventura>* □ *t.d. p.ext.* **2** desamparar, abandonar *<a morte do pai vai d. a família>*

de.sa.bri.go *s.m.* **1** falta de abrigo **2** *p.ext.* situação de desamparo, abandono

de.sa.bro.char *v.* {mod. 1} *int. e pron.* **1** abrir(-se) [o botão] em flor *<as violetas começam a d.(-se)>* **2** *fig.* nascer, surgir *<a alegria (se) desabrochava por toda parte>* **3** *fig.* desenvolver-se de forma bela ou eficaz; crescer, florescer *<a empresa desabrochava> <o romance se desabrocha com paixão>* ~ **desabrochamento** *s.m.*

de.sa.bu.sa.do *adj.* **1** que perdeu a ilusão, preconceito ou superstição ■ *adj.s.m.* **2** que(m) é atrevido, confiado, insolente

de.sa.ca.tar *v.* {mod. 1} *t.d.* **1** não tratar com respeito *<d. uma autoridade>* **2** não dar importância a; desconsiderar, desobedecer *<d. usos, ordens>* ~ **desacatamento** *s.m.*

de.sa.ca.to *s.m.* ato ou efeito de desacatar; falta de respeito

de.sa.ce.le.rar *v.* {mod. 1} *t.d. e int.* **1** diminuir a velocidade (de) *<d. o carro> <o motor desacelerou>* **2** *p.ext.* tornar mais lento o progresso (de); retardar *<d. o aquecimento global> <a inflação desacelerou>* ~ **desaceleração** *s.f.*

de.sa.cer.tar *v.* {mod. 1} *t.d.* **1** não acertar; errar *<d. as questões da prova>* **2** não conseguir encontrar *<d. o caminho>* □ *t.d. e pron.* **3** desfazer(-se) o acerto, a correção *<ele desacertou os cálculos que tínhamos feito> <desacertou-se a marcha dos soldados>* **4** desregular(-se) [motor, relógio etc.] *<a queda desacertou o relógio> <o motor do carro desacertou-se>*

de.sa.cer.to /ê/ *s.m.* **1** falta de acerto; erro **2** despropósito, asneira, tolice **3** falta de entendimento; desavença, desunião

de.sa.co.mo.dar *v.* {mod. 1} *t.d.* **1** tirar do cômodo, do aposento; desalojar *<d. o inquilino inadimplente>* **2** desarrumar, desorganizar *<d. os livros>* □ *t.d. e pron.* **3** incomodar(-se), perturbar(-se) *<o barulho desacomoda os hóspedes> <desacomodou-se com a insolência do rapaz>*

de.sa.com.pa.nha.do *adj.* **1** sem companhia; só, solitário **2** sem a presença de algo

de.sa.com.pa.nhar *v.* {mod. 1} *t.d.* **1** deixar de acompanhar; largar *<d. os amigos nas farras>* **2** recusar apoio a; desproteger *<desacompanhou a esposa no pior momento>* **3** perder o interesse por *<d. um assunto atual>*

de.sa.con.se.lhar *v.* {mod. 1} *t.d. e t.d.i.* (prep. *a*) aconselhar (alguém) a não fazer (algo); dissuadir, contraindicar *<a chuva desaconselha viagens> <o médico desaconselhou esta dieta ao meu tio>* ~ **desaconselhável** *adj.2g.*

de.sa.cor.ço.ar, **de.sa.co.ro.ço.ar** ou **des.cor.ço.ar** *v.* {mod. 1} *t.d. e int.* **1** (fazer) perder o ânimo ou a coragem; esmorecer, acovardar(-se) *<a força do adversário desacorçoou o time> <d. diante da adversidade>* **2** desapontar(-se), decepcionar(-se) *<a indiferença dos chefes desacorçoou-o> <desacorçoa com um mau resultado de sua turma>*

[1]**de.sa.cor.dar** *v.* {mod. 1} *int. e pron.* **1** perder os sentidos; desmaiar *<desacordou(-se) após a pancada na cabeça>* □ *t.i. e pron.* **2** (prep. *de*) perder a lembrança; esquecer *<d.(-se) de um velho amigo>* [ORIGEM: *des-* + [2]*acordar*] ~ **desacordado** *adj.*

[2]**de.sa.cor.dar** *v.* {mod. 1} *t.d.,t.i.,int. e pron.* **1** (prep. *de*) pôr(-se) em desacordo, em divergência *<a herança desacordou os irmãos> <os dois desacordavam (dos outros) constantemente> <d.(-se) da decisão>* □ *t.d. e int. p.ext.* **2** (fazer) perder a harmonia (de cores, sons etc.) *<a banda desacordava>* [ORIGEM: *des-* + [1]*acordar*]

de.sa.cor.do /ô/ *s.m.* **1** ausência de entendimento; desavença **2** *p.ext.* conjunto desarmônico (de sons, cores etc.) **3** *p.ext.* falta de integração; desarmonia

de.sa.co.ro.ço.ar *v.* {mod. 1} → ***DESACORÇOAR***

de.sa.cor.ren.tar *v.* {mod. 1} *t.d. e pron.* desprender(-se) de corrente *<d. um prisioneiro> <as feras desacorrentaram-se>*

de.sa.cos.tu.mar *v.* {mod. 1} *t.d.i. e pron.* (prep. *de*) [fazer] perder o costume de; desabituar(-se) *<d. uma criança dos doces> <d.-se de um vício>*

de.sa.cre.di.ta.do *adj.* **1** que perdeu o crédito; em que não se pode acreditar **2** que perdeu a importância, a boa reputação; menosprezado

de.sa.cre.di.tar *v.* {mod. 1} *t.d. e pron.* **1** (fazer) perder a boa reputação; desabonar(-se) *<o escândalo desacreditou o partido> <agindo assim, ele se desacredita>* **2** depreciar, desmerecer *<d. o empregado>* **3** não acreditar em *<d. argumentos inverossímeis>*

D

de.sa.fei.ção [pl.: *-ões*] *s.f.* falta, diminuição ou perda de afeto, de amizade

[1]de.sa.fei.ço.ar *v.* {mod. 1} *t.d.* mudar as feições de; desfigurar [ORIGEM: *des-* + [2]*afeiçoar*]

[2]de.sa.fei.ço.ar *v.* {mod. 1} *t.d.i. e pron.* (prep. *de*) [fazer] perder o afeto, a amizade ou o gosto, o prazer por *<a distância não o desafeiçoou dos amigos> <desafeiçoou-se do namorado>* [ORIGEM: *des-* + [1]*afeiçoar*]

de.sa.fei.to *adj.* que perdeu o costume de; desacostumado

de.sa.fer.rar *v.* {mod. 1} *t.d.,t.d.i. e pron.* **1** (prep. *de*) (fazer) ficar livre de (ferro ou corrente); desprender(-se), soltar(-se) *<d. um navio> <d. o cão da corrente> <o prisioneiro desaferrou-se dos grilhões>* □ *t.d.i. e pron.* **2** *fig.* (prep. *de*) retirar(-se) à força ou com dificuldade *<d. uma peça de outra> <consegui d.-me daquele lugar>* **3** *fig.* (prep. *de*) (levar a) desistir de; dissuadir(-se) *<desaferrei-o de suas más intenções> <d.-se de velhos hábitos>*

de.sa.fer.ro.lhar *v.* {mod. 1} *t.d.* **1** abrir, correndo o ferrolho *<d. o portão>* □ *t.d. e t.d.i. fig.* **2** (prep. *de*) retirar (de onde está aferrolhado ou fortemente guardado) *<o carcereiro desaferrolhou os presos> <d. as joias do cofre>* □ *t.d. e pron. fig.* **3** (fazer) ganhar livre curso; soltar(-se) *<d. a imaginação> <a língua se desaferrolhou>*

de.sa.fe.ta.ção [pl.: *-ões*] *s.f.* modo espontâneo de ser, falar e agir; naturalidade

de.sa.fe.to *s.m.* **1** ausência de afeto ou afeição **2** *B* adversário, inimigo ■ *adj.* **3** que se mostra hostil a; contrário

de.sa.fi.a.dor [pl.: *-es*] *adj.s.m.* **1** (o) que desafia ■ *adj.* **2** que é difícil de ser cumprido ou vencido

de.sa.fi.ar *v.* {mod. 1} *t.d.* **1** provocar (alguém) para luta, combate, competição *<d. uma nação inimiga>* **2** *fig.* opor-se a, ger. com desrespeito; contestar *<d. um juiz>* **3** *fig.* pôr à prova; testar *<os riscos desafiam sua coragem>* □ *t.d.i.* **4** (prep. *a*) incitar (alguém) a agir de certo modo ou fazer algo, ger. supondo sua incapacidade *<desafiou-o a pular no lago gelado>*

de.sa.fi.na.do *adj.* **1** que saiu do tom próprio; não afinado **2** que não acerta o tom correto

de.sa.fi.nar *v.* {mod. 1} *t.d.,int. e pron.* **1** (fazer) produzir sons discordantes *<d. um acorde> <o coral desafinou> <nos agudos, ele costuma d.(-se)>* **2** desajustar(-se) [instrumento] *<a queda desafinou o violino> <nas mãos da criança, o violão vai d.(-se)>* □ *t.i. e int. fig.* **3** (prep. *de, em*) ser incompatível com; destoar *<este móvel desafina da decoração> <desafina do marido em política> <suas atitudes desafinam no ambiente familiar>* ~ **desafinação** *s.f.*

de.sa.fi.o *s.m.* **1** ato de provocar alguém para duelo **2** *p.ext.* convocação para jogo, competição etc. **3** esse jogo, competição etc. **4** *fig.* tarefa difícil **5** *fig.* ato ou atitude de desrespeito e provocação; afronta **6** MÚS diálogo cantado, com caráter de duelo, com versos de improviso

de.sa.fi.ve.lar *v.* {mod. 1} *t.d.* abrir ou soltar, desprendendo de fivela ou presilha *<d. o cinto>*

de.sa.fo.gar *v.* {mod. 1} *t.d. e t.d.i.* **1** (prep. *de*) livrar (do que afoga, asfixia, sufoca) *<d. a garganta> <d. os pulmões de um edema>* □ *t.d.,t.d.i. e pron.* **2** *fig.* (prep. *de*) libertar(-se) [do que pesa à consciência, ao espírito]; desabafar(-se) *<d. as mágoas> <tentou d. o amigo de suas preocupações> <abriu-se comigo, para se d. (dos problemas)>* **3** (prep. *de*) tornar(-se) menos congestionado; esvaziar(-se) *<d. as ruas (de carros)> <o tráfego desafogou-se>* □ *t.d. e pron. fig.* **4** livrar(-se) de problemas financeiros *<o aumento salarial veio desafogar-nos> <a herança ajudou-o a d.-se>*

de.sa.fo.go /ô/ *s.m.* **1** estado de quem se encontra aliviado **2** despreocupação financeira; folga

de.sa.fo.ra.do *adj.s.m.* que(m) ofende pela falta de respeito; atrevido, insolente

de.sa.fo.ro /ô/ *s.m.* atrevimento, insolência ~ **desaforar** *v.t.d. e pron.*

de.sa.for.tu.na.do *adj.s.m.* (o) que é marcado pela má sorte, pelo fracasso, pela desgraça; desgraçado, infeliz

de.sa.fron.ta *s.f.* reparação de uma ofensa; desagravo

de.sa.fron.tar *v.* {mod. 1} *t.d.,t.d.i. e pron.* **1** (prep. *de*) reparar afronta, ofensa etc.; vingar(-se) *<d. o amigo (de um insulto)> <d.-se de calúnias>* **2** (prep. *de*) livrar(-se) [de ataque, perseguição]; defender(-se) **3** (prep. *de*) libertar(-se) [de mal físico ou moral]; aliviar(-se) *<desafrontá-lo (da dor)> <d.-se do sentimento de culpa>*

de.sa.ga.sa.lha.do *adj.* **1** sem agasalho **2** *fig.* desamparado, desprotegido ~ **desagasalhar** *v.t.d. e pron.*

de.sá.gio *s.m.* ECON desvalorização do valor de título, moeda ou mercadoria em relação ao seu valor de mercado

de.sa.gra.dar *v.* {mod. 1} *t.d.,t.i. e pron.* **1** (prep. *a, de*) [fazer] ter desprazer, desgosto, insatisfação; descontentar(-se) *<d. (a)o diretor> <d.-se com as críticas>* □ *t.d. e t.i.* **2** (prep. *a*) causar reação desfavorável *<o projeto desagradou (a)o prefeito>*

de.sa.gra.dá.vel [pl.: *-eis*] *adj.2g.* **1** que desagrada, causa desprazer ou incômodo **2** que aborrece, que desgosta

de.sa.gra.do *s.m.* **1** ausência de agrado; desprazer **2** indelicadeza no trato

de.sa.gra.var *v.* {mod. 1} *t.d.,t.d.i. e pron.* **1** (prep. *de*) reparar(-se) de (ofensa ou insulto); desafrontar(-se), vingar(-se) *<d. a honra> <d. alguém das ofensas> <não se preocupou em d.-se>* □ *t.d.* **2** tornar menos grave; suavizar **3** diminuir a intensidade de; aliviar (mal físico) *<o remédio desagravou a dor>*

de.sa.gra.vo *s.m.* reparação de uma ofensa

de.sa.gre.gar *v.* {mod. 1} *t.d.,t.d.i. e pron.* **1** (prep. *em*) separar(-se) em partes; dividir(-se) *<d. o partido (em duas facções)> <as moléculas desagregaram-se>* □ *t.d. e pron. fig.* **2** dissolver(-se), deteriorar(-se), desorganizar(-se) *<d. costumes> <o grêmio desagregou-se>* ~ **desagregação** *s.f.* - **desagregado** *adj.* - **desagregador** *adj.s.m.*

de.sa.gua.dou.ro *s.m.* lugar para onde e/ou por onde se escoam águas; vala

de.sa.guar *v.* {mod. 3} *t.d.* **1** fazer a água escoar de **2** tornar seco; secar, drenar *<d. um terreno>* ☐ *t.i. e pron.* **3** terminar seu curso; desembocar, despejar(-se) *<o rio deságua(-se) no mar>* ~ **desaguamento** *s.m.*

de.sai.re *s.m.* **1** aparência desalinhada; deselegância **2** ato vergonhoso; vexame **3** desgraça, derrota

de.sai.ro.so /ô/ [pl.: /ó/; fem.: /ó/] *adj.* **1** sem elegância; deselegante **2** que demonstra falta de decência; inconveniente, indecoroso

de.sa.jei.ta.do *adj.s.m.* **1** que(m) tem falta de jeito, de destreza, de habilidade **2** (o) que demonstra timidez **3** que(m) é malfeito de corpo; desengonçado, troncho ■ *adj.* **4** fora de ordem; desarrumado

de.sa.ju.i.za.do *adj.s.m.* que(m) demonstra insensatez; insensato ~ **desajuizar** *v.t.d.*

de.sa.jus.ta.do *adj.* **1** que está fora da devida medida ou do grau certo de ajustamento **2** que não se encaixa ou se une perfeitamente **3** desordenado ■ *adj.s.m.* **4** que(m) se mostra emocionalmente desequilibrado **5** que(m) não se ajusta ao seu meio social

de.sa.jus.tar *v.* {mod. 1} *t.d.* **1** desfazer (ajuste, combinação, acordo etc.) ☐ *t.d. e pron.* **2** desunir(-se) [peças, mecanismo, conexões etc.]; afrouxar(-se) **3** desequilibrar(-se) emocionalmente ~ **desajustamento** *s.m.* - **desajuste** *s.m.*

de.sa.len.tar *v.* {mod. 1} *t.d.,int. e pron.* (fazer) perder o alento, o ânimo; esmorecer, desanimar(-se) *<as críticas o desalentaram> <não (se) desalente, há solução>* ~ **desalentador** *adj.s.m.*

de.sa.len.to *s.m.* estado de quem se mostra sem ânimo; desânimo, abatimento

de.sa.li.nha.do *adj.* **1** que está fora do alinhamento **2** que está fora do lugar; desarrumado **3** com má apresentação, de aparência desagradável; malvestido

de.sa.li.nhar *v.* {mod. 1} *t.d. e pron.* **1** (fazer) sair do alinhamento *<d. uma fileira de cadeiras> <d.-se uma fila>* **2** *p.ext.* tornar(-se) desarrumado; desarranjar(-se) *<a correria desalinhou o cabelo> <d.-se o vestido durante a viagem>* ~ **desalinhamento** *s.m.*

de.sa.li.nha.var *v.* {mod. 1} *t.d.* tirar os alinhavos de (roupa, costura etc.)

de.sa.li.nho *s.m.* **1** falta de alinhamento **2** falta de cuidado com a aparência **3** *fig.* desarrumação, desordem

de.sal.ma.do *adj.s.m.* **1** que(m) demonstra ter maus sentimentos; quem é cruel ■ *adj.* **2** caracterizado pela rigidez e crueldade

de.sa.lo.jar *v.* {mod. 1} *t.d.,t.i.,t.d.i. e pron.* **1** (prep. *de*) (fazer) sair de alojamento, moradia etc.; retirar(-se) *<d. os filhos durante a obra> <d. uma bala do pulmão> <desalojaram(-se) da área>* ☐ *t.d. e t.d.i.* **2** forçar a abandonar posto, posição; expulsar *<d. o inimigo (de suas trincheiras)>* ~ **desalojado** *adj.* - **desalojamento** *s.m.*

de.sa.mar.rar *v.* {mod. 1} *t.d.,int. e pron.* **1** desprender(-se) [o que está amarrado ou atado] *<d. o animal> <o lenço desamarrou(-se)>* **2** *fig.* (fazer) perder a expressão de zanga, de preocupação *<d. a cara> <ao vê-la, seu rosto (se) desamarrou>*

de.sa.mar.ro.tar *v.* {mod. 1} *t.d.,int. e pron.* tornar(-se) liso, sem vincos ou dobras; alisar *<d. uma roupa> <esse papel não (se) desamarrota>*

de.sa.mas.sar *v.* {mod. 1} *t.d.,int. e pron.* tornar(-se) liso, sem amassados; alisar(-se) *<d. a lataria> <esse material não (se) desamassa>*

D

de.sam.bi.ção [pl.: *-ões*] *s.f.* ausência de ambição; desapego

de.sam.bi.en.tar *v.* {mod. 1} *t.d.* **1** tirar do ambiente natural ou rotineiro ☐ *t.d. e pron.* **2** (fazer) sentir-se fora do ambiente *<a mudança de colégio desambientou-o> <d.-se em situações formais>* ~ **desambientado** *adj.*

de.sa.mor /ô/ [pl.: *-es*] *s.m.* **1** ausência de amor; desafeição **2** desprezo, desdém ~ **desamoroso** *adj.*

de.sam.pa.rar *v.* {mod. 1} *t.d.* **1** privar de ajuda material e/ou moral; abandonar ☐ *t.d. e pron.* **2** (prep. *de*) privar(-se) de apoio, escora *<d. um filho> <d.-se das muletas>* ~ **desamparado** *adj.s.m.*

de.sam.pa.ro *s.m.* **1** estado do que ou de quem se encontra abandonado **2** falta de ajuda material e/ou moral

de.san.car *v.* {mod. 1} *t.d.* **1** curvar com golpes nas ancas *<d. um animal>* **2** *p.ext.* bater muito em; espancar **3** *fig.* criticar severamente *<d. um filme>*

de.san.dar *v.* {mod. 1} *t.d.* **1** mover (veículo, animal etc.) para trás ☐ *t.d. e int.* **2** percorrer (caminho, trajeto) em sentido oposto; retroceder *<d. um atalho> <d. ao ponto de partida>* **3** não (deixar) atingir a consistência desejada *<d. um creme> <o molho desandou>* **4** *B* (fazer) ficar com diarreia *<d. o intestino> <o paciente desandou com o remédio>* ☐ *t.i.* **5** (prep. *em*) ter como resultado; descambar *<d. o calor em tempestade>* ☐ *int.* **6** entrar em declínio; decair *<sua sorte desandou>* ◉ GRAM/USO tb. é empr. como v.aux., com a prep. *a* e o infinitivo de outro verbo, para indicar a ideia de 'início ou insistência da ação': *d. a chorar*

de.sa.ni.mar *v.* {mod. 1} *t.d.,t.d.i.,t.i.,int. e pron.* **1** (prep. *de*) [fazer] perder o ânimo, o entusiasmo, a vontade; desalentar(-se) *<o amigo desanimou-o (de seu intento)> <d. da viagem> <não (se) desanime, coragem!>* ☐ *int.* **2** perder a agitação, a vibração ~ **desanimação** *s.f.* - **desanimado** *adj.s.m.* - **desanimador** *adj.s.m.*

de.sâ.ni.mo *s.m.* perda ou falta de ânimo; desanimação

de.sa.nu.vi.ar *v.* {mod. 1} *t.d.,int. e pron.* **1** limpar(-se) de nuvens *<o sol veio d. o dia> <o tempo desanuviou(-se)>* ☐ *t.d.,t.d.i.,int. e pron. fig.* **2** (prep. *de*) (fazer) perder sentimento ou ar de preocupação, contrariedade, tensão etc.; serenar *<d. o espírito (de angústias)> <foi passear para d.(-se)>*

de.sa.pa.ra.fu.sar *v.* {mod. 1} *t.d.* **1** tirar ou afrouxar o(s) parafuso(s) de; desparafusar ☐ *int. e pron.* **2** ficar com os parafusos frouxos, soltos; desparafusar *<o banco pode d.(-se) com o uso>*

de.sa.pa.re.cer *v.* {mod. 8} *int.* **1** deixar de estar visível; sumir **2** *p.ext.* deixar de existir, de manifestar-se; acabar *<logo essa moda vai d.>* **3** *fig.* ausentar-se, ger. sem avisar *<a atriz desapareceu de repente>* **4** perder a vida; extinguir-se; morrer *<quantas espécies vão d.>* ☐ *t.i.* **5** (prep. *com*) tirar do devido lugar; sumir *<d. com as provas contra o réu>* ~ **desaparecido** *adj.s.m.*

de.sa.pa.re.ci.men.to *s.m.* **1** ato ou efeito de desaparecer, de deixar de ser visto; desaparição **2** ato ou efeito de deixar de existir ou de manifestar-se; desaparição **3** extravio ou roubo; desaparição **4** morte, falecimento; desaparição

de.sa.pa.ri.ção [pl.: *-ões*] *s.f.* desaparecimento

de.sa.pe.ar *v.* {mod. 5} *t.d.,int. e pron.* apear

de.sa.pe.gar *v.* {mod. 1} *t.d.i. e pron.* **1** (prep. *de*) tornar(-se) menos afeiçoado a *<d. os filhos do luxo>* *<d.-se de um costume>* **2** (prep. *de*) (fazer) perder o envolvimento, a dependência ou o compromisso com; afastar(-se) *<d. alguém do vício>* *<d.-se do magistério>*

de.sa.pe.go /ê/ *s.m.* **1** modo de ser ou estado de quem revela desamor **2** desinteresse, desprendimento

de.sa.per.ce.bi.do *adj.* **1** descuidado, desprevenido **2** de que não se tem conhecimento, não observado; despercebido ~ **desaperceber** *v.t.d.,t.d.i. e pron.*

de.sa.per.tar *v.* {mod. 1} *t.d. e pron.* **1** tornar(-se) folgado; afrouxar(-se) **2** *fig.* aliviar(-se) do que preocupa, angústia *<d. a alma>* *<o coração desapertou-se>* ☐ *t.d.* **3** abrir ou afrouxar botão, fivela etc. de **4** *fig.* tirar de aperto financeiro *<o 13º salário vai d. os trabalhadores>* ~ **desaperto** *s.m.*

de.sa.pi.e.dar *v.* {mod. 1} *t.d. e pron.* tornar(-se) indiferente à dor e ao sofrimento alheio ~ **desapiedado** *adj.*

[1]**de.sa.pon.tar** *v.* {mod. 1} *t.d.* tornar rombuda a ponta de [ORIGEM: *des-* + [1]*apontar*]

[2]**de.sa.pon.tar** *v.* {mod. 1} *t.d. e pron.* (prep. *com*) iludir(-se) em seus desejos e/ou expectativas; decepcionar(-se) *<o resultado desapontou-os>* *<d.-se com o colega>* [ORIGEM: do ing. (*to*) *disappoint* 'frustrar'] ~ **desapontado** *adj.* - **desapontamento** *s.m.*

de.sa.pos.sar *v.* {mod. 1} *t.d.i.* **1** (prep. *de*) privar da posse, do domínio de *<o assaltante desapossou-a das joias>* ☐ *pron.* **2** (prep. *de*) renunciar à posse

de.sa.pre.ço /ê/ *s.m.* sentimento que se tem por alguém ou por algo considerado indigno de apreço, de consideração; menosprezo, desprezo

de.sa.pren.der *v.* {mod. 8} *t.d.,t.i. e int.* (prep. *de, a*) esquecer (o que se sabia ou aprendera) *<d. uma arte>* *<d. de viver só>* *<sem prática, as pessoas desaprendem>* ~ **desaprendizado** *s.m.*

de.sa.pro.pri.ar *v.* {mod. 1} *t.d. e t.d.i.* **1** (prep. *de*) privar do direito à propriedade sobre *<desapropriou-os (de suas terras)>* ☐ *t.d.* **2** tornar (propriedade particular) um bem público ☐ *pron.* **3** (prep. *de*) renunciar à posse de *<d.-se do direito à herança>* ~ **desapropriação** *s.f.* - **desapropriador** *adj.s.m.*

de.sa.pro.var *v.* {mod. 1} *t.d.* não considerar bom, justo, adequado; reprovar ~ **desaprovação** *s.f.* - **desaprovador** *adj.s.m.*

de.sa.pru.mar *v.* {mod. 1} *t.d.,int. e pron.* **1** (fazer) sair de prumo; inclinar(-se) **2** *fig.* (fazer) perder a compostura; transtornar(-se) *<as críticas desaprumaram o ator>* *<provocado, não (se) desaprumou>* ~ **desaprumo** *s.m.*

de.sa.que.cer *v.* {mod. 8} *t.d.* **1** tirar o aquecimento de; esfriar ☐ *t.d. e int. fig.* **2** (fazer) perder força (ger. atividade econômica); enfraquecer *<a crise desaquece o comércio>* *<a economia desaqueceu>* ~ **desaquecimento** *s.m.*

de.sar.ma.men.to *s.m.* **1** ato de tirar a(s) arma(s) de alguém **2** redução ou supressão de armamentos por convenção entre os Estados

de.sar.mar *v.* {mod. 1} *t.d. e pron.* **1** (fazer) largar as armas **2** reduzir ou extinguir os armamentos de *<d. um país>* *<as nações devem d.-se>* ☐ *t.d.* **3** privar dos instrumentos de ataque e defesa **4** desativar (bomba, mina etc.) **5** desfazer (o que está armado, montado); desmontar *<d. a árvore de Natal>* **6** *fig.* deixar sem ação; paralisar *<a resposta desarmou-o>* **7** *fig.* tornar sem efeito; frustrar *<d. um plano>* ~ **desarme** *s.m.*

de.sar.mo.ni.a *s.f.* **1** MÚS resultado do que contraria uma harmonia de sons **2** condição do que não mostra equilíbrio na forma, nas proporções, nas cores **3** *fig.* divergência, discordância, divisão ~ **desarmônico** *adj.*

de.sar.mo.ni.zar *v.* {mod. 1} *t.d.* **1** tornar dissonante **2** tirar a proporção, o equilíbrio, a harmonia de *<o tapete desarmoniza a decoração>* ☐ *t.d. e pron.* **3** pôr(-se) em desacordo; desavir(-se) *<dificuldades desarmonizam a família>* *<desarmonizaram-se ao trabalharem juntos>*

de.sar.rai.gar *v.* {mod. 1} *t.d.* **1** arrancar (planta, árvore etc.) pela raiz ☐ *t.d.,t.d.i. e pron. fig.* **2** (prep. *de*) pôr fim a ou ter fim *<d. o vício (do filho)>* *<o amor não vai d.-se do coração>* ~ **desarraigamento** *s.m.*

de.sar.ran.jar *v.* {mod. 1} *t.d. e pron.* **1** pôr(-se) em desordem; desarrumar(-se) **2** transtornar(-se) o curso, o desenrolar normal de; perturbar(-se) *<d. um plano>* *<sua vida desarranjou-se após a demissão>* ☐ *t.d.,int. e pron. infrm.* **3** (fazer) ficar com diarreia

de.sar.ran.jo *s.m.* **1** falta de arrumação; desalinho **2** estado daquilo que está enguiçado **3** contratempo; incômodo ▣ **d. intestinal** *infrm.* diarreia

de.sar.ra.zo.a.do *adj.* **1** dominado pela emoção **2** despropositado, absurdo ~ **desarrazoar** *v.int.*

de.sar.re.ar *v.* {mod. 5} *t.d.* **1** retirar os arreios de ☐ *pron. p.ext.* **2** tirar os enfeites, adornos

de.sar.ro.char *v.* {mod. 1} *t.d.* desapertar (algo arrochado ou atado); afrouxar

de.sar.ru.ma.ção [pl.: *-ões*] *s.f.* **1** ato ou efeito de colocar fora de ordem ou de alterar a arrumação de algo **2** confusão, bagunça

de.sar.ru.ma.do *adj.* **1** que está fora da ordem ou do lugar **2** que se caracteriza pelo desalinho ou falta de cuidado **3** *fig.* que perdeu a orientação ou o rumo

de.sar.ru.mar *v.* {mod. 1} *t.d.* **1** pôr em desordem; desarranjar **2** *fig.* causar transtorno a; perturbar *<d. a rotina da casa>* □ *t.d. e pron.* **3** (fazer) ficar em desalinho (pessoa, cabelos etc.)

de.sar.ti.cu.la.ção [pl.: *-ões*] *s.f.* **1** ato ou efeito de desarticular(-se) *<d. do tornozelo>* **2** falta de articulação, de coordenação **3** *fig.* desmantelamento; fragmentação **4** *fig.* ausência de sequência lógica

de.sar.ti.cu.lar *v.* {mod. 1} *t.d. e pron.* **1** (fazer) sair da articulação (osso ou parte do corpo); deslocar (-se) **2** (fazer) sair do(s) encaixe(s); desconjuntar (-se) *<d. um boneco> <o móvel desarticulou-se>* **3** *fig.* romper a unidade de; fragmentar(-se) *<d. uma greve> <a polícia fez o bando d.-se>* ~ **desarticulado** *adj.*

de.sar.vo.ra.do *adj.* **1** sem saber o que fazer; desnorteado **2** *p.ext.* que denota desassossego; alvoroçado **3** *fig.* que sai ou foge desordenadamente; esbaforido

de.sar.vo.rar *v.* {mod. 1} *t.d.* MAR **1** perder (mastro) no combate ou mau tempo □ *int.* **2** sair em disparada; fugir □ *t.d. e pron. B* **3** tornar(-se) confuso, desnorteado; desorientar(-se) *<a reprovação no exame desarvorou-a> <d.-se com a perda dos documentos>*

de.sas.si.sa.do *adj.s.m.* que(m) não tem siso, juízo; doido

de.sas.sis.ti.do *adj.* **1** que não tem amparo, proteção; desvalido **2** carente de auxílio, de cuidados ~ **desassistir** *v.t.d.*

de.sas.so.ci.ar *v.* {mod. 1} *t.d.,t.d.i. e pron.* **1** (prep. *de*) (fazer) romper o vínculo com; separar(-se) *<a rivalidade acabou por d. os irmãos> <d. a filha de más companhias> <d.-se dos amigos de infância>* □ *t.d.i.* **2** (prep. *de*) deixar de ou não estabelecer ligação entre; dissociar *<a polícia desassociou um crime do outro>* □ *pron.* **3** (prep. *de*) deixar de ser sócio ou integrante

de.sas.som.bra.do *adj.* **1** sem sombra; claro, iluminado **2** *p.ext.* descampado, aberto **3** *fig.* sem tristeza; desanuviado **4** *fig.* marcado pela coragem; valente **5** franco, direto

de.sas.som.bro *s.m.* **1** atitude ou dito ousado; coragem, valentia **2** franqueza, honestidade

de.sas.sos.se.gar *v.* {mod. 1} *t.d.,int. e pron.* (fazer) perder o sossego, a calma; inquietar(-se)

de.sas.sos.se.go /ê/ *s.m.* falta de sossego, de tranquilidade; agitação, alvoroço

de.sas.tra.do *adj.s.m.* **1** (o) que revela falta de jeito; desajeitado ■ *adj.* **2** que constitui ou resulta em um desastre; catastrófico

de.sas.tre *s.m.* **1** acontecimento que causa sofrimento e prejuízo; desgraça, infortúnio **2** fracasso completo **3** acidente, sinistro

de.sas.tro.so /ô/ [pl.: /ó/; fem.: /ó/] *adj.* que causa ou constitui um desastre; catastrófico

de.sa.tar *v.* {mod. 1} *t.d.* **1** desfazer (um nó) **2** *fig.* encontrar solução para (dificuldades, dúvidas etc.); resolver □ *t.d.,t.d.i. e pron.* **3** (prep. *de*) soltar(-se) o nó que fechava ou prendia *<d. um embrulho> <desatou dos cabelos a fita que machucava> <o cão desatou-se da coleira>* □ *t.d.i. e pron. fig.* **4** (prep. *de*) livrar(-se), desobrigar(-se), desvincular(-se) *<d. alguém de preocupações> <d.-se de compromissos>* □ *t.i.* **5** (prep. *em, a*) começar de súbito; romper *<d. a rir>* ◉ GRAM/USO na acp. 5, us. como v.aux., exprimindo 'início da ação' ~ **desatamento** *s.m.* - **desate** *s.m.*

D

de.sa.tar.ra.xar *v.* {mod. 1} *t.d.* tirar ou desapertar a(s) tarraxa(s) de

de.sa.ta.vi.ar *v.* {mod. 1} *t.d. e pron.* retirar enfeites, adornos (de); desenfeitar(-se) *<d. um vestido> <desataviou-se dos anéis para cozinhar>*

de.sa.ten.ção [pl.: *-ões*] *s.f.* **1** falta de concentração; distração **2** falta de cortesia; indelicadeza **3** falta de cuidado; descaso ~ **desatencioso** *adj.*

de.sa.ten.der *v.* {mod. 8} *t.d. e t.i.* **1** (prep. *a*) não dar atenção a; desconsiderar, ignorar *<desatendeu (a)os conselhos do médico>* **2** (prep. *a*) não dar assistência a *<d. pedidos de ajuda> <desatendeu (a)os protestos dos empregados>* **3** (prep. *a*) desrespeitar, desacatar *<d. as ordens de alguém> <d. a uma autoridade>* **4** (prep. *a*) não satisfazer, não cumprir *<d. (a)os requisitos do concurso>*

de.sa.ten.tar *v.* {mod. 1} *t.i.* **1** (prep. *em*) não reparar em *<distraído, desatentava no que se passava ao seu redor>* **2** (prep. *de*) não ter os cuidados devidos a; descuidar *<desatentou da vigilância>*

de.sa.ten.to *adj.s.m.* **1** (o) que não dá atenção ao que vê, escuta ou faz **2** que(m) revela falta de preocupação ou interesse

de.sa.ti.no *s.m.* **1** ausência de bom senso, de juízo; loucura **2** contrassenso, disparate ~ **desatinado** *adj.* - **desatinar** *v.t.d. e int.*

de.sa.ti.var *v.* {mod. 1} *t.d.* **1** tornar inativo, inoperante *<d. uma fábrica>* **2** inutilizar dispositivos de detonação de (artefato explosivo) *<d. uma bomba>* ~ **desativação** *s.f.*

de.sa.to.lar *v.* {mod. 1} *t.d.,int. e pron.* (fazer) sair do atoleiro *<deu trabalho d. o carro> <a carroça finalmente desatolou> <o animal desatolou-se aos poucos>*

de.sa.tra.car *v.* {mod. 1} *t.d. e int.* **1** desamarrar (-se), afastar(-se) [embarcação] do cais ou de outra embarcação *<d. um navio (de outro)> <o barco desatracou de madrugada>* □ *t.d. e pron.* **2** (fazer) parar de brigar (pessoas ou animais em luta corporal) *<o árbitro não conseguiu d. os dois jogadores> <só se desatracaram com a chegada da polícia>*

de.sa.tra.van.car *v.* {mod. 1} *t.d.* **1** remover o(s) obstáculo(s) de; desobstruir **2** desocupar, esvaziar

de.sa.tre.lar *v.* {mod. 1} *t.d. e pron.* **1** soltar(-se) da trela (animais, esp. cães) **2** desprender(-se) do engate; desengatar(-se) *<d.(-se) um vagão>*

de.sau.to.rar *v.* {mod. 1} *t.d. e pron.* **1** tirar de ou perder honras, cargo, dignidades **2** (fazer) perder autoridade, respeito; desacreditar(-se) *<d. um funcionário> <um governo que se desautora>* ~ **desautoração** *s.f.*

D

de.sau.to.ri.za.ção [pl.: *-ões*] *s.f.* **1** recusa de licença ou permissão **2** falta de consideração; desrespeito **3** perda de prestígio, de autoridade ou de crédito

de.sau.to.ri.zar *v.* {mod. 1} *t.d.* **1** negar permissão para □ *t.d. e pron.* **2** (fazer) perder autoridade, respeito; desacreditar(-se) *<desautorizou-o à frente de todos>* *<com este procedimento, acaba se desautorizando>*

de.sa.ven.ça *s.f.* **1** conflito entre pessoas por falta de concordância sobre algo; discórdia **2** *p.ext.* rompimento de relações

de.sa.ver.go.nha.do *adj.s.m.* que(m) perdeu ou demonstra não ter vergonha; sem-vergonha ~ **desavergonhar** *v.t.d. e pron.*

de.sa.vir *v.* {mod. 31} *t.d.,t.d.i. e pron.* (prep. *com*) pôr(-se) em desavença; indispor(-se), brigar *<questões políticas desavieram os irmãos>* *<as fofocas desavieram-no com a namorada>* *<desaveio-se com os outros condôminos>* ~ **desavindo** *adj.*

de.sa.vi.sa.do *adj.* que dá prova de falta de juízo; imprudente ~ **desavisar** *v.t.d. e pron.*

de.sa.vi.so *s.m.* **1** aviso contrário a outro anteriormente dado; contra-aviso **2** ausência de juízo ou de prudência; leviandade

de.sa.za.do *adj.* **1** sem cabimento; impróprio **2** sem aptidão; inábil, inapto **3** falto de cuidados; desmazelado

des.ban.car *v.* {mod. 1} *t.d.* **1** ser ou tornar-se superior a; suplantar *<Maria desbancou o primeiro da classe>* **2** triunfar sobre; vencer *<a persistência desbanca a resistência alheia>* **3** ganhar de (alguém) o dinheiro da banca de jogo *<desbancou os adversários com uma jogada de mestre>*

des.ba.ra.ta.men.to *s.m.* **1** esbanjamento, dissipação **2** destruição ou devastação **3** derrota **4** desordem, confusão

des.ba.ra.tar *v.* {mod. 1} *t.d. e t.d.i.* **1** (prep. *em*) gastar ou usar (bens) indevidamente; desperdiçar *<desbaratou o dinheiro (em coisas supérfluas)>* **2** (prep. *com, em*) levar à destruição; destruir, arruinar *<desbaratou a saúde (no trabalho do canavial)>* □ *t.d.* **3** pôr em desordem *<desbaratou os arquivos>* □ *t.d. e pron.* **4** pôr(-se) em fuga; dispersar(-se), debandar *<d. uma quadrilha de ladrões>* *<o grupo desbaratou-se com a chegada da polícia>*

des.bar.ran.ca.do *adj.* **1** muito escavado; desaterrado ■ *s.m.* **2** GEO grande escavação de um terreno; erosão **3** abismo, despenhadeiro

des.bas.tar *v.* {mod. 1} *t.d.* **1** remover o excesso de *<d. os cabelos>* **2** afinar, alisar ou igualar, cortando ou polindo *<d. um bloco de pedra>* ~ **desbastamento** *s.m.* - **desbaste** *s.m.*

des.bei.çar *v.* {mod. 1} *t.d.* **1** quebrar ou gastar a beirada de; esbeiçar □ *int.* **2** perder a forma ou a elasticidade, por causa de uso ou de esforço *<a meia desbeiçou>* ~ **desbeiçado** *adj.*

des.blo.que.ar *v.* {mod. 5} *t.d.* **1** livrar (o que está sitiado, cercado) *<d. uma cidade, uma rua>* **2** fazer voltar a funcionar *<d. um mecanismo>* **3** possibilitar o acesso a ou a passagem por; liberar *<d. uma rua>* ~ **desbloqueio** *s.m.*

des.bo.ca.do *adj.s.m. infrm.* que(m) usa palavras grosseiras, obscenas

des.bo.tar *v.* {mod. 1} *t.d.,int. e pron.* **1** (fazer) perder a vivacidade da cor *<as lavagens desbotaram o tecido>* *<o estampado desbotou(-se)>* **2** tornar(-se) pálido; descorar(-se) *<o cansaço desbotou o rosto dele>* *<não toma sol há tanto tempo, que a pele (se) desbotou>* ~ **desbotado** *adj.* - **desbotamento** *s.m.*

des.bra.ga.do *adj.* **1** *infrm.* que se faz notar pelo exagero ■ *adj.s.m.* **2** que(m) se expressa de modo a agredir a decência; libertino

des.bra.gar *v.* {mod. 1} *t.d. e pron.* **1** tornar(-se) devasso, impudico; depravar(-se) **2** manifestar (-se) [linguagem, sentimentos etc.] com liberdade, inconveniência *<o ressentimento desbragou a maledicência>* *<desbragou-se em sua crítica>*

des.bra.var *v.* {mod. 1} *t.d.* **1** fazer perder a braveza; amansar *<d. um animal>* **2** *fig.* tornar culto, civilizado; polir **3** preparar (terra) para plantio **4** explorar (lugares desconhecidos) **5** *fig.* vencer (desafios, obstáculos etc.) ~ **desbravador** *adj.s.m.* - **desbravamento** *s.m.*

des.bu.ro.cra.ti.zar *v.* {mod. 1} *t.d.* eliminar o excesso de burocracia de ~ **desburocratização** *s.f.*

des.ca.ba.çar *v.* {mod. 1} *t.d. B gros.* tirar a virgindade de

des.ca.be.lar *v.* {mod. 1} *t.d.* **1** arrancar os cabelos de **2** deixar em desalinho o cabelo de; despentear □ *pron. fig.* **3** entrar em desespero; desesperar-se ~ **descabelado** *adj.*

des.ca.bi.do *adj.* fora de propósito; impróprio, inoportuno

des.ca.dei.ra.do *adj.* **1** com dor nas cadeiras **2** de quadris deformados **3** *fig.* muito cansado; extenuado

des.ca.fe.i.na.do *adj.* que teve a cafeína retirada ou reduzida

des.ca.í.da *s.f.* **1** ato de descair **2** descuido cometido; indiscrição **3** decadência, degeneração

des.ca.i.men.to *s.m.* **1** ato de descair **2** *fig.* estado de prostração; abatimento **3** *fig.* decadência de algo; degeneração **4** MAR mudança de rumo de uma embarcação

des.ca.ir *v.* {mod. 25} *t.d.,t.i. e int.* **1** (prep. *em, sobre*) (deixar) cair ou pender *<descaiu os braços de cansaço>* *<os cabelos descaíam sobre os ombros>* *<as pálpebras descaíram, cedendo ao sono>* □ *int.* **2** curvar-se, vergar-se *<a planta descaiu por falta de umidade>* **3** perder as forças; desfalecer **4** passar a condição pior; decair *<seu prestígio vem descaindo bastante>* □ *t.i.* **5** (prep. *de*) mover(-se), afastando-se de *<d. do percurso planejado>* **6** (prep. *em*) degenerar, descambar *<a conversa descaiu em grosserias>*

des.ca.la.bro *s.m.* **1** estado de decadência; ruína **2** prejuízo pesado; dano **3** desorganização generalizada; caos

des.cal.çar *v.* {mod. 1} *t.d.* **1** tirar (o que calça os pés, as mãos ou as pernas) <*d. as luvas, os sapatos*> ◻ *t.d. e pron.* **2** tirar de (alguém ou de si mesmo) meias, luvas, sapatos <*o marido descalçou-a*> <*descalçou-se sem ajuda*> ◻ *t.d.* **3** tirar o calço de <*d. a mesa*> **4** retirar as pedras de (rua, estrada etc.)

des.cal.ço *adj.* **1** que não está calçado; que tem os pés nus ou revestidos de meias **2** que não tem calçamento (diz-se de rua, estrada etc.)

des.ca.li.brar *v.* {mod. 1} *t.d. e int.* (fazer) perder o calibre adequado (pneu, câmara de ar etc.)

des.ca.mar *v.* {mod. 1} *t.d.* **1** retirar as escamas de ◻ *int. e pron.* **2** perder ou soltar escamas, pele, casca etc. <*com a moléstia, seu corpo (se) descamou*> ~ **descamação** *s.f.*

des.cam.bar *v.* {mod. 1} *int.* **1** cair com toda a força; desabar, tombar <*perdeu o equilíbrio e descambou*> **2** declinar, descer (um astro) <*o Sol foi descambando no horizonte*> ◻ *t.i. fig.* **3** (prep. *para*) sair da direção prevista e tomar (outra direção); derivar <*d. para a esquerda*> **4** (prep. *para*) tender; resvalar <*a zanga dele descamba para malcriação*> **5** (prep. *em, para*) mudar para pior; degenerar <*o papo descambou em agressão*>

des.ca.mi.nho *s.m.* **1** desvio do caminho certo **2** *fig.* desregramento, mau comportamento

des.ca.mi.sa.do *adj.s.m.* **1** que(m) não tem ou está sem camisa **2** *fig.* que(m) se apresenta maltrapilho, esfarrapado

des.cam.pa.do *adj.s.m.* (campo) vasto, plano, sem árvores e desabitado

des.can.sa.do *adj.* **1** que não está cansado **2** despreocupado; tranquilo **3** lento nas ações; vagaroso

des.can.sar *v.* {mod. 1} *t.d.,t.d.i.,t.i. e int.* **1** (prep. *de*) livrar(-se) de atividade cansativa ou de cansaço <*as férias descansaram-no do esforço despendido*> <*d. do trabalho*> ◻ *t.d.,t.d.i. e int.* **2** (prep. *de*) livrar(-se) de receio, preocupações; acalmar(-se) <*a leitura descansou-a da tensão*> ◻ *int.* **3** ficar em repouso, dormindo ou não **4** *p.ext.* morrer **5** deixar de empenhar-se <*só vai d. quando ganhar*> ◻ *t.d. e int.* **6** apoiar(-se) <*a tábua descansa sobre a pilastra*>

des.can.so *s.m.* **1** pausa (no trabalho, no movimento etc.); repouso **2** estado de quem descansou **3** ato de cochilar ou dormir; sono **4** *fig.* tranquilidade de espírito; sossego **5** período sem ocupação; ócio **6** lentidão, morosidade **7** utensílio que faz de apoio para objetos (como travessas de comida, copos etc.)

des.ca.pi.ta.li.zar *v.* {mod. 1} *t.d.,int. e pron.* gastar ou perder capital ou bem de valor de (alguém ou o próprio) ~ **descapitalização** *s.f.*

des.ca.rac.te.ri.zar *v.* {mod. 1} *t.d. e pron.* **1** (fazer) perder as qualidades distintivas **2** despojar(-se) de maquiagem, roupa etc. usada para representar um personagem ~ **descaracterização** *s.f.*

des.ca.ra.do *adj.* **1** que indica cinismo ■ *adj.s.m.* **2** que(m) não se sente constrangido por seus atos censuráveis; sem-vergonha

des.ca.ra.men.to *s.m.* **1** falta de vergonha; desfaçatez **2** desaforo, atrevimento

des.car.ga *s.f.* **1** ato de retirar a carga de veículo, embarcação etc. **2** FISL liberação de uma substância **3** tiro ou sequência de tiros de uma arma de fogo **4** válvula que regula a saída de água num vaso sanitário **5** *fig.* ato de manifestar um sentimento com intensidade ▣ **d. elétrica** ELETR passagem de eletricidade através de um meio sólido, líquido ou gasoso, acompanhada ger. por centelhas

des.car.go *s.m.* desencargo

des.car.na.do *adj.* **1** separado da carne **2** *fig.* sem carnes ou muito magro

des.car.nar *v.* {mod. 1} *t.d.* **1** retirar a carne de (osso) **2** separar do caroço (a polpa do fruto) **3** retirar a casca de; descascar ◻ *t.d. e pron. fig.* **4** tornar (-se) muito magro; emagrecer ~ **descarnadura** *s.f.*

des.ca.ro.ça.dor /ô/ [pl.: *-es*] *adj.s.m.* (instrumento) us. para retirar caroços

des.ca.ro.çar *v.* {mod. 1} *t.d.* **1** tirar o(s) caroço(s) de **2** *fig. infrm.* eliminar dificuldades em; destrinçar ~ **descaroçamento** *s.m.*

des.car.re.gar *v.* {mod. 1} *t.d. e int.* **1** livrar(-se) de carga ou carregamento **2** (fazer) perder a carga elétrica ◻ *t.d.* **3** retirar (carga ou carregamento) **4** aliviar ou liberar, removendo o que está em excesso ◻ *t.d.i. e pron.* **5** (prep. *em*) despejar (suas águas) [em] <*o São Francisco descarrega suas águas no Atlântico*> <*o rio Trombetas se descarrega no Amazonas*> ◻ *t.d. e pron.* **6** (prep. *de*) externar (emoção, sentimento etc.) <*descarregou-se de suas mágoas com a irmã*> **7** tranquilizar(-se), aliviar(-se) <*teu coração se descarregará quando te reconciliares com ele*> ◻ *t.d.i.* **8** (prep. *em*) dar vazão a (problema, preocupação etc.), sendo agressivo; descontar <*d. a raiva no empregado*> **9** (prep. *em*) transferir, passar <*d. a culpa no colega*> **10** (prep. *em*) atirar várias vezes ou até esgotar a munição <*d. o rifle no alvo*> ~ **descarregamento** *s.m.*

des.car.ri.lar ou **des.car.ri.lhar** *v.* {mod. 1} *t.d. e int.* **1** (fazer) sair dos trilhos **2** *fig.* (fazer) sair do caminho aceitável, agindo mal; desencaminhar(-se) ~ **descarrilamento** *s.m.* - **descarrilhamento** *s.m.*

des.car.tar *v.* {mod. 1} *t.d. e pron.* **1** (prep. *de*) pôr de lado (carta de baralho, jogo etc.) <*d.-se das cartas indesejáveis*> **2** (prep. *de*) livrar(-se) de (pessoa, situação etc. indesejável) <*d.-se de um compromisso*> ◻ *t.d.* **3** *fig.* não levar em conta; desconsiderar **4** jogar fora após o uso

des.car.tá.vel [pl.: *-eis*] *adj.2g.* **1** que pode ser jogado fora após o uso **2** *fig.* que se caracteriza por ser passageiro, sem profundidade ou importância

des.car.te *s.m.* **1** ato ou efeito de colocar(-se) de lado a carta de baralho que não mais interessa **2** essa(s) carta(s) **3** *p.ext.* ato de jogar fora algo inútil ou que não se deseja mais

des.ca.sa.do *adj.* **1** que não combina com seu par; desemparelhado ■ *adj.s.m.* **2** que(m) se separou do cônjuge

des.ca.sar *v.* {mod. 1} *t.d.,int. e pron.* **1** separar(-se) ou fazer a separação de (um casal) □ *t.d. e t.d.i.* **2** *fig.* (prep. *de*) separar (uma coisa) [de outra], esp. pares, duplas *<d. a saia da blusa>* □ *t.d.i. e pron.* **3** (prep. *de*) afastar(-se), distanciar(-se) *<as decepções não o descasaram de seus princípios> <muitas vezes, a teoria descasa-se da prática>*

des.cas.ca.dor /ô/ [pl.: *-es*] *adj.s.m.* **1** (o) que descasca ■ *s.m.* **2** aparelho us. para descascar legumes, cereais, grãos etc.

des.cas.car *v.* {mod. 1} *t.d. e int.* **1** (fazer) perder a casca, pele, revestimento etc. □ *t.d. fig. B* **2** falar mal de; criticar **3** *fig. B* censurar, repreender ~ **descascação** *s.f.* - **descascamento** *s.m.*

des.ca.so *s.m.* procedimento de quem não dá importância ou atenção; desconsideração, desdém

des.cen.dên.cia *s.f.* **1** vínculo de parentesco baseado na filiação **2** série de pessoas que descendem de um antepassado comum; prole

des.cen.den.te *adj.2g.s.2g.* **1** (o) que descende de uma família ou de um indivíduo **2** que(m) possui uma determinada origem **3** (o) que apresenta filiação espiritual, de ideologia etc. ■ *adj.2g.* **4** que desce **5** de valor decrescente ▼ ***descendentes*** *s.m.pl.* **6** os filhos, netos etc. de uma família ◉ COL descendência, posteridade

des.cen.der *v.* {mod. 8} *t.i.* **1** (prep. *de*) provir de (família, geração, raça) *<descende de italianos>* **2** *p.ext.* (prep. *de*) ter origem em (algo), por ligação ideológica, linguística etc.; derivar *<as línguas românicas descendem do latim>*

des.cen.so *s.m.* **1** ato ou processo de descer, ou seu efeito; descida **2** MÚS abaixamento do tom de voz

des.cen.tra.li.za.ção [pl.: *-ões*] *s.f.* **1** afastamento do centro **2** sistema político e administrativo que prega a autonomia dos órgãos administrativos em relação ao governo central ~ **descentralizar** *v.t.d.*

des.cen.trar *v.* {mod. 1} *t.d. e pron.* desviar(-se) do eixo central; descentralizar

des.cer *v.* {mod. 8} *t.d.,t.i. e int.* **1** (prep. *de, para*) movimentar(-se) de lugar mais alto para um mais baixo *<d. do ônibus>* **2** (fazer) cair *<as lágrimas desciam>* □ *t.d.* **3** dirigir para baixo; abaixar **4** estender para baixo, aumentando *<d. a bainha da saia>* □ *int.* **5** baixar, diminuir *<a maré desceu>* □ *t.d.i.* **6** (prep. *em*) desferir (golpes, socos etc.) [em alguém] *<d. o braço no agressor>* □ *t.i.* **7** (prep. *de*) desembarcar *<d. do táxi>* **8** *fig.* (prep. *sobre*) incidir sobre; recair *<a bênção desceu sobre o casal>*

des.cer.rar *v.* {mod. 1} *t.d. e pron.* **1** abrir(-se) o que está fechado **2** *fig.* descobrir(-se), revelar(-se)

des.ci.da *s.f.* **1** ato ou efeito de descer; deslocamento para baixo; descenso **2** *fig.* decadência **3** passagem para nível inferior; rebaixamento **4** diminuição, queda **5** qualquer plano inclinado; declive

des.clas.si.fi.car *v.* {mod. 1} *t.d.* **1** fazer sair de classe ou categoria a que pertence **2** considerar inapto (concorrente, candidato); eliminar □ *t.d. e pron.* **3** desmoralizar(-se), desacreditar(-se) ~ **desclassificação** *s.f.* - **desclassificado** *adj.s.m.*

des.co.ber.ta *s.f.* **1** processo de descobrir alguém ou algo que se desconhecia ou ignorava; achado, invenção, descobrimento **2** essa pessoa ou coisa **3** HIST chegada e exploração de território desconhecido; descobrimento

des.co.ber.to *adj.* **1** não coberto por; exposto, visível **2** que revela seu interior; aberto, destapado **3** que se tornou conhecido; sabido **4** que se denunciou

des.co.bri.dor /ô/ [pl.: *-es*] *adj.s.m.* **1** (o) que faz descobertas **2** explorador de terras longínquas, pouco acessíveis

des.co.bri.men.to *s.m.* descoberta ('processo', 'chegada')

des.co.brir *v.* {mod. 28} *t.d.* **1** tirar o que cobre ou protege **2** inventar ou atestar pela primeira vez a existência ou ocorrência de **3** fazer conhecer (algo até então ignorado) **4** tomar conhecimento de; perceber □ *t.d. e pron.* **5** pôr(-se) à mostra □ *t.d.,t.d.i. e pron.* **6** (prep. *a*) mostrar(-se), revelar(-se) *<descobriu à amada suas intenções> <a misteriosa figura descobriu-se>* ◉ GRAM/USO part.: *descoberto*

des.co.di.fi.ca.dor [pl.: *-es*] *adj.s.m.* → ***DECODIFICADOR***

des.co.di.fi.car *v.* {mod. 1} → ***DECODIFICAR***

des.co.la.do *adj.* **1** que se descolou; que perdeu a cola **2** *B gír.* habilidoso na solução de questões, no trato com as pessoas etc.; esperto

des.co.lar *v.* {mod. 1} *t.d.,t.d.i. e pron.* **1** (prep. *de*) separar(-se) o que está colado; desgrudar(-se) *<d. o selo (do envelope)> <a garota não (se) descola da professora>* □ *t.d. B gír.* **2** conseguir (dinheiro, favor, emprego etc.) *<descolou uma vaga no time>* ~ **descolagem** *s.f.* - **descolamento** *s.m.*

des.co.lo.ni.za.ção [pl.: *-ões*] *s.f.* aquisição de independência política, econômica e cultural por parte de antigas colônias

des.co.lo.ra.ção [pl.: *-ões*] *s.f.* ato ou processo de fazer perder total ou parcialmente o colorido, ou seu efeito; desbotamento

des.co.lo.rar *v.* {mod. 1} *t.d.,int. e pron.* descolorir

des.co.lo.rir *v.* {mod. 24} *t.d.,int. e pron.* (fazer) perder a cor; descolorar *<seu rosto descoloriu(-se) com o susto>*

des.co.me.di.do *adj.* **1** sem compostura; desrespeitoso, inconveniente **2** sem propósito; absurdo **3** sem moderação **4** imprudente, desajuizado

des.co.me.di.men.to *s.m.* **1** falta de respeito, de consideração; insolência **2** exagero nos atos, nas palavras; excesso

des.co.me.dir-se *v.* {mod. 24} *pron.* (prep. *em*) agir e/ou falar sem comedimento, com imprudência; exceder-se *<d.-se nas palavras>* ◉ GRAM/USO verbo defectivo

des.com.pas.so *s.m.* **1** ausência de regularidade; desproporção **2** *p.ext.* falta de compostura; exagero **3** MÚS irregularidade rítmica **4** *fig.* divergência, desacordo, desarmonia ~ **descompassar** *v.t.d.,int. e pron.*

des.com.pli.car *v.* {mod. 1} *t.d.* desfazer a complicação de; desembaraçar, simplificar

des.com.por *v.* {mod. 23} *t.d. e pron.* **1** pôr(-se) em desordem; desarrumar(-se) *<seu penteado descompôs-se ao vento>* **2** livrar(-se) de vestuário; despir(-se) *<descompôs-se para dormir>* **3** alterar(-se) radicalmente; desfigurar(-se) *<a raiva descompunha sua fisionomia> <o céu escureceu, descompondo-se>* **4** *fig.* (fazer) perder a compostura, o comedimento □ *t.d.* **5** repreender com veemência ◉ GRAM/USO part.: *descomposto* ~ **descomposição** *s.f.* - **descomposto** *adj.*

des.com.pos.tu.ra *s.f.* **1** falta de ordem, desarranjo **2** repreensão, censura

des.co.mu.nal [pl.: *-ais*] *adj.2g.* **1** fora do comum; extraordinário **2** de proporções gigantescas; colossal

des.con.cei.tu.a.do *adj.s.m.* (o) que perdeu o bom conceito, a boa reputação

des.con.cei.tu.ar *v.* {mod. 1} *t.d. e pron.* (fazer) perder a boa reputação; desabonar(-se) *<o fornecedor desconceituou-se>*

des.con.cen.trar *v.* {mod. 1} *t.d.* **1** tirar ou afastar do centro **2** dispersar, espalhar □ *t.d.,t.i. e pron. fig.* **3** (prep. *de*) distrair(-se), dispersar(-se) *<d. a atenção> <d.(-se) das tarefas>* ~ **desconcentração** *s.f.*

des.con.cer.ta.do *adj.* **1** sem harmonia, sem ordem **2** sem saber o que fazer; embaraçado

des.con.cer.tan.te *adj.2g.* que desconcerta, desorienta

des.con.cer.tar *v.* {mod. 1} *t.d. e pron.* **1** (fazer) perder a ordem, a harmonia **2** desnortear(-se), desorientar(-se) *<desconcertou-se com as notícias>* **3** (fazer) ficar inseguro ou embaraçado por ser apanhado de surpresa *<a franqueza do outro desconcertou-o> <desconcertou-se com a súbita aparição>* **4** pôr(-se) em desalinho; desarrumar(-se) □ *t.d.,t.i. e pron.* **5** (prep. *de, com*) pôr(-se) em desacordo; discordar, discrepar *<suas opiniões desconcertaram das demais> <desconcertaram-se no valor da mercadoria>* ☞ cf. *desconsertar* ~ **desconcerto** *s.m.*

des.co.nec.tar *v.* {mod. 1} *t.d.* interromper ou desfazer a conexão entre; desligar ~ **desconexão** *s.f.*

des.co.ne.xo /cs/ *adj.* **1** desunido, desligado **2** *p.ext.* que não tem coerência

des.con.fi.a.do *adj.s.m.* **1** que(m) não confia **2** que(m) tem suspeitas; receoso

des.con.fi.an.ça *s.f.* **1** falta de confiança **2** falta de esperança

des.con.fi.ar *v.* {mod. 1} *t.i. e int.* **1** (prep. *de*) pôr-se de sobreaviso com relação a; duvidar, suspeitar *<desconfie dos aduladores>* □ *t.d. e t.i.* **2** (prep. *de*) considerar possível, mesmo sem comprovação; supor, julgar *<desconfio (de) que não possa ir sozinho>*

des.con.fi.ô.me.tro *s.m. B joc.* capacidade de desconfiar quando se está exagerando ou sendo inconveniente

des.con.for.me *adj.2g.* **1** que não está em concordância com determinado padrão **2** de tamanho muito grande; descomunal ~ **desconformidade** *s.f.*

des.con.for.to *s.m.* **1** falta de conforto **2** o que abate o ânimo; desalento, desconsolo ~ **desconfortável** *adj.2g.*

des.con.ge.la.men.to *s.m.* ato ou efeito de descongelar; derretimento (de algo congelado)

des.con.ge.lar *v.* {mod. 1} *t.d.,int. e pron.* **1** (fazer) sair do congelamento; degelar(-se) *<d. a carne> <o lago custou a d.(-se)>* □ *t.d. fig.* **2** liberar (preços, salários, tarifas etc.) ~ **descongelação** *s.f.*

des.con.ges.tio.nan.te *adj.2g.s.m.* (substância) que reduz ou elimina a congestão

des.con.ges.tio.nar *v.* {mod. 1} *t.d. e pron.* **1** (fazer) ficar livre de congestão *<d. as fossas nasais> <descongestionou-se após a medicação>* □ *t.d.* **2** desobstruir, desimpedir *<d. o tráfego> <d. as linhas telefônicas>* ~ **descongestionamento** *s.m.*

des.co.nhe.cer *v.* {mod. 8} *t.d.* **1** não ter conhecimento de; ignorar **2** deixar de reconhecer *<d. o irmão depois de tantos anos>* **3** não aceitar; recusar *<d. limites>* ~ **desconhecedor** *adj.s.m.* - **desconhecimento** *s.m.*

des.co.nhe.ci.do *adj.* **1** que não é conhecido ou se conhece pouco **2** que não tem fama ■ *adj.s.m.* **3** (indivíduo) cuja identidade se ignora

des.con.jun.tar *v.* {mod. 1} *t.d. e pron.* **1** (fazer) sair das juntas, das articulações; desencaixar(-se) *<d. os ossos do cotovelo> <seu ombro desconjuntou-se>* **2** desmantelar(-se), descompor(-se) *<o mau uso desconjuntou o micro-ondas> <o sofá desconjuntou-se>* □ *t.d.* **3** separar, desunir *<d. a engrenagem das rodas>* ~ **desconjuntado** *adj.*

des.con.ju.rar *v.* {mod. 1} *t.d.,t.d.i. e pron.* esconjurar

des.con.ser.tar *v.* {mod. 1} *t.d. e pron.* **1** (fazer) deixar de funcionar; estragar(-se) *<o ventilador voltou a d.-se>* **2** pôr(-se) em desalinho; desarrumar(-se) ☞ cf. *desconcertar* ~ **desconserto** *s.m.*

des.con.si.de.ra.ção [pl.: *-ões*] *s.f.* **1** falta de consideração; desrespeito **2** *p.ext.* ofensa, ultraje **3** perda de credibilidade; descrédito

des.con.si.de.rar *v.* {mod. 1} *t.d.* **1** não levar em conta; desprezar **2** fazer pouco de; desvalorizar **3** (fazer) perder o crédito, o respeito; desacreditar(-se) *<tal atitude só serve para desconsiderá-lo entre os seus pares>* ~ **desconsiderado** *adj.*

des.con.so.la.do *adj.* **1** muito triste **2** desinteressado, desanimado ~ **desconsolar** *v.t.d.,int. e pron.*

des.con.so.lo /ô/ *s.m.* tristeza, desgosto

des.con.tar *v.* {mod. 1} *t.d. e t.d.i.* **1** (prep. *de*) subtrair (valor ou preço) [de um total]; deduzir *<descontou das despesas a alimentação>* □ *t.d.* **2** receber o valor de (cheque) **3** não levar em conta; desconsiderar *<d. faltas>* □ *t.d.i.* **4** (prep. *em*) dar vazão a (problema, preocupação etc.), sendo agressivo; descarregar *<d. a raiva na família>*

des.con.ten.ta.men.to *s.m.* falta de contentamento; desgosto

des.con.ten.tar *v.* {mod. 1} *t.d. e pron.* (prep. *com*) (fazer) ficar insatisfeito ou triste; desagradar(-se) *<d.-se com a desatenção dos alunos>*

des.con.ten.te *adj.2g.* **1** que não está contente; insatisfeito **2** contrariado, mal-humorado

D

des.con.tex.tu.a.li.zar *v.* {mod. 1} *t.d.* retirar do contexto habitual *<d. a declaração do diretor>* ~ **descontextualização** *s.f.*

des.con.tí.nuo *adj.* que apresenta interrupções ~ **descontinuidade** *s.f.*

des.con.to *s.m.* **1** redução no total de uma quantia; abatimento **2** ECON valor abatido na negociação antecipada de título de crédito

des.con.tra.ção [pl.: *-ões*] *s.f.* **1** ação ou efeito de descontrair(-se); relaxamento, distensão **2** ausência de constrangimento

des.con.tra.ir *v.* {mod. 25} *t.d. e pron.* **1** (fazer) perder a contração; relaxar(-se) *<d. os músculos>* *<sua fisionomia descontraiu-se>* **2** (fazer) perder o constrangimento, a timidez *<seu ar bonachão descontrai todo mundo>* *<somente se descontraía em família>* ~ **descontraído** *adj.*

des.con.tro.la.do *adj.* **1** que não tem ou perdeu o controle; desgovernado **2** que perdeu o domínio sobre si mesmo

des.con.tro.lar *v.* {mod. 1} *t.d. e pron.* **1** (fazer) perder o controle; desgovernar(-se) *<quando o pneu furou, o carro descontrolou-se>* **2** (fazer) perder o domínio de si mesmo; exaltar-se *<seu desrespeito descontrolou o chefe>* *<descontrolou-se no fim da partida>*

des.con.tro.le /ô/ *s.m.* falta de controle

des.con.ver.sar *v.* {mod. 1} *int.* **1** fugir do assunto numa conversa, mostrar-se desentendido; disfarçar **2** mudar o curso ou interromper a conversa; tergiversar

des.co.ra.do *adj.* **1** que se descorou; desbotado, pálido **2** que tem pouco brilho, intensidade, luminosidade

des.co.rar *v.* {mod. 1} *t.d. e int.* **1** (fazer) perder a cor; desbotar(-se) *<o sol descorou as cortinas>* *<o vermelho descora facilmente>* □ *t.d. e pron.* **2** (fazer) perder o vigor; empalidecer(-se) *<o nervosismo descorou sua face>* *<proibida de sair, descorou-se>* ~ **descoramento** *s.m.*

des.cor.ço.ar *v.* {mod. 1} → ***DESACORÇOAR***

des.cor.tês [pl.: *-eses*] *adj.2g.* que não tem cortesia; indelicado, grosseiro

des.cor.te.si.a *s.f.* falta de cortesia; grosseria

des.cor.ti.nar *v.* {mod. 1} *t.d.* **1** tirar ou levantar a cortina de *<d. as janelas>* **2** fazer aparecer; mostrar, revelar *<ao d. o palco, todo o elenco surgiu>* **3** ver o que está fora e distante; avistar *<d. o barco lá longe>* **4** *fig.* tomar consciência de; perceber *<descortinava precipitação em suas decisões>*

des.cor.ti.no *s.m.* **1** ação ou efeito de descortinar **2** facilidade de ver ao longe **3** percepção rápida e fácil; perspicácia

des.co.ser *v.* {mod. 8} *t.d. e pron.* desfazer(-se) a costura de; desmanchar os pontos de (costura); descosturar(-se) *<d. a bainha>* *<a cortina descoseu-se>* ~ **descosido** *adj.*

des.cos.tu.rar *v.* {mod. 1} *t.d. e pron.* desfazer(-se) a costura de; descoser(-se)

des.cre.den.ci.ar *v.* {mod. 1} *t.d.* retirar as credenciais de *<d. um embaixador>*

des.cré.di.to *s.m.* **1** perda de crédito; desconfiança **2** má fama; desonra

des.cren.ça *s.f.* **1** falta de crença; desconfiança **2** falta de religiosidade, de fé

des.cren.te *adj.2g.s.2g.* **1** que(m) não acredita **2** que(m) não tem religião

des.crer *v.* {mod. 11} *t.i. e int.* **1** (prep. *de*) não acreditar ou deixar de acreditar; duvidar *<d. da maldade alheia>* *<não tem motivos para d.>* □ *t.i.* **2** (prep. *de, em*) perder a confiança em; desacreditar *<d. das promessas de políticos>*

des.cre.ver *v.* {mod. 8} *t.d. e pron.* **1** representar(-se), por escrito ou oralmente, no seu todo ou em detalhes *<d. um lugar>* *<descreveu-se como um lutador>* □ *t.d. e t.d.i.* **2** *p.ext.* (prep. *a*) contar em detalhes; relatar *<a testemunha descreveu ao delegado o que viu>* □ *t.d.* **3** desenhar, traçar *<d. uma linha reta>* ◉ GRAM/USO part.: *descrito* ~ **descritível** *adj.2g.*

des.cri.ção [pl.: *-ões*] *s.f.* **1** relato das características (de algo) **2** exposição oral ou escrita ☞ cf. *discrição*

des.cri.mi.na.ção [pl.: *-ões*] *s.f.* DIR ato de excluir a criminalidade de um fato ☞ cf. *discriminação*

des.cri.mi.na.li.zar *v.* {mod. 1} *t.d.* descriminar

des.cri.mi.nar *v.* {mod. 1} *t.d.* **1** isentar de culpa; inocentar **2** retirar o caráter ilegal de (um ato) ☞ cf. *discriminar*

des.cri.ti.vo *adj.* **1** que descreve **2** que traz a descrição de alguma matéria *<botânica d.>*

des.cru.zar *v.* {mod. 1} *t.d.* desfazer o cruzamento de *<d. os braços>* ~ **descruzado** *adj.*

des.cui.da.do *adj.s.m.* **1** (o) que não toma cuidados suficientes (com alguém ou algo); despreocupado, indiferente ■ *adj.* **2** que não recebeu atenção; impensado

des.cui.dar *v.* {mod. 1} *t.d.,t.i. e pron.* **1** (prep. *de*) não ter cuidados com; negligenciar *<ele descuidou (d)a costumeira elegância>* *<d.(-se) da saúde>* □ *pron.* **2** não estar atento, alerta; distrair-se *<foi só se d., o irmão menor pegou o doce>*

des.cui.do *s.m.* **1** atitude não pensada **2** falta de atenção; distração **3** falta de cuidado; negligência

des.cul.pa *s.f.* **1** ato ou efeito de desculpar; perdão **2** motivo alegado para defender (a si ou outra pessoa) de algo **3** motivo alegado para se livrar de alguma obrigação; pretexto

des.cul.par *v.* {mod. 1} *t.d.,t.d.i. e pron.* **1** (prep. *de*) conceder(-se) perdão por falta cometida; perdoar(-se) *<jamais o desculpou> <mais uma vez, desculpou-o de seus atrasos> <é difícil d.-se dos próprios erros>* □ *t.d.* **2** ser tolerante com; relevar *<d. os excessos da mocidade>* **3** servir de pretexto, justificativa para *<a dor desculpa sua inércia>* □ *pron.* **4** (prep. *com*) explicar-se, justificar-se *<desculpou-se com uma gripe e faltou>* **5** (prep. *por*) pedir desculpa(s), perdão *<desculpa-se por qualquer coisa>* ~ **desculpável** *adj.2g.*

des.cum.prir *v.* {mod. 24} *t.d.* deixar de cumprir; infringir, transgredir *<d. ordens>* ~ **descumpridor** *adj.s.m.* - **descumprimento** *s.m.*

des.cu.rar *v.* {mod. 1} *t.d.,t.i. e pron.* (prep. *de*) não ter cuidados com; descuidar(-se), negligenciar *<os maus governantes descuram a saúde pública> <d. de uma tarefa> <d.-se da própria saúde>*

des.de *prep.* **1** expressa a noção de movimento ou extensão em relação a um ponto no espaço *<andou d. sua casa>* **2** expressa a noção de movimento ou extensão a partir de um momento determinado *<esperei d. as duas horas>* **3** expressa ordem gradativa, sempre em correlação com as prep. *a* ou *até* *<d. o mais alto ao mais baixo> <estavam lá d. os novatos até os mais velhos>* ▣ **d. que 1** desde o tempo em que; depois que *<não deu notícias d. que viajou>* **2** com a condição de que; uma vez que *<d. que haja tempo, será feito>*

des.dém [pl.: *-éns*] *s.m.* **1** ato ou efeito de desdenhar; desprezo manifestado por quem se acha melhor do que os outros **2** falta de cuidado ou capricho

des.de.nhar *v.* {mod. 1} *t.d. e t.i.* **1** (prep. *de*) tratar com desprezo; desprezar *<d. o conselho dos pais> <costuma d. dos colegas>* **2** (prep. *de*) fazer troça de; zombar *<evite d. (d)os mais fracos>* ~ **desdenhoso** *adj.*

des.den.ta.do *adj.s.m.* **1** que(m) não tem alguns ou todos os dentes ■ *s.m.* ZOO **2** espécime dos desdentados, mamíferos sem dentes ou com dentição imperfeita, como os tamanduás, as preguiças e os tatus ■ *adj.* **3** relativo aos desdentados

des.di.ta *s.f.* má sorte, desgraça ~ **desditoso** *adj.*

des.di.zer *v.* {mod. 15} *t.d. e pron.* **1** negar ou retirar (o que foi dito); desmentir(-se) *<não venha d. sua promessa> <quis d.-se, mas ninguém acreditou>* □ *t.d.* **2** contradizer a afirmação de; desmentir *<desdisse o debatedor sem piedade>* ◉ GRAM/USO part.: *desdito*

des.do.bra.men.to *s.m.* **1** ato ou efeito de desdobrar(-se) **2** divisão de um todo em duas ou mais partes; desmembramento **3** desenvolvimento consecutivo; consequência

des.do.brar *v.* {mod. 1} *t.d.* **1** desmanchar a dobra de; abrir *<d. um bilhete>* □ *t.d. e pron.* **2** dividir(-se) em dois; repartir(-se) *<d. uma turma> <a ameba desdobra-se para reproduzir-se>* **3** *fig.* desenvolver(-se) sucessivamente; desenrolar(-se) *<ao falar, desdobrava aos nossos olhos cenas esquecidas> <naquele instante, toda a vida desdobrou-se diante dele>* □ *t.d. e t.d.i.* **4** (prep. *em*) dividir (um todo) [em várias partes] *<d. (em grupos) uma classe>* □ *pron.* **5** esforçar-se, empenhar-se *<teve de d.-se para dar conta do serviço>* ~ **desdobrado** *adj.* - **desdobrável** *adj.2g.*

des.dou.ro *s.m.* descrédito, desonra ~ **desdourar** *v.t.d. e pron.*

de.se.du.car *v.* {mod. 1} *t.d. e pron.* **1** (fazer) perder a educação; embrutecer(-se) *<d. os filhos> <deseducou-se com a ausência dos pais>* □ *t.d.* **2** dar mau exemplo a; educar mal *<a bagunça da escola deseduca os alunos>* ~ **deseducação** *s.f.*

de.se.jar *v.* {mod. 1} *t.d.* **1** sentir vontade de possuir ou realizar (o que satisfaça exigência intelectual, emocional ou física); querer *<d. uma moto> <d. ter saúde>* **2** ter gosto ou empenho em realizar (algo); ansiar, pretender *<deseja surpreender a mulher>* **3** sentir forte atração por *<d. uma bela mulher>* □ *t.d. e t.d.i.* **4** (prep. *a*) fazer votos de (saúde, sucesso etc.) [a alguém]; estimar *<desejou(-lhe) pronto restabelecimento>* ~ **desejável** *adj.2g.*

de.se.jo /ê/ *s.m.* **1** vontade de conseguir (algo) **2** ambição **3** impulso sexual **4** *infrm.* ânsia de satisfazer certos apetites esp. durante a gravidez

de.se.jo.so /ô/ [pl.: /ó/; fem.: /ó/] *adj.* **1** dominado, impelido pelo desejo; ávido, cobiçoso **2** disposto (a realizar algo)

de.se.le.gan.te *adj.2g.* **1** que não apresenta elegância ou discrição; desalinhado, mal-arrumado **2** que não possui delicadeza, polidez; grosseiro ~ **deselegância** *s.f.*

de.se.ma.ra.nhar *v.* {mod. 1} *t.d. e pron.* **1** desmanchar(-se) o emaranhado de; desembaraçar(-se) *<d.(-se) um rolo de linha>* **2** *fig.* tornar(-se) compreensível (o que está confuso); esclarecer(-se) *<d.(-se) um crime>*

de.sem.ba.çar *v.* {mod. 1} *t.d.,int. e pron.* (fazer) recuperar o brilho, a transparência *<d. um espelho> <os vidros desembaçaram(-se) logo>*

de.sem.ba.i.nhar *v.* {mod. 1} *t.d.* **1** tirar (arma) da bainha ('estojo') *<d. a espada>* **2** descosturar a bainha de (roupa) *<d. uma saia>*

[1]**de.sem.ba.lar** *v.* {mod. 1} *t.d. e int.* (fazer) perder o embalo, a velocidade; desacelerar *<o piloto deve d. o carro para entrar nos boxes> <o cavalo desembalou próximo à linha de chegada>* [ORIGEM: *des-* + [1]*embalar*]

[2]**de.sem.ba.lar** *v.* {mod. 1} *t.d.* retirar da embalagem; desembrulhar *<d. a mercadoria>* [ORIGEM: *des-* + [2]*embalar*]

de.sem.ba.ra.çar *v.* {mod. 1} *t.d. e pron.* **1** desfazer nó ou embaraço de (fio, meada etc.) ou perder os nós; desemaranhar(-se) *<d. as franjas da cortina> <seu cabelo se desembaraça facilmente>* **2** (fazer) perder a timidez; desinibir(-se) *<a aula de dança desembaraçou-o> <tardou a d.-se no serviço>* □ *t.d.i. e pron.* **3** (prep. *de*) livrar(-se) [do que obstrui ou incomoda]; desvencilhar(-se) *<desembaraçou-o daquele chato> <d.-se de um vendedor>* ~ **desembaraçado** *adj.*

D

de.sem.ba.ra.ço *s.m.* **1** ausência de obstáculo; desimpedimento **2** agilidade nas ações; presteza **3** valentia; coragem

de.sem.ba.ra.lhar *v.* {mod. 1} *t.d.* **1** organizar (o que está embaralhado); desembaraçar *<d. um novelo>* **2** *fig.* tornar compreensível *<d. um contrato>* □ *int. e pron.* **3** tornar(-se) claro *<a visão desembaralhou(-se)>*

de.sem.bar.ca.dou.ro *s.m.* local de desembarque

de.sem.bar.car *v.* {mod. 1} *t.d. e int.* tirar ou sair de barco, carro, avião etc. *<d. uma carga> <idosos desembarcam primeiro>*

de.sem.bar.ga.dor /ô/ [pl.: *-es*] *s.m.* DIR juiz de tribunal de justiça ou de apelação

de.sem.bar.gar *v. t.d. e t.d.i.* **1** livrar (alguém ou algo) de (impedimento, obstáculo); desobstruir, desembaraçar *<d. o amigo (das dívidas)>* □ *t.d.* DIR **2** suspender o embargo de *<d. uma obra>*

de.sem.bar.que *s.m.* **1** retirada ou saída (de objetos ou pessoas) de um veículo **2** local onde ocorre desembarque

de.sem.bes.ta.do *adj.* desenfreado, desabalado

de.sem.bes.tar *v.* {mod. 1} *int.* **1** *B* correr desenfreadamente; disparar *<os animais desembestaram>* **2** *fig.* perder a calma; descontrolar-se ◉ GRAM/USO tb. é empr. como v.aux., com a prep. *a* e o infinitivo de outro verbo, para indicar a ideia de 'início ou insistência da ação': *d. a rir*

de.sem.bo.ca.du.ra *s.f.* lugar onde um rio despeja suas águas; foz

de.sem.bo.car *v.* {mod. 1} *t.i.* **1** (prep. *de*) sair de lugar estreito para um mais largo *<o cortejo vai d. do beco>* **2** (prep. *em*) terminar seu curso; desaguar *<o rio desemboca no mar>* **3** (prep. *em*) dar, terminar *<a rua desemboca na praça>*

de.sem.bol.sar *v.* {mod. 1} *t.d.* **1** tirar da bolsa ou do bolso □ *t.d. e int.* **2** fazer gasto (de); gastar *<d. muito dinheiro> <se querem passar bem, precisam d.>*

de.sem.bol.so /ô/ *s.m.* **1** ação ou efeito de desembolsar **2** valor que se desembolsou; despesa, gasto

de.sem.bru.lhar *v.* {mod. 1} *t.d.* **1** desfazer, abrir (embrulho, pacote) **2** retirar (o conteúdo) de embrulho *<já desembrulhei as panelas>* □ *t.d. e pron.* **3** (fazer) ficar livre de confusão, embaraço; esclarecer(-se) *<d. um negócio> <a situação desembrulhou-se>*

de.sem.bu.char *v.* {mod. 1} *t.d. e int. infrm.* expor francamente (sentimentos, pensamentos); desabafar

de.sem.pa.car *v.* {mod. 1} *t.d. e int.* **1** (fazer) voltar a andar (cavalgadura) **2** *B infrm.* (fazer) retomar o desenvolvimento *<a urgência dos prazos desempacou as atividades> <seu raciocínio desempacou>*

de.sem.pa.co.tar *v.* {mod. 1} *t.d.* **1** retirar (o conteúdo) de pacote; desembalar **2** desfazer (pacote, embrulho); desembrulhar

de.sem.pa.re.lhar *v.* {mod. 1} *t.d. e pron.* **1** separar(-se) [elementos em par] *<d.(-se) uma junta de bois>* □ *t.d. fig.* **2** desunir *<a disputa desemparelhou as amigas>*

de.sem.pa.tar *v.* {mod. 1} *t.d. e int.* **1** (fazer) sair do empate *<os votos do Nordeste desempataram a eleição> <o jogo desempatou no final>* □ *t.d.* **2** remover dificuldade de; resolver *<d. uma questão>* □ *t.d. e pron.* **3** (deixar) ficar livre; desimpedir(-se) *<desempate o rapaz, se não gosta dele> <d.-se do emprego para viajar>*

de.sem.pa.te *s.m.* ação ou efeito de desempatar

de.sem.pe.nar *v.* {mod. 1} *t.d.,int. e pron.* tornar(-se) direito, reto; endireitar(-se) *<d. a porta> <o cartão desempenou(-se)>* ~ **desempenado** *adj.*

de.sem.pe.nhar *v.* {mod. 1} *t.d.* **1** recuperar (bem penhorado) *<d. uma propriedade>* **2** executar, realizar (cargo, tarefa etc.) *<d. bem suas funções>* □ *t.d.,t.d.i. e pron.* **3** (prep. *de*) liberar(-se) [de compromisso]; desobrigar(-se) *<d. o filho (dos compromissos)> <d.-se das tarefas>* □ *t.d. e int.* **4** representar, interpretar (um personagem) *<o ator irá d. Batman> <uma atriz que desempenha com alma>*

de.sem.pe.nho *s.m.* **1** ação ou efeito de desempenhar; execução (de tarefa etc.) **1.1** maneira de representar; interpretação *<d. de atriz>* **1.2** maneira como atua ou se comporta alguém ou algo, avaliada em termos de eficiência, de rendimento *<d. de um motor>*

de.sem.pe.no *s.m.* **1** ato ou efeito de desempenar(-se) **2** aprumo, nivelamento **3** instrumento formado de duas réguas us. para verificar se uma superfície está nivelada **4** *fig.* porte esbelto; elegância, garbo **5** *fig.* ousadia, coragem

de.sem.per.rar *v.* {mod. 1} *t.d.,int. e pron.* **1** soltar(-se) [algo emperrado]; destravar(-se) *<d. a porta> <a fechadura desemperrou(-se)>* **2** (fazer) recuperar o funcionamento *<d. um motor> <o relógio não (se) desemperrou>* **3** *fig.* (fazer) perder a inibição; desinibir(-se) *<d. a língua> <desemperrou(-se) depois de um drinque>*

de.sem.pi.lhar *v.* {mod. 1} *t.d.* desarrumar (objetos em pilha)

de.sem.po.ar *v.* {mod. 1} *t.d. e pron.* **1** limpar(-se) de pó ou poeira *<d. livros> <os tropeiros já se desempoaram>* **2** *fig.* (fazer) ficar livre de preconceitos *<as viagens desempoaram-no> <o sofrimento a fez d.-se>* **3** *fig.* tornar(-se) modesto, simples *<a falência vai desempoá-lo> <orgulhoso, não se desempoa>*

de.sem.po.çar *v.* {mod. 1} *t.d.* **1** drenar a poça de **2** tirar de poça ou atoleiro; desatolar *<d. um jumento>* ☞ cf. *desempossar*

de.sem.pos.sar *v.* {mod. 1} *t.d.i. e pron.* desapossar ☞ cf. *desempoçar*

de.sem.pre.ga.do *adj.s.m.* que(m) está sem emprego

de.sem.pre.go /ê/ *s.m.* **1** falta de emprego **2** estado dos trabalhadores que não conseguem emprego ~ **desempregar** *v.t.d. e pron.*

de.sen.ca.de.ar *v.* {mod. 5} *t.d. e pron.* **1** desprender(-se) de cadeia, de corrente *<d. um animal> <d.-se um cão>* **2** *fig.* separar(-se), soltar(-se) [elementos ligados] *<d. os elos de uma corrente> <as palavras*

se desencadeavam em uma fala febril> □ *t.d.* **3** causar ação súbita e/ou em cadeia; suscitar, provocar *<ações que desencadearam a guerra>* □ *int. e pron.* **4** manifestar-se com ímpeto (vento, chuva etc.) *<um trovão fez a chuva d.> <d.-se uma tormenta>* ~ **desencadeamento** *s.m.*

de.sen.cai.xar *v.* {mod. 1} *t.d.,t.d.i. e pron.* (prep. *de*) soltar(-se) de encaixe; desconjuntar(-se) *<d. um osso> <d. um tubo de outro> <d.-se uma porta da dobradiça>* ~ **desencaixe** *s.m.*

de.sen.cai.xo.tar *v.* {mod. 1} *t.d.* retirar de caixote ou caixa ~ **desencaixotamento** *s.m.*

de.sen.ca.la.crar *v.* {mod. 1} *t.d. e pron. infrm.* livrar(-se) de dificuldades, esp. financeiras

de.sen.ca.lhar *v.* {mod. 1} *t.d. e int.* **1** (fazer) retomar (embarcação) o andamento ou movimento interrompido pela presença de obstáculo *<d. um transatlântico> <o cargueiro desencalhou>* **2** *B* dar saída a ou ter saída (mercadoria) *<d.(-se) o estoque>* □ *t.d. fig.* **3** dar andamento a (algo parado, interrompido) *<d. uma obra>* □ *int. fig. B infrm.* **4** casar-se quando se esperava que não fosse mais possível ~ **desencalhe** *s.m.*

de.sen.ca.mi.nhar *v.* {mod. 1} *t.d. e pron.* **1** (fazer) sair do caminho a seguir; desviar(-se) *<a neblina desencaminhou os motoristas> <d.-se um alpinista>* □ *t.d.,t.d.i. e pron. fig.* **2** (prep. *de*) afastar(-se) [do bom caminho, do dever]; corromper(-se) *<os veteranos desencaminharam o recruta> <d. a juventude dos vícios> <d.-se com más companhias>* ~ **desencaminhador** *adj.s.m.*

de.sen.can.ta.men.to *s.m.* **1** estado de quem se decepcionou; desencanto, decepção **2** quebra do encantamento, do feitiço

de.sen.can.tar *v.* {mod. 1} *t.d.,t.d.i. e pron.* **1** (prep. *de*) livrar(-se) de encanto, magia *<o beijo irá d. Branca de Neve (do feitiço)> <d.-se o disfarce à meia-noite>* **2** *p.ext.* (prep. *de, com*) [fazer] perder as ilusões, o entusiasmo com; desapontar(-se) *<o fracasso desencantou-o (da profissão)> <d.-se com o namorado>* □ *t.d. infrm.* **3** descobrir (algo raro, difícil de encontrar) □ *t.d. e pron. fig. infrm.* **4** (fazer) aparecer (algo sumido ou latente) *<d. o autor sua obra-prima> <enfim a tese desencantou-se>*

de.sen.can.to *s.m.* desencantamento

de.sen.ca.par *v.* {mod. 1} *t.d.* tirar a capa, o envoltório de

de.sen.car.ce.ra.men.to *s.m.* libertação de cárcere; soltura ~ **desencarcerar** *v.t.d. e pron.*

de.sen.car.dir *v.* {mod. 24} *t.d.* **1** tirar a sujeira de; limpar **2** tirar a cor encardida de (roupa, tecido etc.) □ *t.d. e t.d.i. fig.* **3** (prep. *de*) livrar de (impureza, desonra etc.); purificar *<d. a alma (do ódio)>*

de.sen.car.go *s.m.* **1** cumprimento ou desobrigação de um encargo **2** alívio, desafogo *<d. de consciência>*

de.sen.car.nar *v.* {mod. 1} *t.d.* **1** separar a carne de; descarnar □ *int.* **2** REL separar-se (alma, espírito) definitivamente do corpo; morrer □ *t.i. e int.* *B pej.* **3** (prep. *de*) separar-se; desgrudar(-se) *<não desencarnou de nós> <desencarne, por favor!>* ~ **desencarnação** *s.f.*

de.sen.car.re.gar *v.* {mod. 1} *t.d.* **1** libertar de culpa; absolver □ *t.d.,t.d.i. e pron.* **2** (prep. *de*) desobrigar(-se) [de tarefa, cargo etc.] *<d. a mãe (das tarefas domésticas)> <d.-se de um trabalho>*

de.sen.cas.que.tar *v.* {mod. 1} *t.d.,t.d.i. e pron.* (prep. *de*) tirar da cabeça (de alguém) [ideia, mania etc.]; dissuadir(-se) *<d. alguém (do desejo de vingança)> <d.-se da mania de limpeza>*

de.sen.cas.to.ar *v.* {mod. 1} *t.d.* **1** tirar o castão de (bengala) **2** soltar (pedra preciosa, p.ex.) do engaste *<d. os brilhantes da tiara>* ~ **desencastoamento** *s.m.*

de.sen.ca.var *v.* {mod. 1} *t.d.* **1** soltar da cavidade **2** escavar, cavar **3** *fig. B* descobrir, encontrar *<d. documentos antigos>*

de.sen.ci.lhar *v.* {mod. 1} *t.d.* **1** retirar a cilha de (cavalgadura) **2** *p.ext. B* retirar arreios de (montaria) ~ **desencilhamento** *s.m.*

de.sen.con.trar *v.* {mod. 1} *pron.* **1** não estar no mesmo lugar ao mesmo tempo; perder-se □ *int. e pron. fig.* **2** ser oposto, incompatível; divergir *<nossas ideias nunca (se) desencontram>*

de.sen.con.tro *s.m.* **1** ação ou efeito de desencontrar; desacerto **2** divergência (de ideias, sentimentos etc.)

de.sen.co.ra.ja.men.to *s.m.* ato ou efeito de desencorajar(-se); desalento, desânimo

de.sen.co.ra.jar *v.* {mod. 1} *t.d.,t.d.i. e pron.* (prep. *de*) [fazer] perder a coragem, o ânimo; acovardar(-se), desanimar(-se) *<baixo salário pode d. os operários (de trabalhar)> <d.-se de pedir aumento>*

de.sen.cos.tar *v.* {mod. 1} *t.d.,t.d.i. e pron.* **1** (prep. *de*) afastar(-se) de onde se estava apoiado **2** *fig. infrm.* (prep. *de*) afastar(-se) de apoio moral, ajuda *<desencostou o cunhado (do cargo)> <d.-se da proteção paterna>* □ *t.d.* **3** abrir (o que estava fechado); descerrar

de.sen.cra.var *v.* {mod. 1} *t.d. e t.d.i.* **1** arrancar (cravo, prego) *<d. pregos (da parede)>* □ *t.d.* **2** livrar de cravo, espinho ou de algo fixado por penetração *<d. o casco do cavalo>*

de.sen.cres.par *v.* {mod. 1} *t.d. e pron.* **1** alisar(-se) [o que está crespo] *<d.(-se) o cabelo>* **2** (fazer) perder ruga(s) ou marca(s); desenrugar(-se) □ *t.d.* **3** desemaranhar, desembaraçar □ *int.* **4** tornar-se sereno, calmo (superfície da água)

de.sen.cur.var *v.* {mod. 1} *t.d. e pron.* (fazer) perder a curvatura; endireitar(-se)

de.se.ne.vo.ar *v.* {mod. 1} *t.d. e pron.* **1** dispersar(-se) a névoa; aclarar(-se) **2** *fig.* (fazer) recuperar a tranquilidade; serenar(-se) *<d. o espírito> <seus olhos parecem d.-se>*

de.sen.fa.do *s.m.* **1** ausência de enfado; sossego **2** divertimento, recreação ~ **desenfadar** *v.t.d.*

de.sen.fai.xar *v.* {mod. 1} *t.d. e pron.* soltar(-se) das faixas *<d. um bebê> <d.-se após a cirurgia>*

de.sen.far.dar *v.* {mod. 1} *t.d.* retirar do(s) fardo(s); desembrulhar ~ **desenfardamento** *s.m.*

de.sen.fei.tar *v.* {mod. 1} *t.d. e pron.* retirar o enfeite de; desataviar(-se)

de.sen.fei.ti.çar *v.* {mod. 1} *t.d. e pron.* **1** libertar(-se) de feitiço; desencantar(-se) ☐ *t.d.,t.d.i. e pron. p.ext.* **2** (prep. *de*) libertar(-se) [do que exerce fascínio ou paixão] *<d. alguém (da paixão)> <d.-se de um cafajeste>*

de.sen.fer.ru.jar *v.* {mod. 1} *t.d.* **1** tirar a ferrugem de ☐ *t.d. e pron. fig.* **2** (fazer) sair da inércia, de inatividade *<d. os dedos> <as pernas custam a d.-se>* **3** (fazer) recobrar o ânimo; reanimar(-se) *<d. o espírito> <suas ideias desenferrujaram-se>*

de.sen.fi.ar *v.* {mod. 1} *t.d.* **1** tirar o fio que passa pelo orifício de ☐ *t.d.,int. e pron.* **2** soltar(-se) de (aquilo em que está enfiado) *<d. as contas de um colar> <a carreira de malhas desenfiou(-se)>*

de.sen.fre.a.do *adj.* **1** sem freio **2** que corre descontroladamente; desembestado **3** *fig.* que não se contém; solto **4** *fig.* sem limites; desmedido **5** *fig.* furioso, irado

de.sen.fre.ar *v.* {mod. 5} *t.d. e pron.* **1** soltar(-se) do freio ☐ *int. e pron.* **2** correr muito, com ímpeto; desabalar *<a boiada desenfreou(-se) morro afora>* **3** *fig.* manifestar(-se) com força, violência *<sua ira desenfreou(-se)>* ☐ *t.d. fig.* **4** livrar de limitação; libertar *<d. o pensamento>* ☐ *pron.* **5** enfurecer-se, irar-se

de.sen.fur.nar *v.* {mod. 1} *t.d. e pron.* **1** (fazer) sair da toca, caverna etc. **2** *fig.* (fazer) sair de isolamento, voltando ao convívio social *<conseguiu desenfurná-la> <só vai d.-se ao terminar o livro>*

de.sen.ga.jar *v.* {mod. 1} *t.d. e pron.* **1** liberar(-se) de participação, compromisso; desobrigar(-se) *<d. um trabalhador> <d-se de um partido>* **2** liberar(-se) de engajamento militar ~ **desengajamento** *s.m.*

de.sen.ga.na.do *adj.* **1** livre de engano ou desilusão **2** que não tem cura (diz-se de doente)

de.sen.ga.nar *v.* {mod. 1} *t.d.,t.d.i. e pron.* **1** (prep. *de*) esclarecer(-se) a respeito de um erro; desiludir(-se) *<não pretende d. a mãe (de suas crenças)> <vai d.-se facilmente>* ☐ *t.d.* **2** não dar esperança de vida a

de.sen.gan.char *v.* {mod. 1} *t.d.* **1** tirar o gancho de ☐ *t.d. e t.d.i.* **2** (prep. *de*) soltar (o que está enganchado) do que o prende; desengatar *<d. a blusa (do prego)>*

de.sen.ga.no *s.m.* **1** ato de tomar consciência do erro em que se estava; esclarecimento **2** falta de confiança, de esperança; desencanto, desilusão

de.sen.gar.ra.far *v.* {mod. 1} *t.d.* **1** retirar da garrafa **2** *p.ext.* acabar com engarrafamento de; liberar, desobstruir *<d. o trânsito>*

de.sen.gas.gar *v.* {mod. 1} *t.d. e pron.* livrar(-se) de engasgo; desentalar(-se) ~ **desengasgo** *s.m.*

de.sen.gas.tar *v.* {mod. 1} *t.d. e t.d.i.* soltar do engaste; desencastoar *<d. uma pedra (do anel)>*

de.sen.ga.tar *v.* {mod. 1} *t.d.,t.d.i. e pron.* **1** (prep. *de*) separar(-se) do engate; desencaixar(-se) *<d. o vagão (de um trem)> <o botão desengatou-se da blusa>* ☐ *t.d. e int.* **2** desengatilhar(-se) [arma de fogo] **3** soltar(-se) a embreagem de (veículo); desengrenar ~ **desengatamento** *s.m.* - **desengate** *s.m.*

de.sen.ga.ti.lhar *v.* {mod. 1} *t.d.* **1** acionar o gatilho de (arma de fogo); disparar ☐ *t.d. e pron.* **2** desarmar(-se) o gatilho de (arma de fogo) *<d. (-se) uma pistola>*

de.sen.go.mar *v.* {mod. 1} *t.d. e int.* (fazer) perder a goma; amolecer ~ **desengomado** *adj.*

de.sen.gon.ça.do *adj.* **1** que não é gracioso; desajeitado **2** desconjuntado, bambo, frouxo ~ **desengonçar** *v.t.d. e pron.*

de.sen.gor.du.rar *v.* {mod. 1} *t.d.* **1** tirar gordura ou seu excesso de **2** fazer que não fique oleoso **3** remover restos ou mancha de gordura em *<d. a cozinha>* ~ **desengordurado** *adj.*

de.sen.gre.nar *v.* {mod. 1} *t.d.* **1** soltar da engrenagem ☐ *t.d. e int.* **2** soltar(-se) a embreagem de (veículo); desengatar

de.sen.gros.sar *v.* {mod. 1} *t.d. e int.* **1** tornar(-se) mais fino; adelgaçar(-se) **2** (fazer) ficar ralo, menos grosso **3** tornar(-se) menos inchado; desinchar

de.sen.gui.çar *v.* {mod. 1} *t.d. e pron.* **1** livrar(-se) de quebranto, má sorte ☐ *t.d. B* **2** deixar sem defeito; consertar *<d. um carro>* ~ **desenguiço** *s.m.*

de.se.nhar *v.* {mod. 1} *t.d. e int.* **1** representar por meio de desenho ☐ *t.d. fig.* **2** dar a ideia de; descrever, figurar *<d. pessoas com precisão>* **3** planejar, elaborar *<tudo ocorreu como ele desenhara>* ☐ *t.d. e pron.* **4** (fazer) ressaltar o contorno, o desenho; distinguir(-se)

de.se.nhis.ta *adj.2g.s.2g.* que(m) desenha, profissionalmente ou não ◙ **d. industrial** profissional do desenho industrial

de.se.nho *s.m.* **1** representação gráfica de objetos e ideias feita sobre uma superfície **2** representação por linhas da forma de um objeto; contorno, traçado **3** arte e técnica de desenhar ◙ **d. animado** CINE TV série de desenhos filmados que, projetados, criam movimento • **d. industrial** arte e técnica de desenhar objetos destinados à produção industrial

de.sen.la.ce *s.m.* **1** ato ou efeito de desfazer um nó ou laçada **2** *fig.* maneira pela qual se conclui ou chega ao fim; desfecho ~ **desenlaçar** *v.t.d. e pron.*

de.se.no.do.ar ou **des.no.do.ar** *v.* {mod. 1} *t.d.* limpar nódoas, manchas de

de.se.no.ve.lar ou **des.no.ve.lar** *v.* {mod. 1} *t.d. e pron.* **1** desfazer(-se) um novelo; desenrolar(-se) **2** *fig.* dar(-se) a conhecer; revelar(-se) ☐ *t.d. fig.* **3** resolver (trama ou intriga)

de.sen.qua.drar *v.* {mod. 1} *t.d.* **1** retirar de quadro, caixilho, moldura **2** CINE FOT TV tirar do enquadramento ☐ *t.i. e pron.* **3** (prep. *com*) não combinar com; desarmonizar(-se) ~ **desenquadramento** *s.m.*

de.sen.ra.i.za.do *adj.* **1** arrancado pela raiz **2** distante de seu lugar de origem

de.sen.ra.i.zar *v.* {mod. 2} *t.d.* **1** arrancar (planta, árvore etc.) pela raiz; desarraigar □ *t.d.i. e pron. fig.* **2** (prep. *de*) (fazer) sair de (terra natal) ~ **desenraizamento** *s.m.*

de.sen.ras.car *v.* {mod. 1} *t.d.* **1** desprender de rede □ *t.d. e pron.* **2** livrar(-se) de dificuldade, de confusão

de.sen.re.dar *v.* {mod. 1} *t.d.* **1** desprender da rede; desenrascar **2** separar (o que está enredado); desembaraçar, desemaranhar □ *t.d. e pron. fig.* **3** tornar(-se) claro, compreensível □ *pron. fig.* **4** livrar-se de dificuldade, confusão ~ **desenredo** *s.m.*

de.sen.ro.lar *v.* {mod. 1} *t.d. e pron.* **1** (fazer) perder a forma de rolo; estender(-se) **2** *fig.* revelar(-se) ou desenvolver(-se) pouco a pouco *<d. uma conversa> <a estrada se desenrolava à nossa frente>* □ *t.d.* **3** desembalar, desembrulhar **4** *fig.* resolver (atrapalhação, dificuldade) *<d. pendências do inventário>* □ *pron.* **5** ocorrer sucessivamente; desencadear-se

de.sen.ros.car *v.* {mod. 1} *t.d. e pron.* **1** (fazer) deixar de ter a forma de rosca *<d. as pernas> <a cobra desenroscou-se>* **2** livrar(-se) do que se torceu ao redor *<d. o arame da estaca> <d.-se de um abraço>* □ *t.d.* **3** remover da rosca; desaparafusar *<d. parafusos>*

de.sen.ru.gar *v.* {mod. 1} *t.d. e pron.* (fazer) perder as rugas ou pregas; desfranzir(-se)

de.sen.sa.car *v.* {mod. 1} *t.d.* retirar de saco ou saca

de.sen.ta.lar *v.* {mod. 1} *t.d.* **1** retirar a tala de □ *t.d. e pron. p.ext.* **2** livrar(-se) [o que está comprimido]; desapertar(-se) **3** *infrm.* (fazer) perder o engasgo **4** livrar(-se) de apuro ou dificuldade

de.sen.ten.der *v.* {mod. 8} *t.d.* **1** não entender **2** fingir não entender □ *pron.* **3** pôr-se em desavença; brigar

de.sen.ten.di.do *adj.* **1** não entendido; compreendido de forma errada ou incorreta ■ *adj.s.m.* **2** que(m) não entende

de.sen.ten.di.men.to *s.m.* **1** falta de entendimento, de percepção **2** briga, desavença

de.sen.ter.rar *v.* {mod. 1} *t.d.* **1** retirar de debaixo da terra *<d. raízes>* **2** *fig.* descobrir (algo escondido ou difícil de ser achado) *<desenterraram cartas inéditas de Monteiro Lobato>* **3** *fig.* tirar do esquecimento, trazer à baila *<d. lembranças>*

de.sen.to.a.ção [pl.: *-ões*] *s.f.* **1** saída do tom; desafinação **2** comportamento inconveniente; despropósito

de.sen.to.a.men.to *s.m.* desentoação

de.sen.to.ar *v.* {mod. 1} *t.d. e int.* **1** (fazer) produzir sons discordantes; desafinar □ *int. e pron. fig.* **2** agir ou falar de forma inconveniente; exceder-se

de.sen.to.car *v.* {mod. 1} *t.d. e pron.* **1** (fazer) sair da toca **2** *fig.* (fazer) sair do isolamento

de.sen.tor.pe.cer *v.* {mod. 8} *t.d.,int. e pron.* **1** (fazer) perder o torpor (membro do corpo) *<mergulhou as mãos na água quente para desentorpecê-las> <em alguns dias, suas pernas desentorpeceram(-se)>* □ *t.d. e pron.* **2** (fazer) perder o desânimo, a inércia; reanimar(-se) *<d.(-se) a inteligência>*

de.sen.tor.tar *v.* {mod. 1} *t.d. e pron.* **1** endireitar(-se) [o que está torto, curvado] *<d. um garfo> <desentorte-se, menino!>* **2** *fig.* eliminar faltas, erros [de]; corrigir(-se) *<d. um trabalho malfeito> <procurava d.-se para alegrar a mãe>*

de.sen.tra.nhar *v.* {mod. 1} *t.d.* **1** fazer sair das entranhas; parir **2** arrancar as vísceras de **3** *fig.* extrair de lugar escondido; desenterrar *<d. riquezas do mar>* □ *t.d. e pron. fig.* **4** soltar(-se) da alma, do coração *<desentranhou um grito de dor> <um soluço desentranhou-se de seu peito>* ~ **desentranhamento** *s.m.*

de.sen.tu.lhar *v.* {mod. 1} *t.d.* **1** retirar o entulho, o lixo de **2** *p.ext.* tirar de (um lugar) o que ali existe em excesso; arrumar

de.sen.tu.pir *v.* {mod. 29} *t.d.* acabar com o entupimento de; desobstruir

de.sen.vol.to /ô/ *adj.* **1** que se mostra à vontade na maneira de expressar-se, movimentar-se, agir; desembaraçado, vivo **2** *infrm.* travesso, irrequieto

de.sen.vol.tu.ra *s.f.* **1** qualidade ou característica de desenvolto; desembaraço, vivacidade **2** *infrm.* travessura

de.sen.vol.ver *v.* {mod. 8} *t.d. e pron.* **1** tornar(-se) maior, mais forte, volumoso; crescer **2** (fazer) ir à frente, avançar, progredir *<d. uma empresa> <certos setores da indústria se desenvolveram menos que outros>* □ *t.d.* **3** expor em detalhes *<d. uma teoria>* □ *pron.* **4** desenrolar-se, prosseguir ◉ GRAM/USO part.: *desenvolvido, desenvolto*

de.sen.vol.vi.do *adj.* **1** que se desenvolveu; que cresceu e se tornou forte **2** que progrediu; adiantado, avançado

de.sen.vol.vi.men.to *s.m.* **1** ato, processo ou efeito de desenvolver(-se); crescimento **2** ação ou efeito de desenvolver(-se); crescimento, progresso ▣ **d. sustentável** ECON desenvolvimento planejado a fim de não esgotar ou degradar os recursos naturais

de.sen.xa.bi.do *adj.* **1** que não tem sabor; insípido, insosso **2** que não tem graça, que não desperta interesse; aborrecido

de.se.qui.li.bra.do *adj.* **1** que não tem equilíbrio **2** desprovido de harmonia; desproporcional ■ *adj.s.m.* **3** que(m) não tem equilíbrio mental; doido, louco

de.se.qui.li.brar *v.* {mod. 1} *t.d. e pron.* **1** (fazer) perder o equilíbrio *<ao limpar, desequilibrou o quadro> <a senhora desequilibrou-se ao descer do ônibus>* □ *t.d.* **2** romper a harmonia de; desestabilizar *<d. a balança comercial de um país>* **3** *infrm.* causar perturbação mental ou emocional a; desatinar

de.se.qui.lí.brio *s.m.* **1** ausência ou perda do equilíbrio; instabilidade **2** falta de proporção, de harmonia; desarmonia, desigualdade **3** falta de estabilidade emocional

de.ser.ção [pl.: *-ões*] *s.f.* **1** abandono de serviço militar sem autorização **2** abandono de um compromisso ou uma afinidade; renúncia

de.ser.da.do *adj.s.m.* **1** que(m) foi privado de herança **2** que(m) é desprovido de bens, qualidades etc.

de.ser.dar *v.* {mod. 1} *t.d.* privar da herança ou sucessão a que (alguém) tinha direito

de.ser.tar *v.* {mod. 1} *t.d.* **1** tornar (lugar) deserto; despovoar □ *t.d. e t.i.* **2** (prep. *de*) abandonar, deixar, desistir *<d. o lar> <d. de valores>* □ *t.i. e int.* **3** (prep. *de*) deixar as forças armadas sem licença *<desertou de sua corporação> <muitos soldados desertaram>*

D

de.sér.ti.co *adj.* **1** característico de deserto **2** sem formas de vida; despovoado

de.ser.ti.fi.ca.ção [pl.: *-ões*] *s.f.* ECO processo de formação ou expansão de desertos, resultante do mau uso da terra, de alterações climáticas ou da combinação desses fatores ~ **desertificar** *v.t.d. e pron.*

de.ser.to *s.m.* GEO **1** região de chuvas escassas, vegetação rara e pouco habitada ■ *adj.* **2** privado de habitantes; ermo, desabitado **3** vazio

de.ser.tor /ô/ [pl.: *-es*] *adj.s.m.* **1** (soldado ou oficial) que abandona ilegalmente o serviço militar **2** que(m) abandona suas convicções ou seus compromissos

de.ses.pe.ra.do *adj.* **1** dominado pelo desespero, extremamente aflito; atormentado **2** que manifesta ou exprime desespero, aflição **3** que deixou de ter esperança; desiludido ■ *adj.s.m.* **4** que(m) perdeu toda esperança, toda fé em seu futuro

de.ses.pe.ran.ça *s.f.* falta ou perda de esperança; desespero

de.ses.pe.rar *v.* {mod. 1} *t.d.,int. e pron.* **1** (fazer) sentir angústia, aflição; afligir(-se) *<as dívidas o desesperavam> <à medida que as horas iam passando, começou a d.(-se)>* **2** irritar(-se) profundamente; enfurecer(-se) *<o falatório da mulher desesperava-o> <tudo isso é de d.> <acabou perdendo a paciência e desesperando-se>* □ *t.d.,t.d.i.,t.i.,int. e pron.* **3** (prep. *de*) [fazer] perder a esperança, a confiança ou a fé (em) *<a moça desesperou seu pretendente> <já desesperávamos de tornar a vê-lo> <desesperaram o candidato de suas pretensões> <não (se) desespere, dias melhores virão>* ~ **desesperação** *s.f.* - **desesperador** *adj.s.m.*

de.ses.pe.ro /ê/ *s.m.* **1** estado de grande aflição e angústia de quem julga uma situação sem saída **2** estado de profundo desânimo e falta de esperança; desesperança **3** irritação profunda; cólera, raiva

de.ses.ta.bi.li.za.ção [pl.: *-ões*] *s.f.* **1** ação ou efeito de desestabilizar(-se) **2** perda da estabilidade

de.ses.ta.bi.li.zar *v.* {mod. 1} *t.d. e pron.* (fazer) perder a estabilidade, a segurança; descontrolar(-se) *<estradas esburacadas desestabilizam os veículos> <o time se desestabilizou após várias derrotas>*

de.ses.ta.ti.zar *v.* {mod. 1} *t.d.* excluir a gestão do Estado em ou reduzir sua participação em *<d. uma companhia petrolífera>* ~ **desestatização** *s.f.*

de.ses.ti.ma *s.f.* **1** falta de estima **2** ausência de afeto; indiferença **3** insatisfação, descontentamento

de.ses.ti.mu.lan.te *adj.2g.* que desestimula, desanima

de.ses.ti.mu.lar *v.* {mod. 1} *t.d. e pron.* (fazer) perder o estímulo; desanimar(-se) ~ **desestimulador** *adj.s.m.*

de.ses.tí.mu.lo *s.m.* falta ou perda de estímulo; desencorajamento

des.fa.ça.tez /ê/ [pl.: *-es*] *s.f.* falta de vergonha; descaramento, cinismo

des.fal.car *v.* {mod. 1} *t.d. e t.d.i.* **1** (prep. *de*) suprimir (uma parte) [de um todo] *<d. a estante (de uns livros)>* **2** (prep. *de*) tirar fraudulentamente de; roubar *<d. os cofres públicos (de alguns milhões)>* □ *t.d.* **3** reduzir, diminuir **4** ESP deixar de integrar (uma equipe) por qualquer impedimento □ *pron.* **5** (prep. *de*) privar-se de *<d.-se de objetos pessoais>*

des.fa.le.cer *v.* {mod. 8} *int.* **1** perder as forças momentaneamente; desmaiar **2** *fig.* diminuir em intensidade, quantidade *<seu ânimo jamais desfalece>* □ *t.i. e int.* **3** (prep. *em*) diminuir em força, disposição; enfraquecer *<d. em seus propósitos> <lutar sem d.>* ~ **desfalecido** *adj.*

des.fa.le.ci.men.to *s.m.* **1** ato ou efeito de desfalecer; desmaio **2** *p.ext.* perda de ânimo; esmorecimento

des.fal.que *s.m.* **1** retirada de uma parte **2** desvio de dinheiro alheio; roubo **3** o montante desviado **4** ESP ausência de um atleta numa partida ou torneio

des.fas.ti.o *s.m.* **1** ausência de fastio; apetite **2** *fig.* prazer de viver **3** *fig.* entretenimento, distração

des.fa.vor /ô/ [pl.: *-es*] *s.m.* **1** perda do favor de que se desfruta; desgraça **2** prejuízo, descrédito

des.fa.vo.rá.vel [pl.: *-eis*] *adj.2g.* **1** não favorável; contrário, adverso **2** desvantajoso, prejudicial

des.fa.vo.re.cer *v.* {mod. 8} *t.d.* privar de algo vantajoso; prejudicar

des.fa.vo.re.ci.do *adj.s.m.* **1** que(m) perdeu algum bem; que(m) foi prejudicado **2** que(m) é pobre; desvalido

des.fa.zer *v.* {mod. 14} *t.d. e pron.* **1** alterar(-se) de modo que deixe de estar feito, elaborado, construído; desmanchar(-se), desmontar(-se) **2** pôr(-se) fora da ordem; desarrumar(-se) **3** separar(-se) [conjunto de pessoas, animais]; desunir(-se), dispersar(-se) **4** fazer(-se) em pedaços; despedaçar(-se) **5** (fazer) cessar, dispersando(-se); dissipar(-se) **6** pôr fim a ou chegar ao fim; extinguir(-se) **7** tornar(-se) nulo; invalidar(-se) □ *t.i.* **8** (prep. *de*) fazer pouco caso; desdenhar *<d. das pessoas>* □ *pron.* **9** (prep. *de*) abrir mão de; despojar-se *<d.-se de velharias>* **10** (prep. *em*) manifestar-se com exagero; derramar-se *<d.-se em lágrimas>* ◉ GRAM/USO part.: *desfeito* ~ **desfazimento** *s.m.*

des.fe.char *v.* {mod. 1} *t.d. e int.* **1** dar (tiro) [com arma de fogo]; disparar □ *t.d.* **2** dar, aplicar (golpe) **3** tirar o que fecha (algo); abrir □ *t.d. e t.i.* **4** (prep. *em*) manifestar-se com força, de súbito; desatar *<d. em risos>* □ *t.i. e int.* **5** (prep. *em*) concluir, terminar *<o enredo desfecha de modo decepcionante>*

des.fe.cho /ê/ *s.m.* **1** conclusão, desenlace **2** solução, resultado

des.fei.ta *s.f.* procedimento grosseiro; indelicadeza, ofensa ~ **desfeitear** *v.t.d.*

des.fei.to *adj.* **1** que voltou a seu estado anterior ou foi convertido em algo diferente **2** abatido, desfigurado **3** que chegou ao fim ou foi elucidado

des.fe.rir *v.* {mod. 28} *t.d.* **1** lançar de si; emitir **2** emitir (sons, canto) □ *t.d. e t.d.i.* **3** (prep. *em*) aplicar (golpe) [em alguém]; desfechar *<d. um soco no adversário>* **4** (prep. *em*) tocar (sons, acordes, música) [em instrumento de corda] *<d. em sua viola choros antigos>*

des.fer.rar *v.* {mod. 1} *t.d. e pron.* (fazer) ficar sem a ferradura (o animal)

des.fi.ar *v.* {mod. 1} *t.d. e pron.* **1** desmanchar(-se) em fios (um tecido) □ *t.d.* **2** reduzir a filamentos ou lascas **3** passar entre os dedos as contas de (rosário, terço etc.) **4** *fig.* expor, contar em detalhes ~ **desfiadura** *s.f.*

des.fi.bra.do *adj.* **1** sem fibras **2** reduzido a fibras; desfiado ■ *adj.s.m.* **3** (indivíduo) sem disposição física; fraco **4** (indivíduo) sem coragem; covarde

des.fi.bri.la.dor /ô/ [pl.: *-es*] *adj.s.m.* MED (aparelho) que combate a fibrilação do coração com choques elétricos aplicados no tórax do paciente ~ **desfibrilação** *s.f.* - **desfibrilar** *v.t.d.*

des.fi.gu.rar *v.* {mod. 1} *t.d. e pron.* **1** alterar o aspecto (de), tornando(-se) irreconhecível; transfigurar(-se) **2** *p.ext.* tornar(-se) feio; enfear(-se) □ *t.d.* **3** alterar os traços essenciais de; deturpar ~ **desfiguração** *s.f.* - **desfigurado** *adj.* - **desfiguramento** *s.m.*

des.fi.la.dei.ro *s.m.* GEO passagem estreita entre montanhas; estreito

des.fi.lar *v.* {mod. 1} *int.* **1** andar ou marchar em fila **2** apresentar-se em passarela (modelo, escola de samba etc.) □ *t.d.* **3** mostrar num desfile **4** *p.ext. B infrm.* ostentar, exibir

des.fi.le *s.m.* **1** deslocamento ordenado em fila **2** marcha militar solene em coluna **3** *p.ext.* caminhada de manequins sobre passarela para exibir coleção de moda **4** *B* exibição pública de escola de samba

des.flo.rar *v.* {mod. 1} *t.d. e pron.* deflorar ~ **desfloração** *s.f.* - **desfloramento** *s.m.*

des.flo.res.ta.men.to *s.m.* desmatamento ('remoção') ~ **desflorestar** *v.t.d. e int.*

des.fo.car *v.* {mod. 1} *t.d.* **1** ajustar (câmera, filmadora) para obter imagens fora de foco **2** deixar turvo, fora de foco ~ **desfocado** *adj.* - **desfocamento** *s.m.*

des.fo.lhar *v.* {mod. 1} *t.d. e pron.* despojar(-se) das folhas ou pétalas ~ **desfolhação** *s.f.*

des.for.ra *s.f.* reparação de uma ofensa; vingança

[1]**des.for.rar** *v.* {mod. 1} *t.d.* retirar o forro, o revestimento de [ORIGEM: *des-* + [2]*forrar*]

[2]**des.for.rar** *v.* {mod. 1} *t.d.,t.d.i. e pron.* **1** (prep. *de*) tirar desforra de (ofensa); vingar(-se) *<d. a família da humilhação> <ele deseja d.-se desta vileza>* **2** (prep. *de*) compensar(-se), indenizar(-se) [por perda, prejuízo] *<essas alegrias vão desforrá-la das suas agruras> <desforrou-se num banquete do longo jejum>* [ORIGEM: *des-* +[1]*forrar*]

des.fral.dar *v.* {mod. 1} *t.d. e pron.* abrir(-se), soltar(-se) ao vento (velas, bandeiras etc.)

des.fran.zir *v.* {mod. 24} *t.d.* **1** desfazer o franzido ou as pregas de; alisar, esticar □ *t.d. e pron.* **2** desenrugar(-se), fazendo perder ou perdendo a contração *<seu rosto desfranziu-se>*

des.fru.tar *v.* {mod. 1} *t.d. e t.i.* **1** (prep. *de*) gozar, usufruir de (vantagem, benefício) *<d. (de) boa saúde>* □ *t.d. fig.* **2** deleitar-se com; apreciar **3** viver à custa de **4** caçoar, zombar

des.fru.te ou **des.fru.to** *s.m.* **1** ato de usufruir de alguma vantagem ou oportunidade **2** *infrm.* exposição ao ridículo; zombaria

des.ga.lhar *v.* {mod. 1} *t.d.* retirar os galhos, os ramos de

des.gar.rar *v.* {mod. 1} *t.d.,t.i.,int. e pron.* **1** (prep. *de*) afastar(-se) de (rumo, rota); desviar(-se) *<a tempestade desgarrou uma das embarcações> <o satélite desgarrou de sua órbita> <os marinheiros não deixaram o navio d.(-se)>* □ *t.d.,t.d.i. e pron.* **2** (prep. *de*) separar(-se) [de companhia, grupo] *<a trovoada desgarrou as ovelhas> <o tumulto desgarrou a criança de seus pais> <ela preferiu d.-se de nós e seguir sozinha>* □ *t.d.,t.i.,t.d.i. e pron. fig.* **3** afastar(-se) [da moral]; corromper(-se) *<maus conselhos desgarraram o rapaz> <esse desgarrou(-se) das leis> <suas paixões o desgarravam do bom caminho>*

des.gas.tan.te *adj.2g.* **1** que desgasta, consome **2** *p.ext.* que provoca tédio, enfado; incômodo

des.gas.tar *v.* {mod. 1} *t.d.* **1** consumir por fricção, abrasão ou atrito; corroer **2** *infrm.* fazer a digestão; digerir □ *t.d. e pron. fig.* **3** consumir(-se) pela ação do tempo, pelo esforço

des.gas.te ou **des.gas.to** *s.m.* **1** ação ou efeito de desgastar(-se); alteração ou redução da forma, por fricção ou atrito; corrosão **2** *fig.* envelhecimento, ruína **3** *fig.* abatimento, enfraquecimento **4** *infrm.* ato de digerir os alimentos; digestão

des.gos.tar *v.* {mod. 1} *t.d. e pron.* **1** (fazer) sentir descontentamento; aborrecer(-se), desagradar(-se) *<não era intenção desgostá-lo> <desgostou-se com a frase>* □ *t.i. e pron.* **2** (prep. *de*) não gostar ou deixar de gostar de *<d. dos amigos> <d.-se dos escritos>*

des.gos.to /ô/ *s.m.* **1** falta de prazer, de alegria; aborrecimento **2** sentimento de grande tristeza, mágoa ~ **desgostoso** *adj.*

des.go.ver.na.do *adj.* **1** mal administrado **2** descontrolado (diz-se de veículo, animal de montaria) **3** *fig.* sem controle sobre si mesmo ~ **desgovernar** *v.t.d.,int. e pron.* - **desgoverno** *s.m.*

des.gra.ça *s.f.* **1** perda das boas graças; desfavor **2** *p.ext.* avesso da fortuna; azar, infelicidade **3** *p.ext.* acontecimento trágico; calamidade **4** *p.ext.* grande pobreza; miséria **5** *p.ext.* estado de aflição; angústia **6** *infrm.* pessoa ou coisa desajeitada, irritante, digna de lástima

des.gra.ça.da.men.te *adv.* de modo desgraçado; para a desgraça de alguém; infelizmente

des.gra.ça.do *adj.s.m.* **1** que(m) perdeu as boas graças ou favores **2** (o) que inspira pena, piedade; infeliz, desventurado **3** (o) que revela estado de pobreza extrema; indigente **4** que(m) é pouco ágil; desajeitado, desgracioso **5** (aquele) cujo caráter inspira indignação, desprezo; infame **6** *infrm.* traquinas, travesso ■ *adj.* **7** pouco acertado; inábil **8** dotado de infortúnio e causador de prejuízo; funesto **9** *B infrm.* danado, extraordinário

des.gra.çar *v.* {mod. 1} *t.d. e pron.* **1** tornar(-se) desgraçado, infeliz *<o jogo desgraçou-o> <desgraçava-se na bebida>* □ *t.i.* **2** (prep. *a*) iniciar (ação) com ímpeto e vontade; danar *<d. a falar>* □ *t.d.* **3** causar dano(s) a; arruinar **4** *B infrm.* tirar a virgindade de; desvirginar ◉ GRAM/USO na acp. 2, us. como v.aux., exprimindo 'início da ação'

des.gra.cei.ra *s.f. B* **1** grande sucessão de desgraças ou calamidades **2** *infrm.* coisa malfeita, de má qualidade

des.gra.ci.o.so /ô/ [pl.: /ó/; fem.: /ó/] *adj.* desprovido de graça, de elegância; desajeitado ~ **desgraciosidade** *s.f.*

des.gre.nhar *v.* {mod. 1} *t.d. e pron.* emaranhar (-se) [o cabelo]; despentear(-se) ~ **desgrenhado** *adj.*

des.gru.dar *v.* {mod. 1} *t.d.,t.i.,t.d.i. e pron.* **1** (prep. *de*) separar(-se) [o que está colado] (daquilo a que se juntou); descolar(-se) *<d. as páginas> <d. o chiclete da mesa> <o casal não se desgrudava>* □ *t.d.i. fig.* **2** (prep. *de*) desviar (o olhar) *<não desgrudava os olhos da TV>*

des.guar.ne.cer *v.* {mod. 8} *t.d.,t.d.i. e pron.* (prep. *de*) privar(-se) [do que seria esperado ou necessário]; desprover(-se) *<d. a biblioteca (de dicionários)> <d.-se de agasalhos>* ~ **desguarnecimento** *s.m.*

de.si.de.ra.to *s.m.* o que se deseja; aspiração

de.sí.dia *s.f.* **1** indolência, ociosidade, preguiça **2** falta de atenção, de zelo; desleixo

de.si.dra.ta.ção [pl.: *-ões*] *s.f.* **1** ato ou efeito de desidratar(-se) **2** MED perda excessiva de água do organismo causada por insuficiente reposição de líquidos **3** QUÍM retirada de moléculas de água de uma substância

de.si.dra.tar *v.* {mod. 1} *t.d. e pron.* MED **1** (fazer) baixar o teor de água (de corpo ou organismo) para níveis abaixo do mínimo recomendável ou normal *<o calor pode d. as crianças> <desidratou-se no sol>* □ *t.d.* QUÍM **2** retirar moléculas de água de (substância) ~ **desidratado** *adj.* - **desidratante** *adj.2g.s.m.*

design [ing.] *s.m.* **1** a concepção de um produto, esp. no que se refere à sua forma e funcionalidade **2** *p.ext.* desenho industrial ◉ GRAM/USO em ing., invariável ⇒ pronuncia-se dizaine

de.sig.nar *v.* {mod. 1} *t.d. e t.d.i.* **1** (prep. *a*) indicar de maneira a distinguir dos demais; apontar *<designaram-lhe um lugar para esperar>* □ *t.d.* **2** ser marca, símbolo de; representar □ *t.d.pred.* **3** chamar, qualificar *<d. o rei como traidor>* □ *t.d.,t.d.pred. e t.d.i.* **4** (prep. *para*) indicar, nomear (para atividade, cargo) *<ele designou seu sucessor> <designaram-no como representante de classe> <designaram para ela uma nova missão>* ~ **designação** *s.f.* - **designativo** *adj.*

designer [ing.; pl.: *designers*] *s.2g.* desenhista industrial ⇒ pronuncia-se dizainer

de.síg.nio *s.m.* ideia de realizar algo; intenção, propósito

de.si.gual [pl.: *-ais*] *adj.2g.* **1** cuja qualidade, quantidade, natureza diferem; diferente **2** que favorece um em detrimento do outro; desproporcional **3** sem simetria (diz-se de superfície); assimétrico **4** sem uniformidade; incerto, variável ~ **desigualar** *v.t.d.,t.i.,t.d.i. e pron.* - **desigualdade** *s.f.*

de.si.lu.dir *v.* {mod. 24} *t.d.,t.d.i. e pron.* **1** (fazer) perder a ilusão; desenganar(-se) *<não vamos d. a criança (de seus sonhos)> <não se desiludia nunca>* □ *t.d.,int. e pron.* **2** (fazer) sofrer decepção; desapontar(-se) *<a convivência pode d.> <desiludiu-se com a noiva>* ~ **desiludido** *adj.s.m.*

de.si.lu.são [pl.: *-ões*] *s.f.* **1** perda da esperança, da confiança **2** sentimento de tristeza, desapontamento; decepção

de.sim.pe.di.do *adj.* **1** sem obstrução ou embaraço; livre **2** *fig.* sem entrave(s); liberado **3** *fig.* livre de obrigações; desocupado **4** *fig.* livre de compromisso afetivo; solteiro

de.sim.pe.dir *v.* {mod. 28} *t.d.* **1** remover o que obstrui; desobstruir **2** *fig.* facilitar a solução ou encaminhamento de *<d. a tramitação do inventário>*

de.sin.char *v.* {mod. 1} *t.d.,int. e pron.* (fazer) perder ou diminuir a inchação; murchar(-se) *<o balão está (se) desinchando>*

de.sin.cor.po.rar *v.* {mod. 1} *t.d.,t.d.i. e pron.* **1** (prep. *de*) (fazer) abandonar corporação; desvincular(-se) *<decidiu desincorporá-lo (da sociedade)> <d.-se do clube>* **2** *p.ext.* (prep. *de*) separar(-se) de (conjunto a que pertence); desunir(-se), desligar(-se) *<d. as cartas (do baralho)> <o baterista desincorporou-se da banda>* □ *int.* REL *B* **3** abandonar (entidade, espírito) o corpo de um médium ~ **desincorporação** *s.f.*

de.sin.cum.bir *v.* {mod. 24} *pron.* **1** (prep. *de*) realizar incumbência, tarefa *<d.-se de uma missão>* □ *t.d.i. e pron.* **2** (prep. *de*) desencarregar(-se), desobrigar(-se) *<desincumbiram-no da arrumação> <desincumbiu-se de passear com o cão>*

de.sin.de.xar /cs/ *v.* {mod. 1} *t.d.* ECON eliminar reajuste de (preços, salários etc.) por um índice, ger. de inflação *<d. os aluguéis>* ~ **desindexação** *s.f.*

de.si.nên.cia *s.f.* GRAM sufixo indicador de flexão (de número, gênero, pessoa, tempo etc.) ~ **desinencial** *adj.2g.*

de.sin.fec.tar *v.* {mod. 1} → ***DESINFETAR***

de.sin.fe.liz [pl.: *-es*] *adj.2g.s.2g. infrm.* infeliz

de.sin.fe.tan.te *adj.2g.s.m.* **1** (substância) que elimina bactérias **2** FARM antisséptico

de.sin.fe.tar ou **de.sin.fec.tar** *v.* {mod. 1} *t.d. e int.* **1** livrar de germes *<a água oxigenada desinfeta bem>* □ *t.i. e int. B gír.* **2** (prep. *de*) retirar-se; sair, sumir *<desinfete (daqui) antes que eu perca a paciência>* ~ **desinfecção** *s.f.*

de.sin.fla.ma.ção [pl.: *-ões*] *s.f.* **1** cura da inflamação **2** *fig.* redução da excitação, do ardor

de.sin.fla.mar *v.* {mod. 1} *t.d.,int. e pron.* **1** curar (-se) de inflamação *<os pés desinflamaram(-se)>* ☐ *t.d. e pron. fig.* **2** diminuir o ardor, a excitação (de)

de.sin.for.ma.ção [pl.: *-ões*] *s.f.* **1** falta de informação; ignorância **2** informação falsa, dada no propósito de confundir ou induzir a erro ~ **desinformar** *v.t.d.*

de.si.ni.bi.do *adj.* que revela falta de timidez; desembaraçado, extrovertido

de.si.ni.bir *v.* {mod. 24} *t.d. e pron.* **1** livrar(-se) do que impede atividade fisiológica ou psicológica *<d. o movimento das pernas> <d.-se com terapia>* **2** (fazer) perder a timidez

de.sin.qui.e.to *adj.* **1** em movimento; agitado, inquieto **2** *infrm.* levado, traquinas, travesso ~ **desinquietação** *s.f.* - **desinquietar** *v.t.d. e pron.*

de.sin.so.fri.do *adj.* muito impaciente; agitado

de.sin.te.gra.ção [pl.: *-ões*] *s.f.* ação ou condição de uma coisa que era inteira e unida desfazer-se; decomposição ~ **desintegrar** *v.t.d.,t.i. e pron.*

de.sin.te.li.gên.cia *s.f.* **1** desacordo entre pontos de vista; desentendimento **2** *p.ext.* falta de amizade; hostilidade **3** falta de inteligência

de.sin.te.res.sa.do *adj.* **1** destituído de interesses ou lucros **2** que não toma partido; imparcial **3** sem curiosidade; indiferente **4** que perdeu o amor por **5** que não se empenha; descuidado **6** desprendido, generoso

de.sin.te.res.san.te *adj.2g.* que não desperta interesse; inexpressivo

de.sin.te.res.sar-se *v.* {mod. 1} *pron.* **1** (prep. *de*) perder o interesse, o gosto por *<desinteressou-se logo do rapaz>* **2** (prep. *de*) não se empenhar; descuidar-se *<d.-se da própria saúde>*

de.sin.te.res.se /ê/ *s.m.* **1** falta de curiosidade, de gosto por; indiferença **2** *p.ext.* falta de cuidado; descuido, negligência **3** abnegação, desprendimento, generosidade

de.sin.to.xi.car /cs/ *v.* {mod. 1} *t.d. e pron.* **1** eliminar os efeitos de intoxicação (em) **2** submeter(-se) a tratamento para curar a dependência de drogas ou álcool ☐ *t.d. p.ext.* **3** curar os efeitos do veneno em ~ **desintoxicação** *s.f.* - **desintoxicante** *adj.2g.*

de.sin.tu.mes.cer *v.* {mod. 8} *t.d. e int.* (fazer) perder o inchaço; desinchar ~ **desintumescimento** *s.m.*

de.sir.ma.nar *v.* {mod. 1} *t.d. e pron.* **1** desunir (-se) [irmãos] **2** (fazer) romper laços de amizade; brigar ☐ *t.d.* **3** deixar incompleto (jogo, conjunto); descasar *<d. meias>*

de.sis.tên.cia *s.f.* ação ou efeito de desistir; renúncia de algo que se desejava; abstinência

de.sis.tir *v.* {mod. 24} *t.i. e int.* (prep. *de*) não ir à frente (num intento); abster-se, renunciar *<d. de viajar>* ~ **desistente** *adj.2g.s.2g.*

des.je.jum [pl.: *-uns*] ou **de.je.jum** [pl.: *-uns*] *s.m.* a primeira refeição do dia; café da manhã ~ **desjejuar** *v.t.d.,int. e pron.*

des.jun.gir *v.* {mod. 24} → ***DISJUNGIR***

desktop [ing.; pl.: *desktops*] *s.m.* INF **1** ver ***ÁREA DE TRABALHO*** **2** computador pessoal projetado para ser us. sobre uma mesa, escrivaninha etc., ao contrário dos *notebooks* e similares, que são portáteis ⇒ pronuncia-se desctop

D

des.la.crar *v.* {mod. 1} *t.d.* remover o lacre de; abrir *<d. uma carta>*

des.lan.char *v.* {mod. 1} *t.d. e int.* **1** pôr(-se) em atividade, ger. de modo repentino ou brusco *<conseguiram d. a motocicleta> <o automóvel deslanchou sem dificuldade>* **2** *fig.* (fazer) ter seguimento; prosseguir *<d. um empreendimento> <as negociações, afinal, deslancharam>* **3** *fig.* (fazer) ter progresso; avançar, progredir *<a empresa deslanchou novas campanhas publicitárias> <a nova cooperativa deslanchou a olhos vistos>* ☐ *int.* **4** *fig.* ir embora; partir

des.lan.che *s.m.* ato ou efeito de deslanchar; progresso, evolução

des.la.va.do *adj.* **1** que perdeu a cor; desbotado **2** *fig. infrm.* de comportamento atrevido; descarado, sem-vergonha

des.le.al [pl.: *-ais*] *adj.2g.* **1** que desrespeita os princípios e as regras estabelecidas **2** que apresenta conduta traiçoeira; falso, desonesto

des.le.al.da.de *s.f.* **1** falta de honestidade; traição **2** falta de firmeza ou de fidelidade a alguém ou algo; infidelidade

des.lei.xa.do *adj.* **1** feito com desleixo; descuidado ■ *adj.s.m.* **2** (aquele) que faz as coisas sem cuidado; negligente, desmazelado

des.lei.xar *v.* {mod. 1} *t.d. e pron.* (prep. *em*) deixar de (se) cuidar com zelo; negligenciar(-se) *<d. as tarefas domésticas> <d.-se na aparência>*

des.lei.xo *s.m.* **1** falta de cuidado, de atenção, de apuro **2** falta de esforço, de ânimo, de atividade

des.lem.bran.ça *s.f.* ausência de lembrança; esquecimento

des.li.ga.do *adj.* **1** que não está ligado ou funcionando **2** separado de um todo; desunido, destacado **3** que se encontra distante; afastado, isolado ■ *adj.s.m. infrm.* **4** que(m) é desatento ou distraído

des.li.ga.men.to *s.m.* **1** ato de desfazer conexão entre duas ou mais coisas, ou seu efeito; separação **2** falta de ligamento **3** interrupção do funcionamento ou do fornecimento **4** desvinculação de obrigação, laço afetivo etc. **5** dispensa de emprego ou trabalho; exoneração **6** desatenção, distração

des.li.gar *v.* {mod. 1} *t.d.* **1** fazer deixar de funcionar; apagar *<d. o gás>* ☐ *t.d. e t.d.i.* **2** (prep. *de*) desfazer a ligação entre; separar *<d. os vagões (de sua locomotiva)>* ☐ *t.d.,t.d.i. e pron.* **3** (prep. *de*) livrar(-se) [de vínculo, obrigação] *<d. (do grupo) os bagunceiros> <desligou-se da sociedade>* **4** (prep. *de*) demitir(-se) [de emprego, função] *<a empresa irá d. 20 funcionários (de seus cargos)>* □ *pron.* **5** *infrm.* (prep. *de*) parar de pensar em (ger. algo ruim, problemático) *<d.-se dos problemas>* **6** (prep. *de*) distanciar-se, afastar-se *<d.-se dos amigos>*

des.lin.dar *v.* {mod. 1} *t.d.* **1** fazer demarcação em; balizar *<d. um terreno>* **2** tornar compreensível; esclarecer *<d. um texto>* **3** investigar, pesquisar *<d. o inconsciente>* **4** dar solução a; resolver *<d. um enigma>* □ *t.d.i.* **5** (prep. *de*) separar, apartar *<d. sonho da realidade>* ~ **deslindamento** *s.m.* - **deslinde** *s.m.*

des.li.za.men.to *s.m.* **1** ato ou efeito de deslizar(-se) **2** deslocamento de terra; desmoronamento

des.li.zar *v.* {mod. 1} *int. e pron.* **1** deslocar-se sobre uma superfície sem perder o contato com ela; escorregar *<os pneus deslizaram(-se) sobre o calçamento molhado>* □ *t.d.,int. e pron.* **2** (fazer) correr por *<d. a mão pelo rosto> <lágrimas deslizam(-se) pelo rosto>* □ *int.* **3** cometer deslize(s); falhar ~ **deslizante** *adj.2g.*

des.li.ze *s.m.* **1** falha moral, desvio de conduta ou de dever **2** pequena falha ou engano (intencional ou não) **3** ato ou efeito de deslizar(-se); deslizamento

des.lo.ca.do *adj.* **1** que se deslocou; fora das juntas; desarticulado **2** que não está no lugar, na situação ou no contexto apropriado; impróprio, incompatível

des.lo.ca.men.to *s.m.* **1** ato ou efeito de mover(-se) de um lugar para outro **2** transferência (de pessoas ou grupos de pessoas) de um lugar, posto ou função; remoção, transferência **3** desconjuntamento de osso; luxação

des.lo.car *v.* {mod. 1} *t.d. e pron.* **1** (fazer) sair das juntas; desarticular(-se) *<d.(-se) o ombro>* □ *t.d.* **2** mudar, tirando do lugar *<d. os móveis>* □ *t.d.i.* **3** (prep. *para*) transferir *<d. o funcionário para outro setor>* □ *pron.* **4** ir de um ponto para outro; mover-se *<d.-se com velocidade>*

des.lum.bra.do *adj.* **1** que se deslumbrou; ofuscado **2** que se fascinou; encantado, maravilhado ■ *adj.s.m. infrm.* **3** que(m) se deixa ingenuamente fascinar por algo que lhe falta (p.ex., riqueza, inteligência etc.)

des.lum.bra.men.to *s.m.* **1** turvação da vista por excesso de luz **2** *fig.* estado de quem é dominado por admiração; encantamento **3** *fig.* perturbação do entendimento; alucinação, obcecação

des.lum.bran.te *adj.2g.* **1** que turva a vista por excesso de luz ou brilho; ofuscante *<branco d.>* **2** que impressiona pelas qualidades positivas; fascinante **3** *p.ext.* suntuoso, luxuoso

des.lum.brar *v.* {mod. 1} *t.d. e int.* **1** ofuscar, por excesso de luz ou brilho *<os refletores acesos deslumbravam(o público)>* □ *t.d.,int. e pron. fig.* **2** encantar(-se), maravilhar(-se) *<sua inteligência deslumbra (o pai)> <deslumbrou-se com a perseverança do amigo>* □ *t.d. fig.* **3** confundir, perturbar *<o sucesso inesperado deslumbrou-o>* ~ **deslumbre** *s.m.*

des.lus.trar *v.* {mod. 1} *t.d. e pron.* **1** (fazer) perder o brilho *<d. um móvel> <limpe sempre a prataria para que ela não se deslustre>* **2** *fig.* (fazer) perder o valor, o encanto; ofuscar(-se) *<sua inteligência deslustra as demais> <sem bons competidores, deslustra-se o desafio>* **3** *fig.* manchar(-se) [a reputação, a memória etc.] *<não deslustre o nome da família> <deslustrou-se a imagem que tinha do chefe>*

des.lus.tre ou **des.lus.tro** *s.m.* **1** falta de brilho ou polimento **2** *fig.* mancha moral; desonra, deslustro

des.mai.ar *v.* {mod. 1} *int.* **1** perder os sentidos; desfalecer *<o susto a fez d.>* □ *t.d.,int. e pron.* **2** (fazer) perder a cor; desbotar *<d.(-se) o colorido de um álbum> <no horizonte, alguns raios de sol ainda desmaiavam>* ~ **desmaiado** *adj.s.m.*

des.mai.o *s.m.* **1** perda passageira de sentidos; desfalecimento **2** perda de cor; desbotamento

des.ma.mar *v.* {mod. 1} *t.d.* **1** suspender a amamentação de □ *int. e pron.* **2** interromper a amamentação *<o bebê desmamou(-se) aos oito meses>*

des.ma.me *s.m.* ou **des.ma.ma** *s.f.* ato ou efeito de desmamar(-se)

des.man.cha-pra.ze.res *s.2g.2n. infrm.* aquele que acaba com o prazer e a alegria dos outros

des.man.char *v.* {mod. 1} *t.d. e pron.* **1** alterar a forma ou arrumação (de); desfazer(-se) *<d.(-se) um penteado>* **2** desfazer(-se) [o que estava feito, montado ou construído]; desmontar(-se) *<d.(-se) um armário>* **3** fazer(-se) em pedaços; despedaçar(-se) *<d.(-se) um bloco de pedra>* **4** desfazer(-se) [uma costura, um ponto etc.]; descosturar(-se), descoser(-se) *<d.(-se) uma bainha>* **5** decompor(-se) [algo] derretendo ou diluindo; dissolver(-se) *<d.(-se) uma bala na boca>* **6** (fazer) dispersar-se; espalhar(-se) *<o vento desmanchou as nuvens> <o sabão desmancha-se na água>* **7** tornar(-se) inválido; anular(-se) *<d.(-se) um contrato>*

des.man.che *s.m.* *B* **1** ato ou efeito de desmontar mecanismos, engenhos ou máquinas **2** desmonte ilegal de carros roubados

des.man.do *s.m.* **1** excesso no modo de tratar algo; exagero, abuso **2** desregramento moral; devassidão **3** violação de ordens; indisciplina, desobediência ~ **desmandar** *v.t.d.,int. e pron.*

des.man.te.lar *v.* {mod. 1} *t.d. e pron.* **1** (fazer) vir abaixo; desmoronar(-se) *<d.(-se) uma casa>* **2** (fazer) ter fim, desaparecer; desbaratar(-se) *<d.(-se) a força inimiga>* **3** decompor(-se) [algo montado, unido ou equilibrado]; desmanchar(-se) *<d.(-se) um sistema>* ~ **desmantelamento** *s.m.* - **desmantelo** *s.m.*

des.mar.car *v.* {mod. 1} *t.d.* **1** tirar marcas ou marcos de *<d. um terreno>* **2** anular ou transferir para outra ocasião *<d. uma viagem>* ~ **desmarcação** *s.f.*

des.mas.ca.rar *v.* {mod. 1} *t.d. e pron.* **1** tirar a máscara do rosto (de) *<curioso, queria d. a bela colombina> <à meia-noite, todos iriam d.-se>* **2** *fig.* mostrar(-se) tal como é, sem disfarces; revelar(-se) *<d. um impostor> <acabou desmascarando-se durante o interrogatório>* □ *t.d.* **3** denunciar ou desvendar (segredo, arranjo etc.) *<d. um conluio de ladrões>* ~ **desmascaramento** *s.m.*

des.ma.ta.men.to *s.m.* **1** retirada do mato (de terreno, área, solo etc.) **2** ECO *B* remoção da vegetação de uma área, causando a destruição do ecossistema; desflorestamento ~ **desmatar** *v.t.d. e int.*

des.ma.ze.la.do *adj.s.m.* (o) que demonstra desmazelo, falta de cuidado; desleixado, negligente

des.ma.ze.lo /ê/ *s.m.* qualidade ou característica do que ou de quem é desmazelado; relaxamento, negligência ~ **desmazelar-se** *v.pron.*

des.me.di.do *adj.* **1** acima da medida usual; enorme, desmesurado **2** excessivo, exagerado **3** extraordinário, notável

des.me.dir-se *v.* {mod. 28} *pron.* mostrar-se abusivo ou inconveniente; exceder-se *<um cavalheiro nunca se desmede>*

des.mem.brar *v.* {mod. 1} *t.d.* **1** separar ou cortar os membros de (um corpo); mutilar *<d. um cordeiro>* □ *t.d.,t.d.i. e pron.* **2** (prep. *em*) separar(-se) em partes; dividir(-se) *<a turma desmembrou-se (em grupos)> <d. um terreno (em lotes)> <nosso setor não deve d.-se>* □ *t.d.i. e pron.* **3** (prep. *de*) desligar(-se), desassociar(-se) *<d. um departamento de outro> <os serviços de entrega e empacotamento desmembraram-se>* ~ **desmembramento** *s.m.*

des.me.mo.ri.a.do *adj.s.m.* que(m) perdeu a memória ou tem a memória fraca ~ **desmemoriar** *v.t.d.*

des.men.ti.do *adj.* **1** que se negou; negado, contestado ■ *s.m.* **2** negação ou contestação de afirmação anterior

des.men.tir *v.* {mod. 28} *t.d.* **1** afirmar ter (alguém) mentido; desdizer, contradizer *<d. uma testemunha>* **2** afirmar o contrário de; negar *<d. uma informação>* **3** estar em contradição com; destoar *<o olhar desmentia suas palavras>* □ *pron.* **4** afirmar o contrário do que dissera; contradizer-se *<desmentiu-se no segundo interrogatório>*

des.me.re.cer *v.* {mod. 8} *t.d.* **1** tornar-se indigno de *<não vamos d. a sua confiança>* □ *t.d. e pron.* **2** rebaixar, diminuir as qualidades de; depreciar(-se) *<costuma d. os trabalhos dos colegas> <desmerecia-se diante dos amigos>* ~ **desmerecimento** *s.m.*

des.me.su.ra.do *adj.* desmedido

des.mi.o.la.do *adj.* **1** sem miolo(s) *<pão d.>* ■ *adj.s.m.* **2** *fig.* que(m) não age com bom senso, prudência ou responsabilidade **3** *fig.* que(m) tem má memória

des.mis.ti.fi.car *v.* {mod. 1} *t.d.* **1** eliminar o caráter místico ou misterioso de *<d. uma lenda>* **2** *p.ext.* privar da falsa imagem; desmascarar, revelar *<d. um charlatão>* ~ **desmistificação** *s.f.*

des.mi.ti.fi.car *v.* {mod. 1} *t.d.* retirar caráter de mito, aspectos lendários de (figura, personagem) ~ **desmitificação** *s.f.*

des.mo.bi.li.ar ou **des.mo.bi.lhar** *v.* {mod. 1} *t.d.* retirar a mobília de (casa, recinto etc.)

des.mo.bi.li.zar *v.* {mod. 1} *t.d. e pron.* **1** (fazer) deixar de estar mobilizado *<d.(-se) uma força expedicionária>* □ *t.d.* **2** fazer retornar à vida civil (tropas) **3** impedir a mobilização de (militantes, trabalhadores etc.) ~ **desmobilização** *s.f.*

des.mo.don.tí.neo *adj.s.m.* ZOO (espécime) dos desmodontíneos, subfamília de morcegos vulgarmente ditos *vampiros*, que se alimentam do sangue fresco de animais adormecidos

des.mon.tar *v.* {mod. 1} *t.d.* **1** desfazer (conjunto ou todo), separando os elementos; desarmar, desmantelar **2** *fig.* destruir, arrasar *<um incidente pode d. o projeto>* □ *t.d.,t.i.,t.d.i. e pron.* **3** (prep. *de*) [fazer] descer de montaria; apear(-se) *<desmontaram(-no) da égua> <caiu ao d.-se>*

des.mon.te *s.m.* **1** ato ou efeito de separar as partes (de máquina, aparelho etc.) **2** desmoronamento de morro **3** ato ou efeito de descer de montaria **4** extração de minério de jazidas

des.mo.ra.li.zar *v.* {mod. 1} *t.d. e pron.* **1** tornar(-se) imoral; corromper(-se) **2** (fazer) perder a boa reputação; desacreditar(-se) **3** (fazer) perder o ânimo, a confiança; desanimar(-se) *<a goleada desmoralizou o time> <os combatentes lutavam para não d.-se>* ~ **desmoralização** *s.f.* - **desmoralizado** *adj.s.m.* - **desmoralizante** *adj.2g.*

des.mo.ro.nar *v.* {mod. 1} *t.d.,int. e pron.* pôr ou vir abaixo, (fazer) ruir; desmantelar(-se) *<d. uma fortificação> <d.(-se) um velho casario>* ~ **desmoronamento** *s.m.*

des.mo.ti.var *v.* {mod. 1} *t.d. e pron.* (fazer) perder a motivação; desestimular(-se) ~ **desmotivante** *adj.2g.*

des.mu.nhe.car *v.* {mod. 1} *t.d.* **1** fraturar ou cortar a mão de **2** *p.ext.* cortar parte de (um todo) □ *int. infrm.* **3** portar-se (homem) como mulher, com modos delicados ou afetados ~ **desmunhecado** *adj.s.m.*

des.na.cio.na.li.zar *v.* {mod. 1} *t.d. e pron.* **1** (fazer) perder as características, a feição nacional **2** (fazer) perder a nacionalidade (de origem ou adquirida) □ *t.d.* **3** transferir (empresa, setor ou atividade estatal) para o setor privado ~ **desnacionalização** *s.f.*

des.na.ta.dei.ra *s.f.* máquina que separa a gordura do leite e concentra-a em forma de nata

des.na.tu.ra.do *adj.* **1** cuja natureza e/ou características foram muito alteradas ■ *adj.s.m.* **2** que(m) não tem sentimentos considerados como naturais dos humanos ~ **desnaturação** *s.f.* - **desnaturar** *v.t.d. e pron.*

des.ne.ces.sá.rio *adj.* **1** que não é necessário; inútil, supérfluo **2** que deveria ter sido evitado; inoportuno, inconveniente

des.ní.vel [pl.: *-eis*] *s.m.* **1** diferença de nível *<d. na rua>* **2** desigualdade *<d. social>*

des.ni.ve.lar *v.* {mod. 1} *t.d.* desfazer o nivelamento de ~ **desnivelamento** *s.m.*

des.no.do.ar *v.* {mod. 1} → ***DESENODOAR***

des.nor.te.ar *v.* {mod. 5} *t.d. e pron.* **1** (fazer) sair do rumo; desviar(-se) □ *t.d.,int. e pron. fig.* **2** tornar(-se) confuso, inseguro; desorientar(-se) *<estratégia para d. o inimigo> <d.(-se) em meio à algazarra>* ~ **desnorteado** *adj.s.m.* - **desnorteamento** *s.m.* - **desnorteante** *adj.2g.*

des.no.ve.lar *v.* {mod. 1} → *DESENOVELAR*

des.nu.dar *v.* {mod. 1} *t.d. e pron.* pôr(-se) nu; despir(-se) ~ **desnudamento** *s.m.* - **desnudo** *adj.*

des.nu.tri.ção [pl.: *-ões*] *s.f.* **1** ato ou efeito de desnutrir(-se); falta de nutrição **2** enfraquecimento ou emagrecimento por falta de nutrição

D

des.nu.tri.do *adj.s.m.* **1** (o) que deixou de se alimentar ou se nutre de forma inadequada; subnutrido **2** (indivíduo) magro ou fraco por carência alimentar ~ **desnutrir** *v.t.d. e pron.*

de.so.be.de.cer *v.* {mod. 8} *t.i. e int.* (prep. *a*) recusar-se a seguir (ordens, comandos, leis, normas etc.); não obedecer *<d. às regras> <quem desobedece é punido>*

de.so.be.di.ên.cia *s.f.* falta de obediência; insubordinação ~ **desobediente** *adj.2g.s.2g.*

de.so.bri.ga.ção [pl.: *-ões*] *s.f.* **1** ato ou efeito de desobrigar(-se); liberação ou cumprimento de dever, compromisso etc. **2** DIR quitação de dívida (esp. hipoteca, penhor etc.)

de.so.bri.gar *v.* {mod. 1} *t.d.,t.d.i. e pron.* (prep. *de*) livrar(-se) [de dever, compromisso, obrigação, dívida] *<não vou desobrigá-lo, faça a tarefa> <desobrigaram-no dos deveres> <d.-se de compromissos>*

de.sobs.tru.ir *v.* {mod. 26} *t.d. e pron.* desembaraçar(-se) do que obstrui; desimpedir(-se) *<d.(-se) uma passagem>* ~ **desobstrução** *s.f.*

de.so.cu.pa.do *adj.* **1** em que não há nada ou ninguém (diz-se de lugar, espaço etc.) **2** que não está comprometido com tarefa, obrigação etc.; livre **3** que está em condições de ser utilizado; livre ■ *adj.s.m.* **4** que(m) não tem trabalho; ocioso, desempregado ☞ pode ter uso pej.

de.so.cu.par *v.* {mod. 1} *t.d.* **1** sair de (um lugar que se estava ocupando) *<d. uma casa>* **2** deixar (cargo, função) **3** tornar vazio; esvaziar *<d. prateleiras>* **4** parar de usar *<d. o telefone>* ~ **desocupação** *s.f.*

de.so.do.ran.te *adj.2g.s.m.* **1** desodorizante ■ *s.m.* **2** cosmético us. para perfumar ou evitar odores desagradáveis de certas partes do corpo (axilas, pés etc.)

de.so.do.ri.zan.te *adj.2g.s.m.* (o) que serve para eliminar odores desagradáveis; desodorante ~ **desodorização** *s.f.* - **desodorizar** *v.t.d.*

de.so.la.ção [pl.: *-ões*] *s.f.* **1** destruição arrasadora; ruína, devastação **2** desertificação, despovoamento **3** falta de amparo; abandono **4** grande aflição causada por desgraça; tristeza ~ **desolador** *adj.s.m.*

de.so.la.do *adj.* **1** que é triste por estar vazio (diz-se de lugar, região etc.) **2** que se devastou; arrasado, arruinado **3** muito triste; desconsolado

de.so.lar *v.* {mod. 1} *t.d. e pron.* **1** tornar(-se) deserto; despovoar(-se) □ *t.d.* **2** causar grande tristeza; consternar

de.so.ne.rar *v.* {mod. 1} *t.d.,t.d.i. e pron.* **1** (prep. *de*) livrar(-se) [de encargo, obrigação]; isentar(-se) *<d. um contribuinte (dos impostos)> <d.-se de uma tarefa>* □ *t.d.i. fig.* **2** (prep. *de*) livrar de; aliviar *<d. a redação de gírias>* ~ **desoneração** *s.f.*

de.so.nes.ti.da.de *s.f.* **1** falta de honestidade **2** falta de integridade, ger. em relação a valores ou negócios; ilegalidade **3** falta de verdade, de sinceridade

de.so.nes.to *adj.s.m.* **1** que(m) não é honesto **2** que(m) não tem vergonha nem decoro ■ *adj.* **3** contrário à honestidade

de.son.ra *s.f.* **1** perda de dignidade, do respeito ou do prestígio **2** ato que provoca essa perda

de.son.rar *v.* {mod. 1} *t.d. e pron.* **1** prejudicar(-se) comprometendo a honra, a reputação; infamar(-se) *<acusações que o desonram> <d-se por muito pouco>* **2** (fazer) perder (mulher, moça) a castidade; desvirginar(-se) ~ **desonroso** *adj.*

de.so.pi.la.ção [pl.: *-ões*] *s.f.* **1** ato ou efeito de desopilar; desobstrução, desimpedimento **2** *fig.* relaxamento de um estado de tensão; alívio

de.so.pi.lar *v.* {mod. 1} *t.d.* HIST MED **1** desobstruir (esp. o fígado) □ *t.d.,int. e pron. p.ext.* **2** (fazer) esquecer preocupações, tristezas; distrair(-se) *<vou sair para d. (a cabeça)> <fez de tudo para d.-se>* ~ **desopilante** *adj.2g.*

de.so.pres.são [pl.: *-ões*] *s.f.* libertação de peso, constrangimento ou opressão

de.so.pri.mir *v.* {mod. 24} *t.d.,t.d.i. e pron.* **1** (prep. *de*) livrar(-se) [de dor, tensão etc.] *<d. o coração (da dor da saudade)> <enquanto rezava, sua alma desoprimia-se>* **2** (prep. *de*) libertar(-se) [de tirania, de regime opressor] *<d. o povo (do jugo tirânico)> <lutando, desoprimiram-se da ditadura>* ● GRAM/USO part.: *desoprimido, desopresso*

de.sor.dei.ro *adj.s.m.* (o) que pratica ou gosta de desordens; baderneiro ● COL bando, caterva, corja, horda, malta, súcia

de.sor.dem [pl.: *-ens*] *s.f.* **1** falta de arrumação, de organização **2** falta de lógica; incoerência **3** desarranjo por má gestão **4** falta ou perturbação da ordem de um grupo, coletividade etc.

de.sor.de.na.do *adj.* **1** não ordenado **2** que está fora da ordem, do arranjo habitual ou correto **3** tumultuado, sem obedecer a regra **4** que apresenta irregularidade; desigual, irregular

de.sor.de.nar *v.* {mod. 1} *t.d. e pron.* **1** romper (-se) a ordem de; desorganizar(-se) *<d.(-se) uma procissão>* □ *pron.* **2** passar dos limites; exceder-se, descomedir-se *<d.-se nas despesas>*

de.sor.ga.ni.za.ção [pl.: *-ões*] *s.f.* **1** destruição ou mudança do funcionamento de um corpo animal ou vegetal **2** *fig.* destruição ou mudança da organização de um corpo administrativo, político, militar etc. **3** desarranjo da organização ou da ordem de um conjunto organizado; confusão

de.sor.ga.ni.za.do *adj.* que se desorganizou ou não tem organização; desarranjado, confuso

de.sor.ga.ni.zar *v.* {mod. 1} *t.d. e pron.* destruir(-se) ou alterar(-se) a organização, o funcionamento, a estrutura de; desordenar(-se) *<d.(-se) um mecanismo>*

de.so.ri.en.tar *v.* {mod. 1} *t.d. e pron.* **1** (fazer) perder o rumo; desencaminhar(-se) **2** *fig.* tornar(-se) confuso, inseguro ou perplexo; perturbar(-se) *<a negativa desorientou-o> <desorientou-se e errou o caminho>* ~ **desorientação** *s.f.* - **desorientado** *adj.s.m.*

de.sos.sar *v.* {mod. 1} *t.d.* separar, retirar os ossos de *<d. um frango>*

de.so.va *s.f.* **1** postura de ovos (esp. de peixes) **2** *p.ext.* a época dessa postura **3** *fig.* ato de dar vazão a algo; escoamento *<d. de produtos encalhados>* **4** *B gír.* ato de esconder em local ermo cadáveres, carros roubados etc.

de.so.var *v.* {mod. 1} *int.* **1** pôr ovos (esp. peixes) □ *t.d.* **2** *fig.* dar vazão a; escoar *<d. mercadorias roubadas>* **3** *B gír.* dar sumiço em (cadáver, carro roubado etc.)

de.so.xir.ri.bo.nu.clei.co /cs... é *ou* ê/ *adj.* BIOQ ver ***DNA***

des.pa.cha.do *adj.* **1** que se despachou ■ *adj.s.m.* **2** que(m) é ágil, ativo, desembaraçado **3** que(m) é valente, arrojado; atrevido **4** *B* que(m) é espontâneo, franco, sem cerimônia

des.pa.chan.te *adj.2g.s.2g.* **1** (profissional) que providencia documentação para terceiros **2** (profissional) que desembaraça negócios, despacha cargas, mercadorias etc.

des.pa.char *v.* {mod. 1} *int.* **1** lavrar despacho ('resposta') □ *t.d.* **2** pôr despacho em *<d. uma petição>* **3** mandar embora; dispensar *<d. servidor incompetente>* **4** *infrm.* tirar a vida de; matar □ *t.d.,t.d.i. e int.* **5** (prep. *com*) resolver depois de exame; deliberar *<o presidente despachou o assunto (com o ministro)> <costuma d. à tarde>* □ *t.d. e t.d.i.* **6** (prep. *a*) enviar, remeter *<d. a ordem (aos funcionários)>* □ *pron.* **7** mover-se ou agir com pressa; apressar-se, aviar-se

des.pa.cho *s.m.* **1** resposta escrita que a autoridade dá a requerimento ou pedido **2** decisão (oral ou escrita) tomada após exame; deliberação **3** envio de encomendas; remessa **4** conjunto de papéis oficiais preenchidos à saída de mercadorias na alfândega **5** REL *B* na umbanda e no candomblé, oferenda a entidade da qual se espera um favor, ger. em encruzilhada

des.pa.ra.fu.sar *v.* {mod. 1} *t.d.,int. e pron.* desaparafusar

des.pau.té.rio *s.m.* dito ou ação absurda; disparate, tolice

des.pe.da.çar *v.* {mod. 1} *t.d. e pron.* **1** fazer(-se) em pedaços; partir(-se); rasgar(-se) **2** *fig.* (fazer) sentir grande dor, aflição; afligir(-se) *<a desconfiança vai d. seu coração> <d.-se de tristeza>* ~ **despedaçamento** *s.m.*

des.pe.di.da *s.f.* **1** ato de dizer adeus, no momento de separação **2** *fig.* ato ou efeito de pôr fim a algo; conclusão

des.pe.dir *v.* {mod. 28} *t.d. e pron.* **1** (mandar) sair de casa, emprego etc.; demitir(-se) □ *t.d.* **2** desferir, desfechar *<d. um soco>* **3** exalar, soltar *<d. um gemido>* □ *pron.* **4** (prep. *de*) saudar na ocasião de saída, partida, separação *<saiu sem se d.>* **5** ir-se, acabar *<o ano despedia-se em meio a festejos>*

des.pe.gar *v.* {mod. 1} *t.d.,t.i.,int. e pron.* **1** (prep. *de*) desunir(-se), descolar(-se) [o que estava pegado, unido, colado] *<d. folhas do bloco> <a pele despegava(-se) da carne> <o papel de parede despegou(-se)>* □ *t.i.,t.d.i. e pron.* **2** (prep. *de*) separar(-se), afastar (-se) *<não despega da televisão> <quer despegá-lo do jogo> <d.(-se) do celular>* □ *t.d.i. e pron. fig.* **3** (prep. *de*) tornar(-se) menos afeiçoado ou indiferente; desapegar(-se) *<a distância despegou-o dos amigos> <d.-se dos baderneiros>*

des.pei.ta.do *adj.s.m.* **1** que(m) sente ou demonstra despeito **2** (o) que está ressentido, magoado

des.pei.to *s.m.* desgosto causado por desfeita, humilhação ou ofensa ao amor-próprio; ressentimento ▣ **a d. de** apesar de, não obstante ~ **despeitar** *v.t.d. e pron.*

des.pe.jar *v.* {mod. 1} *t.d.* **1** *B infrm.* esvaziar bebendo **2** fazer sair de imóvel, propriedade *<d. um inquilino>* □ *t.d. e t.d.i.* **3** (prep. *em*) verter o conteúdo de *<d. o pó de café (no pote)>* □ *t.d.i.* **4** (prep. *em*) fazer recair sobre; lançar *<d. a ira no inimigo>* □ *t.d.,t.d.i. e pron.* **5** (prep. *de*) livrar(-se), desimpedir(-se) [de estorvos, obstáculos] *<d. o projeto (dos entraves)> <d.-se de empecilhos>* ~ **despejado** *adj.s.m.*

des.pe.jo /ê/ *s.m.* **1** ato ou efeito de despejar(-se) **2** DIR desocupação obrigatória de um imóvel, esp. por ordem judicial

[1]**des.pe.lar** *v.* {mod. 1} *t.d.,int. e pron.* **1** tirar o pelo de ou perdê-lo *<d. um carneiro> <o cão começou a d.(-se)>* □ *int. e pron. p.ext.* **2** soltarem-se ou levantarem-se fios, cerdas etc. [ORIGEM: *des-* + *pelo* + [2]*-ar*]

[2]**des.pe.lar** *v.* {mod. 1} *t.d.* tirar a pele ou a casca de *<d. a galinha em água fervente> <d. amêndoas>* [ORIGEM: *des-* + *pele* + [2]*-ar*]

des.pen.car *v.* {mod. 1} *t.d.,int. e pron.* **1** soltar(-se) da penca, do cacho □ *int. e pron. B* **2** cair de muito alto *<d.(-se) da árvore>* □ *int. p.ext.* **3** sofrer queda acentuada (moeda, juros, preços etc.) □ *pron. B* **4** correr muito, com ímpeto; desabalar *<d.-se rua abaixo>* □ *t.i. e pron. B infrm.* **5** (prep. *de, para*) vir de ou ir para lugar distante *<d.(-se) para o outro lado da cidade>*

des.pen.der *v.* {mod. 8} *t.d.,t.d.i. e int.* **1** (prep. *em*) fazer despesas (com); gastar *<d. muito dinheiro (em joias)> <despendia como se fosse rico>* □ *t.d. e t.d.i. fig.* **2** (prep. *em*) fazer uso de; empregar, gastar *<d. energia (num trabalho)>*

des.pe.nha.dei.ro *s.m.* local muito elevado e íngreme; precipício

des.pen.sa *s.f.* local da residência onde se guardam mantimentos e objetos ligados à manutenção ☞ cf. *dispensa*

des.pen.te.ar *v.* {mod. 5} *t.d.,int. e pron.* **1** desmanchar(-se) o penteado de *<o vento despenteou-a> <despenteou(-se) ao dormir>* □ *pron.* **2** ficar com os cabelos em desalinho

D

des.per.ce.bi.do *adj.* **1** que não se percebeu; que não se sentiu, viu ou ouviu **2** que não percebe o que está ao redor; distraído, desatento ~ **desperceber** *v.t.d.*

des.per.di.çar *v.* {mod. 1} *t.d.* **1** gastar com exagero; esbanjar **2** usar sem proveito, sem necessidade *<d. água>* **3** não tirar proveito de; perder *<d. uma oportunidade>*

D

des.per.dí.cio *s.m.* **1** despesa ou gasto exagerado; esbanjamento **2** uso sem proveito; perda *<d. de tempo>* ▼ ***desperdícios*** *s.m.pl.* **3** coisas que não se aproveitam; sobras

des.per.so.na.li.zar *v.* {mod. 1} *t.d. e pron.* (fazer) perder as características específicas, individuais; descaracterizar(-se) ~ **despersonalização** *s.f.*

des.per.su.a.dir *v.* {mod. 24} *t.d.,t.d.i. e pron.* (prep. *de*) (fazer) mudar de opinião ou intenção; dissuadir(-se) *<conseguiu despersuadi-lo (de viajar)>* *< d.-se da execução de um plano>* ~ **despersuasão** *s.f.*

des.per.ta.dor /ô/ [pl.: *-es*] *adj.s.m.* **1** (o) que desperta **2** (relógio) que se ajusta para dar alarme em hora predeterminada, ger. para acordar alguém

des.per.tar *v.* {mod. 1} *t.d.,t.d.i.,t.i. e int.* **1** (prep. *de*) (fazer) sair do sono, de estado dormente; acordar *<o barulho despertou a criança (de um sono profundo)>* *<d. cedo>* □ *t.i.,t.d.i. e int.* **2** (prep. *de*) (fazer) sair de torpor, inércia *<d. de um devaneio>* *<o amigo despertou-o do desânimo>* *<com a música os pares despertaram>* □ *t.d. e t.d.i.* **3** (prep. *em*) dar ocasião ou origem a; provocar, estimular *<d. o apetite>* *<o local fez d. nele saudades da infância>* ◉ GRAM/USO part.: *despertado, desperto*

des.per.to *adj.* que despertou; que está acordado

des.pe.sa /ê/ *s.f.* **1** ato ou efeito de gastar dinheiro em compras, obrigações etc.; gasto **2** *p.ext.* o que se gastou ou consumiu; custo

des.pe.ta.lar *v.* {mod. 1} *t.d.,int. e pron.* tirar as pétalas de ou perdê-las

des.pi.do *adj.* **1** que tirou as roupas ou está sem roupas; nu, desnudo **2** sem folhas **3** *fig.* que não possui; desprovido

des.pir *v.* {mod. 28} *t.d. e pron.* **1** tirar a roupa de **2** (prep. *de*) tirar (o que se está vestindo ou calçando); descalçar(-se) *<d. as luvas>* *<d.-se das botas>* **3** *fig.* (prep. *de*) pôr de lado; largar, despojar-se *<d. a empáfia>* *<d.-se de preconceitos>*

des.pis.tar *v.* {mod. 1} *t.d.* **1** fazer perder a pista *<a caça despistou os cães>* **2** *fig.* iludir a vigilância de *<para d. os adversários, disse que não havia treinado>* **3** *fig.* enganar, eliminando as desconfianças de *<conseguimos despistá-lo, para não estragar a surpresa>*

des.plan.te *s.m.* atitude atrevida; atrevimento, petulância

des.po.ja.do *adj.* **1** privado da posse de algo; desapossado **2** privado do que revestia, adornava ou cobria; despido **3** sem enfeites; simples **4** que não tem ambição; desprendido

des.po.ja.men.to *s.m.* **1** ação de pôr de lado ou de privar(-se) de (uma posse, por exemplo) **2** característica do que é despojado; simplicidade

des.po.jar *v.* {mod. 1} *t.d.* **1** tirar com violência o que pertence a; roubar, saquear *<a tropa invadia residências, despojando os moradores>* □ *t.d.i. e pron.* **2** (prep. *de*) privar(-se) da posse de; desapossar(-se) *<o próprio filho despojou-a de seus bens>* *<é difícil d.-se de tudo que se tem>* □ *t.d.,t.d.i. e pron.* **3** (prep. *de*) privar(-se) [do que reveste, adorna ou cobre]; despir(-se) *<o outono começava a d. as árvores (de suas folhagens)>* *<despojou-se das joias>* □ *pron.* **4** (prep. *de*) pôr de lado; abandonar *<despojou-se do orgulho e pediu perdão>*

des.po.jo /ô/ [pl.: /ó/] *s.m.* **1** ato ou efeito de despojar(-se); despojamento **2** o que se toma ao inimigo; espólio **3** o que foi retirado ou caiu após servir de revestimento ou adorno (p.ex., penas de animal, folhas de planta etc.)

des.po.lu.i.ção [pl.: *-ões*] *s.f.* eliminação ou diminuição da poluição ~ **despoluir** *v.t.d.*

des.pon.tar *v.* {mod. 1} *t.d. e pron.* **1** gastar(-se) a ponta de □ *int.* **2** começar a aparecer, a revelar-se; surgir *<o sol já desponta no horizonte>* ~ **despontado** *adj.*

des.por.to /ô/ [pl.: /ó/] *s.m.* esporte ~ **desportista** *adj.2g.s.2g.* - **desportivo** *adj.*

des.po.sar *v.* {mod. 1} *t.d.,t.d.i. e pron.* (prep. *com*) unir(-se) por matrimônio a; casar(-se) *<desposou o amigo de infância>* *<d. a filha com um homem de bem>* *<vai d.-se com a moça dos seus sonhos>* ~ **desposado** *adj.*

des.pos.su.í.do *adj.* **1** que perdeu a posse ■ *adj.s.m.* **2** (aquele) que não tem posses, que não tem recursos

dés.po.ta *adj.2g.s.2g.* **1** (governante) que exerce autoridade arbitrária ou absoluta; tirano **2** *p.ext.* (o) que tem caráter autoritário e tirânico ~ **despótico** *adj.* - **despotizar** *v.t.d. e int.*

des.po.tis.mo *s.m.* **1** forma de governo baseada no poder isolado, arbitrário e absoluto de um déspota **2** esse poder **3** *p.ext.* qualquer manifestação de autoridade que tende à tirania e à opressão

des.po.vo.a.ção [pl.: *-ões*] *s.f.* ato ou efeito de tornar(-se) desabitado ou desguarnecido; despovoamento

des.po.vo.a.men.to *s.m.* despovoação

des.po.vo.ar *v.* {mod. 1} *t.d. e pron.* (fazer) ficar sem ou com poucos habitantes *<a epidemia despovoou a cidade>* *<a região despovoava-se por falta de empregos>* ~ **despovoado** *adj.*

des.pra.zer *v.* {mod. 13} *t.i. e int.* **1** (prep. *a*) desagradar (a) *<tal rebeldia sempre desprazia (à mãe)>* ■ *s.m.* **2** descontentamento ☞ como s.m., pl.: *-es* ◉ GRAM/USO **a)** verbo ger. só us. nas 3ªs p.; **b)** cf. observação no modelo

des.pre.ca.tar-se *v.* {mod. 1} *pron.* (prep. *de*) não ter cautela; descuidar-se ~ **desprecatado** *adj.*

des.pre.ca.ver *v.* {mod. 8} *t.d. e pron.* não se precaver contra; desacautelar(-se) ◉ GRAM/USO verbo defectivo

des.pre.gar *v.* {mod. 1} *t.d.* **1** arrancar os pregos de ☐ *t.d. e pron.* **2** soltar(-se) [o que estava pregado ou preso] *<d. o quadro da parede> <o salto despregou-se>* ☐ *t.d.i. e pron. fig.* **3** (prep. *de*) desviar (os olhos, a atenção) de *<d. a atenção da tela> <d. os olhos do filho> <sua atenção não se desprega dali>*

des.pren.der *v.* {mod. 8} *t.d.,t.d.i. e pron.* **1** (prep. *de*) livrar(-se) [o que se prendeu]; desatar(-se) *<d.(-se) o prisioneiro (das algemas)>* **2** (prep. *de*) pôr(-se) de lado; afastar(-se) *<tentava d. (de si) aquela obsessão> <desprendera-se de todos os vícios da juventude>* ☐ *t.d.* **3** emitir, soltar (sons diversos) *<d. gemidos de dor>* ☐ *pron.* **4** (prep. *de*) lançar de si; exalar *<o odor desprendia-se das rosas>* **5** (prep. *de*) deixar de ter interesse por; desligar-se

des.pren.di.do *adj.* **1** que foi solto, desamarrado **2** que foi separado, desligado **3** lançado ao ar; exalado **4** *fig.* abnegado, indiferente

des.pren.di.men.to *s.m.* **1** ato ou efeito de desprender(-se) **2** atitude de abnegação; desapego

des.pre.o.cu.pa.ção [pl.: *-ões*] *s.f.* ausência de preocupação

des.pre.o.cu.pa.do *adj.* **1** que se despreocupou **2** que não tem preocupação, que não anda preocupado

des.pre.o.cu.par *v.* {mod. 1} *t.d.,t.d.i. e pron.* (prep. *de*) livrar(-se) de preocupação; sossegar(-se) *<uma boa conversa irá despreocupá-lo (desses problemas)> <despreocupou-se ao saber que todos estavam bem>*

des.pre.pa.ro *s.m.* **1** falta de preparo, de conhecimento **2** falta de organização; desarranjo

des.pres.su.ri.za.ção [pl.: *-ões*] *s.f.* ato de interromper a pressurização (em cabine de avião, nave espacial etc.)

des.pres.su.ri.zar *v.* {mod. 1} *t.d. e pron.* (fazer) perder o estado de pressurização

des.pres.ti.gi.ar *v.* {mod. 1} *t.d. e pron.* (fazer) perder o prestígio; desmoralizar(-se)

des.pres.tí.gio *s.m.* falta de prestígio; descrédito

des.pre.ten.são [pl.: *-ões*] *s.f.* **1** ausência de pretensão, de vaidade **2** atitude de modéstia

des.pre.ve.ni.do *adj.* **1** que não se preveniu; desapercebido **2** a que falta o necessário; desprovido **3** *B infrm.* sem dinheiro

des.pre.ve.nir *v.* {mod. 27} *t.d. e pron.* não se prevenir contra

des.pre.zar *v.* {mod. 1} *t.d.* **1** tratar com desprezo; desdenhar *<d. o vizinho>* **2** não levar em conta; descartar, ignorar

des.pre.zí.vel [pl.: *-eis*] *adj.2g.* **1** que pode ser desprezado **2** merecedor de desprezo; vergonhoso

des.pre.zo /ê/ *s.m.* **1** falta de estima, apreço; desdém **2** sentimento acima da cobiça, do medo etc.; desprendimento *<d. pelo dinheiro>* **3** sentimento de repulsa, de nojo

des.pri.mor /ô/ [pl.: *-es*] *s.m.* **1** falta de capricho, de excelência **2** descortesia, indelicadeza ~ **desprimoroso** *adj.*

des.pro.por.ção [pl.: *-ões*] *s.f.* ausência ou desigualdade de proporção

des.pro.por.ci.o.nal [pl.: *-ais*] *adj.2g.* que não é proporcional

des.pro.po.si.ta.do *adj.* **1** inconveniente, impróprio, não pertinente **2** que fala ou age sem propósito; disparatado **3** *p.ext.* que não tem prudência; estouvado

des.pro.pó.si.to *s.m.* **1** o que não tem propósito ou pertinência; contrassenso **2** desatino, destempero **3** *B infrm.* grande quantidade (de pessoas ou coisas) ~ **despropositar** *v.t.i. e pron.*

des.pro.te.ção [pl.: *-ões*] *s.f.* ausência de proteção; abandono

des.pro.te.ger *v.* {mod. 8} *t.d.* deixar sem proteção; desamparar

des.pro.te.gi.do *adj.* **1** que não tem proteção; que não dispõe de meios de defesa ■ *adj.s.m.* **2** que(m) não conta com o apoio necessário para subsistir ou desenvolver-se; desamparado, desvalido

des.pro.vei.to *s.m.* **1** falta de aproveitamento; desperdício **2** detrimento, prejuízo

des.pro.ver *v.* {mod. 12} *t.d.,t.d.i. e pron.* (prep. *de*) privar(-se) [de provisões ou do que é necessário] *<d. o bairro (do fornecimento de água)> <d.-se das coisas supérfluas>*

des.pro.vi.do *adj.* **1** em que não há provisões; desabastecido **2** a que falta, que não tem ou foi privado de algo

des.pu.dor /ô/ [pl.: *-es*] *s.m.* falta de pudor, de vergonha ~ **despudorado** *adj.s.m.*

des.qua.li.fi.ca.do *adj.s.m.* **1** (o) que perdeu qualidade superior **2** que(m) perdeu a reputação **3** que(m) foi excluído ou eliminado de disputa; desclassificado

des.qua.li.fi.car *v.* {mod. 1} *t.d.* **1** fazer perder as boas qualidades ☐ *t.d. e pron.* **2** eliminar(-se) de torneio, concurso etc.; desclassificar(-se) **3** tornar(-se) indigno; desmoralizar(-se) ~ **desqualificação** *s.f.*

des.qui.ta.do *adj.s.m.* que(m) se separou do cônjuge por meio de desquite

des.qui.te *s.m.* separação legal de corpos e bens dos cônjuges, sem extinção do casamento ~ **desquitar** *v.t.d. e pron.*

des.ra.ti.zar *v.* {mod. 1} *t.d.* eliminar os ratos de (um local) ~ **desratização** *s.f.*

des.re.gra.men.to *s.m.* **1** ausência de regra ou método **2** falta de ordem; desarrumação **3** devassidão, libertinagem

des.re.grar *v.* {mod. 1} *t.d. e pron.* **1** (fazer) sair da regra, da ordem estabelecida **2** *p.ext.* tornar(-se) descomedido; descontrolar(-se) ~ **desregrado** *adj.*

des.re.gu.lar *v.* {mod. 1} *t.d. e pron.* (fazer) deixar de estar regulado, ajustado; desajustar(-se)

des.res.pei.tar *v.* {mod. 1} *t.d.* **1** não dar o devido respeito a; desacatar **2** não seguir (regras, leis etc.); desobedecer, infringir

des.res.pei.to *s.m.* falta de respeito, de consideração ~ **desrespeitoso** *adj.*

des.sa.li.ni.zar *v.* {mod. 1} *t.d.* separar o sal contido em ou livrar do sal que contém

des.se /ê/ *contr.* da preposição *de* com o pron.dem. *esse* ◉ GRAM/USO fem.: *dessa*; pl.: *desses, dessas*

des.se.ca.ção [pl.: *-ões*] *s.f.* ato ou efeito de retirar a umidade ☞ cf. *dissecação*

des.se.car *v.* {mod. 1} *t.d.* retirar toda a umidade de; secar ☞ cf. *dissecar*

des.se.me.lhan.te *adj.2g.* que não tem semelhança; diferente ~ **dessemelhança** *s.f.* - **dessemelhar** *v.t.d.,t.d.i. e pron.*

des.ser.vi.ço *s.m.* **1** serviço ou trabalho malfeito **2** o que vai contra o interesse ou benefício de alguém ou algo; dano, prejuízo

des.so.rar *v.* {mod. 1} *t.d.,int. e pron.* **1** transformar(-se) em soro ☐ *t.d.* **2** retirar o soro de ☐ *t.d. e pron.* **3** *fig.* debilitar(-se), enfraquecer(-se) ~ **dessoramento** *s.m.*

des.ta.bo.ca.do *adj.s.m. B infrm.* **1** que(m) perdeu toda a timidez; atrevido **2** *p.ext.* que(m) não tem decoro nem decência; inconveniente **3** que(m) fala e brinca muito

des.ta.ca.men.to *s.m.* MIL unidade de ação que se separa da tropa

des.ta.car *v.* {mod. 1} *t.d.* **1** MIL enviar (tropa, destacamento) em missão ou serviço ☐ *t.d.,t.d.i. e pron.* **2** (prep. *de*) separar(-se), desligar(-se) ☐ *t.d.,int. e pron.* **3** (fazer) sobressair; distinguir(-se) ~ **destacado** *adj.*

des.ta.cá.vel [pl.: *-eis*] *adj.2g.* **1** que pode ser destacado, desunido, separado **2** que tem destaque, que sobressai

des.tam.par *v.* {mod. 1} *t.d.* tirar a tampa ou o tampo de; abrir

des.tam.pa.tó.rio *s.m. infrm.* **1** falta de comedimento; despropósito **2** muito barulho; gritaria **3** *p.ext. B* discussão violenta

des.ta.par *v.* {mod. 1} *t.d.* retirar tampa, cobertura ou proteção de; destampar, abrir

des.ta.que *s.m.* **1** característica do que sobressai; realce, relevo **2** *B* figura ou assunto relevante **3** *B* em escola de samba, pessoa que desfila ger. no alto de carro alegórico, com fantasia de impacto visual e/ou muito luxuosa **4** POL *B* parte destacada de texto de projeto de lei, apresentada com modificações, para ser votada em separado

des.tar.te *adv.* assim, desta maneira

des.te /ê/ *contr.* da prep. *de* com o pron.dem. *este* ◉ GRAM/USO fem.: *desta*; pl.: *destes, destas*

des.te.lhar *v.* {mod. 1} *t.d. e pron.* retirar, quebrar as telhas de ou perdê-las ~ **destelhamento** *s.m.*

des.te.mi.do *adj.* **1** que não teme; corajoso, valente **2** que revela coragem; audacioso ~ **destemer** *v.t.d.*

des.te.mor /ô/ [pl.: *-es*] *s.m.* falta de medo; coragem

des.tem.pe.rar *v.* {mod. 1} *t.d.,int. e pron.* **1** (fazer) perder a têmpera ☐ *t.d.* **2** enfraquecer o sabor de (comida ou bebida) **3** diluir (tinta) com água ou outro solvente ☐ *t.d. e pron.* **4** (fazer) perder a afinação; desafinar ☐ *int. e pron.* **5** perder a cabeça; exaltar-se ~ **destemperado** *adj.*

des.tem.pe.ro /ê/ *s.m.* **1** grande disparate; despropósito **2** perda de sabor **3** falta de afinação; desarmonia, **4** excesso de arrebatamento; desvario **5** *B infrm.* despropósito, excesso

des.ter.rar *v.* {mod. 1} *t.d. e pron.* (fazer) sair da terra natal; exilar(-se) ~ **desterrado** *adj.s.m.*

des.ter.ro /ê/ *s.m.* **1** afastamento da terra natal, por condenação (degredo) ou voluntariamente **2** local onde vive uma pessoa desterrada **3** *p.ext.* local ermo, deserto **4** *p.ext.* isolamento, solidão

des.ti.la.ção [pl.: *-ões*] *s.f.* **1** ato ou efeito de destilar; gotejamento de líquido **2** FISQUÍM processo de purificação de um líquido por evaporação com condensação posterior, para se obter um novo líquido

des.ti.la.do *adj.* **1** que cai em gotas **2** *fig.* que se deixou perceber; insinuado ■ *adj.s.m.* **3** (líquido) obtido por destilação

des.ti.lar *v.* {mod. 1} *t.d.,t.i. e int.* **1** (prep. *de*) (deixar) sair em gotas; gotejar *<o sangue destila do corte>* *<observa o látex que destila (da seringueira)>* ☐ *t.d.* **2** FISQUÍM fazer evaporar (líquido) e fazer condensação do vapor resultante deste processo **3** *fig.* deixar perceber; insinuar, revelar

des.ti.la.ri.a *s.f.* local onde se processa a destilação

des.ti.nar *v.* {mod. 1} *t.d.i.* **1** (prep. *para*) reservar (algo) [para certa finalidade ou destino] ☐ *pron.* **2** (prep. *a*) dedicar-se, entregar-se ~ **destinação** *s.f.*

des.ti.na.tá.rio *s.m.* **1** aquele a quem se destina ou envia algo **2** *fig.* aquele a que algo é dirigido; alvo, objeto

des.tin.gir *v.* {mod. 24} *t.d.,int. e pron.* fazer sair ou perder a tinta; desbotar ◉ GRAM/USO part.: *destingido, destinto*

des.ti.no *s.m.* **1** fim reservado para algo **2** local de chegada; rumo, direção **3** sucessão de fatos na vida do ser humano que ocorrem independentemente de sua vontade; sorte **4** sequência de fatos inevitáveis; fatalidade

des.tin.to *adj.* que perdeu a cor; desbotado ☞ cf. *distinto* ◉ GRAM/USO part. de *destingir*

des.ti.tu.ir *v.* {mod. 26} *t.d.,t.d.i. e pron.* **1** (prep. *de*) demitir(-se) [de dignidade, cargo, emprego] *<destituíram-no da chefia>* *<destituiu-se da gerência>* ☐ *t.d.i. e pron.* **2** (prep. *de*) privar(-se) da posse de; desapossar(-se) *<d. um fraudador de seus bens>* *<d.-se do patrimônio>* ~ **destituição** *s.f.* - **destituído** *adj.*

des.to.ar *v.* {mod. 1} *int.* **1** perder o tom; desafinar ☐ *t.i.* **2** (prep. *de*) ter opinião contrária a; discordar <*ele sempre destoa da maioria*> **3** (prep. *de*) não combinar com ou não ser próprio de <*a roupa destoa da sua dignidade de reitor*> ~ **destoante** *adj.2g.*

des.tor.cer *v.* {mod. 8} *t.d. e pron.* **1** endireitar(-se) [o que estava torcido] ☐ *t.d.* **2** voltar para o lado oposto ☞ cf. *distorcer*

des.tra /ê *ou* é/ *s.f.* a mão direita

des.tram.be.lha.do *adj.s.m. infrm.* (indivíduo) sem juízo; amalucado ~ **destrambelhar** *v.t.d. e int.*

des.tran.car *v.* {mod. 1} *t.d.* retirar a tranca de; abrir

des.tran.çar *v.* {mod. 1} *t.d.* **1** desfazer a trança de **2** separar os fios de

des.tra.tar *v.* {mod. 1} *t.d.* tratar mal com palavras; insultar ☞ cf. *distratar*

des.tra.var *v.* {mod. 1} *t.d. e pron.* **1** soltar(-se) [o que estava travado] <*a porta do carro destravou-se*> **2** *fig.* livrar(-se) de entrave; soltar(-se), desembaraçar(-se) <*d. a língua*> <*destrava-se na minha companhia*> ~ **destravamento** *s.m.*

des.trei.na.do *adj.* que está sem treino ~ **destreinar** *v.t.d. e pron.*

des.tre.za /ê/ *s.f.* **1** agilidade de movimentos, esp. das mãos **2** aptidão, habilidade

des.trin.çar ou **des.trin.char** *v.* {mod. 1} *t.d.* **1** separar os fios ou fibras de <*d. os colares*> **2** analisar ou expor em detalhes; esmiuçar <*d. um caso complicado*> **3** solucionar, resolver ~ **destrinchamento** *s.m.*

des.tro /ê/ *adj.* **1** que usa a mão direita **2** que está à direita **3** *p.ext.* hábil, ágil ◉ GRAM/USO ocorre tb. a pronúncia com o *e* aberto

des.tro.car *v.* {mod. 1} *t.d.* desfazer a troca de

des.tro.çar *v.* {mod. 1} *t.d.* **1** causar a destruição de; arruinar <*d. uma cidade*> **2** fazer em pedaços; despedaçar, estraçalhar

des.tro.ço /ô/ [pl.: /ó/] *s.m.* **1** ato ou efeito de destroçar; destruição **2** resto do que foi destroçado ☞ mais us. no pl.

des.trói.er [pl.: *-es*] *s.m.* MAR *B* contratorpedeiro

des.tro.nar *v.* {mod. 1} *t.d.* **1** destituir do trono **2** *fig.* fazer perder liderança, prestígio etc.; rebaixar ~ **destronamento** *s.m.*

des.tron.car *v.* {mod. 1} *t.d. e int.* **1** (fazer) sair da articulação ou da junta; deslocar <*meu joelho destroncou*> ☐ *t.d.* **2** apartar (ramo, galho etc.) do tronco ~ **destroncamento** *s.m.*

des.tru.i.ção [pl.: *-ões*] *s.f.* **1** ação de pôr abaixo o que está construído; demolição **2** ação de tirar a vida; exterminação **3** estrago, ruína

des.tru.ir *v.* {mod. 26} *t.d.* **1** pôr no chão (algo construído); demolir **2** causar a morte de; exterminar **3** causar a perda de; arruinar, devastar <*o fogo destruirá a plantação*> **4** *fig.* eliminar, extinguir <*d. uma ilusão*> **5** *fig.* ter efeito negativo sobre <*o incidente destruiu sua imagem*> ~ **destruidor** *adj.s.m.*

des.tru.ti.vo *adj.* que destrói ou serve para destruir

de.su.ma.ni.da.de *s.f.* **1** crueldade **2** ato bárbaro; selvageria

de.su.ma.ni.zar *v.* {mod. 1} *t.d.,int. e pron.* (fazer) perder o caráter humano; tornar(-se) desumano <*a miséria pode levar muitos a d.(-se)*>

de.su.ma.no *adj.* **1** cruel, desalmado **2** que não é próprio de um ser humano; bárbaro

de.su.ni.ão [pl.: *-ões*] *s.f.* **1** ato ou efeito de separar o que estava unido; divisão, separação **2** falta de entendimento; discórdia

de.su.nir *v.* {mod. 24} *t.d. e pron.* **1** separar(-se) [o que estava unido, ligado]; afastar(-se) <*os cabos desuniram-se*> **2** *fig.* (fazer) ficar em desarmonia, desavença; indispor(-se) <*o time que se desune perde o jogo*> ~ **desunido** *adj.*

de.su.sa.do *adj.* **1** que não é usado **2** fora de uso; antiquado

de.su.so *s.m.* falta ou diminuição de uso ~ **desusar** *v.t.d. e pron.*

des.vai.ra.do *adj.s.m.* que(m) perdeu o juízo; alucinado

des.vai.rar *v.* {mod. 1} *t.d.* **1** deixar em desvario; enlouquecer ☐ *int. e pron.* **2** praticar ou dizer desatinos; disparatar <*um homem (se) desvairava na fila do banco*>

des.vai.ro *s.m.* → *DESVARIO*

des.va.li.a *s.f.* **1** falta ou perda de valor; desvalimento **2** falta de apoio; desamparo

des.va.li.do *adj.s.m.* **1** (o) que não tem valia **2** (o) que é ou está desprotegido, desamparado **3** pobre, miserável

des.va.li.men.to *s.m.* desvalia

des.va.lor /ô/ [pl.: *-es*] *s.m.* **1** falta ou perda de valor; depreciação **2** falta de aceitação ou de crédito; descrédito

des.va.lo.ri.zar *v.* {mod. 1} *t.d. e pron.* **1** (fazer) perder o valor <*a mercadoria desvalorizou-se rapidamente*> **2** *fig.* rebaixar o apreço, a reputação, a virtude de; desmerecer(-se), depreciar(-se) <*d.-se profissionalmente*> ~ **desvalorização** *s.f.* - **desvalorizador** *adj.s.m.*

des.va.ne.cer *v.* {mod. 8} *t.d. e pron.* **1** (fazer) sumir; extinguir(-se), desfazer(-se) <*o sol desvanecerá a neblina*> <*o ressentimento desvaneceu-se*> **2** tornar(-se) orgulhoso; envaidecer(-se) <*não me desvaneço com elogios*> ☐ *t.d.* **3** acalmar, aliviar ☐ *pron.* **4** perder a cor; desbotar ~ **desvanecido** *adj.* - **desvanecimento** *s.m.*

des.van.ta.gem [pl.: *-ens*] *s.f.* falta de vantagem; inferioridade em qualquer situação

des.van.ta.jo.so /ô/ [pl.: /ó/; fem.: /ó/] *adj.* que traz desvantagem; desfavorável, prejudicial

des.vão [pl.: *-ãos*] *s.m.* **1** sótão **2** espaço fechado sob uma escada **3** *fig.* esconderijo

des.va.ri.o ou **des.vai.ro** *s.m.* **1** demência, loucura **2** delírio, alucinação **3** extravagância, excesso

[1]des.ve.lar *v.* {mod. 1} *t.d.* **1** privar do sono **2** passar (a noite) sem dormir; velar □ *pron.* **3** (prep. *por*) dedicar-se muito; empenhar-se *<desvela-se por agradar a todos>* [ORIGEM: do esp. *desvelar* 'ficar sem dormir'] ~ **desvelamento** *s.m.*

[2]des.ve.lar *v.* {mod. 1} *t.d. e pron.* **1** pôr(-se) à vista, tirando o que recobria *<d. uma estátua>* *<desvelaram-se no fim da peça>* □ *t.d.* **2** tornar claro; esclarecer [ORIGEM: *des-* + [2]*velar*]

des.ve.lo /ê/ *s.m.* dedicação, zelo

des.ven.ci.lhar *v.* {mod. 1} *t.d.,t.d.i. e pron.* (prep. *de*) tornar(-se) livre; soltar(-se), libertar(-se) *<d. o pescoço (da coleira)>* *<d.-se dos guardas>*

des.ven.dar *v.* {mod. 1} *t.d.* **1** tirar a venda de (olho) *<vamos desvendá-lo dois dias após a cirurgia>* □ *t.d.,t.d.i. e int.* **2** *fig.* (prep. *a*) tornar(-se) evidente; revelar(-se) *<d. (à polícia) a origem do dinheiro>* *<o enigma desvendou-se>*

des.ven.tu.ra *s.f.* falta de sorte; desgraça

des.ves.tir *v.* {mod. 28} *t.d. e pron.* **1** tirar a roupa (de); despir(-se) *<d. o filho>* □ *t.d.* **2** retirar (a roupa ou parte dela) *<d. o casaco>*

des.vi.ar *v.* {mod. 1} *t.d.,t.d.i. e pron.* **1** (prep. *de, para*) mudar a direção ou a orientação (de) *<d. para si os olhares>* *<d.-se do caminho>* □ *t.d.* **2** tirar da linha reta; entortar **3** mudar lugar ou posição de; deslocar *<d. a cabeça>* **4** alterar o destino de; desencaminhar *<d. verbas>* □ *t.d.i. e pron.* **5** (prep. *de*) (levar a) desistir de; dissuadir(-se) *<d. alguém de um mau propósito>*

des.vin.car *v.* {mod. 1} *t.d.* tirar vinco ou enrugamento de; alisar

des.vin.cu.la.ção [pl.: *-ões*] *s.f.* liberação de vínculo(s)

des.vin.cu.lar *v.* {mod. 1} *t.d.,t.d.i. e pron.* (prep. *de*) livrar(-se) de vínculo(s); desligar(-se) *<d. a declaração de seu sentido irônico>* *<d.-se do emprego>*

des.vi.o *s.m.* **1** mudança do caminho, direção ou posição normal **2** caminho fora da rota comum; atalho **3** o que foge aos padrões normais

des.vi.rar *v.* {mod. 1} *t.d.* **1** pôr na posição normal (o que estava virado) **2** desfazer (dobra, volta) *<d. o punho da camisa>*

des.vir.gi.nar *v.* {mod. 1} *t.d. e pron.* (fazer) perder a virgindade

des.vir.tu.ar *v.* {mod. 1} *t.d.* **1** diminuir ou tirar a virtude ou o mérito de; desmoralizar *<ele evita d. os adversários>* □ *t.d. e pron.* **2** alterar(-se) de maneira viciosa; deturpar(-se), adulterar(-se) *<d. a finalidade de uma obra>* *<os belos ideais desvirtuavam-se naquele meio>* ~ **desvirtuamento** *s.m.*

des.vi.ta.li.zar *v.* {mod. 1} *t.d.* tirar a vitalidade de; enfraquecer ~ **desvitalização** *s.f.* - **desvitalizado** *adj.*

de.ta.lhar *v.* {mod. 1} *t.d.* **1** expor, explicar em detalhes; particularizar *<detalhou as causas do incidente>* **2** esboçar os traços gerais de; delinear *<d. o projeto de construção da escola>* ~ **detalhado** *adj.* - **detalhamento** *s.m.*

de.ta.lhe *s.m.* **1** pequeno elemento; pormenor, minúcia **2** *p.ext.* coisa ou fato sem importância; ninharia

de.ta.lhis.ta *adj.2g.s.2g.* que(m) se preocupa com detalhes ~ **detalhismo** *s.m.*

de.tec.ção [pl.: *-ões*] *s.f.* ação ou efeito de detectar; descoberta, revelação

de.tec.tar ou **de.te.tar** *v.* {mod. 1} *t.d.* **1** localizar ou ter contato com (algo) por radar, sonar, rádio etc. *<d. aviões, submarinos>* **2** revelar ou descobrir (algo encoberto, escondido); identificar *<detectou uma ponta de ironia em seu sorriso>*

de.tec.tor /ô/ [pl.: *-es*] ou **de.te.tor** /ô/ [pl.: *-es*] *adj.s.m.* **1** (o) que detecta **2** (o) que revela a presença de algo *<(aparelho) d. de incêndio>*

de.ten.ção [pl.: *-ões*] *s.f.* **1** estado do que se acha detido, preso **2** DIR prisão provisória ou preventiva **3** *p.ext.* prédio da prisão

de.ten.to *s.m.* o que está detido; preso, prisioneiro

de.ter *v.* {mod. 16} *t.d. e pron.* **1** (prep. *em*) (fazer) parar; conter(-se) *<d. o avanço da tropa>* *<o cavalo deteve-se na cerca>* **2** (prep. *em*) (fazer) demorar; reter(-se) *<deteve a mãe em casa para conversar>* *<deteve-se na cidade lanchando>* **3** conter(-se), controlar(-se) *<mal conseguia d. as risadas>* *<quis reclamar, mas deteve-se>* □ *t.d.* **4** DIR determinar a detenção de; prender *<d. um suspeito>* □ *pron.* **5** (prep. *em*) ocupar-se demoradamente com *<d.-se em minúcias>* ~ **detentor** *adj.s.m.*

de.ter.gen.te *adj.2g.s.m.* **1** (substância) que limpa ou purifica ■ *s.m.* **2** produto (líquido, pastoso ou em pó) us. na limpeza doméstica

de.te.ri.o.ra.ção [pl.: *-ões*] *s.f.* **1** ato ou efeito de deteriorar(-se); decomposição, estrago **2** *fig.* estado de decadência; degeneração

de.te.ri.o.rar *v.* {mod. 1} *t.d. e pron.* **1** (fazer) ficar em mau estado; danificar(-se), estragar(-se) *<a umidade deteriora a mercadoria>* *<as frutas caídas deterioravam-se no chão>* **2** *fig.* tornar(-se) pior; agravar(-se) *<o desleixo deteriorou a sua aparência>* *<deterioram-se as relações entre os dois países>* **3** *fig.* tornar(-se) inferior, vil; degenerar(-se) *<más leituras deterioram a mente>* *<naquele grupo, seus valores iam-se deteriorando>*

de.ter.mi.na.ção [pl.: *-ões*] *s.f.* **1** ato ou efeito de determinar(-se); explicação exata; definição **2** descrição das características; especificação **3** ordem superior; prescrição **4** firmeza; persistência **5** decisão, resolução

de.ter.mi.na.do *adj.* **1** que se determinou; definido, marcado **2** firmemente decidido; resoluto ■ *pron.ind.* **3** não especificado; certo *<herdar d. quantia>*

de.ter.mi.nan.te *adj.2g.* **1** que determina **2** que decide; decisivo ■ *adj.2g.s.2g.* **3** (circunstância) que causa algo

D

de.ter.mi.nar *v.* {mod. 1} *t.d.* **1** marcar limites a (algo indefinido); delimitar *<d. a área do campo>* **2** precisar, indicar a partir de análise, avaliação; definir *<d. as bases de um acordo>* **3** ordenar, estabelecer *<d. novas normas>* **4** ser a causa de; provocar, motivar *<o humor do entrevistado determinou o sucesso do programa>* **5** discriminar, diferenciar *<d. os componentes de uma fórmula>* □ *t.d.,t.d.i. e pron.* **6** (prep. *a*) (fazer) tomar decisão; decidir(-se), resolver(-se) *<determinou adiar o casamento> <isso vai determiná-lo a cancelar a viagem> <determinou-se a ficar junto dos seus>*

de.ter.mi.nis.mo *s.m.* FIL teoria segundo a qual no universo tudo decorre de uma relação de causa e efeito ~ **determinista** *adj.2g.s.2g.*

de.tes.tar *v.* {mod. 1} *t.d. e pron.* sentir raiva, aversão por; odiar(-se) *<d. a mentira> <ambos se detestam>*

de.tes.tá.vel [pl.: *-eis*] *adj.2g.* **1** que inspira aversão, ódio; abominável **2** muito desagradável

de.te.tar *v.* {mod. 1} → ***DETECTAR***

de.te.ti.ve *s.m.* policial que faz investigações criminais ▣ **d. particular** aquele que trabalha como detetive mediante pagamento de quem quer obter qualquer tipo de informação

de.te.tor /ô/ [pl.: *-es*] *adj.s.m.* → ***DETECTOR***

de.ti.do *adj.* **1** parado, impedido **2** que não se devolveu; retido ■ *adj.s.m.* **3** prisioneiro

de.to.na.dor /ô/ [pl.: *-es*] *adj.s.m.* **1** (o) que detona ■ *s.m.* **2** dispositivo ou substância que provoca detonação de cargas explosivas

de.to.nar *v.* {mod. 1} *t.d.* **1** fazer explodir (bomba, dinamite etc.) *<o terrorista detonou o carro-bomba>* **2** disparar (arma de fogo) **3** *fig.* dar início impetuoso a; deflagrar, desencadear *<d. uma crise>* **4** *fig. infrm.* acabar com; destruir *<d. o adversário>* ~ **detonação** *s.f.*

de.tra.ir *v.* {mod. 25} *t.d.* **1** desvalorizar o mérito, a importância de; depreciar, detratar *<d. um oponente>* □ *t.i.* **2** (prep. *de*) dizer mal de; difamar *<d. da honra de alguém>* ~ **detração** *s.f.*

De.tran *s.m.* sigla de Departamento Estadual de Trânsito

de.trás *adv.* **1** na parte posterior; atrás **2** em sequência; depois

de.tra.tar *v.* {mod. 1} *t.d. e t.i.* desvalorizar o mérito de; detrair ~ **detratação** *s.f.* - **detrator** *adj.s.m.*

de.tri.men.to *s.m.* prejuízo; perda

de.tri.to *s.m.* sobra de qualquer substância; resíduo, resto

de.tur.par *v.* {mod. 1} *t.d. e pron.* **1** tornar(-se) pior, viciado; estragar, corromper(-se) *<d.(-se) o costume>* □ *t.d.* **2** interpretar mal ou deformar o sentido de; desvirtuar, distorcer *<d. a declaração do diretor>* **3** tornar feio; desfigurar *<deturparam o desenho do menino com rabiscos>* ~ **deturpação** *s.f.*

deus [pl.: *-es*] *s.m.* REL **1** nas religiões monoteístas, ser supremo, criador do universo ☞ inicial maiúsc. **2** nas religiões politeístas, divindade superior aos homens e aos gênios, com influência especial nos destinos do universo

deu.sa *s.f.* **1** divindade feminina **2** *fig.* mulher muito bonita

deus-da.rá *s.m.* ▶ us. em: **ao d.** ao acaso, à própria sorte

deus nos a.cu.da *s.m.2n.* grande tumulto, confusão

de.va.gar *adv.* lentamente, sem pressa ☞ cf. *divagar*

de.va.ne.ar *v.* {mod. 5} *t.d.* **1** criar na imaginação; sonhar *<devaneia façanhas impossíveis>* □ *int.* **2** dizer coisas sem sentido; delirar

de.va.nei.o *s.m.* **1** produto da fantasia; sonho, quimera **2** desvario, delírio

de.vas.sa *s.f.* DIR apuração minuciosa de um delito ou conjunto de delitos por meio de pesquisa e inquirição de testemunhas

de.vas.sar *v.* {mod. 1} *t.d.* **1** invadir, para conhecer por completo (o que é interdito) *<a polícia devassou a casa do bandido>* **2** ter vista para dentro de *<a casa devassa a da frente>* **3** investigar, esquadrinhar *<d. a vida de alguém>* ~ **devassado** *adj.*

de.vas.si.dão [pl.: *-ões*] *s.f.* qualidade ou característica de devasso; depravação de costumes; libertinagem

de.vas.so *adj.s.m.* depravado, libertino

de.vas.tar *v.* {mod. 1} *t.d.* **1** destruir de forma arrasadora; arruinar *<os gafanhotos devastaram a plantação>* **2** causar muitos danos a; estragar *<a ferrugem devastou o encanamento>* **3** tornar deserto; despovoar *<a fome devastará aquela cidade>* ~ **devastação** *s.f.* - **devastador** *adj.s.m.*

de.ve.dor /ô/ [pl.: *-es*] *adj.s.m.* **1** (o) que tem dívida(s) ■ *s.m.* **2** quem tem obrigações com outra pessoa por algum favor ou benefício recebido

de.ver *v.* {mod. 8} *t.d.,t.i. e t.d.i.* **1** (prep. *a*) ter de pagar (dívidas ou obrigações) *<d. dinheiro> <d. ao açougueiro> <deve R$ 50,00 ao vizinho>* □ *t.d. e t.d.i.* **2** (prep. *a*) ficar em dívida com ou ter gratidão por (alguém) [por algo recebido] *<deve muitos favores> <deve seu saber ao mestre>* **3** us. com verbo no infinitivo, freq. expressa: **3.1** uma lei inevitável a que se está submisso e que não depende da vontade; ter de *<todos devem morrer um dia>* **3.2** uma obrigação a que se submete, ger. regra moral, convenção social ou saber prático *<devemos escovar os dentes diariamente>* **3.3** uma intenção do sujeito; pretender *<avisou que deve viajar hoje>* **3.4** necessidade ou obrigação; ter de *<isto não devia acabar assim>* **3.5** eventualidade, probabilidade ou fatalidade *<deve chover hoje>* ■ *s.m.* **4** aquilo que se deve fazer; obrigação *<o cidadão tem direitos e deveres>* **5** tarefa escolar *<fazer o d. de casa>* ☞ como s.m., pl.: *-es*

de.ve.ras *adv.* realmente, de fato

de.ver.bal [pl.: *-ais*] *adj.2g.s.2g.* GRAM (substantivo) formado a partir de verbo, p.ex., *aparecimento*, de *aparecer*

de.vi.da.men.te *adv.* da maneira correta, adequada, justa; como deve ser

de.vi.do *adj.s.m.* (o) que é objeto de dívida, obrigação ou reconhecimento ▣ **d. a** por causa de; em virtude de

de.vo.ção [pl.: *-ões*] *s.f.* **1** forte sentimento religioso **2** *p.ext.* dedicação completa; zelo

de.vo.lu.ção [pl.: *-ões*] *s.f.* ato ou efeito de devolver; restituição

de.vo.lu.to *adj.* que não tem habitantes; desocupado, vazio

de.vol.ver *v.* {mod. 8} *t.d. e t.d.i.* **1** (prep. *a*) dar de volta (o que é devido ou esperado); restituir *<d. dinheiro (ao sogro)>* **2** (prep. *a*) responder na mesma medida; replicar, retrucar *<d. a ofensa (ao inimigo)>* **3** (prep. *a*) transferir (a outrem) [direito ou propriedade] *<d. a herança aos filhos>* **4** (prep. *a*) não aceitar; recusar *<d. (ao fornecedor) uma mercadoria>* **5** *fig.* (prep. *a*) recompensar (sentimento, gesto) *<d. a gentileza ao porteiro>* □ *t.d.i.* **6** (prep. *a*) fazer recobrar (o que se perdera) *<o descanso vai d. as energias à tropa>* □ *t.d.* *B infrm.* **7** vomitar ◉ GRAM/USO part.: *devolvido, devoluto*

de.vo.ni.a.no *s.m.* GEOL **1** quarto período geológico da era paleozoica, entre o Siluriano e o Carbonífero, em que aparecem as samambaias, os musgos e os anfíbios ☞ este subst. não se usa no plural; inicial maiúsc. ■ *adj.* **2** desse período

de.vo.rar *v.* {mod. 1} *t.d. e int.* **1** comer com voracidade; engolir *<d. o almoço> <não comia, devorava>* □ *t.d. fig.* **2** atormentar, afligir *<a saudade o devorava>* **3** destruir rápida e completamente; consumir *<o fogo devorou tudo>* **4** ler rapidamente e com avidez *<d. um livro>* ~ **devorador** *adj.s.m.*

de.vo.tar *v.* {mod. 1} *t.d.i.* **1** (prep. *a*) prometer solenemente a (divindade) *<d. a vida a Deus>* □ *t.d.i. e pron.* **2** (prep. *a*) dedicar(-se) [existência, sentimento etc.] a; consagrar(-se) ~ **devotado** *adj.*

de.vo.to *adj.s.m.* **1** (o) que tem devoção ■ *adj.* **2** dedicado ■ *s.m.* **3** quem se dedica a algo

dez *n.card.* **1** nove mais um **2** diz-se desse número *<cartões de número d.>* **3** diz-se do décimo elemento de uma série *<nota d.>* **4** que equivale a essa quantidade (diz-se de medida ou do que é contável) *<d. filhos>* ■ *s.m.2n.* **5** representação gráfica desse número *<no exame de vista, não pôde ler o d.>* ☞ em algarismos arábicos, *10*; em algarismos romanos, *X*

de.zem.bro *s.m.* décimo segundo e último mês do ano no calendário gregoriano, composto de 31 dias

de.ze.na *s.f.* conjunto de dez unidades

de.ze.no.ve *n.card.* **1** dez mais nove **2** diz-se desse número *<número d.>* **3** diz-se do décimo nono elemento de uma série *<capítulo d.>* **4** que equivale a essa quantidade (diz-se de medida ou do que é contável) *<d. alunos>* ■ *s.m.* **5** representação gráfica desse número *<o d. estava ilegível>* ☞ em algarismos arábicos, *19*; em algarismos romanos, *XIX*

de.zes.seis *n.card.* **1** dez mais seis **2** diz-se desse número *<número d.>* **3** diz-se do décimo sexto elemento de uma série *<capítulo d.>* **4** que equivale a essa quantidade (diz-se de medida ou do que é contável) *<d. anos>* ■ *s.m.2n.* **5** representação gráfica desse número *<o d. estava legível>* ☞ em algarismos arábicos, *16*; em algarismos romanos, *XVI*

de.zes.se.te *n.card.* **1** dez mais sete **2** diz-se desse número *<número d.>* **3** diz-se do décimo sétimo elemento de uma série *<capítulo d.>* **4** que equivale a essa quantidade (diz-se de medida ou do que é contável) *<d. votos>* ■ *s.m.* **5** representação gráfica desse número *<o d. estava ilegível>* ☞ em algarismos arábicos, *17*; em algarismos romanos, *XVII*

de.zoi.to *n.card.* **1** dez mais oito **2** diz-se desse número *<número d.>* **3** diz-se do décimo oitavo elemento de uma série *<capítulo d.>* **4** que equivale a essa quantidade (diz-se de medida ou do que é contável) *<d. quilos>* ■ *s.m.* **5** representação gráfica desse número *<o d. estava ilegível>* ☞ em algarismos arábicos, *18*; em algarismos romanos, *XVIII*

DF sigla do Distrito Federal ☞ cf. *Distrito Federal* na parte enciclopédica

dg símbolo de *decigrama*

[1]di- *pref.* 'dois': *diedro, dissílabo* [ORIGEM: do gr. *di-* 'duas vezes']

[2]di- *pref.* **1** 'movimento para várias direções': *difundir* **2** 'ação contrária': *difamar* [ORIGEM: do lat. *di-* 'id.']

dia- *pref.* **1** 'movimento através de': *diacronia, diálogo* **2** 'separação, dispersão': *diálise*

di.a *s.m.* **1** tempo entre o instante do nascer e do pôr do Sol **2** claridade com que o Sol ilumina a Terra **3** período (24 horas) da rotação da Terra em torno de seu eixo **4** temperatura que faz durante o dia; tempo **5** tempo presente; momento ▣ **d. e noite** a todas as horas, sem parar; noite e dia • **d. santo** feriado católico • **d. útil** qualquer dia, salvo domingos, feriados e dias santos • **em d. 1** atualizado **2** sem atraso

di.a a di.a [pl.: *dia a dias* e *dias a dias*] *s.m.* o viver cotidiano, a rotina ☞ cf. *dia a dia* (loc.adv.)

di.a.be.tes *s.2g.2n.* ou **di.a.be.te** *s.2g.* MED **1** doença do metabolismo caracterizada por deficiência na produção de insulina **2** tipo de diabetes (acp. 1) que se caracteriza por excesso de glicose no sangue e na urina e alterações do metabolismo das proteínas e das gorduras; diabetes melito ▣ **d. melito** MED diabetes (acp. 2)

di.a.bé.ti.co *adj.s.m.* MED **1** que(m) sofre de diabetes ■ *adj.* **2** relativo a diabetes

di.a.bo *s.m.* **1** REL cada um dos anjos que se rebelaram contra Deus e foram lançados no inferno; demônio **2** REL o chefe desses anjos; espírito do mal; demônio ☞ inicial por vezes maiúsc. **3** *pej.* indivíduo mau, de mau gênio **4** *fig.* indivíduo esperto, perspicaz ■ *interj.* **5** indica contrariedade, espanto, impaciência

di.a.bó.li.co *adj.* **1** relativo ao diabo **2** insuportável, terrível **3** inspirado pelo diabo; maligno

di.a.bre.te /ê/ *s.m.* **1** diabo pequeno **2** *fig.* criança irrequieta, travessa

di.a.bru.ra *s.f.* **1** ato próprio do diabo **2** *fig.* travessura, traquinice

di.a.cho *s.m. e interj. infrm.* diabo

di.a.co.na.to *s.m.* REL dignidade ou função de diácono

di.á.co.no *s.m.* REL entre os católicos, clérigo que auxilia o sacerdote ou o bispo a pregar, batizar e distribuir a comunhão ~ **diaconal** *adj.2g.*

di.a.crí.ti.co *adj.s.m.* diz-se de ou *sinal diacrítico*

di.a.cro.ni.a *s.f.* **1** LING descrição de uma língua ou de uma parte dela ao longo de sua história, e das mudanças que sofreu **2** ANTRPOL SOC conjunto dos fenômenos sociais, culturais etc. que ocorrem e se desenvolvem através do tempo ~ **diacrônico** *adj.* - **diacronismo** *s.m.*

di.a.de.ma *s.m.* **1** adorno de cabeça de reis e rainhas **2** *p.ext.* ornato em forma de meio círculo us. pelas mulheres no cabelo

di.á.fa.no *adj.* **1** que permite a passagem da luz; transparente **2** *fig.* delicado **3** *fig.* sem precisão, vago ~ **diafaneidade** *s.f.* - **diafanidade** *s.f.*

di.a.frag.ma *s.m.* **1** ANAT músculo entre o tórax e o abdômen **2** CINE FOT TV dispositivo que controla a entrada de luz em câmeras fotográficas, de filmar etc. **3** dispositivo contraceptivo feminino, composto de uma membrana de material elástico ~ **diafragmático** *adj.*

di.ag.nós.ti.co *s.m.* MED fase de investigação sobre a natureza e as causas de determinada doença ~ **diagnosticar** *v.t.d.*

di.a.go.nal [pl.: *-ais*] *adj.2g.* **1** oblíquo, transversal ■ *s.f.* **2** GEOM segmento de reta que une dois vértices não consecutivos de um polígono **3** GEOM segmento de reta determinado por dois vértices que não estão sobre a mesma face de um poliedro **4** linha ou direção oblíqua *<siga na d. até o portão>*

di.a.gra.ma *s.m.* **1** representação gráfica, por meio de pontos, linhas, áreas etc.; gráfico, esquema **2** esboço, bosquejo

di.a.gra.mar *v.* {mod. 1} *t.d.* GRÁF arrumar graficamente os elementos (textos, títulos, ilustrações etc.) de (uma publicação) ~ **diagramação** *s.f.* - **diagramador** *adj.s.m.*

di.a.lé.ti.ca *s.f.* FIL **1** oposição, conflito originado pela contradição entre princípios teóricos ou fenômenos empíricos **2** busca da verdade através do diálogo ~ **dialético** *adj.*

di.a.le.to *s.m.* LING qualquer variedade linguística coexistente com outra e que não pode ser considerada outra língua (p.ex.: o dialeto caipira, o nordestino, o gaúcho etc.) ~ **dialetal** *adj.2g.*

di.á.li.se *s.f.* ver ***HEMODIÁLISE***

di.a.lo.gar *v.* {mod. 1} *t.i. e int.* **1** (prep. *com, sobre*) trocar opiniões, comentários etc., alternando papéis de falante e ouvinte; conversar *<d. sobre o passado>* *<dialogaram a noite toda>* **2** procurar entendimento, acordo (com); entender-se *<d. com o adversário>* *<queria discutir e não d.>* ~ **dialogado** *adj.*

di.á.lo.go *s.m.* **1** fala entre dois ou mais indivíduos; conversa **2** conjunto das palavras trocadas pelas personagens de um romance, filme etc.

di.a.man.te *s.m.* **1** MINER carbono puro cristalizado, us. para fins industriais em ferramentas de corte e perfuração e como abrasivo **1.1** a mais dura e brilhante pedra preciosa **2** instrumento us. para cortar vidro, composto de uma haste com um fragmento dessa pedra na ponta

di.a.man.tí.fe.ro *adj.* em que há diamantes

di.a.man.ti.no *adj.* **1** relativo a diamante **2** semelhante a diamante; adamantino

di.â.me.tro *s.m.* GEOM linha reta que passa pelo centro de uma circunferência ~ **diametral** *adj.2g.* - **diametralmente** *adv.*

di.an.te *adv. desus.* ◗ us. em: **d. de 1** defronte de; perante *<pôs a chave d. do filho>* **2** por efeito ou influência de; ante *<d. da dificuldade, desistiu do negócio>* • **em, para** ou **por d.** para a frente *<de hoje em d. não me atrasarei mais>*

di.an.tei.ra *s.f.* **1** parte anterior de algo; frente **2** primeiro lugar, liderança

di.an.tei.ro *adj.* que vai ou está na frente

di.a.pa.são [pl.: *-ões*] *s.m.* MÚS **1** pequeno instrumento metálico em forma de U, com um cabo, us. para afinar instrumentos e vozes **2** a nota *lá* fixada por esse instrumento e que constitui o padrão com que se regula a altura absoluta dos sons musicais **3** extensão ou timbre de voz ou instrumento

di.a.po.si.ti.vo *s.m.* FOT REC.AV imagem positiva em chapa fotográfica transparente que pode ser projetada; *slide*

di.á.ria *s.f.* **1** salário pago por um dia de trabalho **2** ajuda de custo para cobrir despesas de transporte, estadia, alimentação etc. **3** preço pago por dia em hotéis, hospitais etc.

di.a.ri.a.men.te *adv.* **1** todos os dias **2** por dia *<dose a ingerir d.>*

di.á.rio *adj.* **1** que se faz ou acontece todos os dias ■ *s.m.* **2** registro pessoal ou comercial das atividades de cada dia

di.a.ris.ta *adj.2g.s.2g.* **1** que(m) recebe diária ('salário') por seu trabalho **2** (empregado) cujo salário varia de acordo com os dias trabalhados

di.ar.rei.a /éi/ *s.f.* MED eliminação frequente de fezes líquidas e abundantes ~ **diarreico** *adj.s.m.*

di.ás.po.ra *s.f.* **1** HIST dispersão dos judeus, por todo o mundo, no decorrer dos séculos **2** *p.ext.* dispersão de um povo por perseguição política, religiosa ou étnica

di.ás.to.le *s.f.* FISL movimento de dilatação do coração, caracterizado por relaxamento muscular e enchimento dos ventrículos de sangue ☞ cf. *sístole* ~ **diastólico** *adj.*

di.a.tô.ni.co *adj.* MÚS que procede de acordo com a sucessão natural dos tons e semitons

di.a.tri.be *s.f.* **1** crítica severa **2** discussão exaltada

di.ca *s.f. infrm.* boa informação; sugestão

dic.ção [pl.: *-ões*] *s.f.* **1** modo de pronunciar palavras, frases, versos etc.; articulação **2** arte de proferir um texto com clareza e entonação adequada ao seu sentido

di.cio.ná.rio *s.m.* **1** relação, ger. em ordem alfabética, das palavras e expressões de uma língua ou de um assunto com os respectivos significados ou sua equivalência em outro idioma; léxico **2** livro, sob forma impressa ou eletrônica, ou qualquer outro suporte de mensagem auditiva, visual etc., que contém essa relação ~ **dicionarista** *adj.2g.s.2g.*

di.cio.na.ri.zar *v.* {mod. 1} *t.d.* **1** registrar em dicionário **2** organizar sob a forma de dicionário *<d. um manual>* ~ **dicionarização** *s.f.*

di.co.ti.lé.do.ne *adj.2g.* BOT dicotiledôneo

di.co.ti.le.dô.nea *s.f.* BOT espécime das dicotiledôneas, classe de plantas angiospermas cujo embrião abriga dois cotilédones

di.co.ti.le.dô.neo *adj.* BOT que tem dois cotilédones (diz-se de planta); dicotilédone

di.co.to.mi.a *s.f.* modalidade de classificação em que cada uma das divisões e subdivisões contém apenas dois termos ~ **dicotômico** *adj.* - **dicotomizar** *v.t.d.*

di.croi.co /ói/ *adj.* que reflete certas cores e permite que outras o atravessem (diz-se de espelho) ~ **dicroísmo** *s.m.*

di.da.ta *s.2g.* **1** quem ensina **2** especialista em didática **3** autor de livros de ensino

di.dá.ti.ca *s.f.* **1** técnica de ensinar **2** parte da pedagogia que trata das normas científicas da atividade educativa

di.dá.ti.co *adj.* **1** destinado a instruir **2** que facilita a aprendizagem

di.di *s.f. CE l.inf.* chupeta, bico

di.e.dro *adj.s.m.* GEOM (ângulo) formado pelo encontro de dois planos

di.e.lé.tri.co *adj.s.m.* ELETR (substância ou objeto) isolador de eletricidade

di.é.re.se *s.f.* GRAM **1** passagem de ditongo a hiato (p.ex.: *sau-da-de* por *sa-u-da-de*) ☞ cf. *sinérese* **2** sinal que, em algumas línguas, indica essa passagem; trema ~ **dierético** *adj.*

die.sel /dízel/ ou **dí.sel** *s.m.* QUÍM combustível derivado de petróleo us. em certos motores (p.ex., de embarcações, locomotivas e caminhões) ☞ este subst. ordinariamente não se emprega no pl. ◉ GRAM/USO tb. us. como adj.2g.2n.: *óleo diesel, motores diesel*

diet [ing.] *adj.2g.2n.* próprio para dietas com baixo teor de açúcar e gordura; dietético ⇒ pronuncia-se daiet

di.e.ta *s.f.* **1** regime alimentar **2** predomínio, na nutrição, de determinado tipo de alimento **3** tipo de alimentação adotado por um indivíduo ou grupo social

di.e.té.ti.ca *s.f.* MED ramo da medicina que estuda as dietas ~ **dietista** *adj.2g.s.2g.*

di.e.té.ti.co *adj.* **1** relativo a dietética ou a dieta **2** próprio de dieta **3** cujo valor calórico é baixo

di.fa.mar *v.* {mod. 1} *t.d. e pron.* **1** (fazer) perder a boa reputação; desmoralizar(-se) *<evita d. os adversários> <sem recato, acabou por d.-se>* □ *t.i.* **2** (prep. *de*) falar mal de; detrair *<é feio d. dos outros>* ~ **difamação** *s.f.* - **difamador** *adj.s.m.* - **difamante** *adj.2g.*

di.fa.ma.tó.rio *adj.* cujo objetivo é difamar

di.fe.ren.ça *s.f.* **1** falta de semelhança, desigualdade **2** alteração *<d. de atitude>* **3** falta de harmonia; divergência **4** MAT resultado de uma subtração **5** abatimento no preço; desconto

di.fe.ren.çar *v.* {mod. 1} *t.d.,t.d.i. e pron.* diferenciar

di.fe.ren.ci.a.ção [pl.: *-ões*] *s.f.* **1** ato ou efeito de diferenciar(-se); discriminação **2** BIO sequência de mudanças na estrutura ou na função de uma célula, órgão ou organismo que levam a sua especialização

di.fe.ren.ci.ar *v.* {mod. 1} *t.d.,t.d.i. e pron.* **1** (prep. *de*) estabelecer diferença(s) entre ou tornar(-se) diferente; diferençar(-se), distinguir(-se) *<há características que os diferenciam (dos demais)> <d.-se da maioria>* □ *t.d.* **2** perceber distintamente; discriminar, reconhecer, diferençar *<d. bem as letras>*

di.fe.ren.te *adj.2g.* **1** que se distingue; que não é igual nem semelhante **2** que não é frequente; raro, incomum

di.fe.ri.men.to *s.m.* ato ou efeito de diferir; adiamento, demora ☞ cf. *deferimento*

di.fe.rir *v.* {mod. 28} *t.i. e int.* **1** (prep. *de*) ser diferente; distinguir-se *<difere dos outros na coerência> <palavra cujos sentidos diferem>* **2** (prep. *de*) divergir, discordar *<sua opinião difere da nossa> <ideias que não diferem tanto>* □ *t.d.* **3** transferir para outra data; adiar *<d. um pagamento>* **4** fazer durar; prolongar ☞ cf. *deferir*

di.fí.cil [pl.: *-eis*] *adj.2g.* **1** que exige esforço para ser feito; trabalhoso **2** que não se compreende com facilidade; complicado **3** que oferece risco **4** penoso, triste **5** de convívio desagradável **6** pouco provável; duvidoso **7** que não se deixa seduzir facilmente ■ *adv.* **8** de modo complicado *<falar d.>* ◉ GRAM/USO sup.abs.sint.: *dificílimo*

di.fi.cul.da.de *s.f.* **1** característica do que é difícil **2** o que impede; obstáculo **3** complexidade **4** situação aflitiva

di.fi.cul.tar *v.* {mod. 1} *t.d.,t.d.i. e pron.* **1** (prep. *a*) tornar(-se) difícil, trabalhoso, árduo *<o mau tempo dificulta o deslocamento (à população)> <a conclusão do acordo dificultara-se>* □ *t.d.* **2** pôr obstáculo a; estorvar

di.fi.cul.to.so /ô/ [pl.: /ó/; fem.: /ó/] *adj.* que apresenta dificuldade; árduo, difícil

dif.te.ri.a *s.f.* MED doença infectocontagiosa que provoca inflamação e formação de placas brancas na mucosa da garganta, do nariz e, às vezes, da traqueia e dos brônquios ~ **diftérico** *adj.*

di.fun.dir *v.* {mod. 24} *t.d. e pron.* **1** fazer(-se) amplamente conhecido (ideia, novidade); disseminar(-se) *<d. um comunicado> <a notícia difundiu-se rapidamente>* **2** propagar(-se); irradiar(-se) *<uma lamparina difundia sua luz mortiça> <o luar difundia-se pela clareira>* **3** espalhar(-se) [vapor, odor] ◉ GRAM/USO part.: *difundido, difuso*

di.fu.são [pl.: *-ões*] *s.f.* **1** estado do que é difuso **2** divulgação; propagação **3** TEL transmissão radiofônica **4** ÓPT espalhamento de raios luminosos, p.ex., na reflexão sobre uma superfície rugosa ou na transmissão através de um material translúcido

di.fu.so *adj.* **1** que se espalha por todas as direções **2** cujo contorno não está bem definido

di.ge.rir *v.* {mod. 28} *t.d. e int.* **1** realizar a digestão (de) □ *t.d. fig.* **2** assimilar, compreender **3** suportar com resignação ◉ GRAM/USO part.: *digerido, digesto* ~ **digerível** *adj.2g.*

di.ges.tão [pl.: *-ões*] *s.f.* **1** FISL transformação dos alimentos em substâncias assimiláveis pelo organismo **2** *fig.* assimilação por esforço intelectual

di.ges.ti.vo *adj.* **1** ligado a ou próprio da digestão ☞ cf. *digestório* **2** *fig.* que não exige esforço para ser compreendido; superficial ■ *adj.s.m.* **3** (substância) que facilita a digestão

di.ges.to *s.m.* **1** compilação de regras (esp. jurídicas) **2** pequena publicação que contém resumos e resenhas **3** DIR coleção de obras com decisões dos jurisconsultos romanos ☞ inicial maiúsc.

di.ges.tó.rio *adj.* **1** capaz de digerir **2** relacionado com a digestão (quando se trata de fisiologia humana) *<sistema d.>* ☞ cf. *digestivo*

di.gi.tal [pl.: *-ais*] *adj.2g.* **1** relativo a dedos **2** relativo a dígito (algarismo) **3** INF que opera com quantidades numéricas ou informações expressas por algarismos (diz-se de dispositivo, computador) **4** ELETRÔN que se utiliza de um conjunto de dígitos, em vez de ponteiros, ou marcas numa escala, para mostrar informações numéricas *<termômetro d.>* ☞ cf. *analógico* ■ *s.f.* **5** impressão deixada pelos dedos

di.gi.ta.li.zar *v.* {mod. 1} *t.d.* INF codificar para permitir o processamento por computador e armazenamento em arquivo *<d. um texto> <d. uma fotografia>* ~ **digitalização** *s.f.*

di.gi.tar *v.* {mod. 1} *t.d.* INF **1** pressionar (tecla) com os dedos **2** introduzir (dados) em computador usando o teclado ~ **digitação** *s.f.* - **digitador** *adj.s.m.*

dí.gi.to *s.m.* **1** MAT sinal convencional que representa graficamente os números **2** *frm.* dedo ▣ **d. binário** INF algarismo do sistema binário que só pode assumir as formas 0 ou 1; *bit*

di.gla.di.ar *v.* {mod. 1} *int. e pron.* **1** discutir calorosamente; brigar, lutar *<os deputados digladiavam(-se) no plenário>* **2** combater-se à espada, corpo a corpo *<os soldados digladiavam(-se) ferozmente>*

dig.nar-se *v.* {mod. 1} *pron.* (prep. *de*) fazer o favor; condescender *<o diretor dignou-se (de) ouvir os funcionários>*

dig.ni.da.de *s.f.* **1** consciência do próprio valor; honra; amor-próprio **2** modo de proceder que inspira respeito; distinção **3** título, função ou cargo de alta graduação

dig.ni.fi.car *v.* {mod. 1} *t.d. e pron.* **1** tornar(-se) digno; engrandecer(-se), honrar(-se) *<era um professor que dignificava o magistério> <o homem dignifica-se na prática do bem>* **2** (prep. *em*) elevar(-se) a uma dignidade *<d. um antigo funcionário> <d.-se em reitor>* ~ **dignificação** *s.f.* - **dignificante** *adj.2g.*

dig.ni.tá.rio *s.m.* quem ocupa um cargo elevado

dig.no *adj.* **1** que merece; merecedor **2** que tem ou revela dignidade; honrado **3** conveniente, adequado

dí.gra.fo *s.m.* GRAM grupo de duas letras que representam um único som; digrama (p.ex.: *ch, lh, ss*)

di.gra.ma *s.m.* GRAM dígrafo

di.gres.são [pl.: *-ões*] *s.f.* **1** ato ou efeito de se afastar, de ir para longe do lugar onde se estava; divagação **2** *fig.* desvio momentâneo do assunto sobre o qual se fala ou escreve

di.gres.si.vo *adj.* **1** que se afasta ou desvia **2** *fig.* que se desvia momentaneamente do assunto de que fala ou escreve

di.la.ção [pl.: *-ões*] *s.f.* **1** atraso, demora **2** adiamento, prorrogação **3** intervalo de tempo autorizado para realizar algo; tempo de espera; prazo ☞ cf. *delação*

di.la.ce.ra.ção [pl.: *-ões*] *s.f.* ato ou efeito de dilacerar(-se), de fazer(-se) em pedaços

di.la.ce.ran.te *adj.2g.* **1** que dilacera **2** *fig.* que causa dor aguda

di.la.ce.rar *v.* {mod. 1} *t.d.* **1** rasgar com força; despedaçar □ *t.d. e pron. fig.* **2** (fazer) sentir aflição; atormentar(-se), mortificar(-se) *<o ciúme dilacerava-o> <preso da dúvida, seu coração dilacerava-se>* ~ **dilaceramento** *s.m.*

di.la.pi.dar *v.* {mod. 1} *t.d.* **1** gastar em excesso; desperdiçar, esbanjar **2** pôr abaixo; destruir, demolir ~ **dilapidação** *s.f.*

di.la.ta.ção [pl.: *-ões*] *s.f.* **1** ato ou efeito de dilatar(-se); alargamento, ampliação **2** *fig.* extensão no tempo; prorrogação

di.la.tar *v.* {mod. 1} *t.d. e pron.* **1** aumentar o volume ou as dimensões de (um corpo) *<d. um metal> <os corpos dilatam-se ao calor>* **2** *p.ext.* aumentar a capacidade, a abertura de; distender(-se) *<d. as narinas, os pulmões> <os ventrículos contraem-se e dilatam-se>* **3** *fig.* tornar(-se) mais amplo; expandir (-se) *<d. uma propriedade> <as fronteiras do Brasil dilataram-se graças aos bandeirantes>* **4** *fig.* prolongar(-se) no tempo *<a cirurgia dilatara o seu tempo de vida> <o almoço dilatou-se até a tardinha>* ☞ cf. *delatar* ~ **dilatado** *adj.* - **dilatador** *adj.s.m.*

di.le.ção [pl.: *-ões*] *s.f.* preferência por alguém ou por alguma coisa

di.le.ma *s.m.* problema que apresenta duas soluções igualmente indesejáveis ou desagradáveis ~ **dilemático** *adj.*

D

di.le.tan.te *adj.2g.s.2g.* que(m) pratica uma arte, ofício etc. como passatempo, e não profissionalmente

di.le.tan.tis.mo *s.m.* dedicação a uma arte ou ofício apenas por prazer

di.le.to *adj.* aquele de que se gosta mais; preferido

[1]di.li.gên.cia *s.f.* **1** interesse e cuidado na execução de uma tarefa **2** urgência em fazer algo **3** medida necessária para alcançar um fim; providência **4** busca minuciosa; investigação [ORIGEM: do lat. *diligentĭa,ae* 'cuidado, empenho'] ~ **diligente** *adj.2g.*

[2]di.li.gên.cia *s.f.* grande carruagem para transporte de passageiros, bagagem e malas do correio [ORIGEM: do fr. *diligence* 'id.']

di.li.gen.ci.ar *v.* {mod. 1} *t.d. e t.i.* (prep. *por*) empregar meios para; empenhar-se, esforçar-se *<a professora diligencia melhorar o rendimento dos alunos>* *<muito diligenciou por eleger-se deputado>*

di.lu.en.te *adj.2g.s.m.* (o) que dilui

di.lu.ir *v.* {mod. 26} *t.d. e pron.* **1** misturar(-se) com líquido (ger. água), para reduzir a concentração; dissolver(-se) *<prefiro d. o suco>* *<o comprimido diluiu-se no leite>* **2** *fig.* (fazer) perder a força; enfraquecer *<um sorriso diluiu a seriedade da sua fala>* *<o suspense do caso diluiu-se em meio a divagações>* ◉ GRAM/USO part.: *diluído, diluto*; ~ **diluição** *s.f.*

di.lu.vi.al [pl.: *-ais*] *adj.2g.* diluviano

di.lu.vi.a.no *adj.* relativo ao dilúvio universal

di.lú.vio *s.m.* **1** REL segundo a narrativa bíblica, inundação de toda a superfície terrestre **2** *p.ext.* chuva muito forte e demorada

di.men.são [pl.: *-ões*] *s.f.* **1** medida que determina o espaço ocupado por um corpo em largura, altura, comprimento ou profundidade; tamanho, proporção **2** cada uma das três grandezas (largura, altura e profundidade) que fixam a posição de um objeto no espaço **3** *fig.* importância, valor; alcance **4** *fig.* aspecto significativo de um pensamento, obra etc.

di.men.sio.nal [pl.: *-ais*] *adj.2g.* **1** relativo a dimensão ou às dimensões **2** que apresenta dimensão (diz-se de grandeza física) ~ **dimensionalidade** *s.f.*

di.men.sio.nar *v.* {mod. 1} *t.d.* **1** calcular ou estabelecer as dimensões de **2** atribuir certa importância a *<d. um problema com realismo>* ~ **dimensionamento** *s.m.*

dí.mer [pl.: *dímeres*] *s.m.* ELETR dispositivo que controla a intensidade de uma fonte de luz

di.mi.nu.en.do *s.m.* **1** MAT número de que se subtrai outro; minuendo ☞ cf. *subtraendo* **2** MÚS diminuição gradativa da intensidade do som ou da voz ☞ cf. *crescendo*

di.mi.nu.i.ção [pl.: *-ões*] *s.f.* **1** ato ou efeito de diminuir(-se) [algo] em quantidade, tamanho, grau, extensão; redução **2** declínio do mérito ou da reputação; depreciação **3** MAT subtração

di.mi.nu.ir *v.* {mod. 26} *t.d. e int.* **1** tornar(-se) menor, menos numeroso, menos intenso; reduzir □ *t.d.* **2** tornar breve; encurtar □ *t.d. e pron.* **3** reduzir (o mérito, o valor) [de]; depreciar(-se) □ *t.d. e t.d.i.* **4** (prep. *de*) tirar (número, parcela) de; subtrair

di.mi.nu.ti.vo *adj.s.m.* GRAM diz-se de ou grau que acrescenta ao significado do substantivo ou do adjetivo a noção de 'pequeno', p.ex., *gatinho* ('gato pequeno'), *partícula* ('parte muito pequena') ☞ tb. pode expressar ideias de afeição ou pouca gravidade, p.ex.: *probleminha*, é um problema fácil de resolver; *Ritinha* é uma forma carinhosa de chamar Rita

di.mi.nu.to *adj.* **1** muito pequeno; mínimo **2** em pouca quantidade

di.na.mar.quês [pl.: *-eses*] *s.m.* **1** ZOO raça de cães de grande porte, de pelagem em uma só cor (ruivo, cinza ou negro) ou branca com manchas negras **2** cão dessa raça ■ *adj.* **3** relativo à raça de cães ou ao cão ☞ veja *quadro de países/nacionalidades/idiomas/moedas* no final deste volume

di.nâ.mi.ca *s.f.* **1** FÍS estudo dos movimentos dos corpos e da ação das forças que produzem ou modificam esses movimentos **2** *p.ext.* movimento interno que estimula e faz com que algo evolua **3** MÚS graduação dos níveis de intensidade dos sons na execução de uma peça musical

di.nâ.mi.co *adj.* **1** que se modifica continuamente, que evolui **2** *fig.* ativo, ágil **3** FÍS relativo ao movimento e às forças ☞ cf. *estático*

di.na.mis.mo *s.m.* **1** característica do que é dinâmico, ativo; energia, vitalidade **2** conjunto das forças que movem, animam os seres **3** *fig.* espírito empreendedor

di.na.mi.te *s.f.* QUÍM explosivo à base de nitroglicerina ~ **dinamitar** *v.t.d.*

di.na.mi.zar *v.* {mod. 1} *t.d.* tornar dinâmico, ativo, ágil ~ **dinamização** *s.f.*

dí.na.mo *s.m.* ELETR **1** máquina que converte energia mecânica em elétrica; gerador **2** *fig.* o que impulsiona, motiva, desenvolve

di.na.mo.me.tri.a *s.f.* FÍS MED medição realizada com dinamômetro

di.na.mo.mé.tri.co *adj.* relativo a dinamometria e a dinamômetro

di.na.mô.me.tro *s.m.* **1** FÍS instrumento para medir forças mecânicas mediante emprego de resistência **2** MED instrumento para medir força muscular

di.nas.ti.a *s.f.* **1** série de reis ou soberanos de uma mesma família **2** *p.ext.* sucessão de herdeiros e continuadores

di.nhei.ra.ma *s.f.* *infrm.* **1** grande quantidade de dinheiro (em espécie) **2** alta quantia

di.nhei.ro *s.m.* **1** ECON meio de troca, na forma de moedas ou cédulas, us. na compra de bens, serviços, força de trabalho, e nas demais transações financeiras, emitido e controlado pelo governo de cada país **2** cédula e moeda us. nessas transações **3** *p.ext.* fortuna, riqueza ▣ **d. vivo** dinheiro em moedas ou em papel-moeda; dinheiro à vista, dinheiro em espécie

di.nos.sau.ro *s.m.* **1** ZOO nome comum a diversos répteis extintos, bípedes ou quadrúpedes, que habitaram a Terra no período Mesozoico **2** *fig. pej.* pessoa ou coisa que já não pertence ao tempo presente; (o) que é ultrapassado

di.o.ce.sa.no *adj.* **1** que pertence a uma diocese ■ *s.m.* **2** quem habita uma diocese **3** quem é fiel a uma diocese ou a seu bispo

di.o.ce.se *s.f.* região sob a autoridade de um bispo; bispado

dí.o.do ou **di.o.do** /ô/ *s.m.* ELETRÔN válvula ou dispositivo semicondutor que transforma a corrente elétrica alternada em contínua

di.o.ni.sí.a.co *adj.* **1** relativo a Dionísio ☞ cf. *Dionísio* na parte enciclopédica **2** *fig.* instintivo, espontâneo **3** *p.ext.* vibrante, arrebatado

di.ó.xi.do /cs/ *s.m.* QUÍM composto que contém dois átomos de oxigênio ▣ **d. de carbono** QUÍM gás carbônico

di.plo.ma *s.m.* **1** documento concedido por uma instituição de ensino, no qual se declara que o seu portador cumpriu as exigências necessárias à obtenção de um grau ou título **2** documento que confere honraria, mérito etc. ~ **diplomar** *v.t.d. e pron.*

di.plo.ma.ci.a *s.f.* **1** ciência, arte e prática das relações internacionais entre os Estados **2** *p.ext.* habilidade para negociar ou tratar com outras pessoas **3** a classe de diplomatas de um país **4** a carreira diplomática

di.plo.ma.ta *s.2g.* **1** indivíduo que tem por profissão a diplomacia **2** representante oficial de um país junto ao governo de outro **3** funcionário do serviço diplomático de um país **4** *fig.* indivíduo habilidoso para lidar com pessoas e resolver situações difíceis

di.plo.má.ti.co *adj.* **1** relativo a diplomata ou a diplomacia **2** relativo a diploma **3** *fig.* habilidoso para lidar com pessoas e resolver situações difíceis **4** *fig.* que mantém atitude prudente e reservada; discreto

dip.so.ma.ni.a *s.f.* MED necessidade incontrolável de ingerir bebida alcoólica

díp.te.ro *s.m.* ZOO **1** espécime dos dípteros, ordem de insetos de ampla distribuição mundial, conhecidos por moscas, mosquitos e mutucas ■ *adj.* **2** relativo a essa ordem e a esses insetos **3** que possui duas asas

di.que *s.m.* CONSTR barragem construída para desviar ou conter a invasão da água do mar ou de rio

di.re.ção [pl.: *-ões*] *s.f.* **1** ato ou efeito de dirigir; comando, liderança **2** *fig.* conjunto de esforços com o objetivo de formação, orientação **3** condução do trabalho de atores em filme, peça teatral, *show*, programa etc. **4** sentido; rumo **5** condução de veículo **6** peça, ger. circular, us. para dar rumo a um veículo; volante, guidão

di.re.cio.nal [pl.: *-ais*] *adj.2g.* **1** que indica direção ('sentido') **2** que pode ser orientado, dirigido

di.re.cio.nar *v.* {mod. 1} *t.d.i.* **1** (prep. *a, para*) dar rumo, orientação a; dirigir, encaminhar **2** (prep. *a, para*) dirigir para ponto ou alvo; apontar ~ **direcionamento** *s.m.* - **direcionável** *adj.2g.*

di.rei.ta *s.f.* **1** a mão direita; destra **2** *p.ext.* o lado direito **3** POL conjunto dos partidos políticos conservadores **4** POL conjunto de indivíduos ou instituições que apoia tais partidos

di.rei.tis.mo *s.m.* POL posicionamento, partido ou militância política de direita

di.rei.tis.ta *adj.2g.s.2g.* POL que(m) é militante de algum partido de direita ou simpatiza com o seu ideário ◉ COL direita

di.rei.to *adj.* **1** do lado do corpo humano oposto ao do coração **2** justo, honesto **3** de comportamento irrepreensível **4** sem erros; certo, correto **5** com aparência adequada **6** ereto ■ *s.m.* **7** o que é permitido a um indivíduo ou a um grupo por leis ou costumes **8** poder legítimo **9** privilégio, regalia **10** o lado feito para ser visto de um tecido ou de qualquer material de revestimento **11** conjunto das ciências jurídicas e sociais ☞ inicial freq. maiúsc. **12** curso superior dessas ciências ☞ inicial freq. maiúsc. ■ *adv.* **13** bem, adequadamente **14** com educação **15** segundo os princípios da moral; honestamente **16** com boa postura ▣ **d. autoral** DIR direito exclusivo do autor de reproduzir, vender e imprimir sua obra • **d. civil** DIR conjunto de leis que rege as relações de ordem privada entre os indivíduos • **d. penal** DIR parte do direito que define os crimes e estabelece as penalidades

di.re.ta.men.te *adv.* **1** em linha reta **2** sem desvio nem parada **3** sem mediação; sem intermediários

di.re.ti.va *s.f.* **1** instrução ou conjunto de instruções para a execução de um plano, uma ação etc. **2** norma de procedimento

di.re.ti.vo *adj.* que dá direção, orienta

di.re.to *adj.* **1** em linha reta; reto, direito **2** sem escalas entre o local de partida e o de chegada **3** sem intermediários **4** franco, sem rodeios ■ *adv.* **5** diretamente, sem parada nem desvio ■ *s.m.* **6** ESP nas lutas de boxe, soco violento que é dado estendendo-se o braço para a frente **7** *p.ext. infrm.* murro frontal

di.re.tor /ô/ [pl.: *-es*; fem.: *diretora* e *diretriz*] *adj.s.m.* **1** (o) que dirige; dirigente **2** CINE TEAT TV que(m) dirige um espetáculo (peça de teatro, filme etc.) ■ *adj.* **3** que dirige, que dá orientação

di.re.to.ri.a *s.f.* **1** equipe que dirige uma instituição; conjunto de diretores **2** cargo de diretor

di.re.tó.rio *s.m.* **1** grupo de pessoas que dirige um partido, uma associação etc. **2** INF subdivisão de um disco ou de outro meio de armazenamento capaz de conter arquivos; pasta

di.re.triz [pl.: *-es*] *s.f.* **1** linha que determina o traçado de uma estrada **2** *fig.* esboço de um plano, projeto etc.; orientação, diretiva **3** *fig.* norma de procedimento; conduta

D

di.ri.gen.te *adj.2g.s.2g.* que(m) dirige; governante

di.ri.gir *v.* {mod. 24} *t.d.* **1** exercer a direção de (instituição, cidade, país etc.); administrar, gerir **2** planejar e coordenar a execução de; conduzir **3** fazer a direção de (filme, peça etc.) □ *t.d.i.* **4** (prep. *a*) enviar, encaminhar (pedido, sugestão etc.) a □ *t.d.i. e pron.* **5** (prep. *para*) (fazer) tomar certo rumo; encaminhar (-se) □ *t.d. e int.* **6** comandar (veículo), fazendo-o tomar certo rumo; guiar □ *pron.* **7** (prep. *a*) falar, comunicar-se com ◉ GRAM/USO part.: *dirigido, direto*

di.ri.gí.vel [pl.: *-eis*] *adj.2g.* **1** que pode ser dirigido ■ *s.m.* **2** aeronave mais leve que o ar, ger. um balão em forma de elipse, inflada com gás hélio ou hidrogênio, com hélices e leme; balão dirigível ~ **dirigibilidade** *s.f.*

di.ri.mir *v.* {mod. 24} *t.d.* **1** alcançar a solução de; resolver, decidir **2** impedir totalmente; proibir **3** tornar nulo; extinguir, suprimir *<o tribunal dirimiu a sentença>* ~ **dirimente** *adj.2g.*

¹dis- *pref.* **1** 'ação contrária': *discordar* **2** 'movimento para várias direções': *distender* [ORIGEM: do lat. *dis-* (us. apenas como primeiro termo de derivados)]

²dis- *pref.* 'dificuldade': *dispneia* [ORIGEM: do gr. *dús-*]

dis.ca.gem [pl.: *-ens*] *s.f.* ação de discar ▣ **d. direta a cobrar** chamada para um aparelho particular, que virá cobrada na conta deste último [sigla: *DDC*] • **d. direta a distância** chamada interurbana de um aparelho a outro, sem auxílio da telefonista [sigla: *DDD*] • **d. direta internacional** chamada de um aparelho localizado num país a outro aparelho de outro país, sem auxílio da telefonista [sigla: *DDI*]

dis.cal.cu.li.a *s.f.* MED dificuldade para aprender a efetuar cálculos matemáticos

dis.car *v.* {mod. 1} *t.d. e int.* selecionar (número telefônico), girando o disco ou pressionando o teclado de telefone

dis.cên.cia *s.f.* **1** ação de aprender **2** estado do que é discente

dis.cen.te *adj.2g.* que estuda; estudantil

dis.cer.ni.men.to *s.m.* **1** capacidade de separar o certo do errado **2** juízo, tino **3** conhecimento, entendimento

dis.cer.nir *v.* {mod. 28} *t.d. e t.d.i.* **1** (prep. *de*) perceber claramente; distinguir, diferenciar *<d. a ação correta> <d. o bem do mal>* □ *t.d.* **2** compreender, entender □ *t.d. e int.* **3** julgar, avaliar *<emocionado, não discerniu bem>* ~ **discernível** *adj.2g.*

dis.ci.for.me *adj.2g.* discoide

dis.ci.pli.na *s.f.* **1** obediência às regras e aos superiores **2** ordem, bom comportamento **3** método, regularidade **4** ramo do conhecimento; matéria

dis.ci.pli.na.do *adj.* **1** que tem disciplina; obediente, ordeiro **2** que segue um plano ou regras bem-definidas; metódico

¹dis.ci.pli.nar *v.* {mod. 1} *t.d. e pron.* **1** submeter(-se) à disciplina *<os policiais disciplinaram-se depois das punições>* □ *t.d. p.ext.* **2** domar, controlar *<d. os instintos>* **3** impor castigos a; punir [ORIGEM: do lat. *disciplināre* 'ensinar, formar']

²dis.ci.pli.nar [pl.: *-es*] *adj.2g.* **1** relativo a disciplina ('ordem') **2** que promove disciplina, que pune **3** referente a disciplina ('matéria') *<conteúdo d.>* [ORIGEM: do lat. *disciplināris,e* 'relativo a disciplina, metódico']

dis.cí.pu.lo *s.m.* **1** aprendiz, aluno **2** aluno disposto a continuar o trabalho de seu mestre **3** seguidor de ideia, ideal etc. **3.1** REL cada um dos seguidores de Jesus ☞ cf. *apóstolo* ~ **discipular** *adj.2g.*

disc jockey [ing.; pl.: *disc jockeys*] *loc.subst.* discotecário ⇒ pronuncia-se disk djóquei

dis.co *s.m.* **1** ESP peça circular que os atletas arremessam em competições esportivas **2** *p.ext.* objeto redondo e chato **3** ANAT estrutura arredondada e achatada, presente no corpo dos animais (inclusive o homem) *<d. intervertebral>* **4** FONO placa circular com material sonoro gravado **5** INF meio de armazenamento de informações composto de um suporte circular em que se pode gravar e/ou reproduzir arquivos diversos ▣ **d. compacto 1** FONO compacto **2** FONO INF disco óptico em que se gravam músicas, imagens ou dados digitalmente ☞ menos us. que *compact disc* • **d. óptico** INF disco em que dados digitais são armazenados e lidos por *laser* • **d. rígido** INF unidade magnética fixa de armazenamento de dados no interior de um computador • **d. voador** nome popular para designar um objeto voador não identificado

dis.coi.de /ói/ *adj.2g.* que tem a forma plana e circular de um disco; disciforme

dis.cor.dân.cia *s.f.* **1** diferença de opiniões; divergência **2** falta de harmonia *<d. de cores>* **3** ausência de homogeneidade e ordem; variedade

dis.cor.dar *v.* {mod. 1} *t.i.* **1** (prep. *de*) ter opinião contrária à de (alguém); divergir **2** (prep. *de*) ser incompatível, inadequado; destoar *<o móvel discorda da decoração da casa>* ~ **discordante** *adj.2g.s.2g.*

dis.cor.de *adj.2g.* **1** que discorda; divergente **2** que não combina **3** dissonante, desafinado

dis.cór.dia *s.f.* **1** falta de acordo; desacordo **2** desentendimento, desavença **3** guerra, luta

dis.cor.rer *v.* {mod. 8} *t.i. e int.* (prep. *sobre*) expor pensamentos, ideias (sobre um tema); falar, discursar *<d. sobre educação> <discorreu duas horas sem parar>*

dis.co.te.ca *s.f.* **1** coleção de discos **2** local onde se guarda essa coleção **3** local, ger. fechado, onde jovens se reúnem para dançar

dis.co.te.cá.rio *s.m.* *B* responsável pela seleção das músicas executadas em discotecas, boates etc.; *disc jockey*

dis.cre.pân.cia *s.f.* **1** desigualdade, diferença **2** falta de acordo; discordância ~ **discrepante** *adj.2g.*

dis.cre.par *v.* {mod. 1} *t.i.* **1** (prep. *de*) ser diferente; diferir *<este móvel discrepa do restante da sala>* **2** (prep. *de*) estar em discordância; divergir *<d. do consenso geral>*

dis.cre.to *adj.* **1** que se comporta de maneira comedida; reservado, modesto **2** que não chama a atenção **3** que não revela fatos ou segredos de outros **4** que não se intromete em assuntos dos outros **5** de pouca intensidade **6** pequeno, diminuto **7** separado, independente

dis.cri.ção [pl.: *-ões*] *s.f.* **1** qualidade ou característica de discreto **2** capacidade de distinguir o certo do errado; *discernimento* ☞ cf. *descrição*

dis.cri.cio.ná.rio *adj.* **1** sujeito à discrição, ao julgamento de alguém **2** livre de condições; ilimitado, arbitrário *<poder d.>*

dis.cri.mi.na.ção [pl.: *-ões*] *s.f.* **1** capacidade de discriminar, de distinguir uma coisa de outra **2** ação ou efeito de separar, de pôr à parte; segregação ☞ cf. *descriminação* ▣ **d. racial** DIR segregação racial

dis.cri.mi.nar *v.* {mod. 1} *t.d.,t.i. e t.d.i.* **1** (prep. *de, entre*) perceber diferenças entre; distinguir *<d. cores> <d. entre a cópia e o original> <d. o certo do errado>* □ *t.d.* **2** pôr à parte; especificar, classificar **3** preterir ou tratar de modo injusto ou desigual (um indivíduo ou grupo de indivíduos) por característica étnica, cultural, religiosa etc. ☞ cf. *descriminar* ~ **discriminador** *adj.s.m.*

dis.cri.mi.na.tó.rio *adj.* **1** que discrimina, que serve para distinguir **2** que trata de modo injusto ou desigual um indivíduo ou grupo de indivíduos em relação aos demais

dis.cur.sar *v.* {mod. 1} *t.i. e int.* (prep. *sobre*) fazer discurso (sobre um tema, assunto); discorrer, falar

dis.cur.sei.ra *s.f. infrm.* **1** discurso longo e monótono **2** série longa de discursos **3** falação, verborragia

dis.cur.so *s.m.* **1** mensagem proferida em público **2** exposição metódica sobre um assunto **3** conjunto de enunciados que caracterizam o modo de agir ou de pensar de alguém ou de um grupo específico **4** GRAM enunciado oral ou escrito em que se supõe um locutor e um interlocutor

dis.cus.são [pl.: *-ões*] *s.f.* **1** debate em que cada participante defende pontos de vista opostos **2** desentendimento, briga

dis.cu.tir *v.* {mod. 24} *t.d. e t.d.i.* **1** (prep. *com*) examinar, analisar em detalhes considerando prós e contras (de); debater *<d. o projeto com a equipe>* □ *t.d.* **2** pôr em dúvida; contestar *<d. o mérito de um ato>* **3** entrar em entendimento sobre; acertar *<d. um contrato>* □ *t.i. e int.* **4** (prep. *com*) brigar verbalmente; desentender-se

dis.cu.tí.vel [pl.: *-eis*] *adj.2g.* **1** que pode ser discutido; que não está decidido **2** que pode ser contestado; duvidoso

dí.sel *s.m.* → ***DIESEL***

di.sen.te.ri.a *s.f.* MED infecção caracterizada por evacuação de fezes com muco e sangue, acompanhada de cólica intestinal ~ **disentérico** *adj.s.m.*

dis.far.ça.do *adj.* **1** que usa disfarce; fantasiado, mascarado **2** que esconde seus verdadeiros sentimentos, intenções etc.; dissimulado, fingido

dis.far.çar *v.* {mod. 1} *t.d.* **1** tornar menos ou nada visível; encobrir **2** não demonstrar; dissimular *<d. uma decepção>* **3** alterar (voz, maneiras etc.) para não ser reconhecido □ *t.d.pred. e pron.* **4** (prep. *de*) vestir(-se) de modo diferente para passar por outra pessoa; fantasiar(-se) *<disfarçou as policiais (de modelos)> <os ladrões disfarçaram-se de carteiros>* ~ **disfarçável** *adj.2g.*

dis.far.ce *s.m.* **1** algo us. para disfarçar(-se); fantasia, máscara, embuço **2** *fig.* dissimulação, fingimento

dis.for.me *adj.2g.* **1** que foge a um padrão regular; deformado **2** que não tem forma definida; grotesco

dis.fun.ção [pl.: *-ões*] *s.f.* MED mal funcionamento de um órgão

dis.jun.ção [pl.: *-ões*] *s.f.* separação, desunião

dis.jun.gir ou **des.jun.gir** *v.* {mod. 24} *t.d.* **1** soltar (animal) de jugo **2** *p.ext.* desunir, separar ◉ GRAM/USO part.: *disjungido, disjunto*

dis.jun.to *adj. frm.* **1** não junto; separado **2** mal junto; um pouco separado ◉ GRAM/USO part. de *disjungir*

dis.jun.tor /ô/ [pl.: *-es*] *s.m.* ELETR interruptor que se desliga automaticamente quando a corrente elétrica atinge uma determinada intensidade

dis.la.li.a *s.f.* MED distúrbio da articulação de palavras devido a lesão de algum dos órgãos fonadores

dis.le.xi.a /cs/ *s.f.* MED **1** distúrbio da aprendizagem de leitura caracterizado pela dificuldade de reconhecer a correspondência entre o que está escrito e o que é falado **2** dificuldade de leitura, decorrente de lesão do sistema nervoso central, apresentada por pessoa que sabia ler ~ **disléxico** *adj.s.m.*

dís.par [pl.: *-es*] *adj.2g.* que não é igual; desigual, diferente

dis.pa.ra.da *s.f.* *B* **1** grande velocidade ou corrida desordenada **2** dispersão do gado; estouro

dis.pa.rar *v.* {mod. 1} *t.d.* **1** fazer ir longe; arremessar, lançar *<d. flechas>* **2** emitir ou soar com força e de repente *<o menino disparou um berro>* □ *t.d.,t.i. e int.* **3** (prep. *em*) acionar o gatilho de (arma de fogo); atirar *<o guarda disparou sua arma> <os policiais dispararam nos manifestantes> <os bandidos estão disparando!>* □ *int.* *B* **4** correr desenfreadamente; desabalar *<o cão disparou atrás do carteiro>* **5** *fig.* aumentar muito e rapidamente (esp. preço, tarifa) *<o preço do pão disparou>* ◉ GRAM/USO tb. é empr. como v.aux., com a prep. *a* e o inf. de outro verbo, para indicar a ideia de 'início ou insistência da ação': *a campainha disparou a tocar*

dis.pa.ra.ta.do *adj.* **1** que diz ou comete disparates **2** que não faz sentido; absurdo, despropositado

dis.pa.ra.tar *v.* {mod. 1} *int.* praticar ou dizer disparates, absurdos; desatinar

dis.pa.ra.te *s.m.* dito ou ação ilógica, absurda; despropósito

dis.pa.ri.da.de *s.f.* **1** característica do que é díspar; desigualdade, diferença **2** *B* o que se diz sem pensar; disparate

dis.pa.ro *s.m.* 1 ato ou efeito de disparar 2 tiro, balaço 3 ruído de tiro; estampido

dis.pên.dio *s.m.* 1 aquilo que se gasta; gasto, consumo 2 *p.ext.* gasto excessivo; prejuízo

dis.pen.di.o.so /ô/ [pl.: /ó/; fem.: /ó/] *adj.* 1 que dá despesa; caro 2 que consome muito (p.ex., energia)

D

dis.pen.sa *s.f.* 1 permissão para não executar um trabalho 2 documento em que se pede ou se concede essa permissão 3 *B* fim do contrato de trabalho por parte do empregador; demissão ☞ cf. *despensa*

dis.pen.sar *v.* {mod. 1} *t.d.* 1 não necessitar de; prescindir *<o escritor dispensa apresentação>* 2 abrir mão de; recusar *<não dispensa a ajuda de ninguém>* 3 mandar embora; demitir *<o escritório dispensará oito funcionários>* □ *t.d.,t.d.i. e pron.* 4 (prep. *de*) desobrigar(-se) de; isentar(-se), liberar(-se) *<terminada a reunião, dispensou os diretores> <d. de identificação os visitantes> <irá d.-se da tarefa quanto antes>* □ *t.d.i.* 5 (prep. *a*) conceder, conferir, dar *<d. a devida atenção às visitas>*

dis.pen.sá.rio *s.m.* instituição beneficente que atende doentes pobres

dis.pen.sá.vel [pl.: *-eis*] *adj.2g.* 1 que não faz falta 2 *p.ext.* desnecessário, inútil

dis.pep.si.a *s.f.* MED sensação de desconforto digestivo, que ocorre após as refeições ~ **dispéptico** *adj.s.m.*

dis.per.são [pl.: *-ões*] *s.f.* 1 ato ou efeito de dispersar(-se), de (fazer) sair ou ir em diferentes direções; debandada 2 falta de concentração; desatenção 3 FISQUÍM distribuição de uma substância em um fluido em que não é solúvel

dis.per.sar *v.* {mod. 1} *t.d.,int. e pron.* 1 (fazer) ir para diferentes direções; espalhar(-se) *<o vento dispersou as sementes> <não dispersem, fiquem juntos> <os torcedores dispersaram-se em paz>* 2 (fazer) desaparecer; dissipar(-se) *<o sol dispersou a cerração> <a fumaça ainda não (se) dispersou>* □ *t.d. e pron. fig.* 3 (fazer) mudar direção (a atenção); distrair(-se) *<o barulho dispersou a atenção dos alunos> <seus pensamentos se dispersam facilmente>* ◉ GRAM/USO part.: *dispersado, disperso*

dis.per.si.vo *adj.* 1 que causa dispersão 2 distraído, disperso

dis.per.so *adj.* 1 que se espalhou; homogeneamente separado *<partículas d. em um líquido>* 2 debandado *<gado d.>* 3 fora de ordem; desarrumado 4 desatento, dispersivo ◉ GRAM/USO part. de *dispersar*

dis.pla.si.a *s.f.* MED distúrbio no desenvolvimento de um órgão ou tecido, que leva a uma má-formação ou a uma disfunção

dis.pli.cên.cia *s.f.* 1 *B* característica de quem é ou está desatento; omissão, desinteresse 2 característica do que é ou está entediado; aborrecimento 3 *B* descuido no modo de vestir, de ser; desleixo, desmazelo ~ **displicente** *adj.2g.s.m.*

disp.nei.a /éi/ *s.f.* MED dificuldade de respirar, ger. associada a doença cardíaca ou pulmonar ~ **dispneico** *adj.*

dis.po.ni.bi.li.da.de *s.f.* 1 característica do que pode ser us. quando e como se quiser 2 predisposição para receber (influências externas, conselhos etc.) ou para fazer algo 3 condição do funcionário público, juiz etc., que está afastado do trabalho temporariamente, sem perder direitos

dis.po.ni.bi.li.zar *v.* {mod. 1} *t.d.* tornar disponível, de fácil acesso; liberar *<d. verba para a educação>*

dis.po.ní.vel [pl.: *-eis*] *adj.2g.* 1 de que é possível dispor 2 que não está ocupado; livre, desimpedido

dis.por *v.* {mod. 23} *t.d. e t.d.i.* 1 (prep. *em*) colocar numa certa ordem; arrumar *<d. os livros em ordem alfabética> <d. os pratos na mesa>* 2 distribuir lugares, aposentos a; acomodar *<o gerente vai d. os hóspedes (nos quartos)>* □ *t.d.i.* 3 (prep. *em*) dar certa estrutura; distribuir *<d. a tese em capítulos>* □ *t.i.* 4 (prep. *de*) ter como parte constituinte ou anexa *<a escola dispõe de salas de informática>* 5 (prep. *de*) ser dono de; possuir *<d. de tempo>* 6 (prep. *de*) fazer uso de; utilizar *<pode d. do livro quando quiser>* 7 (prep. *de*) ter controle sobre; dominar *<não d. dos movimentos>* 8 (prep. *de*) abrir mão de; desfazer-se *<d. de livros usados>* □ *pron.* 9 (prep. *a*) tomar resolução; decidir-se *<d.-se a partir>* 10 (prep. *a*) preparar-se, predispor-se *<o júri dispôs-se a condenar o réu>* 11 (prep. *a*) pôr-se ao serviço de; dedicar-se *<d.-se a Deus>* ■ *s.m.* 12 prontidão para servir, ajudar; disposição *<estou a seu d.>* ☞ como s.m., pl.: *dispores* ◉ GRAM/USO part.: *disposto*

dis.po.si.ção [pl.: *-ões*] *s.f.* 1 distribuição, arranjo de elementos 2 estado de espírito ou de saúde 3 *p.ext.* vontade, animação 4 tendência de pessoa para uma atividade; inclinação 5 DIR preceito legal; determinação 6 DIR cada uma das cláusulas de um contrato

dis.po.si.ti.vo *adj.* 1 que contém uma disposição, uma ordem, uma prescrição ■ *s.m.* 2 norma, preceito 3 em máquinas, peça ou mecanismo com função especial 4 mecanismo construído com determinado fim; engenho 5 *fig.* conjunto de ações planejadas e coordenadas visando a algo

dis.pos.to /ô/ [pl.: /ó/; fem.: /ó/] *adj.* 1 colocado de certo modo 2 preparado, organizado 3 com propensão para algo; inclinado 4 *B* em bom estado de saúde física e psíquica; animado 5 *B* que não tem medo; arrojado, valente ■ *s.m.* 6 aquilo que foi decidido e está redigido em algum regulamento, código etc.; norma

dis.pró.sio *s.m.* QUÍM elemento químico us. em aparelhos de TV e reatores nucleares [símb.: *Dy*] ☞ cf. *tabela periódica* (no fim do dicionário)

dis.pu.ta *s.f.* 1 ato ou efeito de disputar; confronto verbal; discussão, debate 2 luta por algo desejado por várias pessoas; competição, concorrência 3 briga, rixa ~ **disputante** *adj.2g.s.2g*

dis.pu.tar *v.* {mod. 1} *t.d. e t.d.i.* **1** (prep. *a, com*) esforçar-se para obter (algo desejado por outro); competir, concorrer *<d. um emprego (com vários candidatos)> <d. a namorada ao (com o) amigo>* □ *t.d. e t.i.* **2** (prep. *entre, por*) tentar tomar ou garantir para si *<os animais disputam o território> <os apresentadores disputam entre si pela audiência>* □ *t.d.,t.i. e int.* **3** (prep. *com, sobre*) defender pontos de vista contrários sobre; discutir, debater *<d. um assunto> <d. (com o oponente) sobre sua teoria> <ele costuma d. até convencer os adversários>*

dis.que.te *s.m.* INF disco flexível us. para armazenar dados magneticamente

dis.rit.mi.a *s.f.* MED distúrbio do ritmo ~ **disrítmico** *adj.s.m.*

dis.sa.bor /ô/ [pl.: *-es*] *s.m.* **1** contrariedade, aborrecimento **2** sentimento de tristeza e infelicidade; aflição, desgosto **3** falta de sabor

dis.se.ca.ção [pl.: *-ões*] *s.f.* **1** ANAT isolamento, com o uso de instrumento cirúrgico, dos elementos anatômicos de um organismo (ser humano, animal ou vegetal); dissecção **2** *fig.* análise minuciosa de algo ☞ cf. *dessecação*

dis.se.car *v.* {mod. 1} *t.d.* **1** ANAT realizar dissecação em *<d. um cadáver>* **2** *fig.* examinar em detalhes; esmiuçar *<d. um capítulo do livro>* ☞ cf. *dessecar*

dis.sec.ção [pl.: *-ões*] *s.f.* ANAT dissecação

dis.se me dis.se *s.m.2n.* sucessão de mexericos, fofocas, intrigas

dis.se.mi.na.ção [pl.: *-ões*] *s.f.* **1** ação ou efeito de disseminar(-se), de espalhar-se; dispersão **2** *fig.* propagação, divulgação

dis.se.mi.nar *v.* {mod. 1} *t.d. e pron.* **1** (prep. *por*) (fazer) deslocar-se em várias direções; espalhar(-se) *<o vento dissemina os esporos> <as sementes disseminaram-se pela terra>* **2** *fig.* tornar(-se) muito conhecido; difundir(-se) *<o técnico vai d. noções de higiene> <más notícias disseminam-se rapidamente>*

dis.sen.são [pl.: *-ões*] *s.f.* **1** falta de concordância sobre algo; divergência **2** conflito, desavença

dis.sen.tir *v.* {mod. 28} *t.i.* **1** (prep. *de*) estar em divergência com; discordar *<d. das decisões da assembleia>* **2** (prep. *de*) não estar de acordo, adequado com; destoar *<suas opiniões dissentem do seu modo de vida>*

dis.ser.ta.ção [pl.: *-ões*] *s.f.* **1** *B* monografia final que o candidato ao título de mestre deve apresentar e defender **2** exposição oral; conferência, discurso **3** exposição escrita sobre assunto científico, artístico etc.

dis.ser.tar *v.* {mod. 1} *t.i. e int.* (prep. *sobre*) expor de modo sistemático, abrangente e profundo, oralmente ou por escrito; discorrer *<d. sobre ecologia> <dissertou brilhantemente>*

dis.si.dên.cia *s.f.* **1** desavença, conflito **2** ato de separar-se de grupo, partido etc. por divergência de opiniões; cisma **3** o grupo que se separa

dis.si.den.te *adj.2g.s.2g.* (aquele) que não concorda com os princípios, ideias ou práticas de um grupo, uma instituição ou um governo, e por isso dele se afasta

dis.sí.dio *s.m.* **1** conflito de interesses ou opiniões; divergência **2** conflito coletivo ou individual levado à Justiça do Trabalho, ger. quanto a aumento ou reajuste salarial

dis.sí.la.bo *adj.s.m.* (palavra) que tem duas sílabas ~ **dissilábico** *adj.*

dis.si.mu.la.ção [pl.: *-ões*] *s.f.* **1** disfarce de verdadeiras intenções e sentimentos; fingimento **2** ato ou efeito de encobrir ou modificar algo

dis.si.mu.la.do *adj.* **1** que se dissimula ou dissimulou; encoberto, disfarçado ■ *adj.s.m.* **2** que(m) dissimula com frequência; fingido, falso

dis.si.mu.lar *v.* {mod. 1} *t.d. e t.d.i.* **1** (prep. *a*) não demonstrar; disfarçar *<d. ciúmes> <d. (ao patrão) a mágoa>* □ *t.d. e pron.* **2** pôr(-se) de modo a não ser visto; esconder(-se) *<d. o carro entre as ramagens> <d.-se na sombra>* ~ **dissimulável** *adj.2g.*

dis.si.pa.ção [pl.: *-ões*] *s.f.* **1** desaparecimento, dispersão **2** desperdício dos próprios bens; dilapidação **3** *p.ext.* desregramento, devassidão

dis.si.par *v.* {mod. 1} *t.d. e pron.* **1** (fazer) desaparecer; dispersar(-se) *<o sol dissipou a neblina> <d.-se a fumaça>* **2** *fig.* (fazer) ter fim; acabar *<d. a saudade> <d.-se o medo>* □ *t.d.* **3** gastar em excesso; esbanjar *<d. a herança>* **4** *fig.* estragar por excessos; arruinar *<d. a saúde>*

dis.so *contr.* da prep. *de* com o pron.dem. *isso*

dis.so.ci.ar *v.* {mod. 1} *t.d.,t.d.i. e pron.* (prep. *de*) desfazer uma associação; desunir(-se), separar(-se) *<a direção vai d. (do clube) os inadimplentes> <d.-se de uma banda>* ~ **dissociação** *s.f.*

dis.so.lu.ção [pl.: *-ões*] *s.f.* **1** ato ou efeito de dissolver(-se); decomposição, desagregação **2** deterioração dos costumes; devassidão, imoralidade **3** extinção de uma entidade, contrato etc.

dis.so.lu.to *adj.* **1** que foi dissolvido; decomposto **2** *fig.* de maus costumes; depravado, devasso

dis.sol.ven.te *adj.2g.s.2g.* (o) que dissolve; solvente

dis.sol.ver *v.* {mod. 8} *t.d.,t.d.i. e pron.* **1** desfazer(-se) [substância sólida, em pó ou pastosa] em um meio líquido; liquefazer(-se) *<d. o açúcar (na água)> <d.-se o sal>* □ *t.d. e pron.* **2** dispersar(-se), dissipar(-se) *<o vento dissolveu as nuvens> <d.-se a bruma>* **3** *fig.* (fazer) desaparecer; eliminar(-se) **4** *fig.* acabar com a existência de; extinguir(-se) *<d. o parlamento> <d.-se um conselho>* ◉ GRAM/USO part.: *dissolvido, dissoluto*

dis.so.nân.cia *s.f.* **1** conjunto de sons cuja combinação é desagradável ao ouvido **2** *p.ext.* falta de harmonia (de cores, formas, opiniões etc.)

dis.so.nan.te *adj.2g.* **1** que apresenta ou produz dissonância **2** que destoa; discordante

dis.su.a.dir *v.* {mod. 24} *t.d.i. e pron.* (prep. *de*) convencer(-se) a desistir de (ideia, decisão); despersuadir(-se) *<dissuadiu-a de viajar> <d.-se de largar o emprego>* ~ **dissuasão** *s.f.* - **dissuasivo** *adj.*

dis.tân.cia *s.f.* **1** espaço entre duas coisas ou pessoas **2** afastamento, separação **3** intervalo de tempo **4** separação entre classes sociais, faixas etárias, ideias etc.

D

dis.tan.ci.ar *v.* {mod. 1} *t.d.,t.d.i. e pron.* **1** (prep. *de*) mover(-se) para longe; afastar(-se) *<d. o projetor (da tela)> <d.-se dos demais>* □ *t.d.i. e pron.* **2** (prep. *de*) (fazer) perder o interesse por, o contato com; afastar(-se) *<o sucesso distanciou-o dos amigos> <nas férias, os colegas se distanciaram>* □ *t.d.* **3** pôr em espaços intercalados; espaçar ~ **distanciamento** *s.m.*

dis.tan.te *adj.2g.* **1** situado a uma certa distância **2** situado a grande distância; afastado **3** *p.ext.* sem semelhança; diferente **4** separado no tempo; remoto **5** *fig.* pouco comunicativo; reservado **6** *fig.* distraído, desligado ■ *adv.* **7** a (grande) distância; longe *<d., ouvia-se o mar>*

dis.tar *v.* {mod. 1} *t.d.i. e int.* **1** (prep. *de*) estar a certa distância (de) *<a cidade dista 100 km daqui> <a rua não dista muito>* □ *t.i.* **2** (prep. *de*) ser diferente de; distinguir-se *<esse tecido dista muito do outro>*

dis.ten.der *v.* {mod. 8} *t.d. e pron.* **1** (prep. *por, sobre*) estender(-se) para várias direções **2** tornar(-se) rijo, esticado; esticar(-se) *<d. o arco> <d.-se um fio>* **3** aumentar de volume; dilatar(-se) *<d.(-se) a barriga>* **4** (fazer) ficar frouxo; relaxar(-se) **5** MED causar distensão a, ou sofrer distensão ('repuxo') *<d.(-se) um músculo>* ◉ GRAM/USO part.: *distendido, distenso* ~ **distenso** *adj.*

dis.ten.são [pl.: *-ões*] *s.f.* **1** ato ou efeito de distender(-se); retesamento, estiramento **2** diminuição ou falta de tensão; relaxamento, afrouxamento **3** MED repuxo ou deslocamento de músculo, ligamentos, nervo etc.; estiramento

dís.ti.co *s.m.* **1** LIT estrofe de dois versos **2** *p.ext.* lema, divisa

dis.tin.ção [pl.: *-ões*] *s.f.* **1** ação ou efeito de distinguir(-se); diferença, separação **2** reconhecimento de duas ou mais coisas ou pessoas como diferentes **3** boa educação, fineza **4** maneira honesta, correta de proceder **5** condecoração, prêmio

dis.tin.guir *v.* {mod. 24} *t.d.,t.d.i. e pron.* **1** (prep. *de*) perceber, estabelecer diferença(s) entre ou ser diferente de; diferenciar(-se) *<d. bem os verdadeiros amigos> <d. o elogio da bajulação> <d.-se uma obra das demais>* □ *t.d.* **2** ser traço distintivo de; caracterizar **3** perceber com os sentidos; sentir **4** mostrar respeito, consideração por □ *t.d. e pron.* **5** (fazer) sobressair; destacar(-se) ◉ GRAM/USO part.: *distinguido, distinto*

dis.tin.ti.vo *adj.s.m.* **1** (o) que estabelece distinção ■ *s.m.* **2** peça que, presa à roupa, indica patente, honraria, instituição, cargo etc. do usuário; emblema

dis.tin.to *adj.* **1** que não é igual; diferente **2** nítido, marcante **3** que goza de respeito por mérito ou posição; ilustre, eminente **4** que se destaca pela elegância, discrição no trajar etc., ou pelas qualidades e aptidões ☞ cf. *destinto*

dis.to *contr.* da prep. *de* com o pron.dem. *isto*

dis.tor.ção [pl.: *-ões*] *s.f.* **1** alteração da forma, da estrutura, do aspecto etc.; deformação **2** torção anormal **3** *p.ext.* alteração de sentido

dis.tor.cer *v.* {mod. 8} *t.d.* **1** alterar, desvirtuar o sentido de (declaração, informação etc.); deturpar **2** modificar a forma ou o padrão característico de ☞ cf. *destorcer*

dis.tra.ção [pl.: *-ões*] *s.f.* **1** falta de concentração no que se passa ao redor; desatenção **2** resultado dessa desatenção; erro, engano **3** diversão, recreação

dis.tra.í.do *adj.* **1** que se distrai; alheio, absorto **2** que perde a atenção com frequência; desatento

dis.tra.ir *v.* {mod. 25} *t.d.,t.d.i. e pron.* **1** (prep. *de*) tirar ou desviar a atenção de (alguém) para outro lugar, momento, assunto etc. *<o telefonema distraiu-o (do trabalho)> <d.-se durante a palestra>* □ *t.d.i. e pron. fig.* **2** (prep. *de*) (fazer) esquecer (problemas, preocupações etc.) *<a viagem o distraiu da desilusão> <d.-se dos aborrecimentos>* □ *t.d. e pron.* **3** ocupar(-se) de forma prazerosa; divertir(-se)

dis.tra.tar *v.* {mod. 1} *t.d.* desfazer, anular (acordo, contrato etc.) ☞ cf. *destratar* ~ **distrato** *s.m.*

dis.tri.bu.i.ção [pl.: *-ões*] *s.f.* **1** ato ou efeito de distribuir; repartição **2** ato ou efeito de dispor com critério; disposição, ordenamento **3** serviço de entrega de bens e serviços

dis.tri.bu.i.dor /ô/ [pl.: *-es*] *adj.* **1** que distribui ■ *s.m.* **2** pessoa ou empresa que se encarrega da distribuição de determinado produto no mercado

dis.tri.bu.i.do.ra /ô/ *s.f.* empresa que se encarrega da distribuição de determinado produto no mercado

dis.tri.bu.ir *v.* {mod. 26} *t.d. e t.d.i.* **1** (prep. *a, com, entre, por*) dar parcela de (algo) [a vários receptores]; repartir, dividir *<d. dividendos (entre os acionistas)>* **2** (prep. *a*) conferir (tarefa, papel etc.) [a membros de grupo] *<d. papéis (aos atores)>* □ *t.d.* **3** enviar, lançar para diferentes direções; espalhar *<d. beijos>* **4** dispor seguindo critérios, princípios etc.; arrumar *<d. alimentos na despensa>*

dis.tri.bu.ti.vo *adj.* **1** relativo à distribuição ou que distribui **2** em que há divisão por igual; equitativo

dis.tri.to *s.m.* **1** divisão administrativa de um município ou cidade **2** delegacia de polícia ~ **distrital** *adj.2g.*

dis.tro.fi.a *s.f.* MED anomalia no desenvolvimento de um órgão ou região do corpo, decorrente de problemas de nutrição ~ **distrófico** *adj.s.m.*

dis.túr.bio *s.m.* **1** algo que atrapalha; perturbação **2** defeito, desajuste **3** confusão, tumulto **4** MED mau funcionamento de órgão, função orgânica etc.; doença

di.ta *s.f.* **1** sorte favorável; fortuna **2** destino, fado

di.ta.do *s.m.* **1** ato de ditar texto para alguém escrever **2** esse texto escrito **3** provérbio, adágio, máxima ■ *adj.* **4** dito em voz alta, para ser escrito **5** *p.ext.* sugerido, inspirado **6** *fig.* imposto, forçado

di.ta.dor /ô/ [pl.: *-es*] *adj.s.m.* **1** (autoridade máxima) que governa uma ditadura **2** *p.ext.* (indivíduo) autoritário, despótico

di.ta.du.ra *s.f.* **1** governo autoritário em que, pela força, são revogadas eleições, leis e liberdades individuais **2** *fig.* excesso de autoritarismo; tirania

di.ta.me *s.m.* **1** aquilo que deve ser cumprido; regra, determinação **2** ensinamento, conselho

di.tar *v.* {mod. 1} *t.d. e t.d.i.* **1** (prep. *a*) dizer em voz alta para outro escrever *<d. (aos alunos) as questões da prova>* **2** *fig.* (prep. *a*) impor, determinar *<d. (aos outros) o que fazer>*

di.ta.to.ri.al [pl.: *-ais*] *adj.2g.* **1** próprio de ditador ou de ditadura **2** *p.ext.* que impõe a própria vontade; despótico

[1]**di.to** *adj.* **1** que se diz ou disse; mencionado **2** chamado, conhecido por *<José Carlos, d. Zeca>* [ORIGEM: do lat. *dictus,a,um* 'id.']

[2]**di.to** *s.m.* **1** aquilo que se diz ou disse **2** ditado, provérbio *<d. popular>* [ORIGEM: do lat. *dictum,i* 'id.']

di.to-cu.jo [pl.: *ditos-cujos*; fem.: *dita-cuja*] *s.m. B infrm.* aquele cujo nome está subentendido, não é conhecido ou não se quer citar

di.ton.go *s.m.* GRAM emissão de dois fonemas vocálicos (vogal e semivogal) em uma mesma sílaba (p.ex., *pai, série, lei*) ☞ cf. *hiato* e *tritongo* ▣ **d. crescente** GRAM o que tem a semivogal como primeiro som (p.ex., *quadro*) • **d. decrescente** GRAM o que tem a semivogal como segundo som (p.ex., *mau*) ~ **ditongal** *adj.2g.*

di.to.so /ô/ [pl.: /ó/; fem.: /ó/] *adj.* que tem boa dita; feliz, afortunado

DIU *s.m.* MED sigla de *dispositivo intrauterino*

di.u.re.se *s.f.* FISL secreção de urina

di.u.ré.ti.co *adj.s.m.* (o) que estimula a secreção de urina

di.ur.no *adj.* que se faz ou acontece de dia

di.u.tur.no *adj.* que se prolonga ou permanece por muito tempo; longo

di.va *s.f.* **1** divindade feminina; deusa **2** *fig.* mulher da qual alguém fez sua musa inspiradora **3** *p.ext.* atriz ou cantora famosa pela beleza e talento **4** *p.ext.* cantora de ópera muito famosa; prima-dona

di.vã *s.m.* sofá sem braços e sem encosto

di.va.ga.ção [pl.: *-ões*] *s.f.* **1** ato de andar sem rumo certo **2** *fig.* desvio do tema principal; digressão

di.va.gar *v.* {mod. 1} *int.* **1** caminhar sem rumo; vagar **2** *fig.* desviar-se do assunto principal *<de repente ele começou a d.>* **3** *fig.* falar coisas sem nexo; desvairar **4** soltar o pensamento; fantasiar ☞ cf. *devagar*

di.ver.gên.cia *s.f.* **1** afastamento progressivo (de dois raios, duas linhas, duas ruas etc.) **2** *fig.* diferença de opinião; discordância

di.ver.gen.te *adj.2g.* **1** que diverge; que não é paralelo **2** *fig.* que apresenta divergência; discordante

di.ver.gir *v.* {mod. 28} *int.* **1** distanciar-se progressivamente (uma coisa de outra) *<então seus caminhos divergiram>* □ *t.i. e int. fig.* **2** (prep. *de*) estar em desacordo; discordar *<não admite que divirjam dele> <as opiniões divergem>*

di.ver.são [pl.: *-ões*] *s.f.* o que se faz por prazer; divertimento, entretenimento

di.ver.si.da.de *s.f.* **1** característica do que é diferente, variado; variedade **2** *p.ext.* desacordo, oposição **3** ECO biodiversidade

di.ver.si.fi.car *v.* {mod. 1} *t.d.* (prep. *de*) tornar diverso, diferente, variado *<a loja deve d. os artigos>* ~ **diversificação** *s.f.*

di.ver.so *adj.* **1** que não é igual; dessemelhante **2** vário, variado **3** modificado, mudado **4** que diverge; discordante ▼ ***diversos*** *pron.ind.pl.* **5** alguns, muitos

di.ver.ti.do *adj.* que diverte, que provoca riso

di.ver.ti.men.to *s.m.* **1** o que diverte; diversão, entretenimento **2** sensação de agrado com aquilo que dá alegria e disposição

di.ver.tir *v.* {mod. 28} *t.d. e pron.* **1** entreter(-se) com coisas agradáveis, brincadeiras; distrair(-se) **2** (fazer) rir; alegrar(-se) *<palhaços divertem a plateia> <d.-se com as gafes alheias>* □ *t.d.,t.d.i. e pron.* **3** (prep. *de*) (fazer) desviar a atenção de; distrair(-se) *<foliões divertiram os operários (do trabalho)> <foi ao parque d.-se das preocupações>*

dí.vi.da *s.f.* **1** falta de cumprimento de uma obrigação (material ou moral) **2** o que se deve pagar ▣ **d. externa** ECON total da dívida de um país com credores do exterior

di.vi.den.do *adj.* **1** que se pode ou deve dividir ■ *s.m.* **2** MAT número que é dividido por outro na operação chamada *divisão* **3** ECON cota de cada acionista nos lucros de uma empresa ▼ ***dividendos*** *s.m.pl. fig.* **4** vantagens, benefícios

di.vi.dir *v.* {mod. 24} *t.d.i.* **1** (prep. *em*) separar conforme certas características; classificar *<d. um período em três orações>* **2** (prep. *com, entre, por*) dar parcela de (algo) [a vários receptores]; distribuir, repartir *<d. o almoço (com o colega)>* □ *t.d.i. e int.* **3** MAT (prep. *por*) efetuar divisão (de um número) *<d. oito por dois> <os alunos já sabem d.>* □ *t.d.,t.d.i. e pron.* **4** (prep. *em*) decompor(-se) [um todo] em partes ou porções *<d. a pizza (em fatias)> <a esquadra dividiu-se em dois grupos>* □ *t.d. e pron.* **5** (fazer) entrar em discórdia; desavir(-se) *<o debate dividiu os ouvintes> <torceu para o time não se d.>*

di.vi.na.ção [pl.: *-ões*] *s.f.* arte ou prática de prever o futuro; adivinhação

di.vi.nal [pl.: *-ais*] *adj.2g.* divino (adj.)

di.vi.na.tó.rio *adj.* relativo a adivinhação ou a sua prática e meios

D

di.vin.da.de *s.f.* REL **1** natureza ou condição daquele que é divino **2** Deus, segundo o monoteísmo **3** ente ou ser divino, no politeísmo *<Vênus era a d. do amor>*

di.vi.ni.zar *v.* {mod. 1} *t.d. e pron.* **1** atribuir natureza divina a *<os gregos divinizavam seus heróis> <os imperadores divinizavam-se>* □ *t.d. fig.* **2** conferir muita importância a; idolatrar *<d. o dinheiro>* ~ **divinizante** *adj.2g.*

di.vi.no *adj.* **1** relativo ou semelhante a Deus ou a um deus **2** *p.ext.* perfeito, sublime **3** que está acima do entendimento humano; sobrenatural ■ *s.m.* FOLC REL *B* **4** o Espírito Santo em algumas festas religiosas populares ☞ inicial maiúsc.

di.vi.sa *s.f.* **1** desenho us. como símbolo ou distintivo de país, organização etc. **2** lema **3** *p.ext.* emblema de posto ou patente us. nas fardas de militares **4** linha de divisão entre espaços; fronteira ▼ ***divisas*** *s.f.pl.* ECON **5** reservas em moeda estrangeira us. pelo governo e por entidades privadas em transações comerciais

di.vi.são [pl.: *-ões*] *s.f.* **1** ato ou efeito de separar um todo em partes distintas **2** o que delimita espaços contínuos; divisória **3** MAT operação pela qual se calcula quantas vezes um número está contido em outro **4** cada uma das partes que desempenham função comum num todo *<d. militar>* **5** distribuição das partes por várias pessoas ou coisas; partilha **6** diferença de opiniões ou ideias; discórdia **7** distinção e classificação de vários elementos de um todo **8** BIO processo de multiplicação de células ▣ **d. binária** BIO cissiparidade ~ **divisional** *adj.2g.* - **divisório** *adj.s.m.*

di.vi.sar *v.* {mod. 1} *t.d.* **1** distinguir pela visão; avistar, enxergar **2** notar, perceber *<queria d. sua intenção>* **3** marcar, delimitar (território, região etc.); dividir

di.vi.sio.ná.rio *adj.* **1** relativo a divisão militar **2** cujo valor equivale a uma fração da unidade monetária

di.vi.sí.vel [pl.: *-eis*] *adj.2g.* **1** que pode ser dividido **2** MAT que se pode dividir de modo exato (diz-se de número ou quantia) *<20 é d. por 5>*

di.vi.sor /ô/ [pl.: *-es*] *adj.s.m.* **1** (o) que divide **2** MAT (número) que divide outro na operação de divisão ▣ **d. comum** MAT número que divide outros de modo exato

di.vi.só.ria *s.f.* **1** o que limita ou separa compartimentos, objetos etc. **2** parede, biombo ou coisa semelhante us. para dividir ambientes

di.vór.cio *s.m.* **1** DIR rompimento legal do vínculo de matrimônio entre cônjuges **2** *p.ext.* qualquer desavença ou separação ~ **divorciar** *v.t.d. e pron.*

di.vul.ga.ção [pl.: *-ões*] *s.f.* ato ou efeito de tornar algo público; difusão

di.vul.gar *v.* {mod. 1} *t.d.* tornar público, conhecido; propagar ~ **divulgador** *adj.s.m.*

di.zer *v.* {mod. 15} *t.d.,t.i. e t.d.i.* **1** expor, exprimir em palavras; falar *<d. a verdade> <há muito a d. sobre esse problema> <disse ao mensageiro que partisse imediatamente>* □ *t.d. e t.d.i.* **2** (prep. *a*) pronunciar, proferir *<d. palavras sem nexo> <d. segredos ao amigo>* **3** *p.ext.* (prep. *a*) expressar (algo) com gestos, olhares etc. *<seus olhos diziam (ao mundo) sua alegria>* **4** (prep. *a*) contar, relatar *<no livro, disse (a todos) que conhecera a vitória>* □ *t.d.i.* **5** (prep. *a*) avisar a; advertir *<disse-lhe que seria aceito>* □ *pron.* **6** considerar-se, julgar-se *<diz-se um grande ator>* ■ *s.m.* **7** palavra ou sentença proferida ou escrita; dito *<os d. de uma placa>* ◉ GRAM/USO part.: *dito*; como s.m., pl. *dizeres* ▣ **quer d.** isto é

dí.zi.ma *s.f.* **1** ECON HIST imposto equivalente à décima parte do rendimento de alguém **2** MAT parte dos números decimais escrita à direita da vírgula ▣ **d. periódica** MAT fração decimal de um número, que se repete indefinidamente

di.zi.mar *v.* {mod. 1} *t.d.* **1** causar morte em massa; exterminar *<guerras dizimaram milhões de pessoas>* **2** *fig.* arruinar, devastar *<a seca dizimou a lavoura>* ~ **dizimação** *s.f.*

dí.zi.mo *s.m.* **1** décima parte **2** REL contribuição dos fiéis para o culto e o clero ■ *adj.* **3** referente à décima parte de um todo; décimo

DJ [ing.] *s.m. disc jockey* ⇒ pronuncia-se di **djêi**

dl símbolo de *decilitro*

dm símbolo de *decímetro*

DNA [ing.] *s.m.* BIOQ ácido que se localiza esp. no núcleo das células dos seres vivos e é responsável pela transmissão das características dos pais a seus filhos ☞ *DNA* é a sigla em ing. de *deoxyribonucleic acid* 'ácido desoxirribonucleico', cuja sigla em port. é *ADN*

do [pl.: *dos*; fem.: *da*] *contr.* **1** da prep. *de* com o art. def. *o* *<a bola do menino>* **2** da prep. *de* com o pron. dem. *o* (aquele, aquilo) *<lembrou do que aprendeu ontem>*

¹dó *s.m.* **1** sentimento de pena; compaixão **2** grande tristeza e mágoa; pesar [ORIGEM: do lat. *dŏlus,i* 'luto, compaixão']

²dó *s.m.* MÚS primeira nota da escala musical [ORIGEM: do it. *do* 'id.']

do.a.ção [pl.: *-ões*] *s.f.* **1** ato ou efeito de doar um bem **2** o que se doa

do.a.dor [pl.: *-es*] *adj.s.m.* **1** (o) que faz doação **2** MED que(m) autoriza a doação de sangue, órgãos etc. de seu corpo para realização de transplante ou transfusão

do.ar *v.* {mod. 1} *t.d.i.* **1** (prep. *a*) transferir (bens ou vantagens) legal e gratuitamente *<o pai doou aos filhos sua fortuna>* **2** *p.ext.* (prep. *a*) transmitir de graça a posse de; oferecer *<d. livros à escola>* □ *t.d.i. e pron. fig.* **3** (prep. *a*) dedicar(-se), entregar(-se) *<d. sua mocidade aos estudos> <d.-se à vida dos filhos>*

do.bra *s.f.* **1** parte de matéria flexível, tecido, papel etc. que, voltada, fica sobreposta a outra **2** ângulo que formam certas coisas

do.bra.di.ça *s.f.* peça de metal composta de duas partes unidas por um eixo, que articula portas, janelas etc.; engonço, gonzo

do.bra.di.ço *adj.* que é ou pode ser dobrado; flexível, maleável

do.bra.di.nha *s.f.* *B* **1** CUL cozido que se faz com as vísceras do boi **2** *infrm.* dupla de pessoas que atuam ou andam juntas

do.bra.do *adj.* **1** que se acha curvado **2** multiplicado por dois; duplicado **3** que forma prega *<papel d.>* **4** *B infrm.* de grande força física ■ *s.m.* **5** MÚS música que acompanha marcha militar

do.bra.du.ra *s.f.* **1** ato ou efeito de dobrar; dobramento **2** arte de criar figuras por meio de dobras de papel ☞ cf. *origami*

do.brar *v.* {mod. 1} *t.d. e int.* **1** tornar(-se) duas vezes maior em quantidade, tamanho etc.; duplicar *<vamos d. a sua mesada> <a nossa despesa dobrou>* **2** *p.ext.* aumentar em quantidade; multiplicar(-se) *<d. o número de acessos> <atualmente, seu trabalho dobrou>* **3** (fazer) soar [o sino] □ *t.d.* **4** virar um objeto (ger. papel, pano etc.) sobre si mesmo □ *t.d. e pron.* **5** curvar(-se), vergar(-se) *<d. os joelhos> <d.-se para rezar>* **6** *fig.* (fazer) ceder, render-se, voltar atrás *<sua meiguice dobrou o pai> <d.-se ante as evidências>* ~ **dobramento** *s.m.*

do.bre *adj.2g.* **1** que é ou se apresenta dobrado; duplicado **2** *fig.* fingido, falso ■ *s.m.* **3** toque de sino em que se faz uma volta sobre seu eixo **4** LIT repetição de palavras em partes diferentes de poema **5** duplicação de aposta em um jogo

do.bro /ô/ *n.mult. (adj.s.m.)* quantidade duas vezes maior

DOC *s.m.* sigla de documento de ordem de crédito

do.ca *s.f.* **1** parte coberta de um porto onde atracam os navios para carga e descarga **2** *p.ext.* armazém para mercadorias situado no porto ☞ nesta acp., mais us. no pl.

do.ce /ô/ *adj.2g.* **1** que causa sensação agradável ao paladar, como o mel, o açúcar etc. **2** preparado com açúcar ou outra substância adoçante **3** *fig.* que não é salgado (diz-se da água de rios, lagos etc.) **4** *fig.* que agrada aos sentidos e ao espírito **5** *fig.* livre de preocupações ou aborrecimentos **6** *fig.* afetuoso, amável, meigo ■ *s.m.* CUL **7** iguaria feita com açúcar, mel ou qualquer outro adoçante **7.1** pequena guloseima doce, de sabores e formatos diversos ◉ GRAM/USO nas acp. adj., sup.abs.sint.: *dulcíssimo, docíssimo* ~ **doçaria** *s.f.*

do.cei.ro *adj.s.m.* **1** que(m) faz ou vende doces **2** que(m) gosta muito de doces

do.cên.cia *s.f.* **1** exercício do magistério **2** condição ou cargo de quem é professor

do.cen.te *adj.2g.* **1** relativo a ensino e a quem ensina ■ *s.m.* **2** professor

dó.cil [pl.: *-eis*] *adj.2g.* **1** que se submete à vontade de outro; submisso **2** de temperamento fácil; brando, manso ~ **docilidade** *s.f.* - **docilizar** *v.t.d.*

do.cu.men.ta.ção [pl.: *-ões*] *s.f.* **1** conjunto de documentos us. para esclarecer um fato ou assunto **2** reunião de documentos com o propósito de esclarecer ou provar alguma coisa

do.cu.men.tar *v.* {mod. 1} *t.d.* **1** provar ou registrar (fato, episódio etc.) por meio de documentos *<d. as declarações prestadas>* □ *t.d. e pron.* **2** prover(-se) de documentos *<a biblioteca documentou o setor de obras raras> <documentou-se para prestar os exames>*

do.cu.men.tá.rio *adj.* **1** relativo a documento ■ *s.m.* CINE TV **2** filme informativo ou didático sobre fatos da vida real, pessoas etc. ~ **documentarista** *adj.2g.s.2g.*

do.cu.men.to *s.m.* **1** declaração escrita, oficialmente reconhecida, que serve de prova de um acontecimento, fato ou estado **2** qualquer objeto que comprove, elucide, prove ou registre um fato, acontecimento etc. **3** INF arquivo de dados, esp. o gerado por processadores de texto ◉ COL documentação, papelada ~ **documental** *adj.2g.*

do.çu.ra *s.f.* **1** característica do que é doce **2** *fig.* o que é agradável aos sentidos corporais; brandura **3** *fig.* meiguice, ternura

do.de.ca.e.dro *s.m.* MAT sólido formado por 12 faces planas ~ **dodecaédrico** *adj.*

do.de.ca.fo.nis.mo *s.m.* MÚS sistema de composição que utiliza uma escala de 12 semitons ~ **dodecafonia** *s.f.* - **dodecafônico** *adj.*

do.de.cá.go.no *s.m.* MAT figura plana formada por 12 lados e 12 ângulos ~ **dodecagonal** *adj.2g.*

do.de.cas.sí.la.bo *adj.s.m.* LIT (verso) que tem 12 sílabas

do.dói *adj.2g.* *l.inf.* **1** doente ou machucado *<estar d.>* ■ *s.m.* *l.inf.* **2** escoriação, ferida **3** doença

do.en.ça *s.f.* **1** distúrbio da saúde de um ser, manifestado por sintomas; enfermidade, moléstia **2** *p.ext.* mania ou vício ▣ **d. celíaca** MED intolerância hereditária à ingestão de glúten que ocasiona evacuações abundantes e frequentes, e desnutrição progressiva • **d. de Chagas** MED doença aguda transmitida pela picada do inseto denominado *barbeiro* ☞ cf. *Chagas* na parte enciclopédica • **d. mental** PSIQ doença que afeta a mente ou a personalidade, caracterizada por alterações das emoções, do comportamento e da capacidade de julgar

do.en.te *adj.2g.s.2g.* **1** que(m) tem alguma doença; enfermo **2** que(m) padece de algum mal moral ■ *adj.2g. fig. B* **3** que gosta muito de algo ou alguém; louco, obcecado

do.en.ti.o *adj.* **1** sujeito a doenças **2** que revela doença; mórbido **3** nocivo à saúde física ou moral **4** excessivo e prejudicial

do.er *v.* {mod. 9} *int.* **1** estar dolorido *<meu pé dói>* □ *t.i. e int.* **2** (prep. *a*) causar dor física ou moral *<doía-lhe ver o pai adoecido> <essa injeção não dói>* □ *pron.* **3** (prep. *de*) arrepender-se *<acabou por d.-se do que dissera à amiga>* **4** (prep. *de*) apiedar-se, comover-se *<este não se dói dos miseráveis>* ◉ GRAM/USO só us. nas 3ªs p., exceto quando pron. ~ **doído** *adj.*

do.es.to *s.m.* acusação desonrosa; insulto, afronta

D

do.ge [fem.: *dogaressa, dogaresa, dogesa*] *s.m.* HIST magistrado das antigas repúblicas de Veneza e Gênova

dog.ma *s.m.* **1** REL conjunto de princípios fundamentais e indiscutíveis de uma religião **2** *p.ext.* princípio estabelecido; preceito, máxima

dog.má.ti.co *adj.* **1** relativo a dogma **2** relativo a dogmatismo ■ *adj.s.m.* **3** que(m) apresenta opiniões de modo convicto, não admitindo contradição ou discussão **4** que(m) é partidário do dogmatismo

dog.ma.tis.mo *s.m.* FIL **1** doutrina que prega a confiança no poder da razão humana em alcançar verdades absolutamente certas e seguras **2** *p.ext.* pensamento ou atitude de adesão irrestrita a princípios tidos como indiscutíveis ~ **dogmatista** *adj.2g.s.2g.* - **dogmatístico** *adj.*

do.gue *s.m.* ZOO nome geral de várias raças de cães de guarda que têm pelo raso, pele enrugada, cabeça larga, focinho chato e mandíbula forte

doi.dei.ra *s.f.* doidice

doi.di.ce *s.f.* **1** perturbação das faculdades mentais; loucura, doideira **2** ato ou dito de doido, doideira **3** *p.ext.* ato ou dito que traduz algum descontrole; doideira

doi.di.va.nas *s.2g.2n. infrm.* pessoa extravagante, imprudente

doi.do *adj.s.m.* **1** que(m) apresenta sinais de loucura; louco, maluco **2** *p.ext. infrm.* que(m) age de modo insensato, sem juízo ■ *adj. infrm.* **3** muito feliz; encantado **4** extravagante, exagerado

dois [fem.: *duas*] *n.card.* **1** um mais um **2** diz-se desse número **3** diz-se do segundo elemento de uma série **4** que equivale a essa quantidade (diz-se de medida ou do que é contável) ■ *s.m.2n.* **5** representação gráfica desse número ☞ em algarismos arábicos, *2*; em algarismos romanos, *II*

dois-pon.tos *s.m.pl.* **1** sinal (:) que precede citação, enumeração etc. **2** expressão que enfatiza o que vai ser dito em seguida

dó.lar [pl.: *-es*] *s.m.* **1** ECON cédula e moeda us. em transações comerciais nos EUA, Austrália, Canadá, Hong Kong e outros países **2** BOT planta ornamental, nativa da Índia, de folhas com nervuras

do.la.ri.za.ção [pl.: *-ões*] *s.f.* ECON substituição da moeda nacional pelo dólar americano em transações comerciais ~ **dolarizar** *v.t.d. e pron.*

do.lei.ro *adj.s.m.* que(m) negocia dólar americano no mercado paralelo

do.lên.cia *s.f.* qualidade, estado ou condição de dolente; dor, sofrimento

do.len.te *adj.2g.* **1** que expressa dor, mágoa ou tristeza **2** monótono

dól.mã *s.m.* VEST casaco militar cintado, abotoado de cima a baixo

do.lo /ó/ *s.m.* **1** conduta fraudulenta de um indivíduo em relação a outro; astúcia **2** DIR violação deliberada e consciente da lei

do.lo.ri.do *adj.* **1** com dor física ou moral; magoado, ressentido **2** *fig.* que revela dor

do.lo.ro.so /ô/ [pl.: /ó/; fem.: /ó/] *adj.* **1** que causa dor ou sofrimento **2** que revela dor

do.lo.so /ô/ [pl.: /ó/; fem.: /ó/] *adj.* **1** que atua com dolo; enganoso **2** praticado com dolo (diz-se de falta, crime etc.) ☞ cf. *culposo*

[1]**dom** [pl.: *dons*] *s.m.* título dado a nobres, bispos etc. ☞ inicial ger. maiúsc. [ORIGEM: do lat. *domĭnus,i* 'proprietário']

[2]**dom** [pl.: *dons*] *s.m.* **1** aptidão inata para algo; inclinação, talento **2** dádiva, presente dado por alguém [ORIGEM: do lat. *dōnum,i* 'id.']

do.mar *v.* {mod. 1} *t.d.* **1** fazer obedecer (animal selvagem); domesticar **2** *fig.* submeter à autoridade (adversários); subjugar □ *t.d. e pron. fig.* **3** controlar(-se) [paixões, emoções fortes etc.] ~ **domação** *s.f.* - **domador** *adj.s.m.*

do.mes.ti.car *v.* {mod. 1} *t.d.* amansar (animal selvagem) de modo que possa conviver com o homem ~ **domesticação** *s.f.* - **domesticável** *adj.2g.*

do.més.ti.co *adj.* **1** relativo a lar, à vida particular de alguém; caseiro, familiar **2** referente à vida interna de um país **3** que vive junto com as pessoas (diz-se de animal) ■ *adj.s.m.* **4** (empregado) que cuida da casa ~ **domesticidade** *s.f.*

[1]**do.mi.ci.li.ar** *v.* {mod. 1} *t.d.* **1** acolher em domicílio □ *t.d. e pron.* **2** (fazer) fixar moradia [ORIGEM: *domicílio* + [2]*-ar*]

[2]**do.mi.ci.li.ar** [pl.: *-es*] *adj.2g.* que ocorre em domicílio [ORIGEM: *domicílio* + [1]*-ar*]

do.mi.cí.lio *s.m.* **1** residência fixa de uma pessoa **2** cidade ou região onde se situa essa residência **3** endereço fixo para efeitos legais

do.mi.na.ção [pl.: *-ões*] *s.f.* exercício do poder sobre pessoa, nação ou território; soberania

do.mi.na.dor /ô/ [pl.: *-es*] *adj.s.m.* **1** (o) que detém o poder e procura dominar ■ *adj.* **2** que revela vontade de dominar

do.mi.nan.te *adj.2g.* **1** que detém o poder **2** que é mais difundido **3** que prevalece sobre **4** MED mais eficaz ou predominante na ação, ou que é us. preferencialmente **5** BIO que apresenta seu caráter hereditário de forma manifesta e visível (diz-se de gene) ☞ cf. *recessivo* ~ **dominância** *s.f.*

do.mi.nar *v.* {mod. 1} *t.d.* **1** exercer poder ou grande influência sobre (pessoas, nações, instituições etc.) **2** predominar, prevalecer **3** conhecer bem, saber muito □ *t.d. e pron.* **4** reprimir(-se), conter(-se)

do.min.go *s.m.* primeiro dia da semana

do.min.guei.ro *adj.* **1** referente a domingo **2** que se veste ou se usa aos domingos **3** *p.ext.* que é alegre; festivo

do.mi.ni.cal [pl.: *-ais*] *adj.2g.* **1** relativo ao domingo **2** REL concernente ao Senhor

do.mí.nio *s.m.* **1** autoridade, poder **2** direito de posse **3** conjunto de bens imóveis, territórios etc.

4 controle sobre alguém 5 objeto privilegiado de estudo; especialidade 6 esfera, campo de ação 7 INTERN em rede de comunicação eletrônica, o final de um endereço, que identifica a instituição ou o provedor de acesso do servidor

do.mi.nó *s.m.* RECR 1 conjunto de 28 pedras retangulares divididas em duas partes com pontos redondos de 1 a 6 formando combinações 2 qualquer jogo em que se usam essas pedras

dom-ju.an [pl.: *dom-juans*] *s.m.* ver ***DONJUÁN***

dom-ju.a.nes.co /ê/ [pl.: *dom-juanescos*] *adj.* próprio de ou que age como um *donjuán*

do.mo *s.m.* parte externa de uma cúpula ('teto'); zimbório

do.na *s.f.* 1 tratamento respeitoso dado a senhoras [abrev.: *d.* ou *D.*] 2 proprietária 3 *B infrm.* mulher ▣ **d. de casa** mulher que cuida dos afazeres diários da casa

do.na.tá.rio *s.m.* 1 quem recebe doação 2 HIST fidalgo português a quem D. João III doou alguma capitania hereditária no Brasil

do.na.ti.vo *s.m.* dádiva ou contribuição em dinheiro para fins de caridade

don.de *contr.* 1 de onde, de que lugar 2 por consequência, daí ◉ GRAM/USO contr. da prep. *de* com o adv. *onde*

don.do.ca *s.f. B infrm.* mulher rica e fútil

do.ni.nha *s.f.* ZOO mamífero carnívoro de corpo longo e esguio e de patas curtas; furão

donjuán [esp.] *s.m.* homem sedutor e sem escrúpulos; conquistador ⇒ pronuncia-se donruã

do.no *s.m.* 1 proprietário de algo; possuidor 2 quem domina algo

don.ze.la *s.f.* 1 mulher virgem, esp. jovem 2 filha de reis e de fidalgos antes de se casar

do.pa.gem [pl.: *-ens*] *s.f. B* 1 administração, em animal ou pessoa, de substâncias que provocam alterações no sistema nervoso 2 ESP ver ***DOPING***

do.pa.mi.na *s.f.* BIOQ neurotransmissor presente nas suprarrenais, indispensável para a atividade normal do cérebro

do.par *v.* {mod. 1} *t.d.* 1 ministrar remédio calmante ou estimulante a ☐ *t.d. e pron.* 2 (fazer) consumir droga, ger. tranquilizante, entorpecente; drogar(-se)

doping [ing.] *s.m.* 1 ESP aplicação ilegal de estimulantes que aumentam a resistência e o desempenho muscular de atletas em competições esportivas 2 esse estimulante ◉ GRAM/USO em ing., invariável ⇒ pronuncia-se doupin

-dor *suf.* → ***-OR***

dor /ô/ [pl.: *-es*] *s.f.* 1 sensação física desagradável, causada por doença, traumatismo, corte etc. 2 sofrimento psicológico ou emocional ▼ ***dores*** *s.f.pl. infrm.* 3 os sofrimentos do trabalho de parto

do.ra.van.te *adv.* de agora em diante

dor de co.to.ve.lo [pl.: *dores de cotovelo*] *s.f. infrm.* sofrimento causado por ciúme ou decepção amorosa

dor.mên.cia *s.f.* 1 estado de quem ou do que dorme ou está entorpecido 2 insensibilidade e formigamento nas extremidades dos membros

dor.men.te *adj.2g.s.2g.* 1 (o) que está adormecido ■ *adj.2g.* 2 privado temporariamente de movimento e/ou de sensibilidade; insensível <*pés d.*> ■ *s.m.* 3 cada uma das peças de madeira ou metal em que se assentam os trilhos de trem

dor.mi.da *s.f.* 1 estado de quem dorme 2 período de sono 3 hospedagem ou pousada para pernoitar 4 abrigo noturno de animais

dor.mi.nho.co /ô/ *adj.s.m.* que(m) dorme muito

dor.mir *v.* {mod. 28} *int.* 1 descansar em estado de sono; adormecer 2 pegar no sono; adormecer <*demorou a d.*> 3 *fig.* existir mas não se manifestar <*a saudade dorme*> 4 descuidar-se, distrair-se ☐ *t.i. fig. infrm.* 5 (prep. *com*) ter relação sexual com ☐ *t.d.* 6 passar dormindo <*dormiu uma noite tranquila*>

dor.mi.tar *v.* {mod. 1} *int.* estar sonolento, resistente ao sono ou sem conseguir desfrutá-lo; cochilar

dor.mi.tó.rio *s.m.* 1 aposento individual ou coletivo, para dormir 2 *B* mobília de quarto de dormir

dor.so /ô/ *s.m.* 1 ANAT região posterior do tronco correspondente às vértebras; costas 2 lado superior ou posterior de parte do corpo ou de qualquer objeto 3 lombada de livro ~ **dorsal** *adj.2g.*

do.sar *v.* {mod. 1} *t.d.* 1 estabelecer a dose de <*d. um remédio*> ☐ *t.d. e t.d.i.* 2 (prep. *com*) utilizar ou misturar na proporção certa ou apropriada <*d. leite (com café)*> <*d. severidade (com amor)*> ~ **dosagem** *s.f.*

do.se *s.f.* quantidade padrão de remédio, bebida etc.

dos.sel [pl.: *-éis*] *s.m.* armação forrada e franjada disposta sobre altares, leitos etc.; sobreceú

dos.si.ê *s.m.* conjunto de documentos sobre pessoa, instituição, país etc.

do.ta.ção [pl.: *-ões*] *s.f.* 1 ação ou efeito de dotar 2 verba destinada a determinado fim 3 rendimento permanente para o sustento de uma pessoa, instituição etc.

do.tar *v.* {mod. 1} *t.d.* 1 conceder dote a <*d. a filha*> 2 estabelecer renda permanente de (instituição, pessoa etc.) ☐ *t.d. e t.d.i.* 3 (prep. *de*) favorecer com (dom ou vantagem natural); agraciar <*os deuses o dotaram de simpatia*> ☐ *t.d.i. e pron.* 4 (prep. *de*) munir(-se), prover(-se) <*d. de pavimentação as ruas do bairro*> <*d.-se de novos conhecimentos*> ~ **dotador** *adj.s.m.*

do.te *s.m.* 1 dom natural, aptidão ☞ mais us. no pl. 2 conjunto de bens que o cônjuge leva ao casar-se (esp. a mulher)

dou.ra.do *adj.* 1 que tem a cor amarela brilhante do ouro 2 ornado de ouro; áureo 3 *fig.* feliz, venturoso <*anos d.*> ■ *s.m.* 4 a cor do ouro 5 ZOO *B* nome comum a diversos peixes de água doce, carnívoros, cuja carne é muito apreciada

dou.rar *v.* {mod. 1} *t.d. e pron.* **1** (fazer) ficar da cor do ouro **2** *fig.* tornar(-se) luminoso ou brilhoso *<o sol dourava os telhados> <as águas douravam-se refletindo o sol>* ☐ *t.d.* **3** aplicar camada de ouro em **4** fritar ou assar (comida) até tomar cor acobreada *<d. as cebolas>* ~ **douração** *s.f.*

D

-douro *suf.* **1** 'ação': *duradouro* **2** 'lugar': *ancoradouro, matadouro*

dou.to *adj.s.m.* **1** que(m) tem muitos conhecimentos; erudito ■ *adj.* **2** que revela erudição

dou.tor /ô/ [pl.: *-es*] *s.m.* **1** tratamento dado esp. a médicos e advogados **2** *fig. infrm.* quem é experiente ou perito em algo ■ *adj.s.m.* **3** que(m) concluiu o doutorado

dou.to.ra.do *s.m.* **1** curso de pós-graduação, ger. após o mestrado, pelo qual se adquire o título de doutor; doutoramento ■ *adj.* **2** com grau de doutor *<professor d. em física>* ~ **doutorar** *v.t.d. e pron.*

dou.to.ral [pl.: *-ais*] *adj.2g.* **1** próprio de doutor **2** *pej.* sentencioso, pedante; pretensioso

dou.to.ra.men.to *s.m.* doutorado

dou.to.ran.do *s.m.* aluno de curso de doutorado

dou.tri.na *s.f.* **1** conjunto de ideias, princípios (científicos, religiosos, filosóficos etc.) a serem ensinados **2** norma de procedimento ~ **doutrinal** *adj.2g.*

dou.tri.nar *v.* {mod. 1} *t.d.,t.d.i. e int.* **1** (prep. *em*) transmitir, ensinar doutrina *<d. a criança (nos princípios da moral)>* ☐ *t.d.i.* **2** (prep. *a*) incutir (crença ou atitude) em *<d. o povo a não discutir ordens>* ~ **doutrinação** *s.f.* - **doutrinador** *adj.s.m.* - **doutrinamento** *s.m.*

dou.tri.ná.rio *adj.* **1** relativo a doutrina **2** que demonstra excessivo apego a uma doutrina; sistemático **3** *p.ext.* que se expressa de modo sentencioso; doutoral

download [ing.] *s.m.* INF aquisição de cópia, em computador, de um arquivo da internet ◉ GRAM/USO em ing., é um verbo ⇒ pronuncia-se daunlôud ▣ **fazer um *d.*** INF baixar ('transferir')

do.ze *n.card.* **1** dez mais dois **2** diz-se desse número *<o número d.>* **3** diz-se do décimo segundo elemento de uma série *<tamanho d.>* **4** que equivale a essa quantidade (diz-se de medida ou do que é contável) *<ficou d. horas trabalhando>* ■ *s.m.* **5** representação gráfica desse número ☞ em algarismos arábicos, *12*; em algarismos romanos, *XII*

dra.co.ni.a.no *adj.s.m.* (o) que é muito severo e rigoroso

dra.ga *s.f.* máquina, flutuante ou não, us. para retirar areia, lama ou lodo do fundo do mar, de rios e canais

dra.gão [pl.: *-ões*; fem.: *dragoa*] *s.m.* **1** animal fabuloso, parecido com um grande lagarto, ger. representado com garras de leão, asas, longo pescoço e uma grande boca, que lança fogo **2** soldado de cavalaria que tb. combatia a pé **3** *B pej.* indivíduo muito feio

dra.gar *v.* {mod. 1} *t.d.* limpar (mar, rio, canal), retirando com draga areia, detritos etc. ~ **dragagem** *s.f.*

drá.gea *s.f.* **1** FARM comprimido coberto de uma camada dura e ger. doce **2** CUL bala feita de amêndoa coberta com açúcar endurecido

dra.go.na *s.f.* VEST adorno com franjas nos ombros de uniformes militares

dra.ma *s.m.* **1** CINE LIT TEAT TV peça teatral, novela, romance etc. que encena conflitos da vida real **2** a arte dramática **3** *fig.* situação de grande tensão ou conflito

dra.ma.lhão [pl.: *-ões*] *s.m. pej.* drama exageradamente trágico, com várias tensões emocionais; melodrama

dra.má.ti.co *adj.* **1** relativo a drama *<texto d.>* **2** que trabalha em dramas (diz-se de ator, escritor) **3** que causa aflição ou emoção; comovente ~ **dramaticidade** *s.f.*

dra.ma.ti.zar *v.* {mod. 1} *t.d.* **1** dar forma teatral a (romance, conto, poema etc.) **2** *fig. pej.* exagerar na representação ou valorização de (fato, situação, sentimento etc.) ~ **dramatização** *s.f.*

dra.ma.tur.gi.a *s.f.* TEAT **1** arte ou técnica de escrever e representar peças de teatro **2** conjunto dos recursos técnicos teatrais **3** o produto da utilização de tais recursos **4** conjunto de peças teatrais de um período, escola ou autor

dra.ma.tur.go *s.m.* TEAT autor de peças de teatro

dra.pe.ar ou **dra.pe.jar** *v.* {mod. 5} *t.d.* **1** fazer dobras ou ondulações em (tecido) *<drapeou a seda como se fosse uma saia>* ☐ *int.* **2** mover-se com ondulações (bandeira, vela etc.), agitado pelo vento ~ **drapeado/drapejado** *adj.s.m.*

drás.ti.co *adj.* que age ou funciona com energia; enérgico, radical

dre.na.gem [pl.: *-ens*] *s.f.* **1** ato ou efeito de drenar **2** escoamento de águas de um terreno alagado por meio de um sistema de tubos, valas, fossos etc. **3** MED retirada de líquidos do organismo por meio de dreno

dre.nar *v.* {mod. 1} *t.d.* fazer sair, escoar água, secreção ou outro líquido de *<d. um terreno>*

dre.no *s.m.* **1** em terrenos úmidos, canal para escoamento de águas **2** MED tubo flexível para escoar líquidos do corpo

dri.blar *v.* {mod. 1} *t.d.* **1** ESP gingar o corpo, controlando a bola, para escapar das investidas de (adversário) *<driblou o goleiro e fez o gol>* **2** *fig.* tentar enganar, iludir *<d. a vigilância do pai>* **3** *fig. infrm.* esquivar-se, evitar *<d. os cobradores>*

dri.ble *s.m.* **1** ESP movimento de corpo para escapar do adversário, mantendo o controle da bola; finta **2** *p.ext.* ginga de corpo para escapar de algo ou alguém

drin.que *s.m. B* bebida alcoólica que se toma antes ou no intervalo das refeições, pura ou misturada num coquetel

drive [ing.] *s.m.* INF *B* dispositivo que serve para ler, gravar ou eliminar dados em um computador ⇒ pronuncia-se dráiv

dro.ga *s.f.* **1** substância ou ingrediente us. em farmácia, tinturaria, laboratórios químicos etc. **2** substância que altera a consciência e causa dependência; entorpecente *<tráfico de drogas>* **3** *infrm.* coisa ruim ou sem valor ■ *interj.* **4** manifesta insatisfação

dro.ga.do *adj.s.m.* **1** que(m) está sob efeito de drogas **2** que(m) consome drogas com frequência

dro.gar *v.* {mod. 1} *t.d. e pron.* dar a (alguém) ou usar narcótico, entorpecente ou alucinógeno *<o ladrão drogou o cachorro> <droga-se desde jovem>*

dro.ga.ri.a *s.f.* local onde se vendem e/ou manipulam drogas; farmácia

dro.me.dá.rio *s.m.* ZOO mamífero herbívoro, da família do camelo, com apenas uma corcova

dro.pes *s.m.2n.* *B* tipo de bala ou pastilha, ger. em forma de disco

drui.da [fem.: *druidesa* e *druidisa*] *s.m.* HIST REL sacerdote celta, com funções de educador e juiz ~ **druídico** *adj.*

dru.i.dis.mo *s.m.* HIST REL doutrina religiosa dos druidas, fator de unidade dos povos celtas

dru.pa *s.f.* BOT fruto simples, com semente única formando o caroço, freq. comestível (p.ex., azeitona, coco, manga etc.) ~ **drupáceo** *adj.*

Ds QUÍM símbolo de *darmstádtio*

DST *s.f.* sigla de doença sexualmente transmissível

du.al [pl.: *-ais*] *adj.2g.s.m.* (o) que tem duas partes, aspectos etc. em relação de correspondência e reciprocidade ~ **dualidade** *s.f.*

du.a.lis.mo *s.m.* FIL REL doutrina, credo ou sistema filosófico em que dois princípios opostos coexistem, basicamente corpo/espírito, bem/mal

dú.bio *adj.* **1** sujeito a diferentes interpretações; ambíguo **2** *p.ext.* que não se pode descrever ou definir **3** *p.ext.* que vacila; hesitante ~ **dubiedade** *s.f.*

du.bla.gem [pl.: *-ens*] *s.f.* *B* **1** CINE TV gravação de falas posterior à filmagem **2** CINE TV substituição de um idioma por outro na trilha sonora **3** mímica feita sobre uma gravação em *playback* ~ **dublar** *v.t.d.*

du.blê *s.2g.* *B* **1** CINE TV substituto de ator em cenas perigosas ou de nudez **2** quem tem duas atividades simultâneas *<d. de escritor e pintor>*

dúb.nio *s.m.* QUÍM elemento químico artificial [símb.: *Db*] ☞ cf. *tabela periódica* (no fim do dicionário)

du.ca.do *s.m.* **1** território de um duque **2** título de duque **3** nome de várias moedas de ouro ou prata de diversos países e épocas

du.cen.té.si.mo *n.ord.* **1** (o) que, numa sequência, ocupa a posição número 200 ■ *n.frac.* **2** (o) que é 200 vezes menor que a unidade

du.cha *s.f.* **1** jato de água lançado sobre o corpo com fim higiênico e/ou terapêutico **2** *p.ext.* chuveiro com jato forte **3** banho nesse chuveiro

dúc.til [pl.: *-eis*] *adj.2g.* **1** que se pode esticar ou comprimir sem se romper ou quebrar; elástico, flexível **2** que pode ser reduzido a fio (diz-se de metal) **3** *fig.* que se adapta a circunstâncias e conveniências; dócil ~ **ductilidade** *s.f.*

duc.to *s.m.* **1** duto **2** ANAT cada um dos diversos condutos que dão passagem a secreções ou excreções

du.e.lar *v.* {mod. 1} *t.i. e int.* **1** (prep. *com*) lutar (duas pessoas) à mão armada, segundo regras específicas, por desafio, motivo de honra etc. *<duelou com o arqui-inimigo> <os mosqueteiros duelavam por profissão>* **2** *fig.* (prep. *por*) confrontar (ideias, forças etc.); bater-se *<os pilotos duelavam pela dianteira> <duelaram diversas vezes no tribunal>*

du.e.lo *s.m.* **1** luta, com armas iguais, em campo aberto e na presença de testemunhas **2** *fig.* oposição conflituosa de ideias, sentimentos, forças etc. ~ **duelista** *adj.2g.s.2g.* - **duelístico** *adj.*

du.en.de *s.m.* FOLC homenzinho de orelhas pontudas e espírito travesso, das lendas europeias

du.e.to /ê/ *s.m.* **1** MÚS composição para duas vozes ou dois instrumentos **2** MÚS conjunto formado por dois cantores ou dois músicos **3** coreografia para dois bailarinos **4** *p.ext. infrm.* qualquer atividade entre duas pessoas

dul.çor /ô/ [pl.: *-es*] *s.m.* doçura ~ **dulçoroso** *adj.*

dumping [ing.] *s.m.* venda de produtos a um preço inferior ao do mercado, esp. no mercado internacional, com o objetivo de derrotar a concorrência ⇒ pronuncia-se dampin

du.na *s.f.* GEOL monte de areia formado ger. pelo vento ◉ GRAM/USO dim.irreg.: *duneta*

du.o *s.m.* dueto

du.o.de.no *s.m.* ANAT parte inicial do intestino delgado ~ **duodenal** *adj.2g.*

du.pla *s.f.* **1** par de seres ou coisas **2** aliança de duas pessoas numa atividade

dú.plex /cs/ *n.mult.* **1** multiplicado por dois; duplo ■ *adj.2g.2n.s.m.2n.* **2** (o) que tem duas camadas, funções etc.; duplo **3** (o) que se construiu em dois andares (casa, apartamento, cobertura) ◉ GRAM/USO em nível infrm. da língua, pronuncia-se como oxítona

du.pli.ca.ção [pl.: *-ões*] *s.f.* **1** ato ou efeito de duplicar **2** repetição, cópia

du.pli.car *v.* {mod. 1} *t.d.,int. e pron.* **1** tornar(-se) duas vezes maior em quantidade, em tamanho etc.; dobrar *<d. os ingredientes do bolo> <a dor diminuiria, se a receita (se) duplicasse>* □ *t.d.* **2** fazer duas vezes; repetir *<d. uma célula>* **3** multiplicar por dois □ *t.d. e int. fig.* **4** aumentar muito; (fazer) crescer *<a distância duplica o afeto> <expandiu a produção e suas tarefas duplicaram>* ~ **duplicador** *adj.s.m.*

du.pli.ca.ta *s.f.* **1** qualquer objeto ou representação idêntica a outra; cópia, reprodução **2** numa coleção, figurinha, selo, livro etc. repetido **3** ECON título de crédito nominativo que obriga o devedor a pagar, no prazo marcado, o valor da fatura

dú.pli.ce *n.mult.* **1** multiplicado por dois; duplo *<vias d.>* ■ *adj.2g.* **2** *fig.* falso, dissimulado

du.pli.ci.da.de *s.f.* **1** estado ou característica do que é ou está duplicado **2** dissimulação, fingimento

du.plo *n.mult.* **1** que contém duas vezes a mesma quantidade ■ *s.m.* **2** quantidade duas vezes maior; dobro **3** quem é muito parecido com outro; sósia ■ *adj.* **4** que tem dois componentes, funções etc. *<via de mão d.>* **5** que tem duas características contraditórias *<d. personalidade>*

[1]du.que [fem.: *duquesa*] *s.m.* título de nobreza abaixo de príncipe [ORIGEM: do lat. *dux,ducis* 'condutor, guia']

[2]du.que *s.m.* RECR carta ou pedra de jogo de dominó, víspora etc., que vale dois pontos [ORIGEM: duv., talvez do lat. *duo,ae,o* 'dois, duas']

du.que.sa /ê/ *s.f.* **1** senhora que possui o título correspondente ao de [1]duque **2** esposa do [1]duque

-dura *suf.* equivale a *-ura* ('ação')

du.ra.ção [pl.: *-ões*] *s.f.* **1** tempo durante o qual alguma coisa acontece, existe ou persiste **2** característica do que resiste ao tempo, ao uso; durabilidade

du.ra.dou.ro *adj.* que dura muito; durável

du.ra.lu.mí.nio *s.m.* QUÍM liga de alumínio com magnésio, leve e resistente, us. em esquadrias, aviões etc.

du.ra-má.ter [pl.: *duras-máteres*] *s.f.* ANAT a membrana mais externa do cérebro e da medula espinhal ☞ cf. *aracnoide* e *pia-máter*

du.ra.me ou **du.râ.men** [pl.: *durâmenes* e *(B) duramens*] *s.m.* BOT cerne

du.ran.te *prep.* **1** exprime duração ou permanência de algo num tempo determinado *<dormir d. o filme>* **2** em um momento no curso de *<viu o Papa d. a visita a Roma>*

du.rão [pl.: *-ões*; fem.: *durona*] *adj.s.m.* *B infrm.* que(m) possui grande força física e/ou moral

du.rar *v.* {mod. 1} *int.* **1** existir de maneira contínua; permanecer, prolongar-se *<a guerra durou anos>* **2** continuar vivo *<adoeceu e durou três meses>* **3** manter o mesmo estado ou características; conservar-se

du.rá.vel [pl.: *-eis*] *adj.2g.* que dura; duradouro, resistente ~ **durabilidade** *s.f.*

du.rex /cs/ *s.m.2n.* *B* fita adesiva ☞ marca registrada (*Durex*) que passou a designar seu gênero ◉ GRAM/USO admite-se tb. o pl. *durexes*

du.re.za /ê/ *s.f.* **1** propriedade que caracteriza a matéria que é firme e resistente; rigidez **2** característica do que é difícil de suportar **3** *fig.* rudeza, severidade **4** *B infrm.* situação difícil ou falta de dinheiro

du.ro *adj.* **1** que resiste ao desgaste e à penetração; resistente **2** *fig.* árduo, penoso **3** que não é flexível ou macio; desconfortável **4** *fig.* que tem atitudes firmes; inflexível ■ *adj.s.m.* *B infrm.* **5** (pessoa) sem dinheiro ■ *adv.* *infrm.* **6** intensamente *<trabalhar d.>* **7** sem delicadeza ou pena *<falar d.>*

du.to *s.m.* **1** meio de ligação; canal, ducto **2** tubulação destinada a transportar líquidos, gases etc.; ducto

dú.vi.da *s.f.* **1** sentimento de incerteza sobre a verdade ou probabilidade **2** falta de confiança; suspeita **3** dificuldade de entendimento

du.vi.dar *v.* {mod. 1} *t.i.* **1** (prep. *de*) não estar convencido de *<d. da fidelidade do amigo>* **2** (prep. *de*) não ter confiança em; desconfiar, suspeitar □ *t.d.* **3** considerar impossível *<duvido que voltes aqui>*

du.vi.do.so /ô/ [pl.: /ó/; fem.: /ó/] *adj.* **1** que transmite muitas dúvidas; incerto **2** que não merece confiança **3** *fig.* que contraria certos princípios, ger. estéticos *<gosto d.>*

du.zen.tos *n.card.* **1** cem mais cem **2** diz-se desse número *<cartão de número d.>* **3** diz-se do ducentésimo elemento de uma série *<ofício d.>* **4** que equivale a essa quantidade (diz-se de medida ou do que é contável) *<d. vagas>* ■ *s.m.2n.* **5** representação gráfica desse número *<o d. estava ilegível>* ☞ em algarismos arábicos, *200*; em algarismos romanos, *CC* ◉ GRAM/USO seguido do conectivo *e* antes das dezenas e unidades, forma os numerais cardinais entre 200 e 300

dú.zia *s.f.* conjunto de 12 unidades

DVD [ing.; pl.: *DVDs*] *s.m.* INF disco óptico digital adaptado à multimídia e ao vídeo digital, cuja capacidade de armazenamento é superior à do *CD* ⇒ pronuncia-se dividi, *corrente* devedê

DVD player [ing.; pl.: *DVD players*] *loc.subst.* equipamento que executa arquivos de multimídia (esp. vídeos) gravados em *DVD* ⇒ pronuncia-se dividi plêier, *corrente* devedê plêier

Dy QUÍM símbolo de *disprósio*

dze.ta *s.m.* a sexta letra do alfabeto grego (ζ, Z)

Ee

e /é *ou* ê/ *s.m.* **1** quinta letra (vogal) do nosso alfabeto ■ *n.ord. (adj.2g.2n.)* **2** diz-se do quinto elemento de uma série *<item 1e>* ☞ empr. após um substantivo ou numeral **3** diz-se da quinta classe na escala de poder e riqueza *<classe E>* ◉ GRAM/USO na acp. s.m., pl.: *ee* [ORIGEM: do nome da quinta letra do alfabeto latino]

e /ê/ *conj.adt.* **1** une palavras ou orações de mesmo valor sintático *<João e Maria> <come e dorme>* ■ *conj.advrs.* **2** opõe uma situação a outra; mas, porém, no entanto *<ia sair e choveu>* [ORIGEM: do lat. *et* 'id.'] ▣ **e comercial** sinal gráfico [&] que substitui a conjunção aditiva *e*

E símbolo de *este* ou *leste* (na rosa dos ventos)

E. abreviatura de *este* ou *leste* ('região') ☞ cf. *L.*

e- *pref.* 'movimento para fora' (equivalente a *ex-*): *emigrar*

e- [ing.] *el.comp.* INF us. em compostos cujo segundo elemento é em geral palavra do inglês (p.ex., *e-mail*) designando atividades e produtos ligados à internet ⇒ pronuncia-se i

-ear *suf.* **1** 'repetição, duração': *folhear, pisotear* **2** 'transformação': *cachear, casear*

é.ba.no *s.m.* BOT árvore de madeira resistente e escura

e.bo.la *s.m.* MED vírus mortal que causa febre hemorrágica

e.bo.ni.te *s.f.* QUÍM borracha vulcanizada, us. na indústria elétrica

e-book [ing.; pl.: *e-books*] *s.m.* INF INTERN **1** livro em suporte eletrônico, esp. para distribuição via internet, feito ou adaptado para esse tipo de mídia **2** aparelho portátil, próprio para recepção, armazenamento e visualização de livros transmitidos por meios informáticos ⇒ pronuncia-se i buk

é.brio *adj.s.m.* **1** que(m) está ou vive bêbado ■ *adj. fig.* **2** que se deixa transtornar por algum forte sentimento; extasiado ~ **ebriedade** *s.f.*

e.bu.li.ção [pl.: *-ões*] *s.f.* **1** FÍS passagem de um líquido ao estado gasoso através do seu aquecimento **2** BIOQ efervescência gasosa que ocorre na fermentação **3** *fig.* estado de euforia; agitação ~ **ebuliente** *adj.2g.*

e.bu.li.dor /ô/ [pl.: *-es*] *adj.s.m.* **1** (aparelho com resistor elétrico) que se usa para fazer ferver pequenas quantidades de água ■ *adj.* **2** que provoca ebulição

e.búr.neo *adj.* **1** de marfim **2** semelhante a marfim ☞ veja *quadro de países/nacionalidades/idiomas/moedas* no final deste volume

e.ca *interj. infrm.* exprime nojo, aversão, desprazer (esp. do paladar e olfato)

E.CA *s.m.* sigla de *Estatuto da Criança e do Adolescente*

e.char.pe *s.f.* VEST faixa de tecido leve us. ao redor do pescoço

e.clamp.si.a ou **e.clâmp.sia** *s.f.* MED doença grave que pode ocorrer no final da gravidez, com convulsões causadas por hipertensão arterial ~ **eclâmptico** *adj.*

e.cler [pl.: *-es*] *s.m.* CUL bomba ('doce')

e.cle.si.ás.ti.co *adj.* **1** relativo à Igreja ou aos seus sacerdotes ■ *s.m.* **2** membro do corpo social da Igreja; padre, sacerdote

e.clé.ti.co *adj.s.m.* que(m) mistura um pouco de cada estilo, doutrina etc.

e.cle.tis.mo *s.m.* qualquer teoria ou prática que escolhe o que parece melhor entre várias doutrinas, métodos ou estilos

e.clip.sar *v.* {mod. 1} *t.d. e pron.* ASTR **1** causar ou sofrer eclipse (astro) □ *t.d. fig.* **2** tirar o brilho de; ofuscar *<sua apresentação não vai e. a nossa>* **3** ser superior a; exceder *<esse trabalho eclipsará os demais>*

e.clip.se *s.m.* ASTR obscurecimento total ou parcial de um astro por outro ~ **eclíptico** *adj.*

e.clo.dir *v.* {mod. 24} *int.* **1** tornar-se visível de repente; surgir, aparecer *<luzes eclodiram no céu>* **2** irromper, rebentar *<a revolução eclodiu>* **3** ZOO sair de ovo, casca etc. **4** abrir-se, desabrochar *<as flores finalmente vão e.>* ~ **eclosão** *s.f.*

é.clo.ga ou **é.glo.ga** *s.f.* LIT poesia bucólica em que pastores dialogam

e.clu.sa *s.f.* em rios com grande desnível, dique que permite a descida ou subida de embarcações

-eco *suf.* 'diminuição e depreciação': *livreco*

e.co *s.m.* **1** FÍS repetição de um som causada pelo retorno de uma onda sonora que atingiu um obstáculo **2** *fig.* repercussão (de um fato etc.)

e.co.ar *v.* {mod. 1} *int.* **1** produzir eco; ressoar *<os gritos ainda ecoam>* **2** *fig.* causar impressão generalizada; repercutir *<suas palavras ecoaram mal>* □ *t.d.* **3** tornar a fazer, a dizer; repetir ~ **ecoante** *adj.2g.*

e.co.car.dio.gra.ma *s.m.* MED ultrassonografia do coração

e.co.cí.dio *s.m.* ECO destruição deliberada de um ecossistema

e.co.en.ce.fa.lo.gra.ma *s.m.* MED representação gráfica das estruturas cerebrais obtida por ultrassonografia

e.co.gra.fi.a *s.f.* MED ultrassonografia ~ **ecografar** *v.t.d.* - **ecográfico** *adj.*

e.co.la.li.a *s.f.* **1** hábito ou mania de fazer rimar palavras, falando ou escrevendo **2** MED forma de afasia em que o paciente repete de modo automático palavras ou frases que ouve

e.co.lo.gi.a *s.f.* BIO ciência que estuda as relações entre os seres vivos e o meio ambiente ~ **ecologicamente** *adv.* - **ecológico** *adj.* - **ecólogo** *s.m.*

e.co.lo.gis.ta *adj.2g.s.2g.* que(m) se dedica a ações ambientalistas

e.co.no.mês [pl.: *-eses*] *s.m. joc.* linguajar técnico dos economistas

e.co.no.mi.a *s.f.* **1** controle ou moderação das despesas ou outros recursos **2** ECON ciência que estuda produção, distribuição e consumo de bens materiais necessários ao bem-estar **3** aproveitamento racional e consciente de recursos materiais ▼ ***economias*** *s.f.pl.* **4** dinheiro acumulado com o controle dos gastos; poupança

e.co.nô.mi.co *adj.* **1** que diz respeito a economia **2** que gasta pouco e/ou não dá muita despesa

e.co.no.mis.ta *adj.2g.s.2g.* profissional de economia ~ **ecônomo** *s.m.*

e.co.no.mi.zar *v.* {mod. 1} *t.d. e int.* **1** gastar com moderação; poupar □ *t.d.* **2** juntar (dinheiro); poupar, amealhar **3** deixar de gastar; poupar *<e. tempo indo pelo atalho>*

e.co.pro.du.to *s.m.* produto cujo impacto sobre o ecossistema é muito reduzido

e.cos.fe.ra *s.f.* ECO biosfera

e.cos.sis.te.ma *s.m.* ECO sistema que inclui os seres vivos, o meio ambiente e suas inter-relações; biossistema ~ **ecossistêmico** *adj.*

e.co.tu.ris.mo *s.m.* ECO turismo praticado em áreas naturais, que incentiva a conservação do meio ambiente com atividades como o estudo e a educação, além da recreação; turismo ecológico

ec.to.plas.ma *s.m.* **1** BIO camada mais externa do citoplasma **2** em parapsicologia, substância visível considerada capaz de produzir materialização do espírito ~ **ectoplasmático** *adj.*

e.cu.mê.ni.co *adj.* **1** relativo a ecumenismo **2** de âmbito geral, universal **3** que congrega pessoas de diferentes credos e ideologias *<rito e.>*

e.cu.me.nis.mo *s.m.* REL movimento favorável à união de todas as igrejas cristãs ~ **ecumenista** *adj.2g.s.2g.*

e.cú.me.no *adj.s.m.* **1** (área geográfica) sempre habitada pelo homem ■ *s.m.* **2** o todo, o universal

ec.ze.ma *s.m.* MED inflamação alérgica da pele que produz vesículas, descamação e coceira

e.de.ma *s.m.* MED acúmulo anormal de líquido nos tecidos do organismo ~ **edemático** *adj.* - **edematoso** *adj.*

é.den [pl.: *edens*] *s.m.* **1** REL jardim em que Adão e Eva viveram, o paraíso terrestre, segundo a Bíblia ☞ inicial maiúsc. **2** lugar de delícias ~ **edênico** *adj.*

e.di.ção [pl.: *-ões*] *s.f.* **1** publicação de uma obra (texto, partitura, disco etc.) **2** conjunto de exemplares de uma obra, impressos em uma só tiragem **3** atividade de editor **4** REC.AV seleção e montagem final de textos ou imagens para jornal, televisão, cinema etc. **5** RÁD TV cada uma das transmissões de determinado programa jornalístico

e.di.fi.ca.ção [pl.: *-ões*] *s.f.* **1** construção de um edifício **2** casa, edifício **3** *fig.* condução à virtude *<e. do caráter>* **4** *fig.* ação de instruir, esclarecer, informar

e.di.fi.can.te *adj.2g.* que conduz à virtude

e.di.fi.car *v.* {mod. 1} *t.d.* **1** levantar, erguer (construção); construir **2** fundar, criar (teoria, doutrina etc.) □ *t.d.,int. e pron.* **3** induzir ou ser induzido à virtude; engrandecer(-se) *<a leitura edifica (o homem)> <e.-se em atividades culturais>* ~ **edificador** *adj.s.m.*

e.di.fí.cio *s.m.* imóvel de vários andares; prédio

e.di.fí.cio-ga.ra.gem [pl.: *edifícios-garagem* e *edifícios-garagens*] *s.m.* prédio feito exclusivamente para guardar carros

e.di.fí.cio-se.de [pl.: *edifícios-sedes* e *edifícios-sede*] *s.m.* prédio em que uma empresa ou instituição tem o seu principal estabelecimento ou a maior quantidade de funcionários

e.dil [pl.: *-is*] *s.m.* vereador ~ **edilidade** *s.f.*

e.di.tal [pl.: *-ais*] *s.m.* escrito oficial com avisos, determinações etc. afixado em local público ou publicado na imprensa

e.di.tar *v.* {mod. 1} *t.d.* **1** publicar (obra) por meio de impressão etc. **2** introduzir modificações em (texto, arquivo de textos etc.) **3** CINE RÁD TV fazer a edição de (filme, programa de rádio ou televisão etc.)

e.di.to *s.m.* DIR qualquer determinação legal ☞ cf. *édito*

é.di.to *s.m.* DIR mandado judicial publicado em edital ☞ cf. *edito*

e.di.tor /ô/ [pl.: *-es*] *adj.s.m.* **1** que(m) publica livros, partituras etc. **2** que(m) prepara um texto para ser publicado **3** que(m) decide conteúdo e forma final de jornal, telejornal, filme etc. ▣ **e. de textos 1** indivíduo responsável pela preparação, organização e revisão dos originais de uma obra para publicação; editor **2** INF programa de computador que cria e altera textos

e.di.to.ra /ô/ *s.f.* instituição que edita livros, revistas etc.

e.di.to.ra.ção [pl.: *-ões*] *s.f.* **1** conjunto das atividades de um editor **2** preparação e revisão de textos para impressão **3** *p.ext.* conjunto de atividades relacionadas com a publicação de livros, produção de discos, vídeos, *CD-ROM* etc. **4** *p.ext.* INF elaboração de informações transmitidas por meios eletrônicos ▣ **e. eletrônica** INF uso de recursos da informática nas atividades editoriais ~ **editorador** *adj.s.m.* - **editorar** *v.t.d.*

e.di.to.ri.a *s.f.* conjunto das seções de um jornal, revista etc. sob o comando de um editor

e.di.to.ri.al [pl.: *-ais*] *adj.2g.* **1** referente a editor ou editora ■ *s.m.* **2** artigo em jornal ou revista com a opinião de seus editores

e.di.to.ri.a.lis.ta *adj.2g.* **1** relativo a editorial ■ *adj.2g.s.2g.* **2** que(m) escreve editoriais

-edo *suf.* 'coleção': *arvoredo*

e.dre.dom [pl.: *-ons*] *s.m.* cobertor acolchoado, tb. us. como colcha

e.du.ca.ção [pl.: *-ões*] *s.f.* **1** processo para o desenvolvimento físico, intelectual e moral de um ser humano **2** conjunto dos métodos empregados nesse processo; instrução, ensino **3** civilidade, polidez ▣ **e. básica** *B* conjunto formado pela educação infantil, o ensino fundamental e o ensino médio • **e. de jovens e adultos** *B* curso compacto para suprir escolaridade incompleta de jovens e adultos • **e. infantil** *B* parte da e. básica que cuida da educação de crianças de 0 a 5 anos • **e. superior** *B* curso com duração de quatro a seis anos no qual as pessoas que terminam o ensino médio estudam uma ciência e adquirem uma profissão ~ **educacional** *adj.2g.*

e.du.can.dá.rio *s.m.* estabelecimento de ensino; escola

e.du.can.do *s.m.* aluno

e.du.car *v.* {mod. 1} *t.d.* **1** fornecer a (alguém) os cuidados necessários ao pleno desenvolvimento físico, intelectual e moral **2** dar ensino, instruir **3** fazer (o animal) obedecer; domesticar □ *pron.* **4** buscar atingir alto grau de desenvolvimento; aperfeiçoar-se ~ **educado** *adj.* - **educador** *adj.s.m.*

e.du.ca.ti.vo *adj.* **1** relativo a educação; educacional **2** que contribui para a educação

e.dul.co.ran.te *adj.2g.s.m.* adoçante ~ **edulcorar** *v.t.d.*

e.fe *s.m.* nome da letra *f*

e.fei.to *s.m.* **1** aquilo que é produzido por uma causa; resultado, consequência **2** o que gera uma sensação, uma influência **3** o que produz um resultado esperado; eficácia **4** REC.AV recurso artístico ou técnico que atrai a atenção ▣ **e. estufa** ECO MET aquecimento das camadas atmosféricas inferiores causado pelo acúmulo de certos gases no ar

e.fe.mé.ri.de *s.f.* **1** fato importante em determinada data **2** comemoração de um fato importante, de uma data etc. ▼ ***efemérides*** *s.f.pl.* **3** livro que registra acontecimentos diários

e.fê.me.ro *adj.* que dura pouco ~ **efemeridade** *s.f.*

e.fe.mi.na.do *adj.s.m.* afeminado

e.fer.ves.cên.cia *s.f.* **1** ato de ferver ou seu efeito **2** formação de bolhas de gás em um meio líquido **3** *fig.* comoção, agitação ~ **efervescer** *v.int.*

e.fer.ves.cen.te *adj.2g.* **1** que apresenta ou pode apresentar efervescência ('formação de bolhas') <*comprimido e.*> **2** *fig.* que se mostra agitado

e.fe.ti.var *v. t.d. e pron.* **1** concretizar(-se); efetuar(-se) <*e.(-se) um desejo*> **2** tornar(-se) efetivo, estável <*e. os contratados*> <*e.-se no emprego*>

e.fe.ti.vo *adj.* **1** que produz efeito real ■ *adj.s.m.* **2** (funcionário) estável ■ *s.m.* **3** MIL número real de militares que integram uma formação terrestre, aérea ou naval **4** DIR ECON ativo disponível de uma empresa ~ **efetividade** *s.f.*

e.fe.tu.a.ção [pl.: *-ões*] *s.f.* execução, realização

e.fe.tu.ar *v.* {mod. 1} *t.d. e pron.* **1** levar ou ir a efeito; realizar, acontecer <*e. um programa de governo*> <*a separação efetuou-se sem traumas*> □ *t.d.* **2** fazer (operação matemática) <*efetue essa soma*>

e.fi.cá.cia *s.f.* capacidade de atingir o efeito esperado

e.fi.caz [pl.: *-es*] *adj.2g.* que produz o efeito esperado; produtivo

e.fi.ci.ên.cia *s.f.* capacidade de atingir o efeito esperado, da forma desejada

e.fi.ci.en.te *adj.2g.* que produz o efeito esperado, da forma desejada; competente, capaz

e.fí.gie *s.f.* imagem, figura, retrato de pessoa ou personagem

e.flo.res.cên.cia *s.f.* BOT formação e surgimento da flor

e.flu.ên.cia *s.f.* eflúvio ('odor')

e.flu.ir *v.* {mod. 26} *int.* fluir de; emanar ~ **efluente** *adj.2g.*

e.flú.vio *s.m.* **1** odor sutil exalado de um fluido, corpo etc.; efluência **2** emissão de energia ou matéria

e.fu.são [pl.: *-ões*] *s.f.* **1** derramamento (de líquido) ou expansão (de gás) **2** *fig.* manifestação expansiva e espontânea de afeto, de alegria

e.fu.si.vo *adj.* que se manifesta com efusão; entusiasmado

é.gi.de *s.f.* defesa, proteção

e.gip.to.lo.gi.a *s.f.* ciência que estuda o antigo Egito ~ **egiptológico** *adj.* - **egiptólogo** *s.m.*

é.glo.ga *s.f.* → ***ÉCLOGA***

e.go *s.m.* **1** PSIC núcleo da personalidade de uma pessoa **2** PSICN nível psíquico criado pelas experiências do indivíduo e que exerce função de controle sobre o seu comportamento, sendo grande parte de seu funcionamento inconsciente

e.go.cên.tri.co *adj.s.m.* que(m) age voltado para si mesmo, sem se preocupar com os interesses alheios ~ **egocentrismo** *s.m.*

e.go.ís.mo *s.m.* apego excessivo aos próprios interesses sem consideração pelos alheios

e.go.ís.ta *adj.2g.* **1** relativo a egoísmo ■ *adj.2g.s.2g.* **2** que(m) manifesta egoísmo, que só pensa em si mesmo

e.gré.gio *adj.* **1** muito distinto (diz-se esp. dos tribunais superiores e de seus juízes) **2** admirável, magnífico

e.gres.so *adj.* **1** que se afastou ■ *s.m.* **2** afastamento, saída **3** indivíduo que largou o convento **4** DIR indivíduo que saiu da prisão após cumprimento da pena

é.gua *s.f.* ZOO fêmea do cavalo

eh *interj.* exprime ânimo, incitação

ei *interj.* us. para saudação ou chamado

-eima *suf.* 'qualidade': *guloseima*

eins.têi.nio ou **eins.tê.nio** *s.m.* QUÍM elemento químico artificial radioativo e metálico [símb.: *Es*] ☞ cf. *tabela periódica* (no fim do dicionário)

-eira *suf.* **1** 'ocupação': *lavadeira* **2** 'árvore produtora': *mangueira* **3** 'coleção, quantidade': *cabeleira* **4** 'local, receptáculo': *lixeira*

E

ei.ra *s.f.* **1** local para debulhar e limpar cereais e legumes **2** área onde se deposita o sal nas salinas ▣ **sem e. nem beira** muito pobre

-eirão *suf.* 'aumento': *vozeirão*

-eiro *suf.* **1** 'agente, profissão': *jornaleiro* **2** 'árvore produtora': *limoeiro* **3** 'quantificação': *nevoeiro* **4** 'local, receptáculo': *galinheiro, açucareiro* **5** 'origem, nacionalidade': *brasileiro* **6** 'relação': *verdadeiro*

eis *adv.* aqui está

ei.ta *interj.* eta

ei.to *s.m.* **1** série de coisas postas em fila **2** *B* limpeza de uma plantação **3** *B* plantação em que trabalhavam escravos ▣ **a e.** sem interrupção

ei.va *s.f.* **1** fenda, rachadura em vidro, cerâmica ou porcelana **2** marca de apodrecimento em um fruto **3** defeito físico do pescoço de bovinos **4** *fig.* imperfeição física ou moral

ei.va.do *adj.* contaminado, infectado, maculado

ei.xo *s.m.* **1** reta que atravessa o centro de um corpo e em torno da qual o corpo gira ou pode girar **2** peça que articula em torno de si, em movimento de rotação, partes de um mecanismo **2.1** barra em cujos extremos são fixadas rodas **3** *fig.* ponto ou ideia central ▣ **e. de manivela** ENG peça de um motor de explosão que transforma o movimento retilíneo alternado do conjunto êmbolo-biela em movimento circular; virabrequim

e.ja.cu.la.ção [pl.: *-ões*] *s.f.* **1** forte derramamento (de líquido); jato **2** emissão de esperma pela uretra

e.ja.cu.lar *v.* {mod. 1} *t.d.* **1** lançar de si (um líquido) □ *int.* **2** emitir esperma

-ejar *suf.* **1** 'repetição': *gotejar* **2** 'transformação': *verdejar*

e.je.ção [pl.: *-ões*] *s.f.* expulsão

e.je.tar *v.* {mod. 1} *t.d.* lançar fora; expelir, expulsar ~ **ejetor** *adj.s.m.*

-ejo *suf.* 'diminuição': *lugarejo*

-ela *suf.* 'diminuição': *rodela*

e.la *pron.p.* fem. de *ele* /ê/

e.lã *s.m.* **1** movimento espontâneo; impulso **2** entusiasmo, vivacidade **3** inspiração criativa

e.la.bo.ra.ção [pl.: *-ões*] *s.f.* **1** preparação cuidadosa **2** produção, feitura

e.la.bo.rar *v.* {mod. 1} *t.d.* **1** preparar pouco a pouco, com cuidado, precisão **2** tornar mais complexo □ *pron.* **3** produzir-se, formar-se

e.las.ta.no *s.m.* QUÍM fibra sintética à base de poliuretano, us. na fabricação de tecidos elásticos

e.las.ti.ci.da.de *s.f.* **1** FÍS propriedade de um corpo sofrer deformação, quando submetido à tração, e retornar à forma original **2** *fig.* agilidade física; flexibilidade

e.lás.ti.co *adj.* **1** que volta à forma inicial depois de ser deformado **2** impreciso, inexato **3** de princípios pouco rígidos ■ *s.m.* **4** tira de borracha, us. para prender ou apertar

el.do.ra.do *s.m.* lugar imaginário cheio de riquezas e oportunidades

e.le /é/ *s.m.* nome da letra *l*

e.le /ê/ *pron.p.* **1** representa a 3ª p.sing. e é us. para indicar aquele ou aquilo de que se fala ou escreve ■ *s.m.* **2** diabo

e.le.fan.te [fem.: *elefanta*] *s.m.* ZOO mamífero de grande porte com uma tromba, originário da Ásia e África ▣ **e. branco** *fig.* coisa inútil ou pouco prática

e.le.fan.tí.a.se *s.f.* MED doença causada pelo verme filária, caracterizada por inchaço crônico esp. das pernas devido à falta de circulação

e.le.fan.ti.no *adj.* **1** que diz respeito ou é semelhante a elefante **2** relativo a elefantíase

e.le.gân.cia *s.f.* **1** graça e distinção no porte e nos modos **2** comportamento cortês, distinto; gentileza, fineza **3** adequação e fineza na linguagem **4** correção de caráter moral; honradez

e.le.gan.te *adj.2g.s.2g.* que(m) tem elegância

e.le.ger *v.* {mod. 8} *t.d.* e *t.d.pred.* **1** optar por (alguém ou algo), entre dois ou mais; escolher, indicar **2** escolher por votação □ *pron.* **3** passar ao exercício de (cargo ou função) ◉ GRAM/USO part.: *elegido, eleito* ~ **eleito** *adj.s.m.*

e.le.gi.a *s.f.* **1** LIT poema lírico melancólico **2** MÚS canção lamentosa ~ **elegíaco** *adj.*

e.le.gí.vel [pl.: *-eis*] *adj.2g.* que se pode eleger ~ **elegibilidade** *s.f.*

e.lei.ção [pl.: *-ões*] *s.f.* escolha, por voto, de alguém para ocupar um posto, cargo etc.; votação, pleito

e.lei.tor /ô/ [pl.: *-es*] *adj.s.m.* que(m) elege ou pode eleger ◉ COL eleitorado ~ **eleitorado** *s.m.*

e.lei.to.ral [pl.: *-ais*] *adj.2g.* relativo a eleição

e.lei.to.rei.ro *adj. pej.* diz-se de manobra ou acordo político cuja finalidade é apenas conseguir votos

e.le.men.tar [pl.: *-es*] *adj.2g.* **1** que diz respeito a elemento(s) **2** que funciona de modo primário, simples **3** *p.ext.* de fácil compreensão; básico, essencial

e.le.men.to *s.m.* **1** QUÍM substância formada de átomos com o mesmo número atômico **2** parte constituinte de um todo; componente **3** ambiente, meio **4** *infrm.* indivíduo, sujeito ▼ ***elementos*** *s.m.pl.* **5** noções básicas

e.len.co *s.m.* **1** enumeração, lista, relação **2** REC.AV lista dos atores de um espetáculo

e.le.pê *s.m.* disco fonográfico de vinil, gravado em sulcos mínimos e tocado à velocidade de 33 1/3 rotações por minuto; vinil

e.le.ti.vo *adj.* 1 relativo a eleição 2 feito por eleição, escolha, preferência; optativo

e.le.tra.cús.ti.ca *s.f.* FÍS eletroacústica ~ **eletracústico** *adj.*

e.le.tren.ce.fa.lo.gra.fi.a *s.f.* MED eletroencefalografia

e.le.tren.ce.fa.lo.gra.ma *s.m.* MED eletroencefalograma

e.le.tri.ci.da.de *s.f.* 1 forma de energia utilizada na indústria e em residências para produzir luz, gerar calor e acionar motores 2 ELETR FÍS conjunto de fenômenos naturais que envolvem cargas elétricas estacionárias ou em movimento 2.1 FÍS ciência que estuda esses fenômenos 3 carga elétrica

e.le.tri.cis.ta *adj.2g.s.2g.* que(m) instala redes elétricas ou faz reparos em aparelhos elétricos

e.lé.tri.co *adj.* 1 que diz respeito a eletricidade 2 movido a eletricidade 3 *fig.* muito rápido 4 *fig.* muito agitado ou nervoso

e.le.tri.fi.ca.ção [pl.: *-ões*] *s.f.* ELETR 1 ato de eletrificar ou seu efeito 2 ato de dotar (algo) de propriedades elétricas

e.le.tri.fi.car *v.* {mod. 1} *t.d.* 1 ELETR FÍS dotar de carga elétrica <*e. uma cerca*> 2 instalar dispositivos elétricos em <*e. a região rural*>

e.le.tri.zan.te *adj.2g.* 1 carregado de eletricidade 2 *fig.* que provoca grande entusiasmo; alucinante

e.le.tri.zar *v.* {mod. 1} *t.d.* ELETR FÍS 1 criar ou desenvolver propriedades elétricas em 2 dotar de carga elétrica; eletrificar □ *t.d. e pron. fig.* 3 maravilhar(-se), encantar(-se) <*e.-se com um filme*> ~ **eletrização** *s.f.*

e.le.tro.a.cús.ti.ca *s.f.* FÍS ciência que estuda a conversão de energia elétrica em sonora e vice-versa; eletracústica ~ **eletroacústico** *adj.*

e.le.tro.car.dio.gra.fi.a *s.f.* MED análise do registro feito pelo eletrocardiograma ~ **eletrocardiográfico** *adj.*

e.le.tro.car.di.ó.gra.fo *s.m.* aparelho que realiza o eletrocardiograma

e.le.tro.car.dio.gra.ma *s.m.* MED registro gráfico das variações elétricas resultantes da atividade do músculo cardíaco

e.le.tro.cus.são [pl.: *-ões*] *s.f.* morte por choque elétrico

e.le.tro.cu.tar *v.* {mod. 1} *t.d.* matar por choque elétrico ~ **eletrocutor** *adj.s.m.*

e.le.tro.di.nâ.mi.ca *s.f.* FÍS estudo das cargas elétricas em movimento ~ **eletrodinâmico** *adj.*

e.lé.tro.do ou **e.le.tro.do** /ô/ *s.m.* ELETRÔN FÍS 1 condutor de corrente elétrica, ger. metálico 2 ELETR cada uma das placas de um capacitor

e.le.tro.do.més.ti.co *adj.s.m.* diz-se de ou aparelho elétrico us. em tarefas domésticas (p.ex., geladeira, micro-ondas)

e.le.tro.en.ce.fa.lo.gra.fi.a *s.f.* MED análise de eletroencefalograma; eletrencefalografia ~ **eletroencefalográfico** *adj.*

e.le.tro.en.ce.fa.lo.gra.ma *s.m.* MED registro das variações elétricas do cérebro por meio de elétrodos presos à cabeça; eletrencefalograma

e.le.tro-hi.dráu.li.co [pl.: *eletro-hidráulicos*] ou **e.le.tro.i.dráu.li.co** *adj.* ELETR ENG 1 relativo a uma combinação de mecanismos elétricos e hidráulicos 2 que envolve ou é produzido pela ação de descargas elétricas de alta voltagem

e.le.tro.í.mã *s.m.* ELETR FÍS ímã com um núcleo de ferro que é magnetizado ao ter o fio que o envolve atravessado por uma corrente elétrica; eletromagneto

e.le.tró.li.se *s.f.* FISQUÍM decomposição de eletrólito ('solução') por meio de corrente elétrica ~ **eletrolisar** *v.t.d.* - **eletrolítico** *adj.*

e.le.tró.li.to *s.m.* 1 ELETR condutor elétrico em que o transporte de corrente é feito por íons 2 QUÍM solução condutora de eletricidade

e.le.tro.mag.ne.tis.mo *s.m.* FÍS conjunto de fenômenos físicos referentes à interação entre campos elétricos e campos magnéticos e sua inter-relação ~ **eletromagnético** *adj.*

e.le.tro.mag.ne.to *s.m.* ELETR FÍS eletroímã

e.le.tro.mo.tor /ô/ [pl.: *-es*] *adj.s.m.* ELETR ELETRÔN (o) que desenvolve eletricidade

e.lé.tron [pl.: *elétrons*] *s.m.* FÍS partícula de carga elétrica negativa, presente em todos os átomos

e.le.tro.ne.ga.ti.vo *adj.* FÍS que atrai elétrons (diz-se de elemento) ~ **eletronegatividade** *s.f.*

e.le.trô.ni.ca *s.f.* FÍS estudo do comportamento de circuitos elétricos e suas aplicações

e.le.trô.ni.co *adj.* referente a eletrônica

e.le.tros.tá.ti.ca *s.f.* FÍS estudo das cargas elétricas quando em repouso ~ **eletrostático** *adj.*

e.le.tro.tec.ni.a *s.f.* ciência das aplicações técnicas da eletricidade

e.le.tro.téc.ni.co *adj.* 1 referente a eletrotecnia ■ *adj.s.m.* 2 especialista em eletrotecnia

e.le.va.ção [pl.: *-ões*] *s.f.* 1 ação de elevar(-se) ou seu efeito 2 parte ou área mais alta que seu entorno 3 aumento (de preço ou quantidade)

e.le.va.do *s.m.* 1 viaduto ■ *adj.* 2 que se eleva ou elevou 3 superior, sublime

e.le.va.dor /ô/ [pl.: *-es*] *s.m.* 1 cabine para deslocamento vertical de pessoas ou cargas ■ *adj.* 2 que eleva

e.le.var *v.* {mod. 1} *t.d. e pron.* 1 pôr(-se) em plano ou ponto superior; levantar(-se) <*seus braços elevaram-se para abraçar o pai*> 2 voltar(-se) para o alto; erguer(-se) 3 *fig.* exaltar(-se), enaltecer(-se) <*não parava de e.-se por ter vencido a corrida*> □ *t.d.* 4 construir, erguer <*e. duas paredes*> 5 aumentar (preço, valor, quantidade) 6 subir o tom de (voz)

e.le.va.tó.ria *s.f.* estação elevatória

e.le.va.tó.rio *adj.* 1 que serve para elevar 2 relativo a elevação

-elho *suf.* 'diminuição': *artelho, grupelho*

e.li.mi.na.ção [pl.: *-ões*] *s.f.* ato ou efeito de eliminar(-se)

e.li.mi.nar *v.* {mod. 1} *t.d. e t.d.i.* **1** (prep. *de*) retirar (algo) [de um conjunto, um todo]; excluir, suprimir *<a prova eliminou (da competição) vários atletas>* **2** (prep. *de*) fazer sair; expulsar *<e. toxinas> <e. do clube alguns sócios>* □ *t.d.* **3** fazer sumir; apagar **4** destruir, extinguir *<e. áreas de vegetação>* **5** matar, assassinar

E

e.li.mi.na.tó.ria *s.f.* exame ou competição que pode resultar em eliminação

e.li.mi.na.tó.rio *adj.* que tem a finalidade ou a possibilidade de eliminar

e.lip.se *s.f.* **1** GEOM figura representada por uma curva fechada de forma oval com ambas as extremidades semelhantes **2** GRAM supressão de um termo que pode ser subentendido pelo contexto (p.ex.: *meu livro não está aqui,* [ele] *sumiu!*)

e.líp.ti.co *adj.* **1** GEOM referente ou semelhante a uma elipse **2** GRAM próprio de frase ou construção em que há elipse

e.li.são [pl.: *-ões*] *s.f.* **1** supressão, omissão **2** GRAM supressão da vogal final de uma palavra quando a próxima começa por vogal (p.ex.: *d'água* [de água]) ~ **elidir** *v.t.d.*

e.li.te *s.f.* **1** o melhor ou mais valorizado num grupo social; nata **2** SOC minoria que detém o prestígio e o domínio sobre o grupo social ~ **elitizar** *v.t.d.*

e.li.tis.mo *s.m.* **1** influência de uma elite **2** consciência ou pretensão de ser da elite ou de pertencer a uma elite **3** discriminação social e/ou cultural que resulta de elitismo; esnobismo ~ **elitista** *adj.2g.s.2g.*

e.li.xir [pl.: *-es*] *s.m.* **1** FARM solução com substâncias medicinais e/ou aromáticas **2** bebida balsâmica e saborosa **3** bebida a que se atribuem propriedades mágicas *<e. da eterna juventude>*

el.mo *s.m.* peça de armadura medieval que protegia a cabeça

-elo *suf.* 'diminuição': *magrelo*

e.lo *s.m.* **1** argola de corrente **2** vínculo, ligação

e.lo.cu.ção [pl.: *-ões*] *s.f.* **1** exposição de um pensamento por palavras **2** modo de expressar-se, oralmente ou na escrita

e.lo.gi.ar *v.* {mod. 1} *t.d.* fazer elogios a (pessoa, fato, atuação etc.); louvar as qualidades de *<os críticos elogiaram o novo filme>*

e.lo.gi.o *s.m.* aprovação explícita das qualidades de uma pessoa, um trabalho, um gesto etc.; louvor

e.lo.gi.o.so /ô/ [pl.: /ó/; fem.: /ó/] *adj.* que apresenta ou contém elogio

e.lo.quên.cia /qü/ *s.f.* **1** arte de falar bem **2** *p.ext.* poder de persuadir pela palavra

e.lo.quen.te /qü/ *adj.2g.* **1** que tem facilidade de expressar-se **2** *p.ext.* persuasivo, convincente

e.lu.ci.da.ção [pl.: *-ões*] *s.f.* explicação, esclarecimento

e.lu.ci.dar *v.* {mod. 1} *t.d. e pron.* tornar(-se) claro, compreensível; esclarecer(-se) *<e. um mistério> <e.-se sobre as normas do clube>*

e.lu.ci.dá.rio *s.m.* publicação que esclarece assuntos de difícil entendimento

e.lu.ci.da.ti.vo *adj.* que explica

e.lu.cu.bra.ção [pl.: *-ões*] *s.f.* **1** estudo trabalhoso; lucubração **2** meditação, reflexão profunda; lucubração **3** pensamento teórico longo, artificial e complicado

e.lu.cu.brar *v.* {mod. 1} *t.d. e int.* **1** consumir noites estudando (algo) **2** criar (algo) com esforço, muita meditação *<está elucubrando um romance> <elucubre menos e aja mais>* **3** especular, pensar muito (sobre); meditar *<e. um plano> <passa o dia a e.>* **4** fazer raciocínios teóricos longos, artificiais e complicados (sobre algo)

em- ou **en-** *pref.* 'movimento para dentro': *embarcar, enclausurar*

em *prep.* **1** expressa relações de: **1.1** tempo *<receberá a fortuna em breve>* **1.2** lugar *<estar em casa>* **1.3** modo *<andar em farrapos>* **1.4** distribuição *<a peça é em três atos>* **1.5** finalidade *<calou-se em protesto>*

-ema *suf.* 'menor unidade significativa': *morfema*

e.ma *s.f.* ZOO ave pernalta de grande porte, natural das regiões campestres e cerrados da América do Sul

e.ma.çar *v.* {mod. 1} *t.d.* **1** juntar num maço *<e. as cartas>* **2** *p.ext.* envolver em papel; embrulhar ☞ cf. *emassar*

e.ma.ci.ar *v.* {mod. 1} *t.d.,int. e pron.* (fazer) perder bastante massa adiposa e muscular, emagrecendo muito; definhar *<a doença o emaciou> <exercícios intensos emaciam> <emaciou-se com a dieta rigorosa>*

e.ma.gre.cer *v.* {mod. 8} *t.d. e int.* tornar(-se) magro ou mais magro *<a ansiedade emagreceu a moça> <com a doença, não para de e.>* ~ **emagrecimento** *s.m.*

email [ing.; pl.: *emails*] ou ***e-mail*** [ing.; pl.: *e-mails*] *s.m.* ver ***CORREIO ELETRÔNICO*** ⇒ pronuncia-se i mêil

e.ma.na.ção [pl.: *-ões*] *s.f.* **1** ponto de partida, origem **2** odor, exalação

e.ma.nar *v.* {mod. 1} *t.i.* **1** (prep. *de*) ter origem em; vir *<o poder emana do povo>* **2** (prep. *de*) espalhar-se em partículas; exalar *<um cheiro de comida emana da cozinha>*

e.man.ci.pa.ção [pl.: *-ões*] *s.f.* **1** libertação, independência **2** DIR regra jurídica que, no Brasil, concede ao menor de 18 anos e maior de 16 anos a habilitação de todos os atos da vida civil

e.man.ci.par *v.* {mod. 1} *t.d.,t.d.i. e pron.* **1** (prep. *de*) tornar(-se) independente; libertar(-se) *<e. um povo (do domínio estrangeiro)> <nossa produção de petróleo está perto de se e.>* **2** (prep. *de*) eximir(-se) [de pátrio poder ou tutela] *<e. um filho menor> <e. os índios da tutela do Estado> <o caçula emancipou-se>*

e.ma.nen.te *adj.2g.* que emana ☞ cf. *imanente*

e.ma.ra.nha.do *adj.s.m.* (o) que se apresenta misturado de modo confuso

e.ma.ra.nhar *v.* {mod. 1} *t.d. e pron.* **1** misturar(-se) de modo confuso; embaraçar(-se) *<e. lãs> <seus cabelos emaranham-se facilmente>* **2** tornar(-se) confuso; atrapalhar(-se) *<uma nova testemunha emaranhou a solução do crime> <e.-se ao enfrentar situações desconhecidas>* ~ **emaranhamento** *s.m.*

e.mas.cu.la.ção [pl.: *-ões*] *s.f.* **1** castração **2** *fig.* enfraquecimento

e.mas.sar *v.* {mod. 1} *t.d.* **1** transformar em massa, pasta **2** *B* revestir com massa *<e. o muro antes de pintá-lo>* ☞ cf. *emaçar*

em.ba.çar *v.* {mod. 1} *t.d.,int. e pron.* **1** embaciar *<o calor embaçou as lentes> <os vidros do carro embaçaram(-se)>* **2** *fig.* fazer perder ou perder o brilho; obscurecer(-se), ofuscar(-se) *<a chegada do campeão embaçou os outros atletas> <sua fama embaçou(-se)>*

em.ba.ci.ar *v.* {mod. 1} *t.d.,int. e pron.* embaçar ~ **embaciado** *adj.*

em.ba.i.nhar *v.* {mod. 1} *t.d.* **1** pôr (arma) na bainha ('estojo') **2** fazer bainha em (roupa)

em.bai.xa.da *s.f.* **1** missão no exterior chefiada por um embaixador **2** corpo de representantes diplomáticos chefiado por um embaixador **3** função ou posto de embaixador **4** seu local de trabalho e/ou residência **5** sua comitiva **6** FUTB técnica de mover a bola com o pé, coxa, peito etc. sem deixá-la cair

em.bai.xa.dor /ô/ [pl.: *-es*; fem.: *embaixadora, embaixatriz (ver ambos)*] *s.m.* **1** diplomata que representa um estado junto a outro **2** qualquer indivíduo encarregado de uma missão

em.bai.xa.do.ra /ô/ *s.f.* mulher com cargo de embaixador ☞ cf. *embaixatriz*

em.bai.xa.triz [pl.: *-es*] *s.f.* esposa de embaixador ☞ cf. *embaixadora*

em.bai.xo *adv.* em ponto inferior ▣ **e. de** sob

[1]**em.ba.la.gem** [pl.: *-ens*] *s.f.* velocidade crescente; aceleração [ORIGEM: [1]*embalar* + *-agem*]

[2]**em.ba.la.gem** [pl.: *-ens*] *s.f.* **1** proteção externa que guarda e conserva um objeto, um produto etc. **2** acondicionamento [ORIGEM: [2]*embalar* + *-agem*]

[1]**em.ba.lar** *v.* {mod. 1} *t.d. e pron.* **1** mover(-se) de um lado para outro; balançar(-se) *<embalou o carrinho para acalmar o bebê> <e.-se (na rede) até adormecer>* ☐ *t.d.* **2** balançar (criança) para fazê-la dormir ☐ *t.d. e int.* **3** dar ou adquirir impulso; acelerar(-se) *<e. o carro> <o ônibus embalou na ladeira>* [ORIGEM: duv., talvez ligado a *abalar*] ~ **embalado** *adj.* - **embalador** *adj.s.m.*

[2]**em.ba.lar** *v.* {mod. 1} *t.d.* guardar (objeto) em pacote, caixa etc., a fim de protegê-lo; empacotar *<e. louça com cuidado>* [ORIGEM: *em-* + *bala* 'pacote' + [2]*-ar*] ~ **embalado** *adj.* - **embalador** *adj.s.m.*

em.bal.de *adv.* inutilmente; debalde

em.ba.lo *s.m.* **1** balanço *<o e. do navio>* **2** aceleração *<pegar e.>* **3** *infrm.* agitação, euforia **4** *B infrm.* festa animada

em.bal.sa.mar *v.* {mod. 1} *t.d.* **1** tratar (cadáver) com substâncias que evitam sua decomposição ☐ *t.d. e pron.* **2** impregnar(-se) de bálsamos; perfumar(-se) ~ **embalsamador** *adj.s.m.* - **embalsamamento** *s.m.*

em.ba.na.nar *v.* {mod. 1} *t.d. e pron. B infrm.* **1** pôr(-se) em situação difícil ou embaraçosa **2** confundir(-se); atrapalhar(-se) ~ **embananamento** *s.m.*

em.ban.dei.rar *v.* {mod. 1} *t.d. e pron.* **1** enfeitar(-se) com bandeiras ☐ *t.d. fig. B* **2** destacar o mérito de; enaltecer ~ **embandeiramento** *s.m.*

em.ba.ra.çar *v.* {mod. 1} *t.d. e pron.* **1** (fazer) sentir dificuldade; atrapalhar(-se) *<o excesso de regras embaraça as crianças> <e.-se com um equipamento>* **2** misturar(-se) desordenadamente; embaralhar(-se) *<o gato embaraçou a lã> <e.-se o cabelo>* **3** perturbar(-se), perdendo a naturalidade; vexar(-se) ☐ *t.d.* **4** pôr obstáculo a; obstruir ~ **embaraçado** *adj.*

em.ba.ra.ço *s.m.* **1** dificuldade, atrapalhação **2** situação constrangedora

em.ba.ra.ço.so /ô/ [pl.: /ó/; fem.: /ó/] *adj.* que provoca ou em que há embaraço

em.ba.ra.fus.tar *v.* {mod. 1} *t.i.,int. e pron.* (prep. *com, por*) entrar num lugar de modo impetuoso *<e.(-se) pela mata atrás da caça>*

em.ba.ra.lhar *v.* {mod. 1} *t.d.* **1** misturar (cartas de baralho) **2** *p.ext.* pôr fora de ordem; desarrumar ☐ *t.d. e pron. fig.* **3** misturar(-se), confundir(-se) *<e. as ideias> <os papéis se embaralharam>* ☐ *pron.* **4** atrapalhar-se, confundir-se *<e.-se ao depor>* ~ **embaralhado** *adj.* - **embaralhamento** *s.m.*

em.bar.ca.ção [pl.: *-ões*] *s.f.* MAR qualquer meio de transporte aquático

em.bar.ca.dou.ro *s.m.* MAR lugar onde se embarcam e desembarcam passageiros e carga transportados por navio

em.bar.car *v.* {mod. 1} *t.d.,t.i. e int.* **1** (prep. *em*) pôr ou entrar em (barco, trem, ônibus, avião etc.) *<foi e. o amigo> <e. cedo (no navio)>* ☐ *t.i. B infrm.* **2** (prep. *em*) deixar-se levar por (ardil, golpe etc.) *<e. numa mentira>* ☐ *int. B infrm.* **3** morrer

em.bar.gar *v.* {mod. 1} *t.d. e t.d.i.* **1** (prep. *a*) pôr obstáculos a; impedir, dificultar *<e. um casamento> <embargou-lhe o acesso à carreira>* ☐ *t.d.* **2** impedir que se manifeste; conter *<a emoção embargou sua voz>* **3** DIR pôr embargo a *<e. uma obra>* ~ **embargamento** *s.m.*

em.bar.go *s.m.* **1** aquilo que impede; empecilho **2** DIR impedimento judicial ▣ **e. econômico** veto estatal ao comércio com determinado país • **sem e.** entretanto

em.bar.que *s.m.* entrada em (barco, trem, ônibus, avião etc.)

em.bar.ri.gar *v.* {mod. 1} *int.* **1** tornar-se barrigudo **2** *B infrm.* engravidar

em.ba.sa.men.to *s.m.* **1** ARQ base, alicerce **2** *fig.* princípio que sustenta um raciocínio; fundamento

em.ba.sar *v.* {mod. 1} *t.d.* **1** ARQ fazer a base de (uma construção) *<e. o muro>* ☐ *t.d.i. e pron. fig.* **2** (prep. *em*) ter como fundamento; basear(-se), apoiar(-se) *<e. um trabalho em estudos recentes> <e.-se em informações falsas>*

em.bas.ba.car *v.* {mod. 1} *t.d.,int. e pron.* (fazer) ficar admirado, espantado, surpreso; pasmar(-se) <*o show embasbacou a plateia*> <*essa paisagem embasbaca*> <*e.-se com uma vista*> ~ **embasbacado** *adj.*

em.ba.te *s.m.* **1** choque ou confronto violento **2** *fig.* manifestação contrária; oposição ~ **embater** *v.int. e pron.*

em.ba.tu.car *v.* {mod. 1} *t.d.* **1** tapar com batoque □ *t.d. e int. fig.* **2** (fazer) ficar calado, sem ação ou resposta <*o argumento embatucou o entrevistado*> <*diante da situação, embatucou*> □ *t.i. fig. infrm.* **3** (prep. *com*) ficar preocupado, cismado

em.ba.ú.ba *s.f.* BOT árvore comum nas regiões tropicais americanas, de que se fazem calhas e pequenos objetos, e cujas folhas têm forma de mão aberta

em.be.be.dar *v.* {mod. 1} *t.d. e pron.* (fazer) ficar bêbado; embriagar(-se) ~ **embebedamento** *s.m.*

em.be.ber *v.* {mod. 8} *t.d.i. e pron.* **1** (prep. *de, em*) fazer ou deixar-se penetrar por (um líquido); molhar(-se), encharcar(-se) □ *t.d.* **2** sorver pelos poros; absorver ~ **embebição** *s.f.* - **embebimento** *s.m.*

em.bei.çar *v.* {mod. 1} *t.d. B infrm.* **1** deformar, dando aparência de beiço a <*o uso embeiçou a gola*> □ *t.d. e pron.* **2** encantar(-se), apaixonar(-se) ~ **embeiçado** *adj.*

em.be.le.zar *v.* {mod. 1} *t.d. e pron.* tornar(-se) belo; enfeitar(-se) ~ **embelezador** *adj.s.m.* - **embelezamento** *s.m.*

em.be.ve.cer *v.* {mod. 8} *t.d. e pron.* (fazer) sentir admiração profunda; extasiar(-se) <*e.-se com um quadro*> ~ **embevecido** *adj.* - **embevecimento** *s.m.*

em.bi.car *v.* {mod. 1} *t.d.* **1** tornar bicudo □ *t.i. fig.* **2** (prep. *com*) ter antipatia ou prevenção com; implicar □ *int.* **3** dirigir-se, encaminhar-se <*o carro embicou para a direita*> **4** deparar-se com obstáculo imprevisto; topar <*e. numa rua sem saída*>

em.bi.ra *s.f.* BOT nome de diversas árvores e arbustos cujas folhas são venenosas para o gado e de cuja casca se fazem cordas e estopa

em.bir.rar *v.* {mod. 1} *t.i.* **1** (prep. *em*) insistir muito; teimar **2** (prep. *com*) ter antipatia, aversão por; implicar □ *int.* **3** ficar ou parecer mal-humorado <*não embirre à toa!*> ~ **embirração** *s.f.* - **embirrado** *adj.*

em.ble.ma *s.m.* **1** ser ou objeto concreto que representa uma ideia abstrata; símbolo **2** *p.ext.* distintivo de instituição, associação etc.

em.ble.má.ti.co *adj.* **1** próprio de ou que representa emblema **2** representativo, simbólico

em.bo.a.ba ou **em.bo.a.va** *s.2g.* HIST apelido dado pelos bandeirantes paulistas aos brasileiros de outras capitanias e aos portugueses que chegavam em busca de ouro

em.bo.ca.du.ra *s.f.* **1** foz **2** parte do freio que entra pela boca das cavalgaduras **3** MÚS posição dos lábios ao tocar instrumento de sopro **4** MÚS parte superior dos instrumentos de sopro, onde se apoiam os lábios

em.bo.car *v.* {mod. 1} *t.d.* **1** envolver com a boca (instrumento de sopro) □ *int.* **2** (prep. *em*) pôr-se no interior de; entrar <*e. na sala sem avisar*>

em.bo.çar *v.* {mod. 1} *t.d.* aplicar emboço em ☞ cf. *embuçar*

em.bo.ço /ô/ *s.m.* CONSTR camada inicial de argamassa ou cal em parede, que serve de base ao reboco

em.bo.la.da *s.f.* MÚS *N.E.* forma musical e poética em que se fala muito rápido, com uma melodia de poucas notas que se repetem

[1]**em.bo.lar** *v.* {mod. 1} *int. B* **1** cair, rolando como uma bola □ *int. e pron. B infrm.* **2** encher-se de caroços pelo corpo; encaroçar(-se) □ *t.i. e pron.* **3** (prep. *com*) atracar(-se), rolando pelo chão <*e.(-se) com o irmão*> [ORIGEM: *em-* + *bola* + [2]*-ar*]

[2]**em.bo.lar** *v.* {mod. 1} *t.d.* **1** transformar em bolo □ *t.d.,int. e pron.* **2** enrolar(-se), emaranhar(-se) **3** confundir(-se), misturar(-se) □ *t.d. e int.* **4** formar um bolo (no estômago); embrulhar, revirar <*e. o estômago*> <*a comida embolou no estômago*> □ *t.d. e pron.* **5** envolver(-se), enrolar(-se) <*e. o filho na manta*> <*e.-se nas cobertas*> [ORIGEM: *em-* + *bolo* + [2]*-ar*]

em.bo.li.a *s.f.* MED obstrução de veia ou artéria causada por um corpo estranho trazido pela corrente sanguínea

êm.bo.lo *s.m.* **1** cilindro que se move em vaivém dentro de seringas, bombas etc.; pistom **2** cilindro metálico de motor de combustão interna; pistom **3** MED corpo estranho ou coágulo trazido pela corrente sanguínea, que obstrui a circulação

em.bo.lo.rar *v.* {mod. 1} *t.d.,int. e pron.* **1** cobrir(-se) com bolor; mofar □ *t.d. e int. fig. infrm.* **2** tornar antigo, obsoleto; antiquar(-se) <*o tempo embolora certos ideais*> <*suas ideias emboloraram*> ~ **embolorado** *adj.* - **emboloramento** *s.m.*

em.bol.sar *v.* {mod. 1} *t.d.* **1** meter no bolso ou na bolsa **2** ganhar, receber □ *t.d.i.* **3** (prep. *a*) pagar o que se deve a; restituir, indenizar <*e. ao proprietário o valor dos estragos*>

em.bol.so /ô/ *s.m.* **1** ato ou efeito de embolsar **2** aquilo que se paga ou se recebe; ganho, pagamento

em.bo.ne.car *v.* {mod. 1} *t.d. e pron.* **1** enfeitar(-se) demais **2** *p.ext.* vestir(-se) de modo ridículo

em.bo.ra *adv.* **1** exprime ideia de retirada ■ *conj. concs.* **2** ainda que; mesmo que

em.bor.car *v.* {mod. 1} *t.d.,int. e pron.* **1** colocar(-se) de boca para baixo; virar <*e. o balde*> <*ao cair, o avião emborcou(-se)*> □ *t.d.* **2** beber com avidez □ *int. B infrm.* **3** levar um tombo; cair <*tropeçou na escada e emborcou*> **4** morrer

em.bor.nal [pl.: *-ais*] *s.m.* **1** sacola com alça longa, us. para carregar provisões, ferramentas etc.; bornal **2** saco em que comem as cavalgaduras; bornal

em.bor.ra.char *v.* {mod. 1} *t.d.* **1** revestir de borracha **2** tornar semelhante à borracha <*e. um tecido*> □ *t.d. e pron. fig. infrm.* **3** (fazer) ficar bêbado; embriagar(-se) ~ **emborrachado** *adj.*

em.bos.ca.da *s.f.* **1** espera do inimigo, às escondidas, para atacá-lo; tocaia **2** *fig.* falta de lealdade; cilada

em.bos.car *v.* {mod. 1} *t.d.* **1** atacar de emboscada; tocaiar ☐ *pron.* **2** esperar, às escondidas, pronto para atacar; tocaiar *<e.-se na trincheira>*

em.bo.ta.men.to *s.m.* **1** ato ou efeito de embotar(-se) **2** *fig.* enfraquecimento, torpor **3** *fig.* perda da sensibilidade, endurecimento

em.bo.tar *v.* {mod. 1} *t.d. e pron.* **1** (fazer) ficar sem corte (faca, canivete etc.); cegar **2** *fig.* enfraquecer(-se), debilitar(-se) *<a idade embota os músculos> <e.-se por doença>* **3** *fig.* tornar(-se) frio, insensível *<o poder embota o homem> <e.-se ante a desgraça alheia>* ~ **embotado** *adj.*

em.bra.be.cer *v.* {mod. 8} *t.d.,int. e pron.* deixar ou ficar bravo, furioso; irar(-se), embravecer(-se)

Em.bra.er *s.f.* sigla de Empresa Brasileira de Aeronáutica

em.bran.que.cer *v.* {mod. 8} *t.d.,int. e pron.* tornar(-se) branco ~ **embranquecimento** *s.m.*

Em.bra.pa *s.f.* sigla de Empresa Brasileira de Pesquisas Agropecuárias

Em.bra.tel *s.f.* sigla de Empresa Brasileira de Telecomunicações S.A.

em.bra.ve.cer *v.* {mod. 8} *t.d.,int. e pron.* **1** deixar ou ficar bravo, furioso; irar(-se), embrabecer(-se) ☐ *int. e pron.* **2** ficar agitado (o mar, as águas); encapelar(-se)

em.bre.a.gem [pl.: *-ens*] *s.f.* mecanismo que permite interromper a transmissão de força ao motor, possibilitando a mudança de marchas ~ **embrear** *v.t.d. e int.*

em.bre.cha.do *s.m.* incrustação de conchas, pedras, fragmentos de louça em parede, muro etc. ~ **embrechar** *v.t.d.*

em.bre.nhar *v.* {mod. 1} *t.d.,t.d.i. e pron.* (prep. *em*) meter(-se) ou esconder(-se) [no mato, nas brenhas] *<e. a turma (no mato)> <e.-se na floresta>*

em.bri.a.ga.do *adj.* **1** que exagerou na ingestão de bebida alcoólica **2** *p.ext.* com os sentidos perturbados; aturdido, alucinado *<e. de sono>* **3** *fig.* submetido a encantamento; extasiado *<e. de amor>*

em.bri.a.gar *v.* {mod. 1} *t.d.,int. e pron.* **1** (fazer) ficar bêbado; embebedar(-se) **2** *fig.* (fazer) ficar em êxtase, encantado; inebriar(-se) *<o sucesso embriaga-o> <embriagou(-se) com a oferta de trabalho>*

em.bri.a.guez /ê/ [pl.: *-es*] *s.f.* **1** estado provocado pela ingestão de grande quantidade de bebida alcoólica **2** *fig.* entusiasmo causado por grande alegria ou admiração; êxtase

em.bri.ão [pl.: *-ões*] *s.m.* **1** ZOO organismo no início de seu desenvolvimento **2** MED ser humano até a décima segunda semana de vida dentro do útero **3** *fig.* começo; origem

em.bri.o.lo.gi.a *s.f.* BIO MED ramo da biologia e da medicina que estuda o embrião ~ **embriológico** *adj.* - **embriologista** *adj.s.m.*

em.bri.o.ná.rio *adj.* **1** relativo a embrião **2** *fig.* que começa a tomar forma, a existir

em.bro.ca.ção [pl.: *-ões*] *s.f.* **1** qualquer aplicação local de medicamento líquido **2** esse medicamento

em.bro.ma.ção [pl.: *-ões*] *s.f.* *B* uso de artifício para adiar uma tarefa, decisão etc.

em.bro.mar *v.* {mod. 1} *int.* *B* **1** usar de artifícios para adiar tarefa, decisão etc.; remanchar ☐ *t.d.* *B* **2** enganar, usando de ardil *<tentou e. o professor>* ~ **embromador** *adj.s.m.*

em.bru.lha.da *s.f.* **1** grande falta de organização; desentendimento, confusão **1.1** dificuldade, atrapalhação

em.bru.lhar *v.* {mod. 1} *t.d.* **1** envolver com papel, pano etc., formando pacote ou volume; embalar **2** fazer dobras ou enrolar *<e. a bandeira>* **3** *fig.* fazer cair em ilusão; enganar *<embrulhou o cliente na venda do carro>* **4** *fig.* provocar náusea; embolar *<a comida vai e. seu estômago>* ☐ *t.d. e pron. fig.* **5** complicar(-se), confundir(-se) *<e. uma história> <e.-se ao justificar a falta>*

em.bru.lho *s.m.* **1** qualquer coisa envolvida em papel, pano etc.; pacote **2** *fig.* situação confusa; embrulhada

em.bru.te.cer *v.* {mod. 8} *t.d.,int. e pron.* tornar(-se) bruto, estúpido, rude *<a guerra embruteceu-o> <e.(-se) com a miséria>* ~ **embrutecimento** *s.m.*

em.bu.á *s.m.* ZOO invertebrado semelhante à lacraia, com dois pares de pernas em cada parte do corpo, de cor preta ou marrom com traços vermelhos ou alaranjados

em.bu.çar *v.* {mod. 1} *t.d. e pron.* **1** cobrir (o rosto), deixando só os olhos de fora **2** *p.ext.* pôr disfarce (em); encobrir(-se) *<antes de sair, embuçou-o> <e.-se em trapos>* ☞ cf. *emboçar* ☐ *pron. p.ext.* **3** cobrir-se com capa, capote etc. ~ **embuçado** *adj.*

em.bu.ço *s.m.* VEST **1** parte da capa que cobre o rosto **2** *infrm.* disfarce

em.bur.rar *v.* {mod. 1} *t.d. e pron.* **1** (fazer) ficar burro, estúpido; emburrecer ☐ *int.* **2** *p.ext.* firmar-se em uma posição (como o burro); empacar **3** ficar aborrecido e calado, mostrando-se ofendido; amuar *<tentou animá-la, mas ela emburrou>* ~ **emburrado** *adj.*

em.bur.re.cer *v.* {mod. 8} *t.d. e int.* emburrar

em.bus.te *s.m.* mentira ardilosa; fraude, logro

em.bus.tei.ro *adj.s.m.* que(m) faz uso de embustes ou fraudes; trapaceiro

em.bu.ti.do *adj.* **1** encaixado em vão apropriado **2** metido à força ■ *s.m.* *B* **3** nome genérico para chouriços, linguiças etc.

em.bu.tir *v.* {mod. 24} *t.d.* **1** inserir e/ou ajustar em um vão *<e. o fogão>* **2** pôr (pedaços de madeira, marfim etc.) em madeira, metal etc.; incrustar ☐ *t.d.i.* **3** (prep. *em*) incluir como parte integrante e por vezes inseparável de *<e. o microfone no gravador> <e. o imposto no preço>* ~ **embutimento** *s.m.*

e.me *s.m.* nome da letra *m*

e.men.da *s.f.* **1** retificação de falta ou defeito; correção **2** junção de uma peça a outra **3** o lugar dessa junção **4** arrependimento, regeneração

e.men.dar *v.* {mod. 1} *t.d.* **1** eliminar erros ou defeitos de; corrigir **2** fazer alteração em; modificar *<e. leis>* □ *t.d.,t.d.i. e pron.* **3** (prep. *com*) ligar(-se) [uma parte] (com outra), formando um todo *<e. retalhos> <e. uma linha com outra> <estante e mesa emendam-se>* □ *pron.* **4** corrigir-se moralmente; regenerar-se *<ainda bem que ela se emendou>*

E

e.men.ta *s.f.* **1** registro escrito; anotação **2** texto resumido; síntese **3** DIR resumo do conteúdo da lei, posto em sua parte inicial ◉ COL ementário

e.mer.gên.cia *s.f.* **1** ato ou efeito de emergir; aparecimento **2** situação crítica ou perigosa **3** dispositivo de segurança instalado em elevadores, máquinas, meios de transporte coletivo etc. **4** setor de hospital que atende pacientes que requerem tratamento imediato; pronto-socorro ~ **emergencial** *adj.2g.*

e.mer.gen.te *adj.2g.* **1** que emerge, surge ■ *adj.2g.s.2g.* **2** que(m) está em ascensão socioeconômica

e.mer.gir *v.* {mod. 24} *t.d. e int.* **1** trazer ou vir à tona □ *int. fig.* **2** tornar-se claro ou perceptível; manifestar-se ☞ cf. *imergir* ◉ GRAM/USO **a)** part.: *emergido, emerso* **b)** cf. observação no modelo

e.mé.ri.to *adj.* **1** sábio em uma arte ou ciência **2** que se distinguiu ao ministrar determinada matéria (diz-se de título universitário dado a professor)

e.mer.são [pl.: *-ões*] *s.f.* ato de sair de um líquido ☞ cf. *imersão*

e.mer.so *adj.* que emergiu; aparecido

e.mé.ti.co *adj.s.m.* (o) que provoca vômito ~ **emeticidade** *s.f.*

e.mi.gra.ção [pl.: *-ões*] *s.f.* **1** saída espontânea de um país **2** movimentação de uma região para outra dentro de um mesmo país **3** conjunto de indivíduos que emigram ☞ cf. *migração*

e.mi.gran.te *adj.2g.s.2g.* que(m) emigra ☞ cf. *migrante*

e.mi.grar *v.* {mod. 1} *int.* **1** sair de um país ou do lugar onde se vive para viver em outro, por um período ou para sempre **2** mudar de terra em determinados períodos (animais, esp. aves) ☞ cf. *migrar*

e.mi.nên.cia *s.f.* **1** qualidade do que é eminente **2** *fig.* superioridade moral ou intelectual, excelência **3** tratamento dado aos cardeais [abrev.: *Em.ª*] ☞ cf. *iminência*

e.mi.nen.te *adj.2g.* **1** acima do que está em volta; proeminente, alto **2** *p.ext.* superior aos demais *<mestre e.>* ☞ cf. *iminente*

e.mir [pl.: *-es*] *s.m.* **1** descendente de Maomé **2** título dado a certos governantes muçulmanos

e.mi.ra.do *s.m.* **1** cargo de emir **2** estado ou região governada por emir

e.mis.são [pl.: *-ões*] *s.f.* **1** ato de projetar de si **2** ECON ato de pôr em circulação (dinheiro, ações etc.) **3** FÍS liberação de energia sob forma de partículas ou radiação **4** LING ação de emitir a mensagem, produzir enunciados e o seu efeito

e.mis.sá.rio *adj.s.m.* **1** que(m) é enviado em missão; mensageiro ■ *s.m.* **2** parte de uma rede de esgoto ou pluvial que conduz os materiais para o local final de lançamento

e.mis.sor /ô/ [pl.: *-es*] *adj.s.m.* **1** (o) que emite **2** (instituição bancária ou de crédito) que emite papel-moeda; emitente **3** LING (o) que faz a codificação da mensagem e transmite os sinais codificados ao receptor

e.mis.so.ra /ô/ *s.f.* RÁD TV **1** estação de transmissão de sinais de rádio ou televisão **2** empresa produtora e transmissora de programas de rádio ou televisão

e.mi.ten.te *adj.2g.s.2g.* **1** (o) que emite ou envia **2** emissor ('instituição') **3** DIR (o) que cria um título de câmbio, para colocá-lo em circulação como ordem, promessa ou meio de pagamento

e.mi.tir *v.* {mod. 24} *t.d.* **1** lançar de si; soltar **2** exprimir oralmente ou por escrito □ *t.d. e t.d.i.* **3** (prep. *a, para*) enviar, expedir *<e. um telegrama> <e. o boleto para os clientes>* □ *t.d. e int.* **4** pôr em circulação (dinheiro) *<o governo não emitiu muito dinheiro nos últimos anos>*

e.mo.ção [pl.: *-ões*] *s.f.* abalo afetivo ou moral

e.mo.cio.nal [pl.: *-ais*] *adj.2g.* **1** em que há forte abalo sentimental **2** que desperta sentimentos intensos

e.mo.cio.nan.te *adj.2g.* que desperta emoção; comovente

e.mo.cio.nar *v.* {mod. 1} *t.d.,int. e pron.* (fazer) sentir emoção; impressionar(-se), comover(-se) *<o livro emocionou (os leitores)> <emociona-se facilmente>*

e.mol.du.rar *v.* {mod. 1} *t.d.* **1** pôr em moldura **2** enfeitar em volta de *<o corte de cabelo emoldurou bem o seu rosto>*

e.mo.li.en.te *adj.2g.s.m.* FARM (substância) própria para amolecer, abrandar

e.mo.lu.men.to *s.m.* **1** o que se ganha; vantagem, lucro **2** recompensa, gratificação **3** rendimento extra

e.mo.ti.vi.da.de *s.f.* estado ou condição de quem é emotivo

e.mo.ti.vo *adj.* que se emociona facilmente

em.pa.car *v.* {mod. 1} *int.* **1** parar a marcha (burro, cavalo) sem que seja possível fazê-lo continuar **2** *infrm.* não ir adiante; estagnar, parar ~ **empacador** *adj.s.m.*

em.pa.char *v.* {mod. 1} *t.d.* **1** encher demais; sobrecarregar □ *t.d. e pron.* **2** encher(-se) de comida; empanturrar(-se) ~ **empachado** *adj.* - **empachamento** *s.m.* - **empacho** *s.m.*

em.pa.co.ta.dei.ra *s.f.* empacotadora

em.pa.co.ta.dor /ô/ [pl.: *-es*] *adj.s.m.* (o) que empacota

em.pa.co.ta.do.ra /ô/ *s.f.* **1** mulher que empacota; empacotadeira **2** máquina agrícola que faz pacotes de palha, feno etc.

em.pa.co.tar *v.* {mod. 1} *t.d.* **1** arrumar em pacotes; embalar ☐ *int. gír.* **2** morrer, falecer ~ **empacotamento** *s.m.*

em.pa.da *s.f.* CUL salgadinho de forno com recheios variados, assado em pequenas fôrmas

em.pa.dão [pl.: *-ões*] *s.m.* CUL torta grande semelhante à empada

em.pá.fia *s.f.* orgulho sem motivo; arrogância, insolência

em.pa.lha.ção [pl.: *-ões*] *s.f.* **1** empalhamento **2** malha de vime, palha etc. us. em forração **3** enchimento de palha que recheia pele de animal morto

em.pa.lha.men.to *s.m.* ato de empalhar e o seu efeito; empalhação

em.pa.lhar *v.* {mod. 1} *t.d.* **1** encher (animal morto) de palha para conservar sua forma **2** forrar, tecer ou cobrir (móvel, objeto) com palha, vime ou tiras de junco **3** envolver em palha para proteger ~ **empalhador** *adj.s.m.*

em.pa.li.de.cer *v.* {mod. 8} *t.d. e int.* **1** (fazer) perder a cor, o viço **2** *fig.* (fazer) perder a intensidade; enfraquecer ☐ *int. fig.* **3** perder a importância ou o valor

em.pal.mar *v.* {mod. 1} *t.d.* **1** esconder na palma da mão **2** *infrm.* furtar com habilidade; surrupiar ~ **empalmação** *s.f.*

em.pa.na.da *s.f.* CUL espécie de pastel assado com recheios variados

¹em.pa.nar *v.* {mod. 1} *t.d. e pron.* **1** (fazer) perder brilho, transparência ou reflexão (metais, vidros, espelhos etc.); embaçar(-se) **2** *fig.* (fazer) perder o brilho, o valor; deslustrar(-se) **3** não deixar ou não ficar à mostra; encobrir(-se) [ORIGEM: *em-* + *pano* + *²-ar*] ~ **empanado** *adj.* - **empanamento** *s.m.*

²em.pa.nar *v.* {mod. 1} *t.d.* CUL passar (pedaço de carne, peixe etc.) na farinha de trigo, em ovos batidos e na farinha de rosca, para fritar em seguida [ORIGEM: *em-* + lat. *pānis* 'pão' + *²-ar*] ~ **empanado** *adj.*

em.pan.tur.rar *v.* {mod. 1} *t.d. e pron.* (prep. *de*) [fazer] encher a barriga de comida; empanzinar(-se) ~ **empanturrado** *adj.*

em.pan.zi.nar *v.* {mod. 1} *t.d. e pron.* empanturrar ~ **empanzinamento** *s.m.*

em.pa.par *v.* {mod. 1} *t.d. e pron.* **1** molhar(-se) demais; encharcar(-se) ☐ *t.d.* **2** tornar mole como papa ~ **empapado** *adj.*

em.pa.pu.çar *v.* {mod. 1} *t.d. e pron.* **1** cobrir(-se) de papos ou pregas **2** tornar(-se) inchado **3** *infrm.* encher(-se) de comida, bebida, droga ~ **empapuçado** *adj.* - **empapuçamento** *s.m.*

em.par.cei.rar *v.* {mod. 1} *t.d. e pron.* unir(-se) em parceria

em.pa.re.dar *v.* {mod. 1} *t.d.* **1** encerrar ou fixar em parede **2** cercar de paredes ☐ *t.d. e pron. fig.* **3** enclausurar(-se), isolar(-se)

em.pa.re.lhar *v.* {mod. 1} *t.d.,t.i.,t.d.i. e pron.* **1** (prep. *a, com, em*) pôr(-se) ou ficar lado a lado, ou de par em par *<e. as mercadorias (na vitrine)> <emparelhou(-se) com o adversário na corrida>* **2** *p.ext.* (prep. *a, com*) tornar(-se) igual ou semelhante; equiparar(-se) *<o exportador emparelhou seus produtos com os demais>* ☐ *t.d.* **3** pôr junto; unir, ligar ☐ *t.i.* **4** (prep. *com*) estar em harmonia; condizer *<seu comportamento emparelha com a formação que teve>* ~ **emparelhamento** *s.m.*

em.pas.tar *v.* {mod. 1} *t.d. e pron.* **1** converter(-se) em pasta **2** cobrir(-se) de pasta **3** *fig.* tornar[-se] (voz, fala etc.) confuso ou alterado ☐ *t.d.* **4** ART. PLÁST aplicar (tinta) em grande quantidade para dar volume e acentuar o brilho, esp. nas pinturas a óleo ~ **empastamento** *s.m.*

em.pa.tar *v.* {mod. 1} *t.d.* **1** dificultar a continuidade de; embaraçar **2** tomar, ocupar (tempo) ☐ *t.d. e t.d.i.* **3** (prep. *em*) empregar (dinheiro) sem ter lucro imediato ou possível ☐ *t.d.,t.i. e int.* **4** (prep. *com*) igualar(-se) em pontos, votos etc.

em.pa.te *s.m.* **1** igualdade no número de pontos, votos, gols etc. **2** emprego de tempo, recursos etc.; aplicação

em.pa.ti.a *s.f.* capacidade de partilhar dos sentimentos e emoções de outra pessoa ~ **empático** *adj.*

em.pa.vo.nar *v.* {mod. 1} *t.d. e pron.* tornar(-se) vaidoso como um pavão ~ **empavonamento** *s.m.*

em.pe.ci.lho *s.m.* **1** dificuldade, impedimento **2** quem atrapalha

em.pe.der.ni.do *adj.* **1** endurecido, petrificado **2** *fig.* que não se deixa convencer; inflexível, insensível

em.pe.der.nir *v.* {mod. 24} *t.d.* **1** transformar em pedra; petrificar **2** *p.ext.* endurecer, empedrar ☐ *t.d. e pron. fig.* **3** tornar(-se) insensível, duro ◉ GRAM/USO verbo defectivo (cf. modelo)

em.pe.drar *v.* {mod. 1} *t.d.* **1** revestir ou tapar com pedras ☐ *t.d.,int. e pron.* **2** (fazer) ficar duro como pedra; endurecer(-se) **3** *fig.* tornar(-se) insensível; empedernir(-se) ~ **empedramento** *s.m.*

em.pe.li.ca.do *adj.* MED *infrm.* **1** diz-se do bebê que nasce com a cabeça envolvida no pelico ou âmnio ■ *adj.s.m. fig.* **2** que(m) tem sorte

em.pe.na *s.f.* CONSTR **1** parte superior, de forma triangular, das paredes das fachadas menores de uma construção cujo telhado é de duas águas, na qual se apoia a cumeeira **2** cada um dos lados de um frontão **3** *p.ext.* qualquer parede lateral, esp. as construídas nas divisas do terreno

em.pe.na.men.to *s.m.* deformação de uma superfície plana de madeira por ação de calor ou umidade; empeno

em.pe.nar *v.* {mod. 1} *t.d. e int.* entortar(-se) devido ao calor ou à umidade; deformar(-se) ☞ cf. *empinar* ~ **empenado** *adj.*

em.pe.nhar *v.* {mod. 1} *t.d.* **1** dar (algo material) como garantia do cumprimento de compromisso financeiro; hipotecar, penhorar ☐ *t.d. e pron. fig.* **2** obrigar(-se) moralmente; comprometer(-se) ☐ *t.d.,t.d.i. e pron.* **3** (prep. *em*) dedicar(-se) com afinco; aplicar(-se) ☐ *pron.* **4** fazer dívidas, dando em penhor

em.pe.nho *s.m.* **1** forte disposição ou interesse **2** penhora

em.pe.no *s.m.* empenamento

em.pe.ri.qui.tar *v.* {mod. 1} *t.d. e pron.* enfeitar(-se) com exagero; empetecar(-se)

em.per.ra.men.to *s.m.* **1** dificuldade de movimento(s); emperro **2** *fig.* birra, teimosia

em.per.rar *v.* {mod. 1} *t.d.,int. e pron.* tornar(-se) difícil de mover; travar(-se)

E

em.per.ro /ê/ *s.m.* emperramento

em.per.ti.gar *v.* {mod. 1} *t.d. e pron.* **1** tornar(-se) rígido ou direito; aprumar(-se) ☐ *pron. fig.* **2** portar-se com altivez, arrogância

em.pes.tar *v.* {mod. 1} *t.d. e pron.* empestear(-se)

em.pes.te.ar *v.* {mod. 5} *t.d. e pron.* **1** infectar(-se) com peste **2** (fazer) adquirir infecção ou doença; contaminar(-se) ☐ *t.d. fig.* **3** tornar insalubre e/ou malcheiroso por contaminar o ambiente com elementos nocivos

em.pe.te.car *v.* {mod. 1} *t.d. e pron.* enfeitar(-se) demais, com exagero; emperiquitar(-se)

em.pi.lha.dei.ra *s.f.* máquina para empilhamento e arrumação de produtos ou cargas em armazéns, portos etc.

em.pi.lha.men.to *s.m.* arrumação em pilhas

em.pi.lhar *v.* {mod. 1} *t.d. e pron.* pôr em pilha ou formar pilha; amontoar(-se)

em.pi.nar *v.* {mod. 1} *t.d. e pron.* **1** pôr(-se) na vertical; endireitar(-se) ☐ *t.d.* **2** fazer subir; levantar, erguer **3** tornar proeminente, saliente ☐ *int. e pron.* **4** erguer-se nas patas de trás (cavalo etc.) ☞ cf. *empenar* ~ **empinado** *adj.*

em.pi.po.car *v.* {mod. 1} *t.d. e int.* formar pústulas ou bolhas (na pele, no corpo)

em.pí.reo *s.m.* **1** MIT morada dos deuses **2** REL lugar reservado aos santos e bem-aventurados; céu ■ *adj.* **3** relativo ao céu; celestial **4** que está acima de tudo; supremo

em.pí.ri.co *adj.* baseado apenas na experiência e na observação

em.pi.ris.mo *s.m.* **1** FIL doutrina de que todo conhecimento se origina da experiência **2** atitude de quem só usa conhecimentos práticos ~ **empirista** *adj.2g.s.2g.*

em.pla.car *v.* {mod. 1} *t.d.* **1** pôr placa em **2** *gír.* alcançar determinada idade, tempo ☐ *int. infrm.* **3** ter êxito, boa aceitação **4** *B gír.* tornar-se realidade; concretizar-se ~ **emplacamento** *s.m.*

em.plas.trar ou **em.plas.tar** *v.* {mod. 1} *t.d.* **1** aplicar ou colocar emplastro(s) em **2** dispor em camada(s) ☐ *t.d. e pron. fig.* **3** revestir(-se) como se cobrisse com emplastro

em.plas.tro ou **em.plas.to** *s.m.* **1** FARM medicamento de uso externo que, amolecendo com o calor, adere à pele **2** curativo com esse medicamento ~ **emplástrico/emplástico** *adj.*

em.plu.ma.ção [pl.: *-ões*] *s.f.* **1** ato de emplumar(-se) ou seu efeito **2** cobertura de penas das aves

em.plu.mar *v.* {mod. 1} *t.d. e pron.* **1** enfeitar(-se) com plumas ou penas ☐ *int. e pron.* **2** cobrir-se de plumas ou penas ☐ *pron.* **3** exibir-se com vaidade

em.po.ar *v.* {mod. 1} *t.d.,int. e pron.* **1** cobrir(-se) de pó ou de poeira ☐ *t.d. e pron.* **2** aplicar(-se) maquiagem (esp. pó de arroz)

em.po.bre.cer *v.* {mod. 8} *t.d.,int. e pron.* **1** (fazer) ficar pobre, sem recursos **2** *fig.* (fazer) perder qualidade, valor, atributo etc. ☐ *t.d.* **3** esgotar os recursos de; depauperar

em.po.bre.ci.men.to *s.m.* perda de riqueza

em.po.çar *v.* {mod. 1} *t.d. e int.* **1** (fazer) formar poça ☐ *t.d. e pron.* **2** meter(-se) ou cair em poço ou poça; atolar(-se) ☞ cf. *empossar* ~ **empoçamento** *s.m.*

em.po.de.rar *v.t.d. e pron.* conceder ou conseguir poder

em.po.ei.rar *v.* {mod. 1} *t.d. e pron.* cobrir(-se) de poeira; empoar(-se)

em.po.la /ô/ *s.f.* acúmulo de serosidade, linfa, pus ou sangue na pele; ampola, bolha, vesícula

em.po.lar *v.* {mod. 1} *t.d.,int. e pron.* **1** (fazer) ficar com bolhas na pele, no corpo ☐ *t.d. e pron.* **2** *fig.* tornar(-se) pomposo, exagerado **3** tornar(-se) agitado (esp. o mar); encapelar(-se) ~ **empolamento** *s.m.*

em.po.lei.rar *v.* {mod. 1} *t.d. e pron.* **1** pôr(-se) em poleiro **2** *fig.* pôr(-se) como em poleiro; subir *<e. o menino na cadeira>*

em.pol.ga.ção [pl.: *-ões*] *s.f.* **1** ação de empolgar(-se) **2** animação, entusiasmo

em.pol.ga.men.to *s.m.* empolgação

em.pol.gan.te *adj.2g.* que prende a atenção

em.pol.gar *v.* {mod. 1} *t.d.* **1** segurar com força com a(s) mão(s) ou garra(s) ☐ *t.d. e pron. fig.* **2** (fazer) ficar entusiasmado; arrebatar(-se), impressionar(-se) *<ele não se empolgou com a canção>*

em.pom.bar *v.* {mod. 1} *t.i. e pron.* (prep. *com*) ficar nervoso, irritado ou desconfiado *<empombou com o amigo> <empombaram-se e abandonaram a reunião>* ~ **empombação** *s.f.*

em.por.ca.lhar *v.* {mod. 1} *t.d. e pron.* tornar(-se) muito sujo *<emporcalharam-se de tinta>*

em.pó.rio *s.m.* **1** bazar, armazém **2** porto, cidade, região de grande atividade comercial

em.pos.sar *v.* {mod. 1} *t.d.,t.d.i. e pron.* (prep. *em*) dar posse a ou tomar posse *<e. o assistente no cargo de coordenador> <e.-se diretor>* ☞ cf. *empoçar* ~ **empossamento** *s.m.*

em.pos.tar *v.* {mod. 1} *t.d.* impostar

em.pra.zar *v.* {mod. 1} *t.d. e t.d.i.* **1** (prep. *para*) convidar ou convocar para comparecer em certo tempo *<emprazou-os para dali a dois dias>* ☐ *pron.* **2** acertar data e local para um encontro *<emprazaram-se com antecedência>* ~ **emprazamento** *s.m.*

em.pre.en.de.dor /ô/ [pl.: *-es*] *adj.s.m.* que(m) empreende

em.pre.en.de.do.ris.mo *s.m.* **1** disposição ou capacidade de idealizar, coordenar e realizar projetos, serviços, negócios **2** iniciativa de implementar mudanças em empresas ou negócios já existentes, ger. com transformações que envolvem inovação e riscos **3** conjunto de conhecimentos relacionados a essa forma de agir

em.pre.en.der *v.* {mod. 8} *t.d.* **1** decidir fazer (tarefa difícil e trabalhosa); tentar **2** pôr em execução; realizar *<e. longas caminhadas>*

em.pre.en.di.men.to *s.m.* **1** ato de quem assume tarefa ou responsabilidade **2** essa tarefa ou responsabilidade; projeto, realização

em.pre.ga.do *adj.* **1** admitido em emprego **2** posto em prática; aplicado *<método e.>* ■ *s.m.* **3** quem presta serviços contínuos a um empregador **4** quem presta serviços domésticos ◉ GRAM/USO part. de *empregar*

em.pre.ga.dor /ô/ [pl.: *-es*] *adj.s.m.* **1** (o) que contrata pessoal para serviço assalariado ■ *s.m.* **2** patrão

em.pre.gar *v.* {mod. 1} *t.d. e t.d.i.* **1** (prep. *em*) fazer uso de; utilizar *<não soube e. seu dinheiro (em um bom negócio)>* □ *t.d. e pron.* **2** admitir ou ser admitido em emprego *<empregou-se logo que terminou seu curso>* ◉ GRAM/USO part.: *empregado, empregue*

em.pre.ga.tí.cio *adj.* referente a emprego ('trabalho')

em.pre.go /ê/ *s.m.* **1** trabalho contínuo em serviço público ou privado **2** local em que se exerce esse trabalho **3** uso *<e. de habilidade>*

em.prei.ta.da *s.f.* **1** obra por conta de outrem; tarefa **2** trabalho cujo preço, ajustado antes, é pago de uma só vez ~ **empreitar** *v.t.d.*

em.prei.tei.ra *s.f.* firma que realiza obras por empreitada

em.prei.tei.ro *adj.s.m.* (o) que faz obra de empreitada

em.pre.nhar *v.* {mod. 1} *t.d.,t.i. e int.* (prep. *de*) tornar(-se) prenhe (mulher ou fêmea); engravidar *<a gata emprenhou (do siamês da vizinha)>*

em.pre.sa /ê/ *s.f.* **1** empreendimento, tentativa **2** organização mercantil, industrial etc.; firma ▣ **e. estatal** DIR aquela cuja maioria das ações pertence de forma direta ou indireta ao poder público; estatal

em.pre.sa.ri.al [pl.: *-ais*] *adj.2g.* relativo a empresa ou empresário

em.pre.sá.rio *s.m.* **1** dono ou chefe de empresa; homem de negócios **2** quem cuida da carreira de artistas, atletas etc. ◉ COL empresariado

em.pres.tar *v.* {mod. 1} *t.d. e t.d.i.* **1** (prep. *a*) confiar (dinheiro, objeto) [a alguém], para usar por tempo limitado e depois devolver ao dono; ceder *<e. o livro a um amigo>* **2** *B* (prep. *de*) tomar por empréstimo *<emprestou a rede (do primo)>* □ *t.d.i. fig.* **3** (prep. *a*) deixar marcado; imprimir, conferir *<e. ambiguidade a um gesto>*

em.prés.ti.mo *s.m.* **1** ato de emprestar **2** aquilo que foi emprestado

em.pro.a.do *adj.* orgulhoso; presunçoso ~ **emproar** *v.t.d. e pron.*

em.pu.bes.cer *v.* {mod. 8} *int. e pron.* **1** chegar à puberdade **2** *p.ext.* criar pelos

em.pu.lha.ção [pl.: *-ões*] *s.f. infrm.* logro, tapeação, mentira

em.pu.lhar *v.* {mod. 1} *t.d.* **1** dizer pulhas a; zombar **2** agir com o intuito de iludir; enganar

em.pu.nha.du.ra *s.f.* parte por onde se segura (arma, remo etc.)

em.pu.nhar *v.* {mod. 1} *t.d.* **1** pegar pelo punho ou pela empunhadura **2** pegar, segurar *<e. uma caneta>*

em.pur.ra-em.pur.ra [pl.: *empurra-empurras* e *empurras-empurras*] *s.m.* RECR *B* confusão de pessoas em local apertado

em.pur.rão [pl.: *-ões*] *s.m.* impulso forte, ger. para mover algo ou alguém

em.pur.rar *v.* {mod. 1} *t.d.* **1** impulsionar com força, vigor; empuxar □ *t.d. e pron.* **2** dar um ou vários encontrões (em) *<todos se empurravam para ver o ídolo>* □ *t.d.i. fig.* **3** (prep. *a*) obrigar a aceitar; impingir *<empurrou o doce ao irmão>*

em.pu.te.cer *v.* {mod. 8} *t.d. e pron. gros.* (fazer) ficar com raiva; enraivecer-se *<emputeceu-se com a demora>*

em.pu.xar *v.* {mod. 1} *t.d.* **1** impulsionar com força; empurrar **2** fazer tremer; sacudir □ *t.d.i. p.ext.* **3** (prep. *a*) conduzir, induzir *<o medo empuxou-o a colar na prova>* ~ **empuxão** *s.m.*

em.pu.xo *s.m.* **1** ato de empuxar **2** força que empurra, atuando como elemento de impulsão

e.mu.de.cer *v.* {mod. 8} *t.d.,int. e pron.* **1** tornar(-se) mudo **2** (fazer) ficar em silêncio; silenciar(-se) *<quando ela falava, ele emudecia> <emudeceu-se diante do que via>* ~ **emudecimento** *s.m.*

e.mu.la.ção [pl.: *-ões*] *s.f.* **1** esforço para imitar ou superar alguém **2** competição, disputa

e.mu.lar *v.* {mod. 1} *t.i. e pron.* **1** (prep. *com, em*) tentar superar ou igualar-se a; competir, equiparar-se *<emula(-se) com a irmã em beleza>* **2** (prep. *em*) esforçar-se para realizar (um objetivo) *<e.(-se) em praticar o bem>* □ *t.d.* **3** seguir o exemplo de; imitar

e.mu.la.ti.vo *adj.* referente a emulação

ê.mu.lo *s.m.* rival, concorrente

e.mul.são [pl.: *-ões*] *s.f.* QUÍM dispersão de uma substância (em forma de partículas minúsculas) numa outra ~ **emulsificar** *v.t.d.*

e.mul.si.vo *adj.* que pode tomar o caráter de emulsão

en- *pref.* → ***EM-***

E.na.de *s.m.* sigla de Exame Nacional de Desempenho de Estudantes

e.nal.te.cer *v.* {mod. 8} *t.d.* **1** tornar alto; elevar **2** *fig.* tornar glorioso; exaltar, engrandecer *<e. seu time, ganhando ou perdendo>* ~ **enaltecedor** *adj.s.m.* - **enaltecimento** *s.m.*

e.na.mo.rar *v.* {mod. 1} *t.d. e pron.* sentir ou inspirar amor; encantar(-se) *<a linda vista enamora os visitantes> <enamorou-se pela professora>*

-ença *suf.* 'ação ou resultado da ação': *renascença, aderência, crença, frequência*

en.ca.bar *v.* {mod. 1} *t.d.* pôr cabo em

en.ca.be.çar *v.* {mod. 1} *t.d.* **1** estar à frente de; começar, abrir *<seu nome encabeça a lista de ganhadores>* **2** ser o líder de; chefiar *<o aluno mais antigo encabeçou a revolta>* ~ **encabeçamento** *s.m.*

en.ca.bres.tar *v.* {mod. 1} *t.d.* **1** pôr cabresto em (cavalgadura) □ *t.d. e pron. fig.* **2** submeter(-se) ao domínio; subjugar(-se)

en.ca.bu.lar *v.* {mod. 1} *t.d.,int. e pron.* (fazer) sentir vergonha ou constrangimento; acanhar(-se) *<as grosserias do avô encabulam toda a família> <e.(-se) diante do auditório>* ~ **encabulação** *s.f.* - **encabulado** *adj.s.m.*

en.ca.de.a.men.to *s.m.* **1** ordenação em sequência de coisas ou fatos; conexão, concatenação *<a aula começou com um e. dos últimos governos>* **2** série, sucessão

en.ca.de.ar *v.* {mod. 5} *t.d.,t.d.i. e pron.* (prep. *a*) dispor(-se) em cadeia ou em série *<encadeia as ideias com facilidade> <encadeou as teorias do amigo às suas crenças> <suas frases encadearam-se mal>*

en.ca.der.na.ção [pl.: *-ões*] *s.f.* **1** ação ou processo de revestir com capa dura as folhas que compõem um livro **2** *p.ext.* capa de livro **3** local onde se encadernam livros

en.ca.der.na.dor /ô/ [pl.: *-es*] *adj.s.m.* que(m) encaderna ou trabalha em oficina de encadernação

en.ca.der.nar *v.* {mod. 1} *t.d.* unir (folhas, livros etc.) em um só volume, ger. com capa

en.ca.fi.far *v.* {mod. 1} *t.d.,int. e pron. B infrm.* **1** encher(-se) de timidez; acanhar(-se) *<encafifava(-se) sempre que falava com ela>* □ *t.d. e int.* **2** (fazer) ficar preocupado ou cismado; intrigar, inquietar *<a mudança de planos encafifou a turma>* □ *t.i.* **3** (prep. *em*) teimar, insistir, cismar *<e. em querer o doce>*

en.ca.fu.ar *v.* {mod. 1} *t.d. e pron.* **1** (fazer) entrar em caverna, esconderijo; enfurnar(-se) *<o caçador encafuou o coelho> <os tatus encafuaram-se>* **2** *fig.* tornar(-se) oculto; esconder(-se) *<e. planos>*

en.cai.po.rar *v.* {mod. 1} *t.d. e pron.* **1** tornar(-se) infeliz, sem sorte; azarar(-se) *<dizem que o gato preto encaipora quem o vê> <encaiporou-se desde que comprou aquele sítio>* □ *pron.* **2** ficar aborrecido; amolar-se *<encaipora-se quando vê jogarem lixo no chão>*

en.cai.xar *v.* {mod. 1} *t.d.,t.d.i.,int. e pron.* **1** (prep. *em*) ajustar (peça, parte de mecanismo) [em espaço, peça, lugar preparado para recebê-la] *<o bebê encaixou as peças (no brinquedo)> <as partes do mecanismo não (se) encaixam>* □ *t.d.,t.d.i. e pron.* **2** *fig.* (prep. *em, entre*) inserir(-se) entre; incluir(-se) *<encaixou seus quadros (na exposição)> <e.-se entre os candidatos>* □ *t.d.* **3** guardar em caixa ou caixote; encaixotar *<e. livros>* □ *int. e pron.* **4** estar em conformidade; coincidir *<os depoimentos das testemunhas não (se) encaixam>* □ *t.i.,int. e pron.* **5** (prep. *em*) vir a propósito; convir *<sua pergunta não (se) encaixa (em meu raciocínio)> <esse comentário não encaixa>* □ *t.d. e int.* FUTB **6** defender (a bola) com firmeza, envolvendo-a com ambos os braços *<o goleiro encaixou a pelota> <o chute foi forte, mas o goleiro encaixou bem>* ~ **encaixamento** *s.m.*

en.cai.xe *s.m.* **1** ato ou efeito de encaixar(-se) **2** espaço destinado a receber peça que completará um todo ou parte dele **3** ponto de junção

en.cai.xo.tar *v.* {mod. 1} *t.d.* guardar em caixote ou caixa; encaixar *<encaixotou a louça primeiro>* ~ **encaixotador** *adj.s.m.* - **encaixotamento** *s.m.*

en.ca.la.crar *v.* {mod. 1} *t.d. e pron.* **1** pôr(-se) em empreendimento prejudicial; embaraçar(-se) *<encalacrou o amigo ao convencê-lo a viajar> <abriu novo bar, mas encalacrou-se>* □ *pron.* **2** endividar-se *<e.-se com a compra de um carro>* ~ **encalacração** *s.f.*

en.cal.ço *s.m.* **1** perseguição **2** vestígio, rastro

en.ca.lhar *v.* {mod. 1} *t.d.,t.d.i. e int.* **1** MAR (prep. *em*) apoiar (quilha de embarcação) no fundo de mar, rio ou em algum obstáculo *<e. o navio (no banco de areia)> <o barco encalhou>* □ *int.* **2** parar sobre a água por haver um obstáculo *<os troncos deslizavam sobre as águas, mas encalharam de repente>* **3** *fig.* não ter continuidade; parar *<o projeto encalhou logo no início>* **4** *fig.* não vender bem (produto, mercadoria) *<o jogo novo encalhou>* **5** *fig. B infrm.* não ter casado ~ **encalhação** *s.f.* - **encalhamento** *s.m.*

en.ca.lhe *s.m.* **1** ato ou efeito de encalhar **2** ausência ou interrupção de continuidade; obstrução, obstáculo **3** conjunto de mercadorias que não foram vendidas

en.ca.lis.trar *v.* {mod. 1} *t.d.,int. e pron.* **1** (fazer) ficar tímido, encabulado; acanhar(-se) *<o técnico encalistrou os novos jogadores> <encalistrou-se diante do famoso ator>* □ *int.* **2** teimar com ira; obstinar-se ~ **encalistramento** *s.m.*

en.ca.mi.nha.men.to *s.m.* ação, processo ou efeito de encaminhar(-se)

en.ca.mi.nhar *v.* {mod. 1} *t.d.,t.d.i. e pron.* **1** (prep. *a, até, para*) mostrar ou tomar certo caminho; conduzir(-se), dirigir(-se) *<o guia encaminhou os turistas> <e. o infrator à delegacia> <e.-se para a biblioteca>* □ *t.d. e t.d.i.* **2** (prep. *a, com, para*) fazer que avance ou se oriente em certa direção moral, intelectual; guiar *<encaminhou o discurso como um mestre> <encaminhamos o rapaz à vida artística>* □ *t.d.* **3** conduzir para o bom caminho *<este professor gosta de e. os alunos>* **4** conduzir pelos meios competentes *<e. um requerimento>*

en.cam.par *v.* {mod. 1} *t.d.* **1** tomar (o governo) posse de (empresa privada) mediante indenização **2** *fig.* aceitar como bom ou necessário; adotar *<e. ideias>* ~ **encampação** *s.f.* - **encampamento** *s.m.*

en.ca.na.dor /ô/ [pl.: *-es*] *s.m. B* quem conserta ou instala encanamentos; bombeiro

en.ca.na.men.to *s.m.* conjunto de canos instalados para distribuição de água, gás etc.

¹en.ca.nar *v.* {mod. 1} *t.d.* conduzir por cano ou canal; canalizar [ORIGEM: *en-* + *cano* + ²*-ar*]

²en.ca.nar *v.* {mod. 1} *t.d.* **1** proteger (osso fraturado) com talas, mantendo-o em posição adequada para cura; engessar <*teve de e. a perna*> **2** pôr na cadeia; prender ☐ *t.i. e int.* **3** *gír.* (prep. *com*) importar-se demais com algo; preocupar-se <*encanaram com a contratação do jogador*> <*vamos resolver o problema, não encana*> [ORIGEM: *en-* + ²*cana* + ²*-ar*] ~ **encanação** *s.f.*

en.can.de.ar *v.* {mod. 5} *t.d.* **1** ofuscar (o peixe, a caça), para atraí-lo ☐ *t.d. e int.* **2** turvar (a vista) com luz; ofuscar <*a claridade da manhã encandeia (a vista)*> ☐ *t.d. e pron. fig.* **3** deslumbrar(-se), encantar(-se) <*seu carisma encandeia multidões*> <*encandeiam-se com as palavras do orador*>

en.ca.ne.cer *v.* {mod. 8} *t.d. e int.* embranquecer pouco a pouco (os cabelos) <*o sofrimento encaneceu seus cabelos*> <*o professor encaneceu cedo*>

en.can.ta.dor /ô/ [pl.: *-es*] *adj.s.m.* **1** (o) que atrai, seduz **2** (o) que causa prazer **3** que(m) faz encantamentos; mago

en.can.ta.men.to *s.m.* **1** encanto **2** sensação de admiração ou prazer despertada ao se ver, ouvir ou perceber algo muito bom, bonito, sedutor etc.; fascínio

en.can.tar *v.* {mod. 1} *t.d. e pron.* **1** submeter(-se) a feitiço ou magia; enfeitiçar <*o bruxo encantou a princesa*> <*encantou-se num sapo*> **2** *p.ext.* envolver(-se) por algo sedutor; maravilhar(-se) <*e. a plateia*> <*encantou-se com a música*> ☐ *t.d.* **3** causar grande prazer a <*a boa-nova encantou-a*> ~ **encantado** *adj.*

en.can.to *s.m.* **1** quem ou o que agrada **2** atração sentida pelas boas qualidades de algo ou alguém **3** palavra, frase etc. que possui poderes de enfeitiçar; encantamento

en.ca.par *v.* {mod. 1} *t.d.* revestir com capa (livro, caderno etc.)

en.ca.pe.lar *v.* {mod. 1} *t.d. e pron.* **1** agitar(-se) [esp. o mar] **2** conceder ou receber o capelo de doutor; doutorar(-se)

en.ca.pe.ta.do *adj.* *B* endiabrado, travesso

en.ca.po.tar *v.* {mod. 1} *t.d. e pron.* **1** cobrir(-se) com capa ou capote <*e.-se por causa do frio*> **2** *fig.* vestir(-se) para não ser reconhecido; disfarçar(-se)

en.cap.su.lar *v.* {mod. 1} *t.d.* colocar em cápsula; capsular <*e. medicamento*>

en.ca.pu.zar *v.* {mod. 1} *t.d. e pron.* cobrir(-se) com capuz ~ **encapuzado** *adj.*

en.ca.ra.co.la.do *adj.* **1** semelhante a caracol **2** enrolado em espiral

en.ca.ra.co.lar *v.* {mod. 1} *t.d.,int. e pron.* (fazer) tomar forma de caracol; enrolar(-se) <*e. uma fita*> <*seus cabelos encaracolaram(-se)*>

en.ca.ra.mu.jar-se *v.* {mod. 1} *pron.* **1** voltar-se para si mesmo; retrair-se **2** *fig.* ficar deprimido, triste <*quando ouviu a notícia, encaramujou-se*>

en.ca.ra.pi.nha.do *adj.* muito ondulado; crespo ~ **encarapinhar** *v.t.d.,int. e pron.*

en.ca.ra.pi.tar *v.* {mod. 1} *t.d. e pron.* pôr(-se) no alto <*e.-se no muro para ver a rua*>

en.ca.rar *v.* {mod. 1} *t.d.* **1** olhar de frente, nos olhos de <*encarou o irmão e repreeendeu-o*> **2** examinar com atenção; analisar <*e. um problema*> **3** fazer frente a; enfrentar <*e. o adversário sem medo*> ☐ *t.i.* **4** (prep. *com*) encontrar subitamente com; topar <*ao entrar no prédio, encarou com o segurança*> ~ **encaramento** *s.m.*

en.car.ce.rar *v.* {mod. 1} *t.d.* **1** prender em cárcere; aprisionar ☐ *t.d. e pron.* **2** afastar(-se) do convívio social; isolar(-se) <*encarcerou-se por vontade própria*> ~ **encarceramento** *s.m.*

en.car.di.do *adj.* **1** escuro de sujeira **1.1** acinzentado ou amarelado, por lavagem malfeita ou pela ação do tempo ~ **encardimento** *s.m.* - **encardir** *v.t.d.,int. e pron.*

en.ca.re.cer *v.* {mod. 8} *t.d. e int.* **1** tornar(-se) caro ou aumentar de preço ☐ *t.d.* **2** enaltecer, louvar <*e. a técnica de um jogador*> ~ **encarecido** *adj.* - **encarecimento** *s.m.*

en.car.go *s.m.* **1** incumbência; dever **2** cargo ou função **3** tarefa difícil ou onerosa; fardo, peso

en.car.na.ção [pl.: *-ões*] *s.f.* **1** ação de tornar(-se) semelhante à carne **2** REL materialização de uma divindade em alguma forma viva terrena **2.1** entre os cristãos, corporificação de Deus na pessoa de Jesus Cristo **2.2** entre os espíritas, cada uma das existências terrenas do espírito **3** *fig.* representação, personificação

en.car.na.do *adj.* **1** que encarnou **2** da cor da carne vermelha, do sangue ■ *s.m.* **3** imagem que foi objeto de encarnação **4** cor vermelha de carne, de sangue

en.car.nar *v.* {mod. 1} *t.i.,int. e pron.* **1** (prep. *em*) fazer-se humano (Deus, entidade) <*o deus grego encarnou(-se) [em um guerreiro]*> ☐ *int.* REL **2** ter uma encarnação ('existência'); nascer ☐ *t.d.* **3** representar (personagem) **4** ser o modelo de; personificar, representar **5** dar cor de carne a ☐ *t.i.* **6** *B infrm.* (prep. *em*) implicar com ou zombar de (alguém) ~ **encarnador** *adj.s.m.*

en.car.ni.çar *v.* {mod. 1} *t.d.* **1** dar a (um cão) um pedaço de caça para familiarizá-lo com o cheiro e o gosto **2** *p.ext.* provocar excitação em; incitar <*e. a multidão*> ☐ *pron.* **3** enfurecer-se, irar-se ~ **encarniçamento** *s.m.*

en.ca.ro.çar *v.* {mod. 1} *int. e pron.* **1** ficar com caroços **2** encher-se (a pele) de erupções, inchaços

en.car.qui.lhar *v.* {mod. 1} *t.d. e pron.* encher(-se) de carquilhas, rugas; enrugar(-se)

en.car.ran.car *v.* {mod. 1} *t.d. e pron.* **1** (fazer) ficar carrancudo, zangado ☐ *int.* **2** fazer carranca ('figura') **3** encher-se de nuvens (o tempo); fechar

en.car.re.ga.do *adj.s.m.* **1** que ou aquele a quem se atribuiu alguma tarefa, cargo etc. ■ *s.m.* **2** indivíduo incumbido de fiscalizar os operários em uma obra

E

en.car.re.gar *v.* {mod. 1} *t.d.i. e pron.* (prep. *de*) atribuir(-se) [cargo, tarefa etc.]; incumbir(-se) *<encarregou-o de responder ao vizinho> <e.-se de dirigir a empresa>* ◉ GRAM/USO part.: *encarregado, encarregue*

en.car.rei.rar *v.* {mod. 1} *t.d. e pron.* **1** abrir caminho (para); conduzir(-se) ☐ *t.d.* **2** pôr em carreira, linha, fila; enfileirar **3** *fig.* induzir à boa conduta; encaminhar *<e. a vida do sobrinho>*

en.car.ri.lar ou **en.car.ri.lhar** *v.* {mod. 1} *t.d.* **1** engatar nos carris *<e. o trem>* ☐ *t.d. e int. fig.* **2** (fazer) ir pelo bom caminho; encaminhar(-se), orientar

en.car.te *s.m.* GRÁF **1** inclusão, em uma publicação, de um folheto com matérias especiais ou publicitárias **2** suplemento impresso avulso (em jornais, discos etc.) ~ **encartar** *v.t.d.*

en.car.tu.char *v.* {mod. 1} *t.d.* **1** pôr em cartucho **2** dar forma ou aspecto de cartucho a

en.ca.sa.car *v.* {mod. 1} *t.d. e pron.* **1** vestir(-se) com casaca ou casaco **2** *infrm.* pôr traje de cerimônia (em)

en.cas.que.tar *v.* {mod. 1} *t.d.,t.d.i. e pron.* **1** *infrm* (prep. *com, em*) pôr casquete, barrete etc. na cabeça (de) ☐ *t.d.* **2** *infrm* pôr na cabeça, no juízo; cismar *<e. uma ideia maluca>* ☐ *t.d.i.* **3** (prep. *a*) convencer, persuadir *<e. o irmão a mudar de time>*

en.cas.te.lar *v.* {mod. 1} *t.d.* **1** dar forma de castelo a (construção) **2** prover de castelos, para fortificar ☐ *pron.* **3** refugiar-se em lugar seguro ☐ *t.d.i. e pron.* **4** (prep. *em*) colocar(-se) no alto, no cume *<e. o gato no alto da árvore> <e.-se na torre>* ☐ *t.d. e pron.* **5** formar montes ou pilhas; acumular(-se) ~ **encastelamento** *s.m.*

en.cas.to.ar *v.* {mod. 1} *t.d.* **1** aplicar castão em (bengala, bastão) **2** prender no engaste; embutir *<e. pedras na tiara>* ~ **encastoamento** *s.m.*

en.ca.tar.rar *v.* {mod. 1} *t.d. e pron.* (fazer) criar catarro ~ **encatarrado** *adj.*

en.ca.va.lar *v.* {mod. 1} *pron.* **1** montar (o cavalo); cavalgar ☐ *t.d.* **2** passar por cima de ☐ *t.d. e pron.* **3** (fazer) ficar por cima; sobrepor ~ **encavalamento** *s.m.*

en.ce.fa.li.te *s.f.* MED inflamação do encéfalo

en.cé.fa.lo *s.m.* ANAT conjunto do tronco cerebral, cerebelo e cérebro ~ **encefálico** *adj.*

en.ce.fa.lo.gra.ma *s.m.* MED radiografia do cérebro ~ **encefalografia** *s.f.*

en.ce.na.ção [pl.: *-ões*] *s.f.* **1** TEAT espetáculo teatral **2** TEAT conjunto de providências para a realização de um espetáculo **3** TEAT direção teatral **4** *fig.* invenção, fingimento, cena

en.ce.nar *v.* {mod. 1} *t.d.* **1** TEAT fazer a preparação necessária para levar à cena (espetáculo, esp. teatral); montar **2** TEAT dirigir (um espetáculo), esp. teatral **3** REC.AV representar ('interpretar') ☐ *t.d. e int. fig.* **4** agir para impressionar ou iludir

en.ce.ra.dei.ra *s.f.* eletrodoméstico para encerar o chão

en.ce.ra.do *adj.* **1** coberto de cera ■ *s.m.* **2** lona impermeabilizada; oleado

en.ce.rar *v.* {mod. 1} *t.d.* cobrir, polir com cera a superfície de ~ **enceramento** *s.m.*

en.cer.rar *v.* {mod. 1} *t.d. e pron.* **1** (prep. *em*) recolher(-se) em clausura; enclausurar(-se) *<e. o inimigo na masmorra> <e.-se no quarto>* ☐ *t.d.* **2** ter em si; conter, compreender *<a carta encerra elogios à turma>* **3** pôr fim a; terminar ~ **encerramento** *s.m.*

en.ces.tar *v.* {mod. 1} *t.d.* **1** *B* guardar em cesto ou cesta **2** *B gír.* bater em; espancar ☐ *t.d. e int.* ESP **3** no basquete, acertar (a bola) na cesta ~ **encestamento** *s.m.*

en.ce.tar *v.* {mod. 1} *t.d.* dar início a; principiar, começar ~ **encetamento** *s.m.*

en.cha.pe.lar *v.* {mod. 1} *t.d. e pron.* pôr chapéu (em alguém ou em si mesmo)

en.char.car *v.* {mod. 1} *t.d. e pron.* **1** transformar(-se) em charco ou pântano; alagar ☐ *t.d.,int. e pron.* **2** encher(-se) de água; ensopar(-se) *<a chuva encharcou o solo> <a esponja encharcou(-se)>* ☐ *pron. fig. infrm.* **3** beber muito; embriagar-se *<e.-se de vinho>* ~ **encharcado** *adj.* - **encharcamento** *s.m.*

en.chen.te *s.f.* **1** acúmulo de águas causado por maré, chuva forte etc.; inundação **2** *fig.* grande quantidade; excesso

en.cher *v.* {mod. 8} *t.d.,t.d.i. e pron.* **1** (prep. *de*) tornar(-se) cheio *<e. o copo (de água)><e.-se a banheira>* ☐ *t.d. e pron.* **2** satisfazer a fome, a sede (de); saciar(-se) ☐ *t.d.* **3** ocupar, tomar *<e. o tempo>* **4** espalhar-se (cheiro, odor) por ☐ *t.d.,int. e pron. B infrm.* **5** (prep. *de*) [fazer] perder a paciência, a tolerância; aborrecer(-se), cansar(-se) *<a discussão encheu todo mundo> <este serviço enche> <e.-se de uma conversa>* ☐ *pron. fig.* **6** (prep. *de*) ser tomado por *<e.-se de ânimo>*

en.chi.men.to *s.m.* **1** ato de encher(-se) ou seu efeito **2** o que enche alguma coisa; recheio

en.cho.va /ô/ *s.f.* ZOO *anchova*

en.chu.ma.çar *v.* {mod. 1} *t.d.* pôr chumaço em ~ **enchumaçamento** *s.m.*

en.cí.cli.ca *s.f.* REL carta circular do papa sobre temas de fé, de moral, do culto e da disciplina da Igreja

en.ci.clo.pé.dia *s.f.* obra de consulta sobre todas as áreas ou uma área específica do conhecimento humano, organizada em ordem alfabética ou por temas

en.ci.clo.pé.di.co *adj.* **1** referente a enciclopédia **2** que contém muitos dos domínios do conhecimento humano **3** que possui amplos conhecimentos

en.ci.clo.pe.dis.ta *adj.2g.s.2g.* que(m) atua como autor ou colaborador de uma enciclopédia

en.ci.lhar *v.* {mod. 1} *t.d.* pôr cilha ou arreio em (cavalgadura) ~ **encilhador** *adj.s.m.* - **encilhamento** *s.m.*

en.ci.mar *v.* {mod. 1} *t.d.* **1** pôr em cima de **2** estar acima de *<nuvens encimam o morro>*

en.cis.tar *v.* {mod. 1} *int. e pron.* **1** formar ou criar cisto; enquistar *<a espinha do seu rosto encis-*

tou(-se)> ☐ *t.d.,t.d.i. e pron.* **2** *fig.* (prep. *em*) encaixar(-se) em; introduzir(-se), enquistar(-se) *<e. um baixo-relevo (no móvel)> <uma família estrangeira encistou-se no condomínio>*

en.clau.su.rar *v.* {mod. 1} *t.d. e pron.* **1** pôr(-se) em clausura **2** afastar(-se) de qualquer convívio; isolar(-se) ~ **enclausuramento** *s.m.*

en.cla.ve ou **en.cra.ve** *s.m.* território ou terreno no interior de outro

ên.cli.se *s.f.* GRAM colocação de pronome pessoal átono depois do verbo (p.ex., *diga-me, contei-lhe, ouviram-no*) ☞ cf. *mesóclise, próclise*

en.clí.ti.co *adj.* GRAM em que ocorre ênclise *<pronome e.>*

en.co.ber.to *adj.* **1** que está oculto **2** que está disfarçado **3** coberto de nuvens

en.co.brir *v.* {mod. 28} *t.d.* **1** impedir de ser visto; ocultar *<um véu encobre seu rosto>* **2** não deixar ser percebido; disfarçar *<e. manchas de pele>* **3** manter em segredo; guardar *<e. a idade>* ☐ *int. e pron.* **4** encher-se de nuvens; nublar(-se) ◉ GRAM/USO part.: *encoberto* ~ **encobrimento** *s.m.*

en.co.le.ri.zar *v.* {mod. 1} *t.d. e pron.* (fazer) sentir cólera, ira; irritar(-se)

en.co.lher *v.* {mod. 8} *t.d.,int. e pron.* **1** (fazer) diminuir de dimensão, de tamanho; contrair(-se) *<e. as pernas> <a camisa encolheu> <encolheu-se para caber no espaço>* ☐ *t.d.* **2** fazer recuar; recolher ☐ *pron.* **3** enroscar-se em si mesmo, por sentir frio, medo etc. **4** sentir-se humilhado ~ **encolhido** *adj.*

en.co.lhi.men.to *s.m.* **1** ato de encolher(-se) ou seu efeito **2** timidez, retraimento

en.co.men.da *s.f.* **1** pedido de compra ou de prestação de um serviço **2** o que foi pedido

en.co.men.da.ção [pl.: *-ões*] *s.f.* recomendação, advertência ▣ **e. do corpo** LITUR entre os católicos, oração por um defunto, feita antes do enterro

en.co.men.dar *v.* {mod. 1} *t.d.i.* **1** (prep. *a*) pedir a (alguém) que faça ou entregue (serviço, compra etc.) *<e. um armário ao carpinteiro>* ☐ *t.d.* REL **2** orar pela salvação de (corpo ou alma de um morto) ☐ *t.d.i. e pron.* **3** (prep. *a*) dar(-se) em confiança; consagrar(-se) *<e. a alma a Deus> <e.-se à proteção do rei>*

en.com.pri.dar *v.* {mod. 1} *t.d.* **1** tornar mais comprido **2** aumentar a duração de *<e. um discurso>*

en.con.trão [pl.: *-ões*] *s.m.* choque físico; esbarrão, topada

en.con.trar *v.* {mod. 1} *t.d.* **1** ficar frente a frente com (algo que se procurava ou não); achar **2** *fig.* passar a conhecer ou a ter consciência de; descobrir *<e. o erro na conta>* **3** *fig.* alcançar (condição que se procura) *<e. a sabedoria>* ☐ *t.d. e pron.* **4** ir de encontro a; chocar-se *<a flecha encontrou o alvo> <duas motocicletas encontraram-se em alta velocidade>* ☐ *t.d.,t.d.i. e pron.* **5** (prep. *com*) ir ao encontro de (alguém) *<saiu para e. (com) o noivo> <encontrou-se com o pai no aeroporto>* ☐ *pron.* **6** estar em certo lugar, condição, situação ou estado; achar-se, situar-se *<e.-se adoentado>* **7** *fig.* estar equilibrado, satisfeito consigo mesmo *<mudou de carreira e finalmente se encontrou>*

en.con.tro *s.m.* **1** reunião combinada ou casual **2** congresso **3** competição, disputa **4** choque, colisão, encontrão **5** confluência de rios ▣ **e. consonantal** LING sequência de duas ou mais consoantes numa mesma palavra, na mesma sílaba ou em sílabas diferentes (p.ex.: livro, blusa, apto, digno) • **ao e. de 1** em busca de *<foram ao e. do sucesso>* **2** em favor de *<suas ideias vêm ao e. das minhas>* • **de e. a 1** no sentido oposto *<caminhavam de e. à multidão>* **2** contra *<a solução vai de encontro a nossos planos>*

en.co.ra.jar *v.* {mod. 1} *t.d.,t.d.i. e pron.* (prep. *a*) [fazer] tomar coragem, ânimo; incentivar(-se) *<e. um amigo> <encorajou-o a fazer o filme> <encorajou-se e tentou de novo>* ~ **encorajamento** *s.m.*

en.cor.do.a.men.to *s.m.* **1** colocação de cordas em instrumento musical, raquete etc. **2** o conjunto das cordas colocadas ~ **encordoar** *v.t.d.*

en.cor.par *v.* {mod. 1} *int.* **1** desenvolver o corpo; crescer ☐ *t.d.* **2** tornar mais grosso ou maior ~ **encorpado** *adj.* - **encorpamento** *s.m.*

en.cos.ta *s.f.* declive de montanha; costa, vertente

en.cos.ta.do *adj.* **1** que se apoia em algo **2** situado junto a alguma coisa ■ *adj.s.m.* **3** que(m) vive às custas de outro

en.cos.tar *v.* {mod. 1} *t.d.,t.d.i. e pron.* **1** (prep. *a, em, sobre*) dar ou buscar apoio em; arrimar(-se) *<e. a escada (no muro) > <e.-se à parede>* **2** (prep. *a, em, para*) pôr junto, lado a lado; aproximar(-se), tocar(-se) *<e. cadeiras> <encostou o rosto no dele> <e.-se para conversar>* ☐ *t.d.* **3** fechar sem trancar (porta, janela) **4** *fig.* deixar de lado; abandonar *<e. uma roupa velha>* **5** parar, estacionar (veículo) ☐ *int. e pron.* **6** reclinar-se ou deitar-se para breve repouso *<e.(-se) para tirar uma soneca>* ☐ *pron.* *B* **7** aproveitar-se do esforço alheio *<gosta de e.-se no sócio>*

en.cos.to /ô/ *s.m.* **1** lugar ou objeto em que se pode apoiar **2** espaldar *<o e. da cadeira>* **3** REL *infrm.* espírito de um morto que se presume seguir alguém, prejudicando-lhe a vida

en.cou.ra.ça.do *adj.* **1** protegido por couraça; couraçado **2** *fig.* fortemente defendido contra algum perigo ■ *s.m.* MAR **3** couraçado

en.cou.ra.çar *v.* {mod. 1} *t.d.* **1** pôr couraças em (p.ex., navio); blindar ☐ *t.d. e pron. fig.* **2** (fazer) adquirir postura de defesa ou proteção

en.co.va.do *adj.* **1** posto em cova ou buraco **2** *p.ext.* diz-se de olho que parece afundado na órbita **3** *p.ext.* diz-se de rosto magro, abatido

en.co.var *v.* {mod. 1} *t.d.* **1** pôr em cova; enterrar ☐ *t.d. e pron.* **2** manter(-se) oculto; esconder(-se) ☐ *int. e pron.* **3** *p.ext.* tornar-se encovado (rosto, olho) *<com a doença, sua face encovou(-se)>* ~ **encovamento** *s.m.*

en.cra.va.do *adj.* **1** diz-se de unha que, ao crescer, penetra lateralmente na carne do dedo **2** fixado com prego(s); cravado **3** que está encaixado, embutido *<pedra e. em anel>* ~ **encravar** *v.t.d.bit. e pron.*

E

en.cra.va.<u>du</u>.ra *s.f.* **1** ato de encravar ou o seu efeito **2** VET ferimento causado na pata das cavalgaduras

en.cra.<u>var</u> *v.* {mod. 1} *t.d. e t.d.i.* **1** (prep. *em*) fixar (prego, cravo etc.) em; cravar, pregar *<e. o prego (na parede)>* **2** prender com cravo ou prego; pregar *<e. um condenado (na cruz)>* ☐ *t.d.i.* **3** (prep. *em*) embutir (pedra preciosa etc.) em joia; engastar *<e. um diamante no anel>* ☐ *int.* **4** entrar na carne *<a unha do pé encravou>* ~ **encravamento** *s.m.*

E

en.<u>cra</u>.ve *s.m.* → ***ENCLAVE***

en.<u>cra</u>.vo *s.m.* **1** machucado em pata de cavalo, burro etc. produzido por má colocação da ferradura **2** *fig.* dificuldade

en.<u>cren</u>.ca *s.f. B infrm.* **1** situação difícil ou perigosa **2** briga, confusão ~ **encrenqueiro** *adj.s.m.*

en.cren.<u>car</u> *v.* {mod. 1} *t.d. e pron.* **1** tornar(-se) complicado (situação) **2** colocar(-se) em dificuldade, em embaraço *<armar intrigas para e. o sócio>* *<e.-se com a falência>* ☐ *t.i. e int.* **3** (prep. *com*) criar confusão, tumulto *<ela gosta de e. (com os vizinhos)>* ☐ *int.* **4** enguiçar

en.cres.<u>par</u> *v.* {mod. 1} *t.d. e pron.* **1** tornar(-se) crespo, eriçado, ondulado *<e.(-se) o cabelo>* **2** agitar(-se) [o mar, as ondas etc.] ☐ *pron.* **3** ser tomado por grande irritação; alterar-se *<encrespou-se ao ver o trabalho incompleto>* ~ **encrespação** *s.f.* - **encrespamento** *s.m.*

en.cru.<u>ar</u> *v.* {mod. 1} *t.d. e int.* **1** endurecer (algo quase cozido) ☐ *t.d.* **2** tornar cruel, insensível; empedernir ☐ *int.* **3** deixar de ter seguimento; estagnar *<os acordos para encerrar a greve encruaram>* ~ **encruamento** *s.m.*

en.cru.zi.<u>lha</u>.da *s.f.* **1** ponto em que dois caminhos ou ruas se cruzam; cruzamento **2** *fig.* momento em que uma decisão deve ser tomada

en.cu.<u>bar</u> *v.* {mod. 1} *t.d.* recolher em cuba ou vasilha *<e. vinho>* ☞ cf. *incubar* ~ **encubação** *s.f.*

en.cu.<u>car</u> *v.* {mod. 1} *int. B* **1** ficar com uma ideia fixa na cabeça ☐ *t.d.,t.i. e int.* **2** (prep. *com*) (fazer) ficar desconfiado, cismado; intrigar *<o e-mail encucou-o>* *<encuquei à toa (com seu namorado)>* ~ **encucação** *s.f.*

en.cur.ra.<u>lar</u> *v.* {mod. 1} *t.d.* **1** meter no curral **2** cercar, sem possibilitar fuga a *<e. assaltantes>* ☐ *t.d. e pron.* **3** meter(-se) em lugar, ger. estreito, sem saída ou com a saída bloqueada *<e. animais>* *<encurralaram-se no beco>* ~ **encurralamento** *s.m.*

en.cur.<u>tar</u> *v.* {mod. 1} *t.d.* **1** tornar curto *<e. uma saia>* **2** fazer menor; reduzir, diminuir *<e. um texto>* *<e. o tempo da apresentação>* ~ **encurtador** *adj.s.m.* - **encurtamento** *s.m.*

en.cur.<u>var</u> *v.* {mod. 1} *t.d.,int. e pron.* **1** tornar(-se) curvo; arquear(-se) *<o vento encurvou a haste>* *<o galho encurvou(-se)>* **2** *fig.* humilhar(-se), sujeitar(-se) *<e. os empregados>* *<esse cão não (se) encurva>* ☐ *int.* **3** formar curva *<a estrada encurva logo ali>* ~ **encurvamento** *s.m.*

en.de.<u>mi</u>.a *s.f.* MED doença infecciosa que recorre em população e/ou região específicas ☞ cf. *epidemia* ~ **endêmico** *adj.*

en.de.mo.ni.<u>ar</u> *v.* {mod. 1} *t.d.* **1** pôr o demônio no corpo de ☐ *t.d. e pron.* **2** (fazer) ficar enfurecido; encolerizar(-se) ~ **endemoniamento** *s.m.*

en.de.re.<u>çar</u> *v.* {mod. 1} *t.d.* **1** pôr endereço em *<e. uma carta>* ☐ *t.d.i.* **2** (prep. *a*) enviar, encaminhar *<endereçou uma carta ao instituto>* ☐ *pron.* **3** (prep. *a*) dirigir a palavra a *<endereçou-se ao professor com alegria>* ~ **endereçamento** *s.m.*

en.de.<u>re</u>.ço /ê/ *s.m.* **1** conjunto de dados que permite localizar um imóvel **2** residência **3** inscrição do nome e residência em envelope; sobrescrito **4** INF número ou nome que identifica um registro, uma posição ou um dispositivo de memória ▣ **e. eletrônico** INF conjunto de caracteres que identifica um usuário, permitindo que receba mensagens de correio eletrônico pela internet

en.deu.<u>sar</u> *v.* {mod. 1} *t.d. e pron.* **1** atribuir(-se) dotes divinos **2** considerar(-se) com excessiva admiração; idolatrar(-se) ☐ *pron.* **3** mostrar-se orgulhoso, presunçoso ~ **endeusamento** *s.m.*

en.di.a.<u>bra</u>.do *adj.* **1** diabólico **2** *p.ext.* que é vivo, muito esperto **3** *p.ext.* traquinas, levado ~ **endiabrar** *v.t.d. e pron.*

en.di.nhei.<u>ra</u>.do *adj.* que tem muito dinheiro; rico ~ **endinheirar** *v.t.d. e pron.*

en.di.rei.<u>tar</u> *v.* {mod. 1} *t.d. e pron.* **1** pôr(-se) direito (algo torto, dobrado, desviado etc.); desentortar(-se) ☐ *t.d. e int.* **2** corrigir(-se), emendar(-se) ☐ *pron.* **3** tomar o bom caminho; encaminhar-se ~ **endireitamento** *s.m.*

en.<u>dí</u>.via ou **en.<u>di</u>.va** *s.f.* BOT planta de folhas comestíveis, com um tom claro de verde e sabor amargo

en.di.vi.<u>dar</u> *v.* {mod. 1} *t.d. e pron.* (levar a) contrair dívida ~ **endividamento** *s.m.*

endo- *pref.* 'movimento para dentro': *endócrino, endoscopia*

en.do.<u>cár</u>.dio *s.m.* ANAT membrana que recobre o interior do miocárdio e limita as cavidades do coração ~ **endocárdico** *adj.*

en.do.car.<u>di</u>.te *s.f.* MED inflamação do endocárdio

en.do.<u>car</u>.po *s.m.* BOT camada mais interna do pericarpo dos frutos, que fica em contato com a(s) semente(s) ☞ cf. *epicarpo, mesocarpo*

en.<u>dó</u>.cri.no *adj.* MED **1** que produz secreções distribuídas pelo corpo por meio da corrente sanguínea (diz-se de glândula) **1.1** relativo ou semelhante a essa glândula ou a essas secreções *<tumor e.>*

en.do.cri.no.lo.<u>gi</u>.a *s.f.* MED estudo e tratamento das glândulas endócrinas ~ **endocrinológico** *adj.* - **endocrinologista** *adj.2g.s.2g.*

en.do.don.<u>ti</u>.a *s.f.* ODONT tratamento das doenças e lesões que afetam a polpa, a raiz dentária e o tecido que a cerca ~ **endodôntico** *adj.* - **endodontista** *adj.2g.s.2g.* - **endodontite** *s.f.*

en.do.<u>en</u>.ças *s.f.pl.* REL solenidades católicas que se realizam na Quinta-Feira Santa

en.<u>dó</u>.ga.mo *adj.s.m.* que(m) só se casa com membros de sua classe ou tribo, para conservar a nobreza ou a raça ☞ cf. *exógamo* ~ **endogamia** *s.f.* - **endogâmico** *adj.*

en.<u>dó</u>.ge.no *adj.* originado ou desenvolvido no interior do organismo ou sistema, ou por fatores internos

en.doi.de.<u>cer</u> *v.* {mod. 8} *t.d. e int.* (fazer) ficar doido, maluco; enlouquecer ~ **endoidecimento** *s.m.*

en.do.<u>mé</u>.trio *s.m.* ANAT mucosa que recobre a parede interna do útero

en.do.mor.<u>fi</u>.na *s.f.* BIOQ endorfina

en.do.<u>plas</u>.ma *s.m.* BIO parte interna do citoplasma que envolve o núcleo ~ **endoplasmático** *adj.* - **endoplásmico** *adj.*

en.dor.<u>fi</u>.na *s.f.* BIOQ proteína com fortes propriedades analgésicas, presente no cérebro; endomorfina

en.dos.co.<u>pi</u>.a *s.f.* MED exame visual de órgãos e cavidades do corpo por meio de endoscópio ~ **endoscópico** *adj.*

en.dos.<u>có</u>.pio *s.m.* MED tubo óptico us. para visualização do interior de um órgão oco ou cavidade

en.dos.<u>per</u>.ma *s.m.* BOT tecido nutritivo presente nas sementes da maioria das angiospermas

en.dos.<u>sar</u> *v.* {mod. 1} *t.d. e t.d.i.* **1** (prep. *a, para*) fazer endosso de (cheque, título) em favor de □ *t.d.i.* **2** (prep. *a*) passar, transferir *<endossou ao pai a tarefa>* □ *t.d. fig.* **3** dar apoio, solidariedade a *<e. uma ideia>* ~ **endossante** *adj.2g.s.2g.*

en.<u>dos</u>.so /ô/ *s.m.* **1** declaração no verso de título de crédito que o transfere a outrem **2** *fig.* aprovação, apoio

en.do.ve.<u>no</u>.so /ô/ [pl.: /ó/; fem.: /ó/] *adj.* MED intravenoso

en.du.re.<u>cer</u> *v.* {mod. 8} *t.d.,int. e pron.* **1** tornar(-se) duro, rijo, resistente **2** tornar(-se) cruel ou insensível ~ **endurecido** *adj.* - **endurecimento** *s.m.*

en.<u>du</u>.ro *s.m.* ESP em motociclismo e automobilismo, competição de resistência em terrenos acidentados

<u>e</u>.ne *s.m.* nome da letra *n*

e.ne.<u>á</u>.go.no *s.m.* GEOM polígono de nove lados ~ **eneagonal** *adj.2g.*

e.ne.<u>gé</u>.si.mo *n.ord.* enésimo

e.ne.gre.<u>cer</u> *v.* {mod. 8} *t.d.,int. e pron.* **1** (fazer) adquirir cor negra ou tonalidades escuras *<a umidade do quarto enegreceu as paredes> <com a chuva, o vale enegrecia> <o papel enegreceu-se ao contato com o fogo>* □ *t.d. fig.* **2** desmoralizar, difamar *<e. a reputação do adversário>* ~ **enegrecimento** *s.m.*

E.<u>nem</u> *s.m.* sigla de Exame Nacional do Ensino Médio

e.ne.<u>quim</u> [pl.: *-ins*] *s.m.* ZOO *B* anequim

e.ner.<u>gé</u>.ti.ca *s.f.* FÍS parte da ciência que se dedica aos assuntos ligados à energia

e.ner.<u>gi</u>.a *s.f.* **1** FÍS capacidade de trabalho de um corpo, de uma substância ou de um sistema físico **2** *fig.* vigor físico **3** eletricidade, luz ▣ **e. nuclear** ou **atômica** FÍS aquela liberada com a fusão ou fissão do núcleo do átomo ~ **energético** *adj.*

e.<u>nér</u>.gi.co *adj.* **1** que revela ou traduz energia **2** que demonstra firmeza **3** duro, severo

e.ner.<u>gú</u>.me.no *s.m.* **1** pessoa possessa, desequilibrada, desvairada **2** *fig. infrm.* indivíduo ignorante; imbecil ~ **energumênico** *adj.*

e.ner.<u>van</u>.te *adj.2g.* que irrita ou aborrece, que deixa nervoso

e.ner.<u>var</u> *v.* {mod. 1} *t.d.,int. e pron.* **1** tornar(-se) nervoso; impacientar(-se), irritar(-se) □ *t.d. e pron.* **2** (fazer) perder o vigor (físico, moral ou mental); enfraquecer(-se) ☞ cf. *inervar*

e.<u>né</u>.si.mo *n.ord.* **1** (o) que, numa sequência, ocupa a posição do número *n*; enegésimo ■ *n.frac.* **2** (o) que corresponde a cada uma das *n* partes iguais em que pode ser dividido um todo ■ *adj.* **3** diz-se de um número indefinidamente grande

e.ne.vo.<u>ar</u> *v.* {mod. 1} *t.d. e pron.* **1** cobrir(-se) com névoa; cerrar *<o mau tempo enevoou o vale> <os picos enevoaram-se>* □ *t.d.* **2** *p.ext.* tornar sombrio; escurecer **3** *fig.* deixar sem brilho; embaciar *<lágrimas enevoavam seu olhar>*

en.fa.<u>dar</u> *v.* {mod. 1} *t.d. e pron.* **1** (fazer) sentir tédio; enfastiar(-se) **2** (fazer) sentir incômodo; perturbar(-se), importunar(-se)

en.<u>fa</u>.do *s.m.* **1** sensação de tédio **2** aborrecimento, zanga

en.fa.<u>do</u>.nho *adj.* **1** monótono, cansativo **2** que aborrece

en.fai.<u>xar</u> *v.* {mod. 1} *t.d.* envolver ou atar com faixa(s)

en.fa.<u>rar</u> *v.* {mod. 1} *t.d. e pron.* entediar(-se), enfadar(-se) ~ **enfaramento** *s.m.*

en.far.da.<u>dei</u>.ra *s.f.* máquina de juntar palha ou feno em pequenos feixes ou fardos

en.far.<u>dar</u> *v.* {mod. 1} *t.d.* **1** formar fardo(s); empacotar **2** pôr em farnel

en.fa.ri.<u>nhar</u> *v.* {mod. 1} *t.d.* **1** cobrir com farinha **2** reduzir a farinha ou pó

en.<u>fa</u>.ro *s.m.* **1** enfado **2** enjoo, asco

en.far.pe.<u>lar</u> *v.* {mod. 1} *t.d. e pron.* vestir(-se) com roupa nova ou reservada para ocasiões especiais

en.<u>far</u>.te ou **en.<u>far</u>.to** *s.m.* → ***INFARTO***

<u>ên</u>.fa.se *s.f.* **1** vigor na fala ou expressão **2** *p.ext.* destaque, realce

en.fas.ti.<u>ar</u> *v.* {mod. 1} *t.d.,int. e pron.* **1** causar ou sentir fastio **2** (fazer) sentir tédio; entediar(-se) **3** (fazer) ficar aborrecido; importunar(-se) ~ **enfastiamento** *s.m.*

en.<u>fá</u>.ti.co *adj.* em que há ênfase; veemente, vigoroso

en.fa.ti.o.<u>tar</u> *v.* {mod. 1} *t.d. e pron.* vestir(-se) com muito capricho

en.fa.ti.zar *v.* {mod. 1} *t.d.* dar destaque especial a; ressaltar, salientar ~ **enfatização** *s.f.*

en.fa.tu.ar *v.* {mod. 1} *t.d. e pron.* (fazer) ficar vaidoso, presunçoso

en.fe.ar *v.* {mod. 5} *t.d. e pron.* tornar(-se) feio

en.fei.tar *v.* {mod. 1} *t.d.,t.d.i. e pron.* **1** (prep. *com, de*) colocar enfeites (em); adornar(-se) *<e. o quarto (com flores)> <enfeitou-se para o baile>* □ *t.d.* **2** dar aparência agradável a; embelezar □ *int. e pron.* **3** adquirir boa aparência ou beleza ~ **enfeitado** *adj.*

E

en.fei.te *s.m.* detalhe que decora ou embeleza; adorno, ornato

en.fei.ti.çar *v.* {mod. 1} *t.d.* **1** lançar feitiço sobre □ *t.d. e pron.* **2** envolver(-se) por algo sedutor; encantar(-se) ~ **enfeitiçamento** *s.m.*

en.fei.xar *v.* {mod. 1} *t.d.* **1** prender em feixe(s) **2** colocar junto (coisas soltas); reunir ~ **enfeixamento** *s.m.*

en.fer.ma.gem [pl.: *-ens*] *s.f.* **1** a função de cuidar de enfermos **2** o conjunto de serviços de enfermaria

en.fer.mar *v.* {mod. 1} *t.d. e int.* (fazer) ficar doente

en.fer.ma.ri.a *s.f.* local destinado ao tratamento de pessoas doentes

en.fer.mei.ro *s.m.* **1** profissional que se formou em enfermagem e/ou trabalha nesse setor **2** *p.ext. infrm.* quem cuida de enfermos

en.fer.mi.ço *adj.* que está sempre doente

en.fer.mi.da.de *s.f.* doença

en.fer.mo /ê/ *adj.s.m.* **1** doente ■ *adj. p.ext.* **2** frágil, debilitado

en.fer.ru.jar *v.* {mod. 1} *t.d.,int. e pron.* **1** cobrir(-se) de ferrugem; oxidar(-se) **2** *fig. infrm.* (fazer) perder a mobilidade; parar □ *int. e pron. fig.* **3** perder em qualidade; piorar *<seu inglês enferrujou(-se)>* ~ **enferrujamento** *s.m.*

en.fes.ta.do *adj.* **1** dobrado ao meio, no sentido da largura (diz-se de tecido) **2** *p.ext. infrm.* com largura dupla (diz-se de tecido) ~ **enfestar** *v.t.d.*

en.fe.za.do *adj.* **1** cheio de raiva, aborrecimento ou birra; irritado **2** de gênio temperamental **3** que não se desenvolveu; raquítico ~ **enfezar** *v.t.d.,int. e pron.*

en.fi.a.da *s.f.* **1** série de coisas enfiadas em linha, corda etc. **2** *p.ext.* série de coisas em fila **3** *fig.* sequência de fatos, ações etc. ▣ **de e. 1** um após o outro; de forma consecutiva **2** FUTB goleada

en.fi.ar *v.* {mod. 1} *t.d.* **1** fazer entrar (fio) em orifício **2** pôr em fio (pérolas, contas etc.) **3** empurrar para dentro ou através de; introduzir □ *t.d. e t.d.i.* **4** (prep. *em*) pôr (roupa, calçado) em; vestir, calçar *<brinca de e. roupas nas bonecas>* □ *int. e pron. fig.* **5** tomar a direção de, entrar; meter-se *<e.(-se) pelo mato>* □ *t.d.i.* **6** bater em ou malhar (alguém ou algo) com *<teve que e. a mão no assaltante>* ~ **enfiação** *s.f.* - **enfiamento** *s.m.*

en.fi.lei.ra.men.to *s.m.* organização em filas; alinhamento

en.fi.lei.rar *v.* {mod. 1} *t.d. e pron.* pôr(-se) em fila; alinhar(-se)

en.fim *adv.* por fim, finalmente

en.fi.se.ma *s.m.* MED presença de ar ou gás nas fendas do tecido de um órgão ▣ **e. pulmonar** MED aumento dessas fendas na ramificação dos brônquios ~ **enfisemático** *adj.* - **enfisematoso** *adj.*

en.fo.car *v.* {mod. 1} *t.d.* **1** pôr em foco **2** voltar a atenção para (assunto, questão etc.); salientar ~ **enfocação** *s.f.*

en.fo.que *s.m.* modo de focalizar um assunto; ponto de vista

en.for.car *v.* {mod. 1} *t.d. e pron.* **1** suspender(-se) pelo pescoço por uma corda pendente de forca ou local alto, causando ou sofrendo morte por estrangulamento □ *t.d.* **2** asfixiar, apertando o pescoço; estrangular **3** *B infrm.* faltar ao trabalho ou à escola em (dia útil entre fim de semana e feriado ou entre dois feriados) ~ **enforcado** *adj.s.m.* - **enforcamento** *s.m.*

en.fra.que.cer *v.* {mod. 8} *t.d.,int. e pron.* **1** (fazer) perder as forças, ficando fraco; debilitar(-se) □ *t.d. e int.* **2** (fazer) perder a intensidade; atenuar(-se)

en.fra.que.ci.men.to *s.m.* **1** perda de intensidade ou força **2** desânimo

en.fre.ar *v.* {mod. 5} *t.d.* **1** pôr freio em (animal) □ *t.d. e int.* **2** parar (veículo, máquina) com freio; travar, brecar □ *t.d. e pron. fig.* **3** conter(-se), reprimir(-se)

en.fren.ta.men.to *s.m.* **1** oposição, polêmica **2** briga, luta

en.fren.tar *v.* {mod. 1} *t.d. e pron.* **1** encarar frente a frente; arrostar **2** pôr(-se) em confronto, conflito; atacar(-se) **3** travar disputa esportiva (com) □ *t.d.,int. e pron.* **4** estar ou pôr(-se) defronte a; defrontar □ *t.d.* **5** passar por, viver (problemas, desafios etc.)

en.fro.nhar *v.* {mod. 1} *t.d.* **1** pôr em fronha □ *t.d.i. e pron.* **2** (prep. *em*) tornar(-se) ciente, versado num assunto; aprofundar(-se) *<e. os herdeiros nos negócios> <e.-se em medicina>*

en.fu.ma.çar *v.* {mod. 1} *t.d. e pron.* encher(-se) de fumaça

en.fu.nar *v.* {mod. 1} *t.d.,int. e pron.* MAR encher(-se) de vento (vela, pano etc.) *<a ventania enfunou as velas da embarcação> <com a brisa leve, a vela nem (se) enfunava>* ~ **enfunação** *s.f.*

en.fu.ni.lar *v.* {mod. 1} *t.d.* **1** fazer passar por funil □ *t.d. e pron.* **2** afunilar(-se)

en.fu.re.cer *v.* {mod. 8} *t.d.,int. e pron.* **1** (fazer) ficar furioso; irar(-se), zangar(-se) *<ele passou a e.(-se) à toa>* □ *pron. fig.* **2** ficar agitado, revolto (o mar)

en.fu.re.ci.men.to *s.m.* cólera, fúria

en.fur.nar *v.* {mod. 1} *t.d. e pron.* **1** esconder(-se) em furna, em cova; entocar(-se) *<o barulho enfurnou a caça> <a raposa enfurnou-se>* □ *t.d.,t.d.i. e pron.* **2** (prep. *em*) pôr(-se) em local seguro ou isolado; esconder(-se) *<e. os livros (no armário)> <e.-se no escritório>*

en.ga.be.lar *v.* {mod. 1} → ***ENGAMBELAR***

en.gai.o.lar *v.* {mod. 1} *t.d.* **1** prender em gaiola **2** *B infrm.* pôr na cadeia; prender ☐ *pron. fig.* **3** afastar-se do convívio social; isolar-se *<engaiolou-se para escrever>* ~ **engaiolado** *adj.* - **engaiolamento** *s.m.*

en.ga.jar *v.* {mod. 1} *t.d. e pron.* **1** comprometer(-se) por contrato **2** alistar(-se) no serviço militar ☐ *pron. fig.* **3** (prep. *em*) empenhar-se, dedicar-se a (tarefa, ideia, causa etc.) ~ **engajamento** *s.m.*

en.ga.la.nar *v.* {mod. 1} *t.d.,t.d.i. e pron.* (prep. *para*) enfeitar(-se) com gala, pompa *<e. a casa (para as bodas)> <engalanou-se para o baile>*

en.gal.fi.nhar-se *v.* {mod. 1} *pron.* **1** (prep. *com*) atracar-se em luta corporal (com) **2** ter discussão acirrada (com) *<os advogados engalfinharam-se>*

en.gam.be.lar ou **en.ga.be.lar** *v.* {mod. 1} *t.d.* enganar com astúcia, usando conversa sedutora, falsas promessas

en.ga.na.ção [pl.: *-ões*] *s.f.* mentira, engodo

en.ga.na.dor /ô/ [pl.: *-es*] *adj.s.m.* **1** que(m) engana **2** (o) que induz ao erro

en.ga.nar *v.* {mod. 1} *t.d.,int. e pron.* **1** (fazer) crer em algo que não é verdadeiro; mentir *<enganou-os no preço> <as aparências enganam>* ☐ *t.d. e pron.* **2** (fazer) ter falsa impressão; iludir(-se) *<meus ouvidos enganaram-se quanto à tonalidade>* ☐ *t.d.* **3** fazer trapaça contra **4** dar alívio a; abrandar *<e. o frio>* **5** causar decepção a **6** ser infiel a (cônjuge, companheiro) ☐ *pron.* **7** cometer engano; errar, equivocar-se *<e.-se na resposta>*

en.gan.char *v.* {mod. 1} *t.d.,int. e pron.* **1** agarrar(-se) com gancho *<o balde enganchou(-se) no fundo do poço>* ☐ *t.i.,t.d.i. e pron.* **2** (prep. *em*) prender(-se) em, ligar(-se) a *<e. o pé no bueiro> <e.(-se) no pescoço do pai>* ☐ *t.d.* **3** dar aspecto de gancho a *<e. a mão>*

en.ga.no *s.m.* **1** erro causado por descuido ou fraude; falha **2** erro de avaliação; equívoco **3** ilusão, devaneio

en.ga.no.so /ô/ [pl.: /ó/; fem.: /ó/] *adj.* **1** falso, enganador **2** próprio para enganar **3** que produz ilusão ou tende a iludir; ilusório

en.gar.ra.fa.men.to *s.m.* **1** acondicionamento em garrafa **2** obstrução do trânsito por excesso de veículos; congestionamento

en.gar.ra.far *v.* {mod. 1} *t.d.* **1** pôr em garrafa(s) ☐ *t.d. e int.* **2** impedir a locomoção de veículos, pessoas por (certo lugar) ou ficar parado em vias, portos etc. *<essa rua sempre engarrafa>*

en.gas.gar *v.* {mod. 1} *t.d.,int. e pron.* **1** (fazer) ficar engasgado, entalado; sufocar *<crianças engasgam(-se) facilmente>* ☐ *t.d. e int.* **2** (fazer) ficar travado ou não funcionar bem (máquina, motor) ☐ *t.d. e pron. fig.* **3** (fazer) ficar sem fala; embatucar *<o nervosismo engasgou-o> <a timidez fê-lo e.-se>* ~ **engasgamento** *s.m.*

en.gas.go *s.m.* **1** asfixia causada pela presença de corpo estranho na garganta **2** embaraço que impede a fala

en.gas.tar *v.* {mod. 1} *t.d. e t.d.i.* **1** (prep. *em*) embutir (pedraria) em metal; encravar *<e. a pérola (no anel)>* ☐ *t.d.,t.i. e pron. p.ext.* **2** (prep. *em*) encaixar(-se), inserir(-se) *<essas peças engastam(-se) naquelas>* ~ **engastador** *adj.s.m.*

en.gas.te *s.m.* **1** parte da joia em que se fixa a pedra preciosa **2** enfeite embutido

en.ga.tar *v.* {mod. 1} *t.d. e t.d.i.* **1** (prep. *a, em*) ligar, prender por engate ou gancho *<e. vagões (à locomotiva)>* ☐ *t.d. e pron.* **2** prender(-se) num lugar sem querer; enroscar(-se) *<o fio engatou-se na perna>* ☐ *t.d.* **3** engrenar (marcha de veículo) **4** *fig.* emendar, encadear *<e. trabalhos>*

en.ga.te *s.m.* peça ou conjunto de peças us. para unir coisas entre si (p.ex.: veículos, vagões etc.)

en.ga.ti.lhar *v.* {mod. 1} *t.d.* **1** armar gatilho de (arma de fogo) para disparar **2** *fig.* deixar pronto; preparar *<e. questões>*

en.ga.ti.nhar *v.* {mod. 1} *int.* **1** mover-se apoiando-se sobre as mãos e os joelhos ☐ *t.i. fig.* **2** (prep. *em*) ser principiante em *<e. na profissão>*

en.ga.ve.tar *v.* {mod. 1} *t.d.* **1** pôr dentro de gaveta **2** *B* deixar parado (documento, processo etc.) ☐ *int. e pron.* **3** numa colisão, meter-se um dentro do outro ou encaixar-se (carro ou vagão) *<cinco carros engavetaram(-se)>* ~ **engavetamento** *s.m.*

en.ga.zo.par *v.* {mod. 1} *t.d.* **1** fazer cair em erro, engano; iludir **2** pôr na cadeia; prender ~ **engazopamento** *s.m.*

en.ge.lhar *v.* {mod. 1} *t.d.,int. e pron.* **1** (fazer) criar pregas, dobras; amassar(-se) *<o vestido engelhou(-se)>* **2** criar ruga (em); enrugar(-se) *<e. a ponta dos dedos> <suas mãos engelharam(-se)>* **3** secar, murchar (o vegetal)

en.gen.drar *v.* {mod. 1} *t.d.* **1** dar existência a; formar, gerar **2** criar na imaginação; inventar ☐ *t.d. e pron.* **3** (fazer) surgir aparentemente do nada; produzir(-se) *<engendram-se soluções práticas para o problema>* ~ **engendração** *s.f.*

en.ge.nhar *v.* {mod. 1} *t.d.* **1** criar na imaginação; inventar **2** arquitetar, ger. em segredo; tramar *<e. uma pequena revolta>* **3** construir segundo projeto; fabricar *<e. máquinas>*

en.ge.nha.ri.a *s.f.* **1** ciência que se dedica a transformar os recursos da natureza em benefício do ser humano **2** ENG formação, ciência e ofício de engenheiro *<e. civil>* **3** *fig.* criação, construção de algo que use engenho e arte *<texto de e. complicada>* ▣ **e. ambiental** desenvolvimento de tecnologias para estudo e combate da poluição e deterioração do meio ambiente • **e. genética** GEN alteração experimental da constituição genética de um indivíduo, para fins médicos ou industriais

en.ge.nhei.ro *s.m.* indivíduo que se diplomou em engenharia

en.ge.nho *s.m.* **1** capacidade de criar com arte e técnica **2** algo assim criado; produção, realização **3** artifício engenhoso, invenção **4** *B* fazenda onde se planta cana e se fabricam açúcar, álcool, aguardente etc.

en.ge.nho.ca *s.f. infrm.* máquina improvisada, precária

en.ge.nho.so /ô/ [pl.: /ó/; fem.: /ó/] *adj.* **1** criativo, inventivo **2** bem-feito ~ **engenhosidade** *s.f.*

en.ges.sar *v.* {mod. 1} *t.d.* **1** cobrir de gesso **2** branquear com gesso *<e. as paredes>* **3** imobilizar com gesso (região com fratura) ~ **engessadura** *s.f.*

en.glo.bar *v.* {mod. 1} *t.d. e pron.* juntar ou incluir num todo; reunir(-se) *<este tema não se engloba aos outros>* ~ **englobação** *s.f.* - **englobamento** *s.m.*

E

-engo *suf.* 'relação, pertinência': *mulherengo*

en.go.do /ô/ *s.m.* **1** isca para atrair animais **2** *p.ext.* artifício para atrair e enganar; chamariz ~ **engodar** *v.t.d.*

en.go.lir *v.* {mod. 28} *t.d.* **1** levar (bolo alimentar) da boca ao estômago; deglutir **2** comer sem mastigar; devorar **3** *fig.* fazer sumir *<o furacão engoliu as casas>* **4** *fig.* não deixar manifestar-se; conter *<e. o choro>* **5** *fig.* ser forçado a tolerar; aturar *<e. desaforos>* **6** *fig.* aceitar como verdadeiro; acreditar

en.go.mar *v.* {mod. 1} *t.d.* **1** pôr goma em (tecido, peça de roupa) e passar a ferro **2** *p.ext.* passar (roupa) a ferro ~ **engomado** *adj.* - **engomagem** *s.f.*

en.gon.ço *s.m.* dobradiça

en.gor.da *s.f.* **1** ato ou efeito de engordar; ceva **2** conjunto de medidas para ganhar ou fazer ganhar peso

en.gor.dar *v.* {mod. 1} *t.d. e int.* **1** tornar(-se) gordo **2** (fazer) aumentar de peso, tornando-se gordo ou não **3** *fig.* (fazer) crescer; ampliar(-se) *<e. a poupança> <sua satisfação só engorda>*

en.gor.du.rar *v.* {mod. 1} *t.d. e pron.* **1** encher(-se) ou sujar(-se) de gordura *<e.(-se) o fogão>* □ *t.d.* **2** untar com gordura ~ **engordurado** *adj.* - **engorduramento** *s.m.*

en.gra.ça.do *adj.* que faz rir; divertido

en.gra.ça.men.to *s.m.* **1** simpatia, galanteio **2** *infrm.* atitude de atrevimento, ousadia

en.gra.çar *v.* {mod. 1} *t.d.* **1** dar graça a *<e. um texto>* **2** tornar mais belo; embelezar *<o batom engraçou seus lábios>* □ *t.i.* **3** (prep. *com*) ter simpatia por *<e. com a moça>* □ *pron.* **4** (prep. *com*) agir de forma inconveniente, indevida; desrespeitar

en.gra.da.do *adj.* **1** provido ou em forma de grade ■ *s.m.* **2** *B* caixa própria para transporte de garrafas, pequenos animais etc.

en.gran.de.cer *v.* {mod. 8} *t.d. e pron.* **1** (fazer) crescer fisicamente; aumentar *<e.(-se) uma obra>* **2** (fazer) crescer em dignidade, fama etc.; valorizar(-se) *<e. o intelecto> <as boas ações nos engrandecem>* ~ **engrandecimento** *s.m.*

en.gra.va.tar *v.* {mod. 1} *t.d. e pron.* pôr gravata (em) *<engravatou o filho para a foto> <e.-se para uma festa>*

en.gra.vi.dar *v.* {mod. 1} *t.d.,t.i. e int.* (prep. *de*) tornar(-se) grávido; emprenhar(-se) *<engravidou-a e sumiu> <quando a mãe engravidou (do pai dele), tinha 18 anos>*

en.gra.xar *v.* {mod. 1} *t.d.* **1** untar com graxa (peças, engrenagens etc.) *<e. as dobradiças da porta>* **2** polir com graxa (sapatos, bolsas etc.) *<e. bolsas e cintos>* ~ **engraxador** *adj.s.m.* - **engraxamento** *s.m.*

en.gra.xa.ta.ri.a *s.f.* local onde se engraxam sapatos e outras peças de couro

en.gra.xa.te *s.2g.* quem trabalha engraxando sapatos

en.gre.na.gem [pl.: *-ens*] *s.f.* **1** grupo de peças dentadas que imprimem movimento a eixos de máquina, motor etc. **2** *fig.* conjunto de atividades e rotinas administrativas de uma empresa, instituição etc. *<as e. de uma empresa>*

en.gre.nar *v.* {mod. 1} *t.d.,t.d.i.,int. e pron.* **1** (prep. *em*) ajustar(-se) [dente da roda] com (os de outra roda ou peça tb. dentada), de modo que, girando uma, a outra tb. gire *<e. os dentes da corrente no eixo da roda da bike> <a roda grande do engenho precisa e.(-se) melhor>* □ *t.d.* **2** fazer as engrenagens da marcha do veículo encaixarem nas do eixo do motor, engatando (uma marcha) *<e. a ré>* **3** engatar marcha de (veículo) *<e. o carro>* **4** *fig.* dar início a; começar *<e. um namoro>*

en.gro.lar *v.* {mod. 1} *t.d.,int. e pron.* **1** (deixar) ficar meio cru, mal-assado ou cozido *<ele engrolou as coxas do frango> <com a pressa o assado engrolou(-se)>* □ *t.d.* **2** *infrm.* falar de modo imperfeito, confuso *<engrolou a língua, fingindo falar inglês>* **3** *fig.* deixar incompleto, imperfeito (dito, resposta etc.) *<engrolou duas palavras, mas não respondeu a questão>* **4** mentir para; enganar *<engrolou a mãe, dizendo que estava doente>* ~ **engrolador** *adj.s.m.*

en.gros.sar *v.* {mod. 1} *t.d.,int. e pron. fig. B infrm.* **1** tornar(-se) grosso ou mais grosso; espessar(-se) *<e. o molho com farinha> <engrossa(-se) o caldo no fogo baixo>* **2** fazer adquirir ou adquirir mais volume; tornar(-se) mais corpulento, mais gordo *<ginástica engrossa as pernas> <notou a gravidez dela ao ver sua cintura e.(-se)>* **3** (fazer) ficar mais forte, numeroso *<o degelo engrossa os rios> <engrossa(-se) cada vez mais o temporal>* **4** tornar(-se) [o tom, a voz] mais grave *<a adolescência engrossa a fala dos meninos> <o tom de voz do pai engrossava(-se), e ele tremia>* □ *t.i. e int. fig. B infrm.* **5** (prep. *com*) ser rude com; destratar *<quando está zangado, engrossa (com todos)>* ~ **engrossador** *adj.s.m.* - **engrossamento** *s.m.*

en.gru.pir *v.* {mod. 24} *t.d.* enganar, iludir

en.gui.a *s.f.* ZOO nome comum a diversos peixes de água doce, de corpo alongado como o de uma cobra

en.gui.çar *v.* {mod. 1} *t.d. e int.* **1** (fazer) funcionar mal ou parar de funcionar; quebrar *<enguiçou a moto porque se enganou de marcha> <que lugar para o carro e.!>* □ *t.i. e int. fig.* **2** (prep. *com*) brigar, implicar *<enguiçou com a saia e não usou> <depois da confusão, as duas enguiçaram>*

en.gui.ço *s.m.* **1** mau funcionamento de máquina, engrenagem etc. **2** *fig.* mau-olhado, feitiço

en.gu.lhar *v.* {mod. 1} *t.d. e int.* **1** causar ou sentir ânsia de vômito; nausear *<o balanço do barco engulhou o menino> <doente, engulha com cheiro de comida>* **2** causar ou sentir nojo, asco; enojar(-se) *<as lambidas do cão em seu rosto engulhavam-na> <engulha só de sentir perfume>* ~ **engulhamento** *s.m.*

en.gu.lho *s.m.* **1** ânsia de vômito **2** asco, repugnância ~ **engulhento** *adj.* - **engulhoso** *adj.*

-enho *suf.* 'origem': *costa-riquenho, panamenho*

e.nig.ma *s.m.* **1** fala ou texto incompreensível ou ambíguo **2** RECR pergunta que exige resposta ou solução criativa; adivinha **3** *p.ext.* algo ou alguém difícil de decifrar

e.nig.má.ti.co *adj.* **1** que contém enigma(s); misterioso, difícil de decifrar **2** de compreensão difícil; ambíguo, obscuro

en.jam.brar *v.* {mod. 1} *int.* **1** entortar (a madeira) devido ao calor ou à umidade; empenar **2** sair do prumo; entortar ☐ *pron. B* **3** ficar sem movimento por estar fora da posição; emperrar *<a roda enjambrou-se>*

en.jau.lar *v.* {mod. 1} *t.d.* **1** prender (animal) na jaula **2** *fig. infrm.* pôr na cadeia; aprisionar ☐ *pron.* **3** afastar-se do convívio social; isolar-se *<após a viuvez, enjalou-se por um tempo>* ~ **enjaulamento** *s.m.*

en.jei.ta.men.to *s.m.* **1** abandono, rejeição **2** recusa em aceitar; repúdio

en.jei.tar *v.* {mod. 1} *t.d.* **1** não querer; rejeitar, recusar *<e. um presente>* **2** abandonar (filho) **3** não estar de acordo com; reprovar *<a ciência enjeita as soluções não comprovadas>* ~ **enjeitado** *adj.*

en.jo.a.do *adj.* **1** vítima ou causa de enjoo físico **2** *fig.* que causa enfado; entediante **3** *fig.* cansado, farto *<e. da cidade onde mora>* **4** *fig.* mal-humorado, antipático *<sujeito e.>*

en.jo.ar *v.* {mod. 1} *t.d. e int.* **1** (fazer) sentir ânsia de vômito; nausear *<balanço de navio não enjoa marinheiro> <cheiro de gasolina enjoa>* ☐ *t.d. e t.i. fig.* **2** (prep. *de*) causar ou sentir aversão, nojo por; repugnar *<atenção demais enjoa-o> <não enjoam dos elogios falsos>* **3** (prep. *de*) causar ou sentir tédio, fastio por; enfastiar *<filmes longos enjoam-no> <enjoou logo da cidade pequena>*

en.jo.a.ti.vo *adj.* que provoca enjoo

en.jo.o /ô/ *s.m.* **1** ânsia de vômito **2** *fig.* aborrecimento, enfado **3** *fig.* sentimento de repugnância; aversão

en.la.çar *v.* {mod. 1} *t.d.,t.d.i. e pron.* **1** (prep. *a*) prender(-se) com laços (a); atar(-se) *<enlaçou a saia> <enlaçaram-se à árvore>* **2** (prep. *com, em, por*) envolver(-se) com os braços; abraçar(-se) *<enlaçou-a (pela cintura)> <enlaçaram-se e saíram dançando>* ☐ *t.d. e pron. fig.* **3** ligar(-se) por aliança, vínculo moral; unir(-se) *<o luto enlaçou as famílias> <famílias ilustres enlaçaram-se com o casamento>* ☐ *t.i.,t.d.i. e pron.* **4** (prep. *a, com*) [fazer] ter relação, conexão com; vincular(-se) *<este fato enlaça(-se) com o outro>* ~ **enlaçado** *adj.* - **enlaçamento** *s.m.*

en.la.ce *s.m.* **1** ato de enlaçar ou o seu efeito **2** *p.ext.* abraço **3** harmonização, união **4** o vínculo dessa união; elo, ligação

en.la.me.ar *v.* {mod. 5} *t.d. e pron.* **1** sujar(-se) ou cobrir(-se) de lama *<as patas do cão enlamearam o piso>* **2** *fig.* manchar(-se) [honra, imagem etc.] *<não apoiar o funcionário injustiçado enlameou toda a equipe>* **3** *fig.* (fazer) perder a boa reputação; desmoralizar(-se) *<ao e. o colega, enlameou-se também>*

en.lan.gues.cer *v.* {mod. 8} *int. e pron.* **1** perder as forças; definhar(-se) **2** abater(-se), entristecer(-se)

en.la.tar *v.* {mod. 1} *t.d.* pôr ou conservar em lata

en.le.ar *v.* {mod. 5} *t.d.* **1** atar, amarrar *<enleou os cabelos numa trança>* ☐ *t.d.,t.d.i. e pron.* **2** (prep. *em*) envolver(-se), enredar(-se) *<quis e. o amigo (na trama)> <e.-se na questão>* ☐ *t.d. e pron.* **3** (fazer) sofrer confusão, embaraço; perturbar(-se) *<os namoros sempre a enlearam> <enleia-se com facilidade>*

en.lei.o *s.m.* **1** tira ou fita que amarra; atilho **2** *fig.* tudo que prende; envolvimento, enredamento **3** embaraço, indecisão **4** encanto forte; atrativo

en.le.var *v.* {mod. 1} *t.d. e pron.* (fazer) sentir enlevo; encantar(-se), extasiar(-se) *<uma boa peça enleva o público> <e.-se com a ida a um museu>* ~ **enlevação** *s.f.* - **enlevamento** *s.m.*

en.le.vo /ê/ *s.m.* deleite; êxtase

en.lo.dar *v.* {mod. 1} *t.d. e pron.* **1** sujar(-se), cobrir(-se) de lodo; enlamear(-se) **2** *fig.* manchar a honra de (alguém ou de si próprio) ~ **enlodado** *adj.*

en.lou.que.cer *v.* {mod. 8} *t.d. e int.* (fazer) perder o uso da razão; endoidecer *<a morte do filho enlouqueceu-o> <não aguentou a pressão no trabalho e enlouqueceu>*

en.lou.que.ci.men.to *s.m.* desvario, loucura

en.lu.a.ra.do *adj.* iluminado pelo luar ~ **enluarar** *v.t.d.,int. e pron.*

en.lu.ta.men.to *s.m.* tristeza, pesar

en.lu.tar *v.* {mod. 1} *t.d. e pron.* **1** cobrir(-se) de luto *<o terremoto enlutou o país> <a família enlutou-se com a morte do patriarca>* **2** *fig.* (fazer) sofrer grande tristeza; consternar(-se) *<a má atitude do filho enluta os pais> <seu coração enluta-se ante a miséria>*

-eno *suf.* 'relação, origem': *terreno, chileno*

e.no.bre.cer *v.* {mod. 8} *t.d. e pron.* **1** tornar(-se) nobre por diploma ou alvará de nobreza; nobilitar(-se) **2** *p.ext.* tornar(-se) famoso, ilustre; engrandecer(-se) *<livros que só enobrecem o autor> <e.-se à medida que as pessoas conhecem sua arte>* **3** tornar(-se) mais digno e superior; dignificar(-se) *<boas ações enobrecem o indivíduo> <viu o filho e.-se em um trabalho produtivo>* ~ **enobrecedor** *adj.s.m.* - **enobrecimento** *s.m.*

e.no.do.ar *v.* {mod. 1} *t.d. e pron.* **1** cobrir(-se) de manchas; sujar(-se) *<enodoou toda a roupa> <caiu na poça e enodoou-se>* **2** *fig.* (fazer) perder a honra, a reputação; desonrar(-se) *<o príncipe desonesto enodoou o nome da família>* ~ **enodoado** *adj.*

e.no.jar *v.* {mod. 1} *t.d. e pron.* **1** (fazer) sentir nojo, asco *<falta de higiene sempre o enoja> <enojava-se com o cheiro de fritura>* **2** (fazer) ter aborrecimento, desprazer com; aborrecer(-se) *<sua voz enoja-o> <e.-se do marido>* **3** (fazer) sentir repulsa, aversão *<mentiras enojam-no> <e.-se ao ouvir as mesmas intrigas>* ~ **enojado** *adj.* - **enojamento** *s.m.*

E

e.nor.me *adj.2g.* **1** muito grande, imenso **2** *fig.* de grande importância

e.nor.mi.da.de *s.f.* **1** excesso de tamanho, extensão etc. **2** enorme tolice

e.no.ve.la.dei.ra *s.f.* máquina us. para enovelar

e.no.ve.lar *v.* {mod. 1} *t.d. e pron.* **1** enrolar(-se) [fio de lã, linha etc.] formando novelo **2** tornar(-se) confuso; complicar(-se) *<não consegue chegar ao fim sem e. a história> <a história enovelou-se no final>*

E

en.qua.drar *v.* {mod. 1} *t.d.* **1** pôr em moldura **2** rodear como faz uma moldura; cercar **3** dar forma quadrada a **4** *B infrm.* ter como parte integrante; conter **5** FOT dispor e limitar (a imagem) no visor da câmara **6** *B gír.* deter para averiguações **7** *B gír.* disciplinar; punir □ *t.i. e pron.* **8** (prep. *com*) estar em harmonia; combinar, adequar(-se) *<a paisagem enquadra com a paz do lugar> <a palavra não se enquadra no contexto>* ~ **enquadramento** *s.m.* - **enquadrável** *adj.2g*

en.quan.to *conj.temp.* **1** durante o tempo que *<pensa nas férias e. trabalha>* ■ *conj.prop.* **2** à medida que *<cansava-se, e. subia>* ▣ **por e.** por agora

en.que.te *s.f.* pesquisa de opinião; sondagem

en.quis.tar *v.* {mod. 1} *t.d.,t.d.i.,int. e pron.* encistar

en.ra.bi.char *v.* {mod. 1} *t.d.* **1** dar forma de rabicho a □ *t.d. e pron. infrm.* **2** (prep. *por*) [fazer] ficar enamorado; apaixonar(-se) ~ **enrabichamento** *s.m.*

en.rai.var *v.* {mod. 1} *t.d.,int. e pron.* enraivecer

en.rai.ve.cer *v.* {mod. 8} *t.d.,int. e pron.* (fazer) sentir raiva; irar(-se), encolerizar(-se) ~ **enraivecido** *adj.* - **enraivecimento** *s.m.*

en.ra.i.zar *v.* {mod. 2} *t.d.,int. e pron.* **1** fixar(-se) pela raiz (o vegetal) **2** *fig.* fixar(-se) em algum local; radicar(-se) *<cidades que enraízam imigrantes> <e.(-se) rápido no novo país>* **3** *fig.* (fazer) adquirir (hábito, costume) *<e. o hábito da leitura> <o bom costume é difícil de e.(-se)>* ~ **enraizamento** *s.m.*

en.ras.ca.da *s.f.* situação difícil; aperto, encrenca

en.ras.car *v.* {mod. 1} *t.d.* **1** prender na rede *<e. peixes>* □ *t.d. e pron. fig.* **2** pôr(-se) em dificuldade; complicar(-se), encrencar(-se) *<a informação errada enrascou o rapaz> <e.-se ao fazer contas>* ~ **enrascado** *adj.*

en.re.dar *v.* {mod. 1} *t.d. e pron.* **1** prender(-se) em rede □ *t.d.* **2** tecer como rede; entretecer **3** *fig.* enganar, iludir □ *t.d. e int. fig.* **4** armar intrigas (para); intrigar, indispor □ *t.d.,t.d.i. e pron.* **5** (prep. *com, em*) (fazer) sofrer dificuldade; complicar(-se) *<e. os alunos (com palavras difíceis)> <e.-se uma negociação>* ~ **enredador** *adj.s.m.* - **enredamento** *s.m.*

en.re.do /ê/ *s.m.* **1** sucessão de acontecimentos de história, novela, conto etc.; trama **2** episódio complicado, confuso; segredo **3** intriga, mexerico

en.re.ge.lar *v.* {mod. 1} *t.d.,int. e pron.* **1** tornar(-se) muito frio; congelar(-se) *<a neve enregelou seus pés> <as plantas enregelam(-se) no inverno>* **2** *fig.* (fazer) perder o entusiasmo; desanimar(-se) *<seu ânimo enregelou(-se)>* **3** *fig.* (fazer) sentir muito medo; apavorar(-se)

en.ri.car *v.* {mod. 1} *t.d.,int. e pron.* enriquecer

en.ri.jar *v.* {mod. 1} *t.d.,int. e pron.* enrijecer

en.ri.je.cer *v.* {mod. 8} *t.d.,int. e pron.* **1** tornar(-se) rijo, duro; endurecer(-se) **2** *fig.* tornar(-se) forte moralmente; fortalecer(-se) *<a tragédia enrijeceu-a> <na guerra, os homens (se) enrijecem>*

en.ri.que.cer *v.* {mod. 8} *t.d. e int.* **1** tornar(-se) rico □ *t.d.,int. e pron. fig.* **2** tornar(-se) maior e melhor; desenvolver(-se) *<e. um texto> <o vocabulário (se) enriquece com a leitura>* ~ **enriquecimento** *s.m.*

en.ro.di.lhar *v.* {mod. 1} *t.d.,int. e pron.* (fazer) tomar forma de rodilha; enrolar(-se), torcer(-se) *<e. um guardanapo> <a planta enrodilhou(-se) na árvore>*

en.ro.la.do *adj.* **1** em forma de rolo **2** posto em volta de algo; enroscado **3** coberto com um invólucro **4** atrapalhado, confuso

en.ro.la.men.to *s.m.* ELETR conjunto de fios enrolados numa bobina ou num motor que, em um circuito elétrico, tem a função de indutor; bobina

en.ro.lar *v.* {mod. 1} *t.d. e pron.* **1** (fazer) adquirir forma de rolo ou espiral; enroscar(-se) **2** *fig. B infrm.* (fazer) ficar atrapalhado; confundir(-se) □ *t.d.,t.d.i. e pron.* **3** (prep. *em*) (fazer) ficar em volta de; enroscar(-se) **4** (prep. *em*) cobrir(-se) [com invólucro]; envolver(-se), embrulhar(-se) *<e. um cigarro de palha> <e. o filho (na manta)> <e.-se no cobertor>* □ *t.d.* **5** *fig. B infrm.* levar a engano, erro; engambelar **6** *fig. B infrm.* usar artifícios para adiar ou retardar decisão, tarefa etc.; embromar ~ **enrolador** *adj.s.m.*

en.ros.car *v.* {mod. 1} *t.d. e pron.* **1** (fazer) ficar em volta de; enrolar(-se) **2** *fig.* (fazer) ter dificuldade, resistência; atrapalhar(-se) □ *t.d.* **3** torcer à maneira de rosca *<e. um lençol>* **4** dar movimento espiral a *<e. parafusos>* □ *pron.* **5** curvar o corpo, pondo joelhos e braços até o peito; encolher-se ~ **enroscado** *adj.* - **enroscamento** *s.m.*

en.rou.par *v.* {mod. 1} *t.d. e pron.* **1** pôr roupa (em); vestir **2** agasalhar(-se)

en.rou.que.cer *v.* {mod. 8} *t.d. e int.* (fazer) ficar rouco ~ **enrouquecimento** *s.m.*

en.ru.bes.cer *v.* {mod. 8} *t.d.,int. e pron.* **1** tornar(-se) rubro; avermelhar(-se) **2** corar (pele, rosto etc.) ~ **enrubescido** *adj.* - **enrubescimento** *s.m.*

en.ru.gar *v.* {mod. 1} *t.d.,int. e pron.* **1** deixar ou ficar com rugas, pregas; encarquilhar(-se) **2** (fazer) ficar amassado; amarrotar(-se) ~ **enrugado** *adj.* - **enrugamento** *s.m.*

en.rus.ti.do *adj. B infrm.* **1** escondido *<segredo e.>* **2** *infrm.* que não se expõe (diz-se de pessoa); introvertido ■ *adj.s.m. B infrm.* **3** (homossexual) que não se assume

en.rus.tir *v.* {mod. 24} *t.d.* tornar oculto; esconder ~ **enruste** *s.m.* - **enrustimento** *s.m.*

en.sa.bo.<u>ar</u> *v.* {mod. 1} *t.d. e pron.* **1** lavar(-se) com sabão ☐ *t.d. fig.* **2** ralhar com; repreender ~ **ensaboada** *s.f.* - **ensaboamento** *s.m.*

en.sa.<u>car</u> *v.* {mod. 1} *t.d.* pôr em saca ou saco <*e. batatas*> ~ **ensacagem** *s.f.* - **ensacamento** *s.m.* - **ensaque** *s.m.*

en.sai.<u>ar</u> *v.* {mod. 1} *t.d.* **1** pôr à prova; testar **2** *fig.* ter intenção de; tentar <*e. uma reação*> **3** fazer (movimento, ação) repetidas vezes; treinar <*e. uma jogada de ataque*> **4** repetir (texto, fala, música) até decorar ou interpretar bem

en.<u>sai</u>.o *s.m.* **1** prova para verificação do desempenho de algo; teste **2** primeira tentativa, experiência **3** montagem experimental (de teatro, balé etc.) a portas fechadas preparatória à estreia para o público **4** livre estudo sobre um tema específico

en.sa.<u>ís</u>.ta *adj.2g.s.2g.* que(m) escreve ensaio ('estudo')

en.<u>san</u>.cha *s.f.* confiança, liberdade, oportunidade <*não dá e. a ninguém*> ☞ tb. us. no pl.

en.san.<u>char</u> *v.* {mod. 1} *t.d.* **1** alargar usando a(s) ensancha(s) ☐ *t.d. e pron. fig.* **2** dilatar(-se), estender(-se) <*sua atitude vai e. a briga entre vocês*> <*e.-se o estômago*>

en.san.de.<u>cer</u> *v.* {mod. 8} *t.d. e int.* **1** tornar(-se) tolo, idiota; apatetar(-se) **2** (fazer) perder o uso da razão; enlouquecer ~ **ensandecimento** *s.m.*

en.san.guen.<u>tar</u> /gü/ *v.* {mod. 1} *t.d. e pron.* cobrir(-se) ou manchar(-se) de sangue ~ **ensanguentado** *adj.*

en.sa.ri.<u>lhar</u> *v.* {mod. 1} *t.d.* **1** enrolar (fio) em sarilho ('artefato') **2** pôr (armas) de pé no chão, apoiando umas nas outras pela baioneta, formando um sarilho ('grupo de armas') ☐ *t.d. e pron. fig.* **3** envolver(-se), emaranhar(-se) <*o vento ensarilhou meus cabelos*> <*e.-se uma rede*>

-ense *suf.* 'relação, origem': *cearense, circense, parisiense*

en.se.<u>a</u>.da *s.f.* GEO pequena baía de mar, lago ou rio, que serve de porto a embarcações; angra

en.se.<u>ba</u>.do *adj.* **1** coberto de sebo **2** manchado de gordura; engordurado **3** *fig. N.E. pej.* muito gordo

en.se.<u>bar</u> *v.* {mod. 1} *t.d. e pron.* **1** passar sebo (em) **2** *p.ext.* (fazer) ficar sujo; sujar(-se) ☐ *int. fig.* **3** usar de manhas para atrasar ou dificultar uma tarefa, decisão etc.; remanchar ~ **ensebamento** *s.m.*

en.se.<u>jar</u> *v.* {mod. 1} *t.d. e t.d.i.* **1** (prep. *a*) tornar possível para; proporcionar <*a herança ensejou a viagem*> <*o calor ensejou-lhes um passeio*> ☐ *t.d.* **2** esperar oportunidade de; almejar, querer **3** tentar, experimentar <*e. os primeiros passos*> ☐ *pron.* **4** surgir ocasião de; apresentar-se <*e.-se oportunidade imperdível*>

en.<u>se</u>.jo /ê/ *s.m.* ocasião favorável; oportunidade

en.si.<u>la</u>.gem [pl.: *-ens*] *s.f. B* prática agrícola de guarda e conservação de cereais em silos; ensilamento

en.si.<u>lar</u> *v.* {mod. 1} *t.d.* armazenar (cereais, forragem) em silos ~ **ensilamento** *s.m.*

en.si.mes.<u>ma</u>.do *adj.* voltado para dentro de si mesmo; retraído ~ **ensimesmar-se** *v.pron.*

en.si.na.<u>men</u>.to *s.m.* **1** transmissão de conhecimentos; ensino **2** conjunto de ideias a serem transmitidas; doutrina **3** *p.ext.* experiência adquirida na prática; exemplo

en.si.<u>nar</u> *v.* {mod. 1} *t.d. e t.d.i.* **1** (prep. *a*) passar conhecimentos teóricos ou práticos sobre (algo) [a alguém] <*ensina violão (ao filho)*> **2** (prep. *a*) tornar conhecido, familiar a <*a idade vai e.(-lhe) o valor da vida*> **3** (prep. *a*) mostrar com precisão; indicar <*ensinou (-lhes) o rumo a tomar*> **4** (prep. *a*) treinar (animal) em [uma habilidade]; adestrar <*e. cavalo (a saltar)*>

en.<u>si</u>.no *s.m.* **1** transferência e/ou troca de conhecimentos; instrução **2** conjunto dos sistemas adequados e necessários a essa transferência e/ou troca **3** conjunto de métodos e estratégias us. nessa transmissão **4** transmissão dos princípios da vida em sociedade; educação **5** *fig.* lição, experiência, ensinamento <*o susto serviu-lhe de e.*> **6** ofício de professor; magistério ▣ **e. básico** conjunto formado pela educação infantil, o ensino fundamental e o ensino médio • **e. fundamental** *B* ensino ministrado em dois ciclos: o primeiro ciclo, do primeiro ao quinto ano, para crianças de 6 a 10 anos, e o segundo, do sexto ao nono ano, para jovens de 11 a 14 anos • **e. médio** *B* período de três anos subsequentes ao ensino fundamental, para jovens de 15 a 17 anos • **e. superior** curso universitário; graduação • **e. supletivo** curso compacto para suprir escolaridade incompleta de adultos

en.so.la.<u>ra</u>.do *adj.* iluminado pelo sol; luminoso

en.som.<u>bra</u>.do *adj.* **1** coberto de sombra; sombreado **2** *fig.* triste

en.som.<u>brar</u> *v.* {mod. 1} *t.d. e pron.* **1** cobrir(-se) de sombra <*árvores ensombram a rua*> <*viu o céu e.-se*> **2** *fig.* (fazer) sentir ou mostrar tristeza; entristecer(-se) <*a angústia ensombra-lhe o rosto*> <*e.-se ao ver o filho doente*>

en.so.<u>pa</u>.do *adj.* **1** muito molhado; encharcado ■ *s.m.* CUL **2** prato de carne (de boi, frango ou peixe) picada com muito molho e legumes

en.so.<u>par</u> *v.* {mod. 1} *t.d.* **1** fazer ficar como sopa **2** CUL preparar (carne, galinha, peixe etc.), refogando em temperos e cozinhando a fogo lento ☐ *t.d. e pron.* **3** molhar(-se) muito; encharcar(-se) <*a chuva ensopou-lhe a roupa*> <*viu seu rosto e.-se de lágrimas*> ~ **ensopamento** *s.m.*

en.sur.de.ce.<u>dor</u> /ô/ [pl.: *-es*] *adj.s.m.* **1** (o) que faz ensurdecer **2** (o) que produz ruído alto e estrondoso

en.sur.de.<u>cer</u> *v.* {mod. 8} *t.d. e int.* **1** (fazer) perder a audição <*o barulho da fábrica ensurdece-o*> <*ensurdeceu ainda jovem*> ☐ *t.d.* **2** diminuir o ruído de; abafar

en.sur.de.ci.<u>men</u>.to *s.m.* **1** ação de ensurdecer ou seu efeito **2** perda ou diminuição da audição; surdez

en.ta.bla.men.to *s.m.* ARQ conjunto de molduras horizontais que servem de arremate superior a uma fachada

en.ta.bu.ar *v.* {mod. 1} *t.d.* forrar com tábuas; entabular ~ **entabuamento** *s.m.*

en.ta.bu.lar *v.* {mod. 1} *t.d.* **1** entabuar **2** pôr em ordem (negócio) **3** iniciar, começar (negociação, conversa etc.) *<demorou a e. relações com os vizinhos>* ~ **entabulamento** *s.m.*

en.tai.par *v.* {mod. 1} *t.d.* **1** fechar, cercar com tapumes *<e. um terreno>* **2** CONSTR levantar (parede de taipa) em; emparedar ☐ *t.d. e pron. fig.* **3** isolar(-se) em cárcere; enclausurar(-se)

en.ta.lar *v.* {mod. 1} *t.d.* **1** imobilizar com tala(s) ☐ *t.d.,int. e pron.* **2** (fazer) entrar em local estreito e apertado *<o cão entalou a cabeça na grade> <entalou(-se) na roleta do ônibus>* **3** *fig.* pôr(-se) em situação difícil; encalacrar(-se) *<o problema entalou-o> <entalou(-se) de emoção>* ☐ *t.d. e pron.* **4** (fazer) ficar com a garganta obstruída *<a farofa entalou-a> <idosos podem e.-se facilmente>* ~ **entalação** *s.f.*

en.ta.lha.dor /ô/ [pl.: *-es*] *adj.s.m.* **1** (o) que abre cortes em peças de madeira ou outro material **2** ART.PLÁST que(m) é escultor ou gravador em madeira

en.ta.lhar *v.* {mod. 1} *t.d.* **1** abrir cortes em (peças de madeira ou outro material); gravar *<e. uma matriz>* **2** ART.PLÁST esculpir (figura, ornato etc.) em madeira ou material similar *<e. uma imagem>* ~ **entalhadura** *s.f.* - **entalhamento** *s.m.*

en.ta.lhe *s.m.* **1** corte, ranhura esp. em madeira; entalho **2** ART.PLÁST obra de arte em madeira, pedra etc.; talha

en.ta.lho *s.m.* entalhe ('corte')

en.tan.to *adv.* **1** nesse meio-tempo ■ *conj.advrs.* **2** no entanto ▣ **no e.** porém, todavia *<precisava estudar, no e. adormeceu>*

en.tão *adv.* **1** em momento passado ou futuro **2** em tal caso **3** em final de diálogo *<e. até amanhã>* ■ *conj.concl.* **4** assim sendo, por isso *<precisava sair cedo, e. madrugou>* ■ *interj.* **5** voz que expressa espanto

-entar *suf.* 'transformação': *ensanguentar, movimentar*

en.tar.de.cer *v.* {mod. 8} *int.* **1** cair a tarde ■ *s.m.* **2** o cair da tarde ☞ como s.m., pl.: *entardeceres* ◉ GRAM/USO verbo impessoal, exceto quando fig.

-ente *suf.* equivalente a *-nte*

en.te *s.m.* **1** o que existe ou se supõe existir; ser **2** o ser humano; pessoa

en.te.a.do *s.m.* filho de união anterior de um dos cônjuges, em relação ao padrasto ou à madrasta

en.te.di.a.do *adj.* cheio de tédio; aborrecido

en.te.di.ar *v.* {mod. 1} *t.d. e pron.* (fazer) sentir tédio; enfadar(-se), aborrecer(-se)

en.ten.de.dor /ô/ [pl.: *-es*] *adj.s.m.* **1** que(m) entende; conhecedor **2** (que)m é inteligente, preparado

en.ten.der *v.* {mod. 8} *t.d.* **1** apreender pela inteligência; compreender **2** ter conhecimento de; saber *<e. inglês>* **3** captar pela audição; ouvir **4** tirar como conclusão; deduzir **5** decidir, após reflexão; considerar ☐ *t.i.* **6** (prep. *de*) ter habilidade ou experiência em *<e. de cozinha>* ☐ *pron.* **7** entrar em acordo com; avir-se *<e.-se bem com o chefe>* ■ *s.m.* **8** entendimento ('faculdade') *<no meu e., esse não tem jeito>* ☞ como s.m., pl.: *entenderes*

en.ten.di.do *adj.s.m.* **1** que(m) tem conhecimento; especialista ■ *adj.* **2** compreendido

en.ten.di.men.to *s.m.* **1** capacidade de compreensão; discernimento **2** faculdade de avaliação e julgamento; juízo, opinião **3** ajuste entre partes; acordo **4** harmonia de ideias

en.te.ri.te *s.f.* MED inflamação do intestino

en.ter.ne.cer *v.* {mod. 8} *t.d. e pron.* **1** (fazer) ficar terno, amoroso *<a visão dos filhos enternece-a> <e.-se ao ouvir promessas de amor>* **2** tornar(-se) sensível; sensibilizar(-se) *<o abraço do pai enterneceu-a> <e.-se ao ouvir Chopin>* ~ **enternecedor** *adj.s.m.* - **enternecimento** *s.m.*

en.te.ro.bac.té.ria *s.f.* MICRBIOL nome comum a bactérias encontradas no solo ou em água, algumas causadoras de doenças

en.te.ro.lo.gi.a *s.f.* ANAT estudo do intestino e de suas funções ~ **enterologista** *adj.2g.s.2g.*

en.te.ro.ví.rus *s.m.2n.* MICRBIOL grupo de vírus, ger. presentes no intestino, causadores de doenças respiratórias ou da poliomielite nos humanos e da febre aftosa nos animais

en.ter.rar *v.* {mod. 1} *t.d.* **1** pôr sob a terra; soterrar **2** pôr em túmulo; sepultar **3** *p.ext.* manter fora do alcance de outrem; esconder **4** *fig.* continuar a viver depois da morte de *<enterrou dois maridos>* **5** *fig.* estar presente ao sepultamento de **6** *fig.* pôr um fim a; encerrar *<e. um assunto>* **7** levar à ruína, à derrota; destruir *<enterrou a empresa da família>* ☐ *t.d.i.* **8** enfiar (algo) bem fundo em; cravar *<e. o facão no chão>* ☐ *pron.* **9** dedicar-se, empenhar-se *<e.-se nos estudos>* ~ **enterrado** *adj.* - **enterramento** *s.m.*

en.ter.ro /ê/ *s.m.* **1** colocação de um cadáver embaixo da terra **2** cortejo fúnebre; funeral

en.te.sar *v.* {mod. 1} *t.d.,int. e pron.* **1** tornar(-se) tenso, teso; retesar(-se) *<o medo entesa os membros> <entesa(-se) ao entrar em água fria>* ☐ *t.d.* **2** deixar reto; esticar **3** deixar duro; endurecer *<a chuva entesou o couro>* ☐ *t.i.* **4** (prep. *em*) insistir, teimar *<e. em sair na chuva>* ~ **entesamento** *s.m.*

en.ti.bi.ar *v.* {mod. 1} *t.d.,int. e pron.* **1** (fazer) ficar tíbio, frouxo; enfraquecer(-se) *<a paixão costuma e. os homens> <e.(-se) ante as lágrimas do pai>* ☐ *pron.* **2** ficar sem força, entusiasmo; desanimar *<após fracassar, entibiou-se>*

en.ti.car *v.* {mod. 1} *t.i. e pron.* **1** (prep. *com*) entrar em discussão com (alguém); brigar *<entica com todo mundo> <os dois enticam-se sem parar>* ☐ *t.i.* **2** implicar com (alguém ou algo); aborrecer *<pare de e. com sua tia>* ☐ *int. e pron.* **3** teimar, obstinar-se *<quando ele (se) entica, não tem jeito>*

en.ti.<u>da</u>.de *s.f.* **1** o que constitui a essência de um ser ou coisa **2** *p.ext.* ser humano; ente **3** *p.ext.* pessoa de grande importância **4** instituição, sociedade, pessoa jurídica *<e. privada>* **5** REL *B* ser espiritual que é objeto de culto

-ento *suf.* 'abundância': *barrento, calorento, corpulento, sonolento*

en.to.a.<u>ção</u> [pl.: *-ões*] *s.f.* **1** MÚS ação de se dar tom à música que se quer tocar ou cantar **2** modulação na voz de quem fala, lê, recita ou canta; entonação **3** MÚS canto a uma ou mais vozes

en.to.<u>ar</u> *v.* {mod. 1} *t.d.* **1** enunciar em voz alta **2** MÚS cantar (música, melodia) **3** MÚS dar o tom para se cantar ou tocar instrumento **4** declamar, recitar ~ **entoador** *adj.s.m.*

en.to.<u>car</u> *v.* {mod. 1} *t.d. e pron.* **1** pôr(-se) em toca; encafuar(-se) ☐ *pron. fig.* **2** pôr-se em lugar isolado, reservado; esconder-se ~ **entocamento** *s.m.*

en.to.<u>ja</u>.do *adj.* **1** que se entojou **2** *MG SP PR pej.* muito presunçoso ou vaidoso

en.to.<u>jar</u> *v.* {mod. 1} *t.d. e pron.* **1** (fazer) sentir asco, nojo; enojar(-se) **2** causar ou sentir aborrecimento; importunar(-se) ~ **entojamento** *s.m.*

en.<u>to</u>.jo /ô/ *s.m.* **1** sensação de repugnância; enjoo, nojo **2** *p.ext.* desejo extravagante de algumas mulheres grávidas

en.to.mo.fi.<u>li</u>.a *s.f.* BOT transporte, por inseto, do pólen de uma flor a outra, criando condições para a polinização

en.to.mo.lo.<u>gi</u>.a *s.f.* ZOO parte da zoologia que estuda os insetos ~ **entomológico** *adj.* - **entomologista** *adj.2g.s.2g.* - **entomólogo** *s.m.*

en.to.na.<u>ção</u> [pl.: *-ões*] *s.f.* modulação de voz na fala ou no canto

en.<u>to</u>.no *s.m.* **1** sentimento de superioridade em relação ao outro; altivez **2** orgulho excessivo; presunção

en.ton.te.<u>cer</u> *v.* {mod. 8} *t.d.,int. e pron.* **1** (fazer) ter tontura, vertigem *<aquele odor forte entonteceu-o>* *<entontecia(-se) quando levantava muito rápido>* **2** tornar(-se) tolo, idiota; apatetar(-se) *<o acúmulo de trabalho entontecia aquele funcionário>* **3** ensandecer, enlouquecer ~ **entontecimento** *s.m.*

en.tor.<u>nar</u> *v.* {mod. 1} *t.d.* **1** virar (algo) despejando seu conteúdo *<entornou uma xícara de café>* **2** despejar (líquidos, grãos, miudezas etc.) por acidente ou não *<entornou açúcar na mesa>* ☐ *t.d. e int.* **3** lançar(-se) para fora; derramar(-se), transbordar(-se) **4** *infrm.* ingerir (bebida alcoólica) em demasia

en.tor.pe.<u>cen</u>.te *adj.2g.s.m.* **1** (o) que entorpece **2** (droga, substância, medicamento) que provoca entorpecimento, dependência e danos físicos e/ou psíquicos

en.tor.pe.<u>cer</u> *v.* {mod. 8} *t.d.,int. e pron.* **1** (fazer) ficar em estado de adormecimento, exaustão, desânimo ou prostração *<dois comprimidos entorpeceram a senhora>* *<entorpeceu(-se) de tanto beber>* **2** (fazer) perder a energia, o vigor; debilitar(-se) *<o excesso de medicamento entorpeceu o paciente>* *<tantas foram as noites sem dormir que (se) entorpeceu>* ~ **entorpecido** *adj.* - **entorpecimento** *s.m.*

en.<u>tor</u>.se *s.f.* MED lesão dos tendões de uma articulação causada por torção brusca

en.tor.<u>tar</u> *v.* {mod. 1} *t.d.,int. e pron.* **1** tornar(-se) torto; empenar(-se) *<a umidade entortou a madeira>* *<com o calor, a porta entortou(-se)>* ☐ *t.d. e pron.* **2** (fazer) sair do eixo; curvar(-se), inclinar(-se) *<e. a cabeça>* *<entortou-se todo para ler as letras miúdas>* ☐ *int. e pron. infrm.* **3** ingerir muita bebida alcoólica; embebedar-se

en.<u>tra</u>.da *s.f.* **1** ação de passar de fora para dentro ou seu efeito **2** local por onde se entra **3** ação de se penetrar em algo ou seu efeito **4** possibilidade de admissão em local, instituição etc. *<e. proibida para menores>* **5** *B* bilhete que permite o acesso a determinado local *<e. de teatro>* **6** primeiro pagamento de uma conta **7** começo, início **8** o primeiro prato de uma refeição **9** palavra, locução etc. que é objeto de descrição em dicionários, enciclopédias etc. **10** HIST no período colonial, expedição que partia do litoral para explorar o interior do Brasil, aprisionar indígenas e buscar ouro, prata e pedras preciosas ☞ mais us. no plural **11** INF inclusão de dados num computador ▼ ***entradas*** *s.f.pl.* **12** na cabeça, partes acima das fontes onde faltam cabelos

en.tra e <u>sai</u> *s.m.2n. B* movimentação contínua de entrada e saída; vaivém

en.tran.<u>çar</u> *v.* {mod. 1} *t.d.* **1** fazer trança em ☐ *t.d.,t.d.i. e pron.* **2** (prep. *com*) juntar(-se), metendo(-se) uns por entre os outros; entrelaçar(-se) *<e. palhas>* *<e. fitas brancas (com azuis)>* *<e.-se uma trepadeira>*

en.<u>tra</u>.nha *s.f.* **1** cada víscera do abdome ou do tórax **2** conjunto dessas vísceras ☞ mais us. no pl. **3** ventre materno ☞ mais us. no pl. **4** *fig.* as partes mais profundas; profundezas *<e. da terra>* ☞ mais us. no pl.

en.tra.<u>nha</u>.do *adj.* **1** introduzido com força; cravado **2** que se estabeleceu profundamente; arraigado

en.tra.<u>nhar</u> *v.* {mod. 1} *t.d.i. e pron.* **1** (prep. *em*) (fazer) penetrar a fundo *<e. o arpão no tubarão>* *<a raiz entranhou-se na terra>* ☐ *t.d.i. e pron.* **2** *fig.* (prep. *em*) estabelecer(-se) de forma profunda; arraigar(-se) *<e.(-se) a saudade no peito>* **3** (fazer) avançar para dentro de; embrenhar(-se) *<e. a tropa na mata>* *<e.-se na mata>* ~ **entranhável** *adj.2g.*

en.<u>tran</u>.te *adj.2g.* que entra ou que está por entrar, por começar

en.<u>trar</u> *v.* {mod. 1} *t.d.,t.i. e int.* **1** (prep. *em, por*) ir ou vir para dentro *<entrou em casa correndo>* *<fez fila para e. no cinema>* *<hesitou antes de e.>* ☐ *t.i. e int.* **2** (prep. *com*) ter começo; iniciar-se *<março entrou (com chuvas)>* ☐ *t.i.* **3** (prep. *em, por*) passar através de; penetrar *<as águas entram pelo solo>* **4** *fig.* (prep. *em*) tomar parte em; envolver-se *<e. em confusão>* **5** (prep. *em, para*) começar a participar de (atividade, experiência, grupo etc.) <*e. na política*> **6** (prep. *com*) prestar ajuda (p.ex., financeira); contribuir <*e. com grande quantia para a compra*> **7** (prep. *em*) atingir, alcançar (ponto, idade, cifra, período etc.) <*ela já entrou nos 60*> **8** (prep. *em*) fazer parte de <*não entra açúcar nesse bolo*> **9** DIR (prep. *com*) interpor, apresentar (recurso, ação, pedido etc.) **10** *B infrm.* (prep. *em*) comer ou beber muito <*logo entrou no sorvete*> ☐ *int.* **11** INF acessar (arquivo, programa, *site*) ◉ GRAM/USO tb. é empr. como v.aux., com a prep. *a* e o infinitivo de outro verbo, para indicar a ideia de 'início de ação': *entrou a tremer convulsivamente* ▣ **e. bem** *B infrm.* sair-se mal <*e. bem na prova*>

en.tra.var *v.* {mod. 1} *t.d.* **1** pôr entrave em; atravancar **2** impossibilitar o movimento de; travar <*o calço entravou a roda*> **3** tornar irrealizável, impossível; impedir <*entravaram o projeto*>

en.tra.ve *s.m.* o que dificulta ou impede uma ação; obstáculo

entre- ou **inter-** *pref.* **1** 'posição no meio': *entrelinha, intermediário* **2** 'reciprocidade': *entreolhar-se, interação*

en.tre *prep.* **1** a meio de (dois espaços, dois tempos, duas situações etc.) **2** através de **3** no interior de **4** cerca de, perto de **5** no meio de **6** junto de **7** na possibilidade de <*e. os dois caminhos, optou pelo segundo*>

en.tre.a.ber.to *adj.* um pouco aberto ◉ GRAM/USO part. de *entreabrir*

en.tre.a.brir *v.* {mod. 24} *t.d. e pron.* **1** abrir(-se) um pouco <*e.(-se) uma cortina*> ☐ *int. e pron.* **2** começar a desabrochar <*os primeiros botões de violeta entreabriram(-se)*> ◉ GRAM/USO part.: *entreaberto*

en.tre.a.to *s.m.* **1** TEAT intervalo entre os atos de um espetáculo **2** MÚS TEAT pequena representação dramática ou musical executada nesse intervalo; interlúdio

en.tre.cas.ca *s.f.* a parte mais interna da casca da árvore; entrecasco

en.tre.cas.co *s.m.* **1** parte superior do casco dos animais **2** entrecasca

en.tre.cer.rar *v.* {mod. 1} *t.d. e pron.* fechar(-se) parcialmente

en.tre.cho.car *v.* {mod. 1} *t.d. e pron.* **1** bater(-se) fisicamente (um contra o outro) <*e. bolas de gude*> <*os caminhões entrechocaram-se no meio da ponte*> ☐ *pron. fig.* **2** estar em oposição ou contradição <*as duas teorias entrechocavam-se*>

en.tre.cho.que *s.m.* **1** choque, colisão entre dois seres ou coisas **2** *fig.* oposição, confronto

en.tre.cor.tar *v.* {mod. 1} *t.d.* **1** cruzar cortes em <*e. um tecido*> **2** cortar em diversos lugares **3** *fig.* interromper, parar em intervalos <*os soluços entrecortavam o discurso*> ☐ *pron.* **4** cortar-se de modo recíproco; cruzar-se <*as luzes do espetáculo entrecortavam-se*>

en.tre.cru.zar-se *v.* {mod. 1} *pron.* cruzar-se em vários sentidos <*caminhos que se entrecruzam*>

en.tre.fe.char *v.* {mod. 1} *t.d. e pron.* fechar(-se) um pouco; entrecerrar(-se)

en.tre.fo.lha /ô/ *s.f.* GRÁF folha em branco intercalada a folhas impressas

en.tre.ga *s.f.* **1** ação de entregar **2** o que foi adquirido ou se recebeu **3** rendição, capitulação **4** dedicação integral

en.tre.ga.dor /ô/ [pl.: *-es*] *adj.s.m.* **1** que(m) faz entregas **2** que(m) é traiçoeiro, desleal; traidor

en.tre.gar *v.* {mod. 1} *t.d. e t.d.i.* **1** (prep. *a*) passar às mãos ou à posse de; dar <*e. uma encomenda*> <*e. diplomas aos alunos*> **2** (prep. *a*) fazer denúncia de; delatar <*entregou o comparsa (ao delegado)*> ☐ *t.d.i. e pron.* **3** (prep. *a*) pôr(-se) sob os cuidados de; confiar(-se) <*antes de viajar, entregou os filhos à irmã*> <*e.-se nas mãos dos médicos*> ☐ *pron.* **4** dar-se por vencido; render-se **5** (prep. *a*) deixar-se dominar; render-se <*e.-se ao vício*> **6** doar(-se), dedicar(-se) <*um bom médico entrega-se aos seus pacientes*> ◉ GRAM/USO part.: *entregado, entregue*

en.tre.gue *adj.* **1** posto nas mãos ou na posse de **2** que foi levado a local de entrega **3** que foi recebido **4** dedicado, devotado **5** absorto em <*e. à tristeza*> **6** *B* exausto <*ao fim do dia, estava e.*> ◉ GRAM/USO part. de *entregar*

en.tre.guer.ras *s.m.2n.* **1** período de paz entre duas guerras **1.1** HIST período de tempo entre a Primeira e a Segunda Guerra Mundial

en.tre.guis.mo *s.m. B pej.* entrega de recursos naturais da nação para exploração por capital internacional ~ **entreguista** *adj.2g.s.2g.*

en.tre.la.ça.do *adj.* **1** preso, enlaçado um no outro **2** embaralhado, mesclado ■ *s.m.* **3** conjunto de coisas cruzadas, enlaçadas ou presas entre si

en.tre.la.çar *v.* {mod. 1} *t.d.,t.d.i. e pron.* **1** (prep. *com*) juntar(-se), metendo(-se) uns por entre os outros; intercalar(-se) <*e. cordões*> <*e. fitas azuis com brancas*> <*trepadeiras que se entrelaçam*> **2** *fig.* (prep. *com*) juntar(-se), embaralhando; misturar(-se) <*um forte zumbido entrelaçava os sons*> <*e. alegrias com tristezas*> <*as vozes entrelaçavam-se a ponto de não as identificarmos*> ~ **entrelaçamento** *s.m.* - **entrelace** *s.m.*

en.tre.li.nha *s.f.* **1** espaço entre duas linhas escritas **2** o que se escreve nesse espaço ▼ ***entrelinhas*** *s.f.pl.* **3** *fig.* numa mensagem, o que está subentendido ou oculto

en.tre.li.nhar *v.* {mod. 1} *t.d.* **1** escrever em entrelinhas **2** pôr entrelinhas em **3** traduzir, comentar (texto) ou pôr notas nas entrelinhas

en.tre.lu.zir *v.* {mod. 24} *int.* **1** começar a irradiar luz, brilho **2** brilhar sem força ou com intervalos ☞ nestas acp., só us. nas 3ªs p., exceto quando fig. ☐ *int. e pron.* **3** deixar-se entrever; mostrar-se de forma incompleta

en.tre.ma.nhã *s.f.* primeira claridade da manhã; alvorada

en.tre.me.ar *v.* {mod. 5} *t.d.,t.d.i.,int. e pron.* (prep. *com*) pôr(-se) ou estar no meio (de); intercalar(-se), interpor(-se) ~ **entremeado** *adj.*

en.tre.mei.o *s.m.* **1** espaço, coisa, tempo etc. que se encontra entre dois limites; intervalo **2** faixa bordada ou rendada entre duas peças lisas (de roupa, de fita etc.)

en.tre.men.tes *adv.* nesse meio-tempo; nesse ínterim

en.tre.nó *s.m.* BOT parte do caule situada entre dois nós

en.tre.o.lhar-se *v.* {mod. 1} *pron.* olhar-se de forma recíproca

en.tre.ou.vir *v.* {mod. 28} *t.d.* ouvir parcialmente, de forma vaga, confusa

en.tre.pos.to /ô/ [pl.: /ó/] *s.m.* **1** grande depósito de mercadorias a serem vendidas, exportadas etc., ou que aguardam liberação da alfândega **2** armazém onde são guardadas ou vendidas somente mercadorias de uma companhia ou de um governo **3** centro de comércio internacional; empório

en.tres.sa.fra *s.f.* período entre duas safras de um produto

en.tres.so.la *s.f.* peça entre a sola e a palmilha de um calçado

en.tre.tan.to *conj.advrs.* **1** mas, contudo *<acordou cedo, e. atrasou-se>* ■ *adv.* **2** nesse meio-tempo

en.tre.te.cer *v.* {mod. 8} *t.d. e pron.* **1** tecer, pondo(-se) [ramos, fios etc.] uns entre os outros; entrelaçar(-se) □ *t.d.i.* **2** (prep. *em*) pôr no meio de; intercalar, introduzir *<entreteceu vários tópicos em seu discurso>*

en.tre.te.la *s.f.* tecido grosso colocado entre o forro e o tecido de uma roupa

en.tre.tem.po *s.m.* tempo intermediário; ínterim

en.tre.te.ni.men.to *s.m.* **1** ato de distrair(-se) **2** o que distrai; divertimento

en.tre.ter *v.* {mod. 16} *t.d.* **1** desviar a atenção de; distrair □ *t.d.,t.d.i. e pron.* **2** (prep. *com*) ocupar(-se) de forma prazerosa; divertir(-se) *<livros entretêm as crianças> <entretinha os sobrinhos com jogos> <entretinha-se jogando vôlei>*

en.tre.tí.tu.lo *s.m.* JOR cada um dos títulos que introduzem os vários blocos de uma matéria; intertítulo

en.tre.va.do *adj.s.m.* que(m) não se pode mover; paralítico

[1]en.tre.var *v.* {mod. 1} *t.d.,int. e pron.* (fazer) paralisar ou ter dificuldade de mover as articulações (de) [ORIGEM: alt. de *entravar*]

[2]en.tre.var *v.* {mod. 1} *t.d. e pron.* cobrir(-se) de trevas; escurecer(-se) [ORIGEM: *en-* + *treva* + *[2]-ar*]

en.tre.ver *v.* {mod. 12} *t.d.* **1** ver com dificuldade, de forma confusa ou rapidamente **2** sentir antes; pressentir □ *pron.* **3** encontrar-se rapidamente; avistar-se

en.tre.ve.ro /ê/ *s.m.* **1** *B* discordância violenta; desentendimento **2** *RS* desordem entre pessoas, animais, objetos

en.tre.vis.ta *s.f.* **1** encontro combinado para esclarecimentos, opiniões etc. **2** coleta de declarações de alguém, tomadas por jornalista para divulgação nos meios de comunicação **3** *p.ext.* essas declarações assim obtidas ~ **entrevistado** *adj.s.m.* - **entrevistador** *adj.s.m.* - **entrevistar** *v.t.d. e pron.*

en.trin.chei.ra.men.to *s.m.* **1** ato ou efeito de entrincheirar(-se); fortificação **2** série de trincheiras

en.trin.chei.rar *v.* {mod. 1} *t.d. e pron.* proteger(-se) com trincheiras, barricadas

en.tris.te.cer *v.* {mod. 8} *t.d.,int. e pron.* tornar(-se) triste; magoar(-se), afligir(-se) ~ **entristecedor** *adj.s.m.* - **entristecimento** *s.m.*

en.tro.nar *v.* {mod. 1} *t.d.,t.d.i. e pron.* (prep. *em*) entronizar

en.tron.ca.do *adj.* **1** que criou tronco **2** *fig.* corpulento

en.tron.ca.men.to *s.m.* **1** ponto de junção de duas ou mais coisas (canos, galhos, fios etc.) **2** confluência de duas vias ou caminhos

en.tron.car *v.* {mod. 1} *int. e pron.* **1** formar, adquirir tronco **2** reunir-se (caminho, vias férreas etc.); convergir

en.tro.ni.zar *v.* {mod. 1} *t.d. e pron.* **1** elevar(-se) ao trono *<e.(-se) uma rainha>* □ *t.d.* **2** *fig.* tornar elevado, sublime; enaltecer *<o técnico entroniza a união do time>* **3** pôr (imagem) em altar *<entronizaram o são Jorge doado pela comunidade>* □ *t.d.i.* **4** (prep. *em*) colocar, introduzir *<e. a alegria em sua vida>* ~ **entronização** *s.f.*

en.tro.pi.a *s.f.* **1** FÍS num sistema termodinâmico, grandeza que permite avaliar a degradação da energia desse sistema [símb.: *S*] **2** medida da variação ou desordem em qualquer sistema

en.tro.sar *v.* {mod. 1} *t.d.,t.d.i.,int. e pron.* **1** (prep. *em*) ajustar (peça, parte de mecanismo) [em espaço, peça, lugar preparado para recebê-la]; encaixar(-se) *<e. o protetor da corrente da bicicleta (na corrente)> <a roda do moinho poderia e.(-se) melhor>* □ *t.d. e pron.* **2** acomodar(-se) a ambiente, situação; adaptar(-se) *<o professor não mediu esforços para e. os alunos> <entrosaram-se bem no projeto>* □ *t.d.i. e pron.* **3** (prep. *com*) [fazer] ter amizade com; relacionar(-se) *<a mãe procurava e. o filho com os vizinhos> <não fez questão de e.-se com a família>* ~ **entrosado** *adj.* - **entrosamento** *s.m.*

en.trou.xar *v.* {mod. 1} *t.d.* **1** fazer trouxa de **2** pôr em envoltório, formando pacote; embalar □ *t.d. e pron.* **3** agasalhar(-se) bem

en.tru.do *s.m.* HIST antiga brincadeira carnavalesca em que os foliões jogavam água, perfume, farinha etc. uns nos outros ☞ inicial por vezes maiúsc.

en.tu.bar *v.* {mod. 1} *t.d.* **1** introduzir tubo em ou por **2** MED pôr tubo em canal ou cavidade de (paciente) **3** ESP *B* surfar num tubo formado por (onda)

en.tu.lhar *v.* {mod. 1} *t.d.* **1** armazenar (grãos, frutos etc.) em tulha; atulhar □ *t.d.,t.d.i. e pron.* **2** (prep. *de*) encher demais; abarrotar, atulhar

en.tu.lho *s.m.* **1** restos de construção (areia, terra, madeira etc.) us. para encher ou nivelar terreno, vala etc. **2** *p.ext.* qualquer coisa sem valor ou serventia **3** *B infrm.* alimento que dá consistência a um prato, como os legumes de uma sopa etc.

E

E

en.tu.pir *v.* {mod. 29} *t.d. e int.* **1** impedir a passagem de algo (por); obstruir(-se) ☐ *t.d. e pron.* **2** (fazer) ficar cheio ou lotado; abarrotar(-se) ~ **entupimento** *s.m.*

en.tur.mar *v.* {mod. 1} *t.d.,t.d.i. e pron.* **1** (prep. *com*) [fazer] participar de turma, grupo de amigos *<fez o possível para e. a namorada (com seus amigos)>* ☐ *pron. infrm.* **2** fazer amizade com; entrosar-se

en.tur.var *v.* {mod. 1} *t.d. e pron.* **1** tornar(-se) turvo, escuro **2** *fig.* (fazer) perder a clareza; confundir(-se) ~ **enturvação** *s.f.*

en.tu.si.as.mar *v.* {mod. 1} *t.d. e pron.* **1** encher(-se) de entusiasmo; encantar(-se), arrebatar(-se) **2** (fazer) ter ânimo, coragem; encorajar(-se), animar(-se) ~ **entusiasmado** *adj.*

en.tu.si.as.mo *s.m.* **1** estado de exaltação da alma do poeta ou do artista **2** alegria, júbilo **3** admiração, arrebatamento **4** gosto ou paixão por alguém ou algo ~ **entusiástico** *adj.*

en.tu.si.as.ta *adj.2g.s.2g.* **1** (o) que se entusiasma **2** (o) que é tomado de admiração por alguém ou algo

e.nu.me.ra.ção [pl.: *-ões*] *s.f.* **1** especificação de coisas uma por uma **2** listagem, relação metódica **3** contagem numérica, conta

e.nu.me.rar *v.* {mod. 1} *t.d.* **1** indicar um a um ☐ *t.d. e t.d.i.* **2** (prep. *a*) fazer lista de; especificar, relacionar *<pediu ao corretor que (lhe) enumerasse os problemas da casa>*

e.nun.ci.a.ção [pl.: *-ões*] *s.f.* **1** expressão, declaração, oral ou escrita **2** LING ato individual de uso da língua pelo falante em comunicação

e.nun.ci.a.do *s.m.* **1** exposição de uma afirmação a ser definida, explicada ou demonstrada **2** LING parte de um discurso oral ou escrito [ORIGEM: do lat. *enuntiātum,i* 'id.']

e.nun.ci.ar *v.* {mod. 1} *t.d. e t.d.i.* (prep. *a*) expor, exprimir por escrito ou oralmente (pensamentos, ideias etc.) [a] *<enunciou princípios matemáticos (à turma)>* ~ **enunciado** *adj.* - **enunciativo** *adj.*

en.vai.de.cer *v.* {mod. 8} *t.d. e pron.* tornar(-se) vaidoso, orgulhoso; vangloriar(-se) *<envaidecia-se de suas proezas>* ~ **envaidecimento** *s.m.*

en.va.si.lhar *v.* {mod. 1} *t.d.* pôr em vasilha, tonel, garrafa etc. ~ **envasilhamento** *s.m.*

en.ve.lhe.cer *v.* {mod. 8} *t.d. e int.* **1** tornar(-se) velho **2** (fazer) tomar aspecto de velho, idoso, antigo *<envelheceu devido à doença>* **3** *fig.* (fazer) perder o viço, o brilho, o colorido **4** *fig.* tornar(-se) antiquado, desusado *<esse filme envelheceu>* ~ **envelhecimento** *s.m.*

en.ve.lo.pe *s.m.* invólucro us. para enviar ou guardar carta, documento etc.; sobrecarta ~ **envelopar** *v.t.d.*

en.ve.ne.nar *v.* {mod. 1} *t.d.* **1** pôr veneno em **2** infectar com veneno; contaminar **3** *fig.* ser prejudicial para; estragar *<e. uma amizade>* **4** *fig.* dar mau sentido a; deturpar *<e. palavras>* ☐ *t.d. e pron.* **5** (fazer) absorver substância tóxica; intoxicar(-se) **6** dar ou tomar veneno para matar(-se) ~ **envenenamento** *s.m.*

en.ve.re.dar *v.* {mod. 1} *t.i.* **1** (prep. *para, por*) tomar um caminho; dirigir-se *<e. para a avenida>* **2** (prep. *para, por*) ir apressadamente a um lugar *<e. pelo parque à procura do filho>*

en.ver.ga.du.ra *s.f.* **1** distância entre as extremidades das duas asas abertas de uma ave **2** distância máxima entre as extremidades das asas de um avião **3** *fig.* capacidade intelectual; talento **4** *fig.* importância, valor

[1]**en.ver.gar** *v.* {mod. 1} *t.d.* **1** cobrir com vergas **2** *fig. infrm.* usar roupa ou veste; trajar *<e. uma capa>* [ORIGEM: *en-* + *verga* + [2]*-ar*] ~ **envergamento** *s.m.*

[2]**en.ver.gar** *v.* {mod. 1} *t.d.,int. e pron.* tornar(-se) curvo; arquear(-se) *<o vento enverga as árvores>* *<esse cano envergou(-se)>* [ORIGEM: *en-* + *vergar*]

en.ver.go.nhar *v.* {mod. 1} *t.d. e pron.* **1** (fazer) ter vergonha, timidez; acanhar(-se) ☐ *t.d.* **2** comprometer (honra, reputação, memória etc.); desonrar

en.ver.ni.zar *v.* {mod. 1} *t.d.* **1** cobrir com verniz **2** dar lustre, brilho a; polir ~ **envernizamento** *s.m.*

en.ves.gar *v.* {mod. 1} *t.d.* **1** dirigir (os olhos) para um ponto, entortando-os ☐ *t.d. e int.* **2** tornar(-se) vesgo *<a cirurgia malfeita envesgou-o>* *<envesgou quando era criança>*

en.vi.a.do *adj.* **1** que se enviou, que se remeteu **2** que se conduziu ■ *s.m.* **3** portador, mensageiro **4** indivíduo credenciado para missões diplomáticas ▣ **e. especial** jornalista que viaja para cobrir certo evento ☞ cf. *correspondente*

en.vi.ar *v.* {mod. 1} *t.d. e t.d.i.* **1** (prep. *a*) fazer seguir (algo) [para o endereço de alguém]; remeter *<e. cartas (ao prefeito)>* ☐ *t.d.i.* **2** (prep. *a, para*) fazer chegar a; mandar, encaminhar *<envie lembranças a ele>*

en.vi.dar *v.* {mod. 1} *t.d.* **1** empregar com empenho (recursos, iniciativas etc.) ☐ *pron.* **2** (prep. *em, para*) dedicar-se com afinco; empenhar-se *<e.se em provar habilidade>* ☐ *t.d. e t.d.i.* **3** (prep. *a*) desafiar a aceitar (aposta, jogo) *<envidou os adversários (a acompanharem-no)>* ~ **envide** *s.m.*

en.vi.di.lha *s.f. infrm.* parte do cordão umbilical que fica ligada à placenta

en.vi.dra.çar *v.* {mod. 1} *t.d.* **1** cobrir de vidros ou pôr vidro(s) em ☐ *t.d. e pron. fig.* **2** (fazer) perder o brilho; embaciar(-se) *<lágrimas envidraçavam sua visão>* *<seu olhar envidraçava-se aos poucos>* ~ **envidraçado** *adj.* - **envidraçamento** *s.m.*

en.vi.e.sar *v.* {mod. 1} *t.d.* **1** pôr, dobrar ou cortar em posição oblíqua **2** entortar (os olhos); envesgar ~ **enviesado** *adj.* - **enviesamento** *s.m.*

en.vi.le.cer *v.* {mod. 8} *t.d.,int. e pron.* **1** tornar(-se) vil, desprezível; rebaixar(-se) *<envilecia(-se) a cada fracasso>* **2** baixar de preço; baratear *<a taxa do ouro envileceu(-se)>*

en.vi.o *s.m.* ato ou efeito de enviar; remessa, expedição

en.vi.u.var *v.* {mod. 2} *t.d. e int.* tornar(-se) viúvo

en.vol.to /ô/ *adj.* **1** que se cobriu; tapado, embrulhado ou embalado **2** envolvido, cingido *<filho e. num abraço>* **3** cercado *<caso e. em mistério>* ~ **envolta** *s.f.*

en.vol.tó.rio *s.m.* tudo que serve para envolver; invólucro

en.vol.ver *v.* {mod. 8} *t.d. e pron.* **1** cobrir(-se) com invólucro; enrolar(-se) *<e. o bebê (na manta)> <e.-se no xale>* **2** manter(-se) escondido; encobrir(-se) ☐ *t.d. e t.d.i.* **3** (prep. *com*) fazer embrulho de; embalar **4** (prep. *com, em*) estar, ficar ou dispor em volta de; cercar *<e. a filha (num abraço)>* ☐ *t.d.,t.d.i. e pron.* **5** (prep. *em*) [fazer] tomar parte em (situação, embaraço etc.); meter(-se) *<envolveram-no na trapaça> <detesta e.-se em brigas>* ☐ *t.d.* **6** conter em si; encerrar, incluir *<o livro envolve assuntos polêmicos>* **7** implicar, importar *<o projeto envolve mais investimentos>* **8** tomar conta de; dominar *<o silêncio envolve a sala>* ☐ *pron.* **9** pôr-se fora de perigo ou embaraço; proteger-se *<diante da briga, preferiu e.-se em total mudez>* **10** (prep. *com*) ligar-se a (alguém) amorosa e/ou sexualmente ◉ GRAM/USO part.: *envolvido, envolto* ~ **envolvente** *adj.2g.*

en.vol.vi.men.to *s.m.* **1** ato ou efeito de envolver(-se) **2** *fig.* relacionamento (esp. amoroso); caso

en.xa.da *s.f.* ferramenta constituída de lâmina e cabo, us. para capinar ou revolver a terra, misturar argamassa etc. ~ **enxadada** *s.f.*

en.xa.dão [pl.: *-ões*] *s.m.* ferramenta que funciona tanto como enxada como picareta, us. para cavar terra dura, arrancar pedras etc.

en.xa.dre.zar *v.* {mod. 1} *t.d.* dividir em quadrados, dispondo em forma de xadrez

en.xa.dris.mo *s.m.* ESP arte, técnica do jogo de xadrez ~ **enxadrístico** *adj.*

en.xa.dris.ta *adj.2g.* ESP **1** relativo a enxadrismo ou ao jogo de xadrez ■ *s.2g.* ESP **2** jogador de xadrez

en.xa.guar *v.* {mod. 3} *t.d.* **1** lavar superficialmente **2** passar em segunda água para tirar o sabão

en.xá.gue /gü/ *s.m.* **1** lavagem rápida **2** segunda lavagem, para retirar o sabão

en.xa.me *s.m.* **1** conjunto de abelhas de uma colmeia **2** *fig.* grande quantidade

en.xa.me.ar *v.* {mod. 5} *t.d.* **1** pôr (abelhas) na colmeia ☐ *int.* **2** formar enxame *<as abelhas enxamearam>* ☐ *int. e pron. fig.* **3** existir ou andar em grande número; fervilhar *<crianças enxameiam(-se) ali>*

en.xa.que.ca /ê/ *s.f.* MED dor de cabeça violenta e periódica, acompanhada de náuseas e vômitos

en.xer.gar *v.* {mod. 1} *t.d. e int.* **1** perceber pela visão; ver ☐ *t.d.* **2** ver sem exatidão; divisar **3** dar-se conta de; reparar, notar *<e. um erro>* **4** sentir ou perceber por antecipação; prever *<e. o futuro>* ☐ *pron. infrm.* **5** reconhecer as próprias limitações e defeitos e/ou a inconveniência de sua conduta ou ação *<ele não se enxerga!>*

en.xe.ri.do *adj.s.m.* *B* que(m) se intromete no que não é da sua conta; intrometido, abelhudo

en.xe.rir-se *v.* {mod. 28} *pron.* tomar parte em ou opinar sobre assuntos alheios; intrometer-se ~ **enxerimento** *s.m.*

en.xer.tar *v.* {mod. 1} *t.d. e t.d.i.* **1** (prep. *em*) fazer enxerto de (algo) [em] *<e. uma planta> <e. pele da coxa no braço>* ☐ *t.d.i. e pron.* **2** (prep. *em*) juntar(-se), inserir(-se) *<e. agradecimentos no discurso> <e.-se na família ilustre>* ☐ *t.d.* **3** fazer inseminação em; fecundar *<e. uma vaca>* ~ **enxertadeira** *s.f.* - **enxertador** *adj.s.m.*

en.xer.to /ê/ *s.m.* **1** técnica que se caracteriza pela inserção de um broto ou ramo de uma planta em outra, para que se desenvolva como na planta que o originou **2** a planta enxertada **3** MED transferência esp. de células ou de tecido de um local para outro do corpo de um mesmo indivíduo ou de um indivíduo para outro ~ **enxertia** *s.f.*

en.xó *s.f.* instrumento composto de chapa de aço cortante e cabo curvo, us. para desbastar madeira

en.xo.fre /ô/ *s.m.* QUÍM elemento químico us. como matéria-prima de pólvora, fósforos de segurança, fungicidas etc. [símb.: *S*] ☞ cf. *tabela periódica* (no fim do dicionário)

en.xo.tar *v.* {mod. 1} *t.d.* **1** afastar com empurrões, gritos, pancadas; afugentar *<e. moscas>* **2** retirar de um lugar; expulsar ~ **enxotamento** *s.m.*

en.xo.val [pl.: *-ais*] *s.m.* conjunto de roupas e objetos para recém-casados, recém-nascidos etc.

en.xo.va.lhar *v.* {mod. 1} *t.d. e pron.* **1** (fazer) ficar sujo; emporcalhar(-se) *<e.-se de tinta>* **2** *fig.* desonrar(-se) [reputação, nome etc.] **3** (fazer) ficar amassado; amarrotar(-se) *<e. as folhas do caderno> <o vestido enxovalhou-se>* ☐ *t.d. fig.* **4** dirigir insultos a; ofender *<e. os funcionários>*

en.xo.vi.a *s.f.* **1** cárcere subterrâneo, úmido e escuro, onde se mantinham presos perigosos **2** *fig.* quarto, recinto insalubre, escuro e sujo

en.xu.gar *v.* {mod. 1} *t.d.,int. e pron.* **1** (fazer) perder a umidade; secar(-se) *<o sol enxugou a terra> <a roupa enxugou(-se) rapidamente>* ☐ *t.d.* **2** *fig.* eliminar o que está excessivo ou é desnecessário em *<e. um texto>* **3** interromper (lágrimas, choro etc.) ◉ GRAM/USO part.: *enxugado, enxuto* ~ **enxugamento** *s.m.*

en.xún.dia *s.f.* gordura animal, esp. a de porco e aves; banha ~ **enxundioso** *adj.*

en.xur.ra.da *s.f.* **1** grande volume de águas de chuva **2** *fig.* grande quantidade *<e. de gente>*

en.xu.to *adj.* **1** que não está mais molhado ou úmido; seco **2** sem lágrimas **3** *fig.* elegante, sem excessos ou redundâncias **4** *fig.* que não é gordo nem magro (diz-se de pessoa) ◉ GRAM/USO part. de *enxugar*

en.zi.ma *s.f.* BIOQ proteína orgânica capaz de acelerar reações químicas em seres vivos ~ **enzimático** *adj.* - **enzímico** *adj.*

‐́eo *suf.* 'relação': *férreo, ósseo, térreo*

E

e.o.ce.no *s.m.* 1 GEOL segunda época do período terciário, entre o Paleoceno e o Oligoceno, em que prossegue a expansão dos mamíferos ☞ este subst. não se usa no plural; inicial maiúsc. ■ *adj.* 2 dessa época

e.ó.li.co *adj.* relativo ao vento

é.o.lo *s.m. frm.* vento forte ☞ inicial por vezes maiúsc.

e.pên.te.se *s.f.* FON intercalação de fonema(s) no interior de um vocábulo, para, p.ex., facilitar a pronúncia (port.ant. *feo* > *feio*) ~ **epentético** *adj.*

E

epi- *pref.* 'posição superior': *epicentro, epiderme*

e.pi.car.po *s.m.* BOT camada mais externa dos frutos, desconsiderando as sementes ☞ cf. *mesocarpo, endocarpo* ~ **epicárpico** *adj.*

e.pi.ce.no *adj.s.m.* GRAM (substantivo) que possui um só gênero gramatical para designar um e outro sexo de animal (p.ex.: *a onça, o jacaré*) ☞ cf. *comum de dois* e *sobrecomum*

e.pi.cen.tro *s.m.* 1 GEOL ponto da superfície da Terra atingido mais intensamente e em primeiro lugar pelas ondas produzidas por um terremoto 2 *fig. infrm.* ponto central ~ **epicêntrico** *adj.*

é.pi.co *adj.* 1 relativo a ou próprio de feitos heroicos ou de heróis 2 *fig.* fantástico, grandioso

e.pi.cu.ris.mo *s.m.* doutrina filosófica que identifica o bem com o prazer, encontrado na prática da virtude e na cultura espiritual ☞ cf. *hedonismo* ~ **epicurista** *adj.2g.s.2g.*

e.pi.de.mi.a *s.f.* MED surto de doença infecciosa em uma população e/ou região ☞ cf. *endemia* ~ **epidêmico** *adj.*

e.pi.der.me *s.f.* ANAT 1 camada externa da pele 2 pele humana, cútis ~ **epidérmico** *adj.*

e.pi.di.di.mi.te *s.f.* MED inflamação do epidídimo, ger. de origem infecciosa

e.pi.dí.di.mo *s.m.* ANAT canal longo e microscópico situado na parte superior de cada testículo

e.pi.fa.ni.a *s.f.* 1 REL comemoração da adoração dos Reis Magos ao Menino Jesus, comemorada em 6 de janeiro; dia de Reis ☞ inicial ger. maiúsc. 2 REL aparecimento ou manifestação divina 3 *p.ext.* manifestação ou percepção da natureza ou do significado essencial de uma coisa

e.pi.fau.na *s.f.* ECO fauna que vive na superfície do fundo dos mares ou oceanos

e.pí.fi.to *adj.s.m.* BOT (planta) que vive sobre outra planta, usando-a apenas como suporte, sem retirar nutrimento (p.ex., as bromélias em árvores)

e.pi.gás.trio *s.m.* ANAT parte superior do abdome ~ **epigástrico** *adj.*

e.pi.glo.te *s.f.* ANAT válvula triangular situada na parte superior da laringe, que fecha a glote durante a deglutição ~ **epiglótico** *adj.*

e.pí.gra.fe *s.f.* 1 inscrição em monumento, estátua etc. 2 citação curta, fragmento de texto colocado no início de um livro, capítulo etc. ~ **epigrafar** *v.t.d. e t.d.pred.*

e.pi.gra.ma *s.m.* 1 LIT pequeno poema satírico, que traz um pensamento malicioso; sátira 2 provérbio picante e irônico ~ **epigramático** *adj.*

e.pi.lep.si.a *s.f.* MED PSIQ distúrbio neurológico caracterizado por ataques convulsivos com perda da consciência

e.pi.lép.ti.co ou **e.pi.lé.ti.co** *adj.* 1 relativo a epilepsia ■ *adj.s.m.* 2 que(m) sofre de epilepsia

e.pí.lo.go *s.m.* 1 LIT desfecho de uma peça literária em que ger. se faz a recapitulação e o resumo da ação 2 TEAT ato ou cena final de uma peça teatral 3 *p.ext.* a parte final de um evento ~ **epilogar** *v.t.d.*

e.pis.co.pa.do *s.m.* REL 1 cargo ou função de bispo 2 período de exercício desse cargo 3 conjunto de paróquias sob a autoridade de um bispo 4 conjunto dos bispos

e.pis.co.pal [pl.: *-ais*] *adj.2g.* relativo a ou pertencente a bispo

e.pi.só.di.co *adj.* 1 relativo a episódio 2 acidental, ocasional

e.pi.só.dio *s.m.* 1 acontecimento, evento 2 capítulo de obra em série

e.pis.te.mo.lo.gi.a *s.f.* FIL teoria do conhecimento ~ **epistemológico** *adj.*

e.pís.to.la *s.f.* 1 REL cada uma das cartas dos apóstolos de Cristo aos fiéis ☞ inicial maiúsc. 2 REL texto extraído dessas cartas, lido ou cantado durante a missa ☞ inicial maiúsc. 3 *p.ext.* carta, correspondência ◉ COL epistolário ~ **epistolar** *adj.2g. v.t.d. e int.*

e.pis.to.lá.rio *s.m.* 1 coleção de epístolas 2 REL livro que inclui as epístolas recitadas ou cantadas nas missas

e.pi.tá.fio *s.m.* inscrição em túmulo ~ **epitafista** *s.2g.*

e.pi.té.lio *s.m.* 1 MED tecido que reveste superfícies internas e externas do corpo, e também executa funções secretoras, sensoriais e de absorção 2 BOT a epiderme de certas estruturas ou órgãos vegetais ~ **epitelial** *adj.2g.*

e.pí.te.to *s.m.* 1 palavra ou frase que qualifica algo ou alguém 2 apelido, cognome ~ **epitético** *adj.*

e.pí.to.me *s.m.* 1 resumo dos pontos mais importantes de teoria, ciência, doutrina etc., destinado esp. ao uso escolar 2 o que serve de modelo

e.pi.zo.o.ti.a *s.f.* VET epidemia que ataca muitos animais ao mesmo tempo e na mesma região ~ **epizoótico** *adj.*

é.po.ca *s.f.* 1 período marcado por fatos importantes do ponto de vista econômico, político, cultural etc.; era 2 qualquer período dentro de uma sequência de mudanças no tempo; fase 3 ocasião em que se vive ou que algo acontece 4 estação do ano em que se está

e.po.pei.a /éi/ *s.f.* LIT poema sobre heróis ou feitos heroicos ~ **epopeico** *adj.*

e.pó.xi /cs/ *s.m.* QUÍM nome comum de resinas us. como revestimento, adesivo etc. ☞ us. tb. como apositivo: *tintas epóxi*

ép.si.lo *s.m.* nome da quinta letra do alfabeto grego (ε, E)

e.qua.ção [pl.: *-ões*] *s.f.* **1** MAT igualdade entre duas expressões matemáticas **2** redução de um problema complicado a pontos simples e claros, para facilitar a obtenção de uma solução ~ **equacional** *adj.2g.*

e.qua.cio.nar *v.* {mod. 1} *t.d.* **1** organizar (dados de problema, questão) para dar uma solução *<o engenheiro equacionou perigos causados pela enchente>* **2** estabelecer (solução, resolução) após organizar os dados de um problema *<após estudo, ele equacionou soluções para os problemas da empresa>* □ *t.d.i.* **3** (prep. *com*) associar, equilibrar *<e. seus anseios com os da família>* ~ **equacionamento** *s.m.*

e.qua.dor /ô/ [pl.: *-es*] *s.m.* GEO círculo máximo imaginário do globo terrestre, cujo plano é perpendicular ao eixo dos polos e divide a Terra em dois hemisférios, o norte e o sul

e.qua.li.za.ção [pl.: *-ões*] *s.f.* ELETRÔN atenuação da distorção num sinal de certa faixa de frequências sonoras

e.qua.li.zar *v.* {mod. 1} *t.d.* **1** tornar uniforme, igual; uniformizar **2** ELETRÔN realizar a equalização eletrônica de ~ **equalizador** *adj.s.m.*

e.quâ.ni.me *adj.* **1** moderado, equilibrado *<atitude e.>* **2** justo; imparcial, neutro ~ **equanimidade** *s.f.*

e.qua.to.ri.al [pl.: *-ais*] *adj.2g.* **1** relativo ou pertencente a ou próprio do equador **2** localizado no equador

e.ques.tre /qü/ *adj.2g.* relativo a cavalo, cavalaria ou equitação

e.qui.ân.gu.lo /qü/ *adj.* GEOM que tem ângulos iguais (diz-se de figura geométrica)

e.qui.da.de /qü *ou* qu/ *s.f.* **1** justiça natural; imparcialidade **2** igualdade, equivalência

e.quí.deo /qü/ *adj.s.m.* ZOO (espécime) dos equídeos, família de mamíferos que inclui cavalos, jumentos e zebras

e.qui.dis.tan.te /qü/ *adj.2g.* que tem a mesma distância (diz-se de coisa, linha etc.) ~ **equidistância** *s.f.* - **equidistar** *v.t.i. e int.*

e.qui.lá.te.ro /qü *ou* qu/ *adj.* GEOM que tem os lados iguais (diz-se de figura geométrica) ~ **equilateral** *adj.2g.*

e.qui.li.brar *v.* {mod. 1} *t.d. e pron.* **1** pôr(-se) ou manter(-se) em posição estável ou nivelada **2** tornar(-se) harmonioso, proporcional; harmonizar(-se) □ *t.d. e t.d.i.* **3** (prep. *com*) fazer (coisas opostas) terem valor similar; compensar, igualar *<e. forças inimigas>* *<e. trabalho com divertimento>* ~ **equilibrado** *adj.*

e.qui.lí.brio *s.m.* **1** posição estável de um corpo; aprumo **2** igualdade entre forças opostas **3** distribuição harmoniosa *<e. de cores>* **4** *fig.* estado do que não se altera; estabilidade **5** *fig.* autocontrole, comedimento

e.qui.li.bris.ta *adj.2g.s.2g.* (artista) que faz exibições de equilíbrio acrobático ~ **equilibrismo** *s.m.*

e.qui.mo.se *s.f.* MED mancha na pele resultante de hemorragia ~ **equimótico** *adj.*

e.qui.no /qü/ *adj.* **1** semelhante a cavalo **2** relativo a equídeos ■ *s.m.* ZOO **3** espécime dos equídeos

e.qui.nó.cio *s.m.* ASTR época do ano em que o Sol passa sobre o equador, fazendo com que o dia e a noite tenham a mesma duração ☞ cf. *solstício* ~ **equinocial** *adj.2g.*

e.qui.no.der.mo *adj.s.m.* ZOO (espécime) dos equinodermos, ramo de animais invertebrados marinhos, de corpo coberto por espinhos, que inclui as estrelas-do-mar e os ouriços-do-mar

e.qui.noi.de /ói/ *adj.2g.s.m.* ZOO (espécime) dos equinoides, classe de animais invertebrados marinhos, conhecidos como ouriços-do-mar, de corpo redondo, dotado de espinhos móveis

e.qui.pa.gem [pl.: *-ens*] *s.f.* **1** tripulação de navio, avião etc. **2** conjunto de empregados, viaturas etc.

e.qui.pa.men.to *s.m.* conjunto dos apetrechos necessários para se realizar um trabalho

e.qui.par *v.* {mod. 1} *t.d. e pron.* prover(-se) do que é necessário ou útil para certo fim ou para o funcionamento de; aparelhar(-se)

e.qui.pa.rar *v.* {mod. 1} *t.d.,t.d.i. e pron.* **1** (prep. *a, com, em*) comparar (pessoas, objetos, ideias etc.), considerando-os idênticos ou de mesmo valor ou significado; igualar(-se) □ *t.d. e t.d.i.* **2** (prep. *a, com*) conceder a (pessoas, entidades etc.) vantagens que outros já possuem *<e. empresas>* *<e. funcionários municipais aos estaduais>* ~ **equiparação** *s.f.* - **equiparável** *adj.2g.*

e.qui.pe *s.f.* **1** grupo de pessoas que se dedicam à realização de um mesmo trabalho **2** time esportivo

e.qui.ta.ção [pl.: *-ões*] *s.f.* ESP esporte, técnica ou exercício de andar a cavalo

e.qui.ta.ti.vo /qü *ou* qu/ *adj.* imparcial, justo

e.qui.va.len.te *adj.2g.* de mesmo valor, peso, força etc.; correspondente

e.qui.va.ler *v.* {mod. 10} *t.d. e pron.* ser idêntico no peso, na força, no valor etc. ~ **equivalência** *s.f.*

e.qui.vo.car *v.* {mod. 1} *t.d.i. e pron.* **1** (prep. *com*) ter impressão errada de; confundir(-se) *<e. preposições com advérbios>* *<equivoca-se facilmente>* □ *pron.* **2** cometer engano; errar ~ **equivocado** *adj.*

e.quí.vo.co *adj.* **1** que pode ter mais de um sentido; ambíguo **2** dúbio, duvidoso **3** difícil de classificar ■ *s.m.* **4** engano, confusão **5** interpretação ambígua

-er *term.* de verbos da 2ª conjugação: *crescer, poder, ter*

Er QUÍM símbolo de *érbio*

e.ra *s.f.* **1** período de tempo a partir do qual se contam os anos e que se inicia por uma data memorável **2** início de uma nova ordem **3** época histórica ou divisão do tempo geológico ☞ cf. *hera*

e.rá.rio *s.m.* ECON o dinheiro e os bens do Estado; tesouro, fazenda

ér.bio *s.m.* QUÍM elemento químico us. em reatores nucleares e *laser* [símb.: *Er*] ☞ cf. *tabela periódica* (no fim do dicionário)

e-reader [ing.; pl.: *e-readers*] *s.m.* INF aparelho portátil para leitura de *e-books* ⇒ pronuncia-se i rider

e.re.ção [pl.: *-ões*] *s.f.* **1** ato de construir uma estátua, um monumento etc., ou seu efeito **2** estabelecimento, criação **3** levantamento ou endurecimento do pênis

e.re.mi.ta *s.2g.* quem, por penitência ou vontade própria, vive sozinho em local isolado; ermitão ~ **eremítico** *adj.*

e.ré.til [pl.: *-eis*] *adj.2g.* capaz de levantar-se e de manter-se erguido

e.re.ti.zon.tí.deo *adj.s.m.* ZOO (espécime) dos eretizontídeos, família de roedores americanos, que vivem em árvores, conhecidos como ouriços-cacheiros

e.re.to *adj.* que se mantém erguido, levantado ◉ GRAM/USO part. de *erigir*

er.go.me.tri.a *s.f.* medição do trabalho muscular ~ **ergométrico** *adj.*

er.gô.me.tro *s.m.* aparelho que mede o trabalho desenvolvido por um músculo ou grupo de músculos

er.go.no.mi.a *s.f.* BIO ENG estudo das relações entre homem e máquina, visando a racionalização e a melhoria das condições de trabalho ~ **ergonômico** *adj.*

er.guer *v.* {mod. 8} *t.d.* **1** pôr em lugar alto ou mais alto; levantar *<e. uma prateleira>* **2** fazer (construção); construir, erigir *<e. uma casa>* **3** pôr em posição vertical *<e. a cabeça>* **4** voltar para cima (o olhar) **5** fazer mais forte (voz, tom); altear *<e. a voz>* ☐ *pron.* **6** ficar de pé; levantar-se *<e.-se da cadeira>* **7** surgir, aparecer *<o Sol se ergue cedo>* ~ **erguimento** *s.m.*

-eria *suf.* 'local, estabelecimento': *leiteria, padaria*

e.ri.çar *v.* {mod. 1} *t.d. e pron.* tornar(-se) arrepiado; ouriçar(-se) *<e. os cabelos> <os pelos dos braços eriçaram-se>* ~ **eriçamento** *s.m.*

e.ri.gir *v.* {mod. 24} *t.d.* **1** pôr na vertical; aprumar *<e. um mastro>* **2** fazer (obra, construção); construir, erguer *<e. uma estátua>* **3** pôr no alto; erguer *<os pescadores erigiram o barco>* **4** criar, fundar *<e. um império>* ◉ GRAM/USO part.: *erigido, ereto*

-erio *suf.* 'quantidade': *vozerio*

e.ri.si.pe.la *s.f.* MED doença infecciosa caracterizada por uma inflamação da pele

e.ri.te.ma *s.m.* MED vermelhidão da pele, devido à dilatação de capilares ~ **eritematoso** *adj.*

e.ri.tró.ci.to *s.m.* BIO MED hemácia

er.mi.da *s.f.* **1** capela em lugar isolado **2** pequena igreja

er.mi.tão [pl.: *-ões, -ãos, -ães*; fem.: *ermitã, ermitoa*] *s.m.* **1** eremita **2** religioso que cuida de uma ermida

er.mo /ê/ *adj.s.m.* (lugar) desabitado, deserto

e.ró.ge.no *adj.* que provoca excitação sexual

e.ro.são [pl.: *-ões*] *s.f.* GEOL desgaste do solo por agentes externos como água corrente, vento, chuva etc. ~ **erodir** *v.t.d.* - **erosivo** *adj.*

e.ró.ti.co *adj.* que provoca ou descreve o amor ou o desejo sexual ~ **erotismo** *s.m.*

er.ra.di.car *v.* {mod. 1} *t.d. e t.d.i.* **1** (prep. *de*) arrancar pela raiz; desarraigar *<e. o mato (do quintal)>* **2** (prep. *de*) eliminar, extirpar *<e. uma doença> <erradicou do espírito os piores sentimentos>* ~ **erradicação** *s.f.*

er.ra.di.o *adj.s.m.* **1** (o) que vagueia **2** (o) que está perdido, desnorteado

er.ra.do *adj.* **1** que contém ou apresenta erro(s) **2** que não segue a direção apropriada *<caminho e.>*

er.ran.te *adj.2g.* **1** que anda sem rumo; erradio **2** que não tem residência fixa

er.rar *v.* {mod. 1} *t.d.,t.i. e int.* **1** (prep. *em*) incorrer em erro, engano; falhar, equivocar-se *<e. todas as questões> <aquele homem errou (na resposta)>* ☐ *t.d.* **2** deixar de acertar em *<e. o alvo>* ☐ *int.* **3** (prep. *em, por*) andar sem rumo; vagar *<vive a e. diariamente>*

er.ra.ta *s.f.* listagem dos erros de uma publicação e suas correções

er.re *s.m.* nome da letra *r*

er.ro /ê/ *s.m.* **1** julgamento falso; engano **2** incorreção; inexatidão **3** desvio do caminho considerado correto, apropriado

er.rô.neo *adj.* **1** que contém erro **2** que não corresponde à verdade

e.ru.di.ção [pl.: *-ões*] *s.f.* conhecimento amplo e variado, adquirido esp. por meio de leitura e estudo

e.ru.di.tis.mo *s.m.* **1** ostentação de conhecimento erudito **2** mania de erudição

e.ru.di.to *adj.s.m.* (o) que tem ou demonstra erudição

e.rup.ção [pl.: *-ões*] *s.f.* **1** saída súbita e violenta **2** MED aparecimento de bolhas ou espinhas na pele e mucosas **3** GEOL emissão de lavas de um vulcão ~ **eruptivo** *adj.*

er.va *s.f.* **1** BOT planta pequena sem caule que se reproduz por sementes **2** BOT qualquer planta venenosa que ocorre nas pastagens **3** BOT hortaliça **4** BOT mate ('planta') **5** *infrm.* dinheiro **6** *infrm.* maconha ▣ **e. daninha 1** BOT erva que nasce e se espalha em plantações sem ter sido semeada **2** *fig.* o que prejudica ~ **ervateiro** *adj.s.m*

er.va-ba.bo.sa [pl.: *ervas-babosas*] *s.f.* BOT aloé

er.va-ci.drei.ra [pl.: *ervas-cidreiras*] *s.f.* BOT erva aromática us. como antiespasmódico e calmante

er.va-de-pas.sa.ri.nho [pl.: *ervas-de-passarinho*] *s.f.* BOT planta parasita disseminada pelos pássaros

er.va-do.ce [pl.: *ervas-doces*] *s.f.* BOT **1** anis **2** funcho

er.va-ma.te [pl.: *ervas-mate* e *ervas-mates*] *s.f.* BOT **1** árvore da América do Sul, de até 10 m, cujas folhas, depois de torradas, são us. em chás e infusões; mate ('planta') **2** a folha dessa árvore, us. no preparo do chimarrão e do chá-mate, bebida de propriedades estimulantes e diuréticas ◉ COL erval

er.va.ná.rio *s.m.* **1** local de venda de ervas e plantas medicinais ■ *adj.s.m.* **2** que(m) conhece plantas medicinais

er.vi.lha *s.f.* BOT **1** planta leguminosa com vagens alongadas, ger. verdes, e sementes esféricas **2** a vagem e a semente dessa planta, us. na alimentação humana ◉ COL ervilhal

es- *pref.* 'movimento para fora': *escorrer*

Es QUÍM símbolo de *einstêinio*

ES sigla do Estado do Espírito Santo

-ês *suf.* 'relação, origem': *montês, português*

es.ba.fo.ri.do *adj.* **1** que tem dificuldade para respirar; ofegante **2** que está com pressa; apressado ~ **esbaforir-se** *v.pron.*

es.ba.ga.çar *v.* {mod. 1} *t.d.* fazer em bagaços ou em pedaços; despedaçar

es.ban.jar *v.* {mod. 1} *t.d.* **1** gastar em excesso; desperdiçar *<e. água>* **2** *fig.* ter muito, de sobra *<e. simpatia>* ~ **esbanjador** *adj.s.m.* - **esbanjamento** *s.m.*

es.bar.rão [pl.: *-ões*] *s.m.* choque físico casual de uma pessoa em outra(s) ou em algo; encontrão

es.bar.rar *v.* {mod. 1} *t.i.* **1** (prep. *contra, em*) chocar-se fisicamente, ger. por acaso, com *<e. no poste>* **2** (prep. *com*) encontrar (alguém), por acaso *<esbarrei com seu irmão>*

es.ba.ter *v.* {mod. 8} *t.d.* **1** ART.PLÁST dar relevo a *<técnica para e. objetos>* **2** tornar mais tênue; suavizar *<e. uma cor>*

es.bei.çar *v.* {mod. 1} *t.d.* **1** extrair os bordos, as margens de; desbeiçar *<e. a tigela>* □ *t.i.* **2** (prep. *com*) avançar até certo ponto *<a casa esbeiça com a lagoa>* □ *pron.* **3** tombar ou descair (beiço ou bordo) *<esbeiçou-se a boca do poço>*

es.bel.to *adj.* **1** que apresenta formas elegantes e graciosas **2** que tem corpo esguio ~ **esbeltez** *s.f.* - **esbelteza** *s.f.*

es.bo.çar *v.* {mod. 1} *t.d.* **1** desenhar os contornos de; delinear **2** planejar, projetar **3** mostrar de modo sutil; insinuar

es.bo.ço /ô/ *s.m.* **1** conjunto dos traços iniciais de um desenho ou obra de arte **2** estado inicial de qualquer trabalho ou obra **3** ação interrompida logo em seu começo **4** figura sem definição, pouco clara **5** resumo, síntese

es.bo.de.gar *v.* {mod. 1} *t.d.* **1** causar dano(s) a; estragar **2** *infrm.* gastar sem controle; esbanjar □ *pron. infrm.* **3** tornar-se desleixado; relaxar **4** *PB* ficar irritado; irar-se **5** cansar-se, esgotar-se

es.bo.fe.te.ar *v.* {mod. 5} *t.d.* dar bofetada em ~ **esbofeteamento** *s.m.*

es.bór.nia *s.f.* **1** farra **2** orgia sexual

es.bo.ro.ar *v.* {mod. 1} *t.d.,int. e pron.* reduzir(-se) a pedaços, a pó; desfazer(-se) *<o tornado esboroou a torre> <a construção esboroou(-se) em segundos>* ~ **esboroamento** *s.m.* - **esboroo** *s.m.*

es.bor.ra.char *v.* {mod. 1} *t.d.* **1** estourar ou arrebentar, apertando ou achatando **2** dar golpe(s) em; bater □ *pron.* **3** levar um tombo; cair

es.bor.ri.far *v.* {mod. 1} *t.d. e pron.* borrifar ~ **esborrifo** *s.m.*

es.bran.qui.ça.do *adj.* **1** de cor semelhante ao branco **2** diz-se dessa cor **3** pouco colorido; desbotado

es.bra.se.ar *v.* {mod. 5} *t.d.,int. e pron.* **1** (fazer) ficar em brasa; esquentar(-se) **2** tornar(-se) corado; ruborizar(-se) *<a corrida esbraseou seus rostos> <com o calor, suas bochechas esbraseavam(-se)>* □ *int.* **3** ficar vermelho como a brasa

es.bra.ve.jar *v.* {mod. 1} *t.i.* **1** (prep. *contra*) gritar com raiva, ira; vociferar □ *t.d.* **2** pronunciar com irritação, ira □ *int.* **3** tornar-se furioso, bravo

es.bre.gue *s.m.* *B infrm.* repreensão; bronca

es.bru.gar *v.* {mod. 1} → ***ESBURGAR***

es.bu.ga.lhar *v.* {mod. 1} *t.d.* abrir muito (os olhos) ~ **esbugalhado** *adj.*

es.bu.lho *s.m.* DIR ato pelo qual uma pessoa é privada de coisa de que tenha propriedade ou posse; espoliação, usurpação

es.bu.ra.car *v.* {mod. 1} *t.d. e pron.* encher(-se) de buracos ~ **esburacado** *adj.*

es.bur.gar ou **es.bru.gar** *v.* {mod. 1} *t.d.* **1** tirar casca ou crosta de; descascar, raspar **2** separar (osso) da carne; descarnar

es.ca.be.che *s.m.* CUL molho à base de tomate e temperos refogados, próprio para peixe frito

es.ca.be.lo /ê/ *s.m.* banco para apoio dos pés

es.ca.bi.char *v.* {mod. 1} *t.d.* **1** examinar ou investigar com paciência, cuidado **2** limpar (ger. dente) com dedo, palito

es.ca.bi.ci.da *adj.2g.s.m.* (substância) us. contra ácaros que provocam sarna

es.ca.bi.o.se *s.f.* MED sarna ~ **escabioso** *adj.* - **escabiótico** *adj.*

es.ca.bre.a.do *adj.* **1** desconfiado **2** que se zangou; mal-humorado **3** que demonstra timidez; encabulado ~ **escabrear** *v.t.d.*

es.ca.bro.so /ô/ [pl.: /ó/; fem.: /ó/] *adj.* **1** que não é liso; áspero **2** que oferece dificuldades; árduo **3** indecente, indecoroso ~ **escabrosidade** *s.f.*

es.ca.da *s.f.* **1** série de degraus por onde se pode subir ou descer **2** *p.ext.* qualquer coisa que se assemelha a uma escada ou se usa como tal **3** *fig.* meio pelo qual alguém pode obter o que deseja ▣ **e. rolante** escada montada em uma esteira em que os degraus, movidos por um mecanismo próprio, sobem e descem sem parar

es.ca.da.ri.a *s.f.* escada longa, ger. larga

es.ca.fan.dris.ta *s.2g.* mergulhador que usa escafandro

es.ca.fan.dro *s.m.* roupa impermeável, totalmente fechada, provida de aparelho respiratório, própria para mergulhos demorados e profundos

es.ca.fe.der-se *v.* {mod. 8} *pron. infrm.* fugir com pressa; safar-se

E

es.ca.la *s.f.* **1** relação entre as proporções de uma representação e as do objeto representado *<e. de um mapa>* **2** porto ou lugar determinado em que transportes coletivos param para abastecimento, embarque ou desembarque de carga ou passageiros etc. **3** *p.ext.* o tempo dessa parada **4** tabela de horários de trabalho **5** série de graus ou níveis, dispostos segundo a importância de cada um **6** MÚS organização de sons em sequência **7** FÍS graduação de um instrumento de medida ▣ **e. Celsius** FÍS escala de temperatura baseada em dois pontos fixos: o de fusão do gelo e o de ebulição da água, aos quais se atribuem os valores 0 e 100, respectivamente, estando ambos sob pressão de uma atmosfera ☞ cf. *Celsius* na parte enciclopédica • **e. de Richter** escala que mede o grau de intensidade dos tremores de terra • **e. Fahrenheit** escala de temperatura us. em países de língua inglesa baseada em dois pontos fixos: o de fusão e o de ebulição da água, aos quais se atribuem os valores 32 e 212, respectivamente ☞ cf. *Fahrenheit* na parte enciclopédica

es.ca.la.da *s.f.* **1** subida a um lugar íngreme **2** aumento progressivo **3** intensificação de uma atividade hostil

es.ca.la.fo.bé.ti.co *adj.* **1** que se comporta de forma excêntrica, extravagante **2** sem jeito ou elegância; desengonçado

es.ca.lão [pl.: *-ões*] *s.m.* **1** cada um dos pontos, níveis ou graus que se sucedem em uma série progressiva; categoria **2** *fig.* escala hierárquica

[1]**es.ca.lar** *v.* {mod. 1} *t.d.* **1** subir (montanha ou elevação íngreme) **2** chegar a (um lugar) usando escada ou afim **3** atingir níveis mais altos por degraus ou etapas; escalonar **4** *B* designar (alguém) para atividade, tarefa **5** selecionar (indivíduo, equipes etc.) [ORIGEM: *escala* 'escada' + [2]*-ar*] ~ **escalação** *s.f.*

[2]**es.ca.lar** [pl.: *-es*] *adj.2g.* **1** cuja representação se faz por meio de escala ('relação entre proporções') **2** FÍS que se mede apenas por sua magnitude (p.ex., temperatura, massa etc.) [diz-se de grandeza] [ORIGEM: do lat. *scalāris,e* 'de degraus, de escadaria']

es.ca.la.vrar *v.* {mod. 1} *t.d. e pron.* **1** causar ou sofrer esfoladuras, arranhões; esfolar(-se) *<escalavrou o peito subindo na árvore> <escalavraram-se ao cair>* □ *t.d.* **2** danificar (revestimentos, parede etc.)

es.cal.dan.te *adj.2g.* que aquece em excesso

es.cal.da-pés *s.m.2n.* banho que se dá nos pés com água quente

es.cal.dar *v.* {mod. 1} *t.d.* **1** queimar com líquido quente ou vapor **2** pôr em água muito quente *<escaldou a couve-flor>* **3** passar muito calor a *<a febre escaldava a face>* **4** ressecar *<o sol escalda o solo>* □ *int.* **5** tornar-se muito quente ou febril □ *pron.* **6** sofrer queimadura; queimar-se

es.ca.le.no *adj.* GEOM que tem os lados desiguais (diz-se de triângulo)

es.ca.ler [pl.: *-es*] *s.m.* barco movido a remo, vela ou motor, us. para pequenos serviços de transporte, reconhecimento etc.

es.ca.lo.nar *v.* {mod. 1} *t.d.* **1** dispor (tropas) umas por trás das outras, para que uma dê suporte à outra **2** galgar níveis mais altos por degraus ou etapas; escalar

es.ca.lo.pe *s.m.* CUL fatia fina de filé cortada na transversal

[1]**es.cal.pe.lar** *v.* {mod. 1} *t.d.* **1** cortar ou dissecar com escalpelo **2** *fig.* examinar em detalhes [ORIGEM: *escalpelo* + [2]*-ar*]

[2]**es.cal.pe.lar** *v.* {mod. 1} *t.d.* retirar a pele que cobre o crânio de; escalpar [ORIGEM: duv., talvez do cruzamento de *escalpar* com *pelar*]

es.cal.pe.lo /ê/ *s.m.* bisturi de um ou dois gumes, us. para dissecações anatômicas

es.cal.po *s.m.* o couro cabeludo arrancado do crânio ~ **escalpar** *v.t.d.*

es.ca.ma *s.f.* **1** ZOO cada lâmina ou placa que cobre a pele de peixes e répteis **2** MED pequena lâmina de pele que se desprende espontaneamente

[1]**es.ca.ma.do** *s.m.* ZOO **1** espécime dos escamados, ordem de répteis que possuem o corpo coberto de escamas ou placas, incluindo as serpentes e lagartos ■ *adj.* **2** relativo a essa ordem ou a esse espécime [ORIGEM: do lat.cien. *Squamata*, do lat. *squamātus,a,um* 'que tem escamas']

[2]**es.ca.ma.do** *adj.* que ficou sem escamas [ORIGEM: part. de *escamar*]

es.ca.mar *v.* {mod. 1} *t.d. e pron.* retirar ou perder (escamas, crosta etc.) ~ **escamação** *s.f.* - **escamador** *adj.s.m.*

es.cam.bo *s.m.* **1** troca de mercadorias ou serviços sem uso de moeda **2** *p.ext.* qualquer troca

es.ca.mo.so /ô/ [pl.: /ó/; fem.: /ó/] *adj.* cheio ou coberto de escamas

es.ca.mo.te.a.ção [pl.: *-ões*] *s.f.* **1** ato de escamotear **2** furto ou roubo praticado com habilidade

es.ca.mo.te.ar *v.* {mod. 5} *t.d.* **1** fazer sumir sem ninguém perceber; esconder **2** furtar habilmente **3** encobrir, disfarçar □ *pron.* **4** escapar, fugir

es.cân.ca.ra *s.f.* estado do que está à vista ▣ **às e.** à vista de todos

es.can.ca.rar *v.* {mod. 1} *t.d. e pron.* **1** abrir(-se) muito ou completamente □ *t.d.* **2** pôr à mostra, tornando conhecido, público; expor ~ **escancarado** *adj.*

es.can.char *v.* {mod. 1} *t.d.* **1** separar ao meio □ *t.d. e pron.* **2** montar a cavalo ou sentar-se sobre algo à maneira de quem monta; escarranchar(-se)

es.can.da.li.zar *v.* {mod. 1} *t.d. e int.* **1** ferir os bons costumes, a moral (de); chocar, indignar □ *t.d. e pron.* **2** (fazer) ficar ofendido; melindrar(-se) ~ **escandalizante** *adj.2g.*

es.cân.da.lo *s.m.* **1** ato ou fato que contraria e ofende sentimentos, crenças ou convenções **2** fato revoltante **3** tumulto, desordem

es.can.da.lo.so /ô/ [pl.: /ó/; fem.: /ó/] *adj.* **1** que causa escândalo, confusão ou desordem **2** que ofende; indecoroso, indecente **3** que revolta; deplorável

es.can.di.na.vo *s.m.* **1** natural ou habitante da península da Escandinávia (Dinamarca, Finlândia, Suécia, Noruega, Islândia) **2** LING língua do ramo germânico que compreende o antigo nórdico, o sueco, o norueguês, o dinamarquês e o islandês; nórdico ■ *adj.* **3** relativo a esse indivíduo, península ou língua

es.cân.dio *s.m.* QUÍM elemento químico com alto ponto de fusão, us. na construção aeroespacial [símb.: *Sc*] ☞ cf. *tabela periódica* (no fim do dicionário)

es.can.dir *v.* {mod. 24} *t.d.* **1** medir (versos) contando suas sílabas **2** pronunciar (palavra, frase) destacando as sílabas ◉ GRAM/USO verbo defectivo

es.ca.ne.ar *v.* {mod. 5} *t.d.* INF converter com escâner (foto, página impressa etc.) para a forma digital

es.câ.ner [pl.: *-es*] *s.m.* equipamento que converte imagens, páginas impressas etc. em dados digitalizados

es.can.ga.lhar *v.* {mod. 1} *t.d.,int. e pron.* **1** (fazer) parar de funcionar ou não funcionar bem; enguiçar, quebrar **2** deixar ou ficar totalmente destruído; arruinar(-se) ~ **escangalhado** *adj.*

es.ca.nho.ar *v.* {mod. 1} *t.d. e pron.* barbear(-se) com perfeição, cortando bem rente a barba e deixando a pele bem lisa

es.ca.ni.nho *s.m.* pequeno compartimento, secreto ou não, em cofres, gavetas, armários etc.

es.can.tei.o *s.m.* FUTB *B* **1** falta em que um jogador lança a bola para fora do campo pela linha de fundo defendida por sua equipe; córner **2** cobrança dessa falta; córner ▣ **chutar para e.** *fraseol. fig. B infrm.* pôr de lado

es.ca.pa.da *s.f.* **1** fuga precipitada e às escondidas **2** ausência breve

es.ca.pa.de.la *s.f.* escapada

es.ca.pa.men.to *s.m.* **1** vazamento **2** cano ou orifício pelo qual gases são expelidos **3** *p.ext.* saída dos gases provenientes da combustão dos motores de explosão

es.ca.par *v.* {mod. 1} *t.i.* **1** (prep. *de*) ficar livre de (situação perigosa, desagradável etc.); livrar-se, safar-se *<e. do perigo>* **2** (prep. *a*) não ser percebido ou compreendido *<os detalhes escaparam à investigação>* **3** (prep. *de*) fugir ao controle ou domínio de *<o livro escapou de suas mãos>* **4** (prep. *a*) deixar de lembrar-se; esquecer *<a resposta escapou-lhe>* □ *t.i. e int.* **5** (prep. *de*) pôr-se em fuga; fugir *<e. da prisão>* *<o preso escapou>* □ *int.* **6** manter-se vivo; salvar-se *<o carro capotou, mas o motorista conseguiu e.>*

es.ca.pa.tó.ria *s.f.* o que se apresenta para justificar descumprimento de dever, compromisso etc.; desculpa, pretexto

es.ca.pe *s.m.* **1** escapamento **2** ação de livrar(-se) de perigo; escapadela

es.ca.pis.mo *s.m.* tendência para fugir à realidade ou à rotina ~ **escapista** *adj.2g.s.2g.*

es.ca.po *s.m.* dispositivo que regula os movimentos de um relógio

es.cá.pu.la *s.f.* ANAT osso triangular, antes denominado *omoplata*, que forma a parte posterior do ombro ~ **escapulal** *adj.2g.* - **escapular** *adj.2g.*

es.ca.pu.lá.rio *s.m.* **1** faixa de tecido que frades e freiras de algumas ordens religiosas usam pendentes sobre o peito **2** pedaços de pano bento, com imagem, orações etc., unidos por cordão ou cadarço, que devotos trazem junto ao peito e as costas; bentinho

es.ca.pu.li.da *s.f.* escapadela

es.ca.pu.lir *v.* {mod. 29} *t.i.,int. e pron.* **1** (prep. *de*) pôr-se em fuga; escapar *<e. da prisão>* *<o cavalo escapuliu(-se)>* □ *t.d. fig.* **2** surgir, mostrar-se por descuido

es.ca.ra *s.f.* **1** MED ferida na pele que acomete os doentes acamados, esp. nas regiões de apoio do corpo **2** *p.ext.* qualquer crosta que se forma sobre uma superfície ~ **escarioso** *adj.*

es.ca.ra.fun.char *v.* {mod. 1} *t.d.* **1** limpar com dedo, palito etc. **2** procurar, examinar com insistência e/ou paciência **3** remexer, ger. à procura de algo; fuçar ~ **escarafunchador** *adj.s.m.*

es.ca.ra.mu.ça *s.f.* **1** luta de pequenas proporções **2** qualquer briga, combate ou conflito ~ **escaramuçar** *v.t.i. e int.*

es.ca.ra.ve.lho /ê/ *s.m.* ZOO nome comum a besouros com corpo robusto, oval ou alongado, de tamanho, cor e hábitos variados, que se alimentam de esterco ou matéria vegetal em decomposição

es.car.céu *s.m.* **1** grande onda; vagalhão **2** *fig.* ato de exagerar ou levar muito a sério coisas sem importância **3** *fig.* gritaria; confusão

es.ca.re.ar *v.* {mod. 5} *t.d.* **1** alargar (furo, abertura) para enfiar prego ou parafuso **2** enfiar (prego, parafuso) até a cabeça ficar no nível da peça em que se introduz ~ **escareador** *adj.s.m.*

es.ca.ri.fi.car *v.* {mod. 1} *t.d.* **1** fazer cortes mais ou menos leves em (uma superfície) **2** revolver superficialmente (o solo) ~ **escarificação** *s.f.* - **escarificador** *adj.s.m.*

es.car.la.te *s.m.* **1** cor vermelha muito viva ■ *adj.2g.* **2** que apresenta essa cor **3** diz-se dessa cor

es.car.la.ti.na *s.f.* MED doença infectocontagiosa caracterizada por febre alta, manchas vermelhas na pele e descamação ~ **escarlatinal** *adj.2g.*

es.car.men.tar *v.* {mod. 1} *t.d.* **1** castigar, punir com rigor **2** repreender de modo enérgico, firme □ *int. e pron.* **3** ficar advertido por castigo ou prejuízo recebido, para não se expor de novo a ele

es.car.nar *v.* {mod. 1} *t.d.* **1** retirar a carne de (osso); descarnar **2** raspar a carne de (pele) antes da curtição

es.car.ne.cer *v.* {mod. 8} *t.d. e t.i.* (prep. *de*) tratar ou considerar com zombaria; troçar *<seus amigos o escarneceram>* *<escarnecia das ideias do irmão>* ~ **escarnecimento** *s.m.*

es.car.ni.nho *adj.* zombeteiro, sarcástico

es.cár.nio *s.m.* **1** o que é feito ou dito com intenção de provocar riso; zombaria **2** desdém, menosprezo

es.ca.ro.la *s.f.* BOT variedade de chicória, com folhas menos onduladas e recortadas

es.car.pa *s.f.* declive muito forte de terreno

es.car.pa.do *adj.* que tem escarpa; íngreme

es.car.ra.dei.ra *s.f.* recipiente onde se escarra ou cospe

es.car.ran.char *v.* {mod. 1} *t.d. e pron.* abrir (as pernas) em demasia, sentando-se sobre algo; escanchar(-se)

E

es.car.ra.pa.char *v.* {mod. 1} *t.d. e pron.* **1** escanchar(-se), escarranchar(-se) □ *pron.* **2** cair de bruços e ao comprido; estatelar-se *<e.-se no chão>* **3** sentar-se à vontade, sem compostura

es.car.rar *v.* {mod. 1} *t.d. e int.* expelir (escarro, sangue etc.) pela boca

es.car.ro *s.m.* secreção vinda da traqueia, brônquios ou pulmões ~ **escarradela** *s.f.*

es.cas.se.ar *v.* {mod. 5} *int.* **1** fazer-se escasso; rarear, faltar □ *t.d. e t.d.i.* **2** (prep. *a*) dar com moderação; poupar *<não escasseia favores (a seus protegidos)>*

es.cas.sez /ê/ [pl.: *-es*] *s.f.* falta, privação, carência

es.cas.so *adj.* **1** de que há pouco **2** que é desprovido de algo **3** de pouca intensidade; fraco

[1]**es.ca.to.lo.gi.a** *s.f.* doutrina que trata em tom profético ou apocalíptico do destino final do homem e do mundo [ORIGEM: do gr. *éskhatos,ē,on* 'extremo, último'] ~ **escatológico** *adj.*

[2]**es.ca.to.lo.gi.a** *s.f.* **1** tratado sobre os excrementos **2** ato de mencionar excrementos e sujeiras afins em expressões, escritos etc. [ORIGEM: do gr. *skṓr, skatós* 'excremento'] ~ **escatológico** *adj.*

es.ca.va.ção [pl.: *-ões*] *s.f.* **1** ato de escavar ou seu efeito **2** buraco em um terreno

es.ca.va.dei.ra *s.f.* máquina de escavar ou remover terra

es.ca.var *v.* {mod. 1} *t.d. e pron.* **1** tirar terra de *<e. o terreno>* *<com a chuva, o terreno escavou-se>* □ *t.d.* **2** tornar côncavo, oco **3** *fig.* fazer investigação, pesquisa minuciosa *<e. um assunto>*

es.ca.vei.ra.do *adj.* **1** semelhante a uma caveira **2** que tem o rosto muito magro

es.cla.re.cer *v.* {mod. 8} *t.d.* **1** tornar compreensível; elucidar □ *t.d.,int. e pron.* **2** tornar(-se) claro; iluminar(-se) *<a noite começou a e.>* *<o horizonte se esclarecia aos poucos>* □ *t.d. e pron.* **3** tornar(-se) mais instruído *<comprava livros para e.-se>* □ *t.d. e t.d.i.* **4** (prep. *a, sobre*) prestar informação, explicação (sobre algo) [a alguém] *<e. os alunos (sobre a razão do ensino)>* ~ **esclarecedor** *adj.s.m.*

es.cla.re.ci.do *adj.* **1** que foi explicado **2** dotado de conhecimentos

es.cla.re.ci.men.to *s.m.* **1** ato ou efeito de explicar o sentido de; elucidação **2** ato ou efeito de tornar mais claro, iluminar **3** informação esclarecedora; explicacão, informe **4** conjunto de conhecimentos; ilustração, instrução

es.cle.rac.tí.neo *s.m.* BIO **1** espécime dos escleractíneos, ordem de animais invertebrados marinhos, que inclui os corais e as anêmonas-do-mar, de corpo em forma de medusa, tb. conhecido como coral-pétreo ■ *adj.* **2** relativo a essa ordem

es.cle.rên.qui.ma *s.m.* ANAT BOT tecido vegetal, composto de células com paredes duras, que dá rigidez ao caule, raiz e semente ☞ cf. *colênquima*

es.cle.ro.sa.do *adj.* que passou por processo de esclerose

es.cle.ro.se *s.f.* MED endurecimento patológico de tecido em um órgão, que ocorre em várias estruturas como nervos, pulmões etc. ▣ **e. múltipla** MED doença do sistema nervoso central caracterizada por esclerose em placas no cérebro e medula espinhal que pode causar paralisia, tremores, perda da fala etc. ~ **esclerosamento** *s.m.*

es.cle.ró.ti.ca *s.f.* tecido externo branco e fibroso do globo ocular, tb. chamado branco do olho

-esco /ê/ *suf.* 'relação, semelhança': *grotesco, parentesco*

es.co.a.dou.ro *s.m.* cano ou vala que dá saída a líquidos, dejetos etc.

es.co.a.men.to *s.m.* **1** ato de escoar **2** plano inclinado por onde as águas ou outros líquidos escoam

es.co.ar *v.* {mod. 1} *t.d.,int. e pron.* **1** (fazer) escorrer, fluir devagar *<o sangue escoava(-se) pouco a pouco>* □ *t.d.* **2** dar vazão, saída a *<e. mercadorias>* **3** *p.ext. B* fazer andar, fluir (o trânsito) □ *int. e pron.* **4** ficar para trás (horas, minutos etc.); passar

es.coi.ce.ar *v.* {mod. 5} *t.d. e int.* **1** dar coice(s) [em] *<a mula escoiceava sem parar>* **2** *fig.* tratar mal, com brutalidade

es.coi.mar *v.* {mod. 1} *t.d.* **1** livrar de coima, pena □ *t.d.i.* **2** (prep. *de*) limpar, livrar de (sujeira, falha etc.) *<e. a água das impurezas>* □ *pron.* **3** (prep. *de*) ficar livre de; escapar *<e.-se de um erro>*

es.col [pl.: *-óis*] *s.m.* o que é considerado o melhor, o mais distinto numa sociedade ou grupo

es.co.la *s.f.* **1** estabelecimento de ensino **2** prédio em que ele funciona; pessoas que ali convivem **3** doutrina, teoria ou tendência de estilo ou pensamento **4** conjunto de pessoas que segue um sistema de pensamento, um princípio estético etc. ▣ **e. de samba** agremiação de sambistas, passistas, compositores etc. que desfila no carnaval • **fazer e.** estabelecer princípios ou organizar processos que depois são seguidos por muita gente

es.co.la.do *adj. infrm.* **1** esperto, sabido **2** que conhece a vida; experiente

es.co.la-mo.de.lo [pl.: *escolas-modelo* e *escolas-modelos*] *s.f.* estabelecimento de ensino organizado de maneira exemplar, com métodos pedagógicos que se distinguem pela excelência

es.co.lar [pl.: *-es*] *adj.2g.* **1** relativo a escola *<período e.>* **2** utilizado na escola ■ *s.2g.* **3** estudante

es.co.la.ri.da.de *s.f.* aprendizado escolar

es.co.la.ri.zar *v.* {mod. 1} *t.d.* fazer passar por aprendizado em escola ~ **escolarização** *s.f.*

es.co.lás.ti.ca *s.f.* FIL REL **1** pensamento cristão da Idade Média baseado na tentativa de conciliação entre fé e razão **2** qualquer filosofia elaborada em função de uma doutrina religiosa ~ **escolasticismo** *s.m.* - **escolástico** *adj.*

es.co.lha /ô/ *s.f.* **1** preferência que se dá a alguma coisa que está entre outras; opção **1.1** eleição ▣ **múltipla e.** processo de apresentar várias respostas para cada questão formulada numa prova, tendo o candidato de assinalar a correta

es.co.lher *v.* {mod. 8} *t.d.* **1** manifestar preferência por; eleger, preferir **2** fazer seleção de; selecionar □ *t.i. e t.d.i.* **3** (prep. *entre*) fazer opção entre (duas ou mais pessoas ou coisas) *<entre as duas atletas, escolheu a mais alta>* ~ **escolhido** *adj.*

es.co.lho /ô/ [pl.: /ó/] *s.m.* **1** recife à flor da água; abrolho ☞ mais us. no pl. **2** GEO pequena ilha rochosa

es.co.li.o.se *s.f.* MED curvatura lateral da coluna vertebral ☞ cf. *cifose* e *lordose*

es.col.ta *s.f.* **1** grupo de pessoas, tropa, veículos etc. destacados para acompanhar e proteger algo ou alguém **2** *p.ext.* pessoas ou grupo de pessoas que acompanham outra(s); comitiva

es.col.tar *v.* {mod. 1} *t.d.* **1** seguir junto de (alguém ou algo), dando proteção **2** ir junto de; acompanhar

es.com.bros *s.m.pl.* destroços

es.con.de-es.con.de *s.m.2n.* RECR brincadeira em que uma criança deve encontrar as outras que estão escondidas

es.con.der *v.* {mod. 8} *t.d. e pron.* **1** pôr(-se) em lugar no qual não pode ser visto; ocultar(-se) □ *t.d.* **2** manter em segredo; guardar *<e. seus sentimentos>* **3** não deixar ser percebido; encobrir *<e. a tristeza>* ◉ GRAM/USO part.: *escondido, escuso*

es.con.de.ri.jo *s.m.* local onde se esconde alguém ou algo

es.con.di.das *s.f.pl.* ◗ us. em: **às e.** de maneira oculta; às ocultas

es.con.ju.rar *v.* {mod. 1} *t.d.* **1** exorcizar **2** *p.ext.* fazer desaparecer (males etc.) por meio de prece, reza etc. **3** lançar maldição a □ *t.d.i.* **4** (prep. *a*) ordenar, mandar *<esconjurou-o a sair>* **5** (prep. *a*) pedir, suplicar *<esconjurou-a a seguir as normas>* □ *pron.* **6** lamentar-se *<vivia a e.-se>* ~ **esconjurativo** *adj.* - **esconjuratório** *adj.*

es.con.ju.ro *s.m.* **1** conjuro **2** exorcismo

[1]**es.con.so** *adj.* **1** inclinado; oblíquo ■ *s.m.* **2** ângulo, quina, canto [ORIGEM: do fr.ant. *escoinçon* (mod. *écoinçon*) 'cantoneira, pedra que forma o ângulo do vão de janela ou porta']

[2]**es.con.so** *adj.* escondido, oculto [ORIGEM: do lat. *absconsum,i* 'escondido']

es.co.pe.ta /ê/ *s.f.* pequena espingarda, leve e de cano curto

es.co.po /ô/ *s.m.* **1** ponto em que se mira; alvo **2** intenção; objetivo

es.co.pro /ô/ *s.m.* **1** ferramenta para talhar pedra ou madeira **2** instrumento cirúrgico cortante, us. em operações nos ossos

es.co.ra *s.f.* **1** peça de apoio; esteio **2** *fig.* o que ampara, que dá arrimo

es.co.ra.men.to *s.m.* conjunto de escoras que visa impedir que uma parede ou construção desabe

es.co.rar *v.* {mod. 1} *t.d.* **1** segurar com escora(s); arrimar □ *t.d.,t.d.i. e pron.* **2** (prep. *em*) buscar apoio, para manter o equilíbrio, não cair; apoiar(-se) *<e. um ancião>* *<e.(-se) no muro para não cair>* □ *pron.* **3** amparar-se para não ficar desprotegido *<escorou-se na mãe até conseguir emprego>*

es.cor.bu.to *s.m.* MED doença aguda ou crônica que provoca hemorragias, alteração das gengivas e queda da resistência a infecções, causada por falta de vitamina C

es.cor.char *v.* {mod. 1} *t.d.* **1** tirar a casca de; descascar **2** retirar o revestimento externo de (animal, planta etc.) **3** desmanchar, desarrumar *<o vento escorchou o buquê de flores>* **4** cobrar preços abusivos a *<e. o freguês>* ~ **escorchamento** *s.m.* - **escorchante** *adj.*

es.cor.ço /ô/ *s.m.* **1** ART.PLÁST reprodução, em desenho ou pintura, de qualquer objeto em proporções menores **2** figura em miniatura **3** *fig.* síntese, resumo

es.co.re *s.m.* resultado de uma competição expresso em números; contagem, placar

es.có.ria *s.f.* **1** resíduo resultante da fusão de certas matérias **2** *fig.* coisa ou indivíduo reles, desprezível

es.co.ri.a.ção [pl.: *-ões*] *s.f.* ferimento superficial; esfoladura ~ **escoriar** *v.t.d. e pron.*

es.cor.pi.a.no *adj.s.m.* **1** ASTRL que(m) é do signo de Escorpião ■ *adj.* **2** relativo ao signo de Escorpião

es.cor.pi.ão [pl.: *-ões*] *s.m.* **1** ZOO nome comum a aracnídeos com um par de pinças dianteiras e a parte posterior do abdome estreita e terminada em ferrão, por vezes provido de veneno **2** a oitava constelação zodiacal, situada entre Libra e Sagitário ☞ inicial maiúsc. **3** ASTRL o oitavo signo do zodíaco (de 23 de outubro a 21 de novembro) ☞ inicial maiúsc.

es.cor.ra.çar *v.* {mod. 1} *t.d.* expulsar com violência e/ou desprezo; enxotar *<e. os cães com gritos>*

es.cor.re.dor /ô/ [pl.: *-es*] *s.m.* utensílio de cozinha us. para escorrer a água de arroz, macarrão etc.

es.cor.re.ga *s.m.* RECR brinquedo em plano inclinado no qual crianças deslizam sentadas ou deitadas; escorregador

es.cor.re.ga.de.la *s.f.* *infrm.* **1** ato de escorregar **2** *fig. infrm.* erro, engano

es.cor.re.ga.di.o *adj.* em que se escorrega facilmente

es.cor.re.ga.dor /ô/ [pl.: *-es*] *adj.* **1** que escorrega ■ *s.m.* **2** RECR escorrega

es.cor.re.gão [pl.: *-ões*] *s.m.* desequilíbrio ou tombo após escorregar

es.cor.re.gar *v.* {mod. 1} *int.* **1** deslizar sob a pressão do próprio peso **2** ser deslizante *<o chão molhado escorrega>* ☐ *t.i. e int. fig.* **3** (prep. *em*) cometer erro, falta (em); errar, falhar *<e. na ortografia> <escorregou quando mentiu>*

es.cor.rei.to *adj.* sem defeito, falha; perfeito

es.cor.rer *v.* {mod. 8} *t.d. e int.* **1** (fazer) correr, deslizar (líquido) *<escorreu a água da panela>* ☐ *t.d.* **2** retirar de (algo) o líquido, fazendo-o escoar *<e. a salada>* **3** deixar sair; derramar *<a ferida escorria pus>* ☐ *int.* **4** cair, pender *<a blusa escorria dos ombros>* **5** brotar em gotas ou correr em fios *<o suor escorria pelo rosto>* ~ **escorrido** *adj.* - **escorrimento** *s.m.*

es.co.tei.ris.mo *s.m.* → ***ESCOTISMO***

es.co.tei.ro *s.m.* membro do escotismo

es.co.ti.lha *s.f.* MAR abertura no convés de embarcações para passagem de ar, luz, pessoal ou carga

es.co.tis.mo ou **es.co.tei.ris.mo** *s.m.* movimento pelo aprimoramento moral e físico de crianças e adolescentes, criado pelo inglês Baden-Powell ☞ cf. *Baden-Powell* na parte enciclopédica

es.co.va /ô/ *s.f.* **1** utensílio com filamentos mais ou menos rígidos, us. para pentear, alisar, limpar etc. **2** modelagem do penteado com escova redonda e secador manual *<fazer e.>*

es.co.vão [pl.: *-ões*] *s.m.* escova grande, us. para lustrar o chão

es.co.var *v.* {mod. 1} *t.d.* **1** usar escova em (para pentear, limpar, lustrar etc.) *<e. roupa>* **2** *fig.* repreender com firmeza **3** *fig.* dar pancadas em; bater, surrar ~ **escovação** *s.f.*

es.cra.va.tu.ra *s.f.* **1** sistema social e econômico baseado na exploração de escravos; escravidão **2** comércio de escravos

es.cra.vi.dão [pl.: *-ões*] *s.f.* **1** condição de escravo; servidão **2** escravatura

es.cra.vis.mo *s.m.* **1** prática da escravidão **2** sistema socioeconômico apoiado na escravidão; escravatura

es.cra.vis.ta *adj.2g.s.2g.* que(m) pratica ou apoia a escravidão

es.cra.vi.zar *v.* {mod. 1} *t.d.* **1** tornar escravo **2** ter poder moral sobre; oprimir, dominar *<escraviza os membros da própria família>* **3** *fig.* causar fascínio em; encantar *<a sua dança escraviza a plateia>* ☐ *t.d. e t.d.i. fig.* **4** (prep. *a*) tornar dependente de; submeter *<o preconceito escraviza o homem (a falsas certezas)>* ~ **escravizante** *adj.2g.*

es.cra.vo *adj.s.m.* **1** que(m) é privado da liberdade e pertence a um dono **2** *p.ext.* que(m) está submetido a algo ou alguém ■ *adj.* **3** que é próprio de escravo, de pessoa submetida *<trabalho e.>*

es.cra.vo.cra.ta *adj.2g.s.2g.* que(m) é a favor da escravatura

es.cre.te *s.m.* ESP time escalado para competição, torneio etc.; seleção

es.cre.ven.te *adj.2g.s.2g.* **1** (profissional) que copia o que outro escreveu ou ditou; escriturário **2** DIR em cartórios, diz-se de ou funcionário subordinado ao titular; ajudante de escrivão

es.cre.ver *v.* {mod. 8} *t.d.* **1** representar por sinais gráficos (pensamento, ideia etc.); redigir *<e. uma mensagem>* **2** riscar sobre uma superfície (palavras, frases, letras, caracteres etc.) *<escreveu 'te amo' na agenda>* **3** inscrever, gravar *<e. uma frase na lápide>* ☐ *t.d. e int.* **4** criar (obra escrita); redigir, compor *<e. um romance> <costuma e. diariamente>* ☐ *int.* **5** ser escritor *<mudou-se para o campo para e.>* ☐ *t.i. e t.d.i.* **6** (prep. *a, para*) enviar (carta, bilhete etc.) a *<escreveu (algumas linhas) para o aniversariante>* ◉ GRAM/USO part.: *escrito*

es.cre.vi.nhar *v.* {mod. 1} *t.d. e int.* **1** escrever (tolices, coisas sem interesse) por incapacidade ou por brincadeira *<escrevinha bobagens o dia todo> <ele vive lendo e escrevinhando>* ☐ *int.* **2** escrever mal as letras; rabiscar ~ **escrevinhador** *s.m.*

es.cri.ba *s.m.* **1** profissional que copiava manuscritos ou escrevia textos ditados; copista ■ *s.2g.* **2** *infrm.* aquele que escreve mal; escrevinhador

es.crí.nio *s.m.* **1** porta-joias **2** escrivaninha

es.cri.ta *s.f.* **1** ato de escrever ou o seu efeito **2** representação do pensamento e de palavras por meio de sinais gráficos **3** sistema de símbolos gráficos ou de outra natureza us. para representar algo *<e. musical> <e. chinesa>* **4** caligrafia **5** *fig. infrm.* o que constitui ou aparenta constituir uma rotina

es.cri.to *adj.s.m.* **1** (o) que está expresso pela escrita ■ *s.m.* **2** comunicação feita por meio de escrita; bilhete ◉ GRAM/USO part. de *escrever*

es.cri.tor /ô/ [pl.: *-es*] *adj.s.m.* autor de obras literárias, culturais, científicas etc.

es.cri.tó.rio *s.m.* **1** cômodo destinado ao trabalho intelectual; gabinete **2** sala ou conjunto de salas em que se administram negócios, se recebem clientes etc.

es.cri.tu.ra *s.f.* **1** documento escrito de um ato jurídico **2** método de traçar ou desenhar os caracteres; escrita **3** REL a Bíblia ☞ nesta acp., inicial maiúsc.; mais us. no pl. ~ **escritural** *adj.2g.*

es.cri.tu.rar *v.* {mod. 1} *t.d.* **1** anotar de modo organizado, sistemático (contas comerciais) **2** escrever ou lavrar (documento autêntico) **3** fazer a escritura de

es.cri.tu.rá.rio *s.m.* **1** auxiliar de escritório **2** escrevente **3** DIR o encarregado da escrituração de registros ou expediente em repartição pública

es.cri.va.ni.nha *s.f.* móvel apropriado para escrever ou para atividades de escritório; secretária, birô

es.cri.vão [pl.: *-ães*; fem.: *escrivã*] *s.m.* DIR titular de cartório ou ofício que escreve ou subscreve autos, termos de processo, atas e outros documentos de fé pública

es.cro.que *s.m.* quem usa de meios fraudulentos para se apropriar de bens alheios

es.cro.to /ô/ *s.m.* ANAT **1** bolsa que contém os testículos e os canais chamados *epidídimos* ■ *adj. B gros.* **2** que tem má qualidade ou má aparência; reles, mal-ajambrado ■ *adj.s.m. B gros.* **3** que(m) é mau, não confiável, mesquinho, mal-educado, negligente, egoísta etc. ~ **escrotal** *adj.2g.* - **escrotidão** *s.f.*

es.crú.pu.lo *s.m.* senso moral

es.cru.pu.lo.so /ô/ [pl.: /ó/; fem.: /ó/] *adj.* **1** que tem escrúpulos; exigente, rigoroso **2** cuidadoso, meticuloso ~ **escrupulosidade** *s.f.*

es.cru.tar *v.* {mod. 1} *t.d.* investigar com cuidado e em detalhes

es.cru.ti.nar *v.* {mod. 1} *t.d. e int.* **1** verificar, apurar (votos, números, resultados de uma votação) □ *t.d.* **2** examinar com atenção e minúcia; esquadrinhar ~ **escrutinação** *s.f.* - **escrutinador** *adj.s.m.*

es.cru.tí.nio *s.m.* **1** votação em que se utiliza urna **2** urna na qual os votos são recolhidos **3** apuração dos votos **4** exame minucioso

es.cu.dar *v.* {mod. 1} *t.d. e pron.* **1** proteger(-se) com escudo □ *t.d. e t.d.i.* **2** (prep. *contra*) defender, proteger (de ameaça, perigo) □ *pron.* **3** (prep. *em*) encontrar apoio em; respaldar-se

es.cu.dei.ro *s.m.* **1** na Idade Média, pajem que acompanhava um cavaleiro e carregava seu escudo **2** *fig.* aquele que acompanha e protege alguém

es.cu.de.ri.a *s.f.* organização proprietária de carros de corrida que possui equipe de pilotos e mecânicos

es.cu.do *s.m.* **1** arma de defesa, presa ao braço, us. contra golpes de lança e espada **2** *fig.* proteção, defesa **3** peça em que se representam armas nacionais, de clubes, agremiações etc. ou brasões de nobreza

es.cu.la.char *v.* {mod. 1} *t.d.* **1** bater em; espancar, surrar **2** tratar de modo deselegante, rude; maltratar **3** repreender ou censurar de modo áspero, rude **4** tornar ridículo; desmoralizar, avacalhar **5** causar danos a; destruir *<e. o trabalho do grupo>* ~ **esculacho** *s.m.*

es.cu.lham.bar *v.* {mod. 1} *t.d.* **1** repreender ou criticar de modo rude, ofensivo **2** deixar desordenado; desarrumar **3** causar dano a; estragar ~ **esculhambação** *s.f.*

es.cul.pir *v.* {mod. 24} *t.d.* **1** (prep. *em*) gravar (figura, ornamento etc.) em pedra, madeira, argila etc. **2** *fig.* deixar marcado; imprimir *<aquele gesto esculpiu sua memória>* □ *int.* **3** trabalhar como escultor

es.cul.tor /ô/ [pl.: *-es*] *s.m.* artista que faz esculturas

es.cul.tu.ra *s.f.* ART.PLÁST **1** obra em madeira, pedra, metal etc., em três dimensões **2** a arte de esculpir

es.cul.tu.ral [pl.: *-ais*] *adj.2g.* **1** de escultura **2** de formas ideais, perfeitas

es.cu.ma *s.f.* **1** espuma ('conjunto de bolhas') **2** ralé ~ **escumar** *v.t.d. e int.*

es.cu.ma.dei.ra ou **es.pu.ma.dei.ra** *s.f.* concha rasa com orifícios e cabo longo, us. para retirar espuma dos líquidos

es.cu.mi.lha *s.f.* **1** tecido fino e transparente, de lã ou seda **2** chumbo miúdo us. para caçar pássaros

es.cu.na *s.f.* MAR embarcação de dois mastros

es.cu.ras *s.f.pl.* ◗ us. em: **às e.** **1** sem luz **2** sem conhecimento do assunto **3** de forma oculta

es.cu.re.cer *v.* {mod. 8} *t.d.,int. e pron.* **1** (fazer) ficar sem luz ou com menos luz **2** tornar(-se) nublado; anuviar(-se) *<as nuvens escureceram a tarde> <a vista escureceu(-se)>* **3** tornar(-se) escuro; enegrecer(-se) *<e. os cabelos> <o anel escureceu(-se)>* □ *int.* **4** cair a noite; anoitecer ☞ nesta acp., é impessoal, exceto quando fig. ◉ GRAM/USO part.: *escurecido, escuro* ~ **escurecimento** *s.m.*

es.cu.ri.dão [pl.: *-ões*] *s.f.* **1** ausência de luz; escuro, pretume **2** *fig.* ignorância, desconhecimento

es.cu.ro *s.m.* **1** escuridão ■ *adj.s.m.* **2** (lugar) que tem pouca ou nenhuma luz ■ *adj.* **3** de cor negra ou quase negra

es.cu.sa *s.f.* **1** ato ou efeito de escusar(-se) **2** desculpa, evasiva

es.cu.sar *v.* {mod. 1} *t.d.* **1** perdoar, desculpar **2** tornar dispensável; prescindir □ *t.d. e pron.* **3** servir(-se) de justificativa; explicar(-se) *<o acidente escusou sua falta> <e.-se, alegando doença>* □ *pron.* **4** pedir desculpas, perdão **5** (prep. *a*) recusar-se, negar-se *<e.-se a dar explicações>* ◉ GRAM/USO part.: *escusado, escuso* ~ **escusatório** *s.m.*

es.cu.so *adj.* **1** escondido, oculto **2** suspeito, misterioso

es.cu.ta *s.f.* **1** ação de escutar **2** pessoa ou local us. para escutar

es.cu.tar *v.* {mod. 1} *t.d. e int.* **1** estar consciente do que ouve *<não escutou nada do que eu disse> <o pai fala, o filho escuta>* **2** perceber pelo sentido da audição; ouvir □ *t.d.* **3** dar atenção a; atender *<e. as queixas>*

es.drú.xu.lo *adj.* **1** *infrm.* fora dos padrões; esquisito, extravagante **2** LIT que termina em palavra proparoxítona (diz-se de verso)

es.fa.ce.lar *v.* {mod. 1} *t.d. e pron.* **1** fazer(-se) em pedaços; destruir(-se) □ *pron. fig.* **2** deteriorar-se, desfazer-se (instituições, privilégios etc.) ~ **esfacelamento** *s.m.*

es.fai.ma.do *adj.* esfomeado, faminto

es.fal.far *v.* {mod. 1} *t.d. e pron.* cansar(-se) muito; extenuar(-se) ~ **esfalfação** *s.f.* - **esfalfamento** *s.m.* - **esfalfante** *adj.2g.*

es.fa.que.ar *v.* {mod. 5} *t.d.* dar golpe(s) de faca em ~ **esfaqueamento** *s.m.*

es.fa.re.lar *v.* {mod. 1} *t.d. e pron.* **1** reduzir(-se) a farelos, migalhas; esfarinhar(-se) □ *t.d. fig.* **2** fazer em pedaços; esfacelar ~ **esfarelamento** *s.m.*

es.fa.re.len.to *adj.* **1** que esfarela fácil **2** de aspecto semelhante ao do farelo

es.far.ra.pa.do *adj.* **1** *fig.* reduzido a farrapos; rasgado **2** *B* que não tem lógica ou não parece provável *<desculpa e.>* ■ *adj.s.m.* **3** que(m) tem as roupas em farrapos

es.far.ra.par *v.* {mod. 1} *t.d. e pron.* **1** reduzir(-se) a farrapos; rasgar(-se) □ *t.d.* **2** fazer rasgos em; cortar

es.fe.noi.de /ói/ *s.m.* ANAT osso situado na base do crânio ~ **esfenoidal** *adj.2g.*

es.fe.ra *s.f.* **1** GEOM sólido formado por uma superfície fechada, cujos pontos estão a uma mesma distância de um ponto central em seu interior **2** corpo sólido completamente redondo em toda sua extensão; bola, globo **3** setor em que se exerce determinada atividade; área **4** meio social; círculo ~ **esfericidade** *s.f.*

es.fé.ri.co *adj.* que tem forma de esfera

es.fe.ro.grá.fi.ca *s.f.* caneta cuja ponta é uma pequena esfera de metal que gira em todas as direções

es.fi.a.par *v.* {mod. 1} *t.d.,int. e pron.* reduzir(-se) a fiapos; desfiar(-se) *<o arame farpado fez e. a camisa> <o tecido esfiapou(-se)>*

es.fínc.ter [pl.: *esfincteres* ou *esfíncteres*] *s.m.* ANAT estrutura muscular que fecha e abre orifícios ou canais do corpo

es.fin.ge *s.f.* **1** MIT figura com cabeça humana e corpo de leão, que devorava os viajantes que não decifravam seus enigmas **2** *fig.* pessoa enigmática ~ **esfingético** *adj.* - **esfíngico** *adj.*

es.fir.ra *s.f.* CUL *B* espécie de pastel de forno de origem árabe, recheado de carne moída, queijo ou verdura

es.fo.la.do *adj.* **1** que se arranhou; escoriado **2** que teve a pele arrancada **3** *fig.* zangado, furioso **4** *fig. CE* ousado, sem-vergonha ■ *s.m.* **5** boneco em três dimensões e sem pele, us. para estudo da anatomia humana

es.fo.la.du.ra *s.f.* **1** retirada da pele ou do couro, esp. de animais **2** ferida de raspão; arranhão

es.fo.lar *v.* {mod. 1} *t.d.* **1** tirar a pele de *<e. um animal>* **2** *fig. infrm.* cobrar preços abusivos a *<o mercado esfola a clientela>* □ *t.d. e pron.* **3** ferir(-se) superficialmente na pele; arranhar(-se) *<e. o braço> <esfolou-se ao cair>* ~ **esfola** *s.f.* - **esfoladela** *s.f.* - **esfolador** *adj.s.m.* - **esfolamento** *s.m.*

es.fo.li.ar *v.* {mod. 1} *t.d.* separar por lâminas ou escamas a superfície de *<e. a pele>* ~ **esfoliação** *s.f.* - **esfoliativo** *adj.*

es.fo.me.a.do *adj.s.m.* que(m) tem muita fome

es.fo.me.ar *v.* {mod. 5} *t.d.* **1** privar de alimento, causando fome em **2** provocar grande apetite em

es.for.ça.do *adj.s.m.* **1** que(m) mostra dedicação e energia na realização das tarefas **2** *pej.* que(m), sem inteligência, talento ou qualificação, luta para conseguir o que deseja ou precisa

es.for.çar *v.* {mod. 1} *t.d.* **1** pôr força, vigor em *<e. a voz>* □ *t.d. e pron.* **2** encher(-se) de coragem; animar(-se) *<e. o amigo para tirá-lo do desânimo> <e.-se para ter bom desempenho>* □ *pron.* **3** (prep. *para*) aplicar o máximo de capacidade, energia, força em; empenhar-se *<e.-se para encontrar uma saída>*

es.for.ço /ô/ [pl.: /ó/] *s.m.* **1** intensificação de força, atividade, vontade **2** empenho, zelo **3** coragem, valentia

es.fran.ga.lhar *v.* {mod. 1} *t.d. e pron.* reduzir(-se) a frangalhos; rasgar(-se), esfarrapar(-se)

es.fre.ga *s.f.* **1** ato de esfregar; esfregação **2** *fig. infrm.* surra ('espancamento')

es.fre.gão [pl.: *-ões*] *s.m. B* espécie de vassoura com tiras confeccionadas de lã ou material sintético, us. para esfregar o chão

es.fre.gar *v.* {mod. 1} *t.d. e t.d.i.* **1** (prep. *em*) passar diversas vezes um corpo sobre (outro), estando aquele ou ambos em movimento, para dar calor, limpar etc.; friccionar, roçar *<e. o chão> <e. uma mão na outra>* □ *pron.* **2** *gros.* roçar-se com volúpia, desejo ~ **esfregação** *s.f.*

es.fri.ar *v.* {mod. 1} *t.d.,int. e pron.* **1** (fazer) ficar com baixa temperatura *<o ar gelado esfriou a sopa> <o tempo esfriou> <esfriaram-se as folhas>* **2** *fig.* tornar(-se) insensível; empedernir(-se) *<a distância esfriou a relação> <sentiu o coração e.(-se)>* **3** *fig.* (fazer) perder o ânimo, a intensidade; desanimar(-se) *<saiu para e. a cabeça> <seu desejo esfriou(-se)>* ~ **esfriamento** *s.m.*

es.fu.ma.çar *v.* {mod. 1} *t.d.* **1** espalhar fumaça em *<e. o palco>* **2** enegrecer com fumaça *<o fogão esfumaçou a parede>* **3** secar (alimento) expondo à fumaça; defumar **4** pintar, dando aparência de fumaça a *<e. a tinta>* □ *pron.* **5** desaparecer, sumir *<e.-se no mundo>*

es.fu.mar *v.* {mod. 1} *t.d.* **1** desenhar com carvão ou esfuminho *<ele sabia e. um quadro>* **2** esfumaçar('enegrecer') □ *pron. fig.* **3** sumir pouco a pouco; desfazer-se *<lembranças se esfumam facilmente>* ~ **esfumação** *s.f.*

es.fu.mi.nho *s.m.* ART.PLÁST rolo de pelica, papel ou feltro us. para atenuar o contraste de cor de desenhos a lápis ou carvão

es.fu.zi.an.te *adj.2g.* **1** que esfuzia ou sibila **2** radiante, cheio de alegria

es.fu.zi.ar *v.* {mod. 1} *int.* **1** zunir como balas num tiroteio **2** soprar com força (o vento) □ *t.d. fig.* **3** lançar, atirar *<e. um comentário irônico>*

es.gal.ga.do *adj.* **1** esguio como um galgo **2** comprido e estreito

es.ga.lhar *v.* {mod. 1} *int. e pron.* **1** espalhar-se em ramos, galhos *<árvores esgalham(-se)>* □ *t.d.* **2** retirar galhos, ramos de (planta); desgalhar *<e. as árvores da rua>*

es.ga.na.do *adj.* **1** que sofreu estrangulamento **2** apegado a dinheiro; sovina **3** que come muito; comilão, esfomeado

es.ga.nar *v.* {mod. 1} *t.d.* matar por sufocação, apertando o pescoço de; estrangular

es.ga.ni.çar *v.* {mod. 1} *t.d.* **1** tornar (a voz) estridente, como um ganido de cão □ *pron.* **2** cantar ou falar alto e em tom agudo *<e.-se para alcançar a nota>* ~ **esganiçado** *adj.* - **esganiçamento** *s.m.*

es.gar [pl.: *-es*] *s.m.* careta, trejeito do rosto

es.ga.ra.va.ta.dor /ô/ [pl.: *-es*] *adj.s.m.* **1** (palito) us. para limpar os dentes **2** (instrumento) us. para remexer brasas no fogo **3** (instrumento) us. para limpar armas

es.ga.ra.va.tar ou **es.gra.va.tar** *v.* {mod. 1} *t.d.* **1** limpar com dedo ou palito (nariz, dentes, ouvidos) **2** remexer ou avivar com o esgaravatador ('instrumento') *<e. as cinzas da lareira>*

es.gar.çar *v.* {mod. 1} *t.d.,int. e pron.* **1** rasgar(-se) [tecido] pelo afastamento dos fios; desfiar(-se) *<e. o lenço ao esticá-lo> <a fronha esgarçou(-se)>* □ *int. e pron.* **2** reduzir-se a fragmentos; desfazer-se *<nuvens esgarçam(-se) no céu>*

es.ga.ze.ar *v.* {mod. 5} *t.d.* **1** dar (ao olhar) expressão inquieta ou de loucura **2** ART.PLÁST tornar desbotada, clara (a cor de um quadro)

es.go.e.lar *v.* {mod. 1} *t.d.,int. e pron.* **1** falar muito alto; gritar *<e. palavrões em plena rua> <pare de e.(-se) à toa>* □ *t.d.* **2** esganar, estrangular ~ **esgoelamento** *s.m.*

es.go.ta.men.to *s.m.* **1** ato ou efeito de esgotar(-se) **2** grande cansaço; exaustão

es.go.tar *v.* {mod. 1} *t.d.,int. e pron.* **1** tirar ou esvaziar(-se) até a última gota; secar(-se) *<e. a água da cisterna> <a fonte esgotou(-se)>* **2** gastar(-se) inteiramente; exaurir(-se) *<e. o solo> <as reservas do país esgotaram(-se)>* **3** vender ou distribuir (algo) até a última peça *<e. os ingressos> <a edição esgotou(-se)>* **4** tornar(-se) exausto; extenuar(-se) *<e. as forças> <e.(-se) de tanto fazer exercícios>* □ *t.d.* **5** tratar a fundo (tema, questão etc.) *<e. o assunto>* □ *pron.* **6** chegar ao fim; terminar *<o tempo de jogo esgotou-se>* ~ **esgotável** *adj.2g.*

es.go.to /ô/ *s.m.* **1** cano ou abertura pela qual correm líquidos ou dejetos **2** canalização subterrânea para recolher e escoar a água da chuva, resíduos líquidos e dejetos

es.gra.va.tar *v.* {mod. 1} → ***ESGARAVATAR***

es.gri.ma *s.f.* ESP arte de manejar armas brancas (florete, espada, sabre etc.) ~ **esgrimista** *s.2g.*

es.gri.mir *v.* {mod. 24} *t.d. e int.* **1** praticar a esgrima com (espada, florete, sabre etc.) *<esgrimiam muito bem (seus floretes)>* □ *t.i. fig.* **2** (prep. *contra*) travar combate contra; lutar *<e. contra a corrupção>*

es.guei.rar *v.* {mod. 1} *pron.* **1** (prep. *de, para, por*) sair ou afastar-se com cuidado, sem ser visto; escapulir *<e.-se pela porta lateral>* □ *t.d.* **2** desviar com cautela, discrição *<e. o olhar>*

es.gue.lha /ê/ *s.f.* través, viés ▣ **de e.** de lado, de soslaio *<olhar de e.>*

es.gui.char *v.* {mod. 1} *t.d. e int.* expelir ou sair com força (líquido) por abertura estreita; jorrar *<a torneira esguicha água> <o sangue esguichou>* ~ **esguichada** *s.f.* - **esguichamento** *s.m.*

es.gui.cho *s.m.* **1** ação de esguichar ou seu efeito **2** jato de líquido **3** dispositivo em mangueira ou tubo que faz um líquido esguichar

es.gui.o *adj.* **1** longo e estreito **2** alto e magro; esbelto

es.la.vo *s.m.* **1** indivíduo dos eslavos, antigo grupo de povos da Europa central e oriental, cujos descendentes atuais incluem grupos de indivíduos da Rússia, Polônia, República Tcheca, Eslováquia, Bulgária etc. **2** LING conjunto de línguas faladas por esses povos ■ *adj.* **3** relativo a esse indivíduo, esses povos ou essas línguas ~ **eslávico** *adj.*

es.ma.e.cer *v.* {mod. 8} *int.* **1** perder a cor; desbotar **2** perder a luminosidade; apagar-se **3** perder o vigor; enfraquecer **4** desmaiar, desfalecer

es.ma.e.ci.men.to *s.m.* **1** perda da cor, da luminosidade **2** enfraquecimento **3** desmaio

es.ma.ga.dor /ô/ [pl.: *-es*] *adj.s.m.* **1** (o) que esmaga ■ *adj.* **2** que oprime; tirânico **3** que não admite contestação; que não se discute

es.ma.gar *v.* {mod. 1} *t.d.* **1** deformar por compressão ou choque, a ponto de achatar ou arrebentar **2** *fig.* destruir ou anular por completo **3** *fig.* provocar ansiedade, angústia; afligir **4** *fig.* conseguir grande vitória ou vantagem sobre; triunfar **5** *fig.* dominar com brutalidade, autoritarismo; oprimir ~ **esmagamento** *s.m.*

es.mal.tar *v.* {mod. 1} *t.d.* **1** cobrir ou ornar de esmalte □ *t.d. e pron.* **2** enfeitar(-se), adornar(-se) **3** assumir várias cores; matizar(-se) ~ **esmaltação** *s.f.* - **esmaltado** *adj.* - **esmaltador** *adj.s.m.* - **esmaltagem** *s.f.*

es.mal.te *s.m.* **1** substância líquida, transparente ou de cor opaca, que, depois de seca, dá aspecto brilhante à superfície em que foi aplicada **2** a camada mais externa dos dentes ☞ cf. *dentina*

es.me.ral.da *s.f.* **1** pedra preciosa de cor verde ■ *adj.2g.2n.* **2** que tem essa cor **3** diz-se dessa cor ~ **esmeraldino** *adj.*

es.me.rar *v.* {mod. 1} *t.d.* **1** mostrar esmero em; apurar, aperfeiçoar □ *pron.* **2** (prep. *em, para, por*) aplicar-se para fazer o melhor; caprichar

es.me.ril [pl.: *-is*] *s.m.* **1** pedra us. para afiar lâminas **2** substância abrasiva us. para polir metais, pedras preciosas etc.

es.me.ri.lar ou **es.me.ri.lhar** *v.* {mod. 1} *t.d.* **1** polir com esmeril **2** tornar fosco, usando o esmeril **3** fazer pesquisa, investigação **4** aperfeiçoar, apurar ~ **esmerilação/esmerilhação** *s.f.*

es.me.ro /ê/ *s.m.* **1** grande cuidado em qualquer tarefa **2** apuro, perfeição

es.mi.ga.lhar *v.* {mod. 1} *t.d. e pron.* **1** reduzir(-se) a migalhas; esfarelar(-se) **2** reduzir(-se) a fragmentos; despedaçar(-se) □ *t.d.* **3** comprimir até achatar; esmagar

es.mi.u.ça.men.to *s.m.* **1** quebra em pequenos pedaços **2** *fig.* análise ou explicação detalhada

es.mi.u.çar *v.* {mod. 2} *t.d.* **1** desfazer em pedaços miúdos; fragmentar **2** transformar em pó; pulverizar **3** analisar profundamente; esquadrinhar □ *t.d.i.* **4** (prep. *a, para*) explicar em detalhes; destrinchar *<esmiuçou o texto para os alunos>*

es.mo /ê/ *s.m.* cálculo sem rigor, apenas aproximado ▣ **a e. 1** ao acaso **2** sem fundamento

es.mo.la *s.f.* o que se dá aos necessitados para ajudá-los; caridade

es.mo.lam.ba.do *adj.s.m.* que(m) está em molambos, em farrapos; maltrapilho

es.mo.lar *v.* {mod. 1} *t.d.,t.d.i. e int.* (prep. *a, para*) dar ou pedir esmola (a) <*esmolou (aos mais pobres) tudo que tinha*> <*ninguém deveria precisar e. para viver*>

es.mo.re.cer *v.* {mod. 8} *t.d. e int.* **1** (fazer) ficar sem ânimo, sem forças; enfraquecer, desanimar □ *int.* **2** diminuir de intensidade (luz, cores, som etc.) **3** perder os sentidos; desmaiar <*esmoreceu de repente*>

es.mo.re.ci.men.to *s.m.* **1** desalento, desânimo **2** desmaio **3** perda de brilho

es.mur.rar *v.* {mod. 1} *t.d.* **1** dar murros em; espancar **2** *fig.* golpear, maltratar

es.no.bar *v.* {mod. 1} *int.* **1** agir com esnobismo □ *t.d.* **2** mostrar menosprezo por; depreciar, desprezar ~ **esnobação** *s.f.*

es.no.be *adj.2g.* **1** em que há esnobismo ■ *adj.2g.s.2g.* **2** que(m) demonstra esnobismo

es.no.bis.mo *s.m.* atitude de quem despreza os mais humildes ou assume ares de superioridade em relação a tudo

e.so.fa.gi.te *s.f.* MED inflamação do esôfago

e.sô.fa.go *s.m.* ANAT canal formado por músculos e membranas que liga a faringe ao estômago ~ **esofagiano** *adj.* - **esofágico** *adj.*

e.so.té.ri.co *adj.* **1** que é ensinado apenas aos iniciados **2** que se baseia ou acredita em fenômenos sobrenaturais **3** *fig.* compreensível apenas por poucos ☞ cf. *exotérico*

e.so.te.ris.mo *s.m.* **1** atitude doutrinária segundo a qual certos conhecimentos só devem ser comunicados a um pequeno número de iniciados **2** doutrina ou prática baseada em fenômenos sobrenaturais **3** *fig.* caráter de uma obra enigmática ☞ cf. *exoterismo*

es.pa.çar *v.* {mod. 1} *t.d.* **1** criar espaços entre; intervalar **2** impor adiamento a; retardar **3** tornar menos frequente; rarear ~ **espaçamento** *s.m.*

es.pa.ce.jar *v.* {mod. 1} *t.d.* abrir espaço entre (esp. letras, palavras, linhas) ~ **espacejamento** *s.m.*

es.pa.ci.al [pl.: *-ais*] *adj.2g.* que existe no espaço ou que se estende pelo espaço

es.pa.ço *s.m.* **1** distância entre dois pontos ou duas linhas **2** extensão limitada em uma, duas ou três dimensões <*o e. da cozinha era pequeno*> **3** o Universo **4** cabimento, oportunidade <*não há e. para tal comportamento*> **5** período ou intervalo de tempo <*um e. de dois anos*> ▣ **e. aéreo** DIR espaço que cobre o território e o mar territorial, e que faz parte da jurisdição do Estado subjacente

es.pa.ço.na.ve *s.f.* nave us. em viagens pelo cosmos; nave espacial

es.pa.ço.so /ô/ [pl.: /ó/; fem.: /ó/] *adj.* que tem muito espaço; amplo, extenso <*apartamento e.*>

es.pa.ço-tem.po [pl.: *espaços-tempos*] *s.m* FÍS espaço de quatro dimensões em que três das coordenadas são espaciais e a quarta corresponde ao tempo ~ **espaço-temporal** *adj.2g.*

es.pa.da *s.f.* **1** arma branca com lâmina comprida, pontiaguda e dotada de uma pequena empunhadura ▼ ***espadas*** *s.f.pl.* **2** RECR um dos quatro naipes do baralho, representado por uma figura preta em forma de ponta de lança ◉ GRAM/USO aum.irreg.: *espadagão*; dim.irreg.: *espadim*

es.pa.da.chim [pl.: *-ins*] *s.m.* aquele que luta com espada

es.pa.da-de-são-jor.ge [pl.: *espadas-de-são-jorge*] *s.f.* BOT planta ornamental de folhas verdes longas com faixas amarelas e flores aromáticas

es.pa.da.na *s.f.* **1** objeto em forma de espada **2** labareda, língua de fogo **3** nadadeira de peixe

es.pa.da.ú.do *adj.* que tem ombros largos

es.pá.dua *s.f.* ANAT *infrm.* **1** escápula **2** ombro

es.pa.gue.te *s.m.* macarrão de fio fino sem furo

es.pai.re.cer *v.* {mod. 8} *t.d.,t.d.i.,int. e pron.* (prep. *de, em, por*) livrar(-se) de preocupação, repousando a mente; distrair(-se) <*queria viajar para e. a cabeça (das preocupações)*> <*e. a vista numa bela paisagem*> <*andava pelo bosque para e.(-se)*> ~ **espairecimento** *s.m.*

es.pal.dar [pl.: *-es*] *s.m.* as costas da cadeira, sofá etc.; encosto

es.pa.lha.fa.to *s.m.* **1** estardalhaço **2** ostentação exagerada

es.pa.lha.fa.to.so /ô/ [pl.: /ó/; fem.: /ó/] *adj.* **1** que faz espalhafato **2** que chama a atenção pelas atitudes sem moderação

es.pa.lhar *v.* {mod. 1} *t.d. e pron.* **1** lançar(-se) em várias direções; dispersar(-se) **2** tornar(-se) público; propagar(-se) □ *t.d. e t.d.i.* **3** (prep. *em*) fazer alastrar, expandir-se; proliferar □ *pron. fig.* **4** pôr-se à vontade ~ **espalhado** *adj.*

es.pal.mar *v.* {mod. 1} *t.d.* **1** abrir (a mão) estendendo os dedos **2** tornar plano e aberto; alisar **3** estender, abrir (p.ex., as asas) **4** segurar ou aparar na palma da mão

es.pa.na.dor /ô/ [pl.: *-es*] *s.m.* utensílio com penas ou tiras de pano macio presas num cabo, us. para espanar

es.pa.nar *v.* {mod. 1} *t.d.* tirar o pó de ~ **espanação** *s.f.* - **espanadela** *s.f.*

es.pan.car *v.* {mod. 1} *t.d.* dar pancadas em; surrar, bater ~ **espancamento** *s.m.*

es.pan.ta.di.ço *adj.* que se espanta com facilidade

es.pan.ta.do *adj.* **1** que se espantou ou assustou **2** que se surpreendeu ou se admirou com algo **3** *B infrm.* que chama a atenção pelo excesso; berrante, chamativo

es.pan.ta.lho *s.m.* **1** objeto, ger. boneco, us. para espantar aves que atacam as plantações **2** *fig.* pessoa malvestida

es.pan.<u>tar</u> *v.* {mod. 1} *t.d. e pron.* **1** (fazer) sentir medo; assustar(-se) **2** encher(-se) de admiração, surpresa; surpreender(-se) ☐ *t.d.* **3** pôr para longe; afugentar, enxotar

es.<u>pan</u>.to *s.m.* **1** susto, medo **2** acontecimento surpreendente

es.pan.<u>to</u>.so /ô/ [pl.: /ó/; fem.: /ó/] *adj.* **1** que assusta **2** que causa admiração **3** que causa estranheza

es.pa.ra.<u>dra</u>.po *s.m.* tira com uma face aderente us. para proteger e segurar curativos

es.par.<u>gir</u> ou **es.par.<u>zir</u>** *v.* {mod. 24} *t.d. e t.d.i.* (prep. *sobre*) espalhar em gotículas (um líquido); borrifar, salpicar *<e. água (sobre as plantas)>* ◉ GRAM/USO part.: *espargido, esparso*

es.par.ra.<u>mar</u> *v.* {mod. 1} *t.d.,t.d.i.,int. e pron.* **1** (prep. *em, por, sobre*) lançar(-se) em várias direções; espalhar(-se) ☐ *t.d.,t.d.i. e pron.* **2** (prep. *em, por, sobre*) entornar, derramar ☐ *pron.* **3** cair estendido, deitado; estatelar-se **4** *B infrm.* pôr-se à vontade, em atitude largada; espalhar-se ~ **esparramação** *s.f.*

es.par.<u>ra</u>.me ou **es.par.<u>ra</u>.mo** *s.m.* **1** dispersão, debandada, correria **2** exagero **3** confusão

es.par.<u>re</u>.la *s.f.* **1** uma armadilha de caça **2** *fig.* cilada, ardil ▣ **cair na e.** deixar-se enganar

es.<u>par</u>.so *adj.* **1** solto, disperso **2** *fig.* que foi divulgado; vulgarizado ◉ GRAM/USO part. de *espargir*

es.par.<u>ta</u>.no *adj.* **1** de Esparta (Grécia) **2** *fig.* austero, rigoroso (como os antigos cidadãos de Esparta) ■ *s.m.* **3** natural ou habitante daquela cidade grega

es.par.<u>ti</u>.lho *s.m.* VEST cinta feminina us. para comprimir e modelar a cintura

es.par.<u>zir</u> *v.* {mod. 24} → ***ESPARGIR***

es.<u>pas</u>.mo *s.m.* MED contração involuntária de um ou vários músculos

es.pas.<u>mó</u>.di.co *adj.* que tem características de um espasmo

es.pa.ti.<u>far</u> *v.* {mod. 1} *t.d. e pron.* **1** reduzir(-se) a fragmentos; despedaçar(-se) ☐ *pron.* **2** levar um tombo; estatelar-se

es.<u>pá</u>.tu.la *s.f.* **1** instrumento com extremidade larga e achatada, us. para amassar, espalhar massa, raspar etc. **2** faca sem fio, us. para abrir envelopes, folhas de livro etc.

es.pa.ven.<u>tar</u> *v.* {mod. 1} *t.d. e pron.* **1** (fazer) levar um susto; espantar(-se) ☐ *pron.* **2** ostentar luxo, pompa; engalanar-se **3** demonstrar orgulho; envaidecer-se

es.pa.<u>ven</u>.to *s.m.* **1** espanto **2** ostentação

es.pa.ven.<u>to</u>.so /ô/ [pl.: /ó/; fem.: /ó/] *adj.* **1** que assusta **2** que chama a atenção; espalhafatoso **3** cheio de orgulho

es.pa.vo.<u>rir</u> *v.* {mod. 24} *t.d. e pron.* (fazer) sentir medo, pavor; aterrorizar(-se) ◉ GRAM/USO verbo defectivo

es.pe.<u>car</u> *v.* {mod. 1} *t.d.* **1** sustentar com espeque; escorar ☐ *t.d. e pron.* **2** (fazer) ter firmeza, estabilidade, dividindo o peso com; apoiar(-se) ☐ *int. e pron.* **3** parar de repente; estacar

es.pe.ci.<u>al</u> [pl.: *-ais*] *adj.2g.* **1** que tem função, propósito ou aplicação particular **2** exclusivo para determinado indivíduo ou grupo **3** fora do comum, excelente

es.pe.ci.a.li.<u>da</u>.de *s.f.* **1** característica do que é especial **2** comida que destaca alguém ou algum lugar **3** ramo profissional; interesse particular

es.pe.ci.a.<u>lis</u>.ta *adj.2g.s.2g.* **1** que(m) possui habilidade ou conhecimento especial num assunto ou numa atividade **2** *infrm.* que(m) repete determinado modo de agir

es.pe.ci.a.li.za.<u>ção</u> [pl.: *-ões*] *s.f.* **1** ação, processo ou efeito de especializar(-se) **2** atividade, profissão, ramo do conhecimento que uma pessoa domina

es.pe.ci.a.li.<u>zar</u> *v.* {mod. 1} *t.d. e pron.* **1** tornar(-se) especial; distinguir(-se) ☐ *pron.* **2** (prep. *em*) tornar-se especialista ~ **especializado** *adj.*

es.pe.ci.al.<u>men</u>.te *adv.* **1** em particular, de modo especial; principalmente, sobretudo **2** de modo específico; especificamente **3** de modo incomum

es.pe.ci.a.<u>ri</u>.a *s.f.* CUL substância vegetal com propriedades aromáticas us. na culinária (p.ex., canela, cravo etc.)

es.<u>pé</u>.cie *s.f.* **1** classe de seres ou coisas de mesma natureza **2** caso particular de algo genérico; tipo, variedade **3** BIO categoria taxonômica abaixo do gênero, cujos indivíduos têm estruturas semelhantes entre si e com seus progenitores e se cruzam gerando descendentes férteis ▣ **causar e.** surpreender • **em e.** em dinheiro vivo

es.pe.ci.fi.ca.<u>men</u>.te *adv.* de modo específico, em particular; especialmente, exclusivamente

es.pe.ci.fi.<u>car</u> *v.* {mod. 1} *t.d.* **1** determinar a espécie de; classificar **2** ser o traço específico de; caracterizar **3** indicar com exatidão; precisar **4** descrever ou explicar com minúcias; detalhar **5** dar instruções minuciosas e precisas; esclarecer, informar ~ **especificação** *s.f.*

es.pe.ci.fi.ca.<u>ti</u>.vo *adj.* que especifica ou contém especificação

es.pe.<u>cí</u>.fi.co *adj.* **1** próprio de uma espécie **2** restrito a um caso; exclusivo, particular ~ **especificidade** *s.f.*

es.<u>pé</u>.ci.me ou **es.<u>pé</u>.ci.men** [pl.: *espécimens* e *especímenes*] *s.m.* **1** BIO qualquer indivíduo de uma espécie **2** exemplo, amostra

es.pe.ci.<u>o</u>.so /ô/ [pl.: /ó/; fem.: /ó/] *adj.* **1** de aparência falsa; ilusório, enganador **2** belo, formoso ~ **especiosidade** *s.f.*

es.pec.ta.<u>dor</u> /ô/ [pl.: *-es*] *s.m.* **1** quem assiste a um espetáculo **2** quem presencia um fato; testemunha ☞ cf. *expectador* ◉ COL plateia, público

es.<u>pec</u>.tro *s.m.* **1** fantasma **2** recordação obsessiva **3** FÍS conjunto das ondas de diferentes tamanhos que compõem uma radiação composta

es.pe.cu.la.ção [pl.: *-ões*] *s.f.* **1** estudo teórico; conjectura **2** ECON transação financeira que busca lucros altos com as oscilações do mercado

[1]**es.pe.cu.lar** *v.* {mod. 1} *t.i. e int.* **1** (prep. *sobre*) estudar em detalhes, do ponto de vista teórico; pesquisar *<e. (sobre a doença) para desenvolver a vacina>* ☐ *t.d.* **2** buscar informações sobre; pesquisar **3** pensar sobre (algo) sem base em fatos concretos *<e. se ela fugiu>* ☐ *t.i.* **4** (prep. *sobre*) buscar entender pela razão; refletir *<e. sobre uma questão>* **5** ECON (prep. *com*) negociar para lucrar com as oscilações do mercado ☐ *int.* **6** *pej.* prender-se à teoria, sem atuar na prática *<enquanto ele especula, outros agem>* [ORIGEM: do lat. *speculāre* 'observar do alto, seguir com os olhos']

[2]**es.pe.cu.lar** [pl.: *-es*] *adj.2g.* **1** de ou com espelho(s) **1.1** que reflete como um espelho **1.2** invertido como a imagem do espelho *<movimento e.>* [ORIGEM: do lat. *speculāris,e* 'do espelho, transparente']

es.pe.cu.la.ti.vo *adj.* **1** que investiga teoricamente *<trabalho e.>* **2** que busca o conhecimento *<mente e.>* **3** ECON com caráter de especulação comercial ou financeira

es.pé.cu.lo *s.m.* MED instrumento que dilata cavidades do corpo (vagina, ânus etc.) para serem examinadas

es.pe.da.çar *v.* {mod. 1} *t.d. e pron.* despedaçar

es.pe.le.o.lo.gi.a *s.f.* exploração e estudo de grutas e cavernas ~ **espeleologista** *adj.2g.s.2g.* - **espeleólogo** *s.m.*

es.pe.lhar *v.* {mod. 1} *t.d.* **1** refletir como um espelho **2** polir, lustrar *<e. a prata>* **3** revestir com espelhos ☐ *pron.* **4** ficar refletido em espelho ou algo semelhante *<a Lua espelha-se no rio>* **5** *fig.* (prep. *em*) tomar como exemplo; inspirar-se *<e.-se na irmã>* ~ **espelhamento** *s.m.*

es.pe.lho /ê/ *s.m.* **1** FÍS superfície polida que reflete a luz **2** vidro polido metalizado que reflete a luz e a imagem das coisas e pessoas **3** *fig.* parcela representativa de algo; amostra ~ **espelharia** *s.f.*

es.pe.lun.ca *s.f.* lugar mal frequentado, sujo, sem conforto

es.pe.que *s.m.* **1** peça com que se escora algo **2** *fig.* apoio, amparo

es.pe.ra *s.f.* **1** ato de esperar ou seu efeito **2** demora, atraso **3** esperança, expectativa

es.pe.ra-ma.ri.do [pl.: *espera-maridos*] *s.m.* CUL *B* doce de ovos com calda de açúcar queimado

es.pe.ran.ça *s.f.* **1** sentimento de possível realização daquilo que se deseja **2** confiança; fé **3** aquilo ou aquele de que se espera algo **4** REL ver *virtude teologal* ☞ cf. *fé* e *caridade* **5** ZOO denominação de certos insetos de cor verde, como o grilo ~ **esperançar** *v.t.d. pron.*

es.pe.ran.ço.so /ô/ [pl.: /ó/; fem.: /ó/] *adj.s.m.* **1** que(m) tem esperança **2** (o) que dá esperança

es.pe.ran.tis.ta *adj.2g.* **1** referente a esperanto ■ *adj.2g.s.2g.* **2** especialista em e/ou falante de esperanto

es.pe.ran.to *s.m.* língua artificial, criada (1887) para ser us. na comunicação internacional

es.pe.rar *v.* {mod. 1} *t.d.,t.i. e int.* **1** (prep. *em, por*) não agir, mover-se etc. até acontecer algo que se tem por certo, provável etc.; aguardar *<e. o filho>* *<esperou (por) horas>* **2** (prep. *em*) ter esperança (em); contar, confiar *<e. em Deus>* *<coragem, é preciso e.>* ☐ *t.d. e t.i.* **3** (prep. *por*) contar com a realização de; torcer *<espero que fique bom>* *<e. pela recuperação do pai>* ☐ *t.d.* **4** estar destinado a; reservar-se *<o futuro o espera!>* **5** considerar provável; supor *<esperava outra reação>* **6** ser gestante *<e. gêmeos>*

es.per.di.çar *v.* {mod. 1} *t.d.* desperdiçar

es.per.ma *s.m.* líquido que contém os espermatozoides e é produzido pelas glândulas reprodutoras masculinas; sêmen

es.per.ma.ce.te *s.m.* QUÍM gordura extraída da cabeça de baleias, us. em cremes, velas, cosméticos etc.

es.per.má.ti.co *adj.* **1** relativo a esperma **2** relativo a espermatozoide **3** relativo a semente

es.per.ma.to.zoi.de /ói/ *s.m.* BIO célula reprodutora masculina ~ **espermatozoico** *adj.*

es.per.mi.ci.da *adj.2g.s.m.* FARM (substância) que destrói espermatozoides

es.per.ne.ar *v.* {mod. 5} *int.* **1** agitar repetida e violentamente as pernas ☐ *t.i. e int.* **2** (prep. *contra*) opor-se a; reclamar *<e. contra a venda da loja>* *<não adianta e., vai ter de pôr o casaco>* ~ **esperneio** *s.m.*

es.per.ta.lhão [pl.: *-ões*] *adj.s.m.* *pej.* que(m) age por meios pouco honestos

es.per.te.za /ê/ *s.f.* **1** característica de quem é esperto **2** ação ou método de quem é esperto **3** ação desonesta para conseguir algo; astúcia, malandragem

es.per.to *adj.* **1** desperto **2** que percebe tudo; atento, vigilante **3** *fig.* perspicaz, inteligente **4** que age com rapidez e eficiência ■ *s.m.* **5** indivíduo espertalhão ☞ cf. *experto*

es.pes.sar *v.* {mod. 1} *t.d.,int. e pron.* **1** tornar (-se) espesso, grosso; encorpar **2** tornar(-se) denso, compacto, maciço *<a vegetação espessou(-se)>* **3** tornar(-se) volumoso, basto *<e. a barba>* *<seus cabelos espessaram(-se) durante a gravidez>* ~ **espessamento** *s.m.*

es.pes.so /ê/ *adj.* **1** que tem espessura considerável; grosso **2** que tem consistência pastosa **3** de grande densidade, volumoso ~ **espessidão** *s.f.*

es.pes.su.ra *s.f.* **1** característica do que é espesso; grossura **2** medida de grossura *<1 cm de e.>* **3** consistência *<e. de um xarope>*

es.pe.ta.cu.lar [pl.: *-es*] *adj.2g.* **1** relativo a espetáculo **2** *B infrm.* ótimo, sensacional

es.pe.tá.cu.lo *s.m.* **1** aquilo que chama e prende a atenção **2** qualquer apresentação pública, p.ex., de teatro, canto, dança **3** *B infrm.* algo mais interessante, bom, bonito e/ou vistoso que o habitual *<o jogo foi um e.>* **4** *p.ext.* *infrm.* cena escandalosa

es.pe.ta.cu.lo.so /ô/ [pl.: /ó/; fem.: /ó/] *adj.* **1** que chama muito a atenção; espalhafatoso **2** que tem pompa, aparato; grandioso **3** dado a cenas ridículas, escandalosas ~ **espetaculosidade** *s.f.*

es.pe.ta.da *s.f.* golpe dado com espeto ou outro objeto perfurante

es.pe.tar *v.* {mod. 1} *t.d. e t.d.i.* **1** (prep. *em*) introduzir ponta afiada de (algo) em; enfiar, cravar *<e. estacas (no canteiro)>* **2** (prep. *em*) prender ou pendurar com alfinete, grampo etc. *<e. uma flor (no cabelo)>* □ *t.d.* **3** enfiar, trespassar *<e. a carne>* **4** pegar com espeto ou similar **5** *MA* deixar de comparecer a *<e. a aula>* □ *t.d. e pron.* **6** ferir(-se) com algo pontiagudo *<e.se com a agulha>* □ *t.d. e int.* **7** causar dor ou incômodo na pele; pinicar *<esse tecido espeta (a pele)>* □ *int. e pron. infrm.* **8** tornar-se duro e com tendência a ficar na vertical; eriçar(-se) *<o pelo do cão espetou(-se)>* ~ **espetadela** *s.f.*

es.pe.ti.nho *s.m.* **1** espeto pequeno **2** CUL série de cubos de carne, queijo etc., enfiados numa haste e assados; brochete

es.pe.to /ê/ *s.m.* **1** haste fina e pontiaguda, de metal ou madeira, us. para assar carnes, peixes etc. **2** *p.ext.* pessoa alta e magra **3** *fig. infrm.* chatice, problema

es.pe.vi.tar *v.* {mod. 1} *t.d.* **1** cortar ou puxar (pavio, mecha etc.), para avivar a chama **2** *fig.* estimular, avivar (pessoas, sentimentos etc.) *<e. a memória>* □ *pron.* **3** tornar-se petulante; atrever-se *<não deixe a turma se e. muito>* **4** ficar agressivo; exaltar-se *<espevitou-se quando foi proibida de sair>* □ *t.d. e pron. B infrm.* **5** (fazer) ficar irrequieto, animado; assanhar(-se) *<o barulho espevita o bebê>* *<e.-se com a bagunça>*

es.pe.zi.nhar *v.* {mod. 1} *t.d.* **1** pisar repetidamente; pisotear **2** *fig.* tratar com desdém e/ou com crueldade ~ **espezinhamento** *s.m.*

[1]**es.pi.a** *s.2g.* **1** espião **2** vigia [ORIGEM: do it. *spia* 'id.']

[2]**es.pi.a** *s.f.* MAR cabo us. para amarrar uma embarcação a outra, ao cais etc. [ORIGEM: regr. de [2]*espiar*]

es.pi.a.da *s.f.* ação de espiar; olhada

es.pi.a.de.la *s.f.* olhada rápida; espiada

es.pi.ão [pl.: *-ões*; fem.: *espiã*] *s.m.* **1** quem vigia secretamente algo ou alguém **2** pessoa encarregada de missão secreta; agente secreto ■ *adj.* **3** que faz espionagem

[1]**es.pi.ar** *v.* {mod. 1} *t.d.* **1** observar às escondidas; espreitar **2** observar em segredo para obter informações; espionar **3** *B* olhar, ver *<gosta de ficar espiando vitrines>* ☞ cf. *expiar* [ORIGEM: prov. do gót. *spaíhôn*]

[2]**es.pi.ar** *v.* {mod. 1} *t.d.* prender (ferro, navio) com espia ('cabo') ☞ cf. *expiar* [ORIGEM: prov. do ing. (*to*) *spin* 'tecer, fiar']

es.pi.ca.çar *v.* {mod. 1} *t.d.* **1** bicar várias vezes e em muitos lugares **2** *p.ext.* furar repetidamente **3** *fig.* despertar, estimular *<e. a curiosidade>* **4** impor mágoa, sofrimento a; afligir ~ **espicaçamento** *s.m.*

es.pi.char *v.* {mod. 1} *t.d.* **1** tornar mais longo; alongar **2** estender, esticar (corda, fio etc.) □ *t.d. e int.* **3** (fazer) perder as ondulações; alisar □ *int.* **4** ficar mais alto; crescer *<como esse menino espichou!>* **5** *infrm.* morrer □ *pron.* **6** deitar relaxadamente; refestelar-se

es.pi.ci.for.me *adj.2g.* BOT em forma de espiga

es.pi.ga *s.f.* **1** BOT no milho, arroz, trigo etc., o final da haste, que contém os grãos **2** BOT tipo de inflorescência em que as flores cobrem um eixo central

es.pi.gão [pl.: *-ões*] *s.m.* **1** haste pontiaguda **2** parte mais elevada de uma serra ou de um muro **3** ARQ ângulo formado pelo encontro das águas do telhado **4** *B infrm.* arranha-céu

es.pi.gar *v.* {mod. 1} *t.d. e int.* **1** (fazer) criar espigas (milho, trigo) **2** *infrm.* (fazer) crescer, ficar alto *<o esporte espigou o rapaz>* *<a garota espigou de repente>*

es.pi.guei.ro *s.m.* local para guardar espigas de milho

es.pi.na.fra.ção [pl.: *-ões*] *s.f.* repreensão severa, descompostura

es.pi.na.frar *v.* {mod. 1} *t.d. B infrm.* **1** repreender de modo severo, duro *<por causa das notas, espinafrou o neto>* **2** falar muito mal de; criticar, desmoralizar *<o crítico espinafrou a peça>*

es.pi.na.fre *s.m.* BOT planta nativa da Ásia, de folhas comestíveis, rica em ferro

es.pin.gar.da *s.f.* arma de fogo de cano longo, com uma coronha que se apoia no ombro; rifle

es.pi.nha *s.f.* **1** ANAT coluna vertebral **2** osso fino dos peixes **3** MED erupção na pele, esp. no rosto **4** *fig. infrm.* dificuldade, embaraço ▣ **e. dorsal** **1** ANAT coluna vertebral **2** *fig.* ideia central de algo, o núcleo ~ **espinhal** *adj.2g.*

es.pi.nha.ço *s.m.* **1** *infrm.* coluna vertebral **2** *p.ext. infrm.* costas, dorso **3** GEO cumeada ou cordilheira

es.pi.nhar *v.* {mod. 1} *t.d. e pron.* **1** ferir(-se) ou picar(-se) com espinho **2** *fig. infrm.* (fazer) ficar irritado; zangar(-se) *<as brincadeiras espinhavam o avô>* *<e.-se com as piadas>* □ *t.d. e int.* **3** causar leve dor ou incômodo na pele (de); pinicar

es.pi.nhei.ro *s.m.* BOT arbusto espinhoso nativo da Amazônia cujos frutos, folhas e casca têm uso medicinal e como condimento

es.pi.nhen.to *adj.* **1** que tem espinhos ou espinhas **2** que espeta

es.pi.nho *s.m.* **1** BOT estrutura vegetal dura e pontiaguda que resulta da modificação de um ramo, folha, raiz etc., a qual, se arrancada, destrói o tecido subjacente ☞ cf. *acúleo* **2** ZOO cerda que reveste o corpo de alguns animais, como o ouriço-do-mar ou o porco-espinho **3** *infrm.* situação difícil, embaraçosa

es.pi.nho.so /ô/ [pl.: /ó/; fem.: /ó/] *adj.* **1** coberto de espinhos **2** *fig.* difícil, árduo **3** embaraçoso, constrangedor

es.pi.ni.for.me *adj.2g.* que tem forma de espinho

E

es.pi.no.te.ar *v.* {mod. 5} *int.* **1** dar pinotes *<o cavalo espinoteou muito>* **2** agitar pernas e braços; debater-se *<na piscina a criança começou a e.>* **3** externar revolta ou raiva; esbravejar *<espinoteavam em vão>*

es.pi.o.na.gem [pl.: *-ens*] *s.f.* **1** ato de espionar ou seu efeito **2** atividade de espião

es.pi.o.nar *v.* {mod. 1} *t.d.* **1** vigiar secretamente, como espião, para colher informações sobre *<e. o inimigo>* **2** *p.ext.* observar às escondidas; vigiar *<e. os namorados>*

E

es.pi.ra *s.f.* cada volta da espiral ou da rosca do parafuso

es.pi.ral [pl.: *-ais*] *s.f.* **1** linha curva que circula um ponto, afastando-se (ou aproximando-se) gradualmente dele **2** qualquer forma que lembre uma espiral **3** cada volta da espiral; espira **4** *fig.* processo ascendente difícil ou impossível de deter *<e. inflacionária>* ■ *adj.2g.* **5** da espiral ou que tem a forma da espiral

es.pi.ra.lar *v.* {mod. 1} *t.d.,int. e pron.* (fazer) tomar forma de espiral *<e. um arame> <o caule espiralou(-se)>* ~ **espiralado** *adj.*

es.pi.ri.lo *s.m.* BIO bactéria alongada e espiralada

es.pí.ri.ta *adj.2g.* **1** referente ao espiritismo ■ *adj.2g.s.2g.* REL **2** que(m) é adepto ou pratica espiritismo; espiritista

es.pi.ri.tei.ra *s.f.* *B* espécie de lamparina a álcool

es.pi.ri.tis.mo *s.m.* REL doutrina religiosa baseada na imortalidade da alma, na reencarnação e na transmissão de ensinamentos por espíritos mais aprimorados de pessoas mortas, que se comunicam com os vivos esp. através dos médiuns

es.pi.ri.tis.ta *adj.2g.s.2g.* REL espírita

es.pí.ri.to *s.m.* **1** REL parte imaterial do ser humano; alma **2** ser imaterial, fantasma **3** mente, pensamento **4** traço, característica *<e. empreendedor>* **5** sentido, significado **6** QUÍM líquido volátil resultante de destilação ▣ **e. de porco** *B infrm.* quem atrapalha ou piora uma situação, às vezes de propósito • **E. Santo** REL na doutrina cristã, terceira pessoa da Trindade, entendida como aquele que procede eternamente do Pai para o Filho, e do Filho para o Pai

es.pí.ri.to-san.ten.se [pl.: *espírito-santenses*] *adj.2g.* **1** do Espírito Santo ■ *s.2g.* **2** natural ou habitante desse estado

es.pi.ri.tu.al [pl.: *-ais*] *adj.2g.* **1** próprio do espírito **2** semelhante ao espírito; imaterial **3** sobrenatural, místico

es.pi.ri.tu.a.li.da.de *s.f.* **1** característica do que tem ou revela atividade religiosa ou mística; religiosidade **2** comportamento de alguém ou de algo devotado aos valores e prazeres não materiais; vida espiritual

es.pi.ri.tu.a.lis.mo *s.m.* FIL doutrina que considera o espírito como manifestação real, superior e anterior à matéria

es.pi.ri.tu.a.lis.ta *adj.2g.* **1** relativo a espiritualismo ■ *adj.2g.s.2g.* **2** que(m) crê no espiritualismo

es.pi.ri.tu.a.li.zar *v.* {mod. 1} *t.d. e pron.* **1** converter(-se) em espírito **2** despir(-se) do que é material, assumindo feição espiritual, elevada *<e. os sentimentos> <seu amor espiritualizou-se>* □ *t.d.* **3** atribuir espírito, alma a *<e. as árvores>* ~ **espiritualização** *s.f.*

es.pi.ri.tu.o.so /ô/ [pl.: /ó/; fem.: /ó/] *adj.* **1** que é sutil, preciso e provocador do riso **2** inteligente, culto

es.pi.ró.gra.fo *s.m.* MED aparelho que registra os movimentos respiratórios ~ **espirográfico** *adj.*

es.pi.ro.me.tri.a *s.f.* medição da capacidade respiratória do indivíduo

es.pi.rô.me.tro *s.m.* aparelho que faz a espirometria

es.pi.ro.que.ta /ê/ *s.f.* ou **es.pi.ro.que.to** /ê/ *s.m.* BIO tipo de bactéria de corpo flexível e espiralado ~ **espiroquético** *adj.*

es.pir.ra.dei.ra *s.f.* BOT arbusto venenoso, com folhas em forma de ponta de lança, flores róseas e por vezes brancas, cultivado como ornamental

es.pir.rar *v.* {mod. 1} *t.d. e int.* **1** (fazer) esguichar com força *<a ferida espirrou sangue> <a água espirrou para todos os lados>* □ *int.* **2** dar espirro ('expulsão') *<o bebê espirrou>*

es.pir.ro *s.m.* **1** expulsão brusca e sonora do ar pela boca e pelo nariz, provocada por irritação da mucosa nasal **2** esguicho, borrifo (de líquido)

es.pla.na.da *s.f.* **1** terreno plano e extenso em frente a um edifício **2** qualquer local alto e plano; planalto, chapada

es.plên.di.do *adj.* **1** luminoso **2** grandioso **3** muito bom, excelente

es.plen.dor /ô/ [pl.: *-es*] *s.m.* **1** brilho intenso **2** característica do que é grandioso; pompa, opulência ~ **esplendoroso** *adj.*

es.po.car *v.* {mod. 1} *int.* dar estouros; estalar, pipocar *<fogos espocam ao longe>*

es.po.co /ô/ *s.m.* estouro

es.po.jar-se *v.* {mod. 1} *pron.* deitar-se e rolar no chão, remexendo-se; revolver-se *<e.-se o porco na lama>*

es.po.le.ta /ê/ *s.f.* **1** artefato que serve para inflamar a carga de pólvora em armas de fogo **2** *fig.* *B infrm.* pessoa irrequieta, levada

es.po.li.a.ção [pl.: *-ões*] *s.f.* DIR privação de bens ou direitos legítimos por fraude ou violência; esbulho

es.po.li.ar *v.* {mod. 1} *t.d. e t.d.i.* (prep. *de*) privar (alguém) [de bens ou direitos] por meios ilícitos, ilegítimos ou violentos ~ **espoliador** *adj.s.m.*

es.pó.lio *s.m.* **1** produto de um roubo, de uma pilhagem **2** DIR conjunto dos bens deixados por alguém ao morrer

es.pon.ja *s.f.* **1** ZOO tipo de animal marinho de corpo poroso **2** esqueleto poroso e absorvente desses animais, ou sua imitação, us. em limpeza e banho **3** *infrm.* beberrão ~ **esponjosidade** *s.f.*

es.pon.jo.so /ô/ [pl.: /ó/; fem.: /ó/] *adj.* **1** que tem aparência ou consistência de esponja **2** que absorve ou incha como esponja

es.pon.sais *s.m.pl.* noivado

es.pon.sal [pl.: *-ais*] *adj.2g.* relativo a esposos

es.pon.tâ.neo *adj.* **1** que se faz por si mesmo, sem ser provocado *<reação e.>* **2** sem elementos ensaiados ou estudados *<palavras e.>* **3** BIO que brota ou cresce sem interferência humana ~ **espontaneamente** *adv.* - **espontaneidade** *s.f.*

es.pon.tar *v.* {mod. 1} *t.d.* **1** aparar as pontas ou extremidades de ☐ *int.* **2** começar a aparecer; despontar

es.po.ra *s.f.* **1** peça de metal com ponta(s) que se prende ao calcanhar do calçado, us. para incitar o cavalo **2** *fig.* incitamento, estímulo

es.po.ra.da *s.f.* **1** toque de espora **2** *fig.* estimulação, incitamento

es.po.rá.di.co *adj.* **1** que ocorre poucas vezes; raro **2** acidental, casual, eventual

es.po.rão [pl.: *-ões*] *s.m.* **1** ZOO saliência dura no pé dos galos **2** MED saliência óssea **3** CONSTR reforço externo de paredes, muros etc.

es.po.re.ar *v.* {mod. 5} *t.d.* **1** espetar com espora ☐ *t.d. e t.d.i. fig.* **2** (prep. *a*) estimular, instigar

es.po.ro *s.m.* BIO célula reprodutora produzida por plantas e alguns microrganismos capaz de germinar sozinha ou após fusão com outro esporo ~ **esporulação** *s.f.*

es.por.rar *v.* {mod. 1} *int. gros.* ejacular ~ **esporrada** *s.f.*

es.por.ren.to *adj. infrm.* que faz muito barulho, causa muita agitação

es.por.ro /ô/ *s.m. gros.* **1** forte repreensão; descompostura, bronca, esbregue **2** grande barulho **3** esperma

es.por.te *s.m.* **1** ESP atividade física regular, que envolve treinamento metódico e respeito a certas regras; desporto **2** ESP cada um dos jogos que têm regras específicas (futebol, natação, tênis etc.) ou o conjunto deles; desporto ■ *adj.2g.2n.* VEST **3** não convencional (diz-se de roupa); informal

es.por.tis.ta *adj.2g.s.2g.* que(m) pratica esporte; desportista

es.por.ti.va *s.f.* **1** *infrm.* respeito às regras do esporte, sabendo ganhar e perder com elegância; espírito esportivo **2** tranquilidade para enfrentar aborrecimentos, embaraços em geral

es.por.ti.vo *adj.* **1** relativo a esporte; desportivo **2** *p.ext.* bem-disposto, bem-humorado **3** *p.ext.* informal, descontraído *<traje e.>* ~ **esportividade** *s.f.*

es.po.sa /ô/ *s.f.* a mulher, em relação à pessoa com quem se casou ou com quem convive como casada; mulher

es.po.sar *v.* {mod. 1} *t.d.,t.d.i. e pron.* **1** (prep. *com*) unir(-se) por matrimônio; casar(-se), desposar(-se) *<esposou a filha (com um bom moço)> <esposaram-se muito jovens>* ☐ *t.d.* **2** assumir ou defender (causa, doutrina, ideias etc.) *<e. a causa dos desvalidos>*

es.po.so /ô/ *s.m.* o homem, em relação à pessoa com quem se casou ou com quem convive como casado; marido

es.prai.ar *v.* {mod. 1} *t.d.,int. e pron.* **1** derramar(-se) pela praia, pelas margens *<o rio espraiou suas águas> <a água espraiou pelas ruas> <e.-se um riacho>* ☐ *t.d. e pron.* **2** lançar(-se) para todos os lados; espalhar(-se) **3** *fig.* prolongar-se em (assunto, tema, questão etc.) *<e. um discurso> <a música se espraia nas repetições do tema>* ☐ *t.d. fig.* **4** deixar de lado (preocupação, problema etc.)

es.pre.gui.ça.dei.ra *s.f.* cadeira reclinável com apoio para os pés

es.pre.gui.çar *v.* {mod. 1} *t.d.,int. e pron.* esticar (os membros) de modo preguiçoso; alongar(-se) ~ **espreguiçamento** *s.m.*

es.prei.ta *s.f.* **1** vigilância, vigia **2** tocaia

es.prei.tar *v.* {mod. 1} *t.d. e int.* **1** observar em segredo e com atenção; vigiar **2** esperar às escondidas para atacar; tocaiar ☐ *t.d.* **3** olhar com atenção **4** ficar alerta, esperando (ocasião, chance etc.)

es.pre.me.dor /ô/ [pl.: *-es*] *adj.s.m.* (utensílio) que serve para espremer (algo)

es.pre.mer *v.* {mod. 8} *t.d.* **1** apertar para extrair suco, líquido etc. de **2** *fig.* interrogar à exaustão, ameaçando ou coagindo **3** *fig.* reduzir o tamanho de (figura, texto) para caber num dado espaço ☐ *t.d. e pron.* **4** exercer pressão sobre ou sofrer pressão; apertar(-se), comprimir(-se) ~ **espremido** *adj.*

es.pu.ma *s.f.* **1** conjunto de bolhas formado na superfície de um líquido, quando agitado, fermentado ou fervido; escuma **2** baba espumosa ~ **espumoso** *adj.*

es.pu.ma.dei.ra *s.f.* → ***ESCUMADEIRA***

es.pu.man.te *adj.2g.* **1** que forma ou lança espuma ■ *adj.2g.s.m.* **2** (o) que produz pequenas bolhas de ar que fervilham (diz-se de vinho)

es.pu.mar *v.* {mod. 1} *int.* **1** produzir espuma **2** *fig.* mostrar-se furioso; exaltar-se *<e. de raiva>* ☐ *t.d.* **3** cobrir de espuma *<e. o cabelo com xampu>*

es.pú.rio *adj.* **1** não genuíno, falsificado **2** ilegítimo, bastardo **3** ilegal, desonesto

es.qua.dra *s.f.* **1** MAR conjunto de navios de guerra **2** MIL seção de uma companhia de infantaria **3** ESP esquadrão

es.qua.drão [pl.: *-ões*] *s.m.* **1** MAR grupo de navios de guerra menor que uma esquadra **2** MIL seção de um regimento de cavalaria **3** ESP equipe, esquadra, time **4** *p.ext.* grupo de pessoas com interesse ou objetivo comum

es.qua.dre.jar *v.* {mod. 1} *t.d.* cortar ou serrar (algo) em ângulo reto ~ **esquadrejamento** *s.m.*

es.qua.dri.a *s.f.* **1** ângulo reto **2** instrumento para medir ângulos **3** acabamento de metal, alumínio etc. em portas e janelas

E

es.qua.dri.lha *s.f.* AER grupo de duas ou mais aeronaves, reunidas para realizar uma operação

es.qua.dri.nhar *v.* {mod. 1} *t.d.* procurar ou examinar com atenção, em detalhes; escarafunchar ~ **esquadrinhamento** *s.m.*

es.qua.dro *s.m.* **1** instrumento em forma de triângulo retângulo us. para medir ângulos e traçar linhas perpendiculares **2** instrumento em forma de L us. por pedreiros, carpinteiros e serralheiros para medir, cortar ou conferir esquadrias

es.quá.li.do *adj.* **1** magro, desnutrido, lívido **2** imundo, desarrumado ~ **esqualidez** *s.f.*

es.quar.te.jar *v.* {mod. 1} *t.d.* **1** partir em quartos **2** cortar em pedaços ou postas; retalhar ~ **esquartejamento** *s.m.*

es.que.cer *v.* {mod. 8} *t.d. e pron.* **1** (prep. *de*) perder a lembrança de, não pensar em; olvidar □ *t.d.,t.d.i. e pron.* **2** (prep. *de*) deixar escapar da memória, não se lembrar de *<e. o nome de alguém> <e. do vestido que queria comprar> <e.-se de uma reunião>* □ *t.d.i.* **3** (prep. *em, sob, sobre*) não levar consigo por distração, pressa etc. *<e. o guarda-chuva no cinema>* □ *t.d.* **4** deixar de lado; abandonar **5** desdenhar, desprezar *<mudou-se e esqueceu os amigos>*

es.que.ci.do *adj.* **1** que se esqueceu **2** que tem memória ruim, que se esquece frequentemente

es.que.ci.men.to *s.m.* **1** ato de esquecer ou o seu efeito; olvido **2** falta ou perda de memória

es.quei.te *s.m. B* **1** RECR pequena prancha, ger. de madeira, com dois eixos com duas rodas cada, sobre a qual alguém se equilibra, desloca e faz manobras **2** ESP o esporte praticado com essa prancha ~ **esqueitista** *adj.2g.s.2g.*

es.que.lé.ti.co *adj.* **1** relativo a esqueleto **2** *fig.* tão magro que o contorno dos ossos é visível

es.que.le.to /ê/ *s.m.* **1** ANAT conjunto de ossos que sustenta o corpo dos animais vertebrados **2** ARQ arcabouço, estrutura de um edifício **3** *p.ext.* conjunto dos traços gerais de uma obra; esboço **4** *pej.* pessoa muito magra

es.que.ma *s.m.* **1** representação gráfica simples e funcional de objeto, processo etc. **2** exposição das ideias gerais de obra literária, projeto etc. **3** sistema de gestão ou funcionamento **4** *B infrm.* plano ('maneira')

es.que.má.ti.co *adj.* **1** relativo ou pertencente a esquema **2** muito simplificado, sem detalhes; sintético, resumido **3** realizado conforme um esquema

es.que.ma.ti.zar *v.* {mod. 1} *t.d.* **1** representar por meio de esquema **2** esboçar, delinear *<e. um mural>* **3** definir o plano geral de; planejar *<e. uma campanha>* ~ **esquematização** *s.f.*

es.quen.tar *v.* {mod. 1} *t.d.,int. e pron.* **1** tornar(-se) quente ou mais quente; aquecer(-se) *<e. água> <e. (-se) perto da lareira>* □ *t.d. e pron.* **2** agasalhar(-se) demais; enroupar(-se) **3** *fig.* (fazer) ficar nervoso; irritar(-se) *<o comentário esquentou o rapaz> <e.-se por bobagem>* □ *t.d. e int. fig.* **4** tornar(-se) mais grave, agressivo; acirrar *<a discussão es quentou os ânimos> <a briga esquentou>* **5** (fazer) ficar mais movimentado, alegre; animar, incrementar *<a orquestra vai e. o baile> <a festa só esquenta depois das onze>* □ *int. fig. B infrm.* **6** ficar preocupado, angustiado; afligir-se *<não esquenta, vai dar tudo certo>* ~ **esquentamento** *s.m.*

es.quer.da /ê/ *s.f.* **1** a mão esquerda **2** *p.ext.* o lado esquerdo **3** POL conjunto dos partidos políticos que se opõem aos conservadores **4** POL conjunto de indivíduos ou instituições que apoia tais partidos

es.quer.dis.mo *s.m.* POL posicionamento, partido ou militância política de esquerda

es.quer.dis.ta *adj.2g.s.2g.* POL que(m) é militante de algum partido político de esquerda ou simpatiza com o seu ideário

es.quer.do /ê/ *adj.* **1** do lado do corpo em que fica o coração; sinistro **2** situado à esquerda de quem vê **3** hábil com a mão esquerda; canhoto **4** *fig.* desajeitado, canhestro

es.que.te *s.m.* RÁD TEAT TV no teatro e em programas de rádio e televisão, cena rápida, ger. humorística

es.qui *s.m.* **1** RECR prancha estreita us. nos pés para deslizar sobre a neve ou a água **2** ESP o esporte praticado com essa prancha ~ **esquiação** *s.f.* - **esquiador** *adj.s.m.* - **esquiar** *v.int.*

es.qui.fe *s.m.* caixão de defunto; féretro

es.qui.lo *s.m.* ZOO nome comum a roedores, de cauda longa e peluda, que vivem nas árvores e se alimentam de sementes e castanhas ☞ cf. *caxinguelê*

es.qui.mó *s.2g.* **1** natural ou habitante das regiões árticas da Groenlândia, Canadá e Alasca ■ *s.m.* LING **2** cada uma das duas línguas faladas pelos esquimós ■ *adj.2g.* **3** relativo à língua, aos indivíduos ou à cultura desse povo

es.qui.na *s.f.* ângulo formado pelo encontro de ruas, paredes etc.

es.qui.si.ti.ce *s.f.* **1** comportamento de pessoa esquisita **2** coisa ou fato estranho, diferente

es.qui.si.to *adj.* **1** raro, precioso **2** *p.ext.* estranho, exótico **3** diferente da maioria; anormal **4** que tem aspecto feio ou desagradável **5** difícil de explicar

es.quis.tos.so.mo *s.m.* ZOO verme causador da esquistossomose

es.quis.tos.so.mo.se *s.f.* MED doença parasitária tropical caracterizada pelo aumento anormal do fígado e do baço

es.qui.va *s.f.* **1** abaixamento ou desvio do corpo para evitar um golpe **2** *fig.* ação de evitar algo ou alguém indesejável

es.qui.var *v.* {mod. 1} *t.d. e pron.* **1** (prep. *a*) ficar distante, livre de (pessoa ou coisa desagradável); evitar *<e. trabalhos aborrecidos> <e.-se a um encontro>* □ *pron.* **2** (prep. *a*) afastar-se disfarçadamente; escapar *<e.-se (aos convidados)>* **3** (prep. *de*) recusar-se, negar-se a *<e.-se de pagar a multa>*

es.qui.vo *adj.* **1** que evita o contato com o outro; arredio **2** que se intimida com estranhos; arisco **3** cujo convívio é difícil, rude; intratável

es.qui.zo.fre.ni.a *s.f.* PSIQ doença mental que faz que a pessoa se torne incapaz de relacionar seus pensamentos e sentimentos com a realidade à sua volta, ger. se afastando do trato social e tendo delírios, alucinações etc. ~ **esquizofrênico** *adj.s.m.*

es.sa *s.f.* **1** estrado de ataúde; catafalco **2** túmulo honorário; cenotáfio

es.se /é/ *s.m.* nome da letra *s*

es.se /ê/ [fem.: *essa /é/*] *pron.dem.* designa pessoa ou coisa longe do falante e perto do ouvinte e, no tempo, a que foi mencionada antes, num passado não muito distante

es.sên.cia *s.f.* **1** conjunto de características que dão identidade a um ser ou coisa **2** a ideia central **3** óleo aromático extraído de certos vegetais

es.sen.ci.al [pl.: *-ais*] *adj.2g.* **1** próprio de algo ou alguém **2** básico, fundamental **3** necessário, indispensável **4** da natureza da essência *<óleos e.>* ■ *s.m.* **5** a coisa principal ~ **essencialidade** *s.f.*

es.ta.ba.na.do *adj.* **1** agitado, extravagante no modo de ser e de se expressar **2** *p.ext.* descuidado, desajeitado

es.ta.be.le.cer *v.* {mod. 8} *t.d.* **1** pôr em vigor; instituir, instaurar *<e. leis>* **2** indicar com precisão; determinar *<e. a causa da explosão>* **3** marcar, fixar *<e. um prazo>* □ *t.d. e pron.* **4** tornar(-se) efetivo, regular; estabilizar(-se) *<e. uma rotina> <viu a amizade e.-se entre os dois>* **5** abrir ou instalar(-se) [sede, loja, indústria etc.] *<e. negócio próprio> <e.-se na capital>* □ *pron.* **6** fixar residência; morar *<e.-se no campo>* **7** adquirir segurança, estabilidade; firmar-se *<e.-se no novo emprego>* ~ **estabelecido** *adj.*

es.ta.be.le.ci.men.to *s.m.* **1** ato de instituir algo; abertura, fundação **2** ação de pôr em vigor; instauração **3** casa comercial **4** instituição pública ou particular

es.ta.bi.li.da.de *s.f.* **1** firmeza, imobilidade **2** estado de equilíbrio *<e. emocional>* **3** DIR garantia de permanência no emprego de servidor público habilitado em concurso

es.ta.bi.li.za.dor /ô/ [pl.: *-es*] *s.m.* ELETR **1** dispositivo capaz de equilibrar a tensão de uma corrente elétrica ■ *adj.* **2** que estabiliza, equilibra

es.ta.bi.li.zar *v.* {mod. 1} *t.d.,int. e pron.* (fazer) ter estabilidade, equilíbrio; firmar(-se) *<e. a moeda> <com o emprego, sua vida estabilizou(-se)>* ~ **estabilização** *s.f.*

es.tá.bu.lo *s.m.* abrigo para o gado ~ **estabular** *adj.2g.*

es.ta.ca *s.f.* peça alongada de madeira, aço etc., que se crava no solo para diversos usos (p.ex., a sustentação de uma planta, a fundação de uma construção etc.)

es.ta.ção [pl.: *-ões*] *s.f.* **1** parada de trens, ônibus etc. **2** centro transmissor de rádio ou TV **3** cada uma das quatro divisões climáticas do ano (primavera, verão, outono e inverno) **4** período, época *<a e. das flores>* **5** REL cada parada diante de cada um dos 14 quadros que compõem a Via-Sacra ▣ **e. de águas 1** cidade com fontes de água mineral de uso medicinal **2** temporada que ali se passa • **e. elevatória** estação de água ou esgoto em que o líquido é bombeado para um reservatório localizado acima do terreno circundante

es.ta.car *v.* {mod. 1} *t.d. e int.* **1** (fazer) parar de repente *<e. o passo> <estacou ao beirar o precipício>* □ *int.* **2** ficar imóvel, por perplexidade; paralisar(-se) *<estacou ao ver a casa em chamas>* □ *t.d.* **3** sustentar com estacas; escorar *<e. o muro>*

es.ta.cio.na.men.to *s.m.* **1** ato de estacionar **2** local para estacionar veículos

es.ta.cio.nar *v.* {mod. 1} *t.d. e int.* **1** parar (veículo) por certo tempo, em local adequado ou não *<proibido e. ônibus> <não sabe e.>* □ *int.* **2** deixar de crescer, aumentar, evoluir; estagnar *<a infecção estacionou>*

es.ta.cio.ná.rio *adj.* **1** imóvel, parado **2** que não se agrava nem melhora *<doença e.>*

es.ta.da *s.f.* permanência em algum lugar

es.ta.di.a *s.f.* **1** permanência por tempo limitado **2** MAR DIR prazo dado para carga e descarga de um navio em um porto

es.tá.dio *s.m.* ESP campo para jogos e provas esportivas, com instalações destinadas ao público

es.ta.dis.ta *s.2g.* governante e político de atuação notável

es.ta.do *s.m.* **1** conjunto de condições em que os seres e/ou as coisas se encontram **2** país soberano, com estrutura e organização política próprias ☞ inicial maiúsc. **3** o conjunto das instituições públicas de um país ☞ inicial maiúsc. **4** divisão territorial e administrativa de certos países ▣ **e. civil** condição familiar de um indivíduo (solteiro, casado, viúvo, separado, divorciado e desquitado) • **e. de sítio** POL medida que dá ao governo poderes excepcionais, suspendendo as garantias constitucionais

es.ta.do-mai.or [pl.: *estados-maiores*] *s.m.* MIL grupo dos oficiais militares que assessoram um comandante

es.ta.du.al [pl.: *-ais*] *adj.2g.* relativo ou pertencente a qualquer estado de uma federação

es.ta.fa *s.f.* extremo cansaço; esgotamento ~ **estafante** *adj.2g.* - **estafar** *v.t.d.,int. e pron.*

es.ta.fer.mo /ê/ *s.m. infrm. pej.* **1** pessoa boba; palerma **2** pessoa ou coisa que atrapalha os movimentos de alguém ou de algo; estorvo **3** pessoa feia, mal-ajambrada

es.ta.fe.ta /ê/ *s.2g.* **1** entregador de telegramas **2** mensageiro **3** funcionário que distribui a correspondência; carteiro

es.ta.fi.lo.co.co /ó/ *s.m.* BIO bactéria que causa várias infecções, como septicemia, erupção de vários furúnculos etc. ~ **estafilocócico** *adj.*

es.tag.fla.ção [pl.: *-ões*] *s.f.* ECON fenômeno caracterizado pelo aumento da taxa de desemprego junto com o aumento contínuo de preços ~ **estagflacionário** *adj.*

es.ta.gi.ar *v.* {mod. 1} *int.* fazer estágio ('período')

es.ta.gi.á.rio *adj.* **1** relativo a estágio ■ *adj.s.m.* **2** que(m) faz estágio

es.tá.gio *s.m.* **1** fase, etapa **2** período de prática que precede a contratação ou a graduação em certas profissões

E

es.tag.na.ção [pl.: *-ões*] *s.f.* **1** estado do que se encontra estagnado, sem fluir **2** falta de progresso, de movimento, de atividade; paralisação

es.tag.nar *v.* {mod. 1} *t.d. e int.* **1** (fazer) parar de fluir; estancar(-se) *<e. o sangue> <a água da chuva estagnou>* **2** *fig.* (fazer) deixar de progredir; paralisar(-se) *<a recessão estagnou a construção> <a doença estagnou>* ~ **estagnado** *adj.*

es.tai.a.do *adj.* sustentado por cabos

es.ta.lac.ti.te *s.f.* MINER formação calcária que pende do teto das cavernas ou subterrâneos ~ **estalactítico** *adj.*

es.ta.la.gem [pl.: *-ens*] *s.f.* pousada para viajantes; albergue, hospedaria ~ **estalajadeiro** *s.m.*

es.ta.lag.mi.te *s.f.* MINER formação calcária que se eleva do solo de uma cavidade ou caverna ~ **estalagmítico** *adj.*

es.ta.lão [pl.: *-ões*] *s.m.* padrão (de medida, de valor etc.)

es.ta.lar *v.* {mod. 1} *t.d. e int.* **1** produzir estalido ou ruído (em) *<e. a língua, os dedos> <os gravetos começaram a e.>* □ *t.d.* **2** fazer em pedaços; quebrar **3** *B* fritar (ovo) com a clara e a gema juntas e inteiriças; estrelar □ *int.* **4** ficar com fendas; rachar **5** latejar, pulsar ~ **estalada** *s.f.* - **estalado** *adj.* - **estalador** *adj.s.m.*

es.ta.lei.ro *s.m.* local para construção e/ou reparo de navios

es.ta.li.do *s.m.* **1** som breve, seco, de menor intensidade do que a de um estalo **2** ruído forte e súbito; estrondo

es.ta.lo *s.m.* **1** som seco produzido por um corpo que vibra, racha ou se parte **2** ruído produzido pelo deslocamento ou atrito de uma articulação no corpo **3** *fig. B infrm.* súbita compreensão ou solução de um problema ▣ **de e.** *fig.* de repente

es.ta.me *s.m.* BOT órgão masculino das flores, no qual se encontram os grãos de pólen ☞ cf. *pistilo*

es.tam.pa *s.f.* **1** figura impressa em papel, tecido, couro etc. **2** ilustração, gravura **3** *fig.* aparência física ◉ GRAM/USO dim.irreg. *estampilha*

es.tam.pa.do *adj.* **1** que se estampou; gravado **2** impresso tipograficamente; publicado **3** em evidência; patente, visível ■ *adj.s.m.* **4** (tecido) com estampas ('figura') ■ *s.m.* **5** conjunto dessas estampas; estamparia, padrão

es.tam.pa.gem [pl.: *-ens*] *s.f.* impressão de estampas sobre papel, tecido, couro etc.

es.tam.par *v.* {mod. 1} *t.d.* **1** imprimir, gravar ou reproduzir desenhos, imagens ou letras sobre (papel, tecido, metal etc.) **2** publicar com destaque; alardear *<l>* □ *t.d.i. e pron.* **3** (prep. *em*) mostrar(-se), retratar(-se) *<a dor se estampou nela>*

es.tam.pa.ri.a *s.f.* **1** fábrica, oficina, depósito ou loja de estampas **2** padrão decorativo de um tecido; estampado

es.tam.pi.do *s.m.* som forte, explosivo e seco de um trovão, tiro etc.

es.tam.pi.lha *s.f.* **1** pequena figura impressa **2** selo fiscal ou de documento ◉ GRAM/USO dim.irreg. de *estampa*

es.tan.car *v.* {mod. 1} *t.d.,int. e pron.* **1** (fazer) parar de correr (líquido) *<e. uma hemorragia> <as lágrimas afinal estancaram(-se)>* **2** esvaziar(-se) até a última gota; secar(-se) *<e. a água de uma caixa> <a fonte estancou(-se)>* **3** *fig.* (fazer) ter fim; parar *<e. a inflação> <o desenvolvimento estancou(-se)>* □ *int.* **4** parar de repente; estacar ~ **estancamento** *s.m.*

es.tân.cia *s.f.* **1** lugar onde se passa uma temporada, de férias, em tratamento etc.; estação **2** moradia, habitação **3** *S.* grande propriedade rural ▣ **e. hidromineral** *MG* estação de águas

es.tan.ci.ei.ro *s.m.* proprietário de fazenda

es.tan.dar.di.zar *v.* {mod. 1} *t.d. e pron.* padronizar ~ **estandardização** *s.f.*

es.tan.dar.te *s.m.* **1** bandeira de nação, corporação, clube etc. **2** *fig.* símbolo, lema

es.tan.de *s.m.* **1** em exposição ou feira, compartimento de cada expositor **2** recinto fechado para o tiro ao alvo

es.ta.nho *s.m.* QUÍM **1** elemento químico us. em ligas de bronze e cobre, de chumbo e solda comum, de lata e ferro etc. [símb.: *Sn*] **2** liga formada com esse elemento **3** objeto feito com essa liga ☞ cf. *tabela periódica* (no fim do dicionário) ~ **estânico** *adj.*

es.tan.que *adj.2g.* **1** que não deixa entrar água; tapado **2** que não corre; estagnado **3** enxuto, seco

es.tan.te *s.f.* **1** móvel com prateleiras superpostas em que se colocam livros, papéis etc. **2** MÚS suporte para partituras

es.ta.pa.fúr.dio *adj.* **1** excêntrico, bizarro **2** que não é lógico; incoerente

es.ta.pe.ar *v.* {mod. 5} *t.d.* dar tapas em; bater

es.ta.que.ar *v.* {mod. 5} *t.d.* **1** sustentar com estacas **2** bater com estaca em **3** *B* firmar estacas na vertical para construir (cerca) **4** marcar (terreno) com estacas

es.tar *v.* {mod. 7} *pred.* **1** (prep. *de, com*) ter ou apresentar provisoriamente (certa condição física, emocional, material, profissional etc.) *<e. com frio> <e. de licença>* **2** (prep. *em*) encontrar-se (em certa posição momentânea) *<e. sentado>* □ *t.i.* **3** (prep. *em*) marcar presença em; ir, visitar, comparecer *<e. na festa>* **4** (prep. *em*) fazer parte de; pertencer *<não estava nos nossos planos>* **5** (prep. *em*) consistir, residir *<a dife-*

rença está na qualidade> **6** (prep. *para*) ter disposição ou inclinação para <*não estava para brincadeiras*> ☞ nesta acp., ger. us. em orações negativas **7** (prep. *de*) encontrar-se em processo de, prestes a <*e. de saída*> **8** (prep. *em*) encontrar-se (em certo momento ou lugar) de forma transitória <*estamos numa época difícil*> <*e. em casa*> **9** (prep. *com*) ter a companhia de <*a criança está com a avó*> **10** (prep. *com*) manter relação conjugal ou sexual com <*está com Lia há anos*> **11** (prep. *a*) ficar situado em; localizar-se <*São Paulo está a 400 km do Rio*> **12** (prep. *para*) ter características que possibilitem relação com (outra coisa ou pessoa) <*25 está para 50 como 500 está para 1.000*> **13** (prep. *a, em*) ter ou atingir (certa quantidade, preço, medida etc.) <*a população está em 30 mil habitantes*> <*as peras estão a R$ 3,00 o quilo*> **14** (prep. *de, com*) trajar, vestir <*estava de preto*> ◉ GRAM/USO como v.aux.: **a)** us. com particípio, indica voz passiva: '*está feito*'; **b)** us. com infinitivo ou gerúndio, indica ação contínua: '*está a fazer*', '*está fazendo*'

es.tar.da.lha.ço *s.m. infrm.* manifestação ruidosa; barulheira

es.tar.re.ce.dor /ô/ [pl.: *-es*] *adj.* **1** que causa espanto, assombro; surpreendente **2** que causa horror; terrível, assustador

es.tar.re.cer *v.* {mod. 8} *t.d.,int. e pron.* (fazer) ter grande susto ou sentir pavor; espantar(-se), aterrorizar(-se) <*o temporal estarreceu-a*> <*a situação desses animais é de e.*> <*estarreceu(-se) diante das confissões*> ~ **estarrecimento** *s.m.*

es.tar.re.ci.do *adj.* **1** apavorado, horrorizado **2** espantado, perplexo

es.ta.tal [pl.: *-ais*] *adj.2g.* **1** relativo ou pertencente ao Estado ('país soberano') ■ *s.f.* **2** empresa estatal

es.ta.te.lar *v.* {mod. 1} *t.d. e pron.* **1** (fazer) cair estendido **2** (fazer) ficar perplexo, atônito; estarrecer(-se)

es.tá.ti.ca *s.f.* **1** FÍS em mecânica, estudo das propriedades de corpos em equilíbrio quando sob a ação de forças **2** RÁD em aparelhos de rádio, ruídos causados pela eletricidade atmosférica

es.tá.ti.co *adj.* **1** sem movimento; parado, imóvel **2** sem desenvolvimento; paralisado **3** FÍS que, sob as forças aplicadas, se encontra em equilíbrio (diz-se de propriedade ou processo) ☞ cf. *extático*

es.ta.ti.na *s.f.* FARM cada um dos compostos us. em medicamentos para controlar os níveis de colesterol no sangue

¹es.ta.tis.mo *s.m.* imobilismo, inércia [ORIGEM: *estático* sob a f. rad. *estat-* + *-ismo*]

²es.ta.tis.mo *s.m.* POL sistema em que o Estado participa das atividades econômicas do país, intervindo como empresário na produção industrial e de serviços [ORIGEM: rad. *estato-*, do lat. *stātus,us* 'Estado' + *-ismo*]

es.ta.tís.ti.ca *s.f.* MAT ramo da matemática que trata da coleta, análise, interpretação e apresentação de dados numéricos ~ **estatístico** *adj.s.m.*

es.ta.ti.zan.te *adj.2g.* que gera ou tende a gerar o controle estatal sobre a economia

es.ta.ti.zar *v.* {mod. 1} *t.d.* **1** pôr sob o domínio do Estado **2** tornar pertencente ao Estado ~ **estatização** *s.f.*

es.tá.tua *s.f.* **1** ART.PLÁST escultura em três dimensões, representando pessoa, animal ou ser mítico **2** *fig.* pessoa com belas formas e porte **3** *fig. pej.* indivíduo sem vivacidade ◉ GRAM/USO dim.irreg.: *estatueta* ◉ COL estatuaria, galeria

es.ta.tu.a.ri.a *s.f.* **1** coleção de estátuas **2** conjunto de estátuas de um monumento, de um período histórico, de um estilo etc.

es.ta.tu.á.ria *s.f.* arte de criar estátuas

es.ta.tu.á.rio *adj.* **1** relativo a estátua ou a estatuária ■ *adj.s.m.* **2** (artista) que cria estátuas

es.ta.tu.e.ta /ê/ *s.f.* pequena estátua

es.ta.tu.ir *v.* {mod. 26} *t.d.* **1** determinar por estatuto, lei etc.; decretar **2** pôr em vigor; estabelecer

es.ta.tu.ra *s.f.* **1** altura de um indivíduo **2** *fig.* importância, valor

es.ta.tu.to *s.m.* conjunto de regras de organização e funcionamento de uma instituição, órgão, estabelecimento, empresa pública ou privada ▣ **e. da criança e do adolescente** conjunto de normas jurídicas que protegem a criança e o adolescente, zelando por seus direitos humanos [sigla: *ECA*] ~ **estatutário** *adj.*

es.tá.vel [pl.: *-eis*] *adj.2g.* **1** firme, seguro **2** que não varia; inalterável **3** que dura muito; duradouro **4** que tem garantia de permanecer no emprego **5** FÍS em que se restaurou o equilíbrio, após rápida perturbação (diz-se de sistema)

es.te *s.m.* **1** GEO MET direção em que nasce o sol, à direita de quem olha para o norte; leste, oriente **2** na rosa dos ventos, ponto cardeal que marca essa direção [símb.: *E*]; leste ■ *adj.2g.s.m.* **3** leste ('região') [abrev.: *E.*] ■ *adj.2g.* **4** que se situa ou segue na direção leste (acp. 1 e 2)

es.te /ê/ [fem.: *esta /é/*] *pron.dem.* designa pessoa ou coisa próxima daquele que fala, no espaço, no tempo ou no discurso

es.te.ar *v.* {mod. 5} *t.d.* **1** segurar com esteios; escorar □ *t.d. e pron. fig.* **2** (prep. *em*) amparar(-se), proteger(-se) □ *t.d.i. e pron. fig.* **3** (prep. *em*) basear(-se), fundamentar(-se) <*esteia seus argumentos em princípios controversos*> <*esteou-se nos documentos para defender-se*>

es.tei.o *s.m.* **1** peça de madeira, metal, ferro etc. com a qual se firma ou escora algo **2** *fig.* arrimo, amparo

¹es.tei.ra *s.f.* **1** tecido de junco, palha etc., us. para forrar o chão **2** *p.ext.* tapete feito desse tecido **3** tapete rolante que transporta bagagem, mercadorias etc., esp. a bordo **4** aparelho de ginástica que contém um tapete que rola de forma contínua, us. para exercícios de caminhada ou corrida [ORIGEM: do esp. *estera* 'id.'] ◉ COL esteirame

E

[2]**es.tei.ra** *s.f.* **1** MAR rastro de espuma deixado na água por embarcação **2** *p.ext.* trilha, vestígio [ORIGEM: do lat. *aestuarĭa*, pl. de *aestuarĭum,ii* 'espaço que o mar deixa descoberto na vazante etc.']

es.tei.ro *s.m.* **1** braço de rio ou de mar que avança na terra; estuário **2** terreno pantanoso próximo a rios, lagos ou lagoas

es.te.lar [pl.: *-es*] *adj.2g.* relativo a estrelas

es.te.li.o.na.tá.rio *s.m.* indivíduo que pratica estelionato

es.te.li.o.na.to *s.m.* DIR fraude praticada por alguém visando obter vantagem ilegal em prejuízo alheio

es.tên.cil [pl.: *-eis*] *s.m.* folha de papel com perfurações us. de matriz para a impressão por mimeógrafo

es.ten.der *v.* {mod. 8} *t.d. e pron.* **1** expandir(-se) no tempo ou no espaço; prolongar(-se) **2** tornar(-se) maior, mais amplo; engrandecer □ *t.d.* **3** abrir totalmente; desdobrar, desenrolar **4** alongar (corpo ou parte dele); espichar **5** pendurar (roupa) em corda, varal etc. para secar □ *t.d.i.* **6** (prep. *a*) apresentar, entregar (algo) a *<estendeu-lhe uma cadeira>* □ *t.d.i. e pron.* **7** (prep. *a*) [fazer] ter valia para; aplicar(-se) *<ela estendeu a norma a todos>* *<a medida não se estende aos aposentados>* □ *pron.* **8** (prep. *em*) demorar muito em qualquer atividade **9** (prep. *em*) deitar-se, esticar-se ~ **estendido** *adj.*

es.te.no.da.ti.lo.gra.fi.a ou **es.te.no.dac.ti.lo.gra.fi.a** *s.f.* sistema de escrita abreviada que combina a estenografia e a datilografia; estenodactilografia ~ **estenodatilógrafo/estenodactilógrafo** *s.m.*

es.te.no.gra.fi.a *s.f.* técnica de escrita abreviada que permite anotação das palavras com a mesma rapidez com que são ditas; taquigrafia ~ **estenografar** *v.t.d.* - **estenográfico** *adj.* - **estenógrafo** *s.m.*

es.ten.tor /ô/ [pl.: *-es*] *s.m.* **1** indivíduo de voz possante **2** *p.ext.* voz muito forte

[1]**es.te.pe** *s.f.* GEO **1** vegetação rasteira, que ocorre em ambiente seco, caracterizada por tufos afastados, deixando o solo descoberto **2** planície árida e calcária com essa vegetação [ORIGEM: do ing. *step* 'id.']

[2]**es.te.pe** *s.m.* *B* pneu sobressalente [ORIGEM: desc.]

[3]**es.te.pe** *s.m.* exercício aeróbico que consiste em subir e descer repetidas vezes uma pequena plataforma [ORIGEM: do ing. *step* 'passo; degrau']

és.ter [pl.: *-es*] *s.m.* QUÍM classe de compostos orgânicos derivados da reação de ácido com álcool

es.ter.car *v.* {mod. 1} *t.d.* **1** adubar (a terra) com esterco □ *int.* **2** defecar (animal)

es.ter.çar *v.* {mod. 1} *t.d.* girar (volante) à esquerda e à direita

es.ter.co /ê/ *s.m.* **1** excremento de animal **2** matéria orgânica vegetal us. para adubar a terra; estrume ~ **esterqueiro** *adj.s.m.*

es.té.reo *s.m.* **1** aparelho de som que utiliza a técnica da estereofonia ■ *adj.* **2** estereofônico

es.te.re.o.fo.ni.a *s.f.* FÍS técnica de gravação e reprodução de sons que usa dois canais para dois ou mais alto-falantes

es.te.re.o.fô.ni.co *adj.* relativo à estereofonia; estéreo

es.te.re.o.ti.par *v.* {mod. 1} *t.d.* **1** GRÁF imprimir usando estereótipo **2** atribuir ideia ou imagem preconcebida e generalizante a □ *t.d. e pron.* **3** mostrar(-se) sempre inalterável, fixo *<e. um cumprimento>* *<o discurso político estereotipou-se>* ~ **estereotipado** *adj.*

es.te.re.o.ti.pi.a *s.f.* GRÁF **1** reprodução de uma forma /ô/ de composição tipográfica, obtida por meio de uma matriz na qual se molda o metal líquido **2** chapa ou clichê obtidos por esse processo

es.te.re.ó.ti.po *s.m.* **1** GRÁF chapa ou placa com caracteres fixos em relevo, us. em impressão **2** imagem preconcebida de alguém ou algo, baseada num modelo ou numa generalização

es.té.ril [pl.: *-eis*] *adj.2g.* **1** que não dá frutos; árido **2** livre de germes; asséptico **3** *fig.* sem criatividade **4** *fig.* improdutivo, inútil ■ *adj.2g.s.2g.* **5** que(m) não gera filhos ~ **esterilidade** *s.f.*

es.te.ri.li.za.dor /ô/ [pl.: *-es*] *adj.s.m.* (aparelho) us. na esterilização de objetos ou ambientes

es.te.ri.li.zar *v.* {mod. 1} *t.d. e pron.* **1** tornar(-se) improdutivo (solo, planta) **2** tornar(-se) incapaz de procriar (pessoa, animal) □ *t.d.* **3** livrar de germes; limpar ~ **esterilização** *s.f.* - **esterilizante** *adj.2g.s.2g.*

es.ter.no *s.m.* ANAT osso achatado que, no ser humano, se articula com as primeiras sete costelas e com a clavícula ☞ cf. *externo* ~ **esternal** *adj.2g.*

es.te.roi.de /ói/ *adj.2g.s.m.* BIOQ (composto orgânico) que exerce funções metabólicas e hormonais no organismo

es.te.rol [pl.: *-óis*] *s.m.* BIOQ tipo de álcool que desempenha funções fisiológicas nos organismos vegetais e animais

es.ter.quei.ra *s.f.* **1** depósito de esterco **2** *p.ext.* coisa ou lugar sujo

es.ter.tor /ô/ [pl.: *-es*] *s.m.* MED respiração ruidosa, esp. dos moribundos ~ **estertorante** *adj.2g.* - **estertoroso** *adj.*

es.ter.to.rar *v.* {mod. 1} *int.* **1** emitir respiração ruidosa (moribundo); agonizar **2** respirar com dificuldade; ofegar

es.te.ta *s.2g.* **1** pessoa que cultua o belo **2** FIL especialista em estética

es.té.ti.ca *s.f.* **1** FIL estudo do belo e da beleza artística **2** harmonia das formas e/ou das cores; beleza **3** atividade profissional que trata da beleza física de uma pessoa

es.te.ti.cis.mo *s.m.* **1** FIL doutrina dos princípios da estética ('estudo') **2** devoção à beleza ou ao cultivo das artes

es.te.ti.cis.ta *adj.2g.* **1** relativo ao esteticismo ■ *adj.2g.s.2g.* **2** *B* especialista em tratamentos de beleza

es.té.ti.co *adj.* **1** relativo à estética, ao estudo e conceituação do belo **2** que indica bom gosto; atraente **3** que visa ao embelezamento físico de alguém *<cirurgia e.>*

es.te.tos.có.pio *s.m.* instrumento médico us. na escuta de ruídos internos do organismo ~ **estetoscopia** *s.f.* - **estetoscópico** *adj.*

es.té.via *s.f.* BOT planta das Américas us. na produção de adoçantes

es.ti.a.gem [pl.: *-ens*] *s.f.* **1** cessação ou falta de chuvas; seca **2** nível mais baixo das águas de um rio, canal etc.

es.ti.ar *v.* {mod. 1} *int.* **1** tornar-se seco (tempo) **2** parar de chover ~ **estiada** *s.f.*

es.ti.bor.do *s.m.* MAR boreste ☞ cf. *bombordo*

es.ti.ca.da *s.f.* *B* **1** ato de esticar ou seu efeito **2** *infrm.* prolongamento de diversão, viagem etc. em outros locais

es.ti.car *v.* {mod. 1} *t.d.* **1** tornar rijo, puxando com força; estirar **2** pôr reto; endireitar *<e. o corpo>* **3** tirar rugas ou pregas de; alisar ☐ *t.d. e pron.* **4** distender a musculatura (de); alongar(-se) **5** *fig.* tornar(-se) maior o tempo de; prolongar(-se) *<e. um prazo>* *<o debate se esticou por horas>* ☐ *int.* **6** ficar mais longo ou mais largo *<malha estica>* **7** *fig. infrm.* prolongar um divertimento, passeio etc., dando-lhe continuação em outro local **8** *infrm.* morrer, falecer ☐ *pron.* **9** (prep. *em, sob, sobre*) deitar-se, estender-se *<e.-se após o almoço>* *<esticou-se no sofá>* ~ **esticado** *adj.* - **esticamento** *s.m.*

es.tig.ma *s.m.* **1** marca ou cicatriz deixada por ferida **2** sinal natural no corpo **3** *fig.* o que é considerado indigno; desonra **4** BOT parte do gineceu provida de substância açucarada e pegajosa que recolhe o pólen

es.tig.ma.ti.zar *v.* {mod. 1} *t.d.* **1** censurar, marcar negativamente (alguém) ☐ *t.d. e t.d.pred. fig.* **2** (prep. *de*) condenar, tachar *<estigmatizou-o de desonesto>* ~ **estigmatização** *s.f.*

es.ti.le.te /ê/ *s.m.* **1** punhal de lâmina fina **2** objeto com lâmina protegida por plástico, us. para cortar papelão, borracha etc. **3** BOT parte do pistilo entre o ovário e o estigma

es.ti.lha.çar *v.* {mod. 1} *t.d.,int. e pron.* reduzir(-se) a estilhaços ou pedaços; despedaçar(-se)

es.ti.lha.ço *s.m.* fragmento de vidro, madeira etc., após impacto violento ou explosão

es.ti.lin.gue *s.m.* RECR forquilha munida de elástico, us. para atirar pedras; atiradeira, bodoque

es.ti.lis.ta *adj.2g.s.2g.* **1** que(m) escreve com estilo elegante, requintado **2** desenhista de moda

es.ti.lís.ti.ca *s.f.* **1** a arte de escrever de forma apurada, elegante **2** LING disciplina que estuda os recursos expressivos que individualizam os estilos de uma língua, de uma obra escrita etc. ~ **estilístico** *adj.*

es.ti.li.za.do *adj.* **1** a que se deu forma estética diferente do original **2** representado por meio de símbolos

es.ti.li.zar *v.* {mod. 1} *t.d.* **1** dar estilo ou estética diferente a *<e. um traje típico>* **2** representar por meio de símbolos *<a imagem estiliza a miséria>* ~ **estilização** *s.f.*

es.ti.lo *s.m.* **1** maneira particular de se expressar, de se vestir, de viver etc. **2** elegância **3** conjunto de características formais, que identificam uma obra, um artista etc. **4** haste com que os antigos escreviam em tábuas cobertas de cera

es.ti.ma *s.f.* **1** sentimento de carinho ou de apreço; afeição, afeto **2** estimativa

es.ti.ma.do *adj.* **1** sobre o qual se fez cálculo aproximado; considerado, presumido **2** que é alvo de estima, afeição

es.ti.mar *v.* {mod. 1} *t.d.* **1** avaliar, calcular aproximadamente **2** ter prazer em; gostar **3** pensar, julgar com base em evidências *<estima que não terá concorrentes>* **4** fazer votos de; desejar *<estimo suas melhoras>* ☐ *t.d. e pron.* **5** dar(-se) valor; prezar(-se) *<e. a honestidade>* *<um homem que se estima pensa antes de agir>* ~ **estimável** *adj.2g.*

es.ti.ma.ti.va *s.f.* avaliação ou cálculo aproximado; estima, estimação

es.ti.ma.ti.vo *adj.* **1** relativo a estima, apreço **2** sobre que se fez uma estimativa *<custo e.>* **3** presumido com base em evidências

es.ti.mu.lan.te *adj.2g.s.m.* **1** (o) que incentiva, encoraja **2** FISL (substância, comida etc.) que ativa função orgânica ou psíquica de um organismo

es.ti.mu.lar *v.* {mod. 1} *t.d. e t.d.i.* **1** (prep. *a*) dar incentivo, ânimo, coragem a; incitar, animar *<a vitória estimulou-o a prosseguir>* ☐ *t.d.* **2** ajudar a criar, realizar ou intensificar (algo); impulsionar *<remédio para e. o apetite>* ~ **estimulação** *s.f.* - **estimulado** *adj.*

es.tí.mu.lo *s.m.* **1** aquilo que incita à atividade; incentivo **2** FISL aquilo que provoca uma reação em um órgão receptor ou tecido excitável

es.ti.o *s.m.* **1** verão **2** *fig.* a idade madura

es.ti.o.la.men.to *s.m.* **1** BOT desenvolvimento anormal dos vegetais por causa da ausência de luz, ger. com descoramento e definhamento dos tecidos **2** FISL debilitação e descoramento de um indivíduo, por falta de contato suficiente com luz e ar puro **3** *p.ext.* fraqueza, definhamento

es.ti.o.lar *v.* {mod. 1} *t.d.,int. e pron.* **1** BOT FISL provocar ou sofrer estiolamento ('desenvolvimento', 'debilitação') ☐ *pron. fig.* **2** ficar mais fraco; debilitar-se

es.ti.pên.dio *s.m.* salário, remuneração ~ **estipendiar** *v.t.d.*

es.ti.pu.lar *v.* {mod. 1} *t.d.* **1** DIR ajustar por meio de contrato jurídico; firmar ☐ *t.d. e t.d.i.* **2** (prep. *a*) prescrever com precisão; determinar *<e. um prazo (a alguém)>* ~ **estipulação** *s.f.*

es.ti.ra.da *s.f.* **1** caminhada longa **2** longa distância de um ponto a outro

E

es.ti.ra.men.to *s.m.* **1** ato ou efeito de estirar(-se) **2** MED distensão

es.ti.rão [pl.: *-ões*] *s.m.* estirada

es.ti.rar *v.* {mod. 1} *t.d.* **1** tornar rijo, puxando com força; esticar *<e. uma corda>* **2** alongar (corpo ou parte dele) **3** distender (músculo, ligamento etc.) □ *pron.* **4** (prep. *em, sobre*) deitar-se *<e.-se sobre a grama>*

es.tir.pe *s.f.* **1** linhagem; genealogia **2** origem, raça **3** categoria, classe **4** classe, condição social

E

es.ti.va *s.f.* MAR **1** processo de carregamento e descarregamento de uma embarcação **2** *B* conjunto de estivadores de um porto **3** carga pesada colocada em primeiro lugar nos porões dos navios

es.ti.va.dor /ô/ [pl.: *-es*] *adj.s.m.* que(m) carrega e descarrega navios

es.ti.val [pl.: *-ais*] *adj.2g.* relativo a ou próprio do verão

es.to.ca.da *s.f.* **1** golpe dado com estoque ou com ponta da espada **2** *fig.* forte crítica, ataque

es.to.ca.gem [pl.: *-ens*] *s.f.* *B* ato de formar [2]estoque; armazenamento

[1]**es.to.car** *v.* {mod. 1} *t.d.* guardar (mercadoria) para venda, exportação, consumo futuro; armazenar [ORIGEM: [2]*estoque* + [2]*-ar*]

[2]**es.to.car** *v.* {mod. 1} *t.d.* ferir com [1]estoque ou qualquer objeto perfurante *<o esgrimista estocou o adversário>* [ORIGEM: [1]*estoque* + [2]*-ar*]

es.to.fa.do *adj.* **1** acolchoado e forrado de tecido ■ *s.m.* **2** tecido ou revestimento grosso, encorpado

es.to.fa.dor /ô/ [pl.: *-es*] *adj.s.m.* profissional que estofa móveis

es.to.fa.men.to *s.m.* **1** revestimento com tecido e enchimento com estofo **2** material (algodão, espuma etc.) us. para estofar sofás, colchões etc.; estofo

es.to.far *v.* {mod. 1} *t.d.* **1** cobrir com estofo ('tecido'); forrar **2** guarnecer com estofo ('enchimento'); acolchoar

es.to.fo /ô/ *s.m.* **1** tecido us. em decoração, como tapete, para cobrir assentos etc. **2** enchimento (de algodão, seda, espuma etc.) para estofados

es.toi.cis.mo *s.m.* **1** FIL doutrina filosófica que faz da virtude a verdadeira felicidade e que prega a indiferença em relação ao prazer, à paixão e à dor **2** *p.ext.* rigidez moral **3** *p.ext.* resignação

es.toi.co /ói/ *adj.* **1** relativo ao estoicismo ■ *adj.s.m.* **2** FIL adepto do estoicismo **3** que(m) é rígido, firme em seus princípios; severo

es.to.jo /ô/ *s.m.* pequena caixa com formato apropriado ao objeto que acomoda, guarda e protege

es.to.la *s.f.* **1** faixa larga de lã ou seda us. sobre a veste dos padres **2** VEST tipo de xale us. pelas mulheres no pescoço ou sobre os ombros

es.to.ma.cal [pl.: *-ais*] *adj.2g.* **1** relativo ou pertencente ao estômago **2** benéfico para o estômago *<chá e.>*

es.tô.ma.go *s.m.* **1** ANAT órgão oco do tubo digestório no qual os alimentos são pré-digeridos e esterilizados antes de serem enviados ao intestino **2** *fig.* capacidade de suportar situações desagradáveis; paciência

es.to.ma.ti.te *s.f.* MED qualquer inflamação da mucosa da boca

es.ton.te.an.te *adj.2g.* **1** que atordoa, que faz perder o juízo; atordoante **2** que causa grande deslumbramento; extraordinário, fascinante

es.ton.te.ar *v.* {mod. 5} *t.d.,int. e pron.* **1** (fazer) ficar desnorteado, tonto; atordoar(-se) *<a gritaria da torcida estonteou-a> <a pressa estonteia> <estonteou-se com a luz dos holofotes>* **2** *fig.* deslumbrar(-se), maravilhar(-se) *<o mágico estonteou a plateia com seus truques> <estonteou-se com a voz da cantora>* ~ **estonteamento** *s.m.*

es.to.pa /ô/ *s.f.* massa de fios têxteis não aproveitados na tecelagem e us. ger. em limpeza de motores de automóveis

es.to.pim [pl.: *-ins*] *s.m.* **1** fio encharcado de substância inflamável que transmite fogo a uma carga de explosivos **2** *fig.* evento que provoca uma série de acontecimentos

[1]**es.to.que** *s.m.* **1** espada reta com fio não cortante cuja ponta causa ferimentos **2** qualquer objeto transformado em instrumento pontiagudo e cortante [ORIGEM: do fr.ant. *estoc* 'id.'] ~ **estoquear** *v.t.d. e int.*

[2]**es.to.que** *s.m.* **1** quantidade de mercadoria armazenada ou disponível para consumo, venda, exportação etc. **2** lugar onde essa mercadoria é armazenada [ORIGEM: do ing. *stock* 'id.']

es.to.quis.ta *adj.2g.s.2g.* **1** que(m) armazena mercadorias **2** encarregado de registrar o estoque ou organizar as mercadorias armazenadas em uma casa comercial

es.tor.nar *v.* {mod. 1} *t.d.* anular o lançamento de *<o banco estornou a taxa cobrada duas vezes>*

es.tor.no /ô/ *s.m.* **1** correção em um lançamento indevido de crédito ou débito em conta-corrente, livro de contabilidade etc. **2** o valor desse lançamento

es.tor.ri.car ou **es.tur.ri.car** *v.* {mod. 1} *t.d. e int.* **1** (deixar) secar demais, quase queimando *<o sol estorricou a colheita> <apagou o fogo para que o arroz não estorricasse>* **2** *p.ext.* queimar muito; torrar *<o sol forte estorricou sua pele> <estorricaram-se na praia>* ~ **estorricamento** *s.m.*

es.tor.var *v.* {mod. 1} *t.d.* **1** tornar impossível; frustrar, impedir *<as brigas estorvaram a conversa com os pais>* **2** causar problemas, obstáculos a; dificultar *<e. os objetivos de alguém>* **3** importunar, perturbar *<as buzinas estorvam os doentes>* ~ **estorvamento** *s.m.*

es.tor.vi.lho *s.m.* **1** pequeno estorvo **2** transtorno, dificuldade

es.tor.vo /ô/ *s.m.* **1** dificuldade, embaraço, obstáculo **2** pessoa ou fato que causa aborrecimento ● GRAM/USO dim.irreg.: *estorvilho*

es.tou-fra.ca *s.f.2n.* ZOO galinha-d'angola

es.tou.ra.do *adj.* **1** que estourou; rebentado **2** *fig.* que alcançou seu limite *<orçamento e.>* **3** *fig. B infrm.* exausto, sem forças físicas **4** *fig.* que perde a paciência com facilidade (diz-se de pessoa)

es.tou.rar *v.* {mod. 1} *t.d. e int.* **1** rebentar com grande estrondo; explodir **2** romper, com barulho ou não *<e. balões> <a bolha estourou>* ☐ *int.* **3** *fig.* fazer sucesso *<a música afinal estourou>* **4** *fig.* surgir de repente; irromper *<a rebelião estourou ontem>* **5** latejar de dor *<sua cabeça estourava>* **6** *fig. B* dispersar-se (bando de animais) de forma rápida e confusa ☐ *t.d.* **7** fazer romper por pressão externa (como de som ou barulho alto, vento contínuo) *<um barulho de e. os tímpanos>* **8** *fig.* gastar até ultrapassar o limite de (conta, orçamento etc.) *<e. o orçamento do mês>* **9** *B infrm.* entrar violentamente (a polícia) em (lugar ilegal), para fazê-lo parar de funcionar *<e. um cativeiro>* ☐ *t.d. e pron.* **10** (fazer) sofrer lesão grave; machucar(-se) *<o jogador estourou o joelho> <estourou-se todo no acidente>* **11** fazer(-se) em pedaços; destruir(-se), quebrar(-se) *<o carro desgovernado estourou o muro da casa> <o caminhão estourou-se na queda>* **12** *B infrm.* cansar(-se) muito; esgotar(-se) *<aquele projeto estourava-o> <e.-se no serviço>*

es.tou.ro *s.m.* **1** estrondo ger. violento, vindo de algo que arrebenta; explosão **2** *fig.* manifestação de raiva **3** *B infrm.* pessoa, coisa ou fato espetacular **4** *B infrm.* dispersão de animais ou de uma multidão em pânico

es.tou.va.do *adj.s.m.* **1** que(m) age sem pensar **2** que(m) é imprudente, leviano **3** (o) que é brincalhão ~ **estouvamento** *s.m.*

es.to.va.í.na *s.f.* FARM substância us. como anestésico local

es.trá.bi.co *adj.s.m.* que ou aquele que sofre de estrabismo; caolho

es.tra.bis.mo *s.m.* MED desvio de um dos olhos da direção correta

es.tra.ça.lhar *v.* {mod. 1} *t.d. e pron.* **1** fazer em pedaços, ger. com certa fúria; despedaçar *<a águia estraçalhou a presa> <os exércitos estraçalharam-se>* ☐ *t.d. fig.* **2** deixar mal; abater, arrasar *<a reprovação estraçalhou o garoto>* ☐ *int. fig. infrm.* **3** ter um desempenho muito além do esperado *<hoje, o baterista estraçalhou>* ~ **estraçalhamento** *s.m.*

es.tra.da *s.f.* **1** caminho destinado ao trânsito de pessoas, animais e veículos **2** *fig.* meio de alcançar determinado objetivo ◉ COL rede, viação ▣ **e. de ferro** *B* sistema de transporte sobre trilhos; ferrovia • **e. de rodagem** *B* via destinada ao tráfego de veículos sobre rodas; rodovia

es.tra.dei.ro *adj.s.m. B* **1** (o) que tem boa disposição para andar; andarilho **2** *fig.* (o) que age com esperteza, astúcia

es.tra.do *s.m.* **1** plataforma baixa us. para altear o piso e destacar pessoa ou coisa **2** armação, ger. em formato similar a uma grade, em que se apoia o colchão da cama

es.tra.gar *v.* {mod. 1} *t.d.,int. e pron.* **1** (fazer) ficar em mau estado; deteriorar(-se), danificar(-se) *<as chuvas frequentes estragam a madeira> <sem refrigeração, a comida estragou(-se)>* **2** (fazer) perder o bom funcionamento ou a utilidade; avariar(-se) *<o mau uso acabou por e. o aparelho> <com o tempo, o dispositivo estragou(-se)>* ☐ *t.d. e pron.* **3** *fig.* destruir(-se) moralmente; corromper(-se) *<maus hábitos estragam a juventude> <estragou-se com más companhias>* ☐ *t.d.* **4** causar problemas para a realização de; atrapalhar *<a chuva vai e. a festa>* ~ **estragado** *adj.*

es.tra.go *s.m.* **1** ato ou efeito de estragar **2** dano, avaria de algo; prejuízo, perda

es.tram.bó.ti.co *adj. infrm.* diferente em todos os sentidos; excêntrico ~ **estrambotismo** *s.m.*

es.tran.gei.ra.do *adj.* que fala e age como um indivíduo estrangeiro

es.tran.gei.ris.mo *s.m.* LING palavra ou expressão estrangeira us. num texto em língua própria do país

es.tran.gei.ro *adj.s.m.* **1** (o) que é ou vem de outro país ■ *s.m.* **2** o conjunto dos países em geral, menos aquele em que se nasce

es.tran.gu.lar *v.* {mod. 1} *t.d.* **1** matar (alguém) impedindo sua respiração ao apertar-lhe o pescoço; esganar **2** apertar, comprimir *<sentia a luva, justa demais, e. o pulso>* **3** *fig.* conter, reprimir (emoção, sentimento forte) *<e. uma revolta>* ☐ *t.d. e pron.* **4** (fazer) perder a respiração; asfixiar(-se) ~ **estrangulamento** *s.m.*

es.tra.nhar *v.* {mod. 1} *t.d.* **1** considerar fora do comum, diferente ou anormal *<e. a falta de ônibus>* **2** sentir-se incomodado com (nova realidade) *<e. a mudança no horário das aulas>* ☐ *pron.* **3** indispor-se, brigar *<os cães estranharam-se>* ~ **estranhamento** *s.m.*

es.tra.nho *adj.s.m.* **1** (o) que é esquisito, extraordinário **2** (o) que é de fora, estrangeiro ■ *adj.* **3** desconhecido, novo **4** que foge aos padrões sociais **5** que não faz parte de algo **6** misterioso, enigmático **7** que foge ao convívio ~ **estranheza** *s.f.*

es.tra.ta.ge.ma *s.m.* **1** ardil us. em guerras para enganar o inimigo **2** plano, esquema etc. para atingir determinado objetivo **3** qualquer ato ardiloso

es.tra.té.gia *s.f.* **1** MIL planejamento de operações de guerra **2** *p.ext.* planejamento de uma ação para obter um resultado **3** *p.ext.* ardil engenhoso ~ **estratégico** *adj.* - **estrategista** *adj.2g.s.2g.*

es.tra.ti.fi.car *v.* {mod. 1} *t.d. e pron.* **1** dispor(-se) em camadas ou estratos ☐ *pron.* **2** *fig.* manter-se em certo ponto ou estado; estagnar *<as relações se estratificaram>* ~ **estratificação** *s.f.* - **estratificado** *adj.*

es.tra.to *s.m.* **1** GEOL cada camada de rocha estratificada **2** *p.ext.* qualquer camada **3** MET nuvem acinzentada que se apresenta como um véu contínuo **4** SOC conjunto de indivíduos com características sociais semelhantes ☞ cf. *extrato*

es.tra.to-cir.ro [pl.: *estratos-cirros*] *s.m.* MET cirro-estrato

es.tra.to-cú.mu.lo [pl.: *estratos-cúmulos*] *s.m.* MET massa contínua e escura de nuvens ou conjunto de finas camadas nebulosas localizadas, em geral, a 2.000 m de altitude; cúmulo-estrato

es.tra.to-nim.bo [pl.: *estratos-nimbos*] *s.m.* MET nimbo-estrato

es.tra.tos.fe.ra *s.f.* FÍS camada da atmosfera terrestre situada aprox. entre 11 km e 50 km de altitude ~ **estratosférico** *adj.*

-estre *suf.* 'relação': *campestre*

es.tre.an.te *adj.2g.s.2g.* que(m) estreia; iniciante, principiante

es.tre.ar *v.* {mod. 5} *t.d.* **1** usar ou fazer funcionar pela primeira vez; inaugurar **2** dar início a; começar ☐ *int.* **3** desempenhar função pela primeira vez *<e. como ator>* ☐ *t.d. e int.* **4** exibir(-se) ao público pela primeira vez

es.tre.ba.ri.a *s.f.* local onde ficam os cavalos e os arreios; cavalariça

es.tre.bu.char *v.* {mod. 1} *int. e pron.* agitar-se como em convulsão, contraindo o corpo, os membros, mexendo-se muito; debater-se ~ **estrebuchamento** *s.m.*

es.trei.a /éi/ *s.f.* **1** a primeira vez que se usa ou se faz alguma coisa **1.1** início de uma atividade ou período ger. importante **1.2** a primeira vez que um artista ou grupo artístico se apresenta **1.3** a primeira apresentação de *show*, filme etc. **1.4** a primeira obra de escritor, artista etc.

es.trei.ta.men.to *s.m.* **1** ato, processo ou efeito de estreitar **2** *fig.* consolidação de processo já iniciado; fortalecimento *<e. de relações>* **3** *fig.* redução, corte gradativo de algo *<e. de despesas>*

es.trei.tar *v.* {mod. 1} *t.d.,int. e pron.* **1** tornar(-se) estreito, diminuindo em espaço, largura, área etc. **2** tornar(-se) menor; diminuir, encolher **3** tornar(-se) mais íntimo; aproximar(-se) *<e. laços de amizade>* *<as relações estreitaram(-se)>* ☐ *t.d.* **4** apertar contra si; abraçar ~ **estreitado** *adj.*

es.trei.te.za /ê/ *s.f.* **1** falta de espaço ou de largura, altura, área etc.; aperto **2** *fig.* privação, escassez **3** *fig.* ignorância, acanhamento **4** *fig.* grande intimidade; familiaridade, convivência

es.trei.to *adj.* **1** que conta com pouco espaço **2** apertado, com pouca folga **3** reduzido, restrito, selecionado **4** *fig.* próximo, íntimo *<e. amizade>* **5** *fig.* de pouca visão; tacanho *<ser e. de espírito>* ■ *s.m.* GEO **6** canal natural de pequena largura que une dois mares ou duas partes de um mar **7** desfiladeiro

es.tre.la /ê/ *s.f.* **1** ASTR astro com luz própria, cujo deslocamento é quase imperceptível ao observador na Terra **2** *p.ext.* figura de cinco ou seis pontas que representa uma estrela **3** *fig.* sorte, destino *<ter boa e.>* **4** *fig.* pessoa célebre em alguma atividade **4.1** artista principal ou de renome ▣ **e. cadente** ASTR meteoro ('rastro luminoso') • **e. matutina** *infrm.* estrela-d'alva • **e. polar** a estrela do hemisfério norte para a qual aponta o eixo da Terra; tramontana

es.tre.la-d'al.va [pl.: *estrelas-d'alva*] *s.f. infrm.* o planeta Vênus; estrela da manhã

es.tre.la de da.vi [pl.: *estrelas de davi*] *s.f.* REL estrela de seis pontas, formada por dois triângulos superpostos, que simboliza o judaísmo; signo de salomão

es.tre.la.do *adj.* **1** coberto de estrelas **2** que tem uma mancha branca na testa (diz-se de cavalo ou boi) **3** frito com a clara e a gema juntas e inteiras (diz-se de ovo); estalado **4** *B* em que trabalham astros e/ou estrelas (diz-se de filme, peça etc.)

es.tre.la-do-mar [pl.: *estrelas-do-mar*] *s.f.* ZOO animal marinho em forma de estrela, predador de animais invertebrados e peixes

es.tre.lar *v.* {mod. 1} *t.d.* **1** fritar (ovos) com clara e gema juntas e inteiriças; estalar **2** *B* atuar em papel principal de (filme, peça etc.); protagonizar ☐ *t.d.,int. e pron.* **3** encher(-se) de estrelas ou enfeites semelhantes a estrelas *<e. uma peça com ornatos>* *<os canteiros estrelavam(-se) de flores>*

es.tre.la.to *s.m.* *B* o apogeu de uma carreira artística; fama

es.tre.lis.mo *s.m.* *B* comportamento de quem exige ser tratado como uma estrela ('pessoa célebre', 'artista de renome')

es.tre.ma *s.f.* **1** limite de propriedades no campo **2** parte que delimita; ponta *<andou à e. da cidade>* **3** limite de algo; fim ☞ cf. *extrema*

es.tre.ma.du.ra *s.f.* **1** linha de demarcação de país ou terreno **2** região localizada na parte limite de um país

es.tre.me *adj.2g.* puro, sem mistura

es.tre.me.cer *v.* {mod. 8} *t.d. e int.* **1** (fazer) sofrer rápido tremor físico **2** *fig.* (fazer) sofrer abalo ou golpe; abalar(-se) *<o boato estremeceu o governo>* *<o comércio estremeceu com a crise>* ☐ *int.* **3** ter um calafrio, tremer de modo súbito e rápido, por medo, susto etc. ~ **estremecimento** *s.m.*

es.tre.mu.nhar *v.* {mod. 1} *t.d.,int. e pron. infrm.* **1** (fazer) despertar de repente *<os latidos o estremunharam>* *<e.(-se) ainda com sono>* ☐ *pron.* **2** ficar desorientado; atordoar-se ~ **estremunhamento** *s.m.*

es.trê.nuo *adj.* **1** destemido, corajoso **2** cuidadoso, zeloso **3** que denota persistência

es.tre.par *v.* {mod. 1} *t.d.* **1** munir de estrepes ☐ *t.d. e pron.* **2** ferir(-se) com estrepes ☐ *pron.* **3** *B infrm.* (prep. *em*) não ter bom desempenho, sair-se mal *<e.-se na prova>* ~ **estrepada** *s.f.*

es.tre.pe *s.m.* **1** ponta aguda de algo **2** estaca pontiaguda, cravada no chão como armadilha para inimigos **3** *fig.* situação difícil; embaraço ▼ ***estrepes*** *s.m.pl.* **4** cacos de vidro, pregos etc. em cima dos muros para impedir que sejam escalados

es.tre.pi.tar *v.* {mod. 1} *int.* soar com grande barulho; estrondar ~ **estrepitante** *adj.2g.*

es.tré.pi.to *s.m.* **1** rumor alto de vozes; algazarra **2** ruído estrondoso; barulho **3** *fig.* grande pompa; ostentação

es.tre.pi.to.so /ô/ [pl.: /ó/; fem.: /ó/] *adj.* que faz barulho; ruidoso

es.tre.po.li.a ou **es.tri.pu.li.a** *s.f. B infrm.* **1** travessura **2** grande balbúrdia; confusão

es.trep.to.co.co /ó/ *s.m.* BIO gênero de bactérias causadoras de várias doenças, como pneumonia, meningite, impetigo etc. ~ **estreptocócico** *adj.*

es.trep.to.mi.ci.na *s.f.* FARM antibiótico us. contra certos tipos de germes e no tratamento da tuberculose

es.tres.sa.do *adj.s.m.* que(m) está sob estresse

es.tres.se *s.m.* MED estado de perturbação causado por reações do organismo humano na busca de adaptação a agressões de ordem física, psíquica etc. ~ **estressante** *adj.2g.* - **estressar** *v.t.d. e pron.* - **estressor** *adj.s.m.*

es.tri.a *s.f.* sulco ou traço na superfície de um corpo

es.tri.ar *v.* {mod. 1} *t.d.* **1** fazer ou abrir estrias em **2** *p.ext.* traçar em (superfície) linhas paralelas ~ **estriamento** *s.m.*

es.tri.bar *v.* {mod. 1} *t.d.,int. e pron.* **1** firmar(-se) nos estribos □ *t.d.i. e pron.* **2** (prep. *em*) ter como fundamento; basear(-se) *<e. o argumento numa teoria> <sua vitória estribava-se na desgraça dos outros>*

es.tri.bei.ra *s.f.* estribo us. quando se monta ◼ **perder as e.** *fig. infrm.* entrar em desespero; descontrolar-se

es.tri.bi.lho *s.m.* LIT MÚS refrão

es.tri.bo *s.m.* **1** peça presa de cada lado da sela, na qual o cavaleiro firma o pé **2** degrau de certos automóveis e de bondes, trens, carroças etc. **3** artefato us. para apoiar os pés, em muitas máquinas **4** ANAT o menor e mais interno dos ossos da orelha

es.tric.ni.na *s.f.* QUÍM substância extraída de planta (p.ex., noz-vômica), us. como estimulante nervoso ou como veneno

es.tri.den.te *adj.2g.* **1** que tem som agudo e penetrante **2** que causa ruído; ruidoso ~ **estridência** *s.f.*

es.tri.du.lar *v.* {mod. 1} *int.* **1** emitir seu som estridente (cigarra, grilo) ☞ só us. nas 3ªs p., exceto quando fig. **2** *fig.* emitir (pessoa, objeto) som semelhante ~ **estridulante** *adj.2g.* - **estrídulo** *adj.s.m.*

es.tri.lar *v.* {mod. 1} *int.* **1** produzir ou emitir som agudo **2** emitir seu som característico (grilo e insetos afins) ☞ nesta acp., só us. nas 3ªs p., exceto quando fig. **3** *B infrm.* protestar, esbravejar *<sem férias, os alunos estrilaram>*

es.tri.lo *s.m.* **1** som ou grito estridente **2** *B infrm.* revolta, protesto, reclamação

es.tri.par *v.* {mod. 1} *t.d.* **1** retirar a(s) tripa(s) de *<e. um porco>* **2** rasgar o ventre de *<o leão estripou a presa>* **3** fazer matança, carnificina ~ **estripação** *s.f.* - **estripador** *adj.s.m.*

es.tri.pu.li.a *s.f.* → ***ESTREPOLIA***

es.tri.to *adj.* **1** rigoroso, exato, restrito **2** que obriga rigorosa observância; inflexível **3** absoluto, completo *<manter em e. segredo>*

es.tro *s.m.* **1** BIO cio dos animais **2** inspiração, imaginação, gênio criador

es.tro.bos.có.pio *s.m.* MEC aparelho us. para medir a velocidade de um movimento cíclico, que faz com que este pareça ter sido retardado ou interrompido ~ **estroboscopia** *s.f.* - **estroboscópico** *adj.*

es.tro.fe *s.f.* LIT grupo determinado de versos num poema ou texto lírico ~ **estrófico** *adj.*

es.tro.gê.nio *s.m.* BIOQ nome comum a hormônios naturais ou sintéticos relacionados ao controle da ovulação e ao desenvolvimento de características femininas

es.tro.go.no.fe *s.m.* CUL carne ensopada em molho com creme de leite e cogumelos

es.troi.na /ói/ *adj.2g.s.2g. infrm.* **1** que(m) é leviano, irresponsável **2** que(m) gasta muito dinheiro ~ **estroinice** *s.f.*

es.trom.par *v.* {mod. 1} *t.d. e pron.* **1** gastar(-se) em função do tempo, do uso etc.; deteriorar(-se) *<e.(-se) o calçado>* **2** cansar(-se) muito; extenuar(-se) *<a tarefa estrompou-o> <e.-se com muitas encomendas>*

es.trôn.cio *s.m.* QUÍM elemento químico, com um isótopo radiativo artificial, us. no tratamento dos olhos e em baterias atômicas [símb.: *Sr*] ☞ cf. *tabela periódica* (no fim do dicionário)

es.tron.dar ou **es.tron.de.ar** *v.* {mod. 1} *int.* fazer grande ruído; estrepitar *<vários trovões estrondaram>*

es.tron.do *s.m.* **1** som alto e forte **2** *fig.* grande sucesso

es.tron.do.so /ô/ [pl.: /ó/; fem.: /ó/] *adj.* **1** barulhento **2** grandioso, luxuoso

es.tro.pi.ar *v.* {mod. 1} *t.d. e pron.* **1** cortar algum membro (de); mutilar(-se) *<e. a perna> <estropiou-se ao cair>* □ *t.d.* **2** cansar muito; esgotar *<o trabalho pesado estropiou-o>* **3** desfigurar (obra, música, leitura etc.), executando-a mal *<o pianista estropiou o concerto>* **4** *fig.* tirar o essencial a; mutilar *<e. um discurso>* ~ **estropiamento** *s.m.*

es.tro.pí.cio ou **es.tru.pí.cio** *s.m.* **1** prejuízo, estrago **2** grande ruído; barulho **3** *B* confusão, briga **4** *B pej.* asneira, burrice **5** *B pej.* falta de senso; despropósito **6** *B pej.* coisa ou pessoa digna de reprovação

es.tru.mar *v.* {mod. 1} *t.d.* **1** fertilizar (solo) com estrume *<e. a horta>* **2** depositar (lixo, sujeira) em □ *int.* **3** fazer estrumeira ~ **estrumação** *s.f.*

es.tru.me *s.m.* esterco, adubo

es.tru.mei.ra *s.f.* local onde se deposita estrume para fertilização do solo

es.tru.pí.cio *s.m. infrm.* → ***ESTROPÍCIO***

es.tru.tu.ra *s.f.* **1** organização das diferentes partes ou aspectos de uma forma, padrão ou sistema **2** CONSTR armação; arcabouço **3** maneira de pensar, trabalhar ou organizar algo; método **4** *fig.* constituição emocional *<não ter e. para superar seu drama>* ~ **estrutural** *adj.2g.*

es.tru.tu.ra.lis.mo *s.m.* **1** corrente de pensamento comum a várias ciências humanas (antropologia, filosofia, psicologia etc.) que procura definir os feitos humanos como um conjunto organizado que pode ser traduzido em modelos matemáticos **2** LING teoria que considera a língua um conjunto autônomo e estruturado, no qual as relações definem os termos nos diversos níveis (fonêmico, morfológico, frasal) ~ **estruturalista** *adj.2g.s.2g.*

es.tru.tu.rar *v.* {mod. 1} *t.d.* **1** organizar as partes que compõem a estrutura de *<e. uma edificação, um romance>* **2** *p.ext.* elaborar com cuidado e em detalhes *<e. uma campanha política>* □ *pron.* **3** adquirir solidez, segurança *<precisou e.-se para pedi-la em casamento>* ~ **estruturação** *s.f.*

es.tu.á.rio *s.m.* GEO **1** larga foz de um rio **2** braço de mar formado pela desembocadura de um rio

es.tu.ca.dor /ô/ [pl.: *-es*] *adj.s.m.* (profissional) que faz revestimentos ou trabalhos com estuque

es.tu.car *v.* {mod. 1} *t.d.* revestir (superfície) com estuque *<e. uma parede>* ~ **estucamento** *s.m.*

es.tu.dan.te *adj.2g.s.2g.* que(m) frequenta regularmente algum curso

es.tu.dan.til [pl.: *-is*] *adj.2g.* de estudante

es.tu.dar *v.* {mod. 1} *t.d. e int.* **1** aplicar o espírito, a inteligência e a memória para aprender (habilidade, técnica, ciência etc.) *<e. técnicas de pintura >* *<prefere e. a brincar>* **2** frequentar aulas, cursos (de); cursar *<estudam juntos há um ano>* □ *t.d.* **3** tentar compreender pela reflexão; refletir *<e. um caso>* **4** fixar pela memória; decorar **5** observar ou examinar com atenção, cuidado *<e. propostas>* □ *int.* **6** ser estudante *<não trabalha ainda, apenas e.>*

es.tú.dio *s.m.* **1** oficina de artesãos ou artistas; ateliê **2** recinto equipado para gravações, filmagens etc. **3** gabinete de trabalho

es.tu.di.o.so /ô/ [pl.: /ó/; fem.: /ó/] *adj.s.m.* **1** que(m) é interessado ou especializado em um assunto; especialista **2** que(m) estuda muito

es.tu.do *s.m.* **1** uso da inteligência e da memória para aprender **2** observação, exame minucioso de algo ou alguém; análise **3** trabalho, projeto que antecede a execução de uma obra artística, científica etc. ☞ mais us. no pl. **4** obra sobre tema pesquisado *<um e. sobre aves>*

es.tu.fa *s.f.* **1** local envidraçado e aquecido, us. para cultivar certas plantas e flores **2** *p.ext.* qualquer local muito quente **3** aparelho destinado à secagem (de tintas ou outros produtos) ou à esterilização de instrumentos **4** parte do fogão, perto do forno, que recebe calor indireto **5** aquecedor para recintos fechados

[1]**es.tu.far** *v.* {mod. 1} *t.d.* **1** pôr em estufa ('local') **2** aquecer em estufa ('aparelho') **3** assar (carne) em fogo brando [ORIGEM: do it. *stufare* 'secar']

[2]**es.tu.far** *v.* {mod. 1} *t.d. e int.* **1** tornar(-se) cheio, volumoso, esp. com ar; inchar(-se) *<e. o peito>* *<com tantos papéis, a pasta estufou>* □ *pron.* **2** ficar orgulhoso, arrogante *<estufou-se ao saber do primeiro lugar>* [ORIGEM: *es-* + [1]*tufar*]

es.tu.gar *v.* {mod. 1} *t.d.* **1** tornar mais rápido (o passo); apressar **2** instigar, incitar

es.tul.ti.ce ou **es.tul.tí.cia** *s.f.* estupidez, tolice

es.tul.to *adj.* estúpido, tolo

es.tu.pe.fa.ção [pl.: *-ões*] *s.f.* **1** MED entorpecimento, paralisia temporária em certa parte do corpo **2** *fig.* espanto diante do inesperado; admiração, perplexidade

es.tu.pe.fa.ci.en.te *adj.2g.s.2g.* entorpecente

es.tu.pe.fa.to ou **es.tu.pe.fac.to** *adj.* **1** MED entorpecido **2** *fig.* admirado, perplexo

es.tu.pe.fa.zer *v.* {mod. 14} *t.d.* **1** causar inércia, imobilidade em; entorpecer **2** *fig.* causar grande espanto; surpreender ◉ GRAM/USO part.: *estupefeito*

es.tu.pen.do *adj.* **1** que causa assombro, admiração; maravilhoso, extraordinário **2** que causa espanto pelo tamanho; descomunal

es.tu.pi.dez /ê/ [pl.: *-es*] *s.f.* **1** asneira, tolice **2** *B* indelicadeza, grosseria

es.tu.pi.di.fi.car *v.* {mod. 1} *t.d. e pron.* tornar(se) parvo; emburrecer(-se) ~ **estupidificação** *s.f.*

es.tú.pi.do *adj.s.m.* **1** que(m) não é inteligente **2** que(m) é indelicado

es.tu.por /ô/ [pl.: *-es*] *s.m.* **1** MED estado de inconsciência profunda, com perda da sensibilidade e da capacidade de movimento **2** *fig.* imobilidade súbita diante de algo inesperado; espanto **3** *pej.* pessoa de más qualidades

es.tu.po.rar *v.* {mod. 1} *t.d. e pron.* **1** (fazer) cair em estupor *<a febre estuporou-o>* *<estuporaram-se com aquelas notícias tristes>* □ *t.d. fig.* **2** causar danos a; estragar **3** causar assombro, surpresa; espantar *<seu súbito aparecimento estuporou-a>* □ *pron.* **4** *infrm.* esforçar-se muito; empenhar-se *<e.-se para cuidar dos filhos>* **5** *fig.* cansar-se muito; exaurir-se *<estuporava-se corrigindo provas>* ~ **estuporado** *adj.*

es.tu.pro *s.m.* crime de obrigar alguém a ter relações sexuais por meio de violência ou ameaça; violação ~ **estuprador** *adj.s.m.* - **estuprar** *v.t.d.*

es.tu.que *s.m.* **1** CONSTR argamassa à base de pó de mármore, gesso, cal fina e areia, us. para cobrir paredes e tetos e fazer ornamentos **2** *p.ext.* qualquer ornamento feito com essa argamassa

es.tur.jão [pl.: *-ões*] *s.m.* ZOO peixe sem escamas, encontrado no hemisfério norte, de cuja ova se faz o caviar

es.tur.rar *v.* {mod. 1} *t.d.,int. e pron.* secar(-se) até quase queimar; estorricar(-se) *<e. os biscoitos>* *<a massa esturrou(-se) no forno>*

es.tur.ri.car *v.* {mod. 1} → ***ESTORRICAR***

es.va.e.cer *v.* {mod. 8} *t.d.,int. e pron.* **1** (fazer) sumir; extinguir(-se), desfazer(-se) **2** (fazer) perder as forças; enfraquecer(-se) **3** (fazer) perder o ânimo; esmorecer □ *pron.* **4** perder a intensidade; diminuir ~ **esvaecimento** *s.m.*

es.va.ir *v.* {mod. 25} *t.d. e pron.* **1** (fazer) desaparecer, evaporar; dissipar(-se) □ *pron.* **2** *fig.* ter fim; desaparecer *<o sonho esvaiu-se>* **3** perder os sentidos; desmaiar **4** *fig.* (prep. *em*) esgotar-se, desfazer-se *<e.-se em lágrimas>* **5** passar com rapidez (o tempo)

es.va.ne.cer *v.* {mod. 8} *t.d.,int. e pron.* desvanecer ~ **esvanecimento** *s.m.*

es.va.zi.ar *v.* {mod. 1} *t.d.* **1** retirar o conteúdo de *<e. um pote>* **2** *p.ext.* beber (de um continente) todo seu conteúdo *<sedento, esvaziou o copo>* □ *t.d. e pron.* **3** (deixar) ficar sem ninguém; desocupar *<e. a sala> <o ônibus esvaziou-se>* **4** (fazer) perder a importância, a utilidade, o sentido *<os jornais esvaziaram os escândalos> <sua afirmação esvaziou-se>* ~ **esvaziamento** *s.m.*

es.ver.de.a.do *adj.* **1** que tem o verde na sua composição (diz-se de cor) **2** diz-se dessa cor *<de cor e.>* ■ *s.m.* **3** a cor esverdeada

es.ver.de.ar *v.* {mod. 5} *t.d.,int. e pron.* tornar(-se) da cor verde ou semelhante a ela *<a chuva esverdeou os campos> <com a umidade a parede esverdeou(-se)> <com a luz, seus olhos esverdeiam-se>* ~ **esverdeamento** *s.m.*

es.vo.a.çar *v.* {mod. 1} *int. e pron.* **1** mover asas para voar **2** agitar-se ao vento ~ **esvoaçante** *adj.2g.s.2g.*

es.vur.mar *v.* {mod. 1} *t.d. e int.* **1** espremer o pus de **2** formar ou expelir pus; supurar *<o corte na perna esvurmou (um líquido amarelado)>* **3** *fig.* fazer dura crítica a □ *t.d.* **4** *p.ext.* expelir, expulsar

ET *s.m.* sigla de *extraterrestre* ('o que vem de fora da Terra')

-eta /ê/ *suf.* 'diminuição': *lingueta, saleta*

e.ta *s.m.* sétima letra do alfabeto grego (η, H)

e.ta /ê/, **e.ta-fer.ro** /ê...é/ ou **e.ta-pau** /ê/ *interj.* *B infrm.* exprime alegria ou espanto; eita

e.ta.no *s.m.* QUÍM gás incolor e inodoro, presente no gás natural, us. em petroquímica

e.ta.nol [pl.: *-óis*] *s.m.* QUÍM álcool que tem dois átomos de carbono nas moléculas; álcool etílico

e.ta.pa *s.f.* **1** cada uma das fases sucessivas de algo em desenvolvimento; estágio **2** *p.ext.* distância que se vence em um percurso

e.ta-pau /ê/ *interj. N.E.* → ***ETA***

e.tá.rio *adj.* relativo a idade

etc. abrev. de *et cetera*

et cetera [lat.] *loc.conj.* e outras coisas, e assim por diante (us. para encerrar enumeração) [abrev.: *etc.*] ⇒ pronuncia-se et sétera

-ete /ê/ *suf.* 'diminuição': *diabrete, lembrete*

é.ter [pl.: *éteres*] *s.m.* **1** o espaço celeste **2** QUÍM líquido volátil inflamável, us. como antisséptico, solvente e antigamente como anestésico; éter etílico **3** QUÍM qualquer dos vários compostos orgânicos com um átomo de oxigênio ligado a dois átomos de carbono ▣ **é. etílico** QUÍM éter ('líquido')

e.té.reo *adj.* **1** próprio do éter **2** *fig.* que eleva o espírito; sublime **3** *fig.* que pertence à esfera celestial; divino

e.ter.ni.da.de *s.f.* **1** característica do que é eterno **2** duração sem princípio nem fim **3** *p.ext.* tempo muito longo **4** REL para a alma, período sem fim após a morte do corpo; imortalidade

e.ter.ni.zar *v.* {mod. 1} *t.d. e pron.* **1** tornar(-se) eterno; perpetuar(-se) *<sua obra eternizou sua vida> <com a estátua, sua memória eternizou-se>* **2** *fig.* (fazer) prolongar-se, durar muito; perpetuar(-se) *<os novos acontecimentos eternizaram a discussão> <sua doença eternizava-se>* **3** *fig.* (fazer) adquirir fama eterna; imortalizar(-se) *<feitos que eternizaram nomes> <uma beleza que se eternizou nas telas do cinema>*

e.ter.no *adj.* **1** que dura para sempre **2** *fig.* imortal, inesquecível **3** *fig.* imutável ■ *s.m.* **4** REL Deus ☞ inicial maiúsc.

é.ti.ca *s.f.* **1** conjunto de preceitos sobre o que é moralmente certo ou errado **2** FIL parte da filosofia dedicada aos princípios que orientam o comportamento humano

é.ti.co *adj.* relativo a ética, a moral

e.tí.li.co *adj.* **1** provocado pelo álcool; alcoólico **2** QUÍM que contém em cada uma de suas moléculas dois átomos de carbono, seis de hidrogênio e um de oxigênio *<álcool e.>*

é.ti.mo *s.m.* LING **1** vocábulo de que se originou outra palavra **2** palavra ou elemento (morfema) que serve de base para a formação de palavras por derivação ou composição

e.ti.mo.lo.gi.a *s.f.* LING **1** estudo da origem e da evolução das palavras **2** ramo da linguística que se dedica a esse estudo ~ **etimológico** *adj.*

e.ti.mo.lo.gis.ta *adj.2g.s.2g.* especialista em etimologia

e.ti.mó.lo.go *s.m.* etimologista (subst.)

e.ti.o.lo.gi.a *s.f.* **1** estudo das origens de um fenômeno **2** MED causa de uma doença **3** MED estudo das causas das doenças ~ **etiológico** *adj.*

e.ti.que.ta /ê/ *s.f.* **1** conjunto de normas de conduta social **2** rótulo, adesivo etc. com características e/ou informações referentes ao objeto que os contém ▣ **de e.** caro, de luxo

e.ti.que.tar *v.* {mod. 1} *t.d.* pôr etiqueta em ~ **etiquetagem** *s.f.*

et.moi.de /ói/ *adj.2g.s.m.* ANAT (osso do crânio) situado atrás do nariz, entre as órbitas oculares ~ **etmoidal** *adj.2g.* - **etmóideo/etmoídeo** *adj.*

et.ni.a *s.f.* grupo de indivíduos com língua, crenças, origens e maneiras de agir comuns ☞ cf. *tribo*

ét.ni.co *adj.* 1 relativo a etnia 2 pertencente ou próprio de um povo, esp. de um grupo caracterizado por cultura específica

et.no.cen.tris.mo *s.m.* tendência a considerar o seu grupo étnico, nação ou nacionalidade como mais importante do que os demais ~ **etnocêntrico** *adj.*

et.no.gra.fi.a *s.f.* estudo descritivo das sociedades humanas ~ **etnográfico** *adj.* - **etnógrafo** *s.m.*

E

et.no.lo.gi.a *s.f.* ramo da antropologia que se dedica ao estudo analítico e comparativo das culturas ~ **etnológico** *adj.* - **etnologista** *adj.2g.s.2g.* - **etnólogo** *s.m.*

et.nô.ni.mo *s.m.* nome que designa tribo, etnia, raça, povo, nação ▣ **e. brasílico** cada um dos vocábulos que designam os grupos indígenas brasileiros

-eto /ê/ *suf.* 1 'diminuição': *folheto, galeto* 2 'sal' (em produtos químicos): *cloreto*

e.to.lo.gi.a *s.f.* BIO estudo do comportamento animal ~ **etologista** *adj.2g.s.2g.* - **etólogo** *s.m.*

e.tos *s.m.2n.* conjunto dos costumes e hábitos característicos de um determinado indivíduo, grupo, época ou região

e.trus.co *s.m.* 1 natural ou habitante da Etrúria, antiga província italiana (atual Toscana) 2 LING a língua falada nessa província ■ *adj.* 3 relativo a esse indivíduo, província ou língua

eu- ou **ev-** *pref.* 'bem, bom': *eufemismo, eufonia, evangelho*

-eu ou **-éu** *suf.* 'origem, nacionalidade': *europeu, ilhéu*

eu *pron.p.* 1 representa a 1ª p.sing. e é us. por aquele que fala ou escreve para referir-se a si mesmo *<eu vou sair>* ■ *s.m.* 2 a individualidade do ser humano 3 *p.ext.* forma assumida por uma personalidade num dado momento *<meu eu antigo não existe mais>*

Eu QUÍM símbolo de *európio*

eu.ca.lip.to *s.m.* 1 BOT árvore grande, de crescimento rápido, us. em reflorestamento e para extração de madeira para lenha, produção de óleo e celulose 2 óleo dessa planta, com uso em farmácia e medicina

eu.ca.lip.tol [pl.: *-óis*] *s.m.* substância medicinal encontrada no eucalipto

eu.ca.ri.on.te *adj.2g.s.m.* BIO (o) que possui núcleo definido por membrana ☞ cf. *procarionte*

eu.ca.ris.ti.a *s.f.* LITUR 1 no catolicismo, sacramento em que o pão e o vinho se convertem no corpo e sangue de Cristo 2 a celebração desse sacramento 3 a hóstia consagrada 4 ação de graças ☞ em todas as acp., inicial freq. maiúscula ~ **eucarístico** *adj.*

eu.fe.mis.mo *s.m.* GRAM expressão que suaviza uma ideia desagradável, grosseira ou indecente ~ **eufêmico** *adj.* - **eufemístico** *adj.*

eu.fo.ni.a *s.f.* GRAM combinação de sons harmônicos e agradáveis aos ouvidos ☞ cf. *cacofonia* ~ **eufônico** *adj.*

eu.fo.ri.a *s.f.* alegria intensa e repentina; exaltação

eu.fó.ri.co *adj.* entusiasmado por algum motivo; animado

eu.ge.ni.a *s.f.* teoria que busca o aperfeiçoamento da espécie humana, pela seleção genética e controle da reprodução ~ **eugênico** *adj.* - **eugenista** *adj.2g.s.2g.*

eu.la.li.a *s.f.* modo agradável de falar

eu.nu.co *s.m.* 1 homem castrado que vigiava as mulheres do harém 2 *p.ext.* homem impotente ■ *adj.* 3 privado dos órgãos sexuais reprodutores; castrado

eu.re.ca *interj.* heureca

eu.ro *s.m.* ECON 1 moeda ('meio') única dos países da União Europeia, us. para transações financeiras desde 1º de janeiro de 1999 2 a cédula e a moeda ('peça') que substituíram as antigas moedas desses países, a partir de 1º de janeiro de 2002

eu.ro.dó.lar [pl.: *-es*] *s.m.* ECON dólar americano depositado ou investido em bancos europeus

eu.ro.pei.zar *v.* {mod. 2} *t.d. e pron.* dar ou tomar aspecto ou característica própria dos povos, culturas, línguas da Europa

eu.ro.peu [fem.: *europeia /éi/*] *adj.* 1 da Europa ■ *s.m.* 2 natural ou habitante desse continente

eu.ró.pio *s.m.* QUÍM elemento químico us. em aparelhos de TV e reatores nucleares [símb.: *Eu*] ☞ cf. *tabela periódica* (no fim do dicionário)

eur.rit.mi.a *s.f.* 1 combinação harmoniosa de proporções, linhas, cores e/ou sons 2 MED regularidade da pulsação

eu.ta.ná.sia *s.f.* 1 ato de proporcionar morte sem sofrimento a doente incurável vítima de dores insuportáveis 2 DIR direito de matar ou morrer por tal razão

ev- *pref.* → EU-

e.va.cu.a.ção [pl.: *-ões*] *s.f.* 1 ato ou efeito de evacuar, de esvaziar em 2 dejeção natural ou artificial de matéria orgânica 2.1 dejeção de matéria fecal dos organismos; defecação, excreção 3 *p.ext.* a matéria evacuada resultante dessa dejeção

e.va.cu.ar *v.* {mod. 1} *t.d.* 1 sair de (um lugar), deixando-o vazio; desocupar □ *int.* 2 expelir fezes; defecar

e.va.dir *v.* {mod. 24} *t.d. e pron.* 1 esquivar-se a dizer e/ou fazer (algo); evitar □ *pron.* 2 fugir do cárcere, da prisão 3 desaparecer, sumir-se

e.van.ge.lho *s.m.* 1 REL a doutrina cristã, contida no Novo Testamento 2 REL cada um dos quatro primeiros livros do Novo Testamento ☞ nas acp. 1 e 2, inicial maiúsc. 3 conjunto de princípios; dogma

e.van.ge.li.ca.lis.mo *s.m.* REL conjunto de doutrinas ou valores e crenças dos evangélicos

e.van.gé.li.co *adj.* 1 relativo ao Evangelho 2 relativo às diversas Igrejas e correntes protestantes que seguem esp. os Evangelhos ('livros') ■ *adj.s.m.* 3 indivíduo que segue uma dessas correntes protestantes

e.van.ge.lis.mo *s.m.* REL sistema moral ou religioso baseado no Evangelho ('doutrina')

e.van.ge.lis.ta *s.m.* REL **1** autor de cada um dos livros do Evangelho ■ *adj.2g.s.2g.* **2** que(m) evangeliza; evangelizador **3** que(m) segue alguma religião protestante

e.van.ge.li.zar *v.* {mod. 1} *t.d.* **1** converter (alguém) à religião, pregando o Evangelho **2** pregar (doutrina ou ideia) ~ **evangelização** *s.f.* - **evangelizador** *adj.s.m.*

e.va.po.ra.ção [pl.: *-ões*] *s.f.* **1** FÍS passagem de um estado líquido para um estado de vapor **2** *fig.* desaparecimento de algo

e.va.po.rar *v.* {mod. 1} *t.d.,int. e pron.* **1** transformar(-se) [líquido] em vapor **2** *fig.* (fazer) deixar de existir, de manifestar-se; sumir

e.va.po.ra.ti.vo *adj.* que provoca evaporação

e.va.são [pl.: *-ões*] *s.f.* **1** fuga, escapada **2** *fig.* argumentação cheia de subterfúgios; pretexto ▣ **e. escolar** grande quantidade de alunos que abandona a escola antes de concluir o curso • **e. fiscal** DIR desvio da renda ou sonegação de impostos

e.va.si.va *s.f.* frase de sentido vago, desculpa ardilosa; subterfúgio

e.va.si.vo *adj.* **1** que usa de manobras ou subterfúgios **2** ilusório; indireto

e.ven.to *s.m.* **1** acontecimento; fenômeno **2** *B* festa, espetáculo etc. com objetivos institucionais, comunitários, promocionais

e.ven.tu.al [pl.: *-ais*] *adj.2g.* **1** que pode ocorrer ou não; casual **2** que ocorre algumas vezes; ocasional

e.ven.tu.a.li.da.de *s.f.* acontecimento inesperado; acaso

e.ven.tu.al.men.te *adv.* expressa uma possibilidade, uma hipótese; porventura, talvez

e.vi.dên.cia *s.f.* **1** aquilo que não dá margem a dúvidas **2** destaque, realce **3** o que indica a ocorrência de algo; sinal

e.vi.den.ci.ar *v.* {mod. 1} *t.d. e pron.* **1** tornar(-se) claro, evidente; comprovar, demonstrar *<a verdade evidenciou-se>* **2** destacar(-se), realçar(-se) *<o bom trabalho evidencia o aluno> <evidenciou-se com suas observações>*

e.vi.den.te *adj.2g.* que não dá margem à dúvida; claro, manifesto

e.vis.ce.rar *v.* {mod. 1} *t.d.* retirar tripas, vísceras a; estripar ~ **evisceração** *s.f.*

e.vi.tar *v.* {mod. 1} *t.d.* **1** manter-se livre, distante de (algo ou alguém ger. desagradável, perigoso); esquivar-se *<evita encontrar o síndico>* **2** não permitir a concretização de; impedir *<e. acidentes>*

e.vo.car *v.* {mod. 1} *t.d.* **1** chamar (algo, ger. sobrenatural), fazendo com que apareça *<e. os santos>* **2** trazer à lembrança; relembrar *<evoca a infância com frequência>* ~ **evocação** *s.f.*

e.vo.lar-se *v.* {mod. 1} *pron.* **1** elevar-se como se voasse *<sussurros evolavam-se por entre as árvores>* **2** exalar, espalhar-se (aroma, odor) **3** desaparecer, esvair *<a dor que sentia evolou-se>*

e.vo.lu.ção [pl.: *-ões*] *s.f.* **1** desenvolvimento gradual **2** movimentação harmônica (em ginástica, dança, desfile etc.) **3** BIO teoria segundo a qual as espécies se modificam ao longo do tempo pela ação de mutações e da seleção natural ☞ nesta acp., cf. *darwinismo*

e.vo.lu.cio.nar *v.* {mod. 1} *int.* evoluir ~ **evolucionário** *adj.*

e.vo.lu.cio.nis.mo *s.m.* BIO qualquer teoria fundada na noção de evolução das espécies, esp. a dos seres vivos ~ **evolucionista** *adj.2g.s.2g.*

e.vo.lu.ir *v.* {mod. 26} *t.i. e int.* **1** (prep. *em, para*) passar por processo gradual de desenvolvimento; desenvolver-se, progredir **2** (prep. *para*) passar por transformação; modificar-se *<a doença evoluiu (para um tipo mais brando)>* **3** (prep. *em, sobre*) executar evolução ('movimentação') *<o avião evoluiu sobre a montanha>*

e.vol.ver *v.* {mod. 8} *int.* desenvolver-se aos poucos; evoluir ~ **evolvente** *adj.2g.*

ex- *pref.* **1** 'movimento para fora': *excluir, exportar* **2** 'que não exerce mais': *ex-marido, ex-presidente*

exa- /z, cs *ou* gz/ *pref.* do SI, simbolizado por E, um trilião (de vezes a unidade indicada) *<exatonelada = um trilião de toneladas* [na nomenclatura da numeração, mesmo que *um quintilião*]*>* ☞ adotado na 15ª Conferência Geral de Pesos e Medidas, em 1975

e.xa.ção /z/ [pl.: *-ões*] *s.f.* **1** DIR cobrança de impostos, taxas etc. **2** realização de algo com precisão, capricho ou pontualidade

e.xa.cer.ba.ção /z/ [pl.: *-ões*] *s.f.* **1** aumento, intensificação **2** exasperação, irritação

e.xa.cer.bar /z/ *v.* {mod. 1} *t.d. e pron.* **1** tornar(-se) mais violento, áspero ou cruel *<e.(-se) uma luta>* **2** tornar(-se) mais intenso; avivar(-se), agravar(-se) *<e.(-se) uma doença>* □ *t.d.* **3** deixar nervoso, irritado; exasperar ~ **exacerbado** *adj.*

e.xa.ge.rar /z/ *v.* {mod. 1} *t.d.,t.i. e int.* **1** (prep. *em*) fazer ou dizer (algo) com excesso; exceder-se *<e. na quantidade de exercícios> <o orador exagera>* □ *t.d.* **2** atribuir proporções ou qualidades maiores do que as reais; aumentar ~ **exageração** *s.f.* - **exagerado** *adj.*

e.xa.ge.ro /z...ê/ *s.m.* **1** aumento; excesso **2** qualquer coisa de proporção além do normal ou do razoável; exorbitância

e.xa.lar /z/ *v.* {mod. 1} *t.d.,t.i. e pron.* **1** (prep. *de*) espalhar(-se) [vapor, perfume, líquido etc.]; emanar *<o cheiro exalava(-se) da panela>* **2** (prep. *em*) (deixar) sair livremente; soltar(-se) *<um sopro exalava(-se) da sua boca>* □ *pron.* **3** virar vapor; evaporar *<o éter se exala rápido>* □ *t.d. fig.* **4** deixar surgir; manifestar *<e. raiva pelos poros>* ~ **exalação** *s.f.* - **exalante** *adj.2g.*

e.xal.ta.do /z/ *adj.* **1** que está excitado, estimulado **2** que é dominado por fanatismo ou paixão ■ *adj.s.m.* **3** que(m) se irrita ou se encoleriza com facilidade

e.xal.tar /z/ *v.* {mod. 1} *t.d.* **1** tornar grandioso; engrandecer **2** causar entusiasmo ou delírio; arrebatar *<exaltaram a multidão>* □ *t.d. e pron.* **3** (fazer) atingir alto grau de atividade ou intensidade *<a febre exaltava seu delírio> <os ânimos se exaltaram>* **4** (fazer) ficar irritado; enfurecer(-se) *<imprevistos nos exaltam>* ~ **exaltação** *s.f.*

e.xa.me /z/ *s.m.* **1** investigação ou pesquisa minuciosa **2** teste, prova **3** análise clínica ou de laboratório

E

e.xa.mi.nar /z/ *v.* {mod. 1} *t.d.* **1** observar, investigar ou avaliar em detalhes, com atenção; analisar **2** submeter a exame médico, escolar etc. ~ **examinador** *adj.s.m.*

e.xan.gue /z/ *adj.2g.* **1** que ficou sem sangue **2** debilitado, enfraquecido

e.xâ.ni.me /z/ *adj.2g.* **1** desmaiado, desfalecido **2** que parece estar morto

e.xan.te.ma /z, cz *ou* gz/ *s.f.* MED lesão cutânea que ocorre em doenças agudas como sarampo e escarlatina

e.xa.rar /z/ *v.* {mod. 1} *t.d.* **1** entalhar, gravar **2** registrar por escrito; lavrar *<o chefe exarou um novo despacho>* ~ **exaração** *s.f.*

e.xas.pe.ra.ção /z/ [pl.: *-ões*] *s.f.* **1** irritação, exacerbação **2** agravamento, intensificação

e.xas.pe.rar /z/ *v.* {mod. 1} *t.d. e pron.* **1** (fazer) ficar enfurecido; irritar(-se) *<exasperou-se logo que chegou>* **2** tornar(-se) mais intenso, forte; intensificar(-se) *<a dor exaspera-se à noite>* ~ **exasperador** *adj.s.m.* - **exasperante** *adj.2g.*

e.xa.ta.men.te /z/ *adv.* **1** com rigor, com exatidão; nem mais nem menos **2** na expressão da palavra *<sem ser brilhante, não é e. tolo>* **3** us. para confirmar algo dito anteriormente *<– Saímos às duas horas? – E.>*

e.xa.ti.dão /z/ [pl.: *-ões*] *s.f.* qualidade de exato, preciso; precisão

e.xa.to /z/ *adj.* **1** que não contém erro; correto **2** que tem grande rigor ou precisão **3** pontual

e.xau.rir /z/ *v.* {mod. 24} *t.d. e pron.* **1** esgotar(-se), gastar(-se) totalmente *<e.(-se) a água>* **2** tornar(-se) cansado, exausto; esgotar(-se) *<o excesso de atividades exauriu-o> <e.-se em múltiplas tarefas>* ◉ GRAM/USO part.: *exaurido, exausto*

e.xaus.tão /z/ [pl.: *-ões*] *s.f.* esgotamento; cansaço extremo

e.xaus.ti.vo /z/ *adj.* **1** que esgota; que abrange até os mínimos detalhes **2** muito cansativo

e.xaus.to /z/ *adj.* muito cansado, exaurido

e.xaus.tor /z...ô/ [pl.: *-es*] *adj.s.m.* (aparelho) que aspira e/ou renova o ar de um recinto fechado

ex.ce.ção [pl.: *-ões*] *s.f.* **1** desvio da regra geral **2** exclusão *<com e. da filha, todos vieram>*

ex.ce.den.te *adj.2g.s.m.* (o) que excede ou sobra

ex.ce.der *v.* {mod. 8} *t.d.,t.i.,t.d.i. e pron.* **1** (prep. *a, em*) ser superior a (em valor, peso, tamanho, talento, força etc.); ultrapassar(-se), superar(-se) *<o peso da mala excedeu (a)o limite> <e. os colegas (em gramática)> <em seu novo livro, conseguiu e.-se>* □ *pron.* **2** (prep. *em*) ir além do que é natural, conveniente; desmedir-se *<e.-se na sobremesa>* **3** ficar irritado; exaltar-se *<discute com calma, sem e.-se>* **4** (prep. *em*) caprichar, esmerar-se *<e.-se na linguagem>* ~ **excedência** *s.f.*

ex.ce.lên.cia *s.f.* **1** virtude do que é excelente **2** tratamento dado a pessoas de alta posição social [abrev.: *Ex.ª*, ger. ligado aos pronomes *sua* e *vossa*]

ex.ce.len.te *adj.2g.* muito bom; de ótima qualidade

ex.ce.len.tís.si.mo *adj.* tratamento dado a pessoas de alta hierarquia social [abrev.: *Ex.*mo] ☞ inicial maiúsc. ◉ GRAM/USO sup.abs.sint. de *excelente*

ex.ce.ler *v.* {mod. 8} *t.i. e int.* (prep. *em*) destacar-se muito (em certa qualidade, dote, ofício etc.) *<além de brilhar na política, exceleu na arte da amizade> <obras de arte que excelem>*

ex.cel.so *adj.* **1** sublime, elevado **2** ilustre, digno de louvor **3** admirável, excelente ~ **excelsitude** *s.f.*

ex.cên.tri.co *adj.* **1** que se desvia do centro **2** GEOM que não tem o mesmo centro (círculo, ângulo etc.) ■ *adj.s.m.* **3** *fig.* que(m) é extravagante ou original ~ **excentricidade** *s.f.*

ex.cep.cio.nal [pl.: *-ais*] *adj.2g.* **1** que constitui exceção **2** incomum; extraordinário ■ *adj.2g.s.2g.* **3** portador de deficiência física, mental ou sensorial

ex.cep.cio.na.li.da.de *s.f.* qualidade do que é excepcional

ex.cer.to /ê/ *s.m.* trecho, fragmento

ex.ces.si.vo *adj.* **1** que excede, que sobra **2** exagerado, desmedido

ex.ces.so *s.m.* **1** sobra **2** o que passa da medida; exagero **3** ação descontrolada; desmando ☞ nesta acp., mais us. no pl.

ex.ce.to *prep.* à exclusão de; salvo

ex.ce.tu.ar *v.* {mod. 1} *t.d.,t.d.i. e pron.* (prep. *de*) deixar(-se) de fora, livre de; isentar(-se), excluir(-se) *<excetuou do castigo os que chegaram na hora> <ao dizer que os homens erram, nunca se excetua>* ~ **excetuação** *s.f.* - **excetuado** *adj.*

ex.ci.pi.en.te *s.m.* FARM substância neutra us. como veículo para medicamentos

ex.ci.ta.ção [pl.: *-ões*] *s.f.* **1** estímulo, entusiasmo **2** desejo sexual **3** incitação, instigação

ex.ci.ta.men.to *s.m.* excitação

ex.ci.tan.te *adj.2g.* **1** que excita ■ *adj.2g.s.m.* **2** (o) que estimula, anima

ex.ci.tar *v.* {mod. 1} *t.d. e pron.* **1** (fazer) ter reação física ou psicológica; estimular(-se), instigar(-se) *<e.(-se) o apetite, a imaginação>* **2** (fazer) sentir cólera, irritação; exaltar(-se) *<excitou o irmão até fazê-lo brigar> <excitou-se demais durante a discussão>* **3** (fazer) sentir desejo sexual *<excita-se só em pensar no namorado>* ~ **excitado** *adj.*

ex.ci.tá.vel [pl.: *-eis*] *adj.2g.* **1** que se pode excitar **2** que se excita facilmente ~ **excitabilidade** *s.f.*

ex.cla.ma.ção [pl.: *-ões*] *s.f.* **1** grito de surpresa, alegria, raiva etc. **2** GRAM ponto de exclamação

ex.cla.mar *v.* {mod. 1} *t.d. e int.* dizer (algo) com espanto, alegria, admiração etc., por meio de exclamação <*Que maravilha!, exclamou ele*> ~ **exclamativo** *adj.* - **exclamatório** *adj.*

ex.clu.ir *v.* {mod. 26} *t.d.* **1** ser incompatível com <*o amor exclui a violência*> **2** pôr de lado; afastar <*este pedido exclui os demais*> ☐ *t.d.i.* **3** (prep. *de*) retirar (algo, alguém) [de um conjunto, um todo]; eliminar <*e. alguém do time*> **4** (prep. *de*) fazer perder a posse de; privar <*excluíram-no da herança*> ☐ *pron.* **5** (prep. *de*) retirar-se, isentar-se <*e.-se da decisão*> ◉ GRAM/USO part.: *excluído, excluso* ~ **excludente** *adj.2g.*

ex.clu.são [pl.: *-ões*] *s.f.* **1** eliminação **2** afastamento, expulsão

ex.clu.si.va.men.te *adv.* **1** de maneira específica; apenas, tão somente **2** por privilégio privado; somente, apenas <*assentos e. para idosos*>

ex.clu.si.ve *adv.* com exclusão de <*conhece-nos todos, e. os que sempre faltam*>

ex.clu.si.vis.mo *s.m.* sistema ou prática de excluir sistematicamente os outros e as opiniões contrárias às suas; individualismo

ex.clu.si.vis.ta *adj.2g.* **1** próprio do exclusivismo ■ *adj.2g.s.2g.* **2** que(m) procede com exclusivismo; individualista **3** que(m) se mostra inflexível; intransigente

ex.clu.si.vo *adj.* **1** que exclui, que elimina **2** privativo, particular ~ **exclusividade** *s.f.*

ex.co.gi.tar *v.* {mod. 1} *t.d.* **1** imaginar, inventar <*excogitavam estratégias para ganhar a competição*> **2** examinar ou pesquisar com atenção <*excogitava o que a mulher havia deixado por escrito*> ☐ *int.* **3** recolher-se em reflexões <*senta-se sob uma árvore e fica horas a e.*> ~ **excogitação** *s.f.* - **excogitador** *adj.s.m.*

ex.co.mun.ga.do *adj.s.m.* **1** que(m) sofreu excomunhão **2** *fig.* amaldiçoado

ex.co.mun.gar *v.* {mod. 1} *t.d.* **1** expulsar (um membro) da Igreja católica **2** *fig.* lançar praga a; amaldiçoar <*o general excomungou os inimigos*> **3** *fig.* condenar, reprovar <*a crítica excomungou o escritor*> ~ **excomungação** *s.f.*

ex.co.mu.nhão [pl.: *-ões*] *s.f.* REL penalidade da Igreja católica que exclui alguém da totalidade ou de parte dos bens espirituais comuns aos fiéis

ex.cre.ção [pl.: *-ões*] *s.f.* **1** eliminação de resíduos pelo organismo **2** matéria excretada; excremento

ex.cre.men.to *s.m.* **1** matéria sólida ou líquida excretada pelo organismo humano ou animal; excreção **2** fezes **3** *fig.* pessoa ou coisa desprezível

ex.cres.cên.cia *s.f.* **1** ponto que se eleva acima da superfície; saliência **2** *fig.* excesso **3** MED tumor na superfície de um órgão

ex.cre.tar *v.* {mod. 1} *t.d.* expelir do corpo por via natural; secretar

ex.cre.tor /ô/ [pl.: *-es*] ou **ex.cre.tó.ri.o** *adj.* que excreta, expele <*canal e.*>

ex.cur.são [pl.: *-ões*] *s.f.* viagem ou passeio recreativo ou de estudo, ger. em grupo e com guia ~ **excursionar** *v.int.*

ex.cur.sio.nis.mo *s.m.* exercício, prática ou gosto de fazer excursões

ex.cur.sio.nis.ta *adj.2g.s.2g.* que(m) faz excursões de recreio ou de estudo

e.xe.cra.ção /z/ [pl.: *-ões*] *s.f.* **1** ódio profundo; abominação **2** maldição, praga

e.xe.crar /z/ *v.* {mod. 1} *t.d. e pron.* **1** ter ódio, aversão a (alguém ou si mesmo); detestar(-se) <*e. pessoas intolerantes*> <*execra-se por ter gritado com a mãe*> ☐ *t.d.* **2** desejar mal a; amaldiçoar ~ **execrado** *adj.* - **execrador** *adj. s.m.*

e.xe.crá.vel /z/ [pl.: *-eis*] *adj.2g.* que pode ou deve ser execrado; detestável

e.xe.cu.ção /z/ [pl.: *-ões*] *s.f.* **1** realização <*a e. de uma obra*> **2** cumprimento de uma lei ou mandado judicial **3** interpretação de música **4** cumprimento de pena de morte

e.xe.cu.tar /z/ *v.* {mod. 1} *t.d.* **1** levar a efeito; realizar, fazer <*e. um plano, uma obra*> **2** representar, interpretar (papel) <*os atores executaram bem seus personagens*> **3** tirar a vida de; matar <*e. o condenado ao final do filme*> **4** cantar, tocar (música) <*a orquestra executou um belo concerto*> **5** DIR obrigar a pagar por ação judicial <*e. um devedor*> **6** INF processar (rotina ou programa de computador) ~ **executante** *adj.2g.* - **executável** *adj.2g.*

e.xe.cu.ti.va /z/ *s.f.* comissão executiva

e.xe.cu.ti.vo /z/ *adj.* **1** que executa, realiza; executor **2** que executa ou faz cumprir leis, regulamentos, normas ■ *s.m.* **3** o poder executivo ☞ tb. us. com inicial maiúsc. **4** alto funcionário de uma empresa

e.xe.cu.tor /z...ô/ [pl.: *-es*] *adj.s.m.* **1** que(m) executa ■ *s.m.* **2** [1]carrasco

e.xe.ge.se /z/ *s.f.* **1** explicação ou interpretação crítica de texto ou palavra **2** interpretação de obra literária, artística etc. ~ **exegético** *adj.*

e.xe.ge.ta /z/ *s.2g.* aquele que faz exegese; comentarista, intérprete

e.xe.gé.ti.ca /z/ *s.f.* ramo da teologia que se dedica à interpretação e explicação da Bíblia

e.xem.plar /z/ [pl.: *-es*] *adj.2g.* **1** que serve de modelo **2** que serve de lição ■ *s.m.* **3** unidade (de uma edição, coleção etc.) **4** indivíduo (de uma mesma espécie animal, vegetal ou mineral) ~ **exemplaridade** *s.f.*

e.xem.plá.rio /z/ *s.m.* conjunto de exemplos

e.xem.pli.fi.car /z/ *v.* {mod. 1} *t.d.* **1** explicar, provar com exemplos **2** prover de exemplos <*e. o trabalho com ilustrações*> ~ **exemplificação** *s.f.*

e.xem.plo /z/ *s.m.* **1** o que pode ou deve ser imitado; modelo **2** fato que pode servir de lição **3** fato us. para ilustrar ou esclarecer algo **4** frase ou passagem de um autor, citada para confirmar uma opinião, reforçar uma regra ou demonstrar uma verdade ◉ COL

E

exemplário ▣ **por e.** expressão que antecede uma frase ilustrativa da ideia ou conceito antes mencionado [abrev.: *p.ex.*]

e.xé.quias /z/ *s.f.pl.* cerimônias ou honras fúnebres ~ **exequial** *adj.2g.*

e.xe.quí.vel /z...qü/ [pl.: *-eis*] *adj.2g.* que pode ou deve ser executado; realizável ~ **exequibilidade** *s.f.*

e.xer.cer /z/ *v.* {mod. 8} *t.d.* **1** realizar as tarefas, obrigações inerentes a (cargo, ofício, função etc.) **2** executar, desempenhar, cumprir *<e. as funções de mãe>* ☐ *t.d.i.* **3** (prep. *sobre, em*) fazer sentir, ser atingido por (ideia, sentimento etc.) *<e. influência sobre o filho>*

e.xer.cí.cio /z/ *s.m.* **1** treinamento **2** desempenho de função, profissão etc. **3** trabalho escolar **4** atividade física **5** em administração, período entre dois balanços ('verificação') ou orçamentos

e.xer.ci.tar /z/ *v.* {mod. 1} *t.d.* **1** exercer (uma prática) com regularidade **2** pôr em ação, fazendo valer *<e. os próprios direitos>* ☐ *t.d.,t.d.i. e pron.* **3** (prep. *em*) (fazer) adquirir força, habilidade, perícia etc. (em algo) com exercícios *<e. corpo e mente>* *<e. alunos no uso da crase>* *<e.-se na academia>*

e.xér.ci.to /z/ *s.m.* **1** MIL força armada terrestre de uma nação ☞ inicial maiúsc. **2** MIL grupo de tropas em combate **3** *fig.* multidão

e.xi.bi.ção /z/ [pl.: *-ões*] *s.f.* **1** apresentação, mostra **2** projeção de filme ou representação de espetáculo artístico **3** ostentação

e.xi.bi.cio.nis.mo /z/ *s.m.* **1** mania de exibir-se **2** PSIC mania doentia de exibir as partes sexuais ~ **exibicionista** *adj.2g.s.2g.*

e.xi.bi.do /z/ *adj.* **1** que foi exposto ou mostrado ■ *adj.s.m.* **2** que(m) procura insistentemente chamar atenção sobre si

e.xi.bir /z/ *v.* {mod. 24} *t.d. e t.d.i.* **1** (prep. *a*) tornar visível ou perceptível intencionalmente; mostrar, patentear *<e. documentos (ao advogado)>* ☐ *t.d. e pron.* **2** mostrar(-se) com vaidade, arrogância; ostentar *<e. erudição>* *<detesta e.-se>* **3** mostrar(-se) em ou ao público; apresentar(-se)

e.xi.gên.cia /z/ *s.f.* **1** o que se reclama como necessário à satisfação de necessidades ou desejos **2** pedido urgente ou impertinente **3** determinação; imposição

e.xi.gen.te /z/ *adj.2g.* **1** que exige, que pede com insistência **2** difícil de satisfazer

e.xi.gir /z/ *v.* {mod. 24} *t.d. e t.d.i.* **1** (prep. *de*) reclamar em função de direito legítimo ou suposto *<e. satisfações>* *<exigiu explicações do sobrinho>* **2** (prep. *a, de*) pedir em tom autoritário; cobrar *<exigiu desculpas (ao subordinado)>* ☐ *t.d.i.* **3** (prep. *a*) determinar por ordem ou intimação; impor *<exigiu-lhe completo silêncio>* ☐ *t.d.* **4** ter necessidade de; demandar, requerer **5** impor determinação de; estabelecer

e.xí.guo /z/ *adj.* **1** pequeno, apertado **2** pouco, insuficiente ~ **exiguidade** *s.f.*

e.xi.la.do /z/ *adj.s.m.* que(m) se exilou ou foi exilado; que(m) vive no exílio; expatriado, desterrado

e.xi.lar /z/ *v.* {mod. 1} *t.d. e pron.* **1** expulsar ou sair da pátria; desterrar(-se) **2** *fig.* manter(-se) distante; isolar(-se)

e.xí.lio /z/ *s.m.* **1** afastamento forçado ou voluntário da terra natal; degredo, desterro **2** *p.ext.* lugar onde vive o exilado **3** *fig.* isolamento do convívio social

e.xí.mio /z/ *adj.* excelente no que faz; eficiente, habilidoso

e.xi.mir /z/ *v.* {mod. 24} *t.d.,t.d.i. e pron.* **1** (prep. *de*) tornar(-se) isento, livre; dispensar(-se), livrar(-se) *<e. contribuintes do pagamento de impostos>* *<e.-se de uma obrigação>* ☐ *pron.* **2** (prep. *de*) escapar, esquivar-se

e.xis.tên.cia /z/ *s.f.* **1** o fato de existir ou viver **2** a forma de viver *<e. confortável>* **3** presença **4** período de tempo; duração ~ **existencial** *adj.2g.*

e.xis.ten.ci.a.lis.mo /z/ *s.m.* FIL filosofia pela qual o homem é livre e responsável pela sua existência ~ **existencialista** *adj.2g.s.2g.*

e.xis.tir /z/ *v.* {mod. 24} *int.* estar presente, ter vida (no mundo real, na imaginação, por certo tempo etc.); haver, viver ~ **existente** *adj.2g.s.2g.*

ê.xi.to /z/ *s.m.* **1** resultado, efeito **1.1** bom resultado; sucesso

exo- /z/ *pref.* 'posição exterior': *exoesqueleto, exosfera*

ê.xo.do /z/ *s.m.* emigração de todo um povo ou saída de pessoas em massa

e.xo.es.que.le.to /z...ê/ *s.m.* ZOO esqueleto externo (de crustáceos, insetos etc.)

e.xo.ga.mi.a /z/ *s.f.* ANTRPOL casamento entre membros de famílias, clãs ou tribos diferentes ~ **exogâmico** *adj.*

e.xó.ga.mo /z/ *adj.s.m.* que(m) contrai casamento fora de sua aldeia, clã ou família ☞ cf. *endógamo*

e.xó.ge.no /z/ *adj.* que provém do exterior (de organismo ou sistema); que tem causas externas

e.xo.ne.rar /z/ *v.* {mod. 1} *t.d.,t.d.i. e pron.* **1** (prep. *de*) dispensar(-se) [de cargo, função etc.]; destituir(-se) *<vão exonerá-lo da diretoria>* *<cansado, decidiu e.-se>* ☐ *t.d.i. e pron.* **2** (prep. *de*) [deixar] ficar sem ônus de; isentar(-se) *<e. o funcionário de trabalhar diariamente>* *<e.-se de uma dívida>* ~ **exoneração** *s.f.*

e.xo.pla.ne.ta /z...ê/ *s.m.* ASTR planeta que orbita uma estrela fora do nosso sistema solar

e.xor.bi.tân.cia /z/ *s.f.* **1** excesso, exagero **2** preço muito alto

e.xor.bi.tan.te /z/ *adj.2g.* que ultrapassa o limite justo, aceitável; abusivo, excessivo

e.xor.bi.tar /z/ *v.* {mod. 1} *t.i. e int.* **1** (prep. *de*) desviar-se de ou exceder (norma ou limites justos, razoáveis); extrapolar *<e. dos critérios de justiça>* *<exorbitou mais uma vez>* ☐ *t.d. e int.* **2** (fazer) sair da órbita

e.xor.cis.mar /z/ *v.* {mod. 1} *t.d.* exorcizar

e.xor.cis.mo /z/ *s.m.* ritual religioso para afastar o demônio e outros espíritos malignos; conjuro, esconjuro ~ **exorcista** *adj.2g.s.2g.*

e.xor.ci.zar /z/ *v.* {mod. 1} *t.d.* **1** fazer sair (demônio, espírito mau) de um corpo por meio de rituais religiosos; esconjurar, exorcismar **2** expulsar demônio ou espírito maligno de *<e. um possesso>*

e.xór.dio /z/ *s.m.* **1** o início de um discurso; preâmbulo **2** *p.ext.* o que vem no começo ~ **exordial** *adj.2g.* - **exordiar** *v.t.d.*

e.xor.tar /z/ *v.* {mod. 1} *t.d.* **1** dar estímulo a; animar, incentivar □ *t.d.i.* **2** (prep. *a*) induzir (alguém) a (fazer ou pensar algo); persuadir ~ **exortação** *s.f.* - **exortador** *adj.s.m.*

e.xos.fe.ra /z/ *s.f.* camada mais externa da atmosfera de um planeta ~ **exosférico** *adj.*

e.xo.té.ri.co /z/ *adj.* que pode ser ensinado ao grande público (diz-se de doutrina filosófica ou religiosa) ☞ cf. *esotérico*

e.xo.te.ris.mo /z/ *s.m.* doutrina, religião, crença, prática exotérica ☞ cf. *esoterismo*

e.xó.ti.co /z/ *adj.* **1** que não é do país em que ocorre; estrangeiro *<planta e.>* **2** esquisito, extravagante ~ **exotismo** *s.m.*

ex.pan.dir *v.* {mod. 24} *t.d. e pron.* **1** aumentar as dimensões de (um corpo); dilatar(-se), inflar(-se) *<o vento expande as cortinas> <as velas do barco expandiram-se>* **2** tornar(-se) maior, mais amplo; estender(-se), ampliar(-se) *<e. limites> <fronteiras expandem-se>* **3** expor(-se) abertamente (sentimentos, emoções etc.); desabafar *<e. as mágoas> <e.-se com liberdade>* **4** tornar(-se) muito conhecido; difundir(-se) *<e. ideias> <poucas doutrinas expandiram-se>* ~ **expansibilidade** *s.f.* - **expansível** *adj.2g.*

ex.pan.são [pl.: *-ões*] *s.f.* **1** aumento de tamanho ou quantidade **2** expressão aberta de sentimentos; desabafo

ex.pan.sio.nis.mo *s.m.* ECON POL política (de país, empresa etc.) de aquisição de novos territórios aos seus domínios ~ **expansionista** *adj.2g.s.2g.*

ex.pan.si.vo *adj.* comunicativo, extrovertido ~ **expansividade** *s.f.*

ex.pa.tri.a.ção [pl.: *-ões*] *s.f.* desterro, deportação

ex.pa.tri.ar *v.* {mod. 1} *t.d. e pron.* expulsar ou sair da pátria; desterrar(-se) *<e. cidadãos> <e.-se antes de ser preso>* ~ **expatriado** *adj.s.m.* - **expatriamento** *s.m.*

ex.pec.ta.dor /ô/ [pl.: *-es*] *adj.s.m.* que(m) tem ou está na expectativa ☞ cf. *espectador*

ex.pec.tan.te *adj.2g.* que espera, observando

ex.pec.ta.ti.va *s.f.* espera fundada em probabilidade ou promessa

ex.pec.to.ran.te *adj.2g.s.m.* (medicamento) que facilita a saída de secreções por via respiratória

ex.pec.to.rar *v.* {mod. 1} *t.d. e int.* expelir pela boca (secreção de pulmões e vias respiratórias) ~ **expectoração** *s.f.*

ex.pe.di.ção [pl.: *-ões*] *s.f.* **1** remessa, envio *<e. de cartas>* **2** grupo que viaja para estudo ou pesquisa de uma região

ex.pe.di.cio.ná.rio *adj.* **1** relativo a expedição (grupo) ■ *adj.s.m.* **2** que(m) participa de expedição ■ *s.m.* **3** MIL soldado da Força Expedicionária Brasileira (FEB) ☞ nesta acp, cf. *Força Expedicionária Brasileira* na parte enciclopédica

ex.pe.di.en.te *s.m.* **1** meio para resolver uma dificuldade; artifício **2** desembaraço na maneira de agir e se expressar; desenvoltura **3** horário de funcionamento de estabelecimentos, escritórios etc. **4** JOR quadro de identificação dos profissionais de jornal ou revista e dados da publicação

ex.pe.dir *v.* {mod. 28} *t.d. e t.d.i.* **1** (prep. *a, para*) enviar para o destino; despachar *<expediu uma mensagem (para a família)>* **2** (prep. *a, para*) fazer seguir com certo objetivo; mandar *<e. um emissário> <expediu-lhe sua reivindicação>* □ *t.d.* **3** emitir, despachar *<e. um parecer>* **4** fazer a publicação oficial de; promulgar *<e. decretos>* □ *t.d.i. e pron.* **5** (prep. *de*) tornar(-se) livre de; desembaraçar(-se) *<conseguiu expedi-lo de seus problemas> <expediu-se do que o incomodava>* ~ **expedidor** *adj.s.m.*

ex.pe.di.to *adj.* que desempenha tarefas ou resolve problemas com presteza, rapidez; ativo, despachado

ex.pe.lir *v.* {mod. 28} *t.d.* **1** lançar para fora; expulsar *<e. gases>* **2** arremessar a distância (projéteis, balas etc.) *<o engenho expele pedras>* **3** *fig.* proferir com energia, agressividade *<e. injúrias>* ◉ GRAM/USO part.: *expelido, expulso*

ex.pen.der *v.* {mod. 8} *t.d. e t.d.i.* **1** (prep. *a*) expor ou explicar em detalhes; esmiuçar *<e. ideias (ao público)>* □ *t.d.* **2** despender, gastar *<e. grandes quantias>*

ex.pen.sas *s.f.pl.* ◗ us. em: **às e. de** à custa de; por conta de

ex.pe.ri.ên.cia *s.f.* **1** saber adquirido com exercício, treino ou espontaneamente, pela prática **2** tentativa; experimento *<faz experiências com balões>*

ex.pe.ri.en.te *adj.2g.s.2g.* que(m) tem experiência, conhecimento das coisas

ex.pe.ri.men.tal [pl.: *-ais*] *adj.2g.* relativo a ou baseado em experiência

ex.pe.ri.men.tar *v.* {mod. 1} *t.d.* **1** submeter à prova, teste; testar, ensaiar *<e. nova substância>* **2** pôr em prática (algo novo, diferente etc.); tentar *<e. um novo método>* **3** pôr no corpo (roupa, calçado) para ver como assenta; provar *<e. vestidos>* **4** sentir, sofrer, vivenciar *<e. um desgosto>* ~ **experimentação** *s.f.*

ex.pe.ri.men.to *s.m.* teste científico para verificar algum fenômeno; tentativa

expert [fr.; pl.: *experts*] *adj.2g.* ver **EXPERTO** ⇒ pronuncia-se ecspér

ex.per.to *adj.s.m.* especialista, perito *<e. em literatura japonesa>* ☞ cf. *esperto*

ex.pi.a.ção [pl.: *-ões*] *s.f.* **1** purificação de crimes ou faltas cometidas **2** REL sofrimento que compensa uma culpa ou pecado; penitência

ex.pi.ar *v.* {mod. 1} *t.d.* **1** reparar (crime, culpa) cumprindo pena ou castigo; pagar **2** sofrer as consequências de (algo malfeito ou errado) *<pobre, expia sua vida desregrada>* ☐ *pron.* **3** purificar-se (de crimes, pecados etc.) *<passa horas rezando, a e.-se de suas faltas>* ☞ cf. *espiar* ~ **expiatório** *adj.*

ex.pi.ra.ção [pl.: *-ões*] *s.f.* **1** ato ou efeito de expirar **2** saída de ar dos pulmões

ex.pi.ran.te *adj.2g.* **1** que está prestes a morrer; moribundo **2** que está perto do fim

ex.pi.rar *v.* {mod. 1} *t.d.* **1** expelir (o ar) dos pulmões **2** soltar de si; exalar *<flores expiram aroma>* ☐ *int.* **3** morrer **4** *fig.* chegar ao fim; terminar *<o prazo expira hoje>* ~ **expirado** *adj.* - **expiratório** *adj.*

ex.pla.nar *v.* {mod. 1} *t.d.* **1** explicar em detalhes, tornando fácil de entender; esclarecer *<e. um texto>* **2** expor, relatar minuciosamente *<e. um incidente>* ~ **explanação** *s.f.* - **explanador** *adj.s.m.* - **explanatório** *adj.*

ex.ple.ti.vo *adj.* **1** que serve para completar ■ *adj.s.m.* **2** GRAM (elemento) us. por puro realce (p. ex., a palavra *só* em *olha só o que aconteceu*)

ex.pli.ca.ção [pl.: *-ões*] *s.f.* **1** ação de tornar claro e inteligível; esclarecimento, explanação **2** razão ou motivo (de algo) **3** lição dada a aluno

ex.pli.car *v.* {mod. 1} *t.d. e t.d.i.* **1** (prep. *a*) tornar claro, compreensível (algo obscuro, ambíguo, desconhecido); esclarecer *<e. um enigma> <e. o trabalho ao iniciante>* **2** (prep. *a*) fazer conhecer a origem ou o motivo de *<e. os costumes (ao visitante)>* **3** (prep. *a*) dar aula; ensinar *<e. matemática (aos alunos)>* ☐ *t.d. e pron.* **4** dar a razão de seus atos ou palavras; justificar(-se) *<difícil e. falta tão grave> <o ministro foi ao Congresso e.-se>* ~ **explicador** *adj.s.m.* - **explicativo** *adj.* - **explicável** *adj.2g.*

ex.pli.ca.ti.va *s.f.* GRAM ver ***CONJUNÇÃO EXPLICATIVA***

ex.pli.ci.tar *v.* {mod. 1} *t.d. e t.d.i.* (prep. *a*) tornar(-se) explícito, claro, sem ambiguidades; esclarecer *<explicitou (ao público) seus motivos>* ~ **explicitação** *s.f.*

ex.plí.ci.to *adj.* expresso claramente, sem deixar dúvidas

ex.plo.dir *v.* {mod. 24} *t.d. e int.* **1** causar ou sofrer explosão; estourar *<usou dinamite para e. o cofre> <a bomba explodiu>* ☐ *t.i. e int.* **2** *fig.* (prep. *em*) manifestar-se de modo súbito e intenso *<a plateia explodiu em vaias> <gargalhadas explodiram>*

ex.plo.ra.ção [pl.: *-ões*] *s.f.* **1** estudo ou pesquisa mais ou menos intensiva de região, território etc. ou seu aproveitamento para a produção de alguma forma de riqueza **2** análise, exame, pesquisa **3** abuso da boa-fé ou da situação especial de alguém

ex.plo.rar *v.* {mod. 1} *t.d.* **1** percorrer (região, território etc.) para estudar, pesquisar, conhecer *<e. novos caminhos>* **2** efetuar estudos em; examinar, analisar *<e. a mente>* **3** tirar proveito ou vantagem de; aproveitar-se *<e. os parentes>* **4** abusar da boa-fé de; enganar *<e. os mais ingênuos>* ~ **explorador** *adj.s.m.* - **exploratório** *adj.* - **explorável** *adj.2g.*

ex.plo.são [pl.: *-ões*] *s.f.* **1** rompimento súbito, violento e ruidoso de um corpo sólido **2** *fig.* manifestação súbita e intensa

ex.plo.si.vo *adj.s.m.* **1** (substância) capaz de explodir ou de produzir explosão ■ *adj.* **2** relativo a explosão **3** *fig.* sem moderação, exaltado *<temperamento e.>*

ex.po.en.te *s.m.* **1** aquele que expõe **2** representante notável na sua classe, profissão etc. **3** MAT número alceado que indica a quantidade de vezes pela qual outro número (dito *base*) é multiplicado por si mesmo (p.ex., 12^7)

ex.por *v.* {mod. 23} *t.d.,t.d.i. e pron.* **1** (prep. *a*) pôr(-se) à vista ou em exibição; mostrar(-se) *<e. obras de arte (ao público)> <políticos usam e.-se para atrair votos>* ☐ *t.d.i. e pron.* **2** (prep. *a*) sujeitar(-se) à ação de *<e. o corpo ao sol> <e.-se a radiações>* ☐ *t.d. e t.d.i.* **3** (prep. *a*) tornar conhecido; apresentar, contar *<e. as razões (ao advogado)>* **4** (prep. *a*) deixar evidente; revelar *<e. (ao inimigo) sua fúria>* **5** (prep. *a*) tornar compreensível; explicar *<e. o método (aos iniciantes)>* **6** (prep. *a*) pôr à disposição; oferecer *<e.a cara (a tapa)>* ☐ *pron.* **7** correr riscos; aventurar-se *<expôs-se para resgatar o cachorro>* ◉ GRAM/USO part.: *exposto* ~ **exposto** *adj.s.m.*

ex.por.ta.ção [pl.: *-ões*] *s.f.* **1** venda ou envio de produtos para fora do país, estado, cidade **2** o conjunto do que é exportado *<nossa e. caiu este ano>*

ex.por.ta.dor /ô/ [pl.: *-es*] *adj.s.m.* que(m) faz exportação

ex.por.tar *v.* {mod. 1} *t.d. e int.* **1** (prep. *para*) vender (produto) enviando-o para fora do lugar (país, estado etc.) que o produziu *<e. café> <deveriam e. mais>* ☐ *t.d.* **2** INF *B* enviar (dados) de um aplicativo para outro **3** enviar (ideias, pessoas etc.) para fora do lugar (país, estado etc.) a que pertencem *<e. cultura>*

ex.po.si.ção [pl.: *-ões*] *s.f.* **1** ação de expor, de colocar à vista **2** conjunto de objetos expostos para visitação **3** *p.ext.* o local onde esses objetos ficam expostos **4** apresentação organizada de um assunto ~ **expositivo** *adj.*

ex.po.si.tor /ô/ [pl.: *-es*] *adj.s.m.* **1** (o) que expõe ■ *s.m.* **2** autor que apresenta seu trabalho numa exposição pública

ex.pres.sa.men.te *adv.* **1** por meio de palavras precisas; de maneira clara **2** com uma finalidade definida; com um único objetivo **3** sem que se admita contestação ou questionamento

ex.pres.são [pl.: *-ões*] *s.f.* **1** manifestação de pensamento, sentimentos por meio de palavra, gesto, fisionomia, arte etc. **2** sentença, frase ou dito **3** animação, energia **4** MAT fórmula algébrica que representa um valor ▣ **e. idiomática** LING locução ou frase comum numa determinada língua, cujo significado não corresponde ao das palavras que a compõem e não pode ser entendido ao pé da letra

ex.pres.sar *v.* {mod. 1} *t.d.,t.d.i. e pron.* (prep. *a*) exprimir ◉ GRAM/USO part.: *expressado, expresso* ~ **expressável** *adj.2g.*

ex.pres.sio.nis.mo *s.m.* ART.PLÁST CINE MÚS movimento artístico que procura retratar as sensações que os objetos e eventos despertam no artista ~ **expressionista** *adj.2g.s.2g.*

ex.pres.si.vo *adj.* **1** que exprime bem uma ideia ou sentimento **2** que tem vivacidade ~ **expressividade** *s.f.*

ex.pres.so *adj.* **1** manifesto, explícito **2** que não admite objeções **3** rápido, sem demora ■ *adj.s.m.* **4** (trem, ônibus etc.) rápido ou direto ◉ GRAM/USO part. de *expressar* e *exprimir*

ex.pri.mir *v.* {mod. 24} *t.d.,t.d.i. e pron.* **1** (prep. *a, em*) manifestar(-se) por palavras, gestos ou atitudes *<e. uma ideia> <como e. ao professor a gratidão que sentia?> <exprimia-se em termos vagos>* □ *t.d. e pron.* **2** (prep. *em*) (deixar) ficar evidente; revelar(-se) *<um olhar que exprimia tristeza> <a alegria que se exprime em seus gestos>* □ *t.d.* **3** ser símbolo ou expressão de; representar *<aquela paisagem exprimia a harmonia da natureza>* ◉ GRAM/USO part.: *exprimido, expresso* /é/ ~ **exprimível** *adj.2g.*

ex.pro.brar ou **ex.pro.bar** *v.* {mod. 1} *t.d. e t.d.i.* (prep. *a*) censurar, repreender, criticar *<exprobrou a conduta do companheiro> <exprobrava ao amigo o exagero de suas reações>* ~ **exprobração/exprobação** *s.f.* - **exprobratório/exprobatório** *adj.*

ex.pro.pri.a.ção [pl.: *-ões*] *s.f.* **1** ato ou efeito de expropriar **2** a coisa expropriada

ex.pro.pri.ar *v.* {mod. 1} *t.d. e t.d.i.* DIR (prep. *a, de*) retirar a propriedade ou posse (de alguém) por conveniência ou necessidade pública *<o governo expropriou(-lhe) os apartamentos> <a prefeitura expropriou-o de seus imóveis>* ~ **expropriador** *adj.s.m.*

ex.pug.nar *v.* {mod. 1} *t.d.* **1** conquistar à força, pelas armas *<e. uma base inimiga>* **2** *p.ext.* derrotar, vencer ~ **expugnação** *s.f.* - **expugnável** *adj.2g.*

ex.pul.são [pl.: *-ões*] *s.f.* **1** ação de expulsar ou seu efeito **2** retirada forçada de ~ **expulsivo** *adj.*

ex.pul.sar *v.* {mod. 1} *t.d.* **1** retirar de um lugar, por castigo ou em obediência a regra ou norma; enxotar **2** lançar para fora; expelir ◉ GRAM/USO part.: *expulsado, expulso*

ex.pul.so *adj.* posto para fora ◉ GRAM/USO part. de *expulsar* e de *expelir*

ex.pur.gar *v.* {mod. 1} *t.d.* **1** deixar puro; limpar *<e. uma ferida>* □ *t.d. e t.d.i.* **2** *fig.* (prep. *de*) deixar livre (do que é nocivo, imoral) *<queria e. o partido (dos maus políticos)>* □ *t.d.,t.d.i. e pron.* **3** (prep. *de*) [deixar] ficar sem erros; corrigir(-se) *<o tempo expurgou suas falhas> <e. um texto de seus erros> <o estilo do escritor expurgou-se aos poucos>* ~ **expurgação** *s.f.* - **expurgador** *adj.s.m.* - **expurgamento** *s.m.* - **expurgatório** *adj.*

ex.pur.go *s.m.* ato de expurgar ou seu efeito; expurgação

ex.su.da.ção /essu/ [pl.: *-ões*] *s.f.* líquido de consistência viscosa que sai em forma de gotas pelos poros de plantas ou animais

ex.su.dar /essu/ *v.* {mod. 1} *t.d. e int.* expelir ou sair em forma de gotas

ex.su.da.to /essu/ *s.m.* MED líquido com alto teor de proteína resultante de um processo inflamatório

êx.ta.se *s.m.* **1** sentimento de falta de controle pessoal e da razão **2** transe místico

ex.ta.si.ar *v.* {mod. 1} *t.d. e pron.* (fazer) cair em êxtase; arrebatar(-se), maravilhar(-se) *<a natureza o extasiava> <extasiou-se com o concerto>* ~ **extasiado** *adj.*

ex.tá.ti.co *adj.* caído em ou causado por êxtase; encantado, maravilhado ☞ cf. *estático*

ex.tem.po.râ.neo *adj.* **1** que ocorre fora do tempo usual *<floração e.>* **2** que não é próprio para o tempo em que ocorre *<críticas e.>* ~ **extemporaneidade** *s.f.*

ex.ten.são [pl.: *-ões*] *s.f.* **1** ato de estender ou seu efeito **2** tamanho, dimensão *<a e. de um terreno>* **3** duração *<a e. da vida humana>* **4** alcance, importância *<a e. de um problema>* **5** LING nova acepção que parte de um significado existente de determinada palavra ou frase **6** MÚS intervalo entre o som mais grave e o mais agudo alcançado por uma voz ou um instrumento **7** aparelho telefônico ligado à mesma linha de outro **8** fio us. para se conectar a outro quando este não alcança a tomada elétrica

ex.ten.si.vo *adj.* **1** que se aplica ou que é válido para um maior número de pessoas, objetos ou casos **2** extenso, amplo ~ **extensível** *adj.2g.*

ex.ten.so *adj.* **1** amplo, espaçoso **2** muito comprido **3** de longa duração ▣ **por e.** não abreviado, por inteiro

ex.ten.sor /ô/ [pl.: *-es*] *adj.s.m.* (o) que estende ou serve para estender

ex.te.nu.a.ção [pl.: *-ões*] *s.f.* grande diminuição da força, do vigor; debilidade, fadiga

ex.te.nu.ar *v.* {mod. 1} *t.d. e pron.* **1** tornar(-se) muito fraco; debilitar(-se) *<o trabalho o extenuou> <extenuou-se antes da linha de chegada>* □ *t.d. fig.* **2** gastar, exaurir (bens, fortuna etc.) ~ **extenuante** *adj.2g.*

ex.te.ri.or /ô/ [pl.: *-es*] *adj.2g.* **1** que está fora **2** que envolve países estrangeiros; internacional ■ *s.m.* **3** a parte externa de algo **4** aparência **5** país estrangeiro ~ **exterioridade** *s.f.*

ex.te.ri.o.ri.zar *v.* {mod. 1} *t.d. e pron.* tornar(-se) exterior, conhecido, perceptível (ideia, opinião, emoção etc.); revelar(-se) ~ **exteriorização** *s.f.*

ex.ter.mi.na.ção [pl.: *-ões*] *s.f.* extermínio

ex.ter.mi.nar *v.* {mod. 1} *t.d.* **1** destruir de forma cruel, matando; eliminar **2** fazer desaparecer; acabar, extinguir **3** expulsar de território, região etc.; banir ~ **exterminador** *adj.s.m.*

ex.ter.mí.nio *s.m.* ato de exterminar ou seu efeito; exterminação

ex.ter.na *s.f.* CINE TV gravação ou filmagem feita fora de estúdio

ex.ter.nar *v.* {mod. 1} *t.d. e pron.* exteriorizar ~ **externação** *s.f.*

E

ex.ter.na.to *s.m.* colégio em que estudam apenas alunos externos

ex.ter.no *adj.* **1** que está ou vem do lado de fora ■ *adj.s.m.* **2** (aluno) que não mora no colégio ☞ cf. *esterno*

ex.tin.ção [pl.: *-ões*] *s.f.* **1** ato de extinguir ou seu efeito **2** BIO desaparecimento definitivo de uma espécie ~ **extintivo** *adj.*

E

ex.tin.guir *v.* {mod. 24} *t.d. e pron.* **1** apagar(-se) [fogo] **2** (fazer) ter fim, desaparecer por completo; acabar(-se) □ *pron.* **3** perder a vida; morrer □ *t.d.* **4** pagar, saldar (débito, dívida) **5** abolir a validade de; revogar ◉ GRAM/USO part.: *extinguido, extinto* ~ **extinguível** *adj.2g.*

ex.tin.to *adj.* **1** que se extinguiu ■ *s.m.* **2** pessoa já falecida; morto ◉ GRAM/USO part.irreg. de *extinguir*

ex.tin.tor /ô/ [pl.: *-es*] *adj.s.m.* **1** (o) que extingue ■ *s.m.* **2** dispositivo portátil para combater incêndios

ex.tir.par *v.* {mod. 1} *t.d.* **1** arrancar pela raiz **2** remover (cisto, cancro etc.) **3** *fig.* eliminar, destruir ~ **extirpação** *s.f.* - **extirpador** *adj.s.m.* - **extirpamento** *s.m.* - **extirpável** *adj.2g.*

ex.tor.quir *v.* {mod. 24} *t.d. e t.d.i.* (prep. *de*) obter por violência, ameaça ou ardil *<extorquiu todo o dinheiro (do ex-sócio)>* ◉ GRAM/USO verbo defectivo

ex.tor.são [pl.: *-ões*] *s.f.* **1** ato criminoso de se obter algo mediante violência, ameaça ou ardil **2** imposto excessivo ~ **extorsionário** *adj.s.m.*

ex.tor.si.vo *adj.* **1** em que há extorsão **2** diz-se do preço mais alto do que a média do mercado ou muito alto em relação ao que a maioria dos consumidores pode pagar

extra- *pref.* **1** 'posição exterior': *extrajudicial, extraterreno* **2** 'excesso': *extrassensível*

ex.tra /é *ou* ê/ *adj.2g.* **1** fora dos padrões normais; extraordinário **2** de alta qualidade ■ *adj.2g.s.2g.* **3** (tarefa, pagamento, funcionário etc.) adicional, suplementar ■ *s.2g.* CINE TEAT TV **4** figurante

ex.tra.ção [pl.: *-ões*] *s.f.* **1** retirada de algo de dentro de **2** MED operação para retirar ou arrancar algo do organismo **3** sorteio dos números de loteria ~ **extrativo** *adj.*

ex.tra.clas.se *adj.2g.* que se faz fora da sala de aula

ex.tra.con.ju.gal [pl.: *-ais*] *adj.2g.* que se realiza fora do casamento; extramatrimonial

ex.tra.cur.ri.cu.lar [pl.: *-es*] *adj.2g.* que não faz parte do currículo escolar normal

ex.tra.di.tar *v.* {mod. 1} *t.d.* entregar (criminoso, refugiado etc.) a um governo estrangeiro que o exige por meios judiciais ~ **extradição** *s.f.*

ex.tra.es.co.lar [pl.: *-es*] *adj.2g.* que não pertence à escola

ex.tra.ga.lác.ti.co *adj.* ASTR que se origina ou se situa fora da Via Láctea

ex.tra.ir *v.* {mod. 25} *t.d. e t.d.i.* **1** (prep. *de*) tirar de dentro de onde estava; retirar **2** retirar por operação cirúrgica **3** puxar para fora com força; arrancar **4** retirar (minério) da terra ou de jazida □ *t.d.* **5** MAT calcular (a raiz de um número) ◉ GRAM/USO part.: *extraído, extrato*

ex.tra.ju.di.ci.al [pl.: *-ais*] *adj.2g.* DIR que não ocorre por vias judiciais ~ **extrajudiciário** *adj.*

ex.tra.ma.tri.mo.ni.al [pl.: *-ais*] *adj.2g.* extraconjugal

ex.tra.mu.ros *adv.* fora dos muros ou limites (de cidade, vila etc.)

ex.tra.o.fi.ci.al [pl.: *-ais*] *adj.2g.* **1** que não provém de autoridade oficial **2** que não pertence aos negócios públicos

ex.tra.or.di.ná.rio *adj.* **1** que não é ordinário; que foge do habitual **2** excepcional, notável **3** estranho, esquisito **4** digno de grande admiração **5** que foi encarregado de tarefa especial ■ *s.m.* **6** aquilo que não é habitual **7** despesa além do usual

ex.tra.po.lar *v.* {mod. 1} *t.d. e int.* **1** generalizar com base em dados parciais **2** ir além de (norma ou limites estabelecidos, justos); exorbitar ~ **extrapolação** *s.f.*

ex.tras.sen.sí.vel [pl.: *-eis*] *adj.2g.* **1** muito sensível **2** extrassensorial

ex.tras.sen.so.ri.al [pl.: *-ais*] *adj.2g.* que não é percebido pelos órgãos dos sentidos ou está além dos limites da percepção normal

ex.tra.ter.re.no *adj.s.m.* (o) que existe fora da Terra

ex.tra.ter.res.tre *adj.2g.s.2g.* (o) que é ou vem de fora da Terra

ex.tra.ter.ri.to.ri.al [pl.: *-ais*] *adj.2g.* que está fora de um território ~ **extraterritorialidade** *s.f.*

ex.tra.ti.vis.mo *s.m.* extração de produtos naturais para fins comerciais ou industriais ~ **extrativista** *adj.2g.*

ex.tra.to *s.m.* **1** coisa extraída de outra **2** trecho tirado de um texto **3** preparação solúvel e concentrada obtida de um alimento **4** perfume concentrado, essência **5** QUÍM solução que contém os principais constituintes de uma matéria complexa ☞ cf. *estrato*

ex.tra.u.te.ri.no *adj.* que está ou ocorre fora do útero

ex.tra.va.gân.cia *s.f.* **1** o que escapa às normas do bom senso, do equilíbrio emocional, do bom gosto; excentricidade **2** desperdício dos próprios bens; dissipação

ex.tra.va.gan.te *adj.2g.s.2g.* **1** (o) que escapa às normas do bom senso; excêntrico **2** que(m) gasta em excesso; esbanjador

ex.tra.va.sar *v.* {mod. 1} *t.d.,int. e pron.* **1** (fazer) derramar pelas bordas (um líquido); transbordar **2** (fazer) sair dos limites, do espaço ou dos canais naturais **3** tornar(-se) manifesto, perceptível; revelar(-se) ~ **extravasamento** *s.m.* - **extravasão** *s.f.*

ex.tra.vi.ar *v.* {mod. 1} *t.d. e pron.* **1** (fazer) sair do caminho certo; desviar(-se) **2** (fazer) sumir; perder(-se) **3** *fig.* desencaminhar(-se), perverter(-se) □ *t.d.* **4** desviar de modo fraudulento; roubar

ex.tra.vi.o *s.m.* **1** perda do caminho, da direção **2** desaparecimento, sumiço **3** desvio fraudulento de algo; roubo **4** corrupção moral; perversão

ex.tre.ma *s.f.* FUTB **1** cada uma das zonas laterais do campo, à direita e à esquerda, por onde atuam os extremas, tb. chamados pontas ■ *s.2g.* FUTB **2** cada um dos dois jogadores que atuam ofensivamente pelas laterais do campo; ponta

ex.tre.ma.do *adj.* **1** radical, apaixonado, extremo **2** fora do comum; excepcional

ex.tre.ma.men.te *adv.* em alto grau de intensidade

ex.tre.ma-un.ção [pl.: *extremas-unções*] *s.f.* REL sacramento católico pelo qual os moribundos são ungidos com santos óleos; *unção dos enfermos*

ex.tre.mi.da.de *s.f.* **1** parte final, ponta **2** parte em que começa ou termina algo; extremo

ex.tre.mis.mo *s.m.* POL doutrina que prega o uso de medidas extremas na resolução de problemas ~ extremista *adj.2g.s.2g.*

ex.tre.mo *adj.* **1** no ponto mais afastado **2** no ponto máximo ou em mais alto grau ■ *s.m.* **3** ponto mais distante; extremidade ▼ ***extremos*** *s.m.pl.* **4** carinhos excessivos **5** *fig.* últimos recursos

ex.tre.mo.sa *s.f.* BOT árvore ornamental com flores de pétalas crespas dispostas em cachos

ex.tre.mo.so /ô/ [pl.: /ó/; fem.: /ó/] *adj.* **1** carinhoso demais **2** desmedido, exagerado

ex.trín.se.co *adj.* **1** que não é essencial a algo; externo **2** que é convencional ou fictício; que não tem valor por si próprio

ex.tro.ver.são [pl.: *-ões*] *s.f.* atitude de quem tem facilidade de manter contato com outras pessoas e de se adaptar ao mundo exterior

ex.tro.ver.ter-se *v.* {mod. 8} *pron.* tornar-se extrovertido

ex.tro.ver.ti.do *adj.s.m.* que(m) age com extroversão

e.xu *s.m.* REL *B* entidade venerada, ou considerada maléfica, em alguns cultos religiosos afro-brasileiros como o candomblé e a umbanda

e.xu.be.rân.cia /z/ *s.f.* **1** fartura ou excesso **2** *fig.* entusiasmo, vivacidade

e.xu.be.ran.te /z/ *adj.2g.* **1** em que há abundância; rico **2** *fig.* cheio de viço ou ânimo

e.xul.tar /z/ *v.* {mod. 1} *int.* sentir e mostrar alegria intensa; regozijar-se ~ **exultação** *s.f.* - **exultante** *adj.2g.*

e.xu.mar /z/ *v.* {mod. 1} *t.d.* retirar (cadáver) de sepultura; desenterrar ~ **exumação** *s.f.*

ex-vo.to [pl.: *ex-votos*] *s.m.* objeto exposto em capela ou igreja para agradecer uma graça recebida

-ez ou **-eza** /ê/ *suf.* 'qualidade': *beleza, limpeza, mesquinhez, nudez*

Ff

f *s.m.* **1** sexta letra (consoante) do nosso alfabeto ■ *n.ord.* **2** diz-se do sexto elemento de uma série *<casa F>* *<item 1f>* ☞ empr. após um substantivo ou numeral ◉ GRAM/USO na acp. s.m., pl.: *ff*

F **1** FÍS símbolo de *Fahrenheit* **2** QUÍM símbolo de *flúor*

fá *s.m.* MÚS quarta nota da escala musical

fã *s.2g.* grande admirador de alguém ou algo

FAB *s.f.* sigla de Força Aérea Brasileira ☞ cf. *FAB* na parte enciclopédica

fá.bri.ca *s.f.* **1** local onde se transforma a matéria-prima em produto para o mercado **2** *p.ext.* conjunto formado pelas instalações, pela maquinaria e pelos operários desse local **3** *p.ext.* lugar onde se cria ou se desenvolve algo; origem *<uma f. de talentos>*

fa.bri.can.te *s.2g.* pessoa ou empresa que dirige ou é proprietária de fábrica

fa.bri.car *v.* {mod. 1} *t.d.* **1** produzir a partir de matérias-primas *<f. sapatos>* **2** construir, edificar *<f. um monumento>* **3** criar na mente; inventar, maquinar *<f. desculpas>* **4** *fig.* ser a causa de; provocar *<fabricou sua própria ruína>* ~ **fabricação** *s.f.* - **fabricador** *adj.s.m.*

fa.bril [pl.: *-is*] *adj.2g.* **1** relativo a fábrica ou a fabricação **2** relativo à indústria que manufatura produtos

fá.bu.la *s.f.* **1** curta narrativa que contém uma lição moral ☞ cf. *apólogo* **2** *p.ext.* fato inventado; invencionice **3** *B infrm.* muito dinheiro *<custar uma f.>* ◉ COL fabulário

[1]**fa.bu.lar** *v.* {mod. 1} *t.d.* **1** dar caráter de fábula a (fato, evento, história) ☐ *int.* **2** escrever ou contar fábulas ☐ *t.d. e int.* **3** criar ou relatar falsamente; inventar [ORIGEM: do lat. *fabulāre* 'falar, conversar'] ~ **fabulação** *s.f.* - **fabulador** *adj.s.m.*

[2]**fa.bu.lar** [pl.: *-es*] *adj.2g.* relativo a fábula; lendário [ORIGEM: do lat. *fabulāris,e* 'fabuloso, falso']

fa.bu.lá.rio *s.m.* LIT **1** coleção de fábulas **2** livro de fábulas

fa.bu.lis.ta *adj.2g.s.2g.* **1** que(m) é autor ou narrador de fábulas **2** *p.ext.* que(m) tem hábito de mentir

fa.bu.lo.so /ô/ [pl.: /ó/; fem.: /ó/] *adj.* **1** relativo a fábula **2** relativo a mitologia e a lenda **3** excelente, fantástico *<filme f.>*

fa.ca *s.f.* instrumento composto de lâmina cortante presa a um cabo ▣ **f. de dois gumes** ação ou coisa que tanto pode beneficiar quanto prejudicar • **entrar na f.** *infrm.* passar por uma cirurgia • **ter** ou **estar com a f. e o queijo na mão** ter meios para impor a própria vontade

fa.ca.da *s.f.* **1** golpe ou ferida por faca **2** *fig.* agressão, ofensa **3** *fig. infrm.* pedido de dinheiro a alguém

fa.ça.nha *s.f.* **1** feito heroico; proeza **2** ação imprudente, escandalosa ou brincalhona ~ **façanhoso** *adj.* - **façanhudo** *adj.*

fa.cão [pl.: *-ões*] *s.m.* instrumento semelhante à faca, porém maior

fac.ção [pl.: *-ões*] *s.f.* **1** parte divergente de grupo ou partido **2** partido político

fac.cio.nar *v.* {mod. 1} *t.d. e pron.* **1** (prep. *em*) dividir(-se) em facções ou grupos dissidentes *<o grupo faccionou-se em três blocos>* **2** incitar ou promover motim; rebelar(-se) *<f. uma tropa>* *<a tripulação do navio faccionou-se>* ~ **faccionário** *adj.s.m.*

fac.ci.o.so /ô/ [pl.: /ó/; fem.: /ó/] *adj.s.m.* **1** (o) que exerce alguma ação violenta ou subversiva **2** que(m) é tendencioso, parcial ~ **facciosidade** *s.f.* - **facciosismo** *s.m.*

fa.ce *s.f.* **1** ANAT parte anterior da cabeça **2** cada uma das duas partes laterais dessa região, abaixo dos olhos e ao lado do nariz **3** rosto, semblante **4** lado exterior; superfície *<f. da Lua>* **5** *fig.* aspecto, particularidade ▣ **f. a f. (com)** diante de (alguém ou algo); cara a cara, frente a frente

fa.ce.ar *v.* {mod. 5} *t.d.* **1** fazer faces ou lados em *<f. um tronco>* **2** estar ou mostrar-se à frente de *<um painel faceia o muro da casa>* ☐ *t.d. e t.i.* **3** (prep. *com*) ficar em frente a *<o teatro faceava (com) a praça>* ~ **faceado** *adj.*

fa.cei.ro *adj.* **1** que gosta de se enfeitar; elegante **2** *B* que demonstra satisfação; contente ~ **faceirice** *s.f.*

fa.ce.ta /ê/ *s.f.* **1** face ou superfície plana e pequena de um objeto **2** *fig.* aspecto peculiar de alguém ou algo

fa.ce.tar *v.* {mod. 1} *t.d.* fazer facetas em; lapidar

fa.cha.da *s.f.* **1** qualquer dos lados de um edifício, ger. o da frente **2** *fig.* aparência de alguém ou algo **3** *fig. infrm.* expressão do rosto

fa.cho *s.m.* archote, tocha

fá.cil [pl.: *-eis*] *adj.2g.* **1** que se faz ou obtém sem dificuldade **2** que se compreende sem esforço; claro **3** *pej.* sem profundidade; banal **4** sem artificialismo; espontâneo **5** que tem temperamento dócil; brando **6** sem preocupação; tranquilo ■ *adv.* **7** sem dificuldade ou esforço ◉ GRAM/USO sup.abs.sint.: *facílimo, facilíssimo*

fa.ci.li.da.de *s.f.* **1** ausência de dificuldade **2** aptidão, dom **3** demonstração de perícia; destreza *<cumpre ordens com f.>*

fa.ci.li.tar *v.* {mod. 1} *t.d. e t.d.i.* **1** (prep. *a*) tornar fácil ou possível *<f. a digestão> <o computador facilitou-lhe a pesquisa>* □ *t.d.* **2** apresentar como fácil ou mais fácil do que é □ *t.d.i.* **3** (prep. *a*) pôr à disposição; disponibilizar *<a biblioteca facilitou a ele dicionários>* □ *int.* **4** agir com imprudência; descuidar-se *<não convém f.>* ~ **facilitação** *s.f.*

fa.cil.men.te *adv.* **1** sem esforço **2** sem reflexão; cegamente **3** sem motivo relevante; por qualquer coisa *<irrita-se f.>*

fa.cí.no.ra *adj.2g.s.2g.* que(m) comete crime com crueldade ou perversidade

fã-clu.be [pl.: *fã-clubes*] *s.m.* **1** grupo organizado de fãs de um artista, desportista etc. **2** *p.ext.* grupo de admiradores de alguém ou algo

fac-sí.mi.le [pl.: *fac-símiles*] *s.m.* **1** reprodução de um texto ou imagem por meios fotomecânicos **2** aparelho que realiza essa reprodução

fac.tí.vel [pl.: *-eis*] *adj.2g.* que pode acontecer ou ser feito; exequível ~ **factibilidade** *s.f.*

fac.toi.de /ói/ *s.m.* informação falsa ou não provada ou notícia forjada que se aceita como verdadeira em consequência de sua repetida divulgação pela imprensa

fac.tó.tum [pl.: *-uns*] *s.m.* **1** pessoa incumbida de todos os afazeres de outra **2** *p.ext.* pessoa indispensável

fac.tu.al [pl.: *-ais*] ou **fa.tu.al** [pl.: *-ais*] *adj.2g.* **1** que tem existência ou veracidade constatada; verdadeiro, real **2** que se apoia nos fatos

fa.cul.da.de *s.f.* **1** possibilidade, natural ou adquirida, de fazer qualquer coisa; capacidade **2** aptidão natural; dom **3** propriedade de uma substância **4** licença ou permissão que se dá a alguém **5** instituição de ensino superior

fa.cul.tar *v.* {mod. 1} *t.d. e t.d.i.* **1** (prep. *a*) dar permissão a; autorizar *<a proprietária facultou(-lhes) a entrada no prédio>* **2** (prep. *a*) possibilitar, proporcionar *<a lei faculta preferência aos idosos>*

fa.cul.ta.ti.vo *adj.* **1** que dá um direito ou poder **2** que permite a escolha; opcional

fa.cún.dia *s.f.* aptidão para discursar; eloquência ~ **facundo** *adj.*

fa.da *s.f.* **1** ser imaginário do sexo feminino com poderes mágicos **2** *fig.* mulher de extraordinária beleza, encanto e habilidades

fa.da.do *adj.* predestinado ~ **fadar** *v.t.d. e t.d.i.*

fa.dá.rio *s.m.* **1** destino fixado por um poder sobrenatural **2** vida trabalhosa e difícil

fa.di.ga *s.f.* **1** sensação de fraqueza devido a esforço físico; cansaço **2** trabalho cansativo; lida

fa.di.gar *v.* {mod. 1} → ***FATIGAR***

fa.dis.ta *adj.2g.s.2g.* que(m) canta e/ou toca fados

fa.do *s.m.* **1** destino; sorte **2** MÚS canção popular de Portugal, freq. de caráter choroso, acompanhada por guitarra portuguesa

fa.gó.ci.to *s.m.* BIO célula que engloba e digere outras células ou qualquer material estranho ao organismo

fa.go.ci.to.se *s.f.* BIO ingestão e destruição de partículas sólidas, como as bactérias, pelos fagócitos, a fim de proteger o organismo contra infecções

fa.go.te *s.m.* MÚS instrumento de sopro, com tubo em forma de cone, longo e dobrado, e palheta dupla ~ **fagotista** *adj.2g.s.2g.*

fa.guei.ro *adj.* **1** meigo, carinhoso **2** agradável, ameno **3** contente, satisfeito

fa.gu.lha *s.f.* faísca que se solta de um corpo em brasa; centelha ~ **fagulhar** *v.int.* - **fagulhento** *adj.*

Fahrenheit *adj.2g.2n.* FÍS relativo a ou medido de acordo com a escala Fahrenheit [de medida de temperatura], em que a água congela em 32° e ferve em 212° [símb.: *F*] ☞ cf. *Fahrenheit* na parte enciclopédica

fai.an.ça *s.f.* louça de barro coberta por um esmalte opaco misturado com estanho

fai.na *s.f.* **1** trabalho de que participa a tripulação de um navio **2** *fig.* qualquer trabalho árduo e prolongado

fai.são [pl.: *-ões*; fem.: *faisoa* e *faisã*] *s.m.* ZOO ave nativa da Ásia, cujos machos têm plumagem brilhante e cauda muito longa

fa.ís.ca *s.f.* **1** fragmento luminoso que sai de um corpo em brasa ou em atrito com outro; fagulha, centelha **2** raio ('descarga')

fa.is.car *v.* {mod. 1} *t.d. e int.* **1** lançar (faíscas, centelhas, clarões) *<a lâmpada explodiu, faiscando (centelhas)>* **2** *p.ext.* expelir como faíscas; cintilar, brilhar *<os olhos faiscavam um brilho de raiva> <o anel faiscava no dedo dela>* ~ **faiscação** *s.f.* - **faiscante** *adj.2g.*

fai.xa *s.f.* **1** cinta de tecido, couro etc. us. para rodear a cintura **2** tira de tecido que indica pela cor o grau de habilidade de um lutador **3** listra, tira ou fita largas **4** atadura, ligadura **5** pedaço longo e estreito de terra **6** qualquer coisa que lembra a forma de uma tira ou listra *<f. de luz>* **7** MÚS cada uma das composições musicais de um conjunto gravado (p.ex., um CD) **8** parte determinada; porção *<uma f. da juventude>* **9** intervalo entre dois limites (de idade, salário etc.) **10** *B* na via urbana, espaço destinado ao trânsito de determinados veículos *<f. preferencial>* **10.1** *B* parte da rua destinada à travessia de pedestres, ciclistas etc.

fa.ju.to ou **far.ju.to** *adj. B infrm.* **1** falso, falsificado **2** de má qualidade; malfeito **3** não confiável

fa.la *s.f.* **1** ato ou efeito de falar; faculdade humana de se expressar por meio de uma linguagem articulada **2** modo de se exprimir próprio de um povo, de uma área geográfica; linguajar, falar *<f. gaúcha>* **3** mensagem feita em público; discurso **4** cada trecho de um texto dito por um ator

fa.la.ção [pl.: *-ões*] *s.f.* **1** fala, discurso **2** ruído de muitas vozes; falatório **3** *B infrm.* uso excessivo de palavras para dizer coisas pouco importantes; discurseira

F

fa.lá.cia *s.f.* **1** afirmação inverídica **2** raciocínio enganoso ~ **falacioso** *adj.*

fa.la.do *adj.* **1** que já foi dito; citado **2** afamado, famoso **3** que tem como meio de comunicação a fala <*cinema f.*> **4** de quem se fala <*pessoa f.*>

fa.la.dor /ô/ [pl.: *-es*; fem.: *faladora* e *faladeira*] *adj.s.m.* **1** (o) que fala muito **2** *B* (o) que fala mal dos outros; indiscreto, maledicente

fa.lan.ge *s.f.* **1** grupo grande de pessoas; legião, multidão **2** *B infrm.* grupo marginal que pratica crimes **3** ANAT cada osso dos dedos e dos artelhos ▣ **f. distal** ANAT a terceira falange, aquela em que se situa a unha, anteriormente denominada *falangeta* ou *metafalange* • **f. medial** ANAT a segunda falange ou falange média, anteriormente denominada *falanginha* ou *mesofalange* • **f. proximal** ANAT a primeira falange, a que se articula com o metacarpo

fa.lan.ge.ta /ê/ *s.f.* ANAT ver ***FALANGE DISTAL***

fa.lan.gi.nha *s.f.* ANAT ver ***FALANGE MEDIAL***

fa.lan.te *adj.2g.* **1** que fala **2** *B infrm.* que gosta muito de falar; desinibido ■ *s.2g.* **3** pessoa capaz de usar uma língua

fa.lar *v.* {mod. 1} *t.d.,t.d.i.,t.i. e int.* **1** (prep. *a, com, sobre*) expressar(-se) por meio de palavras; dizer, declarar <*falou a verdade (aos pais)*> <*falou rapidamente (sobre o acontecido)*> <*por favor, fale comigo*> □ *t.d.,t.i. e int.* **2** (prep. *a, com, de*) expor pensamentos; discorrer, conversar, discursar <*falaram trivialidades*> <*passa horas falando de seus sonhos*> <*no momento, recuso-me a f.*> □ *t.d.* **3** saber exprimir-se em (certo idioma) <*f. inglês*> □ *t.i.* **4** (prep. *de*) dizer mal de <*fala até da própria mãe*> ■ *s.m.* **5** ação humana de emitir palavras **6** variedade de uma língua que predomina numa região, camada social etc.; linguajar ☞ como s.m., pl.: *-es*

fa.las.trão [pl.: *-ões*; fem.: *falastrona*] *adj.s.m.* que(m) fala muito e comete indiscrições

fa.la.tó.rio *s.m.* **1** ruído de muitas vozes **2** conversa sobre coisa sem importância **3** boato infundado **4** discurso comprido e chato **5** recinto separado por grades, no qual pessoas enclausuradas ou presas falam com as visitas

fa.laz [pl.: *-es*] *adj.2g.* **1** que engana; fraudador **2** que ilude; ilusório ◉ GRAM/USO sup.abs.sint.: *falacíssimo*

fal.cão [pl.: *-ões*] *s.m.* ZOO ave de rapina, de bico curvo e garras afiadas, com hábitos diurnos

fal.ca.tru.a *s.f.* artimanha para enganar; fraude

fal.co.ní.deo *adj.s.m.* ZOO (espécime) dos falconídeos, família de aves cosmopolitas, como os gaviões e águias, de tamanho variado, bico curvo e garras afiadas

fal.co.ni.for.me *s.m.* ZOO **1** espécime dos falconiformes, ordem de aves de rapina, representadas pelos gaviões, águias, falcões e afins ■ *adj.2g.* **2** relativo a essa ordem

fa.le.cer *v.* {mod. 8} *int.* perder a vida; morrer

fa.le.ci.do *adj.s.m.* (o) que faleceu; morto

fa.le.ci.men.to *s.m.* morte, óbito

fa.lên.cia *s.f.* **1** situação do comerciante que não pode pagar suas dívidas; bancarrota **2** carência, falta <*f. de recursos*> **3** MED incapacidade de funcionar normalmente <*f. dos rins*>

fa.lé.sia *s.f.* GEOL rocha alta e íngreme à beira-mar

fa.lha *s.f.* **1** fenda em uma superfície **2** *fig.* defeito esp. moral <*f. de caráter*> **3** interrupção de funcionamento ou de continuidade **4** omissão, lacuna

fa.lhar *v.* {mod. 1} *t.d. e int.* **1** não acertar; errar <*falhei o alvo*> <*o tiro falhou*> □ *int.* **2** não funcionar ou funcionar mal <*o motor do carro falhou*> **3** não acontecer como o esperado ou não acontecer <*nossos planos falharam*> **4** dar em falso; resvalar <*no escuro, os pés falharam*> □ *t.d.* **5** fazer fenda em; fender, rachar <*f. uma pedra*> □ *t.i.* **6** (prep. *a*) deixar de fazer ou cumprir <*f. a um compromisso*>

fa.lho *adj.* **1** que tem falha **2** a que falta (algo); desprovido

fa.lir *v.* {mod. 24} *int.* **1** suspender os pagamentos aos credores por não poder cumpri-los; quebrar **2** não ter sucesso; fracassar **3** perder as forças; desmaiar ◉ GRAM/USO verbo defectivo

fa.lí.vel [pl.: *-eis*] *adj.2g.* que pode falhar; sujeito a erro ◉ GRAM/USO sup.abs.sint.: *falibilíssimo* ~ **falibilidade** *s.f.*

fa.lo *s.m.* **1** a representação figurada do pênis, que antigamente foi venerado como símbolo da virilidade e fecundidade **2** *p.ext.* pênis ~ **fálico** *adj.*

fal.sá.rio *adj.s.m.* falsificador de qualquer coisa, esp. documentos, dinheiro e assinaturas

fal.se.ar *v.* {mod. 5} *t.d.* **1** tornar falso; falsificar <*f. os fatos*> **2** deturpar, distorcer (ideias, declarações) **3** enganar, trair <*f. um sócio*> **4** dar a (voz) tom de falsete □ *int.* **5** pisar em falso; resvalar <*o pé falseou*> ~ **falseamento** *s.m.*

fal.se.ta /ê/ *s.f.* *B infrm.* ato desleal; traição

fal.se.te /ê/ *s.m.* **1** tom de voz mais agudo que o habitual, que permite, p.ex., aos homens alcançar registros de vozes femininas **2** *p.ext.* indivíduo que canta nesse tom ~ **falsetear** *v.t.d.*

fal.si.da.de *s.f.* **1** característica do que é falso **2** mentira, calúnia **3** fingimento, hipocrisia **4** tendência para enganar; deslealdade

fal.si.fi.ca.do *adj.* constituído por falsificação; adulterado

fal.si.fi.car *v.* {mod. 1} *t.d.* **1** imitar (algo) fazendo-o passar por verdadeiro; contrafazer <*f. um quadro*> **2** adulterar a composição de <*f. bebidas*> **3** dar falsa interpretação a; desvirtuar <*f. a história*> ~ **falsificação** *s.f.* - **falsificador** *adj.s.m.*

fal.so *adj.* **1** contrário à verdade ou à realidade **2** em que há mentira, fingimento **3** que não é verdadeiro; fictício <*nome f.*> **4** que é feito à semelhança ou à imitação do verdadeiro; falsificado **5** aparente, simulado <*mala com fundo f.*> ■ *s.m.* **6** quem é fingido **7** o que não é verdadeiro **8** *infrm.* mentira, calúnia ■ *adv.*

9 com falsidade <*jurar f.*> ▣ **em f.** **1** sem precisão, sem firmeza **2** inutilmente, em vão, à toa

fal.ta *s.f.* **1** carência de algo considerado necessário <*f. de ar*> **2** fato de não estar num lugar onde se poderia ou deveria estar; ausência **3** imperfeição moral; pecado **4** erro, infração **5** ESP transgressão das regras de um jogo ou esporte; infração ▣ **sem f.** infalivelmente

fal.tar *v.* {mod. 1} *t.i. e int.* **1** (prep. *a*) não existir (algo necessário ou esperado) <*f. comida aos necessitados*> <*faltam funcionários capacitados*> **2** (prep. *a*) desaparecer, morrer <*o pai faltou-lhe cedo*> <*f. o sustento da família*> **3** (prep. *a, com*) deixar de fazer ou de cumprir; falhar **4** (prep. *a*) deixar de ir; não comparecer □ *t.i.* **5** (prep. *a*) deixar de socorrer □ *int.* **6** ser necessário (para completar algo)

fal.to *adj.* **1** que tem falta de algo; necessitado **2** desprovido, privado

fal.to.so /ô/ [pl.: /ó/; fem.: /ó/] *adj.* **1** que cometeu falta; culpado **2** que deixa de comparecer; ausente

fa.ma *s.f.* **1** notoriedade, celebridade **2** reputação que se tem de alguém ou de algo

fa.mé.li.co *adj.* que tem muita fome; faminto

fa.mi.ge.ra.do *adj.* **1** que tem má fama **2** que tem muita fama; célebre, notável

fa.mí.lia *s.f.* **1** núcleo social de pessoas unidas por laços afetivos, que ger. compartilham o mesmo espaço e mantêm entre si uma relação solidária e estável **1.1** grupo de pessoas ligadas entre si pelo casamento e pela filiação ou pela adoção **1.2** grupo de pessoas que têm ancestrais comuns **1.3** *fig.* grupo de pessoas unidas pelas mesmas convicções ou interesses ou que provêm de um mesmo lugar **2** BIO na classificação dos seres vivos, categoria que agrupa um ou mais gêneros ou tribos ◉ COL clã

fa.mi.li.ar [pl.: *-es*] *adj.2g.* **1** que é da família; doméstico, íntimo **2** conhecido, habitual <*voz f.*> ■ *s.2g.* **3** pessoa da família

fa.mi.li.a.ri.da.de *s.f.* **1** qualidade ou característica do que é familiar **2** intimidade, falta de cerimônia **3** conhecimento sobre determinado assunto

fa.mi.li.a.ri.zar *v.* {mod. 1} *t.d.i. e pron.* **1** (prep. *com*) tornar(-se) íntimo, familiar; relacionar(-se) <*vamos familiarizá-lo com o nosso grupo*> <*familiarizou-se conosco*> **2** (prep. *com*) habituar(-se), acostumar(-se) □ *t.d. fig.* **3** tornar conhecido; difundir ~ **familiarização** *s.f.* - **familiarizável** *adj.2g.*

fa.min.to *adj.s.m.* que(m) tem muita fome; esfomeado

fa.mo.so /ô/ [pl.: /ó/; fem.: /ó/] *adj.* **1** que tem fama; renomado **2** fora do comum; excepcional

fa.nar *v.* {mod. 1} *t.d. e pron.* (fazer) perder o frescor, o viço; murchar(-se)

fa.ná.ti.co *adj.s.m.* **1** que(m) se acredita inspirado pelo espírito divino **2** *p.ext.* que(m) adere cegamente a uma ideia ou religião **3** que(m) tem paixão ou admiração excessiva por alguém ou algo ~ **fanatizar** *v.t.d. e pron.*

fa.na.tis.mo *s.m.* **1** zelo religioso obsessivo **2** *p.ext.* adesão cega a um sistema ou doutrina **3** paixão ou admiração extrema

fan.dan.go *s.m.* **1** DNÇ *B* baile popular; festa animada, com danças **2** DNÇ MÚS música, dança e canto espanhóis, acompanhados de guitarra e castanholas

fan.far.ra *s.f.* MÚS banda formada por músicos que tocam instrumentos de metal e de sopro

fan.far.rão [pl.: *-ões*; fem.: *fanfarrona*] *adj.s.m.* (o) que alardeia a coragem que não tem ~ **fanfarrice** *s.f.* - **fanfarronada** *s.f.* - **fanfarronice** *s.f.*

fa.nho *adj.* que fala ou parece falar pelo nariz; fanhoso

fa.nho.so /ô/ [pl.: /ó/; fem.: /ó/] *adj.* **1** que fala ou parece falar pelo nariz; fanho **2** diz-se da voz de quem fala desse modo

fa.ni.qui.to *s.m.* *infrm.* crise nervosa sem gravidade; chilique

fan.ta.si.a *s.f.* **1** capacidade de criar pela imaginação **2** obra criada pela imaginação **3** *fig.* coisa puramente ideal ou ficcional **4** *B* traje us. no carnaval ou em festas especiais, que representa objetos, figuras históricas, imaginárias etc. **5** *B* bijuteria

fan.ta.si.ar *v.* {mod. 1} *t.d.* **1** criar na mente; imaginar, sonhar □ *t.d.pred. e pron.* **2** (prep. *de*) vestir(-se) com fantasia <*fantasiou a filha de princesa*> <*f.-se de pirata*>

fan.ta.si.o.so /ô/ [pl.: /ó/; fem.: /ó/] *adj.* **1** que tem imaginação ou fantasia **2** que tem pouca ou nenhuma relação com a realidade; imaginoso

fan.tas.ma *s.m.* **1** suposta aparição de pessoa morta ou sua alma; assombração **1.1** imagem ou aparência ilusória **2** *p.ext.* algo que cria terror por ser temível <*o f. da fome*>

fan.tas.ma.gó.ri.co *adj.* **1** relativo a fantasma **2** ilusório, imaginário

fan.tás.ti.co *adj.s.m.* **1** (o) que existe só na imaginação ■ *adj.* **2** extraordinário, prodigioso **3** falso, inventado **4** diz-se de obras literárias, cinematográficas etc. que tratam os elementos sobrenaturais com naturalidade

fan.to.che *s.m.* **1** boneco cujo corpo, formado por roupa, esconde a mão do operador que o movimenta; bonifrate, mamulengo **2** *fig. pej.* indivíduo que se deixa manipular; títere

fan.zi.ne *s.m.* revista para fãs, esp. sobre ficção científica, música e cinema

fa.quei.ro *s.m.* **1** jogo completo de talheres do mesmo material e marca **2** estojo para talheres **3** quem fabrica facas

fa.quir [pl.: *-es*] *s.m.* **1** indivíduo muçulmano ou hindu que busca a perfeição espiritual a partir do autocontrole sobre os sentidos **2** indivíduo que publicamente se submete a jejum rigoroso e duras provas de sofrimento físico sem dar sinais de sensibilidade ~ **faquirismo** *s.m.*

F

fa.rân.do.la *s.f.* **1** DNÇ dança provençal em que pares se movimentam em filas **2** grupo de maltrapilhos **3** bando de indivíduos de má fama; corja, súcia

fa.ra.ó *s.m.* HIST título dos reis do antigo Egito

fa.ra.ô.ni.co *adj.* **1** relativo aos faraós ou a sua época **2** *fig.* grandioso, suntuoso, monumental

far.da *s.f.* **1** uniforme us. por militares, escolares etc.; fardamento **2** *fig.* a vida militar *<largar a f.>* ◉ COL fardamento

far.da.men.to *s.m.* **1** farda **2** conjunto de fardas

far.dão [pl.: *-ões*] *s.m.* **1** uniforme de gala dos militares **2** veste simbólica us. pelos membros da Academia Brasileira de Letras ☞ cf. *Academia Brasileira de Letras* na parte enciclopédica

far.dar *v.* {mod. 1} *t.d. e pron.* vestir(-se) com farda

far.do *s.m.* **1** carga volumosa e pesada que se destina ao transporte **2** pacote, embrulho **3** *fig.* aquilo que é difícil ou duro de suportar; peso

fa.re.jar *v.* {mod. 1} *t.d. e int.* **1** seguir levado pelo faro ou pelo cheiro ☐ *t.d.* **2** sentir o cheiro de **3** *fig.* procurar a partir de indícios; investigar *<f. uma pista>* **4** *fig.* sentir como possível, real; pressentir *<f. um perigo no ar>* ~ **farejo** *s.m.*

fa.re.lo *s.m.* **1** parte mais grossa da farinha de trigo, que permanece depois da peneirada **2** conjunto dos resíduos grossos dos cereais moídos **3** pequenino pedaço de alimento; migalha **4** *fig.* coisa sem importância; ninharia ~ **fareláceo** *adj.* - **farelento** *adj.*

far.fa.lha.da *s.f.* **1** sucessão rápida de sons indistintos **2** barulho de vozes **3** ostentação exagerada de algo que não se tem; bazófia

far.fa.lhar *v.* {mod. 1} *int.* **1** produzir sons rápidos e indistintos **2** *fig.* falar muito e rapidamente ~ **farfalhante** *adj.2g.*

fa.ri.ná.ceo *adj.* **1** relativo a ou da natureza da farinha **2** que tem aparência ou consistência de farinha ■ *s.m.* **3** alimento constituído de algum tipo de farinha

fa.rin.ge *s.f.* ANAT canal muscular e fibroso que vai do fundo da boca à laringe e ao esôfago ~ **faríngeo** *adj.* - **faringiano** *adj.*

fa.rin.gi.te *s.f.* MED inflamação da faringe

fa.ri.nha *s.f.* pó obtido pela moagem de certos cereais, sementes e raízes ▣ **f. de rosca** *B* pão torrado e reduzido a farinha ~ **farinhento** *adj.*

fa.ri.nhei.ra *s.f.* recipiente para farinha us. durante as refeições

fa.ri.sai.co *adj.* **1** relativo a fariseu **2** *fig.* hipócrita, fingido

fa.ri.sa.ís.mo *s.m.* **1** doutrina, prática e caráter dos fariseus **2** *fig.* hipocrisia, fingimento

fa.ri.seu [fem.: *fariseia /éi/*] *s.m.* **1** membro de um grupo judaico que vivia na estrita observância dos preceitos religiosos **2** *p.ext.* pessoa que segue as formalidades de uma religião **3** *pej.* pessoa orgulhosa e hipócrita

far.ju.to *adj.* → ***FAJUTO***

far.ma.cêu.ti.co *adj.* **1** relativo a farmácia ('parte da farmacologia') ■ *s.m.* **2** profissional responsável pela farmácia

far.má.cia *s.f.* **1** FARM parte da farmacologia que trata das classificações e propriedades químicas de substâncias us. em medicamentos **2** local de venda de medicamentos, produtos de higiene, perfumaria etc.; drogaria **3** profissão do farmacêutico **4** local onde são preparados e/ou guardados os medicamentos em hospitais, ambulatórios etc. **5** conjunto de produtos para primeiros socorros, que se tem em casa, colégio etc.

fár.ma.co *s.m.* FARM produto ou preparado farmacêutico

far.ma.co.lo.gi.a *s.f.* MED ramo da medicina que estuda as classificações e as propriedades químicas dos medicamentos ~ **farmacológico** *adj.* - **farmacologista** *adj.2g.s.2g.* - **farmacólogo** *s.m.*

far.nel [pl.: *-éis*] *s.m.* **1** saco com provisões para uma jornada **2** conjunto de víveres para uma viagem

fa.ro *s.m.* **1** olfato dos animais **2** *fig.* intuição, instinto

fa.ro.es.te *s.m.* **1** CINE LIT gênero de filme ou livro inspirado no oeste norte-americano, com cenas de luta e tiroteio; bangue-bangue **2** *B infrm.* lugar onde ocorrem muitos crimes, tiroteios etc.

fa.ro.fa *s.f.* **1** CUL farinha de mandioca frita na manteiga ou na gordura, ger. enriquecida com outros ingredientes **2** *fig.* bravata, pretensão

fa.ro.fei.ro *adj.s.m.* **1** que(m) é muito pretensioso, fanfarrão **2** *B joc.* que(m) leva comida para a praia, ger. frango assado e farofa

fa.rol [pl.: *-óis*] *s.m.* **1** torre construída junto ao mar, com foco de luz para orientar navios à noite **2** cada lanterna dianteira de um veículo **3** *SP* sinal luminoso de trânsito; sinaleira, semáforo **4** *fig. infrm.* ostentação, falsa aparência ◉ GRAM/USO dim.irreg.: *farolim*, *farolete*

fa.ro.lei.ro *adj.s.m.* **1** que(m) é encarregado de vigiar o farol **2** *B* que(m) gosta de contar vantagens

fa.ro.le.te /ê/ *s.m.* **1** pequeno farol **2** cada um dos pequenos faróis dianteiros e traseiros de um veículo, us. para marcar presença em situações de pouca visibilidade ◉ GRAM/USO dim.irreg. de *farol*

far.pa *s.f.* **1** pequena lasca que penetra na pele por acidente **2** ponta penetrante, em forma de ângulo agudo **3** *fig.* crítica, sarcasmo *<trocar f.>*

far.pa.do *adj.* que tem farpas *<arame f.>* ~ **farpar** *v.t.d. e pron.*

far.pe.ar *v.* {mod. 5} *t.d.* **1** ferir com farpa(s) ou arpão *<f. um peixe grande>* **2** *fig.* dirigir crítica a; alfinetar *<os debatedores farpeavam o mediador>* **3** enfiar bandarilhas em (touro)

far.pe.la *s.f.* **1** vestimenta, roupa **2** roupa gasta, imprestável; trapo **3** ponta curva da agulha de crochê

far.ra *s.f.* **1** festa ruidosa, com danças, cantos e bebidas **2** *B infrm.* gozação ou brincadeira sobre alguém ou algo ~ **farrear** *v.int.* - **farrista** *adj.2g.s.2g.*

far.ra.po *s.m.* **1** roupa ou pano muito gasto, roto; trapo **2** HIST nome que os governistas davam aos rebeldes republicanos do Rio Grande do Sul durante a Guerra dos Farrapos (1835-1845) ☞ cf. *Farrapos* na parte enciclopédica

far.rou.pi.lha *s.2g.* **1** indivíduo maltrapilho, roto ■ *adj.2g.s.2g.* HIST **2** (rebelde) da Guerra dos Farrapos (1835-1845), no Rio Grande do Sul ☞ cf. *Farrapos* na parte enciclopédica

far.sa *s.f.* **1** TEAT pequena peça teatral cômica, popular **2** *fig.* mentira ardilosa; embuste ~ **farsista** *adj.2g.s.2g.*

far.san.te *s.2g.* TEAT **1** ator ou atriz de farsa teatral ■ *adj.2g.s.2g.* **2** (indivíduo) trapaceiro, enganador **3** que(m) vive gracejando; brincalhão

far.tar *v.* {mod. 1} *t.d.,t.d.i. e pron.* **1** (prep. *de*) encher(-se), abarrotar(-se) *<f. o convidado (de bons vinhos)>* *<f.-se até não aguentar mais>* □ *t.d. e pron.* **2** (prep. *de*) satisfazer a fome ou a sede de; saciar *<a sopa irá fartá-los>* *<f.-se de peixe>* **3** *fig.* (prep. *de*) (fazer) sentir aborrecimento ou tédio; cansar(-se) *<a discussão fartou-o>* *<f.-se de ouvir asneiras>* □ *t.d.* **4** *fig.* satisfazer (desejos, paixões etc.) *<f. a sede de vingança>* ◉ GRAM/USO part.: *fartado*, *farto* ~ **fartação** *s.f.*

far.to *adj.* **1** que se saciou; satisfeito **2** que se apresenta em grande quantidade; abundante **3** que se encontra repleto de inúmeras coisas *<geladeira f.>* **4** que se enfastiou ou aborreceu; entediado, aborrecido

far.tu.ra *s.f.* quantidade mais do que suficiente; abundância

fas.cí.cu.lo *s.m.* **1** cada um dos cadernos ou folhetos de uma obra maior que vão sendo publicados por partes **2** pequeno feixe ~ **fascicular** *adj.2g.*

fas.ci.na.ção [pl.: *-ões*] *s.f.* **1** fascínio **2** forte atração por alguém ou por algo

fas.ci.nan.te *adj.2g.* que causa ou provoca fascínio

fas.ci.nar *v.* {mod. 1} *t.d.* **1** dominar com o olhar *<os olhos brilhantes do animal fascinam o menino>* □ *t.d. e int.* **2** atrair, seduzir de modo irresistível; encantar *<papai conta como mamãe o fascinou>* *<uma música que fascina>* ~ **fascinado** *adj.*

fas.cí.nio *s.m.* **1** poder de exercer forte atração **2** sensação de deslumbramento, de encanto

fas.cis.mo *s.m.* HIST POL regime político nacionalista e antidemocrático, que faz prevalecer os conceitos de nação e raça sobre os valores individuais, como o estabelecido pelo ditador Benito Mussolini na Itália, em 1922 ☞ cf. *Mussolini* na parte enciclopédica

fas.cis.ta *adj.2g.* **1** relativo a ou próprio do fascismo ■ *adj.2g.s.2g.* **2** que(m) é partidário ou simpatizante do fascismo

fa.se *s.f.* **1** cada um dos estados de algo em evolução ou em mudança **2** período com características próprias **3** ASTR cada um dos aspectos que apresentam a Lua e os planetas a um observador terrestre, conforme são iluminados pelo Sol

fa.se.o.lar [pl.: *-es*] *adj.2g.* que tem a forma do feijão (p.ex., o rim)

fashion [ing.] *adj.2g.2n.* que está de acordo com a moda, com a elegância; que tem gosto moderno ⇒ pronuncia-se féxion

fa.si.a.ní.deo *adj.s.m.* ZOO (espécime) dos fasianídeos, família de aves de bico curto, pés adaptados para ciscar e correr, como faisões, pavões e afins

fas.mí.deo *adj.s.m.* ZOO (espécime) dos fasmídeos, família de insetos com aparência de galhos ou folhas, cujas espécies podem chegar a 30 cm

fast-food [ing.] *s.m.* **1** refeição preparada e servida com rapidez, como hambúrgueres, batatas fritas etc. **2** estabelecimento que vende tal gênero de refeição ◉ GRAM/USO em ing., invariável; em port. corrente, pl.: *fast-foods* ⇒ pronuncia-se fést fud

fas.ti.di.o.so /ô/ [pl.: /ó/; fem.: /ó/] *adj.* **1** que causa fastio; enfadonho, maçante **2** que demonstra tédio ou aborrecimento; aborrecido, rabugento

fas.ti.o *s.m.* **1** falta de apetite **2** sentimento de repugnância ou de aversão **3** aborrecimento, tédio

fas.tu.o.so /ô/ [pl.: /ó/; fem.: /ó/] *adj.* que exibe fausto; aparatoso, pomposo, faustuoso

fa.tal [pl.: *-ais*] *adj.2g.* **1** que não se pode evitar **2** que mata; funesto, mortal **3** que é desastroso, nefasto

fa.ta.li.da.de *s.f.* **1** destino inevitável **2** acontecimento cruel; desgraça

fa.ta.lis.mo *s.m.* atitude ou doutrina segundo a qual os acontecimentos são fixados com antecedência pelo destino ~ **fatalista** *adj.2g.s.2g.*

fa.ti.a *s.f.* **1** pedaço cortado de um alimento **2** *p.ext.* parcela de um todo *<a empresa tem grande f. do mercado>* ◉ GRAM/USO aum.irreg.: *fatacaz* ~ **fatiar** *v.t.d.*

fa.tí.di.co *adj.* **1** que revela o que o destino decidiu; profético **2** que leva à desgraça; trágico

fa.ti.gar ou **fa.di.gar** *v.* {mod. 1} *t.d. e pron.* **1** (fazer) sentir fadiga; cansar(-se) *<a viagem fatigou-o>* *<fatiga-se arrumando a casa>* **2** (fazer) sentir tédio, enfado; aborrecer(-se) *<essas desculpas me fatigam>* *<fatigamo-nos com tantas promessas>* ~ **fatigante** *adj.2g.*

fa.ti.o.ta *s.f.* traje, vestuário

[1]**fa.to** *s.m.* **1** ação ou coisa feita, ou em processo de realização **2** o que acontece por causas naturais ou não; ocorrência **3** algo cuja existência pode ser constatada de modo indiscutível [ORIGEM: do lat. *factum,i* 'feito, ação, façanha, empresa'] ▣ **de f.** com efeito, realmente

[2]**fa.to** *s.m.* **1** roupa ou conjunto de roupas; indumentária **2** vísceras de animais; miúdos **3** bando, quadrilha [ORIGEM: duv., talvez do esp. *hato* 'roupa, porção de gado, provisão que toca a cada um']

[3]**fa.to** *s.m.* pequeno rebanho, esp. de cabras [ORIGEM: duv., talvez do ár. *hatu* 'cardume']

fa.tor /ô/ [pl.: *-es*] *s.m.* **1** elemento que concorre para um resultado **2** MAT número submetido à operação de multiplicação **3** aquele que faz algo

fa.to.ra.ção [pl.: *-ões*] *s.f.* MAT decomposição de um número através de divisões sucessivas até se chegar ao número um ~ **fatorar** *v.t.d.*

fa.tu.al [pl.: *-ais*] *adj.2g.* → **FACTUAL**

fá.tuo *adj.* **1** aquele que se acha muito bom; presunçoso **2** tolo, insensato **3** que permanece por pouco tempo; fugaz ~ **fatuidade** *s.f.*

fa.tu.ra *s.f.* nota de venda de mercadorias ou serviços relacionando tipo, quantidade, preço etc., que ger. serve de meio de pagamento ▣ **liquidar a f.** *B infrm.* **1** resolver uma obrigação, um compromisso **2** concluir um negócio, uma tarefa

fa.tu.ra.men.to *s.m.* **1** emissão de faturas **2** total dos valores de venda de uma empresa em dado período

fa.tu.rar *v.* {mod. 1} *t.d.* **1** fazer a fatura de (mercadoria vendida) **2** incluir na fatura (uma mercadoria) ☐ *int. fig. B infrm.* **3** ganhar dinheiro

fau.na *s.f.* **1** a vida animal **2** BIO conjunto de espécies animais de uma área, época ou meio ambiente específico

fau.no *s.m.* MIT ser mitológico (metade homem, metade animal), com pés de cabra e chifres, que vivia nos bosques e protegia os rebanhos

faus.to *adj.* **1** que é feliz; ditoso, venturoso ■ *s.m.* **2** luxo, ostentação

faus.to.so /ô/ [pl.: /ó/; fem.: /ó/] *adj.* fastuoso

fa.va *s.f.* BOT **1** planta que produz vagens verdes, comestíveis, muito nutritivas e com propriedades medicinais **2** fruto e semente dessa planta; feijão ▣ **f. contadas** *fig.* coisa que certamente ocorrerá • **mandar às favas** *infrm.* livrar-se de alguém ou algo que importuna ou atrapalha

fa.ve.la *s.f. B* conjunto de moradias precárias, situado ger. em morros, onde vive a população de baixa renda dos centros urbanos ~ **favelizar** *v.t.d. e pron.*

fa.ve.la.do *adj.s.m. B* que(m) mora em favela

fa.vo *s.m.* alvéolo ou conjunto de alvéolos em que as abelhas depositam o mel ◉ COL favaria

fa.vor /ô/ [pl.: *-es*] *s.m.* **1** algo que se faz para alguém sem obrigação; obséquio **2** benefício que se dá a alguém; proveito ▣ **por f.** expressa um pedido feito com polidez

fa.vo.rá.vel [pl.: *-eis*] *adj.2g.* **1** que favorece ou auxilia **2** propício ou conveniente **3** que traz vantagens **4** que está de acordo

fa.vo.re.cer *v.* {mod. 8} *t.d.* **1** ser em favor de; beneficiar, ajudar **2** dar proteção especial a **3** dar mais certeza ou intensidade a; intensificar **4** realçar o mérito ou as qualidades de **5** criar condições para; concorrer, contribuir **6** prestar favor a; obsequiar ☐ *pron.* **7** (prep. *com, de, para*) tirar proveito de; beneficiar-se ~ **favorecimento** *s.m.*

fa.vo.ri.tis.mo *s.m.* **1** preferência que se dá ao favorito **2** sistema (p.ex., político, administrativo) que concede favores ou privilégios por influência, amizade etc., sem consideração de competência, merecimento e honestidade

fa.vo.ri.to *adj.* **1** que agrada mais; preferido, predileto ■ *adj.s.m.* **2** que(m) goza da proteção de alguém poderoso **3** ESP que(m) tem mais chances de vencer uma competição esportiva

fax /cs/ *s.m.2n.* TEL **1** transmissão e reprodução de imagem de impressos, desenhos etc., por telefone ou rádio **2** aparelho que realiza essa operação **3** a reprodução obtida por esse sistema ◉ GRAM/USO admite-se tb. o pl. *faxes*

fa.xi.na *s.f.* **1** serviço completo de limpeza; limpeza geral **2** feixe de ramos ou de paus, que serve para entulhar fossos e para outros usos militares ~ **faxinar** *v.t.d.*

fa.xi.nei.ro *s.m.* pessoa que faz serviços de faxina, de limpeza completa

fax-modem [ing.] *s.m.* INF TEL *modem* que possibilita a transmissão e a recepção de material gráfico, do computador para um aparelho de fax, ou vice-versa, por meio de sinais enviados por linha telefônica ◉ GRAM/USO pl.: *fax-modems* ⇒ pronuncia-se facs môudem

faz de con.ta *s.m.2n.* mundo da imaginação, da fantasia

fa.zen.da *s.f.* **1** grande propriedade rural com lavoura ou criação de gado **2** qualquer pano ou tecido **3** conjunto dos bens do Estado **4** parte da administração pública que gerencia as finanças públicas e implementa as políticas econômicas ☞ nesta acp., tb. us. com inicial maiúsc.

fa.zen.dá.rio *adj.* relativo a finanças do Estado

fa.zen.dei.ro *adj.s.m.* **1** que(m) é dono de fazenda ('grande propriedade') **2** que(m) cultiva ou administra a própria fazenda ('grande propriedade') ou de outrem ■ *adj.* **3** relativo a fazenda ('grande propriedade')

fa.zer *v.* {mod. 14} *t.d.* **1** montar ou dar forma a (objeto, produto, obra etc.) a partir de materiais diversos; construir, confeccionar, fabricar *<f. uma casa> <f. um vestido>* **2** levar a efeito; cumprir, executar, realizar *<f. um trabalho bem-feito>* **3** realizar (apresentações, espetáculos) ou representar (papel) *<escolheu f. Romeu e Julieta>* **4** preparar us. ingredientes diversos *<f. um bolo>* **5** dar existência a; criar *<Deus fez o homem à sua imagem>* **6** estabelecer, instituir *<f. uma lei, um pacto>* **7** equivaler a; ser *<1.000 m fazem 1 km>* **8** formar, constituir *<as cores fazem um conjunto harmonioso>* **9** exercer (atividade) seguidamente; trabalhar em ou cursar *<ela faz Geografia>* **10** produzir por atividade intelectual ou artística; criar, compor *<f. um poema>* **11** percorrer (trajeto, distância) *<fizemos 10 km a pé>* **12** *B* pôr em ordem; arrumar *<f. a cama>* **13** cuidar de; embelezar, arrumar *<f. as unhas, a barba>* **14** celebrar (aniversário, data significativa) *<fez 16 anos ontem>* **15** passar (tempo); haver *<faz duas horas que ela partiu>* ☞ nesta acp., é impessoal **16** denotar (fenômeno atmosférico) *<faz frio>* ☞ nesta acp., é impessoal ☐ *t.d. e t.d.i.* **17** (prep. *a*) ser a causa, o agente de;

provocar, ocasionar *<este motor faz muito barulho>* *<fez um escândalo ao vê-la>* ☐ *t.d.i.* **18** (prep. *de*) empregar, usar *<fez da astúcia sua melhor arma>* **19** (prep. *a*) oferecer, prestar (favor, serviço etc.) a *<f. uma doação (a um orfanato)>* ☐ *t.d. e pron.* **20** (prep. *de*) dar a aparência de; fingir *<faz que não escuta>* *<f.-se de vítima>* ☐ *t.d. e t.d.pred.* **21** ser a causa de se tornar ou ficar (de certo modo) *<a oportunidade faz o ladrão>* *<o uso do cachimbo faz a boca torta>* ☐ *t.d.pred. e t.i.pred.* **22** (prep. *de*) transformar, tornar *<quis fazê-la sua mulher>* *<f. do filho um herói>* ☐ *pron.* **23** *infrm.* agir livremente, sem impedimentos *<de madrugada, ela se fez na cozinha>* **24** (prep. *em*) ficar reduzido a *<f.-se em pedaços>* ◉ GRAM/USO part.: *feito* ~ **fazedor** *adj.s.m.*

faz-tu.do *s.2g.2n.* **1** pessoa com muitas funções ou ofícios **2** indivíduo que conserta diversos objetos de uso doméstico

Fe QUÍM símbolo de *ferro*

fé *s.f.* **1** sistema de crenças religiosas; religião *<fé cristã>* **2** REL ver em ***VIRTUDE TEOLOGAL*** ☞ cf. *caridade* e *esperança* **3** confiança absoluta (em alguém ou em algo) **4** comprovação, testemunho ▣ **fé pública** DIR crédito que deve ser dado aos documentos vindos de uma autoridade pública em virtude da função exercida, concedendo a lei presunção de que tais documentos são verdadeiros

FEB *s.f.* sigla de Força Expedicionária Brasileira ☞ cf. *FEB* na parte enciclopédica

fe.bre *s.f.* **1** MED elevação da temperatura corporal acima de 37 °C; pirexia **2** *fig.* ânsia de possuir **3** *fig.* grande entusiasmo (por algo ou alguém); exaltação **4** *fig.* moda, mania ◉ GRAM/USO dim.irreg.: *febrícula* ▣ **f. aftosa** MED doença contagiosa de bois e porcos, provocada por vírus e caracterizada por aftas, febre e lesões purulentas na pele ☞ tb. se diz apenas *aftosa* • **f. amarela** MED doença infecciosa tropical, causada por vírus transmitido por certos mosquitos, e caracterizada por febre, dores abdominais e musculares, icterícia e vômitos com sangue • **f. tifoide** MED doença infecciosa transmitida pela água ou por alimentos contaminados por excrementos humanos infectados, e caracterizada por febre alta, prostração e diarreia

fe.brí.cu.la *s.f.* febre baixa ◉ GRAM/USO dim.irreg. de *febre*

fe.brí.fu.go *adj.s.m.* FARM (substância) que combate a febre; antipirético

fe.bril [pl.: *-is*] *adj.2g.* **1** relativo a ou próprio da febre; pirético **2** que tem febre **3** *fig.* cheio de paixão, de enlevo

fe.cal [pl.: *-ais*] *adj.2g.* relativo a fezes

fe.cha.do *adj.* **1** que não está aberto; impedido ou obstruído **2** encerrado, guardado *<f. num cofre>* **3** cuja entrada é restrita ou proibida *<estreia f.>* **4** que fala pouco ou nada sobre si mesmo; reservado **5** compacto, denso (diz-se de vegetação) **6** nublado ou chuvoso (diz-se de tempo) **7** MAT que faz um ângulo agudo (diz-se de curva)

fe.cha.du.ra *s.f.* peça de metal que tranca portas, janelas, gavetas etc., por meio de lingueta movida com chave

fe.cha.men.to *s.m.* **1** ato ou efeito de fechar **2** conclusão de um negócio **3** término da composição de um jornal, revista etc., antes da impressão

fe.char *v.* {mod. 1} *t.d.* **1** tapar a abertura de *<f. um buraco>* **2** impedir o acesso a ou o trânsito por; bloquear **3** tomar a dianteira de (veículo) de maneira arriscada; cortar **4** INF encerrar o acesso a (arquivo, programa etc.) ☐ *t.d. e pron.* **5** unir duas ou mais partes de, impedindo que passe ar, luz etc. ou juntando o que está cortado, separado; cerrar(-se) *<f. os portões, os lábios, um corte>* *<com o vento, a janela fechou-se>* **6** pôr(-se) em recinto trancado; encerrar(-se) ☐ *t.i. e int.* **7** (prep. *para*) na sinalização de trânsito, passar de verde para vermelha a cor do semáforo, impedindo o avanço de veículos *<o sinal fechou (para os automóveis)>* ☐ *int. e pron.* **8** cicatrizar (ferida, machucado etc.) ☐ *t.d. e int.* **9** (fazer) ter fim; concluir(-se), terminar(-se) *<fechou o sermão magistralmente>* *<a conferência fechou em meio aos aplausos>* **10** (fazer) parar de funcionar, provisoriamente ou não *<o fiscal fechou o restaurante>* ☐ *pron. fig.* **11** ensimesmar-se, retrair-se *<f.-se e não falar mais>*

fe.cho /ê/ *s.m.* **1** qualquer peça us. para fechar algo **2** *fig.* parte final; conclusão, fim ▣ **f. ecler** *B* fecho com dentes metálicos que se encaixam, us. em roupas, bolsas, malas etc.; zíper

fé.cu.la *s.f.* amido extraído de batata, mandioca etc., sob forma de farinha

fe.cu.len.to *adj.* **1** que contém fécula **2** que deposita sedimentos ou fezes (diz-se de líquido)

fe.cun.da.ção [pl.: *-ões*] *s.f.* ato ou efeito de fecundar(-se)

fe.cun.dar *v.* {mod. 1} *t.d.* **1** entrar ou pôr (o espermatozoide) em contato com o óvulo, gerando uma vida **2** fazer (a mulher, a fêmea) gerar um novo ser; engravidar **3** *fig.* tornar criativo, inventivo; estimular *<f. a imaginação>* **4** *fig.* dar incentivo a; fomentar *<f. as artes>* ☐ *t.d. e pron.* **5** tornar(-se) capaz de produzir (terra, solo); fertilizar(-se) ~ **fecundado** *adj.* - **fecundante** *adj.2g.*

fe.cun.di.da.de *s.f.* **1** qualidade ou condição do que é fértil; fertilidade **2** *fig.* capacidade criativa; inspiração

fe.cun.do *adj.* **1** que pode gerar, produzir; produtivo, fértil **2** *fig.* que dá muitos e grandes resultados; profícuo **3** *fig.* que se distingue pela habilidade intelectual para criar; criativo, imaginativo

fe.de.go.so /ô/ *s.m.* BOT **1** nome comum de arbustos, alguns medicinais, de flores amarelas, ger. de odor desagradável ■ *adj.* **2** que tem mau cheiro; fétido ◉ GRAM/USO como adj.: pl. /ó/; fem. /ó/ ◉ COL fedegosal

fe.de.lho /ê/ *s.m.* **1** criança ou jovem de pouca idade **2** rapaz que tem comportamento infantil ~ **fedelhice** *s.f.*

fe.den.ti.na *s.f.* fedor

fe.der *v.* {mod. 8} *int.* **1** exalar mau cheiro ☐ *t.i.* **2** (prep. *a*) exalar forte cheiro de *<f. a cigarro>* **3** *fig. infrm.* (prep. *a*) parecer, indicar *<isso fede a falcatrua>*

fe.de.ra.ção [pl.: *-ões*] *s.f.* **1** união de Estados independentes sob um governo central soberano **2** *p.ext.* associação que reúne várias sociedades, sindicatos etc. sob uma autoridade comum e com o mesmo objetivo ~ **federativo** *adj.*

fe.de.ral [pl.: *-ais*] *adj.2g.* relativo ou pertencente à União

F

fe.de.ra.lis.mo *s.m.* POL sistema de governo em que estados autônomos se reúnem para formar uma nação ~ **federalista** *adj.2g.s.2g.*

fe.de.ra.li.zar *v.* {mod. 1} *t.d.* transformar em bem ou serviço do Estado; tornar federal ~ **federalização** *s.f.* - **federalizado** *adj.*

fe.de.rar *v.* {mod. 1} *t.d. e pron.* associar(-se) ou reunir(-se) em federação

fe.dor /ô/ [pl.: *-es*] *s.m.* mau cheiro; fedentina

fe.do.ren.to *adj.* que cheira mal; que tem fedor; fétido

feedback [ing.; pl.: *feedbacks*] *s.m.* **1** reação a um estímulo; efeito retroativo **2** COMN informação que o emissor obtém da reação do receptor à sua mensagem, e que serve para avaliar os resultados da transmissão **3** INF retroalimentação ⇒ pronuncia-se fidbec

fe.é.ri.co *adj.* **1** pertencente ao mundo das fadas **2** luxuoso, deslumbrante **3** que turva a vista por excesso de luz ou brilho; ofuscante

fei.ção [pl.: *-ões*] *s.f.* **1** aparência exterior; aspecto, forma **2** *fig.* modo de agir **3** *fig.* propriedade que determina a natureza de algo; qualidade **4** *fig.* bom humor ▼ ***feições*** *s.f.pl.* **5** traços da fisionomia; semblante, rosto

fei.jão [pl.: *-ões*] *s.m.* **1** BOT vagem de sementes comestíveis, fruto do feijoeiro **2** CUL essa semente cozida e temperada, misturada, ou não, com carnes, legumes etc., us. como alimento

fei.jão com ar.roz [pl.: *feijões com arroz*] *s.m.* *B infrm.* o que é simples, comum, rotineiro

fei.jão-fra.di.nho [pl.: *feijões-fradinhos* e *feijões-fradinho*] *s.m.* **1** BOT planta cujo fruto é uma vagem comprida e fina, de sementes comestíveis **2** semente dessa planta, de cor creme e um ponto preto, us. em ensopados e, esp. no Brasil, em saladas, no acarajé, abará etc.

fei.jo.a.da *s.f.* CUL *B* prato da cozinha brasileira feito com feijão temperado e cozido com carne de porco salgada, carne-seca, linguiça etc.

fei.jo.ei.ro *s.m.* BOT planta nativa da América do Sul, com inúmeras variedades, cujas vagens contêm sementes (*feijão*) ricas em proteínas, us. na alimentação humana, após secagem e cozimento, e tb. em farinha e como forragem ◉ COL feijoal

fei.o *adj.* **1** que não tem beleza **2** *fig.* que inspira desprezo, vergonha; desonesto **3** *fig.* grave, sério **4** chuvoso ou ventoso; ruim (diz-se de tempo) ■ *s.m.* **5** indivíduo sem beleza ~ **fealdade** *s.f.* - **feioso** *adj.s.m.*

fei.ra *s.f.* **1** mercado público onde se comercializa em dias ou épocas determinadas **2** exposição competitiva (p.ex., de gado, equídeos etc.) ou para a exibição de novos produtos **3** o que se compra em feira livre **4** termo que compõe o nome dos dias da semana, menos sábado e domingo **5** *fig.* desordem barulhenta; algazarra ▣ **f. livre** *B* local de venda de produtos hortifrutigranjeiros, pescados etc., ger. ao ar livre e em dias certos da semana

fei.ran.te *adj.2g.* **1** relativo a feira ■ *s.2g.* **2** vendedor de feira

fei.ta *s.f.* ocasião, oportunidade, vez

fei.ti.ça.ri.a *s.f.* obra de feiticeiro; feitiço, bruxaria

fei.ti.cei.ro *adj.s.m.* (o) que faz feitiços

fei.ti.ço *s.m.* **1** uso de forças mágicas para adivinhação e/ou com intenções maléficas **2** efeito dessas ações; bruxaria, mandinga **3** *fig.* atração irresistível; encantamento, magia

fei.ti.o *s.m.* **1** aparência de um ser ou coisa; formato, forma **2** modo de atuação; jeito, maneira **3** temperamento, caráter **4** execução a cargo de artífice ou artista (esp. alfaiate ou costureira)

[1]**fei.to** *s.m.* **1** ato de fazer ou aquilo que se fez **2** ato de heroísmo; façanha **3** propósito, objetivo, intento [ORIGEM: do lat. *făctum,ī* 'feito, ação, façanha']

[2]**fei.to** *adj.* **1** que se treinou; adestrado **2** amadurecido, maduro **3** pronto para ser utilizado ou consumido **4** REL iniciado (no candomblé, umbanda e religiões afins) ■ *conj.comp.* *B* **5** como, tal qual *<trabalha f. burro de carga>* [ORIGEM: do lat. *făctus,a,um* 'feito, executado, obrado, criado, produzido'] ▣ **bem f.** expressa satisfação com uma penalização, um insucesso, um azar etc. de outra pessoa ☞ cf. *bem-feito* e *benfeito*

fei.tor /ô/ [pl.: *-es*] *adj.s.m.* **1** (o) que faz, executa ou fabrica **2** que(m) administra bens alheios; gestor ■ *s.m.* **3** capataz, supervisor de trabalhadores

fei.to.ri.a *s.f.* **1** administração ou cargo de feitor **2** HIST no Brasil colonial, posto de mercadorias, provido tb. de soldados e armamentos, para a defesa da colônia **3** conjunto dessas mercadorias

fei.tu.ra *s.f.* **1** ato ou processo de fazer; elaboração **2** o que se fez; obra, produção, produto

fei.u.ra *s.f.* característica do que é ou de quem é feio

fei.xe *s.m.* **1** conjunto de objetos unidos; braçada **2** *fig.* grande porção de algo **3** conjunto de raios luminosos **4** ANAT grupo de fibras nervosas ou musculares

fel [pl.: *féis* e *feles*] *s.m.* **1** líquido amarelo-esverdeado segregado pelo fígado; bílis **2** *p.ext.* sabor amargo **3** *fig.* mau humor; azedume **4** *fig.* ressentimento, rancor

fe.la.ção [pl.: *-ções*] *s.f.* ação de excitar o pênis com a boca

felds.pa.to *s.m.* MINER grupo de silicatos de sódio, potássio, cálcio, presente em todos os tipos de rochas, esp. nas ígneas, e constituinte de 60% da crosta terrestre ~ **feldspático** *adj.*

fe.li.ci.da.de *s.f.* **1** qualidade ou estado de feliz; satisfação, contentamento **2** boa fortuna; sorte **3** bom êxito; sucesso ▼ ***felicidades*** *s.f.pl.* **4** congratulações, felicitações

fe.li.ci.tar *v.* {mod. 1} *t.d.* **1** tornar feliz; alegrar **2** dar os parabéns a; congratular, cumprimentar ~ **felicitação** *s.f.* - **felicitado** *adj.*

fe.lí.deo *adj.s.m.* ZOO (espécime) dos felídeos, família de mamíferos carnívoros, como o tigre, o gato, o leão, a onça-pintada etc., adaptados para saltar

fe.li.no *s.m.* ZOO **1** animal da família dos felídeos, como o gato, a onça-pintada, o leão etc. ■ *adj.* **2** relativo ou semelhante aos felídeos **3** *p.ext.* ágil; ligeiro

fe.liz [pl.: *-es*] *adj.2g.* **1** favorecido pela sorte; venturoso **2** contente, satisfeito **3** que deu bom resultado; auspicioso **4** próspero, rico **5** bem lembrado ou imaginado **6** abençoado, bendito, protegido ◉ GRAM/USO sup.abs.sint.: *felicíssimo*

fe.li.zar.do *s.m.* indivíduo muito feliz, com muita sorte; sortudo

fe.lo.ni.a *s.f.* **1** revolta do vassalo contra o senhor feudal **2** ato desleal; traição **3** procedimento cruel; maldade

fel.pa /ê/ *s.f.* **1** tecido felpudo de lã ou algodão **2** fio levantado em tecidos; felpo **3** *p.ext.* penugem de aves e animais **4** *B infrm.* farpa ~ **felpudo** *adj.*

fel.po /ê/ *s.m.* felpa ('fio')

fel.tro /ê/ *s.m.* tecido de lã ou pelo, obtido por ação de calor, umidade, substâncias químicas e pressão, us. na fabricação de chapéus, chinelos etc.

fê.mea *s.f.* **1** ser humano ou animal do sexo feminino **2** qualquer peça com furo ou concavidade em que se encaixa outra (o macho)

fê.meo *adj.* **1** relativo a ou próprio do sexo feminino *<jacaré fêmeo>* **2** diz-se de qualquer objeto que se ajusta a outro, que nele penetra (o macho) *<tomada fêmea>*

fe.mi.ni.li.da.de *s.f.* qualidade ou caráter de mulher; atitude feminina

fe.mi.ni.no *adj.* **1** relativo a fêmea ou a mulher **2** referente ao sexo caracterizado pelo ovário nos animais e nas plantas; fêmeo ■ *adj.s.m.* GRAM **3** (gênero gramatical) que se opõe ao masculino (e ao neutro, em certos idiomas)

fe.mi.nis.mo *s.m.* doutrina ou movimento em favor da ampliação e valorização do papel e dos direitos das mulheres na sociedade ~ **feminista** *adj.2g.s.2g.*

fê.mur [pl.: *-es*] *s.m.* ANAT osso longo da coxa, que se articula com o quadril e com a tíbia e a patela ~ **femoral** *adj.2g.*

fen.da *s.f.* qualquer abertura estreita e alongada

fen.der *v.* {mod. 8} *t.d. e pron.* **1** (fazer) ficar com fenda(s); rachar(-se) *<o muro fendeu-se após a explosão>* **2** separar(-se) em partes *<as nuvens fenderam-se>* □ *t.d. fig.* **3** sulcar, atravessar *<o navio fendia as ondas>* ~ **fendido** *adj.* - **fendimento** *s.m.*

fe.ne.cer *v.* {mod. 8} *int.* **1** ter fim; acabar, extinguir-se **2** passar a tom mais fraco; desbotar *<a cor da cortina feneceu>* **3** murchar (planta) **4** perder a vida; morrer ~ **fenecimento** *s.m.*

fe.ní.cio *s.m.* **1** HIST natural ou habitante da antiga Fenícia, região litorânea da atual Síria **2** antiga língua falada nesse país ■ *adj.* **3** relativo a Fenícia, seu povo e sua língua

fê.nix *s.f.2n.* **1** MIT ave mitológica que renasce das próprias cinzas **2** *fig.* pessoa rara, especial

fe.no *s.m.* AGR planta ceifada e seca, us. como forragem

fe.nol [pl.: *-óis*] *s.m.* QUÍM ácido us. esp. em medicina como desinfetante, anestésico e antisséptico, e tb. na fabricação de resinas ~ **fenólico** *adj.*

fe.no.me.nal [pl.: *-ais*] *adj.2g.* **1** que tem a natureza ou a qualidade de um fenômeno **2** *fig.* excepcional, admirável

fe.nô.me.no *s.m.* **1** qualquer fato observável na natureza **2** *p.ext.* fato de interesse científico **3** acontecimento raro e surpreendente **4** *p.ext.* indivíduo formidável

fe.nó.ti.po *s.m.* GEN conjunto das características de um indivíduo, determinado pela interação do seu genótipo com o ambiente ~ **fenotípico** *adj.*

fe.o.fí.cea *s.f.* BOT espécime das feofíceas, classe de algas marinhas de cor parda, abundantes nas águas frias do hemisfério norte; alga parda

fe.ra *s.f.* **1** animal feroz **2** *fig.* indivíduo cruel

fe.raz [pl.: *-es*] *adj.2g.* muito produtivo ou abundante; fecundo, fértil ~ **feracidade** *s.f.*

fé.re.tro *s.m.* caixão de defunto; ataúde

fé.ria *s.f.* **1** remuneração diária de operário; salário **2** no comércio, o dinheiro apurado nas vendas do dia ▼ ***férias*** *s.f.pl.* **3** período para descanso de trabalhadores, estudantes etc.

fe.ri.a.do *adj.s.m.* diz-se de ou dia de repouso determinado por lei ou religião

fe.ri.da *s.f.* **1** lesão provocada por corte ou golpe; ferimento **2** *fig.* o que causa sofrimento; dor, mágoa ~ **feridento** *adj.s.m.*

fe.ri.men.to *s.m.* **1** ato ou efeito de ferir(-se) **2** ferida, machucado

fe.ri.no *adj.* **1** semelhante a ou próprio de fera; selvagem **2** sem piedade; desumano *<atitude f.>* **3** *fig.* que fere ironizando *<comentário f.>*

fe.rir *v.* {mod. 28} *t.d. e pron.* **1** causar ou sofrer lesão por pancada, golpe ou impacto; machucar(-se) *<f.-se na queda>* **2** (fazer) ter sofrimento, sentir tristeza; magoar(-se) *<a ingratidão a feria>* □ *t.d.* **3** fazer soar (instrumento ou parte dele); tanger **4** causar sensação desagradável; incomodar *<o ruído feria os ouvidos>* **5** *fig.* ir contra; violar, contrariar *<f. os interesses da turma>*

fer.men.ta.ção [pl.: *-ões*] *s.f.* **1** transformação química de substâncias orgânicas causada por enzimas **2** efervescência gasosa devida a essa transformação **3** *fig.* agitação, comoção ~ **fermentativo** *adj.*

fer.men.tar *v.* {mod. 1} *t.d.* **1** produzir fermentação em; levedar □ *int.* **2** decompor-se por fermentação; levedar <*o açúcar fermenta*> □ *t.d. e int. fig.* **3** excitar(-se), agitar(-se) <*f. maus sentimentos*> <*ideias fermentam em sua cabeça*>

fer.men.to *s.m.* **1** agente (uma enzima, um organismo) capaz de provocar a fermentação **1.1** massa de farinha azeda que provoca a fermentação em outra massa

fér.mio *s.m.* QUÍM elemento químico artificial radioativo [símb.: *Fm*] ☞ cf. *tabela periódica* (no fim do dicionário)

F

fe.ro.ci.da.de *s.f.* **1** qualidade ou estado de feroz **2** caráter cruel **3** violência extrema

fe.ror.mô.nio ou **fe.ro.mô.nio** *s.m.* BIOQ substância secretada esp. por insetos e mamíferos, com funções de atração sexual, demarcação de trilhas e comunicação entre indivíduos

fe.roz [pl.: *-es*] *adj.2g.* **1** que tem instinto de fera; selvagem **2** *fig.* cruel, perverso **3** *fig.* que mostra ímpeto <*mar f.*>

fer.ra.brás [pl.: *ferrabrases*] *adj.2g.s.2g.* **1** que(m) conta bravatas **2** que(m) é um falso valentão

fer.ra.dor /ô/ [pl.: *-es*] *adj.s.m.* **1** que(m), por ofício, coloca ferradura em animais **2** que(m) marca animais com ferrete

fer.ra.du.ra *s.f.* **1** semicírculo de ferro com o qual se calçam os cascos de cavalgaduras **2** *p.ext.* qualquer peça em forma de semicírculo

fer.ra.gei.ro *s.m.* negociante de ferragens

fer.ra.gem [pl.: *-ens*] *s.f.* **1** cada uma das peças de ferro que integram uma estrutura, uma máquina, um objeto **2** colocação de ferraduras em animais ◉ COL ferraria

fer.ra.gis.ta *s.2g.B* ferrageiro

fer.ra.men.ta *s.f.* **1** utensílio que auxilia a execução de um trabalho artesanal ou mecânico **2** *p.ext.* qualquer instrumento necessário à prática profissional **3** *fig.* meio para alcançar um resultado <*a liberdade é uma f. da democracia*> ~**ferramenteiro** *s.m.*

fer.rão [pl.: *-ões*] *s.m.* **1** ponta aguda de ferro **2** ZOO órgão pontiagudo de certos insetos, us. em ataque ou defesa; acúleo, aguilhão

fer.rar *v.* {mod. 1} *t.d.* **1** pregar ferro em ou chapear de ferro <*f. uma embarcação*> **2** pôr ferrão na extremidade de **3** pôr ferradura em **4** marcar com ferro quente (esp. animal) □ *t.i. fig.* **5** (prep. *em*) render-se totalmente a; entregar-se <*f. no sono*> □ *t.d.i. e pron.* **6** (prep. *em*) cravar(-se), enterrar(-se) <*f. as garras na presa*> □ *t.d. e pron. B infrm.* **7** deixar ou ficar mal, sem saída; prejudicar(-se) <*quem se ferrou fui eu*> ~**ferrado** *adj.*

fer.ra.ri.a *s.f.* **1** conjunto de ferragens **2** fábrica de ferragens **3** oficina ou loja de ferreiro

fer.rei.ro *s.m.* artesão que trabalha com ferro

fer.re.nho *adj.* **1** *fig.* que persiste; obstinado **2** *fig.* rígido, implacável

fér.reo *adj.* **1** de ferro **2** que contém ferro <*fonte de águas f.*> **3** *fig.* que não cede; inflexível

fer.re.te /ê/ *s.m.* **1** instrumento de ferro us. para marcar gado, escravos e criminosos **2** a marca deixada por esse instrumento

fer.ro *s.m.* **1** QUÍM elemento químico metálico abundante na natureza, us. em diversas aplicações, como em construções, máquinas, veículos, ferramentas [símb.: *Fe*] ☞ cf. *tabela periódica* (no fim do dicionário) **2** *p.ext.* instrumento ou utensílio feito com esse metal <*f. de soldar*> ▼ ***ferros*** *s.m.pl.* **3** algemas, grilhões <*pôs os presos a f.*> ▣ **f. de passar** aparelho de base triangular que se aquece para alisar esp. tecidos • **f. elétrico** ferro de passar roupa aquecido por eletricidade • **f. fundido** QUÍM liga de ferro e carbono, em que o teor deste é maior do que no aço • **a f. e a fogo** ou **a f. e fogo** *fig.* **1** com meios violentos de coação, como armas, explosivos etc. <*sitiou a cidade a f. e fogo*> **2** por todos os meios possíveis <*impôs a f. e fogo sua autoridade aos rebeldes*> • **de f.** *fig.* que lembra o ferro pela dureza, resistência etc. <*saúde de f.*> • **lançar f.** MAR ancorar, fundear • levantar f. MAR içar a âncora • **levar ferro** **1** *fig. infrm.* ser malsucedido em alguma coisa **2** *B gros.* manter relações sexuais (esp. a mulher) • **malhar em f. frio** *fig.* perder o tempo ou o trabalho <*tentar convencê-lo é malhar em f. frio*> • **não ser de f.** não se mostrar indiferente (a algo) <*descansei, porque não sou de f.*> • **passar a f.** ou **passar f. em** tirar as rugas (de tecido, roupa) com ferro de passar ~**ferrífero** *adj.*

fer.ro.a.da *s.f.* **1** picada com ferrão **2** *p.ext.* dor como a de uma picada **3** *fig.* crítica violenta

fer.ro.ar *v.* {mod. 1} *t.d. e int.* **1** picar com ferrão; aguilhoar <*um marimbondo ferroou meu braço*> <*as abelhas ferroam para se defender*> □ *t.d. fig.* **2** atormentar, irritar

fer.ro-gu.sa [pl.: *ferros-gusa* e *ferros-gusas*] *s.m.* ferro que é retirado do alto-forno com grande proporção de carbono e diversas impurezas; gusa

fer.ro.lho /ô/ *s.m.* pequena tranca corrediça, us. para fechar portas e janelas

fer.ro.mo.de.lis.mo *s.m.* **1** técnica de projetar e construir modelos reduzidos de trens **2** passatempo que consiste em manipular esses modelos

fer.ro-ve.lho [pl.: *ferros-velhos*] *s.m.* **1** objeto metálico velho que pode ser refundido e reutilizado **2** local que serve para depósito e comércio desse material

fer.ro.vi.a *s.f.* **1** sistema de transporte constituído de trilhos de ferro por onde transitam trens **2** empresa que administra e explora esse sistema

fer.ro.vi.á.rio *adj.* **1** relativo a ferrovia **2** feito por ferrovia (diz-se de transporte) ■ *adj.s.m.* **3** que(m) trabalha em ferrovia

fer.ru.gem [pl.: *-ens*] *s.f.* substância de cor vermelho-alaranjada causada pela corrosão do ferro exposto ao ar e à umidade ~**ferrugento** *adj.* - **ferruginoso** *adj.*

ferryboat [ing.; pl.: *ferryboats*] *s.m.* balsa para travessia de veículos e pessoas em pequenas distâncias ⇒ pronuncia-se férribout

fér.til [pl.: *-eis*] *adj.2g.* **1** que produz muito; fecundo **2** que se apresenta em abundância; farto **3** capaz de reproduzir-se *<mulher f.>* ~ **fertilidade** *s.f.*

fer.ti.li.za.ção [pl.: *-ões*] *s.f.* **1** ato ou efeito de fertilizar(-se) **2** BIO junção das células reprodutoras feminina e masculina; fecundação

fer.ti.li.zan.te *adj.2g.s.m.* (substância) que nutre o solo, tornando-o fértil

fer.ti.li.zar *v.* {mod. 1} *t.d.,int. e pron.* **1** tornar(-se) fértil, produtivo *<o adubo fertiliza o solo>* *<com novas técnicas, as terras rapidamente (se) fertilizam>* □ *t.d.* **2** fecundar (óvulo, mulher, fêmea) ~ **fertilizador** *adj.s.m.*

fer.ve.dou.ro *s.m.* **1** movimento como o da ebulição de um líquido **2** *p.ext.* ajuntamento, aglomeração **3** *p.ext.* grande agitação; tumulto

fer.ven.do *adj.2g.2n.* que ferve; fervente

fer.ven.tar *v.* {mod. 1} *t.d.* ferver rapidamente; aferventar *<f. legumes>*

fer.ven.te *adj.2g.* **1** que ferve **2** *fig.* que vibra; ardente **3** *fig.* que mostra ardor (diz-se de emoção, sentimento etc.)

fer.ver *v.* {mod. 8} *t.d. e int.* **1** (fazer) entrar em estado de ebulição *<f. o leite>* *<a água já ferveu>* □ *t.d.* **2** cozer ou esterilizar dentro de líquido em ebulição *<f. legumes, antes de servi-los>* *<f. fraldas de pano>* □ *int.* **3** agitar-se como líquido em ebulição *<nervoso, sentia o sangue f.>* **4** *fig.* excitar-se, animar-se *<a escola ferve com a festa junina>* **5** *fig.* estar em quantidade; fervilhar *<ferviam ideias na sua cabeça>*

fer.vi.do *adj.* que (se) ferveu

fér.vi.do *adj.* **1** extremamente quente; ardente **2** *fig.* ardoroso, arrebatado

fer.vi.lhar *v.* {mod. 1} *int.* **1** estar em ebulição; ferver *<a sopa está fervilhando>* **2** *fig.* estar em quantidade; abundar *<as flores fervilham no jardim>* **3** *fig.* agitar-se, mover-se muito; pulular *<naquela casa, os mosquitos fervilham>* □ *t.i. fig.* **4** (prep. *de*) estar repleto de *<a rua fervilha de gente>* ~ **fervilhamento** *s.m.* - **fervilhante** *adj.2g.*

fer.vor /ô/ [pl.: *-es*] *s.m.* **1** estado do que ferve; fervura **2** intensidade de sentimentos **2.1** intenso sentimento religioso; grande fé **3** cuidado extremoso; dedicação ~ **fervoroso** *adj.*

fer.vu.ra *s.f.* **1** estado ou condição de um líquido que ferve; ebulição, efervescência **2** *fig.* excitação, agitação de ânimo ▣ **botar água na f.** *infrm.* diminuir o ardor, o entusiasmo de alguém

fes.ta *s.f.* **1** reunião recreativa ou comemorativa, em espaço público ou privado **1.1** REL festividade religiosa e/ou popular **2** *fig.* sensação de prazer; alegria **3** afago, carícia ☞ nesta acp., mais us. no pl.

fes.tan.ça *s.f.* **1** festa de grandes proporções; festão **2** festa muito animada; festão

¹fes.tão [pl.: *-ões*] *s.m.* arranjo decorativo ger. em arco com flores e fitas; grinalda [ORIGEM: fr. *feston* 'id.']

²fes.tão [pl.: *-ões*] *s.m.* festança [ORIGEM: *festa* + ¹*-ão*]

fes.tei.ro *adj.s.m.* **1** que(m) organiza ou gosta de frequentar festas ■ *adj.* **2** que afaga, faz carinho

fes.te.jar *v.* {mod. 1} *t.d. e int.* **1** comemorar com festa; celebrar *<f. um aniversário>* *<os vizinhos gostam de f.>* □ *t.d.* **2** louvar, aplaudir (alguém ou algo, esp. querido e/ou esperado) *<o público festejou a aparição do cantor>* ~ **festejador** *adj.s.m.*

fes.te.jo /ê/ *s.m.* **1** ato ou efeito de festejar **2** festa **3** gesto carinhoso; carícia **4** galanteio

fes.tim [pl.: *-ins*] *s.m.* **1** pequena festa particular **2** banquete **3** cartucho sem bala *<tiro de f.>*

fes.ti.val [pl.: *-ais*] *s.m.* **1** grande festa **2** evento artístico periódico, por vezes competitivo

fes.ti.vi.da.de *s.f.* **1** grande festa; festival **2** festa religiosa ou cívica **3** grande alegria

fes.ti.vo *adj.* **1** relativo a festa **2** em que há alegria, contentamento

fe.ti.che *s.m.* **1** objeto ou escultura a que se atribui poder mágico **2** PSIC atração muito forte por certo objeto, atividade ou parte do corpo humano, como meio de sentir um prazer (sexual, por exemplo)

fe.ti.chis.mo *s.m.* **1** culto ou veneração de fetiche **2** PSIC deslocamento do interesse sexual para algum objeto ou parte do corpo usualmente desprovidos de conotação erótica ~ **fetichista** *adj.2g.s.2g.*

fé.ti.do *adj.* que cheira mal; fedorento ~ **fetidez** *s.f.*

fe.to *s.m.* **1** MED na espécie humana, ser em desenvolvimento no útero após o final do terceiro mês **2** ZOO embrião de qualquer animal vivíparo, esp. dos vertebrados terrestres, depois que adquire as formas de sua espécie **3** *fig.* início, germe de qualquer coisa que pode desenvolver-se ~ **fetal** *adj.2g.*

feu.dal [pl.: *-ais*] *adj.2g.* relativo a feudo ou a feudalismo

feu.da.lis.mo *s.m.* HIST **1** organização social e econômica baseada nos feudos **2** época feudal

feu.da.tá.rio *adj.s.m.* **1** que(m) possui um feudo concedido pelo senhor feudal; vassalo ■ *adj.* **2** feudal **3** *fig.* em que há relação de dependência; subordinado

feu.do *s.m.* **1** HIST na Idade Média, terra concedida pelo senhor feudal ao vassalo **2** direito sobre essa terra **3** tributo pago pelo vassalo ao senhor feudal **4** *p.ext.* zona de influência *<f. eleitoral>*

fe.ve.rei.ro *s.m.* segundo mês do ano no calendário gregoriano, composto de 28 dias, a não ser nos anos bissextos, quando passa a ter 29 dias

fe.zes *s.f.pl.* **1** resíduos de alimentos expelidos do organismo pelo ânus depois da digestão **2** quaisquer resíduos imprestáveis *<f. do vinho>*

FGTS *s.m.* sigla de Fundo de Garantia do Tempo de Serviço

FGV *s.f.* sigla de Fundação Getúlio Vargas

fi.a.ção [pl.: *-ões*] *s.f.* **1** transformação de fibras têxteis em fio **2** conjunto de fios ou cabos de uma instalação elétrica

fi.a.cre *s.m.* antiga carruagem de aluguel, ger. puxada por um só cavalo

fi.a.da *s.f.* **1** conjunto de fios (de lã, de linha etc.) **2** série de coisas ligadas por um fio; enfiada **3** fileira de tijolos

fi.a.do *adj.* **1** que se fiou; confiado **2** comprado ou vendido para ser pago posteriormente ■ *adv.* **3** sob promessa de pagamento posterior *<vender f.>*

F

fi.a.dor /ô/ [pl.: *-es*] *adj.s.m.* **1** que(m) se responsabiliza por uma obrigação de outra pessoa **2** que(m) assume o pagamento de uma dívida, se o devedor não pagar

fi.am.bre *s.m.* CUL carne (ger. presunto) que se come fria

fi.an.ça *s.f.* **1** garantia (ger. pecuniária) que uma pessoa dá ao cumprimento da obrigação de outra; aval, penhor **2** DIR quantia paga pelo réu para que possa defender-se em liberdade

fi.an.dei.ro *s.m.* quem tem por ofício [2]fiar

fi.a.po *s.m.* fio muito fino e curto

[1]**fi.ar** *v.* {mod. 1} *t.d.* **1** ser o fiador de; abonar □ *t.d.,t.i.,t.d.i. e pron.* **2** (prep. *em*) ter fé; acreditar, confiar *<fio que não se atrasará mais> <fiou na discrição de todos> <fiava suas esperanças no filho> <fiou-se na palavra dele>* □ *t.d.i.* **3** (prep. *a*) entregar sob confiança; confiar □ *t.d.,t.d.i.,t.i. e int.* **4** (prep. *a*) vender fiado *<f. mercadorias> <o merceeiro fiou (as compras) ao meu pai> <essa loja não fia>* [ORIGEM: de um lat. **fidare* 'confiar']

[2]**fi.ar** *v.* {mod. 1} *t.d.* **1** transformar em fio *<f. a lã>* **2** trançar fios de **3** confeccionar (tecido, trama) com fios **4** *fig.* tramar, criar (algo ger. negativo) *<f. intrigas>* [ORIGEM: do lat. *filāre* 'fazer em fio, entrelaçar fios']

fi.as.co *s.m.* mau êxito; fracasso

fi.bra *s.f.* **1** filamento encontrado em tecido animal ou vegetal, ou em algumas substâncias minerais **2** estrutura sintética semelhante a esses filamentos naturais **3** *fig.* força de vontade; firmeza de caráter ▣ **f. de vidro** material us. como isolante térmico • **f. óptica** fibra, us. na confecção de cabos de transmissão, capaz de transmitir luz a longas distâncias com baixo índice de refração

fi.bri.la.ção [pl.: *-ões*] *s.f.* MED série de contrações rápidas e desordenadas das fibras musculares, esp. as do coração ~ **fibrilar** *v.int.*

fi.broi.de /ói/ *adj.2g.* **1** semelhante a fibra **2** que tem fibra(s)

fi.bro.ma *s.m.* MED tumor benigno constituído de tecido fibroso

fi.bro.mi.al.gi.a *s.f.* MED síndrome de dor difusa que ocorre nos tecidos fibroso e muscular de diferentes partes do corpo, esp. das mulheres

fi.bro.se *s.f.* MED formação anormal de tecido fibroso

fi.bro.so /ô/ [pl.: /ó/; fem.: /ó/] *adj.* **1** referente ou semelhante a fibra **2** constituído ou cheio de fibras

fí.bu.la *s.f.* ANAT o menor e mais externo osso da perna, antes denominado *perônio*

-ficar ou **-ificar** *suf.* 'transformação': *fortificar, simplificar*

fi.car *v.* {mod. 1} *pred.* **1** manter-se em certo estado, condição, posição; permanecer, continuar *<f. sentado>* **2** assumir certa condição, estado, posição *<f. feliz>* **3** ser considerado como *<f. como culpado>* **4** converter-se em; mudar, transformar-se *<depois da doença, ficou mais paciente>* □ *int.* **5** manter-se vivo, existente apesar de condições adversas; subsistir, restar *<da família só ficou ela>* **6** parar, estacionar, deter-se □ *t.i.* **7** (prep. *em*) manter-se em, não sair de (em certo lugar); continuar *<f. em casa>* **8** (prep. *em*) situar-se, localizar-se *<a casa fica na rua Alice>* **9** (prep. *entre*) conservar-se em segredo *<vai f. entre nós>* **10** (prep. *em*) não ir além de; limitar-se *<o jogo ficou no zero a zero>* **11** (prep. *para*) ser adiado, transferido *<a reunião ficou para amanhã>* **12** (prep. *para*) pertencer, caber *<o troféu ficou para o Brasil>* **13** (prep. *com*) tomar posse de; apoderar-se *<f. com as sobras>* **14** (prep. *de*) assumir compromisso de; comprometer-se *<fiquei de visitá-la hoje>* **15** (prep. *com*) ser acometido, atacado por (doença) *<f. com sarampo>* **16** (prep. *em*) montar a ou atingir (determinada quantia); custar, importar *<a obra ficará em alguns milhões>* □ *t.i. e int.* **17** (prep. *a, para*) ser o resto, vestígio de; restar, sobrar *<da herança pouco ficou (para nós)>* **18** *B infrm.* (prep. *com*) manter envolvimento amoroso por pouco tempo (com), sem compromisso de estabilidade ou fidelidade amorosa *<f. com alguém na festa>*

fic.ção [pl.: *-ões*] *s.f.* **1** ato de fingir ou seu efeito **2** produto da imaginação **3** história inventada (em literatura, cinema etc.) **4** conto, novela ou romance construído a partir de elementos imaginários e/ou elementos reais num contexto imaginário; narrativa ~ **ficcional** *adj.2g.* - **ficcionista** *adj.2g.s.2g.*

fi.cha *s.f.* **1** RECR em jogo, peça que marca ou paga os pontos **2** cartão para anotar ou catalogar **3** o conjunto das informações contidas nesse cartão **4** *infrm.* conjunto dos dados pessoais de alguém ▣ **cair a f.** *B infrm.* entender algo que não havia percebido

fi.char *v.* {mod. 1} *t.d.* **1** registrar (anotações, notas etc.) em fichas **2** *B* anotar em fichas os dados de (alguém) **3** destacar de (livro, documento etc.) aspectos mais importantes; resumir ~ **fichamento** *s.m.*

fi.chá.rio *s.m.* **1** grupo de fichas **2** móvel ou caixa onde se guardam fichas classificadas **3** caderno de folhas removíveis

fic.tí.cio *adj.* **1** relativo a ou próprio de ficção **2** em que há fingimento; enganoso, ilusório **3** criado pela imaginação; fantasioso

fí.cus *s.m.2n.* BOT nome comum a diversas plantas, esp. árvores, muitas conhecidas como figueira

fi.dal.go *adj.s.m.* **1** que(m) tem título de nobreza **2** *pej.* que(m) age com arrogância e pretensão ■ *adj.* **3** que demonstra nobreza, generosidade

fi.dal.gui.a *s.f.* **1** condição de fidalgo **2** caráter nobre e generoso **3** grupo social constituído pelos fidalgos, a classe dos fidalgos

fi.de.dig.no *adj.* digno de fé, confiança; verdadeiro ~ **fidedignidade** *s.f.*

fi.de.li.da.de *s.f.* **1** qualidade ou característica de quem ou do que é fiel **2** precisão de detalhes; exatidão

fi.de.li.zar *v.* {mod. 1} *t.d.* tornar (cliente) fiel a produto, serviço etc. ~ **fidelização** *s.f.*

fi.dú.cia *s.f.* **1** confiança, segurança **2** *p.ext. pej.* comportamento presunçoso ~ **fiducial** *adj.2g.* - **fiduciário** *adj.s.m.*

fi.ei.ra *s.f.* **1** linha, fio, barbante **2** grupo de coisas enfiadas em cordão **3** fio de pião **4** aparelho que transforma metal em fio

[1]fi.el [pl.: *-éis*] *adj.2g.* **1** que corresponde à confiança nele depositada **2** exato, verdadeiro **3** que se mostra constante *<cliente f.>* ■ *adj.2g.s.2g.* **4** que(m) segue os princípios de determinada religião ◉ GRAM/USO sup.abs.sint.: *fidelíssimo* [ORIGEM: do lat. *fidēlis,e* 'fiel, leal, sincero']

[2]fi.el [pl.: *-éis*] *s.m.* ponteiro que marca o equilíbrio da balança; fiel da balança [ORIGEM: duv., talvez do esp. *fiel* 'id.'] ▣ **f. da balança 1** [2]fiel **2** *fig.* aquilo que serve de guia, que norteia pensamentos e ações

fi.ga *s.f.* amuleto em forma de mão fechada, com o polegar entre o médio e o indicador

fi.ga.dal [pl.: *-ais*] *adj.2g.* **1** relativo a fígado **2** *fig.* por quem se nutre ódio ou rancor; visceral, mortal

fí.ga.do *s.m.* ANAT glândula volumosa, responsável pela secreção de bílis e por outras importantes funções fisiológicas

fi.go *s.m.* BOT infrutescência comestível e carnosa da figueira, de cor verde-arroxeada

fi.guei.ra *s.f.* nome de algumas árvores da família das moráceas, entre as quais a que dá o figo

fi.gu.ra *s.f.* **1** forma exterior de um corpo **2** GEOM qualquer espaço determinado por pontos, linhas, superfícies **3** representação visual; ilustração, estampa **4** *fig.* pessoa importante ou curiosa ou incomum ▣ **f. de linguagem** GRAM forma de expor o pensamento para torná-lo mais expressivo, fugindo da maneira usual da comunicação • **f. de palavra** GRAM recurso linguístico relacionado com a mudança de sentido das palavras (p.ex., a *metáfora*, a *metonímia* etc.) • **f. de ritmo** MÚS sinal gráfico que indica a duração de uma nota musical ou de uma pausa

fi.gu.ra.ção [pl.: *-ões*] *s.f.* **1** representação exterior de uma forma **2** CINE TEAT TV papel de figurante

fi.gu.ra.do *adj.* **1** representado por uma figura **2** GRAM que usa de metáfora, metonímia etc. para se exprimir (diz-se de sentido, linguagem ou estilo)

fi.gu.ran.te *adj.2g.s.2g.* CINE TEAT TV (personagem) secundário, ger. sem texto numa encenação; extra

fi.gu.rão [pl.: *-ões*] *s.m.* *infrm.* pessoa importante, notável

fi.gu.rar *v.* {mod. 1} *t.d.* **1** traçar a imagem de **2** simbolizar, significar **3** dar mostras de; indicar, aparentar □ *t.i.* **4** (prep. *entre*) fazer parte de; constar *<figura entre os notáveis escritores>* **5** (prep. *em*) ter participação em; atuar

fi.gu.ra.ti.vo *adj.* **1** que representa por imagem ou símbolo **2** que prioriza a representação das formas visíveis da natureza (diz-se de arte) ■ *adj.s.m.* **3** que(m) segue os princípios da arte figurativa

fi.gu.ri.nha *s.f.* **1** *B* estampa para coleções, ger. para formar álbuns **2** *infrm.* pessoa curiosa, incomum

fi.gu.ri.no *s.m.* **1** VEST desenho ou modelo de indumentária, ger. confeccionado por costureiro renomado **2** vestuário, traje **3** revista de moda ~ **figurinista** *s.2g.*

fi.la *s.f.* sequência de pessoas ou coisas dispostas em linha; fileira ▣ **f. indiana** série de pessoas ordenadas umas atrás das outras

fi.la.men.to *s.m.* **1** fio finíssimo **2** BIO estrutura vegetal ou animal alongada ~ **filamentar** *adj.2g.* - **filamentoso** *adj.*

fi.lan.tro.pi.a *s.f.* **1** amor à humanidade **2** esforço na promoção do bem-estar de outras pessoas **3** qualquer ação dessa natureza ~ **filantrópico** *adj.*

fi.lan.tro.po /ô/ *adj.s.m.* **1** que(m) ama a humanidade **2** que(m) pratica filantropia; altruísta

fi.lão [pl.: *-ões*] *s.m.* **1** GEOL depósito mineral que ocorre em fendas de uma rocha; veeiro **2** parte da mina em que se encontra o minério; veio **3** *fig.* fonte de informações, vantagens, lucros etc.

[1]fi.lar *v.* {mod. 1} *t.d.* **1** instigar (cão) a uma perseguição; açular □ *t.d.,int. e pron.* **2** (prep. *a*) agarrar(-se) fortemente a *<uma fera que fila fortemente (suas presas)>* *<o cão filou-se à perna do carteiro>* □ *t.d. e t.d.i.* *B infrm.* **3** (prep. *a, de*) conseguir (qualquer coisa) gratuitamente (de) *<f. cigarro (do amigo)>* □ *t.d. e int.* *N. N.E. infrm.* **4** copiar clandestinamente a(s) resposta(s) em exame escrito [ORIGEM: alt. do port. ant. *filhar* 'pilhar'] ~ **filante** *adj.2g.s.2g.*

[2]fi.lar *v.* {mod. 1} *t.d. e int.* *B infrm.* **1** seguir (alguém) dissimuladamente **2** namoricar (alguém) a distância **3** não comparecer (a aula, curso etc.); fazer gazeta *<é mestre em f. (aula)>* □ *int.* **4** fugir, sumir [ORIGEM: do fr. *filer* 'dar forma de fio, correr em fio']

fi.lá.ria *s.f.* ZOO nome comum aos vermes nematódeos, parasitas dos gânglios linfáticos e do tecido subcutâneo de mamíferos, incluindo o homem

fi.la.ri.o.se *s.f.* MED doença causada por vermes chamados filária, caracterizada por reação inflamatória e obstrução dos vasos linfáticos

fi.lar.mô.ni.ca *s.f.* MÚS **1** sociedade musical **2** orquestra sinfônica ~ **filarmônico** *adj.*

fi.la.te.li.a *s.f.* **1** estudo dos selos postais **2** atividade de colecionar esses selos ~ **filatélico** *adj.* - **filatelismo** *s.m.* - **filatelista** *s.2g.*

fi.lé *s.m.* **1** fatia de carne vermelha ou branca sem osso ou espinha **2** filé-mignon **3** trabalho artesanal feito com linha, na forma de fina rede ou renda

fi.lei.ra *s.f.* fila

fi.lé-mi.gnon [pl.: *filés-mignons*] *s.m.* **1** parte macia da ponta do lombo do boi **2** *fig.* a melhor parte de qualquer coisa

fi.le.te /ê/ *s.m.* **1** fio ou friso estreito **2** BOT haste do estame que sustenta a antera

fi.lho *s.m.* **1** pessoa do sexo masculino em relação aos seus pais **2** pessoa que descende de determinada família, grupo social etc.; descendente **3** o que é originário ou resultado de determinadas forças ou influências **4** REL no cristianismo, a segunda pessoa da Santíssima Trindade, encarnada em Jesus Cristo ☞ inicial maiúsc. ◉ COL prole ~ **filharada** *s.f.*

fi.lhó [pl.: *-ós*] ou **fi.lhós** [pl.: *-es*] *s.2g.* CUL biscoito ou bolinho de farinha e ovos, frito e passado em açúcar e canela

fi.lho da mãe [pl.: *filhos da mãe*] *s.m. infrm.* filho da puta

fi.lho da pu.ta [pl.: *filhos da puta*] *s.m. gros.* pessoa não confiável, traiçoeira, desonesta etc.; filho da mãe ☞ pode ser empr. ironicamente como elogio ou em linguagem afetiva, perdendo o caráter pejorativo

fi.lho-fa.mí.lia [pl.: *filhos-família* e *filhos-famílias*] ou **fi.lho-fa.mí.lias** [pl.: *filhos-famílias*] *s.m.* **1** filho que, por ser ainda menor, se encontra sob o pátrio poder **2** filho de família rica

fi.lhós [pl.: *-es*] *s.2g.* → ***FILHÓ***

fi.lho.te *s.m.* cria de animal ◉ COL ninhada

fi.lho.tis.mo *s.m.* concessão de privilégios por amizade, parentesco etc.; favoritismo

fi.li.a.ção [pl.: *-ões*] *s.f.* **1** elo de parentesco dos filhos em relação aos pais **2** série de pessoas que descendem de um mesmo ancestral; descendência **3** ingresso, vinculação (em partido, clube etc.)

fi.li.al [pl.: *-ais*] *adj.2g.* **1** próprio de filho *<amor f.>* ■ *s.f.* **2** casa comercial subordinada à matriz

fi.li.ar *v.* {mod. 1} *t.d.* **1** reconhecer legalmente como filho □ *t.d.i. e pron.* **2** (prep. *a*) agregar(-se) como sócio ou membro a (clube, sociedade etc.) *<o clube filiou novos sócios a seu quadro> <f.-se a partido político>* **3** *fig.* (prep. *a*) vincular(-se), ligar(-se) a *<f. a conduta aos princípios da ética> <seus argumentos filiam-se a ideias deterministas>*

fi.li.gra.na *s.f.* **1** trama delicada com fios de ouro ou prata entrelaçados **2** marca-d'água **3** *fig.* detalhe insignificante

fi.lis.teu [fem.: *filisteia* /éi/] *adj.* **1** da Filisteia (Palestina) ■ *s.m.* **2** povo inimigo dos hebreus que habitava essa região **3** *pej.* pessoa inculta e apegada a questões materiais

fil.ma.do.ra /ô/ *s.f.* máquina us. para filmar; câmara cinematográfica

fil.mar *v.* {mod. 1} *t.d. e int.* **1** registrar em filme ou fazer um filme; rodar, gravar *<f. um documentário> <durante o show não pode f.>* □ *t.d.* **2** passar para cinema, vídeo etc. (trabalho artístico de outra natureza, ger. literário) *<f.* Dom Casmurro*>* **3** *B infrm.* observar com atenção, de perto; vigiar *<f. movimentos suspeitos>* ~ **filmador** *adj.s.m.* - **filmagem** *s.f.*

fil.me *s.m.* **1** CINE FOT película revestida por emulsão sensível à luz, us. para fixar imagens fotográficas **2** CINE sequência de imagens registradas em filme cinematográfico ▣ **f. cinematográfico** CINE filme us. em equipamento especial para registro, edição e exibição de imagens em movimento; fita

fil.mo.te.ca *s.f.* coleção e/ou arquivo de filmes, microfilmes etc.

fi.lo *s.m.* BIO categoria taxonômica que agrupa classes relacionadas

fi.ló *s.m.* tecido leve e transparente, de fios de seda ou algodão, us. em véus, saias de balé etc.; tule

fi.lo.ge.ni.a *s.f.* BIO história da evolução de uma espécie ou de um grupo taxonômico

fi.lo.lo.gi.a *s.f.* **1** estudo amplo da língua e de seus documentos **2** verificação científica da autenticidade de textos pela comparação de manuscritos e edições ~ **filológico** *adj.*

fi.ló.lo.go *s.m.* estudioso ou conhecedor de filologia

fi.lo.so.far *v.* {mod. 1} *int.* **1** pensar ou falar sobre filosofia □ *t.i.* **2** (prep. *sobre*) pensar ou falar metodicamente sobre um tema qualquer *<f. sobre o amor>* ~ **filosofante** *adj.2g.*

fi.lo.so.fi.a *s.f.* **1** conjunto de estudos teóricos que procuram explicar a realidade e os valores humanos **2** doutrina, teoria *<f. dos negócios>* **3** *p.ext.* sabedoria ~ **filosofal** *adj.2g.*

fi.lo.só.fi.co *adj.* relativo a filosofia ou filósofo (subst.)

fi.ló.so.fo *adj.s.m.* que(m) se dedica à filosofia

fil.trar *v.* {mod. 1} *t.d.,int. e pron.* **1** (fazer) passar por filtro, para retirar corpos sólidos, impurezas ou moderar a intensidade; coar *<f. a água> <o mel levou dias para f.(-se)>* □ *t.d.,t.i. e pron.* **2** (prep. *por*) (deixar) passar (calor, som, ondas de luz) [através de], moderando a intensidade *<nuvens filtram os raios do Sol> <a conversa filtrava pela parede> <a chuva filtra-se pelas telhas>* □ *t.d.* **3** impedir a passagem de; reter *<o protetor solar filtra raios ultravioleta>* □ *t.d. e t.d.i.* **4** (prep. *de*) controlar, retendo o essencial ou o desejado; selecionar, separar *<f. informações> <f. os bons candidatos daqueles despreparados>* ~ **filtração** *s.f.* - **filtragem** *s.f.* - **filtrável** *adj.2g.*

[1]fil.tro *s.m.* **1** aparelho ou material poroso us. para separar um fluido (líquido ou gás) das matérias que nele se encontram em suspensão ou misturadas **2** dispositivo, provido de [2]vela, us. para filtrar a água destinada ao consumo doméstico [ORIGEM: do fr. *filtre* 'aparelho através do qual se passa um líquido para livrá-lo de partículas sólidas'] ▣ **f. de linha** ELETRÔN dispositivo, provido de tomadas, que atenua oscilações da tensão elétrica que alimenta um aparelho • **f. solar** substância (creme, loção) us. para proteger a pele dos efeitos nocivos dos raios do Sol

²fil.tro *s.m.* poção mágica que desperta o amor na pessoa que a bebe; amavio [ORIGEM: do lat. *philtrum,i* 'id.']

fim [pl.: *fins*] *s.m.* **1** momento ou ponto em que algo acaba **2** encerramento, conclusão, desfecho **3** desaparecimento, ruína, queda **4** o que se busca alcançar; objetivo, finalidade ▣ **f. de semana** tempo entre a noite de sexta-feira e a manhã de segunda-feira • **a f. de 1** com a finalidade de; para **2** *infrm.* com interesse amoroso por *<ficou a f. dele desde que o conheceu>* ☞ cf. *afim* • **por f. 1** por último **2** após muito tempo ou esforço **3** us. para introduzir um último tópico, argumento etc.

fím.bria *s.f.* **1** parte que delimita; beira, orla **2** aplique de fios entrelaçados; franja ~**fimbriar** *v.t.d.*

fi.mo.se *s.f.* MED estreitamento da abertura da pele que cobre a glande do pênis

fi.nal [pl.: *-ais*] *adj.2g.* **1** que está no fim **2** que conclui ou arremata **3** último, derradeiro ■ *s.m.* **4** última parte; fim **5** desenlace, conclusão *<o f. do livro>* ■ *s.f.* **6** último jogo ou prova (de competição); finalíssima **7** GRAM ver ***CONJUNÇÃO FINAL***

fi.na.li.da.de *s.f.* aquilo que se procura ou propõe; objetivo, propósito, fim

fi.na.lís.si.ma *s.f.* final ('último jogo ou prova')

fi.na.lis.ta *adj.2g.s.2g.* que(m) se classifica para disputar uma final

fi.na.li.zar *v.* {mod. 1} *t.d.,int. e pron.* **1** (fazer) ter fim; acabar, concluir(-se) *<depois de meses, conseguiu f. a empreitada> <o ano finalizou(-se), renovando as esperanças>* □ *t.d. e int.* ESP **2** no futebol, concluir (uma jogada) movendo a bola na direção do gol; arrematar *<o centroavante tem de finalizar (as jogadas)>* ~**finalização** *s.f.*

fi.nal.men.te *adv.* por último, por fim

fi.nan.ças *s.f.pl.* **1** recursos em dinheiro, títulos etc. **2** conjunto de receitas e despesas, esp. as do Estado ~**financeiro** *adj.s.m.*

fi.nan.cei.ra *s.f.* ECON *B* empresa de crédito e financiamento

fi.nan.cia.men.to *s.m.* **1** concessão de uma quantia para cobrir os gastos de alguma coisa; custeio **2** essa quantia **3** concessão de prazo para pagamento de dívida

fi.nan.ci.ar *v.* {mod. 1} *t.d.* **1** pagar os gastos de; custear, bancar □ *t.d.i.* **2** (prep. *a*) conceder (valor, recursos) para custear algo *<o governo financiou 20 mil reais a cada desabrigado>*

fi.nan.cis.ta *adj.2g.s.2g.* **1** especialista em finanças **2** que(m) é responsável pelas finanças de uma empresa, instituição etc.

fi.nar *v.* {mod. 1} *pron.* **1** (prep. *de*) perder as forças; definhar *<f.-se de saudades>* **2** morrer, falecer □ *int.* **3** ter fim; acabar *<as esperanças finaram>* ~**finado** *adj.s.m.* - **finamento** *s.m.*

fin.ca-pé [pl.: *finca-pés*] *s.m.* determinação, firmeza de opinião ▣ **fazer f.** manter-se firme em uma decisão ou opinião; obstinar-se

fin.car *v.* {mod. 1} *t.d.,t.d.i. e pron.* **1** (prep. *em*) introduzir(-se) para dar ou ter firmeza; cravar(-se), enterrar(-se) *<f. estacas> <f. o prego na parede> <fincou-se no atoleiro>* □ *t.d.i.* **2** (prep. *em*) apoiar com força *<f. os cotovelos na mesa>* □ *pron.* **3** ficar firme, imóvel; parar □ *t.d.i. e pron.fig.* **4** (prep. *em*) firmar(-se) de modo definitivo e profundo em; arraigar(-se) *<fincava suas esperanças em ilusões> <a ideia de vingança fincara-se em seu espírito>*

fin.dar *v.* {mod. 1} *t.d.,int. e pron.* **1** (fazer) ter fim; acabar *<parece que jamais conseguiremos f. esse trabalho> <uma amizade que jamais (se) findaria>* □ *t.i.* **2** (prep. *em*) ter como consequência; resultar *<o desleixo findou em fracasso>* ◉ GRAM/USO part.: *findado, findo* ~**findável** *adj.2g.*

fi.ne.za /ê/ *s.f.* **1** qualidade ou característica do que é fino ou delgado **2** *fig.* elegância, graça **3** *fig.* sinal de amizade ou de cortesia **4** *fig.* perfeição, excelência, beleza

fin.gi.do *adj.s.m.* que(m) tenta fazer parecer que é verdade, sem ser real; dissimulado, hipócrita

fin.gi.men.to *s.m.* **1** ato ou efeito de esconder um sentimento, uma intenção, uma ideia **2** falta de sinceridade ou de correspondência com a verdade; falsidade, hipocrisia

fin.gir *v.* {mod. 24} *t.d.,t.d.pred. e pron.* **1** (prep. *de*) fazer parecer real (algo falso ou inexistente); simular *<f. entusiasmo> <finge que gostou da comida> <f.(-se) de bobo>* □ *t.d.* **2** fazer de conta; imaginar *<gostava de f. que era mágico>* □ *int.* **3** ocultar sentimento, intenção, pensamento; dissimular *<fingia, para não magoar a mãe>* ~**fingidor** *adj.s.m.*

fi.ni.nha *s.f.* MED *infrm.* **1** *N.E.* tuberculose **2** *CE* diarreia

fi.ni.to *adj.* que tem fim ou limite

fi.no *adj.* **1** de pequeno diâmetro, largura ou espessura **2** afiado, agudo **3** de pequeno volume **4** agudo, estridente (diz-se de som ou voz) **5** *fig.* que revela a delicadeza ou elegância **6** *fig.* de boa qualidade *<doces f.>*

fi.nó.rio *adj.s.m.* que(m) se faz de ingênuo para obter vantagens; espertalhão

fin.ta *s.f.* **1** ação que visa enganar; logro **2** *p.ext.* ESP drible ~**fintar** *v.t.d. e int.*

fi.nu.ra *s.f.* **1** qualidade ou característica do que é fino, delgado, estreito **2** *fig.* qualidade ou característica do que é delicado, leve; sutileza **3** educação, gentileza, cortesia

fi.o *s.m.* **1** fibra natural ou sintética, de forma cilíndrica, flexível, delgada **2** cabo metálico flexível que transporta eletricidade **3** *infrm.* lado afiado; gume **4** *fig.* encadeamento, série *<perder o f. da narrativa>* **5** *fig.* o que é tênue *<um f. de vida>* ◉ COL fiação; fiada ▣ **a fio** sem interrupção *<semanas a f.>* • **por um f.** por pouco *<escapar por um f.>*

fi.or.de *s.m.* GEO golfo sinuoso e profundo entre montanhas escarpadas, típico dos países nórdicos

fir.ma *s.f.* **1** nome de uma pessoa escrito por ela mesma; assinatura **2** nome jurídico adotado por uma sociedade para suas atividades comerciais; razão social **3** estabelecimento que se dedica a atividades com fins lucrativos; empresa

fir.ma.men.to *s.m.* espaço celeste visível; céu

fir.mar *v.* {mod. 1} *t.d.,t.d.i. e pron.* **1** (prep. *em*) tornar(-se) firme, estável; fixar(-se) *<f. estacas (no solo)>* *<a árvore custou a f.-se>* **2** (prep. *em*) encostar(-se), apoiar(-se) *<f. o corpo (na parede)>* *<f.-se na bengala para levantar>* **3** (prep. *em*) ter como fundamento; basear(-se), fundamentar(-se) *<f. uma opinião (em fatos)>* *<tudo o que diz se firma em sólidos conhecimentos>* □ *t.d.* **4** estabelecer, instituir *<f. jurisprudência>* **5** realizar, ajustar (pacto, acordo) **6** pôr firma em; assinar *<f. uma procuração>* □ *pron. fig.* **7** tornar-se reconhecido como *<firmou-se como boa dentista>* □ *int.* **8** ficar firme, estável (o tempo) *<depois da chuvarada, o tempo firmou>*

fir.me *adj.2g.* **1** que está seguro ou bem apoiado; fixo **2** que não cede com facilidade (diz-se de solo, terreno); sólido **3** sem flacidez; rijo **4** sem alteração; constante *<tempo f.>* **5** com energia ou determinação; seguro, decidido **6** que não se deixa influenciar; inabalável ■ *adv.* **7** com firmeza

fir.me.za /ê/ *s.f.* **1** característica do que é firme, seguro; estabilidade, segurança **2** firme capacidade de decisão; resolução **3** característica do que é persistente, determinado; constância

fi.ru.la *s.f. B infrm.* **1** linguagem rebuscada para dizer algo simples ou raciocínio evasivo **2** FUTB exibição de domínio da bola por um jogador

fis.cal [pl.: *-ais*] *adj.2g.* **1** relativo a fisco *<nota f.>* ■ *s.2g.* **2** funcionário do fisco ou da alfândega **3** quem fiscaliza

fis.ca.li.zar *v.* {mod. 1} *t.d.* **1** verificar se (algo) está-se realizando como previsto *<f. uma obra>* **2** *p.ext.* observar atentamente; controlar, vigiar *<f. os passos dos filhos>* □ *int.* **3** trabalhar como fiscal *<sua função é f.>* ~ **fiscalização** *s.f.* - **fiscalizador** *adj.s.m.*

fis.co *s.m.* conjunto dos órgãos públicos que taxam, fiscalizam e cobram impostos

fi.se.te.rí.deo *adj.s.m.* ZOO (espécime) dos fiseterídeos, família de baleias dentadas, que ocorre em todos os mares e que inclui o cachalote

fis.ga *s.f.* **1** tipo de arpão **2** ponta de anzol ou arpão **3** abertura estreita e alongada; fenda

fis.ga.da *s.f.* **1** puxão rápido com vara ou linha de pesca **2** *infrm.* dor aguda e rápida; pontada

fis.gar *v.* {mod. 1} *t.d.* **1** capturar (peixe) com anzol ou arpão **2** *p.ext.* agarrar, prender (quem fugia) **3** *fig. infrm.* perceber rapidamente; pegar *<f. o sentido de uma piada>* **4** *fig. B infrm.* despertar paixão, amor em; conquistar *<f. um marido>*

fí.si.ca *s.f.* ciência que estuda as leis e propriedades da matéria e da energia que controlam os fenômenos da natureza ▣ **f. nuclear** ramo da física que estuda as propriedades e as interações dos núcleos atômicos com outros núcleos atômicos e com campos externos, bem como a geração de energia através da fissão e da fusão nuclear

fí.si.co *adj.* **1** que diz respeito à física **2** relativo ao corpo ■ *s.m.* **3** especialista em física **4** conjunto das características externas do corpo; constituição *<f. franzino>*

fí.si.co-quí.mi.ca [pl.: *físico-químicas*] ou **fi.si.o.quí.mi.ca** *s.f.* FISQUÍM ciência que utiliza métodos da física e da química para estudar as propriedades de um sistema ~ **físico-químico/fisioquímico** *adj.s.m.*

fi.si.cul.tu.ris.mo *s.m.* desenvolvimento do volume muscular com exercícios e dieta alimentar ~ **fisiculturista** *adj.2g.s.2g.*

fi.si.o.lo.gi.a *s.f.* BIO MED estudo das funções e do funcionamento normal dos seres vivos ~ **fisiologista** *adj.2g.s.2g.*

fi.sio.ló.gi.co *adj.* relativo a fisiologia

fi.si.o.lo.gis.mo *s.m.* POL *B pej.* prática que condiciona o apoio político à obtenção de vantagens, favores etc.

fi.si.o.no.mi.a *s.f.* **1** expressão facial; semblante **2** *fig.* aspecto próprio (de objeto, situação etc.) ~ **fisionômico** *adj.*

fi.si.o.quí.mi.ca *s.f.* → ***FÍSICO-QUÍMICA***

fi.sio.te.ra.peu.ta *s.2g.* MED profissional que se dedica ao estudo e à prática da fisioterapia

fi.si.o.te.ra.pi.a *s.f.* MED especialidade paramédica que emprega agentes físicos (água, calor etc.), massagens e exercícios no tratamento de doenças ~ **fisioterápico** *adj.*

fis.são [pl.: *-ões*] *s.f.* ato de fender ou o seu efeito; cisão, separação ▣ **f. nuclear** FÍS reação em que o núcleo de um átomo se divide e que resulta em forte liberação de energia; cisão nuclear

fis.su.ra *s.f.* **1** pequena abertura longitudinal em um corpo; fenda, rachadura **2** *infrm.* forte anseio ou apego; paixão ~ **fissuração** *s.f.* - **fissurar** *v.t.d.*

fís.tu.la *s.f.* MED canal anormal entre partes internas do corpo ou entre seu interior e a pele

[1]**fi.ta** *s.f.* **1** tira estreita de tecido, us. para enfeitar ou amarrar **2** tira fina e estreita de materiais e aplicações diversos **3** filme cinematográfico [ORIGEM: duv., talvez do lat. *vitta,ae* 'faixa, fita'] ▣ **f. magnética** tira magnetizada, longa, estreita e flexível, us. para gravar sons e/ou imagens

[2]**fi.ta** *s.f.* ação que visa enganar ou impressionar; fingimento [ORIGEM: do lat. *ficta* 'fingimento']

fi.tar *v.* {mod. 1} *t.d. e t.d.i.* **1** (prep. *em*) fixar (os olhos) em; olhar □ *pron.* **2** olhar-se mutuamente *<os noivos fitavam-se enlevados>* □ *t.d.* **3** manter (as orelhas) erguidas e imóveis

fi.ti.lho *s.m.* fita muito fina us. em adornos

fitness [ing.] *s.m.2n.* boa condição física ⇒ pronuncia-se fitnes

¹fi.to *adj.* que se fitou; fixo, cravado [ORIGEM: do lat. *fictus* 'id.']

²fi.to *s.m.* **1** ponto de mira para tiro, flechada; alvo **2** *fig.* objetivo, propósito [ORIGEM: regr. de *fitar*]

fi.to.gê.ne.se *s.f.* BOT origem, evolução e desenvolvimento das plantas

fi.to.ge.o.gra.fi.a *s.f.* BOT estudo da distribuição geográfica das plantas

fi.to.lo.gi.a *s.f.* BOT botânica ~ **fitólogo** *s.m.*

fi.to.plânc.ton [pl.: *fitoplânctones, (B) fitoplânctons*] *s.m.* plâncton vegetal

fi.to.te.ra.pi.a *s.f.* MED tratamento ou prevenção de doenças por meio do uso de plantas ~ **fitoterápico** *adj.*

fi.ú.za *s.f.* segurança quanto à veracidade de algo; confiança

fi.ve.la *s.f.* **1** peça ger. metálica que ata cintos, correias etc. **2** *B* prendedor de cabelos

fi.xa.ção /cs/ [pl.: *-ões*] *s.f.* **1** ação de prender ou colar **2** firmeza, estabilidade **3** determinação, indicação precisa **4** *fig.* grande interesse; atração

fi.xar /cs/ *v.* {mod. 1} *t.d. e t.d.i.* **1** (prep. *em*) deixar preso, colado a; pregar **2** *p.ext.* (prep. *em*) reter na memória; guardar **3** (prep. *a*) determinar (norma, data, prazo etc.) □ *t.d.,t.d.i. e pron.* **4** tornar(-se) firme, estável; firmar(-se) **5** (prep. *em*) deter(-se) [o olhar] com insistência em; fitar **6** estabelecer residência (para); assentar(-se) □ *pron. fig.* **7** (prep. *em*) apegar-se com obstinação a (ideia, sentimento etc.) <*f.-se numa ideia*> ◉ GRAM/USO part.: *fixado, fixo* ~ **fixador** *adj.s.m.* - **fixidade** *s.f.* - **fixidez** *s.f.*

fi.xo /cs/ *adj.* **1** colocado ou atado com firmeza **2** que permanece sempre no mesmo lugar; imóvel **3** *fig.* estável, seguro

Fl QUÍM símbolo de *fleróvio*

flá.ci.do *adj.* **1** sem firmeza; mole **2** *fig.* que demonstra suavidade, doçura; lânguido ~ **flacidez** *s.f.*

fla.ge.lar *v.* {mod. 1} *t.d. e pron.* **1** bater(-se) com flagelo; açoitar(-se) **2** *fig.* submeter(-se) a punição moral ou física; castigar(-se)

fla.ge.lo *s.m.* **1** instrumento com uma ou várias tiras de couro presas a um cabo, us. para espancar; açoite, chicote **2** *p.ext.* punição física; castigo, tortura **3** *p.ext.* grande desgraça pessoal ou coletiva; calamidade **4** BIO filamento longo, importante para a locomoção de diversas células ~ **flagelação** *s.f.*

fla.gra *s.m. B infrm.* flagrante

fla.gran.te *adj.2g.* **1** visto ou registrado no momento em que foi realizado **2** que não pode ser contestado; evidente ■ *s.m.* **3** ação registrada no momento da ocorrência **4** comprovação ou documentação desta ação ~ **flagrar** *v.t.d. e int.*

fla.grar *v.* {mod. 1} realizar o flagrante de

fla.ma *s.f.* **1** labareda, chama **2** *p.ext.* calor forte; ardor ◉ GRAM/USO dim.irreg. *flâmula*

fla.mar *v.* {mod. 1} *t.d.* esterilizar (utensílios, instrumentos) com chamas, ger. produzidas pela queima do álcool; flambar

flam.bar *v.* {mod. 1} *t.d.* **1** flamar **2** CUL borrifar com bebida alcoólica (certas comidas) e atear-lhe fogo ~ **flambagem** *s.f.*

flam.bo.ai.ã ou **flam.bu.ai.ã** *s.m.* BOT árvore com até 15 m, com flores vermelhas ou alaranjadas, cultivada como ornamental, esp. em espaços públicos

fla.me.jar *v.* {mod. 1} *int.* **1** lançar chamas; arder **2** brilhar intensa e rapidamente; cintilar **3** *fig.* lançar como se fosse chama <*seu olhar flamejava ódio*> ◉ GRAM/USO só us. nas 3ªˢ p., exceto quando fig. ~ **flamejante** *adj.2g.*

fla.men.go *adj.* **1** de Flandres, região que inclui parte da França, da Holanda e da Bélgica ■ *s.m.* **2** natural ou habitante dessa região **3** língua dessa região

fla.min.go *s.m.* ZOO ave de plumagem rosa-clara semelhante à garça

flâ.mu.la *s.f.* **1** pequena chama **2** bandeirola estreita e pontuda, us. esp. em embarcações, como sinalização ou adorno; galhardete **3** *p.ext.* bandeira ◉ GRAM/USO dim.irreg. de *flama*

fla.nar *v.* {mod. 1} *int.* andar à toa, sem rumo; vagar

flan.co *s.m.* **1** parte lateral, lado **2** ANAT cada lado do corpo do ombro ao quadril

flan.dres *s.m.2n.* folha de flandres

fla.ne.la *s.f.* tecido felpudo leve, de lã ou algodão

fla.ne.li.nha *s.f.* **1** pequena flanela ■ *s.2g. RJ infrm.* **2** guardador de automóveis, ger. clandestino, encontrado esp. nas ruas das grandes cidades

flan.que.ar *v.* {mod. 5} *t.d.* **1** fortificar os lados de (torre, fortaleza etc.) **2** investir de flanco contra; atacar de lado **3** passar, andar ou estar ao lado de; ladear

fla.pe *s.m.* AER parte móvel da asa do avião

flash [ing.; pl.: *flashes*] *s.m.* **1** FOT clarão instantâneo produzido para fotografar onde há pouca luz **2** FOT aparelho que produz esse clarão **3** *p.ext.* CINE TV imagem ou cena muito breve **4** TV notícia curta, ger. urgente ⇒ pronuncia-se fléch

flashback [ing.; pl.: *flashbacks*] *s.m.* **1** CINE LIT TEAT intercalação, numa narrativa, de um evento anterior à sequência cronológica dos fatos apresentados **2** esse evento **3** lembrança, memória ⇒ pronuncia-se fléchbec

fla.to *s.m.* **1** flatulência **2** *fig.* desejo forte; anseio **3** *fig.* chilique, faniquito

fla.tu.lên.cia *s.f.* **1** emissão de gases pelo ânus; flato, peido, pum **2** *fig.* falta de modéstia; vaidade ~ **flatulento** *adj.*

flau.ta *s.f.* MÚS instrumento de sopro feito de um tubo oco com furos

flau.te.ar *v.* {mod. 5} *int.* **1** tocar flauta **2** *B* viver sem ocupação, ficar à toa; vadiar □ *t.i. B infrm.* **3** (prep. *de*) caçoar, zombar □ *t.d. B infrm.* **4** enganar, iludir

flau.tim [pl.: *-ins*] *s.m.* MÚS pequena flauta de som agudo

flau.tis.ta *adj.2g.s.2g.* MÚS que(m) toca flauta

fla.vo.noi.de /ói/ *s.m.* QUÍM cada uma das substâncias encontradas em certas plantas cítricas, us. como tônico circulatório

flé.bil [pl.: *-eis*] *adj.2g.* **1** choroso, lacrimoso **2** sem força ou vigor; frágil

fle.bi.te *s.f.* MED inflamação da parede de uma veia

fle.cha *s.f.* **1** haste de ponta afiada que se arremessa de um arco ou de uma besta; seta **2** qualquer objeto que tenha essa forma; seta ~ **flechada** *s.f.* - **flecheiro** *s.m.*

fle.char *v.* {mod. 1} *t.d.* **1** acertar com a flecha **2** *fig.* magoar ou satirizar com palavras duras, cruéis □ *t.d. e t.i.* **3** *B* (prep. *sobre*) ir rapidamente em direção a; correr *<o pássaro flechou os ares> <f. sobre o inimigo>*

flec.tir *v.* {mod. 28} → ***FLETIR***

flei.mão [pl.: *-ões*] ou **fleg.mão** [pl.: *-ões*] *s.m.* MED inflamação de tecidos, com formação de úlcera ou tumor

fle.ró.vio *s.m.* QUÍM elemento químico sintético [símb.: *Fl*] ☞ cf. *tabela periódica* (no fim do dicionário)

fler.te /ê/ *s.m.* namoro inconsequente; namorico ~ **flertar** *v.t.i. e int.*

fle.tir ou **flec.tir** *v.* {mod. 28} *t.d.* dispor em curva, flexão; dobrar, curvar, flexionar

fleu.ma ou **fleug.ma** *s.f.* controle emocional; frieza ~ **fleumático** *adj.*

fle.xão /cs/ [pl.: *-ões*] *s.f.* **1** ação de dobrar(-se) **2** ANAT movimento que consiste em dobrar uma parte de um membro sobre outra **3** GRAM variação morfológica de uma palavra para designar caso, número, pessoa etc. ~ **flexivo** *adj.*

fle.xi.bi.li.zar /cs/ *v.* {mod. 1} *t.d. e pron.* tornar(-se) flexível, menos rígido ~ **flexibilização** *s.f.*

fle.xio.nar /cs/ *v.* {mod. 1} *t.d. e pron.* **1** (fazer) ficar dobrado, curvado; flectir(-se) *<flexionou-se para amarrar os sapatos>* **2** GRAM (fazer) assumir flexão ('variação') *<f. um verbo> <em português, os adjetivos se flexionam>*

fle.xí.vel /cs/ [pl.: *-eis*] *adj.2g.* **1** fácil de dobrar ou curvar; maleável **2** *fig.* que se acomoda facilmente às circunstâncias; dócil, tolerante, maleável ~ **flexibilidade** *s.f.*

fli.pe.ra.ma *s.m.* **1** jogo eletrônico em máquina acionada por ficha **2** *p.ext.* casa comercial que oferece jogos desse tipo

flo.co *s.m.* **1** partícula de neve **2** tufo de lã ou pelo **3** partícula de cereais, chocolate etc. ◉ GRAM/USO dim.irreg.: *flóculo*

flor /ô/ [pl.: *-es*] *s.f.* **1** BOT órgão das plantas responsável pela reprodução, ger. colorido e perfumado **2** *fig.* a melhor parte *<a fina f. do samba>* ▣ **à f. de** à superfície de

flo.ra *s.f.* BOT **1** a vida vegetal **2** vegetação própria de uma região ou época ~ **florístico** *adj.*

flo.ra.ção [pl.: *-ões*] *s.f.* BOT período que vai desde a abertura do botão até a flor morrer; florescência

flo.ral [pl.: *-ais*] *adj.2g.* **1** relativo a flor **2** composto só de flores ■ *s.m.* **3** substância extraída de flores us. como tratamento alternativo na harmonização de problemas emocionais ◉ GRAM/USO como s.m., mais us. no pl.

flo.rão [pl.: *-ões*] *s.m.* **1** ornato que imita ou reproduz flores **1.1** ornato floral circular em tetos, abóbadas etc. **2** *fig.* bem ou qualidade de grande valor; preciosidade *<Brasil, f. da América>*

flor de lis [pl.: *flores de lis*] *s.f.* emblema da realeza francesa, us. em brasões ☞ cf. *flor-de-lis*

flor-de-lis [pl.: *flores-de-lis*] *s.f.* BOT planta e sua flor vermelha, cultivada como ornamental ☞ cf. *flor de lis*

flo.re.ar *v.* {mod. 5} *t.d. e int.* **1** (fazer) brotar flores (em); florescer *<o campo floreou da noite para o dia>* □ *t.d.* **2** enfeitar com flores **3** *fig.* enfeitar, embelezar *<f. o discurso>* **4** *fig.* narrar com exagero ou com mentiras; fantasiar *<f. uma história>* **5** manejar bem (arma branca) ~ **floreio** *s.m.*

flo.rei.ra *s.f.* **1** vaso, jarra ou outro receptáculo para flores **2** vendedora de flores; florista

flo.ren.ti.no *adj.* **1** de Florença (Itália) ■ *s.m.* **2** natural ou habitante dessa cidade

flo.res.cên.ci.a *s.f.* BOT **1** abertura dos botões das flores **2** floração

flo.res.cer *v.* {mod. 8} *t.d. e int.* **1** cobrir(-se) de flores *<o sol chegara, florescendo a natureza> <os pessegueiros floresceram>* □ *int. fig.* **2** tornar-se próspero; desenvolver-se ~ **florescente** *adj.* - **florescimento** *s.m.*

flo.res.ta *s.f.* aglomeração densa e extensa de árvores ~ **florestal** *adj.2g.* - **florestamento** *s.m.*

flo.re.te /ê/ *s.m.* arma branca de lâmina comprida e flexível, us. em esgrima ~ **floretear** *v.t.d. e int.*

flo.ri.a.no.po.li.ta.no *adj.* **1** de Florianópolis (SC) ■ *s.m.* **2** natural ou habitante dessa capital

flo.ri.cul.tu.ra *s.f.* **1** cultivo de flores **2** loja que vende flores ~ **floricultor** *adj.s.m.*

flo.rí.fe.ro *adj.* que produz flores

flo.rir *v.* {mod. 24} *int.* **1** cobrir de flores; florescer **2** brilhar, despontar *<um sorriso floriu em seus lábios>* □ *t.d.* **3** enfeitar com flores; florear **4** *fig.* adornar, enfeitar *<um colar floria o seu pescoço>* □ *t.i.* **5** (prep. *de*) nascer, brotar *<tais ideias só podiam f. dele>* ◉ GRAM/USO verbo defectivo ~ **florido** *adj.*

flo.ris.ta *s.2g.* quem produz ou vende flores

flu.en.te *adj.2g.* **1** que corre ou flui bem **2** *fig.* fácil, espontâneo ~ **fluência** *s.f.*

flu.i.dez /ê/ [pl.: *-es*] *s.f.* **1** propriedade do que flui **2** *fig.* característica do que é natural, espontâneo

flui.do *adj.s.m.* **1** (substância) capaz de fluir ou se expandir como líquido ou gás ■ *adj.* **2** *fig.* fluente ('fácil') ~ **fluídico** *adj.* - **fluidificar** *v.t.d. e pron.*

flu.ir *v.* {mod. 26} *t.i. e int.* **1** (prep. *de, para, por*) correr com abundância ou em fio (líquido) *<a água flui da fonte> <o rio fluía devagar>* □ *int.* **2** passar, decorrer (o tempo) **3** estar sem engarrafamentos, retenções (o trânsito) **4** *fig.* ter bom andamento, correr bem *<assim o trabalho vai f.>* □ *t.i. fig.* **5** (prep. *de*) ter origem; derivar *<que resultados fluirão disso?>* ~ **fluição** *s.f.*

flu.mi.nen.se *s.2g.* **1** natural ou habitante do Rio de Janeiro ■ *adj.2g.* **2** relativo a esse estado ☞ cf. *carioca* **3** relativo a rio; fluvial

flú.or *s.m.* QUÍM elemento químico que comumente se acrescenta à água e a produtos dentifrícios para prevenir a cárie dentária [símb.: *F*] ☞ cf. *tabela periódica* (no fim do dicionário) ~ **fluoração** *s.f.* - **fluorar** *v.t.d.*

flu.o.res.cên.cia *s.f.* FÍS luminescência que cessa quase imediatamente depois de removida a fonte de radiação ~ **fluorescente** *adj.2g.* - **fluorescer** *v.int.*

flu.tu.a.ção [pl.: *-ões*] *s.f.* **1** permanência na superfície líquida **2** movimento do que flutua

flu.tu.a.dor /ô/ [pl.: *-es*] *adj.s.m.* **1** (o) que flutua ■ *s.m.* **2** flutuante

flu.tu.an.te *adj.2g.* **1** que flutua **2** *fig.* indeciso, inconstante ■ *s.m.* **3** plataforma que boia entre a embarcação e o cais, para facilitar o movimento de passageiros; flutuador

flu.tu.ar *v.* {mod. 1} *int.* **1** manter-se à superfície de um líquido; boiar **2** estar em suspensão no ar; pairar *<a pipa flutua ao vento>* **3** agitar-se ao vento; tremer *<a bandeira flutuava no mastro>* **4** variar (moeda) em sua cotação

flu.vi.al [pl.: *-ais*] *adj.2g.* **1** relativo a ou próprio de rio **2** que vive nos rios

flu.xo /cs/ *s.m.* **1** movimento contínuo de algo que segue um curso **2** *fig.* sucessão dos acontecimentos

Fm QUÍM símbolo de *férmio*

FM ELETRÔN símbolo de *frequência modulada*

FMI *s.m.* sigla de *Fundo Monetário Internacional*

fo.bi.a *s.f.* aversão ou medo doentio ~ **fóbico** *adj.s.m.*

[1]**fo.ca** *s.f.* ZOO mamífero aquático, carnívoro, habitante dos mares frios, com nadadeiras, orelhas externas ausentes, cauda curta e uma grossa camada de gordura sob a pele [ORIGEM: do lat. *phōca,ae* 'id.']

[2]**fo.ca** *s.2g.* *B infrm.* jornalista pouco experiente [ORIGEM: duv., talvez ligado a [1]*foca*]

fo.ca.li.zar *v.* {mod. 1} *t.d.* **1** pôr em foco; focar *<f. um objeto antes de fotografá-lo>* **2** *fig.* dar destaque a; salientar, evidenciar *<o livro focaliza a vida das baleias>* ~ **focalização** *s.f.*

fo.car *v.* {mod. 1} *t.d.* focalizar ~ **focagem** *s.f.*

fo.ci.nhei.ra *s.f.* **1** correia que se coloca em torno da cabeça e do focinho do animal **2** focinho

fo.ci.nho *s.m.* **1** em certos animais, a parte anterior da cabeça, formada pelas ventas e mandíbulas; fuça **2** *infrm.* a cara, o rosto humano

fo.co *s.m.* **1** FÍS qualquer ponto para o qual converge, ou do qual diverge, um feixe de ondas eletromagnéticas ou sonoras **2** FÍS o ponto para o qual converge, ou do qual diverge, um feixe de raios luminosos paralelos, após atravessar uma lente **3** *fig.* ponto para o qual converge alguma coisa *<ser o f. das atenções>* **4** *fig.* ponto central de onde provém alguma coisa; centro *<o f. da revolta>* **5** FOT CINE ponto em que a imagem está mais precisa **6** MED ponto principal onde se localiza uma doença e de onde esta se propaga ~ **focal** *adj.2g.s.m.*

fo.da *s.f. gros.* ato sexual; cópula

fo.fo /ô/ *adj.* **1** que cede à pressão; macio **2** *B infrm.* que encanta pelo aspecto bonito e gracioso ~ **fofura** *s.f.*

fo.fo.ca *s.f.* *B infrm.* **1** comentário maldoso sobre a vida alheia; mexerico **2** afirmação sem bases concretas; especulação ◉ COL fofocada, fofocagem ~ **fofocar** *v.t.i. e int.*

fo.fo.quei.ro *adj.s.m.* *B infrm.* que(m) faz fofoca; mexeriqueiro

fo.ga.cho *s.m.* **1** pequena labareda **2** *fig.* sensação de quentura na face, por forte emoção ou mal físico

fo.gão [pl.: *-ões*] *s.m.* aparelho us. para cozinhar ou esquentar alimentos ao fogo

fo.ga.rei.ro *s.m.* pequeno fogão portátil de uma ou duas bocas

fo.ga.réu *s.m.* material inflamável que se acende para iluminar um lugar ou caminho; archote, tocha

fo.go /ô/ [pl.: */ó/*] *s.m.* **1** combustão com emissão de calor e luz; chama **1.1** incêndio **2** *fig.* ardor; entusiasmo **3** tiro de arma de fogo *<estar sob f. intenso>* **4** *B infrm.* bebedeira, pileque ▼ ***fogos*** *s.m.pl.* **5** explosivos de uso ger. comemorativo ▣ **f. de artifício** explosivo de efeito ornamental us. em festas

fo.go-a.pa.gou *s.f.2n.* ZOO rolinha com asas e dorso levemente avermelhados e laterais da cauda brancas, cujo canto lembra seu nome

fo.go-fá.tuo [pl.: *fogos-fátuos*] *s.m.* **1** luz visível à noite, devida à combustão de gases provenientes da decomposição de matérias orgânicas; boitatá **2** *fig.* glória passageira

fo.go-sel.va.gem [pl.: *fogos-selvagens*] *s.m.* MED doença que provoca bolhas na pele que doem ao se romper

fo.go.so /ô/ [pl.: */ó/*; fem.: */ó/*] *adj.* **1** que tem fogo; ardente **2** *fig.* cheio de ardor; arrebatado **3** *fig.* irrequieto *<cavalo f.>* ~ **fogosidade** *s.f.*

fo.guei.ra *s.f.* **1** pilha de lenha ou outro material em que se ateia fogo **2** fogo, lume **3** *fig. infrm.* situação difícil ou embaraçosa

fo.gue.te /ê/ *s.m.* **1** cartucho com pólvora que estoura no ar; rojão **2** elemento propulsor us. em projéteis, mísseis, espaçonaves etc. **3** veículo espacial impelido por esse propulsor **4** *B* pessoa ativa, agitada

fo.gue.tei.ro *s.m.* **1** fabricante de fogos e rojões **2** *fig.* contador de vantagem

fo.gue.tó.rio *s.m.* detonação de muitos fogos ou rojões

fo.guis.ta *s.2g.* encarregado da fornalha em máquinas a vapor

foi.ce *s.f.* ferramenta com uma lâmina curva presa a um cabo, us. para ceifar ~ **foiçar** *v.t.d.*

fol.clo.re *s.m.* conjunto de tradições, artes, conhecimentos e crenças populares de um povo ou grupo, transmitidos oralmente; cultura popular ~ **folclórico** *adj.*

fol.clo.ris.mo *s.m.* **1** ciência ou estudo do folclore **2** *pej.* informação mentirosa ou sem embasamento científico

fol.clo.ris.ta *s.2g.* especialista em folclore

fôl.der [pl.: *fôlderes*] *s.m.* pequeno impresso constituído de uma só folha de papel com uma ou mais dobras; folheto

fo.le *s.m.* **1** artefato que produz vento ao ser contraído e expandido **2** MÚS tipo de acordeão

fô.le.go *s.m.* **1** movimento de aspirar e expelir o ar pelas vias respiratórias; respiração **2** capacidade de reter ar nos pulmões *<ter muito f.>* **3** *fig.* ânimo, disposição

fol.ga *s.f.* **1** espaço de tempo durante o qual se interrompe uma atividade ou trabalho; pausa **2** tempo destinado ao repouso e ao lazer **3** *fig. B* falta de ocupação; ócio **4** sobra de pano **5** *B infrm.* atrevimento, insolência, abuso

fol.ga.do *adj.* **1** livre de tarefas, de deveres; descansado **2** que não requer muito esforço; fácil **3** que não está ajustado; largo ■ *s.m. B infrm.* **4** que(m) é muito confiado; atrevido, metido **5** que(m) foge do trabalho, das obrigações ou dos deveres

fol.gan.ça *s.f.* **1** descanso, folga **2** brincadeira, divertimento **3** *p.ext.* festa, folguedo

fol.gar *v.* {mod. 1} *t.d.,t.d.i. e int.* **1** (prep. *de*) ter folga ou dar folga a; descansar *<f. o corpo cansado>* *<folgou o filho das tarefas domésticas>* *<f. aos domingos>* □ *t.d.* **2** tornar menos apertado; afrouxar *<f. o cinto>* **3** tornar menos árduo; facilitar *<o uso de computadores folgou o trabalho na firma>* □ *t.i. e int. B infrm.* **4** (prep. *com*) portar-se de modo insolente, desrespeitoso *<não folgue (comigo), não!>*

fol.ga.zão [pl.: *-ãos, -ões*; fem.: *folgazã, folgazona*] *adj.s.m.* que(m) tem bom gênio, gosta de se divertir; brincalhão

fol.gue.do /ê/ *s.m.* **1** brincadeira, divertimento **2** festa ou dança popular de cunho folclórico ou religioso

fo.lha /ô/ *s.f.* **1** BOT cada uma das partes ger. planas e de cor verde de uma planta ou árvore, que nascem presas aos galhos ou ramos **2** papel retangular de determinado tamanho **3** *p.ext.* cada um dos elementos que compõem um livro, bloco, caderno, jornal etc. **4** enumeração dos funcionários de uma instituição e de seus respectivos vencimentos **5** peça plana e fina; chapa, lâmina ▣ **f. corrida** certidão que atesta a ausência de antecedentes criminais • **novo em f. 1** que ainda não foi usado **2** em perfeito estado, como se fosse novo

fo.lha de flan.dres [pl.: *folhas de flandres*] *s.f.* chapa de ferro fina, coberta por uma camada de estanho; lata

fo.lha.do *adj.* **1** que tem muitas folhas **2** com a forma de folha ■ *adj.s.m.* CUL **3** (doce ou salgado) formado por várias camadas finas de massa de farinha de trigo; folheado

fo.lha.gem [pl.: *-ens*] *s.f.* **1** conjunto das folhas de uma planta ou dos ramos de uma árvore **2** enfeite com tema de folhas

fo.lhar *v.* {mod. 1} *t.d. e int.* **1** encher(-se) de folhas **2** CUL deixar ou ficar folhado (doce, salgado) □ *t.d.* **3** folhear ('revestir') **4** enfeitar com folhas

fo.lhe.a.do *adj.* **1** que se folheou ■ *adj.s.m.* CUL **2** folhado

fo.lhe.ar *v.* {mod. 5} *t.d.* **1** revestir com lâminas de madeira, metal, fórmica etc.; folhar **2** passar rapidamente as folhas de (revistas, livros, jornais etc.) **3** ler rapidamente, sem muita atenção **4** passar por um banho de metal (joia, ornamento etc.) *<f. um colar a ouro>* ~ **folheada** *s.f.*

fo.lhe.tim [pl.: *-ins*] *s.m.* **1** LIT texto literário, ger. impresso na parte inferior da página de um jornal **2** LIT novela ou romance publicado em fragmentos ou capítulos **3** *pej.* obra literária considerada de pouco valor ~ **folhetinesco** *adj.* - **folhetinista** *adj.2g.s.2g.*

fo.lhe.to /ê/ *s.m.* **1** obra impressa de poucas páginas **2** fôlder **3** prospecto

fo.lhi.nha *s.f.* calendário impresso numa única folha ou em folhas destacáveis

fo.lho.so /ô/ [pl.: /ó/; fem.: /ó/] *adj.* **1** cheio de folhas; frondoso ■ *s.m.* ZOO **2** omaso

fo.li.a *s.f.* brincadeira; farra

fo.li.á.ceo *adj.* **1** relativo ou semelhante a folha **2** feito de folhas

fo.li.a de reis [pl.: *folias de reis*] *s.f.* FOLC **1** grupo festeiro que passa de casa em casa nas vésperas do dia de Reis, cantando e dançando, recolhendo dinheiro para a festa dos Reis Magos **2** essa festa

fo.li.ão [pl.: *-ões*; fem.: *foliona*] *adj.s.m.* **1** que(m) brinca carnaval **2** *p.ext.* que(m) gosta de festas

fo.lí.cu.lo *s.m.* ANAT nome dado a cavidades em forma de saco

follow-up [ing.; pl.: *follow-ups*] *s.m.* **1** acompanhamento de um processo após a execução da etapa inicial **2** COMN fase seguinte à do lançamento de um projeto, em que resultados são monitorados ⇒ pronuncia-se fólou ap

fo.me *s.f.* **1** sensação causada pela necessidade de comer **2** carência alimentar; subalimentação **3** *p.ext.* escassez, falta de alimentos; miséria **4** *fig.* desejo intenso de ter algo; avidez, sede

fo.men.tar *v.* {mod. 1} *t.d.* **1** proporcionar o desenvolvimento, o progresso de; estimular **2** *fig.* provocar, instigar (reação, sentimentos) **3** friccionar (a pele) com líquido aquecido para fins curativos ~ **fomentação** *s.f.* - **fomentador** *adj.s.m.*

fo.men.to *s.m.* **1** ação ou efeito de promover o desenvolvimento; estímulo **2** fricção de remédio sobre a pele **3** remédio us. para tal fim

fo.na.ção [pl.: *-ões*] *s.f.* **1** ato ou processo pelo qual o aparelho fonador produz a voz **2** FON LING ato de emitir linguagem articulada; fala

fo.na.do *adj.* feito por telefone *<telegrama f.>*

fo.na.dor /ô/ [pl.: *-es*] *adj.* que produz voz; que produz os sons da fala

fo.ne *s.m.* peça do telefone que se leva ao ouvido e que contém tb. o microfone ▣ **f. de ouvido** ELETRÔN par de alto-falantes que se põe nos ouvidos para ouvir som, música

fo.ne.ma *s.m.* FON menor unidade sonora de uma língua com valor distintivo ~ **fonêmico** *adj.*

fo.né.ti.ca *s.f.* LING estudo dos sons da fala de uma língua ~ **foneticista** *s.2g.*

fo.né.ti.co *adj.* **1** referente à fonética ou aos sons da fala de uma língua **2** que representa os fonemas ou sílabas de uma língua (diz-se de alfabeto ou sistema de escrita)

fo.ni.a.tri.a *s.f.* MED estudo e tratamento dos distúrbios da fala e das anomalias do aparelho fonador ~ **foniatra** *s.2g.*

fo.no.au.dio.lo.gi.a *s.f.* especialidade que visa ao estudo, à recuperação e à prevenção de distúrbios da linguagem ~ **fonoaudiólogo** *s.m.*

fo.no.gra.fi.a *s.f.* FÍS **1** representação gráfica das vibrações sonoras **2** gravação ou reprodução de sons ~ **fonográfico** *adj.*

fo.nó.gra.fo *s.m.* aparelho que reproduz sons pela vibração de uma agulha sobre os sulcos de um disco

fo.no.gra.ma *s.m.* **1** representação gráfica de um som **2** telegrama transmitido por via telefônica

fo.no.lo.gi.a *s.f.* LING estudo dos fonemas de uma língua ~ **fonológico** *adj.* - **fonologista** *adj.2g.s.2g.* - **fonólogo** *s.m.*

fo.no.te.ca *s.f.* **1** coleção de documentos sonoros (discos, fitas etc.) **2** local onde se conserva essa coleção

fon.ta.ne.la *s.f.* ANAT espaço membranoso ainda não calcificado entre os ossos do crânio dos bebês; moleira

[1]**fon.te** *s.f.* **1** nascente de água; mina **2** *p.ext.* bica; chafariz **3** *fig.* procedência, origem **4** *fig.* motivo, razão **5** ANAT parte lateral da cabeça entre os olhos e as orelhas; têmpora **6** texto ou documento original **7** FÍS sistema, substância ou aparelho que fornece calor, luz ou energia [ORIGEM: do lat. *fōns,fontis* 'fonte, nascente, manancial de água'] ▣ **f. de alimentação** ELETR qualquer circuito capaz de produzir energia elétrica

[2]**fon.te** *s.f.* GRÁF conjunto de caracteres tipográficos composto de sinais do mesmo tamanho e estilo [ORIGEM: do ing. *font* 'id.']

fo.ra *adv.* **1** na parte exterior de **2** em outro local que não o habitual **3** em outro país ■ *prep.* **4** com exceção de **5** além de ■ *interj.* **6** exclamação que exprime uma ordem para sair ou uma desaprovação ■ *s.m.* **7** *infrm.* gafe, inconveniência **8** demonstração de desconhecimento ▣ **dar o f.** *infrm.* sair; fugir • **dar um f. em** *infrm.* rejeitar • **jogar f.** jogar no lixo

fo.ra da lei *adj.2g.2n.s.2g.2n.* criminoso, malfeitor

fo.ra.gi.do *adj.s.m.* **1** que(m) escapou; fugitivo **2** que(m) vive escondido ou clandestino, por ser procurado pela justiça ou para escapar de perseguição ~ **foragir-se** *v.pron.*

fo.ras.tei.ro *adj.s.m.* (o) que é estranho à terra onde se encontra

for.ca /ô/ *s.f.* **1** instrumento de execução por estrangulamento que consiste em uma corda que se prende ao pescoço do condenado **2** *p.ext.* pena de morte por estrangulamento **3** local da execução; cadafalso

for.ça /ô/ *s.f.* **1** vigor físico **2** energia moral; firmeza **3** violência, coerção **4** o que se impõe; autoridade **5** energia elétrica **6** FÍS ação que modifica o estado de repouso ou movimento de um corpo **7** MIL conjunto de tropas, navios ou aeronaves ▣ **F. Aérea** MIL Aeronáutica • **f. de trabalho** população economicamente ativa • **forças armadas** o exército, a marinha e a aeronáutica de um país ☞ iniciais freq. maiúsc. • **à f.** com coerção ou violência • **por f. de** por motivo ou imposição de

for.ca.do *s.m.* garfo us. para lidar com capim, feno etc.

for.ça.do *adj.* **1** obrigado, pressionado **2** artificial, fingido *<sorriso f.>*

for.çar *v.* {mod. 1} *t.d.* **1** aplicar força a (algo) para movê-lo, girá-lo, abri-lo etc. **2** obter pela força *<f. passagem>* **3** estuprar, violentar **4** *fig.* impor esforço excessivo a; sobrecarregar *<f. a voz>* **5** *fig.* fazer de forma falsa; fingir *<f. um sorriso>* **6** *fig.* fazer o necessário para que (algo) ocorra; tramar *<f. um encontro>* ☐ *t.d.i. e pron.* **7** (prep. *a*) impor(-se) pela força ou por pressão moral; obrigar(-se) *<a intimação força-o a comparecer ao tribunal> <f.-se a estudar>*

for.ça-ta.re.fa [pl.: *forças-tarefa* e *forças-tarefas*] *s.f.* grupamento temporário chefiado por um único líder, visando atingir um objetivo definido

for.ce.jar *v.* {mod. 1} *t.i. e int.* **1** (prep. *por*) fazer força para; esforçar-se *<forcejava por achar uma saída> <cansado de f., desistiu>* **2** (prep. *contra*) lutar, resistir *<f. contra o vento> <ante a resistência, cansou de f.>*

fór.ceps *s.m.2n.* MED instrumento cirúrgico em forma de pinça us. para extrair a criança do útero, em partos difíceis

for.ço.so /ô/ [pl.: /ó/; fem.: /ó/] *adj.* que não se pode evitar; necessário

fo.rei.ro *adj.* que é sujeito a pagamento de foro ('imposto')

fo.ren.se *adj.2g.* **1** próprio do foro; que se usa no foro **2** relativo aos tribunais e à justiça; judicial, judiciário

for.ja *s.f.* **1** oficina onde se fundem e se modelam metais; fundição, ferraria **2** conjunto dos instrumentos de um ferreiro

for.ja.dor /ô/ [pl.: *-es*] *adj.s.m.* **1** (o) que forja; ferreiro **2** *fig.* mentiroso

for.jar *v.* {mod. 1} *t.d.* **1** trabalhar (metal) na forja **2** modelar, fabricar na forja **3** *fig.* inventar, criar *<f. uma nova palavra>* **4** *fig.* elaborar artificialmente, com mentiras; inventar *<f. um álibi>* **5** *fig.* formar, enrijecer (o caráter, o espírito etc.) ~ **forjadura** *s.f.* - **forjamento** *s.m.*

for.ma /ó/ *s.f.* **1** configuração física dos seres e das coisas; formato, feitio **2** estado físico de um corpo, de uma substância **3** ser ou objeto indefinido *<ver formas na escuridão>* **4** maneira, método **5** tipo, variedade **6** condição física **7** fila, alinhamento *<entrar em f.>*

for.ma /ô/ ou **fôr.ma** *s.f.* **1** modelo oco ou vazado us. para reproduzir uma forma /ó/; molde **2** vasilha us. para assar bolos, pudins etc. **3** molde us. na fabricação de calçados ◉ GRAM/USO o Acordo Ortográfico de 1990 passou a aceitar a dupla grafia, acentuada ou não

F

for.ma.ção [pl.: *-ões*] *s.f.* **1** criação, constituição **2** posicionamento, ordenamento **3** conjunto dos cursos concluídos e graus obtidos por uma pessoa **4** maneira como uma pessoa é criada, instruída; educação

for.mal [pl.: *-ais*] *adj.2g.* **1** relativo a forma /ó/ **2** que não deixa dúvidas; claro, preciso **3** solene; oficial **4** convencional; não espontâneo

for.ma.li.da.de *s.f.* **1** ato que se deve cumprir de determinada forma **2** norma de conduta; costume **3** ato que se deve cumprir, mas ao qual não se dá importância **3.1** comportamento formal; etiqueta, cerimônia

for.ma.lis.mo *s.m.* **1** qualidade ou característica do que é formal **2** obediência a regras, preceitos, métodos ~ **formalista** *adj.2g.s.2g.*

for.ma.li.zar *v.* {mod. 1} *t.d.* **1** criar normas, modelos, procedimentos padronizados **2** fazer de acordo com fórmulas, regras, convenções etc.; oficializar *<f. um contrato>* ~ **formalização** *s.f.*

for.man.do *adj.s.m.* que(m) está prestes a se formar em colégio, faculdade etc.

for.mão [pl.: *-ões*] *s.m.* ferramenta manual us. para talhar madeira, com uma extremidade embutida num cabo e a outra chata e cortante

for.mar *v.* {mod. 1} *t.d. e pron.* **1** dar forma a ou tomar forma (de) *<nuvens formam figuras>* *<bebês formam-se no ventre da mãe>* **2** (prep. *em*) dar ou receber educação formal e o respectivo diploma *<essa universidade forma bons engenheiros>* *<f.-se em medicina>* **3** criar(-se), constituir(-se), originar(-se) **4** produzir(-se), fazer(-se) *<o frio formou gelo no lago>* *<é comum o gelo f.-se no frio>* ☐ *t.d.* **5** desenvolver aos poucos; elaborar **6** fundar, instituir, organizar ☐ *t.d.,int. e pron.* **7** dispor(-se) em fila; alinhar(-se) ~ **formador** *adj.s.m.*

for.ma.ta.ção [pl.: *-ões*] *s.f.* **1** INF adaptação de um conjunto de dados a determinado padrão *<f. de arquivos>* **2** INF preparação de um meio magnético para recebimento de dados **3** *p.ext.* ato de dar determinada disposição a algo

for.ma.tar *v.* {mod. 1} *t.d.* INF **1** estabelecer a disposição geral dos dados em (*drive*, arquivo etc.) **2** preparar (disquetes, *CDs* etc.) para receber dados

for.ma.to *s.m.* **1** configuração física; forma **2** dimensões de um impresso (livro, jornal etc.) **3** INF padrão magnético criado por quem faz formatação (p.ex., de arquivo, impressora etc.)

for.ma.tu.ra *s.f.* **1** conclusão de um curso **2** festa ou cerimônia que marca essa conclusão

fór.mi.ca *s.f.* placa laminada de plástico fenólico us. para revestir paredes, móveis e afins ☞ marca registrada (Fórmica) que passou a designar o seu gênero

for.mi.ci.da *adj.2g.s.m.* *B* (preparado) que mata formigas

for.mi.dá.vel [pl.: *-eis*] *adj.2g.* **1** que desperta admiração; magnífico, admirável **2** que ultrapassa as dimensões normais; gigantesco, colossal **3** *B infrm.* muito bom, excelente

for.mi.ga *s.f.* **1** ZOO pequeno inseto que vive em sociedades organizadas, compostas por rainhas, machos e operárias **2** *fig.* pessoa econômica e/ou trabalhadora **3** *fig.* pessoa que gosta muito de doces ◉ COL colônia, formigueiro

for.mi.ga.men.to *s.m.* sensação de picadas numa região do corpo, ger. provocada por má circulação do sangue; formigueiro

for.mi.gar *v.* {mod. 1} *int.* **1** ter formigamento ('sensação') **2** trabalhar sem descanso ☐ *t.i. e int.* **3** (prep. *de*) ter ou existir em abundância; fervilhar *<as bananas formigavam de moscas>* *<do alto vê uma multidão f.>* ~ **formigação** *s.f.* - **formigante** *adj.2g.*

for.mi.guei.ro *s.m.* **1** habitação de formigas **2** grande quantidade de formigas **3** *fig.* formigamento

for.mol [pl.: *-óis*] *s.m.* QUÍM solução aquosa us. como desinfetante e antisséptico

for.mo.so /ô/ [pl.: /ó/; fem.: /ó/] *adj.* de forma ou aparência agradável; belo

for.mo.su.ra *s.f.* **1** qualidade ou característica do que é formoso; beleza **2** pessoa ou coisa bonita

fór.mu.la *s.f.* **1** expressão de uma regra, princípio ou preceito **2** descrição científica sob forma de símbolos e figuras **3** FARM QUÍM representação das proporções dos diversos componentes de uma substância ou mistura *<f. de um medicamento>* **4** palavra ou expressão consagrada pelo uso e imposta por regras de etiqueta, convenções etc. **5** *p.ext.* frase feita; lugar-comum **6** modo de proceder; método

for.mu.lar *v.* {mod. 1} *t.d.* **1** redigir como fórmula *<f. leis>* **2** expor com precisão *<f. um diagnóstico>* **3** receitar, prescrever (medicamento) ~ **formulação** *s.f.*

for.mu.lá.rio *s.m.* modelo impresso com lacunas a serem preenchidas pelo interessado, para fazer pedidos, prestar declarações etc.

for.na.da *s.f.* **1** quantidade de pães, telhas, tijolos etc. cozidos a cada vez num forno **2** *fig.* porção de coisas feitas de uma só vez ou de pessoas ligadas a determinadas ocorrências *<f. de alunos>*

for.na.lha *s.f.* **1** grande forno existente em forja ('oficina') **2** compartimento em que há brasa, lenha queimando ou outro combustível; forno *<a f. da locomotiva>* ~ **fornalheiro** *s.m.*

for.ne.cer *v.* {mod. 8} *t.d. e t.d.i.* **1** (prep. *a*) prover, abastecer *<f. mercadorias (às lojas)>* **2** (prep. *a*) pôr à disposição de; proporcionar *<f. informações (a turistas)>* ☐ *t.d.* **3** gerar, produzir **4** ser fonte ou matéria-prima para *<a cana fornece açúcar>* ~ **fornecedor** *adj.s.m.* - **fornecimento** *s.m.*

for.ni.car *v.* {mod. 1} *t.d.,t.i. e int.* (prep. *com*) ter relações sexuais (com); copular ~ **fornicação** *s.f.* - **fornicador** *adj.s.m.*

for.nir *v.* {mod. 24} *t.d.i.* **1** (prep. *de*) fazer suprimento de; abastecer *<f. a casa de víveres>* ☐ *t.d.* **2** tornar espesso, encorpado **3** tornar robusto, nutrido; fortalecer ◉ GRAM/USO verbo defectivo ~ **fornido** *adj.*

for.no /ô/ [pl.: /ó/] *s.m.* **1** compartimento aquecido internamente us. para cozer, assar, secar **2** fornalha ('compartimento') **3** parte do fogão onde se assam os alimentos ▣ **f. de micro-ondas** aquele que prepara alimentos com rapidez, usando a radiação de ondas eletromagnéticas; micro-ondas

fo.ro /ô *ou* ó/ *s.m.* **1** HIST praça pública nas antigas cidades romanas onde se realizavam as assembleias populares e os magistrados julgavam as causas; fórum **2** *p.ext.* lugar onde se discutem os assuntos públicos; tribuna, fórum **3** local onde se processa a justiça; tribunal, fórum **4** imposto sobre imóvel ▣ **f. íntimo** julgamento segundo a própria consciência

for.qui.lha *s.f.* **1** ramo de árvore ou arbusto bifurcado, com o formato aproximado da letra Y **2** *p.ext.* qualquer objeto com esse formato **3** forcado de três pontas para remexer palha ou mato

for.ra *s.f.* *B infrm.* represália, vingança ▣ **ir à f.** levar a efeito uma vingança; desforrar-se, vingar-se

for.ra.ção [pl.: *-ões*] *s.f.* **1** ato de cobrir com ²forro ou o seu efeito **2** tecido para forro de roupa, sofá etc.

for.ra.gem [pl.: *-ens*] *s.f.* toda planta ou parte de planta us. para alimentar o gado ~ **forrageiro** *adj.s.m.*

¹for.rar *v.* {mod. 1} *t.d. e t.d.i.* **1** (prep. *de*) tornar livre; libertar, alforriar *<f. um refém (de seus algozes)>* ☐ *t.d.* **2** juntar (recursos, esp. dinheiro); poupar **3** evitar, impedir *<f. injustiças>* ☐ *pron.* **4** (prep. *de*) tirar a forra; desforrar-se *<f.-se de prejuízos>* [ORIGEM: *¹forro* + *-ar*]

²for.rar *v.* {mod. 1} *t.d. e t.d.i.* **1** (prep. *com*) pôr forro no interior de (algo), para proteger ou aumentar a espessura *<forrou a saia (com cetim)>* **2** (prep. *com*) revestir a parte externa de *<forrou a cúpula (com um rico tecido)>* ☐ *pron.* **3** (prep. *de*) ficar coberto de; encher-se *<o lago forrou-se de vitórias-régias>* **4** *fig. infrm.* ganhar dinheiro [ORIGEM: duv., talvez do cat. ant. *folrar/forrar*] ~ **forrado** *adj.*

for.re.ta /ê/ *s.2g. infrm.* avarento, mesquinho

¹for.ro /ô/ *adj.* alforriado, liberto [ORIGEM: do ár. *hurr* 'id.']

²for.ro /ô/ *s.m.* **1** qualquer material que sirva para encher ou revestir a parte interna de algo **2** revestimento externo de estofados, poltronas, paredes etc. **3** revestimento interno de teto **4** vão entre o teto e o telhado de uma edificação [ORIGEM: duv., talvez regr. de *²forrar*]

for.ró *s.m.* **1** baile popular com música nordestina **2** esse gênero de música ~ **forrozeiro** *s.m.*

for.ro.bo.dó *s.m. infrm.* **1** baile popular **2** confusão, tumulto

for.ta.le.cer *v.* {mod. 8} *t.d. e pron.* **1** tornar(-se) [mais] forte; fortificar(-se) *<a ginástica fortalece os músculos>* *<o amor se fortalece com a ausência>* **2** tornar(-se) mais eficaz, poderoso *<f. a economia nacional>* *<o partido fortaleceu-se sob a nova presidência>* **3** prover(-se) com meios de defesa, armamentos etc. *<f. as fronteiras do país>* *<as tropas inimigas se fortaleceram>* ☐ *t.d.* **4** dar coragem a; animar *<o apoio dos amigos fortaleceu-a>* **5** dar mais peso, força a *<f. um argumento>* ~ **fortalecido** *adj.* - **fortalecimento** *s.m.*

for.ta.le.za /ê/ *s.f.* **1** qualidade ou característica de forte; força, vigor **2** *fig.* força moral; firmeza **3** lugar fortificado para defesa de uma cidade, uma região etc.; forte **4** *fig.* o que resiste a ações ou influências exteriores

for.ta.le.zen.se *adj.2g.* **1** de Fortaleza (CE) ■ *s.2g.* **2** natural ou habitante dessa capital

for.te *adj.2g.* **1** que tem força física ou resistência **2** que tem poder *<regime político f.>* **3** intenso *<dor f.>* *<sol f.>* **4** influente, eficaz *<uma f. candidatura>* **5** alto e claro (diz-se de som) **6** capaz, competente *<aluno f. em ciências>* **7** corpulento; gordo **8** que causa impacto por ser muito realista ou grosseiro, obsceno etc. *<cenas f.>* **9** de alto teor alcoólico (bebida) ■ *s.m.* **10** lugar fortificado; fortaleza **11** *fig.* aspecto ou ponto em que alguém ou algo sobressai ■ *s.2g.* **12** pessoa dotada de força física ou moral *<os f. sobreviverão>* ■ *adv.* **13** com força, fortemente *<ventar f.>*

for.ti.fi.ca.ção [pl.: *-ões*] *s.f.* **1** ato de fortificar(-se) **2** construção destinada a defender uma praça, cidade etc.; fortaleza

for.ti.fi.can.te *adj.2g.s.m.* **1** (o) que aumenta ou restitui as forças **2** (medicamento) que restaura as forças

for.ti.fi.car *v.* {mod. 1} *t.d. e pron.* **1** tornar(-se) [mais] forte; fortalecer(-se) *<o remédio fortificou seu organismo>* *<o partido fortificou-se depois das eleições>* **2** munir(-se) com meios de defesa *<f. um lugar estratégico>* *<muros foram erguidos, e a área fortificou-se>* ~ **fortificador** *adj.s.m.*

for.tim [pl.: *-ins*] *s.m.* pequena fortificação ('construção')

for.tui.to *adj.* que acontece por acaso; casual

for.tu.na *s.f.* **1** grande soma de dinheiro **2** boa sorte; êxito **3** destino

fó.rum [pl.: *-uns*] *s.m.* **1** edifício que abriga o Poder Judiciário, onde funcionam os magistrados ou os tribunais **2** reunião, congresso, conferência para debate de um tema **3** foro ('praça pública', 'tribuna', 'tribunal')

F

fos.co /ô/ *adj.* **1** que não tem brilho **2** que não é translúcido; opaco

fos.fa.to *s.m.* QUÍM sal do ácido fosfórico

fos.fo.res.cên.cia *s.f.* **1** propriedade que certos organismos vegetais ou animais têm de emitir luz na escuridão **2** brilho, esplendor ~ **fosforescente** *adj.2g.* - **fosforescer** *v.int.*

fos.fó.ri.co *adj.* **1** que contém fósforo ('elemento químico') **2** que brilha como o fósforo em chama

fós.fo.ro *s.m.* **1** QUÍM elemento químico us. na fabricação de fósforos de segurança, bombas incendiárias e na pirotecnia [símb.: *P*] ☞ cf. *tabela periódica* (no fim do dicionário) **2** palito cuja cabeça é revestida de material que se inflama por atrito ou fricção em superfície áspera

fos.sa *s.f.* **1** cavidade natural ou artificial no solo; buraco, cova **2** cavidade ou grande caixa subterrânea em que são despejados e acumulados dejetos **3** ANAT qualquer depressão ou canal do corpo humano ou dos animais *<f. nasais>* **4** *infrm.* estado de quem se encontra deprimido, triste

fós.sil [pl.: *-eis*] *s.m.* **1** vestígio petrificado de seres vivos que habitaram a Terra em tempos remotos ■ *adj.2g.* **2** pertencente a períodos geológicos anteriores ■ *adj.2g.s.m.* **3** *fig. pej.* (o) que é antiquado, superado

fos.si.li.zar *v.* {mod. 1} *t.d. e pron.* **1** tornar(-se) fóssil *<a resina fossilizou o inseto>* *<florestas inteiras fossilizaram-se>* **2** *fig. infrm.* tornar(-se) ultrapassado, antiquado *<f. certas rotinas>* *<a prática da sangria fossilizou-se>* □ *pron. fig.* **3** deixar de se desenvolver; estagnar ~ **fossilização** *s.f.*

fos.so /ô/ [pl.: /ó/] *s.m.* **1** cova, fossa **2** escavação em torno de uma fortificação us. para dificultar ataques inimigos **3** vala para canalizar água

fo.te.lé.tri.co *adj.* → ***FOTOELÉTRICO***

fo.to *s.f.* fotografia ('imagem')

fo.to.cé.lu.la *s.f.* ELETRÔN célula fotoelétrica

fo.to.com.po.si.ção [pl.: *-ões*] *s.f.* GRÁF **1** processo de composição que usa técnicas fotográficas ou eletrônicas **2** a composição assim obtida **3** trabalho em fotocompositora ~ **fotocompositor** *adj.s.m.*

fo.to.com.po.si.to.ra /ô/ *s.f.* GRÁF **1** equipamento de fotocomposição **2** oficina ou estúdio de fotocomposição

fo.to.có.pia *s.f.* GRÁF **1** processo de reprodução rápida de documentos por meio de fotografia **2** a cópia resultante desse processo ☞ cf. *xerox* ~ **fotocopiar** *v.t.d.* - **fotocopista** *adj.2g.s.2g.*

fo.to.co.pi.a.do.ra /ô/ *s.f.* GRÁF máquina que faz fotocópias

fo.to.e.lé.tri.co ou **fo.te.lé.tri.co** *adj.* que transforma energia luminosa em elétrica *<célula f.>*

fo.to.fo.bi.a *s.f.* MED aversão à luz causada por certas doenças oculares ou neurológicas ~ **fotofóbico** *adj.* - **fotófobo** *adj.s.m.*

fo.to.gê.ni.co *adj.* que aparece bem em fotografia, filme etc. ~ **fotogenia** *s.f.*

fo.to.gra.far *v.* {mod. 1} *t.d.* **1** reproduzir por fotografia (pessoa, objeto, paisagem etc.) □ *int.* **2** sair (bem ou mal) em uma fotografia

fo.to.gra.fi.a *s.f.* **1** processo de obter imagens sobre superfícies sensíveis à ação da luz **2** imagem obtida por esse processo; retrato, foto ~ **fotográfico** *adj.*

fo.tó.gra.fo *s.m.* pessoa que se dedica à fotografia como amador ou como profissão

fo.to.gra.ma *s.m.* **1** CINE cada impressão fotográfica ou quadro de um filme cinematográfico **2** FOT cada imagem de um filme (negativo ou *slide*)

fo.to.li.to *s.m.* GRÁF **1** pedra ou placa de metal com imagem fotográfica para impressão **2** filme para reprodução de texto ou de ilustração us. na gravação de chapa para impressão ~ **fotolitar** *v.t.d.*

fo.to.me.câ.ni.co *adj.* GRÁF que usa a fotografia para obtenção de matriz destinada à impressão por meio mecânico

fo.to.me.tri.a *s.f.* campo da óptica que trata da medição das propriedades da luz, esp. de sua intensidade

fo.tô.me.tro *s.m.* ÓPT instrumento para medir a intensidade de uma fonte luminosa

fo.to.mon.ta.gem [pl.: *-ens*] *s.f.* FOT **1** técnica de reunir duas ou mais imagens para compor uma nova **2** imagem que resulta dessa técnica

fo.to.no.ve.la *s.f.* história apresentada em sequência de fotografias, acompanhada de pequenos textos ou diálogos

fo.tor.re.por.ta.gem [pl.: *-ens*] *s.f.* reportagem baseada em registros fotográficos ~ **fotorrepórter** *s.2g.*

fo.tos.sen.si.bi.li.da.de *s.f.* MED sensibilidade anormal da pele à ação dos raios solares ~ **fotossensível** *adj.2g.*

fo.tos.sen.sí.vel [pl.: *-eis*] *adj.2g.* FÍS sensível às radiações luminosas, esp. à luz

fo.tos.sín.te.se *s.f.* BIO processo químico pelo qual plantas clorofiladas e diversas espécies de bactérias sintetizam substâncias orgânicas a partir do gás carbônico da atmosfera e da água, utilizando a luz como fonte de energia ~ **fotossintético** *adj.*

fo.to.te.ca *s.f.* **1** coleção de fotografias **2** local onde essas fotografias são armazenadas

fo.to.te.ra.pi.a *s.f.* MED método terapêutico baseado em banhos de luz (esp. luz solar, raios infravermelhos e ultravioleta) ~ **fototerápico** *adj.*

fo.to.tro.pi.a *s.f.* BIO BOT fototropismo

fo.to.tro.pis.mo *s.m.* BIO mudança de orientação de organismos fixos ou de suas partes, determinada pelo estímulo da luz ~ **fototrópico** *adj.*

fo.vis.mo *s.m.* ART.PLÁST movimento artístico do início do séc. XX, caracterizado pelo uso de cores vibrantes e livre tratamento da forma ~ **fovista** *adj.2g.s.2g.*

foz [pl.: *-es*] *s.f.* ponto onde um rio deságua

Fr QUÍM símbolo de *frâncio*

fra.ção [pl.: *-ões*] *s.f.* **1** parte de um todo **2** MAT uma ou mais partes em que se dividiu a unidade **3** MAT representação numérica (p.ex. 3/4, 1/3) que indica o quociente de dois números

fra.cas.sar *v.* {mod. 1} *t.i. e int.* (prep. *em*) não ter êxito; falhar *<o atleta fracassou (na tentativa de bater novo recorde)>*

fra.cas.so *s.m.* falta de êxito; insucesso

fra.cio.nar *v.* {mod. 1} *t.d.,t.d.i. e pron.* (prep. *em*) dividir(-se) em frações, partes; partir(-se), fragmentar(-se) *<divergências fracionaram o partido (em várias correntes)> <a empresa fracionou-se>* ~ **fracionamento** *s.m.*

fra.cio.ná.rio *adj.* que é composto de fração

fra.co *adj.* **1** que não tem força, ou que tem pouca força **2** que tem pouca resistência **3** que cede facilmente; que tem pouca autoridade **4** insuficiente; medíocre **5** pouco intenso **6** cuja carga elétrica está baixa (diz-se de pilha, bateria) ■ *adj.s.m.* **7** que(m) não tem força moral, determinação ■ *s.m.* **8** indivíduo sem defesa; desvalido **9** gosto, inclinação

frac.tal [pl.: *-ais*] *s.m.* MAT **1** estrutura geométrica cujas propriedades ger. se repetem em qualquer escala **2** *p.ext.* objeto ou desenho representativo dessa estrutura ■ *adj.2g.* **3** relativo a essa estrutura, objeto ou desenho

fra.de [fem.: *freira*] *s.m.* membro de ordem religiosa; frei ~ **fradesco** *adj.*

fra.ga.ta *s.f.* MAR navio de guerra us. esp. no combate a submarinos, maior do que a corveta e menor do que o cruzador

frá.gil [pl.: *-eis*] *adj.2g.* **1** que enguiça ou quebra facilmente **2** fraco, debilitado **3** *fig.* precário, instável *<relacionamento f.>* ◉ GRAM/USO sup.abs.sint. *fragílimo, fragilíssimo* ~ **fragilidade** *s.f.*

fra.gi.li.zar *v.* {mod. 1} *t.d. e pron.* tornar(-se) [mais] frágil; enfraquecer

frag.men.tar *v.* {mod. 1} *t.d. e pron.* fazer(-se) em fragmentos, pedaços; partir(-se) ~ **fragmentação** *s.f.*

frag.men.tá.rio *adj.* **1** próprio de fragmento **2** em fragmentos; incompleto

frag.men.to *s.m.* **1** pedaço de algo que se quebrou, cortou etc. **2** parte de um todo; fração **3** trecho extraído de obra literária

fra.gor /ô/ [pl.: *-es*] *s.m.* barulho muito forte; estrondo

fra.go.ro.so /ô/ [pl.: /ó/; fem.: /ó/] *adj.* **1** ruidoso, estrondoso **2** *fig.* de forte repercussão; extraordinário *<derrota f.>*

fra.grân.cia *s.f.* aroma; perfume ~ **fragrante** *adj.2g.*

fra.jo.la *adj.2g.s.2g. B infrm.* que(m) anda elegante, bem vestido

fral.da *s.f.* **1** VEST acessório de algodão ou material descartável, absorvente, us. em bebês ou adultos enfermos para colher suas fezes e urina **2** VEST a parte inferior da camisa **3** base de monte, serra etc.; sopé, aba

fral.dá.rio *s.m.* local reservado para a troca de fraldas de crianças em centros comerciais, praias etc.

fram.bo.e.sa /ê/ *s.f.* BOT fruto da framboeseira, vermelho e aromático, muito us. em geleias

fram.bo.e.sei.ra *s.f.* BOT arbusto nativo do hemisfério norte, de caule ereto e com pequenos frutos vermelhos, aromáticos e comestíveis

fram.bo.e.sei.ro *s.m.* framboeseira

fran.ca.men.te *adv.* **1** de maneira aberta, honesta; com franqueza; sinceramente **2** expressa reprovação ou profundo descontentamento *<– Você continua deitado? – F.!>*

fran.cês [pl.: *-eses*] *s.m.* LING língua oficial da França, Bélgica, Mônaco, Luxemburgo, Suíça e Canadá, entre outros países ☞ veja *quadro de países/nacionalidades/idiomas/moedas* no final deste volume

fran.ce.sis.mo *s.m.* **1** LING palavra, locução ou construção própria da língua francesa ou dela proveniente; galicismo **2** imitação de costumes franceses

frân.cio *s.m.* QUÍM elemento químico da família dos alcalinos [símb.: *Fr*] ☞ cf. *tabela periódica* (no fim do dicionário)

fran.cis.ca.no *adj.s.m.* **1** (religioso) da ordem de São Francisco de Assis ☞ cf. *Francisco de Assis* na parte enciclopédica ■ *adj.* **2** relativo ou pertencente a essa ordem religiosa **3** *infrm.* que atinge níveis extremos (diz-se de pobreza, miséria)

fran.co *s.m.* **1** indivíduo dos francos, povo germânico que invadiu a Gália nos séc. III e IV ■ *adj.* **2** relativo a esse povo **3** sincero, leal **4** espontâneo **5** livre de pagamento de impostos, tributos etc. **6** livre de obstáculos; desimpedido **7** que demonstra firmeza, determinação

fran.co-a.ti.ra.dor [pl.: *franco-atiradores*] *adj.s.m.* **1** (soldado) que não faz parte de uma tropa regular; guerrilheiro **2** *p.ext.* que(m) trabalha por algum objetivo sem estar ligado a um grupo ou organização

fran.ga.lho *s.m.* **1** farrapo, trapo **2** *fig.* pessoa ou coisa que se mostra acabada

fran.go *s.m.* **1** filhote de galinha já desenvolvido, mas não adulto **2** prato feito com essa ave **3** ESP *infrm.* bola fácil de defender que o goleiro deixa entrar no gol ◉ GRAM/USO dim.irreg.: *frangote*

fran.go.te *s.m.* **1** frango pequeno **2** *fig.* rapaz novo ◉ GRAM/USO dim.irreg. de *frango*

fran.ja *s.f.* **1** ornamento formado por fios ou tiras pendentes da orla de um tecido **2** qualquer coisa que se assemelhe a esse ornamento **3** parte do cabelo que cai sobre a testa ~ **franjado** *adj.* - **franjar** *v.t.d.*

fran.que.ar *v.* {mod. 5} *t.d. e t.d.i.* **1** (prep. *a*) tornar franco, livre; liberar, permitir *<f. a entrada (ao público)>* □ *t.d.* **2** isentar de impostos **3** conceder franquia ('licença') a **4** pagar o porte de (remessa postal) □ *t.d.i.* **5** (prep. *a*) permitir o acesso a *<f. a casa aos amigos>* **6** (prep. *a*) fazer conhecer; revelar *<franqueou ao colega os mais íntimos sentimentos>* ~ **franqueado** *adj.s.m.*

fran.que.za /ê/ *s.f.* qualidade ou característica de franco; sinceridade

fran.qui.a *s.f.* **1** isenção de certos deveres, encargos etc. **2** licença dada por uma empresa a um indivíduo ou grupo para comercializar ou representar seus bens ou serviços, mediante pagamento de *royalties* e cumprimento de determinadas condições **3** estabelecimento que funciona sob essa licença **4** no contrato de seguro, dedução que a seguradora faz no pagamento do valor do prejuízo de um acidente

fran.zi.no *adj.* pouco encorpado, miúdo

F

fran.zir *v.* {mod. 24} *t.d.* **1** formar pregas em (tecido) ☐ *t.d. e pron.* **2** dobrar(-se) com pregas, vincos; amarrotar(-se) **3** contrair(-se) [lábios, sobrancelhas etc.], formando vincos; enrugar(-se) ~ **franzido** *adj.s.m.* - **franzimento** *s.m.*

fra.que *s.m.* VEST casaco masculino curto na frente e com abas longas atrás, us. em ocasiões solenes

fra.que.ar *v.* {mod. 5} *int.* fraquejar

fra.que.jar *v.* {mod. 1} *int.* **1** perder o vigor, a força; enfraquecer **2** perder a coragem, o ânimo **3** soltar (a galinha-d'angola) o seu canto ~ **fraquejamento** *s.m.*

fra.que.za /ê/ *s.f.* **1** falta de vigor físico **2** desânimo; abatimento **3** ponto fraco; vício

fra.sal [pl.: *-ais*] *adj.2g.* relativo ou pertencente a frase

fras.cá.rio *adj.s.m.* libertino, devasso ~ **frascaria** *s.f.*

fras.co *s.m.* recipiente us. para guardar líquidos, pós, pílulas etc. ◉ COL frascaria

fra.se *s.f.* **1** GRAM construção, com uma ou mais palavras, com sentido completo **2** MÚS ideia musical com sentido completo, delimitada por uma cadência ('encadeamento')

fra.se.a.do *adj.* **1** que está disposto em frases ■ *s.m.* **2** conjunto de palavras **3** maneira própria de dizer ou escrever algo **4** MÚS maneira de expor ou interpretar cada frase de uma composição musical

fra.se.ar *v.* {mod. 5} *t.d. e int.* dispor (ideias) em frases <*f. um pensamento*> <*ele fraseia com elegância*>

fra.se.o.lo.gi.a *s.f.* GRAM **1** parte da gramática que se dedica ao estudo da frase **2** conjunto das construções mais características de uma língua ou de um autor **3** frase ou expressão cujo sentido ger. não é literal; expressão idiomática

fras.quei.ra *s.f.* pequena maleta para transportar objetos de toalete

fra.ter.nal [pl.: *-ais*] *adj.2g.* **1** próprio de irmão; fraterno **2** que demonstra afeição, caridade ou cordialidade

fra.ter.ni.da.de *s.f.* **1** laço de parentesco entre irmãos **2** união, afeto entre irmãos **3** amor ao próximo

fra.ter.ni.zar *v.* {mod. 1} *t.d. e pron.* **1** unir(-se) como irmãos, em amizade fraterna; confraternizar(-se) ☐ *t.i.* **2** (prep. *com*) partilhar das ideias ou convicções de <*isolava-se por não f. com seus colegas*>

fra.ter.no *adj.* **1** relativo ou pertencente a irmãos; fraternal **2** afetuoso, amigável, cordial

fra.tri.cí.dio *s.m.* assassinato do próprio irmão ou irmã ~ **fratricida** *adj.2g.s.2g.*

fra.tu.rar *v.* {mod. 1} *t.d.,int. e pron.* **1** partir(-se), romper(-se) [osso, cartilagem dura ou dente] <*a bacia fraturou(-se) em dois lugares*> **2** partir(-se) o osso de (membro) <*f. o pé*> <*a cabeça fraturou-(-se)*> ☐ *t.d.* **3** produzir rachadura em; fender ~ **fratura** *s.f.*

frau.dar *v.* {mod. 1} *t.d.* **1** realizar fraude contra; lesar, defraudar **2** agir de má-fé, fazendo crer no que é falso; iludir, enganar **3** fazer contrabando de ☐ *t.d. e t.d.i.* **4** (prep. *em*) privar por meio de fraude; defraudar <*fraudou o cliente (no custo do material)*> ~ **fraudador** *adj.s.m.*

frau.da.tó.rio *adj.* que envolve fraude; fraudulento

frau.de *s.f.* **1** artifício para enganar; logro **2** falsificação de marcas ou produtos, documentos etc.

frau.du.len.to *adj.* **1** feito por meio de fraude **2** que procura obter proveito por meio de fraude

fre.ar *v.* {mod. 5} *t.d. e int.* **1** mover(-se) mais devagar ou parar (veículo), por meio de freio; brecar ☐ *t.d. fig.* **2** impedir ou moderar a evolução de; conter <*f. a inflação*> **3** conter, controlar (ímpeto, sentimento etc.) <*f. o choro*> ~ **freada** *s.f.*

fre.á.ti.co *adj.* diz-se de lençol de água subterrâneo não muito profundo

fre.chal [pl.: *-ais*] *s.m.* CONSTR cada uma das vigas horizontais sobre as quais se erguem as fachadas de cada pavimento

freelance [ing.; pl.: *freelances*] *adj.2g.s.2g.* **1** (trabalho avulso) feito sem vínculo de emprego; frila ■ *s.2g.* **2** pessoa que trabalha por conta própria e ganha por trabalho apresentado; *freelancer* ⇒ pronuncia-se frilence

freelancer [ing.; pl.: *freelancers*] *s.2g.* *freelance* ('pessoa') ⇒ pronuncia-se friléncer

freezer [ing.; pl.: *freezers*] *s.m.* congelador ⇒ pronuncia-se frizer

fre.ge *s.m.* *B infrm.* **1** discussão, gritaria **2** desordem, briga

fre.guês [pl.: *-eses*] *s.m.* quem compra ou vende habitualmente a certa pessoa ou estabelecimento ◉ COL freguesia

fre.gue.si.a *s.f.* **1** clientela **2** população de uma paróquia

frei [fem.: *sóror*] *s.m.* frade

frei.o *s.m.* **1** qualquer dispositivo us. para conter ou moderar um movimento **2** *fig.* o que limita a continuidade de algo

frei.ra *s.f.* mulher que fez votos religiosos ◉ GRAM/USO fem. de *frade*

frei.xo *s.m.* BOT árvore nativa da Europa e do sudoeste da Ásia, cuja madeira é us. em raquetes de tênis e tacos de polo, bilhar e críquete

fre.men.te *adj.2g.* **1** agitado, trêmulo **2** *fig.* arrebatado, vibrante

fre.mir *v.* {mod. 24} *int.* **1** soar ruidosamente *<o mar fremia>* □ *t.d. e int.* **2** agitar(-se) levemente *<o vento freme as velas do navio> <as folhagens fremiam>* □ *t.d.* **3** emitir (som estrondoso) *<f. um grito de dor>* ◉ GRAM/USO verbo defectivo

frê.mi.to *s.m.* **1** ruído, rumor **2** movimento que produz ligeiro ruído; sussurro, murmúrio **3** *fig.* leve tremor ou arrepio

fre.na.gem [pl.: *-ens*] *s.f.* **1** ato de pôr freio em algo ou o seu efeito **2** ato de frear um veículo ou o seu efeito; freada ~ **frenar** *v.t.d.,int. e pron.*

fre.ne.si *s.m.* **1** agitação violenta; desvario **2** exaltação, arroubo de sentimentos

fre.né.ti.co *adj.* **1** que está em frenesi; exaltado **2** agitado, inquieto

fren.te *s.f.* **1** parte anterior de algo **2** lugar dianteiro *<a fileira da f.>* **2.1** linha avançada de um exército **3** vista, presença *<aconteceu à nossa f.>* **4** coalizão de partidos políticos e/ou forças da sociedade civil **5** MET superfície de contato de duas massas de ar convergentes e de temperaturas diferentes *<f. fria>* ▣ **f. a f.** um diante do outro; face a face • **de f. 1** em posição frontal *<posou de f. para o pintor>* **2** *fig.* sem medo ou vergonha *<olhava os adversários de f.>* • **fazer f.** a enfrentar

fren.tis.ta *adj.2g.s.2g.* que(m) se ocupa do atendimento ao público nos postos de gasolina

fre.quên.cia /qü/ *s.f.* **1** ato de frequentar **2** número ou tipo de pessoas que comparecem a um lugar **3** repetição de um fato ou ação *<a f. dos assaltos>* **4** FÍS medida da vibração de onda sonora ou de rádio ▣ **f. modulada** ELETRÔN na transmissão de um sinal por uma onda eletromagnética, frequência variável desta onda [símb.: *FM*]

fre.quen.tar /qü/ *v.* {mod. 1} *t.d.* **1** ir muito a *<f. festas>* **2** viver na intimidade de; conviver *<f. a alta sociedade>* **3** comparecer com regularidade a (aula, curso, escola) ~ **frequentador** *adj.s.m.*

fre.quen.te /qü/ *adj.2g.* que se repete muitas vezes

fres.ca /ê/ *s.f.* brisa agradável que sopra ao cair da tarde

fres.co /ê/ *adj.* **1** não quente, agradável *<noite f.>* **2** bem arejado **3** *p.ext.* leve *<blusa f.>* **4** novo, viçoso ou em perfeitas condições *<legumes f.> <alimentos f.>* **5** que causa impressão de frescor *<hálito f.>* **6** *fig.* que se divulgou há pouco tempo; recente ■ *adj.s.m. infrm. pej.* **7** (homem, rapaz) exageradamente exigente ou que apresenta modos femininos

fres.co.bol [pl.: *-óis*] *s.m.* ESP *B* jogo praticado ao ar livre, com duas raquetes de madeira e uma bola de borracha

fres.cor /ô/ [pl.: *-es*] *s.m.* **1** qualidade do que é fresco, agradável **2** *fig.* vigor ou beleza jovem; viço

fres.cu.ra *s.f.* **1** sensação de contato com alguma coisa fresca **2** *fig.* vigor juvenil; viço, frescor **3** *infrm.* comportamento reservado, moralista **4** *infrm.* atitude de quem se ofende com facilidade; melindre **5** *infrm.* característica de quem é exigente, detalhista

fres.su.ra *s.f.* conjunto de vísceras de um animal

fres.ta *s.f.* abertura estreita que permite a passagem de luz e ar; fenda

fre.te *s.m.* **1** taxa para o transporte de algo **2** carga transportada **3** aluguel de um meio de transporte ~ **fretar** *v.t.d.*

freu.di.a.no /frói/ *adj.* **1** relativo a Sigmund Freud, ou a suas teorias psicanalíticas ☞ cf. *Freud* na parte enciclopédica ■ *adj.s.m.* PSICN **2** (o) que segue essas teorias

fre.vo /ê/ *s.m.* MÚS **1** dança pernambucana em que os dançarinos, freq. com sombrinhas coloridas, executam frenéticos movimentos de pernas **2** gênero musical que a acompanha **3** composição desse gênero

fri.a *s.f. gír.* situação difícil ou embaraçosa *<entrar numa f.>*

fri.a.gem [pl.: *-ens*] *s.f.* **1** baixa temperatura **2** queda de temperatura provocada por frentes frias

fri.al.da.de *s.f.* **1** estado ou característica do que é frio **2** *fig.* indiferença, insensibilidade, frieza

fric.ção [pl.: *-ões*] *s.f.* **1** ação de friccionar **2** atrito resultante de dois corpos que se esfregam **3** ação de massagear vigorosamente uma parte do corpo **4** medicamento oleoso que se aplica sobre a pele; linimento

fric.cio.nar *v.* {mod. 1} *t.d. e t.d.i.* (prep. *em*) passar repetidamente um corpo sobre (outro), estando aquele ou ambos em movimento; esfregar *<friccionava a perna a fim de acabar com a cãibra> <f. álcool nas mãos>*

fri.co.te *s.m. B infrm.* **1** chilique, faniquito **2** lamentação sem motivo sério; manha ~ **fricoteiro** *adj.s.m.*

fri.ei.ra *s.f.* MED **1** inflamação da pele causada pelo frio **2** doença entre os dedos dos pés causada por fungos; pé de atleta

fri.e.za /ê/ *s.f.* **1** estado ou característica do que é frio **2** ausência de calor humano; indiferença, insensibilidade

fri.gi.dei.ra *s.f.* **1** utensílio de cozinha us. para frituras **2** CUL fritada

fri.gi.dez /ê/ [pl.: *-es*] *s.f.* **1** característica do que é frio **2** *fig.* ausência de desejo sexual

frí.gi.do *adj.* **1** com baixa temperatura; frio **2** *fig.* que não se envolve ou não deixa transparecer nenhum sentimento **3** *fig.* que não tem desejo sexual

fri.gir *v.* {mod. 29} *t.d.* cozer ou ser cozido (alimento) em substância oleosa, como manteiga, azeite; fritar ◉ GRAM/USO part.: *frigido, frito* ▣ **no f. dos ovos** *fig.* no fim de tudo, afinal de contas

fri.go.bar [pl.: *-es*] *s.m. B* pequena geladeira de quarto de hotel, hospital etc.

fri.go.rí.fi.co *adj.* **1** que produz frio **2** adaptado para transporte de carga a baixas temperaturas ■ *adj.s.m.* **3** (câmara) que estoca alimentos a baixas temperaturas ■ *s.m.* **4** empresa que trabalha com carnes congeladas

F

fri.la *s.m.* *infrm.* **FREELANCE** ('trabalho avulso')

frin.cha *s.f.* fresta, fenda

fri.o *adj.* **1** que tem ou em que há baixa temperatura **2** *fig.* calmo <*cabeça f.*> **3** *fig.* indiferente; insensível ■ *s.m.* **4** temperatura baixa da atmosfera ou do ambiente **5** sensação causada pela falta de calor <*tremer de f.*> ▼ ***frios*** *s.m.pl.* **6** produtos conservados ou defumados, esp. carnes, que se comem frios

fri.o.ren.to *adj.* **1** que tem muita sensibilidade ao frio **2** em que faz frio

fri.sa *s.f.* em teatros, camarote próximo ao nível da plateia

F

[1]**fri.sar** *v.* {mod. 1} *t.d.,int. e pron.* **1** tornar(-se) rugoso, enrugado; enrugar(-se), franzir(-se) <*preocupado, frisava a testa*> <*a superfície da água frisou(-se)*> □ *t.d. e pron.* **2** (fazer) ficar crespo, ondulado (o cabelo) [ORIGEM: *frisa* 'lã rústica' + [2]*-ar*] ~ **frisador** *adj.s.m.* - **frisagem** *s.f.*

[2]**fri.sar** *v.* {mod. 1} *t.d.* **1** pôr friso em **2** *fig.* tornar saliente, relevante; ressaltar <*f. uma palavra da frase*> [ORIGEM: *friso* + [2]*-ar*]

fri.so *s.m.* **1** barra ou faixa pintada ou esculpida em uma parede **2** qualquer enfeite em forma de faixa ou barra

frisson [fr.; pl.: *frissons*] *s.m.* **1** arrepio por causa de frio ou forte emoção; calafrio **2** *fig.* vibração; frenesi ⇒ pronuncia-se frisson

fri.ta.da *s.f.* CUL espécie de omelete com recheio especial; frigideira

fri.tar *v.* {mod. 1} *t.d. e int.* cozer ou ser cozido (alimento) em substância oleosa, como manteiga, azeite; frigir ◉ GRAM/USO part.: *fritado, frito*

fri.tas *s.f.pl.* *B* batatas fritas

fri.to *adj.* **1** cozido em frigideira **2** *fig. infrm.* que está em situação difícil, em apuros ◉ GRAM/USO part.irreg. de *fritar* e *frigir*

fri.tu.ra *s.f.* **1** ação de fritar **2** qualquer alimento frito

fri.ú.ra *s.f.* estado do que é ou está frio

frí.vo.lo *adj.s.m.* **1** que(m) se ocupa com coisas superficiais ou sem importância; fútil ■ *adj.* **2** que tem pouca importância; superficial ~ **frivolidade** *s.f.*

fron.de *s.f.* conjunto de folhas (e ramos) de uma árvore ☞ cf. *copa* ('topo de árvore') ◉ GRAM/USO dim.irreg.: *frôndula*

fron.do.so /ô/ [pl.: /ó/; fem.: /ó/] *adj.* que tem fronde abundante; copado

fro.nha *s.f.* capa com que se envolve o travesseiro

fron.tal [pl.: *-ais*] *adj.2g.* **1** de frente <*parede f.*> **2** da fronte <*músculo f., nervo f.*> **3** *fig.* dito ou feito abertamente; direto, franco <*resposta f.*> ■ *adj.2g.s.m.* ANAT **4** (osso) da fronte ■ *s.m.* **5** fachada de um edifício

fron.tão [pl.: *-ões*] *s.m.* ARQ conjunto arquitetônico ou ornato triangular que encima fachadas ou decora portas, janelas, nichos etc.

fron.ta.ri.a *s.f.* **1** frente principal de um edifício **2** fortificação situada na fronteira

fron.te *s.f.* ANAT a testa, entre as sobrancelhas e o couro cabeludo

fron.tei.ra *s.f.* **1** linha que demarca uma região ou território, estabelecendo a sua extensão **2** linha que separa dois territórios ou países **3** *fig.* limite entre dois estados, situações etc. <*a f. da morte*> **4** *fig.* ponto extremo de algo abstrato <*a f. da decência*>

fron.tei.ri.ço *adj.* **1** que vive ou está na fronteira **2** *fig.* que se acha no limite de alguma coisa ■ *adj.s.m.* **3** (o) que nasce na fronteira

fron.tei.ro *adj.* **1** situado à frente de ou em frente a **2** que fica ou vive na fronteira

fron.tis.pí.cio *s.m.* **1** ARQ fachada principal de um edifício **2** BIBLIO GRÁF página impressa inicial de um livro, que inclui os elementos de identificação da obra (nome do autor, título, local e data de publicação, nome do editor comercial etc.); folha de rosto

fro.ta *s.f.* **1** conjunto de navios de guerra ou de outra finalidade especificada (mercante, pesqueira etc.) **2** *p.ext.* conjunto de veículos que pertencem a uma firma ou a um único dono

frou.xo *adj.* **1** folgado, solto **2** mole, enfraquecido ■ *adj.s.m.* *infrm. pej.* **3** covarde, medroso ~ **frouxidão** *s.f.*

fru-fru [pl.: *fru-frus*] *s.m.* ruído do roçar de roupa ou papel ~ **frufrulhar** *v.int.*

fru.gal [pl.: *-ais*] *adj.2g.* **1** de fácil digestão; leve **2** moderado na alimentação **3** *fig.* sóbrio, simples ~ **frugalidade** *s.f.*

fru.gí.vo.ro ou **fru.tí.vo.ro** *adj.s.m.* (o) que se alimenta de frutos

fru.ir *v.* {mod. 26} *t.d. e t.i.* (prep. *de*) usufruir; desfrutar <*f. as vantagens do cargo*> <*f. dos bens*> ~ **fruição** *s.f.* - **fruitivo** *adj.*

frus.tra.ção [pl.: *-ões*] *s.f.* **1** ação ou efeito de frustrar(-se) **2** decepção, desapontamento

frus.trar *v.* {mod. 1} *t.d. e pron.* **1** (fazer) falhar; anular(-se) <*f. os planos dos revoltosos*> <*f.-se um projeto*> **2** não corresponder à expectativa (de); decepcionar(-se) ~ **frustrador** *adj.s.m.* - **frustrante** *adj.2g.*

fru.ta *s.f.* BOT fruto ou infrutescência comestíveis, freq. carnosos ou suculentos, doces ou ácidos

fru.ta-de-con.de [pl.: *frutas-de-conde*] ou **fru.ta-do-con.de** [pl.: *frutas-do-conde*] *s.f.* BOT fruta de polpa branca, macia e doce, cheia de sementes pretas; anona, ata, pinha

fru.ta-pão [pl.: *frutas-pão* e *frutas-pães*] *s.f.* BOT **1** fruto oval grande, de casca verde ou amarelada, cuja polpa lembra a consistência e sabor do pão fresco, e que se come assada ou cozida **2** a árvore desse fruto

fru.tei.ra *s.f.* **1** recipiente para colocar frutas; fruteiro **2** árvore frutífera

fru.tei.ro *adj.s.m.* **1** (o) que gosta de frutos **2** que(m) vende frutas ■ *s.m.* **3** fruteira ('recipiente')

fru.ti.cul.tu.ra *s.f.* cultivo de árvores frutíferas ~ **fruticultor** *adj.s.m.*

fru.tí.fe.ro *adj.* **1** que produz frutos, esp. os comestíveis **2** *fig.* que produz resultados positivos; proveitoso

fru.ti.fi.car *v.* {mod. 1} *int.* **1** dar fruto(s) **2** *fig.* produzir resultados vantajosos ☐ *t.d. fig.* **3** ter como consequência; resultar ~ **frutificação** *s.f.*

fru.tí.vo.ro *adj.s.m.* → FRUGÍVORO

fru.to *s.m.* **1** BOT órgão gerado pelos vegetais que produzem flor, e que contém as sementes **2** BOT fruta **3** *fig.* filho, cria **4** *fig.* resultado final de um trabalho; produto de algum esforço ▣ **frutos do mar** produtos comestíveis extraídos do mar (crustáceos, moluscos e outros pequenos animais), com exceção dos peixes

fru.to.se *s.f.* açúcar encontrado no mel, no néctar e nas frutas

fru.tu.o.so /ô/ [pl.: /ó/; fem.: /ó/] *adj.* **1** que produz muitos frutos **2** *fig.* que produz bons resultados; proveitoso

fu.bá *s.m.* farinha de milho ou de arroz

fu.ça *s.f.* **1** focinho **2** *pej.* rosto, cara ☞ mais us. no pl.

fu.çar *v.* {mod. 1} *t.d. e int.* **1** revolver com o focinho (a terra, algo no chão) ☐ *t.d. fig.* **2** remexer à procura de algo; escarafunchar **3** investigar (algo alheio); bisbilhotar ~ **fuçador** *adj.s.m.*

fúc.sia *s.f.* BOT **1** nome comum a alguns arbustos e árvores com flores coloridas e vistosas, de valor ornamental ■ *s.m.* **2** tom de cor-de-rosa próximo ao magenta ■ *adj.2g.2n.* **3** dessa cor

[1]**fu.ga** *s.f.* **1** ato ou efeito de sair de um lugar às pressas ou ocultamente **2** *fig.* o que dá alívio, o que evita uma dificuldade ou uma obrigação <*a leitura era sua f.*> [ORIGEM: do lat. *fuga,ae* 'id.']

[2]**fu.ga** *s.f.* MÚS forma de composição em que um mesmo tema é repetido sucessivamente por várias vozes ou instrumentos [ORIGEM: it. *fuga* 'id.']

fu.gaz [pl.: *-es*] *adj.2g.* **1** rápido, ligeiro **2** *fig.* que dura muito pouco; passageiro ~ **fugacidade** *s.f.*

fu.gi.da *s.f. B* saída de um lugar com um retorno rápido

fu.gi.di.o *adj.* **1** habituado a fugir **2** *fig.* fugaz, efêmero **3** *fig.* não sociável; arisco

fu.gir *v.* {mod. 29} *t.i.* **1** (prep. *a, de*) desviar-se para ficar livre de (situação ou pessoa perigosa, ameaçadora, desagradável etc.); escapar <*f. à tentação*> <*f. da perseguição*> ☐ *int.* **2** retirar-se de, deixar (local, região etc.), ger. às pressas <*conseguiu f. do país*> **3** afastar-se do campo de visão; desaparecer **4** decorrer rapidamente (o tempo)

fu.gi.ti.vo *adj.s.m.* **1** que(m) fugiu ■ *adj.* **2** fugaz, efêmero

fu.i.nha *s.f.* ZOO **1** pequeno mamífero carnívoro, de corpo longo e patas curtas, pelo grisalho e mancha branca no peito e garganta ■ *s.2g. infrm.* **2** pessoa magra

fu.jão [pl.: *-ões*; fem.: *fujona*] *adj.s.m.* (o) que foge constantemente

fu.la.no *s.m. infrm.* pessoa indeterminada ou cujo nome se desconhece ou não se quer dizer

ful.cro *s.m.* **1** ponto de apoio; base **2** a parte essencial ou mais importante

fu.lei.ro *adj.s.m.* **1** (o) que não é confiável **2** (o) que é medíocre e sem valor; ordinário **3** (o) que demonstra mau gosto; cafona

fúl.gi.do *adj.* que possui brilho; resplandecente

ful.gir *v.* {mod. 24} *t.d. e int.* **1** (fazer) lançar ou refletir luz; resplandecer, brilhar ☐ *int. fig.* **2** tornar-se singular, único; sobressair ~ **fulgência** *s.f.* - **fulgente** *adj.2g.*

F

ful.gor /ô/ [pl.: *-es*] *s.m.* brilho, luminosidade

ful.gu.rar *v.* {mod. 1} *int.* **1** lançar ou refletir luz, brilho intenso; resplandecer **2** cintilar, relampejar **3** *fig.* destacar-se entre os demais; sobressair ~ **fulguração** *s.f.* - **fulgurante** *adj.2g.*

fu.li.gem [pl.: *-ens*] *s.f.* matéria preta em forma de diminutas partículas, proveniente da queima de um combustível

fu.li.gi.no.so /ô/ [pl.: /ó/; fem.: /ó/] *adj.* que contém fuligem ~ **fuliginosidade** *s.f.*

ful.mi.nar *v.* {mod. 1} *t.d. e int.* **1** lançar (raios) <*o céu fulminava (raios)*> ☐ *t.d.* **2** destruir com raio ou efeito semelhante; aniquilar **3** *fig.* derrubar fisicamente **4** *fig.* ferir emocional ou moralmente **5** *fig.* matar rapidamente **6** *fig.* deixar sem ação; estarrecer, paralisar ☐ *int.* **7** *fig.* emitir luz intensa; brilhar <*a espada fulminava em sua mão*> ~ **fulminação** *s.f.* - **fulminante** *adj.2g.*

fu.lo *adj. infrm.* muito zangado; furioso

ful.vo *s.m.* **1** cor amarela, alaranjada ou dourada ■ *adj.* **2** dessa cor **3** diz-se dessa cor <*a cor f.*>

fu.ma.ça *s.f.* vapor resultante de um corpo em chamas

fu.ma.çar *v.* {mod. 1} *int.* **1** produzir fumaça; fumegar **2** *B infrm.* mostrar-se furioso ☐ *t.d.* **3** encher de fumaça **4** *fig.* ofuscar, turvar (os olhos, a visão)

fu.ma.cê *s.m. B infrm.* **1** fumaça em excesso **2** veículo que pulveriza inseticida, us. no combate a mosquitos

fu.ma.cei.ra *s.f.* grande quantidade de fumaça

fu.ma.cen.to *adj.* **1** que solta grande quantidade de fumaça **2** em que há fumaça

fu.man.te *adj.2g.s.2g.* que(m) tem o hábito de fumar

fu.mar *v.* {mod. 1} *t.d. e int.* **1** aspirar e expirar a fumaça de (cigarro, cachimbo etc.); pitar ☐ *t.d.* **2** defumar <*f. o queijo*> ☐ *int. fig.* **3** mostrar-se colérico; enraivecer-se, espumar

fu.me.gar *v.* {mod. 1} *int.* **1** lançar fumaça; fumaçar **2** produzir espuma; espumar ☐ *t.d.* **3** lançar de si; exalar ~ **fumegante** *adj.2g.*

fu.mei.ro *s.m.* local onde se defumam alimentos

fu.mi.cul.tu.ra *s.f.* **1** cultivo de fumo **2** conjunto de técnicas desse cultivo ~ **fumicultor** *adj.s.m.*

fu.mi.gar *v.* {mod. 1} *t.d.* **1** lançar vapor, fumaça, gás etc. em **2** aplicar inseticidas gasosos sobre

fu.mo *s.m.* **1** produto gasoso que se desprende dos corpos em combustão; fumaça **2** preparado vegetal que se faz queimar em cigarros, cachimbos etc. **3** folha de plantas preparada para fumar, mascar ou cheirar **4** *fig.* hábito de fumar **5** BOT tabaco **6** *B infrm.* maconha

Fu.nai *s.f.* sigla de Fundação Nacional do Índio

fu.nâm.bu.lo *s.m.* **1** equilibrista que anda na corda bamba ou arame **2** *fig.* indivíduo que muda facilmente de opinião ou partido ~ **funambulesco** *adj.* - **funambulismo** *s.m.*

Fu.nar.te *s.f.* sigla de Fundação Nacional das Artes

fun.ção [pl.: *-ões*] *s.f.* **1** obrigação a cumprir, papel a desempenhar **2** uso a que se destina algo **3** emprego **3.1** ofício, profissão **4** espetáculo teatral ou circense **5** MAT qualquer correspondência entre dois ou mais conjuntos **6** GRAM papel que cada um dos elementos gramaticais desempenha dentro da frase *<f. de sujeito>* ▣ **em f. de** de acordo com, em conformidade com

fun.cho *s.m.* BOT erva aromática cultivada como condimento e por suas propriedades medicinais, esp. como calmante do estômago; erva-doce ◉ COL funchal

fun.cio.nal [pl.: *-ais*] *adj.2g.* **1** relativo a função **2** que atende a uma função ou a um fim prático **3** relativo a ou próprio de funcionários públicos ~ **funcionalidade** *s.f.*

fun.cio.na.lis.mo *s.m.* conjunto dos funcionários públicos

fun.cio.nar *v.* {mod. 1} *int.* **1** estar em atividade **2** exercer tarefas e funções para as quais foi desenvolvido ou preparado **3** *fig.* dar bom resultado; ter êxito *<o plano não funcionou>* ~ **funcionamento** *s.m.*

fun.cio.ná.rio *s.m.* pessoa que tem ocupação permanente e remunerada; empregado ▣ **f. público** quem exerce cargo ou função em instituição do governo

fun.da.ção [pl.: *-ões*] *s.f.* **1** base subterrânea sobre a qual se constroem edificações; alicerce **2** *fig.* ponto de partida para a organização e funcionamento de uma instituição, entidade etc. **3** criação de uma instituição privada ou do Estado para benefício da coletividade **4** essa instituição

fun.da.dor /ô/ [pl.: *-es*] *adj.s.m.* **1** que(m) estabelece o princípio de algo; iniciador **2** que(m) dá origem; criador, iniciador

fun.da.men.tal [pl.: *-ais*] *adj.2g.* **1** que serve de fundamento, de base **2** *fig.* básico, indispensável

fun.da.men.ta.lis.mo *s.m.* **1** movimento religioso conservador que acha que se deve seguir fielmente o que está escrito nos textos sagrados (Bíblia, Alcorão etc.) **2** a doutrina desse movimento **3** *p.ext.* qualquer corrente, atitude ou movimento conservador que enfatiza a obediência rigorosa a um conjunto de princípios básicos ~ **fundamentalista** *adj.2g.s.2g.*

fun.da.men.tar *v.* {mod. 1} *t.d.* **1** fazer os fundamentos ou alicerces de ☐ *t.d.,t.d.i. e pron.* **2** (prep. *em*) apoiar(-se) em fundamentos; fundar(-se), justificar(-se) *<a promotoria soube f. as acusações (em provas irrefutáveis)>* *<f.-se em falsas premissas>* ~ **fundamentação** *s.f.* - **fundamentado** *adj.*

fun.da.men.to *s.m.* **1** alicerce de uma construção **2** *fig.* causa, razão, motivo, base de uma escola de pensamento, corrente, escola, opinião etc. ▼ ***fundamentos*** *s.m.pl.* **3** princípios básicos de uma ciência, arte etc.

fun.dão [pl.: *-ões*] *s.m.* **1** parte mais funda do leito de um rio; pego **2** abismo, precipício **3** *fig.* local isolado, distante

fun.dar *v.* {mod. 1} *t.d.* **1** assentar as fundações de (construção) **2** *fig.* dar início, existência a; criar, instituir *<f. um partido político>* ☐ *pron.* **3** firmar-se, assentar-se ☐ *t.d.i. e pron.* **4** (prep. *em*) tomar como base ou ser a base de; fundamentar(-se) *<f. esperanças num projeto>* *<decisão que se fundava em opiniões de terceiros>*

fun.de.ar *v.* {mod. 5} *t.d. e int.* **1** lançar âncora de (embarcação); ancorar ☐ *int.* **2** tocar no ou ir ao fundo

Fun.deb *s.m.* sigla de Fundo de Manutenção e Desenvolvimento da Educação

fun.di.á.rio *adj.* relativo a terrenos; agrário

fun.di.ção [pl.: *-ões*] *s.f.* **1** derretimento (esp. de metais) **2** local em que se fundem metais **3** *p.ext.* metal fundido

fun.di.lho *s.m.* parte do assento em calça, cueca etc. ☞ mais us. no pl.

fun.dir *v.* {mod. 24} *t.d. e pron.* **1** tornar(-se) líquido (esp. metal); derreter(-se) ☐ *t.d.* **2** trabalhar o elemento fundido; vazar, moldar ☐ *t.d.,t.d.i. e pron.* **3** (prep. *em*) unir (várias coisas) [em um todo, grupo]; juntar(-se), misturar(-se) *<os fazendeiros resolveram f. as terras (numa só fazenda)>* *<fundem-se as vozes num clamor geral>* ~ **fundente** *adj.2g.* - **fundidor** *adj.s.m.*

fun.do *adj.* **1** que tem profundidade **2** cavado; metido para dentro **3** *fig.* que vem do íntimo; muito sentido *<suspiro f.>* ■ *s.m.* **4** leito das águas de rio, mar etc. **5** o lado oposto à abertura de entrada *<o f. da caverna>* **6** o lugar mais recuado *<o f. do vale>* **7** *fig.* âmago, essência *<agradecer do f. do coração>* **8** a extremidade da agulha que contém o orifício **9** recurso financeiro *<cheque sem f.>* ☞ nesta acp., tb. us. no pl. ■ *adv.* **10** profundamente *<respirar f.>* ▣ **F. Monetário Internacional** órgão da ONU para cooperação monetária entre países [abrev.: *FMI*]

fun.du.ra *s.f.* distância vertical da superfície ao fundo ou horizontal de fora para dentro; profundidade

fú.ne.bre *adj.2g.* **1** relativo a morte, enterro etc. **2** *fig.* que anuncia a ideia de morte; funéreo **3** *fig.* que inspira sentimentos tristes; sombrio, funéreo

fu.ne.ral [pl.: *-ais*] *s.m.* conjunto das cerimônias de sepultamento ☞ tb. us. no pl.

fu.ne.rá.ria *s.f.* empresa especializada em funerais

fu.ne.rá.rio *adj.* relativo a morte, enterro, mortos etc.

fu.né.reo *adj.* fúnebre ('que anuncia', 'que inspira')
fu.nes.to *adj.* **1** que causa a morte; fatal **2** *p.ext.* que evoca a morte; sinistro **3** *p.ext.* que causa danos; desastroso *<política f.>*
fun.gar *v.* {mod. 1} *t.d. e int.* **1** aspirar (ar, secreção, rapé etc.) pelo nariz fazendo ruído □ *int.* **2** respirar de modo entrecortado, esp. durante choro
fun.gi.ci.da *adj.2g.s.m.* (substância) que combate fungos
fun.gí.vel [pl.: *-eis*] *adj.2g.* DIR **1** que se gasta após o uso **2** *p.ext.* que pode ser substituído por outra coisa de mesma espécie, qualidade, quantidade ou valor *<bens f.>*
fun.go *s.m.* BIO nome comum a organismos parasitas, sem clorofila, como os mofos e os cogumelos
fu.ni.cu.lar [pl.: *-es*] *adj.2g.* **1** em forma de corda ou cordão **2** feito de ou movido por cordas ■ *adj.2g.s.2g.* **3** (sistema de transporte) tracionado por cabos movidos por motor estacionário ■ *s.m.* **4** veículo pertencente a esse sistema ~ **funículo** *s.m.*
fu.nil [pl.: *-is*] *s.m.* utensílio em forma de cone terminado por um tubo, us. para despejar líquidos em recipientes de boca estreita
fu.ni.la.ri.a *s.f.* **1** local onde se fabricam e/ou vendem funis e/ou peças de folha de flandres **2** técnica de fabricar tais objetos
fu.ni.lei.ro *s.m.* **1** fabricante de funis **2** quem trabalha com folha de flandres; latoeiro
funk [ing.] *s.m.* MÚS **1** tipo de música americana de origem negra com ritmos sincopados e em compasso binário ■ *adj.2g.2n.* **2** relativo a essa música *<baile f.>* ⇒ pronuncia-se fank
fu.ra-bo.lo *s.m.* ou **fu.ra-bo.los** *s.m.2n.* *B infrm.* o dedo indicador
fu.ra.cão [pl.: *-ões*] *s.m.* **1** MET ciclone com ventos fortíssimos, comum na América Central, Flórida e nos oceanos Pacífico e Atlântico norte **2** *fig.* o que produz efeito negativo e destruidor
fu.ra.da *s.f.* *B gír.* **1** coisa que não dá certo ou acarreta prejuízo, aborrecimento etc.; roubada **2** ESP fato de um jogador não acertar a bola
fu.ra.dei.ra *s.f.* ferramenta para furar madeira, metal, pedra etc.
fu.ra.dor /ô/ [pl.: *-es*] *adj.s.m.* **1** (o) que fura ■ *s.m.* **2** utensílio para fazer furos em papel, pano etc.
[1]**fu.rão** [pl.: *-ões*; fem.: *furoa*] *s.m.* **1** ZOO doninha **2** *infrm.* repórter sagaz, que se antecipa aos outros ■ *adj.s.m. infrm.* **3** penetra [ORIGEM: do lat. *fūro,ōnis* 'mamífero carnívoro']
[2]**fu.rão** [pl.: *-ões*] *s.m.* **1** grande buraco **2** instrumento us. para fazer buracos ■ *adj.s.m. B infrm.* **3** que(m) falta a compromisso [ORIGEM: rad. do v. *furar* sob a f. *fur-* + *-ão*]
fu.rar *v.* {mod. 1} *t.d.* **1** abrir furo, buraco em **2** fazer (algo) na terra, na pedra, abrindo nela uma cavidade; cavar *<f. um poço>* **3** passar através de; varar *<o sol furava as nuvens>* □ *t.d. e int. fig.* **4** não ter êxito ou desempenho esperado; frustrar, falhar *<um imprevisto furou os seus negócios> <aquele negócio acabou furando>*
fur.gão [pl.: *-ões*] *s.m.* pequeno caminhão fechado, us. para transporte de cargas não muito pesadas
fú.ria *s.f.* **1** grande raiva; cólera, furor **2** ímpeto muito forte; entusiasmo, furor **3** força, poderio, furor *<a f. das ondas>* **4** *p.ext.* pessoa fora de si
fu.ri.bun.do *adj.* furioso
fu.ri.o.so /ô/ [pl.: /ó/; fem.: /ó/] *adj.* **1** com fúria; cheio de raiva ou indignação **2** impetuoso, violento
fur.na *s.f.* caverna, gruta
fu.ro *s.m.* **1** abertura feita por objeto pontiagudo; orifício **2** *fig. B* notícia importante dada por algum órgão de imprensa antes dos demais
fu.ror /ô/ [pl.: *-es*] *s.m.* fúria, raiva ▣ **causar f.** agradar muito; ter sucesso
fur.ta-cor *s.m.* **1** cor que se altera conforme a luz projetada sobre ela ■ *adj.2g.2n.* **2** dessa cor ◉ GRAM/USO pl. do s.m. *furta-cores*
fur.tar *v.* {mod. 1} *t.d. e t.d.i.* **1** (prep. *a, de*) apossar-se de (coisa alheia); roubar *<furtaram todo o dinheiro do cofre> <furtou-lhe suas melhores laranjas>* **2** (prep. *a, de*) fazer passar como seu (ideia, trabalho de outrem) *<o mestre furtou a pesquisa (a seu aluno)>* □ *t.d.,t.d.i. e pron.* **3** (prep. *a*) (fazer) ficar livre de (algo desagradável); fugir, evitar *<furtou o corpo (ao golpe fatal)> <modestamente, furtava-se aos elogios>*
fur.ti.vo *adj.* **1** discreto, rápido **2** que procura passar despercebido; oculto *<sorriso f.>* **3** sem licença oficial; clandestino
fur.to *s.m.* **1** ação de furtar; roubo **2** *p.ext.* o que foi furtado
fu.rún.cu.lo *s.m.* MED infecção bacteriana na pele que provoca um nódulo inflamado e doloroso ~ **furuncular** *adj.2g.* - **furunculose** *s.f.*
fu.sa *s.f.* MÚS **1** figura de ritmo que equivale à metade da semicolcheia **2** seu símbolo (𝅘𝅥𝅰)
fu.são [pl.: *-ões*] *s.f.* **1** ato ou efeito de fundir(-se) **2** FÍS passagem de uma substância ou mistura do estado sólido para o líquido **3** FÍS qualquer transformação em líquido pela ação do calor **4** DIR reunião de duas ou mais firmas ou sociedades para a formação de uma nova **5** *fig.* união decorrente de combinação ou interpenetração de seres e coisas; agregação ▣ **f. nuclear** FÍS reação nuclear em que núcleos atômicos se fundem formando outro mais pesado, porém de massa menor que a soma das massas iniciais, sendo a diferença liberada sob forma de energia
fus.ca ® *s.m. B infrm.* antigo automóvel Volkswagen de 1.200 ou 1.300 cilindradas ☞ inicial por vezes maiúsc.
fus.co *adj.* escuro, pardo
fu.se.la.gem [pl.: *-ens*] *s.f.* corpo principal do avião, onde se fixam as asas
fu.si.bi.li.da.de *s.f.* propriedade ou característica do que se funde

fu.sí.vel [pl.: *-eis*] *s.m.* ELETR peça de segurança colocada num circuito elétrico, que se funde e corta a corrente quando há sobrecarga

fu.so *s.m.* **1** pequena peça de madeira, roliça, pontiaguda nas extremidades, us. para fiar, torcer e enrolar o fio de trabalhos feitos na roca **2** peça na qual se enrola a corda do relógio ▣ **f. horário** cada uma das 24 faixas de 15° em que se divide longitudinalmente a superfície terrestre e dentro da qual a hora é a mesma ~ **fusiforme** *adj.2g.*

fu.so.lo.gi.a *s.f.* ASTR estudo de foguetes, mísseis etc. ~ **fusólogo** *adj.s.m.*

F

fus.tão [pl.: *-ões*] *s.m.* tecido de algodão, linho, seda ou lã, encorpado, com o avesso liso e o direito em relevo

fus.ti.gar *v.* {mod. 1} *t.d.* **1** bater com vara; açoitar **2** *fig.* fazer mal a; maltratar **3** *fig.* incitar, estimular ~ **fustigação** *s.f.* - **fustigante** *adj.2g.*

fu.te.bol [pl.: *-óis*] *s.m.* ESP jogo disputado em dois tempos de 45 minutos por duas equipes de 11 jogadores, que, sem usar braços e mãos (com exceção dos goleiros dentro da sua área), devem fazer entrar uma bola no gol do adversário ▣ **f. de botão** RECR jogo disputado sobre uma mesa ou tabuleiro, por duas pessoas, que reproduz as regras do futebol e utiliza 20 botões para representar as duas equipes e caixas de fósforos ou similares para os dois goleiros • **f. de salão** ESP futebol de quadra, com regras próprias, disputado por duas equipes de cinco jogadores; futsal • **f. totó** RECR jogo de bola disputado por duas pessoas numa caixa com 22 bonecos (dois times) acionados por varetas que os mantêm em suspensão; pebolim

fu.te.bo.lis.ta *adj.2g.s.2g.* **1** jogador de futebol **2** aficionado por futebol

fu.te.vô.lei *s.m.* ESP *B* esporte, jogado ger. na praia, em que os jogadores devem fazer a bola passar sobre a rede, usando pernas, pés, tronco e cabeça

fú.til [pl.: *-eis*] *adj.2g.s.2g.* **1** (o) que não tem importância; insignificante, superficial **2** que(m) não inspira confiança; leviano ~ **futilidade** *s.f.*

fu.tri.ca *s.f. infrm.* fofoca, intriga ~ **futriqueiro** *adj.s.m.* - **futriquice** *s.f.*

fu.tri.car *v.* {mod. 1} *int. infrm.* **1** trapacear nos negócios **2** fazer futrica; fuxicar, fofocar ☐ *t.d. e int. infrm.* **3** agir para prejudicar; atrapalhar ☐ *t.d. B infrm.* **4** provocar de modo impertinente; importunar

fut.sal [pl.: *-ais*] *s.m.* ESP futebol de salão

fu.tu.car *v.* {mod. 1} *t.d.* **1** introduzir o dedo ou objeto em (cavidade, orifício etc.); cutucar **2** sacudir levemente; cutucar **3** fuxicar ('mexer')

fu.tu.ris.mo *s.m.* movimento artístico do início do séc. XX que exalta a mudança, a velocidade, a máquina, as multidões e rejeita esp. o individualismo e o sentimentalismo da arte anterior a ele ☞ inicial maiúsc.

fu.tu.ris.ta *adj.2g.* **1** que sugere o futuro *<ideias f.>* **2** fora do comum; extravagante, excêntrico **3** relacionado com o Futurismo

fu.tu.ro *s.m.* **1** tempo que virá **2** conjunto de fatos relacionados a esse tempo; destino ■ *adj.* **3** que pertence a esse tempo *<gerações f.>*

fu.tu.ro.lo.gi.a *s.f.* estudo que trata das possibilidades futuras, levando em conta tendências manifestadas no presente ~ **futurólogo** *s.m.*

fu.tu.ro.so /ô/ [pl.: /ó/; fem.: /ó/] *adj.* que tem bom futuro; promissor

fu.xi.car *v.* {mod. 1} *t.d. e int. infrm.* **1** mexer intencionalmente em (algo), ger. causando desordem; remexer *<fuxicou todas as gavetas> <o gato passava o dia fuxicando>* ☐ *int. infrm.* **2** fazer intriga; futricar, fofocar ☐ *t.d. infrm.* **3** tocar em; bulir, mexer *<só fala fuxicando os outros>* **4** costurar com pontos largos; alinhavar

fu.xi.co *s.m. infrm.* **1** fofoca, mexerico **2** intromissão, indiscrição **3** *B* remendo malfeito **4** *B* saquinho de pano redondo e franzido, que depois é achatado, com a boca para cima, e unido a outros, us. em bolsas, roupas, colchas etc.

fu.xi.quei.ro *adj.s.m. B infrm.* que(m) faz intrigas; fofoqueiro

fu.zar.ca *s.f. B infrm.* **1** farra, folia **2** *p.ext.* bagunça, desordem ~ **fuzarquear** *v.int.*

fu.zil [pl.: *-is*] *s.m.* arma de fogo portátil de cano comprido

fu.zi.lar *v.* {mod. 1} *t.d.* **1** matar com fuzil ou outra arma de fogo **2** *fig.* assediar com muitas perguntas, impropérios etc.; importunar ☐ *t.d. e int.* **3** lançar de si (reflexos de luz) ~ **fuzilamento** *s.m.*

fu.zi.la.ri.a *s.f.* grande quantidade de tiros simultâneos de fuzil ou de qualquer arma de fogo; tiroteio

fu.zi.lei.ro *s.m.* soldado armado de fuzil ▣ **f. naval** MAR membro da infantaria da marinha de guerra

fu.zu.ê *s.m. B infrm.* **1** folia coletiva, festança **2** *p.ext.* briga, confusão

Gg

g *s.m.* **1** sétima letra (consoante) do nosso alfabeto ■ *n.ord. (adj.2g.2n.)* **2** diz-se do sétimo elemento de uma série *<casa G> <item 1g>* ☞ empr. após um substantivo ou numeral ▲ **3** de [2]*grama* ◉ GRAM/USO na acp. s.m., pl.: *gg*

Ga QUÍM símbolo de *gálio*

ga.bar *v.* {mod. 1} *pron.* **1** (prep. *de*) promover ou anunciar os próprios méritos e conquistas, reais ou falsos; vangloriar-se □ *t.d.* **2** enaltecer as qualidades de; louvar ~ **gabação** *s.f.* - **gabo** *s.m.*

ga.bar.di.na ou **ga.bar.di.ne** *s.f.* **1** pano de lã ou algodão, tecido em diagonal, us. na confecção de roupas **2** VEST capa de chuva feita desse tecido impermeabilizado

ga.ba.ri.tar *v.* {mod. 1} *t.d.* acertar todas as questões de (prova, avaliação)

ga.ba.ri.to *s.m.* **1** medida ou molde padrão a ser us. em obras, móveis, peças de roupa etc. **2** limite de altura imposto a edificações em certas áreas **3** *B* tabela com as respostas corretas de um exame, prova etc. **4** *fig. B* classe, categoria *<inteligência de alto g.>*

ga.ba.ro.la *adj.2g.s.2g.* que(m) se gaba dos próprios feitos ~ **gabarolice** *s.f.*

ga.bi.ne.te /ê/ *s.m.* **1** saleta isolada, para diversos usos **2** sala onde se trabalha; escritório **3** sala de trabalho dos ministros de Estado **4** conjunto de ministros de Estado; ministério **5** equipe de funcionários de um chefe de Estado, de um prefeito etc.

ga.bi.ru *adj.s.m. infrm.* **1** que(m) age com esperteza; malandro **2** que(m) é alegre, brincalhão; travesso **3** que(m) vive do dinheiro que ganha no jogo **4** conquistador de mulheres; mulherengo

ga.da.ma *s.f. TO C.-O.* muito gado reunido; rebanho, manada

ga.da.nha *s.f.* **1** colher grande de cabo comprido e concha funda **2** foice de cabo comprido; gadanho

ga.da.nhar *v.* {mod. 1} *t.d.* **1** cortar (feno) com gadanha **2** arranhar com as unhas ou gadanho ('ancinho') **3** agarrar com força, firmeza

ga.da.nho *s.m.* **1** garra de ave de rapina **2** *p.ext. B infrm.* unha, dedo, mão **3** espécie de ancinho com grandes dentes de ferro **4** gadanha ('foice')

ga.dí.deo *adj.s.m.* ZOO (espécime) dos gadídeos, família de peixes que inclui o bacalhau e o hadoque, espécies de grande valor comercial

ga.do *s.m.* conjunto de animais quadrúpedes domesticados (carneiros, cavalos, bois, cabritos etc.) criados para serem negociados ou para uso do dono; rebanho

ga.do.lí.nio *s.m.* QUÍM elemento químico us. como absorvedor de nêutrons em reatores nucleares, em materiais fluorescentes etc. [símb.: *Gd*] ☞ cf. *tabela periódica* (no fim do dicionário)

ga.é.li.co *s.m.* LING **1** grupo de línguas faladas pelo povo celta da Grã-Bretanha ou Irlanda, cujas línguas modernas são o irlandês e o escocês ■ *adj.* **2** relativo a esse povo ou a sua língua

ga.fa.nho.to /ô/ *s.m.* ZOO nome comum a diversos insetos terrestres, com longas pernas traseiras, us. para saltar, e que atacam plantações

ga.fe *s.f.* ato e/ou palavra involuntária, impensada, indiscreta, desastrada

ga.fi.ei.ra *s.f. B* **1** baile popular, com orquestra ao vivo **2** local onde ocorre esse baile

ga.fo.ri.na *s.f.* **1** cabelo em desalinho **2** topete ('tufo de cabelos')

ga.gá *adj.2g.s.2g.* que(m) apresenta debilidade mental e/ou física, em virtude da idade avançada; caduco

ga.go *adj.s.m.* que(m) gagueja; tartamudo

ga.guei.ra *s.f.* MED perturbação da fala, caracterizada por repetição de certas sílabas e/ou paradas involuntárias no início das palavras

ga.gue.jar *v.* {mod. 1} *t.d. e int.* **1** falar (algo) repetindo, interrompendo ou prolongando sílabas, palavras, letras; tartamudear □ *int.* **2** exprimir-se de maneira hesitante; vacilar ~ **gaguejo** *s.m.*

gai.a.col [pl.: *-óis*] *s.m.* → ***GUAIACOL***

gai.a.te.te /ê/ *s.m.* **1** pequeno gaiato **2** gaiato petulante ◉ GRAM/USO dim.irreg. de *gaiato*

gai.a.to *adj.s.m.* **1** (menino) travesso e vadio **2** (indivíduo) alegre e brincalhão ■ *adj.* **3** que diverte; cômico ◉ GRAM/USO dim.irreg.: *gaiatete* ~ **gaiatice** *s.f.*

gai.jin [pl.: *-ins*] *s.2g.* nome que os primeiros imigrantes do Japão davam aos brasileiros

[1]**gai.o** *adj.* **1** que revela alegria; jovial **2** de espírito sagaz; esperto **3** diz-se do verde-claro e vivo [ORIGEM: duv., talvez do fr. *gai* 'jovial, alegre']

[2]gai.o *s.m.* ZOO ave da família das gralhas e corvos, encontrada no Velho Mundo, do tamanho de uma pomba, e plumagem marrom-avermelhada com asas e cauda negras [ORIGEM: do lat.tar. *gāius* 'id.']

gai.o.la *s.f.* **1** armação de arame ou madeira us. para manter pássaros presos **2** prisão para feras; jaula **3** *B* barco fluvial a vapor com varandas, us. ger. para transporte de passageiros **4** *fig. infrm.* prisão

gai.pa.pa *s.f.* ZOO a fêmea do gaturamo

gai.ta *s.f.* **1** MÚS pequeno instrumento de sopro que se toca fazendo-o correr por entre os lábios; harmônica **2** *B infrm.* dinheiro

gai.ta.da *s.f. N. N.E. MG GO infrm.* risada ruidosa; gargalhada

gai.ta de fo.les [pl.: *gaitas de foles*] *s.f.* MÚS instrumento de sopro formado por um saco que se enche de ar, munido de tubos com palhetas e orifícios que se tampam com os dedos, para se produzir sons como de gaita

gai.tei.ro *s.m.* **1** tocador de gaita ■ *adj.* **2** folião, festeiro **3** vistoso, chamativo

gai.vo.ta *s.f.* ZOO ave marinha praiana, de plumagem ger. branca e com os dedos dos pés unidos por membranas

ga.jo *s.m. infrm.* pessoa cujo nome não se conhece ou se quer omitir; fulano

[1]ga.la *s.f.* **1** VEST traje us. em ocasiões solenes **2** festa solene **3** grande luxo, riqueza **4** vaidade exagerada **5** festa nacional [ORIGEM: duv., talvez do it. *gala* 'elegância, pompa']

[2]ga.la *s.f.* galadura [ORIGEM: regr. de *galar*]

ga.lã *s.m.* **1** homem belo, elegante, atraente **2** CINE RÁD TEAT TV personagem ou ator que representa heróis românticos

ga.lác.ti.co *adj.* relativo a galáxia

ga.la.du.ra *s.f.* **1** fecundação da fêmea **2** mancha na gema do ovo fecundado; gala

ga.la.lau *s.m. B infrm.* rapaz ou homem grande, alto

ga.la.li.te *s.f.* material plástico derivado da caseína ☞ marca registrada *Galalithe*, que passou a designar o seu gênero

ga.lan.ta.ri.a ou **ga.lan.te.ri.a** *s.f.* **1** ato de cortejar ou seu efeito; galanteio **2** coisa ou pessoa galante **3** atitude de graça e gentileza

ga.lan.te *adj.2g.* **1** que se destaca pela elegância, discrição etc. **2** amável com as mulheres **3** que revela certa malícia; picante ■ *s.2g.* **4** quem faz galanteios

ga.lan.te.ar *v.* {mod. 5} *t.d. e int.* **1** cercar de atenções e amabilidades; cortejar *<é um mestre na arte de g.>* □ *t.d.* **2** pôr adornos em; enfeitar ~ **galanteador** *adj.s.m.*

ga.lan.tei.o *s.m.* elogio sedutor; galantaria, corte

ga.lan.te.ri.a *s.f.* → ***GALANTARIA***

ga.lan.te.za /ê/ *s.f.* **1** elegância, discrição, graça **2** amabilidade, delicadeza para com as damas

[1]ga.lão [pl.: *-ões*] *s.m.* **1** tira de tecido bordado us. como enfeite, arremate etc. **2** tira dourada aplicada em fardas que indica a patente militar [ORIGEM: do fr. *galon* 'id.']

[2]ga.lão [pl.: *-ões*] *s.m.* **1** medida de capacidade para líquidos e cereais, equivalente a aprox. 4 litros **2** recipiente grande para líquidos [ORIGEM: do ing. *gallon* 'medida de capacidade']

ga.lar *v.* {mod. 1} *t.d.* fecundar (ave) [a fêmea]

ga.lar.dão [pl.: *-ões*] *s.m.* **1** recompensa por serviço valioso **2** *fig.* prêmio, homenagem

ga.lar.do.ar *v.* {mod. 1} *t.d.* dar prêmio ou galardão a, por serviço ou merecimento; premiar, recompensar

ga.lá.xia /cs/ *s.f.* ASTR **1** a Via Láctea ☞ inicial por vezes maiúsc. **2** sistema isolado no espaço cósmico, com estrelas, planetas, nebulosas, poeira, gases etc.

ga.lé *s.f.* HIST MAR **1** antiga embarcação comprida e estreita, movida a velas e remos ▼ ***galés*** *s.f.pl.* **2** pena dos condenados a remar nessa embarcação

ga.le.ão [pl.: *-ões*] *s.m.* MAR antiga embarcação a vela com quatro mastros, armada, us. no transporte de cargas valiosas

ga.le.go /ê/ *s.m.* **1** natural ou habitante da Galiza (Espanha) **2** LING língua românica, muito próxima do português, falada nessa região **3** *infrm.* estrangeiro, esp. louro **4** *B pej.* português, esp. o de mais baixo nível de cultura ☞ esta acp. resulta de antigo preconceito português contra estrangeiros, que no Brasil gerou outro preconceito, desta vez contra os próprios portugueses ■ *adj.* **5** relativo a essa região da Espanha e à língua ali falada

ga.le.na *s.f.* MINER mineral de chumbo, que ger. contém prata

ga.le.o.ta *s.f.* MAR **1** galé de no máximo 20 remos **2** barco comprido a remo, ger. us. para recreação

ga.le.ra *s.f.* **1** MAR antiga embarcação de guerra; galé **2** *B infrm.* qualquer grupo afim; turma

ga.le.ri.a *s.f.* **1** ARQ corredor largo e comprido com amplas janelas ou teto envidraçado **2** *p.ext.* local para exposição e venda de obras de arte **3** *p.ext.* coleção de obras de arte **4** *fig.* coleção de personalidades, ger. célebres *<a g. dos personagens de Monteiro Lobato>* **5** duto subterrâneo para esgoto e águas pluviais **6** corredor escavado para exploração de minérios **7** passagem escavada no solo por animais como tatus, formigas etc. **8** passagem que une uma rua a outra através de um edifício **9** pequeno centro comercial **10** nos teatros, conjunto de assentos situados no piso mais elevado ☞ tb. us. no pl. **11** o público que aí se acha instalado ☞ tb. us. no pl.

ga.le.to /ê/ *s.m. B* **1** frango novo, assado no espeto **2** estabelecimento onde se serve esse prato

gal.gar *v.* {mod. 1} *t.d.* **1** andar, correr rápido e a grandes passadas **2** andar por; percorrer **3** subir, trepar *<g. um muro>* **4** saltar por cima; transpor, pular *<galgou dois degraus>* **5** *fig.* transpor, superar *<g. etapas>* **6** atingir, alcançar *<já galgou os 40 anos>*

gal.go *s.m.* ZOO cão ágil, veloz, de pelagem curta, pernas compridas e corpo magro

ga.lha.da *s.f.* **1** par de chifres dos ruminantes **2** ramagem de árvores

ga.lhar.de.te /ê/ *s.m.* **1** MAR bandeira us. para sinalização **2** bandeira para enfeite de ruas ou de edifícios em ocasiões festivas **3** bandeira de pequenas dimensões

ga.lhar.di.a *s.f.* **1** garbo, elegância **2** *fig.* generosidade de alma **3** *fig.* bravura, coragem ~ **galhardo** *adj.*

ga.lhei.ro *adj.s.m.* ZOO *B* (veado) de chifres grandes

ga.lhe.ta /ê/ *s.f.* **1** frasco para servir azeite ou vinagre **2** cada vaso com água ou vinho us. na missa **3** instrumento de vidro us. em laboratórios químicos

ga.lhe.tei.ro *s.m.* suporte para frascos de azeite, vinagre etc.

ga.lho *s.m.* **1** ramo de árvore ou arbusto **2** *B infrm.* biscate **3** *B infrm.* confusão, briga **4** *B infrm.* situação difícil ◉ COL galhada ▣ **quebrar um g.** *B infrm.* ajudar a resolver uma dificuldade

ga.lho.fa *s.f.* **1** gracejo, brincadeira **2** zombaria explícita; deboche ~ **galhofeiro** *adj.s.m.*

ga.lho.far *v.* {mod. 1} *t.i. e int.* **1** (prep. *de*) zombar explicitamente de; debochar *<galhofa de tudo>* □ *int.* **2** andar na farra; farrear

ga.lhu.do *adj.* dotado de chifres

ga.li.cis.mo *s.m.* LING palavra ou expressão francesa us. em outra língua; francesismo

ga.li.leu [fem.: *galileia /éi/*] *adj.* **1** da Galileia, região norte da Palestina ■ *s.m.* **2** natural ou habitante dessa região

ga.li.ná.ceo *adj.s.m.* ZOO (espécime) dos galináceos, ordem de aves de bico pequeno, como galinhas, perus e faisões

ga.li.nha *s.f.* ZOO **1** fêmea do galo ■ *adj.2g.s.2g. B pej.* **2** que(m) varia de parceiros amorosos com frequência **3** que(m) é covarde, medroso ▣ **g. à cabidela** ou **de cabidela** CUL cabidela de galinha

ga.li.nha-d'an.go.la [pl.: *galinhas-d'angola*] *s.f.* ZOO galinha de plumagem cinzenta com pintas brancas, cabeça sem penas, muito colorida e com uma crista óssea dorsal, que, quando pia, parece dizer 'tô fraca'; estou-fraca

ga.li.nhei.ro *s.m.* **1** cercado onde se criam galinhas **2** *infrm.* nos teatros, última série de assentos, ger. localizada no pavimento superior; poleiro

ga.li.ni.cul.tu.ra *s.f.* criação de galinhas ~ **galinicultor** *adj.s.m.*

gá.lio *s.m.* QUÍM elemento químico us. em transístores, memórias de computador, telas de TV etc. [símb.: *Ga*] ☞ cf. *tabela periódica* (no fim do dicionário)

ga.lo [fem.: *galinha*] *s.m.* **1** ZOO ave de bico pequeno, crista vermelha e carnuda, asas curtas e largas, e rabo com longas penas coloridas, ger. erguidas em forma de arco **2** *infrm.* calombo causado por pancada na cabeça

ga.lo.cha *s.f.* VEST revestimento de borracha que se usava por cima dos sapatos ou das botas, para protegê-los da água

ga.lo.pan.te *adj.2g.* **1** que galopa **2** *fig.* que se desenvolve rapidamente *<inflação g.>*

ga.lo.par *v.* {mod. 1} *int.* **1** andar a galope; correr **2** *fig.* cavalgar o animal que anda a galope *<o rapaz galopava sorrindo>* □ *t.d. p.ext.* **3** percorrer (distância, espaço) montando animal a galope ~ **galopador** *adj.s.m.*

ga.lo.pe *s.m.* o passo mais rápido dos quadrúpedes, esp. de cavalos

gal.pão [pl.: *-ões*] *s.m.* construção coberta, ger. us. como depósito, abrigo para maquinaria etc.

gal.va.ni.zar *v.* {mod. 1} *t.d.* **1** recobrir (um metal) com outro para evitar oxidação **2** estimular por ação de corrente elétrica *<g. músculos>* ~ **galvanização** *s.f.* - **galvanizador** *adj.s.m.*

G

ga.ma *s.m.* **1** terceira letra do alfabeto grego (γ, Γ) ■ *s.f.* **2** *fig.* série, variedade de coisas, ideias, sensações etc.

ga.ma.do *adj. B infrm.* apaixonado

ga.mão [pl.: *-ões*] *s.m.* RECR **1** jogo de dados e tabuleiro especial, que envolve cálculo, disputado por dois jogadores **2** tabuleiro em que se disputa esse jogo

ga.mar *v.* {mod. 1} *t.i. e int. infrm.* (prep. *por*) ficar encantado; apaixonar-se *<gamou pelo livro>* *<viu a garota e gamou>* ~ **gamação** *s.f.*

gam.bá *s.2g.* **1** ZOO pequeno mamífero de pelagem preta, vermelha ou cinza, de hábitos noturnos, cujas fêmeas têm uma bolsa (marsúpio) para carregar e alimentar os filhotes; sariguê **2** *B infrm.* ébrio, beberrão

gam.bi.ar.ra *s.f.* **1** ELETR extensão elétrica de fio comprido, com uma lâmpada na extremidade, que pode ser movida para diversos locais dentro de certa área **2** *B infrm.* extensão puxada para furtar energia elétrica; gato **3** *B infrm.* série de lâmpadas ou refletores de iluminação **4** *B gír.* coisa malfeita ou feita sem capricho **5** *B gír.* recurso popular, criativo, para resolver algum problema

gam.bi.ra *s.f.* *TO C.-O. infrm.* **1** compra e venda ou barganha **1.1** *pej.* negócio escuso ~ **gambirar** *v.t.d. e int.* - **gambireiro** *s.m.*

[1]***game*** [ing.; pl.: *games*] *s.m.* ESP no jogo de tênis, cada uma das subdivisões (ger. seis) de um *set* [ORIGEM: do ing. *game* 'jogo'] ⇒ pronuncia-se guêime

[2]***game*** [ing.; pl.: *games*] *s.m.* RECR *video game* [ORIGEM: red. de *video game*] ⇒ pronuncia-se guêime

ga.me.la *s.f.* vasilha de madeira ou barro com diversos usos

ga.me.lei.ra *s.f.* BOT nome comum a árvores cuja madeira é us. para a confecção de gamelas e objetos domésticos

ga.me.ta /ê/ *s.m.* BIO célula reprodutora masculina ou feminina ~ **gamético** *adj.*

ga.me.tân.gio *s.m.* BIO célula que produz gametas

ga.na *s.f.* **1** grande apetite de algo **2** impulso, ímpeto ☞ freq. us. no pl. **3** desejo de fazer mal a alguém; ódio

ga.nân.cia *s.f.* **1** desejo ou ambição de ganho, de lucro **2** *fig.* ganho ilícito; usura ~ **ganancioso** *adj.*

gan.cho *s.m.* **1** haste recurvada us. para suspender pesos ou pendurar objetos **2** VEST *B* parte da calça em que se unem as duas pernas **3** ESP no boxe, soco que vem de baixo para cima **4** *B infrm.* recurso (ger. um acontecimento inesperado ou curioso) us. para prender a atenção do espectador, leitor, ouvinte etc. **5** *B infrm.* oportunidade, pretexto, brecha

gan.dai.a *s.f.* **1** malandragem, ócio **2** *fig.* vida de farrista; orgia

gan.dai.ar *v.* {mod. 1} *int.* **1** *fig.* levar vida desregrada, com maus costumes; farrear **2** *fig.* perder a seriedade, o comedimento; desmoralizar-se

gan.du.la *s.2g.* FUTB *B* indivíduo que pega e devolve a bola quando esta sai de campo

G

gan.ga *s.f.* **1** MINER parte que não se pode aproveitar de uma jazida ou filão **2** *p.ext.* conjunto de resíduos ou restos que não podem ser aproveitados

gan.gé.ti.co *adj.* relativo ao rio Ganges (Índia) ou às terras que o margeiam

gân.glio *s.m.* ANAT corpo arredondado de tamanho e estrutura variável; nodo, nódulo ▣ **g. linfático** ANAT pequeno corpo situado no trajeto de vasos linfáticos, responsável pelas defesas do organismo • **g. nervoso** ANAT pequeno tumor no trajeto de um nervo ~ **ganglionar** *adj.2g.*

gan.gor.ra /ô/ *s.f.* RECR *B* aparelho para diversão infantil formado por uma prancha apoiada sobre um eixo central, cujas extremidades se elevam, uma de cada vez, pelo impulso dos pés das crianças nelas sentadas

gan.gre.na *s.f.* **1** MED morte e apodrecimento dos tecidos em qualquer parte do organismo **2** *fig.* o que produz destruição ou degradação ~ **gangrenar** *v.t.d.,int. e pron.*

gângs.ter [pl.: *-es*] *s.m.* **1** membro do crime organizado **2** *fig.* indivíduo inescrupuloso e perigoso ~ **gangsterismo** *s.m.*

gan.gue *s.f.* **1** grupo de bandidos; quadrilha **2** *p.ext.* *B infrm.* turma, ger. de jovens; patota

ga.nha-pão [pl.: *ganha-pães*] *s.m.* trabalho ou instrumento de trabalho que garante a subsistência

ga.nhar *v.* {mod. 1} *t.d. e t.d.i.* **1** (prep. *de*) receber por merecimento, trabalho ou sorte *<ganhou uma bola (do pai)>* **2** *B infrm.* (prep. *de*) ser atingido por; receber, levar *<ganhou um beijo da mãe>* *<g. um tapa>* ☐ *t.d.* **3** tomar conta de; apoderar-se *<o sono ganhou o doente>* **4** passar a ter; adquirir *<g. fama>* **5** deixar de gastar (tempo); economizar *<indo pelo atalho, ganhou horas>* **6** trazer de volta; recuperar *<g. o tempo que perdeu>* **7** *infrm.* conquistar, seduzir *<g. uma garota>* **8** dar à luz (uma criança); parir ☐ *t.d. e int.* **9** sair vitorioso (em); vencer *<o promotor ganhou a causa>* *<seu time ganhou>* ◉ GRAM/USO part.: *ganhado, ganho* ~ **ganhador** *adj.s.m.*

ga.nho *adj.s.m.* (o) que se ganhou ◉ GRAM/USO part.irreg. de *ganhar*

ga.ni.do *s.m.* **1** grito de dor dos cães ou como o deles **2** *fig.* voz aguda, estridente

ga.nir *v.* {mod. 24} *int.* gemer (o cão), de dor, medo, sofrimento ◉ GRAM/USO verbo defectivo, ger. só us. nas 3ªs pessoas

gan.so *s.m.* ZOO ave com plumagem branca ou cinza e pescoço comprido, com espécies selvagens e uma doméstica, que é criada para consumo de sua carne e fígado

gan.zá *s.m.* MÚS cilindro de metal contendo sementes ou seixos us. como chocalho

ga.ra.gem [pl.: *-ens*] *s.f.* **1** lugar destinado a abrigar automóveis **2** oficina onde se consertam automóveis

ga.ra.gis.ta *s.2g.* *B* dono ou encarregado de garagem

ga.ra.nhão [pl.: *-ões*] *adj.s.m.* **1** ZOO (cavalo) destinado à reprodução **2** *fig.* (homem) mulherengo

ga.ran.ti.a *s.f.* **1** ato ou palavra que assegura o cumprimento de uma obrigação, promessa etc. **2** *p.ext.* documento que assegura a autenticidade ou a boa qualidade de um produto ou serviço **3** *p.ext.* período em que vigora esse documento ▣ **garantias constitucionais** DIR direitos, privilégios que a Constituição de um país confere aos cidadãos

ga.ran.tir *v.* {mod. 24} *t.d.* **1** assumir a responsabilidade por; afiançar *<g. uma entrega>* **2** obrigar-se por compromisso; prometer, jurar *<g. que chegará cedo>* ☐ *t.d. e t.d.i.* **3** (prep. *a*) tornar seguro, válido; assegurar *<as leis garantem o direito de greve (aos trabalhadores)>* **4** (prep. *a*) afirmar (algo) com certeza, segurança, dando-o como certo; asseverar *<garanto(-lhe) que ele virá>* ~ **garantidor** *adj.s.m.*

ga.ra.pa *s.f.* *B* **1** caldo da cana-de-açúcar **2** qualquer bebida açucarada

ga.ra.tu.ja *s.f.* **1** desenho ou letra malfeitos, pouco ou nada inteligíveis ☞ mais us. no pl. **2** trejeito do rosto ou corpo; careta ~ **garatujar** *v.t.d. e int.*

gar.bo *s.m.* **1** elegância na figura e no porte **2** brio, dignidade **3** distinção, perfeição ~ **garbosidade** *s.f.* - **garboso** *adj.*

gar.ça *s.f.* ZOO ave de pernas e dedos compridos, pescoço fino, bico longo e pontiagudo, que vive em pântanos ou charcos e se alimenta basicamente de peixes

gar.çom [pl.: *-ons*; fem.: *garçonete*] *s.m.* empregado que serve as pessoas em restaurantes, cafés, festas etc.

gar.ço.ne.te *s.f.* mulher que serve as pessoas em restaurantes, cafés, festas etc.

gar.dê.nia *s.f.* BOT arbusto de flores grandes e aromáticas, cultivado como ornamental, medicinal e pelas madeiras e frutos de que se extraem tinturas

ga.re *s.f.* estação de estrada de ferro

gar.fa.da *s.f.* porção de comida contida em um garfo

gar.far *v.* {mod. 1} *t.d.* **1** pegar, espetar com o garfo ('talher') **2** revolver com garfo ('instrumento') **3** *fig.* *gír.* roubar, lesar, prejudicar *<na divisão da herança, garfaram a tia>* *<o juiz garfou o meu time>*

gar.fo *s.m.* **1** talher de dois ou mais dentes que serve para espetar e levar o alimento à boca **2** instrumento da lavoura com essa forma; forcado **3** *B* pente com essa forma, próprio para cabelo muito crespo

gar.ga.lha.da *s.f.* risada forte, barulhenta e longa ~ **gargalhar** *v.int.*

gar.ga.lo *s.m.* **1** parte superior de uma garrafa, vasilha etc. com abertura estreita **2** *fig.* qualquer passagem muito estreita (de corredor, túnel etc.)

gar.gan.ta *s.f.* **1** ANAT parte interna do pescoço, por onde os alimentos passam da boca para o estômago **2** ANAT conjunto da laringe e da faringe **3** GEO passagem estreita, ladeada por duas montanhas; desfiladeiro ■ *adj.2g.s.2g.* **4** *infrm.* que(m) conta vantagem; fanfarrão

gar.gan.te.ar *v.* {mod. 5} *t.d. e int.* **1** variar tons com rapidez ao cantar *<g. um solfejo>* *<a soprano garganteia com perfeição>* □ *int.* **2** emitir trinados; gorjear ☞ nesta acp., só us. nas 3ªs p., exceto quando fig. **3** *B* contar vantagens; vangloriar-se ~ **garganteador** *adj.s.m.*

gar.gan.tei.o *s.m.* som melodioso; gorjeio, trinado

gar.gan.ti.lha *s.f.* colar ou ornato que é us. ajustado em torno do pescoço

gar.ga.re.jo /ê/ *s.m.* **1** movimento de agitação de um líquido na garganta **2** líquido us. nesse movimento **3** *infrm.* a primeira fila de um teatro, auditório etc. ~ **gargarejar** *v.t.d. e int.*

gár.gu.la *s.f.* **1** ARQ parte saliente das calhas de telhados, que escoa as águas da chuva para longe das paredes, antigamente ornada com figuras monstruosas de animais ou pessoas **2** *p.ext.* essa escultura de figura monstruosa us. como elemento decorativo

ga.ri *s.2g.* *B* varredor de rua

ga.rim.pa.gem [pl.: *-ens*] *s.f.* *B* **1** exploração artesanal de minerais preciosos com instrumentos rudimentares **2** *fig.* pesquisa minuciosa de palavras, textos etc.

ga.rim.par *v.* {mod. 1} *t.d. e int.* **1** extrair (metais, pedras preciosas), explorando garimpo □ *t.d. fig.* **2** procurar ou selecionar com cuidado, minúcia *<g. exemplos nos dicionários>* ~ **garimpeiro** *s.m.*

ga.rim.po *s.m.* *B* **1** lugar onde se exploram minerais preciosos **2** ofício, atividade, prática de garimpar

gar.ni.sé *adj.2g.s.2g.* **1** diz-se de ou galo de porte pequeno, pertencente a diversas raças **2** *fig.* *B* *infrm.* (indivíduo) pequeno e franzino, muito brigão

ga.ro.a /ô/ *s.f.* *B* chuva miúda e contínua; chuvisco ~ **garoar** *v.int.* - **garoento** *adj.*

ga.ro.ta.da *s.f.* grupo de garotos, de jovens

ga.ro.ti.ce *s.f.* **1** vida de garoto **2** atitude de garoto; criancice

ga.ro.to /ô/ *s.m.* criança do sexo masculino; menino ◉ COL garotada ▣ **g. de programa** jovem que se prostitui

ga.rou.pa *s.f.* ZOO peixe marinho de hábitos costeiros, encontrado sobre fundos rochosos ou de areia, apreciado como alimento

gar.ra *s.f.* **1** unha comprida, curva e pontiaguda de certas aves e mamíferos **2** *p.ext.* qualquer objeto com forma semelhante a essa, us. para prender, agarrar algo **3** *fig.* força de vontade, disposição **4** *fig.* domínio *<as g. da lei>*

gar.ra.fa *s.f.* **1** recipiente de gargalo e boca estreita us. para conter líquidos **2** a quantidade de líquido contido nesse recipiente ◉ COL garrafaria, garrafeira

gar.ra.fa.da *s.f.* *infrm.* **1** *B* beberagem vendida como remédio por curandeiros **2** o conteúdo líquido de uma garrafa **3** golpe dado com garrafa

gar.ra.fal [pl.: *-ais*] *adj.2g.* **1** que tem forma de garrafa **2** *fig.* grande e legível (diz-se de tipo de letra)

gar.ra.fão [pl.: *-ões*] *s.m.* **1** grande garrafa bojuda, ger. envolvida em palha ou vime **2** ESP no basquete, área sob a tabela, na qual o atacante não pode permanecer por mais de três segundos

gar.ra.fa.ri.a *s.f.* garrafeira ('coleção', 'lugar')

gar.ra.fei.ra *s.f.* **1** coleção de garrafas; garrafaria **2** lugar para guardar e envelhecer vinhos engarrafados; garrafaria **3** mulher que negocia com garrafas

gar.ra.fei.ro *s.m.* *B* **1** quem recolhe e/ou compra garrafas usadas **2** recipiente para guardar garrafas

gar.ran.cho *s.m.* *B* letra mal traçada, ilegível

gar.ri.do *adj.* **1** que tem graça; elegante **2** muito enfeitado **3** *fig.* vivo, alegre, animado **4** *fig.* que atrai atenções; vistoso

[1]**gar.ro.te** *s.m.* **1** torniquete ou faixa us. para estancar hemorragia **2** pequeno pedaço de pau us. para apertar a corda nos estrangulamentos de condenados [ORIGEM: do fr. *garrot* 'cacete; pedaço de madeira numa corda, para apertá-la']

[2]**gar.ro.te** *s.m.* bezerro de dois a quatro anos de idade [ORIGEM: duv., talvez do fr. *garrot* 'parte saliente do dorso de um quadrúpede']

gar.ru.cha *s.f.* *B* pistola que se carrega pela boca; bacamarte

ga.ru.pa *s.f.* **1** a anca dos animais de quatro patas **2** *p.ext.* lugar atrás do assento de bicicleta, motocicleta etc.

gás *s.m.* **1** FÍS substância fluida capaz de se expandir, ocupando todo o recipiente que a contém **2** *fig.* *infrm.* capacidade para suportar esforços; vigor **3** *fig.* *infrm.* entusiasmo, exaltação ▼ ***gases*** *s.m.pl.* **4** mistura, no tubo digestivo, de ar engolido e produtos voláteis da fermentação ▣ **g. carbônico** QUÍM substância (CO_2), gasosa, incolor, inodora, produzida pela respiração e pela queima de substâncias que contêm carbono; dióxido de carbono • **g. natural** gás encontrado em jazidas subterrâneas, associado ou não ao petróleo bruto • **g. nobre** QUÍM qualquer um dos seguintes gases: hélio, neônio, argônio, criptônio, xenônio e radônio • **g. pobre** QUÍM gás combustível, com alto teor de monóxido de carbono e hidrogênio, us. como combustível industrial barato

ga.se.i.fi.car *v.* {mod. 1} *t.d. e pron.* **1** (fazer) passar ao estado gasoso □ *t.d.* **2** acrescentar gás a *<g. uma bebida>* ~ **gaseificação** *s.f.*

ga.so.du.to *s.m.* canalização de gases naturais ou derivados de petróleo

ga.so.gê.nio *s.m.* **1** aparelho que transforma carvão vegetal ou madeira em gás pobre **2** o gás combustível assim produzido, us. como substituto da gasolina

ga.so.li.na *s.f.* QUÍM destilado do petróleo us. como combustível

ga.sô.me.tro *s.m.* **1** aparelho que mede a quantidade de gás numa mistura **2** reservatório de gás a ser distribuído para iluminação ou combustão **3** fábrica de gás

ga.so.so /ô/ [pl.: /ó/; fem.: /ó/] *adj.* que se apresenta no estado de gás; que contém gás

gas.pa.ri.nho ou **gas.pa.ri.no** *s.m. B* a menor fração de um bilhete de loteria

gas.tar *v.* {mod. 1} *t.d.,t.d.i. e int.* **1** (prep. *em*) fazer despesas (com); despender *<g. muito dinheiro (em roupas)>* *<gastava sem excessos>* □ *t.d. e pron.* **2** (fazer) sofrer desgaste por atrito; consumir(-se) *<g.(-se) a sola do sapato>* **3** (fazer) perder as forças, o vigor; enfraquecer(-se) □ *t.d. e t.d.i.* **4** (prep. *em, para*) fazer uso de; consumir; empregar, aplicar ◉ GRAM/USO part.: *gastado, gasto* ~ **gastador** *adj.s.m.* - **gastança** *s.f.*

gas.to *adj.* **1** que se gastou; gastado **2** desperdiçado **3** que se estragou; deteriorado **4** *fig.* que se encontra fraco, debilitado ■ *s.m.* **5** ato de gastar ou seu efeito; consumo **6** despesa; dispêndio **7** deterioração pelo tempo, pelo uso; desgaste ◉ GRAM/USO part.irreg. de *gastar*

gas.tral.gi.a *s.f.* MED dor no estômago

gas.tren.te.ri.te ou **gas.tro.en.te.ri.te** *s.f.* MED inflamação da mucosa do estômago e dos intestinos

gas.tren.te.ro.lo.gi.a ou **gas.tro.en.te.ro.lo.gi.a** *s.f.* MED especialidade médica que se dedica ao estudo do sistema digestório e de suas doenças ~ **gastrenterologista/gastroenterologista** *adj.2g.s.2g.*

gás.tri.co *adj.* relativo a estômago

gas.trin.tes.ti.nal [pl.: *-ais*] ou **gas.tro.in.tes.ti.nal** [pl.: *-ais*] *adj.2g.* relativo a estômago e a intestinos

gas.tri.te *s.f.* MED inflamação da mucosa do estômago

gas.tro.en.te.ri.te *s.f.* → ***GASTRENTERITE***

gas.tro.en.te.ro.lo.gi.a *s.f.* → ***GASTRENTEROLOGIA***

gas.tro.in.tes.ti.nal [pl.: *-ais*] *adj.2g.* → ***GASTRINTESTINAL***

gas.tro.no.mi.a *s.f.* **1** prática e conhecimentos da arte culinária **2** o prazer de apreciar pratos finos ~ **gastronômico** *adj.* - **gastrônomo** *s.m.*

gas.tró.po.de *adj.2g.s.m.* ZOO (espécime) dos gastrópodes, grande classe de moluscos encontrados na água doce, salgada ou em ambientes terrestres, e que inclui os caracóis, os caramujos e as lesmas

gas.tros.co.pi.a *s.f.* MED exame que permite explorar a mucosa do tubo digestivo (do esôfago ao duodeno) por meio de aparelhos

gas.tu.ra *s.f. B infrm.* **1** azia **2** sensação de vazio ou de bolo no estômago

ga.ta *s.f.* **1** a fêmea do gato **2** *infrm.* mulher muito atraente **3** *infrm.* namorada

ga.tar.rão [pl.: *-ões*] *s.m.* gato de tamanho grande ◉ GRAM/USO aum.irreg. de *gato*

ga.ti.lho *s.m.* **1** em arma de fogo, pequena peça que dispara o tiro **2** peça de metal que funciona como alavanca **3** *p.ext.* qualquer coisa que faz disparar um processo ou uma reação

ga.to *s.m.* **1** ZOO pequeno mamífero carnívoro, doméstico, da família dos felídeos **2** *fig.* indivíduo ligeiro, esperto **3** *infrm.* rapaz ou homem muito atraente **4** *B infrm.* ligação irregular para furtar energia elétrica ◉ GRAM/USO aum.irreg.: *gatarrão*

ga.to-do-ma.to [pl.: *gatos-do-mato*] *s.m.* ZOO felídeo de pequeno porte, ameaçado de extinção pela caça indiscriminada e pelo desmatamento

ga.to-pin.ga.do [pl.: *gatos-pingados*] *s.m. infrm.* cada um dos poucos presentes a reunião, espetáculo etc. ☞ mais us. no pl.

ga.to-sa.pa.to [pl.: *gatos-sapatos*] *s.m.* algo desprezível ▣ **fazer de g. 1** tratar (alguém) mal ou com desprezo **2** fazer o que quiser de (alguém)

ga.tu.na.gem [pl.: *-ens*] *s.f.* **1** ato de roubar **2** conjunto de gatunos **3** *p.ext.* a vida de gatuno; vadiagem

ga.tu.nar *v.* {mod. 1} *t.d. e int.* **1** agir como gatuno; roubar □ *int.* **2** levar vida desregrada; gandaiar

ga.tu.no *adj.s.m.* que(m) furta; ladrão ~ **gatunice** *s.f.*

ga.tu.ra.mo [fem.: *gaipapa*] *s.m.* ZOO pássaro de cauda curta, bico curto e grosso, dorso azul ou verde-escuro, com abdome ger. amarelo vivo

ga.u.ches.co /ê/ *adj.* relativo a gaúcho ('habitante do Rio Grande do Sul')

ga.ú.cho *adj.s.m.* **1** (habitante) da zona rural do Rio Grande do Sul e, por extensão, de todo o estado ■ *s.m.* **2** o habitante da zona rural (pampas) do Uruguai e da Argentina que se dedica à criação de gado **3** bom cavaleiro ■ *adj.* **4** do Rio Grande do Sul; rio-grandense-do-sul, sul-rio-grandense ◉ COL gauchada

gau.dé.rio *s.m.* **1** *N.E.* vadio, malandro **2** *RS* cão sem dono, que acompanha qualquer pessoa **3** *p.ext.* *RS* indivíduo sem abrigo, sem pouso certo

gáu.dio *s.m.* **1** alegria extremada; júbilo **2** *p.ext.* brincadeira, folia

gau.lês [pl.: *-eses*] *s.m.* **1** HIST indivíduo dos gauleses, povo celta que habitava a Gália, antigo país no território da França atual, que foi conquistado pelos romanos **2** LING língua céltica falada pelos antigos gauleses **3** *p.ext.* indivíduo nascido na França ■ *adj.* **4** relativo ou pertencente à Gália, aos gauleses ou à sua língua **5** *p.ext.* relativo a ou próprio da França e dos franceses

gá.vea *s.f.* MAR plataforma circular situada no alto do mastro de um navio

ga.ve.ta /ê/ *s.f.* compartimento encaixado num móvel (cômoda, mesa etc.), que desliza para dentro e para fora ~ **gaveteiro** *s.m.*

ga.vi.al [pl.: *-ais*] *s.m.* ZOO réptil semelhante ao crocodilo e ao jacaré que habita as bacias de rios da Índia; com até 6,5 m de comprimento e focinho muito longo e fino, alimenta-se esp. de peixes

ga.vi.ão [pl.: *-ões*; fem.: *gaviã, gavioa*] *s.m.* **1** ZOO ave de rapina, de bico curvo e garras afiadas, cosmopolita, que ger. se alimenta de presas vivas ou de animais mortos **2** LING língua falada pelos gaviões, povo indígena que vive em Rondônia ■ *adj.2g.s.2g.* **3** (indivíduo) dos gaviões

ga.vi.nha *s.f.* BOT estrutura fina como um fio, por meio da qual as plantas se ligam a outras ou a corpos vizinhos

gay [ing.; pl.: *gays*] *adj.2g.s.2g.* *infrm.* homossexual ⇒ pronuncia-se guêi

ga.ze *s.f.* **1** tecido fino e transparente, de seda ou algodão **2** bandagem de tecido leve de trama aberta, ger. esterilizada, us. em curativos, ataduras etc.

[1]**ga.ze.ar** *v.* {mod. 5} *t.d. e int.* ausentar-se de (aulas, escola, trabalho) para vadiar [ORIGEM: duv., talvez ligado a *gazetear*] ~ **gazeador** *adj.s.m.* - **gazeio** *s.m.*

[2]**ga.ze.ar** *v.* {mod. 5} *int.* soltar a voz (a garça, a andorinha etc.) ◉ GRAM/USO só us. nas 3ªs p., exceto quando fig. [ORIGEM: duv., talvez de origem onomatopaica] ~ **gazeio** *s.m.*

ga.ze.la *s.f.* ZOO pequeno antílope, de origem africana e asiática, de pernas longas, corpo esbelto e chifres espiralados

[1]**ga.ze.ta** /ê/ *s.f.* publicação periódica especializada, ger. em formato de tabloide [ORIGEM: do it. *gazzeta* 'jornal']

[2]**ga.ze.ta** /ê/ *s.f.* falta à aula ou ao serviço para vadiar [ORIGEM: desc.]

ga.ze.te.ar *v.* {mod. 5} *t.d. e int.* não comparecer a (aulas, escola, trabalho) para passear, vadiar

[1]**ga.ze.tei.ro** *adj.s.m.* **1** que(m) escreve em gazeta ('publicação') **2** que(m) espalha notícias infundadas; mentiroso [ORIGEM: [1]*gazeta* + *-eiro*]

[2]**ga.ze.tei.ro** *adj.s.m.* *B* que(m) costuma gazetear [ORIGEM: [2]*gazeta* + *-eiro*]

ga.zu.a *s.f.* ferro curvo us. para arrombar fechaduras

GB INF símbolo de *gigabyte*

Gd QUÍM símbolo de *gadolínio*

Ge QUÍM símbolo de *germânio*

gê *s.m.* nome da letra *g*

ge.a.da *s.f.* **1** fina camada branca formada por orvalho congelado **2** formação dessa camada

ge.ar *v.* {mod. 5} *int.* cair ou formar-se geada ◉ GRAM/USO verbo impessoal, exceto quando fig.

ge.co.ní.deo *adj.s.m.* ZOO (espécime) dos geconídeos, família cosmopolita de pequenos lagartos, conhecidos ger. como lagartixas

gêi.ser [pl.: *gêiseres*] *s.m.* fonte natural que, em intervalos regulares, esguicha do solo água quente e vapor

gel [pl.: *géis* e *geles*] *s.m.* **1** QUÍM substância de consistência intermediária entre o sólido ('maciço') e o líquido ('substância'), de aspecto elástico e relativa resistência **2** substância gelatinosa us. como fixador de cabelo

ge.la.dei.ra *s.f.* *B* móvel com um dispositivo produtor de frio, isolado para não alterar a temperatura, us. para conservar alimentos e outros itens; refrigerador

ge.la.do *adj.* **1** que se converteu em gelo; congelado **2** que ficou muito frio por causa da baixa temperatura **3** que causa sensação de frio **4** *p.ext.* com forte sensação de frio **5** *fig.* paralisado, petrificado

ge.lar *v.* {mod. 1} *t.d.,int. e pron.* **1** converter(-se) em gelo; congelar(-se) *<a queda de temperatura gelou o lago>* *<a água no tanque gelou(-se)>* □ *t.d. e int.* **2** tornar(-se) muito frio; esfriar(-se) *<é preciso g. os refrigerantes>* *<essa geladeira não gela bem>* **3** endurecer por causa do frio; solidificar(-se) *<a noite fria gelou a terra>* *<os brotos gelaram>* **4** *fig.* paralisar(-se) por espanto ou medo; petrificar(-se) *<as revelações gelaram a moça>* *<ao ver a onda, gelou>*

ge.la.ti.na *s.f.* **1** QUÍM proteína com aspecto de geleia us. na fabricação de alimentos, filtros, plásticos etc. **2** CUL doce feito com essa substância **3** FOT TEAT folha de papel-celofane colorido colocada sobre refletores para produzir efeitos na iluminação de palco, filmagens etc. ~ **gelatinizar** *v.t.d. e pron.* - **gelatinoso** *adj.*

ge.lei.a /éi/ *s.f.* doce pastoso feito de frutas cozidas em calda de açúcar

ge.lei.ra *s.f.* GEOL acúmulo de gelo que desce das montanhas para as encostas e vales ou recobre grandes áreas territoriais

ge.lha /ê/ *s.f.* **1** grão de cereal com defeito na formação, cuja película é enrugada **2** *p.ext.* ruga na pele, esp. do rosto

gé.li.do *adj.* **1** muito frio; gelado **2** *fig.* insensível, frio **3** *fig.* paralisado, petrificado

ge.lo /ê/ *s.m.* **1** água ou outro líquido solidificado pela ação do frio **2** *fig.* frio intenso **3** a cor da água congelada ■ *adj.2g.2n.* **4** que tem essa cor **5** diz-se dessa cor *<cor g.>* ▼ ***gelos*** *s.m.pl.* **6** GEOL grandes extensões geladas; geleira ▣ **dar um g.** *B infrm.* evitar (alguém) • **quebrar o g.** *fig.* iniciar conversa, pondo fim ao silêncio reinante

ge.lo-se.co [pl.: *gelos-secos*] *s.m.* gás carbônico em estado sólido, us. em refrigeração

ge.lo.si.a *s.f.* ARQ grade de ripas que protege janelas, portas e sacadas do calor, da luz etc.

ge.ma *s.f.* **1** parte amarela do ovo das aves e dos répteis **2** BOT botão, broto de uma planta **3** pedra preciosa ▣ **da g.** *fig.* genuíno; puro

ge.ma.da *s.f.* CUL porção de gemas de ovo batidas, ger. com açúcar e leite quente

ge.me.<u>dei</u>.ra *s.f.* **1** som alto de gemidos **2** *p.ext.* lamúria, lamentação

<u>gê</u>.meo *adj.s.m.* **1** (cada um dos filhos) que nasceu do mesmo parto ■ *adj.* **2** *p.ext.* igual ou muito semelhante *<almas g.>* ▼ ***gêmeos*** *s.m.pl.* **3** ASTR terceira constelação zodiacal, situada entre Touro e Câncer ☞ inicial maiúsc. **4** ASTRL terceiro signo do zodíaco (de 21 de maio a 21 de junho) ☞ inicial maiúsc.

ge.<u>mer</u> *v.* {mod. 8} *int.* **1** emitir sons lentos, chorosos *<o paciente gemia>* **2** soltar a voz (algumas aves, p.ex., a ema) **3** emitir ruído lento e monótono; ranger *<o portão gemia>* ☞ nestas duas acp., só us. nas 3ªs p., exceto quando fig. □ *t.d.* **4** dizer ou cantar em tom melancólico ~ **gemedor** *adj.s.m.*

G

ge.<u>mi</u>.do *s.m.* **1** voz chorosa de dor física ou moral **2** lamentação, queixa **3** canto de certas aves **4** som triste de alguns instrumentos musicais

ge.mi.<u>na</u>.do *adj.* **1** que se apresenta ligado; duplicado *<janelas g.>* **2** diz-se de cada uma de duas casas encostadas uma na outra **3** BOT que se dispõe aos pares (diz-se de órgão ou vegetal)

ge.mi.<u>nar</u> *v.* {mod. 1} *t.d.* **1** duplicar **2** agrupar em par, ligando; conjugar

ge.mi.ni.<u>a</u>.no *adj.s.m.* **1** ASTRL que(m) é do signo de Gêmeos ■ *adj.* **2** relativo a esse signo

gen.ci.<u>a</u>.na *s.f.* BOT planta ornamental, cultivada tb. pelo uso medicinal de suas raízes, ou para a produção de tintura, extraída de suas flores

gen.ci.a.<u>ná</u>.cea *s.f.* BOT espécime das gencianáceas, família de muitas ervas e alguns arbustos, cultivados como ornamentais, como medicinais ou pelas madeiras ~ **gencianáceo** *adj.*

<u>ge</u>.ne *s.m.* GEN unidade hereditária e genética do cromossomo que determina as características físicas e funcionais de um indivíduo

ge.ne.a.lo.<u>gi</u>.a *s.f.* **1** estudo que estabelece a origem de um indivíduo ou de uma família **2** conjunto de antepassados segundo uma linha de filiação **3** *p.ext.* estirpe, linhagem **4** *fig.* procedência, origem ~ **genealógico** *adj.* - **genealogista** *adj.2g.s.2g.*

ge.<u>ne</u>.bra *s.f.* aguardente de cereais aromatizada

ge.ne.<u>ral</u> [pl.: *-ais*] *s.m.* MIL *B* **1** no Exército, denominação comum a general de exército, general de divisão e general de brigada, os três mais altos postos logo abaixo de marechal **2** oficial que detém uma dessas patentes

ge.ne.ra.<u>la</u>.to ou **ge.ne.ra.<u>la</u>.do** *s.m.* MIL o posto de general

ge.ne.ral de bri.<u>ga</u>.da [pl.: *generais de brigada*] *s.m.* MIL **1** no Exército, posto que se situa logo abaixo do de general de divisão e imediatamente acima do de coronel ☞ cf. *general* **2** oficial que detém esse posto

ge.ne.ral de di.vi.<u>são</u> [pl.: *generais de divisão*] *s.m.* MIL **1** no Exército, posto que se situa logo abaixo do de general de exército e imediatamente acima do de general de brigada ☞ cf. *general* **2** oficial que detém esse posto

ge.ne.ral de e.<u>xér</u>.ci.to [pl.: *generais de exército*] *s.m.* MIL **1** posto que se situa imediatamente abaixo do de marechal e imediatamente acima do de general de divisão ☞ cf. *general* **2** oficial que detém esse posto

ge.ne.ra.li.<u>da</u>.de *s.f.* **1** característica do que abrange uma totalidade de coisas ou do que é considerado em toda a sua extensão **2** a maior parte ▼ ***generalidades*** *s.f.pl.* **3** princípios gerais; rudimentos **4** considerações sem ligação direta ao tema tratado

[1]**ge.ne.ra.<u>lís</u>.si.mo** *adj.* extremamente geral ◉ GRAM/USO sup.abs.sint. de *geral* [ORIGEM: do lat. *generalissimus,a,um* 'id.']

[2]**ge.ne.ra.<u>lís</u>.si.mo** *s.m.* comandante supremo de um exército [ORIGEM: *general* + *-íssimo*]

ge.ne.ra.li.za.<u>ção</u> [pl.: *-ões*] *s.f.* **1** vulgarização (de um uso, costume, método etc.) **2** ação de estender os resultados da observação de alguns casos ao conjunto dos casos possíveis **3** afirmação, lei, princípio, proposição de caráter geral

ge.ne.ra.li.<u>zar</u> *v.* {mod. 1} *t.d.,t.d.i. e pron.* (prep. *a*) tornar(-se) geral, comum a muitas pessoas, situações ou em muitos locais; propagar(-se), universalizar (-se) *<o alarme generalizou o pânico na multidão>* *<generalizou as críticas a todos os funcionários do setor>* *<o uso do celular generalizou-se>* ~ **generalizado** *adj.* - **generalizador** *adj.* - **generalizante** *adj.2g.*

ge.ne.ra.<u>ti</u>.vo *adj.* **1** relativo a geração **2** que tem a propriedade de gerar

ge.ne.ri.ca.<u>men</u>.te *adv.* **1** num sentido geral, mais abrangente **2** em termos vagos, imprecisos

ge.<u>né</u>.ri.co *adj.* **1** relativo a gênero **2** que abrange várias coisas; geral *<conceito g.>* **3** tratado em termos vagos, imprecisos *<deu uma explicação g. dos fatos>* ■ *s.m.* **4** medicamento genérico

<u>gê</u>.ne.ro *s.m.* **1** conjunto de espécies com a mesma origem ou as mesmas particularidades **2** *p.ext.* tipo, classe; estilo *<gosta desse g. de roupas>* **3** conjunto de características comuns de obras artísticas, literárias, cinematográficas etc. *<g. épico>* **4** BIO na classificação dos seres vivos, subdivisão da família, categoria que agrupa espécies relacionadas segundo a história da evolução e que se distinguem das outras por diferenças marcantes **5** GRAM categoria que classifica os nomes e os pronomes em masculino, feminino e neutro **6** SOC manifestação sociocultural da identidade sexual ▼ ***gêneros*** *s.m.pl.* **7** mercadorias, esp. agrícolas e comestíveis; víveres

ge.ne.ro.si.<u>da</u>.de *s.f.* **1** virtude daquele que se dispõe a sacrificar os próprios interesses em benefício de outro; magnanimidade **2** ato de bondade **3** atitude de quem é generoso, pródigo

ge.ne.<u>ro</u>.so /ô/ [pl.: /ó/; fem.: /ó/] *adj.* **1** que gosta de dar; bondoso **2** de caráter e sentimentos nobres **3** que tem fartura *<porção g. de arroz>* **4** que dá mais do que se espera ou é habitual

<u>gê</u>.ne.se *s.f.* **1** origem e desenvolvimento dos seres **2** *p.ext.* conjunto de fatos ou elementos que contribuem para produzir algo ■ *s.m.* **3** REL o primeiro livro da Bíblia, em que se acha descrita a criação do mundo ☞ inicial maiúsc. ~ **genésico** *adj.*

ge.né.ti.ca *s.f.* BIO MED ciência que estuda a hereditariedade, bem como a estrutura e as funções dos genes ~ **geneticista** *adj.2g.s.2g.*

ge.né.ti.co *adj.* **1** relativo a gênese **2** relativo a genética e a gene

gen.gi.bre *s.m.* BOT **1** erva cujo rizoma aromático é us. em xaropes, chás e na alimentação **2** o rizoma dessa erva

gen.gi.va *s.f.* ANAT tecido da mucosa bucal que envolve parte dos dentes e da maxila ~ **gengival** *adj.2g.*

gen.gi.vi.te *s.f.* MED inflamação da gengiva

ge.ni.al [pl.: *-ais*] *adj.2g.* **1** de extraordinária capacidade intelectual **2** *B infrm.* ótimo, formidável ~ **genialidade** *s.f.*

gê.nio *s.m.* **1** ser sobrenatural dotado de poderes mágicos **2** aptidão natural para algo; dom **3** extraordinária capacidade intelectual, criativa **4** pessoa que tem essa capacidade **5** temperamento; humor

ge.ni.o.so /ô/ [pl.: */ó/*; fem.: */ó/*] *adj.* que se irrita com facilidade

ge.ni.tal [pl.: *-ais*] *adj.2g.* **1** que se destina à procriação (diz-se de órgão) ▼ ***genitais*** *s.m.pl.* **2** os órgãos destinados à procriação

ge.ni.tá.lia *s.f.* ANAT conjunto dos órgãos sexuais

ge.ni.tor /ô/ [pl.: *-es*; fem.: *genitora*] *s.m.* ser que gera outro; pai, progenitor

ge.no.ci.da *adj.2g.* **1** relativo a genocídio ■ *adj.2g.s.2g.* **2** que(m) pratica ou ordena um genocídio

ge.no.cí.dio *s.m.* crime contra a humanidade, que consiste no extermínio de uma comunidade, grupo étnico, racial ou religioso

ge.no.ma *s.m.* GEN conjunto de todos os genes de uma espécie de ser vivo

ge.nó.ti.po *s.m.* GEN composição genética de um indivíduo ~ **genotípico** *adj.*

gen.ro [fem.: *nora*] *s.m.* o marido da filha, em relação aos pais desta

gen.ta.lha *s.f. pej.* conjunto das pessoas pertencentes às camadas mais baixas da sociedade; ralé

gen.te *s.f.* **1** multidão de pessoas; povo **2** o conjunto de habitantes de uma região, país etc.; povo **3** o ser humano **4** *B* grupo de pessoas com mesmo interesse, profissão, trabalho etc. **5** *B* a família **6** número indeterminado de pessoas

gen.til [pl.: *-is*] *adj.2g.* **1** *fig.* delicado, amável **2** *fig.* agradável, aprazível **3** de boa linhagem; nobre ◉ GRAM/USO sup.abs.sint.: *gentílimo*, *gentilíssimo*

gen.ti.le.za /ê/ *s.f.* **1** delicadeza, amabilidade, cortesia **2** ação nobre ou amiga **3** us. para falar da qualidade de quem é ou do que é gentil

gen.til-ho.mem [pl.: *gentis-homens*] *s.m.* homem nobre e distinto

gen.tí.li.co *adj.s.m.* **1** GRAM LING (nome) que designa o lugar em que alguém nasceu, habita ou de onde vem ■ *adj.* **2** relativo a gentio; pagão **3** não civilizado, selvagem

gen.ti.li.da.de *s.f.* paganismo

gen.ti.nha *s.f. pej.* **1** indivíduo de baixa condição social, econômica e/ou cultural **2** pessoa mesquinha, dada a intrigas **3** conjunto de pessoas com tais características

gen.ti.o *adj.s.m.* **1** que(m) não foi batizado; pagão **2** que(m) não é civilizado, selvagem

ge.nu.fle.xão /cs/ [pl.: *-ões*] *s.f.* ação de ajoelhar-se ~ **genuflectir** *v.t.d. e int.*

ge.nu.fle.xo /cs/ *adj.* que ajoelhou; ajoelhado

ge.nu.fle.xó.rio /cs/ *s.m.* nas capelas e oratórios, móvel com apoio para os braços e o livro de orações, onde se reza ajoelhado

ge.nu.í.no *adj.* **1** próprio, exato **2** legítimo, verdadeiro **3** sincero, franco (diz-se de pessoa, ou da expressão de sentimento ou pensamento) **4** sem alteração em sua fórmula; puro ~ **genuidade** *s.f.*

ge.o.cên.tri.co *adj.* ASTR **1** relativo ao centro da Terra **2** que tem o centro da Terra como ponto de referência (diz-se de qualquer sistema ou construção matemática) ☞ cf. *heliocêntrico*

ge.o.cen.tris.mo *s.m.* antiga teoria que afirmava que a Terra era o centro do sistema planetário em torno da qual todos os astros girariam ☞ cf. *heliocentrismo*

ge.o.de.si.a ou **ge.o.dé.sia** *s.f.* GEOL **1** subdivisão da geofísica que se ocupa da forma e das dimensões da Terra **2** arte ou técnica de medição e divisão das terras ~ **geodésico** *adj.*

ge.o.fa.gi.a *s.f.* MED mania de comer terra ou barro ~ **geófago** *adj.s.m.*

ge.o.fí.si.ca *s.f.* GEOL parte da geologia que estuda os fenômenos físicos que afetam a Terra, tais como gravidade, magnetismo etc. ~ **geofísico** *adj.s.m.*

ge.o.gra.fi.a *s.f.* **1** ciência que estuda a Terra e seus fenômenos físicos, biológicos e humanos ☞ inicial por vezes maiúsc. **2** conjunto das características geográficas de uma região ~ **geográfico** *adj.* - **geógrafo** *s.m.*

ge.oi.de /ói/ *s.m.* GEOL volume geométrico esférico, mas achatado nos polos, como a forma da Terra

ge.o.lo.gi.a *s.f.* GEOL **1** ciência que estuda a origem, história, vida e estrutura da Terra através de sua formação rochosa **2** conjunto de terrenos, rochas e fenômenos de que trata essa ciência **3** *p.ext.* estudo de formações rochosas de qualquer corpo celeste ~ **geológico** *adj.* - **geólogo** *s.m.*

ge.ô.me.tra *s.2g.* especialista em geometria

ge.o.me.tri.a *s.f.* GEOM parte da matemática que estuda as relações espaciais entre pontos, retas, curvas, superfícies e volumes

ge.o.mé.tri.co *adj.* **1** relativo a geometria **2** que apresenta traçados ou motivos retilíneos ou curvilíneos (linhas retas ou curvas, círculos, quadrados etc.)

ge.o.po.lí.ti.ca *s.f.* estudo da influência dos fatores econômicos, geográficos e demográficos sobre a política de um Estado ~ **geopolítico** *adj.*

ge.os.fe.ra *s.f.* GEOL a parte sólida da Terra

ge.o.so /ô/ [pl.: /ó/; fem.: /ó/] *adj.* em que há geada

ge.o.tec.no.lo.gi.a *s.f.* tecnologia que emprega conhecimentos de engenharia e geologia

ge.ra.ção [pl.: *-ões*] *s.f.* **1** produção, formação **2** procriação, concepção **3** *p.ext.* grau de filiação em linha direta **4** *p.ext.* descendência **5** *p.ext.* espaço de tempo (cerca de 25 anos) que separa cada grau de filiação **6** *p.ext.* conjunto de pessoas que têm mais ou menos a mesma idade **7** *fig.* cada fase sucessiva de um processo *<de última g.>*

ge.ra.dor /ô/ [pl.: *-es*] *adj.s.m.* **1** (o) que gera, produz ou procria ■ *s.m.* **2** ELETR aparelho que transforma energia mecânica em elétrica

ge.ral [pl.: *-ais*] *adj.2g.* **1** que abrange a totalidade ou a maioria de um conjunto **2** relativo às características universais, genéricas **3** tratado de forma superficial, sem se ater a detalhes; vago, impreciso ■ *s.m.* **4** comum, usual ■ *s.f.* **5** em estádios, circos, teatros etc., conjunto dos lugares mais baratos ◉ GRAM/USO sup.abs.sint.: *generalíssimo* ▣ **em g.** na maior parte das vezes, geralmente

ge.ral.men.te *adv.* **1** de modo genérico *<falo g., não caso a caso>* **2** na maior parte das vezes

ge.râ.nio *s.m.* BOT gênero de plantas de flores brancas, róseas ou violeta, cultivadas como ornamentais

ge.rar *v.* {mod. 1} *t.d.* **1** dar existência ou origem a **2** ser a causa ou a origem de; criar, produzir □ *pron.* **3** adquirir existência; nascer ~ **gerativo** *adj.*

ge.ra.triz [pl.: *-es*] *s.f.* **1** a que gera, origina **2** GEOM curva que, ao mover-se, origina uma superfície **3** GEOM reta que gera a superfície de um cone

ge.rên.cia *s.f.* **1** ato de gerir ou seu efeito; gerenciamento **2** função de gerente; administração, gestão **3** escritório onde o gerente exerce suas funções ~ **gerencial** *adj.2g.*

ge.ren.ci.ar *v.* {mod. 1} *t.d.* **1** dirigir (empresa, serviço etc.) na condição de gerente; administrar **2** INF organizar automaticamente (grupo de operações) ~ **gerenciamento** *s.m.*

ge.ren.te *adj.2g.s.2g.* que(m) administra negócios, bens ou serviços

ger.ge.lim [pl.: *-ins*] *s.m.* BOT planta originária de regiões tropicais e sua semente, oleosa e comestível

ge.ri.a.tra *s.2g.* MED especialista em geriatria

ge.ri.a.tri.a *s.f.* MED especialidade médica que trata das doenças ligadas ao envelhecimento ~ **geriátrico** *adj.*

ge.rin.gon.ça *s.f.* coisa malfeita, de estrutura frágil e funcionamento precário

ge.rir *v.* {mod. 28} *t.d.* exercer mando, ter poder de decisão sobre; administrar, dirigir

ger.mâ.ni.co *adj.* **1** da antiga Germânia, território que equivale, aproximadamente, à atual Alemanha **2** relativo às regiões de língua e civilização alemãs ■ *s.m.* **3** natural ou habitante daquela antiga região **4** LING ramo linguístico que compreende, entre outras línguas, o sueco, o alemão, o inglês e o holandês

ger.mâ.nio *s.m.* QUÍM elemento químico us. como semicondutor em transistores, díodos etc. [símb.: *Ge*] ☞ cf. *tabela periódica* (no fim do dicionário)

ger.ma.nis.mo *s.m.* **1** construção própria da língua alemã **2** imitação ou admiração de modos e costumes alemães

ger.ma.nis.ta *adj.2g.* **1** relativo a germanismo ■ *adj.2g.s.2g.* **2** especialista na língua ou na cultura germânica **3** que(m) tem afinidade com o germanismo

ger.ma.ni.zar *v.* {mod. 1} *t.d. e pron.* dar ou tomar aspecto ou característica própria do povo, da cultura, da língua alemã *<g. um bairro> <germanizou-se após morar em Berlim>* ~ **germanização** *s.f.*

ger.ma.no *adj.s.m.* (povo) da antiga Germânia (região da Europa Central)

ger.me ou **gér.men** [pl.: *germens* e *gérmenes*] *s.m.* BIO **1** estágio inicial do desenvolvimento de um organismo; embrião **2** microrganismo que causa doença; micróbio

ger.mi.ci.da *adj.2g.s.m.* (substância) que mata germes ('microrganismo')

ger.mi.nal [pl.: *-ais*] *adj.2g.* **1** BIO relativo a germe **2** *fig.* que está no início do desenvolvimento

ger.mi.nar *v.* {mod. 1} *int.* **1** começar a desenvolver-se (semente, bulbo etc.); brotar □ *t.d. e int. fig.* **2** (fazer) ter origem ou progresso; gerar, desenvolver(-se) *<g. o amor> <a paz vai g. ali>* ~ **germinação** *s.f.* - **germinativo** *adj.*

ge.ron.to.cra.ci.a *s.f.* **1** governo exercido por anciãos **2** grupo social dominante constituído por idosos ~ **gerontocrata** *s.2g.* - **gerontocrático** *adj.*

ge.ron.to.lo.gi.a *s.f.* MED estudo dos fenômenos relacionados ao envelhecimento humano ~ **gerontológico** *adj.* - **gerontologista** *adj.2g.s.2g.*

ge.rún.dio *s.m.* GRAM uma das formas nominais do verbo, formada, no port., pelo sufixo *-ndo* (p.ex., *vivendo*)

ges.so /ê/ *s.m.* **1** massa calcária us. em moldagens, rebaixamento de tetos, imobilização de fraturas etc. **2** *p.ext.* qualquer objeto moldado com essa massa

ges.ta.ção [pl.: *-ões*] *s.f.* **1** período entre a concepção e o parto **2** *fig.* fase de elaboração *<plano em g.>*

ges.tan.te *adj.2g.* **1** que carrega o embrião **2** em gestação ■ *s.f.* **3** mulher grávida

ges.tão [pl.: *-ões*] *s.f.* **1** administração **2** mandato político ▣ **g. ambiental** ECO condução e controle do uso de recursos naturais, com o objetivo de evitar, reduzir ou eliminar os danos ou problemas causados ao meio ambiente por ações humanas

ges.tar *v.* {mod. 1} *t.d.* **1** formar e sustentar (um filho) no próprio organismo **2** *fig.* planejar e criar (algo) *<g. uma ideia>*

ges.ta.tó.rio *adj.* **1** referente a gestação **2** *p.ext.* que pode ser conduzido

ges.ti.cu.lar *v.* {mod. 1} *int.* **1** fazer gestos, esp. ao falar □ *t.d. e int.* **2** expressar(-se) por gestos, mímica;

acenar <*g. uma saudação*> <*respondeu gesticulando*> ~ **gesticulação** *s.f.* - **gesticulador** *adj.s.m.*

ges.to *s.m.* **1** movimento do corpo, esp. mãos, braços e cabeça, para exprimir algo **2** maneira de se manifestar; atitude, ação

gi.ba *s.f.* corcunda

gi.bão [pl.: *-ões*] *s.m.* VEST **1** casaco curto **2** *B* casaco de couro us. pelos vaqueiros

gi.bi *s.m. B infrm.* **1** revista em quadrinhos **2** menino negro ▣ **não estar no g.** *fraseol. B infrm.* ser fora do comum

giga- *pref.* **1** do *SI*, simbolizado por *G*, mil milhões (de vezes a unidade indicada) <*gigagrama = mil milhões de gramas* [em numeração, mesmo que um bilhão]> **2** *fig.* INF para múltiplos binários, equivale a 2^{30} (1.073.741.824), valor freq. arredondado para um bilhão <*gigabaite, gigabite*>

gi.ga.bai.te *s.m.* INF aport. de *gigabyte*

gigabit [ing.; pl.: *gigabits*] *s.m.* INF múltiplo do *bit*, que vale 1.024 *megabits* [símb.: *Gb*] ⇒ pronuncia-se gigabit

gi.ga.bi.te *s.m.* INF aport. de *gigabit*

gigabyte [ing.; pl.: *gigabytes*] *s.m.* INF múltiplo do *byte*, que vale 1.024 *megabytes* [símb.: *GB*] ⇒ pronuncia-se gigabait

gi.gan.te *s.m.* **1** ser imaginário de tamanho descomunal **2** *p.ext.* homem muito alto e/ou muito corpulento **3** *fig.* homem notável ■ *adj.2g.* **4** enorme <*bolo g.*>

gi.gan.tes.co /ê/ *adj.* **1** enorme, imenso **2** *fig.* admirável, grandioso

gi.gan.tis.mo *s.m.* crescimento incomum de qualquer ser animal ou vegetal

gi.go.lô *s.m.* homem que é sustentado por sua amante ou que vive de mulher(es) prostituída(s); rufião

gi.le.te *s.f.* lâmina de barbear descartável ☞ marca registrada (*Gillette*) que passou a designar seu gênero

gim [pl.: *-ins*] *s.m.* aguardente de cereais

gim.nos.per.ma *s.f.* BOT espécime das gimnospermas, subdivisão do reino vegetal, cujas plantas têm sementes expostas, como o pinheiro ☞ cf. *angiosperma*

gi.na.si.al [pl.: *-ais*] *adj.2g.* relativo a ginásio

gi.ná.sio *s.m.* **1** grande área fechada com quadra(s) de esportes e/ou aparelhos de ginástica **2** antigo curso equivalente ao segundo ciclo do ensino fundamental

gi.nas.ta *s.2g.* quem pratica ginástica

gi.nás.ti.ca *s.f.* exercício físico que visa fortalecer e/ou dar maior elasticidade ao corpo ~ **ginástico** *adj.*

gin.ca.na *s.f.* RECR competição entre equipes que devem responder a perguntas e cumprir tarefas

gi.ne.ceu *s.m.* BOT órgão feminino das flores, constituído de ovário, estilete e estigma ☞ cf. *androceu*

gi.ne.co.lo.gi.a *s.f.* MED especialidade médica que cuida do aparelho reprodutor feminino ~ **ginecológico** *adj.* - **ginecologista** *adj.2g.s.2g.*

gi.ne.te /ê/ *s.m.* **1** cavaleiro hábil **2** cavalo de raça amestrado

gin.ga *s.f.* molejo, requebro de corpo

gin.gar *v.* {mod. 1} *t.d. e int.* andar, correr, dançar etc., balançando de um lado para o outro (o corpo, os quadris ou a cauda) <*o pato anda gingando o rabo*> ~ **gingado** *adj.s.m.*

gin.ja *s.f.* BOT fruto semelhante à cereja, ger. de sabor agridoce ou ácido, e esp. us. em doces, refrescos e bebidas

gin.jei.ra *s.f.* BOT árvore de flores brancas que produz a ginja

gíp.seo *adj.* fabricado com gesso

gi.ra *adj.2g.s.2g. B infrm.* que(m) é amalucado

gi.ra.fa *s.f.* **1** ZOO mamífero africano de pescoço muito longo e corpo amarelo com manchas avermelhadas ou castanhas **2** *pej.* indivíduo muito alto e/ou de pescoço comprido

gi.rân.do.la *s.f.* peça onde se encaixam foguetes para estourarem juntos

gi.rar *v.* {mod. 1} *t.d. e int.* **1** mover(-se) em torno de um eixo; rodar <*ela pegou a varinha e girou-a no ar*> <*a Terra gira*> ☐ *t.d.* **2** estar em torno de; circundar <*o muro gira todo o jardim*> ☐ *t.i.* **3** *fig.* (prep. *sobre*) concentrar-se em torno de; realizar-se <*a conversa girou sobre trabalho*> **4** (prep. *em, entre, por*) andar de um lado para outro; circular <*zangada, girava pela sala*> ☐ *int.* **5** dar um passeio sem rumo certo ~ **girante** *adj.2g.*

gi.ras.sol [pl.: *-óis*] *s.m.* BOT planta, de até 3 m de altura, e a sua flor amarela, cultivada como ornamental e para extração de óleo comestível

gi.ra.tó.rio *adj.* que gira

gí.ria *s.f.* LING vocabulário informal e próprio de um grupo social

gi.ri.no *s.m.* ZOO larva dos anuros, como sapo, rã, perereca

[1]**gi.ro** *s.m.* **1** movimento giratório em torno de um centro **2** ECON circulação de moeda ou títulos de crédito [ORIGEM: do lat. *gīrus,i* 'volta, circuito']

[2]**gi.ro** *s.m. infrm.* passeio curto [ORIGEM: regr. de *girar*]

gi.ros.có.pio *s.m.* dispositivo orientador us. em navegação ~ **giroscópico** *adj.*

giz [pl.: *-es*] *s.m.* bastão feito com pó de calcário, us. para riscar em quadro-negro, tecido etc.

gla.bro *adj.* sem pelo, barba ou penugem

gla.cê ou **gla.ce** *s.m.* CUL cobertura para bolos e doces feita com clara de ovo e açúcar batidos

gla.ci.a.ção [pl.: *-ões*] *s.f.* **1** transformação em gelo; congelamento **2** GEOL ação das geleiras na superfície da Terra

gla.ci.al [pl.: *-ais*] *adj.2g.* **1** relativo a gelo **2** frio como gelo; gélido **3** *fig.* que demonstra indiferença; impassível, frio

gla.ci.á.rio *adj.* **1** do gelo ou das geleiras **2** GEOL relativo à época glacial tb. chamada Plistocena

gla.di.a.dor /ô/ [pl.: *-es*] *s.m.* na Roma antiga, lutador que combatia contra feras e outros lutadores

glá.dio *s.m.* **1** espada curta de dois gumes **2** *p.ext.* luta, combate **3** *fig.* força física ou moral; poder

gla.mo.ro.so /ô/ [pl.: /ó/; fem.: /ó/] *adj.* que tem *glamour*; sedutor, atraente

glamour [ing.] *s.m.* encanto pessoal; magnetismo ◉ GRAM/USO essa palavra ger. não se usa no pl.; pronúncia corrente em port.: glamur ⇒ pronuncia-se glêmur

glan.de *s.f.* **1** BOT fruto do carvalho; bolota **2** ANAT cabeça do pênis

glân.du.la *s.f.* ANAT célula, tecido ou órgão que produz substâncias que são us. em outra parte do organismo (secreção) ou eliminadas (excreção) ▣ **g. mamária** ANAT mama

G

glan.du.lar [pl.: *-es*] *adj.2g.* **1** relativo a glândula **2** que tem forma de glândula

glau.co.ma *s.m.* MED doença caracterizada pelo aumento da pressão no interior do olho, podendo causar perda de visão

glau.co.ma.to.so /ô/ [pl.: /ó/; fem.: /ó/] *adj.s.m.* MED (o) que sofre de glaucoma

gle.ba *s.f.* **1** terreno adequado ao cultivo **2** terreno que contém minério

gli.ce.mi.a *s.f.* MED taxa de glicose no sangue

gli.ce.ri.na *s.f.* QUÍM substância obtida como subproduto da fabricação de sabão, us. como emoliente, solvente etc.

gli.cí.dio *s.m.* QUÍM composto orgânico constituído de carbono, hidrogênio e oxigênio

gli.co.se *s.f.* QUÍM açúcar presente no sangue e em plantas, e que se constitui na principal fonte de energia para os organismos vivos

glo.bal [pl.: *-ais*] *adj.2g.* **1** relativo ao globo terrestre; mundial **2** considerado por inteiro ~ **globalidade** *s.f.*

glo.ba.li.za.ção [pl.: *-ões*] *s.f.* **1** reunião num todo **2** propagação (de fenômeno local) no mundo inteiro **3** ECON processo de internacionalização dos mercados produtores e consumidores

glo.ba.li.zar *v.* {mod. 1} *t.d. e pron.* **1** reunir(-se) [elementos] num todo ou abordá-los em conjunto *<g. as reivindicações>* *<o debate custou a g.-se>* **2** tornar geral em alcance ou aplicação; universalizar(-se) *<g. uma medida socioeconômica>* **3** ECON (fazer) sofrer globalização ('processo') *<alguns países globalizaram suas economias>* *<muitas empresas crescem após globalizarem-se>*

glo.bo /ô/ *s.m.* **1** qualquer coisa de forma esférica ou redonda *<g. ocular>* **2** a Terra, o mundo ◉ GRAM/USO dim.irreg.: *glóbulo* ~ **globoso** *adj.*

glo.bu.lar [pl.: *-es*] *adj.2g.* **1** que tem forma de globo **2** relativo a glóbulo

glo.bu.li.na *s.f.* BIOQ qualquer das várias proteínas globulares presentes em tecidos animais e vegetais

gló.bu.lo *s.m.* **1** pequeno globo **2** BIOQ elemento em suspensão em líquidos orgânicos, como sangue, linfa ou leite ◉ GRAM/USO dim.irreg. de *globo* ▣ **g. branco** leucócito • **g. vermelho** hemácia

gló.ria *s.f.* **1** fama obtida por qualidades ou grandes feitos; celebridade **2** *p.ext.* pessoa ou obra famosa; motivo de orgulho **3** honra, orgulho **4** grande beleza; esplendor **5** REL beatitude celeste *<a eterna g.>*

glo.ri.ar *v.* {mod. 1} *t.d. e pron.* **1** cobrir(-se) de glória *<gloriaram os vencedores>* *<gloriou-se ao passar no concurso>* □ *pron.* **2** (prep. *de*) expressar orgulho exagerado de si mesmo; gabar-se *<gloriava-se de viajar muito>* **3** (prep. *em*) concentrar sua glória em *<g.-se nos filhos>*

glo.ri.fi.car *v.* {mod. 1} *t.d. e pron.* **1** cobrir(-se) de glória; notabilizar(-se) *<g. os revolucionários>* *<glorificou-se na luta pelos direitos humanos>* □ *t.d.* **2** proclamar a glória de; exaltar, celebrar *<g. o passado>* □ *pron.* **3** (prep. *com, de*) exprimir orgulho excessivo de si mesmo; gabar-se *<glorifica-se de falar quatro línguas>* ~ **glorificação** *s.f.* - **glorificante** *adj.2g.*

glo.ri.o.so /ô/ [pl.: /ó/; fem.: /ó/] *adj.* **1** coberto de glória; célebre, vencedor **2** que gera glória; honroso *<feito g.>*

glo.sa *s.f.* **1** nota explicativa **2** parecer negativo; desaprovação **3** LIT poema cujas estrofes se encerram com um verso do mote ~ **glosador** *adj.s.m.*

glo.sar *v.* {mod. 1} *t.d.* **1** explicar por glosa ('nota') **2** criticar, censurar **3** eliminar ou rejeitar (parte de texto, conta) **4** LIT desenvolver (mote) em verso

glos.sá.rio *s.m.* **1** vocabulário de termos de uma área específica **2** pequeno dicionário que, dentro de um livro, esclarece sobre termos nele usados ~ **glossarista** *adj.2g.s.2g.*

glo.te *s.f.* ANAT abertura triangular na parte mais estreita da laringe ~ **glótico** *adj.*

glu.tão [pl.: *-ões*; fem.: *glutona*] *adj.s.m.* que(m) come demais; guloso, comilão

glú.ten [pl.: *glutens* e *glútenes*] *s.m.* substância viscosa extraída de cereais, depois de eliminado o amido

glú.teo *s.m.* ANAT **1** cada um dos três músculos de cada nádega ■ *adj.* ANAT **2** próprio das nádegas

glu.ti.no.so /ô/ [pl.: /ó/; fem.: /ó/] *adj.* **1** que contém glúten ou é semelhante a ele **2** que gruda; viscoso

glu.to.na.ri.a *s.f.* voracidade por comer

gno.mo *s.m.* anão lendário, feio, de idade indefinida, que guarda tesouros no interior da Terra

gno.se *s.f.* **1** ciência, sabedoria **2** FIL REL conhecimento esotérico da verdade espiritual ~ **gnosiologia** *s.f.*

gnos.ti.cis.mo *s.m.* FIL REL doutrina, esp. de diversas seitas dos primeiros séculos do cristianismo, que acreditava que o caminho da libertação estava na gnose ~ **gnóstico** *adj.s.m.*

gnu *s.m.* ZOO antílope africano cuja cabeça se assemelha à dos bois

GO sigla do Estado de Goiás

go.dê *s.m.* **1** corte de tecido em que a parte inferior é mais larga do que a superior ■ *adj.2g.* **2** diz-se de roupa com esse corte

go.do /ô/ *adj.s.m.* (indivíduo) dos godos, antigo povo germânico ☞ cf. *ostrogodo, visigodo*

go.e.la *s.f.* parte anterior do pescoço; garganta

go.frar *v.* {mod. 1} *t.d.* marcar em relevo (papel, pano, couro etc.), sem usar ouro nem tinta, com texturas, desenhos, ornatos diversos ~ **gofrado** *adj.* - **gofragem** *s.f.*

go.go /ô/ *s.m.* **1** baba espessa que sai da boca de aves, esp. das galinhas **2** VET verminose que provoca essa baba ~ **gogoso** *adj.* - **goguento** *adj.*

go.gó *s.m. B infrm.* **1** pomo de adão **2** falsa promessa; mentira

gói *s.m.* entre os judeus, indivíduo que não é de origem judaica

goi.a.ba *s.f.* BOT fruta da goiabeira, de polpa branca ou rosada

goi.a.ba.da *s.f.* CUL doce de goiaba em pasta ou com consistência de corte

goi.a.bei.ra *s.f.* BOT arbusto ou árvore pequena, nativa de regiões tropicais das Américas, cujo fruto é a goiaba ◉ COL goiabal

goi.a.ni.en.se *adj.2g.* **1** de Goiânia (GO) ■ *s.2g.* **2** natural ou habitante dessa capital

goi.a.no *adj.* **1** de Goiás ■ *s.m.* **2** natural ou habitante desse estado

goi.va *s.f.* ferramenta utilizada para talhar madeira, metal ou pedra ~ **goivar** *v.t.d.*

gol /ô/ [pl.: *gols (fora do padrão)*] *s.m.* ESP **1** espaço entre traves, onde fica presa uma rede e deve entrar a bola para marcar ponto em jogos de futebol, polo etc.; meta **2** ponto feito quando a bola transpõe esse espaço; tento

go.la *s.f.* VEST parte da roupa junto ao pescoço ou que o circunda

go.le *s.m.* cada porção de líquido engolida de uma vez

go.le.a.da *s.f.* ESP *B* vitória com ampla diferença de gols

go.le.a.dor /ô/ [pl.: *-es*] *adj.s.m. B* (jogador ou time) que faz muitos gols numa partida ou campeonato

go.le.ar *v.* {mod. 5} *t.d. e int.* vencer com muitos gols a mais

go.lei.ro *s.m.* ESP jogador que defende o gol

gol.fa.da *s.f.* **1** vômito **2** porção de líquido que sai em jatos **3** jato de vento; sopro

gol.far *v.* {mod. 1} *t.d. e int.* **1** (fazer) sair ou correr em golfadas; jorrar **2** expelir golfadas (de); vomitar ☐ *t.d.* **3** emitir em abundância; expedir *<o sol golfava luz>*

gol.fe /ô/ *s.m.* ESP jogo em que, com um taco, se lança uma pequena bola maciça, fazendo-a entrar, com o menor número possível de tacadas, em buracos distribuídos num campo extenso ~ **golfista** *s.2g.*

gol.fi.nho *s.m.* **1** ZOO mamífero marinho de focinho alongado; delfim **2** ESP variação de nado borboleta em que o nadador imita os movimentos desse mamífero

gol.fo /ô/ *s.m.* GEO porção larga de mar que avança pela terra

gol.pe *s.m.* **1** movimento forte, rápido, inesperado **2** choque, contusão **3** *p.ext.* ferimento com corte **4** *fig.* manobra desleal; estratagema **5** *fig.* acontecimento infeliz; desgraça, choque ▣ **g. de Estado** POL tomada do poder pela força ~ **golpeamento** *s.m.*

gol.pe.ar *v.* {mod. 5} *t.d.* **1** aplicar socos, pancadas em; bater **2** ferir a golpes de instrumento cortante **3** *fig.* causar sofrimento, aflição a; angustiar

gol.pis.ta *adj.2g.s.2g.* **1** POL que(m) é favorável ou se envolve em golpe de Estado **2** enganador, vigarista

go.ma *s.f.* **1** BOT secreção viscosa expelida de certos vegetais **2** *B* polvilho de mandioca us. na feitura de tapiocas, mingaus, bolos etc. **3** *B* preparado de amido para encorpar a roupa e deixá-la esticada **4** *B* massa feita de água e farinha de trigo, us. para colar **5** *fig. B* elogio de si mesmo; presunção ▣ **g. de mascar** pastilha açucarada e de vários sabores, que permite mastigação prolongada; chicle, chiclete

go.ma-a.rá.bi.ca [pl.: *gomas-arábicas*] *s.f.* QUÍM resina extraída de certas árvores africanas, us. na indústria farmacêutica e alimentícia e na fabricação de cola do mesmo nome

go.ma-la.ca [pl.: *gomas-lacas* e *gomas-laca*] *s.f.* laca

go.mar *v.* {mod. 1} *t.d.* passar goma ('preparado') em; engomar

go.mo *s.m.* **1** cada divisão natural, em forma de meia-lua, da polpa da laranja, limão etc. **2** BOT parte entre dois nós da cana, do bambu etc.

[1]**go.mo.so** /ô/ [pl.: /ó/; fem.: /ó/] *adj.* **1** que produz goma **2** de consistência semelhante à da goma; viscoso [ORIGEM: *goma* + *-oso*]

[2]**go.mo.so** /ô/ [pl.: /ó/; fem.: /ó/] *adj.* disposto em ou que tem forma de gomos [ORIGEM: *gomo* + *-oso*]

gô.na.da *s.f.* ANAT nome genérico das glândulas sexuais que produzem os gametas

gôn.do.la *s.f.* **1** barco típico de Veneza (Itália), de fundo chato, comprido, estreito e impulsionado por um único remo na popa **2** em supermercados, estantes onde ficam expostas mercadorias

gon.do.lei.ro *s.m.* condutor de gôndola

gon.go *s.m.* MÚS instrumento de percussão constituído por um grande disco de metal que se toca com uma pesada baqueta acolchoada na ponta

gon.go.ris.mo *s.m.* LIT estilo marcado pelo uso de metáforas, palavras eruditas e referências clássicas ~ **gongórico** *adj.*

go.no.co.ci.a *s.f.* MED blenorragia ~ **gonocócico** *adj.*

go.no.co.co *s.m.* BIO bactéria causadora da gonorreia

go.nor.rei.a /éi/ *s.f.* MED *infrm.* blenorragia ~ gonorreico *adj.*

gon.zo *s.m.* dobradiça

go.rar *v.* {mod. 1} *t.d. e int.* **1** impedir ou não ocorrer a incubação (de ovo) **2** *fig.* (fazer) fracassar antes mesmo de iniciar; frustrar(-se) *<g. um plano> <a festa gorou>* ☐ *int.* **3** estragar, apodrecer (ovo) ~ **gorado** *adj.*

gor.do /ô/ *adj.* **1** que tem gordura **2** que contém gordura na composição; gorduroso, oleoso **3** *fig.* grande, avantajado ■ *s.m.* **4** quem tem muito tecido adiposo

gor.du.cho *adj.s.m.* que(m) é um pouco gordo

gor.du.ra *s.f.* **1** substância oleosa, animal e vegetal, us. na alimentação humana e de amplo uso industrial **2** tecido adiposo dos animais **3** característica de quem é gordo

gor.du.ro.so /ô/ [pl.: /ó/; fem.: /ó/] *adj.* **1** relativo a gordura **2** que tem excesso de gordura **3** oleoso, pegajoso

gor.go.le.jar *v.* {mod. 1} *t.d. e int.* **1** beber pelo gargalo, deixando o ar entrar na garrafa com ruído característico ☐ *int.* **2** soltar a voz (esp. peru, perdigão) ☞ nesta acp., só us. nas 3ªs p., exceto quando fig. ☐ *t.d.* **3** soltar (líquido) aos poucos, em golfadas ~ **gorgolejo** /ê/ *s.m.*

gor.go.mi.lo *s.m. infrm.* entrada do esôfago e laringe; goela ☞ tb. us. no pl.

gor.go.rão [pl.: *-ões*] *s.m.* **1** tecido encorpado de seda com relevos formando finos cordões, us. em cortinas, estofados, roupas etc. **2** fita desse tecido

gor.gu.lho *s.m.* ZOO caruncho ('besouro')

go.ri.la *s.m.* **1** ZOO grande macaco antropoide africano que vive esp. no chão e em bando **2** *fig. pej.* segurança ('indivíduo')

gor.je.ar *v.* {mod. 5} *int.* emitir som melodioso (ave canora); cantar ◉ GRAM/USO só us. nas 3ªs p., exceto quando fig.

gor.jei.o *s.m.* trinado ('som melodioso')

gor.je.ta /ê/ *s.f.* pequena gratificação em dinheiro a quem prestou algum serviço; propina

go.ro /ô/ *adj.* **1** choco, podre, gorado (diz-se de ovo) **2** *fig.* que falhou, não deu certo

go.ro.ro.ba *s.f. infrm.* **1** comida, boia **2** comida malfeita

gor.ro /ô/ *s.m.* VEST cobertura de cabeça, de tecido mole, maleável, ajustado à cabeça e sem aba

gos.ma *s.f.* **1** mucosidade viscosa expelida pela boca de alguns animais; gogo **2** *p.ext.* qualquer substância viscosa ~ **gosmento** *adj.*

gospel [ing.] *s.m.* MÚS canto característico dos cultos evangélicos da comunidade negra norte-americana ◉ GRAM/USO tb. se usa como adj.2g.2n.: música *gospel*, cantos *gospel* ⇒ pronuncia-se góspel

gos.tar *v.* {mod. 1} *t.i.* **1** (prep. *de*) achar saboroso; apreciar *<g. de camarão>* **2** (prep. *de*) achar agradável, prazeroso *<g. de música>* **3** (prep. *de*) nutrir amor, amizade ou simpatia por; amar, estimar *<g. dos pais>* **4** (prep. *de*) ser compatível com *<avencas não gostam de vento>* **5** (prep. *de*) julgar bom; aprovar *<o editor gostou da capa>* **6** (prep. *de*) ter hábito ou mania de; costumar *<g. de falar alto>* ☐ *pron.* **7** sentir amizade, simpatia ou amor mútuos *<eles se gostam muito>*

gos.to /ô/ *s.m.* **1** paladar ('sentido') **2** sabor *<g. de maçã>* **3** desejo de comer; apetite *<come com g.>* **4** preferência pessoal *<g. não se discute>* **5** estilo, moda ▣ **g. duvidoso** mau gosto, segundo quem o julga

gos.to.so /ô/ [pl.: /ó/; fem.: /ó/] *adj.* **1** de bom sabor **2** que dá ou mostra prazer *<risada g.>* **3** *fig. infrm.* atraente, sensual

gos.to.su.ra *s.f.* **1** iguaria saborosa; guloseima, pitéu **2** *infrm.* prazer, deleite

go.ta /ô/ *s.f.* **1** pequena porção de líquido que cai em forma de minúscula pera; pingo **2** *fig.* porção mínima de qualquer coisa *<uma g. de esperança>* **3** MED doença causada pelo ácido úrico que provoca dores nas articulações ◉ GRAM/USO dim.irreg.: *gotícula*

go.tei.ra *s.f.* **1** calha por onde escorre a água da chuva **2** brecha no teto por onde pinga água **3** a água que pinga dessa maneira

go.te.jar *v.* {mod. 1} *t.d. e int.* **1** (deixar) cair ou brotar em gotas; pingar ☐ *int.* **2** chuviscar ☞ nesta acp., só us. nas 3ªs p., exceto quando fig. ~ **gotejamento** *s.m.* - **gotejante** *adj.2g.*

gó.ti.co *adj.s.m.* ARQ ART.PLÁST HIST diz-se de ou estilo artístico e arquitetônico que predominou na Europa entre os séc. XII e XVI, notável esp. pela construção de catedrais, com arcos e abóbodas ogivais

go.tí.cu.la *s.f.* gota minúscula ◉ GRAM/USO dim.irreg. de *gota*

go.to /ô/ *s.m.* ANAT *infrm.* glote ▣ **cair no g.** causar engasgo ao ser engolido • **cair no g. de** *fig.* conquistar a simpatia de; cair nas graças de

gourmet [fr.; pl.: *gourmets*] *s.m.* quem conhece e aprecia bons pratos e vinhos ⇒ pronuncia-se gurmê

go.ver.na.dor /ô/ [pl.: *-es*] *adj.s.m.* **1** que(m) governa **2** DIR POL no Brasil, governante eleito de um estado da federação

go.ver.na.men.tal [pl.: *-ais*] *adj.2g.* referente a governo

go.ver.nan.ta *s.f.* **1** mulher que administra a casa alheia **2** mulher contratada para cuidar da educação de crianças em casa

go.ver.nan.te *adj.2g.s.2g.* que(m) governa

go.ver.nar *v.* {mod. 1} *t.d. e int.* **1** controlar a formulação e a administração da política (em); dirigir **2** ter poder de decisão (sobre); administrar ☐ *t.d.* **3** influenciar muito as ações, a conduta de; conduzir **4** controlar velocidade e direção de (montaria, veículo, máquina) ☐ *pron.* **5** tratar de seus próprios negócios e interesses **6** (prep. *por*) orientar-se, regular-se ~ **governabilidade** *s.f.* - **governável** *adj.2g.*

go.ver.nis.mo *s.m.* POL **1** exercício autoritário do poder **2** ideologia e prática dos governistas

go.ver.nis.ta *adj.2g.s.2g.* POL que(m) apoia o governo

go.ver.no /ê/ *s.m.* **1** administração, chefia **2** o poder executivo **3** regime político **4** permanência de um governante no cargo; gestão, mandato **5** direção, rumo *<barco sem g.>*

go.za.ção [pl.: *-ões*] *s.f. infrm.* gracejo que se faz sobre algo ou alguém; zombaria, chacota

go.za.do *adj.* **1** que se aproveitou, desfrutou **2** *infrm.* que causa riso; divertido, engraçado

go.za.dor /ô/ [pl.: *-es*] *adj.s.m.* brincalhão, gracejador

go.zar *v.* {mod. 1} *t.d. e t.i.* **1** (prep. *de*) possuir ou utilizar (algo prazeroso ou salutar); desfrutar, aproveitar *<g. (de) boa saúde>* □ *int. B* **2** atingir o orgasmo na relação sexual □ *t.d.,t.i. e int. B infrm.* **3** (prep. *com*) rir de ou fazer graça às custas de; caçoar, debochar

go.zo /ô/ *s.m.* **1** ação de gozar **2** estado de satisfação; prazer **3** posse ou uso de uma coisa *<o g. de um direito>* **4** *B* orgasmo

go.zo.so /ô/ [pl.: /ó/; fem.: /ó/] *adj.* **1** em que há gozo, satisfação **2** que denota prazer; contente

gra.ça *s.f.* **1** dádiva ou favor **2** nome de batismo **3** leveza de formas ou modos; elegância **4** ação engraçada ou divertida *<fazer g.>* **5** REL favor ou benefício concedido por Deus a um fiel, com ou sem a interferência de um santo ▼ ***graças*** *s.f.pl.* **6** agradecimento *<dar g. a Deus>* ▣ **graças a** por causa de, com o auxílio de • **de g.** sem pagar

gra.ce.jar *v.* {mod. 1} *int.* **1** dizer coisas engraçadas *<ela está sempre a g.>* □ *t.d. e t.i.* **2** (prep. *com*) falar por brincadeira ou zombaria (com); gozar *<g. uma tolice> <gosta de g. com os amigos>* ~ **gracejador** *adj.s.m.*

gra.ce.jo /ê/ *s.m.* dito engraçado, espirituoso ou irônico

grá.cil [pl.: *-eis*] *adj.2g.* **1** fino, delicado **2** elegante, gracioso ~ **gracilidade** *s.f.*

gra.ci.o.so /ô/ [pl.: /ó/; fem.: /ó/] *adj.* **1** que tem encanto, delicadeza **2** engraçado, jovial **3** gratuito, grátis **4** que concede graças, favores ~ **graciosidade** *s.f.*

gra.ço.la *s.f. infrm.* piada ou dito de mau gosto

gra.da.ção [pl.: *-ões*] *s.f.* mudança ou passagem gradual

gra.da.ti.vo *adj.* que aumenta ou diminui pouco a pouco

gra.de *s.f.* **1** armação de barras paralelas ou cruzadas para proteger ou vedar **2** *p.ext.* traçado de linhas verticais e horizontais com espaçamento uniforme **3** quadro esquemático que resume um conjunto de informações *<g. de horários>* **4** *B* engradado

gra.de.a.do *adj.* **1** que tem grades ■ *s.m.* **2** gradeamento

gra.de.a.men.to *s.m.* conjunto de grades para vedar parques, pátios, janelas; gradeado

gra.de.ar *v.* {mod. 5} *t.d.* fechar, cercar ou enfeitar com grades

gra.dil [pl.: *-is*] *s.m.* grade baixa; cerca

gra.do *s.m.* vontade, desejo ▣ **de bom g.** com boa vontade *<aceitou de bom g. a sugestão>*

gra.du.a.ção [pl.: *-ões*] *s.f.* **1** disposição em graus; gradação **2** posição na hierarquia social; classe, categoria **3** curso universitário; faculdade

gra.du.al [pl.: *-ais*] *adj.2g.* **1** que cresce ou diminui por grau **2** que se dá passo a passo; gradativo

gra.du.ar *v.* {mod. 1} *t.d.* **1** dividir em ou marcar os graus **2** aumentar ou diminuir de forma progressiva a quantidade ou intensidade de; dosar **3** adaptar (objeto) às características dos usuários *<g. o encosto da poltrona>* **4** dispor em graus, por certos critérios; pontuar *<g. os trabalhos do concurso>* **5** MIL nas forças armadas, conferir grau honorífico a □ *t.d. e pron.* **6** conferir ou receber grau de ensino superior; diplomar(-se) *<a primeira turma graduou 25 estudantes> <graduou-se ontem>* ~ **graduador** *adj.s.m.*

gra.far *v.* {mod. 1} *t.d.* **1** representar (linguagem) por sinais gráficos; escrever **2** escrever (palavra), optando por certa grafia *<g. Luiz com z>*

gra.fi.a *s.f.* GRAM LING **1** representação escrita de uma palavra, de um texto **2** cada uma das formas com que se pode grafar um termo (inclusive as consideradas incorretas)

grá.fi.ca *s.f.* local onde se fazem trabalhos impressos; tipografia

grá.fi.co *adj.* **1** relativo a ou representado por linhas, figuras, letras, sinais **2** relativo às artes gráficas ■ *s.m.* **3** esquema visual de dados; diagrama **4** quem trabalha em gráfica

grã-fi.na.gem [pl.: *grã-finagens*] ou **gran.fi.na.gem** [pl.: *-ens*] *s.f.* o grupo dos grã-finos, a alta sociedade

grã-fi.no [pl.: *grã-finos*] ou **gran.fi.no** *adj.s.m.* **1** que(m) vive com luxo ■ *adj.* **2** relativo a esse modo de vida ◉ COL grã-finagem/granfinagem

gra.fi.ta *s.f.* QUÍM variedade de carbono, us. na fabricação de lápis, elétrodos e como lubrificante

[1]**gra.fi.tar** *v.* {mod. 1} *t.d.* transformar em grafita *<g. carbono>* [ORIGEM: *grafita* + [2]*-ar*]

[2]**gra.fi.tar** *v.* {mod. 1} *t.d.* fazer [2]grafite em *<g. um muro>* ☞ cf. *pichar* [ORIGEM: [2]*grafite* + [2]*-ar*]

[1]**gra.fi.te** *s.f.* bastão de grafita us. em lápis e lapiseiras [ORIGEM: do al. *Graphit* 'grafita']

[2]**gra.fi.te** *s.m.* escrito ou desenho artístico sobre rochas, paredes, monumentos etc., ger. feito com tinta *spray* ☞ cf. *pichação* [ORIGEM: do it. *graffitto* 'desenho ou escrita feita sobre pedra']

gra.fi.tei.ro *s.m.* quem faz grafites ('escrito ou desenho')

gra.fo.lo.gi.a *s.f.* **1** estudo geral da escrita e seus sistemas **2** estudo da caligrafia de uma pessoa para investigar sua personalidade ~ **grafológico** *adj.* - **grafologista** *s.2g.* - **grafólogo** *s.m.*

gra.lha *s.f.* **1** ZOO ave da família dos corvídeos que vive em bando e tem voz estridente **2** *p.ext.* pessoa que fala muito; tagarela

gra.lhar *v.* {mod. 1} *int.* **1** soltar a voz (p.ex., a gralha) ☞ só us. nas 3as p., exceto quando fig. **2** *fig.* falar muito; tagarelar □ *t.d. e int. fig.* **3** falar de modo confuso, com má dicção *<gralhou (umas desculpas) e saiu>*

[1]**gra.ma** *s.f.* BOT erva gramínea cultivada para cobrir jardins ou como forragem [ORIGEM: de um lat. **gramma* 'id.']

[2]**gra.ma** *s.m.* FÍS unidade de medida de massa, equivalente a 0,001 kg [símb.: *g*] [ORIGEM: do gr. *grámma,atos* 'sinal gravado, letra']

G

gra.ma.do *adj.s.m.* **1** (terreno) coberto de grama ■ *s.m.* ESP *B* **2** campo de futebol

[1]**gra.mar** *v.* {mod. 1} *t.d. infrm.* **1** ser atingido por (pancada, surra etc.) *<gramou uns tapas nas costas>* **2** *fig.* sofrer, aturar (mal físico ou moral) *<gramou a derrota sem reclamar>* **3** *B* caminhar, andar (certa distância, caminho etc.) *<ele teve que g. um bom pedaço até a sua casa>* [ORIGEM: desc.]

[2]**gra.mar** *v.* {mod. 1} *t.d.* cobrir de grama (terreno, jardim etc.) [ORIGEM: [1]*grama* + [2]*-ar*]

gra.má.ti.ca *s.f.* **1** LING estudo e descrição de como uma língua funciona e das regras que a fazem funcionar **2** GRAM conjunto de regras que determinam o uso considerado correto de uma língua *<redija conforme a g. recomenda>* **3** livro que contém essas regras

gra.ma.ti.cal [pl.: *-ais*] *adj.2g.* **1** referente a gramática **2** próprio da estrutura de uma língua

gra.má.ti.co *s.m.* quem estuda ou escreve gramática

gra.mí.nea *s.f.* BOT espécime das gramíneas, família de plantas ger. perenes (como as gramas), lenhosas e arbóreas (como os bambus), de distribuição mundial, com várias espécies cultivadas para a alimentação, como o trigo, o arroz e o milho, e inúmeras cultivadas para forragem ou para construção, mobiliário etc. ~ **gramíneo** *adj.*

gra.mo.fo.ne *s.m.* antigo aparelho para reproduzir sons gravados em discos

gram.pe.a.dor /ô/ [pl.: *-es*] *s.m.* instrumento para grampear papéis, tecidos etc.

gram.pe.ar *v.* {mod. 5} *t.d.* **1** prender com grampos **2** *B infrm.* interceptar com grampo as ligações de (linha telefônica, pessoa, instituição) ~ **grampeamento** *s.m.*

gram.po *s.m.* **1** haste que aperta ou segura peças nas quais se trabalha **2** peça de ferro que une dois blocos de pedra numa construção **3** peça metálica fina us. para prender folhas de papel, tecidos etc. **4** *B* prendedor de cabelo feito de arame dobrado **5** *B infrm.* dispositivo para escuta secreta de ligações telefônicas

gra.na *s.f. B infrm.* dinheiro

gra.na.da *s.f.* **1** bomba portátil que pode conter explosivo ou componentes químicos **2** MINER pedra de cor avermelhada escura us. como adorno e na fabricação de relógios

gran.de *adj.2g.* **1** de dimensões ou quantidade acima da média **2** intenso, excessivo **3** crescido, adulto **4** notável, eminente **5** principal, primordial ■ *s.2g.* **6** pessoa rica, influente **7** empresa que se destaca num setor ◉ GRAM/USO comp.super.: *maior*; comp.inf.: *menor*; sup.abs.sint.: *grandíssimo, grandessíssimo, máximo*

gran.des.sís.si.mo *adj.* no mais alto grau; grandíssimo ◉ GRAM/USO sup.abs.sint. de *grande*

gran.de.za /ê/ *s.f.* **1** característica do que é grande; amplidão, extensão **2** nobreza de sentimentos **3** MAT o que pode sofrer variação e ser medido *<a g. de um ângulo>*

gran.di.lo.quên.cia /qü/ *s.f.* modo pomposo e rebuscado de se expressar ~ **grandiloquente** *adj.2g.*

gran.dí.lo.quo *adj.* **1** que se expressa com grandiloquência; grandiloquente **2** que se caracteriza pela grandiloquência; grandiloquente

gran.di.o.so /ô/ [pl.: /ó/; fem.: /ó/] *adj.* **1** muito grande; gigantesco **2** extraordinário **3** nobre, distinto ~ **grandiosidade** *s.f.*

gran.dís.si.mo *adj.* grandessíssimo ◉ GRAM/USO sup.abs.sint. de *grande*

gra.nel [pl.: *-éis*] *s.m.* celeiro ▣ **a g. 1** sem embalagem ou acondicionamento (diz-se de mercadoria) **2** em grande quantidade

gran.fi.na.gem [pl.: *-ens*] *s.f.* → ***GRÃ-FINAGEM***

gran.fi.no *adj.s.m.* → ***GRÃ-FINO***

gra.ni.for.me *adj.2g.* em forma de grão ('partícula')

gra.ni.to *s.m.* MINER rocha de textura granular, composta de quartzo, feldspato alcalino e micas ~ **granítico** *adj.*

gra.ní.vo.ro *adj.* que come grãos e sementes

gra.ni.zo *s.m.* **1** precipitação atmosférica na forma de pequenos fragmentos de gelo; saraiva **2** esse fragmento

gran.ja *s.f.* pequena propriedade rural em que se explora uma atividade agrícola, ger. criação de aves

gran.je.ar *v.* {mod. 5} *t.d. e t.d.i.* **1** (prep. *a, para*) obter com esforço, trabalho; conseguir *<g. distinções> <com as vendas, granjeava o sustento à família>* **2** (prep. *a, para*) receber por merecimento; conquistar, atrair *<g. amigos> <sua franqueza granjeou-lhe a confiança do diretor>* □ *t.d.* **3** cultivar (a terra) ~ **granjeador** *adj.s.m.*

gran.jei.o *s.m.* **1** cultivo da terra **2** colheita de produtos agrícolas **3** *fig.* lucro, ganho de qualquer trabalho

gran.jei.ro *s.m.* dono ou empregado de granja

gra.nu.la.do *adj.* **1** reduzido a grânulos ■ *adj.s.m.* **2** (substância) que se apresenta sob a forma de grânulos

[1]**gra.nu.lar** *v.* {mod. 1} *t.d.* **1** dar forma de grânulos a **2** reduzir a grânulos; fragmentar [ORIGEM: *grânulo* + [2]*-ar*] ~ **granulação** *s.f.* - **granulagem** *s.f.*

[2]**gra.nu.lar** [pl.: -*es*] *adj.2g.* **1** em forma de grânulos **2** formado por grânulos ou grãos [ORIGEM: *grânulo* + [1]*-ar*]

grâ.nu.lo *s.m.* pequeno grão ◉ GRAM/USO dim.irreg. de *grão*

gra.nu.lo.so /ô/ [pl.: /ó/; fem.: /ó/] *adj.* **1** que tem grânulos **2** de superfície áspera ~ **granulosidade** *s.f.*

[1]**grão** [pl.: -*ãos*] *s.m.* **1** BOT fruto ou semente de certos cereais e plantas, como o feijão, o trigo etc. **2** partícula **3** *fig.* pequena parcela de algo [ORIGEM: do lat. *grānum,i* 'grão, semente']

[2]**grão** [pl.: -*ãos*; fem.: *grã*] *adj.* grande [ORIGEM: f. apocopada de *grande*]

grão-de-bi.co [pl.: *grãos-de-bico*] *s.m.* BOT **1** planta leguminosa de vagens cilíndricas e sementes amarelas arredondadas **2** a semente dessa planta, us. na alimentação humana

grão-du.ca.do [pl.: *grão-ducados*] *s.m.* país governado por grão-duque

grão-du.que [pl.: *grão-duques*; fem.: *grã-duquesa*] *s.m.* título dado a alguns príncipes soberanos, esp. aos da família imperial da Rússia e da Áustria

grão-mes.tre [pl.: *grão-mestres*] *s.m.* **1** antigo chefe de ordem religiosa ou de cavalaria **2** presidente de loja maçônica

grão-vi.zir [pl.: *grão-vizires*] *s.m.* o primeiro-ministro do Império Otomano

gras.na.da *s.f.* **1** conjunto de vozes próprio de aves (corvos, águias, patos etc.) **2** *fig.* falatório confuso; balbúrdia

gras.nar {mod. 1} ou **gras.nir** {mod. 24} *v. int.* **1** emitir som (corvos e abutres); corvejar **2** *p.ext.* soltar a voz (qualquer animal) ☞ nestas acp., só us. nas 3as p., exceto quando fig. ☐ *t.d. e int. fig.* **3** falar alto, em tom desagradável ~ **grasnado** *s.m.* - **grasnido** *s.m.*

gras.sar *v.* {mod. 1} *int.* **1** multiplicar-se por reprodução; propagar-se, espalhar-se **2** tornar-se popular ou público; popularizar-se, difundir-se ◉ GRAM/USO só us. nas 3as p.

gra.ti.dão [pl.: -*ões*] *s.f.* modo de se comportar de quem é grato; reconhecimento por auxílio ou benefício recebido

gra.ti.fi.ca.ção [pl.: -*ões*] *s.f.* **1** pagamento adicional por gratidão ou como prêmio por trabalho bem executado **2** gorjeta **3** satisfação interior; alegria

gra.ti.fi.can.te *adj.2g.* que dá satisfação interior

gra.ti.fi.car *v.* {mod. 1} *t.d. e t.d.i.* **1** (prep. *com*, *por*) conceder (benefício, favor), como retribuição ou recompensa; premiar *<g. o assistente (pelo serviço)>* *<gratificou-a com um belo jantar>* **2** (prep. *com*) conceder (remuneração adicional) [a] *<gratificou os funcionários (com dois salários)>* **3** (prep. *por*) parabenizar, felicitar *<gratificou-o pela promoção>* ☐ *t.d. e int.* **4** (fazer) sentir prazer, satisfação interior ☐ *t.i.* **5** (prep. *a*) mostrar gratidão; agradecer *<g. àqueles que nos auxiliam>*

grá.tis *adj.2g.2n.* **1** de graça; gratuito ■ *adv.* **2** de graça; gratuitamente

gra.to *adj.* **1** agradecido **2** agradável

gra.tu.i.da.de *s.f.* **1** condição ou estado do que é oferecido de graça **2** condição do que é espontâneo ou sem justificação

gra.tui.to *adj.* **1** de graça; grátis **2** sem motivo ou justificativa

gra.tu.lar *v.* {mod. 1} *t.d.* **1** dar parabéns a; felicitar **2** manifestar gratidão a; agradecer

grau *s.m.* **1** cada fase ou ponto de uma progressão **2** *fig.* categoria, classe **3** *B* distância entre gerações de parentes **4** nota, conceito **5** cada uma das fases do período de instrução **6** título acadêmico **7** unidade de medida de capacidade visual **8** unidade de medida do teor de álcool em uma mistura **9** FÍS unidade de medida de temperatura [símb.: °] **10** FÍS unidade de intensidade relativa de um fenômeno (p.ex., um terremoto) avaliada numa escala de medida **11** GEOM unidade de medida de um ângulo ou de um arco de círculo [símb.: °] **12** GRAM LING indicação de comparação (de igualdade, inferioridade e superioridade) entre dois termos, e da noção de superlativo (relativo ou absoluto) nos adjetivos e advérbios **13** MED gravidade relativa da lesão provocada por uma queimadura **14** MÚS sucessão ascendente das notas que compõem uma escala ▣ **g. Celsius** cada grau da escala Celsius de medida de temperatura [símb.: *°C*] ☞ cf. *Celsius* na parte enciclopédica • **g. centígrado** centígrado • **g. Fahrenheit** cada grau da escala Fahrenheit de medida da temperatura [símb.: *°F*] ☞ cf. *Fahrenheit* na parte enciclopédica

gra.ú.do *adj.* **1** crescido **2** de grande porte; considerável ■ *adj.s.m.* **3** que(m) é influente, poderoso

gra.ú.na *s.f.* ZOO **1** grande ave negra, com penas do pescoço em forma de gola, bico negro e cauda comprida, que é parasita de ninhos de outras aves como o chupim e o corrupião **2** melro

gra.va.ção [pl.: -*ões*] *s.f.* **1** registro de som e/ou imagem em um suporte (ger. disco ou fita) **2** o som ou a imagem assim gravados

gra.va.dor /ô/ [pl.: -*es*] *s.m.* **1** aparelho de gravação e reprodução sonora **2** ART.PLÁST artista que faz gravura ■ *adj.* **3** que grava

[1]**gra.var** *v.* {mod. 1} *t.d.* **1** causar opressão, dano a; prejudicar **2** sobrecarregar com taxas, impostos [ORIGEM: do lat. *gravāre* 'pesar sobre, sobrecarregar']

[2]**gra.var** *v.* {mod. 1} *t.d.* **1** ART.PLÁST traçar (figura, caracteres) em metal, madeira, pedra etc., com instrumento cortante ou reagente químico, ger. criando matriz para cópias **2** *fig.* conservar na mente; memorizar **3** INF *B* transferir (dados) para um meio de armazenamento, para recuperá-los depois; salvar **4** registrar (sons, imagens) em disco, vídeo etc. ☐ *t.d. e pron.* **5** *fig.* tornar(-se) perpétuo; conservar(-se) *<g. seu nome na história>* *<imagens da vida em família que se gravam na infância>* [ORIGEM: do fr. *graver* 'fazer risca nos cabelos, fazer entalhes em superfície dura']

G

gra.va.ta *s.f.* **1** VEST acessório de pano atado sob o colarinho **2** *B* golpe sufocante em que o agressor passa o braço em volta do pescoço da vítima, apertando-o

gra.va.tá *s.m.* BOT tipo de bromélia

gra.va.ta-bor.bo.le.ta [pl.: *gravatas-borboletas* e *gravatas-borboleta*] *s.f.* VEST gravata cujo laço forma duas pontas achatadas, de mesmo tamanho, que lembram as asas de uma borboleta

gra.va.ta.ri.a *s.f.* estabelecimento onde se fabricam ou vendem gravatas

gra.ve *adj.2g.* **1** extremamente sério, preocupante, doloroso (diz-se de situação, acontecimento etc.) **2** circunspecto, sisudo, sério (diz-se de pessoa, expressão, comportamento) ■ *adj.2g.s.m.* **3** MÚS (nota) situada no registro inferior de certos instrumentos ou da voz de certos cantores; baixo **4** GRAM que indica a crase (diz-se do acento gráfico)

gra.ve.to /ê/ *s.m.* **1** pedaço de madeira fino e curto **2** galho fino de árvore ou arbusto

gra.vi.da.de *s.f.* **1** seriedade **2** FÍS força de atração mútua entre os corpos; gravitação

gra.vi.dez /ê/ [pl.: *-es*] *s.f.* estado resultante da fecundação de um óvulo pelo espermatozoide, e que envolve o desenvolvimento, no útero, do feto gerado ~ **grávida** *s.f.* - **grávido** *adj.*

gra.vi.o.la *s.f.* BOT **1** árvore de até 10 m, com grandes frutos verde-escuros de casca grossa com saliências e um espinho na ponta, e polpa branca comestível; anona **2** o fruto dessa árvore

gra.vi.ta.ção [pl.: *-ões*] *s.f.* **1** ato de gravitar **2** ASTR movimento de um astro (em torno de outro) **3** FÍS atração mútua que os corpos exercem uns sobre os outros [Modernamente, a teoria da relatividade geral de Albert Einstein (1879-1955) a interpreta como uma curvatura no espaço-tempo em consequência da sua estrutura geométrica.] ~ **gravitacional** *adj.2g.*

gra.vi.tar *v.* {mod. 1} *int.* **1** FÍS mover-se em torno de um centro de atração **2** *fig.* ter como objetivo principal; concentrar-se

gra.vu.ra *s.f.* ART.PLÁST **1** impressão feita a partir de matriz de madeira, metal ou pedra **2** estampa assim obtida

gra.xa *s.f.* **1** pasta us. para lustrar couro **2** QUÍM substância de origem vegetal ou animal, us. na indústria alimentícia, farmacêutica, de velas, sabões e lubrificantes

gra.xo *adj.* que tem gordura; gorduroso

gre.co-la.ti.no [pl.: *greco-latinos*] *adj.* **1** greco-romano **2** comum ao grego e ao latim ou aos gregos e aos latinos

gre.co-ro.ma.no [pl.: *greco-romanos*] *adj.* comum a Grécia e Roma ou aos gregos e romanos

gre.ga /ê/ *s.f.* **1** ARQ ornato geométrico, us. esp. em frisos e barras **2** *B* fita bordada ou estampada us. em roupas, cortinas etc.; galão

gre.gá.rio *adj.* que vive em bando *<animal g.>*

gre.go.ri.a.no *adj.* HIST REL relativo aos papas Gregório I e XIII ☞ cf. *canto gregoriano* e *calendário gregoriano*

gre.lha *s.f.* grade de ferro, que se põe sobre brasas, para assar carnes, peixes etc.

gre.lhar *v.* {mod. 1} *t.d.* assar, tostar (alimento) em grelha, chapa

gre.lo /ê/ *s.m.* **1** BOT broto de planta **2** *gros.* clitóris ~ **grelar** *v.int.*

grê.mio *s.m.* grupo de pessoas organizadas em torno de um objetivo político, cultural, social, religioso, esportivo etc.; sociedade, agremiação

gre.ná *s.m.* **1** a cor da granada ('pedra') ■ *adj.2g.2n.* **2** dessa cor *<blusas grená>* **3** diz-se dessa cor *<a cor g.>*

gre.nha *s.f.* cabelo emaranhado

gre.ta /ê/ *s.f.* **1** fenda na terra causada pelo calor **2** qualquer rachadura estreita em uma superfície; fenda

gre.tar *v.* {mod. 1} *t.d.,int. e pron.* **1** abrir fenda (em); rachar *<o solo greta(-se) com a geada>* □ *int. e pron. fig.* **2** apresentar deficiências; falhar *<sua argumentação gretava(-se)>*

gre.ve *s.f.* **1** interrupção voluntária e coletiva do trabalho pelos funcionários, para obtenção de benefícios materiais e/ou sociais ☞ cf. *locaute* **2** interrupção temporária e coletiva de qualquer atividade, em protesto contra determinado ato ou situação ~ **grevista** *adj.2g.s.2g.*

grid [ing.; pl.: *grids*] *s.m.* ESP posição de largada dos carros nas corridas ⇒ pronuncia-se grid

gri.far *v.* {mod. 1} *t.d.* **1** pôr (texto, palavra, letra) em itálico **2** marcar (letras, palavras etc.), ger. sublinhando, para chamar a atenção; destacar **3** pronunciar com destaque; enfatizar *<g. dados recentes>*

gri.fe *s.f.* nome ou marca própria de um fabricante ou um criador

¹gri.fo *s.m.* MIT animal mitológico, com cabeça e asas de águia e corpo de leão [ORIGEM: do lat. *gryphus* ou *grypus,i* 'id.']

²gri.fo *s.m.* itálico ('letra') [ORIGEM: do antr. Francesco *Griffo*, ourives bolonhês]

gri.la.gem [pl.: *-ens*] *s.f.* apropriação ilegal de terras por meio de documentação falsa

gri.lar *v.* {mod. 1} *t.d.* **1** falsificar títulos de (terra) □ *t.d.,int. e pron. B gír.* **2** (fazer) ficar chateado, cismado; preocupar(-se), aborrecer(-se) *<as últimas notícias grilaram todos nós> <grilou-se com as mentiras do amigo>* ~ **grilado** *adj.*

gri.lei.ro *s.m.* quem se apodera de terras alheias, utilizando falsas escrituras de propriedade

gri.lhão [pl.: *-ões*] *s.m.* **1** corrente grossa de argolas de metal **2** corrente de ferro us. para prender as pernas de condenados **3** *fig.* elo invisível que prende; laço

gri.lo *s.m.* **1** ZOO inseto saltador, de coloração escura, cujo macho produz som através de aparelho formado pelas nervuras das asas anteriores **2** *gír.* preocupação **3** *gír.* problema, situação complicada

grim.pa *s.f.* **1** lâmina móvel de cata-vento que indica a direção do vento **2** *p.ext.* cume *<a g. da montanha>*

[1]**grim.par** *v.* {mod. 1} *t.d.,t.i. e int.* **1** (prep. *a, até, em, para, por*) subir em (elevação) usando pés e mãos; trepar, escalar *<g. nas árvores> <agarrou-se à pedra e começou a g.>* ☐ *int.* **2** responder com insolência, atrevimento [ORIGEM: do fr. *grimper* 'id.']

[2]**grim.par** *v.* {mod. 1} *t.d. e int.* travar, enguiçar (mecanismo ou motor) esp. por falta de lubrificação; gripar [ORIGEM: do fr. *gripper* 'agarrar sutilmente, furtar, enganchar, bater de leve']

gri.nal.da *s.f.* coroa de flores, pedrarias etc.; guirlanda

grin.go *s.m. B infrm.* indivíduo estrangeiro

[1]**gri.par** *v.* {mod. 1} *t.d. e pron.* (fazer) ficar com gripe [ORIGEM: *gripe* + [2]*-ar*] ~ **gripado** *adj.*

[2]**gri.par** *v.* {mod. 1} *t.d. e int.* [2]grimpar

gri.pe *s.f.* MED doença virótica, de fácil contágio, que causa abatimento acompanhado de febre, tosse, dores etc. ~ **gripal** *adj.2g.*

gris [pl.: *-es*] *s.m.* **1** tom de cinza ■ *adj.2g.* **2** desse tom *<âmbar-gris>*

gri.sa.lho *adj.* **1** mesclado de fios brancos (diz-se de cabelo, barba etc.) **2** que tem o cabelo assim mesclado *<homem g.>*

gri.ta *s.f.* alarido, gritaria

gri.ta.lhão [pl.: *-ões*; fem.: *gritalhona*] *adj.s.m.* que(m) grita muito

gri.tan.te *adj.2g.* **1** que grita **2** *fig.* que causa indignação **3** *fig.* que chama muita atenção

gri.tar *v.* {mod. 1} *t.d.,t.d.i.,t.i. e int.* **1** (prep. *a, para, com*) falar com tom de voz muito alto; berrar *<gritou que não iria> <gritou para a turma que se calasse> <arrependeu-se de g. com o guarda> <não falava, só conseguia g.>* ☐ *t.i.* **2** (prep. *por*) chamar aos berros *<g. por socorro>* **3** (prep. *por*) pedir com vigor; clamar *<gritam por uma ajuda que não vem>* ☐ *int.* **4** dar gritos; berrar **5** soltar a voz (certos animais) ☞ nesta acp., só us. nas 3as p., exceto quando fig.

gri.ta.ri.a *s.f.* **1** sequência de gritos **2** ruído confuso de muitas vozes ao mesmo tempo; barulho, falatório

gri.to *s.m.* **1** emissão forte de voz **2** *fig.* protesto; queixa ~ **gritador** *adj.s.m.*

gro.gue *adj.2g.* tonto como um bêbado

[1]**gro.sa** *s.f.* conjunto de 12 dúzias [ORIGEM: duv., talvez. do it. *grossa* 'id.']

[2]**gro.sa** *s.f.* lima grossa de ferro ou aço, us. ger. para desbastar madeira, ferro, ou o casco de cavalgaduras [ORIGEM: desc.]

gro.se.lha *s.f.* BOT **1** fruto da groselheira, redondo e vermelho, us. no preparo de geleias, xaropes etc. **2** groselheira

gro.se.lhei.ra *s.f.* BOT pequeno arbusto, cultivado pelos seus frutos; groselha

gros.sei.ro *adj.s.m.* **1** que(m) é indelicado, rude ■ *adj.* **2** malfeito **3** indecente, obsceno

gros.se.ri.a *s.f.* **1** caráter, propriedade do que é grosseiro **2** expressão ou gesto que denotam ausência de cortesia, de educação; indelicadeza

gros.so /ô/ [pl.: /ó/; fem.: /ó/] *adj.* **1** de grande volume, espessura ou diâmetro **2** consistente, denso **3** forte e grave (voz) **4** áspero *<tecido g.>* ■ *adj.s.m. B infrm.* **5** que(m) é indelicado *<pessoa g.>* ■ *s.m.* **6** a maior parte *<o g. da turma>*

gros.su.ra *s.f.* **1** grande volume, espessura ou diâmetro **2** *infrm.* grosseria **3** em certos sólidos, a dimensão entre a superfície anterior e a posterior *<mediu a g. da tábua>*

gro.ta *s.f.* GEO **1** cavidade em encosta provocada pela chuva ou, em ribanceira de rio, por enchente **2** *B* vale entre dois montes ◉ GRAM/USO aum.irreg. *grotão*

gro.tão [pl.: *-ões*] *s.m.* **1** grande grota **2** GEO depressão muito grande do solo, que aparece em encostas íngremes

gro.tes.co /ê/ *adj.s.m.* (o) que é esquisito, disforme ou ridículo

grou [fem.: *grua*] *s.m.* ZOO grande ave pernalta, de pescoço longo, cabeça sem penas, bico reto e plumagem branca, cinza ou marrom

[1]**gru.a** *s.f.* ZOO fêmea do grou [ORIGEM: *grou*, sob a f.rad. *gru-* + *-a* (desin. de fem.)]

[2]**gru.a** *s.f.* **1** guindaste **2** CINE TV guindaste us. em filmagens, que se movimenta em todas as direções, com uma plataforma em sua extremidade onde ficam a câmera, seu operador e o diretor [ORIGEM: do fr. *grue* 'id.']

gru.dar *v.* {mod. 1} *t.d.,t.d.i.,int. e pron.* **1** (prep. *em*) unir(-se) [uma coisa] (a outra ou a uma superfície) com grude, cola; colar(-se) *<g. figurinhas (no álbum)> <usou uma boa cola e tudo grudou bem> <assim, os cacos vão g.-se>* ☐ *t.d.,t.d.i. e pron.* **2** (prep. *a, contra, em*) pôr ou ficar junto de uma superfície *<g. o rosto contra o vidro> <o suor grudou(-se) no seu rosto>* ☐ *int.* **3** ter propriedade adesiva; colar *<sentia que a resina do piso ainda grudava>* **4** *infrm.* ser aceito, bem acolhido; colar *<essa desculpa tem que g.>* ☐ *t.i. B* **5** (prep. *em*) ficar junto, no encalço de (alguém), sem se afastar *<g. no pai>*

gru.de *s.m.* cola forte, goma

gru.den.to *adj.* que gruda; pegajoso, viscoso *<chão g.>*

gru.gu.le.jar ou **gru.gru.le.jar** *v.* {mod. 1} *int.* emitir som (o peru) ◉ GRAM/USO só us. nas 3as p., exceto quando fig.

gru.me.te /ê *ou* é/ *s.m.* MAR marinheiro de menor graduação na armada

gru.mi.xa.ma *s.f.* BOT **1** pequena fruta roxa de polpa gelatinosa e doce **2** a árvore dessa fruta; grumixameira

gru.mi.xa.mei.ra *s.f.* BOT árvore nativa do sudeste do Brasil, de casca aromática e frutos roxos, comestíveis; grumixama

gru.mo *s.m.* **1** grão ou amontoado de grãos *<o mingau ficou com grumos>* **2** coágulo pequeno ~ **grumoso** *adj.*

gru.na *s.f.* **1** *BA* escavação feita por garimpeiros **2** *TO BA* depressão formada pelas águas nas ribanceiras de certos rios

gru.nhi.do *s.m.* **1** voz de porco ou de javali **2** *fig.* reclamação, resmungo

gru.nhir *v.* {mod. 24} *int.* **1** soltar grunhidos (p.ex., porco, javali) ☞ nesta acp., só us. nas 3as p., exceto quando fig. □ *t.d. e int. fig.* **2** falar baixo, com mau humor; resmungar *<g. uma resposta atrevida>* *<pare de g. e obedeça>* ~ **grunhidela** *s.f.*

G

gru.pa.men.to *s.m.* **1** condição do que se acha reunido em grupo **2** reunião temporária de duas ou mais unidades militares, operacionais ou administrativas

gru.par *v.* {mod. 1} *t.d. e pron.* juntar(-se) em grupo(s); agrupar(-se) *<g. as cartas>* *<a turma grupou-se no pátio>*

gru.pe.lho /ê/ *s.m. pej.* grupo pequeno ou insignificante ◉ GRAM/USO dim.irreg. de *grupo*

gru.po *s.m.* **1** reunião de coisas ou pessoas num todo *<g. de casas>* **2** conjunto de pessoas ou coisas com características, interesses comuns *<g. familiar>* **3** *B* conjunto de salas num prédio comercial ◉ GRAM/USO dim.irreg.: *grupelho* ~ **grupal** *adj.2g.*

gru.ta *s.f.* caverna

gua.bi.ro.ba *s.f.* BIO **1** nome de diversas árvores e arbustos de frutos comestíveis **2** o fruto dessas plantas

gua.bi.ru *s.m.* **1** ZOO roedor encontrado em todo o mundo, com até 20 cm de comprimento, pelo das costas escuro e partes inferiores claras, que vive em lugares secos, ger. no interior de casas **2** *fig.* ladrão, gatuno

gua.che *s.m.* **1** tinta de consistência pastosa, opaca, diluída em água ou misturada com goma ou mel **2** ART.PLÁST pintura com essa tinta

gua.cho ou **gua.xo** *adj.s.m.* **1** (animal) que não é criado pela própria mãe **2** (criança) que não é amamentada com leite materno ■ *adj.* **3** que foi posto para fora do seu ninho ou colocado em outro (diz-se de ovo)

gua.co *s.m.* BOT trepadeira cujo caule e folhas são us. como antirreumáticos e contra picadas de cobras, e cujas flores tb. têm usos medicinais

guai.a.co ou **guái.a.co** *s.m.* **1** BOT árvore de madeira resinosa, muito dura e impermeável **2** a resina, de uso medicinal, obtida pelo aquecimento da madeira dessa árvore

guai.a.col [pl.: *-óis*] ou **gai.a.col** [pl.: *-óis*] *s.m.* FARM substância us. esp. em medicina como expectorante

guai.a.mu ou **guai.a.mum** [pl.: *-uns*] *s.m.* ZOO grande caranguejo de carapaça azul, que vive em lugares lamacentos, próximo ao mar

gua.ja.ja.ra *s.2g.* **1** indivíduo pertencente ao grupo indígena dos guajajaras, que habita o centro-norte do Maranhão ■ *adj.2g.* **2** relativo a esse indivíduo ou grupo

guam.pa *s.f.* **1** ZOO chifre **2** copo feito de chifre

gua.na.co *s.m.* ZOO tipo de lhama de face escura, dorso marrom e pernas brancas

guan.du ou **guan.do** *s.m.* BOT **1** arbusto cultivado esp. pelas sementes comestíveis e de uso medicinal **2** semente desse arbusto, ger. esférica e amarela

gua.pe.ca, **guai.pe.ca** ou **gua.pe.va** *s.2g. S. infrm.* cão pequeno vira-lata

gua.po *adj.* **1** corajoso, ousado **2** elegante, bonito

[1]**gua.rá** *s.2g.* ZOO grande ave dos mangues, de plumagem vermelha e bico curvado, que se alimenta de caranguejos, caramujos e insetos [ORIGEM: do tupi *gwa'ra* 'id.']

[2]**gua.rá** *s.m.* ZOO lobo de pelagem laranja-avermelhada, ponta do focinho e extremidade das patas negras, cauda curta e branca; lobo-guará [ORIGEM: do tupi *agwa'ra* 'id.']

gua.ra.ná *s.m.* **1** BOT arbusto amazônico de cujas sementes se fazem pasta, xarope, pó e refrigerante **2** BOT a semente desse arbusto **3** pasta, xarope ou pó dessas sementes **4** refrigerante feito com esse pó ou xarope

gua.ra.ni *s.2g.* **1** indivíduo dos guaranis, povo indígena que vive no Paraguai, Bolívia e sul do Brasil ■ *s.m.* **2** LING língua falada por esse povo **3** meio através do qual são efetuadas transações monetárias no Paraguai **4** a cédula e a moeda us. nessas transações ■ *adj.2g.* **5** relativo a esse indivíduo, povo ou língua

guar.da *s.f.* **1** vigilância, cuidado **1.1** dever de zelar por; custódia **2** grupo que vigia e zela pela segurança de um lugar ou alguém **3** *fig.* algo que oferece proteção, amparo **4** ESP posição de defesa em esgrima, boxe etc. *<baixar a g.>* ■ *s.2g.* **5** profissional que vigia e defende determinado local; vigia, guardião

guar.da-cha.ves *s.m.2n.* ferroviário que manobra as chaves em desvios e ramais de trilhos

guar.da-chu.va [pl.: *guarda-chuvas*] *s.m.* armação de varetas flexíveis, coberta por tecido impermeável, us. para proteger da chuva ou do sol; chapéu, chapéu de chuva, guarda-sol

guar.da-co.mi.da [pl.: *guarda-comidas*] *s.m.* móvel para guardar comidas

guar.da-cos.tas *s.m.2n.* **1** pessoa que acompanha outra para protegê-la de agressões ou assédio ■ *adj.2g.2n.s.m.2n.* **2** MAR (navio) destinado a defender as águas costeiras e combater o contrabando

guar.da.dor /ô/ [pl.: *-es*] *adj.s.m.* **1** que(m) guarda ■ *s.m. RJ SP* **2** quem vigia automóveis estacionados nas ruas; flanelinha

guar.da-flo.res.tal [pl.: *guardas-florestais*] *s.m.* funcionário encarregado de zelar pela conservação de florestas

guar.da-frei.os *s.m.2n.* empregado de estrada de ferro que vistoria e manobra os freios do trem

guar.da-li.vros *s.2g.2n.* empregado responsável pelos registros da contabilidade de empresas, comércio etc.

guar.da-lou.ça [pl.: *guarda-louças*] *s.m.* móvel ou prateleira em que se guarda louça

guar.da-ma.ri.nha [pl.: *guardas-marinha, guarda-marinhas* e *guardas-marinhas*] *s.2g.* MAR graduação de praça especial, aluno da Escola Naval, ou profissional admitido nos quadros da Marinha, imediatamente antes de ser promovido ao oficialato

guar.da-mor [pl.: *guardas-mores*] *s.m.* título oficial do chefe da alfândega nos portos

guar.da.mo.ri.a *s.f.* **1** cargo de guarda-mor **2** repartição dirigida pelo guarda-mor da alfândega

guar.da-mó.veis *s.m.2n.* estabelecimento que guarda móveis, mediante pagamento

guar.da.na.po *s.m.* pequena toalha, de pano ou papel, us. à mesa para limpar os lábios e proteger a roupa

guar.da-no.tur.no [pl.: *guardas-noturnos*] *s.m.* guarda contratado para vigiar propriedades à noite

guar.da-pó [pl.: *guarda-pós*] *s.m.* VEST casaco comprido, de tecido leve, que se veste por cima da roupa para resguardá-la de pó e sujeira ☞ cf. *jaleco*

guar.dar *v.* {mod. 1} *t.d. e t.d.i.* **1** (prep. *de*) vigiar para defender, proteger *<g. as fronteiras (de ataques inimigos)>* **2** (prep. *para, a*) pôr à parte; reservar *<guardei para você o jantar>* **3** (prep. *para*) manter suspenso; adiar *<vamos g. o projeto (para outro momento)>* ☐ *t.d.* **4** tomar conta de; zelar **5** pôr no local apropriado *<g. a roupa no armário>* **6** acondicionar para conservar em bom estado **7** manter em seu poder; preservar, conservar **8** reter na memória; lembrar, memorizar **9** deixar de pronunciar, comunicar, expressar; ocultar **10** ter em si; encerrar, conter **11** não deixar (certo lugar); permanecer **12** manter constante (atitude, ânimo etc.); conservar *<g. silêncio>* **13** cumprir, observar *<g. os dias santos>* ☐ *pron.* **14** (prep. *de*) pôr-se em guarda; precaver-se **15** proteger-se de esforços; preservar-se *<vou g.-me para a festa desta noite>*

guar.da-rou.pa [pl.: *guarda-roupas*] *s.m.* **1** armário para guardar roupas **2** VEST o conjunto das roupas de alguém

guar.da-sol [pl.: *guarda-sóis*] *s.m.* **1** tipo de guarda-chuva, grande, fixado na areia da praia ou em mesas, us. como proteção contra o sol; chapéu de sol **2** guarda-chuva

guar.di.ão [pl.: *-ões* e *-ães*; fem.: *guardiã*] *s.m.* indivíduo que defende ou conserva algo ou alguém; protetor

gua.ri.ba *s.2g.* ZOO nome comum a certos macacos da América do Sul; bugio

gua.ri.da *s.f.* **1** toca de feras **2** *fig.* algo que oferece proteção; abrigo, refúgio **3** guarita

gua.ri.ta *s.f.* casinhola ou torre us. para abrigar sentinelas; guarida

guar.ne.cer *v.* {mod. 8} *t.d. e t.d.i.* **1** (prep. *de*) prover (de algo necessário, útil); abastecer *<g. (de livros) uma biblioteca>* ☐ *t.d.* **2** pôr forças militares em; fortalecer **3** adornar, enfeitar *<g. um vestido>* **4** caiar (parede) depois de pôr reboco

guar.ni.ção [pl.: *-ões*] *s.f.* **1** o que protege **2** MIL conjunto de tropas militares sediadas em um local **3** MAR a tripulação de um navio **4** o punho e a parte da espada que protege a mão **5** enfeite, ornato **6** CUL *B* em uma refeição, acompanhamento do prato principal

guas.ca *s.f.* *RS* **1** correia de couro cru ■ *s.2g.* *RS* **2** habitante do interior; matuto ☞ pode ser pej. ■ *adj.2g.s.2g.* *RS* **3** rio-grandense-do-sul, gaúcho **4** (homem) valente

gua.xi.nim [pl.: *-ins*] *s.m.* ZOO pequeno mamífero carnívoro, de pelo cinza-escuro, com pernas, face e listas da cauda negros, que vive próximo a brejos e mangues

gua.xo *adj.s.m.* → *GUACHO*

gu.de *s.m.* RECR **1** jogo com bolinhas de vidro cujo objetivo é fazê-las entrar em três buracos dispostos em linha reta **2** a bolinha us. nesse jogo

gue.de.lha /ê/ *s.f.* **1** cabelo comprido e despenteado **2** madeixa

guei.xa *s.f.* japonesa treinada em dança, canto e conversação para entreter fregueses homens em casas de chá, banquetes etc.

guel.ra *s.f.* ZOO brânquia

guen.zo *adj.* **1** *B* muito magro; adoentado, fraco **2** *CE RS* que não está reto; torto

gue.par.do *s.m.* ZOO grande felino da África e Ásia, esguio, de pernas longas, cabeça pequena e pelo amarelo-claro com pintas pretas, considerado o mais veloz entre os animais terrestres

guer.ra *s.f.* **1** luta armada entre nações ou entre partidos ou etnias **2** disputa acirrada; hostilidade **3** combate a qualquer coisa a que se atribua valor nocivo *<g. às drogas>*

guer.re.ar *v.* {mod. 5} *t.d. e int.* **1** travar guerra (com); combater ☐ *t.d.* *p.ext.* **2** opor-se a; hostilizar ~ **guerreador** *adj.s.m.*

guer.rei.ro *adj.* **1** referente a guerra **2** *fig.* que tem inclinação para o combate *<espírito g.>* ■ *adj.s.m.* **3** que(m) luta em guerras ou por uma causa

guer.ri.lha *s.f.* **1** luta armada que se caracteriza por ações descontínuas, emboscadas etc., efetuada por pequenos grupos **2** grupo de combatentes que adota essa luta ~ **guerrilhar** *v.int.*

guer.ri.lhei.ro *adj.* **1** relativo a ou próprio de guerrilha ■ *s.m.* **2** quem combate numa guerrilha

gue.to /ê/ *s.m.* **1** HIST em algumas cidades europeias, bairro onde os judeus eram obrigados a residir **2** *p.ext.* bairro onde, por imposição econômica e/ou racial, são confinadas certas minorias

gui.a *s.f.* **1** autorização, permissão <*g. de internação*> **2** formulário com que se fazem recolhimentos às repartições arrecadadoras do Estado **3** documento que autoriza o recebimento ou transporte de mercadorias **4** correia que se prende à coleira **5** *B* meio-fio das calçadas **6** REL *B* colar de contas com cores que representam os orixás ou entidades espirituais ■ *s.2g.* **7** pessoa que conduz outra(s) <*g. de cegos*> <*g. turístico*> ■ *s.m.* **8** manual de instruções **9** livro com indicações sobre uma cidade **10** REL *B* cada uma das divindades africanas cultuadas na umbanda

gui.ão [pl.: *-ões* e *-ães*] *s.m.* **1** estandarte que vai à frente nas procissões **2** MIL estandarte que se levava na frente das tropas **3** MIL soldado que o carregava **4** guidão

gui.ar *v.* {mod. 1} *t.d. e t.d.i.* **1** (prep. *a, para, por*) acompanhar, mostrando o caminho ou servindo de cicerone; orientar, conduzir <*g. uma (criança) para casa*> □ *t.d.* **2** dar proteção a; amparar **3** fazer seguir certa direção; controlar <*g. o escoamento das águas*> □ *pron.* **4** tomar certo caminho; conduzir-se □ *t.d.i. fig.* **5** (prep. *em*) ajudar, aconselhar (alguém) a fazer uma escolha; orientar(-se) <*g. o filho na profissão*> □ *t.d. e int.* **6** comandar (veículo, animal), fazendo-o tomar certo rumo ~ **guiador** *adj.s.m.*

gui.chê *s.m.* pequena abertura em porta, parede etc. para atendimento ao público

gui.dão [pl.: *-ões*] ou **gui.dom** [pl.: *-ons*] *s.m.* barra com punhos que comanda a roda dianteira de bicicletas, motos etc.; guião

gui.lho.ti.na *s.f.* **1** instrumento us. para decapitar condenados à morte e composto de pesada lâmina que desliza por duas hastes verticais, **2** cortadora de papel ~ **guilhotinar** *v.t.d.*

guim.ba *s.f. infrm.* o que restou de um cigarro, charuto ou baseado já fumado

gui.na.da *s.f.* **1** MAR mudança brusca de direção de um navio **2** *p.ext.* mudança súbita e radical num movimento, num comportamento, numa situação ~ **guinar** *v.t.d. e int.*

¹guin.char *v.* {mod. 1} *int.* soltar guinchos (p.ex., o porco); grunhir ◉ GRAM/USO só us. nas 3as p., exceto quando fig. [ORIGEM: *¹guincho* + *²-ar*]

²guin.char *v.* {mod. 1} *t.d.* içar, puxar ou arrastar com guincho [ORIGEM: *²guincho* + *²-ar*]

¹guin.cho *s.m.* som agudo produzido por pessoas, animais etc. [ORIGEM: onomatopaica]

²guin.cho *s.m.* **1** guindaste para içar volumes não muito pesados **2** máquina us. para suspender cabos, amarras etc. **3** *B* veículo com guindaste us. para rebocar carros enguiçados; reboque [ORIGEM: do ing. *winch* 'guincho']

guin.dar *v.* {mod. 1} *t.d.* **1** deslocar de baixo para cima; levantar □ *t.d.,t.d.i. e pron.* **2** (prep. *a*) alçar (-se) [a posição elevada, de destaque] <*g. funcionário (a novo posto)*> <*conseguiu g.-se facilmente*> ~ **guindagem** *s.f.*

guin.das.te *s.m.* máquina us. para erguer ou deslocar volumes muito pesados; grua

guir.lan.da *s.f.* grinalda

gui.sa *s.f.* maneira, modo ▣ **à g. de** à maneira de <*usar uma corda à g. de cinto*>

gui.sa.do *adj.s.m.* CUL (alimento) que se prepara ensopando ou refogando

gui.sar *v.* {mod. 1} *t.d.* CUL preparar (alimento), ensopando ou refogando

gui.tar.ra *s.f.* MÚS instrumento de cordas dedilháveis, semelhante ao violão ▣ **g. elétrica** MÚS guitarra cujos sons são transmitidos a um amplificador por meio de um dispositivo eletrônico colocado sob as cordas ~ **guitarrista** *s.2g.*

gui.zo *s.m.* pequena esfera oca de metal, com bolinhas de ferro dentro, que produz som ao ser agitada

gu.la *s.f.* **1** vício de comer e beber em excesso **2** atração forte por doces e iguarias finas; gulodice

gu.lo.di.ce *s.f.* **1** atração forte por iguarias finas; gula **2** guloseima

gu.lo.sei.ma *s.f.* doce ou iguaria apetitosa; gulodice, paparico

gu.lo.so /ô/ [pl.: /ó/; fem.: /ó/] *adj.s.m.* **1** (o) que se sente atraído por guloseimas **2** (o) que tem o vício da gula **3** que(m) quer possuir sempre mais; ambicioso

gu.me *s.m.* lado afiado de lâmina, faca, navalha etc.; fio

gu.ri [fem.: *guria*] *s.m.* menino, criança

gu.ru *s.m.* **1** na Índia, mestre espiritual ou líder de seita religiosa **2** *p.ext.* mestre influente, respeitado ■ *s.2g.* *B* **3** quem orienta ou aconselha

gu.ru.pés *s.m.2n.* MAR mastro colocado no bico de proa dos veleiros, apontado para a frente

gu.sa *s.m.* ferro-gusa

gus.ta.ção [pl.: *-ões*] *s.f.* **1** prova de bebida ou comida em pequenas quantidades para aguçar o paladar; degustação **2** paladar ('sentido')

gus.ta.ti.vo *adj.* que diz respeito a gosto, a paladar

gu.ta-per.cha [pl.: *guta-perchas* e *gutas-perchas*] *s.f.* BOT látex extraído de várias árvores, semelhante à balata e à borracha, us. como isolante elétrico, adesivo dentário e na fabricação de instrumentos cirúrgicos e bolas de golfe

gu.tu.ral [pl.: *-ais*] *adj.2g.* **1** relativo à garganta **2** rouco, grave (som) ~ **guturalidade** *s.f.* - **guturalizar** *v.t.d.*

Hh

h *s.m.* **1** oitava letra do nosso alfabeto ■ *n.ord.* *(adj.2g.2n.)* **2** diz-se do oitavo elemento de uma série *<casa H>* *<item 1h>* ☞ empr. após um substantivo ou numeral ▲ **3** símbolo de *hora* ◉ GRAM/USO **a)** na acp. s.m., pl.: *hh*; **b)** por não representar fonema algum na língua portuguesa, não se classifica nem como consoante, nem como vogal; **c)** participa da formação de dígrafos: *ch*, *nh* e *lh*

H QUÍM símbolo de *hidrogênio*

ha símbolo de *hectare*

hã *interj.* indica surpresa, admiração

habeas corpus [lat.] *loc.subst.* DIR ação judicial com o objetivo de proteger o direito de liberdade de locomoção retirado ou ameaçado por ato resultante de abuso de autoridade ⇒ pronuncia-se abeas córpus

há.bil [pl.: *-eis*] *adj.2g.* **1** que faz muito bem alguma coisa **2** que resolve situações de maneira apropriada; astuto, esperto **3** ágil, rápido **4** que atende ao estabelecido por lei, regulamento etc. *<tempo h.>*

ha.bi.li.da.de *s.f.* **1** bom conhecimento, mestria **2** aptidão para resolver problemas ou para agir como deve **3** agilidade, rapidez, destreza

ha.bi.li.do.so /ô/ [pl.: /ó/; fem.: /ó/] *adj.* que é jeitoso, capaz, hábil

ha.bi.li.ta.ção [pl.: *-ões*] *s.f.* **1** documento ou título que torna alguém legalmente capaz de exercer uma atividade **2** aptidão, capacidade

ha.bi.li.tar *v.* {mod. 1} *t.d.* **1** tornar hábil **2** INF tornar ativo (um dispositivo) □ *t.d.i. e pron.* **3** (prep. *para*) munir(-se) de conhecimentos, tornando(-se) apto para (serviço, função etc.); capacitar(-se) *<o curso habilitou-a para o vestibular>* *<h.-se para uma profissão>* **4** (prep. *a*) preparar(-se), dispor(-se) *<a vida habilitou-o a suportar as decepções>* *<h.-se para a adversidade>* □ *pron.* **5** (prep. *a*) pôr-se à diposição de

ha.bi.ta.ção [pl.: *-ões*] *s.f.* lugar onde se mora; moradia ~ **habitacional** *adj.2g.*

ha.bi.tan.te *adj.2g.s.2g.* morador, residente ◉ COL população

ha.bi.tar *v.* {mod. 1} *t.d. e t.i.* **1** ocupar como residência; morar *<h. (uma boa casa) em um bairro chique>* **2** ter como *habitat* **3** *fig.* (prep. *em*) estar presente; permanecer *<tal ideia habita (em) sua mente>* □ *t.d.* **4** prover de habitantes; povoar, ocupar ~ **habitabilidade** *s.f.*

habitat [lat.] *s.m.2n.* **1** ECO ambiente natural em que vive ou se desenvolve um animal ou uma planta **2** ANTRPOL GEO conjunto de condições de organização e povoamento pelo homem do meio em que vive **3** *p.ext.* local onde algo é ger. encontrado ou onde alguém se sente em seu ambiente ideal ⇒ pronuncia-se abitat

há.bi.tat [pl.: *hábitats*] *s.m. habitat*

ha.bi.te-se *s.m.2n.* autorização de órgão municipal para o uso de prédio recém-construído ou reformado

há.bi.to *s.m.* **1** modo usual de ser ou agir; costume **2** uso ou ação repetida que leva ao conhecimento ou prática **3** roupa de religioso

ha.bi.tu.al [pl.: *-ais*] *adj.2g.* comum; frequente

ha.bi.tu.ar *v.* {mod. 1} *t.d.i. e pron.* (prep. *a*) [fazer] adquirir (uma aptidão ou um modo de agir, sentir, pensar); acostumar(-se) *<h. uma criança ao estudo>* *<habituei-me ao clima daqui>* ~ **habituado** *adj.* - **habitualidade** *s.f.*

hacker [ing.; pl.: *hackers*] *s.m.* INF ver ***CIBERPIRATA*** ⇒ pronuncia-se réquer

ha.do.que *s.m.* ZOO peixe do Atlântico Norte semelhante ao bacalhau, que possui uma linha lateral negra e uma mancha escura atrás das brânquias

háf.nio *s.m.* QUÍM elemento químico us. em reatores nucleares, elétrodos, vidros especiais etc. [símb.: *Hf*] ☞ cf. *tabela periódica* (no fim do dicionário)

ha.gi.o.gra.fi.a *s.f.* biografia ou estudo sobre biografia de santos ~ **hagiográfico** *adj.* - **hagiógrafo** *s.m.*

hai.cai *s.m.* LIT forma de poesia japonesa surgida no séc. XVI, composta de três versos, com cinco, sete e cinco sílabas, respectivamente

ha.li.êu.ti.ca *s.f.* a arte da pesca ~ **haliêutico** *adj.*

há.li.to *s.m.* **1** o odor da boca **2** o ar que sai pela boca durante a expiração

ha.li.to.se *s.f.* MED odor desagradável na boca, mau hálito

hall [ing.; pl.: *halls*] *s.m.* saguão ('sala') ⇒ pronuncia-se ról

halloween [ing.] *s.m.* RECR festa celebrada a 31 de outubro, originalmente em alguns países anglo-americanos, durante a qual crianças percorrem a vizinhança fantasiadas de bruxas, monstros etc., recolhendo guloseimas e fazendo travessuras ⇒ pronuncia-se relouin

ha.lo *s.m.* **1** aro de luz em volta do Sol ou da Lua **2** auréola ('círculo') **3** *fig.* brilho, fulgor *<h. de glória>*

ha.lo.gê.nio *s.m.* QUÍM designação dada aos elementos químicos flúor, cloro, iodo, bromo e ástato ☞ cf. *tabela periódica* (no fim do dicionário) ~ **halogenação** *s.f.* - **halogênico** *adj.*

hal.te.re ou **hal.ter** [pl.: *-es*] *s.m.* ESP par de esferas ou discos de metal, ligados por barra tb. de metal, us. em exercícios, demonstrações ou competições de levantamento de peso

hal.te.ro.fi.li.a *s.f.* ESP halterofilismo

hal.te.ro.fi.lis.mo *s.m.* ESP prática esportiva ou competitiva de levantamento de peso ~ **halterofilista** *adj.2g.s.2g.*

ham.búr.guer [pl.: *-es*] *s.m.* CUL **1** bife redondo de carne moída compactada com temperos **2** sanduíche feito com esse bife

hamster [ing.; pl.: *hamsters*] *s.m.* ZOO roedor pequeno, encontrado no mundo todo como animal de estimação ou us. como cobaia ⇒ pronuncia-se ramster

han.de.bol [pl.: *-óis*] *s.m.* ESP jogo em que duas equipes de sete jogadores cada uma tentam, usando apenas as mãos, colocar a bola no gol do adversário, defendido pelo goleiro, único que pode usar tb. os pés

han.gar [pl.: *-es*] *s.m.* galpão ou abrigo fechado para aviões

han.se.ní.a.se *s.f.* MED doença infecciosa crônica causada por bacilo de incubação muito lenta, que se inicia com pequenas manchas claras onde a pele, sem sensibilidade, não transpira; lepra, morfeia ~ **hanseniano** *adj.s.m.*

ha.ra.qui.ri *s.m.* suicídio ritual japonês, praticado esp. por guerreiros e nobres, em que se rasga o ventre com uma faca ou sabre

ha.ras *s.m.2n.* local de criação ou treinamento de cavalos

hard disk [ing.] *loc.subst.* INF ver ***DISCO RÍGIDO*** [abrev.: *HD*] ⇒ pronuncia-se rard disk

hardware [ing.; pl.: *hardwares*] *s.m.* INF a parte física de um computador (material eletrônico, monitor, periféricos, placas etc.) ⇒ pronuncia-se rarduer

ha.rém [pl.: *-ens*] *s.m.* **1** conjunto de aposentos, na casa de um sultão ('imperador') muçulmano, destinado à habitação das mulheres **2** grupo constituído por esposas, concubinas, parentes femininas e criadas que habitam esses aposentos

har.mo.ni.a *s.f.* **1** combinação perfeita entre coisas ou seres distintos **2** paz **3** MÚS combinação de sons que acompanham uma melodia ~ **harmônico** *adj.s.m.*

har.mô.ni.ca *s.f.* MÚS gaita

har.mô.nio *s.m.* MÚS instrumento musical semelhante ao órgão, de teclados e foles acionados por pedais

har.mo.ni.o.so /ô/ [pl.: /ó/; fem.: /ó/] *adj.* **1** que tem harmonia ou que está em harmonia **2** que se mostra agradável ao ouvido ou à vista

har.mo.ni.zar *v.* {mod. 1} *t.d.,t.d.i.,t.i.,int. e pron.* (prep. *com*) pôr(-se) ou estar em harmonia, acordo *<h. diferentes interesses> <conseguia h. a profissão com as tarefas domésticas> <o seu pensamento harmonizava com o meu> <naquela sala, tudo harmonizava> <seus interesses jamais se harmonizam com os da turma>* ~ **harmonização** *s.f.*

har.pa *s.f.* MÚS grande instrumento de cordas dedilháveis estendidas, presas em duas partes de uma moldura triangular de madeira, atualmente dotado de pedais ~ **harpista** *adj.2g.s.2g.*

har.pe.jar *v.* {mod. 1} *t.d. e int.* MÚS tocar (na) harpa ☞ cf. *arpejar*

har.pi.a *s.f.* **1** ZOO um dos maiores gaviões brasileiros e a mais forte ave de rapina, que ocorre no México e América do Sul **2** MIT na mitologia grega, monstro com cabeça de mulher, corpo de pássaro e garras afiadas

hashtag [ing.] *s.2g.* INF palavra precedida de cerquilha (#), us. esp. nas mídias sociais e em blogues, para identificar ou buscar assuntos de interesse ⇒ pronuncia-se réchtég

hás.sio *s.m.* QUÍM elemento químico artificial [símb.: *Hs*] ☞ cf. *tabela periódica* (no fim do dicionário)

has.ta *s.f.* **1** lança **2** leilão ▣ **h. pública** DIR venda de bens em leilão, promovida pelo poder público

has.te *s.f.* **1** pau ou ferro reto e longo em que se encrava ou apoia algo **2** caule, talo **3** pau de bandeira; mastro

has.te.ar *v.* {mod. 5} *t.d.* **1** fazer subir em ou prender ao topo de haste, mastro etc.; içar *<h. a bandeira>* □ *t.d. e pron.* **2** erguer(-se), levantar(-se) *<o pavão hasteou a cauda> <sua espada hasteava-se sobre as demais>* ~ **hasteamento** *s.m.*

hau.rir *v.* {mod. 24} *t.d.* **1** retirar de onde estava; extrair **2** consumir por completo; esvaziar **3** aspirar, inalar □ *t.d.i.* **4** (prep. *de*) retirar de onde estava; extrair *<hauriu as melhores pedras preciosas daquela terra>*

haus.to *s.m.* **1** ato de haurir ou o seu efeito **2** porção de ar inalada em aspiração longa e profunda **3** porção de bebida ingerida de uma só vez; gole, trago

ha.va.nês [pl.: *-eses*] *adj.* **1** relativo a Havana (Cuba) ■ *s.m.* **2** natural ou habitante dessa capital

ha.ver *v.* {mod. 13} *t.d.* **1** ter existência material ou espiritual; existir *<há copos no armário>* **2** estar ou encontrar-se concretamente em certo lugar ou situação *<há alguém batendo à porta>* **3** estar à disposição para uso ou serviço *<há comida para todos>* **4** fazer (tempo) *<há cinco anos deixei de fumar>* **5** ser ou tornar-se realidade no tempo e no espaço; realizar-se *<não houve reunião>* ☞ nestas acp., é impessoal □ *pron.* **6** ter certa conduta; portar-se *<como ele se houve na festa?>* **7** dar conta de; sair-se *<houve-se bem na prova>* **8** (prep. *com*) andar às voltas com; lidar *<h.-se com complicações>* **9** (prep. *com*) prestar contas a; avir-se *<o traidor vai h.-se comigo>* ■ *s.m.* **10** em contabilidade, o que se tem a receber; crédito ▼ ***haveres*** *s.m.pl.* **11** bens, posses, patrimônio

ha.xi.xe *s.m.* droga de efeito entorpecente feita com a resina dos cachos de flores do cânhamo

HD [ing.; pl.: *HDs*] *s.m.* INF abrev. de *hard disk* ⇒ pronuncia-se *correntemente* aga dê

He QUÍM símbolo de *hélio*

headphone [ing.] *s.m.* ver ***AUDIOFONE*** ⇒ pronuncia-se redfoun

heb.do.ma.dá.rio *adj.* **1** relativo a semana; semanal ■ *s.m.* **2** publicação semanal; semanário

he.brai.co *adj.* **1** relativo aos hebreus; hebreu **2** relativo à língua falada pelos hebreus ■ *s.m.* **3** indivíduo dos hebreus; hebreu **4** LING língua falada por esse povo e atual língua oficial de Israel

he.breu [fem.: *hebreia /éi/*] *adj.* **1** relativo aos hebreus, povo semita monoteísta da Antiguidade ■ *s.m.* **2** indivíduo desse povo **3** LING língua falada por esse povo; hebraico

he.ca.tom.be *s.f.* **1** massacre de um grande número de pessoas; carnificina **2** *p.ext.* calamidade, desgraça

hec.ta.re *s.m.* medida agrária equivalente a 10.000 m^2 [símb.: *ha*]

hec.to.gra.ma *s.m.* unidade de medida de massa equivalente a cem gramas [símb.: *hg*]

hec.to.li.tro *s.m.* unidade de medida de volume equivalente a cem litros [símb.: *hl*]

hec.tô.me.tro *s.m.* unidade de medida de comprimento equivalente a cem metros [símb.: *hm*]

he.di.on.do *adj.* **1** que apresenta deformidade; repugnante **2** *fig.* que provoca indignação moral **3** depravado, imundo ~ **hediondez** *s.f.*

he.do.nis.mo *s.m.* **1** FIL doutrina que prega o prazer e a felicidade como bens supremos ☞ cf. *epicurismo* **2** *p.ext.* dedicação ao prazer como estilo de vida ~ **hedonista** *adj.2g.s.2g.*

he.ge.mo.ni.a *s.f.* **1** supremacia, influência preponderante (exercida por cidade, povo, país etc.) **2** *p.ext.* liderança, predominância ~ **hegemônico** *adj.*

hé.gi.ra *s.f.* **1** HIST fuga de Maomé de Meca para Medina ☞ cf. *Maomé* na parte enciclopédica **2** HIST era maometana iniciada nessa data **3** *fig.* fuga

hein ou **hem** *interj.* **1** expressa dúvida em relação a algo que não se ouviu bem ou não se entendeu, equivalente a "o quê?" **2** expressa espanto ou indignação, com o sentido de "é isso mesmo?!" **3** us. para ratificar o que foi dito, com o sentido de "não é verdade?"

he.lê.ni.co *adj.* **1** relativo à Grécia antiga ■ *s.m.* **2** seu natural ou habitante ~ **helenístico** *adj.*

he.le.nis.mo *s.m.* **1** LING palavra ou construção da língua grega **2** a civilização grega **3** apego aos costumes e pensamento da Grécia antiga

he.le.nis.ta *adj.2g.s.2g.* que(m) estuda a língua e/ou a civilização da Grécia antiga

he.le.no *adj.* **1** relativo ao povo que deu origem ao povo grego **2** relativo à Grécia moderna ■ *s.m.* **3** indivíduo do povo heleno **4** natural ou habitante da Grécia moderna

hé.li.ce *s.f.* **1** GEOM curva traçada sobre um cilindro ou um cone, pela rotação de um ponto que corta suas seções retas num ângulo oblíquo constante **2** *p.ext.* qualquer coisa de forma espiralada **3** AER peça giratória de sustentação ou propulsão de aeronaves, acionada por motor e constituída por várias pás **4** MAR peça giratória dotada de pás, us. para propulsão de embarcação, torpedo etc. **5** peça similar us. em ventiladores

he.li.ci.cul.tu.ra *s.f.* criação de caracóis, esp. os comestíveis ~ **helicicultor** *adj.s.m.*

he.li.coi.dal [pl.: *-ais*] *adj.2g.* em forma de ou semelhante a hélice; helicoide

he.li.coi.de /ói/ *adj.2g.* helicoidal

he.li.cóp.te.ro *s.m.* AER aeronave que sobe na vertical, mantém-se no ar e se desloca por meio do giro de hélices horizontais

hé.lio *s.m.* QUÍM gás nobre us. para inflar balões, na refrigeração de reatores nucleares, em anúncios luminosos etc. [símb.: *He*] ☞ cf. *tabela periódica* (no fim do dicionário)

he.lio.cên.tri.co *adj.* ASTR **1** relativo ao centro do Sol **2** que tem o Sol como centro **3** relativo ou pertencente a sistema que tem o Sol como origem ☞ cf. *geocêntrico*

he.lio.cen.tris.mo *s.m.* ASTR sistema cosmológico que considera o Sol como o centro do universo ☞ cf. *geocentrismo*

he.lio.tro.pi.a *s.f.* BIO heliotropismo

he.lio.tro.pis.mo *s.m.* BIO movimento de uma planta na direção da luz do Sol

he.li.por.to /ô/ [pl.: /ó/] *s.m.* local para pouso e decolagem de helicópteros

hel.min.tí.a.se *s.f.* MED doença parasitária produzida pela presença de helmintos no organismo humano ou animal

hel.min.to *s.m.* ZOO nome comum a várias espécies de vermes parasitas que vivem no interior de outro organismo

hel.min.to.lo.gi.a *s.f.* BIO **1** ramo da zoologia que estuda os vermes em geral **2** ramo da parasitologia, ecologia ou zoologia que estuda os vermes que vivem no interior de outros organismos

hem *interj.* → ***HEIN***

he.má.cia *s.f.* BIO célula sanguínea que transporta oxigênio e gás carbônico; eritrócito, glóbulo vermelho

he.má.ti.co *adj.* relativo a sangue

he.ma.ti.ta *s.f.* MINER importante minério de ferro, de cor cinza ou preta, us. como gema ('pedra'), abrasivo e pigmento

he.ma.tó.fa.go *adj.s.m.* ZOO (animal) que se alimenta de sangue ~ **hematofagia** *s.f.*

he.ma.to.lo.gi.a *s.f.* MED estudo do sangue, medula e gânglios linfáticos ~ **hematológico** *adj.* - **hematologista** *adj.2g.s.2g.*

he.ma.to.ma *s.m.* MED acúmulo de sangue em um órgão ou tecido após uma hemorragia

he.ma.to.se *s.f.* BIO MED transformação do sangue venoso em arterial, por meio de oxigenação nos pulmões

he.me.ro.te.ca *s.f.* **1** setor das bibliotecas em que ficam coleções de jornais, revistas, periódicos e livros em série **2** conjunto de revistas, jornais etc.

he.mi.ci.clo *s.m.* **1** semicírculo **2** ARQ anfiteatro com essa forma

he.mi.ple.gi.a *s.f.* MED paralisia de um dos lados do corpo ~ **hemiplégico** *adj.s.m.*

he.míp.te.ro *s.m.* ZOO **1** espécime dos hemípteros, ordem de insetos com aparelho bucal próprio para picar ou sugar, como os percevejos ■ *adj.* **2** relativo a essa ordem

he.mis.fé.rio *s.m.* **1** GEOM cada metade de uma esfera **2** GEO cada metade da Terra resultante da divisão pela linha do equador ~ **hemisférico** *adj.*

he.mo.cen.tro *s.m.* banco de sangue

he.mo.di.á.li.se *s.f.* MED método de purificação do sangue por meio de uma máquina que funciona como um rim artificial

he.mo.di.nâ.mi.ca *s.f.* MED parte da fisiologia que estuda as leis que regulam a circulação do sangue nos vasos ~ **hemodinâmico** *adj.*

he.mo.fi.li.a *s.f.* MED doença hereditária caracterizada pela dificuldade de coagulação do sangue ~ **hemofílico** *adj.s.m.*

he.mo.glo.bi.na *s.f.* BIOQ proteína existente nas hemácias e no plasma, que transporta oxigênio para as células

he.mop.ti.se *s.f.* MED expectoração de sangue, comum na tuberculose pulmonar

he.mor.ra.gi.a *s.f.* MED escoamento de sangue fora dos vasos sanguíneos ~ **hemorrágico** *adj.*

he.mor.roi.da /ói/ *s.f.* ANAT cada uma das varizes no ânus ou no reto ☞ mais us. no pl. ~ **hemorroidal** *adj.2g.*

he.mós.ta.se *s.f.* MED ação de deter uma hemorragia ou o seu efeito; hemostasia

he.mos.ta.si.a *s.f.* MED hemóstase

he.mos.tá.ti.co *adj.s.m.* (medicamento) que detém hemorragias

he.na *s.f.* **1** BOT arbusto africano de cuja casca e folhas se prepara tintura castanho-avermelhada us. para tingir cabelos **2** essa tintura

He.nê ® *s.m.* produto das folhas de hena secas e trituradas, us. para tingir ou alisar cabelos

he.pa.ri.na *s.f.* QUÍM substância anticoagulante natural, presente esp. no fígado

he.pá.ti.co *adj.* **1** próprio do fígado *<cólica h.>* ■ *adj.s.m.* **2** que(m) sofre do fígado

he.pa.ti.te *s.f.* MED inflamação do fígado

he.pa.to.lo.gi.a *s.f.* MED especialidade dedicada ao estudo do fígado e tratamento de suas doenças ~ **hepatologista** *adj.s.m.*

hep.ta *adj.2g.2n.s.2g.2n.* red. de ***HEPTACAMPEÃO*** e heptacampeonato

hep.ta.cam.pe.ão [pl.: *-ões*; fem.: *-ã*] *adj.s.m.* que(m) é ou foi sete vezes campeão no mesmo torneio ou campeonato ~ **heptacampeonato** *s.m.*

hep.ta.e.dro *s.m.* GEOM poliedro de sete faces

hep.ta.no *s.m.* QUÍM hidrocarboneto saturado contido no petróleo e us. como solvente

hep.tas.sí.la.bo *adj.s.m.* (o) que tem sete sílabas; septissílabo

he.ra *s.f.* nome comum dado a trepadeiras muito cultivadas como ornamentais, esp. para o revestimento de muros e paredes ☞ cf. *era*

he.rál.di.ca *s.f.* arte, estudo e criação de brasões ('escudo') ~ **heráldico** *adj.s.m.*

he.ran.ça *s.f.* **1** patrimônio deixado por alguém ao morrer **2** o que se recebe por hereditariedade ou tradição

her.bá.ceo *adj.* relativo ou semelhante a erva

her.ba.ná.rio *s.m.* **1** local onde se vendem ervas medicinais **2** quem cultiva ou vende ervas medicinais

her.bá.rio *s.m.* **1** coleção de plantas secas para estudo científico **2** local que guarda essa coleção

her.bi.ci.da *adj.2g.s.m.* (substância) que mata ervas daninhas

her.bí.vo.ro *adj.s.m.* (o) que se alimenta de vegetais

her.bo.ris.ta *adj.2g.s.2g.* que(m) cultiva ou vende ervas medicinais

her.cú.leo *adj.* **1** relativo a Hércules ☞ cf. *Hércules* na parte enciclopédica **2** muito forte, muito vigoroso **3** que exige muito esforço

hér.cu.les *s.m.2n.* indivíduo muito forte ☞ cf. *Hércules* na parte enciclopédica

her.da.de *s.f.* grande propriedade rural; fazenda

her.dar *v.* {mod. 1} *t.d. e t.d.i.* **1** (prep. *de*) receber (algo) [de alguém], após sua morte, por sucessão ou legado **2** (prep. *de*) receber (dos ancestrais) [caracteres genéticos, morais] *<h. da mãe a teimosia>* □ *t.d.i. p.ext.* **3** (prep. *de*) passar a usar, a gozar, a ter *<h. do chefe o lugar na empresa>*

her.dei.ro *s.m.* **1** DIR quem recebe herança **2** filho

he.re.di.ta.ri.e.da.de *s.f.* **1** condição ou qualidade do que é hereditário **1.1** transmissão de qualidades físicas e morais dos pais aos seus descendentes **2** GEN conjunto de processos biológicos que resultam na transmissão de caracteres de uma geração às outras por meio de genes

he.re.di.tá.rio *adj.* **1** DIR transmitido por direito de sucessão **2** GEN transmitido por genes *<doença h.>*

he.re.ge *adj.2g.s.2g.* **1** REL que(m) comete uma heresia **2** que(m) não tem respeito ou consideração para com as crenças religiosas alheias

he.re.si.a *s.f.* **1** REL doutrina contrária ao que a Igreja define como verdade de fé **2** desrespeito a uma religião ou doutrina **3** *fig.* absurdo, disparate ~ **herético** *adj.s.m.*

her.ma.fro.di.ta *adj.2g.s.2g.* **1** BIO (organismo, indivíduo) dotado de órgãos reprodutores dos dois sexos; andrógino, bissexual **2** BOT (flor) que apresenta androceu e gineceu

her.ma.fro.di.tis.mo *s.m.* BIO presença de órgãos reprodutores e/ou de caracteres secundários dos dois sexos num mesmo indivíduo

her.mé.ti.co *adj.* **1** totalmente vedado **2** difícil de entender; obscuro

her.me.tis.mo *s.m.* condição do que é difícil de entender e/ou interpretar

hér.nia *s.f.* MED massa formada por um órgão (ou parte de órgão) que sai por um orifício, natural ou acidental, da cavidade que o contém ▣ **h. de disco** MED deslocamento de um disco entre as vértebras, comprimindo a raiz nervosa • **h. estrangulada** hérnia intestinal com bloqueio da circulação sanguínea e da passagem das fezes

he.rói [fem.: *heroína*] *s.m.* **1** homem notável por sua bravura ou realizações **2** personagem principal de uma obra de literatura, dramaturgia etc.

he.roi.co /ói/ *adj.* **1** característico de herói **2** que revela heroísmo

[1]**he.ro.í.na** *s.f.* **1** mulher notável por suas realizações ou sua bravura **2** *p.ext.* mulher que suporta sofrimentos ou que arrisca a vida em benefício de outrem **3** mulher apresentada como principal personagem de uma obra de literatura, dramaturgia etc. ◉ GRAM/USO fem. de *herói* [ORIGEM: do lat. *heroīna,ae* 'id.']

[2]**he.ro.í.na** *s.f.* QUÍM alcaloide derivado da morfina, com propriedades narcóticas e analgésicas (sua utilização causa dependência fisiológica) [ORIGEM: do al. *Heroin*, marca comercial]

he.ro.ís.mo *s.m.* virtude, atitude ou feito de herói

her.pes *s.m.2n.* MED doença inflamatória causada por vírus, caracterizada por grupos de bolhas na pele ~ **herpético** *adj.s.m.*

her.pes-zós.ter [pl.: *herpes-zósteres*] *s.m.* MED inflamação de gânglios nervosos do crânio ou coluna, associada ao surgimento de bolhas na pele ou nas mucosas e dores nevrálgicas

hertz *s.m.2n.* FÍS unidade de frequência, equivalente à frequência de um fenômeno periódico com duração de um segundo [símb.: *Hz*] ~ **hertziano** *adj.*

he.si.ta.ção [pl.: *-ões*] *s.f.* **1** ato ou efeito de ficar indeciso sobre o que se deve fazer, dizer, pensar **2** estado de quem hesita; indecisão; perplexidade

he.si.tar *v.* {mod. 1} *t.i. e int.* **1** (prep. *entre*) ficar indeciso (entre duas ou mais opções); vacilar *<h. entre o bem e o mal> <não hesite; cumpra seu dever>* □ *t.d. e t.i.* **2** (prep. *em*) não estar seguro para; vacilar *<hesitou castigar o filho> <h. em aceitar desculpas>* ~ **hesitante** *adj.2g.*

he.te.ro.do.xo /cs/ *adj.* que contraria padrões, dogmas ou princípios vigentes ☞ cf. *ortodoxo* ~ **heterodoxia** *s.f.*

he.te.ró.fo.no *adj.s.m.* GRAM (palavra) de grafia igual a outra, mas de pronúncia diferente (p.ex., *acordo* subst. e *acordo*, do v. acordar) ☞ cf. *homófono* e *homógrafo* ~ **heterofonia** *s.f.* - **heterofônico** *adj.*

he.te.ro.gê.neo *adj.* **1** de natureza desigual ou variada **2** que não tem unidade, não é uniforme ~ **heterogeneidade** *s.f.*

he.te.ro.ní.mia *s.f.* **1** GRAM estudo ou teoria sobre os heterônimos **2** conjunto de heterônimos **3** GRAM LING relação entre os vocábulos que opõem categorias gramaticais distintas por meio de palavras diferentes, em lugar de fazê-lo por meio de flexão (como a indicação do gênero em *bode* e *cabra*)

he.te.rô.ni.mo *s.m.* **1** autor que publica algo sob o nome verdadeiro de outro **2** LIT nome inventado por um autor para assinar obras suas e que designa alguém com qualidades e tendências diferentes das desse autor ☞ cf. *pseudônimo* e *homônimo* ■ *adj.s.m.* **3** GRAM LING (vocábulo) que mantém com outro relação de heteronímia

he.te.ros.se.xu.al /cs/ [pl.: *-ais*] *adj.2g.* **1** diz-se da relação sexual entre pessoas de sexo oposto ■ *adj.2g.s.2g.* **2** que(m) sente atração sexual por alguém do sexo oposto

he.te.ros.se.xu.a.li.da.de /cs/ *s.f.* heterossexualismo

he.te.ros.se.xu.a.lis.mo /cs/ *s.m.* atração sexual por alguém do sexo oposto ☞ cf *homossexualismo*

he.te.ro.tró.fi.co *adj.* BIO que é incapaz de produzir o próprio alimento e se nutre de outros seres vivos (diz-se de organismo) ~ **heterotrofia** *s.f.* - **heterotrofismo** *s.m.* - **heterótrofo** *adj.s.m.*

heu.re.ca *interj.* expressão us. ao se encontrar a solução de um problema difícil; eureca

heu.rís.ti.ca *s.f.* **1** arte e método das descobertas, inventos etc. **2** HIST ramo dedicado à pesquisa de fontes e documentos ~ **heurístico** *adj.*

he.xa /z, cs *ou* gz/ *adj.2g.2n.s.2g.2n.* red. de ***HEXACAMPEÃO*** e hexacampeonato

he.xa.cam.pe.ão /z, cs *ou* gz/ [pl.: *-ões*; fem.: *-ã*] *adj.s.m.* que(m) é ou foi seis vezes campeão numa mesma competição, torneio ou campeonato ☞ tb. se diz apenas *hexa* ~ **hexacampeonato** *s.m.*

he.xa.e.dro /z, cs *ou* gz/ *s.m.* GEOM poliedro de seis faces

he.xa.go.nal /z, cs *ou* gz/ [pl.: *-ais*] *adj.2g.* GEOM que tem seis ângulos e seis lados

he.xá.go.no /z, cs *ou* gz/ *s.m.* GEOM polígono de seis lados

he.xa.gra.ma /z, cs *ou* gs/ *s.m.* **1** conjunto de seis letras ou sinais **2** estrela de seis pontas, formada por dois triângulos equiláteros superpostos

Hf QUÍM símbolo de *háfnio*

hg FÍS símbolo de *hectograma*

Hg QUÍM símbolo de *mercúrio*

hi.a.to *s.m.* **1** falta, lacuna, intervalo **2** GRAM separação silábica de vogais vizinhas, p.ex. em *fri.o, sa.úde* ☞ cf. *ditongo* e *tritongo* ~ **hiatal** *adj.2g.*

hi.ber.na.ção [pl.: *-ões*] *s.f.* **1** BIO estado de inatividade parcial e de redução metabólica extrema que ocorre em certos animais durante invernos rigorosos **2** ato de abrigar-se (esp. animais) durante o inverno

hi.ber.nar *v.* {mod. 1} *int.* **1** ficar em hibernação ('estado') ☞ nesta acp., só us. nas 3as p., exceto quando fig. **2** *fig. infrm.* ficar parado ou dormir por longo tempo

hi.bis.co *s.m.* BOT nome comum a plantas e arbustos com flores coloridas e vistosas e folhas denteadas, cultivados como ornamentais e por seus usos medicinais

H

hí.bri.do *adj.s.m.* **1** BIO (animal ou vegetal) nascido do cruzamento de espécies distintas ■ *adj.* **2** misturado ~ **hibridismo** *s.m.*

hi.dra *s.f.* **1** ZOO pequeno animal de água doce, de corpo cilíndrico com tentáculos numa extremidade, us. para capturar alimento **2** ASTR constelação, com formato de uma serpente, que se estende pelos hemisférios norte e sul ☞ inicial maiúsc.

hi.dra.má.ti.co *adj.* ENG MEC **1** acionado automaticamente por sistema hidráulico (diz-se de câmbio de carro) **2** que tem esse tipo de câmbio (diz-se de automóvel)

hi.dran.te *s.m.* B válvula de saída de água, ger. em estruturas de ferro, nas calçadas, onde se liga mangueira us. para combater incêndio

hi.dra.tan.te *adj.2g.s.2g.* **1** (o) que hidrata ■ *s.m.* **2** produto us. para hidratar a pele

hi.dra.tar *v.* {mod. 1} *t.d. e pron.* **1** tratar(-se) com água ou hidrato, compensando perdas líquidas <*primeiro vamos h. os meninos*> <*no calor, hidrate-se bem*> **2** converter(-se) em hidrato <*h. um composto químico*> <*uma substância que se hidrata facilmente*> **3** impregnar(-se) de água; molhar(-se) <*h. a área a ser cultivada*> <*os solos não se hidratam por igual*> **4** (fazer) perder o ressecamento (pele, cabelo), restituindo ou conservando sua umidade <*h. os cabelos*> <*sua pele se hidrata facilmente*> ~ **hidratação** *s.f.*

hi.dra.to *s.m.* QUÍM composto formado pela união de moléculas de água com outra substância

hi.dráu.li.ca *s.f.* FÍS estudo do escoamento de líquidos, esp. água, aplicado à engenharia

hi.dráu.li.co *adj.* **1** que funciona ou se movimenta por meio de líquido, esp. água, sob pressão **2** relativo a hidráulica <*engenheiro h.*>

hi.dra.vi.ão [pl.: *-ões*] *s.m.* → ***HIDROAVIÃO***

hi.dre.lé.tri.ca ou **hi.dro.e.lé.tri.ca** *s.f.* ENG usina ou empresa que converte energia hidráulica em eletricidade

hi.dre.lé.tri.co ou **hi.dro.e.lé.tri.co** *adj.* **1** que gera eletricidade através da força da água **2** diz-se da eletricidade assim gerada

hi.dro.a.vi.ão [pl.: *-ões*] ou **hi.dra.vi.ão** [pl.: *-ões*] *s.m.* AER MAR avião que pode pousar na água e dela decolar

hi.dro.car.bo.ne.to /ê/ *s.m.* QUÍM composto formado apenas por carbono e hidrogênio

hi.dro.car.bô.ni.co *adj.* referente a hidrocarboneto

hi.dro.e.lé.tri.ca *s.f.* → ***HIDRELÉTRICA***

hi.dro.e.lé.tri.co *adj.* → ***HIDRELÉTRICO***

hi.dró.fi.lo *adj.* **1** que gosta de ou vive na água **2** que absorve água <*algodão h.*>

hi.dro.fo.bi.a *s.f.* **1** VET raiva ('doença') **2** PSIQ aversão patológica aos líquidos ~ **hidrófobo** *adj.s.m.*

hi.dro.gê.nio *s.m.* QUÍM o elemento químico mais abundante no universo, us. como combustível em maçaricos, na fabricação de produtos industriais (como amônia, metanol) etc. [símb.: *H*] ☞ cf. *tabela periódica* (no fim do dicionário) ~ **hidrogenar** *v.t.d. e pron.*

hi.dro.gra.fi.a *s.f.* **1** conjunto dos mares, rios, lagos etc. de uma região **2** GEO estudo e descrição desse conjunto ~ **hidrográfico** *adj.* - **hidrógrafo** *s.m.*

hi.dró.li.se *s.f.* QUÍM reação de decomposição ou alteração de uma substância pela água ~ **hidrolisar** *v.t.d. e pron.* - **hidrolítico** *adj.*

hi.dro.mas.sa.gem [pl.: *-ens*] *s.f.* massagem com jatos de água

hi.dro.me.tri.a *s.f.* FÍS estudo da medição da velocidade e energia de líquidos em movimento

hi.drô.me.tro *s.m.* ENG MEC aparelho que mede o consumo de água em imóveis

hi.dro.mi.ne.ral [pl.: *-ais*] *adj.2g.* relativo às águas minerais

hi.dro.pla.na.dor /ô/ [pl.: *-es*] *adj.s.m.* diz-se de ou planador que pousa na água por estar equipado com flutuadores

hi.dro.po.ni.a *s.f.* hidropônica

hi.dro.pô.ni.ca *s.f.* cultura de plantas sem terra, em água com nutrientes minerais; hidroponia ~ **hidropônico** *adj.*

hi.dro.se *s.f.* produção e eliminação de suor

hi.dros.fe.ra *s.f.* GEOL conjunto das partes líquidas que cobrem parcialmente a superfície da Terra ~ **hidrosférico** *adj.*

hi.dro.te.ra.pi.a *s.f.* MED tratamento com banhos, compressas, loções etc. ~ **hidroterápico** *adj.*

hi.dro.vi.a *s.f.* via de transporte e comunicações por mar, rios, lagos etc.; aquavia ~ **hidroviário** *adj.*

hi.dró.xi.do /cs/ *s.m.* QUÍM nome genérico das bases que contêm hidroxila

hi.dro.xi.la /cs/ *s.f.* QUÍM radical (OH) composto por um átomo de oxigênio e outro de hidrogênio

hi.e.na *s.f.* mamífero carnívoro da África e sul da Ásia, com patas traseiras menores que as dianteiras, que se alimenta de animais mortos

hi.e.rar.qui.a *s.f.* **1** escala de autoridade num grupo, classe etc. **2** *fig.* classificação, crescente ou decrescente, segundo uma escala de valor, de grandeza ou de importância ~ **hierárquico** *adj.*

hi.e.rar.qui.zar *v.* {mod. 1} *t.d.* organizar conforme uma hierarquia ~ **hierarquização** *s.f.*

hi.e.ró.gli.fo ou **hi.e.ro.gli.fo** *s.m.* **1** figura ou signo us. na escrita do antigo Egito **2** *fig.* símbolo ou escrita enigmática ~ **hieroglífico** *adj.*

hí.fen [pl.: *hífenes* e *(B) hifens*] *s.m.* GRAM sinal [-] us. para unir os elementos de palavras compostas, verbos e pronomes átonos e separar sílabas em final de linha; traço de união

hi.fe.ni.zar *v.* {mod. 1} *t.d.* escrever (palavra) com hífen ~ **hifenização** *s.f.*

hi.gi.e.ne *s.f.* **1** MED ramo da medicina que visa preservar a saúde e estabelecer normas para prevenção de doenças **2** cuidado em manter o corpo e o ambiente sempre limpos; limpeza, asseio ~ **higienista** *s.2g.*

hi.gi.ê.ni.co *adj.* **1** relativo a higiene **2** que tem ou revela asseio; limpo

hi.gi.e.ni.zar *v.* {mod. 1} *t.d.* deixar limpo, saudável; sanear

hi.gro.me.tri.a *s.f.* FÍS estudo e medição da umidade do ar ~ **higrométrico** *adj.*

hi.grô.me.tro *s.m.* FÍS instrumento para medir a umidade de gases ou do ar

hi.la.ri.an.te *adj.2g.* que provoca muito riso; hilário

hi.lá.rio *adj.* **1** que provoca o riso; divertido, engraçado **2** alegre, contente ~ **hilaridade** *s.f.*

hi.lei.a /éi/ *s.f.* BOT **1** nome dado à floresta equatorial amazônica por Alexander von Humboldt, naturalista alemão, e Aimé Bonpland, naturalista francês ☞ ver *Humboldt* na parte enciclopédica **2** a Amazônia brasileira ~ **hileiano/hileano** *adj.*

hí.men [pl.: *hímenes* e *(B) himens*] *s.m.* ANAT membrana que fecha parcialmente o orifício vaginal externo

hi.me.neu *s.m.* **1** casamento, matrimônio **2** festa de casamento

hi.ná.rio *s.m.* **1** coletânea de hinos religiosos **2** coleção de hinos

hin.du *adj.2g.s.2g.* **1** seguidor do hinduísmo; hinduísta ■ *adj.2g.* **2** próprio do hinduísmo ☞ veja *quadro de países/nacionalidades/idiomas/moedas* no final deste volume

hin.du.ís.mo *s.m.* FIL REL religião da maioria dos povos da Índia, caracterizada por um pluralismo de cultos, deuses e seitas ~ **hinduísta** *adj.2g.s.2g.*

hi.no *s.m.* **1** canto solene que celebra Deus ou a pátria **2** canto ou poema lírico que expressa alegria ao celebrar alguém ou algo

hiper- *pref.* 'excesso; superioridade': *hipermercado, hipertensão, hipertrofia*

hi.pe.ra.li.men.ta.ção [pl.: *-ões*] *s.f.* alimentação excessiva

hi.pe.ra.ti.vi.da.de *s.f.* **1** excesso de atividade **2** PSIQ atividade excessiva, volúvel, que se apresenta em várias psicoses

hi.pe.ra.ti.vo *adj.* **1** ativo em excesso **2** próprio ou relativo a hiperatividade ■ *adj.s.m.* **3** PSIQ que(m) sofre de hiperatividade

hi.per.bá.ri.co *adj.* FÍS superior à pressão atmosférica

hi.pér.ba.to *s.m.* GRAM inversão da ordem natural das palavras de uma oração

hi.pér.bo.le *s.f.* **1** GRAM realce expressivo que resulta do exagero de um significado (p.ex., *morrer de rir*) **2** GEOM curva geométrica cuja diferença das distâncias de cada um dos seus pontos a dois pontos fixos é constante ~ **hiperbólico** *adj.*

hi.per.ca.ló.ri.co *adj.* de alto teor calórico (diz-se de alimento)

hi.per.do.cu.men.to *s.m.* INF documento de hipermídia que faz uso de *links*, permitindo ao usuário que pesquisa uma informação ter acesso imediato a outra

hi.pe.re.mo.ti.vi.da.de *s.f.* reação emocional muito intensa; excesso de emotividade ~ **hiperemotivo** *adj.s.m.*

hi.pe.res.te.si.a *s.f.* MED sensibilidade excessiva e anormal a qualquer estímulo

hi.per.gli.ce.mi.a *s.f.* MED excesso de glicose no sangue

hi.pe.rin.fla.ção [pl.: *-ões*] *s.f.* ECON inflação alta e sem controle ~ **hiperinflacionário** *adj.*

hi.per.mer.ca.do *s.m.* enorme supermercado, que tb. vende eletrodomésticos, móveis etc.

hi.per.me.tro.pi.a *s.f.* MED defeito da visão que causa dificuldade para enxergar de perto ☞ cf. *miopia* ~ **hipermetrope** *adj.2g.s.2g.*

hi.per.mí.dia *s.f.* INF sistema de registro e exibição de informações no computador que dá acesso a certos documentos a partir de *links* que acionam outros documentos

hi.per.ten.são [pl.: *-ões*] *s.f.* MED aumento anormal da pressão arterial

hi.per.ten.so *adj.s.m.* MED que(m) sofre de hipertensão

hi.per.ter.mi.a *s.f.* MED elevação da temperatura do corpo a um nível que pode comprometer suas funções

hi.per.tex.to /ê/ *s.m.* **1** apresentação de informações escritas, organizadas de modo que o leitor possa ter acesso a elas sem seguir encadeamento linear único **2** INF apresentação de informações em um monitor de vídeo, na qual um elemento destacado, quando acionado, provoca a exibição de um novo hipertexto com informações relativas ao referido elemento

hi.per.tro.fi.a *s.f.* MED crescimento excessivo de um órgão ou parte dele ~ **hipertrofiar** *v.t.d. e pron.* - **hipertrófico** *adj.*

hip-hop [ing.] *s.m.2n.* movimento cultural da juventude pobre dos Estados Unidos (esp. negros e hispânicos) que se manifesta de formas artísticas variadas (música, dança, *rap*, grafites etc.) e que se espalhou por outros países ⇒ pronuncia-se rip róp

hí.pi.co *adj.* 1 relativo a hipismo 2 relativo a cavalo

hi.pis.mo *s.m.* 1 ESP conjunto de esportes praticados a cavalo (saltos, equitação) 2 corrida de cavalos; turfe ~ **hipista** *adj.2g.s.2g.*

hip.no.se *s.f.* 1 PSIC estado semelhante ao sono, gerado por indução, no qual o indivíduo obedece às sugestões do hipnotizador 2 *fig.* estado de passividade, sonolência

hip.nó.ti.co *adj.* 1 relativo à hipnose 2 *fig.* magnético, fascinante ■ *adj.s.m.* 3 FARM (droga) que provoca sono; sonífero

hip.no.tis.mo *s.m.* 1 conjunto de técnicas us. para provocar a hipnose 2 ciência que trata dos fenômenos hipnóticos 3 *fig.* arte de atrair, fascinar

hip.no.ti.zar *v.* {mod. 1} *t.d.* 1 provocar a hipnose em 2 *fig.* submeter (alguém) ao seu encanto, tirando-lhe o raciocínio e a ação; encantar ~ **hipnotização** *s.f.* - **hipnotizador** *adj.s.m.*

hipo- *pref.* 'escassez': *hipoglicemia, hipotermia*

hi.po.a.ler.gê.ni.co *adj.s.m.* FARM (substância) que provoca poucas reações alérgicas

hi.po.ca.ló.ri.co *adj.* que tem poucas calorias (diz-se de alimento)

hi.po.cam.po *s.m.* 1 ZOO cavalo-marinho 2 MIT animal fabuloso com corpo de cavalo e cauda de peixe que é representado puxando a carruagem de Posêidon ☞ cf. *Posêidon* na parte enciclopédica

hi.po.con.dri.a *s.f.* PSIQ preocupação obsessiva com o próprio estado de saúde, freq. acompanhada de sintomas que não podem ser atribuídos a nenhuma doença orgânica ~ **hipocondríaco** *adj.s.m.*

hi.po.cri.si.a *s.f.* ato ou efeito de esconder os reais sentimentos, intenções; fingimento, falsidade

hi.pó.cri.ta *adj.2g.s.2g.* 1 que(m) faz uso de hipocrisia ■ *adj.2g.* 2 que tem ou em que há hipocrisia

hi.po.der.me *s.f.* ANAT denominação substituída por *tela subcutânea*

hi.po.dér.mi.co *adj.* 1 que pertence à hipoderme; subcutâneo 2 que se aplica sob a pele

hi.pó.dro.mo *s.m.* local para corrida de cavalos

hi.pó.fi.se *s.f.* ANAT FISL glândula endócrina de funções múltiplas, entre as quais regular as atividades das glândulas tireoide e suprarrenal; pituitária ~ **hipofisário** *adj.*

hi.po.gli.ce.mi.a *s.f.* MED diminuição da quantidade normal de glicose no sangue ~ **hipoglicêmico** *adj.*

hi.po.po.ta.mí.deo *adj.s.m.* ZOO (espécime) dos hipopotamídeos, família de grandes mamíferos herbívoros africanos, que compreende os hipopótamos

hi.po.pó.ta.mo *s.m.* 1 ZOO grande mamífero herbívoro, africano, encontrado ger. em rios e lagos, de focinho largo, boca grande e corpo em forma de barril 2 *fig.* indivíduo gordo ~ **hipopotâmico** *adj.*

hi.po.tá.la.mo *s.m.* ANAT região do cérebro que regula o sono, o apetite, a temperatura corporal etc. ~ **hipotalâmico** *adj.*

hi.po.te.ca *s.f.* 1 oferecimento de um bem, ger. imóvel, como garantia na tomada de um empréstimo 2 a dívida resultante desse ato ~ **hipotecário** *adj.*

hi.po.te.car *v.* {mod. 1} *t.d. e t.d.i.* 1 (prep. *a*) dar (um bem) como garantia de pagamento (a credor), sem transferir título ou posse *<hipotecou a casa (ao banco)>* □ *t.d. fig.* 2 comprometer, empenhar □ *t.d.i. fig.* 3 (prep. *a*) manifestar, garantir *<h. solidariedade ao amigo>*

hi.po.te.nu.sa *s.f.* GEOM o lado de um triângulo retângulo oposto ao ângulo reto

hi.po.ter.mi.a *s.f.* MED grande diminuição da temperatura normal do corpo ~ **hipotérmico** *adj.*

hi.pó.te.se *s.f.* 1 aquilo que é possível que se verifique ou aconteça, tendo em vista certas circunstâncias; suposição 2 acontecimento tomado como incerto; eventualidade 3 teoria provisória e provável, mas ainda não demonstrada

hi.po.té.ti.co *adj.* 1 que contém hipótese; suposto 2 baseado em suposição; duvidoso, incerto

hi.ru.dí.neo *s.m.* ZOO 1 espécime dos hirudíneos, classe de animais invertebrados, hermafroditas, que compreende as sanguessugas ■ *adj.* 2 relativo a essa classe

hi.run.di.ní.deo *adj.s.m.* ZOO (espécime) dos hirundinídeos, família de aves cosmopolitas, vulgarmente conhecidas como andorinhas, que vivem em bando e se alimentam de insetos, ger. capturados em voo

his.pâ.ni.co *adj.* 1 da antiga Hispânia, nome dado pelos romanos à península Ibérica 2 da Espanha; espanhol ■ *s.m.* 3 natural ou habitante da Hispânia 4 natural ou habitante da Espanha; espanhol ■ *adj.s.m.* 5 latino-americano morador nos EUA

his.pa.ni.zar *v.* {mod. 1} *t.d. e pron.* dar ou tomar aspecto ou característica própria do povo, da cultura, da língua da Espanha ~ **hispanização** *s.f.*

his.pa.no-a.me.ri.ca.no [pl.: *hispano-americanos*] *adj.* 1 pertencente à América de língua espanhola 2 relativo à Espanha e à América ■ *adj.s.m.* 3 (indivíduo) de origem espanhola e americana

his.ta.mi.na *s.f.* 1 FISL amina liberada pelas células do sistema imunológico durante reações alérgicas, causadora de inchaço e coceira 2 FARM forma sintética e comercializada dessa substância, us. principalmente no diagnóstico de funções gástricas e circulatórias

his.te.rec.to.mi.a *s.f.* MED remoção cirúrgica do útero ou de parte dele

his.te.ri.a *s.f.* 1 PSICN doença nervosa caracterizada por convulsões 2 comportamento marcado por excessiva emotividade ou por terror ~ **histérico** *adj.s.m.* - **histerismo** *s.m.*

his.te.ros.có.pio *s.m.* MED endoscópio com iluminação que permite o exame visual direto da cavidade uterina

his.to.lo.gi.a *s.f.* BIO MED ciência que estuda a estrutura microscópica, a composição e a função dos tecidos vivos

his.tó.ria *s.f.* **1** conjunto de conhecimentos relativos ao passado da humanidade, segundo o lugar, a época e o ponto de vista escolhido ☞ inicial freq. maiúsc. **2** tratado ou resumo desses conhecimentos **3** ciência que estuda eventos passados com referência a um povo, país, período ou indivíduo específico ☞ inicial freq. maiúsc. **4** conjunto de dados sobre indivíduo, coisa, arte etc. **5** a evolução da humanidade ao longo de seu passado e presente ☞ inicial freq. maiúsc. **6** narração de eventos fictícios ou não; enredo, trama ◉ GRAM/USO dim.irreg.: *historieta* ▣ **h. da carochinha** conto popular com elementos fantásticos • **h. em quadrinhos** sequência de desenhos que contam uma história, ger. com diálogos em balões; quadrinhos • **h. natural** estudo e descrição dos seres existentes na natureza

his.to.ri.a.dor /ô/ [pl.: *-es*] *adj.s.m.* que(m) se especializou em ou que(m) escreve sobre história ('ciência'); historiógrafo

his.to.ri.ar *v.* {mod. 1} *t.d.* **1** fazer o relato histórico de □ *t.d. e t.d.i.* **2** (prep. *a, para*) narrar, contar *<h. um fato (para alguém)>*

his.to.ri.cis.mo *s.m.* **1** caráter do que realmente aconteceu no passado; historicidade **2** FIL conjunto de doutrinas filosóficas que consideram a história como princípio explicativo dos valores e dos elementos da cultura humana ~ **historicista** *adj.2g.s.2g.*

his.tó.ri.co *adj.* **1** relativo a evolução da humanidade **2** célebre, importante **3** *p.ext.* digno de ser lembrado; memorável **4** que existiu; real *<uma figura h.>* ~ **historicidade** *s.f.*

his.tó.ri.co-so.ci.al [pl.: *histórico-sociais*] *adj.2g.* relativo a fatores sociais e históricos

his.to.ri.e.ta /ê/ *s.f.* **1** história curta **2** pequeno relato de fato curioso ou engraçado ◉ GRAM/USO dim.irreg. de *história*

his.to.ri.ó.gra.fo *s.m.* **1** escritor oficial da história de seu tempo **2** autor de trabalhos históricos ~ **historiografia** *s.f.*

his.tri.ão [pl.: *-ões*] *s.m.* **1** HIST TEAT entre os antigos romanos, comediante que representava farsas; bufão **2** *p.ext.* TEAT comediante, cômico **3** *fig.* indivíduo palhaço, ridículo ~ **histriônico** *adj.*

his.tri.cí.deo *adj.s.m.* ZOO (espécime) dos histricídeos, família de grandes mamíferos roedores, que compreende os porcos-espinhos

hi.ti.ta *s.2g.* **1** indivíduo dos hititas, povo da Antiguidade que habitou a Ásia Menor por volta de 1900 a.C. ■ *s.m.* **2** LING língua falada por esse povo ■ *adj.2g.* **3** relativo a esse povo e a sua língua

hi.tle.ris.mo *s.m.* POL doutrina política e social de Adolf Hitler (1889-1945); nazismo ☞ cf. *Hitler* na parte enciclopédica ~ **hitlerista** *adj.2g.s.2g.*

HIV [ing.] *s.m.* sigla de *vírus da imunodeficiência humana*, causador da aids

hl símbolo de *hectolitro*

hm símbolo de *hectômetro*

Ho QUÍM símbolo de *hólmio*

hobby [ing.; pl.: *hobbies*] *s.m.* passatempo ⇒ pronuncia-se róbi

ho.di.er.no *adj.* dos dias de hoje; atual, moderno

ho.dô.me.tro *s.m.* instrumento que indica distâncias percorridas por veículos ou pedestres

ho.je /ô/ *adv.* **1** o dia em que se está **2** atualmente

ho.le.ri.te *s.m.* *B* contracheque

ho.lis.mo *s.m.* no campo das ciências humanas e naturais, abordagem que prioriza o entendimento integral dos fenômenos ~ **holista** *adj.2g.s.2g.* - **holístico** *adj.*

hol.mi.en.se *adj.2g.* **1** de Estocolmo (Suécia) ■ *s.2g.* **2** natural ou habitante dessa capital

hól.mio *s.m.* QUÍM elemento químico da família dos lantanídeos [símb.: *Ho*] ☞ cf. *tabela periódica* (no fim do dicionário)

ho.lo.caus.to *s.m.* **1** entre os antigos hebreus, sacrifício em que se queimava a vítima **2** *p.ext.* sacrifício, expiação **3** HIST massacre de judeus nos campos de concentração alemães durante a Segunda Guerra Mundial ☞ nesta acp., inicial maiúsc.

ho.lo.ce.no *s.m.* **1** GEOL última e mais recente época do período quaternário, posterior ao Plistoceno, em que as geleiras se limitam às regiões polares e a civilização humana se desenvolve ☞ este subst. não se usa no plural; inicial maiúsc. ■ *adj.* **2** dessa época

ho.lo.fo.te *s.m.* foco de luz intenso, esp. us. para iluminar objetos a distância

ho.lo.gra.fi.a *s.f.* ÓPT técnica de gravação de hologramas

ho.lo.gra.ma *s.m.* ÓPT fotografia que produz uma imagem tridimensional, obtida por *laser*

ho.lo.tu.roi.de /ói/ *s.m.* ZOO **1** espécime dos holoturoides, classe que compreende os pepinos-do-mar ■ *adj.2g.* **2** relativo a essa classe

hom.bri.da.de *s.f.* **1** ar viril, másculo **2** *fig.* dignidade; honradez **3** coragem

ho.mem [pl.: *-ens*; fem.: *mulher*] *s.m.* **1** ZOO mamífero primata dotado de inteligência e de linguagem articulada **2** a humanidade ☞ inicial freq. maiúsc. **3** ser humano do sexo masculino **4** esse ser na idade adulta **5** *fig.* indivíduo corajoso, viril

ho.mem-rã [pl.: *homens-rãs* e *homens-rã*] *s.m.* mergulhador profissional que realiza resgates, explorações científicas ou militares etc.

ho.me.na.ge.ar *v.* {mod. 5} *t.d.* fazer homenagem a; exaltar, laurear

ho.me.na.gem [pl.: *-ens*] *s.f.* expressão ou ato público como mostra de admiração e respeito por alguém

ho.men.zar.rão [pl.: *-ões*] *s.m.* homem muito grande e forte

ho.me.o.pa.ta *adj.2g.s.2g.* (profissional) que se especializa no estudo e na prática da homeopatia

ho.me.o.pa.ti.a *s.f.* MED método de tratamento que consiste em dar a um doente, sob forma diluída e dinamizada, uma substância que, em doses elevadas, é capaz de produzir num indivíduo sadio sinais e sintomas semelhantes aos da doença que se quer combater ☞ cf. *alopatia* ~ **homeopático** *adj.*

home page [ing.; pl.: *home pages*] *loc.subst.* INF página principal, de abertura de um *site* ⇒ pronuncia-se rom pêidge

ho.mé.ri.co *adj.* **1** relativo a Homero, poeta épico que teria vivido na Grécia no séc. VI a.C. **2** *fig.* extraordinário, fantástico

home theater [ing.] *loc.subst.* sistema de entretenimento para uso doméstico ger. composto por televisão grande e aparelhos de reprodução de imagem e som ⇒ pronuncia-se rom tiater

ho.mi.ci.da *adj.2g.s.2g.* **1** que(m) pratica homicídio ■ *adj.2g.* **2** que causa a morte **3** us. para matar

ho.mi.cí.dio *s.m.* DIR crime que consiste em tirar a vida de outra pessoa; assassinato

ho.mi.li.a *s.f.* LITUR comentário sobre o trecho do Evangelho lido durante a missa ~ **homiliar** *v.int.*

ho.mi.ní.deo *adj.s.m.* ZOO (espécime) dos hominídeos, família de primatas que inclui os macacos, o homem e seus ancestrais, que apresentam cérebro grande e desenvolvido e face capaz de expressar emoção

ho.mi.zi.ar *v.* {mod. 1} *t.d. e pron.* **1** esconder(-se) da ação da justiça *<h. um criminoso> <o bando homiziou-se numa casa abandonada>* **2** *fig.* esconder(-se), encobrir(-se) *<as sombras ajudavam a h. o baú> <homiziou-se numa cidade do interior>* ~ **homizio** *s.m.*

ho.mo.a.fe.ti.vo *adj.* referente a relação afetiva entre pessoas do mesmo sexo

ho.mo.fo.bi.a *s.f.* aversão à homossexualidade e a homossexual ~ **homofóbico** *adj.*

ho.mó.fo.no *adj.s.m.* GRAM (vocábulo) que tem a mesma pronúncia que outro, mas sentido e grafia diferentes (p.ex., *censo* e *senso*) ☞ cf. *heterófono* ~ **homofonia** *s.f.* - **homofônico** *adj.*

ho.mo.ge.nei.zar *v.* {mod. 2} *t.d. e pron.* **1** tornar(-se) homogêneo, semelhante a; igualar(-se) □ *t.d.* **2** misturar (elementos) para fazer um todo coerente ~ **homogeneização** *s.f.*

ho.mo.gê.neo *adj.* **1** que possui natureza, estrutura, função etc. semelhante ou igual **2** que apresenta grande unidade, adesão entre seus elementos **3** que é formado de uma única substância ~ **homogeneidade** *s.f.*

ho.mó.gra.fo *adj.s.m.* GRAM **1** (vocábulo) com pronúncia e significado diferentes de outro, mas com a mesma grafia (p.ex., *transtorno* /ô/ (s.m.) e *transtorno* [fl. transtornar]) ☞ cf. *heterófono* **2** (vocábulo) com pronúncia e grafia idênticas às de outro, mas com significado diferente (p.ex., cabo 'fio' e cabo 'militar') ~ **homografia** *s.f.* - **homográfico** *adj.*

ho.mo.lo.gar *v.* {mod. 1} *t.d.* **1** DIR tornar oficial (autoridade judicial ou administrativa) [uma decisão, ato, resolução etc.] **2** *p.ext.* reconhecer de forma oficial **3** *p.ext.* reconhecer como legítimo; validar ~ **homologação** *s.f.* - **homologatório** *adj.*

ho.mo.lo.gi.a *s.f.* BIO semelhança de origem e estrutura entre órgãos ou partes de organismos diversos ~ **homólogo** *adj.*

ho.mo.ní.mia *s.f.* **1** identidade de nome entre pessoas, cidades etc. **2** conjunto de homônimos **3** GRAM LING relação de identidade de pronúncia, de grafia, ou de ambas, entre palavras

ho.mo.ní.mi.co *adj.* relativo a homonímia ou a homônimo

ho.mô.ni.mo *adj.s.m.* **1** (o) que tem o mesmo nome **2** GRAM LING (vocábulo) que tem a mesma pronúncia ou grafia que outro, mas significado diferente ☞ cf. *heterônimo* ◉ COL homonímia

ho.móp.te.ro *s.m.* **1** ZOO espécime dos homópteros, ordem de insetos terrestres, sugadores de seiva, como as cigarras ■ *adj.* **2** relativo a essa ordem

ho.mos.se.xu.al /cs/ [pl.: *-ais*] *adj.2g.* **1** diz-se da relação sexual entre pessoas do mesmo sexo ■ *adj.2g.s.2g.* **2** que(m) sente atração sexual por alguém do mesmo sexo

ho.mos.se.xu.a.li.da.de /cs/ *s.f.* homossexualismo

ho.mos.se.xu.a.lis.mo /cs/ *s.m.* atração sexual entre pessoas do mesmo sexo ☞ cf. *heterossexualismo*

ho.nes.to *adj.* **1** que age ou se enquadra dentro das regras de uma ética socialmente aceita **2** honrado, digno **3** em que há seriedade; consciencioso **4** satisfatório, conveniente, razoável ~ **honestidade** *s.f.*

ho.no.rá.rio *adj.* **1** que tem direito às honras, mas não ao exercício das funções **2** que dá prestígio e honra, mas nenhum benefício material ▼ ***honorários*** *s.m.pl.* DIR **3** vencimentos pagos a profissionais liberais (médicos, advogados etc.); proventos

ho.no.rá.vel [pl.: *-eis*] *adj.2g.* digno de consideração, de respeito ~ **honorabilidade** *s.f.*

ho.no.rí.fi.co *adj.* que traz consideração, respeito, sem vantagem material ou poder real

hon.ra *s.f.* **1** sentimento de dignidade e honestidade moral **2** marca de distinção; homenagem **3** graça, privilégio **4** motivo de admiração, de glória **5** função ou lugar de destaque numa escala hierárquica

hon.ra.dez /ê/ [pl.: *-es*] *s.f.* **1** honestidade, dignidade **2** pudor, castidade, esp. da mulher

hon.ra.do *adj.* **1** que é conforme aos princípios de honradez; honesto, digno, íntegro **2** tratado com honra, com deferência, com respeito **3** que, por suas qualidades morais socialmente aceitas, se destaca dos demais; distinto, ilustre **4** que denota virtuosidade; casto

hon.rar *v.* {mod. 1} *t.d.* **1** dar crédito ou merecimento a **2** exaltar, glorificar **3** manter-se fiel a (compromisso, promessa); cumprir **4** pagar, quitar (dívida) □ *t.d. e pron.* **5** tornar(-se) digno, nobre; engrandecer(-se) **6** (fazer) sentir orgulho; orgulhar(-se)

hon.ra.ri.a *s.f.* **1** distinção num cargo **2** manifestação honrosa ◉ GRAM/USO nas duas acp., mais us. no pl.

hon.ro.so /ô/ [pl.: /ó/; fem.: /ó/] *adj.* **1** que enobrece, dignifica (diz-se esp. de gesto, atitude, dito) **2** em que há respeito, consideração **3** honesto, sério **4** digno, decente

hó.quei *s.m.* ESP jogo entre duas equipes, em gelo ou grama, em que um disco (gelo) ou bola (grama) deve ser impelido por bastões curvados na extremidade

ho.ra *s.f.* **1** segmento de tempo equivalente a 60 minutos [abrev.: *h*] **2** momento determinado do dia **3** cada uma das pancadas ou badaladas dos relógios **4** distância medida a partir do tempo gasto em locomoção **5** momento fixado para a realização de algo; horário **6** momento importante, muito esperado, privilegiado, ideal **7** ocasião, momento oportuno ☞ cf. *ora* ▼ ***horas*** *s.f.pl.* **8** muito tempo

ho.rá.rio *s.m.* **1** regulamento das horas e/ou dos dias de certos serviços ou atividades **2** tabela em que se registra esse regulamento **3** hora normal, prefixada ■ *adj.* **4** relativo a horas(s) **5** que pode ser medido por hora ou que se percorre num intervalo de uma hora

hor.da *s.f.* **1** tribo de nômades **2** bando de desordeiros **3** *p.ext.* grupo grande de pessoas; multidão

ho.ris.ta *adj.2g.s.2g.* DIR *B* (empregado) que tem o salário computado em horas e não em dias

ho.ri.zon.tal [pl.: *-ais*] *adj.2g.* **1** situado em, relativo ou paralelo ao horizonte **2** que está estendido, deitado, nivelado ■ *s.f.* **3** reta paralela ao horizonte **4** *infrm.* posição de quem se encontra deitado ou reclinado ~ **horizontalidade** *s.f.* - **horizontalizar** *v.t.d. e pron.*

ho.ri.zon.te *s.m.* **1** linha circular que limita o campo visual e na qual a terra ou o mar parecem unir-se ao céu **2** *p.ext.* campo de visibilidade de uma pessoa ao ar livre **3** *fig.* quadro geográfico, social, cultural que limita as ações ou aspirações de uma pessoa ☞ mais us. no pl. **4** dimensão do futuro de alguém ou de algo; perspectiva ☞ mais us. no pl.

hor.mô.nio *s.m.* BIOQ substância química produzida pelos animais, que exerce um efeito fisiológico específico sobre o corpo

ho.rós.co.po *s.m.* ASTRL **1** desenho da posição relativa dos astros no momento do nascimento de uma pessoa; mapa astral **2** previsão astrológica sobre a vida de alguém baseada nesse mapa

hor.ren.do *adj.* **1** que apavora **2** muito feio; pavoroso **3** cruel, hediondo **4** que inspira aversão; abominável **5** excessivo, intolerável

hor.ri.bi.lís.si.mo *adj.* extremamente horrível ◉ GRAM/USO sup.abs.sint. de *horrível*

hor.ri.pi.lan.te *adj.2g.* **1** que provoca calafrio; arrepiante **2** que inspira medo; horrendo, pavoroso

hor.ri.pi.lar *v.* {mod. 1} *t.d. e pron.* **1** (fazer) sentir arrepios, calafrios; arrepiar(-se) **2** (fazer) sentir horror, pavor; aterrorizar(-se) ~ **horripilação** *s.f.*

hor.rí.vel [pl.: *-eis*] *adj.2g.* **1** muito ruim ou desagradável **2** medonho, horrendo **3** malvado, cruel, horrendo ◉ GRAM/USO sup.abs.sint.: *horribilíssimo*

hor.ror /ô/ [pl.: *-es*] *s.m.* **1** sentimento de nojo, aversão, ódio **2** sentimento de profundo incômodo ou receio; medo, pavor **3** crueldade ▼ ***horrores*** *s.m.pl.* **4** coisas aterrorizantes, trágicas, macabras, violentas **5** atos criminosos, repugnantes

hor.ro.ri.zar *v.* {mod. 1} *t.d.,int. e pron.* encher(-se) de horror, pânico; aterrorizar(-se)

hor.ro.ro.so /ô/ [pl.: /ó/; fem.: /ó/] *adj.* **1** relativo a horror **2** horrendo **3** muito ruim ou desagradável; horrível

hor.ta *s.f.* terreno em que são cultivados esp. hortaliças e legumes ~ **hortense** *adj.2g.*

hor.ta.li.ça *s.f.* erva ou legume cultivado em hortas e us. na alimentação

hor.te.lã *s.f.* **1** BOT erva aromática de sabor refrescante e cultivada como condimento; menta **2** a essência dessa erva. us. no preparo de xaropes, pastilhas etc., por suas propriedades aromáticas e medicinais

hor.te.lão [pl.: *-ões, -ãos*; fem.: *horteloa*] *s.m.* indivíduo que cuida de horta

hor.tên.sia *s.f.* BOT pequeno arbusto de flores brancas, azuis ou róseas, mundialmente cultivado como ornamental

hor.ti.cul.tor /ô/ [pl.: *-es*] *adj.s.m.* que(m) se dedica à horticultura

hor.ti.cul.tu.ra *s.f.* arte ou técnica de cultivar hortas e jardins

hor.ti.fru.ti.gran.jei.ro *adj.s.m.* *B* **1** (produto) de hortas, pomares e granjas ■ *adj.* **2** relativo a atividades exercidas em hortas, pomares e granjas

hor.ti.gran.jei.ro *adj.s.m.* **1** (produto) de hortas e granjas ■ *adj.* **2** relativo a atividades exercidas em hortas e granjas

hor.to /ô/ *s.m.* **1** área de cultivo de plantas ornamentais **2** terreno onde se cultivam experimentalmente plantas

ho.sa.na *s.m.* **1** REL hino cantado no domingo que antecede a Semana Santa **2** REL ramo bento distribuído aos fiéis nesse domingo **3** cântico de louvor

hos.pe.da.gem [pl.: *-ens*] *s.f.* **1** acolhimento de pessoas, com ou sem pagamento; abrigo **2** hospedaria

hos.pe.dar *v.* {mod. 1} *t.d. e pron.* dar ou receber hospedagem ou abrigo; alojar(-se) *<hospeda-se em pousadas>*

hos.pe.da.ri.a *s.f.* estabelecimento onde se recebem hóspedes ger. mediante pagamento

hós.pe.de *s.2g.* indivíduo que se acomoda durante certo tempo em casa alheia, hotel etc.

hos.pe.dei.ro *adj.s.m.* **1** (o) que hospeda **2** ECO (organismo) que abriga e/ou nutre outro organismo, parasita ou não **3** MED (organismo) que recebeu um transplante de tecido ou órgão ■ *s.m.* **4** quem dá hospedagem **5** dono de hospedaria

hos.pí.cio *s.m.* **1** hospital de alienados; manicômio **2** abrigo gratuito a pessoas pobres ou doentes; asilo

hos.pi.tal [pl.: *-ais*] *s.m.* estabelecimento para internação e tratamento de doentes ou feridos

hos.pi.ta.lar [pl.: *-es*] *adj.2g.* relativo a hospital ou a hospício

hos.pi.ta.lei.ro *adj.s.m.* **1** que(m) oferece hospedagem por bondade ou caridade ■ *adj.* **2** acolhedor *<terra h.>*

hos.pi.ta.li.da.de *s.f.* comportamento cordial e de boa acolhida para com amigos, convidados ou pessoas em geral

hos.pi.ta.li.zar *v.* {mod. 1} *t.d. e pron.* (fazer) entrar como paciente em hospital; internar(-se) *<hospitalizou-se ontem>* ~ **hospitalização** *s.f.*

H

hos.te *s.f.* **1** MIL força armada; tropa, exército **2** *fig.* bando, multidão

hós.tia *s.f.* REL no catolicismo, pequena rodela muito fina de pão sem fermento consagrada pelo padre e oferecida aos fiéis na comunhão

hos.til [pl.: *-is*] *adj.2g.* **1** que revela agressividade; intimidador **2** que manifesta inimizade; pouco acolhedor **3** adversário, contrário

hos.ti.li.da.de *s.f.* **1** qualidade do que é hostil **2** ato hostil, agressivo, de rivalidade

hos.ti.li.zar *v.* {mod. 1} *t.d. e pron.* **1** tratar(-se) com agressividade ou inimizade; agredir(-se) *<as duas nações hostilizam-se há décadas>* □ *t.d.* **2** não tratar bem, acolher mal **3** fazer guerra a, lutar contra *<a atual administração hostiliza os camelôs>* ~ **hostilização** *s.f.*

ho.tel [pl.: *-éis*] *s.m.* estabelecimento que fornece quartos, apartamentos, suítes mobiliados e, ger., refeições, diversão e outros serviços

ho.te.la.ri.a *s.f.* **1** setor de administração de hotéis *<escola de h.>* **2** rede de hotéis

ho.te.lei.ro *adj.* **1** relativo a hotel ■ *s.m.* **2** proprietário ou gerente de hotel

HPV [ing.] *s.m.* sigla de *papilomavírus humano*

Hs QUÍM símbolo de *hássio*

HTML [ing.] *s.m.* INF linguagem us. para criar documentos na internet com texto, imagem, som, vídeo e *links*

hu.lha *s.f.* GEOL espécie de carvão mineral

hu.lhei.ra *s.f.* jazida ou mina de hulha

hu.ma.ni.da.de *s.f.* **1** conjunto de características específicas à natureza humana **2** sentimento de bondade e compaixão para com os semelhantes **3** o conjunto dos seres humanos ▼ ***humanidades*** *s.f.pl.* **4** estudos de literatura, história, filosofia

hu.ma.nis.mo *s.m.* corrente filosófica renascentista e inspirada na civilização greco-romana, que valorizava um maior conhecimento da cultura e da natureza humana

hu.ma.nis.ta *adj.2g.* **1** referente a humanismo ■ *adj.2g.s.2g.* **2** simpatizante ou adepto do humanismo **3** que(m) é versado em humanidades

hu.ma.nís.ti.co *adj.* relativo a humanismo ou a humanista

hu.ma.ni.tá.rio *adj.s.m.* que(m) se dedica aos interesses da humanidade e à melhoria da condição humana

hu.ma.ni.ta.ris.mo *s.m.* **1** caridade, filantropia **2** amor à humanidade; solidariedade

hu.ma.ni.zar *v.* {mod. 1} *t.d. e pron.* **1** (fazer) adquirir condição humana *<a fábula humaniza os animais>* **2** tornar(-se) benévolo, tolerável, sensível *<h. um trabalho>* *<o bairro se humanizou com a praça>* **3** tornar(-se) mais sociável, tratável; socializar(-se) *<h. um selvagem>* *<humanizou-se na convivência dos amigos>*

hu.ma.no *adj.* **1** próprio do homem **2** composto por homens e mulheres **3** que mostra piedade, indulgência, compreensão **4** que não é divino *<justiça h.>* ■ *s.m.* **5** o homem ☞ nesta acp., mais us. no pl.

hu.mi.fi.car *v.* {mod. 1} *t.d. e pron.* converter(-se) em humo *<h. a matéria orgânica do solo>* *<resíduos vegetais que se humificam>* ~ **humificação** *s.f.*

hu.mil.da.de *s.f.* **1** qualidade de humilde **2** consciência das próprias limitações; modéstia **3** sentimento de inferioridade

hu.mil.de *adj.2g.* **1** que reconhece as próprias limitações **2** modesto, simples **3** que expressa submissão *<modos h.>* ■ *adj.2g.s.2g.* **4** que(m) é desprovido de bens materiais

hu.mi.lha.ção [pl.: *-ões*] *s.f.* **1** ato ou efeito de humilhar alguém ou de humilhar-se **2** vergonha, vexame

hu.mi.lhan.te *adj.2g.* que humilha; degradante

hu.mi.lhar *v.* {mod. 1} *t.d. e pron.* **1** (fazer) perder o valor, tratando(-se) com menosprezo, desdém; rebaixar(-se) *<humilhou-se para voltar ao time>* **2** tornar(-se) humilde ~ **humilhado** *adj.*

hu.mo *s.m.* ECO → ***HÚMUS***

hu.mor /ô/ [pl.: *-es*] *s.m.* **1** estado de espírito; temperamento **2** graça, comicidade *<filme de h.>* **3** MED nome de vários fluidos existentes no corpo (bílis, sangue, linfa etc.)

hu.mo.ris.mo *s.m.* qualidade do que ou de quem é capaz de se expressar de forma cômica ou irônica ~ **humorístico** *adj.*

hu.mo.ris.ta *adj.2g.s.2g.* que(m) manifesta humor no que diz, escreve, desenha etc.; que(m) é capaz de divertir os outros

hú.mus *s.m.2n.* ou **hu.mo** *s.m.* ECO parte superior do solo composta de muita matéria orgânica, na maior parte vegetal, decomposta ou em decomposição

hu.no *adj.s.m.* (indivíduo) dos hunos, povo bárbaro e nômade da Ásia central

hur.ra *interj.* expressa saudação, entusiasmo etc.; viva

hyperlink [ing.] *s.m.* INTERN ver ***LINK*** ⇒ pronuncia-se raiperlink

Hz FÍS símbolo de *hertz*

Ii

i *s.m.* **1** nona letra do nosso alfabeto, vogal ■ *n.ord. (adj.2g.2n.)* **2** diz-se do nono elemento de uma série *<casa I> <item 1i>* ☞ empr. após um substantivo ou numeral ◉ GRAM/USO na acp. s.m., pl.: *ii*

I QUÍM símbolo de *iodo*

¹i- *pref.* → ¹*IN-*

²i- *pref.* → ²*IN-*

-ia *suf.* **1** 'cargo, estabelecimento': *chefia, delegacia* **2** 'área de saber': *geografia, ortopedia* **3** 'propriedade': *alegria*

ia.iá *s.f. B* tratamento que se dava às meninas e às moças, no tempo da escravidão; nhá

i.a.lo.ri.xá *s.f.* REL *B* no candomblé, mulher responsável pela direção espiritual, administração do terreiro e pelo culto aos orixás; mãe de santo

i.a.no.mâ.mi *s.2g.* **1** indígena pertencente aos ianomâmis, povo indígena que habita a Venezuela e o nordeste da Amazônia ■ *s.m.* **2** língua falada por esse povo ■ *adj.2g.* **3** relativo a esse povo e a sua língua

i.an.que *adj.2g.* **1** relativo aos Estados Unidos da América, à Nova Inglaterra (região dos Estados Unidos da América) ou ao norte dos Estados Unidos ■ *s.2g.* **2** natural ou habitante desse país ou dessas regiões

i.a.ra *s.f.* FOLC *B* mãe-d'água ('sereia')

i.a.te *s.m.* embarcação a vela ou a motor, para recreação ou regata, ger. de proa fina e médio porte

i.a.tis.mo *s.m.* esporte ou recreação com iate ~ iatista *adj.2g.s.2g.*

i.a.vé *s.m.* → *JAVÉ*

I.ba.ma *s.m.* sigla de Instituto Brasileiro do Meio Ambiente e dos Recursos Naturais Renováveis

i.bé.ri.co *adj.* **1** da península Ibérica (Portugal e Espanha); ibero ■ *s.m.* **2** natural ou habitante dessa região

i.be.ro *adj.* **1** da península Ibérica; ibérico ■ *s.m.* **2** indivíduo dos iberos, antigos habitantes da Ibéria; ibérico ☞ cf. *Ibéria* na parte enciclopédica **3** língua falada por esse povo

i.be.ro-a.me.ri.ca.no [pl.: *ibero-americanos*] *adj.s.m.* (indivíduo) dos povos americanos colonizados pelos países da península Ibérica

IBGE *s.m.* sigla de Instituto Brasileiro de Geografia e Estatística

ibidem [lat.] *adv.* aí mesmo; no mesmo lugar (empr. em citações, com o sentido de 'na mesma obra, capítulo ou página') [abrev.: *ib.*] ⇒ pronuncia-se ibidem

i.bo.pe *s.m.* **1** resultado de pesquisa de opinião pública us. em propaganda ou na venda de produtos **2** índice de audiência **3** *p.ext. infrm.* prestígio ◉ GRAM/USO caso de sigla (de Instituto Brasileiro de Opinião Pública e Estatística) que passou a ser empr. como palavra da língua comum

-icar *suf.* 'repetição, pouca intensidade': *namoricar, bebericar*

i.çar *v.* {mod. 1} *t.d.* **1** puxar para cima; levantar *<i. uma âncora>* ☐ *t.d. e pron. fig.* **2** (fazer) subir; elevar(-se) *<i. uma pipa> <icei-me para dentro do ônibus>* ~ **içamento** *s.m.*

-ice *suf.* 'qualidade, modo de ser': *chatice, criancice, tolice*

iceberg [ing.; pl.: *icebergs*] *s.m.* grande massa de gelo flutuante que se desprendeu de uma geleira polar ⇒ pronuncia-se aisberg

-icho *suf.* 'diminuição': *rabicho*

-ície *suf.* 'qualidade, modo de ser': *calvície, planície*

-ício *suf.* 'relação': *alimentício, patrício*

ICMS *s.m.* ECON sigla de *imposto sobre circulação de mercadorias e serviços*

-ico *suf.* 'diminuição': *veranico, namorico*

-́ico *suf.* 'relação': *básico, biológico, eufórico, mágico*

-iço *suf.* 'passividade': *movediço, quebradiço*

í.co.ne *s.m.* **1** nas igrejas orientais, representação de Cristo, um santo ou cena sagrada em pintura sobre madeira **2** *fig.* pessoa ou coisa que simboliza seu grupo, seu tempo etc. **3** símbolo feito para lembrar determinada coisa **4** INF em sistema operacional ou programa de computador com interface gráfica, figura que representa objeto, operação ou *link*

i.co.no.clas.ta *adj.2g.s.2g.* **1** que(m) destrói imagens sagradas ou se opõe à sua veneração **2** que(m) destrói obras de arte, monumentos etc. **3** que(m) se opõe a qualquer tradição ou crença estabelecida ~ **iconoclasmo** *s.m.* - **iconoclastia** *s.f.*

i.co.no.gra.fi.a *s.f.* **1** estudo e descrição de representações figuradas **1.1** tratado descritivo de imagens, pinturas, medalhas etc. **1.2** conjunto de ilustrações de obra ou gênero de arte, de artista, de período artístico ◉ COL iconoteca ~ **iconográfico** *adj.* - **iconógrafo** *s.m.*

i.co.nos.có.pio *s.m.* ELETRÔN tubo de raios us. em televisão, que converte uma imagem óptica numa sequência de impulsos elétricos

i.co.sa.e.dro *s.m.* GEOM poliedro de 20 faces

i.co.sá.go.no *s.m.* GEOM polígono de 20 lados

ic.te.rí.cia *s.f.* MED coloração amarelada da pele e olhos resultante de presença anormal de bílis no sangue ~ **ictérico** *adj.*

ic.ti.o.lo.gi.a *s.f.* ZOO parte da zoologia que estuda os peixes ~ **ictiológico** *adj.* - **ictiologista** *adj.2g.s.2g.*

-ida *suf.* 'ação ou resultado da ação': *mordida, saída*

i.da *s.f.* **1** movimento de ir-se; partida **2** trajeto que termina onde tem início o retorno *<a volta cansou mais do que a i.>*

-idade *suf.* equivale a *-dade*

i.da.de *s.f.* **1** o tempo de vida decorrido desde o nascimento até determinada data **2** duração total da vida **3** época; tempo *<a i. escolar>* **4** período marcado por fato ou descoberta importante, ou por um grau de evolução; era **5** período histórico ou pré-histórico ▣ **I. Média** HIST período da História que se estende da queda do Império Romano, séc. V, até a queda de Constantinopla (1453) • **terceira i.** último terço da vida; velhice

i.de.al [pl.: *-ais*] *adj.2g.* **1** que só existe no pensamento *<uma paisagem i.>* **2** perfeito, maravilhoso ■ *s.m.* **3** alvo da mais alta aspiração *<seu i. é a paz>* **4** perfeição suprema **5** a solução perfeita *<o i. seria irmos juntos>* ~ **idealidade** *s.f.*

i.de.a.lis.mo *s.m.* **1** FIL teoria filosófica que reduz o mundo ao pensamento e às suas representações **2** atitude de espírito ou tipo de caráter em que prevalecem os sentimentos e a busca por ideais **3** teoria ou prática artística que defende o valor maior da imaginação sobre a cópia fiel da natureza

i.de.a.lis.ta *adj.2g.* **1** relativo a idealismo ('teoria filosófica') ■ *adj.2g.s.2g.* **2** partidário do idealismo ('teoria filosófica') **3** que(m) age movido por ideais **4** que(m) põe os ideais à frente das considerações práticas ~ **idealístico** *adj.*

i.de.a.li.zar *v.* {mod. 1} *t.d. e pron.* **1** imaginar(-se) de maneira ideal *<um pintor que idealiza os modelos>* *<idealiza-se ao falar de si mesma>* ☐ *t.d.* **2** criar na mente; imaginar, fantasiar *<i. um futuro diferente para os filhos>* **3** planejar, projetar *<i. uma campanha publicitária>* ~ **idealização** *s.f.*

i.de.ar *v.* {mod. 5} *t.d.* **1** criar na imaginação; idealizar, fantasiar **2** planejar, projetar ~ **ideação** *s.f.*

i.de.á.rio *s.m.* conjunto das ideias principais de um autor, de uma doutrina, movimento, partido etc.

i.dei.a /éi/ *s.f.* **1** representação mental de algo **2** conhecimento, informação, noção **3** plano, propósito **4** descoberta, invenção **5** mente, pensamento

idem [lat.] *pron.dem.* o mesmo [abrev.: *id.*] ⇒ pronuncia-se idem

i.dên.ti.co *adj.* **1** que em nada difere de outro ou de outros **2** imutável, inalterável **3** análogo, semelhante

i.den.ti.da.de *s.f.* **1** conjunto das características próprias e exclusivas de um indivíduo **2** consciência da própria personalidade **3** o que faz que uma coisa seja da mesma natureza que outra **4** documento de identificação

i.den.ti.fi.ca.ção [pl.: *-ões*] *s.f.* **1** ato ou efeito de identificar(-se) **2** documento comprobatório de identidade

i.den.ti.fi.car *v.* {mod. 1} *t.d.,t.d.i. e pron.* **1** (prep. *a, com*) tornar(-se) idêntico a; igualar(-se) *<i. pobres e ricos>* *<i. o real ao ideal>* *<i.-se com o pai>* ☐ *t.d.* **2** determinar a identidade de; reconhecer **3** tornar conhecido *<o modo de vestir identifica o turista>* ☐ *pron.* **4** comprovar a própria identidade **5** (prep. *com*) partilhar das ideias ou sentimentos (de)

i.de.o.gra.ma *s.m.* **1** imagem que representa uma ideia ou um objeto e não uma letra ou som **2** sinal que exprime o conceito e não os sons da palavra que representa esse conceito

i.de.o.lo.gi.a *s.f.* **1** ciência das ideias **2** conjunto de ideias, crenças, tradições, princípios e mitos, sustentados por um indivíduo ou grupo social, de uma época, de uma sociedade ~ **ideológico** *adj.* - **ideólogo** *s.m.*

i.dí.li.co *adj.* **1** relativo a idílio **2** *p.ext.* fantasioso, sonhador

i.dí.lio *s.m.* **1** LIT poema lírico com temas ligados ao campo **2** amor terno e delicado **3** relação entre namorados **4** produto da fantasia; devaneio, utopia

i.di.o.ma *s.m.* a língua de um povo ou de uma comunidade

i.di.o.má.ti.co *adj.* peculiar a determinado idioma

i.di.o.ma.tis.mo *s.m.* LING idiotismo

i.di.os.sin.cra.si.a *s.f.* **1** MED predisposição particular do organismo que faz com que um indivíduo reaja de maneira pessoal a alimentos, medicamentos etc. **2** comportamento peculiar de um indivíduo ou de um grupo ~ **idiossincrásico** *adj.* - **idiossincrático** *adj.*

i.di.o.ta *adj.2g.s.2g.* **1** que(m) não tem inteligência ou bom senso; tolo, estúpido ■ *adj.2g.* **2** sem interesse, sem sentido ~ **idiotizar** *v.t.d.,int. e pron.*

i.di.o.ti.ce *s.f.* pensamento, ação, frase ou coisa estúpida, pouco inteligente, tola

i.di.o.tis.mo *s.m.* **1** comportamento de pessoa idiota **2** LING construção peculiar a uma determinada língua, que não se encontra na maioria dos outros idiomas; idiomatismo

i.do *adj.* **1** que foi ou se foi; passado ▼ ***idos*** *s.m.pl.* **2** tempos passados *<os i. de 1980>*

i.do.la.trar *v.* {mod. 1} *t.d.* **1** prestar culto a; adorar ☐ *t.d. e pron. fig.* **2** amar(-se), admirar(-se) com exagero ~ **idólatra** *adj.2g.s.2g.*

i.do.la.tri.a *s.f.* **1** culto que se presta a ídolos **2** *fig.* admiração excessiva ~ **idolátrico** *adj.*

í.do.lo *s.m.* **1** imagem adorada como se fosse a própria divindade **2** *fig.* pessoa ou coisa intensamente admirada

i.dô.neo *adj.* **1** que convém perfeitamente; adequado **2** confiável, honesto **3** apto, capaz ~ **idoneidade** *s.f.*

i.do.so /ô/ [pl.: /ó/; fem.: /ó/] *adj.s.m.* que(m) tem muitos anos de vida; velho, ancião

-ificar *suf.* → ***-FICAR***

i.ga.pó *s.m.* *B* região da floresta amazônica que permanece alagada mesmo na estiagem dos rios ◉ COL igapozal

i.ga.ra.pé *s.m.* *B* **1** riacho que nasce na mata e desemboca num rio **2** canal estreito e navegável, situado entre duas ilhas de rio ou entre uma ilha de rio e a terra firme

i.glu *s.m.* habitação feita de blocos de gelo pelos esquimós

ig.na.ro *adj.s.m.* que(m) é ignorante, inculto, bronco

íg.neo *adj.* **1** relativo a fogo **2** que é de fogo ou semelhante a ele **3** produzido ou resultante da ação do fogo **4** *fig.* ardente, entusiasmado **5** GEOL diz-se de rocha ou mineral formado pela solidificação do magma; magmático

ig.ni.ção [pl.: *-ões*] *s.f.* **1** processo ou meio que inflama material combustível **2** estado de substâncias em combustão

ig.nó.bil [pl.: *-eis*] *adj.2g.* **1** de caráter vil, baixo **2** que causa repugnância; hediondo ~ **ignobilidade** *s.f.*

ig.no.mí.nia *s.f.* **1** grande desonra infligida por um julgamento público **2** ação que desonra, envergonha, ou o seu efeito

ig.no.mi.ni.o.so /ô/ [pl.: /ó/; fem.: /ó/] *adj.* **1** que causa desonra **2** que provoca horror, vergonha

ig.no.rân.cia *s.f.* **1** estado daquele que ignora algo **2** estado daquele que não tem conhecimentos, cultura **3** grosseria, incivilidade

ig.no.ran.te *adj.2g.s.2g.* **1** que(m) desconhece a existência de algo **2** que(m) não tem instrução **3** mal-educado, grosseiro

ig.no.rar *v.* {mod. 1} *t.d.* **1** não ter conhecimento de; desconhecer **2** não levar em conta; desconsiderar **3** não saber, por falta de experiência, de prática **4** ser destituído de; não ter *<i. o ódio>* **5** tratar com indiferença; desprezar

ig.no.to /ó *ou* ô/ *adj.s.m.* (o) que é desconhecido

IGP-M *s.m.* sigla de índice geral de preços do mercado

i.gre.ja /ê/ *s.f.* **1** prédio ou espaço no qual os cristãos realizam cerimônias religiosas **2** cada grupo religioso cristão que segue seu próprio credo, suas liturgias, seu corpo de ministros, sacerdotes ☞ inicial maiúsc. **3** a autoridade eclesiástica ☞ inicial maiúsc. **4** *fig.* grupo ou área de atividade na qual se partilha uma mesma opinião ou estilo

i.gual [pl.: *-ais*] *adj.2g.* **1** que, numa comparação, não apresenta diferença quantitativa ou qualitativa **2** equivalente; uniforme ■ *adj.2g.s.2g.* **3** que(m) tem a mesma categoria, nível etc. *<na companhia dos seus i.>*

i.gua.lar *v.* {mod. 1} *t.d.,t.d.i. e pron.* **1** (prep. *a*) tornar(-se) igual em quantidade ou qualidade; equiparar(-se) *<i. equações> <i. a oferta à procura> <uma safra i.-se à outra>* □ *t.d.,t.i.,t.d.i. e pron.* **2** (prep. *a, com, em*) tornar(-se) igual qualitativamente; ombrear(-se), nivelar(se) *<a morte iguala os homens> <nenhum aluno lhe igualava em inteligência> <o destino o igualou com os demais> <as irmãs se igualam em beleza>* □ *t.d.* **3** tornar plano, liso; nivelar ~ **igualação** *s.f.*

i.gual.da.de *s.f.* **1** fato de não apresentar diferença quantitativa ou qualitativa **2** MAT relação existente entre duas grandezas iguais [usa-se o sinal = entre elas] **3** característica do que é proporcional, uniforme, equivalente

i.gua.lha *s.f.* identidade de posição social ou na maneira de ser

i.gua.li.ta.ris.mo *s.m.* teoria que sustenta a igualdade absoluta entre as pessoas ~ **igualitário** *adj.s.m.*

i.gua.na *s.f.* ZOO nome comum a lagartos encontrados do México ao Brasil, conhecidos como camaleões

i.gua.ní.deo *adj.s.m.* ZOO (espécime) dos iguanídeos, família de lagartos terrestres, arborícolas ou marinhos, ger. com longas pernas, cristas dorsais e barbelas

i.gua.ri.a *s.f.* **1** comida delicada e/ou apetitosa **2** *p.ext.* qualquer comida preparada

ih *interj.* exprime espanto, ironia, admiração ou sensação de perigo

i.í.di.che *adj.s.m.* LING (língua germânica) da comunidade judaica da Europa oriental e central

-il *suf.* 'relação': *febril, servil*

i.le.gal [pl.: *-ais*] *adj.2g.* que é contrário às leis; ilícito

i.le.ga.li.da.de *s.f.* **1** característica do que é contrário às leis **2** estado ou situação de quem viola as disposições da lei **3** ato que infringe as leis

i.le.gí.ti.mo *adj.* **1** que não satisfaz as condições legais **2** sem justificativa ■ *adj.s.m.* **3** (filho) bastardo ~ **ilegitimidade** *s.f.*

i.le.gí.vel [pl.: *-eis*] *adj.2g.* que não se pode ler ou que é de difícil leitura ~ **ilegibilidade** *s.f.*

í.leo *s.m.* ANAT parte terminal do intestino delgado, localizada entre o jejuno e a primeira porção do intestino grosso

i.le.so /é *ou* ê/ *adj.* sem lesão ou ferimento

i.le.tra.do *adj.s.m.* **1** que(m) não tem cultura literária **2** que(m) não sabe ler nem escrever; analfabeto

i.lha *s.f.* **1** GEO porção de terra cercada de água; ínsula **2** *B* calçada us. para proteção aos pedestres e para separar as mãos de direção do trânsito ◉ GRAM/USO dim.irreg.: *ilhota* e *ilhéu* ◉ COL arquipélago

-ilhar *suf.* 'repetição, pouca intensidade': *dedilhar*

i.lhar *v.* {mod. 1} *t.d. e pron.* (fazer) ficar incomunicável, como uma ilha; isolar(-se) ~ **ilhado** *adj.*

i.lhar.ga *s.f.* cada um dos lados do corpo humano por cima dos quadris ☞ freq. empr. no pl.

i.lhéu *s.2g.* **1** pequena ilha; ilhota **2** rochedo no meio do mar ■ *adj.* **3** relativo a ilha; insular, insulano ■ *s.m.* **4** natural ou habitante de ilha; insular, insulano ☞ nesta acp., fem.: *ilhoa* ◉ GRAM/USO dim.irreg. de *ilha*

-ilho *suf.* 'diminuição': *espartilho, vidrilho*

i.lhó *s.2g.* **1** orifício por onde se enfia cordão ou fita **2** aro, ger. de metal, para debruar esse orifício

i.lhós *s.2g.2n.* ilhó ◉ GRAM/USO tb. aceita o pl. *ilhoses*

i.lí.a.co *s.m.* ANAT **1** ver *osso do quadril* ■ *adj.* **2** relativo a ou próprio desse osso **3** relativo à bacia, aos flancos

i.li.bar *v.* {mod. 1} *t.d.* **1** tornar puro, sem mancha; purificar **2** restituir a estima de; reabilitar ~ **ilibação** *s.f.* - **ilibado** *adj.*

i.lí.ci.to *adj.* **1** proibido, ilegal ■ *s.m.* **2** o que não é legal ou moral ~ **ilicitude** *s.f.*

i.li.mi.ta.do *adj.* **1** sem limite(s) ou que parece não tê-lo(s) **1.1** infinito

i.ló.gi.co *adj.* que não tem lógica; absurdo ~ **ilogicidade** *s.f.* - **ilogismo** *s.m.*

i.lu.dir *v.* {mod. 24} *t.d. e pron.* **1** (fazer) cair em ilusão; enganar(-se) **2** (fazer) sentir frustração; decepcionar(-se) □ *t.d.* **3** usar truques para não cumprir; burlar **4** tornar mais suportável ou mais brando; amenizar

i.lu.mi.na.ção [pl.: *-ões*] *s.f.* **1** irradiação de luz que torna algo claro ou visível **2** abastecimento de luz **3** técnica de iluminar um cenário, um ambiente etc. **4** *fig.* conjunto de conhecimentos; saber **5** *fig.* inspiração que esclarece algo

i.lu.mi.na.do *adj.s.m.* **1** (o) que se iluminou **2** *fig.* que(m) é dotado de saber, de conhecimentos; instruído

i.lu.mi.na.dor /ô/ [pl.: *-es*] *adj.s.m.* **1** (o) que ilumina **2** CINE TEAT TV especialista em iluminação

i.lu.mi.nar *v.* {mod. 1} *t.d. e pron.* **1** encher(-se) de luz, tornando(-se) claro **2** ornamentar com luzes ou aparecer iluminado **3** *fig.* tornar(-se) instruído, esclarecido; ilustrar(-se) *<professores tentam i. os alunos>* *<i.-se por meio da leitura>* **4** *fig.* (fazer) ficar claro como a luz; abrilhantar(-se)

i.lu.mi.nis.mo *s.m.* FIL movimento intelectual do séc. XVIII caracterizado pela centralidade da ciência e da racionalidade ☞ inicial maiúsc. ~ **iluminista** *adj.2g.s.2g.*

i.lu.mi.nu.ra *s.f.* **1** arte medieval de ilustrar manuscritos e livros com desenhos, arabescos, miniaturas etc. de cores vivas **2** a pintura assim realizada

i.lu.são [pl.: *-ões*] *s.f.* **1** impressão ou sensação que não corresponde à realidade, por engano da mente, dos sentidos **2** logro, mentira **3** decepção, desilusão

i.lu.sio.nis.mo *s.m.* arte de criar ilusão por meio de artifícios e truques; prestidigitação ~ **ilusionista** *adj.2g.s.2g.*

i.lu.só.rio *adj.* **1** que produz ilusão ou tende a iludir; enganoso **2** que se situa no nível do sonho; irreal, falso

i.lus.tra.ção [pl.: *-ões*] *s.f.* **1** desenho, gravura, imagem que acompanha um texto, livro etc. **2** conjunto de conhecimentos; instrução, saber **3** qualidade do que é ilustre; renome **4** esclarecimento por meio de explicações; comentário

i.lus.tra.dor /ô/ [pl.: *-es*] *adj.* **1** que serve de ilustração; ilustrativo ■ *adj.s.m.* **2** (artista) que faz ilustrações (desenhos, estampas etc.) para textos

i.lus.trar *v.* {mod. 1} *t.d.* **1** fazer ilustrações para (livro, texto etc.) **2** tornar compreensível; explicar **3** servir de exemplo; demonstrar □ *t.d. e pron.* **4** (fazer) adquirir glória, celebridade; glorificar(-se) **5** transmitir ou adquirir conhecimentos; instruir(-se)

i.lus.tra.ti.vo *adj.* **1** que adorna texto com figura **2** elucidativo, esclarecedor

i.lus.tre *adj.2g.* **1** que se distingue pelo brilhantismo; célebre **2** conhecido, famoso **3** fidalgo, nobre ◉ GRAM/USO sup.abs.sint.: *ilustríssimo*

i.lus.trís.si.mo *adj.* **1** muito ilustre **2** tratamento cerimonioso, esp. em cartas [abrev.: *Ilmo.* ou *Il.*[mo]] ☞ inicial maiúsc. ◉ GRAM/USO sup.abs.sint. de *ilustre*

[1]im- *pref.* → [1]*IN-*

[2]im- *pref.* → [2]*IN-*

-im *suf.* 'diminuição': *folhetim, selim*

i.mã ou **i.ma.me** *s.m.* **1** sacerdote muçulmano que dirige as preces numa mesquita **2** título de certos soberanos muçulmanos, esp. do Iêmen

í.mã *s.m.* material capaz de atrair o ferro e outras substâncias metálicas; magneto

i.ma.cu.la.do *adj.* **1** que não tem pecado **2** puro, inocente **3** sem mancha; limpo

i.ma.gem [pl.: *-ens*] *s.f.* **1** representação visível de um ser ou objeto por meios artísticos ou técnicos **2** reprodução visual por reflexo **3** cena, quadro, pintura etc. **4** *fig.* réplica, retrato *<é a i. do pai>* **5** *fig.* conceito de que uma pessoa goza junto a outras ◉ COL iconografia, iconoteca

i.ma.gi.na.ção [pl.: *-ões*] *s.f.* **1** faculdade que a mente possui de representar imagens **2** faculdade de criar a partir da combinação de ideias; criatividade **3** coisa criada pela fantasia; sonho **4** *p.ext.* mentira

i.ma.gi.nar *v.* {mod. 1} *t.d.* **1** formar (imagem mental) a partir de algo que não está presente ou não é real; inventar □ *t.d. e pron.* **2** representar(-se) na mente; visualizar(-se) *<i. um vestido descrito>* *<i.-se na pele de outrem>* □ *t.d.,t.d.pred. e pron.* **3** ter certa ideia sobre; julgar(-se), presumir(-se) *<i. que tudo será melhor>* *<imaginava-o um bom homem>* *<i.-se superior a todos>*

i.ma.gi.ná.ria *s.f.* **1** conjunto de figuras, de imagens **2** estudo tipológico das imagens religiosas de santos e cenas bíblicas

i.ma.gi.ná.rio *adj.* **1** que não é real; fictício ■ *s.m.* **2** o que pertence ao domínio da imaginação **3** reunião de características e símbolos da vida de um povo, uma nação etc. *<o i. brasileiro>*

i.ma.gi.na.ti.vo *adj.s.m.* **1** que(m) tem muita imaginação ■ *adj.* **2** que devaneia; sonhador

i.ma.gi.no.so /ô/ [pl.: /ó/; fem.: /ó/] *adj.s.m.* **1** que(m) tem muita imaginação; imaginativo ■ *adj.* **2** repleto de imagens fantasiosas ou poéticas

i.ma.go *s.m.* ZOO fase adulta ou estágio reprodutor de um inseto

i.ma.me *s.m.* → ***IMÃ***

i.ma.nen.te *adj.2g.* que está inseparavelmente contido na natureza de um ser, de uma experiência ou de um conceito; inerente ~ **imanência** *s.f.*

i.man.tar *v.* {mod. 1} *t.d.* conferir a (metal) propriedades do ímã; magnetizar ~ **imantação** *s.f.*

i.mar.ces.cí.vel [pl.: *-eis*] *adj.2g.* que não perde o viço, o frescor ~ **imarcescibilidade** *s.f.*

i.ma.te.ri.al [pl.: *-ais*] *adj.2g.s.m.* (o) que não é material, que não tem existência palpável; incorpóreo ~ **imaterialidade** *s.f.* - **imaterializar** *v.t.d. e pron.*

i.ma.te.ri.a.lis.mo *s.m.* FIL teoria filosófica que nega a existência da matéria e reduz a realidade aos espíritos e suas representações ~ **imaterialista** *adj.2g.s.2g.*

i.ma.tu.ri.da.de *s.f.* **1** falta de maturidade **2** *p.ext.* característica atribuída a pessoa adulta de quem se espera um comportamento mais maduro

i.ma.tu.ro *adj.* **1** não amadurecido **2** precoce, prematuro ■ *adj.s.m.* **3** que(m) não demonstra maturidade psicológica ou que(m) a demonstra em grau menor que o esperado

im.ba.tí.vel [pl.: *-eis*] *adj.2g.* que não se pode derrotar; invencível

im.ba.ú.ba *s.f.* → ***EMBAÚBA***

im.be.cil [pl.: *-is*] *adj.2g.s.2g.* que(m) tem inteligência curta ou pouco juízo; idiota, tolo ~ **imbecilidade** *s.f.*

im.be.ci.li.zar *v.* {mod. 1} *t.d. e pron.* (fazer) ficar imbecil

im.ber.be *adj.2g.s.2g.* **1** (o) que não tem barba **2** jovem, iniciante

im.bri.car *v.* {mod. 1} *t.d. e pron.* (prep. *em*) dispor(-se) [coisas] de maneira que fiquem parcialmente superpostas ~ **imbricação** *s.f.*

im.bu *s.m.* → ***UMBU***

im.bui.a *s.f.* BOT árvore brasileira de até 30 m, cuja madeira é us. na marcenaria de luxo

im.bu.ir *v.* {mod. 26} *t.d.i. e pron.* **1** (prep. *em*) (fazer) ficar embebido de (líquido, perfume); impregnar(-se) *<i. compressas em água morna> <i.-se em perfumes>* □ *t.d.i. e pron. fig.* **2** (prep. *de*) [fazer] ser tomado por (ideia, sentimento); infundir(-se) *<imbuiu-o de ideias patrióticas> <i.-se da própria dignidade>*

im.bu.zei.ro *s.m.* → ***UMBUZEIRO***

i.me.di.a.ção [pl.: *-ões*] *s.f.* **1** fato ou ato de ser ou estar próximo a; proximidade **2** cercania, redondeza ☞ nesta acp., mais us. no pl.

i.me.di.a.ta.men.te *adv.* **1** sem perda de tempo ou sem demora **2** no mesmo instante **3** sem mediação de espaço *<sentou-se i. depois dela>*

i.me.di.a.tis.mo *s.m.* **1** tendência a proceder de maneira direta, sem rodeios **2** tendência a agir visando a uma vantagem imediata, sem considerar as consequências ~ **imediatista** *adj.2g.s.2g.*

i.me.di.a.to *adj.* **1** sem intermediário; direto **2** que acontece sem intervalo; instantâneo **3** seguinte, contíguo (no espaço e no tempo) ■ *s.2g.* **4** pessoa de categoria logo abaixo da do chefe

i.me.mo.rá.vel [pl.: *-eis*] *adj.2g.* de que não há, não pode ou não deve haver memória; imemorial

i.me.mo.ri.al [pl.: *-ais*] *adj.2g.* **1** de que não há memória por ser muito antigo **2** imemorável

i.men.si.da.de *s.f.* grandeza, espaço ou quantidade ilimitada; imensidão, vastidão

i.men.si.dão [pl.: *-ões*] *s.f.* imensidade

i.men.so *adj.* **1** impossível de medir ou contar; desmedido **2** de grande tamanho; enorme **3** de grande extensão; vasto **4** em grande número; inúmero **5** extraordinário, profundo **6** *fig.* que causa espanto; fantástico **7** impossível de precisar ou definir; colossal

i.men.su.rá.vel [pl.: *-eis*] *adj.2g.* que não se pode medir; ilimitado, incomensurável

i.me.re.ci.do *adj.* não merecido; injusto

i.mer.gir *v.* {mod. 24} *t.d.,t.i.,t.d.i. e pron.* **1** (fazer) ficar total ou parcialmente coberto por (um líquido); mergulhar, afundar(-se), submergir *<i. o dedo inflamado (numa solução de iodo)> <i.(-se) lentamente no mar>* □ *t.i. e pron. fig.* **2** entrar em; introduzir-se *<i.(-se) na mata cerrada>* ◉ GRAM/USO part.: *imergido, imerso* /é/ ~ **imergente** *adj.2g.*

i.mer.são [pl.: *-ões*] *s.f.* ato ou efeito de afundar em líquido; submersão

i.mer.so *adj.* **1** mergulhado, afundado, submerso **2** *fig.* completamente absorvido ◉ GRAM/USO part. de *imergir*

i.mi.gra.ção [pl.: *-ões*] *s.f.* **1** entrada de estrangeiros em um país, para trabalhar e/ou fixar residência, permanentemente ou não **2** estabelecimento de indivíduos em cidade, estado ou região de seu próprio país, que não a sua de origem **3** conjunto de indivíduos que imigram **4** o fluxo desses indivíduos ☞ cf. *migração* e *emigração*

i.mi.gran.te *adj.2g.s.2g.* que(m) imigra ou imigrou ☞ cf. *migrante* e *emigrante*

i.mi.grar *v.* {mod. 1} *int.* **1** ir viver em país estrangeiro **2** *p.ext.* fixar residência em cidade, estado ou região de seu país, que não a sua de origem ☞ cf. *migrar* e *emigrar*

i.mi.gra.tó.rio *adj.* relativo a imigração ou a imigrante

i.mi.nên.cia *s.f.* condição ou característica do que ocorrerá sem adiamento ☞ cf. *eminência*

i.mi.nen.te *adj.2g.* que está prestes a ocorrer; próximo ☞ cf. *eminente*

i.mis.cí.vel [pl.: *-eis*] *adj.2g.* que não se mistura *<óleo e água são i.>*

i.mis.cu.ir-se *v.* {mod. 26} *pron.* **1** (prep. *em*) tomar parte ou dar opinião em (o que não lhe diz respeito); intrometer-se *<i.-se na vida dos outros>* **2** (prep. *em*) ligar-se intimamente; misturar-se *<i.-se na multidão>* ~ **imiscuição** *s.f.*

i.mi.ta.ção [pl.: *-ões*] *s.f.* **1** reprodução exata de algo; imagem **2** cópia malfeita ou falsificada **3** plágio de obra artística, literária ou musical **4** representação das características de alguém

i.mi.tar *v.* {mod. 1} *t.d.* **1** reproduzir ou tentar reproduzir fielmente (o que já existe ou suas características); arremedar, copiar <*i. um sotaque*> **2** ter como exemplo; copiar <*o aprendiz imita o mestre*> **3** produzir uma cópia de (algo) fazendo-a passar por verdadeira; falsificar <*i. uma assinatura*> **4** ter aparência de; assemelhar-se ~ **imitativo** *adj.* - **imitável** *adj.2g.*

IML *s.m.* sigla de Instituto Médico Legal

i.mo.bi.li.á.ria *s.f.* B empresa que constrói, negocia imóveis e/ou administra seu aluguel

i.mo.bi.li.á.rio *adj.* **1** relativo a imóveis ■ *adj.s.m.* **2** (bem) imóvel por natureza ou por disposição legal ☞ mais us. no pl.

i.mo.bi.li.da.de *s.f.* **1** ausência de movimento; inércia **2** *fig.* condição do que não muda **3** *fig.* impassibilidade, serenidade

i.mo.bi.lis.mo *s.m.* **1** repúdio ao progresso **2** *p.ext.* atitude muito conservadora ~ **imobilista** *adj.2g.s.2g.*

i.mo.bi.li.zar *v.* {mod. 1} *t.d. e pron.* **1** impedir ou cessar de se mover; parar **2** (fazer) parar de progredir; estacionar, estagnar □ *t.d.* **3** impedir a liberdade de movimentos de **4** reduzir ou eliminar, para fins terapêuticos, o movimento de (corpo ou parte dele) ~ **imobilização** *s.f.*

i.mo.de.ra.ção [pl.: *-ões*] *s.f.* falta de moderação; exagero

i.mo.dés.tia *s.f.* **1** falta de simplicidade, de discrição **2** *p.ext.* vaidade, orgulho **3** *p.ext.* ausência de pudor ~ **imodesto** *adj.*

i.mo.la.ção [pl.: *-ões*] *s.f.* **1** morte em sacrifício a uma divindade **2** *p.ext.* chacina, carnificina **3** *fig.* ato de sacrificar-se; renúncia

i.mo.lar *v.* {mod. 1} *t.d.,t.i.,t.d.i. e pron.* **1** (prep. *a*) matar em sacrifício a divindade <*i. uma vítima (aos ídolos)*> <*i. a divindades imaginárias*> <*Cristo imolou-se ao Pai*> □ *t.d.* **2** *p.ext.* sacrificar matando; massacrar □ *t.d.i. e pron. fig.* **3** (prep. *a*) renunciar a (algo) em benefício de; sacrificar(-se) <*imolou todos os interesses à causa do partido*> <*preferiu i.-se a ver a ruína da pessoa amada*>

i.mo.ral [pl.: *-ais*] *adj.2g.* **1** contrário à moral ■ *adj.2g.s.2g.* **2** (indivíduo) contrário à moral, às regras de conduta **3** *p.ext.* (o) que é contrário ao pudor, à decência; libertino, indecente ☞ cf. *amoral*

i.mo.ra.li.da.de *s.f.* **1** coisa ou ato que contraria os bons costumes, a moral **2** violação ao pudor; indecência **3** prática de atos considerados corruptos

i.mor.re.dou.ro *adj.* **1** que não morre; eterno, imortal **2** *p.ext.* muito duradouro; constante **3** cuja lembrança é permanente

i.mor.tal [pl.: *-ais*] *adj.2g.* **1** que não está sujeito à morte; perpétuo, eterno **2** cuja lembrança sobreviverá, através dos tempos; imorredouro ■ *s.2g.* **3** membro da Academia Brasileira de Letras ▼ ***imortais*** *s.2g.pl.* **4** os deuses do paganismo ~ **imortalidade** *s.f.*

i.mor.ta.li.zar *v.* {mod. 1} *t.d.* **1** tornar imortal □ *t.d. e pron.* **2** (fazer) ficar marcado na memória dos homens; eternizar(-se) ~ **imortalização** *s.f.*

i.mó.vel [pl.: *-eis*] *adj.2g.* **1** sem movimento; parado **2** *fig.* que não muda; firme, inabalável ■ *s.m.* **3** bem fixo, que não se pode transportar (p.ex., terra, casa etc.) **4** *p.ext.* qualquer edificação

im.pa.ci.ên.cia *s.f.* **1** pressa em atingir algum objetivo; sofreguidão **2** desassossego que impede o repouso; intranquilidade **3** estado de irritação; aborrecimento ☞ nesta acp., tb. us. no pl.

im.pa.ci.en.tar *v.* {mod. 1} *t.d. e pron.* (fazer) perder a paciência; irritar(-se)

im.pa.ci.en.te *adj.2g.* **1** que não se conforma em esperar **2** que se movimenta muito, que demonstra inquietação; inquieto, agitado **3** que se queixa ou se irrita à toa; rabugento

im.pac.to *s.m.* **1** colisão entre dois ou mais corpos; choque **2** *fig.* impressão ou efeito fortes deixados por ação ou acontecimento **3** influência sobre alguém ou algo

im.pa.gá.vel [pl.: *-eis*] *adj.2g.* **1** que não se pode ou não se deve pagar **2** *fig.* inestimável, precioso **3** *fig.* muito engraçado <*sujeito i.*>

im.pal.pá.vel [pl.: *-eis*] *adj.2g.s.m.* **1** (o) que não se pode apalpar **2** *p.ext.* (o) que não tem existência material; abstrato, incorpóreo ~ **impalpabilidade** *s.f*

im.pa.lu.dis.mo *s.m.* MED malária

ím.par [pl.: *-es*] *adj.2g.s.m.* **1** (número) não divisível por dois ■ *adj.2g.* **2** diz-se do elemento que, numa série, ocupa a posição de um número que não é par **3** *fig.* que não tem par, único <*bondade í.*> ~ **imparidade** *s.f.*

im.par.ci.al [pl.: *-ais*] *adj.2g.* **1** que não toma partido ao julgar **2** que não sacrifica a verdade ou a justiça por considerações particulares ~ **imparcialidade** *s.f.*

im.pas.se *s.m.* **1** situação aparentemente sem solução favorável **2** *p.ext.* embaraço, empecilho

im.pas.sí.vel [pl.: *-eis*] *adj.2g.* **1** que não é passível de sofrer **2** que não tem ou não demonstra emoção, sentimento ou perturbação; imperturbável ~ **impassibilidade** *s.f.*

im.pa.tri.ó.ti.co *adj.* que(m) não tem patriotismo

im.pá.vi.do *adj.* corajoso, destemido, intrépido ~ **impavidez** *s.f.*

impeachment [ing.; pl.: *impeachments*] *s.m.* **1** processo que apura denúncias de grave delito ou má conduta no exercício de função de altos funcionários do governo **2** a destituição do cargo resultante desse processo ⇒ pronuncia-se impitchment

im.pe.cá.vel [pl.: *-eis*] *adj.2g.* **1** feito com muito cuidado, com perfeição **2** sem defeitos ~ **impecabilidade** *s.f.*

im.pe.di.men.to *s.m.* **1** ato de impedir ou seu efeito **2** o que impede; obstáculo, estorvo **3** circunstância legal que impossibilita a execução de um ato ou o exercício de uma função **4** FUTB falta cometida por um jogador que se encontra à frente da linha da bola e, ao receber um passe no campo de ataque, tem diante de si apenas um adversário, ger. o goleiro **5** ver ***IMPEACHMENT***

im.pe.dir *v.* {mod. 28} *t.d. e t.d.i.* **1** (prep. *de*) tornar difícil ou impossível a ação de; dificultar, estorvar *<fizeram tudo para i. a assinatura do contrato> <o calor impedia-a de dormir>* **2** (prep. *de*) não permitir; proibir *<a família quis i. o casamento> <o que a impede de falar?>* □ *t.d.* **3** bloquear, obstruir

im.pe.lir *v.* {mod. 28} *t.d.* **1** fazer avançar à força; empurrar **2** lançar com força; atirar □ *t.d. e t.d.i. fig.* **3** (prep. *a*) dar incentivo a; estimular *<impelia-o uma confiança cega> <o sofrimento impeliu-o a produzir grandes obras>* □ *t.d.i.* **4** (prep. *a*) forçar (alguém) [a fazer ou não algo]; coagir, obrigar *<dificuldades impeliram-no a renunciar>*

im.pe.ne.trá.vel [pl.: *-eis*] *adj.2g.* **1** que não pode ser penetrado **2** que não dá acesso ou que não permite a passagem **3** *fig.* que não se pode compreender ou explicar **4** *fig.* reservado, introvertido **5** *fig.* insensível, frio ~ **impenetrabilidade** *s.f.*

im.pe.ni.tên.cia *s.f.* **1** falta de arrependimento **2** *p.ext.* persistência no erro

im.pe.ni.ten.te *adj.2g.* **1** que não mostra arrependimento **2** *p.ext.* que persiste no erro

im.pen.sa.do *adj.* **1** em que não se pensou **2** que não se espera ou prevê; imprevisto

im.pen.sá.vel [pl.: *-eis*] *adj.2g.* impossível de pensar; inimaginável, inconcebível

im.pe.ra.dor /ô/ [pl.: *-es*; fem.: *imperatriz*] *s.m.* monarca supremo de um império

im.pe.rar *v.* {mod. 1} *int.* **1** exercer poder supremo; reinar **2** ser predominante; dominar, prevalecer ~ **imperante** *adj.2g.*

im.pe.ra.ti.vo *adj.* **1** autoritário; categórico **2** *p.ext.* que se impõe sem discussão possível; contundente **3** GRAM que indica ordem, pedido etc. (diz-se de modo verbal) ■ *s.m.* **4** ordem, mando, imposição **5** aquilo que se impõe por dever ou necessidade **6** GRAM modo imperativo

im.pe.ra.triz [pl.: *-es*] *s.f.* **1** mulher que governa um império **2** esposa de imperador

im.per.cep.tí.vel [pl.: *-eis*] *adj.2g.* **1** que não se pode perceber pelos sentidos **2** *p.ext.* de pouca importância, insignificante **3** *fig.* difícil de apreender; sutil ~ **imperceptibilidade** *s.f.*

im.per.dí.vel [pl.: *-eis*] *adj.2g.* **1** impossível de perder **2** que não se pode deixar de ver, ter, sentir etc.

im.per.do.á.vel [pl.: *-eis*] *adj.2g.* que não se deve ou pode perdoar

im.pe.re.cí.vel [pl.: *-eis*] *adj.2g.* **1** que não perece; eterno, imortal **2** que dura muito tempo; duradouro

im.per.fei.ção [pl.: *-ões*] *s.f.* **1** estado ou condição do que não é perfeito **2** defeito, falha

im.per.fei.to *adj.* **1** que não está acabado; incompleto, inconcluso **2** defeituoso, malfeito, incorreto ■ *adj.s.m.* **3** GRAM (conjunto de tempos verbais) que indica, no passado, uma ação em processo de realização, incompleta

im.pe.ri.al [pl.: *-ais*] *adj.2g.* **1** próprio de imperador, imperatriz ou império **2** *fig.* que apresenta magnificência; de qualidade superior; luxuoso

im.pe.ri.a.lis.mo *s.m.* **1** governo ou autoridade em que a nação é um império **2** política de expansão e domínio econômico, político e cultural de uma nação sobre outras ~ **imperialista** *adj.2g.s.2g.*

im.pe.rí.cia *s.f.* falta de habilidade, experiência ou competência

im.pé.rio *s.m.* **1** poder ou autoridade de imperador ou de imperatriz **2** forma de governo monárquico, cujo soberano é imperador ou imperatriz **3** a nação assim governada e seus habitantes **4** unidade política que abarca vários territórios ou povos sob uma única autoridade soberana *<i. romano>* **5** *p.ext.* autoridade, comando

im.pe.ri.o.so /ô/ [pl.: /ó/; fem.: /ó/] *adj.* **1** que exige obediência; autoritário **2** que demonstra arrogância; altivo, orgulhoso **3** *fig.* muito forte, irresistível **4** *fig.* urgente, premente ~ **imperiosidade** *s.f.*

I

im.pe.ri.to *adj.s.m.* **1** que(m) não sabe; ignorante **2** que(m) é inábil ou imperfeito na sua profissão ou numa atividade **3** que(m) não tem prática ou vivência

im.per.me.a.bi.li.zar *v.* {mod. 1} *t.d.* tornar impermeável (tecido, superfície etc.) ~ **impermeabilização** *s.f.* - **impermeabilizante** *adj.2g.s.m.*

im.per.me.á.vel [pl.: *-eis*] *adj.2g.* **1** impossível de ser penetrado por líquidos **2** tratado para não ser atravessado por líquidos; impermeabilizado *<tecido i.>* **3** *fig.* que não se deixa penetrar; fechado *<ser i. a opiniões alheias>* ~ **impermeabilidade** *s.f.*

im.pers.cru.tá.vel [pl.: *-eis*] *adj.2g.* que não se pode examinar ou investigar

im.per.sis.ten.te *adj.2g.* que não tem persistência; inconstante ~ **impersistência** *s.f.*

im.per.ti.nên.cia *s.f.* **1** atitude importuna; inconveniência **2** falta de respeito; insolência

im.per.ti.nen.te *adj.2g.* **1** que não se refere àquilo que se acha em questão; descabido ■ *adj.2g.s.2g.* **2** (o) que causa incômodo, desconforto **3** que(m) demonstra mau gênio ou mau humor; rabugento **4** que(m) fala ou age de maneira desrespeitosa; atrevido

im.per.tur.bá.vel [pl.: *-eis*] *adj.2g.* **1** que não se perturba **2** que nada pode comover ou agitar; impassível ~ **imperturbabilidade** *s.f.*

im.pes.so.al [pl.: *-ais*] *adj.2g.* **1** que não pertence nem se refere a uma pessoa em particular **2** que não tem nenhum traço pessoal ou particular **3** GRAM que não possui sujeito (diz-se de frase, oração etc.) ~ **impessoalidade** *s.f.* - **impessoalizar** *v.t.d. e pron.*

im.pe.ti.go *s.m.* MED doença de pele contagiosa, causada por bactérias e caracterizada pela formação de pequenas pústulas que se alastram

ím.pe.to *s.m.* **1** movimento repentino; impulso **2** força súbita e intensa; violência *<o í. das chamas>* **3** *fig.* arrebatamento, entusiasmo **4** *fig.* precipitação

im.pe.trar *v.* {mod. 1} *t.d. e t.d.i.* **1** (prep. *a*) pedir de modo humilde e intenso; implorar *<jamais impetrara o seu perdão (ao pai)>* □ *t.d.* **2** requerer, solicitar (providência judicial) ~ **impetração** *s.f.*

im.pe.tu.o.so /ô/ [pl.: /ó/; fem.: /ó/] *adj.* **1** que se move com rapidez e violência *<vento i.>* **2** que revela ardor, violência **3** que age de modo irrefletido; impulsivo **4** *fig.* impossível de conter; fogoso **5** *fig.* que se irrita facilmente; exaltado ~ **impetuosidade** *s.f.*

im.pi.e.da.de *s.f.* **1** falta de respeito ao que é sagrado **2** expressão dessa falta de respeito; blasfêmia **3** ausência de compaixão; crueldade

im.pi.e.do.so /ô/ [pl.: /ó/; fem.: /ó/] *adj.* **1** sem compaixão; desumano **2** difícil de suportar; duro

im.pi.gem [pl.: *-ens*] ou **im.pin.gem** [pl.: *-ens*] *s.f.* MED nome vulgar de várias doenças de pele

im.pin.gir *v.* {mod. 24} *t.d.i.* **1** (prep. *em*) dar com força; aplicar *<i. um tapa no animal>* **2** (prep. *a*) obrigar a aceitar (o que não deseja); impor *<impingiu uma rifa ao amigo>* **3** (prep. *a*) fazer (alguém) tomar (uma coisa por outra); enganar *<i. aos incautos um mau negócio>* **4** (prep. *a*) induzir a crer (no que não é verdade) *<impingi uma desculpa ao patrão>*

im.pi.o *adj.s.m.* que(m) é desumano, cruel, bárbaro ◉ GRAM/USO sup.abs.sint.: *impiíssimo*

ím.pio *adj.s.m.* **1** que(m) não tem fé ou que(m) tem desprezo pela religião **2** *p.ext.* que(m) ofende o que merece respeito ■ *adj.* **3** que demonstra impiedade ◉ GRAM/USO sup.abs.sint.: *impiíssimo*

im.pla.cá.vel [pl.: *-eis*] *adj.2g.* **1** que não é possível abrandar; inexorável **2** incapaz de perdoar **3** que não pode ser alterado; inflexível *<lógica i.>* ~ **implacabilidade** *s.f.*

im.plan.tar *v.* {mod. 1} *t.d.,t.d.i. e pron.* **1** (prep. *em*) plantar(-se) [uma coisa] em outra; enraizar(-se) *<i. raízes (no solo)>* **2** promover a inserção e o desenvolvimento (de); estabelecer(-se) *<i. um regime político>* *<os árabes implantaram-se na península Ibérica>* □ *t.d. e t.d.i.* **3** (prep. *em*) fazer implante de *<i. um dente (na arcada superior)>* ~ **implantação** *s.f.*

im.plan.te *s.m.* **1** ato de implantar(-se) ou seu efeito; implantação, introdução **2** MED material inserido ou enxertado em um corpo

im.ple.men.tar *v.* {mod. 1} *t.d.* **1** suprir de implementos **2** pôr em prática (um plano, projeto etc.) ~ **implementação** *s.f.*

im.ple.men.to *s.m.* **1** o que é necessário para a execução de algo ☞ mais us. no pl. **2** *fig.* cumprimento de algo firmado anteriormente

im.pli.ca.ção [pl.: *-ões*] *s.f.* **1** ato de implicar(-se) ou o seu efeito **2** envolvimento, comprometimento **3** consequência; inferência **4** implicância (má vontade) **5** o que se subentende **6** ordenação em sequência; encadeamento

im.pli.cân.cia *s.f.* **1** ato de implicar(-se) ou seu efeito **2** má vontade; birra, implicação **3** ato ou efeito de importunar; impertinência

im.pli.can.te *adj.2g.s.2g.* **1** (o) que envolve contradição ou contrariedade **2** *infrm.* que(m) gosta de provocar aborrecimentos, de criar problemas ou de brigar

im.pli.car *v.* {mod. 1} *t.d.i. e pron.* **1** (prep. *em*) [fazer] tomar parte em (situação, embaraço etc.); envolver(-se) *<implicaram-na no logro>* *<i.-se em um crime>* □ *t.d. e pron.* **2** confundir(-se), embaraçar(-se) *<a notícia implicou seu raciocínio>* *<i.-se com dúvidas>* □ *t.d.* **3** ter como consequência; acarretar *<a decisão pode i. prejuízos futuros>* **4** dar a entender; presumir *<os telefonemas implicavam premeditação>* **5** tornar necessário; requerer, demandar *<o combate à fraude implica a adoção de medidas radicais>* □ *t.i.* **6** (prep. *com*) demonstrar antipatia ou prevenção contra; hostilizar *<i. com alguém sem motivo>* **7** (prep. *com*) tratar mal; aborrecer, importunar *<i. com os irmãos>*

im.plí.ci.to *adj.* que está subentendido

im.plo.dir *v.* {mod. 24} *t.d. e int.* provocar ou sofrer implosão *<implodiram o velho estádio>* *<o prédio implodiu em poucos segundos>*

im.plo.rar *v.* {mod. 1} *t.d.,t.d.i. e int.* (prep. *a*) pedir com humildade e insistência; rogar *<i. ajuda>* *<implorou à mulher que o perdoasse>* ~ **imploração** *s.f.*

im.plo.são [pl.: *-ões*] *s.f.* série de explosões cujo desmoronamento por elas causado tende a concentrar-se num ponto central ~ **implosivo** *adj.*

im.plu.me *adj.2g.* que não tem penas ou plumas

im.po.lu.to *adj.* **1** puro, sem mancha **2** *fig.* honesto, virtuoso

im.pon.de.ra.do *adj.* irrefletido, precipitado

im.pon.de.rá.vel [pl.: *-eis*] *adj.2g.* **1** que não se pode pesar **2** *fig.* que não pode ser avaliado; impalpável ■ *adj.2g.s.m.* **3** (o) que não pode ser previsto ~ **imponderabilidade** *s.f.*

im.po.nen.te *adj.2g.* **1** que causa admiração; majestoso **2** que impõe respeito, autoridade **3** arrogante, altivo ~ **imponência** *s.f.*

im.pon.tu.al [pl.: *-ais*] *adj.2g.* que não é pontual ~ **impontualidade** *s.f.*

im.po.pu.lar [pl.: *-es*] *adj.2g.* **1** que vai contra o desejo e as expectativas do povo **2** que não agrada; antipático ☞ cf. *antipopular* ~ **impopularidade** *s.f.*

im.por *v.* {mod. 23} *t.d.,t.d.i. e pron.* **1** (prep. *a*) tornar obrigatório ou indispensável (para); forçar(-se) *<i. uma obrigação (à turma)>* *<ela se impôs pesadas tarefas>* **2** (prep. *a*) [fazer] ser reconhecido, aceito, respeitado *<i. uma opinião (ao opositor)>* *<i.-se como diretor>* □ *t.d. e t.d.i.* **3** (prep. *a*) fazer que (ideia, sentimento) se apresente; inspirar *<i. admiração>* *<sua figura impunha respeito a todos>* □ *t.d.i.* **4** (prep. *a*) conferir, dar *<impôs-lhe o nome do avô>* ◉ GRAM/USO part.: *imposto*

im.por.ta.ção [pl.: *-ões*] *s.f.* **1** entrada de produtos de outro estado, município ou região **2** o conjunto desses produtos

im.por.ta.dor /ô/ [pl.: *-es*] *adj.s.m.* (o) que traz produtos de outro país, estado ou município ou os revende

im.por.ta.do.ra /ô/ *s.f.* *B* **1** empresa que faz importações **2** *infrm.* loja que comercializa produtos importados

im.por.tân.cia *s.f.* **1** valor, mérito, relevância **2** prestígio, influência **3** quantia ou valor em dinheiro

im.por.tan.te *adj.2g.* **1** que tem grande valor **2** digno de consideração por ter autoridade, influência **3** necessário, básico, fundamental ■ *s.m.* **4** o básico, o essencial

im.por.tar *v.* {mod. 1} *t.d. e t.i.* **1** (prep. *em*) ter como resultado; causar, implicar *<seu discurso importou o apoio geral>* *<as provocações do colega importaram em briga>* □ *t.d.* **2** trazer em si; envolver *<o trabalho importa desafio>* □ *t.i.* **3** (prep. *em*) atingir (certa quantia) *<o total dos gastos importou em mil reais>* □ *t.i. e int.* **4** (prep. *para*) ter utilidade, proveito ou valor; interessar *<importa(-me) saber o que aconteceu>* □ *pron.* **5** (prep. *com*) dar importância a *<não se importa com nada>* □ *t.d. e int.* **6** trazer de outro país, estado ou município *<i. mercadorias>* *<o governo quer i. menos>*

im.por.tu.nar *v.* {mod. 1} *t.d.* **1** molestar com pedidos insistentes *<importunou o amigo com bobagens>* **2** causar transtorno a; perturbar *<o celular toca a toda hora, importunando-o>* □ *t.d. e pron.* **3** enfadar(-se) pela insistência; aborrecer(-se) *<importuna-o o barulho das buzinas>* *<i.-se com ruídos altos>* ~ **importunação** *s.f.*

im.po.si.ção [pl.: *-ões*] *s.f.* **1** ação de impor, de obrigar alguém a fazer algo **2** ordem a que se tem que obedecer

im.po.si.ti.vo *adj.* **1** que (se) impõe **2** que não se pode dispensar; necessário **3** que demonstra arrogância; dominador

im.pos.si.bi.li.da.de *s.f.* característica do que não pode ser feito ou do que não pode acontecer

im.pos.si.bi.li.tar *v.* {mod. 1} *t.d.* **1** tornar impossível; impedir □ *t.d.,t.d.i. e pron.* **2** (prep. *de*) tornar(-se) incapaz, inapto de; incapacitar(-se) *<a doença impossibilitou-o para sempre (de trabalhar)>* *<com a idade, impossibilitou-se para quase tudo>*

im.pos.sí.vel [pl.: *-eis*] *adj.2g.s.m.* **1** (o) que não pode ser, existir ou acontecer **2** (o) que é difícil de realizar ou conseguir ■ *adj.2g.* **3** que não combina com a realidade **4** que se opõe à razão e ao bom senso; extravagante **5** cuja realidade é difícil de suportar **6** *fig.* *B* *infrm.* teimoso, rebelde, levado

im.pos.tar *v.* {mod. 1} *t.d.* dar (o ator, o cantor etc.) colocação apropriada para (a voz), emitindo o som de forma clara e audível; empostar

im.pos.ter.gá.vel [pl.: *-eis*] *adj.2g.* que não se pode adiar; inadiável

im.pos.to /ô/ [pl.: /ó/; fem.: /ó/] *adj.* **1** que se impôs; colocado ■ *s.m.* ECON **2** contribuição monetária paga ao Estado us. para a manutenção de suas atividades; tributo ◉ GRAM/USO como subst.: pl. /ó/ ▣ **i. de renda** ECON imposto cobrado pelo governo federal pela aquisição de renda [sigla: *IR*] • **i. direto** ECON imposto cobrado sobre a renda ou o patrimônio de pessoas ou empresas (p.ex., o imposto de renda) • **i. indireto** ECON imposto cobrado sobre transações (p.ex., o imposto sobre produtos industrializados) • **i. predial e territorial urbano** ECON imposto municipal pago pelo proprietário de bens imóveis urbanos [sigla: *IPTU*] • **i. sobre circulação de mercadorias e serviços** ECON imposto cobrado pelos estados e municípios sobre a compra e venda de mercadorias [sigla: *ICMS*] • **i. sobre operações financeiras** ECON imposto cobrado sobre operações de crédito, seguro, câmbio ou relativas a títulos e valores mobiliários [sigla: *IOF*] • **i. sobre produtos industrializados** ECON imposto cobrado pelo governo federal sobre o valor de produtos que passem por modificações industriais [sigla: *IPI*] • **i. sobre serviços** ECON imposto municipal cobrado sobre o valor de qualquer serviço prestado por empresa ou profissional autônomo [sigla: *ISS*] • **i. territorial rural** ECON imposto cobrado pelo governo federal pela propriedade de imóvel rural [sigla: *ITR*]

im.pos.tor /ô/ [pl.: *-es*] *adj.s.m.* **1** que(m) se faz passar por outro **2** que(m) se aproveita da confiança do outro para enganar; mentiroso **3** que(m) não mostra seus verdadeiros sentimentos; fingido

im.pos.tu.ra *s.f.* **1** ação de impostor **2** *p.ext.* mentira ardilosa; fraude, embuste **3** *p.ext.* característica do que é hipócrita; falsidade, fingimento

im.po.tên.cia *s.f.* **1** falta de poder, de força ou de meios para realizar algo; impossibilidade **2** incapacidade de (homem) realizar o ato sexual

im.po.ten.te *adj.2g.s.m.* **1** (o) que não tem poder, força, meios para fazer algo **2** (indivíduo) sem potência sexual

im.pra.ti.cá.vel [pl.: *-eis*] *adj.2g.* **1** que não se pode pôr em prática ou em execução **2** por onde não se pode ou é muito difícil passar (diz-se de caminho, estrada, rua ou rio) ~ **impraticabilidade** *s.f.*

im.pre.car *v.* {mod. 1} *t.d.i.* **1** (prep. *a*) pedir a (Deus ou divindades) que recaia sobre alguém (males ou bens) *<impreca aos céus que mandem uma chuva>* □ *t.d. e t.d.i.* **2** (prep. *a*) pedir com insistência; rogar *<imprecava a liberdade>* *<imprecou às autoridades o direito de defesa>* □ *t.d.,t.i. e int.* **3** (prep. *contra*) rogar pragas a; praguejar *<"que os raios te fulminem", imprecou o desgraçado>* *<i. contra tudo>* *<de tanto imprecares, o mal acaba voltando-se contra ti>* ~ **imprecação** *s.f.*

im.pre.ci.são [pl.: *-ões*] *s.f.* caráter do que é impreciso; falta de precisão

im.pre.ci.so *adj.* **1** em que falta rigor, precisão **2** em que falta nitidez; vago, inexato

im.preg.nar *v.* {mod. 1} *t.d.,t.d.i. e pron.* **1** (prep. *de*) fazer(-se) penetrar (um corpo) de líquido; embeber(-se) *<a chuva fina impregna a terra> <i. de água uma esponja> <a tábua se impregnou de óleo>* **2** (prep. *de*) introduzir(-se) de forma gradual em; infiltrar(-se) *<um cheiro forte impregnou a atmosfera> <i. a sala de fumaça> <impregnou-se do perfume da amada>* **3** *fig.* influenciar(-se) profundamente; imbuir(-se) *<o ódio foi impregnando-o (da ideia de vingança)> <impregnava-se de bons sentimentos>* ~ **impregnação** *s.f.* - **impregnado** *adj.*

im.pren.sa *s.f.* **1** JOR conjunto dos meios de divulgação de informação jornalística **2** JOR conjunto das publicações periódicas de determinado lugar ou gênero *<i. esportiva>* **3** JOR *B* conjunto de jornalistas que fazem a cobertura de um evento **4** GRÁF máquina us. para imprimir e estampar; prelo, prensa

im.pren.sar *v.* {mod. 1} *t.d.* **1** apertar na prensa **2** *p.ext. infrm.* apertar muito *<a porta, ao fechar, imprensou o meu dedo>* **3** *fig. B infrm.* exigir de (alguém) atitude, decisão; pressionar *<imprensou o impostor e ele desistiu de mentir>*

im.pres.cin.dí.vel [pl.: *-eis*] *adj.2g.* que não se pode dispensar; indispensável

im.pres.cri.tí.vel [pl.: *-eis*] *adj.2g.* que não prescreve

im.pres.são [pl.: *-ões*] *s.f.* **1** ação de um corpo sobre outro **2** *p.ext.* a marca deixada por essa ação **3** *fig.* estado físico ou psicológico decorrente da influência de elementos externos **4** influência que fato, pessoa ou coisa exerce em alguém **5** ação de reproduzir letras, imagens etc. sobre um suporte de papel **6** *p.ext.* processo de transferência de sinais de um suporte para outro, sem que haja contato entre ambos *<i. a laser>* **7** *fig.* noção ou opinião vaga; palpite **8** *fig.* ponto de vista, opinião *<qual é sua primeira i.?>* ☞ nesta acp., tb. us. no pl.

im.pres.sio.nan.te *adj.2g.* que impressiona

im.pres.sio.nar *v.* {mod. 1} *t.d.,int. e pron.* **1** causar ou receber impressão psicológica; abalar(-se) *<a doença do amigo impressionou-o muito> <a boa aparência impressiona favoravelmente> <impressiona-se com cenas de terror>* **2** chamar positivamente a atenção (de), deixando boa impressão *<impressionou-o a voz do cantor> <detalhe que impressiona logo> <impressionou-se com a paisagem exuberante>* □ *t.d.* **3** causar impressão material em *<o ferro quente impressionou o linho>*

im.pres.sio.nis.mo *s.m.* movimento artístico, esp. na pintura, do final do séc. XIX, que valoriza impressões pessoais e sensoriais no lugar da realidade objetiva ~ **impressionista** *adj.2g.s.2g.*

im.pres.so *adj.* **1** que se imprimiu ■ *s.m.* **2** qualquer obra impressa (livro, folheto etc.) **3** formulário ◉ GRAM/USO part. de *imprimir*

im.pres.sor /ô/ [pl.: *-es*] *adj.s.m.* **1** (o) que imprime **2** GRÁF (operário) que trabalha com o prelo **3** GRÁF que(m) é proprietário de oficina gráfica

im.pres.so.ra /ô/ *s.f.* **1** máquina que imprime; prensa, prelo **2** INF dispositivo que reproduz, em papel ou outro meio, textos e imagens gerados por computador

im.pres.tá.vel [pl.: *-eis*] *adj.2g.* **1** que não tem utilidade; inútil, inaproveitável ■ *adj.2g.s.2g.* **2** que(m) não é prestativo ~ **imprestabilidade** *s.f.*

im.pre.te.rí.vel [pl.: *-eis*] *adj.2g.* **1** que não pode deixar de ser executado **2** que não pode ser ultrapassado (diz-se de prazo)

im.pre.vi.dên.cia *s.f.* falta de previsão; descuido

im.pre.vi.den.te *adj.2g.s.2g.* descuidado, imprudente

im.pre.vi.sí.vel [pl.: *-eis*] *adj.2g.* **1** que não se pode prever **2** eventual, casual ~ **imprevisibilidade** *s.f.*

im.pre.vis.to *adj.s.m.* (o) que não foi previsto; inesperado

im.pri.mir *v.* {mod. 24} *t.d. e pron.* **1** marcar ou ficar marcado (sinal, figura etc.) sobre algo, por meio de pressão *<i. com carimbo as próprias iniciais> <os passos imprimiam-se na areia>* □ *t.d.* **2** reproduzir (dizeres e/ou imagens) em um ou mais exemplares, marcando-os em papel ou outra superfície por meio de pressão exercida por máquina apropriada *<i. um jornal>* **3** publicar, divulgar *<i. uma entrevista>* **4** reproduzir (dados ou arquivos de computador) em papel, ou suporte similar, por meio de impressora □ *t.d. e t.d.i. fig.* **5** (prep. *em*) fazer penetrar; infundir, incutir *<sua presença imprime respeito> <ao mestre cabe i. bons exemplos em seus alunos>* □ *t.d.i. fig.* **6** (prep. *a*) dar certa feição a; comunicar, conferir *<i. leveza a um recinto>* **7** (prep. *a*) comunicar (força, movimento) a *<i. velocidade a um veículo>* ◉ GRAM/USO part.: *imprimido, impresso /é/*

im.pro.bi.da.de *s.f.* **1** falta de probidade; desonestidade **2** ação má; perversidade

ím.pro.bo *adj.s.m.* **1** que(m) não é probo, íntegro; desonesto ■ *adj.* **2** árduo, difícil

im.pro.ce.dên.cia *s.f.* falta de justificação ou fundamento

im.pro.ce.den.te *adj.2g.* que não tem fundamento ou lógica

im.pro.du.ti.vo *adj.* **1** que não produz; estéril **2** que não dá resultado *<negócio i.>* ~ **improdutividade** *s.f.*

im.pro.fe.rí.vel [pl.: *-eis*] *adj.2g.* que não se pode ou deve proferir

im.pro.fí.cuo *adj.* **1** de que não resulta o que se esperava; inútil **2** que não teve êxito; fracassado, vão ~ **improficuidade** *s.f.*

im.pro.pé.rio *s.m.* **1** ofensa proferida contra alguém; ultraje, insulto **2** repreensão

im.pró.prio *adj.* **1** que não serve para determinado uso; inadequado **1.1** incorreto **2** não recomendável *<i. para menores>* ~ **impropriedade** *s.f.*

im.pro.vá.vel [pl.: *-eis*] *adj.2g.* **1** que tem pouca chance de ocorrer **2** que não se pode provar ~ **improbabilidade** *s.f.*

im.pro.vi.sar *v.* {mod. 1} *t.d.* **1** fazer, organizar às pressas *<i. um jantar>* **2** criar (objeto) com os recursos disponíveis *<improvisou um brinquedo com gravetos>* ☐ *t.d. e int.* **3** compor, falar na hora, sem preparo prévio *<i. um discurso> <sentou-se ao piano e pôs-se a i.>* ☐ *pron.* **4** desempenhar, por má-fé ou necessidade, papel ou função para que não se está habilitado *<na emergência, o atendente teve que i.-se em enfermeiro>* ~ **improvisação** *s.f.*

im.pro.vi.so *s.m.* **1** o que é dito ou feito sem preparação ■ *adj.* **2** que se improvisou; repentino, imprevisto ▣ **de i.** sem preparo prévio

im.pru.dên.cia *s.f.* **1** falta de prudência; descuido **2** ato ou dito imprudente

im.pru.den.te *adj.2g.s.2g.* que(m) não é prudente; descuidado

im.pú.be.re *adj.2g.s.2g.* **1** que(m) não chegou à puberdade **2** DIR (menor) que não responde legalmente por seus atos

im.pu.dên.cia *s.f.* **1** falta de vergonha, de pudor **2** ato ou dito impudente

im.pu.den.te *adj.2g.s.2g.* impudico

im.pu.di.co *adj.s.m.* que(m) não tem pudor; impudente ~ **impudicícia** *s.f.*

im.pu.dor /ô/ [pl.: *-es*] *s.m.* falta de pudor; impudência

im.pug.na.ção [pl.: *-ões*] *s.f.* ato de impugnar ou seu efeito; contestação, oposição

im.pug.nar *v.* {mod. 1} *t.d.* **1** ser contrário a; opor-se, lutar **2** contestar a validade de; refutar ~ **impugnante** *adj.2g.s.2g.*

im.pul.sio.nar *v.* {mod. 1} *t.d.* **1** fazer mover-se para a frente; empurrar, impelir ☐ *t.d. e t.d.i. fig.* **2** (prep. *a*) dar incentivo a; estimular, motivar *<i. as ciências> <i. os artistas a se renovarem>* ~ **impulsão** *s.f.*

im.pul.si.vo *adj.* **1** que dá impulso ■ *adj.s.m.* **2** que(m) age por impulso, sem refletir

im.pul.so *s.m.* **1** ato de impelir **2** força que aciona o movimento de um corpo **3** *fig.* estímulo que motiva o dinamismo de uma atividade; incentivo **4** PSIC necessidade repentina e incontrolável de realizar uma ação ~ **impulsor** *adj.s.m.*

im.pu.ne *adj.2g.* sem punição

im.pu.ni.da.de *s.f.* falta de punição

im.pu.re.za /ê/ *s.f.* **1** falta de pureza **2** ausência de limpeza **3** aquilo que, por ser de natureza diversa, altera a pureza de uma substância **4** *fig.* falta de pudor, de castidade

im.pu.ro *adj.* **1** que não é puro **2** que contém sujeira ■ *adj.s.m.* **3** que(m) é moralmente corrompido; impudico, devasso

im.pu.tar *v.* {mod. 1} *t.d.i.* **1** (prep. *a*) considerar responsável por (algo censurável); acusar *<i. crimes ao réu>* **2** (prep. *a*) considerar causador, autor ou possuidor de; atribuir *<i. o êxito a seu dinamismo>* ☐ *t.d.pred.* **3** classificar, qualificar *<i. como brilhante sua atuação>* ~ **imputação** *s.f.* - **imputável** *adj.2g.*

i.mun.di.ce *s.f.* imundícia

i.mun.dí.cia ou **i.mun.dí.cie** *s.f.* **1** falta de limpeza; imundice **2** sujeira, lixo; imundice

i.mun.do *adj.* **1** cuja falta de limpeza causa repugnância **2** que não respeita as regras do decoro; indecente

i.mu.ne *adj.2g.* **1** que não se deixa atingir **2** resistente a agentes que causam doenças

i.mu.ni.da.de *s.f.* **1** conjunto das defesas de um organismo contra agentes que causam doenças **2** DIR privilégio concedido a uma pessoa durante o exercício de um cargo

i.mu.ni.zar *v.* {mod. 1} *t.d. e t.d.i.* **1** (prep. *contra*) deixar imune a agentes patogênicos, doença infecciosa *<i. a população com vacinas> <i. uma criança contra o sarampo>* ☐ *t.d.i. e pron. fig.* **2** (prep. *contra, de*) (fazer) ficar insensível a; proteger(-se) ~ **imunização** *s.f.*

i.mu.no.de.fi.ci.ên.cia *s.f.* MED diminuição da capacidade de defesa de um organismo ~ **imunodeficiente** *adj.2g.s.2g.*

i.mu.no.glo.bu.li.na *s.f.* BIOQ anticorpo do soro sanguíneo

i.mu.no.lo.gi.a *s.f.* MED estudo da imunidade dos organismos e sua aplicação na prevenção e tratamento de doenças ~ **imunológico** *adj.*

i.mu.no.te.ra.pi.a *s.f.* MED tratamento em que se estimula a imunidade do paciente

i.mu.tá.vel [pl.: *-eis*] *adj.2g.* que não é passível de mudança; permanente, constante ~ **imutabilidade** *s.f.*

[1]in-, [1]i- ou **[1]im-** *pref.* 'movimento para dentro': *imigrar, implantar, implosão, incursão, ingerir, irromper* [ORIGEM: do pref.lat. *in-* 'aproximação']

[2]in-, [2]i- ou **[2]im-** *pref.* 'negação': *ilegal, imperdoável, impossível, inativo, indiscreto, irracional* [ORIGEM: do pref.lat. *in-* 'privação, negação']

In QUÍM símbolo de [2]*índio*

i.na.ba.lá.vel [pl.: *-eis*] *adj.2g.* **1** fortemente apoiado; firme **2** *fig.* que não cede; categórico *<decisão i.>*

i.ná.bil [pl.: *-eis*] *adj.2g.* **1** que não tem habilidade ou destreza **2** DIR que não está apto a realizar negócio com validade jurídica; incapaz ~ **inabilidade** *s.f.*

i.na.bi.li.tar *v.* {mod. 1} *t.d.,t.d.i. e pron.* **1** (prep. *para*) [fazer] ficar inábil, inapto para; incapacitar(-se) *<o acidente inabilitou-o> <inabilitaram-no para o serviço> <i.-se para um concurso por decurso de prazo>* ☐ *t.d.* **2** (prep. *em*) não aprovar em concurso, prova etc.; reprovar

i.na.bi.ta.do *adj.* não habitado; despovoado, deserto

i.na.bi.tá.vel [pl.: *-eis*] *adj.2g.* não habitável; sem condições de ser habitado

i.na.ca.ba.do *adj.* que não está ou não foi acabado

i.na.ção [pl.: *-ões*] *s.f.* **1** ausência de ação; inércia **2** *p.ext.* falta de decisão; hesitação **3** *fig.* fraqueza de ânimo, de energia

i.na.cei.tá.vel [pl.: *-eis*] *adj.2g.* que não se pode ou não se deve aceitar; inadmissível

i.na.ces.sí.vel [pl.: *-eis*] *adj.2g.* **1** que não oferece acesso **2** que não é possível entender; incompreensível **3** com quem é difícil entrar em acordo; intratável ~ **inacessibilidade** *s.f.*

i.na.cre.di.tá.vel [pl.: *-eis*] *adj.2g.* **1** que não merece crédito **2** que não se pode explicar

i.na.de.qua.do *adj.* que não se adequou; impróprio, inconveniente ~ **inadequação** *s.f.* - **inadequável** *adj.2g.*

i.na.di.á.vel [pl.: *-eis*] *adj.2g.* que não pode ser adiado

i.na.dim.plên.cia *s.f.* DIR não cumprimento de uma obrigação

i.na.dim.plen.te *adj.2g.s.2g.* **1** DIR que(m) não cumpre um contrato **2** *p.ext.* que(m) não paga suas dívidas

i.nad.mis.sí.vel [pl.: *-eis*] *adj.2g.* que não se pode admitir; inaceitável

I

i.nad.mi.tir *v.* {mod. 24} *t.d.* não admitir; proibir, vedar

i.nad.ver.tên.cia *s.f.* falta de atenção, de cuidado; distração, descuido

i.na.fi.an.çá.vel [pl.: *-eis*] *adj.2g.* **1** que não se pode afirmar com certeza **2** que não é passível de confiança **3** DIR que não admite liberdade por fiança *<crime i.>*

i.na.la.ção [pl.: *-ões*] *s.f.* **1** absorção por aspiração **2** MED absorção de substâncias medicinais por via respiratória

i.na.la.dor /ô/ [pl.: *-es*] *adj.* **1** que inala ■ *s.m.* **2** MED equipamento para se fazer inalação

i.na.lan.te *adj.2g.* **1** que inala ou é inalado ■ *adj.2g.s.m.* **2** (medicamento) us. em inalações

i.na.lar *v.* {mod. 1} *t.d.* absorver pelas vias respiratórias; aspirar

i.na.li.e.nar *v.* {mod. 1} *t.d.* tornar indisponível para venda ou cessão ~ **inalienação** *s.f.*

i.na.li.e.ná.vel [pl.: *-eis*] *adj.2g.* que não pode ser vendido ou cedido ~ **inalienabilidade** *s.f.*

i.nal.te.rá.vel [pl.: *-eis*] *adj.2g.* **1** que não se pode alterar **2** *fig.* que não se deixa perturbar; impassível

i.na.ne *adj.2g.* **1** sem conteúdo; vazio **2** *fig.* sem utilidade; fútil, vão ~ **inanidade** *s.f.*

i.na.ni.ção [pl.: *-ões*] *s.f.* **1** estado ou condição de inane **2** MED enfraquecimento extremo por falta de alimentação

i.na.ni.ma.do *adj.* **1** que não tem ânimo **2** sem vida *<matéria i.>* **3** sem movimento; inerte **4** desmaiado, desfalecido

i.na.pe.lá.vel [pl.: *-eis*] *adj.2g.* DIR contra o que não há recurso, apelação

i.na.pe.tên.cia *s.f.* ausência de apetite

i.na.pe.ten.te *adj.2g.* que não tem apetite

i.na.pli.cá.vel [pl.: *-eis*] *adj.2g.* que não se pode aplicar ~ **inaplicabilidade** *s.f.*

i.na.pre.en.sí.vel [pl.: *-eis*] *adj.2g.* que não se pode apreender; incompreensível

i.na.pro.vei.tá.vel [pl.: *-eis*] *adj.2g.* que não pode ser aproveitado; imprestável

i.nap.ti.dão [pl.: *-ões*] *s.f.* falta de aptidão, de habilidade

i.nap.to *adj.* sem aptidão; incapaz

i.nar.rá.vel [pl.: *-eis*] *adj.2g.* inenarrável

i.nar.re.dá.vel [pl.: *-eis*] *adj.2g.* que não se pode arredar; irremovível

i.na.ta.cá.vel [pl.: *-eis*] *adj.2g.* **1** que não se pode atacar, criticar **2** que não pode ser contestado

i.na.tin.gí.vel [pl.: *-eis*] *adj.2g.* que não se pode atingir ou conseguir

i.na.ti.vi.da.de *s.f.* **1** falta de atividade; inércia **2** impossibilidade de agir, de trabalhar **3** licença ou aposentadoria

i.na.ti.vo *adj.* **1** que não tem atividade ou não está ativo ■ *adj.s.m.* **2** que(m) recebe vencimentos sem exercer ativamente o trabalho

i.na.to *adj.* que nasce com o indivíduo

i.nau.di.to *adj.* **1** de que nunca se ouviu falar **2** *p.ext.* fora do comum; extraordinário

i.nau.dí.vel [pl.: *-eis*] *adj.2g.* impossível de ouvir

i.nau.gu.ra.ção [pl.: *-ões*] *s.f.* **1** cerimônia pela qual se entrega ao público uma obra **2** primeira apresentação; estreia **3** o primeiro momento de existência; início

i.nau.gu.ral [pl.: *-ais*] *adj.2g.* **1** relativo a inauguração **2** que dá início a; inicial *<aula i.>*

i.nau.gu.rar *v.* {mod. 1} *t.d.* **1** entregar ao público oficialmente (prédios, monumentos etc.) **2** usar pela primeira vez; estrear *<i. um sofá>* □ *t.d. e pron.* **3** (fazer) ter início; começar *<a sonorização de filmes inaugurou uma nova era cinematográfica> <a democracia inaugura-se na Grécia antiga>*

i.na.ve.gá.vel [pl.: *-eis*] *adj.2g.* que não se pode navegar

in.ca *adj.2g.s.2g.* HIST (indivíduo) dos incas, tribo indígena originária do Peru que dominava os Andes na época da conquista espanhola ~ **incaico** *adj.* - **incásico** *adj.*

in.ca.bí.vel [pl.: *-eis*] *adj.2g.* sem cabimento; inaceitável

in.cal.cu.lá.vel [pl.: *-eis*] *adj.2g.* de que não se pode calcular, avaliar o valor

in.can.des.cên.cia *s.f.* **1** estado ou condição de incandescente **2** FÍS emissão, por parte de um corpo aquecido, de radiação visível

in.can.des.cen.te *adj.2g.* que está em brasa; candente

in.can.des.cer *v.* {mod. 8} *t.d. e pron.* **1** pôr(-se) em brasa **2** *fig.* tornar(-se) irritado; exaltar(-se)

in.can.sá.vel [pl.: *-eis*] *adj.2g.* **1** que nunca se cansa **2** constante, assíduo

in.ca.pa.ci.da.de *s.f.* falta de capacidade física ou intelectual

in.ca.pa.ci.tar *v.* {mod. 1} *t.d.,t.d.i. e pron.* (prep. *para*) tornar(-se) incapaz, inapto para; inabilitar(-se) *<a timidez incapacita-o (para a liderança)> <após o acidente, incapacitou-se para competir>* ~ **incapacitação** *s.f.*

in.ca.paz [pl.: *-es*] *adj.2g.* **1** que não é capaz *<i. de aprender>* **2** que não se permite proceder de certa maneira *<i. de mentir>* **3** que tem impedimento; impedido, inabilitado ■ *adj.2g.s.2g.* **4** (indivíduo) sem competência **5** DIR (pessoa) judicialmente privada de certos direitos ou obrigações

in.cau.to *adj.s.m.* **1** que(m) não tem cautela; imprudente **2** que(m) não tem malícia; ingênuo

in.cen.di.ar *v.* {mod. 5} *t.d. e pron.* **1** (fazer) ficar em chamas; inflamar(-se) **2** avermelhar(-se) como se pegasse fogo; ruborizar(-se) **3** *fig.* tornar(-se) vivo, caloroso; excitar(-se), animar(-se) *<a discussão incendeia os ânimos> <à medida que falava, seu discurso incendiava-se>*

in.cen.di.á.rio *adj.* **1** que provoca incêndio *<bomba i.>* **2** *fig.* que incita à revolta *<declarações i.>* ■ *s.m.* **3** indivíduo incendiário

in.cên.dio *s.m.* **1** grande quantidade de fogo **2** *fig.* conflito violento; revolta, sublevação **3** *fig.* o que se propaga rapidamente

in.cen.sar *v.* {mod. 1} *t.d.* **1** defumar ou perfumar com incenso **2** *p.ext.* dar cheiro agradável a; perfumar **3** *fig.* adular, bajular *<bajuladores incensam os poderosos>*

in.cen.sá.rio *s.m.* incensório

in.cen.so *s.m.* resina aromática que, ao ser queimada, desprende forte odor

in.cen.só.rio *s.m.* recipiente para queimar incenso em cerimônias religiosas; incensário

in.cen.ti.var *v.* {mod. 1} *t.d. e t.d.i.* **1** (prep. *a*) dar incentivo a; encorajar, estimular *<i. jovens artistas> <o sucesso incentivou-os (a trabalhar)>* □ *pron.* **2** (prep. *a*) criar ânimo ou vontade de; decidir-se *<vendo a irmã em apuros, incentivou-se a entrar na briga>*

in.cen.ti.vo *s.m.* o que dá ânimo, estímulo

in.cer.te.za /ê/ *s.f.* **1** estado ou caráter do que é incerto **2** falta de certeza; dúvida, hesitação, indecisão

in.cer.to *adj.* **1** que inspira dúvida ou tem diferentes interpretações **2** sujeito a mudança ☞ cf. *inserto*

in.ces.san.te *adj.2g.* que não tem interrupção; contínuo

in.ces.to *s.m.* relação sexual entre parentes cujo casamento a lei, a moral ou a religião proíbe ou condena

in.ces.tu.o.so /ô/ [pl.: /ó/; fem.: /ó/] *adj.* **1** próprio de ou que envolve incesto **2** proveniente de incesto ■ *adj.s.m.* **3** que(m) praticou incesto

in.cha.ção [pl.: *-ões*] *s.f.* **1** aumento de volume; dilatação **2** tumor, edema

in.cha.ço *s.m.* **1** tumor, edema, inchação **2** *fig.* arrogância, vaidade

in.cha.do *adj.* **1** aumentado em volume **2** *fig.* que demonstra orgulho ou arrogância

in.char *v.* {mod. 1} *t.d.,int. e pron.* **1** (fazer) aumentar de volume; dilatar(-se), intumescer(-se) *<a respiração inchava seu peito ritmadamente> <os pés incharam(-se)>* **2** *fig.* encher(-se) de orgulho, de vaidade; envaidecer(-se) *<o sucesso do filho inchava-o> <o velho inchou(-se) ouvindo tantos elogios>* ~ **inchamento** *s.m.*

in.ci.dên.cia *s.f.* **1** fato de acontecer; ocorrência **2** fato de atingir algo **3** ato de incidir ou recair

in.ci.den.tal [pl.: *-ais*] *adj.2g.* **1** que tem caráter acessório, secundário **2** que acontece de forma imprevisível

in.ci.den.te *s.m.* **1** evento que ocorre paralelamente a outro principal **2** acontecimento imprevisto, ger. inconveniente ■ *adj.2g.* **3** que incide **4** que tem caráter acessório, secundário

in.ci.dir *v.* {mod. 24} *t.i.* **1** (prep. *sobre*) refletir-se sobre; cair, bater *<a luz incidia sobre o quadro>* **2** (prep. *sobre*) pesar sobre; recair *<a maior carga de impostos incide sobre a classe assalariada>* **3** (prep. *em*) ter efeitos sobre; afetar, atingir *<há doenças que costumam i. nos bebês>* **4** (prep. *em*) ocorrer o acento, a ênfase em (certa sílaba, palavra); recair **5** (prep. *em*) cometer (erro, infração); incorrer

in.ci.ne.rar *v.* {mod. 1} *t.d.* queimar, reduzindo a cinzas ~ **incinerador** *adj.s.m.*

in.ci.pi.en.te *adj.2g.* que está no começo ☞ cf. *insipiente* ~ **incipiência** *s.f.*

in.ci.são [pl.: *-ões*] *s.f.* **1** talho feito com instrumento cortante **2** MED corte cirúrgico feito com bisturi

in.ci.si.vo *adj.* **1** próprio para cortar **2** *fig.* que produz uma sensação forte ou intensa **3** *fig.* que se faz notar pelo caráter bem marcado e definido ■ *s.m.* ODONT **4** cada um dos dentes chatos e cortantes, em número de quatro em cada maxilar, que permitem a captura e o corte dos alimentos

in.ci.so *adj.* **1** cortado com a parte afiada de um objeto ■ *s.m.* DIR **2** subdivisão de um artigo de lei

in.ci.ta.ção [pl.: *-ões*] *s.f.* **1** ato ou efeito de incitar(-se); estímulo, instigação **2** desafio, provocação

in.ci.tar *v.* {mod. 1} *t.d. e t.d.i.* **1** (prep. *a*) dar força, estímulo a (alguém) [para realizar algo]; instigar, impelir *<era uma curiosidade que o incitava (a constantes buscas)>* □ *t.d.* **2** lançar desafio ou provocação a; açular **3** ser causa ou motivo de; provocar, suscitar ~ **incitador** *adj.s.m.* - **incitamento** *s.m.*

in.ci.vil [pl.: *-is*] *adj.2g.* que não tem civilidade; grosseiro, indelicado

in.ci.vi.li.da.de *s.f.* **1** falta de civilidade; grosseria, indelicadeza **2** comportamento incivil; grosseria

in.ci.vi.li.za.do *adj.* sem civilidade; inculto, grosseiro

in.cle.men.te *adj.2g.* **1** muito severo **2** que causa sofrimento, infelicidade **3** *fig.* difícil de ser suportado ~ **inclemência** *s.f.*

in.cli.na.ção [pl.: *-ões*] *s.f.* **1** posição oblíqua em relação a outro plano **2** *fig.* aptidão natural de uma pessoa; tendência, propensão

in.cli.nar *v.* {mod. 1} *t.d. e pron.* **1** dispor(-se) ou estar enviesado em relação a um plano; curvar(-se), envergar(-se) *<i. o corpo> <os galhos inclinavam-se em meio à ventania>* □ *pron.* **2** dobrar o corpo para baixo; curvar-se □ *t.d.i. e pron.* **3** (prep. *a*) tornar(-se) propenso a; predispor *<vamos incliná-lo a votar conosco> <inclino-me a acreditar no que andam falando>* ~ **inclinado** *adj.*

in.clu.ir *v.* {mod. 26} *t.d.i. e pron.* **1** (prep. *em, entre*) fazer que seja parte de (grupo, lista, todo etc.); inserir(-se) *<ele incluiu o meu nome na lista> <não quero i.-me entre os faltosos>* □ *t.d.* **2** conter em si; compreender, abranger **3** trazer em si; implicar, envolver ◉ GRAM/USO part.: *incluído, incluso*

in.clu.são [pl.: *-ões*] *s.f.* introdução de uma coisa em outra, de alguém em um grupo etc.; inserção

in.clu.si.ve *adv.* **1** com a inclusão de **2** até; até mesmo

in.clu.si.vo *adj.* **1** que inclui ou pode incluir **2** que abrange, compreende

in.clu.so *adj.* que está incluído ◉ GRAM/USO part. de *incluir*

in.co.e.rên.cia *s.f.* **1** falta de coerência, lógica, nexo **2** ato, procedimento incoerente

in.co.e.ren.te *adj.2g.* **1** cujas partes não têm conexão **2** que não forma um conjunto racional

in.cóg.ni.ta *s.f.* **1** MAT valor a ser determinado na solução de uma equação ou de um problema **2** *p.ext.* aquilo que se desconhece e se busca saber; enigma

in.cóg.ni.to *adj.s.m.* **1** que(m) não quer ser reconhecido **2** (o) que é desconhecido

in.cog.nos.cí.vel [pl.: *-eis*] *adj.2g.* que não se pode conhecer ~ **incognoscibilidade** *s.f.*

in.co.lor /ô/ [pl.: *-es*] *adj.2g.* que não tem cor

in.có.lu.me *adj.2g.* **1** sem lesão ou ferimento **2** que permanece igual; inalterado

in.com.bus.tí.vel [pl.: *-eis*] *adj.2g.* que não entra em combustão ~ **incombustibilidade** *s.f.*

in.co.men.su.rá.vel [pl.: *-eis*] *adj.2g.* que não se pode medir ou avaliar ~ **incomensurabilidade** *s.f.*

in.co.mo.dar *v.* {mod. 1} *t.d.,int. e pron.* **1** (fazer) sentir incômodo, físico ou não; indispor, importunar *<incomodavam-no os sapatos apertados> <a luminosidade excessiva incomoda> <incomodou-se com o balanço do navio>* **2** (fazer) sentir desgosto, irritação; aborrecer(-se) *<as críticas injustas incomodaram-na bastante> <favor, não incomodar> <incomodava-se com o que via a sua volta>* ~ **incomodação** *s.f.*

in.cô.mo.do *adj.* **1** que não é confortável **2** que provoca mal-estar **3** que constrange, dificulta, embaraça; embaraçoso **4** que aborrece ■ *s.m.* **5** *infrm.* menstruação **6** embaraço, dificuldade

in.com.pa.rá.vel [pl.: *-eis*] *adj.2g.* **1** que não se pode comparar **2** que não tem equivalente; único, excepcional

in.com.pa.ti.bi.li.zar *v.* {mod. 1} *t.d.i. e pron.* **1** (prep. *com*) tornar(-se) incompatível; desarmonizar(-se) *<sua atividade o incompatibiliza com cargos públicos> <há cargos que se incompatibilizam>* □ *t.d.,t.d.i. e pron.* **2** (prep. *com*) pôr(-se) em discórdia com; indispor(-se) *<questões sobre terras incompatibilizaram os fazendeiros da região> <sua prepotência incompatibilizou-o com a vizinhança> <os noivos incompatibilizaram-se com a família>* ~ **incompatibilização** *s.f.*

in.com.pa.tí.vel [pl.: *-eis*] *adj.2g.* **1** que não pode coexistir **2** que não se harmoniza; inconciliável ~ **incompatibilidade** *s.f.*

in.com.pe.tên.cia *s.f.* **1** falta de competência, habilidade, aptidão **2** DIR impedimento legal para julgar certos litígios judiciais

in.com.pe.ten.te *adj.2g.s.2g.* que(m) não tem aptidão, capacidade, habilidade; incapaz

in.com.ple.to *adj.* **1** que não chegou ao fim; inconcluso **2** a que falta uma parte, um pedaço **3** *fig.* que não é perfeito ~ **incompletude** *s.f.*

in.com.pre.en.di.do *adj.s.m.* que(m) não foi suficientemente entendido, reconhecido, valorizado

in.com.pre.en.são [pl.: *-ões*] *s.f.* falta de compreensão

in.com.pre.en.sí.vel [pl.: *-eis*] *adj.2g.* que é impossível ou difícil de entender; inapreensível

in.com.pre.en.si.vo *adj.* **1** que revela falta de compreensão, entendimento **2** que não pode ou não tenta compreender o outro; intransigente, intolerante

in.co.mum [pl.: *-uns*] *adj.2g.* não comum; raro; especial

in.co.mu.ni.cá.vel [pl.: *-eis*] *adj.2g.* **1** que não mantém contato ou comunicação **2** que não pode ser expresso **3** que não pode ser transferido ~ **incomunicabilidade** *s.f.*

in.co.mu.tá.vel [pl.: *-eis*] *adj.2g.* que não se pode mudar, trocar ou substituir ~ **incomutabilidade** *s.f.*

in.con.ce.bí.vel [pl.: *-eis*] *adj.2g.* **1** que não se pode conceber, compreender, explicar **2** *p.ext.* que surpreende, causa espanto ou admiração

in.con.ci.li.á.vel [pl.: *-eis*] *adj.2g.* que não se pode conciliar

in.con.clu.den.te *adj.2g.* que não leva à conclusão

in.con.clu.si.vo *adj.* não conclusivo

in.con.clu.so *adj.* não concluído; inacabado

in.con.di.cio.nal [pl.: *-ais*] *adj.2g.* que não depende de condições ~ **incondicionalidade** *s.f.* - **incondicionalismo** *s.m.*

in.con.fes.sá.vel [pl.: *-eis*] *adj.2g.* que não se pode ou não se deve confessar, dizer, declarar

in.con.fi.dên.cia *s.f.* **1** deslealdade, esp. para com o Estado ou um governante **2** quebra de segredo

in.con.fi.den.te *adj.2g.* **1** que vaza informações, divulga segredos **2** que não tem fidelidade; traidor ■ *adj.2g.s.2g.* **3** que(m) é desleal ao Estado ou governante **4** participante da Inconfidência Mineira ☞ cf. *Inconfidência Mineira* na parte enciclopédica

in.con.for.mi.da.de *s.f.* **1** falta de acordo, de entendimento **2** falta de resignação, de submissão

in.con.for.mis.mo *s.m.* tendência ou atitude de não acatar passivamente imposições, situações incômodas ou desfavoráveis ~ **inconformista** *adj.2g.s.2g.*

in.con.fun.dí.vel [pl.: *-eis*] *adj.2g.* que não se pode confundir

in.con.gru.ên.cia *s.f.* ausência de congruência, de concordância, harmonia, adequação etc.

in.con.gru.en.te *adj.2g.* **1** que não está de acordo **2** impróprio, inadequado ou sem propósito **3** de raciocínio disparatado, ilógico

in.co.nho *adj.* BOT que nasce acoplado a outro (diz-se de fruto)

in.con.ju.gá.vel [pl.: *-eis*] *adj.2g.* que não se pode conjugar

in.cons.ci.ên.cia *s.f.* **1** falta, perda ou alteração de consciência **2** ausência de lucidez, senso crítico **3** falta de moral ou de justiça

in.cons.ci.en.te *adj.2g.* **1** sem consciência **2** automático, maquinal, involuntário ■ *adj.2g.s.2g.* **3** irresponsável, leviano ■ *s.m.* **4** PSIC parte recalcada da mente que aflora apenas em sonho, surto etc. ☞ cf. *consciente* e *subconsciente*

in.con.se.quên.cia /qü/ *s.f.* **1** falta de consequência; incoerência **2** falta de reflexão ou de responsabilidade; irresponsabilidade, leviandade **3** falta de lógica, de nexo, no pensamento, nas palavras, na conduta; incoerência, incongruência

in.con.se.quen.te /qü/ *adj.2g.* **1** que não tem lógica **2** sem ponderação ■ *adj.2g.s.2g.* **3** irresponsável, leviano **4** contraditório

in.con.sis.tên.cia *s.f.* **1** falta de consistência **2** falta de lógica, de nexo; incoerência **3** *fig.* falta de firmeza moral nas opiniões, atitudes etc. ~ **inconsistente** *adj.2g.*

in.con.so.lá.vel [pl.: *-eis*] *adj.2g.* **1** que não se pode consolar **2** *p.ext.* muito triste; desesperado

in.cons.pí.cuo *adj.* difícil de ver ou notar

in.cons.tân.cia *s.f.* falta de constância

in.cons.tan.te *adj.2g.* **1** que está sujeito a mudanças; variável **2** volúvel, instável

in.cons.ti.tu.cio.nal [pl.: *-ais*] *adj.2g.* que descumpre a Constituição ~ **inconstitucionalidade** *s.f.*

in.con.sú.til [pl.: *-eis*] *adj.2g.* que não tem costura ou emenda

in.con.tá.vel [pl.: *-eis*] *adj.2g.* **1** que é numeroso demais para ser contado **2** que não se pode relatar

in.con.tes.tá.vel [pl.: *-eis*] *adj.2g.* que não se pode contestar; inegável ~ **incontestabilidade** *s.f.*

in.con.tes.te *adj.2g.* **1** que não se põe em dúvida **2** que não está de acordo com outras afirmações

in.con.ti.do *adj.* não contido; irreprimido

in.con.ti.nên.cia *s.f.* **1** falta de comedimento, de moderação **2** MED incapacidade de controlar a bexiga ou os intestinos

[1]**in.con.ti.nen.te** *adj.2g.s.2g.* que(m) não tem controle ou moderação [ORIGEM: do lat. *incontĭnens,entis* 'que não retém']

[2]**in.con.ti.nen.te** *adv.* sem demora, imediatamente [ORIGEM: do sintagma adv. do lat.tar. *in continenti* 'id.']

in.con.tro.lá.vel [pl.: *-eis*] *adj.2g.* que não se pode controlar

in.con.tro.ver.so *adj.* que não admite controvérsia; indiscutível

in.con.ve.ni.ên.cia *s.f.* **1** falta de conveniência **2** ausência de conformidade; inadequação **3** indelicadeza, grosseria, incorreção

in.con.ve.ni.en.te *adj.2g.* **1** impróprio, inadequado, indelicado **2** que não respeita o decoro; indecente **3** que não traz vantagem ■ *s.m.* **4** dificuldade, obstáculo **5** desvantagem, prejuízo

in.con.ver.sí.vel [pl.: *-eis*] ou **in.con.ver.tí.vel** [pl.: *-eis*] *adj.2g.* que não se pode converter, trocar ~ **inconversibilidade/inconvertibilidade** *s.f.*

in.cor.po.ra.dor /ô/ [pl.: *-es*] *adj.s.m.* **1** (o) que incorpora **2** *B* que(m) administra uma incorporação imobiliária

in.cor.po.ra.do.ra /ô/ *s.f.* *B* empresa que promove ou administra a construção de edifícios, conjuntos de residências etc.

in.cor.po.rar *v.* {mod. 1} *t.d.,t.d.i. e pron.* **1** (prep. *a*, *em*) integrar(-se) um elemento a (um conjunto); juntar(-se) *<i. dois territórios> <i. um parágrafo (num capítulo)> <o prédio incorpora-se à paisagem>* □ *t.d. e pron.* **2** REL dar ou tomar corpo; revestir(-se) de uma forma material *<i. um espírito> <o tio se incorporava nele>* □ *t.d.* *B* **3** construir (imóvel) em regime de condomínio □ *t.d. e t.d.i.* **4** (prep. *a*) anexar (lucros retidos, nova empresa etc.) a (capital de uma empresa) *<i. um investimento> <i. os lucros ao capital da empresa>* ~ **incorporação** *s.f.*

in.cor.pó.reo *adj.* **1** que não tem corpo, que não é constituído de matéria; imaterial **2** *p.ext.* que não é percebido pelos sentidos; impalpável

in.cor.re.ção [pl.: *-ões*] *s.f.* **1** falta de exatidão; erro **2** falta de honestidade **3** inconveniência, indelicadeza ~ **incorreto** *adj.*

in.cor.rer *v.* {mod. 8} *t.i.* **1** (prep. *em*) ficar incluído, comprometido ou envolvido em (algo ger. desagradável); incidir *<i. em erro>* **2** (prep. *em*) levar a efeito; realizar *<i. em atos de heroísmo>* **3** (prep. *em*) estar sujeito a; incidir *<i. nas penas da lei>* ◉ GRAM/USO part.: *incorrido, incurso*

in.cor.ri.gí.vel [pl.: *-eis*] *adj.2g.* **1** que não se pode corrigir **2** que persiste sem se corrigir *<estupidez i.>* ■ *adj.2g.s.2g.* **3** que(m) persiste em seus erros, defeitos etc.

in.cor.rup.tí.vel [pl.: *-eis*] *adj.2g.* **1** que não se deteriora **2** que não se deixa corromper, subornar

in.cor.rup.to *adj.* **1** que não se decompôs **2** que não se deixou corromper, subornar

In.cra *s.m.* sigla de Instituto Nacional de Colonização e Reforma Agrária

in.cre.du.li.da.de *s.f.* **1** falta de fé; descrença **2** desconfiança, ceticismo

I

in.cré.du.lo *adj.s.m.* **1** que(m) é difícil de ser persuadido ou convencido; cético **2** que(m) não tem fé religiosa

in.cre.men.tar *v.* {mod. 1} *t.d. e pron.* **1** tornar(-se) maior, mais desenvolvido *<i. um negócio> <a participação popular tem de i.-se>* □ *t.d. B infrm.* **2** provocar animação, excitação; esquentar *<i. uma festa>* **3** tornar mais elaborado, diferente, rico *<i. um prato, um carro>* ~ **incrementação** *s.f.*

in.cre.men.to *s.m.* **1** aumento discreto numa quantidade **2** desenvolvimento, crescimento

in.cri.mi.na.ção [pl.: *-ões*] *s.f.* **1** acusação de crime **2** interpretação de algo como crime

in.cri.mi.nar *v.* {mod. 1} *t.d. e t.d.i.* **1** (prep. *de*) atribuir um crime a; acusar *<incriminaram-no de vários furtos>* □ *pron.* **2** (prep. *com, em, por*) deixar evidente a própria culpa *<incriminou-se em suas respostas>*

in.crí.vel [pl.: *-eis*] *adj.2g.s.m.* **1** (aquilo) em que não se pode crer ■ *adj.2g.* **2** de caráter extraordinário, incomum ◉ GRAM/USO na acp. adj., sup.abs.sint.: *incredibilíssimo*

in.crus.ta.ção [pl.: *-ões*] *s.f.* **1** formação de crosta **2** material incrustado **3** adorno inserido, embutido numa peça *<belas i. de diamante>*

in.crus.tar *v.* {mod. 1} *t.d.* **1** revestir de crosta, depósito etc.; cobrir *<a fuligem incrustou a parede>* **2** enfeitar (objeto), embutindo fragmentos de madeira, pedras etc. □ *pron.* **3** aderir fortemente a; implantar-se *<bromélias incrustavam-se na rocha>* **4** *fig.* (prep. *em*) ficar fixo, marcado; gravar-se *<a cena incrustou-se em sua memória>* ~ **incrustado** *adj.*

in.cu.ba.ção [pl.: *-ões*] *s.f.* **1** choco natural ou artificial de ovos **2** MED período de instalação de um agente infeccioso num organismo até o surgimento dos primeiros sinais da doença **3** *fig.* período de elaboração, preparação de um projeto, uma obra etc.

in.cu.ba.dei.ra ou **in.cu.ba.do.ra** /ô/ *s.f.* **1** pequena câmara oxigenada, com temperatura e umidade controladas, us. para abrigar recém-nascidos prematuros; incubadeira **2** chocadeira

in.cu.bar *v.* {mod. 1} *t.d. e int.* **1** chocar (ovos) □ *t.d.* **2** manter (ovos, embriões etc.), ger. em incubadora, sob condições controladas favoráveis ao seu desenvolvimento **3** ter em estado latente (uma doença) **4** *fig.* planejar, arquitetar *<i. uma tramoia>* ☞ cf. *encubar*

in.cul.car *v.* {mod. 1} *t.d. e t.d.i.* **1** (prep. *em*) repetir muito (algo), para gravá-lo no espírito (de alguém) *<i. uma opinião (nos filhos)>* **2** (prep. *a*) recomendar, indicar, aconselhar *<a propaganda tenta i. produtos (aos consumidores)>* □ *t.d.* **3** deixar evidente; revelar *<os olhos úmidos inculcavam sua dor>*

in.cul.pa.bi.li.da.de *s.f.* **1** ausência de culpabilidade **1.1** DIR fato de alguém não poder ser acusado de um delito por falta de indícios incriminatórios

in.cul.par *v.* {mod. 1} *t.d.,t.d.pred. e pron.* (prep. *de*) atribuir(-se) culpa a; acusar(-se), incriminar(-se) *<o júri inculpou o acusado> <inculparam-no de desonesto> <para salvar meu amigo, inculpei-me>*

in.cul.pá.vel [pl.: *-eis*] *adj.2g.* que não se pode culpar

in.cul.to *adj.* **1** não cultivado ■ *adj.s.m. fig.* **2** que(m) não tem instrução ou erudição ~ **incultura** *s.f.*

in.cum.bên.cia *s.f.* **1** atribuição de encargo ou responsabilidade **2** dever decorrente dessa atribuição

in.cum.bir *v.* {mod. 24} *t.d.i. e pron.* **1** (prep. *a, de*) dar ou tomar encargo, tarefa, responsabilidade; encarregar(-se) *<i. o irmão de olhar a casa> <o tempo incumbe-se de apagar as mágoas>* □ *t.i.* **2** (prep. *a*) ser da competência de; caber *<a solução incumbe a você>* ◉ GRAM/USO tb. é empr. como v.aux., com o inf. de outro verbo: *a providência que incumbe tomar é não mais votar*

in.cum.pri.men.to *s.m.* ato ou efeito de não cumprir algo; não cumprimento de uma ordem, lei, dever etc.

in.cu.rá.vel [pl.: *-eis*] *adj.2g.* **1** que não tem cura **2** *fig.* que persiste; incorrigível *<vício i.>*

in.cú.ria *s.f.* **1** desleixo, descuido **2** falta de iniciativa

in.cur.são [pl.: *-ões*] *s.f.* **1** invasão militar em território estrangeiro **2** passeio, viagem **3** passagem rápida por um lugar

in.cur.sio.nar *v.* {mod. 1} *t.i.* (prep. *por*) promover incursão em (território, área etc.) *<i. pela selva>*

in.cur.so *adj.* **1** que incorreu em algo **1.1** DIR sujeito às penalidades previstas em lei ◉ GRAM/USO part. de *incorrer*

in.cu.tir *v.* {mod. 24} *t.d.i.* **1** (prep. *em*) fazer penetrar no ânimo de; introduzir *<i. nos alunos o espírito de civilidade>* □ *t.d. e t.d.i.* **2** (prep. *a*) fazer que surja (sentimento, pensamento etc.) [em]; inspirar, despertar *<um profissional que incute respeito> <o vendaval incutiu pânico à população>*

in.da.ga.ção [pl.: *-ões*] *s.f.* **1** pergunta, interrogação **2** devassa, busca **3** pesquisa, investigação

in.da.gar *v.* {mod. 1} *t.d. e t.d.i.* (prep. *a, de*) fazer pergunta(s) [a alguém] sobre; interrogar, perguntar *<resolvi i. os motivos de sua saída> <i. do amigo as novidades>*

in.dai.á *s.f.* BOT palmeira nativa do Brasil, de frutos amarelos e de polpa comestível

in.dé.bi.to *adj.* **1** pago sem ser devido **2** não merecido; injusto **3** que não se justifica; improcedente

in.de.cên.cia *s.f.* **1** falta de decência **2** violação ao pudor; obscenidade **3** falta de respeito, de consideração ☞ cf. *indeiscência*

in.de.cen.te *adj.2g.* **1** que não está de acordo com os padrões morais e éticos da sociedade **2** que fere o pudor, a moral, os bons costumes; obsceno

in.de.ci.frá.vel [pl.: *-eis*] *adj.2g.* **1** impossível ou muito difícil de ser decifrado **2** muito difícil de compreender ou explicar

in.de.ci.são [pl.: *-ões*] *s.f.* **1** falta de ação; hesitação **2** indeterminação, indefinição

in.de.ci.so *adj.s.m.* **1** que(m) é incapaz de tomar uma decisão ■ *adj.* **2** indeterminado, incerto, indefinido **3** que traduz irresolução, hesitação **4** vago, indistinto

in.de.cli.ná.vel [pl.: *-eis*] *adj.2g.* que não se pode recusar ~ **indeclinabilidade** *s.f.*

in.de.com.po.ní.vel [pl.: *-eis*] *adj.2g.* que não pode ser decomposto ~ **indecomponibilidade** *s.f.*

in.de.co.ro.so /ô/ [pl.: /ó/; fem.: /ó/] *adj.* **1** que agride a moral **2** *fig.* aviltante, vergonhoso

in.de.fec.tí.vel [pl.: *-eis*] *adj.2g.* **1** que não falha **2** eterno, duradouro

in.de.fe.rir *v.* {mod. 28} *t.d.* decidir desfavoravelmente a (pedido, requisição etc.); negar ~ **indeferimento** *s.m.*

in.de.fe.so /ê/ *adj.* sem defesa

in.de.fi.ni.ção [pl.: *-ões*] *s.f.* **1** ausência de definição; indecisão **2** ausência de nitidez ou de exatidão

in.de.fi.ni.do *adj.* **1** não determinado *<espaço i.>* **2** que não está resolvido **3** GRAM (grupo de artigos e pronomes) que se refere a algo ou alguém de que se fala pela primeira vez ou cuja identidade não se deseja indicar

in.deis.cên.cia *s.f.* BOT fenômeno em que um órgão vegetal não se abre naturalmente ao alcançar a maturação ☞ cf. *indecência* ~ **indeiscente** *adj.2g.*

in.de.lé.vel [pl.: *-eis*] *adj.2g.* **1** durável, permanente **2** que não se pode suprimir, eliminar *<mancha i.>*

in.de.li.ca.de.za /ê/ *s.f.* **1** falta de cuidado, de cortesia **2** ação ou dito indelicado

in.de.li.ca.do *adj.* **1** que demonstra falta de cuidado, de cortesia **2** que não é próprio, adequado; inconveniente, constrangedor

in.de.ne *adj.2g.* **1** livre de prejuízo **2** indenizado, recompensado

in.de.ni.za.ção [pl.: *-ões*] *s.f.* aquilo que se concede ou se obtém como reparação de um prejuízo; recompensa, restituição

in.de.ni.zar *v.* {mod. 1} *t.d.,t.d.i. e pron.* (prep. *de*) dar ou receber compensação, reparação por (perda, gasto, prejuízo, demissão etc.); compensar(-se) *<quer que o indenizem (da perda de seu patrimônio)> <os fazendeiros estão procurando i.-se dos prejuízos causados pela seca>*

in.de.pen.dên.cia *s.f.* **1** estado daquele que goza de autonomia, de liberdade com relação a alguém ou alguma coisa **2** autonomia política; soberania nacional **3** *fig.* fortuna, riqueza

in.de.pen.den.te *adj.2g.* **1** que não depende de nada nem de ninguém **2** autônomo, soberano **3** não subordinado a nada nem a ninguém **4** que não tem compromisso com nenhuma ideia preestabelecida

in.de.pen.der *v.* {mod. 8} *t.i.* (prep. *de*) não ter vínculo com ou estar sujeito a *<sua dedicação ao trabalho independe do seu ânimo>*

in.des.cri.tí.vel [pl.: *-eis*] *adj.2g.* difícil ou impossível de ser descrito

in.des.cul.pá.vel [pl.: *-eis*] *adj.2g.* que não se pode ou não se deve desculpar

in.de.se.já.vel [pl.: *-eis*] *adj.2g.* **1** que não se pode ou não se deve desejar ■ *adj.2g.s.2g.* **2** (indivíduo) cuja presença é inconveniente

in.des.tru.tí.vel [pl.: *-eis*] *adj.2g.* **1** que não se pode destruir **2** *fig.* firme, imutável

in.de.ter.mi.na.ção [pl.: *-ões*] *s.f.* **1** ausência de definição; imprecisão **2** incerteza, indecisão

in.de.ter.mi.na.do *adj.* não definido com clareza; impreciso, vago

in.de.ter.mi.nar *v.* {mod. 1} *t.d.* tornar vago, impreciso

in.de.vas.sá.vel [pl.: *-eis*] *adj.2g.* que não se pode devassar, observar

in.de.vi.do *adj.* **1** não merecido ou impróprio **2** contrário à razão ou aos usos e regras

ín.dex /cs/ *adj.2g.2n.s.m.2n.* ANAT **1** (dedo) indicador ■ *s.m.2n.* **2** índice **3** lista oficial de livros cuja leitura era proibida pela Igreja católica romana

in.de.xar /cs/ *v.* {mod. 1} *t.d.* **1** organizar em forma de índice *<i. palavras>* **2** colocar índice em *<i. um livro>* **3** ECON reavaliar por um índice financeiro *<i. um contrato de aluguel>* ~ **indexação** *s.f.*

in.dez /ê/ [pl.: *-es*] *adj.2g.s.m.* (ovo) que se deixa no ninho como chamariz para a galinha fazer a postura

in.di.ca.ção [pl.: *-ões*] *s.f.* ato ou efeito de indicar; recomendação, sugestão

in.di.ca.dor /ô/ [pl.: *-es*] *adj.s.m.* **1** (o) que indica; indicativo **2** ANAT (dedo da mão) entre o polegar e o médio

in.di.car *v.* {mod. 1} *t.d.* **1** mostrar os benefícios de (tratamento, remédio); receitar **2** dar a conhecer, por meio de traços, sinais, indícios; revelar *<i. um caminho>* □ *t.d. e t.d.i.* **3** (prep. *a*) fazer que seja visto por gestos, sinais, símbolos; mostrar *<sem discrição, indicou os artistas que passavam> <i. um objeto a alguém>* **4** (prep. *a*) dar sugestão de; recomendar *<poderia i.(-nos) um bom médico?>* **5** (prep. *a*) informar (alguém) sobre (algo); instruir *<coube ao sargento i. as tarefas do dia> <o manual indica aos candidatos as datas das provas>* □ *t.d.,t.d.pred. e t.d.i.* **6** (prep. *para*) apontar como preferencial ou ideal para; eleger *<o juiz indicou os jurados> <indicou o avô paterno como o mais querido> <costumava i. familiares para os cargos de confiança>* ~ **indicado** *adj.*

in.di.ca.ti.vo *adj.s.m.* **1** (o) que indica; indicador ■ *adj.* GRAM **2** que apresenta a ação, o estado ou o processo como real (diz-se de modo verbal) [p.ex., *ela canta bem*] ■ *s.m.* GRAM **3** modo indicativo

ín.di.ce *s.m.* **1** o que indica algo; indício; sinal **2** numa publicação, lista alfabética dos temas e nomes citados, indicando a página em que são encontrados ☞ cf. *sumário* **3** catálogo, rol **4** MAT número obtido pela média aritmética de um conjunto de valores **5** MAT em raiz algébrica, número que aparece na parte superior à esquerda do radical e indica o grau da raiz **6** ECON número usado para indicar a variação num conjunto de valores ao longo de um período *<í. de preços>*

in.di.ci.a.do *adj.* **1** percebido por indícios ■ *adj.s.m.* DIR **2** que(m) foi declarado culpado de infração ou delito

I

in.di.ci.<u>ar</u> *v.* {mod. 1} *t.d.* **1** fornecer indício(s) de; revelar, evidenciar *<seu sorriso indicia aprovação>* **2** submeter a inquérito policial ou administrativo *<i. um suspeito>* ~ **indiciamento** *s.m.*

in.<u>dí</u>.cio *s.m.* **1** o que indica a provável existência de algo; sinal, índice **2** marca, vestígio

<u>ín</u>.di.co *adj.* relativo ao oceano Índico

in.di.fe.<u>ren</u>.ça *s.f.* **1** falta de interesse ou sensibilidade **2** despreocupação, desprendimento

in.di.fe.<u>ren</u>.te *adj.2g.* **1** que não demonstra preferência **2** que não suscita interesse; banal ■ *adj.2g.s.2g.* **3** insensível **4** que(m) não se deixa afetar ~ **indiferentismo** *s.m.* - **indiferentista** *adj.2g.s.2g.*

in.<u>dí</u>.ge.na *s.2g.* **1** [1]índio ■ *adj.2g.* **2** relativo a ou próprio de índio ■ *adj.2g.s.2g.* **3** (natural) do local ou país onde habita; nativo ☞ cf. *alienígena* ~ **indigenato** *s.m.*

I

in.di.<u>gên</u>.cia *s.f.* situação de extrema necessidade material; miséria, penúria

in.di.ge.<u>nis</u>.mo *s.m.* **1** política de proteção e apoio ao indígena e à sua cultura **2** *B* estudo ou conhecimento sobre o indígena brasileiro

in.di.<u>gen</u>.te *adj.2g.s.2g.* que(m) não tem condições de suprir as próprias necessidades; miserável, necessitado, pobre

in.di.ges.<u>tão</u> [pl.: *-ões*] *s.f.* **1** má digestão **2** o efeito da má digestão, manifesto por dor abdominal, náusea e/ou vômito

in.di.<u>ges</u>.to *adj.* **1** difícil de digerir ou que provoca indigestão **2** *fig.* difícil de compreender

in.dig.na.<u>ção</u> [pl.: *-ões*] *s.f.* **1** revolta diante de injustiça ou afronta **2** *p.ext.* raiva, exasperação

in.dig.<u>nar</u> *v.* {mod. 1} *t.d. e pron.* (fazer) sentir indignação; irritar(-se), revoltar(-se)

in.dig.ni.<u>da</u>.de *s.f.* **1** ação indigna; desonra, baixeza **2** desumanidade, crueldade

in.<u>dig</u>.no *adj.s.m.* **1** que(m) não tem dignidade ■ *adj.* **2** não merecedor **3** *fig.* impróprio, inconveniente

<u>ín</u>.di.go *s.m.* **1** forte tonalidade de azul **2** QUÍM anil

[1]**<u>ín</u>.dio** *s.m.* **1** habitante das Américas antes da colonização europeia; indígena **2** quem é originário de um grupo indígena descendente destes habitantes [ORIGEM: do top. *Índia*]

[2]**<u>ín</u>.dio** *s.m.* QUÍM elemento químico us. em semicondutores, na indústria nuclear etc. [símb.: *In*] ☞ cf. *tabela periódica* (no fim do dicionário) [ORIGEM: do lat.cien. *Indium*]

in.di.<u>re</u>.ta *s.f.* observação ambígua us. em lugar de algo que não se quer declarar abertamente

in.di.<u>re</u>.to *adj.* **1** não direto, não em linha reta; oblíquo **2** *fig.* dissimulado ou ambíguo

in.dis.ci.<u>pli</u>.na *s.f.* falta de disciplina; desobediência, insubordinação

in.dis.<u>cre</u>.to *adj.s.m.* **1** que(m) revela o que deveria ser mantido em segredo **2** que(m) manifesta curiosidade excessiva; intrometido

in.dis.cri.<u>ção</u> [pl.: *-ões*] *s.f.* **1** atitude ou fala indiscreta, fora de propósito; impropriedade, inconveniência **2** revelação de segredo; inconfidência **3** curiosidade excessiva e inconveniente

in.dis.cri.mi.<u>na</u>.do *adj.* **1** feito sem método ou coerência **2** indistinto, desordenado, misturado

in.dis.cu.<u>tí</u>.vel [pl.: *-eis*] *adj.2g.* que não se discute ou não se pode discutir; incontestável

in.dis.pen.<u>sá</u>.vel [pl.: *-eis*] *adj.2g.* **1** necessário ou obrigatório **2** que não pode faltar por ser parte integrante do hábito; inevitável ■ *adj.2g.s.m.* **3** (o) que é necessário

in.dis.po.si.<u>ção</u> [pl.: *-ões*] *s.f.* **1** falta de vontade **2** mal-estar **3** *fig.* falta de entendimento; briga ~ **indispor** *v.t.d.,t.i. e pron.*

in.dis.<u>pos</u>.to /ô/ [pl.: /ó/; fem.: /ó/] *adj.* **1** que se encontra com indisposição física **2** irritado com (alguém ou algo); contrariado, mal-humorado

in.dis.so.<u>lú</u>.vel [pl.: *-eis*] *adj.2g.* que não se pode dissolver, desfazer ~ **indissolubilidade** *s.f.*

in.dis.<u>tin</u>.to *adj.* **1** sem definição; vago **2** que não se distingue dos demais; comum

in.di.<u>to</u>.so /ô/ [pl.: /ó/; fem.: /ó/] *adj.s.m.* desafortunado, infeliz

in.di.vi.du.<u>al</u> [pl.: *-ais*] *adj.2g.* **1** próprio do indivíduo **2** relativo a um único ser, objeto ou situação **3** especial, único

in.di.vi.du.a.li.<u>da</u>.de *s.f.* **1** característica do que é individual; singularidade **2** conjunto de atributos que diferencia um indivíduo ou uma coisa; identidade

in.di.vi.du.a.<u>lis</u>.mo *s.m.* **1** tendência a considerar apenas os valores e os interesses individuais **2** egoísmo ~ **individualista** *adj.2g.s.2g.*

in.di.vi.du.a.li.za.<u>ção</u> [pl.: *-ões*] *s.f.* **1** ação ou efeito de individualizar(-se) **2** processo pelo qual um organismo, esp. um indivíduo, se torna diferente de todos os outros

in.di.vi.du.a.li.<u>zar</u> *v.* {mod. 1} *t.d. e pron.* **1** (fazer) adquirir caracteres distintivos; distinguir(-se) □ *t.d.* **2** adaptar às necessidades particulares de um indivíduo; particularizar

in.di.<u>ví</u>.duo *s.m.* **1** ser pertencente à espécie humana **2** todo ser em relação à sua espécie **2.1** alguém em relação a uma coletividade *<deveres do i.>*

in.di.vi.<u>sí</u>.vel [pl.: *-eis*] *adj.2g.s.m.* (o) que não se pode dividir ~ **indivisibilidade** *s.f.*

in.di.<u>zí</u>.vel [pl.: *-eis*] *adj.2g.* **1** que não pode ou não deve ser expresso em palavras **2** que foge ao comum; extraordinário

in.<u>dó</u>.cil [pl.: *-eis*] *adj.2g.* **1** difícil de disciplinar; rebelde **2** ansioso, impaciente ~ **indocilidade** *s.f.*

in.do-eu.ro.<u>peu</u> [pl.: *indo-europeus*; fem.: *indo-europeia*] *adj.s.m.* **1** (indivíduo) de povos antigos que migraram da Ásia central para a Pérsia, a península da Índia e a Europa no final do período neolítico ■ *s.m.* **2** tronco linguístico que abrange línguas da Europa e de parte da Índia ■ *adj.* **3** relativo a esse tronco ou língua

ín.do.le *s.f.* **1** caráter, temperamento **2** *fig.* conjunto de características; tipo específico *<í. de um trabalho>*

in.do.len.te *adj.2g.s.2g.* **1** que age de modo preguiçoso; lento **2** apático, indiferente ~ **indolência** *s.f.*

in.do.lor /ô/ [pl.: *-es*] *adj.2g.* **1** que não causa dor **2** *fig.* realizado com facilidade; suave

in.dô.mi.to *adj.* **1** não domesticado **2** que não se deixa dominar

in.du.bi.tá.vel [pl.: *-eis*] *adj.2g.* que não deixa dúvida; incontestável

in.du.ção [pl.: *-ões*] *s.f.* **1** forma de raciocínio que se baseia em casos particulares para chegar a uma proposição geral, indo dos efeitos à causa ☞ cf. *dedução* **2** incentivo, estímulo **3** MED processo de medicação para estimular o trabalho de parto

in.dul.gên.cia *s.f.* **1** disposição para perdoar; misericórdia **2** desculpa, perdão **3** ausência de rigor; benevolência

in.dul.gen.te *adj.2g.s.2g.* **1** que(m) tem disposição para desculpar ou perdoar; tolerante **2** que(m) mostra benevolência, boa disposição para julgar ■ *adj.2g.* **3** que manifesta indulgência, clemência

in.dul.tar *v.* {mod. 1} *t.d.* **1** conceder indulto a □ *t.d.,t.d.i. e pron.* **2** (prep. *de*) relevar (erro, falha) [de]; desculpar(-se), perdoar(-se)

in.dul.to *s.m.* DIR **1** perdão, redução ou dispensa de uma pena **2** decreto pelo qual se consegue esse perdão

in.du.men.tá.ria *s.f.* **1** conjunto de vestimentas us. em determinada época, local, cultura etc. **2** arte relacionada ao vestuário **3** o que alguém veste; roupa

in.dús.tria *s.f.* **1** habilidade para realizar algo; destreza **2** *p.ext.* capacidade de criar, inventar; engenho **3** conjunto de atividades econômicas que transformam a matéria-prima em bens de consumo e de produção **4** empresa que se dedica a essas atividades **5** fábrica ▣ **i. de base** ou **pesada** conjunto de indústrias que produzem determinada matéria-prima ou que a submetem a uma primeira transformação • **i. de consumo** ou **leve** conjunto das indústrias que fabricam bens de consumo, como alimentos, vestuário, eletrodomésticos etc. • **i. de transformação** aquela que transforma matéria-prima em produtos intermediários ou em bens de consumo

in.dus.tri.al [pl.: *-ais*] *adj.2g.* **1** referente a ou produzido por indústria **2** em que há indústrias ■ *s.2g.* **3** proprietário ou administrador de indústria

in.dus.tri.a.li.zar *v.* {mod. 1} *t.d. e pron.* **1** aplicar técnicas, procedimentos industriais (a) **2** desenvolver(-se) [economia de cidade, região ou país] com base na indústria □ *t.d.* **3** usar como matéria-prima industrial *<i. a lã>* ~ **industrialização** *s.f.* - **industrializado** *adj.*

in.dus.tri.á.rio *s.m.* *B* funcionário de indústria; operário

in.dus.tri.o.so /ô/ [pl.: /ó/; fem.: /ó/] *adj.* **1** ativo, trabalhador **2** feito com engenho; cuidadoso

in.du.ti.vo *adj.* **1** que parte de uma indução **2** que resulta de uma indução

in.du.tor /ô/ [pl.: *-es*] *adj.s.m.* que(m) induz; instigador

in.du.zir *v.* {mod. 24} *t.d. e t.d.i.* **1** (prep. *em*) despertar (sensação, impressão) em (alguém); inspirar *<i. entusiasmo (nos alunos)>* □ *t.d.* **2** concluir por raciocínio lógico; deduzir □ *t.d.i.* **3** (prep. *a*) dar força a (alguém) para (fazer algo); incitar, estimular *<induziu o amigo à prática da solidariedade>* **4** (prep. *a*) fazer cair ou incorrer em (erro, pecado etc.); compelir ◉ GRAM/USO part.: *induzido, induto*

i.ne.bri.ar *v.* {mod. 1} *t.d.,int. e pron.* **1** entontecer(-se) por ingestão de substâncias ou ação de seus vapores, fumos etc. *<o álcool inebriou-o>* *<um perfume que inebria>* *<i.-se cheirando éter>* **2** *fig.* (prep. *com*) [fazer] sentir enlevo, êxtase; arrebatar(-se) *<a presença da amada inebria-o>* *<i.(-se) com o sucesso>*

i.né.di.to *adj.* **1** que não foi impresso ou publicado **2** sem precedentes; novo ~ **ineditismo** *s.m.*

i.ne.fá.vel [pl.: *-eis*] *adj.2g.* **1** que não se pode descrever por causa de sua grandeza, poder, beleza etc. **2** *p.ext.* que causa grande prazer; encantador ~ **inefabilidade** *s.f.*

i.ne.fi.caz [pl.: *-es*] *adj.2g.* **1** que não produz o efeito desejado **2** inútil ~ **ineficácia** *s.f.*

i.ne.fi.ci.en.te *adj.2g.* não eficiente; imprestável ~ **ineficiência** *s.f.*

i.ne.gá.vel [pl.: *-eis*] *adj.2g.* impossível de negar; incontestável

i.ne.le.gí.vel [pl.: *-eis*] *adj.2g.* que não se pode eleger

i.ne.lu.tá.vel [pl.: *-eis*] *adj.2g.* **1** contra o que não se pode lutar; fatal **2** certo, incontestável

i.ne.nar.rá.vel [pl.: *-eis*] *adj.2g.* **1** que não pode ser narrado; inarrável **2** inacreditável, incrível

i.nép.cia *s.f.* **1** falta de inteligência **2** incapacidade, incompetência **3** DIR característica de petição, queixa ou denúncia que é rejeitada pelo juiz por não atender às exigências legais

i.nep.to *adj.s.m.* **1** que(m) tem falta de aptidão **2** que(m) tem pouca ou nenhuma inteligência; idiota, imbecil

i.ne.qui.ân.gu.lo /qü/ *adj.* GEOM que tem os ângulos desiguais entre si (diz-se de figura geométrica)

i.ne.quí.vo.co *adj.* sem ambiguidade; claro

i.nér.cia *s.f.* **1** FÍS resistência que a matéria oferece à aceleração **2** *fig.* apatia; indolência ~ **inercial** *adj.2g.*

i.ne.ren.te *adj.2g.* que existe como característica essencial de alguém ou algo ~ **inerência** *s.f.*

i.ner.me *adj.2g.* sem armas; indefeso

i.ner.te *adj.2g.* **1** sem atividade ou movimento próprios; imóvel **2** *fig.* desprovido de energia física ou moral; abatido, apático, prostrado

i.ner.var *v.* {mod. 1} *t.d.* dotar de nervos (parte do organismo) ☞ cf. *enervar* ~ **inervação** *s.f.*

i.nes.cru.pu.lo.so /ô/ [pl.: /ó/; fem.: /ó/] *adj.* que não tem escrúpulos

i.nes.go.tá.vel [pl.: *-eis*] *adj.2g.* **1** que não se esgota **2** que se manifesta de forma incessante e sempre renovada ~ **inesgotabilidade** *s.f.*

i.nes.pe.ra.do *adj.s.m.* **1** (o) que surpreende **2** (o) que muda repentinamente

i.nes.que.cí.vel [pl.: *-eis*] *adj.2g.* impossível de esquecer; inolvidável

i.nes.ti.má.vel [pl.: *-eis*] *adj.2g.* **1** que não pode ser avaliado **2** digno de grande estima ou consideração

i.ne.vi.tá.vel [pl.: *-eis*] *adj.2g.s.m.* (o) que não se pode evitar, impedir

i.ne.xa.to /z/ *adj.* **1** que não é exato; impreciso **2** que não é conforme à veracidade dos fatos; falso ~ **inexatidão** *s.f.*

i.ne.xe.quí.vel /z...qü/ [pl.: *-eis*] *adj.2g.* que não pode ser executado ou cumprido; irrealizável ~ **inexequibilidade** *s.f.*

I

i.ne.xis.tên.cia /z/ *s.f.* ausência do que se supunha existir; falta ~ **inexistente** *adj.2g.*

i.ne.xis.tir /z/ *v.* {mod. 24} *int.* não ter existência concreta *<inexistem provas de que houve crime>*

i.ne.xo.rá.vel /z/ [pl.: *-eis*] *adj.2g.* **1** que não se abala com súplicas ou pedidos; inflexível **2** cujo rigor não pode ser amenizado **3** fatal, inevitável ~ **inexorabilidade** *s.f.*

i.nex.pe.ri.ên.cia *s.f.* **1** falta de experiência, de prática; imperícia **2** ausência de malícia; ingenuidade

i.nex.pe.ri.en.te *adj.2g.s.2g.* **1** que(m) não tem a experiência ou a prática de algo **2** que(m) é ingênuo, simples

i.nex.pli.cá.vel [pl.: *-eis*] *adj.2g.s.m.* (o) que é difícil ou impossível de se explicar

i.nex.plo.ra.do *adj.* que não foi explorado; desconhecido

i.nex.pres.sá.vel [pl.: *-eis*] *adj.2g.* que não pode ser expresso; inexprimível

i.nex.pres.si.vo *adj.* **1** sem expressão, vivacidade **2** *fig.* sem importância; desinteressante

i.nex.pri.mí.vel [pl.: *-eis*] *adj.2g.* **1** que não se pode exprimir; indizível **2** *fig.* que seduz, encanta

i.nex.pug.ná.vel [pl.: *-eis*] *adj.2g.* **1** que não se pode conquistar pela força **2** *fig.* que resiste a qualquer ataque ~ **inexpugnabilidade** *s.f.*

i.nex.tin.guí.vel [pl.: *-eis*] *adj.2g.* impossível de se extinguir, destruir

i.nex.tri.cá.vel [pl.: *-eis*] ou **i.nex.trin.cá.vel** [pl.: *-eis*] *adj.2g.* **1** que não se pode desembaraçar ou dissociar **2** confuso, intrincado

in.fa.lí.vel [pl.: *-eis*] *adj.2g.* **1** que não erra nem se engana **2** que sempre ocorre como esperado *<dica i.>* ~ **infalibilidade** *s.f.*

in.fa.mar *v.* {mod. 1} *t.d.,int. e pron.* **1** tornar(-se) infame, baixo; desonrar(-se) *<o homicídio infama quem o comete> <certos atos infamam> <i.-se ao trair a confiança do chefe>* ☐ *t.d.* **2** atribuir atitudes desprezíveis a; difamar ☐ *t.d. e pron.* **3** (fazer) perder a estima, a boa reputação; desacreditar(-se) *<i. um governo> <i.-se com a mesquinhez de seus atos>* ~ **infamação** *s.f.*

in.fa.me *adj.2g.s.2g.* **1** que(m) tem má fama, que(m) está desonrado **2** que(m) é vil, desprezível ■ *adj.2g.* **3** relativo a pessoa infame **4** que causa repulsa, desprezo etc.

in.fâ.mia *s.f.* **1** o que fere a honra, o nome de alguém, de uma instituição etc. **2** atitude vergonhosa, vil

in.fân.cia *s.f.* **1** período da vida humana que vai do nascimento ao início da adolescência **2** *fig.* começo, nascimento de algo

in.fan.ta.ri.a *s.f.* MIL força militar que combate a pé

[1]in.fan.te [fem.: *infanta*] *s.m.* em Portugal e Espanha, filho de reis que não herda o trono [ORIGEM: do lat. *infans,ăntis* 'que não fala, que tem pouca idade']

[2]in.fan.te *s.m.* soldado de infantaria [ORIGEM: do it. *fante* 'id.']

in.fan.ti.cí.dio *s.m.* assassinato de criança ~ **infanticida** *adj.2g.s.2g.*

in.fan.til [pl.: *-is*] *adj.2g.* **1** próprio de criança ou da infância **2** apropriado às crianças **3** próprio de alguém que se comporta como criança; tolo ~ **infantilidade** *s.f.*

in.fan.ti.lis.mo *s.m.* MED persistência anormal de características infantis morfológicas, sexuais ou psicológicas no adulto

in.fan.ti.li.zar *v.* {mod. 1} *t.d. e pron.* **1** (fazer) parecer criança *<os avós infantilizavam o neto> <perto dos pais ele se infantiliza>* ☐ *t.d.* **2** dar caráter infantil a *<i. uma peça teatral>*

in.fan.to.ju.ve.nil [pl.: *-is*] *adj.2g.* relativo à infância e à juventude

in.far.to, en.far.te, en.far.to ou **in.far.te** *s.m.* MED **1** necrose da região de um órgão produzida pela parada súbita da circulação arterial **2** necrose de parte do miocárdio devido à obstrução de uma artéria coronária; infarto do miocárdio ▣ **i. do coração** *infrm.* infarto (acp. 2) • **i. do miocárdio** MED infarto (acp. 2) ~ **infartar** *v.t.d. e int.*

in.fa.ti.gá.vel [pl.: *-eis*] *adj.2g.* **1** que não sente fadiga **2** constante, persistente ~ **infatigabilidade** *s.f.*

in.faus.to *adj.* **1** infeliz **2** *p.ext.* que traz desgraça; azarado

in.fec.ção [pl.: *-ões*] ou **in.fe.ção** [pl.: *-ões*] *s.f.* MED doença causada pela presença e pelo desenvolvimento de micróbios, como bactérias, no organismo

in.fec.cio.nar ou **in.fe.cio.nar** *v.* {mod. 1} *t.d.* **1** tornar impuro pela introdução de elementos nocivos ou infecciosos; contaminar *<a carne podre infeccionou o ambiente>* ☐ *t.d.,int. e pron.* **2** causar ou sofrer infecção *<a falta de higiene infeccionou o ferimento> <o corte no dedo infeccionará> <infeccionou-se por uma transfusão de sangue>*

in.fec.ci.o.so /ô/ [pl.: /ó/; fem.: /ó/] *adj.* **1** que causa infecção **2** que resulta de infecção

in.fec.tar ou **in.fe.tar** *v.* {mod. 1} *t.d.,int. e pron.* **1** contaminar(-se) com doença ou com seu agente; infeccionar(-se) *<o vírus infectou o sistema nervoso> <a ferida infectou(-se)>* ☐ *t.d.* **2** transferir ou instalar vírus de computador em (arquivo, sistema etc.) ◉ GRAM/USO part.: *infectado, infecto* ~ **infectante** *adj.2g.*

in.fec.to *adj.* **1** que tem ou causa infecção **2** *p.ext.* fedorento e/ou imundo **3** *fig.* que contraria a moral; repugnante *<atos i.>*

in.fec.to.con.ta.gi.o.so /ô/ [pl.: /ó/; fem.: /ó/] ou **in.fe.to.con.ta.gi.o.so** /ô/ [pl.: /ó/; fem.: /ó/] *adj.* que causa infecção e se transmite por contágio

in.fe.cun.do *adj.* que produz pouco ou nada; estéril, improdutivo ~ **infecundidade** *s.f.*

in.fe.li.ci.da.de *s.f.* **1** estado do que é ou está infeliz **2** acontecimento que tem consequências desastrosas; calamidade, catástrofe, desastre

in.fe.liz [pl.: *-es*] *adj.2g.s.2g.* **1** que(m) não é feliz; descontente **2** que(m) não foi favorecido pelas circunstâncias; desgraçado ■ *adj.2g.* **3** desastrado, inadequado

in.fen.so *adj.* **1** que é contrário, hostil **2** tomado de irritação; furioso, irado

in.fe.rên.cia *s.f.* ação ou efeito de inferir; conclusão, indução

in.fe.ri.or /ô/ [pl.: *-es*] *adj.2g.* **1** que está abaixo ou por baixo de algo **2** de menor valor ou qualidade ■ *adj.2g.s.2g.* **3** subalterno

in.fe.ri.o.ri.da.de *s.f.* **1** situação ou posição inferior **2** condição de quem é ou do que é inferior **3** sentimento de ser menos importante ou de valer menos que outros

in.fe.ri.o.ri.zar *v.* {mod. 1} *t.d. e pron.* diminuir o valor, a importância (de); rebaixar(-se) *<um líder não deve i. os subordinados> <evite i.-se diante dos colegas>* ~ **inferiorização** *s.f.*

in.fe.rir *v.* {mod. 28} *t.d. e t.d.i.* (prep. *de*) concluir pelo raciocínio, a partir de fatos, sinais; deduzir *<conseguiu i. uma prova (de poucos indícios)>*

in.fer.ni.zar *v.* {mod. 1} *t.d.* **1** tornar ruim como o inferno; atormentar **2** *p.ext.* provocar impaciência, irritação em; aborrecer

in.fer.no *s.m.* **1** para os cristãos, lugar em que ficam as almas dos pecadores após a morte ☞ inicial ger. maiúsc. **2** *fig.* tormento, suplício

in.fér.til [pl.: *-eis*] *adj.2g.* que não é fértil; estéril, infecundo

in.fer.ti.li.zar *v.* {mod. 1} *t.d. e pron.* tornar(-se) infértil, infecundo; esterilizar(-se)

in.fes.ta.ção [pl.: *-ões*] *s.f.* **1** ato ou efeito de infestar **2** MED qualquer infecção por parasitas como piolhos, vermes etc., que se instalam na superfície ou dentro de um órgão

in.fes.tar *v.* {mod. 1} *t.d.* **1** multiplicar-se causando danos a **2** MED causar infestação em **3** percorrer praticando atos de hostilidade, violência; assolar ~ **infestado** *adj.*

in.fe.tar *v.* {mod. 1} *t.d. e pron.* → ***INFECTAR***

in.fe.to.con.ta.gi.o.so /ô/ [pl.: /ó/; fem.: /ó/] *adj.* → ***INFECTOCONTAGIOSO***

in.fi.de.li.da.de *s.f.* falta de respeito, de fidelidade àquilo com que se deveria estar comprometido

in.fi.el [pl.: *-éis*] *adj.2g.s.2g.* que(m) não é fiel; traidor

in.fil.tra.do *adj.* **1** que se infiltrou ■ *adj.s.m.* **2** que(m) se infiltrou em organização inimiga; espião

in.fil.trar *v.* {mod. 1} *t.d. e pron.* **1** penetrar (um líquido) através de (um corpo sólido) *<a água infiltrou a laje> <deixe o óleo i.-se nas engrenagens>* ☐ *t.d.i. e pron.* **2** (prep. *em*) [fazer] entrar devagar ou em segredo *<i. policiais na quadrilha> <espiões infiltraram-se no palácio>* **3** (prep. *em*) incutir, insinuar *<i. o civismo nos jovens> <infiltrou-se neles o repúdio à injustiça>*

I

ín.fi.mo *adj.s.m.* (o) que é muito pequeno ou sem valor

in.fin.dá.vel [pl.: *-eis*] *adj.2g.* que não pode ter fim ou parece não ter fim

in.fin.do *adj.* que não tem fim; ilimitado

in.fi.ni.da.de *s.f.* **1** característica do que é infinito **2** grande quantidade ou número

in.fi.ni.te.si.mal [pl.: *-ais*] *adj.2g.* muito pequeno; ínfimo

in.fi.ni.ti.vo *s.m.* GRAM forma nominal do verbo que exprime ação ou estado, mas que é neutra quanto às categorias gramaticais de tempo, modo, aspecto, número, pessoa ☞ é a forma que representa o verbo e em que este figura nas entradas de verbetes, nos dicionários ◉ GRAM/USO tb. adj. ▣ **i. impessoal** GRAM o infinitivo que não se flexiona quanto a pessoa ou número • **i. pessoal** GRAM o infinitivo flexionado que recebe as desinências de número e pessoa

in.fi.ni.to *adj.s.m.* **1** (o) que não tem limite ou fim ■ *adj.* **2** que não se pode medir ou contar

[1]**in.fi.xo** /cs/ *adj.* não fixo; móvel [ORIGEM: [2]*in-* + *fixo*]

[2]**in.fi.xo** /cs/ *s.m.* GRAM elemento acrescentado ao meio de uma palavra (entre a raiz e o sufixo) para formar outra ☞ cf. *prefixo, sufixo* e *afixo* [ORIGEM: do lat. *infixus,a,um*, 'espetado, metido à força']

in.fla.ção [pl.: *-ões*] *s.f.* ECON desequilíbrio econômico caracterizado pela alta de preços e pela desvalorização da moeda ~ **inflacionário** *adj.*

in.fla.cio.nar *v.* {mod. 1} *t.d.* **1** promover inflação em **2** causar a desvalorização de (moeda) por emissão excessiva **3** oferecer a (mercado) mais do que este pode absorver

in.fla.ma.ção [pl.: *-ões*] *s.f.* **1** ação pela qual uma matéria combustível se inflama; combustão **2** MED reação orgânica a estímulo nocivo, caracterizada por dor, rubor, calor e acúmulo de líquido nos tecidos **3** *fig.* entusiasmo; exaltação

in.fla.mar *v.* {mod. 1} *t.d. e pron.* **1** (fazer) pegar fogo; queimar(-se) *<o calor intenso inflamou parte da floresta>* *<a primeira coisa a i.-se no incêndio foi o sofá>* **2** (fazer) ficar ruborizado (rosto, face); corar *<a alegria inflamou o rosto da moça>* *<as bochechas dele inflamaram-se de vergonha>* **3** *fig.* excitar(-se), exaltar(-se) *<i. os ânimos>* *<i.-se ao ouvir um desafo-ro>* □ *t.d.,int. e pron.* MED **4** (fazer) sofrer inflamação *<a pancada inflamou o seu joelho>* *<o corte inflamou (-se)>* ~ **inflamatório** *adj.*

in.fla.má.vel [pl.: *-eis*] *adj.2g.s.m.* (substância) que pega fogo facilmente ~ **inflamabilidade** *s.f.*

in.flar *v.* {mod. 1} *t.d.,int. e pron.* **1** inchar(-se) com ar, vento, gás **2** encher(-se) de orgulho, vaidade; envaidecer(-se) ~ **inflável** *adj.2g.*

in.fle.xão /cs/ [pl.: *-ões*] *s.f.* **1** curva, dobra **2** GRAM determinada entonação na pronúncia de uma frase

in.fle.xí.vel /cs/ [pl.: *-eis*] *adj.2g.* **1** que não se curva **2** que resiste às influências e tentativas de persuasão **3** *fig.* que não se adapta a circunstâncias novas ou diferentes ~ **inflexibilidade** *s.f.*

in.fli.gir *v.* {mod. 24} *t.d.i.* **1** (prep. *a*) impor, aplicar (pena, castigo etc.) a *<i. multas aos infratores>* **2** (prep. *a*) causar, produzir (algo desagradável) a *<a seca infligiu prejuízo ao agricultor>* **3** (prep. *a*) obrigar a suportar (algo prejudicial, penoso ou doloroso) *<infligiu-lhe meia hora de reclamações>* ☞ cf. *infringir*

in.flo.res.cên.cia *s.f.* BOT estrutura da qual crescem as flores de algumas plantas

in.flu.ên.cia *s.f.* **1** poder de interferência de uma pessoa ou coisa sobre outra **2** autoridade, prestígio

in.flu.en.ci.ar *v.* {mod. 1} *t.d. e pron.* **1** exercer ação psicológica, domínio ou ascendência sobre ou ser atingido por isso **2** (fazer) sofrer uma mudança física ou intelectual

in.flu.en.te *adj.2g.* **1** que influi ■ *adj.2g.s.2g.* **2** que(m) exerce influência **2.1** que(m) tem poder, autoridade ou prestígio

in.flu.ir *v.* {mod. 26} *t.d. e t.d.i.* **1** (prep. *em*) fazer penetrar no ânimo (de); incutir, inspirar *<a cidade despovoada influi solidão e tristeza>* *<palavras encorajadoras que influíram novo alento nas tropas>* □ *t.i.* **2** (prep. *em*) exercer influência em ou sobre; influenciar *<o exemplo do professor influi no caráter do aluno>*

in.flu.xo /cs/ *s.m.* **1** ato de influir ou o seu efeito **2** *fig.* convergência; abundância **3** cheia da maré; preamar

in.for.ma.ção [pl.: *-ões*] *s.f.* **1** conhecimento obtido por investigação ou instrução; informe, notícia **2** conjunto de conhecimentos sobre determinado assunto **3** conjunto de atividades de coleta e difusão de notícias junto ao público

in.for.mal [pl.: *-ais*] *adj.2g.* **1** sem cerimônia; descontraído **2** que se faz sem contrato ou carteira de trabalho assinada (diz-se de trabalho, atividade, economia etc.) ~ **informalidade** *s.f.*

in.for.man.te *adj.2g.s.2g.* que(m) dá informações

in.for.mar *v.* {mod. 1} *t.d.i. e pron.* **1** (prep. *de*, *a*) [fazer] saber, tomar conhecimento de; cientificar(-se), avisar *<i. o candidato do resultado>* *<i. aos alunos a data da prova>* *<informe-se melhor antes de ir>* □ *t.d.* **2** dar instrução a; ensinar □ *t.d. e int.* **3** dar notícia ou informação (a)

in.for.má.ti.ca *s.f.* ciência e técnica de tratar a informação por meio do uso de computadores e demais dispositivos de processamento de dados ~ **informático** *adj.*

in.for.ma.ti.vo *adj.* **1** que se destina a informar ou a noticiar ■ *s.m.* **2** publicação periódica em que predomina o caráter informativo; boletim

in.for.ma.ti.zar *v.* {mod. 1} *t.d.* **1** aplicar os métodos e recursos da informática a; computadorizar **2** prover (local, instituição) com sistemas de computador; computadorizar ~ **informatização** *s.f.* - **informatizado** *adj.*

[1]**in.for.me** *adj.2g.* **1** sem forma definida **2** vago, incerto [ORIGEM: do lat. *infōrmis,e* 'id.']

[2]**in.for.me** *s.m.* notícia ou aviso breve [ORIGEM: do v. *informar*]

in.for.tú.nio *s.m.* má sorte; infelicidade ~ **infortunar** *v.t.d.*

infra- *pref.* 'posição abaixo ou inferior': *infraestrutura*, *infravermelho*

in.fra.ção [pl.: *-ões*] *s.f.* **1** desobediência a regras **2** DIR ato ilegal

In.fra.e.ro *s.f.* sigla de Empresa Brasileira de Infraestrutura Aeroportuária

in.fra.es.tru.tu.ra *s.f.* **1** suporte, ger. invisível, que é base indispensável à edificação, à manutenção ou ao funcionamento de uma estrutura **2** sistema de serviços públicos de uma cidade (p.ex., esgoto, água, iluminação, gás canalizado)

in.fra.tor /ô/ [pl.: *-es*] *adj.s.m.* (o) que desobedece a leis; transgressor

in.fra.ver.me.lho /ê/ *s.m.* **1** radiação eletromagnética us. em medicina, fotografia etc. ■ *adj.* **2** diz-se dessa radiação

in.fre.ne *adj.2g.* **1** sem freio **2** *fig.* descontrolado; desordenado

in.frin.gir *v.* {mod. 24} *t.d.* não seguir determinações de (lei, norma etc.); transgredir, desrespeitar ☞ cf. *infligir* ~ **infringência** *s.f.*

in.fru.tes.cên.cia *s.f.* BOT fruto formado unido a uma inflorescência, como o abacaxi, a jaca etc. ~ **infrutescente** *adj.2g.*

in.fru.tí.fe.ro *adj.* **1** que não produz frutos **2** *fig.* que não dá resultados; inútil

in.fun.da.do *adj.* sem fundamento ('base', 'motivo')

in.fun.dir *v.* {mod. 24} *t.d.i.* **1** (prep. *em*) deixar cair (líquido) em; derramar *<i. água num recipiente>* □ *t.d.* **2** pôr de infusão *<i. folhas>* □ *t.d. e t.d.i.* **3** (prep. *a*) fazer que (ideia, sentimento) se apresente ao espírito por associação de ideias; inspirar *<i. coragem aos medrosos>* □ *pron.* **4** introduzir-se, penetrar *<o cupim infundiu-se no tronco>*

in.fu.são [pl.: *-ões*] *s.f.* **1** processo de extrair propriedades medicamentosas ou alimentícias de uma substância, mergulhando-a em água fervente **2** a solução assim obtida ~ **infuso** *adj.s.m.*

in.fu.sí.vel [pl.: *-eis*] *adj.2g.* que não se pode fundir ~ **infusibilidade** *s.f.*

in.gá *s.m.* BOT **1** nome comum a árvores e arbustos nativos das Américas, cultivados como ornamentais ou pela polpa doce dos frutos, em forma de vagem; ingazeira, ingazeiro **2** o fruto dessas árvores

in.ga.zei.ra *s.f.* ou **in.ga.zei.ro** *s.m.* BOT ingá ('árvore')

in.gê.nuo *adj.s.m.* que(m) é puro, sem malícia ~ **ingenuidade** *s.f.*

in.ge.rên.cia *s.f.* interferência, intromissão

in.ge.rir *v.* {mod. 28} *t.d.* **1** introduzir no organismo através da boca; engolir ☐ *pron.* **2** (prep. *em*) tomar partido em; intervir, intrometer-se

in.ges.tão [pl.: *-ões*] *s.f.* ato de ingerir; deglutição

in.glês [pl.: *-eses*] *s.m.* LING língua oficial de vários Estados, como Inglaterra, Estados Unidos, Austrália, Nova Zelândia, Canadá (ao lado do francês) e de várias ex-colônias inglesas na América e na África ☞ veja *quadro de países/nacionalidades/idiomas/moedas* no final deste volume

in.gló.rio *adj.* sem glória; ignorado

in.gra.ti.dão [pl.: *-ões*] *s.f.* falta de gratidão, de reconhecimento por benefício recebido

in.gra.to *adj.s.m.* **1** que(m) não reconhece nem retribui benefício recebido ■ *adj.* **2** árduo, penoso **3** que não compensa o trabalho despendido

in.gre.di.en.te *s.m.* componente de preparado ou mistura

ín.gre.me *adj.2g.* muito inclinado em relação ao plano horizontal

in.gres.sar *v.* {mod. 1} *t.i.* **1** (prep. *em*) passar do exterior para o interior de; entrar *<i. no país>* **2** (prep. *em*) passar a fazer parte de *<i. num clube>*

in.gres.so *s.m.* **1** acesso, entrada **2** *B* bilhete de entrada em concerto, jogo etc.

ín.gua *s.f.* MED **1** inflamação ou inchação do gânglio linfático inguinal **2** *p.ext.* inchação de gânglio na axila, pescoço etc.

in.gui.nal [pl.: *-ais*] *adj.2g.* referente a ou próprio da virilha

in.gur.gi.tar *v.* {mod. 1} *t.d.* **1** encher até transbordar **2** comer muito e com voracidade; devorar ☐ *pron.* **3** comer demais; empanturrar-se ☐ *int. e pron.* **4** aumentar de volume; inchar *<a raiva fez i.(-se) as veias do pescoço>* ☐ *t.d. e pron.* MED **5** obstruir(-se) [vaso ou ducto excretor]

i.nha.ca *s.f.* *B infrm.* fedor exalado por pessoa ou animal

i.nham.bu *s.m.* ZOO ave de corpo robusto, pernas grossas e quase sem cauda; nambu

i.nha.me *s.m.* BOT **1** tubérculo cinzento comestível **2** planta desse tubérculo

-inhar *suf.* 'repetição, pouca intensidade': *escrevinhar*

-inho *suf.* **1** 'diminuição': *aviãozinho, carrinho* **2** 'afetividade': *avozinho, queridinho*

i.ni.bi.ção [pl.: *-ões*] *s.f.* **1** condição mental ou emocional que dificulta iniciar ou dar prosseguimento a uma ação; timidez **2** FISL QUÍM bloqueio ou retardamento de um processo químico ou fisiológico

i.ni.bi.do *adj.* **1** que se inibiu ■ *adj.s.m.* **2** que(m) apresenta inibição; introvertido, tímido

i.ni.bir *v.* {mod. 24} *t.d.,t.d.i. e pron.* **1** (prep. *de*) tolher(-se), esp. por impedimentos psicológicos ou controles sociais; acanhar(-se) *<a gagueira o inibe (de falar)>* *<inibe-se diante de uma plateia>* ☐ *t.d.* **2** impedir o funcionamento de **3** bloquear, impedir *<i. a ação do vírus>* ☐ *t.d.i.* **4** (prep. *a*) proibir, vetar *<i. aos turistas o ingresso no parque>* ~ **inibidor** *adj.s.m.*

i.ni.ci.a.ção [pl.: *-ões*] *s.f.* **1** participação em alguma experiência misteriosa ou desconhecida **2** admissão como membro de seita ou sociedade ger. secreta **3** ritual de ingresso nessa seita ou sociedade **4** recebimento das primeiras noções de uma prática, ciência ou religião **5** ANTRPOL conjunto de cerimônias que elevam ou modificam o *status* social do membro de um grupo ou sociedade

I

i.ni.ci.a.do *adj.s.m.* **1** que(m) se converteu a seita, culto etc. **2** que(m) se instruiu em saber, prática etc.

i.ni.ci.al [pl.: *-ais*] *adj.2g.* **1** que está no início, na origem de ■ *s.f.* **2** a primeira letra de uma palavra **3** a letra que inicia o prenome e/ou o(s) sobrenome(s) de uma pessoa

i.ni.ci.a.li.zar *v.* {mod. 1} *t.d.* INF **1** pôr em funcionamento (computador, periférico); iniciar **2** carregar ou abrir (programa); iniciar ~ **inicialização** *s.f.*

i.ni.ci.al.men.te *adv.* no começo, a princípio

i.ni.ci.an.te *adj.2g.* **1** que inicia; iniciador ■ *adj.2g.s.2g.* **2** que(m) está começando a adquirir experiência ou prática em algo; novato

i.ni.ci.ar *v.* {mod. 1} *t.d. e pron.* **1** (fazer) ter início; começar, principiar(-se) *<espero que este ano se inicie melhor que o passado>* ☐ *t.d.i. e pron.* **2** (prep. *em*) [fazer] adquirir os primeiros conhecimentos de (certa técnica, arte ou saber); instruir(-se) *<i. alguém na música>* *<i.-se em inglês>* **3** (prep. *em*) pôr(-se) a par de segredos e práticas de (seita ou sociedade secreta) *<i. alguém nos mistérios da religião>* *<i.-se em um culto>* ☐ *t.d.* INF **4** pôr em funcionamento (computador ou periférico) **5** carregar ou abrir (programa)

i.ni.ci.a.ti.va *s.f.* ação ou ânimo empreendedor

i.ní.cio *s.m.* primeira parte de; começo

i.ni.gua.lá.vel [pl.: *-eis*] *adj.2g.* que não tem igual; incomparável

i.ni.lu.dí.vel [pl.: *-eis*] *adj.2g.* **1** que não admite dúvida; evidente **2** que não se pode enganar

i.ni.ma.gi.ná.vel [pl.: *-eis*] *adj.2g.* que não se pode imaginar; incrível

i.ni.mi.go *adj.* **1** que está em oposição; contrário ■ *s.m.* **2** o que tem ódio ou aversão a alguém ou algo **3** adversário militar, político etc. **4** o que se opõe a algo *<a pressa é i. da perfeição>*

i.ni.mi.tá.vel [pl.: *-eis*] *adj.2g.* que não pode ser imitado

i.ni.mi.za.de *s.f.* falta de amizade

i.ni.mi.zar *v.* {mod. 1} *t.d.,t.d.i. e pron.* (prep. *com*) tornar(-se) inimigo de; indispor(-se), desavir(-se) *<uma briga inimizou-os para sempre> <um texto ruim inimizou-o com a literatura> <i.-se com os colegas>*

i.nin.te.li.gí.vel [pl.: *-eis*] *adj.2g.* que não se entende

i.nin.ter.rup.to *adj.* sem interrupção; contínuo, constante

i.ní.quo *adj.* **1** desigual, injusto **2** mau, perverso ~ **iniquidade** *s.f.*

in.je.ção [pl.: *-ões*] *s.f.* **1** aplicação de remédio com o auxílio de seringa e agulha **2** *p.ext.* remédio injetado

in.je.tar *v.* {mod. 1} *t.d. e t.d.i.* **1** (prep. *em*) introduzir sob pressão (fluido) em *<i. soro (na veia)>* □ *t.d. e pron.* **2** corar devido ao afluxo de sangue □ *t.d.i. fig.* **3** (prep. *em*) investir, aplicar (dinheiro) em (projeto, empreendimento) ~ **injetor** *adj.s.m.*

in.je.tá.vel [pl.: *-eis*] *adj.2g.* que deve ser administrado por injeção (diz-se de medicamento ou produto)

in.jun.ção [pl.: *-ões*] *s.f.* **1** ordem precisa e formal **2** imposição, pressão

in.jú.ria *s.f.* ato ou dito que ofende alguém; insulto, ofensa

in.ju.ri.ar *v.* {mod. 1} *t.d.* **1** dirigir insulto, injúria a; ofender **2** tornar infame; desonrar *<i. a memória de alguém>* **3** causar estrago, dano ou lesão a; danificar □ *pron. B infrm.* **4** irritar-se, zangar-se ~ **injuriador** *adj.s.m.* - **injurioso** *adj.*

in.jus.ti.ça *s.f.* falta de justiça; arbitrariedade

in.jus.ti.ça.do *adj.s.m.* (o) que sofreu injustiça

in.jus.ti.fi.cá.vel [pl.: *-eis*] *adj.2g.* que não pode ser justificado

in.jus.to *adj.* **1** que não é justo **2** que não tem fundamento ■ *adj.s.m.* **3** que(m) não procede com justiça; parcial

In.me.tro *s.m.* sigla de Instituto Nacional de Metrologia, Normalização e Qualidade Industrial

-ino *suf.* **1** 'origem': *marroquino* **2** 'semelhança': *cristalino* **3** 'diminuição': *pequenino*

i.no.cên.cia *s.f.* **1** ausência de culpa **2** ingenuidade, pureza

i.no.cen.tar *v.* {mod. 1} *t.d. e pron.* tornar(-se) ou considerar(-se) inocente *<conseguiu i.-se das acusações>*

i.no.cen.te *adj.2g.s.2g.* **1** que(m) não cometeu ato ilegal **2** que(m) é ingênuo, puro ■ *adj.2g.* **3** que não faz mal **4** sem malícia

i.no.cu.lar *v.* {mod. 1} *t.d.i.* MED **1** (prep. *em*) introduzir (agente de uma doença) em (organismo), com finalidade preventiva, curativa ou experimental *<i. o vírus numa cobaia>* □ *t.d.i. e pron.* **2** (prep. *em*) [fazer] entrar; introduzir(-se) *<i. veneno nas presas> <vermes inocularam-se em seu organismo>* ~ **inoculação** *s.f.*

i.nó.cuo *adj.* **1** que não é prejudicial; inofensivo **2** que não produz o efeito desejado *<medidas i.>* ~ **inocuidade** *s.f.*

i.no.do.ro *adj.* que não tem cheiro

i.no.fen.si.vo *adj.* que não ofende, não faz mal nem traz más consequências

i.nol.vi.dá.vel [pl.: *-eis*] *adj.2g.* inesquecível

i.no.mi.ná.vel [pl.: *-eis*] *adj.2g.* **1** que não pode ser designado por um nome **2** *pej.* horrível; revoltante

i.no.pe.ran.te *adj.2g.* que não funciona; ineficaz ~ **inoperância** *s.f.*

i.no.pi.na.do *adj.* inesperado, imprevisto

i.no.por.tu.no *adj.* não oportuno; inconveniente

i.nor.gâ.ni.co *adj.* **1** não orgânico; mineral **2** sem vida; inanimado **3** QUÍM relativo à química dos minerais ☞ cf. *orgânico*

i.nós.pi.to *adj.* **1** em que não se pode viver; inabitável **2** que acolhe mal

i.no.va.ção [pl.: *-ões*] *s.f.* **1** concepção, proposição e/ou realização de algo novo **2** coisa nova; novidade

i.no.var *v.* {mod. 1} *t.d.* **1** tornar novo; renovar *<i. a pintura da casa>* **2** fazer (algo) de modo diferente do que era feito antes *<um artista que inovou a pintura de sua época>* ~ **inovador** *adj.s.m.*

i.no.xi.dá.vel /cs/ [pl.: *-eis*] *adj.2g.* que não enferruja

input [ing.] *s.m.* **1** energia ou sinal que alimenta aparelho elétrico ou eletrônico **2** INF informação dada ao computador ◉ GRAM/USO em ing., invariável ⇒ pronuncia-se input

in.qua.li.fi.cá.vel [pl.: *-eis*] *adj.2g.* **1** impossível de ser qualificado **2** vil, revoltante *<ação i.>*

in.que.bran.tá.vel [pl.: *-eis*] *adj.2g.* que não se quebranta; inabalável

in.qué.ri.to *s.m.* conjunto de atos que visam apurar a verdade de fatos alegados; investigação, sindicância

in.ques.tio.ná.vel [pl.: *-eis*] *adj.2g.* que não se pode questionar; indiscutível

in.qui.e.ta.ção [pl.: *-ões*] *s.f.* **1** agitação, desassossego **2** nervosismo, preocupação

in.qui.e.tar *v.* {mod. 1} *t.d. e pron.* (fazer) perder o sossego mental, moral; perturbar(-se) *<uma estranha ideia o inquieta> <não vale i.-se com isso>* ◉ GRAM/USO part.: *inquietado, inquieto* ~ **inquietante** *adj.2g.*

in.qui.e.to *adj.* **1** que se move sem parar; agitado **2** que demonstra preocupação **2.1** angustiado, ansioso

in.qui.e.tu.de *s.f.* inquietação

in.qui.li.na.to *s.m.* **1** condição de inquilino **2** conjunto de direitos e deveres dessa condição **3** conjunto de inquilinos

in.qui.li.no *s.m.* quem mora em imóvel alugado; locatário

in.qui.ri.ção [pl.: *-ões*] *s.f.* averiguação minuciosa; inquisição

in.qui.rir *v.* {mod. 24} *t.d. e t.d.i.* **1** (prep. *de, sobre*) fazer perguntas a (alguém) [sobre algo]; interrogar, indagar *<depois de i. a testemunha, liberou-a>* *<inquiriu o amigo sobre a sua saúde>* **2** (prep. *de, sobre*) procurar informações sobre; pesquisar *<inquiriu velhos papéis e descobrir a verdade>* *<temos que i. melhor das (ou sobre as) causas de sua doença>* ~ **inquiridor** *adj.s.m.*

in.qui.si.ção [pl.: *-ões*] *s.f.* **1** inquirição **2** tribunal católico medieval que investigava e julgava indivíduos acusados de crimes contra a fé católica ☞ nesta acp., inicial ger. maiúsc. ~ **inquisidor** *adj.s.m.* - **inquisitorial** *adj.2g.*

in.qui.si.ti.vo *adj.* relativo a inquisição ou que interroga

in.sa.ci.á.vel [pl.: *-eis*] *adj.2g.* **1** que não se farta ou satisfaz ■ *adj.2g.s.2g.* **2** que(m) é muito ambicioso, ávido ~ **insaciabilidade** *s.f.*

in.sa.lu.bre *adj.2g.* que não é bom para a saúde ~ **insalubridade** *s.f.*

in.sa.ná.vel [pl.: *-eis*] *adj.2g.* **1** que não pode ser sanado; incurável **2** *fig.* que não tem conserto; irremediável **3** *fig.* que não pode ser superado ou derrotado; intransponível

in.sa.ni.da.de *s.f.* **1** qualidade ou característica de insano; loucura, demência **2** desatino, desvario

in.sa.no *adj.s.m.* **1** (o) que não tem sanidade; louco **2** que(m) age como um louco; irresponsável ■ *adj.* **3** *fig.* que excede; excessivo *<calor i.>*

in.sa.tis.fa.ção [pl.: *-ões*] *s.f.* falta de satisfação; descontentamento, desprazer, contrariedade

in.sa.tu.ra.do *adj.* QUÍM diz-se de composto orgânico com ligações múltiplas ☞ cf. *saturado*

ins.ci.ên.cia *s.f.* ausência de conhecimento ou habilidade ~ **insciente** *adj.2g.*

ins.cre.ver *v.* {mod. 8} *t.d. e t.d.i.* **1** (prep. *em*) gravar (palavras ou sinais) na pedra, em metal etc., para registro duradouro *<i. um nome (na aliança)>* **2** (prep. *a, em, entre*) pôr por escrito; escrever *<i. um lembrete à margem do texto>* *<i. um adendo entre as linhas>* □ *t.d.i. e pron.* **3** *fig.* (prep. *em*) [fazer] ficar marcado através dos tempos; eternizar(-se) *<i. na lembrança as palavras de um amigo>* *<por seus feitos, inscreveu-se na memória dos povos>* **4** (fazer) constar em ou participar de lista, registro, grupo, concurso, missão etc. *<a escola inscreveu 17 alunos (no concurso)>* *<i.-se numa competição>* ◉ GRAM/USO part.: *inscrito*

ins.cri.ção [pl.: *-ões*] *s.f.* **1** texto gravado em estátua, medalha, monumento etc.; epígrafe **2** desenho ou símbolo primitivo gravado ou pintado em rocha, caverna etc. **3** inclusão de algo ou alguém em registro, lista etc. *<i. num concurso>*

ins.cri.to *adj.* **1** que se escreveu, inscreveu, gravou ■ *adj.s.m.* **2** que(m) foi incluído em lista (de candidatos a concursos, provas, competições etc.)

ins.cul.pir *v.* {mod. 24} *t.d.* gravar em madeira, pedra etc.; inscrever, entalhar

in.se.gu.ran.ça *s.f.* **1** falta de garantia, proteção, estabilidade etc. **2** falta de confiança em si mesmo

in.se.gu.ro *adj.* **1** não seguro; perigoso **2** que não tem estabilidade, garantia; incerto **3** sem confiança em si mesmo; inseguro, vacilante

in.se.mi.na.ção [pl.: *-ões*] *s.f.* **1** introdução de sêmen no útero **2** BIO processo pelo qual o espermatozoide entra em contato com o óvulo; fecundação ▣ **i. artificial** MED introdução do esperma nas vias genitais femininas por meio de aparelhos ~ **inseminar** *v.t.d.*

in.sen.sa.to *adj.* **1** sem bom senso; absurdo, ilógico ■ *adj.s.m.* **2** que(m) não está em seu juízo; delirante ~ **insensatez** *s.f.*

in.sen.si.bi.li.da.de *s.f.* **1** característica do que é insensível a estímulos físicos **2** indiferença a certos valores, emoções etc.

in.sen.si.bi.li.zar *v.* {mod. 1} *t.d.* **1** tirar a sensibilidade de; anestesiar *<i. uma área do corpo com anestesia local>* □ *t.d. e pron.* **2** (prep. *a*) tornar(-se) frio, indiferente; empedernir(-se) *<a própria vida encarregou-se de insensibilizá-lo>* *<i.-se ao sofrimento>*

in.sen.sí.vel [pl.: *-eis*] *adj.2g.* **1** que não reage a estímulos físicos **2** que não pode ser sentido ou percebido; insignificante **3** que ocorre gradativamente ■ *adj.2g.s.2g.* **4** que(m) é incapaz de se emocionar

in.se.pul.to *adj.* não sepultado

in.ser.ção [pl.: *-ões*] *s.f.* inclusão, introdução de uma coisa em outra

in.se.rir *v.* {mod. 28} *t.d.i.* **1** (prep. *em*) fazer entrar; introduzir *<i. a chave na fechadura>* **2** *p.ext.* (prep. *em*) fazer integrar, ser parte de; introduzir, incluir *<i. uma cláusula no contrato>* □ *pron.* **3** implantar-se, fixar-se *<os dentes inserem-se nos maxilares>* ◉ GRAM/USO part.: *inserido, inserto* /é/ (este pouco us.)

in.ser.to *adj.* que se inseriu; introduzido, incluído ☞ cf. *incerto* ◉ GRAM/USO part. de *inserir*

in.se.ti.ci.da *adj.2g.s.m.* (substância) que serve para matar insetos

in.se.tí.vo.ro *adj.s.m.* (ser vivo) que se alimenta de insetos

in.se.to *s.m.* ZOO pequeno animal invertebrado, com cabeça, tórax e abdome bem definidos, três pares de pernas, dois pares de asas e um par de antenas, p.ex., besouro, abelha

in.sí.dia *s.f.* **1** cilada, emboscada **2** falta de lealdade; traição

in.si.di.o.so /ô/ [pl.: /ó/; fem.: /ó/] *adj.* que prepara ciladas; enganador, traiçoeiro

in.sig.ne *adj.2g.* famoso, ilustre

I

in.síg.nia *s.f.* sinal distintivo de poder, posto, classe etc.; emblema, divisa
in.sig.ni.fi.cân.cia *s.f.* **1** coisa sem importância **2** quantia muito pequena; ninharia, bagatela
in.sig.ni.fi.can.te *adj.2g.s.2g.* que(m) não tem valor nem importância
in.sin.ce.ro *adj.* que não é sincero; falso, fingido ~ **insinceridade** *s.f.*
in.si.nu.a.ção [pl.: *-ões*] *s.f.* **1** ato de dar a entender algo sem expressá-lo claramente; indireta **2** provocação ou advertência disfarçada
in.si.nu.an.te *adj.2g.* **1** que desperta simpatia e admiração; sedutor **2** persuasivo, convincente
in.si.nu.ar *v.* {mod. 1} *t.d.i. e pron.* **1** (prep. *em, entre, por*) introduzir(-se) num lugar, devagar e com cautela; infiltrar(-se) □ *t.d.,t.d.i. e pron.* **2** *fig.* (prep. *em*) [fazer] penetrar de forma gradual e sutil no espírito (de) *<i. uma doutrina (nos pupilos)> <i.-se uma dúvida em sua mente>* □ *t.d.* **3** deixar que se perceba (algo) sem expressar claramente; sugerir □ *pron.* *B infrm.* **4** demonstrar interesse por alguém
in.sí.pi.do *adj.* **1** que não tem sabor **2** *fig.* monótono, sem graça ~ **insipidez** *s.f.*
in.si.pi.en.te *adj.2g.* **1** ignorante **2** imprudente ☞ cf. *incipiente* ~ **insipiência** *s.f.*
in.sis.tên.cia *s.f.* ato ou efeito de insistir; persistência, perseverança
in.sis.ten.te *adj.2g.* **1** que não desiste **2** repetido, reiterado **3** que se prolonga no tempo *<frio i.>*
in.sis.tir *v.* {mod. 24} *t.i. e int.* (prep. *com, em*) perseverar em (o que faz, diz ou pede); persistir, teimar *<i. com a mãe para saírem> <tanto insistiu que ganhou o ingresso>*
in.so.ci.á.vel [pl.: *-eis*] *adj.2g.* **1** que foge ao convívio social **2** de difícil convivência **3** indelicado, grosseiro ~ **insociabilidade** *s.f.*
in.so.fis.má.vel [pl.: *-eis*] *adj.2g.* que não se pode deturpar por sofismas; indiscutível, incontestável
in.so.fri.do *adj.* **1** que pouco ou nada sofre ou sofreu **2** que não se contém; irrequieto
in.so.la.ção [pl.: *-ões*] *s.f.* MED mal causado por excesso de exposição ao sol
in.so.lên.cia *s.f.* **1** falta de respeito; atrevimento **2** desconsideração, desprezo **3** arrogância, soberba
in.so.len.te *adj.2g.* **1** desrespeitoso no que diz ou nas atitudes que toma; atrevido, malcriado **2** que trata os demais como inferiores; arrogante
in.só.li.to *adj.* **1** não habitual; incomum **2** contrário à tradição e às regras
in.so.lú.vel [pl.: *-eis*] *adj.2g.* **1** que não se dissolve **2** *fig.* que não tem solução ~ **insolubilidade** *s.f.*
in.sol.ven.te *adj.2g.s.2g.* que(m) não pode pagar o que deve; inadimplente ~ **insolvência** *s.f.*
in.son.dá.vel [pl.: *-eis*] *adj.2g.* **1** impossível de sondar **2** *fig.* que não se pode explicar; incompreensível **3** de que não se pode encontrar o fundo ou o limite
in.so.ne *adj.2g.s.2g.* **1** que(m) não dorme, que(m) não tem sono ■ *adj.2g.* **2** passado em claro, sem dormir
in.sô.nia *s.f.* falta de sono; incapacidade de dormir adequadamente
in.sos.so /ô/ *adj.* **1** que não tem sal ou o tem em pouca quantidade **2** *fig.* sem graça; monótono
ins.pe.ção [pl.: *-ões*] *s.f.* **1** ato ou efeito de inspecionar; exame, vistoria **2** fiscalização, supervisão
ins.pe.cio.nar *v.* {mod. 1} *t.d.* **1** examinar (algo) para verificar seu estado ou funcionamento; vistoriar **2** observar com grande atenção
ins.pe.tor /ô/ [pl.: *-es*] *s.m.* quem faz inspeção ~ **inspetoria** *s.f.*
ins.pi.ra.ção [pl.: *-ões*] *s.f.* **1** ato de fazer entrar ar nos pulmões **2** *fig.* entusiasmo criador
ins.pi.rar *v.* {mod. 1} *t.d. e int.* **1** introduzir (ar) nos pulmões □ *t.d.,t.d.i. e pron.* **2** (prep. *a*) fornecer ou receber estímulo, ideia, influência, sugestão (para) □ *t.d. e t.d.i.* **3** (prep. *a*) fazer surgir (pensamento, sentimento) por associação de ideias; sugerir, despertar ~ **inspirador** *adj.* - **inspiratório** *adj.*
INSS *s.m.* sigla de Instituto Nacional do Seguro Social
ins.ta.bi.li.da.de *s.f.* falta de solidez, firmeza ou constância
ins.ta.la.ção [pl.: *-ões*] *s.f.* **1** montagem de peças ou mecanismos **2** colocação de redes elétrica, hidráulica, de sistema de segurança etc. **3** ART.PLÁST obra de arte em que o espectador pode participar de forma ativa
ins.ta.lar *v.* {mod. 1} *t.d.i. e pron.* **1** (prep. *em*) dar ou tomar posse de (dignidade, cargo) □ *t.d. e pron.* **2** colocar(-se) num lugar, em caráter duradouro **3** (fazer) ocupar lugar, assento etc. com comodidade; acomodar(-se) □ *t.d.* **4** montar (móvel, equipamento etc.) para funcionar
ins.tân.cia *s.f.* **1** ato de solicitar de forma insistente **2** área de interesse; âmbito **3** DIR cada um dos tribunais hierarquicamente organizados que sucessivamente proferem decisão
ins.tan.tâ.neo *adj.* **1** que se dá num rápido intervalo de tempo; imediato **2** que se prepara rapidamente *<macarrão i.>* ■ *s.m.* FOT **3** fotografia tirada com pouco tempo de exposição, sem preparo, espontânea ~ **instantaneidade** *s.f.*
ins.tan.te *s.m.* **1** espaço muito curto de tempo **2** ponto determinado do tempo; momento ■ *adj.2g.* **3** insistente, reiterado, urgente
ins.tar *v.* {mod. 1} *t.d.,t.d.i.,t.i. e int.* **1** (prep. *a, para, por*) pedir com insistência; insistir *<i. a presença de todos> <instei-lhe que atendesse aos pedidos> <apesar das negativas, seguiu instando (por justiça)>* □ *t.i.* **2** (prep. *contra*) manifestar discordância ou desaprovação; questionar □ *int.* **3** ser necessário; urgir
ins.tau.rar *v.* {mod. 1} *t.d.* **1** dar início a (algo que não existia); instituir **2** declarar o início de (algo), ger. com solenidade; abrir, inaugurar ~ **instauração** *s.f.*

ins.tá.vel [pl.: *-eis*] *adj.2g.* **1** que não tem estabilidade **2** que não é constante; variável **3** que não é seguro, garantido

ins.ti.ga.ção [pl.: *-ões*] *s.f.* ação de instigar ou o seu efeito; indução, estímulo

ins.ti.gar *v.* {mod. 1} *t.d. e t.d.i.* **1** (prep. *a*) estimular (pessoa, grupo) [a fazer algo]; induzir, incitar **2** (prep. *a*) incentivar (pessoa, cão etc.) [a atacar ou portar-se de modo agressivo]; açular ~ **instigante** *adj.2g.*

ins.ti.lar *v.* {mod. 1} *t.d.i.* **1** (prep. *em*) introduzir gota a gota (um líquido) em; injetar □ *t.d.i. e pron. fig.* **2** (prep. *em*) [fazer] penetrar progressivamente (ideia, sentimento) [em]; insinuar(-se) ~ **instilação** *s.f.*

ins.tin.ti.vo *adj.* **1** referente a instinto **2** guiado pelo instinto ~ **instintividade** *s.f.*

ins.tin.to *s.m.* **1** impulso interior que faz um animal executar inconscientemente atos adequados às necessidades de sobrevivência **2** capacidade de sentir, pressentir, que determina certa maneira de pensar ou agir; intuição

ins.ti.tu.cio.na.li.zar *v.* {mod. 1} *t.d. e pron.* (fazer) adquirir caráter de instituição; oficializar(-se), arraigar(-se) ~ **institucionalização** *s.f.*

ins.ti.tu.i.ção [pl.: *-ões*] *s.f.* **1** criação, estabelecimento **2** entidade, esp. com fins sociais **3** cada um dos costumes ou estruturas sociais que vigoram num determinado Estado ou povo ▼ ***instituições*** *s.f.pl.* **4** estruturas cujas leis e valores regem a sociedade

ins.ti.tu.ir *v.* {mod. 26} *t.d.* **1** dar início a; estabelecer, fundar **2** marcar, fixar (data, prazo etc.) □ *t.d.pred. e pron.* **3** atribuir(-se) missão, tarefa etc.; nomear(-se) *<Jesus instituiu são Pedro (como) chefe da Igreja> <i.-se árbitro das ações alheias>* □ *t.d.pred.* **4** designar como herdeiro; constituir *<instituiu o neto (como) seu único herdeiro>*

ins.ti.tu.to *s.m.* organização cultural, artística, científica etc., pública ou privada

ins.tru.ção [pl.: *-ões*] *s.f.* **1** conhecimento, saber **2** educação formal, obtida em estabelecimento de ensino **3** explicação de como usar algo **4** informação sobre como agir

ins.tru.í.do *adj.* que se instruiu; culto, sabido

ins.tru.ir *v.* {mod. 26} *t.d.,int. e pron.* **1** transmitir ou adquirir conhecimentos *<o cinema e a televisão podem i. (os jovens)> <i.-se com boas leituras>* □ *t.d.i. e pron.* **2** (prep. *de, sobre*) dar ou obter esclarecimento, informação sobre; orientar(-se), indicar *<a bula instrui o consumidor (sobre os efeitos colaterais do medicamento)> <teve de i.-se sobre o roteiro da viagem>* □ *t.d.i.* **3** (prep. *a*) dar orientações ou ordens a (alguém) [para realizar certa ação] *<os pais instruem os filhos a não mentir>* □ *t.d.* DIR **4** preparar (processo, causa) para que possa ser julgado

ins.tru.men.ta.dor /ô/ [pl.: *-es*] *adj.s.m.* **1** MED que(m) passa os instrumentos e outros materiais ao cirurgião **2** MÚS que(m) instrumenta uma música, partitura etc.

ins.tru.men.tar *v.* {mod. 1} *t.d.* **1** equipar com instrumentos **2** MED *B* passar às mãos de (cirurgião ou auxiliar) o material requerido durante a cirurgia □ *t.d. e int.* MÚS **3** determinar os instrumentos para execução de (peça musical) **4** escrever para cada instrumento (sua parte em composição musical) ~ **instrumentação** *s.f.*

ins.tru.men.tis.ta *adj.2g.s.2g.* MÚS **1** que(m) toca um instrumento **2** que(m) compõe música instrumental

ins.tru.men.to *s.m.* **1** objeto us. para executar algo; apetrecho, ferramenta **2** *fig.* recurso utilizado como intermediário para se chegar a um resultado **3** DIR documento escrito que formaliza e serve de prova ao ato jurídico **4** MÚS objeto ou aparelho destinado a produzir sons musicais ▣ **i. de cordas** MÚS cada um dos instrumentos dotados de cordas, que podem ser friccionadas (violino, viola, violoncelo, contrabaixo), dedilhadas (harpa, alaúde, guitarra, violão) ou acionadas por teclados (piano, cravo) • **i. de percussão** MÚS cada um dos instrumentos que soam quando percutidos, sacudidos, raspados ou friccionados (tímpano, xilofone, tambor, pandeiro, cuíca etc.) • **i. de sopro** MÚS cada um dos instrumentos musicais dotados de um tubo (cilíndrico, reto ou recurvado: flauta, oboé, trombone) em cujo interior se sopra ou injeta ar que, ao vibrar, produz o som ~ **instrumental** *adj.2g.*

ins.tru.ti.vo *adj.* **1** próprio para ensinar a fazer algo **2** que serve para educar; educativo

ins.tru.tor /ô/ [pl.: *-es*] *adj.s.m.* que(m) instrui, ensina, adestra

in.sub.mis.so *adj.s.m.* que(m) não se submete ~ **insubmissão** *s.f.*

in.su.bor.di.na.ção [pl.: *-ões*] *s.f.* **1** falta de subordinação; desobediência **2** revolta, rebelião ~ **insubordinar** *v.t.d. e pron.*

in.su.bor.di.na.do *adj.s.m.* que(m) se caracteriza por atitude de desobediência, de independência

in.subs.ti.tu.í.vel [pl.: *-eis*] *adj.2g.* que não pode ser substituído; único

in.su.ces.so *s.m.* mau resultado; fracasso

in.su.fi.ci.ên.cia *s.f.* **1** falta, carência **2** MED incapacidade de um órgão para exercer plenamente suas funções normais

in.su.fi.ci.en.te *adj.2g.* que não basta ou satisfaz; pouco

in.su.flar *v.* {mod. 1} *t.d.i.* **1** (prep. *em*) introduzir (ar ou outro gás) por meio de sopro *<i. ar na fornalha>* **2** *fig.* fazer surgir (ideia, sentimento etc.) em (alguém); inspirar, despertar *<i. ânimo no amigo>* □ *t.d.* **3** introduzir ar ou outro gás em; encher, inflar *<i. um balão>* □ *t.d. e t.d.i. fig.* **4** (prep. *contra*) despertar (insatisfação ou revolta) de (outras pessoas); instigar, açular *<i. os operários (contra o patrão)>* ~ **insuflação** *s.f.*

ín.su.la *s.f.* GEO ilha

in.su.la.no *adj.* **1** relativo a ilha; insular ■ *adj.s.m.* **2** que(m) habita ou é natural de uma ilha; ilhéu

[1]**in.su.lar** [pl.: *-es*] *adj.2g.* **1** relativo ou pertencente a ilha **2** próprio de ou formado por ilhas ■ *adj.2g.s.2g.* **3** que(m) é natural ou habitante de ilha; insulano, ilhéu [ORIGEM: do lat. *insulāris,e* 'de ilha, relativo a ilha']

[2]**in.su.lar** *v.* {mod. 1} *t.d. e pron.* **1** tornar(-se) incomunicável como uma ilha; isolar(-se) **2** afastar(-se) do convívio social; isolar(-se) [ORIGEM: *ínsula* + ^{2}*-ar*] ~ **insulamento** *s.m.*

in.su.li.na *s.f.* BIOQ hormônio secretado pelo pâncreas, com importante função no metabolismo dos carboidratos no sangue ~ **insulínico** *adj.*

in.sul.tar *v.* {mod. 1} *t.d.* proferir palavras ou ter comportamento que atinge gravemente a dignidade, a honra de; afrontar, ofender

in.sul.to *s.m.* palavra, atitude ou gesto que atinge a dignidade ou a honra de alguém ~ **insultuoso** *adj.*

I

in.su.mo *s.m.* ECON cada um dos elementos (matéria-prima, equipamentos, capital, horas de trabalho etc.) necessários para produzir mercadorias ou serviços

in.su.pe.rá.vel [pl.: *-eis*] *adj.2g.* que não é possível superar, ultrapassar ou vencer

in.su.por.tá.vel [pl.: *-eis*] *adj.2g.* difícil ou impossível de suportar

in.sur.gir *v.* {mod. 24} *t.d. e pron.* revoltar(-se) contra poder estabelecido; sublevar(-se) ◉ GRAM/USO part.: *insurgido, insurreto* ~ **insurgência** *s.f.* - **insurgente** *adj.2g.*

in.sur.rei.ção [pl.: *-ões*] *s.f.* rebelião, revolta ~ **insurrecional** *adj.2g.*

in.sur.re.to ou **in.sur.rec.to** *adj.s.m.* que(m) se rebela contra algo

in.sus.pei.to *adj.* **1** não suspeito **2** que merece confiança **3** imparcial, neutro

in.sus.ten.tá.vel [pl.: *-eis*] *adj.2g.* **1** que não se pode sustentar, defender **2** que está além das possibilidades de se tolerar; intolerável **3** sem fundamento

in.tac.to ou **in.ta.to** *adj.* **1** que não foi tocado, mexido **2** que não sofreu dano

in.tan.gí.vel [pl.: *-eis*] *adj.2g.* **1** que não se pode tanger, tocar, pegar **2** que não se pode perceber pelo tato; impalpável ~ **intangibilidade** *s.f.*

-inte *suf.* equivale a *-nte*

ín.te.gra *s.f.* **1** conjunto de todas as partes; totalidade **2** texto completo (de lei, discurso etc.)

in.te.gra.ção [pl.: *-ões*] *s.f.* **1** inclusão de um ou mais elementos num conjunto **2** SOC ação, processo ou resultado de assimilar indivíduos de origem estrangeira a uma comunidade, formando um único corpo social

in.te.gral [pl.: *-ais*] *adj.2g.* **1** que não sofreu diminuição ou restrição; completo **2** com todas as propriedades originais (diz-se de alimento)

in.te.gra.lis.mo *s.m.* POL *B* movimento político brasileiro de base fascista, fundado em 1932 e extinto em 1937 ~ **integralista** *adj.2g.s.2g.*

in.te.gra.li.zar *v.* {mod. 1} *t.d. e pron.* **1** tornar(-se) inteiro, integral; completar(-se) ☐ *t.d.* **2** ECON concluir o pagamento de (título ou ação) ~ **integralização** *s.f.*

in.te.gran.te *s.f.* GRAM ver ***CONJUNÇÃO INTEGRANTE***

in.te.grar *v.* {mod. 1} *t.d. e pron.* **1** incluir(-se) em (conjunto, grupo), formando um todo coerente; incorporar(-se) ☐ *t.d.i. e pron.* **2** (prep. *a*) [fazer] sentir-se parte de (grupo, coletividade); adaptar(-se) *<é preciso i. o novo aluno ao grupo>* *<demorou a i.-se à vizinhança>* ☐ *pron.* **3** unir-se, formando um todo harmonioso; completar-se *<obra em que as partes se integram harmoniosamente>* ~ **integrado** *adj.* - **integrante** *adj.2g.s.2g.*

in.te.gri.da.de *s.f.* **1** característica do que está inteiro; inteireza **2** estado do que não foi atingido ou agredido **3** *fig.* honestidade, retidão

ín.te.gro *adj.* **1** completo, inteiro **2** *fig.* honesto, honrado

in.tei.ra.men.te *adv.* **1** na sua totalidade **2** de modo completo

in.tei.rar *v.* {mod. 1} *t.d.* **1** tornar inteiro ou completo; completar **2** chegar ao término de; terminar *<inteirou os estudos na capital>* ☐ *t.d.i. e pron.* **3** (prep. *de*) tornar(-se) ciente de; informar(-se) *<o engenheiro inteirou os moradores do perigo de desabamento>* *<i.-se da catástrofe pelos jornais>* ~ **inteiração** *s.f.*

in.tei.re.za /ê/ *s.f.* **1** qualidade ou característica daquilo a que não falta nenhuma parte **2** *fig.* retidão de caráter, honestidade

in.tei.ri.ço *adj.* que não tem emenda, junta etc.

in.tei.ro *adj.* **1** que apresenta todas as partes que lhe são próprias; completo **2** que não tem separação, que se constitui de uma única peça; inteiriço **3** que não está quebrado ou deteriorado **4** *fig.* ilimitado, absoluto *<i. autonomia>* ■ *adj.s.m.* MAT **5** (número) que não tem frações

in.te.lec.ção [pl.: *-ões*] *s.f.* compreensão, entendimento

in.te.lec.ti.vo *adj.* referente ao intelecto; intelectual, mental

in.te.lec.to *s.m.* capacidade de compreender; inteligência

in.te.lec.tu.al [pl.: *-ais*] *adj.2g.* **1** do intelecto; mental ■ *adj.2g.s.2g.* **2** que(m) se dedica a atividades que requerem um emprego considerável do intelecto **3** que(m) domina um campo de conhecimento ou tem muita cultura geral; erudito ~ **intelectualização** *s.f.*

in.te.lec.tu.a.li.da.de *s.f.* **1** natureza, qualidade do que é intelectual **2** inteligência **3** conjunto de intelectuais de certo lugar, país etc.

in.te.lec.tu.a.lis.mo *s.m.* tendência a privilegiar a inteligência e as faculdades intelectuais; racionalidade ~ **intelectualista** *adj.2g.s.2g.*

in.te.lec.tu.a.li.zar *v.* {mod. 1} *t.d.* **1** dar forma ou conteúdo racional, intelectual a ☐ *t.d. e pron.* **2** tornar(-se) um intelectual *<o hábito da leitura intelectualizou-os>* *<antes de i.-se, parecia mais espontâneo>*

in.te.li.gên.cia *s.f.* **1** capacidade de aprender e compreender **2** *fig.* indivíduo de muito saber; sumidade **3** sagacidade, perspicácia ▣ **i. artificial** INF ramo da informática que visa dotar os computadores da capacidade de simular certos aspectos da inteligência humana

in.te.li.gen.te *adj.2g.s.2g.* **1** (o) que demonstra inteligência **2** que(m) possui mais inteligência que a média das pessoas

in.te.li.gí.vel [pl.: *-eis*] *adj.2g.* que se entende; claro ~ **inteligibilidade** *s.f.*

in.te.me.ra.to *adj.* não corrompido; puro

in.tem.pe.ran.ça *s.f.* falta de moderação; descomedimento ~ **intemperado** *adj.*

in.tem.pé.rie *s.f.* **1** qualquer fenômeno climático extremo, como vento forte, temporal, seca, nevasca etc. **2** *fig.* acontecimento infeliz; desgraça, catástrofe ~ **intempérico** *adj.*

in.tem.pes.ti.vo *adj.* **1** que ocorre em ocasião imprópria; inoportuno **2** súbito, imprevisto ~ **intempestividade** *s.f.*

in.ten.ção [pl.: *-ões*] *s.f.* o que se pretende fazer ou alcançar; propósito, plano, desejo ▣ **segunda i.** pensamento, ideia que a pessoa oculta e é o verdadeiro motivo da ação que pretende ☞ freq. us. no pl.

in.ten.cio.nal [pl.: *-ais*] *adj.2g.* **1** relativo a intenção **2** que é feito de propósito; deliberado ~ **intencionalidade** *s.f.*

in.ten.cio.nar *v.* {mod. 1} *t.d.* ter a intenção de; pretender, planejar

in.ten.dên.cia *s.f.* **1** direção de bens ou negócios importantes; administração, gestão **2** função pública de ordem administrativa **3** local para o exercício dessa atividade **4** MIL serviço administrativo nas forças armadas

in.ten.den.te *adj.2g.s.2g.* **1** que(m) tem poderes para dirigir, governar; administrador **2** MIL (funcionário ou oficial das forças armadas) que é encarregado de questões administrativas e materiais ■ *s.m. B* **3** antigo chefe do poder municipal

in.ten.si.da.de *s.f.* característica do que é intenso; força, vigor

in.ten.si.fi.car *v.* {mod. 1} *t.d. e pron.* tornar(-se) mais forte, mais intenso; exacerbar(-se), avivar(-se) *<i. as buscas> <intensificaram-se os combates>* ~ **intensificação** *s.f.*

in.ten.si.vo *adj.* **1** que tem intensidade; vigoroso **2** que reforça, acentua **3** que busca eficiência com um esforço contínuo e de curta duração (diz-se de atividade)

in.ten.so *adj.* **1** que se manifesta com força; impetuoso, vigoroso **2** que ultrapassa a medida habitual; excessivo

in.ten.tar *v.* {mod. 1} *t.d.* **1** ter intenção de; planejar, pretender **2** esforçar-se por; diligenciar, tentar **3** pôr em execução; empreender *<intentou várias extravagâncias e pagou caro por elas>* **4** DIR propor, formular em juízo *<i. uma ação de despejo>*

in.ten.to *s.m.* o que se pretende fazer; intenção, objetivo

in.ten.to.na *s.f.* **1** plano insensato **2** conspiração para motim

inter- *pref.* → ***ENTRE-***

in.te.ra.ção [pl.: *-ões*] *s.f.* influência ou ação mútua entre coisas e/ou seres

in.te.ra.gir *v.* {mod. 24} *t.i.* **1** (prep. *com*) agir afetando e sendo afetado por outro(s) *<ela é uma criança que interage bem com adultos>* □ *t.i. e int.* **2** ter diálogo, comunicação (com outro) em dada situação; relacionar-se *<a gerência deve interagir mais com os funcionários> <o bebê e a mãe interagem de forma complexa>*

in.te.ra.ti.vo *adj.* **1** em que ocorre interação **2** COMN que permite ao receptor interagir com o emissor ☞ cf. *iterativo* ~ **interatividade** *s.f.*

in.ter.ca.lar *v.* {mod. 1} *t.d. e pron.* pôr(-se) de permeio; interpor(-se) ~ **intercalação** *s.f.* - **intercalado** *adj.*

in.ter.câm.bio *s.m.* **1** troca, permuta **2** relação recíproca entre países ~ **intercambiar** *v.t.d. e t.i.*

in.ter.ce.der *v.* {mod. 8} *t.i. e int.* (prep. *a*, *por*) intervir em favor de; pedir, rogar *<intercedeu pelo colega ao diretor> <a situação requeria que ela intercedesse>*

in.ter.cep.ta.ção [pl.: *-ões*] *s.f.* **1** obstrução **2** apreensão, de surpresa, do que é enviado a outrem

in.ter.cep.tar *v.* {mod. 1} *t.d.* **1** interromper o curso de; deter, parar **2** impossibilitar o funcionamento de (ligação, comunicação etc.); cortar **3** captar ou apreender (aquilo que é dirigido a outrem)

in.ter.ces.são [pl.: *-ões*] *s.f.* pedido a favor de algo ou alguém; intervenção ☞ cf. *interseção*

in.ter.ces.sor /ô/ [pl.: *-es*] *adj.s.m.* que(m) intercede

in.ter.co.mu.ni.car-se *v.* {mod. 1} *pron.* comunicar-se reciprocamente ~ **intercomunicação** *s.f.*

in.ter.co.ne.xão /cs/ [pl.: *-ões*] *s.f.* ligação, relação entre duas ou mais coisas, entre dois ou mais fenômenos, sistemas etc.

in.ter.con.ti.nen.tal [pl.: *-ais*] *adj.2g.* **1** que fica ou ocorre entre continentes **2** que se faz de um continente a outro *<voo i.>*

in.ter.cor.rer *v.* {mod. 8} *int.* **1** decorrer (o tempo) entre dois fatos **2** ocorrer no curso de outro fato, ou logo após ele; sobrevir *<novos contratempos intercorreram>*

in.ter.cos.tal [pl.: *-ais*] *adj.2g.* localizado entre as costelas

in.ter.cur.so *s.m.* conexão ou relacionamento entre pessoas ou grupos

in.ter.de.pen.dên.cia *s.f.* dependência mútua ~ **interdependente** *adj.2g.* - **interdepender** *v.int.*

in.ter.di.ção [pl.: *-ões*] *s.f.* **1** proibição que impede o funcionamento de um estabelecimento ou o uso de uma área **2** privação judicial do direito de um indivíduo de dispor de seus bens ou praticar qualquer ato jurídico

in.ter.dis.ci.pli.nar [pl.: *-es*] *adj.2g.* **1** que estabelece relações entre duas ou mais disciplinas ou ramos de conhecimento **2** que é comum a duas ou mais disciplinas

in.ter.di.tar *v.* {mod. 1} *t.d.* **1** impedir ou proibir o funcionamento ou a utilização de, ou o acesso a **2** impedir a locomoção de

[1]in.ter.di.to *adj.* **1** proibido, interditado ■ *adj.s.m.* DIR **2** que(m) sofreu privação de seus direitos [ORIGEM: do lat. *interdictus,a,um* 'proibido, vedado']

[2]in.ter.di.to *s.m.* DIR ordem ou mandado judicial proibindo a prática ou realização de certo ato referente a pessoa ou coisa ou protegendo um direito individual [ORIGEM: do lat. *interdictum,i* 'ordem de proibição']

in.te.res.san.te *adj.2g.* **1** que desperta interesse, que motiva **2** que se revela útil, que traz vantagem material, financeira etc. **3** diz-se do estado da mulher grávida ■ *adj.2g.s.m.* **4** que ou aquilo que é digno de atenção; curioso

in.te.res.sar *v.* {mod. 1} *t.i.* **1** (prep. *a*) ter interesse, importância ou utilidade para; importar *<o assunto não interessa a ninguém>* **2** (prep. *a*) dizer respeito a; concernir *<segurança pública é uma questão que interessa a toda a população>* □ *t.d. e t.i.* **3** (prep. *a*) provocar interesse, curiosidade (em); cativar *<um livro que interessa (a) adultos e crianças>* □ *pron.* **4** (prep. *por*) ter a atenção em, atração por *<hoje não se interessa mais por futebol> <interessou-se pela moça>*

in.te.res.se /ê/ *s.m.* **1** o que é importante, útil ou vantajoso **2** simpatia ou curiosidade por algo ou alguém **3** importância dada a algo **4** apego ao que traz vantagem pessoal; cobiça **5** ECON lucro decorrente dos juros produzidos pelo capital investido

in.te.res.sei.ro *adj.s.m.* **1** que(m) finge simpatia visando apenas seus próprios interesses ■ *adj.* **2** inspirado ou feito por interesse ('vantagem pessoal')

in.te.res.ta.du.al [pl.: *-ais*] *adj.2g.* **1** que fica ou ocorre entre estados **2** que liga dois ou mais estados **3** que se faz de um estado a outro

in.te.res.te.lar [pl.: *-es*] *adj.2g.* que fica ou ocorre entre as estrelas

in.ter.fa.ce *s.f.* **1** elemento que propicia ligação física ou lógica entre dois sistemas ou partes de um sistema que não se conectam diretamente **2** área de interação de duas ciências, dois departamentos etc. **3** INF fronteira compartilhada por dois dispositivos, sistemas ou programas de computação que trocam dados e sinais **4** INF meio pelo qual o usuário interage com um programa ou sistema operacional ~ **interfacial** *adj.2g.*

in.ter.fe.rên.cia *s.f.* **1** intervenção, intromissão **2** TEL energia indesejada que afeta a recepção de sinais desejados **3** TEL ruído na recepção desses sinais ~ **interferente** *adj.2g.*

in.ter.fe.rir *v.* {mod. 28} *t.i.* **1** (prep. *em*) tomar parte em (questão, briga etc.) para influir sobre o seu desenvolvimento; intervir *<pediu à família que não interferisse em seu casamento>* **2** (prep. *em*) misturar-se alterando a estrutura, as características ou o andamento de *<as experiências negativas interferem nas suas decisões>*

in.ter.fo.nar *v.* {mod. 1} *t.i.* (prep. *para*) comunicar-se por meio do interfone com

in.ter.fo.ne *s.m.* aparelho telefônico de comunicação interna em prédios, escritórios etc. ☞ marca registrada (*Interphone*) que passou a designar seu gênero

in.ter.ga.lác.ti.co *adj.* que ocorre entre as galáxias

in.ter.go.ver.na.men.tal [pl.: *-ais*] *adj.2g.* que ocorre ou existe entre dois ou mais governos ou governadores

ín.te.rim [pl.: *-ins*] *s.m.* intervalo de tempo entre dois fatos

in.te.ri.no *adj.* **1** provisório, temporário ■ *adj.s.m.* **2** que(m) ocupa cargo público provisoriamente, na ausência do titular ~ **interinidade** *s.f.*

in.te.ri.or /ô/ [pl.: *-es*] *adj.2g.* **1** da parte de dentro; interno **2** relativo a uma nação ou que nela se desenvolve **3** relativo à alma, ao espírito ■ *s.m.* **4** a parte interna de algo **5** o íntimo de uma pessoa **6** região do país afastada do litoral **7** região do estado que se situa fora das capitais **8** o que se refere à administração ou aos negócios do Estado ☞ inicial maiúsc. **9** TV cena que se filma em recinto fechado ~ **interioridade** *s.f.*

in.te.ri.o.ra.no *adj.s.m.* que(m) é do interior do país

in.te.ri.o.ri.zar *v.* {mod. 1} *t.d.* **1** trazer para dentro de si; assimilar, internalizar □ *t.d.i.* **2** (prep. *em*) fazer penetrar no ânimo de; incutir, infundir *<interiorizou nos filhos a importância do respeito ao próximo>* ~ **interiorização** *s.f.*

in.ter.jei.ção [pl.: *-ões*] *s.f.* GRAM palavra invariável ou locução que funciona como uma frase que exprime emoção, ordem, apelo ou descreve um ruído (p.ex.: *psiu!, ai!*) ~ **interjetivo** *adj.*

in.ter.li.gar *v.* {mod. 1} *t.d. e pron.* ligar(-se) entre si (duas ou mais coisas); conectar(-se), unir(-se) ~ **interligação** *s.f.* - **interligado** *adj.*

in.ter.lo.cu.ção [pl.: *-ões*] *s.f.* conversa entre duas ou mais pessoas

in.ter.lo.cu.tor /ô/ [pl.: *-es*] *s.m.* **1** cada um dos participantes de uma conversa **2** a pessoa com quem se conversa

in.ter.lú.dio *s.m.* **1** MÚS composição instrumental executada entre as partes de uma música, peça, rito etc. **2** entreato ('pequena representação')

in.ter.me.di.ar *v.* {mod. 5} *t.d.* **1** existir, situar-se entre **2** pôr de permeio; entremear, intercalar **3** servir de intermediário em; mediar ~ **intermediação** *s.f.*

in.ter.me.di.á.rio *adj.* **1** que está entre dois ■ *s.m.* **2** negociante que atua entre o produtor e o consumidor

in.ter.mé.dio *adj.* **1** que está entre; intermediário ■ *s.m.* **2** interferência que favorece a obtenção de algo **3** MÚS TEAT pequena representação dramática ou musical executada entre os atos de uma ópera

in.ter.mi.ná.vel [pl.: *-eis*] *adj.2g.* **1** que não se pode terminar **2** que parece não ter fim; demorado; infinito, enorme

in.ter.mi.tên.cia *s.f.* interrupção temporária; intervalo

in.ter.mi.ten.te *adj.2g.* em que ocorrem interrupções; que cessa e recomeça por intervalos

in.ter.mu.ni.ci.pal [pl.: *-ais*] *adj.2g.* **1** que fica, existe ou ocorre entre municípios **2** que vai de um município a outro

in.ter.na.cio.nal [pl.: *-ais*] *adj.2g.* **1** que diz respeito a duas ou mais nações **2** conhecido em vários países ~ **internacionalidade** *s.f.*

in.ter.na.cio.na.lis.mo *s.m.* **1** relação de intercâmbio entre nações **2** doutrina oposta ao nacionalismo ~ **internacionalista** *adj.2g.s.2g.*

in.ter.na.cio.na.li.zar *v.* {mod. 1} *t.d. e pron.* **1** tornar(-se) internacional □ *t.d.* **2** difundir por várias nações; universalizar ~ **internacionalização** *s.f.*

in.ter.na.li.zar *v.* {mod. 1} *t.d.* adotar inconscientemente como próprios (ideias, práticas, valores de outra pessoa ou da sociedade); interiorizar

in.ter.nar *v.* {mod. 1} *t.d. e pron.* **1** levar ou ir para asilo, internato, casa de saúde □ *t.d.* **2** obrigar a viver em local diferente do habitual, com proibição de sair; confinar □ *int. e pron.* **3** (prep. *em*) meter-se pelo interior de; embrenhar-se ~ **internação** *s.f.* - **internamento** *s.m.*

in.ter.na.to *s.m.* **1** estabelecimento de ensino em que os alunos tb. moram; pensionato **2** instituição que fornece asilo e educação aos necessitados; patronato

in.ter.nau.ta *s.2g.* usuário da internet

in.ter.net *s.f.* INF TEL rede mundial de computadores, formada por uma reunião de redes interconectadas utilizando protocolos de comunicação padronizados, que fornece informações e ferramentas de comunicação para seus usuários ☞ inicial por vezes maiúsc.

in.ter.no *adj.* **1** que fica do lado de dentro **2** que está dentro dos limites de uma área; interior **3** que existe ou que ocorre dentro de algo ou alguém **4** relativo ao Estado **5** relativo ao âmago; íntimo ■ *adj.s.m.* **6** (aluno) que mora na escola em que estuda

in.ter.pe.lar *v.* {mod. 1} *t.d.i.* **1** (prep. *sobre*) dirigir-se a (alguém) com pergunta ou pedido de explicação *<interpelou-o sobre sua atitude omissa>* □ *t.d.* **2** intimar a prestar declarações, esclarecimentos, em tribunais, cortes etc. ~ **interpelação** *s.f.*

in.ter.pe.ne.trar-se *v.* {mod. 1} *pron.* penetrar-se mutuamente; misturar-se *<no processo criativo, as ideias se interpenetram>* ~ **interpenetração** *s.f.*

in.ter.pes.so.al [pl.: *-ais*] *adj.2g.* que ocorre entre pessoas

in.ter.pla.ne.tá.rio *adj.* que está ou ocorre entre planetas

in.ter.po.lar *v.* {mod. 1} *t.d.* **1** inserir (palavras ou frases) em texto, para completá-lo ou restaurá-lo **2** alterar (texto) introduzindo palavras ou frases novas **3** fazer cessar; interromper □ *t.d.i. e pron.* **4** (prep. *com*) revezar(-se), repetida e regularmente; alternar(-se) ~ **interpolação** *s.f.*

in.ter.por *v.* {mod. 23} *t.d.i. e pron.* **1** (prep. *entre*) colocar(-se) [coisa ou pessoa] entre duas outras *<i. o quadro entre as estantes> <i.-se entre o policial e o réu>* □ *pron.* **2** (prep. *entre*) intervir como mediador *<interpôs-se entre os dois adversários>* □ *t.d.,t.d.i. e pron.* **3** (prep. *a, em*) apresentar(-se) como obstáculo a; opor(-se) *<i. objeções (aos argumentos de alguém)> <fatos que se interpuseram no caminho de suas aspirações>* □ *t.d.* DIR **4** dar entrada em (recurso) ◉ GRAM/USO part.: *interposto* ~ **interposição** *s.f.*

in.ter.pre.ta.ção [pl.: *-ões*] *s.f.* **1** determinação do significado de algo **2** entendimento ou julgamento pessoal **3** tradução **4** CINE TEAT TV ato de representar papéis em espetáculos teatrais, cinematográficos etc.; representação **5** MÚS execução de uma peça musical **6** MÚS o aspecto pessoal dessa execução

in.ter.pre.tar *v.* {mod. 1} *t.d.* **1** determinar o significado de (texto, lei etc.) **2** adivinhar o significado de (algo) por indução *<i. sonhos>* **3** representar (personagem, obra ou autor) **4** tocar ou cantar (obra musical) □ *t.d. e t.d.pred.* **5** dar certo sentido a; entender *<i. ordens superiores> <interpretou o afastamento como rejeição>*

in.tér.pre.te *s.2g.* **1** o que interpreta, esclarece, comenta **2** o que traduz, ger. falas, discursos etc., de uma língua para outra **3** TV indivíduo que representa um personagem **4** MÚS aquele que toca ou canta uma peça musical

in.ter-ra.ci.al [pl.: *inter-raciais*] *adj.2g.* que envolve diferentes raças

in.ter.reg.no *s.m.* **1** intervalo entre dois reinados, sem rei hereditário ou eletivo **2** *fig.* interrupção momentânea; intervalo

in.ter-re.la.ção [pl.: *inter-relações*] *s.f.* relação mútua ~ **inter-relativo** *adj.*

in.ter-re.la.cio.nar *v.* {mod. 1} *t.d. e pron.* (prep. *com*) estabelecer relação entre ou ter relação mútua *<i. compaixão e justiça> <ideias que se inter-relacionam>* ~ **inter-relacionado** *adj.* - **inter-relacionamento** *s.m.*

in.ter.ro.ga.ção [pl.: *-ões*] *s.f.* **1** ato de interrogar ou o seu efeito **2** gesto ou sinal interrogativo **3** dúvida, incerteza **4** GRAM ponto de interrogação

in.ter.ro.gar *v.* {mod. 1} *t.d.,t.d.i. e pron.* **1** (prep. *acerca de, sobre*) fazer perguntas (a alguém ou a si mesmo); indagar(-se), perguntar(-se) *<interrogaram o menino (acerca do episódio)> <i.-se sobre a razão de seus atos>* □ *t.d. e t.d.i.* **2** (prep. *sobre*) apresentar questões a; arguir, examinar *<interrogou o aluno (sobre a Segunda Guerra)>* □ *t.d.* **3** submeter a interrogatório

in.ter.ro.ga.ti.vo *adj.* **1** que indica interrogação **2** GRAM que serve para formular uma pergunta <*pronome i.*> **3** GRAM que contém interrogação <*frase i.*>

in.ter.ro.ga.tó.rio *s.m.* **1** momento em que a autoridade pergunta ao réu sobre sua identidade e fatos relacionados à acusação que lhe é feita **2** o conjunto dessas perguntas ■ *adj.* **3** que indica interrogação

in.ter.rom.per *v.* {mod. 8} *t.d.* **1** pôr fim a; acabar <*i. um tratamento*> **2** quebrar temporariamente a continuidade de; suspender <*i. um curso por motivo de viagem*> **3** cortar o discurso, a fala de ◉ GRAM/USO part.: *interrompido, interrupto* ~ **interrupto** *adj.*

in.ter.rup.ção [pl.: *-ões*] *s.f.* **1** ato de dar fim a algo ou o seu efeito; encerramento **2** intervalo, pausa

in.ter.rup.tor /ô/ [pl.: *-es*] *s.m.* ELETR **1** dispositivo que interrompe e restabelece uma passagem, esp. a de um sinal num circuito elétrico ou eletrônico; comutador ■ *adj.* **2** que interrompe

I

in.ter.se.ção [pl.: *-ções*] ou **in.ter.sec.ção** [pl.: *-ões*] *s.f.* **1** encontro de duas linhas ou dois planos que se cortam; cruzamento **2** MAT operação pela qual se obtém o conjunto formado pelos elementos comuns a dois outros conjuntos ~ **intersecional** *adj.2g.*

in.ters.tí.cio *s.m.* **1** pequeno espaço entre as partes de um todo ou entre duas coisas contíguas **1.1** fenda, greta ~ **intersticial** *adj.2g.*

in.ter.tí.tu.lo *s.m.* JOR entretítulo

in.te.rur.ba.no *adj.* **1** que vai de uma cidade a outra ■ *adj.s.m.* **2** *B* (telefonema) entre duas cidades

[1]**in.ter.va.lar** *v.* {mod. 1} *t.d.* **1** arrumar deixando espaços entre <*i. as carteiras*> □ *t.d.i.* **2** (prep. *com*, *de*) revezar, de forma repetida e regular; alternar <*i. a canção com trechos declamados*> [ORIGEM: do lat. *intervallāre* 'separar por intervalos']

[2]**in.ter.va.lar** [pl.: *-es*] *adj.2g.* situado no intervalo entre duas coisas, momentos etc. [ORIGEM: *intervalo* + [1]*-ar*]

in.ter.va.lo *s.m.* **1** espaço entre dois pontos, coisas etc. **2** lapso de tempo entre épocas, datas, fatos etc. **3** interrupção temporária; pausa **4** MÚS diferença de altura ('frequência') entre notas musicais

in.ter.ven.ção [pl.: *-ões*] *s.f.* **1** interferência de um indivíduo ou instituição em negócios de outrem **2** interferência do Estado em domínio fora de sua competência para, p.ex., apuração de irregularidades em empresas, bancos etc. **3** violação da soberania de um Estado independente pela intromissão de outro em seus assuntos internos ou negócios externos **4** ação ou fato de emitir opinião em um debate, uma discussão etc. ▣ **i. cirúrgica** MED cirurgia ('tratamento')

in.ter.ven.cio.nis.mo *s.m.* **1** tendência para intervir **2** ECON interferência governamental na economia do país **3** POL interferência de um país nas questões internas de outro ~ **intervencionista** *adj.2g.s.2g.*

in.ter.ven.tor /ô/ [pl.: *-es*] *adj.s.m.* **1** que(m) intervém **2** que(m) é representante do governo numa intervenção

in.ter.ver.te.bral [pl.: *-ais*] *adj.2g.* que se situa entre as vértebras

in.ter.vir *v.* {mod. 31} *t.i.* **1** (prep. *em*) participar de (matéria, questão etc.) com intenção de influir no seu desenvolvimento; interferir <*i. nas decisões do grupo*> **2** (prep. *em*) usar autoridade, poder de controle sobre □ *int.* **3** ocorrer de modo inesperado; sobrevir <*um vendaval interveio*>

in.ter.vo.cá.li.co *adj.* situado entre duas vogais

in.tes.ti.no *s.m.* ANAT **1** parte do tubo digestivo que vai do estômago ao ânus ■ *adj.* **2** que ocorre no interior do corpo, de um corpo social, da alma; interno, íntimo **3** travado entre cidadãos da mesma nação (diz-se de guerra, luta etc.) ▣ **i. delgado** ANAT parte inicial do intestino, que vai do piloro ao ceco • **i. grosso** ANAT parte final do intestino, que vai do ceco ao ânus ~ **intestinal** *adj.2g.*

in.ti.ma.ção [pl.: *-ões*] *s.f.* **1** ato de intimar ou ser intimado, ou o seu efeito **2** DIR notificação jurídica

in.ti.mar *v.* {mod. 1} *t.d.i.* **1** (prep. *a*) determinar de forma impositiva; ordenar, mandar <*intimou o preso a entregar a arma*> □ *t.d.* DIR **2** convocar mediante notificação judicial

in.ti.ma.ti.va *s.f.* frase ou gesto autoritário

in.ti.ma.ti.vo *adj.* próprio para intimar; enérgico, autoritário

in.ti.mi.da.de *s.f.* **1** vida doméstica, particular; privacidade **2** familiaridade, proximidade; ausência de cerimônia **3** ambiente onde se tem privacidade, tranquilidade **4** domínio, controle ▼ ***intimidades*** *s.f.pl.* **5** gestos ou palavras que caracterizam um comportamento atrevido; abusos **6** sentimentos e pensamentos íntimos

in.ti.mi.dar *v.* {mod. 1} *t.d. e pron.* **1** (fazer) sentir receio, temor; amedrontar(-se) <*i.-se com provocações*> **2** (fazer) sentir constrangimento, timidez; inibir(-se) <*intimida-o falar em público*> <*intimida-se diante de estranhos*> ~ **intimidação** *s.f.* - **intimidador** *adj.s.m.*

ín.ti.mo *adj.* **1** que constitui a essência de algo **2** que existe no âmago de alguém **3** a quem se é muito ligado; próximo, chegado **4** que trata de assuntos pessoais; privado, particular ■ *s.m.* **5** o que há de mais profundo na alma, na mente **6** quem pertence à intimidade ou ao círculo de confiança de alguém

in.ti.mo.ra.to *adj.* destemido, valente

in.ti.tu.lar *v.* {mod. 1} *t.d.,t.d.pred. e pron.* (prep. *de*) dar(-se) nome ou título de; denominar(-se) <*intitularam Santos Dumont (de) Pai da Aviação*> <*intitula-se defensor dos pobres*> ~ **intitulação** *s.f.*

in.to.cá.vel [pl.: *-eis*] *adj.2g.* **1** em que não se pode tocar; intangível ■ *adj.2g.s.2g.* **2** que(m) é inatacável, por gozar de prestígio ou proteção

in.to.le.rân.cia *s.f.* tendência a não suportar ou condenar o que desagrada nas opiniões, atitudes etc. alheias; intransigência ~ **intolerante** *adj.2g.s.2g.*

in.to.le.rá.vel [pl.: *-eis*] *adj.2g.* que não pode ser tolerado

in.to.xi.ca.ção /cs/ [pl.: *-ões*] *s.f.* ato ou efeito de intoxicar(-se); envenenamento

in.to.xi.car /cs/ *v.* {mod. 1} *t.d. e pron.* (fazer) absorver substância tóxica; envenenar(-se) *<intoxicou-se por causa dos camarões>*

intra- *pref.* 'posição interior': *intravenoso*

in.tra.ce.lu.lar [pl.: *-es*] *adj.2g.* que se situa ou ocorre no interior da(s) célula(s)

in.tra.du.zí.vel [pl.: *-eis*] *adj.2g.* **1** que não se pode traduzir ou verter **2** que não se pode exprimir

in.tra.gá.vel [pl.: *-eis*] *adj.2g.* **1** que não se pode ou é ruim de tragar **2** *fig. pej.* de personalidade, temperamento etc. desagradáveis

in.tra.net *s.f.* INF rede de computadores restrita a uma empresa ou organização, que utiliza os programas e protocolos da internet

in.tran.qui.li.da.de /qü/ *s.f.* falta de tranquilidade

in.tran.qui.li.zar /qü/ *v.* {mod. 1} *t.d. e pron.* tornar(-se) intranquilo, aflito; inquietar(-se) *<as notícias intranquilizaram-no> <deixou de i.-se ao saber que a filha chegara>* ~ **intranquilizador** *adj.s.m.*

in.tran.qui.lo /qü/ *adj.* que não é ou não está tranquilo

in.trans.fe.rí.vel [pl.: *-eis*] *adj.2g.* que não pode ser transferido; intransmissível

in.tran.si.gên.cia /zi/ *s.f.* **1** falta de compreensão; intolerância **2** austeridade, rigidez

in.tran.si.gen.te /zi/ *adj.2g.s.2g.* **1** que(m) não faz concessão; inflexível, intolerante **2** que(m) é austero, rígido na observância de seus princípios

in.tran.si.tá.vel /zi/ [pl.: *-eis*] *adj.2g.* **1** por onde não se consegue transitar **2** proibido ao trânsito

in.tran.si.ti.vo /zi/ *adj.* **1** que não se pode transmitir ou passar a outrem; intransmissível ■ *adj.s.m.* **2** GRAM (verbo) que não requer complemento (p.ex.: *o menino caiu*)

in.trans.mis.sí.vel [pl.: *-eis*] *adj.2g.* intransferível, intransitivo

in.trans.po.ní.vel [pl.: *-eis*] *adj.2g.* que não se pode transpor

in.tra.tá.vel [pl.: *-eis*] *adj.2g.* **1** que não se pode tratar ■ *adj.2g.s.2g.* **2** (pessoa) de difícil convivência ~ **intratabilidade** *s.f.*

in.tra.ve.no.so /ô/ [pl.: /ó/; fem.: /ó/] *adj.* MED **1** relativo ao interior da veia; endovenoso **2** que se aplica no interior da veia; endovenoso

in.tré.pi.do *adj.s.m.* que(m) não tem medo; corajoso ~ **intrepidez** *s.f.*

in.tri.ga *s.f.* **1** cumplicidade para prejudicar alguém; armadilha, cilada **2** mexerico, fofoca **3** conjunto de fatos imaginados pelo autor de uma peça, romance, roteiro etc.; enredo

in.tri.gan.te *adj.2g.s.2g.* **1** que(m) faz intriga ■ *adj.2g.* **2** que desperta a curiosidade; surpreendente

in.tri.gar *v.* {mod. 1} *t.d.,t.d.i. e pron.* **1** (prep. *com*) [fazer] criar inimizade, através de intrigas; indispor(-se) *<vive a i. os colegas (com o professor)> <intrigou-se com a mulher do irmão>* □ *t.d. e pron.* **2** (prep. *com*) [fazer] ficar curioso, surpreso, desconfiado *<suas palavras intrigaram o doente> <intrigou-se com o sumiço das chaves>*

in.trin.car *v.* {mod. 1} *t.d. e pron.* **1** tornar(-se) emaranhado; embaraçar(-se) *<i. os fios da meada> <intrincou-se o novelo de lã>* **2** tornar(-se) confuso, complexo; complicar(-se) *<esses fatos intrincaram a questão> <o caso intrincou-se>*

in.trín.se.co *adj.* **1** que faz parte da essência de algo **2** que é real; que tem importância por si próprio

intro- *pref.* 'movimento para dentro': *intrometer, introvertido*

in.tro.du.ção [pl.: *-ões*] *s.f.* **1** ato ou efeito de introduzir(-se) **2** parte inicial, esp. de texto ou peça musical ~ **introdutivo** *adj.*

in.tro.du.tor /ô/ [pl.: *-es*] *adj.s.m.* **1** (o) que introduz **2** que(m) emprega ou difunde pela primeira vez uma ideia, inovação etc.

in.tro.du.tó.rio *adj.* que serve de introdução

in.tro.du.zir *v.* {mod. 24} *t.d.* **1** fazer penetrar; enfiar, inserir *<i. uma chave na fechadura>* **2** fazer inclusão de; inserir *<i. palavras no texto>* **3** dar início a; abrir, começar *<quer i. o assunto>* □ *t.d.i. e pron.* **4** (prep. *em*) dirigir(-se) para dentro de *<i. o visitante na sala> <o germe introduziu-se no organismo>* **5** (prep. *em*) [fazer] ser admitido em grupo, sociedade etc. *<i. o amigo no clube> <tenta i.-se na sociedade local>*

in.troi.to /ói/ *s.m.* **1** começo, princípio **2** LITUR oração que inicia a missa

in.tro.je.ção [pl.: *-ões*] *s.f.* PSICN processo inconsciente de incorporar atitudes e ideias alheias ~ **introjetar** *v.t.d.*

in.tro.me.ter *v.* {mod. 8} *t.d.i. e pron.* **1** (prep. *em, entre, por*) pôr(-se) no meio de ou em meio a *<i. as caixas entre os móveis> <i.-se na multidão>* □ *pron.* **2** (prep. *em*) tomar parte ou dar opinião em (assunto alheio); ingerir-se *<i.-se na vida de alguém>* ~ **intrometimento** *s.m.*

in.tro.me.ti.do *adj.* **1** que se intrometeu ■ *adj.s.m.* **2** enxerido, metediço

in.tro.mis.são [pl.: *-ões*] *s.f.* **1** colocação de uma coisa no meio de outra(s); intercalação **2** participação não requisitada ou não permitida

in.tros.pec.ção [pl.: *-ões*] *s.f.* reflexão sobre seus próprios sentimentos, experiências etc.

in.tros.pec.ti.vo *adj.* **1** de caráter reflexivo, voltado para si próprio **2** em que se faz introspecção *<fase i.>*

in.tro.ver.são [pl.: *-ões*] *s.f.* atitude do indivíduo que dirige sua energia psíquica para o interior, e parece fechado, crítico e contido

in.tro.ver.ter *v.* {mod. 8} *t.d. e pron.* **1** voltar(-se) para dentro *<i. as abas de um chapéu> <as folhas introverteram-se com um leve toque>* □ *pron. fig.* **2** fechar-se ao mundo exterior; ensimesmar-se ~ **introvertido** *adj.s.m.*

I

in.tro.ver.ti.do *adj.s.m.* que(m) é voltado para dentro; retraído

in.tru.jão [pl.: *-ões*; fem.: *intrujona*] *adj.s.m.* impostor, trapaceiro

in.tru.jar *v.* {mod. 1} *t.d.* **1** enganar com astúcia e falsidade; lograr, iludir **2** entender, compreender ☐ *int.* **3** contar mentiras

in.tru.ji.ce *s.f.* fraude, trapaça

in.tru.so *adj.s.m.* que(m) ocupa lugar, cargo etc. sem ter direito a eles ~ **intrusão** *s.f.*

in.tu.i.ção [pl.: *-ões*] *s.f.* capacidade de perceber ou pressentir coisas, independentemente de raciocínio ou análise

in.tu.ir *v.* {mod. 26} *t.d.* perceber, deduzir ou concluir por intuição, sem recorrer ao raciocínio *<intuiu que seriam bons amigos>*

in.tu.i.ti.vo *adj.* **1** relativo a intuição **2** percebido, sentido ou pressentido por intuição **3** que tem intuição *<pessoa i.>*

I

in.tui.to *s.m.* objetivo, finalidade

in.tu.mes.cên.cia *s.f.* **1** aumento de volume **2** inchação, tumefação ~ **intumescente** *adj.2g.*

in.tu.mes.cer *v.* {mod. 8} *t.d.,int. e pron.* aumentar de volume; inchar(-se), dilatar(-se) *<o soco intumesceu o rosto do garoto> <as artérias intumesceram(-se)>* ~ **intumescimento** *s.m.*

i.nú.bil [pl.: *-eis*] *adj.2g.* **1** que não tem idade para casar **2** que se encontra na menoridade legal

i.nu.ma.no *adj.* **1** cruel, desumano **2** que não pertence ou parece não pertencer à condição humana; divino ~ **inumanidade** *s.f.*

i.nu.mar *v.* {mod. 1} *t.d.* enterrar, sepultar (cadáver) ~ **inumação** *s.f.*

i.nu.me.rá.vel [pl.: *-eis*] *adj.2g.* **1** que não se pode numerar ou contar **2** *p.ext.* abundante, copioso

i.nú.me.ro *adj.* inumerável

i.nun.da.ção [pl.: *-ões*] *s.f.* grande alagamento ou aumento do volume de águas, em consequência de chuvas, subida de maré etc.; enchente, cheia

i.nun.dar *v.* {mod. 1} *t.d. e pron.* **1** cobrir(-se) de água; alagar(-se) *<as chuvas inundaram as ruas> <dessa vez, o canavial inundou-se>* **2** *fig.* (prep. *de*) alastrar(-se) ganhando espaços; espalhar(-se) *<à noite, o cheiro dos jasmins inunda os ares> <os campos inundaram-se de luz>* ☐ *t.d.,t.d.i. e pron.* **3** (prep. *de*) molhar(-se) completamente; banhar(-se) *<o molho inundou a toalha da mesa> <inundou de lágrimas o ombro da amiga> <i.-se de suor>* ☐ *int.* **4** verter água pela borda; transbordar *<o rio inundou>* ~ **inundante** *adj.2g.*

i.nu.si.ta.do *adj.* não usual; incomum

i.nú.til [pl.: *-eis*] *adj.2g.s.2g.* que(m) não serve para nada

i.nu.ti.li.da.de *s.f.* **1** ausência de utilidade **2** gesto, ato, comportamento etc. que não acarreta frutos, resultados

i.nu.ti.li.zar *v.* {mod. 1} *t.d. e pron.* tornar(-se) inútil, incapaz, imprestável ~ **inutilização** *s.f.*

in.va.dir *v.* {mod. 24} *t.d.* **1** entrar em (certo lugar) e ocupá-lo pela força; tomar, conquistar **2** *fig.* tomar conta de; alastrar-se, dominar

in.va.li.dar *v.* {mod. 1} *t.d. e pron.* **1** (fazer) perder a validade; anular(-se) **2** tornar(-se) inapto para exercer um cargo ou desempenhar certas funções ☐ *t.d.* **3** fazer perder o crédito; desabonar ~ **invalidação** *s.f.*

in.va.li.dez /ê/ [pl.: *-es*] *s.f.* incapacidade física ou mental que impossibilita o exercício de atividade profissional

in.vá.li.do *adj.* **1** que não tem valor; nulo ■ *adj.s.m.* **2** que(m), por mal físico ou mental, não pode levar uma vida ativa

in.va.ri.á.vel [pl.: *-eis*] *adj.2g.* **1** que não varia; estável **2** GRAM que não admite flexão, como, p.ex., as preposições e as conjunções ~ **invariabilidade** *s.f.*

in.va.são [pl.: *-ões*] *s.f.* **1** ato ou efeito de invadir **2** terreno ocupado ilegalmente

in.va.si.vo *adj.* **1** que invade ou tem capacidade para invadir; em que há invasão **2** MED que envolve penetração num organismo ou em parte dele (por incisão ou inserção de um instrumento)

in.va.sor /ô/ [pl.: *-es*] *adj.s.m.* (o) que invade

in.vec.ti.va *s.f.* palavra ou série de palavras ofensivas e violentas contra alguém ou algo

in.ve.ja *s.f.* **1** desejo de possuir o que é de outrem **2** *p.ext.* o objeto desse desejo **3** desgosto com o sucesso alheio

in.ve.jar *v.* {mod. 1} *t.d.* **1** ter inveja de **2** desejar muito (o que é de outrem); cobiçar

in.ve.jo.so /ô/ [pl.: /ó/; fem.: /ó/] *adj.s.m.* que(m) sente inveja ou revela, em seus gestos, palavras etc., inveja em relação a outrem

in.ven.ção [pl.: *-ões*] *s.f.* **1** capacidade criativa; inventividade **2** *p.ext.* coisa criada; invento, descoberta **3** *fig.* coisa imaginada que se dá como verdadeira; invencionice, mentira

in.ven.cio.ni.ce *s.f.* história falsa; mentira

in.ven.cí.vel [pl.: *-eis*] *adj.2g.* **1** que não se pode vencer **2** que não se pode conter; irresistível ~ **invencibilidade** *s.f.*

in.ven.dá.vel [pl.: *-eis*] ou **in.ven.dí.vel** [pl.: *-eis*] *adj.2g.* difícil ou impossível de vender

in.ven.tar *v.* {mod. 1} *t.d.* **1** ser o primeiro a ter ideia de ou encontrar (algo ainda não conhecido, imaginado); descobrir, criar **2** elaborar mentalmente; pensar, arquitetar **3** ter como verdadeiro, existente (o que não existe); fantasiar **4** *B* transmitir como verdadeiro (o que não o é); mentir ☐ *t.i.* **5** (prep. *de*) cismar, teimar, insistir

in.ven.ta.ri.an.te *adj.2g.s.2g.* que(m) é responsável por listar, administrar e dividir os bens de uma herança

in.ven.ta.ri.ar *v.* {mod. 1} *t.d.* **1** fazer o inventário de (bens) **2** fazer relação de; catalogar, listar **3** *fig.* descrever, enumerar em detalhes; minuciar

in.ven.tá.rio *s.m.* **1** descrição detalhada do patrimônio de pessoa falecida **2** levantamento minucioso; rol, lista

in.ven.ti.va *s.f.* imaginação criativa; inventividade

in.ven.ti.vi.da.de *s.f.* qualidade ou característica do que é inventivo; inventiva, criatividade

in.ven.ti.vo *adj.* **1** que produz coisas ou ideias originais **2** que é produto da imaginação, da criatividade

in.ven.to *s.m.* invenção

in.ven.tor /ô/ [pl.: *-es*] *adj.s.m.* que(m), por sua engenhosidade, estudo, inventividade, cria ou criou algo novo, original

in.ver.da.de *s.f.* o que não é verdadeiro; falsidade, mentira

[1]**in.ver.na.da** *s.f.* **1** inverno rigoroso **2** *B* época de chuvas contínuas [ORIGEM: *inverno* + *-ada*]

[2]**in.ver.na.da** *s.f. S.* pasto extenso, cercado de obstáculos, destinado ao descanso e à engorda de animais [ORIGEM: fem. substv. de *invernado*, part. de *invernar*]

in.ver.nar *v.* {mod. 1} *int.* **1** passar o inverno **2** haver inverno **3** *p.ext.* fazer tempo frio, chuvoso □ *t.d. e int.* **4** (fazer) ficar em descanso ou a engordar em invernada

in.ver.no *s.m.* estação mais fria do ano, entre o outono e a primavera ~ **invernal** *adj.2g.* - **invernoso** *adj.*

in.ve.ros.sí.mil [pl.: *-eis*] *adj.2g.* que não parece verdadeiro ou provável ~ **inverossimilhança** *s.f.*

in.ver.sor /ô/ [pl.: *-es*] *adj.s.m.* ELETR (dispositivo) que transforma a corrente elétrica contínua em alternada

in.ver.te.bra.do *adj.s.m.* ZOO **1** (espécime) dos invertebrados, divisão do reino animal que inclui todas as formas, com exceção dos vertebrados ■ *adj.* **2** sem coluna vertebral

in.ver.ter *v.* {mod. 8} *t.d. e pron.* **1** virar(-se), voltar(-se) ao contrário, em sentido oposto ao natural □ *t.d.* **2** dispor em ordem diferente da natural ou mais comum ◉ GRAM/USO part.: *invertido, inverso* ~ **inversão** *s.f.*

in.vés [pl.: *inveses*] *s.m.* lado oposto; contrário; avesso ▣ **ao i. de** ao inverso de, ao contrário de ☞ cf. *em vez de*

in.ves.ti.da *s.f.* **1** ataque agressivo; assalto **2** *p.ext.* abordagem amorosa e/ou sexual **3** ato de atirar-se com ímpeto ou o seu efeito **4** *fig.* tentativa, ensaio

in.ves.ti.du.ra *s.f.* **1** ato de dar posse a pessoa em um cargo ou dignidade **2** *p.ext.* a cerimônia de posse dessa pessoa

in.ves.ti.ga.dor /ô/ [pl.: *-es*] *adj.s.m.* **1** que(m) investiga ■ *s.m. B* **2** agente de polícia responsável por investigação

in.ves.ti.gar *v.* {mod. 1} *t.d.* **1** seguir os vestígios, as pistas de **2** fazer diligências para descobrir **3** procurar descobrir (algo), com exame e observação minuciosos; pesquisar ~ **investigação** *s.f.* - **investigativo** *adj.*

in.ves.ti.men.to *s.m.* **1** ato ou efeito de investir **2** *fig.* aplicação de recursos, tempo, esforço etc. a fim de obter algo **3** ECON emprego de capital em determinado negócio ou empresa visando à obtenção de lucros

in.ves.tir *v.* {mod. 28} *t.d.,t.i. e pron.* **1** (prep. *contra*) atirar-se com ímpeto contra; atacar <*a tropa investiu (contra) o inimigo*> <*i.-se contra o adversário*> □ *t.d. e t.d.pred.* **2** (prep. *em*) conferir (cargo, responsabilidade, dignidade) a; nomear <*i. o mais votado na presidência*> <*investiram-no rei*> □ *pron.* **3** (prep. *em*) tomar posse de □ *t.i. e t.d.i.* **4** (prep. *em*) empregar (recursos, tempo, esforço etc.) em (algo), esperando obter sucesso **5** (prep. *em*) fazer (investimento financeiro) em; aplicar ~ **investidor** *adj.s.m.*

in.ve.te.ra.do *adj.* **1** bastante antigo **2** radicado firmemente; arraigado **3** que tem fixado dentro de si um modo de ser, um hábito (diz-se de pessoa) ~ **inveterar** *v.t.d. e pron.*

in.vi.a.bi.li.zar *v.* {mod. 1} *t.d.* tornar impossível a realização, a execução de; impossibilitar

in.vi.á.vel [pl.: *-eis*] *adj.2g.* que não se pode realizar ~ **inviabilidade** *s.f.*

in.vic.to *adj.* **1** que nunca foi vencido **2** que não se pode vencer; invencível

ín.vio *adj.* **1** que não tem vias, caminhos **2** intransitável

in.vi.o.lá.vel [pl.: *-eis*] *adj.2g.* que não se pode ou não se deve violar ~ **inviolabilidade** *s.f.*

in.vi.sí.vel [pl.: *-eis*] *adj.2g.* **1** que, por sua natureza, não é visível **2** que não pode ser percebido pelos sentidos **3** não visível a olho nu, por ser muitíssimo pequeno ou fino **4** que não se deixa conhecer <*ameaça i.*> ■ *s.m.* **5** aquilo que é ou se mostra invisível ~ **invisibilidade** *s.f.*

in vitro [lat.] *loc.adv.* fora do organismo vivo, em tubo de ensaio <*fertilização in vitro*> ⇒ pronuncia-se in vitro

in.vo.car *v.* {mod. 1} *t.d.* **1** pedir a proteção de (ger. seres ou forças divinas, sobrenaturais) **2** pedir auxílio, assistência a; recorrer **3** *B infrm.* causar irritação a; provocar, enervar <*sua conversa mole invoca qualquer um*> **4** *B infrm.* deixar curioso, desconfiado; intrigar **5** alegar a seu favor □ *t.i. e pron. infrm.* **6** (prep. *com*) não simpatizar com; antipatizar <*invocou(-se) com a cara dele logo de saída*> ~ **invocação** *s.f.*

in.vo.lu.ção [pl.: *-ões*] *s.f.* movimento de regressão, de retrocesso ~ **involutivo** *adj.*

in.vó.lu.cro *s.m.* coisa que envolve, cobre; cobertura, envoltório

in.vo.lu.ir *v.* {mod. 26} *int.* sofrer involução; regredir, diminuir

in.vo.lun.tá.rio *adj.* **1** forçado, obrigado <*participação i.*> **2** espontâneo <*reação i.*>

in.vul.gar [pl.: *-es*] *adj.2g.* que não é comum; especial, raro

in.vul.ne.rá.vel [pl.: *-eis*] *adj.2g.* **1** que não pode ser ferido **2** que está acima de qualquer ataque ou crítica **3** que não se deixa atingir ou que não cede a certas vantagens ~ **invulnerabilidade** *s.f.*

-io *suf.* **1** 'estado ou modo de ser': *escorregadio, sombrio* **2** 'reunião, coleção': *casario, mulherio*

i.ó.di.co *adj.s.m.* QUÍM (ácido) us. como desinfetante

i.o.do /ô/ *s.m.* QUÍM elemento químico cuja tintura tem propriedades antissépticas e cujo isótopo radioativo 131 é us. no tratamento de doenças da tireoide [símb.: *I*] ☞ cf. *tabela periódica* (no fim do dicionário)

IOF *s.m.* ECON sigla de *imposto sobre operações financeiras*

i.o.ga /ó *ou* ô/ *s.f.* conjunto de exercícios físicos e respiratórios praticados de acordo com ensinamentos filosóficos indianos

I

i.o.gue *adj.2g.* **1** relativo a ioga ■ *s.2g.* **2** indivíduo praticante da ioga

i.o.gur.te *s.m.* alimento, ger. industrializado, cremoso e composto de leite coalhado com bactérias

[1]**io.iô** [fem.: *iaiá*] *s.m.* *B* tratamento dado ao patrão ou proprietário pelos escravos e seus descendentes, esp. no tempo da escravidão; nhô, nhonhô [ORIGEM: alteração de *senhor*]

[2]**io.iô** *s.m.* RECR brinquedo de mão, composto de dois discos unidos, que vai e volta enrolado em um fio ☞ marca registrada (ing. *yoyo*) que passou a designar seu gênero [ORIGEM: do ing. *yo-yo* 'id.']

í.on [pl.: *iones, (B) íons*] *s.m.* FISQUÍM átomo ou grupo atômico que ganhou ou perdeu elétron(s) ~ **iônico** *adj.* - **ionizar** *v.t.d.*

i.o.nos.fe.ra *s.f.* GEO camada superior da atmosfera terrestre, situada entre 50 km e 80 km de altitude ~ **ionosférico** *adj.*

i.o.ru.bá ou **i.o.ru.ba** *s.2g.* **1** indivíduo dos iorubás, povo africano da Nigéria, República de Benin e República do Togo, trazido para o Brasil, esp. para a Bahia, onde exerceu forte domínio social e religioso sobre outros grupos tb. escravizados ■ *s.m.* LING **2** a língua falada por esse povo ■ *adj.2g.* **3** relativo a esse povo, sua língua e cultura

IPC *s.m.* ECON sigla de *índice de preços ao consumidor*

i.pê ou **i.pé** *s.m.* BOT **1** nome comum a várias árvores, consideradas símbolo do Brasil, de flores amarelas, róseas ou brancas e madeira ger. nobre e resistente **2** a madeira dessas árvores

i.pe.ca.cu.a.nha *s.f.* BOT planta nativa do Brasil, cujas raízes medicinais combatem a disenteria e são expectorantes

IPI *s.m.* ECON sigla de *imposto sobre produtos industrializados*

íp.si.lon [pl.: *ipsílones, (B) ípsilons*] ou **ip.si.lo.ne** *s.m.* **1** nome da letra *y* **2** vigésima letra do alfabeto grego (υ, Υ)

ipsis litteris [lat.] *loc.adv.* nos mesmos termos; tal como está escrito ⇒ pronuncia-se ipsis literis

IPTU *s.m.* sigla de *imposto predial e territorial urbano*

IPVA *s.m.* sigla de *imposto sobre a propriedade de veículos automotores*

i.que.ba.na *s.f.* **1** arte da composição floral japonesa **2** arranjo floral feito segundo as regras de um dos estilos dessa arte

-ir *term.* de verbos da 3ª conjugação: *abrir, partir, sorrir*

ir *v.* {mod. 32} *t.i.,int. e pron.* **1** (prep. *a, até, de, para*) deslocar-se de um lugar a outro *<fomos ao teatro a pé> <fui sem pressa> <foi-se, margeando o rio>* □ *t.i. e pron.* **2** (prep. *a, para*) deslocar-se a um lugar com ou sem o propósito de lá ficar ou de demorar-se *<ir à rua> <ir para a fazenda> <ela se foi para a Argentina>* □ *t.i.* **3** (prep. *a*) apresentar-se em determinado lugar pessoalmente; comparecer *<não foi à conferência>* **4** (prep. *a, até, para*) possibilitar a ida de um lugar a outro; conduzir *<todos os caminhos vão a Roma>* **5** (prep. *em, para*) ser conduzido *<foi para a emergência do hospital>* **6** (prep. *para*) ser aplicado em *<parte do dinheiro irá para caridade>* **7** (prep. *para*) perfazer ou haver decorrido um número estimado, aproximado de (dias, meses, anos etc.) *<vai para 10 anos que o perdi de vista>* **8** (prep. *com, por*) optar por, dar apoio ou sujeitar-se a *<ir com a opinião da maioria>* **9** sentir alguma afinidade por; simpatizar *<não vou com aquele sujeito>* □ *int. e pron.* **10** (prep. *de*) deixar algum lugar; sair de algum lugar; partir *<foi(-se) sem se despedir>* **11** *fig.* morrer *<homenagear os que (se) foram antes de nós>* □ *t.i. e int.* **12** (prep. *para*) seguir ou ser despachado por algum meio de comunicação *<o ofício foi para o gabinete do ministro> <a encomenda irá às 20 horas>* **13** (prep. *a*) chegar (a determinado ponto, índice ou limite); atingir *<os juros foram a 15 % ao mês> <seu apetite vai além do normal>* □ *pron.* **14** deixar de manifestar-se ou de existir; dissipar-se, desaparecer *<com o tempo, foi-se toda a sua fortuna> <foi-se o verão>* □ *int.* **15** estender-se (no tempo); prolongar-se *<a conversa foi pela madrugada adentro>* □ *pred.* **16** apresentar-se (em determinada condição física, emocional, material); passar, estar *<como vai seu irmão?>* **17** ocorrer de modo determinado *<tudo vai bem com eles>* **18** ter determinado desempenho; sair-se *<infelizmente, ela foi mal na entrevista>*

Ir QUÍM símbolo de *irídio*

IR *s.m.* ECON sigla de *imposto de renda*

i.ra *s.f.* **1** intenso sentimento de ódio; fúria **2** *p.ext.* vingança, punição *<i. divina>*

i.rar *v.* {mod. 1} *t.d. e pron.* causar ou ter ira; enfurecer(-se) ~ **irado** *adj.*

i.ras.cí.vel [pl.: *-eis*] *adj.2g.s.2g.* que(m) se irrita facilmente ou freq. demonstra raiva ~ **irascibilidade** *s.f.*

i.ri.dá.cea *s.f.* BOT espécime das iridáceas, família de ervas cultivadas como tempero (como o açafrão), para extração de tinturas ou como ornamentais ~ **iridáceo** *adj.*

i.ri.des.cen.te *adj.2g.* que tem ou reflete as cores do arco-íris

i.rí.dio *s.m.* QUÍM elemento químico us. em liga para aumentar a dureza da platina, em catalisadores, contatos elétricos etc. [símb.: *Ir*] ☞ cf. *tabela periódica* (no fim do dicionário)

i.ri.do.lo.gi.a *s.f.* MED método de diagnóstico de problemas orgânicos pelo exame da íris ~ **iridologista** *adj.2g.s.2g.* - **iridólogo** *s.m.*

í.ris *s.f.2n.* ANAT **1** membrana pigmentada do olho, na qual fica a pupila ■ *s.2g.2n.* **2** o espectro solar **3** halo de luz que aparece ao redor de certos objetos **4** MINER variedade de pedra preciosa

ir.mã *s.f.* **1** aquela que, em relação a outrem, tem ambos os genitores em comum ou é filha do mesmo pai e/ou da mesma mãe **2** *fig.* amiga íntima e dedicada **3** *p.ext.* membro de confraria ou irmandade **4** membro de congregação religiosa feminina

ir.ma.nar *v.* {mod. 1} *t.d.,t.i. e pron.* **1** (prep. *a*, *com*, *em*) unir(-se) como irmãos *<a solidariedade irmana os aflitos>* *<sua força irmana com a do adversário>* *<i.-se na dor>* **2** (prep. *a*, *com*, *em*) tornar(-se) semelhante, igual a; unir(-se), ligar(-se) *<o livro irmana suspense e humor>* *<sua beleza irmana com a da mãe>* *<inteligência e destreza irmanam-se no jogador>* ~ **irmanação** *s.f.*

ir.man.da.de *s.f.* **1** parentesco entre irmãos **2** *fig.* igualdade, afinidade **3** *fig.* amizade afetuosa e íntima entre pessoas; fraternidade **4** associação religiosa **5** *p.ext.* confederação, agremiação

ir.mão [pl.: *-ãos*; fem.: *irmã*] *s.m.* **1** aquele que, em relação a outrem, tem ambos os genitores em comum ou é filho do mesmo pai e/ou da mesma mãe ☞ cf. *meio-irmão* **1.1** filho adotivo de uma família em relação a outros irmãos **2** *fig.* amigo íntimo e dedicado **3** *p.ext.* membro de confraria ou irmandade **4** frade ■ *adj.s.m.* **5** (o) que, em relação a outra pessoa, animal ou coisa, mostra semelhança na forma, origem, disposição etc.

i.ro.ni.a *s.f.* **1** modo de expressão em que há um contraste proposital entre o que se diz e o que se pensa **2** *fig.* fato que não combina com o que era esperado *<i. do destino>* **3** zombaria, escárnio, sarcasmo

i.rô.ni.co *adj.* **1** que demonstra ironia **2** zombeteiro, sarcástico

i.ro.ni.zar *v.* {mod. 1} *t.d.* **1** afirmar ou tratar com ironia □ *int.* **2** fazer ironia

ir.ra.cio.nal [pl.: *-ais*] *adj.2g.* **1** que não pertence ao domínio da razão, nem provém do raciocínio; ilógico **2** que contraria a clareza mental ou o bom senso; insensato **3** MAT incapaz de ser expresso exatamente como a razão entre dois números inteiros (diz-se de número) ■ *adj.2g.s.m.* **4** (o) que não tem raciocínio ~ **irracionalidade** *s.f.*

ir.ra.di.an.te *adj.2g.* **1** que se propaga **2** *fig.* brilhante, fulgurante, luminoso **3** *fig.* muito alegre, comunicativo

ir.ra.di.ar *v.* {mod. 1} *t.d.,int. e pron.* **1** (prep. *por*, *sobre*) emitir (luz, calor etc.), em sentido centrífugo; propagar(-se), espalhar(-se) *<o sol irradiava os seus raios>* *<era verão e um forte calor irradiava(-se) pela tarde>* **2** *fig.* manifestar(-se) [sensação, sentimento] de maneira intensa, forte *<olhos que irradiam tristeza>* *<naquela cidade, a felicidade irradia>* *<a dor irradiou-se por todo o corpo>* □ *t.d.* **3** tornar muito conhecido (ideias, opiniões etc.); propagar, difundir **4** transmitir pelo rádio ~ **irradiação** *s.f.*

ir.re.al [pl.: *-ais*] *adj.2g.s.m.* (o) que não é real ou parece fora da realidade; fantástico, imaginário ~ **irrealidade** *s.f.* - **irrealismo** *s.m.*

ir.re.a.li.zá.vel [pl.: *-eis*] *adj.2g.* que não pode ser realizado; inexequível

ir.re.con.ci.li.á.vel [pl.: *-eis*] *adj.2g.* que não se pode reconciliar

ir.re.co.nhe.cí.vel [pl.: *-eis*] *adj.2g.* impossível de ser reconhecido por estar muito alterado ou desfigurado

ir.re.cu.pe.rá.vel [pl.: *-eis*] *adj.2g.* que não pode ser recuperado; perdido

ir.re.cu.sá.vel [pl.: *-eis*] *adj.2g.* **1** que não se pode recusar **2** que não se pode contestar; irrefutável

ir.re.du.tí.vel [pl.: *-eis*] *adj.2g.* **1** que não se pode reduzir **2** *fig.* que não se deixa convencer; inflexível **3** MAT que não se pode dividir; indecomponível *<fração i.>* ~ **irredutibilidade** *s.f.*

ir.re.du.zí.vel [pl.: *-eis*] *adj.2g.* irredutível

ir.re.fle.ti.do *adj.* **1** que não faz reflexão *<homem i.>* **2** não precedido de reflexão *<gesto i.>*

ir.re.fle.xão /cs/ [pl.: *-ões*] *s.f.* **1** falta de reflexão; imprudência **2** ato ou dito irrefletido; descuido

ir.re.fu.tá.vel [pl.: *-eis*] *adj.2g.* que não se pode refutar; incontestável

ir.re.gu.lar [pl.: *-es*] *adj.2g.* **1** que não tem regularidade, que não é simétrico ou uniforme **2** que contraria as leis **3** que agride a harmonia e o bom gosto; desproporcionado **4** intermitente, alternado *<frequência i. às aulas>* ~ **irregularidade** *s.f.*

ir.re.le.vân.cia *s.f.* qualidade ou característica do que não tem importância ~ **irrelevante** *adj.2g.*

ir.re.me.di.á.vel [pl.: *-eis*] *adj.2g.* **1** que não tem solução **2** que não pode deixar de acontecer; inevitável

ir.re.pa.rá.vel [pl.: *-eis*] *adj.2g.* impossível de reparar, resgatar ou substituir

ir.re.pre.en.sí.vel [pl.: *-eis*] *adj.2g.* **1** que não se pode censurar **2** sem falha alguma; perfeito *<elegância i.>* ~ **irrepreensibilidade** *s.f.*

ir.re.qui.e.to *adj.* **1** que não consegue manter-se calmo; agitado **2** que se move sem cessar; turbulento

ir.re.sis.tí.vel [pl.: *-eis*] *adj.2g.* **1** a que não se pode resistir **2** contra o que é impossível lutar; invencível **3** sedutoramente encantador

ir.re.so.lu.to *adj.* **1** que não teve solução ■ *adj.s.m.* **2** que(m) dificilmente se decide; indeciso ~ **irresolução** *s.f.*

I

ir.res.pon.sá.vel [pl.: *-eis*] *adj.2g.* **1** que não é responsável ■ *adj.2g.s.2g.* **2** DIR que(m) não pode ser responsabilizado ou não está obrigado a responder pelos seus atos **3** que(m) age sem pensar ~ **irresponsabilidade** *s.f.*

ir.res.tri.to *adj.* que não tem restrição; amplo, ilimitado

ir.re.tor.quí.vel [pl.: *-eis*] *adj.2g.* **1** que não tem resposta **2** que não se pode contradizer

ir.re.ve.rên.cia *s.f.* **1** falta de respeito **2** ato ou dito irreverente

ir.re.ve.ren.te *adj.2g.* **1** que manifesta falta de respeito; desrespeitoso **2** que trata com ironia ou comicidade o que se considera sério *<humor i.>* ■ *s.2g.* **3** pessoa irreverente

ir.re.ver.sí.vel [pl.: *-eis*] *adj.2g.* de que não é possível inverter o sentido, a direção, o desenvolvimento *<processo i.>* ~ **irreversibilidade** *s.f.*

ir.re.vo.gá.vel [pl.: *-eis*] *adj.2g.* que não se pode anular, apagar, revogar, desfazer ~ **irrevogabilidade** *s.f.*

ir.ri.ga.ção [pl.: *-ões*] *s.f.* **1** ação de molhar; banho, rega **2** AGR técnica de canalização de água para rega artificial

ir.ri.gar *v.* {mod. 1} *t.d.* **1** molhar com água ou outro líquido; banhar **2** molhar por processos não naturais; regar *<i. a terra para plantio>* **3** MED conduzir líquido (esp. sangue e linfa) para uma área do corpo ~ **irrigatório** *adj.*

ir.ri.são [pl.: *-ões*] *s.f.* **1** ato de rir desdenhosamente; zombaria **2** *p.ext.* o que é alvo desse ato

ir.ri.só.rio *adj.* **1** de pouca ou nenhuma importância *<salário i.>* **2** em que há irrisão, zombaria *<dito i.>*

ir.ri.ta.ção [pl.: *-ões*] *s.f.* **1** nervosismo ou ira contida **2** MED inflamação ligeira de um tecido ou órgão

ir.ri.ta.di.ço *adj.* que se irrita com facilidade

ir.ri.ta.do *adj.* **1** que sente ou demonstra uma raiva contida **2** que demonstra clara irritação **3** MED que apresenta sinais de inflamação ou certas formas de erupções (diz-se de parte do organismo)

ir.ri.tar *v.* {mod. 1} *t.d. e pron.* **1** (fazer) ficar nervoso, quase colérico; enervar(-se) *<a teimosia irritava os pais> <irritava-se por ter de sair na chuva>* **2** inflamar(-se) ligeiramente, provocando ou não dor ou desconforto *<a poluição irrita os olhos> <suas narinas se irritavam com o cheiro do enxofre>* □ *t.d.* **3** tornar mais intenso, violento; exacerbar ~ **irritabilidade** *s.f.* - **irritante** *adj.2g.*

ir.rom.per *v.* {mod. 8} *int.* **1** entrar ou brotar com ímpeto, com violência; invadir **2** aparecer ou acontecer de repente, de surpresa; surgir ~ **irrompimento** *s.m.*

is.ca *s.f.* **1** chamariz que se põe no anzol para atrair e capturar peixes **2** *fig.* aquilo que atrai e seduz uma pessoa **3** CUL prato feito com tiras fritas de fígado de boi

-iscar *suf.* 'repetição, pouca intensidade': *chuviscar*

i.sen.ção [pl.: *-ões*] *s.f.* **1** estado ou condição de dispensado, desobrigado, isento **2** condição do que é justo, neutro **3** nobreza ou independência de caráter; dignidade

i.sen.tar *v.* {mod. 1} *t.d.i. e pron.* (prep. *de*) deixar ou ficar livre, isento de; dispensar(-se) *<a lei isentou-o de pagar imposto> <isentei-me de qualquer compromisso>* ◉ GRAM/USO part.: *isentado, isento*

i.sen.to *adj.* **1** dispensado, desobrigado **2** a que falta; desprovido *<pessoa i. de preconceitos>* **3** imparcial, neutro **4** que não se deixa seduzir, cativar ◉ GRAM/USO part. de *isentar*

is.lã, **is.la.me** ou **is.lão** *s.m.* **1** REL o islamismo **2** o grupo das nações modernas que têm o islamismo como religião dominante **3** a civilização que se ergueu sobre a base da fé islâmica ☞ em todas as acps., inicial maiúsc.

is.la.mis.mo *s.m.* REL religião caracterizada pela crença em um só deus, fundada pelo profeta árabe Maomé (570 ou 580-632); maometismo ☞ cf. *Maomé* na parte enciclopédica ~ **islâmico** *adj.* - **islamita** *adj.2g.s.2g.*

is.la.mi.za.ção [pl.: *-ões*] *s.f.* **1** conversão ao islamismo **2** assimilação de aspecto ou característica própria do povo, da cultura, da língua islâmica ~ **islamizar** *v.t.d. e pron.*

is.lão *s.m.* → ***ISLÃ***

-ismo *suf.* **1** 'doutrina, teoria': *mercantilismo, socialismo* **2** 'atividade, prática esportiva': *ciclismo, montanhismo* **3** 'qualidade': *brasileirismo, heroísmo* **4** 'estado patológico': *alcoolismo, paludismo*

i.só.ba.ro *adj.s.m.* FÍS (cada um dos nuclídeos) que tem o mesmo número de massa, mas números atômicos distintos

i.so.ga.mi.a *s.f.* **1** casamento com pessoa do mesmo grupo social, econômico ou religioso **2** BIO reprodução sexuada que envolve dois gametas idênticos na formação do ovo

i.so.la.cio.nis.mo *s.m.* POL doutrina política ou econômica de isolamento de um país em relação ao cenário internacional ~ **isolacionista** *adj.2g.s.2g.*

i.so.la.dor /ô/ [pl.: *-es*] *adj.s.m.* **1** (o) que isola **2** ELETR (peça) cuja função, num circuito elétrico ou eletrônico, é dar suporte e isolar eletricamente um condutor

i.so.la.men.to *s.m.* **1** estado da pessoa que vive isolada; reclusão **2** ato de aplicar um isolante a um objeto

i.so.lan.te *adj.2g.s.m.* **1** (material) que não conduz ou conduz muito pouca corrente elétrica, calor, ondas sonoras etc. ■ *adj.2g.* **2** que isola; isolador

i.so.lar *v.* {mod. 1} *t.d.,t.d.i. e pron.* **1** (prep. *de*) pôr(-se) à parte, em sentido material, intelectual ou espiritual; separar(-se) *<i. um dote> <sua surdez o isolava do mundo> <resolvi i.-me no campo>* □ *t.d. B* **2** estabelecer um cordão de isolamento em volta de **3** aplicar um isolante a **4** extrair, separar ~ **isolado** *adj.*

i.so.no.mi.a *s.f.* **1** estado dos que são governados pelas mesmas leis **2** DIR princípio constitucional que garante igualdade para todos perante a lei ~ **isonômico** *adj.*

i.so.por ® /ô/ [pl.: *-es*] *s.m.* **1** material leve (poliestireno) us. em embalagens e como isolante térmico **2** *p.ext.* qualquer objeto feito com esse material

i.sóp.te.ro *s.m.* ZOO **1** espécime dos isópteros, ordem de insetos vulgarmente conhecidos por cupins, que vivem em colônias ■ *adj.* **2** relativo a essa ordem

i.sós.ce.les *adj.2g.2n.* GEOM que tem dois lados iguais (diz-se de triângulo ou de trapézio)

i.só.to.po *adj.s.m.* FÍS **1** diz-se de ou cada um de dois ou mais átomos de um mesmo elemento, cujo núcleo atômico tem o mesmo número de prótons, mas número de nêutrons diferente ■ *s.m.* FÍS **2** nuclídeo ~ **isotopia** *s.f.* - **isotópico** *adj.*

is.quei.ro *s.m.* objeto munido de pederneira que, ao ser acionado, acende um pequena chama

is.que.mi.a *s.f.* MED falta de irrigação sanguínea numa parte do organismo ~ **isquêmico** *adj.*

is.ra.e.li.ta *s.2g.* **1** natural ou habitante do antigo reino hebreu de Israel ■ *adj.2g.* **2** relativo a esse indivíduo ou povo **3** relativo à religião do povo hebreu e dos seus descendentes

ISS *s.m.* sigla de *imposto sobre serviços*

is.sei *adj.2g.s.2g.* (japonês) que deixa o Japão para viver no continente americano ☞ cf. *nissei* e *sansei*

is.so *pron.dem.* **1** indica algo próximo de quem ouve; essa(s) coisa(s) ■ *interj.* **2** mostra aprovação *<I.! Desenhe bastante!>* ▣ **por i.** *loc.* por essa razão

-ista *suf.* **1** 'seguidor, partidário': *corporativista, governista* **2** 'profissão, ocupação': *dentista, tenista* **3** 'origem': *nortista*

ist.mo *s.m.* **1** GEO estreita faixa de terra que liga uma península a um continente ou separa dois mares **2** ANAT porção estreita de tecido que liga estruturas ou cavidades maiores ~ **ístmico** *adj.*

is.to *pron.dem.* indica algo próximo de quem fala ou escreve; esta(s) coisa(s)

-ita *suf.* **1** 'origem, relação': *israelita* **2** 'mineral': *grafita*

i.tá.li.co *adj.* **1** da Itália (Europa) **2** GRÁF diz-se de letra inclinada, ger. à direita, us. como realce ■ *s.m.* **3** natural ou habitante desse país **4** GRÁF essa letra

i.ta.o.ca *s.f. B* caverna

i.ta.pe.ba ou **i.ta.pe.va** *s.f. N.* recife de pedras que acompanha as margens de um rio

-itar *suf.* 'repetição, pouca intensidade': *saltitar*

-ite *suf.* **1** 'inflamação': *apendicite* **2** 'fóssil': *zoólite*

i.tem [pl.: *-ens*] *s.m.* **1** cada um dos artigos ou incisos de um contrato, regulamento etc. **2** artigo ou unidade de algo numa enumeração, relato, lista etc.

i.te.ra.ti.vo *adj.* repetido, feito mais de uma vez; frequente ☞ cf. *interativo* ~ **iteração** *s.f.* - **iterar** *v.t.d.*

i.tér.bio *s.m.* QUÍM elemento químico us. em *lasers* e raios X [símb.: *Yb*] ☞ cf. *tabela periódica* (no fim do dicionário)

i.ti.ne.ran.te *adj.2g.s.2g.* **1** que(m) viaja, se desloca ■ *adj.2g.* **2** que se exerce com deslocamentos sucessivos de lugar em lugar (diz-se de atividade)

i.ti.ne.rá.rio *s.m.* **1** descrição de viagem; roteiro **2** caminho a percorrer ou percorrido; percurso ■ *adj.* **3** relativo a estradas, a caminhos

-ito *suf.* **1** 'diminuição': *cabrito, pequenito* **2** 'sal': *sulfito* **3** 'rocha': *granito*

i.to.ro.ró *s.m. B* pequena cachoeira

ITR *s.m.* sigla de *imposto territorial rural*

í.trio *s.m.* QUÍM elemento químico us. em liga com cobalto para fabricação de ímãs permanentes e tb. em reatores nucleares e semicondutores [símb.: *Y*] ☞ cf. *tabela periódica* (no fim do dicionário)

-itude *suf.* 'estado ou modo de ser': *atitude, plenitude*

-ível *suf.* equivalente a **-́VEL**

-ivo *suf.* 'agente': *coercivo, corrosivo, pensativo*

i.xe *interj. B infrm.* indica ironia, desprezo, surpresa etc.

-izar *suf.* 'transformação': *civilizar, realizar*

Jj

j *s.m.* **1** décima letra (consoante) do nosso alfabeto ■ *n.ord. (adj.2g.2n.)* **2** diz-se do décimo elemento de uma série *<casa J> <item 1j>* ☞ empr. após um substantivo ou numeral ◉ GRAM/USO na acp. s.m., pl.: *jj*

já *adv.* **1** imediatamente **2** neste instante; agora **3** por antecipação; desde logo, então **4** antes *<uma cena já vista>* **5** logo, em pouco tempo **6** em parte; até ▣ **j. que** uma vez que

[1]**ja.bá** *s.2g.* charque [ORIGEM: duv., talvez do iorubá *jabajaba* 'carne batida']

[2]**ja.bá** *s.m. B infrm.* jabaculê [ORIGEM: duv., talvez red. de *jabaculê*]

ja.ba.cu.lê *s.m. B infrm.* **1** dinheiro ou coisa us. para corromper alguém **2** *p.ext.* qualquer dinheiro recebido ou a receber

ja.bi.ru *s.m.* ZOO jaburu ('nome comum')

ja.bo.ran.di *s.m.* BOT nome comum a várias plantas de cujas folhas são extraídas substâncias medicinais

ja.bo.ta *s.f.* ZOO *B* fêmea do jabuti

ja.bu.ru *s.m. B* **1** ZOO nome comum a grandes aves de pescoço e pernas compridas, ger. com bico negro, longo e forte, encontradas em grandes rios, lagoas e pantanais; jabiru **2** *pej.* indivíduo feio, esquisito, tristonho

ja.bu.ti *s.2g.* **1** indígena pertencente aos jabutis, grupo indígena que habita o sul de Rondônia ■ *adj.2g.* **2** relativo a esse indígena e a seu grupo ■ *s.m.* **3** língua falada por esse grupo **4** ZOO réptil terrestre, de carapaça alta, pernas curtas e tubulares, e movimentos lentos ◉ GRAM/USO na acp. ZOO, fem.: *jabota*

ja.bu.ti.ca.ba *s.f.* BOT **1** fruto preto e redondo da jabuticabeira **2** jabuticabeira

ja.bu.ti.ca.bei.ra *s.f.* BOT árvore nativa do Brasil, de tronco liso, sobre o qual nascem seus frutos comestíveis, as jabuticabas ◉ COL jabuticabal

ja.ca *s.f.* BOT **1** fruto da jaqueira, enorme e pesado, com casca feita de pequenos cones e gomos amarelados, viscosos e doces **2** jaqueira

ja.cá *s.m.* cesto de taquara ou cipó us. no transporte de cargas, preso ao lombo de animais

ja.ça *s.f.* **1** mancha ou falha em pedras preciosas **2** *fig.* falha, mancha (p.ex., na reputação)

ja.ça.nã *s.f.* ZOO *B* ave de plumagem negra com manto castanho, bico amarelo e vermelho, de pernas altas, dedos longos e abertos, adaptados ao movimento sobre plantas aquáticas

ja.ca.ran.dá *s.m.* BOT nome comum a várias árvores brasileiras de madeira nobre, freq. dura e escura

ja.ca.ré *s.m.* ZOO réptil de até 6 m, com rabo comprido, focinho largo e chato, encontrado nos rios e pântanos das Américas do Norte e do Sul

ja.cen.te *adj.2g.* **1** estendido em posição horizontal **2** sem movimento; imóvel

ja.cin.to *s.m.* BOT planta que simboliza a tristeza, cultivada como ornamental e pela essência aromática, us. em perfumes

ja.co.bi.nis.mo *s.m.* **1** HIST doutrina, ideias ou partido dos jacobinos ('membro') **2** *p.ext. pej.* extremismo revolucionário; radicalismo **3** *B pej.* sentimento de hostilidade contra o que é estrangeiro

ja.co.bi.no *s.m.* **1** HIST membro de partido político revolucionário francês durante a Revolução Francesa (1789-1799) ☞ cf. *Revolução Francesa* na parte enciclopédica **2** *p.ext.* político contrário ao enfraquecimento do Estado **3** *B pej.* nacionalista radical; xenófobo ■ *adj.* **4** relativo ou pertencente a esse partido e a esse político

jac.tân.cia *s.f.* **1** arrogância, vaidade **2** pretensão de bravura ou grandes méritos e conquistas; fanfarrice

jac.tan.ci.ar-se ou **jac.tar-se** *v.* {mod. 1} *pron.* (prep. *de*) expressar orgulho exagerado de si ou dos próprios ou supostos méritos e conquistas; vangloriar-se

ja.cu.ba *s.f.* CUL *N. N.E.* **1** papa ou refresco de farinha de mandioca adoçada **2** café quente engrossado com farinha de mandioca

ja.cu.la.tó.ria *s.f.* REL oração breve e fervorosa

ja.cu.tin.ga *s.f.* ZOO grande ave típica de matas de altitude do sudeste brasileiro, ameaçada de extinção, com plumagem negra brilhante e branca, e papada larga e vermelha

ja.de *s.m.* MINER mineral duro, esverdeado, us. como pedra preciosa e em objetos decorativos

ja.ez /ê/ [pl.: *-es*] *s.m.* **1** conjunto dos arreios de um animal de carga ou de tração **2** *fig.* conjunto de traços ou características ~ **jaezar** *v.t.d. e pron.*

ja.guar [pl.: *-es*] *s.m.* ZOO onça-pintada

ja.gua.ti.ri.ca *s.f.* ZOO *B* felino de porte médio, pelagem amarela e branca com manchas pretas, que vive em florestas e alimenta-se de pequenos vertebrados

ja.gun.ço *s.m.* **1** *B* homem violento contratado como guarda-costas de fazendeiro, senhor de engenho, político etc. **2** HIST seguidor de Antônio Conselheiro (1828-1897) ☞ cf. *Antônio Conselheiro* na parte enciclopédica

ja.le.co *s.m.* VEST guarda-pó curto us. por médicos, dentistas etc.

ja.mais *adv.* **1** nunca, de modo algum **2** algum dia, alguma vez *<se j. se lembrar de mim, escreva>*

ja.man.ta *s.f. B* **1** ZOO arraia de águas tropicais, com até 6,5 m de comprimento, de cabeça achatada **2** grande caminhão para cargas pesadas; carreta

jam.bei.ro *s.m.* BOT árvore que produz jambo

jam.bo *s.m.* BOT **1** árvore muito cultivada em várias regiões tropicais, como ornamental, e esp. pelos frutos comestíveis; jambeiro **2** fruto aromático, suculento e um pouco ácido dessa árvore ■ *adj.2g.2n.* **3** cuja cor lembra a desse fruto ou cuja tez é bem morena

jam.bo.lão [pl.: *-ões*] *s.m.* BOT jamelão

jam.bu *s.m.* BOT erva nativa do Brasil (do AMAZ ao RJ), consumida em saladas ou cozida, que provoca sensação de formigamento na boca e é us. como analgésico em odontologia

ja.me.gão [pl.: *-ões*] *s.m. B infrm.* assinatura, firma

ja.me.lão [pl.: *-ões*] *s.m.* árvore cuja casca contém tanino, a madeira é us. como lenha, e seus pequenos frutos roxos são apreciados como comestíveis; jambolão

ja.na.í.na *s.f.* REL uma das denominações de Iemanjá ☞ inicial maiúsc.

jan.dai.a *s.f.* ZOO ave brasileira, com cerca de 31 cm de comprimento, bico negro e plumagem laranja, amarela e verde

ja.nei.ro *s.m.* o primeiro mês do ano no calendário gregoriano, composto de 31 dias

ja.ne.la *s.f.* **1** abertura em paredes ou no corpo de um veículo para dar passagem a luz e ar **2** INF quadro na tela dentro do qual se pode processar um documento, uma planilha, um banco de dados ou qualquer outra tarefa específica

jan.ga.da *s.f.* **1** balsa de pesca feita de paus roliços, mastro e vela **2** prancha flutuante para transportar carga, salvar náufragos etc.

jan.ga.dei.ro *s.m. B* **1** dono ou condutor de jangada **2** barco de pesca semelhante à jangada

jân.gal [pl.: *jângales*] ou **jân.ga.la** *s.m.* floresta selvagem, mata densa

jan.ga.la.mas.te, jan.ga.la.mar.te ou **jo.ão-ga.la.mar.te** *s.m.* RECR *CE RN PB PE* gangorra

ja.no.ta *adj.2g.s.2g.* **1** que(m) se mostra afetado no vestir **2** *p.ext.* que(m) chama a atenção pela elegância

jan.ta *s.f. infrm.* jantar

jan.tar *v.* {mod. 1} *t.d.* e *int.* **1** comer (o jantar) *<jantou sopa> <venha, é hora de j.>* □ *t.d. fig. infrm.* **2** levar vantagem sobre; superar *<j. um adversário>* ■ *s.m.* **3** refeição feita no final do dia **4** conjunto dos pratos que compõem essa refeição ☞ como s.m., pl.: *-es*

ja.pi.im [pl.: *-ins*] ou **ja.pim** [pl.: *-ins*] *s.m.* ZOO nome comum a diversas aves amazônicas, de porte médio e coloração negra e amarela ou vermelha, que constroem ninhos pendentes em forma de bolsa

ja.po.na *s.f.* VEST casaco de lã grossa, ger. azul e com feitio de jaquetão

ja.quei.ra *s.f.* BOT árvore nativa da Ásia e muito cultivada no Brasil pelos grandes frutos de polpa comestível, amarela, doce e viscosa; jaca ◉ COL jaqueiral

ja.que.ta /ê/ *s.f.* VEST casaco curto, aberto à frente, que vai até a altura da cintura ou pouco abaixo

ja.que.tão [pl.: *-ões*] *s.m.* VEST **1** paletó transpassado na frente com quatro ou seis botões **2** jaqueta larga que desce até abaixo da cintura, ger. de pano grosso e mais us. no inverno

ja.ra.ra.ca *s.f.* **1** ZOO nome comum a diversas serpentes sul-americanas, muito venenosas, com cabeça triangular, em forma de lança, e cauda afilada **2** *infrm.* pessoa má, traiçoeira ou geniosa

ja.ra.ra.cu.çu *s.2g.* ZOO serpente venenosa de até 2 m de comprimento e coloração dorsal variável entre cinza, rosa, amarelo, marrom ou preto, com manchas triangulares marrom-escuras; surucucu, surucutinga

jar.da *s.f.* medida inglesa de comprimento equivalente a 91 cm [símb.: *yd*]

jar.dim [pl.: *-ins*] *s.m.* terreno no qual se cultivam plantas ornamentais, arbustos, flores ◉ GRAM/USO dim.irreg.: *jardinete* ▣ **j. botânico** grande terreno aberto à visitação pública, no qual se cultivam plantas nativas e exóticas para estudo • **j. zoológico** parque com animais das mais diversas espécies e origens, aberto à visitação pública ☞ tb. se diz apenas zoo ou zoológico

jar.dim de in.fân.cia [pl.: *jardins de infância*] *s.m.* escola para crianças menores de seis anos ☞ cf. *pré-escola*

jar.dim de in.ver.no [pl.: *jardins de inverno*] *s.m.* varanda envidraçada, us. para cultivo de plantas sensíveis ou como lugar de lazer

jar.di.na.gem [pl.: *-ens*] *s.f.* arte de cultivar e manter um jardim ~ **jardinar** *v.t.d.* e *int.*

jar.di.nei.ra *s.f.* **1** mulher que cuida de jardim **2** recipiente estreito e comprido us. para o cultivo de plantas **3** *B* ônibus aberto com bancos paralelos **4** CUL prato de legumes picados ger. acompanhados de carne **5** VEST modelo de roupa com peitilho costurado à cintura e alças

jar.di.nei.ro *s.m.* quem cuida de jardins

jar.gão [pl.: *-ões*] *s.m.* LING linguagem própria de certos grupos ou profissionais

ja.ri.na *s.f.* BOT *B* palmeira nativa da Amazônia cuja semente é us. no fabrico de botões, dados e pequenos objetos

ja.ri.ta.ta.ca *s.f.* ZOO *B* mamífero carnívoro de corpo negro, com cauda e duas faixas dorsais brancas, que se defende esguichando líquido fedorento produzido pelas glândulas anais; cangambá

jar.ra *s.f.* **1** recipiente com asa e bico para se colocar água, suco etc. **2** o conteúdo desse recipiente **3** vaso para flores; jarro

jar.re.te /ê/ *s.m.* **1** ANAT parte da perna que se situa atrás da articulação do joelho **2** ZOO nervo ou tendão da perna dos bois e cavalos

jar.ro *s.m.* **1** vaso alto, ger. com asa e bico, em que se põe água, vinho etc. **2** o conteúdo desse vaso **3** vaso para conter flores ou para decoração; jarra

jas.mim [pl.: *-ins*] *s.m.* BOT **1** nome comum de plantas cultivadas como ornamentais, com flores us. para aromatizar chá e para extração de óleo us. em perfumaria **2** a flor dessas plantas ~ **jasmineiro** *s.m.*

J

jas.pe *s.m.* MINER variedade de pedra quartzo colorida us. como ornamental

ja.to *s.m.* **1** esguicho forte de gás, líquido, luz etc. que, sob pressão, passa em alta velocidade por buraco pequeno **2** esse gás, líquido, luz etc.

ja.to.bá *s.m.* BOT grande árvore de frutos comestíveis cuja madeira é us. em construção civil e naval e de que se extrai resina conhecida como copal

[1]**ja.ú** *s.m.* ZOO peixe ósseo, considerado um dos maiores de água doce do Brasil, de coloração parda e ventre esbranquiçado, que, quando fisgado, é capaz de arrastar a embarcação por quilômetros [ORIGEM: do tupi *yaú* 'id.']

[2]**ja.ú** *s.m.* CONSTR andaime us. em trabalhos externos, esp. em grandes alturas [ORIGEM: de *Jahu*, nome de um hidroavião]

jau.la *s.f.* **1** prisão com barras de ferro, esp. para feras; gaiola **2** *p.ext. infrm.* qualquer prisão ou cárcere

ja.va.li [fem.: *javalina*] *s.m.* ZOO porco selvagem de pelo cinza e áspero e grandes presas

ja.vé ou **i.a.vé** *s.m.* REL Jeová ☞ inicial maiúsc.

ja.zer *v.* {mod. 8} *pred. e int.* **1** estar deitado quase imóvel *<há dias jaz (doente)>* □ *int.* **2** estar ou parecer morto *<depois da batalha, muitos corpos jaziam>* **3** estar enterrado *<meus pais aqui jazem>* □ *pred.* **4** *fig.* permanecer, persistir (em determinado estado ou condição); continuar *<o povoado jaz atrasado, longe do progresso>* □ *int.* **4.1** *p.ext.* encontrar-se quieto, calmo *<a floresta jaz após a tempestade da véspera>*

ja.zi.da *s.f.* GEOL depósito, no solo ou subsolo, de qualquer produto mineral ou fóssil com valor econômico; mina

ja.zi.go *s.m.* **1** lugar onde se enterram os cadáveres; sepultura **2** monumento funerário us. como sepultura para um ou mais mortos

jazz [ing.] *s.m.* MÚS música moderna de origem negro-americana, muito difundida após a guerra de 1914-1918, caracterizada pelo improviso ◉ GRAM/USO esta pal. ordinariamente não se emprega no pl. ⇒ pronuncia-se djéz

jê *s.m.* LING **1** família linguística do tronco macro-jê, falada por vários grupos indígenas do centro-sul brasileiro ■ *adj.2g.* **2** relativo a essa família

jeans [ing.] *s.m.2n.* **1** tecido de algodão durável, de trama grossa, ger. de tom azul **2** VEST calças ou qualquer roupa feita com esse tecido ■ *adj.2g.2n.* **3** feito desse tecido *<jaqueta j.>* ⇒ pronuncia-se djins

je.ca *s.2g.* *B* **1** jeca-tatu ■ *adj.2g.* **2** que mora na roça; caipira **3** *p.ext.* que revela falta de refinamento; cafona

je.ca-ta.tu [pl.: *jecas-tatus*] *s.m.* *B* habitante do interior rural brasileiro, esp. da região centro-sul; jeca, caipira, matuto

je.gue *s.m.* ZOO *B* jumento

jei.ra *s.f.* **1** área que pode ser lavrada em um dia por uma junta de bois **2** extensão agrária que varia de 19 a 36 hectares

jei.to *s.m.* **1** forma particular; maneira, modo **2** aparência externa; aspecto **3** modo de ser, de atuar, de apresentar-se; caráter **4** disposição natural; aptidão **5** ligeiro movimento; gesto *<um j. de cabeça>* **6** torção em músculo ou tendão **7** capacidade de ter seus defeitos ou falhas corrigidos; emenda, solução *<esse menino ainda tem j.>* ▣ **com j. 1** com cautela **2** de modo delicado, cuidadoso *<procure ser diplomático, fale com j.>* • **dar um j.** *B* arrumar melhor • **sem j.** com vergonha ou embaraço; acanhado

jei.to.so /ô/ [pl.: /ó/; fem.: /ó/] *adj.* **1** apto, capaz, habilidoso **2** cuja aparência é bela; atraente

je.je /ê/ *s.2g.* **1** indivíduo dos jejes, povo que habita o Togo, Gana, Benin e regiões vizinhas, representado entre os escravos africanos trazidos para o Brasil **2** LING língua falada esp. em Togo e Gana ■ *adj.2g.* **3** relativo a esse indivíduo, povo ou língua

je.ju.ar *v.* {mod. 1} *int.* abster-se de alimentos durante certo período, por razões religiosas ou recomendação médica ~ **jejuador** *adj.s.m.*

je.jum [pl.: *-uns*] *s.m.* **1** privação parcial ou total de alimento durante certo tempo **2** *p.ext.* estado de quem não come desde o dia anterior **3** *fig.* abstinência ou privação física, moral ou intelectual

je.ju.no *adj.* **1** que está em jejum **2** que não sabe; ignorante ■ *s.m.* **3** ANAT porção do intestino delgado entre o duodeno e o íleo

je.ni.pa.pei.ro *s.m.* BOT árvore tropical das Américas, de madeira de qualidade, cuja casca contém tanino e cujo fruto (o jenipapo) é comestível e us. na produção de tinta preta

je.ni.pa.po *s.m.* BOT **1** fruto do jenipapeiro, com polpa aromática de que se fazem doces, xaropes, bebidas etc., e de que se extrai tinta preta, us. pelos indígenas **2** jenipapeiro

je.o.vá *s.m.* REL Deus, no Antigo Testamento; Iavé, Javé ☞ inicial maiúsc.

je.qui.ti.bá *s.m.* BOT nome comum a diversas árvores ger. de grande porte e madeira útil

je.re.ré *s.m.* aparelho de pesca de cabo longo, us. ger. para apanhar crustáceos e peixes miúdos

je.ri.co *s.m.* **1** ZOO jumento **2** *fig.* indivíduo pouco inteligente ◉ COL jericada

je.ri.mum [pl.: *-uns*] *s.m.* BOT *N. N.E.* abóbora ('fruto') ~ **jerimunzeiro** *s.m.*

jér.sei *s.m.* tecido de malha (de lã, seda, algodão ou fio sintético) maleável e escorregadio

je.su.í.ta *adj.2g.s.m.* REL (membro) da ordem católica Companhia de Jesus, fundada em 1540 ~ **jesuítico** *adj.*

jet lag [ing.; pl.: *jet lags*] *loc.subst.* alteração do ritmo biológico, esp. do ciclo do sono, que ocorre após mudanças do fuso horário em longas viagens de avião ⇒ pronuncia-se djét lég

je.tom [pl.: *-ons*] *s.m.* remuneração dada aos membros de um colegiado por sessão a que comparecem

Jet Ski ® [ing.; pl.: *jet skis*] *loc.subst.* ESP espécie de motocicleta aquática, que se desloca sobre esquis, us. em competições esportivas e como lazer ⇒ pronuncia-se djét ski

ji.a *s.f.* ZOO *B* rã

ji.boi.a /ói/ *s.f.* **1** ZOO grande serpente não venenosa, que mata suas presas por estrangulamento **2** BOT planta cultivada como trepadeira que, devido ao grande crescimento, pode sufocar as árvores nas quais se apoia

ji.boi.ar *v.* {mod. 1} *t.d.* e *int.* digerir (farta refeição) repousando

ji.ló *s.m.* BOT planta cujos frutos, comestíveis, têm sabor amargo e propriedades tônicas

jin.ji.bir.ra *s.f.* **1** espécie de cerveja de gengibre e outros ingredientes **2** cachaça

ji.pe *s.m.* pequeno veículo de tração nas quatro rodas, próprio para terrenos acidentados

ji.rau *s.m.* *B* **1** estrado de madeira us. como cama, depósito de utensílios domésticos etc. **2** armação de madeira sobre a qual se constrói uma casa para evitar umidade **3** ARQ piso construído a meia altura de um recinto e do qual cobre uma parte

jiu-jít.su *s.m.2n.* método japonês de defesa pessoal que envolve movimentos de destreza e habilidade, e técnicas de chutes, joelhadas e imobilizações

jo.a.lhei.ro *s.m.* **1** pessoa que fabrica, conserta e/ou vende joias ■ *adj.* **2** relativo a joia

jo.a.lhe.ri.a *s.f.* ofício, arte ou estabelecimento de joalheiro

jo.a.ne.te /ê/ *s.m.* MED bolsa serosa recoberta de pele que se forma na articulação do dedo grande do pé, ger. causada pela compressão do sapato

jo.a.ni.nha *s.f.* ZOO nome comum de pequenos besouros, de corpo arredondado com desenhos variados, que se alimentam de parasitas de plantas

jo.a.ni.no *adj.* relativo a João, Joana, a alguns reis de nome João ou a São João

jo.ão-de-bar.ro [pl.: *joões-de-barro*] *s.m.* ZOO *B* nome comum a algumas aves que constroem ninho de barro em forma de forno

jo.ão-ga.la.mar.te *s.m.* → ***JANGALAMASTE*** ◉ GRAM/USO pl.: *joões-galamarte*

jo.ão-nin.guém [pl.: *joões-ninguém*] *s.m. infrm. pej.* indivíduo sem importância, sem peso social ou poder econômico; borra-botas

jo.ão-pes.ta.na [pl.: *joões-pestanas*] *s.m. infrm.* vontade de dormir; sono

jo.ça *s.f.* *B infrm.* **1** coisa ordinária, ruim ou malfeita, ou que se pensa ser complicada **2** algo de que não se sabe ou não se lembra o nome; negócio, troço

jo.co.so /ô/ [pl.: /ó/; fem.: /ó/] *adj.* que provoca o riso; engraçado ~ **jocosidade** *s.f.*

jo.ei.ra *s.f.* peneira para separar o trigo do joio e de outras sementes com que está misturado

jo.ei.ra.do.ra /ô/ *s.f.* máquina us. para joeirar os grãos de trigo

jo.ei.rar *v.* {mod. 1} *t.d.* **1** passar (o trigo) pela joeira **2** *p.ext.* passar (qualquer cereal ou produto) pela peneira; peneirar **3** *fig.* fazer seleção em, separando o bom do mau; escolher *<j. os candidatos>* ~ **joeiramento** *s.m.*

jo.e.lha.da *s.f.* pancada aplicada com o joelho

jo.e.lhei.ra *s.f.* peça de tecido elástico ou de couro que protege o joelho (de jogadores, dançarinos, cavalos etc.)

jo.e.lho /ê/ *s.m.* **1** ANAT região exterior da perna que corresponde a sua articulação com a coxa **2** *p.ext.* parte da roupa que corresponde a essa região do corpo

jo.ga.da *s.f.* **1** cada lance de um jogo **2** *fig.* negócio bem elaborado, que envolve certo risco, e cuja finalidade é obter grandes lucros e vantagens

jo.ga.dor /ô/ [pl.: *-es*] *adj.s.m.* **1** que(m) joga **2** que(m) tem por profissão jogar **3** que(m) tem o vício do jogo (de azar)

jo.gar *v.* {mod. 1} *t.d.* e *int.* **1** divertir-se, entreter-se com (um jogo qualquer) **2** praticar (esporte) **3** apostar (algo) [em jogo de azar] *<j. as economias na loteria>* *<j. na vaca>* □ *int.* **4** ter vício do jogo **5** mover(-se) de um para outro lado; agitar(-se), oscilar *<a canoa jogava>* □ *t.i. fig.* **6** (prep. *em*) fazer opção por; investir, apostar □ *t.d.i.* **7** expor à sorte; arriscar *<j. o futuro numa decisão imprudente>* □ *pron.* **8** deixar-se cair; saltar, pular ▣ **j. fora 1** pôr no lixo **2** desperdiçar, perder

jo.ga.ti.na *s.f.* **1** vício do jogo **2** atividade de jogo intensa e prolongada, esp. de jogos de azar (com baralho, dados etc.)

jo.go /ô/ [pl.: /ó/] *s.m.* **1** nome comum a certas atividades cuja natureza ou finalidade é recreativa **2** competição física ou mental sujeita a regras **3** atuação de um jogador **4** instrumento ou equipamento us. para jogar **5** conjunto de objetos de mesma natureza ou de uso afim *<j. de cama>* **6** movimento de balanço; oscilação **7** *pej.* esquema ou manobra ilegal ou de correção questionável; manha ▣ **j. de azar** aquele que depende só ou mais da sorte que de habilidade ou cálculo do jogador • **j. olímpicos** *loc.* ESP olimpíadas

jo.go da ve.lha [pl.: *jogos da velha*] *s.m.* RECR jogo em que cada um de dois jogadores, um por vez, marca um sinal (O ou X) em alguma das nove casas de uma figura em forma de grade, com o objetivo de alinhar uma série ininterrupta de três casas com o seu sinal

jo.gral [pl.: *-ais*] *s.m.* **1** trovador medieval dos palácios e praças públicas **2** *B* cada um de um grupo que declama textos literários em coro, alternando canto e fala, partes individuais e coletivas **3** *B* poema ou texto interpretado dessa forma

jo.gue.te /ê/ *s.m.* **1** objeto para brincar ou brincadeira; brinquedo **2** *fig.* objeto de zombaria **3** *fig.* pessoa que se deixa manipular

joi.a /ói/ *s.f.* **1** objeto de metal precioso finamente trabalhado, us. como acessório de vestuário, adorno de pescoço, orelhas etc. **2** *fig.* pessoa ou coisa muito boa e querida ■ *adj.2g. B infrm.* **3** muito bom

joi.o /ô/ *s.m.* **1** BOT planta daninha às plantações, esp. às de trigo, por seus frutos serem infestados de fungos; cizânia **2** BOT a semente dessa planta **3** *p.ext.* pessoa, coisa ou fenômeno prejudicial ao meio em que vive

jo.jo.ba *s.f.* BOT arbusto de cuja semente se extrai óleo us. em cosméticos, rações, fertilizantes etc.

jon.go *s.m.* dança de roda de origem africana do tipo batuque ou samba; caxambu

jô.nio ou **jô.ni.co** *s.m.* **1** natural ou habitante da Jônia, antiga colônia grega **2** LING dialeto do grego antigo falado nessa região ■ *adj.* **3** relativo a essa região e a seu dialeto

jó.quei [fem.: *joqueta*] *s.m.* cavaleiro que monta cavalos de corridas; ginete

jor.na.da *s.f.* **1** trajeto percorrido num dia **2** caminhada; viagem **3** duração diária de trabalho **4** esforço para superar obstáculos ou dificuldades *<j. cívica>*

jor.nal [pl.: *-ais*] *s.m.* **1** publicação diária, com notícias, entrevistas etc.; gazeta **2** *p.ext.* qualquer periódico **3** RÁD TV noticiário de TV, rádio ◉ COL hemeroteca

jor.na.lei.ro *s.m.* quem trabalha em venda de jornais

jor.na.lis.mo *s.m.* **1** atividade profissional que coleta, investiga, analisa e transmite informações da atualidade, através de jornal, revista, rádio, televisão etc. **2** conjunto dos jornais ou dos jornalistas; imprensa **3** curso superior que forma jornalistas ~ **jornalístico** *adj.*

jor.na.lis.ta *adj.2g.s.2g.* profissional do jornalismo

jor.rar *v.* {mod. 1} *t.d.,t.i. e int.* **1** (prep. *de*) lançar ou sair com jato forte (líquido); brotar *<a ferida jorrava sangue> <viu o petróleo a j. (do poço)>* □ *t.i. fig.* **2** (prep. *de*) fluir com abundância; emanar *<muitas ideias jorram de sua mente>* □ *t.d. fig.* **3** externar, emitir *<j. otimismo>*

jor.ro /ô/ *s.m.* **1** jato forte de um líquido **2** *p.ext.* porção de líquido que sai de uma só vez **3** emissão súbita de raios luminosos

jo.ta *s.m.* o nome da letra *j*

joule /jau *ou* ju/ *s.m.* FÍS unidade de medida de energia, definida como o trabalho realizado por uma força com grandeza de um newton quando o ponto em que a força é aplicada se desloca um metro na direção da força [símb.: *J*]

jo.vem [pl.: *-ens*] *adj.2g.s.2g.* **1** que(m) está na juventude, período de vida entre a infância e a idade adulta; adolescente **2** que(m) mantém o vigor e o frescor da juventude ■ *adj.2g.* **3** que tem pouca idade ou pouco tempo de existência **4** próprio da juventude ◉ GRAM/USO nas acp. adj., sup.abs.sint.: *juveníssimo*

jo.vi.al [pl.: *-ais*] *adj.2g.* **1** que tem e mostra alegria; contente **2** que tem graça; espirituoso ~ **jovialidade** *s.f.*

joystick [ing.; pl.: *joysticks*] *s.m.* INF em jogos de computador e vídeo, dispositivo com alavancas e botões para controle de movimentos na tela ⇒ pronuncia-se djóistic

JPEG [ing.] *s.m.* INF tipo de arquivo de imagens baseado em um método de compressão de dados; *JPG* ⇒ pronuncia-se *correntemente* jóta pég

JPG [ing.] *s.m.* INF *JPEG* ⇒ pronuncia-se *correntemente* jóta pê gê

ju.á *s.m.* BOT **1** árvore da caatinga, de fruto comestível e medicinal; juazeiro **2** fruto amarelo dessa árvore, de casca amarga, us. contra febre

ju.a.zei.ro *s.m.* BOT juá ('árvore')

ju.ba *s.f.* **1** crina de leão **2** *p.ext.* vasta cabeleira

ju.bi.lar *v.* {mod. 1} *t.d.,int. e pron.* **1** (fazer) sentir intensa alegria ou contentamento; regozijar(-se) *<o reencontro jubilou-a> <o país jubilou(-se) com a vitória da seleção>* □ *t.d. e pron.* **2** aposentar(-se) do serviço público ou magistério □ *t.d.* **3** retirar de (alguém) o direito à matrícula em curso, instituição *<a escola jubilou-o por faltas>* ~ **jubilação** *s.f.*

ju.bi.leu *s.m.* **1** entre os católicos, perdão papal concedido a intervalos regulares e, por vezes, em data especial **2** festa de aniversário de 50 anos

jú.bi.lo *s.m.* extrema alegria ~ **jubiloso** *adj.*

ju.ça.ra *s.f.* BOT palmeira com palmito de excelente qualidade e cuja seiva é us. na produção de álcool e tb. para estancar sangue e secar feridas

ju.cun.do *adj.* **1** que mostra alegria; feliz, jovial **2** agradável, aprazível ~ **jucundidade** *s.f.*

ju.da.i.ci.da.de *s.f.* judeidade

ju.dai.co *adj.* relativo a judeus ou a judaísmo; judeu

ju.da.ís.mo *s.m.* REL **1** religião que crê na existência de um único deus e nas leis escritas no Antigo Testamento **2** a religião, a civilização e a cultura judaicas **3** o conjunto dos indivíduos que professam essa religião

ju.da.i.zar *v.* {mod. 2} *t.d. e int.* (fazer) seguir religião, práticas, preceitos judaicos

ju.das *s.m.2n. pej.* **1** pessoa que trai a confiança de outra; traidor **2** boneco que se malha e queima no Sábado de Aleluia **3** pessoa malvestida

ju.de.i.da.de *s.f.* o conjunto dos judeus, das instituições, tradições, patrimônio espiritual e cultural judaicos; judaicidade

ju.deu [fem.: *judia*] *adj.s.m.* **1** (natural ou habitante) da Judeia, região da Palestina (Oriente Médio) **2** (indivíduo) nascido de mãe judia ou de pais judeus **3** REL que(m) segue a religião e/ou a tradição judaica; israelita, hebreu **4** *infrm. pej.* (indivíduo) avarento ☞ esta acp. preconceituosa resulta de certas atividades ligadas a dinheiro, proibidas aos cristãos na Idade Média, mas não aos judeus ■ *adj.* **5** judaico ◉ COL judaicidade, judeidade

ju.di.a.ção [pl.: *-ões*] *s.f. fig. pej.* ato de maltratar alguém, física ou moralmente; judiaria ☞ esta acp. preconceituosa resulta de antiga tradição antissemita de origem europeia

ju.di.ar *v.* {mod. 1} *int.* **1** seguir a religião e lei judaicas; judaizar □ *t.i. pej.* **2** (prep. *com*) tratar com escárnio; zombar *<j. com os mais fracos>* **3** (prep. *de*) causar sofrimento físico ou moral a; maltratar ☞ estas duas acp. preconceituosas resultam de antiga tradição antissemita de origem europeia

ju.di.a.ri.a *s.f.* **1** grande número de judeus **2** *fig. pej.* judiação ☞ esta acp. preconceituosa resulta de antiga tradição antissemita de origem europeia

ju.di.ca.tu.ra *s.f.* DIR **1** função, ofício ou dignidade de juiz **2** o poder judiciário **3** *B* o corpo de juízes de um país; magistratura

ju.di.ci.al [pl.: *-ais*] *adj.2g.* DIR **1** relativo a juízo, a tribunais ou que se processa em juízo **2** judiciário

ju.di.ci.á.rio *adj.* DIR **1** relativo à organização da justiça ou a juiz; judicial ■ *s.m.* DIR **2** o poder da justiça e do juiz ☞ nesta acp., tb. us. com inicial maiúsc.

ju.di.ci.o.so /ô/ [pl.: /ó/; fem.: /ó/] *adj.* **1** inteligente e justo em seus julgamentos **2** acertado, sensato **3** *fig.* sério ou crítico

ju.dô *s.m.* ESP luta corporal baseada nos fundamentos do antigo jiu-jítsu

ju.do.ca *s.2g.* ESP *B* quem pratica judô

ju.glan.dá.cea *s.f.* BOT espécime das juglandáceas, família de árvores e arbustos aromáticos, cultivados como ornamentais, pela madeira e por seus frutos com sementes comestíveis, como a noz e a pecã ~ **juglandáceo** *adj.*

ju.go *s.m.* **1** canga de bois **2** *p.ext.* parelha de bois **3** *fig.* sujeição imposta pela força ou autoridade; opressão

ju.gu.lar [pl.: *-es*] *s.f.* ANAT **1** nome comum a quatro veias do pescoço que levam o sangue da cabeça ou do braço para o coração ■ *adj.2g.* **2** relativo à região do pescoço acima da clavícula

ju.iz [pl.: *-es*; fem.: *juíza*] *s.m.* **1** DIR quem tem autoridade pública e poder para julgar, na qualidade de administrador da Justiça do Estado **2** *p.ext.* quem tem poder de julgar *<j. de concurso de beleza>* **3** *p.ext.* esp quem é encarregado de constatar faltas e aplicar o regulamento de um jogo esportivo; árbitro ◉ COL judicatura, magistratura, tribunal ▣ **j. de direito** DIR aquele que é togado e administra a justiça em primeira instância

ju.i.za.do *s.m.* DIR **1** cargo ou função de juiz **2** local de trabalho de juiz

ju.í.zo *s.m.* **1** ato ou processo de avaliar os seres e as coisas, ou o seu efeito **2** faculdade intelectual que avalia com correção, discernimento, bom senso **3** opinião sobre alguém ou algo; julgamento **4** *infrm.* mente, pensamento **5** DIR órgão do poder judiciário em que o juiz ou o tribunal exercem suas atribuições

ju.ju.ba *s.f.* **1** BOT nome comum a árvores cultivadas por suas folhagens vistosas e frutos comestíveis, de uso medicinal **2** BOT o fruto dessas árvores **3** CUL *B* pequena guloseima feita de açúcar, amido, essência e corante; bala de goma

ju.jút.su *s.m.* jiu-jítsu

jul.ga.men.to *s.m.* **1** DIR a sentença de um juiz, de um tribunal **2** DIR audiência de um tribunal perante o juiz **3** juízo, parecer *<fazer j. precipitados>*

jul.gar *v.* {mod. 1} *t.d.* **1** DIR tomar decisão sobre (algo), na qualidade de juiz **2** decidir, após reflexão; considerar *<julgou que o melhor era desistir>* □ *t.d. e t.d.pred.* **3** DIR pronunciar sentença (a); sentenciar *<j. um criminoso> <o júri julgou-o inocente>* **4** emitir parecer, opinião sobre; avaliar, considerar *<j. um escritor> <o povo ainda o julgará merecedor de respeito>* □ *t.d.,t.d.pred. e pron.* **5** ter certa ideia, opinião sobre (si ou outrem); supor(-se), considerar(-se) *<julgou merecer uma resposta afirmativa> <j. o resultado injusto> <j.-se muito inteligente>* ~ **julgador** *adj.s.m.*

ju.lho *s.m.* o sétimo mês do ano no calendário gregoriano, composto de 31 dias

ju.li.a.na *adj.2g.s.f.* CUL (sopa) que se prepara com legumes picados e ervas

ju.li.a.no *adj.* relativo a Júlio César e à sua época (101 a.C.-44 a.C.) ☞ cf. *Júlio César* na parte enciclopédica

ju.men.to *s.m.* **1** ZOO animal mamífero semelhante ao cavalo, mas ger. de menor tamanho e orelhas mais longas, com pelagem cinza ou marrom; asno, burro, jegue, jerico **2** *fig. infrm.* indivíduo pouco inteligente **3** *fig. infrm.* indivíduo muito grosseiro ◉ COL récua

jun.ção [pl.: *-ões*] *s.f.* **1** reunião de seres ou coisas (concretas ou abstratas) **2** ponto em que duas ou mais coisas coincidem ou se juntam; confluência

jun.car *v.* {mod. 1} *t.d.* **1** cobrir com junco **2** cobrir de ramos, flores, folhas **3** estar espalhado ou espalhar em quantidade sobre

jun.co *s.m.* BOT nome de várias plantas nativas de regiões úmidas, algumas cultivadas como ornamentais ou para extração de fibras, us. em objetos de decoração, móveis etc.

J

jun.gir *v.* {mod. 24} *t.d. e t.d.i.* **1** (prep. *a*) promover a junção de; unir, ligar <*j. ideias desconexas*> <*j. a teoria à prática*> **2** (prep. *a*) emparelhar (animais) por meio do jugo <*j. os bois (ao arado)*> **3** (prep. *a*) submeter através da força; subjugar, dominar <*j. nações*> ◉ GRAM/USO part.: *jungido, junto*

ju.nho *s.m.* o sexto mês do ano no calendário gregoriano, composto de 30 dias

ju.ni.no *adj. B* relativo ao mês de junho ou ao que se realiza nesse mês

jú.ni.or [pl.: *juniores /ô/*] *adj.s.m.* **1** que(m) é mais jovem em relação a outro **2** que(m) é iniciante em certa profissão ou atividade ■ *s.m.* **3** o mais jovem de dois parentes homônimos **4** ESP atleta com idade ger. entre 17 e 19 anos

jun.qui.lho *s.m.* BOT planta de flores amarelo-douradas, muito perfumadas, nativa da Europa e cultivada como ornamental

jun.ta *s.f.* **1** ação de unir entre si, de forma natural, caminhos, rios etc., ou, de forma artificial, peças, barras etc., ou o seu efeito **2** ponto em que duas ou mais coisas se unem; confluência **3** conjunto de dois animais, esp. de carga; par, parelha **4** articulação de dois ossos **5** reunião de pessoas com determinada missão <*j. médica*>

jun.tar *v.* {mod. 1} *t.d.,t.d.i.,int. e pron.* **1** (prep. *a, com*) pôr(-se) junto; reunir(-se), unir(-se) <*j. o gado*> <*j. os estudantes de uma escola com os estudantes de outra*> <*na vida, é preciso j. e não separar*> <*juntam-se nos fins de semana*> ☐ *t.d.i.* **2** (prep. *a*) acrescentar, adicionar <*junte água a essa mistura*> ☐ *t.d.* **3** recolher, apanhar <*j. as frutas caídas do pé*> **4** colecionar <*j. selos*> **5** acumular <*j. dinheiro*> ☐ *int. e pron. B* **6** casar-se sem registro legal; amigar-se <*no carnaval decidiram j.-se*> <*não oficializaram o casamento, juntaram(-se)*> ◉ GRAM/USO part.: *juntado, junto* ~ **juntura** *s.f.*

jun.to *adj.* **1** posto em contato físico com algo ou alguém; unido **2** próximo, chegado **3** que está em companhia de; unido **4** somado <*mais rico que todos seus irmãos j.*> ■ *adv.* **5** juntamente **6** ao lado; perto ◉ GRAM/USO part. de *juntar* e de *jungir*

jú.pi.ter [pl.: *-es*] *s.m.* ASTR nome do quinto e maior planeta do sistema solar ☞ inicial maiúsc.; cf. *Júpiter* na parte enciclopédica

ju.ra *s.f.* **1** ato de jurar; juramento **2** praga, maldição

ju.ra.do *s.m.* **1** membro do tribunal de júri ou de um júri de premiação ■ *adj.* **2** de que se prestou juramento **3** *B* ameaçado de agressão ou morte

ju.ra.men.tar *v.* {mod. 1} *t.d.* **1** tomar juramento de <*j. uma testemunha*> **2** obrigar a realizar juramento <*j. o suspeito para induzi-lo a falar a verdade*> **3** declarar ou revelar sob juramento <*j. a versão do fato*>

ju.ra.men.to *s.m.* **1** afirmação ou promessa solene pela qual alguém se obriga a dizer a verdade **2** fórmula us. para jurar **3** compromisso solene; promessa

ju.rar *v.* {mod. 1} *t.d. e t.d.i.* **1** (prep. *a*) assegurar, declarar ou prometer sob juramento <*jurou estar inocente*> <*jurou-lhe lealdade*> **2** (prep. *a*) afirmar com certeza; afiançar, asseverar <*ele jurou (para o pai) que não seria enganado outra vez*> ☐ *int.* **3** prestar ou proferir juramento <*um homem que jura e cumpre*> ☐ *t.d.* **4** chamar, invocar (nome sagrado) <*j. o nome de Deus*> ☐ *t.i.* **5** (prep. *contra*) dirigir pragas a; praguejar <*j. contra o destino*>

ju.rás.si.co *s.m.* GEOL **1** segundo período geológico da era Mesozoica, entre o Triássico e o Cretáceo, caracterizado pelo surgimento de animais de transição entre répteis e aves ☞ inicial maiúsc. ■ *adj.* **2** desse período **3** *infrm.* muito antigo; ultrapassado

ju.re.ma *s.f.* **1** BOT árvore nativa do Brasil, de caule tortuoso, casca malhada, cuja madeira é us. em marcenaria e obras internas **2** *B* bebida preparada com a casca, raiz ou fruto dessa planta, us. como alucinógeno em rituais religiosos

jú.ri *s.m.* **1** DIR tribunal formado por juiz e cidadãos previamente selecionados **2** comissão julgadora em concursos, mostras competitivas etc.

ju.rí.di.co *adj.* **1** relativo a direito **2** que se faz por via da justiça; lícito, legal ~ **juridicidade** *s.f.*

ju.ris.con.sul.to *s.m.* DIR jurista que dá consultas e pareceres

ju.ris.di.ção [pl.: *-ões*] *s.f.* **1** poder legal de um Estado para editar leis e ministrar a justiça **2** poder legal de certas pessoas e órgãos de administrar a justiça **3** território no qual uma autoridade exerce o poder judiciário **4** *fig.* campo de atuação, de trabalho, de domínio etc. de alguém, de uma instituição etc.; alçada ~ **jurisdicional** *adj.2g.*

ju.ris.pru.dên.cia *s.f.* DIR **1** ciência do direito e das leis **2** conjunto das decisões e interpretações das leis feitas pelos tribunais superiores, adaptando as normas aos fatos ~ **jurisprudencial** *adj.2g.*

ju.ris.ta *s.2g.* DIR especialista em direito que dá consultas e pareceres; jurisconsulto

ju.ri.ti *s.f. B* ave de plumagem marrom, da família das pombas e rolas, de canto agradável

ju.ro *s.m.* **1** quantia cobrada sobre empréstimo, crediário etc. **2** renda ou rendimento de capital investido **3** *fig.* prêmio, recompensa ☞ em todas as acps., mais us. no pl.

ju.ru.be.ba *s.f.* BOT nome comum a várias plantas cujas raízes e frutos amargos são us. contra a icterícia e a febre

ju.ru.pa.ri *s.m.* **1** entidade sobrenatural indígena presente nos rituais de iniciação masculina **2** REL entre missionários católicos do séc. XVI, o diabo

ju.ru.ru *adj.2g. B* **1** que perdeu a alegria; triste, melancólico **2** diminuído no poder, na força ou no ânimo

jus *s.m.* direito legal para impor medida, procedimento etc. ▣ **fazer j. a 1** dar o direito a **2** ser merecedor de algo

J

ju.san.te *s.f.* **1** maré baixa; vazante da maré **2** o sentido da correnteza num curso de água (da nascente para a foz) ☞ cf. *montante* ▣ **a j.** para onde correm as águas de um rio

justa- *pref.* 'posição ao lado': *justapor*

jus.ta *s.f.* **1** na Idade Média, disputa entre dois cavaleiros armados de lanças; torneio **2** *p.ext.* competição, disputa em qualquer área

jus.ta.por *v.* {mod. 23} *t.d.,t.d.i. e pron.* (prep. *a*) pôr(-se) junto, próximo (a) *<j. papéis>* *<j. o verde ao vermelho>* *<essas cores, quando se justapõem, intensificam-se>* ◉ GRAM/USO part.: *justaposto* ~ **justaposto** *adj.*

jus.ta.po.si.ção [pl.: *-ões*] *s.f.* **1** situação de vizinhança ou proximidade entre duas coisas, sem que nada as separe; aposição **2** GRAM reunião de palavras distintas em uma única nova palavra, sem perda fonética (p.ex.: *madrepérola*) ☞ cf. *aglutinação* e *composição*

jus.tar *v.* {mod. 1} *int.* entrar em justa; lutar, combater

jus.ti.ça *s.f.* **1** princípio e atitude que consiste no respeito aos direitos de cada um e na atribuição daquilo que é devido a cada pessoa **2** aplicação do direito e das leis nas resoluções de brigas, atribuição de penas etc. **3** conjunto de órgãos e jurisdições do poder judiciário ☞ nesta acp., inicial ger. maiúsc.

jus.ti.çar *v.* {mod. 1} *t.d.* punir com tortura ou com morte

jus.ti.cei.ro *adj.s.m.* **1** que(m) luta pela justiça **2** que(m) se acha no direito de fazer justiça pelas próprias mãos ■ *adj.* **3** severo e implacável na aplicação da lei

jus.ti.fi.car *v.* {mod. 1} *t.d. e pron.* **1** provar a inocência (de); explicar(-se) *<suas ações justificam-no>* *<justificou(-se) demolindo cada acusação>* **2** provar em juízo *<j. uma acusação>* *<j.-se herdeiro>* **3** tornar(-se) ou ser justo, necessário, cabível; legitimar (-se) *<isso não justifica sua atitude>* *<sua ira não se justifica>* □ *t.d.* **4** dar fundamento a; explicar **5** GRÁF compor (as linhas de um texto) na mesma medida, com alinhamento à esquerda e à direita □ *pron.* **6** dar as razões válidas para o próprio comportamento, para os próprios atos *<você terá que se j. aos pais>* ~ **justificação** *s.f.*

jus.ti.fi.ca.ti.va *s.f.* causa, prova ou documento que comprova a verdade de um fato, de uma afirmação ou a justiça de uma ação

jus.ti.fi.cá.vel [pl.: *-eis*] *adj.2g.* que pode ser justificado

jus.to *adj.* **1** que está em conformidade com a justiça **2** que respeita o direito de cada indivíduo, a lei **3** que se apoia em boas razões; legítimo **4** que se ajusta bem; apertado, estreito ■ *s.m.* **5** quem age pelas normas da justiça e da moral *<dormir o sono dos j.>* ■ *adv.* **6** justamente **7** no momento preciso *<j. quando íamos sair, ele chegou>* ~ **justeza** *s.f.*

ju.ta *s.f.* **1** BOT nome comum a plantas cultivadas para produção de fibras us. na indústria têxtil **2** o tecido feito com essa fibra

ju.ve.nil [pl.: *-is*] *adj.2g.* **1** relativo a juventude **2** que tem características próprias da juventude; jovem **3** constituído por jovens e adolescentes ou que a eles se destina ~ **juvenilidade** *s.f.*

ju.ve.nís.si.mo *adj.* muito jovem ◉ GRAM/USO sup.abs.sint. de *jovem*

ju.ven.tu.de *s.f.* **1** período da vida do ser humano entre a infância e o desenvolvimento pleno de seu organismo; mocidade **2** o conjunto das pessoas jovens; mocidade **3** *fig.* caráter do que revela frescor, brilho

J

Kk

k *s.m.* **1** 11ª letra (consoante) do nosso alfabeto ☞ us. em símbolos internacionais, em abreviaturas universalmente consagradas, em termos estrangeiros, em etnônimos brasílicos e em derivados de nomes próprios dos quais consta essa letra ■ *n.ord. (adj.2g.2n.)* **2** diz-se do 11º elemento de uma série *<casa K> <item 1k>* ☞ empr. após um substantivo ou numeral ◉ GRAM/USO na acp. s.m., pl.: *kk*

K **1** FÍS símbolo de *Kelvin* **2** QUÍM símbolo de *potássio*

kaf.ki.a.no *adj.* **1** relativo ao escritor Franz Kafka ou a sua obra ☞ cf. *Kafka* na parte enciclopédica **2** absurdo (diz-se de situação etc.) ■ *s.m.* **3** estudioso ou admirador da obra de Kafka

karaoke [jap.] *s.m.* ver ***CARAOQUÊ***

kar.de.cis.mo *s.m.* REL doutrina formulada por Allan Kardec que pretende explicar, de uma perspectiva cristã, a reencarnação do espírito ☞ cf. *espiritismo*; cf. *Kardec* na parte enciclopédica

kar.de.cis.ta *adj.2g.* **1** relativo a Allan Kardec (1804-1869, escritor francês) ou ao kardecismo **2** que segue o kardecismo ■ *s.2g.* REL **3** adepto ou seguidor dessa doutrina

kart [ing.; pl.: *karts*] *s.m.* carro de corrida de pequenas dimensões ⇒ pronuncia-se cart ~ **kartódromo** *s.m.*

kb INF símbolo de *kilobit*

kB INF símbolo de *kilobyte*

Kelvin *s.m.* FÍS unidade de temperatura no Sistema Internacional de medidas, na qual o zero corresponde ao *zero absoluto* (–273,16° na escala Celsius) [símb.: *K*]

ketchup [ing.] *s.m.* molho de tomate temperado, levemente adocicado ◉ GRAM/USO em ing., invariável ⇒ pronuncia-se quétxâp

kg FÍS símbolo de *quilograma*

kHz FÍS símbolo de *quilo-hertz*

kibutz [heb.] *s.m.* pequena comunidade israelense economicamente autônoma, em que os meios de produção e a administração são coletivos ◉ GRAM/USO em heb., pl.: *kibutzim* ⇒ pronuncia-se quibuts

kilobit [ing.; pl.: *kilobits*] *s.m.* INF múltiplo do *bit*, que vale 1.024 *bits* [símb.: *kb*] ⇒ pronuncia-se kilobit

kilobyte [ing.; pl.: *kilobytes*] *s.m.* INF múltiplo do *byte*, que vale 1.024 *bytes* [símb.: *kB*] ⇒ pronuncia-se kilobait

kit [ing.; pl.: *kits*] *s.m.* **1** conjunto de peças que atendem juntas a um mesmo fim *<k. de primeiros socorros>* **2** *p.ext.* estojo que abriga esse conjunto ⇒ pronuncia-se quit

kitesurf [ing.] *s.m.* ESP modalidade de surfe em que a pessoa se desloca em pé sobre uma prancha com encaixes para os pés, puxada pelo vento por uma espécie de paraquedas quadrangular ⇒ pronuncia-se caitessârf

kiwi [ing.; pl.: *kiwis*] *s.m.* BOT fruta oval de casca peluda fina e marrom, polpa verde e pequenas sementes pretas ⇒ pronuncia-se quiuí

kl FÍS símbolo de *quilolitro*

km FÍS símbolo de *quilômetro*

know-how [ing.] *s.m.* **1** conhecimento de normas e procedimentos necessários à realização de função ou tarefa **2** *p.ext.* habilidade adquirida pela experiência; saber prático ◉ GRAM/USO em ing., invariável ⇒ pronuncia-se nôu rau

kosher [iídiche] *adj.2g.2n.* **1** que é permitido pela lei judaica (diz-se de alimento) **2** que se comporta de acordo com a lei judaica ⇒ pronuncia-se côxer

Kr QUÍM símbolo de *criptônio*

krav maga ® [heb.; pl.: *kravot maga*] *s.m.* modalidade de defesa pessoal, desenvolvida em Israel, cujos golpes visam pontos vitais do corpo do adversário (p.ex., olhos, carótidas etc.), de forma a deixá-lo fora de combate ⇒ pronuncia-se krav maga

krill [ing.] *s.m.* ZOO designação de crustáceos marinhos semelhantes a pequenos camarões, abundantes em águas frias, que constituem importante alimento para as baleias ⇒ pronuncia-se cril

kW ELETR FÍS símbolo de *quilowatt*

kWh FÍS símbolo de *quilowatt-hora*

Ll

l *s.m.* **1** 12ª letra (consoante) do nosso alfabeto ■ *n.ord. (adj.2g.2n.)* **2** diz-se do 12º elemento de uma série <*casa L*> <*item 1l*> ☞ empr. após um subst. ou numeral ▲ **3** símbolo de *litro* ◉ GRAM/USO na acp. s.m., pl.: *ll*

L. abreviatura de *leste* ou *este* ('região')

La QUÍM símbolo de *lantânio*

[1]**lá** *adv.* **1** naquele lugar; ali **2** em tempo afastado (passado ou futuro) <*até lá, tudo pode mudar*> [ORIGEM: do port. arcaico *alá*]

[2]**lá** *s.m.* MÚS sexta nota da escala musical [ORIGEM: do it. *la* 'id.']

lã *s.f.* **1** pelo espesso, frisado e macio que cobre o corpo de certos animais (carneiro, alpaca etc.) **2** tecido feito desse pelo ~ **lanudo** *adj.*

la.ba.re.da /ê/ *s.f.* grande chama; língua de fogo

lá.ba.ro *s.m. frm.* bandeira, estandarte

la.béu *s.m.* mancha na reputação de alguém; desonra

lá.bia *s.f.* manha, ardil, esp. conversa para convencer e persuadir

la.bi.al [pl.: *-ais*] *adj.2g.* relativo aos lábios

lá.bil [pl.: *-eis*] *adj.2g.* **1** que desliza facilmente **2** variável ou adaptável ~ **labilidade** *s.f.*

lá.bio *s.m.* **1** ANAT cada uma das duas partes carnudas que formam o contorno externo da boca **2** ANAT cada uma das dobras que circundam a vulva **3** MED cada um dos rebordos de uma ferida

[1]**la.bi.o.so** /ô/ [pl.: /ó/; fem.: /ó/] *adj.* que tem lábios grandes; beiçudo [ORIGEM: do lat. *labiōsus,a,um* 'id.']

[2]**la.bi.o.so** /ô/ [pl.: /ó/; fem.: /ó/] *adj.* cheio de lábia [ORIGEM: *lábia* + *-oso*]

la.bi.rín.ti.co *adj.* **1** referente a ou que lembra um labirinto **2** ANAT relativo ao labirinto da orelha **3** *fig.* difícil, complexo

la.bi.rin.ti.te *s.f.* MED inflamação do labirinto

la.bi.rin.to *s.m.* **1** construção constituída de vários caminhos entrecruzados, alguns deles sem saída **2** *p.ext.* qualquer estrutura constituída de muitos elementos cuja ordenação é difícil de compreender **3** ANAT sistema de canais e cavidades que formam a orelha interna **4** *B* crivo ('bordado')

la.bor /ô/ [pl.: *-es*] *s.m.* trabalho, esp. tarefa árdua e demorada ☞ cf. *lavor*

la.bo.rar *v.* {mod. 1} *int.* **1** trabalhar muito, com esforço e perseverança; labutar □ *t.d.* **2** cultivar (a terra) com os instrumentos agrícolas; lavrar □ *t.i.* **3** (prep. *em*) incorrer, incidir em (erro, engano) ~ **laboração** *s.f.*

la.bo.ra.tó.rio *s.m.* lugar onde se fazem pesquisas, experiências, estudos, análises químicas, clínicas etc. ~ **laboratorial** *adj.2g.* - **laboratorista** *adj.2g.s.2g.*

la.bo.ri.o.so /ô/ [pl.: /ó/; fem.: /ó/] *adj.* **1** que trabalha duro **2** árduo, penoso ~ **laboriosidade** *s.f.*

la.bre.go /ê/ *adj.s.m.* **1** (homem) rude; camponês **2** *pej.* (homem) ignorante **3** *pej.* (homem) malcriado, estúpido

la.bro *s.m.* ANAT lábio superior dos mamíferos

la.bu.ta *s.f.* **1** trabalho árduo e penoso; lida **2** *p.ext.* qualquer forma de trabalho

la.bu.tar *v.* {mod. 1} *int.* laborar ~ **labutador** *adj.s.m.*

la.ca *s.f.* **1** resina extraída de certas árvores da China e do Japão; goma-laca **2** verniz, preto ou vermelho, preparado a partir dessa resina **3** material ou obra revestida com esse verniz

la.ça.da *s.f.* **1** nó fácil de desatar **2** em tricô e crochê, alça que se forma antes da execução do ponto

la.ça.dor /ô/ [pl.: *-es*] *adj.s.m. B* que(m) é hábil para laçar bois, cavalos etc. em movimento

la.cai.o *s.m.* **1** criado que acompanha o amo **2** *fig. pej.* quem se humilha para obter vantagens

la.çar *v.* {mod. 1} *t.d.* **1** fazer laço em; atar, apertar **2** prender com laço <*l. um cavalo*> ~ **laçamento** *s.m.*

la.ça.ri.a *s.f.* enfeite com laços

la.ça.ro.te *s.m.* grande laço

la.ce.ran.te *adj.2g.* **1** que faz em pedaços; dilacerante **2** *fig.* que causa muita dor

la.ce.rar *v.* {mod. 1} *t.d. e pron.* dilacerar(-se) ~ **laceração** *s.f.*

la.ço *s.m.* **1** nó, com uma, duas ou mais alças, que se desata facilmente **2** corda com nó corredio em uma das pontas para apanhar animais em movimento **3** *fig.* união, vínculo **4** *fig.* estratagema para enganar alguém; cilada

la.cô.ni.co *adj.* que se exprime com poucas palavras

la.co.nis.mo *s.m.* maneira de exprimir-se por poucas palavras; concisão

la.crai.a *s.f.* ZOO nome comum a vários animais invertebrados de corpo segmentado, com 15 ou mais pares de patas, duas antenas e ferrão venenoso debaixo da cabeça; centopeia, lacrau

la.cra.i.nha *s.f.* ZOO nome comum a certos animais invertebrados de hábitos noturnos que se alimentam de matéria orgânica em decomposição e que têm dois apêndices que lembram uma tesoura

la.crar *v.* {mod. 1} *t.d.* **1** selar ou fechar com lacre **2** *p.ext.* fechar completamente; vedar **3** *B* autenticar (placa de automóvel) com selo de chumbo ~ **lacração** *s.f.*

la.crau *s.m.* ZOO lacraia

la.cre *s.m.* **1** resina us. para selar ou fechar cartas, frascos etc. **2** *p.ext.* qualquer material us. para garantir que um produto não foi previamente aberto

la.cri.mal [pl.: *-ais*] *adj.2g.* que produz ou conduz lágrimas

la.cri.mar *v.* {mod. 1} *int.* verter lágrimas; chorar

la.cri.me.jar *v.* {mod. 1} *int.* **1** encher-se (cada olho) de lágrimas **2** verter lágrimas por irritação ocular ~ **lacrimejante** *adj.2g.*

la.cri.mo.so /ô/ [pl.: /ó/; fem.: /ó/] *adj.* **1** que chora; choroso **2** *fig.* que demonstra aflição

lac.ta.ção [pl.: *-ões*] *s.f.* **1** ato de amamentar **2** período após o parto no qual se forma o leite

lac.tan.te *adj.2g.* **1** que dá ou produz leite ■ *s.f.* **2** mulher que amamenta ☞ cf. *lactente*

lac.tar *v.* {mod. 1} *t.d.* dar de mamar a; amamentar

lac.ten.te *adj.2g.s.2g.* (o) que mama ☞ cf. *lactante*

lác.teo ou **lá.teo** *adj.* **1** relativo a leite **2** semelhante ao leite **3** que tem ou produz leite

lac.tes.cen.te *adj.2g.* **1** BOT que tem látex **2** que tem cor, aspecto, consistência de leite; leitoso ~ **lactescência** *s.f.*

lac.tí.fe.ro *adj.* que produz ou conduz leite ou substância leitosa

lac.to.se *s.f.* QUÍM substância existente no leite, us. como nutriente, esp. para crianças

la.cu.na *s.f.* **1** espaço vazio, concreto ou imaginário **2** falha, falta ~ **lacunar** *adj.2g.*

la.cus.tre *adj.2g.* relativo a lago

la.da.i.nha *s.f.* **1** REL prece litúrgica formada por curtas invocações alternadas com respostas repetitivas; litania **2** *p.ext.* fala tediosa por ser longa e repetitiva

la.de.ar *v.* {mod. 5} *t.d.* **1** acompanhar ou seguir ao lado de <*o azarão ladeava o favorito*> **2** estar situado próximo a **3** fazer o contorno de; desviar <*l. um obstáculo*> **4** *fig.* não tratar diretamente de (assunto, situação); esquivar-se <*l. o assunto principal*> □ *int.* **5** andar (o cavalo) para os lados, de viés ~ **ladeamento** *s.m.*

la.dei.ra *s.f.* rua ou caminho íngreme

la.di.no *adj.s.m.* **1** que(m) revela inteligência; esperto **2** que(m) é cheio de manhas e astúcias; espertalhão ~ **ladinice** *s.f.*

la.do *s.m.* **1** parte direita ou esquerda de algo **2** MAT cada uma das faces de um sólido **3** MAT qualquer dos segmentos de reta que formam um polígono **4** parte lateral de algo em relação ao centro e à outra parte **5** a posição que se opõe a outra; partido, facção **6** aspecto, ângulo **7** linha de parentesco <*parente pelo l. paterno*> ▣ **l. a l.** junto um do outro; ombro a ombro • **pôr de l.** abandonar, desconsiderar

la.dra *s.f.* mulher que rouba ◉ GRAM/USO fem.irreg. de *ladrão*

la.dra.do *s.m.* → *LADRIDO*

la.dra.dor /ô/ [pl.: *-es*] *adj.s.m.* **1** (animal) que ladra **2** *fig. infrm.* que(m) fala mal dos outros

la.drão [pl.: *-ões*; fem.: *ladra, ladrona, ladroa*] *adj.s.m.* **1** que(m) rouba ■ *s.m.* **2** abertura para escoar automaticamente a água excedente de um reservatório

la.drar *v.* {mod. 1} *int.* **1** dar latidos; latir □ *t.d.* **2** *fig.* proferir aos gritos (injúrias, ofensas) ◉ GRAM/USO verbo defectivo, na acp. 1, ger. só us. nas 3ªs pessoas

la.dri.do ou **la.dra.do** *s.m.* latido

la.dri.lha.dor /ô/ [pl.: *-es*] *adj.s.m.* (o) que assenta ladrilhos

la.dri.lhei.ro *s.m.* quem produz ou assenta ladrilhos

la.dri.lho *s.m.* placa de cerâmica, barro cozido, cimento etc. us. para revestir pavimentos ou paredes ~ **ladrilhar** *v.t.d.*

la.dro.a.gem [pl.: *-ens*] *s.f.* roubo, furto; ladroeira, ladroíce

la.dro.ei.ra *s.f.* ladroagem

la.dro.í.ce *s.f.* ladroagem

la.ga.mar [pl.: *-es*] *s.m.* **1** cova no mar ou em rio **2** lagoa de água salgada **3** parte abrigada de uma baía

la.gar [pl.: *-es*] *s.m.* **1** oficina equipada para espremer uvas, azeitonas etc. **2** tanque us. nessa oficina

la.ga.rei.ro *adj.* **1** referente a lagar ■ *s.m.* **2** dono ou empregado de lagar **3** *infrm.* pessoa com roupas muito sujas

la.gar.ta *s.f.* ZOO nome comum às larvas de borboleta e de mariposa

la.gar.te.ar *v.* {mod. 5} *int.* aquecer-se ao sol, como um lagarto

la.gar.ti.xa *s.f.* ZOO nome comum a diversos pequenos lagartos que comem insetos e possuem dedos adesivos que lhes permitem subir em paredes etc.

la.gar.to *s.m.* **1** ZOO nome comum a répteis de corpo alongado, cauda comprida de ponta afunilada e pernas curtas **2** *B* corte de carne bovina próprio para assar

la.go *s.m.* **1** GEO extensão de água doce, salobra ou salgada, de forma e profundidade variáveis, confinada numa depressão do solo e cercada de terra por todos os lados ☞ cf. *lagoa* e *laguna* **2** tanque ornamental em jardim

la.go.a /ô/ *s.f.* GEO depressão do solo cheia de água salgada, salobra ou doce, cuja extensão e profundidade são menores que as dos lagos ☞ cf. *laguna*

la.go.ei.ro *s.m.* **1** água de chuva empoçada num terreno **2** local alagado

la.gos.ta /ô/ *s.f.* ZOO grande crustáceo marinho desprovido de pinças nas patas anteriores e com antenas longas e fortes

la.gos.tim [pl.: *-ins*] *s.m.* ZOO pequeno crustáceo marinho cujas pinças são longas e delgadas

lá.gri.ma *s.f.* **1** secreção incolor e salgada produzida por glândulas no canto dos olhos que umidifica a conjuntiva e a córnea **2** *fig.* quantidade muito pequena de um líquido; gota ▣ **lágrimas de crocodilo** choro fingido, hipócrita

la.gu.na *s.f.* GEO **1** braço de mar pouco profundo entre bancos de areia ou ilhas, na foz de certos rios **2** depressão do solo próxima ao litoral, que confina água salgada ou salobra e tem ligação com o oceano ☞ cf. *lagoa* e *lago* **3** lagoa de água salgada cercada por recife de coral

lai.a *s.f. pej.* classe, tipo, qualidade

lai.ci.zar *v.* {mod. 1} *t.d.* **1** tornar laico **2** tirar a influência religiosa de (uma instituição) ~ **laicização** *s.f.*

lai.co *adj.s.m.* que(m) não pertence ao clero nem a uma ordem religiosa; leigo ~ **laicidade** *s.f.*

lai.vo *s.m.* **1** mancha, nódoa ▼ ***laivos*** *s.m.pl.fig.* **2** noções básicas **3** vestígios

la.je *s.f.* CONSTR **1** placa de concreto armado que funciona como pavimento e teto de uma construção **2** placa plana, de material duro, us. para revestir pisos ou paredes ~ **lajeamento** *s.m.* - **lajear** *v.t.d.*

la.je.a.do *adj.s.m.* **1** (superfície) coberta com lajes ■ *s.m.* **2** pavimento estruturado com lajes de cimento armado **3** regato de leito rochoso

la.je.do /ê/ *s.m.* **1** lajeado ('pavimento') **2** *AL BA PE* afloramento de rochas à superfície do solo

la.jo.ta *s.f.* pequena laje us. para revestir pisos

[1]la.ma *s.f.* **1** mistura pastosa de argila e água; lodo **2** *fig.* degradação, aviltamento [ORIGEM: do lat. *lāma,ae* 'lodo'] ~ **lamaceira** *s.f.* - **lamaceiro** *s.m.*

[2]la.ma *s.m.* REL sacerdote budista entre os mongóis e os tibetanos [ORIGEM: do tibetano *blama* 'id.']

la.ma.çal [pl.: *-ais*] *s.m.* **1** lugar onde há muita lama **2** pântano

la.ma.cen.to *adj.* em que há muita lama

lam.ba.da *s.f.* **1** pancada, golpe **2** *B* chicotada **3** *B infrm.* dose de bebida alcoólica tomada de uma só vez **4** *fig.* repreensão, descompostura **5** certa música e dança de ritmo muito vivo

lam.ban.ça *s.f.* **1** algo que se pode lamber e comer **2** *fig. B* algo feito sem capricho

lam.bão [pl.: *-ões*; fem.: *lambona*] *adj.s.m.* **1** que(m) se lambuza quando come **2** *fig. B* que(m) executa suas tarefas sem capricho

lam.ba.ri *s.m.* ZOO pequeno peixe comestível muito comum nos rios brasileiros

lam.be-lam.be [pl.: *lambe-lambes*] *s.m. B infrm.* fotógrafo ambulante

lam.ber *v.* {mod. 8} *t.d. e pron.* **1** passar a língua sobre *<depois de comer, lambeu os dedos> <os gatos têm o hábito de se l.>* □ *t.d.* **2** *fig.* tocar levemente; roçar, acariciar *<uma brisa lambia as folhas>* **3** *fig.* destruir, arrasar *<o fogo lambeu a casa>* **4** comer com voracidade; devorar **5** *fig. B infrm.* lisonjear muito, de modo servil; bajular □ *int. B* **6** pegar fogo (o balão) ~ **lambidela** *s.f.*

lam.bi.da *s.f.* ação ou efeito de lamber; lambidela

lam.bis.car *v.* {mod. 1} *t.d. e int.* comer pouco, sem apetite ou em pequenas porções; beliscar, paparicar *<na festa, preferiu l. (salgadinhos)>* ~ **lambiscação** *s.f.*

lam.bis.goi.a /ói/ *s.2g.* **1** pessoa (esp. mulher) magra, sem graça e antipática **2** pessoa (esp. mulher) pretensiosa

lam.bre.ta /ê/ *s.f.* **1** motoneta **2** ZOO amêijoa ~ **lambretista** *adj.2g.s.2g.*

lam.bri, **lam.bril** [pl.: *-is*] ou **lam.brim** [pl.: *-ins*] *s.m.* ARQ revestimento interno de parede (de madeira, mármore, estuque) em forma de placas ou painéis

lam.bu.gem [pl.: *-ens*] ou **lam.bu.jem** [pl.: *-ens*] *s.f.* **1** resto de comida deixada nos pratos **2** *B* lambuja

lam.bu.ja *s.f. B* **1** o que se dá ou ganha além do estipulado **2** lucro ou vantagem em jogo, aposta ou negócio

lam.bu.jem [pl.: *-ens*] *s.f.* → ***LAMBUGEM***

lam.bu.zar *v.* {mod. 1} *t.d. e pron.* **1** (prep. *de*) sujar(-se), esp. com comida *<lambuzou a camisa com molho> <l.-se de sorvete>* □ *t.d.* **2** deixar mancha de gordura em; engordurar

la.mei.ra *s.f.* ou **la.mei.ro** *s.m.* **1** lamaçal ('muita lama') **2** terra cultivada na vazante do rio

la.me.la *s.f.* lâmina muito fina

la.men.ta.ção [pl.: *-ões*] *s.f.* **1** queixume prolongado que exprime grande pesar; lamento **2** fala triste; lamento **3** canto forte e prolongado que narra um episódio infeliz; canto fúnebre, lamento

la.men.tar *v.* {mod. 1} *t.d. e pron.* **1** (prep. *de*) exprimir(-se) chorando, entre gemidos, gritos ou lamentação □ *pron.* **2** (prep. *de*) mostrar descontentamento, desgosto por; queixar-se, lastimar-se

la.men.tá.vel [pl.: *-eis*] *adj.2g.* **1** que merece ser lamentado por causar dor, infelicidade **2** *p.ext. pej.* que merece ser lamentado por ser medíocre; desprezível

la.men.to *s.m.* **1** lamentação **2** choro, pranto ~ **lamentoso** *adj.*

lâ.mi.na *s.f.* **1** placa de metal, ou de outra matéria dura, muito fina **2** *p.ext.* pequena placa de vidro us. para observação em microscópio **3** *p.ext.* parte achatada de um objeto cortante

la.mi.na.do *s.m.* **1** semelhante a uma lâmina **2** dividido em, composto de ou reduzido a lâminas

[1]la.mi.nar [pl.: *-es*] *adj.2g.* dotado de lâminas [ORIGEM: de *lâmina* + [1]*-ar*]

L

²la.mi.nar *v.* {mod. 1} *t.d.* **1** reduzir (um metal) a lâmina **2** *p.ext.* diminuir a espessura de **3** revestir as duas faces de (algo) com material transparente [ORIGEM: de *lâmina* + ²*-ar*] ~ **laminação** *s.f.*

lâm.pa.da *s.f.* **1** recipiente que produz luz através de uma chama alimentada por líquido ou gás combustível contido no seu interior **2** qualquer recipiente com aparato para produzir luz artificialmente por diferentes processos físico-químicos **3** *p.ext.* qualquer aparelho composto de fonte luminosa e suporte

lam.pa.dá.rio *s.m.* lustre com muitas lâmpadas

lam.pa.ri.na *s.f.* pequena lâmpada em que um disco de madeira com pavio no centro boia em azeite, querosene etc.

lam.pei.ro *adj.* **1** que se apressa em fazer ou dizer algo; apressado **2** que gesticula muito, fala alto, não tem cerimônia; espevitado, atrevido

lam.pe.jar *v.* {mod. 1} *int.* **1** emitir brilho ou clarão momentâneo **2** lançar faíscas; faiscar ☐ *t.d.* **3** emitir, irradiar *<l. clarões>* ~ **lampejante** *adj.2g.*

lam.pe.jo /ê/ *s.m.* **1** clarão momentâneo **2** faísca, centelha **3** *fig.* manifestação súbita e brilhante de inteligência

lam.pi.ão [pl.: *-ões*] *s.m.* grande lanterna elétrica ou a combustível, portátil ou fixa em um teto, esquina ou parede

lam.prei.a /éi *ou* êi/ *s.f.* ZOO peixe de boca circular e desprovido de maxilas, encontrado em águas frias

la.mú.ria *s.f.* queixa, lamentação interminável ~ **lamuriento** *adj.s.m.*

la.mu.ri.ar *v.* {mod. 1} *t.d.,int. e pron.* exprimir(-se) em tom de lamúria; lastimar(-se), queixar-se ~ **lamuriante** *adj.2g.*

lan.ça *s.f.* arma para ser arremessada ou empunhada, constituída de uma haste longa que termina por uma peça pontiaguda de metal, osso etc.

lan.ça-cha.mas *s.m.2n.* engenho de combate que lança líquido inflamado sobre o inimigo

lan.ça.dei.ra *s.f.* **1** peça do tear que faz passar os fios da trama pelos da urdidura **2** numa máquina de costura, peça que contém o fio que entra pelo lado avesso da costura

lan.ça.dor /ô/ [pl.: *-es*] *adj.s.m.* **1** (o) que lança, arremessa **2** que(m) faz lances num leilão

lan.ça.men.to *s.m.* **1** projeção, movimento para diante **2** introdução de novo produto no mercado **3** o produto lançado **4** ESP arremesso; jogada, passe

lan.ça-per.fu.me [pl.: *lança-perfumes*] *s.m.* recipiente com éter perfumado que se esguichava sobre os foliões em festejos carnavalescos

lan.çar *v.* {mod. 1} *t.d.* **1** impulsionar através do espaço, ger. visando a um alvo, com o uso de força muscular, arma ou aparelho especial; arremessar, jogar **2** pôr em voga; iniciar **3** mostrar pela primeira vez, pôr no mercado (novo produto, filme etc.) **4** *fig.* disseminar, semear *<l. discórdia>* **5** emitir com força; soltar *<l. gritos>* **6** emitir, exalar, expelir **7** deixar escorrer; despejar, entornar **8** registrar, gravar (débitos, créditos, haveres) ☐ *t.d. e pron.* **9** (prep. *a*) [fazer] partir com ímpeto em certa direção; precipitar(-se), atirar(-se) **10** divulgar as qualidades e os méritos de ☐ *t.d.i. e pron.* **11** (prep. *em*) [fazer] participar de (algo), com ousadia; arriscar(-se), atirar(-se) ☐ *pron.* **12** (prep. *a*) dar-se inteiramente a; entregar-se

lan.ce *s.m.* **1** período que compõe um processo; etapa **2** ESP arremesso ou jogada; lanço **3** parte de uma escada compreendida entre dois andares ou patamares; lanço **4** preço oferecido num leilão; lanço **5** *B infrm.* o que acontece, aconteceu ou pode acontecer; episódio, fato

lan.ce.ar *v.* {mod. 5} *t.d. e pron.* **1** ferir(-se), golpear(-se) com lança ☐ *t.d. fig.* **2** infligir amargura a; torturar

lan.ce.ta /ê/ *s.f.* lâmina cirúrgica curta, pontuda e afiada nas duas laterais

lan.ce.tar *v.* {mod. 1} *t.d.* **1** cortar ou abrir com lanceta **2** *p.ext.* ferir com arma branca; cortar

lan.cha *s.f.* pequena embarcação movida a motor

lan.char *v.* {mod. 1} *int.* **1** comer o lanche *<l. tarde>* ☐ *t.d.* **2** comer (algo) como lanche *<l. biscoitos>*

lan.che *s.m.* **1** refeição ligeira entre o almoço e o jantar; merenda **2** *p.ext.* qualquer refeição ligeira

lan.chei.ra *s.f.* maleta para carregar lanche; merendeira

lan.cho.ne.te *s.f.* *B* estabelecimento onde são servidos lanches, ger. num balcão

lan.ci.nan.te *adj.2g.* **1** que se sente como pontada, picada, fisgada *<dor l.>* **2** *fig.* que atormenta, tortura ou importuna de maneira persistente; cruciante ~ **lancinar** *v.t.d. e pron.*

lan.ço *s.m.* lance

lan.ga.nho *s.m.* *B* **1** carne de má qualidade **2** *infrm.* coisa pegajosa, repugnante

lan.gor /ô/ [pl.: *-es*] *s.m.* languidez ~ **langoroso** *adj.*

lan.gues.cer *v.* {mod. 8} *int.* **1** perder a vitalidade; definhar **2** abater-se, entristecer **3** assumir expressão doce ou sensual

lan.gui.dez /gui *ou* güi...ê/ [pl.: *-es*] *s.f.* **1** diminuição do ânimo, do vigor; langor **2** *fig.* doçura, brandura, langor **3** *fig.* sensualidade, langor

lân.gui.do /gui *ou* güi/ *adj.* **1** que está sem forças, abatido física e/ou psicologicamente **2** voluptuoso, sensual **3** *fig.* sentido como terno, suave

la.nhar *v.* {mod. 1} *t.d. e pron.* **1** (fazer) ficar com lanhos; cortar(-se), ferir(-se) **2** *fig.* (fazer) sentir inquietação, angústia; afligir(-se), magoar(-se) ☐ *t.d.* **3** golpear com chicote; chicotear

la.nho *s.m.* **1** ferimento feito com instrumento cortante; corte **2** marca de chicotada na pele **3** *B* carne cortada em tiras

lan house [ing.; pl.: *lan houses*] *loc.subst.* estabelecimento provido de computadores com acesso à internet e a uma rede local para uso mediante pagamento ⇒ pronuncia-se lan raus

la.ní.fe.ro *adj.* lanígero

la.ni.fí.cio *s.m.* **1** fabricação de lã **2** fábrica que produz fios ou tecidos de lã **3** tecido, mercadoria de lã

la.ní.ge.ro *adj.* **1** que produz lã; lanífero **2** provido de lã; lanífero

la.no.li.na *s.f.* QUÍM gordura extraída da lã (esp. de ovelhas) e us. como base de cremes, pomadas e cosméticos

la.no.so /ô/ [pl.: /ó/; fem.: /ó/] *adj.* **1** relativo a lã **2** que tem muita lã **3** semelhante a lã ~ **lanosidade** *s.f.*

lan.ta.ní.deo *adj.s.m.* ou **lan.ta.noi.de** *s.m.* QUÍM (qualquer elemento) da família dos lantanídeos que, na tabela periódica, vai de lantânio a lutécio ☞ cf. *tabela periódica* (no fim do dicionário)

lan.tâ.nio *s.m.* QUÍM elemento químico us. em isqueiros, dispositivos eletrônicos etc. [símb.: *La*] ☞ cf. *tabela periódica* (no fim do dicionário)

lan.ta.noi.de *s.m.* QUÍM → ***LANTANÍDEO***

lan.te.jou.la ou **len.te.jou.la** *s.f.* pequena lâmina circular cintilante, us. para enfeitar tecidos

lan.ter.na *s.f.* **1** aparelho, portátil ou fixo, com uma caixa transparente na qual se encontra uma fonte luminosa **2** aparelho portátil que contém uma lâmpada acesa por pilha(s) **3** em veículo, dispositivo de iluminação us. para transmitir código de sinalização **4** a parte superior do farol ■ *s.2g.* **5** lanterninha

lan.ter.na.gem [pl.: *-ens*] *s.f.* *B* conserto da lataria de automóveis

lan.ter.nei.ro *s.m.* **1** fabricante de lanternas **2** aquele que carrega lanterna nas procissões **3** quem faz lanternagem

lan.ter.ni.nha *s.2g.* **1** quem, munido de lanterna, indica os lugares em cinemas, teatros etc.; lanterna **2** *fig.* o último colocado em competições; lanterna

la.nu.gem [pl.: *-ens*] *s.f.* **1** penugem que, nos adolescentes, antecede a barba; buço **2** BOT camada de pelos macios que revestem um órgão ou parte de uma planta

la.pa *s.f.* cavidade ou gruta que aparece na encosta de uma rocha

lá.pa.ro *s.m.* ZOO **1** filhote de coelho; caçapo **2** macho da lebre até completar três anos

la.pa.ros.co.pi.a *s.f.* MED exame com endoscópio da cavidade abdominal e seu conteúdo

la.pa.ro.to.mi.a *s.f.* MED abertura cirúrgica da cavidade abdominal

la.pe.la *s.f.* parte da frente e superior de um casaco, paletó etc. voltada para fora

la.pi.da.ção [pl.: *-ões*] *s.f.* **1** operação de cortar, formar, facetar e polir pedras preciosas **2** *fig.* ação de tornar melhor (pessoa, ideia, obra etc.); aperfeiçoamento

[1]la.pi.dar [pl.: *-es*] *adj.2g.* **1** relativo a lápides ou pedras **2** gravado em pedra (diz-se de inscrição) **3** *fig.* perfeito, primoroso [ORIGEM: do lat. *lapidāris,e* 'relativo a pedra']

[2]la.pi.dar *v.* {mod. 1} *t.d.* **1** atacar ou matar com pedras; apedrejar **2** submeter à lapidação (pedra bruta) **3** *fig.* tornar apresentável, melhor; aperfeiçoar, burilar <*l. uma redação*> [ORIGEM: do lat. *lapidāre* 'cobrir de pedras'] ~ **lapidado** *adj.* - **lapidador** *adj.s.m.*

la.pi.da.ri.a *s.f.* **1** arte ou indústria de lapidação de pedras preciosas **2** oficina na qual se faz lapidação

lá.pi.de *s.f.* **1** pedra com inscrição comemorativa ou em homenagem a alguém **2** laje que cobre o túmulo

la.pi.nha *s.f.* **1** pequena lapa **2** *B N.E.* presépio armado para as festas de Natal e Reis

lá.pis *s.m.2n.* cilindro de madeira com grafite em seu interior, us. para escrever, marcar ou desenhar ▣ **l. de cor** lápis cujo miolo é constituído de argila colorida e grafite

la.pi.sei.ra *s.f.* instrumento us. para escrever, semelhante ao lápis, com dispositivo que permite esconder ou pôr à mostra a grafite

lá.pis-la.zú.li [pl.: *lápis-lazúlis*] *s.m.* pedra de cor azul opaca, apreciada na indústria de joias e bijuterias

lap.so *s.m.* **1** intervalo de tempo **2** erro cometido por descuido ou falha de memória

laptop [ing.; pl.: *laptops*] *s.m.* INF computador portátil, com monitor de vídeo integrado, ger. de cristal líquido, para ser us. no colo de um operador ⇒ pronuncia-se leptap

la.quê *s.m.* produto que se borrifa sobre os cabelos para fixar o penteado

[1]la.que.a.dor /ô/ [pl.: *-es*] *adj.s.m.* (o) que faz laqueaduras [ORIGEM: part. de [1]*laqueado* + *-or*]

[2]la.que.a.dor /ô/ [pl.: *-es*] *adj.s.m.* que(m) tem por ofício laquear, envernizar, objetos ou peças de mobiliário [ORIGEM: part. de [2]*laqueado* + *-or*]

la.que.a.du.ra *s.f.* MED ligamento de estruturas ocas do organismo (artérias, veias etc.)

[1]la.que.ar *v.* {mod. 5} *t.d.* MED ligar (estruturas ocas como artérias, veias), definitivamente ou não, ger. por meio de fios [ORIGEM: do lat. *laqueāre* 'atar, prender, estrangular'] ~ [1]**laqueado** *adj.*

[2]la.que.ar *v.* {mod. 5} *t.d.* **1** pintar, revestir com laca **2** *p.ext.* pintar com tinta de esmalte ou verniz <*l. uma escrivaninha*> [ORIGEM: *laca* + *-ear*] ~ [2]**laqueado** *adj.* - **laqueação** *s.f.*

[3]la.que.ar *v.* {mod. 5} *t.d.* vaporizar laquê sobre (os cabelos) [ORIGEM: *laquê* + [2]*-ar*]

lar [pl.: *-es*] *s.m.* **1** local onde se acende o fogo na cozinha **2** *p.ext.* moradia familiar **3** *p.ext.* a família **4** *fig.* a pátria

la.ran.ja *s.f.* BOT **1** fruto arredondado, dividido em gomos, de cor entre o amarelo e o vermelho e sabor cítrico ■ *s.m.* **2** a cor desse fruto **3** *fig. infrm. pej.* indivíduo que cede seu nome para ser usado em negócios ilícitos; testa de ferro ■ *adj.2g.2n.* **4** que tem a cor da laranja <*almofadas laranja*> **5** diz-se dessa cor <*tom l.*>

la.ran.ja-cra.vo [pl.: *laranjas-cravo* e *laranjas-cravos*] *s.f.* BOT tangerina

la.ran.ja.da *s.f.* refresco de laranja

la.ran.jei.ra *s.f.* BOT árvore que produz a laranja ◉ COL laranjal

L

la.rá.pio *s.m.* indivíduo que furta; ladrão, gatuno ~ larapiar *v.t.d.*

lar.de.ar *v.* {mod. 5} *t.d.* **1** enfiar pedaços de toucinho em (peça de carne, p.ex.) **2** *p.ext.* passar através de; perfurar <*a espada lardeou seu corpo*> ☐ *t.d.i. fig.* **3** (prep. *de*) pôr (algo) de permeio em; entremear <*l. a conversa de casos pitorescos*>

la.rei.ra *s.f.* vão na parte inferior de uma chaminé no qual se acende fogo para aquecer um ambiente

lar.ga.da *s.f.* **1** ato de partir, de sair de um local; partida, saída **2** ato de dar o arranque, o impulso de partida em uma corrida, competição (atlética, automobilística etc.) **3** ESP no voleibol, lance em que o atacante toca a bola suavemente com a ponta dos dedos, pondo-a no campo adversário

lar.gar *v.* {mod. 1} *t.d.* **1** deixar escapar das mãos; soltar **2** segurar com menos força; afrouxar <*l. as rédeas do cavalo*> **3** deixar sair; soltar, lançar <*a chaminé largava fumaça*> **4** deixar ir ou fugir; soltar **5** deixar por distração, pressa; esquecer **6** deixar de estar junto de; separar-se <*na festa, não largou a mãe*> **7** projetar de si; emitir, soltar <*l. uma risada*> **8** desistir conscientemente de; abandonar <*l. a faculdade*> ☐ *t.d. e int.* **9** sair de (trabalho, serviço) após cumprir horário, tarefa ☐ *t.i.* **10** (prep. *de*) não prosseguir com (ação, atitude etc.); parar, interromper <*largue de ser bobo, rapaz*> ☐ *t.i.,int. e pron.* **11** (prep. *de*) ir embora de; partir <*faz tempo que (se) largou (daqui)*> ◉ GRAM/USO tb. é empr. como v.aux., com a prep. *a* mais o inf. de outro verbo, para indicar a ideia de 'início de ação': *largou a correr como um desesperado*

lar.go *adj.* **1** extenso no sentido transversal **2** amplo, extenso <*l. sorriso*> **3** não ajustado; folgado **4** farto, abundante **5** vasto, abrangente <*l. experiência*> **6** longo, prolongado ■ *s.m.* **7** largura <*a sala tem cinco metros de l.*> **8** praça ('área pública') ▣ **ao l. de** longe de

lar.gue.za /ê/ *s.f.* **1** largura ('dimensão') **2** *fig.* generosidade **3** *fig.* abundância, fartura

lar.gu.ra *s.f.* **1** dimensão perpendicular à altura ou ao comprimento; largueza **2** qualidade ou característica de largo

la.rin.ge *s.f.* ANAT parte superior da traqueia, na qual se localizam as cordas vocais ~ **laríngeo** *adj.* - **laringiano** *adj.*

la.rin.gi.te *s.f.* MED inflamação da mucosa da laringe

la.rin.go.lo.gi.a *s.f.* MED **1** ramo da medicina que estuda a laringe **2** especialidade médica que diagnostica e trata de doenças da laringe ~ **laringológico** *adj.* - **laringologista** *adj.2g.s.2g.*

lar.va *s.f.* ZOO estágio imaturo, independente e móvel, do ciclo de vida de alguns peixes, anfíbios e da maioria dos invertebrados

lar.val [pl.: *-ais*] ou **lar.var** [pl.: *-es*] *adj.2g.* que diz respeito a larva

lar.vá.rio *adj.* **1** larval ■ *s.m.* **2** abrigo ou ninho fabricado por larva de inseto

la.sa.nha *s.f.* CUL **1** massa comestível, feita com farinha de trigo, ovos e sal, que se corta em tiras largas **2** o prato feito com essa massa

las.ca *s.f.* **1** estilhaço de madeira, pedra ou metal **2** *p.ext.* pequena porção <*uma l. de queijo*>

las.ca.do *adj.* **1** que se lascou ou quebrou em lascas **2** aberto em fenda **3** *N.E. infrm.* muito bom ou muito ruim **4** *N.E. infrm.* arruinado, perdido

las.car *v.* {mod. 1} *t.d.,int. e pron.* **1** tirar lasca(s) de, ou quebrar(-se) em lascas <*os cupins lascaram as prateleiras*> <*a xícara lascou(-se)*> ☐ *t.d. e t.d.i. fig. infrm.* **2** (prep. *em*) aplicar, assentar <*lascou(-lhe) um tapa*> ☐ *t.d. fig. infrm.* **3** dizer (alguma coisa) de repente <*lascou um palavrão*> ☐ *pron. fig. B infrm.* **4** sair-se mal, não ter sucesso <*l.-se na prova*>

las.cí.via *s.f.* sensualidade exagerada; luxúria

las.ci.vo *adj.s.m.* **1** que(m) é propenso aos prazeres do sexo ■ *adj.* **2** que manifesta sensualidade

[1]***laser*** ® [ing.; pl.: *lasers*] *s.m.* ESP pequeno veleiro para lazer e regata, com casco de fibra de vidro e um único mastro [ORIGEM: ing. Laser 'id.', marca registrada da empresa que o fabrica] ⇒ pronuncia-se lêizer

[2]***laser*** [ing.; pl.: *lasers*] *s.m.* aparelho que produz radiação eletromagnética e que tem múltiplas aplicações na indústria, medicina, engenharia [ORIGEM: ing. *laser* (1960), acrônimo do ing. *light amplification by stimulated emission of radiation* (amplificação de luz por emissão estimulada de radiação)] ⇒ pronuncia-se lêizer

las.si.dão [pl.: *-ões*] *s.f.* **1** cansaço, fadiga **2** desinteresse, tédio

las.so *adj.* **1** cansado, fatigado **2** não apertado; frouxo **3** *fig.* de maus costumes; devasso

lás.ti.ma *s.f.* **1** sentimento de pena **2** lamentação interminável; lamúria **3** avesso da fortuna; desgraça

las.ti.mar *v.* {mod. 1} *t.d.* **1** manifestar pesar por; lamentar **2** sentir pena de; condoer-se ☐ *t.d. e pron.* **3** causar ou sentir dor, sofrimento; afligir(-se) ☐ *pron.* **4** mostrar descontentamento, desgosto por; queixar-se, lamentar-se

las.ti.má.vel [pl.: *-eis*] *adj.2g.* que é digno de lástima

las.ti.mo.so /ô/ [pl.: /ó/; fem.: /ó/] *adj.* **1** que provoca um sentimento de lástima, pena **2** que manifesta lástima, tristeza

las.trar *v.* {mod. 1} *t.d.* **1** pôr peso em (embarcação) **2** *p.ext.* acrescentar peso a (algo), para torná-lo mais firme <*l. um caminhão*> ☐ *int. fig.* **3** lançar-se em muitas direções; alastrar-se <*o fogo lastrou*>

las.tro *s.m.* **1** peso us. em porões de navio para lhe dar estabilidade **2** *p.ext.* qualquer peso para manter algo submerso **3** *fig.* base sólida que legitima ou autoriza alguma coisa; fundamento **4** ECON depósito em ouro que serve como garantia ao papel-moeda

la.ta *s.f.* **1** folha de flandres **2** recipiente feito desse material

la.ta.da *s.f.* grade de ripas us. para sustentar parreiras, trepadeiras etc.

la.ta.gão [pl.: *-ões*; fem.: *latagona*] *s.m. infrm.* homem jovem, robusto e alto

la.tão [pl.: *-ões*] *s.m.* liga de cobre e zinco, us. para fabricar diversos objetos (p.ex., bacias, tachos etc.)

la.ta.ri.a *s.f. B* **1** grande quantidade de latas **2** *p.ext.* conjunto de conservas alimentícias enlatadas **3** *p.ext.* carroceria de automóvel

lá.te.go *s.m.* **1** correia ou corda própria para açoitar; chicote, açoite **2** *fig.* pena ou punição que se inflige a pessoa ou animal; castigo **3** *fig.* aquilo que incita à atividade, à realização de algo; estímulo

la.te.jar *v.* {mod. 1} *int.* dilatar-se e contrair-se ritmicamente; palpitar, pulsar *<sentia sua cabeça l.>* ~ **latejante** *adj.2g.*

la.ten.te *adj.2g.* que está presente, mas sem manifestação visível ou perceptível ~ **latência** *s.f.*

lá.teo *adj.* → ***LÁCTEO***

la.te.ral [pl.: *-ais*] *adj.2g.* **1** relativo a lado **2** que se situa ao lado *<entrada l.>* **3** *fig.* que fica à margem; secundário, acessório *<considerações l.>* ■ *s.f.* ESP **4** linha que representa o comprimento do campo ou quadra ■ *s.2g.* ESP **5** no futebol, quem atua nas proximidades dessa linha; ala ■ *adj.2g.s.m.* **6** (arremesso manual) com que é feita a cobrança dessa infração ~ **lateralidade** *s.f.*

lá.tex /cs/ *s.m.2n.* BOT substância líquida, espessa e ger. leitosa, presente em algumas plantas, e que é matéria-prima da borracha

la.ti.cí.nio *s.m.* alimento derivado do leite

la.ti.do *s.m.* **1** ação de latir **2** voz do cão; ladrado, ladrido

la.ti.fun.di.á.rio *adj.* **1** relativo a latifúndio ■ *s.m.* **2** proprietário de latifúndio

la.ti.fún.dio *s.m.* grande propriedade rural com áreas não cultivadas e/ou onde se pratica alguma cultura não dispendiosa

la.tim [pl.: *-ins*] *s.m.* **1** LING língua indo-europeia falada no Império Romano e modernamente conservada na nomenclatura científica e como língua oficial da Igreja católica ☞ cf. *Império Romano* na parte enciclopédica **2** *fig. infrm.* aquilo que é difícil de se entender ▣ **gastar o l.** falar à toa

la.ti.nis.mo *s.m.* LING palavra ou expressão própria da língua latina ou dela proveniente

la.ti.nis.ta *adj.2g.s.2g.* que(m) é estudioso da língua e literatura latinas

la.ti.ni.zar *v.* {mod. 1} *t.d.* **1** dar forma latina a (texto, palavra etc.) **2** traduzir para o latim □ *t.d. e pron.* **3** tornar(-se) conforme com ideias, costumes dos latinos ou com os ritos e as doutrinas da Igreja católica romana ~ **latinização** *s.f.*

la.ti.no *adj.* **1** relativo ao latim ou aos povos cujas línguas derivam do latim **2** do Lácio, antiga região da Itália ■ *s.m.* **3** natural ou habitante dessa região ■ *adj.s.m.* **4** (diz-se de) cada um dos indivíduos ou povos da Europa e da América falantes de línguas neolatinas

la.ti.no-a.me.ri.ca.no [pl.: *latino-americanos*] *adj.s.m.* (natural ou habitante) de qualquer um dos países da América de língua neolatina

la.tir *v.* {mod. 24} *int.* soltar latidos (o cão); ladrar ◉ GRAM/USO verbo defectivo, ger. só us. nas 3ªs pessoas

la.ti.tu.de *s.f.* distância, medida em graus, que separa do equador um ponto do globo terrestre ☞ cf. *longitude* ~ **latitudinal** *adj.2g.*

la.to *adj.* de grande amplitude; não restrito

la.to.a.ri.a *s.f.* **1** loja em que se vendem latas, objetos de latão, de folha de flandres etc. **2** oficina ou ofício de latoeiro

la.to.ei.ro *s.m.* indivíduo que trabalha com ou vende objetos de lata ou de latão; funileiro

la.tri.na *s.f.* **1** vaso sanitário **2** local reservado que contém um vaso sanitário ou outro aparato para recolher dejeções

la.tro.cí.nio *s.m.* DIR roubo à mão armada, seguido de morte ou de graves lesões corporais da vítima

lau.da *s.f.* **1** cada lado de uma folha de papel **2** cada uma das folhas escritas (manuscritas, datilografadas ou produzidas em computador) apenas em uma face do papel, que integra texto destinado a publicação ou difusão por TV ou rádio

láu.da.no *s.m.* **1** FARM sedativo feito de ópio **2** *fig.* algo que alivia

lau.da.tó.rio *adj.* que louva ou contém louvor

lau.do *s.m.* texto que contém parecer de um especialista

láu.rea *s.f.* ou **lau.rel** [pl.: *-éis*] *s.m.* **1** coroa de louros **2** prêmio concedido em reconhecimento a um mérito

lau.re.ar *v.* {mod. 5} *t.d.* **1** colocar coroa de louros em **2** premiar por mérito; galardoar **3** *p.ext.* conceder prêmio a; recompensar **4** *fig.* render homenagem a; exaltar *<o público laureava o cantor>*

lau.rel [pl.: *-éis*] *s.m.* → ***LÁUREA***

lau.rên.cio *s.m.* QUÍM elemento químico artificial e radiativo da família dos actiniídeos [Símb.: *Lr*] ☞ cf. *tabela periódica* (no fim do dicionário)

lau.to *adj.* farto, abundante, magnífico

la.va *s.f.* **1** magma expelido de um vulcão em erupção **2** essa substância depois de fria e solidificada

la.va.bo *s.m.* **1** local para lavar as mãos **2** pequeno cômodo provido de pia e vaso sanitário

la.va.dei.ra *s.f.* **1** mulher que lava roupa **2** máquina us. na lavagem de lãs **3** *p.ext. pej.* mulher grosseira de condição modesta **4** ZOO libélula

la.va.do.ra /ô/ *s.f.* máquina automática de lavar roupa ou louça

la.va.dou.ro *s.m.* **1** tanque us. para lavar roupa **2** pedra sobre a qual se ensaboa a roupa

la.va.gem [pl.: *-ens*] *s.f.* **1** limpeza pela ação de líquido, esp. água **2** introdução de água num órgão (intestino, estômago etc.) para remover corpos estranhos ou substâncias nocivas **3** comida para porcos

L

la.va-lou.ça [pl.: *lava-louças*] *s.2g.* ou **la.va-lou.ças** *s.2g.2n.* eletrodoméstico para lavagem e secagem de louça e outros utensílios de cozinha

la.van.da *s.f.* **1** BOT alfazema **2** essência extraída dessa planta **3** água-de-colônia feita com essa essência **4** pequena taça com água e limão para lavar os dedos durante ou após a refeição

la.van.de.ri.a *s.f.* estabelecimento ou local da casa em que se lavam e passam roupas

la.va-pés *s.m.2n.* **1** REL cerimônia católica na qual o sacerdote reproduz a cena de Jesus lavando os pés dos apóstolos **2** ZOO pequena formiga cuja ferroada é dolorosa

la.var *v.* {mod. 1} *t.d.* **1** limpar (algo) por ação de um líquido, esp. água **2** cercar ou passar junto de; banhar **3** tornar (cor) mais suave, misturando com água; diluir **4** *fig.* tornar legal (dinheiro ilícito) por meio de fraude □ *t.d. e pron.* **5** dar ou tomar banho; banhar(-se) □ *t.d.,t.d.i. e pron. fig.* **6** livrar(-se) de manchas morais; purificar(-se) *<o arrependimento irá lavá-lo (dos erros cometidos)>* *<l.-se de uma calúnia>* □ *t.d. e int.* **7** trabalhar como lavadeira

la.va.tó.rio *s.m.* **1** móvel com bacia e jarro ou pia para lavar as mãos e o rosto **2** banheiro com pia; lavabo

la.vor /ô/ [pl.: *-es*] *s.m.* trabalho, esp. artesanal ☞ cf. *labor* ~ **lavorar** *v.t.d.*

la.vou.ra *s.f.* **1** o cultivo da terra; lavra **2** *fig.* a terra cultivada; lavra, lavradio

la.vra *s.f.* **1** lavoura **2** extração de metais **3** local de onde se extrai metal ou pedras preciosas

la.vra.di.o *adj.* **1** bom para a lavoura ■ *s.m.* **2** lavoura ('terra cultivada')

la.vra.dor /ô/ [pl.: *-es*] *adj.s.m.* que(m) trabalha na lavoura

la.vra.gem [pl.: *-ens*] *s.f.* **1** lavoura ('terra cultivada') **2** trabalho artesanal em madeira

la.vrar *v.* {mod. 1} *t.d.* **1** revolver e sulcar (a terra), preparando-a para o cultivo; arar **2** fazer lavores ou ornatos em (metal, couro, peça etc.) **3** [2]lapidar (pedra bruta) **4** *fig.* gastar, corroer *<as intempéries lavraram os rochedos>* **5** DIR ordenar por escrito; decretar **6** fazer registro escrito de (ata, escritura etc.); redigir **7** expressar por escrito ou verbalmente

la.vra.tu.ra *s.f.* DIR ação de lavrar (ata, escritura, documento etc.)

la.xan.te ou **la.xa.ti.vo** *adj.2g.* **1** que afrouxa, dilata ■ *adj.2g.s.m.* FARM **2** (medicamento) que trata a prisão de ventre; purgante

la.xar *v.* {mod. 1} *t.d.* **1** deixar laxo, frouxo; afrouxar **2** *fig.* tirar a energia de; enfraquecer *<l. os ânimos>* □ *t.d. e pron.* **3** (deixar) correr livremente o conteúdo de (esp. intestino); soltar(-se)

la.xa.ti.vo *adj.s.m.* → ***LAXANTE***

la.xo *adj.* **1** não esticado; frouxo **2** *fig.* sem vigor; fraco, franzino

layout [ing.] *s.m.* ver ***LEIAUTE*** ⇒ pronuncia-se leiaute

la.za.ren.to *adj.s.m.* **1** que(m) tem lepra **2** que(m) possui muitas feridas, chagas

la.za.re.to /ê/ *s.m.* **1** hospital para leprosos; leprosário **2** local onde os suspeitos de doenças contagiosas ficam de quarentena

lá.za.ro *s.m.* **1** leproso **2** quem tem feridas ■ *adj.s.m.* **3** que(m) vive em extrema pobreza; desgraçado, miserável

la.zei.ra *s.f.* **1** azar **2** hanseníase, lepra **3** carência alimentar; fome, subnutrição **4** estado de prostração, moleza; preguiça **5** *fig.* vantagem sobre algo, alguém ou prazo estipulado ~ **lazeirento** *adj.*

la.zer /ê/ [pl.: *-es*] *s.m.* **1** tempo que se aproveita para recreação **2** atividade que se pratica nesse tempo **3** *p.ext.* descanso, repouso

lb FÍS símbolo de *libra*

le.al [pl.: *-ais*] *adj.2g.* **1** honesto, íntegro **2** responsável com os compromissos assumidos; fiel

le.al.da.de *s.f.* fidelidade ou respeito aos compromissos assumidos

le.ão [pl.: *-ões*; fem.: *leoa*] *s.m.* **1** ZOO felino de grande porte, cauda longa e juba, que vive em savanas e campos de arbustos e caça grandes mamíferos **2** *fig.* homem valente **3** *B infrm.* órgão responsável pela arrecadação do imposto de renda **4** ASTR quinta constelação zodiacal, situada entre Câncer e Virgem ☞ inicial maiúsc. **5** ASTRL quinto signo do zodíaco (de 22 de julho a 22 de agosto) ☞ inicial maiúsc.

le.ão de chá.ca.ra [pl.: *leões de chácara*] *s.m. infrm.* segurança de boates, casas de diversão etc.

le.ão-ma.ri.nho [pl.: *leões-marinhos*] *s.m.* ZOO mamífero marinho, com pequenas orelhas externas, nadadeiras que auxiliam a locomoção terrestre e cauda curta; lobo-marinho

le.bre *s.f.* ZOO mamífero semelhante ao coelho, porém maior e mais veloz ◉ GRAM/USO masc.: *lebrão*

le.chi.a *s.f.* BOT → ***LICHIA***

le.cio.nar *v.* {mod. 1} *t.d. e t.d.i.* **1** (prep. *a*) ministrar lição de (matéria, disciplina); ensinar *<l. estatística (a estudantes de psicologia)>* □ *int.* **2** exercer o magistério

le.ci.ti.na *s.f.* BIOQ certo lipídio presente em determinados tecidos animais e vegetais

LED [ing.] *s.m.* dispositivo constituído por um díodo que emite luz ⇒ pronuncia-se léd

le.do /ê/ *adj.* contente, risonho

le.ga.ção [pl.: *-ões*] *s.f.* **1** cargo de [2]legado **2** residência ou local de trabalho do [2]legado

[1]**le.ga.do** *s.m.* **1** doação que é discriminada em testamento **2** *fig.* o que é transmitido às gerações que se seguem [ORIGEM: do lat. *legātum,ī* 'id.']

[2]**le.ga.do** *adj.s.m.* que(m) é enviado por um governo para representá-lo em outro Estado [ORIGEM: do lat. *legātus,ī* 'embaixador']

le.gal [pl.: *-ais*] *adj.2g.* **1** definido por lei ou de acordo com ela **2** *B gír.* palavra que atribui qualidade positiva

le.ga.li.da.de *s.f.* **1** conformidade com a lei **2** conjunto das determinações constantes das leis

le.ga.li.zar *v.* {mod. 1} *t.d.* **1** certificar a verdade de (assinatura, ato); autenticar **2** munir com o que é indispensável ou suficiente para a legalidade; legitimar ~ **legalização** *s.f.*

le.gar *v.* {mod. 1} *t.d.i.* **1** (prep. *a*) deixar como herança a <*legou ao assessor a direção da firma*> **2** *fig.* (prep. *a*) transmitir, passar <*l. bons exemplos aos filhos*> □ *t.d.* **3** enviar (alguém) em caráter oficial

le.ga.tá.rio *s.m.* aquele a quem se deixou um [1]legado

le.gen.da *s.f.* **1** história da vida de um santo **2** lenda **3** letreiro, rótulo **4** texto explicativo que acompanha gravuras, mapas etc. **5** letreiro sobreposto à imagem de um filme, traduzindo ou reproduzindo a fala dos personagens

le.gen.dá.rio *adj.* **1** relativo a legendas ('vida de um santo') **2** fabuloso; lendário ■ *s.m.* **3** coletânea de legendas ('vida de um santo')

le.gi.ão [pl.: *-ões*] *s.f.* **1** MIL entre os antigos romanos, grande unidade do exército, com infantaria e cavalaria **2** MIL divisão de qualquer exército **3** MIL regimento de voluntários, esp. estrangeiros, a serviço de um país **4** *fig.* grande número de pessoas ou coisas

le.gi.bi.li.da.de *s.f.* **1** clareza (de letra) para leitura **2** característica do que se lê com facilidade

le.gio.ná.rio *adj.* **1** pertencente a legião ■ *s.m.* **2** soldado de uma legião do exército

le.gis.la.ção [pl.: *-ões*] *s.f.* conjunto das leis que regulam algo (p.ex., um sistema jurídico) ~ **legislatório** *adj.*

le.gis.lar *v.* {mod. 1} *t.d. e int.* formular, estabelecer (leis, regras, princípios); determinar <*l. uma matéria*> <*só ao Congresso cabe l.*> ~ **legislador** *adj.s.m.*

le.gis.la.ti.vo *adj.* **1** que faz as leis ■ *s.m.* **2** o poder legislativo ☞ tb. us. com inicial maiúsc.

le.gis.la.tu.ra *s.f.* **1** tempo de mandato dos legisladores e das assembleias legislativas **2** conjunto de poderes a que se atribui a faculdade de legislar <*Câmara dos Deputados e Senado compõem a l. brasileira*> **3** sessão do poder legislativo

le.gis.ta *adj.2g.s.2g.* **1** DIR especialista em leis **2** MED especialista em medicina legal; médico-legista

le.gí.ti.ma *adj.* DIR parte da herança destinada, por lei, aos herdeiros necessários, descendentes ou ascendentes, e correspondente à metade dos bens do espólio

le.gi.ti.mar *v.* {mod. 1} *t.d. e pron.* **1** tornar(-se) conforme com a lei; legalizar <*a sua candidatura ainda precisa l.-se*> □ *t.d.* **2** DIR reconhecer (filho) como legítimo **3** reconhecer como autêntico, verdadeiro; autenticar <*o timbre da presidência legitima o documento*> **4** admitir como legítimo, justo, razoável; justificar ~ **legitimação** *s.f.*

le.gí.ti.mo *adj.* **1** que está amparado em lei **2** que se apoia em bom senso, na razão; justo **3** verdadeiro, sem alterações; autêntico ~ **legitimidade** *s.f.*

le.gí.vel [pl.: *-eis*] *adj.2g.* que se lê com facilidade ◉ GRAM/USO sup.abs.sint.: *legibilíssimo*

Le.go ® *s.m.* RECR brinquedo de armar feito de pequenas peças plásticas coloridas de encaixe

le.gor.ne *adj.2g.s.2g.* **1** diz-se de ou raça de galinha poedeira ■ *s.2g.* **2** essa galinha

lé.gua *s.f.* medida de distância equivalente, no Brasil, a 6.600 metros

le.gu.me *s.m.* BOT **1** qualquer um dos diferentes frutos e raízes us. na alimentação humana, como abóbora, tomate, cenoura, batata etc. **2** fruto característico das leguminosas; vagem

le.gu.mi.no.sa *s.f.* BOT espécime das leguminosas, família de plantas cujos frutos são vagens, favas etc.

lei *s.f.* **1** regra prescrita por autoridade soberana (p.ex., o poder legislativo) **2** convenção de determinada época ou cultura **3** aquilo que se impõe ao homem por sua razão, consciência etc. **4** relação constante entre fenômenos naturais, fenômenos humanos etc. <*as l. da física*> **5** norma, regra <*as l. da gramática*> ▣ **l. da oferta e da procura** ECON princípio que rege o preço dos produtos no mercado, segundo a tendência que tem um produto de subir de preço quando a sua procura é maior do que a oferta e de baixar de preço quando ocorre o contrário • **l. seca 1** DIR disposição legal que proíbe por um tempo a venda de bebidas alcoólicas **1.1** *B* lei que estabelece penalidades para quem é flagrado ao dirigir veículo após consumir bebida alcoólica

L

lei.au.te *s.m.* GRÁF esboço ou projeto de um anúncio ou de qualquer obra gráfica etc.

lei.go *adj.s.m.* **1** laico **2** que(m) não é perito em determinado assunto, profissão etc. ~ **leiguice** *s.f.*

lei.lão [pl.: *-ões*] *s.m.* venda pública de imóveis, terrenos, objetos a quem oferecer maior lance ('preço'); hasta

lei.lo.ar *v.* {mod. 1} *t.d.* **1** colocar ou vender em leilão **2** apregoar em leilão

lei.lo.ei.ro *s.m.* **1** quem organiza leilões **2** quem apregoa em leilões; pregoeiro

lei.ra *s.f.* **1** canteiro para receber sementes e mudas **2** pequeno campo cultivado

leish.ma.ni.o.se *s.f.* MED infecção causada por um gênero de protozoários, parasita de tecidos de vertebrados, que, em suas várias formas, pode provocar lesões na boca, nariz e faringe, ou febre, anemia, aumento do baço e do fígado; transmitida ao homem pela picada de certos mosquitos

lei.tão [pl.: *-ões*; fem.: *leitoa*] *s.m.* **1** porco novo **2** prato preparado com esse porco ◉ COL alfeire, leitegada, vara

lei.te *s.m.* **1** líquido secretado pelas glândulas mamárias das mulheres e fêmeas dos mamíferos **2** *p.ext.* líquido com a aparência do leite <*l. de soja*> **3** seiva branca encontrada em certas plantas e frutos

lei.te.ga.da *s.f.* ninhada de leitões

lei.tei.ra *s.f.* **1** vasilha em que se serve leite **2** panela us. para ferver leite

lei.tei.ro *adj.* **1** relativo a leite ou produtor de leite ■ *s.m.* **2** quem vende ou entrega leite

lei.te.ri.a *s.f.* **1** estabelecimento em que o leite recebe tratamento para consumo ou para fabricação de derivados **2** local especializado na venda de leite e derivados **3** pequeno restaurante que serve refeições ligeiras, ger. à base de laticínios (coalhada, queijos etc.)

lei.to *s.m.* **1** cama **2** solo do fundo de um rio, riacho etc. **3** superfície ou camada que serve de base <*l. de estrada*>

lei.tor /ô/ [pl.: *-es*] *adj.s.m.* **1** que(m) lê para si mesmo, mentalmente, ou para alguém, em voz alta **2** que(m) tem o hábito de ler **3** (aparelho) que lê códigos, sinais, dados microfilmados etc.

lei.to.so /ô/ [pl.: */ó/*; fem.: */ó/*] *adj.* **1** relativo a leite; lácteo **2** que tem a cor e/ou o aspecto do leite

lei.tu.ra *s.f.* **1** o ato ou o hábito de ler **2** o que se lê **3** o ato de decifrar uma notação ou o seu resultado <*l. de uma partitura*> **4** *fig.* maneira pessoal de compreender (um texto, uma mensagem, um fato)

le.ma *s.m.* norma ou frase, ger. curta, que resume um ideal; divisa ~ **lemático** *adj.*

L

lem.bran.ça *s.f.* **1** aquilo que vem à mente como resultado de experiências vividas; reminiscência, memória **2** o que se oferece como presente; mimo ▼ ***lembranças*** *s.f.pl.* **3** expressão de amizade; cumprimentos <*dê l. a seus pais*>

lem.brar *v.* {mod. 1} *t.d.,t.d.i. e pron.* **1** (prep. *a, de*) trazer à memória (de); recordar(-se) <*l. os tempos passados*> <*lembrou ao amigo a promessa*> <*lembro-me bem do João*> □ *t.d. e t.d.i.* **2** (prep. *a*) fazer surgir na mente por associação de ideias; sugerir <*um gosto que lembra o da amora*> <*a casa lembrava a Lia o avô*> □ *t.d.i.* **3** (prep. *de*) advertir sobre (o que vai ou pode ocorrer); prevenir <*lembrou-os de que choveria em breve*> **4** (prep. *a*) mandar lembranças; recomendar <*lembre-nos a seu pai*>

lem.bre.te /ê/ *s.m.* **1** papel com anotação sobre algo que não deve ser esquecido **2** *p.ext.* o conteúdo dessa anotação **3** qualquer recurso us. com essa finalidade

le.me *s.m.* **1** equipamento instalado na popa de barcos e na cauda de aviões para determinar sua direção **2** *fig.* condução de negócios, empresa, situação; governo, direção

lê.mu.re *s.m.* ZOO nome comum a diversos primatas africanos da família dos lemurídeos, esguios, de pelagem densa e macia, e de cauda e focinho longos

lê.mu.re-vo.a.dor [pl.: *lêmures-voadores*] *s.m.* ZOO nome comum a mamíferos noturnos e arborícolas, encontrados nas florestas tropicais da Ásia, cujos membros são ligados por uma prega de pele, o que lhes permite planar

le.mu.rí.deo *adj.s.m.* ZOO (espécime) dos lemurídeos, família de primatas que compreende os lêmures, noturnos e arborícolas, de focinho comprido, dedos com garras ou unhas achatadas, cauda longa e pelagem grossa

len.ço *s.m.* pedaço de tecido us. para assoar o nariz, enxugar o suor do rosto etc. e/ou ornar ou proteger a cabeça e o pescoço ▣ **l. de papel** lenço retangular descartável e esterilizado, feito de papel fino e macio, que se usa para assoar o nariz, remover maquiagem etc.

len.çol [pl.: *-óis*] *s.m.* **1** peça retangular de tecido que se usa para forrar o colchão e/ou para servir de coberta **2** grande extensão natural de água, petróleo etc. existente no subsolo **3** FUTB lance em que o jogador chuta a bola por cima do adversário e a recupera logo em seguida ▣ **l. freático** lençol de água subterrâneo, em nível pouco profundo, que pode ser explorado por poços

len.da *s.f.* **1** narrativa popular vista como fato histórico sem comprovação **2** narrativa fantástica; ficção **3** o tema dessa narrativa **4** *p.ext.* pessoa ou coisa que inspira uma dessas narrativas

len.dá.rio *adj.* **1** que diz respeito a lenda; legendário **2** *p.ext.* muito conhecido; célebre **3** fictício, imaginário

lên.dea *s.f.* ZOO ovo do piolho, que adere à base dos cabelos ou dos pelos

len.ga-len.ga [pl.: *lenga-lengas*] *s.f.* conversa ou narrativa enfadonha; ladainha

le.nha *s.f.* **1** pedaço de madeira us. como combustível **2** *fig. B gír.* coisa difícil, problemática

le.nha.dor /ô/ [pl.: *-es*] *adj.s.m.* **1** (o) que colhe ou racha troncos para fazer lenha **2** derrubador profissional de árvores; madeireiro

le.nho *s.m.* **1** BOT tecido, em certos vegetais, responsável pelo aumento da espessura e rigidez dos caules **2** tronco ou peça grossa de madeira **3** tronco de árvore cortado, sem galhos ou folhas

le.nho.so /ô/ [pl.: */ó/*; fem.: */ó/*] *adj.* **1** semelhante a madeira; lígneo **2** BOT que tem os tecidos enrijecidos (diz-se de planta, vaso etc.)

le.ni.men.to *s.m.* **1** o que alivia ou suaviza **2** medicamento para aliviar dores

le.nir *v.* {mod. 24} *t.d.* tornar mais fácil de suportar; aliviar, suavizar ◉ GRAM/USO verbo defectivo

le.ni.ti.vo *adj.s.m.* **1** (medicamento) que alivia dores **2** *p.ext.* (o) que traz conforto, alívio

le.no.cí.nio *s.m.* ação de explorar, estimular ou favorecer a prostituição

[1]len.te *s.f.* **1** corpo transparente, de superfície ou superfícies curvas, que aumenta, diminui ou torna mais nítido o que é visto através dele **2** ANAT corpo transparente em forma de lente, na parte anterior do olho; cristalino ◉ GRAM/USO dim.irreg.: *lentícula* [ORIGEM: do lat. *lens,lentis* 'lentilha (planta)'] ▣ **l. de contato** pequena lente us. para cobrir a região da córnea e corrigir a visão ~ **lenticular** *adj.2g.*

[2]len.te *s.2g.* professor universitário [ORIGEM: do lat. *legens,entis* 'o que lê']

len.te.jou.la *s.f.* → LANTEJOULA

len.ti.dão [pl.: *-ões*] *s.f.* **1** qualidade ou característica do que é lento **2** falta de agilidade, de rapidez; morosidade

len.ti.lha *s.f.* **1** planta leguminosa com vagens curtas, contendo uma ou duas sementes em forma de disco **2** essa semente, us. como alimento

len.ti.ví.rus *s.m.2n.* MICRBIOL família de vírus, como o HIV, responsáveis por doenças de evolução lenta que atingem esp. o sistema nervoso central e o sistema imunológico

-lento *suf.* equivale a *-ento*

len.to *adj.* **1** a que falta rapidez e/ou agilidade física ou mental; vagaroso **2** que se prolonga no tempo; demorado **3** pausado, espaçado <*pulso l.*>

le.o.a /ô/ *s.m.* **1** fêmea do leão **2** *fig.* mulher que demonstra garra, que defende seus objetivos com determinação

le.o.ni.no *adj.* **1** relativo ou semelhante a leão, digno de sua imagem **2** *fig.* injusto, tendencioso <*uma divisão l.*> ■ *adj.s.m.* **3** ASTRL que(m) é do signo de Leão

le.o.par.do *s.m.* **1** ZOO grande felino encontrado na África e Ásia, de pelo amarelado, com manchas negras de forma e tamanho variados **2** *p.ext.* a pele desse felino

lé.pi.do *adj.* **1** que aparenta jovialidade, alegria **2** que demonstra agilidade; ligeiro ~ **lepidez** *s.f.*

le.pi.dóp.te.ro *s.m.* **1** ZOO espécime dos lepidópteros, ordem de insetos que apresentam quatro asas cobertas de escamas e peças bucais adaptadas para sucção (p.ex., as borboletas e mariposas) ■ *adj.* **2** relativo a essa ordem ou a esse espécime

le.po.ri.no *adj.* relativo a lebre

le.pra *s.f.* MED hanseníase

le.pro.sá.rio *s.m.* local destinado ao tratamento de pessoas com lepra

le.pro.so /ô/ [pl.: /ó/; fem.: /ó/] *adj.* **1** relativo a lepra ■ *adj.s.m.* **2** que(m) tem lepra

lep.tos.pi.ro.se *s.f.* MED infecção causada por uma bactéria, ger. devido ao contato com a urina de ratos infectados, que provoca febre, dores musculares e amarelecimento da pele

le.que *s.m.* **1** abano manual feito de material leve, ger. em forma de semicírculo, que abre e fecha **2** *p.ext.* qualquer coisa com a forma de um leque aberto <*l. de cartas*> **3** *fig.* conjunto, série de coisas

ler *v.* {mod. 11} *t.d. e int.* **1** percorrer com a vista ou com os dedos, no caso de texto em braille, (texto, palavra etc.), interpretando-o, decifrando-o, falando em voz alta ou não <*l. o jornal*> <*aprendeu a l. cedo*> □ *t.i. e t.d.i.* **2** (prep. *a, para*) enunciar em voz alta (um escrito) <*l. (histórias) para os filhos*> □ *t.d.* **3** examinar, estudar (conteúdo de texto, obra etc.) <*l. o capítulo antes da prova*> **4** interpretar, compreender (ideia, conceito etc.) <*há mais de uma maneira de l. essa mensagem*> **5** *fig.* perceber a partir de indícios; deduzir <*leu meu pensamento*> **6** *fig.* predizer por meio de presságios; adivinhar <*l. o futuro*> **7** decifrar, reconhecer (informação) por mecanismo de leitura próprio <*máquina para l. códigos de barras*> ~ **ledor** *adj.s.m.*

ler.de.za /ê/ *s.f.* característica do que apresenta movimentos retardados ou lentos

ler.do *adj.* **1** que se movimenta com dificuldade; lento, vagaroso **2** tolo, estúpido

le.ro-le.ro [pl.: *lero-leros*] *s.m. infrm.* conversa que não leva a nada

le.são [pl.: *-ões*] *s.f.* **1** MED dano corporal causado por golpe, traumatismo ou doença **2** DIR dano ou prejuízo moral ou material

le.sa-pá.tri.a [pl.: *lesas-pátrias*] *s.m.* traição ao próprio país, em tempo de guerra, mediante acordos com nação inimiga; leso-patriotismo

le.sar *v.* {mod. 1} *t.d. e pron.* **1** (fazer) sofrer lesão física; ferir(-se) <*a faca lesou a mão do açougueiro*> <*lesou-se gravemente no acidente*> **2** (fazer) sofrer lesão moral; prejudicar(-se) <*procura l. a reputação do adversário*> <*lesou-se com as infâmias lançadas*> □ *t.d.* **3** violar (direito, lei etc.) **4** cometer fraude contra; roubar <*l. o fisco*>

les.bi.a.nis.mo *s.m.* homossexualismo feminino

lés.bi.ca *s.f.* mulher homossexual

lés.bi.co *adj.* **1** diz-se de relações homossexuais entre mulheres **2** homossexual (diz-se de mulher)

le.sei.ra *s.f.* falta de energia, de ânimo, de disposição, esp. para agir; moleza, preguiça, indolência

le.sio.nar *v.* {mod. 1} *t.d. e pron.* causar ou sofrer lesão física; lesar(-se), ferir(-se)

le.si.vo *adj.* **1** que causa lesão física ou moral **2** que prejudica

les.ma /ê/ *s.f.* **1** ZOO pequeno molusco terrestre, encontrado em lugares úmidos, com ou sem concha ■ *s.2g. fig.* **2** pessoa lenta de raciocínio e ação

les.ma-do-mar [pl.: *lesmas-do-mar*] *s.f.* ZOO molusco marinho, com corpo de cores vistosas e concha

le.so /é/ *adj.* **1** que sofreu lesão física, moral ou material **2** *fig.* que se atordoou; desnorteado ■ *adj.s.m.* **3** que(m) age como tolo

le.so-pa.tri.o.tis.mo [pl.: *lesos-patriotismos*] *s.m.* lesa-pátria

les.te *s.m.* **1** direção em que nasce o Sol, à direita de quem olha para o norte [símb.: *E*]; este, nascente, oriente ■ *adj.2g.s.m.* **2** GEO (o) que se situa a leste (diz-se de região ou conjunto de regiões) [abrev.: *L.*] **3** (vento) que sopra dessa direção ■ *adj.2g.* **4** que se situa ou segue na direção leste (acp. 1 e 2)

les.to /é/ *adj.* **1** que se move com agilidade e velocidade **2** que encontra rapidamente saída para as dificuldades; esperto ■ *adv.* **3** de maneira ágil

le.tal [pl.: *-ais*] *adj.2g.* **1** que acarreta morte ou se refere a ela **2** *fig.* que prejudica de modo irremediável ~ **letalidade** *s.f.*

le.tar.gi.a *s.f.* **1** estado de profunda e prolongada inconsciência; letargo **2** *p.ext.* apatia, desinteresse, letargo ~ **letárgico** *adj.*

le.tar.go *s.m.* letargia

le.ti.vo *adj.* relativo a aula, ensino ou em que há aulas

le.tra /ê/ *s.f.* **1** cada um dos sinais gráficos que representam os fonemas na língua escrita **2** este sinal, em relação a sua forma, cor etc. *<l. maiúscula>* **3** maneira pela qual cada pessoa representa este sinal; caligrafia **4** o texto de uma canção, hino etc. ▼ ***letras*** *s.f.pl.* **5** conjunto de conhecimentos adquiridos pelo estudo; saber **6** conjunto de conhecimentos sobre gramática, literatura, linguística etc. *<faculdade de L.>* ☞ inicial ger. maiúsc. **7** a literatura em geral ▣ **l. de câmbio** ordem de pagamento em que uma pessoa ordena que outra pague certa quantia a uma terceira, em local e data especificados • **l. de fôrma** ou **de imprensa** letra maiúscula manuscrita em estilo de caráter tipográfico

le.tra.do *adj.s.m.* **1** que(m) possui cultura; instruído **2** que(m) possui profundo conhecimento literário; literato

le.trei.ro *s.m.* inscrição informativa em letras grandes

le.tris.ta *adj.2g.s.2g.* **1** que(m) compõe a letra que acompanha uma melodia **2** especialista em desenho de letras ('sinal gráfico')

L

léu *s.m.* ◗ us. em: **ao l.** à toa *<andar ao l.>*

leu.ce.mi.a *s.f.* MED aumento descontrolado, canceroso, do número de células dos glóbulos brancos normais na medula óssea e no sangue ~ **leucêmico** *adj.*

leu.có.ci.to *s.m.* BIO célula branca ou incolor, encontrada no sangue e na linfa, que participa dos processos de defesa do organismo; glóbulo branco

le.va *s.f.* **1** recrutamento militar **2** ajuntamento ou grupo de pessoas **3** *p.ext.* lote, grupo de coisas

le.va.da *s.f.* **1** ato ou efeito de levar **2** torrente de água que se desvia de um rio para mover moinhos, irrigar terrenos etc. **3** construção de terra, pedra etc. para represar as águas dos rios; barragem **4** queda-d'água, cascata **5** *N. N.E.* morro, colina

le.va.di.ço *adj.* que se pode abaixar ou levantar por meio de contrapesos, cabos etc.

le.va.do *adj.s.m. infrm.* irrequieto, travesso

le.va e traz *s.2g.2n.* pessoa fofoqueira

le.van.ta.dor /ô/ [pl.: *-es*] *adj.s.m.* **1** que(m) levanta **2** ESP que(m), no jogo de vôlei, tem a função de levantar a bola para que outro jogador da sua equipe ataque

le.van.ta.men.to *s.m.* **1** ação de pôr na vertical ou em pé **2** aumento, acréscimo na quantidade, valor etc. **3** rebelião, insubordinação **4** estatística, pesquisa de dados **5** sondagem, investigação breve *<l. de preços>* **6** ESP no vôlei, lançamento da bola para um ataque

le.van.tar *v.* {mod. 1} *t.d. e pron.* **1** pôr(-se) de pé, em posição vertical **2** *fig.* (fazer) sair de situação precária, problemática **3** *fig.* provocar ou fazer rebelião; sublevar(-se), amotinar(-se) ☐ *pron.* **4** sair do sono; acordar, despertar ☐ *t.d.,int. e pron.* **5** (fazer) subir para o ar, espalhando-se *<l. poeira> <com a ventania, a areia vai l.(-se)>* **6** (fazer) sair de um plano a outro, mais alto; elevar(-se), erguer(-se) *<l. os braços ao céu> <l. a cadeira do chão> <o aeróstato levantou(-se) acima dos telhados>* ☐ *t.d.* **7** dar mais altura a; aumentar **8** fazer (obra, construção); construir, erguer **9** *fig.* elevar a grau superior; engrandecer **10** *fig.* dar origem a; provocar **11** *fig.* estimular à atividade, animação, vida, alegria **12** listar como resultado de pesquisa **13** *fig.* obter, arrecadar (quantia, valores etc.) ☐ *t.d. e int.* **14** aumentar de volume, intensidade, tom etc.

[1]le.van.te *s.m.* ponto do horizonte em que o Sol nasce; nascente, oriente, leste [ORIGEM: do it. *levante* 'id.', do v. *levare* 'alçar, erguer']

[2]le.van.te *s.m.* revolta, motim [ORIGEM: regr. de *levantar*]

le.var *v.* {mod. 1} *t.d. e t.d.i.* **1** (prep. *a, para*) transportar (a determinado lugar); carregar, conduzir *<l. a criança nos ombros> <o ônibus levou-o à cidade> <l. a encomenda para casa>* **2** *p.ext.* (prep. *a, para*) ser portador de (algo) para entregar; trazer **3** (prep. *para*) fazer uso de (tempo); consumir, demorar **4** (prep. *com*) fazer-se acompanhar de; trazer consigo ☐ *t.d.i.* **5** (prep. *a, para*) servir de meio de transporte **6** (prep. *de*) afastar (de determinado local); retirar **7** (prep. *a*) fazer tomar certo rumo; mover (em certa direção) *<l. a mão à boca>* **8** (prep. *em, sob, sobre*) usar como roupa, acessório ou enfeite; vestir, trazer **9** (prep. *a*) fazer passar de um estado a outro ou agir de determinada maneira; impelir, induzir **10** (prep. *a*) conduzir usando influência, talento, habilidade etc. **11** (prep. *a, até*) fazer ou permitir chegar ☐ *t.i. e t.d.i.* **12** (prep. *a, para*) servir de comunicação com, dar acesso a; conduzir ☐ *t.d.* **13** fazer desprender-se; arrancar **14** ter capacidade para; conter, comportar **15** dirigir, conduzir (veículo) **16** ser alvo de (determinada ação, física ou não, de alguém) **17** ter na lembrança, na memória **18** *fig.* carregar o peso de; sofrer *<l. toda a culpa>* **19** fazer seguir adiante; tocar **20** ficar com (mercadoria) por aquisição, consignação etc. **21** considerar, tomar *<l. o caso a sério>* **22** obter como recompensa, favor ou por sorte; ganhar **23** apossar-se de (coisa alheia); roubar, furtar **24** exigir, por ser necessário ou essencial; requerer **25** ter em si; conter *<a carta não leva a assinatura>* **26** passar, viver *<l. uma vida sossegada>* **27** pôr fim à vida de; matar, ceifar **28** exibir, apresentar (espetáculo, filme, peça teatral) ☐ *t.d.i. e pron.* **29** (prep. *a, por*) dominar ou ser dominado por *<as injustiças levaram-no à ação> <l.-se pela pressa>* ☐ *t.i.* **30** (prep. *a*) ter como consequência; conduzir, resultar ☐ *t.d.pred.* **31** manter(-se) [em determinado lugar ou posição, de determinado jeito etc.]; trazer *<l. a cabeça empinada>* ▣ **l. a mal** tomar em mau sentido, ofender-se

le.ve *adj.* 1 de pouco peso 2 que exerce pouca pressão 3 que se move com desembaraço; ágil 4 de pouca consistência ou densidade 5 de fácil digestão 6 de pouca espessura (diz-se de tecido) 7 fácil de executar 8 *fig.* superficial, ligeiro 9 *fig.* agradável, divertido 10 *fig.* livre de pressão; aliviado

le.ve.dar *v.* {mod. 1} *t.d.,int. e pron.* (fazer) fermentar, aumentar, crescer ~ **levedação** *s.f.*

le.ve.do /ê/ ou **lê.ve.do** *s.m.* levedura

le.ve.du.ra *s.f.* 1 fermento 2 BIO fungo responsável por muitos dos processos de fermentação us. na alimentação, como a panificação e a produção de bebidas alcoólicas; levedo, lêvedo

le.ve.za /ê/ *s.f.* 1 característica do que possui pouco peso 2 *fig.* delicadeza, singeleza

le.vi.an.da.de *s.f.* 1 falta de seriedade 2 comportamento insensato

le.vi.a.no *adj.s.m.* 1 que(m) julga ou procede irresponsavelmente ■ *adj.* 2 que denota falta de seriedade e/ou precipitação

le.vi.a.tã *s.m.* 1 MIT monstro marinho, representação do Mal ☞ inicial freq. maiúsc. 2 *p.ext.* qualquer ser ou coisa imensa e/ou de aparência monstruosa

le.vi.tar *v.* {mod. 1} *int.* erguer-se acima do solo sem sustentação visível ~ **levitação** *s.f.*

lé.xi.co /cs/ *s.m.* 1 o repertório total de palavras existentes numa determinada língua 2 dicionário 3 relação das palavras us. por um autor, um grupo social etc.; vocabulário ~ **lexical** *adj.2g.*

le.xi.co.gra.fi.a /cs/ *s.f.* 1 técnica de elaboração de dicionários 2 *p.ext.* LING o trabalho de elaboração de dicionários, vocabulários e afins ~ **lexicografar** *v.t.d. e int.* - **lexicográfico** *adj.* - **lexicógrafo** *s.m.*

le.xi.co.lo.gi.a /cs/ *s.f.* LING parte da linguística que estuda as palavras, seus significados, sua origem e sua formação e estrutura ~ **lexicológico** *adj.* - **lexicólogo** *s.m.*

LGBTQI sigla de lésbicas, *gays*, bissexuais, transgêneros, *queers*, intersexuais (us. para identificar orientações sexuais minoritárias e manifestações de identidades de gênero que não correspondem ao sexo registrado no nascimento)

lha *contr.* dos complementos verbais de terceira pessoa singular e de assunto feminino e singular (pessoa, coisa); isto, isso ou aquilo para ele ou ela ◉ GRAM/USO ver *lho*

lha.ma *s.2g.* ZOO ruminante andino de pescoço longo e fino, cabeça pequena, focinho delgado, pés com apenas dois dedos e pelagem longa e lanosa

lha.no *adj.* 1 sincero, franco 2 em que há simplicidade, naturalidade ■ *s.m.* GEO 3 planície extensa de vegetação herbácea, no norte da América do Sul ☞ mais us. no pl. ~ **lhaneza** *s.f.*

lhe *pron.p.* 1 da 3ª p.sing., caso oblíquo, com função de objeto indireto, equivalente a: 1.1 a ele, a ela, ao senhor, à senhora, a V. Sª etc. 1.2 dele, dela, do senhor etc. 1.3 nele, nela, no senhor etc. 1.4 para ele, para ela, para o senhor etc.

lho *contr.* dos complementos verbais direto (de terceira pessoa) e indireto (de terceira pessoa [a ele, a ela] ou de segunda pessoa [a você, ao senhor, a Vossa Excelência]) ◉ GRAM/USO **a)** fem.: *lha*; pl.: *lhos, lhas*; **b)** no Brasil, *lho, lha, lhos, lhas* empregam-se hoje muito pouco

Li QUÍM símbolo de *lítio*

li.a.me *s.m.* o que liga ou prende; ligação, vínculo

li.a.na *s.f.* BOT cipó

li.ba.ção [pl.: *-ões*] *s.f.* 1 ato de aspergir um líquido como oferenda a uma divindade 2 esse líquido 3 ato de beber por prazer ou para brindar 4 a bebida tomada com essa intenção ☞ freq. us. no pl.

li.bar *v.* {mod. 1} *int.* 1 fazer libações em honra de divindade □ *t.d.* 2 sorver o conteúdo de; beber 3 absorver por sucção; sugar *<abelhas libam o néctar das flores>* 4 *fig.* experimentar (algo prazeroso); gozar *<l. os prazeres da vida no campo>*

li.be.lo *s.m.* 1 DIR apresentação, oral ou escrita, de uma acusação 2 escrito, ger. curto, difamatório ou satírico ~ **libelista** *adj.2g.s.2g.*

li.bé.lu.la *s.f.* ZOO inseto de abdome longo e estreito, quatro asas alongadas, transparentes, que se alimenta de insetos e outros organismos; lavadeira

lí.ber [pl.: *líberes*] *s.m.* ANAT BOT nos vegetais, tecido condutor de água, sais minerais e compostos orgânicos

li.be.ra.ção [pl.: *-ões*] *s.f.* 1 libertação 2 quitação de dívida ou dispensa de obrigação ou compromisso 3 DIR libertação de condenado, após cumprimento de pena 4 cancelamento das restrições legais ao uso e/ou circulação de certas mercadorias ~ **liberado** *adj.*

li.be.ral [pl.: *-ais*] *adj.2g.* 1 que gosta de dar; generoso 2 diz-se de profissional de nível superior que não tem vinculação hierárquica e exerce atividade ger. técnica e intelectual ■ *adj.2g.s.2g.* 3 que(m) preza a liberdade de opinião e de ação 4 entusiasta ou seguidor da doutrina do liberalismo; liberalista ~ **liberalidade** *s.f.*

li.be.ra.lis.mo *s.m.* doutrina política e econômica a favor da livre iniciativa e contra a intervenção do Estado na economia ~ **liberalista** *adj.2g.s.2g.*

li.be.ra.li.zar *v.* {mod. 1} *t.d. e t.d.i.* 1 (prep. *a*) distribuir em grande quantidade; prodigalizar *<l. favores (aos eleitores)>* □ *t.d. e pron.* 2 tornar(-se) liberal ou mais liberal *<l. o regulamento>* *<liberalizou-se em questões de opinião>* □ *pron.* 3 tornar-se adepto do liberalismo ~ **liberalização** *s.f.*

li.be.rar *v.* {mod. 1} *t.d.,t.d.i. e pron.* 1 (prep. *de*) deixar ou ficar dispensado (de obrigação, compromisso, dívida); isentar(-se) *<o juiz liberou o acusado (da culpa)>* *<l.-se de uma promessa>* 2 (prep. *de*) tornar(-se) livre de; libertar(-se) *<l. as energias retidas>* *<l. alguém de suas angústias>* *<l.-se do passado>* □ *t.d.* 3 dar autorização para; permitir *<l. o ingresso de menores>* 4 tornar disponível, viável, usável; desbloquear *<l. recursos>* 5 lançar de si; soltar, emitir

L

li.ber.da.de *s.f.* 1 direito de expressar opiniões e agir segundo suas convicções; independência 2 condição de não estar constrangido física ou moralmente 3 atitude que revela confiança, familiaridade, pouco apego às conveniências *<tomei a l. de entrar>* ▣ **l. condicional** DIR liberdade provisória a que um condenado tem direito, após cumprir parte da sentença

lí.be.ro *s.m.* ESP 1 no futebol, função tática de jogador que, sem posição fixa no campo, pode corrigir eventuais falhas de seus companheiros na defesa e no ataque 2 no vôlei, jogador especializado em passe e defesa que atua no fundo de quadra, substituindo outro jogador, sendo impedido de sacar, atacar ou bloquear

li.ber.ta.ção [pl.: *-ões*] *s.f.* ação ou efeito de pôr(-se) em liberdade; liberação

li.ber.ta.dor /ô/ [pl.: *-es*] *adj.s.m.* (o) que liberta, concede a liberdade

li.ber.tar *v.* {mod. 1} *t.d.,t.d.i. e pron.* 1 (prep. *de*) soltar(-se) da prisão ou do cativeiro; pôr(-se) em liberdade *<o policial libertou a criança (dos raptores)>* *<os reféns conseguiram l.-se>* 2 (prep. *de*) tornar(-se) livre, independente *<l. o país (da ocupação estrangeira)>* *<viu a colônia l.-se da metrópole>* 3 (prep. *de*) desembaraçar(-se) [de obstáculo, perturbação]; livrar(-se) *<l. (de culpa) a consciência>* *<l.-se de um compromisso>* ◉ GRAM/USO part.: *libertado, liberto*

li.ber.tá.rio *adj.s.m.* 1 partidário da liberdade absoluta 2 defensor do anarquismo

li.ber.ti.na.gem [pl.: *-ens*] *s.f.* conduta de quem se entrega exageradamente a prazeres sexuais

li.ber.ti.no *adj.s.m.* que(m) leva vida dissoluta; depravado, devasso

li.ber.to *adj.* 1 posto em liberdade; livre, solto ■ *adj.s.m.* 2 (escravo) alforriado ◉ GRAM/USO part. de *libertar*

li.bi.di.na.gem [pl.: *-ens*] *s.f.* 1 procura incontrolada de satisfações sexuais 2 comportamento próprio de libidinoso

li.bi.di.no.so /ô/ [pl.: /ó/; fem.: /ó/] *adj.* 1 relativo ao prazer ou ao apetite sexual ■ *adj.s.m.* 2 que(m) tem desejos sexuais intensos e constantes

li.bi.do *s.f.* apetite sexual; desejo

li.bra *s.f.* 1 FÍS unidade de massa us. no sistema inglês de pesos e medidas equivalente a 453,60 gramas (símb.: *lb*) 2 ECON meio pelo qual são efetuadas transações monetárias no Egito, Líbano, Síria e Sudão 3 ECON a cédula e a moeda us. nessas transações 4 sétima constelação zodiacal, situada entre Leão e Escorpião; Balança ☞ inicial maiúsc. 5 ASTRL sétimo signo do zodíaco (de 23 de setembro a 22 de outubro); Balança ☞ inicial maiúsc. ▣ **l. esterlina** ECON 1 meio pelo qual são efetuadas transações monetárias na Grã-Bretanha 2 cédula e moeda us. nessas transações

Li.bras *s.f.* sigla de *língua brasileira de sinais*

li.bré *s.m.* uniforme com galões e botões distintivos us. pelos criados de casas nobres

li.bre.to /ê/ *s.m.* MÚS 1 texto de ópera, oratório ou cantata 2 *p.ext.* o livro com esse texto

li.bri.a.no *adj.s.m.* ASTRL 1 que(m) é do signo de Libra ■ *adj.* 2 relativo ao signo de Libra

li.ça *s.f.* 1 arena destinada a torneios e combates 2 *fig.* briga, disputa

li.ção [pl.: *-ões*] *s.f.* 1 tema de aula 2 tarefa escolar 3 o ensino de uma matéria durante determinado espaço de tempo; aula 4 *fig.* exemplo dado por uma pessoa a outra ou obtido por experiência própria 5 *fig.* repreensão, castigo

li.cen.ça *s.f.* 1 consentimento; autorização 2 o certificado que documenta esta autorização 3 permissão para ausentar-se do serviço 4 prazo durante o qual a pessoa está autorizada a faltar ao serviço

li.cen.ci.a.do *adj.s.m.* 1 que(m) obteve a licenciatura 2 DIR que(m) obteve a cessão do direito de explorar economicamente marca ou modelo de negócios ■ *adj.* 3 que tem licença para exercer uma atividade 4 que está devidamente autorizado a ausentar-se do trabalho (diz-se de funcionário)

li.cen.ci.a.men.to *s.m.* 1 concessão de licença 2 licenciatura

li.cen.ci.ar *v.* {mod. 1} *t.d. e pron.* 1 conceder ou obter licença; dispensar *<l. soldados>* *<l.-se por doença>* 2 conceder ou adquirir a licenciatura

li.cen.ci.a.tu.ra *s.f.* grau universitário que dá direito a lecionar para o segundo segmento do ensino fundamental e para o ensino médio; licenciamento

li.cen.ci.o.so /ô/ [pl.: /ó/; fem.: /ó/] *adj.s.m.* 1 que(m) abusa da liberdade; indisciplinado 2 que(m) agride a decência; indecente, depravado ~ **licenciosidade** *s.f.*

li.ceu *s.m.* estabelecimento de ensino médio e/ou profissionalizante

li.chi.a ou **le.chi.a** *s.f.* BOT fruto, cujo arilo branco e doce é comestível, da árvore de mesmo nome

li.ci.ta.ção [pl.: *-ões*] *s.f.* 1 oferta de lance em leilão 2 ato ou efeito de pôr em leilão 3 escolha, por concorrência, de fornecedores de produtos ou serviços para órgãos públicos

li.ci.tar *v.* {mod. 1} *int.* 1 dar lance em leilão ou hasta pública □ *t.d.* 2 pôr em leilão ou em concorrência pública 3 selecionar (o poder público) proposta para (fornecimento de bens ou prestação de serviços)

lí.ci.to *adj.s.m.* 1 DIR (o) que a lei permite 2 (o) que é justo ou permitido ■ *adj.* 3 passível de se admitir; justificável ~ **licitude** *s.f.*

li.cor /ô/ [pl.: *-es*] *s.m.* bebida alcoólica, espessa, doce, preparada por destilação, maceração ou pela adição de essências ~ **licoreira** *s.f.* - **licoreiro** *s.m.*

li.co.ro.so /ô/ [pl.: /ó/; fem.: /ó/] *adj.* que tem as características do licor, esp. a consistência espessa e açucarada

li.da *s.f.* trabalho duro; labuta

li.da.dor /ô/ [pl.: *-es*] *adj.s.m.* 1 lutador, combatente 2 trabalhador

L

li.dar *v.* {mod. 1} *int.* **1** lutar em batalha, duelo; combater **2** trabalhar muito, com esforço e perseverança; labutar ☐ *t.i.* **3** (prep. *com*) ter contato, convivência com; tratar *<l. com o público>*

[1]li.de *s.f.* DIR pleito judicial pelo qual uma das partes faz um pedido e a outra resiste; pendência, litígio [ORIGEM: do lat. *lis,litis* 'rixa, disputa']

[2]li.de *s.m.* JOR parágrafo que apresenta os principais tópicos de um texto jornalístico [ORIGEM: do ing. *lead* 'liderança; exemplo; seção introdutória de uma reportagem']

lí.der [pl.: *-es*] *s.2g.* **1** indivíduo que tem autoridade para comandar ou coordenar outros **2** parlamentar que representa a bancada de um partido ou do governo **3** indivíduo ou equipe que ocupa o primeiro lugar numa competição **4** quem atrai seguidores

li.de.ran.ça *s.f.* **1** função, posição ou característica de líder; autoridade **2** pessoa que possui esse espírito ou pessoa(s) que exerce(m) essa autoridade

li.de.rar *v.* {mod. 1} *t.d.* **1** proceder como ou ter a função de líder **2** ocupar a posição de líder *<l. as estatísticas>*

lí.di.mo *adj.* reconhecido como autêntico, verdadeiro

li.ga *s.f.* **1** aliança ou união entre pessoas para atingir um fim comum **2** nome genérico de associações, agremiações etc. **3** tira elástica que prende a meia à perna **4** QUÍM mistura de dois ou mais metais que se fundem **5** QUÍM o metal composto que resulta dessa fusão

li.ga.ção [pl.: *-ões*] *s.f.* **1** união entre duas ou mais coisas ou pessoas **2** o que serve para unir **3** vínculo, união entre pessoas; afinidade de sentimentos **3.1** *B* relação amorosa **4** estabelecimento de contato **4.1** comunicação estabelecida por telefone, celular etc. **5** ELETR reunião de dois ou mais condutores em determinado ponto **6** QUÍM força atrativa que une átomos em moléculas

li.ga.du.ra *s.f.* **1** ação de apertar um laço, uma tira de pano etc., em volta de uma parte do corpo **2** aquilo com que se realiza essa ação; bandagem, atadura **3** MED cirurgia que fecha, por meio de um fio, veias e canais; laqueadura

li.ga.men.to *s.m.* **1** união ou combinação de elementos **2** o que serve para fazer essa união **3** ANAT feixe fibroso que liga os ossos articulados ou que mantém os órgãos nas respectivas posições

li.gar *v.* {mod. 1} *t.d. e t.d.i.* **1** (prep. *a, com*) promover a coesão das partes de um todo, ou impedir que se desprendam ou se movimentem, por meio de laço ou ligadura; unir, prender *<ligou as ripas de madeira com cordas> <o detetive ligou-os com algemas um ao outro>* **2** (prep. *a*) pôr em contato (o que está separado); reunir, juntar *<l. as pontas> <l. o plugue à tomada>* **3** (prep. *a, com*) pôr em comunicação *<o rádio e a TV ligam os mais distantes pontos do país> <a estrada que liga o mar à montanha>* **4** *fig.* (prep. *a*) aproximar por relação lógica, de semelhança, de continuidade, de dependência; associar *<l. fatos, ideias> <l. a causa à consequência>* ☐ *t.d.* **5** dar coesão, homogeneidade a (mistura ou preparado) *<usou maisena para l. o molho>* **6** MED realizar a ligadura de; laquear **7** pôr em funcionamento; acionar *<l. o rádio> <l. o motor do carro>* ☐ *t.d. e pron.* **8** (fazer) ficar junto por vínculo moral, afetivo; unir(-se) *<as afinidades ligam as pessoas> <ligaram-se pelo matrimônio>* ☐ *t.d.,t.d.i.,int. e pron.* **9** (prep. *com*) unir(-se), formando um todo; misturar(-se), combinar(-se) *<l. metais> <l. o ouro com a prata> <metais que não (se) ligam>* ☐ *t.i.* **10** *B* (prep. *para*) comunicar-se pelo telefone com; telefonar *<l. para os pais>* **11** (prep. *para*) dar importância, atenção para; interessar-se *<não ligue pra isso>*

li.gei.re.za /ê/ *s.f.* facilidade e rapidez de movimentos, de pensamento

li.gei.ro *adj.* **1** que tem velocidade acelerada; rápido **2** ágil **3** que mal se vê, ouve, nota ou sente; leve

light [ing.] *adj.2g.2n.* **1** de valor calórico comparativamente mais baixo ou feito com outro adoçante que não açúcar **2** de conteúdo alcoólico mais baixo **3** cuja composição é supostamente menos nociva, em comparação com outras ⇒ pronuncia-se laite

líg.neo *adj.* lenhoso

lig.ni.na *s.f.* BIOQ substância responsável pela rigidez da parede celular vegetal, que constitui, com a celulose, a maior parte da madeira de árvores e arbustos

lig.ni.to ou **li.nhi.to** *s.m.* GEOL carvão fóssil

li.lás [pl.: *lilases*] ou **li.lá** *s.m.* **1** BOT arbusto nativo da Europa, de flores arroxeadas aromáticas, cultivado como ornamental e para uso em perfumaria **2** tom claro de roxo ■ *adj.2g.* **3** que tem a cor lilás **4** diz-se dessa cor

li.li.á.cea *s.f.* BOT espécime das liliáceas, família de plantas nativas do hemisfério norte, mundialmente cultivadas como ornamentais, medicinais ou para alimentação ~ **liliáceo** *adj.*

[1]li.ma *s.f.* ferramenta de lâmina metálica que, por fricção, desbasta ou serra um metal ou outro material duro [ORIGEM: do lat. *lima,ae* 'id.']

[2]li.ma *s.f.* BOT fruta semelhante à laranja, de casca fina amarelo-clara e polpa esverdeada, ligeiramente amarga; lima-da-pérsia [ORIGEM: do ár. *līmâ* 'nome de unidade do coletivo *lim*']

li.ma-da-pér.sia [pl.: *limas-da-pérsia*] *s.f.* BOT [2]lima

li.ma.lha *s.f.* conjunto de partículas de metal limado

li.mão [pl.: *-ões*] *s.m.* BOT **1** fruta esférica, de casca e polpa verdes, sabor azedo, rica em vitamina C ■ *adj.2g.2n.* **2** que tem a cor dessa fruta **3** diz-se dessa cor

li.mar *v.* {mod. 1} *t.d.* **1** serrar, polir ou desgastar com [1]lima **2** *fig.* tornar melhor ou perfeito; aprimorar ~ **limadura** *s.f.* - **limagem** *s.f.*

lim.bo *s.m.* **1** borda, beira **2** *fig.* estado de indecisão ou esquecimento

li.mei.ra *s.f.* BOT árvore da [2]lima

li.me.nho *adj.* **1** de Lima, Peru ■ *s.m.* **2** natural ou habitante dessa capital

li.mi.ar [pl.: *-es*] *s.m.* **1** soleira de porta **2** *fig.* primeiro momento; começo, início

li.mi.nar [pl.: *-es*] *adj.2g.* **1** que é o início de alguma coisa ■ *adj.2g.s.f.* **2** DIR (medida) que precede o objeto principal da ação

li.mi.ta.ção [pl.: *-ões*] *s.f.* **1** demarcação, delimitação **2** *fig.* ação de restringir a certos limites ou o seu efeito; restrição, contenção **3** *fig.* imperfeição, insuficiência *<ele tem suas limitações>* ☞ nesta acp., freq. us. no pl.

li.mi.ta.do *adj.* **1** pouco extenso **2** reduzido a certos limites; restrito **3** que tem habilidade ou capacidade insuficiente

li.mi.tar *v.* {mod. 1} *t.d.* **1** determinar ou ser o(s) limite(s) de *<a cerca limita o terreno>* **2** determinar o número, a quantidade de *<l. os integrantes do grupo>* ☐ *t.i. e pron.* **3** (prep. *com*) fazer fronteira com; confinar *<o Equador limita(-se) com a Colômbia e o Peru>* ☐ *t.d. e t.d.i. fig.* **4** (prep. *a*) determinar o limite que não se deve ultrapassar; restringir *<não l. a liberdade de imprensa> <l. a cordialidade a um cumprimento seco>* ☐ *pron.* **5** (prep. *a*) dar-se por satisfeito; contentar-se **6** (prep. *a*) não ir além de; circunscrever-se *<seus conhecimentos de matemática limitam-se às quatro operações>* ~ **limitante** *adj.2g.*

li.mi.ta.ti.vo *adj.* que serve de limite

li.mi.te *s.m.* **1** linha que determina uma extensão espacial ou que separa duas extensões; raia **2** *fig.* linha que marca o fim de uma extensão espacial ou temporal **3** o que determina os contornos de um domínio abstrato *<o l. da tolerância>* **4** *fig.* limitação ('imperfeição') ☞ freq. us. no pl.

li.mí.tro.fe *adj.2g.* **1** que está ou vive nos limites de uma extensão, de uma região etc. **2** *fig.* muito próximo, vizinho

lim.no.lo.gi.a *s.f.* ECO estudo científico das extensões de água doce (como lagos, pântanos etc.) ~ **limnológico** *adj.* - **limnologista** *adj.2g.s.2g.* - **limnólogo** *s.m.*

li.mo *s.m.* **1** colônia de algas azuis e/ou verdes que, em lugares muito úmidos, formam tapetes sobre o solo e as pedras **2** lama, lodo

li.mo.ei.ro *s.m.* BOT pequena árvore, de ramos curtos e espinhosos, que produz o limão ◉ COL limoal

li.mo.na.da *s.f.* refresco de limão

li.mo.so /ô/ [pl.: /ó/; fem.: /ó/] *adj.* **1** que contém ou apresenta limo **2** lamacento, lodoso ~ **limosidade** *s.f.*

lim.pa *s.f.* **1** ato de limpar ou seu efeito **2** *p.ext. gír.* roubo completo

lim.pa.de.la *s.f.* limpeza superficial

lim.pa.dor /ô/ [pl.: *-es*] *adj.s.m.* **1** que(m) limpa **2** (aparelho ou produto) us. em limpeza ▣ **l. de para-brisa** par de varetas de metal, munidas de borracha, que limpa a parte exterior do para-brisa de veículo

lim.par *v.* {mod. 1} *t.d.,t.d.i. e int.* **1** (prep. *de*) deixar ou ficar sem sujeiras, impurezas, manchas etc.; tornar(-se) limpo *<l. as ruas> <l. as paredes da fuligem> <limpou-se com água-de-colônia>* ☐ *t.d.* **2** *p.ext.* desinfetar *<l. um ferimento>* **3** remover de (recipiente, lugar) o que sobra ou atrapalha *<l. o prato>* **4** tornar límpido, claro (o céu, o tempo); desanuviar **5** *B infrm.* roubar, levando tudo *<o assaltante limpou a casa>* **6** *B infrm.* reduzir a zero (soma de dinheiro, conta); esgotar *<despesas inesperadas limparam nossas economias>* ☐ *t.d.,t.d.i. e pron. fig.* **7** (prep. *de*) livrar(-se) de manchas morais; redimir(-se) *<o sofrimento limpa a alma> <era uma dor que o limpava dos crimes passados> <procurava l.-se de sua culpa>* ◉ GRAM/USO part.: *limpado, limpo* ~ **limpamento** *s.m*

lim.pa-tri.lhos *s.m.2n. B* chapa ou grade dianteira das locomotivas que serve para desviar obstáculos que estejam sobre os trilhos

lim.pe.za /ê/ *s.f.* **1** retirada de sujeira; asseio **2** *fig.* ato de livrar do que fere a moral; purificação

lim.pi.dez /ê/ [pl.: *-es*] *s.f.* qualidade, estado ou condição de límpido; transparência, pureza

lím.pi.do *adj.* **1** claro, transparente **2** puro, inalterado

lim.po *adj.* **1** sem sujeira; asseado **2** sem mistura; puro **3** *fig.* isento de culpa, problemas ou complicações; honesto **4** sem nuvens; claro **5** *fig. infrm.* de que nada foi deduzido (diz-se de importância em dinheiro) ◉ GRAM/USO part. de *limpar*

li.mu.si.ne *s.f.* carro de passeio luxuoso com cabine de motorista e lugar para seis passageiros

lin.car *v.* {mod. 1} *t.d. e t.d.i.* INF (prep. *a*) criar um *link* para *<l. as páginas de um* website*> <l. uma imagem a um texto>*

lin.ce *s.m.* ZOO felino selvagem de cauda curta e tufos de pelos nas orelhas

lin.cha.men.to *s.m.* execução sumária por um grupo, sem direito a julgamento

lin.char *v.* {mod. 1} *t.d.* matar ou torturar (criminoso ou suspeito), sem julgamento regular e por decisão coletiva ~ **linchador** *adj.s.m.*

lin.de.za /ê/ *s.f.* **1** grande beleza **2** *p.ext.* pessoa ou coisa linda e/ou perfeita

lin.do *adj.* **1** muito bonito **2** que dá prazer de se ver, ouvir etc.

li.ne.a.men.to *s.m.* traço, linha, contorno, ou o ato de produzi-los

li.ne.ar [pl.: *-es*] *adj.2g.* **1** relativo a linha ('traço contínuo') **2** que se assemelha a uma linha **3** *fig.* sem desvios, sem digressões; direto *<pensamento l.>* ~ **linearidade** *s.f.*

lí.neo *adj.* de ou relativo a linho

lin.fa *s.f.* BIOQ líquido orgânico originado do sangue, composto de proteínas e lipídios, que circula nos vasos linfáticos e transporta glóbulos brancos

lin.fá.ti.co *adj.* que contém ou conduz a linfa

lin.fó.ci.to *s.m.* BIO leucócito originado na medula óssea e encontrado esp. na linfa ~ **linfocitário** *adj.*

lin.foi.de /ói/ *adj.2g.* **1** relativo ou semelhante a linfa **2** que constitui o tecido dos gânglios linfáticos

lin.fo.ma *s.m.* MED tumor (benigno ou maligno) de tecido linfoide

lingerie [fr.; pl.: *lingeries*] *s.f.* roupa íntima feminina ⇒ pronuncia-se lãjerri

lin.go.te *s.m.* barra de metal fundido ~ **lingotamento** *s.m.*

lín.gua *s.f.* **1** ANAT órgão muscular, situado na boca e na faringe, responsável pelo paladar e auxiliar na mastigação, na deglutição e na produção de sons **2** LING conjunto das palavras e das regras que as combinam, us. por uma comunidade linguística como principal meio de comunicação e de expressão, falado ou escrito **3** o idioma nacional ▣ **l. brasileira de sinais** LING a língua de sinais (gestos) us. por surdos no Brasil [sigla: *Libras*] ~ **lingual** *adj.2g.*

lín.gua de so.gra [pl.: *línguas de sogra*] *s.f.* *B* apito acoplado a um tubo de papel enroscado, que, ao ser soprado, se desenrola emitindo som

lin.gua.do *s.m.* ZOO peixe pardo com pequenas manchas escuras e brancas, de corpo oval e achatado, com uma única nadadeira nas costas e os dois olhos do mesmo lado

lin.gua.gem [pl.: *-ens*] *s.f.* **1** LING conjunto das palavras e dos métodos de combiná-las us. e compreendido por uma comunidade **2** maneira de se expressar própria de um grupo social, profissional etc.; jargão **3** capacidade de expressão, esp. verbal **4** meio de expressão de ideias ou sentimentos com o uso de marcas, sinais ou gestos convencionados **5** qualquer sistema de símbolos e sinais; código **6** *p.ext.* meio de comunicação próprio de uma espécie animal

lin.gua.jar [pl.: *-es*] *s.m.* modo de falar de um grupo, indivíduo, região etc.; linguagem

lin.gua.ru.do *adj.s.m.* que(m) fala demais; tagarela

lin.gue.ta /güê/ *s.f.* **1** objeto, peça com o formato de uma pequena língua **2** peça móvel da fechadura que impede a abertura de porta, gaveta etc. **3** pequena aba, nos sapatos, situada na altura do peito do pé

lin.gui.ça /gü/ *s.f.* tripa recheada de carne, esp. de porco

lin.guis.ta /gü/ *adj.2g.s.2g.* especialista em linguística

lin.guís.ti.ca /gü/ *s.f.* ciência que estuda a linguagem humana, a estrutura das línguas e sua origem, desenvolvimento e evolução

lin.guís.ti.co /gü/ *adj.* **1** relativo a linguística **2** relativo à língua como meio de comunicação, base cultural ou identidade étnica

li.nha *s.f.* **1** fio de fibras torcidas us. em costuras, bordados etc. **2** corda fina us. para atar; barbante **3** fio metálico para transmissões telefônicas ou telegráficas **4** fio que se usa para pescar **5** sistema de fios ou de cabos para transmissão de energia elétrica **6** traço contínuo **7** via férrea **8** sistema de transporte e seu itinerário **9** fila; fileira **10** *fig.* conjunto de regras que se devem observar; diretriz, orientação **11** apuro, requinte de maneiras <*pessoa de l.*> ▣ **sair de l.** deixar de ser produzido (peça, equipamento etc.)

li.nha.ça *s.f.* BOT semente do linho

li.nha.da *s.f.* **1** linha de pesca **2** ato de lançar o anzol ou o seu efeito **3** ato de espiar rapidamente e uma vez; espiadela

li.nha-du.ra *adj.2g.2n.s.2g.* **1** partidário de regime autoritário ☞ pl. s.2g.: *linhas-duras* ■ *adj.2g.2n.* **2** próprio desse regime

li.nha.gem [pl.: *-ens*] *s.f.* **1** série de gerações; genealogia, estirpe **2** *fig.* classe, condição social **3** MICRB população homogênea de organismos com características definidas, criada para fins experimentais; cepa

li.nhi.to *s.m.* → ***LIGNITO***

li.nho *s.m.* **1** BOT erva cultivada esp. pelas fibras, us. na confecção de tecidos e papel **2** tecido leve feito dessa fibra

li.nhol [pl.: *-óis*] *s.m.* fio grosso us. para costurar sapatos

li.ni.fí.cio *s.m.* **1** arte de manufaturar o linho **2** peça em linho

li.ni.men.to *s.m.* medicamento oleoso us. em fricções sobre a pele

link [ing.; pl.: *links*] *s.m.* INF em hiperdocumentos, trecho em destaque ou elemento gráfico que, acionado ger. por um clique de *mouse*, exibe imediatamente um novo hiperdocumento ⇒ pronuncia-se link

li.nó.leo *s.m.* tecido plastificado com óleo de linhaça, ger. us. para tapete

li.no.ti.pi.a *s.f.* GRÁF **1** técnica de composição e impressão por linotipo **2** trabalho feito com essa técnica **3** lugar onde se trabalha com linotipo

li.no.ti.po *s.f.* GRÁF máquina de composição mecânica que funde cada linha de caracteres num bloco ☞ marca registrada *Linotype*, que passou a designar o seu gênero ~ **linotipista** *s.2g.*

li.o.fi.li.za.ção [pl.: *-ões*] *s.f.* QUÍM processo de secagem com baixa temperatura, esp. para conservação ~ **liofilizar** *v.t.d.*

li.pí.dio *s.m.* BIOQ molécula orgânica, insolúvel em água, um dos principais componentes da estrutura das células, cuja função é armazenar energia

li.po.as.pi.ra.ção [pl.: *-ões*] *s.f.* MED processo de extração de gorduras superficiais do corpo humano, por punção e aspiração a vácuo

li.po.es.cul.tu.ra *s.f.* MED remodelação de certas partes do corpo humano por aspiração e injeção da própria gordura, inserção de implantes etc.

li.poi.de /ói/ *adj.2g.* semelhante a gordura

li.po.ma *s.m.* MED tumor benigno formado por hipertrofia do tecido adiposo ~ **lipomatoso** *adj.*

li.que.fa.ção /qu *ou* qü/ [pl.: *-ões*] *s.f.* FÍS passagem do estado gasoso para o líquido

li.que.fa.zer /qu *ou* qü/ *v.* {mod. 14} *t.d. e pron.* **1** reduzir(-se) a líquido; derreter(-se), fundir(-se) *<l.(-se) um metal>* **2** (fazer) passar do estado gasoso ao líquido; condensar(-se) *<l.(-se) o vapor de água>*

li.que.fei.to /qu *ou* qü/ *adj.* que passou por liquefação *<gás l.>*

lí.quen [pl.: *líquenes, (B) liquens*] *s.m.* BOT vegetal formado pela associação simbiótica de uma alga e um fungo

li.qui.da.ção /qu *ou* qü/ [pl.: *-ões*] *s.f.* **1** ato ou efeito de liquidar(-se) **2** venda de mercadorias a preços mais baixos que o normal **3** pagamento total de uma soma ou conta **4** DIR série de operações de encerramento de atividades de uma empresa

li.qui.dan.te /qu *ou* qü/ *adj.2g.s.2g.* **1** DIR que(m) é encarregado de proceder à liquidação de uma sociedade civil ou comercial ■ *adj.* **2** conclusivo, decisivo

li.qui.dar /qu *ou* qü/ *v.* {mod. 1} *t.d.* **1** apurar e acertar (conta) **2** ficar livre de (conta, dívida, obrigação); saldar, quitar **3** DIR encerrar a atividade comercial de (firma, empresa) **4** *B* vender a preços reduzidos; queimar **5** *fig.* pôr fim a (algo), de maneira enérgica e definitiva *<l. a concorrência>* **6** *fig.* exterminar, aniquilar *<um produto para l. insetos>* □ *t.d. e pron.* **7** matar(-se)

L

li.qui.dez /qu *ou* qü...ê/ [pl.: *-es*] *s.f.* **1** qualidade ou condição de uma substância em estado líquido **2** disponibilidade de dinheiro em caixa e/ou de títulos, promissórias etc. que podem converter-se imediatamente em dinheiro **3** propriedade do que é facilmente negociável e conversível em dinheiro vivo, como bens, títulos e ações

li.qui.di.fi.ca.dor /qu *ou* qü...ô/ [pl.: *-es*] *s.m.* **1** eletrodoméstico composto de um recipiente com uma hélice de pás cortantes no fundo que mói e mistura alimentos ■ *adj.* **2** que liquidifica

li.qui.di.fi.car /qu *ou* qü/ *v.* {mod. 1} *t.d.* fazer passar a estado líquido ou pastoso ou misturar (alimento) utilizando um liquidificador

lí.qui.do /qu *ou* qü/ *adj.* **1** diz-se do estado da matéria intermediário entre os estados sólido e gasoso **2** que flui ou corre como água **3** que se encontra em estado de fusão **4** que não dá margem a dúvida **5** diz-se do peso de determinado item, excluindo-se o peso de seu recipiente ou embalagem **6** diz-se de soma ou quantia que resulta após dedução de encargos ou despesas *<salário l.>* ■ *s.m.* **7** substância em estado líquido ▣ **l. amniótico** FISL líquido da cavidade amniótica que protege o feto contra choques e perda de umidade

li.ra *s.f.* MÚS antigo instrumento de cordas dedilháveis presas em armação de madeira em forma de U

lí.ri.ca *s.f.* LIT **1** poesia que expressa sentimentos e pensamentos íntimos **2** conjunto de obras líricas *<a l. de Camões>*

lí.ri.co *adj.* **1** relativo à lírica ou que cultiva a lírica **2** diz-se de gênero poético ou musical dedicado à expressão de sentimentos e pensamentos íntimos **3** relativo a ópera ou a cantor de ópera

lí.rio *s.m.* BOT **1** flor ger. branca e muito perfumada, cultivada como ornamental; lis **2** sua planta ◉ COL lirial

li.ris.mo *s.m.* LIT tendência artística, esp. literária, que privilegia a subjetividade e a revelação do estado de alma do autor

lis *s.m.* lírio ('flor')

lis.bo.e.ta /ê/ *adj.2g.* **1** de Lisboa, Portugal ■ *s.2g.* **2** natural ou habitante dessa capital

li.so *adj.* **1** sem aspereza ou saliências **2** sem ondulações (cabelo, pelo etc.) **3** sem enfeite ou estampa *<tecido l.>* **4** *B infrm.* sem dinheiro *<estar l.>*

li.son.ja *s.f.* adulação, elogio exagerado

li.son.je.ar *v.* {mod. 5} *t.d. e pron.* **1** envaidecer(-se) com lisonjas, elogios; orgulhar(-se) *<a atriz lisonjeou-se com os aplausos>* □ *t.d.* **2** enaltecer com exagero, para ter favores, privilégios etc.; adular **3** dar prazer a; satisfazer, deleitar *<a paisagem lisonjeava nossos olhos>* ~ **lisonjeador** *adj.s.m.*

li.son.jei.ro *adj.* **1** que lisonjeia, que envaidece; lisonjeador **2** agradável, aprazível **3** que tem boas perspectivas; promissor **4** que exprime aprovação; favorável

li.sos.so.ma ou **li.sos.so.mo** *s.m.* BIO organela citoplasmática, em forma de bolha, com enzimas que atuam na digestão intracelular

lis.ta *s.f.* **1** série de nomes de pessoas ou coisas; listagem, relação **2** listra

lis.ta.gem [pl.: *-ens*] *s.f.* **1** ato de listar **2** lista, relação **3** INF relatório de computador sob forma impressa

lis.tar *v.* {mod. 1} *t.d.* inscrever em uma lista; arrolar, relacionar *<l. as despesas do mês>* ~ **listado** *adj.*

lis.tra *s.f.* traço vertical ou horizontal em uma superfície; lista

lis.trar *v.* {mod. 1} *t.d.* dotar de listras ~ **listrado** *adj.*

li.su.ra *s.f.* **1** qualidade do que é liso, plano **2** *fig.* integridade de caráter, honestidade

li.ta.ni.a *s.f.* REL ladainha

li.tei.ra *s.f.* cadeira coberta e fechada, us. como meio de transporte, sustentada por duas varas e carregada por dois homens ou dois animais de carga

li.te.ral [pl.: *-ais*] *adj.2g.* **1** que reproduz exatamente determinado texto ou trecho **2** conforme o significado das palavras, por oposição ao seu sentido figurado; exato, rigoroso ~ **literalidade** *s.f.*

li.te.rá.rio *adj.* **1** relativo a literatura **2** que revela aptidão para a literatura

li.te.ra.to *adj.s.m.* que(m) escreve ou estuda obras literárias

li.te.ra.tu.ra *s.f.* **1** arte da utilização estética da linguagem, esp. a escrita **2** conjunto de obras literárias pertencentes a um país, época etc. **3** bibliografia sobre determinado assunto *<l. médica>* ▣ **l. de cordel** literatura popular (esp. contos e poesias), de impressão barata, exposta à venda em cordéis

[1]**lí.ti.co** *adj.* relativo a pedra [ORIGEM: do gr. *lithikós,ḗ,ón* 'id.']

[2]**lí.ti.co** *adj.* relativo a lítio [ORIGEM: do rad. *lit-* + *-́ico*]

li.ti.gar *v.* {mod. 1} *t.d.* **1** iniciar litígio sobre ☐ *t.i. e int.* **2** (prep. *com, contra*) entrar em disputa com; contender, lutar *<l. contra os aproveitadores>* *<as duas facções litigam há anos>* ~ **litigante** *adj.2g.s.2g.*

li.tí.gio *s.m.* **1** DIR ação ou controvérsia judicial; lide **2** *fig.* conflito de interesses ~ **litigioso** *adj.*

lí.tio *s.m.* QUÍM elemento químico alcalino us. em baterias, ligas metálicas etc. [símb.: *Li*] ☞ cf. *tabela periódica* (no fim do dicionário)

li.to.gra.fi.a *s.f.* GRÁF **1** sistema de reprodução de um escrito ou desenho cuja matriz é de pedra ou metal **2** produto dessa reprodução; litogravura **3** oficina em que essa reprodução acontece ~ **litográfico** *adj.*

li.to.gra.vu.ra *s.f.* GRÁF litografia ('produto')

li.to.lo.gi.a *s.f.* GEOL **1** petrologia **2** descrição das rochas ~ **litológico** *adj.*

li.to.ral [pl.: *-ais*] *s.m.* **1** faixa de terra à beira-mar; costa ■ *adj.2g.* **2** litorâneo

li.to.râ.neo *adj.* que pertence a ou se situa à beira-mar; litoral

[1]**li.to.ri.na** *s.f.* ZOO nome comum a moluscos marinhos encontrados em regiões costeiras rochosas e em manguezais [ORIGEM: do lat. *littus* ou *litus,ŏris* 'praia, litoral']

[2]**li.to.ri.na** *s.f. B* trem com motor próprio; automotriz [ORIGEM: do it. *littorina* 'id.']

li.tos.fe.ra *s.f.* GEOL camada exterior sólida da superfície da Terra, com uma espessura de 50 km a 200 km ☞ cf. *barisfera* e *pirosfera* ~ **litosférico** *adj.*

li.trá.cea *s.f.* BOT espécime das litráceas, família de plantas cultivadas como ornamentais, para a extração de tinturas (como, p.ex., a hena) ou pela madeira ~ **litráceo** *adj.*

li.tro *s.m.* **1** unidade de medida de capacidade que equivale a um decímetro cúbico [símb.: *l*] **2** quantidade de líquido que cabe nessa medida **3** recipiente com essa capacidade ou quantidade equivalente a 1 litro

li.tur.gi.a *s.f.* REL **1** conjunto dos elementos e práticas do culto público de uma igreja ou comunidade religiosa **2** rito us. na realização de cada um dos ofícios e sacramentos ~ **litúrgico** *adj.*

li.ver.mó.rio ou **li.ver.mó.ri.um** *s.m.* QUÍM elemento químico [símb.: *Lv*] ☞ cf. *tabela periódica* (no final do dicionário) ◉ GRAM/USO esta pal. ordinariamente não se empr. no pl.

li.vi.dez /ê/ [pl.: *-es*] *s.f.* estado do que é lívido; palidez

lí.vi.do *adj.* **1** de cor esverdeada, azulada ou acinzentada, causada por contusão, frio etc. **2** *p.ext.* muito pálido

li.vrar *v.* {mod. 1} *t.d.,t.d.i. e pron.* **1** (prep. *de*) [fazer] ficar em liberdade; libertar(-se) *<o juiz mandou l. o suspeito (da prisão)>* *<o detento iludiu o guarda e se livrou>* ☐ *t.d.i. e pron.* **2** (prep. *de*) pôr(-se) a salvo de (situação difícil, perigosa, incômoda); proteger(-se) *<livrou a criança do atropelamento>* *<com diplomacia, o país livrou-se da guerra>* ◉ GRAM/USO part.: *livrado, livre* ~ **livramento** *s.m.*

li.vra.ri.a *s.f.* estabelecimento em que se vendem livros

li.vre *adj.2g.* **1** que tem liberdade de pensar, de agir **2** que vive em liberdade **3** que goza de seus direitos civis **4** que recuperou a liberdade; solto, absolvido **5** que goza de independência política **6** sem restrições, controle ou limitações *<imprensa l.>* **7** desocupado, vago *<táxi l.>* **8** que se pode mover à vontade; solto **9** que não apresenta obstáculos, impedimentos; disponível **10** não envolvido em relacionamento amoroso **11** desprovido, isento *<l. de preconceitos>* **12** desregrado, indecoroso **13** que não segue literalmente o original *<tradução l.>* **14** isento, dispensado de pagamento ◉ GRAM/USO sup.abs.sint.: *libérrimo, livríssimo*; part.irreg. de *livrar*

li.vre-ar.bí.trio [pl.: *livres-arbítrios*] *s.m.* possibilidade de escolha em função da própria vontade, sem qualquer condicionamento, motivo ou causa determinante

li.vre.co *s.m.* **1** pequeno livro **2** *pej.* livro ruim ou sem importância ◉ GRAM/USO dim.irreg. de *livro*

li.vre-do.cên.cia [pl.: *livres-docências*] *s.f. B* **1** exame de habilitação para uma das últimas fases do magistério de nível superior **2** título ou cargo de livre-docente **3** atividade exercida por livre-docente

li.vre-do.cen.te [pl.: *livres-docentes (subst.)* e *livre-docentes (adj.)*] *adj.2g.s.2g.* (professor) qualificado em concurso de livre-docência

li.vrei.ro *adj.s.m.* **1** que(m) tem livraria ou vende livros ■ *adj.* **2** relativo à produção de livros

li.vre-pen.sa.dor /ô/ [pl.: *livres-pensadores (subst.)* e *livre-pensadores (adj.)*] *adj.s.m.* (pessoa) cujas opiniões a respeito da religiosidade são formadas com base na sua razão, sem reconhecer nenhuma autoridade

li.vres.co /ê/ *adj.* que provém do texto de livros e não da experiência

li.vro *s.m.* **1** conjunto de várias folhas com texto que, encadernadas, formam um volume **2** obra literária, científica ou de qualquer outro tipo, publicada em volume impresso ou em outro suporte **3** caderno de registros, anotações, esp. comerciais ◉ COL acervo, biblioteca, coleção

li.vro-cai.xa [pl.: *livros-caixas* e *livros-caixa*] *s.m.* ECON livro em que se registram a entrada e a saída de dinheiro

li.xa *s.f.* **1** papel com camada abrasiva us. para polir madeira, metal etc. **2** ZOO peixe cuja pele muito áspera é us. para polir madeiras ou metais

li.xão [pl.: *-ões*] *s.m.* área em que se deposita lixo a céu aberto ☞ cf. *aterro sanitário*

li.xar *v.* {mod. 1} *t.d.* **1** desbastar ou polir com lixa (p.ex., madeira, unhas) □ *pron. B infrm.* **2** (prep. *para*) não dar importância, atenção a *<está se lixando para as notas baixas>*

li.xei.ra *s.f.* **1** recipiente em que se junta o lixo das casas, ruas, praças e vias públicas; lixo **2** canal que percorre verticalmente um prédio de apartamentos, recebendo o lixo de cada andar **3** *p.ext.* lugar muito sujo

li.xei.ro *s.m. B* profissional encarregado de recolher e conduzir o lixo para locais apropriados

li.xí.via *s.f.* QUÍM solução de cinzas vegetais ou de soda us. para clarear roupa; barrela

li.xo *s.m.* **1** objeto sem valor ou utilidade, ou resto de trabalhos domésticos, industriais etc. que se joga fora **2** lixeira **3** sujeira, imundície **4** *fig. pej.* coisa ou pessoa sem valor, utilidade, importância

lo *pron.p.* **1** oblíquo objetivo dir. da 3ª p.sing. masc., empregado a seguir às formas verbais terminadas em *r*, *s* ou *z* *<tentei contatá-la>* *<qui-lo>* *<fi-lo>*; usa-se tb. posposto ao adv. *eis* *<ei-la que surge!>* [flex.: *la, los, las*] ■ *pron.dem.* **2** neutro; *o, isso, aquilo* (ainda hoje empr. nos mesmos casos citados na acp. 1) *<quanto ao movimento dos adversários, ei-lo aqui minuciado>*

L

lo.a /ô/ *s.f.* discurso elogioso a alguém ou algo

lobby [ing.; pl.: *lobbies*] *s.m.* ver ***LÓBI*** ⇒ pronuncia-se lóbi

ló.bi *s.m.* **1** amplo salão na entrada de hotéis, teatros etc. **2** pressão sobre políticos e poderes públicos exercida por grupo que luta por seus princípios e interesses **3** grupo organizado que faz essa pressão

lo.bi.so.mem [pl.: *-ens*] *s.m.* FOLC homem transformado em lobo em noites de lua cheia, como castigo de seus malefícios, e que vagueia pela noite até encontrar quem o faça sangrar para que seu encanto seja quebrado

lo.bis.ta *s.2g.* **1** quem faz lóbi ('pressão') ■ *adj.2g.* **2** relativo a lóbi ('pressão', 'grupo')

lo.bo /ó/ *s.m.* ANAT **1** parte de um órgão, esp. do cérebro, pulmões e glândulas, delimitada por sulco, fissura etc. **2** parte inferior, pendente e mole da orelha ◉ GRAM/USO dim.irreg.: *lóbulo*

lo.bo /ô/ [fem.: /ô/] *s.m.* ZOO grande mamífero carnívoro da fam. dos canídeos, que vive em grupos de cerca de sete indivíduos, de pelagem longa, ger. cinzenta no dorso e esbranquiçada nas partes inferiores ◉ GRAM/USO dim.irreg.: *lobacho, lobato*; aum.irreg.: *lobaz* ◉ COL alcateia

lo.bo do mar [pl.: *lobos do mar*] *s.m.* marinheiro experiente ☞ cf. *lobo-do-mar*

lo.bo-do-mar [pl.: *lobos-do-mar*] *s.m.* ZOO peixe ósseo, marinho, com cerca de 2,50 m de comprimento ☞ cf. *lobo do mar*

lo.bo-gua.rá [pl.: *lobos-guará* e *lobos-guarás*] *s.m.* ZOO ²guará

lo.bo-ma.ri.nho [pl.: *lobos-marinhos*] *s.m.* ZOO leão-marinho

lo.bu.lar [pl.: *-es*] *adj.2g.* **1** relativo a lóbulo **2** dividido em pequenas partes

ló.bu.lo *s.m.* **1** pequeno lobo /ó/ **2** parte pendente e mole da orelha; lobo ◉ GRAM/USO dim.irreg. de *lobo* /ó/ ~ **lobuloso** *adj.*

lo.ca.ção [pl.: *-ões*] *s.f.* **1** contrato pelo uso e gozo de bem móvel ou imóvel mediante pagamento; aluguel **2** CINE TV lugar fora do estúdio de televisão ou de cinema em que são filmadas cenas externas

lo.ca.dor /ô/ [pl.: *-es*] *adj.s.m.* que(m) cede a outro (o locatário) o uso e gozo de bem móvel ou imóvel, num contrato de locação

lo.ca.do.ra /ô/ *s.f.* loja ou empresa que cede algum bem por aluguel

lo.cal [pl.: *-ais*] *s.m.* **1** área ou região não especificada; lugar **2** área de limites definidos; lugar **3** ponto de referência, centro de um acontecimento ou us. para um encontro etc. ■ *adj.2g.* **4** relativo a certo lugar ou ao lugar em que se vive

lo.ca.li.da.de *s.f.* **1** área pequena de um país, região ou cidade **2** povoação, lugarejo *<mora numa l. aqui perto>*

lo.ca.li.za.ção [pl.: *-ões*] *s.f.* **1** determinação do lugar onde coisa ou pessoa está *<l. por celular>* **2** local onde algo se encontra *<a l. duma casa>*

lo.ca.li.zar *v.* {mod. 1} *t.d.* **1** definir o paradeiro ou posição de *<l. o filho pelo celular>* **2** *p.ext.* detectar, identificar *<l. a origem da dor>* □ *t.d.i. e pron.* **3** (prep. *em*) [fazer] ficar em determinado local; posicionar(-se), colocar(-se) *<l. os desabrigados em escolas>* *<quer l.-se perto do palco>* □ *pron.* **4** estar situado; ficar *<a empresa localiza-se no Brasil>*

lo.ção [pl.: *-ões*] *s.f.* líquido us. para tratar ou limpar a pele e o couro cabeludo

lo.car *v.* {mod. 1} *t.d.* **1** conceder por certo tempo, mediante pagamento, o uso de; alugar **2** determinar o local de; localizar **3** marcar com estacas o local de (uma construção) ou o eixo de (estrada)

lo.ca.tá.rio *adj.s.m.* que(m) paga aluguel; inquilino

lo.cau.te *s.m.* fechamento de fábrica, pelos donos, para forçar um acordo, ger. salarial, com os empregados

lo.co.mo.ção [pl.: *-ões*] *s.f.* ato ou efeito de locomover-se; deslocamento de um lugar para outro ~ **locomotivo** *adj.*

lo.co.mo.ti.va *s.f.* **1** veículo automotor que corre sobre trilhos e serve para puxar os vagões de trem **2** *B infrm.* pessoa que lidera, anima ou promove qualquer atividade com regularidade

lo.co.mo.tor /ô/ [pl.: *-es*; fem.: *locomotora* e *locomotriz*] *adj.* **1** relativo a locomoção **2** que serve ou contribui para efetuar a locomoção

lo.co.mo.ver-se *v.* {mod. 8} *pron.* ir de um ponto ou lugar a outro; deslocar-se

lo.cu.ção [pl.: *-ões*] *s.f.* **1** GRAM conjunto de palavras com significado conjunto próprio e função gramatical única **2** modo de pronunciar palavras; dicção

lo.cu.ple.tar *v.* {mod. 1} *t.d. e pron.* **1** tornar(-se) rico, freq. por meios desonestos; enriquecer □ *t.d.,t.d.i. e pron.* **2** tornar(-se) cheio, repleto; encher(-se), abarrotar(-se) *<a campanha locupletou os cofres> <locupletaram-na de gentilezas> <l.-se de dinheiro>* ~ **locupletação** *s.f.*

lo.cu.tor /ô/ [pl.: *-es*] *adj.s.m.* que(m) narra ou diz texto, faz entrevistas, descreve acontecimentos etc. em programa de rádio e TV

lo.da.çal [pl.: *-ais*] *s.m.* **1** lugar cheio de lodo; atoleiro, lamaçal **2** *fig.* lugar degenerado, decadente **3** *fig.* vida desregrada, de perdição

lo.do /ô/ *s.m.* **1** depósito de terra e matéria orgânica no fundo das águas do mar, rios, lagos etc. **2** *fig.* baixeza, degradação

lo.do.so /ô/ [pl.: /ó/; fem.: /ó/] *adj.* **1** que tem lodo ou lama **2** *p.ext.* sujo, emporcalhado

log MAT sigla de ***LOGARITMO DECIMAL***

lo.ga.rit.mo *s.m.* MAT expoente a que se deve elevar um número positivo tomado como base para se obter o número referido ▣ **l. decimal** *loc.subst.* MAT logaritmo de um número na base 10 [sigla: *log*]

ló.gi.ca *s.f.* **1** FIL estudo filosófico das formas do pensamento (dedução, indução, hipótese, inferência etc.) e do raciocínio, considerados como condição para o conhecimento **2** *p.ext.* forma de encadeamento, ordenação **3** forma de raciocínio **4** razão de ser; coerência, fundamento

ló.gi.co *adj.* **1** conforme os princípios da lógica **2** *p.ext.* cujo raciocínio é rigoroso, coerente, acertado **3** conforme o bom senso, a razão; justo, racional **4** que resulta do encadeamento natural das coisas; consequente ■ *adj.s.m.* **5** que(m) estuda a lógica ■ *adv.* **6** evidentemente, obviamente *<ele, l., não imaginou tanta confusão>*

log in [ing.] ou ***log on*** [ing.] *loc.subst.* INF **1** conjunto de procedimentos para início de conexão com o sistema informatizado ou dispositivo periférico **2** informação de identificação pessoal que se dá a um computador para que ele reconheça o usuário ◉ GRAM/USO tb. se escreve *login*, *log-in*; *logon*, *log-on* ⇒ pronuncia-se loguin; logon

lo.gís.ti.ca *s.f.* administração e organização dos detalhes de uma operação, p.ex., militar

lo.go *adv.* **1** imediatamente **2** mais tarde, em futuro próximo **3** justamente *<l. agora que viajo, eles chegam!>* ■ *conj.concl.* **4** portanto, por isso ▣ **l. que** assim que; tão logo

log off [ing.] *loc.subst.* INF conjunto de procedimentos que encerram uma sessão de processamento em computador ◉ GRAM/USO tb. se grafa *log-off* e *logoff* ⇒ pronuncia-se logof

lo.go.gri.fo *s.m.* charada que consiste na adivinhação de várias palavras formadas pelas mesmas letras

lo.go.mar.ca *s.f.* **1** conjunto formado pela representação gráfica do nome de determinada marca, em letras de traçado específico, fixo e característico (logotipo) e seu símbolo visual **2** representação visual de qualquer marca

log on [ing.] *loc.subst.* → ***LOG IN***

lo.go.so.fi.a *s.f.* FIL doutrina filosófica de autotransformação pela evolução consciente do pensamento ~ **logosófico** *adj.*

lo.go.ti.po *s.m.* GRÁF símbolo formado pela combinação especial de um grupo de letras que serve à identificação de uma empresa, produto, marca etc.

lo.gra.dou.ro *s.m.* lugar público, como praças, jardins, passeios etc.

lo.grar *v.* {mod. 1} *t.d.* **1** conseguir, alcançar (algo que é direito ou desejo) **2** fazer bom uso, ter prazer com (algo conquistado); desfrutar, usufruir **3** enganar com artimanhas; iludir □ *t.d. e pron.* **4** tirar proveito, vantagem (de); aproveitar(-se) □ *int.* **5** ter o resultado esperado; funcionar

lo.gro /ô/ *s.m.* **1** ato ou efeito de lograr **2** manobra, artifício com que se ilude ou engana alguém

[1]**loi.ro** *adj.s.m.* → [1]***LOURO***

[2]**loi.ro** *s.m.* → [2]***LOURO***

lo.ja *s.f.* casa comercial em que se expõem e se vendem mercadorias

lo.jis.ta *adj.2g.* **1** relativo a comércio feito em loja ■ *adj.2g.s.2g.* **2** que(m) é proprietário de loja comercial e trabalha com comércio realizado em loja

L

lom.ba *s.f.* **1** cume arredondado de colina, serra, monte, montanha **2** parte mais alta do telhado; cumeeira **3** pequeno monte de areia ou terra formado pelo vento **4** ladeira, declive

[1]**lom.ba.da** *s.f.* **1** ladeira **2** quebra-molas [ORIGEM: *lomba + -ada*]

[2]**lom.ba.da** *s.f.* BIBLIO parte do livro oposta ao corte das folhas, que traz o título da obra, o nome do autor etc.; dorso [ORIGEM: *lombo + -ada*]

lom.bar [pl.: *-es*] *adj.2g.* **1** relativo a lombo **2** que se situa na parte posterior do abdome e compreende cinco vértebras e a massa muscular a sua volta (diz-se de região corporal) **3** relativo a essa região

lom.bar.do *s.m.* **1** natural ou habitante da Lombardia (Itália) **2** LING dialeto falado nessa região ■ *adj.* **3** relativo a essa região e a seu dialeto

lom.bei.ra *s.f. infrm.* preguiça física; moleza, indolência

lom.bo *s.m.* **1** *infrm.* cada uma das regiões situadas de um lado e do outro da coluna vertebral, abaixo ou após as costelas **2** *p.ext. B joc.* conjunto das nádegas; bunda **3** carne dos animais de corte localizada na região lombar

lom.bri.ga *s.f.* ZOO verme amarelado, de corpo delgado com forma cilíndrica, que parasita o intestino do homem, porco e carneiro

lom.bri.guei.ro *s.m. B* medicamento us. para expelir lombrigas, esp. o que contém óleo de rícino

lom.bu.do *adj.* que tem lombo grande

lo.na *s.f.* tecido resistente us. em sacos, toldos, tendas ou aquele que recebe tratamento com látex e é us. na fabricação de pneus, freios etc. ⊡ **na (última) l.** *fig. B infrm.* **1** gasto, velho **2** sem dinheiro; duro

lon.dri.no *adj.* **1** de Londres, Inglaterra ■ *s.m.* **2** natural ou habitante dessa capital

lon.ga-me.tra.gem [pl.: *longas-metragens*] *s.m.* CINE filme com duração mínima de 70 minutos

lon.ga.ri.na *s.f.* CONSTR ENG viga estrutural disposta segundo o comprimento de uma ponte, chassi de carro, asa de avião etc.

lon.ge *adv.* **1** a uma grande distância no espaço e/ou no tempo ■ *adj.2g.* **2** muito afastado ~ **lonjura** *s.f.*

lon.ge.vi.da.de *s.f.* **1** duração da vida mais longa que o comum **2** *p.ext.* durabilidade de qualquer coisa

lon.ge.vo /é/ *adj.* **1** de idade avançada; idoso **2** *frm.* duradouro (diz-se de instituição, ideia etc.)

lon.gi.lí.neo *adj.* alongado, delgado

lon.gín.quo *adj.* **1** que está longe no espaço ou no tempo **2** *fig.* que se mostra ausente, desligado *<olhar l.>*

lon.gi.tu.de *s.f.* distância, medida em graus, que separa um ponto do globo terrestre de uma linha imaginária que vai de um polo ao outro, passando pelo meridiano de Greenwich ☞ cf. *latitude*

lon.gi.tu.di.nal [pl.: *-ais*] *adj.2g.* relativo a ou próprio da longitude, do comprimento

lon.go *adj.* **1** de grande comprimento; comprido, extenso **2** que se estende por muito tempo ⊡ **ao l. de 1** junto de; paralelamente **2** durante, no decurso de *<ao l. dos séculos>*

lon.tra *s.f.* ZOO mamífero carnívoro aquático com pelagem densa, marrom-escura no dorso e esbranquiçada nas partes inferiores, cuja cauda achatada na extremidade auxilia na natação

lo.qua.ci.da.de *s.f.* **1** facilidade de discursar; eloquência **2** *pej.* fato de falar muito; tagarelice

lo.quaz [pl.: *-es*] *adj.2g.* **1** que fala muito; falador, tagarela **2** *p.ext.* que fala com facilidade; eloquente **3** *fig.* que produz ruído ◉ GRAM/USO sup.abs.sint.: *loquacíssimo*

lo.ran.tá.cea *s.f.* BOT espécime das lorantáceas, família da ordem de plantas que extraem minerais de outras para viver, muitas delas conhecidas como erva-de-passarinho; freq. prejudicam as culturas ~ **lorantáceo** *adj.*

lor.de *s.m.* **1** título inglês de nobreza que significa senhor **2** indivíduo que tem esse título ■ *adj.s.m.* **3** *infrm.* que(m) vive com ostentação ■ *adj.2g. B infrm.* **4** que denota elegância; vistoso

lor.do.se *s.f.* **1** ANAT convexidade anterior, normal, da coluna vertebral na região lombar **2** MED acentuação excessiva de tal convexidade ☞ cf. *cifose* e *escoliose*

lo.ri.ca.ri.í.deo *adj.s.m.* ZOO (espécime) dos loricariídeos, família de peixes ósseos, fluviais, representados pelos cascudos

lo.ro /ô/ *s.m.* correia dupla us. para sustentar o estribo das cavalgaduras ☞ cf. *louro*

lo.ro.ta *s.f. B infrm.* **1** dito mentiroso **2** conversa fiada ◉ COL lorotagem

lo.ro.tei.ro *adj.s.m. B infrm.* que(m) mente muito

lor.pa /ô/ *adj.2g.s.2g.* **1** que(m) não tem inteligência ou bom senso; idiota **2** grosseiro, boçal ~ **lorpice** *s.f.*

lo.san.go *s.m.* GEOM quadrilátero plano cujos lados são iguais e que tem ângulos opostos de medidas iguais; rombo ~ **losângico** *adj.* - **losangular** *adj.2g.*

los.na *s.f.* BOT absinto ('erva')

^{1}**lo.ta.ção** [pl.: *-ões*] *s.f.* **1** soma total de pessoas ou de coisas reunidas para algum fim **2** *p.ext.* capacidade máxima de um lugar [ORIGEM: *lotar* + *-ção*]

^{2}**lo.ta.ção** [pl.: *-ões*] *s.m. B* pequeno ônibus ou van us. como transporte coletivo [ORIGEM: red. de *auto-lotação* 'id.']

lo.tar *v.* {mod. 1} *t.d.* **1** calcular a ^{1}lotação ('soma') de **2** dividir em lotes; lotear ☐ *t.d.i.* **3** (prep. *em*) colocar (funcionário) em certo setor, órgão etc. *<l. novos professores em escolas>* ☐ *t.d.,t.d.i. e int.* **4** (prep. *com, de*) encher completamente os lugares de (veículo, recinto etc.) *<lotaram o teatro>* *<l. a sacola com as compras>* *<o estádio lotou completamente>* ~ **lotador** *adj.s.m.*

lo.te *s.m.* **1** parte de um todo que se divide **2** *B* terreno que resulta de loteamento ou desmembramento **3** determinada quantidade de objetos ou coisas

lo.te.a.men.to *s.m. B* **1** divisão de terreno em lotes **2** o projeto dessa divisão

lo.te.ar *v.* {mod. 5} *t.d.* dividir (terra, imóvel etc.) em lotes, ger. para venda

lo.te.ca *s.f. B infrm.* loteria esportiva

lo.te.ri.a *s.f.* **1** jogo de azar em que bilhetes numerados ou combinações de números são contemplados, por sorteio, com prêmios em dinheiro **2** estabelecimento em que se vendem bilhetes desse jogo e se fazem apostas; casa lotérica, lotérica **3** *fig.* acontecimento que apenas depende da sorte ⊡ **l. esportiva** *B* concurso oficial ligado aos resultados dos jogos de futebol ~ **lotérico** *adj.*

lo.té.ri.ca *s.f. B* loteria ('estabelecimento')

^{1}**lo.to** /ó/ *s.m.* BOT lótus [ORIGEM: do lat. *lōtus* ou *lōtos,i* 'id.']

^{2}**lo.to** /ó/ *s.f. B* loteria oficial que premia o acertador de um total de dezenas sorteadas [ORIGEM: red. de *loteria*]

lo.to /ô/ *s.m.* RECR bingo ('jogo de azar')

ló.tus *s.m.2n.* BOT **1** nome comum a algumas plantas de rizomas e sementes comestíveis e tb. cultivadas como ornamentais pelas belas flores coloridas; loto **2** a flor dessas plantas

lou.ça *s.f.* **1** produto de cerâmica us. na fabricação de objetos domésticos **2** conjunto de pratos, xícaras etc. de cerâmica us. para servir comida, café; aparelho ◉ COL serviço

lou.co *adj.s.m.* **1** (aquele) cujo comportamento ou raciocínio mostra alterações doentias das faculdades mentais **2** que(m) tem um comportamento pouco razoável ou desajustado ■ *adj.* **3** de aparência estranha, anormal <*olhar l.*> **4** dominado por (paixão intensa ou forte sentimento) **5** absurdo, disparatado **6** que vai contra o esperado, razoável ou prudente **7** descontrolado **8** fora do comum; colossal <*um sucesso l.*>

lou.cu.ra *s.f.* **1** MED distúrbio da mente do indivíduo que o afasta de seus métodos habituais de pensar, sentir e agir **2** perda da razão **3** *p.ext.* paixão por alguém ou algo **4** *p.ext.* ato ou fala despropositada, imprudente ou insensata **5** *p.ext.* caráter de tudo que foge ao convencional, ao previsto, à rotina

lou.que.ar *v.* {mod. 1} *int. PR* **1** cometer imprudências, loucuras **2** fazer travessuras

lou.rei.ro *s.m.* BOT árvore de até 20 m, nativa do Mediterrâneo, cuja folha (o louro) é mundialmente us. como condimento e para extração de óleo essencial

[1]lou.ro ou **[1]loi.ro** *s.m.* **1** BOT o loureiro **2** BOT a folha dessa árvore, muito us. como condimento **3** a cor amarelo-tostada ou entre o dourado e o castanho-claro **4** indivíduo que tem o cabelo com essa tonalidade ☞ cf. *loro* ■ *adj.* **5** que tem a cor amarelo-tostada ou entre o dourado e o castanho-claro (diz-se esp. de cabelo) **6** diz-se dessa cor <*a cor l.*> [ORIGEM: do lat. *laūrus,i* ou *us* 'loureiro, coroa de louros, vitória, palma']

[2]lou.ro ou **[2]loi.ro** *s.m.* papagaio ('ave') ☞ cf. *loro* [ORIGEM: duv., talvez do maori *nori* 'id.']

lou.sa *s.f.* **1** quadro-negro **2** laje ou placa de pedra que cobre uma sepultura

lou.va-a-deus *s.m.2n.* ZOO nome comum a insetos tropicais, predadores, de peculiar hábito de manter as patas dianteiras levantadas e unidas, como se estivessem rezando

lou.va.ção [pl.: *-ões*] *s.f.* louvor ('homenagem', 'elogio', 'adulação', 'agradecimento')

lou.va.mi.nha *s.f.* elogio excessivo; adulação

lou.var *v.* {mod. 1} *t.d. e pron.* **1** (prep. *por*) enaltecer(-se) com palavras, louvores; elogiar(-se) **2** declarar(-se) digno de aprovação; aplaudir(-se) <*l. uma proposta*> <*l.-se pelo acerto de sua decisão*> □ *t.d.* **3** exaltar como bendito; bendizer ~ **louvador** *adj.s.m.* - **louvamento** *s.m.*

lou.vor /ô/ [pl.: *-es*] *s.m.* **1** reconhecimento de distinção; homenagem **2** exaltação dos méritos de alguém; elogio **3** adulação, bajulação **4** demonstração de gratidão; agradecimento **5** recebimento de apoio, proteção; bênção

Lr QUÍM símbolo de *laurêncio*

Lu QUÍM símbolo de *lutécio*

lu.a *s.f.* **1** ASTR satélite natural da Terra ☞ inicial maiúsc. **2** ASTR qualquer satélite natural <*as l. de Júpiter*> **3** *fig.* o espaço de um mês, contado de acordo com as fases da Lua ▣ **l. cheia** ASTR fase em que a Lua mostra à Terra a sua face inteiramente iluminada pelo Sol; plenilúnio • **l. crescente** ASTR Lua entre as fases nova e cheia, quando sua parte visível está gradativamente aumentando • **l. minguante** ASTR Lua entre as fases cheia e nova, quando sua parte visível está gradativamente diminuindo • **l. nova** ASTR fase em que a Lua tem a sua face obscura voltada para a Terra

lu.a de mel [pl.: *luas de mel*] *s.f.* **1** início da vida comum de recém-casados **2** *fig.* qualquer período vivido com entusiasmo e em clima de bom entendimento

lu.ar [pl.: *-es*] *s.m.* a claridade da Lua

lu.a.ren.to *adj.* em que há luar

lu.au *s.m.* festa informal que se realiza na praia, com música ao vivo, dança, bebidas etc.

lu.bri.ci.da.de *s.f.* **1** falta de aderência **2** *fig.* sensualidade exagerada; excitação

lú.bri.co *adj.* **1** úmido **2** escorregadio, liso **3** *fig.* que tem luxúria; lascivo, sensual

lu.bri.fi.can.te *adj.2g.s.m.* (substância) us. para lubrificar

lu.bri.fi.car *v.* {mod. 1} *t.d. e pron.* **1** (fazer) ficar úmido, escorregadio; umedecer(-se) □ *t.d.* **2** aplicar óleo, graxa em (máquina, aparelho etc.), para reduzir o atrito ~ **lubrificação** *s.f.*

lu.car.na *s.f.* **1** abertura no telhado para deixar entrar luz e ar no sótão; lucerna, luzerna **2** fresta na parede para entrar luz; lucerna, luzerna

lu.cer.na *s.f.* **1** armação com várias lâmpadas; candelabro **2** lucarna

lú.ci.do *adj.* **1** que se manifesta com luz e brilho; brilhante **2** que deixa passar a luz; transparente **3** *fig.* de espírito agudo; consciente, inteligente **4** *fig.* bem expresso e bem formulado; coerente **5** que está na posse de suas faculdades mentais; consciente ~ **lucidez** *s.f.*

lú.ci.fer [pl.: *lucíferes*] *s.m.* o diabo ☞ inicial ger. maiúsc. ~ **luciferino** *adj.*

lu.ci.fe.ris.mo *s.m.* seita ou doutrina dos adoradores do Diabo; magia negra ~ **luciferista** *adj.2g.s.2g.*

lu.crar *v.* {mod. 1} *t.d.,t.i. e int.* (prep. *com*) obter (benefício material, moral, intelectual) [de empreendimento, situação]; ganhar, beneficiar-se <*lucrara apenas alguns trocados*> <*ele foi o único a l. com o negócio*> <*sempre lucrou muito*>

lu.cra.ti.vo *adj.* **1** em que há lucro **2** de que se tira proveito; útil

lu.cro *s.m.* **1** qualquer benefício (material, intelectual ou moral) que se pode tirar de alguma coisa **2** ganho comercial; dividendo

lu.cu.bra.ção [pl.: *-ões*] *s.f.* elucubração

lu.cu.brar *v.* {mod. 1} *t.d. e int.* elucubrar

lu.di.bri.ar *v.* {mod. 1} *t.d. e pron.* **1** (fazer) acreditar no que não é verdadeiro; enganar, iludir <*o candidato ludibriou seus eleitores*> <*ludibriou-se por paixão*> □ *t.d.* **2** ridicularizar com gestos, palavras etc.; caçoar

L

lu.dí.brio *s.m.* **1** ato de enganar ou o seu efeito **2** brincadeira maldosa; logro, zombaria **3** objeto de zombaria

lu.di.bri.o.so /ô/ [pl.: /ó/; fem.: /ó/] *adj.s.m.* que(m) utiliza artifícios para enganar outros

lú.di.co *adj.* relativo a jogo, brincadeira ~ **ludismo** *s.m.*

lu.es *s.f.2n.* MED sífilis

lu.fa.da *s.f.* vento forte, rápido; rajada

lu.fa-lu.fa [pl.: *lufa-lufas*] *s.f. infrm.* agitação e pressa; afã, corre-corre

lu.gar [pl.: *-es*] *s.m.* **1** parte de um espaço (país, cidade, região) <*de que l. você é?*> **2** parte do espaço que alguém ou algo ocupa ou poderia ocupar **3** posição relativa numa série, colocação ou escala <*primeiro l.*> **4** assento ou espaço em que uma pessoa se põe como passageiro ou espectador **5** *fig.* cargo, emprego <*l. de gerente*> **6** *fig.* momento oportuno; hora, ocasião ▣ **em l. de** em vez de; em troca

lu.gar-co.mum [pl.: *lugares-comuns*] *s.m.* ideia, frase ou dito sem originalidade, que todos repetem; clichê

lu.ga.re.jo /ê/ *s.m.* vilarejo, povoado

lu.gar-te.nen.te [pl.: *lugares-tenentes*] *s.2g.* pessoa que substitui outra provisoriamente

lú.gu.bre *adj.2g.* **1** relativo a morte, a funerais; fúnebre, macabro **2** *p.ext.* sombrio, triste ou assustador ~ **lugubridade** *s.f.*

lu.la *s.f.* ZOO molusco de corpo alongado, com dez braços, sendo dois deles us. para obter alimento; calamar

lum.ba.gem [pl.: *-ens*] *s.f. infrm.* lumbago

lum.ba.go *s.m.* MED **1** dor lombar aguda **2** ciática ~ **lumbágico** *adj.*

lum.bri.ci.da *adj.2g.s.m.* (substância, medicamento) que mata lombrigas

lu.me *s.m.* **1** calor e luz produzidos pela combustão; fogo **2** *p.ext.* brilho, claridade **3** *fig.* luz refletida por um corpo; brilho **4** ponto de luz; candeeiro, vela etc.

lu.mi.nar [pl.: *-es*] *adj.2g.* **1** que espalha luz ■ *s.m.* **2** *fig.* pessoa de grande ilustração ou saber

lu.mi.ná.ria *s.f.* **1** qualquer aparelho que ilumina ou fica iluminado, ger. decorativo **2** *fig.* pessoa de grande ilustração ou saber

lu.mi.nes.cên.cia *s.f.* FISQUÍM emissão de luz por um corpo sem variação da temperatura deste ~ **luminescente** *adj.2g.*

lu.mi.no.si.da.de *s.f.* **1** propriedade de emitir ou de refletir luz **2** claridade ou brilho

lu.mi.no.so /ô/ [pl.: /ó/; fem.: /ó/] *adj.* **1** que emite, difunde, espalha luz **2** em que há luz; iluminado **3** *fig.* que demonstra inteligência <*ideia l.*> ■ *s.m.* **4** anúncio de rua que é iluminado para ser visto à noite

lu.na.ção [pl.: *-ões*] *s.f.* **1** período de tempo entre duas luas novas seguidas **2** sucessão das fases da Lua

lu.nar [pl.: *-es*] *adj.2g.* relativo a, pertencente a, próprio de ou que lembra a Lua

lu.ná.rio *s.m.* calendário baseado nas fases da Lua

lu.ná.ti.co *adj.* **1** influenciado pela Lua ■ *adj.s.m.* **2** que(m) vive fora da realidade

lun.du ou **lun.dum** [pl.: *-uns*] *s.m.* B **1** dança de salão de origem africana, com forte apelo sensual, em moda no Brasil a partir do fim do séc. XVIII **2** a música que acompanha essa dança

lu.ne.ta /ê/ *s.f.* ÓPT instrumento cilíndrico com lente de aumento us. para ver à distância; óculo, telescópio

lu.ni.for.me *adj.2g.* **1** que tem a forma da Lua **2** em forma de meia-lua

lu.pa *s.f.* ÓPT lente que transmite uma imagem aumentada dos objetos

lu.pa.nar [pl.: *-es*] *s.m.* prostíbulo, bordel

lu.pi.no *adj.* relativo a ou próprio de lobo

lú.pu.lo *s.m.* BOT planta trepadeira, cujas flores já eram us. no séc. IX na fabricação de cerveja, dando-lhe o gosto amargo típico

lú.pus *s.m.2n.* MED inflamação crônica da pele, caracterizada por ulcerações ou manchas

lu.ra *s.f.* **1** toca de certos animais (esp. o coelho) **2** *p.ext.* qualquer buraco; cova

lú.ri.do *adj.* **1** sem cor; lívido, pálido **2** *fig. frm.* negro ou escuro, sombrio

lus.co-fus.co [pl.: *lusco-fuscos*] *s.m.* momento do amanhecer ou do anoitecer, quando há pouca luz e falta de nitidez das formas e cores

lu.sí.a.da *adj.2g.s.2g.* (o) que tem origem portuguesa

lu.si.ta.ni.da.de *s.f.* **1** caráter próprio do que ou de quem é português **2** amor a Portugal **3** o conjunto dos portugueses

lu.si.ta.nis.mo *s.m.* **1** modo de falar ou escrever próprio da língua portuguesa **2** *p.ext.* palavra ou expressão própria do português de Portugal **3** *p.ext.* hábito ou tendência de imitar os portugueses

lu.si.ta.no ou **lu.so** *adj.* **1** de Portugal ■ *s.m.* **2** natural ou habitante desse país

lu.so-bra.si.lei.ro [pl.: *luso-brasileiros*] *adj.* **1** relativo a Brasil e Portugal ■ *adj.s.m.* **2** (pessoa) de origem portuguesa e brasileira

lu.so.fo.ni.a *s.f.* **1** conjunto das pessoas que falam o português **2** conjunto de países que têm o português como língua oficial ou dominante [A lusofonia abrange, além de Portugal, os países de colonização portuguesa, a saber: Brasil, Moçambique, Angola, Cabo Verde, Guiné-Bissau, São Tomé e Príncipe; abrange ainda as variedades faladas por parte da população de Goa, Damão e Macau na Ásia, e ainda a variedade do Timor na Oceania.] ~ **lusófono** *adj.s.m.*

lus.tral [pl.: *-ais*] *adj.2g.* **1** que purifica, invoca proteção, livra de culpas (diz-se de água, fogo etc.) **2** que é us. para celebrar o batismo na religião cristã (diz-se de água)

lus.trar *v.* {mod. 1} *t.d.* □ *t.d.* **1** fazer adquirir lustre ou brilho; polir **2** *p.ext.* encerar, engraxar **3** *p.ext.* aplicar verniz em; envernizar ~ **lustrador** *adj.s.m.*

¹lus.tre *s.m.* **1** brilho ou polimento de um objeto **2** *fig.* brilho irradiado pela beleza, pelo mérito, pela fama; honra, glória [ORIGEM: duv., talvez do it. *lustro* 'id.']

²lus.tre *s.m.* grande castiçal suspenso do teto; candelabro [ORIGEM: do fr. *lustre* 'id.']

¹lus.tro *s.m.* período de cinco anos; quinquênio [ORIGEM: do lat. *lūstrum,i* 'cerimônia de purificação realizada de cinco em cinco anos; período de cinco anos']

²lus.tro *s.m.* brilho natural ou artificial; polimento [ORIGEM: do it. *lustro* 'clarão']

lus.tro.so /ô/ [pl.: /ó/; fem.: /ó/] *adj.* cheio de brilho; brilhoso, luzidio

lu.ta *s.f.* **1** combate esportivo em que dois adversários se enfrentam corpo a corpo **2** conflito, guerra, refrega **3** *fig.* oposição firme ou violenta de ideias, interesses, doutrinas **4** *fig.* esforço para vencer obstáculos ou dificuldades

lu.ta.dor /ô/ [pl.: *-es*] *adj.s.m.* **1** que(m) luta corpo a corpo com um adversário **2** *p.ext.* que(m) está sempre pronto a defender alguém ou uma causa

lu.tar *v.* {mod. 1} *t.i. e int.* **1** (prep. *com, contra*) enfrentar em corpo a corpo (adversário), esp. para vencer em combate esportivo <*lutou com um adversário forte*> <*os dois lutaram até cair*> **2** (prep. *com*) enfrentar(-se) com ou sem armas; brigar <*lutava contra o próprio irmão*> <*os dois exércitos haveriam de l. até o fim*> ☐ *t.d. e int.* **3** praticar (luta) para exercitar-se ou como profissional ☐ *int.* **4** esforçar-se para superar, vencer, conseguir algo ☐ *t.i. fig.* **5** (prep. *por*) brigar ou agir em favor de; batalhar <*l. pela justiça*>

lu.té.cio *s.m.* QUÍM elemento químico us. em tecnologia nuclear [símb.: *Lu*] ☞ cf. *tabela periódica* (no fim do dicionário)

lu.te.ra.nis.mo *s.m.* REL o conjunto das ideias e doutrinas religiosas de Martinho Lutero (1483-1546) ☞ cf. *Lutero* na parte enciclopédica ~ **luterano** *adj.s.m.*

lut.ja.ní.deo *adj.s.m.* ZOO (espécime) dos lutjanídeos, família de peixes ósseos, de muitas espécies com valor comercial, com corpo alongado e cabeça triangular

lu.to *s.m.* **1** sentimento de tristeza profunda causado pela morte de alguém **2** período de tempo em que se manifestam certos sinais desse sentimento **3** *p.ext.* roupa, ger. preta, que exprime esse sentimento

lu.tu.len.to *adj.* **1** cheio de lodo; lamacento **2** *fig.* que ofende (diz-se esp. de discurso) ~ **lutulência** *s.f.*

lu.tu.o.so /ô/ [pl.: /ó/; fem.: /ó/] *adj.* **1** vestido de luto **2** *fig.* fúnebre, triste

lu.va *s.f.* **1** peça do vestuário que enfeita, protege etc. as mãos ☞ mais empr. no pl. **2** peça de ferro, plástico etc., us. para ligar tubos e canos ▼ ***luvas*** *s.f.pl.* *B* **3** quantia extra que o locador cobra do locatário na assinatura de contrato

lu.xa.ção [pl.: *-ões*] *s.f.* MED deslocamento de osso com relação ao seu ponto de articulação normal

lu.xar *v.* {mod. 1} *t.d.* produzir luxação em; deslocar ~ **luxado** *adj.*

lu.xen.to *adj.* *B* **1** que ostenta luxo **2** *fig.* exigente, detalhista **3** *fig.* que se ofende facilmente; melindroso

lu.xo *s.m.* **1** modo de viver em que há uso e ostentação de bens caros e supérfluos **2** bem ou prazer caro e supérfluo **3** *B* recusa de algo por afetação ou cerimônia <*deixa de l. e senta!*> **4** *B* exigência de pessoa mimada

lu.xu.o.so /ô/ [pl.: /ó/; fem.: /ó/] *adj.* que tem luxo; caro, requintado ~ **luxuosidade** *s.f.*

lu.xú.ria *s.f.* **1** viço, abundância das plantas **2** interesse incansável por prazeres carnais; lascívia

lu.xu.ri.an.te *adj.2g.* **1** que se desenvolve com abundância e vigor **2** opulento, esplêndido

lu.xu.ri.ar *v.* {mod. 1} *int.* **1** desenvolver-se com vigor, viço; vicejar **2** abandonar-se à luxúria

lu.xu.ri.o.so /ô/ [pl.: /ó/; fem.: /ó/] *adj.* **1** luxuriante **2** que incita a sexualidade; sensual ■ *adj.s.m.* **3** que(m) se entrega sem moderação aos prazeres sensuais

luz [pl.: *-es*] *s.f.* **1** radiação eletromagnética à qual o olho humano é sensível **2** claridade emitida ou refletida **3** qualquer objeto us. para iluminar (lâmpada, vela etc.) **4** energia elétrica **5** clarão, brilho **6** *fig.* esclarecimento, informação **7** *fig.* faculdade de perceber as coisas; inteligência ☞ freq. us. no pl. ◉ COL luzerna ▣ **dar à l. 1** parir (um filho) **2** *fig.* publicar (uma obra), terminar (um trabalho) etc. • **trazer à luz** trazer ao conhecimento público

lu.zei.ro *s.m.* **1** intensa claridade; clarão, brilho **2** aquilo que irradia luz **3** *fig.* pessoa ilustre; luminar

lu.zen.te *adj.2g.* que brilha

lu.zer.na *s.f.* **1** luz muito intensa; clarão **2** conjunto de muitas luzes **3** lucarna

lu.zi.di.o *adj.* brilhante, lustroso

lu.zir *v.* {mod. 24} *int.* emitir ou refletir luz; brilhar ~ **luzimento** *s.m.*

Lycra ® [ing.] *s.f.2n.* fibra elástica sintética, us. na confecção de maiôs, cintas, calças etc. ⇒ pronuncia-se laicra

L

Mm

m *s.m.* **1** 13ª letra (consoante) do nosso alfabeto ■ *n.ord. (adj.2g.2n.)* **2** diz-se do 13º elemento de uma série *<casa M> <item 1m>* ☞ empr. após um substantivo ou numeral ▲ **3** FÍS símbolo de *metro* ◉ GRAM/USO na acp. s.m., pl.: *mm*

M símbolo do número 1.000, em algarismos romanos

MA sigla do Estado do Maranhão

ma.ca *s.f.* **1** lona retangular estendida sobre uma armação, us. para transportar doentes, feridos ou mortos **2** cama de rodas para transporte de doentes, esp. em hospitais, ambulâncias etc.

ma.ça *s.f.* **1** clava **2** pilão us. para calçar ruas com pedras **3** objeto similar a uma garrafa de gargalo comprido, us. para malabarismos

ma.çã *s.f.* BOT fruta de casca fina vermelha ou verde, polpa esbranquiçada e caroços pequenos ▣ **m. do rosto** parte saliente da face, abaixo dos olhos

ma.ca.bro *adj.* **1** que tem a morte como tema **2** que traz a ideia de morte ou de mortos; fúnebre **3** *p.ext.* que causa horror ~ **macabrear** *v.int.*

ma.ca.ca *s.f.* **1** ZOO a fêmea do macaco **2** *gír.* má sorte, infelicidade ▣ **estar com a m.** *infrm.* estar irritadiço, inquieto

ma.ca.ca.da *s.f.* **1** bando de macacos **2** *B joc.* grupo de amigos

ma.ca.cão [pl.: *-ões*] *s.m.* VEST *B* **1** roupa de trabalho inteiriça e folgada, de tecido grosso, us. esp. por operários **1.1** traje adaptado ao uso de diversas profissões **2** *p.ext.* traje informal, de feitio semelhante

ma.ca.co *s.m.* **1** ZOO nome comum a mamíferos da ordem dos primatas, com exceção do homem e dos lêmures **2** *fig. pej.* indivíduo que imita os atos e maneiras de outras pessoas; imitador **3** MEC aparelho para levantar cargas pesadas, esp. automóveis, a uma pequena altura **4** RECR *B* ***AMARELINHA*** ◉ COL macacada

ma.ça.da *s.f.* *infrm.* situação ou coisa enfadonha, que aborrece

ma.ca.da.me *s.m.* **1** revestimento de ruas e estradas com uma mistura de brita, breu e areia **2** *p.ext.* essa mistura

ma.ca.dâ.mia *s.f.* BOT **1** árvore de até 10 m, nativa da Austrália, de flores brancas ou róseas e sementes comestíveis **2** a semente dessa árvore

ma.ca.da.mi.zar *v.* {mod. 1} *t.d.* calçar (estrada, rua) com macadame ~ **macadamização** *s.f.*

ma.ça.dor /ô/ [pl.: *-es*] *adj.s.m.* maçante

ma.cam.bú.zio *adj.s.m.* que(m) se mostra triste, silencioso, sisudo

ma.ça.ne.ta /ê/ *s.f.* peça que se gira ou move para abrir portas e janelas

ma.çan.te *adj.2g.s.2g.* (o) que aborrece; chato, maçador

ma.ca.pa.en.se *adj.2g.* **1** de Macapá (AP) ■ *s.2g.* **2** natural ou habitante dessa capital

ma.ca.que.ar *v.* {mod. 5} *t.d. e int.* imitar (algo) com graça ou zombaria; arremedar *<macaqueava todos os colegas> <vivia macaqueando por aí>* ~ **macaqueação** *s.f.* - **macaqueador** *adj.s.m.*

ma.ca.qui.ce *s.f.* **1** ato de macaquear ou o seu efeito; macaqueação **2** postura ou gesto ridículo

ma.çar *v.* {mod. 1} *t.d.* **1** golpear com maça ou maço **2** *p.ext.* bater muito; surrar □ *t.d. e int. fig.* **3** molestar com conversa repetitiva, assunto sem interesse etc.; enfadar, importunar *<maçou o vizinho, queixando-se do síndico>*

ma.ça.ran.du.ba *s.f.* BOT árvore de até 35 m, nativa do Brasil, de madeira vermelha e dura, us. em obras externas, estacas, vigas e mastros

ma.ça.ri.co *s.m.* **1** aparelho que emite uma chama, us. para soldar e fundir metais **2** ZOO nome comum a várias espécies de aves aquáticas, algumas migratórias, com os dedos dos pés unidos por membranas

ma.ça.ro.ca *s.f.* **1** fio torcido e enrolado no fuso da roca **2** *p.ext.* espiga de milho **3** *p.ext.* emaranhado de fios, pelos, cabelos etc.

ma.car.rão [pl.: *-ões*] *s.m.* **1** massa comestível ger. de farinha de trigo em forma de longos cilindros finos **2** *B* essa massa com outros feitios e dimensões

ma.car.ro.na.da *s.f.* CUL prato à base de macarrão, ger. com molho, queijo, carne etc.

ma.car.rô.ni.co *adj.* mal escrito ou mal falado (diz-se de idioma)

ma.car.this.mo ou **mc.car.this.mo** *s.m.* **1** HIST POL prática política que se caracteriza pela intolerância, notadamente anticomunista, inspirada no movimento dirigido pelo senador Joseph Raymond McCarthy (1909-1957), durante os anos 1950, nos EUA **2** *fig.* prática de formular acusações e fazer insinuações sem provas, comparável à que caracterizou o movimento macarthista ~ **macarthista/mccarthista** *adj.2g.s.2g.*

ma.ca.xei.ra *s.f.* BOT *N. N.E.* aipim ('raiz') ◉ COL macaxeiral

ma.ce.dô.nio *adj.* **1** da Macedônia, Grécia ■ *s.m.* **2** natural ou habitante dessa província **3** LING língua eslava, reconhecida como língua oficial da Macedônia e falada em parte da Grécia ☞ veja *quadro de países/nacionalidades/idiomas/moedas* no final deste volume

ma.ce.ga *s.f.* BOT tipo de erva daninha que nasce em terras cultivadas ◉ COL macegal

ma.cei.ó *s.m. N.E.* lagoeiro que se forma no litoral por causa das marés e das águas pluviais

ma.cei.o.en.se *adj.2g.* **1** de Maceió (AL) ■ *s.2g.* **2** natural ou habitante dessa capital

ma.ce.la *s.f.* BOT erva aromática de pequenas flores amarelas, us. para enchimento de almofadas e travesseiros; camomila

ma.ce.rar *v.* {mod. 1} *t.d.* **1** QUÍM expor (corpo ou substância) à ação de um líquido para impregná-lo com seu princípio ativo *<fazia perfume macerando flores>* **2** amassar (algo) para extrair seu suco ☐ *int.* **3** ficar longo tempo em meio líquido ou úmido ☐ *t.d. e pron. fig.* **4** *fig.* REL infligir(-se) sofrimentos por penitência ou para elevação espiritual; torturar(-se) *<m. o corpo para salvar a alma> <macerava-se ao despertar e ao dormir>* ☐ *pron.* **5** *fig.* sentir angústia, aflição; atormentar-se ~ **maceração** *s.f.*

ma.cér.ri.mo *adj.* magro demais; magérrimo, magríssimo ◉ GRAM/USO sup.abs.sint. de *magro*

ma.ce.ta /ê/ *s.f.* **1** martelo de cabo curto, us. por pedreiros **2** cilindro us. para triturar e desfazer torrões de tintas ~ **macetar** *v.t.d.*

ma.ce.te /ê/ *s.m. B infrm.* artifício, truque ~ **macetear** *v.t.d. e int.*

ma.cha.da.da *s.f.* golpe de machado

ma.cha.di.a.no *adj.* **1** relativo ao escritor Machado de Assis ou à sua obra ☞ cf. *Machado de Assis* na parte enciclopédica ■ *adj.s.m.* **2** admirador ou estudioso da obra desse escritor

ma.cha.di.nha *s.f.* pequeno machado

ma.cha.do *s.m.* instrumento de cabo de madeira e lâmina, us. para rachar lenha

ma.cha-fê.mea [pl.: *machas-fêmeas*] *s.f.* dobradiça de duas peças que se encaixam

ma.chão [pl.: *-ões*] *adj.s.m.* (homem) que alardeia a sua virilidade

ma.chis.mo *s.m.* **1** *infrm.* atitude de machão **2** comportamento que tende a negar à mulher os direitos concedidos ao homem ~ **machista** *adj.2g.s.2g.*

ma.cho *s.m.* **1** ZOO animal do sexo masculino **2** ser humano do sexo masculino; homem **3** peça saliente que se encaixa em outra côncava (a fêmea) ■ *adj.* **4** relativo a ou próprio do sexo masculino

ma.chu.ca.do *s.m.* **1** ferimento superficial, contusão ■ *adj.* **2** que sofreu lesão física; ferido **3** enrugado, amarrotado

ma.chu.ca.du.ra *s.f.* ferida, machucado

ma.chu.car *v.* {mod. 1} *t.d.* **1** deformar (um corpo) com golpes violentos ou por forte compressão; esmagar **2** tornar enrugado por compressão; amassar, amarrotar ☐ *t.d. e pron. B* **3** causar ou sofrer lesão por pancada, golpe ou impacto; ferir(-se) *<m. o pé> <machucou-se ao cortar o pão>* **4** *fig.* (fazer) ter sofrimento moral, emocional; torturar(-se) *<a mentira machucava sua consciência> <por que se m. com tal pensamento?>* ☐ *pron. B infrm.* **5** sair-se mal; dançar, danar-se

ma.ci.ço *adj.* **1** feito de matéria compacta, sem partes ocas **2** *p.ext.* de componentes bem unidos; denso **3** *fig.* dado, feito ou produzido em grande quantidade *<propaganda m.>* ■ *s.m.* **4** GEOL grupo de montanhas que formam um bloco contínuo **5** massa, agrupamento ou corpo de grandes proporções

ma.ci.ei.ra *s.f.* BOT árvore da maçã

ma.ci.ez /ê/ [pl.: *-es*] ou **ma.ci.e.za** /ê/ *s.f.* característica do que é macio

ma.ci.len.to *adj.* **1** magro **2** sem viço; pálido

ma.ci.o *adj.* **1** que cede à pressão; mole, tenro **2** sem aspereza ou rugosidade; liso, aveludado

ma.ci.o.ta *s.f. B gír.* suavidade ▣ **na m.** *B gír.* **1** sem grande esforço **2** sem complicações; tranquilamente

ma.ço *s.m.* **1** martelo de madeira us. por escultores, entalhadores etc. **2** monte ou pacote de coisas atadas ou em um invólucro

ma.çom [pl.: *-ons*] *s.m.* membro da maçonaria

ma.ço.na.ri.a *s.f.* sociedade semissecreta que pratica a fraternidade e a filantropia entre seus membros ~ **maçônico** *adj.*

ma.co.nha *s.f.* droga de efeito entorpecente feita das folhas e flores secas de um tipo de cânhamo

ma.co.nhei.ro *adj.s.m.* que(m) vende ou consome maconha

ma.cra.mê *s.m.* trabalho manual em que se faz um trançado com nós em uma corda grossa ou barbante

má-cri.a.ção [pl.: *más-criações*] *s.f.* → ***MALCRIAÇÃO***

ma.cro *s.2g.* INF sequência programada de comandos que executa automaticamente tarefas rotineiras

ma.cró.bio *adj.s.m.* **1** que(m) é muito velho ■ *adj.* **2** que existe há muito tempo

ma.cro.bi.ó.ti.ca *s.f.* conjunto de prescrições dietéticas japonesas, desenvolvidas a partir de conceitos filosóficos de equilíbrio *yin* e *yang* ~ **macrobiótico** *adj.*

ma.cro.ce.fa.li.a *s.f.* desenvolvimento excessivo do volume do crânio ~ **macrocefálico** *adj.*

ma.cro.cé.fa.lo *adj.s.m.* ANAT que(m) tem cabeça grande ou volumosa de modo desproporcional ~ **macrocefálico** *adj.*

ma.cro.cós.mi.co *adj.* **1** próprio do macrocosmo **2** *p.ext.* considerado por inteiro; global

ma.cro.cos.mo *s.m.* **1** FIL o universo, em relação ao ser humano **2** qualquer organismo considerado como um mundo em si mesmo **3** SOC um conjunto, em relação aos elementos (indivíduos, grupos) que o constituem ☞ cf. *microcosmo*

ma.cro.e.co.no.mi.a *s.f.* ECON ramo da economia que estuda, em escala global, os fenômenos econômicos e sua distribuição numa estrutura ou setor ~ **macroeconômico** *adj.*

ma.cro-jê [pl.: *macro-jês*] *s.m.* **1** LING tronco linguístico que abrange nove famílias vivas de línguas indígenas ■ *s.2g.* **2** indígena pertencente a qualquer grupo falante do macro-jê ■ *adj.2g.* **3** relativo a esse indígena, grupo ou língua ☞ cf. *tupi*

ma.cro.mo.lé.cu.la *s.f.* QUÍM molécula de grandes dimensões (p.ex., proteínas, polímeros etc.) ~ **macromolecular** *adj.2g.*

ma.cros.có.pi.co *adj.* visível a olho nu

ma.cu.co *s.m.* ZOO ave de grande porte, dorso escuro e ventre cinza-claro, que ocorre em florestas do Brasil oriental

ma.çu.do *adj.* **1** de consistência dura, de difícil digestão **2** *fig.* que aborrece; maçante

má.cu.la *s.f.* **1** marca de sujeira; mancha **2** *fig.* o que traz desonra a uma reputação

ma.cu.lar *v.* {mod. 1} *t.d. e pron.* **1** (fazer) ficar com mancha; sujar(-se), enodoar(-se) *<o suco maculou a toalha branca> <o lençol maculou-se de suor>* **2** *fig.* comprometer(-se) por algo vil, desonroso; infamar(-se), manchar(-se) *<m. o nome da família> <não pensei que ele se maculasse por tão pouco>* ~ **maculado** *adj.*

ma.cu.le.lê *s.m.* FOLC dança popular ao som de tambores que imita uma luta com bastões de madeira

ma.cum.ba *s.f.* *B* **1** REL nome genérico dado aos cultos afro-brasileiros em geral e a seus rituais **2** REL oferenda deixada esp. nas encruzilhadas; despacho **3** *p.ext.* feitiço

ma.cum.bei.ro *adj.s.m.* **1** REL praticante de macumba ou frequentador assíduo de terreiros **2** *p.ext.* que(m) realiza feitiços; feiticeiro

ma.da.ma *s.f.* madame

ma.da.me *s.f.* **1** mulher adulta, casada ou solteira; dama, senhora **2** *B infrm.* dona de casa **3** *B infrm.* esposa

ma.dei.ra *s.f.* **1** matéria sólida que constitui o tronco e os galhos das árvores **2** essa matéria seca e cortada, us. como material de construção, combustível etc. ▼ ***madeiras*** *s.f.pl.* **3** MÚS numa orquestra, os instrumentos de sopro feitos, em sua origem, de madeira, com som mais suave que os metais (p.ex., flauta, clarineta, oboé, fagote) ▣ **m. de lei** madeira resistente, de qualidade

ma.dei.ra.me *s.m.* conjunto de madeiras ou estrutura de madeira

ma.dei.ra.men.to *s.m.* CONSTR conjunto de madeiras, esp. o us. na estrutura de uma construção

ma.dei.rei.ra *s.f.* empresa que explora a madeira para fins industriais e/ou comerciais

ma.dei.rei.ro *adj.s.m.* **1** que(m) negocia com madeira **2** que(m) trabalha numa madeireira ■ *adj.* **3** relativo ao comércio ou à indústria de madeiras

ma.dei.ro *s.m.* peça de madeira grossa e resistente

ma.dei.xa *s.f.* **1** porção de lã, algodão etc. que pode ser enovelada **2** feixe de cabelos da cabeça, encaracolados ou trançados

ma.do.na *s.f.* **1** representação de Nossa Senhora em pintura, gravura ou escultura **2** *p.ext.* mulher cujo rosto exibe uma beleza serena, de traços suaves e regulares

ma.dor.na *s.f.* modorra

ma.dra.ço *adj.s.m.* preguiçoso ~ **madracice** *s.f.*

ma.dras *s.m.2n.* tecido de algodão, de cores vivas, cujo padrão é ger. de xadrezes ou listras

ma.dras.ta *s.f.* mulher em relação aos filhos de casamento anterior do cônjuge ◉ GRAM/USO masc.: *padrasto*

ma.dre *s.f.* **1** freira **2** ARQ viga sobre a qual se assentam os barrotes ◉ GRAM/USO masc.: *padre*

ma.dre.pé.ro.la *s.f.* substância calcária, brilhante e colorida que constitui a camada mais interna da concha de certos moluscos; nácar

ma.dres.sil.va *s.f.* BOT trepadeira nativa da Europa e da Ásia, de flores aromáticas amareladas e frutos ovais vermelhos, cultivada como ornamental

ma.dri.gal [pl.: *-ais*] *s.m.* **1** LIT pequeno poema que exprime um pensamento terno e galante, destinado ger. a ser musicado, comum entre os séc. XIV e XVI **2** MÚS composição vocal polifônica renascentista ~ **madrigalesco** *adj.* - **madrigalista** *adj.2g.s.2g.*

ma.dri.le.nho ou **ma.dri.le.no** *adj.* **1** de Madri, Espanha ■ *s.m.* **2** natural ou habitante dessa capital

ma.dri.nha *s.f.* **1** testemunha especial em batizado, crisma ou casamento **2** *p.ext.* mulher que ajuda ou protege uma pessoa, apresentando-a em certos meios **3** *p.ext.* mulher chamada para inaugurar, nomear ou representar algo ◉ GRAM/USO masc.: *padrinho*

ma.dru.ga.da *s.f.* **1** período entre zero hora e o alvorecer **2** aurora

ma.dru.gar *v.* {mod. 1} *int.* **1** levantar-se muito cedo **2** *p.ext.* fazer algo antes do tempo próprio **3** *p.ext.* chegar muito cedo, de madrugada ~ **madrugador** *adj.s.m.*

ma.du.rar *v.* {mod. 1} *t.d.,int. e pron.* desenvolver(-se) plenamente (esp. fruto); amadurecer

ma.du.re.za /ê/ *s.f.* **1** estado do que está maduro **2** *fig.* sensatez, maturidade

ma.du.ro *adj.* **1** que atingiu seu desenvolvimento completo **2** que já não é moço **3** *fig.* bem refletido, ponderado *<decisão m.>*

mãe *s.f.* **1** mulher ou fêmea que deu à luz um ser **2** mulher ou fêmea que cria ou criou outro ser **3** *fig.* o que dá origem a; fonte ◉ GRAM/USO masc.: *pai*

mãe-ben.ta [pl.: *mães-bentas*] *s.f.* CUL pequeno bolo que se assa em forminhas e cuja massa se faz ger. com farinha de trigo ou de arroz, manteiga, ovos, açúcar e coco

mãe-d'á.gua [pl.: *mães-d'água*] *s.f.* **1** *B* na mitologia indígena, sereia dos rios e dos lagos; iara, uiara **2** REL *B* um dos epítetos de Iemanjá, cuja representação popular tb. é a da sereia europeia **3** fonte ou mina de água

mãe de san.to [pl.: *mães de santo*] *s.f.* REL *B* no candomblé e na umbanda, mulher que dirige o terreiro, sendo responsável pelo culto aos orixás e entidades afins; ialorixá ◉ GRAM/USO masc.: *pai de santo*

ma.es.tri.a *s.f.* mestria

ma.es.tri.na *s.f.* mulher que dirige orquestra, coro ou banda

ma.es.tro [fem.: *maestrina*] *s.m.* quem rege orquestra, banda, coro etc.

má-fé [pl.: *más-fés*] *s.f.* intenção de prejudicar; deslealdade, fraude

má.fia *s.f.* qualquer associação que usa métodos desonestos para impor seus interesses ou controlar uma atividade

ma.fi.o.so /ô/ [pl.: /ó/; fem.: /ó/] *adj.* **1** relativo a máfia ■ *adj.s.m.* **2** que(m) pertence à máfia

má-for.ma.ção [pl.: *más-formações*] *s.f.* MED defeito congênito ou hereditário na formação de parte do corpo; malformação

ma.fu.á *s.m. RJ* **1** parque de diversões ou feira de jogos, esp. os com transmissão de música ruidosa nos alto-falantes **2** *p.ext. infrm.* ausência de ordem, de arrumação; bagunça, confusão **3** *infrm.* baile popular

ma.ga.no *adj.s.m.* **1** que(m) faz troças; brincalhão **2** *pej.* que(m) é pouco escrupuloso

ma.ga.re.fe *s.m.* **1** açougueiro **2** *p.ext. pej.* mau médico, esp. mau cirurgião

ma.ga.zi.ne *s.m.* **1** grande loja de artigos variados **2** *B* revista ilustrada, que trata de assuntos diversos **3** FOT recipiente à prova de luz que contém o filme virgem nas máquinas fotográficas

ma.gen.ta *s.f.* **1** tom de vermelho vivo; carmim ■ *adj.2g.2n.* **2** que apresenta essa cor **3** diz-se dessa cor

ma.gér.ri.mo *adj.* macérrimo ◉ GRAM/USO sup.abs.sint. de *magro*

ma.gi.a *s.f.* **1** arte de produzir, por meios ocultos, fenômenos dados como inexplicáveis **2** *p.ext.* o efeito dessa prática **3** *fig.* fascínio, encanto **4** ilusionismo, mágica ▣ **m. branca** a que ajudaria a proteger de forças malignas, da má sorte ou de um inimigo • **m. negra** prática mágica cuja intenção é causar danos, como destruir ou ferir outrem

má.gi.ca *s.f.* **1** magia **2** ilusão fantástica por meio de truque; ilusionismo, magia

má.gi.co *adj.* **1** relativo a magia ■ *adj.s.m.* **2** (o) que não tem explicação racional; fantástico **3** (o) que seduz; encantador ■ *s.m.* **4** indivíduo que realiza mágicas; ilusionista

ma.gis.té.rio *s.m.* **1** cargo ou ofício de professor **2** o exercício desse cargo ou ofício **3** classe dos professores

ma.gis.tra.do *s.m.* **1** indivíduo com poder para julgar e ordenar, que participa da administração política ou integra o governo político de um estado **2** DIR autoridade judiciária; membro do poder judiciário ◉ COL magistratura

ma.gis.tral [pl.: *-ais*] *adj.2g.* **1** relativo a mestre **2** *fig.* próprio ou digno de mestre; perfeito, exemplar

ma.gis.tra.tu.ra *s.f.* DIR **1** cargo ou função de magistrado **2** duração desse cargo **3** exercício desse cargo **4** a classe dos magistrados

mag.ma *s.m.* GEOL **1** massa mineral em estado de fusão, encontrada muito abaixo da superfície terrestre **2** rocha que se forma dessa massa resfriada ~ **magmático** *adj.*

mag.nâ.ni.mo *adj.* nobre, generoso ~ **magnanimidade** *s.f.*

mag.na.ta *s.2g.* indivíduo muito rico e poderoso

mag.né.sia *s.f.* QUÍM óxido de magnésio us. em isqueiros, refletores de instrumentos ópticos e tb. em medicina, esp. como laxante e antiácido

mag.né.sio *s.m.* QUÍM elemento químico us. em ligas leves na fabricação de automóveis, aviões, em lâmpadas de *flash*, fogos de artifício etc. [símb.: *Mg*] ☞ cf. *tabela periódica* (no fim do dicionário)

mag.né.ti.co *adj.* **1** de magneto ou magnetismo **2** capaz de atrair o ferro **3** *fig.* que exerce atração; encantador, fascinante

mag.ne.tis.mo *s.m.* **1** FÍS poder de algumas substâncias, esp. o ferro, de atrair outras **2** *fig.* forte poder de atração exercido por alguém; fascínio, sedução

mag.ne.ti.zar *v.* {mod. 1} *t.d.* **1** transmitir a (um corpo, esp. metal) as propriedades do magnetismo; imantar **2** *fig.* exercer forte atração sobre; fascinar **3** *fig.* ter grande poder sobre; dominar ~ **magnetização** *s.f.* - **magnetizador** *adj.s.m.*

mag.ne.to *s.m.* ímã

mag.ni.fi.car *v.* {mod. 1} *t.d. e pron.* **1** engrandecer(-se) com louvor, com honras; enaltecer(-se) □ *t.d.* **2** tornar maior; ampliar, aumentar ~ **magnificação** *s.f.*

mag.ni.fi.cen.te *adj.2g.* **1** suntuoso, rico **2** generoso, magnânimo ~ **magnificência** *s.f.*

mag.ní.fi.co *adj.* **1** farto, grandioso **2** de extrema beleza **3** ótimo, excelente **4** diz-se de reitor de universidade, em linguagem cerimoniosa

mag.ni.lo.quên.cia /qü/ *s.f.* linguagem ou estilo pomposo ~ **magniloquente** *adj.2g.*

mag.ni.tu.de *s.f.* grandeza, importância

mag.no *adj.* grande, muito importante

mag.nó.lia *s.f.* BOT flor vistosa, de cores variadas e perfume suave, e sua árvore, muito cultivada como ornamental

mag.no.li.ó.fi.ta *s.f.* BOT angiosperma

ma.go *s.m.* **1** sacerdote da antiga Média e Pérsia, estudioso dos astros **2** *p.ext.* quem realiza magia, feitiçaria; bruxo

má.goa *s.f.* **1** desgosto recolhido; amargura **2** rancor, ressentimento

ma.go.ar *v.* {mod. 1} *t.d. e pron.* **1** (fazer) sentir dor física, devido a contusão, machucado; ferir(-se) **2** *fig.* inspirar ou sentir compaixão; comover(-se) □ *t.d.,int. e pron.* **3** *fig.* (fazer) sentir mágoa, desgosto; ofender(-se) *<seu silêncio magoou-a demais> <a ingratidão magoa> <m.-se sem razão>* ~ **magoado** *adj.*

M

ma.go.te *s.m.* grande quantidade de pessoas ou de coisas; montoeira

ma.gre.lo *adj.s.m.* magricela

ma.gre.za /ê/ *s.f.* característica de quem ou do que é magro

ma.gri.ce.la *adj.2g.s.2g.* que(m) é muito magro; magrelo

ma.grís.si.mo *adj.* macérrimo ◉ GRAM/USO sup.abs.sint. de *magro*

ma.gro *adj.s.m.* **1** (o) que tem pouca ou nenhuma gordura ■ *adj.* **2** *fig.* escasso, insignificante <*salário m.*> ◉ GRAM/USO sup.abs.sint.: *macérrimo, magérrimo, magríssimo*

mai.a *s.2g.* **1** indivíduo dos maias, povo indígena da América Central e parte do México, famoso pelo grau de civilização ■ *s.m.* LING **2** a língua falada por esse povo ■ *adj.2g.* **3** relativo a esse indivíduo, povo ou língua

mai.o *s.m.* o quinto mês do ano no calendário gregoriano, composto de 31 dias

mai.ô *s.m.* VEST traje de banho feminino, composto de uma única peça que vai do busto ao alto das coxas

mai.o.ne.se *s.f.* CUL molho frio feito de gemas de ovos batidas com óleo ou azeite e temperos

mai.or [pl.: *-es*] *adj.2g.* **1** que supera outro em número, grandeza, extensão, intensidade, duração, importância, excelência ☞ comp.super. de *grande* **2** que está com mais de (determinada idade) ■ *adj.2g.s.2g.* **3** que(m) atingiu a maioridade legal <*m. de idade*> ▣ **m. de todos** *infrm.* dedo médio

mai.o.ral [pl.: *-ais*] *s.m.* **1** líder, chefe **2** *fig.* o melhor de todos

mai.o.ri.a *s.f.* **1** maior parte ou número de **2** numa votação, o número de votos que dá vitória a uma pessoa ou grupo de pessoas **3** grupo que, numa assembleia, reúne o maior número de votos

mai.o.ri.da.de *s.f.* DIR idade em que a pessoa é considerada legalmente capaz e responsável

mais *adv.* **1** em maior quantidade, intensidade etc. **2** exprime interrupção ou limite, quando acompanhado de negação <*não quer m. voltar*> ■ *pron.ind.* **3** em maior quantidade, número etc. <*precisamos de m. livros*> ■ *conj.adt.* **4** indica ligação ou adição; e <*sete m. dois são nove*> ■ *s.m.* **5** MAT sinal de adição (+) **6** o restante <*esqueceu-se de tudo o m.*> ▣ **m. ou menos** aproximadamente, cerca de

mai.se.na *s.f.* farinha de amido de milho us. em mingaus, cremes, biscoitos etc. ☞ grafado com *z* como marca registrada ou nome comercial, *Maizena*

mais-que-per.fei.to [pl.: *mais-que-perfeitos*] *adj.s.m.* GRAM (tempo verbal) que indica uma ação anterior a outra já passada

mais-va.li.a [pl.: *mais-valias*] *s.f.* ECON **1** na teoria marxista, lucro resultante da diferença entre o que o capitalista paga pela mão de obra e o valor que cobra pela mercadoria **2** *B* aumento do valor de um bem por melhoria ou benfeitoria que lhe foi introduzida

mai.ta.ca ou **ma.ri.ta.ca** *s.f.* **1** ZOO pequeno papagaio colorido e barulhento **2** *infrm.* pessoa tagarela

maître [fr.; pl.: *maîtres*] *s.m.* chefe dos garçons ⇒ pronuncia-se métr

mai.ús.cu.la *s.f.* letra maiúscula

mai.ús.cu.lo *adj.* **1** diz-se de letra do alfabeto de tamanho maior que a letra minúscula e com outro formato; capitular [Us. no início de períodos, nomes próprios etc.] **2** *fig. B* de maior importância que outros

ma.jes.ta.de *s.f.* **1** grandeza, imponência **2** aspecto solene, que infunde respeito **3** título de soberano ☞ inicial maiúsc. ~ **majestático** *adj.*

ma.jes.to.so /ô/ [pl.: /ó/; fem.: /ó/] *adj.* **1** que tem majestade, inspira respeito, veneração **2** grandioso, imponente **3** nobre, altivo

ma.jor [pl.: *-es*] *s.2g.* MIL **1** posto militar abaixo de tenente-coronel e acima de capitão **2** oficial nesse posto

ma.jo.rar *v.* {mod. 1} *t.d.* aumentar o valor de; elevar <*m. impostos*> ~ **majoração** *s.f.*

ma.jor-bri.ga.dei.ro [pl.: *majores-brigadeiros*] *s.m.* AER **1** posto que se situa logo abaixo do de tenente-brigadeiro e imediatamente acima do de brigadeiro do ar **2** oficial nesse posto

ma.jo.ri.tá.rio *adj.* **1** relativo a maioria ■ *adj.s.m.* **2** que(m) pertence à maioria de um grupo <*reunião de (sócios) m.*>

mal *adv.* **1** de maneira imperfeita, incorreta ou que deixa a desejar <*canta m.*> **2** pouco, rapidamente <*m. comeu*> **3** de modo indelicado <*responder m.*> **4** não <*m. sabia que seria demitido*> **5** em má situação <*ficar m. num placar*> ■ *s.m.* **6** o que é prejudicial, nocivo <*um m. das metrópoles*> **7** desgraça, calamidade **8** doença **9** o que há de errado com algo ou alguém **10** qualquer coisa má, negativa ■ *conj.temp.* **11** assim que, logo que <*m. saiu, caiu a chuva*> ◉ GRAM/USO pl. do s.m.: *males* ▣ **m. de Alzheimer** MED doença em que o cérebro e o corpo da pessoa vão aos poucos deixando de funcionar do modo adequado • **m. de Parkinson** MED doença neurológica que causa lentidão e tremores

ma.la *s.f.* **1** saco grande de couro, lona etc. ou espécie de caixa com alça, para levar roupas e objetos de uso pessoal em viagem **2** saco resistente, ger. trancado, us. pelos correios, bancos etc. para transporte de documentos **3** porta-malas ■ *s.2g.* *B gír.* **4** mala sem alça ◉ GRAM/USO dim.irreg.: *maleta, malote* ▣ **m. sem alça** *B joc.* indivíduo inconveniente, maçante; mala

ma.la.ba.ris.ta *adj.2g.s.2g.* **1** (artista) que movimenta e equilibra objetos, ger. em circos **2** *fig.* que(m) é hábil em contornar situações difíceis ~ **malabarismo** *s.m.*

mal-a.ca.ba.do [pl.: *mal-acabados*] *adj.* a que falta capricho; malfeito, imperfeito

ma.la.ca.che.ta /ê/ *s.f.* MINER mica branca us. como isolante

mal-a.cos.tu.ma.do [pl.: *mal-acostumados*] *adj.* que se acostumou mal por ter recebido mimos e facilidades demais na vida

mal-a.for.tu.na.do [pl.: *mal-afortunados*] *adj.* que é desgraçado, infeliz

mal-a.gra.de.ci.do [pl.: *mal-agradecidos*] *adj.s.m.* que(m) não reconhece ajuda recebida; ingrato

ma.la.gue.ta /ê/ *s.f.* BOT pimenta-malagueta

mal-a.jam.bra.do [pl.: *mal-ajambrados*] *adj.* **1** de aparência desagradável; com má apresentação **2** que se trata mal, sem capricho ou elegância (diz-se de pessoa)

ma.lan.dra.gem [pl.: *-ens*] *s.f.* **1** grupo de malandros **2** *p.ext.* dito, gesto ou ato de malandro; malandrice **3** *p.ext.* vadiagem, ociosidade **4** *fig. B* esperteza, manha

ma.lan.drar *v.* {mod. 1} *int.* **1** viver como malandro **2** ficar ocioso; vadiar

ma.lan.dri.ce *s.f.* malandragem ('dito, gesto')

ma.lan.dro *adj.s.m.* **1** que(m) não trabalha; vagabundo, vadio **2** preguiçoso, indolente **3** *B* que(m) é astuto, esperto ◉ COL malandragem

mal-a.pes.so.a.do [pl.: *mal-apessoados*] *adj.* quem tem má aparência (diz-se de pessoa)

ma.lar [pl.: *-es*] *s.m.* ANAT **1** cada um dos dois ossos sob as bochechas ■ *adj.2g.* **2** relativo a esses ossos ou às maçãs do rosto

ma.lá.ria *s.f.* MED doença causada pela presença de parasitas no sangue, transmitida pela picada de um tipo de mosquito, e caracterizada por calafrios e febre periódicos; impaludismo, paludismo ~ **malárico** *adj.*

mal-ar.ran.ja.do [pl.: *mal-arranjados*] *adj.* desordenado; desarrumado

mal-as.som.bra.do [pl.: *mal-assombrados*] *adj. B* diz-se de lugar supostamente visitado por assombrações e fantasmas

mal-a.ven.tu.ra.do [pl.: *mal-aventurados*] *adj.s.m.* que(m) é infeliz, desgraçado

mal.ba.ra.tar *v.* {mod. 1} *t.d.* **1** vender a preço baixo, com prejuízo **2** gastar sem medida (patrimônio, dinheiro); esbanjar □ *t.d.* e *t.d.i.* *fig.* **3** (prep. *em*) utilizar, aplicar mal; desperdiçar *<malbaratava seu talento (em filmes malfeitos)>*

mal.chei.ro.so [pl.: /ó/; fem.: /ó/] *adj.* que cheira mal; fedorento

mal.cri.a.ção [pl.: *-ões*] ou **má-cri.a.ção** [pl.: *más-criações*] *s.f.* ato ou palavra grosseira; grosseria, indelizadeza

mal.cri.a.do *adj.s.m.* que(m) é grosseiro, impertinente

mal.da.de *s.f.* **1** característica ou ato de quem é mau **2** ação prejudicial e mal-intencionada **3** malícia

mal.dar *v.* {mod. 1} *t.i.* e *int.* **1** (prep. *de*) formar mau juízo de ou interpretar com maldade *<m. do vizinho>* *<incapaz de m.>* □ *t.d.* **2** ter ou formar na mente (mau juízo) *<maldou que ela mentia>*

mal.di.ção [pl.: *-ões*] *s.f.* **1** praga lançada contra algo ou alguém **2** *p.ext.* palavra ou conjunto de palavras que revela a vontade de que algo ruim aconteça a alguém ou a algo; praga **3** castigo divino

mal.di.to *adj.s.m.* **1** que(m) sofreu maldição; amaldiçoado **2** malvado, perverso

mal.di.zen.te *adj.2g.s.2g.* maledicente

mal.di.zer *v.* {mod. 15} *t.d.* **1** dirigir maldições, pragas a; amaldiçoar *<maldizia a nova namorada>* **2** falar mal de; difamar *<m. os vizinhos>* □ *t.i.* **3** (prep. *de*) lastimar-se acerca de; reclamar *<m. da sorte>* ◉ GRAM/USO part.: *maldito*

mal.do.so /ô/ [pl.: /ó/; fem.: /ó/] *adj.* **1** mau, desumano **2** malicioso

ma.lê *s.2g.* **1** nome que se dava esp. na Bahia a negros trazidos do noroeste da África ■ *adj.2g.* **2** relativo a malê ou ao seu grupo

ma.le.ar *v.* {mod. 5} *t.d.* **1** transformar em lâmina (metal) **2** bater com martelo em; malhar *<m. o ferro>* **3** *fig.* tornar dócil, flexível; suavizar, abrandar *<m. o temperamento>*

ma.le.á.vel [pl.: *-eis*] *adj.2g.* flexível ~ **maleabilidade** *s.f.*

ma.le.di.cên.cia *s.f.* calúnia, difamação

ma.le.di.cen.te *adj.2g.s.2g.* que(m) fala mal dos outros; maldizente, má-língua

mal-e.du.ca.do [pl.: *mal-educados*] *adj.s.m.* malcriado, grosseiro

ma.le.fí.cio *s.m.* **1** dano, prejuízo **2** feitiço contra alguém

ma.lé.fi.co *adj.* **1** que provoca dano, prejuízo **2** que faz o mal; malvado ◉ GRAM/USO sup.abs.sint.: *maleficentíssimo*

ma.lei.ro *s.m.* **1** local para guardar malas **2** fabricante ou vendedor de malas

ma.lei.ta *s.f.* MED malária ~ **maleitoso** *adj.s.m.*

mal e mal *adv. B* escassamente; de modo sofrível

mal-en.ca.ra.do [pl.: *mal-encarados*] *adj.s.m.* **1** que(m) é carrancudo **2** que(m) tem aparência suspeita

mal-en.ten.di.do [pl.: *mal-entendidos*] *s.m.* **1** equívoco, engano **2** briga, desentendimento ■ *adj.* **3** interpretado de forma errada *<texto m.>*

ma.lé.o.lo *s.m.* ANAT cada um dos dois ossos arredondados que ficam de ambos os lados da articulação do tornozelo ~ **maleolar** *adj.2g.*

mal-es.tar [pl.: *mal-estares*] *s.m.* **1** incômodo físico que não chega a ser doença; indisposição **2** estado de inquietação, desassossego **3** embaraço, constrangimento

ma.le.ta /ê/ *s.f.* pequena mala ◉ GRAM/USO dim.irreg. de *mala*

ma.le.vo.lên.cia *s.f.* má vontade, antipatia

ma.le.vo.len.te *adj.2g.* **1** de má índole; mau **2** que tem ou demonstra desejo de ferir, de prejudicar; malicioso, mal-intencionado

ma.lé.vo.lo *adj.* muito mau; malvado

mal.fa.da.do *adj.s.m.* que(m) tem má sorte; desgraçado

mal.fa.dar *v.* {mod. 1} *t.d.* **1** prever desgraças para; malsinar **2** tornar infeliz; desgraçar

mal.fa.la.do *adj.* de que(m) se fala mal ☞ cf. *mal falado* 'falado com imperfeição' (p.ex., *português mal falado*)

mal.fa.ze.jo /ê/ *adj.s.m.* que(m) gosta de fazer o mal; malvado

mal.fei.to *adj.* **1** realizado sem cuidado ou competência **2** que tem configuração má ou defeituosa ■ *s.m.* **3** qualquer comportamento reprovável ou o seu efeito **4** coisa que causa prejuízo, que é ruim **5** delito ou crime

mal.fei.tor /ô/ [pl.: *-es*] *adj.s.m.* que(m) comete crimes ou atos condenáveis; bandido

mal.fei.to.ri.a *s.f.* **1** (o) que é nocivo; malefício **2** crime, delito

mal.for.ma.ção [pl.: *-ões*] *s.f.* MED má-formação

mal.gra.do *prep.* apesar de, a despeito de

¹ma.lha *s.f.* **1** cada um dos nós, voltas etc. de fio que se entrelaçam para formar um tecido **2** o tecido maleável formado por esse entrelaçamento **3** roupa feita desse tecido <*blusa de m.*> **4** *fig.* trama. teia <*as m. da lei*> **5** conjunto de vias; rede <*m. ferroviária*> [ORIGEM: do fr. *maille* 'laçada, anel']

²ma.lha *s.f.* sinal natural, de cor diferente na pele ou no pelo dos animais; mancha [ORIGEM: do lat. *macŭla,ae* 'mancha, nódoa']

ma.lha.ção [pl.: *-ões*] *s.f.* **1** ato de bater com malho ou o seu efeito **2** *p.ext.* surra, espancamento **3** *fig. B infrm.* zombaria **4** *fig. B infrm.* crítica severa; mordacidade **5** *B infrm.* exercício ou ginástica vigorosos; musculação

M

ma.lha.da *s.f.* pancada com malho

¹ma.lha.do *adj.* **1** batido com malho **2** que levou uma surra **3** *fig.* alvo de piada, de zombaria **4** *B gír.* adulterado com misturas (diz-se de droga, combustível etc.) **5** *B infrm.* que tem o físico moldado por ginástica, musculação; sarado [ORIGEM: part. de *malhar* ('bater com malho')]

²ma.lha.do *adj.* que tem malhas ou manchas; manchado, pintado [ORIGEM: *²malha* + *-ado*]

ma.lhar *v.* {mod. 1} *t.d.* **1** bater com malho, martelo em **2** *fig. infrm.* falar mal de; criticar, maldizer <*m. os colegas*> □ *t.d. e t.i.* **3** (prep. *em*) castigar fisicamente; surrar <*m. o judas*> <*o boxeador treinava malhando num saco*> □ *t.d. e int. fig. B infrm.* **4** exercitar (o corpo ou partes dele) para fortalecer a musculatura e emagrecer <*m. os braços*> <*conserva-se em forma malhando duas horas por dia*>

ma.lha.ri.a *s.f.* **1** confecção ou loja de tecidos ou roupas de malha **2** fábrica de malha

ma.lho *s.m.* martelo pesado us. para bater ferro

mal-hu.mo.ra.do [pl.: *mal-humorados*] *adj.* aborrecido, irritado

ma.lí.cia *s.f.* **1** fala, intenção ou interpretação maldosa, picante **2** habilidade para enganar; esperteza, astúcia

ma.li.ci.ar *v.* {mod. 1} *t.d. e t.i.* **1** (prep. *de*) conferir a, interpretar com malícia <*nunca maliciou as palavras do colega*> **2** (prep. *de*) realizar julgamento negativo de; maldar <*m. de tudo*> □ *t.d. p.ext.* **3** desconfiar, suspeitar <*o sindicato maliciou a proposta*>

ma.li.ci.o.so /ô/ [pl.: /ó/; fem.: /ó/] *adj.* **1** em que há malícia ■ *adj.s.m.* **2** que(m) tem ou age com esperteza, astúcia

ma.lig.no *adj.* **1** que tem tendência para o mal **2** que anuncia desgraças; funesto **3** MED que ocorre na forma grave e pode levar à morte (diz-se de formas de doença ou de tumores) ~ **malignidade** *s.f.*

má-lín.gua [pl.: *más-línguas*] *s.f.* **1** hábito de falar mal de tudo e de todos ■ *adj.2g.s.2g.* **2** maledicente

mal-in.ten.cio.na.do [pl.: *mal-intencionados*] *adj.s.m.* que(m) pretende fazer mal, prejudicar

ma.lís.si.mo *adj.* muito mau ◉ GRAM/USO sup.abs.sint. de *mau*

mal.jei.to.so /ô/ [pl.: /ó/; fem.: /ó/] *adj.* sem jeito; desastrado, inábil

mal.me.quer [pl.: *-es*] *s.m.* BOT bem-me-quer

mal.nas.ci.do *adj.* **1** nascido com má sorte **2** pobre

ma.lo.ca *s.f.* **1** casa indígena **2** casa muito pobre e rústica; choupana, barracão

ma.lo.grar *v.* {mod. 1} *t.d.* **1** provocar danos a; danificar □ *t.d. e pron.* **2** (fazer) não ter êxito, sucesso; frustrar(-se), fracassar

ma.lo.gro /ô/ *s.m.* falta de sucesso; fracasso

ma.lo.te *s.m.* **1** pequena mala; maleta **2** serviço de entrega rápida de correspondência, documentos bancários etc. **3** saco que transporta esses documentos, correspondência etc. ◉ GRAM/USO dim.irreg. de *mala*

mal-ou.vi.do [pl.: *mal-ouvidos*] *adj.s.m. B infrm.* que ou aquele que não segue conselhos ou não lhes dá atenção; desobediente

mal.pa.ra.do *adj.* em má situação

mal.pas.sa.do *adj.* pouco cozido ou frito (esp. carne)

mal.que.ren.ça *s.f.* inimizade, hostilidade ~ **malquerente** *adj.2g.s.2g.*

mal.que.rer *v.* {mod. 18} *t.d.* **1** desejar mal a ou não gostar de ■ *s.m.* **2** malquerença ◉ GRAM/USO part.: *malquerido, malquisto*; pl. do subst.: *malquereres*

mal.quis.tar *v.* {mod. 1} *t.d.,t.d.i.,int. e pron.* (prep. *com*) tornar(-se) malquisto (de); inimizar(-se), indispor(-se) <*malquistou-os a rivalidade profissional*> <*as ideias que defendia malquistaram-no com o chefe*> <*querendo agradar a todos, evitava a sinceridade que malquista*> <*inconveniente, malquistou-se com a família*> ◉ GRAM/USO part.: *malquisto*

mal.quis.to *adj.* **1** que tem inimigos **2** que tem má fama, má reputação ◉ GRAM/USO part.: de *malquistar* e *malquerer*

mal.são [pl.: *-ãos*; fem.: *malsã*] *adj.* **1** nocivo à saúde; doentio **2** de saúde precária; mal curado **3** *fig.* que faz mal, nocivo

mal.sim [pl.: *-ins*] *s.2g.* **1** informante pago pela polícia para denunciar contrabandos ou ações ilegais **2** *p.ext.* espião, delator

mal.si.na.ção [pl.: *-ões*] *s.f.* acusação, denúncia

[1]**mal.si.nar** *v.* {mod. 1} *t.d.* **1** revelar, denunciar (o que se queria encobrir) **2** interpretar mal ou deformar o sentido de; deturpar **3** considerar mau ou censurável; reprovar [ORIGEM: de *malsim* sob a f. rad. *malsin-* + *-ar*]

[2]**mal.si.nar** *v.* {mod. 1} *t.d.* **1** trazer má sorte, ruína a; arruinar **2** prever infelicidade, azar a; malfadar [ORIGEM: de *mal-* + *sinar* (do lat. *signāre* 'pôr marca em')]

mal.so.an.te ou **mal.so.nan.te** *adj.2g.* desagradável ao ouvido; malsonante

mal.su.ce.di.do *adj.* que teve mau resultado; fracassado

mal.ta *s.f.* bando de pessoas de má fama e/ou má índole; corja, súcia

mal.te *s.m.* cevada germinada de modo artificial e seca, us. na fabricação de cervejas e outros alimentos ~ **maltado** *adj.*

mal.thu.si.a.nis.mo *s.m.* doutrina de Thomas Malthus, economista e demógrafo inglês, que prega a limitação de nascimentos, em virtude da diferença entre o crescimento do número de pessoas e o da produção de alimentos ☞ cf. *Malthus* na parte enciclopédica ~ **malthusianista** *adj.2g.s.2g.*

mal.thu.si.a.no *adj.s.m.* adepto ou seguidor das ideias de Thomas Malthus ou do malthusianismo ☞ cf. *Malthus* na parte enciclopédica

mal.tra.pi.lho *adj.s.m.* que(m) anda esfarrapado

mal.tra.tar *v.* {mod. 1} *t.d.* **1** tratar com aspereza, grosseria; destratar **2** dar golpe(s) violento(s) em; bater **3** causar lesão física em; machucar **4** danificar, arruinar, esp. por mau uso

ma.lu.co *adj.s.m.* **1** que(m) sofre de distúrbios mentais; louco **2** *p.ext.* que(m) é dado a esquisitices; excêntrico **3** *p.ext.* que(m) age sem juízo ou seriedade; imprudente, inconsequente

ma.lun.go *s.m.* **1** HIST nome pelo qual se chamavam os escravos vindos da África no mesmo navio **2** camarada, parceiro

ma.lu.quei.ra *s.f.* maluquice

ma.lu.qui.ce *s.f.* **1** atitude de maluco; maluqueira **2** falta de discernimento; absurdo, maluqueira

mal.va *s.f.* BOT nome comum às plantas da família das malváceas, ricas em mucilagem, cultivadas como ornamentais, como alimento ou pelas propriedades medicinais

mal.vá.cea *s.f.* BOT espécime das malváceas, família de ervas, arbustos e árvores, cultivadas em jardins, como vários hibiscos, pelas fibras, como o algodão, e tb. para alimentação, como o quiabo ~ **malváceo** *adj.*

mal.va.de.za /ê/ *s.f.* **1** ato de quem é malvado **2** comportamento de pessoa malvada; crueldade

mal.va.do *adj.s.m.* que(m) pratica ou é capaz de praticar crueldades; mau, cruel ~ **malvadez** *s.f.*

mal.ver.sa.ção [pl.: *-ões*] *s.f.* **1** má administração **2** desvio de verbas **3** falta grave no exercício de um cargo

mal.ves.ti.do *adj.s.m. pej.* que(m) se veste sem cuidado, sem elegância

mal.vis.to *adj.* que tem má fama; malquisto

ma.ma *s.f.* ANAT órgão glandular dos mamíferos, normalmente atrofiado no macho e, na fêmea, capaz de produzir leite ~ **mamário** *adj.*

ma.ma.dei.ra *s.f.* recipiente de vidro ou plástico com bico de borracha, us. para dar leite a crianças ou animais

ma.mãe *s.f.* tratamento carinhoso dado à mãe

ma.man.ga.ba ou **ma.man.ga.va** *s.f.* ZOO abelha grande, com abdome largo e com pelos, ger. negra e amarela

ma.mão [pl.: *-ões*] *s.m.* BOT fruta de casca e polpa alaranjadas com muitas sementes pequenas e pretas; papaia

ma.mar *v.* {mod. 1} *t.d.,t.i. e int.* **1** (prep. *em*) sugar (leite) de mama, teta ou (conteúdo) de mamadeira *<m. no peito> <parou de m.>* □ *t.d.,t.i. e t.d.i. fig. B infrm.* **2** (prep. *em*) lucrar indevidamente (com empresa ou administração pública) *<m. a verba destinada à educação> <mamou (muito dinheiro) nos cofres do Estado>*

ma.ma.ta *s.f. infrm.* ganho desonesto; negociata

mam.bem.be *s.m. B* **1** grupo teatral ger. amador e itinerante ■ *adj.2g. B pej.* **2** de má qualidade; ordinário

mam.bi.ra *adj.2g.s.2g. RS pej.* **1** que(m) é do interior, bronco ■ *s.2g.* ZOO *AMAZ* **2** tamanduá pequeno

mam.bo *s.m.* DNÇ MÚS música e dança cubanas com base na rumba

ma.me.lu.co *s.m.* **1** *B* filho de índio com branco ou de branco com caboclo **2** HIST membro de antiga milícia turco-egípcia

ma.mí.fe.ro *adj.s.m.* (espécime) dos mamíferos, classe de animais vertebrados, possuidores de glândulas mamárias, corpo ger. coberto por pelos, coração com quatro câmaras, pulmões grandes e elásticos, cavidades torácica e abdominal separadas por um diafragma e fecundação interna

ma.mi.lo *s.m.* **1** ANAT o bico da mama, do peito **2** o que tem forma de mamilo ~ **mamilar** *adj.2g.*

ma.mi.nha *s.f.* **1** bico do peito; mamilo **2** parte mais macia da alcatra

ma.mo.ei.ro *s.m.* BOT árvore do mamão

ma.mo.gra.fi.a *s.f.* radiografia de mama

ma.mo.na *s.f.* BOT **1** fruto de cuja semente se extrai óleo de rícino **2** mamoneira

ma.mo.nei.ra *s.f.* BOT arbusto da mamona

ma.mo.plas.ti.a *s.f.* MED cirurgia plástica na mama; mastoplastia

ma.mu.len.go *s.m. N.E.* fantoche ('boneco')

ma.mu.te *s.m.* ZOO elefante pré-histórico, munido de presas longas e curvadas para cima e para trás e corpo revestido por longos pelos

ma.ná *s.m.* **1** alimento que, segundo a Bíblia, foi miraculosamente fornecido aos hebreus em sua travessia do deserto **2** *p.ext.* alimento delicioso **3** *fig.* proveito inesperado

ma.na.cá *s.m.* BOT arbusto ornamental, de flores aromáticas roxas, róseas e brancas

ma.na.da *s.f.* rebanho de gado

ma.na.gue.nho /gü/ *adj.s.m.* managuense

ma.na.guen.se /gü/ *adj.2g.* **1** de Manágua, Nicarágua ■ *s.2g.* **2** natural ou habitante dessa capital

ma.nan.ci.al [pl.: *-ais*] *s.m.* **1** nascente de água; fonte **2** *fig.* princípio ou fonte de algo *<m. de ideias>* ■ *adj.2g.* **3** que flui ou jorra sem cessar

ma.nar *v.* {mod. 1} *t.d.,t.i. e int.* (prep. *de*) [fazer] correr ou fluir em abundância ou de forma contínua (líquido ou gás); brotar, jorrar *<m. água cristalina> <lágrimas manam de seus olhos> <as fontes deixaram de m.>*

ma.nau.en.se ou **ma.nau.a.ra** *adj.2g.* **1** de Manaus (AM) ■ *s.2g.* **2** natural ou habitante dessa capital

man.ca.da *s.f. infrm.* **1** ato de mancar ou o seu efeito **2** *fig. B infrm.* atitude, comportamento com resultado insatisfatório ou negativo; falha, erro **3** *fig. B* ato ou fala inoportuna; gafe, inconveniência

man.cal [pl.: *-ais*] *s.m.* **1** dobradiça **2** peça com rebaixamento cilíndrico ou esférico onde se encaixa a ponta do eixo de uma máquina

man.car *v.* {mod. 1} *t.i. e int.* **1** (prep. *de*) caminhar apoiando-se mais em uma das pernas; coxear *<ela manca (da perna direita)>* □ *pron. fig. B infrm.* **2** perceber a inconveniência ou a impropriedade de sua conduta ou ação *<afinal se mancou e apagou o cigarro>*

man.ce.bi.a *s.f.* estado de quem vive junto sem casar-se

man.ce.bo /ê/ *s.m.* rapaz

man.cha *s.f.* **1** marca deixada por sujeira; nódoa **2** mudança de coloração na pele de pessoas ou no pelo de animais **3** *fig.* desonra, mácula **4** ART.PLÁST cada toque de tinta aplicado a um quadro; pincelada **5** GRÁF parte impressa de uma página, por oposição às margens ▣ **m. roxa** mancha na pele resultante de hemorragia; equimose

man.chão [pl.: *-ões*] *s.m. B* **1** mancha no terreno onde há diamante de aluvião **2** *infrm.* remendo improvisado em pneu furado

man.char *v.* {mod. 1} *t.d.,t.d.i. e pron.* **1** (prep. *de*) [fazer] ficar com mancha; sujar(-se) *<manchou (de chocolate) o sofá> <cuidado para não se manchar de graxa>* □ *t.d. e pron.* **2** *fig.* comprometer(-se) por algo vil, desonroso; infamar(-se), desonrar(-se) *<m. sua biografia> <manchou-se por uma bobagem>* ~ **manchado** *adj.*

man.chei.a *s.f.* quantidade que cabe na mão; punhado

man.che.te *s.f.* **1** JOR título destacado, em jornal ou revista, de reportagem importante **2** ESP no voleibol, defesa ou passe com braços estendidos e mãos juntas

man.co ou **co.xo** /ô/ *adj.s.m.* (o) que manca

man.co.mu.nar *v.* {mod. 1} *t.d.,t.d.i. e pron.* (prep. *com*) juntar(-se) [a outrem] para a realização de (algo ger. desonesto); conluiar(-se) *<m. (com o vizinho) a deposição do síndico> <os partidos da oposição resolveram m.-se>* ~ **mancomunação** *s.f.*

man.da.ca.ru *s.m.* BOT grande cacto da caatinga

man.da.chu.va *s.2g. B infrm.* indivíduo influente; chefe, líder

man.da.do *s.m.* **1** incumbência, missão **1.1** DIR ordem escrita de autoridade pública determinando o cumprimento de algum ato ■ *adj.* **2** que se mandou; enviado

man.da.men.to *s.m.* **1** ordem de autoridade **2** REL no judaísmo e cristianismo, cada um dos dez preceitos enviados por Deus ao povo hebreu e aos quais os crentes estão obrigados a obedecer ☞ mais us. no pl.

man.dan.te *adj.2g.s.2g.* **1** que(m) manda **2** que(m) induz a certos atos ■ *s.2g.* **3** quem autoriza alguém a agir em seu nome ☞ cf. *mandatário*

man.dão [pl.: *-ões*; fem.: *mandona*] *adj.s.m.* que(m) gosta de mandar

man.dar *v.* {mod. 1} *t.d.,t.d.i. e pron.* **1** (prep. *a*) exigir, como autoridade superior, que se cumpra (algo); ordenar *<a sentença manda que a criança volte aos verdadeiros pais> <fez o que lhe mandaram> <ele não pede, manda>* □ *t.d. e t.d.i.* **2** (prep. *a*) mostrar como desejado, aconselhável; recomendar *<siga o que (lhe) manda o coração>* **3** (prep. *a, para*) fazer chegar a; enviar, encaminhar *<já mandou a encomenda ao seu tio?>* □ *t.d.,t.i. e int.* **4** (prep. *em*) exercer poder, autoridade, domínio sobre *<o rei tudo manda> <ele pensa que pode m. em todos> <os vencidos de ontem estão hoje a m.>* □ *pron. B infrm.* **5** dirigir-se a (certo lugar); ir *<m.-se para casa>* **6** ir embora; partir, fugir *<fez as malas e se mandou dali>*

man.da.rim [pl.: *-ins*] *s.m.* **1** alto funcionário do antigo império chinês **2** LING o principal dialeto da língua chinesa, tomado como língua oficial da China

man.da.tá.rio *s.m.* **1** DIR quem recebe mandato ou procuração para agir em nome de outro **2** quem age em nome e por ordem de alguém ☞ cf. *mandante*

man.da.to *s.m.* **1** aquilo de que se está encarregado; incumbência **2** poder concedido ou autorizado; procuração **3** POL poder dado pelo povo ao político eleito para que o represente no governo ou nas assembleias legislativas **4** *p.ext.* POL período de desempenho de um cargo eleitoral

man.dí.bu.la *s.f.* ANAT osso da cabeça em forma de ferradura, antes denominado *maxilar inferior*, onde ficam os dentes inferiores ~ **mandibular** *adj.2g.*

man.din.ga *s.f.* feitiço, bruxaria ~ **mandingueiro** *adj.s.m.*

man.di.o.ca *s.f.* BOT **1** arbusto cultivado pelas raízes, muito semelhantes às do aipim, embora sejam ger. mais venenosas e freq. us. apenas para a produção de farinha de mandioca e ração animal **2** raiz dessa planta ◉ COL mandiocal

man.di.o.qui.nha *s.f.* BOT batata-baroa

man.do *s.m.* **1** direito ou poder de mandar; autoridade, poderio **2** ordem, determinação **3** comando militar

man.dra.ca *s.f.* *B* **1** bruxaria, feitiçaria **2** beberagem us. para enfeitiçar

man.dri.ão [pl.: *-ões*; fem.: *mandriona*] *adj.s.m.* que(m) se mostra preguiçoso para trabalhar ou estudar; indolente ~ **mandriar** *v.int.*

[1]**man.dril** [pl.: *-is*] *s.m.* ZOO grande macaco africano, de cauda curta, pelagem esverdeada e machos de focinho vermelho e azul [ORIGEM: do ing. *mandrill* 'id.']

[2]**man.dril** [pl.: *-is*] *s.m.* **1** ferramenta mecânica que calibra e retifica furos **2** dispositivo que agarra ferramenta ou peça a ser trabalhada [ORIGEM: do fr. *mandrin* 'eixo de ferro sobre o qual gira uma máquina']

man.du.car *v.* {mod. 1} *t.d. e int.* ingerir alimento; comer, mastigar ~ **manducação** *s.f.*

ma.né *s.m.* *infrm. pej.* **1** indivíduo pouco inteligente; bobo, tolo **2** desleixado, negligente

ma.nei.o *s.m.* **1** ação de trabalhar, mover com as mãos; manejo **2** trabalho manual; manejo **3** *fig.* administração, gestão de algo; direção, gerência

ma.nei.ra *s.f.* **1** forma pessoal de ser ou de agir **2** qualidade, variedade *<pratos de todas as m.>* **3** método ou processo de realizar algo; meio **4** arranjo, disposição *<móveis postos de outra m.>* **5** oportunidade, possibilidade *<não houve m. de terminar a tempo>* ▼ ***maneiras*** *s.f.pl.* **6** modo habitual de falar, de agir em sociedade **7** comportamento educado

ma.nei.rar *v.* {mod. 1} *t.d.* **1** conter ou resolver com habilidade (situação difícil, embaraçosa) *<maneire os gastos com roupas>* □ *int.* **2** agir com moderação, calma *<devagar, aqui é preciso m.>* □ *t.d. e int.* **3** tornar(-se) mais suave; abrandar, melhorar *<o instrutor resolveu m. a exigência nas provas>* *<o calor, afinal, maneirou>*

ma.nei.ris.mo *s.m.* **1** ART.PLÁST HIST LIT estilo e movimento artísticos europeus do séc. XVI **2** abuso de certos recursos artísticos e literários **3** *fig.* afetação nos modos de falar, no estilo ~ **maneirista** *adj.2g.s.2g.*

ma.nei.ro *adj.* **1** cujo manejo ou uso não oferece dificuldade ou esforço **2** *B gír.* palavra que qualifica pessoas ou coisas com atributos positivos; bonito, bom, correto, capaz etc.

ma.nei.ro-pau [pl.: *maneiros-paus*] *s.m.* → ***MINEIRO-PAU***

ma.nei.ro.so /ô/ [pl.: /ó/; fem.: /ó/] *adj.* educado, gentil

ma.ne.jar *v.* {mod. 1} *t.d.* **1** mover, controlar com a(s) mão(s); manobrar, manusear *<m. a bicicleta>* **2** *fig.* ter autoridade, poder sobre; manipular, dirigir *<o imperador maneja seus súditos>* **3** *fig.* praticar com facilidade; dominar *<m. uma técnica>* ~ **manejador** *adj.s.m.*

ma.ne.jo /ê/ *s.m.* **1** uso de algo com auxílio das mãos; maneio, manuseio **2** exercício, desempenho **3** *fig.* direção, governo **4** ECO gestão do ambiente e de seus recursos, de modo que seu uso possa ser constante, sem redução no futuro

ma.ne.quim [pl.: *-ins*] *s.m.* **1** boneco de forma humana us. por escultores, costureiros, tb. em vitrines de lojas etc. **2** *p.ext.* medida padrão para roupa; tamanho *<m. 40>* ■ *s.2g.* **3** modelo que exibe modelos de costureiros ou posa para fotos de moda

ma.ne.ta /ê/ *adj.2g.s.2g.* que(m) não tem um braço ou mão

[1]**man.ga** *s.f.* **1** VEST parte da roupa sobre o braço **2** objeto tubular que envolve qualquer coisa para proteger ou isolar ◉ GRAM/USO aum.: *mangão*, *mangona* [ORIGEM: do lat. *manĭca,ae* 'parte da roupa']

[2]**man.ga** *s.f.* BOT fruto da mangueira, suculento e doce, de polpa carnosa, ger. amarelada [ORIGEM: do malaiala (língua falada no sudoeste da Índia) *manga* 'id.']

man.gá *s.m.* estilo de desenho us. nas histórias em quadrinhos japonesas

man.ga.ba *s.f.* BOT fruto da mangabeira, comestível e us. no fabrico de bebidas e sorvetes

man.ga.bei.ra *s.f.* BOT árvore comum em cerrados e no litoral nordestino brasileiro que fornece frutos comestíveis, conhecidos como mangaba, e o látex, us. na fabricação de borracha rosada; mangaba ◉ COL mangabal, mangabeiral

man.ga-d'á.gua [pl.: *mangas-d'água*] *s.f.* tromba-d'água ('fenômeno meteorológico')

man.ga-lar.ga [pl.: *mangas-largas*] *s.2g.* **1** ZOO raça de cavalo marchador, resultante do cruzamento de um puro-sangue com égua comum ■ *adj.2g.* **2** relativo a essa raça

man.ga.nês *s.m.* QUÍM elemento químico us. em trilhos de trem que necessitam de aços de grande dureza, em resistências elétricas de precisão etc. [símb.: *Mn*] ☞ cf. *tabela periódica* (no fim do dicionário) ◉ GRAM/USO esta pal. ordinariamente não se emprega no pl.

man.gar *v.* {mod. 1} *t.i. e int.* (prep. *de*) expor ao ridículo, com atos ou palavras maliciosas ou irônicas, ger. fingindo seriedade; debochar, caçoar *<diverte-se mangando dos irmãos>*

man.gua.ça *s.f.* *SP infrm.* bebida alcoólica, esp. cachaça

man.gue *s.m.* BOT **1** nome comum a diversas árvores que vivem em uma lama negra alcançada pelas marés, munidas de pontos acima da superfície, verticais e aéreos, que servem à respiração **2** floresta em que predomina esse tipo de árvore, junto a praias, à foz de rios, lagoas etc.; manguezal

[1]**man.guei.ra** *s.f.* BOT árvore frondosa que fornece a manga [ORIGEM: [2]*manga* + *-eira*]

[2]**man.guei.ra** *s.f.* tubo flexível que conduz líquidos ou gases; borracha [ORIGEM: [1]*manga* + *-eira*]

man.gue.zal [pl.: *-ais*] *s.m.* BOT **1** mangue ('floresta') **2** GEO área dessa vegetação

ma.nha *s.f.* **1** talento para realizar algo; desenvoltura **2** habilidade de enganar; astúcia, esperteza **3** procedimento astuto; artimanha ☞ freq. us. no pl. **4** defeito ou característica que dificulta o fazer, o manejo, o uso, a compreensão etc. de algo **5** *B* choro de criança sem motivo ou como forma de chantagem; birra

M

ma.nhã *s.f.* **1** parte do dia que vai do nascer do Sol ao meio-dia **2** amanhecer, madrugada **3** *fig.* começo, início *<a m. da vida>*

ma.nho.so /ô/ [pl.: /ó/; fem.: /ó/] *adj.* **1** que tem habilidade para realizar algo; talentoso **2** hábil para enganar; ardiloso **3** que tem manias, vícios (diz-se de pessoa ou animal) **4** que chora sem motivo (diz-se esp. de criança) ■ *s.m.* ZOO *B* **5** besouro negro, de ampla distribuição no Brasil, uma das principais pragas do feijão

ma.ni.a *s.f.* **1** costume esquisito, peculiar; excentricidade **2** gosto excessivo; paixão **3** o alvo desse gosto **4** ideia fixa, obsessiva **5** trejeito ou ação habitual desagradável; cacoete

ma.ní.a.co *adj.s.m.* que(m) é obcecado por (algo)

ma.ni.a.tar *v.* {mod. 1} *t.d.* → ***MANIETAR***

ma.ni.ço.ba *s.f.* **1** BOT planta nativa do Brasil, cujo caule produz látex que petrifica em contato com o ar, exalando mau cheiro **2** CUL *B* prato de origem indígena, feito com folhas de mandioca moídas e cozidas, a que se juntam ger. carnes e temperos variados ◉ COL maniçobal

ma.ni.cô.mio *s.m.* local para internação e tratamento de loucos; hospício

ma.ní.cu.la *s.f.* **1** cada um dos membros anteriores dos mamíferos **2** meia luva que protege as mãos dos sapateiros **3** *B* peça para transmitir movimento de rotação a uma roda, eixo etc., por ação manual; manivela

ma.ni.cu.re *s.2g.* ou **ma.ni.cu.ro** [fem.: *manicura*] *s.m.* profissional que limpa e embeleza mãos e unhas

ma.ni.e.tar ou **ma.ni.a.tar** *v.* {mod. 1} *t.d.* **1** amarrar as mãos de **2** tolher os movimentos de; imobilizar, prender **3** *fig.* privar da liberdade; subjugar

ma.ni.fes.ta.ção [pl.: *-ões*] *s.f.* **1** ato de revelar um pensamento, ideia etc.; expressão **2** declaração, pronunciamento público **3** grupo de pessoas reunidas para reivindicar algo **4** REL *B* incorporação de uma deidade, entidade ou orixá etc. no corpo de um iniciado ou médium

ma.ni.fes.tan.te *adj.2g.s.2g.* **1** que(m) se manifesta **2** que(m) participa de manifestação

ma.ni.fes.tar *v.* {mod. 1} *t.d. e t.d.i.* **1** (prep. *a*) tornar manifesto ou público; declarar *<m. uma intenção>* *<m. aos presentes sua indignação>* □ *pron.* **2** (prep. *contra*, *sobre*) dar declaração, opinião sobre algo; pronunciar-se □ *t.d. e pron.* **3** (fazer) dar marcas, sinais de sua presença; evidenciar(-se), revelar(-se) ◉ GRAM/USO part.: *manifestado*, *manifesto*

ma.ni.fes.to *s.m.* **1** declaração pública de opinião, motivo, tendência etc. ■ *adj.* **2** impossível de ser oculto ou dissimulado; claro, evidente

ma.ni.lha *s.f.* tubo largo e curto, feito de cerâmica, concreto ou aço, us. para canalizar águas, esgotos etc.

ma.ni.nho *adj.* **1** estéril, infecundo **2** que se desenvolve sem cultivo; bravo, silvestre

ma.ni.pu.lar *v.* {mod. 1} *t.d.* **1** preparar, acionar ou controlar com as mãos; manejar **2** *fig.* influenciar para seguir comportamento e interesses que não os próprios; controlar **3** *p.ext.* adulterar, falsificar ~ **manipulação** *s.f.*

ma.ni.que.ís.mo *s.m.* **1** REL dualismo religioso segundo o qual o mundo foi criado e é regido por dois princípios opostos, o do bem e o do mal **2** *p.ext.* qualquer visão do mundo que o divide em poderes opostos e incompatíveis ~ **maniqueísta** *adj.2g.s.2g.*

ma.nir.ro.to /ô/ *adj.s.m.* que(m) gasta muito; perdulário

ma.ni.ve.la *s.f.* peça de máquina que, com rotação manual, aciona eixo, roda etc.; manícula

man.ja.do *adj.* *B* *infrm.* muito conhecido; banal

man.jar *v.* {mod. 1} *t.d.* *infrm.* **1** observar a evolução ou ação de; espionar **2** captar propósito ou motivo de; perceber □ *t.d. e t.i.* *infrm.* **3** (prep. *de*) ter conhecimento(s) sobre; saber ■ *s.m.* **4** o que serve de alimento ao homem **5** comida sofisticada e apetitosa; iguaria **6** *fig.* o que alimenta e deleita o espírito **7** CUL manjar-branco ◉ GRAM/USO pl. do s.m.: *manjares*

man.jar-bran.co [pl.: *manjares-brancos*] *s.m.* CUL tipo de pudim feito com leite de coco, ger. acompanhado de calda caramelada e/ou ameixa preta; manjar

man.je.dou.ra *s.f.* tabuleiro para comida dos animais na estrebaria

man.je.ri.cão [pl.: *-ões*] *s.m.* BOT erva cheirosa cultivada como ornamental e esp. como condimento

man.je.ro.na *s.f.* BOT erva nativa do Mediterrâneo, de caule avermelhado, us. como tempero, pelas propriedades medicinais e pelo óleo essencial, us. em perfumaria

man.ju.ba *s.f.* ZOO nome comum a diversos peixes de grande valor comercial, com boca inferior larga e uma saliência na parte anterior da cabeça

ma.no *s.m.* *infrm.* **1** irmão **2** amigo, camarada, colega

ma.no.bra *s.f.* **1** ação de fazer algo funcionar à mão **2** acomodação de veículo em garagem ou vaga **3** *fig.* série de atitudes ou ações realizadas para se alcançar um objetivo **4** *fig.* artimanha, astúcia

ma.no.brar *v.* {mod. 1} *t.d.* **1** usar ou acionar com as mãos (instrumento, aparelho); manipular **2** realizar movimento com; mover *<m. uma espada>* **3** *fig.* dar orientação a; conduzir, dirigir *<m. a própria vida>* **4** *fig.* influenciar a opinião ou a vontade de outrem, agindo por meios hábeis; manipular □ *t.d. e int.* *B* **5** movimentar (veículo, esp. carro), conjugando avanços e recuos para estacioná-lo

ma.no.brei.ro *s.m.* **1** quem faz manobras **2** *B* pessoa que manobra automóveis em estacionamento ou garagem; manobrista **3** indivíduo experiente na manobra de embarcações; manobrista

ma.no.bris.ta *adj.2g.s.2g.* manobreiro ('pessoa que manobra' e 'indivíduo experiente')

M

ma.nô.me.tro *s.m.* FÍS instrumento que mede a pressão de fluidos ~ **manometria** *s.f.* - **manométrico** *adj.*

ma.no.pla *s.f.* **1** luva de ferro us. nas armaduras de guerra **2** *infrm.* mão muito grande ◉ GRAM/USO aum.irreg. de *mão*

man.quei.ra *s.f.* **1** marcha irregular, em pessoa ou animal, esp. cavalgadura **2** VET *B* doença que deixa bois e cavalos mancos

man.que.jar *v.* {mod. 1} *int.* **1** caminhar apoiando-se mais em uma das pernas; mancar ☐ *t.i. e int.* **2** *fig.* (prep. *em*) ter faltas, defeitos; falhar *<m. na colocação dos pronomes>* *<sua memória manqueja>*

man.são [pl.: *-ões*] *s.f.* casa grande e luxuosa

man.sar.da *s.f.* **1** ARQ tipo de telhado em que cada vertente é quebrada em dois caimentos **2** ARQ água-furtada **3** *p.ext.* morada miserável

man.si.dão [pl.: *-ões*] *s.f.* **1** suavidade, brandura **2** ausência de agitação, de pressa; serenidade

man.si.nho *adj.* muito manso ▣ **de m. 1** com calma, aos poucos; devagar **2** sem fazer ruído; sorrateiramente

man.so *adj.* **1** de gênio bom; dócil, pacato **2** em estado de tranquilidade; calmo **3** sereno, silencioso **4** que se domesticou

man.su.e.tu.de *s.f.* serenidade, mansidão

man.ta *s.f.* **1** cobertor de cama **2** VEST tipo de agasalho ger. de lã **3** pano de lã sobre a sela de montaria **4** *B* acumulação de detritos vegetais no solo de florestas **5** *B* pedaço de carne verde do peito ou da costela da rês

man.tei.ga *s.f.* **1** pasta gordurosa obtida da nata do leite batida **2** substância gordurosa de certas plantas

man.tei.guei.ra *s.f.* recipiente us. para servir manteiga

man.te.ne.dor /ô/ [pl.: *-es*] *adj.s.m.* **1** que(m) mantém, sustenta **2** defensor, protetor

man.ter *v.* {mod. 16} *t.d.,t.d.pred. e pron.* **1** (fazer) ficar em certo estado, posição ou situação ou permanecer como antes, inalterado; conservar(-se) *<m. a cabeça fora da água>* *<manteve-o preso>* *<m.-se imóvel>* ☐ *t.d.* **2** fazer valer por dever moral ou obrigação; cumprir *<m. a promessa>* **3** conservar firme; respeitar, sustentar *<m. uma opinião>* ☐ *t.d. e pron.* **4** (prep. *de*) prover(-se) do necessário para sobreviver; sustentar(-se)

man.tí.deo *adj.s.m.* ZOO (espécime) dos mantídeos, família de insetos terrestres e predadores (p.ex., o louva-a-deus), da ordem dos mantódeos, esp. distribuídos nas regiões quentes do globo

man.ti.lha *s.f.* VEST **1** faixa larga e comprida de seda ou renda, muito us. pelas espanholas, que cobre a cabeça e cai sobre os ombros **2** véu feminino **3** manta grossa us. pelas mulheres sobre a cabeça e parte do corpo

man.ti.men.to *s.m.* conjunto de gêneros alimentícios; víveres ☞ freq. us. no pl. ◉ COL despensa, farnel, provisão

man.to *s.m.* **1** VEST capa longa presa aos ombros, us. por reis, príncipes etc. **2** *p.ext.* o que cobre; revestimento **3** *fig.* disfarce, véu ▣ **m. terrestre** GEOL parte do globo situada entre a litosfera e o núcleo

man.tô *s.m.* VEST casaco longo feminino us. sobre outra roupa

man.tó.deo *adj.s.m.* ZOO (espécime) dos mantódeos, ordem de insetos esp. tropicais, que reúne os vulgarmente conhecidos como louva-a-deus

man.tra *s.m.* REL sílaba, palavra ou verso repetido por budistas e hinduístas enquanto meditam

[1]**ma.nu.al** [pl.: *-ais*] *adj.2g.* **1** relativo a mão **2** que se executa sem a intervenção de uma máquina [ORIGEM: do lat. *manuālis,e* 'de mão']

[2]**ma.nu.al** [pl.: *-ais*] *s.m.* livro pequeno que contém as noções de uma matéria, técnica, uso de um produto etc. [ORIGEM: do lat. *manuāle,is* 'id.']

ma.nu.e.li.no *adj.* relativo a D. Manuel I de Portugal (1469-1521) ou à sua época

ma.nu.fa.tu.ra *s.f.* **1** atividade que se faz em máquina caseira ou manualmente, ou o seu resultado **2** estabelecimento industrial mecanizado; fábrica **3** fabricação de produtos nesse estabelecimento; indústria **4** esse produto; artefato

ma.nu.fa.tu.rar *v.* {mod. 1} *t.d.* **1** produzir manualmente ou em máquina caseira **2** produzir em manufatura; fabricar ~ **manufaturado** *adj.s.m.* - **manufatureiro** *adj.*

ma.nus.cre.ver *v.* {mod. 8} *t.d.* escrever à mão ◉ GRAM/USO part.: *manuscrito*

ma.nus.cri.to *adj.s.m.* **1** (obra) escrita ou copiada à mão ■ *s.m.* **2** versão original de um texto antes de ser editado ◉ GRAM/USO part. de *manuscrever*

ma.nu.se.ar *v.* {mod. 5} *t.d.* **1** pegar (algo) remexendo-o na mão, apalpando-o **2** usar, mover, controlar com as mãos; manejar *<m. pincéis>* **3** virar (páginas de livro, revista), sem aprofundar-se na leitura; folhear ~ **manuseamento** *s.m.*

ma.nu.sei.o *s.m.* **1** uso de algo servindo-se das mãos; manejo **2** observação rápida de livro, revista etc.; folheada

ma.nu.ten.ção [pl.: *-ões*] *s.f.* **1** ato de fazer perdurar algo em determinado estado **2** sustento, suporte **3** ação de administrar; gerenciamento **4** cuidado periódico com (algo), realizado por profissional

man.zor.ra /ô/ *s.f.* mão muito grande ◉ GRAM/USO aum.irreg. de *mão*

mão [pl.: *mãos*] *s.f.* **1** ANAT extremidade do braço, articulada com o antebraço pelo punho e terminada pelos dedos, us. para apanhar, segurar etc. **1.1** ZOO parte similar nos animais **2** *p.ext.* qualquer coisa que tenha forma ou funções semelhantes **3** unidade de medida igual a um palmo **4** quantidade que uma mão pode conter; punhado **5** camada de tinta ou cal; demão **6** sentido em que os veículos devem circular **7** marca pessoal *<a m. de um conhecedor>* **8** domínio, controle, cuidado **9** RECR rodada completa que se joga cada

M

vez que se dão as cartas num jogo de baralho **10** RECR composição das cartas recebidas no jogo ◉ GRAM/USO aum.irreg.: *manzorra, manopla* ▣ **abrir m. de** desistir de uma vontade, intenção ou direito • **à m. 1** ao alcance da mão; próximo **2** com a mão; manualmente *<feito à m.>* • **a quatro m.** feito por duas pessoas • **dar uma m. a** *B infrm.* ajudar • **de segunda m. 1** não diretamente da fábrica, do fabricante ou da loja **2** já anteriormente sabido ou divulgado *<notícias de segunda m.>* • **em boas m.** confiado à pessoa correta, capaz, confiável • **em m.(s)** diz-se de correspondência entregue pessoalmente ao destinatário (abrevia-se: E. M., no envelope) • **fora de m.** em lugar de difícil acesso, afastado ou incômodo de ir; longe ~ **mãozudo** *adj.*

mão-a.ber.ta [pl.: *mãos-abertas*] *s.2g. B* quem é generoso ou gastador

mão-bo.ba [pl.: *mãos-bobas*] *s.f.* **1** toque dissimulado no corpo de alguém com propósito libidinoso **2** gesto de quem tenta roubar sem ser percebido ■ *s.2g.* **3** quem pratica esse(s) gesto(s)

mão-chei.a [pl.: *mãos-cheias*] *s.f.* o que cabe na mão; punhado ▣ **de m.** excelente

mão de o.bra [pl.: *mãos de obra*] *s.f.* **1** ação de trabalhar na realização de algo; serviço **2** o custo desse trabalho **3** conjunto de assalariados, esp. dos trabalhadores manuais **4** *B infrm.* tarefa ou trabalho complicado, que requer intenso esforço

M

mão de va.ca [pl.: *mãos de vaca*] *s.2g. B infrm.* **1** pessoa avarenta; pão-duro ■ *s.f.* **2** mocotó

mão-fu.ra.da [pl.: *mãos-furadas*] *adj.2g.s.2g. B infrm.* que(m) gasta muito; perdulário

ma.o.me.ta.no *adj.s.m.* REL **1** seguidor da doutrina pregada por Maomé; islamita, muçulmano ■ *adj.* **2** relativo a Maomé ou à religião por ele fundada, o islamismo ☞ cf. *Maomé* na parte enciclopédica

ma.o.me.tis.mo *s.m.* REL islamismo

ma.o.ri *s.2g.* **1** indivíduo dos maoris, população da Nova Zelândia, descendente esp. de negros polinésios ■ *s.m.* LING **2** língua polinésia falada por esse povo ■ *adj.2g.* **3** relativo a esse indivíduo, a esse povo e a sua língua

mão.za.da *s.f. infrm.* **1** punhado de coisas **2** golpe dado com a mão

ma.pa *s.m.* **1** representação gráfica, reduzida e plana, de um lugar na superfície terrestre **2** *p.ext.* representação plana de dados numéricos, estruturas; tabela, quadro ◉ COL atlas, mapoteca

ma.pa-mún.di [pl.: *mapas-múndi*] *s.m.* mapa de todo o globo terrestre

ma.pe.ar *v.* {mod. 5} *t.d.* traçar o mapa de *<m. uma região, um caminho>* ~ **mapeamento** *s.m.*

ma.po.te.ca *s.f.* **1** coleção de mapas, cartas geográficas, históricas etc. **2** local em que se classifica e guarda essa coleção

ma.que.te ou **ma.que.ta** /ê/ *s.f.* ARQ ENG representação reduzida e tridimensional de obra arquitetônica ou de engenharia, escultura, cenário cinematográfico etc.

ma.qui.a.gem [pl.: *-ens*] ou **ma.qui.la.gem** [pl.: *-ens*] *s.f.* **1** conjunto de produtos cosméticos us. para maquiar **2** o efeito produzido por esses cosméticos **3** *fig.* ato de modificar algo, superficialmente, para melhorar-lhe o aspecto

ma.qui.ar ou **ma.qui.lar** *v.* {mod. 1} *t.d. e pron.* **1** aplicar(-se) batom, sombra e/ou outros cosméticos para embelezamento, disfarce ou fins teatrais, artísticos □ *t.d. fig.* **2** alterar (algo) de modo superficial para torná-lo mais atraente **3** alterar para encobrir uma realidade que se quer ocultar; mascarar

ma.qui.a.vé.li.co *adj.* **1** relativo a maquiavelismo **2** *fig. pej.* que faz uso de ardis; falso, traiçoeiro **3** *fig. pej.* mal-intencionado, desleal

ma.qui.a.ve.lis.mo *s.m.* **1** doutrina política de Maquiavel em que o fim justifica os meios ☞ cf. *Maquiavel* na parte enciclopédica **2** *fig.* conduta desleal, traiçoeira

ma.qui.la.gem [pl.: *-ens*] *s.f.* → ***MAQUIAGEM***

ma.qui.lar *v.* {mod. 1} *t.d. e pron.* → ***MAQUIAR***

má.qui.na *s.f.* **1** aparelho com mecanismo que transforma ou transmite energia ou movimento **2** esse mecanismo **3** equipamento operado pelo homem

má.qui.na-fer.ra.men.ta [pl.: *máquinas-ferramenta* e *máquinas-ferramentas*] *s.f.* ENG MEC máquina que serve para dar acabamento à matéria-prima, acionando um conjunto de ferramentas movidas mecanicamente

ma.qui.nal [pl.: *-ais*] *adj.2g.* **1** relativo a máquinas **2** *fig.* involuntário, automático

ma.qui.nar *v.* {mod. 1} *t.d. e t.d.i.* **1** (prep. *contra*) planejar em segredo a execução de (ações danosas) para atingir (outrem); tramar *<m. (contra alguém) uma vingança>* □ *t.i.* **2** (prep. *contra*) fazer conluio para prejudicar (outrem); conspirar *<m. contra o governo>* □ *t.d.* **3** traçar planos para; projetar ~ **maquinação** *s.f.*

ma.qui.na.ri.a *s.f.* conjunto de máquinas utilizadas em um trabalho

ma.qui.ná.rio *s.m. B* m.q. ***MAQUINARIA***

ma.qui.nis.mo *s.m.* **1** mecanismo **2** conjunto de máquinas; maquinaria

ma.qui.nis.ta *adj.2g.s.2g.* que(m) constrói ou conduz máquinas, esp. locomotivas

mar [pl.: *-es*] *s.m.* **1** grande extensão de água salgada que ocupa a maior parte da superfície terrestre; oceano **2** cada porção em que ela é geograficamente dividida (p.ex., mar do Caribe) **3** a água do mar ▣ **m. alto** alto-mar • **m. territorial** POL águas marítimas sobre e sob as quais um Estado exerce sua soberania

ma.ra.bá *s.2g. B* mestiço de índio com branco, esp. francês

ma.ra.ca ou **ma.ra.cá** *s.m.* MÚS **1** chocalho indígena feito de cabaça seca, us. em cerimônias religiosas e guerreiras **2** instrumento rítmico que acompanha certas músicas e danças, como a rumba, o baião

ma.ra.ca.nã *s.m.* ZOO certo tipo de ave da família dos papagaios

ma.ra.ca.tu *s.m.* **1** DNÇ dança pernambucana em que os participantes, ao som de tambores, seguem em cortejo a rainha do bloco, que empunha num bastão uma boneca enfeitada **2** MÚS música, ritmo específico e canto dessa dança, acompanhados de percussão

ma.ra.cu.já *s.m.* BOT **1** planta trepadeira cujo fruto amarelo possui propriedades calmantes; maracujazeiro **2** o fruto dessa planta

ma.ra.cu.ja.zei.ro *s.m.* BOT a planta do maracujá ('fruto')

ma.ra.cu.tai.a *s.f.* *B infrm.* fraude, negócio suspeito

ma.ra.fo.na *s.f.* **1** boneca de pano sem rosto **2** *infrm.* prostituta

ma.ra.ga.to *s.m.* HIST *RS* **1** partidário do movimento federalista que, em 1893, inspirou a revolução sob chefia de Silveira Martins contra o partido então dominante, que tinha à frente Júlio de Castilhos **2** membro do Partido Libertador que, em 1923, se opôs à política de Antônio Augusto Borges de Medeiros, governador do Rio Grande do Sul

ma.ra.já [fem.: *marani*] *s.m.* **1** título dado a soberanos na Índia **2** *B infrm. pej.* funcionário público com salário exorbitante **3** *B infrm.* indivíduo que vive de forma abastada, cheia de regalias

ma.ra.jo.a.ra *adj.2g.* **1** da ilha de Marajó (PA) **2** que possui o estilo de ornamentação inspirado nos motivos indígenas dessa ilha ■ *s.2g.* **3** natural ou habitante dessa ilha

ma.ra.nhen.se *adj.2g.* **1** do Maranhão ■ *s.2g.* **2** natural ou habitante desse estado

ma.ra.ni *s.f.* a esposa de marajá

ma.ran.tá.cea *s.f.* BOT espécime das marantáceas, família de ervas cultivadas como ornamentais e para a produção de fibras, cera etc. ~ **marantáceo** *adj.*

ma.ras.mo *s.m.* **1** falta de atividade; estagnação **2** falta de ânimo, de coragem

ma.ra.to.na *s.f.* **1** ESP prova de corrida a pé, de longo percurso (cerca de 42 km) **2** *fig.* qualquer competição que exija grande resistência **3** *fig.* atividade longa e intensa

ma.ra.to.nis.ta *adj.2g.s.2g.* ESP atleta que participa de maratonas

ma.ra.vi.lha *s.f.* **1** (o) que desperta grande admiração por sua beleza ou perfeição **2** (o) que é admirável, extraordinário **3** BOT erva comestível cultivada como ornamental, por suas vistosas flores ou por suas raízes que contêm propriedades medicinais ■ *s.m.* **4** cor magenta, característica das flores de certas variedades dessa planta ■ *adj.2g.* **5** que tem essa cor **6** diz-se dessa cor

ma.ra.vi.lhar *v.* {mod. 1} *t.d.,t.d.i.,int. e pron.* (prep. *com, de*) [fazer] sentir deslumbramento, admiração; extasiar(-se), encantar(-se) *<o pianista maravilhou a plateia (com seu talento)>* *<essas pinturas maravilham>* *<maravilharam-se da beleza das praias>* ~ **maravilhado** *adj.*

ma.ra.vi.lho.so /ô/ [pl.: /ó/; fem.: /ó/] *adj.* **1** (o) que provoca grande admiração, fascínio **2** marcado pela perfeição ■ *adj.s.m.* **3** (o) que é extraordinário, sobrenatural

mar.ca *s.f.* **1** sinal que distingue, assinala **2** sinal na pele de uma pessoa ou no pelo de um animal **3** desenho, inscrição, símbolo etc. que indica categoria, propriedade, origem **4** categoria, qualidade **5** estilo pessoal **6** impressão pessoal ▣ **m. registrada** DIR marca (nome e símbolo) de uma empresa, produto etc., cuja exclusividade é legalmente garantida por meio de registro em órgãos competentes [símb.: ®]

mar.ca.ção [pl.: *-ões*] *s.f.* **1** ato ou efeito de marcar **2** ESP perseguição que visa dificultar ou impedir as jogadas do adversário **3** CINE TEAT TV definição dos movimentos, posições e atitudes dos atores durante a representação, feita pelo diretor **4** *infrm.* implicância, perseguição

mar.ca-d'á.gua [pl.: *marcas-d'água*] *s.f.* GRÁF imagem impressa em papel que só é visível contra a luz; filigrana

mar.ca.dor /ô/ [pl.: *-es*] *s.m.* **1** quem ou o que marca os pontos conquistados em um jogo ou competição **2** ESP quadro no qual se assinalam esses pontos; o conjunto desses pontos; placar **3** ESP em esportes coletivos, indivíduo que marca o adversário, para dificultar-lhe ou impedir-lhe as jogadas ■ *adj.* **4** que marca ▣ **m. de textos** marca-texto

mar.can.te *adj.2g.* **1** que deixa forte impressão ou lembrança **2** que se sobressai, se destaca

mar.ca-pas.so [pl.: *marca-passos*] *s.m.* aparelho que se implanta no peito e que envia impulsos elétricos aos músculos do coração, regulando suas pulsações

mar.car *v.* {mod. 1} *t.d.* **1** pôr marca, número, etiqueta etc. em (algo), para identificação **2** deixar sinal visível em **3** delimitar com marca; demarcar **4** indicar, registrar *<o relógio marca meio-dia>* **5** ESP registrar, anotar (falta, infração etc.) **6** estabelecer com precisão; definir, determinar **7** acompanhar com gestos ou sons (ritmo, compasso) *<marcava o tempo batendo os dedos na mesa>* **8** *B* observar as ações e o comportamento de; vigiar **9** ESP ficar junto de (adversário), para atrapalhar suas jogadas **10** *fig.* ser traço(s) distintivo(s) de; caracterizar, distinguir □ *t.d.,t.d.i. e int.* **11** (prep. *com*) fixar tempo, prazo etc. para a realização de; combinar *<m. um encontro (com o advogado)>* *<marcar às nove>* □ *t.d. e int.* **12** *fig.* deixar impressão no sentimento, no espírito de *<esse filme marcou sua vida>* *<há histórias que marcam>* **13** ESP fazer (gol) *<marcou três gols na partida>* *<estava há cinco jogos sem m.>*

mar.ca-tex.to [pl.: *marca-textos*] *s.m.* caneta com ponta grossa e porosa, em geral de cor fosforescente, us. para marcar palavras, frases ou passagens num texto; marcador de texto

mar.ce.na.ri.a *s.f.* **1** trabalho de marceneiro **2** oficina de marceneiro

mar.ce.nei.ro *s.m.* artesão ou operário que trabalha com madeira, na fabricação de móveis e objetos decorativos

mar.cha *s.f.* **1** caminhada a pé **2** modo de andar **3** MEC cada um dos ajustes mecânicos que permitem regular a velocidade de automóvel, bicicletas etc. **4** MÚS gênero musical us. em deslocamentos de tropas militares **4.1** MÚS *B* gênero popular de música para dança, em compasso binário, alegre e vivo; marchinha ▣ **m. a ré** MEC marcha que leva um veículo a se mover para trás

marchand [fr.; pl.: *marchands*] *s.2g.* negociante de obras de arte, esp. quadros ⇒ pronuncia-se marchã

mar.char *v.* {mod. 1} *int.* **1** caminhar com passos ritmados **2** andar, caminhar ☐ *t.i. fig.* **3** (prep. *para*) evoluir, progredir *<m. para uma solução>* ~ **marchador** *adj.s.m.*

mar.che.ta.ri.a *s.f.* **1** arte de incrustar recortes de madeira, marfim etc. em obras de marcenaria, formando mosaico **2** a obra resultante desse trabalho ~ **marchetar** *v.t.d.i.* - **marcheteiro** *s.m.*

mar.chi.nha *s.f.* MÚS marcha

mar.ci.al [pl.: *-ais*] *adj.2g.* **1** relativo a guerra **2** relativo a militares, guerreiros, lutadores

mar.ci.a.no *adj.* **1** relativo ao planeta Marte ■ *s.m.* **2** suposto habitante desse planeta

mar.co *s.m.* **1** sinal de demarcação ou limite territorial **2** *fig.* qualquer fato marcante

mar.ço *s.m.* o terceiro mês do ano no calendário gregoriano, composto de 31 dias

[1]ma.ré *s.f.* **1** movimento de elevação e de abaixamento das águas do mar **2** *fig.* momento, fase ou oportunidade positivos ou negativos [ORIGEM: do fr. *marée* 'movimento de oscilação das águas do mar'] ▣ **m. alta** elevação máxima do nível do mar, na enchente da maré • **m. baixa** período em que a maré atinge seu nível mínimo • **remar contra a m.** *fraseol. fig.* ir contra a opinião geral

[2]ma.ré *s.f.* RECR *MG GO* ***AMARELINHA*** [ORIGEM: duv., talvez redução de *marela*]

ma.re.ar *v.* {mod. 5} *t.d. e int.* **1** (fazer) sentir enjoo, esp. a bordo de embarcação *<o balanço do barco mareou-a> <fez a travessia sem m.>* ☐ *t.d.,int. e pron.* **2** (fazer) perder o brilho; deslustrar(-se), embaçar(-se) *<a maresia mareou as panelas> <as lágrimas marearam seus olhos> <exposta à umidade, a prata mareia(-se)>*

ma.re.chal [pl.: *-ais*] *s.m.* MIL **1** o mais alto posto do Exército **2** oficial que detém esse posto

ma.re.cha.la.do ou **ma.re.cha.la.to** *s.m.* MIL cargo de marechal

ma.re.chal do ar [pl.: *marechais do ar*] *s.m.* AER **1** o mais alto posto na hierarquia da Força Aérea **2** oficial que detém esse posto

maré-cheia [pl.: *marés-cheias*] *s.f.* maré alta

ma.re.jar *v.* {mod. 1} *t.d. e int.* **1** (deixar) sair (líquido) em gotas, borbulhas ou fios; verter *<a seringueira marejava o seu látex> <o líquido marejou um pouco e parou>* ☐ *pron.* **2** encher-se de lágrimas *<seus olhos marejaram-se>*

ma.re.la *s.f.* RECR *B* m.q. ***AMARELINHA***

ma.re.mo.to *s.m.* agitação marítima violenta causada por tremores de terra ou fortíssimo vendaval

ma.re.si.a *s.f.* **1** forte odor que vem do mar **2** ação oxidante da água do mar ou de sua evaporação

mar.fim [pl.: *-ins*] *s.m.* material resistente e branco das presas do elefante, us. na confecção de joias, esculturas etc.

mar.ga.ri.da *s.f.* BOT **1** planta cultivada como ornamental, por suas flores de pétalas brancas, amarelas ou alaranjadas e miolo bem amarelo **2** a flor dessa planta

mar.ga.ri.na *s.f.* produto semelhante à manteiga composto principalmente de óleos vegetais hidrogenados

mar.ge.ar *v.* {mod. 5} *t.d.* **1** ir pela margem ou ao longo de; marginar **2** situar-se à margem de; marginar **3** fazer margem em (papel)

mar.gem [pl.: *-ens*] *s.f.* **1** espaço situado no contorno externo de algo; borda, periferia ☞ freq. us. no pl. **2** faixa de terra que ladeia um rio, lago etc.; beira, borda **3** GRÁF espaço branco em volta da página de um impresso **4** *fig.* grau de diferença admissível em relação a um padrão, a uma medida *<m. de erro>* ▣ **à m.** *fig.* de fora; de lado *<pôr à m.>* • **à m. de** *fig.* **1** sem participação em **2** sem entrar no mérito

mar.gi.nal [pl.: *-ais*] *adj.2g.* **1** relativo à margem ou nela feito **2** situado no limite, na periferia ■ *adj.2g.s.2g.* **3** que(m) vive à margem da sociedade e da lei

mar.gi.na.li.da.de *s.f.* **1** condição de marginal **2** posição marginal em relação a uma forma social

mar.gi.na.li.zar *v.* {mod. 1} *t.d.* **1** impedir a participação de (alguém) em grupo, meio social, vida pública etc. ☐ *pron.* **2** tornar-se um marginal ~ **marginalização** *s.f.*

mar.gi.nar *v.* {mod. 1} *t.d.* **1** seguir pela margem de; margear **2** estar ao longo da margem de; margear **3** fazer anotações na margem de (manuscrito, livro etc.)

ma.ri.a *s.f.* denominação de pessoa comum indeterminada (p.ex., em *maria vai com as outras*)

ma.ri.a-chi.qui.nha [pl.: *marias-chiquinhas*] *s.f. B infrm.* penteado em que o cabelo é repartido, do alto à nuca, em duas mechas que são amarradas cada uma delas com elástico ou fita

ma.ri.a-fu.ma.ça [pl.: *marias-fumaças*] *s.f.* trem puxado por uma locomotiva a vapor

ma.ri.a-mo.le [pl.: *marias-moles*] *s.f.* CUL doce de consistência esponjosa à base de claras, gelatina e açúcar

ma.ri.a.no *adj.* relativo à Virgem Maria ou ao seu culto ~ **marianismo** *s.m.*

ma.ri.a-sem-ver.go.nha [pl.: *marias-sem-vergonha*] *s.f.* planta que cresce espontaneamente nas matas úmidas e sua flor, ger. de cores vistosas

ma.ri.a vai com as ou.tras *s.2g.2n. infrm.* pessoa que facilmente se deixa influenciar pelos outros

ma.ri.cas *adj.2g.2n.s.m.2n. infrm. pej.* **1** (homem) com trejeitos femininos; efeminado **2** covarde

ma.ri.do *s.m.* cônjuge do sexo masculino; esposo

ma.rim.ba *s.f.* MÚS instrumento constituído por placas de madeira que formam um teclado, percutidas por duas baquetas, tendo cabaças como ressoadores

ma.rim.bon.do *s.m.* ZOO inseto semelhante à vespa dotado de ferrão

ma.ri.na *s.f.* conjunto de instalações para guarda e manutenção de pequenas e médias embarcações

ma.ri.na.da *s.f.* CUL salmoura ou molho condimentado para conservar, temperar ou amaciar carnes

ma.ri.nha *s.f.* **1** MAR força armada marítima nacional ☞ inicial maiúsc. **2** MAR o conjunto de navios de guerra **3** local onde se produz sal por evaporação de água salgada; salina **4** ART.PLÁST pintura de paisagem marítima

ma.ri.nhei.ro *s.m.* **1** quem navega por profissão, seja qual for o seu posto ou função **2** quem serve à Marinha ('força armada') **3** quem trabalha a bordo de navio, embarcações etc. ◉ COL taifa

ma.ri.nho *adj.* **1** do mar ou próprio dele **2** que habita ou tem sua origem no mar

ma.ri.o.la *s.f.* CUL tablete de doce de banana ou goiaba embrulhado em papel-celofane

ma.ri.o.ne.te *s.f.* **1** boneco manipulado por cordéis; títere **2** *p.ext. pej.* pessoa sem personalidade, que se deixa manipular

ma.ri.po.sa /ô/ *s.f.* ZOO inseto da família das borboletas, de hábitos noturnos

ma.ris.co *s.m.* ZOO invertebrado marinho comestível como o camarão, o mexilhão etc. ~ **mariscar** *v.t.d. e int.*

ma.ris.ta *adj.2g.s.2g.* que(m) é membro de uma das várias congregações religiosas devotadas à Virgem Maria

ma.ri.ta.ca *s.f.* → ***MAITACA***

ma.ri.tal [pl.: *-ais*] *adj.2g.* **1** relativo a marido **2** relativo a casamento

ma.rí.ti.mo *adj.* **1** marinho **2** relativo à Marinha; naval **3** que se faz por ou acontece no mar ■ *s.m.* **4** marinheiro

marketing [ing.] *s.m.2n.* **1** conjunto de estratégias empresariais que visam adequar seus produtos, serviços etc. às necessidades e preferências do mercado consumidor **2** *p.ext.* conjunto de ações que visam influenciar o público quanto a determinada ideia, instituição, marca, pessoa, produto, serviço etc. ◉ GRAM/USO em ing., invariável ⇒ pronuncia-se marquetin

mar.man.jo *s.m. infrm.* **1** homem adulto **2** rapaz robusto

mar.me.la.da *s.f.* **1** CUL doce de marmelo de consistência pastosa **2** *infrm.* combinação prévia e desonesta a respeito do resultado de uma partida de futebol, de um concurso, de uma concorrência **3** *infrm.* negócio desonesto

mar.me.lei.ro *s.m.* BOT árvore com ramos em forma de varas, cujos frutos amarelos, os marmelos, são us. no preparo de doces e compotas, e as sementes us. para combater a diarreia; marmelo

mar.me.lo *s.m.* BOT **1** fruto amarelo us. em doces, compotas etc. **2** marmeleiro

mar.mi.ta *s.f.* **1** recipiente em que se transporta a própria refeição **2** o conteúdo desse recipiente

mar.mi.tei.ro *s.m.* *B* **1** indivíduo que entrega marmitas em domicílio **2** indivíduo que leva sua própria comida para o trabalho

mar.mo.ra.ri.a *s.f.* **1** oficina onde se produzem peças de mármore **2** estabelecimento que comercializa essas peças

már.mo.re *s.m.* GEOL pedra calcária dura us. em escultura e arquitetura ~ **marmóreo** *adj.*

mar.mo.ris.ta *adj.2g.s.2g.* **1** que(m) corta e/ou pole mármore **2** que(m) faz esculturas em mármore

mar.mo.ta *s.f.* ZOO pequeno roedor do hemisfério norte, que hiberna durante muitos meses e vive em buracos

ma.ro.la *s.f.* **1** ondulação natural da água do mar **2** pequena onda **3** *fig. B* alvoroço, agitação

ma.rom.ba *s.f.* **1** vara us. por equilibrista na corda bamba **2** *B infrm.* musculação, esp. quando praticada com pesos ~ **marombar** *v.int.*

ma.ro.to /ô/ *adj.s.m.* que(m) demonstra malícia, esperteza ~ **marotice** *s.f.*

mar.quês [pl.: *-eses*; fem.: *marquesa*] *s.m.* **1** título de nobreza abaixo de duque e acima de conde **2** quem possui esse título

mar.que.sa *s.f.* **1** mulher que possui título de nobreza abaixo do de duquesa **2** tipo de cama estreita

mar.que.sa.do *s.m.* o título de marquês

mar.qui.se *s.f.* ARQ pequena laje saliente na fachada externa de edifícios

mar.ra *s.f.* **1** ²marrão **2** coragem, disposição ▣ **na m.** *infrm.* **1** com violência **2** a qualquer preço

¹mar.rão [pl.: *-ões*] *s.m.* ZOO filhote de porco desmamado [ORIGEM: do ár. *muḥarram* 'coisa proibida', por causa da proibição, no islamismo, da ingestão da carne de porco]

²mar.rão [pl.: *-ões*] *s.m.* grande martelo de ferro próprio para quebrar pedra e derrubar paredes; marra [ORIGEM: *marra* + *-ão*]

mar.rar *v.* {mod. 1} *t.d. e t.i.* **1** (prep. *com*) dar cabeçadas *<marrava um com outro>* □ *t.d. e int.* **2** atingir com os chifres *<o animal pulava e marrava>* □ *t.d.* **3** bater com o marrão ('martelo') ~ **marrada** *s.f.*

mar.re.cão [pl.: *-ões*] *s.m.* **1** ZOO marreco grande **2** *RS* gandula

mar.re.co *s.m.* ZOO ave aquática da família dos patos, mas de menor porte

mar.re.ta /ê/ *s.f.* martelo de ferro com cabo longo

mar.re.tar *v.* {mod. 1} *t.d. e int.* **1** bater com marreta (em) *<m. pedras> <passou o dia marretando>* □ *t.d. fig.* **2** bater muito em; espancar, surrar **3** *fig.* falar mal de; criticar, atacar ~ **marretada** *s.f.*

mar.re.tei.ro *s.m. infrm.* **1** *AC* vendedor ambulante dos rios **2** *SP* camelô

mar.rom [pl.: *-ons*] *adj.2g.s.m.* castanho

mar.se.lhês [pl.: *-es*] *adj.* **1** de Marselha (França) ■ *s.m.* **2** natural ou habitante dessa cidade

mar.su.pi.al [pl.: *-ais*] *s.m.* **1** ZOO espécime dos marsupiais, ordem de mamíferos, como os gambás, cangurus, coalas etc., cujas fêmeas são dotadas de marsúpio ■ *adj.2g.* **2** relativo a essa ordem de mamíferos **3** que tem forma de bolsa

mar.sú.pio *s.m.* ZOO bolsa abdominal na qual os filhotes marsupiais recém-nascidos terminam o seu desenvolvimento

mar.ta *s.f.* **1** ZOO pequeno mamífero carnívoro das florestas do hemisfério norte, de pelagem sedosa, muito valorizada no comércio de peles **2** a pele desse animal

mar.te *s.m.* ASTR nome do quarto planeta do sistema solar, a partir do Sol ☞ inicial maiúsc.; cf. *Marte* na parte enciclopédica

mar.te.la.da *s.f.* golpe dado com martelo

mar.te.lar *v.* {mod. 1} *t.d. e int.* **1** bater com martelo (em); malhar *<m. ferro> <não tinha força para m.>* **2** *p.ext.* (fazer) tocar com força *<m. o piano> <sinos martelavam>* □ *t.d. p.ext.* **3** dar repetidos golpes em; surrar □ *t.d. e t.i.* **4** *fig.* (prep. *em*) trazer ou vir com insistência (ideia, pensamento) à cabeça, ao espírito; dizer e repetir muitas vezes *<ideias absurdas martelavam em sua cabeça>* □ *int.* **5** soltar a voz (a araponga) ~ **martelação** *s.f.*

mar.te.lo *s.m.* **1** ferramenta provida de uma cabeça de material duro, presa a um cabo, us. para bater, quebrar, e esp. cravar e tirar pregos **2** ANAT pequeno osso, semelhante a essa ferramenta, situado na orelha média

mar.tim-pes.ca.dor [pl.: *martins-pescadores*] *s.m.* ZOO ave aquática de bico grande, pescoço curto, que se alimenta basicamente de peixes

mar.ti.ne.te /ê/ *s.m.* grande martelo us. para malhar aço ou ferro a frio

már.tir [pl.: *-es*] *s.2g.* **1** REL pessoa que morre em defesa da fé cristã ☞ cf. *confessor* ('pessoa') **2** *p.ext.* aquele que se sacrifica ou morre por um ideal

mar.tí.rio *s.m.* **1** tormento físico, suplício sofrido por alguém **2** *fig.* qualquer grande sofrimento

mar.ti.ri.zar *v.* {mod. 1} *t.d.* **1** infligir martírio a; torturar □ *t.d. e pron.* **2** (fazer) sentir aflição, angústia; atormentar(-se) *<as atividades do filho a martirizam> <martirizava-se por não poder pagar as dívidas>*

ma.ru.im [pl.: *-ins*], **ma.ru.í** ou **me.ru.im** [pl.: *-ins*] *s.m.* ZOO mosquito de 1 a 2 mm comum nos manguezais, cujas fêmeas transmistem, por meio de picadas dolorosas, a filariose

ma.ru.ja.da *s.f.* **1** a gente do mar **2** agrupamento de marujos

ma.ru.jo *s.m.* homem do mar; marinheiro

ma.ru.lhar *v.* {mod. 1} *int. e pron.* **1** agitar-se, formar ondas (o mar) **2** agitar-se, produzindo marulho (as ondas) *<as águas marulhavam(-se) junto às pedras>* **3** soar como as ondas

ma.ru.lho *s.m.* **1** movimento permanente das ondas do mar **2** o ruído característico desse movimento

mar.xis.mo /cs/ *s.m.* ECON FIL SOC POL teoria econômico-filosófica de crítica ao capitalismo elaborada por Marx e Engels ☞ cf. *Marx* e *Engels* na parte enciclopédica ~ **marxista** *adj.2g.s.2g.*

mar.zi.pã *s.m.* CUL doce de pasta de amêndoas, ovos e açúcar

mas *conj.advrs.* exprime ressalva, restrição; contudo, todavia

mas.car *v.* {mod. 1} *t.d.* **1** mastigar sem engolir □ *int.* **2** triturar tabaco com os dentes

más.ca.ra *s.f.* **1** peça us. sobre o rosto como disfarce ou proteção **2** peça de pano retangular que médicos, dentistas e enfermeiros utilizam para cobrir a boca e o nariz **3** dispositivo para inalação us. sobre boca e nariz **4** preparado cosmético ou medicinal para o rosto **5** fisionomia; expressão facial **6** *infrm.* vaidade ostensiva; pose

mas.ca.rar *v.* {mod. 1} *t.d.,t.d.pred. e pron.* **1** (prep. *de*) disfarçar(-se) com máscara *<mascarou o menino de super-herói> <mascarou-se de pirata>* □ *t.d. e pron. fig.* **2** mostrar(-se) sob aparência enganadora; camuflar(-se), disfarçar(-se) *<mascarando-se de bancário, entrou na sala do cofre>*

mas.ca.te *s.m.* *B* vendedor que oferece seus produtos de porta em porta ~ **mascatear** *v.t.d. e int.*

mas.ca.vo *adj.* não refinado (diz-se de açúcar)

mas.co.te *s.f.* **1** pessoa, animal ou coisa considerado como capaz de trazer sorte **1.1** pessoa ou animal de estimação

mas.cu.li.ni.da.de *s.f.* característica do que é ou de quem é viril, másculo

mas.cu.li.no *adj.* **1** relativo a macho ou a homem **2** *fig.* que tem por característica a virilidade, a força ■ *adj.s.m.* **3** GRAM LING (gênero gramatical) que se opõe ao feminino, nas línguas com dois gêneros, e ao feminino e ao neutro, em línguas com três gêneros ~ **masculinizar** *v.t.d. e pron.*

más.cu.lo *adj.* que demonstra traços próprios do homem; viril

mas.mor.ra /ô/ *s.f.* calabouço

ma.so.quis.mo *s.m.* **1** PSIQ distúrbio em que o indivíduo só obtém prazer sexual se for submetido a humilhações e sofrimentos físicos **2** *p.ext.* atitude de quem busca obter prazer a partir do seu próprio sofrimento físico ou moral ~ **masoquista** *adj.2g.s.2g.*

mas.sa *s.f.* **1** conjunto de tamanho considerável, constituído de matéria sólida ou pastosa, ger. de forma indefinida **2** conjunto de elementos, ger. da mesma natureza, que formam um aglomerado **3** quantidade considerável de um fluido **4** substância pastosa, mais ou menos coesa, preparada para finalidades diversas *<m. de pedreiro>* **5** CUL mistura comestível de farinha com água, óleo etc.; macarrão **6** FÍS grandeza que indica a quantidade de matéria de um corpo [símb.: *m*] **7** *fig.* maior camada da população; povo **8** *fig.* multidão ▣ **m. cinzenta** cérebro; inteligência • **em m.** em grande escala; ~ **massudo** *adj.*

mas.sa.crar *v.* {mod. 1} *t.d.* **1** matar de modo cruel, esp. em massa; trucidar *<os colonizadores massacraram os indígenas>* **2** *B* levar ao cansaço; estafar, extenuar *<trabalho em excesso massacra (qualquer um)>* **3** *fig.* vencer ou superar de maneira esmagadora *<o time reserva massacrou o titular>* □ *t.d.* e *t.d.i.* *fig.* *B* **4** (prep. *com*) causar incômodo, tédio a; aborrecer *<o longo discurso do orador massacrou a plateia>* *<massacrou o público com sua apresentação>* **5** (prep. *com*) criar situação embaraçosa, aflitiva, penosa, vergonhosa a; humilhar, oprimir *<massacrava os filhos (com exigências absurdas)>*

mas.sa.cre *s.m.* **1** matança com crueldade; chacina **2** *fig.* humilhação, opressão

mas.sa.gem [pl.: *-ens*] *s.f.* manipulação metódica do corpo ou de partes dele, com objetivos terapêuticos ou estéticos ~ **massagear** *v.t.d.,int.* e *pron.*

mas.sa.gis.ta *adj.2g.s.2g.* que(m) faz massagens

mas.sa.pê ou **mas.sa.pé** *s.m.* terra de cor escura, argilosa e fértil

mas.se.ter /tér/ [pl.: *-es*] *s.m.* ANAT cada um dos dois músculos us. na mastigação ~ **massetérico** *adj.* - **masseterino** *adj.*

mas.si.fi.ca.ção [pl.: *-ões*] *s.f.* **1** processo pelo qual valores e produtos se tornam consumíveis por toda a sociedade **2** padronização de gostos, hábitos, opiniões, valores etc., ger. pelos meios de comunicação de massa ~ **massificar** *v.t.d.* e *pron.*

mas.si.vo *adj.* LING que não pode ser contado, calculado (diz-se de substantivo), como, p.ex., *amor, audácia, ouro, cloro*

mas.tec.to.mi.a *s.f.* MED remoção total ou parcial da mama

mas.te.ri.za.ção [pl.: *-ões*] *s.f.* **1** ELETRÔN INF COMN produção de uma cópia matriz **2** prensagem de discos fonográficos

mas.ti.gar *v.* {mod. 1} *t.d.* **1** triturar com os dentes □ *t.d.* e *int.* **2** *fig.* dizer com pouca clareza; resmungar *<mastigou uma declaração que niguém entendeu>* *<fala baixinho, mastiga, mas não diz nada>* ~ **mastigação** *s.f.*

mas.tim [pl.: *-ins*] *s.m.* ZOO cão de guarda, esp. para gado

mas.ti.te *s.f.* MED inflamação da mama

mas.to.don.te *s.m.* **1** ZOO mamífero pré-histórico semelhante ao elefante atual, porém mais corpulento e mais baixo e dotado de dois pares de presas **2** *fig.* algo de proporções avantajadas ~ **mastodôntico** *adj.*

mas.to.plas.ti.a *s.f.* MED mamoplastia

mas.tre.ar *v.* {mod. 5} *t.d.* pôr mastro em (embarcação) ~ **mastreação** *s.f.*

mas.tro *s.m.* **1** MAR cilindro longo e fino que sustenta vela, antenas etc. em embarcações **2** essa peça us. para içar bandeiras

mas.tru.ço ou **mas.truz** [pl.: *-es*] *s.m.* BOT erva cultivada por suas propriedades medicinais

mas.tur.ba.ção [pl.: *-ões*] *s.f.* ato de masturbar alguém ou a si próprio ~ **masturbador** *adj.s.m.*

mas.tur.bar *v.* {mod. 1} *t.d.* e *pron.* friccionar os órgãos genitais para sentir prazer sexual

ma.ta *s.f.* **1** conjunto de árvores que cobre uma vasta área; floresta *<a m. atlântica>* **2** grande quantidade de árvores da mesma espécie *<m. de araucárias>*

ma.ta-bor.rão [pl.: *mata-borrões*] *s.m.* papel us. para absorver excesso de tinta de escrever fresca ou outros líquidos

ma.ta-bur.ro [pl.: *mata-burros*] *s.m.* pequena ponte de tábuas espaçadas us. para impedir a passagem de animais, esp. gado e cavalos

ma.ta.cão [pl.: *matacões*] *s.m.* **1** GEOL bloco de rocha maciço e arredondado **2** *fig.* grande naco ou pedaço

ma.ta.do *adj.* *infrm.* feito de qualquer maneira; mal-acabado ◉ GRAM/USO part. de *matar*

ma.ta.dou.ro *s.m.* **1** local para abater gado; abatedouro **2** *fig.* lugar insalubre

ma.ta.gal [pl.: *-ais*] *s.m.* **1** mata densa e emaranhada **2** área coberta de mato

ma.ta-ma.ta [pl.: *matas-matas* e *mata-matas*] *s.m.* *B* **1** RECR jogo com bolas de gude em que o jogador precisa atingir a bola de um adversário para ter o direito de apossar-se dela **2** ESP em certos campeonatos e torneios, jogo ou fase de jogos em que o time perdedor é eliminado da competição ☞ tb. us. como adj.: *confronto mata-mata*

ma.ta.ma.tá *s.m.* *B* **1** BOT grande árvore amazônica, de madeira nobre, pesada e forte **2** ZOO réptil amazônico da família dos cágados, de pescoço longo com franjas laterais e cabeça achatada e triangular, terminada em um focinho muito fino

ma.tan.ça *s.f.* **1** assassinato de muitas pessoas; chacina **2** abate de animais para consumo

ma.ta-pi.o.lho /ô/ [pl.: *mata-piolhos*] *s.m.* *infrm.* o dedo polegar da mão

ma.tar *v.* {mod. 1} *t.d.* e *int.* **1** tirar intencionalmente a vida de; assassinar **2** *fig.* contribuir para a morte de; extinguir □ *pron.* **3** suicidar-se **4** *fig.* fazer tudo por; sacrificar-se *<m.-se pelos filhos>* **5** *fig.* cansar-se muito; extenuar-se *<m.-se de estudar>* □ *t.d.* **6** causar grande prejuízo ou dano a; arruinar, destruir *<a geada matou a produção>* **7** *fig.* fazer às pressas, sem cuidado *<a costureira matou o trabalho no vestido>* **8** *fig.* destruir o efeito, a qualidade de; ofuscar *<o roxo matou as outras cores>* **9** *fig.* fazer desaparecer; extinguir *<a distância matou o amor>* **10** *fig.* saciar, satisfazer (fome, sede) **11** *fig.* passar (o tempo) improdutivamente **12** *fig.* resolver, decifrar (problemas, charadas etc.) **13** *B gír.* faltar a (colégio, aula, trabalho) **14** ESP amortecer o impacto de (bola), para dominá-la ◉ GRAM/USO part.: *matado, morto* ▣ **de m. 1** muito ruim, duro de suportar, de péssima qualidade *<o filme era de m., saímos antes do final>* **2** magnífico, esplêndido *<faço um doce de jaca de m.!>*

ma.te *s.m.* **1** BOT planta cujas folhas são us. no preparo do chimarrão; erva-mate **2** chá com propriedades tônicas, estimulantes e diuréticas, feito da infusão de suas folhas, depois de torradas; chá-mate ~ matear *v.int.*

ma.tei.ro *s.m. B* pessoa que mostra o caminho em matas, florestas

ma.te.má.ti.ca *s.f.* **1** ciência que estuda objetos abstratos (números, figuras e funções) e as relações existentes entre eles **2** o ensino dessa ciência *<aula de m.>* ~ **matematicidade** *s.f.*

ma.te.má.ti.co *adj.* **1** relativo a matemática **2** que tem a precisão da matemática ■ *s.m.* **3** indivíduo especializado em matemática

ma.té.ria *s.f.* **1** substância sólida, líquida ou gasosa da qual são formados todos os corpos que ocupam um lugar no espaço **2** assunto, tema *<agora entraram na m. da reunião>* **3** disciplina ('ramo do conhecimento') **4** conteúdo específico de um objeto de ensino *<ditar a m. da prova>* **5** JOR texto jornalístico **6** corpo, carne ▣ **m. plástica** material sintético, que pode ser moldado, us. na fabricação de utensílios; plástico

ma.te.ri.al [pl.: *-ais*] *adj.2g.* **1** feito de ou próprio de matéria **2** que é percebido de forma concreta **3** constituído de bens tangíveis, esp. dinheiro *<bens m.>* ■ *s.m.* **4** conjunto de utensílios, apetrechos us. em um serviço qualquer **5** aquilo do que é feito algo

ma.te.ri.a.li.da.de *s.f.* **1** qualidade do que é matéria **2** *fig.* tendência a não se interessar por coisas cuja compreensão exija sensibilidade, finura de espírito

ma.te.ri.a.lis.mo *s.m.* **1** FIL doutrina que acredita que a matéria é capaz de explicar todos os fenômenos naturais, sociais e mentais **2** comportamento de uma pessoa (ou sociedade) que dá mais importância aos bens, valores e prazeres materiais ~ **materialista** *adj.*

ma.te.ri.a.li.zar *v.* {mod. 1} *t.d. e pron.* (fazer) tomar consistência, materialidade, ser realidade; concretizar(-se) *<m. um sonho> <seus planos jamais se materializaram>* ~ **materialização** *s.f.*

ma.té.ria-pri.ma [pl.: *matérias-primas*] *s.f.* matéria bruta com que se fabrica ou elabora algo

ma.ter.nal [pl.: *-ais*] *adj.2g.* **1** relativo a mãe ou próprio dela; materno ■ *adj.2g.s.m.* **2** diz-se de ou m.q. ***CRECHE*** ('escola')

ma.ter.ni.da.de *s.f.* **1** laço de parentesco que une a mãe a seu(s) filho(s) **2** hospital ou setor hospitalar destinado ao atendimento obstétrico

ma.ter.no *adj.* **1** próprio de mãe **2** por parte de mãe (parentesco) *<avós m.>* **3** que foi aprendido na infância, no país em que nasceu (idioma)

ma.ti.lha *s.f.* **1** grupo de cães **2** *fig.* agrupamento de vadios; corja

ma.ti.na *s.f.* **1** madrugada ▼ ***matinas*** *s.f.pl.* REL **2** cânticos realizados durante a missa da madrugada

ma.ti.na.da *s.f.* **1** alvorada; madrugada **2** canto das matinas **3** algazarra

ma.ti.nal [pl.: *-ais*] *adj.2g.* próprio da manhã

ma.ti.nê *s.f.* festa, filme etc. realizados à tarde

ma.tiz [pl.: *-es*] *s.m.* **1** colorido obtido da mistura de várias cores num todo **2** gradação de uma cor ou cores; tonalidade **3** *fig.* gradação delicada, sutil

ma.ti.zar *v.* {mod. 1} *t.d.* **1** misturar, combinar, graduar cores em **2** enfeitar, adornar □ *t.d. e pron.* **3** pintar(-se) de diversas cores ~ **matização** *s.f.*

ma.to *s.m.* **1** vegetação que nasce espontaneamente e sem serventia **2** área coberta por essa vegetação **3** lugar fora da cidade; interior, roça ▣ **no m. sem cachorro** em situação difícil, sem ajuda

ma.to-gros.sen.se [pl.: *mato-grossenses*] *adj.2g.* **1** do Mato Grosso ■ *s.2g.* **2** natural ou habitante desse estado

ma.to-gros.sen.se-do-sul [pl.: *mato-grossenses-do-sul*] *adj.2g.* **1** do Mato Grosso do Sul ■ *s.2g.* **2** natural ou habitante desse estado

ma.tra.ca *s.f.* **1** MÚS instrumento de percussão constituído de uma peça de madeira com uma plaqueta ou argola que se agita em torno de um eixo, fazendo muito barulho **2** *fig. infrm.* quem fala demais

ma.tra.que.ar *v.* {mod. 5} *int.* **1** tocar matraca **2** falar muito, sem refletir; tagarelar

ma.trei.ro *adj.* astuto, esperto, malandro ~ **matreirice** *s.f.*

ma.tri.ar.ca *s.f.* mulher que governa família, tribo, clã etc. ◉ GRAM/USO masc.: *patriarca* ~ **matriarcal** *adj.2g.*

ma.tri.ar.ca.do *s.m.* SOC regime social em que a autoridade é exercida pelas mulheres

ma.tri.ci.da *s.2g.* quem comete matricídio

ma.tri.cí.dio *s.m.* assassinato da própria mãe

ma.trí.cu.la *s.f.* inscrição de algo ou alguém em escola, clube, curso, concurso etc. ~ **matricular** *v.t.d. e pron.*

ma.tri.mô.nio *s.m.* **1** instituição social da união legalmente reconhecida entre um homem e uma mulher, ou entre duas pessoas do mesmo sexo, nos países em que há tal possibilidade; casamento **2** estado ou condição resultante dessa união; relação de pessoas casadas entre si **3** sacramento da Igreja católica ~ **matrimonial** *adj.2g.*

má.trio *adj.* relativo a mãe

ma.triz [pl.: *-es*] *s.f.* **1** útero **2** *fig.* lugar onde algo é gerado e/ou criado **3** molde para reprodução de uma peça **4** estabelecimento onde funciona a direção central de uma empresa; sede **5** GRÁF chapa ou lâmina em que se gravam letras e imagens para serem reproduzidas por impressão **6** MAT arranjo de elementos matemáticos dispostos num quadro retangular de linhas e colunas ■ *adj.2g.* **7** que é fonte ou origem *<língua m.>*

ma.tro.na *s.f.* senhora respeitável e corpulenta ~ **matronal** *adj.2g.*

ma.tu.rar *v.* {mod. 1} *t.d.,int. e pron.* desenvolver(-se) plenamente; amadurecer(-se) ~ **maturação** *s.f.*

ma.tu.ri.da.de *s.f.* **1** estado ou condição de adulto **2** período da vida entre a juventude e a velhice **3** estado de desenvolvimento completo

ma.tu.sa.lém [pl.: *-ens*] *s.m.* homem muito velho

ma.tus.que.la *adj.2g.s.2g. B infrm.* maluco, doido

ma.tu.tar *v.* {mod. 1} *int.* **1** pensar demoradamente sobre algo; refletir □ *t.d.* **2** traçar diretrizes para; planejar ~ **matutação** *s.f.*

ma.tu.ti.no *adj.* **1** que diz respeito a manhã; matinal ■ *adj.s.m.* **2** (jornal) que sai de manhã

ma.tu.to *adj.s.m.* **1** que(m) vive no campo **2** *B* que(m) não tem instrução **3** *B infrm.* que(m) é dotado de esperteza ~ **matutice** *s.f.*

mau [fem.: *má*] *adj.* **1** que pratica o mal ou revela maldade; impiedoso, cruel **2** que prejudica *<m. conselho>* **3** de qualidade inferior **4** que causa mal-estar ■ *s.m.* **5** quem pratica o mal **6** o diabo ☞ cf. *mal* ◉ GRAM/USO comp.super.: *pior*; sup.abs.sint.: *malíssimo* e *péssimo*

mau-ca.rá.ter [pl.: *maus-caracteres*] *adj.2g.s.2g. B infrm.* que(m) é capaz de atos traiçoeiros; canalha ~ **mau-caratismo** *s.m.*

mau-o.lha.do [pl.: *maus-olhados*] *s.m.* **1** olhar com suposto poder de causar infortúnio **2** o suposto efeito de tal olhar

mau.so.léu *s.m.* monumento funerário ger. suntuoso

maus-tra.tos *s.m.pl.* DIR crime de submeter alguém a castigo, trabalhos excessivos e/ou alguma privação

ma.vi.o.so /ô/ [pl.: /ó/; fem.: /ó/] *adj.* **1** agradável aos ouvidos; melodioso **2** terno, afetuoso **3** suave, delicado ~ **maviosidade** *s.f.*

ma.xi.des.va.lo.ri.za.ção /cs/ [pl.: *-ões*] *s.f.* ECON forte baixa do valor de uma moeda

ma.xi.la /cs/ *s.f.* ANAT **1** cada um dos dois ossos que formam a arcada dentária superior **2** estrutura, antes denominada *maxilar superior*, formada por esses dois ossos

ma.xi.lar /cs/ [pl.: *-es*] *adj.* ANAT referente a maxila ▣ **m. superior** denominação substituída por *maxila* • **m. inferior** denominação substituída por *mandíbula*

má.xi.ma /ss *ou* cs/ *s.f.* **1** princípio de conduta; preceito **2** provérbio

má.xi.me /cs/ *adv.* sobretudo, principalmente

ma.xi.mi.zar /ss *ou* cs/ *v.* {mod. 1} *t.d.* **1** dar valor mais alto a **2** dar mais valor ou importância a **3** *p.ext.* atribuir valor exagerado, não justificável; superestimar ~ **maximização** *s.f.*

má.xi.mo /ss *ou* cs/ *adj.s.m.* (o) que atingiu seu mais alto grau ou sua maior quantidade ◉ GRAM/USO sup.abs.sint. de *grande* ▣ **no m.** na melhor das hipóteses

[1]ma.xi.xe *s.m.* BOT fruto comestível do maxixeiro [ORIGEM: do quimb. *maxixe* 'id.']

[2]ma.xi.xe *s.m.* **1** DNÇ dança urbana brasileira que esteve na moda no início do séc. XIX **2** MÚS a música dessa dança, de compasso binário e andamento rápido [ORIGEM: de *Maxixe*, apelido de um boêmio carioca a quem se atribui a invenção da dança]

[1]ma.xi.xei.ro *s.m.* BOT planta nativa da América Central, de flores pequenas e frutos comestíveis em forma de ovo [ORIGEM: [1]*maxixe* + *-eiro*]

[2]ma.xi.xei.ro *adj.s.m.* que(m) dança o [2]maxixe [ORIGEM: [2]*maxixe* + *-eiro*]

ma.ze.la *s.f.* **1** chaga, ferida **2** *p.ext.* doença, moléstia **3** *fig.* aflição, desgosto ~ **mazelento** *adj.*

ma.zur.ca *s.f.* DNÇ MÚS certa música e dança polonesa

Mb INF símbolo de *megabit*

MB INF símbolo de *megabyte*

Mc QUÍM símbolo de *moscóvio*

mc.car.this.mo *s.m.* → ***MACARTHISMO***

Md QUÍM símbolo de *mendelévio*

MDF *s.m.* placa de fibra de média densidade, constituída por fibras de madeira e resinas sintéticas, us. na confecção de móveis, divisórias etc.

me *pron.p.* da 1ª p.sing., caso oblíquo, com função de objeto direto ou objeto indireto, equivalente a: *a mim, perante mim, de mim, em mim, para mim*

me.a.da *s.f.* **1** fio longo enrolado várias vezes, sem ficar muito apertado **2** *fig.* confusão, desordem

me.a.do *adj.s.m.* (o) que está no meio ou perto dele ◉ GRAM/USO como s.m., mais us. no pl.

me.an.dro *s.m.* caminho sinuoso de terra ou rio

me.ar *v.* {mod. 5} *t.d.* **1** dividir em duas partes iguais; mediar □ *int. e pron.* **2** chegar ao meio ~ **meação** *s.f.*

me.a.to *s.m.* **1** abertura externa de um canal **2** ANAT orifício de um conduto *<m. auditivo>*

MEC *s.m.* sigla de Ministério da Educação

me.câ.ni.ca *s.f.* **1** FÍS ramo da física que estuda a ação de forças no movimento e equilíbrio dos corpos **2** *p.ext.* mecanismo ('conjunto de elementos')

me.câ.ni.co *adj.* **1** relativo a mecânica **2** acionado por máquina ou mecanismo **3** *fig.* automático, maquinal *<gestos m.>* ■ *s.m.* **4** quem monta e conserta máquinas

me.ca.nis.mo *s.m.* **1** conjunto de duas ou mais peças combinadas para pôr em movimento uma máquina **2** *p.ext.* conjunto de elementos envolvidos no funcionamento de algo *<m. cerebral>*

me.ca.ni.zar *v.* {mod. 1} *t.d.* **1** equipar com máquina □ *t.d. e pron. fig.* **2** tornar(-se) semelhante à máquina; automatizar(-se) *<a rotina mecaniza os atos>* *<m.-se com o trabalho>* ~ **mecanização** *s.f.*

me.ca.no.gra.fi.a *s.f.* utilização de máquinas em serviços de escritório (estenografia, cálculo, classificação etc.) ~ **mecanográfico** *adj.* - **mecanógrafo** *s.m.*

me.ce.nas *s.m.2n.* pessoa rica que patrocina artistas, estudiosos etc.

me.ce.na.to *s.m.* **1** patrocínio **2** condição de mecenas

me.cha *s.f.* **1** feixe de fios torcidos, impregnado de combustível para se acender; pavio **2** estopim de bomba **3** porção de cabelos que se destaca do todo

me.char *v.* {mod. 1} *t.d.* **1** atear fogo, com mecha, a *<m. um canhão>* **2** pintar mechas, fazer reflexo em (cabelos)

me.cô.nio *s.m.* FISL primeira evacuação do bebê

me.da.lha *s.f.* **1** pequena peça metálica com emblema celebrativo **2** peça de metal que é dada como prêmio ~ **medalhar** *v.t.d.*

me.da.lhão [pl.: *-ões*] *s.m.* **1** caixinha redonda ou oval, trabalhada como joia, que se usa pendurada em colar **2** *fig. pej.* pessoa importante; profissional de destaque **3** CUL fatia alta e redonda de carne

me.da.lhei.ro *s.m.* **1** móvel com tampo de vidro para guardar e expor medalhas **2** fabricante de medalhas

mé.dia *s.f.* **1** valor intermediário em relação a dois extremos **2** quantidade mínima de pontos necessários para ser admitido ou aprovado em escola, concurso etc. **3** CUL *B* xícara de café com leite ▣ **m. aritmética** MAT quociente da soma de *n* números por *n* • **fazer m.** *B gír.* tentar agradar visando proveito próprio

me.di.a.ção [pl.: *-ões*] *s.f.* ato de servir de intermediário entre pessoas ou grupos

M

me.di.a.dor /ô/ [pl.: *-es*] *adj.s.m.* **1** que(m) intervém ou concilia **2** que(m) dirige discussão em grupo; moderador

me.di.al [pl.: *-ais*] *adj.2g.* que está no meio; central, intermediário

me.di.a.na *s.f.* GEOM segmento de reta que liga o vértice de um triângulo retângulo ao meio do lado oposto

me.di.a.no *adj.* que se situa entre dois extremos; médio ~ **mediania** *s.f.*

me.di.an.te *prep.* **1** por meio de *<pagar m. cheque>* **2** a troco de, em troca de *<solto m. fiança>*

me.di.ar *v.* {mod. 5} *t.d.* **1** repartir em duas partes iguais; mear ☐ *t.d. e t.d.i.* **2** (prep. *entre*) intervir na qualidade de mediador *<m. a paz (entre países inimigos)>*

me.di.a.to *adj.* que se apresenta ou se faz por meio de um intermediário; indireto

me.di.a.triz [pl.: *-es*] *s.f.* GEOM reta perpendicular a outra, que a corta no ponto central

me.di.ca.ção [pl.: *-ões*] *s.f.* **1** emprego de medicamentos ou de outros processos curativos, de acordo com uma indicação ou orientação **2** o conjunto desses medicamentos *<m. oral>*

me.di.ca.men.to *s.m.* FARM substância ou preparado terapêutico; remédio ▣ **m. genérico** FARM *B* aquele sem marca comercial, designado por seu princípio ativo ~ **medicamentoso** *adj.*

me.di.ção [pl.: *-ões*] *s.f.* ato ou efeito de medir; medida

me.di.car *v.* {mod. 1} *t.d. e pron.* tratar(-se) com medicamentos

me.di.ci.na *s.f.* MED ciência ou arte do diagnóstico e tratamento de doenças e ferimentos, e da preservação da saúde ▣ **m. legal** DIR especialidade médica que aplica conhecimentos médicos na resolução de questões jurídicas

me.di.ci.nal [pl.: *-ais*] *adj.2g.* **1** relativo a medicina **2** que tem propriedade de curar; terapêutico

¹mé.di.co *s.m.* profissional formado em medicina [ORIGEM: do lat. *medĭcus,i* 'médico, cirurgião']

²mé.di.co *adj.* referente a medicina [ORIGEM: do lat. *medĭcus,a,um* 'de médico, medicinal']

mé.di.co-le.gal [pl.: *médico-legais*] *adj.2g.* relativo a medicina legal

mé.di.co-le.gis.ta *adj.2g.s.m.* especialista em medicina legal ☞ cf. *legista* ◉ GRAM/USO como adj., pl.: *médico-legistas*; como s.m., pl.: *médicos-legistas* e fem.: *médica-legista*

me.di.da *s.f.* **1** avaliação comparativa de grandeza; medição **2** FÍS quantidade-padrão us. para avaliar uma grandeza da mesma espécie **3** dimensão **4** *fig.* quantidade considerada como útil, desejável *<a justa m. da educação>* **5** meio utilizado para atingir um fim; providência ▣ **m. provisória** DIR POL ato exclusivo do presidente da República, com força de lei, sem a participação do Poder Legislativo, considerando o caráter de urgência e relevância [sigla: *MP*] ☞ inic. por vezes maiúsc. • **à m. que** à proporção que • **na m. em que** porque, desde que

me.di.dor /ô/ [pl.: *-es*] *adj.s.m.* **1** que(m) mede, toma medidas **2** (o) que serve para medir (diz-se de instrumento, mecanismo etc.); contador

me.di.e.val [pl.: *-ais*] *adj.2g.* da ou próprio da Idade Média

mé.dio *adj.* **1** que fica entre dois extremos **2** de posição ou condição intermediária **3** resultante de uma média estatística ou aritmética ■ *adj.s.m.* **4** (diz-se de) dedo da mão entre o indicador e o anelar

me.dí.o.cre *adj.2g.s.2g.* **1** (o) que é de qualidade média **2** *pej.* (o) que tem pouco mérito ~ **mediocrizar** *v.t.d. e pron.*

me.di.o.cri.da.de *s.f.* falta de qualidade, de valor, de mérito; insignificância

me.dir *v.* {mod. 28} *t.d.,t.d.i. e int.* **1** (prep. *com*) avaliar, determinar tamanho, peso etc. de (algo) com instrumento ou utensílio próprio ou algo us. como padrão; mensurar *<m. uma área (com trena)>* *<quanto ele mede?>* ☐ *t.d.* **2** ter por medida (certa extensão, altura etc.) *<esta torre mede 36 m de altura>* **3** *p.ext.* servir de medida para *<seu rubor media bem seu embaraço>* **4** contar as sílabas de (verso); escandir **5** avaliar a importância, o efeito de; ponderar, pesar *<m. as consequências>* **6** *fig.* usar com moderação; refrear, conter *<meça suas palavras!>* **7** *fig.* aferir por testes; avaliar *<m. a inteligência, a aptidão>* ☐ *pron.* **8** (prep. *com*) entrar em competição com; rivalizar *<não me meço com esse tipo de gente>*

me.di.ta.bun.do *adj.* **1** mergulhado em pensamentos **2** que sofre de melancolia, tristeza

me.di.ta.ção [pl.: *-ões*] *s.f.* **1** ação de pensar com cuidado sobre um assunto **2** exercício de concentração mental

me.di.tar *v.* {mod. 1} *t.d.* **1** estudar profundamente; ponderar **2** preparar em detalhes, longamente; planejar □ *t.d.,t.i. e int.* **3** (prep. *em, sobre*) pensar por longo tempo sobre; refletir *<antes de dar a resposta, pediu tempo para meditá-la> <sofre enquanto medita sobre seu passado> <sentava-se quieto, parecendo m.>*

me.di.ter.râ.neo *adj.* **1** do mar Mediterrâneo ■ *adj.s.m.* **2** que(m) é das regiões banhadas por esse mar ~ **mediterrânico** *adj.*

mé.di.um [pl.: *-uns*] *s.2g.* REL segundo o espiritismo, pessoa capaz de se comunicar com os espíritos

me.di.u.ni.da.de *s.f.* capacidade de comunicação de um médium

me.do *s.m.* perturbação psicológica diante de ameaça ou perigo, real ou imaginário

me.do.nho *adj.* que causa medo ou repulsa; horripilante

[1]**me.drar** *v.* {mod. 1} *t.d. e int.* **1** (fazer) crescer, desenvolver-se (vegetais) **2** *fig.* (fazer) ficar maior e/ou melhor; prosperar *<apesar das dificuldades, eles medraram>* □ *int. fig.* **3** ganhar corpo; aumentar, desenvolver-se *<seu rancor medrava>* [ORIGEM: do esp. *medrar* 'id.']

[2]**me.drar** *v.* {mod. 1} *int. infrm.* sentir medo; apavorar-se *<ao ver a bola, o goleiro medrou>* [ORIGEM: de *medo* sob a f. *medr-* + [2]*-ar*]

me.dro.so /ô/ [pl.: /ó/; fem.: /ó/] *adj.* que tem medo; que se assusta facilmente

me.du.la *s.f.* BIO **1** a parte interior ou profunda de uma estrutura animal ou vegetal **2** *fig.* a parte mais interna ou central; âmago ▣ **m. espinhal** ANAT parte do sistema nervoso situada na coluna vertebral e composta de células e fibras nervosas ~ **medular** *adj.2g.*

me.du.sa *s.f.* ZOO certo tipo de cnidários, de corpo gelatinoso e em forma de sino, com tentáculos na margem

me.ei.ro *adj.* **1** que pode ou tem de ser dividido ao meio ■ *adj.s.m.* **2** DIR que(m) possui metade de um bem **3** (agricultor) que reparte o que planta com o dono da terra

me.fis.to.fé.li.co *adj.* diabólico, maldoso

mega- *pref.* **1** do SI, simbolizado por *M*, um milhão (de vezes a unidade indicada) *<megagrama = um milhão de gramas>* **2** INF para múltiplos binários, equivale a 2^{20} (1.048.576), valor freq. arredondado para um milhão *<megabyte>*

megabit [ing.; pl.: *megabits*] *s.m.* INF múltiplo do *bit*, que vale 1.024 *kilobits* [símb.: *Mb*] ⇒ pronuncia-se mégabit

megabyte [ing.; pl.: *megabytes*] *s.m.* INF múltiplo do *byte*, que vale 1.024 *kilobytes* [símb.: *MB*] ⇒ pronuncia-se mégabait

me.ga.fo.ne *s.m.* amplificador para voz em forma de cone ~ **megafônico** *adj.*

me.ga.gra.ma *s.m.* FÍS unidade de medida de massa que denota um milhão de gramas ou uma tonelada

me.ga-hertz *s.m.2n.* FÍS unidade de frequência igual a 1 milhão de hertz [símb.: *MHz*]

me.gá.li.to *s.m.* pedra bruta us. em monumentos pré-históricos ~ **megalítico** *adj.*

me.ga.lo.ma.ni.a *s.f.* **1** PSIC desordem mental caracterizada por sentimento de grandeza ou onipotência **2** predileção por tudo que seja grandioso ou majestoso ~ **megalomaníaco** *adj.s.m.* - **megalômano** *adj.s.m.*

me.ga.ló.po.le *s.f.* **1** grande metrópole **2** região que engloba uma metrópole e cidades periféricas

me.ga.nha *s.m. B infrm.* policial

me.ga.ton [pl.: *megatones* e *(B) megatons*] *s.m.* FÍS **1** unidade de massa igual a 1 milhão de toneladas **2** unidade de medida do poder de explosão de armas nucleares

me.ga.watt *s.m.* ELETR FÍS unidade de medida igual a 1 milhão de watts [símb.: *MW*]

me.ge.ra *s.f.* **1** mulher má **2** mãe desnaturada

[1]**mei.a** *s.f.* **1** VEST peça de tecido que calça o pé e parte da perna **2** tecido de malha de algodão com que se faz essa e outras peças do vestuário *<camisa de m.>* [ORIGEM: red. de *meia-calça*]

[2]**mei.a** *n.card.* meia dúzia; seis [ORIGEM: red. de *meia dúzia*]

mei.a-á.gua [pl.: *meias-águas*] *s.f.* CONSTR **1** telhado formado de apenas um plano **2** moradia com tal telhado

mei.a-ar.ma.dor /ô/ [pl.: *meias-armadores*] *s.m.* FUTB *B* armador ('jogador')

mei.a-cal.ça [pl.: *meias-calças*] *s.f.* meia feminina que vai dos pés à cintura

mei.a-di.rei.ta [pl.: *meias-direitas*] *s.2g.* FUTB **1** jogador que atua no meio-campo, pela direita ■ *s.f.* FUTB **2** essa posição

mei.a-en.tra.da [pl.: *meias-entradas*] *s.f.* ingresso para espetáculos (cinema, teatro etc.) vendido pela metade do preço, ger. para menores, estudantes e idosos

mei.a-es.quer.da [pl.: *meias-esquerdas*] *s.2g.* FUTB **1** jogador que atua no meio-campo, pela esquerda ■ *s.f.* FUTB **2** essa posição

mei.a-es.ta.ção [pl.: *meias-estações*] *s.f.* **1** o outono ou a primavera **2** *B* época de temperatura amena, nem muito quente, nem muito fria

mei.a-i.da.de [pl.: *meias-idades*] *s.f.* fase entre a maturidade e a velhice

mei.a-ir.mã [pl.: *meias-irmãs*] *s.f.* irmã só por parte de pai ou de mãe

mei.a-lu.a [pl.: *meias-luas*] *s.f.* **1** ASTR aspecto da Lua quando está no quarto minguante ou no quarto crescente **2** qualquer coisa em forma de semicírculo

mei.a-luz [pl.: *meias-luzes*] *s.f.* luz fraca; penumbra

mei.a-noi.te [pl.: *meias-noites*] *s.f.* a 24ª hora do dia, divisória entre a noite e a madrugada

mei.a-so.la [pl.: *meias-solas*] *s.f.* **1** remendo na metade anterior da sola do calçado **2** *fig.* qualquer conserto improvisado ou precário

mei.a-ti.ge.la [pl.: *meias-tigelas*] *s.f.* ◗ us. em: **de m.** sem importância, de pouco valor; medíocre

mei.a-tin.ta [pl.: *meias-tintas*] *s.f.* **1** tonalidade intermediária entre o claro e o escuro de uma cor **2** *fig.* dissimulação, fingimento

mei.a-vi.da [pl.: *meias-vidas*] *s.f.* FÍS tempo necessário para que a radioatividade de uma substância seja reduzida à metade

mei.a-vol.ta [pl.: *meias-voltas*] *s.f.* mudança completa de direção; volta de 180°

mei.go *adj.* **1** dotado de sentimentos gentis **2** que causa impressão agradável ~ **meiguice** *s.f.*

mei.o *n.frac.* **1** metade de um; metade de uma unidade ou de uma totalidade ■ *adj.* **2** mediano, médio **3** pouco intenso ■ *s.m.* **4** ponto equidistante entre extremos; metade **5** o centro de um espaço **6** método, plano, modo, procedimento **7** grupo que se frequenta ou em que se vive **8** meio ambiente **9** FÍS região espacial que contém ou não matéria e na qual ocorrem fenômenos físicos ■ *adv.* **10** um tanto, um pouco *<acordou m. triste>* ▼ ***meios*** *s.m.pl.* **11** recursos financeiros ▣ **m. ambiente** conjunto de fatores físicos, biológicos e químicos que cerca os seres vivos, influenciando-os e sendo influenciado por eles • **m. a m.** em duas partes iguais • **em m. a 1** no decorrer de; durante **2** tendo ao redor de si

mei.o-cam.po [pl.: *meios-campos*] *s.m.* FUTB **1** área em torno da linha que divide o campo de futebol ao meio **2** jogador que atua nessa área

mei.o de cam.po [pl.: *meios de campo*] *s.m.* FUTB meio-campo

mei.o-di.a [pl.: *meios-dias*] *s.m.* a 12ª hora do dia, divisória entre a manhã e a tarde

mei.o-fi.o [pl.: *meios-fios*] *s.m.* fileira de pedras que arremata a calçada ao longo da rua

mei.o-ir.mão [pl.: *meios-irmãos*; fem.: *meia-irmã*] *s.m.* irmão só por parte de pai ou de mãe

mei.o.se *s.f.* BIO série de divisões celulares durante a geração dos gametas, da qual resultam quatro células com um cromossomo de cada par da célula original

mei.o-tem.po [pl.: *meios-tempos*] *s.m.* intervalo entre dois momentos; ínterim ▣ **nesse m.** enquanto isso

mei.o-ter.mo [pl.: *meios-termos*] *s.m.* **1** o que está a meia distância entre dois extremos **2** *fig.* equilíbrio, comedimento

mei.o-tom [pl.: *meios-tons*] *s.m.* **1** tonalidade intermediária de uma cor **2** gradação de cores; matiz **3** som pouco audível; murmúrio

mei.ri.nho *s.m.* antigo funcionário da Justiça

meit.né.rio *s.m.* QUÍM elemento químico artificial [símb.: *Mt*] ☞ cf. *tabela periódica* (no fim do dicionário)

mel [pl.: *méis* e *meles*] *s.m.* líquido doce e viscoso produzido pelas abelhas com o néctar das flores

me.la.ço *s.m.* **1** resíduo de consistência viscosa resultante da fabricação do açúcar **2** *fig.* qualquer substância viscosa e muito doce

¹me.la.do *adj.* **1** adoçado com mel ou rapadura **2** *p.ext.* doce demais **3** *p.ext.* *B* sujo e pegajoso [ORIGEM: part. de *melar*]

²me.la.do *s.m.* calda espessa e escura obtida do caldo da cana-de-açúcar, com que se faz a rapadura [ORIGEM: de *mel* + *-ado*]

me.la.mi.na *s.f.* QUÍM substância us. em resinas sintéticas para revestimentos ☞ cf. *melanina*

me.lan.ci.a *s.f.* BOT **1** planta de caule rasteiro que produz fruto grande de casca verde, polpa vermelha e muitas sementes **2** esse fruto

me.lan.co.li.a *s.f.* estado de profunda tristeza; depressão

me.lan.có.li.co *adj.* **1** que, por temperamento, é dado à melancolia, à tristeza; triste, sombrio **2** que exprime ou provoca melancolia

me.la.né.sio *adj.* **1** da Melanésia (Oceania) ■ *s.m.* **2** natural ou habitante desse arquipélago **3** LING grupo de línguas e dialetos falados nessa região

me.la.ni.na *s.f.* BIOQ cada uma das diversas proteínas de cor marrom ou preta, encontrada como pigmento em vegetais e animais ☞ cf. *melamina*

me.la.no.ma *s.m.* MED tumor de pele caracterizado por pigmentação escura

me.lão [pl.: *-ões*] *s.m.* BOT **1** meloeiro **2** fruto do meloeiro, de casca dura, de cor verde ou amarela, com polpa suculenta e comestível

me.lar *v.* {mod. 1} *t.d.* **1** adoçar ou cobrir com mel ou muito açúcar □ *t.d. e pron.* **2** sujar(-se) com mel ou substância melosa; lambuzar(-se) □ *int.* **3** produzir mel (a colmeia) □ *t.d. e int. fig. B infrm.* **4** (fazer) não ter êxito; falhar *<a chuva melou o programa>* *<seu plano melou>*

me.lé *s.m. infrm.* **1** *MA CE AL* curinga (carta de baralho) **2** *B* cachaça

me.le.ca *s.f. B infrm.* **1** secreção nasal úmida ou seca **2** *fig.* coisa de má qualidade; porcaria

¹me.le.na *s.f.* **1** parte da crina que cai sobre a testa do cavalo **2** *p.ext.* mecha de cabelo **3** *p.ext.* cabeleira longa [ORIGEM: do esp. *melena* 'cabeleira que cai sobre os olhos']

²me.le.na *s.f.* MED presença de sangue enegrecido nas fezes, causada por hemorragia do estômago ou do intestino [ORIGEM: do gr. *mélaina,aínēs* 'negro']

me.lhor *adj.2g.* **1** que é superior (em qualidade, caráter, valor etc.) ao que lhe é comparado ■ *s.m.* **2** o que é superior a tudo ou todos **3** o que é mais sensato ■ *adv.* **4** de modo mais perfeito, mais satisfatório **5** de forma mais agradável, mais confortável **6** com mais saúde ◉ GRAM/USO como adj., comp.super. de *bom*; como adv., comp.super. de *bem*; plural do adj. e subst., *melhores*

me.lho.ra *s.f.* **1** recuperação de mal físico; melhoria **2** condição mais vantajosa, mais satisfatória **3** benfeitoria, melhoramento

me.lho.ra.men.to *s.m.* **1** benfeitoria; melhoria **2** progresso, desenvolvimento; melhoria

me.lho.rar *v.* {mod. 1} *t.d.,t.i. e int.* **1** (prep. *de, em*) mudar para estado, situação ou condição melhor *<m. um lugar> <m. de sorte> <m. na vida> <com o novo administrador, a empresa melhorou>* □ *t.d. e int.* **2** (fazer) adquirir melhor estado de saúde *<a nova medicação melhorou muito sua saúde> <sua asma melhorou>*

me.lho.ri.a *s.f.* **1** melhora ('recuperação', 'condição') **2** melhoramento

me.li.an.te *s.2g.* malandro, vadio

me.lí.fe.ro *adj.* **1** que produz mel **2** próprio de mel, que tem características de mel

me.li.fi.car *v.* {mod. 1} *int.* **1** fabricar mel □ *t.d.* **2** adoçar com mel **3** *fig.* deixar doce como mel ~ **melificação** *s.f.*

me.lí.fluo *adj.* **1** que flui como mel **2** que tem a doçura do mel **3** *fig.* que causa uma impressão agradável; harmonioso **4** *fig. pej.* que revela doçura hipócrita

me.lin.drar *v.* {mod. 1} *t.d. e pron.* deixar ou sentir--se ferido no amor-próprio, ofendido; magoar(-se)

me.lin.dre *s.m.* **1** pudor, escrúpulo **2** facilidade para se ofender **3** civilidade, cortesia

me.lin.dro.sa *s.f.* **1** nos anos de 1920, mulher chique, vestida no rigor da moda **2** VEST o traje característico dessas mulheres, de cintura baixa e longas franjas, hoje us. como fantasia de carnaval

me.lin.dro.so /ô/ [pl.: */ó/*; fem.: */ó/*] *adj.* **1** que provoca ou em que há certa dificuldade; embaraçoso, complicado **2** que envolve risco; arriscado, perigoso **3** cheio de suscetibilidade; escrupuloso ■ *adj.s.m.* **4** que(m) se ofende ou choca com facilidade **5** (indivíduo) de atitudes afetadas

me.lo.di.a *s.f.* **1** sequência de notas que formam uma frase musical **2** música ou canção ~ **melódico** *adj.*

me.lo.di.o.so /ô/ [pl.: */ó/*; fem.: */ó/*] *adj.* que produz sons doces, suaves, agradáveis aos ouvidos; harmonioso

me.lo.dra.ma *s.m.* **1** TEAT obra dramática com acompanhamento musical **2** TV drama popular caracterizado por sentimentos exagerados ~ **melodramático** *adj.* - **melodramatizar** *v.t.d.*

me.lo.ei.ro *s.m.* BOT planta rasteira que produz o melão

me.lô.ma.no *adj.s.m.* que(m) sente atração exagerada por música ~ **melomania** *s.f.* - **melomaníaco** *adj.s.m.*

me.lo.pei.a /éi/ *s.f.* **1** cantiga de melodia simples e monótona **2** a música de certas obras para declamação

me.lo.so /ô/ [pl.: */ó/*; fem.: */ó/*] *adj.* **1** que tem aspecto ou sabor de mel **2** *fig.* sentimental demais

mel.ro [fem.: *melra* e *mélroa*] *s.m.* ZOO ave canora, com até 25,5 cm de comprimento e plumagem negra brilhante, com penas estreitas e pontudas na cabeça; chupim, graúna

mem.bra.na *s.f.* **1** ANAT camada fina de tecido que reveste órgão, cavidade etc. **2** pele curtida dos animais; couro

mem.bra.no.so /ô/ [pl.: */ó/*; fem.: */ó/*] *adj.* que possui ou apresenta membrana

mem.bro *s.m.* **1** ANAT cada um dos quatro apêndices do tronco do homem e de outros animais, us. para andar, pegar etc. **2** participante de grupo, organização etc.

me.men.to *s.m.* **1** marca ou nota para trazer algo à lembrança **2** caderneta us. para anotar o que se deseja lembrar

me.mo.ran.do *s.m.* nota ou comunicação breve por escrito

me.mo.rar *v.* {mod. 1} *t.d.* **1** trazer à ou conservar na memória; recordar **2** fazer festa em honra de (fato, pessoa etc.); comemorar

me.mo.rá.vel [pl.: *-eis*] *adj.2g.* **1** que não pode ou não deve ser esquecido **2** célebre

me.mó.ria *s.f.* **1** capacidade de lembrar **2** recordação de algo passado **3** INF dispositivo que pode receber, conservar e restituir dados ▼ ***memórias*** *s.f.pl.* **4** relato escrito que alguém faz de acontecimentos históricos vividos por si mesmo ou sobre sua própria vida; memorial ▣ **m. volátil** INF ver ***RAM*** • **m. permanente** INF ver ***ROM*** • **de m.** de cor

me.mo.ri.al [pl.: *-ais*] *s.m.* **1** relato de memórias **2** relato de fatos profissionais marcantes **3** ARQ monumento comemorativo

me.mo.ri.a.lis.ta *adj.2g.s.2g.* que(m) escreve memórias

me.mo.ri.zar *v.* {mod. 1} *t.d.* **1** trazer à mente; lembrar, recordar **2** fixar na memória; decorar ~ **memorização** *s.f.*

me.nar.ca *s.f.* BIO MED primeiro fluxo menstrual de uma mulher

men.ção [pl.: *-ões*] *s.f.* **1** citação, referência **2** gesto que mostra intenção de realizar algo

men.che.vi.que *adj.2g.s.2g.* HIST POL menchevista

men.che.vis.ta *adj.2g.s.2g.* HIST POL (membro) da antiga ala direita do Partido Comunista russo ☞ cf. *bolchevista*

men.cio.nar *v.* {mod. 1} *t.d.* **1** fazer alusão, referência a; citar □ *t.d. e t.d.i.* **2** (prep. *a*) dar a conhecer por escrito ou oralmente; dizer, relatar *<mencionei (a ele) o meu desagrado>*

men.daz [pl.: *-es*] *adj.2g.* **1** mentiroso, hipócrita **2** traiçoeiro, desleal ~ **mendacidade** *s.f.*

men.de.lé.vio *s.m.* QUÍM elemento químico radioativo artificial [símb: *Md*] ☞ cf. *tabela periódica* (no fim do dicionário)

men.di.cân.cia *s.f.* **1** condição de quem mendiga **2** ato de mendigar ou seu efeito **3** grupo de mendigos ~ **mendicante** *adj.2g.s.2g.*

men.di.gar *v.* {mod. 1} *t.d.,t.i. e int.* **1** (prep. *a*, *de*) pedir (como) esmola, por caridade *<m. dinheiro (dos passantes)> <viu-se obrigado a m.>* □ *t.d. e t.d.i. p.ext.* **2** (prep. *a*) solicitar com insistência, humildemente; implorar *<m. atenção> <m. votos aos eleitores>*

men.di.go *s.m.* aquele que sobrevive de esmolas ◉ COL mendicância

me.ne.ar *v.* {mod. 5} *t.d. e pron.* **1** mover(-se) de um lado para outro; balançar(-se) *<o vento meneia as cortinas> <as folhas meneavam-se>* **2** balançar(-se) [o corpo ou partes dele]; rebolar(-se) *<m. os braços> <as cabeças meneavam-se em sinal de concordância>* □ *t.d.* **3** controlar, mover com as mãos; manejar

me.nei.o *s.m.* **1** movimento oscilatório **2** movimento do corpo ou de parte dele

me.nes.trel [pl.: *-éis*] *s.m.* LIT MÚS na Idade Média, músico e declamador de poemas

me.ni.na *s.f.* criança ou adolescente do sexo feminino; garota

me.ni.na.da *s.f.* criançada

me.ni.na do o.lho [pl.: *meninas do olho*] *s.f. infrm.* pupila (ANAT) ☞ cf. *menina dos olhos*

me.ni.na dos o.lhos [pl.: *meninas dos olhos*] *s.f. infrm.* pessoa ou coisa esp. querida, estimada ☞ cf. *menina do olho*

me.ni.na-mo.ça [pl.: *meninas-moças*] *s.f.* menina no início da adolescência

me.nin.ge *s.f.* ANAT cada uma das membranas que envolvem o encéfalo e a medula espinhal ~ **meníngeo** *adj.*

me.nin.gi.te *s.f.* MED inflamação das meninges

me.nin.go.co.co *s.m.* BIO bactéria que causa meningite ~ **meningocócico** *adj.*

me.ni.ni.ce *s.f.* infância

me.ni.no *s.m.* criança ou adolescente do sexo masculino; garoto

me.nir [pl.: *-es*] *s.m.* monumento de pedra bruta alongada e fixada em posição vertical ao solo

me.nis.co *s.m.* ANAT cartilagem fibrosa, em forma de meia-lua, presente entre os ossos de algumas articulações

me.no.pau.sa *s.f.* BIO MED interrupção progressiva dos ciclos menstruais da mulher

me.nor [pl.: *-es*] *adj.2g.* **1** que é inferior a outro em número, grandeza, intensidade, duração, importância, na avaliação de méritos e qualidades etc. ■ *adj.2g.s.2g.* **2** que(m) ainda não chegou à maioridade ◉ GRAM/USO comp.super. de *pequeno*; comp.inf. de *grande*

me.no.rá *s.f.* candelabro de sete braços us. em cultos judaicos

me.no.ri.da.de *s.f.* período de vida em que o indivíduo ainda não atingiu a maioridade legal; minoridade

me.nor.ra.gi.a *s.f.* MED grande aumento da quantidade do fluxo menstrual

me.nor.rei.a /éi/ *s.f.* BIO MED o fluxo normal da menstruação

me.nos *pron.ind.* **1** expressa número, quantidade inferior de alguma coisa *<coma m. carne>* ■ *adv.* **2** em quantidade ou intensidade menor *<quanto mais pensa, m. age>* ■ *s.m.* **3** o mínimo *<isso é m. do que poderíamos fazer>* **4** MAT o sinal negativo (–) ■ *prep.* **5** exceto ▣ **a m. que** a não ser que • **ao m.** no mínimo; pelo menos

me.nos.ca.bar *v.* {mod. 1} *t.d.* **1** deixar incompleto ou imperfeito □ *t.d. e pron. fig.* **2** diminuir a importância, o valor, as qualidades de (alguém, algo ou si mesmo); depreciar(-se) *<menoscabava-se por ser indeciso>* **3** (fazer) perder o bom nome, a honra etc.; infamar(-se) *<m. um governo> <difícil imaginar que ele se menoscabasse por tão pouco>*

me.nos.ca.bo *s.m.* **1** diminuição da importância, do valor, da qualidade; desdém, menosprezo **2** rebaixamento moral; aviltamento, descrédito

me.nos.pre.zar *v.* {mod. 1} *t.d. e pron.* **1** diminuir o valor, a qualidade de (alguém, algo ou si mesmo); depreciar(-se), menoscabar(-se) *<menosprezou-se ao perceber o fracasso>* **2** considerar(-se) como sem interesse, sem valor ou indigno de estima; desdenhar(-se) *<menospreza-se por ser tão fraco>*

me.nos.pre.zo /ê/ *s.m.* **1** falta de estima, apreço ou consideração; desdém, desconsideração **2** desvalorização da qualidade, da importância; depreciação **3** sentimento de repulsa; desprezo

men.sa.gei.ro *adj.s.m.* **1** (o) que leva e traz mensagens **2** (o) que anuncia ou pressagia *<nuvens m. de tempestades>* ■ *s.m.* **3** indivíduo que leva encomendas, mensagens etc.; portador

men.sa.gem [pl.: *-ens*] *s.f.* **1** comunicação breve que transmite uma informação a alguém **2** comunicado de uma autoridade **3** pensamento, valores, ideais transmitidos por algo ou alguém

men.sal [pl.: *-ais*] *adj.2g.* **1** que ocorre ou se realiza a cada mês **2** que dura um mês **3** que se deposita, se paga ou se recebe a cada mês

men.sa.li.da.de *s.f.* importância paga ou recebida uma vez por mês

men.sa.lis.ta *adj.2g.s.2g.* que(m) recebe remuneração mensal

men.sá.rio *s.m.* publicação periódica mensal

mens.tru.a.ção [pl.: *-ões*] *s.f.* BIO MED fluxo de sangue e restos da mucosa do útero eliminados através da vagina pelas mulheres, a partir da adolescência até a menopausa, se não estiverem grávidas; mênstruo

mens.tru.al [pl.: *-ais*] *adj.* relativo a menstruação

mens.tru.ar *v.* {mod. 1} *int.* **1** expelir o fluxo menstrual pela primeira vez *<a menina menstruou aos 12 anos>* **2** ter o fluxo menstrual *<ela menstrua a cada 28 dias>*

mêns.truo *s.m.* BIO MED menstruação

men.su.rar *v.* {mod. 1} *t.d.* **1** determinar as dimensões de; medir *<m. um terreno>* **2** ter por medida (certa extensão, altura etc.); medir *<a estátua mensura três metros>* **3** dar ritmo a; compassar

<mensurou o passo para acompanhá-lo> ~ **mensuração** *s.f.* - **mensurável** *adj.2g.*

men.ta *s.f.* BOT hortelã ('erva aromática')

men.tal [pl.: *-ais*] *adj.2g.* próprio da mente

men.ta.li.da.de *s.f.* **1** o que caracteriza os processos e as atividades da mente **2** conjunto de crenças, maneiras de pensar etc. próprias de um indivíduo ou um grupo

-mente *suf.* 'maneira, modo': *completamente, rapidamente*

men.te *s.f.* **1** sistema que reúne os processos de aquisição de conhecimento do ser humano; inteligência **2** memória, lembrança ▣ **ter em m.** ter como objetivo

men.te.cap.to *adj.s.m.* **1** louco, alienado **2** que(m) não tem inteligência; tolo, idiota

men.tir *v.* {mod. 28} *t.d.,t.d.i.,t.i. e int.* **1** (prep. *a, para*) afirmar a (alguém) ser verdadeiro (o que se sabe ser falso) *<m. a idade> <m. ao pai> <costuma m.>* □ *t.i. e int.* **2** (prep. *a*) dissimular a verdade (a), induzindo ao erro; enganar, iludir *<o espelho mentia à bruxa> <seu coração mentia>*

men.ti.ra *s.f.* **1** afirmação de algo não verdadeiro para enganar ou iludir alguém; peta **2** o que tem aparência de real; ilusão **3** *B infrm.* pequena mancha branca nas unhas

men.ti.ro.so /ô/ [pl.: /ó/; fem.: /ó/] *adj.s.m.* **1** que(m) conta mentiras ■ *adj.* **2** baseado em mentiras; falso **3** que dá falsa ideia da realidade; fingido

-mento *suf.* 'ação ou resultado da ação': *desenvolvimento, orçamento, revestimento*

men.tol [pl.: *-óis*] *s.m.* QUÍM substância presente na essência de hortelã us. em licores, pastilhas contra tosse etc.

men.to.la.do *adj.* preparado com mentol

men.tor /ô/ [pl.: *-es*] *s.m.* pessoa que atua como conselheiro intelectual

me.nu *s.m.* **1** cardápio **2** *p.ext.* conjunto de elementos que compõem um todo; rol, lista **3** INF lista de opções ou entradas postas à disposição do usuário de um computador

me.que.tre.fe *s.m. infrm.* **1** indivíduo que se intromete em assuntos alheios **2** indivíduo mau-caráter; patife **3** indivíduo insignificante, sem importância

mer.ca.de.jar *v.* {mod. 1} *t.d.,t.d.i.,t.i. e int.* (prep. *com*) fazer transações comerciais [de certo produto, bem] (com fornecedores, clientes etc.); negociar, comerciar *<m. vinhos (com os mercados locais)> <mercadejou com supermercados> <passou a vida a m.>*

mer.ca.do *s.m.* **1** lugar público onde se comercializam produtos, esp. alimentos **2** ECON relação estabelecida entre a oferta e a procura de mercadorias **3** ECON área geográfica ou porção da sociedade que consome determinado produto ou serviço *<o m. da lã>* ▣ **m. de capitais** ECON conjunto de instituições financeiras e bolsas de valores que negociam ações, títulos, fundos etc. • **m. de trabalho** nível de oferta e procura de emprego em determinada região, país etc. • **m. negro** venda clandestina de produtos

mer.ca.dor /ô/ [pl.: *-es*] *adj.s.m.* que(m) compra para revender; negociante

mer.ca.do.ri.a *s.f.* qualquer produto que possa ser comercializado

mer.can.te *adj.2g.* relativo a comércio

mer.can.til [pl.: *-is*] *adj.2g.* **1** relativo a comércio de mercadorias **2** que se dedica ao comércio ~ **mercantilizar** *v.t.d.,t.i.,int. e pron.*

mer.can.ti.lis.mo *s.m.* **1** predomínio do interesse comercial, do lucro **2** ECON prática econômica, vigente nos séc. XVI e XVII, em que a riqueza dos Estados baseava-se no acúmulo de metais preciosos ~ **mercantilista** *adj.2g.s.2g.*

mer.car *v.* {mod. 1} *t.d.* **1** comprar (algo) para vender; comerciar **2** *B* apregoar (gêneros, mercadorias) para vender □ *t.d. e t.d.i.* **3** (prep. *de*) adquirir pagando em dinheiro; comprar *<quero economizar, mas acabo mercando bugigangas> <mercou do feirante apenas algumas frutas>*

mer.cê *s.f.* benefício que alguém concede a outro ▣ **à m. de 1** na total dependência de **2** ao capricho de *<o balão voa à m. do vento>* • **vossa m.** forma de tratamento dada a pessoas a quem não se tratava por *tu* nem por *senhor*; vosmecê, vossemecê

mer.ce.a.ri.a *s.f.* **1** armazém ('estabelecimento comercial') **2** o que é vendido nesse armazém

mer.ce.ei.ro *s.m.* proprietário de mercearia

mer.ce.ná.rio *adj.s.m.* **1** que(m) trabalha em troca de um preço ajustado **2** que(m) age por interesse financeiro ou vantagem material

mer.ce.o.lo.gi.a *s.f.* ciência comercial que trata das leis de compra e venda

Mer.co.sul *s.m.* ECON POL sigla de Mercado Comum do Sul, organização internacional criada em 1991, constituída por Argentina, Brasil, Paraguai e Uruguai visando políticas de integração econômica e comercial entre esses países, e tendo como associados Chile, Bolívia, Colômbia, Equador, Peru e Venezuela

mer.cú.rio *s.m.* **1** QUÍM elemento químico us. em termômetros, lâmpadas fluorescentes, na separação do ouro de areias auríferas etc. [símb.: *Hg*] ☞ cf. *tabela periódica* (no fim do dicionário) **2** ASTR nome do planeta mais próximo do Sol ☞ inicial maiúsc.; cf. *Mercúrio* na parte enciclopédica

mer.cu.rio.cro.mo ou **mer.cu.ro.cro.mo** *s.m.* FARM antisséptico local e bactericida de cor vermelha

mer.da *s.f. gros.* **1** cocô, fezes ■ *s.2g. gros. pej.* **2** coisa sem valor; porcaria **3** pessoa desprezível ■ *interj. gros.* **4** exprime raiva, desprezo, impaciência, irritação, decepção, indignação, desespero

me.re.cer *v.* {mod. 8} *t.d.* **1** estar, por suas qualidades ou conduta, no direito de obter (algo bom, vantajoso) ou sujeito a passar por (algo desfavorável) *<m. elogios, críticas, castigo>* **2** ter condições desejadas ou necessárias para *<a carta merece resposta>* ~ **merecedor** *adj.s.m.*

M

me.re.ci.do *adj.* **1** que se mereceu, a que se fez jus *<teve o castigo m.>* ■ *s.m.* **2** o que se mereceu; retribuição, paga *<bem feito, teve o m.!>*

me.re.ci.men.to *s.m.* **1** qualidade de algo ou alguém que merece apreço, respeito, admiração **2** aquilo que torna alguém ou algo digno de receber prêmio ou castigo

me.ren.da *s.f.* **1** refeição ligeira entre o almoço e o jantar; lanche **2** lanche escolar ~ **merendar** *v.t.d. e int.*

me.ren.dei.ra *s.f.* **1** lancheira **2** *B* funcionária de escola que prepara e/ou serve merendas

[1]**me.ren.gue** *s.m.* CUL creme de claras de ovos batidas com açúcar [ORIGEM: do castelhano *merengue* 'id.']

[2]**me.ren.gue** *s.m.* DNÇ MÚS certa dança e sua música originárias da República Dominicana [ORIGEM: do hispano-americano *merengue* 'id.']

me.re.trí.cio *s.m.* **1** atividade de meretriz **2** conjunto de meretrizes

me.re.triz [pl.: *-es*] *s.f.* prostituta ◉ COL meretrício

mer.gu.lha.dor /ô/ [pl.: *-es*] *adj.s.m.* que(m), munido ou não de equipamento especial, mergulha para pescar, praticar pesca submarina, trabalhar embaixo da água etc.

mer.gu.lhão [pl.: *-ões*] *s.m.* ZOO nome comum a diversas aves que mergulham para se alimentar

mer.gu.lhar *v.* {mod. 1} *t.d.i.* **1** (prep. *em*) fazer entrar parcial ou totalmente num líquido; imergir, afundar *<m. a blusa na tintura>* **2** *p.ext.* (prep. *em*) fazer penetrar em lugar; enfiar ☐ *int. e pron.* **3** afundar-se inteiramente na água ☐ *int.* **4** praticar atividade submarina (p.ex., pesca, pesquisa) ☐ *t.i.* **5** (prep. *em, sobre*) cair, descer de forma rápida e não prevista *<o avião mergulhou sobre a terra>* **6** *fig.* (prep. *em*) entregar-se inteiramente a (atividade, tarefa) **7** *fig.* (prep. *em*) render-se, entregar-se

mer.gu.lho *s.m.* ato ou efeito de mergulhar(-se)

me.ri.di.a.no *s.m.* **1** ASTR no globo terrestre, linha imaginária que une pontos do eixo norte-sul **2** MED em acupuntura, cada uma das linhas que ligam os diferentes pontos anatômicos ■ *adj.* **3** relativo ao meio-dia ⊡ **m. de Greenwich** ASTR aquele cuja longitude é, por convenção, igual a zero, a partir do qual são avaliados todos os outros; meridiano-origem

me.ri.di.a.no-o.ri.gem [pl.: *meridianos-origens* e *meridianos-origem*] *s.m.* meridiano de Greenwich

me.ri.dio.nal [pl.: *-ais*] *adj.2g.* situado no ou voltado para o sul

me.ri.tís.si.mo *adj.* de grande mérito; digníssimo ◉ GRAM/USO com inicial maiúsc., quando empr. como tratamento dispensado a juízes em geral e auditores da Justiça Militar [abrev.: *MM.*]

mé.ri.to *s.m.* **1** o que torna algo ou alguém merecedor de apreço, respeito, admiração; merecimento **2** DIR num processo, a questão central que orienta uma decisão judicial ou administrativa ~ **meritório** *adj.*

mer.lu.za *s.f.* ZOO nome comum a vários peixes marinhos de corpo alongado e achatado, cuja carne é apreciada na culinária

me.ro *adj.* **1** sem mistura; puro **2** que não tem atributos especiais; simples

mer.re.ca *s.f. infrm.* quantia, valor ou quantidade muito pequena

me.ru.im [pl.: *-ins*] *s.m.* → ***MARUIM***

mês [pl.: *meses*] *s.m.* **1** cada uma das 12 divisões do ano **2** período de 30 dias seguidos

me.sa /ê/ *s.f.* **1** móvel de superfície plana apoiada em um ou mais pés, us. para se comer, escrever, jogar etc. **2** conjunto de objetos us. no serviço de uma refeição **3** grupo que dirige uma assembleia, uma reunião etc. **4** em certos jogos de azar, o conjunto de apostas de cada rodada ⊡ **virar a m.** *B infrm.* mudar as regras de algo a seu favor

me.sa.da *s.f.* quantia que se dá ou recebe a cada mês

me.sa de ca.be.cei.ra [pl.: *mesas de cabeceira*] *s.f.* mesinha colocada junto à cabeceira da cama; criado-mudo

me.sa-re.don.da [pl.: *mesas-redondas*] *s.f.* conferência em que todos os participantes têm igual importância

me.sá.rio *s.m. B* membro de uma seção eleitoral

me.sa-te.nis.ta [pl.: *mesa-tenistas*] *adj.2g.s.2g.* ESP jogador de tênis de mesa

mes.cla *s.f.* resultado de uma mistura ou combinação de vários elementos

mes.clar *v.* {mod. 1} *t.d.,t.d.i. e pron.* **1** (prep. *a, com, de, em*) [fazer] sofrer combinação, fusão; misturar(-se) *<m. povos e culturas vizinhas> <m. o estilo clássico com o moderno> <mesclaram-se diversos sentimentos>* ☐ *t.d.i.* **2** (prep. *a, de*) integrar (um ou mais elementos) [a outro(s)]; incorporar, unir ~ **mesclado** *adj.*

me.sen.cé.fa.lo *s.m.* ANAT parte do cérebro derivada da porção medial das três vesículas cerebrais primárias do embrião dos vertebrados

me.se.ta /ê/ *s.f.* GEO planalto limitado por escarpas

mes.mi.ce *s.f.* monotonia, pasmaceira

mes.mo /ê/ *adj.* **1** idêntico, igual *<fizeram o m. pedido>* **2** em pessoa *<ela m. afirmou isso>* **3** dito, mencionado *<voltou no m. mês em que viajou>* ■ *s.m.* **4** a mesma coisa *<todos os dias sucede o m.>* ■ *pron. dem.* **5** esse, essa, aquele, aquela *<foram até o bar e sentaram-se em torno do m.>* ■ *adv.* **6** com precisão, exatamente *<saiu agora m.>* **7** inclusive, também *<m. os amigos o abandonaram>* **8** de fato, realmente *<foi m. um mau negócio>* ⊡ **m. que** ainda que, embora

me.so.car.po *s.m.* **1** ANAT série inferior de ossos do esqueleto do pulso **2** BOT parte média do pericarpo dos frutos; polpa ☞ cf. *epicarpo, endocarpo*

me.só.cli.se *s.f.* GRAM intercalação de pronome átono dentro do verbo, p.ex., *dir-lhe-ei* ☞ a mesóclise é raramente us. no português brasileiro atual cf. *ênclise, próclise*

me.so.fa.lan.ge *s.f.* ANAT denominação substituída por *falange medial*

me.so.lí.ti.co *s.m.* GEOL **1** período da pré-história entre o Paleolítico e o Neolítico, caracterizado pela mudança de clima glacial para pós-glacial e substituição das estepes por prados e bosques, época em que teve início a economia produtiva ☞ inicial maiúsc. ■ *adj.* **2** relativo a esse período

me.so.po.tâ.mi.co *s.m.* **1** natural ou habitante da Mesopotâmia, região do atual Iraque, onde correm os rios Tigre e Eufrates ■ *adj.* **2** dessa região

me.sos.fe.ra *s.f.* **1** GEOL FÍS camada da atmosfera terrestre situada entre 32 km e 80 km acima da superfície da Terra, na qual a temperatura diminui à medida que a altitude aumenta **2** GEOL camada do interior da Terra entre a litosfera e o núcleo central ~ **mesosférico** *adj.*

me.so.zoi.co /ói/ *s.m.* **1** GEOL era geológica situada entre o Paleozoico e o Cenozoico, caracterizada pela preponderância de répteis, pelo aparecimento das aves e de algumas espécies de mamíferos ☞ este subst. não se usa no plural; inicial maiúsc. ■ *adj.* **2** dessa era

mes.qui.nha.ri.a *s.f.* **1** ato de pessoa sovina, mesquinha; avareza **2** aquilo que é insignificante, fútil **3** caráter de quem tem estreiteza de espírito e de visão

mes.qui.nho *adj.s.m.* **1** que(m) é apegado em excesso aos bens materiais ■ *adj.* **2** desprezível, insignificante **3** de pouco mérito; medíocre ~ **mesquinhez** *s.f.* - **mesquinheza** *s.f.*

mes.qui.ta *s.f.* templo em que se reúnem os muçulmanos para exercer seu culto

mes.si.â.ni.co *adj.* **1** REL relativo ao Messias **2** relativo a qualquer movimento que pregue a salvação da humanidade por intermédio de um messias ~ **messianismo** *s.m.*

mes.si.as *s.m.2n.* **1** REL para os judeus, aquele que virá para salvar o seu povo ☞ inicial maiúsc. **2** REL para os cristãos, Jesus Cristo ☞ inicial maiúsc. **3** *p.ext.* alguém esperado como libertador, salvador

mes.ti.ça.gem [pl.: *-ens*] *s.f.* **1** cruzamento entre pessoas com características (cor de pele, p.ex.) ou de grupos humanos diferentes; miscigenação **2** cruzamento de raças diferentes de animais ~ **mestiçamento** *s.m.* - **mestiçar** *v.t.d.,t.d.i. e pron.*

mes.ti.ço *adj.s.m.* **1** que(m) nasceu de pais com características físicas hereditárias (cor da pele, formato da cabeça, tipo de cabelo etc.) diferentes **2** (animal) nascido de cruzamento de espécies diferentes

mes.tra.do *s.m.* **1** grau universitário obtido após a licenciatura ou o bacharelado **2** curso de pós-graduação que possibilita a obtenção desse grau

mes.tran.do *s.m.* aluno que cursa um mestrado ou que está para receber o grau de mestre

mes.tre [fem.: *mestra*] *s.m.* **1** professor **2** quem é dotado de excepcional capacidade, saber ou talento **3** artífice em relação aos que são seus oficiais ou aprendizes <*m. carpinteiro*> **4** quem concluiu o mestrado ■ *adj.* **5** que é o mais importante; principal <*viga mestra*>

mes.tre-cu.ca [pl.: *mestres-cucas*] *s.m.* CUL *infrm.* cozinheiro hábil em seu ofício

mes.tre de ar.mas [pl.: *mestres de armas*] *s.m.* instrutor de esgrima

mes.tre de ce.ri.mô.nias [pl.: *mestres de cerimônias*] *s.m.* pessoa encarregada de organizar recepções e receber os convidados

mes.tre de o.bras [pl.: *mestres de obras*] *s.m.* pessoa encarregada de orientar e fiscalizar os operários de uma obra

mes.tre-sa.la [pl.: *mestres-salas*] *s.m.* nas escolas de samba, o par da porta-bandeira

mes.tri.a *s.f.* **1** profundo conhecimento sobre algo; maestria **2** facilidade e habilidade na execução de algo; maestria, perícia

me.su.ra *s.f.* reverência ('cumprimento')

me.su.rar *v.* {mod. 1} *t.d.* **1** fazer mesuras a; cortejar □ *pron.* **2** (prep. *em*) agir com moderação; controlar-se <*m.-se nas despesas*>

meta- *pref.* **1** 'mudança': *metabolismo, metamorfose* **2** 'além de': *metafísica*

me.ta *s.f.* **1** objetivo, intento **2** ESP gol ('espaço')

me.ta.bo.lis.mo *s.m.* BIO conjunto das transformações químicas e biológicas que produzem a energia necessária ao funcionamento de um organismo ~ **metabólico** *adj.* - **metabolizar** *v.t.d.*

me.ta.car.po *s.m.* ANAT a parte da mão entre o carpo e os dedos ~ **metacarpiano** *adj.* - **metacárpico** *adj.*

me.ta.de *s.f.* **1** cada uma das duas partes iguais de um todo **2** meio ('ponto equidistante')

me.ta.fa.lan.ge *s.f.* ANAT denominação substituída por *falange distal*

me.ta.fí.si.ca *s.f.* FIL parte da filosofia que trata da natureza fundamental da realidade e do ser

me.ta.fí.si.co *adj.* **1** relativo a metafísica **2** que transcende a natureza física das coisas ■ *adj.s.m.* **3** especialista em metafísica

me.tá.fo.ra *s.f.* GRAM recurso estilístico que consiste na transposição do sentido objetivo de uma palavra para um sentido figurado, por meio de comparação (p.ex.: ele é um *leão*, para significar forte, corajoso etc.) ~ **metafórico** *adj.* - **metaforizar** *v.t.d. e int.*

me.tal [pl.: *-ais*] *s.m.* **1** QUÍM classe de substâncias (como o ouro, o ferro, o chumbo) que se podem estirar ou comprimir sem romper, que existem naturalmente no solo ou em rochas e são boas condutoras de calor e eletricidade **2** QUÍM denominação de algumas ligas, como o bronze e o latão **3** *fig.* timbre penetrante (de voz ou instrumento) ▣ **m. alcalino** QUÍM qualquer elemento do grupo 1 da tabela periódica (sódio, potássio etc.) • **m. alcalinoterroso** QUÍM qualquer dos elementos do grupo 2 da tabela periódica (cálcio, bário etc.) ☞ cf. *tabela periódica* (no fim do dicionário) • **m. nobre** aquele que não se oxida à temperatura comum • **vil m.** *fig.* dinheiro ▼ ***metais*** *s.m.pl.* MÚS conjunto dos instrumentos de sopro feitos de metal (p.ex., trompa, trompete, trombone, saxofone), utilizados em orquestras, bandas etc.

me.tal-bran.co [pl.: *metais-brancos*] *s.m.* [2]alpaca

me.tá.li.co *adj.* **1** feito de metal **2** que parece metal **3** que é próprio de metal

M

me.ta.li.zar *v.* {mod. 1} *t.d.* **1** tornar puro (um metal) **2** transformar em metal **3** revestir de metal **4** dar o aspecto de metal ~ **metalização** *s.f.* - **metalizado** *adj.*

me.ta.lo.gra.fi.a *s.f.* **1** estudo dos metais **2** estudo da estrutura e propriedades dos metais e de suas ligas ~ **metalográfico** *adj.*

me.ta.lo.me.câ.ni.ca *s.f.* ramo da metalurgia que se ocupa de materiais metálicos projetados para obter desempenho ótimo em serviço ~ **metalomecânico** *adj.s.m.*

me.ta.lur.gi.a *s.f.* **1** ramo da engenharia que se ocupa da produção de metais e suas ligas e de seu uso industrial **2** arte de purificar e trabalhar os metais

me.ta.lúr.gi.ca *s.f. B* oficina especializada em metalurgia

me.ta.lúr.gi.co *adj.* **1** relativo a metalurgia ■ *adj.s.m.* **2** que(m) trabalha em metalurgia

me.ta.me.ri.za.ção [pl.: *-ões*] *s.f.* ZOO divisão do corpo dos vermes e artrópodes em segmentos mais ou menos idênticos ~ **metamerizado** *adj.* - **metamerizar** *v.t.d. e pron.*

me.tâ.me.ro *s.m.* ZOO cada um dos segmentos do corpo dos animais metamerizados

me.ta.mor.fo.se *s.f.* **1** BIO mudança de forma, estrutura e hábitos que ocorre durante o ciclo de vida de certos animais **2** *fig.* mudança completa de uma pessoa ou coisa

M

me.ta.mor.fo.se.ar *v.* {mod. 5} *t.d.,t.d.i. e pron.* (prep. *em*) mudar(-se), alterando a natureza, a forma, o caráter etc.; transformar(-se) *<o sucesso metamorfoseou-a> <m. cobre em ouro> <m.-se ao enriquecer>*

me.ta.no *s.m.* QUÍM hidrocarboneto incolor e inodoro, encontrado no gás natural, carvão etc., us. em petroquímica e como combustível

me.ta.nol [pl.: *-óis*] *s.m.* QUÍM álcool líquido, inflamável, venenoso, us. como solvente ou para retardar e impedir o congelamento nos automóveis, combustível de aviões etc.; álcool metílico

me.tás.ta.se *s.f.* MED deslocamento de vírus, bactérias, parasitas e esp. células cancerosas de um órgão para outro

me.ta.tar.so *s.m.* ANAT osso longo do pé, formado pelo conjunto de cinco ossos ~ **metatarsiano** *adj.* - **metatársico** *adj.*

me.tá.te.se *s.f.* FON LING troca de posição de fonemas ou sílabas dentro de um vocábulo (p.ex.: *depedrar* por *depredar*)

me.ta.zo.á.rio *s.m.* ZOO **1** animal pluricelular, que tem o corpo composto de células diferenciadas em tecidos e órgãos ■ *adj.* **2** relativo a esse tipo de animal

me.te.di.ço *adj.* que se intromete onde não deve; intrometido

me.te.ó.ri.co *adj.* **1** relativo a meteoro **2** *fig.* brilhante, mas de curta duração

me.te.o.ri.to *s.m.* ASTR fragmento de meteoro que atinge a atmosfera ou a superfície da Terra ~ **meteorístico** *adj.*

me.te.o.ro *s.m.* **1** qualquer fenômeno que ocorre na atmosfera terrestre, como o vento, o arco-íris etc. **2** rastro luminoso resultante do atrito de uma partícula de matéria com os gases da atmosfera terrestre; estrela cadente **3** *fig.* aparição brilhante e fugaz

me.te.o.ro.lo.gi.a *s.f.* MET estudo dos fenômenos atmosféricos, cuja análise permite a previsão do tempo ~ **meteorológico** *adj.*

me.te.o.ro.lo.gis.ta *adj.2g.s.2g.* especialista em meteorologia

me.ter *v.* {mod. 8} *t.d.i.* **1** (prep. *em*) fazer entrar; enfiar, introduzir *<m. o livro na pasta>* **2** (prep. *em*) fazer constar de; incluir, inserir *<meteu-o na lista>* **3** *fig.* (prep. *em*) fazer participar de; envolver *<m. o amigo em confusão>* □ *t.d. e pron.* **4** pôr(-se) em lugar para ficar oculto; esconder(-se) □ *t.d.i. e pron.* **5** (prep. *entre*) colocar(-se) entre; interpor(-se) *<m. o quadro entre os móveis> <m.-se entre os brigões>* **6** (prep. *em*) [fazer] ficar em algum lugar; internar; recolher(-se) *<m. o filho no quarto> <m.-se no banheiro>* □ *pron.* **7** (prep. *com*) unir-se a (indivíduo ou grupo) para certo fim; envolver-se *<m.-se com um grupo de investidores>* **8** (prep. *com*) provocar, desafiar *<não se meta com ele!>* **9** (prep. *em*) tomar parte ou dar opinião em (assunto alheio); intrometer-se *<m.-se na vida dos outros>* □ *t.d. e t.d.i.* **10** (prep. *a, em*) fazer surgir (sentimentos, pensamentos) [em]; causar, inspirar *<pobre de m. pena> <o escuro metia medo na menina>*

me.ti.cu.lo.so /ô/ [pl.: /ó/; fem.: /ó/] *adj.* **1** que tem escrúpulos **2** preso a detalhes; minucioso **3** que demonstra precaução; cauteloso ~ **meticulosidade** *s.f.*

me.ti.do *adj.* **1** que se meteu; introduzido ■ *adj.s.m. B* **2** que(m) tenta passar pelo que não é; presunçoso **3** que(m) se mete no que não lhe diz respeito; intrometido ~ **metidez** *s.f.* - **metideza** *s.f.*

me.tí.li.co *adj.* QUÍM que contém em cada uma de suas moléculas 4 átomos de carbono, 3 de hidrogênio e 1 de oxigênio

me.tó.di.co *adj.* **1** que procede com método **2** em que há método

me.to.dis.mo *s.m.* REL doutrina protestante e evangélica fundada no séc. XVIII, dentro da Igreja anglicana, que tem a Bíblia como regra da fé e da prática ~ **metodista** *adj.2g.*

me.to.di.zar *v.* {mod. 1} *t.d.* tornar metódico; ordenar, sistematizar ~ **metodização** *s.f.*

mé.to.do *s.m.* **1** procedimento, técnica ou meio para se atingir um objetivo **2** processo organizado de ensino, pesquisa, apresentação etc. **3** *p.ext.* livro, apostila etc. que apresenta esse processo **4** modo de agir **5** maneira sensata de agir; regularidade

me.to.do.lo.gi.a *s.f.* conjunto de métodos, princípios e regras empregados por uma atividade ou disciplina ~ **metodológico** *adj.*

me.to.ní.mia *s.f.* GRAM figura de linguagem que consiste em usar uma palavra fora de seu contexto semântico habitual, por haver uma relação objetiva, de contiguidade, material ou conceitual, de seu conteúdo com o do referente ocasionalmente pensado, tomando, p.ex., a matéria pelo objeto (*ouro* por *dinheiro*), o autor pela obra (ler *Camões* por ler *a obra de Camões*) etc. ~ **metonímico** *adj.*

me.tra.gem [pl.: *-ens*] *s.f.* **1** medição em metros **2** quantidade de metros

me.tra.lha *s.f.* **1** conjunto de pedaços de ferro velho, pregos etc. us. como carga de armas **2** chuva de balas **3** som de metralhadora atirando

me.tra.lha.do.ra /ô/ *s.f.* arma de fogo automática que dispara de forma rápida e contínua

me.tra.lhar *v.* {mod. 1} *t.d.* **1** dar tiros de metralhadora contra **2** abrir fogo intenso contra **3** *fig. B* fazer muitas perguntas rápidas a (alguém), sem dar-lhe tempo de responder

mé.tri.ca *s.f.* LIT o conjunto das regras de medida, ritmo e organização de versos, estrofes e poemas

mé.tri.co *adj.* **1** relativo a metro ou a sistema de medidas que tem por base o metro **2** relativo a métrica

me.tri.fi.car *v.* {mod. 1} *t.d. e int.* pôr em ou compor versos medidos ~ **metrificação** *s.f.*

me.tri.te *s.f.* MED inflamação do útero

me.tro *s.m.* **1** FÍS unidade de medida de comprimento [símb.: *m*] **2** vara ou fita us. para medir o comprimento de algo **3** LIT medida que estabelece a quantidade de sílabas de um verso

me.trô *s.m.* sistema de transporte urbano subterrâneo realizado por trens elétricos

me.tro.lo.gi.a *s.f.* ciência dos pesos e medidas ~ **metrológico** *adj.* - **metrologista** *s.2g.*

me.trô.no.mo *s.m.* MÚS instrumento inventado no séc. XIX para estabelecer um padrão fixo para os andamentos musicais

me.tró.po.le *s.f.* **1** capital ou cidade principal de uma província ou estado **2** *p.ext.* qualquer cidade grande ou importante **3** uma nação em relação a suas colônias ou territórios ultramarinos

me.tro.po.li.ta.no *adj.* relativo a, próprio de, ou que tem aspecto de metrópole

me.tros.se.xu.al /cs/ [pl.: *-ais*] *adj.2g.* **1** relativo a ou que revela metrossexualidade ■ *adj.2g.s.m.* **2** diz-se de homem extremamente vaidoso, que gasta tempo e somas consideráveis de dinheiro com a aparência e seu estilo de vida ~ **metrossexualidade** *s.f.*

me.tro.vi.á.rio *adj.s.m.* (funcionário) do metrô

meu *pron.pos.* determina um substantivo (coisa ou pessoa) relacionado à pessoa que fala, significando o que pertence ou diz respeito a ela ▣ **os m.** a família, os amigos da pessoa que fala

me.xe.di.ço *adj.* que se mexe muito

me.xe-me.xe [pl.: *mexes-mexes* e *mexe-mexes*] *s.m.* RECR jogo em que os participantes usam pequenas peças que representam as letras do alfabeto para formar palavras que se dispõem num tabuleiro; a contagem de pontos leva em conta o número de peças utilizadas e a posição das palavras no tabuleiro

me.xer *v.* {mod. 8} *t.d.* **1** agitar o conteúdo de (algo), com a ajuda de colher, varinha etc., para misturá-lo, cozinhá-lo etc. □ *t.d.,int. e pron.* **2** pôr(-se) em movimento, tirando ou saindo da posição original; mover(-se) *<mexa o guidão>* *<o pêndulo mexe sem parar>* *<chamou-os, mas ninguém se mexeu>* □ *t.i.* **3** (prep. *em*) pôr as mãos em, movendo, revirando **4** (prep. *em*) fazer modificações em; alterar *<m. num texto, num time>* **5** (prep. *com*) importunar com brincadeiras, gracejos ou provocações *<não mexe com ela>* **6** (prep. *com*) ter como ocupação; lidar, trabalhar *<ele mexe com construção>*

me.xe.ri.ca *s.f.* BOT tangerina

me.xe.ri.co *s.m.* fofoca, intriga ~ **mexericar** *v.t.d. e int.*

me.xe.ri.quei.ro *adj.s.m.* que(m) é dado a fazer mexericos

me.xi.da *s.f.* ausência de arrumação, de organização; desordem, confusão

me.xi.do *s.m.* CUL **1** prato com sobras de comida já feita e ger. com farinha de mandioca **2** feijão ou carne picada misturados na panela com farinha de mandioca ■ *adj.* **3** que se mexeu ou misturou *<ovos m.>*

me.xi.lhão [pl.: *-ões*] *s.m.* ZOO nome comum a moluscos de duas conchas ovaladas e escuras; são ger. comestíveis e vivem fixos a pedras, cascos de navios etc.

me.za.ni.no *s.m.* ARQ **1** andar intermediário, pouco elevado, entre dois pavimentos altos **2** andar mais baixo, construído no pé-direito de um andar principal, com acesso apenas pelo interior do recinto

me.zi.nha *s.f.* *infrm.* remédio caseiro

mg FÍS símbolo de *miligrama*

Mg QUÍM símbolo de *magnésio*

MG sigla do Estado de Minas Gerais

MHz FÍS símbolo de *mega-hertz*

[1]mi *s.m.* MÚS terceira nota da escala musical [ORIGEM: do it. *mi* 'id.']

[2]mi *s.m.* nome da décima segunda letra do alfabeto grego (μ, M) [ORIGEM: do gr. *mu* 'id.']

mi.a.do *s.m.* **1** ato de miar ou o seu efeito **2** a voz do gato

mi.ar *v.* {mod. 1} *int.* dar miado(s) ◉ GRAM/USO só us. nas 3as p., exceto quando fig.

mi.as.ma *s.m.* **1** mau odor que exala de animais ou vegetais em decomposição **2** *fig.* sensação de ansiedade ou dificuldade de respirar; asfixia, mal-estar

mi.au *s.m.* *infrm.* **1** onomatopeia da voz do gato **2** gato, em linguagem infantil

mi.ca *s.f.* MINER mineral brilhante e transparente, que se fende em lâminas finas, us. como isolante ou em objetos ornamentais

mi.ca.do *s.m.* título do imperador do Japão

mi.ca.gem [pl.: *-ens*] *s.f.* **1** careta ou gesto próprios de mico **2** gesticulação ridícula

mi.çan.ga *s.f.* pequena conta colorida de massa de vidro

M

mi.car *v.* {mod. 1} *int. B infrm.* **1** não ter êxito; gorar, fracassar **2** perder o valor ou passar a ser de difícil aceitação

mi.ca.re.ta /ê/ *s.f.* festa carnavalesca fora da época tradicional

mic.ção [pl.: *-ões*] *s.f.* BIO MED ato de urinar ou o seu efeito ~ **miccional** *adj.2g.*

mi.cé.lio *s.m.* BIO talo da maioria das espécies de fungos, composto de filamentos sem clorofila

mi.chê *s.m.* **1** quantia paga a quem se prostitui **2** ato de prostituir-se

[1]mi.co *s.m.* ZOO nome comum aos macacos pequenos, da família dos calitriquídeos, de cauda longa e não preênsil, pelo macio e denso, que vivem em pequenos grupos e se alimentam esp. de insetos e frutas [ORIGEM: do esp. *mico* 'macaco de cauda larga']

[2]mi.co *s.m.* **1** mico-preto **2** *fig.* situação embaraçosa, vexame [ORIGEM: red. de *mico-preto*] ▣ **pagar m.** *B infrm.* passar vergonha

mi.co-le.ão [pl.: *micos-leão* e *micos-leões*] *s.m.* ZOO sagui da mata atlântica, de pelo dourado sedoso e brilhante; mico-leão-dourado

mi.co-le.ão-dou.ra.do [pl.: *micos-leão-dourados* e *micos-leões-dourados*] *s.m.* ZOO mico-leão

mi.co.lo.gi.a *s.f.* BIO ramo da microbiologia que estuda os fungos e cogumelos ~ **micológico** *adj.* - **micólogo** *adj.s.m.*

M

mi.co-pre.to ® [pl.: *micos-pretos*] *s.m.* RECR **1** jogo infantil de cartas com figuras de animais, cujo objetivo é formar pares (macho e fêmea) até sobrar, na mão do perdedor, a carta com um macaquinho preto, sem par; [2]mico **2** a carta que tem o desenho do mico-preto

mi.co.se *s.f.* MED infecção causada por fungo ~ **micótico** *adj.*

mi.crei.ro *s.m. B infrm.* usuário fanático de microcomputador

micr(o)- *pref.* do SI, simbolizado por µ, um milionésimo (da unidade indicada logo a seguir) <*micromilímetro*> ☞ adotado na 11ª Conferência Internacional de Pesos e Medidas, em 1960

mi.cro *s.m.* INF red. de *microcomputador*

mi.cró.bio *s.m.* BIO **1** qualquer organismo muito pequeno, esp. bactéria, protozoário ou fungo patogênico **2** nome comum a microrganismos que causam doenças em animais ~ **microbial** *adj.2g.* - **microbiano** *adj.*

mi.cro.bi.o.lo.gi.a *s.f.* especialidade biomédica que estuda os microrganismos responsáveis por doenças infecciosas ~ **microbiologista** *adj.2g.s.2g.*

microchip [ing.; pl.: *microchips*] *s.m.* microprocessador ⇒ pronuncia-se maicrotchip

mi.cro.cir.cui.to *s.m.* ELETRÔN ver ***CIRCUITO INTEGRADO***

mi.cro.ci.rur.gi.a *s.f.* cirurgia realizada com o auxílio de microscópio especial

mi.cro.com.pu.ta.dor /ô/ [pl.: *-es*] *s.m.* INF computador no qual o processamento de dados é realizado por um microprocessador; micro

mi.cro.cos.mo *s.m.* **1** mundo pequenino **2** o homem considerado como um pequeno universo, uma imagem reduzida do mundo **3** pequena sociedade ☞ cf. *macrocosmo* ~ **microcósmico** *adj.*

mi.cro.e.co.no.mi.a *s.f.* ECON estudo do comportamento de agentes econômicos individuais (consumidores, empresas comerciais, trabalhadores etc.) e sua atuação no mercado

mi.cro.e.le.trô.ni.ca *s.f.* ELETRÔN ramo da eletrônica que se dedica a miniaturizar circuitos e componentes eletrônicos ~ **microeletrônico** *adj.*

mi.cro.em.pre.sa *s.f.* ECON empresa de pequeno porte cuja renda anual e as atividades exercidas são determinadas por legislação específica ~ **microempresarial** *adj.2g.* - **microempresário** *s.m.*

mi.cro.fi.bra *s.f.* fibra têxtil sintética muito fina, us. esp. na confecção de roupas

mi.cro.fil.me *s.m.* FOT cópia reduzida de documentos, figuras etc. em filme fotográfico ~ **microfilmagem** *s.f.* - **microfilmar** *v.t.d.*

mi.cro.fo.ne *s.m.* aparelho que transforma a energia sonora em energia elétrica, esp. com a finalidade de transmitir ou gravar sons ~ **microfônico** *adj.*

mi.cro.fo.ni.a *s.f.* ELETRÔN ruído em um alto-falante causado por vibração mecânica dos componentes eletrônicos

mi.crô.me.tro *s.m.* **1** unidade de medida de comprimento equivalente à milionésima parte do metro [símb.: *µm*] **2** instrumento para medir distâncias, espessuras e ângulos diminutos ~ **micrométrico** *adj.*

mí.cron [pl.: *mícrones* e *(B) mícrons*] *s.m.* unidade correspondente à milésima parte do milímetro

mi.cro.né.sio *adj.* **1** da Micronésia (Oceania) ■ *s.m.* **2** natural ou habitante desse arquipélago ☞ veja *quadro de países/nacionalidades/idiomas/moedas* no final deste volume

mi.cro-on.da [pl.: *micro-ondas*] *s.f.* FÍS radiação eletromagnética de altíssima frequência

mi.cro-on.das *s.m.2n.* forno de micro-ondas

mi.cro-ô.ni.bus *s.m.2n. B* veículo de transporte coletivo menor que o ônibus

mi.cro-or.ga.nis.mo *s.m.* → ***MICRORGANISMO***

mi.cro.pro.ces.sa.dor /ô/ [pl.: *-es*] *s.m.* INF unidade central de processamento de dados de um microcomputador

mi.cror.ga.nis.mo ou **mi.cro-or.ga.nis.mo** *s.m.* BIO organismo de tamanho microscópico; micróbio

mi.cror.re.gi.ão [pl.: *-ões*] *s.f.* GEO subdivisão de uma região geográfica natural ~ **microrregional** *adj.2g.*

mi.cros.có.pi.co *adj.* **1** relativo a microscopia ou a microscópio **2** que se realiza com o auxílio do microscópio **3** visível somente por meio do microscópio **4** *fig.* muito pequeno; minúsculo

mi.cros.có.pio *s.m.* instrumento óptico us. para observação de seres e objetos muito pequenos

mi.cró.to.mo *s.m.* instrumento para cortar tecidos e fragmentos de órgãos em lâminas extremamente finas, us. em análise microscópica

mi.cro.zo.á.rio *s.m.* ZOO qualquer animal microscópico

mic.tó.rio *s.m.* **1** lugar próprio para urinar ■ *adj.* **2** que faz urinar; diurético

mi.cu.im [pl.: *-ins*] ou **mu.cu.im** [pl.: *-ins*] *s.m.* ZOO nome comum a ácaros quase microscópicos, confundidos ger. com carrapatos, cuja picada causa terrível coceira

mí.dia *s.f.* **1** conjunto dos meios de comunicação de massa (jornal, rádio, televisão etc.) **2** em agência de publicidade, setor que planeja a veiculação de anúncios, filmes, cartazes etc.

mi.ga.lha *s.f.* **1** fragmento mínimo de alimento ▼ ***migalhas*** *s.f.pl.* **2** o conjunto do que não foi aproveitado; sobras, restos

mi.gra.ção [pl.: *-ões*] *s.f.* **1** movimento de entrada ou saída de indivíduos em países diferentes ou dentro de um mesmo país ☞ cf. *emigração* e *imigração* **2** ECO viagem periódica de animais de uma região para outra, ger. por questões ambientais

mi.gran.te *adj.2g.s.2g.* (o) que migra ☞ cf. *emigrante* e *imigrante*

mi.grar *v.* {mod. 1} *t.i. e int.* (prep. *de*, *para*) mudar de uma região para outra, de um país para outro *<m. para o sul>* *<no inverno, muitas aves migram>* ☞ cf. *emigrar* e *imigrar*

mi.gra.tó.rio *adj.* **1** relativo a migração **2** que realiza migração (diz-se de animal)

mi.i.o.lo.gi.a *s.f.* estudo ou descrição das moscas ~ **miiológico** *adj.*

mi.jar *v.* {mod. 1} *int. e pron.* verter urina, de forma voluntária ou involuntária; urinar(-se) □ *t.d.* ~ **mijada** *s.f.*

mi.jo *s.m. infrm.* urina

mil *n.card.* **1** cem dezenas **2** diz-se desse número *<ofício de número m.>* **3** diz-se do milésimo elemento de uma série *<ofício m.>* **4** que equivale a essa quantidade (diz-se de medida ou do que é contável) *<prédio de m. moradores>* **5** *p.ext.* sem conta; inumerável *<repetiu a piada m. vezes>* ■ *s.m.* **6** representação gráfica desse número ☞ em algarismos arábicos, *1.000*; em algarismos romanos, *M* ▣ **a m.** animadíssimo *<estar a m.>*

mi.la.gre *s.m.* **1** fato inexplicável pelas leis da natureza **2** *fig.* acontecimento surpreendente, espantoso

mi.la.grei.ro *adj.s.m.* **1** que(m) se diz capaz de fazer milagres **2** que(m) acredita em milagres

mi.la.gro.so /ô/ [pl.: /ó/; fem.: /ó/] *adj.* **1** que realiza milagres **2** *fig.* fora do comum; extraordinário

mi.la.ne.sa /ê/ *s.f.* ▸ us. em: **à m.** CUL (alimento) passado em ovo e farinha de rosca e depois frito

mi.le.nar [pl.: *-es*] *adj.2g.* que tem mil anos ou mais ~ **milenário** *adj.s.m.*

mi.lê.nio *s.m.* período de mil anos

mi.lé.si.mo *n.ord.* **1** (o) que, numa sequência, ocupa a posição número mil ■ *n.frac.* **2** (o) que é mil vezes menor que a unidade

mil-fo.lhas *s.m.2n.* CUL doce de massa folhada entremeada de recheio cremoso

mi.lha *s.f.* unidade inglesa de medida de distância terrestre equivalente a 1.609 m ▣ **m. marítima** unidade de distância marítima equivalente a 1.852 m

mi.lha.gem [pl.: *-ens*] *s.f.* contagem de milhas

mi.lhão [pl.: *-ões*] *n.card.* **1** mil vezes mil (10^6) ■ *s.m. p.ext.* **2** grande quantidade *<contou a história um m. de vezes>* ▼ ***milhões*** *s.m.pl.* **3** quantia muito elevada de dinheiro

mi.lhar [pl.: *-es*] *s.m.* **1** mil unidades ▼ ***milhares*** *s.m.pl.* **2** quantidade indeterminada *<fez m. de recomendações>*

mi.lhei.ro *s.m.* grupo de mil unidades iguais

mi.lho *s.m.* BOT **1** erva de até 3 m, com folhas em forma de lança, cujos frutos comestíveis são grãos amarelados presos em espigas cilíndricas **2** esse grão ◉ COL milharal

mili- *pref.* do *SI*, símbolo *m*, 'um milésimo' (da unidade indicada) *<miligrama>*

mi.lí.cia *s.f.* **1** conjunto de tropas de um país **2** qualquer organização de cidadãos armados ~ **miliciano** *adj.s.m.*

mi.li.co *s.m. B pej.* [1]militar

mi.li.gra.ma *s.m.* FÍS unidade de medida de massa equivalente à milésima parte do grama [símb.: *mg*]

mi.li.li.tro *s.m.* FÍS unidade de medida de volume equivalente à milésima parte do litro [símb.: *ml*]

mi.lí.me.tro *s.m.* FÍS unidade de medida de comprimento equivalente à milésima parte do metro [símb.: *mm*]

mi.li.o.ná.rio *adj.s.m.* **1** (o) que é muito rico **2** (o) que encerra um grande valor

mi.li.o.né.si.mo *n.ord.* **1** (o) que, numa sequência, ocupa a posição número 1.000.000 ■ *n.frac.* **2** (o) que é um milhão de vezes menor que a unidade *<levou um m. de segundo>*

mi.li.tan.te *adj.2g.s.2g.* **1** que(m) defende ativamente uma causa **2** que(m) adere a um partido, instituição etc. ~ **militância** *s.f*

[1]**mi.li.tar** [pl.: *-es*] *adj.2g.* **1** relativo a guerra, a soldado e a Exército **2** relativo às forças armadas ■ *s.m.* **3** soldado ou oficial das forças armadas [ORIGEM: do lat. *militāris,e* 'de guerra, de soldado']

[2]**mi.li.tar** *v.* {mod. 1} *int.* **1** seguir carreira nas forças armadas □ *t.i. e int.* **2** (prep. *contra*, *por*) participar de guerra; lutar *<m. com bravura (contra o invasor)>* □ *t.i.* **3** (prep. *por*) lutar a favor de uma ideia ou causa *<m. por melhores salários>* [ORIGEM: do lat. *militāre* 'ser soldado, servir ao Exército']

mi.li.ta.ris.mo *s.m.* **1** MIL POL sistema político em que prevalece o poder dos militares **2** doutrina dos partidários desse sistema **3** tendência a fortalecer as forças armadas e solucionar os conflitos internacionais pela guerra ~ **militarista** *adj.2g.s.2g.*

mi.li.ta.ri.zar *v.* {mod. 1} *t.d. e pron.* **1** (fazer) adquirir feição, caráter militar *<m. as normas da empresa>* *<o antigo desfile popular militarizou-se>* **2** dotar de armas e outros recursos militares *<m. jovens>* *<m.-se para enfrentar o inimigo>*

milk-shake [ing.; pl.: *milk-shakes*] *s.m.* CUL leite batido com sorvete ⇒ pronuncia-se milc xêic

mi.lon.ga *s.f.* MÚS DNÇ canto e dança populares da Argentina e Uruguai do final do séc. XIX ~ **milongueiro** *adj.s.m.*

mil-réis *s.m.2n.* ECON **1** unidade monetária brasileira até 1942 **2** a cédula us. nas transações monetárias nessa época

mim *pron.p.* forma oblíqua tônica do pronome pessoal reto da 1ª p.sing. *eu*, sempre regido de preposição (quando precedido de *com* é substituído pela forma *migo*) *<veio a m.> <entre m. e você> <guardo-o comigo>*

mi.mar *v.* {mod. 1} *t.d.* **1** tratar com carinho **2** fazer todas as vontades de; paparicar ~ **mimado** *adj.*

mi.me.ó.gra.fo *s.m.* equipamento que faz cópias a partir de matriz perfurada (estêncil) presa em torno de uma pequena bobina que recebe tinta por dentro ~ **mimeografar** *v.t.d.* - **mimeografia** *s.f.*

mi.me.tis.mo *s.m.* **1** BIO fenômeno pelo qual alguns animais assumem a cor e o aspecto do meio em que estão **2** *fig.* processo de se ajustar a uma nova situação; adaptação ~ **mimético** *adj.* - **mimetizar** *v.t.d. e pron.*

mí.mi.ca *s.f.* arte ou ato de se expressar por gestos; pantomima ~ **mímico** *adj.s.m.*

[1]**mi.mo** *s.m.* **1** atenção especial de alguém a outrem; agrado, carinho **2** objeto que se dá a alguém; presente **3** pessoa ou coisa delicada [ORIGEM: palavra expressiva]

[2]**mi.mo** *s.m.* TEAT ator de pantomima [ORIGEM: do lat. *mīmus,i* 'id.']

mi.mo.se.ar *v.* {mod. 5} *t.d. e t.d.i.* **1** (prep. *com*) dar presente a; presentear *<mimoseia os netos (com biscoitos)>* □ *t.d.* **2** tratar com delicadezas, agrados; mimar

mi.mo.so /ô/ [pl.: /ó/; fem.: /ó/] *adj.* **1** delicado, sensível **2** de beleza suave; gracioso

min abreviatura de *minuto*

mi.na *s.f.* **1** GEOL jazida **2** escavação na terra para a extração de minérios, carvão, água etc. **3** MIL carga explosiva camuflada, us. em terra ou no mar **4** nascente de água, fonte

mi.nar *v.* {mod. 1} *t.d.* **1** abrir mina(s) em busca de minerais ou de água **2** abrir cavidades, túneis em *<m. o subsolo>* **3** colocar explosivos em □ *t.d. e int. fig.* **4** sair ou deixar sair (líquido, radiação etc.); jorrar, escorrer *<a janela mina uma luz suave> <a parede da sala está minando>* **5** deteriorar(-se) aos poucos; consumir(-se) *<a traição minou o amor> <a fé do pastor minou>*

mi.na.re.te /ê/ *s.m.* ARQ torre alta e fina das mesquitas

min.di.nho *adj.s.m. infrm.* mínimo ('dedo da mão')

[1]**mi.nei.ro** *adj.* **1** relativo a mina ('escavação') ■ *s.m.* **2** operário que trabalha em minas [ORIGEM: do fr. *minière* 'terreno de onde se extraem metais']

[2]**mi.nei.ro** *adj.* **1** de Minas Gerais ■ *s.m.* **2** natural ou habitante desse estado [ORIGEM: do top. *Minas* Gerais + *-eiro*]

mi.nei.ro-pau [pl.: *mineiros-paus*] ou **ma.nei.ro-pau** [pl.: *maneiros-paus*] *s.m.* DNÇ MÚS *N.E. MG RJ* dança de roda, ritmada com o bater dos bastões dos participantes uns nos outros, o que corresponde a uma saudação

mi.ne.ra.ção [pl.: *-ões*] *s.f.* **1** trabalho de extração do minério **2** depuração do minério extraído das minas

mi.ne.ral [pl.: *-ais*] *adj.2g.* **1** relativo aos minerais *<reino m.>* **2** inorgânico ■ *s.m.* **3** GEOL material sólido natural, inorgânico, que constitui a litosfera ~ **mineralizar** *v.t.d. e pron.*

mi.ne.ra.lo.gi.a *s.f.* ciência que estuda os minerais ~ **mineralógico** *adj.*

mi.ne.rar *v.* {mod. 1} *t.d. e int.* extrair de mina (minério, pedra ou metal de valor) ou explorá-la *<m. ouro> <hoje começam a m.>* ~ **minerador** *adj.s.m.*

mi.né.rio *s.m.* MINER mineral que pode ser trabalhado para extração de uma ou mais substâncias economicamente úteis

mi.nes.tro.ne *s.m.* CUL sopa com arroz ou macarrão e verduras ou legumes picados

min.gau *s.m.* **1** CUL papa de leite engrossada com cereais ou farinhas variadas **2** *p.ext.* qualquer substância com a consistência dessa papa

mín.gua *s.f.* **1** carência de algo; escassez **2** pobreza extrema; penúria

min.guar *v.* {mod. 3} *t.d. e int.* **1** tornar(-se) menor ou menos abundante; diminuir *<tentam m. nossas esperanças> <a água do poço está minguando>* □ *int.* **2** passar (a Lua) de cheia a nova *<a Lua começa a m.>* □ *t.i. e int.* **3** (prep. *a*) não existir ou existir em pequena quantidade; faltar *<minguam ao candidato qualidades para o cargo> <queria iniciar a obra, mas os recursos minguaram>* ~ **minguado** *adj.* - **minguante** *adj.2g.*

mi.nha *pron.pos.* **1** determina um substantivo (coisa ou pessoa) do gênero feminino que pertence à, é parte de, está relacionado com a 1ª p.sing. (eu) *<m. casa>* ■ *s.f.* **2** minha opinião, minha posição ☞ empr. nas locuções *estar na m.*, *ficar na m.* ◉ GRAM/USO fem. de *meu*

mi.nho.ca *s.f.* ZOO verme alongado que escava túneis e galerias na terra

mí.ni *s.2g.* red. de alguns substantivos antecedidos do pref. *mini-* (p.ex., *minidicionário*, *minissaia*) ◉ GRAM/USO us. tb. como adj., p.ex.: *um vestido m.*

mi.ni.a.tu.ra *s.f.* qualquer coisa em tamanho reduzido ~ **miniaturista** *adj.2g.s.2g.* - **miniaturizar** *v.t.d.*

mi.ni.com.pu.ta.dor [pl.: *-es*] *s.m.* computador de capacidade entre a dos microcomputadores e a dos computadores de grande porte, para ser us. por vários usuários (por meio de terminais), ou como servidor de uma rede de computadores

mi.ni.di.cio.ná.rio *s.m.* dicionário de tamanho reduzido

mi.ni.en.ci.clo.pé.dia *s.f.* pequena enciclopédia

mi.ni.fun.di.á.ri.o *s.m.* **1** proprietário de um minifúndio ■ *adj.* **2** relativo ou pertencente a minifúndio

mi.ni.fún.dio *s.m.* pequena propriedade rural

mí.ni.ma *s.f.* MÚS **1** figura de ritmo que equivale à metade da semibreve **2** seu símbolo (♩)

mi.ni.ma.lis.mo *s.m.* ART.PLÁST LIT MÚS técnica ou estilo caracterizado por extrema concisão e simplicidade, que utiliza um número reduzido de elementos ou temas valorizados pela sua repetição ~ **minimalista** *adj.2g.s.2g.*

mi.ni.mi.zar *v.* {mod. 1} *t.d.* **1** tornar mínimo *<m. o consumo de água>* **2** reduzir em comprimento, volume etc. *<m. o tamanho da letra>* **3** *fig.* dar menos valor, importância do que o devido; subestimar ~ **minimização** *s.f.*

mí.ni.mo *adj.* **1** muito pequeno **2** menor que todos os demais ■ *adj.s.m.* **3** (o) menor valor ou esforço admitido ou praticado **4** (dedo da mão) que sucede o anelar; mindinho ◉ GRAM/USO sup.abs.sint. de *pequeno*

mi.nis.sai.a *s.f.* VEST saia muito curta

mi.nis.sé.rie *s.f.* TV novela ou filme seriado, ger. de no mínimo três e no máximo 26 capítulos

mi.nis.té.rio *s.m.* **1** ocupação exercida por alguém; cargo, função **2** cargo ou função de ministro de Estado e seu tempo de exercício **3** conjunto de ministros; gabinete **4** prédio onde trabalham o ministro e seus auxiliares ▣ **M. Público** DIR instituição de função independente e autônoma, defensora dos interesses da sociedade e da ordem jurídica [sigla: *MP*] ~ **ministerial** *adj.2g.*

mi.nis.trar *v.* {mod. 1} *t.d. e t.d.i.* **1** (prep. *a*) passar para o domínio de; dar, fornecer *<m. informações (aos candidatos)>* **2** (prep. *a*) determinar o uso de (líquido, remédio, tratamento etc.) [a pessoa ou animal]; administrar *<m. os remédios (aos doentes)>* **3** (prep. *a*) efetuar (culto ou sacramento religioso) *<m. a extrema-unção (a um moribundo)>* **4** (prep. *a*) dar (aula, palestra, curso etc.) [a] ~ **ministrante** *adj.2g.s.2g.*

mi.nis.tro *s.m.* **1** chefe de um ministério **2** categoria diplomática abaixo da de embaixador **2.1** pessoa que ocupa esse cargo **3** REL pastor protestante **4** DIR *B* designação comum aos juízes de qualquer corte suprema do país ◉ COL ministério, gabinete

mi.no.rar *v.* {mod. 1} *t.d. e int.* **1** tornar(-se) menor; reduzir(-se) *<é preciso m. o gasto de energia>* *<o desperdício minorou>* **2** tornar(-se) menos intenso; suavizar(-se) *<remédio para m. a dor>* *<a saudade minorou>* ~ **minoração** *s.f.*

mi.no.ri.a *s.f.* **1** inferioridade numérica **2** subgrupo menos numeroso **2.1** SOC subgrupo de uma sociedade que, por ser diferente do grupo maior ou dominante, é alvo de discriminação e preconceito

mi.no.ri.da.de *s.f.* menoridade

mi.no.ri.tá.rio *adj.* **1** relativo a minoria **2** que está em minoria

mi.nu.a.no *s.m.* vento forte, frio e seco, que sopra no Rio Grande do Sul depois das chuvas de inverno

mi.nú.cia *s.f.* detalhe, pormenor

mi.nu.ci.ar *v.* {mod. 1} *t.d.* relatar com detalhes; pormenorizar

mi.nu.ci.o.so /ô/ [pl.: /ó/; fem.: /ó/] *adj.* **1** repleto de detalhes **2** que faz tudo com atenção e cuidado; meticuloso ~ **minuciosidade** *s.f.*

mi.nu.dên.cia *s.f.* **1** minúcia **2** *p.ext.* exame atento

mi.nu.en.do *s.m.* MAT diminuendo ('número')

mi.nu.e.to /ê/ *s.m.* **1** DNÇ MÚS dança da aristocracia francesa surgida no séc. XVII e a música que a acompanha **2** MÚS composição musical com as características dessa música que integra suítes e sinfonias

mi.nús.cu.la *s.f.* letra minúscula

mi.nús.cu.lo *adj.* **1** muito pequeno; mínimo **2** *fig.* sem importância ou valor; insignificante **3** de tamanho menor que a letra maiúscula e com outro formato (diz-se de letra do alfabeto) [Us. no corpo do texto, exceto em início de período e de nomes próprios.]

[1]**mi.nu.ta** *s.f.* rascunho [ORIGEM: do lat.medv. *minūta (scriptura)* 'antigos borrões escritos com letra muito pequena']

[2]**mi.nu.ta** *s.f.* prato preparado na hora, de acordo com o pedido do freguês [ORIGEM: da loc. fr. *a la minute* 'no mesmo instante']

mi.nu.tar *v.* {mod. 1} *t.d.* escrever ou ditar [1]minuta de *<m. uma proposta>*

mi.nu.to *s.m.* **1** FÍS unidade de medida de tempo equivalente a 60 segundos [abrev.: *min*] **2** GEOM unidade de medida de ângulo ou arco equivalente à 60ª parte do grau [símb.: ′]

mi.o.cár.dio *s.m.* ANAT músculo do coração com funcionamento autônomo e involuntário, que assegura a circulação do sangue

mi.o.car.di.te *s.f.* MED inflamação do miocárdio

mi.o.ce.no *s.m.* GEOL **1** quarta época do período terciário, entre o Oligoceno e o Plioceno, marcada pelo grande desenvolvimento dos primatas ☞ este subst. não se usa no plural; inicial maiúsc. ■ *adj.* **2** dessa época

mi.o.lo /ô/ [pl.: /ó/] *s.m.* **1** a parte de dentro do pão e de alguns frutos **2** o conteúdo da coluna vertebral ou dos ossos longos; medula, tutano **3** *infrm.* o cérebro ☞ mais us. no pl. **4** o conjunto de cadernos ou folhas que compõem um livro, revista etc., excluindo a capa

mi.o.lo.gi.a *s.f.* ANAT estudo dos músculos ~ **miológico** *adj.*

mi.o.ma *s.m.* MED tumor formado a partir de tecidos musculares

mí.o.pe *adj.2g.s.2g.* que(m) tem miopia

mi.o.pi.a *s.f.* MED deficiência visual em que os raios luminosos formam o foco antes da retina, dificultando a visão de objetos distantes do observador ☞ cf. *hipermetropia*

mi.o.só.tis *s.2g.2n.* BOT nome comum a ervas da fam. das boragináceas, com flores pequenas que mudam de róseas para azuis

mi.ra *s.f.* **1** habilidade em acertar um alvo; pontaria **2** *fig.* o que se pretende alcançar; objetivo, intuito **3** pequena saliência externa na extremidade do cano das armas de fogo, us. para direcionar a pontaria

mi.ra.bo.lan.te *adj.2g.* **1** vistoso em excesso; espalhafatoso **2** *B* extravagante; delirante

mi.ra.cu.lo.so /ô/ [pl.: /ó/; fem.: /ó/] *adj.* **1** que realiza milagres; milagroso **2** fora do comum; maravilhoso, milagroso

mi.ra.gem [pl.: *-ens*] *s.f.* **1** efeito óptico freq. nos desertos, produzido pela reflexão da luz solar, que cria a aparência de uma poça de água ou de um espelho cuja imagem desaparece à medida que nos aproximamos **2** *fig.* falsa realidade; ilusão

mi.ra.mar [pl.: *-es*] *s.m.* mirante voltado para o mar

mi.ran.te *s.m.* **1** local elevado de onde se tem uma vista panorâmica **2** pequena construção isolada com vista panorâmica

mi.rar *v.* {mod. 1} *t.d.* **1** fixar os olhos em; fitar, olhar **2** dirigir a vista para; olhar □ *t.d.,t.i. e int.* **3** (prep. *em*) fazer pontaria para (um alvo); apontar *<m. a presa> <m. no alvo> <aprendeu a m.>* □ *pron.* **4** olhar a própria imagem refletida

mi.rí.a.de ou **mi.rí.a.da** *s.f.* quantidade indeterminada, mas considerada imensa

mi.ri.á.po.de *s.m.* ZOO **1** invertebrado de corpo alongado, com muitas patas, sem diferenciação entre o tórax e o abdome, e cabeça provida de um par de antenas (p.ex., lacraias, centopeias, embuás etc.) ■ *adj.2g.* **2** relativo a esse invertebrado

M

mi.rim [pl.: *-ins*] *adj.2g.* **1** pequeno, diminuto **2** ainda criança **3** de criança; infantil

mir.me.co.fa.gí.deo *adj.s.m.* ZOO (espécime) dos mirmecofagídeos, família de mamíferos desdentados, de dedos com garras longas e fortes us. para cavar, conhecidos vulgarm. como tamanduás

mir.ra *s.f.* BOT **1** árvore cuja casca expele, em forma de gotas, uma resina aromática us. em incensos, unguentos etc. **2** essa resina

mir.ra.do *adj.* pouco desenvolvido ou pequeno

mir.rar *v.* {mod. 1} *t.d.* **1** preparar (algo) com essência de mirra □ *t.d. e int. fig.* **2** tornar(-se) seco ou murcho; ressecar **3** (fazer) ficar fraco, magro, abatido; definhar □ *int. fig.* **4** emagrecer muito

mi.san.tro.pi.a *s.f.* **1** ódio à humanidade **2** *p.ext.* falta de sociabilidade ~ **misantrópico** *adj.*

mi.san.tro.po /ô/ *adj.s.m.* que(m) odeia a humanidade ou sente aversão a pessoas

mis.ce.lâ.nea *s.f.* **1** reunião de textos literários variados e freq. de autores diversos numa mesma obra **2** *p.ext.* mistura de várias coisas

mis.ci.ge.na.ção [pl.: *-ões*] *s.f.* casamento ou coabitação entre indivíduos de diferentes grupos humanos ou raças; mestiçagem ~ **miscigenado** *adj.* - **miscigenar** *v.t.d.,t.d.i. e pron.*

mis.cí.vel [pl.: *-eis*] *adj.2g.* que se pode misturar

mi.se.rá.vel [pl.: *-eis*] *adj.2g.s.2g.* **1** que(m) é digno de piedade **2** que(m) vive em extrema pobreza **3** *pej.* que(m) é desprezível; patife **4** *p.ext. pej.* que(m) é avarento, sovina ■ *adj.2g.* **5** muito pobre **6** muito pequeno; ínfimo *<salário m.>*

mi.sé.ria *s.f.* **1** situação ou estado de grande sofrimento **2** falta total de meios de subsistência **3** característica do que é mesquinho; avareza, sovinice **4** quantia muito pequena; ninharia

mi.se.ri.cór.dia *s.f.* **1** solidariedade em relação a dor ou sofrimento alheios; compaixão **2** perdão, clemência ~ **misericordioso** *adj.s.m.*

mí.se.ro *adj.* **1** muito pobre; miserável **2** *fig.* pobre de ideias ou sem inteligência **3** muito reduzido; insignificante

mi.só.gi.no *adj.s.m.* que(m) tem aversão às mulheres ~ **misoginia** *s.f.*

mi.so.ne.ís.mo *s.m.* aversão ou desconfiança em relação ao que é novo ~ **misoneísta** *adj.2g.s.2g.*

mis.sa *s.f.* **1** REL na Igreja católica, celebração da Eucaristia **2** MÚS composição musical ou cântico feito sobre o texto da missa

mis.sal [pl.: *-ais*] *s.m.* REL livro que contém as principais partes da missa e sua ordenação

mis.são [pl.: *-ões*] *s.f.* **1** incumbência, encargo **2** comissão ou conjunto de pessoas a quem se confere uma tarefa **3** dever a cumprir, obrigação **4** REL conjunto de padres missionários **5** *p.ext.* casa ou povoado onde vivem e/ou trabalham os missionários e, às vezes, seus alunos

mís.sil [pl.: *-eis*] *s.m.* projétil de longo alcance, ger. equipado com bomba, que se lança para alcançar um alvo

mis.sio.ná.rio *s.m.* **1** quem se dedica a pregar uma religião e a trabalhar para a conversão de alguém à sua fé **2** *p.ext.* militante, propagandista (de uma ideia) ■ *adj.* **3** relativo a missão **4** relativo a catequese

mis.si.va *s.f.* carta ('mensagem') ~ **missivista** *adj.2g.s.2g.*

mis.ter /é/ [pl.: *-es*] *s.m.* ocupação; profissão ▣ **ser m.** ser necessário, ser indispensável

mis.té.rio *s.m.* **1** REL verdade religiosa só conhecida através de revelação e não compreendida totalmente **2** *fig.* o que não se consegue compreender, explicar ou desvendar **3** algo secreto, oculto; segredo

mis.te.ri.o.so /ô/ [pl.: /ó/; fem.: /ó/] *adj.* **1** que contém mistério; enigmático, inexplicável, obscuro **2** que não se entende, sem clareza; confuso, impenetrável, incompreensível **3** que cerca de segredo o que faz; desconfiado, cauteloso

mís.ti.ca *s.f.* **1** estudo do que é divino, espiritual **2** vida religiosa ou contemplativa; misticismo **3** fervor religioso **4** *p.ext.* respeito por, devotamento a uma causa, um movimento, um clube esportivo etc.

mis.ti.cis.mo *s.m.* **1** atitude filosófica ou religiosa que busca a união íntima e direta do homem com a divindade **2** tendência para incorporar ensinamentos religiosos a sua forma de pensar; religiosidade **3** inclinação para acreditar em forças e entes sobrenaturais, sem levar em conta explicações racionais e científicas; credulidade

mís.ti.co *adj.* **1** que crê intensamente numa doutrina religiosa e a ela se dedica quase integralmente (diz-se de indivíduo); devoto **2** relativo à vida espiritual e contemplativa **3** próprio do ambiente religioso, devoto, espiritual ■ *adj.s.m.* **4** que(m) é religioso, tem o lado espiritual muito desenvolvido **5** que(m) tem tendência a crer no sobrenatural e na interferência deste em sua vida

mis.ti.fi.car *v.* {mod. 1} *t.d.* **1** fazer crer em mentira ou algo falso; enganar, iludir **2** dar caráter místico a *<m. a vitória>* ~ **mistificação** *s.f.*

mis.to *adj.* **1** constituído de elementos diferentes; misturado **2** que admite alunas e alunos **3** que transporta cargas e passageiros (veículo) **4** MAT que tem uma parte inteira e outra fracionária (diz-se de número) ■ *s.m.* **5** conjunto de elementos diferentes e/ou opostos; mistura **6** CUL *B* misto-quente

mis.to-quen.te [pl.: *mistos-quentes*] *s.m.* CUL *B* sanduíche feito de duas fatias de pão com recheio de queijo e presunto e aquecido na chapa

mis.tu.ra *s.f.* **1** reunião de coisas diversas e/ou opostas; misto **2** cruzamento de tipos (humanos) ou de raças (animais) diferentes; miscigenação

mis.tu.rar *v.* {mod. 1} *t.d.,t.d.i. e pron.* **1** (prep. *a, com*) juntar(-se) intimamente (coisas diferentes) de modo que as unidades se interponham umas com as outras; mesclar(-se) *<m. água e vinho> <m. as claras ao açúcar> <água e azeite não se misturam>* **2** (prep. *a, com*) colocar(-se) junto de modo desordenado (coisas distintas); baralhar(-se) *<m. as cartas do baralho> <m. alhos com bugalhos> <política e religião não se misturam>* □ *t.d.* **3** mexer (algo) para integrar bem os ingredientes □ *t.d. e pron.* **4** (prep. *com*) cruzar(-se) com indivíduo de raça, espécie ou etnia diferente ◉ GRAM/USO part.: *misturado, misto* ~ **misturada** *s.f.* - **misturador** *adj. s.m.*

mi.ti.fi.car *v.* {mod. 1} *t.d.* **1** transformar em mito *<m. animais>* **2** *fig.* atribuir qualidades exageradas a (coisa ou pessoa), mascarando a realidade *<m. um político>* ~ **mitificação** *s.f.*

mi.ti.gar *v.* {mod. 1} *t.d. e pron.* tornar(-se) mais suave (ger. dor, sofrimento etc.); aplacar(-se) ~ **mitigação** *s.f.*

mi.to *s.m.* **1** relato fantástico protagonizado por seres de caráter divino ou heroico que encarnam as forças da natureza ou os aspectos gerais da condição humana **2** *p.ext.* crença ou tradição popular que surge em torno de algo ou alguém **3** *fig.* uma noção falsa ou não comprovada ◉ COL mitologia ~ **mítico** *adj.*

mi.to.côn.dria *s.f.* BIO organela longa e arredondada, encontrada fora do núcleo da célula, que produz energia através da respiração celular e é rica em gorduras, enzimas e proteínas

mi.to.lo.gi.a *s.f.* **1** conjunto dos mitos de determinado povo **2** estudo dos mitos, sua origem e significação ~ **mitológico** *adj.* - **mitólogo** *s.m.*

mi.to.ma.ni.a *s.f.* PSIC tendência doentia para mentir ~ **mitomaníaco** *adj.s.m.* - **mitômano** *adj.s.m.*

mi.tô.ni.mo *s.m.* nome próprio de um deus, herói etc. da mitologia

mi.to.se *s.f.* GEN divisão celular que resulta na formação de duas células geneticamente idênticas à original

mi.tra *s.f.* **1** REL VEST chapéu em forma de cone, fendido na parte superior e com duas fitas que caem sobre as espáduas, us. pelo papa, bispos, arcebispos e cardeais em certas solenidades **2** *fig.* REL o poder e a dignidade de bispo ~ **mitrado** *adj.* - **mitral** *adj.2g.*

mi.tri.da.tis.mo *s.m.* MED imunidade contra venenos pela ingestão progressiva de pequenas doses deles ~ **mitridatização** *s.f.* - **mitridatizar** *v.t.d. e pron.*

mi.u.de.za /ê/ *s.f.* **1** o que é miúdo **2** minúcia, detalhe

mi.ú.do *adj.* **1** muito pequeno **2** trocado em moedas ou notas de pequeno valor (diz-se de dinheiro) ▼ ***miúdos*** *s.m.pl.* **3** vísceras de animal us. como alimento ▣ **trocar em m.** explicar em detalhes (algo)

mi.xa *adj.2g. B gír.* **1** de pouca importância **2** sem valor

mi.xa.gem /cs/ [pl.: *-ens*] *s.f.* CINE FONO processo de combinação, num mesmo suporte, de sinais sonoros ou visuais de diferentes fontes ~ **mixar** **(cs)** *v.t.d.*

mi.xar *v.* {mod. 1} *int.* **1** não dar certo; falhar, gorar **2** perder a intensidade; enfraquecer *<a animação mixou>*

mi.xa.ri.a *s.f. B gír.* **1** coisa sem valor **2** quantia muito pequena de dinheiro; ninharia

mi.xór.dia *s.f.* **1** mistura confusa de coisas **2** situação ou fato atrapalhado; desentendimento

mi.xo.tró.fi.co /cs/ *adj.* BIO que se nutre de modo autotrófico e heterotrófico, simultânea ou alternadamente (diz-se de organismo) ~ **mixotrofia** *s.f.* - **mixótrofo** *adj.*

mi.xu.ru.ca *adj.2g. B gír.* **1** sem atrativo, sem graça **2** sem valor ou qualidade

MJ *s.m.* sigla de Ministério da Justiça

ml FÍS símbolo de *mililitro*

mm FÍS símbolo de *milímetro*

MMA *s.m.* sigla de Ministério do Meio Ambiente

Mn QUÍM símbolo de *manganês*

mne.mô.ni.ca *s.f.* técnica para desenvolver a memória por meio de processos de combinação e associação de ideias

mne.mô.ni.co *adj.* **1** relativo a memória **2** que ajuda a reter na memória

mo *contr.* do pron. pessoal oblíquo *me* com o pron. pessoal oblíquo ou pron. demonstrativo *o*, que junta numa mesma palavra o objeto direto e o objeto indireto representados por esses pronomes *<não encontro o livro; já mo devolveram?>* ◉ GRAM/USO **a)** fem.: *ma;* pl.: *mos, mas;* **b)** no Brasil, *mo, ma, mos, mas* têm hoje emprego relativamente pequeno na língua corrente e no uso literário

Mo QUÍM símbolo de *molibdênio*

mó *s.f.* **1** pedra dura, circular e rotativa us. para triturar os grãos no moinho ou espremer azeitonas no lagar para extrair o azeite **2** pedra pequena para afiar instrumentos cortantes

mo.a.gem [pl.: *-ens*] *s.f.* ato de moer; moedura

mó.bil [pl.: *-eis* e *-es*] *adj.2g.* **1** que se pode mover; móvel ■ *s.m.* **2** o que faz alguém realizar uma ação; causa, motivo

mó.bi.le *s.m.* escultura ou brinquedo leve, feito de elementos individuais móveis, suspensos por fios

mo.bi.lhar *v.* {mod. 1} *t.d.* → ***MOBILIAR***

mo.bí.lia *s.f.* conjunto de móveis de uma casa, aposento etc.; mobiliário

mo.bi.li.ar ou **mo.bi.lhar** *v.* {mod. 1} *t.d.* prover (casa, sala, quarto etc.) de móveis

mo.bi.li.á.rio *s.m.* **1** mobília; conjunto de móveis ■ *adj.* **2** DIR relativo a bens móveis

mo.bi.li.da.de *s.f.* **1** característica do que é móvel ou capaz de se movimentar **2** facilidade de deslocar(-se) de um lugar para outro **3** facilidade para andar, dançar, saltar etc.

mo.bi.li.zar *v.* {mod. 1} *t.d. e pron.* **1** pôr(-se) em movimento **2** pôr(-se) em ação (conjunto de pessoas) para tarefa, campanha etc. □ *t.d.* **3** chamar para participar de atividade social, política *<para decretar greve é preciso m. os operários>* **4** MIL preparar (tropas) para a guerra ~ **mobilização** *s.f.*

mo.ca *s.m.* **1** café árabe de qualidade superior **2** *p.ext.* bebida feita com esse café

M

mo.ça /ô/ *s.f.* **1** pessoa jovem, do sexo feminino; jovem **2** menina que entra na puberdade e que já menstrua **3** mulher já madura, mas não velha **4** mulher virgem

mo.ça.da *s.f.* *B infrm.* grupo de moças e moços; juventude

mo.cam.bo *s.m.* habitação desconfortável e precária; cabana

mo.ção [pl.: *-ões*] *s.f.* proposição, em uma assembleia, relativa ao estudo de uma questão ou a qualquer incidente que surja nessa assembleia

mo.çá.ra.be *adj.2g.s.2g.* **1** (cristão) que vivia nas terras conquistadas pelos muçulmanos no sul da península Ibérica e que sofreu a influência da cultura destes **2** (o) que descende desse cristão hispânico

mo.cas.sim [pl.: *-ins*] *s.m.* VEST calçado sem salto, de couro macio

mo.ce.tão [pl.: *-ões*; fem.: *mocetona*] *s.m.* rapaz forte e vistoso

mo.chi.la *s.f.* bolsa com alças para ser carregada nas costas

[1]**mo.cho** /ô/ *adj.* **1** a que falta algum membro (diz-se de animal) **2** sem chifres ou com estes aparados [ORIGEM: esp. *mocho* 'mutilado, sem chifres']

[2]**mo.cho** /ô/ *s.m.* nome comum às corujas que não possuem penachos ou tufos de penas na cabeça [ORIGEM: duv., talvez ligada a [1]*mocho*]

mo.ci.da.de *s.f.* juventude

mo.ci.nho *s.m.* *B* herói de filmes ou histórias de aventura

mo.ço /ô/ *adj.s.m.* (homem) jovem ◉ GRAM/USO aum.irreg.: *mocetão* ◉ COL moçada

mo.co.ron.go *s.m.* *ES RJ SP pej.* pessoa de pouca instrução e modos simples

mo.co.ro.ró *s.m.* CUL *MA CE* caldo grosso do caju, fermentado

mo.co.tó *s.m.* pata de boi sem o casco, us. na alimentação; mão de vaca, chambaril

mo.crei.a /éi/ *s.f. infrm. pej.* mulher muito feia e/ou velha

mo.da *s.f.* **1** estilo predominante no modo de vestir, viver, falar etc. **2** arte de produzir e confeccionar modelos do vestuário masculino e feminino **3** MÚS nome genérico de canção, canto, música de salão ou folclórica, portuguesa ▣ **m. de viola** MÚS canção rural brasileira, com texto narrativo e acompanhada de viola

mo.dal [pl.: *-ais*] *adj.2g.* relativo a modo ou modalidade

mo.da.li.da.de *s.f.* forma particular de alguma coisa

mo.de *prep.* *TO N.E. SP SC MG C.-O. infrm.* **1** para, a fim de **2** por causa de ▣ **pra m.** a fim de

[1]**mo.de.lar** [pl.: *-es*] *adj.2g.* perfeito para servir de modelo; exemplar [ORIGEM: *modelo* + [1]*-ar*]

[2]**mo.de.lar** *v.* {mod. 1} *t.d.* **1** fazer o molde de *<m. um vestido>* **2** dar forma ou contorno a; moldar **3** destacar os contornos de *<a calça modelava seu corpo>* □ *t.d.i. e pron. fig.* **4** (prep. *por*) estabelecer (conduta, hábitos etc.) segundo certa orientação ou exemplo; moldar(-se) [ORIGEM: *modelo* + [2]*-ar*] ~ **modelação** *s.f.* - **modelagem** *s.f.*

mo.de.lo /ê/ *s.m.* **1** aquilo que serve para ser reproduzido **2** representação em escala reduzida de objeto, obra de arquitetura etc.; maquete **3** aparelho oco ou vazado, us. para reproduzir peças, formas etc.; molde **4** *p.ext.* a peça ou forma reproduzida **5** tipo particular de determinado produto **6** coisa ou pessoa que serve de imagem, forma ou padrão a ser imitado, ou como fonte de inspiração ■ *s.2g.* **7** pessoa que posa para pintores, escultores, fotógrafos etc. **8** manequim ('pessoa')

modem [ing.; pl.: *modems*] *s.m.* INF TEL dispositivo utilizado para transmitir dados entre computadores através de linha telefônica, fibra óptica, radiofrequência ou satélite ⇒ pronuncia-se môudem

mo.de.ra.ção [pl.: *-ões*] *s.f.* **1** ato ou efeito de moderar(-se) **2** afastamento de todo e qualquer excesso

mo.de.ra.dor /ô/ [pl.: *-es*] *adj.s.m.* mediador

mo.de.rar *v.* {mod. 1} *t.d.* **1** adequar a limites justos ou convenientes, mantendo sob controle; conter, regular **2** tornar menos intenso, instável; refrear □ *pron.* **3** manter o autocontrole; comedir-se ~ **moderado** *adj.*

mo.der.nis.mo *s.m.* **1** gosto pelo que é moderno **2** ART.PLÁST ARQ LIT designação genérica de vários movimentos artísticos e literários surgidos no fim do séc. XIX e no séc. XX que romperam com os padrões estéticos da arte tradicional ☞ nesta acp., inicial maiúsc. ~ **modernista** *adj.2g.s.2g.*

mo.der.ni.zar *v.* {mod. 1} *t.d. e pron.* (fazer) acompanhar a evolução, as tendências, a tecnologia, as necessidades do mundo atual ~ **modernização** *s.f.*

mo.der.no *adj.* **1** relativo à época em que se vive; atual **2** relativo ao período da história mundial, esp. europeia, que se inicia no fim da Idade Média e termina com a Revolução Francesa (1789) **3** novo, recente **4** avançado, inovador **5** que está na moda ~ **modernidade** *s.f.*

mo.dés.tia *s.f.* **1** falta de vaidade; humildade **2** comedimento, moderação

mo.des.to *adj.* **1** dotado de modéstia **2** não luxuoso; simples **3** que demonstra pobreza **4** de baixa posição em determinado meio profissional

mó.di.co *adj.* **1** em pouca quantidade; escasso **2** cujo valor é baixo **3** não exagerado; moderado

mo.di.fi.car *v.* {mod. 1} *t.d. e pron.* **1** (fazer) sofrer mudança; alterar(-se), transformar(-se) □ *t.d.* GRAM **2** precisar ou alterar o sentido de *<o adjetivo modifica o substantivo>* ~ **modificação** *s.f.* - **modificado** *adj.* - **modificador** *adj.s.m.*

mo.di.nha *s.f.* MÚS tipo de canção urbana portuguesa e brasileira, surgida no séc. XVIII, com temática espirituosa e/ou amorosa, popularizada no século seguinte, acompanhada esp. por violão

mo.dis.mo *s.m.* uso ou moda de caráter passageiro

mo.dis.ta *s.2g.* quem desenha e confecciona roupa feminina ou dirige um ateliê de costura para mulheres

mo.do *s.m.* **1** maneira ou forma particular de ser ou se portar *<agir de m. inesperado>* **2** jeito possível ou preferido de realizar algo **3** possibilidade, condição *<não houve m. de convencê-la>* **4** GRAM forma verbal que expressa a intenção de quem fala em relação ao enunciado **5** MÚS maneira como se dispõem os intervalos de tom e meio-tom numa escala ▼ ***modos*** *s.m.pl.* **6** boa educação, comedimento ▣ **m. imperativo** GRAM modo verbal que indica ordem, pedido, estímulo etc. • **m. indicativo** GRAM modo verbal que expressa a ação ou o estado indicado pelo verbo como um fato real • **m. subjuntivo** GRAM modo verbal que expressa a ação ou estado indicado pelo verbo como um fato irreal, ou possível ou desejado, ou emite um julgamento sobre o fato real

mo.dor.ra /ô/ *s.f.* **1** sonolência causada por certos tipos de doença **2** *p.ext.* moleza, preguiça ~ **modorrento** *adj.*

mo.du.la.ção [pl.: *-ões*] *s.f.* **1** variação na altura ou na intensidade da voz **2** FÍS processo no qual uma variação na amplitude, frequência, intensidade ou fase de um sinal transmitido por ondulações implica mudança correspondente em outro **3** MÚS passagem de um tom a outro

[1]**mo.du.lar** *v.* {mod. 1} *t.d.* **1** ARQ construir usando módulos **2** variar a altura ou a intensidade de (voz) □ *t.d. e int.* **3** tocar, cantar ou dizer de forma harmoniosa *<m. versos> <o rouxinol modula>* □ *int.* **4** MÚS passar de um tom para outro [ORIGEM: do lat. *modulāre* 'regular, dar ritmo, cantar']

[2]**mo.du.lar** [pl.: *-es*] *adj.2g.* relativo a módulo [ORIGEM: *módulo* + [1]*-ar*]

mó.du.lo *s.m.* **1** unidade de mobília, material de construção etc. planejada para compor-se com outra **2** parte autônoma e destacável de espaçonave

mo.e.da *s.f.* **1** peça de metal cunhada por instituição governamental que representa o valor do objeto trocado por ela **2** ECON meio pelo qual são feitas as transações comerciais; dinheiro

mo.e.dei.ro *s.m.* **1** indivíduo que fabrica moedas **2** porta-moedas

mo.e.du.ra *s.f.* **1** moagem **2** porção de grão, cana etc. que se mói de cada vez

mo.e.la *s.f.* **1** parte posterior do estômago de diversos animais, cuja função é a de triturar o alimento **2** CUL comida preparada com moela de aves, esp. galinha

mo.en.da *s.f.* **1** aparelho ou conjunto de peças us. para moer ou espremer certos produtos **2** ato de moer grãos, azeitonas, cana-de-açúcar etc.

mo.er *v.* {mod. 9} *t.d.* **1** reduzir a pó; triturar **2** espremer para extrair o suco □ *t.d. e pron.* **3** reduzir(-se) a pequenos pedaços; fragmentar(-se) **4** (fazer) sentir extremo cansaço; extenuar(-se) **5** (fazer) sentir angústia, tormento; afligir(-se) ~ **moedor** *adj.s.m.*

mo.fa *s.f.* troça, zombaria

[1]**mo.far** *v.* {mod. 1} *t.i.* (prep. *de*) expor ao ridículo; zombar, caçoar [ORIGEM: vocábulo de origem talvez onomatopaica]

[2]**mo.far** *v.* {mod. 1} *t.d. e int.* **1** encher de mofo ou criar mofo □ *int. infrm.* **2** esperar muito *<ficou mofando na porta do cinema>* **3** ficar em situação ruim, sem que se possa revertê-la *<mofou anos no presídio, por erro da Justiça>* [ORIGEM: *mofo* + [2]*-ar*]

mo.fi.no *adj.* **1** que não é feliz; desgraçado **2** em que há má sorte, desgraça **3** avarento, sovina **4** que incomoda; importuno **5** de pequenas dimensões; estreito (diz-se de espaço)

mo.fo /ô/ *s.m.* BIO nome comum a vários fungos que causam a decomposição de alimentos, frutas e produtos de origem vegetal; bolor ~ **mofado** *adj.* - **mofento** *adj.*

mog.no *s.m.* BOT **1** árvore de madeira nobre de tom avermelhado, us., p.ex., na fabricação de móveis **2** a madeira dessa árvore; acaju

mo.í.do *adj.* **1** que se moeu; triturado **2** em extremo estado de fadiga; exausto

mo.i.nho *s.m.* **1** máquina para moer grãos de cereais composta de duas mós colocadas uma sobre a outra, movidas pelo vento, água ou motor **2** *p.ext.* construção em que fica instalada essa máquina **3** *p.ext.* máquina de triturar qualquer coisa

moi.ta *s.f.* BOT porção de arbustos ou plantas rasteiras ▣ **na m.** *infrm.* **1** na espreita **2** em silêncio **3** às escondidas

mol [pl.: *mols* e *moles*] *s.m.* FISQUÍM massa molecular de uma substância expressa em gramas

mo.la *s.f.* peça espiralada e elástica que reage quando estendida, comprimida ou vergada

M

mo.lam.bo ou **mu.lam.bo** *s.m.* **1** farrapo **2** roupa velha e/ou em mau estado ~ **molambento** *adj.* - **mulambento** *adj.*

mo.lar [pl.: *-es*] *adj.2g.s.m.* ODONT (dente) próprio para moer

mol.da.gem [pl.: *-ens*] *s.f.* **1** confecção de um molde ('modelo oco') **2** conformação de uma substância à forma de um molde ('modelo oco')

mol.dar *v.* {mod. 1} *t.d.* **1** fazer o molde de **2** criar escultura dando formas, contorno a (barro, cera etc.); modelar **3** destacar os contornos de; modelar ☐ *t.d. e pron.* **4** (fazer) adquirir certa feição, traços, com base em algo; regular(-se) ☐ *t.d.i. e pron.* **5** (prep. *a*) pôr(-se) em acordo, harmonia com; adaptar(-se) *<o convívio moldou-a às manias do marido> <com o tempo, moldou-se àquela rotina>* ~ **moldável** *adj.2g.*

mol.de *s.m.* **1** modelo oco ou vazado us. para reproduzir uma forma /ó/; forma /ô/ **2** peça confeccionada com esse modelo e us. como matriz para a reprodução de outras; fôrma

mol.du.ra *s.f.* peça que contorna e adorna quadros, gravuras, fotografias etc. ~ **moldurar** *v.t.d.* - **moldureiro** *s.m.*

mo.le *adj.2g.* **1** que não oferece resistência; macio **2** *fig.* sem vigor, sem firmeza **3** *fig.* que faz coisas sem empenho; preguiçoso **4** *fig. B gír.* fácil, sem dificuldade ■ *adv.* **5** *fig. B gír.* facilmente

M

mo.le.ca.da ou **mo.le.ca.gem** [pl.: *-ens*] *s.f.* **1** bando de moleques **2** ato de moleque; travessura, brincadeira **3** *pej.* atrevimento, grosseria ou malfeito

mo.lé.cu.la *s.f.* QUÍM a menor porção de uma substância que mantém todas as propriedades da substância e pode compor-se de um ou mais átomos ~ **molecular** *adj.2g.*

mo.lei.ra *s.f.* ANAT espaço membranoso ainda não calcificado entre os ossos do crânio dos bebês; fontanela

mo.lei.rão [pl.: *-ões*] *adj.s.m.* preguiçoso

mo.lei.ro *s.m.* quem possui moinho ou nele trabalha

mo.le.jo /ê/ *s.m.* **1** funcionamento das molas de um aparelho **2** *infrm.* balanço, ginga

mo.len.ga *adj.2g.s.2g.* **1** preguiçoso, indolente **2** que(m) não tem firmeza, resolução; covarde

mo.le.que *s.m. B* **1** garoto de pouca idade **2** garoto levado **3** brincalhão **4** pessoa atrevida, mal-educada ◉ COL molecada, molecagem

mo.les.tar *v.* {mod. 1} *t.d. e pron.* **1** (fazer) sentir mágoa, desgosto; ofender(-se) **2** (fazer) ter enfado ou aborrecimento; importunar(-se) ☐ *t.d.* **3** causar desassossego a; inquietar **4** forçar aproximação sexual com ~ **molestador** *adj.s.m.*

mo.lés.tia *s.f.* doença

mo.les.to *adj.* **1** que causa moléstia; nocivo **2** que causa incômodo, que aborrece **3** trabalhoso, árduo

mo.le.tom [pl.: *-ons*] *s.m.* **1** tecido macio e quente de algodão ou lã **2** VEST roupa desse tecido

mo.le.za /ê/ *s.f.* **1** característica do que é mole **2** *fig.* falta de vigor físico **3** *fig.* falta de empenho, de atividade **4** *fig. B gír.* aquilo que não requer esforço; facilidade

mo.lha.de.la *s.f.* ato de molhar rapidamente

mo.lha.do *adj.* **1** umedecido ou encharcado em água ou outro líquido ▼ ***molhados*** *s.m.pl.* **2** mercadorias líquidas (azeite, vinho etc.) vendidas em mercearias

mo.lhar *v.* {mod. 1} *t.d. e t.d.i.* **1** (prep. *em*) mergulhar em, banhar, cobrir ou borrifar com qualquer líquido *<m. as plantas> <m. os pés (no mar)>* ☐ *t.d.* **2** deixar úmido; umedecer ☐ *pron.* **3** receber ou derramar líquido sobre si

mo.lhe *s.m.* paredão em um porto marítimo que protege as embarcações das ondas do mar; quebra-mar

mo.lhei.ra *s.f.* recipiente para servir molho ('caldo')

mo.lho /ó/ *s.m.* conjunto de coisas reunidas; penca

mo.lho /ô/ *s.m.* **1** CUL caldo com que se tempera ou que acompanha um prato **2** líquido em que se deixa mergulhado algo ▣ **de m. 1** imerso em água ou qualquer outro líquido, por certo tempo *<deixou o feijão de m.>* **2** *fig. infrm.* inativo (por algum motivo)

mo.lib.dê.nio *s.m.* QUÍM elemento químico de grande resistência à corrosão, us. em aços e ligas [símb.: *Mo*] ☞ cf. *tabela periódica* (no fim do dicionário)

mo.li.ne.te /ê/ *s.m.* **1** borboleta ('dispositivo') **2** espécie de bobina que se prende ao caniço para enrolar a linha

mo.loi.de /ói/ *adj.2g.s.2g. B* molenga

mo.lus.co *s.m.* ZOO espécime dos moluscos, filo de animais invertebrados de corpo mole, às vezes dotados de concha

mo.men.tâ.neo *adj.* **1** que dura apenas um momento; rápido **2** passageiro, transitório

mo.men.to *s.m.* **1** breve espaço de tempo; instante **2** ponto determinado do tempo; ocasião **3** tempo presente **4** situação, circunstância

mo.men.to.so /ô/ [pl.: /ó/; fem.: /ó/] *adj.* sério, grave

mo.mi.ce *s.f.* gesticulação ou postura burlesca; careta

mo.mo *s.m.* **1** na Idade Média, encenação curta que satirizava os costumes **2** o ator que fazia essa encenação **3** rei do carnaval ☞ nesta acp. inicial maiúsc.

mo.na.cal [pl.: *-ais*] *adj.2g.* monástico

mo.nar.ca *s.m.* soberano, rei

mo.nar.qui.a *s.f.* POL **1** forma de governo em que o chefe de Estado é um monarca, com título de rei ou rainha **2** *p.ext.* Estado que possui essa forma de governo ~ **monarquismo** *s.m.* - **monarquista** *adj.2g.s.2g.*

mo.nár.qui.co *adj.* **1** relativo ou pertencente à monarquia ■ *adj.s.m.* **2** POL partidário da monarquia

mo.nas.té.rio *s.m.* mosteiro

mo.nás.ti.co *adj.* relativo a monge ou mosteiro; monacal

mon.ção [pl.: *-ões*] *s.f.* **1** MET vento do sudoeste da Ásia que sopra do continente para o mar no inverno e do mar para o continente no verão e acarreta fortes mudanças climáticas **2** *fig.* ocasião favorável **3** HIST *B* nome dado às expedições fluviais das capitanias de São Paulo e Mato Grosso, nos séc. XVIII e XIX

mo.ne.ra *s.f.* BIO nome comum a organismos, de uma única célula, de vida livre ou parasitas, mais conhecidos como bactérias

mo.ne.tá.rio *adj.* relativo à moeda ('meio')

mon.ge [fem.: *monja*] *s.m.* REL religioso que vive num mosteiro

mon.go.lis.mo *s.m.* GEN MED síndrome de Down

mon.go.loi.de /ói/ *adj.2g.s.2g.* GEN MED que(m) tem mongolismo

mo.ni.tor /ô/ [pl.: *-es*] *s.m.* **1** aluno que auxilia o professor nas aulas **2** INF periférico que exibe dados gerados pelo computador **3** MED aparelho eletrônico que controla os sinais vitais de doentes

mo.ni.to.rar *v.* {mod. 1} *t.d.* **1** exercer controle ou vigilância constante sobre *<m. os preços dos remédios>* **2** rastrear, medir e/ou analisar continuamente (dados científicos, biológicos etc.) **3** RÁD TV verificar a qualidade do som, imagens etc. de (um programa) **4** atuar como monitor em *<m. uma turma>*

mo.ni.tó.rio *adj.* que aconselha ou repreende

mo.ni.to.ri.zar *v.* {mod. 1} *t.d.* monitorar

mon.jo.lo /ô/ *s.m. B* engenho rudimentar movido a água, para pilar milho ou descascar café

mo.no *s.m.* ZOO nome comum aos macacos, esp. aos primatas antropoides

mo.no.blo.co *adj.s.m.* (o) que é fabricado num só bloco

mo.no.ci.clo *s.m.* veículo de uma roda, hoje só us. ger. em espetáculos circenses

mo.no.cór.dio *s.m.* **1** MÚS instrumento musical de uma só corda ■ *adj.* **2** MÚS de uma só corda **3** *fig.* monótono, enfadonho

mo.no.co.ti.lé.do.ne *adj.2g.* BOT monocotiledôneo

mo.no.co.ti.le.dô.nea *s.f.* BOT espécime das monocotiledôneas, classe de plantas angiospermas cujo embrião tem um só cotilédone

mo.no.co.ti.le.dô.neo *adj.* BOT que tem um só cotilédone (diz-se de planta); monocotilédone

mo.no.cro.má.ti.co *adj.* de uma só cor

mo.no.cu.lar [pl.: *-es*] *adj.2g.* relativo a um único olho

mo.nó.cu.lo *s.m.* óculo para um só olho

mo.no.cul.tu.ra *s.f.* cultura de um só produto agrícola ~ **monocultor** *adj.s.m.*

mo.no.fo.bi.a *s.f.* MED medo doentio da solidão ~ **monófobo** *adj.s.m.*

mo.no.ga.mi.a *s.f.* regime ou costume em que o homem ou a mulher só pode ter um cônjuge, enquanto se mantiver vigente o casamento ☞ cf. *bigamia, poligamia* ~ **monogâmico** *adj.* - **monógamo** *adj.s.m.*

mo.no.gra.fi.a *s.f.* trabalho escrito que relata estudo minucioso acerca de determinado assunto ~ **monográfico** *adj.*

mo.no.gra.ma *s.m.* entrelaçamento das letras iniciais de um nome, us. em emblemas, brasões etc. ~ **monogramático** *adj.*

mo.no.lín.gue /gü/ *adj.2g.* **1** que trata de ou envolve só uma língua ■ *adj.2g.s.2g.* LING **2** que(m) fala e entende uma única língua

mo.nó.li.to *s.m.* **1** pedra de grandes dimensões **2** monumento feito de um único bloco de pedra ~ **monolítico** *adj.*

mo.nó.lo.go *s.m.* **1** TEAT cena em que o personagem está só e fala consigo mesmo ou para o público **2** TEAT peça escrita para um único personagem e encenada por um único ator **3** ação de falar consigo próprio; solilóquio ~ **monologar** *v.t.d. e int.*

mo.no.ma.ni.a *s.f.* **1** MED pensamento obsessivo numa única coisa **2** *p.ext.* ideia fixa ~ **monomaníaco** *adj.s.m.*

mo.nô.me.ro *s.m.* QUÍM molécula que pode combinar-se com outras do mesmo tipo para formar um polímero

mo.nô.mio *s.m.* MAT expressão matemática de um único termo que não envolve, portanto, as operações de soma ou subtração

mo.no.mo.tor /ô/ [pl.: *-es*] *adj.s.m.* (veículo) de um só motor

mo.no.nu.cle.o.se *s.f.* MED aumento exagerado de leucócitos de apenas um núcleo no sangue

mo.no.pla.no *adj.s.m.* AER (aeroplano) que tem apenas uma asa de cada lado

mo.no.pó.lio *s.m.* **1** ECON privilégio para explorar com exclusividade alguma atividade **2** posse exclusiva, propriedade de um só

mo.no.po.li.zar *v.* {mod. 1} *t.d.* **1** ECON fazer ou ter o monopólio de *<m. as linhas de ônibus>* **2** *fig.* tomar exclusivamente para si; centralizar *<m. a atenção dos convidados>* ~ **monopolização** *s.f.*

mo.nos.sí.la.bo *adj.s.m.* GRAM LING (vocábulo) de uma só sílaba ~ **monossilábico** *adj.*

mo.no.te.ís.mo *s.m.* REL crença religiosa em um só deus ~ **monoteísta** *adj.2g.s.2g.* - **monoteístico** *adj.*

mo.no.to.ni.a *s.f.* **1** uniformidade de tom *<m. de ritmo>* **2** *p.ext.* ausência de variedade em qualquer coisa *<m. na paisagem>*

mo.nó.to.no *adj.* **1** que se repete continuamente; invariável **2** que se mostra maçante pela ausência de novidade; aborrecido **3** continuamente de mesmo tom

mo.no.tre.ma.do *s.m.* ZOO espécime dos monotremados, ordem de mamíferos primitivos, como o ornitorrinco, que apresentam algumas características de aves e répteis, como a produção de ovos com casca

mo.no.tri.lho *adj.s.m.* (trem) que trafega em ferrovia de um só trilho de rolamento

M

mo.no.u.su.á.rio *adj.s.m.* (o) que só é utilizado a cada vez por um usuário (diz-se, ger., de programa de informática, sistema operacional, estação de serviço)

mo.nó.xi.do /cs/ *s.m.* QUÍM óxido que contém um átomo de oxigênio ▣ **m. de carbono** QUÍM gás venenoso encontrado esp. em minas e na descarga dos automóveis

mon.se.nhor [pl.: *-es*] *s.m.* **1** título honorífico concedido pelo papa a alguns sacerdotes **2** BOT crisântemo ~ **monsenhorado** *s.m.*

mons.tren.go ou **mos.tren.go** *adj.s.m.* **1** (criatura inumana) de aspecto assustador, como um monstro **2** *p.ext.* (qualquer coisa) cuja natureza seja contrária à normalidade **3** *p.ext.* que(m) é deformado ou muito feio

mons.tro *s.m.* **1** ser fantástico de aspecto ameaçador **2** ser ou coisa de constituição imperfeita; aberração, deformidade **3** *p.ext.* pessoa perversa ~ **monstruosidade** *s.f.*

mons.tru.o.so /ô/ [pl.: /ó/; fem.: /ó/] *adj.* **1** que possui o aspecto de um monstro **2** *<crime m.>* ~ **monstruosidade** *s.f.*

mon.ta *s.f.* **1** soma, montante de uma conta **2** o custo de algo **3** *fig.* importância, valor *<ser de pouca m.>*

mon.ta.do.ra /ô/ *s.f.* *B* fábrica que monta seu produto final com peças produzidas por outras fábricas

mon.ta.gem [pl.: *-ens*] *s.f.* **1** junção das peças de um dispositivo ou mecanismo para que ele funcione **2** CINE seleção, ordenação e união das cenas de filmagem para formar o filme **3** TEAT encenação de uma peça teatral

mon.ta.nha *s.f.* **1** GEO alta elevação natural da superfície da terra **2** GEO cadeia com várias dessas elevações; serra **3** *fig.* grande quantidade ~ **montanhesco** *adj.*

mon.ta.nha-rus.sa [pl.: *montanhas-russas*] *s.f.* RECR brinquedo de parques de diversões composto por um longo trilho que percorre várias subidas, descidas e curvas, pelo qual passa uma fileira de vagões em alta velocidade

mon.ta.nhês [pl.: *-es*] *adj.s.m.* relativo a montanha ou aquele que habita as montanhas

mon.ta.nhis.mo *s.m.* ESP esporte que consiste em escalar montanhas, picos etc.; alpinismo ~ **montanhista** *adj.2g.s.2g.*

mon.ta.nho.so /ô/ [pl.: /ó/; fem.: /ó/] *adj.* **1** formado, composto por muitas montanhas **2** cuja superfície é desigual; escarpado, acidentado

mon.tan.te *adj.2g.* **1** que se eleva, que sobe *<maré m.>* ■ *s.m.* **2** soma, importância ▣ **a m.** no sentido contrário ao que corre um rio

mon.tão [pl.: *-ões*] *s.m.* grande quantidade de pessoas ou coisas (concretas ou abstratas) ◉ GRAM/USO aum. de *monte*

mon.tar *v.* {mod. 1} *t.d.i.* **1** (prep. *em*, *sobre*) pôr(-se) em cima de; sobrepor(-se) *<m. os cotovelos sobre os joelhos>* *<m. na moto>* □ *t.d.* e *int.* **2** cavalgar, como profissão ou não *<ele monta sempre a mesma égua>* *<monta muito bem>* □ *t.d.*,*t.i.* e *int.* **3** (prep. *em*) pôr(-se) sobre (animal); cavalgar *<só quer m. animais ariscos>* *<a criança montou em um pônei>* *<adora m.>* □ *t.i.* e *int.* **4** (prep. *a*) elevar-se no espaço; subir *<o balão montou a mil metros>* *<as águias montam mais alto que outros pássaros>* □ *t.d.* **5** pôr em condições de funcionar ou ser usado; instalar, armar *<m. uma batedeira>* **6** juntar as diversas partes de; encaixar *<m. um quebra-cabeça>* **7** abrir (comércio, indústria etc.) *<montou uma papelaria>* **8** pôr em prática (evento, acontecimento); realizar *<m. uma festa>* **9** encenar (espetáculo teatral) ~ **montador** *adj.s.m.*

mon.ta.ri.a *s.f.* cavalgadura ('animal')

mon.te *s.m.* **1** GEO elevação de uma superfície em relação ao espaço à sua volta **2** *p.ext.* porção de coisas amontoadas **3** *fig.* grande quantidade ◉ GRAM/USO dim.irreg.: *montículo*

mon.te.pi.o *s.m.* **1** instituição que tem por objetivo dar a seus associados assistência em caso de doença e pensão aos seus dependentes em caso de morte **2** essa pensão

mon.tês [pl.: *-eses*] *adj.* relativo a monte ou montanha; montesinho, montesino ☞ tb. us. como adj.2g., p.ex., *cabra-montês*

mon.te.si.nho ou **mon.te.si.no** *adj.* montês

mon.tí.cu.lo *s.m.* **1** pequeno monte **2** pequena quantidade de qualquer coisa amontoada ◉ GRAM/USO dim.irreg. de *monte*

mon.to.ei.ra *s.f.* grande quantidade

mon.tu.ro *s.m.* **1** local onde se deposita lixo **2** monte de lixo

mo.nu.men.tal [pl.: *-ais*] *adj.2g.* **1** relativo a monumento **2** *p.ext.* de grande dimensão **3** *fig.* admirável por ser singular, excepcional

mo.nu.men.to *s.m.* **1** obra construída em homenagem a alguém ou a um fato histórico **2** construção majestosa

mo.que.ca *s.f.* CUL *B* ensopado, ger. de peixe ou frutos do mar, feito com cebolas, pimentões, tomates e temperos

mor [pl.: *mores*] *adj.* red. de *maior* ◉ GRAM/USO us. ger. com hífen após substantivos (p.ex., *capitão-mor*)

mo.ra *s.f.* **1** demora, atraso **2** prorrogação de um prazo para pagamento ou restituição de qualquer dívida **3** ECON quantia que se paga a mais em uma dívida pelo não cumprimento do prazo estabelecido para sua quitação

mo.ra.da *s.f.* moradia, habitação

mo.ra.di.a *s.f.* lugar onde se mora; habitação, morada

mo.ra.dor /ô/ [pl.: *-es*] *adj.s.m.* (o) que mora ou habita determinado local; habitante, residente

mo.ral [pl.: *-ais*] *s.f.* **1** conjunto de regras de conduta desejáveis num grupo social **2** ensinamento que se tira de uma obra, fábula etc. *<m. da história>* ■ *s.m.* **3** estado de espírito; ânimo, determinação ■ *adj.2g.* **4** relativo à moral

mo.ra.li.da.de *s.f.* **1** conjunto de princípios morais **2** conduta que segue esses princípios

mo.ra.lis.mo *s.m.* atitude que considera os valores morais acima dos demais ~ **moralista** *adj.2g.s.2g.*

mo.ra.li.zar *v.* {mod. 1} *t.d.* **1** tornar conforme os preceitos da moral *<m. as ações>* ☐ *t.d. e pron.* **2** dotar(-se) de valores morais *<um bom diretor moraliza a escola> <moraliza-se com atitudes irrepreensíveis>* ☐ *int.* **3** discorrer publicamente sobre a moral *<onde vai, não perde a chance de m.>* ~ **moralização** *s.f.* - **moralizante** *adj.2g.*

mo.ran.ga *s.f.* BOT certa variedade de abóbora

mo.ran.go *s.m.* BOT fruto vermelho, carnoso e comestível do morangueiro

mo.ran.guei.ro *s.m.* BOT nome comum a diversas ervas rasteiras com folhas de extremidade denteada que produzem o morango, cuja comercialização restringe-se a poucas espécies

mo.rar *v.* {mod. 1} *int.* **1** ocupar como residência; habitar, residir *<m. num sítio>* ☐ *t.i.* **2** (prep. *com*) compartilhar moradia com; viver, coabitar *<mora com os pais>* **3** *B gír.* (prep. *em*) entender, compreender *<não morou no que o chefe disse>*

mo.ra.tó.ria *s.f.* DIR adiamento do prazo de vencimento de uma dívida concedido por tribunal ou autoridade competente

mo.ra.tó.rio *adj.* **1** relativo a moratória **2** em que há demora ou adiamento

mor.bi.dez /ê/ [pl.: *-es*] *s.f.* **1** qualidade ou estado do que é mórbido **2** abatimento físico e/ou psíquico

mór.bi.do *adj.* **1** que apresenta alguma doença; doentio, enfermo **2** que causa doença ou moléstia **3** que demonstra falta de equilíbrio psíquico **4** perverso, depravado

mor.ce.go /ê/ *s.m.* ZOO mamífero noturno voador, possui asas com membranas e se pendura de cabeça para baixo, preso pelos pés

mor.ce.la *s.f.* CUL tipo de chouriço feito com sangue e miúdos de porco

mor.da.ça *s.f.* **1** tira de pano ou de outro material us. para tapar a boca de alguém para que não grite ou fale **2** focinheira ('correia')

mor.daz [pl.: *-es*] *adj.2g.* sarcástico, maldoso, corrosivo ~ **mordacidade** *s.f.*

mor.de.du.ra *s.f.* **1** ato ou efeito de morder, de cravar os dentes em; dentada **2** marca deixada pela ação de morder; mordida

mor.den.te *adj.2g.* **1** que morde **2** que provoca corrosão **3** que provoca excitação ■ *s.m.* **4** substância que fixa certos corantes a fibras têxteis

mor.der *v.* {mod. 8} *t.d.* **1** comprimir repetidas vezes utilizando os dentes; mastigar **2** cortar ou ferir com os dentes **3** picar ou ferir (insetos) **4** destruir aos poucos; corroer ☐ *t.d. e int.* **5** dar dentadas ☐ *t.d. e pron. fig.* **6** (fazer) ficar aborrecido, aflito; atormentar(-se), consumir(-se)

mor.di.da *s.f.* **1** ato ou efeito de morder, de cravar os dentes em; dentada **2** *infrm.* pequena quantidade de algo, obtida em uma dentada; bocado, pedaço

mor.dis.car *v.* {mod. 1} *t.d.* dar pequenas e repetidas mordidas em

mor.do.mi.a *s.f.* *B* **1** regalia de que se desfruta sem empregar nenhum esforço **2** benefício de que gozam certos funcionários ou servidores públicos, não extensivo aos demais

mor.do.mo *s.m.* empregado que administra uma casa

mo.re.no *adj.s.m.* **1** (indivíduo) com tom de pele escura, entre o negro e o mulato **2** (indivíduo) branco de tez mais escura ou queimada de sol **3** (indivíduo) cuja cor do cabelo varia de castanho-escuro a preto

mor.fei.a /éi/ *s.f.* MED hanseníase

mor.fe.ma *s.m.* LING menor unidade com significado gramatical ou semântico em que se pode segmentar uma palavra ~ **morfêmico** *adj.*

mor.fé.ti.co *adj.s.m.* relativo a morfeia ou aquele que a apresenta

mor.fi.na *s.f.* FARM substância obtida do ópio e que tem efeitos sedativos analgésicos

mor.fo.lo.gi.a *s.f.* **1** BIO estudo das formas e estruturas de um órgão ou de um ser vivo **2** GRAM LING estudo da formação e flexões das palavras ~ **morfológico** *adj.*

mor.ga.do *s.m.* **1** herança destinada apenas ao filho mais velho **2** filho mais velho beneficiado por essa herança **3** *p.ext.* o filho mais velho ou filho único

mor.gue *s.m.* necrotério

mo.ri.bun.do *adj.s.m.* que(m) está prestes a morrer

mo.ri.ge.rar *v.* {mod. 1} *t.d. e pron.* (fazer) adquirir boa educação, bons costumes; educar(-se)

mo.rim [pl.: *-ins*] *s.m.* tecido de algodão, fino e branco

mo.rin.ga *s.f.* vaso de barro para guardar água e mantê-la fresca; talha

mor.ma.cei.ra *s.f.* mormaço intenso

mor.ma.ço *s.m.* **1** ar aquecido e úmido, abafado **2** luz de sol encoberto que queima a pele ~ **mormacento** *adj.*

mor.men.te *adv.* principalmente, sobretudo

mor.mo /ô/ *s.m.* VET doença que ataca cavalos e felinos, causando-lhes rinite

mór.mon [pl.: *mórmones* e *(B) mórmons*] *adj.2g.s.2g.* (seguidor) do mormonismo; mormonista

mor.mo.nis.mo *s.m.* REL doutrina protestante, fundada nos EUA por Joseph Smith (1805-1844), que, entre outras coisas, admite a poligamia ~ **mormonista** *adj.2g.s.2g.*

mor.no /ô/ *adj.* **1** pouco quente **2** *fig.* monótono; sem graça

mo.ro.so /ô/ [pl.: */ó/*; fem.: */ó/*] *adj.* **1** demorado, lento **2** trabalhoso, árduo ~ **morosidade** *s.f.*

mor.rer *v.* {mod. 8} *int.* **1** perder a vida; falecer, expirar **2** *fig.* deixar de existir; extinguir-se, acabar **3** parar de funcionar (motor, mecanismo, veículo etc.) **4** *fig.* não chegar a acontecer; interromper-se □ *t.i. fig.* **5** (prep. *de*) experimentar com intensidade (dor física ou moral, sentimento, indisposição etc.) **6** (prep. *para*) renunciar, renegar a <*m. para o amor*> **7** *infrm.* (prep. *em*) gastar (certa quantia) <*m. em dez reais*> ◉ GRAM/USO part.: *morrido, morto*

mor.ri.nha *s.f. B* **1** mau cheiro; inhaca ■ *adj.2g.s.2g. B infrm.* **2** (sujeito) maçante ~ **morrinhento** *adj.*

mor.ro /ô/ *s.m.* **1** GEO monte não muito alto **2** *B* favela

mor.sa *s.f.* ZOO grande mamífero marinho do polo Norte, de pele grossa, com pelos esparsos e duas grandes presas superiores

mor.ta.de.la *s.f.* CUL embutido feito de carne defumada de boi e de porco

mor.tal [pl.: *-ais*] *adj.2g.* **1** sujeito à morte **2** que mata; letal **3** que deseja a morte de outrem <*inimigo m.*> **4** *fig.* que não se pode aplacar <*ódio m.*> ■ *s.m.* **5** o ser humano

mor.ta.lha *s.f.* pano ou veste com que se envolve o cadáver ~ **amortalhar** *v.t.d.*

mor.ta.li.da.de *s.f.* **1** condição do que é mortal **2** requisito do que causa a morte **3** número de seres de uma população que morrem em época ou local determinados

mor.tan.da.de *s.f.* **1** assassinato de muitas pessoas; morticínio **2** grande número de mortes

mor.te *s.f.* **1** o fim da vida **2** término de qualquer coisa **3** *fig.* grande angústia; desolação

mor.tei.ro *s.m.* **1** canhão curto e largo do qual são lançadas pequenas bombas **2** certo tipo de fogo de artifício

mor.ti.cí.nio *s.m.* mortandade ('assassinato')

mor.ti.ço *adj.* **1** próximo do fim, da morte **2** apagado, sem brilho

mor.tí.fe.ro *adj.* que provoca a morte; letal

mor.ti.fi.car *v.* {mod. 1} *t.d. e pron.* **1** impor penitência(s) a (o corpo próprio ou alheio); castigar(-se), torturar(-se) **2** (fazer) ficar em estado de torpor; amortecer(-se), entorpecer(-se) **3** *fig.* (fazer) sofrer grande desgosto, aflição; atormentar(-se) **4** cansar(-se) ao extremo; extenuar(-se) □ *t.d.* **5** extinguir a vida de (órgão, tecido etc.) ~ **mortificação** *s.f.* - **mortificante** *adj.2g.*

mor.to /ô/ *adj.* **1** sem vida **2** sem movimento ou atividade; paralisado **3** *fig.* extremamente cansado; exausto **4** não mais em uso (diz-se de língua) ■ *s.m.* **5** cadáver, defunto ◉ GRAM/USO part. de *matar* e *morrer* ▣ **nem m.** *fig.* de jeito nenhum

mor.to-vi.vo [pl.: *mortos-vivos*] *s.m.* **1** pessoa que está prestes a morrer **2** *p.ext.* indivíduo inerte, sem vivacidade

mor.tu.á.rio *adj.* relativo à morte ou aos mortos; fúnebre

mo.ru.bi.xa.ba *s.m. B* cacique ('chefe')

[1]**mo.sai.co** *s.m.* **1** ART.PLÁST ARQ obra feita pela justaposição de pequenas peças coloridas cimentadas numa superfície, formando um desenho ou uma imagem **2** *fig.* qualquer trabalho composto de diversas partes [ORIGEM: do it. *mosaico* 'id.']

[2]**mo.sai.co** *adj.* REL relativo ao Moisés bíblico [ORIGEM: do fr. *mosaïque* 'id.']

mos.ca /ô/ *s.f.* **1** ZOO designação comum a diversos insetos de duas asas **2** ponto negro no centro do alvo de exercício de tiro **3** tufo de barba abaixo do lábio inferior ▣ **comer m.** *infrm.* desperdiçar uma oportunidade; bobear • **acertar na m.** *fig.* acertar com precisão, em cheio • **às moscas** vazio, desocupado

mos.car *v.* {mod. 1} *int. infrm. joc.* **1** deixar de perceber ou entender algo **2** deixar-se enganar; bobear

mos.car.do *s.m.* ZOO mosca grande

mos.ca.tel [pl.: *-éis*] *adj.2g.* **1** variedade de uva doce ■ *s.m.* **2** vinho feito com essa uva

mos.ca-va.re.jei.ra [pl.: *moscas-varejeiras*] *s.f.* ZOO nome comum a diversas moscas que depositam os ovos na carne viva ou morta de vertebrados ou substâncias orgânicas em decomposição; varejeira

mos.có.vio *s.m.* QUÍM elemento sintético radioativo [símb.: *Mc*)] ☞ cf. *tabela periódica* (no fim do dicionário)

mos.co.vi.ta *adj.2g.* **1** de Moscou (Rússia) ■ *s.2g.* **2** natural ou habitante dessa cidade

mos.que.tão [pl.: *-ões*] *s.m.* elo de metal, com abertura móvel, que une algo a uma corrente, tira, corda etc.

mos.que.te /ê/ *s.m.* antiga arma de fogo, semelhante a uma espingarda

mos.que.tei.ro *s.m.* HIST nobre que, no séc. XVII, fazia a guarda do rei da França armado de mosquete

mos.qui.tei.ro *s.m.* cortina de filó que circunda a cama para proteger contra mosquitos

mos.qui.to *s.m.* ZOO nome comum a diversos insetos alados de pequeno tamanho, que se alimentam de sangue

mos.sa *s.f.* **1** afundamento num objeto resultante de pancada **2** *fig.* abalo, comoção **3** *RS* corte ou sinal feito na orelha de uma rês

mos.tar.da *s.f.* **1** BOT planta anual de folhas comestíveis e cujas sementes servem de condimento; mostardeira **2** BOT a semente dessa planta **3** CUL pasta feita do pó dessas sementes ~ **mostardeira** *s.f.*

mos.tei.ro *s.m.* habitação na qual vivem, ger. em comunidade, pessoas que cumprem votos religiosos; monastério

mos.to /ô/ *s.m.* **1** na fabricação do vinho, sumo de uvas antes de passar pela fermentação **2** na fabricação da cerveja, líquido resultante da fervura do cereal de base, ger. a cevada, que será submetido a fermentação

mos.tra *s.f.* **1** apresentação ou exposição, ger. de caráter artístico ou documental **2** sinal, indício **3** parte de um todo; amostra

mos.tra.dor /ô/ [pl.: *-es*] *adj.s.m.* **1** (o) que mostra, indica ■ *s.m.* **2** parte do relógio em que se leem as horas **3** pequeno painel eletrônico que exibe informações sobre o funcionamento de um aparelho

mos.trar *v.* {mod. 1} *t.d.,t.d.i. e pron.* **1** (prep. *a*) oferecer(-se) à vista de; exibir(-se) *<a foto mostra a atriz ainda jovem> <mostrou-lhes a tapeçaria que comprara> <não saía de casa, não se mostrava>* □ *t.d. e t.d.i.* **2** (prep. *a*) tornar indubitável, evidente; provar, demonstrar *<o resultado mostrou (a todos) que ele estava certo>* **3** (prep. *a*) dar a conhecer; expor, divulgar *<m. o projeto (ao chefe)>* □ *t.d.* **4** fazer perceptível por sinais ou indícios; indicar

mos.tren.go *adj.s.m.* → ***MONSTRENGO***

mos.tru.á.rio *s.m.* **1** vitrine **2** balcão, caixa, pasta etc. onde se colocam amostras de mercadorias

mo.te *s.m.* **1** LIT citação tomada como ponto de partida de um capítulo ou de uma obra literária; epígrafe **2** dito satírico **3** assunto, tema

mo.te.jo /ê/ *s.m.* comentário com intuito de provocar riso, de zombar ~ **motejador** *adj.s.m.* - **motejar** *v.t.d.,t.i. e int.*

mo.tel [pl.: *-éis*] *s.m.* hotel de beira de estrada ou que aluga quartos para encontros amorosos

mo.ti.li.da.de *s.f.* **1** facilidade de se mover **2** FISL capacidade que têm certos órgãos de realizar movimentos autônomos

mo.tim [pl.: *-ins*] *s.m.* movimento que demonstra rebeldia contra uma autoridade; rebelião

mo.ti.va.ção [pl.: *-ões*] *s.f.* ação ou efeito de motivar, de estimular, a si mesmo ou a outros

mo.ti.var *v.* {mod. 1} *t.d.* **1** dar motivo a; causar, provocar **2** apresentar como motivo ou causa de; alegar □ *t.d. e t.d.i.* **3** (prep. *a*) ser motivação para; estimular, impulsionar *<o tempo bom motivava uma caminhada> <a chuva motivou-os a ficar em casa>* □ *t.d. e int.* **4** prender a atenção de; interessar ~ **motivador** *adj.s.m.*

mo.ti.vo *s.m.* **1** causa, razão **2** o que se busca alcançar; objetivo, finalidade

mo.to *s.f.* red. de *motocicleta*

mo.to.bói ou **mo.to.boy** *s.m. B* entregador ou contínuo que se desloca de motocicleta

mo.to.ca *s.f. B infrm.* motocicleta

mo.to.ci.cle.ta *s.f.* veículo motorizado de duas rodas, mais pesado que a bicicleta; moto

mo.to.ci.clis.mo *s.m.* ESP esporte das corridas de motocicleta

mo.to.ci.clis.ta *adj.2g.s.2g.* **1** que(m) dirige motocicleta; motoqueiro **2** ESP que(m) pratica motociclismo

mo.to.ci.clo *s.m.* nome genérico das bicicletas providas de pequenos motores

mo.to-con.tí.nuo [pl.: *motos-contínuos*] *s.m.* **1** qualquer movimento que ocorre sem interrupção (p.ex., o das águas marinhas) **2** FÍS movimento de um mecanismo imaginário que, após iniciado, continuaria por tempo indefinido

motocross [ing.] *s.m.* ESP prova de motocicletas realizada em circuito fechado com piso de terra muito acidentado ⇒ pronuncia-se moutoucrós

mo.to.náu.ti.ca *s.f.* ESP esporte praticado com embarcações de alta velocidade ~ **motonáutico** *adj.*

mo.to.ne.ta /ê/ *s.f.* espécie de motocicleta com rodas pequenas em que é possível juntar as pernas à frente do assento; lambreta

mo.to.quei.ro *s.m.* motociclista

mo.tor /ô/ [pl.: *-es*] *s.m.* **1** ENG MEC dispositivo ou mecanismo que produz força para acionar máquinas etc. **2** *fig.* o que incentiva, promove ■ *adj.* **3** que move, dota de ou gera movimento *<força m.>* **4** FISL que diz respeito à motilidade *<distúrbios m.>* ◉ GRAM/USO como adj., fem.: *motriz* ou *motora*

mo.to.ris.ta *adj.2g.s.2g.* que(m) conduz veículo motorizado

mo.to.ri.zar *v.* {mod. 1} *t.d.* **1** instalar motor em □ *t.d. e pron.* **2** (fazer) passar a deslocar-se em veículo motorizado ~ **motorização** *s.f.*

mo.tor.nei.ro *s.m.* condutor de bonde

mo.tos.ser.ra *s.f.* serra acionada por motor, portátil, us. esp. para corte de madeira, árvores etc.; serra elétrica

mo.to.tá.xi /cs/ *s.m.* **1** serviço de táxi operado em motocicleta **2** motocicleta ou motociclista que faz esse serviço

mo.tri.ci.da.de *s.f.* **1** o que uma força motriz gera **2** BIO MED conjunto de funções nervosas e musculares que permite os movimentos voluntários ou automáticos do corpo

mo.triz [pl.: *-es*] *s.f.* força que move, que gera movimento ☞ cf. *motor* (adj.)

mou.co *adj.s.m.* que(m) não ouve ou ouve muito pouco ~ **mouquice** *s.f.* - **mouquidão** *s.f.*

mou.rão [pl.: *-ões*] *s.m.* **1** estaca vertical grossa na qual se fixam varas ou arames de uma cerca **2** *B* estaca onde se amarram reses

mou.re.jar *v.* {mod. 1} *int.* trabalhar muito, sem descanso (como um mouro)

mou.ris.co *adj.* relativo aos ou próprio dos mouros

mou.ro *adj.s.m.* **1** (habitante) da Mauritânia (África) **2** HIST (indivíduo) do povo árabe que ocupou a península Ibérica entre os séc. VIII e XV **3** que(m) trabalha muito

mouse [ing.; pl.: *mouses*] *s.m.* INF dispositivo manual que controla a posição do cursor sobre a tela e é capaz de selecionar ícones, opções no menu do programa etc. ⇒ pronuncia-se maus

mo.ve.di.ço *adj.* que se move muito ou muda com facilidade *<dunas m.>*

mó.vel [pl.: *-eis*] *adj.2g.* **1** que se move ou pode ser movido ■ *s.m.* **2** objeto que se põe num cômodo para auxiliar a habitação ou o trabalho (p.ex., mesa, cama, armário)

mo.ve.la.ri.a *s.f.* **1** loja que fabrica ou vende móveis **2** loja onde se consertam móveis

mo.ve.lei.ro *s.m.* fabricante ou vendedor de móveis

mo.ver *v.* {mod. 8} *t.d. e pron.* **1** pôr(-se) em ação, em movimento; mexer(-se) *<não consegue m. o pulso >* *<já não pode m.-se com a mesma agilidade>* **2** (fazer) ir de um lugar para outro; deslocar(-se) *<moveu a cadeira para perto da janela>* *<move-se com lentidão>* □ *t.d.* **3** fazer funcionar; movimentar **4** *fig.* provocar compaixão em; comover □ *pron.* **5** determinar-se a agir, a fazer algo; mexer-se □ *t.d.,t.i.,t.d.i. e pron. fig.* **6** (prep. *a*) provocar ou ter (certa ação ou reação física ou psicológica); induzir, mobilizar, levar *<é bela a causa que os move>* *<a solidão moveu-o a casar>* *<m.-se a deixar a bebida>* ~ **movedor** *adj.s.m.*

mo.vi.men.ta.ção [pl.: *-ões*] *s.f.* **1** ato de movimentar(-se) ou o seu efeito; movimento **2** *infrm.* agitação desordenada; alvoroço

mo.vi.men.tar *v.* {mod. 1} *t.d. e pron.* **1** pôr(-se) em ação, movimento; mexer(-se) *<mal pode m. o corpo>* *<movimentava-se com leveza>* **2** imprimir(-se) ânimo, vida, vigor etc.; animar(-se) *<pássaros movimentaram a paisagem>* *<a ciência movimentou-se com a nova descoberta>* □ *t.d.* **3** fazer funcionar; mover *<a eletricidade movimenta a circulação da água>*

mo.vi.men.to *s.m.* **1** movimentação **2** agitação, atividade **3** *p.ext.* atividade (artística, política, filosófica etc.) promovida por um grupo de pessoas **4** MÚS cada parte de uma composição musical

mo.vi.o.la *s.f.* CINE equipamento com que se editam filmes de cinema

mo.za.re.la ou **mu.ça.re.la** *s.f.* queijo de consistência macia e sabor suave

MP *s.m.* **1** sigla de Ministério Público ■ *s.f.* **2** sigla de medida provisória

MP3 ® [ing.] *s.m.* ELETRÔN formato patenteado de codificação digital de áudio, us. para armazenamento de músicas, voz e sons em geral

MPB *s.f.* sigla de música popular brasileira

MRE *s.m.* sigla de Ministério das Relações Exteriores

MS sigla do Estado de Mato Grosso do Sul

MST *s.m.* acrônimo de Movimento dos Trabalhadores Rurais Sem Terra

Mt QUÍM símb. de *meitnério*

MT sigla do Estado de Mato Grosso

mu *s.m.* ZOO burro ('animal estéril')

mu.am.ba *s.f.* **1** roubo ou furto de mercadorias nos portos **2** mercadoria contrabandeada; contrabando

mu.am.bei.ro *s.m.* indivíduo que se dedica ao comércio de mercadorias contrabandeadas

mu.ar [pl.: *-es*] *s.m.* ZOO **1** burro ('animal estéril') ■ *adj.2g.* **2** relativo a burro *<gado m.>*

mu.ca.ma ou **mu.cam.ba** *s.f.* escrava negra, ger. jovem, que fazia os serviços domésticos

mu.ça.re.la *s.f.* → ***MOZARELA***

mu.ci.la.gem [pl.: *-ens*] *s.f.* BOT substância vegetal viscosa rica em proteína

mu.co *s.m.* secreção viscosa que lubrifica e protege as membranas mucosas ~ **mucosidade** *s.f.* - **mucoso** *adj.*

mu.co.sa *s.f.* ANAT membrana que reveste certas cavidades do organismo abertas ao exterior e é lubrificada por muco ~ **mucosal** *adj.2g.*

mu.çu *s.m.* → ***MUÇUM***

mu.cu.im [pl.: *-ins*] *s.m.* → ***MICUIM***

mu.çul.ma.no *adj.s.m.* REL que(m) segue o islamismo; maometano, islamita

mu.çum [pl.: *-uns*] ou **mu.çu** *s.m.* ZOO peixe de corpo alongado e sem escamas que ocorre em águas doces da América do Sul

mu.da *s.f.* **1** BIO renovação periódica de pelo, pele etc. em certos animais **2** a época dessa renovação **3** BOT planta jovem que se leva de um viveiro para ser plantada em local definitivo **4** peça de vestuário us. para trocar por outra

mu.dan.ça *s.f.* ato ou efeito de mudar(-se)

mu.dar *v.* {mod. 1} *t.d. e int.* **1** (fazer) sair de condição ou estado natural em que se encontrava; alterar(-se), transformar(-se), modificar(-se) *<quem mudou a fórmula?>* *<a cor mudará na luz>* **2** (fazer) ficar com características parcial ou totalmente diferentes; modificar(-se), transformar(-se) *<mudou o texto para ser publicado>* *<casou-se e não mudou nada>* □ *t.d.,t.d.i.,t.i.,int. e pron.* **3** (prep. *de, para*) transferir(-se) para outro local *<m. os quadros da parede>* *<mudou as enfermeiras (da emergência) para a enfermaria>* *<a vizinha de cima mudou (para a casa da filha)>* *<queriam m.(-se) para a cidade>* □ *t.i.* **4** (prep. *de*) deixar uma coisa por (outra); trocar *<m. de conversa, de cidade>* □ *t.d.* **5** modificar as características de; desfigurar, deturpar **6** retirar da posição original ou daquela em que estava; remover

mu.dez /ê/ [pl.: *-es*] *s.f.* **1** estado ou condição de quem é incapaz de falar **2** fato de alguém se recusar a falar **3** *fig.* ausência ou cessação de ruídos

mu.do *adj.s.m.* **1** incapaz de falar por deficiência congênita ou adquirida ☞ nesta acp., a palavra pode ser ofensiva ■ *adj.* **2** que não quer falar, explicar, emitir sua opinião em determinada circunstância **3** sem expressão por palavras ou por sons

mu.gi.do *s.m.* voz dos bovídeos

mu.gir *v.* {mod. 24} *int.* **1** soltar mugidos (bovídeo) **2** *fig.* emitir som semelhante a mugido ◉ GRAM/USO verbo defectivo, ger. só us. nas 3ªs pessoas

mui *adv.* red. de *muito* ◉ GRAM/USO mais empr. antes de adj. e adv.

mui.ra.qui.tã *s.m.* *AMAZ* amuleto da região amazônica, ger. de pedra verde, em forma de animais (rã, peixe, tartaruga etc.) ou pessoas

mui.to *pron.ind.* **1** grande número ou quantidade de *<a poluição vem acabando com m. manguezais>* **2** demasiado, exagerado *<m. frio>* ■ *adv.* **3** em abundância *<produzimos m.>* *<m. rico>* **4** com frequência *<tossir m.>* **5** por longo período *<viver m.>* ■ *s.m.* **6** uma grande quantidade *<encontrou m. do que queria>*

mu.la *s.f.* ZOO fêmea do mulo

mu.lá *s.m.* REL título de autoridades religiosas islâmicas, esp. doutores da lei do Alcorão

mu.lam.bo *s.m.* → *MOLAMBO*

mu.la sem ca.be.ça [pl.: *mulas sem cabeça*] *s.f. B* **1** assombração que toma a forma de uma mula sem cabeça e galopa em noites de sexta-feira **2** concubina de padre

mu.la.to *adj.s.m.* **1** mestiço de branco e negro **2** que(m) tem a cor da pele escura

mu.le.ta /ê/ *s.f.* bastão comprido com um apoio, us. por quem tem dificuldade para andar

mu.lher [pl.: *-es*] *s.f.* **1** ser humano do sexo feminino **2** esse ser na idade adulta **3** companheira conjugal; esposa ◉ COL mulherio

mu.lhe.ren.go *adj.s.m. infrm.* (homem) que costuma paquerar muitas mulheres

mu.lhe.ril [pl.: *-is*] *adj.2g.* **1** relativo a ou próprio de mulher **2** delicado em excesso; afeminado

mu.lhe.ri.o *s.m.* grupo de mulheres

mu.lo *s.m.* ZOO burro ('animal estéril')

mul.ta *s.f.* **1** DIR quantia em dinheiro que se paga como pena por uma infração **2** *p.ext.* documento que comprova essa punição ~ **multar** *v.t.d. e t.i.*

mul.ti.ce.lu.lar [pl.: *-es*] *adj.2g.* BIO composto de várias células; pluricelular

mul.ti.co.lo.rir *v.* {mod. 24} *t.d. e pron.* dar ou adquirir cores variadas

mul.ti.cor /ô/ [pl.: *-es*] ou **mul.ti.co.lor** /ô/ [pl.: *-es*] *adj.2g.* de muitas cores; policromo

mul.ti.dão [pl.: *-ões*] *s.f.* **1** grande quantidade de pessoas **2** *p.ext.* grande quantidade de qualquer coisa

mul.ti.di.men.sio.nal [pl.: *-ais*] *adj.2g.* **1** que possui mais de três dimensões (diz-se de espaço) **2** com capacidade de abranger, tratar dos múltiplos aspectos de (algo) ~ **multidimensionalidade** *s.f.*

mul.ti.fá.rio *adj.* que se apresenta de muitos modos e maneiras

mul.ti.for.me *adj.2g.* com muitas formas

mul.ti.fun.ci.o.nal [pl.: *-ais*] *adj.2g.* **1** que tem variadas funções; polivalente **2** que realiza sozinho várias funções ~ **multifuncionalidade** *s.f.*

mul.ti.la.te.ral [pl.: *-ais*] *adj.2g.* **1** GEOM com muitos lados **2** ECON que se realiza entre duas ou mais nações ou partes de um contrato

mul.ti.lín.gue /gü/ *adj.2g.* **1** que é escrito ou falado em muitas línguas **2** que fala muitas línguas

mul.ti.mí.dia *s.f.* INF técnica para apresentar informações que mescla texto, som, imagens fixas e animadas

mul.ti.mi.li.o.ná.rio *adj.s.m.* que(m) é muitas vezes milionário

mul.ti.na.cio.nal [pl.: *-ais*] *adj.2g.* **1** relativo a vários países ■ *adj.2g.s.f.* **2** (empresa ou organização) que produz em vários países

mul.ti.par.ti.da.ris.mo *s.m.* POL pluripartidarismo ~ **multipartidário** *adj.*

mul.ti.pli.ca.ção [pl.: *-ões*] *s.f.* **1** ação de multiplicar(-se) ou o seu efeito **2** MAT operação aritmética us. para somar um número a ele mesmo tantas vezes quanto o valor de outro número **3** aumento significativo da quantidade de **4** BIO reprodução assexual de seres vivos ~ **multiplicativo** *adj.* - **multiplicável** *adj.2g.*

mul.ti.pli.ca.dor /ô/ [pl.: *-es*] *adj.s.m.* **1** (o) que multiplica ■ *s.m.* MAT **2** na operação de multiplicação, o número de vezes que outro número é somado

mul.ti.pli.can.do *s.m.* MAT na operação de multiplicação, o número que é somado repetidas vezes

mul.ti.pli.car *v.* {mod. 1} *t.d.* **1** aumentar muito a quantidade de **2** produzir, render em quantidade ☐ *int. e pron.* **3** produzir seres da mesma espécie; proliferar ☐ *t.d. e pron.* **4** espalhar(-se), propagar(-se) ☐ *t.d.,t.d.i. e int.* MAT **5** (prep. *por*) repetir (um número) tantas vezes quantas forem as unidades de (outro número) *<tente m. duas matrizes> <m. 5 por 6> <já sabe m.>*

mul.ti.pli.ca.ti.vo *adj.* **1** que expressa a operação de multiplicação (diz-se de sinal) **2** que representa uma multiplicação (p.ex., em *duplo, triplo, quádruplo* etc.) ◉ GRAM/USO os *numerais multiplicativos*, tb. chamados só *multiplicativos* – exceto [1]*simples* e *dobro* – apresentam uma série de nomes us. com adjetivos conexos: duplo: dúplice, triplo: tríplice, quádruplo: quadrúplice, quíntuplo: quintúplice etc.; em português, os números expressos em potenciação (p.ex., 15, 15^2, 15^3, 15^4 etc.) são ditos quinze, quinze ao quadrado, quinze ao cubo, mas, daí em diante, quinze à quarta potência, quinze à quinta potência etc., isto é, salvo para com quadrado e cubo, são expressos com ordinais ou mesmo cardinais, quando estes são muito altos (p.ex., 15^{57}= "quinze elevado à quinquagésima sétima potência" ou "quinze elevado à potência cinquenta e sete" ou "quinze elevado a cinquenta e sete")

mul.tí.pli.ce *adj.2g.* múltiplo

mul.ti.pli.ci.da.de *s.f.* **1** caráter do que é múltiplo **2** o que apresenta grande número ou variedade de (algo); diversidade, variedade

múl.ti.plo *adj.* **1** que se manifesta de várias maneiras; multíplice ■ *s.m.* MAT **2** número que pode ser dividido exatamente por outro *<4 é m. de 2>*

mul.ti.pro.ces.sa.dor /ô/ [pl.: *-es*] *s.m.* **1** INF computador em que duas ou mais unidades centrais de processamento funcionam ao mesmo tempo, compartilhando memória, dispositivos de entrada e saída etc. **2** processador de alimentos

mul.ti.pro.ces.sa.men.to *s.m.* INF compartilhamento dos recursos de um multiprocessador

mul.ti.ú.so *adj.2g.2n.* voltado para muitos usos

mul.ti.u.su.á.rio *adj.s.m.* (o) que permite a utilização simultânea de mais de um usuário (diz-se, ger., de programa informático, sistema operacional)

mú.mia *s.f.* **1** cadáver que foi embalsamado **2** cadáver que não se decompõe por ter sofrido processo natural de dessecação **3** *fig. pej.* indivíduo velho e muito magro **4** *fig. pej.* indivíduo sem energia

mu.mi.fi.car *v.* {mod. 1} *t.d.* **1** transformar em múmia; embalsamar □ *t.d.,int. e pron.* **2** *p.ext.* MED tornar(-se) morto, duro, seco; endurecer **3** *fig.* deixar ou ficar sem ação, apático □ *t.d. e pron. fig.* **4** tornar(-se) antiquado, ultrapassado ~ **mumificação** *s.f.*

mun.da.na *s.f.* prostituta

mun.da.no *adj.* **1** relativo ao mundo material, terreno **2** que se satisfaz com bens e prazeres materiais ~ **mundaneidade** *s.f.*

mun.dão [pl.: *-ões*] *s.m. B infrm.* **1** mundo grande **2** grande quantidade; mundaréu **3** grande extensão de terra

mun.da.réu *s.m. B* mundão ('grande quantidade')

mun.di.al [pl.: *-ais*] *adj.2g.* **1** relativo ao mundo inteiro; universal ■ *s.m.* **2** ESP campeonato de que participam várias nações

mun.dí.cie ou **mun.dí.cia** *s.f. B infrm.* limpeza, asseio

mun.do *s.m.* **1** o planeta Terra **2** o universo **3** o gênero humano **4** *fig.* âmbito, ambiente *<m. do cinema>* **5** *fig.* grande quantidade; mundaréu *<um m. de toalhas>* ▣ **Novo M.** o continente americano • **Primeiro M.** conjunto de países formado pelas nações capitalistas avançadas • **Terceiro M.** conjunto de países subdesenvolvidos ou em desenvolvimento • **todo (o) m.** todas as pessoas *<todo m. quer ser feliz>* • **Velho M.** o conjunto dos continentes europeu, asiático e africano

mun.gir *v.* {mod. 24} *t.d.* extrair o leite das tetas de (certos animais); ordenhar

mun.gu.zá ou **mun.gun.zá** *s.m.* CUL espécie de mingau feito de milho branco com leite de coco; canjica

mu.nhe.ca *s.f.* ANAT junção da mão com o antebraço; pulso, punho

mu.ni.ção [pl.: *-ões*] *s.f.* **1** conjunto de cartuchos, projéteis, balas etc. us. para carregar armamentos **2** MIL provisão ('estoque') para missões bélicas, combates etc.

mu.ni.ci.ar *v.* {mod. 1} *t.d.* municionar

mu.ni.cio.nar *v.* {mod. 1} *t.d.* **1** prover de munição; munir, armar **2** prover de (o que é necessário ou útil); abastecer

mu.ni.ci.pal [pl.: *-ais*] *adj.2g.* relativo a ou próprio de município

mu.ni.ci.pa.li.da.de *s.f.* **1** Câmara Municipal **2** município ('unidade territorial e administrativa')

mu.ni.ci.pa.lis.mo *s.m.* sistema administrativo que privilegia os municípios ~ **municipalista** *adj.2g.s.2g.*

mu.ní.ci.pe *adj.2g.s.2g.* (cidadão) de um município

mu.ni.cí.pio *s.m.* **1** unidade territorial e administrativa governada pelo prefeito e pela Câmara Municipal; municipalidade **2** conjunto de moradores desse território

mu.ni.fi.cên.cia *s.f.* generosidade, benevolência ~ **munificente** *adj.2g.*

mu.nir *v.* {mod. 24} *t.d.* **1** prover de munição, de meios de defesa; armar □ *t.d.i. e pron.* **2** (prep. *de*) fornecer ou passar a ter, contar com (o que for necessário, útil); prover(-se), abastecer(-se) *<muniu-a de documentos contra a empresa>* *<m.-se de provas>*

mu.que *s.m. B infrm.* **1** músculo desenvolvido, esp. o bíceps **2** *fig.* força bruta ▣ **a m.** à força

mu.qui.ra.na *s.f.* ZOO *B* **1** piolho ■ *adj.2g.s.2g. B infrm. pej.* **2** avarento, pão-duro **3** (indivíduo) enfadonho, maçante

mu.ral [pl.: *-ais*] *adj.2g.* **1** relativo a muro ou parede ■ *s.m.* **2** ART.PLÁST pintura realizada sobre muro ou parede **3** quadro de avisos

mu.ra.lha *s.f.* **1** muro extenso, alto e espesso, us. para proteger fortalezas, cidades etc. **2** *p.ext.* qualquer muro alto

mu.rar *v.* {mod. 1} *t.d.* **1** construir muros em torno ou ao longo de (terreno, casa etc.), para defesa e/ou demarcação de propriedade **2** servir de muro a *<uma cerca viva murava o quintal>* ~ **muramento** *s.m.*

mur.char *v.* {mod. 1} *t.d.,int. e pron.* **1** (fazer) perder a vida, o viço (plantas, flores etc.) *<as flores murcharam-se no verão>* **2** *fig.* (fazer) perder o ânimo, o vigor, a energia; enfraquecer(-se) *<as notícias murcharam-lhe o ânimo>* *<a paixão tende a m.(-se) após longa convivência>* **3** (fazer) diminuir de volume (algo inflado, dilatado); desinchar(-se) *<o pneu murchou>* ◉ GRAM/USO part.: *murchado, murcho*

mur.cho *adj.* **1** sem viço ou força **2** vazio ou esvaziando-se *<pneu m.>* ~ **murchidão** *s.f.*

mu.re.ta /ê/ *s.f.* muro baixo

mu.ri.ci ou **mu.ru.ci** *s.m.* BOT **1** nome comum a árvores e arbustos de frutos comestíveis pequenos e arredondados **2** esse fruto

mu.ri.ço.ca *s.f.* ZOO *N.E. MG* mosquito

mur.mu.rar *v.* {mod. 1} *t.d. e int.* **1** produzir (som breve e baixo) *<a brisa murmura um breve suspiro>* *<as águas do rio murmuravam>* □ *t.d. e t.d.i.* **2** (prep. *a*) dizer em tom baixo; sussurrar *<m. desculpas>* *<murmurava-lhe confidências>* ~ **murmuração** *s.f.* - **murmurante** *adj.2g.*

mur.mu.re.jar *v.* {mod. 1} *int.* **1** causar murmúrio; murmurar □ *t.d.* **2** dizer em voz baixa; sussurrar

mur.mu.ri.nho *s.m.* som baixo e confuso de várias pessoas conversando ao mesmo tempo; burburinho

mur.mú.rio *s.m.* **1** ruído incessante das ondas, de água corrente, da brisa nas folhas etc. **2** voz de pessoa falando baixo; sussurro ~ **murmurejante** *adj.2g.*

mu.ro *s.m.* CONSTR parede que cerca uma área para protegê-la ou separá-la de outra ▣ **m. de arrimo** CONSTR muro resistente, ger. de alvenaria, que se destina a sustentar a terra, evitando a erosão e/ou a queda de barreiras

mur.ro *s.m.* soco

mu.ru.ci *s.m.* → ***MURICI***

mu.sa *s.f.* MIT **1** cada uma das nove divindades gregas que orientavam as artes **2** *p.ext.* qualquer ser ou divindade que inspira as artes

mu.sá.cea *s.f.* BOT espécime das musáceas, família de plantas monocotiledôneas, cultivadas como ornamentais, bem como por seus frutos e fibras ~ **musáceo** *adj.*

mus.ci.ca.pí.deo *adj.s.m.* ZOO (espécime) dos muscicapídeos, grande família de aves que inclui, entre outras, os papa-moscas do Velho Mundo e os sabiás

mus.cu.la.ção [pl.: *-ões*] *s.f.* **1** conjunto dos movimentos musculares **2** conjunto de exercícios com pesos e aparelhos para fortalecer os músculos **3** a prática desses exercícios

mus.cu.lar [pl.: *-es*] *adj.2g.* relativo a músculo

mus.cu.la.tu.ra *s.f.* **1** conjunto dos músculos do corpo **2** *fig.* força muscular; músculo

mús.cu.lo *s.m.* ANAT órgão constituído de fibras que se contraem e se alongam produzindo movimento e resistência a forças externas ◉ COL musculatura

mus.cu.lo.so /ô/ [pl.: /ó/; fem.: /ó/] *adj.* **1** que tem músculos bem desenvolvidos **2** *p.ext.* muito forte; robusto

mu.se.o.lo.gi.a *s.f.* ciência que cuida da conservação, classificação e apresentação dos acervos de museus ~ **museológico** *adj.* - **museologista** *s.2g.* - **museólogo** *s.m.*

mu.seu *s.m.* **1** instituição responsável por coletar, conservar, estudar e expor objetos de valor artístico ou histórico **2** local onde tais objetos são expostos

mus.go *s.m.* BOT planta briófita que cresce em forma de tapete sobre pedras, árvores, solo e tb. locais repletos de água ~ **musgoso** *adj.* - **musguento** *adj.*

mú.si.ca *s.f.* MÚS **1** arte de combinar os sons de forma harmoniosa **2** o produto dessa combinação **3** notação escrita de uma composição musical; partitura ▣ **m. de câmara** MÚS música para pequeno número de executantes

mu.si.cal [pl.: *-ais*] *adj.2g.* **1** que diz respeito a música **2** que tem vocação para música ■ *adj.2g.s.m.* **3** (espetáculo) que é cantado e dançado

mu.si.ca.li.da.de *s.f.* talento ou sensibilidade para criar, executar ou apreciar música

mu.si.car *v.* {mod. 1} *t.d.* **1** colocar música em, transformar em música <*m. poemas*> ☐ *int.* **2** compor música

mu.si.cis.ta *adj.2g.s.2g.* MÚS que(m) compõe, executa ou estuda música; profissional da música

mú.si.co *adj.* **1** relativo a música; musical ■ *s.m.* **2** quem exerce atividades ligadas à música **3** pessoa que toca um instrumento num conjunto musical; instrumentista ◉ COL banda, orquestra

mu.si.co.ma.ni.a *s.f.* paixão pela música; melomania ~ **musicômano** *adj.s.m.*

mus.se *s.f.* **1** CUL iguaria gelada, doce ou salgada, preparada com claras em neve para dar-lhe consistência espumosa **2** substância espumosa us. para modelar penteados

mus.se.li.na *s.f.* tecido leve e transparente, de algodão

mu.ta.ção [pl.: *-ões*] *s.f.* **1** mudança, transformação **2** tendência a mudar de ideia; inconstância **3** GEN alteração súbita de características genéticas, sem relação com os ascendentes, mas que pode ser herdada pelos descendentes ~ **mutatório** *adj.*

mu.ta.gê.ne.se *s.f.* GEN processo que gera uma mutação; mutagenia

mu.ta.ge.ni.a *s.f.* GEN mutagênese ~ **mutagênico** *adj.*

mu.tan.te *adj.2g.s.2g.* GEN (organismo, célula ou gene) que sofreu uma mutação

mu.tá.vel [pl.: *-eis*] *adj.2g.* **1** sujeito a mudança **2** GEN que pode sofrer mutação (diz-se de gene) ~ **mutabilidade** *s.f.*

mu.ti.la.ção [pl.: *-ões*] *s.f.* **1** ato ou efeito de mutilar(-se); corte **2** amputação de alguma parte do corpo **3** *fig.* supressão ou corte de algo <*m. de um texto*>

mu.ti.lar *v.* {mod. 1} *t.d. e pron.* **1** cortar algum membro ou parte(s) do corpo (de) <*m.-se com a tesoura*> ☐ *t.d.* **2** *fig.* causar estrago a; danificar, deteriorar <*o bom aluno não mutila os livros*> **3** *fig.* suprimir parte de; cortar, truncar ~ **mutilado** *adj.*

mu.ti.rão [pl.: *-ões*] *s.m.* **1** entre trabalhadores do campo, auxílio gratuito por ocasião do plantio ou da colheita; muxirão **2** *p.ext.* serviço coletivo e gratuito para a execução de um trabalho que beneficie a comunidade

mu.tis.mo *s.m.* **1** condição ou estado de mudo; mudez **2** PSIC ausência da fala sem causa orgânica

mu.tre.ta /ê/ *s.f. B infrm.* trapaça, ardil

mu.tu.a.lis.mo *s.m.* ECO tipo de associação de dois organismos de espécies diferentes, na qual ambos são beneficiados, resultando freq. em dependência mútua

mu.tu.ar *v.* {mod. 1} *t.d.* **1** dar e receber de forma recíproca; trocar ☐ *t.d. e t.d.i.* **2** (prep. *com*) dar ou tomar por empréstimo <*costuma m. dinheiro (com o tio)*> ~ **mutuação** *s.f.*

mu.tu.á.rio *s.m.* DIR aquele que recebeu algo por empréstimo

mu.tu.ca *s.f.* ZOO nome comum a moscas grandes cujas fêmeas se alimentam de sangue; butuca

mú.tuo *adj.* recíproco

mu.vu.ca *s.f. B infrm.* **1** grande aglomeração de pessoas **2** grande confusão; tumulto

mu.xin.ga *s.f. B* chicote

mu.xi.rão [pl.: *-ões*] *s.m.* mutirão

mu.xo.xo /ô/ *s.m. B* **1** beijo leve; beijoca **2** som feito com a boca que demonstra aborrecimento ou desdém

MW FÍS símbolo de *megawatt*

Nn

n *s.m.* **1** 14ª letra do nosso alfabeto, consoante ■ *n.ord. (adj.2g.2n.)* **2** diz-se do 14º elemento de uma série *<casa N> <item 1n>* ☞ empr. após um substantivo ou numeral ■ *n.card.* **3** qualquer número inteiro indeterminado **4** *p.ext. infrm.* qualquer quantidade indefinida *<isso foi explicado n vezes>* ◉ GRAM/USO na acp. s.m., pl.: *nn*

N 1 símbolo de *norte* (na rosa dos ventos) **2** FÍS símbolo de *newton* **3** QUÍM símbolo de *nitrogênio*

N. abreviatura de *norte* ('região')

Na QUÍM símbolo de *sódio*

na.ba.bes.co /ê/ *adj.* **1** relativo a, ou próprio de nababo **2** que apresenta luxo, fausto; ostentoso

na.ba.bo *s.m.* **1** príncipe ou governador de província na Índia entre os séc. XVI e XIX **2** *p.ext.* indivíduo muito rico que vive cercado de luxo

na.bo *s.m.* BOT **1** planta de raiz comestível, roxa ou branca **2** essa raiz ~ **nabal** *s.m.*

na.ção [pl.: *-ões*] *s.f.* **1** agrupamento político autônomo que ocupa território com limites definidos e cujos membros possuem laços étnicos, históricos, linguísticos etc. e vivem sob um governo único **2** esse território; país **3** as pessoas que vivem nesse território *<o ministro falou à n.>* **4** grupo de pessoas unido por crença, origem, costume, afinidade etc. *<a n. tupi>*

ná.car [pl.: *-es*] *s.m.* **1** madrepérola **2** cor ou tom rosado

na.ca.ra.do *adj.* **1** que tem o brilho ou a aparência do nácar **2** que contém nácar **3** que tem a cor rosada

na.ce.la ou **na.ce.le** *s.f.* **1** estrutura, em forma de cesta ou barca, em um balão ou dirigível, para transporte de tripulantes, passageiros, carga etc. **2** AER assento do piloto de aeronave protegido por cobertura

na.cio.nal [pl.: *-ais*] *adj.2g.* **1** de determinada nação ('agrupamento') **2** que representa a pátria **3** que abrange a totalidade da nação ■ *s.m.* **4** o natural de um país

na.cio.na.li.da.de *s.f.* **1** conjunto de traços que distinguem uma nação **2** país de origem **3** condição do cidadão de um país, natural ou naturalizado

na.cio.na.lis.mo *s.m.* **1** doutrina que reconhece o Estado nacional como ideal de organização política **2** preferência pelo que é próprio da nação a que se pertence, glorificação de suas características e valores tradicionais

na.cio.na.lis.ta *adj.2g.* **1** relativo a nacionalismo ■ *adj.2g.s.2g.* **2** adepto dessa doutrina

na.cio.na.li.zar *v.* {mod. 1} *t.d. e pron.* **1** (fazer) ter ou adquirir caráter, feição nacional *<n. uma tecnologia> <a arte brasileira nacionalizou-se com o movimento modernista>* **2** conceder a ou obter (estrangeiro) direitos iguais aos dos cidadãos nativos de um país; naturalizar(-se) □ *t.d.* **3** pôr sob controle ou propriedade do Estado (empresa, serviço); estatizar ~ **nacionalização** *s.f.*

na.cio.nal-so.ci.a.lis.mo [pl.: *nacional-socialismos*] *s.m.* POL nazismo ~ **nacional-socialista** *adj.2g.s.2g.*

na.co *s.m.* pedaço (de algo)

na.da *pron.ind.* **1** coisa nenhuma *<não fez n.>* ■ *adv.* **2** de modo nenhum *<não é n. bobo>* ■ *s.m.* **3** a não existência *<não viemos do n.>* **4** o vazio **5** pouca coisa; ninharia

na.da.dei.ra *s.f.* **1** ZOO órgão de locomoção dos animais aquáticos **2** pé de pato

na.dar *v.* {mod. 1} *int.* **1** mover-se na água por impulso e recursos próprios (como braços e pernas, nadadeiras etc.) *<cedo aprendi a n.>* **2** flutuar sobre um líquido; boiar *<na água nadava muito lixo>* □ *t.d.* **3** percorrer a nado *<n. um rio de uma margem a outra>* **4** praticar, executar (certo tipo de nado) *<n. borboleta>* □ *t.i. fig.* **5** (prep. *em*) ter em abundância (esp. bens, dinheiro) *<um banqueiro que nada em dinheiro>* ~ **nadador** *adj.s.m.*

ná.de.ga *s.f.* cada uma das duas partes carnosas da região posterior da bacia humana

na.dir [pl.: *-es*] *s.m.* **1** ponto da esfera celeste que se situa na vertical do observador, diretamente sob seus pés **2** ASTR direção vertical orientada para o centro da Terra ~ **nadiral** *adj.2g.*

na.do *s.m.* **1** prática da natação **2** ESP cada uma das modalidades em natação ▣ **n. borboleta** ESP estilo em que os braços se projetam para fora da água, lembrando asas abertas • **n. *crawl*** ESP nado com batimento contínuo das pernas e rotação alternada dos braços • **n. de costas** ESP nado com o corpo reto, de barriga para cima, girando os braços para trás e batendo os pés • **n. de peito** ESP estilo em que as mãos são atiradas para a frente, saindo do peito, e depois trazidas de volta, com uma ação simétrica das pernas, lembrando o nado de uma rã • **n. livre** ESP **1** qualquer estilo **2** nado *crawl* • **n. sincronizado** ESP série de movimentos sincronizados de um ou mais nadadores, ger. com acompanhamento musical

naf.ta *s.f.* QUÍM derivado líquido do petróleo us. como matéria-prima na petroquímica

naf.ta.le.no *s.m.* QUÍM hidrocarboneto aromático, muito us. como repelente de insetos, esp. traças ☞ cf. *naftalina*

naf.ta.li.na ® *s.f.* QUÍM nome comercial do naftaleno ☞ inicial maiúsc.

na.gô *s.2g.* **1** negro escravizado falante da língua iorubá **2** LING a língua iorubá ■ *adj.2g.* **3** relativo a esses negros ou a sua língua

nái.a.de ou **nái.a.da** *s.f.* MIT ninfa das fontes e dos rios ☞ inicial por vezes maiúsc.

nái.lon [pl.: *náilones* e *(B) náilons*] *s.m.* **1** forma aportuguesada de *nylon*, marca registrada de materiais sintéticos de poliamida, us. na confecção de fibras, tecidos, plásticos etc. **2** tecido ou fibra feito com esses materiais

nai.pe *s.m.* **1** RECR desenho que distingue cada um dos quatro grupos do baralho (ouros, copas, paus, espadas) **2** RECR conjunto de cartas de um baralho com o mesmo desenho *<o n. de paus>* **3** MÚS num conjunto, os executantes do mesmo tipo de instrumento ou com a mesma classificação vocal

na.ja *s.f.* ZOO serpente muito venenosa, encontrada na Ásia e África, que quando excitada expande a pele logo abaixo da cabeça

nam.bi.qua.ra *s.2g.* **1** indivíduo dos nambiquaras, grupo indígena que habita o oeste de Mato Grosso e o sul de Rondônia; nhambiquara ■ *s.m.* **2** língua falada por esse grupo; nhambiquara ■ *adj.2g.* **3** relativo a esse indivíduo, grupo ou língua; nhambiquara

nam.bu *s.m.* ZOO inhambu

na.mo.ra.do *s.m.* **1** aquele que mantém um relacionamento amoroso estável com alguém **2** ZOO peixe marinho com até 1 m de comprimento, dorso pardo e ventre claro, com pintas esbranquiçadas no corpo ~ **namorada** *s.f.*

na.mo.ra.dor /ô/ [pl.: *-es*] *adj.s.m.* que(m) namora muito, com pessoas diferentes

na.mo.rar *v.* {mod. 1} *t.d.,t.i. e int.* **1** (prep. *com*) manter relacionamento amoroso estável (com) ☐ *t.d.* **2** buscar inspirar amor em; cortejar **3** *fig.* desejar muito possuir; cobiçar

na.mo.ri.co *s.m.* namoro rápido, sem compromisso ~ **namoricar** *v.t.d. e int.*

na.mo.ro /ô/ *s.m.* relação entre namorados

na.nar *v.* {mod. 1} *int. l.inf.* dormir

na.ni.co *adj.s.m.* **1** (o) que tem a aparência de um anão ■ *adj.* **2** *p.ext.* pequeno, acanhado

na.nis.mo *s.m.* MED anomalia que interrompe prematuramente o processo de crescimento

nano- *pref.* do SI, simbolizado por *n*, 'milésimo milionésimo' (na nomenclatura tradicional brasileira *bilionésimo*) da unidade indicada *<nanograma = um milésimo milionésimo do grama>* ☞ adotado na 11ª Conferência Geral de Pesos e Medidas, de 1960

na.nô.me.tro *s.m.* FÍS unidade de comprimento equivalente à bilionésima parte de um metro, ou 10^{-9} m [símb.: *nm*] ~ **nanométrico** *adj.*

na.no.tec.no.lo.gi.a *s.f.* tecnologia que trabalha em escala nanométrica, aplicada freq. à produção de circuitos e dispositivos eletrônicos com as dimensões de átomos ou moléculas

nan.quim [pl.: *-ins*] *s.m.* tinta preta para desenho, escrita etc.

não *adv.* **1** indica negação *<n. vou jantar>* ■ *s.m.* **2** negativa enfática, recusa *<receber um n.>* ◉ GRAM/USO como s.m., pl.: *nãos*

na.pa *s.f.* pelica fina e macia, de cores variadas, feita de pele de carneiro

na.po.le.ô.ni.co *adj.* relativo a Napoleão Bonaparte, imperador da França ☞ cf. *Napoleão I* na parte enciclopédica

na.po.li.ta.no *adj.* **1** de Nápoles (Itália) ■ *s.m.* **2** natural ou habitante dessa cidade

na.que.le /ê/ *contr.* da preposição *em* com o pron. demonstrativo *aquele* ◉ GRAM/USO fem.: *naquela*; pl.: *naqueles, naquelas*

na.qui.lo *contr.* da preposição *em* com o pronome demonstrativo *aquilo*

nar.ci.sis.mo *s.m.* amor pela própria imagem

nar.ci.sis.ta *adj.2g.s.2g.* que(m) é apaixonado por si mesmo, esp. pela própria imagem

nar.ci.so *s.m.* **1** BOT flor amarela grande e perfumada, cultivada como ornamental **2** homem muito vaidoso

nar.co.se *s.f.* MED estado de estupor provocado por narcótico ou outro agente químico

nar.có.ti.co *adj.s.m.* **1** (o) que produz entorpecimento e inconsciência **2** *fig.* (o) que aborrece, faz dormir ■ *s.m.* **3** droga entorpecente

nar.co.ti.zar *v.* {mod. 1} *t.d.* **1** aplicar narcótico em **2** provocar narcose em **3** *p.ext.* causar entorpecimento ou sono em *<a bebida narcotizou-o>* **4** *fig.* tornar insensível; endurecer **5** *fig.* causar enfado a; entediar ~ **narcotizante** *adj.2g.*

nar.co.trá.fi.co *s.m.* tráfico de drogas ~ **narcotraficante** *adj.2g.s.2g.*

na.ri.gão [pl.: *-ões*] *s.m.* **1** nariz muito grande ■ *adj.s.m.* **2** *p.ext.* narigudo ◉ GRAM/USO aum.irreg. de *nariz*

na.ri.gu.do *adj.s.m.* que(m) tem o nariz muito grande; narigão

na.ri.na *s.f.* ANAT cada uma das duas aberturas da face inferior do nariz, no homem, e da fossa nasal, em certos animais

na.riz [pl.: *-es*] *s.m.* **1** ANAT órgão do olfato, que constitui a parte inicial das vias respiratórias **2** *p.ext.* olfato **3** *p.ext.* narina **4** extremidade da frente de uma aeronave ◉ GRAM/USO aum.irreg.: *narigão* ▣ **meter o n. em** intrometer-se em (alguma coisa) • **torcer o n.** mostrar desaprovação ou desagrado com relação a algo

N

nar.ra.ção [pl.: *-ões*] *s.f.* **1** exposição oral ou escrita de um fato ou de uma série de fatos; narrativa **2** em filmes, documentários, peças etc., fala que acompanha, comenta ou explica uma sequência de imagens

nar.ra.dor /ô/ [pl.: *-es*] *adj.s.m.* que(m) narra, conta, relata

nar.rar *v.* {mod. 1} *t.d. e t.d.i.* (prep. *a*) expor por escrito ou oralmente (fato, acontecimento); contar, relatar *<narrou (ao amigo) o episódio>* ~ **narrável** *adj.2g.*

nar.ra.ti.va *s.f.* **1** narração ('exposição') **2** conto, história **3** ficção ('conto, novela')

nar.ra.ti.vo *adj.* relacionado com narração ou em forma de narração

na.sal [pl.: *-ais*] *adj.2g.* **1** relativo a nariz ■ *adj.2g.s.2g.* **2** (som ou voz) modificado pelo nariz ~ **nasalidade** *s.f.*

na.sa.lar *v.* {mod. 1} *t.d. e pron.* nasalizar ~ **nasalado** *adj.*

na.sa.li.zar *v.* {mod. 1} *t.d. e pron.* tornar(-se) nasal (som, palavra, a voz etc.); nasalar ~ **nasalização** *s.f.* - **nasalizado** *adj.*

nas.ce.dou.ro *adj.* **1** que deverá nascer ■ *s.m.* **2** lugar onde nasce alguém ou algo

nas.cen.ça *s.f.* nascimento

nas.cen.te *s.f.* **1** ponto onde nasce um curso de água ■ *s.m.* **2** leste ('direção') ■ *adj.2g.* **3** que nasce, que começa a ter existência **4** *fig.* que começa a se formar

nas.cer *v.* {mod. 8} *int.* **1** vir ao mundo saindo do ventre materno **2** começar a crescer, a brotar **3** dar sinal de sua presença; surgir **4** passar a existir; surgir □ *t.i.* **5** (prep. *de*) ter origem em; provir, derivar *<uma coragem que nasce do medo>* **6** (prep. *de*) ser descendente de *<n. de pais amorosos>* **7** (prep. *para*) estar destinado a ou ter aptidão para ◉ GRAM/USO part.: *nascido, nato* ~ **nascido** *adj.*

nas.ci.men.to *s.m.* **1** ato de nascer; nascença **2** *fig.* começo ou princípio de algo; nascença

nas.ci.tu.ro *adj.s.m.* (o) que está para nascer

na.ta *s.f.* **1** camada gordurosa do leite que se forma à superfície, us. para fazer manteiga, doces etc. **2** *fig.* a camada de maior poder ou prestígio num grupo; elite

na.ta.ção [pl.: *-ões*] *s.f.* **1** ação, exercício ou esporte de nadar **2** meio de locomoção dos animais que vivem na água

na.tal [pl.: *-ais*] *adj.2g.* **1** onde ocorreu o nascimento de alguém ou algo **2** relativo ao nascimento; natalício ■ *s.m.* **3** REL festa do nascimento de Jesus Cristo, celebrada no dia 25 de dezembro ☞ inicial maiúsc. nesta acp.; cf. *Jesus* na parte enciclopédica

na.ta.len.se *adj.2g.* **1** de Natal (RN) ■ *s.2g.* **2** natural ou habitante dessa capital

na.ta.lí.cio *adj.* **1** relativo ao dia do nascimento **2** referente ao nascimento ■ *s.m.* **3** o dia do nascimento *<festejar um n.>*

na.ta.li.da.de *s.f.* relação entre o número de nascimentos e o total da população num dado lugar, em certo período de tempo

na.ta.li.no *adj.* relativo ao ou próprio do Natal

na.ta.tó.ri.o *adj.* **1** relativo a natação **2** que serve para nadar

na.ti.mor.to /ô/ *adj.s.m.* (feto) que foi expulso morto do útero; nascido morto

na.ti.vi.da.de *s.f.* **1** nascimento (esp. de Jesus Cristo e dos santos) **2** a festa do Natal ☞ ger. com maiúsc.

na.ti.vis.mo *s.m.* **1** atitude ou política de favorecer os habitantes nativos de um país, preservando sua cultura **2** aversão a estrangeiros; xenofobia **3** revivescência, conservação e propagação de culturas dos povos ditos primitivos ou tribais, contra a aculturação ~ **nativista** *adj.2g.s.2g.*

na.ti.vo *s.m.* **1** indígena **2** nascido em determinado lugar; natural *<os n. de Sergipe>* **3** ASTR indivíduo nascido sob determinado signo zodiacal ■ *adj.* **4** que constitui a origem de algo ou de alguém **5** relativo a indígena **6** próprio de determinado lugar

na.to *adj.* **1** que nasceu; nascido **2** de nascença *<brasileiro n.>*

na.tu.ral [pl.: *-ais*] *adj.2g.* **1** da natureza **2** espontâneo **3** que acontece segundo a ordem regular das coisas **4** cultivado ou preparado sem a adição de produtos tóxicos (diz-se de fruta, legume, alimento etc.) **5** *p.ext.* que vende ou serve essa mercadoria (diz-se de estabelecimento) ■ *adj.s.m.* **6** que(m) nasce em certo lugar

na.tu.ra.li.da.de *s.f.* **1** qualidade, estado ou condição do que é natural **2** ausência de fingimento ou artificialidade **3** local de nascimento *<n. baiana>*

na.tu.ra.lis.mo *s.m.* **1** estado do que é produzido pela natureza **2** estilo artístico e literário que retrata a realidade com a máxima objetividade **3** naturismo ('filosofia') ~ **naturalista** *adj.2g.s.2g.*

na.tu.ra.li.zar *v.* {mod. 1} *t.d. e pron.* **1** conceder a ou obter (um estrangeiro) os mesmos direitos dos cidadãos nativos de um país □ *t.d.* **2** passar a ter como próprio; adotar ~ **naturalização** *s.f.*

na.tu.re.ba *adj.2g.s.2g.* *B infrm.* praticante da alimentação natural

na.tu.re.za /ê/ *s.f.* **1** o universo, com todos os seus fenômenos **2** conjunto de elementos (mares, montanhas, árvores, seres etc.) do mundo natural **3** combinação das qualidades originais, constitucionais ou nativas de um indivíduo, animal ou coisa

na.tu.re.za-mor.ta [pl.: *naturezas-mortas*] *s.f.* ART.PLÁST **1** gênero de pintura em que se representam coisas ou seres inanimados **2** quadro desse gênero

na.tu.ris.mo *s.m.* **1** valorização dos agentes da natureza, esp. como meios terapêuticos **2** filosofia de vida que recomenda maior contato com a natureza (vida ao ar livre, alimentos naturais, nudismo etc.); naturalismo ~ **naturista** *adj.2g.s.2g.*

nau *s.f.* **1** antigo navio de grande porte **2** *frm.* qualquer embarcação

N

nau.fra.gar *v.* {mod. 1} *t.d. e int.* **1** (fazer) ir ao fundo (embarcação) em virtude de acidente; afundar *<a tempestade naufragou o navio> <o barco naufragou em meio à borrasca>* □ *int.* **2** ser vítima de naufrágio **3** *fig.* sofrer revés, não ter sucesso; fracassar

nau.frá.gio *s.m.* **1** ato de naufragar ou o seu efeito **2** *fig.* fracasso, insucesso

náu.fra.go *s.m.* vítima de naufrágio

náu.sea *s.f.* **1** tontura e enjoo sentidos em viagem por terra, mar ou ar **2** *p.ext.* qualquer enjoo **3** *fig.* repugnância, aversão

nau.se.a.bun.do *adj.* **1** que causa náuseas; nauseante **2** que provoca nojo; repugnante

nau.se.an.te *adj.2g.* nauseabundo

nau.se.ar *v.* {mod. 5} *t.d.,int. e pron.* (fazer) sentir ânsia de vômito; enjoar *<o balanço do barco a nauseava> <nauseia(-se) ao viajar de avião>*

nau.ta *s.m.* navegante

náu.ti.ca *s.f.* ciência e técnica de navegar, de conduzir em segurança uma embarcação; navegação

náu.ti.co *adj.* **1** que se refere à atividade da navegação **2** relativo a marinheiro ■ *s.m.* **3** aquele que exerce a profissão de conduzir embarcação no mar

nau.ti.mo.de.lis.mo *s.m.* **1** técnica de projetar e construir modelos reduzidos de embarcações **2** passatempo que se dedica a essa atividade ~ **nautimodelista** *adj.2g.s.2g.*

na.val [pl.: *-ais*] *adj.2g.* **1** relativo a marinha, esp. a Marinha de Guerra **2** relativo a navegação, embarcação, esquadra *<combate n.>* **3** relativo a construção de navios

na.va.lha *s.f.* instrumento de corte, dobrável, cujo cabo serve tb. de estojo para a lâmina

na.va.lha.da *s.f.* **1** golpe com navalha **2** o corte feito por este golpe

na.ve *s.f.* **1** *frm.* embarcação, nau **2** ARQ espaço central que atravessa a igreja até o presbitério ▣ **n. espacial** veículo, tripulado ou não, us. em viagens espaciais; astronave

na.ve.ga.ção [pl.: *-ões*] *s.f.* **1** ação de navegar; viagem pelas águas **2** náutica **3** condução de aeronave ou astronave

na.ve.ga.dor /ô/ [pl.: *-es*] *adj.s.m.* **1** (o) que navega ■ *s.m.* INF **2** programa que permite a usuário da internet consultar páginas de hipertexto e ter acesso a todos os recursos dessa rede de computadores

na.ve.gan.te *s.2g.* **1** quem anda embarcado, quem navega; nauta, marinheiro ■ *adj.2g.* **2** que sabe navegar **3** relativo a nauta

na.ve.gar *v.* {mod. 1} *t.d. e int.* **1** percorrer (mar, rio, águas etc.) em embarcação ou aeronave **2** *p.ext.* viajar por (atmosfera, espaço) □ *int. fig.* INF **3** consultar sequencialmente diversos hipertextos, acionando os *links* neles contidos para passar de um para outro *<n. na web>*

na.ve.gá.vel [pl.: *-eis*] *adj.2g.* que pode ser navegado ~ **navegabilidade** *s.f.*

na.vi.o *s.m.* MAR grande embarcação para viagens de longo curso ◉ COL frota ▣ **n. cargueiro** MAR o que transporta cargas • **n. negreiro** HIST MAR navio que transportava escravos trazidos da África

na.vi.o-ba.le.ei.ro [pl.: *navios-baleeiros*] *s.m.* MAR navio equipado para pesca de baleias; baleeiro

na.vi.o-es.co.la [pl.: *navios-escola*] *s.m.* MAR navio destinado à aprendizagem de praças especiais (aspirantes e guardas-marinhas) e de alunos de escola mercante

na.vi.o-pe.tro.lei.ro [pl.: *navios-petroleiros*] *s.m.* MAR navio-tanque que transporta petróleo e derivados; petroleiro

na.vi.o-tan.que [pl.: *navios-tanque* e *navios-tanques*] *s.m.* MAR navio destinado ao transporte de líquidos, ger. água ou combustíveis

na.za.re.no *adj.* **1** de Nazaré (Israel) ■ *s.m.* **2** natural ou habitante dessa cidade **3** epíteto de Jesus Cristo ☞ inicial maiúsc. nesta acp.; cf. *Jesus* na parte enciclopédica

na.zi.fas.cis.ta *adj.2g.* **1** relativo ao fascismo e ao nazismo, conjuntamente ■ *adj.2g.s.2g.* **2** adepto ou simpatizante do fascismo e do nazismo ~ **nazifascismo** *s.m.*

na.zis.mo *s.m.* POL movimento político e social alemão, fundado por Adolph Hitler (1889-1945), de caráter revolucionário e totalitário, fascista e antissemita; hitlerismo, nacional-socialismo ☞ cf. *Hitler* na parte enciclopédica ~ **nazista** *adj.2g.s.2g.*

Nb QUÍM símbolo de *nióbio*

Nd QUÍM símbolo de *neodímio*

Ne QUÍM símbolo de *neônio*

NE símbolo de *nordeste* (na rosa dos ventos)

N.E. abrev. de *nordeste* ('região')

né *adv.* contr. de *não é*

ne.bli.na *s.f.* nevoeiro

ne.bli.nar *v.* {mod. 1} *int.* **1** *B* chuviscar **2** *B* cair cerração; enevoar-se ☞ nestas acp., é impessoal, exceto quando fig. **3** turvar, escurecer (a vista)

ne.bu.li.za.ção [pl.: *-ões*] *s.f.* **1** conversão de líquido em vapor **2** MED tratamento por inalação de substâncias medicamentosas

ne.bu.li.za.dor /ô/ [pl.: *-es*] *s.m.* **1** dispositivo que converte líquidos em gotículas minúsculas; atomizador ■ *adj.* **2** que nebuliza; atomizador

ne.bu.li.zar *v.* {mod. 1} *t.d.* **1** converter (líquido) em vapor **2** fazer nebulização em

ne.bu.lo.sa *s.f.* ASTR nuvem de matéria interestelar que pode apresentar-se difusa ou obscura

ne.bu.lo.si.da.de *s.f.* **1** estado ou condição de nebuloso **2** *fig.* ausência de clareza de expressão, de precisão em frase, texto, discurso etc. **3** MET gotículas de água em suspensão na atmosfera, formando nuvem

ne.bu.lo.so /ô/ [pl.: */ó/*; fem.: */ó/*] *adj.* **1** coberto de nuvens **2** *p.ext.* sem definição; indistinto **3** *fig.* difícil de entender

ne.ce.da.de *s.f.* **1** ignorância, nescidade **2** dito ou ato ilógico; disparate, nescidade

nécessaire [fr.; pl.: *nécessaires*] *s.m.* bolsa ou maleta us. ger. para guardar objetos de uso pessoal ⇒ pronuncia-se nessessér

ne.ces.sá.rio *adj.* **1** aquilo de que se tem necessidade; indispensável; essencial **2** que se não pode evitar; inevitável, forçoso

ne.ces.si.da.de *s.f.* **1** o que é útil ou inevitável **2** o que não se pode evitar **3** compulsão física, psicológica ou moral *<ter n. de mentir>* **4** exigência *<n. básicas para uma vida digna>* **5** pobreza; miséria *<passar n.>*

ne.ces.si.ta.do *adj.s.m.* **1** que(m) necessita (de algo); carente, precisado **2** que(m) não dispõe do mínimo necessário para sobreviver; indigente, pobre, miserável

ne.ces.si.tar *v.* {mod. 1} *t.d. e t.i.* **1** (prep. *de*) ter necessidade ou obrigação de; precisar *<necessita (de) mais alguma coisa da loja?>* **2** reclamar por direito legítimo ou suposto; exigir, requerer *<boas escolas necessitam (de) bons professores>*

ne.cró.fa.go *adj.s.m.* (o) que se alimenta de cadáveres ~ **necrofagia** *s.f.*

ne.cro.fi.li.a *s.f.* PSIQ atração sexual por cadáveres ~ **necrófilo** *adj.s.m.*

ne.cro.lo.gi.a *s.f.* **1** relação de óbitos; necrológio **2** conjunto de notícias sobre óbitos

ne.cro.ló.gio *s.m.* **1** necrologia ('relação') **2** elogio oral ou escrito sobre pessoa falecida

N

ne.cro.man.ci.a *s.f.* **1** arte de adivinhar o futuro invocando os mortos **2** prática dessa arte **3** *p.ext.* bruxaria ~ **necromante** *s.2g.*

ne.cró.po.le *s.f.* cemitério

ne.cróp.si.a ou **ne.crop.si.a** *s.f.* MED autópsia ~ **necrópsico** *adj.*

ne.cro.se *s.f.* MED morte de tecido orgânico ~ **necrosar** *v.t.d. e int.* - **necrótico** *adj.*

ne.cro.té.rio *s.m.* local para autópsia ou identificação de cadáveres; morgue

néc.tar [pl.: *-es*] *s.m.* **1** na Grécia antiga, bebida dos deuses do Olimpo **2** BOT líquido adocicado que certos vegetais segregam e a partir do qual as abelhas fazem o mel **3** *p.ext.* qualquer bebida deliciosa

nec.ta.ri.na *s.f.* BOT tipo de pêssego de polpa macia e casca sem pelos

ne.fan.do *adj.* **1** abominável; detestável **2** malvado, perverso **3** que revela desprezo pela religião **4** moralmente degradado; degenerado

ne.fas.to *adj.* **1** que pode trazer dano; nocivo **2** que traz a ideia de morte; funesto

ne.fral.gi.a *s.f.* MED dor nos rins ou na região renal ~ **nefrálgico** *adj.*

ne.fri.te *s.f.* MED inflamação dos rins ~ **nefrítico** *adj.s.m.*

ne.fro.lo.gi.a *s.f.* parte da medicina que se dedica ao estudo da fisiologia e das doenças dos rins ~ **nefrológico** *adj.* - **nefrologista** *s.2g.* - **nefrólogo** *s.m.*

ne.fro.se *s.f.* MED doença renal degenerativa

ne.ga.ça *s.f.* **1** o que é us. para despertar o interesse; atrativo, isca **2** falsa promessa; engano **3** recusa afetada e/ou cerimoniosa

ne.ga.ção [pl.: *-ões*] *s.f.* **1** ato de dizer não ou seu efeito **2** o que se nega; negativa **3** enunciado por meio do qual se nega uma proposição afirmativa anterior **4** recusa, rejeição **5** pessoa sem vocação ou habilidade

ne.ga.ce.ar *v.* {mod. 5} *int.* **1** fazer negaça(s) ☐ *t.d.* **2** seduzir por meio de negaças; atrair **3** não conceder; negar, recusar **4** ludibriar, enganar

ne.gar *v.* {mod. 1} *t.d. e t.d.i.* **1** (prep. *a*) afirmar que não *<n. sua culpa (ao juiz)>* **2** (prep. *a*) recusar-se a admitir; contestar *<negou(-lhe) o valor da vitória>* **3** (prep. *a*) não conceder ou permitir *<n. pão (a quem pede)>* ☐ *t.d.* **4** demonstrar rejeição por; repudiar **5** deixar de lado; abandonar *<n. os princípios>* **6** declarar que não é verdade; desmentir ☐ *pron.* **7** (prep. *a*) não querer, não se sujeitar; recusar-se *<n.-se a sair>* ~ **negável** *adj.2g.*

ne.ga.ti.va *s.f.* **1** recusa **2** resposta contrária; negação

ne.ga.ti.vis.mo *s.m.* atitude sistemática de negação ou de oposição ~ **negativista** *adj.2g.s.2g.*

ne.ga.ti.vo *adj.* **1** que exprime negação ou recusa **2** nulo, sem efeito **3** contrário ao que se espera; contraproducente **4** MAT menor que zero (diz-se de número, grau etc.), representado pelo sinal – *<–5 é um número n.> <a temperatura era de dois graus n.>* ■ *adj.s.m.* **5** (imagem fotográfica) em que os claros e escuros são o contrário dos do objeto fotografado ☞ cf. *positivo* ~ **negatividade** *s.f.*

ne.gli.gên.cia *s.f.* **1** falta de cuidado ou atenção; desleixo **2** indiferença, desinteresse

ne.gli.gen.ci.ar *v.* {mod. 1} *t.d. e pron.* tratar(-se) com negligência; descuidar(-se) *<a mãe nunca deve n. os filhos> <agora está feliz e não se negligencia mais>*

ne.gli.gen.te *adj.2g.s.2g.* que(m) demonstra negligência; descuidado, desleixado

ne.go /ê/ *s.m. B infrm.* **1** pessoa que tem a pele escura; negro **2** pessoa indeterminada; indivíduo

ne.go.ci.a.ção [pl.: *-ões*] *s.f.* **1** ato ou efeito de negociar **2** *fig.* entendimento sobre tema polêmico ou controverso

ne.go.ci.an.te *s.2g.* indivíduo que faz negócios; comerciante

ne.go.ci.ar *v.* {mod. 1} *t.d.,t.d.i.,t.i. e int.* **1** (prep. *com*) fazer transação comercial de (mercadoria, serviço) [com pessoa, empresa]; comerciar *<n. (com o fazendeiro) a compra do terreno> <n. com o exterior> <depois de aposentado, passou a n.>* **2** (prep. *com*) firmar, discutir (acordo, contrato etc.) [com pessoa, instituição etc.] *<o exército aliado negociou a trégua (com o inimigo)> <resolveu n. com seu maior desafeto> <os diplomatas têm de saber n.>* ~ **negociador** *adj.s.m.*

ne.go.ci.a.ta *s.f.* negócio irregular, em que ger. há trapaça; mamata

ne.gó.cio *s.m.* **1** transação comercial **2** *p.ext. B* local onde se realiza essa transação; loja, empresa **3** *B infrm.* algo de que não se sabe ou não se lembra o nome; coisa qualquer

ne.grei.ro *adj.s.m.* **1** traficante de escravos ■ *adj.* **2** que transporta escravos (diz-se de embarcação)

ne.gre.jar *v.* {mod. 1} *int.* ser, parecer ou tornar-se negro ~ **negrejante** *adj.2g.*

ne.grís.si.mo *adj.* de tonalidade negra muito escura; nigérrimo ◉ GRAM/USO sup.absol.sint. de *negro*

ne.gri.to *s.m.* GRÁF tipo de letra de traços mais grossos, us. para realçar as palavras

ne.gri.tu.de *s.f.* **1** ideologia dos indivíduos negros e crioulos **2** sentimento de orgulho racial e conscientização do valor e riqueza cultural dos negros

ne.gro /ê/ *s.m.* **1** a cor preta ■ *adj.s.m.* **2** que(m) tem a pele muito escura ■ *adj.* **3** dessa cor *<estátua n.>* **4** diz-se dessa cor *<a cor n.>* ◉ GRAM/USO como adj., sup.abs.sint.: *negríssimo* e *nigérrimo*

ne.groi.de /ói/ *adj.2g.s.2g.* (indivíduo) que se assemelha aos de etnia negra

ne.le /ê/ [pl.: *neles*; fem.: *nela*] *contr.* GRAM em ('dentro de', 'a respeito de' etc.) algo ou alguém, já citado, cujo nome foi substituído pelo pron. pessoal *ele <o médico quer que confiem n.>*

ne.lo.re *adj.2g.s.m.* ZOO **1** diz-se de ou certa raça de gado zebu ■ *s.2g.* ZOO **2** espécime desse gado

nem *conj.adt.* **1** e não *<não dormiu n. saiu>* **2** e sem *<ficar sem pai n. mãe>* **3** e nunca *<nunca saiu do país n. de sua cidade>* ■ *adv.* **4** não *<n. pense em voltar>* ▣ **n. que** mesmo que; ainda que • **que n.** do mesmo modo que; como

ne.ma.tel.min.te *s.m.* ZOO **1** espécime dos nematelmintes, classe de vermes asquelmintos ■ *adj.2g.* **2** relativo a esse espécime ou classe

ne.ma.tó.deo *s.m.* ZOO **1** espécime dos nematódeos, filo de vermes alongados e cilíndricos, que podem viver livres em ambientes aquáticos ou no solo, ou como parasitas de vegetais e animais ■ *adj.* **2** relativo a esse espécime ou filo

ne.ném [pl.: *-éns*] *s.2g. B* criança de colo; bebê

ne.nhum [pl.: *-uns*] *pron.ind.* **1** nem um *<n. homem faria isso>* **2** us. para designar indivíduo, lugar ou coisa indeterminada; qualquer *<saiu antes que n. outro chegasse>*

ne.nhu.res *adv.* em parte alguma; em nenhum lugar

nê.nia *s.f.* canção fúnebre

ne.nú.far [pl.: *nenúfares*] *s.m.* BOT planta aquática de flores grandes e folhas redondas e chatas

neo.clas.si.cis.mo *s.m.* movimento artístico e literário do séc. XVIII que defendia o retorno aos ideais e modelos do Classicismo ☞ inicial ger. maiúsc. ~ **neoclássico** *adj.s.m.*

ne.o.dí.mio *s.m.* QUÍM elemento químico us. em aparelhos eletrônicos, *laser*, na coloração de vidros etc. [símb.: *Nd*] ☞ cf. *tabela periódica* (no fim do dicionário)

ne.ó.fi.to *s.m.* **1** quem vai ou acabou de ser batizado **2** *p.ext.* novato; principiante

neo.la.ti.no *adj.s.m.* LING **1** derivado do latim (diz-se de língua, família linguística, dialeto etc.) ■ *adj.* **2** pertencente a uma língua derivada do latim ou que dela se utiliza **3** escrito em latim moderno ou no latim científico

neo.li.be.ra.lis.mo *s.m.* ECON doutrina que defende a liberdade de mercado e restringe a intervenção do Estado sobre a economia ~ **neoliberal** *adj.2g.s.2g.*

ne.o.lí.ti.co *s.m.* **1** período mais recente da pré-história, posterior ao Mesolítico, caracterizado pelo uso de artefatos de pedra polida ☞ inicial maiúsc. ■ *adj.* **2** relativo a esse período

ne.o.lo.gis.mo *s.m.* **1** uso de novas palavras na língua **2** atribuição de novos sentidos a palavras já existentes **3** palavra nova ou sentido novo de uma palavra ~ **neologista** *adj.2g.s.2g.*

ne.o.mi.ci.na *s.f.* FARM antibiótico us. contra germes cutâneos e intestinais

ne.on [pl.: *neones* e *(B) neons*] ou **né.on** [pl.: *néones* e *(B) néons*] *s.m.* **1** QUÍM neônio **2** letreiro luminoso que utiliza o gás neônio

neo.na.tal [pl.: *-ais*] *adj.2g.* **1** relativo a neonato **2** que ocorre nas quatro primeiras semanas de vida ou que as afeta (diz-se de mortalidade, doenças etc.)

ne.o.na.to *adj.s.m.* diz-se de ou bebê considerado desde o dia de seu nascimento até o 28º dia de vida

ne.ô.nio *s.m.* QUÍM elemento químico da família dos gases nobres, us. em tubos elétricos de anúncios luminosos e em aparelhos como *laser*, televisão etc.; neon, néon [símb.: *Ne*] ☞ cf. *tabela periódica* (no fim do dicionário)

neo.pen.te.cos.ta.lis.mo *s.m.* REL movimento teológico que congrega Igrejas e comunidades oriundas do pentecostalismo e de algumas Igrejas cristãs tradicionais (presbiterianos, p.ex.)

neo.pla.si.a *s.f.* MED processo patológico que resulta no desenvolvimento de um tumor

ne.o.plas.ma *s.m.* MED tumor

ne.po.tis.mo *s.m.* favorecimento a parentes ou amigos, esp. de quem ocupa cargo público

nerd [ing.] *s.m. pej.* pessoa convencional e desinteressante ou obsessivamente estudiosa, obcecada por máquinas e técnicas ⇒ pronuncia-se nêrd

ne.rei.da *s.f.* MIT cada uma das ninfas do mar

ner.vo /ê/ *s.m.* **1** ANAT cordão cilíndrico esbranquiçado, formado por fibras motoras e sensitivas, que conduz impulsos de uma parte do corpo para outra **2** *fig.* o que suporta os estímulos físicos ou externos e as tensões interiores da personalidade (tb. us. no pl.) *<n. frágeis>*

ner.vo.sis.mo *s.m.* **1** excesso de emotividade; excitação **2** estado de excitação psíquica, de agitação, irritabilidade; ansiedade

N

ner.vo.so /ô/ [pl.: /ó/; fem.: /ó/] *adj.* **1** relativo a nervo; neural **2** onde há nervo(s) ■ *adj.s.m.* **3** (o) que está com o sistema nervoso desequilibrado **4** (o) que está agitado, tenso

ner.vu.ra *s.f.* **1** faixa estreita e saliente numa superfície plana **2** BOT cada um dos feixes de tecido vascular que percorrem as folhas, ou outros órgãos foliáceos **3** ZOO cada uma das saliências espessas da asa dos insetos, que dão sustentação à membrana que a constitui

nes.ci.da.de *s.f.* necedade

nés.cio *adj.s.m.* **1** que(m) não tem conhecimento; ignorante **2** que(m) não tem aptidão ou competência; incapaz **3** (o) que não tem sentido ou coerência; absurdo

nes.ga /ê/ *s.f.* **1** coisa ou espaço de tamanho reduzido; retalho, pedaço **2** abertura estreita, ger. alongada; fresta **3** espaço ou faixa com esse formato

nês.pe.ra *s.f.* BOT variedade de ameixa de casca e polpa amareladas

nes.se *contr.* da preposição *em* com o pron. demonstrativo masculino *esse* ◉ GRAM/USO fem.: *nessa* /é/; pl.: *nesses* /ê/, *nessas* /é/

nes.te /ê/ *contr.* da preposição *em* com o pron. demonstrativo masculino *este* ◉ GRAM/USO fem.: *nesta* /é/; pl.: *nestes* /ê/, *nestas* /é/

netbook [ing.; pl.: *netbooks*] *s.m.* INF tipo de computador portátil menor, menos poderoso, mais leve e barato que o *notebook* ⇒ pronuncia-se nétbuk

N

ne.to *s.m.* filho de filho ou filha, em relação aos avós

ne.tú.nio *s.m.* QUÍM elemento químico artificial da família dos gases nobres, us. em detectores de nêutrons [símb.: *Np*] ☞ cf. *tabela periódica* (no fim do dicionário)

ne.tu.no *s.m.* ASTR nome do oitavo planeta do sistema solar ☞ inicial maiúsc.; cf. *Netuno* na parte enciclopédica

neu.ral [pl.: *-ais*] *adj.2g.* relativo aos nervos; nervoso

neu.ras.te.ni.a *s.f.* MED **1** perda geral do interesse, estado de inatividade ou extrema fadiga mental e física **2** pessimismo; irritação ~ **neurastênico** *adj.s.m.*

neu.ri.te *s.f.* MED inflamação de um ou vários nervos; nevrite

neu.ro.ci.rur.gi.a *s.f.* MED ramo da cirurgia que se dedica ao tratamento das doenças do sistema nervoso

neu.ro.ci.rur.gi.ão [pl.: *-ões* e *-ães*; fem.: *neurocirurgiã*] *s.m.* MED cirurgião que pratica a neurocirurgia

neu.ro.lo.gi.a *s.f.* MED especialidade que trata do sistema nervoso ~ **neurológico** *adj.* - **neurologista** *adj.2g.s.2g.*

neu.rô.nio *s.m.* BIO célula nervosa, e seus prolongamentos, responsável pela condução de mensagens do e para o cérebro

neu.ro.se *s.f.* PSIQ distúrbio psíquico que causa medos e preocupações sem motivo aparente, mas sem perda de referência da realidade ☞ cf. *psicose*

neu.ró.ti.co *adj.s.m.* **1** que(m) sofre de neurose ■ *adj.* **2** próprio de ou relativo a neurose

neu.ro.trans.mis.sor /ô/ [pl.: *-es*] *adj.s.m.* BIOQ (molécula) responsável pela transmissão do impulso nervoso

neu.tral [pl.: *-ais*] *adj.2g.s.2g.* **1** que(m) não se posiciona, não assume uma opinião **2** que(m) julga com imparcialidade

neu.tra.li.da.de *s.f.* **1** condição daquele que permanece neutro **2** imparcialidade, objetividade

neu.tra.li.zar *v.* {mod. 1} *t.d. e pron.* **1** tornar(-se) ou declarar(-se) imparcial *<n.(-se) um país em meio à guerra>* **2** (fazer) perder a força, a serventia, o valor; anular(-se) *<n. um ataque> <sua força neutralizou-se>* ~ **neutralização** *s.f.*

neu.tro *adj.* **1** que não toma partido; neutral **2** que é objetivo; imparcial, neutral **3** sem tonalidade ou colorido forte **4** não definido, indistinto ■ *adj.s.m.* **5** LING (gênero gramatical) que se opõe ao feminino e ao masculino **6** (nação) cujo território é respeitado pelos países em guerra **7** ELETR (condutor, polo de tomada) ligado à terra

nêu.tron [pl.: *nêutrones* e *(B) nêutrons*] *s.m.* FÍS partícula de carga elétrica nula constituinte do núcleo atômico

ne.va.da *s.f.* **1** a neve que caiu **2** formação ou queda de neve

ne.var *v.* {mod. 1} *int.* cair neve ◉ GRAM/USO verbo impessoal, exceto quando fig.

ne.vas.ca *s.f.* tempestade de neve

ne.ve *s.f.* **1** precipitação de cristais de gelo formados pelo congelamento do vapor de água suspenso na atmosfera **2** *p.ext.* floco ou conjunto de flocos desses cristais que caem sobre a terra ~ **nevoso** *adj.*

né.voa *s.f.* vapor atmosférico menos denso que a cerração ~ **nevoento** *adj.*

ne.vo.ei.ro *s.m.* névoa baixa e fechada; neblina

ne.vral.gi.a *s.f.* MED dor no trajeto de um nervo ou de uma de suas raízes ~ **nevrálgico** *adj.*

ne.vri.te *s.f.* MED neurite

newton /niu/ [pl.: *newtones* e *(B) newtons*] *s.m.* FÍS unidade de força [símb.: *N*]

ne.xo /cs/ *s.m.* **1** junção entre duas ou mais coisas; ligação, vínculo **2** ligação entre situações, acontecimentos ou ideias; coerência

Nh QUÍM símbolo de *nihônio*

nhá *s.f.* iaiá

nham.bi.qua.ra *adj.2g.s.2g.s.m.* nambiquara

nhe.en.ga.tu *s.m.* língua desenvolvida a partir do tupinambá, falada ao longo de todo o vale amazônico brasileiro até a fronteira com o Peru, na Colômbia e na Venezuela

nhe-nhe-nhem [pl.: *nhe-nhe-nhens*] ou **nhem-nhem-nhem** [pl.: *nhem-nhem-nhens*] *s.m.* *B infrm.* **1** resmungo, rabugice **2** conversa repetitiva

nhô ou **nho.nhô** *s.m.* [1]ioiô

nho.que *s.m.* CUL **1** massa de batata e farinha de trigo cortada em pedaços arredondados **2** prato feito com essa massa

Ni QUÍM símbolo de *níquel*

ni.ca *s.f.* **1** impertinência; mau humor **2** coisa supérflua; futilidade **3** coisa sem importância; ninharia

ni.cho *s.m.* **1** vão em parede ou muro onde se colocam estátuas, imagens **2** *p.ext.* mercado especializado que ger. oferece novas oportunidades de negócios ▣ **n. ecológico** ECO área específica dentro de um *habitat* ocupado por um organismo

ni.co.lau *s.m.* *SC* Papai Noel

ni.có.ti.co *adj.* relativo a fumo; nicotínico

ni.co.ti.na *s.f.* substância encontrada no tabaco, muito us. em veterinária como vermífugo e inseticida ~ **nicotínico** *adj.*

ni.da.ção [pl.: *-ões*] *s.f.* BIO fixação do óvulo fecundado à parede do útero

ni.di.fi.car *v.* {mod. 1} *int.* fazer ninho ◉ GRAM/USO só us. nas 3as p., exceto quando fig. ~ **nidificação** *s.f.*

ni.ge.ri.no *adj.* relativo ao rio Níger (África), ou às regiões por onde ele corre

ni.gér.ri.mo *adj.* negríssimo ◉ GRAM/USO sup.absol.sint. de *negro*

ni.gro.man.ci.a *s.f.* necromancia ~ **nigromante** *s.2g.*

ni.hô.nio, ni.ô.nio ou **ni.pô.nio** *s.m.* QUÍM elemento sintético radioativo de número atômico 113 [símb.: *Nh*] ☞ cf. *tabela periódica* (no fim do dicionário)

ni.i.lis.mo *s.m.* **1** redução ao nada; aniquilamento **2** incredulidade total **3** FIL doutrina que nega as verdades morais e a hierarquia de valores ~ **niilista** *adj.2g.s.2g.*

nim.bo *s.m.* **1** MET nuvem espessa e cinzenta, de baixa altitude, que facilmente se desfaz em chuva ou neve **2** auréola

nim.bo-cú.mu.lo [pl.: *nimbos-cúmulos*] *s.m.* MET cúmulo-nimbo

nim.bo-es.tra.to [pl.: *nimbos-estratos*] *s.m.* MET nuvem de chuva da cor do chumbo, de massa espessa e forma mal definida; estrato-nimbo

ni.nar *v.* {mod. 1} *t.d.* **1** fazer dormir, ger. ao som de cantigas; acalentar ☐ *int.* **2** cair no sono (criança); dormir

nin.fa *s.f.* na mitologia grega, divindade que habitava os rios, fontes, bosques, montes e prados

nin.fe.ta /ê/ *s.f.* menina adolescente de físico atraente e atitudes provocativas

nin.fo.ma.ni.a *s.f.* PSIQ desejo sexual exagerado nas mulheres ~ **ninfomaníaco** *adj.* - **ninfômano** *adj.*

nin.guém *pron.ind.* **1** nenhuma pessoa ■ *s.m.* **2** indivíduo de pouca ou nenhuma importância

ni.nha.da *s.f.* **1** conjunto dos filhotes de aves em um ninho **2** total de filhotes paridos por um animal de uma só vez

ni.nha.ri.a *s.f.* coisa insignificante; bagatela

ni.nho *s.m.* **1** construção feita pelas aves para pôr os ovos e criar os filhotes **2** lugar onde os animais e seus filhotes se recolhem e dormem **3** *p.ext.* o lar

nin.ja *s.2g.* praticante de arte marcial especializada em movimentos rápidos e dissimulados

ni.ó.bio *s.m.* QUÍM elemento químico us. em aços e ligas metálicas de grande dureza e estabilidade térmica e tb. em cápsulas espaciais, mísseis, foguetes, reatores nucleares e semicondutores [símb.: *Nb*] ☞ cf. *tabela periódica* (no fim do dicionário)

ni.ô.nio *s.m.* QUÍM → ***NIHÔNIO***

ni.pô.ni.co *adj.* relativo ao Japão (Ásia); japonês

ni.pô.nio *s.m.* QUÍM → ***NIHÔNIO***

ní.quel [pl.: *-eis*] *s.m.* **1** QUÍM elemento químico us. em moedas, aços etc. [símb.: *Ni*] ☞ cf. *tabela periódica* (no fim do dicionário) **2** a moeda ('peça') feita com esse metal **3** *infrm.* dinheiro

ni.que.lar *v.* {mod. 1} *t.d.* **1** cobrir com níquel **2** dar aspecto semelhante ao níquel a ~ **niquelagem** *s.f.*

nir.va.na *s.m.* REL no budismo, estado de serenidade e felicidade plena alcançado pela supressão do desejo e da consciência individual

nis.sei *adj.2g.s.2g.* que(m) é filho de pais japoneses nascido na América ☞ cf. *issei* e *sansei*

nis.so *contr.* **1** da preposição *em* com o pron. indefinido *isso* ■ *adv. B* **2** naquele ou nesse instante; de repente, nisto <*começou a chover; n., ouviu-se um trovão*>

nis.to *contr.* **1** da preposição *em* com o pron. demonstrativo *isto* ■ *adv.* **2** naquele ou nesse momento; então <*n. ela sorriu pra mim*>

ni.te.roi.en.se *adj.2g.* **1** de Niterói (RJ) ■ *s.2g.* **2** natural ou habitante dessa cidade

ní.ti.do *adj.* **1** em que há clareza, transparência **2** de fácil compreensão ~ **nitidez** *s.f.*

ni.tra.to *s.m.* QUÍM sal do ácido nítrico ou ânion dele derivado

ni.tro.gê.nio *s.m.* QUÍM elemento químico incolor, gasoso e inodoro, encontrado na atmosfera [símb.: *N*] ☞ cf. *tabela periódica* (no fim do dicionário)

ni.tro.gli.ce.ri.na *s.f.* QUÍM substância de propriedades explosivas e ação vasodilatadora, us. na fabricação da dinamite e na farmacologia

ní.vel [pl.: *-eis*] *s.m.* **1** instrumento para verificar se uma superfície está exatamente na horizontal **2** grau de elevação de uma linha ou de um plano em relação a um plano horizontal; altura **3** *fig.* altura relativa numa escala de valores; grau **4** *p.ext.* categoria, classe, competência **5** cada uma das subdivisões do ensino escolar <*n. médio*>

ni.ve.la.men.to *s.m.* **1** eliminação de desníveis **2** equiparação

ni.ve.lar *v.* {mod. 1} *t.d.* **1** retirar as irregularidades de (superfície); aplanar <*n. um terreno*> ☐ *t.d.,t.i. e t.d.i.* **2** (prep. *com*) pôr ou estar no mesmo nível que (outra coisa); igualar(-se) <*n. a casa e a rua*> <*o terreno nivela com a rua*> <*n. o terreno com a rua*> ☐ *t.d.,t.d.i. e pron. fig.* **3** (prep. *a*, *com*) tornar(-se) igual a (outros) quanto a altura, capacidade etc.; equiparar(-se) <*n. os alunos no domínio da matemática*> <*a imprensa o nivelou aos piores criminosos*> <*n.-se aos competidores em preparo físico*> ~ **nivelação** *s.f.* - **nivelado** *adj.*

ní.veo *adj.* 1 relativo a neve 2 da cor da neve; branco

nm FÍS símbolo de *nanômetro*

¹no [pl.: *nos*; fem.: *na*] *contr.* 1 dentro de, junto de, sobre etc., algo conhecido e definido 2 a respeito de, no interior de, junto de, em cima de etc. algo ou alguém mencionado em outra oração <*anotei em meu caderno e Joana, no dela*> <*o presidente discursou na sua própria língua*> <*ele cedeu seu apartamento ao irmão e ficou no meu*> ◉ GRAM/USO contr. da prep. *em* com o art.def. *o*

²no [pl.: *nos*; fem.: *na*] *pron.p.* o (pron.p. oblíquo objetivo direto da 3ª p.sing.), empr. a seguir às formas verbais terminadas em ditongos nasais <*quanto aos pratos, põe-nos todos na mesa*> <*suas incoerências indispõem-no com o eleitorado*> [ORIGEM: pron.p. oblíquo átono sob a f. enclítica **lo* na qual o **l-* se nasaliza em contato com a desinência nasal das formas verbais da 3ª p.pl.]

No QUÍM símbolo de *nobélio*

N.O. abrev. de *noroeste* ('região')

nó *s.m.* 1 entrelaçamento de duas extremidades a fim de uni-las, marcá-las ou encurtá-las 2 laçada que se faz em qualquer ponto de uma corda, barbante, linha etc. 3 cada um dos pontos de junção dos ramos de uma árvore 4 a articulação das falanges dos dedos 5 unidade de velocidade de embarcação 6 *fig.* o mais importante num assunto, problema etc.; cerne ~ **nodal** *adj.2g.*

N

no.bé.lio *s.m.* QUÍM elemento químico artificial da família dos actiniídeos [símb.: *No*] ☞ cf. *tabela periódica* (no fim do dicionário)

no.bi.li.á.rio *adj.* 1 relativo à nobreza ■ *s.m.* 2 registro das famílias nobres de um país; nobiliarquia

no.bi.li.ar.qui.a *s.f.* 1 estudo das origens e da história das famílias nobres, seus nomes de família, brasões etc. 2 livro, registro ou tratado sobre esse assunto; nobiliário ~ **nobiliárquico** *adj.*

no.bi.li.tar *v.* {mod. 1} *t.d.* 1 conceder título de nobreza a <*o rei nobilitou muitos súditos*> 2 manifestar consideração especial por; distinguir <*sua visita nobilita nossa humilde casa*> □ *t.d. e pron. fig.* 3 tornar(-se) nobre, digno; engrandecer(-se) <*as provações o nobilitaram*> <*nobilitou-se ao arrepender-se dos erros*> 4 tornar(-se) notável, ilustre; celebrizar(-se) <*suas façanhas o nobilitaram*> <*o herói nobilitou-se na guerra contra os hunos*> ~ **nobilitação** *s.f.* - **nobilitador** *adj.s.m.*

no.bre *adj.2g.s.2g.* 1 (o) que se refere ou pertence à nobreza ■ *adj.2g.* 2 que merece respeito por seus méritos; digno, ilustre 3 generoso, magnânimo

nobreak [ing.] *s.m.* INF dispositivo alimentado a bateria, capaz de fornecer energia elétrica a um sistema por um certo tempo, em situações de emergência ⇒ pronuncia-se noubreic

no.bre.za /ê/ *s.f.* 1 qualidade do que ou de quem é nobre 2 classe dos nobres; aristocracia 3 grandeza de caráter; generosidade

no.ção [pl.: *-ões*] *s.f.* 1 conhecimento básico e imediato; consciência 2 ideia que se tem sobre algo 3 ponto de vista, ideia ~ **nocional** *adj.2g.*

no.cau.te *s.m.* 1 ESP no boxe, fim de luta quando um dos lutadores permanece caído por, no mínimo, dez segundos 2 *p.ext.* derrota fragorosa; surra ~ **nocautear** *v.t.d.*

no.ci.vo *adj.* que causa dano; prejudicial ~ **nocividade** *s.f.*

noc.tâm.bu.lo *adj.s.m.* 1 sonâmbulo 2 (o) que vaga à noite ~ **noctambulismo** *s.m.*

noc.tí.va.go *adj.s.m.* → ***NOTÍVAGO***

no.do /ó/ *s.m.* 1 ANAT gânglio 2 MED tumor duro em volta de articulação óssea

nó.doa *s.f.* 1 mancha ('marca') 2 *fig.* ação ou fato desonroso e que prejudica a reputação de alguém; mancha, mácula

no.do.so /ô/ [pl.: /ó/; fem.: /ó/] *adj.* que possui nós <*caule n.*>

nó.du.lo *s.m.* 1 ANAT pequeno nodo; gânglio 2 pequeno nó ~ **nodular** *adj.2g.* - **noduloso** *adj.*

no.guei.ra *s.f.* BOT 1 árvore de até 25 m, com madeira de ótima qualidade e frutos de semente comestível, a noz 2 madeira retirada dessa árvore ◉ COL nogueiral

noi.ta.da *s.f.* 1 espaço de tempo de uma noite 2 divertimento que dura toda a noite ou que termina muito tarde

noi.te *s.f.* 1 tempo que transcorre entre o poente e o nascer do sol 2 *p.ext.* ausência de luz; escuridão 3 vida noturna, esp. as atividades ligadas à diversão, como bares, restaurantes, espetáculos, cinemas, que funcionam à noite

noi.va *s.f.* parceira do noivo; mulher que vai se casar

noi.va.do *s.m.* 1 compromisso de casamento entre duas pessoas 2 período de tempo em que uma pessoa permanece noiva de outra

noi.var *v.* {mod. 1} *t.i. e int.* (prep. *com*) assumir compromisso de casar-se (com)

noi.vo *s.m.* 1 homem que está para casar ▼ ***noivos*** *s.m.pl.* 2 o casal no dia de seu casamento

no.jen.to *adj.* 1 que provoca nojo, repugnância 2 que sente nojo de tudo, que facilmente se enoja (diz-se de indivíduo) 3 *infrm.* que se julga o maioral; seboso, convencido

no.jo /ô/ *s.m.* 1 sentimento de repulsa que algo desperta num indivíduo 2 *p.ext.* algo que provoca esse sentimento ~ **nojeira** *s.f.*

no-lo *contr.* do pron. pessoal oblíquo átono *nos* com o pron. demonstrativo e pron. oblíquo objeto direto *lo* (= *o*), com assimilação do *s* ao *l* <*o testemunho, ele no-lo dará no momento oportuno*> ◉ GRAM/USO fem.: *no-la*; pl.: *no-los, no-las*

nô.ma.de *adj.2g.s.2g.* **1** (indivíduo) de povos errantes, sem habitação fixa **2** (o) que vive mudando de lugar ~ **nomadismo** *s.m.*

no.me *s.m.* **1** palavra ou locução com que se designam pessoas, coisas ou animais **2** nome de batismo, prenome **3** sobrenome **4** fama, reputação **5** GRAM designativo genérico de substantivo e adjetivo ▣ **n. feio** palavra obscena ou ofensiva; palavrão

no.me.ar *v.* {mod. 5} *t.d.* **1** designar pelo nome; chamar **2** citar o nome de; mencionar □ *t.d.pred.* **3** dar nome a; chamar, denominar <*nomeou-o Pedro*> □ *t.d.,t.d.pred. e t.d.i.* **4** (prep. *para, por*) fazer a indicação de (alguém) para (posto, cargo etc.); designar <*n. o secretariado*> <*nomeou-o (para) seu assessor*> <*n. o primeiro colocado para o cargo*> □ *t.d.pred. e pron.* **5** atribuir(-se) qualidade ou característica; considerar(-se) <*nomeou-o traidor*> <*n.-se o salvador do povo*> ~ **nomeação** *s.f.*

no.men.cla.tu.ra *s.f.* **1** conjunto de termos específicos de uma ciência, arte ou técnica, apresentado segundo uma classificação metódica; terminologia **2** lista, nominata, catálogo

no.mi.nal [pl.: *-ais*] *adj.2g.* **1** relativo a nome **2** que não existe realmente, só como nome <*função n.*> **3** passado no nome de alguém (diz-se de cheque, título de crédito); nominativo ☞ cf. *ao portador* **4** GRAM que modifica nomes (substantivos e adjetivos) <*flexão n. de gênero e número*> **5** ECON diz-se de valor não corrigido inscrito em moeda, título, ação, salário etc., em oposição ao preço de mercado

no.mi.na.ta *s.f.* lista, relação de nomes ou palavras; nomenclatura

no.mi.na.ti.vo *adj.* **1** que denomina, que contém nome(s) **2** nominal ('diz-se de cheque')

no.na.e.dro *s.m.* GEOM poliedro de nove faces

no.na.ge.ná.rio *adj.s.m.* (o) que está na casa dos 90 anos de idade

no.na.gé.si.mo *n.ord.* **1** (o) que, numa sequência, ocupa a posição número 90 ■ *n.frac.* **2** (o) que é 90 vezes menor que a unidade

no.na.to *adj.* **1** que não chegou a nascer ■ *adj.s.m.* **2** (criança) que nasceu por meio de operação cesariana **3** (animal) encontrado no ventre da mãe, depois da morte desta

non.gen.té.si.mo *n.ord.* **1** (o) que, numa sequência, ocupa a posição número 900; noningentésimo ■ *n.frac.* **2** (o) que é 900 vezes menor que a unidade; noningentésimo

no.nin.gen.té.si.mo *n.ord.* **1** nongentésimo ■ *n.frac.* **2** nongentésimo

no.no *n.ord.* **1** (o) que ocupa a posição número nove ■ *n.frac.* **2** (o) que é nove vezes menor que a unidade

nonsense [ing.] *s.m.2n.* palavra ou ação sem sentido ou coerência; disparate ⇒ pronuncia-se nansens

nô.nu.plo *n.mult.* (o) que contém nove vezes a mesma quantidade

¹no.ra *s.f.* a mulher do filho, em relação aos pais deste ◉ GRAM/USO masc.: *genro* [ORIGEM: lat.vulg. **nura,ae* pelo lat.cl. *nurus,us* 'id.']

²no.ra *s.f.* aparelho para tirar água de poços ou cisternas, composto de uma roda que faz girar a corda a que estão presas caçambas [ORIGEM: ár. *nāḤūra* 'id.']

nor.des.te *s.m.* **1** direção a meio entre o norte e o leste **2** na rosa dos ventos, ponto colateral que marca essa direção [símb.: *NE*] ■ *adj.2g.s.m.* **3** (o) que se situa a nordeste (diz-se de região ou conjunto de regiões) [abrev.: *N.E.*] **3.1** diz-se de ou região brasileira que compreende os estados do Maranhão, Piauí, Ceará, Rio Grande do Norte, Paraíba, Pernambuco, Alagoas, Sergipe e Bahia [abrev.: *N.E.*] ☞ inicial maiúsc. **4** (vento) que sopra dessa direção ■ *adj.2g.* **5** que se situa ou segue na direção nordeste (acp. 1 e 2)

nor.des.ti.no *adj.s.m.* (natural ou habitante) do Nordeste brasileiro

nór.di.co *adj.s.m.* **1** (natural ou habitante) dos países do norte da Europa (Dinamarca, Finlândia, Islândia, Noruega e Suécia) ■ *s.m.* **2** LING escandinavo

nor.ma *s.f.* **1** o que regula atos ou procedimentos; regra, padrão **2** o que se usa como base para avaliação ou realização de algo; modelo

nor.mal [pl.: *-ais*] *adj.2g.* **1** de acordo com as normas **2** que é habitual; comum **3** diz-se de curso ou escola de nível médio que forma professores para as primeiras séries do ensino fundamental ■ *s.m.* **4** esse curso ou escola ~ **normalidade** *s.f.*

nor.ma.lis.ta *adj.2g.s.2g.* que(m) cursa ou cursou o curso normal

nor.ma.li.zar *v.* {mod. 1} *t.d. e pron.* **1** (fazer) voltar ao estado normal, à ordem; regularizar(-se) □ *t.d.* **2** estabelecer norma(s) para; regulamentar ~ **normalização** *s.f.*

nor.mal.men.te *adv.* **1** de maneira regular, normal **2** na maior parte das vezes; em geral, habitualmente

nor.man.do *s.m.* **1** natural ou habitante da Normandia (França) **2** o dialeto falado nessa região ■ *adj.* **3** relativo a essa região, habitante ou dialeto

nor.ma.ti.vo *adj.* **1** relativo a norma **2** que serve de norma **3** que estabelece normas ou padrões de comportamento; que determina o que é correto, bom etc.

nor.ma.ti.zar *v.* {mod. 1} *t.d.* **1** criar normas, regras para; regulamentar **2** submeter a regras; regular

no.ro.es.te *s.m.* **1** direção a meio entre o norte e o oeste **2** na rosa dos ventos, ponto colateral que marca essa direção [símb.: *NW*] ■ *adj.2g.s.m.* **3** (o) que se situa a noroeste (diz-se de região ou conjunto de regiões) [abrev.: *N.O.*] **4** (vento) que sopra dessa direção ■ *adj.2g.* **5** que se situa ou segue na direção noroeste (acp. 1 e 2)

no.ro.ví.rus *s.m.2n.* BIO grupo de vírus transmitidos por água e alimentos contaminados que podem causar gastroenterites agudas em seres humanos, acompanhadas de diarreia e vômitos

nor.ta.da *s.f.* vento frio que sopra do norte

N

nor.te *s.m.* **1** direção à esquerda de quem se volta para o nascente **2** na rosa dos ventos, ponto cardeal que marca essa direção [símb.: *N*] **3** *fig.* rumo, direção, sentido ■ *adj.2g.s.m.* **4** (o) que se situa a norte (diz-se de região ou conjunto de regiões) [abrev.: *N.*] **4.1** diz-se de ou região brasileira que compreende os estados do Pará, Tocantins, Amazonas, Amapá, Roraima, Acre e Rondônia [abrev.: *N.*] ☞ inicial maiúsc. **5** (vento) que sopra dessa direção ■ *adj.2g.* **6** que se situa ou segue na direção norte (acp. 1 e 2) ▣ **n. magnético** GEO direção do ponto de encontro das linhas magnéticas terrestres

nor.te-a.me.ri.ca.no [pl.: *norte-americanos*] *adj.* **1** dos Estados Unidos da América **2** relativo à América do Norte ■ *s.m.* **3** natural ou habitante dos Estados Unidos da América **4** natural ou habitante da América do Norte

nor.te.ar *v.* {mod. 5} *t.d.* **1** encaminhar em direção ao norte □ *t.d. e pron. fig.* **2** guiar(-se) em certa direção moral, intelectual etc.; orientar(-se) *<a família norteia seus passos> <n.-se pelos ensinamentos paternos>* ~ **norteador** *adj.s.m.* - **norteamento** *s.m.*

nor.te-ri.o-gran.den.se [pl.: *norte-rio-grandenses*] *adj.2g.s.2g.* rio-grandense-do-norte

nor.tis.ta *adj.2g.* **1** do norte (de um país, região etc.) **1.1** da região Norte do Brasil ■ *adj.2g.s.2g.* **2** que(m) é natural ou habitante do norte **2.1** que(m) é natural ou habitante do Norte do Brasil

nos *pron.p.* **1** da 1ª p. do pl., com função de objeto direto ou objeto indireto, equivalente a: *a nós, em nós, para nós* e *de nós* **2** reflexivo: *nós* nos *ferimos* (= cada um a si próprio) **3** recíproco: *nós* nos *acusamos* (= um ao outro) **4** com alguns verbos, indica a voz passiva: *nós* nos *penteamos no mesmo salão* (= somos penteados)

nós *pron.p.* representa a 1ª p. do pl. e é us. para referir-se a si mesmo e a outro(s)

no.so.fo.bi.a *s.f.* PSIQ medo exagerado de adoecer ~ **nosofóbico** *adj.* - **nosófobo** *s.m.*

nos.so *pron.pos.* **1** que nos pertence ■ *s.m.* **2** aquilo que nos pertence, que nos cabe *<cuide do seu que cuidaremos do n.>* ◉ GRAM/USO fem.: *nossa*; pl.: *nossos, nossas* ▣ **os n.** a nossa família, os nossos patrícios etc.

nos.tal.gi.a *s.f.* **1** saudade da terra natal **2** *p.ext.* desejo de voltar ao passado **3** *p.ext.* tristeza sem causa definida

nos.tál.gi.co *adj.* **1** em que há nostalgia; que demonstra nostalgia; melancólico, triste ■ *adj.s.m.* **2** que(m) sente nostalgia

no.ta *s.f.* **1** anotação que acompanha um texto **2** lembrete, apontamento **3** notícia breve e concisa **4** atenção, reconhecimento *<um trabalho digno de n.>* **5** papel-moeda; cédula **6** comprovante de despesa efetuada **7** resultado numérico de uma avaliação *<tirar n. 10>* **8** MÚS sinal musical convencionado que representa um som ▣ **n. promissória** DIR ECON documento que atesta a promessa de pagamento que uma pessoa faz em favor de quem lhe emprestou uma quantia

no.ta.bi.li.zar *v.* {mod. 1} *t.d. e pron.* tornar(-se) notável, célebre; distinguir(-se)

no.ta.ção [pl.: *-ões*] *s.f.* **1** representação convencional por meio de notas, símbolos etc. *<n. musical>* **2** sinal (p.ex. acento, til, cedilha) que modifica os sons das letras

no.tar *v.* {mod. 1} *t.d.* **1** pôr nota em **2** fazer notas em; anotar *<n. a agenda de compromissos>* **3** perceber (algo ou alguém), fixando a vista ou a atenção; reparar *<não notamos a presença dele na festa>* **4** dizer, comentar *<o pior já passou, notou ela>* □ *t.d. e t.d.i.* **5** (prep. *a*) fazer ver; advertir *<notou(-lhe) que escrevera o nome de forma errada>* **6** (prep. *a*) apontar criticando; censurar *<notei(-lhe) falhas na redação>*

no.tá.rio *s.m.* tabelião ~ **notariado** *s.m.*

no.tá.vel [pl.: *-eis*] *adj.2g.* **1** digno de nota, atenção **2** renomado, ilustre ◉ GRAM/USO sup.abs.sint.: *notabilíssimo* ~ **notabilidade** *s.f.*

notebook [ing.; pl.: *notebooks*] *s.m.* INF espécie de *laptop* com dimensões próximas às de um livro de tamanho médio ⇒ pronuncia-se noutbuk

no.tí.cia *s.f.* **1** *<trouxe boas n.>* **2** relato de fatos veiculado em jornais, revistas etc. ◉ COL noticiário ~ **noticioso** *adj.*

no.ti.ci.ar *v.* {mod. 1} *t.d. e t.d.i.* **1** (prep. *a*) fazer tomar ciência de (notícia); notificar, anunciar *<a firma noticiou a falência> <n. aos amigos o nascimento do filho>* □ *t.d.* **2** transmitir pela imprensa falada e escrita; divulgar ~ **noticiador** *adj.s.m.*

no.ti.ci.á.rio *s.m.* JOR conjunto de notícias apresentadas em rádio, TV etc.; jornal ~ **noticiarista** *adj.2g.s.2g.*

no.ti.fi.car *v.* {mod. 1} *t.d. e t.d.i.* (prep. *a, de*) fazer tomar conhecimento de (notícia, informe, ordem judicial etc.); comunicar *<o secretário notificou (à imprensa) a demissão do ministro>* ~ **notificação** *s.f.* - **notificador** *adj.s.m.*

no.tí.va.go ou **noc.tí.va.go** *adj.s.m.* (o) que tem hábitos noturnos

no.to.cor.da *s.f.* ZOO bastão dorsal flexível, presente no embrião dos vertebrados, depois substituído pela coluna vertebral

no.to.ri.e.da.de *s.f.* **1** atributo de quem é ou do que é famoso, renomado **2** indivíduo de reconhecido saber e valor; celebridade

no.tó.rio *adj.* conhecido por todos; evidente, manifesto

no.tur.no *adj.* **1** referente à noite **2** que ocorre ou se realiza durante a noite

no.va *s.f.* notícia recente; novidade

no.va-de.lhen.se [pl.: *nova-delhenses*] *adj.2g.* **1** de Nova Delhi (Índia) ■ *s.2g.* **2** natural ou habitante dessa capital

no.va-ior.qui.no [pl.: *nova-iorquinos*] *adj.* **1** de Nova York (EUA) ■ *s.m.* **2** natural ou habitante dessa cidade ou desse estado

no.va.to *adj.* **1** inexperiente; sem vivência ■ *s.m.* **2** iniciante, aprendiz de qualquer ofício; principiante, noviço **3** calouro, esp. de universidade

N

no.ve *n.card.* **1** oito mais um **2** diz-se desse número *<pasta de número n.>* **3** diz-se do nono elemento de uma série *<dia n.>* **4** que equivale a essa quantidade (diz-se de medida ou do que é contável) *<tem n. pares de meias>* ■ *s.m.* **5** representação gráfica desse número ☞ em algarismos arábicos, *9*; em algarismos romanos, *IX* ▣ **noves fora** MAT *B infrm.* subtração de nove, ou de múltiplo de nove, do total ou das parcelas de uma operação matemática

no.ve.cen.tos *n.card.* **1** oitocentos mais cem **2** diz-se desse número *<memorando de número n.>* **3** diz-se do noningentésimo elemento de uma série *<ofício n.>* **4** que equivale a essa quantidade (diz-se de medida ou do que é contável) *<terreno de n. metros quadrados>* ■ *s.m.2n.* **5** representação gráfica desse número ☞ em algarismos arábicos, *900*; em algarismos romanos, *CM* ◉ GRAM/USO seguido do conectivo *e* antes das dezenas e unidades, forma os numerais cardinais entre 900 e 1.000

no.vel [pl.: *-éis*] *adj.2g.s.2g.* **1** que(m) é novo, jovem **2** que(m) tem pouca experiência; principiante

no.ve.la *s.f.* **1** LIT narrativa breve, maior que um conto e menor que um romance **2** TV RÁD trama encenada em capítulos **3** *fig.* história, caso extenso e cheio de peripécias ~ **novelesco** *adj.*

no.ve.lei.ro *adj.s.m.* **1** que(m) tem o hábito de acompanhar novelas **2** *pej.* que(m) escreve novelas, ger. de qualidade duvidosa

no.ve.lis.ta *adj.2g.s.2g.* que(m) escreve novelas

no.ve.lo /ê/ *s.m.* bola feita de fio têxtil enrolado

no.vem.bro *s.m.* décimo primeiro mês do ano no calendário gregoriano, composto de 30 dias

no.ve.na *s.f.* **1** REL série de orações e práticas religiosas feitas durante nove dias consecutivos **2** *p.ext.* qualquer período de nove dias ~ **novenal** *adj.2g.*

no.vê.nio *s.m.* período de nove anos

no.ven.ta *n.card.* **1** oitenta mais dez **2** diz-se desse número *<memorando número n.>* **3** diz-se do nonagésimo elemento de uma série *<anos n.>* **4** que equivale a essa quantidade (diz-se de medida ou do que é contável) *<arranha-céu de n. metros>* ■ *s.m.* **5** representação gráfica desse número ☞ em algarismos arábicos, *90*; em algarismos romanos, *XC* ◉ GRAM/USO seguido do conectivo *e* antes das unidades, forma os numerais cardinais entre 90 e 100

no.vi.ci.a.do *s.m.* REL **1** aprendizado inicial de um noviço em ordem religiosa **2** o tempo de duração desse aprendizado ~ **noviciar** *v.int.*

no.vi.ço *adj.s.m.* **1** que(m) se prepara para ingressar na vida religiosa **2** iniciante em atividade ou profissão; novato ■ *adj.* **3** inexperiente, ingênuo ~ **noviciário** *adj.*

no.vi.da.de *s.f.* **1** condição do que é novo **2** notícia recente **3** inovação, renovação ~ **novidadeiro** *adj.s.m.*

no.vi.lho *s.m.* boi novo; bezerro

no.vi.lú.nio *s.m.* **1** a Lua nova **2** período da Lua nova

no.vo /ô/ [pl.: */ó/*; fem.: */ó/*] *adj.* **1** jovem; de pouca idade **2** que ainda não foi usado **3** que se encontra no início de um ciclo, de um processo *<ano n.>* **4** inexperiente, novato **5** que apareceu pela primeira vez; inédito ■ *adj.s.m.* **6** (o) que é recente, moderno ▣ **de n.** novamente ~ **novamente** *adv.*

no.vo-ri.co [pl.: *novos-ricos*] *s.m.* **1** pessoa de origem simples que enriqueceu recentemente **2** *pej.* pessoa que ostenta excessivamente sua riqueza recém-adquirida

noz [pl.: *-es*] *s.f.* **1** fruto da nogueira, oleoso e de casca dura **2** BOT nome geral para frutos secos de apenas uma semente

noz-de-co.la [pl.: *nozes-de-cola*] *s.f.* BOT semente que contém alcaloides como a cafeína, us. como tônico e em refrigerantes, esp. em sua forma sintética; cola

noz-mos.ca.da [pl.: *nozes-moscadas*] *s.f.* **1** BOT árvore nativa da Indonésia, cuja semente é us. como condimento **2** o condimento feito dessa semente

noz-vô.mi.ca [pl.: *nozes-vômicas*] *s.f.* BOT árvore de cujas cascas e sementes são extraídos alcaloides tóxicos como a estricnina

Np QUÍM símbolo de *netúnio*

-nte *suf.* 'agente': *estudante, crescente, pedinte*

nu *adj.* **1** sem roupa; desnudo **2** descoberto, exposto *<costas n.>* **3** sem disfarce; evidente *<verdade n.>* ■ *s.m.* **4** nudez

nu.an.ce ou **nu.an.ça** *s.f.* **1** gradação de cor; matiz, tonalidade **2** diferença sutil; detalhe ~ **nuançar** *v.t.d.*

nu.ben.te *adj.2g.s.2g.* que(m) está prestes a contrair matrimônio

nú.bil [pl.: *-eis*] *adj.2g.* que já está pronto e com idade para casar (diz-se esp. de mulher) ~ **nubilidade** *s.f.*

nu.bla.do *adj.* cheio de nuvens

nu.blar *v.* {mod. 1} *t.d. e pron.* **1** cobrir(-se) de nuvens; anuviar(-se) **2** *fig.* (fazer) ficar turvo, embaçado ou escuro *<a poeira nublou a visão dos peregrinos>* *<seus olhos nublaram-se de lágrimas>* **3** *fig.* tornar(-se) triste, calado, desanimado *<aquelas notícias nublaram seu dia>* *<suas feições nublavam-se de preocupação>*

nu.ca *s.f.* ANAT a parte de trás do pescoço

nu.ci.for.me *adj.2g.* que tem a forma de uma noz

nu.cle.ar [pl.: *-es*] *adj.2g.* **1** relativo a núcleo **2** FÍS em que se processam as reações à fissão do núcleo atômico (usina, bomba, etc.) ~ **nuclearização** *s.f.*

nú.cleo *s.m.* **1** parte ou ponto central de alguma estrutura **2** a parte essencial de algo **3** ASTR num cometa, a parte central de constituição sólida, densa e luminosa ◉ GRAM/USO dim.irreg.: *nucléolo* ▣ **n. atômico** FÍS parte de um átomo constituída de prótons e nêutrons, onde se concentra a maior parte da massa do átomo e cuja carga, definida pelo número de prótons, é positiva

nu.clé.o.lo *s.m.* **1** pequeno núcleo **2** GEN estrutura presente no interior do núcleo, composta de ADN, proteína e ARN ribossômico ◉ GRAM/USO dim.irreg. de *núcleo*

N

nu.clí.deo *s.m.* FÍS espécie de átomo caracterizado pelo número de nêutrons em seu núcleo atômico e pelo número atômico; denominado, impropriamente, de isótopo

nu.dez /ê/ [pl.: *-es (pouco usado)*] *s.f.* estado ou condição do que está ou vive nu

nu.dis.mo *s.m.* **1** concepção de vida que defende que as pessoas vivam despidas e em contato com a natureza **2** a prática desse ponto de vista ~ **nudista** *adj.2g.s.2.g*

nu.li.da.de *s.f.* **1** condição do que é nulo, inexistente **2** indivíduo a quem faltam talentos, cultura, renome; incapaz

nu.lo *adj.* **1** igual a zero *<valor n.>* **2** sem valor ou utilidade **3** sem validade **4** inexistente, nenhum

num *contr.* **1** no interior de **2** em algo indeterminado *<n. dia de primavera lá iremos>* **3** em algo que é mencionado pela primeira vez ou já foi mencionado em outra oração *<n. país distante vivia um rei>* ◉ GRAM/USO fem.: *numa*; pl.: *nuns, numas* [ORIGEM: contr. da prep. *em* com *um* (artigo ou numeral)]

nu.me *s.m.* **1** divindade **2** *fig.* inspiração poética vinda do poder divino

nu.me.ra.ção [pl.: *-ões*] *s.f.* **1** ação de numerar **2** sequência de números que marcam as páginas de um livro, catálogo etc.

nu.me.ra.dor /ô/ [pl.: *-es*] *adj.s.m.* **1** (o) que numera ■ *s.m.* MAT **2** termo sobre o traço de fração que indica quantas partes se tomaram do todo

nu.me.ral [pl.: *-ais*] *adj.2g.* **1** relativo a número **2** que representa ou indica um número ■ *s.m.* GRAM **3** classe de palavras que indica uma quantidade exata de pessoas ou coisas, ou lugar que elas ocupam numa série

nu.me.rar *v.* {mod. 1} *t.d.* **1** pôr número em *<n. páginas>* **2** dispor em ordem numérica *<n. os assentos>* **3** verificar ou dar a quantidade de; quantificar *<a escola numerou os alunos aprovados>* **4** expor de forma metódica; enumerar *<o advogado numerou as vantagens do acordo>* ~ **numerável** *adj.2g.*

nu.me.rá.rio *s.m.* **1** dinheiro em espécie; dinheiro vivo ■ *adj.* **2** relativo a dinheiro

nu.mé.ri.co *adj.* **1** relativo aos números **2** expresso por números *<código n.>*

nú.me.ro *s.m.* **1** cada membro do sistema numérico us. para contar, medir, avaliar etc. **2** expressão de quantidade *<estar em maior n.>* **3** quantidade certa *<qual o n. de candidatos?>* **4** quórum *<não houve n. para votarem>* **5** exemplar de publicação periódica **6** quadro de um *show* de variedades **7** GRAM flexão gramatical que indica o singular e o plural dos substantivos, adjetivos, verbos, pronomes, artigos e alguns numerais ▣ **n. atômico** FÍS número de prótons presentes no núcleo atômico e que, em um átomo neutro, é igual ao número de elétrons • **n. pi** *loc.subst.* MAT número de infinitas casas decimais igual à razão entre o perímetro de uma circunferência e a medida do seu diâmetro; seu valor aproximado é 3,14159235... [símb.: π] • **n. primo** *loc.subst.* MAT número inteiro divisível somente por ele mesmo e pela unidade

nu.me.ro.lo.gi.a *s.f.* estudo da influência oculta dos números no destino das pessoas ~ **numerológico** *adj.* - **numerologista** *s.2g.* - **numerólogo** *s.m.*

nu.me.ro.so /ô/ [pl.: /ó/; fem.: /ó/] *adj.* em grande número ~ **numerosidade** *s.f.*

nu.mis.ma.ta *s.2g.* especialista em numismática

nu.mis.má.ti.ca *s.f.* ciência cujo objeto de estudo são as moedas e as medalhas ~ **numismático** *adj.*

nun.ca *adv.* **1** em nenhum tempo ou circunstância; jamais **2** não *<quem n. se arrependeu de uma decisão?>*

nun.ci.a.tu.ra *s.f.* **1** ofício, função de núncio **2** a residência do núncio **3** local onde o núncio exerce seu cargo

nún.cio *s.m.* **1** representante diplomático da Igreja católica **2** mensageiro

nun.cu.pa.ção [pl.: *-ões*] *s.f.* DIR testamento que é feito oralmente

núp.cias *s.f.pl.* **1** casamento **2** a cerimônia do casamento **3** o contrato de casamento ~ **nupcial** *adj.2g.*

nu.tri.ção [pl.: *-ões*] *s.f.* **1** BIO conjunto de processos de ingestão, digestão e absorção de alimentos **2** alimento; fonte de sustento **3** nutricionismo ~ **nutricional** *adj.2g.*

nu.tri.cio.nis.mo *s.m.* estudo das necessidades alimentares dos seres humanos e animais, e dos problemas relativos à nutrição

nu.tri.ci.o.nis.ta *adj.2g.* **1** que diz respeito ao nutricionismo ■ *adj.2g.s.2g.* **2** especialista em nutricionismo

nu.tri.do *adj.* **1** provido de alimento; alimentado **2** corpulento, robusto

nu.tri.en.te *s.m.* **1** substância que nutre o organismo ■ *adj.2g.* **2** que nutre, alimenta; nutritivo

nu.trir *v.* {mod. 24} *t.d.,t.d.i. e pron.* **1** (prep. *com, de*) prover(-se) de substâncias necessárias ao metabolismo; alimentar(-se) *<eles não têm como n. os filhos> <nutre as plantas com adubo> <nutre-se de vegetais>* □ *t.d. fig.* **2** alimentar em si (sentimento, ideia etc.); cultivar *<n. uma esperança>* □ *pron. fig.* **3** ter sustento; manter-se *<o amor nutre-se do respeito>* ~ **nutrimento** *s.m.*

nu.tri.ti.vo *adj.* que tem a propriedade de nutrir, de alimentar; alimentício

nu.triz [pl.: *-es*] *s.f. frm.* **1** mulher que amamenta; ama de leite ■ *adj.* **2** *fig.* que alimenta

nu.vem [pl.: *-ens*] *s.f.* **1** condensação visível de vapor d'água na atmosfera **2** porção suspensa de partículas de pó, gases etc. **3** grande porção de insetos voando **4** escurecimento passageiro da vista **5** *fig.* melancolia, tristeza

NW símbolo de *noroeste* (na rosa dos ventos)

nylon ® [ing.] *s.m.* ver ***NÁILON*** ⇒ pronuncia-se nailon

Oo

o /ó *ou* ô/ *s.m.* **1** 15ª letra (vogal) do nosso alfabeto ■ *n.ord.* *(adj.2g.2n.)* **2** diz-se do 15º elemento de uma série *<casa O>* *<item 1o>* ☞ empr. após um substantivo ou numeral **3** tipo sanguíneo *<sangue O positivo>* ☞ ger. maiúscula ◉ GRAM/USO na acp. s.m., pl.: *oo*

o /ô/ *art.def.* **1** indica o gênero (masc.) e o número (sing.) do substantivo a que se refere *<o pato>* **2** define ou especifica, por circunstância ou contexto, esse substantivo ou seu equivalente *<não põe o pé aí>* ■ *pron.dem.* **3** aquele, aquilo, isso, isto *<não foi este que pedi, o que quero é outro>* ■ *pron.p.* **4** refere-se à 3ª p.sing. e funciona como complemento *<não o vi hoje>*

O. abrev. de oeste ('região')

O QUÍM símbolo de *oxigênio*

o- ou **ob-** *pref.* **1** 'movimento para a frente': *oblongo* **2** 'oposição': *opor, ob-rogar*

ó *interj.* us. para chamar ou interpelar alguém

OAB *s.f.* sigla de Ordem dos Advogados do Brasil

o.á.sis *s.m.2n.* pequena região fértil, com vegetação e água, em pleno deserto

ob- *pref.* → **o-**

o.ba /ô/ *interj.* *B* **1** expressa alegria, admiração **2** *infrm.* us. como forma de saudação

ob.ce.ca.do *adj.* **1** sem discernimento **2** teimoso, obstinado

ob.ce.car *v.* {mod. 1} *t.d.* **1** causar ideia fixa a **2** privar do discernimento (o espírito, a inteligência); perturbar **3** tornar cego; cegar ~ **obcecação** *s.f.*

o.be.de.cer *v.* {mod. 8} *t.i.* **1** (prep. *a*) submeter-se à vontade ou às determinações de *<o. aos pais>* **2** (prep. *a*) agir ou estar de acordo com *<sua escrita obedece às leis do discurso>* **3** (prep. *a*) deixar-se levar por (incitação ou sentimento); atender, ceder *<o. ao chamado da natureza>* **4** (prep. *a*) estar sujeito a *<os animais obedecem aos instintos>*

o.be.di.ên.cia *s.f.* **1** ato de obedecer ou o seu efeito **2** submissão completa

o.be.di.en.te *adj.2g.* **1** que obedece **2** extremamente dócil; submisso

o.be.lis.co *s.m.* monumento alongado, de base quadrada, que diminui de modo progressivo e forma no alto uma pirâmide

o.be.si.da.de *s.f.* estado de quem é obeso, de quem é demasiado gordo

o.be.so /ê/ *adj.s.m.* que(m) tem gordura em excesso

ó.bi.ce *s.m.* obstáculo; empecilho

ó.bi.to *s.m.* falecimento

o.bi.tu.á.rio *s.m.* **1** registro de óbitos **2** nota(s) de falecimento publicada(s) em jornais ■ *adj.* **3** relativo a óbito

ob.je.ção [pl.: *-ões*] *s.f.* **1** argumento apresentado em oposição a outro antes enunciado **2** dificuldade; obstáculo

ob.je.tar *v.* {mod. 1} *t.d. e t.d.i.* **1** (prep. *a*) apresentar (argumento, alegação etc.) em sentido contrário *<objetou(-lhe) que estava viajando no dia do crime>* □ *t.i.* **2** (prep. *a*) mostrar-se contrário a; opor-se *<o. a um argumento>*

ob.je.ti.va *s.f.* **1** FOT peça da parte anterior do aparelho fotográfico que se compõe de um conjunto de lentes e de uma armação fixadora **2** ÓPT lente ou conjunto de lentes que forma uma imagem de um objeto

ob.je.ti.var *v.* {mod. 1} *t.d.* **1** dar existência, expressão material a (noção abstrata, sentimento, ideal); concretizar **2** ter como objetivo, como fim; pretender ~ **objetivação** *s.f.*

ob.je.ti.vi.da.de *s.f.* **1** representação fiel da coisa observada ou estudada **2** característica de quem ou daquilo que não foge do objetivo **3** ausência de interferência de sentimentos, opiniões pessoais; imparcialidade **4** modo rápido de agir, sem perda de tempo

ob.je.ti.vo *s.m.* **1** o que se quer alcançar; propósito ■ *adj.* **2** sem rodeios; direto **3** livre de interesses ou opiniões pessoais

ob.je.to *s.m.* **1** coisa material que pode ser percebida pelos sentidos **2** coisa mental ou física para a qual se dirige o pensamento, um sentimento ou uma ação **3** assunto; tema **4** motivo, causa **5** coisa, mercadoria **6** GRAM o complemento dos verbos transitivos ▣ **o. direto** GRAM complemento verbal ger. não preposicionado • **o. indireto** GRAM complemento verbal preposicionado

o.bla.ção [pl.: *-ões*] *s.f.* **1** REL oferenda a Deus ou aos santos **2** qualquer coisa que se ofereça

¹o.bla.to *s.m.* leigo que se oferece para servir em ordem religiosa [ORIGEM: do lat. *oblātus,i* 'id.']

²o.bla.to *adj.* achatado nos polos [ORIGEM: do lat.cien. *oblatus* 'levado para frente, alongado']

o.blí.quo *adj.* **1** que não é perpendicular nem paralelo **2** *fig.* que disfarça os sentimentos; dissimulado **3** GRAM LING diz-se dos pron. pessoais que exercem a função de complemento ou adjunto (*o, a, lhe, me, te, se, nos, vos, mim, ti, si, comigo, contigo, consigo, conosco, convosco*) ~ **obliquidade** *s.f.*

o.bli.te.ra.ção [pl.: *-ões*] *s.f.* **1** ato de obliterar(-se) **2** destruição, eliminação **3** esquecimento, olvido **4** fechamento, obstrução

o.bli.te.rar *v.* {mod. 1} *t.d. e pron.* **1** (fazer) desaparecer aos poucos; apagar(-se) **2** levar a ou ficar no esquecimento; perder(-se) **3** fechar-se ou fechar a cavidade de; obstruir(-se)

ob.lon.go *adj.* cujo comprimento é maior que a largura; alongado

ob.nu.bi.lar *v.* {mod. 1} *t.d. e pron.* **1** tornar(-se) obscuro; escurecer(-se) ☐ *t.d.* MED **2** deixar com perturbação da consciência, ofuscando a vista e obscurecendo o pensamento ~ **obnubilação** *s.f.*

o.bo.é *s.m.* MÚS instrumento de sopro de madeira, com palheta dupla e tubo cônico

o.bo.ís.ta *adj.2g.s.2g.* MÚS que(m) toca oboé

ó.bo.lo *s.m.* esmola

o.bra *s.f.* **1** resultado de um trabalho, de uma ação **2** conjunto de trabalhos realizados por um artista, escritor ou cientista **3** edificação em construção **4** reparação ou remodelação ☞ freq. us. no pl.

o.bra-pri.ma [pl.: *obras-primas*] *s.f.* **1** a obra considerada excepcional de um artista, época, estilo etc. **2** o que é perfeito em seu gênero

o.brar *v.* {mod. 1} *t.d.* **1** produzir por meio de uma ação; fazer, realizar **2** construir, fabricar **3** planejar, tramar ☐ *int.* **4** exercer um ofício; trabalhar **5** realizar uma ação; agir, atuar **6** defecar

o.brei.ro *adj.s.m.* operário; trabalhador

o.bri.ga.ção [pl.: *-ões*] *s.f.* **1** fato de estar obrigado a cumprir algo; imposição **2** o que se tornou necessidade; dever, compromisso **3** ofício, tarefa

o.bri.ga.do *adj.* **1** imposto por lei ou pelo uso; obrigatório **2** grato, reconhecido *<obrigada pelos doces!>* **3** forçado pelas circunstâncias; compelido

o.bri.gar *v.* {mod. 1} *t.d. e t.d.i.* **1** (prep. *a*) sujeitar, submeter a (imposição legal ou moral) *<a lei obriga-o a pagar pensão (ao filho)>* ☐ *t.d.i. e pron.* **2** (prep. *a*) impor(-se) pela força, por pressão moral ou necessidade a (fazer ou não fazer algo); forçar(-se) *<o. todos a sair>* ☐ *t.d.* **3** dar como fiança; empenhar ☐ *pron.* **4** (prep. *a*) assumir um compromisso *<o.-se a dormir cedo>*

o.bri.ga.tó.rio *adj.* **1** que envolve obrigação **2** indispensável ~ **obrigatoriedade** *s.f.*

ob-ro.gar *v.* {mod. 1} *int.* invalidar uma lei apresentando outra ~ **ob-rogação** *s.f.*

obs.ce.ni.da.de *s.f.* **1** o que fere as regras da moral, do decoro **2** ato ou dito obsceno, indecente **3** caráter do que é obsceno; indecência

obs.ce.no *adj.* **1** contrário ao pudor, esp. em relação à sexualidade **2** que fala ou escreve coisas obscenas

obs.cu.ran.tis.mo *s.m.* **1** falta de instrução; ignorância **2** doutrina que se opõe à divulgação de conhecimentos entre as classes populares ~ **obscurantista** *adj.2g.s.2g.*

obs.cu.re.cer *v.* {mod. 8} *t.d.,int. e pron.* **1** (fazer) ficar com pouca luz ou sem luz; escurecer(-se) **2** tornar(-se) difícil de compreender; complicar(-se) **3** tornar(-se) sombrio, triste; anuviar(-se) *<lágrimas obscureciam os seus olhos> <seu sorriso obscureceu(-se)>* **4** (fazer) perder a honra, a reputação; macular(-se) ☐ *t.d.* **5** privar da razão, do discernimento (o espírito, a inteligência); obcecar **6** disfarçar ou esconder cobrindo ~ **obscurecido** *adj.* - **obscurecimento** *s.m.*

obs.cu.ro *adj.* **1** escuro; sombrio **2** difícil de compreender ou explicar; confuso **3** desconhecido, ignorado *<autor o.>* ~ **obscuridade** *s.f.*

ob.se.dar *v.* {mod. 1} *t.d.* **1** importunar com insistência, esp. para obter favor; molestar **2** deixar com ideia fixa em; obcecar ~ **obsedante** *adj.2g.*

ob.se.qui.ar /z/ *v.* {mod. 1} *t.d.* **1** prestar favores a; favorecer **2** dar presentes a; presentear

ob.sé.quio /z/ *s.m.* favor; gentileza

ob.se.qui.o.so /zê...ô/ [pl.: /ó/; fem.: /ó/] *adj.* **1** que gosta ou tem o hábito de ajudar; solícito **2** que exagera na polidez, no respeito ou nos agrados para com alguém ~ **obsequiosidade** *s.f.*

ob.ser.va.ção [pl.: *-ões*] *s.f.* **1** comentário **2** ação de considerar as coisas com atenção **3** obediência a uma regra ou lei; observância

ob.ser.va.dor /ô/ [pl.: *-es*] *adj.s.m.* (o) que observa ou examina

ob.ser.vân.cia *s.f.* cumprimento fiel; observação ('obediência')

ob.ser.var *v.* {mod. 1} *t.d. e pron.* **1** olhar(-se) com atenção, com aplicação; estudar(-se) *<observaram-se como se fossem estranhos>* ☐ *t.d.* **2** considerar buscando chegar a julgamento; examinar, analisar **3** chegar a uma conclusão após exame, análise; constatar, verificar *<observou que não havia motivos para a demissão>* **4** olhar às escondidas; espiar **5** seguir determinações ou preceitos de; obedecer *<o. as normas de uma religião>* ☐ *t.d.i.* **6** (prep. *a*) fazer atentar para; advertir *<observou à banca que o tempo estava esgotado>*

ob.ser.va.tó.rio *s.m.* **1** instituição de observação astronômica, meteorológica etc. **2** edifício equipado para essa observação

ob.ses.são [pl.: *-ões*] *s.f.* ideia fixa

ob.ses.si.vo *adj.* **1** próprio da obsessão ■ *adj.s.m.* **2** que(m) tem obsessão

ob.so.le.to /é *ou* ê/ *adj.* **1** que já não se usa; arcaico **2** fora de moda; ultrapassado

obs.tá.cu.lo *s.m.* **1** o que impede ou atrapalha o movimento de algo ou alguém **2** ESP cada uma das barreiras, fabricadas ou naturais, dispostas ao longo de uma pista de corridas

obs.tan.te *adj.2g.* que impede ▣ **não o.** apesar de, a despeito de

obs.tar *v.* {mod. 1} *t.d.* **1** criar embaraço ao servir de obstáculo a; impedir, atrapalhar *<a chuva obstou sua viagem>* □ *t.i.* **2** (prep. *a*) mostrar posição contrária a; opor-se *<procurava o. a preconceitos de toda ordem>*

obs.te.tra *adj.2g.s.2g.* que(m) se especializou em obstetrícia

obs.te.trí.cia *s.f.* MED ramo da medicina que trata da gravidez e do parto

obs.té.tri.co ou **obs.te.trí.cio** *adj.* referente à obstetrícia

obs.ti.na.ção [pl.: *-ões*] *s.f.* **1** apego excessivo às próprias ideias, resoluções e atitudes; persistência **2** comportamento que indica esse apego; teimosia

obs.ti.na.do *adj.* persistente; teimoso

obs.ti.nar *v.* {mod. 1} *t.d.* **1** tornar obstinado □ *pron.* **2** insistir com firmeza numa ideia, resolução, empresa *<o.-se na luta>*

obs.tru.ção [pl.: *-ões*] *s.f.* **1** ação ou efeito de obstruir(-se); bloqueio **2** ESP infração em que um jogador impede, com o corpo, a progressão de um adversário **3** MED bloqueio ou entupimento que dificulta a circulação de sólidos ou líquidos no organismo

obs.tru.ir *v.* {mod. 26} *t.d. e pron.* **1** (fazer) ficar fechado, vedado; tapar(-se), entupir(-se) *<o. veias> <as artérias obstruíram-se>* □ *t.d.* **2** pôr obstáculo à passagem ou circulação de; atravancar **3** criar problemas, empecilhos a; dificultar *<cortes na verba obstruirão nossa ida ao congresso>*

ob.tem.pe.rar *v.* {mod. 1} *t.d. e t.d.i.* **1** (prep. *a*) argumentar com humildade e moderação; ponderar *<obtemperou(-lhe) que seria melhor ficar em casa>* □ *t.i.* **2** (prep. *a*) obedecer, submeter-se *<os revoltosos não obtemperavam ao comando>*

ob.ten.ção [pl.: *-ões*] *s.f.* aquisição, consecução

ob.ter *v.* {mod. 16} *t.d. e t.d.i.* **1** (prep. *para*) vir a ter (para si ou outrem) [resultado, objetivo etc. buscado ou não]; ganhar, conseguir *<o. favores> <obteve-lhe um emprego>* □ *t.d.* **2** atingir, alcançar, receber (certo número, quantia, pontuação etc.) *<obteve notas excelentes>*

ob.tu.ra.ção [pl.: *-ões*] *s.f.* fechamento de cavidade dentária resultante de cárie

ob.tu.rar *v.* {mod. 1} *t.d.* **1** fechar totalmente (abertura, conduto); tapar **2** fechar cavidade de (dente ou osso)

ob.tu.so *adj.* **1** GEOM que tem mais de 90° e menos de 180° (diz-se de ângulo) **2** rombudo na ponta **3** *fig. pej.* pouco inteligente ~ **obtusidade** *s.f.*

o.bum.brar *v.* {mod. 1} *t.d. e pron.* **1** tornar(-se) sombrio, escuro; escurecer(-se) **2** *fig.* perturbar(-se) [a mente, os sentidos]

o.bus [pl.: *-es*] *s.m.* **1** peça de artilharia com a qual se atiram bombas, granadas etc. **2** o projétil lançado por essa peça

ob.vi.ar *v.* {mod. 1} *t.d. e t.i.* **1** (prep. *a*) impedir a ocorrência ou a concretização de; evitar *<o. (a) um dano>* **2** (prep. *a*) atenuar os efeitos de; remediar *<o. (a) um desânimo>* □ *t.i.* **3** (prep. *a*) ter posição contrária a; opor-se *<o. ao consumismo>*

ob.vi.e.da.de *s.f.* coisa óbvia, evidente

ób.vio *adj.* fácil de descobrir, ver ou entender; evidente

-oca *suf.* 'diminuição': *beijoca*

o.ca *s.f.* cabana indígena de troncos e fibras vegetais

o.ca.ra *s.f.* praça no centro de aldeia indígena

o.ca.ri.na *s.f.* MÚS instrumento arredondado de sopro, ger. de barro ou pedra, com oito orifícios, quatro de cada lado

o.ca.si.ão [pl.: *-ões*] *s.f.* **1** circunstância favorável para a realização de algo **2** instante, momento

o.ca.sio.nal [pl.: *-ais*] *adj.2g.* que acontece por acaso; casual

o.ca.sio.nar *v.* {mod. 1} *t.d. e t.d.i.* **1** (prep. *a*) ser causa de; motivar, provocar *<não sabe o que ocasionou sua insônia> <o barulho forte ocasionou-lhe problemas de audição>* □ *t.d.i.* **2** (prep. *a*) oferecer a oportunidade de; proporcionar *<ocasionou a todos um belo desfile>* □ *pron.* **3** acontecer, ocorrer *<a ele ocasionou-se a oportunidade de refazer o projeto>* ~ **ocasionador** *adj.s.m.*

o.ca.so *s.m.* **1** o lado do horizonte em que o Sol se põe; oeste **2** *fig.* decadência

oc.ci.pí.cio *s.m.* ANAT parte inferior e posterior da cabeça

oc.ci.pi.tal [pl.: *-ais*] *adj.s.m.* ANAT (osso) da parte inferior e posterior da cabeça

o.ce.â.ni.co *adj.* **1** relativo a oceano; oceâneo **2** que vive no oceano

o.ce.a.no *s.m.* **1** grande extensão de água salgada que cobre a maior parte da Terra; mar **2** cada parte dessa extensão de água que cobre uma superfície determinada (Pacífico, Atlântico, Índico, Glacial Ártico, Glacial Antártico) ~ **oceâneo** *adj.*

o.ce.a.no.gra.fi.a *s.f.* BIO estudo das profundezas oceânicas e do meio marinho ~ **oceanográfico** *adj.* - **oceanógrafo** *s.m.*

o.ci.den.tal [pl.: *-ais*] *adj.2g.* **1** do ou situado no Ocidente ■ *adj.2g.s.2g.* **2** natural ou habitante do Ocidente

o.ci.den.ta.li.zar *v.* {mod. 1} *t.d. e pron.* dar ou tomar aspecto ou característica própria dos povos, culturas, línguas ocidentais ~ **ocidentalização** *s.f.*

o.ci.den.te *s.m.* **1** lado do horizonte em que o Sol se põe; ocaso **2** região situada a oeste **2.1** conjunto de regiões e países localizados na parte oeste do nosso planeta ☞ inicial maiúsc. **3** oeste ('região')

ó.cio *s.m.* **1** interrupção do trabalho; folga **2** falta de ocupação; ociosidade **3** preguiça; indolência

o.ci.o.si.da.de *s.f.* ócio ('falta de ocupação', 'preguiça')

o.ci.o.so /ô/ [pl.: /ó/; fem.: /ó/] *adj.* **1** em que há ócio; livre, vago **2** sem resultados positivos; improdutivo ■ *adj.s.m.* **3** que(m) está sem trabalho ou ocupação **4** preguiçoso

o.clu.são [pl.: *-ões*] *s.f.* **1** ato de fechar ou o seu efeito; fechamento **2** MED bloqueio ou entupimento em qualquer dos condutos do organismo

o.clu.so *adj.* que está fechado ~ **oclusivo** *adj.*

o.co /ô/ *adj.* **1** vazio por dentro **2** *fig.* desprovido de sentido; fútil ■ *s.m.* **3** espaço oco

o.cor.rên.cia *s.f.* **1** o que ocorre; acontecimento **2** ensejo, ocasião

o.cor.rer *v.* {mod. 8} *t.i. e int.* **1** (prep. *a*, *com*) ser ou tornar-se realidade; acontecer, suceder *<o médico informou o que ocorreu ao paciente> <faz anos que o acidente ocorreu>* **2** (prep. *a*) aparecer à memória ou ao pensamento *<de repente, ocorreu-lhe uma ideia>* □ *int.* **3** revelar-se de repente; sobrevir *<quando tudo parecia resolvido, ocorreram novos problemas>*

o.cre *s.m.* **1** argila com colorido entre o amarelo e o vermelho **2** a cor dessa argila ■ *adj.2g.2n.* **3** dessa cor *<saia o.>* **4** diz-se dessa cor *<a cor o.>*

oc.ta.e.dro *s.m.* GEOM poliedro de oito faces

oc.ta.na *s.f.* QUÍM octano

oc.ta.na.gem [pl.: *-ens*] *s.f.* QUÍM índice que mede a qualidade da gasolina

oc.ta.no *s.m.* QUÍM hidrocarboneto presente no petróleo, incolor e inodoro, us. como solvente

oc.te.to /ê/ *s.m.* MÚS **1** grupo de oito cantores ou instrumentistas **2** composição para oito executantes

oc.tin.gen.té.si.mo *n.ord.* **1** (o) que, numa sequência, ocupa a posição número 800 ■ *n.frac.* **2** (o) que é 800 vezes menor que a unidade

oc.to.ge.ná.rio *adj.s.m.* que(m) está na casa dos 80 anos de idade

O

oc.to.gé.si.mo *n.ord.* **1** (o) que, numa sequência, ocupa a posição número 80 ■ *n.frac.* **2** (o) que é 80 vezes menor que a unidade

oc.to.go.nal [pl.: *-ais*] *adj.2g.* GEOM **1** formado por oito ângulos e oito lados; octógono **2** que tem o formato de um octógono; oitavado

oc.tó.go.no *s.m.* GEOM polígono de oito lados

oc.tó.po.de *adj.2g.* **1** ZOO que tem oito pés ou oito braços ▼ ***octópodes*** *s.m.pl.* **2** ZOO ordem de moluscos conhecidos como polvos

óc.tu.plo *n.mult.* (o) que contém oito vezes a mesma quantidade ~ **octuplicar** *v.t.d.,int. e pron.*

[1]**o.cu.lar** [pl.: *-es*] *adj.2g.* relativo a olho [ORIGEM: do lat. *oculāris,e* 'id.']

[2]**o.cu.lar** [pl.: *-es*] *s.f.* ÓPT componente de um sistema óptico através do qual se observa a imagem formada por uma objetiva [ORIGEM: fem. substv. de [1]*ocular*]

o.cu.lis.ta *adj.2g.s.2g.* MED oftalmologista

ó.cu.lo *s.m.* **1** qualquer instrumento composto de lentes que auxiliam a visão ☞ cf. *óculos* **2** ÓPT luneta **3** forma circular, ger. vazada ou provida de vidro

ó.cu.los *s.m.pl.* armação, sustentada sobre o nariz, com duas lentes postas à frente dos olhos para corrigir ou proteger a visão *<perdi meus ó.>* ◉ GRAM/USO no Brasil é corrente dizer-se infrm. *o óculos, meu óculos* etc.

o.cul.tar *v.* {mod. 1} *t.d.,t.d.i. e pron.* **1** (prep. *de*) não (se) deixar ver; encobrir(-se), esconder(-se) *<vamos o. (dela) a viagem que faremos> <o gato ocultou-se embaixo do sofá>* □ *t.d. e t.d.i.* **2** (prep. *de*) não deixar ser percebido, notado; disfarçar, dissimular *<o. sentimentos> <ocultou de todos o fato>* ◉ GRAM/USO part.: *ocultado, oculto* ~ **ocultação** *s.f.*

o.cul.tas *s.f.pl.* ▶ us. em: **às ocultas** às escondidas

o.cul.tis.mo *s.m.* **1** estudo da ação ou influência dos poderes sobrenaturais **2** a crença nesses poderes ~ **ocultista** *adj.2g.s.2g.*

o.cul.to *adj.* **1** escondido, encoberto **2** desconhecido, inexplorado *<regiões o. do planeta>* **3** misterioso, sobrenatural **4** GRAM diz-se de sujeito que não está expresso na oração, mas pode ser identificado pela desinência verbal (p.ex.: *viajaremos amanhã*)

o.cu.pa.ção [pl.: *-ões*] *s.f.* **1** ato de invadir uma propriedade **2** atividade ou trabalho principal de uma pessoa **3** DIR modo de aquisição da propriedade de coisa móvel sem dono ou abandonada; apropriação

o.cu.pa.cio.nal [pl.: *-ais*] *adj.2g.* referente a trabalho, a ocupação

o.cu.pa.do *adj.* **1** que tem muito o que fazer **2** que não está disponível *<linha o.>*

o.cu.pan.te *adj.2g.s.2g.* **1** que(m) ocupa **2** que(m) se encontra na posse de terras públicas **3** que(m) se apodera de coisa abandonada ou ainda não apropriada

o.cu.par *v.* {mod. 1} *t.d.* **1** tornar cheio, sem deixar espaço vazio; preencher *<três pessoas ocupavam o banco>* **2** preencher (uma vaga, uma posição etc.) *<o. um cargo>* **3** encontrar-se em (um lugar) *<posso ocupar esse assento?>* **4** instalar-se pela força ou sem autorização em; tomar *<o. uma terra improdutiva>* **5** fazer uso de; utilizar, empregar *<o. o tempo com algo útil>* **6** gastar, consumir (uma extensão de tempo) *<a reunião ocupou toda a manhã>* **7** fazer parte de; constar *<vários discursos ocuparam a festa>* □ *t.d. e pron.* **8** (fazer) trabalhar na execução de tarefas, atividades *<não pode ver o filho à toa que quer ocupá-lo> <precisa o.-se logo>* □ *pron.* **9** (prep. *de*) entregar-se, dedicar-se *<nas festas, ocupa-se da decoração>* **10** (prep. *de*) ter por objeto; tratar *<a Linguística ocupa-se da linguagem>*

o.da.lis.ca *s.f.* **1** no Império Otomano, escrava a serviço das mulheres num harém **2** concubina do harém de um sultão, paxá etc.

o.de *s.f.* LIT poema lírico composto de estrofes de versos com medida igual, ger. em tom alegre e entusiasmado

o.di.ar *v.* {mod. 5} *t.d. e pron.* sentir aversão, raiva por (algo, alguém, a si próprio ou um ao outro); detestar(-se) *<odeia filmes de ação> <são irmãos, mas odeiam-se>*

o.di.en.to *adj.* **1** que mostra ódio; odioso **2** que guarda ódio, rancor **3** *fig.* detestável

ó.dio *s.m.* **1** raiva, rancor **2** repugnância, aversão

o.di.o.so /ô/ [pl.: /ó/; fem.: /ó/] *adj.* **1** que provoca ódio; detestável **2** desagradável; repulsivo ~ **odiosidade** *s.f.*

o.dis.sei.a /éi/ *s.f.* **1** viagem longa, cheia de aventuras **2** série de acontecimentos extraordinários e inesperados

o.dô.me.tro *s.m.* → ***HODÔMETRO***

o.don.to.lo.gi.a *s.f.* MED ramo da medicina que se dedica ao estudo e tratamento dos dentes ~ **odontológico** *adj.* - **odontologista** *adj.s.m.* - **odontólogo** *s.m.*

o.dor [pl.: *-es*] *s.m.* **1** cheiro ('impressão') **2** cheiro suave e agradável; aroma

o.do.ran.te *adj.2g.* que exala odor agradável; odorífero

o.do.rí.fe.ro *adj.* odorante

o.dre /ô/ *s.m.* saco feito de pele de animal us. para transportar líquidos

OEA *s.f.* sigla de Organização dos Estados Americanos

o.es.te *s.m.* **1** direção em que o Sol se põe, à esquerda de quem olha para o norte; poente, ocidente [símb.: *W*] ■ *adj.2g.s.m.* **2** GEO diz-se de região, ou conjunto de regiões, que se situa a oeste [abrev.: *O.*] **3** (vento) que sopra dessa direção

o.fe.gar *v.* {mod. 1} *int.* respirar com dificuldade, fazendo ruído e num ritmo curto; arfar ~ **ofegante** *adj.2g.*

o.fen.der *v.* {mod. 8} *t.d.* **1** causar dificuldade, desconforto a; incomodar **2** provocar desgosto, raiva ou vergonha em; magoar, desagradar **3** violar as regras ou preceitos de; contrariar □ *pron.* **4** (prep. *com*, *de*) sentir-se atingido em seu amor-próprio, sua honra; magoar-se, ferir-se □ *t.d. e pron.* **5** causar ou sofrer lesão; ferir(-se), machucar(-se) ~ **ofendido** *adj.*

o.fen.sa *s.f.* **1** palavra ou ato que atinge alguém na sua honra; injúria, ultraje **2** falta de respeito; desacato

o.fen.si.va *s.f.* **1** ação ou sucessão de atos ou operações visando um ataque **1.1** atitude de ataque *<estar na o.>*

o.fen.si.vo *adj.* **1** que causa dano moral; que magoa **2** que é próprio do ataque; agressivo

o.fen.sor /ô/ [pl.: *-es*] *adj.s.m.* (o) que ofende

o.fe.re.cer *v.* {mod. 8} *t.d. e t.d.i.* **1** (prep. *a*) dar de presente (a); presentear **2** (prep. *a*, *para*) mostrar ou propor para que seja aceito ou não **3** (prep. *a*) tornar disponível (a); proporcionar, dar **4** (prep. *a*, *para*, *por*) propor (alguma coisa) em contrapartida de (outra coisa) □ *t.d.i.* **5** (prep. *a*, *para*) dedicar a **6** (prep. *a*) apresentar-se aos sentidos ou ao espírito; expor, exibir *<a corrupção oferece um triste espetáculo à nação>* □ *t.d.,t.d.i. e pron.* **7** (prep. *a*, *para*) pôr(-se) à disposição, a serviço (de); dispor(-se) *<o. a casa (aos amigos)>* *<o.-se para ajudar>* □ *t.d.* **8** apresentar sem proteção; expor, dar □ *pron.* **9** (prep. *a*) apresentar-se diante de; surgir *<um bom casamento se oferecia a ela>* **10** vir à memória ou ao pensamento; ocorrer, mostrar-se *<nenhuma ideia se me oferecia>* ~ **oferecimento** *s.m.*

o.fe.ren.da *s.f.* **1** coisa que se oferece; presente **2** oferta a divindades

o.fer.ta *s.f.* **1** o que é oferecido **2** presente; dádiva **3** ECON quantidade de bens ou de serviço que se oferece no mercado **4** redução no preço de uma mercadoria em relação ao anterior ou ao do mercado **5** preço ou lance proposto por quem compra ou troca ~ **ofertante** *adj.2g.s.2g.*

o.fer.tar *v.* {mod. 1} *t.d.,t.d.i. e pron.* (prep. *a*) pôr(-se) à disposição de, como oferta ou doação; oferecer(-se)

o.fer.tó.rio *s.m.* LITUR **1** parte da missa em que se oferece o pão e o vinho a Deus **2** composição ou cântico sobre o texto dessa parte da missa

office boy [ing.; pl.: *office boys*] *loc.subst.* bói ⇒ pronuncia-se ófici bói

off-line [ing.] *adv.* INF **1** sem conexão a um computador ou à internet ■ *adj.2g.2n.* INF **2** que não está conectado a um computador ou que não pode ser us. em um dado momento (diz-se de sistema, equipamento ou dispositivo) **3** que não pode ser acessado por um computador, num determinado momento (diz-se de dado ou de arquivo) ⇒ pronuncia-se of laine

offset [ing.] *adj.2g.2n.s.m.* ver em ***OFSETE*** ⇒ pronuncia-se ofsét

o.fi.ci.al [pl.: *-ais*] *adj.2g.* **1** feito pelo governo ou por uma autoridade **2** que faz parte do governo ou o representa **3** formal, solene ■ *s.m.* **4** militar das forças armadas ou da polícia com grau de comando e graduação superior à de aspirante (no Exército, Aeronáutica e Polícia Militar) ou de guarda-marinha (na Marinha de Guerra) **5** empregado, administrativo ou judicial, encarregado de fazer intimações, citações etc.

o.fi.ci.a.la.to *s.m.* cargo, função ou título de oficial ('militar')

o.fi.ci.al-ge.ne.ral [pl.: *oficiais-generais*] *s.2g.* MIL AER MAR oficial de grau hierárquico superior a coronel (no Exército ou na Aeronáutica) ou a capitão de mar e guerra (na Marinha de Guerra)

o.fi.ci.a.li.zar *v.* {mod. 1} *t.d.* dar caráter oficial a ~ **oficialização** *s.f.*

o.fi.ci.an.te *adj.2g.s.2g.* REL (clérigo) que oficia nas igrejas

o.fi.ci.ar *v.* {mod. 1} *int.* REL **1** celebrar ofício divino ou eclesiástico □ *t.d.* REL **2** celebrar (a missa) □ *t.i.* **3** (prep. *a*, *para*) dirigir um ofício ('comunicação') a

o.fi.ci.na *s.f.* **1** lugar onde se fabrica ou conserta algo **2** lugar onde se consertam automóveis **3** seminário ou curso intensivo de curta duração

o.fí.cio *s.m.* **1** qualquer atividade especializada de trabalho; ocupação, profissão **2** função de que alguém se encarrega *<o. burocrático>* **3** REL conjunto das orações de um dia **4** REL cerimônia religiosa; missa **5** comunicação entre autoridades do serviço público, ou de autoridades a particulares, ou de inferiores a superiores hierárquicos **6** cartório ('repartição')

o.fi.ci.o.so /ô/ [pl.: /ó/; fem.: /ó/] *adj.* **1** que não tem caráter oficial, mas vem de alguma autoridade **2** atencioso; prestativo

o.fi.di.á.rio *s.m.* serpentário

o.fí.dio *s.m.* ZOO cobra ~ **ofídico** *adj.*

O

of.se.te *adj.2g.s.m.* (impressão litográfica) em que a imagem é gravada por sistema fotomecânico numa chapa de metal, transferida para um cilindro revestido de borracha e, deste, para a folha de papel

of.tál.mi.co *adj.* relativo ao(s) olho(s)

of.tal.mo.lo.gi.a *s.f.* MED ramo da medicina que estuda e trata das doenças e deficiências dos olhos ~ **oftalmológico** *adj.*

of.tal.mo.lo.gis.ta *adj.2g.s.2g.* MED especialista em oftalmologia; oculista

o.fus.car *v.* {mod. 1} *t.d.* **1** impedir que seja visto; ocultar, encobrir **2** turvar a vista de **3** tornar menos visível, claro; empanar □ *t.d. e pron. fig.* **4** tornar(-se) turvo, obscuro; toldar(-se) *<a ganância ofuscou-lhe a razão> <o.-se o céu>* □ *pron.* **5** perder brilho, valor, prestígio ~ **ofuscante** *adj.2g.*

Og QUÍM símbolo de *oganessônio*

o.ga.nes.sô.nio ou **o.ga.nés.son** *s.m.* QUÍM elemento químico sintético [símb.: *Og*] ☞ cf. *tabela periódica* (no fim do dicionário)

o.gi.va *s.f.* **1** ARQ figura característica do estilo gótico, formada pelo cruzamento de duas curvas que se encontram e formam um ângulo mais ou menos agudo na parte superior **2** *p.ext.* parte afilada de um projétil cilíndrico ~ **ogival** *adj.2g.*

o.gro /ô/ [fem.: *ogra*] *s.m.* gigante lendário, de aspecto assustador, que come carne humana

o.gum [pl.: *-uns*] *s.m.* REL orixá masculino que se manifesta na forma de um guerreiro ☞ inicial maiúsc.

oh *interj.* expressa surpresa, alegria, dor, decepção, repreensão

O

ohm *s.m.* ELETR FÍS unidade de medida de resistência elétrica no Sistema Internacional [símb.: Ω]

oi *interj.* *B* us. como saudação ou resposta a um chamado

oi.tão [pl.: *-ões*] ou **ou.tão** [pl.: *-ões*] *s.m.* CONSTR cada uma das paredes laterais de um edifício

oi.ta.va *s.f.* **1** uma das oito partes iguais em que se pode dividir uma unidade **2** MÚS intervalo que abrange oito notas de uma escala de tons e semitons **3** MÚS sinal que indica que o trecho melódico deve ser executado uma oitava acima ou abaixo

oi.ta.va de fi.nal [pl.: *oitavas de final*] *s.f.* ESP em torneios, rodada em que 16 times disputam entre si, em oito jogos, a classificação às quartas de final ☞ mais us. no pl.

oi.ta.va.do *adj.* **1** GEOM com oito faces (diz-se de polígono) **2** MÚS à distância de uma oitava

oi.ta.vo *n.ord.* **1** (o) que ocupa, numa sequência, a posição número oito ■ *n.frac.* **2** (o) que é oito vezes menor que a unidade

oi.ten.ta *n.card.* **1** setenta mais dez **2** diz-se desse número *<pasta número o.>* **3** diz-se do octogésimo elemento de uma série *<anos o.>* **4** que equivale a essa quantidade (diz-se de medida ou do que é contável) *<fez uma festa para o. convidados>* ■ *s.m.* **5** representação gráfica desse número ☞ em algarismos arábicos, *80*; em algarismos romanos, *LXXX* ◉ GRAM/USO seguido do conectivo *e* antes das unidades, forma os numerais cardinais entre 80 e 90

oi.ti *s.m.* BOT árvore nativa do Brasil, de folhas alongadas, flores brancas e fruto com polpa farinácea comestível ~ **oitizeiro** *s.m.*

oi.ti.ci.ca *s.f.* BOT árvore cujas sementes são ricas em óleo, próprio para tintas e vernizes

oi.ti.va *s.f.* ato de ouvir; audição ▣ **de o.** por ter ouvido *<saber de o.>*

oi.to *n.card.* **1** sete mais um **2** diz-se desse número *<cartões de número o.>* **3** diz-se do oitavo elemento de uma série *<dia o.>* **4** que equivale a essa quantidade (diz-se de medida ou do que é contável) *<decorou o. palavras do poema>* ■ *s.m.* **5** representação gráfica desse número ☞ em algarismos arábicos, *8*; em algarismos romanos, *VIII*

oi.to.cen.tos *n.card.* **1** setecentos mais cem **2** diz-se desse número *<memorando de número o.>* **3** diz-se do octingentésimo elemento de uma série *<ofício o.>* **4** que equivale a essa quantidade (diz-se de medida ou do que é contável) *<terreno de o. metros quadrados>* ■ *s.m.2n.* **5** representação gráfica desse número ☞ em algarismos arábicos, *800*; em algarismos romanos, *DCCC* ◉ GRAM/USO seguido do conectivo *e* antes das dezenas e unidades, forma os numerais cardinais entre 800 e 900

o.je.ri.za *s.f.* aversão, antipatia ~ **ojerizar** *v.t.d.*

-ola *suf.* 'diminuição': *bandeirola, criançola, marola*

ola [esp.; pl.: *olas*] *s.f.* nos estádios, coreografia em que os torcedores sentam e levantam, movimentando os braços para cima, imitando ondas do mar ⇒ pronuncia-se ôla

o.lá *interj.* us. como saudação ou para chamar alguém

o.la.ri.a *s.f.* **1** fábrica de peças de cerâmica, tijolos, telhas etc. **2** técnica de fabricação de objetos de argila ~ **oleiro** *s.m.*

o.lé *s.m.* **1** FUTB série de dribles ou passes que humilham o adversário **2** *fig.* qualquer jogada ou ato que humilhe ou desconcerte alguém ■ *interj.* **3** expressa satisfação e entusiasmo por essa série de jogadas

o.le.a.do *adj.* **1** que se untou ou cobriu de óleo ■ *s.m.* **2** encerado ('lona')

o.le.a.gi.no.so /ô/ [pl.: /ó/; fem.: /ó/] *adj.* que contém óleo

o.le.ar *v.* {mod. 5} *t.d.* **1** passar óleo em; untar **2** embeber em óleo

o.le.i.cul.tu.ra *s.f.* **1** produção, tratamento e conservação do azeite **2** cultivo de oliveiras ~ **oleicultor** *adj.s.m.*

ó.leo *s.m.* **1** substância líquida gordurosa de origem mineral, animal ou vegetal **2** petróleo ▣ **ó. de fígado de bacalhau** FARM óleo extraído do fígado de bacalhau e que possui as vitaminas A e D • **ó. de rícino** QUÍM óleo vegetal extraído das sementes da mamoneira, us. como purgante, lubrificante, na preservação de couro e na fabricação de tintas, vernizes, cosméticos etc. • **ó. essencial** FARM qualquer óleo obtido de vegetais e que ger. é us. em perfumaria

o.le.o.du.to *s.m.* tubo grosso para conduzir petróleo e seus derivados líquidos

o.le.o.so /ô/ [pl.: /ó/; fem.: /ó/] *adj.* que tem óleo ou está coberto de óleo ~ **oleosidade** *s.f.*

ol.fa.to *s.m.* **1** sentido por meio do qual se distinguem os cheiros **2** faro ~ **olfativo** *adj.*

o.lha.da *s.f.* ação de olhar; espiada

o.lha.de.la *s.f.* ato de olhar rapidamente e só uma vez; espiadela

o.lhar *v.* {mod. 1} *t.d.,int. e pron.* **1** dirigir os olhos a ou fixá-los em (algo, alguém, em si mesmo ou mutuamente); fitar(-se) *<o. vestidos> <o. para os lados antes de atravessar> <saiu sem se o. no espelho> <olharam-se de relance>* □ *int.* **2** aplicar o sentido da visão *<não escolha sem o. bem>* □ *t.d. e t.i.* **3** (prep. *para*) realizar a análise, a avaliação de; examinar *<o. as cartas uma a uma> <olhou para o rosto dela>* □ *t.d.* **4** buscar informação em; consultar *<o. o dicionário>* **5** fazer leitura superficial de; folhear **6** prestar atenção a; reparar **7** tomar conta de; cuidar *<o. o bebê>* ■ *s.m.* **8** ação ou maneira de olhar ◉ GRAM/USO como s.m.: pl. *olhares* ~ **olhada** *s.f.*

o.lhei.ra *s.f.* círculo escuro ao redor ou sob os olhos ☞ mais us. no pl.

o.lhei.ro *s.m.* quem é pago para observar determinada atividade e fornecer informações

o.lho /ô/ [pl.: /ó/] *s.m.* **1** ANAT órgão da visão; nos vertebrados, par esférico, situado na órbita craniana **2** *p.ext.* o conjunto das estruturas ao redor da órbita: sobrancelhas, cílios, pálpebras **3** *fig.* percepção ou apreciação intelectual ou estética *<ter bom o. para arte>* **4** *fig.* atenção, vigilância *<não tirar os o. do filho>* **5** pequeno orifício; furo **6** BOT broto das plantas ▣ **a o. nu** sem auxílio de instrumentos ópticos • **ver com bons o.** *fraseol.* ser favorável a

o.lho-d'á.gua [pl.: *olhos-d'água*] *s.m.* nascente de água no solo

o.lho-de-boi [pl.: *olhos-de-boi*] *s.m.* BOT *B* semente de uma trepadeira lenhosa de mesmo nome, us. como amuleto contra inveja e mau-olhado

o.lho de ga.to [pl.: *olhos de gato*] *s.m.* *B infrm.* catadióptrico

o.lho de so.gra [pl.: *olhos de sogra*] *s.m.* CUL *B* doce feito com ameixa seca semiaberta recheada com doce de ovos e coco

o.li.gar.qui.a *s.f.* POL **1** regime político em que o poder é exercido por um pequeno grupo de pessoas de um mesmo partido, classe ou família **2** *p.ext.* predomínio de um pequeno grupo no poder, esp. para governar em interesse próprio ~ **oligarca** *s.2g.* - **oligárquico** *adj.* - **oligarquizar** *v.t.d.*

o.li.go.ce.no *s.m.* GEOL **1** terceira época do período terciário, entre o Eoceno e o Mioceno, em que surgem os primeiros macacos antropoides ☞ este subst. não se usa no plural; inicial maiúsc. ■ *adj.* **2** dessa época

o.li.go.fre.ni.a *s.f.* PSIQ deficiência do desenvolvimento mental, congênita ou adquirida, que compromete sobretudo o comportamento intelectual ~ **oligofrênico** *adj.s.m.*

o.li.go.pó.lio *s.m.* ECON situação em que um pequeno grupo de empresas detém o controle da maior parcela do mercado

o.lim.pí.a.da *s.f.* HIST **1** na Grécia antiga, período de quatro anos entre duas competições esportivas **2** competição em que se demonstra o conhecimento em uma área do saber *<o. de matemática>* ▼ ***olimpíadas*** *s.f.pl.* ESP **3** competição esportiva internacional, realizada de quatro em quatro anos, cada vez em um país diferente, com provas em várias modalidades desportivas e atléticas; jogos olímpicos

o.lím.pi.co *adj.* **1** do Olimpo **2** referente às olimpíadas *<jogos o.>*

o.lim.po *s.m.* **1** HIST MIT na Grécia antiga, morada dos deuses ou o conjunto dos deuses ☞ inicial maiúsc. **2** *fig.* lugar onde reina a felicidade; paraíso

o.li.va *s.f.* BOT **1** oliveira **2** fruto da oliveira; azeitona ■ *s.m.* **3** a cor verde da oliva ('fruto'); azeitona, verde-oliva ■ *adj.2g.2n.* **4** que tem essa cor; azeitona *<uniformes o.>* **5** diz-se dessa cor; azeitona *<a cor o.>* ~ **olival** *s.m.*

o.li.vei.ra *s.f.* BOT árvore de folhas verde-acinzentadas, flores brancas em cachos e cujos frutos, as azeitonas, são comestíveis; oliva ◉ COL oliveiral

o.li.vi.cul.tu.ra *s.f.* BOT cultivo de oliveiras ~ **olivicultor** *adj.s.m.*

o.lor /ô/ [pl.: *-es*] *s.m.* aroma; fragrância ~ **oloroso** *adj.*

o.lo.rum [pl.: *-uns*] *s.m.* REL ente divino abstrato, eterno, onipotente, criador do mundo e cuja manifestação é o firmamento ☞ inicial maiúsc.

ol.vi.dar *v.* {mod. 1} *t.d. e pron.* (prep. *de*) perder a memória, a lembrança de; esquecer(-se) *<o. o passado> <o.-se de um compromisso>* ~ **olvidável** *adj.2g.*

ol.vi.do *s.m.* *frm.* esquecimento ☞ cf. *ouvido*

o.ma.so *s.m.* ZOO terceira divisão do estômago dos ruminantes; folhoso

om.bre.ar *v.* {mod. 5} *t.d.* **1** pôr ou levar no ombro □ *t.i. e pron.* **2** (prep. *com*) estar em condições de igualdade com; equiparar(-se) *<ele ombreia(-se) com os melhores profissionais da área>* **3** (prep. *com, em*) entrar ou estar em competição com; rivalizar(-se) *<ombreia(-se) com o irmão em beleza>*

om.brei.ra *s.f.* **1** VEST enchimento que estrutura os ombros em paletós, casacos etc. **2** peça vertical nos lados do vão de portas e janelas, que dá sustentação às vergas; alizar, umbral

om.bro *s.m.* ANAT região em que a parte superior do braço se articula com o tronco ▣ **o. a o.** um junto ao outro; lado a lado • **dar de ombros** não se importar ou fazer pouco de algo

ombudsman [sueco] *s.2g.* profissional, em instituição pública ou privada, encarregado de receber e investigar reclamações de cidadãos, estudantes, consumidores etc. ⇒ pronuncia-se ombidsman

O

OMC *s.f.* sigla de Organização Mundial do Comércio

ô.me.ga *s.m.* vigésima quarta e última letra do alfabeto grego (ω, Ω)

o.me.le.te *s.2g.* CUL fritada de ovos batidos, com temperos ou freq. outros ingredientes, como queijo, presunto etc.

o.me.le.tei.ra *s.f.* frigideira própria para fazer omeletes

o.mi.no.so /ô/ [pl.: /ó/; fem.: /ó/] *adj.* **1** que anuncia ou traz desventura, infelicidade; agourento **2** que inspira ódio; detestável ~ **ominosidade** *s.f.*

o.mis.são [pl.: *-ões*] *s.f.* **1** ato de não mencionar (algo ou alguém) **2** o que não foi mencionado; falta, lacuna **3** falta de ação; inércia *<o. de socorro>* **4** falta de cuidado; negligência

o.mis.si.vo *adj.* que envolve ou resulta de omissão

o.mis.so *adj.* **1** que deixa de mencionar ou fazer algo **2** que não faz o que deve; negligente ◉ GRAM/USO part. de *omitir*

o.mi.tir *v.* {mod. 24} *pron.* **1** deixar de agir ou de manifestar-se quando necessário ou esperado *<omitiu-se na eleição>* ☐ *t.d. e t.d.i.* **2** (prep. *a*) deixar de mencionar, dizer ou escrever; esconder *<na carta, omitiu(-lhe) vários detalhes do incidente>* ☐ *t.d.* **3** deixar em esquecimento; preterir *<o. o nome do principal doador da campanha>* **4** tratar com descuido; negligenciar *<omitiu suas obrigações>* ◉ GRAM/USO part.: *omitido, omisso*

o.mo.pla.ta *s.f.* ANAT denominação substituída por *escápula*

OMS *s.f.* sigla de *Organização Mundial da Saúde*

¹on.ça *s.f.* medida de peso inglesa, equivalente a 28,349 g [ORIGEM: do lat. *ŭncia,ae* '1/12 da libra romana']

²on.ça *s.f.* ZOO nome genérico dado a alguns felinos brasileiros de grande porte, esp. a onça-pintada [ORIGEM: do lat.vulg. *lўncea* 'felino de grande porte']

on.ça-par.da [pl.: *onças-pardas*] *s.f.* ZOO suçuarana

on.ça-pin.ta.da [pl.: *onças-pintadas*] *s.f.* ZOO grande felino ameaçado de extinção, de pelo amarelo nas partes superiores, branco nas inferiores, e com manchas negras; jaguar

on.co.lo.gi.a *s.f.* MED ramo da medicina que se dedica ao estudo e tratamento de tumores ~ **oncológico** *adj.* - **oncologista** *adj.2g.s.2g.*

on.da *s.f.* **1** cada uma das elevações formadas nos mares, rios, lagos etc. pelos movimentos da água deslocada pelo vento, marés etc.; vaga **2** *p.ext.* curva; ondulação *<uma o. de cabelo>* **3** grande quantidade de líquido que aflui, se espalha ou derrama **4** *p.ext.* grande afluência (de pessoas, animais etc. em movimento) **5** *fig.* movimento intenso; ímpeto **6** FÍS perturbação periódica que se propaga num meio material ou no espaço *<o. de calor>* **7** *B infrm.* moda, mania ▣ **o. de rádio** FÍS onda eletromagnética us. em radiotransmissão • **o. eletromagnética** FÍS onda originada pela variação de um campo magnético e que se propaga no vácuo com a velocidade da luz • **o. hertziana** FÍS onda de rádio

on.de *adv.* **1** em que lugar *<o. está o livro?>* ■ *pron.rel.* **2** em que *<a casa o. mora>*

on.de.ar *v.* {mod. 5} *int. e pron.* **1** mover-se (água, mar), formando ondas *<o mar ondeava(-se)>* ☐ *t.i. e int.* **2** (prep. *entre, por*) propagar-se, espalhar-se em ondas *<um zumbido ondeava (pelo salão)>* **3** (prep. *entre, por*) fazer movimentos sinuosos; serpear *<uma serpente ondeia (pelo mato)>* ☐ *t.d.* **4** tornar rugoso, enrugado; frisar *<o. a testa>* ☐ *t.d. e pron.* **5** (fazer) ficar com anéis, ondas (o cabelo); frisar

on.du.la.ção [pl.: *-ões*] *s.f.* **1** formação ou movimento das ondas **2** movimento sinuoso, p.ex., de algo que se agita ao vento **3** série de saliências e depressões de uma superfície **4** frisagem (dos cabelos) *<fazer o.>*

on.du.la.do *adj.* **1** que tem ondas; ondeado **2** disposto em ondas ou em curvas; sinuoso **3** cuja superfície não é plana

on.du.lar *v.* {mod. 1} *t.d.,int. e pron.* ondear ~ **ondulante** *adj.2g.*

o.ne.rar *v.* {mod. 1} *t.d.,t.d.i. e pron.* **1** (prep. *com, de*) impor(-se) ônus, obrigação ou gastos (mais) pesados *<novas contratações onerariam desnecessariamente a empresa>* *<seria injusto onerá-lo com mais esta taxa>* *<o governo deve realizar as privatizações sem o.-se>* ☐ *t.d. e pron.* **2** (fazer) contrair dívidas; endividar(-se) *<as guerras mundiais oneraram inúmeros países>* *<onerou-se com a compra do carro>* ☐ *t.d.* **3** causar opressão, dano ou prejuízo a; oprimir *<certas medidas oneram os menos favorecidos>* **4** sobrecarregar com impostos, taxas *<o governo onerou os produtos importados>*

o.ne.ro.so /ô/ [pl.: /ó/; fem.: /ó/] *adj.* **1** sujeito a ônus ou encargos **2** que impõe grandes despesas; dispendioso

ONG *s.f.* sigla de *organização não governamental*

-onho *suf.* 'propriedade, abundância': *medonho, tristonho*

ô.ni.bus *s.m.2n.* veículo us. para o transporte coletivo de passageiros com rota predeterminada ◉ COL frota ▣ **ô. espacial** *B* nave espacial recuperável, tripulada

o.ni.co.fa.gi.a *s.f.* hábito de roer as unhas ~ **onicófago** *s.m.*

o.ni.po.tên.cia *s.f.* **1** condição do que é onipotente, absoluto, todo-poderoso **2** *pej.* autoridade ou soberania extrema

o.ni.po.ten.te *adj.2g.* **1** que pode tudo, que é todo-poderoso **2** REL Deus, o Todo-Poderoso ☞ inicial maiúsc.

o.ni.pre.sen.te *adj.2g.* presente em toda parte; ubíquo ~ **onipresença** *s.f.*

o.ní.ri.co *adj.* relativo a sonho

o.nis.ci.en.te *adj.2g.* que sabe tudo sobre todas as coisas ~ **onisciência** *s.f.*

o.ní.vo.ro *adj.s.m.* **1** (o) que come de tudo **2** ECO (o) que se alimenta de matéria vegetal e animal

ô.nix /cs/ *s.m.2n.* MINER variedade de ágata com faixas retas e paralelas, de cores alternadas

on-line [ing.] ou ***online*** [ing.] *adj.2g.2n.* INF **1** conectado a um computador ou à internet e pronto para uso (sistema, equipamento etc.) **2** disponível para acesso imediato (dado, arquivo) ■ *adv.* **3** em conexão com (sistemas de processamento e/ou transmissão de dados) *<permanecer o.>* ⇒ pronuncia-se on lain

o.no.más.ti.ca *s.f.* **1** lista de nomes próprios **2** *p.ext.* livro que contém essa lista **3** LING estudo linguístico dos nomes próprios

o.no.más.ti.co *adj.* **1** referente aos nomes próprios ou ao seu estudo **2** que contém nomes próprios (diz-se de índice)

o.no.ma.to.pai.co ou **o.no.ma.to.pei.co** /éi/ *adj.* relativo a, caracterizado por ou oriundo de onomatopeia

o.no.ma.to.pei.a /éi/ *s.f.* **1** LING GRAM vocábulo que procura imitar um som natural ou ruído, p.ex.: *miau, tique-taque* **2** LING o processo de formação desse vocábulo

o.no.ma.to.pei.co /éi/ *adj.* → ***ONOMATOPAICO***

on.tem [pl.: *-ens*] *s.m.* **1** o dia imediatamente anterior àquele em que se está **2** passado mais ou menos recente ■ *adv.* **3** no dia anterior *<aconteceu o.>* **4** bem próximo no tempo

on.to.lo.gi.a *s.f.* FIL parte da filosofia que estuda as propriedades mais gerais do ser, separadas de suas determinações particulares ~ **ontológico** *adj.*

ONU *s.f.* sigla de Organização das Nações Unidas ☞ cf. *ONU* na parte enciclopédica

ô.nus *s.m.2n.* **1** o que sobrecarrega; peso **2** *fig.* dever, obrigação **3** *p.ext.* imposto ou encargo pesado

on.ze *n.card.* **1** dez mais um **2** diz-se desse número *<envelope número o.>* **3** diz-se do décimo primeiro elemento de uma série *<capítulo o.>* **4** que equivale a essa quantidade (diz-se de medida ou do que é contável) *<os o. melhores jogadores do país>* ■ *s.m.* **5** representação gráfica desse número ☞ em algarismos arábicos, *11*; em algarismos romanos, *XI* **6** FUTB conjunto de atletas que disputam uma partida pelo mesmo clube; time

o.pa /ô/ *interj.* **1** exprime surpresa, admiração **2** *infrm.* us. como forma de saudação

o.pa.ci.da.de *s.f.* ausência de transparência

o.pa.co *adj.* **1** que a luz não atravessa **2** sem claridade; sombrio, escuro

o.pa.la *s.f.* **1** MINER pedra preciosa leitosa e azulada, que apresenta variedade de cores quando exposta à luz **2** tecido de algodão muito fino, quase transparente

o.pa.les.cen.te *adj.2g.* opalino

o.pa.li.na *s.f.* vidro leitoso, ger. translúcido, us. em objetos decorativos

o.pa.li.no *adj.* leitoso como a opala; opalescente ~ **opalinidade** *s.f.*

op.ção [pl.: *-ões*] *s.f.* **1** o poder ou direito de escolher **2** *p.ext.* o que se escolheu; alternativa

op.cio.nal [pl.: *-ais*] *adj.2g.* sujeito a opção; facultativo

ó.pe.ra *s.f.* **1** MÚS TEAT obra dramática musicada composta de recitativos, árias, coro e, por vezes, balé, acompanhada de orquestra **2** teatro em que se representam óperas ou peças dramáticas musicadas

o.pe.ra.ção [pl.: *-ões*] *s.f.* **1** conjunto dos meios para se produzir um efeito ou obter um resultado **2** MED cirurgia ('tratamento') **3** manobra militar **4** MAT cálculo matemático **5** transação comercial

o.pe.ra.ção-pa.drão [pl.: *operações-padrões* e *operações-padrão*] *s.f.* ação executada por determinada categoria de trabalhadores, que consiste em diminuir o ritmo ou a jornada de trabalho como alerta aos patrões para uma possível greve

o.pe.ra.cio.nal [pl.: *-ais*] *adj.2g.* **1** us. para produzir resultados **2** pronto para utilização ou para funcionamento **3** MIL apto a efetuar manobras militares

o.pe.ra.dor /ô/ [pl.: *-es*] *adj.s.m.* **1** (o) que opera ■ *s.m.* **2** o encarregado de fazer funcionar qualquer aparelho, sistema, técnica etc. **3** cirurgião **4** quem faz operações comerciais ou financeiras

o.pe.ran.te *adj.2g.* **1** que opera, trabalha **2** que produz efeito

o.pe.rar *v.* {mod. 1} *t.i. e int.* **1** (prep. *em*) exercer ação, função, atividade ou ofício; agir, trabalhar *<os camelôs operam à vontade> <o. na bolsa de valores>* □ *t.d. e int.* **2** levar a (reação, efeito); produzir *<a fé opera milagres> <o remédio operou, e o menino curou-se>* **3** (fazer) funcionar, entrar em função ou atividade *<operava aquela máquina como um profissional> <a empresa estará operando em breve>* □ *t.d.,int. e pron.* **4** submeter(-se) a ou fazer cirurgia *<decidiu o. o paciente > <o médico usa técnicas modernas para o.> <operou-se do apêndice>* □ *pron.* **5** realizar-se, acontecer, ocorrer *<uma grande mudança operou-se em seu temperamento>*

o.pe.rá.ria *s.f.* ZOO cada um dos membros da casta operária da colônia de cupins, abelhas e formigas, estéreis, responsáveis pela maioria das atividades da colônia

o.pe.ra.ri.a.do *s.m.* a classe operária

[1]**o.pe.rá.rio** *s.m.* trabalhador em fábricas e indústrias, esp. o que exerce ocupação manual ou mecânica [ORIGEM: do lat. *operarĭus,ĭi* 'trabalhador']

[2]**o.pe.rá.rio** *adj.* **1** dos operários **2** ZOO relativo às operárias [ORIGEM: do lat. *operarĭus,a,um* 'de trabalho, relativo aos trabalhadores']

o.pe.ra.tó.rio *adj.* **1** próprio de operação, esp. intervenção cirúrgica **2** operante

o.pe.re.ta /ê/ *s.f.* MÚS TEAT **1** gênero teatral musicado de caráter leve e cômico **2** pequena peça ou ópera desse gênero

o.pe.ro.so /ô/ [pl.: /ó/; fem.: /ó/] *adj.* **1** que produz **2** de difícil execução; trabalhoso ~ **operosidade** *s.f.*

o.pi.á.ceo *adj.* relativo ao ópio

o.pi.la.ção [pl.: *-ões*] *s.f.* **1** obstrução, entupimento **2** bloqueio de uma abertura ou de um ducto natural

o.pi.lar *v.* {mod. 1} *t.d.* **1** causar opilação a; entupir, obstruir □ *pron.* **2** sofrer de opilação

o.pi.mo *adj.* rico; fértil

o.pi.nar *v.* {mod. 1} *t.i. e int.* **1** (prep. *sobre*) expor pensamento, parecer, opinião *<preferiu não o. sobre a venda da casa>* *<todos os presentes opinaram>* ☐ *t.d.* **2** ter certa opinião sobre; considerar, julgar ~ **opinante** *adj.2g.s.2g.*

o.pi.na.ti.vo *adj.* **1** baseado numa opinião **2** incerto, discutível

o.pi.ni.ão [pl.: *-ões*] *s.f.* **1** modo de pensar, de julgar; pensamento **2** avaliação, julgamento

o.pi.ni.á.ti.co *adj.* opinioso

o.pi.ni.o.so /ô/ [pl.: /ó/; fem.: /ó/] *adj.* **1** que defende ou se apega muito a suas opiniões; obstinado, teimoso **2** que manifesta opinião muito favorável sobre si próprio; presunçoso, orgulhoso

ó.pio *s.m.* **1** FARM substância extraída da papoula, de ação analgésica, narcótica e hipnótica, us. na produção de morfina, heroína etc. **2** *fig.* o que provoca adormecimento, embrutecimento moral

o.pí.pa.ro *adj.* pomposo, suntuoso

o.po.nen.te *adj.2g.s.2g.* **1** (o) que age em sentido oposto; opositor **2** (o) que é contra alguém ou algo

o.po.ní.vel [pl.: *-eis*] *adj.2g.* **1** que se pode opor **2** que tem a propriedade de pôr-se em frente ou do lado contrário

o.por *v.* {mod. 23} *t.d.i.* **1** (prep. *a*) colocar diante de, contra *<o. tanques à infantaria>* **2** (prep. *a*) colocar como antagonistas, adversários *<opôs meninos a meninas>* **3** (prep. *a*) apresentar (argumento, alegação etc.) em sentido contrário a; objetar *<opuseram mais de um parecer ao projeto>* ☐ *t.d.i. e pron.* **4** (prep. *a*) apresentar (ação, atitude etc.) para impedir ou combater (algo) *<o. resistência ao ataque>* *<opõe-se à violência>* ☐ *t.d. e t.d.i.* **5** (prep. *a*) pôr em contraste, comparação com; confrontar *<o. dois depoimentos>* *<o. o orgulho à humildade>* ☐ *pron.* **6** (prep. *a*) ser contrário a; obstar *<o.-se a preconceitos>* **7** (prep. *a*) mostrar resistência a *<opus-me à ordem de parar>* ◉ GRAM/USO part.: *oposto*

o.por.tu.ni.da.de *s.f.* **1** ocasião favorável à realização de algo **2** momento, ocasião

o.por.tu.nis.ta *adj.2g.s.2g.* **1** que(m) aproveita as oportunidades **2** que(m) se aproveita dos outros ou tira vantagens pessoais de uma circunstância ■ *adj.2g.* BIO **3** que só é capaz de infectar quando há baixa resistência do hospedeiro (diz-se de microrganismo) **4** diz-se de doença causada por esse microrganismo ~ **oportunismo** *s.m.*

o.por.tu.no *adj.* que se realiza a tempo, no momento adequado; conveniente

o.po.si.ção [pl.: *-ões*] *s.f.* **1** caráter, estado ou condição do que se opõe, do que é oposto **2** contraste ('diferença') **3** POL conjunto dos partidos contrários ao governo ~ **opositivo** *adj.*

o.po.si.cio.nis.mo *s.m.* **1** oposição sistemática **2** POL facção política contrária ao governo ☞ cf. *situacionismo*

o.po.si.cio.nis.ta *adj.2g.* **1** próprio do oposicionismo ■ *adj.2g.s.2g.* **2** que(m) sempre se opõe a qualquer coisa **3** POL partidário do oposicionismo ☞ cf. *situacionista*

o.po.si.tor /ô/ [pl.: *-es*] *adj.s.m.* **1** que ou aquele que se opõe (a alguém, algo, a qualquer ato, disposição etc.) **2** adversário; concorrente

o.pos.to /ô/ [pl.: /ó/; fem.: /ó/] *adj.s.m.* (o) que é contrário, inverso

o.pres.são [pl.: *-ões*] *s.f.* **1** sujeição imposta pela força ou autoridade; tirania, jugo **2** constrangimento ou pressão moral; coação **3** aperto, compressão **4** sensação de falta de ar; abafamento

o.pres.si.vo *adj.* **1** que causa opressão ou serve para oprimir; opressor *<encargos o.>* **1.1** autoritário, prepotente, tirânico **2** *fig.* que provoca sensação de abafamento; sufocante

o.pres.so *adj.* *frm.* que sofreu ou sofre opressão; oprimido ◉ GRAM/USO part. de *oprimir*

o.pres.sor /ô/ [pl.: *-es*] *adj.s.m.* (o) que oprime

o.pri.mi.do *adj.* **1** que sofreu ou sofre opressão **1.1** dominado com violência; tiranizado ■ *s.m.* **2** vítima de opressão

o.pri.mir *v.* {mod. 24} *t.d.* **1** sobrecarregar com grande peso **2** exercer pressão em; apertar, comprimir **3** *fig.* causar aflição, tormento a; mortificar *<a notícia da demissão oprimiu-a>* **4** sujeitar a ônus, tributos, taxas etc.; onerar **5** dominar com brutalidade, autoritarismo; tiranizar ◉ GRAM/USO part.: *oprimido, opresso* ~ **oprimente** *adj.2g.*

o.pró.brio *s.m.* **1** extrema humilhação **2** desonra pública **3** afronta, desprezo

op.tar *v.* {mod. 1} *t.i. e int.* (prep. *entre, por*) decidir-se por (um ou mais elementos entre outros); escolher, preferir *<o. entre dois caminhos>* *<optou pelo vestido azul>* *<preferiu não o.>*

op.ta.ti.vo *adj.* **1** que envolve opção **2** que expressa vontade

óp.ti.ca ou **ó.ti.ca** *s.f.* **1** FÍS ÓPT parte da física que estuda as propriedades da luz e da visão **2** local onde se vendem óculos, lunetas etc. **3** modo de ver pessoal; ponto de vista

óp.ti.co *adj.* **1** relativo à óptica **2** relativo ou pertencente à visão ou aos olhos; ocular **3** que favorece a visão ■ *s.m.* **4** ÓPT especialista em óptica **5** fabricante de instrumentos ópticos ☞ cf. *ótico*

op.to.me.tri.a *s.f.* MED parte da oftalmologia que cuida dos problemas relacionados ao poder de resolução e amplitude da visão ~ **optometrista** *s.2g.*

o.pug.nar *v.* {mod. 1} *t.d.* **1** investir para conquistar; tomar **2** *p.ext.* lutar contra (teoria, ideia etc.); combater *<o. a atual política de empregos>* **3** *p.ext.* contestar com argumentos; refutar

o.pu.lên.cia *s.f.* **1** luxo; pompa **2** *fig.* abundância, fartura **3** *fig.* grande desenvolvimento de formas, volume ou vulto

o.pu.len.to *adj.* **1** luxuoso, suntuoso **2** rico, abastado **3** *fig.* abundante, farto **4** *fig.* corpulento, robusto

opus [lat.] *s.m.* MÚS índice cronológico das publicações de um compositor [abrev.: *op.*] ⇒ pronuncia-se ópus

o.pús.cu.lo *s.m.* pequeno livro sobre arte, literatura, ciência etc.

-or, -dor ou **-tor** *suf.* **1** 'agente': *agricultor, divisor, jogador, operador, tradutor* **2** 'característica': *amargor*

o.ra *adv.* **1** agora, neste momento *<normas o. em vigor>* ■ *conj.adt.* **2** entretanto, além disso *<o., se não avisou, não virá>* ■ *conj.altv.* **3** umas vezes... outras vezes *<ora chora, ora ri>* ■ *interj.* **4** exprime impaciência, desconfiança ☞ cf. *hora* ▣ **por o.** por enquanto

o.ra.ção [pl.: *-ões*] *s.f.* **1** reza, prece **2** GRAM frase, ou membro de frase, que contém um verbo ▣ **o. adjetiva** oração que expressa qualidade de um ser e equivale a um adjetivo • **o. coordenada** GRAM oração que vem em seguida e ligada a outra da mesma natureza, com ou sem conectivo (p.ex.: *Pedro estudou e passou de ano*; *o tempo passou, o verão chegou*) ☞ tb. se diz apenas *coordenada* • **o. principal** GRAM oração que possui subordinada(s) como parte(s) constituinte(s) que dela dependem ☞ tb. se diz apenas *principal* • **o. subordinada** GRAM oração que completa ou modifica um termo da oração que a antecede (p.ex.: espero *que você melhore*; saiu *quando eu chegava*) ☞ tb. se diz apenas *subordinada*

o.ra.cio.nal [pl.: *-ais*] *adj.2g.* GRAM que diz respeito ou equivale à oração

o.ra.cu.lar [pl.: *-es*] *adj.2g.* relativo a, próprio de oráculo

o.rá.cu.lo *s.m.* **1** na Antiguidade, divindade que respondia a consultas **2** *p.ext.* sacerdote que intermediava as consultas **3** *p.ext.* o local onde se realizava essa consulta **4** *fig.* pessoa de grande autoridade pelo saber

o.ra.dor /ô/ [pl.: *-es*] *adj.s.m.* **1** que(m) faz discursos **2** que(m) fala muito bem ou costuma falar em público

o.ral [pl.: *-ais*] *adj.2g.* **1** relativo à boca; bucal *<higiene o.>* **2** expresso de viva voz *<prova o.>* **3** que se transmite verbalmente ~ **oralidade** *s.f.*

o.ran.go.tan.go *s.m.* ZOO grande primata antropoide de braços compridos e pelagem avermelhada longa e rala

o.rar *v.* {mod. 1} *t.d.,t.d.i.,t.i. e int.* **1** (prep. *a, por*) dizer em voz baixa (oração, súplicas) [a forças divinas]; rezar *<orou uma prece (ao santo protetor)>* *<o. pelos mortos>* ☐ *int.* **2** falar em público; discursar

o.ra.tó.ria *s.f.* conjunto de regras da arte de discursar

[1]**o.ra.tó.rio** *s.m.* **1** pequeno armário em que ficam imagens e santos **2** local destinado às orações **3** MÚS composição ou poema vocal-instrumental de caráter dramático que utiliza, em grande parte, textos da Bíblia [ORIGEM: do lat. *oratorĭum,ĭi* 'oratório, pequena capela']

[2]**o.ra.tó.rio** *adj.* relativo a oratória ou a orador [ORIGEM: do lat. *oratorĭus,a,um* 'relativo ao orador; oratório, de orador']

or.be *s.m.* **1** globo, esfera **2** ASTR corpo celeste esférico, como um planeta, a Lua ou um satélite artificial com esse formato **3** campo de órbita de um corpo celeste

or.bi.cu.lar [pl.: *-es*] *adj.2g.* **1** esférico, globular **2** em forma de círculo

ór.bi.ta *s.f.* **1** ASTR trajetória de um astro em torno de outro **2** *fig.* campo de ação; esfera **3** ANAT cavidade óssea facial em que se situa o olho ~ **orbital** *adj.2g.*

or.bi.tar *v.* {mod. 1} *t.d. e int.* movimentar-se em círculo

or.bi.tá.rio *adj.* relativo ou próprio da órbita, esp. da ocular

or.ca *s.f.* ZOO grande baleia de dorso negro e peito branco

or.ça.men.tá.rio *adj.* **1** referente a orçamento **2** que fixa ou aprova o orçamento da União ~ **orçamental** *adj.2g.*

or.ça.men.to *s.m.* **1** cálculo aproximado do custo de algo (obra, serviço etc.); estimativa **2** cálculo da receita e da despesa

or.çar *v.* {mod. 1} *t.d.* **1** calcular ou estimar o preço, o valor de *<o. um conserto>* ☐ *t.i.* **2** (prep. *a*) atingir ou ter aproximadamente (valor ou número) *<suas despesas mensais orçavam a 3 mil reais>*

or.dei.ro *adj.* disciplinado, bem-comportado

or.dem [pl.: *-ens*] *s.f.* **1** disposição metódica das coisas; organização **2** boa arrumação **3** disciplina **4** classe, categoria ou natureza de fatos relacionados a um domínio específico **5** série, sequência **6** determinação de uma autoridade **7** documento que autoriza a execução de uma ação **8** REL sacramento da Igreja católica que autoriza o exercício de funções eclesiásticas **9** REL sociedade religiosa *<O. das Carmelitas>* **10** órgão congregador de profissionais liberais *<O. dos Médicos>* **11** MAT lugar ocupado pelo algarismo em um número *<o. das dezenas>* **12** BIO na classificação dos seres vivos, categoria que agrupa famílias relacionadas segundo a história da evolução e que se distinguem das outras por diferenças marcantes ▣ **estar às o.** estar à disposição

or.de.na.ção [pl.: *-ões*] *s.f.* **1** distribuição metódica, organizada **2** determinação, ordem **3** REL cerimônia religiosa na qual se concede o direito de exercer funções eclesiásticas

or.de.na.do *s.m.* **1** salário ■ *adj.* **2** em ordem **3** que recebeu ordens sacras, que pertence a uma congregação religiosa

or.de.nan.ça *s.2g.* MIL soldado que está à disposição de um oficial

or.de.nar *v.* {mod. 1} *t.d.* **1** colocar (pessoas ou coisas) em certa ordem; arrumar, organizar *<o. os pensamentos>* ☐ *t.d.,t.d.i. e int.* **2** (prep. *a*) exigir como autoridade superior que se cumpra; mandar, determinar *<o juiz ordenou que o réu se sentasse>* *<ordenou ao filho que saísse>* *<ela não pede, ordena>* ☐ *t.d.,t.d.pred. e pron.* **3** dar ou receber o sacramento de ordem eclesiástica; sagrar *<ordenaram-no padre>* *<ordenou-se padre>*

or.de.nhar *v.* {mod. 1} *t.d.* extrair leite espremendo as tetas de (certos animais); mungir ~ **ordenha** *s.f.*

O

or.di.nal [pl.: *-ais*] *adj.2g.* **1** relativo a ordem ■ *adj.2g.s.m.* **2** MAT (numeral) que indica a ordem de um elemento em relação a um conjunto ☞ cf. *cardinal*

or.di.ná.rio *adj.* **1** de má qualidade **2** sem caráter ■ *adj.s.m.* **3** (o) que é costumeiro, habitual

or.do.vi.ci.a.no *s.m.* GEOL **1** segundo período geológico da era paleozoica, entre o Cambriano e o Siluriano, marcado pelo desenvolvimento gradativo da fauna, que chega até os crustáceos ☞ este subst. não se usa no plural; inicial maiúsc. ■ *adj.* **2** desse período

o.ré.ga.no ou **o.ré.gão** [pl.: *-ões*] *s.m.* BOT erva aromática us. como condimento

o.re.lha /ê/ *s.f.* **1** ANAT órgão da audição, anteriormente denominado *ouvido* **2** ANAT cada uma das duas conchas auditivas, cartilaginosas, situadas nas laterais da cabeça **3** BIBLIO cada uma das extremidades da sobrecapa de um livro virada para dentro ▣ **o. externa** ANAT aquela que é formada pela parte mais externa da orelha e o canal que conduz à membrana do tímpano ☞ denominação atual de *ouvido externo* • **o. interna** ANAT aquela que contém a porção óssea da orelha ☞ denominação atual de *ouvido interno* • **o. média** ANAT aquela que contém a cavidade do tímpano, separada da orelha externa apenas pela membrana do tímpano ☞ denominação atual de *ouvido médio*

o.re.lha.da *s.f.* ◗ us. em: **de o.** sem dominar o assunto *<esse é eletricista de o.>*

o.re.lhão [pl.: *-ões*] *s.m. infrm.* cabine de telefone público em forma de concha

o.re.lhu.do *adj.* **1** com orelhas grandes **2** *pej.* burro, estúpido

o.re.xi.a /cs/ *s.f.* **1** desejo de comer; apetite **2** MED desejo irresistível de comer sem parar

or.fa.na.to *s.m.* asilo para crianças órfãs

or.fan.da.de *s.f.* **1** condição de quem é órfão **2** o conjunto dos órfãos

ór.fão [pl.: *-ãos*; fem.: *órfã*] *adj.s.m.* **1** que(m) perdeu o pai ou a mãe ou ambos ■ *adj.* **2** desprotegido; abandonado ◉ COL orfandade

or.fe.ão [pl.: *-ões*] *s.m.* MÚS **1** coro sem acompanhamento instrumental **2** coro escolar ~ **orfeônico** *adj.*

or.gan.di *s.f.* tecido leve, transparente e engomado

or.ga.ne.la *s.f.* BIO partícula limitada por membrana, presente em praticamente todas as células com núcleo tb. limitado por membrana

or.gâ.ni.co *adj.* **1** relativo a órgão **2** que possui uma estrutura organizada (diz-se de qualquer fundamento, análise, atividade, mecanismo etc.) **3** próprio ou derivado dos organismos vivos **4** cultivado sem adição de produtos químicos, fertilizantes ou pesticidas *<lavoura o.>* **5** estrutural **6** QUÍM relativo a compostos químicos que contêm cadeias ou anéis de carbono ligados a hidrogênio, oxigênio e nitrogênio *<química o.>* ☞ cf. *inorgânico*

or.ga.nis.mo *s.m.* **1** BIO forma individual de vida, como um animal, uma planta, um fungo, uma bactéria **2** *p.ext.* conjunto de órgãos de um ser vivo **3** *p.ext.* qualquer ser ou estrutura organizada **4** *p.ext.* instituição de caráter político, social etc.; organização

or.ga.nis.ta *adj.2g.s.2g.* MÚS que(m) toca órgão

or.ga.ni.za.ção [pl.: *-ões*] *s.f.* **1** ordenação das partes de um todo; arrumação **2** modo de se organizar **3** conformação, estrutura das partes que constituem um ser vivo **4** associação, entidade de cunho social, político, administrativo etc. ▣ **O. Mundial da Saúde** agência fundada em 1948, subordinada à Organização das Nações Unidas, que coordena trabalhos para controlar epidemias e surtos de doença e patrocina programas de prevenção e tratamento [sigla: *OMS*] ☞ cf. *Organização das Nações Unidas* na parte enciclopédica • **o. não governamental** aquela cujas atividades ou campo de atuação são públicos ou de interesse público, mas que é institucional ou financeiramente independente do governo ou das instituições ou empresas ligadas a ele [sigla: *ONG*] ~ **organizacional** *adj.2g.*

or.ga.ni.za.dor /ô/ [pl.: *-es*] *adj.s.m.* (o) que organiza, planeja

or.ga.ni.zar *v.* {mod. 1} *t.d.* **1** dar certa ordem ou forma regular a (série de itens, um todo); arrumar, ordenar *<o. a louça>* **2** planejar e prover do necessário para a realização *<o. um desfile>* **3** juntar elementos, indivíduos para compor (grupo, todo); formar *<o. uma lista, um movimento>* □ *t.d. e pron.* **4** (fazer) adquirir certa estrutura, forma; estruturar(-se) *<organizou a empresa de outra forma>* *<o departamento organizou-se aos poucos>* □ *pron.* **5** administrar de modo produtivo as atividades, o tempo *<falta a compromissos por não se o. direito>*

or.ga.no.gra.ma *s.m.* gráfico que representa operações interdependentes

or.gan.za *s.f.* tecido fino, transparente, feito de fio de seda ou de fios sintéticos ☞ alt. da marca registrada *Lorganza*, que passou a designar o seu gênero

ór.gão [pl.: *-ãos*] *s.m.* **1** MÚS instrumento musical com teclados, sopro e foles, us. esp. em igrejas **2** ANAT parte do corpo ou de um organismo que desempenha uma ou mais funções específicas **3** *p.ext.* organização; entidade

or.gas.mo *s.m.* clímax do prazer sexual; gozo ~ **orgástico** *adj.*

or.gi.a *s.f.* **1** festa que se caracteriza pela euforia, pelos excessos de bebida, desregramentos etc. **2** *fig.* abundância; profusão

or.gu.lhar *v.* {mod. 1} *t.d. e pron.* (prep. *de*) [fazer] sentir orgulho; envaidecer(-se), ufanar(-se) *<são filhos que orgulham quaisquer pais>* *<orgulha-se de ter concluído o curso>*

or.gu.lho *s.m.* **1** sentimento de grande satisfação por algo **2** *pej.* excesso de amor-próprio; arrogância, soberba

or.gu.lho.so /ô/ [pl.: /ó/; fem.: /ó/] *adj.* **1** que tem ou causa orgulho **2** cheio de vaidade **3** arrogante ■ *s.m.* **4** pessoa orgulhosa

o.ri.en.ta.ção [pl.: *-ões*] *s.f.* **1** direção; localização *<ter senso de o.>* **2** posição de algo em relação a outros objetos *<o. da janela pela do nascer do Sol>* **3** regra, instrução **4** modelo, guia **5** *fig.* tendência, propensão

o.ri.en.ta.dor /ô/ [pl.: *-es*] *adj.s.m.* que(m) orienta, direciona; diretor, condutor

o.ri.en.tal [pl.: *-ais*] *adj.2g.* **1** relativo ao ou situado no Oriente ■ *adj.2g.s.2g.* **2** que(m) é natural ou habitante do Oriente

o.ri.en.ta.li.zar *v.* {mod. 1} *t.d. e pron.* dar ou tomar aspecto ou característica própria dos povos, culturas, línguas orientais *<o. uma fachada arquitetônica> <o.-se no vestuário>* ~ **orientalização** *s.f.*

o.ri.en.tar *v.* {mod. 1} *t.d. e pron.* **1** dispor, ajustar ou posicionar-se com referência aos pontos cardeais *<o. a bússola> <olhou para o sol para o.-se>* **2** *p.ext.* (fazer) voltar-se em ou tomar certa direção; posicionar(-se) *<o. o motorista no sentido certo> <o.-se de frente para o templo>* **3** *fig.* (fazer) tomar certa direção moral, intelectual etc.; guiar(-se), nortear(-se) *<o. a opinião pública> <o.-se pela ética>*

o.ri.en.te *s.m.* **1** direção em que nasce o Sol; nascente **2** região situada no hemisfério leste **2.1** conjunto de países localizados nessa região ☞ inicial maiúsc.; cf. *Extremo Oriente*, *Oriente Médio* e *Oriente Próximo* na parte enciclopédica

o.ri.fí.cio *s.m.* pequeno buraco, passagem ou abertura

origami [jap.; pl.: *origamis*] *s.m.* arte tradicional japonesa de dobrar papéis em forma de animais, objetos, flores etc. ⇒ pronuncia-se origami

o.ri.gem [pl.: *-ens*] *s.f.* **1** ponto de partida; começo **2** procedência; ascendência **3** causa; razão

o.ri.gi.nal [pl.: *-ais*] *adj.2g.* **1** originário; primitivo **2** que nunca ocorreu; novo **3** autêntico; de fábrica ■ *adj.2g.s.2g.* **4** (o) que é único **5** (o) que é excepcional, fora dos padrões ~ **originalidade** *s.f.*

o.ri.gi.nar *v.* {mod. 1} *t.d.* **1** dar origem a; iniciar *<este touro originou o rebanho>* **2** ser a causa de; provocar *<a sujeira origina doenças>* □ *pron.* **3** ter origem em, ser consequência de; proceder, derivar *<sua angústia origina-se do casamento infeliz>* ~ **originário** *adj.*

-ório *suf.* **1** 'relação': *compulsório, preparatório* **2** 'lugar': *consultório, dormitório*

o.ri.un.do *adj.* originário; natural

o.ri.xá *s.m.* REL cada uma das divindades cultuadas nas religiões de origem africana, freq. ancestrais divinos que se transformaram em rios, árvores, pedras etc. e que fazem a intermediação entre os homens e as forças naturais e sobrenaturais

o.ri.zi.cul.tu.ra *s.f.* rizicultura

or.la *s.f.* **1** extremidade de superfície; beira **2** margem *<o. de rio>* **3** parte que arremata e enfeita um objeto; debrum *<o. de vestido>* **4** faixa de terra longa e estreita

or.lar *v.* {mod. 1} *t.d.* **1** situar-se junto a ou acompanhar a orla de; cercar, margear *<orlou o sítio com pinheiros>* **2** dotar de orla; cercar, debruar *<franjas orlam a colcha>*

or.na.men.tal [pl.: *-ais*] *adj.2g.* **1** relativo a ornamento **2** us. para embelezar, decorar

or.na.men.tar *v.* {mod. 1} *t.d. e pron.* **1** colocar(-se) ornato, enfeite; adornar(-se), decorar(-se) *<as crianças vão o. a rua> <ornamentou-se toda para o casório>* □ *t.d. fig.* **2** tornar atraente, interessante, rico; abrilhantar *<crianças correndo ornamentam o jardim>* ~ **ornamentação** *s.f.*

or.na.men.to *s.m.* **1** enfeite, adorno **2** MÚS nota ou grupo de notas adicionadas a uma melodia

or.nar *v.* {mod. 1} *t.d. e t.i.* (prep. *com*, *de*) ornamentar *<o. uma parede (com flores)>*

or.na.to *s.m.* enfeite

or.ni.to.lo.gi.a *s.f.* ZOO ramo da zoologia que estuda as aves ~ **ornitológico** *adj.* - **ornitologista** *adj.2g.s.2g.* - **ornitólogo** *s.m.*

or.ni.tor.rin.co *s.m.* ZOO mamífero aquático dotado de cauda como a do castor, bico como o dos patos e esporões venenosos nas patas traseiras

o.ró.fi.ta *s.f.* ou **o.ró.fi.to** *s.m.* vegetal que habita as montanhas

or.ques.tra *s.f.* MÚS **1** conjunto de músicos e de seus instrumentos **2** conjunto dos músicos que executam peça para concertos ▣ **o. sinfônica** grande orquestra composta de instrumentos de sopro, cordas e percussão ~ **orquestral** *adj.2g.*

or.ques.tra.ção [pl.: *-ões*] *s.f.* **1** MÚS adaptação de uma melodia ou composição para orquestra **2** *fig.* articulação; planejamento **3** *fig.* ajuste de partes que parecem inconciliáveis; conciliação

or.ques.trar *v.* {mod. 1} *t.d.* **1** MÚS compor ou adaptar (peça musical) para uma orquestra **2** *fig.* planejar a realização de (crime, trama, negócio etc.); tramar, organizar

or.qui.dá.rio *s.m.* estufa para orquídeas

or.quí.dea *s.f.* BOT **1** nome comum dado às orquidáceas, família de plantas cultivadas esp. por suas belas flores **2** essa delicada e exótica flor, de várias formas, cores e tamanhos

-orra ou **-orro** *suf.* 'aumento': *cabeçorra, mazorro* ('indolente')

ór.te.se *s.f.* MED qualquer aparelho externo us. para imobilizar ou auxiliar os movimentos dos braços e pernas ou da coluna vertebral ☞ cf. *prótese*

or.to.don.ti.a *s.f.* MED parte da odontologia que se dedica à prevenção e correção das imperfeições no alinhamento dos dentes ~ **ortodôntico** *adj.*

or.to.don.tis.ta *adj.2g.s.2g.* especialista em ortodontia

or.to.do.xo /cs/ *adj.s.m.* **1** que(m) pertence às igrejas católicas, esp. as gregas e russas, que não seguem a liturgia latina **2** que(m) segue os princípios tradicionais de uma doutrina **3** que(m) não tolera o novo ou o diferente ☞ cf. *heterodoxo* ~ **ortodoxia** *s.f.*

or.to.é.pia ou **or.to.e.pi.a** *s.f.* GRAM pronúncia correta de uma palavra

or.to.gra.far *v.* {mod. 1} *t.d. e int.* escrever de acordo com as regras ortográficas

or.to.gra.fi.a *s.f.* GRAM **1** a escrita correta das palavras **2** representação escrita de uma palavra ~ **ortográfico** *adj.*

or.to.mo.le.cu.lar [pl.: *-es*] *adj.2g.* MED que procura restaurar os níveis ideais de substâncias, como as vitaminas e os minerais, presentes no organismo (diz-se de ramo da medicina)

or.to.pe.di.a *s.f.* MED ramo da medicina que se dedica ao tratamento do sistema locomotor e da coluna vertebral ~ **ortopédico** *adj.*

or.to.pe.dis.ta *adj.2g.s.2g.* especialista em ortopedia

or.va.lhar *v.* {mod. 1} *t.d.,int. e pron.* **1** molhar(-se) com orvalho ☐ *int.* **2** cair orvalho ☞ nesta acp., é impessoal, exceto quando fig. ☐ *t.d. p.ext.* **3** espalhar (líquido) em gotículas; borrifar

or.va.lho *s.m.* **1** umidade atmosférica condensada que se deposita, em forma de gotinhas, sobre superfícies frias, pela manhã e à noite; relento, rocio **2** *p.ext.* chuva fina

Os QUÍM símbolo de *ósmio*

os.ci.la.ção [pl.: *-ões*] *s.f.* **1** ação ou efeito de oscilar; balanço **2** alternância, mudança intermitente **3** inconstância, instabilidade **4** hesitação, vacilação

os.ci.lar *v.* {mod. 1} *t.d.,int. e pron.* **1** mover(-se) de um para outro lado; balançar(-se) ☐ *t.i. e int.* **2** (prep. *a, de, entre, para*) mudar de estado; variar *<oscila de gorda a magra> <a cor de seus olhos oscila (do azul ao verde)>* ☐ *int.* **3** sofrer abalo; tremer ☐ *t.i.* **4** (prep. *entre*) estar indeciso entre (duas ou mais opções); hesitar ~ **oscilatório** *adj.*

os.ci.los.có.pio *s.m.* FÍS aparelho que permite avaliar e detectar oscilações

ós.cu.lo *s.m.* beijo ~ **osculação** *s.f.* - **oscular** *v.t.d. e pron.*

-ose *suf.* 'patologia': *dermatose, tuberculose*

ós.mio *s.m.* QUÍM elemento químico us. na fabricação de pontas de caneta-tinteiro, vitrolas, catalisadores etc. [símb.: *Os*] ☞ cf. *tabela periódica* (no fim do dicionário)

os.mo.se *s.f.* BIO processo de difusão de um líquido ou gás através de uma membrana

-oso ou **-uoso** *suf.* 'posse, abundância': *monstruoso, orgulhoso, virtuoso*

os.sa.da *s.f.* **1** acumulação de ossos humanos ou de animal **2** *fig.* arcabouço, estrutura

os.sa.tu.ra *s.f.* conjunto de ossos dos vertebrados; esqueleto

ós.seo *adj.* relativo a, da natureza do ou constituído por osso

os.si.fi.car *v.* {mod. 1} *t.d.,int. e pron.* **1** transformar(-se) em osso **2** *fig.* tornar(-se) muito magro; definhar **3** *fig.* tornar-se duro, insensível; endurecer ~ **ossificação** *s.f.*

os.so /ô/ [pl.: */ó/*] *s.m.* ANAT cada uma das partes que formam o esqueleto dos vertebrados ◉ COL ossada ▣ **o. do quadril** ANAT osso que forma a cintura pélvica, anteriormente denominado *ilíaco* • **o. duro de roer** *infrm.* pessoa ou coisa difícil de suportar

os.su.á.rio *s.m.* local para depositar os ossos humanos extraídos da sepultura

os.su.do *adj.* **1** com muito osso **2** de ossos grandes e salientes **3** *fig.* muito magro

os.te.í.te *s.f.* MED qualquer inflamação em tecidos ósseos

os.ten.si.vo *adj.* **1** visível, evidente **2** que envolve ofensa; arrogante, prepotente **3** praticado de forma intencional

os.ten.só.rio *s.m.* REL vaso sagrado onde é exposta a hóstia consagrada para adoração dos fiéis; custódia

os.ten.ta.ção [pl.: *-ões*] *s.f.* **1** alarde de si ou de alguma coisa sua, ger. por orgulho ou vaidade **2** demonstração extravagante de riqueza

os.ten.tar *v.* {mod. 1} *t.d. e pron.* exibir(-se) com luxo, alarde ou orgulho

os.ten.to.so /ô/ [pl.: */ó/*; fem.: */ó/*] *adj.* **1** feito com ostentação **2** pomposo, magnífico

os.te.o.mi.e.li.te *s.f.* MED inflamação dos ossos longos como o fêmur, a tíbia ou da medula óssea

os.te.o.pa.ta *s.2g.* MED **1** especialista no tratamento de estados patológicos por meio de manipulações raquidianas e articulares **2** que(m) sofre de doença óssea

os.te.o.pa.ti.a *s.f.* MED **1** doença óssea **2** prática terapêutica do osteopata ~ **osteopático** *adj.*

os.te.o.po.ro.se *s.f.* MED fragilidade óssea acarretada pela diminuição progressiva da densidade dos ossos

os.tra /ô/ *s.f.* ZOO molusco marinho comestível, sendo algumas de suas espécies cultivadas para a produção da pérola

os.tra.cis.mo *s.m.* **1** HIST na antiga Grécia, desterro político **2** *p.ext.* POL exclusão de cargo público ou político **3** *fig.* afastamento, exclusão

os.tro.go.do /ô/ *adj.* **1** relativo à ramificação oriental dos godos, antigo povo germânico ■ *adj.s.m.* **2** (indivíduo) desse povo ☞ cf. *visigodo*

-ota *suf.* 'diminuição': *bolota, ilhota*

OTAN *s.f.* sigla de Organização do Tratado do Atlântico Norte

o.tá.rio *adj.s.m. infrm.* (indivíduo) tolo, ingênuo

-ote *suf.* 'diminuição': *caixote, filhote, malote*

ó.ti.ca *s.f.* → ***ÓPTICA***

ó.ti.co *adj.* MED relativo a orelha ('ouvido') ☞ cf. *óptico*

o.ti.mis.mo *s.m.* disposição para ver as coisas pelo lado bom e esperar sempre uma solução favorável, mesmo nas situações mais difíceis

o.ti.mis.ta *adj.2g.s.2g.* que(m) encara tudo pelo lado bom, que(m) tem esperança

o.ti.mi.zar *v.* {mod. 1} *t.d.* tirar o melhor rendimento de (algo), criando as condições mais favoráveis possíveis *<o. a produção>* ~ **otimização** *s.f.*

ó.ti.mo *adj.s.m.* **1** (o) que é o melhor possível; excelente ■ *interj.* **2** exprime aprovação, agrado; muito bem, muito bom ◉ GRAM/USO sup.abs.sint. de *bom*

o.ti.te *s.f.* MED inflamação do ouvido ~ **otítico** *adj.*

o.to.ma.no *adj.* **1** relativo ao império turco dominado por Osman (1259-1326) e seus sucessores **2** relativo a esse imperador ■ *adj.s.m.* **3** que(m) descende de Osman ou pertence a sua dinastia **4** (habitante) desse império

o.tor.ri.no *adj.2g.s.2g. infrm.* red. de *otorrinolaringologista*

o.tor.ri.no.la.rin.go.lo.gi.a *s.f.* MED especialidade médica que se dedica ao estudo e tratamento das doenças do ouvido, nariz e garganta

o.tor.ri.no.la.rin.go.lo.gis.ta *adj.2g.s.2g.* especialista em otorrinolaringologia

ou *conj.altv.* **1** indica alternativa ou exclusão *<usar lápis ou caneta>* **2** indica dúvida *<viaja hoje ou amanhã?>* ■ *conj.explc.* **3** também denominado *<isso se chama aipim ou macaxeira>*

ou.ri.çar *v.* {mod. 1} *t.d. e pron.* **1** dar ou adquirir semelhança com o ouriço; arrepiar(-se) **2** *infrm.* deixar ou ficar nervoso, enfurecido; irritar(-se) **3** *B infrm.* (fazer) sofrer intensa agitação; movimentar(-se) *<chegou para o. a festa> <ouriçou-se ao ver as meninas>* ~ **ouriçado** *adj.*

ou.ri.ço *s.m.* ZOO nome comum a diversos pequenos mamíferos com espinhos curtos e lisos no dorso e pelos nas partes inferiores

ou.ri.ço-ca.chei.ro [pl.: *ouriços-cacheiros*] *s.m.* ZOO roedor de até 40 cm e corpo coberto por longos e pontudos espinhos, membros curtos e dedos com grandes garras curvas

ou.ri.ço-do-mar [pl.: *ouriços-do-mar*] *s.m.* ZOO invertebrado de corpo redondo, coberto por espinhos us. para locomoção e defesa

ou.ri.ves *s.2g.2n.* artesão ou vendedor de objetos de ouro, prata, platina etc.

ou.ri.ve.sa.ri.a *s.f.* **1** ofício, arte ou estabelecimento de ourives **2** conjunto dos objetos trabalhados pelo ourives

ou.ro *s.m.* **1** QUÍM elemento químico us. em joalheria, próteses dentárias, medicamentos etc. [símb.: *Au*] ☞ cf. *tabela periódica* (no fim do dicionário) **2** a cor amarela desse metal **3** *fig.* dinheiro; riqueza **4** *p.ext.* qualquer moeda ou objeto de ouro ▼ ***ouros*** *s.m.pl.* RECR **5** um dos quatro naipes do baralho, representado por um losango vermelho

ou.ro.pel [pl.: *-éis*] *s.m.* **1** liga metálica de cobre, de cor amarela, que imita ouro **2** *fig.* brilho falso, luxo aparente

ou.sa.di.a *s.f.* **1** característica de quem é ousado; arrojo, coragem **2** imprudência, temeridade

ou.sa.do *adj.s.m.* **1** que(m) é destemido, corajoso, valente ■ *adj.* **2** que ousa; arrojado, inovador **3** que demonstra audácia, atrevimento

ou.sar *v.* {mod. 1} *t.d. e t.i.* **1** (prep. *a*) ter a ousadia de; arriscar-se com audácia a; atrever-se *<o. (a) invadir a trincheira inimiga>* □ *t.d.* **2** tentar realizar (algo inusitado, difícil, diferente etc.); arriscar *<o. outra carreira>*

ou.tão [pl.: *-ões*] *s.m.* → ***OITÃO***

outdoor [ing.; pl.: *outdoors*] *s.m.* grande cartaz de propaganda exposto em vias públicas, ao ar livre ⇒ pronuncia-se autdór

ou.tei.ro *s.m.* pequeno monte; colina

ou.to.no *s.m.* **1** estação do ano entre o verão e o inverno **2** *fig.* fase anterior à velhice; ocaso ~ **outonal** *adj.2g.*

ou.tor.gar *v.* {mod. 1} *t.d.i.* **1** (prep. *a*) dar como favor; conceder *<o. anistia aos traidores>* **2** (prep. *a*) conceder (poderes) a *<o. um mandato ao senador>* **3** (prep. *a*) dar por direito; permitir *<o diploma outorga-lhe o poder de ensinar>* **4** (prep. *a*) atribuir, imputar *<o. à beleza seu sucesso>* □ *t.d. e t.i.* **5** (prep. *com*) pôr-se de acordo em relação a; concordar *<o. uma proposta> <não outorgamos com essa decisão>* □ *t.d.* DIR **6** declarar por escritura pública *<o. uma venda>* ~ **outorga** *s.f.*

output [ing.; pl.: *outputs*] *s.m.* **1** ECON o resultado da combinação de vários fatores de produção **2** ELETR corrente, voltagem, potência ou sinal produzido por circuito ou aparelho elétrico ou eletrônico **3** INF processo de transferência de dados internos armazenados para um meio externo qualquer, p.ex.: papel, microfilme etc. ⇒ pronuncia-se autput

ou.trem *pron.ind.* outro(s) indivíduo(s) *<ideias de o.>*

ou.tro *pron.ind.* **1** algo ou alguém não especificado anteriormente e que se contrapõe a algo ou alguém definido *<não estes, mas os o.>* **2** indica o segundo entre dois *<um veio, o o. faltou>* **3** mais um *<quero o. pedaço>*

ou.tro.ra *adv.* antigamente

ou.tros.sim *adv.* do mesmo modo, de maneira igual, também

ou.tu.bro *s.m.* o décimo mês do ano no calendário gregoriano, composto de 31 dias

ou.vi.do *adj.* **1** que se ouviu; escutado ■ *s.m.* **2** sentido pelo qual se percebem os sons; audição **3** ANAT denominação substituída por *orelha* ('órgão da audição') **4** MÚS musicalidade *<tem excelente o.>* ☞ cf. *olvido* ▣ **dar ouvidos a** dar crédito a (o que se diz ou a quem o diz) *<não lhe dê ouvidos>* • **de o. 1** sem preparação ou estudo **2** MÚS sem utilização de cifras ou partitura • **ser todo ouvidos** prestar total atenção

ou.vi.dor /ô/ [pl.: *-es*] *adj.s.m.* **1** que(m) ouve; ouvinte ■ *s.m.* **2** HIST *B* no período colonial, magistrado que os donatários colocavam em suas capitanias **3** *p.ext.* HIST *B* antigo magistrado, com as funções do atual juiz de direito **4** funcionário de empresa pública ou privada que recebe e investiga reclamações de cidadãos, consumidores etc.

ou.vin.te *adj.2g.s.2g.* **1** que(m) ouve; ouvidor **2** (aluno) que assiste a um curso sem estar matriculado

ou.vir *v.* {mod. 28} *t.d.* **1** perceber pelo sentido da audição; escutar **2** dar atenção a; atender, considerar *<o. os pedidos do povo>* **3** observar conselho, opinião de; obedecer, respeitar **4** tomar o depoimento de; inquirir *<o. testemunhas>* □ *int.* **5** ter o sentido da audição; escutar

o.va *s.f.* conjunto dos ovos de um peixe, ger. ainda envolvidos pela membrana ovariana ☞ freq. us. no pl. ▣ **uma o.** *infrm.* coisa nenhuma *<sono, uma o.!>*

o.va.ção [pl.: *-ões*] *s.f.* aclamação pública, aplausos destinados a alguém ou algo

o.va.cio.nar *v.* {mod. 1} *t.d.* fazer ovação a; aclamar, aplaudir

o.val [pl.: *-ais*] *adj.2g.* **1** que tem a forma do ovo *<mesa o.>* ■ *s.f.* **2** figura com essa forma **2.1** GEOM curva plana fechada, alongada e simétrica, p.ex., a elipse

o.var *v.* {mod. 1} *int.* **1** pôr ovos **2** criar ovas ou ovos

o.vá.rio *s.m.* **1** ANAT cada uma das glândulas do aparelho genital feminino, que libera os óvulos e secreta hormônios **2** BOT porção inferior e dilatada do pistilo, que contém um ou mais óvulos e dá origem ao fruto ~ **ovariano** *adj.*

o.ve.lha /ê/ *s.f.* **1** ZOO a fêmea do carneiro **2** *fig.* cada um dos membros de uma paróquia ou diocese em relação ao sacerdote local ▣ **o. negra** quem se destaca por suas más qualidades ou diferenças em relação aos demais

overdose [ing.; pl.: *overdoses*] *s.f.* **1** dose excessiva **2** dose tóxica ou mortal **3** *p.ext.* quantidade ou exposição excessiva a alguém ou a algo ⇒ pronuncia-se ouverdouse, *corrente* overdóse

o.ver.lo.que *s.m.* peça de máquina de costura que chuleia e corta as pontas que sobram de um tecido ~ **overloquista** *adj.2g.s.2g.*

o.vi.no *adj.s.m.* (espécime) da família das ovelhas, carneiros ou cordeiros

o.vi.no.cul.tu.ra *s.f.* criação de ovinos, ger. para o uso do pelo na produção da lã, ou para obtenção de carne e gordura ~ **ovinocultor** *s.m.*

o.ví.pa.ro *adj.s.m.* ZOO (animal) que produz ovos que se desenvolvem e eclodem fora do organismo materno ~ **oviparidade** *s.f.* - **oviparismo** *s.m.*

óv.ni *s.m.* sigla da expressão **o**bjeto **v**oador **n**ão **i**dentificado; disco voador

o.vo /ô/ [pl.: /ó/] *s.m.* **1** BIO em alguns animais, como aves, répteis e peixes, óvulo fecundado expelido do corpo da mãe, com reservas alimentares e envoltórios protetores **2** BIO célula reprodutora feminina madura de animais e plantas **3** o óvulo das aves, esp. o das galinhas **4** *fig.* origem, princípio ▼ ***ovos*** *s.m.pl. infrm.* **5** os testículos ◉ COL ova ▣ **o. de colombo** *fig.* solução brilhante e inédita • **o. de Páscoa** chocolate fundido em forma de ovo, ger. recheado, que se come na Páscoa • **pisar em ovos** ser cauteloso

o.voi.de /ói/ *adj.2g.* de forma semelhante à do ovo

o.vo.po.si.tor /ô/ [pl.: *-es*] *s.m.* ZOO genitália externa das fêmeas dos insetos, responsável pela colocação dos ovos ◉ GRAM/USO tb. us. como adj.

o.vo.vi.ví.pa.ro *adj.s.m.* (animal) cujos ovos são incubados e eclodem dentro do organismo materno (diz-se esp. de alguns peixes, répteis e invertebrados) ~ **ovoviviparidade** *s.f.*

o.vu.lar *v.* {mod. 1} *int.* produzir óvulos *<as mulheres adultas ovulam>* ~ **ovulação** *s.f.*

ó.vu.lo *s.m.* **1** pequeno ovo **2** ANAT célula feminina de reprodução produzida pelo ovário **3** BOT célula sexual feminina das angiospermas e gimnospermas, envolvida por tecidos nutritivos e protetores

¹o.xa.lá *interj.* que expressa desejo de que determinado fato ocorra; queira Deus, tomara, assim seja [ORIGEM: duv., talvez do ár. *in xā llāh* 'se Deus quiser']

²o.xa.lá *s.m.* REL *B* orixá da criação, da procriação, sincretizado com Jesus Cristo [cultuado em uma forma anciã e outra jovem] ☞ inicial maiúsc. [ORIGEM: ior. *oxala*, red. de *orixaala*, 'o grande orixá']

o.xen.te *interj. N.E. infrm.* us. para exprimir estranheza ou espanto

o.xi.dar /cs/ *v.* {mod. 1} *t.d. e pron.* **1** combinar(-se) com oxigênio **2** *p.ext.* cobrir(-se) de ferrugem; enferrujar(-se) □ *t.d.* QUÍM **3** provocar perda de elétrons a (íon, molécula) ~ **oxidação** *s.f.* - **oxidante** *adj.2g.s.m.*

ó.xi.do /cs/ *s.m.* QUÍM composto binário de oxigênio com outro elemento ou grupo

o.xi.ge.na.ção /cs/ [pl.: *-ões*] *s.f.* **1** ação ou efeito de oxigenar **2** capacidade de oxigenar-se, de receber oxigênio

o.xi.ge.na.do /cs/ *adj.* **1** combinado com oxigênio (diz-se de substância) **2** descolorado com água oxigenada **3** suprido de ar puro **4** *p.ext.* revigorado, fortalecido

o.xi.ge.nar /cs/ *v.* {mod. 1} *t.d.* **1** QUÍM combinar com oxigênio *<o. um composto>* **2** aumentar a capacidade de receber oxigênio **3** *infrm.* descolorir (cabelo, pelos) pela aplicação de água oxigenada **4** *fig.* estimular, fortalecer com uma lufada de ar puro *<mudanças ministeriais oxigenam as bases políticas do governo>* □ *t.d. e pron. infrm.* **5** suprir(-se) de ar bom, puro *<anda pela praia, oxigenando os pulmões>* *<todos os anos, oxigena-se na montanha>*

o.xi.gê.nio /cs/ *s.m.* QUÍM elemento químico mais abundante na crosta terrestre, indispensável à vida de animais e vegetais, us. como agente oxidante, como bactericida para purificação de águas e ar na forma de ozônio, como comburente etc. [símb.: *O*] ☞ cf. *tabela periódica* (no fim do dicionário)

o.xí.to.no /cs/ *adj.s.m.* GRAM (vocábulo) de duas ou mais sílabas cuja sílaba tônica é a última, p.ex., *café, procurar*

o.xi.ú.ro /cs/ *s.m.* ZOO verme nematódeo, parasita do intestino do homem ~ **oxiuríase** *s.f.*

o.xo.ce ou **o.xós.si** *s.m.* REL orixá iorubá ligado à caça ☞ inicial maiúsc.

o.xum [pl.: *-uns*] *s.f.* REL orixá feminino cuja encarnação é a água doce em geral ☞ inicial maiúsc.

o.xu.ma.ré ou **o.xu.ma.rê** *s.m.* REL orixá mediador entre o céu e a terra, do qual o arco-íris é uma das manifestações ☞ inicial maiúsc.

o.zô.nio *s.m.* QUÍM variedade do oxigênio formada na alta atmosfera, que serve de filtro de radiações ultravioleta nocivas aos seres vivos

o.zo.ni.zar *v.* {mod. 1} *t.d.* **1** produzir ozônio em **2** combinar com ozônio *<o. a água>* ~ **ozonização** *s.f.*

Pp

p *s.m.* **1** 16ª letra (consoante) do nosso alfabeto ■ *n.ord. (adj.2g.2n.)* **2** diz-se do 16º elemento de uma série *<casa P> <item 1p>* ☞ empr. após um substantivo ou numeral ◉ GRAM/USO na acp. s.m., pl.: *pp*

P QUÍM símbolo de *fósforo* ('elemento químico')

Pa QUÍM símbolo de *protactínio*

PA sigla do Estado do Pará

pá *s.f.* **1** utensílio que consiste numa lâmina larga na extremidade de um cabo comprido, us. para cavar o solo, recolher lixo etc. **2** objeto largo e chato constituinte de um mecanismo giratório *<pá de ventilador>* **3** carne bovina extraída da perna da rês

¹pa.ca *s.f.* ZOO grande roedor noturno de rabo curto que vive perto de rios [ORIGEM: tupi *paka* 'mamífero roedor']

²pa.ca ou **pa.cas** *adv. infrm. B* muito, à beça [ORIGEM: alt. de *pa(ra) ca(cete)*; há tb. a forma *praca*]

pa.ca.to *adj.s.m.* (o) que é tranquilo, pacífico ~ **pacatez** *s.f.*

pa.chor.ra /ô/ *s.f.* **1** falta de pressa; lentidão **2** paciência excessiva

pa.chor.ren.to *adj.* executado com ou que tem pachorra; lento, paciente

pa.ci.ên.cia *s.f.* **1** capacidade para suportar dificuldades **2** calma para aguentar algo que demora **3** RECR jogo de cartas individual que consiste em formar sequências em ordem numérica

pa.ci.en.te *adj.2g.* **1** que tem paciência ('capacidade para suportar', 'calma') ■ *s.2g.* **2** indivíduo que sofre algum mal físico ou psíquico, esp. aquele que se encontra sob cuidados médicos ■ *adj.2g.s.m.* GRAM **3** que(m) recebe a ação expressa pelo verbo

pa.ci.fi.car *v.* {mod. 1} *t.d. e pron.* (fazer) ter ou voltar à paz; acalmar(-se), tranquilizar(-se) *<p. famílias em conflito> <os passageiros pacificaram-se quando o trem retomou a viagem>* ~ **pacificação** *s.f.*

pa.cí.fi.co *adj.s.m.* **1** (o) que é amigo da paz **2** que(m) é das regiões banhadas pelo oceano Pacífico *<ilhas p.>* ■ *adj.* **3** que se passa em atmosfera de paz **4** que se aceita sem discussão; incontestável **5** do oceano Pacífico ~ **pacificidade** *s.f.*

pa.ci.fis.mo *s.m.* doutrina que defende a obtenção da paz universal através do desarmamento e de negociações pacíficas dos conflitos ~ **pacifista** *adj.2g.*

pa.ço *s.m.* palácio de rei ou de bispo ☞ cf. *passo*

pa.co.ba *s.f.* → ***PACOVA***

pa.ço.ca *s.f. B* **1** doce feito de amendoim torrado e moído com açúcar **2** prato feito de carne desfiada e socada com farinha de mandioca ou de milho

pa.co.te *s.m.* **1** pequeno embrulho **2** *fig.* conjunto de itens correlacionados **3** *fig. infrm.* série de medidas ou de leis com a finalidade de combater um problema

pa.co.va ou **pa.co.ba** *s.f.* **1** banana ('fruta') ■ *adj.2g.s.2g.* **2** *pej.* (pessoa) sem iniciativa; palerma

pa.có.vio *adj.s.m.* que(m) é ingênuo, simplório

pac.to *s.m.* acordo, contrato

pac.tu.al [pl.: *-ais*] *adj.2g.* referente a pacto

pac.tu.ar *v.* {mod. 1} *t.d.* **1** decidir em pacto; combinar □ *t.i.* **2** (prep. *com*) fazer pacto, aliança, acordo *<p. com os concorrentes>* **3** (prep. *com*) ser conivente ou tolerante com; compactuar *<não se deve p. com os corruptos>* ~ **pactuário** *adj.s.m.*

pa.cu *s.m.* ZOO nome comum a diversos peixes de dentição desenvolvida, encontrados em rios da América do Sul

pa.da.ri.a *s.f.* estabelecimento comercial que fabrica e vende pães, biscoitos etc.; panificadora

pa.de.cer *v.* {mod. 8} *t.d.,t.i. e int.* **1** (prep. *de*) sofrer (mal, dor física ou moral) *<p. martírios> <p. de remorso> <há anos ele padece na cama>* □ *t.d.* **2** suportar, aguentar (fome, sede, necessidades etc.) **3** permitir, comportar ~ **padecedor** *adj.s.m.* - **padecimento** *s.m.*

pa.dei.ro *s.m.* **1** quem produz e/ou vende pão **2** proprietário de padaria **3** entregador de pães

pa.di.o.la *s.f.* **1** maca em que se transportam doentes ou feridos **2** tabuleiro com quatro varas para carregar terra, pedra etc.

pa.di.o.lei.ro *s.m.* carregador de padiola

¹pa.drão [pl.: *-ões*] *s.m.* **1** base para comparação **2** modelo a ser imitado **3** grau de qualidade **4** desenho decorativo em tecido ou noutro material; padronagem [ORIGEM: lat. *patrōnus,i* 'patrono, protetor dos plebeus; advogado, defensor; fig. arrimo, apoio']

²pa.drão [pl.: *-ões*] *s.m.* LING red. de língua padrão

pa.dras.to [fem.: *madrasta*] *s.m.* homem em relação aos filhos que sua mulher teve em casamento anterior

pa.dre [fem.: *madre*] *s.m.* sacerdote católico

pa.dre-cu.ra [pl.: *padres-curas*] *s.m.* padre que cuida de uma paróquia

pa.dre-nos.so [pl.: *padre-nossos* e *padres-nossos*] *s.m.* REL pai-nosso

pa.dri.nho [fem.: *madrinha*] *s.m.* **1** homem que atua como testemunha em batismo, crisma, casamento **2** quem patrocina, financia; patrono ▼ ***padrinhos*** *s.m.pl.* **3** padrinho e madrinha

pa.dro.ei.ro *adj.s.m.* que(m) defende, protege

pa.dro.na.gem [pl.: *-ens*] *s.f.* [1]padrão ('desenho decorativo')

pa.dro.ni.za.ção [pl.: *-ões*] *s.f.* **1** ação de padronizar **2** conjunto de modelos ou normas aprovados para a elaboração de um produto

pa.dro.ni.zar *v.* {mod. 1} *t.d.* estabelecer o padrão de; uniformizar

pa.e.lha /ê/ *s.f.* CUL prato de origem espanhola, à base de arroz, frutos do mar, carnes e vegetais temperados com açafrão

pa.e.tê *s.m.* bordado feito com lantejoulas

pa.ga *s.f.* **1** pagamento **2** recompensa, compensação

pa.ga.do.ri.a *s.f.* local em que se efetuam pagamentos

pa.ga.men.to *s.m.* **1** ação de pagar **2** salário ou retribuição por serviços prestados **3** restituição de quantia devida; reembolso

pa.ga.nis.mo *s.m.* **1** o conjunto dos não batizados; gentilidade **2** religião em que se cultuam muitos deuses; gentilidade

pa.ga.ni.zar *v.* {mod. 1} *t.d. e pron.* **1** tornar(-se) pagão ☐ *int.* **2** agir como pagão

pa.gão [pl.: *-ãos*; fem.: *pagã*] *adj.s.m.* **1** que(m) não foi batizado **2** seguidor de religião que não adota o batismo

pa.gar *v.* {mod. 1} *t.d. e t.d.i.* **1** (prep. *a*) dar dinheiro (ou qualquer paga) em troca de serviço prestado; remunerar *<p. um funcionário> <pagou o serviço ao homem>* **2** (prep. *para*) dar dinheiro em troca de algo comprado ou consumido por si ou por outrem *<p. um almoço (para os colegas)>* **3** (prep. *a*) tornar quite (dívida, encargo) *<p. impostos> <pagou-lhe o empréstimo>* **4** (prep. *com*) compensar de maneira equivalente; retribuir *<p. uma visita> <p. com ódio uma traição>* ☐ *t.d.i.* **5** (prep. *com*) entregar (algo) para cobrir (despesa, débito, dívida) *<pagou a dívida com um terreno>* ☐ *t.d. e t.i.* **6** (prep. *por*) sofrer castigo ou penalidade por; padecer *<p. (por) vários pecados>* ◉ GRAM/USO part.: *pagado, pago*

pá.gi.na *s.f.* **1** cada lado de uma folha de papel escrita ou impressa **2** o texto nele contido **3** INF conjunto de informações reunidas num documento multimídia que são exibidas simultaneamente no vídeo do computador

pa.gi.na.ção [pl.: *-ões*] *s.f.* **1** ação de paginar ou o seu efeito **2** ordem numérica das páginas **3** GRÁF composição gráfica da página de uma publicação; diagramação

pa.gi.na.dor /ô/ [pl.: *-es*] *adj.s.m.* GRÁF encarregado de montar a página de uma publicação, de acordo com um projeto prévio

pa.gi.nar *v.* {mod. 1} *t.d.* **1** numerar sequencialmente as páginas de **2** reunir e dispor graficamente as páginas de (livro, periódico etc.) **3** transformar em página (composição com títulos, gravuras etc.)

pa.go *adj.* **1** que se pagou **2** assalariado, remunerado **3** dado em pagamento **4** vingado, desforrado ◉ GRAM/USO part. de *pagar*

pa.go.de *s.m.* **1** ARQ templo ou monumento de certas regiões do Oriente **2** pândega **3** MÚS estilo de samba **4** reunião informal em que se toca esse estilo de música

pa.go.dei.ro *s.m.* **1** quem compõe ou interpreta pagode ('estilo de samba') **2** quem frequenta pagodes ('reunião')

pai [fem.: *mãe*] *s.m.* **1** homem que gerou outra pessoa; genitor **2** *p.ext.* aquele que trata alguém com a dedicação de um genitor **3** REL primeira pessoa da Trindade, entendida como aquele que gera o Filho desde a eternidade ☞ inicial maiúsc. **4** *fig.* autor, criador ▼ ***pais*** *s.m.pl.* **5** o pai e a mãe **6** genealogia, linhagem

pai de san.to [pl.: *pais de santo*; fem.: *mãe de santo*] *s.m.* REL *B* chefe espiritual nos locais de culto de certas religiões afro-brasileiras, como umbanda, candomblé; babalorixá

pai de to.dos [pl.: *pais de todos*] *s.m. infrm.* o dedo médio da mão

pai dos bur.ros [pl.: *pais dos burros*] *s.m. infrm.* dicionário

pai.na /ãi/ *s.f.* BOT fibra sedosa, semelhante ao algodão, que cobre as sementes de várias plantas, como a paineira

pa.in.ço *s.m.* BOT **1** tipo de gramínea cultivada como forragem e para a produção de farinha e de bebidas alcoólicas **2** o grão dessa planta

pai.nei.ra *s.f.* BOT árvore grande, de tronco espinhoso e sementes cobertas por paina

[1]pai.nel [pl.: *-éis*] *s.m.* **1** trabalho artístico executado sobre quadro fino, ger. retangular, arrematado por uma moldura **2** placa divisória, us. em salas de exposições, museus etc. **3** quadro com os controles de uma máquina [ORIGEM: do esp. *painel* 'id.']

[2]pai.nel [pl.: *-éis*] *s.m.* **1** grupo de pessoas reunidas para realizar um debate **2** debate realizado por esse grupo [ORIGEM: do ing. *panel* 'grupo de pessoas reunidas para um debate']

pai-nos.so [pl.: *pai-nossos* e *pais-nossos*] *s.m.* REL oração iniciada com essas palavras ▣ **ensinar o p. ao vigário** *fraseol.* pretender ensinar algo a alguém mais experiente ou competente

pai.o *s.m.* tipo de linguiça feita de carne de porco curada e defumada

pai.ol [pl.: *-óis*] *s.m.* **1** depósito de pólvora e outras munições **2** *B* armazém para produtos agrícolas

pai.rar *v.* {mod. 1} *int.* **1** sustentar-se no ar aparentando imobilidade **2** *fig.* estar ou ficar no alto **3** estar para acontecer; ameaçar *<agora, uma tempestade paira>* □ *t.i.* **4** (prep. *entre*) estar indeciso; hesitar *<p. entre duas respostas>* **5** (prep. *sobre*) pesar, recair *<paira sobre ela a desconfiança>*

pa.ís *s.m.* **1** território de uma nação ('agrupamento') **2** conjunto de habitantes desse território **3** pátria, terra

pai.sa.gem [pl.: *-ens*] *s.f.* **1** espaço geográfico que o olhar alcança num lance; panorama, vista **2** pintura, gravura, fotografia etc. cujo tema principal é uma paisagem

pai.sa.gis.mo *s.m.* **1** representação artística de paisagens **2** técnica de criação de parques e jardins de valor estético

pai.sa.gis.ta *adj.2g.s.2g.* que(m) se dedica ao paisagismo ~ **paisagística** *s.f.*

pai.sa.gís.ti.co *adj.* próprio de paisagem ou do paisagismo

pai.sa.na *s.f.* ▸ us. em: **à p.** em traje civil (falando-se de militar)

pai.sa.no *adj.s.m.* **1** que(m) não é militar **2** que(m) é compatriota

pai.xão [pl.: *-ões*] *s.f.* **1** grande sofrimento; martírio *<p. de Cristo>* **2** afeto ou entusiasmo muito intenso por algo ou alguém **3** o objeto desse afeto ou entusiasmo

pai.xo.ni.te *s.f. B infrm.* forte paixão amorosa

pa.jé *s.m.* indivíduo responsável pelos rituais mágicos indígenas e a quem se atribuem poderes videntes e curadores

pa.je.ar *v.* {mod. 5} *t.d.* **1** *B* tomar conta de (criança); vigiar **2** *p.ext.* servir com zelo excessivo; mimar

pa.je.lan.ça *s.f. B* ritual indígena de cura e magia feito por pajé

pa.jem [pl.: *-ens*] *s.m.* na Idade Média, rapaz nobre que acompanhava um rei, um senhor etc. para aprender o serviço das armas

pa.la *s.f.* **1** aba que protege os olhos da luz em bonés, quepes etc.; viseira **2** anteparo para proteger os olhos do excesso de claridade **3** parte adornada, abaixo do decote ou da gola de uma blusa

pa.la.ce.te /ê/ *s.m.* **1** pequeno palácio **2** casa grande e luxuosa ◉ GRAM/USO dim.irreg. de *palácio*

pa.la.ci.a.no *adj.* **1** próprio de palácio ou de quem nele vive ■ *s.m.* **2** quem vive ou trabalha na corte; cortesão

pa.lá.cio *s.m.* **1** moradia luxuosa de rei, governante etc. **2** *p.ext.* mansão suntuosa **3** edifício suntuoso em que funciona sede de governo ou de serviço público ☞ nesta acp., inicial ger. maiúsc.

pa.la.dar [pl.: *-es*] *s.m.* **1** sentido por meio do qual se distinguem os sabores; gustação **2** ANAT palato

pa.la.di.no *s.m.* **1** HIST cada um dos cavaleiros do séquito de Carlos Magno **2** *fig.* grande e bravo defensor

pa.lá.dio *s.m.* QUÍM elemento químico metálico, us. em diferentes ligas e em trabalhos de joalheria, prótese dentária etc. [símb.: *Pd*] ☞ cf. *tabela periódica* (no fim do dicionário)

pa.la.fi.ta *s.f.* **1** conjunto de estacas que sustentam uma casa construída sobre a água ou um terreno alagadiço **2** casa construída sobre essas estacas

pa.lan.que *s.m.* tablado para participantes ou espectadores de evento ao ar livre

pa.la.tal [pl.: *-ais*] *adj.2g.* palatino

pa.la.tá.vel [pl.: *-eis*] *adj.2g.* **1** saboroso **2** *fig.* satisfatório, aceitável

pa.la.ti.no *adj.* relativo ao palato; palatal

pa.la.to *s.m.* ANAT parte superior da boca, que faz a divisão entre as cavidades oral e nasal; paladar

pa.la.vra *s.f.* **1** unidade da língua, constituída de um ou mais fonemas, que se transcreve graficamente entre dois espaços em branco **2** sua representação gráfica **3** manifestação escrita ou verbal ☞ tb. us. no pl. **4** *fig.* compromisso verbal *<acreditei na sua p.>* **5** *fig.* permissão para falar *<pedir a p.>* **6** *p.ext.* doutrina religiosa *<a p. dos apóstolos>* ▣ **p. de honra** declaração oral e solene de compromisso • **p. cruzadas** RECR jogo de palavras que se entrecruzam horizontal e verticalmente e que devem ser adivinhadas pelo jogador com base em definições ou sinônimos • **última p.** **1** resolução definitiva **2** o que há de mais moderno

pa.la.vra.da *s.f.* **1** dito ou ato arrogante; bravata **2** palavrão

pa.la.vrão [pl.: *-ões*] *s.m.* palavra obscena, grosseira; palavrada

pa.la.vre.a.do *s.m.* **1** conversa sem nexo ou valor; palavrório **2** lábia, ardil; palavrório

pa.la.vre.ar *v.* {mod. 5} *int.* **1** falar demais e sem pensar □ *t.i.* **2** (prep. *a*) dirigir a palavra a; falar *<p. ao eleitorado>* **3** (prep. *com*) trocar palavras, ideias; conversar *<palavreou apenas com o anfitrião>*

pa.la.vró.rio *s.m.* palavreado

pa.la.vro.so /ô/ [pl.: /ó/; fem.: /ó/] *adj.* **1** que tem muitas palavras **2** que fala muito; falador

pal.co *s.m.* **1** tablado ou estrado em que se apresentam espetáculos teatrais ou musicais **2** *fig.* a arte teatral

pa.le.o.ce.no *s.m.* **1** primeira e mais antiga época do período terciário, anterior ao Eoceno, marcada pelo desenvolvimento dos mamíferos primitivos ☞ este subst. não se usa no plural; inicial maiúsc. ■ *adj.* **2** dessa época

pa.le.o.gra.fi.a *s.f.* estudo de antigas formas de escrita ~ **paleográfico** *adj.* - **paleógrafo** *s.m.*

pa.le.o.lí.ti.co *s.m.* **1** período mais antigo da pré-história, anterior ao Mesolítico, caracterizado pelo uso de armas e ferramentas feitas com pedras lascadas ☞ inicial maiúsc. ■ *adj.* **2** relativo a esse período

pa.le.o.lo.gi.a *s.f.* estudo de línguas antigas ~ **paleológico** *adj.*

pa.le.ó.lo.go *adj.s.m.* que(m) é especialista em paleologia

pa.le.on.to.lo.gi.a *s.f.* ciência que estuda formas de vida existentes em períodos geológicos passados, a partir dos seus fósseis ~ **paleontológico** *adj.* - **paleontólogo** *s.m.*

pa.le.on.to.lo.gis.ta *adj.2g.s.2g.* especialista em paleontologia

pa.le.o.zoi.co /ói/ *s.m.* **1** era geológica anterior ao Mesozoico, em que surgem os vermes, insetos, batráquios, répteis e peixes ☞ este subst. não se usa no plural; inicial maiúsc. ■ *adj.* **2** dessa era

pa.ler.ma *adj.2g.s.2g.* bobo, imbecil ~ **apalermar** *v.t.d. e pron.*

pa.ler.mi.ce *s.f.* atitude de palerma

pa.les.tra *s.f.* **1** conversa **2** exposição oral e formal sobre um tema

pa.les.trar *v.* {mod. 1} *t.i. e int.* **1** (prep. *com*) trocar palavras, ideias (com); conversar *<o passageiro palestrou com o comandante>* *<as visitas palestravam na sala>* □ *int.* **2** proferir palestra ~ **palestrador** *adj.s.m.* - **palestrante** *adj.2g.s.2g.*

pa.le.ta /ê/ *s.f.* **1** lâmina oval, ger. de madeira, sobre a qual o pintor dispõe e mistura porções de tintas; palheta **2** *S. C.-O.* escápula de animal ou das pessoas

pa.le.tó *s.m.* VEST casaco com bolsos externos, cujo comprimento alcança os quadris

pa.lha *s.f.* **1** tira seca da haste de gramíneas, esp. de cereais **2** tira seca e maleável de junco, vime etc. ▣ **p. de aço** emaranhado de fio de aço us. como esfregão

pa.lha.ça.da *s.f.* **1** atitude de palhaço **2** *pej.* acontecimento ridículo **3** conjunto de palhaços

pa.lha.ço *s.m.* **1** comediante de circo, que usa maquiagem e trajes extravagantes **2** *p.ext. pej.* pessoa ridícula ◉ COL palhaçada

pa.lhei.ro *s.m.* depósito de palha

[1]**pa.lhe.ta** /ê/ *s.f.* **1** paleta de pintura **2** pá de hélice, ventilador etc. **3** MÚS pequena peça próxima à embocadura de certos instrumentos de sopro que vibra com a passagem do ar **4** MÚS pequena lâmina us. para tocar certos instrumentos de corda, como bandolim, cavaquinho etc. [ORIGEM: alt. de *paleta*]

[2]**pa.lhe.ta** /ê/ *s.m.* chapéu feito de palha [ORIGEM: de *palha* + *-eta*]

pa.lhi.nha *s.f.* tira bem fina de junco seco, us. em encostos e assentos de cadeiras

pa.lho.ça *s.f.* casa rústica coberta de palha

pa.li.ar *v.* {mod. 1} *t.d.* **1** revestir de falsa aparência; disfarçar *<p. a miséria>* **2** tornar menos intenso; amenizar *<a prefeitura apenas paliou a situação dos desabrigados>* **3** aliviar por um tempo; remediar *<p. a dor>* ~ **paliação** *s.f.*

pa.li.a.ti.vo *adj.s.m.* **1** (remédio ou tratamento) que abranda temporariamente uma doença **2** *p.ext.* (medida) que atenua ou adia a solução de um problema

pa.li.ça.da *s.f.* **1** cerca de estacas pontudas **2** barreira defensiva feita com estacas alinhadas

pa.li.dez /ê/ [pl.: *-es*] *s.f.* **1** descoramento da pele **2** *p.ext.* desbotamento de uma cor

pá.li.do *adj.* **1** diz-se da pele descorada, esp. do rosto **2** de cor fraca *<tom p.>* **3** *fig.* sem entusiasmo; inexpressivo

pa.limp.ses.to *s.m.* pergaminho cujo texto foi escrito em cima de outro que fora raspado

pa.lín.dro.mo *s.m.* palavra ou frase que, lida de trás para a frente, mantém o mesmo sentido (p.ex., *mirim*; *ame o poema*) ◉ GRAM/USO tb. us. como adj.

pá.lio *s.m.* **1** manto antigo **2** espécie de dossel sustentado por varas, que cobre pessoa ou imagem venerada num cortejo **3** *fig.* grande luxo e suntuosidade

pa.li.tar *v.* {mod. 1} *t.d.* limpar com palito (os dentes)

pa.li.tei.ro *s.m.* recipiente para guardar palitos

pa.li.to *s.m.* **1** pequena haste pontuda, ger. de madeira, us. para limpar os dentes **2** haste pequena e fina *<p. de picolé>*

pal.ma *s.f.* **1** ANAT face interna da mão, entre o pulso e os dedos **2** batida das mãos, em sinal de elogio; aplauso ☞ mais us. no pl. **3** BOT palmeira **4** BOT folha de palmeira ▣ **ter na p. da mão** *fraseol.* dominar

pal.ma.da *s.f.* golpe com a palma da mão

pal.ma.do *adj.* **1** em forma de mão aberta **2** ZOO que tem os dedos ligados por membrana

pal.mar [pl.: *-es*] *adj.2g.* **1** relativo a palma **2** do tamanho de um palmo

pal.ma.tó.ria *s.f.* instrumento de madeira constituído de uma peça circular afixada a um cabo, com que se batia na palma da mão de uma pessoa, para castigá-la

pal.me.ar *v.* {mod. 5} *t.d. e int.* **1** aplaudir com palmas *<ao final do concerto, palmearam (o pianista) por cinco minutos>* □ *t.d.* **2** *B* percorrer a pé, aos poucos; palmilhar *<p. o interior>*

pal.mei.ra *s.f.* BOT nome comum às plantas de uma extensa família de árvores nativas de regiões tropicais, de tronco único, encimado por folhas em forma de penas; palma ◉ COL palmeiral

pal.men.se *adj.2g.* **1** de Palmas (TO) ■ *s.2g.* **2** natural ou habitante dessa capital

pal.mi.lha *s.f.* peça que reveste internamente a sola do sapato

pal.mi.lhar *v.* {mod. 1} *t.d.* **1** percorrer a pé, aos poucos, com atenção; palmear *<palmilhou a cidade em busca de parentes>* **2** andar calcando com os pés *<p. a terra fofa>* **3** pôr palmilha em *<p. um calçado>* □ *int.* **4** andar a pé; caminhar

pal.mí.pe.de *adj.2g.s.m.* ZOO (ave) cujos dedos dos pés são unidos por membranas

pal.mi.to *s.m.* **1** gomo macio comestível tirado do caule de certas palmeiras **2** BOT palmeira que produz esse gomo comestível ◉ COL palmital

pal.mo *s.m.* **1** distância entre a ponta do polegar e a do mínimo em mão aberta **2** antiga medida de comprimento igual a 22 cm

pal.par *v.* {mod. 1} *t.d. e pron.* tocar(-se) com as mãos; tatear(-se), apalpar(-se) ~ **palpação** *s.f.*

pal.pá.vel [pl.: *-eis*] *adj.2g.* **1** que se pode tocar; concreto **2** *fig.* óbvio, evidente

pál.pe.bra *s.f.* ANAT membrana móvel que cobre a parte dianteira do olho, protegendo-o ~ **palpebral** *adj.2g.*

pal.pi.ta.ção [pl.: *-ões*] *s.f.* **1** MED sensação de batimento acelerado do coração **2** movimentação, agitação

pal.pi.tan.te *adj.2g.* **1** que palpita **2** *fig.* muito interessante

pal.pi.tar *v.* {mod. 1} *int.* **1** (fazer) sentir palpitações; bater, latejar, pulsar *<com medo, sentia o coração p.>* **2** *fig.* renovar-se, renascer *<a nova paixão fez sua vida p.>* **3** dar palpite(s)

pal.pi.te *s.m.* **1** *fig.* intuição, pressentimento **2** *infrm.* opinião de intrometido

pal.pi.tei.ro *adj.s.m.* *infrm.* que(m) costuma dar palpites ('opinião')

pal.po *s.m.* ZOO apêndice das maxilas ou dos lábios de insetos ▣ **em palpos de aranha** em má situação

pal.rar *v.* {mod. 1} ou **pal.re.ar** *v.* {mod. 5} *int.* **1** articular sons incompreensíveis ou sem nexo **2** emitir sons (papagaio e outras aves), como a imitar a voz humana; chalrear ☞ nesta acp., só us. nas 3as p., exceto quando fig. **3** falar muito; tagarelar ~ **palração** *s.f.* - **palrador** *adj.s.m.*

pa.lu.de *s.m.* pântano ~ **paludoso** *adj.*

pa.lu.dis.mo *s.m.* MED malária

pa.lus.tre *adj.2g.* **1** próprio de pântano **2** encharcado, lodoso, paludoso

pam- *pref.* ver *pan-*

pa.mo.nha *s.f.* **1** CUL doce de milho verde moído, cozido e enrolado em sua palha ■ *adj.2g.s.2g.* **2** *pej.* (indivíduo) sem ação, preguiçoso

pam.pa *s.m.* **1** grande planície de vegetação rasteira, típica do Rio Grande do Sul, do Uruguai e da Argentina ☞ nesta acp., mais us. no pl. **2** GEO área dessa vegetação ■ *adj.2g.* **3** que tem parte do corpo de cor diferente daquela predominante (diz-se de cavalo) ▣ **à(s) p.(s)** *B infrm.* em grande quantidade ou intensidade; à beça

pam.pei.ro *s.m.* **1** vento forte que sopra nos pampas da Argentina e atinge o Rio Grande do Sul ■ *adj.s.m.* **2** pampiano

pam.pi.a.no *adj.* **1** dos pampas; pampeiro ■ *s.m.* **2** natural ou habitante dessa região; pampeiro

pan- *pref.* todos, inteireza, totalidade: *pandemia* ☞ também us. sob as formas *pam-*, *pant-* ou *panto-*

pa.na.ca *adj.2g.s.2g.* *B pej.* ingênuo ou bobo demais

pa.na.cei.a /éi/ *s.f.* **1** remédio que supostamente cura tudo **2** *fig.* o que se emprega para remediar dificuldades

pa.na.má *s.m.* **1** tecido macio e encorpado, us. em roupas masculinas e femininas de verão **2** chapéu-panamá

pan-a.me.ri.ca.nis.mo [pl.: *pan-americanismos*] *s.m.* doutrina que defende a aliança e cooperação entre todos os países das Américas ~ **pan-americanista** *adj.2g.s.2g.*

pan-a.me.ri.ca.no [pl.: *pan-americanos*] *adj.* relativo a todos os países das Américas

pa.na.pa.ná *s.f.* bando de borboletas em migração

pa.na.rí.cio, **pa.na.ri.ço** ou **pa.na.riz** [pl.: *-es*] *s.m.* MED inflamação da pele em volta da unha

pan.ça *s.f.* **1** nos ruminantes, cavidade inicial do estômago **2** *infrm.* barriga volumosa

pan.ca.da *s.f.* **1** choque entre dois corpos **2** barulho de um corpo ao bater em outro **3** *infrm.* grande quantidade ■ *adj.2g.* *B infrm.* **4** maluco, louco

pan.ca.da.ri.a *s.f.* **1** muitas pancadas; surra **2** briga generalizada em que os envolvidos trocam pancadas

pân.creas *s.m.2n.* ANAT glândula secretora de insulina e enzimas digestivas

pan.cre.á.ti.co *adj.* **1** do pâncreas **2** secretado pelo pâncreas (diz-se de suco digestivo)

pan.çu.do *adj.s.m.* **1** *infrm.* que(m) tem pança grande; barrigudo **2** *B pej.* que(m) vive às custas de outrem

pan.da *s.m.* ZOO **1** mamífero que ocorre na China, com cerca de 1,5 m de comprimento e pelagem espessa, macia, de coloração branca e preta (panda-gigante) **2** mamífero do Leste da Ásia, com cerca de 64 cm de comprimento, pelagem longa e macia, coloração castanho-avermelhada e cauda com anéis escuros (panda-pequeno, panda-vermelho)

pan.da.re.cos *s.m.pl.* cacos, destroços ▣ **em p.** *infrm.* **1** em mau estado; destruído **2** muito cansado; exausto

pân.de.ga *s.f.* **1** festa ruidosa; festança, pagode **2** brincadeira

pân.de.go *adj.s.m.* **1** quem frequenta pândegas; festeiro **2** alegre, brincalhão

pan.dei.ro *s.m.* MÚS instrumento de percussão constituído de aro de madeira, com ou sem guizos a sua volta, coberto por uma membrana

pan.de.mi.a *s.f.* MED epidemia disseminada em extensa área geográfica ou em grande parte de uma população ~ **pandêmico** *adj.*

pan.de.mô.nio *s.m.* mistura desordenada de pessoas ou coisas; confusão

pan.do *adj.* **1** inchado, inflado **2** abaulado por causa do vento; inflado

pan.dor.ga *s.f.* **1** música sem ritmo e ruidosa **2** *B* pipa, papagaio ■ *adj.2g.s.2g.* **3** tolo, ingênuo

pan.du.lho *s.m.* → ***BANDULHO***

pa.ne *s.f.* **1** falha no funcionamento do motor de automóvel, avião etc., que ger. provoca uma parada **2** *infrm.* esquecimento momentâneo

pa.ne.gí.ri.co *s.m.* **1** discurso de elogio solene ■ *adj.* **2** que contém elogio; elogioso, laudatório

pa.nei.ro *s.m.* tipiti

pa.ne.la *s.f.* **1** recipiente com cabo ou alças, us. para cozinhar alimentos **2** *infrm.* panelinha

P

pa.ne.li.nha *s.f. infrm.* **1** grupo fechado; panela **2** grupo que protege e reparte vantagens apenas entre seus membros; panela

pa.ne.to.ne *s.m.* CUL pão doce com frutas cristalizadas, originário da Itália

pan.fle.tar *v.* {mod. 1} *int.* fazer e/ou distribuir panfletos ~ **panfletagem** *s.f.*

pan.fle.tá.rio *adj.* **1** próprio de panfleto **2** que faz críticas contundentes **3** que defende radicalmente uma ideia ■ *s.m.* **4** autor de panfletos; panfletista

pan.fle.to /ê/ *s.m.* **1** texto curto e veemente, impresso e distribuído em folha avulsa **2** folha avulsa que contém esse texto ~ **panfletista** *s.2g.*

pan.ga.ré *s.m. B* cavalo de má qualidade, ordinário

pan.gei.a /éi/ *s.f.* GEOL grande continente hipotético que teria se fragmentado e originado os continentes atuais ☞ inicial maiúsc.

pâ.ni.co *s.m.* sentimento súbito de terror, por vezes sem motivo conhecido

pa.ni.fi.ca.do.ra /ô/ *s.f. B* padaria

pa.no *s.m.* **1** qualquer tipo de tecido **2** *infrm.* mancha na pele **3** MAR vela de embarcação ▣ **p. quentes** *fig.* providências para amenizar ou encobrir situação difícil

pa.no.ra.ma *s.m.* **1** grande pintura circular que retrata uma paisagem como se observada do alto **2** visão ampla, em todas as direções, de uma área extensa; paisagem, vista, panorâmica **3** *fig.* apresentação abrangente sobre um assunto; panorâmica ~ **panorâmico** *adj.*

pa.no.râ.mi.ca *s.f.* **1** panorama ('visão', 'apresentação') **2** CINE TV movimento circular de uma câmera

pan.que.ca *s.f.* CUL disco fino de massa que se assa dos dois lados em frigideira ou chapa

pant- *pref.* ver *pan-*

pan.ta.lo.nas *s.f.pl.* calças compridas de bocas largas

pan.ta.nal [pl.: *-ais*] *s.m.* **1** pântano extenso **2** GEO um dos mais importantes ecossistemas do Brasil, com uma área de cerca de 138 mil km^2, é a maior planície inundável do planeta e abrange o S.O. de Mato Grosso, o O. de Mato Grosso do Sul e parte do Paraguai e da Bolívia ☞ inicial maiúsc.

pan.ta.nei.ro *adj.* **1** próprio de pântano ou do Pantanal Mato-Grossense ■ *s.m.* **2** natural ou habitante do Pantanal Mato-Grossense

pân.ta.no *s.m.* região de terras baixas e alagadiças, com águas paradas; charco, palude ~ **pantanoso** *adj.*

pan.te.ão [pl.: *-ões*] *s.m.* **1** REL entre os antigos gregos e romanos, templo dedicado aos deuses ☞ inicial ger. maiúsc. **2** ARQ monumento que guarda restos mortais de heróis ou cidadãos ilustres de uma nação ☞ inicial ger. maiúsc. **3** REL conjunto de deuses de um povo, de uma religião politeísta

pan.te.ís.mo *s.m.* FIL doutrina filosófica que identifica Deus com os elementos e as leis da natureza ~ **panteísta** *adj.2g.s.2g.*

pan.te.ra *s.f.* **1** ZOO nome comum a felinos de grande porte (leão, leopardo, onça etc.) **2** ZOO pantera-negra **3** *fig. B infrm.* mulher bela e sedutora ◉ COL alcateia

pan.te.ra-ne.gra [pl.: *panteras-negras*] *s.f.* ZOO variedade de leopardo de pelagem negra; pantera

panto- *pref.* ver *pan-*

pan.to.mi.ma *s.f.* **1** TEAT representação teatral unicamente por meio de movimentos corporais **2** *fig. infrm.* farsa, embuste

pan.tu.fa *s.f.* chinelo acolchoado para agasalhar o pé

pan.tur.ri.lha *s.f.* ANAT músculo saliente na parte posterior da perna abaixo do joelho; barriga da perna; batata da perna

pão [pl.: *-ães*] *s.m.* **1** massa comestível de farinha, água e fermento assada no forno **2** *fig.* alimento, sustento ▣ **p. árabe** ou **sírio** pão sem fermento, redondo e oco • **p. de fôrma** pão de massa menos densa, salgado ou adocicado, assado em fôrma semelhante a um paralelepípedo • **p. de queijo** CUL *B* pão feito de polvilho de mandioca, queijo ralado, ovos, leite e manteiga, enrolado em bolinhas e assado no forno • **p. francês** pequeno pão de trigo de forma oblonga, a que o padeiro dá um talho na parte de cima antes de ir ao forno • **a p. e água** com pouquíssimos recursos; à míngua ~ **panificação** *s.f.*

pão de ló [pl.: *pães de ló*] *s.m.* CUL bolo simples e leve feito de farinha, ovos e açúcar

pão-du.ro [pl.: *pães-duros*] *adj.2g.s.2g.* *B pej.* **1** que(m) é excessivamente econômico; avarento ■ *s.m. B infrm.* **2** espátula com extremidade de borracha, us. para raspar massa do vasilhame em que foi misturada

[1]**pa.pa** [fem.: *papisa, papesa*] *s.m.* REL chefe da Igreja católica ☞ inicial freq. maiúsc. [ORIGEM: do lat. *pāpa* ou *pāppa,ae* 'pai; amo; papa'] ~ **papal** *adj.2g.*

[2]**pa.pa** *s.f.* alimento de consistência pastosa feito de farinha cozida com leite ou água; mingau [ORIGEM: do lat. *pāpa,ae* 'palavra com que as crianças pedem comida'] ▣ **não ter papas na língua** *fraseol.* falar francamente

pa.pa.da *s.f.* acúmulo de gordura ou formação de pregas entre o queixo e o pescoço

pa.pa-de.fun.to [pl.: *papa-defuntos*] *s.2g.* ou **pa.pa-de.fun.tos** *s.2g.2n.* indivíduo que trabalha em agência funerária; agente funerário

pa.pa.do *s.m.* REL **1** cargo de papa; pontificado **2** período de exercício desse cargo; pontificado

pa.pa-fi.na [pl.: *papa-finas*] *adj.2g.* *infrm.* **1** de excelente qualidade ■ *adj.2g.s.2g.* **2** que(m) é pretensioso e ridículo

pa.pa.gai.a.da *s.f.* **1** conjunto de papagaios ('aves') **2** *fig. infrm.* ato, atitude ou dito desajuizado e ridículo

pa.pa.gai.o *s.m.* **1** ZOO ave tropical da família dos psitacídeos, de plumagem verde e bico curvado para baixo, conhecida por imitar a voz humana **2** *fig.* quem repete, sem entender, o que lê ou ouve **3** *fig.* pessoa que fala muito; tagarela **4** pipa ('brinquedo') ◉ COL papagaiada

pa.pa.gue.ar *v.* {mod. 5} *t.d.* **1** repetir sem ter consciência do que diz <*p. as lições de francês*> □ *int.* **2** falar muito, sem refletir; tagarelar

pa.pai *s.m.* pai, na linguagem infantil ▣ **P. Noel** velho lendário que traz presentes para as crianças no Natal

pa.pai.a *s.m.* BOT mamão

pa.pa-mos.cas *s.f.2n.* ZOO **1** *B* nome comum a aranhas que caçam insetos através de saltos e que não constroem teias, embora façam abrigos de seda sob pedras **2** ave encontrada no Velho Mundo

pa.pão [pl.: *-ões*] *s.m.* FOLC bicho-papão

pa.par *v.* {mod. 1} *t.d. e int. infrm.* **1** ingerir (alimento); comer □ *t.d. infrm.* **2** ter êxito na busca de; conquistar *<o time papou mais um campeonato>* □ *t.d. e t.d.i.* **3** (prep. *a, para*) conseguir por meios ilícitos *<papou (para o seu grupo) as ações dos sócios>*

pa.pa.ri.car *v.* {mod. 1} *t.d.* **1** tratar com zelo, cuidado excessivo; mimar □ *t.d. e int.* **2** comer pouco ou aos poucos; lambiscar *<ficou horas a p. (doces de amêndoas)>*

pa.pa.ri.co *s.m.* **1** carícia, afago, presente dado a pessoa a quem se quer agradar **2** guloseima ◉ GRAM/USO freq. empr. no pl.

pa.pe.ar *v.* {mod. 5} *t.i. e int.* **1** (prep. *com, sobre*) conversar informalmente; cavaquear *<p. (com os vizinhos) a tarde inteira>* □ *int.* **2** falar muito; tagarelar **3** emitir sons melodiosos (as aves); gorjear ☞ nesta acp., só us. nas 3as p., exceto quando fig.

pa.pei.ra *s.f. infrm.* caxumba

pa.pel [pl.: *-éis*] *s.m.* **1** lâmina feita de fibra vegetal us. para escrever, desenhar, embrulhar etc. **2** folha de papel escrita; documento **3** personagem que cada ator ou atriz representa numa obra dramática **4** dever, função, obrigação **5** ECON papel-moeda **6** ECON documento que representa determinado valor, p.ex., ação, título, nota promissória

pa.pe.la.da *s.f.* grande quantidade de papéis ou documentos

pa.pel-a.lu.mí.ni.o [pl.: *papéis-alumínio* e *papéis-alumínios*] *s.m.* folha muito fina de alumínio us. para embalar alimentos

pa.pe.lão [pl.: *-ões*] *s.m.* **1** papel grosso e rígido, com que se fazem caixas, pastas etc. **2** *fig. infrm.* conduta ridícula, vergonhosa

pa.pe.la.ri.a *s.f.* loja onde se vendem papéis e material de escritório

pa.pel-car.bo.no [pl.: *papéis-carbono* e *papéis-carbonos*] *s.m.* papel fino coberto de pigmento numa das faces, us. para fazer cópias ou decalques; carbono

pa.pel-ce.lo.fa.ne [pl.: *papéis-celofane* e *papéis-celofanes*] *s.m.* celofane

pa.pe.lei.ro *s.m.* **1** dono de papelaria **2** quem fabrica papel ■ *adj.* **3** referente a papel

pa.pe.le.ta /ê/ *s.f.* **1** papel avulso **2** em hospitais, boletim médico sobre um doente

pa.pel-mo.e.da [pl.: *papéis-moeda* e *papéis-moedas*] *s.m.* dinheiro oficial de um país, impresso num papel especial; nota, cédula

pa.pe.lo.te *s.m.* **1** pedaço de papel us. para ondular cabelo **2** *drg.* pequeno embrulho de papel contendo droga em pó

pa.pel-to.a.lha [pl.: *papéis-toalhas* e *papéis-toalha*] *s.m.* papel absorvente, us. para enxugar mãos e rosto, retirar o excesso de gordura em frituras, para limpeza em geral etc.

pa.pe.lu.cho *s.m. infrm.* pedaço de papel sem importância

pa.pi.la *s.f.* ANAT cada uma das proeminências cônicas, ger. sensoriais, formadas na pele e nas membranas mucosas pelas ramificações dos nervos e dos vasos

pa.pi.lo.ma.ví.rus *s.m.2n.* BIO vírus responsável por lesões cutâneas ou mucosas como verrugas e condilomas; há várias espécies que atacam o ser humano (sigla: *HPV*), e é esp. transmitido por via sexual

pa.pi.ro *s.m.* **1** BOT erva de hastes longas, nativa da África e cultivada em vários países como ornamental **2** *p.ext.* na Antiguidade, folha para escrever confeccionada com as hastes dessa erva **3** *p.ext.* manuscrito feito sobre essa folha

pa.pis.ta *adj.2g.s.2g.* partidário do papa

pa.po *s.m.* **1** bolsa no esôfago das aves, us. para estocar temporariamente o alimento **2** *infrm.* tecido gorduroso e mole sob o queixo; papada **3** *infrm.* estômago ou barriga **4** *infrm.* conversa, colóquio ▣ **p. furado** *infrm.* conversa sem importância ou mentirosa • **bater p.** *infrm.* conversar, dialogar • **estar no p.** estar certo, assegurado

pa.po.ca *s.f. N.E. infrm.* bolha de ar ou pus na pele; borbulha

pa.po.co /ô/ *s.m. N. N.E. MG infrm.* barulho daquilo que estala, estoura, pipoca, explode

pa.po-fir.me *adj.2g.s.2g. infrm.* que(m) cumpre o que promete ◉ GRAM/USO pl.: *papos-firmes*

pa.po-fu.ra.do *adj.2g.s.2g. infrm. pej.* que(m) é dado a não cumprir o que se dispõe a fazer, ou o que promete; conversa-fiada, furão, vacilão ◉ GRAM/USO pl.: *papos-furados*

pa.pou.la *s.f.* BOT erva cultivada por suas flores ornamentais ou por suas sementes, das quais se extrai óleo e ópio

pá.pri.ca *s.f.* CUL condimento em pó, vermelho, feito de pimentões maduros e secos

pa.pu.do *adj.* **1** de papo grande ■ *adj.s.m. infrm.* **2** que(m) tem conversa agradável **3** que(m) é dado a bravatas

pa.quei.ro *adj.s.m.* **1** (cão) treinado para caçar pacas **2** que(m) agencia trabalho para outrem

pa.que.ra *s.f. infrm.* **1** tentativa de namoro **2** pessoa com que se paquera

pa.que.rar *v.* {mod. 1} *t.d. e int.* mostrar interesse amoroso (por); azarar *<paquerou uma garota na praia> <passa as tardes paquerando em Ipanema>* ~ **paquerador** *adj.s.m.*

pa.que.te /ê/ *s.m.* **1** navio a vapor que prestava serviço de correio e transportava mercadorias e passageiros **2** embarcação a vela do rio São Francisco **3** *N.E.* grande jangada que navega em alto-mar **4** *infrm.* menstruação

P

pa.qui.der.me *adj.2g.s.m.* ZOO (animal) de pele grossa, como elefante, rinoceronte etc.

pa.qui.dér.mi.co *adj.* **1** relativo a paquiderme **2** *fig.* muito lento, gordo, pesado **3** de proporções muito grandes; descomunal, gigantesco

par [pl.: *-es*] *s.m.* **1** grupo de duas coisas ou seres semelhantes **2** casal **3** parceiro de dança executada em dupla **4** indivíduo de condição (social, profissional etc.) semelhante ■ *adj.2g.* **5** semelhante, igual, parelho *<uma jarra p. de outra>* **6** divisível por dois (diz-se de número) ▣ **estar a p. de** estar bem informado sobre

para- *pref.* 'proximidade, ao lado de': *paraestatal, parafrasear, paranormal*

pa.ra *prep.* **1** relaciona palavras por subordinação e exprime: **1.1** direção *<vou p. casa>* **1.2** proximidade; prestes a *<estou p. mudar de emprego>* **1.3** intenção; com intuito de *<ficou p. receber os cumprimentos>* **1.4** adequação *<música p. dançar>* **1.5** combate; contra *<remédio p. dor>* **1.6** em proveito de *<doação p. os pobres>* **1.7** duração *<provisões p. um mês>* **1.8** em equivalência com *<três está p. seis assim como seis p. doze>* **1.9** com *<ele é bom p. todos>* **1.10** propósito; finalidade *<dieta p. emagrecer>* ▣ **p. que** a fim de que

pa.ra.be.ni.zar *v.* {mod. 1} *t.d. e t.d.i.* (prep. *por*) dar parabéns a; felicitar, congratular *<p. o patrão (pelo seu aniversário)>*

pa.ra.béns *s.m.pl.* palavras ou gestos que expressam elogios, felicitações

pa.rá.bo.la *s.f.* **1** narrativa figurada que transmite um ensinamento moral **2** GEOM linha curva na qual cada ponto que a constitui apresenta distâncias iguais em relação a um ponto fixo e a uma reta fixa

pa.ra.bó.li.co *adj.* **1** que contém parábola ('narrativa') **2** em forma de parábola ('linha curva')

pa.ra-bri.sa [pl.: *para-brisas*] *s.m.* vidro frontal de veículos, que protege o motorista esp. do vento

pa.ra-cho.que [pl.: *para-choques*] *s.m.* peça resistente colocada na frente e na traseira de veículos para amortecer choques

pa.ra.da *s.f.* **1** ação ou efeito de parar **2** interrupção, suspensão **3** local onde se para (esp. transporte público) **4** marcha, desfile militar **5** *B gír.* situação ou tarefa difícil

pa.ra.dei.ro *s.m.* lugar onde se encontra ou chegará uma pessoa ou coisa; destino

pa.ra.di.dá.ti.co *adj.* que, não sendo exatamente didático, é empr. com esse objetivo (diz-se de livro, material escolar etc.)

pa.ra.dig.ma *s.m.* **1** exemplo que serve como modelo; padrão **2** GRAM cada um dos esquemas formais em que se organizam as palavras nominais e verbais com as respectivas flexões ~ **paradigmático** *adj.*

pa.ra.di.sí.a.co *adj.* **1** do paraíso **2** encantador, muito agradável

pa.ra.do.xo /cs/ *s.m.* **1** proposição ou opinião contrária ao comum **2** aparente falta de lógica ou nexo; contradição ~ **paradoxal** *adj.2g.*

pa.ra.en.se *adj.2g.* **1** do Pará ■ *s.2g.* **2** natural ou habitante desse estado

pa.ra.es.ta.tal [pl.: *-ais*] ou **pa.res.ta.tal** [pl.: *-ais*] *adj.2g.s.2g.* (entidade) que, designada pelo Estado, colabora na administração pública, sem pertencer a ela

pa.ra.fer.ná.lia *s.f.* **1** conjunto de objetos de uso pessoal **2** conjunto de apetrechos necessários a uma atividade

pa.ra.fi.mo.se *s.f.* MED estrangulamento da glande do pênis causado por fimose

pa.ra.fi.na *s.f.* QUÍM mistura de hidrocarbonetos saturados sólidos, us. em velas, impermeabilização, isolamento térmico etc. ~ **parafinação** *s.f.* - **parafinagem** *s.f.*

pa.ra.fi.nar *v.* {mod. 1} *t.d.* **1** cobrir de ou tratar com parafina **2** converter em parafina

pa.rá.fra.se *s.f.* explicação ou interpretação de um texto com outras palavras

pa.ra.fra.se.ar *v.* {mod. 5} *t.d.* **1** fazer paráfrase de **2** explicar por meio de paráfrase

pa.ra.fu.sar *v.* {mod. 1} *t.d.* aparafusar

pa.ra.fu.so *s.m.* espécie de prego com uma fenda na extremidade achatada e um relevo em espiral na haste

pa.ra.gem [pl.: *-ens*] *s.f.* **1** local onde se para; parada **2** local onde algo ou alguém pode ser encontrado

pa.ra.go.ge *s.f.* FON acréscimo de fonema(s) no final de uma palavra, sem alteração de significado. (fr. *chic* > port. *chique*; ing. *club* > port. *clube*) ~ **paragógico** *adj.*

pa.rá.gra.fo *s.m.* **1** divisão de um texto escrito, indicada pela mudança de linha, composta de uma ou mais frases que mantêm maior relação de sentido entre si do que com o restante do texto **2** sinal (§) que subdivide textos de decretos, contratos etc. **3** *p.ext.* esses textos assim assinalados

pa.ra.i.ba.no *adj.* **1** da Paraíba ■ *s.m.* **2** natural ou habitante desse estado

pa.ra.í.so *s.m.* **1** segundo o Antigo Testamento, jardim aprazível onde Deus colocou Adão e Eva ☞ inicial maiúsc. **2** *p.ext.* lugar bonito e muito agradável

pa.ra.la.li.a *s.f.* MED distúrbio da fala, caracterizado pela emissão de fonemas não desejados, ou mesmo pela impossibilidade de encontrar palavras que possam expressar uma ideia, um pensamento

pa.ra-la.ma [pl.: *para-lamas*] *s.m.* anteparo curvo sobre as rodas dos veículos para proteger contra respingos de lama

pa.ra.le.la *s.f.* GEOM **1** cada uma de duas retas que, no mesmo plano, nunca se cortam ▼ ***paralelas*** *s.f.pl.* ESP **2** aparelho de ginástica com duas barras paralelas onde o atleta executa acrobacias

pa.ra.le.le.pí.pe.do *s.m.* **1** GEOM sólido de seis lados cujas faces opostas são iguais e paralelas **2** pedra nesse formato us. em calçamento de ruas

pa.ra.le.lis.mo *s.m.* **1** condição do que é ou está paralelo **2** semelhança entre duas coisas ou entre ideias e opiniões

pa.ra.le.lo *adj.* **1** diz-se de retas ou planos que estão sempre à mesma distância um do outro **2** *fig.* que age ou trabalha, de forma não oficial, colateralmente a outra instituição da mesma natureza *<mercado p.>* **3** que se desenvolve na mesma direção ou ao mesmo tempo ■ *s.m.* **4** comparação, confronto

pa.ra.le.lo.gra.mo *s.m.* GEOM quadrilátero cujos lados opostos são paralelos

pa.ra.lim.pí.a.da ou **pa.ra.o.lim.pí.a.da** *s.f.* ESP competição com estrutura e objetivos inspirados nos das olimpíadas, destinada a atletas com alguma deficiência ☞ mais us. no pl. ~ **paralímpico** *adj.* - **paraolímpico** *adj.*

pa.ra.li.sa.ção [pl.: *-ões*] *s.f.* **1** ato ou efeito de paralisar(-se); parada **2** suspensão de uma atividade; interrupção

pa.ra.li.sar *v.* {mod. 1} *t.d. e pron.* **1** causar ou ter paralisia □ *t.d.,int. e pron.* **2** (fazer) ficar sem ação, imóvel; entorpecer(-se) *<o medo paralisou o rapaz>* *<ao final do espetáculo seus olhos paralisaram>* *<paralisou-se emocionado>* □ *t.d.* **3** suspender o funcionamento de □ *int. e pron.* **4** (fazer) deixar de progredir; estagnar, estacionar *<a cidade paralisou-se com a falta de energia>* *<a obra da usina paralisou>* ~ **paralisado** *adj.*

pa.ra.li.si.a *s.f.* **1** perda de movimento em determinadas partes do corpo **2** *fig.* falta de ação; marasmo ▣ **p. infantil** MED doença infecciosa que ataca esp. crianças, causada por enterovírus, e que provoca febre, dor de cabeça, dores musculares e distúrbios gastrintestinais, seguidos de paralisia de um ou mais grupos musculares e atrofia; poliomielite

pa.ra.lí.ti.co *adj.s.m.* que(m) sofre de paralisia

pa.ra.mé.di.co *adj.s.m.* (profissional) que atua em certas áreas auxiliares da medicina, sem ser médico

pa.ra.men.tar *v.* {mod. 1} *t.d. e pron.* **1** vestir(-se) com paramento **2** adornar(-se), enfeitar(-se)

pa.ra.men.to *s.m.* **1** adorno, ornamento ▼ ***paramentos*** *s.m.pl.* **2** vestes sacerdotais

pa.râ.me.tro *s.m.* **1** elemento variável que entra na elaboração de um conjunto **2** variável à qual se atribui um valor e por seu intermédio se definem outros valores ou funções num dado sistema ou caso **3** característica diferencial passível de ser medida direta ou indiretamente **4** fator, critério **5** norma, padrão **6** conjunto de características, especificações ☞ nesta acp., mais us. no pl. ~ **paramétrico** *adj.*

pa.ra.mi.li.tar [pl.: *-es*] *adj.2g.* **1.** armado e treinado fora das forças oficiais de um país (diz-se de grupo) *s.2g.* **2** membro desse tipo de organização

pá.ra.mo *s.m.* **1** planalto deserto **2** *fig.* céu, firmamento

pa.ra.ná *s.m.* **1** braço de rio separado do curso principal por ilha(s) **2** canal entre dois rios

pa.ra.na.en.se *adj.2g.* **1** do Paraná ■ *s.2g.* **2** natural ou habitante desse estado

pa.ra.nin.fo *s.m.* **1** título dado ao escolhido, ger. numa colação de grau, para ser homenageado pelos formandos **2** esse homenageado

pa.ra.nis.mo *s.m.* **1** movimento dos que prezam o Estado do Paraná e procuram preservar a sua cultura e tradições **2** LING palavra, locução ou acepção us. no Estado do Paraná ~ **paranista** *adj.2g.*

pa.ra.noi.a /ói/ *s.f.* PSIQ distúrbio psíquico marcado por ideias fixas de perseguição, traição etc. ~ **paranoico** *adj.s.m.*

pa.ra.nor.mal [pl.: *-ais*] *adj.2g.* **1** não explicável cientificamente; sobrenatural ■ *adj.2g.s.2g.* **2** que(m) tem supostos poderes extrassensoriais ~ **paranormalidade** *s.f.*

pa.ra.o.lim.pí.a.da *s.f.* ESP → ***PARALIMPÍADA***

pa.ra.pei.to *s.m.* peça de mármore, madeira etc. na parte inferior de uma janela que serve para apoiar quem nela se debruça

pa.ra.pen.te *s.m.* **1** aparelho esportivo, espécie de paraquedas com o qual se salta de uma elevação para descer planando **2** *p.ext.* esporte praticado com esse aparelho ~ **parapentista** *adj.2g.s.2g.*

pa.ra.ple.gi.a *s.f.* MED paralisia da cintura para baixo

pa.ra.plé.gi.co *adj.s.m.* que(m) tem paraplegia

pa.ra.psi.co.lo.gi.a *s.f.* ramo da psicologia que estuda fenômenos ditos paranormais, como a telepatia, a premonição etc. ~ **parapsicológico** *adj.* - **parapsicólogo** *s.m.*

pa.ra.que.das *s.m.2n.* artefato dobrável em forma de guarda-chuva, com cordas que sustentam pessoas ou carga, us. para reduzir a velocidade da queda dos corpos ~ **paraquedismo** *s.m.* - **paraquedista** *adj.2g.s.2g.*

pa.rar *v.* {mod. 1} *t.d. e int.* **1** deter o progresso, o deslocamento, o movimento (de) □ *t.d.,t.i. e int.* **2** (prep. *com*) interromper, provisória ou definitivamente (atividade, operação, ocorrência, tarefa etc.) *<parou o trabalho>* *<pare de se lamentar>* *<o filme parou por falta de energia>* □ *t.i. e int.* **3** (prep. *em*) não ir além (de) *<apresentou os palestrantes e parou (nisso)>* □ *t.i.* **4** deixar-se ficar ou estar (em certo lugar) *<não para em casa>* **5** (prep. *em*) resumir-se, limitar-se a *<a função dos pais não para na educação dos filhos>* ☞ freq. us. com negativa

pa.ra-rai.os *s.m.2n.* aparelho constituído por uma haste metálica ligada à terra, us. para atrair as descargas elétricas da atmosfera, ger. colocado em lugares altos ou no topo dos edifícios

pa.ra.si.ta *adj.2g.s.m.* ou **pa.ra.si.to** *adj.s.m.* **1** BIO (organismo) que vive associado a outro do qual se beneficia e ao qual causa dano **2** *p.ext. pej.* (indivíduo) que vive às custas dos outros

pa.ra.si.tar *v.* {mod. 1} *t.d.* **1** nutrir-se à custa de (outro ser, animal ou planta) **2** *infrm.* tirar proveito, viver à custa de; explorar

pa.ra.si.tá.rio *adj.* **1** referente a parasita **2** causado por parasitas

pa.ra.si.tis.mo *s.m.* **1** BIO tipo de associação de dois organismos de espécies diferentes em que um deles se beneficia, causando dano ao outro **2** MED doença causada por parasita ('organismo') **3** *p.ext. pej.* comportamento de parasita ('indivíduo')

pa.ra.si.to *adj.s.m.* → ***PARASITA***

pa.ra-sol [pl.: *para-sóis*] *s.m.* nos automóveis, pala interna, móvel, que serve para proteger do sol os olhos de quem está no banco dianteiro

pa.ra.ti.re.oi.de /ói/ *adj.2g.s.f.* ANAT diz-se de ou glândula endócrina situada atrás da tireoide, na altura do pescoço, que participa da regulação do cálcio e do fósforo no organismo

par.boi.li.za.ção [pl.: *-ões*] *s.f.* processo de imersão do arroz em água aquecida, para que o grão absorva nutrientes retidos na casca

par.boi.li.za.do *adj.* submetido à parboilização

par.ca *s.f.* VEST casaco que vai até o joelho, ger. impermeável, com capuz

par.cei.ro *s.m.* sócio, cúmplice, companheiro de dupla, esp. em jogo, dança, esportes

par.ce.la *s.f.* **1** parte de um todo; pedaço **2** MAT cada elemento de uma soma

par.ce.lar *v.* {mod. 1} *t.d. e t.d.i.* (prep. *em*) dividir (pagamento, compra, dívida etc.) [em parcelas] *<p. um débito (em 10 prestações)>* ~ **parcelamento** *s.m.*

par.ce.ri.a *s.f.* **1** reunião de esforços com objetivo comum; sociedade **2** *B* conjunto de dois ou mais compositores populares

par.ci.al [pl.: *-ais*] *adj.2g.* **1** que existe ou se faz em partes; incompleto **2** que toma partido; tendencioso ~ **parcialidade** *s.f.*

par.ci.mô.nia *s.f.* **1** ação ou hábito de fazer economia **2** moderação, temperança

par.ci.mo.ni.o.so /ô/ [pl.: /ó/; fem.: /ó/] *adj.* **1** que usa de parcimônia; comedido, moderado **2** que poupa; econômico

par.co *adj.* **1** que poupa; econômico **2** moderado nas despesas e na alimentação **3** escasso, minguado

par.da.cen.to *adj.* de cor tirante a pardo

par.dal [pl.: *-ais*; fem.: *pardaloca* e *pardoca*] *s.m.* ZOO ave parda de aprox. 15 cm de comprimento, tendo o macho bico e garganta negros

par.di.ei.ro *s.m.* prédio velho, em mau estado

par.do *adj.* **1** de cor entre amarelo e marrom, ou entre branco e preto **2** diz-se dessas cores *<tons p.>* ■ *s.m.* **3** a cor escura, entre o preto e o branco **4** indivíduo dessa cor

pa.re.cen.ça *s.f.* semelhança (de forma, caráter etc.)

pa.re.cer *v.* {mod. 8} *pred. e pron.* **1** (prep. *com*) ter o aspecto, a aparência de; assemelhar-se *<as nuvens parecem algodão> <p.-se com o pai> <as irmãs se parecem>* □ *pred.* **2** dar a impressão de; aparentar *<p. mais magra do que é>* □ *t.i.,t.i.pred. e int.* **3** (prep. *a*) apresentar-se (de certa forma) ao entendimento de; afigurar-se *<pareceu-lhe que já era tarde> <a ideia parece-me boa> <parece que ele está pior>* □ *int.* **4** ser provável *<parece que vai chover>* ■ *s.m.* **5** aparência, aspecto **6** forma de pensar; opinião, julgamento **7** opinião de um especialista em resposta a consulta ☞ como s.m., pl.: *-es*

pa.re.ci.do *adj.* que se parece; semelhante, análogo

pa.re.dão [pl.: *-ões*] *s.m.* **1** encosta muito íngreme **2** muro muito alto; muralha **3** *infrm.* muro para execução por fuzilamento

pa.re.de /ê/ *s.f.* **1** obra, ger. de alvenaria, que veda e subdivide um prédio, casa etc. **2** o que isola ou divide um espaço *<as p. do armário>* **3** ANAT qualquer formação que limita um órgão, cavidade etc. **4** *fig.* greve ▣ **subir pelas p.** *fraseol. fig.* irritar-se, enfurecer-se

pa.re.de-mei.a [pl.: *paredes-meias*] *s.f.* parede comum a dois prédios contíguos

pa.re.lha /ê/ *s.f.* **1** par de animais, esp. de carga **2** conjunto de dois indivíduos, animais ou objetos semelhantes

pa.re.lhei.ro *s.m.* **1** cavalo adestrado para andar em parelhas **2** cavalo de corrida

pa.re.lho /ê/ *adj.* **1** formado de partes iguais **2** parecido ou igual

pa.ren.te *s.2g.* pessoa ligada a uma família pelo sangue ou por casamento ou por adoção

pa.ren.te.ral [pl.: *-ais*] *adj.2g.* MED que se faz por outra via que não a digestiva

pa.ren.tes.co /ê/ *s.m.* **1** relação de pessoas por vínculos consanguíneos, matrimoniais ou de adoção **2** *fig.* semelhança, analogia

pa.rên.te.se *s.m.* ou **pa.rên.te.sis** *s.m.2n.* **1** palavra, frase ou período intercalados num texto para acrescentar informação adicional **2** cada um dos sinais de pontuação ( ) que delimitam essa frase ou período **3** *fig.* desvio do assunto; digressão

pá.reo *s.m.* **1** cada uma das corridas de cavalos disputadas num dia de competição **2** o prêmio dessa corrida

pa.res.ta.tal [pl.: *-ais*] *adj.2g.s.2g.* → ***PARAESTATAL***

par.go *s.m.* ZOO **1** peixe abundante no Espírito Santo cuja cor do dorso vai de rosado a avermelhado **2** *N.E.* vermelho (peixe)

pá.ria *s.2g.* **1** na Índia, indivíduo não pertencente a nenhuma casta, considerado impuro e desprezível **2** *p.ext.* pessoa à margem da sociedade

pa.ri.da.de *s.f.* **1** qualidade do que é par; igualdade **2** igualdade salarial entre os mesmos níveis de carreira em profissões diferentes

pa.ri.e.tal [pl.: *-ais*] *adj.2g.* **1** referente a parede ■ *adj.2g.s.m.* ANAT **2** diz-se de ou cada um dos dois ossos laterais do crânio

pa.rin.tin.tim [pl.: *-ins*] *s.2g.* **1** indivíduo dos parintintins, povo indígena que habita o sudeste do Amazonas ■ *adj.2g.* **2** relativo a esse indivíduo ou povo

pa.rir *v.* {mod. 28} *t.d. e int.* **1** expulsar do útero, dar à luz □ *t.d. fig.* **2** criar, produzir (algo novo) *<p. um livro>*

pa.ri.si.en.se *adj.2g.* **1** de Paris, França ■ *s.2g.* **2** natural ou habitante dessa capital

Parkinson [ing.] *s.m.* MED ver ***MAL DE PARKINSON*** ⇒ pronuncia-se parquinson

[1]**par.la.men.tar** [pl.: *-es*] *adj.2g.s.2g.* (membro) do parlamento; congressista [ORIGEM: *parlamento* + [1]*-ar*]

[2]**par.la.men.tar** *v.* {mod. 1} *t.i. e int.* (prep. *com*) negociar, conversar em busca de um acordo [ORIGEM: *parlamento* + [2]*-ar*]

par.la.men.ta.ris.mo *s.m.* POL sistema de governo representativo, dirigido pelo parlamento através de gabinete ministerial ~ **parlamentarista** *adj.2g.s.2g.*

par.la.men.to *s.m.* corpo ou poder legislativo de uma nação

par.len.da *s.f.* **1** declamação poética para crianças, acompanhada por música **2** RECR rima infantil utilizada em brincadeiras ou como técnica de memorização (p.ex.: *Um, dois/ Feijão com arroz/ Três, quatro/ Arroz no prato*)

par.me.são [pl.: *-ãos*] *adj.* **1** de Parma, Itália ■ *s.m.* **2** natural ou habitante dessa cidade ■ *adj.s.m.* **3** diz-se de ou queijo de massa dura, próprio para ser ralado, originário dessa cidade

par.na.si.a.nis.mo *s.m.* LIT escola poética do séc. XIX marcada pela objetividade e perfeição formal ☞ inicial maiúsc.

par.na.si.a.no *adj.s.m.* (adepto) do Parnasianismo

par.na.so *s.m.* **1** a poesia **2** o conjunto dos poetas **3** coletânea de poesias de vários autores

pa.ro.a.ra *s.2g.* *N.* nordestino que vive na Amazônia

pá.ro.co *s.m.* padre responsável por uma paróquia

pa.ró.dia *s.f.* imitação cômica de um texto, peça etc. ~ **parodiador** *adj.s.m.* - **parodista** *adj.2g.s.2g.*

pa.ro.di.ar *v.* {mod. 1} *t.d.* **1** fazer paródia de <*p. Os Lusíadas*> **2** imitar, arremedar

pa.ro.lar *v.* {mod. 1} *t.i. e int.* **1** (prep. *com*) falar demais; tagarelar <*parola com qualquer um*> <*parolou tanto que se atrasou*> □ *t.i.* **2** (prep. *com*) trocar palavras, ideias; conversar <*gosta de p. com os vizinhos*>

pa.ro.ní.mia *s.f.* GRAM **1** semelhança entre palavras, na forma e no som **2** estudo de ou teoria sobre parônimos **3** lista de parônimos

pa.rô.ni.mo *adj.s.m.* GRAM (palavra) quase igual a outra na forma e no som (p.ex.: *deferir*: *diferir*, *descrição*: *discrição*, *emigrar*: *imigrar* etc.)

pa.ró.quia *s.f.* **1** território eclesiástico correspondente à fração de uma diocese, sob a jurisdição de um pároco **2** a população subordinada a um pároco ~ **paroquial** *adj.2g.*

pa.ro.qui.a.no *adj.s.m.* integrante de paróquia

pa.ró.ti.da *s.f.* ANAT cada uma de duas grandes glândulas salivares, situada sob a orelha

pa.ro.ti.di.te *s.f.* MED inflamação da parótida; caxumba

pa.ro.xis.mo /cs/ *s.m.* MED **1** momento de maior intensidade de uma dor ou acesso **2** auge de uma doença **3** convulsão

pa.ro.xí.to.no /cs/ *adj.s.m.* GRAM (vocábulo) cuja sílaba tônica é a penúltima, p.ex. *casa*

par.que *s.m.* jardim público destinado ao lazer ▣ **p. de diversões** conjunto de equipamentos esp. criados para recreação de crianças e adultos, montados dentro de um terreno cercado • **p. industrial** conjunto de indústrias de um local • **p. nacional** área demarcada e protegida pelo poder público, rica em locais de interesse científico, educacional ou recreativo

par.quí.me.tro *s.m.* aparelho acionado pela introdução de moedas, que marca o tempo de permanência dos carros nas vagas do estacionamento

par.rei.ra *s.f.* BOT nome comum a certas trepadeiras, esp. a videira

par.ri.cí.dio *s.m.* assassinato do próprio pai, mãe ou outro ascendente ~ **parricida** *adj.2g.s.2g.*

par.ru.do *adj.* forte, atarracado

par.te *s.f.* **1** porção de um todo **1.1** área ou região não especificada **1.2** área determinada <*a p. de trás do pé*> **2** papel a desempenhar; atribuição **3** DIR cada indivíduo que firma um contrato mútuo ◉ GRAM/USO dim.irreg.: *partícula* ▣ **à p.** separadamente, isoladamente ☞ cf. *aparte* • **dar p. de 1** denunciar a, acusar, delatar **2** mostrar-se, revelar-se • **tomar p. em** participar de

par.tei.ra *s.f.* mulher que faz parto sem ser médica; aparadeira

par.tei.ro *adj.s.m.* (médico) que faz partos

par.te.jar *v.* {mod. 1} *t.d. e int.* **1** servir de parteira ou parteiro a <*partejou todas as grávidas da cidade*> <*parteja desde os 20 anos*> □ *int.* **2** dar à luz; parir <*sofreu horas até p.*>

par.te.no.gê.ne.se *s.f.* BIO desenvolvimento de ser vivo a partir de um óvulo não fecundado

par.ti.ci.par *v.* {mod. 1} *t.d. e t.d.i.* **1** (prep. *a*) fazer saber; comunicar, informar <*p. o novo endereço*> <*participaram a gravidez aos futuros avós*> □ *t.i.* **2** (prep. *de, em*) ter ou tomar parte em; compartilhar, partilhar <*p. das (ou nas) manifestações*> ~ **participação** *s.f.* - **participante** *adj.2g.s.2g.*

par.ti.cí.pio *s.m.* GRAM uma das formas nominais do verbo, com características de substantivo, adjetivo ou verbo <*o p. de ver é visto*>

par.tí.cu.la *s.f.* **1** parte muito pequena **2** corpo muito pequeno, corpúsculo ▣ **p. apassivadora** a partícula *se* que indica voz passiva em frases em que o sujeito é paciente da ação verbal, como em *amolam-se facas*

par.ti.cu.lar [pl.: *-es*] *adj.2g.* **1** próprio ou de uso exclusivo de algo ou alguém; privativo **1.1** que pertence ao indivíduo, por oposição ao que é do governo **2** que é específico, peculiar **3** fora do comum <*ter uma inteligência p.*> **4** confidencial, íntimo ■ *s.m.* **5** pessoa indeterminada **6** *B* conversa íntima, reservada

par.ti.cu.la.ri.da.de *s.f.* **1** característica do que é particular; traço especial **2** qualidade distintiva; peculiaridade **3** detalhe, pormenor

par.ti.cu.la.ri.zar *v.* {mod. 1} *t.d.* **1** descrever em pormenores; detalhar <*p. os itens da aula*> **2** distinguir, individualizar <*o novo tratamento busca p. as necessidades de cada cliente*> □ *pron.* **3** revelar caracteres distintivos; singularizar-se ~ **particularização** *s.f.*

P

par.ti.cu.lar.men.te *adv.* **1** de maneira particular; pessoalmente **2** de modo confidencial, reservado; intimamente **3** com maior destaque; principalmente

par.ti.da *s.f.* **1** ato de partir; saída **2** peleja esportiva; jogo **3** em certos jogos, número de pontos necessários para que um dos parceiros vença **4** remessa de mercadorias negociáveis

par.ti.dá.rio *adj.s.m.* **1** integrante ou simpatizante de um partido **2** seguidor ou simpatizante de ideia, crença etc. ■ *adj.* **3** relativo a partido político ◉ COL facção, partido

par.ti.da.ris.mo *s.m.* parcialidade política; facciosismo

par.ti.do *adj.* **1** que se partiu; quebrado ■ *s.m.* **2** POL organização política com ideais comuns que tenta chegar ao poder **3** *infrm.* pessoa casadoura, considerada segundo suas condições econômicas e/ou sociais ▣ **tirar p. de** aproveitar-se de

par.ti.do-al.to [pl.: *partidos-altos*] *s.m.* MÚS tipo de samba em que os sambistas improvisam, ou dizem de memória, versos sobre um tema

par.ti.lha *s.f.* **1** operação de dividir em partes **2** quota que cada um recebe nessa operação

par.ti.lhar *v.* {mod. 1} *t.d. e t.d.i.* **1** (prep. *entre*) dividir em partes; distribuir *<partilhou as roupas (entre os necessitados)>* □ *t.d.,t.i. e t.d.i.* **2** (prep. *de, com*) tomar ou ter parte em; participar, compartilhar *<p. alegrias (com os amigos)> <p. das mesmas ideias>* □ *t.d.i.* **3** (prep. *com*) usar junto com; compartilhar, dividir *<p. o quarto com a irmã>*

par.tir *v.* {mod. 24} *t.d. e pron.* **1** (prep. *em*) dividir(-se) em partes, pedaços *<p. um pão> <o país p.-se em dois territórios>* **2** (prep. *em*) fazer(-se) em pedaços; quebrar(-se) *<uma bolada partiu a vidro> <o copo partiu-se em cacos>* □ *t.i.* **3** (prep. *de*) ter início, origem, fundamento em *<p. de uma premissa>* □ *int.* **4** deixar um local; sair, ir *<partiu cedo de Bauru>* **5** pôr-se a caminho de; dirigir-se *<o navio partiu para a Europa>* **6** dar início a; lançar-se *<p. para uma viagem>* **7** perder a vida; morrer □ *t.d.i.* **8** (prep. *entre*) entregar parcela de (algo) a (diversos receptores); distribuir, repartir *<partiu os bens entre os filhos>*

par.ti.tu.ra *s.f.* MÚS **1** material gráfico contendo notação completa de uma composição musical **2** *p.ext.* qualquer folha de papel com notação musical

par.to *s.m.* ato ou efeito de parir, de dar à luz

par.tu.ri.en.te *adj.2g.s.f.* (o) que está prestes a ou acabou de parir

par.vo *adj.s.m.* tolo, estúpido ~ **parvoíce** *s.f.*

pas.cal [pl.: *-ais*] ou **pas.co.al** [pl.: *-ais*] *adj.2g.* relativo à ou próprio da Páscoa

pás.coa *s.f.* REL **1** festa anual dos cristãos, comemorativa da ressurreição de Cristo **2** comunhão coletiva celebrada em cumprimento ao preceito pascal **3** festa anual judaica, que comemora a saída dos hebreus do Egito ☞ nas acp. 1 e 3, inicial maiúsc.

Pa.sep *s.m.* sigla de Programa de Formação do Patrimônio do Servidor Público

pas.ma.cei.ra *s.f.* **1** estado ou situação caracterizada pela falta de interesse; apatia, marasmo **2** monotonia

pas.mar *v.* {mod. 1} *t.d.,int. e pron.* (prep. *de*) [fazer] ficar admirado, surpreso; surpreender(-se), assombrar(-se) *<o entrevistado pasmou o público> <pasmaram de emoção> <a sua inteligência pasma> <pasmou-se com o espetáculo>* ◉ GRAM/USO part.: *pasmado, pasmo*

[1]**pas.mo** *s.m.* sentimento de espanto; admiração, assombro [ORIGEM: do lat.tar. *pasmus* 'id.']

[2]**pas.mo** *adj.* tomado de assombro; admirado, espantado, pasmado [ORIGEM: part.irreg. de *pasmar*]

pas.pa.lhão [pl.: *-ões*; fem.: *paspalhona*] *adj.s.m.* tolo, bobo, paspalho

pas.pa.lho *adj.s.m.* paspalhão

pas.quim [pl.: *-ins*] *s.m.* jornal ou folheto satírico

pas.sa *s.f.* fruta seca ao sol ou em estufa

pas.sa.da *s.f.* **1** movimento feito com os pés para andar; passo **2** *B* visita rápida a algum lugar

pas.sa.dei.ra *s.f.* **1** tapete estreito e longo us. em corredor **2** *B* mulher cujo trabalho é passar roupa

pas.sa.di.ço *adj.* **1** que passa rapidamente; transitório ■ *s.m.* **2** passagem ou corredor de comunicação entre prédios, cômodos etc. **3** convés na parte superior de um navio

pas.sa.di.o *s.m.* comida de todo dia

pas.sa.dis.mo *s.m.* apego ao passado; saudosismo ~ **passadista** *adj.2g.s.2g.*

pas.sa.do *adj.* **1** que passou **2** que acabou de passar; imediatamente anterior **3** que envelheceu ou perdeu a atualidade **4** muito amadurecido, quase podre **5** sem graça ou surpreendido com alguma coisa **6** alisado com ferro de passar ■ *s.m.* **7** o tempo que passou **8** história de uma pessoa, cidade, instituição etc.

pas.sa.dor /ô/ [pl.: *-es*] *s.m.* **1** cada uma das alças presas no cós de saia, calça etc., por onde se pode passar o cinto **2** utensílio de cozinha us. para espremer legumes, massas etc. **3** *B* pregador de cabelo ■ *adj.* **4** que passa

pas.sa-fo.ra *interj.* **1** us. para enxotar animais ■ *s.m.* **2** repreensão vigorosa ◉ GRAM/USO pl. do s.m.: *passa-foras*

pas.sa.gei.ro *adj.* **1** não permanente; transitório, efêmero ■ *s.m.* **2** quem é transportado num veículo

pas.sa.gem [pl.: *-ens*] *s.f.* **1** ato de passar ou seu efeito **2** local por onde se passa **3** bilhete de viagem **4** trecho de livro, peça etc. ▣ **de p.** sem demora; sem se prolongar

pas.sa.ma.na.ri.a *s.f.* trabalho com passamanes, seu comércio e indústria

pas.sa.ma.ne *s.m.* bordado ou trançado de seda, prata ou ouro etc. us. em roupas, cortinas etc. ☞ mais us. no pl.

pas.sa.men.to *s.m.* morte, óbito

pas.san.te *adj.2g.s.2g.* que(m) passa; transeunte

pas.sa.por.te *s.m.* documento oficial que serve como identificação e permite o ingresso em países estrangeiros

pas.sar *v.* {mod. 1} *t.d. e t.i.* **1** (prep. *por*) deslocar-se através de; atravessar, transpor **2** (prep. *por*) ir além de, deixar para trás; ultrapassar **3** (prep. *de*) ir além de ou ser superior a; exceder, ultrapassar *<seu desempenho passou o dela> <isso passa dos limites> <já passa da hora de ir>* **4** (prep. *para*) engatar, engrenar (marcha) □ *t.d.i.* **5** (prep. *em, por*) espalhar ou fazer correr por uma superfície; aplicar, pôr **6** (prep. *em*) fechar por meio de (algo) *<p. a chave na mala>* **7** (prep. *em, por*) envolver (algo) com; embrulhar, circundar *<passe um papel nesse presente>* **8** (prep. *para*) estabelecer como tarefa para *<p. dever para os alunos>* **9** (prep. *em*) tomar (pessoa, instituição) como alvo para; dirigir *<p. um carão na filha>* □ *t.d.* **10** mover (algo) deixando-o para trás **11** fazer, preparar, cozinhar **12** alisar (roupa) com ferro **13** usar (determinado tempo) fazendo algo *<p. anos estudando>* **14** tornar válido; fazer, emitir *<p. um contrato no cartório>* **15** repetir para adquirir destreza, prática; estudar *<p. a tabuada>* □ *t.d. e t.d.i.* **16** (prep. *a, para*) fazer chegar a; transportar, conduzir, levar **17** (prep. *para*) fazer seguir (mensagem, notícia etc.); transmitir, enviar **18** (prep. *a, para*) dar (a alguém) [algo seu ou de que se ocupava]; entregar **19** (prep. *a, para*) ceder mediante pagamento; vender *<passou(-lhe) uma rifa>* **20** (prep. *a, para*) prescrever como medicamento; receitar □ *t.i. e t.d.i.* **21** (prep. *por*) mover(-se) para dentro de, transpondo; penetrar *<p. pela fresta> <p. a linha pelo buraco>* **22** (prep. *a, para*) mudar de um lugar para outro *<p. da sala à cozinha> <passou (o senhor) para a frente>* **23** (prep. *a, para*) [fazer] tornar-se propriedade de (outrem, uma instituição etc.) *<a tela passou a um novo proprietário> <teve de p. os bens (para a filha)>* **24** (prep. *para*) transmitir(-se) por imitação, linha genética, contágio etc. **25** (prep. *por*) submeter(-se) à ação de *<passaram (o suspeito) por uma revista>* □ *t.i.* **26** (prep. *de, para*) movimentar, mover **27** (prep. *em, por*) percorrer um lugar sem nele se deter **28** (prep. *para*) tornar-se parte de; entrar *<p. para a história>* □ *int.* **29** esgotar-se, acabar (período, prazo) **30** mover-se em deslocação contínua **31** estar situado; localizar-se *<a estrada passa longe>* **32** deixar de ocorrer ou manifestar-se; acabar **33** manter-se vivo ou bem, ger. sob condições ruins; aguentar *<p. com duas refeições por dia>* **34** ser transitório; acabar **35** ser tolerável, desculpável *<você errou, mas desta vez passa>* **36** em alguns jogos, não participar de um lance ou deixar de jogar uma rodada **37** surgir de repente e sumir rapidamente □ *t.i. e int.* **38** (prep. *a*) deixar atividade, ocupação, estado etc. assumindo (outro); transitar **39** (prep. *de, em*) ser aprovado ou promovido em exame, concurso etc. □ *pron.* **40** acontecer, ocorrer *<como tudo se passou?>* □ *t.d.,t.i. e int.* **41** (prep. *por*) viver ou estar em (certa situação ou condição) *<p. fome> <p. por maus momentos> <p. bem>* □ *int. e pron.* **42** transcorrer, decorrer (o tempo)

pas.sa.ra.da *s.f.* ou **pas.sa.re.do** /ê/ *s.m.* conjunto de pássaros

pas.sa.re.la *s.f.* **1** ponte para pedestres, ger. sobre avenidas ou estradas **2** plataforma longa us. em desfiles de moda e concursos **3** *p.ext.* qualquer caminho, via, avenida us. para desfiles, exibições etc.

pas.sa.ri.nhei.ro *adj.s.m.* que(m) caça, cria ou vende pássaros

pas.sa.ri.nho *s.m.* pássaro pequeno

pás.sa.ro *s.m.* **1** toda ave pequena ou média com três dedos anteriores e um posterior **2** *infrm.* ave ◉ COL passarada

pas.sa.tem.po *s.m.* atividade que diverte; divertimento, diversão

pas.sá.vel [pl.: *-eis*] *adj.2g.* mais ou menos bom; razoável

pas.se *s.m.* **1** licença para passar de um lugar a outro **2** REL ato de passar as mãos por cima de pessoa que se pretende curar pela força mediúnica **3** ESP ato de passar a bola para um companheiro de equipe

pas.se.ar *v.* {mod. 5} *int.* **1** ir a algum lugar a lazer, para divertir-se, exercitar-se □ *t.d.* **2** conduzir em passeio *<p. o cachorro>* ~ **passeador** *adj.s.m.*

pas.se.a.ta *s.f.* **1** passeio rápido **2** *B* marcha coletiva para realizar protesto, reivindicação, manifestar apoio a uma causa etc.

pas.sei.o *s.m.* **1** caminhada ou saída para lazer **2** praça ou jardim público **3** calçada ▣ **p. completo** roupa elegante e convencional, para mulheres, e terno e gravata, para homens

pas.si.nho *s.m.* DNÇ dança originada em comunidades carentes e bairros populares do Rio de Janeiro, RJ, executada ger. por adolescentes e caracterizada por movimentos improvisados que misturam passos de danças de rua americanas, samba, frevo etc.

pas.sio.nal [pl.: *-ais*] *adj.2g.* próprio de ou regido por paixão ~ **passionalidade** *s.f.*

pas.sis.ta *adj.2g.s.2g.* que(m) dança frevo ou samba

pas.si.va *s.f.* **1** falta de ação ou indolência **2** GRAM voz passiva

pas.sí.vel [pl.: *-eis*] *adj.2g.* sujeito a experimentar boas ou más sensações, a ser objeto de certas ações ou a penas

pas.si.vo *adj.* **1** que sofre uma ação *<fumante p.>* **2** sem iniciativa; indiferente ■ *s.m.* ECON **3** conjunto de dívidas e obrigações de pessoa ou empresa ☞ cf. *ativo* ~ **passividade** *s.f.*

[1]**pas.so** *s.m.* **1** ato de deslocar cada pé ao andar **2** *p.ext.* o espaço compreendido entre cada um desses deslocamentos **3** *p.ext.* o som produzido por esse deslocamento **4** *p.ext.* modo de andar **5** movimento definido de dança **6** pegada **7** GEO desfiladeiro, garganta [ORIGEM: lat. *pāssus,us* 'afastamento das pernas'] ▣ **p. a p.** seguindo etapas sucessivas; gradualmente • **ao p. que 1** à medida que **2** enquanto, contudo • **marcar p.** *infrm.* não progredir

P

[2]**pas.so** *s.m.* REL cada uma das 14 estações que compõem a via-sacra, da Paixão de Cristo [ORIGEM: lat. *pǎssus,a,um* 'que sofreu']

pas.ta *s.f.* **1** porção de matéria sólida ligada com substância líquida ou viscosa, e que se caracteriza por sua plasticidade **2** bolsa retangular ou cartão dobrado, próprios para guardar papéis, documentos etc. **3** posto de ministro *<p. da Saúde>* **4** INF subdivisão de um disco ou de outro meio de armazenamento capaz de conter arquivos; diretório

pas.ta.gem [pl.: *-ens*] *s.f.* pasto

pas.tar *v.* {mod. 1} *int.* **1** comer (boi, cavalo etc.) erva não ceifada ou vegetação rasteira **2** *fig.* não prosperar, não ter sucesso *<como não estudou, agora pasta>*

[1]**pas.tel** [pl.: *-éis*] *s.m.* **1** CUL massa de farinha de trigo, com recheio salgado ou doce, que se frita ou assa **2** *B infrm.* indivíduo lerdo, pateta **3** GRÁF erro tipográfico, mistura de letras [ORIGEM: do fr.ant. *pastel* (hoje *pâte*) 'bolo, bocado de massa']

[2]**pas.tel** [pl.: *-éis*] *s.m.* **1** espécie de lápis de cor us. em desenhos e pinturas **2** processo de pintura a seco sobre tela, papel etc. **3** *p.ext.* obra realizada por esse processo ■ *adj.2g.2n.* **4** suave como a cor desse lápis *<azul p.>* **5** diz-se dessa cor *<cores p.>* [ORIGEM: do it. *pastello* 'processo de pintar com lápis de cores']

pas.te.lão [pl.: *-ões*] *s.m.* CUL torta salgada de forno; empadão

pas.te.la.ri.a *s.f.* **1** conjunto de doces e salgados feitos com massas diversas e prontos para consumo **2** local onde se fabricam e/ou vendem esses produtos

pas.te.lei.ro *s.m.* quem prepara e/ou vende pastéis de massa e afins

pas.teu.ri.za.do *adj.* **1** submetido à pasteurização **2** *infrm.* inexpressivo, padronizado (ideia, obra de arte etc.)

pas.teu.ri.zar *v.* {mod. 1} *t.d.* esterilizar (laticínios, bebidas e outros alimentos), expondo-os a temperaturas elevadas e resfriando-os rapidamente em seguida ~ **pasteurização** *s.f.*

pas.ti.che *s.m.* obra literária ou artística que imita outra

pas.ti.fí.cio *s.m.* indústria de massas alimentícias

pas.ti.lha *s.f.* **1** tipo de doce; bala **2** FARM massa de forma circular, comprimida e envolta em açúcar, a que se juntam substâncias medicamentosas **3** CONSTR pequena peça de cerâmica ou vidro us. para revestir pisos e paredes

pas.to *s.m.* vegetação ou local para o gado pastar; pastagem

pas.tor /ô/ [pl.: *-es*] *adj.s.m.* **1** que(m) leva e vigia o gado no pasto **2** (cão) que protege rebanhos ■ *s.m.* **3** REL guia espiritual, esp. protestante

pas.to.ra /ô/ *s.f.* **1** mulher que vigia o gado no campo **2** integrante do auto natalino dito pastoril; pastorinha **3** *B* participante tradicional dos desfiles das escolas de samba; pastorinha **4** guia espiritual, esp. protestante

pas.to.ral [pl.: *-ais*] *s.f.* **1** circular ('texto') escrita por papa ou bispo ■ *adj.2g.* **2** próprio de pastor ('guia') **3** relativo a pastor de animais; pastoril

pas.tor-a.le.mão [pl.: *pastores-alemães*] *s.m.* cão robusto, de grande porte, pelo preto e amarelado, orelhas pontiagudas, us. como rastreador, cão de guarda e guia para cegos

pas.to.re.ar *v.* {mod. 5} *t.d.* conduzir e/ou ou vigiar (o gado) no pasto

pas.to.rei.o *s.m.* **1** atividade de pastor de animais **2** *B S.* local de pastagem

pas.to.ril [pl.: *-is*] *adj.2g.* **1** próprio de pastor de animais e de pastoreio **2** relativo à vida e aos costumes do campo; bucólico ■ *s.m.* **3** auto natalino **4** *B N.E.* folguedo popular, orign. representação dramática para celebrar o nascimento de Jesus, em que as pastoras se dividem em dois cordões ('grupo de foliões'), um azul e outro encarnado

pas.to.ri.nha *s.f.* pastora ('integrante', 'participante')

pas.to.so /ô/ [pl.: /ó/; fem.: /ó/] *adj.* **1** que parece pasta ('porção de matéria') **2** que tem consistência pegajosa

[1]**pa.ta** *s.f.* fêmea do pato [ORIGEM: de *pato* + *-a*]

[2]**pa.ta** *s.f.* **1** pé e perna de animal **2** *p.ext. pej.* pé ou mão humana [ORIGEM: desc.]

pa.ta.ca *s.f.* antiga moeda de prata

pa.ta.da *s.f.* **1** golpe com a pata **2** *fig. infrm.* grosseria

pa.ta.mar [pl.: *-es*] *s.m.* **1** parte larga no topo ou entre dois lances de escada **2** *fig.* nível destacado

pa.ta.ti.va *s.f.* ZOO ave de cerca de 10 cm de comprimento, penas cinzentas e abdome branco, nos machos, e penas pardas nas fêmeas e filhotes, apreciada por seu canto melodioso

pa.ta.vi.na *pron.ind. infrm.* coisa alguma; nada

pa.ta.xó *s.2g.* **1** indivíduo dos pataxós, grupo indígena que habita a faixa costeira do sul da Bahia e o centro de Minas Gerais ■ *s.m.* **2** língua falada por esse grupo ■ *adj.2g.* **3** relativo a esse indivíduo, grupo ou língua

pat.chu.li *s.m.* **1** BOT erva nativa da Índia de cujas folhas se extrai óleo us. em perfumaria **2** o perfume feito desse óleo

pa.tê *s.m.* CUL pasta ('porção de matéria') temperada para passar em pão, torrada etc.

pa.te.la *s.f.* ANAT osso, antes denominado *rótula*, localizado na parte anterior do joelho

pá.te.na ou **pa.te.na** *s.f.* REL pires metálico us. na missa para cobrir o cálice e colocar a hóstia

pa.ten.te *s.f.* **1** DIR título de propriedade e uso exclusivo de um invento, modelo, projeto etc. **2** título correspondente ao posto a que o militar ascende **2.1** esse posto *<p de capitão>* ■ *adj.2g.* **3** visível, óbvio

pa.ten.te.ar *v.* {mod. 5} *t.d.,t.d.i. e pron.* **1** (prep. *a*) tornar(-se) manifesto, evidente; mostrar(-se), revelar(-se) *<patentearam sua insatisfação (ao chefe)>* *<patenteiam-se as qualidades do moço>* □ *t.d.* **2** registrar com patente *<p. uma invenção>*

☐ *t.d. e t.d.i.* **3** (prep. *a*) fazer livre (a); liberar, abrir *<as autoridades patentearam as vias (à comitiva papal)>*

pa.ter.nal [pl.: *-ais*] *adj.2g.* **1** de ou próprio de pai; paterno **2** *fig.* que demonstra bondade e compreensão ~ **paternalidade** *s.f.*

pa.ter.na.lis.mo *s.m.* **1** regime fundado na autoridade paterna **2** prática protetora em relações de trabalho, política etc. ~ **paternalista** *adj.2g.s.2g.*

pa.ter.ni.da.de *s.f.* **1** condição de pai **2** relação, laço entre pais e filhos **3** *fig.* autoria intelectual de uma obra

pa.ter.no *adj.* **1** relativo a, próprio ou procedente do pai; paternal **2** relativo aos pais ou à pátria; pátrio

pa.te.ta *adj.2g.s.2g.* que(m) é tolo, bobo ~ **patetice** *s.f.*

pa.té.ti.co *adj.s.m.* (o) que provoca sentimento de piedade, tristeza, terror ou tragédia

pa.ti.bu.lar [pl.: *-es*] *adj.2g.* **1** próprio de patíbulo **2** *fig.* que tem aparência sinistra ou criminosa

pa.tí.bu.lo *s.m.* cadafalso

pa.ti.fa.ri.a *s.f.* ato ou comportamento de patife; canalhice, cafajestada

pa.ti.fe *adj.s.m.* que(m) não tem vergonha nem escrúpulos; infame, canalha

pa.tim [pl.: *-ins*] *s.m.* calçado com rodas ou lâmina para deslizar no solo ou no gelo ☞ mais us. no pl.

pá.ti.na *s.f.* **1** camada esverdeada na superfície do bronze ou do cobre **2** técnica decorativa que imita essa oxidação

pa.ti.na.ção [pl.: *-ões*] *s.f.* **1** ação de patinar ou o seu efeito **2** ESP modalidade esportiva em que se usam patins

pa.ti.na.dor /ô/ [pl.: *-es*] *adj.s.m.* que(m) pratica a patinação

¹pa.ti.nar *v.* {mod. 1} *int.* deslocar-se sobre patins [ORIGEM: *patim* (com alt. *-m* > *-n-*) + *-ar*]

²pa.ti.nar *v.* {mod. 1} → ***PATINHAR***

pa.ti.ne.te *s.2g.* brinquedo constituído de uma tábua sobre duas rodas, onde se apoia pelo menos um dos pés, com guidom

pa.ti.nhar ou **²pa.ti.nar** *v.* {mod. 1} *int.* **1** bater os pés ou as mãos na água **2** locomover-se pisando (em água, lama etc.) **3** deslizar de maneira desgovernada; derrapar

pa.ti.nho *s.m.* carne da parte interna da perna traseira do boi

pá.tio *s.m.* área calçada, murada e descoberta dentro de uma edificação ou anexo a ela

pa.to *s.m.* **1** ZOO ave aquática de pés palmados e bico largo **2** *infrm.* indivíduo tolo, bobo ▣ **pagar o p.** sofrer as consequências de atos praticados por outra pessoa

pa.to.ge.ni.a *s.f.* modo de origem ou evolução de uma doença ~ **patógeno** *adj. s.m.*

pa.to.gê.ni.co *adj.* **1** relativo a patogenia; patógeno **2** que pode causar doença

pa.to.lo.gi.a *s.f.* **1** MED estudo das doenças e alterações que elas provocam no organismo **2** MED o que constitui ou caracteriza determinada doença **3** *p.ext.* desvio em relação ao que é adequado ou considerado o estado normal de algo

pa.to.ló.gi.co *adj.* **1** referente a patologia **2** praticamente doentio ou mórbido

pa.to.lo.gis.ta *adj.2g.s.2g.* especialista em patologia

pa.to.ta *s.f. gír.* grupo de amigos; turma

pa.tra.nha *s.f.* história falsa; mentira

pa.trão [pl.: *-ões*; fem.: *patroa*] *s.m.* proprietário ou chefe de estabelecimento comercial, industrial etc., em relação aos seus subordinados; empregador

pá.tria *s.f.* **1** país ou terra em que se nasce ou se vive **2** *p.ext.* local de origem de um grupo ou fato; berço, reino

pa.tri.ar.ca [fem.: *matriarca*] *s.m.* homem que governa família, tribo, clã etc. ~ **patriarcal** *adj.2g.*

pa.tri.ar.ca.do *s.m.* forma de organização social em que predomina a autoridade paterna

pa.tri.ci.nha *s.f.* moça que capricha nas roupas que veste e frequenta os lugares da moda ☞ pode ser pej.

pa.trí.cio *adj.s.m.* **1** natural da mesma pátria (que outrem); conterrâneo **2** HIST (indivíduo) da antiga nobreza romana

pa.tri.mô.nio *s.m.* **1** herança familiar **2** DIR conjunto dos bens, direitos e obrigações economicamente pertencentes a uma pessoa, família ou empresa **3** conjunto de bens naturais ou culturais de determinado lugar, região, país etc. ~ **patrimonial** *adj.2g.*

pá.trio *adj.* **1** próprio de pátria **2** paterno *<p. poder>*

pa.tri.o.ta *adj.2g.s.2g.* que(m) ama a sua pátria e/ou presta serviços a ela

pa.tri.o.ta.da ou **pa.tri.o.ti.ce** *s.f.* patriotismo exagerado

pa.tri.ó.ti.co *adj.* **1** referente a patriotismo ou patriota **2** que revela amor à pátria

pa.tri.o.tis.mo *s.m.* **1** qualidade de quem é patriota **2** amor à pátria, lealdade para com o país

pa.tro.a /ô/ *s.f.* **1** a mulher do patrão **2** dona de casa **3** mulher que dirige certos estabelecimentos ou serviços **4** *infrm.* mulher casada, em relação ao marido; esposa ◉ GRAM/USO fem. de *patrão*

pa.tro.ci.na.dor /ô/ [pl.: *-es*] *adj.s.m.* **1** que(m) patrocina **1.1** que(m) assume os custos financeiros de um espetáculo, competição esportiva, programa de rádio ou televisão etc. com objetivos de publicidade de nome ou marca

pa.tro.ci.nar *v.* {mod. 1} *t.d.* **1** conceder proteção a; amparar *<p. projetos ecológicos>* **2** prover despesas, gastos de; financiar *<uma empresa que patrocina projetos culturais>* **3** *fig.* fazer surgir; ocasionar *<o acaso patrocinou nosso encontro>*

pa.tro.cí.nio *s.m.* **1** auxílio, proteção **2** apoio financeiro

pa.tro.nal [pl.: *-ais*] *adj.2g.* **1** próprio de patrão **2** formado por patrões

pa.tro.na.to *s.m.* **1** direito ou poder de patrão **2** classe dos patrões ou dos proprietários de empresas **3** instituição que abriga e educa menores pobres; pensionato

patronesse [fr.; pl.: *patronesses*] *s.f.* mulher que patrocina obras beneficentes ⇒ pronuncia-se patronés

pa.tro.ní.mi.co *adj.* denominação derivada do nome do pai ou de ascendente

pa.tro.no *s.m.* **1** o que defende uma causa, ideia etc.; defensor, protetor **2** tutor ou protetor de instituição, academia etc. **3** *p.ext.* indivíduo homenageado em cerimônias de formatura

pa.tru.lha *s.f.* **1** ronda ou reconhecimento da posição do inimigo; patrulhamento **2** grupo encarregado dessa função

pa.tru.lha.men.to *s.m.* **1** patrulha ('ronda') **2** *fig. B* pressão por posições morais ou ideológicas; patrulha

pa.tru.lhar *v.* {mod. 1} *t.d.* **1** proteger, vigiar ou rondar constantemente ☐ *t.d. e int.* **2** rondar em patrulha *<soldados patrulham aquela avenida> <a função do grupo era p.>* ☐ *t.d. fig. B* **3** cobrar conduta, posição ideológica, moral ou de ação; fiscalizar

pa.tru.lhei.ro *s.m.* **1** indivíduo que patrulha **2** pequeno navio que patrulha águas próximas à costa

pa.tu.á *s.m.* **1** saquinho de pano com oração ou relíquia benta us. em cordão, pendente do pescoço; bentinho **2** *fig.* qualquer objeto considerado como amuleto

pa.tu.lei.a /éi/ *s.f. pej.* classe social baixa; plebe, povo, ralé

pa.tus.ca.da *s.f.* festa informal com muita comida e bebida ~ **patuscar** *v.int.*

pa.tus.co *adj.s.m.* **1** que(m) gosta de patuscadas **2** brincalhão **3** *pej.* excêntrico, ridículo

pau *s.m.* **1** pedaço de madeira **2** *p.ext.* qualquer pedaço de substância sólida semelhante a um pau **3** haste, mastro **4** *infrm.* unidade monetária qualquer *<isso custou 300 p.>* **5** *infrm.* surra **6** *B infrm.* reprovação em exame *<levar p. no vestibular>* **7** *infrm. gros.* pênis ■ *adj.2g. B infrm.* **8** cansativo, chato ▼ ***paus*** *s.m.pl.* RECR **9** um dos quatro naipes do baralho, representado por um trevo preto de três folhas ▣ **p. a p.** de maneira equilibrada • **nem a p.** *B* de forma alguma

pau a pi.que [pl.: *paus a pique*] *s.m.* parede feita de uma trama de ripas coberta com barro; taipa

pau-bra.sil [pl.: *paus-brasil* e *paus-brasis*] *s.m.* BOT árvore brasileira de cujo tronco se extrai tinta vermelha

pau-d'á.gua [pl.: *paus-d'água*] *s.m.* **1** BOT árvore de até 10 m, casca escura e fendida, folhas rígidas e flores amarelas, de cujo tronco se retira líquido semelhante à goma arábica **2** BOT árvore pequena de folhas verde-escuras em forma de lança, que se reproduz por segmentos de caule colocados em água **3** *B infrm.* bêbado

pau-d'ar.co [pl.: *paus-d'arco*] *s.m.* BOT ipê

pau de a.ra.ra [pl.: *paus de arara*] *s.m. B* **1** pau us. para transportar aves amarradas **2** caminhão que leva retirantes nordestinos **3** instrumento de tortura que consiste num pau roliço em que o torturado é pendurado pelos joelhos flexionados e tem seus pulsos atados aos tornozelos

pau de se.bo [pl.: *paus de sebo*] *s.m.* **1** disputa para buscar prêmios no alto de um mastro coberto de sebo ou qualquer substância escorregadia **2** esse mastro

pau-fer.ro [pl.: *paus-ferro* e *paus-ferros*] *s.m.* BOT árvore de tronco liso com manchas brancas, madeira muito dura, us. em arborização e pelas propriedades medicinais das raízes, casca e frutos

pa.ul [pl.: *pauis*] *s.m.* pântano

pau.la.da *s.f.* golpe com pau ('madeira')

pau.la.ti.no *adj.* **1** feito em etapas **2** feito devagar

pau.li.cei.a /éi/ *s.f.* a cidade de São Paulo, capital do estado ☞ inicial ger. maiúsc.

pau.lis.ta *adj.2g.* **1** de São Paulo ■ *s.2g.* **2** natural ou habitante desse estado; bandeirante

pau.lis.ta.no *adj.* **1** da cidade de São Paulo (SP) ■ *s.m.* **2** natural ou habitante dessa capital

pau-man.da.do [pl.: *paus-mandados*] *s.m.* quem faz servilmente tudo que lhe mandam, sem questionar

pau-mar.fim [pl.: *paus-marfim* e *paus-marfins*] *s.m.* BOT **1** árvore de até 30 m, cuja madeira clara e dura é us. em marcenaria e carpintaria **2** essa madeira

pau.pe.ris.mo *s.m.* grande pobreza

pau.pe.ri.za.ção [pl.: *-ões*] *s.f.* empobrecimento ~ **pauperizar** *v.t.d. e pron.*

pau.sa *s.f.* **1** suspensão temporária de ação ou som **2** falta de agilidade; lentidão **3** MÚS silêncio entre notas musicais **4** MÚS figura que indica a duração desse silêncio

pau.sar *v.* {mod. 1} *t.d. e int.* **1** dar pausa a ou fazer pausa; interromper; parar ☐ *t.d.* **2** executar com lentidão; cadenciar

pau.ta *s.f.* **1** série de linhas horizontais impressas numa folha de papel **2** cada uma dessas linhas **3** MÚS conjunto de linhas paralelas onde se escrevem as notas; pentagrama **4** enumeração de coisas; lista, rol **5** roteiro dos assuntos a serem cobertos numa edição de jornal, programa de televisão etc.

pau.tar *v.* {mod. 1} *t.d.* **1** traçar pauta em **2** pôr em pauta; relacionar **3** controlar, moderar ☐ *t.d.i. e pron.* **4** (prep. *por*) regular(-se), orientar(-se) *<p. a vida pela ética> <p.-se por bons exemplos>*

pa.va.na *s.f.* DNÇ MÚS **1** tipo de dança renascentista, de origem italiana, com andamento ('tempo') lento **2** composição instrumental com as características dessa dança

pa.vão [pl.: *-ões*; fem.: *pavoa*] *s.m.* ZOO grande ave, semelhante a galinha, cujos machos têm longas penas caudais esverdeadas e com grandes manchas redondas, que se erguem em um leque vertical

pa.vê *s.m.* CUL doce feito de camadas de biscoitos embebidos em alguma bebida licorosa e creme ou musse

pá.vi.do *adj.* medroso, apavorado

pa.vi.lhão [pl.: *-ões*] *s.m.* **1** construção leve, ger. desmontável **2** prédio anexo de uma edificação principal **3** construção isolada que integra um conjunto de prédios **4** bandeira ('pano') **5** ANAT dilatação ou expansão na extremidade de um conduto

pa.vi.men.ta.ção [pl.: *-ões*] *s.f.* **1** ato ou efeito de pavimentar **2** revestimento de estradas, ruas, pisos etc.; calçamento

pa.vi.men.tar *v.* {mod. 1} *t.d.* cobrir com pavimento (rua, estrada etc.) ~ **pavimentado** *adj.*

pa.vi.men.to *s.m.* **1** revestimento do solo; piso, assoalho **2** qualquer andar de uma edificação

pa.vi.o *s.m.* mecha de vela ▣ **ter p. curto** *fraseol. fig.* irritar-se com facilidade

pa.vo.ne.ar *v.* {mod. 5} *t.d. e pron.* **1** mostrar(-se) com ostentação, vaidade; exibir(-se) **2** enfeitar(-se), arrumar(-se) □ *pron.* **3** (prep. *de*) gabar-se, vangloriar-se

pa.vor /ô/ [pl.: *-es*] *s.m.* medo ou susto muito grande

pa.vo.ro.so /ô/ [pl.: /ó/; fem.: /ó/] *adj.* que causa pavor

pa.vu.na *s.f.* *S.* vale profundo e escarpado

pa.xá *s.m.* **1** antigo título otomano **2** *infrm.* homem preguiçoso e que vive para ser servido **3** *fig. infrm.* sultão ~ **paxalato** *s.m.*

pay-per-view [ing.] *s.m.* TV sistema de televisão cujas emissões são codificadas e recebidas apenas por assinantes com dispositivos decodificadores, que pagam por cada programa assistido ⇒ pronuncia-se pêi per viu

paz [pl.: *pazes*] *s.f.* **1** ausência de conflito **2** calma, tranquilidade **3** cessação total de hostilidades entre Estados; armistício, trégua ▣ **fazer as p.** reconciliar-se com (alguém)

Pb QUÍM símbolo de *chumbo*

PB sigla do Estado da Paraíba

PC [ing.; pl.: *PCs*] *s.m.* INF sigla, em inglês, de *computador pessoal* ⇒ pronuncia-se em ing. pici

Pd QUÍM símbolo de *paládio*

PDF [ing.] *s.m.* INF formato de arquivo us. para representar documentos, conservando suas características originais como gráficos, cores, formatações, tipos de letra etc. ⇒ pronuncia-se pi di éf, *corrente* pê dê éfe

PE sigla do Estado de Pernambuco

pé *s.m.* **1** ANAT extremidade do membro inferior humano **2** ZOO pata de animal **3** parte inferior que sustenta um objeto *<p. da mesa>* **4** cada unidade de determinada planta **5** *fig.* estado de um negócio, situação etc. **6** medida de comprimento correspondente a 12 polegadas e equivalente a 30,48 cm ▣ **a pé** caminhando *<vai sempre a pé>* • **com o pé atrás** *fig.* com reservas, com desconfiança • **dar no pé** *infrm.* fugir, debandar • **dar pé 1** ter menor profundidade (rio, mar, piscina etc.) que a altura da pessoa **2** *fig. B infrm.* ser possível *<estudar assim não dá p.>* • **de pé 1** em posição vertical **2** *fig.* de acordo com o combinado • **meter os pés pelas mãos** *fraseol.* precipitar-se

pê *s.m.* nome da letra *p*

[1]**pe.ão** [pl.: *-ões*; fem.: *peoa* e *peona (da acp. 1)*] *s.m.* **1** pessoa que anda a pé; pedestre ☞ cf. *pião* **2** RECR nome de oito peças do jogo de xadrez e das peças do jogo de damas [ORIGEM: lat.medv. *pedo,ōnis* 'o que tem pés grandes']

[2]**pe.ão** [pl.: *-ões*; fem.: *peoa* e *peona*] *s.m.* **1** amansador de animais **2** condutor da tropa de animais **3** auxiliar de boiadeiro **4** empregado no trabalho rural **5** trabalhador de estradas de rodagem, estradas de ferro e outras obras de engenharia civil **6** servente de obra **7** *RS* empregado doméstico de estância [ORIGEM: plat. *peón* 'serviçal de estância'] ◉ COL peonada, peonagem

pe.ba *adj.2g.* *N.E. pej.* sem valor ou importância; reles, ordinário

pe.ba.do *adj.* *CE infrm.* **1** que não se realizou conforme o esperado; frustrado **2** cuja condição financeira é má; sem dinheiro, lascado

pe.bo.lim [pl.: *-ins*] *s.m.* RECR futebol totó

PEC *s.f.* sigla de Proposta de Emenda Constitucional

pe.cã *s.f.* BOT **1** árvore nativa dos EUA, cujo fruto é uma noz alongada, muito us. no preparo de tortas e bolos **2** o fruto dessa árvore

pe.ça *s.f.* **1** parte autônoma de um todo **2** objeto com existência individual; exemplar **3** compartimento ou divisão de uma casa **4** obra teatral ou musical **5** *infrm.* engano; travessura **6** RECR pedra de jogo de tabuleiro **7** porção inteiriça de tecido **8** *fig. infrm.* pessoa incomum

pe.ca.do *s.m.* **1** violação de preceito religioso **2** *p.ext.* desobediência a qualquer norma ou preceito; erro, falta

pe.ca.dor /ô/ [pl.: *-es*] *adj.s.m.* **1** que(m) comete pecado(s) **2** que(m) possui defeitos, vícios **3** que(m) confessa os pecados; penitente

pe.ca.mi.no.so /ô/ [pl.: /ó/; fem.: /ó/] *adj.* que envolve pecado

pe.car *v.* {mod. 1} *t.i. e int.* **1** (prep. *contra*) violar preceito religioso *<p. contra a castidade>* *<pecou gravemente>* **2** *p.ext.* (prep. *contra*) cometer qualquer falta; errar *<p. contra os bons costumes>* *<peca na ortografia>* □ *t.i.* **3** (prep. *por*) ser censurável, condenável *<p. por ignorância>*

pe.cha *s.f.* defeito moral; falha, imperfeição

pe.cha.da *s.f.* *RS* **1** encontrão ou batida **2** *infrm.* ato de pedir dinheiro a alguém

pe.chin.cha *s.f.* **1** algo muito barato **2** negócio vantajoso ~ **pechincheiro** *adj.s.m.*

pe.chin.char *v.* {mod. 1} *t.d.,t.i. e int.* **1** (prep. *em*) pedir redução do preço (de); barganhar *<p. o (no) preço>* *<sempre que fazia compras, pechinchava>* □ *t.d. e int.* **2** receber (vantagens, lucros etc.) sem esperar e/ou merecer *<pechinchou uns brindes muito bons>* *<não trabalhava, vivia de p.>*

P

pe.ci.lo.ter.mo *adj.s.m.* ZOO (animal) de temperatura variável, como os peixes, os anfíbios e os répteis ~ **pecilotermia** *s.f.* - **pecilotérmico** *adj.*

pe.cí.o.lo *s.m.* BOT segmento da folha que a prende ao ramo ou tronco

pe.ço.nha *s.f.* secreção venenosa de certos animais ~ **peçonhento** *adj.*

pec.ti.na *s.f.* BIOQ substância presente nas paredes celulares de tecido vegetal, esp. em frutas cítricas, us. no preparo de geleias

pe.cu.á.ria *s.f.* atividade relacionada a todos os aspectos da criação de gado ~ **pecuário** *adj.* - **pecuarista** *adj.2g.s.2g.*

pe.cu.la.to *s.m.* DIR roubo ou desvio de dinheiro público ou bem móvel por parte de funcionário que os administra ou guarda ~ **peculatário** *adj.s.m.*

pe.cu.li.ar [pl.: *-es*] *adj.2g.* **1** relativo a pecúlio **2** próprio de algo ou alguém; específico

pe.cu.li.a.ri.da.de *s.f.* característica distintiva; particularidade

pe.cú.lio *s.m.* **1** reserva de dinheiro **2** conjunto de bens móveis e imóveis; patrimônio

pe.cú.nia *s.f.* dinheiro

pe.cu.ni.á.rio *adj.* **1** referente a dinheiro **2** representado em dinheiro *<reserva p.>*

pe.da.ço *s.m.* **1** porção de um sólido **2** trecho de determinada obra; parte **3** trecho de caminho ▣ **aos p. 1** em fragmentos; despedaçado, partido **2** *fig.* muito cansado; exausto • **caindo aos p. 1** em péssimo estado de conservação *<o carro está caindo aos p.>* **2** *fig.* exausto, sem forças **3** *fig.* envelhecido, acabado

pe.dá.gio *s.m.* **1** taxa cobrada de veículos pelo direito de passagem em estrada **2** posto de cobrança dessa taxa

pe.da.go.gi.a *s.f.* **1** teoria e ciência do ensino **2** ofício de ensinar ~ **pedagógico** *adj.*

pe.da.go.go /ô/ *s.m.* **1** o especialista em pedagogia **2** professor

pé-d'á.gua [pl.: *pés-d'água*] *s.m.* *B* chuva forte e de curta duração

pe.dal [pl.: *-ais*] *s.m.* peça em certas máquinas ou aparelhos que se aciona com o pé para lhes imprimir movimento ou travar

pe.da.la.da *s.f.* cada impulso dado em pedal

pe.da.lar *v.* {mod. 1} *t.d. e int.* **1** mover pedal ou pedais (de máquina, instrumento, bicicleta) *<a garota pedalava a bicicleta com desenvoltura> <ouvia-se de longe a costureira pedalando>* □ *int.* **2** andar de bicicleta

pe.da.li.nho *s.m.* pequena embarcação movida a pedais, us. ger. em lagoas, esp. para lazer

pe.dan.te *adj.2g.s.2g.* **1** que(m) ostenta cultura, erudição **2** que(m) se expressa com termos e raciocínios difíceis **3** que(m) demonstra superioridade ~ **pedantice** *s.f.* - **pedantismo** *s.m.*

pé de a.tle.ta [pl.: *pés de atleta*] *s.m.* MED micose que ataca os pés, principalmente os dedos; frieira

pé de boi [pl.: *pés de boi*] *s.m.* *infrm.* trabalhador esforçado, cumpridor de suas obrigações

pé de ca.bra [pl.: *pés de cabra*] *s.m.* alavanca de metal dotada de uma fenda em uma das extremidades, us. para arrancar pregos, arrombar portas etc.

pé de chi.ne.lo [pl.: *pés de chinelo*] *adj.s.m.* *infrm.* **1** pobre, insignificante ■ *s.m.* **2** bandido pouco perigoso

pé de ga.li.nha [pl.: *pés de galinha*] *s.m.* ruga no canto externo do olho

pé-de-mei.a [pl.: *pés-de-meia*] *s.m.* *infrm.* dinheiro economizado e reservado para uma eventualidade; economias

pé de mo.le.que [pl.: *pés de moleque*] *s.m.* **1** doce consistente feito com amendoim torrado e açúcar **2** calçamento de rua com pedras irregulares

pé de pa.to [pl.: *pés de pato*] *s.m.* calçado de borracha, com a extremidade achatada, larga e flexível, us. por mergulhadores e nadadores para ganhar maior velocidade; nadadeira

pe.de.ras.ti.a *s.f.* **1** prática sexual entre um homem e um rapaz mais jovem **2** *p.ext.* homossexualismo masculino ~ **pederasta** *s.m.*

pe.der.nei.ra *s.f.* pedra que, em atrito com metal, produz faísca

pe.des.tal [pl.: *-ais*] *s.m.* base, suporte para estátua, coluna etc.

pe.des.tre *adj.2g.s.2g.* que(m) anda ou está a pé

pe.des.tri.a.nis.mo *s.m.* ESP prática que consiste em longas caminhadas

pé de ven.to [pl.: *pés de vento*] *s.m.* rajada de vento

pe.di.a.tra *s.2g.* médico especialista em pediatria

pe.di.a.tri.a *s.f.* MED ramo da medicina que estuda a criança e suas doenças ~ **pediátrico** *adj.*

pe.di.cu.lo.se *s.f.* MED infestação de piolhos

pe.di.cu.re *s.2g.* ou **pe.di.cu.ro** [fem.: *pedicura*] *s.m.* profissional especializado no tratamento e embelezamento dos pés; calista

pe.di.do *s.m.* **1** ação de pedir **2** o que se pede **3** ordem de compra

pedigree [ing.; pl.: *pedigrees*] *s.m.* **1** linhagem de um animal de raça **2** certificado que atesta essa linhagem ⇒ pronuncia-se pêdigri

pe.din.te *adj.2g.s.2g.* **1** que(m) pede ■ *s.2g.* **2** mendigo

pe.dir *v.* {mod. 28} *t.d.,t.d.i. e int.* **1** (prep. *a*) dirigir-se (a alguém) para que atenda (necessidade, vontade); solicitar *<p. (ao patrão) um aumento> <tem o hábito de p.>* □ *t.d. e t.d.i.* **2** (prep. *a*) reclamar por ser direito legítimo ou suposto; exigir *<a população pede segurança> <a universidade pediu-lhe o diploma do ensino médio>* □ *t.d.* **3** exigir, por ser necessário; requerer *<sua saúde pede cuidados>* □ *t.i.* **4** (prep. *por*) fazer solicitação a favor de; interceder *<p. pelos desempregados>*

pé-di.rei.to [pl.: *pés-direitos*] *s.m.* altura entre o piso e o teto de um cômodo ou pavimento

pe.do.fi.li.a *s.f.* PSIQ **1** perversão que leva um indivíduo adulto a se sentir sexualmente atraído por crianças **2** prática de atos sexuais com crianças ~ **pedófilo** *adj.s.m.*

pe.dra *s.f.* **1** matéria mineral sólida e dura **2** pedaço dessa matéria us. em construção etc. **3** rochedo **4** MED *infrm.* cálculo **5** RECR peça de certos jogos **6** lápide de túmulo ▣ **p. filosofal** fórmula que transformaria metal comum em ouro • **p. lascada** pedra quebrada grosseiramente, us. como arma e ferramenta na era paleolítica • **p. polida** pedra trabalhada us. como arma e ferramenta na era neolítica • **p. preciosa** pedra rara, transparente ou translúcida, e que, lapidada, se usa em joias e objetos de luxo; gema ~ **pedrento** *adj.* - **pedroso** *adj.*

pe.dra.da *s.f.* golpe com pedra

pe.dra-po.mes [pl.: *pedras-pomes*] *s.f.* pedra us. para limpar e amaciar a pele

pe.dra.ri.a *s.f.* porção de pedras, esp. as preciosas

pe.dra-sa.bão [pl.: *pedras-sabão* e *pedras-sabões*] *s.f.* rocha de textura fibrosa, de coloração esverdeada, muito us. em escultura

pe.dra-u.me [pl.: *pedras-ume* e *pedras-umes*] *s.f.* QUÍM nome comum dado ao sulfato de alumínio e potássio, us. na fabricação de corantes, papel, porcelana, purificação de água, clarificação de açúcar etc.

pe.dre.go.so /ô/ [pl.: /ó/; fem.: /ó/] *adj.* que tem muitas pedras

pe.dre.gu.lho *s.m.* **1** grande quantidade de pedras pequenas **2** pedra de grandes dimensões

pe.drei.ra *s.f.* **1** local de onde se extrai pedra **2** *fig. infrm.* tarefa árdua

pe.drei.ro *s.m.* quem trabalha em construções, lidando com pedras, cimento, cal etc.

pe.drês [pl.: *-eses* /ê/] *adj.2g.s.2g.* (o) que é salpicado de branco e preto

pe.dún.cu.lo *s.m.* BOT haste que sustenta uma flor ou um cacho de flores, e posteriormente o(s) fruto(s)

pê-e.me [pl.: *pê-emes*] *s.f.* **1** *B infrm.* a polícia militar ■ *s.2g.* **2** integrante dessa corporação; policial militar

pé-fri.o [pl.: *pés-frios*] *s.2g. B infrm.* pessoa sem sorte ou que traz má sorte aos outros

pe.ga *s.m. infrm.* **1** corrida não autorizada de automóveis em via pública **2** forte discussão ou briga

pe.ga.da *s.f.* marca de pé ou pata no solo; passo

pe.ga.di.nha *s.f. infrm.* o ato ou o efeito de pôr alguém em situação embaraçosa a fim de provocar riso

pe.ga.dor /ô/ [pl.: *-es*] *s.m.* **1** utensílio us. para pegar ou segurar algo *<p. de gelo>* **2** RECR esconde-esconde **3** RECR pique ('brincadeira') ■ *adj.s.m.* **4** que(m) pega **5** ESP no pugilismo e em esportes afins, diz-se de lutador acostumado a nocautear **6** *infrm.* namorador

pe.ga.jo.so /ô/ [pl.: /ó/; fem.: /ó/] *adj.* grudento, viscoso

pe.ga-la.drão [pl.: *pega-ladrões*] *s.m.* dispositivo de segurança adaptado aos fechos de colares, pulseiras etc.

pe.ga-pe.ga [pl.: *pega-pegas* e *pegas-pegas*] *s.m.* [1]pique ('brincadeira')

pe.gar *v.* {mod. 1} *t.d.* **1** segurar ou recolher, com auxílio das mãos ou de algum objeto; apanhar *<pegue a caneta e anote o recado>* *<pegou feijão com a concha>* ☐ *t.d. e t.i.* **2** (prep. *em, por*) prender segurando; segurar *<o goleiro pegou dois pênaltis>* *<p. uma (ou numa) xícara>* *<p. pelo pé>* ☐ *t.i.,t.d.i. e pron.* **3** (prep. *a, em*) deixar ou ficar preso; fixar(-se), colar *<p. o papel à parede>* *<o feijão pegou na panela>* *<a roupa pegava-se ao corpo>* ☐ *int.* **4** lançar ou criar raízes *<a roseira enfim pegou>* **5** estabilizar-se, vingar *<essa moda pega!>* *<a desculpa não pegou>* **6** começar a funcionar *<o carro custou a p.>* **7** chegar ao trabalho *<p. cedo no serviço>* ☐ *t.i.* **8** (prep. *a*) começar, principiar *<de noite pegou a chover>* ☞ cf. GRAM./USO a seguir **9** (prep. *com*) ser contíguo, comunicar-se *<a plantação de café pega com a de soja>* ☐ *t.d.* **10** chegar junto de; alcançar, atingir *<a chuva pegou-os na estrada>* **11** viver, vivenciar *<peguei a época dos bondes>* **12** chocar-se com; bater *<o carro pegou o ciclista>* **13** ir buscar; apanhar *<vou p. as chaves e volto>* **14** assumir trabalho, obrigação *<vai p. esse serviço?>* **15** ingressar em (ônibus, trem etc.) *<vou p. a barca das nove>* **16** ser condenado a; receber como pena *<p. dois anos de cadeia>* **17** seguir, ir por (certo caminho ou direção) *<p. um atalho para chegar mais cedo>* **18** surpreender, encontrar *<pegou-a roubando>* **19** *B infrm.* deslocar-se para (um lugar, ger. a lazer); ir *<p. uma praia>* **20** compreender, entender *<não pegou o sentido da piada>* **21** abranger, incluir *<a área de entrega não pega esse bairro>* ☐ *t.d. e int.* **22** captar (sinal, som, imagem) *<o rádio não pega a FM fora da cidade>* *<aqui o celular não pega>* ☐ *t.d.,t.d.i.,int. e pron.* **23** (prep. *de, em*) adquirir ou transmitir(-se) [doença] por contágio *<pegou uma gripe>* *<p. caxumba da (ou na) namorada>* *<um vírus que (se) pega facilmente>* ☐ *pron.* **24** brigar, desentender-se *<pegaram-se de (ou aos) socos>* **25** (prep. *com*) pedir proteção a *<em perigo, pega-se com seu santo>* ◉ GRAM/USO **a)** part.: *pegado, pego*; **b)** tb. é empr. como v.aux., com a prep. *a* mais o inf. de outro verbo, para indicar a ideia de 'início ou insistência de ação': *pegou a chover forte*

pe.ga-ra.paz [pl.: *pega-rapazes*] *s.m.* anel de cabelo pegado à testa ou aos lados da face

pe.go /é/ *s.m.* **1** parte mais funda em rio, lago etc. **2** abismo no mar; pélago **3** caverna no fundo do mar

pe.gu.rei.ro *adj.s.m.* **1** pastor de rebanhos ■ *s.m.* **2** cão pastor

pei.a *s.f.* **1** amarração para pés de animais **2** *fig.* entrave, obstáculo **3** chicote **4** *N.E. gros.* pênis

pei.do *s.m. gros.* expulsão de gases do intestino pelo ânus; pum, traque ~ **peidar** *v.int.*

pei.ta *s.f.* **1** antigo imposto pago pelos que não eram nobres **2** presente oferecido como suborno **3** crime praticado por quem aceita esse presente

[1]**pei.tar** *v.* {mod. 1} *t.d.* dar bem, dinheiro etc. a (alguém) para fazer algo ilícito; subornar [ORIGEM: do lat.vulg. *pactare* 'pagar tributo']

P

[2]**pei.tar** *v.* {mod. 1} *t.d. fig.* enfrentar sem medo [ORIGEM: *peito* + [2]*-ar*]

pei.ta.ri.a *s.f.* conjunto de seios muito grandes

pei.ti.lho *s.m.* **1** o que reveste o peito **2** parte da roupa que cobre o peito

pei.to *s.m.* **1** ANAT região do tronco que vai do pescoço ao abdome; tórax **2** parte anterior, externa e superior do tórax **3** carne (do boi, frango etc.) dessa região **4** cada um dos seios femininos **5** *fig.* força moral; coração, ânimo ▣ **p. do pé** dorso do pé • **do p.** *fig.* muito querido; do coração

pei.to.ral [pl.: *-ais*] *adj.2g.* **1** relativo ou próprio de peito **2** diz-se de cada um dos músculos localizados na caixa torácica anterior

pei.to.ril [pl.: *-is*] *s.m.* parapeito

pei.tu.do *adj.s.m.* **1** (indivíduo) de peitos grandes ou musculosos **2** *fig.* corajoso, desafiador

pei.xa.da *s.f.* CUL ensopado de peixe

pei.xa.ri.a *s.f.* estabelecimento especializado na venda de peixes e demais frutos do mar

pei.xe *s.m.* **1** ZOO animal vertebrado aquático, dotado de nadadeiras e brânquias ▼ ***peixes*** *s.m.pl.* **2** décima segunda e última constelação zodiacal, situada entre Aquário e Áries ☞ inicial maiúsc. **3** ASTRL décimo segundo e último signo do zodíaco (de 20 de fevereiro a 20 de março) ☞ inicial maiúsc. ◉ COL cardume

pei.xe-boi [pl.: *peixes-boi* e *peixes-bois*] *s.m.* ZOO grande mamífero aquático de corpo arredondado, cabeça pequena e cauda em forma de remo

pei.xe-e.lé.tri.co [pl.: *peixes-elétricos*] *s.m.* ZOO peixe que solta descargas elétricas para se defender; poraquê

pei.xe-es.pa.da [pl.: *peixes-espada* e *peixes-espadas*] *s.m.* ZOO peixe prateado de corpo alongado e pontiagudo, semelhante a uma espada

pei.xei.ra *s.f.* **1** mulher que vende peixe **2** *N.E.* faca us. para cortar peixe **3** *N.E.* facão curto us. como arma

pei.xei.ro *s.m.* vendedor de peixe

pei.xe-vo.a.dor [pl.: *peixes-voadores*] *s.m.* ZOO peixe capaz de realizar voos curtos perto da superfície, para fugir de predadores

pe.jar *v.* {mod. 1} *t.d. e t.d.i.* **1** (prep. *com, de*) ocupar certo espaço ou volume; encher *<p. o carro (de caixas)>* ☐ *t.i. e pron.* **2** (prep. *a, de*) [fazer] ter pejo; envergonhar(-se) *<pejou das críticas que recebeu>* *<p.-se de erros>* ☐ *pron.* **3** (prep. *com*) ficar ressentido; magoar-se **4** (prep. *de*) ter receio; hesitar *<não se pejou de revidar a ofensa>* ☐ *t.d. e int.* **5** engravidar *<o reprodutor já pejou várias vacas>* *<a vaca malhada finalmente pejou>* ~ **pejado** *adj.* - **pejamento** *s.m.*

pe.jo /ê/ *s.m.* **1** vergonha, pudor **2** falta de traquejo social

pe.jo.ra.ti.vo *adj.* que exprime sentido negativo, depreciativo (diz-se de palavra, expressão etc.)

pe.la /é/ *s.f.* bola, esp. de borracha, us. em alguns jogos

pe.la.da *s.f.* **1** jogo de futebol em campo improvisado **2** partida de futebol mal jogada

[1]**pe.la.do** *adj.* sem pelo ou cabelo [ORIGEM: part. de [1]*pelar*]

[2]**pe.la.do** *adj.* **1** sem pele **2** sem casca **3** *infrm.* nu [ORIGEM: part. de [2]*pelar*]

pe.la.gem [pl.: *-ens*] *s.f.* conjunto de pelos de mamíferos

pe.lá.gi.co ou **pe.lá.gio** *adj.* **1** diz-se da região ocupada por todos os oceanos **2** que vive em alto-mar (diz-se de animal)

pé.la.go *s.m.* **1** abismo oceânico **2** região marítima afastada do litoral; alto-mar

pe.la.me *s.m.* **1** pelagem **2** coleção de peles ('agasalhos')

pe.lan.ca *s.f.* pele flácida e caída ~ **pelancudo** *adj.*

[1]**pe.lar** *v.* {mod. 1} *t.d. e pron.* (fazer) ficar sem pelo [ORIGEM: do lat. *pilāre* 'tirar o pelo de']

[2]**pe.lar** *v.* {mod. 1} *t.d. e pron.* **1** pôr(-se) nu; despir(-se) **2** (fazer) ficar sem a pele ou a casca; descascar ☐ *int.* **3** estar muito quente ☐ *t.d. fig. infrm.* **4** tirar os pertences de, ger. de modo ilícito; depenar [ORIGEM: *pele* + [2]*-ar*]

pe.le *s.f.* **1** ANAT órgão que reveste o corpo humano e o de certos vertebrados **2** esse órgão, esp. de certos animais de pelos abundantes e sedosos, us. como agasalho humano **3** casca de alguns frutos e legumes ◉ COL pelame ▣ **cair na p. de** zombar, caçoar • **salvar a p.** livrar-se de responsabilidades

pe.le.go /ê/ *s.m.* *B* **1** pele do carneiro com a lã **2** essa pele us. sobre a sela **3** *pej.* trabalhador que age nos sindicatos contra os interesses de sua própria classe **4** *pej.* bajulador, capacho

pe.le.ja /ê/ *s.f.* **1** luta, disputa **2** ESP disputa esportiva ~ **pelejador** *adj.s.m.* - **pelejar** *v.t.d.,t.i. e int.*

pe.le.ri.ne *s.f.* **1** tipo de capa comprida com aberturas para os braços **2** pequeno manto que cobre apenas a parte superior do corpo

pe.le.ta.ri.a ou **pe.le.te.ri.a** *s.f.* loja de casacos, estolas de peles etc.

pe.le-ver.me.lha [pl.: *peles-vermelhas*] *adj.2g.s.2g.* (indivíduo) dos peles-vermelhas, nome comum a vários povos indígenas dos Estados Unidos da América

pe.li.ca *s.f.* pele fina de animal preparada para a confecção de luvas, sapatos etc.

pe.li.ça *s.f.* roupa ou colcha forrada de peles com pelos macios e abundantes

pe.li.ca.ni.for.me *adj.2g.* que se parece com o pelicano

pe.li.ca.no *s.m.* ZOO ave aquática de grande porte, de bico grande e largo provido de uma bolsa para armazenar peixes

pe.li.co *s.m.* *infrm.* membrana que envolve o feto; âmnio

pe.lí.cu.la *s.f.* **1** camada de pele muito fina **2** membrana que envolve certos órgãos animais ou vegetais **3** CINE FOT fina camada de gelatina que reveste filmes **4** filme de cinema

pe.lo *contr.* **1** da antiga prep. *per* (*por*) com o antigo artigo definido *lo* (*o*) **2** da antiga prep. *per* (*por*) com o antigo pron.dem. *lo* (*o*) ◉ GRAM/USO voc. de pronúncia átona

pe.lo /ê/ *s.m.* **1** fio que cresce sobre a pele **2** pelagem **3** fio presente em certas plantas ◉ COL pelagem ▣ **em p.** sem arreios (diz-se de montaria) • **nu em p.** completamente despido, sem roupa

pe.lo.ta *s.f.* **1** bola pequena; bolota **2** *B* qualquer objeto com a forma de pequena bola **3** *B* a bola de futebol

pe.lo.tão [pl.: *-ões*] *s.m.* **1** subdivisão de uma companhia de soldados **2** *p.ext.* grande grupo de pessoas com a mesma atividade

pe.lou.ri.nho *s.m.* coluna de pedra ou madeira que era us. para castigo em praça pública

pe.lú.cia *s.f.* tecido felpudo de um lado e liso de outro

pe.lu.do *adj.* **1** que tem muitos pelos **2** coberto de pelos

pel.ve *s.f.* ou **pél.vis** *s.f.2n.* ANAT bacia ~ **pélvico** *adj.*

[1]**pe.na** *s.f.* **1** dó, compaixão **2** castigo, punição **3** desgraça, lástima [ORIGEM: do gr. *poinḗ,ês* 'id'] ▣ **p. capital** castigo mortal

[2]**pe.na** *s.f.* **1** revestimento do corpo das aves **2** peça, ger. metálica, adaptada à caneta us. para escrever ou desenhar [ORIGEM: do lat. *penna,ae* 'asa (o que serve para voar)'] ◉ COL plumagem

pe.na.cho *s.m.* **1** feixe de penas que enfeita cabeça, chapéu etc. **2** tufo de penas que enfeita a cabeça ou a cauda de certos animais

pe.na.da *s.f.* **1** traço contínuo com caneta de pena **2** *fig.* conjunto de palavras escritas **3** *fig.* opinião, palpite

[1]**pe.na.do** *adj.* que está penando, sofrendo [ORIGEM: part. de *penar*]

[2]**pe.na.do** *adj.* com penas; emplumado [ORIGEM: [2]*pena* + *-ado*]

pe.nal [pl.: *-ais*] *adj.2g.* **1** relativo a penas judiciais **2** relativo às leis judiciais **3** que aplica penas judiciais

pe.na.li.da.de *s.f.* **1** sistema de penas ditadas pela lei **2** pena, castigo

pe.na.li.zar *v.* {mod. 1} *t.d. e pron.* **1** (fazer) sentir dó, pesar; condoer(-se) ☐ *t.d.* *B* **2** aplicar pena a; punir *<p. um réu>* **3** causar dano a; prejudicar ~ **penalização** *s.f.*

pê.nal.ti *s.m.* FUTB penalidade máxima aplicada contra uma equipe, por uma falta cometida na grande área, que consiste num tiro livre a 11 metros do gol, defendido apenas pelo goleiro

pe.nar *v.* {mod. 1} *t.d.,int. e pron.* **1** sentir (pena, aflição, dor); sofrer, padecer ☐ *t.d.* **2** sofrer as consequências de; expiar, pagar **3** impor pena(s) a; punir ■ *s.m.* **4** sofrimento físico ou moral ◉ GRAM/USO pl. do s.m.: *penares*

pen.ca *s.f.* **1** porção de frutos, flores etc. **2** *fig.* grande quantidade de algo

pen.dão [pl.: *-ões*] *s.m.* **1** bandeira ('peça de pano') **2** símbolo ou emblema de um grupo, doutrina etc.

pen.dên.cia *s.f.* **1** questão ou causa não resolvida **2** DIR duração de uma causa judicial

pen.den.ga *s.f.* desacordo de pontos de vista; desentendimento

pen.den.te *adj.2g.* **1** que pende; pendurado **2** dependente de alguma coisa; subordinado ■ *s.m.* **3** joia ou bijuteria que pende (p.ex., um brinco) ■ *s.f.* *RS* **4** declive de montanha; vertente

pen.der *v.* {mod. 8} *int.* **1** (prep. *de*) estar suspenso ou pendurado *<o lustre pende do teto>* **2** (prep. *de*) estar para cair ou desprender ☐ *t.d.* **3** estar ou ficar em posição inclinada; descair *<p. o ombro direito>* ☐ *t.i.* **4** (prep. *para*) ter inclinação, preferência por; tender

pen.dor /ô/ [pl.: *-es*] *s.m.* **1** capacidade natural; inclinação, tendência **2** aclive, declive, rampa

pen drive [ing.; pl.: *pen drives*] *s.m.* INF dispositivo removível, leve e pequeno, us. para armazenamento de dados ⇒ pronuncia-se pendraiv

pen.du.lar [pl.: *-es*] *adj.2g.* **1** próprio de pêndulo **2** que balança; oscilante

pên.du.lo *s.m.* corpo pesado pendurado num ponto fixo, que oscila em movimentos de vaivém

pen.du.rar *v.* {mod. 1} *t.d.* **1** suspender e fixar distante do chão (a prego, corda, gancho etc.); dependurar *<p. a toalha no gancho>* **2** *B infrm.* dar como garantia; penhorar **3** *B* deixar de pagar (conta, despesa) ☐ *pron.* **4** (prep. *de*) estar suspenso; pender **5** *fig.* *B* (prep. *em*) usar por muito tempo *<p.-se no telefone>*

pen.du.ri.ca.lho ou **pen.du.ru.ca.lho** *s.m.* enfeite pendente; badulaque, balangandã

pe.ne.do /ê/ *s.m.* rochedo, penhasco

pe.nei.ra *s.f.* utensílio constituído de tela ou fios trançados us. para separar fragmentos maiores de menores

pe.nei.rar *v.* {mod. 1} *t.d.* **1** fazer passar pela peneira **2** *p.ext.* coar, filtrar **3** *fig.* fazer seleção de; escolher ☐ *int.* *B* **4** cair chuva fina e rala ou chover pouco; chuviscar ~ **peneiração** *s.f.* - **peneiramento** *s.m.*

pe.ne.tra *adj.2g.s.2g.* *infrm.* que(m) consegue entrar em festas, eventos etc. sem convite ou ingresso; furão

pe.ne.tra.ção [pl.: *-ões*] *s.f.* **1** passagem para a parte interna de algo **2** *fig.* capacidade de influenciar o pensamento ou os sentimentos de alguém ou um grupo

pe.ne.tran.te *adj.2g.* **1** que penetra **2** *fig.* muito forte, intenso *<odor p.>* **3** *fig.* doloroso, pungente

pe.ne.trar *v.* {mod. 1} *t.d. e t.i.* **1** (prep. *em*) passar para dentro de; entrar *<p. (em) uma caverna>* **2** (prep. *em*, *por*) passar através de; transpor *<a bala penetrou (em) seu peito>* **3** (prep. *em*) alcançar o íntimo de; infiltrar-se *<a alegria penetra (n)a alma>* ☐ *t.i.* **4** (prep. *em*) ir em direção ao interior de *<p. na selva>* ~ **penetrabilidade** *s.f.* - **penetrável** *adj.2g.*

P

pe.nha *s.f.* grande massa de rocha saliente e isolada, na encosta ou no dorso de uma serra

pe.nhas.co *s.m.* extenso rochedo escarpado

pe.nho.ar [pl.: *-es*] *s.m.* leve vestimenta feminina caseira, aberta na frente e us. ger. sobre roupa de dormir; robe

pe.nhor /ô/ [pl.: *-es*] *s.m.* **1** depósito de um bem como garantia de pagamento de dívida **2** o bem que foi penhorado **3** *fig.* garantia, promessa, prova

pe.nho.ra *s.f.* **1** ato de penhorar ou o seu efeito **2** DIR apreensão de bem penhorado, por ordem judicial

pe.nho.rar *v.* {mod. 1} *t.d.* **1** efetuar a penhora de; tomar *<p. bens>* **2** dar (algo material) como garantia de cumprimento de compromisso financeiro; empenhar *<p. joias>* ☐ *t.d. e t.d.i.* **3** (prep. *a*) afiançar, garantir *<p.(-lhe) apoio político>* ☐ *t.d.,t.d.i. e pron.* **4** (prep. *a, de*) [fazer] sentir ou mostrar respeito, admiração ou gratidão *<a correção do amigo penhorou(-lhe) respeito> <p.-se dos conselhos do pai>* ~ **penhorado** *adj.*

pe.ni.ci.li.na *s.f.* FARM denominação de um grupo de antibióticos obtidos a partir de certos fungos

pe.ni.co *s.m. infrm.* vaso portátil us. para urinar e defecar; urinol, bacio

pe.nín.su.la *s.f.* GEO terra cercada de água por todos os lados, exceto um, que se liga a uma porção maior de terra

pe.nin.su.lar [pl.: *-es*] *adj.2g.* **1** relativo a ou próprio de península ■ *adj.2g.s.2g.* **2** natural ou habitante de uma península

pê.nis *s.m.2n.* ANAT órgão sexual masculino ~ **peniano** *adj.*

pe.ni.tên.cia *s.f.* **1** arrependimento ou tristeza por erro ou falta **2** REL arrependimento por ter cometido um pecado **3** REL confissão ('sacramento') **4** REL pena que o sacerdote impõe ao penitente para expiar os pecados cometidos **5** REL qualquer sofrimento, voluntário ou não, que se oferece a Deus como expiação dos pecados; mortificação

pe.ni.ten.ci.ar *v.* {mod. 1} *t.d. e pron.* **1** (prep. *de, por*) impor(-se) penitência; punir(-se) ☐ *t.d.* **2** sofrer as consequências de (pecado, falta, crime); pagar

pe.ni.ten.ci.á.ria *s.f.* local em que os condenados à reclusão cumprem suas sentenças ~ **penitenciário** *adj.s.m.*

pe.ni.ten.te *adj.2g.s.2g.* **1** que(m) se arrepende **2** que(m) faz penitência

pe.no.so /ô/ [pl.: /ó/; fem.: /ó/] *adj.* **1** que provoca sofrimento **2** árduo, difícil

pen.sa.dor /ô/ [pl.: *-es*] *adj.s.m.* que(m) pensa, reflete

pen.sa.men.to *s.m.* **1** ação ou faculdade de pensar **2** aquilo que se pensa **3** ideia, reflexão **4** mente, razão **5** conhecimento, inteligência **6** opinião, ponto de vista **7** modo de pensar **8** conjunto de ideias

pen.são [pl.: *-ões*] *s.f.* **1** renda paga a alguém regularmente **2** hotel simples e familiar com refeições

pen.sar *v.* {mod. 1} *t.d.,t.i. e int.* **1** (prep. *em*) formar (ideias) na mente, submetendo a raciocínio; refletir, raciocinar *<p. que corre perigo> <pensou em suas palavras> <penso, logo existo>* ☐ *t.d. e t.i.* **2** (prep. *em*) determinar pela reflexão *<p. (n)o que fazer>* **3** (prep. *em*) ter como intenção; pretender *<pensava (em) partir logo>* ☐ *t.i.* **4** (prep. *em*) puxar pela memória; lembrar-se *<p. em casos antigos>* ☐ *t.d.* **5** ser de certa opinião; julgar, acreditar ~ **pensante** *adj.2g.*

pen.sa.ti.vo *adj.* **1** entregue aos pensamentos **2** preocupado

pên.sil [pl.: *-eis*] *adj.2g.* **1** pendurado, suspenso **2** diz-se de ponte suspensa por cabos de aço

pen.sio.na.to *s.m.* **1** instituição em que os alunos residem e recebem alimentação; internato **2** patronato ('instituição') **3** casa que recebe hóspedes

pen.sio.nis.ta *adj.2g.s.2g.* **1** que(m) recebe pensão, esp. do Estado **2** que(m) mora em pensão

pen.so *adj.* **1** que pende; inclinado ■ *s.m.* **2** material ou medicamento us. em ferimento

pen.ta *adj.2g.2n.s.2g.2n.* red. de ***PENTACAMPEÃO*** e pentacampeonato

pen.ta.cam.pe.ão [pl.: *-ões*; fem.: *-ã*] *adj.s.m.* diz-se de ou atleta, equipe esportiva, clube etc. que foi campeão pela quinta vez em determinado tipo de competição ☞ tb. se diz apenas *penta* ~ **pentacampeonato** *s.m.*

pen.ta.e.dro *s.m.* GEOM poliedro de cinco faces

pen.tá.go.no *s.m.* GEOM polígono de cinco lados ~ **pentagonal** *adj.2g.*

pen.ta.gra.ma *s.m.* **1** MÚS pauta de cinco linhas paralelas e equidistantes em que se escrevem as notas musicais **2** GEOM figura geométrica regular com a forma de uma estrela de cinco pontas

pen.ta.teu.co *s.m.* REL torá ☞ inicial maiúsc.

pen.ta.tlo *s.m.* ESP na Grécia antiga, conjunto de cinco provas disputadas por atletas: luta livre, corrida, salto em distância, disco e dardo; hoje as provas são esgrima, natação, equitação com obstáculos, corrida e tiro esportivo ~ **pentatleta** *s.2g.*

pen.te *s.m.* **1** utensílio dotado de dentes ('saliência') us. para desembaraçar e arrumar os cabelos **2** em armas automáticas, local onde se encaixam as balas

pen.te.a.dei.ra *s.f.* móvel, ger. de quarto, que consiste numa mesa com espelho e gavetas; toucador

pen.te.a.do *adj.* **1** com os cabelos arrumados ■ *s.m.* **2** modo especial de arrumar os cabelos

pen.te.ar *v.* {mod. 5} *t.d.,int. e pron.* arrumar, ger. com pente, os cabelos (de)

pen.te.cos.ta.lis.mo *s.m.* REL movimento religioso desenvolvido fora do protestantismo tradicional, que teve início em princípios do séc. XX nos EUA e que valoriza esp. a união com o Espírito Santo; pentecostismo

pen.te.cos.tes *s.m.2n.* REL **1** festa católica, 50 dias após a Páscoa, que celebra a descida do Espírito Santo sobre os apóstolos **2** festa judaica em memória do dia em que Moisés recebeu de Deus as tábuas da Lei ☞ em ambas as acp., inicial maiúsc.

pen.te.cos.tis.mo *s.m.* pentecostalismo

pen.te-fi.no [pl.: *pentes-finos*] *s.m.* **1** pequeno pente cujos dentes são bem próximos uns dos outros, us. para tirar piolho, caspa etc. **2** *fig. infrm.* exame minucioso e rigoroso

pen.te.lhar *v.* {mod. 1} *t.d. e int. infrm. joc.* **1** causar aborrecimento ou tédio a; chatear **2** exasperar por perseguir ou intrometer-se *<não para de insistir, pentelhando (a moça)>* ~ **pentelhação** *s.f.*

pen.te.lho /ê/ *s.m.* **1** pelo que nasce no púbis **2** *fig. infrm. pej.* pessoa que chateia as outras ◉ GRAM/USO fem. (só da acp. 2): *pentelha* ~ **pentelhudo** *adj.*

pe.nu.gem [pl.: *-ens*] *s.f.* **1** primeira plumagem de uma ave **2** camada de penas, pelos ou cabelos que nascem primeiro **3** buço

pe.núl.ti.mo *adj.s.m.* (o) que vem antes do último

pe.num.bra *s.f.* ponto de transição entre a luz e a sombra ~ **penumbrar** *v.t.d. e int.*

pe.nú.ria *s.f.* **1** extrema pobreza **2** *fig.* privação ou ausência daquilo que se considera necessário; escassez

pe.o.a /ô/ ou **pe.o.na** /ô/ *s.f.* mulher que presta serviços pesados, braçais ◉ GRAM/USO fem. de *peão*

pe.pi.nei.ro *s.m.* BOT erva cultivada pelos seus frutos alongados, de polpa clara e firme, os pepinos

pe.pi.no *s.m.* **1** BOT fruto hortense verde e longo us. em salada e conserva **2** *infrm.* situação difícil de ser resolvida; problema, abacaxi

pe.pi.no-do-mar [pl.: *pepinos-do-mar*] *s.m.* ZOO animal invertebrado, encontrado sob a areia lodosa do fundo do mar e consumido como iguaria na culinária oriental

pe.pi.ta *s.f.* fragmento de metal, esp. ouro, encontrado na natureza

pep.si.na *s.f.* BIOQ enzima presente no suco gástrico dos animais cordados

pép.ti.co *adj.* **1** relativo a digestão **2** que auxilia a digestão **3** que se refere ao estômago

pe.que.na *s.f. infrm.* **1** mulher muito jovem; moça **2** *B* aquela a quem se namora; namorada

pe.que.nez /ê/ [pl.: *-es*] ou **pe.que.ne.za** /ê/ *s.f.* **1** característica do que é pequeno **2** *fig.* insignificância, mesquinharia **3** *fig.* falta de valores morais ou intelectuais

pe.que.ni.no *adj.* muito pequeno

pe.que.no *adj.* **1** de tamanho ou volume reduzido **2** que tem pouco espaço **3** de quantidade reduzida **4** que tem estatura abaixo da média **5** criança *<quando p., jogava bola>* **6** mesquinho *<sentimentos p.>* **7** de pequena importância; modesto ■ *s.m.* **8** menino ◉ GRAM/USO sup.abs.sint.: *pequeníssimo, mínimo*; comp.super.: *menor*

pé-quen.te [pl.: *pés-quentes*] *adj.s.m. infrm.* que(m) tem sorte

pe.quer.ru.cho *adj.s.m.* (menino) bem pequeno

pe.qui *s.m.* BOT **1** árvore do cerrado brasileiro cuja madeira é us. em construção civil e naval, os frutos na fabricação de licor e as sementes e a polpa para extração de gordura **2** o fruto dessa árvore

pe.qui.nês [pl.: *-eses*] *adj.s.m.* **1** (natural ou habitante) de Pequim, China ■ *adj.* **2** diz-se de certa raça chinesa de cão de pequeno porte, de pelos longos e focinho achatado ■ *s.m.* **3** esse cão

per- *pref.* 'movimento através': *percorrer, perseguir*

per *prep. desus.* por

pe.ra /ê/ *s.f.* **1** BOT o fruto da pereira, macio e suculento, em forma de gota **2** pequena porção de barba crescida no queixo

pe.ral.ta *adj.2g.s.2g.* (criança) travessa

pe.ral.ti.ce *s.f.* atitude ou comportamento de peralta; brincadeira, travessura

pe.ram.bu.lar *v.* {mod. 1} *int.* andar à toa ou sem rumo; errar, vagar ~ **perambulação** *s.f.* - **perambulagem** *s.f.*

pe.ran.te *prep.* diante de

pé-ra.pa.do [pl.: *pés-rapados*] *s.m. infrm.* indivíduo de condição social humilde

per.cal [pl.: *-ais*] *s.m.* tecido fino de algodão de trama bem fechada

per.cal.ço *s.m.* **1** obstáculo, transtorno **2** vantagem, proveito obtido por meio de alguma atividade

per capita [lat.] *loc.adj.* por ou para cada indivíduo ⇒ pronuncia-se per capita

per.ce.ber *v.* {mod. 8} *t.d.* **1** tomar conhecimento de (algo) por meio dos sentidos; sentir *<percebeu o som dos sinos ao longe>* **2** captar pela inteligência; compreender, entender **3** descobrir por intuição ou perspicácia; notar, reparar **4** receber (salário, rendimentos etc.) ~ **percebimento** *s.m.*

per.ce.bí.vel [pl.: *-eis*] *adj.2g.* perceptível

per.cen.ta.gem [pl.: *-ens*] ou **por.cen.ta.gem** [pl.: *-ens*] *s.f.* **1** proporção calculada sobre cem unidades de qualquer coisa [símb.: %] **2** pagamento, lucro, comissão expressa nessa proporção

per.cen.tu.al [pl.: *-ais*] *adj.2g.* **1** relativo a percentagem ■ *s.m.* **2** relação entre duas grandezas expressa em percentagem *<p. de gordura no sangue>*

per.cep.ção [pl.: *-ões*] *s.f.* capacidade de apreender por meio dos sentidos ou da mente

per.cep.tí.vel [pl.: *-eis*] *adj.2g.* que pode ser percebido; que pode ser sentido, compreendido ou notado ~ **perceptibilidade** *s.f.*

per.cep.ti.vo *adj.* **1** da percepção **2** capaz de perceber ou de compreender com facilidade ~ **perceptividade** *s.f.*

per.ce.ve.jo /ê/ *s.m.* **1** ZOO inseto de coloração verde que exala mau cheiro **2** prego curto de cabeça chata

P

per.ci.for.me *s.m.* ZOO **1** espécime dos perciformes, ordem de peixes ósseos, predominante em águas tropicais e subtropicais ■ *adj.* **2** relativo a essa ordem

per.cor.rer *v.* {mod. 8} *t.d.* **1** passar por ou através de *<p. o deserto>* **2** perfazer, completar (distância, caminho determinado) *<percorreu o trajeto em 24 horas>* **3** passar rapidamente a vista sobre *<costuma p. a seção de classificados>* **4** efetuar investigação; examinar *<percorreu todos os livros da biblioteca>*

per.cu.ci.en.te *adj.2g.* **1** que percute ou fere **2** que demonstra perspicácia

per.cur.so *s.m.* **1** ato ou efeito de percorrer **2** espaço percorrido; trajeto **3** ASTR deslocamento, movimento de um astro

per.cus.são [pl.: *-ões*] *s.f.* **1** ato de percutir **2** MÚS conjunto dos instrumentos que compõem a seção rítmica de um conjunto ou orquestra **3** MED exame médico que consiste na aplicação de leves pancadas em certas áreas do corpo e na análise do som obtido

per.cus.sio.nis.ta *adj.2g.s.2g.* que(m) toca instrumento de percussão

per.cu.tir *v.* {mod. 24} *t.d.* **1** tocar com força em; bater **2** produzir som batendo em (instrumento de percussão) *<p. um tambor>* □ *int.* **3** ter repercussão; ecoar *<o barulho percutiu no interior da casa>* ~ **percutidor** *adj.s.m.*

per.da *s.f.* **1** ato ou efeito de perder **2** privação de (algo que se possui ou de alguém com quem se convivia) **3** *p.ext.* morte, falecimento **4** diminuição progressiva

per.dão [pl.: *-ões*] *s.m.* **1** ato de perdoar uma pena, culpa, erro etc.; indulto **2** ato pelo qual alguém é dispensado de cumprir uma obrigação ou um dever *<p. de uma dívida>* ■ *interj.* **3** forma delicada de se pedir desculpa ou licença para interromper algo

per.de.dor /ô/ [pl.: *-es*] *adj.s.m.* **1** que(m) perde **1.1** que(m) é derrotado em uma competição, em uma disputa **2** que(m) não tem espírito de vencedor

per.der *v.* {mod. 10} *t.d.* **1** deixar de ter ou de sentir *<p. a casa> <p. a memória, o bom humor>* **2** não levar consigo, por esquecimento ou distração; deixar *<perdeu o guarda-chuva no táxi>* **3** fazer mau uso de; desperdiçar *<p. tempo>* **4** não tirar proveito de; desperdiçar *<p. uma oportunidade>* **5** não chegar a tempo de *<p. o trem, o encontro, a piada>* **6** ficar com menos (quilos, gramas); emagrecer **7** sofrer desgaste ou diminuição *<p. sangue> <p. a criatividade>* **8** ver a morte de *<p. o pai>* □ *t.d.,t.i. e int.* **9** (prep. *de, para*) sofrer derrota (de) *<o time perdeu o jogo> <p. para o arqui-inimigo> <a equipe não perde há dez jogos>* □ *t.d. e int.* **10** sofrer prejuízo, deixando de usufruir (vantagens, privilégios etc.) *<p. os direitos> <o povo perdeu com a reforma>* □ *pron.* **11** sumir, desaparecer **12** corromper-se, desencaminhar-se **13** confundir-se, desorientar-se

per.di.ção [pl.: *-ões*] *s.f.* **1** fracasso, insucesso **2** *infrm.* tentação irresistível **3** REL desvio das crenças religiosas

per.di.do *adj.* **1** que se perdeu **2** desaparecido, sumido **3** desorientado, extraviado **4** inútil, infrutífero *<um dia de trabalho p.>* **5** atirado a esmo *<bala p.>* **6** extremamente apaixonado **7** sem esperança ou salvação **8** de comportamento imoral, reprovável

per.di.gão [pl.: *-ões*; fem.: *perdiz*] *s.m.* ZOO o macho da perdiz, responsável pela chocagem dos ovos e pelos cuidados com os filhotes

per.di.go.to /ô/ *s.m.* **1** filhote de perdiz **2** gotícula de saliva que alguém lança ao falar

per.di.guei.ro *adj.s.m.* (cão) que caça perdizes

per.diz [pl.: *-es*] *s.f.* ZOO ave com cerca de 35 cm de comprimento, de bico forte, plumagem parda com manchas escuras ◉ GRAM/USO masc.: perdigão

per.do.ar *v.* {mod. 1} *t.d.,t.d.i.,t.i. e int.* (prep. *a*) conceder perdão a (alguém) [por erro, pecado, crime, dívida etc.]; desculpar, relevar *<p. os inimigos> <perdoou (a ofensa) ao irmão> <quem ama perdoa>*

per.du.lá.rio *adj.s.m.* que(m) gasta demais; esbanjador ~ **perdularidade** *s.f.*

per.du.rar *v.* {mod. 1} *int.* **1** ter longa duração **2** seguir existindo; manter-se, permanecer ~ **perduração** *s.f.*

pe.re.ba *s.f.* *infrm.* **1** lesão cutânea indefinida, ger. de mau aspecto **2** sarna **3** FUTB jogador ruim

pe.re.cer *v.* {mod. 8} *int.* **1** morrer, esp. prematura ou violentamente **2** ter fim; acabar ~ **perecimento** *s.m.*

pe.re.cí.vel [pl.: *-eis*] *adj.2g.* que está sujeito a estragar ou extinguir-se

pe.re.gri.na.ção [pl.: *-ões*] *s.f.* **1** viagem a lugares santos **2** *fig. infrm.* longa e exaustiva jornada

pe.re.gri.nar *v.* {mod. 1} *int.* **1** ir em romaria por lugares santos **2** andar por terras distantes; viajar

pe.re.gri.no *adj.s.m.* **1** que(m) faz peregrinação a lugares sagrados **2** que(m) vagueia por terras estrangeiras ◉ COL romaria

pe.rei.ra *s.f.* BOT árvore cuja madeira é us. para teclas de piano, marchetaria etc., largamente cultivada, esp. pelo fruto, a pera

pe.remp.tó.rio *adj.* definitivo, categórico, decisivo ~ **peremptoriedade** *s.f.*

pe.re.ne *adj.2g.* **1** eterno; perpétuo **2** duradouro **3** sem interrupção; contínuo ~ **perenidade** *s.f.* - **perenização** *s.f.* - **perenizar** *v.t.d. e pron.*

pe.re.re.ca *s.f.* **1** ZOO anfíbio anuro dotado de grandes pernas traseiras e ventosas nos dedos **2** *B infrm. joc.* a vulva

per.fa.zer *v.* {mod. 14} *t.d.* **1** completar, totalizar (número, valor, quantia etc.) **2** acabar de fazer; concluir ~ **perfazimento** *s.m.*

per.fec.cio.nis.mo *s.m.* busca obstinada da perfeição ~ **perfeccionista** *adj.2g.s.2g.*

per.fec.tí.vel [pl.: *-eis*] *adj.2g.* que pode ser aperfeiçoado ~ **perfectibilidade** *s.f.*

per.fei.ção [pl.: *-ões*] *s.f.* **1** ausência de defeito **2** primor; excelência **3** pessoa ou coisa perfeita

per.fei.ta.men.te *adv.* **1** de modo exato, com perfeição **2** inteiramente, completamente **3** us. para confirmar algo dito anteriormente *<– Entendeu? – P., madame>*

per.fei.to *adj.* **1** sem defeito **2** impecável, irrepreensível **3** excelente, primoroso

per.fí.dia *s.f.* dito ou ação pérfida, desleal; cilada, falsidade

pér.fi.do *adj.* **1** desleal, traidor **2** enganador, traiçoeiro

per.fil [pl.: *-is*] *s.m.* **1** contorno de rosto, figura, objeto etc. visto de lado ou apenas por um dos lados **2** descrição básica e concisa

per.fi.lar *v.* {mod. 1} *t.d.* **1** traçar, fazer o perfil de **2** pôr em fila (esp. soldados); enfileirar ☐ *t.d. e pron.* **3** colocar(-se) em aprumo; endireitar(-se)

per.fi.lhar *v.* {mod. 1} *t.d.* **1** assumir legalmente como filho **2** defender, abraçar (ideia, teoria, princípio etc.) ~ **perfilhação** *s.f.* - **perfilhamento** *s.m.*

performance [ing.; pl.: *performances*] *s.f.* **1** atuação, desempenho **2** interpretação de ator em cinema, teatro ou televisão **3** índice que avalia o desempenho numa competição esportiva ⇒ pronuncia-se perfórmance

per.fu.ma.ri.a *s.f.* **1** fábrica ou loja de perfumes **2** conjunto de perfumes **3** *B infrm.* coisa supérflua

per.fu.me *s.m.* **1** cheiro agradável que exala de certos corpos, esp. de flores **2** preparado aromático, ger. líquido, us. na pele, roupa etc. ◉ COL perfumaria ~ **perfumar** *v.t.d. e pron.* - **perfumoso** *adj.*

per.fu.mis.ta *adj.2g.s.2g.* que(m) fabrica e/ou vende perfumes

per.func.tó.rio *adj.* **1** que tem pouca utilidade; ligeiro, superficial **2** que se faz por rotina, em cumprimento de uma obrigação

per.fu.ra.ção [pl.: *-ões*] *s.f.* **1** abertura feita por objeto pontiagudo; furo **2** ação ou efeito de perfurar

per.fu.ra.do.ra /ô/ *s.f. B* **1** aparelho us. para perfurar cartões, fichas etc. **2** máquina dotada de broca, us. para perfurar o solo; perfuratriz

per.fu.ran.te *adj.2g.* que perfura, que produz perfurações

per.fu.rar *v.* {mod. 1} *t.d.* **1** abrir furo(s) em; furar **2** fazer (algo) na terra, na pedra, abrindo nela uma cavidade; cavar ~ **perfurativo** *adj.*

per.fu.ra.triz [pl.: *-es*] *s.f.* perfuradora ('máquina')

per.ga.mi.nho *s.m.* **1** pele de animal preparada para nela se escrever ou para ser us. em encadernação **2** *p.ext.* documento escrito sobre essa pele **3** *B* diploma de curso superior ▼ ***pergaminhos*** *s.m.pl. fig.* **4** títulos de nobreza

per.gun.ta *s.f.* **1** palavra ou frase com que se faz uma interrogação **2** questão que se submete a alguém de quem se espera solução ◉ COL questionário

per.gun.tar *v.* {mod. 1} *t.d. e t.d.i.* **1** (prep. *a*) propor (questão) [a alguém], pedindo sua solução *<p. (aos alunos) o motivo da revolta>* ☐ *t.i. e t.d.i.* **2** (prep. *a, por*) pedir, solicitar (informação) [a]; indagar *<p.-lhe a idade> <p. pelo fugitivo> <p. a quem quer responder>* ☐ *pron.* **3** interrogar-se, buscando eliminar dúvidas ou hesitações *<perguntou-se se deveria continuar na corrida>* ~ **perguntador** *adj.s.m.*

peri- *pref.* 'em torno de': *pericárdio, perímetro*

pe.ri.as.tro *s.m.* ASTR ponto de maior aproximação de um astro que gravita em torno de outro

pe.ri.cár.dio *s.m.* ANAT membrana externa do coração ~ **pericárdico** *adj.* - **pericardino** *adj.*

pe.ri.car.po *s.m.* BOT o fruto em si, excluindo as sementes ☞ cf. *epicarpo, mesocarpo, endocarpo* ~ **pericárpico** *adj.*

pe.rí.cia *s.f.* **1** conhecimento adquirido pela experiência; mestria **2** habilidade, destreza **3** exame ou vistoria especializada **4** grupo de peritos que faz esse exame ~ **pericial** *adj.2g.*

pe.ri.cli.tan.te *adj.2g.* que se encontra em perigo ~ **periclitar** *v.int.*

pe.ri.cu.lo.si.da.de *s.f.* **1** característica do que é perigoso **2** DIR conjunto de circunstâncias que indicam probabilidade de alguém praticar um crime

pe.ri.du.ral [pl.: *-ais*] *adj.2g.* ANAT **1** situado entre a dura-máter e a vértebra (diz-se de espaço na coluna vertebral) **2** que se localiza ou que se faz em torno da dura-máter

pe.ri.é.lio *s.m.* → ***PERI-HÉLIO***

pe.ri.fe.ri.a *s.f.* **1** linha que delimita qualquer corpo ou superfície **2** zona afastada do centro da cidade; subúrbio

pe.ri.fé.ri.co *adj.* **1** relativo a periferia ■ *s.m.* INF **2** dispositivo ou conjunto de dispositivos que não integra a unidade central de processamento de um computador

pe.rí.fra.se *s.f.* LING frase ou expressão que exprime aquilo que poderia ser expresso por menor número de palavras; circunlóquio ~ **perifrasear** *v.t.d. e int.* - **perifrástico** *adj.*

pe.ri.geu *s.m.* ASTR ponto da órbita de um astro ou satélite em torno da Terra, no qual ele se encontra mais próximo desta

pe.ri.go *s.m.* **1** situação em que a existência ou a integridade de pessoa, animal, objeto etc. se encontra ameaçada; risco **2** o que provoca essa situação **3** consequência desastrosa; inconveniente ~ **perigar** *v.int.*

pe.ri.go.so /ô/ [pl.: /ó/; fem.: /ó/] *adj.* **1** em que existe perigo; arriscado **2** que representa ou causa perigo **3** que demonstra periculosidade *<assaltante p.>*

pe.ri-hé.lio [pl.: *peri-hélios*] ou **pe.ri.é.lio** *s.m.* ASTR ponto da órbita de um planeta mais próximo do Sol, em seu movimento de translação

pe.rí.me.tro *s.m.* **1** GEO soma dos lados de uma figura plana **2** linha que delimita uma área ou região ~ **perimetral** *adj.2g.* - **perimétrico** *adj.*

pe.rí.neo *s.m.* ANAT região entre o ânus e os órgãos genitais ~ **perineal** *adj.2g.*

P

pe.ri.ó.di.co *adj.* **1** que ocorre ou se apresenta em intervalos regulares ■ *adj.s.m.* **2** (jornal, revista etc.) publicado em intervalos fixos ou regulares ~ **periodicidade** *s.f.*

pe.ri.o.dis.ta *adj.2g.s.2g.* (profissional) que escreve em periódicos

pe.rí.o.do *s.m.* **1** qualquer espaço de tempo, determinado ou não **2** espaço de tempo que se destaca pela ocorrência de certos fatos ou fenômenos; época *<p. medieval>* **3** unidade fundamental na escala do tempo geológico mundial, hierarquicamente inferior a *era* e superior a *época* **4** GRAM frase que contém uma ou mais orações ~ **periodizar** *v.t.d.*

pe.ri.o.don.ti.a *s.f.* ODONT estudo e tratamento dos tecidos imediatamente próximos aos dentes ~ **periodontal** *adj.2g.* - **periodontista** *adj.2g.s.2g.*

pe.ri.o.don.ti.te *s.f.* ODONT doença do periodonto que causa inflamação das gengivas, degeneração óssea etc.

pe.ri.o.don.to *s.m.* ODONT tecido conjuntivo que fixa o dente ao seu alvéolo

pe.ri.pa.té.ti.co *adj.s.m.* **1** aristotélico ■ *adj.* **2** que se ensina passeando, como era o costume de Aristóteles ~ **peripatetismo** *s.m.*

pe.ri.pé.cia *s.f.* **1** acontecimento inesperado ou situação imprevista **2** momento de uma narrativa, peça teatral, filme etc. que altera o curso dos acontecimentos, ger. de maneira inesperada

pé.ri.plo *s.m.* **1** viagem em torno de um país, de um continente **2** *p.ext.* relato dessa viagem

pe.ri.qui.to *s.m.* ZOO nome comum a diversas aves brasileiras da família dos psitacídeos, de tamanho menor do que o dos papagaios

pe.ris.có.pio *s.m.* ÓPT instrumento, us. esp. em submarinos, que permite a observação de objetos por cima de obstáculos ~ **periscópico** *adj.*

pe.ris.so.dá.ti.lo ou **pe.ris.so.dác.ti.lo** *s.m.* ZOO **1** espécime dos perissodátilos, ordem de mamíferos com cascos, que inclui os cavalos, os rinocerontes e as antas ■ *adj.* **2** relativo a essa ordem de mamíferos

pe.ris.tal.se *s.f.* BIO peristaltismo

pe.ris.tál.ti.co *adj.* BIO **1** relativo a peristaltismo **2** caracterizado por sucessivas ondas de relaxamento e contração dos músculos (diz-se de movimento)

pe.ris.tal.tis.mo *s.m.* BIO conjunto das contrações musculares dos órgãos ocos, provocando o avanço de seu conteúdo; peristalse

pe.ri.to *adj.s.m.* **1** especialista em um assunto ou atividade **2** que(m) é hábil em uma atividade **3** (técnico) nomeado judicialmente para perícia ('exame') ◉ COL perícia

pe.ri.tô.nio *s.m.* ANAT membrana que recobre as paredes do abdome e a superfície dos órgãos digestórios ~ **peritoneal** *adj.2g.*

pe.ri.to.ni.te *s.f.* MED inflamação do peritônio

per.ju.rar *v.* {mod. 1} *t.d.* **1** renunciar a (opinião, crença etc.) ☐ *int.* **2** quebrar juramento, promessa ☐ *t.i.* **3** (prep. *a*) jurar falsamente *<não perjure ao juiz>*

per.jú.rio *s.m.* **1** renúncia a opinião, crença etc. **2** falso juramento **3** DIR crime de falso testemunho ou de falsa acusação

per.ju.ro *adj.s.m.* que(m) falta a seu juramento

per.ma.cul.tu.ra *s.f.* sistema que busca aliar as práticas agrícolas tradicionais ao conhecimento científico e tecnológico, tendo como princípio básico a harmonia ecológica, social e financeira

per.ma.ne.cer *v.* {mod. 8} *pred.* **1** ficar do mesmo modo; continuar, conservar-se *<p. calado>* ☐ *int.* **2** seguir existindo; continuar *<todos morreram, ele permaneceu>* ☐ *t.i. e int.* **3** (prep. *em*) deixar-se ficar em certo lugar, por certo tempo; continuar *<ainda permanece em Londres>* ☐ *t.i.* **4** (prep. *em*) insistir com firmeza; persistir *<permanece no seu intento>* ◉ GRAM/USO seguido de gerúndio ou de *a* + infinitivo, funciona como v.aux., dando a ideia de 'continuação da ação': *permaneceu ouvindo o discurso*

per.ma.nên.cia *s.f.* **1** ato ou efeito de permanecer **2** constância, continuidade **3** permissão concedida a um estrangeiro para permanecer e trabalhar no país **4** demora num mesmo lugar; estada

per.ma.nen.te *adj.2g.* **1** que permanece no tempo; duradouro, estável **2** definitivo, final *<dentição p.>* **3** que ocorre com constância ou com frequência **4** que tem estabilidade *<comissão p.>* ■ *s.m. B* **5** arranjo ou penteado que deixa os cabelos ondulados

per.me.ar *v.* {mod. 5} *t.d.* **1** passar através de; penetrar **2** estar presente ao longo de *<a morte permeia a obra>* ☐ *t.i.* **3** (prep. *entre*) estar no meio; interpor-se *<obstáculos permeiam entre a partida e a chegada>* ☐ *pron.* **4** (prep. *com*) alternar-se, intercalar-se *<a alegria permeava-se com a tristeza>*

per.me.á.vel [pl.: *-eis*] *adj.2g.* que deixa passar (líquidos, gases, sons etc.) através de poros ~ **permeabilidade** *s.f.* - **permeabilizar** *v.t.d. e pron.*

per.mei.o *adv.* ▸ us. em: **de p. 1** misturado **2** no meio **3** nesse ínterim

per.mi.a.no *s.m.* GEOL **1** sexto e mais recente período geológico da era paleozoica, anterior ao Carbonífero, em que se desenvolveram os moluscos marinhos, batráquios, peixes e répteis ☞ este subst. não se usa no plural; inicial maiúsc. ■ *adj.* **2** desse período

per.mis.são [pl.: *-ões*] *s.f.* ato ou efeito de permitir; autorização, consentimento

per.mis.si.vo *adj.* **1** que envolve permissão **2** que desculpa certas falhas ou erros; tolerante **3** a que falta firmeza ou controle ~ **permissividade** *s.f.*

per.mi.tir *v.* {mod. 24} *t.d. e t.d.i.* **1** (prep. *a*) dar liberdade, poder ou licença para; consentir *<o médico permitiu-lhe o café>* **2** (prep. *a*) dar lugar, ocasião a; possibilitar *<a rapidez permitiu-lhe a vitória>* ☐ *pron.* **3** tomar a liberdade de *<permitiu-se fazer uma queixa>*

per.mu.ta *s.f.* **1** troca de coisas entre seus donos **2** *fig.* troca de informações, de ideias etc.

per.mu.tar *v.* {mod. 1} *t.d. e t.d.i.* (prep. *por*) dar (uma coisa) [para receber outra]; trocar, substituir *<p. livros>* *<permutou um carro por um imóvel>* ~ **permutação** *s.f.*

per.na *s.f.* **1** ANAT cada um dos membros inferiores do corpo humano **2** ANAT parte de cada um dos membros inferiores dos humanos, situada entre o joelho e o tornozelo **3** ZOO cada membro de sustentação e locomoção dos vertebrados **4** parte da calça, curta ou comprida, que protege os membros inferiores do corpo humano **5** qualquer peça comprida que se bifurca em ramos, linhas etc. *<as p. de um compasso>* **6** peça que sustenta certos objetos *<as p. da mesa>* ◉ GRAM/USO aum.irreg.: *pernaça, pernaço* ▣ **p. de pau 1** cada uma de duas varas dotadas de estribos para os pés, sobre os quais acrobatas se equilibram para caminhar **2** peça de madeira que substitui parte de perna amputada ☞ cf. *perna de pau* (s.2g.) • **bater p.** andar com intenção de espairecer; caminhar à toa • **passar a p. em** *B infrm.* trair a confiança de; enganar

per.na.da *s.f.* **1** pancada com a perna **2** na natação, movimento das pernas **3** pequeno braço de rio **4** *B* longo percurso a pé

per.na de pau [pl.: *pernas de pau*] *s.2g.* **1** pessoa a quem falta uma perna ou tem uma delas defeituosa; perneta **2** *B pej.* jogador de futebol de má qualidade **3** *pej.* pessoa desajeitada ou ineficiente ☞ cf. *perna de pau* (loc.subst.)

per.nal.ta *adj.2g.* ou **per.nal.to** *adj.* que tem pernas altas, compridas; pernalto

per.nam.bu.ca.no *adj.* **1** de Pernambuco ■ *s.m.* **2** natural ou habitante desse estado

per.nei.ra *s.f.* proteção, ger. de couro, para as pernas

per.ne.ta /ê/ *adj.2g.s.2g.* que(m) não tem uma perna ou que apresenta algum defeito físico em uma das pernas

per.ni.ci.o.so /ô/ [pl.: /ó/; fem.: /ó/] *adj.* que faz mal; nocivo ~ **perniciosidade** *s.f.*

per.ni.cur.to *adj.* que tem as pernas curtas, pequenas

per.nil [pl.: *-is*] *s.m. B* coxa de animal comestível, esp. de porco

per.ni.lon.go *s.m.* mosquito

per.noi.tar *v.* {mod. 1} *int.* passar a noite; dormir

per.noi.te *s.m.* ato ou efeito de pernoitar

per.nós.ti.co *adj.s.m.* **1** *infrm.* que(m) é afetado, pretensioso; pedante **2** *B* que(m) emprega termos não usuais, sem conhecê-los bem ~ **pernosticidade** *s.f.* - **pernosticismo** *s.m.*

pe.ro.ba *s.f.* BOT nome comum a diversas árvores brasileiras de madeira nobre

pe.ro.ba /ô/ *s.m. gros.* homem homossexual

pé.ro.la *s.f.* **1** pequena esfera, freq. branco-prateada, que se forma nas conchas de diversos moluscos **2** esse objeto us. em objetos de adorno **3** a cor dessa esfera **4** *fig.* pessoa ou coisa formosa ou adorável ■ *adj.2g.2n.* **5** que tem essa cor *<sapatos pérola>* **6** diz-se dessa cor *<cor p.>*

pe.ro.lar *v.* {mod. 1} *t.d.* dar formato ou aparência de pérola a

pe.ro.li.zar *v.* {mod. 1} *t.d.* perolar ~ **perolização** *s.f.*

pe.rô.nio *s.m.* ANAT ver ***FÍBULA***

per.pas.sar *v.* {mod. 1} *t.d.* **1** fazer correr (algo); deslizar *<p. a mão pelos cabelos>* ☐ *int.* **2** passar perto ou ao longo de *<p. pelo salão>* **3** avançar sem parar; passar *<o cortejo perpassou, lento>* **4** correr, passar (o tempo)

per.pen.di.cu.lar [pl.: *-es*] *adj.2g.* GEOM **1** cuja interseção forma um ângulo reto (diz-se de retas ou planos) ■ *s.f.* **2** linha que forma um ângulo reto com outra linha ou plano ~ **perpendicularidade** *s.f.*

per.pe.trar *v.* {mod. 1} *t.d.* cometer, praticar (ato imoral, crime, delito etc.) ~ **perpetração** *s.f.*

per.pé.tua *s.f.* BOT **1** planta ornamental, tb. com propriedades expectorantes, e de que se extrai matéria corante violeta **2** a flor dessa planta

per.pe.tu.ar *v.* {mod. 1} *t.d. e pron.* **1** (fazer) durar muito ou para sempre; eternizar(-se) *<queria p. o momento> <seres vivos não se perpetuam, morrem>* **2** (fazer) adquirir fama eterna; imortalizar(-se) **3** manter(-se) por reprodução ou geração *<instinto animal de p. a espécie> <os homens desejam p.-se>* ~ **perpetuação** *s.f.* - **perpetuidade** *s.f.*

per.pé.tuo *adj.* **1** que dura para sempre; eterno **2** que não cessa nunca; contínuo **3** que não se altera **4** vitalício *<cargo p.>*

per.ple.xi.da.de /cs/ *s.f.* estado de quem está perplexo; admiração, assombro, espanto

per.ple.xo /cs/ *adj.* **1** que hesita **2** tomado de espanto; atônito

per.qui.rir *v.* {mod. 24} *t.d. e int.* investigar em detalhes, com atenção e rigor; esquadrinhar *<perquiria com insistência (os conflitos de sua própria alma)>* ~ **perquirição** *s.f.* - **perquisição** *s.f.*

per.ren.gue *s.m. B infrm.* **1** situação complicada, difícil de ser resolvida **2** bate-boca, discussão ■ *adj.2g.* **3** desanimado, sem vontade de agir **4** *RS* que manqueja (cavalo)

per.sa *adj.2g.* **1** da antiga Pérsia, atual Irã (Ásia) ■ *s.2g.* **2** natural ou habitante desse país ■ *s.m.* **3** idioma oficial desse país

pers.cru.tar *v.* {mod. 1} *t.d.* **1** investigar em detalhes, com atenção e rigor *<p. os alfarrábios do mentor>* **2** tentar conhecer (segredos, mistérios etc.) *<p. a alma feminina>* ~ **perscrutação** *s.f.* - **perscrutável** *adj.2g.*

per.se.cu.tó.rio *adj.* em que há perseguição

per.se.gui.ção [pl.: *-ões*] *s.f.* **1** ato ou efeito de perseguir **2** intolerância contra alguém ou um grupo social

per.se.guir *v.* {mod. 28} *t.d.* **1** correr atrás de; seguir *<a polícia perseguiu o ladrão o dia todo>* **2** incomodar, importunar *<perseguem o ministro com pedidos de emprego>* **3** impor castigo a; punir *<o partido perseguirá os facciosos>* **4** dominar com violência; oprimir *<p. minorias>* **5** lutar para obter (conquistas, realizações etc.) *<p. grandes ideais>* ~ **perseguido** *adj.* - **perseguidor** *adj.s.m.*

P

per.se.ve.ran.ça *s.f.* característica de quem persevera; constância, persistência, tenacidade

per.se.ve.ran.te *adj.2g.* **1** que persevera **2** que denota firmeza

per.se.ve.rar *v.* {mod. 1} *t.i. e int.* **1** (prep. *em*) ter constância, insistência, firmeza (em); persistir, insistir *<é um homem que persevera (em seus objetivos)>* □ *pred.* **2** continuar a ser ou estar; permanecer *<p. fiel a seus ideais>*

per.si.a.na *s.f.* tipo de cortina de placas fixas ou que se movem por meio de cordões

per.sig.nar-se *v.* {mod. 1} *pron.* benzer-se, fazendo, com o polegar, três sinais em cruz: um na testa, outro na boca e o terceiro no peito ~ **persignação** *s.f.*

per.sis.tên.cia *s.f.* **1** característica de quem é persistente, perseverante; constância, perseverança **2** condição do que continua, persiste, perdura

per.sis.ten.te *adj.2g.* **1** que insiste em permanecer ou dura sem interrupção; duradouro **2** que não desiste facilmente; perseverante

per.sis.tir *v.* {mod. 24} *t.i. e int.* **1** (prep. *em*) ter constância, firmeza, insistência; perseverar *<há os que persistem no erro> <a esperança persiste>* □ *pred.* **2** continuar a ser ou estar; permanecer *<os homens persistiam calados>*

per.so.na.gem [pl.: *-ens*] *s.2g.* **1** papel representado por um ator ou atriz de teatro, filme etc. **2** cada um dos que figuram em obras de pintura, literatura etc. **3** pessoa notável; personalidade

per.so.na.li.da.de *s.f.* **1** conjunto de traços morais distintivos de uma pessoa; caráter **2** qualidade de essencial de uma pessoa; caráter, originalidade **3** aspecto que alguém assume e projeta em público; imagem **4** pessoa célebre

P

per.so.na.lis.mo *s.m.* **1** característica daquilo que é pessoal, subjetivo **2** conduta de quem tem a si próprio como ponto de referência de tudo o que ocorre a sua volta ~ **personalista** *adj.2g.s.2g.* - **personalístico** *adj.*

per.so.na.li.zar *v.* {mod. 1} *t.d.* **1** dar caráter pessoal a; particularizar *<ela personaliza as roupas que usa>* **2** conceder qualidades de pessoa a; personificar *<p. fenômenos da natureza>* ~ **personalização** *s.f.*

personal trainer [ing.; pl.: *personal trainers*] *loc.subst.* profissional formado em educação física responsável pela elaboração e acompanhamento de um programa de atividades físicas específico para cada indivíduo, e que orienta pessoalmente a execução dos exercícios programados ⇒ pronuncia-se personal trêiner

per.so.ni.fi.car *v.* {mod. 1} *t.d.* **1** atribuir características de pessoa a (animais, deuses etc.) *<o Antigo Egito personificou Ísis>* **2** ser o modelo de; simbolizar *<Afrodite personifica o ideal de beleza grego>* □ *t.d. e t.d.i.* **3** (prep. *em*) tornar vivo, concreto; representar *<o ator queria p. a morte> <o diretor personificou seus sentimentos na atriz>* ~ **personificação** *s.f.*

pers.pec.ti.va *s.f.* **1** técnica de pintura ou desenho tridimensional que possibilita a ilusão de espessura e profundidade das figuras **2** a obra feita com essa técnica **3** vista ao longe, até onde os olhos alcançam *<uma bela p. do Rio>* **4** ponto de vista **5** sentimento de esperança; expectativa

pers.pi.cá.cia *s.f.* capacidade de compreensão rápida; percepção apurada; argúcia, esperteza

pers.pi.caz [pl.: *-es*] *adj.2g.* **1** que vê bem **2** *fig.* sagaz, inteligente

pers.pi.ran.te *adj.2g.* **1** que transpira **2** que provoca transpiração

pers.pi.rar *v.* {mod. 1} *int.* expelir suor pelos poros; suar, transpirar ~ **perspiração** *s.f.* - **perspiratório** *adj.*

per.su.a.dir *v.* {mod. 24} *t.d.,t.d.i. e pron.* **1** (prep. *a, de*) levar ou passar a acreditar ou aceitar; convencer(-se) *<conseguiu p. o amigo (a ocupar o cargo)> <persuadiu-se da veracidade daquelas palavras>* **2** (prep. *a*) levar(-se) [a fazer algo]; induzir(-se), convencer(-se) *<vão tentar p. o presidente (a renunciar)> <persuadiu-se a fazer o acordo>* □ *t.d.* **3** levar a mudar de atitude; convencer *<nem o pai persuade o filho obstinado>*

per.su.a.são [pl.: *-ões*] *s.f.* **1** capacidade ou ação de convencer alguém a acreditar ou aceitar algo por meio de argumentação **2** certeza fortemente estabelecida; convicção

per.su.a.si.vo *adj.* capaz de persuadir

per.ten.ce *s.m.* **1** aquilo que faz parte de alguma coisa **2** conjunto de objetos de uso pessoal ☞ nesta acp., mais us. no pl.

per.ten.cen.te *adj.2g.* **1** que faz parte de; que pertence a (alguém ou algo) **2** que diz respeito a alguma coisa; concernente, relativo

per.ten.cer *v.* {mod. 8} *t.i.* **1** (prep. *a*) ser propriedade de **2** (prep. *a*) fazer parte de **3** (prep. *a*) ser referente a; relacionar-se **4** (prep. *a*) ser merecido; caber **5** (prep. *a*) ser próprio, característico de **6** (prep. *a*) ser da obrigação ou responsabilidade de; competir

per.ti.naz [pl.: *-es*] *adj.2g.* que demonstra persistência; perseverante ~ **pertinácia** *s.f.*

per.ti.nên.cia *s.f.* **1** característica do que é pertinente, do que é apropriado; adequação, propriedade **2** relevância, importância

per.ti.nen.te *adj.2g.* **1** que diz respeito a determinada coisa **2** apropriado e relevante

per.to *adv.* **1** junto ou próximo **2** num futuro próximo ■ *adj.2g.* **3** próximo, vizinho ▣ **p. de 1** próximo de (no espaço ou no tempo) **2** em relação a; em comparação com **3** cerca de; aproximadamente • **de p. 1** a pequena distância **2** de forma íntima ou profunda *<conhece-os de p.>*

per.tur.bar *v.* {mod. 1} *t.d. e pron.* **1** (fazer) sofrer agitação, desequilíbrio ou desordem; alterar(-se) **2** (fazer) perder a serenidade, o controle; descontrolar(-se) **3** (fazer) sentir embaraço, vergonha;

inibir(-se) **4** (fazer) sentir abatimento, tristeza; comover(-se) ☐ *t.d.* **5** criar impedimento ou obstáculo a; atrapalhar ~ **perturbação** *s.f.* - **perturbado** *adj.* - **perturbável** *adj.2g.*

pe.ru *s.m.* **1** ZOO grande ave doméstica de plumagem escura, cabeça nua e uma proeminência carnosa avermelhada no pescoço **2** CUL prato feito com sua carne **3** *B infrm.* pênis

pe.ru.a *s.f.* **1** a fêmea do peru **2** *SP* caminhonete **3** *SP van* **4** *infrm.* mulher que se veste de modo afetado

pe.ru.ar *v.* {mod. 1} *t.d. e int. infrm.* **1** observar (um jogo) dando palpites, ger. inconvenientes **2** observar com indiscrição; bisbilhotar ~ **peruada** *s.f.*

pe.ru.ca *s.f.* cabeleira postiça

per.ver.são [pl.: *-ões*] *s.f.* **1** devassidão, depravação **2** fato de tornar-se mau e o seu efeito **3** mudança do estado normal; adulteração

per.ver.si.da.de *s.f.* **1** característica do que ou de quem é perverso **2** ato perverso **3** índole ou caráter ruim

per.ver.so *adj.s.m.* que(m) é cruel, malvado

per.ver.ter *v.* {mod. 8} *t.d. e pron.* **1** tornar(-se) perverso; depravar(-se), corromper(-se) ☐ *t.d.* **2** efetuar alteração em; subverter **3** dar mau sentido a; deturpar, distorcer ◉ GRAM/USO part.: *pervertido, perverso*

per.ver.ti.do *adj.s.m.* que(m) se perverteu; depravado, corrupto

pe.sa.da *s.f.* pesagem

pe.sa.de.lo /ê/ *s.m.* **1** sonho que causa aflição, medo ou pavor; sonho mau **2** *fig.* pessoa, coisa ou situação que incomoda

pe.sa.do *adj.* **1** que tem muito peso **2** que exige muita força física **3** *fig.* que envolve um clima de muita tensão <*ambiente p.*> **4** *fig.* que pode ofender ou escandalizar **5** *infrm.* de difícil digestão

pe.sa.gem [pl.: *-ens*] *s.f.* ato de pesar e o seu efeito; pesada

pê.sa.mes *s.m.pl.* manifestação de pesar por infelicidade ou mal de outro; condolências, sentimentos

pe.sar *v.* {mod. 1} *t.d. e pron.* **1** determinar o peso de ☐ *t.d.* **2** estimar, com as mãos, o peso de; sopesar **3** examinar com atenção, em detalhes <*p. prós e contras*> **4** calcular por antecipação, com rigor; prever ☐ *t.i.* **5** (prep. *em, sobre*) causar sentimento de opressão; oprimir **6** (prep. *em*) atuar de modo decisivo; influenciar **7** (prep. *a*) provocar tristeza, mágoa; desprazer ☐ *int.* **8** ter muito peso ou determinado peso ■ *s.m.* **9** forte tristeza; desolação ☞ como s.m., pl.: *-es*

pe.sa.ro.so /ô/ [pl.: /ó/; fem.: /ó/] *adj.* **1** que tem pesar ou em que há pesar; triste **2** que se arrependeu; contrito

pes.ca *s.f.* **1** ato de pescar; pescaria **2** arte ou técnica dos pescadores; pescaria **3** indústria dos pescadores; pescaria **4** aquilo que se pescou **5** *p.ext.* ato de retirar algo da água ▣ **p. submarina** ESP caça submarina

pes.ca.da *s.f.* ZOO peixe prateado de carne branca e saborosa

pes.ca.do *adj.* **1** que se pescou ■ *s.m.* **2** o que se pesca para comer

pes.ca.dor /ô/ [pl.: *-es*] *adj.s.m.* **1** que(m) pesca, por profissão ou lazer ■ *adj.* **2** relativo a pesca ou próprio para realizá-la; pesqueiro

pes.car *v.* {mod. 1} *t.d. e int.* **1** apanhar ou tentar apanhar na água (peixes, crustáceos etc.) ☐ *t.d.* **2** apanhar (algo) na água por meio semelhante ao da pesca de peixes

pes.ca.ri.a *s.f.* **1** ato ou tentativa de pescar e o seu efeito; pesca **2** técnica para pescar; pesca **3** grande quantidade de peixe

pes.co.ção [pl.: *-ões*] *s.m.* tapa ou empurrão, esp. no pescoço

pes.co.ço /ô/ *s.m.* **1** ANAT região entre o tronco e a cabeça **2** *p.ext.* gargalo de garrafa, pote etc.

pe.se.ta /ê/ *s.f.* ECON **1** meio através do qual se efetuavam transações monetárias na Espanha **2** *p.ext.* a cédula e a moeda us. nessas transações

pe.so /ê/ *s.m.* **1** resultado da força da gravidade sobre os corpos **2** sólido us. para avaliar a massa ('grandeza') de um corpo na balança **3** *fig.* importância, valor **4** *fig.* o que incomoda, perturba ou abate **5** ECON a cédula e a moeda us. em transações monetárias na Argentina, Chile, Colômbia, Cuba, Filipinas, Guiné-Bissau, México, República Dominicana e Uruguai **6** ESP categoria de atleta, esp. lutador, classificado pelo peso ('resultado') **7** ESP esfera de metal us. para lançamentos ▣ **p. bruto** soma do peso do produto e de sua embalagem • **p. líquido** peso do produto sem o da embalagem • **em p.** na totalidade, em grande número

pes.pe.gar *v.* {mod. 1} *t.d. e t.d.i.* (prep. *em*) aplicar com violência ou energia <*p. um soco (no assaltante)*>

pes.pon.to *s.m.* acabamento externo de costura com pontos mais largos, feitos à mão ou à máquina ~ **pespontar** *v.t.d.*

pes.quei.ro *adj.* **1** que se refere à pesca **2** próprio para pescar

pes.qui.sa *s.f.* **1** conjunto de atividades que têm por finalidade a descoberta de novos conhecimentos sobre determinada área **2** investigação ou indagação minuciosa

pes.qui.sar *v.* {mod. 1} *t.d.* **1** procurar com aplicação, com cuidado; investigar **2** tomar informações sobre; averiguar ~ **pesquisador** *adj.s.m.*

pes.se.ga.da *s.f.* CUL doce de pêssego

pês.se.go *s.m.* BOT fruta amarela, de casca aveludada, com a polpa dura e um único caroço ~ **pessegueiro** *s.m.*

pes.si.mis.mo *s.m.* tendência a esperar pelo pior

pes.si.mis.ta *adj.2g.s.2g.* que(m) vê tudo pelo lado mais desfavorável

pés.si.mo *adj.* muito mau ou muito ruim ◉ GRAM/USO sup.abs.sint. de *mau*

pes.<u>so</u>.a /ô/ *s.f.* **1** ser humano; indivíduo **2** GRAM categoria gramatical, ligada esp. a verbos e pronomes, que mostra a relação de quem fala com o(s) participante(s) do acontecimento narrado ◉ COL grupo, pessoal ▣ **p. física** DIR indivíduo perante a lei • **p. jurídica** DIR instituição ou associação legalmente reconhecida e autorizada a funcionar

pes.so.<u>al</u> [pl.: *-ais*] *adj.2g.* **1** relativo a pessoa **2** próprio de cada pessoa **3** exclusivo de certa pessoa; individual **4** particular, íntimo **5** GRAM que representa pessoa gramatical (diz-se de pronome) ■ *s.m.* **6** conjunto de indivíduos reunidos **6.1** conjunto de pessoas que trabalham num mesmo estabelecimento ou atividade

pes.so.al.<u>men</u>.te *adv.* **1** em pessoa; diretamente **2** de uma perspectiva pessoal; particularmente

pes.so.<u>en</u>.se *adj.2g.* **1** de João Pessoa (PB) ■ *s.2g.* **2** natural ou habitante dessa capital

pes.<u>ta</u>.na *s.f.* **1** cada um dos pelos unidos das bordas das pálpebras, que protegem os olhos; cílio **2** MÚS em instrumentos de cordas dedilhadas, posição em que o indicador prende todas as cordas para modificar a afinação ▣ **queimar as p.** *infrm.* estudar muito

pes.ta.ne.<u>jar</u> *v.* {mod. 1} *int.* abrir e fechar os olhos rapidamente; piscar

<u>pes</u>.te *s.f.* **1** MED doença contagiosa transmitida pela pulga do rato **2** MED epidemia que provoca grande mortandade **3** *fig. pej.* pessoa má ou criadora de problemas ▣ **da p.** *N.E. infrm.* **1** de causar espanto *<confusão da p.>* **2** muito mau ou excelente (pessoa ou coisa) *<era um vaqueiro bom (ou ruim) da p.>*

pes.ti.<u>ci</u>.da *adj.2g.s.m.* (substância) que combate as pragas

pes.<u>tí</u>.fe.ro *adj.* **1** que causa peste **2** *fig.* que causa dano; nocivo ■ *adj.s.m.* **3** que(m) foi contaminado pela peste

pes.ti.<u>lên</u>.cia *s.f.* **1** doença contagiosa, epidêmica; peste **2** *fig.* mau cheiro; fedor ~ **pestilento** *adj.*

PET [ing.] *s.m.* material termoplástico us. em embalagens, tecidos etc. ◉ GRAM/USO tb. us. como adj.: *garrafas PET* [ORIGEM: sigla em ing. de *tereftalato de polietileno*] ⇒ pronuncia-se pét

<u>pe</u>.ta /ê/ *s.f.* **1** mentira **2** CUL *N. N.E.* bolinho de mandioca **3** CUL *TO BA GO* biscoito de polvilho ▣ **ser p.** *GO infrm.* ser inútil

<u>pé</u>.ta.la *s.f.* BOT cada peça, freq. colorida, presa ao centro da flor

pe.<u>tar</u>.do *s.m.* **1** explosivo portátil us. para destruir obstáculos **2** *p.ext.* FUTB chute violento a gol

pe.<u>te</u>.ca *s.f.* RECR brinquedo composto por uma pequena base arredondada, com penas espetadas, e que se lança para o ar com golpes da palma da mão ▣ **deixar a p. cair** *fraseol.* hesitar, vacilar

pe.te.<u>le</u>.co *s.m.* **1** pancada com a ponta do dedo da mão **2** *p.ext.* golpe dado com pouca força

pe.ti.<u>ção</u> [pl.: *-ões*] *s.f.* **1** pedido por escrito; requerimento **2** DIR formulação escrita de pedido, fundada no direito da pessoa, feita ao juiz competente ▣ **em p. de miséria** em estado lastimável, miserável

pe.tis.<u>car</u> *v.* {mod. 1} *int.* **1** comer petisco □ *t.d. e int.* **2** comer pouco, só para provar ou saborear

pe.<u>tis</u>.co *s.m.* iguaria servida ger. como aperitivo; petisqueira

pe.tis.<u>quei</u>.ra *s.f.* **1** petisco **2** restaurante **3** prato, tigela etc. para servir petiscos **4** *B N. B N.E.* armário para guardar comida

pe.<u>tiz</u> [pl.: *-es*] *s.m. infrm.* menino, garoto ◉ COL petizada

pe.<u>tre</u>.cho /ê/ *s.m.* apetrecho ~ **petrechar** *v.t.d.*

<u>pé</u>.treo *adj.* **1** de pedra **2** *fig.* que demonstra insensibilidade; duro, desumano

pe.tri.fi.<u>car</u> *v.* {mod. 1} *t.d. e pron.* **1** transformar(-se) em pedra **2** *fig.* tornar(-se) duro, desumano, sem sensibilidade; empedernir(-se) *<o sofrimento petrificou o coração da moça> <petrificou-se ao perder toda a família>* **3** *p.ext.* tornar(-se) imóvel, por surpresa, medo; paralisar(-se) ~ **petrificação** *s.f.* - **petrificado** *adj.*

Pe.tro.<u>bras</u> *s.f.* sigla de Petróleo Brasileiro SA

pe.tro.gra.<u>fi</u>.a *s.f.* GEOL ramo da geologia que descreve e classifica as rochas ~ **petrográfico** *adj.* - **petrógrafo** *s.m.*

pe.tro.<u>lei</u>.ro *adj.* **1** relativo a ou que produz petróleo ■ *s.m.* **2** quem trabalha na indústria de petróleo **3** MAR navio-petroleiro

pe.<u>tró</u>.leo *s.m.* QUÍM óleo natural escuro extraído de jazidas subterrâneas, us. na produção de gasolina, parafina, querosene, solventes etc. ~ **petrolífero** *adj.*

pe.tro.<u>lí</u>.fe.ro *adj.* que contém ou produz petróleo

pe.tro.lo.<u>gi</u>.a *s.f.* GEOL ramo da geologia que estuda a origem, ocorrência, estrutura e história das rochas; litologia ~ **petrológico** *adj.*

pe.tro.<u>quí</u>.mi.ca *s.f.* QUÍM ciência, técnica e indústria dos derivados de petróleo

pe.tro.<u>quí</u>.mi.co *adj.* **1** relativo a petroquímica ■ *adj.s.m.* **2** especialista em petroquímica

pe.tu.<u>lân</u>.cia *s.f.* atrevimento, insolência

pe.tu.<u>lan</u>.te *adj.2g.s.2g.* que(m) se atreve, é arrogante, desrespeitoso; abusado, atrevido, insolente

pe.<u>tú</u>.nia *s.f.* BOT **1** planta nativa esp. do Brasil e Argentina, muito cultivada como ornamental **2** a flor (vermelha, branca, rósea ou roxa) dessa planta, de corola afunilada

pez /ê/ [pl.: *-es*] *s.m.* **1** resina ou seiva dos pinheiros **2** piche

pH *s.m.* QUÍM coeficiente de acidez ou alcalinidade de uma solução

pi *s.m.* **1** décima sexta letra do alfabeto grego (π, Π) **2** MAT número igual à razão entre o perímetro de uma circunferência e o seu diâmetro, de valor aproximado a 3,14 [símb.: π]

PI sigla do Estado do Piauí

pi.a *s.f.* bacia fixa na parede, ger. com água encanada, us. para lavar mãos, louça etc. ▣ **p. batismal** amplo vaso de pedra em que se derrama a água benta us. para batismos

pi.á *s.m.* **1** menino indígena **2** menino mestiço de índio com branco **3** *p.ext.* qualquer criança do sexo masculino; menino, guri

pi.a.ba *s.f.* **1** ZOO peixe de rio com boca miúda e dentes fortes; piava **2** *PE* pequena quantia de dinheiro (ger. em jogo) **3** *PE* coisa de pouca importância

pi.a.ça.ba ou **pi.a.ça.va** *s.f.* **1** BOT tipo de palmeira que produz fibra dura e flexível us. na confecção de vassouras e escovas **2** essa fibra **3** vassoura feita com essa fibra ~ **piaçabal** *s.m.* - **piaçaval** *s.m.*

pi.a.da *s.f.* **1** [2]pio **2** história curta de final surpreendente, contada para provocar risos; anedota **3** dito ou comentário engraçado

pi.a.dis.ta *adj.2g.s.2g.* que(m) conta piadas

pi.a.do *s.m.* [2]pio

pi.a-má.ter [pl.: *pias-máteres*] *s.f.* ANAT a mais interna e vascularizada das três membranas que recobrem o cérebro e a medula espinhal ☞ cf. *aracnoide* e *dura-máter*

pi.a.men.te *adv.* **1** de modo pio, com devoção; piedosamente **2** de modo sincero, verdadeiro

pi.a.nís.si.mo *s.m.* MÚS trecho musical executado suavemente, com pouquíssima sonoridade

pi.a.nis.ta *adj.2g.s.2g.* que(m) toca piano

pi.a.no *s.m.* MÚS **1** instrumento de 88 teclas com cordas percutidas por martelos revestidos de feltro **2** trecho musical executado com pouca sonoridade

pi.a.no.la ® *s.f.* MÚS piano mecânico, acionado por pedais, em que a notação da peça a ser executada vem em um rolo de papel perfurado

pi.ão [pl.: *-ões*] *s.m.* RECR brinquedo cônico, ger. de madeira, que gira sobre uma ponta metálica, desenrolando-se de um cordel ☞ cf. [1]*peão*

pi.ar *v.* {mod. 1} *int.* dar pios ◉ GRAM/USO só us. nas 3ªs p., exceto quando fig.

pi.au.i.en.se *adj.2g.* **1** do Piauí ■ *s.2g.* **2** natural ou habitante desse estado

pi.a.va *s.f.* ZOO piaba

PIB *s.m.* ECON sigla de *produto interno bruto* ☞ cf. *PIB* na parte enciclopédica

pi.ca *s.f.* **1** uma lança antiga **2** *gros.* pênis

pi.ca.da *s.f.* **1** mordida de inseto, cobra etc. **2** ferida feita por objeto pontudo **3** atalho aberto na mata a golpes de facão ou foice

pi.ca.dei.ro *s.m.* **1** área central e circular para exibição dos artistas num circo **2** local para treinamento de cavalos ou exercícios de equitação

pi.ca.di.nho *s.m.* CUL *B* ensopado de carne partida em pequenos pedaços

pi.ca.nha *s.f.* **1** parte de trás da região lombar da rês **2** a carne dessa região

pi.can.te *adj.2g.* **1** diz-se de sabor que arde, queima; apimentado **2** *fig.* malicioso, brejeiro

pi.cão [pl.: *-ões*] *s.m.* **1** tipo de picareta para lavrar a pedra **2** ferramenta de montanhista para apoio em fendas nas rochas **3** BOT erva com fins terapêuticos, us. em casos de hepatite, reumatismo e problemas na bexiga e rins

pi.ca-pau [pl.: *pica-paus*] *s.m.* ZOO ave de bico forte e reto, us. para martelar a madeira em busca de insetos e abrir cavidades para fazer ninho

pi.ca.pe *s.f.* **1** carro com caçamba ('receptáculo') aberta atrás **2** caminhonete

pi.car *v.* {mod. 1} *t.d. e pron.* **1** ferir(-se), furar(-se) com objeto pontiagudo *<p. o dedo com a agulha>* *<picou-se ao usar o garfo>* □ *t.d.* **2** enfiar o ferrão em; aguilhoar *<a abelha picou o menino>* **3** ferir com o bico; bicar *<o pássaro picou sua presa>* **4** causar sensação de ardor em; queimar *<a pimenta picava a língua>* **5** abrir pequenos furos em *<as traças picaram todos os livros da estante>* **6** reduzir a pequenos pedaços *<p. cebolas para o molho>* **7** *fig.* dar ânimo a; estimular *<a torcida picou o jovem jogador>* **8** *fig.* deixar irritado; espicaçar *<a crítica maldosa picou seu ânimo>* □ *t.d. e int.* **9** (fazer) sentir comichão; coçar, pinicar *<a alergia picava todo o seu corpo>* *<a sarna fazia seu corpo p.>*

pi.car.di.a *s.f.* esperteza, malandragem, malícia

pi.ca.res.co /ê/ *adj.* **1** burlesco, ridículo **2** LIT diz-se do gênero literário em que se descreve o comportamento dos pícaros

pi.ca.re.ta /ê/ *s.f.* **1** instrumento com cabo de madeira e uma peça de ferro com duas pontas us. para escavar a terra, lavrar pedras etc. ■ *adj.2g.s.2g. infrm.* **2** vigarista, aproveitador

pi.ca.re.ta.gem [pl.: *-ens*] *s.f. infrm.* ação moralmente condenável; armação, embuste

pí.ca.ro *adj.* **1** esperto, trapaceiro, ardiloso ■ *s.m.* LIT **2** personagem que vive de ardis e procura obter lucros e vantagens das classes sociais mais abastadas

pi.çar.ra *s.f.* GEOL rocha meio decomposta, misturada a areia e partículas que contêm ferro

pí.ceo *adj.* semelhante ao pez

pi.cha.ção [pl.: *-ões*] *s.f.* **1** aplicação de piche **2** assinatura estilizada ou rabisco feito em parede, fachada de prédio, estátua etc. ☞ cf. [2]*grafite* **3** *fig. infrm.* crítica áspera ou maldosa

pi.char *v.* {mod. 1} *t.d.* **1** aplicar piche em *<p. a laje para impermeabilizá-la>* **2** rabiscar (dizeres, assinatura, nomes etc.) em muros, paredes, fachadas etc. **3** sujar (muros, fachadas etc.) fazendo pichações ☞ nas duas últimas acp., cf. [2]*grafitar* **4** *fig. infrm.* falar mal de; criticar, malhar ~ **pichador** *adj.s.m.*

pi.che *s.m.* resina negra e pegajosa obtida da destilação do alcatrão ou da terebintina; pez

pi.cles *s.m.pl.* CUL conjunto de legumes, esp. pepinos, conservados em salmoura ou em vinagre

P

pi.co *s.m.* **1** topo agudo de monte ou montanha **2** *p.ext.* ponto alto; auge **3** *B infrm.* injeção de entorpecente ▣ **e p.** *loc.adv.* e tanto *<saiu às duas e p.>*

pi.co.lé *s.m.* sorvete solidificado, atravessado verticalmente por um pauzinho

pi.co.tar *v.* {mod. 1} *t.d.* fazer picotes em; perfurar *<p. papéis>*

pi.co.te *s.m.* **1** conjunto de pequenas perfurações em folhas de papel a serem destacadas **2** margem denteada de papel, selos etc.

pic.tó.ri.co *adj.* relativo a pintura

pi.cu.á *s.m.* **1** saco rústico para levar roupa, comida etc. **2** balaio, cesto

pi.cu.i.nha *s.f.* **1** dito picante; piada **2** pirraça, teimosia **3** hostilidade gratuita; implicância

pi.cu.la *s.f.* RECR pique ('brincadeira infantil')

pi.cu.mã *s.f.* → ***PUCUMÃ***

pi.dão [pl.: *-ões*] *adj.s.m.* que(m) vive pedindo tudo

pi.e.da.de *s.f.* **1** solidariedade para com a dor alheia; compaixão **2** devoção, religiosidade

pi.e.do.so /ô/ [pl.: /ó/; fem.: /ó/] *adj.* **1** que revela ou tem piedade, devoção; devoto, pio **2** que tem compaixão; compassivo

pi.e.gas *adj.2g.2n.s.2g.2n.* (aquele) cujo sentimentalismo beira o ridículo ~ **pieguismo** *s.m.*

pi.e.gui.ce *s.f.* sentimentalismo exagerado

pí.er [pl.: *-es*] *s.m.* construção que avança para o mar, perpendicular ao cais, us. como atracadouro ou lugar de passeio

piercing [ing.; pl.: *piercings*] *s.m.* **1** perfuração do corpo para colocação de enfeite, ger. de metal **2** esse enfeite ⇒ pronuncia-se pirsing

P

pi.er.rô *s.m.* **1** TEAT personagem da comédia italiana (séc. XVI e XVII), ingênuo e sentimental ☞ inicial maiúsc. **2** fantasia de carnaval inspirada nessa personagem

pi.far *v.* {mod. 1} *int. B infrm.* **1** parar de funcionar; escangalhar, quebrar **2** não ter êxito; fracassar

pí.fa.ro *s.m.* flauta simples, ger. com seis furos

pí.fio *adj.* de pouco valor; reles

pi.gar.re.ar *v.* {mod. 5} *int.* **1** tossir com pigarro **2** fazer força para livrar-se de pigarro

pi.gar.ro *s.m.* aderência de muco na garganta ~ **pigarrento** *adj.*

pig.men.ta.ção [pl.: *-ões*] *s.f.* **1** formação de pigmentos em um organismo **2** coloração obtida a partir de pigmentos

pig.men.to *s.m.* **1** QUÍM substância natural ou artificial que absorve, refrata e reflete os raios da luz que sobre ela incidem, e que é us. como corante **2** BIOQ substância que dá cor aos tecidos ou às células de um organismo ~ **pigmentar** *v.t.d. e pron.*

pig.meu [fem.: *pigmeia* /éi/] *s.m.* **1** indivíduo de certa etnia africana, de estatura inferior a 1,50 m ■ *adj.s.m.* **2** que(m) é muito baixo; anão

pi.ja.ma *s.m.* conjunto de calça e camisa de dormir

pi.lan.tra *adj.2g.s.2g. infrm.* que(m) é mau-caráter, trapaceiro, ardiloso

pi.lan.tra.gem [pl.: *-ens*] *s.f.* ação ou comportamento de pilantra; vigarice

pi.lão [pl.: *-ões*] *s.m.* utensílio us. para bater, amassar ou triturar

[1]**pi.lar** [pl.: *-es*] *s.m.* ARQ coluna sem ornamentos presente na estrutura de uma construção [ORIGEM: do esp. *pilar* 'id.']

[2]**pi.lar** *v.* {mod. 1} *t.d.* moer, pisar ou descascar no pilão [ORIGEM: do lat.tar. *pilāre* 'trabalhar com o pilão']

pi.las.tra *s.f.* ARQ [1]pilar decorativo

Pi.la.tes ® *s.m.2n.* método de alongamento, condicionamento e exercício físicos, com aparelhos próprios, que abrange o corpo uniformemente, fortalece a musculatura e aumenta a flexibilidade, promovendo tb. a prevenção de lesões e o alívio de dores crônicas, esp. da coluna vertebral

pi.le.que *s.m. B* embriaguez, bebedeira

pi.lha *s.f.* **1** porção de objetos dispostos uns sobre os outros; monte **2** ELETR sistema que transforma energia química em elétrica **3** *fig. B* pessoa nervosa, agitada

pi.lha.gem [pl.: *-ens*] *s.f.* roubo, saque

pi.lhar *v.* {mod. 1} *t.d.* **1** atacar e destruir, roubando de maneira avassaladora; saquear **2** apossar-se com violência de; furtar, roubar **3** ter nas mãos; pegar (tb. fig.) **4** surpreender surgindo de repente □ *pron.* **5** achar-se, ficar em certo lugar ou estado

pi.lhé.ria *s.f.* gracejo, piada ~ **pilheriador** *adj.s.m.*

pi.lhe.ri.ar *v.* {mod. 1} *t.i. e int.* (prep. *com, de*) fazer pilhéria; troçar, gracejar *<vive pilheriando de assuntos importantes>* *<ele tem talento para p.>*

pi.lo.ro *s.m.* ANAT pequena abertura que faz a comunicação entre estômago e duodeno ~ **pilórico** *adj.*

pi.lo.si.da.de *s.f.* **1** qualidade ou caraterística do que contém pelos **2** ANAT camada de pelos finos sobre a pele

pi.lo.so /ô/ [pl.: /ó/; fem.: /ó/] *adj.* que tem pelos; peludo

pi.lo.tar *v.* {mod. 1} *t.d.* conduzir, guiar como piloto (navio, avião, carro) ~ **pilotagem** *s.f.*

pi.lo.ti *s.m.* ARQ cada coluna que sustenta um prédio, deixando o pavimento térreo livre

pi.lo.to /ô/ *s.m.* **1** quem dirige navio ou avião **2** motorista de provas automobilísticas **3** capítulo inicial de programa de televisão **4** primeiro bico a ser aceso em aquecedores a gás

pi.lou.ra *s.f. N.E. infrm.* **1** desmaio, vertigem **2** loucura ou ataque de loucura

pí.lu.la *s.f.* FARM **1** medicamento em forma de bolinha ou confeito para ser engolido inteiro, ger. com auxílio de líquido; comprimido **2** pílula anticoncepcional

pi.men.ta *s.f.* **1** BOT nome comum a diversas plantas nativas da América tropical, muito cultivadas pelos frutos, us. como tempero picante **2** BOT fruto dessa planta **3** *fig. B* indivíduo ativo, irrequieto *<ele é uma p.>*

pi.men.ta-do-rei.no [pl.: *pimentas-do-reino*] *s.f.* BOT **1** trepadeira nativa do sul da Índia e Sri Lanka, com frutos com uma única semente, mundialmente us. como condimento **2** esse fruto, us. seco ou moído

pi.men.ta-ma.la.gue.ta [pl.: *pimentas-malaguetas*] *s.f.* BOT **1** arbusto pequeno, nativo de regiões tropicais da América, muito cultivado no Brasil, de folhas ovais e frutos vermelhos, picantes, us. como condimento; malagueta **2** fruto desse arbusto

pi.men.tão [pl.: *-ões*] *s.m.* BOT **1** planta nativa do Chile, de frutos verdes ou vermelhos, comestíveis, mais longos do que largos **2** variedade desta planta, com frutos grandes, em forma de sino, levemente picantes e de cor verde, vermelha ou amarela

pi.men.tei.ra *s.f.* BOT arbusto que dá pimenta

pim.pão [pl.: *-ões*] *adj.s.m.* que(m) é vaidoso ou afetado no vestir ~ **pimponice** *s.f.*

pim.po.lho /ô/ *s.m.* **1** BOT broto da videira **2** *fig.* criança pequena

pi.na.co.te.ca *s.f.* **1** coleção de quadros **2** museu de pintura

pi.ná.cu.lo *s.m.* **1** o ponto mais alto (de edifício, torre, montanha etc.) **2** *fig.* o grau mais alto; auge

pin.ça *s.f.* **1** peça constituída de duas hastes ligadas numa das extremidades, us. para arrancar ou segurar algo **2** ZOO garra de aracnídeos, esp. escorpiões, e crustáceos

pin.çar *v.* {mod. 1} *t.d.* **1** prender ou segurar com pinça **2** arrancar com pinça **3** *fig.* retirar dentre várias coisas; selecionar ~ **pinçamento** *s.m.*

pín.ca.ro *s.m.* **1** o ponto mais elevado de um monte ou de uma construção **2** *fig.* o grau mais elevado; auge

pin.cel [pl.: *-éis*] *s.m.* utensílio com cabo e tufo de pelos us. para aplicar tinta, cola, cosméticos etc.

pin.ce.la.da *s.f.* **1** traço feito com pincel **2** *fig.* comentário ou explicação rápidos, superficiais, a respeito de algo

pin.ce.lar *v.* {mod. 1} *t.d.* pintar ou aplicar com pincel

pin.da.í.ba *s.f.* *infrm.* falta de dinheiro; penúria

pin.ga *s.f.* *B infrm.* cachaça

pin.ga.do *adj.s.m.* *infrm.* (café) a que se acrescenta um pouco de leite

pin.ga-pin.ga [pl.: *pinga-pingas* e *pingas-pingas*] *adj.2g.s.m.* (o) que acontece aos poucos

pin.gar *v.* {mod. 1} *t.d.,t.i. e int.* **1** (prep. *de*) derramar ou cair aos pingos; gotejar *<o nariz pingava sangue>* *<o suor está pingando (da testa)>* *<a água pingava (da torneira)>* ☐ *int.* **2** *fig.* render aos poucos, gradativamente *<o lucro vem pingando devagarinho>*

pin.gen.te *s.m.* **1** objeto pequeno, pendente, ger. em forma de pingo **2** brinco pendente **3** *B* passageiro que viaja pendurado esp. em bondes e trens

pin.go *s.m.* **1** partícula líquida ao cair; gota **2** *B* porção ínfima

pin.gu.ço *adj.s.m.* *B infrm.* beberrão

pin.gue.la *s.f.* ponte tosca de madeira

pin.gue-pon.gue [pl.: *pingue-pongues*] *s.m.* ESP RECR tênis de mesa

pin.guim /gü/ [pl.: *-ins*] *s.m.* ZOO ave marinha preta e branca, de pernas curtas, com nadadeiras e asas pequenas, que vive esp. na Antártica

pi.nha *s.f.* BOT **1** fruto do pinheiro, ger. em forma de cone **2** fruta-de-conde; ata

pi.nhão [pl.: *-ões*] *s.m.* BOT semente comestível de pinheiros, esp. da araucária

pi.nhei.ro *s.m.* BOT nome comum a árvores em forma de cone, de madeira útil, próprias de climas temperados ◉ COL pinhal, pinheiral

pi.nhei.ro-do-pa.ra.ná [pl.: *pinheiros-do-paraná*] *s.m.* BOT araucária

pi.nho *s.m.* **1** madeira do pinheiro **2** *p.ext.* *B infrm.* violão

pi.ni.car *v.* {mod. 1} *t.d. e int.* **1** causar comichão ou ardor em; picar *<o arbusto pinicou sua pele>* *<sentia o rosto p.>* ☐ *t.d.* **2** beliscar

pi.no *s.m.* **1** haste, ger. cilíndrica e metálica, que une ou articula peças **2** peça de madeira em forma de garrafa us. no boliche **3** ponto mais alto a que chega o sol; zênite ▣ **a p.** na vertical • **bater p.** *B* **1** sair (o automóvel) do ponto da regulagem do motor **2** *fig.* *infrm.* estar em más condições, físicas ou mentais

pi.no.te *s.m.* **1** salto de cavalgadura ao dar coice **2** *p.ext.* pulo, pirueta ▣ **dar o p.** *B infrm.* escapulir, fugir ~ **pinotear** *v.int.*

pin.ta *s.f.* **1** pequena mancha **2** sinal ou sarda **3** *B infrm.* ar, aparência, aspecto, possibilidade

pin.ta.do *adj.* **1** que levou tinta **2** que tem cor ou cores; colorido **3** que tem diversas pintas, sinais **4** maquiado ■ *s.m.* ZOO **5** denominação de alguns peixes brasileiros

pin.tal.gar *v.* {mod. 1} *t.d.,t.d.i. e pron.* **1** (prep. *com, de*) pintar(-se) ou sujar(-se) com pingos coloridos; sarapintar(-se) *<p. de tinta a blusa>* *<o pelo do cão pintalga-se na fase adulta>* **2** pintar(-se) de cores variadas; sarapintar(-se) *<p. um tecido (de azul e verde)>* *<a mata pintalgava-se de ipês>*

pin.tar *v.* {mod. 1} *t.d.* **1** representar (figuras, imagens etc.) com traços, cores **2** cobrir com tinta **3** dar cores a; colorir *<os novos jardins pintaram o bairro>* **4** *p.ext.* descrever, retratar *<p. a maldade que jaz no coração do réu>* ☐ *int.* **5** entregar-se à arte da pintura *<começou a p. cedo>* **6** ser pintor profissional **7** começar a surgir, ger. ao longe *<o barco pintou no horizonte>* **8** tornar-se visível; aparecer *<às vezes pintam cobras aqui>* **9** *B gír.* comparecer, ir a um lugar **10** *B gír.* acontecer, ocorrer *<se ele aparece, pinta confusão>* **11** *B gír.* dar indícios de ser (bom ou mau); mostrar-se *<o projeto está pintando muito bem>* **12** exceder-se em brincadeiras ou diversões ☐ *t.d. e pron.* **13** maquiar(-se) *<passou uma hora pintando-se>* ▣ **p. e bordar** *infrm.* fazer diabruras ou coisas extraordinárias; divertir-se muito

P

pin.tar.ro.xo /ô/ *s.m.* ZOO passáro de canto suave, de plumagem parda e avermelhada

pin.tas.sil.go *s.m.* ZOO pássaro de cabeça, pescoço, asas e cauda negros, dorso verde e lado inferior amarelo

pin.to *s.m.* **1** filhote de galinha **2** *infrm.* pênis ▣ **ser p.** *B infrm.* não oferecer dificuldade

pin.tor /ô/ [pl.: *-es*] *s.m.* **1** quem se dedica à pintura artística **2** pessoa que pinta, ger. por ofício

pin.tu.ra *s.f.* **1** revestimento de uma superfície com tinta **2** arte e técnica de pintar **3** profissão de pintor **4** a obra pintada **5** maquiagem

¹pi.o *adj.* **1** que demonstra piedade ou caridade; virtuoso **2** religioso [ORIGEM: do lat. *pĭus,a,um* 'que cumpre o dever; justo']

²pi.o *s.m.* voz de certas aves; piada, piado [ORIGEM: onomatopaica]

pi.o.gê.ne.se *s.f.* MED piogenia

pi.o.ge.ni.a *s.f.* MED formação de pus; piogênese ~ **piogênico** *adj.*

pi.o.lhen.to *adj.* **1** propício à procriação de piolhos ■ *adj.s.m.* **2** (o) que tem piolhos **3** *p.ext. pej.* sujo, imundo

pi.o.lho /ô/ *s.m.* ZOO inseto sem asas, com peças bucais sugadoras, que se alimenta de sangue de mamíferos, mesmo do homem; muquirana

pi.o.nei.ro *adj.s.m.* **1** (o) que está entre os primeiros que penetram ou colonizam uma região; desbravador **2** *fig.* (o) que anuncia algo de novo ou se antecipa a algo ou alguém; precursor **3** *fig.* (o) que antecipa uma pesquisa, progresso ou empreendimento; antecessor ~ **pioneirismo** *s.m.*

P

pi.or [pl.: *-es*] *adj.2g.* **1** mais ruim, em comparação a outro ■ *adv.* **2** de forma mais incorreta ou insatisfatória *<vive p. que o irmão>* **3** com menos saúde *<está p. hoje>* ■ *s.m.* **4** o que é inferior a tudo o mais ■ *s.f.* **5** *infrm.* situação, condição pior ◉ GRAM/USO comp.super. de *mau* ▣ **levar a p.** ser derrotado numa disputa ou conflito; perder

pi.o.ra *s.f.* **1** ato ou efeito de piorar **2** alteração para pior **3** agravamento de estado de saúde

pi.o.rar *v.* {mod. 1} *t.d. e int.* **1** mudar para pior; agravar(-se) *<a derrota piorou seu humor> <o desempenho da empresa piorou>* □ *int.* **2** ficar com o estado de saúde mais grave *<a paciente piorou muito>* ~ **piorada** *s.f.*

pi.or.ra /ô/ *s.f.* RECR espécie de pião feito de folha de flandres, que produz um assobio quando gira; zorra

pi.or.rei.a /éi/ *s.f.* MED escoamento de pus ~ **piorreico** *adj.*

pi.pa *s.f.* **1** barril de madeira us. esp. para armazenar vinho **2** brinquedo composto de uma armação leve de varetas, recoberta de papel fino e presa a uma linha, que se empina no ar; papagaio

pi.pa.ro.te *s.m.* peteleco

pi.pe.ta /ê/ *s.f.* tubo de vidro us. em laboratório para aspirar líquidos

pi.pi *s.m. l.inf.* urina ▣ **fazer p.** *l.inf.* urinar

pi.pi.lar *v.* {mod. 1} *t.d. e int.* emitir pios (a ave); piar, pipiar *<ouvia as aves p. (um canto matinal)>* ◉ GRAM/USO só us. nas 3ªˢ p., exceto quando fig. ~ **pipilo** *s.m.*

pi.po.ca *s.f.* **1** grão de certo tipo de milho estourado com o calor **2** *infrm.* qualquer pequena erupção na pele

pi.po.car *v.* {mod. 1} *int.* **1** estourar como pipoca *<uma espinha pipocou no seu rosto>* **2** soar como pipoca estourando *<metralhadoras a p.>* **3** *fig. infrm.* aparecer de repente *<a notícia pipocou em toda parte>* **4** fazer borbulhas *<a sopa pipocava>* **5** FUTB demonstrar medo (o jogador) de disputar uma jogada, de chutar ao gol etc.

pi.po.co /ô/ *s.m. N. N.E.* barulho daquilo que estala, estoura; papoco

pi.po.quei.ra *s.f.* máquina ou panela para fazer pipoca

pi.po.quei.ro *s.m.* **1** vendedor de pipocas **2** FUTB *pej.* jogador que costuma pipocar

pi.prí.deo *adj.s.m.* ZOO (espécime) dos piprídeos, família de pequenas aves de fêmeas verdes, cujos machos têm plumagem colorida e executam um tipo de movimento a fim de atrair as fêmeas

¹pi.que *s.m.* **1** antiga lança **2** *B* pequeno corte **3** RECR brincadeira infantil em que uma criança tem de tocar numa das outras que correm, antes que alcancem o ponto que as deixe a salvo; pega-pega **4** *p.ext.* esse ponto [ORIGEM: duv., talvez regr. de *picar*] ▣ **ir a p. 1** MAR naufragar, afundar (embarcação) **2** *fig.* não dar certo; fracassar

²pi.que *s.m.* **1** ponto mais elevado ou o grau mais alto; pico, auge **2** corrida, correria **3** grande disposição; entusiasmo, garra **4** movimentação intensa; agitação, tumulto *<hora de p.>* [ORIGEM: ing. *peak* 'cume, ponta aguda']

pi.que.ni.que *s.m.* passeio com refeição ao ar livre, em que cada participante ger. contribui levando comida e/ou bebida

pi.que.te /ê/ *s.m.* **1** guarda de honra em formaturas e desfiles **2** destacamento militar designado para serviços internos ou saídas de emergência **3** *B* grupo de trabalhadores que se coloca à porta de fábrica, empresa etc. em greve para impedir a entrada de outros

pi.qui.ra *adj.2g.s.m.* *B* **1** (peixe) miúdo ■ *adj.2g.s.2g.* *B* **2** (égua, cavalo etc.) pequeno **3** *pej.* (pessoa) mirrada

pi.ra *s.f.* **1** vaso em que arde um fogo simbólico *<p. olímpica>* **2** fogueira em que se queimavam cadáveres; pira funerária **3** *p.ext.* qualquer fogueira

pi.ra.ce.ma *s.f.* *AMAZ* **1** migração de peixes para desova, no sentido das nascentes dos rios **2** a época dessa migração

pi.ra.do *adj.* *B gír.* que pirou; maluco

pi.ram.bei.ra *s.f.* *B infrm.* **1** abismo, precipício **2** ladeira ou terreno muito íngreme

pi.ra.mi.dal [pl.: *-ais*] *adj.2g.* **1** relativo a pirâmide **2** em forma de pirâmide

pi.râ.mi.de *s.f.* **1** GEOM poliedro cuja base é um polígono qualquer e as faces laterais são triângulos ligados a um só vértice **2** construção com essa forma

pi.ra.nha *s.f.* **1** ZOO peixe carnívoro de rio, com dentes numerosos e afiados **2** *B pej.* prostituta **3** *p.ext. B pej.* mulher que mantém relações sexuais com muitos parceiros

pi.rão [pl.: *-ões*] *s.m.* CUL papa grossa de farinha de mandioca cozida

pi.rar *v.* {mod. 1} *int.* **1** ficar maluco ou perturbado; enlouquecer, endoidecer ☐ *int. e pron.* **2** sair, escapar, fugir

pi.ra.ru.cu *s.m.* ZOO maior peixe fluvial de escamas, de corpo cilíndrico, pardo e avermelhado nas laterais

pi.ra.ta *s.2g.* **1** ladrão que pratica roubos em embarcações e povoações costeiras ■ *adj.2g.* **2** *p.ext.* copiado ilegalmente de uma obra anterior (fita, *CD* etc.) **3** *fig.* que opera de maneira clandestina (diz-se de estação de rádio ou de TV)

pi.ra.ta.ri.a *s.f.* **1** crime de violência cometido no mar contra embarcações, passageiros e cargas **2** ação de reproduzir ilegalmente, e com fins de comercialização, livros, gravações de som ou imagem, programas de informática etc., sem o devido pagamento de direitos autorais

pi.ra.te.ar *v.* {mod. 5} *t.d. e int.* **1** saquear (navios e povoações costeiras) ☐ *t.d.* **2** *p.ext.* roubar, furtar **3** *p.ext.* fazer cópia de (p.ex., livro, *CD*), sem autorização do autor ou do detentor dos direitos legais ☐ *int.* **4** viver como pirata

pi.re.nai.co *adj.* pireneu

pi.re.neu [fem.: *pireneia /éi/*] *adj.* **1** relativo aos Pireneus, cadeia de montanhas que se estende entre a França e a Espanha; pirenaico ■ *s.m.* **2** natural ou habitante dessa região

pi.res *s.m.2n.* pequeno prato sobre o qual se põe a xícara

pi.ré.ti.co *adj.* relativo a ou próprio de febre; febril

pi.rex /cs/ *s.m.2n.* qualquer recipiente de uso doméstico feito de vidro resistente ao calor, eletricidade e agentes químicos ☞ marca comercial (*Pyrex*) que passou a designar seu gênero ◉ GRAM/USO admite-se tb. o pl. *pirexes*

pi.re.xi.a /cs/ *s.f.* MED **1** febre **2** estado febril

pi.ri.for.me *adj.* com forma de pera

pi.ri.lam.po *s.m.* ZOO vaga-lume

pi.ri.pa.que *s.m. B infrm.* chilique ou mal súbito

pi.ri.ri *s.m. infrm.* diarreia

pi.ro.ca *s.m. gros.* **1** pênis ■ *adj.2g. N.* **2** calvo, pelado **3** *pej.* avarento, sovina

pi.ro.fo.bi.a *s.f.* pavor ao fogo ~ **pirófobo** *adj.s.m.*

pi.ro.ga *s.f.* canoa indígena, cavada a fogo em tronco de árvore

pi.ro.gra.vu.ra *s.f.* **1** arte de gravar com ponta incandescente **2** obra realizada dessa maneira

pi.ro.ma.ni.a *s.f.* PSIQ tendência doentia de produzir incêndios ~ **piromaníaco** *adj.s.m.*

pi.rô.me.tro *s.m.* aparelho para medir altas temperaturas

pi.ro.se *s.f.* MED azia

pi.ros.fe.ra *s.f.* camada sólida da superfície da Terra, abaixo da litosfera, constituída de magma ☞ cf. *barisfera* e *litosfera*

pi.ro.tec.ni.a *s.f.* técnica de usar fogos de artifício ou explosivos

pi.ro.téc.ni.co *adj.* **1** relativo a pirotecnia ■ *s.m.* **2** quem fabrica ou vende fogos de artifício

pir.ra.ça *s.f.* teimosia; birra ~ **pirraçar** *v.t.d. e int.* - **pirraceiro** *adj.s.m.*

pir.ra.cen.to *adj.s.m.* que(m) faz pirraças; birrento

pir.ra.lho *s.m.* criança, guri

pi.ru.e.ta /ê/ *s.f.* **1** rodopio sobre um único pé **2** giro do cavalo sobre uma das patas dianteiras **3** cambalhota ~ **piruetar** *v.int.*

pi.ru.li.to *s.m.* bala enfiada na ponta de um palito

PIS *s.m.* sigla de Plano de Integração Social

pi.sa *s.f.* **1** maceração de uvas com os pés **2** operação de revolver com os pés as bagas de cacau secas ao sol, para lhes dar polimento **3** surra

pi.sa.da *s.f.* **1** ato de pisar **1.1** ação de pisar fortemente sobre uma parte de um corpo; pisão **2** marca deixada ao pisar; pegada

pi.sa.de.la *s.f.* pisada rápida ou leve

pi.sa.du.ra *s.f.* **1** sinal ou vestígio de pisadas **2** contusão, machucado **3** *N.E.* ferida em lombo de animais

pi.são [pl.: *-ões*] *s.m.* pisada forte

pi.sar *v.* {mod. 1} *t.d. e int.* **1** pôr os pés sobre *<p. a relva> <os soldados pisam forte durante a parada>* **2** andar ou passar por cima (de) *<emocionou-se ao p. o gramado do Maracanã> <no escuro, não sabia onde pisava>* ☐ *t.d.* **3** moer com o pilão *<p. grãos de café>* **4** esmagar com os pés *<p. uvas>* **5** *fig.* tratar de modo rude ou com desprezo; espezinhar, maltratar *<pisa os colegas por se achar superior>* **6** causar lesão em; contundir *<pisaram-lhe as costas com uma vara>* ☐ *int. p.ext. B* **7** acelerar (veículo automotor) *<com pressa, o motorista pisou fundo>* ~ **pisador** *adj.s.m.*

pis.ca-a.ler.ta [pl.: *pisca-alertas*] *s.m.* dispositivo que aciona as lanternas dos veículos automóveis, fazendo-as acender e apagar intermitentemente

pis.ca.da *s.f.* **1** ato ou efeito de piscar **2** sinal feito com um dos olhos, fechando-o e abrindo-o rapidamente; piscadela

pis.ca.de.la *s.f.* piscada

pis.ca-pis.ca [pl.: *pisca-piscas* e *piscas-piscas*] *s.m.* **1** farolete que acende e apaga rapidamente, indicando o rumo que o veículo vai tomar **2** luz de alerta que acende e apaga seguidamente

P

pis.car *v.* {mod. 1} *t.d. e int.* **1** fechar e abrir rapidamente (os olhos) <*p. os olhos*> <*o vento o fazia p. sem parar*> □ *int.* **2** emitir pequenos brilhos de luz <*as estrelas piscavam no céu*>

pis.ci.a.no *adj.s.m.* **1** ASTRL que(m) é do signo de Peixes ■ *adj.* **2** relativo ao signo de Peixes

pis.ci.cul.tu.ra *s.f.* criação de peixes ~ **piscicultor** *adj.s.m.*

pis.ci.for.me *adj.2g.* em forma de peixe

pis.ci.na *s.f.* tanque apropriado para a natação e outros esportes aquáticos ▣ **p. olímpica** piscina com 50 m de comprimento e no mínimo 21 m de largura, utilizada em competições de natação

pis.co.so /ô/ [pl.: /ó/; fem.: /ó/] *adj.* que apresenta abundância de peixes ~ **piscosidade** *s.f.*

pi.so *s.m.* **1** superfície pela qual se anda **2** revestimento dessa superfície **3** andar de um edifício; pavimento, andar ▣ **p. salarial** *B* ECON nível salarial mínimo estipulado para determinada classe de trabalhadores

pi.so.te.ar *v.* {mod. 5} *t.d.* **1** esmagar com os pés; calcar, pisar **2** *fig.* desqualificar moralmente; humilhar ~ **pisoteio** *s.m.*

pis.ta *s.f.* **1** vestígio, rastro **2** *fig.* indicação; orientação **3** caminho preparado para competições ou práticas desportivas **4** leito de rodovia ou rua por onde circulam os veículos **5** cada uma das faixas por onde circulam os veículos, de acordo com o sentido do trânsito **6** faixa de decolagem e pouso de aeronaves **7** parte do salão destinada a danças

pis.ta.che *s.m.* **1** semente comestível, us. tb. como condimento **2** BOT o arbusto cujo fruto contém essa semente

P

pis.tão [pl.: -*ões*] *s.m.* → ***PISTOM***

pis.ti.lo *s.m.* BOT unidade do órgão feminino das flores, o gineceu, formado de ovário, estilete e estigma ☞ cf. *estame*

pis.to.la *s.f.* **1** arma de fogo portátil **2** instrumento que, acionado por uma espécie de gatilho, é us. para lançar jatos de tinta, água etc.

pis.to.lão [pl.: -*ões*] *s.m. infrm.* **1** recomendação ou pedido de pessoa influente **2** quem faz essa recomendação ou pedido

pis.to.lei.ro *s.m.* **1** assassino profissional que usa arma de fogo **2** bandido, malfeitor

pis.tom [pl.: -*ons*] ou **pis.tão** [pl.: -*ões*] *s.m.* **1** êmbolo (de motor) **2** MÚS em certos instrumentos de sopro de metal, válvula que, ao ser acionada, diferencia as notas **3** MÚS trompete de pistons ~ **pistonista** *adj.2g.s.2g.*

[1]pi.ta.da *s.f.* pequena porção de algo [ORIGEM: desc.]

[2]pi.ta.da *s.f.* ato de fumar e o seu efeito [ORIGEM: fem. substv. de *pitado* (part. de *pitar*)]

pi.tan.ga *s.f.* BOT pequena fruta vermelha, levemente azeda e perfumada, muito us. em doces e geleias

pi.tan.guei.ra *s.f.* BOT árvore que dá pitanga

pi.tar *v.* {mod. 1} *t.d. e int.* aspirar e expirar a fumaça de (cigarro, cachimbo etc.); fumar

pit.bói *s.m. pej.* rapaz de temperamento agressivo, ger. praticante de algum tipo de luta, que promove arruaças e brigas

pit bull [ing.; pl.: *pit bulls*] *s.m.* **1** raça de cães caracterizada por sua agressividade, grande força física e poderosos maxilares **2** cão dessa raça ⇒ pronuncia-se pit bul

pi.te.can.tro.po /ô/ *s.m.* ANTRPOL antepassado do homem, de postura ereta e esqueleto pós-cranial desenvolvido, considerado o ancestral direto do homem moderno

pi.tei.ra *s.f.* pequeno tubo oco, em cuja extremidade mais larga se adapta um cigarro ou charuto

pi.téu *s.m. infrm.* iguaria saborosa

pi.ti *s.m. infrm.* ataque nervoso ou histérico; chilique, faniquito

[1]pi.to *s.m.* cachimbo [ORIGEM: duv., talvez de um lat. *pittu*, ou de orig. africana]

[2]pi.to *s.m. infrm.* repreensão, descompostura [ORIGEM: duv., talvez de orig. africana]

pi.to.co /ô/ *s.m. infrm.* objeto pequeno, ger. roliço e estreito

pi.tom.ba *s.f.* BOT fruta ácida, redonda, de casca dura e fina e caroço grande, que dá em cachos

pí.ton [pl.: *pítones, (B) pítons*] *s.m.* **1** grande serpente **2** na Antiguidade, profeta

pi.to.ni.sa *s.f.* **1** na Grécia antiga, a sacerdotisa de Apolo ☞ cf. *Apolo* na parte enciclopédica **2** profetisa

pi.to.res.co /ê/ *adj.* **1** digno de ser pintado **2** notável por sua beleza ou originalidade

pit stop [ing.; pl.: *pit stops*] *loc.subst.* no automobilismo, lugar ou ocasião para reabastecimento, troca de pneus etc. ⇒ pronuncia-se pit stóp

pi.tu *s.m.* ZOO camarão de água doce, brasileiro, que possui grandes pinças e chega a atingir cerca de 48 cm de comprimento e 300 g de peso bruto

pi.tu.í.ta *s.f.* **1** catarro **2** vômito viscoso

pi.tu.i.tá.ria *s.f.* ANAT FISL hipófise

pi.um [pl.: -*uns*] *s.m.* ZOO *AMAZ* pequeno mosquito negro; borrachudo

pi.ve.te *s.m.* **1** menino crescido **2** *B infrm.* menino ladrão ou que trabalha para ladrões

pi.vô *s.m.* **1** aquilo que sustenta; suporte **2** eixo que se une a duas peças que se articulam para fazer girar, abrir ou fechar **3** ODONT haste metálica que sustenta coroas e incrustações de dentes **4** *fig.* causa principal **5** ESP no basquete e no futebol de salão, atleta que joga freq. de costas próximo ao gol ou cesta adversária para finalizar a jogada ou fazer uma assistência

pi.xa.im [pl.: -*ins*] *adj.2g.s.m.* (cabelo) muito crespo

pixel [ing.; pl.: *pixels*] *s.m.* INF ponto luminoso do monitor de vídeo que, juntamente com outros, forma as imagens na tela ⇒ pronuncia-se pícsel

pi.xo.te *s.2g.* **1** menino, criança **2** quem está começando; novato

pizza [it.; pl.: *pizze*] *s.f.* CUL massa assada em forma de disco, coberta por molhos diversos, fatias de mozarela, tomate etc. ◉ GRAM/USO pl. corrente no Brasil: *pizzas* ⇒ pronuncia-se pitsa ▣ **acabar em p.** *fig. B infrm.* ficar sem punição (falta ou crime) ~ **pizzaria** *s.f.*

pla.ca *s.f.* **1** chapa mais ou menos espessa de material resistente **2** tabuleta com inscrição comemorativa gravada **3** chapa de metal colocada na dianteira e/ou traseira de um veículo, com o número do licenciamento; chapa **4** INF peça plana que contém os componentes eletrônicos de um computador

pla.ca-mãe [pl.: *placas-mãe* e *placas-mães*] *s.f.* INF placa principal de circuitos de um computador que contém a unidade central de processamento

pla.car [pl.: *-es*] *s.m.* **1** quadro no qual se registram os pontos em uma competição esportiva **2** o resultado dessa competição; escore

pla.ce.bo /ê/ *s.m.* MED substância que não provoca efeito, ger. us. para testar novas drogas

pla.cen.ta *s.f.* ANAT BIO órgão vascular que une o feto à parede do útero materno ~ **placentário** *adj.*

pla.ci.dez /ê/ [pl.: *-es*] *s.f.* estado ou característica do que ou de quem é plácido; calma, serenidade, tranquilidade

plá.ci.do *adj.* **1** sereno, tranquilo **2** que tem ou revela paz; pacífico

pla.ga *s.f.* **1** região, país **2** extensão de terra

pla.gi.ar *v.* {mod. 1} *t.d.* **1** apresentar como de sua autoria (obra, trabalho de outrem) **2** imitar, copiar (trabalho alheio) ~ **plagiador** *adj.s.m.*

plá.gio *s.m.* **1** apresentação de obra literária, intelectual ou artística de outra pessoa como sendo de sua autoria **2** imitação

plai.na *s.f.* ferramenta manual para aplainar, desbastar e alisar madeira

pla.na.dor /ô/ [pl.: *-es*] *adj.s.m.* **1** (o) que plana **2** (aeronave) capaz de se sustentar em voo livre sem motor ou outro meio mecânico ou de propulsão

pla.nal.to *s.m.* GEO superfície elevada e plana, ou com poucas ondulações; altiplano, chapada, platô, panura

pla.nar *v.* {mod. 1} *int.* **1** voar (pássaro) sem mover as asas **2** voar (aeronave) sem usar motor

plânc.ton [pl.: *plânctones, (B) plânctons*] *s.m.* BIO conjunto de organismos que vivem nas águas doce, salobra e marinha, e são transportados pelas correntezas

pla.ne.ja.men.to *s.m.* **1** elaboração de plano **2** organização prévia, programação

pla.ne.jar *v.* {mod. 1} *t.d.* **1** elaborar o plano ou a planta de; projetar **2** organizar plano ou roteiro de; programar **3** ter a intenção de; pretender ~ **planejado** *adj.*

pla.ne.ta /ê/ *s.m.* ASTR astro sem luz própria que gira em torno do Sol e reflete sua luz (Mercúrio, Vênus, Terra, Marte, Júpiter, Saturno, Urano e Netuno; Plutão passou à categoria de planeta-anão em 2006)

pla.ne.ta-a.não [pl.: *planetas-anões* e *planetas-anão*] *s.m.* ASTR corpo celeste menor que um planeta, que tb. orbita em torno do Sol e possui gravidade suficiente para assumir forma aproximadamente esférica, mas cuja órbita não é livre (p.ex., Plutão)

pla.ne.tá.rio *adj.* **1** relativo aos planetas **2** relativo a, pertencente a ou que abrange a Terra; global ■ *s.m.* **3** anfiteatro recoberto por uma cúpula em que se exibe a imagem do firmamento e das órbitas dos planetas

pla.ne.toi.de /ói/ *s.m.* ASTR asteroide

plan.gen.te *adj.2g.* **1** que chora **2** que se lastima; triste ~ **plangência** *s.f.*

plan.ger *v.* {mod. 8} *t.d. e int.* **1** soar ou anunciar tristemente *<ao longe, os sinos plangem (as 12 badaladas)>* □ *int.* **2** derramar lágrimas; chorar

pla.ní.cie *s.f.* GEO grande extensão de terreno plano; chapada, chã, planura

pla.ni.fi.car *v.* {mod. 1} *t.d.* **1** fazer plano, projeto ou roteiro para; planejar **2** submeter a um plano **3** projetar ou registrar em plano, em planta *<p. um território>*

pla.ni.lha *s.f.* **1** folha em que se faz qualquer cálculo **2** formulário impresso padronizado em que se registram informações, cálculos etc. ▣ **p. eletrônica** INF programa us. ger. para a elaboração de orçamentos, projeções etc., que organiza os dados em linhas e colunas que se cruzam

pla.nis.fé.rio *s.m.* **1** representação de um globo ou esfera em superfície plana **2** mapa que representa em um plano toda a superfície terrestre ou celeste ~ **planisférico** *adj.*

pla.no *adj.s.m.* **1** (superfície) sem desníveis ■ *s.m.* **2** GEOM superfície (real ou imaginária) que contém integralmente a reta que passa por quaisquer dois de seus pontos **3** método para atingir um fim **4** maneira de agir; procedimento, esquema **5** ideia, desejo, intenção de fazer ou realizar (algo), no futuro; projeto ☞ nesta acp., mais us. no pl. **6** programa detalhado para o fornecimento de algum serviço **7** *fig.* posição ou situação *<ficar em segundo p.>* **8** *fig.* nível de existência, conhecimento ou desenvolvimento **9** CINE TV trecho filmado em uma única tomada

plan.ta *s.f.* **1** BIO nome comum dado aos organismos com clorofila e celulose em suas células; vegetal **2** ARQ desenho que representa a projeção horizontal de um objeto qualquer ▣ **p. do pé** parte do pé que encosta no chão; sola do pé

plan.ta.ção [pl.: *-ões*] *s.f.* **1** ato de plantar e o seu efeito; plantio **2** espaço de terreno plantado; plantio **3** *p.ext.* o que se plantou

plan.tão [pl.: *-ões*] *s.m.* **1** escala de serviço distribuído diariamente a um militar em sua própria companhia, caserna etc. **2** serviço noturno, ou em dias ou horas normalmente sem expediente, em hospitais, farmácias, redações de jornal etc. **2.1** pessoa encarregada de tal serviço; plantonista **3** período que dura esse serviço

[1]**plan.tar** *v.* {mod. 1} *t.d.,t.d.i. e int.* **1** (prep. *em*) introduzir (semente ou muda) na terra, para criar raízes e se desenvolver *<p. árvores (no jardim)> <adora p.>* □ *t.d.* **2** cultivar, semear □ *t.d. e t.d.i. fig.* **3** (prep. *em*) fincar verticalmente em *<plantou estacas (no solo) para cercar a horta>* **4** (prep. *em*) fazer nascer, desenvolver-se *<p. ideias (nas mentes jovens)>* □ *t.d.i.* **5** (prep. *em*) colocar, pôr *<p. uma cruz no local do acidente>* □ *pron. fig.* **6** ficar parado, estacionado [ORIGEM: do lat. *plantāre* 'plantar, semear'] ~ **plantador** *adj.s.m.*

[2]**plan.tar** [pl.: *-es*] *adj.2g.* relativo à planta de pé [ORIGEM: do lat. *plantāris,e* 'id.']

plan.tel [pl.: *-éis*] *s.m.* **1** grupo de animais de boa raça, ger. reservados para reprodução **2** *fig.* grupo de profissionais, esp. os mais capazes

plan.ti.o *s.m.* plantação ('ato', 'espaço')

plan.to.nis.ta *adj.2g.s.2g.* que(m) trabalha em regime de plantão

pla.nu.ra *s.f.* **1** planície **2** planalto

pla.que.ta /ê/ *s.f.* **1** pequena placa de metal **2** BIO elemento constituinte do sangue, com importante papel na coagulação **3** livro pequeno, de poucas páginas

plas.ma *s.m.* **1** BIO porção líquida do sangue, na qual estão suspensas as hemácias, as plaquetas e outros componentes **2** FÍS substância gasosa fortemente ionizada e composta por elétrons e íons positivos livres, que constitui a matéria mais abundante no universo **3** ELETRÔN dispositivo eletrônico de exibição de imagens ~ **plasmático** *adj.* - **plásmico** *adj.*

plas.mar *v.* {mod. 1} *t.d.* **1** modelar em gesso, barro etc. □ *t.d. e pron. p.ext.* **2** dar ou tomar forma; modelar(-se), organizar(-se)

plas.mó.dio *s.m.* BIO **1** massa de citoplasma celular provida de muitos núcleos **2** nome comum de parasitas das células intestinais e sanguíneas, incluindo o agente causador da malária

plas.ti.a *s.f.* MED cirurgia reparadora ou restauradora de um órgão

[1]**plás.ti.ca** *s.f.* **1** arte de modelar **2** forma do corpo de alguém [ORIGEM: gr. *plastikḗ* 'arte de modelar']

[2]**plás.ti.ca** *s.f.* MED cirurgia que busca mudar, embelezando ou reparando, uma parte do corpo [ORIGEM: red. de *cirurgia plástica*]

plas.ti.ci.da.de *s.f.* **1** característica do que é plástico, do que pode ser moldado, modelado **2** beleza artística

plás.ti.co *adj.* **1** que se pode estirar ou comprimir sem se romper, quebrar ou deformar; flexível, maleável **2** capaz de ser moldado ou modelado **3** feito de material plástico **4** capaz de dar forma ou de alterar uma forma *<cirurgia p.>* **5** belo quanto à forma; artístico ■ *s.m.* **6** material flexível e aderente **7** matéria plástica *<balde de p.>*

plas.ti.fi.car *v.* {mod. 1} *t.d.* cobrir com película plástica transparente (tecido, capa de livro, documento etc.) ~ **plastificação** *s.f.*

pla.ta.for.ma *s.f.* **1** superfície plana e horizontal, de nível mais alto que a área ao seu redor **2** estrutura de superfície plana sobre a qual podem ser assentados objetos pesados *<p. de petróleo>* **3** estrutura nas estações das estradas de ferro que se destina a facilitar o trânsito de pessoas **4** rampa de lançamento de foguetes ou projéteis **5** *fig.* POL programa de candidato a cargo eletivo

plá.ta.no *s.m.* BOT árvore ornamental, nativa do hemisfério norte, cuja casca absorve poluentes atmosféricos

pla.tei.a /éi/ *s.f.* **1** setor de teatro, cinema etc. em que sentam os espectadores **2** conjunto dos espectadores que ocupam esse espaço; público

pla.tel.min.to *s.m.* BIO **1** espécime dos platelmintos, ramo de animais que reúne vermes chatos parasitas ou de vida livre, sem sistema circulatório, que se locomovem através de cílios ■ *adj.* **2** relativo a esse ramo

pla.ti.ban.da *s.f.* ARQ **1** mureta construída na parte mais alta das paredes externas de uma construção, para proteger e ornamentar a fachada **2** muro ou grade metálica que limita um espaço

[1]**pla.ti.na** *s.f.* QUÍM elemento químico us. em material cirúrgico e de laboratório, em joalheria, odontologia e como catalisador [símb.: *Pt*] ☞ cf. *tabela periódica* (no fim do dicionário) [ORIGEM: do esp. *platina* 'id.']

[2]**pla.ti.na** *s.f.* **1** peça plana de certos instrumentos, mecanismos etc., que quase sempre serve de suporte **2** presilha us. nos ombros de alguns uniformes militares para fixar galões, insígnias etc. [ORIGEM: do fr. *platine* 'id.']

pla.ti.na.do *s.m.* **1** ELETR em motores a gasolina, dispositivo que interrompe a corrente que percorre um circuito elétrico **2** a cor cinza-clara prateada da platina **3** coloração dos cabelos louros esbranquiçados ■ *adj.* **4** diz-se do cabelo dessa cor **5** coberto de platina

pla.ti.nar *v.* {mod. 1} *t.d.* **1** cobrir de platina por processo eletroquímico **2** dar o tom da platina a

pla.ti.no *adj.* **1** da região do rio da Prata (América do Sul) ■ *s.m.* **2** natural ou habitante dessa região

pla.tô *s.m.* GEO planalto

pla.tô.ni.co *adj.* **1** relativo ao filósofo Platão ou ao seu pensamento ☞ cf. *Platão* na parte enciclopédica ■ *adj.s.m.* **2** adepto do platonismo **3** *p.ext.* que(m) é alheio a interesses ou prazeres materiais

pla.to.nis.mo *s.m.* **1** FIL doutrina do filósofo grego Platão (428 a.C.-348 ou 347 a.C.) e de seus seguidores ☞ cf. *Platão* na parte enciclopédica **2** *p.ext.* essência, natureza do amor platônico; castidade, idealidade **3** *fig.* amor a distância, freq. idealizado, não confessado

plau.sí.vel [pl.: *-eis*] *adj.2g.* **1** que merece aplauso ou aprovação; louvável **2** que se pode admitir, aceitar; razoável ~ **plausibilidade** *s.f.*

playback [ing.; pl.: *playbacks*] *s.m.* **1** base musical antecipadamente gravada, us. por cantor para se apresentar em público sem banda ou orquestra

2 canto sincronizado com sons pré-gravados ⇒ pronuncia-se plei<u>béc</u>

playboy [ing.; pl.: *playboys*] *s.m.* rapaz, ger. rico, solteiro e ocioso, cuja vida social e esportiva é intensa ⇒ pronuncia-se plei<u>bói</u>

playground [ing.; pl.: *playgrounds*] *s.m.* área de recreação infantil, ger. ao ar livre, com balanços e outros brinquedos ⇒ pronuncia-se plei<u>graund</u>

<u>ple</u>.be *s.f.* **1** entre os antigos romanos, classe popular da sociedade **2** *p.ext.* conjunto daqueles que pertencem à classe social mais desfavorecida

ple.<u>beu</u> [fem.: *plebeia /éi/*] *adj.s.m.* **1** que(m) pertence à plebe ■ *adj.* **2** relativo a plebe ~ **plebeizar** *v.t.d. e pron.*

ple.bis.<u>ci</u>.to *s.m.* consulta ao povo sobre questão específica, ger. por meio de votação do tipo *sim* ou *não*; referendo ~ **plebiscitário** *adj.*

plec.<u>tóg</u>.na.to *s.m.* ZOO **1** espécime dos plectógnatos, ordem de peixes ósseos, como os baiacus, que possuem os dentes unidos em placa ■ *adj.* **2** relativo a essa ordem de peixes

<u>plec</u>.tro *s.m.* MÚS pequena peça fina, feita de diferentes materiais, que serve para fazer soar as cordas; palheta

<u>plêi</u>.a.da ou **<u>plêi</u>.a.de** *s.f.* grupo de sábios, intelectuais ou de escritores famosos

ple.is.to.<u>ce</u>.no *adj.s.m.* GEOL → ***PLISTOCENO***

plei.te.<u>ar</u> *v.* {mod. 5} *t.d.* **1** pedir em juízo; requerer **2** buscar conseguir; empenhar-se **3** concorrer, disputar □ *t.d. e t.i.* **4** (prep. *contra*) mostrar-se a favor de; defender *<os filhos pleiteavam a ideia de vender a casa> <o sindicato pleiteava contra a demissão dos grevistas>* □ *t.i.* **5** (prep. *com*) competir, rivalizar *<aqueles cantores pleiteavam com os melhores do país>* ~ **pleiteador** *adj.s.m.* - **pleiteante** *adj.2g.s.2g.*

<u>plei</u>.to *s.m.* **1** questão judicial; litígio **2** escolha, por voto, de pessoa para ocupar cargo, posto ou desempenhar certa função; eleição

ple.<u>ná</u>.rio *s.m.* **1** o conjunto de membros de qualquer associação, reunidos em grande número numa assembleia **2** o local onde essa assembleia se reúne ■ *adj.* **3** que reúne grande número de membros

ple.ni.<u>lú</u>.nio *s.m.* ASTR lua cheia

ple.ni.po.<u>tên</u>.cia *s.f.* poder pleno, absoluto

ple.ni.<u>tu</u>.de *s.f.* **1** estado do que está completo, inteiro, pleno **2** estado do que se encontra no mais alto grau de intensidade

<u>ple</u>.no *adj.* **1** cheio, repleto **2** completo, inteiro *<p. escuridão>* **3** que não apresenta restrições; absoluto *<felicidade p.>*

ple.o.<u>nas</u>.mo *s.m.* LING emprego de uma ou várias palavras que repetem uma ideia já contida em palavras us. anteriormente, como em 'subir para cima'; redundância, tautologia ~ **pleonástico** *adj.*

ple.si.os.<u>sau</u>.ro *s.m.* ZOO espécime dos plesiossauros, subordem de répteis marinhos, extintos durante o Cretáceo, dotados de membros em forma de remo, adaptados para a natação, e pescoço curto ou muito longo ~ **plesiossáurico** *adj.*

ple.<u>to</u>.ra *s.f.* **1** MED aumento de volume de sangue no organismo **2** *fig.* superabundância ou excesso de qualquer coisa, que tem efeito nocivo **3** *fig.* vitalidade que se manifesta no comportamento, nos atos etc.; exuberância ~ **pletórico** *adj.*

<u>pleu</u>.ra *s.f.* ANAT membrana que recobre o pulmão ~ **pleural** *adj.2g.*

pleu.ri.<u>si</u>.a *s.f.* MED inflamação da pleura, ger. de origem bacteriana

<u>plêus</u>.ton [pl.: *plêustones, (B) plêustons*] *s.m.* BIO conjunto dos organismos aquáticos que permanecem na superfície, boiando, com parte do corpo na água e parte exposta ao ar

<u>ple</u>.xo /cs/ *s.m.* ANAT rede ou interconexão de nervos, vasos sanguíneos ou vasos linfáticos ▣ **p. solar** aquele que é situado na frente da artéria aorta e por trás do estômago

pli.o.<u>ce</u>.no *s.m.* **1** quinta e mais recente época do período terciário, posterior ao Mioceno, em que surgem os primeiros hominídeos ☞ este subst. não se usa no plural; inicial maiúsc. ■ *adj.* **2** dessa época

plis.<u>sa</u>.do *adj.* **1** que tem dobras permanentes em toda a sua altura (diz-se de tecido ou peça de vestuário) ■ *s.m.* **2** plissê

plis.<u>sê</u> *s.m.* série de pregas feitas numa peça de vestuário ou num tecido, ger. com máquina apropriada; plissado ~ **plissagem** *s.f.* - **plissar** *v.t.d.*

plis.to.<u>ce</u>.no ou **ple.is.to.<u>ce</u>.no** *s.m.* GEOL **1** primeira e mais antiga época do período quaternário, anterior ao Holoceno, em que ocorrem os dilúvios e glaciações e, na parte final, surge o homem com suas características atuais ☞ este subst. não se usa no plural; inicial maiúsc. ■ *adj.* **2** dessa época

plu.<u>gar</u> *v.* {mod. 1} *t.d.* **1** ligar (aparelho elétrico) a uma tomada **2** conectar (equipamento periférico) a computador ~ **plugado** *adj.*

<u>plu</u>.gue *s.m.* ELETR peça com um ou mais pinos que penetra na tomada, estabelecendo ligação elétrica

<u>plu</u>.ma *s.f.* ZOO cada uma das penas que cobrem o corpo das aves, muito us. como adorno ◉ COL plumagem

plu.<u>ma</u>.gem [pl.: *-ens*] *s.f.* conjunto das penas de uma ave

<u>plúm</u>.beo *adj.* **1** relativo ao chumbo **2** feito de chumbo ou da sua cor **3** *fig.* soturno, tristonho

plu.<u>ral</u> [pl.: *-ais*] *adj.2g.* **1** que se refere a ou contém mais de um **2** *fig.* variado, múltiplo ■ *adj.2g.s.m.* GRAM **3** (flexão) gramatical que indica mais de um ☞ cf. *singular* **4** (substantivo, artigo, adjetivo, pronome, verbo) que recebeu a terminação que indica flexão de número

plu.ra.li.<u>da</u>.de *s.f.* **1** fato de existir em grande quantidade, de não ser único; multiplicidade, diversidade **2** em grande número **3** característica de uma palavra que está no plural

P

plu.ra.lis.mo *s.m.* **1** sistema que admite a existência, dentro de um grupo organizado, de opiniões políticas e religiosas e de comportamentos culturais e sociais diversos **2** doutrina que defende a pluralidade de partidos políticos em uma sociedade ~ **pluralista** *adj.2g.s.2g.*

plu.ra.li.zar *v.* {mod. 1} *t.d.* **1** pôr ou usar no plural **2** fazer crescer em número; multiplicar **3** tornar variado; diversificar *<é preciso p. o debate>* ~ **pluralização** *s.f.*

plu.ri.a.nu.al [pl.: *-ais*] *adj.2g.* relativo a vários anos, ger. mais de três

plu.ri.ce.lu.lar [pl.: *-es*] *adj.2g.* BIO composto de várias células; multicelular

plu.ri.di.men.sio.nal [pl.: *-ais*] *adj.2g.* **1** que possui mais de três dimensões (diz-se de espaço) **2** que abrange ou trata de múltiplos aspectos ~ **pluridimensionalidade** *s.f.*

plu.ri.par.ti.da.ris.mo *s.m.* POL coexistência de vários partidos num sistema político; multipartidarismo ~ **pluripartidário** *adj.*

plu.tão *s.m.* ASTR planeta-anão do sistema solar ☞ inicial maiúsc.; cf. *Plutão* na parte enciclopédica ~ **plutoniano** *adj.*

plu.to.cra.ci.a *s.f.* **1** a influência ou o poder do dinheiro **2** exercício do poder ou do governo pelas classes mais abastadas da sociedade ~ **plutocrata** *s.2g.* - **plutocrático** *adj.*

plu.tô.nio *s.m.* QUÍM elemento químico artificial, us. em armas nucleares [símb.: *Pu*] ☞ cf. *tabela periódica* (no fim do dicionário)

plu.vi.al [pl.: *-ais*] *adj.2g.* relativo a chuva

plu.vio.me.tri.a *s.f.* MET parte da climatologia que estuda a distribuição das chuvas em determinadas épocas e regiões

plu.vi.o.mé.tri.co *adj.* **1** relativo à ou próprio da pluviometria **2** que diz respeito à frequência das chuvas

plu.vi.ô.me.tro *s.m.* MET instrumento que mede a quantidade de chuva que cai em determinado lugar ou época

plu.vi.o.so /ô/ [pl.: */ó/*; fem.: */ó/*] *adj.* **1** em que há chuva; chuvoso **2** *frm.* que traz ou anuncia a chuva

Pm QUÍM símbolo de *promécio*

PM *s.f.* sigla de Polícia Militar

PNB *s.m.* sigla de *produto nacional bruto* ☞ cf. *PNB* na parte enciclopédica

pneu *s.m.* **1** pneumático **2** *p.ext.* *B* gordura excessiva na cintura

pneu.má.ti.co *s.m.* **1** cobertura de borracha, cheia de ar comprimido, que reveste a roda de diversos veículos; pneu ■ *adj.* **2** relativo a ar **3** que funciona por meio da energia proveniente da compressão do ar (diz-se de aparelho)

pneu.mo.ni.a *s.f.* MED inflamação nos pulmões provocada por bactéria ou vírus ~ **pneumônico** *adj.*

PNLD *s.m.* sigla de Programa Nacional do Livro Didático

P

Po QUÍM símbolo de *polônio*

pó *s.m.* **1** terra (ou qualquer outra substância sólida) seca, reduzida a partículas muito finas que pairam no ar e sobre superfícies; poeira **2** *fig.* coisa insignificante, passageira **3** *B infrm.* cocaína

pô *interj.* *infrm.* exprime espanto, aborrecimento, desagrado, chatice, dor

po.bre *adj.2g.s.2g.* **1** que(m) tem poucas posses ■ *adj.2g.* **2** que revela pobreza **3** maldotado, pouco favorecido **4** pouco produtivo, estéril **5** que inspira compaixão ◉ GRAM/USO nas acp. adj., sup.abs.sint.: *paupérrimo*, *pobríssimo*; aum.irreg.: *pobretão*

po.bre-di.a.bo [pl.: *pobres-diabos*] *s.m.* **1** indivíduo sem nenhuma importância **2** indivíduo fraco, inofensivo, sem personalidade **3** pessoa que inspira compaixão

po.bre.tão [pl.: *-ões*] *s.m.* indivíduo muito pobre

po.bre.za /ê/ *s.f.* **1** estado ou condição de pobre **2** carência do que é necessário à subsistência; penúria **3** a classe ou o conjunto dos pobres

po.ça /ô *ou* ó/ *s.f.* depressão rasa de um terreno, com água

[1]**po.ção** [pl.: *-ões*] *s.f.* **1** medicamento líquido administrado por via oral **2** qualquer líquido que se pode beber [ORIGEM: do lat. *potio,ōnis* 'remédio; beberagem envenenada']

[2]**po.ção** [pl.: *-ões*] *s.m.* *B* lugar de maior profundidade em lago, rio etc.; poço [ORIGEM: *poço* + *-ão*]

po.che.te *s.f.* pequena bolsa que se leva a tiracolo ou presa à cintura

po.cil.ga *s.f.* **1** curral de porcos **2** *fig.* lugar imundo ou inteiramente desorganizado ◉ GRAM/USO aum.irreg.: *pocilhão*

po.ci.lhão [pl.: *-ões*] *s.m.* pocilga grande ◉ GRAM/USO aum.irreg. de *pocilga*

po.ço /ô/ [pl.: *poços /ó/*] *s.m.* **1** grande buraco, ger. circular e murado, cavado na terra, a fim de atingir um lençol de água subterrâneo **2** grande buraco cavado para se extrair algo do subsolo *<p. de petróleo>* **3** o ponto mais fundo de um rio, lago etc.; poção

po.da *s.f.* **1** corte de ramos de vegetais **2** *p.ext.* a época em que se costuma podar

po.dão [pl.: *-ões*] *s.m.* **1** foice de cabo curto, us. para cortar madeira, podar árvores etc. **2** tesoura us. para podar

po.dar *v.* {mod. 1} *t.d.* **1** cortar ramos de (plantas) **2** aparar (ramos, galhos etc.) **3** *fig.* impor limites a; cercear *<p. uma criança>* ~ **podador** *adj.s.m.*

podcast [ing.; pl.: *podcasts*] *s.m.* arquivo de áudio como uma transmissão radiofônica que se pode baixar e ouvir num leitor de MP3, *smartphone* etc. ⇒ pronuncia-se podcast

pó de ar.roz [pl.: *pós de arroz*] *s.m.* pó finíssimo us. sobre a pele do rosto para absorver a gordura local e dar cor

pó de mi.co [pl.: *pós de mico*] *s.m.* *B* pó feito com os pelos da vagem de certas plantas e que causa coceira

po.der *v.* {mod. 17} *t.d.* **1** ter a possibilidade, a oportunidade de **2** ter autorização para **3** ser capaz, estar em condições de **4** correr risco de; expor-se **5** ter força física ou moral, energia, influência para; aguentar □ *t.i.* **6** (prep. *com*) ter domínio, controle sobre; aguentar *<não pode com o filho>* ■ *s.m.* **7** direito ou capacidade de decidir, agir e ter voz de mando; autoridade **8** governo de um país, de um Estado etc. **9** possibilidade de fazer certas coisas; capacidade, faculdade **10** vigor, potência **11** dominação, domínio **12** posse, jurisdição **13** virtude de algo produzir determinado efeito; eficácia **14** meio pelo qual se vence uma dificuldade, um embaraço; recurso ▼ ***poderes*** *s.m.pl.* **15** permissões que uma pessoa ou entidade recebe de outra para agir em seu nome ▣ **P. Executivo** POL aquele cuja função é executar as leis e exercer o governo e a administração dos negócios públicos; Executivo • **P. Judiciário** POL aquele que determina e assegura a aplicação das leis que garantem os direitos de cada indivíduo; Judiciário • **P. Legislativo** POL aquele responsável pela elaboração das leis que regem o país; Legislativo

po.de.ri.o *s.m.* **1** grande poder **2** direito de ordenar, de se fazer obedecer; autoridade, domínio

po.de.ro.so /ô/ [pl.: */ó/*; fem.: */ó/*] *adj.* **1** que tem força ou influência **2** que possui muitas riquezas; abastado **3** bem colocado em sociedade, empresa etc. **4** que produz efeito impressionante; intenso, marcante ▼ ***poderosos*** *s.m.pl.* **5** indivíduos com grande poder ou influência em seu meio

pó.dio *s.m.* **1** plataforma em que os primeiros colocados numa competição se apresentam ao público **2** MÚS plataforma sobre a qual o maestro rege a orquestra

po.dre /ô/ *adj.2g.* **1** em decomposição; deteriorado **2** *p.ext.* que cheira mal; fétido **3** *fig. pej.* que se perverteu **4** CUL que esfarela (diz-se de massa) ▼ ***podres*** *s.m.pl.* **5** *fig. pej.* defeitos, vícios; podridão

po.dri.dão [pl.: *-ões*] *s.f.* **1** estado do que está podre; apodrecimento, putrefação **2** *fig.* perda total ou falta de senso moral, de honestidade, de honra; corrupção, degeneração

po.e.dei.ra *s.f.* fêmea de animal ovíparo, esp. a galinha, que já começou a dar ovos ou que põe muitos ovos ◉ GRAM/USO tb. us. como adj.: *galinha poedeira*

po.e.dou.ro *s.m.* **1** lugar onde as galinhas põem ovos **2** pedaço de tecido embebido em tinta e us. pelos pintores

po.ei.ra *s.f.* **1** qualquer substância reduzida a pó muito fino **2** terra seca reduzida a pó ■ *adj.s.m.* **3** *B* (cinema) de baixa categoria ~ **poeirada** *s.f.* - **poeirento** *adj.*

po.e.ma *s.m.* LIT composição em versos ◉ GRAM/USO dim.irreg.: *poemeto*

põe-mesa *s.m.* ZOO *N.E.* louva-a-deus ◉ GRAM/USO pl.: *põe-mesas*

po.e.me.to /ê/ *s.m.* pequeno poema ◉ GRAM/USO dim.irreg. de *poema*

po.en.te *adj.2g.* **1** diz-se do Sol quando se encaminha para o ocaso ■ *s.m.* **2** oeste ('direção') **3** pôr do sol

po.en.to *adj.* que tem poeira; poeirento

po.e.si.a *s.f.* **1** LIT arte de compor ou escrever versos **2** LIT gênero literário em forma de versos **3** LIT pequena composição em verso; poema **4** *fig.* o que desperta o sentimento do belo ~ **poético** *adj.*

po.e.ta *s.2g.* **1** escritor que compõe poesias **2** *fig.* aquele que é dado a devaneios ou é um idealista ◉ GRAM/USO **a)** aum.: *poetaço*; *(pej.) poetastro*; **b)** a palavra *poeta* pode ser us. para homens e mulheres, mas a língua tb. tem um fem. para ela: *poetisa* ◉ COL parnaso

po.é.ti.ca *s.f.* LIT **1** arte de fazer versos **2** teoria ou estudo sobre os vários tipos de versos **3** estudo ou tratado sobre a poesia ou a estética **4** conjunto de características próprias de um escritor, de uma época, de uma escola de poesia etc.

po.e.ti.sa *s.f.* mulher que escreve poesias; poeta

po.e.ti.zar *v.* {mod. 1} *t.d.* **1** tornar poético □ *int.* **2** fazer versos

pois *conj.explc.* **1** porque, visto que, já que *<está triste p. recebeu más notícias>* **2** nesse caso, então *<ele bateu em você? P. reaja!>* ■ *conj.concl.* **3** por conseguinte, portanto *<está doente e não pode, p., trabalhar>* ■ *conj.advrs.* **4** porém, no entanto *<– Você está tranquilo? P. eu não>*

pol símbolo de *polegada*

po.lai.na *s.f.* VEST peça do vestuário que protege a parte inferior das pernas e a parte superior dos pés ☞ mais us. no pl.

po.lar [pl.: *-es*] *adj.2g.* **1** relativo ou pertencente aos polos da Terra **2** que está perto das extremidades da Terra **3** que tem aspecto ou características opostas a outro(s) ■ *s.f.* **4** ASTR a estrela do hemisfério norte para a qual aponta o eixo da Terra

po.la.ri.zar *v.* {mod. 1} *t.d.* **1** ser ponto de convergência; atrair, concentrar □ *pron. fig.* **2** concentrar-se em um ou mais pontos, em duas ou mais posições opostas ~ **polarização** *s.f.*

pol.ca *s.f.* dança e música de andamento rápido do início do séc. XIX, originárias da Boêmia (região ocidental da República Tcheca)

pôl.der [pl.: *-es*] *s.m.* planície protegida por diques contra inundações, us. para a agricultura e moradia

pol.dro *s.m.* cavalo novo; potro

po.le.ga.da *s.f.* **1** medida de comprimento que tem mais ou menos a medida da segunda falange do dedo polegar, equivalendo a 2,75 cm **2** medida de comprimento inglesa equivalente a 25,4 mm [abrev.: *pol.*]

po.le.gar [pl.: *-es*] *adj.2g.s.m.* ANAT **1** o primeiro e mais grosso dedo da mão ou do pé ■ *adj.2g.* **2** diz-se desse dedo

po.lei.ro *s.m.* **1** vara na qual as aves pousam e dormem **2** *infrm.* nos teatros, camarote ou galeria da última ordem de assentos

po.lê.mi.ca *s.f.* **1** discussão sobre questão que suscita muitas divergências; controvérsia **2** *fig.* debate de ideias ~ **polemista** *adj.2g.s.2g.*

po.lê.mi.co *adj.* que desperta ou é capaz de despertar polêmica; controverso

po.le.mi.zar *v.* {mod. 1} *t.i. e int.* (prep. *com*) travar polêmica *<ele tem talento para p. (com os adversários)>*

pó.len [pl.: *polens*] *s.m.* BOT pó fino, freq. amarelo, contido nas flores e cuja função é a fecundação

po.len.ta *s.f.* CUL pasta de fubá de milho cozido com água e sal

pole position [ing.] *s.f.2n.* ESP **1** primeiro lugar da primeira fila, na largada de uma corrida de carros ■ *s.2g.* ESP **2** o piloto que está nesse lugar ⇒ pronuncia-se pôule pozichian

po.li.a *s.f.* roda que gira em torno de um eixo, pelo qual passa uma correia transmissora de movimento

po.li.a.mi.da *s.f.* QUÍM polímero com que se produzem fibras sintéticas us. em suturas cirúrgicas, na indústria têxtil etc.

po.li.an.dri.a *s.f.* estado de uma mulher casada com vários homens ao mesmo tempo ~ **poliândrico** *adj.*

po.li.chi.ne.lo *s.m.* **1** TEAT antigo personagem de teatro, corcunda, que representa um homem do povo, preguiçoso e astuto **2** *p.ext.* indivíduo sem dignidade; palhaço **3** *B* exercício de saltos num mesmo lugar em que o ginasta pula, abrindo braços e pernas, em conjunto, uma série de vezes

po.lí.cia *s.f.* **1** corporação que engloba os órgãos destinados a assegurar a lei, a ordem, a moralidade e a segurança em uma sociedade **2** o conjunto de membros dessa corporação

P

po.li.ci.al [pl.: *-ais*] *adj.2g.* **1** relativo ou pertencente a polícia **2** que envolve ou trata de crimes *<filme p.>* ■ *s.2g.* **3** profissional que trabalha na polícia ◉ COL patrulha, quadrilha ~ **policialesco** *adj.*

po.li.ci.a.men.to *s.m.* **1** ação ou efeito de policiar(-se) **2** guarda, ronda, vigilância para prevenção e combate ao crime

po.li.ci.ar *v.* {mod. 1} *t.d.* **1** vigiar ou fiscalizar, mantendo a ordem, pelo trabalho da polícia **2** vigiar com atenção; zelar *<p. o galinheiro>* ☐ *t.d. e pron. fig.* **3** não permitir que se manifeste; conter(-se), reprimir(-se) *<policiava-se demais e perdia a espontaneidade>*

po.li.clí.ni.ca *s.f.* hospital em que se tratam todos os tipos de doenças

po.li.clí.ni.co *s.m.* **1** clínico geral ■ *adj.* **2** relativo à clínica geral

po.li.cro.mi.a *s.f.* **1** estado de um corpo ou objeto que apresenta várias cores **2** GRÁF processo de impressão que utiliza mais de três cores **3** GRÁF impresso obtido por esse processo

po.li.cro.mo *adj.* que tem muitas cores; multicor

po.li.cul.tu.ra *s.f.* cultura de diversos produtos agrícolas em uma mesma área ~ **policultor** *adj.s.m.*

po.li.dez /ê/ [pl.: *-es*] *s.f.* ato ou atitude gentil; cortesia, gentileza

po.li.do *adj.* **1** tornado lustroso por atrito; lustrado **2** que está liso ou sem irregularidades **3** *fig.* que recebeu fina educação; cortês, atencioso

po.li.e.dro *s.m.* GEOM **1** sólido limitado por polígonos ■ *adj.s.m.* **2** (o) que tem muitas faces

po.li.és.ter [pl.: *-es*] *s.m.* **1** matéria sintética us. em tintas e vernizes, cobertura de superfícies e como fibra têxtil **2** conjunto de fios obtidos dessa matéria e us. em tecido

po.li.es.ti.re.no *s.m.* QUÍM material us. em isolantes térmicos ou elétricos, objetos plásticos etc.

po.li.e.ti.le.no *s.m.* QUÍM material us. para isolamento em condutores de correntes elétricas, materiais de embalagem, tanques etc.

po.li.fo.ni.a *s.f.* **1** multiplicidade de sons **2** MÚS efeito que resulta do conjunto harmônico de instrumentos ou vozes simultâneos ~ **polifônico** *adj.*

po.li.ga.mi.a *s.f.* união conjugal de uma pessoa com várias outras ☞ cf. *bigamia*, *monogamia* ~ **polígamo** *adj.s.m.*

po.li.glo.ta *adj.2g.s.2g.* **1** que(m) sabe ou fala muitas línguas ■ *adj.2g.* **2** escrito em muitas línguas ~ **poliglotismo** *s.m.*

po.li.go.nal [pl.: *-ais*] *adj.2g.* **1** que tem muitos ângulos **2** relativo a polígono

po.lí.go.no *s.m.* GEOM qualquer figura plana formada pelo mesmo número de ângulos e lados

po.lí.gra.fo *s.m.* **1** quem escreve sobre vários assuntos **2** máquina que produz várias cópias de um texto ao mesmo tempo **3** aparelho que registra várias funções psicológicas e fisiológicas, us. como detector de mentiras

po.li.men.to *s.m.* **1** lustro, brilho **2** *fig.* educação aprimorada; finura, refinamento

po.li.me.ri.za.ção [pl.: *-ões*] *s.f.* QUÍM reação química que combina moléculas pequenas em macromoléculas nas quais se encontram as estruturas moleculares originais

po.lí.me.ro *s.m.* QUÍM macromolécula formada pela união de substâncias simples

po.li.mor.fo *adj.* **1** que se apresenta em formas variadas **2** capaz de tomar diferentes formas ~ **polimórfico** *adj.* - **polimorfismo** *s.m.*

po.li.né.sio *s.m.* **1** natural ou habitante do arquipélago que forma a Polinésia (Oceania) **2** grupo das línguas faladas nas regiões do Pacífico central e meridional ■ *adj.* **3** relativo a esse arquipélago e a esse grupo de línguas

po.li.ni.za.ção [pl.: *-ões*] *s.f.* BOT fecundação das flores através do transporte do grão de pólen da antera para o estigma, feito naturalmente pelo vento, água ou insetos, e intencionalmente pelos humanos ~ **polinizar** *v.t.d. e int.*

po.li.nô.mio *s.m.* MAT expressão algébrica formada pela soma algébrica de monômios

pó.lio *s.f.* MED poliomielite

po.lio.mi.e.li.te *s.f.* MED **1** infecção na substância cinzenta da medula espinhal, causada por vírus **2** paralisia infantil ☞ tb. se diz apenas *pólio*

pó.li.po *s.m.* MED crescimento de tecido ou tumor que se desenvolve em uma membrana mucosa (p.ex., nariz, reto etc.) ~ **poliposo** *adj.*

po.li.po.di.á.cea *s.f.* BOT espécime das polipodiáceas, família de plantas cultivadas como ornamentais (p.ex., as samambaias), como alimento ou como medicinais ~ **polipodiáceo** *adj.*

po.li.po.rá.cea *s.f.* BOT espécime das poliporáceas, família de fungos que se nutrem de matéria orgânica e são importantes causadores de doenças em árvores ~ **poliporáceo** *adj.*

po.li.pro.pi.le.no *s.m.* QUÍM material us. na fabricação de filmes, fibras, embalagens etc.

po.lir *v.* {mod. 27} *t.d.* **1** tornar brilhante, por fricção; lustrar, brunir *<p. metais>* **2** aplicar verniz em; envernizar *<p. móveis>* **3** *fig.* tornar mais perfeito, refinado; aprimorar *<p. o estilo>* ☐ *t.d. e pron. fig.* **4** (fazer) adquirir educação, refinamento; civilizar(-se) *<p. os rudes> <para ir ao palácio, teve de p.-se>* ~ **polidor** *adj.s.m.* - **polidura** *s.f.*

po.lir.rit.mi.a *s.f.* MÚS superposição, no ritmo, de duas ou mais estruturas contrastantes ~ **polirrítmico** *adj.*

po.lis.sí.la.bo *adj.s.m.* GRAM (palavra) composta por mais de três sílabas ~ **polissilábico** *adj.*

po.li.téc.ni.ca *s.f.* escola de artes ou esp. de ciências (freq. engenharia)

po.li.téc.ni.co *adj.* **1** que abrange várias artes ou ciências **2** em que se estuda engenharia (diz-se de escola)

po.li.te.ís.mo *s.m.* crença religiosa que admite mais de um deus ~ **politeísta** *adj.2g.s.2g.* - **politeístico** *adj.*

po.lí.ti.ca *s.f.* **1** POL arte ou ciência da organização, direção e administração de nações, Estados **2** POL conjunto de princípios ou opiniões referentes ao Estado, ao poder **3** POL prática ou profissão de conduzir negócios políticos **4** modo de agir de uma pessoa ou entidade **5** *fig.* habilidade no agir e no tratar, tendo em vista a obtenção de algo **5.1** astúcia, diplomacia

po.li.ti.ca.gem [pl.: *-ens*] *s.f. pej.* **1** política de interesses pessoais ou de troca de favores **2** o conjunto dos políticos que se dedicam a essa política ~ **politiqueiro** *adj.s.m.*

po.li.ti.ca.lha *s.f. pej.* politicagem

po.lí.ti.co *adj.s.m.* **1** POL que(m) exerce um cargo público ou atua indiretamente na política **2** *p.ext.* que(m) revela diplomacia ou astúcia para conduzir acontecimentos ou pessoas ■ *adj.* **3** relativo a política **4** relativo a negócios públicos **5** que exerce influência administrativa em níveis federal, estadual, municipal etc. **6** relativo a cidadania *<direitos p.>* ◉ COL partido

po.lí.ti.co-so.ci.al [pl.: *político-sociais*] *adj.2g.* que tem caráter político e social simultaneamente

po.li.ti.zar *v.* {mod. 1} *t.d. e pron.* (fazer) adquirir consciência dos deveres e direitos do cidadão e da importância do pensamento e da ação política ~ **politização** *s.f.*

po.li.u.re.ta.no *s.m.* QUÍM matéria plástica sob forma de esponjas, resinas ou borrachas, us. como isolante térmico, acústico etc.

po.li.va.len.te *adj.2g.* **1** que apresenta múltiplos valores ou oferece várias possibilidades de emprego; multifuncional **2** que executa diferentes tarefas; versátil **3** que envolve vários campos de atividade **4** MED que protege, combate ou produz efeitos contrários a diversos agentes (diz-se de medicamento, soro, vacina) ~ **polivalência** *s.f.*

po.li.vi.ní.li.co *adj.* QUÍM que deriva do vinil (diz-se, p.ex., de resinas)

[1]**po.lo** /ó/ *s.m.* **1** cada uma das extremidades do eixo imaginário em torno do qual a Terra parece dar uma volta completa **2** cada uma das regiões glaciais que circundam essas extremidades **3** cada um dos pontos extremos de um corpo, de um objeto ou de um órgão oval **4** lugar, ponto oposto a outro **5** *fig.* o que orienta, dirige; guia **6** *fig.* aspecto oposto a outro **7** *fig.* pessoa, ponto, área ou coisa que é centro de um interesse, um grupo de pessoas etc. *<p. têxtil>* [ORIGEM: do lat. *polus,i* 'polo (do mundo); norte; estrela polar']

[2]**po.lo** /ó/ *s.m.* ESP jogo em que duas equipes de quatro jogadores a cavalo, em campo de grama, tentam marcar tentos batendo com um taco numa bola [ORIGEM: do ing. *polo* 'id.'] ▣ **p. aquático** ESP jogo de bola semelhante ao handebol, disputado numa piscina

po.lô.nio *s.m.* QUÍM elemento químico us. em baterias termonucleares de satélites etc. [símb.: *Po*] ☞ cf. *tabela periódica* (no fim do dicionário)

pol.pa /ô/ *s.f.* **1** parte espessa, tenra e ger. comestível de vários tipos de frutos e raízes **2** carne sem osso nem gordura **3** massa, pasta *<p. do papel>* ▣ **p. dentária** ODONT tecido com muitas veias e nervos, situado na cavidade central do dente, responsável por sua nutrição, sensibilidade e defesa ~ **polposo** *adj.*

pol.pu.do *adj.* **1** que tem muita polpa **2** *fig.* que rende muitos lucros **3** *fig.* considerável, vultoso *<salário p.>*

pol.trão [pl.: *-ões*; fem.: *poltrona*] *adj.s.m.* medroso, covarde

pol.tro.na *s.f.* grande cadeira de braços, ger. estofada

po.lu.ção [pl.: *-ões*] *s.f.* **1** poluição **2** ejaculação involuntária de sêmen

po.lu.en.te *adj.2g.s.m.* (o) que polui

po.lu.i.ção [pl.: *-ões*] *s.f.* **1** ato de poluir **2** degradação das características químicas ou físicas de um ecossistema ▣ **p. sonora** excesso de barulho, de muitos sons ao mesmo tempo • **p. visual** excesso de informações visuais, como cartazes, anúncios, placas num mesmo ambiente

po.lu.ir *v.* {mod. 26} *t.d.* **1** tornar sujo, impuro, prejudicial à saúde; contaminar <*p. o rio*> ☐ *t.d. e pron. fig.* **2** corromper(-se), perverter(-se) <*más leituras o poluíram*> <*poluiu-se em más companhias*> ~ **poluído** *adj.* - **poluidor** *adj.s.m.*

pol.vi.lhar *v.* {mod. 1} *t.d. e t.d.i.* (prep. *com, de*) espalhar (pó, farinha etc.) sobre; salpicar, pulverizar <*p. o bolo com açúcar*> <*polvilhou o rosto (de pó de arroz)*>

pol.vi.lho *s.m.* **1** fina farinha obtida da mandioca **2** pó muito fino ▼ ***polvilhos*** *s.m.pl.* **3** qualquer substância em pó us. em culinária, medicina etc.

pol.vo /ô/ *s.m.* ZOO molusco comestível dotado de cabeça grande e oito braços providos de ventosas

pól.vo.ra *s.f.* mistura explosiva de enxofre, salitre e carvão

pol.vo.ro.sa *s.f.* ▸ us. em: **em p. 1** em grande agitação **2** em grande desorganização; bagunçado

po.ma.da *s.f.* FARM preparado farmacêutico de uso externo, veiculado por substância gordurosa, us. como medicamento

po.mar [pl.: *-es*] *s.m.* conjunto de muitas árvores frutíferas ou terreno em que elas são cultivadas

pom.ba *s.f.* **1** ZOO ***POMBO*** **2** *N.E. gros.* o pênis **3** *S. C.-O. gros.* a vulva ■ *interj.* **4** demonstra admiração, espanto, irritação, surpresa etc. (tb. us. no pl.)

pom.ba.ji.ra *s.f.* REL **1** um Exu-fêmea **2** líder da linha de Iemanjá ☞ inicial maiúsc.

pom.bal [pl.: *-ais*] *s.m.* **1** lugar em que se criam ou se recolhem pombos **2** *B infrm.* construção cujo formato lembra esse lugar **3** *B pej.* conjunto de edificações populares

pom.ba.li.no *adj.* relativo ao primeiro marquês de Pombal (1699-1782) ou à sua época ☞ cf. *Pombal* na parte enciclopédica

P

pom.bo *s.m.* ZOO ave de voo possante, bico coberto de cera na base, domesticada para servir de alimento e correio ◉ COL revoada

pom.bo-cor.rei.o [pl.: *pombos-correios* e *pombos-correio*] *s.m.* **1** tipo de pombo us. no transporte de comunicações escritas **2** *fig.* indivíduo que leva informações ou mensagens de uma pessoa a outra; mensageiro

po.mi.cul.tu.ra *s.f.* AGR cultura de árvores frutíferas ~ **pomicultor** *adj.s.m.*

po.mo *s.m.* BOT tipo de fruto formado por parte carnosa, muito desenvolvida, que é a porção que se come, p.ex., na maçã, pera etc. ▣ **p. da discórdia** *fig.* razão do desentendimento

po.mo de a.dão [pl.: *pomos de adão*] *s.m.* ANAT protuberância na parte frontal do pescoço do homem

pom.pa *s.f.* grande luxo; esplendor

pom.pom [pl.: *-ons*] *s.m.* **1** pequena bola de fios de lã, seda etc., ger. us. como enfeite **2** objeto similar para aplicação de pó de arroz ou talco na pele

pom.po.so /ô/ [pl.: /ó/; fem.: /ó/] *adj.* **1** que tem magnificência; grandioso, solene **2** a que se confere demasiada dignidade, solenidade

pô.mu.lo *s.m.* ANAT osso que forma a parte mais saliente do rosto; maçã do rosto

pon.cã *s.f.* AGR tipo de tangerina, grande e de casca frouxa, originária do Japão ◉ GRAM/USO tb. us. como adj.

pon.che *s.m.* *B* **1** bebida feita com vinho, água e frutas picadas **2** *N.E.* bebida não alcoólica feita com frutas; refresco ~ **poncheira** *s.f.*

pon.cho *s.m.* VEST tipo de capa quadrada de lã, com abertura que permite enfiá-la pela cabeça e apoiá-la nos ombros

pon.de.ra.ção [pl.: *-ões*] *s.f.* **1** ação de avaliar algo com cuidado ou o seu efeito **2** reflexão profunda sobre um assunto; meditação **3** qualidade de quem tem bom senso, prudência

pon.de.ra.do *adj.* **1** examinado atentamente; apreciado **2** levado em conta, considerado **3** equilibrado, sereno, calmo

pon.de.rar *v.* {mod. 1} *t.d.* **1** examinar com atenção e minúcia; avaliar **2** ter atenção sobre; considerar ☐ *t.d. e t.d.i.* **3** (prep. *a*) citar (fatos, argumentos) em defesa de uma causa; alegar ☐ *t.i.* **4** (prep. *sobre*) pesar os prós e os contras; refletir ~ **ponderável** *adj.2g.*

pô.nei *s.m.* pequeno cavalo, muito ágil, us. como animal de sela

pon.gí.deo *adj.s.m.* ZOO (espécime) dos pongídeos, família de grandes macacos semelhantes aos humanos, que compreende os orangotangos, chimpanzés e gorilas

pon.ta *s.f.* **1** qualquer extremidade de um objeto **2** extremidade aguda e mais ou menos fina **3** chifre **4** GEO saliência num litoral; cabo **5** o princípio ou o fim de uma série de coisas **6** canto ou esquina de algo que tem a extremidade em ângulo **7** ponto em que duas ou mais retas se interceptam; vértice **8** canto ou extremidade de um espaço **9** pequena porção **10** *fig.* CINE TEAT TV papel de pouca relevância **11** *fig. B* evidência, destaque **12** primeira posição entre os competidores durante uma corrida; dianteira, frente **13** FUTB *B* cada uma das duas áreas laterais do campo, em direção à linha de fundo ■ *s.2g.* FUTB **14** atacante que joga preferencialmente numa das pontas ▣ **aguentar** ou **segurar as p.** *B infrm.* esperar com paciência ou suportar situação difícil • **na p. da língua 1** com perfeito conhecimento; com domínio total **2** na iminência de ser dito <*resposta na p. da língua*>

pon.ta-ca.be.ça [pl.: *pontas-cabeças* e *pontas-cabeça*] *s.f.* ▸ us. em: **de p.** de cabeça para baixo

pon.ta.da *s.f.* **1** golpe com a ponta de um objeto; estocada **2** *infrm.* dor aguda, mas de curta duração; fisgada

pon.ta de lan.ça [pl.: *pontas de lança*] *s.2g.* FUTB jogador de meio-campo que se aproxima dos atacantes

pon.ta-di.rei.ta [pl.: *pontas-direitas*] *s.2g.* FUTB jogador que ataca pela extrema direita

pon.ta-es.quer.da [pl.: *pontas-esquerdas*] *s.2g.* FUTB jogador que ataca pela extrema esquerda

pon.tal [pl.: *-ais*] *s.m.* ponta de terra que penetra pelo mar ou rio

pon.ta.pé *s.m.* golpe com a ponta ou peito do pé; chute

pon.ta.ri.a *s.f.* **1** operação que consiste em se colocar uma arma de fogo na direção da linha de mira **2** *p.ext.* habilidade em acertar um alvo

pon.te *s.f.* **1** construção que liga dois pontos separados por curso de água ou depressão de terreno **2** *fig.* qualquer elemento que estabelece ligação entre pessoas ou coisas **3** ODONT prótese destinada a substituir a falta de um ou mais dentes ◉ GRAM/USO dim.irreg.: *pontícula, pontilhão*

pon.te.ar *v.* {mod. 5} *t.d.* **1** marcar (mapa, desenho etc.) com pontos; pontilhar **2** dedilhar (instrumento de corda) ~ **ponteio** *s.m.*

pon.tei.ra *s.f.* **1** peça de metal que reveste a parte inferior de bengalas, guarda-chuvas etc. **2** haste de aço, terminada em ponta, adaptável a certas ferramentas **3** peça que se coloca na piteira de cigarros ou charutos

pon.tei.ro *s.m.* **1** agulha que nos relógios se movimenta para indicar as horas, os minutos e os segundos **2** *p.ext.* qualquer agulha que, no mostrador de um aparelho, se movimenta informando algo **3** INF *B* elemento móvel na tela que acompanha os movimentos de um *mouse*, para indicar objetos, áreas da tela ou conjuntos de caracteres

pon.ti.a.gu.do *adj.* que tem ponta aguçada; pontudo

pon.ti.fi.ca.do *s.m.* **1** cargo de papa; papado **2** tempo de exercício desse cargo; papado

pon.ti.fi.cal [pl.: *-ais*] *adj.2g.* **1** relativo a pontífice; pontifício ■ *s.m.* **2** livro dos ritos das cerimônias próprias ao papa e aos bispos

pon.ti.fi.car *v.* {mod. 1} *int.* **1** oficiar como pontífice **2** *fig.* falar ou escrever em tom categórico

pon.tí.fi.ce *s.m.* **1** bispo **2** bispo de Roma, chefe supremo da Igreja católica; papa ☞ inicial freq. maiúsc. ▣ **Sumo P.** o papa ~ **pontifício** *adj.*

pon.ti.lhão [pl.: *-ões*] *s.m.* pequena ponte ◉ GRAM/USO dim.irreg. de *ponte*

pon.ti.lhar *v.* {mod. 1} *t.d.* **1** marcar com pequenos pontos; pontear **2** desenhar utilizando pontos

pon.to *s.m.* **1** pequeno sinal ou marca **2** sinal (.) que é colocado após uma abreviação **3** GRAM sinal de pontuação (.) que indica, no final de uma frase, o encerramento de um período **4** sinal ortográfico posto sobre as letras *i* e *j* **5** porção de linha que passa por entre os furos feitos por agulha em tecidos, couros etc. **6** *p.ext.* cada uma das laçadas de lã ou de linha feitas no tricô ou no crochê; malha **7** qualquer tipo de nó ou laçada em rendas, macramês etc. **8** MED em costuras cirúrgicas, porção de linha firmada com um nó **9** período determinado de tempo; momento, instante **10** CUL grau adequado ou desejado de cozimento de qualquer alimento **11** cada um dos tentos obtidos ou perdidos em certos jogos **12** lugar determinado **13** *B* lugar onde se instala um estabelecimento comercial **14** *B* lugar de embarque e desembarque de passageiros em veículos coletivos (ônibus, táxis etc.) **15** certo grau de uma escala **16** assunto sobre o qual se conversa, escreve ou pensa; matéria **17** grau pelo qual se mede o valor ou o merecimento de um aluno, um atleta etc. **18** registro de entrada e saída do trabalho **19** TEAT TV pessoa que, fora da vista do público, recorda aos atores os seus diálogos, quando necessário **20** MAT intersecção de duas retas ▣ **p. cardeal** cada uma das quatro direções (norte, sul, leste e oeste) mais importantes da rosa dos ventos • **p. colateral** cada uma das quatro direções intermediárias da rosa dos ventos correspondentes ao nordeste, sudeste, sudoeste e noroeste • **p. de vista 1** lugar onde fica o observador **2** opinião pessoal • **p. morto** posição da alavanca de câmbio que interrompe a transmissão da força motriz às rodas • **em p.** com exatidão; pontualmente • **entregar os p.** desistir de algo

pon.to de ex.cla.ma.ção [pl.: *pontos de exclamação*] *s.m.* GRAM sinal gráfico (!) que vem depois do termo que expressa surpresa, alegria etc.; exclamação

pon.to de in.ter.ro.ga.ção [pl.: *pontos de interrogação*] *s.m.* GRAM sinal gráfico (?) us. ao final de frase, para indicar entonação de pergunta; interrogação

pon.to e vír.gu.la [pl.: *ponto e vírgulas* e *pontos e vírgulas*] *s.m.* GRAM sinal de pontuação (;) que indica pausa mais forte que a da vírgula e menos que a do ponto

pon.to-fi.nal [pl.: *pontos-finais*] *s.m.* sinal de pontuação que encerra um período

pon.tu.a.ção [pl.: *-ões*] *s.f.* **1** GRAM sistema de sinais gráficos que marcam pausas, entonações etc. de frases e textos escritos (p.ex., ponto, vírgula, ponto e vírgula etc.) **2** GRAM colocação desses sinais no texto escrito **3** atribuição de nota ou pontos em concurso ou exame

pon.tu.al [pl.: *-ais*] *adj.2g.* **1** que se reduz a um ponto ou a um detalhe do todo **2** realizado com exatidão ou no tempo em que foi combinado; preciso ~ **pontualidade** *s.f.*

pon.tu.ar *v.* {mod. 1} *t.d. e int.* **1** usar sinais de pontuação (em) □ *t.d.* **2** marcar, caracterizar **3** assinalar (fala, discurso etc.) com gestos, exclamações etc. **4** atribuir nota ou ponto a (prova, trabalho, desempenho etc.)

pon.tu.do *adj.* **1** que possui ponta; agudo **2** comprido e terminado em ponta **3** que tem ponta afiada; pontiagudo **4** *fig.* áspero, agressivo

po.pa /ô/ *s.f.* MAR parte posterior de embarcação, onde fica o leme

po.pe.li.na ou **po.pe.li.ne** *s.f.* tecido macio de algodão, com bom caimento, apropriado para camisas, vestidos etc.

po.pu.la.ção [pl.: *-ões*] *s.f.* **1** conjunto ou número de habitantes de uma certa região, país ou categoria particular **2** BIO conjunto de indivíduos de uma mesma espécie que ocorrem juntos em uma mesma região ~ **populacional** *adj.2g.*

po.pu.la.cho *s.m.* **1** o grupo economicamente menos favorecido do povo **2** multidão de pessoas dessa camada social; turba

po.pu.lar [pl.: *-es*] *adj.2g.* **1** do povo, pertencente ao povo **2** aprovado ou querido por uma ou mais pessoas **3** de baixo custo; barato, econômico **4** comum, público *<interesse p.>* **5** difundido, conhecido ■ *s.m.* **6** pessoa do povo; anônimo

po.pu.la.ri.da.de *s.f.* reconhecimento popular, aprovação de muitos; efeito de se fazer apreciado

po.pu.la.ri.zar *v.* {mod. 1} *t.d. e pron.* **1** tornar(-se) conhecido e/ou estimado por muitas pessoas □ *pron.* **2** ganhar aceitação do povo ~ **popularização** *s.f.*

po.pu.lo.so /ô/ [pl.: /ó/; fem.: /ó/] *adj.* que tem uma população grande; bastante povoado

pô.quer [pl.: *-es*] *s.m.* RECR jogo de cartas, para duas ou mais pessoas, que envolve apostas e blefes

por *prep.* **1** indica relações: **1.1** de lugar *<venha p. aqui>* **1.2** de percurso *<passar p. uma rua>* **1.3** de tempo *<viajar p. um mês>* **1.4** de causa *<agiu p. medo>* **1.5** de modo *<enviar p. fax>* **1.6** de preço, número, quantidade *<comprar p. cem reais> <correr 100 metros p. minuto>* **1.7** de finalidade *<trabalhar p. dinheiro>* **2** rege os predicativos do sujeito ou do objeto *<passou p. mentiroso> <tinham-no p. preguiçoso>* **3** introduz o agente da passiva *<o texto foi escrito p. mim>*

P

pôr *v.* {mod. 23} *t.d.* **1** fazer relato, descrição de; contar **2** dispor em certa posição ou direção; colocar **3** expelir, botar (ovos) **4** arrumar para ser usado; preparar *<p. a mesa>* **5** colocar à parte; depor *<p. as armas e entregar-se>* **6** levantar, criar (dúvida, dificuldade) contra *<p. empecilho ao projeto>* □ *t.d.i.* **7** (prep. *em, sobre*) fazer deslocar-se para um lugar, transportando-o com as mãos, bico etc. ou com auxílio de mecanismo; colocar, depositar *<p. frutas sobre a mesa>* **8** (prep. *em*) tornar fixo, preso a algo; colocar, pendurar, fixar *<p. a roupa no varal>* **9** (prep. *em*) deixar em funcionamento, pronto para ser usado; instalar, montar *<puseram luz na rua>* **10** (prep. *em*) descansar ou firmar sobre ou contra; apoiar *<p. os pés no chão>* **11** (prep. *em*) deixar guardado para sua proteção, conservação ou acúmulo; depositar *<p. as joias no cofre>* **12** (prep. *em*) acrescentar (elemento, componente, ingrediente) *<p. sal no feijão> <p. malícia num discurso>* **13** (prep. *em*) fazer uso de; aplicar *<p. acento no i>* **14** (prep. *em*) fazer figurar em; incluir *<p. o nome na lista>* **15** (prep. *em*) aplicar, investir (dinheiro, esforço etc.) em (empreendimento) *<p. todo o dinheiro em ações>* **16** (prep. *em*) aplicar, empregar *<p. muita força no empurrão>* **17** (prep. *em*) atribuir (qualidades, responsabilidade etc.) a *<p. a culpa no irmão>* **18** (prep. *em*) consagrar a certo fim; aplicar, dedicar *<p. energia no trabalho>* □ *t.d. e t.d.i.* **19** (prep. *em*) sobrepor ou espalhar sobre uma superfície, sobre alguém; colocar, aplicar *<p. remédio para dor (no joelho)>* **20** (prep. *em*) [fazer] usar (roupa, acessório); vestir, colocar *<p. uma gravata (no marido)>* □ *t.d.i. e pron.* **21** (prep. *em*) deixar ou ficar em certa posição, estado ou local, ger. por certo tempo *<p. a guarita na entrada da rua> <pôs-se diante da casa>* **22** (prep. *em*) [fazer] ficar de certa maneira; colocar(-se) *<p. o amigo em risco> <p.-se à vontade>* □ *pred.* **23** fazer ficar; tornar *<o barulho punha-o louco>* □ *pron.* **24** imaginar-se, supor-se *<p.-se no lugar de alguém>* **25** desaparecer no ocaso; esconder-se *<o Sol demorou a se p.>* □ *t.d.pred. e pron.* **26** (fazer) passar ao estado ou à condição de; tornar-se, ficar *<o poder vai pô-lo maluco> <sua face pôs-se branca>* ■ *s.m.* **27** o ocaso (do Sol ou de qualquer astro) ☞ como s.m., pl.: *pores* ◉ GRAM/USO part.: *posto*

po.rão [pl.: *-ões*] *s.m.* **1** MAR nos navios, grande espaço inferior ao convés, us. para transporte de carga **2** *B* parte de uma casa ou edifício abaixo do primeiro piso

po.ra.quê *s.m.* ZOO *B* peixe-elétrico

por.ca *s.f.* **1** a fêmea do porco **2** peça com furo central dotado de rosca para receber um parafuso

por.ca.da *s.f.* **1** grupo de porcos; vara **2** coisa malfeita; porcaria

por.ca.lhão [pl.: *-ões*] *adj.s.m.* **1** que(m) é sujo, sem higiene **2** que(m) trabalha mal, sem capricho

por.ção [pl.: *-ões*] *s.f.* **1** parte de um todo; parcela, pedaço **2** parte que cabe a um indivíduo; quinhão **3** dose, ração **4** grande quantidade de algo ◉ GRAM/USO dim.irreg.: *porciúncula*

por.ca.ri.a *s.f.* **1** acúmulo de sujeira ou lama; imundície, lixo **2** *fig.* palavra ou dito indecente; palavrão **3** *fig. infrm.* algo sem valor, ruim ou de má qualidade **4** *infrm.* guloseima sem valor nutritivo **5** grande quantidade de porcos ■ *adj.2g.s.2g.* **6** *pej.* que(m) é mal-educado ou péssimo no que faz; imprestável

por.ce.la.na *s.f.* **1** produto cerâmico fino, ger. branco e liso, us. na confecção de vasos, estatuetas, serviços de mesa etc. **2** *p.ext.* serviço de jantar, chá, café etc. feito desse produto

por.ce.la.na.to *s.m.* espécie de cerâmica bastante resistente, de estrutura compacta e vitrificada, us. esp. para revestimento de pisos

por.cen.ta.gem [pl.: *-ens*] *s.f.* → ***PERCENTAGEM***

por.ci.ún.cu.la *s.f.* pequena porção ◉ GRAM/USO dim.irreg. de *porção*

por.co /ô/ [pl.: /ó/; fem.: /ó/] *s.m.* **1** ZOO mamífero robusto, de corpo com pelos ger. esparsos e ásperos e focinho redondo; cerdo **2** a carne desse animal ou prato preparado com essa carne ■ *adj.s.m.* **3** *p.ext. pej.* que(m) é sujo, sem higiene ■ *adj.* **4** *fig.* malfeito, de má qualidade *<trabalho p.>* ◉ COL vara ~ **porcino** *adj.*

por.co-do-ma.to [pl.: *porcos-do-mato* /ó/] *s.m.* ZOO **1** caititu **2** queixada
por.co-es.pi.nho [pl.: *porcos-espinhos* e *porcos--espinho*] *s.m.* ZOO nome comum a roedores, esp. noturnos e terrícolas, encontrados na Europa, África e Ásia, de corpo atarracado, patas curtas e longos espinhos protetores
pôr do sol [pl.: *pores do sol*] *s.m.* momento em que o Sol desaparece no horizonte
po.re.jar *v.* {mod. 1} *t.d. e int.* **1** (fazer) sair pelos poros; suar, transpirar *<a árvore poreja látex> <sua testa está porejando>* □ *int.* **2** cobrir-se de gotículas, como se suasse
po.rém [pl.: *-éns*] *conj.advrs.* **1** mas, contudo, todavia ■ *s.m.* **2** empecilho, obstáculo ou aspecto negativo
por.fi.a *s.f.* **1** competição, luta **2** discussão, polêmica **3** insistência, perseverança **3.1** insistência insensata ou importuna; teimosia ~ **porfioso** *adj.*
por.fi.ar *v.* {mod. 1} *t.i. e int.* **1** (prep. *com, sobre*) discutir acaloradamente; altercar *<p. sobre questões sérias> <porfiaram muito sem chegar a um acordo>* □ *t.d.,t.i. e t.d.i.* **2** (prep. *com, por*) esforçar-se para obter (algo desejado por outro); competir, disputar *<porfiou (a presidência) com seu melhor amigo> <p. por um ideal>*
po.rí.fe.ro *s.m.* ZOO **1** espécime dos poríferos, ramo de animais invertebrados primitivos, desprovidos de órgãos e tecidos verdadeiros, que compreende as esponjas ■ *adj.* **2** relativo a esse ramo de animais
por.me.nor [pl.: *-es*] *s.m.* pequeno elemento ou circunstância; detalhe
por.me.no.ri.zar *v.* {mod. 1} *t.d. e int.* expor ou descrever com detalhes; detalhar, minuciar ~ **pormenorização** *s.f.*
por.no.chan.cha.da *s.f.* CINE *B* gênero de filme popular caracterizado por cenas de nudez, sexo explícito e diálogos que mesclam palavras chulas e humor
por.no.gra.fi.a *s.f.* **1** representação em texto, desenho, filme etc. de situações que ferem o pudor ☞ tb. se diz apenas *pornô* **2** indecência, devassidão ~ **pornográfico** *adj.*
po.ro *s.m.* **1** ANAT cada uma das pequenas aberturas na superfície da pele dos humanos e de certos animais, pelas quais saem suor e matéria sebosa **2** pequeno buraco na estrutura ou na superfície de qualquer ser vivo ou corpo inanimado
po.ro.ro.ca *s.f.* *B* grande onda ruidosa e de efeito destruidor, que ocorre em rios muito volumosos do Amazonas, Pará e Maranhão
po.ro.so /ô/ [pl.: /ó/; fem.: /ó/] *adj.* **1** que tem poros **2** *p.ext.* que deixa passar fluidos; permeável, absorvente **3** pouco denso *<osso p.>* ~ **porosidade** *s.f.*
por.quan.to *conj.caus.* porque, visto que, já que *<saiu, p. tinha o que fazer>*
por.que *conj.caus.* por motivo de; visto que *<entre, p. já é tarde>* ◉ GRAM/USO **a)** esta conj. pode ser considerada causal ou explicativa; **b)** no Brasil, o *por* e o *que* escrevem-se separado quando têm função de pron. relativo (*percebi logo a razão por que rias*) ou de pron. interrogativo (*por que você não voltou logo?*)
por.quê *s.m.* explicação de um fato; razão, motivo
por.quei.ra *s.f.* **1** chiqueiro, pocilga **2** *p.ext. infrm.* sujeira, imundície **3** *infrm.* coisa ruim, que nada vale ■ *s.2g.* *B infrm.* **4** pessoa ruim, tratante, inútil
por.qui.nho-da-ín.dia [pl.: *porquinhos-da-índia*] *s.m.* ZOO cobaia
por.ra /ô/ *s.f.* **1** pedaço de pau; porrete **2** *gros.* esperma **3** *gros.* algo muito ruim; porcaria ■ *interj.* *infrm. gros.* **4** expressão de surpresa, espanto, dor ou aborrecimento
por.ra.da *s.f.* *gros.* **1** pancada, bordoada **2** grande quantidade
por.ra-lou.ca [pl.: *porras-loucas*] *adj.2g.s.2g.* *infrm. pej.* que(m) age de maneira louca, irresponsável
por.re *s.m.* *B infrm.* **1** estado de bebedeira **2** *fig.* pessoa, coisa ou acontecimento tedioso
por.re.te /ê/ *s.m.* bastão de madeira us. para dar pancadas; cacete
por.ta *s.f.* **1** abertura, ger. retangular, que serve de entrada para um recinto *<p. de uma casa>* **2** peça plana, ger. de madeira e com dobradiças, com que se fecha essa abertura **3** qualquer estrutura feita para fechar o acesso ao interior de algo (veículo, móvel, compartimento etc.) **4** *fig.* entrada, acesso para algum lugar *<a cidade do Rio é a p. de entrada de muitos turistas>* **5** ELETRÔN num equipamento eletrônico, conector físico a que se acopla um cabo de ligação com outro dispositivo ◉ GRAM/USO dim.irreg.: *portinhola*
por.ta-a.vi.ões *s.m.2n.* MAR navio de guerra com pista para pouso e decolagem de aeronaves
por.ta-ba.ga.gem [pl.: *porta-bagagens*] *s.m.* **1** bagageiro **2** porta-malas
por.ta-ban.dei.ra [pl.: *porta-bandeiras*] *s.2g.* **1** indivíduo que carrega uma bandeira ou estandarte em desfile, parada, procissão etc. ■ *s.f.* *B* **2** nos blocos carnavalescos e escolas de samba, moça que dança com o estandarte da agremiação
por.ta-ci.gar.ros *s.m.2n.* estojo us. para guardar cigarros; cigarreira
por.ta.dor /ô/ [pl.: *-es*] *adj.s.m.* **1** que(m) leva ou traz algo a mando de alguém **2** que(m) tem alguma característica diferencial *<criança p. de deficiência física>* **3** MED que(m) se encontra infectado por germes de uma doença *<(paciente) p. do vírus da Aids>* ▣ **p. de necessidade especial** aquele que apresenta alguma deficiência (física, cognitiva etc.) e que, por isso, precisa de um ambiente (p.ex., de trabalho) e de métodos (p.ex., de ensino) adaptados às suas necessidades • **ao p.** em que não está inscrito o nome a favor de quem foi emitido (diz-se de cheque, título de crédito) ☞ cf. *nominal*
por.ta-es.tan.dar.te [pl.: *porta-estandartes*] *s.2g.* porta-bandeira

P

por.ta-joi.as *s.m.2n.* pequeno cofre ou caixa em que se guardam joias ou bijuterias; escrínio

por.tal [pl.: *-ais*] *s.m.* **1** entrada principal de um grande edifício **2** ombreira da porta **3** INTERN *site* que oferece serviços variados

por.ta-lu.vas *s.m.2n.* pequeno compartimento no painel de veículos para guardar objetos

por.ta-ma.las *s.m.2n.* compartimento nos automóveis para transportar bagagem; mala, porta-bagagem

por.ta-mo.e.das *s.m.2n.* pequena bolsa para guardar moedas; porta-níqueis

por.ta-ní.queis *s.m.2n.* porta-moedas

por.tan.to *conj.concl.* logo; consequentemente

por.tão [pl.: *-ões*] *s.m.* **1** espécie de porta que fecha uma abertura em muro ou cerca **2** em edifícios, colégios, estádios etc., porta, ger. grande, que liga à rua

por.tar *v.* {mod. 1} *t.d.* **1** trazer consigo, enquanto se movimenta; levar, carregar *<p. uma mochila nas costas>* **2** estar vestido com *<p. um boné na cabeça>* ☐ *pron.* **3** proceder socialmente; comportar-se *<p.-se mal>* ~ **portabilidade** *s.f.* - **portável** *adj.2g.*

por.ta-re.tra.tos *s.m.2n.* moldura para expor retratos, ger. com apoio para colocá-la sobre um móvel

por.ta.ri.a *s.f.* **1** local na entrada de edifícios onde fica o porteiro **2** documento emitido por autoridade, contendo ordens e instruções que devem ser seguidas pelos subordinados

por.ta-sei.os *s.m.2n.* sutiã

por.tá.til [pl.: *-eis*] *adj.2g.* que pode ser transportado

por.ta-to.a.lhas *s.m.2n.* peça para pendurar toalhas em banheiros e lavatórios; toalheiro

por.ta-voz [pl.: *porta-vozes*] *s.m.* indivíduo que fala publicamente por outro

por.te *s.m.* **1** ação de levar algo consigo; condução, transporte **2** preço pago por um transporte **3** altura ou tamanho de um animal ou de um vegetal **4** importância, consideração *<um advogado de p.>* **5** dimensão de um empreendimento **6** postura, presença

por.tei.ra *s.f.* portão largo que fecha a entrada de fazenda, sítio etc.; cancela

por.tei.ro *s.m.* funcionário que controla a portaria dos edifícios, distribui a correspondência etc.

por.te.nho *adj.* **1** de Buenos Aires (Argentina) ■ *s.m.* **2** natural ou habitante dessa capital

por.ten.to *s.m.* **1** coisa ou fato extraordinário **2** pessoa de especial talento

por.ten.to.so /ô/ [pl.: /ó/; fem.: /ó/] *adj.* **1** genial, prodigioso, fenomenal **2** excepcionalmente grande; imenso

port.fó.lio *s.m.* conjunto dos trabalhos de um profissional (desenhista, fotógrafo, modelo etc.) dispostos numa pasta para apresentação a clientes

pór.ti.co *s.m.* **1** local coberto à entrada de um edifício **2** galeria cujo teto é sustentado por colunas, ger. à entrada de um edifício

por.ti.nho.la *s.f.* pequena porta ◉ GRAM/USO dim.irreg. de *porta*

por.to /ô/ [pl.: *portos* /ó/] *s.m.* **1** lugar próximo à terra onde as embarcações carregam ou descarregam mercadorias ou passageiros **2** *p.ext.* cidade dotada de porto **3** *fig.* lugar onde alguém pode se abrigar; refúgio *<meu lar é meu p.>*

por.to-a.le.gren.se [pl.: *porto-alegrenses*] *adj.2g.* **1** de Porto Alegre (RS) ■ *s.2g.* **2** natural ou habitante dessa capital

por.to-se.gu.ren.se [pl.: *porto-segurenses*] *adj.2g.* **1** de Porto Seguro (BA) ■ *s.2g.* **2** natural ou habitante dessa cidade

por.to-ve.lhen.se [pl.: *porto-velhenses*] *adj.2g.* **1** de Porto Velho (RO) ■ *s.2g.* **2** natural ou habitante dessa capital

por.tu.á.rio *adj.* **1** relativo a porto **2** próximo ou ligado a um porto ■ *s.m.* **3** quem trabalha no porto

por.tu.guês [pl.: *-eses*] *s.m.* LING língua oficial de Portugal, Brasil, Angola, Cabo Verde, Moçambique, Guiné-Bissau, São Tomé e Príncipe e Timor Leste ☞ veja *quadro de países/nacionalidades/idiomas/moedas* no final deste volume

por.tu.gue.sis.mo *s.m.* **1** paixão por tudo que é de Portugal **2** peculiaridade exclusiva da língua portuguesa

por.tu.nhol [pl.: *-óis*] *s.m.* *infrm. joc.* português misturado com espanhol ou vice-versa

por.tu.ní.deo *adj.s.m.* ZOO (espécime) dos portunídeos, família de crustáceos que inclui os siris

por.ven.tu.ra *adv.* talvez, acaso, por hipótese

por.vir [pl.: *-es*] *s.m.* o que está por acontecer; futuro ~ **porvindouro** *adj.*

pos- ou **pós-** *pref.* 'depois, após': *posfácio, pós-graduação, pós-operatório, pospor*

po.sar *v.* {mod. 1} *t.i. e int.* **1** servir de modelo para fotógrafo, pintor, escultor etc. *<o modelo agora está posando (para o artista)>* ☐ *pred. fig.* **2** (prep. *de*) assumir certa atitude ou caráter, ger. para iludir ou impressionar; fingir-se *<p. de rico>* ☞ cf. *pousar*

pós-cra.ni.al [pl.: *pós-craniais*] *adj.2g.* que está situado atrás ou abaixo do crânio

pós-di.lu.vi.a.no [pl.: *pós-diluvianos*] *adj.* ocorrido após o dilúvio descrito na Bíblia

po.se /ô/ *s.f.* **1** posição do corpo; postura **2** *fig.* falta de naturalidade, de espontaneidade; afetação

pós-e.lei.to.ral [pl.: *pós-eleitorais*] *adj.2g.* posterior a uma eleição

pós-es.cri.to [pl.: *pós-escritos*] *adj.* **1** escrito posteriormente ou no final ■ *s.m.* **2** aquilo que se acrescenta a uma carta depois de assinada [abrev.: *P.S.*]

pos.fá.cio *s.m.* adendo ou explicação colocada no fim de um livro, depois de pronto ~ **posfaciar** *v.t.d.*

pós-gra.du.a.ção [pl.: *pós-graduações*] *s.f.* grau de ensino seguinte à graduação ~ **pós-graduar** *v.t.d. e pron.*

pós-gra.du.an.do [pl.: *pós-graduandos*] *s.m.* aluno de um curso de pós-graduação

pós-guer.ra [pl.: *pós-guerras*] *s.m.* período seguinte a uma guerra

po.si.ção [pl.: *-ões*] *s.f.* **1** lugar ocupado por pessoa ou coisa **2** maneira de colocar o corpo ou parte dele; postura **3** função ou situação de uma pessoa num grupo, numa firma, na sociedade etc. **4** *fig.* circunstância em que alguém se acha; situação *<estar em p. delicada>* ~ **posicional** *adj.2g.*

po.si.cio.nar *v.* {mod. 1} *t.d.,t.d.i. e pron.* **1** (prep. *em*) [fazer] tomar certa posição; colocar(-se) *<p. uma peça de xadrez (no tabuleiro)> <p.-se na primeira fila do teatro>* □ *pron.* **2** (prep. *contra*, *em*) assumir uma opinião, tomar partido *<p.-se contra uma proposta>* ~ **posicionamento** *s.m.*

po.si.ti.var *v.* {mod. 1} *t.d. e pron.* **1** tornar(-se) positivo, real; concretizar(-se) □ *pron.* **2** tornar-se evidente, incontestável; revelar-se *<positivou-se a denúncia>*

po.si.ti.vis.mo *s.m.* **1** atitude positiva; segurança **2** FIL sistema criado por Auguste Comte que só considera válido o modelo de aquisição de conhecimentos baseado em fatos e dados observáveis ☞ cf. *Comte* na parte enciclopédica ~ **positivista** *adj.2g.s2g.*

po.si.ti.vo *adj.* **1** que afirma, diz sim **2** que demonstra intenção de ser útil; construtivo, favorável **3** fundamentado em fatos, na experiência **4** que revela otimismo **5** MAT maior que zero (diz-se de número, grau etc.), representado pelo sinal + ■ *adj.s.m.* **6** (cópia fotográfica) em que os claros e escuros são iguais aos do objeto fotografado ☞ cf. *negativo* ~ **positividade** *s.f.*

pós-me.ri.di.a.no [pl.: *pós-meridianos*] *adj.* posterior ao meio-dia

pós-mor.te [pl.: *pós-mortes*] *s.m.* período ou suposta condição que se segue à morte; além-túmulo ◉ GRAM/USO empr. tb. como adj.2g.2n.: *vidas pós-morte*

pós-na.tal [pl.: *pós-natais*] *adj.2g.* relativo ao período após o nascimento

po.so.lo.gi.a *s.f.* indicação da dose adequada de um medicamento

pós-o.pe.ra.tó.rio [pl.: *pós-operatórios*] *adj.s.m.* (período ou tratamento) posterior a uma cirurgia

pos.por *v.* {mod. 23} *t.d. e t.d.i.* **1** (prep. *a*) pôr depois de *<p. um advérbio (ao verbo)>* **2** (prep. *a*) pôr em segundo plano; postergar *<p. a riqueza à realização de um ideal>* □ *t.d.* **3** deixar para depois; adiar ◉ GRAM/USO part.: *posposto* ~ **posposição** *s.f.*

pos.san.te *adj.2g.* **1** vigoroso, forte **2** que gera velocidade ou muita força (diz-se de motor)

pos.se *s.f.* **1** ato de se apossar de algo ou o seu efeito; propriedade **2** área ocupada por posseiro **3** estado de quem possui uma coisa, de quem a detém como sua **4** solenidade de admissão de um cargo público ▼ ***posses*** *s.f.pl.* **5** meios, recursos, haveres **6** aptidões, habilidades

pos.sei.ro *adj.s.m.* **1** que(m) tem a posse legal de (algo) ■ *s.m.* B **2** aquele que ocupa terras desocupadas ou abandonadas, a fim de cultivá-las

pos.ses.são [pl.: *-ões*] *s.f.* **1** algo que se possui **2** território dominado por outro Estado; colônia **3** condição de quem está dominado por algo

pos.ses.si.vo *adj.* **1** que manifesta desejo de possuir ou dominar ■ *adj.s.m.* GRAM **2** (pronome) que indica posse

pos.ses.so *adj.s.m.* **1** (o) que se acredita estar dominado pelo demônio; endemoniado **2** *p.ext.* (o) que está tomado de ira; enfurecido

pos.si.bi.li.da.de *s.f.* condição do que é possível, do que pode acontecer

pos.si.bi.li.tar *v.* {mod. 1} *t.d. e t.d.i.* (prep. *a*, *para*) tornar possível; proporcionar, viabilizar *<a herança possibilitou a viagem> <p. educação aos filhos>*

pos.sí.vel [pl.: *-eis*] *adj.2g.s.m.* **1** (o) que pode acontecer, existir **2** (o) que pode ser realizado, executado **3** (o) que é permitido

pos.su.í.do *adj.* **1** de que se tem a posse **2** que sofre uma possessão; dominado ■ *s.m.* **3** indivíduo que se crê dominado, esp. por uma força sobrenatural; possesso

pos.su.ir *v.* {mod. 26} *t.d.* **1** ser proprietário de; ter **2** manter em seu poder; ter **3** ser caracterizado por; ter **4** fazer uso de; desfrutar **5** ter em si; conter, encerrar **6** ser tomado por; dominar **7** *fig.* manter relações sexuais com; copular ◉ GRAM/USO part.: *possuído*, *possesso* ~ **possuidor** *adj.s.m.*

[1]**pos.ta** *s.f.* fatia, pedaço de algum tipo de carne [ORIGEM: do lat. *posta*, part. de *ponĕre* 'pôr, colocar']

[2]**pos.ta** *s.f.* correio [ORIGEM: do it. *posta* 'id.']

pos.tal [pl.: *-ais*] *adj.2g.* **1** relativo a correio ■ *s.m.* **2** cartão-postal

[1]**pos.tar** *v.* {mod. 1} *t.d.,t.d.i. e pron.* (fazer) ficar em certa posição ou em certo local, ger. para ali permanecer algum tempo; posicionar(-se) *<deu ordens para p. a guarda (na entrada do palácio)> <postou-se diante da casa da amada>* [ORIGEM: [2]*posto* + [2]*-ar*]

[2]**pos.tar** *v.* {mod. 1} *t.d.* **1** pôr (carta, postal etc.) no correio; enviar, expedir **1.1** enviar (textos, imagens, vídeos etc.) para publicação num *site*, página, blogue etc. da internet [ORIGEM: do fr. *poster* 'id.']

pos.ta-res.tan.te [pl.: *postas-restantes*] *s.f.* **1** sistema de envio de correspondência em que esta fica depositada no correio até que o destinatário vá buscá-la **2** local do correio onde ficam essas correspondências

pos.te *s.m.* coluna fincada no chão na qual são instalados os cabos elétricos e as lâmpadas de iluminação pública

pôs.ter [pl.: *pôsteres*] *s.m.* cartaz impresso para fins decorativos

pos.ter.ga.ção [pl.: *-ões*] *s.f.* **1** ato ou efeito de postergar **2** demonstração de desinteresse; menosprezo, preterição **3** mudança de data para mais adiante; adiamento, protelação

pos.ter.gar *v.* {mod. 1} *t.d. e t.d.i.* **1** (prep. *a*) colocar em segundo plano; pospor *<postergou os antigos e nomeou um apadrinhado> <p. a própria carreira ao bem-estar da família>* ☐ *t.d.* **2** deixar para trás; passar **3** deixar de lado; preterir, desprezar **4** deixar de cuidar; negligenciar **5** deixar para depois; adiar ~ **postergamento** *s.m.* - **postergável** *adj.*

pos.te.ri.da.de *s.f.* **1** o tempo que virá; futuro **2** descendência **3** a humanidade num tempo futuro **4** glória futura; celebridade

pos.te.ri.or /ô/ [pl.: *-es*] *adj.2g.* **1** situado atrás ou na parte de trás **2** seguinte, subsequente

pos.te.ri.o.ri.da.de *s.f.* estado ou condição do que é posterior

pós.te.ro *adj.* o que está por acontecer; futuro

pos.ti.ço *adj.* **1** que se pode pôr ou tirar **2** que se acrescenta depois da obra pronta **3** que não é natural; artificial **4** que não é espontâneo **5** que não é de sangue (diz-se de parente)

pos.ti.go *s.m.* **1** pequena janela que se abre em porta ou janela **2** guichê

[1]**pos.to** /ô/ [pl.: /ó/; fem.: /ó/] *adj.* **1** colocado em determinado lugar **2** declarado ou estabelecido *<isso p., passemos à segunda questão>* **3** decidido, combinado [ORIGEM: do lat. *posĭtus,a,um* 'posto, assentado'] ▣ **p. que 1** ainda que, embora *<não seguiu a carreira do pai, p. que a admirasse>* **2** *B infrm.* porque, visto que *<rejeitou o convite, p. que já tinha outro compromisso>*

[2]**pos.to** /ô/ [pl.: /ó/] *s.m.* **1** lugar ocupado por algo ou alguém **2** cargo, função **3** local destinado a uma função determinada, ger. para atendimento ao público [ORIGEM: do lat. *posĭtus,us* 'posição, situação; assento'] ▣ **a postos** pronto, preparado

pos.tu.la.do *s.m.* afirmação admitida sem demonstração prévia

pos.tu.lar *v.* {mod. 1} *t.d. e t.d.i.* **1** (prep. *a*) fazer pedido a; solicitar *<p. um emprego> <p. um empréstimo ao banco>* **2** (prep. *a*) pedir com insistência; suplicar *<p. esmola (aos passantes)>* **3** (prep. *a*) pedir, documentando a alegação; requerer *<p. (ao consulado) o visto de permanência>* ☐ *t.d.* **4** admitir como hipótese; supor ~ **postulação** *s.f.* - **postulante** *adj.2g.s.2g.*

pós.tu.mo *adj.* **1** que nasceu depois da morte do pai **2** posterior à morte de alguém **3** que vem a público depois da morte do autor

pos.tu.ra *s.f.* **1** modo de manter o corpo ou parte dele **2** *p.ext.* modo de pensar, de proceder **3** a deposição de ovos por animais ▼ ***posturas*** *s.f.pl.* **4** compêndio de leis, normas e regulamentos de um município

pos.tu.ral [pl.: *-ais*] *adj.2g.* **1** relativo à postura ou atitude corporal **2** relativo à atitude ou conduta **3** relativo a posturas legais emanadas de autoridade competente

po.tas.sa *s.f.* QUÍM nome comum de diversos derivados do potássio, us. na fabricação de sabão, como reagentes em análises químicas etc.

po.tás.sio *s.m.* QUÍM elemento químico alcalino, us. em ligas com sódio em trocadores de calor de usinas nucleares [símb.: *K*] ☞ cf. *tabela periódica* (no fim do dicionário)

po.tá.vel [pl.: *-eis*] *adj.2g.* saudável para beber ~ **potabilidade** *s.f.*

po.te *s.m.* **1** vaso bojudo para guardar líquidos, mantimentos etc. **2** pequeno recipiente de boca larga e com tampa, us. para acondicionar substâncias de consistência pastosa

po.tên.cia *s.f.* **1** característica do que é potente, forte **2** força, vigor **3** capacidade para criar, para produzir **4** país forte econômica e militarmente **5** capacidade de realizar o ato sexual **6** FÍS a energia transferida em determinado espaço de tempo **7** MAT o produto de *n* fatores iguais

po.ten.ci.a.ção [pl.: *-ões*] *s.f.* MAT operação em que se multiplica um número por ele mesmo certa quantidade de vezes (potência), a qual é indicada pelo expoente

po.ten.ci.al [pl.: *-ais*] *adj.2g.* **1** relativo a potência **2** que só existe como possibilidade ■ *s.m.* **3** conjunto de qualidades inatas **4** capacidade de realização, de execução ~ **potencialidade** *s.f.*

po.ten.ta.do *s.m.* **1** soberano com muito poder e riqueza **2** *p.ext.* indivíduo poderoso, influente e/ou muito rico

po.ten.te *adj.2g.* **1** que tem poder; poderoso **2** que tem força; vigoroso **3** que tem capacidade para copular (diz-se de homem)

po.ti.guar [pl.: *-es*] *adj.2g.s.2g.* rio-grandense-do-norte

po.ti.gua.ra *s.2g.* **1** indivíduo dos potiguaras, povo indígena do litoral norte da Paraíba ■ *s.m.* **2** LING língua falada pelos potiguaras ■ *adj.2g.* **3** relativo a esse indivíduo, povo ou língua

po.tó *s.m.* ZOO *N. N.E. C.-O.* besouro cuja secreção produz inflamações de pele de difícil cicatrização

po.to.ca *s.f. B infrm.* mentira, lorota ~ **potoqueiro** *adj.s.m.*

pot-pourri [fr.; pl.: *pot-pourris*] *s.m.* **1** série de canções ou trechos musicais encadeados **2** *p.ext.* mistura de elementos heterogêneos **3** mistura aromática à base de flores secas, ervas ou especiarias ⇒ pronuncia-se pôpurri

po.tran.co [fem.: *potranca*] *s.m.* potro de menos de dois anos

po.tro /ô/ [fem.: *potra*] *s.m.* cavalo de até quatro anos de idade

pou.ca-ver.go.nha [pl.: *poucas-vergonhas*] *s.f. infrm.* **1** falta de vergonha; descaramento, despudor **2** ação vergonhosa, indecente

pou.co *pron.ind.* **1** pequena quantidade *<p. luz>* ■ *adv.* **2** de modo insuficiente *<come p.>* ■ *s.m.* **3** pequena quantidade ▣ **p. a p.** ou **aos p.** um pouco de cada vez • **daqui a p.** daqui a pouco tempo • **fazer p. de** não dar valor, humilhar • **por p.** por um triz, quase

pou.co-ca.so [pl.: *poucos-casos*] *s.m.* falta de consideração; desdém, desprezo ◉ GRAM/USO ger. não se usa no pl.

pou.pan.ça *s.f.* **1** ato de deixar de consumir ou de gastar (um bem) **2** moderação nas despesas; economia **3** ECON caderneta de poupança

pou.par *v.* {mod. 1} *t.d.* **1** gastar com moderação; economizar **2** não gastar, juntar (dinheiro); economizar ☐ *t.d. e t.d.i.* **3** (prep. *a*) fazer com que não gaste; evitar *<p. despesas (aos pais)>* **4** (prep. *de*) deixar(-se) livre (de esforço, trabalho, prejuízo etc.); proteger(-se) *<é preciso p. os idosos de desgostos>* ☐ *pron.* **5** (prep. *a, de*) esquivar-se, eximir-se *<poupei-me desses problemas>* ~ **poupador** *adj.s.m.*

pou.sa.da *s.f.* **1** parada para descansar **2** local de hospedagem; hospedaria, albergue

pou.sar *v.* {mod. 1} *t.d. e t.d.i.* **1** (prep. *em*) deixar em certo lugar; pôr, colocar *<pouse a mala (no chão)>* ☐ *t.i. e int.* **2** (prep. *em*) interromper o voo e descer à terra (ave, aeronave); aterrissar *<a nave pousou na Lua> <o avião acaba de p.>* ☐ *t.i.* **3** (prep. *em*) fixar residência; morar *<p. na casa dos pais>* **4** (prep. *em*) hospedar-se brevemente *<p. num albergue>* **5** (prep. *em*) estar parado; repousar *<a folha pousava na pedra>* ☞ cf. *posar*

pou.so *s.m.* **1** lugar onde uma ave descansa de voar **2** lugar onde alguém se acolhe e descansa **3** permanência, estada **4** aterrissagem

po.vão [pl.: *-ões*] *s.m. B* **1** grande quantidade de pessoas; multidão **2** *infrm.* a classe social menos favorecida economicamente

po.va.réu *s.m.* **1** grande quantidade de pessoas; multidão **2** *pej.* ralé

po.vo /ô/ [pl.: /ó/] *s.m.* **1** grupo de indivíduos que formam uma nação ou vivem numa mesma região **2** conjunto de pessoas da classe menos favorecida; plebe **3** aglomerado de pessoas; multidão

po.vo.a.ção [pl.: *-ões*] *s.f.* **1** lugar habitado **2** povoado **3** conjunto dos habitantes de determinado local ou região

po.vo.a.do *s.m.* **1** lugar com poucas habitações; vilarejo, povoação ■ *adj.* **2** que se povoou; habitado

po.vo.ar *v.* {mod. 1} *t.d.* **1** ir (grupo de pessoas) viver em (lugar desabitado); colonizar, ocupar **2** *fig.* ocupar (a mente, o espírito) com muita frequência *<lembranças povoam seus pensamentos>* ☐ *t.d. e t.d.i.* **3** (prep. *com*) espalhar(-se) por (uma região), para que se reproduza (espécie animal ou vegetal) *<p. a terra com eucaliptos>* ☐ *t.d.,t.d.i. e pron.* **4** (prep. *com, de*) encher(-se) ou estar cheio de *<p. o pátio com alunos> <a floresta povoou-se de pássaros>*

Pr QUÍM símbolo de *praseodímio*

PR sigla do Estado do Paraná

pra *prep. infrm.* para ◉ GRAM/USO **a)** esta prep. faz contração com os artigos definidos *o, a, os, as* (e tb. com os pronomes demonstrativos homônimos): *pra, pro, pras, pros* *<dei o livro pro menino>* (ver *pro*); **b)** às vezes se escreve *prá*, com acento

pra.ca *adv.* [2]paca

pra.ça *s.f.* **1** área pública, sem construções e freq. ajardinada, para descanso e lazer; largo **2** lugar fortificado; fortaleza **3** lugar aberto onde se compra e se vende; mercado, feira **4** comunidade comercial e financeira *<ter crédito na p.>* **5** ponto de táxi ■ *s.2g.* **6** militar de patente inferior à do oficialato

pra.ci.nha *s.f.* **1** local público com bancos e brinquedos, como escorregador, gangorra, balanço etc., para o lazer das crianças ■ *s.m. B* **2** soldado da Força Expedicionária Brasileira, que lutou na Segunda Guerra Mundial

pra.da.ri.a *s.f.* **1** série de prados mais ou menos próximos **2** planície extensa, ger. coberta de vegetação rasteira

pra.do *s.m.* **1** campo coberto de vegetação herbácea, ger. destinado a pastagem **2** hipódromo ◉ COL pradaria

pra.ga *s.f.* **1** expressão que manifesta ódio ou o desejo de que algo de mau aconteça; maldição **2** desgraça coletiva de grandes proporções; calamidade **3** algo que causa malefício *<p. de gafanhotos>*

prag.má.ti.co *adj.* que contém considerações de ordem prática (diz-se de ponto de vista, modo de pensar ou agir etc.); prático, objetivo

prag.ma.tis.mo *s.m.* FIL doutrina que preconiza que as ideias devem ter aplicação prática para ter valor

pra.gue.jar *v.* {mod. 1} *t.d.,t.i. e int.* (prep. *contra*) lançar pragas a; amaldiçoar *<p. contra o síndico> <a mulher não parava de p.>* ~ **praguejador** *adj.s.m.* - **praguejamento** *s.m.*

prai.a *s.f.* **1** faixa de terra, coberta ger. de areia ou cascalho, que faz limite com mar ou rio **2** região banhada pelo mar; litoral **3** *fig. B infrm.* área de conhecimento ou interesse especial *<teatro é a minha p.>* ~ **praieiro** *adj.s.m.*

prai.a.no *adj.* **1** relativo a ou próprio da praia ou do litoral **2** situado em praia, localizado à beira-mar; litorâneo ■ *adj.s.m.* **3** que(m) é habitante da praia ou do litoral

pran.cha *s.f.* **1** tábua grande e larga **2** *B* tábua de madeira, isopor ou fibra de vidro us. em certos esportes aquáticos

pran.che.ta /ê/ *s.f.* **1** tábua ou mesa para desenhar **2** *B* pequena prancha us. como suporte para escrever

pran.te.ar *v.* {mod. 5} *t.d. e int.* derramar lágrimas (por); chorar *<ainda pranteia (o amigo falecido)>*

pran.to *s.m.* **1** ação de chorar; choro **2** queixa, lamentação

pra.se.o.dí.mio *s.m.* QUÍM elemento químico us. na coloração de vidros e em materiais fluorescentes, como capacitores para televisão, radares etc. [símb.: *Pr*] ☞ cf. *tabela periódica* (no fim do dicionário)

pra.ta *s.f.* **1** QUÍM elemento químico metálico, us. na feitura de joias e ornamentos [símb.: *Ag*] ☞ cf. *tabela periódica* (no fim do dicionário) **2** liga metálica feita com esse elemento **3** objeto fabricado com essa liga metálica **4** *B infrm.* dinheiro ('cédula e moeda') ◉ COL na acp. 3: prataria

P

pra.ta.ri.a *s.f.* conjunto de objetos de prata

pra.tar.raz [pl.: *-es*] *s.m.* prato grande ou prato muito cheio ◉ GRAM/USO aum.irreg. de *prato*

pra.te.a.do *adj.* **1** coberto com uma camada de prata **2** da cor da prata ■ *s.m.* **3** objeto folheado de prata **4** a cor da prata

pra.te.ar *v.* {mod. 5} *t.d.* **1** cobrir com camada de prata *<p. um anel>* □ *t.d. e pron.* **2** (fazer) adquirir a cor e o brilho da prata *<a lua prateia o rio> <pratearam-se seus cabelos>* ~ **prateação** *s.f.*

pra.te.lei.ra *s.f.* **1** tábua presa horizontalmente numa parede, estante ou armário para se colocarem objetos **2** cada divisão horizontal de um armário, estante, guarda-roupa etc.

prá.ti.ca *s.f.* **1** ato ou efeito de fazer (algo); ação, execução, exercício **2** realização concreta de uma teoria **3** capacidade que resulta da experiência **4** maneira usual de fazer ou agir; costume, hábito ▣ **na p.** na realidade, de fato

pra.ti.ca.men.te *adv.* **1** de modo prático **2** mais ou menos, quase **3** na prática

pra.ti.can.te *adj.2g.s.2g.* **1** que(m) pratica (algo) **2** que(m) está se exercitando numa atividade **3** que(m) obedece a todos os preceitos de uma religião

pra.ti.car *v.* {mod. 1} *t.d.* **1** levar a efeito; fazer, realizar *<p. o bem>* **2** executar rotineiramente (uma atividade) *<p. esportes>* **3** estudar, treinar *<p. piano>* □ *t.d. e int.* **4** exercer (profissão, ofício) *<p. a medicina> <formou-se e começou a p.>* □ *t.i.* **5** (prep. *com*) manter trato, contato com; relacionar-se *<p. com velhos amigos>* □ *int.* **6** adquirir experiência

pra.ti.cá.vel [pl.: *-eis*] *adj.2g.* **1** que é possível pôr em prática ■ *s.m.* TEAT **2** suporte ou plataforma móvel us. em cenários teatrais

prá.ti.co *adj.* **1** que prioriza resultados concretos **2** que aplica uma teoria para obter resultado concreto **3** de aplicação ou uso fácil; funcional ■ *s.m.* **4** MAR piloto, timoneiro **5** aquele que exerce uma profissão sem habilitação adequada

pra.to *s.m.* **1** peça, ger. circular e achatada, na qual se serve e se come a comida **2** *p.ext.* comida, alimento **3** cada uma das preparações culinárias servidas numa refeição entre a sopa e a sobremesa **4** qualquer peça de máquina que lembre um prato **5** cada uma das conchas de uma balança **6** MÚS disco de metal que se percute, ou dotado de uma alça para os dedos, que se faz percutir em outro semelhante ◉ GRAM/USO aum.irreg.: *pratarraz* ▣ **p. feito** *B infrm.* refeição barata que já vem servida no prato

pra.xe *s.f.* aquilo que se faz habitualmente; costume, rotina, prática

pra.zen.tei.ro *adj.* **1** simpático, aprazível **2** alegre, feliz

pra.zer *v.* {mod. 13} *t.i.,int. e pron.* **1** (prep. *a*, *em*) causar prazer a ou sentir prazer; deleitar(-se), aprazer *<p. a alguém>* ■ *s.m.* **2** sensação agradável oriunda da satisfação de um desejo; alegria, contentamento **3** boa vontade, agrado *<ajuda os outros com p.>* **4** satisfação sexual ◉ GRAM/USO cf. observação no modelo verbal; como s.m., pl.: *prazeres*

pra.ze.ro.so /ô/ [pl.: /ó/; fem.: /ó/] *adj.* que causa prazer

pra.zo *s.m.* **1** período de tempo **2** data do fim desse período ▣ **a p.** em prestações ☞ cf. *à vista*

pre- ou **pré-** *pref.* 'anterioridade, adiantamento': *preâmbulo, pré-datado, pré-histórico, prever*

pre.á *s.2g.* ZOO **1** nome comum a diversos pequenos roedores encontrados na América do Sul **2** cobaia

pré-a.do.les.cên.cia [pl.: *pré-adolescências*] *s.f.* período do desenvolvimento humano anterior à adolescência ~ **pré-adolescente** *adj.2g.s.2g.*

pre.a.mar [pl.: *-es*] *s.f.* nível máximo da maré; maré-cheia

pre.âm.bu.lo *s.m.* **1** exposição que antecede o assunto principal **2** prefácio ~ **preambular** *adj.2g. v.t.d.*

pre.ben.da *s.f.* **1** renda ou benefício eclesiástico **2** *fig.* ocupação rendosa e de pouco trabalho; sinecura **3** *fig.* tarefa trabalhosa, desagradável

pré-cam.bri.a.no *s.m.* GEOL **1** extenso período geológico que compreende o Arqueano (tb. dito Azoico), o Arqueozoico e o Proterozoico ☞ este subst. não se usa no plural; inicial maiúsc. ■ *adj.* **2** desse período

pre.cá.rio *adj.* **1** insuficiente, escasso **2** incerto, instável **3** pouco resistente; frágil, delicado ~ **precariedade** *s.f.*

pré-car.na.va.les.co [pl.: *pré-carnavalescos*] *adj.* que precede o carnaval

pre.ca.tar *v.* {mod. 1} *t.d.,t.d.i. e pron.* (prep. *contra*, *de*) pôr(-se) de sobreaviso a respeito de; acautelar(-se), prevenir(-se) *<p. a saúde> <p. o povo contra os ladrões> <p.-se do perigo de enchentes>*

pre.ca.tó.rio *adj.s.m.* DIR (documento, carta) que solicita algo

pre.cau.ção [pl.: *-ões*] *s.f.* **1** medida antecipada para prevenir um mal; cuidado **2** atitude de quem evita inconvenientes e perigos; prudência, cautela

pre.ca.ver *v.* {mod. 12} *t.d.,t.d.i. e pron.* (prep. *contra*, *de*) pôr(-se) de sobreaviso, tomando medidas antecipadas para evitar (algo ruim); acautelar(-se) *<p. tumultos> <p. as crianças dos perigos> <p.-se contra as doenças infectocontagiosas>* ◉ GRAM/USO verbo defectivo

pre.ca.vi.do *adj.* que se previne; prevenido

pre.ce *s.f.* pedido que se dirige a uma divindade; oração, reza

pre.ce.dên.cia *s.f.* **1** situação do que vem antes **2** condição do que, por importância, deve estar em primeiro lugar; preferência, primazia, prioridade

pre.ce.den.te *adj.2g.* **1** ocorrido anteriormente; antecedente ■ *s.m.* **2** procedimento anterior que permite explicar acontecimentos ou circunstâncias semelhantes; exemplo

pre.ce.der *v.* {mod. 8} *t.d.,t.i. e int.* **1** (prep. *a*) estar, ir ou ficar adiante de; anteceder *<o substantivo precede (a)o adjetivo>* *<segue a primeira das setas que precedem>* **2** (prep. *a*) chegar, existir ou ocorrer antes de; anteceder ☐ *t.d.* **3** chegar, existir ou ocorrer antes de; anteceder *<os batedores precedem a comitiva>* ☐ *t.i. fig.* **4** (prep. *a*) apresentar qualidade superior; superar

pre.cei.to *s.m.* **1** regra de procedimento; norma **2** aquilo que se ensina; lição **3** ordem, determinação ◉ COL preceituário

pre.cei.tu.ar *v.* {mod. 1} *t.d. e int.* estabelecer (regra, norma etc.); ordenar, determinar

pre.cep.tor /ô/ [pl.: *-es*] *adj.s.m.* **1** que(m) dá preceitos, instruções; educador, instrutor **2** educador particular de criança ou jovem

pre.ci.o.si.da.de *s.f.* **1** característica do que é precioso, do que tem muito valor **2** coisa valiosa pela beleza, raridade etc.

pre.ci.o.sis.mo *s.m.* afetação exagerada, falta de naturalidade

pre.ci.o.so /ô/ [pl.: /ó/; fem.: /ó/] *adj.* **1** de alto preço **2** de grande apreço, estimação **3** magnífico, suntuoso **4** importante, significativo **5** afetado, rebuscado *<estilo p.>*

pre.ci.pí.cio *s.m.* depressão profunda de parede(s) íngreme(s); abismo, ribanceira

pre.ci.pi.ta.ção [pl.: *-ões*] *s.f.* **1** queda, descida rápida **2** *p.ext.* grande pressa; afobação **3** resolução tomada às pressas **4** QUÍM reação em que um soluto se separa, em forma de sedimento, de seu solvente ▣ **p. atmosférica** MET transformação de nuvens em água ou gelo, como neve, chuva, granizo

pre.ci.pi.ta.do *adj.* **1** jogado de cima para baixo **2** *fig.* feito sem reflexão; imprudente ■ *s.m.* **3** quem procede de modo irrefletido **4** QUÍM produto sedimentar e insolúvel que resulta de precipitação ('reação química')

pre.ci.pi.tar *v.* {mod. 1} *t.d. e pron.* **1** jogar(-se) de cima para baixo *<p. a carga no mar>* *<p.-se na água>* ☐ *t.d.i. e pron.* **2** *fig.* (fazer) enfrentar (aventura, perigo, experiências ruins); levar a, mergulhar em *<a imprudência precipitou-o em situação desfavorável>* *<p.-se na miséria>* ☐ *t.d.* **3** *fig.* levar a ocorrer antes do previsto; apressar, antecipar ☐ *pron.* **4** *fig.* agir por impulso, sem pensar *<precipitou-se ao fugir>* **5** (prep. *em*) correr ou agir com grande rapidez *<todos precipitavam-se em sair da sala>* **6** (prep. *contra*) lançar-se, atirar-se ☐ *int. e pron.* QUÍM **7** (prep. *em*) separar-se (substância) de uma solução *<a parte sólida precipitou(-se) no fundo do frasco>*

pre.cí.puo *adj.* mais importante; essencial

pre.ci.são [pl.: *-ões*] *s.f.* **1** rigor na determinação de medida, valor etc.; exatidão, justeza **2** rigor de execução, exatidão de funcionamento, clareza de informação etc. **3** falta de alguma coisa necessária ou útil

pre.ci.sar *v.* {mod. 1} *t.d. e t.i.* **1** (prep. *de*) ter necessidade de; carecer *<precisa um remédio já>* *<p. de roupas>* ☐ *t.d.* **2** indicar ou exprimir com exatidão; especificar *<precisou os objetivos do curso>* **3** tornar preciso, exato, rigoroso; ajustar *<p. uma balança>*

pre.ci.so *adj.* **1** que faz falta; necessário, indispensável **2** exato, correto **3** sem excessos; conciso

pre.cla.ro *adj.* que se distingue pelo mérito; ilustre, notável ~ **preclaridade** *s.f.*

pre.ço /ê/ *s.m.* **1** quantia que se pede ou se paga por algo **2** *fig.* custo em sacrifício, esforço etc.

pre.co.ce *adj.2g.* **1** que se desenvolve ou ocorre antes do tempo usual **2** que cedo demonstra capacidades ou habilidades próprias de crianças mais velhas ou de adultos ~ **precocidade** *s.f.*

pré-co.lom.bi.a.no [pl.: *pré-colombianos*] *adj.* anterior à chegada de Cristóvão Colombo à América (1492) ☞ cf. *Cristóvão Colombo* na parte enciclopédica

pre.con.ce.ber *v.* {mod. 8} *t.d.* **1** planejar com antecedência **2** supor antecipadamente; prever

pre.con.ce.bi.do *adj.* **1** idealizado ou planejado antecipadamente **2** suposto sem base objetiva, real

pre.con.cei.to *s.m.* **1** julgamento ou opinião concebida previamente **2** opinião formada sem fundamento justo ou conhecimento suficiente

pre.con.cei.tu.o.so /ô/ [pl.: /ó/; fem.: /ó/] *adj.* que revela preconceito; parcial

pre.con.di.ção [pl.: *-ões*] *s.f.* condição a ser atendida antes da realização de algo

pre.co.ni.zar *v.* {mod. 1} *t.d.* fazer defesa de (algo) com louvor; recomendar, pregar ~ **preconização** *s.f.* - **preconizador** *adj.s.m.*

pre.cur.sor /ô/ [pl.: *-es*] *adj.s.m.* que(m) precede, antecipa ou anuncia algo ou alguém

pre.da.dor /ô/ [pl.: *-es*] *adj.s.m.* (o) que caça, devora ou destrói

pré-da.ta.do [pl.: *pré-datados*] *adj.* que foi datado para o futuro

pré-da.tar *v.* {mod. 1} *t.d.* pôr data futura em ☞ cf. *antedatar*

pre.da.tó.rio *adj.* **1** relativo a predador **2** *p.ext.* que promove destruição

pre.de.ces.sor /ô/ [pl.: *-es*] *adj.s.m.* que(m) precede no tempo; antecessor

pre.des.ti.na.do *adj.s.m.* **1** (o) que é destinado de antemão **2** que(m) é destinado por Deus à glória eterna; afortunado, bem-aventurado **3** *p.ext.* que(m) é reservado, preparado para grandes feitos

pre.des.ti.nar *v.* {mod. 1} *t.d.i.* **1** (prep. *a*) destinar com antecipação para **2** (prep. *a, para*) escolher para (certo destino) ~ **predestinação** *s.f.*

pre.de.ter.mi.nar *v.* {mod. 1} *t.d.* **1** dar (ordem, instrução) com antecedência **2** planejar, definir com antecedência ~ **predeterminação** *s.f.* - **predeterminante** *adj.2g.*

pré.di.ca *s.f.* **1** discurso religioso; predicação, sermão **2** *p.ext.* qualquer discurso

pre.di.ca.ção [pl.: *-ões*] *s.f.* **1** prédica **2** GRAM relação em que um predicado atribui propriedades a um sujeito

P

pre.di.ca.do *s.m.* 1 característica de um ser; atributo, propriedade 2 qualidade positiva de uma pessoa; virtude, mérito 3 GRAM o que se afirma ou se nega sobre o sujeito da oração ▣ **p. nominal** GRAM aquele formado de verbo de ligação mais predicativo • **p. verbal** GRAM aquele que tem como núcleo um verbo intransitivo ou transitivo • **p. verbonominal** GRAM aquele que tem como núcleo um verbo que admite um predicativo do sujeito

pre.di.ção [pl.: *-ões*] *s.f.* ação de predizer ou o seu efeito; profecia, previsão, vaticínio

pre.di.ca.ti.vo *adj.s.m.* GRAM diz-se de ou qualidade que é atribuída ao sujeito ou ao objeto, e que completa a significação do verbo

pre.di.le.ção [pl.: *-ões*] *s.f.* preferência acentuada por algo ou alguém

pre.di.le.to *adj.s.m.* que(m) é querido com predileção; preferido, favorito

pré.dio *s.m.* 1 propriedade imóvel rural ou urbana 2 imóvel de vários andares; edifício

pre.dis.por *v.* {mod. 23} *t.d.,t.d.i. e pron.* (prep. *para, a, contra*) [fazer] adquirir antecipadamente julgamento, sentimento etc. com relação a; preparar(-se) *<o bom clima predispôs os ânimos> <p. os alunos contra um colega> <p.-se à troca do cargo>* ◉ GRAM/USO part.: *predisposto*

pre.dis.po.si.ção [pl.: *-ões*] *s.f.* 1 tendência natural 2 propensão do organismo para contrair determinada doença

pre.dis.pos.to /ô/ [pl.: /ó/; fem.: /ó/] *adj.* que se predispôs; propenso, preparado, pronto

pre.di.zer *v.* {mod. 15} *t.d. e t.d.i.* (prep. *a*) dizer antecipadamente; prenunciar, profetizar ◉ GRAM/USO part.: *predito* ~ **predito** *adj.*

pre.do.mi.nar *v.* {mod. 1} *t.i. e int.* 1 (prep. *em, sobre*) ter mais domínio, influência ou importância; prevalecer ☐ *int.* 2 ser ou aparecer em maior quantidade, tamanho, altura ou intensidade; sobressair ~ **predominância** *s.f.* - **predominante** *adj.2g.*

pre.do.mí.nio *s.m.* 1 domínio sobre algo; supremacia 2 circunstância de estar em maior quantidade ou maior número; preponderância, superioridade

pré-e.lei.to.ral [pl.: *pré-eleitorais*] *adj.2g.* que antecede uma eleição

pre.e.mi.nen.te *adj.2g.* 1 muito acima dos demais; superior, excelso 2 *p.ext.* que se distingue pelo mérito; nobre, ilustre ~ **preeminência** *s.f.*

pre.en.cher *v.* {mod. 8} *t.d.* 1 tornar (algo) cheio, sem deixar espaço vazio; encher, ocupar, completar 2 acrescentar a (algo) o que lhe falta para torná-lo completo; completar 3 não deixar ocioso (um tempo livre); ocupar 4 pôr alguém em (cargo, emprego, função livre); ocupar 5 cumprir plenamente *<p. os requisitos>* 6 escrever dados, informações em (ficha, formulário etc.) ~ **preenchimento** *s.m.*

pre.ên.sil [pl.: *-eis*] *adj.* capaz de prender, segurar

pré-es.co.la [pl.: *pré-escolas*] *s.f.* fase da educação infantil, para crianças de quatro a cinco anos e onze meses de idade, em que, além das várias atividades, elas começam a ser preparadas para o ingresso no ensino fundamental

pré-es.co.lar [pl.: *pré-escolares*] *adj.2g.* 1 que precede a idade ou o período escolar 2 referente à ou próprio da pré-escola ~ **pré-escolaridade** *s.f.*

pre.es.ta.be.le.cer *v.* {mod. 8} *t.d.* estabelecer previamente; predeterminar ~ **preestabelecido** *adj.* - **preestabelecimento** *s.m.*

pré-es.trei.a [pl.: *pré-estreias*] *s.f.* apresentação de filme ou peça teatral antes da estreia oficial

pre.e.xis.tir /z/ *v.* {mod. 24} *t.i. e int.* (prep. *a*) existir antes de ~ **preexistente** *adj.2g.*

pré-fa.bri.ca.do [pl.: *pré-fabricados*] *adj.* 1 fabricado em partes, em série, para ser montado depois 2 *fig. pej.* que não é espontâneo

pré-fa.bri.car *v.* {mod. 1} *t.d.* 1 fabricar de antemão 2 *fig.* criar antecipadamente; planejar ~ **pré-fabricação** *s.f.*

pre.fa.ci.ar *v.* {mod. 1} *t.d.* 1 escrever prefácio para (uma obra) 2 *fig.* anunciar antecipadamente; preceder, prenunciar ~ **prefaciador** *adj.s.m*

pre.fá.cio *s.m.* texto de apresentação colocado no começo de um livro; prólogo

pre.fei.to *s.m.* *B* chefe do poder executivo de um município

pre.fei.tu.ra *s.f.* *B* 1 poder executivo nos municípios 2 cargo de prefeito 3 prédio da administração municipal em que fica o gabinete do prefeito

pre.fe.rên.cia *s.f.* 1 ação de preferir, de escolher um entre outros 2 estima ou amor maior com relação a uma pessoa ou uma coisa do que a outra(s); predileção 3 direito ou faculdade de passar à frente dos outros; prioridade, primazia

pre.fe.ren.ci.al [pl.: *-ais*] *adj.2g.* 1 que tem preferência ■ *s.f.* 2 via pública na qual os veículos trafegam sem precisar ceder a vez aos que vêm de ruas transversais

pre.fe.rir *v.* {mod. 28} *t.d. e t.d.i.* 1 (prep. *a*) decidir-se por; escolher, eleger 2 (prep. *a*) considerar melhor, gostar mais de ~ **preferente** *adj.2g.s.2g.* - **preferido** *adj.s.m.*

pre.fi.xa.ção /cs/ [pl.: *-ões*] *s.f.* 1 ato de fixar com anterioridade 2 GRAM processo de formação de palavras com acréscimo de prefixo (p.ex., *cobrir/descobrir*) ☞ cf. *sufixação*

pre.fi.xar /cs/ *v.* {mod. 1} *t.d.* 1 determinar antecipadamente; preestabelecer *<p. preços>* 2 LING GRAM juntar prefixo a (raiz, radical, tema, palavra etc.)

pre.fi.xo /cs/ *adj.* 1 fixado anteriormente; prefixado ■ *s.m.* 2 AER conjunto de letras e/ou números pintado em aeronaves para identificá-los 3 RÁD TV identificação de cada emissora de TV ou rádio, de estação transmissora de avião, embarcação, radioamador etc. 4 GRAM elemento acrescentado ao início de uma palavra-base para formar outra palavra por derivação ☞ cf. *sufixo*, [2]*infixo* e *afixo* ~ **prefixal** *adj.2g.*

pre.ga *s.f.* **1** parte (de tecido, papel etc.) dobrada sobre si mesma **2** ruga ou dobra em membrana, mucosa ou na pele ▣ **p. vocal** ANAT cada uma das duas pregas da laringe relacionadas com a produção da voz (anteriormente denominada *corda vocal*)

pre.ga.ção [pl.: *-ões*] *s.f.* **1** discurso religioso; sermão **2** discurso com o objetivo de convencer **3** *infrm.* repreensão, reprimenda **4** *p.ext.* discurso enfadonho, cansativo

[1]**pre.ga.dor** /ô/ [pl.: *-es*] *adj.s.m.* (o) que serve para pregar, prender, segurar [ORIGEM: de *pregado* (part. de [1]*pregar*) + *-or*]

[2]**pre.ga.dor** /ô/ [pl.: *-es*] *adj.s.m.* **1** que(m) faz pregações **2** que(m) apregoa qualquer doutrina [ORIGEM: de *pregado* (part. de [2]*pregar*) + *-or*]

pre.gão [pl.: *-ões*] *s.m.* em bolsas de valores e leilões, anúncio em voz alta dos produtos negociados e das ofertas

[1]**pre.gar** *v.* {mod. 1} *t.d. e t.d.i.* **1** (prep. *em*) fixar ou prender com pregos *<p. um caibro (no telhado)>* **2** (prep. *em*) introduzir (prego, alfinete etc.) em; cravar *<p. alfinetes (na bainha)>* **3** (prep. *em*) unir por meio de costura; coser *<p. botões (na camisa)>* □ *t.d.i. e int.* **4** *p.ext.* (prep. *em*) unir(-se) uma coisa a outra, por algum meio; colar *<o cartaz não pregou (na parede)>* □ *t.d. e int.* **5** deixar ou ficar exausto; fatigar(-se) *<o galope pregou os cavalos> <os jogadores pregaram durante a partida>* □ *t.d.i.* **6** (prep. *em*) bater com violência; assentar, tacar *<p. um soco na cara do ladrão>* **7** (prep. *a*, *em*) fazer sentir o efeito de (ação, física ou não); dar *<pregou-lhe um susto>* **8** (prep. *em*) não tirar de; manter, fixar *<p. os olhos na moça>* [ORIGEM: do lat. *plicāre* 'dobrar, enroscar']

[2]**pre.gar** *v.* {mod. 1} *t.d. e int.* **1** (prep. *a*) falar (a um ou mais indivíduos) para convencê-los de (crença, doutrina etc.) □ *t.d.,t.d.i.,t.i. e int.* **2** (prep. *a*) propagar (uma doutrina); alardear, incutir *<os missionários passam a vida a p. (o Evangelho)> <p. o cristianismo aos gentios> <p. aos índios>* □ *t.d. e t.d.i.* **3** (prep. *a*) falar com o intuito de ajudar, ensinar; dirigir, passar *<pregou(-lhe) um sermão>* □ *t.i.* **4** (prep. *contra*, *por*) exigir em voz alta, com palavras fortes; bradar, clamar *<p. contra os abusos do poder>* [ORIGEM: do lat. *praedicāre* 'divulgar doutrina, propagar o cristianismo']

[3]**pre.gar** *v.* {mod. 1} *t.d. e int.* preguear [ORIGEM: *prega* + [2]*-ar*]

pre.go *s.m.* **1** haste de metal fina e ger. roliça, com uma extremidade achatada e a outra pontiaguda, us. para unir ou fixar um objeto a outro **2** *infrm.* casa de penhor **3** *B infrm.* cansaço, esgotamento

pre.go.ei.ro *adj.s.m.* **1** que(m) faz propaganda de algo ■ *s.m.* **2** leiloeiro

pre.gres.so *adj.* que se passou antes; anterior

pre.gue.ar *v.* {mod. 5} *t.d.* **1** fazer prega(s) em; pregar *<p. um tecido>* □ *t.d. e int.* **2** (deixar) ficar com rugas, dobras; pregar, enrugar *<o tempo pregueou seu rosto> <sua saia pregueou atrás>*

pre.gui.ça *s.f.* **1** falta de ânimo; prostração **2** falta de pressa ou de empenho; morosidade, lentidão **3** aversão ao trabalho; ócio **4** ZOO mamífero desdentado, com membros longos providos de garras curvas, que facilitam sua locomoção em árvores

pre.gui.ço.so /ô/ [pl.: /ó/; fem.: /ó/] *adj.s.m.* **1** que(m) tem preguiça **2** que(m) não trabalha ou estuda; vadio, malandro

pré-his.tó.ria [pl.: *pré-histórias*] *s.f.* período da história do homem, anterior à invenção da escrita e ao uso dos metais

pré-his.tó.ri.co *adj.* **1** relativo à pré-história **2** *p.ext.* muito antigo

prei.to *s.m.* **1** manifestação de apreço, respeito etc.; homenagem **2** acordo entre duas ou mais pessoas; pacto **3** sujeição a um senhor; vassalagem, dependência

pre.ju.di.car *v.* {mod. 1} *t.d. e pron.* **1** (fazer) sofrer prejuízo financeiro; lesar(-se) **2** (fazer) sofrer dano ou lesão; estragar(-se), danificar(-se) □ *t.d.* **3** ser um obstáculo a; atrapalhar *<a chuva prejudicou a festa>* **4** tornar sem efeito; anular, invalidar

pre.ju.di.ci.al [pl.: *-ais*] *adj.2g.* **1** que causa prejuízo **2** que faz mal; nocivo

pre.ju.í.zo *s.m.* **1** perda ou dano de qualquer natureza **1.1** perda financeira

pre.jul.gar *v.* {mod. 1} *t.d. e t.d.pred.* formar ou emitir opinião sobre (algo) precocemente, sem considerar todos os elementos necessários para fazê-lo *<prefiro quem não me prejulgue> <p. boa uma proposta>* ~ **prejulgamento** *s.m.*

pre.la.do *s.m.* título honorífico de alguns eclesiásticos

pre.la.zi.a *s.f.* **1** cargo ou jurisdição de prelado **2** duração do exercício desse cargo

pre.le.ção [pl.: *-ões*] *s.f.* palestra com fins educativos ou didáticos; aula, lição ~ **prelecionar** *v.t.d.,t.d.i.,t.i. e int.*

pre.li.mi.nar [pl.: *-es*] *adj.2g.* **1** que antecede; prévio, introdutório ■ *s.m.* **2** relatório que antecede uma lei ou decreto **3** introdução, prefácio ■ *s.f.* **4** ESP partida, ger. de futebol, que se realiza antes da principal **5** DIR condição prévia

pré.lio *s.m.* luta, combate ~ **preliar** *v.int.*

pre.lo *s.m.* máquina que serve para imprimir; impressora, prensa

pre.lu.di.ar *v.* {mod. 1} *t.d.* **1** fazer o prelúdio de; introduzir **2** mostrar por indícios; prenunciar □ *t.d. e int.* MÚS **3** executar como prelúdio *<a orquestra preludiou (a valsa) magistralmente>*

pre.lú.dio *s.m.* **1** ato preliminar, primeiro passo para (alguma coisa) **2** sinal ou indício de algo que acontecerá; prenúncio **3** texto ou discurso introdutório; prólogo, preâmbulo **4** MÚS composição que serve como introdução de outra **5** MÚS peça curta para piano

pre.ma.tu.ro *adj.* **1** que amadurece antes do tempo normal; temporão **2** que ocorre antes da ocasião esperada; precoce ■ *adj.s.m.* MED **3** (criança) que nasce antes do tempo normal de gestação ~ **prematuridade** *s.f.*

pre.me.di.tar *v.* {mod. 1} *t.d.* decidir, formular com antecedência, depois de reflexão; arquitetar, planejar *<p. um crime>* ~ **premeditação** *s.f.*

pré-mens.tru.al [pl.: *pré-menstruais*] *adj.2g.* próprio do período que antecede a menstruação ou relativo a ele

pre.men.te *adj.2g.* **1** que aperta, que faz compressão **2** *fig.* que exige solução rápida; urgente **3** *fig.* que causa aflição; angustiante *<cena p.>* ~ **premência** *s.f.*

pre.mer *v.* {mod. 8} *t.d. e pron.* **1** (fazer) sofrer pressão; comprimir(-se), apertar(-se) □ *t.d.* **2** apertar para extrair suco, líquido etc. de; espremer **3** MÚS pressionar com a ponta do dedo (tecla, corda de um instrumento)

pre.mi.ar *v.* {mod. 1} *t.d.* **1** conceder prêmio a; galardoar **2** dar dinheiro ou objeto a (pessoa com bilhete sorteado) *<a loteria premiou 20 ganhadores>* □ *t.d. e t.d.i.* **3** (prep. *com*) dar (dinheiro ou outra coisa) a (alguém) por bom serviço, boa ação etc.; recompensar *<premiou o vencedor (com um carro)>*

prê.mio *s.m.* **1** distinção conferida a quem se destaca por méritos, feitos ou trabalhos; galardão **2** quantia ou objeto de valor oferecido a quem faz jus; recompensa **3** o que se oferece a ganhadores de loterias, rifas etc. **4** lucro ou juros recebidos de aplicação financeira

pre.mir *v.* {mod. 24} *t.d. e pron.* premer ◉ GRAM/USO verbo defectivo

pre.mis.sa *s.f.* **1** FIL cada uma das duas proposições de um silogismo que levam a uma terceira, chamada conclusão **2** *p.ext.* princípio que dá base a um raciocínio

pré-mo.lar [pl.: *pré-molares*] *adj.2g.s.m.* ODONT (dente) localizado entre o canino e o molar e que serve para esmagar alimentos

pre.mo.ni.ção [pl.: *-ões*] *s.f.* **1** sensação antecipada de algo que ocorrerá; pressentimento, intuição, palpite **2** acontecimento que deve ser tomado como aviso; presságio ~ **premonitório** *adj.*

pré-na.tal [pl.: *pré-natais*] *adj.2g.* **1** anterior ao nascimento ■ *s.m.* **2** acompanhamento médico da gestante durante a gravidez

pren.da *s.f.* **1** objeto que se dá a alguém; presente **2** *fig.* qualidade positiva, habilidade, simpatia, capacidade *<uma jovem de muitas p.>* ☞ mais us. no pl. **3** *RS infrm.* mulher jovem; moça

pren.dar *v.* {mod. 1} *t.d. e t.d.i.* **1** (prep. *com, de*) ofertar prendas a; presentear *<p. a namorada (com um lindo xale)>* □ *t.d.i.* **2** (prep. *de, com*) favorecer com (capacidade, maestria para fazer algo); dotar *<os deuses os prendaram de (ou com) vários ofícios e artes>*

pren.der *v.* {mod. 8} *t.d. e t.d.i.* **1** (prep. *a*) ligar firmemente (uma coisa a outra); fixar, pregar *<prenda o burro (à árvore)>* **2** (prep. *em*) privar da liberdade; aprisionar *<o juiz mandou p. os criminosos (no presídio)>* **3** (prep. *em*) tolher os movimentos de *<prendeu-a (nos braços)>* **4** (prep. *em*) pôr em espaço fechado; encerrar *<p. o gado (no curral)>* □ *t.d.* **5** fixar ou juntar (os cabelos) com grampos, elástico, tranças etc. **6** conter, segurar *<p. a respiração, o choro>* **7** fazer ficar mais tempo; reter *<demorou porque a família o prendeu>* □ *pron.* **8** ficar preso a; agarrar-se **9** casar-se, comprometer-se **10** (prep. *a*) ter relação com; ligar-se *<tal hábito prende-se à sua educação>* □ *t.d. e int.* **11** monopolizar a atenção e o interesse (de) *<essa história prende (as crianças)>* □ *t.d.i. e pron.* **12** (prep. *a*) unir(-se) afetiva ou moralmente a *<os hábitos prendem-no à família>* *<prendeu-se ao belo rapaz>* **13** (prep. *a*) ter ou estabelecer conexão com; vincular(-se) *<sabe p. uma ideia a outra>* *<este fato prende-se ao anterior>* ◉ GRAM/USO part.: *prendido, preso*

pre.nhe *adj.2g.* **1** que está em período de gestação (diz-se de mulher ou fêmea de animal) **2** *fig.* cheio, repleto *<p. de ideias>* ~ **prenhez** *s.f.*

pre.no.me *s.m.* nome de um indivíduo, que antecede o nome de família

pren.sa *s.f.* **1** máquina destinada a comprimir ou achatar algo **2** máquina para imprimir texto ou imagem, ger. sobre papel

pren.sar *v.* {mod. 1} *t.d.* **1** reduzir o volume de (algo) na prensa; comprimir *<p. latas de alumínio>* **2** apertar muito; espremer, comprimir *<p. os pés nos sapatos>* ~ **prensagem** *s.f.*

pre.nun.ci.ar *v.* {mod. 1} *t.d.* **1** ver ou dizer antes de acontecer; predizer, profetizar *<p. a vitória>* **2** ser indício de; indicar, anunciar *<a febre prenuncia uma forte gripe>* ~ **prenunciação** *s.f.* - **prenunciador** *adj.s.m.* - **prenunciativo** *adj.*

pre.nún.cio *s.m.* o que precede e anuncia, por indícios, um acontecimento

pré-nup.ci.al [pl.: *pré-nupciais*] *adj.2g.* que acontece antes do casamento

pre.o.cu.pa.ção [pl.: *-ões*] *s.f.* **1** sentimento de responsabilidade que causa intranquilidade; apreensão **2** ideia fixa

pre.o.cu.pa.do *adj.* **1** que se preocupa com (algo ou alguém) **2** com a mente dominada por problemas; pensativo **3** com receio de algo ruim; apreensivo

pre.o.cu.par *v.* {mod. 1} *t.d. e pron.* **1** (prep. *com*) [fazer] ficar apreensivo; inquietar(-se) *<os atrasos não o preocupam>* *<preocupa-se com a inflação>* **2** (prep. *com*) prender a atenção de ou ter atenção em; interessar(-se) *<política não o preocupa>* *<preocupa-se exageradamente com futebol>* □ *pron.* **3** (prep. *em*) fazer questão de; importar-se *<é um autor que se preocupa em sintetizar>* ~ **preocupante** *adj.2g.*

pré-o.pe.ra.tó.rio [pl.: *pré-operatórios*] *adj.* **1** que antecede uma cirurgia ■ *s.m.* MED **2** conjunto de procedimentos ou exames realizados no período que antecede uma cirurgia

pré-pa.go [pl.: *pré-pagos*] *adj.* cujo pagamento é feito antecipadamente

pre.pa.ra.ção [pl.: *-ões*] *s.f.* **1** ato ou efeito de preparar(-se) **2** ação de aprontar algo para que possa ser utilizado **3** composição, fabricação; manipulação *<p. de um bolo>* **4** ação preliminar para tornar possível que algo aconteça; organização **5** ato ou efeito de estudar com uma finalidade

pre.pa.ra.do *adj.* **1** organizado com antecedência; pronto **2** apto, capaz para alguma tarefa ■ *s.m.* FARM **3** produto confeccionado de acordo com dose e apresentação adequadas para o uso

pre.pa.ra.dor /ô/ [pl.: *-es*] *adj.s.m.* que(m) prepara ▣ **p. físico** ESP indivíduo formado em educação física que, por meio de exercícios apropriados, prepara fisicamente um atleta ou uma equipe

pre.pa.rar *v.* {mod. 1} *t.d. e pron.* **1** aparelhar(-se) antecipadamente com o que é útil ou necessário para a realização de algo; equipar(-se) *<p. o salão>* *<p.-se para o inverno>* **2** aprontar(-se), vestir(-se) **3** pôr(-se) em condições adequadas para; habilitar(-se) *<p. o paciente para a cirurgia>* *<p.-se para o concurso>* □ *t.d.* **4** tomar as medidas necessárias para a realização de; organizar *<p. um discurso>* **5** organizar, arrumar *<p. as malas>* **6** planejar de antemão; premeditar *<p. uma invasão>* **7** formar com vários elementos; compor *<p. um medicamento>* **8** fazer, elaborar (refeições, pratos)

pre.pa.ra.ti.vo *s.m.* **1** preparação ■ *adj.* **2** preparatório

pre.pa.ra.tó.rio *adj.* que serve para preparar; preparativo

pre.pa.ro *s.m.* **1** preparação **2** instrução, treinamento **3** cultura, conhecimento

pre.pon.de.ran.te *adj.2g.* **1** que tem mais importância; influente **2** que é dominante; principal

pre.pon.de.rar *v.* {mod. 1} *t.i. e int.* **1** (prep. *a*, *sobre*) ter mais influência, importância; predominar *<os costumes da capital preponderam sobre os hábitos do interior>* *<sua opinião é a que prepondera>* **2** (prep. *a*, *sobre*) ser maioria; predominar *<na população brasileira preponderam os mestiços (sobre os demais)>* ~ **preponderância** *s.f.*

pre.po.si.ção [pl.: *-ões*] *s.f.* **1** colocação antes ou diante; anteposição **2** GRAM palavra invariável que liga dois termos, subordinando o segundo ao primeiro e estabelecendo uma relação de sentido entre eles ~ **preposicional** *adj.2g.* - **preposicionar** *v.t.d.* - **prepositivo** *adj.*

pre.po.si.ci.o.na.do *adj.* GRAM regido por preposição *<complemento ou objeto p.>*

pre.pos.to /ô/ [pl.: /ó/; fem.: /ó/] *adj.* **1** posto antes **2** anunciado com antecedência **3** favorito

pre.po.tên.cia *s.f.* abuso de poder ou de autoridade

pre.po.ten.te *adj.2g.* **1** que tem muito poder ou influência **2** opressor, tirano

pré-pu.ber.da.de [pl.: *pré-puberdades*] *s.f.* período que antecede a puberdade

pré-pú.be.re [pl.: *pré-púberes*] *adj.2g.s.2g.* que(m) se encontra na fase da pré-puberdade

pre.pú.cio *s.m.* ANAT prega da pele que cobre a glande do pênis

pré-re.qui.si.to [pl.: *pré-requisitos*] ou **prer.re.qui.si.to** *s.m.* condição prévia e indispensável para a realização de algo

prer.ro.ga.ti.va *s.f.* direito especial, inerente a um cargo ou profissão; privilégio

pre.sa /ê/ *s.f.* **1** o que foi tomado do inimigo **2** pessoa ou coisa subjugada **3** *p.ext.* o que um animal caça para comer **4** ZOO dente canino ou incisivo mais comprido que os demais, presente em alguns animais **5** ZOO garra de ave de rapina

pré-sal [pl.: *pré-sais*] *s.m.* GEOL camada entre 3.000 m e 4.000 m no fundo do mar que guarda petróleo [estende-se de Santa Catarina ao Espírito Santo]

pres.bi.te.ra.do ou **pres.bi.te.ra.to** *s.m.* condição ou cargo de presbítero

pres.bi.te.ri.a.nis.mo *s.m.* REL sistema eclesiástico preconizado por Calvino (1509-1564), teólogo e reformador cristão, que dá o governo da Igreja a um corpo misto (de pastores e leigos)

pres.bi.te.ri.a.no *adj.s.m.* REL (protestante) que não reconhece a autoridade episcopal nem hierarquia superior à dos presbíteros

pres.bi.té.rio *s.m.* **1** área em torno do altar-mor, que ger. se estende até os seus degraus de acesso **2** conjunto dos presbíteros de uma diocese, sob a direção do bispo **3** no presbiterianismo, a corporação dos presbíteros

pres.bí.te.ro *s.m.* **1** sacerdote, padre **2** dirigente e chefe espiritual dos presbiterianos

pres.ci.ên.cia *s.f.* **1** conhecimento do futuro **2** ciência inata, anterior ao estudo ~ **presciente** *adj.2g.*

pres.cin.dir *v.* {mod. 24} *t.i.* **1** (prep. *de*) deixar de lado; renunciar, dispensar *<p. de ajuda>* **2** (prep. *de*) não levar em conta; abstrair *<p. das coisas terrenas>* ~ **prescindência** *s.f.* - **prescindível** *adj.2g.*

pres.cre.ver *v.* {mod. 8} *t.d.* **1** ordenar antecipada e explicitamente *<p. um cerimonial>* **2** dar ordem ou determinação para; estabelecer *<o diretor prescreveu as funções dos professores>* **3** aconselhar uma norma, padrão para; normatizar *<a gramática prescreve as normas de ortografia>* □ *t.d. e t.d.i.* **4** (prep. *a*) receitar (remédio, tratamento etc.) *<p. um analgésico (a um paciente)>* □ *int.* DIR **5** ficar sem efeito pela expiração do prazo legal; caducar *<depois de 15 anos, o crime prescreveu>* ◉ GRAM/USO part.: *prescrito* ~ **prescritibilidade** *s.f.* - **prescritível** *adj.2g.* - **prescrito** *adj.*

P

pres.cri.ção [pl.: *-ões*] *s.f.* **1** ordem expressa; determinação **2** norma, regra **3** receita médica **4** MED conjunto de medidas não cirúrgicas determinadas pelo médico **5** DIR esgotamento de prazo estabelecido por lei **6** DIR extinção da possibilidade de um criminoso ser punido, por não ter o Estado agido no tempo determinado

pre.sen.ça *s.f.* **1** o fato de algo ou alguém estar em algum lugar; comparecimento **2** o fato de algo ou alguém existir em algum lugar; existência **3** personalidade, individualidade *<ter p. em cena>* ▣ **p. de espírito** capacidade de reagir de pronto e com espírito a uma situação inesperada • **marcar p.** *B* comparecer a um evento ~ **presencial** *adj.2g.*

pre.sen.ci.ar *v.* {mod. 1} *t.d.* estar presente a; assistir, ver

pre.sen.te *s.m.* **1** objeto ofertado; mimo **2** o tempo atual **3** GRAM tempo verbal que exprime atualidade ou indica não haver tempo definido ■ *adj.2g.* **4** que está no local e na hora em que determinado fato ou evento ocorre

pre.sen.te.ar *v.* {mod. 5} *t.d. e t.d.i.* (prep. *com*) dar presente a; prendar, regalar *<gosto de presenteá-los>* *<p. a filha com um anel>*

pre.se.pa.da *s.f. B infrm.* **1** escândalo, confusão **2** inconveniência, palhaçada

pre.sé.pio *s.m.* representação da cena do nascimento de Jesus

pre.ser.va.ção [pl.: *-ões*] *s.f.* **1** defesa, salvaguarda, conservação **2** BIO conjunto de práticas, como o manejo planejado e programas de reprodução, que visa à manutenção de populações ou espécies ☞ cf. *conservação*

pre.ser.var *v.* {mod. 1} *t.d.,t.d.i. e pron.* **1** (prep. *de*) pôr(-se) a salvo de (mal, dano ou perigo); defender(-se), resguardar(-se) *<p. a saúde>* *<p. a natureza da poluição>* *<p.-se da inveja alheia>* □ *t.d.* **2** manter em bom estado e/ou com suas características naturais; conservar ~ **preservador** *adj.s.m.*

pre.ser.va.ti.vo *s.m.* **1** dispositivo ou substância us. para evitar a concepção; preventivo **2** camisa de vênus **3** substância que se adiciona a um produto para conservá-lo inalterado por mais tempo ■ *adj.s.m.* **4** (o) que preserva

pre.si.dên.cia *s.f.* **1** ato ou efeito de presidir; direção **2** título ou cargo de presidente **3** tempo de duração do exercício desse cargo

pre.si.den.ci.a.lis.mo *s.m.* POL regime político em que a chefia do governo cabe a um presidente ~ **presidencialista** *adj.2g.s.2g.*

pre.si.den.te *s.2g.* **1** quem dirige os trabalhos em um congresso, assembleia, tribunal etc. **2** título oficial do chefe do governo no regime presidencialista **3** título oficial do chefe da nação nas repúblicas parlamentaristas ■ *adj.2g.* **4** que dirige, preside ◉ GRAM/USO o fem. *presidenta* tb. é us. ~ **presidencial** *adj.2g.*

pre.si.di.á.rio *adj.* **1** relativo ou pertencente a presídio; penitenciário ■ *s.m.* **2** indivíduo que cumpre pena em presídio; preso

pre.sí.dio *s.m.* casa de detenção; penitenciária

pre.si.dir *v.* {mod. 24} *t.d. e t.i.* **1** (prep. *a*) administrar como presidente; dirigir *<p. o país>* *<p. a uma empresa>* **2** (prep. *a*) assistir, dirigindo ou guiando *<p. (a)os alunos>* □ *t.d.,t.i. e int.* **3** (prep. *a*) dar orientação, indicar o que é melhor; guiar, nortear *<a justiça deve p. os homens>* *<são leis que presidem à vida>* *<nem sempre o bom senso preside>*

pre.si.lha *s.f.* **1** tira para prender, afivelar, amarrar alguma coisa em outra **2** peça com fecho para prender os cabelos **3** pequena tira de pano presa ao cós da roupa para passar o cinto

pre.so /ê/ *adj.s.m.* **1** prisioneiro ■ *adj.* **2** atado; amarrado **3** fixado ou unido por meio de prego, parafuso etc. **4** *fig.* impedido de se mover com liberdade **5** *fig.* obrigado a ficar em local fechado ◉ GRAM/USO part. de *prender*

pres.sa *s.f.* **1** necessidade de fazer algo rápido; urgência **2** rapidez, velocidade **3** falta de calma para fazer algo; afobação ▣ **às p.** com muita rapidez e ger. malfeito

pres.sa.gi.ar *v.* {mod. 1} *t.d.* **1** anunciar por presságios; vaticinar □ *t.d. e t.d.i.* **2** (prep. *a*) anunciar (o que não aconteceu), com base em indícios ou pela intuição; prever, adivinhar *<havia pressagiado a crise econômica>* *<p. sucesso à artista>*

pres.sá.gio *s.m.* **1** fato ou sinal pelo qual se julga adivinhar o futuro; agouro **2** pressentimento ~ **pressagioso** *adj.*

pres.sa.go *adj.* que anuncia ou prevê o futuro

pres.são [pl.: *-ões*] *s.f.* **1** força que age sobre uma superfície **2** *fig.* coação; constrangimento moral **3** tipo de colchete em que as duas partes se encaixam por pressão **4** FISL tensão do sangue nas artérias, veias etc. ▣ **p. atmosférica** FÍS pressão exercida pelo peso da camada de ar sobre um ponto qualquer da superfície terrestre

pres.sen.ti.men.to *s.m.* sentimento que prevê um fato; presságio

pres.sen.tir *v.* {mod. 28} *t.d.* **1** sentir antes (o que ainda vai acontecer) **2** perceber ao longe ou antes de ver; antever **3** ter suspeitas de; desconfiar

pres.sio.nar *v.* {mod. 1} *t.d.* **1** fazer pressão sobre; comprimir, apertar □ *t.d. e t.d.i.* **2** (prep. *a, por*) forçar (alguém), por constrangimento físico, moral, financeiro etc., a (fazer algo); coagir *<p. o juiz (a agir contra alguém)>*

pres.su.por *v.* {mod. 23} *t.d.* **1** supor antecipadamente; imaginar **2** fazer supor a existência de; presumir, subentender ◉ GRAM/USO part.: *pressuposto* ~ **pressuposição** *s.f.*

pres.su.pos.to [pl.: */ó/*; fem.: */ó/*] *adj.* **1** que se pressupõe; presumido ■ *s.m.* **2** o que se supõe antecipadamente ☞ s.m.: pl. /ó/ ◉ GRAM/USO part. de *pressupor*

pres.su.ri.zar *v.* {mod. 1} *t.d.* manter pressão normal em (veículos ou recintos que funcionam em grandes altitudes ou profundidades, como avião, submarino etc.) ~ **pressurização** *s.f.*

pres.su.ro.so /ô/ [pl.: /ó/; fem.: /ó/] *adj.* **1** que tem pressa; apressado **2** ansioso, impaciente **3** muito ocupado **4** muito dedicado ao trabalho

pres.ta.ção [pl.: *-ões*] *s.f.* **1** ação de prestar algo; fornecimento **2** quitação parcelada e periódica de um débito **3** cada uma das parcelas desse débito

pres.tar *v.* {mod. 1} *t.d.i.* **1** (prep. *a*) propiciar, dar (algo) a (quem precisa) *<p. ajuda aos desabrigados>* **2** (prep. *a*) realizar, dedicar *<p. culto aos deuses>* **3** (prep. *a*) dar, transmitir, comunicar *<o barro presta à casa aparência rústica>* ☐ *t.d. e t.d.i.* **4** (prep. *a*) apresentar com reverência *<p. continência (ao superior)>* ☐ *t.i. e int.* **5** (prep. *para*) ter utilidade, serventia; valer, servir *<essa ferramenta já não p. (para nada)>* ☐ *int.* **6** ter bom caráter, ser sério, honesto *<aquele sujeito não presta>* ☐ *pron.* **7** (prep. *a*) consentir, aceitar *<p.-se a um papel ridículo>* ☐ *t.d.* **8** realizar por imposição legal; cumprir *<p. serviço militar>* ~ **prestável** *adj.2g.*

pres.ta.ti.vo *adj.* que gosta ou tem o hábito de ajudar; solícito

pres.te *adj.2g. e adv.* prestes

pres.tes *adj.2g.2n.* **1** pronto ou na iminência de **2** que faz (algo) depressa; ligeiro

pres.te.za /ê/ *s.f.* **1** qualidade do que é prestes **2** característica do que é ligeiro para fazer algo; rapidez **3** disposição de ajudar com boa vontade e rapidez

pres.ti.di.gi.ta.ção [pl.: *-ões*] *s.f.* técnica de iludir o espectador com truques que dependem esp. da rapidez e agilidade das mãos; ilusionismo, mágica

pres.ti.di.gi.ta.dor /ô/ [pl.: *-es*] *adj.s.m.* **1** que(m) tem agilidade com as mãos para iludir os demais **2** que(m) faz números de mágica; mágico, ilusionista

pres.ti.gi.ar *v.* {mod. 1} *t.d. e pron.* **1** (fazer) ter prestígio, boa reputação; valorizar(-se) ☐ *t.d.* **2** valorizar com sua presença, participação etc.

pres.tí.gio *s.m.* **1** valor positivo atribuído a algo ou alguém **2** reconhecimento das qualidades de algo ou alguém ~ **prestigioso** *adj.*

pres.tí.ma.no *s.m.* **1** quem tem muita habilidade e destreza com as mãos **2** prestidigitador

prés.ti.mo *s.m.* **1** ato de ajudar ou o seu efeito; socorro, auxílio ☞ mais us. no pl. **2** utilidade, serventia ~ **prestimoso** *adj.*

prés.ti.to *s.m.* **1** grupo de pessoas que caminham juntas com determinada finalidade; cortejo **2** desfile de carros, carruagens etc.; corso

pres.to *s.m.* MÚS composição musical ou movimento de uma composição em andamento mais rápido que o alegro

pre.su.mi.do *adj.* **1** deduzido por hipótese; suposto ■ *adj.s.m.* **2** vaidoso, arrogante

pre.su.mir *v.* {mod. 24} *t.d.* **1** tirar conclusão antecipada, baseada em indícios e suposições e não em fatos comprovados; supor **2** fazer supor a existência de; subentender **3** desconfiar, suspeitar ~ **presumível** *adj.2g.*

pre.sun.ção [pl.: *-ões*] *s.f.* **1** suposição que se toma por verdadeira **2** confiança excessiva em si mesmo; pretensão **3** opinião muito elogiosa sobre si mesmo; vaidade

pre.sun.ço.so /ô/ [pl.: /ó/; fem.: /ó/] *adj.s.m.* que(m) se supõe melhor, superior, mais bonito, mais inteligente que os demais; presumido, vaidoso

pre.sun.to *s.m.* **1** pernil de porco defumado ou cozido inteiro **2** *B infrm.* corpo abandonado em lugar ermo

pre.ten.den.te *adj.2g.s.2g.* **1** (o) que pretende algo **2** (o) que solicita algo; requerente **3** que(m) expressa o desejo de casar-se com alguém

pre.ten.der *v.* {mod. 8} *t.d. e t.d.i.* **1** (prep. *de*) reclamar como um direito; exigir *<p. um reembolso>* *<o que você pretende de nós?>* **2** (prep. *de*) contar com algo; esperar, exigir *<não podia p. grandes coisas>* *<pretendia lealdade dos empregados>* ☐ *t.d.* **3** ter vontade de; desejar, querer ☐ *pron.* **4** considerar-se, julgar-se *<p.-se um bom ator>* ◉ GRAM/USO part.: *pretendido*, *pretenso*

pre.ten.são [pl.: *-ões*] *s.f.* **1** desejo ambicioso **2** vaidade exagerada; presunção **3** exigência, solicitação

pre.ten.si.o.so /ô/ [pl.: /ó/; fem.: /ó/] *adj.s.m.* **1** que(m) tem muita pretensão; ambicioso **2** que(m) pretende ser mais do que é na realidade; presumido, vaidoso **3** que(m) é arrogante, soberbo

pre.ten.so *adj.* **1** suposto; imaginado **2** criado na imaginação; fictício

pre.te.rir *v.* {mod. 28} *t.d.* **1** deixar de lado; desprezar, rejeitar **2** deixar de mencionar; omitir **3** deixar de promover a posto superior, sem motivo legal ou moral ~ **preterição** *s.f.* - **preterível** *adj.2g.*

pre.té.ri.to *adj.* **1** situado no passado ■ *s.m.* GRAM **2** forma verbal que indica ação ou estado anterior ao momento em que se fala (p.ex., no modo indicativo: p. perfeito *andei*; p. imperfeito *andava*; p. mais-que-perfeito *andara*)

pre.tex.to /ê/ *s.m.* motivo que se declara para encobrir a verdadeira razão de (algo); desculpa ~ **pretextar** *v.t.d.*

pre.to /ê/ *s.m.* **1** a cor do piche ou do carvão ■ *adj.s.m.* **2** (o) que tem essa cor **3** (indivíduo) de pele escura ☞ a pal. pode ser ofensiva nessa acp. ■ *adj.* **4** diz-se dessa cor **5** diz-se do que tem cor escura *<pão p.>* **6** *B infrm.* complicado, difícil

pre.tor /ô/ [pl.: *-es*] *s.m.* **1** HIST magistrado que administrava a justiça na antiga Roma **2** *RJ* juiz de categoria inferior à de juiz de direito ~ **pretoria** *s.f.*

pre.tu.me *s.m.* **1** cor preta **2** escuridão

pre.va.le.cer *v.* {mod. 8} *t.i. e int.* **1** (prep. *a*, *sobre*) levar vantagem; preponderar, predominar *<a razão prevalece sobre a emoção>* *<a verdade prevaleceu>* ☐ *int.* **2** continuar a existir; manter-se ☐ *pron.* **3** (prep. *de*) tirar proveito pessoal de; servir-se *<p.-se de um cargo de comando>* ~ **prevalecente** *adj.2g.*

pre.va.lên.cia *s.f.* característica do que prevalece; superioridade

P

pre.va.ri.car *v.* {mod. 1} *t.i. e int.* **1** (prep. *a*) transgredir (dever) por má-fé ou interesse próprio *<p. aos deveres> <o juiz prevaricou>* □ *int.* **2** cometer abuso de poder, causando prejuízo ao Estado ou a outrem **3** transgredir a moral e os bons costumes **4** cometer adultério ~ **prevaricação** *s.f.*

pre.ven.ção [pl.: *-ões*] *s.f.* **1** conjunto de medidas que visam evitar algo **2** ideia preconcebida **2.1** preconceito, cisma **3** cautela

pre.ve.ni.do *adj.* **1** avisado de (algo) **2** que se previne ou que se preveniu; precavido **3** que tem prevenção, desconfiança, aversão, com relação a alguém ou a algo

pre.ve.nir *v.* {mod. 27} *t.d.* **1** tomar medidas para impedir (mal ou dano); evitar □ *t.d. e t.d.i.* **2** (prep. *de*) informar antes, pondo de sobreaviso; precaver *<p. os turistas (dos riscos da viagem)>* □ *pron.* **3** agir com cautela; precaver-se *<p.-se enchendo a despensa>*

pre.ven.ti.vo *adj.* **1** que serve ou é próprio para prevenir **2** executado por medida de segurança; profilático ■ *s.m.* **3** anticoncepcional

pre.ver *v.* {mod. 12} *t.d.* **1** ter ideia antecipada de; presumir, antever *<p. um resultado>* **2** perceber (fato futuro) por meios sobrenaturais; adivinhar **3** analisar, examinar com antecedência *<p. as consequências de uma ação>* **4** fazer supor; subentender, pressupor *<o projeto prevê a construção de uma barragem>* ~ **previsto** *adj.*

pré-ves.ti.bu.lar [pl.: *pré-vestibulares*] *adj.2g.s.m.* **1** *B* (curso) preparatório para o exame vestibular ■ *adj.2g.* **2** que antecede o exame vestibular

pré.via *s.f.* pesquisa junto aos eleitores, anterior às eleições, para conhecer as suas tendências de voto

P

pre.vi.dên.cia *s.f.* **1** precaução, cautela **2** previsão do futuro; conjectura ⊡ **p. privada** instituição privada que, cobrando certo número de contribuições dos associados, garante a eles aposentadorias e pensões • **p. social** conjunto de instituições estatais de amparo ao trabalhador

pre.vi.den.ci.á.rio *adj.* **1** que diz respeito a previdência ■ *s.m.* **2** funcionário de instituto de previdência

pre.vi.den.te *adj.2g.* que toma medidas antecipadas para evitar transtornos; precavido

pré.vio *adj.* **1** anterior, antecipado **2** que antecede o principal; preliminar

pre.vi.são [pl.: *-ões*] *s.f.* **1** presságio **2** antecipação, por suposição, do que ainda não aconteceu; conjectura **3** cálculo antecipado das necessidades e dos custos de realização de um projeto, um programa de governo etc.

pre.vi.sí.vel [pl.: *-eis*] *adj.2g.* que se pode prever; presumível

pre.za.do *adj.* querido, estimado

pre.zar *v.* {mod. 1} *t.d.* **1** ter em alta consideração ou estima; gostar *<p. os homens de ciência>* **2** ter desejo de; almejar, querer *<p. a paz de espírito>* **3** ser adepto de; defender, respeitar *<p. a liberdade>* □ *pron.* **4** (prep. *de*) sentir orgulho de si mesmo *<p.-se de ser bom profissional>*

pri.ma *s.f.* **1** filha de tio ou tia **2** MÚS a primeira e mais fina corda de alguns instrumentos (cítara, guitarra, viola etc.)

pri.ma.ci.al [pl.: *-ais*] *adj.2g.* referente a primaz ou a primazia

pri.ma.do *s.m.* **1** primazia **2** condição do que está em primeiro lugar; prioridade **3** superioridade, excelência

pri.ma-do.na [pl.: *primas-donas*] *s.f.* **1** cantora principal de uma ópera **2** diva ('cantora de ópera')

pri.mar *v.* {mod. 1} *t.i.* **1** (prep. *entre*) ter a primazia ou preferência **2** (prep. *por*) chamar a atenção por; destacar-se

pri.má.rio *adj.* **1** o que vem antes; primeiro **2** simples, elementar **3** básico, essencial **4** *B pej.* limitado, tacanho ~ **primariedade** *s.f.*

pri.ma.ris.mo *s.m.* **1** característica do que é primário, primitivo, rudimentar; primariedade **2** *B pej.* caráter do que é limitado, tacanho

pri.ma.ta *s.m.* ZOO **1** espécime dos primatas, ordem de mamíferos que compreende o homem, os macacos, os lêmures e formas relacionadas ■ *adj.2g.* **2** relativo a esse espécime ou a essa ordem

pri.ma.ve.ra *s.f.* **1** estação de temperatura amena, entre o inverno e o verão **2** *fig.* época inicial; aurora **2.1** *fig.* a infância e a juventude **3** BOT buganvília ~ **primaveril** *adj.2g.*

pri.maz [pl.: *-es*] *s.m.* **1** prelado concedido aos arcebispos de algumas sés da Igreja católica ■ *adj.2g.* **2** que está em primeiro lugar em importância, na hierarquia etc.

pri.ma.zi.a *s.f.* **1** prioridade, primado **2** excelência **3** cargo de primaz

pri.mei.ra-da.ma [pl.: *primeiras-damas*] *s.f.* mulher de governante (presidente, prefeito ou governador)

pri.mei.ro *n.ord.* **1** (o) que ocupa, numa sequência, a posição número um *<p. andar>* ■ *adj.* **2** que precede outros em tempo, importância ou lugar *<p. pessoa a chegar>* ■ *adv.* **3** antes de qualquer outro, em espaço, tempo ou importância *<foi p. ao banco>*

pri.mei.ro-mi.nis.tro [pl.: *primeiros-ministros*] *s.m.* chefe do governo no regime parlamentarista

pri.mei.ro-sar.gen.to [pl.: *primeiros-sargentos*] *s.m.* **1** posto situado entre o de aspirante a oficial e o de segundo-sargento **2** militar que detém esse posto

pri.mei.ro-te.nen.te [pl.: *primeiros-tenentes*] *s.m.* **1** no Exército, posto situado entre o de capitão e o de segundo-tenente **2** na Marinha, posto de oficial situado entre o de capitão-tenente e o de segundo-tenente **3** na Aeronáutica, posto de oficial situado entre o de capitão-aviador e o de segundo-tenente **4** oficial que ocupa um desses postos

pri.me.vo *adj.* **1** dos primeiros tempos; inicial **2** antigo, primitivo

pri.mí.cias *s.f.pl.* as primeiras coisas de uma série; começos, prelúdios

pri.mi.ti.vo *adj.* **1** que é o primeiro a existir; inicial, original **2** ancestral, remoto **3** existente nos primeiros tempos da Terra **4** que não evoluiu nem se aperfeiçoou; antiquado *<métodos p.>* **5** *pej.* sem instrução ou refinamento ~ **primitivismo** *s.m.*

pri.mo *s.m.* **1** indivíduo, em relação aos filhos de tio ou tia **2** parente afastado ■ *adj.* MAT **3** que só é divisível por si mesmo e pela unidade (diz-se de número)

pri.mo.gê.ni.to *adj.s.m.* (filho) que nasceu primeiro ~ **primogenitura** *s.f.*

pri.mor /ô/ [pl.: *-es*] *s.m.* **1** qualidade do que é perfeito **2** beleza; apuro **3** coisa que tem essas qualidades

pri.mor.di.al [pl.: *-ais*] *adj.2g.* **1** relativo a primórdio **2** primeiro, primitivo **3** que é importante; essencial ~ **primordialidade** *s.f.*

pri.mór.dio *s.m.* origem, princípio ☞ freq. no pl.

pri.mo.ro.so /ô/ [pl.: */ó/*; fem.: */ó/*] *adj.* **1** maravilhoso, perfeito **2** de excelente qualidade; admirável **3** feito com primor, capricho

prin.ce.sa /ê/ *s.f.* **1** mulher de príncipe **2** soberana de principado **3** filha de rei, imperador ou príncipe **4** *fig.* menina ou moça mimada **5** *fig.* menina ou moça graciosa

prin.ci.pa.do *s.m.* **1** título ou condição de príncipe ou princesa **2** estado independente cujo governante é um príncipe ou uma princesa

prin.ci.pal [pl.: *-ais*] *adj.2g.* **1** que é o mais considerado ou importante; essencial, fundamental **2** de maior relevância ■ *s.f.* GRAM **3** ver ***ORAÇÃO PRINCIPAL***

prin.ci.pal.men.te *adv.* em especial, sobretudo

prín.ci.pe [fem.: *princesa*] *s.m.* **1** filho ou membro de família reinante **2** filho primogênito do rei **3** chefe de um principado **4** em países onde há rainha, o seu consorte ~ **principesco** *adj.*

prin.ci.pi.an.te *adj.2g.* **1** que principia ■ *adj.2g.s.2g.* **2** iniciante, inexperiente

prin.ci.pi.ar *v.* {mod. 1} *t.d. e int.* dar início a ou ter início; começar, abrir ◉ GRAM/USO tb. é empr. como v.aux., com as prep. *a* e *por* mais o inf. de outro verbo, para indicar a ideia de 'início de ação': *<p. a chover, p. por perguntar os nomes>*

prin.cí.pio *s.m.* **1** o primeiro momento de uma ação ou processo; início, começo **2** o que serve de base a alguma coisa **3** elemento ou conjunto que, por suas propriedades, entra na constituição ou elaboração de qualquer coisa **4** preceito, regra ▼ ***princípios*** *s.m.pl.* **5** regras de conduta moral **6** convicções *<homem de p.>* ▣ **p. ativo** substância principal de um extrato vegetal ou animal • **a p.** no princípio; inicialmente • **em p.** de maneira geral

pri.or /ô/ [pl.: *-es*; fem.: *priora* e *prioresa*] *s.m.* superior de ordem religiosa

pri.o.ri.da.de *s.f.* **1** preferência, primazia **2** condição do que está em primeiro lugar em importância, urgência, necessidade etc. ~ **prioritário** *adj.*

pri.o.ri.zar *v.* {mod. 1} *t.d.* tratar de (algo) em primeiro lugar e com mais empenho ~ **priorização** *s.f.*

pri.são [pl.: *-ões*] *s.f.* **1** captura, aprisionamento **2** condição de quem está preso; cativeiro **3** cadeia, presídio ▣ **p. de ventre** retenção das fezes no intestino; constipação ~ **prisional** *adj.2g.*

pris.co *adj.* que pertence a tempos idos; antigo, prístino

pri.sio.nei.ro *adj.s.m.* **1** (o) que perdeu a liberdade ■ *s.m.* **2** preso, cativo **3** *fig.* ligado ou fixado a uma ideia

pris.ma *s.m.* **1** GEOM sólido formado por dois polígonos iguais e paralelos na base e por paralelogramos nas laterais **2** FÍS sólido em forma de prisma, transparente, capaz de decompor os raios de luz **3** *fig.* ponto de vista *<pense sob novo p.>* ~ **prismático** *adj.*

prís.ti.no *adj.* prisco

pri.va.ção [pl.: *-ões*] *s.f.* **1** supressão de um bem ou de uma faculdade normal ▼ ***privações*** *s.f.pl.* **2** necessidade, fome, miséria

pri.va.ci.da.de *s.f.* vida particular; intimidade

pri.va.da *s.f.* vaso sanitário; latrina

pri.va.do *adj.* **1** particular **2** confidencial **3** íntimo, pessoal **4** a quem se privou de (algo); destituído

pri.var *v.* {mod. 1} *t.d.i.* **1** (prep. *de*) tornar impossível a; proibir, impedir *<p. uma criança de brincar>* □ *t.d.i. e pron.* **2** (prep. *de*) [fazer] ficar sem ter, usar, fazer (algo); despojar(-se), destituir(-se) *<p. alguém da liberdade>* *<p.-se de prazeres>* □ *t.i.* **3** (prep. *com*) estar em convivência íntima ou familiar com; relacionar-se *<p. com celebridades>* **4** (prep. *de*) tomar parte; compartilhar, participar *<p. da intimidade de alguém>*

pri.va.ti.vo *adj.* **1** próprio, exclusivo **2** que contém ou leva à privação ~ **privatividade** *s.f.*

pri.va.ti.zar *v.* {mod. 1} *t.d.* **1** pôr sob responsabilidade de empresa particular a gestão de (bem público) **2** realizar (empresa privada) a aquisição ou incorporação de (empresa pública) ~ **privatização** *s.f.*

pri.vi.le.gi.a.do *adj.s.m.* **1** (indivíduo) que goza de privilégios, vantagens ■ *adj.* **2** superior ao comum *<ouvido p.>* **3** que possui elevado nível de vida

pri.vi.le.gi.ar *v.* {mod. 1} *t.d. e pron.* **1** conceder privilégio, benefício a ou usufruir deles; favorecer(-se), beneficiar(-se) □ *t.d.* **2** tratar melhor; distinguir, preferir

pri.vi.lé.gio *s.m.* **1** regalia para alguém ou um grupo em detrimento da maioria **2** oportunidade especial para realizar algo desejado ou valorizado

[1]pro- *pref.* 'movimento para a frente': *proeminente, prosseguir, promover* [ORIGEM: do lat. *pro* 'diante de']

P

²**pro-** *pref.* **1** antecedência (no espaço ou no tempo): *prognóstico, prólogo* **2** movimento para a frente: *problema, próclise* [ORIGEM: do gr. *pró* 'diante de']

pro [fem.: *pra*] *contr. infrm.* **1** da prep. *para* com o artigo definido *o* <*vou pro centro*> **2** da prep. *para* com o pronome demonstrativo *o* (significando 'aquele', 'aquilo') <*não ligue pro que ela falou*>

pró- *pref.* 'a favor de, em prol de': *pró-americano*

pró *s.m.* **1** aspecto positivo; vantagem <*os p. e contras*> ■ *adv.* **2** em defesa, a favor

pro.a /ô/ *s.f.* a parte dianteira de uma embarcação

pro.a.ti.vo ou **pró-a.ti.vo** [pl.: *pró-ativos*] *adj.* **1** que tem iniciativa própria **2** que visa antecipar futuros problemas, necessidades ou mudanças; antecipatório

pro.ba.bi.li.da.de *s.f.* **1** característica do que é provável; possibilidade, chance **2** número provável correspondente a (algo), calculado estatisticamente

pro.ba.tó.rio *adj.* que contém ou serve de prova

pro.bi.da.de *s.f.* qualidade ou característica do que é probo; honestidade, integridade

pro.ble.ma *s.m.* **1** algo de difícil solução ou explicação **2** situação difícil; conflito **3** mau funcionamento crônico de alguma coisa, que acarreta transtornos, desgraças etc. **4** MAT questão matemática para ser solucionada **5** distúrbio orgânico ou físico **6** pessoa, coisa ou situação incômoda, fora de controle etc.

pro.ble.má.ti.ca *s.f.* conjunto de problemas da mesma natureza ou de temática semelhante

pro.ble.má.ti.co *adj.* **1** relativo a problema **2** de difícil solução; complicado **3** sujeito a interferências; duvidoso, incerto **4** que tem problemas psíquicos; perturbado **5** que faz de tudo um problema (diz-se de pessoa)

P

pro.bo /ó/ *adj.* de caráter íntegro; honesto, leal

pro.bos.cí.deo *adj.s.m.* ZOO (espécime) dos proboscídeos, ordem de grandes mamíferos dotados de longa tromba e presas formadas pelos incisivos superiores, p.ex., o elefante

pro.ca.ri.on.te *adj.2g.s.m.* BIO (o) que é desprovido de núcleo celular definido por membrana (diz-se de célula ou organismo); procariota, procarioto ☞ cf. *eucarionte*

pro.ca.ri.o.ta *adj.2g.s.m.* ou **pro.ca.ri.o.to** *adj.s.m.* BIO procarionte

pro.ce.dên.cia *s.f.* **1** ato ou efeito de proceder **2** lugar de onde algo ou alguém provém; ponto de partida, origem **3** característica do que tem base, fundamento ~ **procedente** *adj.2g.*

pro.ce.der *v.* {mod. 8} *t.i.* **1** (prep. *de*) ter como ponto de partida (um lugar); vir, provir <*a tropa procedia da França*> **2** (prep. *de*) ter origem; provir, derivar <*a palavra procede do árabe*> **3** (prep. *de*) ser descendente de; provir **4** (prep. *a*) levar a efeito; realizar, fazer <*p. a uma investigação*> □ *int.* **5** ter seguimento; prosseguir, continuar <*o cortejo procede tranquilo*> **6** ter certo comportamento, atitude; portar-se, agir <*aprovou o seu modo de p.*> **7** mostrar-se verdadeiro <*a acusação não procede*>

pro.ce.di.men.to *s.m.* **1** maneira de agir; comportamento **2** modo de fazer (algo); técnica, método

pro.ce.la *s.f.* forte tempestade no mar ~ **proceloso** *adj.*

pró.cer [pl.: *próceres*] *s.m.* indivíduo importante e influente; chefe, líder

pro.ces.sa.dor /ô/ [pl.: *-es*] *s.m.* INF circuito integrado que realiza o processamento de dados num computador ◉ GRAM/USO tb. us. como adj. ▣ **p. de alimentos** eletrodoméstico que mói, pica, tritura etc. alimentos; multiprocessador • **p. de texto** INF programa de computador destinado à redação, edição e impressão de textos

pro.ces.sa.men.to *s.m.* ato ou efeito de processar ▣ **p. de dados** INF tratamento sistemático de dados, por meio de computadores, para a obtenção de um determinado resultado • **p. de textos** INF ato de editar textos com um processador de texto

pro.ces.sar *v.* {mod. 1} *t.d.* **1** mover ação judicial contra; acionar **2** observar se há exatidão, correção em; conferir **3** INF organizar (dados), de acordo com a sequência de instruções de um programa

pro.ces.so *s.m.* **1** realização contínua e prolongada de alguma atividade **2** método, procedimento **3** conjunto de papéis, documentos, petições etc., que se encaminha a um órgão oficial **4** DIR ação judicial **5** ANAT saliência na superfície de um osso, anteriormente denominada *apófise* ~ **processual** *adj.2g.*

pro.cis.são [pl.: *-ões*] *s.f.* **1** cortejo religioso **2** *p.ext.* qualquer grupo de pessoas ou coisas deslocando-se em coluna

pro.cla.ma *s.m.* **1** anúncio de casamento lido na igreja **2** DIR edital de casamento publicado ☞ mais us. no pl., nas duas acp.

pro.cla.ma.ção [pl.: *-ões*] *s.f.* **1** ato ou efeito de proclamar **2** declaração pública e solene **3** *p.ext.* texto em que se proclama algo

pro.cla.mar *v.* {mod. 1} *t.d. e pron.* **1** (prep. *a*) declarar publicamente em voz alta e com solenidade; anunciar □ *t.d.* **2** promulgar, decretar (uma lei) □ *t.d.pred. e pron.* **3** atribuir(-se) [título ou posto]; aclamar(-se) <*a assembleia proclamou-o presidente*> <*p.-se rei*> ~ **proclamador** *adj.s.m.*

pró.cli.se *s.f.* GRAM colocação do pronome átono antes do verbo, p.ex.: *eu* lhe *disse* ☞ cf. *ênclise* e *mesóclise*

Pro.con *s.m.* sigla de Procuradoria de Proteção e Defesa do Consumidor

pro.cras.ti.nar *v.* {mod. 1} *t.d.* marcar para outro dia ou deixar para depois; adiar, postergar ~ **procrastinação** *s.f.*

pro.cri.ar *v.* {mod. 1} *t.d. e int.* **1** dar existência a (filhos, filhotes, crias); gerar **2** promover a germinação ou a multiplicação de (vegetais) □ *int.* **3** reproduzir-se, multiplicar-se ~ **procriação** *s.f.*

pro.cu.ra *s.f.* **1** ato ou efeito de procurar **2** interesse em comprar determinado produto no mercado; demanda

pro.cu.ra.ção [pl.: *-ões*] *s.f.* DIR **1** autorização que uma pessoa dá a outra para agir em seu nome **2** instrumento legal que confere essa autorização

pro.cu.ra.dor /ô/ [pl.: *-es*] *adj.s.m.* **1** que(m) procura (algo) ■ *s.m.* **2** advogado do Estado **3** quem possui procuração para tratar de negócios de outrem

pro.cu.ra.do.ri.a *s.f.* **1** cargo de procurador **2** local ou repartição em que trabalha o procurador

pro.cu.rar *v.* {mod. 1} *t.d.* **1** tentar encontrar ou conseguir; buscar **2** tentar descobrir; investigar, pesquisar **3** ser atraído por *<o ferro procura o ímã>* **4** ir ao encontro de **5** esforçar-se por; tentar □ *t.d. e t.i.* **6** (prep. *por*) ir até onde está alguém para vê-lo, em visita ou a negócio; perguntar *<uma pessoa procurou (pel)o senhor>*

pro.di.ga.li.zar *v.* {mod. 1} *t.d. e t.d.i.* **1** (prep. *a*) dar em grande quantidade □ *t.d.* **2** gastar muito; esbanjar **3** expor a perigos; arriscar *<p. a saúde>*

pro.dí.gio *s.m.* **1** fato extraordinário **2** quem apresenta um talento fora do comum ■ *adj.s.m.* **3** que(m) possui inteligência ou talento excepcionais para a idade

pro.di.gi.o.so /ô/ [pl.: /ó/; fem.: /ó/] *adj.* **1** em que há prodígio; fabuloso **2** excepcionalmente grande; portentoso

pró.di.go *adj.* **1** que produz em abundância; fértil ■ *adj.s.m.* **2** que(m) gasta mais do que o necessário; esbanjador, perdulário **3** que(m) é generoso, magnânimo ~ **prodigalidade** *s.f.*

pro.du.ção [pl.: *-ões*] *s.f.* **1** ato de produzir ou o seu efeito; geração, criação **2** volume do que foi produzido **3** obra de um artista, escritor etc. **4** realização de livro, filme, peça, programa de rádio, campanha publicitária, *show* etc., incluindo as partes financeiras, técnicas e administrativas **5** captação dos recursos necessários para a realização de filmes, peças teatrais etc.

pro.du.cen.te *adj.2g.* **1** que produz ou leva à produção **2** que conclui; concludente

pro.du.ti.vi.da.de *s.f.* **1** característica do que é produtivo **2** capacidade de produzir **3** volume produzido **4** ECON relação entre a quantidade ou valor produzido e um ou vários fatores necessários para a obter; rendimento

pro.du.ti.vo *adj.* **1** relativo a produção **2** que produz; produtor, frutífero **3** fértil, fecundo **4** de que se obtém proveito; proveitoso

pro.du.to *s.m.* **1** resultado de um trabalho ou de uma atividade; produção **2** aquilo que é produzido para venda no mercado **3** quantia apurada em um negócio **4** MAT resultado da operação de multiplicação **5** ECON valor global da produção de bens e serviços num país, em determinado período (ger. um ano) ▣ **p. interno bruto** ECON produto interno de um país, incluindo os pagamentos a fatores de produção no exterior e os gastos de depreciação [sigla: *PIB*] • **p. nacional bruto** ECON produto nacional, incluindo os gastos de depreciação [sigla: *PNB*] • **p. primário** ECON produto de origem agropecuária ou de extração mineral ou vegetal

pro.du.tor /ô/ [pl.: *-es*] *adj.s.m.* **1** que(m) produz ■ *s.m.* **2** indivíduo encarregado de reunir os meios materiais para a realização de filme, peça, programa de rádio ou televisão **3** indivíduo ou empresa responsável pela produção de obra artística, publicitária, promocional etc.

pro.du.zir *v.* {mod. 24} *t.d. e int.* **1** dar origem a, ser fértil; gerar **2** fabricar (bens ou utilidades) **3** criar (obra intelectual ou artística) □ *t.d.* **4** ter como resultado; causar, provocar **5** dar como lucro ou rendimento; render *<o quadro produziu uma boa quantia>* **6** fazer a produção de (filme, peça etc.) □ *t.d. e pron.* *B infrm.* **7** arrumar(-se) para ficar com aspecto diferente do habitual; embelezar(-se)

pro.e.mi.nên.cia *s.f.* **1** característica do que é proeminente **2** parte proeminente de algo; saliência

pro.e.mi.nen.te *adj.2g.* **1** que se eleva acima do que o rodeia **2** que avança em ponta; saliente **3** *fig.* que se destaca por qualidades intelectuais ou morais ou pela riqueza ou poder

pro.e.za /ê/ *s.f.* **1** algo difícil de ser realizado; façanha **2** *p.ext. infrm.* ação incomum; aventura

pro.fa.nar *v.* {mod. 1} *t.d.* **1** violar ou tratar com irreverência (o que é sagrado ou merece respeito) **2** transgredir, violar (regra, princípio) **3** usar de modo inadequado; degradar *<p. o hino nacional>* ~ **profanação** *s.f.*

pro.fa.no *adj.* **1** que não é sagrado **2** que viola o sagrado **3** que não pertence à religião *<música p.>* **4** que não é religioso; leigo ~ **profanidade** *s.f.*

pro.fe.ci.a *s.f.* **1** predição do futuro por inspiração divina **2** *p.ext.* anúncio de acontecimento futuro, feito por conjectura; suposição

pro.fe.rir *v.* {mod. 28} *t.d.* **1** expressar oralmente; dizer, pronunciar **2** dizer em voz alta ~ **proferimento** *s.m.*

pro.fes.sar *v.* {mod. 1} *t.d. e t.d.i.* **1** (prep. *a*) reconhecer ou prometer publicamente; declarar *<p. a verdade>* *<p. fidelidade ao rei>* □ *t.d.* **2** ser adepto de (religião, doutrina); seguir **3** executar as funções inerentes a (uma profissão); exercer □ *int.* **4** fazer votos, ao entrar para ordem religiosa

pro.fes.so *adj.s.m.* **1** que(m) professa em uma ordem religiosa ■ *adj.* **2** relativo a frades ou freiras

pro.fes.sor /ô/ [pl.: *-es*] *s.m.* **1** pessoa que ensina uma arte, uma ciência, uma técnica, uma disciplina **2** quem tem como profissão dar aulas em escola ou universidade; docente **3** *fig.* indivíduo especializado em algo ■ *adj.* **4** que exerce a função de ensinar ou tem diploma ou título para exercer essa profissão ◉ COL magistério, professorado ~ **professoral** *adj.2g.*

P

pro.fes.so.ra.do *s.m.* **1** cargo ou função de professor **2** a categoria profissional dos professores **3** conjunto dos professores de um determinado local

pro.fe.ta [fem.: *profetisa*] *s.m.* **1** o que anuncia os desígnios divinos **2** pessoa que prediz o futuro; vidente, adivinho **3** título dado pelos muçulmanos a Maomé, fundador do islamismo ☞ nesta acp., inicial maiúsc. ~ **profético** *adj.*

pro.fe.ti.sa *s.f.* mulher que faz profecias ◉ GRAM/USO fem. de *profeta*

pro.fe.ti.zar *v.* {mod. 1} *t.d. e t.d.i.* **1** (prep. *a*) predizer (o futuro), por dom especial ou inspiração divina; prenunciar □ *t.d.* **2** anunciar ou saber (algo) antecipadamente, por dedução, intuição ou acaso

pro.fi.ci.en.te *adj.2g.* **1** competente e eficiente no que faz **2** que tem bom aproveitamento **3** que dá proveito; profícuo, proveitoso ~ **proficiência** *s.f.*

pro.fí.cuo *adj.* proveitoso; vantajoso ~ **proficuidade** *s.f.*

pro.fi.lác.ti.co ou **pro.fi.lá.ti.co** *adj.* **1** relativo a profilaxia **2** que serve para prevenir doenças; preventivo

pro.fi.la.xi.a /cs/ *s.f.* MED **1** parte da medicina que cuida da preservação da saúde por meio de medidas preventivas **2** emprego dessas medidas

pro.fis.são [pl.: *-ões*] *s.f.* **1** atividade para a qual um indivíduo se preparou e que exerce ou não **2** trabalho que uma pessoa faz para obter o necessário para sua subsistência e à de seus dependentes; ocupação, ofício **3** declaração pública de uma crença, uma religião, uma opinião etc. **4** cerimônia da tomada do hábito por um religioso; voto ▣ **p. liberal** profissão de nível superior que habilita o indivíduo a trabalhar por conta própria, como medicina, odontologia, advocacia etc.

P

pro.fis.sio.nal [pl.: *-ais*] *adj.2g.* **1** relativo a profissão **2** próprio de uma profissão ■ *adj.2g.s.2g.* **3** que(m) exerce uma atividade por profissão

pro.fis.sio.na.lis.mo *s.m.* procedimento característico dos bons profissionais

pro.fis.sio.na.li.zar *v.* {mod. 1} *t.d. e pron.* **1** tornar(-se) profissional **2** formar(-se) para ser um bom profissional; habilitar(-se), capacitar(-se) ~ **profissionalização** *s.f.* - **profissionalizante** *adj.2g.*

pró-for.ma *adv.* por pura formalidade, apenas para manter as aparências

pro.fun.de.za /ê/ *s.f.* **1** profundidade ('atributo') **2** lugar muito profundo; (us. freq. no pl.)

pro.fun.di.da.de *s.f.* **1** atributo do que é profundo; profundeza **2** distância vertical, da superfície ao fundo, ou horizontal (p.ex., de uma gaveta)

pro.fun.do *adj.* **1** cujo fundo está muito distante da borda ou da superfície **2** que penetra muito fundo **3** muito inclinado **4** que vem do íntimo **5** forte, carregado (cor) **6** muito grande ou extenso *<p. decepção>* **7** de grande alcance, muito importante **8** que envolve grande conhecimento **9** difícil de entender ~ **profundura** *s.f.*

pro.fu.são [pl.: *-ões*] *s.f.* grande quantidade; abundância, fartura

pro.fu.so *adj.* **1** abundante, exuberante **2** pródigo

pro.gê.nie *s.f.* **1** origem, ascendência **2** conjunto dos descendentes; prole

pro.ge.ni.tor /ô/ [pl.: *-es*; fem.: *progenitora*] *s.m.* **1** aquele que gera; pai, genitor **2** antepassado, ancestral ◉ GRAM/USO tb. us. como adj. ▼ ***progenitores*** *s.m.pl.* os pais biológicos (de alguém); pai e mãe ~ **progenitura** *s.f.*

pro.ges.te.ro.na *s.f.* BIOQ hormônio sexual essencial para o equilíbrio do ciclo ovariano e para a gravidez

prog.na.tis.mo *s.m.* projeção acentuada do maxilar inferior para a frente

próg.na.to *adj.s.m.* ANAT que(m) apresenta o maxilar inferior saliente

prog.nós.ti.co *adj.s.m.* **1** (sinal, sintoma) que pode indicar acontecimentos futuros ■ *s.m.* **2** suposição, baseada em dados reais, sobre o que deve acontecer; previsão **3** MED juízo médico sobre a evolução de uma doença ~ **prognosticar** *v.t.d.,t.d.i. e int.*

pro.gra.ma *s.m.* **1** impresso com as partes que compõem um espetáculo, um evento etc. **2** relação de filmes, músicas, peças teatrais etc. que serão ou foram apresentados **3** espetáculo ou quadro apresentado em emissoras de rádio ou televisão **4** conjunto das disciplinas que compõem um curso ou que serão exigidas em concurso **5** exposição escrita das intenções e dos projetos de uma chapa, um candidato, um partido político etc. **6** atividade de lazer *<tem p. para hoje?>* **7** INF conjunto de instruções que um computador interpreta e executa; *software* ~ **programático** *adj.*

pro.gra.ma.ção [pl.: *-ões*] *s.f.* **1** lista dos programas de teatro, emissora de rádio ou televisão etc. **2** planejamento das ações de uma empresa, projeto etc. **3** INF ação de desenvolver rotinas ou programas de computador **4** INF ciência ou técnica de elaboração desses programas ▣ **p. visual** ramo do desenho industrial que trabalha com a aplicação dos elementos gráfico-visuais em sinalização, peças publicitárias, embalagens, produtos editoriais etc.

pro.gra.ma.dor /ô/ [pl.: *-es*] *adj.s.m.* INF (profissional) que desenvolve, testa e aperfeiçoa programas de computador ▣ **p. visual** especialista em atividades de programação visual

pro.gra.mar *v.* {mod. 1} *t.d.* **1** criar um programa para; organizar, planejar **2** INF determinar a dinâmica de funcionamento de (máquina, computador) □ *int.* INF **3** elaborar programa de computador

pro.gre.dir *v.* {mod. 27} *int.* **1** caminhar para a frente; avançar **2** ficar maior e/ou melhor, incorporando coisas novas ou modernas; desenvolver-se **3** tornar-se mais intenso, mais grave; agravar-se *<a doença progrediu rapidamente>* □ *t.i. e int.* **4** (prep. *em*) vencer etapas, fazer progresso (em aprendizado, treinamento etc.); avançar *<o aluno progrediu muito (nessa matéria)>*

pro.gres.são [pl.: *-ões*] *s.f.* **1** ação de progredir; progresso, evolução **2** desenvolvimento gradual e constante (de um processo); avanço **3** promoção ou acesso a cargo, função, nível ou categoria superior ~ **progressivo** *adj.*

pro.gres.sis.ta *adj.2g.* **1** favorável ao progresso, às transformações ou às reformas, esp. nos campos político, social e/ou econômico **2** que contém em si progresso ou contribui para ele **3** que evolui continuamente ■ *s.2g.* **4** indivíduo progressista

pro.gres.si.vo *adj.* **1** que progride ou envolve progressão **2** que atravessa sucessivamente cada etapa

pro.gres.so *s.m.* **1** desenvolvimento; evolução **2** movimento para a frente; avanço *<notou o p. da tropa inimiga>*

pro.i.bi.do *adj.* **1** que não é permitido **2** ilegal, ilícito

pro.i.bir *v.* {mod. 24} *t.d. e t.d.i.* **1** (prep. *a, de*) ordenar que não se faça; não permitir; impedir (algo) *<o governo proibiu a passeata> <proibiu-a de sair>* □ *t.d.* **2** tornar ilegal (coisa ou prática); interditar, vedar ~ **proibição** *s.f.*

pro.i.bi.ti.vo *adj.* **1** que proíbe, que impede **2** *p.ext.* muito elevado; excessivo *<preço p.>*

pro.je.ção [pl.: *-ões*] *s.f.* **1** arremesso; lançamento **2** o que se projeta para fora; saliência **3** *fig.* prestígio social **4** cálculo antecipado, a partir de dados parciais **5** CINE ato de projetar um filme, um diapositivo etc. sobre uma tela, usando projetor **6** GEOM operação que transforma, por meio de retas, uma figura geométrica contida num plano em outra **7** GEOM representação da figura de um sólido em uma superfície **7.1** representação, num plano, de uma parte da superfície terrestre ou da abóbada celeste

pro.je.tar *v.* {mod. 1} *t.d.,t.d.i. e pron.* **1** (prep. *a, de, em, sobre*) atirar(-se), lançar(-se) a distância; arremessar *<p. lanças (sobre os invasores)> <projetou-se de grande altura>* **2** *fig.* tornar(-se) famoso, por trabalhos ou ações *<o futebol projetou o Brasil> <projetou-se muito cedo no teatro>* □ *pron.* **3** (prep. *de*) estender-se para fora □ *t.d.* **4** reproduzir em tela (filme, fita etc.) **5** organizar, planejar *<p. uma viagem>* **6** ARQ elaborar plano ou planta de; planejar *<p. um prédio>* ~ **projetado** *adj.*

pro.jé.til [pl.: *projéteis*] ou **pro.je.til** [pl.: *projetis*] *s.m.* qualquer objeto arremessado, esp. por armas de fogo

pro.je.tis.ta *adj.2g.s.2g.* que(m) faz projetos

pro.je.to *s.m.* **1** plano ('ideia') **2** descrição escrita e detalhada de tarefa a ser feita; esquema **3** ARQ esboço ou desenho de trabalho ou construção a se realizar

pro.je.tor /ô/ [pl.: *-es*] *s.m.* **1** qualquer aparelho que serve para projetar filme cinematográfico, *slide*, imagem de computador etc. **2** aparelho que projeta feixes luminosos

prol *s.m.* ▸ us. em: **em p. de** em favor de, em defesa de

pró-la.bo.re [pl.: *pró-labores*] *s.m.* **1** remuneração paga aos sócios por serviços prestados à empresa **2** pagamento por serviço prestado por estranhos, a uma firma, instituição ou empresa

pro.la.ção [pl.: *-ões*] *s.f.* **1** FON ato ou efeito de pronunciar; pronúncia, articulação **2** ato de demorar; delonga, demora, procrastinação

pro.lap.so *s.m.* MED deslocamento de um órgão de sua posição normal

pro.le *s.f.* **1** conjunto dos filhos ou filhas de um indivíduo ou de um casal **2** descendência

pro.le.ta.ri.a.do *s.m.* **1** a classe dos proletários **2** conjunto dos trabalhadores de determinado país, região etc.

pro.le.tá.rio *s.m.* **1** trabalhador que vive apenas do seu pequeno salário **2** membro da classe trabalhadora ■ *adj.* **3** relativo a esse cidadão **4** relativo ao proletariado

pro.li.fe.ra.ção [pl.: *-ões*] *s.f.* **1** ato ou efeito de proliferar; reprodução, multiplicação **2** *fig.* aumento, crescimento

pro.li.fe.rar *v.* {mod. 1} *int.* **1** ter filhos, gerar prole; reproduzir-se **2** multiplicar-se rapidamente; propagar-se, espalhar-se *<mosquitos proliferam no verão>* **3** *fig.* crescer em número; aumentar, multiplicar-se *<nas cidades proliferam problemas sociais>*

pro.lí.fe.ro *adj.* **1** que gera prole; prolífico **2** que se reproduz em grande quantidade; fértil, fecundo **3** *fig.* que produz muito; produtivo, prolífico

pro.lí.fi.co *adj.* prolífero

pro.li.xo /cs/ *adj.* **1** que usa palavras em excesso ao falar ou escrever **1.1** desnecessariamente longo ~ **prolixidade** *s.f.*

pró.lo.go *s.m.* **1** prefácio **2** TEAT em uma peça teatral, cena ou monólogo iniciais ~ **prologal** *adj.2g.*

pro.lon.ga.men.to *s.m.* **1** aumento, acréscimo no tamanho de algo **2** estrada, rua ou avenida que é continuação de outro logradouro **3** aumento da duração de algo; prorrogação

pro.lon.gar *v.* {mod. 1} *t.d. e pron.* **1** tornar(-se) mais longo; estender(-se) *<a obra prolongou a ponte> <a estrada prolonga-se até a cidade mais próxima>* **2** (fazer) durar mais tempo; alongar(-se) *<quis p. a conversa> <a festa prolongou-se muito>* □ *t.d.* **3** adiar, retardar

pro.mé.cio *s.m.* QUÍM elemento químico radiativo, us. em baterias nucleares, para medir espessuras muito finas etc. [símb.: *Pm*] ☞ cf. *tabela periódica* (no fim do dicionário)

pro.mes.sa *s.f.* **1** compromisso oral ou escrito de realizar um ato ou assumir uma obrigação **2** *p.ext.* o que se promete

pro.me.ter *v.* {mod. 8} *t.d. e t.d.i.* **1** (prep. *a*) obrigar-se a (fazer, dar, dizer etc. algo); comprometer-se *<p. recompensa (ao vencedor)>* □ *t.d.* **2** anunciar com antecipação, por indícios; prenunciar *<o tempo promete chuva>* □ *int.* **3** dar sinais de sucesso, de progresso *<essa fábrica promete>* ~ **prometedor** *adj.s.m.*

pro.mis.cu.i.da.de *s.f.* **1** mistura desordenada **2** convivência muito próxima com pessoas de todo tipo **2.1** relacionamento sexual com muitos parceiros

pro.mis.cu.ir-se *v.* {mod. 26} *pron.* **1** misturar-se, confundir-se *<as cores promiscuíram-se>* **2** viver em promiscuidade

pro.mís.cuo *adj.* **1** formado de elementos diferentes entre si; misturado, confuso **2** *pej.* que envolve desonestidade ou obscenidade

pro.mis.sor /ô/ [pl.: *-es*] *adj.* **1** que faz promessas **2** que promete ser bom, bem-sucedido

pro.mis.só.ria *s.f.* DIR ECON nota promissória

pro.mo.ção [pl.: *-ões*] *s.f.* **1** ascensão a um cargo superior **2** venda de artigos por preços mais baixos **3** atividade com o fim de tornar mais conhecido um produto, serviço, pessoa etc.

pro.mo.cio.nal [pl.: *-ais*] *adj.2g.* referente a ou que envolve promoção

pro.mon.tó.rio *s.m.* **1** GEO cabo formado por rochas ou penhascos altos **2** saliência; elevação

promoter [ing.; pl.: *promoters*] *s.2g.* profissional que cuida da organização de eventos de cunho promocional, publicitário, institucional etc. ⇒ pronuncia-se promouter

pro.mo.tor /ô/ [pl.: *-es*] *s.m.* DIR **1** funcionário do poder judiciário que dá andamento a causas e a certos atos jurídicos ■ *adj.s.m.* **2** que(m) promove, executa ou estimula ▣ **p. público** DIR membro do Ministério Público que defende a sociedade e atua como acusador

pro.mo.to.ri.a *s.f.* **1** cargo ou função do promotor **2** local de trabalho do promotor

pro.mo.ver *v.* {mod. 8} *t.d.* **1** dar impulso, incentivo a **2** ser a causa de; gerar, provocar *<p. a guerra>* **3** fazer propaganda de; anunciar *<p. um produto>* □ *t.d. e t.d.i.* **4** (prep. *a*) elevar (a cargo ou categoria superior) *<promoveram-no (ao posto de almirante)>*

pro.mul.gar *v.* {mod. 1} *t.d.* **1** ordenar a publicação de (lei ou similar) **2** publicar oficialmente ~ **promulgação** *s.f.* - **promulgador** *adj.s.m.*

pro.no.me *s.m.* GRAM palavra que representa ou substitui um nome ▣ **p. demonstrativo** GRAM pronome que tem a função de situar (no espaço ou no tempo) os seres e as coisas mencionados em relação às pessoas que participam do processo comunicativo, p.ex.: expressava-se muito bem para *aquele* lugar • **p. de tratamento** GRAM locução ou palavra us. no lugar de um pronome pessoal, p.ex.: *Vossa Excelência*; o *senhor*; a *senhora*; *Sua Alteza* • **p. indefinido** GRAM pronome que se refere à terceira pessoa do discurso de modo indeterminado, p.ex.: *algo*; *alguém*; *ninguém* etc. • **p. interrogativo** GRAM pronome indefinido que pode ser us. em frases interrogativas, p.ex.: *quem* chegou?; *quantos* saíram?; *qual* é o seu carro? • **p. pessoal** GRAM pronome us. para designar as pessoas do discurso: a que fala (*eu*, *nós*); a com quem se fala (*tu*, *vós*); a de quem se fala (*ele*, *ela*, *eles*, *elas*) • **p. pessoal oblíquo** GRAM forma que o pronome pessoal assume quando empregado como objeto direto ou indireto, p.ex.: não *o* vimos hoje • **p. pessoal reto** GRAM pronome pessoal que funciona como sujeito de uma oração, p.ex.: *eu* fui à praia • **p. possessivo** GRAM pronome que modifica um substantivo, dando a ideia de posse, de relação, de ser parte de (algo) etc., p.ex.: *meu* livro, *seu* carro, *nossas* amigas etc. • **p. relativo** GRAM pronome que se refere a um nome mencionado na oração anterior e que introduz uma oração adjetiva, p.ex.: o livro *que* compramos agradou a Pedro

pro.no.mi.nal [pl.: *-ais*] *adj.2g.* **1** relativo ou pertencente a pronome **2** que é acompanhado de um pronome oblíquo da mesma pessoa que o sujeito (diz-se de verbo) *<queixar-se é um verbo p.>*

pron.ti.dão [pl.: *-ões*] *s.f.* **1** estado do que está preparado para fazer algo **2** rapidez na execução de algo; presteza **3** MIL medida de segurança em que a tropa é mantida nos quartéis, pronta para entrar em ação

pron.ti.fi.car-se *v.* {mod. 1} *pron.* (prep. *a*) pôr-se à disposição; oferecer-se

pron.to *adj.* **1** em condições de ser utilizado; terminado **2** disposto, animado **3** que está preparado para algo

pron.to-so.cor.ro [pl.: *prontos-socorros*] *s.m.* **1** hospital ou setor do hospital em que se atendem emergências **2** *p.ext.* ambulância do pronto-socorro

pron.tu.á.rio *s.m.* **1** manual de informações úteis **2** ficha com dados de alguém *<p. médico>* **3** *p.ext.* o conteúdo dessa ficha

pro.nún.cia *s.f.* **1** modo de pronunciar; articulação **2** a forma oral de uma palavra

pro.nun.ci.a.men.to *s.m.* **1** ato ou efeito de pronunciar (uma frase, uma mensagem, um discurso etc.) **2** declaração; manifestação

pro.nun.ci.ar *v.* {mod. 1} *t.d.* **1** expressar oralmente; proferir **2** decretar, publicar *<o juiz vai p. a sentença>* **3** realizar os movimentos necessários para emitir (som, palavra); articular **4** DIR julgar válida denúncia ou queixa contra (acusado), enviando-o a julgamento □ *pron.* **5** emitir opinião; manifestar-se *<p.-se sobre um assunto>* □ *t.d.pred.* **6** proferir decisão; julgar, declarar *<o juiz pronunciou o réu inocente>* □ *t.d. e pron.* **7** (fazer) adquirir realce ou relevo; acentuar(-se) ~ **pronunciação** *s.f.*

pro.pa.ga.ção [pl.: *-ões*] *s.f.* **1** ato ou efeito de propagar(-se), espalhar(-se); disseminação **2** reprodução, proliferação **3** divulgação

pro.pa.gan.da *s.f.* **1** divulgação, propagação de uma ideia; publicidade **2** comercial ('mensagem') ~ **propagandista** *adj.2g.s.2g.*

pro.pa.gar *v.* {mod. 1} *t.d. e pron.* **1** multiplicar(-se) por meio da reprodução *<p. uma raça de cães>* *<a espécie humana propagou-se por todos os continentes>* **2** aumentar em número, por contágio (doença, vírus etc.); espalhar(-se) *<novas rotas aéreas propagam doenças com mais rapidez>* *<o vírus propagou-se aos moradores da casa>* **3** tornar(-se) muito conhecido; difundir(-se) *<p. notícias falsas>* *<a bossa nova*

P

propagou-se pelos Estados Unidos> ☐ *pron.* **4** movimentar-se por um meio *<o som se propaga na água>* ~ **propagador** *adj.s.m.*

pro.pa.lar *v.* {mod. 1} *t.d. e pron.* **1** tornar(-se) público; divulgar(-se) *<p. boatos> <os acontecimentos propalaram-se>* **2** (fazer) aumentar em número (doença, vírus etc.); espalhar(-se) *<p. um vírus> <a cólera propalou-se com a enchente>* ~ **propalação** *s.f.*

pro.pa.no *s.m.* QUÍM constituinte do gás natural e do petróleo, us. como combustível

pro.pa.ro.xí.to.no /cs/ *adj.s.m.* GRAM (vocábulo) cuja acentuação tônica está na antepenúltima sílaba

pro.pe.dêu.ti.co *adj.* **1** que serve de introdução; preliminar **2** que visa dar formação geral e básica para que o aluno ingresse em curso superior *<curso p.>*

pro.pe.len.te *s.m.* combustível, esp. o de foguetes

pro.pe.lir *v.* {mod. 28} *t.d.* **1** fazer ir para a frente; empurrar, impulsionar **2** projetar, lançar **3** *fig.* estimular, impulsionar

pro.pen.der *v.* {mod. 8} *int.* **1** pender ou inclinar-se para *<o mastro propende para a direita>* ☐ *t.i.* **2** (prep. *para, a*) ter inclinação ou gosto para; tender *<os jurados propendiam a absolver o réu>*

pro.pen.são [pl.: *-ões*] *s.f.* **1** ato ou efeito de propender **2** capacidade inata para (algo); inclinação, vocação **3** intenção, disposição

pro.pen.so *adj.* **1** que tem tendência ou vocação para (algo) **2** favorável, inclinado

pro.pi.ci.ar *v.* {mod. 1} *t.d. e t.d.i.* **1** (prep. *a*) oferecer as condições para a realização de; assegurar, permitir *<a competência propicia bons resultados> <o bom tempo propiciou-lhes o passeio>* **2** (prep. *a*) fazer surgir de modo inesperado para; proporcionar *<o encontro com o amigo propiciou(-lhe) um ótimo negócio>*

pro.pí.cio *adj.* **1** que tem as características necessárias para; bom, favorável **2** oportuno, adequado **3** que dá indício de algo de bom; auspicioso **4** que faz o bem; benévolo

pro.pi.na *s.f.* **1** gorjeta, gratificação **2** *B* estímulo à prática de algo ilegal em troca de pagamento; suborno **3** *B* quantia oferecida com essa finalidade; suborno

pro.pín.quo *adj.* próximo, vizinho ~ **propinquidade** *s.f.*

pró.po.lis *s.2g.2n.* ou **pró.po.le** *s.2g.* resina com que as abelhas vedam rachaduras da colmeia e a protegem de germes

pro.por *v.* {mod. 23} *t.d. e t.d.i.* **1** (prep. *a*) apresentar (oferta, sugestão, opção) [a alguém], para que a aprecie; sugerir *<p. um acordo (ao adversário)>* **2** (prep. *a*) oferecer como opção; apresentar, sugerir *<p. um projeto de lei (à Câmara de Vereadores)>* **3** (prep. *a*) relatar, expor oralmente ou por escrito *<os alunos propuseram o acontecido (à diretoria da escola)>* ☐ *t.d.* **4** requerer em juízo; mover *<p. uma ação judicial>* **5** instituir, determinar *<o governo propôs a extinção de dois impostos>* ☐ *pron.* **6** (prep. *a*) mostrar intenção de; oferecer-se, dispor-se *<os artistas propuseram-se (a) fazer um show beneficente>* **7** (prep. *a*) ter como objetivo; visar *<esta universidade propõe-se (a) formar engenheiros>* ◉ GRAM/USO part.: *proposto* ~ **proponente** *adj.2g.s.2g.* - **proposto** *adj.s.m.*

pro.por.ção [pl.: *-ões*] *s.f.* **1** relação das partes de um todo comparadas entre si ou cada uma com o todo **2** conjunto harmônico **3** justa relação entre coisas; conformidade **4** extensão, intensidade, tamanho; dimensão ☞ mais us. no pl. **4.1** gravidade, importância ☞ mais us. no pl. **5** MAT igualdade de duas razões ▣ **à p. que** à medida que; conforme ~ **proporcionalidade** *s.f.*

pro.por.cio.nal [pl.: *-ais*] *adj.2g.* **1** relativo a proporção **2** que está, em relação a outras coisas, na mesma proporção de intensidade, grandeza, grau etc. ■ *s.f.* GRAM **3** ver ***CONJUNÇÃO PROPORCIONAL***

pro.por.cio.nar *v.* {mod. 1} *t.d. e t.d.i.* **1** (prep. *a*) pôr ao alcance, à disposição de; prestar, fornecer *<este programa irá p. assistência médica (à população)>* ☐ *t.d.i.* **2** (prep. *a*) oferecer as condições ou a oportunidade de; propiciar *<o estudo proporcionou-lhe um bom emprego>* ☐ *t.d.,t.d.i. e pron.* **3** (prep. *a, com*) tornar(-se) proporcional; harmonizar(-se), adequar(-se) *<p. recompensa ao empenho demonstrado> <o mestre proporciona-se com os alunos>*

pro.po.si.ção [pl.: *-ões*] *s.f.* **1** proposta, sugestão **2** em lógica, expressão composta de sujeito, verbo e predicado, que pode ser verdadeira ou falsa; enunciado ~ **proposicional** *adj.2g.*

pro.po.si.ta.do *adj.* proposital

pro.po.si.tal [pl.: *-ais*] *adj.2g.* feito com alguma intenção; intencional, propositado

pro.pó.si.to *s.m.* **1** intenção de fazer algo; projeto **2** objetivo ▣ **a p. 1** a tempo, oportunamente **2** aliás, por sinal • **de p.** intencionalmente

pro.pos.ta *s.f.* **1** ação de propor algo **2** o que se propõe; sugestão, plano, projeto

pro.pri.e.da.de *s.f.* **1** pedaço de terra e/ou imóvel pertencente a indivíduo ou instituição **2** qualquer coisa que pertence a alguém **3** característica própria, essencial, inerente *<as p. dos gases>*

pro.pri.e.tá.rio *adj.s.m.* **1** que(m) possui (algo) **2** que(m) detém a posse legal de bem, imóvel, terra, empresa etc.

pró.prio *adj.* **1** que pertence a (alguém ou algo) **2** que serve para determinado fim **3** peculiar, característico **4** verdadeiro, autêntico

pro.pug.nar *v.* {mod. 1} *t.d. e t.i.* (prep. *por*) lutar em favor de; defender *<p. suas ideias> <p. pela preservação da natureza>* ~ **propugnador** *adj.s.m.*

pro.pul.são [pl.: *-ões*] *s.f.* **1** impulso para a frente **2** o meio de fazer (algo) mover-se para a frente *<p. a jato>*

pro.pul.sar *v.* {mod. 1} *t.d.* **1** fazer ir para diante; empurrar, impulsionar **2** jogar para longe ou para fora; repelir ~ **propulsivo** *adj.*

P

pro.pul.sio.nar *v.* {mod. 1} *t.d.* **1** fazer ir para a frente; propelir, impulsionar **2** *fig.* impulsionar, estimular

pro.pul.sor /ô/ [pl.: *-es*] *adj.s.m.* **1** (o) que impele para a frente **2** (dispositivo ou mecanismo) que transmite movimento a máquinas

pror.ro.ga.ção [pl.: *-ões*] *s.f.* ato ou efeito de prorrogar; adiamento

pror.ro.gar *v.* {mod. 1} *t.d.* fazer durar além do tempo estabelecido; prolongar

pror.rom.per *v.* {mod. 8} *t.i.* **1** (prep. *em*) iniciar com ímpeto; irromper *<enfurecido, prorrompeu em gritos>* **2** (prep. *de, em*) manifestar-se de repente; irromper *<a água prorrompia do gêiser> <a multidão prorrompeu em aplausos>* ~ **prorrompimento** *s.m.*

pro.sa *s.f.* **1** expressão natural da linguagem escrita ou falada, sem rimas **2** *p.ext.* o que é material, cotidiano **3** conversa informal ■ *adj.2g.s.2g.* **4** que(m) se gaba, com ou sem motivo; vaidoso, convencido

pro.sa.dor /ô/ [pl.: *-es*] *adj.s.m.* que(m) escreve em prosa

pro.sai.co *adj.* **1** relativo a prosa **2** sem requinte; comum, trivial **3** apegado ao lado prático e material da vida

pro.sá.pia *s.f.* **1** linhagem, ascendência **2** *p.ext.* altivez, orgulho

pro.sar *v.* {mod. 1} *int.* **1** escrever prosa □ *t.i. e int.* *B* **2** (prep. *com*) conversar informalmente; papear *<não tem tempo de p. (com os amigos)>*

pros.cê.nio *s.m.* TEAT **1** parte anterior do palco **2** *p.ext.* teatro, palco

pros.cre.ver *v.* {mod. 8} *t.d. e t.d.i.* **1** fazer sair de um lugar; banir, expulsar *<p. os revoltosos (de sua terra natal)>* □ *t.d.* **2** proibir ou desaconselhar ◉ GRAM/USO part.: *proscrito* ~ **proscrição** *s.f.*

pros.cri.to *adj.* **1** exilado, banido **2** proibido, censurado ■ *s.m.* **3** indivíduo banido

pro.se.ar *v.* {mod. 5} *t.i. e int.* **1** (prep. *com*) manter diálogo (com); conversar, papear *<gosta de p. (com os netos)>* □ *int. e pron.* **2** (prep. *de*) vangloriar-se, gabar-se *<proseia muito e não faz nada> <proseia-se do que conseguiu na vida>* ~ **proseador** *adj.s.m.*

pro.se.li.tis.mo *s.m.* atividade de fazer prosélitos; catequese, doutrinação

pro.sé.li.to *s.m.* pessoa que foi atraída e se converteu a uma religião, seita, partido etc.; adepto, partidário

pro.só.dia *s.f.* **1** GRAM pronúncia correta das palavras, quanto à acentuação e à entoação **2** GRAM parte da gramática que estuda a emissão dos sons da fala **3** MÚS adaptação da métrica de um texto à da melodia ~ **prosódico** *adj.*

pro.so.po.pei.a /éi/ *s.f.* **1** LING figura de linguagem em que o escritor empresta sentimentos humanos e palavras a seres inanimados, a animais ou a ausentes; personificação **2** *p.ext.* discurso empolado ou veemente ~ **prosopopaico** *adj.*

pros.pec.ção [pl.: *-ões*] *s.f.* **1** técnica us. para localizar e estudar preliminarmente uma jazida mineral ou petrolífera **2** *fig.* sondagem dos pensamentos e sentimentos alheios

pros.pec.tar *v.* {mod. 1} *t.d. e int.* **1** procurar (jazidas minerais ou petrolíferas) □ *t.d.* **2** *fig.* buscar saber pensamentos e sentimentos de; sondar **3** calcular o valor de (jazida) por prospecção □ *int.* **4** ser mais visível ou mais importante; sobressair ~ **prospectivo** *adj.*

pros.pec.to *s.m.* **1** folha de papel impressa com propaganda ou divulgação de algum evento, produto, empresa etc.; folheto **2** caráter do que é provável; probabilidade, perspectiva

pros.pe.rar *v.* {mod. 1} *t.d. e int.* **1** tornar(-se) próspero; enriquecer **2** (fazer) ficar maior e/ou melhor; desenvolver-se, progredir

pros.pe.ri.da.de *s.f.* **1** estado do que é próspero **2** grande produção de alimentos e bens de consumo; fartura **3** acúmulo de bens materiais; riqueza

prós.pe.ro *adj.* **1** que tem êxito, que progride; bem-sucedido **2** feliz, ditoso

pros.se.guir *v.* {mod. 28} *t.d. e t.i.* **1** (prep. *em*) levar adiante; continuar, seguir *<prossiga a lição> <p. no trabalho>* □ *t.i. e int.* **2** (prep. *com, em*) retomar (atividade interrompida); continuar *<o professor prosseguiu na explanação> <por favor, prossiga>* □ *t.d. e int.* **3** ir adiante; seguir *<prossiga o seu caminho> <não vamos p.>* □ *pred.* **4** continuar, permanecer (em certo estado ou posição) *<todos prosseguiram de pé>* ◉ GRAM/USO seguido de gerúndio ou de *a* + infinitivo, funciona como v.aux., exprimindo 'continuação da ação': *prosseguiu falando alto* ~ **prosseguimento** *s.m.*

prós.ta.ta *s.f.* ANAT glândula sexual masculina situada em torno da porção inicial da uretra e que produz o esperma ~ **prostático** *adj.*

pros.ter.nar *v.* {mod. 1} *t.d.* **1** deitar por terra; prostrar, abater **2** *fig.* deixar indefeso; vencer, subjugar *<a gripe prosternou-os>* □ *pron.* **3** curvar-se ao chão em sinal de profundo respeito *<os muçulmanos prosternam-se em oração>*

pros.tí.bu.lo *s.m.* local, casa etc., destinado à prostituição ~ **prostibular** *adj.2g.*

pros.ti.tu.i.ção [pl.: *-ões*] *s.f.* **1** ato ou efeito de prostituir(-se) **2** atividade que visa lucro com a exploração sexual **3** modo de vida de quem se prostitui

pros.ti.tu.ir *v.* {mod. 26} *t.d. e pron.* **1** entregar-se a ou manter relações sexuais em troca de dinheiro **2** *fig.* rebaixar(-se) moralmente; degradar(-se), corromper(-se) *<a miséria prostitui algumas famílias>* ◉ GRAM/USO part.: *prostituído, prostituto*

pros.ti.tu.ta *s.f.* mulher que ganha dinheiro para manter relações sexuais; meretriz

pros.ti.tu.to *s.m.* indivíduo que pratica atos sexuais por dinheiro

pros.tra.ção [pl.: *-ões*] *s.f.* **1** ato ou efeito de prostrar(-se) **2** *fig.* ato ou efeito de dominar; submissão

3 *fig.* estado de debilidade física; fraqueza **4** estado de abatimento psíquico ou moral; depressão, desânimo

pros.trar *v.* {mod. 1} *t.d.* **1** fazer cair; derrubar, prosternar □ *pron.* **2** (prep. *a, ante*) curvar-se ao chão em súplica ou adoração *<prostrou-se aos pés do ídolo de ouro>* □ *t.d. e pron.* **3** *p.ext.* (fazer) perder as forças; extenuar(-se) **4** *fig.* (fazer) perder o ânimo, a resistência moral; abater(-se) *<a perda do pai o prostrou>* **5** *fig.* impor ou aceitar domínio; submeter(-se) *<prostrou todos os adversários>*

pro.tac.tí.nio *s.m.* QUÍM elemento químico radiativo de difícil obtenção em sua forma pura [símb.: *Pa*] ☞ cf. *tabela periódica* (no fim do dicionário)

pro.ta.go.nis.ta *adj.2g.s.2g.* **1** que(m) é personagem principal de peça de teatro, livro, filme etc. **2** (ator) que representa o papel desse personagem no teatro, cinema etc. **3** *fig.* que(m) tem papel de destaque num acontecimento

pro.ta.go.ni.zar *v.* {mod. 1} *t.d.* **1** ser o personagem principal em **2** ser o agente principal de (ato, fato)

pro.te.ção [pl.: *-ões*] *s.f.* **1** cuidado com algo ou alguém mais fraco; amparo, apoio **2** o que serve para abrigar **3** defesa *<p. das reservas florestais>* **4** tratamento privilegiado que alguém recebe; favoritismo **5** revestimento, invólucro

pro.te.cio.nis.mo *s.m.* ECON sistema de proteção da indústria ou comércio de um país, por meio de leis que proíbem ou inibem a importação de determinados produtos ~ **protecionista** *adj.s.2g.*

pro.te.ger *v.* {mod. 8} *t.d.,t.d.i. e pron.* **1** (prep. *de, contra*) pôr(-se) a salvo, livre (de perigos ou fatores externos); defender(-se), preservar(-se) *<p. os fracos> <p. a cidade dos inimigos> <p.-se de doenças>* □ *t.d.* **2** ter ações para manter ou desenvolver; amparar **3** dar tratamento melhor a; favorecer, beneficiar

pro.te.gi.do *adj.* **1** que tem ou recebe proteção; defendido **2** preservado por lei ambiental **3** não exposto; coberto ■ *s.m.* **4** aquele que está sob proteção **5** aquele que goza de privilégios, de situação melhor que os outros; favorito

pro.te.í.na *s.f.* BIOQ macromolécula orgânica composta de aminoácidos que constitui grande porção da massa dos seres vivos e é necessária na dieta de animais e organismos que não realizam a fotossíntese ~ **proteico** *adj.* - **proteínico** *adj.*

pro.te.lar *v.* {mod. 1} *t.d.* deixar para depois; adiar, postergar ~ **protelação** *s.f.* - **protelador** *adj.s.m.*

pro.te.ro.zoi.co /ói/ *s.m.* GEOL **1** terceiro e mais recente período geológico da era pré-cambriana, anterior ao Arqueozoico, caracterizado pela solidificação da crosta terrestre e pelo desenvolvimento da vida aquática ☞ este subst. não se usa no plural; inicial maiúsc. ■ *adj.* **2** desse período

pró.te.se *s.f.* **1** MED dispositivo implantado no corpo para suprir a falta de um órgão ou restaurar uma função comprometida ☞ cf. *órtese* **2** FON acréscimo de fonema(s) no início de palavra, sem alteração do significado (p.ex., *soprar* > *assoprar*)

pro.tes.tan.te *adj.2g.* **1** que protesta **2** relativo ou pertencente ao protestantismo ■ *adj.2g.s.2g.* REL **3** adepto do protestantismo

pro.tes.tan.tis.mo *s.m.* REL conjunto de doutrinas religiosas e de igrejas oriundas da Reforma religiosa no séc. XVI ☞ cf. *Reforma* na parte enciclopédica

pro.tes.tar *v.* {mod. 1} *t.i. e int.* **1** (prep. *contra*) demonstrar discordância, repulsa ou revolta (contra); reclamar *<p. contra o aumento da passagem> <sentindo-se lesados, protestaram>* □ *t.d. e t.d.i.* **2** (prep. *a*) comprometer-se ou afirmar solene e publicamente; jurar, prometer *<p. respeito (a todos)>* □ *t.d.* DIR **3** fazer protesto de (título) por falta de pagamento

pro.tes.to *s.m.* **1** queixa, reclamação **2** declaração de desacordo **3** DIR ato pelo qual o portador de um título comercial, não aceito nem pago no dia do vencimento, se resguarda o direito de qualquer procedimento futuro

pro.té.ti.co *adj.* **1** relativo a prótese ■ *adj.s.m.* ODONT **2** (profissional) especializado em próteses dentárias

pro.te.tor /ô/ [pl.: *-es*] *adj.s.m.* (o) que protege ▣ **p. de tela** INF utilitário que substitui os dados por uma imagem em uma tela de computador, após um período determinado de inatividade • **p. solar** qualquer preparação química cujo objetivo é bloquear parte dos raios ultravioleta, para proteção da pele exposta ao sol ☞ cf. *bloqueador solar*

pro.te.to.ra.do *s.m.* **1** situação de um país ou território subordinado politicamente a outro **2** esse país ou território

pro.tis.ta *s.m.* BIO **1** qualquer organismo constituído por uma única célula **2** nome comum aos organismos constituídos por uma única célula ou um grupo de poucas células, que apresentam o núcleo distinto, como protozoários, algas, fungos e bactérias ■ *adj.2g.* **3** relativo a esses organismos

pro.to.co.lo *s.m.* **1** registro de atos oficiais **2** registro de uma conferência internacional ou negociação diplomática **3** livro de registro das correspondências oficiais de uma empresa, repartição pública etc. **4** *p.ext.* comprovante do que foi registrado nesse livro **5** conjunto de normas reguladoras de atos públicos, esp. no governo e na diplomacia; cerimonial ▣ **p. de comunicação** INF conjunto de normas e especificações técnicas que regem a transmissão de dados entre computadores

pro.to.fo.ni.a *s.f.* MÚS composição instrumental de introdução a uma ópera, opereta, sinfonia etc.

pró.ton [pl.: *prótones, (B) prótons*] *s.m.* FÍS partícula de carga elétrica positiva constituinte do núcleo atômico

pro.to.plas.ma *s.m.* BIO porção fluida do citoplasma, excluindo-se as organelas ~ **protoplasmático** *adj.* - **protoplásmico** *adj.*

pro.tó.ti.po *s.m.* **1** modelo criado para servir de teste **2** modelo, padrão ~ **prototípico** *adj.*

pro.to.zo.á.rio *s.m.* ZOO **1** espécime dos protozoários, grupo que compreende uma grande parcela dos seres unicelulares ☞ cf. *protista* ■ *adj.* **2** relativo a esse ser

pro.tu.be.rân.cia *s.f.* parte mais elevada que se destaca numa superfície; saliência ~ **protuberante** *adj.2g.*

Pro.U.ni *s.m.* sigla de Programa Universidade para Todos

pro.va *s.f.* **1** o que demonstra que uma afirmação ou fato são verdadeiros; evidência **2** qualquer experimento para testar a qualidade ou veracidade de algo **3** trabalho escolar us. para avaliar os conhecimentos do aluno; teste **4** concurso ('exame') **5** competição esportiva *<p. de saltos>* **6** GRÁF primeira impressão de trabalho tipográfico, us. para revisão e marcação de correções **7** porção de alguma coisa que se dá para provar

pro.va.ção [pl.: *-ões*] *s.f.* dificuldade, situação aflitiva ou sofrimento muito grandes

pro.va.dor /ô/ [pl.: *-es*] *adj.s.m.* **1** profissional encarregado de degustar vinhos, café, chá etc., a fim de determinar sua qualidade, classificação comercial etc. ■ *s.m.* **2** *B* cabine para experimentar roupas em lojas

pro.var *v.* {mod. 1} *t.d. e t.d.i.* **1** (prep. *a*) mostrar a autenticidade de (algo) com razões, fatos etc.; comprovar *<p. sua inocência (ao júri)>* **2** (prep. *a*) dar demonstração de; revelar *<tal ato provou (a todos) seu egoísmo>* **3** (prep. *a, para*) realizar ações ou portar-se de certo modo para convencer (alguém) [de algo] *<quero que prove sua dedicação> <ele tem de p. à sociedade que é honesto>* □ *t.d.* **4** conhecer por experiência própria; viver, sofrer *<p. o sucesso>* **5** fazer experiência; tentar, experimentar *<queria p. um novo caminho>* **6** conferir estado, qualidade, serventia etc. de; testar **7** pôr no corpo (roupa, calçado) para ver como assenta; experimentar □ *t.d.,t.i. e int.* **8** (prep. *de*) comer ou beber um pouco de (algo) para avaliar sua qualidade, seu estado; degustar *<p. o vinho> <p. do pudim> <prove antes de beber>*

pro.vá.vel [pl.: *-eis*] *adj.2g.* **1** cuja ocorrência é possível **2** que se pode comprovar

pro.vec.to *adj.* **1** que apresenta conhecimento, progresso; adiantado **2** *fig.* diz-se do que é antigo ou de quem tem idade avançada

pro.ve.dor /ô/ [pl.: *-es*] *adj.s.m.* **1** que(m) provê **2** que(m) dirige instituições assistenciais ou de beneficência ▣ **p. de acesso** INF organização com uma conexão de alta capacidade e grande rede de computadores, que disponibiliza a outros usuários o acesso a essa rede

pro.vei.to *s.m.* **1** benefício, resultado positivo propiciado por uma experiência, uma ação, um objeto etc. **2** vantagem que se tira de alguma coisa; lucro, ganho ~ **proveitoso** *adj.*

pro.ven.çal [pl.: *-ais*] *adj.2g.* **1** da Provença, sul da França ■ *s.2g.* **2** natural ou habitante dessa região ■ *s.m.* LING **3** língua medieval dessa região ~ **provençalismo** *s.m.* - **provençalista** *adj.2g.s.2g.*

pro.ve.ni.ên.cia *s.f.* origem, procedência ~ **proveniente** *adj.2g.*

pro.ven.to *s.m.* **1** ganho, lucro ▼ ***proventos*** *s.m.pl.* **2** remuneração de servidores públicos **3** remuneração de profissionais liberais; honorários

pro.ver *v.* {mod. 12} *t.d.i. e pron.* **1** (prep. *de*) abastecer(-se) [do que for necessário, útil]; munir(-se) *<p. a despensa de alimentos> <p.-se de cobertores>* □ *t.d.* **2** tomar providências para; providenciar *<proveu tudo no tempo certo>* **3** nomear alguém para (cargo, vaga); preencher □ *t.d.i.* **4** (prep. *em, para*) nomear (para cargo, função); investir **5** (prep. *de*) agraciar com (qualidade, talentos etc.); dotar *<a natureza não o proveu de talentos especiais>*

pro.ver.bi.al [pl.: *-ais*] *adj.2g.* **1** relativo ou semelhante a provérbio **2** citado como modelo *<pontualidade p.>* ~ **proverbialidade** *s.f.*

pro.vér.bio *s.m.* dito popular que resume um conceito a respeito da realidade ou uma regra social ou moral (p.ex., *A mentira tem perna curta*); dito, máxima

pro.ve.ta /ê/ *s.f.* vaso de vidro em forma de tubo cilíndrico, fechado em uma das extremidades, us. em laboratórios para dosagens, misturas etc.; tubo de ensaio

pro.vi.dên.cia *s.f.* **1** ação concreta para a realização de algo **2** REL ação divina ☞ inicial maiúsc. **3** REL o próprio Deus ☞ inicial maiúsc.

pro.vi.den.ci.al [pl.: *-ais*] *adj.2g.* **1** oportuno, conveniente **2** que parte da Providência divina

pro.vi.den.ci.ar *v.* {mod. 1} *t.d.* tomar medidas cabíveis para conseguir ou realizar (algo) *<p. entradas para o concerto>*

pro.vi.men.to *s.m.* **1** abastecimento, sortimento **2** provisão ('reserva')

pro.vín.cia *s.f.* **1** subdivisão de um país ou império **2** no Brasil imperial, cada uma das grandes divisões administrativas, governada por um presidente **3** *p.ext.* região afastada da capital; interior ~ **provincial** *adj.2g.*

pro.vin.ci.a.no *adj.* **1** da província **2** *p.ext. pej.* atrasado, sem elegância ou sofisticação ■ *adj.s.m.* **3** natural ou habitante da província ~ **provincianismo** *s.m.*

pro.vir *v.* {mod. 31} *t.i.* **1** (prep. *de*) ser originário (de um lugar); vir, sair *<povos que provieram da Ásia>* **2** (prep. *de*) ter origem; proceder, derivar *<essa palavra provém do latim>* **3** (prep. *de*) descender (de família, geração, raça) **4** (prep. *de*) surgir como consequência; resultar *<tal doença provém da falta de higiene>* ~ **provindo** *adj.*

pro.vi.são [pl.: *-ões*] *s.f.* **1** abastecimento, fornecimento **2** [2]estoque **3** reserva em dinheiro ou em valores **4** reserva de mantimentos, víveres ~ **provisionar** *v.t.d. e pron.*

P

pro.vi.só.rio *adj.* **1** que não é permanente; temporário **2** interino *<chefe de seção p.>*

pro.vi.ta.mi.na *s.f.* BIOQ molécula ger. encontrada em alimento e que é transformada em uma vitamina pelos seres vivos, pela ação de certos agentes, como a luz solar

pro.vo.ca.ção [pl.: *-ões*] *s.f.* **1** ato ou efeito de forçar alguém a uma briga, discussão; desafio **1.1** afronta, insulto, ofensa **2** petulância, atrevimento **3** estímulo, incitamento

pro.vo.car *v.* {mod. 1} *t.d.i.* **1** (prep. *a*, *para*) estimular (alguém) a (agir de certo modo ou fazer algo); incitar, desafiar *<p. alguém para a briga>* □ *t.d.* **2** ser a causa de; produzir, motivar *<o chá provocou sono>* **3** fazer perder a calma; irritar **4** agir de modo a causar; armar, promover *<p. desordem>* **5** despertar desejo sexual em; tentar ~ **provocador** *adj.s.m.* - **provocante** *adj.2g.* - **provocativo** *adj.*

pro.vo.lo.ne *s.m.* queijo italiano defumado de massa firme e crua

pro.xe.ne.ta /cs...ê/ *s.2g.* explorador de prostitutas; cafetão

pro.xi.mi.da.de /ss/ *s.f.* **1** condição do que é ou está próximo; vizinhança **2** pequeno intervalo de tempo; iminência **3** familiaridade, intimidade

pró.xi.mo /ss/ *adj.* **1** que está a pequena distância no espaço ou no tempo **2** que se segue imediatamente *<a p. semana>* **3** em primeiro grau (diz-se de parente) **4** muito chegado; íntimo *<amigo p.>* **5** semelhante *<desenho p. do original>* ■ *s.m.* **6** cada ser humano **7** o que vem em seguida *<o p. da fila>* ■ *adv.* **8** em lugar não distante; perto *<ela mora p.>*

pru.dên.cia *s.f.* **1** cautela, precaução, comedimento **2** ponderação, sensatez

pru.den.te *adj.2g.* **1** que não procura o perigo; cauteloso, sensato, ajuizado **2** que costuma precaver-se, preparar-se antecipadamente; previdente

pru.ma.da *s.f.* **1** direção vertical determinada pelo prumo **2** MAR ato de atirar um prumo ao fundo do mar, de um rio etc., para determinar sua profundidade ou sua composição **3** profundidade em certo ponto do mar, rio etc.

pru.mo *s.m.* **1** instrumento constituído de um corpo pesado preso a um fio us. para determinar a linha vertical **2** instrumento us. para medir a profundidade das águas de mar, rio, represa etc. **3** *fig.* juízo, prudência **4** *fig.* porte elegante ▣ **a p.** verticalmente

pru.ri.do *s.m.* **1** coceira, comichão **2** *p.ext.* manifestação, sintoma **3** *fig.* pudor, escrúpulo **4** *fig.* forte desejo; tentação ~ **pruriginoso** *adj.*

prus.si.a.no *adj.* **1** da Prússia, antigo Estado do norte da Alemanha ■ *s.m.* **2** natural ou habitante desse antigo Estado

pseu.dô.ni.mo *s.m.* nome fictício adotado por um autor, artista etc. ☞ cf. *heterônimo* ~ **pseudonímico** *adj.*

psi.ca.ná.li.se *s.f.* PSICN método e técnica de investigação psicológica, formulados por Sigmund Freud, que buscam esclarecer o significado dos processos inconscientes do comportamento humano ☞ cf. *Freud* na parte enciclopédica ~ **psicanalítico** *adj.*

psi.ca.na.lis.ta *adj.2g.s.2g.* especialista em psicanálise

psi.co.ci.ne.se *s.f.* deslocação de objetos físicos por suposta ação da mente sobre a matéria ~ **psicocinésico** *adj.* - **psicocinético** *adj.*

psi.co.dé.li.co *adj.* **1** que produz efeitos alucinógenos **2** relativo a esses efeitos **3** muito extravagante

psi.co.dra.ma *s.m.* PSIC técnica de psicoterapia em grupo que se baseia na dramatização dos conflitos emocionais dos pacientes

psi.co.gra.far *v.* {mod. 1} *t.d. e int.* no espiritismo, escrever (o médium) [texto, palavras etc. ditados por um espírito]

psi.co.gra.fi.a *s.f.* **1** descrição dos fenômenos psíquicos **2** ato de psicografar ou seu efeito ~ **psicográfico** *adj.* - **psicógrafo** *s.m.*

psi.co.lo.gi.a *s.f.* PSIC **1** estudo das atividades mentais e do comportamento de um indivíduo ou grupo **2** o conjunto dessas atividades e dos respectivos padrões de comportamento previsíveis ~ **psicológico** *adj.* - **psicólogo** *s.m.*

psi.co.neu.ro.se *s.f.* PSIC conjunto de problemas de origem psíquica

psi.co.pa.ti.a *s.f.* PSIQ **1** doença mental grave que gera comportamentos antissociais e amorais, livres de arrependimento ou remorso **2** *p.ext.* qualquer doença mental ~ **psicopata** *adj.2g.s.2g.*

psi.co.se *s.f.* **1** PSIQ distúrbio mental grave marcado por conflitos com a realidade, alucinações, ilusões etc. ☞ cf. *neurose* **2** *fig.* ideia fixa ~ **psicótico** *adj.s.m.*

psi.cos.so.ci.al [pl.: *-ais*] *adj.2g.* **1** que envolve aspectos psicológicos e sociais **2** que estuda as relações sociais à luz da saúde mental

psi.cos.so.má.ti.co *adj.* que pertence ao mesmo tempo ao orgânico e ao psíquico (diz-se de distúrbio)

psi.co.téc.ni.ca *s.f.* PSIC estudo do uso de conhecimentos psicológicos no domínio prático ~ **psicotécnico** *adj.*

psi.co.te.ra.pi.a *s.f.* PSIC aplicação de qualquer das várias técnicas de tratamento de doenças e problemas psíquicos ~ **psicoterapeuta** *s.2g.*

psi.co.tró.pi.co *adj.s.m.* PSIQ (substância) que atua quimicamente sobre o psiquismo, o comportamento, a percepção etc.

psi.que *s.f.* **1** a mente **2** PSIC estrutura mental ou psicológica de um indivíduo **3** PSIC psiquismo

psi.qui.a.tra *s.2g.* MED médico que se dedica ao estudo e à prática da psiquiatria

psi.qui.a.tri.a *s.f.* MED ramo da medicina que se dedica ao estudo, diagnóstico e tratamento de doenças mentais ~ **psiquiátrico** *adj.*

psí.qui.co *adj.* **1** relativo à psique ('mente') **2** relativo a aspectos psicológicos ou comportamentais do indivíduo

P

psi.quis.mo *s.m.* PSIC conjunto das características psicológicas de um indivíduo; psique

psi.ta.cí.deo *adj.s.m.* ZOO (espécime) dos psitacídeos, família de aves como as araras, periquitos, papagaios, cacatuas e afins, de bico alto e recurvado, e pés com dois dedos para a frente e dois para trás

psi.ta.cis.mo *s.m.* **1** PSIQ distúrbio psíquico que consiste em repetir palavras sem ter ideia do seu significado **2** *p.ext. pej.* palavreado vazio e abundante; verborreia **3** *p.ext. pej.* aprendizagem por repetição mecânica

psiu *interj.* som us. para chamar alguém ou para pedir silêncio

pso.rí.a.se *s.f.* MED doença de pele crônica caracterizada por placas vermelhas cobertas por escamas brancas que ocorre ger. no couro cabeludo, joelhos e cotovelos

Pt QUÍM símbolo de [1]*platina*

pte.ri.dó.fi.ta *s.f.* BOT espécime das pteridófitas, divisão do reino vegetal que reúne plantas vasculares e com esporos, como as avencas, as samambaias ~ **pteridófito** *adj.*

pte.ro.dác.ti.lo ou **pte.ro.dá.ti.lo** *adj.* **1** que tem os dedos unidos por membranas ■ *s.m.* **2** réptil pré-histórico voador, de tamanho aproximado ao de um pombo, com bico longo, dotado de dentes e cauda curta

Pu QUÍM símbolo de *plutônio*

pu.a *s.f.* **1** ponta aguda; bico **2** furadeira manual ▣ **sentar a p. 1** bater com força **2** agir com grande disposição

pu.ber.da.de *s.f.* período de transição entre a infância e a adolescência

pú.be.re *adj.2g.* que está na puberdade

pu.bi.a.no *adj.* ANAT relativo a ou próprio de púbis; púbico

pú.bis *s.m.2n.* ANAT **1** parte mais frontal do osso ilíaco **2** parte triangular no baixo abdome, que nos adultos é coberta de pelos **3** nome dos pelos da genitália externa ~ **púbico** *adj.*

pu.bli.ca.ção [pl.: *-ões*] *s.f.* **1** ato de publicar ou seu efeito **2** a obra impressa e publicada

pú.bli.ca-for.ma [pl.: *públicas-formas*] *s.f.* cópia de documento, autenticada em tabelião, que substitui o original

pu.bli.car *v.* {mod. 1} *t.d.* **1** tornar público, muito conhecido; divulgar **2** reproduzir (obra escrita) por impressão ou outro meio, pondo à venda ou distribuindo gratuitamente; editar

pu.bli.cá.vel [pl.: *-eis*] *adj.2g.* **1** que pode ser publicado **2** que não ofende a moral pública

pu.bli.ci.da.de *s.f.* atividade que torna público algo (p.ex., um produto ou serviço, com o intuito de persuadir as pessoas a comprá-lo); propaganda

pu.bli.cis.ta *s.2g.* **1** jornalista ou escritor que escreve sobre política, economia, questões sociais ou jurídicas etc. de interesse do público; articulista **2** especialista em direito público

pu.bli.ci.tá.rio *adj.* **1** relativo a publicidade ■ *s.m.* **2** profissional que planeja, cria ou executa campanhas de publicidade

pú.bli.co *s.m.* **1** conjunto de espectadores **2** conjunto de pessoas com interesses ou características comuns ■ *adj.* **3** relativo ou pertencente a uma coletividade **4** relativo ou pertencente a um governo, estado, cidade etc. **5** feito para uso de todos **6** conhecido por todos **7** aberto a quaisquer pessoas

pú.bli.co-al.vo [pl.: *públicos-alvo*] *s.m.* conjunto de pessoas com características em comum de idade, sexo, profissão, interesses etc., ao qual se dirige uma comunicação, uma mensagem de publicidade etc.

pu.çá *s.m.* rede em forma cônica, presa a um aro com cabo, us. para pescar crustáceos em águas rasas

pu.çan.ga *s.f.* *B* **1** remédio caseiro; mezinha **2** medicamento receitado pelos pajés **3** *p.ext.* beberagem, poção

pú.ca.ro *s.m.* **1** pequeno recipiente, com asa, ger. us. para retirar líquido de recipientes maiores **2** *B* recipiente para pó de arroz

pu.cu.mã ou **pi.cu.mã** *s.f.* *B* fuligem

pu.den.do *adj.* **1** recatado, envergonhado **2** que deve ser alvo de recato, de vergonha **3** ANAT relativo aos órgãos genitais externos

pu.den.te *adj.2g.* que tem pudor; casto

pu.de.ra *interj.* não era para menos; claro

pu.di.cí.cia *s.f.* **1** pudor **2** castidade, pureza

pu.di.co *adj.* recatado, casto ◉ GRAM/USO sup.abs.sint.: *pudicíssimo*

pu.dim [pl.: *-ins*] *s.m.* CUL iguaria de consistência firme, porém macia, assada em banho-maria

pu.dor /ô/ [pl.: *-es*] *s.m.* sentimento de vergonha, timidez ou constrangimento; pudicícia ~ **pudoroso** *adj.*

pu.e.rí.cia *s.f.* infância

pu.e.ri.cul.tu.ra *s.f.* MED conjunto de noções para o cuidado médico, higiênico, nutricional etc. das crianças pequenas desde o seu nascimento ~ **puericultor** *adj.s.m.*

pu.e.ril [pl.: *-is*] *adj.2g.* **1** relativo ou pertencente a criança; infantil **2** *p.ext.* ingênuo; imaturo ~ **puerilidade** *s.f.*

pu.ér.pe.ra ou **pu.er.pe.ra** *s.f.* mulher que deu à luz há bem pouco tempo

pu.er.pé.rio *s.m.* MED período de restabelecimento de uma parturiente ~ **puerperal** *adj.2g.*

pu.fe *s.m.* assento baixo e acolchoado, ger. circular

pu.gi.la.to *s.m.* **1** luta a socos **2** *fig.* discussão ou debate acalorado

pu.gi.lis.mo *s.m.* ESP [1]boxe

pu.gi.lis.ta *s.2g.* atleta que pratica pugilismo; boxeador

pug.na *s.f.* **1** luta, combate **2** *p.ext.* discussão, debate **3** *p.ext.* esforço, empenho

pug.nar *v.* {mod. 1} *t.d.,t.i. e int.* **1** (prep. *com, por*) travar combate (com); lutar, batalhar ☐ *t.i. fig.* **2** (prep. *por*) esforçar-se para conseguir; batalhar **3** (prep. *por*) lutar moralmente por; defender

pu.ir *v.* {mod. 26} *t.d. e pron.* **1** desgastar(-se) por atrito, ger. decorrente do uso ☐ *t.d.* **2** friccionar com pano ou similar para dar brilho; lustrar ◉ GRAM/USO verbo defectivo ~ **puído** *adj.*

pu.jan.ça *s.f.* **1** direito ou poder de agir, de se fazer obedecer; domínio **2** grande força; vigor **3** abundância de bens materiais; fartura, riqueza **4** desenvolvimento máximo de um ser vivo; exuberância, viço **5** capacidade produtiva de um solo

pu.jan.te *adj.2g.* **1** que tem poder; poderoso **2** vigoroso, possante **3** em que há abundância; rico **4** exuberante, viçoso **5** fértil, fecundo

pu.lar *v.* {mod. 1} *int.* **1** elevar-se por impulso dos pés e das pernas; saltar **2** *fig.* pulsar (o coração) com vigor **3** jogar-se de lugar mais alto para um mais baixo; saltar *<p. do trampolim>* ☐ *t.d.* **4** saltar por cima de; transpor **5** omitir por distração ou de propósito *<p. parte do texto>* ☐ *t.d. e int.* **6** dançar animadamente; divertir-se *<p. (o carnaval) sem parar>*

pu.le *s.f. B* **1** bilhete de aposta em corridas de cavalos **2** valor provável do rateio total dessas apostas; cotação

pul.ga *s.f.* ZOO nome comum dado a insetos saltadores de corpo achatado, que se alimentam de sangue de animais vertebrados, incluindo o homem

pul.gão [pl.: *-ões*] *s.m.* ZOO nome comum dado a insetos parasitas de corpo mole e sem asas que sugam a seiva das plantas

pul.guei.ro *s.m.* **1** lugar infestado de pulgas **2** *B* cinema de ínfima categoria; poeira

pul.guen.to *adj.* cheio de pulgas

pu.lha *s.f.* **1** gracejo dito com intuito de ridicularizar alguém **2** mentira **3** dito indecoroso, ofensivo **4** ato de um indivíduo sem caráter; canalhice ■ *adj.2g.s.2g.* **5** (indivíduo) sem caráter; canalha, cafajeste ~ **pulhice** *s.f.*

pul.mão [pl.: *-ões*] *s.m.* ANAT cada um dos dois principais órgãos da respiração, situados nas cavidades do tórax ~ **pulmonar** *adj.2g.*

pu.lo *s.m.* **1** ação ou efeito de pular; salto **2** omissão ▣ **dar um p.** *fig. infrm.* **1** crescer muito, rapidamente **2** *B* ir a um lugar e voltar logo

pu.lo do ga.to [pl.: *pulos do gato*] *s.m. B* recurso que permite escapar de uma situação difícil

pu.lô.ver [pl.: *pulôveres*] *s.m.* VEST suéter

púl.pi.to *s.m.* tribuna elevada de onde o sacerdote faz o sermão aos fiéis

pul.sa.ção [pl.: *-ões*] *s.f.* **1** FISL batimento ritmado no coração ou nas artérias **2** ação de contrair-se e dilatar-se ritmicamente; latejamento **3** MÚS unidade abstrata de medida do tempo musical, a partir da qual se estabelecem as relações de ritmo

[1]**pul.sar** *v.* {mod. 1} *int.* **1** ter pulsação; latejar, bater ☐ *t.d.* **2** movimentar por impulso; impelir *<p. um carro>* **3** pôr em movimento ritmado *<o vento pulsa as águas>* [ORIGEM: do lat. *pulsāre* 'impelir, repelir, agitar']

[2]**pul.sar** [pl.: *-es*] *s.m.* objeto estelar que emite radiações eletromagnéticas em ondas de rádio com impulsos muito regulares [ORIGEM: do ing. *pulsar* 'id.', de *pulsating star*, lit. 'estrela pulsante']

pul.sei.ra *s.f.* adorno para os pulsos ou braços

pul.so *s.m.* **1** ANAT ponto em que o antebraço se articula com a mão; munheca, punho **2** FISL batimento arterial que pode ser medido nessa região **3** *fig.* autoridade, firmeza ▣ **a p.** à força

pu.lu.lar *v.* {mod. 1} *int.* **1** lançar rebentos (a planta); brotar **2** multiplicar-se com rapidez e abundância, espalhando-se ☐ *t.i. e int.* **3** (prep. *de*) estar repleto de ou existir em grande número; abundar, fervilhar ~ **pululante** *adj.2g.*

pul.ve.ri.zar *v.* {mod. 1} *t.d. e pron.* **1** reduzir(-se) a pó ☐ *t.d.* **2** espalhar pó, farinha etc. sobre; salpicar **3** borrifar com gotículas de um líquido, esp. inseticida; aspergir ~ **pulverização** *s.f.* - **pulverizador** *adj.s.m.*

pum [pl.: *puns*] *s.m. infrm.* **1** expulsão de gases do intestino pelo ânus; peido, traque ■ *interj.* **2** expressa o ruído de explosão, batida, queda etc.

pu.ma *s.m.* ZOO suçuarana

pun.ção [pl.: *-ões*] *s.f.* **1** ação ou efeito de pungir ou puncionar; puntura **2** MED introdução de instrumento em tecido vivo a fim de retirar líquido, pus etc.

pun.cio.nar *v.* {mod. 1} *t.d.* introduzir instrumento apropriado, p.ex. agulha, em (cavidade, veia, órgão) para retirar líquido, secreção ali contidos

punc.tu.ra *s.f.* → ***PUNTURA***

pun.do.nor /ô/ [pl.: *-es*] *s.m.* **1** sentimento da própria honra, do próprio valor; amor-próprio, brio **2** recato, pudor ~ **pundonoroso** *adj.*

pun.ga *s.f. infrm.* **1** furto praticado com habilidade ■ *s.2g. infrm.* **2** batedor de carteira; punguista

pun.gen.te *adj.2g.* **1** que tem a ponta rígida e aguçada, capaz de ferir perfurando; pontiagudo **2** que provoca forte dor; lancinante **3** *fig.* muito comovente *<espetáculo p.>* **4** *fig.* que desperta reação forte dos sentidos *<odor, gosto p.>*

pun.gir *v.* {mod. 24} *t.d.* **1** ferir ou furar com objeto pontudo; picar ☐ *t.d. e int.* **2** causar grande dor moral a; afligir ☐ *t.d. e t.d.i.* **3** (prep. *a*) estimular, incentivar *<a paixão punge o poeta> <a tragédia pungiu-o a repensar sua vida>* ◉ GRAM/USO verbo defectivo ~ **pungimento** *s.m.*

pun.guis.ta *adj.2g.s.2g. infrm.* batedor de carteira; punga ~ **punguear** *v.t.d. e int.*

pu.nha.do *s.m.* **1** porção (de algo) que cabe na mão **2** *fig.* pequena ou grande quantidade (de algo) *<um p. de asneiras>*

pu.nhal [pl.: *-ais*] *s.m.* arma branca curta com lâmina pontiaguda

P

pu.nha.la.da *s.f.* **1** golpe dado ou ferimento feito com punhal **2** *fig.* golpe moral profundo, ger. de traição

pu.nhe.ta /ê/ *s.f. gros.* masturbação masculina

pu.nho *s.m.* **1** ANAT junção da mão com o antebraço; munheca, pulso **2** a mão fechada **3** tira de tecido que arremata as mangas longas de camisas, blusas ou vestidos, protegendo o pulso **4** empunhadura **5** extremidade de corda trançada, nas redes de dormir

pu.ni.ção [pl.: *-ões*] *s.f.* **1** qualquer forma de castigo que se impõe a alguém por falta cometida **2** *fig.* algo penoso ou desagradável que alguém é obrigado a suportar

pú.ni.co *adj.s.m.* **1** cartaginês **2** *fig.* que(m) age de má-fé

[1]**pu.nir** *v.* {mod. 24} *t.d.,t.d.i. e pron.* **1** (prep. *com, de, por*) infligir(-se) pena, punição; castigar(-se) *<p. (com a morte) um sequestrador> <p.-se da falta>* ☐ *t.d.* **2** servir de castigo a *<a morte não pune os crimes>* [ORIGEM: do lat. *punīre* 'id.'] ~ **punitivo** *adj.*

[2]**pu.nir** *v.* {mod. 24} *t.i.* (prep. *por*) lutar em defesa de; pugnar, batalhar *<p. pelos próprios direitos>* [ORIGEM: cruzamento de *punir* com o arc. *punar* 'pugnar']

punk [ing.] *s.m.* **1** movimento contestador no qual seus membros manifestam-se contra a ordem social vigente, assumindo comportamentos agressivos e provocadores ■ *s.2g.* **2** cada um dos membros desse movimento ■ *adj.2g.2n.* **3** relativo a esse movimento, ao seu estilo ou aos seus membros ◉ GRAM/USO pl. do s.2g.: *punks* ⇒ pronuncia-se pank

pun.tu.ra ou **punc.tu.ra** *s.f.* furo ou picada feitos com objeto perfurante; punção

pu.pa *s.f.* ZOO em alguns insetos, estágio intermediário entre a larva e o imago

pu.pi.la *s.f.* **1** ANAT orifício situado no centro da íris capaz de regular a quantidade de luz que penetra no olho; menina do olho **2** aluna, educanda **3** aquela que é tutelada por alguém

pu.pi.lo *s.m.* **1** aluno, discípulo **2** menor órfão que tem um tutor **3** protegido, afilhado

pu.pu.nha *s.f.* BOT **1** palmeira cultivada por seu fruto saboroso e nutritivo, pela amêndoa, de que se extrai óleo, e pelo palmito comestível; pupunheira **2** esse fruto, amarelo e oleoso, que é consumido cozido

pu.pu.nhei.ra *s.f.* BOT pupunha ('palmeira')

pu.rê *s.m.* CUL alimento pastoso preparado com frutas ou legumes amassados

pu.re.za /ê/ *s.f.* **1** característica do que é puro **2** inocência; sinceridade **3** castidade; virgindade

pur.ga *s.f.* laxante (subst.)

pur.gan.te *adj.2g.s.m.* **1** FARM laxante ('medicamento') **2** (o) que purga ■ *s.m. infrm. pej.* **3** pessoa ou coisa muito enfadonha, insuportável

pur.gar *v.* {mod. 1} *t.d. e t.d.i.* **1** (prep. *de*) livrar (de impurezas, coisas indesejáveis); depurar, purificar *<p. um metal (da escória)>* ☐ *t.d. e pron.* **2** (prep. *de*) livrar(-se) de culpa, pecados; redimir(-se) **3** (fazer) tomar purgante *<p.(-se) um doente>* ☐ *int.* **4** expelir secreção, esp. pus ~ **purgação** *s.f.* - **purgativo** *adj.s.m.*

pur.ga.tó.rio *s.m.* **1** REL local onde as almas se redimem de seus pecados, antes de alcançarem o paraíso **2** *fig.* lugar onde se sofre

pu.ri.fi.ca.ção [pl.: *-ões*] *s.f.* **1** ato ou efeito de tornar puro, livre de impurezas **2** ato ou efeito de se livrar de pecados, de máculas morais; expiação, purgação **3** REL qualquer rito religioso purificador **4** LITUR festa da purificação da Virgem Maria, celebrada a 2 de fevereiro, chamada tb. Candelária ☞ inicial maiúsc.

pu.ri.fi.ca.dor /ô/ [pl.: *-es*] *adj.* **1** que purifica ou serve para purificar; purificante ■ *s.m.* **2** aquilo que serve para purificar **3** dispositivo, ger. com filtro, para purificar ar, água, líquidos

pu.ri.fi.car *v.* {mod. 1} *t.d.,t.d.i. e pron.* **1** (prep. *de*) deixar ou ficar sem (impurezas, substâncias indesejáveis); limpar(-se), purgar(-se) *<p. o açúcar (das impurezas)> <o organismo leva alguns dias para p.-se do álcool>* **2** *fig.* (prep. *de*) livrar(-se) [de pecados, manchas morais] *<p. a alma (de culpas)> <p.-se das consequências dos maus atos>* ~ **purificante** *adj.2g.*

pu.ris.mo *s.m.* **1** LING preocupação exagerada com a conservação da pureza de um idioma **2** rejeição sistemática de qualquer possibilidade ou proposta de alteração em uma doutrina; ortodoxia ~ **purista** *adj.2g.s.2g.* - **purístico** *adj.*

pu.ri.ta.no *adj.s.m.* **1** (o) que era membro de uma seita protestante da Inglaterra do séc. XVI, que pretendia purificar a prática religiosa mediante uma interpretação literal da Bíblia **2** que(m) demonstra rigidez quanto aos costumes morais e religiosos; moralista ~ **puritanismo** *s.m.*

pu.ro *adj.* **1** sem mistura; sem impureza **2** límpido, transparente **3** inocente, sem malícia **4** fiel, exato **5** total, cabal, absoluto

pu.ro-san.gue [pl.: *puros-sangues*] *adj.2g.s.2g.* (cavalo corredor) de raça selecionada

púr.pu.ra *s.f.* **1** cor vibrante vermelho-escura **2** tecido dessa cor, muito valorizado antigamente, símbolo do poder real e eclesiástico **3** *p.ext.* REL dignidade de cardeal **4** MED doença caracterizada por manchas purpúreas na pele e nas mucosas ■ *adj.2g.2n.* **5** dessa cor *<mantos p.>* **6** diz-se dessa cor *<a cor p.>* ~ **purpúreo** *adj.* - **purpurino** *adj.*

pur.pu.ri.na *s.f.* **1** pó metálico muito fino us. em impressões a ouro, prata e bronze **2** pó grosso brilhante, us. em maquiagens, trabalhos manuais etc.

pu.ru.len.to *adj.* cheio de pus ou que expele pus ~ **purulência** *s.f.*

pu.ru.ru.ca *adj.2g.* **1** que quebra com facilidade; frágil, quebradiço **2** cuja pele está torrada, crespa e crocante *<leitão p.>*

pus *s.m.* líquido espesso, amarelado e viscoso que se forma em ferida infeccionada

pu.si.lâ.ni.me *adj.2g.s.2g.* **1** (indivíduo) moralmente fraco, sem iniciativa **2** que(m) é covarde, medroso

P

pu.si.la.ni.mi.da.de *s.f.* **1** fraqueza da vontade; falta de firmeza, de decisão **2** medo, covardia

pús.tu.la *s.f.* ferida com pus

pus.tu.len.to *adj.* **1** cheio de pústulas; pustuloso ■ *s.m.* **2** pessoa pustulenta

pus.tu.lo.so /ô/ [pl.: /ó/; fem.: /ó/] *adj.* **1** que tem forma ou aparência de pústula **2** pustulento ■ *s.m.* **3** pustulento

pu.ta *s.f. gros. pej.* **1** mulher que se prostitui; prostituta ■ *adj.2g.2n. B infrm. gros.* **2** termo que se emprega no sentido de 'grande, fantástico, excelente, sensacional' etc. <*ter um p. emprego*>

pu.ta.ti.vo *adj.* falsamente atribuído a (alguém ou algo); suposto

pu.te.a.da *s.f. RS gros.* repreensão, bronca

pu.tei.ro *s.m. gros.* prostíbulo

pu.to *s.m.* **1** *pej.* indivíduo de mau caráter; sacana **2** *B gros.* homossexual **3** *infrm.* dinheiro de ínfimo valor; tostão ■ *adj. B infrm. gros.* **4** dominado pela raiva; furioso ▣ **p. da vida** *gros.* muito zangado

pu.tre.fa.ção [pl.: *-ões*] *s.f.* **1** processo de apodrecer; apodrecimento **2** BIO decomposição da matéria orgânica causada por microrganismos

pu.tre.fac.to ou **pu.tre.fa.to** *adj.* que apodreceu ou está apodrecendo

pu.tre.fa.zer *v.* {mod. 14} *t.d.,int. e pron.* **1** tornar(-se) podre; deteriorar(-se), estragar <*a umidade putrefaz a madeira*> <*o peixe putrefaz(-se) rapidamente com o calor*> **2** (fazer) portar-se contra a ética, a moral etc.; corromper(-se) <*a impunidade colabora para p. os costumes*> <*putrefez(-se) no posto que ocupava*> ◉ GRAM/USO part.: *putrefeito*

pú.tri.do *adj.* **1** que já se decompôs; podre **2** em processo de putrefação **3** que cheira mal; fétido **4** *fig.* moralmente degradado; corrompido

pu.xa *interj.* exprime espanto, admiração, aborrecimento etc.

pu.xa.da *s.f.* **1** ato de puxar ou o seu efeito; puxão **2** *B* puxado ('construção') **3** *fig. B* concentração de esforços para alcançar um fim **4** *p.ext. B* caminho longo e árduo

pu.xa.do *adj.* **1** esticado, retesado **2** de contorno acentuadamente oblongo; amendoado <*olhos p.*> **3** *fig.* árduo, difícil; cansativo ■ *s.m.* **4** *B* construção para aumentar a casa

pu.xa.dor /ô/ [pl.: *-es*] *s.m.* **1** peça que se puxa para abrir gavetas, portas de armário etc. **2** pessoa que puxa e guia (reza, canto, vaia etc.) **3** *gír.* quem furta (automóveis), ger. em via pública ■ *adj.* **4** que puxa ou serve para puxar

pu.xão [pl.: *-ões*] *s.m.* ato ou efeito de puxar com força ▣ **p. de orelha** *fig. infrm.* crítica dirigida a alguém; repreensão

pu.xa-pu.xa *adj.2g.2n.s.m.* (doce ou bala) de consistência grudenta ◉ GRAM/USO pl. do subst.: *puxas-puxas* e *puxa-puxas*

pu.xar *v.* {mod. 1} *t.d.* **1** fazer mover para perto de si; trazer, atrair <*puxe a porta ao sair*> **2** usar força física para mover (algo) atrás de si; arrastar <*os cavalos puxavam a carroça*> **3** forçar para si, para arrancar ou como se o tentasse <*p. o cabelo, a orelha de alguém*> **4** iniciar e comandar (ato coletivo) <*p. uma vaia*> **5** ser causa, origem de; provocar, ocasionar <*a falta de higiene puxa a doença*> **6** deixar-se penetrar por (líquido); absorver <*esse material puxa muita tinta*> **7** *B gír.* furtar (automóveis), ger. em via pública □ *t.d. e t.i.* **8** (prep. *de*) tirar (arma) do coldre, da bainha e empunhar; sacar <*p. o revólver*> <*p. da espada*> **9** (prep. *a*) herdar semelhança, característica de <*puxou o talento do pai*> <*p. ao avô*> □ *t.i.* **10** (prep. *por*) forçar a estudar, a trabalhar; estimular <*p. pelo filho*> **11** (prep. *para*) estar próximo de (certo tom ou cor); tender <*este verde puxa para o azul*>

pu.xa-sa.co [pl.: *puxa-sacos*] *adj.2g.s.2g. infrm.* que(m) procura agradar com palavras ou gestos para obter algum benefício; bajulador ~ **puxa-saquismo** *s.m.*

PVC *s.m.* QUÍM variedade de matéria plástica (polímero) us. em tubos e condutores de todos os tipos

P

q *s.m.* **1** 17ª letra (consoante) do nosso alfabeto ■ *n.ord.* *(adj.2g.2n.)* **2** diz-se do 17º elemento de uma série <*casa Q*> <*item 1q*> ☞ empr. após um substantivo ou numeral ◉ GRAM/USO na acp. s.m., pl.: *qq*

Q.G. *s.m.* sigla de *quartel-general*

Q.I. *s.m.* sigla de *quociente de inteligência*

qua.dra *s.f.* **1** série de quatro **2** quarteirão **3** área retangular demarcada us. para prática de determinados esportes **4** LIT estrofe composta de quatro versos ◉ GRAM/USO dim.irreg.: *quadrícula*

qua.dra.do *s.m.* **1** qualquer objeto ou espaço com a forma de um quadrado ('quadrilátero') **2** MAT o produto de um número por si mesmo **3** objeto de quatro lados; quadro ■ *adj.* **4** que tem os lados e os ângulos iguais (quadrilátero) **5** que tem a forma desse quadrilátero (diz-se de objeto) ■ *adj.s.m.* **6** *fig.* *B* *infrm.* (indivíduo) retrógrado, conservador

qua.dra.ge.ná.rio *adj.s.m.* que(m) tem de 40 a 49 anos

qua.dra.gé.si.mo *n.ord.* **1** (o) que, numa sequência, ocupa a posição número 40 ■ *n.frac.* **2** (o) que é 40 vezes menor que a unidade

qua.dran.gu.lar [pl.: *-es*] *adj.2g.* **1** que tem quatro cantos **2** GEOM que tem quatro ângulos (diz-se de base) <*prisma q.*> ■ *adj.2g.s.2g.* ESP **3** (torneio) entre quatro competidores

qua.drân.gu.lo *s.m.* → ***QUADRILÁTERO***

qua.dran.te *s.m.* **1** GEOM qualquer das quatro partes iguais em que se pode dividir a circunferência com dois diâmetros perpendiculares **2** mostrador de relógio

qua.dra.tu.ra *s.f.* **1** GEOM operação que determina um quadrado de área equivalente a uma dada figura geométrica **2** ASTR distância de 90° entre dois corpos celestes, do ponto de vista da Terra

qua.drí.ceps ou **quá.dri.ceps** *adj.2g.2n.s.m.2n.* ANAT diz-se de ou músculo da porção anterior da coxa ~ **quadricipital** *adj.2g.*

qua.drí.cu.la *s.f.* **1** pequeno quadrado; quadrículo **2** pequena quadra

qua.dri.cu.la.do *adj.* **1** dividido em quadrículas **1.1** estampado com quadrículas coloridas

qua.dri.cu.lar *v.* {mod. 1} *t.d.* dividir em quadrículas ~ **quadriculado** *adj.*

qua.drí.cu.lo *s.m.* quadrícula

qua.dri.ê.nio ou **qua.tri.ê.nio** *s.m.* período de quatro anos ~ **quadrienal** *adj.2g.*

qua.dri.ga *s.f.* **1** carro de duas rodas puxado por quatro cavalos **2** o conjunto desses quatro cavalos

qua.dri.gê.meo *s.m.* **1** cada um de quatro irmãos gêmeos ■ *adj.* **2** relativo a esses irmãos, individualmente ou não

qua.dril [pl.: *-is*] *s.m.* ANAT cada uma das regiões laterais do corpo que vai da bacia à parte superior da coxa; anca

qua.dri.lá.te.ro ou **qua.drân.gu.lo** *s.m.* GEOM polígono de quatro lados

qua.dri.lha *s.f.* **1** grupo de pessoas que se reúnem para praticar crimes **2** grupo de pessoas; bando **3** *B* dança popular brasileira, típica de festas juninas

qua.dri.mes.tral [pl.: *-ais*] *adj.2g.* **1** que se dá de quatro em quatro meses **2** que se realiza ao longo de quatro meses

qua.dri.mes.tre *s.m.* espaço de tempo de quatro meses

qua.drin.gen.té.si.mo *n.ord.* **1** (o) que, numa sequência, ocupa a posição número 400 ■ *n.frac.* **2** (o) que é 400 vezes menor que a unidade

qua.dri.nho *s.m.* **1** quadro pequeno ▼ ***quadrinhos*** *s.m.pl.* *B* **2** história em quadrinhos ~ **quadrinizar** *v.t.d.*

qua.dri.nô.mio *s.m.* MAT expressão algébrica composta de quatro termos

qua.dro *s.m.* **1** obra de arte executada numa superfície plana, freq. guarnecida de moldura **2** quadro-negro **3** *fig.* disposição ordenada de fatos; descrição, exposição <*q. da situação*> **4** painel onde estão os instrumentos de controle de uma instalação, uma máquina etc. **5** qualquer tabela, mapa ou gráfico de um texto **6** *fig.* conjunto de funcionários de empresa, repartição, sócios de um clube etc. **7** *B* estrutura metálica de bicicleta, motocicleta etc. **8** CINE TV cada imagem que forma um filme ou us. em televisão

qua.dro de giz [pl.: *quadros de giz*] *s.m.* quadro-negro

qua.dro-ne.gro [pl.: *quadros-negros*] *s.m.* quadro negro, verde ou branco, us. para escrever esp. em escolas; quadro de giz, quadro, lousa

qua.drú.ma.no *s.m.* ZOO **1** espécime dos quadrúmanos, antiga divisão dos mamíferos, que compreendia os primatas, com exceção do homem ■ *adj.* **2** relativo a esse espécime **3** que tem quatro mãos

qua.drú.pe.de *adj.2g.* **1** que tem quatro pés ■ *s.m.* **2** qualquer animal de quatro patas ■ *s.2g. fig. infrm.* **3** indivíduo estúpido, rude

qua.dru.pli.ca.ção [pl.: *-ões*] *s.f.* multiplicação por quatro

qua.dru.pli.car *v.* {mod. 1} *t.d.,int. e pron.* multiplicar(-se) por quatro; tornar(-se) quatro vezes maior *<q. o patrimônio> <o número de alunos da escola quadruplicou(-se)>*

quá.dru.plo *n.mult. (adj.s.m.)* **1** (o) que contém quatro vezes a mesma quantidade ■ *adj.* **2** composto de quatro elementos ▼ ***quádruplos*** *s.m.pl.* **3** quatro irmãos nascidos do mesmo parto

qual *pron.interg.* **1** refere-se a coisa ou pessoa dentre outras; quem *<q. dos livros você quer?> <q. de vocês vai sair?>* **2** de que natureza (em relação a pessoa ou coisa) *<q. é a sua opinião?>* ■ *pron.rel.* **3** refere-se a um antecedente e vem sempre precedido pelo artigo definido *<é importante o assunto ao q. você se refere>* ☞ como pron., pl.: *quais* ■ *conj.comp.* **4** como *<corria q. um touro>* ■ *interj.* **5** designa espanto, negação etc. ▣ **tal q.** exatamente igual

qua.li.da.de *s.f.* **1** atributo que determina a essência ou a natureza de algo ou alguém **2** valor moral; virtude **3** característica comum ou inerente que serve para agrupar seres ou objetos; espécie **4** condição social, civil, profissional etc. **5** *fig.* capacidade de atingir os efeitos desejados; propriedade ☞ mais us. no pl. **6** superioridade, excelência

qua.li.fi.ca.do *adj.* **1** que se qualificou **2** que tem atributos, qualidades **3** que cumpriu as exigências ou pré-requisitos para alguma coisa; habilitado

qua.li.fi.car *v.* {mod. 1} *t.d.i. e pron.* **1** (prep. *para*) considerar(-se) ou mostrar-se apto, capaz; habilitar(-se) *<o mestre qualificou dois alunos para a monitoria> <qualificou-se para exercer a medicina>* □ *t.d.* **2** emitir opinião sobre; avaliar *<não posso q. esse trabalho>* □ *t.d. e t.d.pred.* **3** (prep. *de*) indicar a(s) qualidade(s) de; classificar *<q. um livro> <qualificaram-no de incapaz para o cargo>* ~ **qualificação** *s.f.*

qua.li.ta.ti.vo *adj.* **1** relativo a qualidade **2** que expressa qualidade

qual.quer [pl.: *quaisquer*] *pron.ind.* **1** us. para designar pessoa ou coisa, mas sem especificá-la *<o tempo muda q. coisa>* **1.1** us. para deixar em aberto um fato ou ocorrência *<q. dia a gente se vê>* **2** us. para excluir todos os elementos de um citado conjunto; nenhum *<não aceitou q. das desculpas apresentadas>* **3** us. depois de um subst. antecedido de art.indef. tem valor de adj. pejorativo *<risoto não se faz com um arroz q.>*

quan.do *adv.* **1** em que ocasião *<prometeu ir, mas não disse q.>* ■ *conj.temp.* **2** durante o tempo que, enquanto *<q. chove, é bom ficar em casa>* ■ *conj.prop.* **3** à medida que *<q. o filho chorava, ela chorava mais ainda>* ■ *conj.concs.* **4** embora, apesar de que *<continua acordado, q. já devia estar dormindo>* ▣ **de vez em q.** *loc.adv.* de tempos em tempos *<de vez em q. ia à janela>*

quan.ti.a *s.f.* soma em dinheiro; importância

quan.ti.da.de *s.f.* **1** propriedade do que pode ser aumentado, diminuído, medido ou contado **2** grande número *<uma q. de meias>* **3** extensão, mundão

quan.ti.fi.car *v.* {mod. 1} *t.d.* determinar a quantidade ou o valor de ~ **quantificação** *s.f.*

quan.ti.ta.ti.vo *adj.* **1** que indica quantidade **2** relativo a quantidades numéricas ou valores ■ *s.m.* **3** quantia estabelecida **4** determinado número ou quantidade

quan.to *pron.rel.* **1** aquele que, cada um que *<é um de quantos temos>* **2** aquilo que, o que *<dispõe de tudo q. precisa>* **3** em número equivalente (seguindo-se a tanto) *<come tantas bananas quantas aguenta>* ■ *pron.ind.* **4** quantidade não definida *<q. dor sentia>* **5** que quantidade *<q. virão?>* **6** que preço *<q. custa?>* ■ *adv.* **7** com que intensidade; como *<não sabe q. é querida>* **8** segundo *<q. sei, este ano é bissexto>* **9** exprime modo, forma, maneira; como, de que modo *<não tem ideia de q. ele a ama>* ◉ GRAM/USO como pron.ind., pode ser interrogativo ou exclamativo

quão *adv.* quanto, como *<não sabe q. gratos estamos>*

qua.ra.dou.ro *s.m.* *B* local ensolarado us. para quarar roupa; coradouro

qua.rar *v.* {mod. 1} *t.d.* clarear (roupa, pano etc.), expondo ao sol; corar

qua.ren.ta *n.card.* **1** trinta mais dez **2** diz-se desse número *<pasta número q.>* **3** diz-se do quadragésimo elemento de uma série *<capítulo q.> <anos q.>* **4** que equivale a essa quantidade (diz-se de medida ou do que é contável) *<contrato de q. horas semanais>* ■ *s.m.* **5** representação gráfica desse número ☞ em algarismos arábicos, *40*; em algarismos romanos, *XL* ◉ GRAM/USO seguido do conectivo *e* antes das unidades, forma os numerais cardinais entre 40 e 50

qua.ren.te.na *s.f.* **1** período de 40 dias **2** conjunto de 40 entidades, seres, objetos etc. de igual natureza **3** período de isolamento dos suspeitos de doenças contagiosas

qua.res.ma *s.f.* **1** REL no cristianismo, tempo de preparação para a Páscoa, desde a Quarta-Feira de Cinzas até a noite da Quinta-Feira Santa ☞ inicial maiúsc. **2** BOT quaresmeira

qua.res.mei.ra *s.f.* BOT nome comum a diversas árvores e arbustos cultivados como ornamentais pelas belas flores ger. roxas

¹quar.ta *s.f.* **1** uma das quatro partes iguais em que se pode dividir uma unidade **2** vasilha para transportar líquidos [ORIGEM: lat. *quarta,ae* (*pars*) 'a quarta (parte)']

²quar.ta *s.f.* red. de ***QUARTA-FEIRA***

quar.ta de fi.nal [pl.: *quartas de final*] *s.f.* ESP nos torneios por eliminação, rodada em que oito times disputam entre si, em quatro jogos, a classificação à semifinal ☞ mais us. no pl.

Q

quar.ta-fei.ra [pl.: *quartas-feiras*] *s.f.* o quarto dia da semana, a partir do domingo ▣ **q. de cinzas** no cristianismo, primeiro dia da Quaresma ☞ iniciais freq. maiúsc.

quar.tei.rão [pl.: *-ões*] *s.m.* **1** no traçado de uma cidade, terreno formado por quatro ruas que se cruzam duas a duas; quadra **2** *p.ext.* conjunto de edificações situadas nesse terreno; bloco, quadra **3** *p.ext.* trecho de rua entre duas esquinas sucessivas; quadra

[1]quar.tel [pl.: *-éis*] *s.m.* **1** a quarta parte de um todo; quarta **2** qualquer espaço de tempo; período, época [ORIGEM: do esp. *cuartel* 'id.']

[2]quar.tel [pl.: *-éis*] *s.m.* **1** edifício destinado a abrigar soldados **2** *p.ext.* abrigo, proteção [ORIGEM: do fr. *quartier* 'alojamento para a tropa']

quar.tel-ge.ne.ral [pl.: *quartéis-generais*] *s.m.* **1** local onde funciona o comando de uma região militar, ocupado pelos oficiais comandantes e seu estado-maior [sigla: *Q.G.*] **2** posto de onde o oficial-general comanda as unidades, durante uma operação de guerra [sigla: *Q.G.*]

quar.te.to /ê/ *s.m.* **1** LIT estrofe de quatro versos **2** *infrm.* grupo de quatro pessoas **3** conjunto formado por quatro músicos

quar.ti.nha *s.f.* **1** *BA RS* recipiente pequeno de barro para água potável; moringa **2** *RJ SP* espécie de copo de barro com tampa

quar.to *n.ord.* **1** (o) que, numa sequência, ocupa a posição número quatro ■ *n.frac.* **2** (o) que corresponde a cada uma das quatro partes iguais em que pode ser dividido um todo ■ *s.m.* **3** aposento, esp. onde se dorme **4** a quarta parte da hora ▼ ***quartos*** *s.m.pl.* **5** quadris, ancas ▣ **q. crescente** ASTR fase, entre a lua nova e a lua cheia, em que apenas a metade da superfície da Lua voltada para oeste está iluminada • **q. minguante** ASTR fase, entre a lua cheia e a lua nova, em que apenas a metade da superfície da Lua voltada para leste está iluminada

quar.tzo *s.m.* MINER mineral formador de diversas rochas, us. como pedra preciosa, em objetos ornamentais e na indústria eletrônica

qua.rup *s.m.* entre os povos indígenas do Xingu, cerimônia de cunho religioso e social, em que se celebram os mortos

qua.sar [pl.: *-es*] *s.m.* ASTR qualquer objeto cósmico, de aspecto estelar, que emite ondas de rádio mais intensas que as galáxias

qua.se *adv.* **1** a pouca distância de; próximo, perto *<falou-lhe q. encostado ao ouvido>* **2** aproximadamente *<tem q. 18 anos>* **3** um tanto *<a capela está q. arruinada>* **4** por um triz *<ela q. fez o gol>*

qua.ter.ná.rio *s.m.* **1** GEOL segundo e mais recente período geológico da era cenozoica, posterior ao Terciário ☞ este subst. não se usa no plural; inicial maiúsc. ■ *adj.* **2** desse período **3** formado por quatro unidades **4** MÚS que tem quatro tempos

qua.ti *s.m.* **1** ZOO mamífero diurno, de focinho longo e cauda ereta com anéis escuros, que se alimenta de frutos e pequenos animais **2** *PR infrm.* moleza, preguiça ◉ COL vara

qua.tor.ze /ô/ *n.card. e s.m.* → ***CATORZE***

qua.tri.ê.nio *s.m.* → ***QUADRIÊNIO***

qua.tri.li.ão [pl.: *-ões*] ou **qua.tri.lhão** [pl.: *-ões*] *n.card.* mil triliões (10^{15})

qua.tro *n.card.* **1** três mais um **2** diz-se desse número *<caixa de número q.>* **3** diz-se do quarto elemento de uma série *<dia q.>* **4** que equivale a essa quantidade (diz-se de medida ou do que é contável) *<q. litros de água>* ■ *s.m.* **5** representação gráfica desse número *<no exame de vista, não pôde ler o q.>* ☞ em algarismos arábicos, *4*; em algarismos romanos, *IV* ▣ **de q.** com as mãos e os joelhos apoiados no chão

qua.tro-can.ti.nhos ou **qua.tro-can.tos** *s.m.2n.* RECR brincadeira infantil em que cinco crianças disputam os quatro cantos de um local, ficando sempre uma de fora para tentar tomar o lugar das outras

qua.tro.cen.tão [pl.: *-ões*; fem.: *quatrocentona*] *adj. infrm.* que tem quatro séculos

qua.tro.cen.tos *n.card.* **1** trezentos mais cem **2** diz-se desse número *<memorando de número q.>* **3** diz-se do quadringentésimo elemento de uma série *<poltrona q.>* **4** que equivale a essa quantidade (diz-se de medida ou do que é contável) ■ *s.m.2n.* **5** representação gráfica desse número ☞ em algarismos arábicos, *400*; em algarismos romanos, *CD* ◉ GRAM/USO seguido do conectivo *e* antes das dezenas e unidades, forma os numerais cardinais entre 400 e 500

que *pron.rel.* **1** substitui termo antecedente, *nome* ou *pronome*, assumindo suas funções e confere função de adjetivo à oração que inicia *<o rapaz q. passou é jovem>* ■ *pron.ind.* **2** em frases interrogativas, diretas ou indiretas, em referência a pessoas ou coisas **2.1** quanto à sua natureza *<q. significa esse rabisco?>* **2.2** entre outras pessoas ou coisas; qual *<q. recomendação teria feito?>* **3** em frases exclamativas *<q. susto!>* **4** em frases que associam exclamação e interrogação *<Quê!? Não vai aceitar a proposta?>* ■ *conj.intg.* **5** confere à oração subordinada as funções do substantivo; p.ex., a função de sujeito, na frase *é necessário que fique claro*, ou de objeto direto, em *sabia que tinha de tomar vacina* ■ *conj.caus.* **6** porque, uma vez que *<vá dormir q. amanhã tem prova>* ■ *conj.concs.* **7** embora, mesmo que *<q. chova, ela virá>* ■ *conj.fin.* **8** para que, a fim de que *<fez-lhe sinal q. se calasse>* ■ *conj.confr.* **9** conforme, segundo *<q. eu saiba, a festa é hoje>* ☞ us. com verbo no subj. ■ *conj.comp.* **10** comparação *<ficou mais alto (do) q. o pai>* ■ *conj.concs.* **11** consequência *<tão exagerado q. muitos o chamam de louco>* ☞ correlaciona-se com *tal, tanto, tão* ■ *conj.explc.* **12** introduz explicação para o que antes foi dito; pois, porque *<espere q. a chuva vai parar>* ■ *adv.* **13** exprime intensidade; quão *<q. belo é o mar>* ◉ GRAM/USO **a)** quando us. isoladamente ou no final da frase, é assinalado na escrita por acento circunflexo *<não tem de quê>*; **b)** cf. *porque*

[1]**quê** *s.m.* nome da letra *q* [ORIGEM: décima sexta letra do alfabeto latino]

[2]**quê** *s.m.* **1** alguma coisa *<há um q. estranho aqui>* **2** *fig.* complexidade, complicação *<a informática tem seus q.>* [ORIGEM: substantivação de *que*] ▣ **não há de q.** ou **não há por q.** não existe motivo para agradecimentos (fórmula de cortesia)

que.bra *s.f.* **1** ato ou efeito de quebrar(-se) **2** transgressão de regulamento, norma etc.; violação **3** perda parcial, diminuição, interrupção **4** dobradura em tecido ou papel; prega **5** *fig.* diminuição da intensidade de algo **6** falência ▣ **de q. 1** além do solicitado; a mais **2** de sobra

que.bra-ca.be.ça [pl.: *quebra-cabeças*] *s.m.* **1** RECR jogo que consiste em encaixar peças entre si para formar um todo **2** *fig. infrm.* aquilo que preocupa ou incomoda alguém **3** *fig.* problema de difícil solução

que.bra.da *s.f.* **1** declive de montanha; encosta **2** recorte no litoral **3** lugar distante **4** volta, curva de caminho, estrada etc. **5** depressão funda e pouco larga numa cadeia de montanhas, num topo de rochas etc.; brecha

que.bra.dei.ra *s.f. infrm.* **1** falência em massa; bancarrota **2** sensação de moleza; prostração

que.bra.di.ço *adj.* fácil de quebrar; frágil, delicado

que.bra.do *adj.* **1** feito em pedaços; partido **2** que se infringiu; violado, transgredido **3** que não funciona (diz-se de qualquer mecanismo); parado **4** *fig. infrm.* cansado, abatido ■ *adj.s.m.* **5** *infrm.* que(m) está sem dinheiro ou falido ▼ ***quebrados*** *s.m.pl.* **6** *B* trocados; dinheiro miúdo

que.bra-ga.lho [pl.: *quebra-galhos*] *s.m. B gír.* pessoa, coisa ou recurso us. para resolver problemas vários

que.bra-ge.lo [pl.: *quebra-gelos*] *s.m.* navio especial us. para navegação através de águas cobertas de gelo ☞ tb. us. no pl.

que.bra-luz [pl.: *quebra-luzes*] *s.m.* **1** abajur **2** viseira que protege os olhos contra a luz

que.bra-mar [pl.: *quebra-mares*] *s.m.* muralha ou estrutura natural que protege um porto ou uma baía das ondas do mar; talha-mar

que.bra-mo.las *s.m.2n. B infrm.* elevação ou abaixamento de nível de rua ou estrada, us. para forçar a diminuição da marcha de automóvel; lombada

que.bra-no.zes *s.m.2n.* alicate próprio para quebrar nozes, avelãs etc.

que.bran.tar *v.* {mod. 1} *t.d.* **1** pôr abaixo; quebrar, abater *<q. uma construção>* **2** *fig.* infringir, violar *<q. leis>* **3** *fig.* vencer, dominar *<q. o medo>* □ *t.d. e pron.* **4** (fazer) perder a energia, o vigor; enfraquecer(-se) *<a doença quebrantou-a> <q.-se por uma derrota>* **5** *fig.* tornar(-se) triste, sem ânimo; abater(-se), desanimar *<a injustiça quebrantou-os> <nunca haveria de q.-se>* ~ **quebrantamento** *s.m.* - **quebrantável** *adj.2g.*

que.bran.to *s.m.* **1** suposta influência maléfica de feitiço **2** *p.ext.* estado de fraqueza, desânimo etc., supostamente resultante de olhar ou atitude maléfica de outrem

que.bra-pau [pl.: *quebra-paus*] *s.m. B infrm.* conflito violento; briga, discussão

que.bra-pe.dra [pl.: *quebra-pedras*] *s.f.* nome comum a várias ervas, ger. us. em chás caseiros para dissolver cálculos renais

que.bra-que.bra [pl.: *quebra-quebras*] *s.m. B* confusão em que indivíduos quebram lojas, ônibus etc.

que.bra-quei.xo [pl.: *quebra-queixos*] *s.m.* **1** *B* doce ou bala puxa-puxa **2** *B* charuto de péssima qualidade ■ *adj.2g.* **3** *CE* gelado demais (diz-se de bebida)

que.brar *v.* {mod. 1} *t.d.,int. e pron.* **1** fazer(-se) em pedaços; fragmentar(-se), despedaçar(-se) *<o vidro quebrou(-se) com a trepidação>* □ *t.d.* **2** diminuir a intensidade de; enfraquecer *<q. a friagem da água>* **3** violar, transgredir **4** não cumprir *<q. um juramento>* **5** fazer virar sobre si, torcer, dobrar *<q. o corpo para a direita>* **6** mudar a direção de; desviar *<q. a luz>* **7** *B infrm.* bater em; espancar □ *t.d. e pron.* **8** dividir(-se) em partes; partir(-se), romper(-se) *<quebrou-se todo no acidente>* **9** (fazer) chegar ao fim; acabar, interromper *<a música quebrou o silêncio> <quebrou-se a nuvem de poeira>* □ *t.d. e int.* **10** (fazer) funcionar mal ou não funcionar; danificar, enguiçar **11** (fazer) entrar em falência *<a crise quebrou alguns bancos> <a grande loja quebrou>* □ *int.* **12** dar com ímpeto (o mar, as ondas); bater **13** *p.ext.* ficar sem dinheiro ~ **quebrável** *adj.2g.*

que.bra-ven.to [pl.: *quebra-ventos*] *s.m.* pequeno vidro móvel nas janelas de alguns veículos e que serve para desviar o vento para onde se quer

que.brei.ra *s.f. infrm.* estado de prostração; fadiga

que.da *s.f.* **1** movimento de algo a cair; tombo **2** *p.ext.* cascata, queda-d'água **3** diminuição ou perda de algo *<q. de cabelo>* **4** *p.ext.* perda de influência, de poder; decadência, ruína **5** inclinação de terreno; declive **6** *fig. infrm.* inclinação, tendência **7** ECON desvalorização **8** TEL interrupção do funcionamento de uma conexão

que.da-d'á.gua [pl.: *quedas-d'água*] *s.f.* quantidade de água que se lança do alto no curso de um rio; cachoeira, salto

que.da de bra.ço [pl.: *quedas de braço*] *s.f.* disputa entre dois indivíduos, que, com um dos cotovelos apoiado sobre superfície horizontal e as mãos enlaçadas, medem forças quando um tenta fazer tombar ou desdobrar o braço do outro

que.dar *v.* {mod. 1} *int. e pron.* **1** estar quedo, quieto **2** ficar ou demorar-se em um lugar; parar *<todos quedaram junto à porta> <o viajante quedou-se em nossa casa>* □ *t.d.pred. e pron.* **3** continuar, permanecer *<quedou(-se) tristonho>* ◉ GRAM/USO **a)** part.: *quedado, quedo;* **b)** tb. é empr., pronominalmente, como v.aux., com a prep. *a* mais o inf. de outro verbo, dando a ideia de 'início ou permanência de ação': *quedou-se a chorar baixinho*

que.de ou **que.dê** *adv.* termo interrogativo equivalente a 'onde está'; cadê

Q

que.do /ê/ *adj.* **1** que não se move; parado **2** que tem comedimento de modos; quieto

que.fa.zer [pl.: *-es*] *s.m.* **1** tarefa a ser cumprida; afazer **2** trabalho rotineiro; faina ☞ em ambas acp., mais us. no pl.

quei.ja.di.nha *s.f.* CUL doce de coco, feito em forminhas, com recheio de leite, ovos, queijo e açúcar

quei.ja.ri.a *s.f.* local onde se fabricam queijos

quei.jei.ro *s.m.* quem fabrica e/ou vende queijo

quei.jo *s.m.* alimento sólido produzido a partir da coagulação e fermentação do leite de vaca, ovelha, búfala etc.

quei.jo de mi.nas [pl.: *queijos de minas*] *s.m.* *B* queijo branco de massa crua e consistência variável, com baixo teor de gordura

quei.jo do rei.no [pl.: *queijos do reino*] *s.m.* *B* queijo redondo, gorduroso e envolvido por uma crosta avermelhada

quei.ma *s.f.* **1** destruição de algo pelo fogo **2** estado de um sólido, líquido ou gás que se consome pelo fogo; combustão **3** *fig.* *B* venda de produtos abaixo do preço usual, para terminar negócio ou renovar estoque

quei.ma.ção [pl.: *-ões*] *s.f.* **1** ato de queimar ou o seu efeito; queima, queimadura **2** *infrm.* acidez estomacal ou sensação de ardor intenso

quei.ma.da *s.f.* **1** queima de mato para preparar o solo para plantação **2** queima proposital ou acidental de uma parte da floresta ou campo **3** *p.ext.* lugar onde o mato foi queimado **4** RECR m.q. ***QUEIMADO***

quei.ma.do *adj.* **1** que se queimou; incendiado **2** *p.ext.* bronzeado <*q. de praia*> **3** *fig.* prejudicado por ações desastradas ou desonrosas ■ *s.m.* RECR **4** jogo infantil em que os integrantes tentam eliminar os adversários com uma bolada atirada com a mão; queimada

quei.ma.du.ra *s.f.* **1** ação de destruir por meio de fogo, calor, substância química etc. **2** lesão corporal provocada por qualquer forma de calor

quei.mar *v.* {mod. 1} *t.d.* **1** destruir pelo fogo; abrasar **2** *fig.* gastar em excesso; esbanjar <*q. toda a fortuna*> **3** *p.ext.* vender a preços baixos; liquidar □ *t.d. e pron.* **4** pôr fogo em ou pegar fogo; incendiar(-se) <*a loja queimou-se*> **5** expor(-se) muito ao calor; tostar(-se) <*o sol queimou a planta*> <*o jardim queimou-se*> **6** *fig.* *B* (fazer) deixar de merecer estima, crédito; desabonar(-se) <*queimou-o com um boato*> <*q.-se com os amigos*> □ *pron.* *fig.* *B* *infrm.* **7** ficar zangado, raivoso; encolerizar-se □ *t.d. e int.* **8** (fazer) ficar com ardência ou queimadura <*o álcool queima a garganta*> <*suas mãos queimaram*> **9** deixar ou ficar com a temperatura elevada; esquentar <*a febre queima seu rosto*> <*ao meio-dia, o sol queimava*> □ *int.* **10** *B* parar de funcionar (lâmpada, fusível, aparelhos elétricos); escangalhar, quebrar

quei.ma-rou.pa *s.f.* ▸ us. em: **à q.** **1** de muito perto **2** de repente

quei.xa *s.f.* **1** expressão de dor, de sofrimento; queixume **2** sentimento de mágoa **3** relato de ofensa ou prejuízo

quei.xa-cri.me [pl.: *queixas-crimes* e *queixas-crime*] *s.f.* DIR denúncia judicial em que se faz uma exposição do fato criminoso com todas as suas circunstâncias; querela

quei.xa.da *s.f.* **1** osso da face onde ficam os dentes inferiores; mandíbula **2** queixo grande, saliente ■ *s.2g.* ZOO **3** mamífero, diurno e terrestre, de cerca de 1 m de comprimento, dotado de pelagem negra com o queixo branco; porco-do-mato

quei.xal [pl.: *-ais*] *adj.2g.* **1** relativo a queixo ■ *s.m.* **2** cada um dos dentes molares

quei.xar-se *v.* {mod. 1} *pron.* **1** soltar lamúrias de aflição ou dor; lastimar-se **2** (prep. *de*) demonstrar descontentamento, desgosto; lamentar-se **3** (prep. *a*, *de*) denunciar mal ou ofensa recebida <*queixou-se ao pai dos colegas malvados*> **4** (prep. *de*) expor estado físico ou moral <*q.-se de dor nas costas*>

quei.xo *s.m.* ANAT a parte da face abaixo do lábio inferior, ligeiramente saliente

quei.xo.so /ô/ [pl.: /ó/; fem.: /ó/] *adj.s.m.* **1** que(m) se queixa **2** DIR que(m) apresenta queixa-crime em juízo ■ *adj.* **3** que sente ou demonstra queixa; magoado, tristonho

quei.xu.do *adj.* *infrm.* de queixo grande

quei.xu.me *s.m.* queixa ('expressão de dor')

que.lí.deo *adj.s.m.* ZOO (espécime) dos quelídeos, família de tartarugas aquáticas ou semiaquáticas, como os cágados e matamatás, que encolhem a cabeça para dentro do casco e dobram o pescoço para o lado

que.lô.nio *s.m.* ZOO **1** espécime dos quelônios, ordem de répteis aquáticos ou terrestres, conhecidos como tartarugas, cágados ou jabutis ■ *adj.* **2** relativo a essa ordem de répteis

quem *pron.interg.* **1** que pessoa <*q. sabe?*> ■ *pron.rel.* **2** a pessoa que <*foi ela q. fez*> ■ *pron.ind.* **3** qualquer pessoa que <*não há q. possa aturá-lo*>

quen.dô *s.m.* arte marcial de origem japonesa em que os adversários lutam com espadas de bambu, protegidos por uma armadura

quen.ga *s.f.* *N.E.* **1** vasilha feita de meio coco **2** o conteúdo dessa vasilha **3** *gros.* *pej.* prostituta

que.no.po.di.á.cea *s.f.* BOT espécime das quenopodiáceas, família de arbustos e ervas que fornecem lenha e são us. como ornamentais ou na alimentação, como o espinafre e a beterraba ~ **quenopodiáceo** *adj.*

quen.tão [pl.: *-ões*] *s.m.* *B* bebida preparada com aguardente de cana fervida com gengibre, canela e açúcar

quen.te *adj.2g.* **1** que tem ou produz calor **2** que foi ao fogo; aquecido **3** que mantém aquecido **4** *fig.* picante, apimentado (diz-se de comida, tempero) **5** *fig.* que irradia entusiasmo; ardente **6** *fig.* repleto de alegria; caloroso **7** *fig.* de grande intensidade; profundo **8** *fig.* sensual, ardente **9** *gír.* que merece crédito

Q

■ *s.m.* **10** local em que há calor e conforto **11** *B gír.* o que está na moda **12** *N.E.* o calor, a temperatura muito alta

quen.ti.nha *s.f.* **1** embalagem, ger. de alumínio ou isopor, para transportar e conservar quentes os alimentos em viagem ☞ marca registrada *Kentinha*, que passou a designar o seu gênero **2** *p.ext.* o alimento contido nessa embalagem

quen.tu.ra *s.f.* **1** estado do que é quente; calor **2** *fig.* aquilo que serve de abrigo; proteção

que.pe *s.m.* certo tipo de boné militar de pala e copa ger. altas

quer *conj.altv.* ou... ou *<q. viaje de carro, q. de avião, ele vai>*

que.ra.ti.na *s.f.* BIO ceratina

que.re.la *s.f.* **1** DIR queixa-crime **2** *p.ext.* conflito de interesses; briga ~ **querelante** *adj.2g.s.2g.* - **querelar** *v.t.d.,int. e pron.*

que.ren.ça *s.f.* **1** ato de querer bem a alguém ou a algo; afeto **2** disposição natural; aptidão, jeito

que.rên.ci.a *s.f.* **1** *MG RS* lugar onde o animal foi criado ou onde se acostumou a pastar, e para o qual volta por essa razão **2** local onde se nasceu, criou ou se acostumou a viver; torrão

que.rer *v.* {mod. 18} *t.d.* **1** ter vontade de possuir ou realizar (o que satisfaça exigência intelectual, emocional ou física); desejar *<q. um doce>* **2** ter a intenção de; tencionar, planejar *<queria ir cedo, mas se atrasou>* **3** fazer tenção de; ensaiar, tentar *<com um ano, já quer correr>* **4** ter forte desejo de; ambicionar, cobiçar *<q. o poder>* **5** determinar com firmeza; ordenar *<quero silêncio agora!>* **6** estar na iminência ou ter possibilidade de; ameaçar *<o vento quer derrubar tudo>* □ *t.d.i.* **7** (prep. *de*) ter em mente; pretender, esperar *<sei o que ele quer de nós>* □ *t.i. e pron.* **8** (prep. *a*) ter simpatia, amizade ou afeto por; gostar *<quer muito aos pais> <os dois querem-se demais>* ▣ **por q.** de propósito • **sem q.** sem intenção

que.ri.do *adj.* **1** muito estimado; dileto, prezado **2** muito apreciado (por beleza, valor etc.) ■ *adj.s.m.* **3** (o) que se quer muito; amado

quer.mes.se *s.f.* feira com barracas ao ar livre, ger. com fins de caridade

que.ro-que.ro [pl.: *quero-queros*] *s.m.* ZOO grande ave de áreas alagadas e campestres de todo Brasil, dotada de plumagem cinzenta, cuja voz forte e característica originou o seu nome popular

que.ro.se.ne *s.m.* QUÍM derivado do petróleo us. freq. como solvente, combustível na aviação, em fogareiros, lampiões etc.

que.ru.bim [pl.: *-ins*] *s.m.* **1** anjo da primeira hierarquia celeste **2** ART.PLÁST cabeça de criança com asas **3** *fig.* criança linda

que.si.to *s.m.* **1** questão sobre a qual se pede a opinião ou o juízo de alguém **2** pergunta, esp. escrita, a ser respondida **3** condição para se alcançar um certo fim; requisito

ques.tão /qu *ou* qü/ [pl.: *-ões*] *s.f.* **1** pergunta para esclarecer algo ou testar conhecimento **2** *p.ext.* assunto, matéria **3** controvérsia, pendência, contenda **4** DIR conflito de interesses submetido à apreciação de um juiz; causa, litígio ◉ COL questionário ▣ **q. de ordem** expressão us. em assembleias para fazer a discussão voltar ao tema agendado previamente • **q. de vida ou morte** que é muito importante e urgente

ques.tio.nar /qu *ou* qü/ *v.* {mod. 1} *t.d.* **1** pôr em dúvida; contestar **2** replicar, refutar, contestar □ *t.d.i. e pron.* **3** (prep. *sobre*) perguntar(-se), indagar(-se) *<q. os pais sobre a vida> <q.-se sobre a carreira>* □ *t.d.,t.d.i.,t.i. e int.* **4** (prep. *com, de, por, sobre*) entrar em discussão ou disputa; altercar *<vive a q. (bobagens) com os vizinhos> <agora é o momento de q.>* ~ **questionador** *adj.s.m.* - **questionamento** *s.m.* - **questionável** *adj.2g.*

ques.tio.ná.rio /qu *ou* qü/ *s.m.* **1** série de questões **2** lista de perguntas us. para servir de guia a uma investigação, uma entrevista

qui.a.bei.ro *s.m.* BOT quiabo ('erva')

qui.a.bo *s.m.* BOT **1** erva esp. cultivada por seus frutos, comestíveis após cozimento, e pelas fibras da casca do caule; quiabeiro **2** o fruto dessa erva

qui.be *s.m.* CUL comida árabe que se faz com carne bovina moída e trigo integral, amassados e condimentados com hortelã, cebola etc.

qui.be.be /ê *ou* é/ *s.m.* CUL *B* purê de abóbora

qui.çá *adv.* talvez, porventura

qui.car *v.* {mod. 1} *t.d. e int.* **1** (fazer) bater e voltar, pular (esp. a bola) □ *int.* **2** *fig. infrm.* ficar muito zangado

qui.e.ta.ção [pl.: *-ões*] *s.f.* **1** ação de parar, de imobilizar(-se) **2** imobilidade decorrente dessa ação **3** condição ou estado de quieto; calma, tranquilidade **4** *fig.* estado de harmonia, entendimento

qui.e.tar *v.* {mod. 1} *t.d. e pron.* **1** (fazer) ficar tranquilo; acalmar(-se) □ *int. e pron.* **2** ficar quieto, imóvel; parar

qui.e.to *adj.* **1** que não se move; parado **2** que demonstra comedimento no agir, no falar **3** sossegado, tranquilo **4** sem ruído; calmo, sereno **5** sem agitação; manso, pacífico ~ **quietude** *s.f.*

qui.la.te *s.m.* **1** quantidade de ouro fino contida em uma liga, correspondente a 1/24 da liga *<o ouro puro tem 24 q.>* **2** unidade de medida de peso us. para diamantes **3** *fig.* boa qualidade; excelência, superioridade

qui.lha *s.f.* MAR peça estrutural do casco de uma embarcação à qual se prendem todas as grandes peças verticais do casco

qui.li.ca *s.f. SC* bola de gude; tilica

quilo- *pref.* **1** do *SI*, simbolizado por *k*, 'mil' *<quilograma = mil gramas>* **2** INF para múltiplos binários, equivale a 2^{10} (1.024), valor freq. arredondado para mil: *quilobaite, quilobite*

Q

[1]**qui.lo** *s.m.* FISL **1** líquido leitoso em que se transformam os alimentos na última fase da digestão, nos intestinos **2** essa fase [ORIGEM: do gr. *khulós,oû* 'suco produzido pela digestão']

[2]**qui.lo** *s.m.* quilograma [ORIGEM: red. de *quilograma*]

qui.lo.bai.te *s.m.* INF aport. de *kilobyte*

qui.lo.bi.te *s.m.* INF aport. de *kilobit*

qui.lo.gra.ma *s.m.* unidade de massa equivalente a mil gramas [símb.: *kg*]

qui.lo-hertz *s.m.2n.* unidade de medida de frequência equivalente a mil hertz ou 10^3 hertz [símb.: *kHz*]

qui.lo.li.tro *s.m.* medida de volume equivalente a mil litros [símb.: *kl*]

qui.lom.bo *s.m.* HIST *B* povoação onde se escondiam escravos fugidos do cativeiro, indígenas e brancos marginalizados, dotada de organização interna

qui.lom.bo.la *s.m. B* escravo fugido para o quilombo

qui.lo.me.tra.gem [pl.: *-ens*] *s.f.* **1** extensão medida em quilômetros **2** quantidade de quilômetros rodados por um veículo

qui.lô.me.tro *s.m.* **1** unidade de comprimento equivalente a mil metros [símb.: *km*] **2** *B* ponto da estrada localizado entre dois marcos de quilometragem

qui.lo.watt *s.m.* ELETR FÍS unidade de potência equivalente a mil watts [símb.: *kW*]

qui.lo.watt-ho.ra [pl.: *quilowatts-horas* e *quilowatts-hora*] *s.m.* ELETR FÍS unidade de energia us. para indicar o consumo de instalações elétricas [símb.: *kWh*]

quim.bun.do *adj.s.m.* LING diz-se de ou língua da família banta, falada em Angola

qui.me.ra *s.f.* **1** MIT monstro mitológico com cabeça de leão, corpo de cabra e cauda de serpente, que lança fogo pelas narinas ☞ inicial maiúsc. **2** qualquer representação de animal fantástico, composto de partes de animais diferentes **3** *fig.* produto da imaginação; ficção, ilusão **4** *fig.* sonho, esperança ou projeto geralmente irrealizável; utopia ~ **quimérico** *adj.*

quí.mi.ca *s.f.* **1** ciência que estuda a composição da matéria, suas propriedades e leis **2** *fig.* entendimento, interação em um relacionamento ▣ **q. inorgânica** QUÍM estudo de todos os elementos químicos e seus compostos, exceto os que contenham cadeias de carbonos • **q. orgânica** QUÍM estudo dos compostos que contêm cadeias de carbono

quí.mi.co *adj.* **1** que se faz conforme as leis da química ■ *s.m.* **2** quem se dedica ao estudo da química

qui.mio.te.ra.pi.a *s.f.* MED uso de substâncias químicas para tratamento de enfermidades, esp. o câncer ~ **quimioterápico** *adj.*

qui.mo *s.m.* FISL produto parcial da digestão do bolo alimentar, que passa do estômago para o duodeno

qui.mo.no *s.m.* VEST túnica longa, traspassada e presa com uma faixa, do vestuário japonês

[1]**qui.na** *s.f.* **1** qualquer conjunto de cinco unidades de mesma natureza **2** *B* modalidade de loteria que premia o apostador que acertar um total de cinco números [ORIGEM: do lat. *quīna* 'de cinco em cinco']

[2]**qui.na** *s.f.* extremidade aparente de um ângulo saliente; aresta, esquina [ORIGEM: de *esquina*]

[3]**qui.na** *s.f.* BOT **1** nome comum a árvores e arbustos cujas cascas são ricas em quinino e us. contra a malária **2** essa casca [ORIGEM: duv., talvez do esp. *quina* 'id.'] ~ **quinado** *adj.*

qui.nau *s.m.* **1** correção de erro; emenda, lição **2** *p.ext.* marca de correção em texto escrito

quin.dim [pl.: *-ins*] *s.m.* CUL *B* doce feito de gema de ovo, açúcar e coco

quin.gen.té.si.mo /qü/ *n.ord.* **1** (o) que ocupa, numa sequência, a posição número 500 ■ *n.frac.* **2** (o) que é 500 vezes menor que a unidade

qui.nhão [pl.: *-ões*] *s.m.* **1** o que cabe ou deveria caber a uma pessoa ou coisa **2** *fig.* destino, sorte

qui.nhen.tos *n.card.* **1** quatrocentos mais cem **2** diz-se desse número *<memorando de número q.>* **3** diz-se do quingentésimo elemento de uma série *<cadeira q.>* **4** que equivale a essa quantidade (diz-se de medida ou do que é contável) *<q. vagas para mecânicos>* ■ *s.m.2n.* **5** representação gráfica desse número ☞ em algarismos arábicos, *500*; em algarismos romanos, *D* ◉ GRAM/USO seguido do conectivo *e* antes das dezenas e unidades, forma os numerais cardinais entre 500 e 600

qui.ni.na *s.f.* ou **qui.ni.no** *s.m.* FARM substância extraída da [3]quina, us. contra a malária, como relaxante muscular etc.

quin.qua.ge.ná.rio /qü/ *adj.s.m.* que(m) tem entre 50 e 59 anos de idade

quin.qua.gé.si.mo /qü/ *n.ord.* **1** (o) que, numa sequência, ocupa a posição número 50 ■ *n.frac.* **2** (o) que é 50 vezes menor que a unidade

quin.quê.nio /qü...qü/ *s.m.* período de cinco anos ~ **quinquenal** *adj.2g.*

quin.qui.lha.ri.a *s.f.* objeto de pouco ou nenhum valor ou utilidade; bugiganga ☞ mais us. no pl.

[1]**quin.ta** *s.f.* propriedade rural, com moradia [ORIGEM: lat. *quintāna,ae* 'pequeno mercado']

[2]**quin.ta** *s.f.* red. de ***QUINTA-FEIRA***

quin.ta-co.lu.na [pl.: *quintas-colunas*] *s.2g.* **1** indivíduo que espiona ou faz propaganda subversiva em país prestes a entrar ou já em guerra com outro ■ *s.f.* **2** a classe desses indivíduos ~ **quinta-colunismo** *s.m.* - **quinta-colunista** *adj.2g.s.2g.*

quin.ta-es.sên.cia [pl.: *quintas-essências*] ou **quin.tes.sên.cia** *s.f.* o essencial, o mais puro, o melhor ou o principal de algo

quin.ta-fei.ra [pl.: *quintas-feiras*] *s.f.* quinto dia da semana, a partir de domingo

quin.tal [pl.: *-ais*] *s.m.* terreno atrás de uma casa ou junto a ela

quin.tes.sên.cia *s.f.* → *QUINTA-ESSÊNCIA*

quin.te.to /ê/ *s.m.* MÚS **1** música para cinco vozes ou instrumentos **2** conjunto de cinco músicos

quin.ti.lha *s.f.* LIT estrofe de cinco versos, ger. de sete sílabas

quin.ti.li.ão [pl.: *-ões*] ou **quin.ti.lhão** [pl.: *-ões*] *n.card.* mil quatriliões (10^{18})

quin.to *n.ord.* **1** (o) que, numa sequência, ocupa a posição número cinco ■ *n.frac.* **2** (o) que é cinco vezes menor que a unidade ■ *s.m.* HIST **3** imposto do período colonial correspondente à quinta parte do ouro, prata e diamantes extraídos do solo brasileiro ▼ ***quintos*** *s.m.pl. infrm.* **4** área mais afastada; confins

quin.tu.pli.car *v.* {mod. 1} *t.d.* **1** multiplicar(-se) por cinco □ *t.d.,int. e pron.* **2** tornar(-se) cinco vezes maior

quín.tu.plo *n.mult. (adj.s.m.)* **1** (o) que é cinco vezes maior ■ *adj.* **2** composto por cinco elementos *<lista q.>* ▼ ***quíntuplos*** *s.m.pl.* **3** cinco irmãos nascidos do mesmo parto

quin.ze *n.card.* **1** catorze mais um **2** diz-se desse número *<ofício número q.>* **3** diz-se do décimo quinto elemento de uma série *<capítulo q.>* **4** que equivale a essa quantidade (diz-se de medida ou do que é contável) *<q. litros de leite>* ■ *s.m.* **5** representação gráfica desse número ☞ em algarismos arábicos, *15*; em algarismos romanos, *XV*

quin.ze.na *s.f.* **1** período de 15 dias seguidos **2** conjunto de 15 unidades de igual natureza

quin.ze.nal [pl.: *-ais*] *adj.2g.* **1** relativo a quinzena ('período') **2** que se realiza, surge de 15 em 15 dias

qui.os.que *s.m.* **1** pavilhão em estilo oriental, instalado em parques e jardins **2** *p.ext.* pequena construção em lugares públicos, ger. destinada à venda de cigarros, bebidas, lanches etc.

qui.pro.quó /qü/ *s.m.* **1** equívoco que consiste em tomar-se uma coisa por outra **2** a confusão criada por esse equívoco

qui.re.ra *s.f.* **1** *B* no preparo da farinha de mandioca, o resíduo grosseiro que não passa pela peneira **2** milho quebrado que se dá a aves

qui.ro.man.ci.a *s.f.* adivinhação segundo as linhas e os sinais da mão ~ **quiromante** *adj.2g.s.2g.*

qui.ro.prá.ti.ca *s.f.* MED **1** terapia que busca curar doenças pela manipulação das estruturas do corpo, esp. da coluna vertebral; quiropraxia **2** tratamento de doenças pela manipulação das vértebras; quiropraxia ~ **quiroprático** *adj.s.m.*

qui.ro.pra.xi.a /cs/ *s.f.* MED quiroprática

qui.róp.te.ro *s.m.* ZOO **1** espécime dos quirópteros, ordem de mamíferos conhecidos vulgarmente como morcegos ■ *adj.* **2** relativo a essa ordem de mamíferos

quis.to *s.m.* MED cisto

qui.ta.ção [pl.: *-ões*] *s.f.* **1** pagamento de dívida, obrigação ou encargo **2** documento que atesta esse pagamento; recibo

qui.tan.da *s.f.* **1** estabelecimento que vende frutas, legumes, ovos etc. **2** tabuleiro em que o ambulante carrega e expõe mercadorias

qui.tan.dei.ro *s.m.* dono ou empregado de quitanda

qui.tar *v.* {mod. 1} *t.d.,t.d.i. e pron.* **1** (prep. *com, de*) livrar(-se) [de dívida ou obrigação]; desobrigar(-se) *<q. as dívidas> <quitou-o da obrigação> <q.-se com o credor>* □ *t.d.* **2** evitar (ger. algo desagradável) *<q. discussões>* **3** desistir de; renunciar *<q. a luta>* □ *pron.* **4** (prep. *de*) separar-se, divorciar-se

qui.te *adj.2g.* **1** livre de dívida **2** *p.ext.* desobrigado de compromisso, promessa, dívida moral

qui.ti.na *s.f.* BIOQ substância insolúvel, resistente, parte integrante do esqueleto externo de certos insetos e crustáceos, entre outros animais ~ **quitinoso** *adj.*

qui.ti.ne.te *s.f.* pequeno apartamento de sala e quarto reunidos em único cômodo, com banheiro e cozinha minúscula

qui.tu.te *s.m.* *B* comida apetitosa; acepipe, petisco

qui.tu.tei.ro *adj.s.m.* *B* **1** que(m) faz quitutes ■ *adj.* **2** relativo a quitute

quiu.í *s.m.* BOT **1** fruta oval de casca peluda, polpa verde e sementes pretas; quivi **2** árvore que dá essa fruta; quivi

qui.vi *s.m.* **1** BOT quiuí **2** ZOO nome comum a aves noturnas e não voadoras da Nova Zelândia, que constroem seus ninhos em tocas

qui.xo.te *s.m.* indivíduo ingênuo e bom, que luta inutilmente contra as injustiças ~ **quixotada** *s.f.* - **quixotismo** *s.m.*

qui.xo.tes.co /ê/ *adj.* **1** que diz respeito a D. Quixote, protagonista do romance *El Ingenioso Hidalgo Don Quixote de la Mancha* (1605-1615), do escritor espanhol Miguel de Cervantes Saavedra (1547-1616) **2** *p.ext.* que é generosamente impulsivo, sonhador, romântico, nobre, mas desligado da realidade **3** *fig.* característico ou próprio de fanfarrão

qui.zi.la *s.f.* **1** aversão espontânea, irracional, gratuita por alguém ou algo; antipatia **2** sensação de impaciência; aborrecimento **3** conflito de interesses; briga, rixa ~ **quizilar** *v.t.d.,int. e pron.* - **quizilento** *adj.*

quo.ci.en.te ou **co.ci.en.te** *s.m.* MAT resultado de uma divisão ▣ **q. de inteligência** PSIC valor obtido pela divisão da idade mental de um indivíduo por sua idade cronológica, multiplicado por 100 [sigla: *Q.I.*]

quó.rum [pl.: *-uns*] *s.m.* número mínimo obrigatório de pessoas para que uma assembleia possa funcionar

quo.ta *s.f.* → *COTA*

quo.ta-par.te [pl.: *quotas-partes*] *s.f.* → *COTA-PARTE*

quo.ti.di.a.no *adj.s.m.* → *COTIDIANO*

quo.tis.ta *adj.2g.s.2g.* → *COTISTA*

quo.ti.zar *v.* {mod. 1} *t.d. e pron.* → *COTIZAR*

Q

Rr

r *s.m.* **1** 18ª letra (consoante) do nosso alfabeto ■ *n.ord. (adj.2g.2n.)* **2** diz-se do 18º elemento de uma série *<casa R>* *<item 1r>* ☞ empr. após um substantivo ou numeral ◉ GRAM/USO na acp. s.m., pl.: *rr*

Ra QUÍM símbolo de [2]*rádio*

rã *s.f.* ZOO anfíbio sem cauda e de pele lisa, cujos membros posteriores são desenvolvidos para o salto e a natação, e que vive perto de rios, lagoas ou brejos; jia

ra.ba.da *s.f.* **1** parte traseira do tronco de gado bovino e ovino **2** CUL *B* prato feito com rabo de boi **3** rabadilha ~ **rabadela** *s.f.*

ra.ba.di.lha *s.f.* ZOO parte posterior do corpo de peixes, aves e mamíferos; rabada

[1]**ra.ba.na.da** *s.f.* pancada com o rabo ou a cauda [ORIGEM: duv., talvez de *rabo* + *abanada* (fem. substv. de *abanado*)]

[2]**ra.ba.na.da** *s.f.* CUL iguaria feita de fatia de pão embebida em leite açucarado, passada no ovo e frita; fatia de parida [ORIGEM: duv., talvez de *rábano* + *-ada*]

ra.ba.ne.te /ê/ *s.m.* BOT **1** tipo de rábano com raiz curta **2** raiz dessa planta, de sabor picante, apreciada em saladas

rá.ba.no *s.m.* BOT designação comum a ervas da fam. das crucíferas, com raízes comestíveis de coloração branca, vermelha ou preta

ra.be.ar *v.* {mod. 5} *int.* **1** agitar (animal) a cauda ☞ nesta acp., só us. nas 3ªs p., exceto quando fig. **2** fazer movimentos similares ao rabeio do animal **3** rebolar, saracotear **4** *B infrm.* derrapar nas rodas traseiras (automóvel) ~ **rabeio** *s.m.*

ra.be.ca *s.f.* MÚS **1** instrumento medieval que deu origem ao violino **2** *B* espécie de violino rudimentar us. em manifestações folclóricas

ra.be.cão [pl.: *-ões*] *s.m.* **1** *B* furgão em que se transportam cadáveres **2** MÚS *infrm.* contrabaixo

ra.bei.ra *s.f.* **1** sobra dos grãos, depois de peneirados **2** *infrm.* o último ou o grupo dos últimos em corrida, fila etc.

ra.bi *s.m.* REL rabino

ra.bi.ça *s.f.* guidão de arado

ra.bi.cho *s.m.* **1** tira de couro que vai da sela ao rabo da cavalgadura **2** trancinha pendente da nuca **3** *infrm.* namoro **4** tubo flexível us. para passagem de água ou gás

ra.bi.có *adj.2g.* sem cauda ou que possui apenas uma parte dela (diz-se de animal); suro

rá.bi.co *adj.* relativo a raiva ('doença')

ra.bi.no *s.m.* REL líder religioso de comunidade judaica; rabi

ra.bis.car *v.* {mod. 1} *t.d. e int.* **1** fazer em (superfície) sinais sem sentido ou desenhos indefinidos, mal traçados; riscar □ *t.d.* **2** escrever de forma pouco legível **3** anotar rapidamente *<r. um recado>*

ra.bis.co *s.m.* **1** desenho malfeito; garatuja ■ *s.m.pl.* **2** letras ilegíveis; garranchos **3** textos escritos apressadamente

ra.bo *s.m.* **1** cauda ('apêndice') **2** *fig.* cauda ('parte posterior') *<r. do avião>* **3** *gros.* conjunto das nádegas e/ou o ânus ▣ **meter o r. entre as pernas** *fig. infrm.* tornar-se ou mostrar-se amedrontado, tímido ou dócil • **olhar com o r. do olho** *infrm.* olhar de lado • **ter o r. preso** *fig. B infrm.* ter algo a esconder, por ter agido de modo criminoso ou eticamente incorreto

ra.bo de ar.rai.a [pl.: *rabos de arraia*] *s.m.* golpe de capoeira que procura acertar a parte superior do corpo do oponente

ra.bo de ca.va.lo [pl.: *rabos de cavalo*] *s.m.* penteado em que os cabelos são atados na parte de trás da cabeça, pendendo como uma cauda de cavalo

ra.bo de pa.lha [pl.: *rabos de palha*] *s.m.* má reputação

ra.bo de sai.a [pl.: *rabos de saia*] *s.m. B infrm.* **1** mulher **2** *CE* espécie de busca-pé pequeno

ra.bu.gen.to *adj. fig.* mal-humorado e resmungão

ra.bu.gi.ce *s.f.* mau humor característico de quem é rabugento

ra.bu.jar *v.* {mod. 1} *int.* **1** mostrar mau humor **2** teimar e/ou choramingar (esp. criança)

rá.bu.la *s.2g.* **1** *pej.* advogado que usa artifícios para conseguir vantagens para o seu cliente **2** *B* quem advoga sem ser formado em direito

ra.ça *s.f.* **1** classificação de grupos humanos por seus traços físicos hereditários (cor de pele, tipo de cabelo etc.) ☞ conceito hoje rejeitado **2** *p.ext.* coletividade de indivíduos unidos por semelhanças socioculturais *<a r. brasileira>* **3** ZOO cada grupo em que se subdividem certas espécies animais **4** *fig. B infrm.* empenho, garra

ra.ção [pl.: *-ões*] *s.f.* **1** porção de alimento destinada a uma pessoa ou um animal **2** comida para animais

ra.cha *s.f.* **1** fenda ou sulco causado por ruptura; rachadura ■ *s.m. B infrm.* **2** corrida ilegal de carros; pega **3** cisão, separação **4** FUTB jogo de futebol entre amadores; pelada

ra.cha.du.ra *s.f.* racha

ra.char *v.* {mod. 1} *t.d.,int. e pron.* **1** (fazer) ficar com fendas, aberturas; fender(-se) *<o calor do sol rachou o asfalto> <o vaso rachou(-se)>* □ *t.d.* **2** dividir no sentido do comprimento *<r. uma tora>* **3** deixar em pedaços, lascas; lascar, partir *<r. lenha>* □ *t.d. e t.d.i. B* **4** (prep. *com*) dividir proporcionalmente (entre duas ou mais pessoas); repartir *<r. a conta (do bar)>* ~ **rachador** *adj.s.m.*

ra.ci.al [pl.: *-ais*] *adj.2g.* **1** referente a raça **2** característico de uma raça *<os traços r. dos índios brasileiros>*

ra.cio.ci.nar *v.* {mod. 1} *t.i. e int.* **1** (prep. *em, sobre*) fazer uso da razão para entender, calcular, julgar, estabelecer relações; refletir *<raciocinava sobre a melhor solução para o problema> <não conseguia r. naquela balbúrdia>* □ *t.d.* **2** pensar, ponderar, considerar *<raciocinou que havia vantagens>*

ra.cio.cí.nio *s.m.* **1** encadeamento mental de argumentos para concluir algo **2** capacidade de raciocinar

ra.cio.nal [pl.: *-ais*] *adj.2g.* **1** dotado de ou conforme à razão **2** que demonstra bom senso **3** em que há coerência, lógica **4** MAT cuja expressão exata é a razão entre dois inteiros (diz-se de número) ■ *s.m.* **5** MAT número racional ~ **racionalidade** *s.f.*

ra.cio.na.lis.mo *s.m.* doutrina segundo a qual todo conhecimento é oriundo da razão e não depende da experiência ~ **racionalista** *adj.2g.s.2g.*

ra.cio.na.li.zar *v.* {mod. 1} *t.d.* **1** tornar mais racional, reflexivo *<o estudo o racionalizou>* **2** buscar entender ou explicar de maneira racional, lógica *<r. as emoções>* **3** tornar mais eficaz (trabalho, sistema etc.) usando raciocínio e método ~ **racionalização** *s.f.*

ra.cio.na.men.to *s.m.* **1** ato ou efeito de racionar **2** distribuição ou venda controlada de certos alimentos ou bens escassos, determinada pelas autoridades governamentais para assegurar uma divisão mais justa entre os consumidores ou usuários

ra.cio.nar *v.* {mod. 1} *t.d.* **1** distribuir em quantidades limitadas *<racionaram a água do prédio>* **2** limitar a porções controladas a venda de *<o governo racionou a carne>* **3** usar com moderação; poupar *<r. o consumo de energia elétrica>*

ra.cis.mo *s.m.* crença de que gente de algumas culturas, etnias ou grupos sociais seja inferior a outros, e o comportamento preconceituoso que resulta dessa crença *<no Brasil, r. é crime>*

ra.cis.ta *adj.2g.* **1** relativo a racismo ■ *adj.2g.s.2g.* **2** partidário do racismo

ra.dar [pl.: *-es*] *s.m.* aparelho que localiza objetos por meio de ondas radioelétricas

ra.di.a.ção [pl.: *-ões*] *s.f.* **1** ato de radiar ou o seu efeito **2** FÍS emissão de energia por meio de ondas ou partículas **3** FÍS essa energia

ra.di.a.dor /ô/ [pl.: *-es*] *s.m.* **1** dispositivo para aquecer ambientes; aquecedor **2** dispositivo us. para resfriar um motor ■ *adj.* **3** que radia

ra.di.al [pl.: *-ais*] *adj.2g.* **1** que emite raios **2** ANAT referente ao [1]rádio ■ *s.f.* **3** avenida ou rua que liga o centro de uma cidade à sua periferia

ra.di.a.lis.ta *adj.2g.s.2g.* profissional de rádio ou televisão que organiza programas ou os apresenta

ra.di.a.ma.dor /ô/ [pl.: *-es*] *adj.s.m.* → ***RADIOAMADOR***

ra.di.an.te *adj.2g.* **1** FÍS que se propaga através de radiação **2** *p.ext.* brilhante, cintilante **3** *fig.* tomado por sentimento bom e intenso *<r. de alegria>*

ra.di.ar *v.* {mod. 1} *int.* **1** lançar raios de luz ou calor *<as estrelas radiavam no céu>* **2** *p.ext.* brilhar, fulgir □ *t.d.,t.i. e t.d.i. fig.* **3** (prep. *a, de*) transmitir ou ser transmitido de forma viva; irradiar *<r. alegria (a todos)> <a alegria radia dele>*

ra.di.a.ti.vi.da.de *s.f.* → ***RADIOATIVIDADE***

ra.di.a.ti.vo *adj.* → ***RADIOATIVO***

ra.di.cal [pl.: *-ais*] *adj.2g.* **1** relativo a raiz ou a origem **2** distante do que é usual **3** *B infrm.* perigoso ou que exige grande destreza *<esportes r.>* ■ *adj.2g.s.2g.* **4** adepto do radicalismo ■ *s.m.* **5** MAT símbolo que indica a extração de raiz algébrica **6** GRAM parte invariável de uma palavra à qual se justapõem os afixos de derivação e flexão **7** QUÍM grupo de átomos de uma substância que não se alteram depois de determinadas reações químicas ▣ **r. livre** QUÍM radical químico com um ou mais elétrons desemparelhados

ra.di.ca.lis.mo *s.m.* **1** POL sistema político que visa à transformação imediata e completa da organização social **2** conduta inflexível ~ **radicalista** *adj.2g.s.2g.*

ra.di.ca.li.zar *v.* {mod. 1} *t.d.,int. e pron.* adotar postura, ponto de vista etc. extremado, inflexível, drástico em relação a *<o jornal radicalizou o ataque ao político> <radicaliza para saber até onde pode chegar> <o protesto radicalizou-se>* ~ **radicalização** *s.f.*

ra.di.can.do *s.m.* MAT número ou expressão algébrica sob o radical

ra.di.car *v.* {mod. 1} *t.d.,t.d.i. e pron.* **1** (prep. *em, entre*) estabelecer(-se) de maneira profunda; arraigar(-se) *<aquela família radica a solidariedade> <r. a paz entre os povos> <alguns cultos africanos radicaram-se no país>* □ *pron.* **2** fixar residência; estabelecer-se *<r.-se no campo>* ~ **radicação** *s.f.*

ra.dí.cu.la *s.f.* BOT **1** pequena raiz **2** parte do embrião de plantas com semente que dá origem à raiz primária ◉ GRAM/USO dim.irreg. de *raiz*

ra.di.e.le.tri.ci.da.de *s.f.* → ***RADIOELETRICIDADE***

[1]**rá.dio** *s.m.* ANAT osso longo da parte externa do antebraço [ORIGEM: do lat. *radĭus,ĭi* 'id.']

[2]**rá.dio** *s.m.* QUÍM elemento químico radiativo us. no tratamento de câncer e em radiografia [símb.: *Ra*] ☞ cf. *tabela periódica* (no fim do dicionário) [ORIGEM: do lat.cien. *radium*]

R

[3]rá.dio *s.m.* **1** aparelho que recebe e/ou transmite sinais radiofônicos ■ *s.f.* RÁD **2** local com instalações destinadas à transmissão de programas por ondas hertzianas; estação de rádio, radiodifusora [ORIGEM: red. de *radiofonia*]

ra.dio.a.ma.dor /ô/ [pl.: *-es*] ou **ra.di.a.ma.dor** /ô/ [pl.: *-es*] *adj.s.m.* que(m) opera aparelho de [3]rádio de ondas curtas não comercial

ra.dio.a.ti.vi.da.de ou **ra.di.a.ti.vi.da.de** *s.f.* FÍS desintegração espontânea do núcleo de certos elementos, com emissão de radiação

ra.dio.a.ti.vo ou **ra.di.a.ti.vo** *adj.* FÍS que tem radioatividade

ra.dio.di.fu.são [pl.: *-ões*] *s.f.* **1** TEL transmissão de ondas de rádio **2** RÁD TV transmissão de programas de televisão e de [3]rádio por meio de radiofonia

ra.dio.di.fu.so.ra /ô/ *s.f.* RÁD estação de radiodifusão; radioemissora

ra.dio.e.le.tri.ci.da.de ou **ra.di.e.le.tri.ci.da.de** *s.f.* FÍS ramo da física que estuda as ondas de rádio e suas aplicações na transmissão de sons e mensagens

ra.dio.e.lé.tri.co *adj.* **1** relativo a radioeletricidade **2** que utiliza ondas radioelétricas

ra.dio.e.mis.so.ra /ô/ *s.f.* RÁD radiodifusora

ra.dio.fo.ni.a *s.f.* TEL sistema de transmissão de sons por meio de ondas de rádio ~ **radiofônico** *adj.*

ra.dio.gra.fi.a *s.f.* **1** processo de produção de uma imagem fotográfica utilizando raios X **2** a imagem obtida por esse processo ~ **radiografar** *v.t.d.* - **radiográfico** *adj.*

ra.dio.gra.ma *s.m.* TEL **1** comunicação feita através de radiotelegrafia **2** telegrama transmitido por [3]rádio; radiotelegrama

ra.dio.jor.na.lis.mo *s.m.* JOR forma de jornalismo que utiliza o [3]rádio como veículo de transmissão ~ **radiojornalista** *adj.2g.*

ra.di.o.la *s.f.* aparelho que conjuga [3]rádio e vitrola; rádio-vitrola

R

ra.dio.lo.gi.a *s.f.* **1** FÍS estudo científico de substâncias radioativas e das radiações **2** MED uso de radiações no diagnóstico e tratamento de doenças ~ **radiológico** *adj.*

ra.dio.lo.gis.ta *adj.2g.s.2g.* MED especialista em radiologia

ra.dio.no.ve.la *s.f.* RÁD novela veiculada por [3]rádio

rá.dio-o.pa.co [pl.: *rádio-opacos*] ou **ra.di.o.pa.co** *adj.* impermeável aos raios X ou a outras formas de energia radiante

rá.dio-o.pe.ra.dor /ô/ [pl.: *rádio-operadores*] ou **ra.di.o.pe.ra.dor** /ô/ [pl.: *-es*] *adj.s.m.* RÁD operador de transmissor de [3]rádio

ra.di.o.pa.co *adj.* → **RÁDIO-OPACO**

ra.dio.pa.tru.lha *s.f.* **1** sistema de policiamento em que uma estação e viaturas se comunicam por [3]rádio **2** veículo policial dotado desse sistema

ra.di.o.pe.ra.dor /ô/ [pl.: *-es*] *adj.s.m.* → **RÁDIO-OPERADOR**

rá.dio-re.ló.gio [pl.: *rádios-relógios* e *rádios-relógio*] *s.m.* aparelho que conjuga as funções de [3]rádio e relógio

ra.di.os.co.pi.a *s.f.* MED exame de órgão através da imagem produzida por raios X numa tela especial ~ **radioscópico** *adj.*

ra.di.o.so /ô/ [pl.: /ó/; fem.: /ó/] *adj.* **1** que emite raios de luz; brilhante **2** *fig.* que mostra muita alegria; radiante

ra.dio.tá.xi /cs/ *s.m.* táxi equipado com aparelho de [3]rádio, por meio do qual é informado sobre o local e a hora das corridas a serem realizadas

ra.dio.te.le.fo.ni.a *s.f.* TEL sistema de telefonia por meio de ondas de rádio ~ **radiotelefônico** *adj.*

ra.dio.te.le.gra.fi.a *s.f.* TEL telegrafia por meio de ondas de rádio ~ **radiotelegráfico** *adj.*

ra.dio.te.ra.pi.a *s.f.* MED emprego de raios X ou de outros tipos de radiação no tratamento de doenças ~ **radioterapêutico** *adj.* - **radioterápico** *adj.*

ra.dio.trans.mis.são [pl.: *-ões*] *s.f.* TEL transmissão de sinais através do espaço em frequências de rádio, por meio de ondas eletromagnéticas irradiadas

ra.dio.trans.mis.sor /ô/ [pl.: *-es*] *adj.s.m.* TEL (aparelho) us. para transmitir ondas de rádio ~ **radiotransmitir** *v.t.d.*

ra.di.ou.vin.te *s.2g.* indivíduo que ouve programas de emissoras de rádio

rá.dio-vi.tro.la [pl.: *rádios-vitrolas* e *rádios-vitrola*] *s.f.* radiola

ra.dô.nio *s.m.* QUÍM elemento químico radiativo, da família dos gases nobres, us. no tratamento do câncer [símb.: *Rn*] ☞ cf. *tabela periódica* (no fim do dicionário)

ra.fei.ro *adj.s.m.* (cão) que guarda gado

rá.fia *s.f.* **1** BOT palmeira alta de cujas longas folhas se extrai fibra **2** essa fibra

ra.gu *s.m.* CUL ensopado de carne com legumes e muito molho

[1]rai.a *s.f.* ZOO arraia [ORIGEM: do lat. *răia* ou *răja,ae* 'id.']

[2]rai.a *s.f.* **1** linha, listra **2** linha de demarcação; limite, fronteira **3** pista de corrida de cavalos **4** ESP divisão longitudinal de uma piscina, para fins de competições [ORIGEM: do lat. *radĭus,i* 'raio']

[1]rai.ar *v.* {mod. 1} *t.d. e t.d.i.* **1** (prep. *de, com*) fazer riscas, linhas em; riscar *<a tinta raiou as calças do menino> <r. uma pista de amarelo>* ☐ *t.i. fig.* **2** (prep. *a*) estar próximo a; beirar *<ato que raia à loucura>* [ORIGEM: [2]*raia* + [2]*-ar*]

[2]rai.ar *v.* {mod. 1} *t.d. e int.* **1** emitir (luz, brilho); brilhar *<o abajur raiava uma leve claridade> <era dia, mas a Lua já raiava>* ☐ *int.* **2** surgir no horizonte; nascer *<o dia já raiou>* **3** *fig.* chegar, surgir *<uma nova era raiou>* [ORIGEM: *raio* + [2]*-ar*]

ra.i.nha *s.f.* **1** soberana de um reino **2** esposa ou viúva de rei **3** *fig.* a que se destaca, a mais importante *<r. do baile>* **4** ZOO fêmea fértil da colônia de certos insetos, como abelhas, formigas, cupins e vespas **5** RECR peça do jogo de xadrez que se movimenta em qualquer direção, avançando qualquer número de casas

rai.o *s.m.* **1** MET descarga elétrica na atmosfera, acompanhada de relâmpago e trovão **2** linha de luz que parte de um foco **3** GEOM reta que vai do centro a qualquer ponto de um círculo ou esfera **4** distância que se estende em todas as direções, a partir de um ponto de origem ■ *interj.* **5** expressa contrariedade, irritação, impaciência (tb. us. no pl.) ▣ **raios X** FÍS radiação eletromagnética capaz de atravessar sólidos

rai.om [pl.: *-ons*] *s.m.* **1** qualquer uma de várias fibras ou filamentos sintéticos feitos de celulose **2** tecido de seda feito com qualquer uma dessas fibras ou filamentos

rai.va *s.f.* **1** sentimento de ira, fúria **2** MED doença que afeta o sistema nervoso central, transmitida pela mordida de certos animais infectados, como cães, gatos, morcegos etc.; hidrofobia

rai.vo.so /ô/ [pl.: /ó/; fem.: /ó/] *adj.* **1** dominado por ira ou intensa irritação; furioso **2** que sofre de raiva ('doença'); hidrófobo

ra.iz [pl.: *-es*] *s.f.* **1** base ou parte inferior de algo *<r. da unha>* **2** BOT órgão da planta ger. fixo ao solo, de onde ela tira nutrientes **3** GRAM parte do vocábulo quando dele se retiram todos os afixos **4** *fig.* fonte, origem **5** MAT valor da incógnita que resolve uma equação **6** MAT número que elevado ao índice do radical reproduz o radicando ◉ GRAM/USO dim.irreg.: *radícula* ▣ **r. quadrada** MAT aquela cujo índice é dois

ra.iz-for.te [pl.: *raízes-fortes*] *s.f.* BOT **1** planta de origem asiática cuja raiz picante é us. como condimento **2** a raiz dessa planta

ra.já [fem.: *rani*] *s.m.* rei ou príncipe de um estado da Índia

ra.ja.da *s.f.* **1** lufada de vento **2** série de tiros, p.ex. de metralhadora

ra.ja.do *adj.* que apresenta raias, riscos; listrado ~ **rajar** *v.t.d.*

ra.la.dor /ô/ [pl.: *-es*] *s.m.* **1** utensílio que serve para ralar; ralo ■ *adj.* **2** que rala

ra.lar *v.* {mod. 1} *t.d.* **1** cortar em pedaços bem pequenos, friccionando em utensílio próprio ou superfície áspera **2** ferir levemente, raspando ou provocando arranhões; arranhar □ *int.* *B infrm.* **3** trabalhar muito **4** fazer algo com aplicação, seriedade; esforçar-se ~ **raladura** *s.f.*

ra.lé *s.f.* a camada mais baixa da sociedade; escória, escuma, povaréu

ra.lhar *v.* {mod. 1} *t.i. e int.* (prep. *a, com, contra*) repreender severamente, em tom de voz alto *<o professor ralha com os alunos>* *<não se deve r., quando o motivo é fútil>* ~ **ralhação** *s.f.* - **ralho** *s.m.*

ra.li *s.m.* ESP corrida (de automóveis, motos, caminhões) cuja finalidade é testar a habilidade dos pilotos e resistência das máquinas

[1]**ra.lo** *adj.* pouco espesso ou denso [ORIGEM: do lat. *rarus,a,um* 'id.']

[2]**ra.lo** *s.m.* **1** tampa gradeada ou com furos colocada no bocal de uma canalização de esgotos, ao nível do piso ou no fundo de pias, banheiras etc., para permitir o escoamento de águas e impedir entupimentos causados por detritos **2** fundo de uma peneira **3** ralador [ORIGEM: do lat. *rallum,i* 'aparato de tirar terra do arado']

RAM [ing.] *s.f.* INF tipo de memória que retém os dados somente enquanto os circuitos de armazenamento são alimentados com eletricidade; memória volátil ⇒ pronuncia-se rém

ra.ma *s.f.* conjunto dos ramos de uma planta; ramada, ramagem

ra.ma.da *s.f.* **1** rama **2** ornamento feito com ramos **3** cobertura feita com ramos, para abrigo de pessoas ou animais

ra.ma.dã *s.m.* **1** nono mês do calendário islâmico **2** jejum que os muçulmanos praticam durante esse mês

ra.ma.gem [pl.: *-ens*] *s.f.* **1** rama **2** desenho de ramos e folhagem

ra.mal [pl.: *-ais*] *s.m.* **1** conjunto de fios que formam uma corda, um cabo etc. **2** ramificação de uma passagem **3** TEL cada subdivisão de uma rede telefônica

ra.ma.lhe.te /ê/ *s.m.* pequeno ramo de flores; buquê

ra.ma.lho *s.m.* grande ramo cortado de árvore

ra.mei.ra *s.f.* prostituta

ra.mi.fi.ca.ção [pl.: *-ões*] *s.f.* **1** ato ou efeito de ramificar(-se) **2** cada uma das divisões e subdivisões do caule e de outras estruturas vegetais **3** subdivisão de uma associação, grupo, movimento etc.; ramo

ra.mi.fi.car *v.* {mod. 1} *t.d. e pron.* **1** gerar (ramos, raízes) ou dividir-se em ramos *<a planta ramificou raízes>* *<o caule ramificou-se em pouco tempo>* **2** *p.ext.* formar novos eixos, partes etc. a partir de (eixo original); subdividir(-se) *<r. uma estrada>* *<as veias ramificam-se>* □ *pron. fig.* **3** propagar-se, alastrar-se

ra.mo *s.m.* **1** divisão de caule ou galho de planta **2** porção de flores ou folhagem **3** cada uma das famílias formadas a partir de um mesmo tronco **4** parte componente de um todo; divisão, ramificação **5** especialidade de uma ciência ou atividade profissional ~ **ramoso** *adj.*

ra.mo.na *s.f.* *TO GO infrm.* grampo de metal para prender o cabelo

ram.pa *s.f.* plano com aclive ou declive que dá acesso a um edifício, plataforma etc.

ra.ná.rio *s.m.* **1** local de criação de rãs **2** viveiro de rãs

ran.chei.ra *s.f.* **1** DNÇ dança popular no Rio Grande do Sul, oriunda da Argentina **2** MÚS música com que se acompanha essa dança

ran.chei.ro *s.m.* **1** habitante, proprietário ou encarregado de rancho **2** quem cozinha as refeições nos quartéis ou presídios

ran.cho *s.m.* **1** grupo de pessoas reunidas para determinado fim **2** local onde esse grupo se abriga **2.1** casa provisória, cabana ou choupana **3** comida para grande quantidade de pessoas **4** local onde essa comida é servida **4.1** refeitório de quartel **5** espécie de bloco carnavalesco ~ **rancharia** *s.f.*

R

ran.ço *s.m.* **1** decomposição ou modificação que sofre uma substância gordurosa em contato com o ar, e que lhe dá um sabor acre e um cheiro desagradável **2** *fig.* caráter antiquado, ultrapassado **3** *fig.* vestígio, sinal ~ **rançar** *v.int.*

ran.cor /ô/ [pl.: *-es*] *s.m.* **1** desgosto causado por experiência desagradável **2** ódio profundo, não expresso

ran.ço.so /ô/ [pl.: /ó/; fem.: /ó/] *adj.* que tem gosto azedo e cheiro desagradável

ran.ger *v.* {mod. 8} *t.d.* **1** pôr em atrito (os dentes) uns contra os outros, por nervosismo, dor etc. □ *int.* **2** produzir ruído desagradável, esp. devido ao atrito entre peças, objetos etc. ~ **rangedor** *adj.*

ran.gi.do *s.m.* ruído produzido por objeto que range

ran.go *s.m.* *B infrm.* comida, refeição ~ **rangar** *v.t.d. e int.*

ra.nhe.ta /ê/ *adj.2g.s.2g.* que(m) é mal-humorado, intolerante ~ **ranhetice** *s.f.*

ra.nho *s.m.* *infrm.* muco que escorre das narinas ~ **ranhoso** *adj.*

ra.nhu.ra *s.f.* **1** recorte em uma peça de madeira ou metal, para nela encaixar o ressalto de outra peça; entalhe **2** pequeno sulco escavado numa superfície plana

ra.ni *s.f.* esposa de rajá

ra.ni.cul.tu.ra *s.f.* criação de rãs ~ **ranicultor** *adj.s.m.*

ranking [ing.] *s.m.* listagem ordenada de acordo com critérios determinados ⇒ pronuncia-se ranquing

ra.nún.cu.lo *s.m.* BOT planta herbácea, de uso ornamental e medicinal, com caule rastejante e flores de cores diversas

ran.zin.za *adj.2g.s.2g.* que(m) é mal-humorado ~ **ranzinzar** *v.int.*

rap [ing.; pl.: *raps*] *s.m.* MÚS **1** gênero de canção popular em que a letra é declamada ao ritmo de batidas fortes **2** composição desse gênero ⇒ pronuncia-se rép

R

ra.pa *s.m.* **1** *RJ MG* carro de fiscais e policiais que apreendem mercadorias de vendedores ambulantes não licenciados **2** *RJ MG* fiscal ou policial desse tipo ■ *s.f.* **3** resíduo de comida que agarra no fundo da panela; raspa

ra.pa.ci.da.de *s.f.* *frm.* **1** intenção de espoliar, roubar **2** avidez, cobiça

ra.pa.du.ra *s.f.* *B* açúcar mascavo solidificado

ra.pa.gão [pl.: *-ões*] *s.m.* rapaz forte e bonito ◉ GRAM/USO aum.irreg. de *rapaz*

ra.pa.pé *s.m.* **1** ato de arrastar os pés para trás, ao cumprimentar **2** saudação exagerada **3** elogio para obter vantagens; adulação, bajulação

ra.par *v.* {mod. 1} *t.d.* **1** reduzir a migalhas ou lascas com o ralador; ralar **2** tirar certas partes de ou limpar (algo) por meio de fricção; raspar *<r. o chão>* **3** cortar rente o pelo de; raspar □ *pron.* **4** barbear-se ~ **rapador** *adj.s.m.*

ra.pa.ri.ga *s.f.* **1** mulher adolescente; jovem, moça **2** namorada **3** *N.E. MG GO* prostituta

ra.paz [pl.: *-es*; fem.: *rapariga, moça*] *s.m.* homem jovem ◉ GRAM/USO aum.irreg.: *rapagão*; dim.irreg.: *rapazote* ◉ COL rapaziada

ra.pa.zi.a.da *s.f.* grupo de rapazes

ra.pé *s.m.* pó de tabaco para inalar

ra.pel [pl.: *-éis*] *s.m.* em montanhismo, descida vertical com a ajuda de um cabo

ra.pi.da.men.te *adv.* **1** com rapidez, velocidade **2** com pressa **3** o quanto antes **4** em curto espaço de tempo

ra.pi.dez /ê/ [pl.: *-es*] *s.f.* característica do que é rápido; ligeireza

rá.pi.do *adj.* **1** que se movimenta com grande velocidade **2** capaz de realizar tarefas, decidir, raciocinar etc. com prontidão; ágil **3** que assimila, compreende, apreende etc. em pouco tempo **4** de curta duração; breve ■ *adv.* **5** de modo rápido; rapidamente

ra.pi.na *s.f.* roubo praticado com violência; pilhagem ~ **rapinagem** *s.f.* - **rapinar** *v.t.d.*

ra.po.sa /ô/ *s.f.* **1** ZOO mamífero semelhante ao lobo, de pernas curtas e cauda longa e peluda **2** *fig. infrm.* pessoa que age com astúcia ◉ GRAM/USO masc.: *raposo* /ô/

ra.po.si.ce *s.f.* manha, esperteza própria de raposa; astúcia

ra.po.si.no *adj.* **1** próprio de raposa **2** que demonstra astúcia, malícia

rapper [ing.; pl.: *rappers*] *s.2g.* pessoa que canta ou compõe *raps* ⇒ pronuncia-se réper

rap.só.dia *s.f.* **1** LIT trecho de poema épico **2** MÚS peça musical de forma livre com trechos de temas populares ~ **rapsódico** *adj.*

rap.so.do /ó *ou* ô/ *s.m.* **1** pessoa que recita poesias **2** poeta

rap.to *s.m.* ação de levar uma pessoa do local onde se encontra usando violência, ameaça, fraude ou engano ~ **raptar** *v.t.d.*

rap.tor /ô/ [pl.: *-es*] *adj.s.m.* que(m) rapta

ra.que *s.f.* **1** ANAT coluna vertebral **2** ZOO eixo sólido da pena das aves **3** BOT eixo que sustenta flor ou fruto

ra.que.ta.da *s.f.* golpe com raquete

ra.que.te ou **ra.que.ta** /ê/ *s.f.* ESP **1** instrumento constituído de uma moldura presa a um cabo e preenchida por uma rede de fios, us. para impelir bola, peteca etc. **2** lâmina de madeira com formato e uso semelhantes a esse instrumento

ra.qui.a.no *adj.* raquidiano

ra.qui.di.a.no *adj.* relativo a raque *<nervos r.>*

ra.quí.ti.co *adj.s.m.* **1** que(m) sofre de raquitismo ■ *adj. infrm.* **2** pouco desenvolvido; franzino

ra.qui.tis.mo *s.m.* MED doença da infância que acarreta deformações ósseas por carência de vitamina D ~ **raquitizar** *v.t.d.*

ra.ra.men.te *adv.* **1** com pouca frequência **2** de modo ímpar, raro

ra.re.ar *v.* {mod. 5} *t.d. e int.* **1** tornar(-se) menos frequente; rarefazer *<r. os passeios> <suas visitas rarearam>* **2** apresentar(-se) em menor número; diminuir, rarefazer *<a idade rareia os cabelos> <as nuvens rarearam>* ~ **rareamento** *s.m.*

ra.re.fa.zer *v.* {mod. 14} *t.d. e pron.* **1** tornar(-se) menos denso ou menos espesso *<o calor rarefaz o mel> <o gás se rarefez na atmosfera>* **2** rarear ◉ GRAM/USO part.: *rarefeito* ~ **rarefação** *s.f.*

ra.re.fei.to *adj.* que se rarefez; diminuído na densidade

ra.ri.da.de *s.f.* **1** natureza do que é raro **2** coisa difícil de ser encontrada

ra.ro *adj.* **1** que não é comum **2** pouco frequente ■ *adv.* **3** poucas vezes; raramente *<r. adoecia>* ▣ **não r.** com frequência; comumente

ra.sa *s.f.* antiga medida que correspondia aproximadamente ao alqueire

ra.san.te *adj.2g.s.m.* (voo) muito próximo do solo

ra.sar *v.* {mod. 1} *t.d.* **1** medir com rasa **2** nivelar com a rasoura (grãos de um recipiente) **3** tornar plano; igualar, nivelar ~ **rasadura** *s.f.*

ras.can.te *adj.2g.* **1** que deixa um sabor amargo e adstringente na garganta, por excesso de tanino **2** diz-se de som que parece arranhar

ras.cu.nhar *v.* {mod. 1} *t.d.* **1** fazer o rascunho de; esboçar ☐ *int. fig.* **2** fazer riscos ou sinais em algo; riscar

ras.cu.nho *s.m.* esboço não definitivo de qualquer escrito; [1]minuta, borrão

ras.gão [pl.: *-ões*] *s.m.* ato ou efeito de rasgar; rasgo

ras.gar *v.* {mod. 1} *t.d. e pron.* **1** partir(-se) em pedaços irregulares (pano, papel etc.) ☐ *t.d.* **2** golpear (pele, parte do corpo), ferindo muito; dilacerar ☐ *pron. fig.* **3** afligir-se, atormentar-se *<r.-se de raiva>*

ras.go *s.m.* **1** ato ou efeito de rasgar **2** rasgão, arranhão **3** *fig.* ação nobre, feito **4** *fig.* manifestação extraordinária; arroubo

ra.so *adj.* **1** pouco profundo **2** sem elevações ou depressões **3** cuja superfície não apresenta uma parte reentrante; não côncavo **4** cortado junto à base ou à raiz **5** cheio de líquido até as bordas **6** cujo conteúdo não ultrapassa as suas bordas **7** não graduado (soldado) ■ *s.m.* **8** terreno plano; planície **9** *B* local onde a água não é profunda

ra.sou.ra *s.f.* pau cilíndrico com que se tira o cogulo nas medidas de alimentos sólidos (grãos, farinhas etc.) ~ **rasourar** *v.t.d.*

ras.pa *s.f.* parte retirada de um corpo ou superfície em que se passou uma raspadeira ou um instrumento semelhante

ras.pa.dei.ra *s.f.* instrumento ou máquina us. para raspar

ras.pa.di.nha *s.f.* **1** RECR forma de loteria em que se raspa a cartela para descobrir se foi premiada **1.1** *p.ext.* essa cartela **2** CUL doce feito com gelo picado e ger. um xarope de fruta

ras.pão [pl.: *-ões*] *s.m.* ferimento superficial causado por atrito ▣ **de r.** muito perto, tocando ou quase tocando

ras.par *v.* {mod. 1} *t.d. e t.i.* **1** (prep. *em*) tocar, arranhar ou ferir superficialmente *<a bala raspou o braço> <a roda raspou no meio-fio>* ☐ *t.d.* **2** retirar o que restou em ou aderiu a (uma superfície), colhendo ou esfregando com instrumento adequado **3** retirar (o que está grudado), esfregando com instrumento apropriado **4** cortar rente à pele, com navalha; rapar ☐ *pron. infrm.* **5** fugir, escapar ~ **raspadura** *s.f.* - **raspagem** *s.f.*

ras.tei.ra *s.f.* **1** golpe em que se usa um pé ou a perna por entre as pernas do oponente para o desequilibrar e/ou deixá-lo cair **2** *fig.* ação desleal, para obter vantagens; golpe

ras.tei.ro *adj.* **1** que se arrasta pelo chão **2** próximo ao chão; baixo **3** *fig.* ordinário, sem valor

ras.te.jar *v.* {mod. 1} *int.* **1** mover-se tocando o chão; arrastar-se **2** ter comportamento indigno; rebaixar-se ☐ *t.d.* **3** seguir a pista de (caça, fugitivo etc.); rastrear ~ **rastejador** *adj.s.m.* - **rastejante** *adj.2g.* - **rastejo** *s.m.*

ras.te.lo ou **res.te.lo** /ê/ *s.m.* ancinho us. para limpar ou afofar a terra

ras.ti.lho *s.m.* **1** fio coberto de substância inflamável que conduz fogo a um explosivo **2** *fig.* aquilo que é a causa, a origem de evento de forte repercussão

ras.to *s.m.* → ***RASTRO***

ras.tre.a.men.to *s.m.* ato ou efeito de rastrear; rastreio

ras.tre.ar *v.* {mod. 5} *t.d.* **1** seguir o rastro, a pista de; caçar, rastejar **2** fazer investigações a respeito de; inquirir, investigar ~ **rastreio** *s.m.*

ras.tro ou **ras.to** *s.m.* **1** vestígio deixado por pessoa ou animal no seu caminho **2** *fig.* indício, pista ▣ **de rastros** ou **de rastos** arrastando-se pelo chão

ra.su.ra *s.f.* **1** risco ou raspagem feito em um texto, documento etc., para tornar inválidas ou ilegíveis palavras ali contidas, ou substituí-las por outras **2** aquilo que se risca ou raspa num texto ou documento

ra.su.rar *v.* {mod. 1} *t.d.* fazer rasuras em

[1]**ra.ta** *s.f.* fêmea do rato; ratazana [ORIGEM: fem. de *rato*]

[2]**ra.ta** *s.f.* *B infrm.* ato ou dito inconveniente, indiscreto, que expõe seu autor ao ridículo; gafe [ORIGEM: prov. de *ratão* 'indivíduo extravagante']

ra.ta.plã *s.m.* toque do tambor

ra.ta.ri.a *s.f.* grande quantidade de ratos

ra.ta.za.na *s.f.* ZOO **1** roedor de até 27 cm de comprimento, encontrado em todo o mundo em locais úmidos (esgotos, pântanos etc.) **2** fêmea do rato ◉ GRAM/USO aum.irreg. de *rato*

[1]**ra.te.ar** *v.* {mod. 5} *t.d. e t.d.i.* (prep. *entre*) dividir proporcionalmente; repartir, rachar [ORIGEM: do rad. do lat. *ratus,a,um* 'calculado' + *-ear*]

[2]**ra.te.ar** *v.* {mod. 5} *int.* não funcionar ou funcionar mal (motor, mecanismo) [ORIGEM: do fr. *rater* 'fracassar']

ra.tei.o *s.m.* divisão proporcional; repartimento

ra.ti.ci.da *adj.2g.s.m.* (substância) que mata ratos

ra.ti.fi.car *v.* {mod. 1} *t.d.* **1** declarar como válido (dito, situação anterior); confirmar **2** mostrar como verdadeiro; comprovar ☞ cf. *retificar* ~ **ratificação** *s.f.*

ra.to *s.m.* **1** ZOO roedor encontrado em todo o mundo, responsável pela transmissão de diversas doenças, como a peste bubônica **2** *fig. pej.* pessoa que pratica furtos em locais públicos **3** *fig. pej.* canalha ◉ GRAM/USO aum.irreg.: *ratazana* ◉ COL rataria

ra.to.ei.ra *s.f.* **1** armadilha para ratos **2** *fig.* artifício para enganar alguém

rave [ing.; pl.: *raves*] *s.f.* grande festa de dança com música eletrônica, ger. realizada em espaços abertos afastados dos centros urbanos ⇒ pronuncia-se rêive

ra.vi.na *s.f.* **1** escoamento de grande quantidade de água por uma encosta **2** depressão no solo produzida por esse escoamento; barranco

ra.vi.ó.li *s.m.* CUL **1** massa alimentícia em quadradinhos recheados **2** prato preparado com essa massa

ra.zão [pl.: *-ões*] *s.f.* **1** faculdade de raciocinar, de compreender, de julgar; inteligência **2** aquilo que provoca um acontecimento; causa, motivo **3** capacidade de avaliar corretamente; juízo *<perder a r.>* **4** MAT quociente de dois números ▣ **r. social** DIR nome jurídico adotado por uma sociedade para suas atividades comerciais; firma

ra.zi.a *s.f.* **1** invasão para saquear **2** *fig.* destruição de valores materiais ou espirituais

ra.zo.á.vel [pl.: *-eis*] *adj.2g.* **1** aceitável pela razão; racional **2** que tem bom senso **3** não excessivo **4** nem bom nem mau; aceitável

Rb QUÍM símbolo de *rubídio*

R

re- *pref.* **1** 'volta, recuo': *recaída, regredir* **2** 'repetição': *reeditar, refazer*

Re QUÍM símbolo de *rênio*

[1]**ré** *s.f.* **1** mulher acusada de um crime **2** mulher que cometeu um crime ◉ GRAM/USO fem. de *réu* [ORIGEM: do lat. *rĕa,ae* 'id.']

[2]**ré** *s.f.* **1** parte de trás de um navio; popa **2** marcha a ré [ORIGEM: duv., talvez do adv. lat. *retro* 'por detrás, para trás']

[3]**ré** *s.m.* MÚS nota musical [ORIGEM: do it. *re* 'id.']

re.a.bas.te.cer *v.* {mod. 8} *t.d.,t.d.i. e pron.* **1** (prep. *de*) abastecer(-se) novamente (de algo útil ou necessário) ☐ *t.d.* **2** recolocar combustível no tanque de (carro etc.) ~ **reabastecimento** *s.m.*

re.a.bi.li.ta.ção [pl.: *-ões*] *s.f.* recuperação de capacidade física, moral ou intelectual

re.a.bi.li.tar *v.* {mod. 1} *t.d. e pron.* (fazer) recuperar a capacidade, estima ou saúde perdidos ~ **reabilitador** *adj.s.m.*

re.a.brir *v.* {mod. 24} *t.d.,int. e pron.* abrir(-se) de novo (o que estava fechado, interrompido, retido etc.) ◉ GRAM/USO part.: *reaberto* ~ **reabertura** *s.f.*

re.a.ção [pl.: *-ões*] *s.f.* **1** comportamento de um ser vivo em presença de um estímulo **1.1** modificação produzida no organismo por algo em que se tocou ou um remédio ou substância que se tomou **1.2** ação contrária a outra; oposição, resistência **1.3** ação em resposta a outra anterior **2** ponto de vista conservador ou contrário à evolução política e social **3** FÍS força de mesma magnitude, mas oposta a outra **4** QUÍM transformação em que uma ou mais substâncias originam outra(s) nova(s) ▣ **r. nuclear** FÍS qualquer reação em que ocorram modificações de um ou mais núcleos atômicos

re.a.cen.der *v.* {mod. 8} *t.d.* **1** acender de novo (o que estava apagado, desligado etc.) ☐ *t.d. e pron. fig.* **2** (fazer) adquirir novo impulso, novo vigor; renovar(-se) ☞ cf. *reascender*

re.a.cio.ná.rio *adj.s.m.* que(m) reage a inovações (morais, políticas, sociais) ou pretende restabelecer o que foi abolido

re.ad.mi.tir *v.* {mod. 24} *t.d.,t.d.pred. e t.d.i.* (prep. *a, em, por*) tornar a admitir; recontratar *<r. (na fábrica) operários demitidos> <readmitiram-no como gerente>* ~ **readmissão** *s.f.*

re.ad.qui.rir *v.* {mod. 24} *t.d.* adquirir novamente (algo que estava perdido); recobrar, recuperar ~ **reaquisição** *s.f.*

re.a.fir.ma.ção [pl.: *-ões*] *s.f.* **1** nova afirmação **2** demonstração da verdade de uma afirmação; confirmação ~ **reafirmar** *v.t.d.*

re.a.gen.te *adj.2g.s.m.* QUÍM (substância) que causa reação ou serve para determinar a presença de um elemento numa reação; reativo

re.a.gir *v.* {mod. 24} *int.* **1** responder a um estímulo ☐ *t.i. e int.* **2** (prep. *a*) opor ação a (outra contrária); lutar, resistir **3** (prep. *com*) entrar em reação química

re.a.jus.tar *v.* {mod. 1} *t.d. e t.d.i.* **1** (prep. *a*) voltar a ajustar (o que estava largo, inadequado, fora de contexto etc.) ☐ *t.d. B* **2** definir novo valor para (salários, preços etc.) ~ **reajustamento** *s.m.*

re.a.jus.te *s.m.* ato ou efeito de reajustar; reajustamento ▣ **r. salarial** aumento de salário proporcional ao do custo de vida

[1]**re.al** [pl.: *-ais*] *adj.2g.* próprio de realeza ou rei [ORIGEM: do lat. *regālis,e* 'id.']

[2]**re.al** [pl.: *-ais*] *s.m.* **1** antiga moeda de Portugal e do Brasil ☞ pl.: *réis* **2** ECON moeda através da qual são efetuadas transações monetárias no Brasil desde julho de 1994 [ORIGEM: duv., talvez de [1]*real*]

[3]**re.al** [pl.: *-ais*] *adj.2g.* **1** que tem existência palpável, concreta **2** que existe de fato, de verdade ■ *s.m.* **3** fato verdadeiro; realidade [ORIGEM: do b.-lat. *realis,e* 'coisa material']

re.al.çar *v.* {mod. 1} *t.d.* tornar(-se) mais perceptível ou importante traço, característica, feito de; salientar(-se), destacar(-se)

re.al.ce *s.m.* **1** ação ou efeito de realçar **2** preeminência, importância, destaque **3** numa pintura, destaque das zonas claras sobre as escuras

re.a.le.jo /ê/ *s.m.* MÚS espécie de órgão portátil movido a manivela

re.a.le.za /ê/ *s.f.* **1** dignidade de rei; majestade **2** *fig.* grandeza, importância

re.a.li.da.de *s.f.* **1** o que existe de verdade, o que é [3]real **2** conjunto das coisas e fatos reais ▣ **r. virtual** INF simulação de um ambiente real por meio de imagens tridimensionais

re.a.lis.mo *s.m.* **1** atitude de quem está atento à realidade e enfrenta as situações de modo prático **2** nas artes, referência à vida [3]real ~ **realista** *adj.2g.s.2g.*

reality show [ing.; pl.: *reality shows*] *loc.subst.* TV gênero de programa televisivo que acompanha e apresenta situações reais vividas por um determinado grupo de pessoas ⇒ **pronuncia-se** riéliti xou

re.a.li.za.ção [pl.: *-ões*] *s.f.* **1** o que se consegue pôr em prática; execução **2** feito, ato de heroísmo

re.a.li.zar *v.* {mod. 1} *t.d. e pron.* **1** (fazer) ter existência concreta no tempo e/ou no espaço; efetivar(-se) *<r. um sonho> <seu pressentimento não se realizou>* ☐ *t.d.* **2** pôr em prática; fazer, efetuar *<r. alterações na obra>* **3** ECON converter (bens) em dinheiro ou equivalente *<r. um ativo>* ☐ *pron.* **4** cumprir um ideal ou meta de vida; satisfazer-se *<r.-se como pintor>* ~ **realizável** *adj.2g.*

re.a.ni.ma.ção [pl.: *-ões*] *s.f.* **1** ação ou efeito de reanimar(-se) **2** MED conjunto de ações que restauram uma ou mais funções vitais de um paciente

re.a.ni.mar *v.* {mod. 1} *t.d.* **1** restituir as funções vitais a ☐ *t.d. e pron.* **2** (fazer) recuperar o vigor, as forças, a consciência; revigorar(-se) **3** *fig.* (fazer) receber novo ânimo; estimular(-se) *<palavras certas reanimaram-no> <o gol fez a torcida r.-se>* ~ **reanimado** *adj.*

re.a.pa.re.cer *v.* {mod. 8} *int.* aparecer novamente (o que estava sumido, escondido, esquecido); ressurgir ~ **reaparecimento** *s.m.* - **reaparição** *s.f.*

re.a.pli.car *v.* {mod. 1} *t.d.* tornar a aplicar (medicamento, enfeite, dinheiro etc.) ~ **reaplicado** *adj.* - **reaplicação** *s.f.*

re.a.pren.der *v.* {mod. 8} *t.d.* (prep. *a*) tornar a aprender (habilidade, conhecimento, entendimento perdidos ou esquecidos) ~ **reaprendido** *adj.* - **reaprendizado** *s.m.* - **reaprendizagem** *s.f.*

re.a.pre.sen.tar *v.* {mod. 1} *t.d.* apresentar de novo (algo que já foi mostrado ou esteve em exibição); reexibir ~ **reapresentação** *s.f.*

re.a.pro.vei.tar *v.* {mod. 1} *t.d.* voltar a aproveitar; reutilizar ~ **reaproveitamento** *s.m.*

re.a.pro.xi.mar /ss/ *v.* {mod. 1} *t.d. e pron.* (prep. *de*) aproximar(-se) novamente; reconciliar(-se) ~ **reaproximação** *s.f.*

re.as.cen.der *v.* {mod. 8} *t.i. e t.d.i.* fazer ascender ou subir de novo *<r. ao trono> <r. ao céu os corpos dos eleitos>* ☞ cf. *reacender*

re.as.sen.ta.men.to *s.m.* novo assentamento ~ **reassentado** *adj.* - **reassentar** *v.t.d.*

re.as.su.mir *v.* {mod. 24} *t.d.* **1** voltar a ser responsável por; recuperar *<r. o controle dos bens>* **2** *fig.* recobrar, readquirir *<r. o equilíbrio>* **3** DIR voltar ao exercício de (função, cargo) ~ **reassumido** *adj.* - **reassunção** *s.f.*

re.a.tar *v.* {mod. 1} *t.d.* **1** amarrar de novo **2** recomeçar o que se havia interrompido; retomar ~ **reatado** *adj.* - **reatamento** *s.m.*

re.a.ti.var *v.* {mod. 1} *t.d. e pron.* tornar(-se) ativo novamente (algo parado, interrompido, interditado, sem funcionamento etc.) ~ **reativação** *s.f.* - **reativado** *adj.*

re.a.ti.vo *adj.* **1** que reage ou provoca reação ■ *adj.s.m.* QUÍM **2** reagente

re.a.tor /ô/ [pl.: *-es*] *s.m.* motor propulsor ▣ **r. atômico** ou **nuclear** mecanismo em que se induz fissão nuclear em cadeia, de forma controlada

re.a.va.li.ar *v.* {mod. 1} *t.d.* fazer nova avaliação de; reconsiderar, rever ~ **reavaliação** *s.f.*

re.a.ver *v.* {mod. 13} *t.d.* voltar a ter (algo perdido); recuperar ◉ GRAM/USO verbo defectivo

re.a.vi.var *v.* {mod. 1} *t.d.* **1** voltar a avivar na memória **2** provocar a recordação de (fato, sentimento passado); relembrar **3** reacender o fogo de *<r. a fogueira>* **4** *fig.* conferir novo ânimo a; estimular *<r. o comércio>* ~ **reavivamento** *s.m.*

re.bai.xar *v.* {mod. 1} *t.d.,int. e pron.* **1** tornar(-se) mais baixo ☐ *t.d.* **2** diminuir o preço ou o valor de; baratear **3** MIL fazer baixar de posto na hierarquia *<r. um oficial>* ☐ *t.d. e pron.* **4** (fazer) perder o valor, tratando(-se) com desdém; humilhar(-se) ☐ *pron.* **5** ter comportamento indigno; rastejar *<r.-se para conseguir o que quer>* ~ **rebaixado** *adj.* - **rebaixamento** *s.m.*

re.ba.nho *s.m.* **1** grande número de animais da mesma espécie agrupados **2** *p.ext.* conjunto de animais criados para corte **3** *fig.* grupo de pessoas que seguem um líder, uma religião etc.

re.bar.ba *s.f.* **1** qualquer saliência com formato anguloso; quina, aresta **2** excesso de material em obras de fundição **3** *fig.* o que sobra; resto

re.bar.ba.ti.vo *adj.* **1** que demonstra mau humor; carrancudo **2** que destoa do comum; esquisito

re.ba.ter *v.* {mod. 8} *t.d.* **1** afastar com violência (o que vem em sua direção); repelir **2** fazer parar (um golpe); deter **3** *fig.* anular a ação, o efeito ou o ímpeto de; combater, conter *<r. uma doença>* **4** bater de novo ou diversas vezes *<r. o solo, para aplainar>* **5** *fig.* falar sobre ou repetir de modo fatigante; repisar *<r. um assunto>* **6** *fig.* contestar ou responder a (ofensa, acusação etc.) *<r. críticas>* ☐ *t.d.i.* **7** (prep. *em, sobre*) fazer cair (algo vertical) sobre superfície horizontal *<r. um poste sobre o solo>* ~ **rebate** *s.m.* - **rebatida** *s.f.*

re.be.lar *v.* {mod. 1} *t.d. e t.d.i.* **1** (prep. *contra*) incitar à rebeldia; tornar rebelde *<r. os empregados (contra o patrão)>* ☐ *t.i. e pron.* **2** (prep. *contra*) expressar desacordo em relação a; opor-se, revoltar-se *<r.-se injustamente (contra a medida)>* ~ **rebelado** *adj.*

R

re.bel.de *adj.2g.s.2g.* **1** que(m) não se submete ou se rebela ■ *adj.2g.* **2** que não se pode controlar; indisciplinado **3** teimoso, cabeçudo ~ **rebeldia** *s.f.*

re.be.li.ão [pl.: *-ões*] *s.f.* **1** oposição à autoridade estabelecida **2** insurreição, revolta

re.ben.que *s.m.* pequeno chicote de couro

re.ben.ta.ção [pl.: *-ões*] *s.f.* arrebentação

re.ben.tar *v.* {mod. 1} *t.d. e int.* **1** arrebentar ('romper-se', 'estourar', 'fazer-se em espuma') □ *int.* **2** lançar (a planta) novos rebentos *<árvores rebentam na primavera>* **3** *fig.* aparecer de repente e/ou com violência; brotar *<lágrimas rebentaram de repente>* ~ **rebentado** *adj.*

re.ben.to *s.m.* **1** BOT vegetal que está no início do desenvolvimento; broto **2** *fig.* filho, descendente

re.bi.tar *v.* {mod. 1} *t.d.* unir (peças de metal) com rebites ~ **rebitadeira** *s.f.* - **rebitado** *adj.* - **rebitadora** *s.f.*

re.bi.te *s.m.* **1** tipo de prego us. para unir peças, chapas etc. **2** dobra na ponta de um prego que o impede de sair do lugar

re.bo.ar *v.* {mod. 1} *int.* ecoar com força; retumbar ~ **reboante** *adj.2g.*

re.bo.bi.nar *v.* {mod. 1} *t.d.* enrolar novamente em bobina (filme, fita) ~ **rebobinadeira** *s.f.* - **rebobinador** *adj.s.m.*

re.bo.ca.dor /ô/ [pl.: *-es*] *adj.s.m.* **1** (veículo) que [2]reboca ■ *s.m.* MAR **2** navio pequeno mas robusto, equipado com guindaste à popa, e us. para rebocar outras embarcações

[1]**re.bo.car** *v.* {mod. 1} *t.d.* **1** revestir com reboco **2** *fig. infrm.* usar muita maquiagem em *<r. o rosto>* [ORIGEM: duv., talvez do lat. *revocāre* 'revestir parede'] ~ **rebocador** *adj.s.m.*

[2]**re.bo.car** *v.* {mod. 1} *t.d.* puxar (carro, navio) por meio de cabo, corda, corrente etc. [ORIGEM: do lat. *remulcāre*, de *remulcus,i* 'cabo de trazer à tona']

re.bo.co /ô/ *s.m.* CONSTR camada de massa aplicada sobre o emboço de uma parede a fim de prepará-la para receber a pintura

re.bo.jo /ô/ *s.m.* *B* rodamoinho de água que se forma no mar ou no rio e leva coisas para o fundo; sorvedouro, turbilhão

re.bo.la.do *s.m.* movimento de quadris; bamboleio, saracoteio

re.bo.lar *v.* {mod. 1} *t.d.,int. e pron.* **1** mover(-se) balançando (os quadris, o corpo) ao andar, dançar; bambolear(-se), saracotear(-se) □ *t.d.* **2** fazer mover-se como uma bola; rolar *<r. um barril>* □ *int. fig. B infrm.* **3** esforçar-se muito, trabalhar exaustivamente *<teve de r. para concluir a tese>* ~ **rebolante** *adj.2g.*

re.bo.lo /ô/ *s.m.* **1** pedra cilíndrica que gira num eixo, us. para afiar lâminas **2** *infrm.* qualquer objeto de forma cilíndrica

re.bo.o /ô/ *s.m.* ato ou efeito de reboar; forte eco

re.bo.que *s.m.* **1** ato, processo ou efeito de [2]rebocar **2** embarcação ou veículo que é puxado por outro **3** *B* veículo que reboca; guincho

re.bor.do /ô/ [pl.: *rebordos* /ó/] *s.m.* borda saliente ou voltada para fora

re.bor.do.sa *s.f.* *B* **1** advertência severa; repreensão **2** tumulto, confusão **3** ocorrência infeliz ou danosa **4** doença grave ou sua reincidência

re.bo.ta.lho *s.m.* **1** resto inaproveitável; refugo **2** *p.ext.* coisa inútil e sem valor

re.bo.te *s.m.* ESP retorno da bola após quicar ou ser rebatida

re.bu *s.m.* *B infrm.* confusão, desordem

re.bu.ça.do *s.m.* pequena guloseima feita de calda de açúcar endurecida

re.bu.çar *v.* {mod. 1} *t.d. e pron.* **1** cobrir(-se) com rebuço *<um manto rebuçava o rosto dela>* *<rebuçou-se com a capa>* **2** *fig.* não deixar ou não ficar perceptível, ocultando(-se) totalmente ou disfarçando(-se) *<r. as verdadeiras intenções>* *<a inveja quase sempre se rebuça>*

re.bu.ço *s.m.* **1** parte da capa que cobre o rosto **2** *fig.* disfarce, dissimulação

re.bu.li.ço *s.m.* **1** grande agitação; confusão, desordem **2** *fig.* desentendimento, discórdia

re.bus.ca.do *adj.* **1** muito procurado; buscado com afinco **2** *fig.* bastante aprimorado; requintado

re.bus.car *v.* {mod. 1} *t.d.* **1** buscar de novo ou com insistência, afinco **2** trabalhar com apuro em excesso (esp. texto ou fala); requintar ~ **rebuscamento** *s.m.*

re.ca.do *s.m.* mensagem curta oral ou escrita

re.ca.í.da *s.f.* **1** reincidência em erro **2** nova manifestação dos sintomas de uma doença que estava quase curada

re.ca.ir *v.* {mod. 25} *t.i.* **1** (prep. *em*) tornar a incorrer (em culpa ou erro); reincidir *<em novo depoimento, recaiu em contradição>* **2** (prep. *em, sobre*) ser de competência de, por direito ou dever; caber *<a responsabilidade recai sempre no líder>* **3** (prep. *sobre*) ser atribuído a; pesar *<o fracasso recaiu sobre nós>* **4** (prep. *em*) ocorrer o acento, a ênfase em (certa sílaba, palavra); incidir *<o acento dos paroxítonos recai na penúltima sílaba>* □ *t.i. e int.* **5** (prep. *em*) ser de novo atacado (por certa doença) *<depois do tratamento, não esperava r. (na pneumonia) outra vez>*

re.cal.ca.do *adj.* **1** que se recalcou **2** *fig.* que foi repisado, repetido **3** PSICN relativo a ou próprio do recalque **4** PSICN excluído do campo da consciência

re.cal.car *v.* {mod. 1} *t.d.* **1** calcar, apertar seguidamente; repisar *<r. a terra para plantar uma muda>* **2** *fig.* teimar em; insistir *<r. um assunto>* **3** *fig.* opor-se à expressão ou ação de; conter, reprimir *<r. paixões>*

re.cal.ci.tran.te *adj.2g.s.2g.* que(m) desobedece insistentemente

re.cal.ci.trar *v.* {mod. 1} *t.i. e int.* **1** (prep. *em*) demonstrar resistência para obedecer; não ceder; obstinar-se *<recalcitrou em chegar na hora marcada>* *<não adianta r., o combinado será cumprido>* □ *t.d.* **2** responder, reagindo em contrário, negando *<não recalcitre os superiores>* □ *t.i.* **3** (prep. *a*) retorquir de maneira descortês *<recalcitrou com veemência à pergunta>* ~ **recalcitração** *s.f.*

recall [ing.; pl.: *recalls*] *s.m.* chamada pública dos compradores de um determinado produto, para que se faça sua substituição, caso seja constatado, pelo fabricante, um defeito ou contaminação ⇒ pronuncia-se ricol

re.cal.que *s.m.* **1** ato ou efeito de recalcar **2** PSICN meio pelo qual o indivíduo rejeita inconscientemente ideias, sentimentos e impulsos desagradáveis ou inconvenientes, que acabam se manifestando em transtornos do comportamento

re.cam.bi.ar *v.* {mod. 1} *t.d. e t.d.i.* **1** (prep. *a, de, para*) fazer retornar ao lugar de origem; reenviar *<r. os prisioneiros> <r. uma criança aos verdadeiros pais> <r. uma mercadoria de uma cidade a outra>* ☐ *t.d.* ECON **2** devolver (letra de câmbio não paga) ~ **recâmbio** *s.m.*

re.ca.mo *s.m.* **1** bordado em relevo **2** *fig.* enfeite, adorno ~ **recamador** *adj.s.m.* - **recamar** *v.t.d.,t.d.i. e pron.*

re.can.to *s.m.* **1** local retirado, particular **2** esconderijo, recesso **3** reentrância na costa ou em rio **4** local agradável

re.ca.pe.ar *v.* {mod. 5} *t.d.* **1** capear de novo **2** aplicar novo revestimento em (rua, estrada etc.) **3** recauchutar (pneu) ~ **recapeamento** *s.m.*

re.ca.pi.tu.lar *v.* {mod. 1} *t.d.* **1** reduzir aos tópicos principais; resumir *<vamos r. o capítulo 5>* **2** lembrar ou examinar novamente os principais pontos de (fato, assunto etc.) *<recapitulou o encontro com os amigos e ficou feliz>* ~ **recapitulação** *s.f.*

re.cap.tu.rar *v.* {mod. 1} *t.d.* capturar novamente (caça, fugitivo) ~ **recaptura** *s.f.*

re.car.ga *s.f.* **1** ato ou efeito de recarregar(-se) **2** novo ataque, investida, assédio

re.car.re.gar *v.* {mod. 1} *t.d.,int. e pron.* carregar(-se) de novo *<r. o celular> <a bateria já recarregou(-se)>*

re.ca.ta.do *adj.* **1** que tem pudor; casto **2** que pensa, age ou se comporta com comedimento; prudente, comedido

re.ca.to *s.m.* **1** característica do que é decente; pudor **2** resguardo, cautela ~ **recatar** *v.t.d.,t.d.i. e pron.*

re.cau.chu.tar *v.* {mod. 1} *t.d.* **1** restaurar banda de rodagem de (pneu gasto), recobrindo-o com nova camada de borracha ☐ *t.d. e pron. B infrm. joc.* **2** reparar com cirurgia plástica imperfeições de (parte do corpo de alguém) *<é ele quem recauchuta as mais lindas atrizes> <resolveu r.-se aos 50 anos>* ~ **recauchutagem** *s.f.*

re.ce.ar *v.* {mod. 5} *t.d.,t.i. e pron.* (prep. *de, por*) ter medo de, apreensão por; temer, preocupar(-se) *<r. o perigo da selva> <r. pelo seu futuro> <r.-se de erros passados>*

re.ce.be.do.ri.a *s.f.* repartição pública que recolhe impostos e taxas

re.ce.ber *v.* {mod. 8} *t.d.* **1** passar a ter; ganhar *<r. uma herança>* **2** estar num lugar e tratar de certo modo (esp. parentes, visitas e hóspedes); acolher *<vamos r. os turistas>* **3** ser objeto de (avaliação, sentimento, punição etc.) *<o livro deve r. duras críticas>* **4** reagir de certo modo a; aceitar *<não recebeu bem a notícia>* **5** ser alcançado ou atingido por; levar, ganhar *<r. a luz do Sol>* **6** REL *B* ser meio para a incorporação de (orixá ou outra entidade) ☐ *t.d. e t.d.i.* **7** (prep. *de*) obter como recompensa, favor ou por merecimento; ganhar *<r. (do governo) uma condecoração>* **8** (prep. *de*) chegar às mãos ou aceitar (algo enviado, oferecido etc.) [por alguém] *<r. (de uma amiga) um belo presente>* **9** (prep. *de*) ser informado, comunicado de (algo) [por parte de]; saber *<r. instruções (de um superior)>* **10** (prep. *de*) ser depositário de ou recolher (algo) de certa origem ou fonte *<o Amazonas recebe as águas de muitos rios> <o Tocantins recebe do Araguaia suas águas>* ☐ *t.d.pred. fig.* **11** admitir como legítimo; acolher *<recebeu-o como irmão>* ☐ *t.d. e t.d.pred.* **12** aceitar por esposa ou esposo *<recebeu por fim a noiva> <r. um primo distante por marido>* ~ **recebimento** *s.m.*

re.cei.o *s.m.* apreensão diante de incerteza; medo

re.cei.ta *s.f.* **1** ECON conjunto de valores arrecadados ou recebidos **2** indicação médica de remédio **3** indicação para o preparo de um prato culinário, um remédio etc. **4** *fig.* fórmula, modelo ▣ **R. Federal** *loc.subst.* órgão de administração dos tributos federais e do controle aduaneiro ~ **receitar** *v.t.d.,t.d.i. e int.*

re.cei.tu.á.rio *s.m.* formulário us. por médicos para receitar medicamentos

recém- *el.comp.* 'ocorrido há pouco': *recém-casado, recém-nascido*, sempre ligado com hífen à palavra seguinte ◉ GRAM/USO ger. ligado a um particípio

re.cém *adv. SC RS* ainda agora, recentemente *<ele viajou r.>* ◉ GRAM/USO essa palavra tem emprego generalizado na língua apenas como elemento de composição, ligado por hífen a um particípio

re.cém.-for.ma.do [pl.: *recém-formados*] *adj.s.m.* que(m) acabou de se formar

re.cém-nas.ci.do [pl.: *recém-nascidos*] *adj.s.m.* **1** (o) que nasceu ou apareceu muito recentemente **1.1** *p.ext.* (criança) há pouco nascida

re.cen.der *v.* {mod. 8} *t.d.* **1** lançar de si (odor, ger. forte e penetrante); exalar *<a carne recendia um cheiro desagradável>* **2** *fig.* espalhar, emanar *<r. inteligência>* ☐ *t.i. e int.* **3** (prep. *a*) exalar, emanar cheiro (de); cheirar *<o banheiro recendia a alfazema> <as flores recendem deliciosamente>* ~ **recendência** *s.f.* - **recendente** *adj.2g.*

re.cen.se.a.men.to *s.m.* **1** ato de recensear **2** conjunto de dados estatísticos de uma população; censo

re.cen.se.ar *v.* {mod. 5} *t.d.* **1** efetuar recenseamento de *<r. a população escolar>* **2** pôr em rol, lista; relacionar, enumerar *<recenseou mais de 500 membros do clube>* **3** *fig.* fazer análise criteriosa de; apreciar *<r. as resoluções do partido>*

re.cen.te *adj.2g.* **1** que aconteceu há pouco tempo **2** com pouco tempo de existência; novo

R

re.ce.o.so /ô/ [pl.: /ó/; fem.: /ó/] *adj.* que sente receio
re.cep.ção [pl.: *-ões*] *s.f.* **1** ato ou efeito de receber **2** setor encarregado de receber clientes, dar informações etc. **3** reunião festiva, festa formal
re.cep.cio.nar *v.* {mod. 1} *int.* **1** promover reunião festiva ☐ *t.d. B* **2** receber com deferência em estação, cais, aeroporto etc., com ou sem festividade *<o prefeito recepcionou o governador no aeroporto>*
re.cep.cio.nis.ta *s.2g.* encarregado do setor de recepção em hotéis, empresas etc.
re.cep.tá.cu.lo *s.m.* **1** local ou objeto us. para guardar ou conter algo; recipiente **2** BOT parte superior de um pedúnculo floral
re.cep.ta.dor /ô/ [pl.: *-es*] *adj.s.m.* que(m) adquire, guarda ou oculta produtos de crime
re.cep.tar *v.* {mod. 1} *t.d.* receber ou ocultar (produto de crime) ~ **receptação** *s.f.*
re.cep.ti.vo *adj.* **1** aberto a estímulos, impressões, sugestões **2** afável, compreensivo ~ **receptividade** *s.f.*
re.cep.tor /ô/ [pl.: *-es*] *adj.s.m.* **1** (o) que recebe **2** LING (o) que, no processo de comunicação, recebe a mensagem e a decodifica ☞ cf. *emissor* **3** (aparelho) que recebe sinais de som, luz etc.
re.ces.são [pl.: *-ões*] *s.f.* ECON diminuição na atividade econômica com queda na produção, desemprego etc. ☞ cf. *resseção*
re.ces.si.vo *adj.* **1** que causa recessão **2** BIO que não apresenta seu caráter hereditário, por ter sido ocultado por um gene dominante, mas, por estar latente, pode manifestar-se em alguma geração seguinte (diz-se de gene) ☞ cf. *dominante*
re.ces.so *s.m.* suspensão temporária de atividades
re.cha.çar *v.* {mod. 1} *t.d.* **1** forçar a retirada de; expulsar **2** mostrar postura, opinião contrária a; opor-se, repelir ~ **rechaço** *s.m.*
re.che.ar *v.* {mod. 5} *t.d.* **1** colocar recheio em **2** encher com estofo; estofar
re.chei.o *s.m.* **1** alimento posto dentro de outro **2** o que preenche; conteúdo ~ **recheado** *adj.* - **rechear** *v.t.d. e t.d.i.*
re.chon.chu.do *adj.* meio gordo; gorducho
re.ci.bo *s.m.* documento escrito em que se atesta o recebimento de dinheiro, mercadorias etc.; quitação
re.ci.cla.gem [pl.: *-ens*] *s.f.* **1** reaproveitamento de dejetos ou de produtos usados para introduzi-los novamente no ciclo de produção **2** *fig.* atualização de conhecimentos ~ **reciclar** *v.t.d. e pron.*
re.ci.clá.vel [pl.: *-eis*] *adj.2g.* que se pode reciclar
re.ci.di.va *s.f.* MED reaparecimento de uma doença ou de um sintoma, após período de cura mais ou menos longo ~ **recidivar** *v.int.* - **recidivo** *adj.*
re.ci.fe *s.m.* formação rochosa, na superfície da água ou submersa, ger. próximo à costa, em áreas de pouca profundidade; arrecife
re.ci.fen.se *adj.2g.* **1** do Recife (PE) ■ *s.2g.* **2** natural ou habitante dessa capital
re.cin.to *s.m.* espaço delimitado, ger. fechado
re.ci.pi.en.te *s.m.* objeto próprio para conter algo
re.ci.pro.ci.da.de *s.f.* qualidade ou característica do que é recíproco
re.cí.pro.co *adj.* que se faz ou dá em recompensa ou troca de algo similar; mútuo
ré.ci.ta *s.f.* **1** representação teatral, esp. concerto de música **2** recital
re.ci.tal [pl.: *-ais*] *s.m.* apresentação musical ~ **recitalista** *adj.2g.s.2g.*
re.ci.tar *v.* {mod. 1} *t.d.* **1** dizer em voz alta e clara, lendo ou não **2** dizer (texto) em voz alta, usando gestos, expressões faciais e entonação apropriados; declamar ~ **recitação** *s.f.* - **recitador** *adj.s.m.*
re.ci.ta.ti.vo *adj.* **1** próprio para ser declamado ■ *s.m.* **2** trecho de ópera, oratório ou cantata em que o cantor declama o texto
re.cla.ma.ção [pl.: *-ões*] *s.f.* **1** ato de reclamar ou o seu efeito **2** reivindicação de um direito; queixa, protesto
re.cla.mar *v.* {mod. 1} *t.i. e int.* **1** (prep. *de, contra*) opor-se por meio de palavras; queixar-se *<r. contra as injustiças> <r. da espera na fila> <temos o direito de r.>* ☐ *t.i.* **2** (prep. *de*) expor (sofrimento físico ou moral); queixar-se *<reclamava das dores nas juntas>* **3** (prep. *por*) exigir com urgência a presença ou a ação de; clamar *<deveres reclamam por mim>* ☐ *t.d. e t.d.i.* **4** (prep. *a*) pedir ou exigir para si, ger. com ênfase, insistência; reivindicar, clamar *<r. a autoria de um livro> <r. perdão aos pais>* ~ **reclamante** *adj.2g.s.2g.*
re.cla.me *s.m. desus.* anúncio, comercial
re.clas.si.fi.ca.ção [pl.: *-ões*] *s.f.* nova classificação ~ **reclassificar** *v.t.d.*
re.cli.nar *v.* {mod. 1} *t.d. e pron.* (fazer) deixar a posição vertical, curvando(-se) ou pondo(-se) para trás; inclinar(-se), recostar(-se) ~ **reclinação** *s.f.* - **reclinável** *adj.2g.*
re.clu.são [pl.: *-ões*] *s.f.* **1** ato ou efeito de prender, de encarcerar **2** estado de preso; prisão, cárcere **3** *fig.* isolamento voluntário
re.clu.so *adj.* **1** metido em cela, em clausura **2** *p.ext.* afastado do convívio do mundo ■ *s.m.* **3** pessoa que se afastou do convívio das outras, por opção ou por vocação religiosa **4** pessoa condenada à pena de reclusão
re.co *s.m. B infrm.* recruta
re.co.ber.to *adj.* que se recobriu; novamente coberto ◉ GRAM/USO part. de *recobrir*
re.co.brar *v.* {mod. 1} *t.d.* **1** passar a ter novamente (o que se tinha perdido); recuperar, retomar ☐ *pron. fig.* **2** recuperar o ânimo, a disposição *<recobrou-se quando começou no novo emprego>* **3** livrar-se de estado ou sensação ruim; recuperar-se *<logo se recobrou do desmaio>* ~ **recobro** *s.m.*
re.co.brir *v.* {mod. 28} *t.d. e pron.* **1** cobrir(-se) de novo (o que ficou descoberto, perdeu o revestimento etc.) **2** (prep. *de*) ocupar ou ser ocupado por inteiro (superfície, área); espalhar-se, encher-se ◉ GRAM/USO part.: *recoberto* ~ **recobrimento** *s.m.*

re.co.lher *v.* {mod. 8} *t.d.* **1** pegar ou retirar para guardar, usar **2** juntar, reunir (o que estava disperso) **3** cobrar, arrecadar, receber **4** guardar dentro de si □ *t.d. e t.d.i.* **5** (prep. *de*) apanhar de volta (o que havia sido entregue ou distribuído) *<r. (do comércio) um produto defeituoso>* □ *t.d.,t.d.i. e pron.* **6** (prep. *a*) conduzir ou ir para local privado, abrigo *<r. os animais> <r. mendigos ao abrigo> <r.-se ao quarto>* □ *t.d. e pron.* **7** puxar ou voltar-se para si; retrair(-se) □ *pron.* **8** afastar-se do convívio social; isolar-se

re.co.lhi.men.to *s.m.* **1** ação de retirar-se para proteção, repouso ou meditação **2** *p.ext.* o afastamento decorrente desta ação **3** cobrança, arrecadação (de impostos, débitos etc.)

re.co.lo.car *v.* {mod. 1} *t.d.i.* (prep. *em*) tornar a colocar (o que saiu do lugar, está mal colocado etc.) *<recoloque o livro na estante>* ~ **recolocação** *s.f.*

re.co.me.çar *v.* {mod. 1} *t.d.* **1** continuar (atividade, trabalho etc.), após interrupção; retomar □ *int.* **2** começar novamente (o que havia parado ou se supunha ter acabado) ◉ GRAM/USO tb. é empr. como v.aux., com a prep. *a* mais o inf. de outro verbo, para indicar a ideia de 'retomada de ação': *a mosca recomeçou a voar*

re.co.me.ço /ê/ *s.m.* ato ou efeito de recomeçar; novo começo

re.co.men.da.ção [pl.: *-ões*] *s.f.* **1** aquilo (p.ex., uma carta) que recomenda algo ou alguém **2** prova de aceitação, reconhecimento **3** aviso, advertência, informação, indicação ou conselho ▼ ***recomendações*** *s.f.pl.* **4** saudações, cumprimentos

re.co.men.dar *v.* {mod. 1} *t.d. e t.d.i.* **1** (prep. *a*) mostrar a necessidade, conveniência, validade, valor etc. de; aconselhar, indicar *<r. repouso> <recomendaram-nos prudência>* □ *t.d.i.* **2** (prep. *a*) pedir ou ordenar *<r. ao filho que não demore>* **3** (prep. *a*) pedir atenção ou benevolência em favor de *<r. uma criança ao mestre>* **4** (prep. *a*) entregar à guarda de; confiar ~ **recomendável** *adj.2g.*

re.com.pen.sa *s.f.* **1** presente dado como reconhecimento por um favor, por uma boa ação; prêmio **2** compensação por dano; restituição

re.com.pen.sar *v.* {mod. 1} *t.d. e t.d.i.* **1** (prep. *com, por*) dar algo a (alguém) por bom serviço, boa ação etc.; premiar *<r. um bom aluno (com uma medalha)> <recompensou-a pelos serviços prestados>* **2** reconhecer (ação, atitude, esforço etc.) oferecendo algo de igual valor ou importância; retribuir, compensar *<o chefe recompensou seu esforço (com um elogio)>* ~ **recompensador** *adj.s.m.*

re.com.por *v.* {mod. 23} *t.d. e pron.* **1** devolver a ou recuperar formato anterior; restaurar **2** (fazer) ganhar nova composição, arrumação; reorganizar(-se) **3** (fazer) ficar em harmonia; reconciliar(-se) ◉ GRAM/USO part.: *recomposto* ~ **recomposição** *s.f.*

re.côn.ca.vo *s.m.* **1** cavidade funda **2** cavidade entre rochedos; gruta **3** pequena baía

re.con.ci.li.a.ção [pl.: *-ões*] *s.f.* ato ou efeito de reconciliar(-se)

re.con.ci.li.ar *v.* {mod. 1} *t.d.,t.d.i. e pron.* (prep. *com*) estabelecer a paz, a harmonia entre; congraçar(-se) *<r. os países> <r. com o grupo o amigo extraviado> <os adversários reconciliaram-se>* ~ **reconciliável** *adj.2g.*

re.con.ci.li.a.tó.rio *adj.* que reconcilia

re.con.di.cio.nar *v.* {mod. 1} *t.d.* restituir à condição inicial (esp. peça, motor etc.); restaurar ~ **recondicionamento** *s.m.*

re.côn.di.to *adj.* **1** encoberto, oculto **2** que se conhece pouco ou nada; ignorado

re.con.du.zir *v.* {mod. 24} *t.d.,t.d.i. e pron.* **1** (prep. *a*) conduzir de novo (ao lugar ou ponto de origem); devolver, reenviar *<r. a carta ao remetente>* □ *t.d.* **2** renovar (contrato, locação etc.) □ *t.d. e t.d.i.* **3** (prep. *a*) escolher novamente, por votação; reeleger *<r. um executivo (a seu cargo)>* ~ **recondução** *s.f.*

re.con.for.tan.te *adj.2g.* **1** que conforta **2** que consola **3** que dá forças

re.con.for.tar *v.* {mod. 1} *t.d. e pron.* **1** (fazer) recuperar o vigor, a energia; revigorar(-se) *<a dança reconforta-a> <r.-se com uma caneca de café>* **2** (fazer) ganhar novo conforto; consolar(-se) *<sua visita reconfortou-me>* ~ **reconforto** *s.m.*

re.co.nhe.cer *v.* {mod. 8} *t.d.* **1** saber, lembrar quem é ou que é (pessoa ou coisa que se revê); identificar **2** distinguir por certos caracteres; identificar *<reconheceu a letra do pai>* **3** admitir como verdadeiro, real *<r. um erro>* **4** observar com atenção; explorar **5** mostrar gratidão por; agradecer *<r. um favor>* **6** assumir legalmente *<r. um filho>* **7** observar de novo ou em outra situação; constatar *<pelas ações reconhecemos as pessoas>* □ *t.d. e t.d.pred.* **8** admitir como bom, legal ou verdadeiro *<r. o governo de um país> <r. alguém como presidente>* ~ **reconhecível** *adj.2g.*

re.co.nhe.ci.do *adj.* **1** que se reconheceu **2** que mostra reconhecimento; grato **3** assumido legalmente como filho **4** admitido como verdadeiro; aceito

re.co.nhe.ci.men.to *s.m.* **1** aceitação da legitimidade, verdade etc. **2** *fig.* recordação de benefício recebido; gratidão **3** exame, verificação *<r. de terreno>*

re.con.quis.tar *v.* {mod. 1} *t.d.* tornar a possuir, controlar, usufruir etc. (o que havia sido tomado ou se perdido); recuperar, recobrar ~ **reconquista** *s.f.*

re.con.si.de.rar *v.* {mod. 1} *t.d.* **1** tornar a examinar, ponderar (questão, ideia), ger. para fazer modificações □ *t.d. e int.* **2** pensar melhor; repensar *<reconsiderei (o assunto) e vi que não tinha razão>* □ *int.* **3** anular decisão já tomada; desdizer-se ~ **reconsideração** *s.f.*

re.cons.ti.tu.in.te *adj.2g.* **1** que reconstitui ■ *s.m.* **2** medicamento us. para restabelecer as forças de pessoa fraca ou doente; tônico

re.cons.ti.tu.ir *v.* {mod. 26} *t.d. e pron.* **1** formar(-se), constituir(-se) de novo (o que acabou, destruiu-se, danificou-se etc.); recompor(-se) *<r.(-se) uma sociedade>* □ *t.d.* **2** devolver as forças a *<a medicação vai r. o doente>* **3** relembrar, recriar (fato, situação) em detalhes ~ **reconstituição** *s.f.*

R

re.cons.tru.ção [pl.: *-ões*] *s.f.* **1** ato ou efeito de construir de novo o que estava total ou parcialmente arruinado **2** *p.ext.* o que se reconstruiu ou reformou

re.cons.tru.ir *v.* {mod. 26} *t.d.* **1** tornar a construir (edificação destruída, muito danificada); restaurar **2** *fig.* formar novamente, sob outras bases, critérios; reorganizar *<r. os conhecimentos científicos>* **3** *fig.* devolver formato anterior a; reconstituir

re.con.tar *v.* {mod. 1} *t.d.* **1** contar de novo, com muita atenção **2** calcular novamente *<r. os prejuízos>* □ *t.d. e t.d.i.* **3** (prep. *a*) expor, narrar de novo ou repetidas vezes *<reconta (aos filhos) os feitos de sua juventude>* ~ **recontagem** *s.f.*

re.con.tra.tar *v.* {mod. 1} *t.d.* tornar a contratar; readmitir

re.cor.da.ção [pl.: *-ões*] *s.f.* **1** ato ou efeito de recordar **2** aquilo que ocorre ao espírito por ter sido vivido; reminiscência, lembrança **3** objeto que recorda alguém, algum fato, lugar etc. **4** revisão de matéria lecionada

re.cor.dar *v.* {mod. 1} *t.d.,t.d.i. e pron.* **1** (prep. *a, de*) trazer de novo à memória; lembrar(-se) *<r. a mocidade> <r. ao marido a lua de mel> <r.-se do tombo>* □ *t.d.* **2** ter semelhança com; lembrar, parecer *<este texto recorda o anterior>*

re.cor.de ou **ré.cor.de** *s.m.* **1** desempenho que supera os anteriores no mesmo gênero e nas mesmas condições ■ *adj.2g.2n.* **2** que ultrapassa o que aconteceu antes *<venda r.>*

re.cor.dis.ta *adj.2g.s.2g.* que(m) estabelece ou supera um recorde

re.co-re.co [pl.: *reco-recos*] *s.m. B* **1** MÚS instrumento de percussão feito de bambu seco com entalhes transversais, sobre os quais se esfrega uma vareta **2** RECR brinquedo infantil que produz o som desse instrumento

re.cor.rên.cia *s.f.* **1** retorno, repetição **2** MED reaparecimento dos sintomas de uma doença; recaída ~ **recorrente** *adj.2g.*

re.cor.rer *v.* {mod. 8} *t.i.* **1** (prep. *a*) pedir auxílio, ajuda; apelar *<r. ao médico>* **2** (prep. *a*) lançar mão de; usar, servir-se *<r. à violência>* **3** DIR (prep. *de*) interpor recurso judicial a; apelar *<r. de uma sentença>* □ *t.d.* **4** percorrer novamente *<moradores recorreram a rua em passeata>*

re.cor.tar *v.* {mod. 1} *t.d.* **1** fazer em pedaços; picar, cortar *<r. papel>* **2** cortar seguindo os contornos *<r. figuras>* **3** separar, cortando *<r. uma notícia de jornal>* ~ **recortado** *adj.*

re.cor.te *s.m.* **1** ato de recortar ou o seu efeito **2** pedaço de revista, jornal etc. que se separa do todo

re.cos.tar *v.* {mod. 1} *t.d.,t.d.i. e pron.* (prep. *em*) [fazer] deixar a posição vertical, curvando(-se) ou pondo(-se) para trás; reclinar(-se), encostar(-se) *<r. o corpo> <r. a cabeça no ombro da mãe> <r.-se no sofá>*

re.cos.to /ô/ *s.m.* apoio para as costas em cadeira, sofá etc.

re.cre.a.ção [pl.: *-ões*] *s.f.* **1** ato ou efeito de recrear(-se) **2** recreio

re.cre.ar *v.* {mod. 5} *t.d. e pron.* **1** proporcionar a ou usufruir de divertimento; divertir(-se), distrair(-se) *<r.-se em um passeio>* **2** (fazer) sentir prazer, alegria; contentar(-se) *<velhos jogos recreavam o grupo> <recreava-se ao ver o filho formado>*

re.cre.a.ti.vo *adj.* **1** que diverte **2** próprio para o lazer *<jogos r.>*

re.crei.o *s.m.* **1** o que serve para divertir; diversão, recreação **2** na escola, espaço de tempo para lazer entre as aulas

re.cri.ar *v.* {mod. 1} *t.d.* **1** formar, constituir de novo (o que acabou, destruiu-se, danificou-se etc.); recompor, reconstituir *<r. um ambiente pré-histórico>* **2** dar nova composição, arrumação; reorganizar, reestruturar *<r. um projeto antigo>* ~ **recriação** *s.f.*

re.cri.mi.nar *v.* {mod. 1} *t.d.* **1** censurar, criticar **2** DIR responder a uma acusação com outra ~ **recriminação** *s.f.*

re.cru.des.cer *v.* {mod. 8} *int.* **1** tornar-se mais intenso; aumentar, fortalecer-se *<a chuva recrudesceu>* **2** reaparecer com mais força, mais gravidade (sintoma, doença); agravar-se ~ **recrudescimento** *s.m.*

re.cru.ta *s.m.* rapaz recém-admitido no serviço militar

re.cru.tar *v.* {mod. 1} *t.d.* **1** convocar para o serviço militar; alistar **2** reunir, convocar (pessoal, adeptos) para certo fim *<r. redatores>* ~ **recrutador** *adj.s.m.* - **recrutamento** *s.m.*

ré.cua *s.f.* **1** grupo de animais de carga atrelados uns aos outros **2** *fig.* grupo de bandidos; corja

re.cu.ar *v.* {mod. 1} *t.d. e int.* **1** (fazer) ir, andar para trás; retroceder *<r. o carro> <o animal recuou, rosnando>* □ *t.i. e int.* **2** (prep. *de*) não ir à frente (num intento); desistir, renunciar *<não recuaremos do objetivo> <pensou bem e recuou a tempo>* □ *int.* **3** ceder terreno ao inimigo; retirar-se

re.cu.o *s.m.* **1** ato de recuar ou o seu efeito **2** espaço de terreno que fica mais para trás de um alinhamento

re.cu.pe.ra.ção [pl.: *-ões*] *s.f.* **1** ação ou efeito de readquirir o que se havia perdido **2** restabelecimento da saúde **3** retorno à vida em sociedade; reabilitação, reintegração **4** *B* período em que um aluno reprovado em um ciclo regular de estudos se prepara para prestar uma segunda prova que o capacite a passar para a série seguinte

re.cu.pe.rar *v.* {mod. 1} *t.d.* **1** voltar a ter (o que estava perdido); reaver **2** pôr em bom estado, devolvendo feição anterior, consertando algo quebrado etc.; restaurar *<r. um quadro>* **3** INF localizar e isolar (dados, esp. os apagados ou impropriamente direcionados) □ *t.d. e pron.* **4** ter novamente (saúde, ânimo etc.); restabelecer(-se) *<r. as forças> <recuperou-se no sanatório>* **5** (fazer) poder ocupar de novo seu lugar na sociedade; reabilitar(-se), reintegrar(-se) *<r. viciados> <o jogador recuperou-se>* ~ **recuperável** *adj.2g.*

re.cur.so *s.m.* **1** meio para resolver algo **2** pedido de auxílio, socorro **3** DIR meio para tentar mudar sentença desfavorável ▼ ***recursos*** *s.m.pl.* **4** dinheiro, bens **5** *fig.* aptidões naturais, dons **6** *fig.* meios de que se pode dispor *<r. naturais>*

re.cur.vo *adj.* que se apresenta arqueado ou dobrado ~ **recurvado** *adj.* - **recurvar** *v.t.d. e pron.*

re.cu.sa *s.f.* **1** ação ou efeito de recusar; rejeição **2** resposta negativa; negação

re.cu.sar *v.* {mod. 1} *t.d.* **1** não aceitar (o que é oferecido); declinar, repelir □ *t.d. e t.d.i.* **2** (prep. *a*) não conceder, atender a (pedido, solicitação); negar *<recusou(-lhe) o empréstimo>* □ *pron.* **3** (prep. *a*) opor-se, negar-se *<recusou-se a voltar>* **4** não obedecer *<mandou que Ivo saísse, mas ele se recusou>* ~ **recusado** *adj.* - **recusável** *adj.2g.*

re.da.ção [pl.: *-ões*] *s.f.* **1** modo de escrever **2** exercício escolar de escrita **3** sala de trabalho dos redatores de jornal, revista etc. **4** o conjunto desses redatores ~ **redacional** *adj.2g.*

re.da.me *s.m.* o conjunto das redes de pesca

re.da.tor /ô/ [pl.: *-es*] *adj.s.m.* (profissional) que escreve num jornal, revista etc. ◉ COL redação

re.de /ê/ *s.f.* **1** trançado de fios que forma tecido de malha aberto em losangos ou quadrados, us. em pesca, esportes etc. **2** equipamento de material resistente para aparar corpos em queda **3** leito oscilante, ger. de pano, com as extremidades presas à parede por ganchos **4** conjunto de meios de comunicação, informação ou transporte *<r. de TV>* **5** canalização que distribui água, esgoto, gás **6** conjunto interligado de pessoas ou estabelecimentos *<r. bancária>* **7** INF sistema constituído por dois ou mais computadores interligados, para comunicação, compartilhamento e intercâmbio de dados **8** INF internet ◉ COL caceia, redame ▣ **r. social** SOC sistema de grupos que mantêm contato entre si por meio de um ou mais de um tipo de relação, compartilhando informações e tendo interesses e objetivos comuns

ré.dea *s.f.* **1** correia presa ao freio de cavalgadura, que o cavaleiro segura e usa para guiar o animal **2** *fig.* mando, governo, controle

re.de.mo.i.nho *s.m.* rodamoinho

re.den.ção [pl.: *-ões*] *s.f.* **1** ato ou efeito de remir; resgate **2** remição moral, religiosa, espiritual ou psicológica de alguém

re.den.tor /ô/ [pl.: *-es*] *adj.s.m.* **1** (o) que redime ■ *s.m.* **2** Jesus Cristo ☞ inicial maiúsc. nesta acp.; cf. *Jesus Cristo* na parte enciclopédica

re.des.co.brir *v.* {mod. 28} *t.d.* tornar a descobrir; reencontrar ~ **redescoberta** *s.f.*

re.des.con.to *s.m.* operação em que um banco desconta em outra instituição financeira, com juros menores, o título descontado a um cliente ~ **redescontar** *v.t.d.*

re.di.gir *v.* {mod. 24} *t.d. e int.* exprimir por escrito (ideias, informações etc.); escrever

re.dil [pl.: *-is*] *s.m.* **1** curral para cabras ou ovelhas **2** *fig.* conjunto de fiéis; rebanho

re.di.mir *v.* {mod. 24} *t.d.,t.d.i. e pron.* (prep. *de*) remir

re.dis.tri.bu.ir *v.* {mod. 26} *t.d.* distribuir outra vez, segundo novos critérios ~ **redistribuição** *s.f.*

re.di.vi.vo *adj.* que voltou à vida; que ressuscitou

re.di.zer *v.* {mod. 15} *t.d. e t.d.i.* (prep. *a*) dizer de novo ou muitas vezes (algo já dito); repetir ◉ GRAM/USO part.: *redito*

re.do.brar *v.* {mod. 1} *t.d.* **1** fazer novas dobras em **2** tornar a fazer; repetir □ *t.d.,int. e pron.* **3** tornar a duplicar(-se); reduplicar(-se) **4** aumentar muito, multiplicar(-se) □ *t.d. e int.* **5** (fazer) soar novamente *<os sinos redobravam tristemente>* ~ **redobramento** *s.m.* - **redobro** *s.m.*

re.do.ma *s.f.* **1** espécie de cúpula de vidro colocada sobre objeto delicado, para protegê-lo **2** *fig.* proteção excessiva, cuidado exagerado

re.don.de.za /ê/ *s.f.* **1** condição ou propriedade do que é redondo **2** conjunto de localidades vizinhas; cercania, vizinhança ☞ nesta acp., mais us. no pl.

re.don.di.lha *s.f.* LIT verso de cinco sílabas (redondilha menor) ou sete sílabas (redondilha maior)

re.don.do *adj.* **1** em forma de círculo, esfera ou cilindro **2** *p.ext.* que tem curvas; torneado **3** *fig.* bem-acabado, perfeito *<um texto r.>*

re.dor [pl.: *-es*] *s.m.* espaço que circunda; contorno, volta ▣ **ao r.** em volta, em torno, em redor

re.du.ção [pl.: *-ões*] *s.f.* **1** ato ou efeito de reduzir, limitar ou restringir **2** peça us. para reduzir o diâmetro de um cano e possibilitar o encaixe em outro cano ou peça **3** *B* abatimento no preço; desconto **4** LING qualquer uma das formas abreviadas de palavras e locuções (abreviaturas, siglas etc.)

re.dun.dân.cia *s.f.* **1** característica do que é repetitivo **2** insistência nas mesmas ideias **3** GRAM pleonasmo, tautologia

re.dun.dan.te *adj.2g.* **1** repetitivo **2** que excede; supérfluo

re.dun.dar *v.* {mod. 1} *t.i.* **1** (prep. *em*) ter como consequência, resultado; resultar □ *int.* **2** ser excessivo; abundar **3** ir além da borda; transbordar

re.du.pli.car *v.* {mod. 1} *t.d. e int.* **1** tornar a duplicar(-se); redobrar(-se) **2** aumentar em quantidade, grandeza ou intensidade; multiplicar(-se) □ *t.d.* **3** tornar a fazer, a usar etc.; repetir

re.du.to *s.m.* **1** recinto fortificado dentro de fortaleza **2** espaço fechado **3** *fig.* ponto de concentração

re.du.zir *v.* {mod. 24} *t.d.,t.d.i. e int.* **1** (prep. *a*) tornar(-se) menor, menos intenso ou limitado (a); diminuir, limitar-se *<r. um orçamento (às mínimas proporções)>* *<o frio já reduziu>* □ *t.d.* **2** dominar, subjugar □ *t.d.i.* **3** (prep. *a*) obrigar, forçar (a fazer o que não quer) *<o diretor reduziu a turma ao silêncio>* □ *t.d.i. e pron.* **4** (prep. *a*) [fazer] passar de um estado (a outro); transformar(-se) *<r. pão a farinha de rosca>* *<o forte reduziu-se a ruínas>* ~ **redutor** *adj.s.m.* - **reduzido** *adj.*

R

re.e.di.ção [pl.: *-ões*] *s.f.* nova edição ('publicação') de uma mesma obra

re.e.di.tar *v.* {mod. 1} *t.d.* **1** editar ou publicar outra vez **2** *fig.* pôr em prática de novo; restaurar **3** *fig.* manter ativo; perpetuar, reproduzir

re.e.du.ca.ção [pl.: *-ões*] *s.f.* **1** ação ou efeito de reeducar **2** MED conjunto de exercícios destinados a recuperar funções ou faculdades afetadas por alguma doença ou traumatismo ▣ **r. postural global** método fisioterápico que trata conjuntamente os sistemas muscular e esquelético, us. para correção postural, prevenção e recuperação de lesões decorrentes de má postura [sigla: *RPG*]

re.e.du.car *v.* {mod. 1} *t.d.* **1** educar de novo **2** reabilitar por meio da educação **3** aprimorar a educação de

re.e.le.ger *v.* {mod. 8} *t.d.,t.d.pred. e pron.* eleger(-se) novamente ◉ GRAM/USO part.: *reelegido, reeleito* ~ **reeleição** *s.f.*

re.e.lei.to *adj.* que se reelegeu ◉ GRAM/USO part. de *reeleger*

re.em.bol.sar *v.* {mod. 1} *t.d. e pron.* **1** (prep. *de*) embolsar(-se) novamente; recuperar a posse de □ *t.d. e t.d.i.* **2** (prep. *a, de*) indenizar *<o proprietário reembolsou o inquilino (das despesas extraordinárias)>*

re.em.bol.so /ô/ *s.m.* restituição de dinheiro ▣ **r. postal** *B* serviço oferecido pelos correios que permite a remessa de encomenda a ser paga no local de destino

re.en.car.nar *v.* {mod. 1} *t.d.,int. e pron.* **1** encarnar novamente **2** viver de novo, com outra aparência física ~ **reencarnação** *s.f.*

re.en.con.trar *v.* {mod. 1} *t.d.* **1** tornar a achar, a ver (o que estava perdido, esquecido etc.); redescobrir, rever □ *pron.* **2** (prep. *com*) tornar a encontrar-se (com); redescobrir-se ~ **reencontro** *s.m.*

re.en.trân.cia *s.f.* ângulo ou curva para dentro ~ **reentrante** *adj.2g.*

re.er.guer *v.* {mod. 8} *t.d. e pron.* voltar a erguer(-se) ~ **reerguimento** *s.m.*

re.es.cre.ver *v.* {mod. 8} *t.d.* escrever novamente ou de outra forma ◉ GRAM/USO part.: *reescrito*

re.es.tru.tu.ra.ção [pl.: *-ões*] *s.f.* **1** nova estruturação **2** ARQ reforço em estrutura de construção

re.es.tru.tu.rar *v.* {mod. 1} *t.d.* reformular em novas bases; reorganizar

re.e.xa.mi.nar /z/ *v.* {mod. 1} *t.d.* examinar outra vez e minuciosamente ~ **reexame** *s.m.*

re.fa.zer *v.* {mod. 14} *t.d.* **1** tornar a fazer **2** restituir ao estado primitivo; restaurar **3** dar nova ou melhor organização a; reformar **4** emendar, corrigir **5** percorrer novamente □ *t.d. e pron.* **6** (fazer) recuperar o vigor; restabelecer(-se) ◉ GRAM/USO part.: *refeito*

re.fei.ção [pl.: *-ões*] *s.f.* **1** ato ou efeito de refazer as forças, de alimentar-se **2** alimento, ger. ingerido em horas regulares

re.fei.to *adj.* **1** feito de novo **2** corrigido, emendado **3** fortalecido, revigorado

re.fei.tó.rio *s.m.* sala de refeições coletivas em escola, hospital etc.

re.fém [pl.: *-éns*] *s.2g.* pessoa capturada e mantida em cativeiro como garantia do cumprimento de exigências

re.fe.rên.cia *s.f.* **1** ato de relatar, de se reportar a algo; menção **2** o que serve de base ou guia ▼ ***referências*** *s.f.pl.* **3** dados declarados sobre a capacidade ou honestidade de alguém ~ **referencial** *adj.2g.s.m.*

re.fe.ren.do *s.m.* **1** pedido escrito de instruções de um diplomata a seu governo **2** prática de propor à votação do eleitorado, para aprovação ou rejeição, medidas propostas ou aprovadas por um órgão legislativo **3** plebiscito ~ **referendar** *v.t.d.*

re.fe.ren.te *adj.2g.* que (se) refere (a); relativo

re.fe.rir *v.* {mod. 28} *t.d. e t.d.i.* **1** (prep. *a*) expor oralmente ou por escrito; relatar *<referiu o problema (ao amigo)>* □ *t.d.* **2** trazer à baila; citar □ *pron.* **3** (prep. *a*) fazer menção a; aludir **4** (prep. *a*) ter relação com ~ **referimento** *s.m.*

re.fes.te.lar-se *v.* {mod. 1} *pron.* **1** entregar-se a um prazer; deleitar-se **2** sentar-se ou estender-se sobre algo, para descansar, acomodar-se

re.fil [pl.: *-is*] *s.m.* produto para recarregar ou reabastecer um utensílio já us. ou vazio; recarga

re.fi.na.do *adj.* **1** purificado por processo de refinação **2** requintado, fino, elegante

re.fi.na.men.to *s.m.* **1** ato ou efeito de refinar(-se) **2** *fig.* elegância, requinte, esmero

re.fi.nar *v.* {mod. 1} *t.d.* **1** submeter (produto) a processos para retirar impurezas, excessos **2** tornar mais fino **3** requintar, aprimorar ~ **refinação** *s.f.* - **refino** *s.m.*

re.fi.na.ri.a *s.f.* usina que refina produtos como açúcar, petróleo etc.

re.fle.tir *v.* {mod. 28} *t.d.* **1** desviar da direção primitiva (p.ex., imagem, raios luminosos) **2** reproduzir a imagem de; espelhar **3** deixar ver; evidenciar, revelar □ *t.d. e int.* **4** (fazer) voltar em outra direção (raios de luz, som etc.) □ *t.i. e pron.* **5** (prep. *em*) pensar demoradamente; meditar *<r. sobre uma oferta> <deve-se r. antes de agir>* **6** (prep. *em*) ter efeito sobre; afetar, transmitir(-se) *<os acontecimentos refletiram(-se) em todo o país>* ~ **refletivo** *adj.*

re.fle.tor /ô/ [pl.: *-es*] *adj.* **1** que reflete ■ *s.m.* **2** aparelho que reflete a luz, concentrando-a num foco

re.fle.xão /cs/ [pl.: *-ões*] *s.f.* **1** ato de pensar profundamente **2** pensamento, observação que resultam de meditação ou planejamento e que são expressos por escrito ou em voz alta **3** prudência, ponderação **4** FÍS processo que faz com que feixes de luz, calor ou ondas ricocheteiem em uma superfície ou meio em vez de atravessá-los

re.fle.xi.vo /cs/ *adj.* **1** que reflete **2** que se volta sobre si mesmo; pensativo, concentrado **3** GRAM cujo sujeito e objeto se referem ao mesmo ser (diz-se de verbo), p.ex., *eu me limpo* **4** GRAM que é us. como

R

complemento de um verbo, tendo referência idêntica à do sujeito (diz-se de pronome), p.ex., feri-*me* **5** GRAM voz reflexiva ~ **reflexividade** *s.f.*

re.fle.xo /cs/ *s.m.* **1** luz ou imagem refletida **2** resposta motora rápida e involuntária causada por estímulo ☞ tb. us. como adj. **3** *fig.* efeito, manifestação indireta de algo ■ *adj.* **4** refletido *<imagem r.>*

re.flo.res.tar *v.* {mod. 1} *t.d.* plantar nova vegetação em (lugar em que a anterior foi destruída) ~ **reflorestamento** *s.m.*

re.flu.ir *v.* {mod. 26} *int.* **1** correr (um líquido) de volta para o lugar de onde veio *<diariamente a maré reflui>* □ *t.i.* **2** (prep. *a, para*) voltar ao ponto de partida; retroceder ~ **refluxo** *s.m.*

re.flu.xo /cs/ *s.m.* **1** ato ou efeito de refluir **1.1** movimento da maré que se afasta da margem **1.2** MED distúrbio que consiste no retrocesso de um líquido para o canal natural; fluxo em sentido oposto ao normal, p.ex., do estômago ao esôfago

re.fo.ga.do *s.m.* **1** molho com temperos fritos em gordura ■ *adj.s.m.* **2** (alimento) feito nesse molho

re.fo.gar *v.* {mod. 1} *t.d.* **1** passar (temperos) por gordura fervente **2** cozinhar (alimento) com refogado; guisar

re.for.çar *v.* {mod. 1} *t.d. e pron.* tornar(-se) mais forte, resistente, intenso ou numeroso

re.for.ço /ô/ [pl.: /ó/] *s.m.* **1** ação de tornar mais forte ou sólido **2** pessoa ou grupo que torna mais forte e/ou eficiente uma equipe **3** peça que se junta a outra para torná-la mais forte **4** auxílio, complemento

re.for.ma *s.f.* **1** ação ou efeito de modificar para tornar melhor, mais eficiente, mais bonito etc. **2** MIL aposentadoria definitiva de militar ☞ cf. *Reforma* na parte enciclopédica

re.for.mar *v.* {mod. 1} *t.d.* **1** pôr em bom estado, devolvendo a feição anterior, consertando algo quebrado; restaurar **2** dar melhor forma a; corrigir **3** tornar melhor; renovar, aperfeiçoar □ *t.d. e pron.* **4** aposentar(-se) [militar] □ *pron.* **5** renunciar a maus hábitos; regenerar-se ~ **reformado** *adj.s.m.*

re.for.ma.tó.rio *s.m.* estabelecimento oficial que recolhe, a fim de regenerar, menores infratores

re.for.mis.mo *s.m.* POL sistema que crê na reforma gradativa das instituições como meio de transformação política ~ **reformista** *adj.2g.s.2g.*

re.for.mu.lar *v.* {mod. 1} *t.d.* dar nova formulação, forma a; reorganizar, reestruturar ~ **reformulação** *s.f.*

re.fra.ção [pl.: *-ões*] *s.f.* FÍS mudança de direção de onda (de luz, som etc.) ao passar de um meio a outro ~ **refratar** *v.t.d. e pron.*

re.frão [pl.: *-ões*] *s.m.* LIT MÚS verso ou conjunto de versos que se repete ao final de cada estrofe (em poema, canção); estribilho

re.fra.tá.rio *adj.* **1** resistente ao calor **2** que resiste às leis, às autoridades etc.; insubmisso ■ *s.m.* **3** produto (esp. louça) resistente ao calor elevado

re.fre.ar *v.* {mod. 5} *t.d.* **1** conter com freio; frear *<r. o animal>* **2** impedir ou controlar o movimento, desenvolvimento, progressão, manifestação de; reprimir, conter **3** dominar, subjugar □ *pron.* **4** conter-se, controlar-se ~ **refreamento** *s.m.*

re.fre.ga *s.f.* luta, combate ~ **refregar** *v.int.*

re.fres.car *v.* {mod. 1} *t.d.,int. e pron.* **1** tornar(-se) mais fresco, menos quente; resfriar(-se) □ *t.d. e pron.* **2** proteger(-se) do calor **3** reavivar(-se), estimular(-se) *<r. a memória> <r.-se durante uma viagem>* ~ **refrescante** *adj.2g.*

re.fres.co /ê/ *s.m.* **1** bebida feita de sumo de fruta com água **2** *fig. infrm.* alívio, consolo

re.fri.ge.ra.dor /ô/ [pl.: *-es*] *adj.s.m.* **1** (o) que refrigera ■ *s.m.* **2** geladeira

re.fri.ge.ran.te *adj.2g.* **1** que refrigera ■ *s.m.* **2** bebida industrializada doce, gasosa e não alcoólica

re.fri.ge.rar *v.* {mod. 1} *t.d.* **1** tornar frio ou fresco; refrescar □ *t.d. e pron.* **2** diminuir o calor de ~ **refrigeração** *s.f.*

re.fri.gé.rio *s.m.* **1** bem-estar produzido pela sensação de frescura **2** *fig.* consolo, alívio

re.fu.gar *v.* {mod. 1} *t.d.* **1** pôr à parte; rejeitar, recusar □ *int.* B **2** negar-se (cavalo, boi etc.) a seguir caminho; empacar ~ **refugador** *adj.s.m.*

re.fu.gi.ar-se *v.* {mod. 1} *pron.* **1** (prep. *sob, em, de*) retirar-se para lugar em que haja segurança, proteção **2** (prep. *em*) tomar asilo; asilar-se **3** (prep. *em*) encontrar amparo ~ **refugiado** *adj.s.m.*

re.fú.gio *s.m.* **1** lugar para o qual se foge a fim de escapar a um perigo **2** esconderijo **3** *fig.* o que serve de amparo, consolo ~ **refugiado** *adj.s.m.* - **refugiar-se** *v.pron*

re.fu.go *s.m.* o que foi posto de lado; resto

re.ful.gir *v.* {mod. 24} *int.* **1** brilhar muito; resplandecer **2** *fig.* distinguir-se muito; sobressair ~ **refulgência** *s.f.* - **refulgente** *adj.2g.*

re.fun.dir *v.* {mod. 24} *t.d. e pron.* fundir(-se) novamente

re.fu.tar *v.* {mod. 1} *t.d.* **1** afirmar o contrário de; desmentir, negar **2** não aceitar, não aprovar; rejeitar **3** pôr em dúvida; contestar ~ **refutação** *s.f.* - **refutável** *adj.2g.*

re.ga-bo.fe [pl.: *rega-bofes*] *s.m. infrm.* festa com muita comida e bebida

re.ga.ço *s.m.* [1]colo ('espaço')

re.ga.dor /ô/ [pl.: *-es*] *adj.s.m.* **1** (o) que rega ■ *s.m.* **2** recipiente com crivo ou bico, próprio para regar plantas

re.ga.lar *v.* {mod. 1} *t.d. e pron.* **1** (fazer) ter grande prazer □ *t.d. e t.d.i.* **2** oferecer algo como presente a; presentear ~ **regalo** *s.m.*

re.ga.li.a *s.f.* **1** direito da realeza **2** vantagem, privilégio

re.gar *v.* {mod. 1} *t.d.* **1** molhar (planta, jardim etc.) com gotas ou filetes de água, ger. usando utensílio apropriado **2** molhar um pouco; umedecer **3** correr por, passar em ou junto de; banhar ~ **rega** *s.f.* - **regadura** *s.f.*

R

re.ga.ta *s.f.* ESP competição de barcos a vela ou a remo

re.ga.te.ar *v.* {mod. 5} *t.d.,t.d.i. e int.* **1** (prep. *com*) pedir redução do preço, do valor (de); pechinchar ◻ *t.d. e t.d.i.* **2** (prep. *a*) dar com moderação; racionar, poupar *<r. aplausos (aos atores)>* ~ **regateador** *adj.s.m.* - **regateio** *s.m.*

re.ga.to *s.m.* corrente de água de pouca extensão e volume; riacho, córrego

re.gên.cia *s.f.* **1** governo interino na falta do chefe de Estado, esp. do monarca **2** HIST *B* período da história, de 7 de abril de 1831 a 23 de julho de 1840, em que o Brasil foi governado por regentes, dada a menoridade de Pedro II ☞ inicial maiúsc. **3** GRAM relação de dependência entre termos de uma oração ou entre orações de um período **4** MÚS condução de execução musical feita por maestro

re.ge.ne.rar *v.* {mod. 1} *t.d. e pron.* **1** formar(-se) de novo; reconstituir(-se) **2** emendar(-se) moralmente; reabilitar(-se) ◻ *t.d.* **3** efetuar nova organização em; reestruturar ~ **regeneração** *s.f.* - **regenerável** *adj.2g.*

re.gen.te *adj.2g.* **1** que rege, governa ou dirige ■ *s.2g.* **2** chefe de governo durante a menoridade ou a indisponibilidade de um soberano **3** diretor de orquestra, banda, coral etc.; maestro

re.ger *v.* {mod. 8} *t.d. e int.* **1** exercer mando sobre; governar, dirigir **2** comandar (orquestra, banda) como maestro ◻ *t.d. e pron.* **3** guiar(-se), conduzir(-se), orientar(-se) *<que princípios regem o Universo?> <r.-se por critérios rígidos>*

reggae [ing.; pl.: *reggaes*] *s.m.* MÚS ritmo popular jamaicano surgido na década de 1960, mistura de música negra americana, africana e jamaicana ⇒ pronuncia-se réguei

re.gi.ão [pl.: *-ões*] *s.f.* **1** grande extensão de terreno **2** GEO território com características que o distinguem dos demais **3** ANAT cada uma das partes em que se divide o corpo humano para estudo ▣ **Grande R.** GEO *B* cada um dos cinco setores geográficos em que se divide o Brasil: Norte, Nordeste, Sudeste, Sul e Centro-Oeste

re.gi.cí.dio *s.m.* assassinato de rei ou rainha ~ **regicida** *adj.2g.s.2g.*

re.gi.me *s.m.* **1** sistema político; forma de governo **2** conjunto de prescrições alimentares para manter ou restabelecer a saúde, ou perder ou ganhar peso; dieta **3** conjunto de normas impostas ou consentidas *<r. de comunhão de bens>*

re.gi.men.to *s.m.* **1** ato, modo de reger ou o seu efeito **2** MIL porção de tropa com dois ou mais batalhões **3** regulamento de instituição; estatuto ~ **regimental** *adj.2g.* - **regimentar** *adj.2g.*

ré.gio *adj.* **1** próprio de rei **2** *fig.* magnífico, suntuoso ~ **regiamente** *adv.*

re.gio.nal [pl.: *-ais*] *adj.2g.* **1** próprio de uma região ■ *s.m.* **2** conjunto que toca música típica de uma região ~ **regionalização** *s.f.* - **regionalizar** *v.t.d. e pron.*

re.gio.na.lis.mo *s.m.* **1** LING palavra ou locução própria de uma região **2** caráter da arte baseada na cultura regional **3** doutrina política e social que favorece interesses regionais ~ **regionalista** *adj.2g.s.2g.*

re.gis.tra.do.ra /ô/ *s.f.* máquina us. no comércio para registrar e guardar o dinheiro recebido e emitir recibos

re.gis.trar *v.* {mod. 1} *t.d.i. e pron.* **1** (prep. *em*) inscrever(-se) em livro apropriado, para validar certos atos *<registrou o nome na lista de adesões> <r.-se no hotel>* ◻ *t.d.* **2** assinalar ou marcar regularmente (verificação meteorológica, consumo de gás, de eletricidade etc.) **3** tomar nota de; anotar, consignar **4** guardar na memória; memorizar **5** marcar por meio de caixa registradora ~ **registrado** *adj.* - **registrador** *adj.s.m.*

re.gis.tro *s.m.* **1** ação de registrar ou o seu efeito **2** fixação de um fato, por escrito, imagem, lembrança **3** livro em que se anotam ocorrências **4** documento, certidão **5** torneira que regula ou isola canalização **6** medidor de consumo (de água, luz, gás etc.) **7** indicação gráfica do funcionamento de máquinas, motores etc. **8** MÚS cada uma das três partes da escala dos sons audíveis, de um instrumento ou voz *<r. grave, médio e agudo>* **9** MÚS extensão de voz ou instrumento

re.go /ê/ *s.m.* **1** sulco para escoar água; valeta **2** ruga ou comissura na pele

re.gou.gar *v.* {mod. 1} *int.* emitir som (o gambá, a raposa) ◉ GRAM/USO só us. nas 3ªs p., exceto quando fig.

re.go.zi.jar *v.* {mod. 1} *t.d. e pron.* (fazer) sentir grande alegria, prazer; rejubilar(-se) ~ **regozijo** *s.m.*

re.gra *s.f.* **1** o que regula, dirige; norma, princípio **2** o que foi determinado por lei ou por costume **3** estatuto de ordem religiosa **4** ordem, método ▼ ***regras*** *s.f.pl. infrm.* **5** menstruação ◉ COL regulamento ▣ **r. de três** MAT cálculo de um termo desconhecido por meio de três outros conhecidos, dois dos quais variam, em proporção direta ou inversa • **em r. 1** geralmente **2** *infrm.* completo, total *<limpeza em r.>* ~ **regrar** *v.t.d. e pron.*

re.gre.dir *v.* {mod. 27} *int.* **1** ir para trás; retroceder **2** diminuir em número, força, intensidade, qualidade etc.

re.gres.são [pl.: *-ões*] *s.f.* ato ou efeito de regredir; retrocesso

re.gres.sar *v.* {mod. 1} *t.i. e int.* **1** (prep. *a, de*) voltar ao ponto de partida; retornar *<r. ao lar> <não queríamos r. (das férias)>* ◻ *t.d.i.* **2** (prep. *a*) fazer voltar; mandar de volta *<fez o filho r. ao escritório após as férias>*

re.gres.si.vo *adj.* **1** que regressa ou descresce **2** que tem efeito sobre fatos passados; retroativo

re.gres.so *s.m.* ato ou efeito de regressar; volta, retorno

ré.gua *s.f.* **1** instrumento plano para traçar linhas, esp. retas **2** esse instrumento, dividido em unidades de medida, us. para medições

re.gu.la.dor /ô/ [pl.: *-es*] *adj.* **1** que regula, que serve para regular **2** que regulamenta, que define regras e fiscaliza a sua aplicação ■ *s.m.* **3** dispositivo que serve para normalizar o movimento ou os efeitos de uma máquina ou de uma peça

[1]re.gu.la.men.tar [pl.: *-es*] *adj.2g.* que diz respeito a, consta de ou está de acordo com o regulamento [ORIGEM: *regulamento* + [1]*-ar*]

[2]re.gu.la.men.tar *v.* {mod. 1} *t.d.* submeter a ou criar regulamento; regular [ORIGEM: *regulamento* + [2]*-ar*] ~ **regulamentação** *s.f.*

re.gu.la.men.to *s.m.* **1** ato ou efeito de regular, de estabelecer regras **2** conjunto de regras **2.1** estatuto, instrução que prescreve o que deve ser feito

[1]re.gu.lar [pl.: *-es*] *adj.2g.* **1** conforme as regras, as leis **2** situado entre extremos; mediano *<tamanho r.>* **3** que apresenta constância, continuidade **4** GRAM que segue o paradigma do grupo a que pertence *<verbo r.>* [ORIGEM: do lat. *regulāris,e* 'canônico'] ~ **regularidade** *s.f.*

[2]re.gu.lar *v.* {mod. 1} *t.d.* **1** estabelecer regras para; regulamentar **2** sujeitar a regras; regrar **3** conter, moderar *<r. despesas>* **4** ajustar o funcionamento de; acertar *<r. o motor>* ☐ *int.* **5** funcionar bem **6** *infrm.* ter equilíbrio emocional ou mental *<ele não regula bem>* ☐ *t.i.* **7** (prep. *com*) ter aproximadamente a mesma idade de *<não sei sua idade, mas regula com meu pai>* [ORIGEM: do lat. *regulāre* 'dirigir, dispor, ordenar'] ~ **regulagem** *s.f.*

re.gu.la.ri.zar *v.* {mod. 1} *t.d. e pron.* **1** (fazer) ficar conforme as regras, leis **2** (fazer) ficar em dia, em ordem; normalizar(-se) ~ **regularização** *s.f.* - **regularizador** *adj.s.m.*

ré.gu.lo *s.m.* **1** rei ainda criança, ou muito jovem **2** rei de um pequeno Estado **3** *pej.* chefe de pouca importância, mas de temperamento tirânico

re.gur.gi.tar *v.* {mod. 1} *t.d. e int.* **1** expelir o excedente (esp. o que está no estômago) *<o bebê regurgitou (o leite) durante a viagem>* ☐ *t.i. e int.* **2** *p.ext.* (prep. *de*) estar repleto, cheio de; transbordar *<a festa regurgita (de gente)>* ~ **regurgitação** *s.f.*

rei [fem.: *rainha*] *s.m.* **1** autoridade suprema de uma monarquia; monarca, soberano **2** *fig.* quem detém muito poder ou se destaca num grupo **3** RECR certa carta de baralho **4** RECR peça do jogo de xadrez, que se movimenta, de casa em casa, em todas as direções

rei.de *s.m.* MIL ataque de surpresa em território inimigo

re.i.dra.tar *v.* {mod. 1} *t.d. e pron.* hidratar(-se) outra vez (produto ou organismo que se desidratou) ~ **reidratação** *s.f.* - **reidratante** *adj.2g.s.2g.*

re.im.pri.mir *v.* {mod. 24} *t.d.* fazer nova impressão de (documento, texto, figura etc.) ◉ GRAM/USO part.: *reimprimido, reimpresso* ~ **reimpressão** *s.f.*

rei.na.ção [pl.: *-ões*] *s.f.* **1** brincadeira de criança que inclui certa rebeldia a regras estabelecidas; travessura **2** *B* festa ou brincadeira ruidosa; pândega

rei.na.do *s.m.* **1** governo de um rei, imperador etc. **2** duração ou época do governo de alguém

rei.na.dor /ô/ [pl.: *-es*] *adj.s.m.* *B* (o) que reina ou faz travessuras

rei.nar *v.* {mod. 1} *int.* **1** governar um Estado como rei **2** tomar espaço e manter-se; predominar *<o silêncio reinou na sala>* **3** *B infrm.* fazer travessuras; brincar **4** estar em vigor, em uso; viger *<tal moda reinou pouco>* **5** ter poder, influência; dominar *<os romanos reinaram por séculos>* ~ **reinante** *adj.2g.*

re.in.ci.den.te *adj.2g.s.2g.* que(m) reincide, repete o que fez (erro, crime etc.)

re.in.ci.dir *v.* {mod. 24} *t.i. e int.* (prep. *em*) tornar a praticar (certo ato, ger. negativo); recair *<continua a r. (no roubo)>* ~ **reincidência** *s.f.*

re.in.cor.po.rar *v.* {mod. 1} *t.d.* tornar a incorporar (o que foi descartado, desintegrado etc.) ~ **reincorporação** *s.f.*

re.in.gres.sar *v.* {mod. 1} *t.i.* (prep. *em*) ingressar novamente em (lugar, grupo etc.) *<r. na faculdade>* ~ **reingresso** *s.m.*

re.i.ni.ci.ar *v.* {mod. 1} *t.d.* **1** iniciar novamente; recomeçar **2** INF restaurar situação, estado ou valor inicial de (sistema, computador etc.) ~ **reinício** *s.m.*

rei.no *s.m.* **1** estado governado por rei; monarquia **2** *fig.* âmbito, esfera **3** cada um dos domínios estudados pelas ciências naturais *<r. vegetal>* **4** BIO cada uma das mais altas categorias de classificação dos seres vivos na natureza (dos animais, das plantas, das moneras, dos fungos e dos protistas)

rei.nol [pl.: *-óis*] *adj.2g.* **1** relativo a ou próprio do reino ■ *s.2g.* **2** natural ou habitante de um reino

re.ins.cre.ver *v.* {mod. 8} *t.d.,t.d.i. e pron.* (prep. *em*) inscrever(-se) novamente *<r. (numa eleição) uma candidatura impugnada>* *<reinscreveu-se para a maratona>* ◉ GRAM/USO part.: *reinscrito* ~ **reinscrição** *s.f.*

re.in.se.rir *v.* {mod. 28} *t.d.i. e pron.* (prep. *em*) inserir(-se) novamente (em grupo, lugar etc. no qual já estivera) ~ **reinserção** *s.f.*

re.in.te.grar *v.* {mod. 1} *t.d.i. e pron.* **1** (prep. *em*) restabelecer a (alguém) ou ter novamente a posse de (bem, emprego, cargo de que foi privado) *<reintegraram-no no cargo>* *<procurou r.-se no partido>* ☐ *t.d.* **2** conduzir de novo ao lugar ou ponto de origem; reconduzir *<r. o gado>* ~ **reintegração** *s.f.*

réis *s.m.pl.* ver [2]***REAL***

rei.sa.do *s.m.* FOLC **1** festa popular realizada na véspera e no dia de Reis (6 de janeiro) **2** auto natalino do Norte e Nordeste, realizado em 6 de janeiro

re.i.te.rar *v.* {mod. 1} *t.d. e t.d.i.* (prep. *a*) dizer ou fazer de novo; repetir *<r. uma provocação>* *<r. um conselho a alguém>* ~ **reiteração** *s.f.*

re.i.te.ra.ti.vo *adj.* que reafirma, insiste ou repisa

rei.tor /ô/ [pl.: *-es*] *s.m.* **1** diretor de universidade **2** superior de convento ou de ordem religiosa

rei.to.ri.a *s.f.* **1** cargo de reitor **2** local de trabalho do reitor

rei.u.no *adj.* **1** *pej.* fornecido pelo Estado, esp. pelo exército, para uso dos soldados **2** *pej.* de baixa qualidade

rei.vin.di.ca.ção [pl.: *-ões*] *s.f.* ato ou efeito de reivindicar, de reclamar um direito

rei.vin.di.car *v.* {mod. 1} *t.d.* **1** intentar demanda para recuperar (o que está na posse de outrem) *<r. uma propriedade>* **2** tentar reaver, recuperar *<queria r. o cargo perdido>* **3** requerer, reclamar (um direito) **4** reclamar para si; assumir *<r. uma responsabilidade>* ~ **reivindicador** *adj.s.m.*

re.jei.ção [pl.: *-ões*] *s.f.* **1** ato ou efeito de rejeitar **2** MED reação de anticorpos a um órgão ou a tecidos enxertados no organismo

re.jei.tar *v.* {mod. 1} *t.d.* **1** lançar fora; largar, depor **2** não aceitar, não admitir; recusar **3** afastar de si; repelir **4** não considerar bom, justo, adequado; desaprovar ~ **rejeitado** *adj.*

re.ju.bi.lar *v.* {mod. 1} *t.d.,int. e pron.* (fazer) sentir grande alegria, prazer; regozijar(-se) *<sua presença me rejubila> <todos (nos) rejubilamos com a chegada do papai>* ~ **rejubilação** *s.f.*

re.jun.tar *v.* {mod. 1} *t.d.* refazer as juntas de (tijolos, pedras, ladrilhos etc.) com nova aplicação de argamassa ~ **rejuntamento** *s.m.*

re.ju.ve.nes.cer *v.* {mod. 8} *t.d.,int. e pron.* (fazer) ficar mais jovem ou com aparência, vigor de jovem; remoçar *<r. a pele> <ela fez uma plástica e rejuvenesceu(-se) muito>* ~ **rejuvenescimento** *s.m.*

re.la.ção [pl.: *-ões*] *s.f.* **1** ato de informar fatos; descrição, relato **2** lista de nomes de pessoas ou coisas; rol, listagem **3** o que permite relacionar fato, objeto ou indivíduo ao outro; semelhança **4** vinculação entre pessoas, fatos ou coisas; ligação, conexão ▼ ***relações*** *s.f.pl.* **5** pessoas com as quais alguém se relaciona por cortesia ou amizade **6** convivência, trato, contato

re.la.cio.nar *v.* {mod. 1} *t.d.* **1** fazer relação de; listar *<r. os membros da comitiva>* **2** expor por escrito ou oralmente; relatar *<r. os fatos para a sindicância>* □ *t.d.i. e pron.* **3** (prep. *a*, *com*) estabelecer(-se) vínculo, conexão entre (dois ou mais elementos); ligar(-se) *<r. um indício a um crime> <as coisas se relacionam umas com as outras>* **4** (prep. *com*) (fazer) adquirir amizades, conhecimentos *<relacionei-o com o grupo> <relaciona-se bem com os parentes>* ~ **relacionamento** *s.m.*

re.la.ções-pú.bli.cas *s.2g.2n.* profissional que trabalha em relações públicas

re.lâm.pa.go *s.m.* **1** clarão rápido causado por descarga elétrica entre nuvens **2** *fig.* o que se passa rapidamente

re.lam.pe.jar *v.* {mod. 1} ou **re.lam.pe.ar** *v.* {mod. 5} *int.* **1** produzir-se relâmpago ou série deles ☞ nesta acp., é impessoal, exceto quando fig. **2** brilhar de repente; fulgurar ☞ nesta acp., só us. nas 3as p., exceto quando fig. ~ **relampejo** *s.m.*

re.lan.ce *s.m.* ato de olhar rapidamente ou o seu efeito

re.lap.so *adj.s.m.* **1** que(m) é descuidado no cumprimento de suas obrigações; relaxado **2** que(m) repete erro, crime, pecado

re.la.tar *v.* {mod. 1} *t.d. e t.d.i.* **1** (prep. *a*) expor por escrito ou oralmente (fato, acontecimento); narrar, contar *<r. o que ocorreu> <r. os fatos aos ouvintes>* □ *t.d.* **2** fazer lista de; relacionar ~ **relato** *s.m.*

re.la.ti.va.men.te *adv.* **1** em comparação com outros elementos; em termos relativos **2** *infrm.* mais ou menos *<r. esperto>*

re.la.ti.vis.mo *s.m.* FIL teoria que nega o caráter absoluto do conhecimento, afirmando que este depende do juízo de cada indivíduo ~ **relativista** *adj.2g.s.2g.*

re.la.ti.vo *adj.* **1** que se refere a alguém ou algo; concernente **2** que não é total; menor **3** que pode variar ou não de acordo com uma relação entre elementos **4** GRAM que funciona como conectivo, unindo uma oração subordinada adjetiva à oração principal (diz-se de pronome: *como que*, *o qual*, *quem*, *cujo* etc.) **5** GRAM introduzido por um pronome relativo (diz-se de oração) ~ **relatividade** *s.f.*

re.la.tor /ô/ [pl.: *-es*] *adj.s.m.* **1** que(m) relata, narra **2** que(m) faz relatórios

re.la.tó.rio *s.m.* exposição detalhada e objetiva, ger. escrita, de fato, estudo, atividades etc.; relato

re.la.xan.te *adj.2g.s.m.* (aquilo) que reduz a tensão física ou mental

re.la.xar *v.* {mod. 1} *t.d. e int.* **1** tornar(-se) [mais] fraco; debilitar(-se) *<r. o caráter> <a vontade não relaxou, apesar dos obstáculos>* □ *t.d.* **2** diminuir a força, a tensão ou a compressão de; afrouxar *<r. o cabo que prendia o bote>* **3** tornar menos severo; suavizar □ *t.d. e pron.* **4** corromper(-se), perverter(-se) *<r. os costumes> <r.-se profissionalmente>* □ *int.* **5** procurar repouso ou diversão *<viajou para r.>* **6** aplacar a tensão, a ansiedade *<fez uma pausa para r.>* □ *pron.* **7** tornar-se negligente; desleixar-se *<r.-se na higiene>* ~ **relaxado** *adj.s.m.* - **relaxador** *adj.s.m.* - **relaxamento** *s.m.*

re.lé *s.m.* ELETR dispositivo que altera um circuito quando certas condições estão presentes

re.le.gar *v.* {mod. 1} *t.d. e t.d.i.* **1** (prep. *a*, *para*) expulsar de um lugar; banir *<r. os revoltosos (ao estrangeiro)>* □ *t.d.i.* **2** (prep. *a*) pôr (em plano secundário ou obscuro); abandonar *<r. um ator ao esquecimento>* ~ **relegação** *s.f.*

re.lei.tu.ra *s.f.* **1** ato ou efeito de reler; nova leitura **2** interpretação nova ou diferente dada a um filme, livro, peça teatral etc.

re.lem.brar *v.* {mod. 1} *t.d.,t.d.i. e pron.* (prep. *a*, *de*) trazer de novo à memória; recordar(-se) *<r. a juventude> <relembrou-lhe a promessa> <r.-se dos velhos tempos>* ~ **relembrado** *adj.* - **relembrança** *s.f.*

re.len.to *s.m.* umidade da noite; orvalho, sereno ▣ **ao r.** sem um teto

re.ler *v.* {mod. 11} *t.d.* **1** ler de novo ou várias vezes **2** ler outra vez (o que se escreveu) para corrigir, melhorar; revisar

re.les *adj.2g.2n.* de qualidade ordinária; grosseiro

re.le.van.te *adj.2g.* **1** que tem importância **2** que apresenta saliência; proeminente **3** de grande valor ou interesse **4** considerável, farto, grande ■ *s.m.* **5** o que é relevante ~ **relevância** *s.f.*

re.le.var *v.* {mod. 1} *t.d. e pron.* **1** (prep. *em*) [fazer] ter relevo, sobressair; destacar(-se) *<o adorno releva a beleza> <as formas mais graciosas se relevavam> <releva-se na sabedoria>* □ *t.d. e t.d.i.* **2** (prep. *a*) ser tolerante com; perdoar, desculpar *<r. uma falta> <o chefe relevou-lhes os atrasos>* ~ **relevação** *s.f.*

re.le.vo /ê/ *s.m.* **1** proeminência, saliência, reentrância **2** escultura ou gravura feita com tais detalhes sobre uma superfície **3** GEO conjunto de montanhas, vales, planícies etc. em terra ou no mar **4** *fig.* o que se destaca, tem importância

re.lha /ê/ *s.f.* **1** peça de arado que rasga o solo **2** peça de ferro que reforça externamente as rodas do carro de boi

re.lho /ê/ *s.m.* chicote de couro torcido

re.li.cá.rio *s.m.* **1** caixa, cofre, lugar próprio para guardar relíquias **2** *fig.* algo de grande valor

re.li.gi.ão [pl.: *-ões*] *s.f.* **1** crença na existência de uma força sobrenatural **2** conjunto de dogmas e práticas que ger. envolvem tal crença **3** observação aos princípios religiosos; devoção

re.li.gi.o.si.da.de *s.f.* **1** conjunto de valores éticos de certo teor religioso **2** tendência ou fato de incorporar ensinamentos religiosos à forma de pensar

re.li.gi.o.so /ô/ [pl.: /ó/; fem.: /ó/] *adj.* **1** relativo a religião **2** que tem elementos de adoração *<fervor r.>* **3** realizado segundo os ritos de uma religião **4** *fig.* pontual, cuidadoso, zeloso ■ *adj.s.m.* **5** que(m) segue ou professa uma religião **6** que(m) pertence a uma ordem monástica ■ *s.m.* **7** casamento religioso ◉ COL confraria, congregação, irmandade

re.lin.char *v.* {mod. 1} *int.* emitir seu som característico (o cavalo, o burro etc.) ◉ GRAM/USO só us. nas 3ªs p., exceto quando fig.

re.lin.cho *s.m.* voz de cavalo, jumento, zebra etc.; rincho

re.lí.quia *s.f.* **1** parte do corpo de um santo, ou o que resta dele **2** objeto que supostamente pertenceu a um santo ou que teve contato com seu corpo **3** *p.ext.* coisa preciosa e ger. antiga, muito estimada

re.ló.gio *s.m.* **1** aparelho us. para marcar o tempo e indicar as horas **2** *B* medidor de água, luz ou gás; registro **3** *fig. infrm.* o que trabalha com muita regularidade

re.lo.jo.a.ri.a *s.f.* casa onde se fabricam, vendem ou consertam relógios

re.lo.jo.ei.ro *adj.* **1** relativo a relojoaria ou a relógio ■ *s.m.* **2** profissional que fabrica ou conserta relógios

re.lu.tan.te *adj.2g.* **1** que hesita e opõe resistência **2** que se opõe por discordância ou aversão, manifestando má vontade

re.lu.tar *v.* {mod. 1} *t.i. e int.* (prep. *em*) fazer oposição, resistência a; resistir *<relutou em entrar> <aceitou o encargo, depois de r. muito>* ~ **relutância** *s.f.*

re.lu.zen.te *adj.2g.* **1** que reflete luz **2** que tem brilho; lustroso

re.lu.zir *v.* {mod. 24} *int.* brilhar muito; resplandecer

rel.va *s.f.* **1** camada de ervas rasteiras que cobre o solo **2** lugar coberto por essa camada; relvado **3** [1]grama

rel.va.do *adj.s.m.* (terreno) coberto de relva; gramado

rel.vo.so /ô/ [pl.: /ó/; fem.: /ó/] *adj.* em que há relva

re.man.char *v.* {mod. 1} ou **re.man.che.ar** *v.* {mod. 5} *int. e pron.* (prep. *em*) levar muito tempo fazendo algo; demorar *<de tanto r., atrasou-se para a aula> <r.-se no banho>*

re.ma.ne.jar *v.* {mod. 1} *t.d.* **1** modificar a formação, a disposição de, para dar-lhe uma nova estrutura □ *t.d. e t.d.i.* **2** (prep. *de, para*) dar nova destinação ou distribuição a; redistribuir *<r. verbas (de um ministério para outro)>* ~ **remanejamento** *s.m.*

re.ma.nes.cen.te *adj.2g.s.2g.* (o) que fica, permanece, resta ~ **remanescência** *s.f.* - **remanescer** *v.int.*

re.man.so *s.m.* **1** trecho mais largo de rio em que não há correnteza **2** *fig.* período sem atividade; sossego, descanso **3** ponto em que se recolhe para descanso; pouso, retiro ~ **remansoso** *adj.*

re.mar *v.* {mod. 1} *t.d. e int.* impulsionar, mover (embarcação) com remo ~ **remada** *s.f.* - **remador** *adj.s.m.*

re.mar.car *v.* {mod. 1} *t.d.* **1** marcar novamente **2** *B* fixar novo preço, horário para ~ **remarcação** *s.f.*

re.ma.tar *v.* {mod. 1} *t.d.* **1** fazer acabamento em; finalizar **2** dar os últimos pontos em (uma costura); arrematar □ *t.i.,int. e pron.* **3** (prep. *em*) ficar completo, ter fim; acabar(-se) *<a confusão rematou surpreendentemente> <a luta rematou em sucesso> <rematou-se a discórdia>*

re.ma.te *s.m.* **1** última operação para tornar uma obra acabada ou completa **2** acabamento final de roupa; arremate **3** *fig.* o ponto mais alto; o apogeu

re.me.di.a.do *adj.s.m.* que(m) tem recursos suficientes para atender às próprias necessidades

re.me.di.ar *v.* {mod. 5} *t.d.* **1** dar remédio a; medicar **2** tornar suportável ou aceitável; atenuar **3** reparar, emendar, corrigir □ *t.d. e t.d.i.* **4** (prep. *de*) prover (do que é necessário); abastecer *<r. um pedinte> <r. a casa de víveres>* □ *pron.* **5** contar com poucos recursos *<remedeia-se com o que tem>* ~ **remediador** *adj.s.m.* - **remediável** *adj.2g.*

re.mé.dio *s.m.* **1** substância ou recurso us. para combater dor, doença **2** *fig.* tudo que serve para acabar com mal, transtorno; recurso, solução **3** aquilo que protege, que auxilia **4** emenda, correção

re.me.la *s.f.* secreção viscosa que aparece na mucosa dos olhos e na borda das pálpebras ~ **remelento** *adj.*

re.me.le.xo /ê/ *s.m.* *B infrm.* balanço do corpo; rebolado

re.me.mo.rar *v.* {mod. 1} *t.d. e int.* **1** trazer de novo à memória; relembrar □ *t.d.* **2** dar ideia de; lembrar ~ **rememoração** *s.f.* - **rememorativo** *adj.*

R

re.men.dão [pl.: *-ões*] *adj.s.m.* **1** (sapateiro) que conserta sapatos **2** (artesão) pouco habilidoso

re.men.dar *v.* {mod. 1} *t.d.* **1** pôr remendos em; emendar, consertar **2** *fig.* reparar os efeitos de (equívoco, inconveniência)

re.men.do *s.m.* **1** pedaço de pano us. em roupa para esconder um rasgo, um buraco etc. **2** *fig.* aquilo que corrige, conserta ou emenda; emenda

re.mes.sa *s.f.* **1** ato ou efeito de remeter **2** aquilo que foi remetido

re.me.ten.te *adj.2g.s.2g.* que(m) envia carta ou encomenda para alguém

re.me.ter *v.* {mod. 8} *t.d.i.* **1** (prep. *a, de, para*) fazer seguir para; enviar, mandar *<r. uma carta ao marido>* □ *t.d.i. e pron.* **2** (prep. *a*) pôr(-se) sob os cuidados de; entregar(-se), confiar(-se) *<r. o negócio a uma pessoa idônea> <r.-se a um bom médico>* □ *t.d. e t.d.i.* **3** (prep. *para*) deixar para depois; adiar, postergar *<remeteu a decisão (para a semana seguinte)>* □ *pron.* **4** (prep. *a*) referir-se, aludir

re.me.xer *v.* {mod. 8} *t.d.* **1** mexer de novo ou repetidamente em **2** mover repetidas vezes □ *t.i.* **3** (prep. *em*) tocar com as mãos ou com um objeto em; bulir *<as crianças remexem em tudo>* □ *pron.* **4** mover-se com inquietação; agitar-se □ *t.d. e pron.* *B* **5** mover(-se) balançando (os quadris, o corpo) ao andar, dançar; rebolar ~ **remeximento** *s.m.*

re.mi.ção [pl.: *-ões*] *s.f.* **1** liberação de pena, de ofensa, de dívida; perdão, quitação, resgate **2** compensação por danos ou prejuízos; indenização **3** recuperação de algo ☞ cf. *remissão* ~ **remido** *adj.*

re.mi.nis.cên.cia *s.f.* **1** o que se conserva na memória **2** lembrança vaga **3** sinal, fragmento, vestígio que resta de algo que passou ~ **reminiscente** *adj.2g.*

re.mir *v.* {mod. 24} *t.d.,t.d.i. e pron.* **1** (prep. *de*) livrar(-se) de cativeiro, sequestro etc.; libertar(-se) *<r. o condenado (da pena)> <remiu-se do castigo pelos próprios esforços>* □ *t.d.* **2** libertar da condenação ao inferno **3** compensar, ressarcir (perda, dano etc.) **4** reparar, expiar (falta, crime etc.) **5** livrar (algo) de ônus, pagando □ *pron.* **6** (prep. *de*) reabilitar-se, recuperar-se ◉ GRAM/USO verbo defectivo

re.mis.são [pl.: *-ões*] *s.f.* **1** ação de perdoar; perdão **2** sentimento de misericórdia; compaixão **3** falta de ação, de energia; frouxidão **4** intervalo entre o fim e o reinício de algo **5** alívio, consolo **6** diminuição temporária dos sintomas de uma doença **7** condução do leitor para outra parte de um texto escrito ☞ cf. *remição*

re.mis.si.vo *adj.* **1** que perdoa **2** que envia para outro ponto **3** que contém referências

re.mis.so *adj. frm.* **1** que tarda em fazer ou dizer alguma coisa **2** que demonstra negligência; descuidado **3** indolente, a quem falta atividade ◉ GRAM/USO part. de *remitir*

re.mi.tir *v.* {mod. 24} *t.d. e t.d.i.* **1** (prep. *a*) conceder perdão a; indultar *<r. culpas> <r. os pecados a alguém>* **2** (prep. *a*) entregar, restituir *<r. uma chefia> <r. um direito a alguém>* □ *t.d.* **3** considerar pago ou satisfeito □ *t.d.,int. e pron.* **4** (fazer) perder a intensidade; diminuir, abrandar *<a chuva remitiu o calor> <a febre remitiu> <o mal-estar remitiu-se>* ◉ GRAM/USO part.: *remitido, remisso* ~ **remitência** *s.f.* - **remitente** *adj.2g.*

re.mo *s.m.* **1** haste leve, de ponta chata, plana ou curva, us. para impulsionar embarcação com a força dos braços humanos **2** ESP atividade ou esporte de remar

re.mo.çar *v.* {mod. 1} *t.d. e int.* **1** (fazer) ficar mais jovem ou com aparência, vigor, viço jovem; rejuvenescer *<a convivência com a juventude remoça os velhos> <sua tia remoçou depois da dieta>* □ *pron.* **2** readquirir força, vigor *<remoçou-se após a volta da filha>* ~ **remoçante** *adj.2g.*

re.mo.de.lar *v.* {mod. 1} *t.d.* refazer com base em outro modelo ou com modificações significativas; reestruturar, reformar ~ **remodelação** *s.f.* - **remodelador** *adj.s.m.* - **remodelagem** *s.f.*

re.mo.er *v.* {mod. 9} *t.d.* **1** moer de novo □ *t.d. e t.i.* **2** (prep. *sobre*) pensar insistentemente em; refletir, ruminar *<r. (sobre) um problema>* □ *pron.* **3** preocupar-se, afligir-se *<r.-se de inveja>* **4** zangar-se, irritar-se *<remoeu-se de ódio com a ofensa>*

re.mo.i.nho *s.m.* rodamoinho

re.mon.ta *s.f.* **1** suprimento de animais para uma tropa de cavalaria **2** *infrm.* reforma, conserto

re.mon.tar *v.* {mod. 1} *t.d.,t.d.i. e pron.* **1** (prep. *a, de*) elevar(-se) muito ou novamente *<r. o voo> <r.(-se) da terra às nuvens>* □ *t.d.* **2** tornar a montar (peça de teatro) □ *t.i.* **3** (prep. *a*) volver, recuar (a passado distante) *<r. à Pré-história>* **4** (prep. *a*) ter existência desde (tempos antigos); datar *<os grandes descobrimentos remontam ao século XVI>* **5** (prep. *a*) ter origem em; provir *<essa palavra remonta ao latim>* □ *pron.* **6** (prep. *a*) fazer menção a; referir-se *<o romancista se remontava a um passado distante>*

re.mo.que *s.m.* **1** insinuação maliciosa ou satírica **2** zombaria, caçoada ~ **remoquear** *v.t.d. e int.*

re.mor.so *s.m.* inquietação da consciência que percebe ter cometido erro; arrependimento

re.mo.to *adj.* **1** que ocorreu há muito tempo; antigo, longínquo **2** distante no espaço

re.mo.ve.dor /ô/ [pl.: *-es*] *adj.s.m.* (produto) que tira manchas, verniz, tinta etc.

re.mo.ver *v.* {mod. 8} *t.d. e t.d.i.* **1** (prep. *de*) mudar de lugar; transferir, deslocar *<removeu (da sala) a cadeira>* **2** (prep. *a, de, para*) transferir (funcionário, empregado etc.) de um posto ou de um lugar para outro *<removeram os funcionários (para Belém)>* □ *t.d.* **3** fazer desaparecer; afastar, retirar *<r. maquiagem>* ~ **remoção** *s.f.* - **removível** *adj.2g.*

re.mu.ne.ra.ção [pl.: *-ões*] *s.f.* **1** retribuição por serviço ou favor prestado; recompensa, prêmio **2** salário, ordenado ~ **remunerar** *v.t.d.* - **remunerativo** *adj.* - **remuneratório** *adj.*

re.na *s.f.* ZOO mamífero do hemisfério norte, com galhadas presentes nos dois sexos e cascos adaptados para a locomoção na neve

R

re.nal [pl.: *-ais*] *adj.2g.* relativo a rim

re.nas.cen.ça *s.f.* **1** ato de renascer ou o seu efeito; renascimento **2** qualquer movimento com ideia de renovação, de restauração; retorno **3** HIST Renascimento ('movimento') ☞ inicial freq. maiúsc.

re.nas.cer *v.* {mod. 8} *int.* **1** nascer de novo (real ou aparentemente) *<com o novo xampu, seus cabelos renasceram>* **2** *fig.* adquirir novo ímpeto, vigor; renovar-se, revigorar-se *<a liberdade renasceu após anos de opressão>* **3** *fig.* surgir novamente; reaparecer

re.nas.ci.men.to *s.m.* **1** ato de renascer **2** nova vida, nova existência **3** HIST movimento intelectual, artístico e científico, do séc. XV, inspirado na Antiguidade Clássica; Renascença ☞ nesta acp., inicial freq. maiúsc. ~ **renascentista** *adj.2g.s.2g.*

[1]**ren.da** *s.f.* quantia obtida de aluguel, de aplicação de capital, de pensão etc.; rendimento [ORIGEM: do lat.vulg. *rendĭta* 'id.']

[2]**ren.da** *s.f.* tecido transparente, formando desenhos variados, aplicado como enfeite de vestidos, colchas etc. [ORIGEM: do esp. *randa* 'id.']

ren.da.do *adj.* **1** enfeitado ou feito com [2]renda ■ *s.m.* **2** o conjunto das [2]rendas que adornam uma peça

ren.dei.ra *s.f.* mulher que faz e/ou vende rendas

[1]**ren.dei.ro** *adj.s.m.* que(m) toma sítio, fazenda etc. por arrendamento [ORIGEM: [1]*renda* + *-eiro*]

[2]**ren.dei.ro** *adj.s.m.* que(m) fabrica ou vende rendas ('tecido') [ORIGEM: [2]*renda* + *-eiro*]

ren.der *v.* {mod. 8} *t.d. e pron.* **1** (fazer) reconhecer a derrota, desistir; submeter(-se) *<r. uma tropa> <renderam-se por falta de munição>* □ *t.d.* **2** substituir (alguém, um grupo) em serviço, tarefa **3** pôr de lado; depor *<r. as armas>* □ *t.d. e int.* **4** dar como produto ou lucro *<o bar rende muito dinheiro> <o capital rendeu bem>* □ *t.d. e t.d.i.* **5** (prep. *a*) ter como efeito; causar, resultar *<o desastre rendeu vítimas> <sua atitude rendeu aborrecimentos à família>* □ *t.d.i.* **6** (prep. *a*) prestar, dispensar, oferecer *<r. honras a alguém>* □ *int.* **7** dar bom resultado, ser útil *<o trabalho não está rendendo>* **8** *B* levar muito tempo; demorar, durar *<essa reunião ainda vai r.>*

ren.di.ção [pl.: *-ões*] *s.f.* **1** ato de entregar-se a uma força inimiga; capitulação **2** *p.ext.* ato de render-se a algo; sujeição

ren.di.lha *s.f.* certa renda muito delicada ~ **rendilhar** *v.t.d.*

ren.di.men.to *s.m.* **1** total de salários, lucros, juros etc. ganhos por pessoa ou instituição, num período **2** lucro alcançado em uma empresa ou uma operação financeira **3** eficiência de produção; produtividade **4** eficiência no desempenho de certa função ou tarefa; produtividade

ren.do.so /ô/ [pl.: /ó/; fem.: /ó/] *adj.* que dá bons lucros; lucrativo

re.ne.ga.do *adj.s.m.* **1** que(m) renega uma religião, um partido, um ideal em nome de outro; apóstata **2** que(m) é odiado, rejeitado **3** que(m) é perverso; malvado

re.ne.gar *v.* {mod. 1} *t.d. e t.i.* **1** (prep. *de*) deixar de seguir (religião, fé etc.); abjurar *<r. (d)a fé>* **2** (prep. *de*) abrir mão de; prescindir, dispensar *<renegava (d)o apoio dos amigos>* □ *t.d.* **3** deixar de crer, seguir (ideias, convicções etc.); abandonar **4** contradizer, negar, desmentir *<r. um crime>* **5** mostrar desprezo por; rejeitar *<r. um filho>*

ren.gue.ar *v.* {mod. 5} *int.* *RS* andar meio torto ou mancar

re.nhi.do *adj.* **1** disputado com ardor **2** *p.ext.* violento, feroz ~ **renhir** *v.t.d.,int. e pron.*

rê.nio *s.m.* QUÍM elemento químico us. como catalisador na indústria petroquímica [símb.: *Re*] ☞ cf. *tabela periódica* (no fim do dicionário)

re.ni.ten.te *adj.2g.s.2g.* (o) que teima ou não se conforma; obstinado, pertinaz ~ **renitência** *s.f.*

re.no.ma.do *adj.* que tem renome, fama, celebridade; famoso

re.no.me *s.m.* **1** bom nome ou reputação; crédito **2** opinião favorável e geral sobre alguém; fama

[1]**re.no.me.ar** *v.* {mod. 5} *t.d.* dar fama, celebridade a [ORIGEM: *renome* + [2]*-ar*]

[2]**re.no.me.ar** *v.* {mod. 5} *t.d.* **1** dar novo nome a □ *t.d.,t.d.pred. e t.d.i.* **2** (prep. *para*) nomear novamente (para cargo, função etc.) *<o diretor renomeou o velho funcionário (para) seu assessor> <renomeou para chefe de gabinete o amigo afastado>* [ORIGEM: *re-* + *nomear*]

re.no.va.ção [pl.: *-ões*] *s.f.* **1** ato ou efeito de tornar novo outra vez, ou de modificar para melhor **2** ato ou efeito de dar ou adquirir nova aparência ou constituição **3** ato ou efeito de dar novo vigor ao que já foi feito em tempo anterior

re.no.var *v.* {mod. 1} *t.d. e pron.* **1** (fazer) ficar melhor, com aparência, vigor etc. de novo *<r. a fachada de um edifício> <a amizade se renovou>* **2** (fazer) ter novo início; recomeçar □ *t.d.* **3** substituir por mais novo *<r. a frota>* **4** fazer ou dizer de novo; repetir *<r. as queixas>* **5** estender ou restabelecer a vigência, a validade de (cláusula, contrato, compromisso etc.) □ *int. e pron.* **6** surgir de novo; reaparecer *<a febre renovou(-se)>* ~ **renovador** *adj.s.m.* - **renovável** *adj.2g.*

ren.ta.bi.li.da.de *s.f.* ECON **1** grau de sucesso econômico de uma empresa em relação ao capital nela aplicado **2** capacidade de produzir rendimento

ren.tá.vel [pl.: *-eis*] *adj.2g.* que produz bom rendimento; lucrativo

ren.te *adj.2g.* **1** próximo, junto **2** muito curto *<unhas r.>* ■ *adv.* **3** pela base ou raiz *<cortar r.>*

re.nún.cia *s.f.* **1** ato ou efeito de renunciar, de deixar de querer algo que se tem ou usufrui **2** sacrifício, mortificação

R

re.nun.ci.ar *v.* {mod. 1} *t.d. e t.i.* **1** (prep. *a*) abrir mão de; recusar, rejeitar *<r. os prazeres da mesa>* *<renunciou a uma herança>* **2** (prep. *a*) deixar de crer, seguir (crença, convicção etc.); renegar *<r. a velhas convicções>* ☐ *t.d.,t.i. e int.* **3** (prep. *a*) desistir de (poder, autoridade) por vontade própria; abdicar *<renunciou o trono>* *<é difícil r. ao poder>* *<anunciou que não renunciará>* ~ **renunciante** *adj.2g.s.2g.*

re.or.ga.ni.za.ção [pl.: *-ões*] *s.f.* nova organização; reestruturação

re.or.ga.ni.zar *v.* {mod. 1} *t.d.* **1** tornar a organizar **2** dar nova organização, fazendo melhoramentos e inovações; reestruturar *<r. uma empresa>* ~ **reorganizador** *adj.s.m.*

re.os.ta.to ou **re.ós.ta.to** *s.m.* ELETR resistor que controla corrente em circuito ou dissipa energia

re.pa.ra.ção [pl.: *-ões*] *s.f.* **1** restituição da ordem ou do funcionamento original de algo **2** conserto, reparo **3** satisfação dada a alguém por uma falta; retratação **4** ação de indenizar; compensação

re.pa.rar *v.* {mod. 1} *t.d.* **1** pôr em bom estado (algo quebrado, parado, estragado etc.); consertar **2** eliminar ou atenuar os efeitos de (mal, injustiça, erro etc.) ☐ *t.d. e t.i.* **3** (prep. *em*) prestar atenção em; notar, atentar *<r. as aparências>* *<logo reparou na bolsa da moça>* ~ **reparador** *adj.s.m.* - **reparável** *adj.2g.*

re.pa.ro *s.m.* **1** ação de consertar algo; restauração **2** censura leve, advertência

re.par.ti.ção [pl.: *-ões*] *s.f.* **1** ação de dividir em partes; partilha, divisão **2** divisão de organização ou estabelecimento que atende a serviços comunitários; seção, departamento *<r. pública>* **3** secretaria *<r. da Receita Federal>* **4** lugar em que funciona essa divisão, seção, secretaria; escritório

re.par.tir *v.* {mod. 24} *t.d. e t.d.i.* **1** (prep. *entre, por*) dar parcela de (algo) [a vários receptores]; distribuir, dividir *<r. os bens (entre os filhos)>* **2** (prep. *com*) fazer tomar parte em; compartilhar, dividir *<reparte sua alegria (com os amigos)>* ☐ *pron.* **3** dividir-se em duas ou mais partes *<o rio reparte-se logo adiante>* **4** (prep. *entre*) dedicar-se ou dirigir-se a diferentes lugares, atividades, assuntos etc. *<reparte-se entre filologia e política>* ~ **repartimento** *s.m.*

re.pas.sar *v.* {mod. 1} *t.d.,t.i. e int.* **1** (prep. *por*) passar outra vez; voltar *<repassamos por essa estrada várias vezes>* *<as crianças ali passam e repassam>* ☐ *t.d.* **2** ler, estudar ou analisar de novo; revisar ☐ *t.d. e t.d.i.* **3** (prep. *a*) passar (a alguém) [verba, crédito etc.]; transferir ☐ *t.d. e pron.* **4** (prep. *de*) ensopar(-se), impregnar(-se) por completo *<a água repassou meus sapatos>* *<as flores repassaram-se de orvalho>* ~ **repasse** *s.m.* - **repasso** *s.m.*

re.pas.to *s.m.* **1** pastagem abundante **2** refeição, esp. farta e festiva

re.pa.tri.ar *v.* {mod. 1} *t.d. e pron.* (fazer) voltar à pátria (p.ex., exilados, fugitivos) *<repatriou-se depois de enriquecer>* ~ **repatriação** *s.f.* - **repatriamento** *s.m.*

re.pe.lão [pl.: *-ões*] *s.m.* **1** empurrão violento **2** choque violento; encontrão

re.pe.len.te *s.m.* **1** substância ou produto para espantar insetos ■ *adj.2g.* **2** que repugna; asqueroso, nojento

re.pe.lir *v.* {mod. 28} *t.d.* **1** pôr para longe ou para fora; expulsar, afastar **2** mostrar-se contrário a; rejeitar, recusar ☐ *t.d. e pron.* **3** ser incompatível (com) *<a gordura repele a água>* *<eram amigos mas agora se repelem>* ◉ GRAM/USO part.: *repelido, repulso*

re.pen.sar *v.* {mod. 1} *t.d.,t.i. e int.* (prep. *em, sobre*) pensar de novo ou repetidas vezes (em); reconsiderar *<repensou (n)o caso>* *<só decidiu depois de r. bastante>*

re.pen.te *s.m.* **1** ato ou dito sem reflexão; ímpeto **2** verso ou canto improvisado em desafio ▣ **de r.** **1** de súbito **2** *B infrm.* us. para indicar possibilidade ou dúvida; talvez *<não gosto disso, mas, de r., até aceito>*

re.pen.ti.no *adj.* que ocorre de súbito; imprevisto

re.pen.tis.ta *s.2g.* cantador que improvisa versos

re.per.cus.são [pl.: *-ões*] *s.f.* **1** reverberação, reflexão de som ou de luz **2** *fig.* efeito amplo, indireto e imprevisto de algo ~ **repercussivo** *adj.*

re.per.cu.tir *v.* {mod. 24} *t.d.,t.i. e int.* **1** (prep. *em*) refletir (raios de luz, som) *<a sala vazia repercute o som>* *<a lua repercutia na lagoa>* *<a música está repercutindo muito>* ☐ *t.i.,int. e pron.* **2** (prep. *em*) espalhar-se (fato, notícia etc.), exercendo ação ou influência generalizada *<o seu caso repercutiu(-se) em todo o país>* *<esta decisão repercutiu muito>*

re.per.tó.rio *s.m.* **1** lista de assuntos em ordem alfabética, de lógica, de tempo etc., para facilitar o uso **2** coleção, conjunto da mesma natureza **3** o conjunto de obras, músicas, peças teatrais etc., mostrado por um autor, cantor, ator, companhia etc.

re.pe.ten.te *adj.2g.* **1** que repete; repetidor ■ *adj.2g.s.2g.* **2** (aluno) que repete o ano ou semestre letivo ~ **repetência** *s.f.*

re.pe.ti.ção [pl.: *-ões*] *s.f.* ato ou efeito de repetir(-se); reiteração

re.pe.ti.dor /ô/ [pl.: *-es*] *adj.s.m.* **1** (o) que repete ■ *s.m.* TEL **2** amplificador us. nas linhas telefônicas de longa distância

re.pe.ti.do.ra /ô/ *s.f.* RÁD TV estação de rádio ou televisão que repete a programação de outra

re.pe.tir *v.* {mod. 28} *t.d. e t.d.i.* **1** (prep. *a*) dizer de novo ou muitas vezes; reafirmar, recontar *<repetiu a piada (aos amigos)>* ☐ *t.d.* **2** tornar a fazer, a usar, a executar **3** cursar (série, disciplina) pela segunda vez **4** reproduzir (imagens, sons) ☐ *pron.* **5** acontecer de novo *<esse fenômeno se repete todos os anos>* **6** expressar de novo ou muitas vezes as próprias ideias, palavras *<ele se repete muito>* ~ **repetido** *adj.*

re.pe.ti.ti.vo *adj.* **1** que repete **2** em que há muitas repetições

re.pi.car *v.* {mod. 1} *t.d.* **1** picar mais uma vez; reduzir a pedaços ☐ *t.d. e int.* **2** (fazer) emitir sons agudos e repetidos ☐ *int.* **3** fazer toque festivo de sinos ~ **repicado** *adj.* - **repicagem** *s.f.*

re.pi.que *s.m.* **1** toque festivo de sinos **2** som agudo e repetido, esp. o produzido por instrumento de percussão **3** sinal que adverte sobre algo; alarme **4** MÚS instrumento de percussão pequeno, com som agudo, tocado com uma baqueta em uma das mãos enquanto a outra toca diretamente sobre a pele do instrumento

re.pi.que.te /ê/ *s.m.* **1** mudança súbita da direção do vento **2** repique de sinos com intervalos rápidos entre as badaladas

re.pi.sar *v.* {mod. 1} *t.d.* **1** pisar de novo ☐ *t.d. e t.i.* **2** (prep. *em*) dizer ou fazer seguidas vezes, com insistência; repetir, teimar *<r. um pedido> <r. nas instruções>* ~ **repisamento** *s.m.*

replay [ing.; pl.: *replays*] *s.m.* nova transmissão da gravação de trecho de programa, esp. esportivo ⇒ pronuncia-se riplêi

re.ple.to *adj.* **1** que está cheio; abarrotado **2** que está farto; saciado

ré.pli.ca *s.f.* **1** resposta a um dito ou escrito; contestação, refutação **2** cópia de pintura, escultura etc.; imitação **3** DIR discurso do acusador em resposta ao advogado de defesa

re.pli.car *v.* {mod. 1} *t.d.,t.i. e int.* (prep. *a*) combater argumentando; refutar *<r. as injúrias> <r. ao acusador> <não quis r.>*

re.po.lho /ô/ *s.m.* BOT tipo de couve de folhas sobrepostas, esverdeadas, esbranquiçadas ou roxas, us. na alimentação humana ou animal ◉ COL repolhal

re.po.lhu.do *adj.* **1** com forma de repolho **2** *fig.* gordo, gorducho

re.por *v.* {mod. 23} *t.d. e t.d.i.* **1** (prep. *em*) pôr de novo; recolocar *<r. o que foi tirado> <r. um objeto em seu lugar>* **2** pôr (algo) para ocupar lugar deixado por algo retirado *<r. (no machucado) o esparadrapo usado>* ☐ *pron.* **3** recuperar estado anterior; reconstituir-se ◉ GRAM/USO part.: *reposto*

re.por.ta.gem [pl.: *-ens*] *s.f.* **1** ato de reportar notícias **2** atividade jornalística de transformar observações ou informações sobre fatos da vida em noticiário **3** o resultado escrito, filmado, televisionado desse trabalho

re.por.tar *v.* {mod. 1} *t.d.i.* **1** (prep. *a*) fazer voltar para trás, esp. na mente; retroceder *<o poema reportou minhas emoções ao passado>* **2** (prep. *a*) dar como causa; atribuir *<reporta seus acertos à influência do pai>* **3** contar, relatar *<r. o fato aos superiores>* ☐ *pron.* **4** (prep. *a*) fazer menção a; aludir, referir-se

re.pór.ter [pl.: *-es*] *s.2g.* jornalista que recolhe informações, observações, notícias, para transformá-las em noticiário

re.po.si.ção [pl.: *-ões*] *s.f.* **1** restituição a uma posição ou a um estado anterior ou antigo **2** devolução de valor, cargo, função, objeto etc.; restituição **3** substituição de algo usado ou defeituoso por outro em perfeitas condições

re.po.si.tó.rio *s.m.* **1** lugar onde se guarda, arquiva, coleciona algo **2** *p.ext.* acumulação de objetos, informações etc.; coleção

re.pos.tei.ro *s.m.* cortina pesada que cobre portas internas de palácios, casas, igrejas etc.

re.pou.san.te *adj.2g.* que faz repousar; agradável

re.pou.sar *v.* {mod. 1} *t.d. e int.* **1** (fazer) ficar em repouso, sem atividade **2** diminuir a fadiga (de); descansar ☐ *t.i. fig.* **3** (prep. *em, sobre*) ter fundamento em; basear-se *<sua alegria repousa no seu modo de ver a vida>* ☐ *int.* **4** estar colocado ou estabelecido em; assentar-se *<a aldeia repousa num vale>*

re.pou.so *s.m.* **1** ausência de trabalho; descanso, folga **2** ausência de movimento **3** *fig.* tranquilidade de espírito

re.po.vo.ar *v.* {mod. 1} *t.d. e pron.* povoar(-se) de novo (região desabitada, devastada)

re.pre.en.der *v.* {mod. 8} *t.d. e t.d.i.* (prep. *a, de, por*) criticar severamente, apontando erro, falha etc.; admoestar *<a mãe repreendeu-o (pela bagunça)> <r. uma falta a alguém>* ◉ GRAM/USO part.: *repreendido, represo* ~ **repreensor** *adj.s.m.*

re.pre.en.são [pl.: *-ões*] *s.f.* crítica severa; reprimenda ~ **repreensivo** *adj.*

re.pre.sa /ê/ *s.f.* **1** estrutura construída num vale e que o fecha transversalmente, proporcionando um represamento de água; barreira **2** barreira para represar água corrente; dique

re.pre.sá.lia *s.f.* desforra, vingança

re.pre.sar *v.* {mod. 1} *t.d.* **1** deter curso de (água) **2** *fig.* impedir ou controlar a progressão, manifestação etc. de; conter, refrear ~ **represador** *adj.s.m.* - **represamento** *s.m.*

re.pre.sen.ta.ção [pl.: *-ões*] *s.f.* **1** exposição escrita ou oral de motivos, razões, queixas etc. **2** ideia ou imagem que se concebe do mundo ou de algo **3** conjunto de serviços encarregados de representar Estado, país estrangeiro etc. **4** trabalho desempenhado em nome de uma empresa **5** espetáculo teatral ou afim; encenação, montagem **6** ato de representar papéis em espetáculos teatrais, cinematográficos etc.; atuação **7** reprodução em imagem, figura ou símbolo **8** DIR contrato remunerado entre empresas em que uma negocia em nome de outra **9** conjunto de representantes; delegação, comissão

re.pre.sen.tan.te *adj.2g.s.2g.* **1** (pessoa ou coisa) que representa uma classe, uma categoria **2** que(m) recebeu poder para agir em nome de outro, de uma empresa etc. ■ *s.2g.* DIR **3** aquele que legalmente age em nome de outra pessoa; mandatário ◉ COL representação

re.pre.sen.tar *v.* {mod. 1} *t.d. e pron.* **1** ser a imagem ou reprodução de ☐ *t.d.* **2** tornar presente; denotar, significar **3** desempenhar (papel) como ator; interpretar **4** ser ministro ou embaixador de (país, instituição etc.) **5** estar ou ir em nome de; substituir **6** ser mandatário ou procurador de **7** aparentar, figurar ~ **representatividade** *s.f.* - **representativo** *adj.*

R

re.pre.so /ê/ *adj. frm.* que foi repreendido ◉ GRAM/USO part. de *repreender*

re.pres.são [pl.: *-ões*] *s.f.* **1** ação de reprimir; castigo, punição **2** aquilo que reprime **3** rejeição de motivações, desejos etc. **4** suspensão violenta de ação ou movimento

re.pres.si.vo *adj.* que reprime ou tem a finalidade de reprimir

re.pres.sor /ô/ [pl.: *-es*] *adj.s.m.* (o) que reprime

re.pri.men.da *s.f.* censura severa; repreensão

re.pri.mir *v.* {mod. 24} *t.d.* **1** impedir ou controlar o movimento, desenvolvimento, manifestação de; conter **2** punir, castigar ☐ *pron.* **3** controlar-se, conter-se

re.pri.sar *v.* {mod. 1} *t.d.* exibir, apresentar de novo (programa, filme, imagem etc.)

re.pri.se *s.f.* nova apresentação de filme, espetáculo etc.

ré.pro.bo *adj.s.m.* que(m) foi banido da sociedade; infame, malvado

re.pro.char *v.* {mod. 1} *t.d. e t.d.i.* (prep. *a*) criticar com severidade; repreender ~ **reproche** *s.m.*

re.pro.du.ção [pl.: *-ões*] *s.f.* **1** ato ou efeito de reproduzir(-se) **2** imitação, cópia **3** estampa feita a partir de um original **4** BIO função pela qual os seres vivos geram outros seres semelhantes a eles ~ **reprodutivo** *adj.*

re.pro.du.tor /ô/ [pl.: *-es*] *adj.s.m.* **1** que(m) reproduz ■ *s.m.* **2** animal reservado à reprodução ou capaz de reproduzir

re.pro.du.zir *v.* {mod. 24} *t.d.* **1** produzir de novo; refazer **2** fazer igual ao original; imitar, copiar **3** relatar ou descrever em detalhes, com exatidão **4** converter (registro de áudio, vídeo etc.) em sons, imagens etc. ☐ *t.d. e pron.* **5** perpetuar(-se) pela geração; procriar, multiplicar(-se) ☐ *pron.* **6** acontecer de novo ou muitas vezes; repetir-se

re.pro.va.ção [pl.: *-ões*] *s.f.* **1** ato ou efeito de reprovar; rejeição, recusa **2** desaprovação, censura **3** sentimento de desprezo; desdém **4** fato de não ser aprovado em um exame

re.pro.var *v.* {mod. 1} *t.d.* **1** ser contrário a; rejeitar, recusar **2** julgar inapto (pessoa submetida à avaliação) **3** censurar com severidade; desaprovar ~ **reprovado** *adj.s.m.* - **reprovável** *adj.2g.*

rep.tar *v.* {mod. 1} *t.d.* **1** desafiar, provocar **2** ser contrário a; opor-se ~ **reptação** *s.f.*

rép.til [pl.: *-eis*] ou **rep.til** [pl.: *-is*] *adj.2g.s.m.* **1** ZOO (espécime) dos répteis, grande classe de animais vertebrados, como tartarugas, serpentes, lagartos e crocodilos, coberto por escamas ou placas ■ *adj.2g.* **2** que se arrasta

rep.to *s.m.* **1** ação de desafiar; desafio **2** ação ou efeito de opor-se; oposição

re.pú.bli.ca *s.f.* **1** forma de governo em que o poder é exercido por indivíduos eleitos pelo povo por tempo determinado **2** *p.ext.* país assim governado **3** *B* moradia coletiva de estudantes **4** *p.ext. B* o grupo de estudantes que aí vive

re.pu.bli.ca.no *adj.* **1** que pertence à república ou lhe diz respeito ■ *adj.s.m.* **2** partidário da república **3** diz-se de ou membro ou eleitor de um partido republicano

re.pu.di.ar *v.* {mod. 1} *t.d.* **1** estar contrário a, insatisfeito com; repelir, rejeitar **2** deixar só, abandonado; desamparar **3** separar-se de (cônjuge) de acordo com a lei

re.pú.dio *s.m.* **1** ato ou efeito de repudiar **2** rejeição, desaprovação

re.pug.nân.cia *s.f.* **1** sentimento de aversão; asco **2** sentimento de incompatibilidade; antipatia

re.pug.nan.te *adj.2g.* **1** que provoca enjoo, asco; nojento **2** *fig.* que provoca indignação moral, por ferir os bons costumes, o bom senso etc.; repulsivo ~ **repugnar** *v.t.d.,t.i. e int.*

re.pul.sa *s.f.* **1** sentimento de aversão **2** oposição, objeção

re.pul.são [pl.: *-ões*] *s.f.* **1** repulsa **2** FÍS força em virtude da qual certos corpos ou partículas se repelem mutuamente

re.pul.si.vo *adj.* que causa repulsa; repelente, repugnante

re.pu.ta.ção [pl.: *-ões*] *s.f.* **1** conceito de que alguém ou algo goza **2** renome, reconhecimento, fama ~ **reputar** *v.t.d.,t.d.pred.,t.d.i. e pron.*

re.pu.xar *v.* {mod. 1} *t.d.* **1** puxar de novo com força **2** puxar para trás **3** distender, esticar ~ **repuxão** *s.m.*

re.pu.xo *s.m.* **1** ação ou efeito de repuxar **2** conduto construído de modo a fazer a água jorrar em jato contínuo elevando-se alto **3** *p.ext.* água que sai em jato contínuo **4** movimento de recuo; coice **5** ferro para embutir tarraxas na madeira

re.que.brar *v.* {mod. 1} *t.d. e pron.* **1** mover(-se) balançando (os quadris, o corpo) ao andar, dançar; rebolar(-se) ☐ *t.d.* **2** dar flexão terna ou melodiosa a *<r. a voz>* ~ **requebrado** *adj.s.m.*

re.que.bro *s.m.* **1** movimento sensual do corpo; meneio, requebrado **2** expressão amorosa dos olhos, da voz, do corpo; requebrado **3** som produzido por algumas aves

re.quei.jão [pl.: *-ões*] *s.m.* queijo fresco de consistência pastosa

re.quen.tar *v.* {mod. 1} *t.d.* **1** aquecer de novo; reaquecer **2** submeter por muito tempo ao calor

re.que.rer *v.* {mod. 18} *t.d. e t.d.i.* **1** (prep. *a*) solicitar formalmente ☐ *t.d.* **2** pedir em juízo **3** exigir, por ser necessário ou adequado; demandar **4** ser digno de; merecer ☐ *t.d.i. e int.* **5** (prep. *a*) dirigir petições (a); pedir, solicitar ◉ GRAM/USO a 1ª p.sing. do pres.ind. do verbo *requerer* é *requeiro*, diferentemente do que ocorre com *querer* ~ **requerente** *adj.2g.s.2g.*

re.que.ri.men.to *s.m.* **1** ato de pedir através de petição por escrito **2** *p.ext.* qualquer petição verbal ou por escrito

re.ques.tar *v.* {mod. 1} *t.d.* **1** fazer solicitação ou pedido de **2** esforçar-se para possuir; buscar **3** buscar o amor de; cortejar

ré.qui.em [pl.: *réquiens*] *s.m.* **1** REL ofício em favor de um morto ou dos mortos **2** MÚS música composta para esse ofício

re.quin.tar *v.* {mod. 1} *t.d.,int. e pron.* elevar(-se) ao grau máximo de perfeição, beleza, elegância etc.; aprimorar(-se) ~ **requintado** *adj.s.m.*

re.quin.te *s.m.* **1** ação ou efeito de requintar(-se); perfeição, primor **1.1** apuro, esmero extremos **2** excesso friamente calculado

re.qui.si.ção [pl.: *-ões*] *s.f.* pedido, exigência legal

re.qui.si.tar *v.* {mod. 1} *t.d. e t.d.i.* **1** (prep. *a*) solicitar formalmente; requerer ☐ *t.d.* **2** convocar, chamar ~ **requisitante** *adj.2g.s.2g.*

re.qui.si.to *s.m.* condição necessária para alcançar certo fim; quesito

res- *pref.* mesmo que *re-*: *resguardar*

rés *adj.2g.2n.* **1** rente, raso ☞ cf. *rês* ■ *adv.* **2** pela raiz; rente <*cortar r.*>

rês [pl.: *-es*] *s.f.* qualquer animal quadrúpede us. na alimentação humana ☞ cf. *rés*

res.cal.dar *v.* {mod. 1} *t.d.* **1** escaldar de novo **2** esquentar em excesso

res.cal.do *s.m.* **1** calor que sai de fornalha, incêndio etc. **2** cinza que contém brasa **3** ato de jogar água nas cinzas de um incêndio

res.cin.dir *v.* {mod. 24} *t.d.* **1** anular, invalidar (ação, acordo) **2** DIR promover a rescisão, o cancelamento de (contrato) ~ **rescindido** *adj.* - **rescindível** *adj.2g.*

res.ci.são [pl.: *-ões*] *s.f.* anulação de um contrato ~ **rescisório** *adj.*

re.se.nha *s.f.* **1** descrição feita com detalhes, com pormenores **2** JOR LIT resumo crítico do conteúdo de livros, notícias etc. ~ **resenhar** *v.t.d.*

re.ser.va *s.f.* **1** qualquer coisa que se mantém guardada, para ser us. em situações imprevistas ☞ nesta acp., tb. us. como adj.: *chave(s) reserva* **2** cidadão que se mantém à disposição das forças armadas para casos de necessidade **3** MIL aposentadoria de militar sujeito ainda à convocação para prestar serviço **4** ECON parcela do lucro de grupo ou sociedade que não é distribuída, a fim de reforçar sua situação financeira **5** encomenda antecipada de estada em hotéis, de passagens, espetáculos etc. **6** *fig.* discrição, prudência no dizer ou no fazer algo; recato **7** *fig.* restrição, ressalva **8** quantidade de minério, carvão ou petróleo etc. disponível em jazida, região, país **9** nos museus e nas bibliotecas, parte das coleções não aberta ao público **10** território reservado por lei aos indígenas **11** espaço protegido pelo Estado, reservado para o povoamento de espécies biológicas e preservação ambiental **12** denominação de vinho de qualidade superior ■ *s.2g.* ESP **13** suplente de atleta titular ☞ nesta acp., tb. us. como adj.: *jogador reserva* ▼ ***reservas*** *s.f.pl.* **14** energias acumuladas **15** ECON conjunto de valores que representam a economia de um país

re.ser.va.do *adj.* **1** que se guardou, separou **2** discreto, calado **3** que não se expõe ou exibe; oculto, íntimo **4** que se reserva; marcado <*lugar r.*> ■ *s.m.* **5** local privado em certos restaurantes, bares etc. **6** *B* latrina, privada

re.ser.var *v.* {mod. 1} *t.d.* **1** pôr à parte, guardando; poupar **2** guardar para si; ocultar ☐ *t.d.i.* **3** (prep. *de*) manter livre de; preservar <*r. a mãe de aborrecimentos*> **4** (prep. *a, para*) garantir que esteja disponível para; destinar, separar <*r. uma extensão de terra para os índios*>

re.ser.va.tó.rio *adj.* **1** próprio para armazenar **2** ■ *s.m.* **3** lugar preparado para acumular e conservar certas coisas em reserva **4** depósito, esp. de água

re.ser.vis.ta *s.2g.* MIL militar da reserva

res.fo.le.gar ou **res.fol.gar** *v.* {mod. 1} *int.* **1** respirar com dificuldade e/ou ruído **2** *p.ext.* recuperar-se de fadiga; descansar ☐ *t.d.* **3** expelir em jato; golfar ~ **resfolegante** *adj.2g.*

res.fri.a.do *s.m.* MED **1** infecção das vias aéreas superiores, de origem viral, caracterizada por coriza e tosse, mas sem febre ■ *adj.* **2** que sofreu resfriamento **3** infectado por vírus de resfriado

res.fri.ar *v.* {mod. 1} *t.d.* **1** tornar a esfriar ☐ *t.d. e pron.* **2** deixar ou ficar com baixa temperatura; esfriar(-se) ☐ *int. e pron.* **3** apanhar um resfriado <*tomou chuva e resfriou(-se)*> ☐ *t.d.,int. e pron. fig.* **4** diminuir o ardor, a atividade (de); perder o calor; desanimar(-se) <*r. o entusiasmo*> <*a animação resfriou(-se)*> ~ **resfriamento** *s.m.*

res.ga.tar *v.* {mod. 1} *t.d. e t.d.i.* **1** (prep. *de*) libertar de sequestro, cativeiro, prisão, em troca de dinheiro ou do cumprimento de exigências <*r. reféns (do cativeiro)*> **2** (prep. *de*) pôr a salvo (de perigo, dano, ruína); salvar <*r. sobreviventes (do naufrágio)*> ☐ *t.d.* **3** efetuar o pagamento de (dívida ou compromisso); quitar **4** recuperar (objeto ger. de valor) mediante pagamento <*r. joias penhoradas*> **5** voltar a ter; recuperar, recobrar **6** tirar do esquecimento; recuperar <*r. uma história*> ~ **resgatado** *adj.*

res.ga.te *s.m.* **1** ato de libertar mediante o pagamento de certa quantia **2** a quantia paga por essa libertação **3** *p.ext.* recolhimento de náufragos, acidentados, cadáveres etc. **4** *p.ext.* extinção de um débito em consequência de pagamento **5** *fig.* recuperação, retomada <*r. da dignidade*>

res.guar.dar *v.* {mod. 1} *t.d. e t.d.i.* **1** (prep. *de*) guardar com cuidado; defender <*r. a vista (de coisas profanas)*> ☐ *t.d.i.* **2** (prep. *de*) servir de anteparo a; acobertar, cobrir <*a viseira vai r. os olhos do sol*> ☐ *t.d.,t.d.i. e pron.* **3** (prep. *de*) pôr(-se) a salvo de; proteger(-se) <*r. o barco (do mar revolto)*> <*r.-se dos inimigos*> ☐ *t.d.* **4** mostrar obediência a; cumprir

res.guar.do *s.m.* **1** cautela, precaução **2** agasalho, defesa **3** *fig.* segredo, mistério **4** *B* período de repouso após o parto

R

re.si.dên.cia *s.f.* **1** morada habitual em certo lugar; domicílio **2** local em que se reside; domicílio, lar **3** moradia obrigatória no local de trabalho **4** fase de treinamento avançado de um médico em sua especialidade ~ **residencial** *adj.2g.*

re.si.den.te *adj.2g.s.2g.* **1** que(m) mora (em determinado local) **2** que(m) reside no próprio local de trabalho ◉ GRAM/USO na acp. 2, pode ligar-se ou não ao subst. anterior por hífen: *professor residente* ou *professor-residente* etc.

re.si.dir *v.* {mod. 24} *t.i.* **1** (prep. *em*) ter residência em; morar *<r. em Salvador>* **2** (prep. *em*) ter lugar em; encontrar-se *<o poder reside no povo>* **3** (prep. *em*) consistir em; resumir-se, sintetizar-se *<nos filhos reside sua preocupação>* **4** (prep. *em*) manifestar-se, mostrar-se *<a verdade não reside só na aparência>*

re.si.du.al [pl.: *-ais*] *adj.2g.* que provém de um resíduo; que resta

re.sí.duo *adj.s.m.* **1** (o) que resta ■ *s.m.* **2** qualquer substância que sobra de uma operação industrial, aproveitável ou não

re.sig.na.ção [pl.: *-ões*] *s.f.* **1** submissão à vontade de alguém ou ao destino **2** DIR renúncia voluntária de um cargo **3** aceitação serena dos sofrimentos da existência

re.sig.nar *v.* {mod. 1} *pron.* **1** (prep. *a*, *em*) submeter-se sem revolta a; conformar-se *<r.-se a uma perda>* □ *t.d.* **2** renunciar voluntariamente a (cargo, função); demitir-se de ~ **resignado** *adj.*

re.si.li.ên.cia *s.f.* **1** FÍS propriedade que alguns corpos têm de retornar à forma original após terem sido submetidos a uma deformação **2** *fig.* capacidade de se recobrar ou de se adaptar à má sorte, às mudanças ~ **resiliente** *adj.2g.*

re.si.na *s.f.* BOT substância viscosa, insolúvel na água, solúvel em álcool, combustível, produzida por certos vegetais ou sinteticamente ~ **resinagem** *s.f.*

R

re.si.no.so /ô/ [pl.: /ó/; fem.: /ó/] *adj.* **1** que tem ou produz resina **2** de cor amarelo-pardacenta clara **3** que cheira à resina

re.sis.tên.cia *s.f.* **1** o que se opõe ao movimento de um corpo **2** capacidade de suportar a fadiga, a fome, o esforço **3** defesa contra um ataque **4** *fig.* recusa de submissão à vontade de outro; oposição, reação **5** *fig.* reação a uma força opressora **6** *fig.* qualidade de quem demonstra firmeza **7** *fig.* vigor moral; determinação **8** ELETR dificuldade que um circuito ou um material opõe à passagem de uma corrente elétrica **9** ELETR grandeza pela qual se mede essa propriedade, cuja unidade no SI é *o ohm* **10** ELETR resistor

re.sis.ten.te *adj.2g.* **1** que resiste, que opõe resistência **2** que possui solidez, firmeza **3** que resiste ao desgaste provocado por uso, passagem do tempo etc.

re.sis.tir *v.* {mod. 24} *t.i. e int.* **1** (prep. *a*) conservar-se firme, lutar contra *<a tropa resistiu bravamente (ao ataque)>* **2** (prep. *a*) não ser alterado ou danificado pela ação de; conservar-se *<r. ao tempo>* *<apesar da idade, seu corpo ainda resiste>*

re.sis.tor /ô/ [pl.: *-es*] *s.m.* ELETR componente de um circuito elétrico que impede ou dificulta a passagem de corrente; resistência

res.ma /ê/ *s.f.* conjunto formado por 500 folhas de papel

res.mun.gão [pl.: *-ões*] *adj.s.m.* que(m) resmunga ou vive resmungando

res.mun.gar *v.* {mod. 1} *t.d. e int.* pronunciar em voz baixa, de forma confusa, ger. com mau humor *<r. ordens>* *<o velho saiu resmungando>* ~ **resmungo** *s.m.*

re.so.lu.ção [pl.: *-ões*] *s.f.* **1** decisão de um caso duvidoso, uma questão **2** capacidade de decidir com energia, firmeza; desenvoltura **3** texto com solução proposta a um problema, saído de uma assembleia, um congresso **4** *p.ext.* transformação, conversão, mudança **5** CINE FOT TV precisão e clareza de imagem registrada por câmara de fotografia, cinema ou TV

re.so.lu.to *adj.* **1** que é firme em seus projetos, decisões etc.; determinado, decidido **2** que foi desfeito; dissipado *<capital r.>*

re.sol.ver *v.* {mod. 8} *t.d.,t.i. e pron.* **1** (prep. *a*, *de*, *entre*, *por*) tomar determinação (sobre); decidir(-se) *<r. ser médico>* *<o diretor resolveu de fazer uma reunião>* *<r.-se a enfrentar o perigo>* □ *t.d.* **2** descobrir, dar ou ser a solução para; solucionar □ *int.* **3** trazer solução, vantagem, benefício *<gritar não resolve>* □ *t.d.,t.d.i. e pron.* **4** decompor(-se) nos elementos constituintes *<r.(-se) a água (em oxigênio e hidrogênio)>* ◉ GRAM/USO part.: *resolvido*, *resoluto*

res.pal.dar *v.* {mod. 1} *t.d. e pron.* dar ou ter suporte, amparo, cobertura; apoiar(-se)

res.pal.do *s.m.* **1** encosto de um assento **2** *fig.* apoio, ger. de caráter moral ou político

res.pec.ti.vo *adj.* **1** que concerne a cada um em particular ou em separado **2** que é devido, próprio; competente

res.pei.tan.te *adj.2g.* que diz respeito; concernente, referente, atinente

res.pei.tar *v.* {mod. 1} *t.d.* **1** tratar com estima, consideração, reverência; prezar, honrar **2** mostrar obediência a; cumprir **3** tomar cuidado para não prejudicar, danificar, ofender etc. **4** ter medo de; recear **5** dar atenção ou importância a; considerar *<r. a vontade do povo>* □ *t.i.* **6** (prep. *a*) dizer respeito a; concernir *<este assunto respeita à nossa situação>* ~ **respeitado** *adj.*

res.pei.tá.vel [pl.: *-eis*] *adj.2g.* **1** digno de respeito **2** que se deve levar em consideração; importante ~ **respeitabilidade** *s.f.*

res.pei.to *s.m.* **1** sentimento que leva a tratar alguém ou algo com grande atenção; consideração, reverência **2** obediência, acatamento **3** fato de que se fala; referência *<nada a dizer a esse r.>* ▼ ***respeitos*** *s.m.pl.* **4** cumprimentos

res.pei.to.so /ô/ [pl.: /ó/; fem.: /ó/] *adj.* **1** que manifesta respeito **2** que demonstra cortesia, atenção; reverente

res.pin.gar *v.* {mod. 1} *int.* **1** soltar borrifos ou pingos de um líquido qualquer ☐ *t.i. e t.d.i.* **2** (prep. *de, em*) atingir (algo ou alguém) com (salpicos) *<r. alguém de lama> <não respingue óleo em mim>* ☐ *pron.* **3** molhar(-se), sujar(-se) com borrifos ou pingos **~ respingador** *adj.s.m.* - **respingo** *s.m.*

res.pi.ra.ção [pl.: *-ões*] *s.f.* **1** movimento duplo dos pulmões, de inspiração e expiração; fôlego **2** BIO função pela qual as células vivas absorvem oxigênio e expelem gás carbônico e água, resultando na liberação de energia **3** o ar que sai pela boca durante a expiração; bafo, hálito

res.pi.ra.dor /ô/ [pl.: *-es*] *adj.s.m.* **1** (o) que respira ou serve para respirar **2** (instrumento) que facilita a respiração

res.pi.ra.dou.ro *s.m.* **1** abertura para entrada e saída do ar **2** abertura para respiração de poço, túnel, mina etc.; suspiro

res.pi.rar *v.* {mod. 1} *int.* **1** absorver (o ser vivo) o oxigênio do ar e expelir o gás carbônico resultante das queimas orgânicas **2** viver **3** sentir alívio ou ter folga após penoso trabalho; descansar ☐ *t.d.* **4** inalar ou absorver (ar, gases, impurezas) durante a respiração **5** *fig.* tirar proveito de; desfrutar *<r. cultura>*

res.pi.ra.tó.rio *adj.* **1** relativo a respiração **2** que serve para respirar *<vias r.>*

res.pi.ro *s.m.* **1** ação de absorver o ar e, a seguir, expeli-lo **2** *fig.* trégua, descanso

res.plan.de.cen.te *adj.2g.* muito brilhante

res.plan.de.cer *v.* {mod. 8} *int.* **1** brilhar intensamente; fulgurar **2** ser notável; sobressair, destacar-se *<sua cultura resplandece>* **~ resplandescência** *s.f.*

res.plen.der *v.* {mod. 8} *int.* resplandecer

res.plen.dor /ô/ [pl.: *-es*] *s.m.* **1** brilho intenso **2** aro us. sobre a cabeça das imagens de santos; auréola **~ resplendoroso** *adj.*

res.pon.dão [pl.: *-ões*] *adj.s.m.* que(m) tem o hábito de responder a tudo, ger. com maus modos

res.pon.de.dor /ô/ [pl.: *-es*] *adj.s.m.* **1** (o) que responde **2** respondão

res.pon.der *v.* {mod. 8} *t.d.,t.i. e t.d.i.* **1** (prep. *a*) informar (sentimento, pensamento, opinião, solução etc.) [a quem faz pergunta] *<respondemos que todos somos iguais> <r. às perguntas> <nunca lhe respondi uma só carta>* ☐ *t.d. e t.i.* **2** (prep. *a*) expor como reação a (acusação, ofensa, ataque etc.); replicar *<o acusado respondeu que era inocente> <r. às ofensas>* ☐ *t.i.* **3** (prep. *por*) ser responsável *<r. pelos filhos>* **4** (prep. *a*) dar em troca de (gentileza ou agressão); retribuir, revidar *<r. a uma cortesia>* **5** (prep. *a*) corresponder, equivaler *<o castigo deve r. à culpa>*

res.pon.sa.bi.li.da.de *s.f.* **1** obrigação de responder por seus atos ou os de outros **2** autoria, culpa (por dano, falta, delito, crime etc.) **3** encargo, obrigação, tarefa que compete a alguém **4** procedimento reto, sério **5** DIR dever que resulta da violação de determinado direito, pela prática de um ato contrário ao que permite a lei

res.pon.sa.bi.li.zar *v.* {mod. 1} *t.d.,t.d.i. e pron.* (prep. *por*) considerar(-se) ou tornar(-se) responsável por *<r. o subalterno> <r. o governo pela situação econômica do país> <o bom chefe responsabiliza-se pelo resultado do trabalho>* **~ responsabilização** *s.f.*

res.pon.sá.vel [pl.: *-eis*] *adj.2g.s.2g.* **1** que(m) responde pelos seus atos ou pelos de outra pessoa **2** que(m) assume e cumpre seus deveres **3** que(m) deve prestar contas perante certas autoridades **4** *p.ext.* que(m) foi a causa ou a origem de algo

res.pos.ta *s.f.* **1** palavras ou gestos com que se responde a uma pergunta **2** solução de uma questão **3** argumento ou prova com que se rebate o que foi alegado; réplica **4** reação a um estímulo

res.quí.cio *s.m.* **1** resto de um material; resíduo **2** *p.ext.* vestígio, indício, traço

res.sa.bi.ar *v.* {mod. 1} *int. e pron.* **1** ser ou ficar assustadiço (o animal) *<ao mais leve ruído o cavalo ressabia(-se)>* **2** ficar desconfiado, ofendido; melindrar-se *<ressabiou(-se) com os comentários>* **3** ficar (alimento) com cheiro ou sabor desagradável *<a manteiga ressabiou(-se)>*

res.sa.ca *s.f.* **1** movimento forte das ondas do mar contra o litoral **2** cada uma das grandes ondas que se formam nesse movimento **3** *B infrm.* mal-estar após uma bebedeira ou uma noite em claro

res.sai.bo *s.m.* **1** mau sabor; ranço **2** *fig.* vestígio, sinal **3** *fig.* sentimento de desagrado; ressentimento

res.sal.tar *v.* {mod. 1} *t.d. e int.* dar ou adquirir ênfase, realce; destacar(-se), sobressair *<r. alguns aspectos do problema> <ressaltam muito as diferenças entre um produto e outro>* **~ ressaltante** *adj.2g.*

res.sal.va *s.f.* **1** observação us. para corrigir algo ou validar rasuras ou emendas em documentos **2** *fig.* restrição, reserva, crítica

res.sal.var *v.* {mod. 1} *t.d.* **1** pôr ressalva em (acordo, contrato etc.) *<os sócios ressalvaram o novo contrato>* **2** deixar de fora; excluir, excetuar **3** corrigir, emendar *<precisava r. os equívocos do texto>* ☐ *t.d. e t.d.i.* **4** (prep. *de*) deixar livre de (responsabilidade, perigo ou dano); eximir *<r. (de culpa) os doentes mentais>*

res.sar.ci.men.to *s.m.* **1** ato ou efeito de ressarcir(-se) **2** DIR reparação de dano causado; indenização

res.sar.cir *v.* {mod. 24} *t.d.,t.d.i. e pron.* (prep. *de*) dar ou ter compensação por perda, gasto, prejuízo etc.; indenizar(-se) *<r. danos> <r. o inquilino das despesas de reparo> <r.-se dos prejuízos>*

res.se.ção [pl.: *-ões*] ou **res.sec.ção** [pl.: *-ões*] *s.f.* MED ação de retirar nervo, vaso, músculo, tendão, osso, sãos ou doentes ☞ cf. *recessão*

res.se.car *v.* {mod. 1} *t.d. e pron.* **1** (fazer) ficar muito seco, com pouca ou nenhuma umidade *<o sol resseca a pele> <a boca ressecou-se com a febre>* **2** secar de novo **~ ressecado** *adj.* - **ressecamento** *s.m.*

res.sec.ção [pl.: *-ões*] *s.f.* → ***RESSEÇÃO***

res.sen.ti.men.to *s.m.* mágoa que se guarda de uma ofensa ou de um mal que se recebeu; rancor

res.sen.tir *v.* {mod. 28} *t.d.* **1** sentir de novo ou intensamente *<r. uma perda>* □ *t.d. e pron.* **2** (prep. *de*) ficar ofendido ou magoado (com); melindrar-se *<ressentiu a frieza do velho amigo> <os velhos ressentem-se da indiferença dos jovens>* □ *pron.* **3** sentir os efeitos (ger. ruins) de algo ~ **ressentido** *adj.*

res.se.quir *v.* {mod. 24} *t.d. e pron.* ressecar(-se) ◉ GRAM/USO verbo defectivo

res.so.a.dor /ô/ [pl.: *-es*] *adj.s.m.* **1** (o) que ressoa ■ *s.m.* **2** peça us. para ampliar a sonoridade de um instrumento musical

res.so.an.te *adj.2g.* que faz eco; ressonante

res.so.ar *v.* {mod. 1} *int.* **1** soar com força; retumbar *<ressoavam as trombetas>* □ *t.d.* **2** fazer soar; ressonar *<o relógio ressoou as badaladas>* □ *t.d. e int.* **3** repetir (um som) refletindo-o ou vibrando a partir de suas vibrações; repercutir, ecoar *<o beco ressoava seus passos> <o berro ressoou no corredor>* ~ **ressoo** *s.m.*

res.so.nân.cia *s.f.* **1** repercussão de sons **2** *fig.* repercussão, eco *<caso de grande r.>* ▣ **r. magnética nuclear** FÍS fenômeno em que certos núcleos atômicos são postos sob o efeito de um campo magnético, us. em análise química, diagnóstico de doenças etc.

res.so.nan.te *adj.2g.* ressoante

res.so.nar *v.* {mod. 1} *t.d. e int.* **1** (fazer) emitir som forte; ressoar *<um sino ressona as batidas das horas> <ressona o tímpano na sala de concertos>* □ *int.* **2** respirar com ruído durante o sono; roncar **3** respirar com regularidade durante o sono ~ **ressono** *s.m.*

res.su.dar *v.* {mod. 1} *t.d.* **1** deixar passar (um líquido); verter *<o muro ressuda umidade>* **2** expelir por meio do suor *<r. sangue>*

res.su.mar *v.* {mod. 1} *t.d.* **1** deixar cair gota a gota; verter, destilar *<a carne ressumava gordura>* □ *int.* **2** dar passagem a um líquido, filtrando-o *<esta moringa ressuma>* ~ **ressumação** *s.f.*

res.sur.gir *v.* {mod. 24} *t.d.,t.i. e int.* **1** (prep. *de*) (fazer) voltar a existir, a viver; ressuscitar, renascer *<r. os mortos> <segundo a Bíblia, Jesus ressurgiu (dos mortos) no terceiro dia>* □ *int.* **2** manifestar-se de novo; reaparecer *<durante a viagem, a alegria ressurgiu>* ◉ GRAM/USO part.: *ressurgido, ressurreto* ~ **ressurgimento** *s.m.*

res.sur.rec.to ou **res.sur.re.to** *adj.s.m.* que(m) ressurgiu ou ressuscitou ◉ GRAM/USO part. de *ressurgir*

res.sur.rei.ção [pl.: *-ões*] *s.f.* **1** retorno da morte à vida **2** REL festa em que a Igreja celebra a ressurreição de Jesus Cristo; Páscoa **3** *fig.* reaparecimento, esp. de um fenômeno artístico, literário etc.

res.sus.ci.ta.dor /ô/ [pl.: *-es*] *adj.s.m.* **1** (o) que ressuscita **2** MED diz-se de ou aparelho de emergência us. para estimular os pulmões e restabelecer a respiração normal em casos de parada cardíaca

res.sus.ci.tar *v.* {mod. 1} *t.d. e int.* **1** (fazer) voltar à vida; ressurgir *<Jesus ressuscitou os mortos> <para os homens sem fé, ninguém ressuscitará>* **2** (fazer) manifestar-se de novo; ressurgir *<r. o vigor perdido> <o velho hábito ressuscitou>* ~ **ressuscitação** *s.f.* - **ressuscitamento** *s.m.*

res.ta.be.le.cer *v.* {mod. 8} *t.d.* **1** pôr em melhor estado ou no estado original; restaurar *<r. uma empresa>* **2** dar novo vigor a; revigorar *<uma boa dieta há de restabelecê-lo>* □ *t.d. e pron.* **3** instituir(-se) novamente; restaurar, retornar *<r. o progresso> <a paz restabeleceu-se na cidade>* □ *pron.* **4** (prep. *de*) adquirir novo vigor, ânimo, mais saúde; recuperar-se *<restabeleceu-se depressa da cirurgia>* ~ **restabelecimento** *s.m.*

res.tan.te *adj.2g.s.m.* (o) que resta, (o) que sobra

res.tar *v.* {mod. 1} *t.i. e int.* **1** (prep. *de, a*) ficar, existir depois da destruição, do uso, do gasto, da dispersão etc. de (pessoas ou coisas); sobrar *<nada restou da fortuna> <restaram-lhe 200 reais> <todos comeram e não restou nada> <falou aos que ali restaram>* **2** (prep. *a, para*) ficar por fazer, incompleto; faltar *<resta-lhes um terço da tarefa> <dois trabalhos restam por fazer>*

res.tau.ra.ção [pl.: *-ões*] *s.f.* **1** conserto de coisa quebrada, ruída ou desgastada pelo uso; reparo **2** o que foi restaurado, consertado **3** recomposição, restabelecimento de algo **4** restabelecimento de forças depois de doença ou fadiga **5** volta a um estado anterior *<r. da monarquia>*

res.tau.ra.dor /ô/ [pl.: *-es*] *adj.s.m.* que ou aquele que restaura, que recupera, que restabelece

res.tau.ran.te *s.m.* **1** estabelecimento comercial que serve refeições; petisqueira **2** lugar em que se fazem refeições coletivas; refeitório

res.tau.rar *v.* {mod. 1} *t.d.* **1** pôr em bom estado, devolvendo feição anterior, consertando algo quebrado; recuperar **2** instituir de novo; restabelecer *<r. a paz>* □ *t.d. e pron.* **3** (fazer) adquirir novo vigor; restabelecer(-se)

res.te.lo /ê/ *s.m.* → *RASTELO*

rés.tia *s.f.* **1** trança de caules, palhas etc. secos **2** feixe de luz que passa através de uma pequena abertura

res.tin.ga *s.f.* **1** faixa de areia ou de pedra, presa ao litoral, que avança pelo mar **2** *B* faixa de mato à margem de um rio ou igarapé **3** vegetação característica das dunas e planícies arenosas do litoral brasileiro

res.ti.tu.i.ção [pl.: *-ões*] *s.f.* **1** ato ou efeito de restituir **2** devolução de algo a quem realmente pertence **3** retorno ao estado anterior; reabilitação

res.ti.tu.ir *v.* {mod. 26} *t.d. e t.d.i.* **1** (prep. *a*) fazer (algo emprestado ou tomado) voltar à posse de (quem é direito); devolver *<r. um disco> <r. o livro à biblioteca>* **2** (prep. *a*) mandar de volta; reenviar *<as águas restituíram o entulho> <r. o menor à família>* **3** (prep. *a*) compensar, ressarcir *<r. (ao funcionário) as perdas salariais>* □ *t.d.* **4** pôr de novo em vigor; restabelecer □ *t.d.i.* **5** (prep. *a*) fazer readquirir ou recuperar *<o neto restituiu-lhe a alegria>* **6** (prep. *em*) pôr de novo (em cargo, função); reconduzir *<r. o rei ao trono>*

res.to *s.m.* **1** o que fica depois de uso, consumo etc. **2** MAT resultado de uma subtração **3** MAT diferença entre o dividendo e o produto do divisor pelo quociente ▣ **r. mortais** ossada, cadáver ou cinzas de alguém

res.to.lho /ô/ [pl.: /ó/] *s.m.* **1** palha que resta no campo após a colheita **2** erva que nasce de novo depois de ceifada **3** *B* conjunto de sobras; refugo

res.tri.ção [pl.: *-ões*] *s.f.* **1** ato ou efeito de restringir(-se); imposição de limite **2** aquilo que restringe

res.trin.gir *v.* {mod. 24} *t.d.* **1** tornar mais estreito, apertado; diminuir □ *t.d.,t.d.i. e pron.* **2** (prep. *a*) reduzir(-se) a limites mais estreitos, específicos; limitar(-se) *<r. benefícios> <r. o dia ao trabalho> <sua tolerância restringe-se aos filhos>* ◉ GRAM/USO part.: *restringido, restrito* ~ **restritivo** *adj.*

res.tri.to *adj.* **1** reduzido em relação a outro **2** mantido em limites estreitos; limitado **3** destinado a certa(s) pessoa(s); privativo

re.sul.ta.do *s.m.* **1** efeito de uma ação; consequência **2** produto de uma operação matemática **3** qualquer resolução sobre algo

re.sul.tar *v.* {mod. 1} *t.i.* **1** (prep. *de*) ser o efeito natural, a consequência de; derivar *<a doença resulta da má higiene>* **2** (prep. *de*) ser proveniente de; proceder *<filho que resultou do primeiro casamento>* **3** (prep. *em*) ter como consequência; causar, redundar *<o investimento resultou em prejuízo>* ~ **resultante** *adj.2g.s.f.*

re.su.mi.do *adj.* **1** que foi sintetizado **2** que é curto, breve

re.su.mir *v.* {mod. 24} *t.d.* **1** condensar em poucas palavras; sintetizar **2** reunir ou mostrar o que é mais importante sobre; sintetizar □ *pron.* **3** ser breve, sucinto □ *t.d.i. e pron.* **4** (prep. *a*) (fazer) estar contido em certos limites; restringir(-se), condensar(-se) *<r. sua tese a duas ideias básicas> <sua família resume-se aos pais>*

re.su.mo *s.m.* **1** exposição abreviada de acontecimento, ideia etc. **2** condensação em poucas palavras de texto, livro, peça etc. **3** aquilo que simboliza, ilustra algo maior

res.va.la.di.ço *adj.* **1** escorregadio **2** *fig.* inseguro, arriscado

res.va.lar *v.* {mod. 1} *t.i. e int.* **1** (prep. *a, de, para, por*) cair por um declive; escorregar, deslizar *<resvalou do sofá ao chão> <o cavalo resvalou (pelo) morro abaixo>* □ *t.i. e t.d.i.* **2** (prep. *em*) tocar superficialmente; roçar *<meu braço resvalou na bandeja> <resvalei a mão nos cabelos dela>* □ *t.i.* **3** (prep. *em*) ser levado a cometer (ação, erro, falta) *<ele sempre resvala nos mesmos erros>* ~ **resvalamento** *s.m.*

re.ta *s.f.* **1** linha, traço que segue sempre a mesma direção **2** trecho sem curvas de estrada, caminho, pista etc. **3** GEOM menor distância entre dois pontos

re.tá.bu.lo *s.m.* estrutura em pedra ou talha de madeira que adorna a parte posterior de um altar

re.ta.guar.da *s.f.* **1** nome genérico dado à última companhia, fila ou esquadrão de qualquer corpo de exército **2** parte posterior

re.tal [pl.: *-ais*] *adj.2g.* relativo ou pertencente ao reto ('parte final')

re.ta.lhar *v.* {mod. 1} *t.d.* **1** cortar em pedaços, em retalhos **2** golpear várias vezes com instrumento cortante **3** *fig.* separar, dividir ☞ cf. *retaliar*

re.ta.lho *s.m.* **1** pedaço, fragmento de algo, esp. de tecido **2** sobra de peça de tecido

re.ta.li.a.ção [pl.: *-ões*] *s.f.* revide a uma ofensa ou a uma agressão sofrida; represália, vingança

re.ta.li.ar *v.* {mod. 1} *t.d. e int.* cometer contra (quem ofendeu, prejudicou) ofensa ou dano igual ao recebido; revidar, vingar *<nunca pensou em r. (os adversários)>* ☞ cf. *retalhar* ~ **retaliativo** *adj.*

re.tan.gu.lar [pl.: *-es*] *adj.2g.* que se assemelha ou tem a forma de retângulo

re.tân.gu.lo *adj.* **1** que tem ângulos retos ■ *s.m.* **2** GEOM quadrilátero cujos ângulos são retos

re.tar.da.do *adj.* **1** que demora, tardio ■ *adj.s.m.* **2** (indivíduo) cujo desenvolvimento mental está aquém da média normal para sua idade ☞ nesta acp. pode ser ofensivo

re.tar.dar *v.* {mod. 1} *t.d.,int. e pron.* **1** tornar(-se) tardio; atrasar(-se) *<o mau tempo retardou o pouso do avião> <os que (se) retardaram perderam os lugares>* □ *t.d.* **2** deixar para depois; adiar, postergar **3** fazer ficar mais lento; desacelerar ~ **retardamento** *s.m.*

re.tar.da.tá.rio *adj.s.m.* que(m) está atrasado

re.tem.pe.rar *v.* {mod. 1} *t.d.* **1** dar nova têmpera a **2** mudar o tempero de (comida), pondo mais condimento ou tornando-o mais brando □ *t.d. e pron.* **3** (fazer) criar novo vigor, físico ou mental; revigorar(-se) **4** (fazer) ficar melhor, mais perfeito; aprimorar(-se)

re.ten.ção [pl.: *-ões*] *s.f.* **1** ato ou efeito de reter(-se) **2** estado ou condição do que permanece; demora, permanência **3** punição que consiste em reter o aluno após a saída dos demais alunos ou em dia de folga **4** MED acúmulo anormal de substância em cavidade do organismo

re.ten.ti.va *s.f.* capacidade que uma pessoa tem de conservar na memória, por um tempo mais ou menos longo, as impressões registradas

re.ter *v.* {mod. 16} *t.d.* **1** guardar, conservar **2** manter em seu poder (algo alheio); guardar, deter **3** segurar com firmeza **4** impedir o movimento, fluxo ou saída de; deter, segurar, prender **5** impedir a queda de; amparar **6** fixar na mente; memorizar **7** controlar o impulso de (sentimento, emoção); refrear, reprimir ~ **retentor** *adj.s.m.*

re.te.sar *v.* {mod. 1} *t.d. e pron.* (fazer) ficar tenso, estirado; esticar(-se) ~ **retesamento** *s.m.* - **reteso** *adj.*

re.ti.cên.cia *s.f.* **1** omissão voluntária de algo que devia ser dito **2** *p.ext.* o que foi omitido **3** hesitação em expressar um pensamento, tomar uma decisão etc. ▼ ***reticências*** *s.f.pl.* **4** sinal de pontuação (...) us. para indicar a omissão de algo, insinuação, suspense etc. ~ **reticenciar** *v.t.d.*

R

re.ti.cen.te *adj.2g.* **1** indeciso, desconfiado **2** calado, introvertido

re.tí.cu.la *s.f.* GRÁF rede formada por retas finíssimas, traçadas sobre vidro, chapas etc. ou impressas, us. em processos ópticos e tipográficos ~ **reticulação** *s.f.* - **reticulado** *adj.* - **reticulagem** *s.f.* - **reticular** *adj.2g.*

re.ti.dão [pl.: *-ões*] *s.f.* **1** condição do que é reto ('sem curvatura') **2** *fig.* virtude de seguir o senso de justiça, a razão, o dever; integridade, lisura

re.tí.fi.ca *s.f.* **1** recondicionamento de motores **2** *B infrm.* oficina mecânica que faz esse recondicionamento

re.ti.fi.car *v.* {mod. 1} *t.d.* **1** tornar reto; alinhar **2** endireitar (o que está torto, desarrumado) **3** tornar exato (algo com erro, defeito); emendar, corrigir **4** *B* reajustar, restaurar (motor) **5** purificar (uma substância) com nova destilação ☞ cf. *ratificar* ~ **retificação** *s.f.*

re.ti.lí.neo *adj.* **1** que segue em linha reta **2** *fig.* cujo comportamento denota austeridade; honesto, correto

re.ti.na *s.f.* ANAT membrana que recobre a face interna do olho, capaz de captar os sinais luminosos

re.ti.nir *v.* {mod. 24} *int.* **1** produzir som forte, metálico, agudo e repetido □ *t.d.* **2** (fazer) soar ou ecoar fortemente; ressoar

re.tin.to *adj.* **1** que recebeu nova tinta, nova cor **2** de cor muito escura

re.ti.ra.da *s.f.* **1** ação de retirar ou o seu efeito **2** saque em dinheiro **3** MIL recuo de tropas

re.ti.ran.te *adj.2g.s.2g. B* que(m) foge da seca do sertão nordestino

re.ti.rar *v.* {mod. 1} *t.d.* **1** puxar para trás ou para si; retrair **2** declarar que não é verdadeiro ou válido (algo já dito) **3** fazer desaparecer; eliminar, dissipar □ *t.d. e pron.* **4** (fazer) sair de onde estava; tirar □ *pron.* **5** ir viver em lugar solitário **6** desistir de, largar (profissão ou atividade) □ *t.d.i.* **7** (prep. *de*) não deixar (algo) na posse ou no direito de; privar, tirar *<o pai retirou do filho a mesada>* **8** (prep. *de*) tirar como proveito, lucro; ganhar *<r. renda de um capital aplicado>* ~ **retirado** *adj.*

re.ti.ro *s.m.* **1** lugar afastado, onde se busca paz e recolhimento **2** REL reclusão de religiosos, em conventos, mosteiros etc. **3** *p.ext.* REL local onde essa clausura é feita

re.to *adj.* **1** que não apresenta curva(s) **2** *fig.* honesto, íntegro **3** GRAM diz-se de pron. pessoal que exerce na frase a função de sujeito (*eu, tu, ele, ela, nós, vós, eles, elas*) ☞ cf. *oblíquo* ■ *s.m.* ANAT **4** parte final do tubo digestório, que vai do cólon ao ânus

re.to.car *v.* {mod. 1} *t.d.* fazer os ajustes finais em (obra, texto etc.), para aperfeiçoá-lo, reparar incorreções

re.to.ma.da *s.f.* ação ou efeito de retomar

re.to.mar *v.* {mod. 1} *t.d.* **1** voltar a ter (algo concreto ou abstrato que se perdeu); recuperar, reaver **2** seguir de novo (o mesmo rumo) *<retomaram o caminho depois da parada>* **3** continuar, voltar a exercer (trabalho, atividade, função etc.), após interrupção ou grande parada; recomeçar

re.to.que *s.f.* **1** ato ou efeito de retocar **2** recuperação ou aperfeiçoamento das cores desbotadas de um quadro, ger. feito por pessoa especializada **3** última demão com que se corrige ou aperfeiçoa uma obra artística ou científica

re.tor.cer *v.* {mod. 8} *t.d.* **1** tornar a torcer; torcer mais de uma vez □ *t.d. e pron.* **2** contorcer(-se) *<r. o corpo>* *<retorcia-se para caber no carro>* ~ **retorcido** *adj.*

re.tó.ri.ca *s.f.* **1** arte de se expressar com desenvoltura, de bem argumentar **2** *p.ext.* conjunto de regras dessa arte ~ **retoricismo** *s.m.* - **retorismo** *s.m.*

re.tó.ri.co *adj.* **1** de ou próprio de retórica **2** *pej.* de estilo afetado

re.tor.nar *v.* {mod. 1} *t.i. e int.* **1** (prep. *a*) voltar (ao ponto de partida); regressar *<nunca mais retornou (à terra natal)>* □ *t.i.* **2** voltar atrás no tempo; retroceder *<r. à infância>* **3** ir novamente a; voltar *<r. ao escritório>* **4** (prep. *a*) retomar (atividade, trabalho etc. interrompido, largado, parado) □ *t.d.* **5** fazer voltar; reencaminhar *<a chuva retornou-os ao hotel>*

re.tor.no /ô/ *s.m.* **1** regresso, volta **2** *B* nas estradas, desvio próprio para retornar **3** repetição de um fenômeno **4** recompensa, resultado

re.tor.quir *v.* {mod. 24} *t.d. e t.d.i.* **1** (prep. *a*) argumentar contrariamente a; replicar *<r. o adversário>* *<retorquiu-lhe que não havia explicação>* □ *t.i. e int.* **2** (prep. *a*) responder, retrucar *<r. à pergunta maliciosa>* *<surpreso, não soube r.>* ◉ GRAM/USO verbo defectivo ~ **retorquível** *adj.2g.*

re.tor.ta *s.f.* QUÍM recipiente de gargalo estreito e curvo, us. para destilações

re.tra.ir *v.* {mod. 24} *t.d.* **1** puxar para si, ger. rapidamente; retirar, recolher **2** controlar a força de (algo prestes a irromper); conter *<o vulcão retraía a lava>* **3** impedir que se manifeste; refrear *<r. sentimentos>* □ *t.d. e pron.* **4** (fazer) sofrer contração física; encolher(-se) *<r.(-se) um músculo>* **5** (fazer) voltar para trás; recuar, retirar(-se) *<o general fez o exército r.>* *<a tropa retraiu-se>* **6** tornar(-se) acanhado, tímido, reservado *<retrai-se quando fala em público>* □ *pron.* **7** afastar-se do convívio social; isolar-se ~ **retração** *s.f.* - **retraído** *adj.* - **retraimento** *s.m.*

re.tran.ca *s.f.* **1** correia que prende a sela, passando sob a cauda do animal **2** *N.E.* tranca (de porta ou janela) **3** ESP posição defensiva

re.tra.sa.do *adj.* **1** que passou há pouco **2** *B* imediatamente anterior ao passado *<ano r.>*

[1]re.tra.tar *v.* {mod. 1} *t.d. e pron.* **1** declarar, admitir que é falso, inválido ou impróprio (algo dito antes) *<r.-se da informação errônea>* □ *pron.* **2** pedir perdão; desculpar-se [ORIGEM: do lat. *retractāre* 'corrigir, retomar, recordar'] ~ **retratação** *s.f.*

[2]re.tra.tar *v.* {mod. 1} *t.d. e pron.* **1** reproduzir a imagem por pintura, desenho etc. **2** *p.ext.* expressar(-se), mostrar(-se) *<seu rosto retratava tristeza> <sua emoção retratou-se na voz>* ☐ *t.d.pred.* **3** atribuir (certa característica, aspecto) a *<retratam-na como uma pessoa autoritária>* ☐ *t.d.* **4** ser a imagem ou a reprodução de; representar *<o presente retrata o nosso carinho>* **5** *fig.* apresentar com exatidão, fidelidade; reproduzir *<o livro retrata a vida numa fazenda>* [ORIGEM: *retrato* 'figura, imagem' + [2]*-ar*]

re.trá.til [pl.: *-eis*] *adj.2g.* capaz de se retrair

re.tra.tis.ta *adj.2g.s.2g.* **1** que(m) se especializou em pintar figuras humanas **2** que(m) tem por profissão tirar fotografias de pessoas

re.tra.to *s.m.* **1** imagem de alguém reproduzida em fotografia, pintura, desenho **2** *fig.* descrição exata de algo **3** fotografia

re.tre.ta /ê/ *s.f.* apresentação de banda de música, ger. em praça pública

re.tre.te /ê *ou* é/ *s.f.* vaso sanitário

re.tri.bu.i.ção [pl.: *-ões*] *s.f.* **1** ato, processo ou efeito de retribuir **2** pagamento por trabalhos feitos ou por serviços prestados; salário, honorários **3** agradecimento por favor ou serviço recebido; reconhecimento

re.tri.bu.ir *v.* {mod. 26} *t.d. e t.d.i.* **1** (prep. *a*) dar como pagamento; remunerar *<r. as horas extras> <retribuiu-lhe bem o trabalho>* **2** (prep. *a*) dar prêmio, recompensa a; recompensar *<o professor retribuirá ao aluno a sua dedicação>* **3** (prep. *a*) compensar (tratamento ou coisa recebida) de forma equivalente; devolver *<r. a gentileza (ao atendente)>*

retro- *pref.* 'para trás': *retroativo, retrovisor*

re.trô *adj.2g.2n.s.2g.2n.* **1** (o) que assinala um retorno ao passado, imitando ou retomando um estilo anterior (diz-se de moda, decoração, obra artística, literária etc.) **2** (o) que adota estilo, comportamento, atitudes próprias do passado (diz-se de pessoa, grupo social etc.)

re.tro.a.gir *v.* {mod. 24} *t.i.,t.d.i. e int.* ter efeito sobre o passado *<a lei, neste caso, não retroage (seus efeitos) [aos anos anteriores]>* ~ **retroação** *s.f.*

re.tro.a.li.men.ta.ção [pl.: *-ões*] *s.f.* **1** processo através do qual uma ação é controlada pelo conhecimento do efeito de suas respostas **2** *p.ext.* a resposta resultante desse processo **3** INF retorno automático da informação processada ao ponto inicial

re.tro.a.ti.vo *adj.* que atinge fatos anteriores a sua ocorrência ~ **retroatividade** *s.f.*

re.tro.ce.der *v.* {mod. 8} *int.* **1** deslocar-se para trás; recuar **2** passar a estágio inferior de desenvolvimento, qualidade; regredir, decair *<a qualidade do curso retrocedeu>* **3** *fig.* não levar adiante (desejo, plano etc.); desistir ☐ *t.i.* **4** (prep. *a*) voltar atrás no tempo; retornar *<r. à infância>* ~ **retrocedimento** *s.m.*

re.tro.ces.so *s.m.* **1** volta ao local de onde se saiu; recuo, retorno **2** *p.ext.* volta ao passado **3** *p.ext.* retorno a um estado considerado ultrapassado **3.1** atraso, decadência

re.tro.gra.dar *v.* {mod. 1} *t.d.,t.i. e int.* **1** (prep. *a*) voltar para trás, no espaço ou no tempo; retroceder *<não é possível r. a ciência> <r. à antiga Grécia> <a tropa retrogradou>* ☐ *t.d.,int. e pron.* **2** passar a estágio inferior de desenvolvimento, qualidade; retroceder *<tentaram r. o que é novo> <a cidade retrogradava(-se) em vez de progredir>* ~ **retrogradação** *s.f.*

re.tró.gra.do *adj.* **1** que anda para trás ■ *adj.s.m.* **2** que(m) se opõe ao progresso

re.trós [pl.: *retroses*] *s.m.* **1** fio de seda ou algodão us. para costura ou bordado **2** *p.ext.* carretel de linha

re.tros.pec.ti.va *s.f.* **1** exposição em que se apresentam em ordem cronológica as obras de um artista, de uma escola, de uma época, mostrando sua evolução **2** relato de uma série de acontecimentos decorridos durante certo período; retrospecto

re.tros.pec.ti.vo *adj.* que se volta para o passado

re.tros.pec.to *s.m.* **1** vista ou análise de fato passado **2** retrospectiva ('relato')

re.tro.ví.rus *s.m.2n.* BIO cada um dos vírus (p.ex., *HIV*, lentivírus) que carregam o ARN como material genético, responsáveis por doenças como linfoma, *AIDS* etc.

re.tro.vi.sor /ô/ [pl.: *-es*] *adj.s.m.* (espelho) que permite ao motorista ver o que se passa atrás dele, sem se virar

re.tru.car *v.* {mod. 1} *t.d.,t.i. e t.d.i.* (prep. *a*) responder, ger. de modo imediato, a (objeções, acusações etc.); replicar *<r. à ofensa> <retrucou-lhe a ameaça>*

re.tum.ban.te *adj.2g.* **1** que retumba; que provoca grande ressonância **2** *fig.* de grande repercussão, fora do comum; extraordinário

re.tum.bar *v.* {mod. 1} *t.d. e int.* refletir (som) com estrondo; ressoar, ecoar *<a praça retumbava o eco dos tambores> <os instrumentos retumbam>*

re.tur.no *s.m.* ESP em campeonatos esportivos, nova série de jogos contra os mesmos adversários do primeiro turno; segundo turno

réu [fem.: *ré*] *s.m.* DIR quem é chamado em juízo ('órgão') para responder por ação civil ou crime

reu.ma.tis.mo *s.m.* MED doença caracterizada por dor nas articulações e alterações em músculos e ossos ~ **reumático** *adj.*

re.u.ni.ão [pl.: *-ões*] *s.f.* **1** nova união ou junção de uma coisa a outra **2** agrupamento de pessoas para certo fim **3** agrupamento de coisas

re.u.nir *v.* {mod. 24} *t.d. e pron.* **1** dispor(-se) em conjuntos; agrupar(-se) *<reúna os alunos!> <o congresso reuniu-se para resolver assunto grave>* **2** promover encontro ou encontrar-se para festa, recreação *<r. os amigos> <a família se reúne aos sábados>* ☐ *t.d. e t.d.i.* **3** (prep. *a*) pôr no mesmo grupo, pôr junto (o que estava separado, disperso, desorganizado etc.) *<r. os CDs> <r. uma ponta da fita à outra>* **4** (prep. *a*) pôr junto, em harmonia (elementos diversos); aliar, combinar *<r. talento e beleza> <r. o útil ao agradável>* ☐ *pron.* **5** (prep. *com*) ter reunião, conversa com

re.u.ti.li.zar *v.* {mod. 1} *t.d.* **1** voltar a utilizar **2** dar novo uso a <*r. ferro-velho*>

re.van.che *s.f.* **1** desforra, vingança **2** ESP prova ou partida que se torna a disputar, a pedido do perdedor

re.van.chis.mo *s.m.* **1** ato pelo qual alguém busca desforrar-se de ofensa ou agressão recebida **2** tendência, inclinação para a desforra, esp. em certos meios políticos ~ **revanchista** *adj.2g.s.2g.*

réveillon [fr.; pl.: *réveillons*] *s.m.* **1** celebração realizada na passagem do ano **2** *p.ext.* véspera de ano-novo ⇒ pronuncia-se rêveion

re.vel [pl.: *-éis*] *adj.2g.* **1** rebelde ■ *adj.2g.s.2g.* DIR **2** (réu) que não comparece para fazer sua defesa

re.ve.la.ção [pl.: *-ões*] *s.f.* **1** divulgação de uma verdade oculta, de um segredo **2** REL ato pelo qual Deus se dá a conhecer e manifesta a sua vontade **3** descoberta que revela uma vocação em alguém **4** pessoa que se revela por algum atributo, qualidade etc. **5** FOT processo que transforma uma imagem fotográfica latente em imagem visível estável

re.ve.lar *v.* {mod. 1} *t.d.,t.d.i. e pron.* **1** (prep. *a*) tornar(-se) visível, perceptível; mostrar(-se), indicar <*as pesquisas revelaram (ao carioca) quem seria o eleito*> <*seu caráter revelou-se naquela situação difícil*> □ *t.d. e t.d.i.* **2** (prep. *a*) fazer conhecer; divulgar, propagar <*revelou (a todos) o seu invento*> **3** (prep. *a*) tornar conhecido por meios sobrenaturais <*Deus revelou (aos homens) sua doutrina*> □ *pron.* **4** deixar-se conhecer de verdade <*revelou-se um traidor*> □ *t.d.* **5** ser o índice, marca de; evidenciar <*seus olhos revelam alegria*> **6** FOT fazer aparecer (imagem fotográfica)

re.ve.li.a *s.f.* **1** condição de quem se rebela **2** DIR condição de quem não comparece em juízo, ainda que convocado ▣ **à r.** DIR sem conhecimento da parte interessada • **à r. de** sem o conhecimento de

re.ven.der *v.* {mod. 8} *t.d. e t.d.i.* (prep. *a*) vender (algo que lhe foi vendido) <*comprei e revendi a moto (a um primo)*> ~ **revenda** *s.f.* - **revendedor** *s.m.*

R

[1]**re.ver** *v.* {mod. 12} *t.d. e pron.* **1** voltar a ver(-se) □ *pron.* **2** identificar influências ou características próprias em; reconhecer-se □ *t.d.* **3** tornar a examinar, ponderar, ger. para fazer modificações, melhoras; revisar, reconsiderar [ORIGEM: *re-* + *ver*] ~ **revisto** *adj.*

[2]**re.ver** *v.* {mod. 12} *t.d. e int.* **1** deixar cair (líquido) gota a gota; verter □ *t.d. fig.* **2** tornar perceptível, evidente; revelar [ORIGEM: desc.]

re.ver.be.rar *v.* {mod. 1} *t.d.* **1** refletir (luz, calor, som); repercutir □ *int.* **2** emitir brilho, luz; luzir ~ **reverberação** *s.f.* - **reverberante** *adj.2g.*

re.vér.be.ro *s.m.* **1** reflexo de luz ou calor **2** luminosidade intensa

re.ve.rên.cia *s.f.* **1** cumprimento respeitoso, ger. acompanhado de inclinação do tronco para a frente ou de flexão dos joelhos; mesura **2** consideração, respeito profundo **3** tratamento dado aos eclesiásticos ~ **reverencioso** *adj.* - **reverente** *adj.2g.*

re.ve.ren.ci.ar *v.* {mod. 1} *t.d.* **1** prestar culto a; adorar, venerar **2** tratar com consideração; respeitar **3** saudar com grande respeito

re.ve.ren.dís.si.mo *adj.* **1** muito respeitável **2** tratamento dado aos bispos, arcebispos, monsenhores, cônegos e padres [abrev.: *Rev.*[mo]]

re.ve.ren.do *s.m.* **1** tratamento dispensado a padres, prelados, sacerdotes e madre superiora ■ *adj.* **2** digno de se reverenciar

re.ver.são [pl.: *-ões*] *s.f.* **1** retorno ao ponto de partida ou ao estado original **2** restituição de um bem ao dono; devolução

re.ver.sí.vel [pl.: *-eis*] *adj.2g.* **1** que pode voltar atrás **2** em que o efeito e a causa podem inverter-se (diz-se de fenômeno) **3** que pode ser observado ou us. pelo direito ou pelo avesso **4** que se pode utilizar de maneira diferente daquela que habitualmente se utiliza **5** cuja mão de direção é alterada em determinadas horas (diz-se de faixa de trânsito) **6** DIR que deve retornar ao antigo dono, proprietário etc. ~ **reversibilidade** *s.f.*

re.ver.so *adj.s.m.* **1** (o) que está em posição oposta à normal ■ *adj.* **2** que se voltou para o lado oposto **3** que retornou ao ponto de partida ■ *s.m.* **4** o lado oposto ao principal ou esperado; revés **5** face que não contém efígie ou emblema (moeda, medalha, papel-moeda)

re.ver.ter *v.* {mod. 8} *t.i.* **1** (prep. *a*) voltar (ao ponto de partida, à condição inicial); retornar <*o conselho do pai o fez r. à realidade*> □ *t.d. e pron.* **2** (fazer) tomar direção, sentido oposto ao que se encontra □ *t.i.* **3** (prep. *em*) ser destinado a (falando de dinheiro arrecadado etc.); converter-se, redundar <*a renda do show reverteu em benefício da creche*> ◉ GRAM/USO part.: *revertido, reverso*

re.ver.té.rio *s.m.* imprevisto que transforma uma situação boa em má

re.vés [pl.: *-eses*] *s.m.* **1** reverso ('lado oposto') **2** aspecto ruim de alguma coisa **3** infortúnio; desgraça

re.ves.ti.men.to *s.m.* o que reveste ou cobre; cobertura

re.ves.tir *v.* {mod. 28} *t.d.* **1** tornar a vestir **2** aplicar em (uma superfície) camada, substância etc. que a ocupe por completo; recobrir **3** estar sobre ou à volta de (superfície, objeto etc.); cobrir □ *pron.* **4** ter ou apresentar certa disposição, característica

re.ve.za.men.to *s.m.* substituição alternada de pessoas ou coisas que trocam seus lugares, postos etc.

re.ve.zar *v.* {mod. 1} *t.d.,t.i.,int. e pron.* (prep. *com*) substituir(-se) de forma intercalada; alternar(-se) <*r. os porteiros do prédio*> <*r. com outro jogador*> <*os dois médicos revezaram(-se) no plantão*>

re.vi.dar *v.* {mod. 1} *t.d.,t.d.i.,t.i. e int.* **1** (prep. *a*) cometer (ofensa, agressão física ou moral) como vingança por (mal tratamento recebido); responder, vingar <*r. um tapa*> <*r. ao chefe o descaso*> <*r. ao bloqueio*> <*ofendido, preferiu não r.*> □ *t.d.,t.i. e int.* **2** (prep. *a*) dar em resposta, reação a; replicar <*r. uma crítica*> <*r. ao provocador*> <*provocado, preferiu não r.*>

re.vi.de *s.m.* **1** resposta a ofensa; vingança **2** réplica

re.vi.go.ran.te *adj.2g.* **1** que revigora ■ *adj.2g.s.m.* **2** FARM (o) que revigora, fortifica (diz-se de substância, medicamento etc.); tônico, reconfortante

re.vi.go.rar *v.* {mod. 1} *t.d.,int. e pron.* **1** (fazer) adquirir vigor, energia, força; fortificar(-se) □ *t.d. e pron. fig.* **2** tornar(-se) seguro, estável; fortalecer(-se) **3** (fazer) adquirir novo estímulo; reanimar(-se) ~ **revigorado** *adj.*

re.vi.rar *v.* {mod. 1} *t.d.* **1** virar de novo ou muitas vezes **2** virar na direção oposta **3** mexer muitas vezes à busca de algo; revolver, remexer **4** deixar com perturbação emocional, moral etc.; inquietar □ *t.d.,int. e pron.* **5** remexer(-se) [o corpo] repetidamente ~ **reviramento** *s.m.*

re.vi.ra.vol.ta *s.f.* **1** volta rápida em torno do próprio corpo; viravolta, pirueta **2** *fig.* mudança brusca; viravolta

re.vi.são [pl.: *-ões*] *s.f.* **1** leitura minuciosa e correção de um texto **2** grupo de revisores de um jornal, revista, editora etc. **3** inspeção para correção de falhas

re.vi.sar *v.* {mod. 1} *t.d.* **1** ter novamente sob os olhos **2** fazer a inspeção de **3** examinar com atenção, procurando possíveis erros; rever **4** *fig.* levar novamente em consideração; repensar

re.vi.sio.nis.mo *s.m.* atitude ou política dos que discutem as bases de uma doutrina ou que delas discordam ~ **revisionista** *adj.2g.s.2g.*

re.vi.sor /ô/ [pl.: *-es*] *adj.s.m.* **1** (o) que revisa ■ *s.m.* **2** quem faz trabalho de revisão de originais ou de provas tipográficas

[1]**re.vis.ta** *s.f.* exame cuidadoso de algo ou alguém; inspeção [ORIGEM: *re-* + *vista*]

[2]**re.vis.ta** *s.f.* JOR publicação periódica, ger. ilustrada, de artigos, ensaios etc. [ORIGEM: tradução do ing. *review* 'id.'] ◉ COL hemeroteca

[3]**re.vis.ta** *s.f.* TEAT teatro de revista

re.vis.tar *v.* {mod. 1} *t.d.* **1** fazer inspeção em **2** procurar algo em; vasculhar

re.vi.ta.li.zar *v.* {mod. 1} *t.d.* despertar nova vida ou dar novo vigor em ~ **revitalização** *s.f.*

re.vi.va.lis.mo *s.m.* predisposição ou intenção de reviver ou restaurar (estilos, formas, ideias que pertenciam ao passado) ~ **revivalista** *adj.2g.s.2g.*

re.vi.ver *v.* {mod. 8} *int.* **1** voltar à vida **2** *fig.* adquirir novo vigor, nova força; renovar-se **3** voltar a se manifestar; reaparecer □ *t.d.* **4** experimentar de novo (emoções, fatos etc. do passado) de modo vivo, intenso; recordar **5** pôr de novo em uso

re.vo.a.da *s.f.* bando de aves em voo

re.vo.ar *v.* {mod. 1} *int.* **1** voar de volta ao ponto de partida **2** dar pequenos e repetidos voos sem direção definida; esvoaçar, pairar **3** voar alto

re.vo.ga.ção [pl.: *-ões*] *s.f.* ato, processo ou efeito de revogar, de tornar sem efeito alguma coisa; anulação

re.vo.gar *v.* {mod. 1} *t.d.* fazer ficar sem efeito, deixar de vigorar; anular ~ **revogador** *adj.s.m.*

re.vol.ta *s.f.* **1** manifestação coletiva contra qualquer autoridade; motim, rebelião **2** *p.ext.* desordem, tumulto **3** *fig.* sentimento de raiva, indignação ~ **revoltoso** *adj.s.m.*

re.vol.tan.te *adj.2g.* que causa indignação; repugnante, repulsivo

re.vol.tar *v.* {mod. 1} *t.d.,t.d.i. e pron.* **1** (prep. *contra*) incitar a ou ficar em insurreição contra superior ou autoridade; rebelar(-se) *<os tenentes revoltaram a tropa> <r. o empregado contra o patrão> <r.-se contra o diretor>* □ *t.d.,int. e pron. fig.* **2** (fazer) sentir indignação, repulsa; indignar(-se), irritar(-se) *<a injustiça revoltou-o> <a desonestidade revolta> <revoltou-se contra a bajulação>* ~ **revoltado** *adj.s.m.*

re.vol.to /ô/ *adj.* **1** muito agitado **2** desgrenhado **3** furioso, irritado

re.vo.lu.ção [pl.: *-ões*] *s.f.* **1** rebelião armada; insurreição **2** mudança violenta nas instituições políticas, econômicas e sociais de um país **3** *fig.* transformação súbita *<r. dos costumes>* **4** ASTR volta completa de um astro em sua órbita

re.vo.lu.cio.nar *v.* {mod. 1} *t.d.* **1** provocar mudanças significativas, estruturais em **2** revolver ou agitar muito; remexer **3** *fig.* causar agitação emocional ou moral em; perturbar □ *t.d. e pron.* **4** (prep. *contra*) incitar a ou participar de revolta; sublevar(-se)

re.vo.lu.cio.ná.rio *adj.s.m.* **1** que(m) participa de revolução **2** que(m) é favorável a transformações profundas **3** *p.ext.* inovador, ousado ■ *adj.* **4** referente a revolução

re.vo.lu.te.ar *v.* {mod. 5} *int.* **1** agitar-se em vários sentidos, dando voltas; revolver-se **2** pôr-se em movimento, batendo as asas ~ **revoluteio** *s.m.*

re.vol.ver *v.* {mod. 8} *t.d. e pron.* **1** mexer(-se) muito, em várias direções ou dando voltas; revirar(-se), agitar(-se) □ *t.d.,int. e pron.* **2** movimentar(-se), deslocando(-se) de lugar; mover(-se) □ *t.d.* **3** *p.ext.* cavar (a terra), misturando(-a) **4** examinar em detalhes, com atenção; esquadrinhar ◉ GRAM/USO part.: *revolvido, revolto* ~ **revolvimento** *s.m.*

re.vól.ver [pl.: *-es*] *s.m.* arma de fogo manual, dotada de um tambor giratório com várias câmaras, no qual se colocam os cartuchos

re.za *s.f.* ação ou efeito de rezar; oração, prece

re.za.dor /ô/ [pl.: *-es*] *adj.s.m.* **1** que(m) reza **2** que(m) faz benzeduras tentando com isso afastar o mal

re.zar *v.* {mod. 1} *t.d.,t.d.i.,t.i. e int.* **1** (prep. *a*) dizer em voz baixa ou para si (oração ou súplica religiosa); orar *<r. o pai-nosso> <r. uma prece (a Deus)> <r. antes de dormir>* □ *t.d.* **2** celebrar (missa) **3** fazer benzeduras em; benzer **4** conter em si (informação, dado etc.); referir *<a lei reza isto>* **5** prescrever, determinar

re.zin.gar *v.* {mod. 1} *t.d. e int.* **1** falar baixo e com mau humor; resmungar □ *t.i.* **2** (prep. *com*) criticar, repreender □ *int. infrm.* **3** discutir, brigar ~ **rezinga** *s.f.*

R

Rf QUÍM símbolo de *rutherfórdio*
Rg QUÍM símbolo de *roentgênio*
Rh QUÍM símbolo de *ródio*
ri.a.cho *s.m.* pequeno rio; córrego
ri.ba *s.f.* margem alta de um rio; ribanceira
ri.bal.ta *s.f.* TEAT **1** fileira de refletores no piso da parte dianteira do palco **2** *p.ext.* a parte dianteira do palco **3** *p.ext.* o teatro, o palco teatral
ri.ba.mar [pl.: *-es*] *s.f.* **1** margem do mar; beira-mar **2** lugar que fica à beira-mar
ri.ban.cei.ra *s.f.* **1** riba, barranco **2** precipício
ri.bei.ra *s.f.* **1** terreno às margens de um rio, ger. banhado por ele **2** *p.ext.* terra baixa e alagada pelas águas de um rio ou mar **3** curso de água menos largo e profundo que um rio
ri.bei.rão [pl.: *-ões*] *s.m.* **1** curso de água menor que um rio e maior que um riacho **2** terreno próprio para a lavra de minas de diamantes
ri.bei.ri.nho *adj.* que se localiza ou vive às margens de rio ou ribeira
ri.bei.ro *s.m.* regato, riacho
ri.bom.bar *v.* {mod. 1} *int.* produzir barulho muito forte; ressoar, retumbar ~ **ribombante** *adj.2g.* - **ribombo** *s.m.*
ri.bos.so.mo ou **ri.bos.so.ma** *s.m.* BIO organela citoplasmática composta de ácidos ribonucleicos e proteínas, na qual ocorre a síntese de proteína
ri.ca.ço *adj.s.m.* que(m) é muito rico ◉ GRAM/USO aum.irreg. de *rico*
rí.ci.no *s.m.* **1** BOT planta cuja semente tem propriedades laxantes **2** o óleo extraído dessa semente
ri.co *adj.s.m.* **1** que(m) possui muitos bens, dinheiro ou coisas de valor ■ *adj.* **2** farto, abundante **3** de muito luxo **4** fértil, produtivo
ri.co.che.te /ê/ *s.m.* salto ou reflexo de um corpo, projétil ou raio após bater em algum obstáculo
ri.co.che.te.ar *v.* {mod. 5} *t.i. e int.* (prep. *contra*) desviar-se ao bater em um obstáculo
ri.co.ta *s.f.* queijo branco de consistência macia, preparado com o soro de leite desnatado
ric.to *s.m.* ou **ríc.tus** *s.m.2n.* **1** contração dos músculos da face ou da boca, que dá ao rosto um ar de riso **2** abertura da boca
ri.di.cu.la.ri.zar *v.* {mod. 1} *t.d.* **1** expor ao ridículo; zombar, caçoar □ *t.d. e pron.* **2** tornar(-se) ridículo ~ **ridicularização** *s.f.*
ri.dí.cu.lo *adj.* **1** que é alvo de caçoada; risível **2** que causa vexame; vexaminoso **3** de mau gosto; espalhafatoso **4** destituído de bom senso; absurdo **5** insignificante ■ *s.m.* **6** característica, condição ou circunstância ridícula *<expor-se ao r.>*
ri.fa *s.f.* sorteio de algo mediante venda de talões numerados ~ **rifar** *v.t.d.*
ri.fle *s.m.* espingarda
rí.gi.do *adj.* **1** rijo, teso **2** *fig.* inflexível em suas opiniões; intransigente, rigoroso ~ **rigidez** *s.f.*
ri.gor /ô/ [pl.: *-es*] *s.m.* **1** dureza material; inflexibilidade **2** grande severidade de princípios; austeridade **3** exatidão; precisão
ri.go.ro.so /ô/ [pl.: /ó/; fem.: /ó/] *adj.* **1** sem flexibilidade; rígido **2** muito severo; intransigente **3** exato, preciso **4** muito intenso
ri.jo *adj.* **1** duro, resistente **2** de físico ou estrutura forte; robusto **3** *fig.* que tem vontade firme ~ **rijeza** *s.f.*
ri.lhar *v.* {mod. 1} *t.d.* **1** comer roendo **2** pôr em atrito (os dentes) uns contra os outros; ranger □ *t.d. e int.* **3** (fazer) produzir ruído áspero ~ **rilhadura** *s.f.*
rim [pl.: *rins*] *s.m.* ANAT cada um dos dois órgãos que produzem a urina, situados em cada lado da região lombar
ri.ma *s.f.* **1** igualdade de sons, a partir da sílaba tônica da palavra final de dois ou mais versos **2** uniformidade de sons na terminação de duas ou mais palavras **3** palavra que possui terminação idêntica ou similar a outra
ri.mar *v.* {mod. 1} *t.d. e int.* **1** escrever em versos com rimas □ *t.i. e t.d.i.* **2** (prep. *com*) formar rima *<amor rima com sofredor> <rimou o primeiro com o terceiro verso>*
rí.mel [pl.: *-eis*] *s.m.* cosmético para colorir ou acentuar a curvatura dos cílios ☞ marca registrada (fr. *Rimmel*) que passou a designar o seu gênero
rin.cão [pl.: *-ões*] *s.m.* lugar afastado; recanto
rin.char *v.* {mod. 1} *int.* **1** emitir rincho (equídeos); relinchar ☞ nesta acp., só us. nas 3ªs p., exceto quando fig. **2** emitir ruído agudo, desagradável; ranger
rin.cho *s.m.* relincho
rin.gue *s.m.* ESP local delimitado, ger. por uma cerca de cordas, no qual se travam lutas de boxe, luta livre etc.
ri.nha *s.f.* **1** briga de galos **2** *p.ext.* local em que se realiza essa briga ~ **rinhar** *v.int.*
ri.ni.te *s.f.* MED inflamação da mucosa nasal
ri.no.ce.ron.te *s.m.* ZOO grande mamífero selvagem, de pele grossa, com um ou dois chifres no focinho e patas curtas de três dedos cada uma, todos com cascos
ri.no.fo.ni.a *s.f.* MED distúrbio da fonação caracterizado pelo timbre anasalado da voz, em função da alteração de ressonância das cavidades nasais; rinolalia
ri.no.la.li.a *s.f.* MED rinofonia
rin.que *s.m.* pista própria para patinação
ri.o *s.m.* curso natural de água que aflui a outro rio, mar ou lago ▣ **rios** *s.m.pl. fig.* grande quantidade *<r. de dinheiro>*
ri.o-bran.quen.se [pl.: *rio-branquenses*] *adj.2g.* **1** de Rio Branco (AC) ■ *s.2g.* **2** natural ou habitante dessa capital
ri.o-gran.den.se-do-nor.te [pl.: *rio-grandenses-do-norte*] *adj.2g.* **1** do Rio Grande do Norte (RN); relativo a esse estado e à sua população; potiguar ■ *s.2g.* **2** natural ou habitante desse estado; potiguar

ri.o-gran.den.se-do-sul [pl.: *rio-grandenses-do-sul*] *adj.2g.* **1** do Rio Grande do Sul; relativo a esse estado e à sua população; gaúcho ■ *s.2g.* **2** natural ou habitante do Rio Grande do Sul; gaúcho

ri.pa *s.f.* peça de madeira longa e estreita ~ **ripado** *s.m.* - **ripagem** *s.f.* - **ripamento** *s.m.* - **ripar** *v.t.d.*

ri.pa.da *s.f.* **1** golpe com ripa **2** *p.ext.* o efeito desse golpe **3** *fig.* descompostura

ri.que.za /ê/ *s.f.* **1** grande quantidade de dinheiro, bens materiais, propriedades etc.; fortuna **2** *p.ext.* abundância de coisas que valem pela beleza, raridade etc.; fausto, luxo **2.1** *fig.* exuberância, profusão *<r. de imaginação>*

rir *v.* {mod. 30} *t.i.,int. e pron.* **1** (prep. *de*) achar graça em *<r.(-se) de um dito picante> <peça que faz r.>* □ *int.* **2** apresentar fisionomia de satisfação, prazer; sorrir *<vive rindo>* □ *t.i.* **3** (prep. *de*) tratar sem seriedade, com ditos, gestos de humor, malícia, troça; caçoar *<riram da gafe que cometi>*

ri.sa.da *s.f.* riso alto, sonoro ◉ COL risadaria

ris.ca *s.f.* **1** traço feito em uma superfície com lápis, pincel etc.; risco **2** listra **3** linha que separa, delimita, divide *<r. de cabelos>*

ris.ca.do *adj.* **1** que se riscou ou que tem riscos **2** que tem listras ■ *s.m.* **3** assunto, tema *<entender do r.>*

ris.car *v.* {mod. 1} *t.d.* **1** fazer riscas, traços, desenhos etc. em (superfície) com objeto pontiagudo ou lápis, caneta etc. **2** marcar com traço (palavra, frase, desenho etc.), ger. para excluir **3** desenhar, determinar os contornos de; esboçar **4** acender friccionando (palito de fósforo) **5** suprimir, eliminar, excluir

[1]**ris.co** *s.m.* **1** risca ('traço') **2** *B* contorno de um desenho para ser bordado, pintado etc. [ORIGEM: duv., talvez do v. *riscar*]

[2]**ris.co** *s.m.* probabilidade de perigo ou insucesso [ORIGEM: do fr. *risque* 'perigo']

ri.sí.vel [pl.: *-eis*] *adj.2g.* que causa riso; ridículo

ri.so *s.m.* **1** ação, efeito ou modo de rir; risada **1.1** o seu som **2** caçoada, zombaria, escárnio ou sarcasmo ▣ **r. amarelo** riso constrangido

ri.so.nho *adj.* **1** que ri; sorridente **2** alegre, satisfeito **3** que dá esperanças; promissor, esperançoso

ri.so.ta *s.f.* **1** risada curta **2** *infrm.* riso de zombaria

ri.so.to /ô/ *s.m.* CUL **1** prato da cozinha italiana feito de arroz cozido em caldo de carne, frango etc., ger. com açafrão, manteiga e queijo parmesão ralado **2** *p.ext.* esse prato acrescido de ingredientes como ervilhas, legumes, carne, camarão, frango desfiado etc.

rís.pi.do *adj.* **1** grosseiro na maneira de tratar os outros; rude **2** rígido, severo ~ **rispidez** *s.f.*

ris.so.le *s.m.* CUL pequeno pastel recheado, feito de massa cozida, que se passa no ovo e na farinha de rosca antes de fritar

ris.te *s.m.* peça de ferro em que os cavaleiros medievais firmavam o cabo da lança ao atacar ▣ **em r.** levantado, erguido

rit.mar *v.* {mod. 1} *t.d.* **1** dar ritmo a; cadenciar **2** marcar o ritmo de ~ **ritmado** *adj.*

rít.mi.co *adj.* **1** relativo, pertencente a ou próprio de ritmo **2** que usa de ritmo

rit.mis.ta *adj.2g.s.2g.* MÚS que(m) marca o ritmo; que(m) toca instrumentos de percussão; percussionista

rit.mo *s.m.* **1** movimento regular e periódico durante um processo; cadência **2** *fig.* sucessão de situações ou atividades que constituem um conjunto fluente e homogêneo no tempo

ri.to *s.m.* **1** REL conjunto de regras e cerimônias praticadas numa religião, seita etc.; liturgia **2** qualquer processo de caráter sagrado ou simbólico, capaz de estabelecer e desenvolver costumes *<r. fúnebre>* ☞ tb. us. no pl. **3** conjunto dos preceitos, normas etc. estabelecidos socialmente; etiqueta, ritual ☞ mais us. no pl.

ri.tu.al [pl.: *-ais*] *s.m.* **1** conjunto dos ritos de uma religião e sua prática **2** *p.ext.* o culto religioso **3** *p.ext.* conjunto de regras a se seguir; cerimonial ■ *adj.2g.* **4** relativo a rito ~ **ritualista** *adj.2g.s.2g.* - **ritualístico** *adj.*

ri.val [pl.: *-ais*] *adj.2g.s.2g.* **1** que(m) pretende obter algo que outro(s) tb. pretende(m); concorrente **2** que(m) é igual a outro em algum aspecto ou qualidade

ri.va.li.da.de *s.f.* concorrência, disputa, emulação

ri.va.li.zar *v.* {mod. 1} *t.i.* **1** (prep. *com*) competir, concorrer *<nenhum time rivaliza com o nosso>* □ *t.d. e t.i.* **2** (prep. *com*) igualar-se ou assemelhar-se às qualidades de *<r. (com) os grandes mestres>*

ri.xa *s.f.* **1** hostilidade entre pessoas, grupos etc.; querela, discórdia **2** disputa; briga ~ **rixar** *v.int.* - **rixento** *adj.*

ri.zi.cul.tu.ra *s.f.* AGR cultura de arroz; orizicultura ~ **rizicultor** *adj.s.m.*

ri.zo.ma *s.m.* BOT caule subterrâneo capaz de lançar ramos e raízes ~ **rizomático** *adj.* - **rizomatoso** *adj.*

ri.zo.tô.ni.co *adj.* GRAM diz-se de forma verbal cujo acento tônico cai no radical (p.ex., cant-o, am-o)

RJ sigla do Estado do Rio de Janeiro

Rn QUÍM símbolo de *radônio*

RN sigla do Estado do Rio Grande do Norte

RNA *s.m.* QUÍM ver *ácido ribonucleico*

RO sigla do Estado de Rondônia

ro.ba.lo *s.m.* ZOO peixe comestível de água doce ou salobra, corpo prateado e tamanhos variados

ro.be *s.m.* VEST **1** penhoar **2** roupão

ro.bô *s.m.* **1** máquina, ger. de aspecto humano, capaz de agir e se mover **2** mecanismo comandado eletronicamente, capaz de substituir o homem em certas operações ☞ cf. *androide* **3** *fig.* pessoa que age mecanicamente ~ **robótico** *adj.*

ro.bó.ti.ca *s.f.* ciência e técnica de concepção, construção e utilização de robôs

ro.bo.ti.zar *v.* {mod. 1} *t.d.* **1** usar robôs em □ *t.d. e pron.* *fig.* **2** (fazer) agir como um robô ~ **robotização** *s.f.*

R

ro.bus.te.cer *v.* {mod. 8} *t.d.,int. e pron.* **1** tornar(-se) robusto; fortalecer(-se) **2** *fig.* (fazer) crescer em dignidade; engrandecer(-se) *<atos que robustecem um homem> <seus ideais robusteceram(-se)>* □ *t.d. fig.* **3** confirmar, corroborar *<r. uma afirmação>*

ro.bus.tez /ê/ [pl.: *-es*] *s.f.* **1** característica do que é robusto, vigoroso; força **2** caráter do que é sólido, firme; dureza, solidez **3** firmeza (nos atos, nas opiniões); arrojo, energia

ro.bus.to *adj.* **1** de constituição física forte; vigoroso **2** que tem saúde; sadio **3** duro, rijo

ro.ca *s.f.* haste de madeira na qual se enrola o linho, o algodão etc. a ser fiado

ro.ça *s.f.* **1** terreno de lavoura; plantação **2** a zona rural, o campo

ro.ça.do *adj.* **1** cortado, desbastado (diz-se de vegetação) ■ *adj.s.m.* **2** (o) que foi desbastado ou queimado como preparo para o cultivo (diz-se de terreno) ■ *s.m.* **3** pequena lavoura; roça **4** plantação de mandioca; mandiocal **5** local de vegetação rasteira ou sem vegetação

ro.cam.bo.le *s.m.* CUL pão de ló fino recheado e enrolado sobre si mesmo

ro.cam.bo.les.co /ê/ *adj.* que é cheio de peripécias e imprevistos

ro.çar *v.* {mod. 1} *t.d.,t.i. e int.* **1** (prep. *em*) passar, deslizar delicadamente por *<o cabelo roçava o ombro> <sua roupa lhe roçava> <a cortina roça no chão>* □ *t.d.* **2** ter fricção ou pequeno atrito com; raspar *<roçou a perna no muro>* **3** gastar por atrito; desgastar *<r. os sapatos>* **4** passar ou estar rente a; raspar *<a flecha roçou o tronco da árvore>* **5** cortar mato, arbustos de (terreno), esp. com foice

ro.cei.ro *adj.s.m.* **1** que(m) mora na zona rural **2** que(m) trabalha na roça ('terreno')

ro.cha *s.f.* **1** massa mineral que apresenta estrutura e composição únicas **2** pedra, penhasco **3** *fig.* o que é sólido, firme

ro.che.do /ê/ *s.m.* rocha grande, alta e escarpada

ro.cho.so /ô/ [pl.: /ó/; fem.: /ó/] *adj.* **1** relativo a rocha **2** em que há rochas

ro.ci.o *s.m.* MET orvalho ☞ cf. *rossio*

rock and roll [ing.] *loc.subst.* MÚS **1** ritmo musical de origem americana, ger. executado por instrumentos eletricamente amplificados **2** dança que acompanha esse ritmo ◉ GRAM/USO essa loc. não se usa no plural ⇒ pronuncia-se róquenrol

ro.co.có *s.m.* ART.PLÁST **1** estilo decorativo desenvolvido no séc. XVIII, derivado do barroco e caracterizado pelo intenso uso de formas curvas e assimétricas, e muitos ornamentos ■ *adj.2g.* **2** que pertence ou se assemelha a esse estilo **3** *p.ext. pej.* que está fora de uso; antiquado **4** *p.ext. pej.* excessivamente enfeitado

ro.da *s.f.* **1** peça circular que gira em torno de um eixo ou de seu centro **2** objeto circular; anel, círculo **3** grupo de pessoas dispostas em círculo **4** RECR brincadeira em que as crianças se dão as mãos formando um círculo e giram ao som de cantigas **5** grupo de pessoas com interesses afins

ro.da.da *s.f.* **1** movimento inteiro de qualquer roda **2** ato de se mover em torno de seu eixo ou o seu efeito; giro **3** *B* conjunto de ações, providências etc.; série **4** ESP *B* série de partidas de um campeonato **5** *B* cada uma das vezes que se serve bebida a um grupo que bebe junto

ro.da.gem [pl.: *-ens*] *s.f.* **1** ação ou efeito de rodar **2** conjunto das rodas de uma máquina **3** *B* soma de quilômetros rodados; quilometragem

ro.da-gi.gan.te [pl.: *rodas-gigantes*] *s.f.* RECR *B* brinquedo de parques de diversões formado de duas grandes rodas verticais, paralelas e suspensas que giram em torno do mesmo eixo e sustentam, entre si, bancos oscilantes para duas ou mais pessoas

ro.da.mo.i.nho *s.m.* **1** movimento rápido e espiralado, que ocorre em águas, da superfície para o fundo; redemoinho, remoinho **2** rajada de vento que se movimenta em círculos **3** mecha de cabelos e/ou pelos que crescem em espiral, em sentido contrário ao dos outros

ro.da.pé *s.m.* **1** CONSTR barra de madeira, mármore etc. colocada ao longo das paredes, na junção com o piso **2** GRÁF parte inferior de uma página impressa

ro.dar *v.* {mod. 1} *t.d. e int.* **1** (fazer) mover-se em volta de um eixo; circular *<o rapaz rodava o pandeiro no dedo> <estes pneus rodam bem na chuva>* **2** *B* percorrer (um veículo) [certa distância, trajeto] *<a van rodou muitos quilômetros> <caminhões não podem r. nesta ponte>* □ *t.d.* **3** andar em volta de; contornar *<r. uma praça>* **4** fazer viagem, passeio por; visitar *<a caravana rodou todo o Brasil>* **5** reproduzir (figura, texto etc.) por meio de molde ou matriz; imprimir *<já estou terminando de r. as apostilas>* **6** registrar em filme; filmar, gravar *<r. um longa-metragem>* **7** *B* em informática, processar (rotina, programa); executar □ *int.* **8** *infrm.* andar, caminhar **9** *B gír.* ser expulso ou excluído

ro.da-vi.va [pl.: *rodas-vivas*] *s.f.* **1** movimento incessante; agitação **2** barafunda; confusão

ro.de.ar *v.* {mod. 5} *t.d.* **1** andar, movimentar-se em volta de; contornar *<a Lua rodeia a Terra>* **2** localizar-se, ficar em volta de; cercar *<seguimos pela estrada que rodeia o açude>* **3** afastar-se, desviar-se de (obstáculo, dificuldade etc.) **4** *p.ext.* ter convivência com, fazer companhia a; cercar *<ele é bondoso com todos que o rodeiam>* □ *pron.* **5** (prep. *de*) estar acompanhado de; cercar-se *<r.-se de pessoas honestas>* ~ **rodeamento** *s.m.*

ro.dei.o *s.m.* **1** volta ao redor de algo **2** *fig.* desculpa, subterfúgio *<falar sem rodeios>* ☞ mais us. no pl. **3** competição e exibição de [1]peões que montam em cavalos e bois não domesticados

ro.de.la *s.f.* **1** fatia redonda **2** pequeno objeto de forma circular

ro.di.lha *s.f.* rosca de pano us. para apoiar carga transportada na cabeça

ró.dio *s.m.* QUÍM elemento químico us. em ligas com platina, em refletores de luz, contatos elétricos, joalheria etc. [símb.: *Rh*] ☞ cf. *tabela periódica* (no fim do dicionário)

ro.dí.zio *s.m.* **1** artefato dotado de esferas que se fixa sob objetos móveis para facilitar deslocá-los **2** *fig.* revezamento em certas funções ou atividades **3** *fig.* alternância de pessoas, fatos, situações etc. **4** sistema de serviço em que, por um preço fixo, o freguês come à vontade as especialidades da casa ☞ nesta acp., tb. us. como adj.

ro.do /ô/ *s.m.* **1** enxada com base de madeira para juntar cereais **2** *p.ext.* vassoura de cabo longo com uma faixa de borracha na base, us. para puxar água ▣ **a r.** em grande quantidade

ro.do.fí.cea *s.f.* BOT espécime das rodofíceas, classe de algas dos mares tropicais e subtropicais, de coloração avermelhada, que cresce sobre rochas ou outras algas, e serve de alimento ou na formação de recifes; alga vermelha

ro.dó.fi.ta *s.f.* BOT espécime das rodófitas, divisão de algas, considerada por alguns autores como a classe das rodofíceas

ro.do.lo.gi.a *s.f.* BOT estudo das rosas

ro.do.pi.ar *v.* {mod. 1} *int.* **1** dar muitas voltas, girar muito **2** andar ou correr movendo-se em espiral

ro.do.pi.o *s.m.* **1** giro contínuo **2** rotação em torno de um eixo

ro.do.vi.a *s.f.* via destinada ao tráfego de veículos que se movem sobre rodas

ro.do.vi.á.ria *s.f.* estação de embarque e desembarque de passageiros de ônibus

ro.do.vi.á.rio *adj.* **1** relativo a rodovia ■ *adj.s.m.* **2** que(m) é empregado de empresa de ônibus

ro.e.dor /ô/ [pl.: *-es*] *adj.* **1** que rói ■ *s.m.* ZOO **2** espécime dos roedores, ordem de mamíferos como ratos, preás, esquilos etc., ger. herbívoros, com um par de dentes incisivos de crescimento contínuo em cada maxilar e membros posteriores ger. maiores que os anteriores

roent.gê.nio /rentguênio/ *s.m.* QUÍM elemento químico sintético radioativo [símb.: *Rg*] ☞ cf. *tabela periódica* (no fim do dicionário)

ro.er *v.* {mod. 9} *t.d. e int.* **1** cortar ou triturar com os dentes *<r. as unhas> <o cachorrinho não para de r.>* ☐ *t.d.* **2** destruir de modo lento e contínuo; corroer *<a ferrugem roeu a lataria do carro>* **3** devorar em pequenos pedaços e continuamente *<as hienas roíam a carcaça>* ☐ *t.d. e pron. fig.* **4** (fazer) sentir sofrimento, inquietação, por raiva, ciúme etc.; atormentar(-se) *<a saudade rói o coração> <r.-se de inveja>* ~ **roído** *adj.*

ro.gar *v.* {mod. 1} *t.d.,t.i. e t.d.i.* (prep. *a*) pedir com insistência e humildade; suplicar *<roga que o perdoem> <r. pelos filhos com fé> <r. ao santo que ilumine os caminhos>* ~ **rogação** *s.f.* - **rogatório** *adj.*

ro.ga.ti.va *s.f.* súplica

ro.go /ô/ [pl.: /ó/] *s.m.* **1** súplica **2** prece

ro.jão [pl.: *-ões*] *s.m.* **1** cartucho com pólvora que estoura no ar; foguete **2** *fig. B infrm.* ritmo intenso de vida, de atividade

ro.jar *v.* {mod. 1} *t.d.* **1** puxar fazendo deslizar por uma superfície; arrastar *<os condenados rojavam correntes pelo chão>* ☐ *int. e pron.* **2** deslizar pelo solo; rastejar, arrastar-se *<os répteis rojam(-se) na terra>* ☐ *t.d. e t.d.i.* **3** (prep. *a*, *em*) atirar longe, com força; arremessar *<r. a bola> <r. pedras nas latas>*

rol [pl.: *róis*] *s.m.* relação, lista

ro.la /ô/ *s.f.* **1** ZOO ave pequena de cor ger. de telha, semelhante ao pombo; rolinha **2** *N. N.E. MG RJ gros.* pênis

ro.la.gem [pl.: *-ens*] *s.f.* **1** movimento do que rola **2** *fig. B* adiamento de pagamento (de dívida)

ro.la.men.to *s.m.* **1** mecanismo com pequenas esferas de aço, colocadas em anéis, que reduzem o atrito e facilitam a rotação de uma peça **2** fluxo de tráfego

ro.lar *v.* {mod. 1} *t.d.* **1** fazer girar; rodar **2** *fig. B* adiar pagamento de (dívida, empréstimo), ger. marcando nova data de vencimento ☐ *t.d. e int.* **3** (fazer) avançar ou cair dando voltas sobre si mesmo *<r. barricas morro abaixo> <as contas do colar rolaram pelo chão>* ☐ *int.* **4** escorrer, fluir (líquido) **5** mover-se com inquietude; remexer-se **6** *B gír.* acontecer, ocorrer, realizar-se *<rolou festa ontem>* ~ **rolador** *adj.s.m.*

rol.da.na *s.f.* mecanismo composto por um disco com uma ranhura na periferia, pela qual passa um cabo, corda ou corrente que o faz girar, ger. us. para levantar pesos

rol.dão [pl.: *-ões*] *s.m.* **1** falta de ordem; confusão **2** lançamento com força para longe ▣ **de r.** em meio a agitação confusa; impetuosamente

ro.le.ta /ê/ *s.f.* **1** borboleta ('dispositivo') **2** jogo de azar em que o número premiado é indicado pela parada de uma pequena bola em uma das casas numeradas de uma roda que gira **3** essa roda

ro.le.te /ê/ *s.m.* **1** parte compreendida entre dois nós do caule da cana **2** *B* rodela de cana-de-açúcar descascada

ro.lha /ô/ *s.f.* objeto roliço de cortiça, plástico etc. us. para tampar garrafas

ro.li.ço *adj.* **1** que tem forma cilíndrica **2** de formas arredondadas

ro.li.mã *s.m.* **1** rolamento **2** *p.ext.* RECR carrinho composto de uma tábua de madeira sobre rodinhas com rolamentos

ro.li.nha *s.f.* ZOO rola

ro.lo /ô/ *s.m.* **1** qualquer objeto de forma cilíndrica e alongada **2** cilindro us. para estender massas de pastéis, empadas etc. **3** *fig. B infrm.* confusão, situação indefinida

ROM [ing.] *s.m.* INF tipo de circuito integrado capaz de preservar os dados, mesmo quando não alimentado com eletricidade, mas cujo conteúdo não pode ser alterado pelo usuário; memória permanente

ro.mã *s.f.* BOT fruta com numerosas sementes envoltas em polpa rósea agridoce

R

ro.man.ce *s.m.* **1** LIT narrativa em prosa, mais longa que a novela, que versa sobre personagens imaginários dados como reais, descrevendo sua psicologia, suas aventuras, seu destino ☞ cf. *fábula* e *conto* **2** *p. ext.* descrição marcada pelo exagero ou pela fantasia **3** *B* caso amoroso; namoro ◉ GRAM/USO dim.irreg.: *romancete*

ro.man.ce.ar *v.* {mod. 5} *t.d.* **1** narrar em forma de romance **2** *p.ext.* dar forma agradável a ☐ *int. p.ext.* **3** contar, criar fatos, histórias inverossímeis; fantasiar

ro.man.cis.ta *adj.2g.s.2g.* que(m) escreve romances

ro.ma.nes.co /ê/ *adj.* referente a romance

ro.mâ.ni.co *adj.s.m.* **1** (período, arquitetura, estilo) dos séc. XI e XII na Europa, caracterizado por arcos, abóbadas e ricas ornamentações **2** LING (família de línguas) que derivou do latim **3** LING (cada língua) que derivou do latim vulgar e acabou por gerar as línguas ditas neolatinas modernas (português, francês, espanhol etc.)

ro.ma.no *adj.* **1** relativo a Roma, Itália ■ *s.m.* **2** natural ou habitante dessa capital

ro.mân.ti.co *adj.* **1** relativo ao romantismo **2** *fig.* lírico, poético; apaixonado **3** *fig. pej.* sentimental demais; meloso

ro.man.tis.mo *s.m.* **1** atitude, ideais, sentimentos românticos **2** movimento artístico do final do séc. XVIII que cultua o subjetivismo, o sentimento, a imaginação, os temas nacionais e populares ☞ inicial freq. maiúsc.

ro.man.ti.zar *v.* {mod. 1} *t.d.* **1** contar em forma de romance; romancear ☐ *int.* **2** contar, criar fatos, histórias inverossímeis; fantasiar ☐ *t.d.,int. e pron.* **3** (fazer) ter feição, aspecto românticos *<José de Alencar romantizou o índio brasileiro> <o amor leva as pessoas a (se) romantizarem>* ~ **romantização** *s.f.*

ro.ma.ri.a *s.f.* **1** peregrinação religiosa **2** *p.ext.* multidão que se dirige a determinado lugar

ro.mã.zei.ra *s.f.* BOT árvore da romã

[1]**rom.bo** *s.m.* **1** grande abertura, buraco **2** *fig.* desfalque ('desvio'), prejuízo [ORIGEM: desc.]

[2]**rom.bo** *adj.* **1** cuja ponta é arredondada; obtuso **2** *fig.* pouco sutil; estúpido ■ *s.m.* GEOM **3** losango [ORIGEM: do lat. *rhŏmbus,i* 'losango']

rom.boi.de /ói/ *s.m.* GEOM **1** paralelogramo ■ *adj.2g.* **2** que tem a forma de losango

rom.bu.do *adj.* **1** que não tem ou perdeu a ponta **2** *fig.* pouco esperto; rombo

ro.mei.ro *s.m.* quem segue em romaria; peregrino

rom.pan.te *adj.2g.* **1** arrogante, presunçoso **2** precipitado, imprudente ■ *s.m.* **3** reação impulsiva; ímpeto

rom.per *v.* {mod. 8} *t.d.* **1** criar abertura ou passagem à força, rasgando, partindo, quebrando etc.; arrombar, dilacerar **2** fazer desaparecer; afastar, eliminar **3** *fig.* extinguir ou desrespeitar (testamento, contrato, compromisso etc.) ☐ *t.d. e pron.* **4** fazer(-se) em pedaços; quebrar(-se) **5** separar(-se) em partes, com violência; arrebentar **6** (fazer) parar por um tempo; interromper(-se) ☐ *int.* **7** ter início; começar, surgir ☐ *t.i.* **8** (prep. *em*) aparecer de repente; irromper *<r. em lágrimas>* ☐ *t.i. e int.* **9** (prep. *com*) desfazer ligação amorosa ou de amizade; terminar *<r. com o falso amigo> <eles romperam sem ressentimentos>* ◉ GRAM/USO **a)** part.: *rompido*, *roto*; **b)** tb. é empr. como v.aux., com a prep. *a* mais o inf. de outro verbo, para indicar a ideia de 'início da ação': *o sapo rompeu a coaxar* ~ **rompedor** *adj.s.m.*

rom.pi.men.to *s.m.* **1** fenda ou buraco em superfície **2** interrupção de algo; suspensão

ron.car *v.* {mod. 1} *int.* **1** respirar com ruído durante o sono **2** produzir forte ruído; estrondear **3** produzir ruído surdo e contínuo ~ **roncador** *adj.s.m.* - **roncadura** *s.f.*

ron.cei.ro *adj.* **1** que se movimenta lentamente; vagaroso **2** que tem pouca energia; preguiçoso

ron.cha *s.f.* *N.E.* mancha roxa

ron.co *s.m.* **1** ruído áspero e grave da respiração de certas pessoas durante o sono **2** *p.ext.* som cavernoso, rouco, contínuo

ron.da *s.f.* **1** visita, inspeção para a verificação da ordem, da segurança de algo **2** serviço de vigilância noturna **3** *p.ext.* indivíduo ou grupo de indivíduos que fazem esse serviço

ron.dar *v.* {mod. 1} *t.d. e int.* **1** percorrer (lugar) vigiando; patrulhar ☐ *t.d.* **2** observar em segredo; espreitar **3** andar ao redor ou nas proximidades de; rodear **4** *fig.* estar junto de; aproximar-se ~ **rondante** *adj.2g.s.2g.*

ron.do.ni.a.no *adj.* **1** de Rondônia ■ *s.m.* **2** natural ou habitante desse estado

[1]**ron.do.ni.en.se** *adj.2g.s.2g.* rondoniano [ORIGEM: top. *Rondônia* (estado) + *-ense*]

[2]**ron.do.ni.en.se** *adj.2g.* **1** do distrito de Rondônia, no município de Porto Velho RO ■ *s.2g.* **2** natural ou habitante desse distrito [ORIGEM: top. distrito de *Rondônia* RO + *-ense*]

ron.quei.ra *s.f.* ruído provocado pela respiração difícil

ron.ro.nar *v.* {mod. 1} *int.* fazer (o gato) ruído contínuo com a garganta ◉ GRAM/USO só us. nas 3as p., exceto quando fig.

[1]**ro.que** *s.m.* RECR no jogo de xadrez, movimento combinado do rei e uma das torres [ORIGEM: duv., talvez do fr. antigo *roc* 'torre'] ~ **rocar** *v.int.*

[2]**ro.que** *s.m.* MÚS *rock and roll* [ORIGEM: aport. do ing. *rock*]

ro.quei.ro *adj.s.m.* que(m) compõe e/ou executa *rock and roll*

ror /ô/ [pl.: *-es*] *s.m.* *infrm.* grande quantidade de coisas ou pessoas

ro.rai.men.se *adj.2g.* **1** de Roraima ■ *s.2g.* **2** natural ou habitante desse estado

ro.re.jar *v.* {mod. 1} *t.d. e int.* banhar ou brotar gota a gota (orvalho, suor etc.) ~ **rorejante** *adj.2g.*

ro.sa *s.f.* BOT **1** a flor da roseira ■ *s.m.2n.* **2** cor-de--rosa ■ *adj.2g.2n.* **3** dessa cor **4** diz-se dessa cor ▼ *rosas s.f.pl.* **5** alegria, felicidade

[1]ro.sá.cea *s.f.* **1** ornato em forma de rosa **2** vitral de igreja com essa forma [ORIGEM: do lat. *rosacĕus,a,um* 'de rosa, feito de rosas']

[2]ro.sá.cea *s.f.* BOT espécime das rosáceas, família que inclui árvores, arbustos e ervas que possuem flores ornamentais [ORIGEM: do lat.cien. *Rosaceae*]

ro.sa-cho.que [pl.: *rosas-choque*] *s.m.* **1** cor-de-rosa muito vivo ■ *adj.2g.2n.* **2** diz-se dessa cor *<a cor r.>* **3** que tem essa cor

ro.sa-cruz [pl.: *rosa-cruzes*] *adj.2g.s.2g.* (membro) de fraternidade esotérica que tem como emblema a rosa e a cruz ~ **rosa-cruzista** *adj.2g.s.2g.*

ro.sa.do *adj.* **1** de tom levemente rosa; róseo **2** corado, enrubescido

ro.sa dos ven.tos [pl.: *rosas dos ventos*] *s.f.* gráfico circular que mostra as direções da esfera celeste marcadas pelos pontos cardeais

ro.sá.rio *s.m.* **1** REL cordão de contas que correspondem a 15 dezenas de ave-marias e 15 pai-nossos **2** REL a reza em que se utiliza esse objeto **3** *fig.* enfiada, série

ros.bi.fe *s.m.* CUL assado de carne bovina, tostado por fora e sangrento por dentro

ros.ca /ô/ *s.f.* **1** espiral de parafuso, porca, extremidades de tubos etc. **2** pão, bolo, biscoito em forma de argola retorcida

ros.car *v.* {mod. 1} *t.d.* **1** dotar de roscas (pino, parafuso etc.); rosquear **2** aparafusar, atarraxar

ro.sei.ra *s.f.* BOT arbusto da família das rosáceas, cultivado como ornamental ◉ COL roseiral, rosal

ró.seo *adj.* **1** relativo a rosa ('flor') **2** rosado

ro.se.ta /ê/ *s.f.* **1** qualquer objeto que se assemelhe a uma pequena rosa **2** parte móvel da espora, em forma de roda dentada

ro.si.lho *adj.s.m.* (cavalo) que tem o pelo avermelhado entremeado de branco

ros.ma.ni.nho *s.m.* BOT **1** arbusto nativo do Mediterrâneo cultivado por suas flores perfumadas, us. em sachês e para a extração de essências **2** alecrim

ros.nar *v.* {mod. 1} *int.* **1** emitir (cães, lobos etc.) som surdo, diferente do latido, mostrando os dentes, ger. em sinal de ameaça ☞ nesta acp., só us. nas 3as p., exceto quando fig. □ *t.d. e int.* **2** dizer em voz baixa, de forma confusa, ger. com mau humor; resmungar *<r. ofensas>* *<arrumou a cama rosnando>*

ros.que.ar *v.* {mod. 5} *t.d.* roscar ('dotar de roscas')

ros.si.o *s.m.* praça grande ☞ cf. *rocio*

ros.to /ô/ *s.m.* **1** ANAT parte anterior da cabeça; cara, face **2** *fig.* expressão do semblante; fisionomia **3** *p.ext.* a parte da frente de algo

ros.tro /ó/ *s.m.* **1** ZOO extensão saliente da cabeça de alguns insetos **2** BOT prolongamento pontiagudo presente em diversos órgãos vegetais **3** ANAT estrutura anatômica semelhante a um bico

ro.ta *s.f.* caminho, trajetória a ser percorrida ou a percorrer

ro.ta.ção [pl.: *-ões*] *s.f.* movimento giratório em torno de um ponto central ▣ **r. da Terra** movimento que a Terra executa em 23 horas e 56 minutos e que dá origem ao dia e à noite ☞ cf. *translação da Terra*

ro.ta.ti.va *s.f.* GRÁF máquina impressora composta de dois cilindros que são pressionados um contra o outro enquanto giram

ro.ta.ti.vo *adj.* **1** m.q. *rotatório* **2** feito em rodízio, em revezamento *<estacionamento r.>* ~ **rotatividade** *s.f.*

ro.ta.tó.ria *s.f.* via circular de mão única para onde convergem várias outras vias; balão ('local')

ro.ta.tó.rio *adj.* **1** relativo a rotação **2** que gira ou faz girar; rotativo *<movimento r.>*

ro.ta.ví.rus *s.m.2n.* BIO grupo de vírus, que possuem forma de roda, causadores da gastrenterite infantil aguda e de diarreia em animais e crianças

ro.tei.ris.ta *adj.2g.s.2g.* que(m) escreve roteiros para cinema, televisão etc.

ro.tei.ro *s.m.* **1** itinerário ou descrição minuciosa de viagem **2** relação de tópicos a serem abordados em trabalho, discussão etc. **3** texto que contém diálogos, planos, cenários de filmes, programas de televisão etc.; *script* ~ **roteirização** *s.f.* - **roteirizar** *v.t.d.*

ro.ti.na *s.f.* **1** prática constante e mecânica de repetir certas ações *<r. de trabalho>* **2** procedimento ou acontecimento habitual, trivial **3** série de instruções que se deve seguir para realizar uma tarefa

ro.ti.nei.ro *adj.* **1** relativo a rotina ('procedimento') **2** que acontece habitualmente

ro.to /ô/ *adj.* **1** que se rompeu *<saco r.>* ■ *adj.s.m.* **2** que(m) veste roupa esfarrapada; maltrapilho ◉ GRAM/USO part. de *romper*

ro.tor /ô/ [pl.: *-es*] *s.m.* parte giratória de uma máquina ou motor, esp. elétrico

ró.tu.la *s.f.* **1** ANAT ver *patela* **2** gelosia

ro.tu.lar *v.* {mod. 1} *t.d.* **1** fixar rótulo, etiqueta, adesivo em **2** ser usado como rótulo em *<papel que rotula uma poção>* □ *t.d.,t.d.pred. e pron. fig.* **3** (prep. *de*) atribuir(-se) [qualidade, defeito] com simplismo ou impropriedade *<tem o costume de r. as pessoas>* *<r. a desconhecida de leviana>* *<costuma r.-se de charmoso>* ~ **rotulação** *s.f.*

ró.tu.lo *s.m.* impresso afixado sobre uma embalagem que nomeia, descreve ou dá informações sobre seu conteúdo

ro.tun.da *s.f.* **1** ARQ construção circular, ger. com uma cúpula no teto **2** praça circular em que desembocam várias ruas ou avenidas **3** cortina, ger. preta, que cobre o fundo do palco de teatro

ro.tun.do *adj.* redondo, esférico ~ **rotundidade** *s.f.*

rou.ba.da *s.f.* *B gír.* mau negócio; furada

rou.ba.lhei.ra *s.f.* **1** roubo de bens que pertencem ao Estado, a uma organização ou empresa **2** *infrm.* roubo escandaloso e em grandes proporções

R

rou.bar *v.* {mod. 1} *t.d.,t.d.i.,t.i. e int.* **1** (prep. *a, de*) privar (alguém) da posse de (algo) com fraude, engodo, violência ou ameaça; tomar *<r. um livro ao dono> <rouba aos fregueses> <tem o hábito de r.>* ☐ *t.d. e t.d.i.* **2** (prep. *a, de*) deixar sem (um bem, um direito etc.); destituir, privar *<alguém roubou meu bombom!> <o trabalho rouba-lhe muito tempo>* **3** *fig.* (prep. *a, de*) causar dano ou destruição a; consumir *<preocupações que roubam energia> <a idade rouba-nos a agilidade>* **4** (prep. *de*) retirar de (família, grupo etc.), de modo violento ou desonesto; raptar *<roubaram (da creche) dois bebês>* **5** (prep. *a*) fazer (agrado, afago) em (alguém) sem consentimento *<r. um beijo (à moça)>* ☐ *t.i.* **6** (prep. *em*) enganar quanto a (qualidade ou quantidade) *<r. no peso>*

rou.bo *s.m.* **1** apropriação indevida de algo que pertence a outra pessoa, esp. por meio de violência ou grave ameaça **2** aquilo que foi roubado

rou.co *adj.* que apresenta rouquidão

rou.fe.nho *adj.* **1** fanhoso **2** que tem som áspero, rouco

round [ing.; pl.: *rounds*] *s.m.* ESP período de tempo em que se divide uma luta (de boxe, p.ex.) ⇒ pronuncia-se raund

rou.pa *s.f.* **1** peça moldada, ger. em pano, us. para cobrir o corpo; indumentária, vestimenta, traje **2** denominação de algumas peças de tecido de uso doméstico *<r. de cama>* ◉ COL roupagem, enxoval

rou.pa.gem [pl.: *-ens*] *s.f.* **1** conjunto de roupas **2** *fig.* aspecto exterior; aparência

rou.pão [pl.: *-ões*] *s.m.* VEST veste aberta na frente, us. ger. sobre a roupa de dormir; chambre, robe

rou.pa.ri.a *s.f.* **1** grande quantidade de roupas **2** local onde se guardam roupas

rou.pei.ro *s.m.* **1** encarregado da rouparia de hospitais, internatos etc. **2** *B* móvel em que se guardam roupas

rou.pe.ta /ê/ *s.f.* batina

rou.qui.dão [pl.: *-ões*] *s.f.* alteração na voz que a torna mais grave e áspera

rou.xi.nol [pl.: *-óis*] *s.m.* ZOO ave de canto melodioso emitido pelos machos à noite e durante o período reprodutivo

ro.xo /ô/ *s.m.* **1** cor resultante da mistura entre o vermelho e o azul ■ *adj.* **2** que tem essa cor **3** diz-se dessa cor

royalty [ing.; pl.: *royalties*] *s.m.* ECON parte do lucro ou comissão paga ao detentor de uma patente, concessão etc. ⇒ pronuncia-se róialti

RPG *s.f.* sigla de *reeducação postural global*

RR sigla do Estado de Roraima

RS sigla do Estado do Rio Grande do Sul

Ru QUÍM símbolo de *rutênio*

ru.a *s.f.* passagem pública urbana para o trânsito de veículos e/ou pessoas

ru.bé.o.la *s.f.* MED doença viral contagiosa que provoca pequenas erupções na pele; pode produzir deformações no feto e aborto em mulheres grávidas

ru.bi *s.m.* **1** pedra preciosa de cor vermelho-escura **2** vermelho-escuro como essa pedra ■ *adj.2g.2n.* **3** que tem a cor dessa pedra **4** diz-se dessa cor

ru.bi.á.cea *s.f.* BOT espécime das rubiáceas, família que agrupa diversas árvores, arbustos, ervas, cultivadas por suas propriedades estimulantes

ru.bi.á.ceo *adj.* relativo às rubiáceas

ru.bí.dio *s.m.* QUÍM elemento químico us. em semicondutores, células fotoelétricas, tubos de alto vácuo etc. [símb.: *Rb*] ☞ cf. *tabela periódica* (no fim do dicionário)

ru.bi.gi.no.so /ô/ [pl.: /ó/; fem.: /ó/] *adj.* **1** revestido por ferrugem; enferrujado, oxidado **2** de cor vermelho-alaranjada, como a ferrugem

ru.bor /ô/ [pl.: *-es*] *s.m.* **1** a cor vermelha e suas variações **2** vermelhidão no rosto causada por vergonha, febre etc.

ru.bo.ri.zar *v.* {mod. 1} *t.d.,int. e pron.* **1** tornar(-se) rubro; avermelhar(-se) **2** (fazer) ficar com a face vermelha, por timidez, indignação etc. ~ **ruborização** *s.f.*

ru.bri.ca *s.f.* assinatura abreviada

ru.bri.car *v.* {mod. 1} *t.d.* **1** pôr rubrica ('assinatura') em (texto, documento etc.) **2** *p.ext.* colocar marca, sinal em; assinalar

ru.bro *s.m.* **1** vermelho muito intenso, como o sangue ■ *adj.* **2** que tem essa cor **3** diz-se dessa cor

ru.bro-ne.gro [pl.: *rubro-negros*] *adj.* **1** que é vermelho e preto ou que tem essas cores **2** ESP referente a um clube ou time cujas cores são vermelho e preto ■ *adj.s.m.* **3** ESP *B* torcedor ou jogador de um desses clubes ou times

ru.ço *adj.* **1** pardo claro **2** com cabelos e/ou pelos grisalhos **3** *B* desbotado pelo uso; surrado ■ *adj.s.m.* **4** que(m) tem cabelo louro ou castanho muito claro ~ **ruçar** *v.t.d.,int. e pron.*

rú.cu.la *s.f.* BOT verdura comestível, de sabor meio picante, da mesma família da couve e do repolho, muito apreciada em saladas

ru.de *adj.2g.* **1** não cultivado, lavrado **2** desprovido de delicadeza; grosseiro **3** feito sem minúcia; pouco elaborado ~ **rudeza** *s.f.*

ru.di.men.tar [pl.: *-es*] *adj.2g.* **1** básico, elementar **2** pouco desenvolvido ou aperfeiçoado

ru.di.men.to *s.m.* **1** estrutura inicial; origem **2** elemento básico **3** conjunto das noções básicas de qualquer ciência ou arte ☞ mais us. no pl.

ru.ei.ro *adj.* **1** relativo a rua ■ *adj.s.m.* **2** que(m) gosta de andar pelas ruas

ru.far *v.* {mod. 1} *t.d. e int.* (fazer) soar (tambor, viola) com toques rápidos e alternados

ru.fi.ão [pl.: *-ões*] *s.m.* **1** quem vive de explorar prostitutas **2** indivíduo brigão

ru.flar *v.* {mod. 1} *int.* **1** mover-se com rumor semelhante ao da ave a bater as asas ☐ *t.d.* **2** agitar (asas) para levantar voo **3** fazer tremular; agitar

ru.fo *s.m.* **1** toque de tambor com alternância rápida das baquetas **2** *p.ext.* qualquer som semelhante ao do tambor assim tocado

ru.ga *s.f.* **1** vinco, sulco que se forma na pele **2** prega ou elevação em qualquer superfície

rúg.bi *s.m.* ver ***RUGBY***

rugby [ing.] *s.m.* ESP jogo em que duas equipes se enfrentam, usando as mãos e os pés, para levar a bola oval até a linha de fundo adversária ou entre as traves da meta ⇒ pronuncia-se râgbi

ru.ge *s.m.* cosmético ger. vermelho us. para dar cor às maçãs do rosto

ru.gi.do *s.m.* **1** a voz de grandes felinos selvagens, como o leão, tigre etc.; urro **2** *p.ext.* som cavernoso semelhante ao urro dos felinos

ru.gir *v.* {mod. 24} *int.* **1** emitir rugidos (felinos); urrar ☞ nesta acp., só us. nas 3as p., exceto quando fig. **2** fazer som semelhante a esse □ *t.d. e int.* **3** arrastar pelo chão com ruído; ruflar

ru.go.so /ô/ [pl.: /ó/; fem.: /ó/] *adj.* que tem rugas ~ **rugosidade** *s.f.*

ru.í.do *s.m.* **1** som confuso, indistinto **2** *fig.* notícia, ger. infundada, que se espalha rapidamente **3** TEL qualquer distúrbio que ocasiona perda de informação na transmissão de uma mensagem

rui.do.so /ô/ [pl.: /ó/; fem.: /ó/] *adj.* **1** que causa ou produz ruído **2** em que há ruído

ru.im [pl.: *ruins*] *adj.2g.* **1** que não faz bem, que prejudica **2** que faz crueldades; mau, perverso **3** de má qualidade **4** com defeito; imperfeito **5** que causa sensação desagradável ~ **ruindade** *s.f.*

ru.í.na *s.f.* **1** ação de ruir **2** o que restou de uma construção desmoronada ☞ tb. us. no pl. **3** *fig.* decadência moral ou material **4** colapso total; derrocada

rui.no.so /ô/ [pl.: /ó/; fem.: /ó/] *adj.* **1** que está em ruínas ou prestes a desmoronar **2** que acarreta perda, prejuízo ou destruição

ru.ir *v.* {mod. 24} *int.* **1** cair com ímpeto e rapidez; desmoronar **2** *fig.* desfazer-se, frustrar-se ◉ GRAM/USO verbo defectivo

rui.vo *adj.* **1** de cor entre o amarelo e o vermelho ■ *s.m.* **2** indivíduo que tem o cabelo dessa cor

rum [pl.: *runs*] *s.m.* aguardente obtida por fermentação e destilação simples do caldo ou do melaço da cana-de-açúcar, e envelhecida em tonéis de carvalho

ru.ma *s.f.* grupo de coisas sobrepostas; pilha

ru.mar *v.* {mod. 1} *t.d.* **1** MAR (fazer) ir (embarcação) em certa direção; dirigir(-se) *<ele rumou o navio para o sul>* □ *int.* **2** pôr-se em direção a; ir *<r. para casa>*

rum.ba *s.f.* DNÇ MÚS música e dança popular cubana, de ritmo 2/4 ou 4/4, marcada por pronunciado movimento lateral de quadris no fim de cada tempo

ru.mi.nan.te *adj.2g.* **1** que rumina ■ *adj.2g.s.m.* ZOO **2** (espécime) dos ruminantes, subordem de mamíferos possuidores de estômago complexo, que permite que a comida já engolida retorne à boca para nova mastigação

ru.mi.nar *v.* {mod. 1} *t.d. e int.* **1** entre os ruminantes, mastigar de novo (alimento que do estômago volta à boca) **2** *fig.* pensar muito em; refletir ~ **ruminação** *s.f.*

ru.mo *s.m.* **1** cada direção indicada pelas pontas da rosa dos ventos **2** percurso a ser seguido para se chegar a determinado lugar; caminho, itinerário

ru.mor /ô/ [pl.: *-es*] *s.m.* **1** som indistinto e contínuo de muitas vozes; murmúrio **2** ruído surdo **3** boato

ru.mo.re.jar *v.* {mod. 1} *t.d. e int.* **1** produzir rumor (em) **2** dizer em voz baixa (segredo, confidência etc.); sussurrar ~ **rumorejante** *adj.2g.*

ru.mo.ro.so /ô/ [pl.: /ó/; fem.: /ó/] *adj.* **1** que produz ou causa rumor **2** que causa sensação ou grande repercussão

ru.olz [pl.: *-es*] *s.m.* liga de cor prateada composta de cobre, níquel e prata, us. em ourivesaria

ru.pes.tre *adj.2g.* **1** que vive nas rochas **2** construído ou gravado na rocha

rup.tu.ra *s.f.* **1** ação de romper(-se) ou o seu efeito; rompimento **2** interrupção da continuidade; corte

ru.ral [pl.: *-ais*] *adj.2g.* relativo ao ou próprio do campo; campestre

ru.ra.lis.mo *s.m.* **1** utilização de cenas do campo na arte **2** predomínio da vida e população do campo sobre as da cidade **3** encanto pela vida rural

ru.ra.lis.ta *adj.2g.s.2g.* **1** que(m) se dedica às questões do campo **2** que(m) representa os interesses dos proprietários rurais **3** adepto do ruralismo

ru.rí.co.la *adj.2g.s.2g.* *frm.* agricultor, camponês

rus.ga *s.f.* pequeno desentendimento entre duas pessoas

rus.gar *v.* {mod. 1} *int.* **1** entrar em desentendimento **2** falar em voz baixa, ger. com mau humor; resmungar

rus.guen.to *adj.* *B* **1** que se envolve muito em rusgas; briguento **2** que está sempre insatisfeito; implicante

rush [ing.] *s.m.* tráfego muito intenso, esp. em horários de entrada ou saída do trabalho; pique ◉ GRAM/USO esta pal. só é us. no singular, quando em frases da nossa língua ⇒ pronuncia-se râch

rús.ti.co *adj.* **1** campestre, rural **2** que nasce e cresce espontaneamente (planta) **3** sem acabamento; feito com simplicidade *<móveis r.>* ~ **rusticidade** *s.f.*

ru.tê.nio *s.m.* QUÍM elemento químico us. em catalisadores e em ligas muito resistentes à corrosão [símb.: *Ru*] ☞ cf. *tabela periódica* (no fim do dicionário)

ru.ther.fór.dio *s.m.* QUÍM elemento químico sintético [símb.: *Rf*] ☞ cf. *tabela periódica* (no fim do dicionário)

ru.ti.lan.te *adj.2g.* **1** cintilante, resplandecente, rútilo **2** cujo brilho ofusca; rútilo

ru.ti.lar *v.* {mod. 1} *t.d. e int.* **1** (fazer) brilhar intensamente; resplandecer □ *t.d. fig.* **2** lançar de si; emitir *<seu olhar rutila bondade>*

rú.ti.lo *adj.* rutilante

R

Ss

s *s.m.* **1** 19ª letra (consoante) do nosso alfabeto ■ *n.ord.* *(adj.2g.2n.)* **2** diz-se do 19º elemento de uma série *<item 4s>* ☞ empr. após um substantivo ou numeral ▲ **3** símbolo de [1]segundo ◉ GRAM/USO na acp. s.m., pl.: *ss*

S 1 símbolo de *sul* (na rosa dos ventos) **2** FÍS símbolo de *entropia* ('grandeza') **3** QUÍM símbolo de *enxofre*

S. abrev. de *sul* ('região')

sa.a.ri.a.no *adj.* **1** relativo ao deserto de Saara (norte da África) ■ *s.m.* **2** natural ou habitante dessa região

sa.bá *s.m.* **1** REL descanso religioso que os judeus devem observar no sábado **2** reunião de feiticeiros e bruxas, segundo crendice popular

sá.ba.do *s.m.* o sétimo dia da semana, a partir do domingo

sa.bão [pl.: *-ões*] *s.m.* **1** substância detergente us. com água para lavagem de roupas, superfícies, utensílios etc. **2** *infrm.* censura áspera; descompostura

sa.bá.ti.co *adj.* **1** relativo a sábado **2** relativo a sabá ('reunião') **3** em que se interrompe alguma atividade regular (diz-se de período, ano)

sa.ba.ti.na *s.f.* **1** recapitulação oral de matéria escolar através de perguntas e respostas **2** *fig.* matéria a discutir; tese, debate ~ **sabatinar** *v.t.d.*

sa.be.dor /ô/ [pl.: *-es*] *adj.s.m.* **1** que(m) sabe alguma coisa; ciente **2** que(m) tem profundo conhecimento de algo; sábio, erudito

sa.be.do.ri.a *s.f.* **1** capacidade de exercer influência pelo acúmulo de conhecimentos; erudição **2** experiência de vida; prudência e moderação ao agir

sa.ber *v.* {mod. 19} *t.d.,t.i. e int.* **1** (prep. *de*) ser, estar ou ficar informado, ciente de; conhecer □ *t.d.* **2** ter conhecimentos específicos, teóricos ou práticos **3** ter a certeza de (fatos presentes ou futuros); convencer-se, prever **4** ter força, mérito, meio, capacidade de *<soube cumprir a missão>* **5** poder explicar; compreender **6** ser capaz de; conseguir *<s. falar em público>* **7** guardar na memória; decorar □ *t.d.pred.* **8** ter como; julgar, considerar *<não o sabia desonesto>* □ *int.* **9** ter sabedoria *<s. muito>* ■ *s.m.* **10** soma de conhecimentos adquiridos; sabedoria, cultura **11** prudência e sensatez ao agir; experiência **12** capacidade resultante da experiência; prática ☞ como s.m., pl.: *-es*

sa.be-tu.do *s.2g.2n.* *infrm.* indivíduo que alardeia sabedoria; sabichão

sa.bi.á *s.2g.* ZOO *B* nome comum a pássaros muito comuns no Brasil e apreciados pela beleza do canto

sa.bi.chão [pl.: *-ões*; fem.: *sabichã* e *sabichona*] *adj.s.m.* **1** que(m) sabe muito **2** *joc.* que(m) julga saber muito ◉ GRAM/USO aum.irreg. pej. de *sábio*

sa.bi.do *adj.* **1** que se conhece; público ■ *adj.s.m.* **2** sabedor, conhecedor **3** *fig.* que(m) é prudente, astuto **4** *fig.* velhaco, esperto, trapaceiro

sá.bio *adj.s.m.* **1** que(m) tem extensos e profundos conhecimentos, esp. em dada especialidade; erudito **2** que(m) é sensato, prudente ◉ GRAM/USO sup.abs.sint.: *sapientíssimo*; aum.irreg. pej.: *sabichão*

sa.bo.a.ri.a *s.f.* local em que se fabrica ou vende sabão

sa.bo.ei.ro *s.m.* indivíduo que faz ou vende sabão

sa.bo.ne.te /ê/ *s.m.* sabão fino, ger. com aroma, us. na higiene pessoal

sa.bo.ne.tei.ra *s.f.* **1** recipiente para o sabonete **2** ANAT *infrm.* depressão acima da clavícula

sa.bor /ô/ [pl.: *-es*] *s.m.* **1** impressão que as substâncias doces, amargas e salgadas exercem sobre o órgão do paladar; gosto **2** propriedade que essas substâncias têm de produzir tal impressão; paladar, gosto **3** o sentido do paladar **4** *fig.* impressão física ou psicológica causada por algo **5** *fig.* traço distintivo; caráter, gênero *<música de s. latino>* ▣ **ao s. de** *loc.subst.* ao capricho de

sa.bo.re.ar *v.* {mod. 5} *t.d.* **1** dar sabor ou gosto a *<ervas para s. a comida>* **2** apreciar o sabor de; degustar **3** comer ou beber com apetite e gosto **4** *p.ext.* experimentar deleite, prazer com; deliciar-se *<s. uma vitória>* **5** *fig.* sofrer, experimentar de forma lenta *<s. uma desilusão>*

sa.bo.ro.so /ô/ [pl.: /ó/; fem.: /ó/] *adj.* **1** que agrada ao paladar; delicioso, gostoso **2** *fig.* estimulante, agradável

sa.bo.ta.gem [pl.: *-ens*] *s.f.* **1** ato ou efeito de sabotar **2** dano proposital a estradas, meios de transporte, instalações industriais, militares etc., para a interrupção dos serviços

sa.bo.tar *v.* {mod. 1} *t.d.* **1** danificar de modo intencional e criminoso (estradas, ferrovias, indústrias, transportes etc.) **2** prejudicar de forma oculta e traiçoeira; minar *<s. o projeto do colega>* **3** dificultar ou impedir (atividade) com resistência passiva ~ **sabotador** *adj.s.m.*

sa.bre *s.m.* **1** arma branca de lâmina reta ou curva, pontuda e afiada de um só lado **2** espada curta

sa.bu.go *s.m.* **1** espiga de milho já sem os grãos **2** parte do dedo à qual a unha adere

sa.bu.guei.ro *s.m.* BOT nome comum a arbustos cultivados como ornamentais ou pelas propriedades medicinais ◉ COL sabugal

sa.bu.jar *v.* {mod. 1} *t.d. e int.* lisonjear de modo excessivo; bajular, adular ~ **sabujice** *s.f.*

sa.bu.jo *s.m.* ZOO **1** grande cão de caça de faro apurado, orelhas longas, pelagem curta, ger. preta com manchas marrons ■ *adj.s.m. fig.* **2** que(m) bajula

sa.bur.ra *s.f.* **1** camada esbranquiçada que cobre a parte superior da língua, em decorrência de certas doenças, falta de limpeza etc.; sarro **2** *p.ext.* camada, casca, revestimento, sedimento

sa.ca *s.f.* **1** saco largo e comprido us. no comércio e tb. como medida **2** o conteúdo desse saco **3** bolsa de compras ◉ GRAM/USO dim.irreg.: *sacola* ◉ COL sacaria

sa.ca.da *s.f.* **1** ARQ plataforma saliente da fachada de casa ou prédio **2** *B gír.* lampejo de inteligência

sa.ca.do *adj.* **1** que foi extraído **2** ECON que se sacou (título, cheque, duplicata etc.) ■ *s.m.* ECON **3** pessoa física ou jurídica contra a qual se emite um título de crédito

sa.ca.na *adj.2g.s.2g.* **1** *gros. pej.* que(m) tem mau caráter, engana ou tira vantagens que caberiam a outros; finório, espertalhão **2** *infrm.* brincalhão, gozador ~ **sacanagem** *s.f.* - **sacanear** *v.t.d. e int.*

sa.car *v.* {mod. 1} *t.d.,t.i. e int.* **1** (prep. *de*) tirar para fora de modo brusco, violento; puxar *<s. (d)o sabre> <esse pistoleiro saca com enorme agilidade>* □ *int.* ESP **2** dar ou ter direito a um saque (no tênis, vôlei etc.) □ *t.d. e int.* **3** abater (certa quantia) de conta bancária □ *t.d. B gír.* **4** observar oculta e atentamente; vigiar □ *t.d. e t.i. gír.* **5** (prep. *de*) compreender, entender, saber *<não sacou a matéria> <s. de matemática>* ~ **sacador** *adj.s.m.*

sa.ca.ri.a *s.f.* **1** grande quantidade de sacos ou sacas **2** fábrica de sacos

sa.ça.ri.car *v.* {mod. 1} *int. infrm.* **1** dançar ou andar sacudindo o corpo; rebolar, saracotear **2** divertir-se muito

sa.ca.ri.na *s.f.* QUÍM adoçante artificial

sa.ca-ro.lhas *s.m.2n.* instrumento us. para perfurar e retirar a rolha de cortiça de garrafas

sa.ca.ro.se *s.f.* QUÍM substância adoçante extraída da cana-de-açúcar ou da beterraba

sa.cer.dó.cio *s.m.* **1** REL o ofício e a dignidade do sacerdote **2** REL a carreira eclesiástica **3** REL poder espiritual representado pelos sacerdotes **4** *fig.* missão honrosa, nobre ou sacrificada

sa.cer.do.te [fem.: *sacerdotisa*] *s.m.* indivíduo responsável pela celebração dos rituais sagrados de uma religião ◉ COL clero, sacerdócio ~ **sacerdotal** *adj.2g.*

sa.cer.do.ti.sa *s.f.* **1** mulher consagrada ao culto de uma divindade **2** mulher que exercia as funções de sacerdote em certos templos das religiões pagãs

sa.chê *s.m.* **1** pequeno saco de pano com substâncias aromáticas, us. para perfumar roupas **2** almofadinha, ger. de material plástico ou laminado, us. como embalagem

sa.cho *s.m.* pequena enxada estreita e longa, us. para afofar a terra

sa.ci *s.m.* FOLC *B* personagem fantástico, negrinho de uma perna só, que fuma cachimbo e usa um gorro vermelho com poderes mágicos; saci-pererê

sa.ci.ar *v.* {mod. 1} *t.d. e pron.* **1** aplacar (a fome, a sede); satisfazer(-se) **2** *fig.* (fazer) ficar contente, satisfeito, sem queixas, dúvidas etc.; satisfazer(-se) *<s. a curiosidade> <s.-se com um livro>* ~ **saciado** *adj.*

sa.ci.e.da.de *s.f.* **1** estado de alguém satisfeito, saciado **1.1** plena satisfação do apetite

sa.ci-pe.re.rê [pl.: *sacis-pererês* e *saci-pererês*] *s.m.* **1** saci **2** DNÇ *PE* um dos passos do frevo

sa.co *s.m.* **1** recipiente de pano, papel, plástico etc. aberto apenas de um dos lados **2** o conteúdo desse recipiente **3** tecido grosseiro, ger. de juta ou fibra semelhante **4** GEO enseada pequena **5** *B gír.* chatice, amolação **6** *B gír.* paciência, pachorra **7** ANAT nome dado a diversas cavidades do corpo ■ *adj.2g.2n.* **8** VEST diz-se de caimento reto *<vestido s.>* ▣ **s. amniótico** ANAT membrana da bolsa que protege o feto dos vertebrados; âmnio • **puxar o s. (de)** *infrm.* adular, bajular muito (alguém)

sa.co.la *s.f.* **1** bolsa us. para transportar compras e objetos **2** espécie de bolsa que se leva a tiracolo

sa.co.lão [pl.: *-ões*] *s.m.* **1** comércio instalado em caminhão, caminhonete etc. que vende hortaliças, legumes e frutas a peso e com preço fixo **2** mercado popular de legumes, frutas e hortaliças

sa.co.lei.ro *s.m. B infrm.* **1** pequeno comerciante que vende, de porta em porta ou em locais de trabalho, mercadorias ger. populares, como roupas, bijuterias e produtos eletrônicos ■ *adj.* **2** relativo a esse comerciante

sa.co.le.jar *v.* {mod. 1} *t.d.,int. e pron.* agitar(-se) muito, várias vezes, de um lado para outro; sacudir(-se), balançar(-se) ~ **sacolejo** *s.m.*

sa.cra.li.zar *v.* {mod. 1} *t.d. e pron.* (fazer) adquirir caráter sagrado; sacramentar

sa.cra.men.tal [pl.: *-ais*] *adj.2g.* **1** relativo a sacramento **2** *p.ext.* pronunciado em ocasiões oficiais, solenes (diz-se de palavra ou frase)

sa.cra.men.tar *v.* {mod. 1} *t.d.* **1** ministrar os sacramentos (esp. confissão, comunhão e extrema-unção) a **2** tornar sagrado; consagrar, sacralizar **3** *B infrm.* preencher e legalizar os requisitos de (documento, contrato etc.) *<s. um acordo trabalhista>*

sa.cra.men.to *s.m.* REL **1** cada um dos sete ritos sagrados da Igreja católica (batismo, confirmação, eucaristia, penitência, extrema-unção, ordem e matrimônio) **2** a hóstia consagrada, no cerimonial católico ☞ nesta acp., inicial freq. maiúsc.

S

sa.crá.rio *s.m.* REL **1** lugar em que se guardam as hóstias consagradas e objetos sagrados na Igreja católica; tabernáculo **2** *fig.* local em que alguém encontra completa privacidade *<seu lar é seu s.>*

sa.cri.fi.can.te *adj.2g.s.2g.* **1** que(m) sacrifica; sacrificador **2** que(m) celebra missa

sa.cri.fi.car *v.* {mod. 1} *t.d.,t.d.i.,t.i. e int.* **1** (prep. *a*) oferecer (pessoa, coisa) em sacrifício a (divindade); imolar *<s. animais (aos deuses)> <s. à Iemanjá> <havia um sacerdote que sacrificava>* □ *t.d.i. e pron.* **2** (prep. *a*) dedicar-se totalmente a; devotar(-se) *<sacrificou a vida ao magistério> <sacrificou-se aos caprichos do marido>* □ *t.d.,t.d.i. e pron.* **3** (prep. *por*) desprezar ou renunciar voluntariamente a (coisa ou pessoa) em favor de outra; sujeitar(-se) *<s. um ideal> <s. a mocidade pelo bem-estar da família> <s.-se por uma causa útil>* □ *t.d.* **4** causar risco, dano a; prejudicar, abater *<s. uma floresta>* ~ **sacrificador** *adj.s.m.*

sa.cri.fí.cio *s.m.* **1** oferenda solene de vítimas ou donativos a divindade **2** renúncia ou privação voluntária, em favor de algo ou de alguém, por razões religiosas, morais ou práticas

sa.cri.lé.gio *s.m.* **1** pecado grave contra a religião ou contra as coisas sagradas **2** profanação de lugares, objetos e pessoas sagrados **3** *fig.* ação digna de reprovação

sa.crí.le.go *adj.* **1** em que há sacrilégio ■ *adj.s.m.* **2** que(m) comete sacrilégio

sa.cri.pan.ta *adj.2g.s.2g.* **1** velhaco, patife, indigno ■ *s.2g.* **2** falso beato

sa.cris.tão [pl.: *-ães* e *-ãos*; fem.: *sacristã*] *s.m.* **1** empregado que cuida da sacristia **2** quem auxilia o padre durante a missa e os ofícios divinos

sa.cris.ti.a *s.f.* local da igreja onde se guardam os paramentos do padre e outros objetos de culto

sa.cro *s.m.* **1** ANAT osso único que forma a parte posterior da bacia ■ *adj.* **2** ANAT relativo a esse osso **3** sagrado, santo *<música s.>*

sa.cro.i.lí.a.co *adj.* ANAT relativo aos ossos sacro e ilíaco (diz-se de articulação e ligamento)

S

sa.cros.san.to *adj.* santo e sagrado

sa.cu.dir *v.* {mod. 29} *t.d. e pron.* **1** agitar(-se) em vários sentidos, com força e repetidas vezes; sacolejar *<s. os galhos da árvore> <o mar está forte, as ondas sacodem-se>* □ *t.d.* **2** mover de um lado para outro; balançar *<s. um lenço>* **3** agitar para limpar; bater *<s. lençol, tapete>* □ *pron.* **4** mover-se balançando o corpo, os quadris ao andar, dançar; rebolar-se *<o cachorro balançava o rabo e sacudia-se>* ~ **sacudida** *s.f.* - **sacudidela** *s.f.* - **sacudidor** *adj.s.m.*

sá.di.co *adj.* **1** referente a ou próprio de sadismo ■ *adj.s.m.* **2** que(m) é adepto da prática do sadismo **3** *p.ext.* (o) que gosta de fazer o mal

sa.di.o *adj.* **1** que tem boa saúde **2** que é bom para a saúde; saudável **3** *p.ext.* que é bom para o espírito e/ou para a inteligência, a moralidade

sa.dis.mo *s.m.* PSIQ **1** distúrbio psíquico caracterizado pela obtenção de prazer sexual com a humilhação ou sofrimento físico do outro **2** *p.ext.* satisfação ou prazer com a dor alheia

sa.do.ma.so.quis.mo *s.m.* PSIQ distúrbio psíquico, esp. sexual, que combina o sadismo e o masoquismo ~ **sadomasoquista** *adj.2g.s.2g.*

sa.fa.de.za /ê/ *s.f.* **1** ato ou dito próprio de pessoa ruim, safada; baixeza, indignidade **2** ação ou dito pornográfico ou imoral; imoralidade **3** *B* travessura, troça

sa.fa.do *adj.s.m.* **1** *pej.* sem-vergonha, descarado, desavergonhado **2** *B* (o) que leva uma vida devassa; libertino, obsceno

sa.fa.não [pl.: *-ões*] *s.m.* **1** puxão com que se arranca algo **2** *infrm.* tapa com a mão aberta; bofetão **3** *infrm.* esbarro forte e brusco; empurrão

sa.far *v.* {mod. 1} *t.d.i. e pron.* **1** (prep. *de*) deixar ou ficar livre de (pessoa ou situação desagradável); esquivar-se *<safou-o da ameaça> <safou-se do cobrador>* □ *t.d.* **2** fazer sair puxando; sacar *<s. os sapatos>* □ *t.d. e t.d.i.* **3** (prep. *a*) tirar, roubar *<safaram(-lhe) o relógio>* ◉ GRAM/USO part.: *safado, safo*

sa.far.da.na *s.m.* indivíduo sem escrúpulos; safado, canalha

sa.fá.ri *s.m.* **1** expedição para caça ou exploração **2** *p.ext.* qualquer expedição ou viagem aventureira

sa.fe.na *s.f.* ANAT pequeno vaso superficial que leva o sangue dos membros inferiores para o coração

sa.fi.ra *s.f.* **1** pedra preciosa de cor azul **2** *p.ext.* a cor dessa pedra ~ **safírico** *adj.* - **safirino** *adj.*

sa.fis.mo *s.m.* homossexualismo feminino; lesbianismo ~ **safista** *adj.2g.s.f.*

sa.fo *adj.* **1** que se livrou de situação difícil **2** *B infrm.* esperto, vivo *<vendedor s.>* ◉ GRAM/USO part.irreg. de *safar*

sa.fra *s.f.* produção agrícola de um ano; colheita

sa.ga *s.f.* **1** LIT narrativa heroica cheia de acontecimentos maravilhosos e extraordinários **2** *fig.* sequência de acontecimentos recheada de incidentes

sa.ga.ci.da.de *s.f.* **1** aptidão para compreender ou aprender por simples sinais; perspicácia **2** manha, malícia, astúcia

sa.ga.cís.si.mo *adj.* extremamente sagaz ◉ GRAM/USO sup.abs.sint. de *sagaz*

sa.gaz [pl.: *-es*] *adj.2g.* **1** que é inteligente, perspicaz **2** que não se deixa enganar; esperto, manhoso ◉ GRAM/USO sup.abs.sint.: *sagacíssimo*

sa.gi.ta.ri.a.no *adj.s.m.* **1** ASTRL que(m) nasceu sob o signo de Sagitário ■ *adj.* **2** relativo ou pertencente a esse signo

sa.gi.tá.rio *s.m.* **1** ASTR nona constelação zodiacal, situada entre Escorpião e Capricórnio ☞ inicial maiúsc. **2** ASTRL nono signo do zodíaco (de 22 de novembro a 21 de dezembro) ☞ inicial maiúsc.

sa.gra.ção [pl.: *-ões*] *s.f.* **1** consagração de rei, bispo etc., em cerimônia religiosa **2** essa cerimônia **3** atribuição de caráter sagrado ou religioso a algo

sa.gra.do *adj.* **1** relativo a Deus, a divindade, a religião ou a culto; sacro, santo *<ritual s.>* **2** que inspira ou deve inspirar respeito ou profunda veneração

sa.grar *v.* {mod. 1} *t.d.,t.d.i. e pron.* **1** (prep. *a*) dedicar(-se), consagrar(-se) [a Deus ou a seu serviço] *<s. uma hóstia> <s. um templo (ao culto protestante)> <s.-se à vida monástica>* □ *t.d.i. e pron.* **2** (prep. *a*) oferecer (vida, sentimento etc.) [a fim, atividade etc.]; devotar(-se), dedicar(-se) *<s. a vida ao estudo> <s.-se à caridade>* □ *t.d. e t.d.pred.* **3** investir numa dignidade por cerimônias religiosas *<s. um imperador> <sagrou-o rei>*

sa.gu *s.m.* **1** BOT nome comum a diversas palmeiras de cujo caule se extrai fécula comestível; sagueiro, saguzeiro **2** essa fécula

sa.guão [pl.: *-ões*] *s.m.* **1** sala de entrada em prédios ou casas grandes; *hall* **2** pátio no interior de uma construção

sa.guei.ro /gü/ *s.m.* BOT sagu ('nome de palmeiras')

sa.gui /gü/ *s.m.* ZOO nome comum a pequenos macacos florestais dotados de cauda longa, pelagem macia e densa, que vivem em pequenos grupos e se alimentam de insetos e frutas

sa.gum [pl.: *-uns*] *s.m.* sagu

sa.gu.zei.ro *s.m.* BOT sagu ('nome de palmeiras')

sai.a *s.f.* VEST peça do vestuário feminino que desce da cintura e cobre as pernas ou parte delas ◉ GRAM/USO dim.irreg.: *saiote*

sai.ão [pl.: *-ões*] *s.m.* BOT planta de folhas espessas e carnosas, com propriedades medicinais

sai.bo *s.m.* *infrm.* sabor, ger. desagradável

sai.bro *s.m.* mistura de argila, areia e pedra ~ **saibrento** *adj.* - **saibroso** *adj.*

sa.í.da *s.f.* **1** ato de sair ou o seu efeito **2** lugar por onde se sai **3** momento em que se sai **4** *fig.* meio para sair de um apuro; recurso, expediente **5** procura ou venda *<produto de grande s.>*

sa.í.da de prai.a [pl.: *saídas de praia*] *s.f.* VEST peça de roupa feminina us. sobre maiô ou biquíni

sa.i.dei.ra *s.f.* *B infrm.* **1** última dose de bebida alcoólica que se toma **2** última dança de um baile

sa.í.do *adj.* **1** que se afastou; ausente **2** que se destaca; saliente *<dentes s.>* **3** *B infrm.* atrevido, intrometido

sa.i.men.to *s.m.* **1** ato de sair ou o seu efeito; saída **2** cortejo fúnebre; enterro **3** *B infrm.* descaramento, atrevimento, saliência

sai.o.te *s.m.* VEST **1** saia curta **2** saia curta, de tecido grosso, us. pelas mulheres sob outra saia ◉ GRAM/USO dim.irreg. de *saia*

sa.ir *v.* {mod. 25} *int.* **1** deixar um local e seus ocupantes; partir **2** fazer-se visível total ou parcialmente **3** ser publicado **4** *infrm.* acontecer de repente; sobrevir □ *t.i. e int.* **5** (prep. *de*) ir ou passar de dentro para fora *<saiu cedo (de casa)>* **6** (prep. *com*) manter relacionamento de companheirismo, amoroso ou erótico (com) *<está saindo com a vizinha> <eles estão saindo>* **7** (prep. *a, de, para, por*) ir a um lugar para se distrair ou exercitar *<s. de bicicleta> <ela precisa s., conhecer pessoas>* **8** (prep. *de*) ser lançado de, emitido por; provir *<da boca saía cheiro de tabaco> <muita água sai da rocha> <veja a fumaça saindo!>* **8.1** *fig.* *<as palavras saíam(-lhe da boca) sem controle>* □ *t.i.* *fig.* **9** abandonar, deixar de participar de (ocupação, trabalho, grupo etc.) *<s. do emprego>* **10** (prep. *a*) parecer-se com (alguém) no aspecto físico, moral ou intelectual *<a neta saiu à avó>* **11** (prep. *para*) caber a (alguém) por sorte *<a rifa saiu para o síndico>* □ *pred.* **12** parecer, tornar-se *<saiu envelhecido nas fotos>* □ *pron.* **13** chegar a certo resultado (bom ou ruim) *<s.-se bem na entrevista>*

sa.í.ra *s.f.* ZOO *B* pequena ave sul-americana dotada de plumagem ger. colorida e brilhante

sal [pl.: *sais*] *s.m.* **1** substância branca, cristalina, constituída de cloreto de sódio, us. como tempero e na conservação de alimentos **2** QUÍM substância derivada da reação de um ácido com uma base **3** *fig.* graça, finura de espírito **4** *fig.* malícia espirituosa ▼ ***sais*** *s.m.pl.* **5** substâncias voláteis que, aspiradas, provocam reanimação dos sentidos ◉ COL salina ▣ **s. grosso** sal que não foi refinado, us. em preparações culinárias ~ **salinação** *s.f.*

sa.la *s.f.* **1** compartimento da casa onde se fazem refeições ou se recebem visitas **2** divisão de uma construção us. para o exercício de alguma outra função específica **2.1** local onde são dadas aulas; classe **2.2** *p.ext.* grupo de alunos de certo ano acadêmico; turma ◉ GRAM/USO dim.irreg.: *saleta*

sa.la.cís.si.mo *adj.* muito salaz ◉ GRAM/USO sup.abs.sint. de *salaz*

sa.la.da *s.f.* **1** CUL prato frio feito com hortaliças, legumes etc. temperados **2** *fig.* mistura de coisas diferentes

sa.la.dei.ra *s.f.* recipiente onde se prepara e/ou serve a salada

sa.la e quar.to [pl.: *salas e quartos* e *sala e quartos*] *s.m.* *B* apartamento com apenas um quarto e uma sala ◉ GRAM/USO eventualmente 2n.

sa.la.frá.rio *s.m.* pessoa desonesta, desleal, ordinária

sa.la.ma.le.que *s.m.* **1** saudação cerimoniosa entre os muçulmanos **2** *infrm.* cumprimento exagerado; mesura

sa.la.man.dra *s.f.* ZOO anfíbio de corpo alongado, ger. com aspecto de lagarto, de cauda longa

sa.la.man.drí.deo *adj.s.m.* ZOO (espécime) dos salamandrídeos, família de salamandras terrestres, mas de reprodução aquática

sa.la.me *s.m.* tipo de salsichão de origem italiana, ger. feito de carne de porco, temperado com pimenta em grão e comido frio

sa.la.mi.nho *s.m.* variedade de salame feito com tripa fina

sa.lão [pl.: *-ões*] *s.m.* **1** cômodo de uma construção destinado a grandes reuniões, recepções, bailes etc. **2** exposição periódica de obras de arte, de livros, de novos produtos etc. **3** *B* loja de barbeiro ou de cabeleireiro

sa.lá.rio *s.m.* pagamento por serviços prestados; ordenado, vencimentos ▣ **s. mínimo** a menor remuneração, fixada por lei, que um trabalhador pode receber

sa.lá.rio-fa.mí.lia [pl.: *salários-família* e *salários-famílias*] *s.m.* *B* pagamento adicional em função do número de dependentes de um trabalhador

sa.lá.rio-ho.ra [pl.: *salários-hora* e *salários-horas*] *s.m.* quantia que o empregado recebe por hora trabalhada

sa.laz [pl.: *-es*] *adj.2g.* devasso, libertino ◉ GRAM/USO sup.abs.sint.: *salacíssimo* ~ **salacidade** *s.f.*

sal.dar *v.* {mod. 1} *t.d.* pagar o saldo de (conta, dívida); quitar

sal.do *s.m.* **1** diferença entre o débito e o crédito num balanço, empréstimo, conta etc. **2** resto de uma quantia a pagar ou a receber **3** sobra de mercadoria que entra em liquidação **4** *fig.* resultado, consequência

sa.lei.ro *s.m.* **1** recipiente em que se põe o sal de cozinha **2** lugar onde se deposita sal para o gado

sa.le.si.a.no *s.m.* **1** membro da Congregação de São Francisco de Sales, fundada por são João Bosco, em 1859, que cuida da educação de jovens ■ *adj.* **2** relativo a essa congregação

sa.le.ta /ê/ *s.f.* pequena sala ◉ GRAM/USO dim.irreg. de *sala*

sal.ga.di.nho *s.m.* CUL iguaria miúda, p.ex., amendoins, canapés etc., ger. servida como aperitivo; salgado

sal.ga.do *adj.* **1** que contém sal **1.1** que levou sal, ger. em demasia, ou foi conservado em sal **2** *fig.* picante, mordaz **3** *fig. infrm.* muito caro ■ *s.m.* **4** CUL petisco, servido ger. como aperitivo, que leva sal

sal.ga.du.ra *s.f.* ação ou maneira de salgar

sal.gar *v.* {mod. 1} *t.d.* **1** temperar com sal **2** conservar em sal □ *t.d. e pron.* **3** (fazer) ficar com gosto muito forte de sal ~ **salga** *s.f.* - **salgação** *s.f.* - **salgador** *adj.s.m.*

sal-ge.ma [pl.: *sais-gemas*] *s.m.* MINER cloreto de sódio us. para obtenção de cloro e outros fins industriais

sal.guei.ro *s.m.* BOT nome comum a árvores e arbustos ger. cultivados como ornamentais ou pela madeira

sa.li.cá.cea *s.f.* BOT espécime das salicáceas, família de árvores e arbustos, como o choupo e o salgueiro, cultivados como medicinais, pelas madeiras, para produção de papel, para trabalhos trançados ou como ornamentais ~ **salicáceo** *adj.*

sa.li.cí.li.co *s.m.* QUÍM **1** ácido us. em medicina, em produtos farmacêuticos e tb. na produção de corantes ■ *adj.* **2** diz-se desse ácido

sa.li.cul.tu.ra *s.f.* produção do sal em salinas ~ **salicultor** *adj.s.m.*

sa.li.ên.cia *s.f.* **1** parte mais elevada, que se destaca numa superfície lisa **2** *B infrm.* atrevimento, assanhamento

sa.li.en.tar *v.* {mod. 1} *t.d. e pron.* **1** tornar(-se) bem visível; destacar(-se) **2** distinguir(-se), evidenciar(-se)

sa.li.en.te *adj.2g.* **1** que está em posição mais elevada que os outros **2** *fig.* evidente, notório, manifesto **3** *fig.* importante, fundamental **4** *B infrm.* atrevido, assanhado

sa.li.na *s.f.* **1** local onde se produz sal por evaporação da água do mar ou de lago de água salgada **2** *p.ext.* empresa que explora esse tipo de atividade

sa.li.nei.ro *adj.* **1** relativo a salina ■ *s.m.* **2** aquele que trabalha nas salinas **3** dono de salinas **4** vendedor de sal

sa.li.no *adj.* **1** que contém ou é formado por sal **2** QUÍM que tem as propriedades de um sal ~ **salinidade** *s.f.*

sa.li.tre *s.m.* QUÍM nitrato de potássio (us. em fogos de artifício, explosivos, fósforos, fertilizantes etc.)

sa.li.va *s.f.* líquido viscoso secretado pelas glândulas salivares, que atua na boca sobre os alimentos para facilitar a sua digestão; cuspe, cuspo

[1]**sa.li.var** [pl.: *-es*] *adj.2g.* **1** relativo a saliva **2** que secreta saliva [ORIGEM: *saliva* + [1]*-ar*]

[2]**sa.li.var** *v.* {mod. 1} *int.* ejetar saliva; cuspir [ORIGEM: do lat. *salivāre* 'id.'] ~ **salivação** *s.f.*

sal.mão [pl.: *-ões*] *s.m.* **1** ZOO peixe que possui ger. manchas escuras ou avermelhadas na parte superior do corpo e cuja carne é de tom rosado **2** a cor da carne desse peixe ■ *adj.2g.2n.* **3** que tem essa cor **4** diz-se dessa cor *<a cor s.>* ◉ GRAM/USO dim.irreg.: *salmonete*

sal.mo *s.m.* REL **1** cântico de louvor a Deus ▼ *salmos s.m.pl.* **2** orações poéticas inseridas na Bíblia ☞ inicial maiúsc. ~ **sálmico** *adj.* - **salmista** *adj.2g.s.2g.*

sal.mo.ne.la *s.f.* BIO nome comum a bactérias em forma de bastonetes, comuns em animais e em alimentos, causadoras de meningite, febre tifoide etc.

sal.mo.ne.te /ê/ *s.m.* ZOO **1** salmão pequeno **2** peixe do Atlântico tropical, de valor comercial, com até 30 cm de comprimento, coloração branca a marrom, com manchas escuras no dorso e linhas azuis na cabeça ◉ GRAM/USO dim.irreg. de *salmão*

sal.mo.ní.deo *adj.s.m.* ZOO (espécime) dos salmonídeos, família de peixes fluviais, do hemisfério norte, de grande importância para a pesca esportiva e comercial

sal.mou.ra *s.f.* água muito salgada us. para a conservação de alimentos

sa.lo.bro /ô/ *adj.* ou **sa.lo.bre** /ô/ *adj.2g.* **1** que tem certo sabor de sal **2** que tem alguns sais que a tornam desagradável ao paladar (diz-se de água)

sa.lo.mô.ni.co *adj.* considerado sábio e criterioso como foi Salomão, rei dos hebreus (entre 970 a.C.-931 a.C.)

sal.pi.cão [pl.: *-ões*] *s.m.* CUL *B* espécie de salada feita com galinha desfiada, crustáceos ou carne e legumes picados, ger. servida com maionese ou creme de leite

sal.pi.car *v.* {mod. 1} *t.d.* **1** temperar com gotas salgadas ou pedras de sal **2** matizar ou manchar com pingos; pintalgar *<a tinta salpicou sua roupa>* **3** espalhar (pó, líquido) sobre; polvilhar *<s. talco na criança>* ~ **salpico** *s.m.*

sal.sa *s.f.* BOT erva aromática muito rica em vitamina C, cultivada pelas folhas verdes, crespas ou lisas, us. como condimento, em saladas e guarnições de pratos

salsa [esp.] *s.f.* DNÇ MÚS dança e música afro-cubana de ritmo marcado, que lembra o mambo ⇒ pronuncia-se salsa

sal.são [pl.: *-ões*] *s.m.* BOT aipo

sal.sa.par.ri.lha *s.f.* BOT nome comum a plantas com raízes aromáticas, us. como tempero ou para fins medicinais

sal.sei.ro *s.m.* **1** chuva forte, repentina e passageira **2** *B* conflito, briga, escândalo

sal.si.cha *s.f.* CUL tripa ou cobertura sintética comestível que se enche com carne picada e temperada

sal.si.chão [pl.: *-ões*] *s.m.* CUL certa salsicha grande e grossa

sal.si.cha.ri.a *s.f.* **1** técnica us. na produção de salsichas **2** fábrica ou loja de salsichas

sal.si.chei.ro *s.m.* quem prepara ou vende produtos de salsicharia

sal.si.nha *s.f.* BOT salsa

sal.su.gem [pl.: *-ens*] *s.f.* **1** percentagem de sal contida nas águas do mar **2** lodo em que há substâncias salinas **3** detrito que flutua na água do mar, nos portos, praias etc. ~ **salsuginoso** *adj.*

sal.tar *v.* {mod. 1} *int.* **1** elevar-se por impulso dos pés e pernas; pular **2** palpitar em ritmo acelerado *<seu coração parecia s.>* ☐ *t.i.* **3** (prep. *de, em, sobre*) atirar-se, jogar-se *<s. do trampolim> <s. sobre o cavalo>* **4** (prep. *de, em*) sair de veículo, montaria, em certo lugar; descer *<s. do ônibus> <s. no porto>* **5** *p.ext.* (prep. *de*) brotar, irromper *<lágrimas saltaram dos olhos>* ☐ *t.d.* **6** pular por cima de; transpor *<s. uma poça>* **7** omitir por distração ou de propósito; pular *<s. uma palavra do texto>*

sal.te.a.do *adj.* **1** pulado, não sucessivo **2** CUL frito rapidamente em óleo quente

sal.te.a.dor /ô/ [pl.: *-es*] *adj.s.m.* **1** que(m) salteia; assaltante **1.1** que(m) assalta nas estradas ◉ COL corja, horda

sal.te.ar *v.* {mod. 5} *t.d.* **1** atacar de surpresa, para roubar ou matar **2** *p.ext.* acometer, aparecer de repente, de improviso; surpreender *<a chuva salteou-o>* **3** CUL cozer (alimento) com gordura, em fogo alto, agitando a frigideira sem parar ~ **salteamento** *s.m.*

sal.tim.ban.co *s.m.* integrante de grupo de artistas populares itinerantes que se exibem em circos, feiras e praças públicas

sal.ti.tan.te *adj.2g.* **1** que dá pequenos saltos **2** *fig.* irrequieto, buliçoso

sal.ti.tar *v.* {mod. 1} *int.* dar saltos pequenos e repetidos

sal.to *s.m.* **1** movimento de elevação do solo que um corpo faz para se deslocar no espaço ou cair; pulo **2** espaço ou altura que se vence com esse movimento; pulo **3** *fig.* parte saliente da sola de calçado na altura do calcanhar **4** queda-d'água **5** *fig.* mudança brusca de posição ou de situação **6** trecho omitido, ger. por descuido ou distração

sal.to-mor.tal [pl.: *saltos-mortais*] *s.m.* volta completa do corpo no ar, sem tocar as mãos no chão, dada ger. por atletas ou acrobatas

sa.lu.bre *adj.2g.* que contribui para a saúde; sadio, saudável ◉ GRAM/USO sup.abs.sint.: *salubérrimo* ~ **salubridade** *s.f.*

sa.lu.tar [pl.: *-es*] *adj.2g.* **1** bom para a saúde **2** que aumenta ou restabelece as forças; fortificante **3** *fig.* que visa melhorar, corrigir erros; edificante, construtivo

sal.va *s.f.* **1** descarga simultânea de armas de fogo em sinal de festa ou em honra de alguém **2** saudação militar feita com essa descarga **3** pequena bandeja para copos, taças etc. ▣ **s. de palmas** aplauso coletivo, longo e entusiasmado; ovação

sal.va.ção [pl.: *-ões*] *s.f.* **1** ação ou efeito de salvar(-se) ou de libertar(-se) **2** pessoa ou coisa que salva (de perigo, situação difícil etc.) **3** REL felicidade eterna obtida após a morte

sal.va.do *s.m.* qualquer coisa que escapou de uma catástrofe, esp. de incêndio ou naufrágio ☞ mais us. no pl.

sal.va.dor /ô/ [pl.: *-es*] *adj.s.m.* **1** que(m) salva **2** (o) que protege e ampara ■ *s.m.* **3** título atribuído a Jesus Cristo ☞ nesta acp., inicial maiúsc.

sal.va.do.ren.se *adj.2g.* **1** de Salvador (BA) ■ *s.2g.* **2** natural ou habitante dessa capital

sal.va.guar.da *s.f.* proteção, defesa, amparo

sal.va.guar.dar *v.* {mod. 1} *t.d.* **1** tomar medidas para deixar fora de perigo; proteger **2** tornar garantido, seguro; assegurar *<s. a liberdade>*

sal.var *v.* {mod. 1} *t.d.,t.d.i. e pron.* **1** (prep. *de*) pôr(-se) a salvo, livre de (perigo, dificuldades, problemas etc.); proteger(-se) *<s. da falência o amigo> <s.-se de doença grave>* ☐ *t.d. e pron.* **2** conservar(-se) salvo ou intacto; preservar(-se) *<s. as aparências> <s.-se dos boatos>* **3** livrar(-se) da danação eterna, do inferno ☐ *t.d.* **4** INF transferir (dados digitalizados) para disco rígido, *CD*, disquete; gravar ◉ GRAM/USO part.: *salvado, salvo* ~ **salvamento** *s.m.*

sal.va-vi.das *adj.2g.2n.s.2g.2n.* **1** (o) que é destinado ao salvamento (boia, bote, colete etc.) **2** nadador que socorre os banhistas em casos de afogamento

sal.ve *interj.* expressa saudação ou cumprimento

sal.ve-ra.i.nha [pl.: *salve-rainhas*] *s.f.* REL oração católica à Virgem Maria que se inicia com essas duas palavras

sál.via *s.f.* BOT nome comum a ervas e arbustos, algumas cultivadas como ornamentais, pelas folhas us. como medicinais e tempero, ou por frutos e sementes de que se fazem bebidas e tinta

S

sal.vo *adj.* **1** livre de perigo; preservado, intacto **1.1** REL que alcançou a graça eterna ■ *prep.* **2** exceto, afora ◉ GRAM/USO part. de *salvar* ▣ **s. se** a não ser que • **a s.** em segurança

sal.vo-con.du.to [pl.: *salvo-condutos* ou *salvos-condutos*] *s.m.* documento que autoriza alguém a viajar e transitar sem restrições

sa.mam.bai.a *s.f.* BOT *B* nome comum a inúmeras plantas, sem flores nem sementes, ger. cultivadas como ornamentais; sambambaia

sa.mam.bai.a.çu *s.f.* *B* xaxim ('samambaia')

sa.má.rio *s.m.* QUÍM elemento químico us. em reatores nucleares, em certos ímãs etc. [símb.: *Sm*] ☞ cf. *tabela periódica* (no fim do dicionário)

sa.ma.ri.ta.no *adj.s.m.* que(m) é bom, caridoso

sam.ba *s.f.* **1** DNÇ dança popular brasileira cantada **2** MÚS música que acompanha essa dança

sam.ba-en.re.do [pl.: *sambas-enredos* e *sambas-enredo*] *s.m.* MÚS em escolas de samba, o samba composto esp. para o desfile de carnaval e que relata o enredo

sam.bam.bai.a *s.f.* BOT samambaia

sam.ba.qui *s.m.* depósito de ostras, ossos humanos, objetos de pedra, chifre e cerâmica amontoados por indígenas que viveram no litoral brasileiro em época pré-histórica

sam.bar *v.* {mod. 1} *int.* dançar ao som do samba

sam.bis.ta *adj.2g.s.2g.* *B* **1** que(m) samba bem **2** compositor de sambas **3** integrante ou frequentador de escolas de samba

sam.bó.dro.mo *s.m.* construção com arquibancadas e pista de desfile us. esp. durante o carnaval para apresentação de agremiações carnavalescas

sam.bu.rá *s.m.* *B* cesto de boca estreita, feito de cipó ou taquara, muito us. para carregar material de pesca

sa.mo.var [pl.: *-es*] *s.m.* pequena caldeira aquecida, com um tubo central no qual se colocam brasas para ferver e manter quente a água para o chá, us. nas residências russas

sa.mu.rai *s.m.* guerreiro do Japão feudal a serviço de um nobre

sa.nar *v.* {mod. 1} *t.d.* **1** tornar são; curar, sarar **2** reparar, remediar (erro, engano) **3** ser obstáculo a (mal, dificuldade etc.); conter ~ **sanativo** *adj.*

sa.na.tó.rio *s.m.* estabelecimento destinado ao tratamento de doentes

san.ção [pl.: *-ões*] *s.f.* **1** aprovação de uma lei, pelo chefe do poder executivo, votada por órgão legislativo **2** *p.ext.* aprovação ou confirmação que se dá, ou se impõe à lei **3** *p.ext.* reconhecimento público; confirmação **4** medida de repressão imposta por órgão ou autoridade

san.cio.nar *v.* {mod. 1} *t.d.* **1** dar sanção a (lei) **2** ter como aceitável; aprovar, admitir ~ **sancionador** *adj.s.m.*

san.dá.lia *s.f.* VEST calçado feito de uma sola com tiras que a prendem ao pé

sân.da.lo *s.m.* **1** BOT pequena árvore de madeira aromática us. em perfumaria **2** óleo essencial, perfume, pigmento ou cosmético extraído e/ou preparado a partir da madeira dessa árvore

san.deu [fem.: *sandia*] *adj.s.m.* *pej.* **1** que(m) pratica ou diz sandices **2** que(m) age como um tolo

san.di.a *s.f.* *pej.* **1** mulher que diz coisas disparatadas, sem nexo **2** mulher que age como uma tola ou simplória ◉ GRAM/USO fem. de *sandeu*

san.di.ce *s.f.* **1** ato ou afirmação que traduz ignorância ou falta de inteligência; disparate, tolice **2** contrassenso, loucura

san.du.í.che *s.m.* duas fatias de pão ou produto similar entre as quais se interpõem outros alimentos (p.ex., presunto, queijo, carne, saladas)

sa.ne.a.men.to *s.m.* **1** ato de tornar um lugar sadio, limpo, habitável; asseio, limpeza **2** série de medidas que oferece condições de vida sadia para a população ou para a agricultura **3** *fig.* conjunto de ações para estabelecer princípios éticos ▣ **s. básico** conjunto de condições urbanas essenciais para a preservação da saúde pública, esp. sistemas de distribuição de água por encanamento e de tratamento de esgoto

sa.ne.ar *v.* {mod. 5} *t.d.* **1** tornar são, habitável, salubre; limpar **2** deixar saudável, sem doença; curar, sarar **3** remediar, reparar (mal, dano) **4** eliminar falhas ou excessos de; corrigir ~ **saneador** *adj.s.m.*

san.fo.na *s.f.* MÚS *B* **1** instrumento da família do acordeão com dois teclados de botões; concertina **2** *infrm.* acordeão

san.fo.nei.ro *s.m.* *B* aquele que toca sanfona

san.ga *s.f.* **1** rio pequeno **2** GEOL *PR SC RS* escavação produzida pela chuva ou por águas subterrâneas

san.gra.dou.ro *s.m.* canal pelo qual se desvia a água de rio, fonte, barragem etc.

san.gra.du.ra *s.f.* sangramento

san.gra.men.to *s.m.* **1** ato de sangrar ou o seu efeito **2** MED perda de sangue decorrente de lesão de vaso

san.grar *v.* {mod. 1} *t.d.* **1** extrair sangue de (pessoa, animal), picando uma veia com lanceta ou agulha **2** *p.ext.* fazer sair, escoar (líquido) de; drenar <*s. uma barragem*> **3** *fig.* causar mágoa, desgosto a; ferir **4** *fig.* abusar de gastos □ *int.* **5** verter sangue naturalmente ou por uma ferida ~ **sangrador** *adj.s.m.*

san.gren.to *adj.* **1** de que sai ou brota sangue **2** coberto de sangue; ensanguentado **3** *fig.* cruel, impiedoso

san.gri.a *s.f.* **1** MED corte em veia para fazer escorrer o sangue **2** perda de sangue provocada por agressão ou acidente **3** *p.ext.* extração de certos produtos naturais, como resina, látex etc. **4** *p.ext.* abertura para escoamento do excesso de água de açude, local encharcado etc. **5** *fig.* *infrm.* extorsão ardilosa ou fraudulenta de valores **6** CUL bebida preparada com vinho, água, açúcar e pedaços de frutas ▣ **s. desatada** *fig.* fato, situação urgente que exige providências imediatas

san.gue *s.m.* **1** BIO líquido vermelho e viscoso que corre pelas veias e artérias bombeado pelo coração [É condutor de gases e nutrientes necessários à vida.] **2** *fig.* linhagem, família, origem **3** *fig.* brio, coragem ▣ **s. azul** *fig.* ascendência nobre; fidalguia

san.gue-fri.o [pl.: *sangues-frios*] *s.m.* tranquilidade, presença de espírito diante de situações que envolvam sofrimento, perigo

san.guei.ra *s.f.* abundância de sangue derramado

san.gues.su.ga *s.f.* **1** ZOO animal invertebrado, marinho, terrestre ou de água doce, dotado de ventosas, que suga o sangue de vertebrados **2** *p.ext. pej.* indivíduo que explora outros, freq. pedindo favores ou dinheiro

san.gui.ná.rio /gu *ou* gü/ *adj.s.m.* **1** que(m) se satisfaz em ver ou derramar sangue ■ *adj.* **2** relativo a sangue **3** *p.ext.* cruel, feroz

san.guí.neo /gu *ou* gü/ *adj.* **1** relativo a sangue **2** que tem a cor do sangue **3** que contém sangue **4** sedento de sangue; sanguinário ■ *adj.s.m.* **5** que(m) tem temperamento forte, vigoroso, exaltado

san.gui.no.lên.cia /gu *ou* gü/ *s.f.* **1** condição ou estado do que tem sangue **2** *fig.* ferocidade, crueldade

san.gui.no.len.to /gu *ou* gü/ *adj.* **1** em que há grande derramamento de sangue **2** coberto de sangue **3** tinto ou misturado com sangue **4** que se satisfaz em ver ou derramar sangue; sanguinário

sa.nha *s.f.* desejo de vingança; rancor

sa.nha.ço ou **sa.nha.çu** *s.m.* ZOO *B* pássaro de plumagem cinza-azulada ou esverdeada que se alimenta de frutas

sa.ni.da.de *s.f.* **1** normalidade, estabilidade, equilíbrio físico ou mental **2** conjunto de normas que conduzem ao bem-estar e à saúde; higiene, salubridade

sâ.nie *s.f.* MED líquido composto de sangue e pus que sai de uma úlcera, ferida ou fístula ~ **sanioso** *adj.*

sa.ni.tá.rio *adj.* **1** relativo a higiene **2** relativo a banheiro ■ *s.m.* **3** privada **4** toalete, mictório, banheiro

sa.ni.ta.ris.ta *adj.2g.s.2g.* especialista em saúde pública

sâns.cri.to *s.m.* **1** antiga língua sagrada e literária da Índia, pertencente ao grupo indo-europeu ■ *adj.* **2** relativo a essa língua

san.sei *adj.2g.s.2g.* que(m) é neto de imigrantes japoneses, nascido no continente americano ☞ cf. *issei* e *nissei*

san.ta.lá.cea *s.f.* BOT espécime das santaláceas, família de árvores, arbustos e ervas, parasitas de raízes de outras plantas, várias das quais são us. para extração de madeira e óleos, como o sândalo ~ **santaláceo** *adj.*

san.tan.tô.nio *s.m. B* **1** saliência da sela à qual o montador pode se agarrar; santo-antônio **2** barra de metal transversal em teto de carros de corridas para evitar que este se amasse muito nas capotagens; santo-antônio

san.tei.ro *adj.* **1** devoto, beato ■ *adj.s.m.* **2** quem esculpe ou vende imagens e gravuras de santos **3** *B infrm.* que(m) indica locais para a prática de furtos

san.tel.mo *s.m.* pequena chama azulada que surge no topo dos mastros de navios durante tempestades, devido à eletricidade atmosférica

san.ti.da.de *s.f.* **1** estado de graça, de santificação **2** dedicação a coisas religiosas; religiosidade ▣ **Sua S.** título ou tratamento dado ao papa

san.ti.fi.ca.ção [pl.: *-ões*] *s.f.* **1** engrandecimento e valorização de alguém ou algo; exaltação **2** REL processo de canonização

san.ti.fi.car *v.* {mod. 1} *t.d.* **1** REL declarar santo; canonizar **2** celebrar conforme a lei da Igreja *<s. os domingos>* □ *t.d. e pron.* **3** tornar(-se) digno de admiração e respeito; glorificar(-se) **4** elevar(-se) pelo ensino e prática dos princípios religiosos ~ **santificado** *adj.* - **santificante** *adj.2g.*

san.tís.si.mo *adj.* **1** extremamente santo **2** tratamento dado ao papa ☞ inicial maiúsc. ■ *s.m.* **3** a hóstia consagrada ◉ GRAM/USO sup.abs.sint. de *santo*

san.tis.ta *adj.2g.* **1** de Santos (SP) ■ *s.2g.* **2** natural ou habitante dessa cidade

san.to *adj.* **1** que tem um caráter sagrado, religioso **2** bondoso, fraterno **3** perfeito, primoroso **4** REL diz-se de cada um dos dias santificados segundo a Igreja católica **5** útil, eficaz ■ *adj.s.m.* **6** REL que(m) é canonizado pela Igreja **7** que(m) é dado como milagroso e a quem o povo rende culto **8** que(m) é inocente, puro **9** *pej.* que(m) se finge de inocente, simples, ingênuo ■ *s.m.* **10** estátua ou imagem de quem foi canonizado

san.to-an.tô.nio [pl.: *santo-antônios*] *s.m.* santantônio

san.to-dai.me [pl.: *santos-daimes* e *santo-daimes*] *s.m.* REL **1** seita fundada no Acre, que tem elementos cristãos, ameríndios e estrangeiros **2** bebida alucinógena dada aos fiéis durante suas cerimônias religiosas

san.tu.á.rio *s.m.* **1** parte de um templo em que se realiza a missa **2** lugar, templo ou edifício consagrado por uma religião **3** BIO área em que a interferência humana é proibida, para preservação das espécies ali existentes

S

[1]**são** [pl.: *sãos*] *s.m.* forma de tratamento empregada para os santos que têm seus nomes iniciados por consoante, como, p.ex., *são Brás* [abrev.: *S.*] ☞ inicial freq. maiúsc. [ORIGEM: de *santo*]

[2]**são** [pl.: *sãos*; fem.: *sã*] *adj.s.m.* **1** que(m) tem saúde; sadio ■ *adj.* **2** que readquiriu a saúde; curado **3** que contribui para a saúde física e/ou espiritual; salutar **4** ileso, incólume, intacto *<s. e salvo>* **5** *fig.* sem defeitos ◉ GRAM/USO sup.abs.sint.: *saníssimo* [ORIGEM: do lat. *sanus,a,um* 'são, sadio']

são-ber.nar.do [pl.: *são-bernardos*] *s.m.* ZOO **1** raça de cães de origem suíça, de porte grande e pelagem muito densa **2** cão dessa raça, que socorre vítimas de tempestades de neve e avalanches

são-lu.i.sen.se [pl.: *são-luisenses*] *adj.2g.* **1** de São Luís (MA) ■ *s.2g.* **2** natural ou habitante dessa capital

sa.pa *s.f.* **1** pá com que se cavam trincheiras, fossas etc. **2** atividade de cavar trincheiras, fossos etc., ger. em operações militares

sa.pa.ta *s.f.* **1** VEST chinelo grosseiro de couro **2** estribo fechado em forma de chinelo **3** ENG MEC peça de mecanismo que provoca a frenagem por atrito **4** ENG alicerce que serve de base para uma construção **5** MÚS sapatilha ('almofada') **6** *pej. gros.* mulher homossexual

sa.pa.tão [pl.: *-ões*] *s.f. pej. gros.* mulher homossexual; sapata, lésbica

sa.pa.ta.ri.a *s.f.* **1** ofício de sapateiro **2** fábrica de sapatos **3** loja de sapatos **4** oficina para consertos de sapatos

sa.pa.te.a.do *s.m.* DNÇ dança executada com sapatos dotados de chapa metálica na sola, para produzir um ruído característico ~ **sapateador** *adj.s.m.*

sa.pa.te.ar *v.* {mod. 5} *int.* **1** dançar sapateado **2** bater com os pés no chão com força e repetidas vezes ~ **sapateio** *s.m.*

sa.pa.tei.ra *s.f.* **1** mulher de sapateiro **2** *B* móvel ou local onde se guardam sapatos

sa.pa.tei.ro *s.m.* quem vende, fabrica ou conserta calçados

sa.pa.ti.lha *s.f.* **1** VEST sapato de bailarinos **2** VEST sapato flexível e macio **3** MÚS almofada de algodão e pelica aplicada às chaves dos instrumentos de sopro; sapata

sa.pa.to *s.m.* VEST calçado, ger. de sola dura, que cobre o pé

sa.pé ou **sa.pê** *s.m.* BOT **1** nome comum a algumas plantas de que se usam os caules ou galhos secos para cobrir casas, estábulos etc. **2** o caule seco dessas plantas

sa.pe.ca *adj.2g.s.2g.* **1** que(m) é assanhado, irrequieto, levado **2** que(m) é saliente, namorador ~ **sapequice** *s.f.*

sa.pe.car *v.* {mod. 1} *t.d. B* **1** secar para conservar *<s. folhas de mate>* □ *t.d.,int. e pron.* **2** queimar(-se) ligeiramente; chamuscar(-se) □ *t.d.i. infrm.* **3** (prep. *em*) aplicar, pespegar, desferir (algo) em (alguém ou algo); tascar □ *t.d. S. infrm.* **4** bater de leve em

S

sá.pi.do *adj.* que tem sabor; gostoso, saboroso

sa.pi.ên.cia *s.f.* grande acervo de conhecimentos; sabedoria, erudição

sa.pi.en.te *adj.2g.s.2g.* que(m) tem sabedoria, erudição ◉ GRAM/USO sup.abs.sint.: *sapientíssimo*

sa.pin.dá.cea *s.f.* BOT espécime das sapindáceas, família de árvores, arbustos e cipós, algumas cultivadas pelos frutos comestíveis, pelas madeiras e para produção de bebidas estimulantes, como o guaraná ~ **sapindáceo** *adj.*

sa.pi.nho *s.m.* **1** sapo pequeno **2** MED doença parasitária que se manifesta sob a forma de placas brancas em certas mucosas, esp. nas fendas dos lábios

sa.po *s.m.* ZOO animal anfíbio sem cauda, de pele rugosa e seca ◉ COL saparia ▣ **engolir s.** *B infrm.* aguentar situação desagradável sem reagir

sa.po-cu.ru.ru [pl.: *sapos-cururus*] *s.m.* ZOO *B* grande sapo amarelado, com manchas marrons e verrugas avermelhadas, e glândulas de veneno atrás dos olhos; sapo-jururu, cururu

sa.po-ju.ru.ru [pl.: *sapos-jururus*] *s.m.* ZOO sapo-cururu

sa.pó.lio *s.m. B* tipo de sabão que contém pó mineral, us. para arear utensílios domésticos

sa.po.ná.ceo *adj.* **1** que tem as propriedades do sabão **2** que pode ser us. como sabão

sa.po.tá.cea *s.f.* BOT espécime das sapotáceas, família de árvores e arbustos, alguns cultivados pelos frutos, como o sapoti, outras pelas madeiras, como as maçarandubas ~ **sapotáceo** *adj.*

sa.po.ti *s.m.* BOT **1** árvore de regiões tropicais, com seiva leitosa, us. como chicle; sapotizeiro **2** o fruto do sapotizeiro, de casca fina marrom e polpa doce

sa.po.ti.zei.ro *s.m.* BOT árvore de regiões tropicais, com seiva leitosa us. como chicle, e fruto comestível, o sapoti

sa.pró.fi.to *s.m.* BOT vegetal que se nutre a partir de matéria orgânica em decomposição ~ **saprofitismo** *s.m.*

sa.qua.re.ma *s.2g.* **1** HIST denominação atribuída ao partido conservador e a seus membros em 1842, no Império **2** *RJ pej.* pessoa que vive na zona rural **3** *RJ pej.* pessoa que reside nos subúrbios ◉ GRAM/USO tb. us. como adjetivo

[1]**sa.que** *s.m.* ato de saquear ou o seu efeito; pilhagem [ORIGEM: do v. *saquear*]

[2]**sa.que** *s.m.* **1** retirada de dinheiro de conta bancária, investimento etc. **2** expedição de título de crédito ou ordem de pagamento **3** ESP jogada inicial de vôlei, tênis etc. [ORIGEM: do v. *sacar*]

sa.quê *s.m.* aguardente japonesa feita de arroz fermentado

sa.que.ar *v.* {mod. 5} *t.d. e int.* **1** apossar-se com violência dos pertences, valores de; pilhar □ *t.d.* **2** apoderar-se de forma ilícita de; roubar **3** *fig.* assolar, devastar *<o tufão saqueou a cidade>* ~ **saqueador** *adj.s.m.*

sa.ra.ba.ta.na *s.f.* zarabatana

sa.ra.co.te.ar *v.* {mod. 5} *t.d.,int. e pron.* **1** mexer (o corpo, os quadris) em movimentos rápidos; rebolar(-se) □ *int.* **2** mover-se de modo irrequieto, agitado ~ **saracoteador** *adj.s.m.*

sa.ra.co.tei.o *s.m.* requebro dos quadris; rebolado

sa.ra.cu.ra *s.f.* ZOO ave pernalta que vive em brejos ou lagoas

sa.ra.do *adj.* **1** que recuperou a saúde **2** *B S.E. infrm.* moldado por esportes e exercícios; malhado *<corpo s.>*

sa.rai.va *s.f.* **1** granizo **2** saraivada

sa.rai.va.da *s.f.* **1** chuva de granizo **2** *fig.* grande quantidade de coisas que se sucedem sem parar

sa.ram.po *s.m.* MED doença infecciosa, provocada por vírus, que apresenta febre alta, conjuntivite, coriza e manchas vermelhas na pele seguidas de descamação

sa.ra.pa.tel [pl.: *-éis*] *s.m.* CUL ensopado de sangue, tripas e miúdos de porco ou carneiro, bem condimentado ☞ cf. *sarrabulho*

sa.ra.pin.tar *v.* {mod. 1} *t.d. e pron.* pintalgar

sa.rar *v.* {mod. 1} *t.d.,t.d.i.,t.i.,int. e pron.* **1** (prep. *de*) restituir ou recuperar a saúde (doente, enfermo); curar(-se) *<o remédio sarou-o (da gripe)> <s. da hepatite> <com a medicação certa, sarou(-se) logo>* □ *t.d.* **2** eliminar os efeitos, os sintomas de (doença, mal) □ *int.* **3** cicatrizar-se, fechar-se

sa.ra.rá *adj.2g.s.2g.* **1** (mulato) de cabelos muito crespos e alourados ou arruivados ■ *adj.2g.* **2** diz-se da cor arruivada e do cabelo muito crespo de certos mulatos ■ *s.2g.* **3** albino

sa.rau *s.m.* reunião festiva, ger. noturna, para ouvir música, poesia, dançar ou conversar

sa.ra.vá *interj.* us. como saudação; salve

sar.cas.mo *s.m.* ironia maliciosa; escárnio, zombaria ~ **sarcástico** *adj.*

sar.có.fa.go *s.m.* **1** túmulo no qual os antigos colocavam os cadáveres que não seriam incinerados **2** *p.ext.* qualquer túmulo, tumba

sar.co.ma *s.m.* MED tumor maligno de tecido conjuntivo que pode ocorrer em osso, músculo etc.

sar.da *s.f.* pequena mancha na pele, acentuada após exposição ao sol

sar.den.to *adj.* que tem a pele manchada de sardas

sar.di.nha *s.f.* ZOO pequeno peixe marinho de corpo prateado que vive em cardume, muito us. na alimentação

sar.dô.ni.co *adj.* caracterizado por escárnio ou desdém; sarcástico

sar.ga.ço *s.m.* BOT nome comum a algas fixas às rochas do litoral ou flutuantes que ocorrem em mares quentes

sar.gen.to *s.2g.* MIL **1** posto em corporação militar entre o cabo e o subtenente ou suboficial **2** militar que ocupa esse posto

sa.ri.guê /gü/ *s.m.* ZOO gambá

sa.ri.lhar *v.* {mod. 1} *t.d.* **1** ensarilhar ('enrolar') □ *int.* **2** mover-se de um lado para outro

sa.ri.lho *s.m.* **1** artefato no qual se enrolam fios para fazer meadas **2** cilindro em volta do qual se enrolam cabos us. para erguer pesos **3** pequena roda dentada us. para tirar água de poços e cisternas; nora **4** MIL haste com braços em cruz para apoiar armas **5** MIL grupo de armas apoiadas umas nas outras pelas baionetas **6** *infrm.* confusão, briga

[1]**sar.ja** *s.f.* tecido entrançado de lã, algodão ou seda [ORIGEM: do fr. ant. *sarge* 'id.']

[2]**sar.ja** *s.f.* MED incisão superficial na pele para drenar pus de um tumor ou retirar sangue [ORIGEM: desc.] ~ **sarjar** *v.t.d.*

sar.je.ta /ê/ *s.f.* escoadouro para as águas das chuvas que beira o meio-fio das calçadas

sar.na *s.f.* MED doença contagiosa da pele, causada por certos ácaros e caracterizada por intensa coceira; escabiose ~ **sarnento** *adj.s.m.*

sar.nam.bi *s.m.* ZOO → ***SERNAMBI***

sa.ron.gue *s.m.* VEST pedaço de tecido estampado, que as mulheres e os homens do arquipélago da Malásia e da Oceania usam ger. amarrado na cintura

sar.ra.bu.lho *s.m.* **1** sangue de porco coagulado **2** CUL ensopado feito com esse sangue, miúdos, carne e gordura de porco ☞ cf. *sarapatel* **3** *fig.* confusão

sar.ra.ce.no *adj.s.m.* HIST (indivíduo) do povo nômade anterior ao islamismo que habitava os desertos entre a Síria e a Arábia, e depois o norte da África e a península Ibérica

sar.ra.fo *s.m.* **1** pedaço de madeira estreito e comprido; ripa **2** pedaço de pau; cacete

sar.ro *s.m.* **1** borra que o vinho ou outros líquidos deixam no fundo de suas vasilhas **2** resíduo de nicotina e fumo **3** crosta que se forma em volta de dentes mal escovados **4** saburra ('camada')

sa.ru.ê *s.m.* **1** ZOO *N.E.* gambá **2** *N.E.* espiga de milho quase sem grãos **3** MÚS DNÇ *C.-O.* dança sertaneja com elementos de quadrilha ■ *adj.2g.s.2g.* **4** *B* que(m) apresenta albinismo

sashimi [jap.] *s.m.* CUL fatia fina de peixe cru, degustada com molho de soja e pasta apimentada ⇒ pronuncia-se saxi**mi**

sa.tã *s.m.* diabo ☞ inicial freq. maiúsc.

sa.ta.nás [pl.: *-es*] *s.m.* diabo ☞ inicial freq. maiúsc. ~ **satanismo** *s.m.* - **satanista** *adj.2g.s.2g.* - **satanizar** *v.t.d.*

sa.tâ.ni.co *adj.* relativo a Satanás; diabólico, terrível

sa.té.li.te *s.m.* ASTR **1** corpo celeste que gravita em torno de outro ■ *adj.2g.* **2** *p.ext.* que depende política e economicamente de outro (diz-se de país, nação) ▣ **s. artificial** ASTR ENG artefato ou veículo que gira em torno do Sol, de um planeta ou de um satélite para fins de pesquisa, telecomunicações ou observação

sá.ti.ra *s.f.* **1** LIT composição literária que ironiza costumes, pessoas, instituições **2** ironia, zombaria ~ **satírico** *adj.s.m.*

sa.ti.ri.zar *v.* {mod. 1} *t.d.* **1** expor, fazendo parecer ridículo; ridicularizar, zombar **2** fazer críticas satíricas a □ *int.* **3** escrever sátiras

sá.ti.ro *s.m.* **1** semideus lascivo da floresta, representado por um ser com chifres, pernas de bode e uma pequena cauda **2** *fig.* homem devasso

sa.tis.fa.ção [pl.: *-ões*] *s.f.* **1** contentamento pela realização do que se queria **1.1** prazer, alegria **2** explicação, desculpa ou justificativa que se dá ou exige de alguém

sa.tis.fa.tó.rio *adj.* **1** que causa satisfação **2** razoável, aceitável

S

sa.tis.fa.zer *v.* {mod. 14} *t.d. e t.i.* **1** (prep. *a*) dar execução a; cumprir, realizar *<s. uma promessa> <s. às obrigações>* **2** (prep. *a*) atender plenamente a (exigências, requisitos); cumprir, preencher *<é seu dever s. as necessidades da população> <finalmente, pude s. aos meus desejos>* ☐ *t.d.,int. e pron.* **3** ser suficiente ou conveniente (para); bastar, contentar(-se) *<o estoque satisfaz a demanda> <seu desempenho não satisfaz> <s.-se com pouco é uma vantagem>* ☐ *t.d. e pron.* **4** comer e/ou beber até fartar(-se); saciar(-se) *<s. a vontade de beber> <s.-se com o bolo>* ◉ GRAM/USO part.: *satisfeito*

sa.tis.fei.to *adj.* **1** que denota contentamento, alegria; alegre, contente **2** sem fome ou sede **3** que se realizou; cumprido, realizado *<ordem s.>* **4** totalmente atendido em suas exigências ou necessidades **5** cujo pagamento foi efetuado; pago, quite

sa.tu.ra.do *adj.* **1** repleto, abarrotado **2** *fig.* muito aborrecido, entediado ou farto **3** QUÍM que só possui ligações simples (composto químico) ☞ cf. *insaturado* **4** QUÍM que contém a máxima quantidade de gás ou sólido dissolvido (diz-se de solução)

sa.tu.rar *v.* {mod. 1} *t.d. e pron.* **1** aplacar a fome, a sede (de); saciar(-se) *<conseguiram, afinal, s. o guloso> <s.-se de comida>* **2** chegar aos limites de resistência ou tolerância; fartar(-se) *<as reclamações dos moradores saturaram o síndico> <s.-se de queixas>* ☐ *t.d. e t.d.i.* **3** (prep. *de*) encher inteiramente; impregnar *<o perfume saturava o ar> <s. de vapor um ambiente>* ☐ *t.d.* QUÍM **4** produzir (composto, substância etc.) com a maior quantidade possível de uma solução sobre outra ~ **saturação** *s.f.* - **saturador** *adj.s.m.*

sa.tur.ni.no *adj.* **1** relativo ao planeta Saturno ☞ cf. *Saturno* na parte enciclopédica **2** relativo ao chumbo e a seus compostos **3** provocado pelo chumbo (diz-se de doença)

sa.tur.nis.mo *s.m.* MED intoxicação por chumbo ou por um de seus compostos

sa.tur.no *s.m.* nome do sexto planeta do sistema solar, a partir do Sol ☞ inicial maiúsc.; cf. *Saturno* na parte enciclopédica ~ **saturnal** *adj.2g.*

sau.da.ção [pl.: *-ões*] *s.f.* **1** gesto ou palavra de cumprimento **2** demonstração de cortesia, admiração ou respeito

sau.da.de *s.f.* sentimento nostálgico ligado à memória de alguém ou algo ausente

sau.dar *v.* {mod. 2} *t.d. e pron.* **1** dirigir cumprimentos (a); cumprimentar(-se) *<s. um conhecido> <ao final do encontro, todos se saudaram>* ☐ *t.d.* **2** demonstrar respeito a; aclamar, louvar *<s. o time campeão>*

sau.dá.vel [pl.: *-eis*] *adj.2g.* **1** que é bom para a saúde; salutar **2** que tem saúde **3** que proporciona bem-estar

sa.ú.de *s.f.* **1** estado do organismo livre de doenças **2** força física, vigor ■ *interj.* **3** voto que se faz a alguém que espirra **4** expressão us. ao se fazer um brinde

sau.do.sis.mo *s.m.* apego ao passado ~ **saudosista** *adj.2g.s.2g.*

sau.do.so /ô/ [pl.: /ó/; fem.: /ó/] *adj.* **1** que sente saudades **2** que inspira saudades *<tempos s.>*

sau.na *s.f.* **1** banho de vapor ou de calor seco **2** estabelecimento, cômodo ou equipamento próprio para esse banho

sáu.rio *s.m.* ZOO **1** espécime dos sáurios, subordem de répteis com escamas que inclui os lagartos, encontrados em todo o mundo ■ *adj.* **2** relativo a esse espécime ou a essa subordem

sa.ú.va *s.f.* ZOO nome comum a várias formigas que cortam pedaços de folhas e carregam para seus ninhos, e constituem uma das maiores pragas agrícolas no Brasil

sa.va.na *s.f.* BOT vegetação tropical seca caracterizada por grama, arbustos rasteiros e árvores esparsas

sa.vei.ro *s.m.* MAR embarcação a vela, de um ou dois mastros, us. para transporte de passageiros, carga ou para pesca

sax /cs/ *s.m.2n.* MÚS saxofone ◉ GRAM/USO admite-se tb. o pl. *saxes*

sa.xão /cs/ [pl.: *-ões*] *s.m.* **1** HIST indivíduo de antigo povo germânico **2** *p.ext.* inglês (por ter sido a Inglaterra invadida por várias tribos saxônicas) **3** HIST LING língua falada pelos antigos saxões **4** indivíduo do povo germânico que habita o moderno estado da Saxônia ■ *adj.* **5** relativo a esses indivíduos, povos ou língua ~ **saxônico** *adj.*

sa.xo.fo.ne /cs/ *s.m.* MÚS instrumento de sopro de metal, com chaves e palheta simples; sax ~ **saxofonista** *adj.2g.s.2g.*

sa.zão [pl.: *-ões*] *s.f.* **1** cada uma das estações do ano **2** época própria para a colheita dos frutos **3** *fig.* ocasião favorável ~ **sazonal** *adj.2g.*

sa.zo.nar *v.* {mod. 1} *t.d.,int. e pron.* **1** (fazer) ficar maduro; amadurecer(-se) *<o calor sazonou as mangas> <o fruto já (se) sazonou>* ☐ *pron. fig.* **2** tornar-se melhor; aprimorar-se *<ninguém acreditou que aquele pintor viria a s.-se>* ☐ *t.d.* **3** temperar, condimentar *<s. o peixe>*

Sb QUÍM símbolo de *antimônio*

Sc QUÍM símbolo de *escândio*

SC sigla do Estado de Santa Catarina

scanner [ing.] *s.m.* ver ***ESCÂNER*** ⇒ pronuncia-se scaner

script [ing.; pl.: *scripts*] *s.m.* roteiro ('texto') ⇒ pronuncia-se script

[1]**se** *pron.p.* **1** da 3ª p.sing., caso oblíquo **2** indica fato ocorrido com o sujeito *<o pintor matou-se>* **3** designa reflexividade *<ele mirou-se com prazer (mirou a si mesmo)>* **4** designa reciprocidade *<o casal beijou-se ali mesmo>* **5** assinala a voz passiva *<alugam-se casas (= casas são alugadas)>* **6** marca indeterminação do sujeito *<precisa-se de vendedores (= alguém não indicado precisa de vendedores)>* [ORIGEM: do lat. *se* (pron.) 'id']

²se *conj.cond.* **1** no caso de *<se chover, não vou>* ■ *conj.temp.* **2** quando, enquanto *<se fala, irrita a todos>* ■ *conj.caus.* **3** visto que, uma vez que *<se você tem carro, por que ir a pé?>* ■ *conj.intg.* **4** se acaso, se porventura *<não sei se ele vem>* [ORIGEM: do lat. *sī* (conj.) 'se']

Se QUÍM símbolo de *selênio*

¹SE sigla do Estado de Sergipe

²SE símbolo de *sueste* ou *sudeste* (na rosa dos ventos)

S.E. abrev. de *sudeste* ('região')

sé *s.f.* igreja principal de uma diocese

se.a.bór.gio *s.m.* QUÍM elemento químico artificial [símb.: *Sg*] ☞ cf. *tabela periódica* (no fim do dicionário)

se.a.ra *s.f.* **1** campo de cereais **2** terreno cultivado

se.bá.ceo *adj.* **1** que contém ou produz matérias sebosas **2** que tem sebo; sebento, seboso

se.be *s.f.* cerca de plantas vivas ou de arbustos e ramos secos

se.ben.to *adj.* seboso

se.bo /ê/ *s.m.* **1** substância gordurosa encontrada nas vísceras abdominais de alguns ruminantes **2** secreção das glândulas sebáceas que protege a pele **3** *p.ext.* qualquer substância gordurosa **4** camada suja, lustrosa, engordurada **5** *B* livraria que comercializa livros usados

se.bor.rei.a /éi/ *s.f.* secreção excessiva das glândulas sebáceas ~ **seborreico** *adj.*

se.bo.so /ô/ [pl.: /ó/; fem.: /ó/] *adj.* **1** da natureza do sebo **2** coberto ou sujo de sebo ou gordura; engordurado ■ *adj.s.m.* **3** *B pej.* que(m) é sujo, imundo **4** *B infrm.* que(m) é convencido, pretensioso

Se.bra.e *s.m.* sigla de Serviço Brasileiro de Apoio às Micro e Pequenas Empresas

se.ca /ê/ *s.f.* estiagem longa; falta de chuvas

se.ca.dor /ô/ [pl.: *-es*] *adj.s.m.* **1** (o) que seca **2** (aparelho) que se usa para secar (cabelos, grãos, roupa etc.)

se.ca.gem [pl.: *-ens*] *s.f.* ato de secar ou o seu efeito; enxugamento

¹se.can.te *adj.2g.s.2g.* (substância) que acelera a secagem dos óleos [ORIGEM: do lat. *siccans,antis* 'o que seca']

²se.can.te *adj.2g.s.f.* **1** GEOM (reta) que intercepta outra reta ou curva **2** MAT (função) que é igual ao inverso do cosseno [ORIGEM: do lat. *secans,antis* 'que separa cortando']

se.ção [pl.: *-ões*] ou **sec.ção** [pl.: *-ões*] *s.f.* **1** porção retirada de um inteiro; parcela **2** local onde algo foi cortado ou dividido **3** cada uma das divisões correspondentes a determinado serviço ou estabelecimento comercial **4** subdivisão de uma obra, tratado, estudo etc. ☞ cf. *sessão* e *cessão*

se.car *v.* {mod. 1} *t.d.,int. e pron.* **1** (fazer) ficar sem água ou umidade; enxugar, desidratar(-se) **2** (fazer) deixar de correr (líquido); estancar(-se) **3** (fazer) perder o viço, força; murchar(-se) □ *int. e pron.* **4** emagrecer, definhar □ *t.d. B infrm.* **5** lançar um mau-olhado sobre; invejar ◉ GRAM/USO part.: *secado, seco*

sec.ção [pl.: *-ões*] *s.f.* → ***SEÇÃO***

sec.ci.o.nar *v.* {mod. 1} *t.d. e pron.* → ***SECIONAR***

se.ces.são [pl.: *-ões*] *s.f.* **1** ato de separar(-se) do que estava unido; separação **2** DIR separação de uma porção da unidade política para constituir outra

se.ci.o.nar ou **sec.ci.o.nar** *v.* {mod. 1} *t.d. e pron.* dividir(-se) em pedaços ou porções; cortar, partir(-se)

se.co /ê/ *adj.* **1** sem umidade **2** sem chuva **3** de que se extrai a umidade para conservação ou exportação (diz-se de alimento) **4** murcho, ressequido **5** muito magro **6** *fig.* sem cortesia, grosseiro **7** *fig. B infrm.* cheio de desejo; ansioso ◉ GRAM/USO part. de *secar*

se.cre.ção [pl.: *-ões*] *s.f.* **1** produção e liberação de substâncias por glândulas **2** a substância secretada

se.cre.tar *v.* {mod. 1} *t.d.* expelir (secreção); segregar, excretar

se.cre.ta.ri.a *s.f.* **1** local público ou particular onde são feitos serviços de administração e arquivados documentos; repartição **2** conjunto de órgãos públicos que cuida de um certo setor da administração estadual ☞ cf. *secretária*

se.cre.tá.ria *s.f.* **1** escrivaninha **2** mulher que desempenha as funções de secretário ☞ cf. *secretaria*

se.cre.ta.ri.a.do *s.m.* **1** função ou cargo de secretário **2** conjunto dos secretários de um estado **3** *B* curso preparatório para o exercício da função de secretário

se.cre.ta.ri.ar *v.* {mod. 1} *t.d. e int.* desempenhar as funções de secretário (para)

se.cre.tá.rio *s.m.* **1** quem faz a ata das assembleias **2** quem é responsável pela organização administrativa de uma empresa, repartição etc. **3** quem redige cartas, organiza correspondência, agenda compromissos etc. num escritório

se.cre.to *adj.* **1** que está em segredo; incógnito **2** confidencial

se.cre.tor /ô/ [pl.: *-es*] *adj.s.m.* (o) que segrega

sec.tá.rio *adj.s.m.* **1** que(m) pertence a uma seita **2** que(m) segue apaixonadamente uma doutrina ou posição religiosa **3** intransigente ~ **sectarismo** *s.m.*

se.cu.lar [pl.: *-es*] *adj.2g.* **1** relativo a século **2** que atingiu cem anos; centenário **3** que se faz a cada século **4** que não cabe à Igreja; profano **5** *p.ext.* muito antigo ou muito longo ■ *adj.2g.s.2g.* **6** (eclesiástico) que não pertence a uma ordem religiosa e participa do mundo civil ~ **secularidade** *s.f.*

se.cu.la.ri.zar *v.* {mod. 1} *t.d. e pron.* **1** (fazer) voltar à vida leiga (o que era da vida religiosa); deixar de pertencer a uma ordem ou à vida religiosa □ *t.d.* **2** sujeitar às leis civis **3** tomar (bens ou terras de Igreja) ~ **secularização** *s.f.*

sé.cu.lo *s.m.* **1** espaço ou duração de cem anos; centenário **2** *p.ext.* período de tempo dado como longo **3** tempo ou época conhecida por algum fato ou pessoa importante **4** a vida profana, não religiosa

se.cun.dar *v.* {mod. 1} *t.d.* **1** criar condições para; propiciar ☐ *t.d. e t.d.i.* **2** (prep. *em*) ajudar em (trabalho, função, tarefa); auxiliar *<a história da arte secunda a compreensão da literatura> <o mestre secundou o aluno na elaboração da tese>* ☐ *t.d. e int. B* **3** fazer ou tentar pela segunda vez; repetir

se.cun.dá.rio *adj.* **1** que está em segundo lugar ou ordem **2** de menor importância ■ *s.m.* **3** antigo curso equivalente ao ensino médio

se.cun.di.nas *s.f.pl.* placenta, cordão umbilical e membranas expulsas após o parto

se.cu.ra *s.f.* **1** característica do que é ou está seco **2** falta de água; seca **3** sensação de sede **4** *fig.* aspereza no trato; frieza

se.cu.ri.tá.rio *adj.* **1** relativo a seguro ('contrato') ■ *adj.s.m.* **2** que(m) trabalha para companhia de seguros

se.da /ê/ *s.f.* **1** substância brilhosa que constitui o casulo do bicho-da-seda **2** *p.ext.* o fio feito dessa substância **3** *p.ext.* o tecido feito com esse fio

se.dar *v.* {mod. 1} *t.d.* **1** acalmar (o que estava excitado ou perturbado) **2** dar sedativo a; dopar **3** MED controlar ação exagerada de (órgão ou sistema de órgãos) ~ **sedação** *s.f.*

se.da.ti.vo *adj.s.m.* FARM (medicamento) que acalma ou faz diminuir dor, ansiedade etc.

se.de *s.f.* **1** local onde uma empresa ou instituição tem seu principal estabelecimento **2** local escolhido para nele acontecer algo

se.de /ê/ *s.f.* **1** vontade ou necessidade de ingerir líquido **2** *fig.* desejo ardente; ânsia

se.den.tá.rio *adj.s.m.* **1** que(m) passa muito tempo sentado, em função de sua atividade profissional **2** *p.ext.* que(m) se movimenta ou se exercita pouco ■ *adj.* **3** que tem habitação fixa **4** em que se fica sentado todo o tempo (diz-se de trabalho ou ocupação) ~ **sedentariedade** *s.f.* - **sedentarismo** *s.m.*

se.den.to *adj.* **1** que tem muita sede **2** que sente forte desejo ou tem avidez de algo

se.di.ar *v.* {mod. 1} *t.d.* servir de sede a (evento, comemoração etc.); acolher

se.di.ção [pl.: *-ões*] *s.f.* **1** perturbação da ordem pública **2** crime contra a segurança do Estado

se.di.ci.o.so /ô/ [pl.: /ó/; fem.: /ó/] *adj.s.m.* **1** que(m) provoca sedição; revoltoso, insurgente ■ *adj.* **2** que tem caráter de sedição **3** que não segue regras; indisciplinado

se.di.men.ta.ção [pl.: *-ões*] *s.f.* **1** formação de sedimento **2** solidificação **3** GEOL processo de formação ou acumulação de sedimento em camadas; acumulação

[1]**se.di.men.tar** [pl.: *-es*] *adj.2g.* **1** próprio de ou que contém sedimento **2** GEOL formado pela acumulação de sedimentos [ORIGEM: *sedimento* + [1]*-ar*]

[2]**se.di.men.tar** *v.* {mod. 1} *int. e pron.* **1** formar sedimento ☐ *t.d. e pron. fig.* **2** tornar(-se) firme, sólido; solidificar(-se) [ORIGEM: *sedimento* + [2]*-ar*]

se.di.men.to *s.m.* **1** GEOL material sólido depositado pela ação da gravidade na água ou no ar **2** *p.ext.* qualquer depósito material insolúvel

se.do.so /ô/ [pl.: /ó/; fem.: /ó/] *adj.* **1** que tem o aspecto e a natureza da seda **2** *p.ext.* agradável ao tato; macio

se.du.ção [pl.: *-ões*] *s.f.* **1** conjunto de qualidades que despertam simpatia, atração, desejo etc.; fascínio **2** capacidade de persuasão **3** *p.ext.* aquilo que seduz, atrai, encanta ~ **sedutor** *adj.s.m.*

se.du.zir *v.* {mod. 24} *t.d.* **1** convencer com astúcia, prometendo vantagens **2** exercer influência irresistível sobre; fascinar **3** atrair para fins sediciosos **4** persuadir (moça virgem) a ter relações sexuais ~ **sedutor** *adj.s.m.* - **seduzido** *adj.*

se.ga *s.f.* ceifa ☞ cf. *cega*

se.ga.dei.ra *s.f.* ceifadeira

se.gar *v.* {mod. 1} *t.d. e int.* **1** cortar (cereais, ervas etc.) com foice ☐ *t.d.* **2** *p.ext.* fatiar **3** *fig.* pôr fim a ☞ cf. *cegar* ~ **segador** *adj.s.m.*

[1]**seg.men.tar** [pl.: *-es*] *adj.2g.* **1** relativo a segmento **2** formado por vários segmentos [ORIGEM: *segmento* + [1]*-ar*]

[2]**seg.men.tar** *v.* {mod. 1} *t.d.* dividir em segmentos; fracionar [ORIGEM: *segmento* + [2]*-ar*] ~ **segmentação** *s.f.* - **segmentado** *adj.*

seg.men.to *s.m.* **1** parte de um todo **2** GEOM porção de uma reta ou uma curva limitada por dois pontos ~ **segmentado** *adj.*

se.gre.dar *v.* {mod. 1} *t.d.,t.d.i. e int.* (prep. *a*) dizer em segredo ou em voz baixa; confidenciar, cochichar *<s. uma novidade (à amiga)> <estava sempre segredando>*

se.gre.do /ê/ *s.m.* **1** o que não deve ser revelado **2** o que se diz, em voz baixa, no ouvido de alguém **3** meio conhecido por poucos para atingir determinado fim **4** dispositivo oculto que só pode ser manejado de certa maneira *<s. de cofre>*

se.gre.ga.ção [pl.: *-ões*] *s.f.* DIR ato ou efeito de segregar(-se); afastamento, separação ▣ **s. racial** **1** fato de uma minoria racial julgada inferior ser afastada do convívio da maioria, que se considera etnicamente superior; discriminação racial **2** qualquer prática em que ocorra discriminação para acesso a emprego, direito a voto, casamento etc.; discriminação racial

se.gre.gar *v.* {mod. 1} *t.d.,t.d.i. e pron.* **1** (prep. *de*) separar(-se) para isolar, evitar contato; desligar(-se) *<s. uma parte da população> <s. o povo da discussão> <s.-se do convívio social>* **2** (prep. *de*) [fazer] ficar distante, à parte (de); separar(-se) *<o ciúme segrega o casal> <a sabedoria segrega os bons dos maus>* ☐ *t.d.* **3** expelir (qualquer secreção); secretar *<s. bílis>*

se.gui.da *s.f.* ato de seguir ou o seu efeito ▣ **em s.** logo depois; imediatamente

se.guin.te *adj.2g.s.m.* (o) que (se) segue; (o) que vem logo depois

S

se.guir *v.* {mod. 28} *t.d.* **1** ir atrás ou na companhia de; acompanhar **2** ir na pista ou no encalço de; perseguir **3** ter como modelo; imitar **4** acompanhar com o olhar *<o cão seguia o voo dos pássaros>* **5** observar com atenção; examinar *<s. um raciocínio>* **6** ser partidário de; aderir **7** cumprir, respeitar (normas, regras, preceitos) **8** exercer (carreira, profissão) *<fez duas faculdades, mas seguiu odontologia>* **9** ir ao longo de *<s. a margem do rio>* ☐ *t.d.,int. e pron.* **10** vir depois de; suceder, prosseguir *<o sucesso seguiu sua luta> <não desanime, siga adiante> <ao exercício segue-se o relaxamento>* ☐ *int.* **11** continuar, prosseguir *<o sargento ordenou que a tropa seguisse>* **12** ir em certa direção *<siga à direita>* ~ **seguidor** *adj.s.m.* - **seguimento** *s.m.*

se.gun.da *s.f.* red. de ***SEGUNDA-FEIRA***

se.gun.da-fei.ra [pl.: *segundas-feiras*] *s.f.* o segundo dia da semana, a partir do domingo

[1]**se.gun.do** *adj.* **1** que vem ou está em segundo lugar; inferior, imediato *<capítulo s.>* ■ *n.ord.* **2** (o) que, numa sequência, ocupa a posição número dois [ORIGEM: lat. *secundus,a,um* 'id.']

[2]**se.gun.do** *prep.* **1** de acordo com *<s. o autor, o livro já foi lançado>* ■ *conj.confr.* **2** conforme, como *<cada um recebe s. o que produz>* **3** à medida que *<aumentava a carga s. ia ficando mais forte>* [ORIGEM: lat. *secundum* 'id.']

se.gun.do-sar.gen.to [pl.: *segundos-sargentos*] *s.m.* MIL **1** nas três armas, graduação imediatamente superior à de terceiro-sargento e inferior à de primeiro-sargento **2** oficial que detém essa graduação

se.gun.do-te.nen.te [pl.: *segundos-tenentes*] *s.m.* MIL **1** no Exército e na Aeronáutica, posto logo acima do de aspirante a oficial e imediatamente inferior a primeiro-tenente **2** na Marinha do Brasil, posto logo acima do de guarda-marinha e imediatamente inferior a primeiro-tenente **3** oficial que detém um desses postos

se.gu.ra.do *adj.* **1** que se segurou **2** que tem seguro **3** que está no seguro

se.gu.ra.dor /ô/ [pl.: *-es*] *adj.s.m.* **1** que(m) segura **2** (o) que agarra ou prende **3** DIR (o) que se compromete a ser o fiador ou a assumir os riscos mencionados no contrato de seguro

se.gu.ra.do.ra /ô/ *s.f.* companhia de seguro

se.gu.ra.men.te *adv.* **1** com toda a segurança, sem erro **2** muito possivelmente; decerto *<ele tem s. uns 16 anos>*

se.gu.ran.ça *s.f.* **1** ação ou efeito de tornar seguro; firmeza **2** estado ou condição do que está protegido **3** autoconfiança ■ *s.2g.* **4** pessoa responsável pela proteção pessoal de alguém ou de algo

se.gu.rar *v.* {mod. 1} *t.d.* **1** agarrar, prender, pegar **2** tornar seguro; fixar *<s. a estante>* **3** não se desfazer de; guardar *<s. as melhores cartas>* **4** levar nas mãos, nos braços; carregar ☐ *t.d. e t.d.i.* **5** (prep. *a*) dar como certo; assegurar, garantir *<s. uma promessa (a alguém)>* ☐ *t.d.,t.i. e pron.* **6** (prep. *a*, *em*) apoiar ou agarrar com as mãos; firmar(-se), sustentar(-se) *<s. um objeto> <s. na mão do filho> <s.-se ao corrimão da escada>* ☐ *t.d. e pron.* **7** acautelar(-se) contra os efeitos de acidentes ou prejuízos *<s.-se é um ato de bom senso>* ◉ GRAM/USO part.: *segurado, seguro*

se.gu.ro *adj.* **1** estável, fixo **2** posto a salvo; protegido **3** que demonstra autoconfiança **4** preso ■ *s.m.* **5** o que serve de garantia, amparo, proteção **6** DIR contrato que obriga indenização em casos de acidente, morte etc.

se.gu.ro-de.sem.pre.go [pl.: *seguros-desempregos* e *seguros-desemprego*] *s.m.* DIR assistência temporária em dinheiro que o poder público dá ao trabalhador quando este é dispensado de um emprego

sei.o *s.m.* **1** ANAT cada uma das glândulas mamárias da mulher **2** ANAT cavidade no interior de um osso **3** *fig.* a alma, o âmago, o interior

seis *n.card.* **1** cinco mais um **2** diz-se desse número *<cartões de número s.>* **3** diz-se do sexto elemento de uma série *<capítulo s.>* **4** que equivale a essa quantidade (diz-se de medida ou do que é contável) *<ter s. filhos>* ■ *s.m.2n.* **5** representação gráfica desse número ☞ em algarismos arábicos, *6*; em algarismos romanos, *VI*

seis.cen.té.si.mo *n.ord.* sexcentésimo

seis.cen.tos *n.card.* **1** quinhentos mais cem **2** diz-se desse número *<ofício de número s.>* **3** diz-se do seiscentésimo elemento de uma série *<poltrona s.>* **4** que equivale a essa quantidade (diz-se de medida ou do que é contável) *<um prédio de s. moradores>* ■ *s.m.2n.* **5** representação gráfica desse número ☞ em algarismos arábicos, *600*; em algarismos romanos, *DC* ◉ GRAM/USO seguido do conectivo *e* antes das dezenas e unidades, forma os numerais cardinais entre 600 e 700

sei.ta *s.f.* **1** conjunto de pessoas que professam a mesma doutrina ou religião **2** doutrina ou sistema que se afasta da crença ou opinião geral

sei.va *s.f.* **1** BOT líquido com propriedades nutritivas que circula no interior dos vegetais **2** *p.ext.* qualquer fluido orgânico aquoso

sei.xo *s.m.* GEOL pedra miúda arredondada

se.la *s.f.* assento que se põe sobre o lombo das montarias ☞ cf. *cela* ◉ COL selaria

[1]**se.lar** *v.* {mod. 1} *t.d.* **1** pôr sinete, estampilha, selo ou carimbo em **2** cerrar, fechar bem *<s. um cofre>* **3** *fig.* tornar efetivo; validar *<s. um contrato>* **4** *fig.* pôr fim a; concluir *<s. a tese>* [ORIGEM: do lat. *sigillāre* 'pôr selo em']

[2]**se.lar** *v.* {mod. 1} *t.d.* pôr a sela em (montaria) [ORIGEM: *sela* + [2]*-ar*]

se.la.ri.a *s.f.* **1** indústria ou comércio de selas **2** conjunto de selas e outros arreios **3** local onde se guardam selas e arreios

se.le.ção [pl.: *-ões*] *s.f.* **1** escolha sob critérios definidos **2** ESP grupo de atletas escolhidos entre os melhores; escrete ▣ **s. natural** BIO sobrevivência de indivíduos ou grupos que melhor se adaptam ao meio ambiente

S

se.le.cio.na.do *s.m.* **1** ESP *B* grupo de atletas que formam uma seleção ■ *adj.* **2** escolhido; preferido

se.le.cio.nar *v.* {mod. 1} *t.d.* optar por (alguém ou algo), entre dois ou mais, segundo certos critérios; escolher

se.lei.ro *adj.s.m.* **1** que(m) fabrica selas ou é dono de selaria **2** que(m) monta bem ☞ cf. *celeiro*

se.lê.nio *s.m.* QUÍM elemento químico us. em semicondutores, xerografia, fotômetros etc. [símb.: *Se*] ☞ cf. *tabela periódica* (no fim do dicionário)

se.le.ni.ta *adj.2g.* **1** relativo à Lua ■ *s.2g.* **2** hipotético habitante da Lua

se.le.ta *s.f.* **1** LIT conjunto de textos literários escolhidos; antologia **2** certa variedade de laranja

se.le.ti.vo *adj.* **1** que diz respeito a seleção **2** que seleciona

se.le.to *adj.* **1** escolhido, selecionado **1.1** de primeira ordem ou de primeira qualidade; especial

selfie [ing.] *s.2g.* foto que se tira de si próprio ger. para ser postada em redes sociais ⇒ pronuncia-se sélfi

self-service [ing.] *s.m.* **1** sistema em lojas, restaurantes, mercados etc. em que o cliente se serve sozinho ■ *adj.2g.2n.s.m.* **2** (estabelecimento comercial) que adota esse sistema ◉ GRAM/USO em ing., invariável; pl. corrente no Brasil: *self-services* ⇒ pronuncia-se sélf sérvis

se.lim [pl.: *-ins*] *s.m.* **1** sela pequena para montarias **2** assento triangular de velocípedes e bicicletas

se.lo /ê/ *s.m.* **1** peça com a figura, a assinatura, as armas ou a marca simbólica de um Estado, rei etc. gravadas, us. para autenticar documentos e objetos; sinete **2** pequeno sinal que se põe sobre algo para identificação ou para que não seja violado; carimbo **3** impresso adesivo que se usa em correio **4** marca de fábrica de certos produtos ou instituições

sel.va *s.f.* floresta, mata

sel.va.gem [pl.: *-ens*] *adj.2g.* **1** próprio da selva ou que nela habita **2** que vive sem cultura ou cuidados especiais <*vegetação s.*> **3** não domesticado; feroz (animal) ■ *adj.2g.s.2g.* **4** que(m) habita uma selva; silvícola **5** *p.ext.* que(m) manifesta natureza não civilizada **6** *fig. pej.* que(m) é grosseiro ~ **selvageria** *s.f.*

sel.vá.ti.co *adj.* da selva; selvagem

sel.ví.co.la *adj.2g.s.2g.* silvícola

sem *prep.* **1** expressa os sentidos de: **1.1** ausência, privação <*comida s. sal*> **1.2** ausência de condição necessária <*agir s. pensar*> **1.3** exceção <*foi a turma toda, s. o professor*>

se.má.fo.ro *s.m.* aparelho de sinalização que orienta o tráfego por meio de luzes; sinal, sinaleira, sinaleiro, farol

se.ma.na *s.f.* **1** período de sete dias a partir de domingo **2** espaço de sete dias consecutivos **3** série de seis ou cinco dias úteis (de segunda a sábado ou sexta) ▣ **S. Santa** REL a última semana da Quaresma

se.ma.na.da *s.f.* **1** quantia que se dá ou recebe por semana **2** remuneração por uma semana de trabalho

se.ma.nal [pl.: *-ais*] *adj.2g.* **1** relacionado a ou pertencente a semana **2** que ocorre uma vez a cada semana

se.ma.ná.rio *s.m.* publicação semanal; hebdomadário

se.mân.ti.ca *s.f.* LING ramo da linguística que estuda a evolução e as alterações sofridas pelo significado das palavras no tempo e no espaço

se.mân.ti.co *adj.* **1** relativo à semântica **2** relativo ao significado das palavras

sem.blan.te *s.m.* **1** face, rosto **2** aparência, fisionomia

sem-ce.ri.mô.nia [pl.: *sem-cerimônias*] *s.f.* **1** descontração, informalidade **2** desprezo pelas convenções sociais **3** *p.ext.* falta de educação

se.me.a.du.ra *s.f.* **1** ato de lançar sementes à terra e o seu efeito **2** *p.ext.* extensão de terreno semeado **3** *p.ext.* quantidade de grão suficiente para semear um terreno

se.me.ar *v.* {mod. 5} *t.d. e int.* **1** lançar sementes de (vegetal) para que germinem □ *t.d. fig.* **2** espalhar, propagar **3** ser causa de; promover ~ **semeador** *adj.s.m.*

se.me.lhan.ça *s.f.* relação entre seres, coisas ou ideias que têm elementos iguais ou parecidos, além dos comuns à espécie; similitude

se.me.lhan.te *adj.2g.s.m.* **1** (o) que é da mesma natureza, forma, espécie em relação a outro ser ou coisa ■ *s.m.* **2** qualquer ser humano

se.me.lhar *v.* {mod. 1} *t.d.,t.i. e pron.* assemelhar

sê.men [pl.: *sêmenes* e *(B) semens*] *s.m.* esperma

se.men.te *s.f.* **1** BOT parte do fruto, ger. dura, responsável pela reprodução do vegetal **2** *fig.* germe; origem

se.men.tei.ra *s.f.* **1** canteiro de mudas **2** conjunto de plantas deixadas para produzir sementes

se.mes.tral [pl.: *-ais*] *adj.2g.* **1** referente ao período de seis meses **2** que dura seis meses **3** que ocorre de seis em seis meses ~ **semestralidade** *s.f.*

se.mes.tre *s.m.* período de seis meses seguidos

sem-fim [pl.: *sem-fins*] *s.m.* **1** número indeterminado **2** extensão indeterminada; vastidão ☞ cf. *sem fim* ◉ GRAM/USO nas duas acp., tb. us. como adj.

semi- *pref.* 'meio, metade': *semicircunferência, semi-interno*

se.mi.a.nal.fa.be.to *adj.s.m.* **1** que(m) foi parcialmente alfabetizado **2** *fig. pej.* que(m) demonstra poucos conhecimentos sobre determinado assunto

se.mi.a.quá.ti.co *adj.* que usa tanto o ambiente terrestre quanto o aquático (diz-se de animal, como a lontra)

se.mi.á.ri.do *adj.* GEO **1** não inteiramente árido (clima, região) ■ *s.m.* GEO **2** região vizinha às regiões áridas

se.mi.au.to.má.ti.co *adj.* não totalmente automático

se.mi.bre.ve *s.f.* MÚS **1** figura de ritmo de maior duração **2** seu símbolo (𝅝)

S

se.mi.cír.cu.lo *s.m.* GEOM metade de um círculo determinada por um diâmetro ~ **semicircular** *adj.2g.*

se.mi.cir.cun.fe.rên.cia *s.f.* GEOM metade de uma circunferência limitada por um diâmetro

se.mi.col.chei.a *s.f.* MÚS **1** figura de ritmo que equivale à metade da colcheia **2** seu símbolo (𝅘𝅥𝅯)

se.mi.con.du.tor /ô/ [pl.: *-es*] *adj.s.m.* FÍS (substância, dispositivo) cuja resistência elétrica varia entre a de um condutor e a de um isolante

se.mi.deus [pl.: *-es*] *s.m.* MIT **1** ser imortal, superior aos homens e inferior aos deuses, como os faunos e as ninfas **2** herói, filho de um ser divino e de um mortal

se.mi.fi.nal [pl.: *-ais*] *adj.2g.s.f.* ESP (rodada ou partida) que antecede a final de um campeonato

se.mi.fi.na.lis.ta *adj.2g.s.2g.* ESP que(m) se classifica para disputar a semifinal de um campeonato

se.mi.fu.sa *s.f.* MÚS **1** figura de ritmo que equivale à metade da fusa **2** seu símbolo (𝅘𝅥𝅱)

se.mi-in.ter.na.to [pl.: *semi-internatos*] *s.m.* **1** estado ou condição de semi-interno **2** estabelecimento escolar em que os alunos são semi-internos

se.mi-in.ter.no [pl.: *semi-internos*] *adj.s.m.* (aluno) que permanece quase o dia inteiro na escola

se.mi.mor.to /ô/ *adj.* **1** quase morto **2** *fig.* muito cansado; fraco

se.mi.nal [pl.: *-ais*] *adj.2g.* **1** relativo a ou que produz sêmen **2** *fig.* que inspira ou gera novas obras, novas ideias

se.mi.ná.rio *s.m.* **1** REL instituição para formação de padres **2** congresso científico ou cultural **3** exposição e debate promovidos por um grupo de alunos sobre um determinado tema

se.mi.na.ris.ta *adj.2g.* **1** próprio de seminário ■ *adj.2g.s.2g.* **2** REL que(m) é aluno de seminário ('instituição')

se.mí.ni.ma *s.f.* MÚS **1** figura de ritmo que equivale à metade da mínima **2** seu símbolo (♩)

se.mi.no.vo /ô/ [pl.: /ó/; fem.: /ó/] *adj.s.m.* diz-se de ou produto (ger. automóvel) usado, mas dado como bem conservado

se.mi.nu *adj.* **1** parcialmente vestido **2** maltrapilho

se.mio.lo.gi.a *s.f.* estudo das significações que podem ser atribuídas aos fatos da vida social concebidos como sistemas de significação: imagens, gestos, sons melódicos, elementos rituais, protocolos, sistemas de parentesco, mitos etc. ~ **semiológico** *adj.*

se.mi.ó.ti.ca *s.f.* ciência que estuda a relação entre os signos, linguísticos ou não, e seus significados; semiologia ~ **semiótico** *adj.*

se.mi.pla.no *s.m.* GEOM região do plano limitada por uma reta

se.mi.pre.ci.o.so /ô/ [pl.: /ó/; fem.: /ó/] *adj.* de menor valor comercial que uma pedra preciosa (diz-se de gema)

se.mir.re.ta *s.f.* GEOM parte de uma reta limitada por um ponto

se.mi.ta *s.2g.* **1** grupo étnico e linguístico que compreende os hebreus (atualmente, judeus), fenícios, assírios, arameus e árabes ■ *adj.2g.s.2g.* **2** (membro) desse grupo

se.mí.ti.co *adj.* **1** que diz respeito aos semitas **2** relativo ou pertencente aos judeus

se.mi.tis.mo *s.m.* **1** conjunto das características próprias dos semitas **2** conjunto das características próprias dos judeus **3** LING construção peculiar às línguas semíticas

se.mi.tom [pl.: *-ons*] *s.m.* MÚS metade de um tom, o menor intervalo na música ocidental tradicional

se.mi.vi.vo *adj.* quase morto

se.mi.vo.gal [pl.: *-ais*] *s.f.* FON cada uma das vogais *i* e *u* quando, juntas a outra vogal, formam um ditongo, p.ex., *quando*; *pai* ◉ GRAM/USO o *w* e o *y* podem tb. soar como semivogais

sem-nú.me.ro *s.m.2n.* grande número; número indeterminado

sê.mo.la *s.f.* **1** farinha granulada extraída do grão do trigo ou de outros cereais, como o milho, us. em massas, sopas, mingaus etc. **2** semolina

se.mo.li.na *s.f.* farinha granulada extraída do grão de arroz, us. para engrossar caldos ou pudins; sêmola

sem-par *adj.2g.2n.* sem igual; raro

sem.pre *adv.* **1** durante todo o tempo; eternamente **2** com muita frequência; de forma habitual *<vai s. ao cinema>* **3** de modo contínuo, sem interrupções *<s. morou no Rio>* **4** de qualquer maneira *<está s. lá, chova ou faça sol>*

sem.pre-vi.va [pl.: *sempre-vivas*] *s.f.* BOT nome comum dado a flores ornamentais que secam sem murchar

sem-ter.ra *adj.2g.2n.s.2g.2n.* (trabalhador rural) sem a posse legal da terra em que vive ou trabalha

sem-te.to *adj.2g.2n.s.2g.2n.* que(m) vive nas ruas

sem-ver.go.nha *adj.2g.2n.s.2g.2n.* que(m) não tem vergonha, dignidade, moral ~ **sem-vergonhice** *s.f.*

se.na *s.f.* **1** conjunto de seis seres, objetos etc. da mesma espécie **2** RECR loteria oficial em que se sorteiam seis dezenas, premiando quem acertar seis, cinco ou quatro dezenas

se.na.do *s.m.* **1** uma das câmaras do poder legislativo, composta pelos representantes dos estados da federação ☞ inicial freq. maiúsc. **2** conjunto dos membros dessa câmara **3** local onde esses membros se reúnem

se.na.dor /ô/ [pl.: *-es*] *s.m.* membro do Senado

se.não *conj.altv.* **1** do contrário ■ *conj.advrs.* **2** mas *<não recebeu apoio, s. críticas>* ■ *prep.* **3** exceto *<todos, s. você, riram>* ■ *s.m.* **4** pequena imperfeição; falha *<trabalho sem qualquer s.>* ◉ GRAM/USO pl. do subst.: *senões*

se.na.to.ri.a ou **se.na.tó.ria** *s.f.* **1** cargo ou função de senador **2** mandato de um senador ~ **senatorial** *adj.2g.*

sen.da *s.f.* caminho estreito; vereda

S

se.nec.tu.de *s.f.* idade senil; velhice

se.nha *s.f.* **1** gesto, frase, sinal secreto combinado entre pessoas ou grupos **2** bilhete ou papel numerado que autoriza o portador a ser atendido numa ordem **3** INF conjunto de caracteres destinado a identificar o usuário de computador e dar-lhe acesso a dados, programas etc.

se.nhor /ô/ [pl.: *-es*; fem.: *-ora* /ó/] *s.m.* **1** aquele que tem algo; dono, proprietário **2** patrão, amo **3** *fig.* quem tem pleno domínio sobre si, sobre coisa ou sobre situação *<s. da própria vontade>* **4** homem de meia-idade ou idoso **5** tratamento cerimonioso dispensado aos homens [abrev.: *Sr.*] **6** homem adulto indeterminado **7** Deus **8** Jesus Cristo ☞ nestas duas acp., inicial maiúsc. ■ *adj.* **9** *infrm.* grande, ótimo, desejável *<tem um s. carro>*

se.nho.ra /ó *ou* ô/ *s.f.* **1** dona da casa; patroa **2** aquela que possui algo; dona, proprietária **3** mulher adulta indeterminada **4** a esposa em relação ao marido **5** mulher adulta ou casada **6** tratamento cortês dispensado a mulher casada

se.nho.ri.a *s.f.* **1** autoridade de senhor ou senhora **2** domínio, direitos feudais sobre uma terra **3** terra sob esse domínio **4** proprietária de bens imóveis ▣ **Vossa S.** tratamento cerimonioso us. esp. em linguagem comercial

se.nho.ri.al [pl.: *-ais*] *adj.2g.* **1** relativo a senhor ou senhorio **2** relativo a nobreza, a aristocracia **3** *p.ext.* dotado de requinte; distinto, elegante

se.nho.ri.o *s.m.* **1** domínio ou direito de senhor sobre algo; mando, autoridade **2** domínio, posse **3** quem aluga propriedade sua; dono, proprietário **4** proprietário de bens imóveis

se.nho.ri.ta *s.f.* *B* **1** moça solteira **2** tratamento dispensado a moça solteira

se.nil [pl.: *-is*] *adj.2g.* **1** relativo a velhice ou a velhos **2** que resulta da velhice **3** portador de demência própria dos velhos

se.ni.li.da.de *s.f.* **1** estado ou condição de velho, senil; velhice, decrepitude **2** debilidade física e mental ligada à idade ou a uma alteração prematura dos tecidos

S

sê.nior [pl.: *seniores* /ô/] *adj.2g.s.m.* **1** que(m) é o mais velho em relação a outro da mesma família **2** (o) que se estabeleceu primeiro **3** que(m) é mais antigo ou graduado em certa atividade **4** ESP (atleta) que passou da idade de júnior, mas que ainda não é veterano

se.no *s.m.* MAT razão entre o cateto oposto a um ângulo de um triângulo retângulo e a hipotenusa

sen.sa.bor /ô/ [pl.: *-es*] *adj.2g.* **1** que não tem sabor ou gosto; insípido ■ *adj.2g.s.2g.* **2** *fig.* que(m) é desinteressante, maçante ~ **sensaboria** *s.f.*

sen.sa.ção [pl.: *-ões*] *s.f.* **1** FISL impressão captada pelos órgãos dos sentidos **2** *p.ext.* conhecimento imediato e intuitivo **3** impacto causado por acontecimento especial

sen.sa.cio.nal [pl.: *-ais*] *adj.2g.* **1** que tem grande repercussão no público **2** maravilhoso, espetacular

sen.sa.cio.na.lis.mo *s.m.* **1** gosto ou busca pelo sensacional **2** JOR TV exploração de notícias sensacionais, sem compromisso com a verdade dos fatos ~ **sensacionalista** *adj.2g.s.2g.*

sen.sa.to *adj.* **1** que tem juízo; equilibrado **2** que age ou pensa com cautela; precavido **3** disciplinado em seus hábitos; sério **4** que tem bom senso **5** lógico, racional ~ **sensatez** *s.f.*

sen.si.bi.li.da.de *s.f.* **1** faculdade de sentir compaixão pela humanidade; piedade, empatia **2** capacidade de perceber sensações físicas ou de reagir a estímulos físicos **3** capacidade de captar e expressar sentimentos e coisas **4** disposição especial para sentir ofensas e injúrias; melindre

sen.si.bi.li.zar *v.* {mod. 1} *t.d.,int. e pron.* **1** tornar(-se) sensível; comover(-se) □ *t.d.* **2** impressionar vivamente; tocar **3** tornar sensível à ação de qualquer agente *<s. o organismo>* ~ **sensibilização** *s.f.*

sen.si.ti.va *s.f.* BOT nome comum a algumas plantas com folhas que ger. se contraem quando tocadas

sen.si.ti.vo *adj.* **1** relativo a sensações e a sentidos ■ *adj.s.m.* **2** que(m) é muito suscetível **3** que(m) é dotado de poderes extrassensoriais ~ **sensitividade** *s.f.*

sen.sí.vel [pl.: *-eis*] *adj.2g.* **1** que recebe impressões ou sensações externas **2** que é percebido pelos sentidos; perceptível **3** capaz de sentir e captar o que existe e de expressá-lo *<artista s.>* **4** que requer tato ou habilidade; delicado **5** que tem sentimento de compaixão; solidário **6** que se impressiona ou se ofende facilmente **7** que indica a menor alteração, contato ou diferença (diz-se de instrumento)

sen.so *s.m.* **1** cuidado e bom senso na decisão de como agir **2** capacidade de julgar, de sentir, de apreciar, de optar bem; juízo ☞ cf. *censo* ▣ **s. comum** modo de pensar e agir tal como o faria a generalidade das pessoas

sen.sor /ô/ [pl.: *-es*] *adj.s.m.* (dispositivo) que responde a estímulos físicos (calórico, luminoso, sonoro etc.) e transmite um impulso correspondente ☞ cf. *censor*

sen.so.ri.al [pl.: *-ais*] *adj.2g.* **1** referente a sensação **2** ANAT relativo ao sensório (subst.)

sen.só.rio *adj.* **1** relativo a sensibilidade ou a sensação ■ *s.m.* ANAT **2** região do cérebro que seleciona e combina todas as sensações

sen.su.al [pl.: *-ais*] *adj.2g.* **1** relativo a sentidos ou a órgãos dos sentidos **2** referente ao amor carnal **3** que atrai fisicamente; belo **4** que desperta desejos sexuais; lascivo ■ *adj.2g.s.2g.* **5** que(m) se devota aos prazeres dos sentidos ~ **sensualismo** *s.m.*

sen.su.a.li.da.de *s.f.* **1** inclinação pelos prazeres dos sentidos **2** propensão exagerada para os prazeres do sexo; volúpia

sen.tar *v.* {mod. 1} *int. e pron.* **1** flexionar as pernas até apoiar as nádegas em alguma superfície horizontal □ *t.d.* **2** fazer tomar assento □ *t.d.i.* *B infrm.* **3** (prep. *em*) aplicar ou desferir (golpe violento) em *<s. um soco no adversário>*

sen.ten.ça *s.f.* **1** frase que encerra um pensamento de ordem geral e de valor moral; provérbio, máxima **2** decisão pronunciada por juiz ou autoridade sobre fato que lhe é submetido **3** *p.ext.* decisão ou resolução tomada por qualquer pessoa **4** REL julgamento de Deus sobre os homens

sen.ten.ci.ar *v.* {mod. 1} *t.d. e t.d.i.* **1** (prep. *a*) julgar ou condenar por meio de sentença *<s. um réu (à pena máxima)>* ☐ *t.d.* **2** decidir mérito ou demérito de; julgar ☐ *t.i. e int.* **3** (prep. *contra, de, em, sobre*) dar o seu voto ou sua opinião *<s. sobre questão complexa> <calou-se assim que ele sentenciou>* ~ **sentenciado** *adj.*

sen.ten.ci.o.so /ô/ [pl.: /ó/; fem.: /ó/] *adj.* **1** que tem a forma ou caráter de sentença **2** *p.ext.* que se expressa com gravidade

sen.ti.do *adj.* **1** que se ofende facilmente; suscetível, sensível **2** magoado, ressentido **3** que causa tristeza, piedade ou saudade *<canto s.>* **4** feito com sentimento, com dor, com convicção *<apelo s.>* **5** percebido pelos sentidos ou pressentido ■ *s.m.* **6** FISL cada um dos órgãos (tato, visão, audição, paladar e olfato) de percepção **7** faculdade de julgar; bom senso **8** alvo, fim, propósito **9** ponto de vista; aspecto, face **10** razão de ser; lógica, cabimento **11** consciência das coisas ☞ mais us. no pl. **12** atenção, pensamento **13** cuidado, cautela **14** direção **15** rumo **16** LING o que uma palavra, frase em determinado contexto quer dizer; significado ▼ ***sentidos*** *s.m.pl.* **17** FISL conjunto de funções da vida orgânica que buscam experimentar o prazer físico, a sensualidade **18** faculdades intelectuais ■ *interj.* **19** voz de comando para chamar a atenção da tropa ▣ **sexto s.** intuição

sen.ti.men.tal [pl.: *-ais*] *adj.2g.s.2g.* **1** que(m) é marcado por sentimento, sensibilidade ou idealismo emocional **2** (o) que resulta do sentimento e não do pensamento ou da razão **3** (o) que tem excesso de sentimento ou de sensibilidade

sen.ti.men.ta.lis.mo *s.m.* **1** tendência a mostrar-se sentimental; exagero de reações e comportamentos sentimentais **2** ideia sentimental ou sua expressão ~ **sentimentalista** *adj.2g.s.2g.*

sen.ti.men.to *s.m.* **1** aptidão para sentir; sensibilidade **2** afeto, afeição, ligação **3** expressão viva; entusiasmo, emoção **4** experiência afetiva de desprazer; tristeza, mágoa **5** intuição, pressentimento **6** sensação subjetiva de alegria, pesar, paixão, medo etc. ▼ ***sentimentos*** *s.m.pl.* **7** conjunto de qualidades morais *<bons s.>* **8** pêsames

sen.ti.ne.la *s.2g.* **1** soldado armado que guarda um posto **2** pessoa que está de vigia; guarda ■ *s.f.* **3** ato de estar atento a algo ou alguém; vigia

sen.tir *v.* {mod. 28} *t.d.* **1** perceber por qualquer órgão dos sentidos **2** experimentar no corpo, na mente *<s. dor>* **3** ser sensível a; comover-se por **4** perceber ao longe ou antes de acontecer; pressentir, prever *<sentiu que não daria certo>* ☐ *t.d. e pron.* **5** ter ou tomar consciência de (impressão íntima, estado espiritual, ou condição física) **6** encarar de modo negativo; ressentir-se ☐ *pron.* **7** estar em certa condição física, mental provisória; passar *<s.-se mal>* ☐ *t.d.,t.d.pred. e pron.* **8** julgar(-se), considerar(-se) *<s. que ainda há esperanças> <sinto-o tão feliz!> <sente-se muito idoso>* ☐ *int.* **9** ter pesar

sen.za.la *s.f.* HIST alojamento de escravos, nas antigas fazendas ou casas senhoriais

sé.pa.la *s.f.* BOT cada uma das peças florais que constituem o [2]cálice

se.pa.ra.ção [pl.: *-ões*] *s.f.* **1** ato de separar(-se) ou o seu efeito; desunião, divisão **2** quebra de uma união íntima **2.1** fim de casamento **3** aquilo que separa (muro, parede etc.) ou serve para tal fim

se.pa.rar *v.* {mod. 1} *t.d.,t.d.i. e pron.* **1** (prep. *de*) pôr(-se) à parte; apartar(-se), desagregar(-se) *<s. partes do cabelo com elásticos> <s. o ouro da areia> <fios separaram-se da meada>* **2** (prep. *de*) pôr(-se) a certa distância de; afastar(-se) *<s. as pontas do compasso> <separou a sopa de si> <s.-se da família>* ☐ *t.d. e t.d.i.* **3** (prep. *para*) garantir que esteja disponível para (um, uns) e não para outros; reservar *<s. o prato do filho> <s. um bombom para a namorada>* ☐ *t.d.* **4** distribuir segundo certos critérios **5** impedir a união, o convívio de; distanciar **6** fazer parar; interromper, apartar ☐ *pron.* **7** deixar de ser uno; partir-se **8** romper relacionamento amoroso, esp. casamento *<após vinte anos, separaram-se>* ~ **separador** *adj.s.m.*

se.pa.ra.ta *s.f.* GRÁF edição à parte de artigos já publicados em revista ou jornal

se.pa.ra.tis.mo *s.m.* **1** doutrina política ou religiosa que se baseia numa separação ou independência **2** tendência de certa fração de um território para separar-se do Estado de que faz parte e constituir um Estado independente ~ **separatista** *adj.2g.s.2g.*

sé.pia *s.f.* **1** ZOO nome comum a moluscos marinhos conhecidos como *sibas* **2** líquido por eles secretado, us. na confecção de tintas **3** tinta de escrever, pintar e desenhar feita com essa secreção **4** pigmento presente nessa secreção ■ *s.m.* **5** a cor desse pigmento, que vai de um cinzento acastanhado a um marrom-escuro ■ *adj.2g.2n.* **6** que tem essa cor *<cromos sépia>* **7** diz-se dessa cor *<a cor s.>*

sep.si.a *s.f.* MED sépsis

sép.sis *s.f.2n.* MED presença de microrganismos patogênicos ou suas toxinas no sangue ou nos tecidos; sepsia

sep.te.ná.rio ou **se.te.ná.rio** *adj.* **1** diz-se de número composto de sete unidades ou que se escreve com sete algarismos **2** que contém ou vale sete elementos ou unidades ■ *s.m.* **3** espaço de sete dias ou sete anos

sep.tê.nio ou **se.tê.nio** *s.m.* período de sete anos

sep.ti.ce.mi.a *s.f.* MED estado infeccioso generalizado devido à presença de microrganismos patogênicos e suas toxinas no sangue ~ **septicêmico** *adj.*

sép.ti.co *adj.* **1** que causa infecção **2** que contém germes patogênicos

sep.ti.lha ou **se.ti.lha** *s.f.* LIT poesia ou estrofe de sete versos; setilha

sep.tin.gen.té.si.mo ou **se.tin.gen.té.si.mo** *n.ord.* **1** (o) que, numa sequência, ocupa o número 700; setingentésimo ■ *n.frac.* **2** (o) que é 700 vezes menor que a unidade; setingentésimo

sep.tis.sí.la.bo ou **se.tis.sí.la.bo** *adj.s.m.* (o) que tem sete sílabas; heptassílabo

sep.to *s.m.* ANAT estrutura vegetal ou animal que divide duas cavidades ou massas de tecido mais mole ▣ **s. nasal** ANAT cartilagem que divide a cavidade nasal em duas metades

sep.tu.a.ge.ná.rio ou **se.tu.a.ge.ná.rio** *adj.s.m.* que(m) está na faixa dos 70 anos de idade

sep.tu.a.gé.si.mo ou **se.tu.a.gé.si.mo** *n.ord.* **1** (o) que, numa sequência, ocupa a posição número 70 ■ *n.frac.* **2** (o) que é 70 vezes menor que a unidade

sep.tu.pli.car ou **se.tu.pli.car** *v.* {mod. 1} *t.d.,int. e pron.* **1** tornar(-se) sete vezes maior *<a doença septuplicou-lhe as dores> <um capital que vai (se) s.>* **2** (fazer) crescer muito

sép.tu.plo ou **sé.tu.plo** *n.mult. (adj.s.m.)* **1** (o) que contém sete vezes a mesma quantidade ▼ ***séptuplos*** *s.m.pl.* **2** sete irmãos nascidos do mesmo parto ~ **septuplicar** *v.t.d.,int. e pron.*

se.pul.cral [pl.: *-ais*] *adj.2g.* **1** relativo a ou próprio de sepulcro **2** *fig.* que evoca a morte; fúnebre

se.pul.cro *s.m.* **1** sepultura, túmulo **2** local no centro do altar em que se guardam as relíquias dos santos ▣ **Santo S.** REL local em que, segundo a tradição, Jesus Cristo foi sepultado (hoje dentro de uma basílica, em Jerusalém)

se.pul.tar *v.* {mod. 1} *t.d.* **1** pôr em túmulo; enterrar **2** fazer desaparecer soterrado *<a neve vai s. a aldeia>* **3** pôr fim a; extinguir *<s. angústias>* □ *pron.* **4** afastar-se do convívio social; isolar-se *<s.-se em um convento>* ◉ GRAM/USO part.: *sepultado, sepulto* ~ **sepultado** *adj.* - **sepultamento** *s.m.*

se.pul.to *adj.* enterrado, sepultado ◉ GRAM/USO part.irreg. de *sepultar*

se.pul.tu.ra *s.f.* buraco na terra onde se enterram os cadáveres; sepulcro, túmulo, catacumba

se.quaz [pl.: *-es*] *adj.2g.s.2g.* **1** que(m) segue um filósofo, uma religião etc.; partidário, sectário **2** que(m) faz parte de agremiação, partido, bando ou seita ■ *s.2g.* **3** parceiro de criminoso

se.que.la /qü/ *s.f.* **1** efeito de uma causa; consequência, resultado **2** MED anomalia consequente direta ou indiretamente de uma moléstia

se.quên.cia /qü/ *s.f.* **1** continuação, seguimento **2** sucessão ou cadeia de algo; série **3** ordem das palavras numa frase **4** RECR em certos jogos de baralho, série de cartas de valores ascendentes contíguos ~ **sequencial** *adj.2g.* - **sequente** *adj.2g.*

se.quer *adv.* **1** pelo menos, ao menos *<não vai comer s. a sobremesa?>* **2** nem mesmo *<não é s. corajoso>*

se.ques.trar /qü/ *v.* {mod. 1} *t.d.* **1** tomar à força ou às escondidas *<s. documentos>* **2** DIR pôr sob sequestro; apreender *<s. os bens de um réu>* **3** levar consigo de forma ilegal, ger. pedindo resgate para libertar *<s. uma criança>* **4** desviar da rota (avião, ônibus etc.) mediante violência, mantendo os passageiros como reféns ~ **sequestrador** *adj.s.m.* - **sequestro** *s.m.*

se.qui.dão [pl.: *-ões*] *s.f.* **1** falta de água; secura **2** *fig.* indiferença, insensibilidade

se.qui.lho *s.m.* CUL espécie de biscoito seco e quebradiço, ger. feito de amido de milho

se.qui.o.so /ô/ [pl.: /ó/; fem.: /ó/] *adj.* **1** que tem sede; sedento **2** muito seco **3** *fig.* extremamente desejoso, ávido

sé.qui.to /qui *ou* qüi/ *s.m.* cortejo que acompanha uma pessoa, ger. distinta, para servi-la ou honrá-la; comitiva

se.quoi.a /ói/ *s.f.* BOT árvore norte-americana que chega a viver mil anos, medir mais de 100 m de altura e ter mais de 8 m de diâmetro de tronco, hoje restrita às regiões de reserva

ser *v.* {mod. 22} *pred.* **1** ter como característica ou propriedade de si mesmo *<o fogo é quente> <o homem é mortal>* **2** ter ou estar em certa condição ou situação, permanente ou temporária *<seu texto é inédito>* **3** ter total ou parcialmente os mesmos atributos, qualidades ou condições de *<esse sentimento é amor>* **4** ter significado, função, aspecto, efeito etc. equivalente ou comparável ao de (outro); representar *<suas palavras são um consolo>* **5** *infrm.* representar certo preço ou valor; custar *<quanto é a dúzia de maçãs?>* **6** *fig.* parecer ou estar inteiramente formado ou tomado por *<a rua era lama pura>* **7** ter existência ou presença, constituindo grupo ou quantidade especificada *<somos cinco na sala>* □ *int.* **8** fazer parte do conjunto dos entes materiais ou das entidades abstratas do universo *<o futuro inclui tudo que será>* **9** ter existência real; existir *<as gerações que foram e as que serão>* **10** apresentar-se como fato; ocorrer, acontecer *<a festa será amanhã>* **11** determina ou expressa a passagem de tempo, momento, período *<são oito horas>* □ *t.i.* **12** (prep. *de*) ter por dono; pertencer a *<a bolsa é dela>* **13** (prep. *de*) ser próprio de; convir *<tal atitude é de moleque>* **14** (prep. *por*) mostrar-se favorável a *<sempre foi pelos pobres>* **15** (prep. *de*) ter inclinação a, atração por ou hábito de *<não é de falar muito>* **16** (prep. *com*) dizer respeito a ou ser da competência de; depender, caber *<reclamação é com o chefe>* **17** *infrm.* (prep. *com*) despertar o interesse, a atenção de *<aventura é com ele mesmo>* ■ *s.m.* **18** o que existe ou se supõe existir; ente **19** qualquer ente vivo **19.1** pessoa, indivíduo **20** a natureza íntima de uma pessoa; essência **21** o sentimento, a consciência de si mesmo *<isso diz respeito ao seu próprio s.>* ◉ GRAM/USO **a)** como pred., liga o

S

predicativo ao sujeito e é por vezes considerado de sentido vazio; **b)** us. com particípio, é verbo auxiliar e forma a voz passiva do verbo principal da locução: *ela foi ferida pelo cão*; **c)** como s.m., pl.: *seres* ▣ **era uma vez** expressão que introduz uma narrativa, muito us. em contos de fadas • **isto é** locução que se coloca entre duas palavras ou frases para introduzir, na segunda, uma explicação, desenvolvimento ou retificação do que foi dito antes; ou seja, quer dizer • **ou seja** m.q. ***ISTO É***

se.ra.fim [pl.: *-ins*] *s.m.* **1** REL anjo, querubim **2** *fig.* pessoa de rara beleza ~ **seráfico** *adj.*

se.rão [pl.: *-ões*] *s.m.* **1** trabalho extraordinário feito à noite **2** remuneração desse trabalho

se.rei.a *s.f.* **1** MIT ser metade mulher e metade peixe, cujo canto melodioso atrairia quem o ouvisse para dentro do mar **2** *fig.* mulher atraente, sedutora

se.re.le.pe *s.m.* **1** ZOO caxinguelê ■ *adj.2g.s.2g. fig.* **2** que(m) é esperto, vivo **3** que(m) é gracioso, atraente

se.re.nar *v.* {mod. 1} *t.d.,int. e pron.* **1** tornar(-se) sereno, calmo; tranquilizar(-se) *<só o diálogo foi capaz de s. os ânimos> <o mar, afinal, serenou> <serenaram-se os passageiros quando o avião conseguiu pousar>* □ *t.d. e int.* **2** tornar(-se) menos intenso; abrandar *<s. a angústia> <a tempestade serenou>*

se.re.na.ta *s.f.* **1** cantoria romântica feita à noite ao ar livre **2** MÚS composição musical de caráter simples e melodioso

se.re.ni.da.de *s.f.* qualidade ou estado do que é ou está sereno

se.re.no *adj.* **1** que denota paz e tranquilidade de espírito **2** isento de movimentos bruscos; tranquilo, manso ■ *s.m.* **3** orvalho, relento **4** *B infrm.* o espaço aberto ao crepúsculo ou à noite ◉ GRAM/USO sup.abs.sint. do adj.: *sereníssimo*

se.res.ta *s.f.* MÚS *B* serenata ('cantoria') ~ **seresteiro** *adj.s.m.*

ser.gi.pa.no *adj.* **1** de Sergipe ■ *s.m.* **2** natural ou habitante desse estado

se.ri.a.do *adj.* **1** disposto em série **2** que se realiza em série ■ *adj.s.m.* **3** CINE TV (filme ou afim) exibido em partes e em intervalos regulares

se.ri.al [pl.: *-ais*] *adj.2g.* **1** referente ou pertencente a série **2** disposto em série; seriado **3** que forma uma série **4** que executa uma série de ações semelhantes

se.ri.ar *v.* {mod. 1} *t.d.* **1** dispor em série **2** distribuir em classes; ordenar, classificar ~ **seriação** *s.f.*

se.ri.ci.cul.tu.ra ou **se.ri.cul.tu.ra** *s.f.* **1** criação de bicho-da-seda **2** beneficiamento e industrialização da seda ~ **sericicultor** *adj.s.m.* - **sericultor** *adj.s.m.*

se.ri.dó *s.m.* **1** GEO região entre o campo e a caatinga, nos estados da Paraíba e do Rio Grande do Norte, onde se fazem grandes culturas de uma variedade de algodão de fibra longa ☞ inicial maiúsc. **2** *p.ext.* esse algodão

sé.rie *s.f.* **1** continuação ordenada e sucessiva de coisas ou fatos da mesma classe; sequência **2** grupo de objetos parecidos ou iguais que formam um conjunto **3** divisão de acordo com uma classificação; classe, categoria **4** quantidade considerável *<s. de tolices>* **5** *B* ano escolar **6** conjunto de obras literárias independentes, de diversos autores, publicado com um título comum **7** TV conjunto de capítulos de uma curta novela ou de filmes sequenciados que versam sobre um mesmo tema ▣ **fora de s. 1** fora do comum; excepcional *<um filme fora de s.>* **2** único, feito especialmente

se.ri.e.da.de *s.f.* **1** característica do que ou de quem é sério **2** modo de se comportar severo ou muito discreto

se.ri.e.ma *s.f.* ZOO *B* grande ave sul-americana de pernas longas, plumagem cinzenta com tons pardos ou amarelados e um feixe de penas no bico vermelho

se.ri.fa *s.f.* GRÁF traço ou barra que remata cada haste de certas letras, de um ou de ambos os lados

se.ri.gra.fi.a *s.f.* GRÁF **1** técnica de impressão de desenhos de cores planas através de uma moldura com tela **2** estampa impressa através desse processo

se.ri.gue.la /gü/ ou **ci.ri.gue.la** /gü/ *s.f.* BOT **1** árvore pequena da fam. das anacardiáceas, encontrada em regiões tropicais, com pequenas flores e drupas vermelhas, de polpa suculenta, agridoce e saborosa **2** fruto dessa árvore

se.rin.ga *s.f.* pequena bomba portátil que serve para injetar ou aspirar líquido ou gás, us. esp. para retirar líquidos ou para introduzir substâncias no corpo

se.rin.ga.lis.ta *adj.2g.s.2g.* que(m) é dono de seringal ('propriedade'); seringueiro

se.rin.guei.ra *s.f.* BOT árvore amazônica de madeira branca, cujo látex de qualidade superior é considerado a melhor fonte de produção de borracha natural ◉ COL seringal

se.rin.guei.ro *s.m.* **1** trabalhador que extrai o látex da seringueira e com ele prepara a borracha; borracheiro **2** seringalista

sé.rio *adj.* **1** que merece consideração especial, cuidado ou atenção; importante **2** que pode ter consequências graves; perigoso **3** isento de fingimento, de brincadeira; verdadeiro **4** de aparência sóbria; austero **5** sisudo, grave **6** que cumpre seus compromissos ou é digno de confiança **7** que age com honradez; honesto ■ *adv.* **8** a sério *<falou s. com o aluno>* ▣ **a s.** com seriedade ou de forma severa • **levar a s.** dar importância a

ser.mão [pl.: *-ões*] *s.m.* **1** REL discurso religioso pregado pelo sacerdote, esp. católico **2** *fig.* advertência severa; repreensão, descompostura

ser.nam.bi ou **sar.nam.bi** *s.m.* ZOO **1** molusco comestível que vive enterrado na areia da praia, encontrado na costa brasileira; cernambi **2** amêijoa **3** berbigão

se.ro.al.bu.mi.na *s.f.* BIOQ soroalbumina

se.rô.dio *adj.* **1** que ocorre tarde ou fora do tempo apropriado **2** que aparece fora da estação própria (planta, flor, fruto)

se.ro.po.si.ti.vo *adj.s.m.* MED soropositivo ~ **seropositividade** *s.f.*

se.ro.so /ô/ [pl.: /ó/; fem.: /ó/] *adj.* **1** relativo a soro **2** que contém soro **3** que produz uma secreção fluida e aquosa ~ **serosidade** *s.f.*

se.ro.to.ni.na *s.f.* MED substância existente nos tecidos e fluidos dos vertebrados e invertebrados, com propriedades similares às das drogas alucinógenas

ser.pe.an.te *adj.2g.* **1** que se arrasta, ondulando pelo chão **2** *fig.* que faz curvas como uma serpente ao se deslocar

ser.pe.ar *v.* {mod. 5} *int.* **1** arrastar-se pelo chão, movendo-se de modo sinuoso; serpentear **2** *p.ext.* ter curso sinuoso ou tortuoso; ziguezaguear

ser.pen.tá.rio *s.m.* *B* viveiro de cobras; ofidiário

ser.pen.te *s.f.* **1** ZOO espécime das serpentes, subordem de répteis escamados, tb. chamada de ofídios, conhecidas como cobras; cobra **2** ZOO nome geral dado às cobras venenosas ou de aspecto ameaçador ou gigantesco **3** *fig. pej.* pessoa má, traiçoeira; víbora

ser.pen.te.ar *v.* {mod. 5} *int.* serpear

ser.pen.ti.for.me *adj.2g.* em forma de serpente ou que descreve curvas como ela

ser.pen.ti.na *s.f.* **1** castiçal de braços em espiral **2** tubo metálico em espiral, us. para operar troca de calor entre o fluido que passa por ele e o ambiente **3** fita de papel estreita e colorida, que se desenrola em arremesso, us. esp. no carnaval

ser.pen.ti.no *adj.* **1** relativo a serpente **2** *p.ext.* que tem ou descreve curvas; ondulante *<movimento s.>*

ser.ra *s.f.* **1** instrumento de cortar madeira, metal etc., dotado de lâmina ou disco fino dentado **2** lâmina ou disco desse instrumento **3** *fig.* longa extensão de montanhas e montes com picos e quebradas ◉ COL cordilheira, serrania ▣ **s. elétrica** *loc.* motosserra

ser.ra.gem [pl.: *-ens*] *s.f.* **1** ato de serrar **2** resíduo de madeira serrada

ser.ra.lha.ri.a *s.f.* → ***SERRALHERIA***

ser.ra.lhei.ro *s.m.* indivíduo que fabrica ou conserta fechaduras, grades etc.

ser.ra.lhe.ri.a ou **ser.ra.lha.ri.a** *s.f.* **1** a arte ou a obra do serralheiro **2** oficina para trabalhos em ferro

ser.ra.lho *s.m.* **1** palácio dos príncipes maometanos ou do sultão da Turquia **2** espaço desse palácio destinado às mulheres; harém **3** *p.ext.* as mulheres desse harém **4** *fig.* local destinado à prostituição

ser.ra.ni.a *s.f.* conjunto de serras ou montes

ser.ra.ní.deo *adj.s.m.* ZOO (espécime) dos serranídeos, família de peixes ósseos, ger. marinhos, representados pelos badejos e garoupas

ser.ra.no *adj.* **1** relativo a serra ■ *adj.s.m.* **2** que(m) nasceu ou vive nas serras; montanhês

ser.rar *v.* {mod. 1} *t.d. e int.* cortar com serra ou serrote ☞ cf. *cerrar* ~ **serração** *s.f.* - **serrador** *adj.s.m.*

ser.ra.ri.a *s.f.* oficina em que se serram madeiras

ser.re.ar *v.* {mod. 5} *t.d.* **1** dar aspecto de serra a **2** recortar como os dentes de uma serra; dentear

ser.ri.lha *s.f.* **1** serra ('instrumento') com pequenos dentes **2** adorno estriado na periferia das moedas **3** bordo denteado de qualquer objeto

ser.ri.lhar *v.* {mod. 1} *t.d.* abrir serrilhas em ~ **serrilhado** *adj.*

ser.ro.te *s.m.* serra manual portátil

ser.ta.ne.jo *adj.* **1** relativo a sertão **2** não cultivado; rude, rústico ■ *adj.s.m.* **3** que(m) mora no sertão

ser.ta.nis.ta *adj.2g.s.2g.* **1** que(m) frequenta e conhece bem o sertão e os hábitos sertanejos ■ *adj.2g.* **2** relativo ou pertencente ao sertão

ser.tão [pl.: *-ões*] *s.m.* **1** região agreste, afastada do centro urbano e das terras cultivadas **2** o interior do país **3** *B* região pouco povoada do interior do país, esp. a zona mais seca que a caatinga, onde permanecem tradições e costumes antigos

ser.ven.te *s.2g.* **1** empregado que cuida da limpeza e da arrumação de um ambiente ■ *adj.2g.s.2g.* **2** trabalhador que ajuda o pedreiro nas construções

ser.ven.ti.a *s.f.* **1** propriedade do que serve ou pode servir; a utilidade ou a utilização proveitosa de uma coisa ou pessoa **2** trabalho de serventuário ou de servente

ser.ven.tu.á.rio *s.m.* **1** pessoa que presta um serviço provisório **2** aquele que desempenha função pública, autorizada pelo Estado, como escrivão, oficial de justiça etc., cujos rendimentos provêm dos serviços executados

ser.vi.çal [pl.: *-ais*] *adj.2g.* **1** que está sempre pronto a servir **2** zeloso, diligente **3** relativo a criados ■ *s.2g.* **4** empregado doméstico

ser.vi.ço *s.m.* **1** ação de dar de si algo em forma de trabalho ou o seu efeito; trabalho **2** trabalho estabelecido por contrato; emprego **3** local onde esse trabalho acontece; emprego **4** celebração de cerimônias religiosas **5** favor, obséquio **6** taxa incluída em contas de restaurantes, hotéis etc. para gratificação dos empregados **7** modo de servir em restaurante ou hotel **8** conjunto de peças para mesa (talheres, copos, pratos etc.) **9** ESP o saque, em esportes como tênis, vôlei etc. ▣ **s. militar** conjunto das obrigações previstas em lei e impostas aos cidadãos para a defesa do país • **de s. 1** destinado a banhistas, entregadores etc. (diz-se das vias de acesso e das dependências de um prédio ou casa) **2** que está de plantão (diz-se de profissional)

ser.vi.dão [pl.: *-ões*] *s.f.* **1** serventia, escravidão **2** sujeição, dependência **3** passagem pública em terreno ou propriedade particular

ser.vi.dor /ô/ [pl.: *-es*] *adj.s.m.* **1** aquele que serve; servente **2** empregado doméstico ■ *s.m.* **3** INF computador que compartilha dados e serviços entre usuários de uma rede

ser.vil [pl.: *-is*] *adj.2g.* **1** do servo, do empregado, do escravo **2** *fig.* de caráter vil, baixo; indigno **3** que é fiel a um modelo ou original

ser.vi.lis.mo *s.m.* **1** espírito de servidão, de obediência, submissão **2** ato, dito ou modo daquele que é servil

ser.vir *v.* {mod. 28} *t.d. e t.i.* **1** (prep. *a*) trabalhar em favor, a serviço de (alguém, instituição, causa) *<o cardeal servia o rei> <serviram à causa do partido>* ☐ *t.i. e int.* **2** (prep. *a*) trabalhar como empregado ou servo de *<servia (a)o tribunal> <aqui, ser presidente é tanto administrar como s.>* **3** (prep. *a*) ter serventia como *<a corda servia(-lhe) de cinto>* **4** (prep. *a*) ser útil, conveniente ou apropriado para *<a crítica serviu a eles de estímulo> <qualquer desculpa serve>* ☐ *t.d.,t.i. e int.* **5** (prep. *em*) fazer o serviço militar (em) ou ser militar *<que Arma ele serviu?> <serviu na Aeronáutica> <no tempo em que servimos, a Marinha não tinha porta-aviões>* ☐ *t.d.* **6** prestar favor, serviço ou ajuda a **7** dar atenção a (freguês, cliente) ou apresentar(-lhe) o que pediu ☐ *t.d. e t.d.i.* **8** (prep. *a*) apresentar (algo) a (alguém), pondo(-o) à disposição *<serviram o vinho> <não serviram a ela o jantar>* ☐ *pron.* **9** (prep. *de*) aceitar ou usar algo oferecido **10** (prep. *de*) tomar para si (porção, unidade etc. de algo) **11** (prep. *de*) lançar mão de; valer-se, utilizar ☐ *t.i.* **12** (prep. *a, para*) ser adequado às necessidades de *<essa máquina nunca lhe serviu> <viver a s. a um patrão>* **13** (prep. *em, a*) adequar-se (roupa ou acessório) ao corpo de *<a saia não serve nela>* ☐ *int.* **14** ESP em determinados jogos de bola, executar o serviço ('o saque'); sacar *<s. forte e com muito efeito>*

ser.vo *adj.s.m.* **1** que(m) não é livre; que(m) sofre algum domínio ou tirania **2** que(m) faz ou presta serviços; serviçal **3** que(m) é sujeito a um poder ou a um senhor; escravo ☞ cf. *cervo*

ses.ma.ri.a *s.f.* HIST terreno não cultivado ou abandonado, cedido no Brasil pelos reis de Portugal aos novos povoadores

ses.mei.ro *s.m.* aquele a quem se fazia a doação de sesmaria

ses.qui.cen.te.ná.rio *adj.s.m.* **1** (o) que tem 150 anos ■ *s.m.* **2** comemoração do 150º aniversário

ses.são [pl.: *-ões*] *s.f.* **1** período em que uma assembleia, corporação etc. mantém-se em reunião **2** essa reunião **3** espaço de tempo em que se realiza uma atividade ou parte dela **4** cada uma das apresentações de um espetáculo num mesmo dia **5** cada encontro do terapeuta com seu cliente ☞ cf. *cessão* e *seção*

ses.sen.ta *n.card.* **1** cinquenta mais dez **2** diz-se desse número *<pasta número s.>* **3** diz-se do sexagésimo elemento de uma série *<anos s.>* **4** que equivale a essa quantidade (diz-se de medida ou do que é contável) *<festa para s. convidados>* ■ *s.m.* **5** representação gráfica desse número ☞ em algarismos arábicos, *60*; em algarismos romanos, *LX* ◉ GRAM/USO seguido do conectivo *e* antes das unidades, forma os numerais cardinais entre 60 e 70

sés.sil [pl.: *-eis*] *adj.2g.* **1** que não tem suporte **2** BIO que se encontra preso à porção principal do corpo de um ser vivo (diz-se de órgão)

ses.ta *s.f.* **1** repouso após o almoço **2** a hora desse repouso ☞ cf. *cesta*

ses.tro *adj.* **1** que está à esquerda **2** *fig.* agourento, sinistro ■ *s.m.* **3** destino, sorte, sina **4** vício, hábito, cacoete **5** manha para evitar o trabalho

ses.tro.so /ô/ [pl.: /ó/; fem.: /ó/] *adj.* **1** manhoso, teimoso **2** capaz de perceber algo rapidamente; esperto, vivo

set [ing.] *s.m.* **1** CINE TEAT TV cenário para representação e filmagem **2** ESP cada parte em que se divide uma partida, em alguns esportes ◉ GRAM/USO pl.: *sets* (ing.) ⇒ pronuncia-se sét

se.ta *s.f.* **1** flecha **2** sinal com forma de flecha que indica direção, rumo

se.te *n.card.* **1** seis mais um **2** diz-se desse número *<cartões de número s.>* **3** diz-se do sétimo elemento de uma série *<capítulo s.>* **4** que equivale a essa quantidade (diz-se de medida ou do que é contável) *<ter s. filhos>* ■ *s.m.* **5** a representação gráfica desse número *<no exame, não pôde ler o s.>* ☞ em algarismos arábicos, *7*; em algarismos romanos, *VII*

se.te.cen.tos *n.card.* **1** seiscentos mais cem **2** diz-se desse número *<memorando de número s.>* **3** diz-se do septingentésimo elemento de uma série *<ofício s.>* **4** que equivale a essa quantidade (diz-se de medida ou do que é contável) *<um prédio de s. moradores>* ■ *s.m.2n.* **5** representação gráfica desse número *<o s. do número de inscrição estava ilegível>* ☞ em algarismos arábicos, *700*; em algarismos romanos, *DCC* ◉ GRAM/USO seguido do conectivo *e* antes das dezenas e unidades, forma os numerais cardinais entre 700 e 800

se.tei.ra *s.f.* **1** pequena abertura nas muralhas, pela qual se atiravam setas contra os inimigos **2** em edificações, fresta para passagem de luz

se.tem.bro *s.m.* o nono mês do ano no calendário gregoriano, composto de 30 dias

se.te.mês [pl.: *-es*] *adj.2g.s.2g.* *B* setemesinho

se.te.me.si.nho *adj.s.m.* (criança) que nasceu de sete meses

se.te.ná.rio *adj.s.m.* → ***SEPTENÁRIO***

se.tê.nio *s.m.* → ***SEPTÊNIO***

se.ten.ta *n.card.* **1** sessenta mais dez **2** diz-se desse número *<ofício número s.>* **3** diz-se do septuagésimo elemento de uma série *<anos s.>* **4** que equivale a essa quantidade (diz-se de medida ou do que é contável) *<arranha-céu de s. andares>* ■ *s.m.* **5** representação gráfica desse número ☞ em algarismos arábicos, *70*; em algarismos romanos, *LXX* ◉ GRAM/USO seguido do conectivo *e* antes das unidades, forma os numerais cardinais entre 70 e 80

se.ten.tri.ão [pl.: *-ões*] *s.m.* **1** o polo Norte **2** conjunto das regiões do norte

se.ten.tri.o.nal [pl.: *-ais*] *adj.2g.* situado no ou voltado para o Norte

S

se.ti.lha *s.f.* LIT → ***SEPTILHA***

sé.ti.mo *n.ord.* **1** (o) que, numa sequência, ocupa a posição número sete ■ *n.frac.* **2** (o) que é sete vezes menor que a unidade

se.tin.gen.té.si.mo *n.* → ***SEPTINGENTÉSIMO***

se.tis.sí.la.bo *adj.s.m.* → ***SEPTISSÍLABO***

se.tor /ô/ [pl.: *-es*] *s.m.* **1** subdivisão de uma região, distrito, seção etc. **2** cada uma das divisões de um estabelecimento qualquer, correspondente a certo serviço ou assunto; seção *<s. de pessoal>* **3** ramo de atividade; âmbito ~ **setorial** *adj.2g.*

se.tra *s.f. RJ PR SC* RECR bodoque

se.tu.a.ge.ná.rio *adj.s.m.* → ***SEPTUAGENÁRIO***

se.tu.a.gé.si.mo *n.* → ***SEPTUAGÉSIMO***

se.tu.pli.car *v. t.d.,int. e pron.* → ***SEPTUPLICAR***

sé.tu.plo *n.mult. (adj.s.m.)* → ***SÉPTUPLO***

[1]**seu** [pl.: *seus*; fem.: *sua*] *pron.pos.* determina um substantivo (coisa ou pessoa) relacionado a pessoas de quem se fala ou a quem se fala, significando o que pertence ou diz respeito a elas *<este é s. irmão> <s. trem sai às três>* ☞ em textos informais, pode ser substituído pela contr. *dele* ou *dela*, quando relacionado à coisa ou pessoa de quem se fala [ORIGEM: pron.pos. lat. *suus,sua,suum* 'seu, sua'] ▣ **os seus** a família, os amigos da pessoa de quem se fala ou a quem se fala

[2]**seu** *pron.trat.* senhor ('tratamento respeitoso') [Empregado diante de nome de pessoa ou de palavra designativa de profissão.] *<seu Joaquim> <seu doutor>* ◉ GRAM/USO **a)** fem.: *sinhá* etc.; **b)** empregado tb. com valor afetivo *(s. bobinho...)* [ORIGEM: red. de *senhor*]

seu-vi.zi.nho [pl.: *seus-vizinhos*] *s.m. infrm.* dedo anular

se.van.di.ja *s.f.* **1** nome comum aos parasitos e vermes ■ *s.2g.* **2** quem vive à custa dos outros **3** pessoa muito servil

se.ve.ro *adj.* **1** que impõe as condições com todo o rigor; rígido **2** que não se deixa comover; inflexível **3** muito sério, grave; duro, ríspido **4** importante, relevante **5** correto, simples, sóbrio (estilo) ~ **severidade** *s.f.*

se.ví.cia *s.f.* **1** ato de causar maus-tratos físicos ou morais a alguém **2** o efeito físico ou moral desses maus-tratos ☞ mais us. no pl.

se.xa.ge.ná.rio /cs/ *adj.s.m.* que(m) está na faixa dos 60 anos de idade

se.xa.gé.si.mo /cs/ *n.ord.* **1** (o) que, numa sequência, ocupa a posição número 60 *<o s. aviso>* ■ *n.frac.* **2** (o) que é 60 vezes menor que a unidade *<esse trecho é um s. do livro>*

se.xan.gu.lar /cs/ [pl.: *-es*] *adj.2g.* GEOM de seis ângulos

sex.cen.té.si.mo /cs/ *n.ord.* **1** (o) que, numa sequência, ocupa a posição número 600 *<a s. tentativa>* ■ *n.frac.* **2** (o) que é 600 vezes menor que a unidade *<cobriu um s. das despesas>*

se.xê.nio /cs/ *s.m.* período de seis anos seguidos

se.xis.mo /cs/ *s.m.* atitude de discriminação baseada no sexo ~ **sexista** *adj.2g.s.2g.*

se.xo /cs/ *s.m.* **1** condição orgânica que distingue o macho da fêmea e que lhes permite reproduzirem-se **2** nos vegetais, o que distingue os órgãos reprodutores femininos e masculinos **3** nos seres humanos, o conjunto das características fisiológicas e comportamentais que distinguem os membros de cada sexo **4** contato físico entre indivíduos envolvendo estimulação sexual **4.1** prazer sexual **5** *B* órgão genital

se.xo.lo.gi.a /cs/ *s.f.* ciência que estuda a sexualidade ~ **sexológico** *adj.* - **sexologista** *adj.2g.s.2g.* - **sexólogo** *s.m.*

sex.ta /ê/ *s.f.* red. de ***SEXTA-FEIRA***

sex.ta-fei.ra [pl.: *sextas-feiras*] *s.f.* o sexto dia da semana, a partir de domingo ▣ **S. Santa** REL sexta-feira da Semana Santa

sex.tan.te *s.m.* **1** a sexta parte de um círculo **2** AER ASTR MAR instrumento óptico para medir, a bordo de navio ou aeronave, a altura de um astro acima do horizonte

sex.ta.var *v.* {mod. 1} *t.d.* dar seis lados ou ângulos a

sex.te.to /ê/ *s.m.* MÚS grupo formado por seis cantores ou instrumentistas

sex.ti.lha *s.f.* LIT **1** estrofe de seis versos **2** *B infrm.* estrofe de seis versos de sete sílabas, com o 2º, o 4º e o 6º rimados

sex.to /ê/ *n.ord.* **1** (o) que ocupa, numa sequência, a posição número seis *<desceu no s. andar>* ■ *n.frac.* **2** (o) que é seis vezes menor que a unidade *<comeu um s. do pudim>*

sêx.tu.plo *n.mult. (adj.s.m.)* **1** (o) que contém seis vezes a mesma quantidade ▼ ***sêxtuplos*** *s.m.pl.* **2** seis irmãos nascidos de um mesmo parto ~ **sextuplicar** *v.t.d.,int. e pron.*

se.xu.a.do /cs/ *adj.* **1** que tem sexo **2** BIO que tem células sexuais diferenciadas para sua reprodução (diz-se de ser vivo)

se.xu.al /cs/ [pl.: *-ais*] *adj.2g.* que tem a ver com sexo

se.xu.a.li.da.de /cs/ *s.f.* **1** conjunto de aspectos externos ou internos, determinado pelo sexo do indivíduo **2** sensualidade, lubricidade, volúpia

se.xu.a.lis.mo /cs/ *s.m.* **1** estado de seres que têm órgãos sexuais **2** predominância da sexualidade no modo de ser **3** a atividade sexual

sexy [ing.] *adj.2g.2n.* **1** sexualmente atraente (diz-se de pessoa) **2** sexualmente sugestivo ou estimulante (diz-se de coisa); erótico ◉ GRAM/USO esta pal. vem recebendo flexão plural no Brasil, mostrando que o sistema da língua a adotou ⇒ pronuncia-se sécsi

se.zão [pl.: *-ões*] *s.f.* febre intermitente ou cíclica

Sg QUÍM símbolo de *seabórgio*

shiatsu [jap.] *s.m.2n.* técnica terapêutica em que se massageiam com os dedos pontos específicos do corpo ⇒ pronuncia-se xiatsu

S

shiitake [jap.] *s.m.* cogumelo comestível e de propriedades terapêuticas, muito utilizado na culinária oriental ⇒ pronuncia-se xiitake

shopping center [ing.; pl.: *shopping centers*] *loc.subst.* centro comercial que reúne lojas, restaurantes, cinemas etc. ⇒ pronuncia-se xópin center

short [ing.] *s.m.* ou ***shorts*** [ing.] *s.m.pl.* VEST calças curtas esportivas, menores que as bermudas ⇒ pronuncia-se xórt/xórts

show [ing.; pl.: *shows*] *s.m.* espetáculo de entretenimento, em teatro, televisão, rádio, casas noturnas ou ao ar livre, apresentado para uma plateia ⇒ pronuncia-se xôu

show business [ing.] *loc.subst.* indústria de espetáculos recreativos (esp. teatro, cinema, televisão, rádio e circos) ⇒ pronuncia-se xôu biznes

show.mí.cio *s.m.* *B* reunião em praça pública, com números musicais e discursos de caráter social ou político

showroom [ing.; pl.: *showrooms*] *s.m.* local em que se expõem produtos industriais e comerciais para venda ⇒ pronuncia-se xourum

[1]si *pron.p.* da 3ª p.sing. e pl., caso oblíquo tônico, não reflexivo, para os dois gêneros, forma do pron. *ele* (*ela*, *eles*, *elas*), sempre que precedido de preposição, salvo quando se trata da preposição *com* (caso em que se diz *consigo*) [ORIGEM: do lat. *si*, forma reduzida do pron. reflexivo lat. *sibi*] ▣ **de per si 1** considerado de forma isolada **2** um de cada vez • **de si para consigo** consigo mesmo • **fora de si** agitado, desnorteado, furioso ou em êxtase • **por si** por sua conta

[2]si *s.m.* MÚS sétima nota da escala musical [ORIGEM: do it. *si* 'id.']

Si QUÍM símbolo de *silício*

SI FÍS sigla de *sistema internacional de unidades*

si.a.mês [pl.: *-es*] *s.m.* **1** natural ou habitante do Sião (depois Tailândia) **2** gêmeo (pessoa ou animal) que nasceu ligado a outro por partes similares de seus corpos **3** ZOO raça de gato de olhos azuis e pelo curto, creme no corpo e castanho na face, orelhas, patas e cauda ■ *adj.* **4** relativo a essa pessoa, animal ou localidade **5** diz-se desse gato

si.ba *s.f.* ZOO **1** nome comum a moluscos nadadores, de corpo curto, largo e achatado, e concha interna, que produzem um líquido negro, chamado sépia **2** essa concha interna, us. como pó de polir e como alimento de pássaros de gaiola

si.ba.ri.ta *adj.s.m.* que(m) é dado à vida de prazeres ou à preguiça ~ **sibaritismo** *s.m.*

si.be.ri.a.no *adj.* **1** da Sibéria (região da Federação Russa) ■ *s.m.* **2** natural ou habitante dessa região

si.bi.la *s.f.* **1** para os antigos gregos e romanos, profetisa **2** *p.ext.* bruxa, feiticeira

si.bi.lar *v.* {mod. 1} *int.* **1** produzir som agudo e prolongado, assoprando; assobiar **2** fazer ruído semelhante ao das abelhas ao voar; zumbir **3** assobiar como as cobras, serpentes etc. ~ **sibilante** *adj.2g.s2g.* - **sibilo** *s.m.*

si.bi.li.no *adj.* **1** relativo a sibila **2** *fig.* difícil de entender; obscuro, enigmático

si.bi.te *s.m.* **1** ZOO *RO* gaturamo **2** *CE infrm.* pessoa miúda

si.cá.rio *adj.* **1** sedento de sangue; cruel ■ *s.m.* **2** assassino pago; facínora ◉ COL bando

si.ci.li.a.no *adj.* **1** da Sicília (Itália) ■ *s.m.* **2** natural ou habitante dessa ilha

si.cô.mo.ro *s.m.* BOT **1** figueira de origem africana, cultivada pelos figos comestíveis e pela madeira **2** a madeira dessa árvore

si.cra.no *s.m.* indivíduo indeterminado ◉ GRAM/USO empr. ger. depois de *fulano* e de *beltrano*

Si.da *s.f.* sigla de *síndrome de imunodeficiência adquirida*

si.de.ral [pl.: *-ais*] *adj.2g.* **1** relativo a estrelas ou a astros **2** relativo ou próprio do céu; celeste

si.de.rar *v.* {mod. 1} *t.d.* **1** deixar sem ação; paralisar **2** *fig.* causar perturbação em; atordoar

si.dé.reo *adj. frm.* sideral

si.de.rur.gi.a *s.f.* conjunto dos conhecimentos teóricos e práticos empr. na produção, fundição e preparação do ferro e do aço ~ **siderúrgico** *adj.s.m.*

si.de.rúr.gi.ca *s.f.* usina ou empresa de siderurgia

si.dra *s.f.* bebida preparada com suco fermentado de maçã ☞ cf. *cidra*

si.fão [pl.: *-ões*] *s.m.* **1** tubo em forma de *S*, us. para passar um líquido de um vaso para outro sem incliná-lo **2** tubo de dupla curvatura, us. em latrinas, pias etc. para impedir que deles exale mau cheiro **3** garrafa dotada de dispositivo que faz jorrar a água gasosa sob pressão nela contida

sí.fi.lis *s.f.2n.* MED doença infecciosa ger. transmitida por contato sexual, causada por uma bactéria e caracterizada por lesões da pele e mucosas; lues ~ **sifilítico** *adj.s.m.*

si.fo.náp.te.ro *s.m.* ZOO **1** espécime dos sifonápteros, ordem de insetos vulgarmente conhecidos como pulgas, que parasitam aves e mamíferos ■ *adj.* **2** relativo a essa ordem de insetos

si.gi.lo *s.m.* **1** o que permanece escondido da vista ou do conhecimento **2** coisa ou notícia que não se pode revelar ou divulgar **3** silêncio ou discrição sobre algo que nos foi revelado ~ **sigiloso** *adj.*

si.gla *s.f.* grupo de letras ou sílabas iniciais que funcionam como abreviação de uma ou mais palavras ◉ COL siglário

sig.moi.dos.co.pi.a *s.f.* MED exame da última parte do cólon com um sigmoidoscópio

sig.moi.dos.có.pio *s.m.* MED instrumento dotado de lentes e iluminação, us. em exames de gastrenterologia ~ **sigmoidoscópico** *adj.*

sig.na.tá.rio *adj.s.m.* que(m) assina ou subscreve texto, documento etc.

sig.ni.fi.ca.ção [pl.: *-ões*] *s.f.* **1** o sentido que tem algo (um fato, um comportamento, uma palavra etc.); significado **2** relevância, mérito, importância

S

sig.ni.fi.ca.do *s.m.* **1** importância, valor de algo ou alguém **2** LING sentido de uma palavra; acepção, conceito

sig.ni.fi.can.te *adj.2g.* **1** significativo ■ *s.m.* **2** LING sequência de fonemas correspondente a um significado

sig.ni.fi.car *v.* {mod. 1} *t.d.* **1** ter o sentido de; querer dizer, exprimir **2** expressar, exprimir **3** ser sinal ou indício de; denotar

sig.ni.fi.ca.ti.vo *adj.* **1** que exprime com clareza; expressivo **2** que contém revelação importante **3** considerável, grande

sig.no *s.m.* **1** sinal indicativo; indício, marca, símbolo **2** cada uma das 12 divisões do zodíaco e sua correspondente constelação

sig.no de sa.lo.mão [pl.: *signos de salomão*] *s.m.* REL estrela de davi

sí.la.ba *s.f.* FON vogal ou grupo de sons da fala pronunciados numa só emissão de voz ~ **silábico** *adj.*

si.la.ba.da *s.f.* erro de pronúncia, esp. o que resulta do deslocamento do acento tônico de uma palavra (p.ex., o uso de *rúbrica* por *rubrica*)

si.la.bar *v.* {mod. 1} *t.d. e int.* **1** ler ou pronunciar (as palavras), separando as sílabas □ *t.d.* **2** separar em sílabas na escrita ~ **silabação** *s.f.*

si.la.gem [pl.: *-ens*] *s.f.* *B* **1** ato de armazenar forragem ou cereal em silos, ou o seu efeito **2** essa forragem tirada para alimentar os animais

si.len.ci.a.dor /ô/ [pl.: *-es*] *adj.s.m.* **1** (o) que silencia ■ *s.m.* **2** peça que se adapta ao cano de arma de fogo para abafar o som do tiro

si.len.ci.ar *v.* {mod. 1} *t.d. e int.* **1** (fazer) ficar calado, sem fazer ruído; calar(-se) □ *t.d. e t.i.* **2** (prep. *sobre*) deixar de informar; omitir *<s. (sobre) fatos importantes>*

si.lên.cio *s.m.* **1** estado de quem se abstém de falar **2** interrupção de comunicação oral ou escrita **3** ausência ou cessação de ruído, agitação **4** condição necessária do que é calmo, tranquilo **5** sigilo, segredo ■ *interj.* **6** us. com a intenção de fazer calar ou cessar barulho

si.len.ci.o.so /ô/ [pl.: /ó/; fem.: /ó/] *adj.* **1** em que não há ruídos **2** que não fala **3** que não produz barulho ■ *s.m.* **4** dispositivo us. para reduzir o ruído de veículos, máquinas etc.

si.lep.se *s.f.* GRAM **1** figura com a qual a concordância das palavras se faz pelo sentido e não pelas regras da gramática, p.ex., *pediu à garotada que fizessem silêncio*, por *pediu à garotada que fizesse silêncio* **2** emprego de um mesmo vocábulo, tanto no seu sentido próprio como no figurado, num único enunciado, p.ex., *era baixo de estatura e de instintos*

síl.fi.de *s.f. frm.* mulher esbelta e delicada

si.lhu.e.ta /ê/ *s.f.* traçado do perfil de pessoa ou objeto de acordo com os contornos que a sua sombra projeta

sí.li.ca *s.f.* QUÍM composto químico derivado do silício, branco e duro, us. na fabricação de vidro etc.

si.li.ca.to *s.m.* QUÍM grupo de substâncias minerais encontradas em boa parte das rochas da crosta terrestre

si.lí.cio *s.m.* QUÍM elemento químico não metálico, muito abundante na crosta terrestre, us. em aços de grande dureza e em semicondutores [símb.: *Si*] ☞ cf. *cilício*; cf. *tabela periódica* (no fim do dicionário)

si.li.co.ne *s.m.* QUÍM composto resistente ao calor, à água e à oxidação, us. em dermatologia, cosmética, como lubrificante etc.

si.lo *s.m.* reservatório fechado, próprio para armazenamento de cereais, cimento etc.

si.lo.gis.mo *s.m.* FIL raciocínio estruturado a partir de duas premissas, das quais, por dedução, se chega a uma terceira, dita conclusão (p.ex.: "todos os animais são mortais; os gatos são animais; logo, os gatos são mortais") ~ **silogístico** *adj.*

si.lu.ri.a.no *s.m.* **1** GEOL terceiro período geológico da era paleozoica, entre o Ordoviciano e o Devoniano, em que se verificam o progresso dos crustáceos e o aparecimento dos escorpiões ☞ este subst. não se usa no plural; inicial maiúsc. ■ *adj.* **2** desse período

sil.ves.tre *adj.2g.* **1** próprio das selvas; selvagem **2** que vive ou nasce sem ser cultivado; nativo

sil.ví.co.la *adj.2g.s.2g.* que(m) nasce ou vive na selva; selvagem

sil.vi.cul.tu.ra *s.f.* ciência que estuda as espécies florestais, além da identificação, caracterização e devido uso das madeiras ~ **silvicultor** *adj.s.m.*

sil.vo *s.m.* assobio ou som agudo provocado por alguns animais ou quando se assopra um instrumento ~ **silvar** *v.t.d. e int.*

sim *adv.* **1** exprime afirmação, aprovação, consentimento **2** exprime uma repetição de algo já afirmado *<é preciso, s., estudar>* ■ *s.m.* **3** consentimento, aprovação ☞ como *s.m.*, pl. *sins*

si.ma.ru.bá.cea *s.f.* BOT espécime das simarubáceas, família de árvores e arbustos com várias espécies ornamentais, us. para fins medicinais ou para extração de madeiras e óleo das sementes ~ **simarubáceo** *adj.*

sim.bi.o.se *s.f.* **1** *p.ext.* BIO associação de dois organismos que vivem juntos, com benefício de ambos ou de apenas um deles **2** *p.ext.* associação íntima entre duas ou mais pessoas ~ **simbiótico** *adj.*

sim.bó.li.co *s.f.* **1** relativo a símbolo, que tem caráter de ou que serve como símbolo **2** que é um símbolo ou que se vale de símbolos para se exprimir; metafórico, figurado

sim.bo.lis.mo *s.m.* **1** expressão ou interpretação por meio de símbolos **2** ART.PLÁST LIT movimento literário e artístico do fim do séc. XIX, marcado por uma visão subjetiva, simbólica e espiritual do mundo ☞ nesta acp., inicial maiúsc. ~ **simbolista** *adj.2g.s2g.*

sim.bo.li.zar *v.* {mod. 1} *t.d.* **1** expressar ou representar por símbolo(s) **2** ser o símbolo de; significar, representar ~ **simbolização** *s.f.* - **simbolizador** *adj.s.m.*

sím.bo.lo *s.m.* **1** o que, por analogia ou convenção, representa, sugere ou substitui outra coisa **2** ser, objeto ou imagem a que se atribuiu certo significado; emblema **3** sinal gráfico, arbitrário e convencional, us. para representar operações, quantidades, elementos etc. ~ **simbologia** *s.f.*

si.me.tri.a *s.f.* **1** correlação entre as partes dispostas a cada lado de uma linha divisória, um plano médio, um centro ou eixo **2** *p.ext.* semelhança entre duas metades **3** conjunto de proporções equilibradas ~ **simétrico** *adj.*

si.mi.es.co /ê/ *adj.* semelhante ao macaco

si.mi.lar [pl.: *-es*] *adj.2g.* **1** que tem a mesma natureza; análogo ■ *s.m.* **2** objeto ou produto semelhante ~ **similaridade** *s.f.*

sí.mi.le *adj.2g.* **1** que se semelha; análogo ■ *s.m.* **2** comparação entre coisas semelhantes

si.mi.li.tu.de *s.f.* semelhança, analogia

sí.mio *s.m.* ZOO **1** espécime dos símios, subordem de primatas de cérebro grande, face capaz de expressar emoção, olhos voltados para a frente, desprovidos de cauda, como o orangotango e o homem ■ *adj.* **2** relativo a essa subordem

si.mo.ni.a *s.f.* comércio ilícito de coisas sagradas, como perdão, sacramentos etc.

sim.pa.ti.a *s.f.* **1** afinidade de espírito que aproxima duas ou mais pessoas **2** relação de atração espontânea por alguém ou algo **3** disposição favorável; inclinação, tendência **4** boa disposição em atender às solicitações de alguém **5** pessoa que costuma ser agradável, delicada, afável **6** *B* prática supersticiosa us. como proteção ou para conseguir algo

sim.pá.ti.co *adj.* **1** que inspira ou revela simpatia, amabilidade **2** que agrada aos sentidos; aprazível, atraente **3** ANAT relativo à parte do sistema nervoso ■ *s.m.* **4** indivíduo que revela amabilidade, delicadeza ◉ GRAM/USO sup.abs.sint. do adj.: *simpaticíssimo, simpatiquíssimo*

sim.pa.ti.zan.te *adj.2g.s.2g.* **1** que(m) tem simpatia por alguém ou algo **2** que(m) sente afinidade por uma causa, uma orientação política

sim.pa.ti.zar *v.* {mod. 1} *t.i.* (prep. *com*) ter afeição, interesse, afinidade por

sim.ples *adj.2g.2n.* **1** que não é composto, múltiplo, nem se desdobra em partes **2** que não se compõe de partes ou substâncias diferentes **3** que evita ornatos, artifícios ou qualquer aparato; despojado **4** de fácil entendimento, compreensão ou resolução **5** mero, puro *<um s. cumprimento>* ☞ nesta acp., usa-se antes do substantivo **6** só, único **7** não sofisticado; comum, singelo ■ *adj.2g.2n.s.2g.2n.* **8** que(m) é de origem humilde **9** que(m) vive sem luxos **10** que(m) é ingênuo, crédulo e sem malícia ◉ GRAM/USO sup. abs.sint. do adj.: *simplicíssimo, simplíssimo*

sim.pli.ci.da.de *s.f.* **1** ausência de complicação **2** comportamento natural e espontâneo, sem pretensão **3** caráter de quem é sincero; franqueza **4** ausência de luxo, de pompa, de sofisticação

sim.pli.fi.car *v.* {mod. 1} *t.d.* **1** tornar mais simples, fácil ou claro; ajudar, facilitar **2** MAT reduzir (fração) a termos menores ~ **simplificação** *s.f.*

sim.plis.mo *s.m.* **1** simplificação exagerada, ger. com desprezo de aspectos fundamentais **2** uso de meios por demais simples; ingenuidade ~ **simplista** *adj.2g.s.2g.*

sim.pló.rio *adj.s.m.* que(m) é muito crédulo; ingênuo

sim.pó.sio *s.m.* reunião de especialistas para discussão de algum assunto; congresso

si.mu.la.cro *s.m.* **1** representação artificial da realidade **2** falso aspecto, aparência enganosa **3** cópia malfeita ou grosseira; arremedo

si.mu.la.do *adj.* **1** falso, fingido **2** a que se dá, por fraude, a aparência de realidade **3** feito à imitação de coisa verdadeira *<voo s.>* ■ *s.m.* **4** exercício que simula as condições reais de uma prova

si.mu.lar *v.* {mod. 1} *t.d.* **1** fazer parecer real (o que não é); fingir, aparentar **2** representar com semelhança certos aspectos de; imitar, reproduzir ~ **simulação** *s.f.*

si.mu.li.í.deo *adj.s.m.* ZOO (espécime) dos simuliídeos, família de mosquitos ger. de cor escura, cujas fêmeas alimentam-se do sangue de vertebrados

si.mul.tâ.neo *adj.* que se faz ou se realiza ao mesmo tempo (ou quase) que outra coisa; concomitante ~ **simultaneidade** *s.f.*

sin- *pref.* 'reunião, simultaneidade': *sincronia, sincretismo, sinfonia*

si.na *s.f.* destino, sorte, fado

si.na.go.ga *s.f.* REL templo onde os israelitas fazem seu culto

si.nal [pl.: *-ais*] *s.m.* **1** o que possibilita conhecer, reconhecer ou prever algo; índice *<s. de chuva>* **2** o que se convencionou ou combinou com um objetivo e que tem certa informação *<s. de incêndio>* **3** aviso, indicação **3.1** som indicativo de algo **3.2** gesto para comunicar algo a alguém **4** marca, traço **5** indício ou sintoma **6** vestígio, rastro **7** mancha ou marca na pele **8** algo (p.ex., um valor) dado para garantir o cumprimento de um contrato; penhor **9** *fig.* manifestação, prova *<s. de gratidão>* **10** *fig.* manifestação clara de algo; demonstração **11** MAT símbolo de uma operação matemática **12** *B* semáforo, sinaleira ◉ COL sinalização ▣ **s. de pontuação** GRAM LING cada um dos sinais us. na pontuação (dois-pontos, vírgula etc.) • **s. diacrítico** aquele que modifica o som de uma letra, como a cedilha e o til • **por s.** por falar nisso; a propósito

si.nal da cruz [pl.: *sinais da cruz*] *s.m.* REL gesto com que o cristão se benze, tocando a testa, o peito e cada um dos ombros, e pronunciando certas palavras

si.na.lei.ra *s.f.* *B* semáforo

si.na.lei.ro *adj.s.m.* **1** (o) que dá sinais **2** (indivíduo) encarregado de sinalizar em pista de pouso, linha de trem etc. ■ *s.m.* *B* **3** semáforo

si.na.li.za.ção [pl.: *-ões*] *s.f.* **1** conjunto de sinais us. como meio de comunicação **2** conjunto dos sinais que facilitam e dão mais segurança à circulação em estradas, portos, aeroportos etc.

si.na.li.zar *v.* {mod. 1} *t.d.* **1** pôr sinalização em (certos locais) **2** anunciar por sinais **3** *fig.* dar mostra de; indicar ☐ *int.* **4** exercer as funções de sinaleiro

si.na.pis.mo *s.m.* cataplasma feito de mostarda, farinha e vinagre

sin.ce.ro *adj.* **1** que se exprime sem enganar ou disfarçar pensamentos ou sentimentos **2** dito ou feito sem fingimento **3** em quem se pode confiar; verdadeiro, leal **4** verdadeiro, autêntico ~ **sinceridade** *s.f.*

sín.co.pe *s.f.* **1** FON supressão de fonema(s) dentro de palavra (p.ex.: *maior* > *mor*) **2** MED desmaio por má irrigação sanguínea no cérebro **3** MÚS articulação do som na parte fraca do tempo ou compasso, prolongando-se pela parte forte seguinte

sin.cre.tis.mo *s.m.* **1** REL fusão de diferentes cultos ou doutrinas com nova interpretação de seus elementos **2** *p.ext.* fusão de elementos culturais diversos ~ **sincretista** *adj.2g.s.2g.*

sin.cre.ti.zar *v.* {mod. 1} *t.d. e t.d.i.* **1** (prep. *em*) integrar (elementos diferentes) [numa síntese] *<o escritor costuma s. tendências românticas e barrocas em seu texto>* ☐ *t.d.* **2** tentar combinar (elementos díspares, heterogêneos); conciliar

sin.cro.ni.a *s.f.* ocorrência ao mesmo tempo de dois ou mais fenômenos ou fatos, de certo modo relacionados entre si; simultaneidade ~ **sincronismo** *s.m.*

sin.crô.ni.co *adj.* que acontece ou existe ao mesmo tempo ~ **síncrono** *adj.*

sin.cro.ni.zar *v.* {mod. 1} *t.d.* **1** tornar sincrônico (ação, movimento etc.) **2** estabelecer relação entre (fatos ocorridos ao mesmo tempo) **3** REC.AV fazer coincidir com as imagens o som de (filme, programa etc.)

sin.dé.ti.co *adj.* GRAM diz-se de oração ligada a outra por conjunção coordenativa ☞ cf. *assindético* ~ **síndeto** *s.m.*

sin.di.cal [pl.: *-ais*] *adj.2g.* relativo ou pertencente a sindicato

sin.di.ca.lis.mo *s.m.* **1** movimento que tem como objetivo unir associações de trabalhadores para defender seus interesses **2** conjunto dos sindicatos ~ **sindicalista** *adj.2g.s.2g.*

sin.di.ca.li.zar *v.* {mod. 1} *t.d. e pron.* **1** organizar(-se) em sindicato **2** filiar(-se) a sindicato *<a diretoria recusou sindicalizá-lo> <sindicalizaram-se no mês passado>* ~ **sindicalização** *s.f.*

sin.di.cân.cia *s.f.* **1** conjunto de procedimentos que visam apurar a verdade de algo; investigação, inquérito **2** função de síndico **3** o exercício dessa função

sin.di.car *v.* {mod. 1} *t.d., t.i. e int.* **1** (prep. *de*) tomar informações (de algo) por ordem superior; investigar *<mandou s. (de) suas ações> <resolveu s., mesmo sem apoio do chefe>* ☐ *t.d. e pron.* **2** reunir(-se) em sindicato; sindicalizar(-se)

sin.di.ca.to *s.m.* associação de profissionais de uma mesma categoria ◉ COL sindicalismo

sín.di.co *s.m.* B pessoa eleita para administrar condomínio

sín.dro.me *s.f.* MED conjunto de sintomas observáveis em vários processos patológicos diferentes e sem causa específica ▣ **s. de Down** MED alteração genética, causada por erro na divisão celular, em que as pessoas apresentam características como olhos oblíquos, rosto arredondado, mãos menores e comprometimento intelectual • **s. de imunodeficiência adquirida** MED deficiência do sistema imunológico, adquirida esp. por via sexual (sêmen ou secreção vaginal), transfusão de sangue contaminado ou uso compartilhado de seringas infectadas ☞ sigla *Aids, Sida*

si.ne.cu.ra *s.f.* emprego ou cargo rendoso que exige pouco trabalho

si.né.do.que *s.f.* GRAM tipo de metonímia em que uma palavra é empregada por outra de sentido mais genérico ou de sentido mais específico (p.ex., *a maldade do homem* por 'da espécie humana'; *braços para a lavoura* por 'homens, trabalhadores')

si.né.drio *s.m.* HIST assembleia administrativa e legislativa entre os antigos judeus

si.nei.ro *adj.s.m.* que(m) fabrica ou toca sino

si.né.re.se *s.f.* GRAM passagem de um hiato a ditongo no interior de uma palavra (p.ex.: *ma-goa-do* por *ma-go-a-do*) ☞ cf. *diérese*

si.ne.ta /ê/ *s.f.* sino pequeno

si.ne.te /ê/ *s.m.* **1** tipo de carimbo que imprime monograma ou outra marca distintiva do seu proprietário **2** a marca feita com esse objeto; chancela

sin.fo.ni.a *s.f.* MÚS composição para orquestra em forma de sonata, caracterizada pelos vários executantes para cada tipo de instrumento e pela grande diversidade de timbres ~ **sinfônico** *adj.*

sin.fô.ni.ca *s.f.* MÚS orquestra sinfônica

sin.ge.lo *adj.* **1** desprovido de ornatos ou enfeites **2** que não tem malícia; puro, inocente ~ **singeleza** *s.f.*

sing.na.tí.deo *adj.s.m.* ZOO (espécime) dos singnatídeos, família de peixes ósseos, representados pelos cavalos-marinhos, cujos machos carregam os ovos no ventre

sin.grar *v.* {mod. 1} *int.* MAR **1** seguir caminhos nas águas; navegar ☐ *t.d.* MAR **2** percorrer, navegando *<s. o Atlântico>*

sin.gu.lar [pl.: *-es*] *adj.2g.* **1** único de sua espécie; sem igual **2** fora do comum; excepcional **3** incomum, inusitado ■ *adj.2g.s.m.* GRAM **4** (flexão de número) que indica apenas uma só coisa ou pessoa ou vários indivíduos constituindo um todo (p.ex., rebanho) ☞ cf. *plural* ~ **singularidade** *s.f.*

sin.gu.la.ri.zar *v.* {mod. 1} *t.d. e pron.* **1** tornar(-se) diferente, singular; destacar(-se) ☐ *t.d.* **2** expor em detalhes; minuciar ~ **singularização** *s.f.*

si.nhá *s.f.* HIST *B* forma de tratamento com que os escravos no passado designavam a senhora ou patroa

si.nhô *s.m.* HIST *B* forma de tratamento com que os escravos no passado designavam o senhor ou patrão

si.nhô-mo.ço [pl.: *sinhôs-moços*; fem.: *sinhá-moça*] *s.m.* HIST *B* sinhozinho

si.nho.zi.nho [fem.: *sinhazinha*] *s.m.* HIST *B* forma de tratamento us. pelos escravos para dirigir-se ao filho do senhor; sinhô-moço

si.nis.tra *s.f.* a mão esquerda; canhota

si.nis.tro *adj.* **1** que usa a mão esquerda com mais habilidade; canhoto **2** que prevê acontecimentos ruins; funesto, agourento **3** que causa o mal **4** terrível, assustador ■ *s.m.* **5** desastre, acidente **6** dano, esp. sobre bem segurado

si.no *s.m.* **1** instrumento metálico, cônico e oco, ger. percutido com badalo; campana **2** MÚS instrumento de orquestra que consiste em um conjunto de tubos metálicos, de número e diâmetro variáveis, que produz sons semelhantes aos do sino ◉ COL carrilhão

si.nó.di.co *adj.* ASTR relativo ao movimento dos astros

sí.no.do *s.m.* REL **1** assembleia regular de párocos convocada pelo seu bispo **2** assembleia periódica de bispos de todo o mundo, presidida pelo papa ~ **sinodal** *adj.2g.*

si.no.ní.mia *s.f.* GRAM **1** relação de sentido entre vocábulos sinônimos **2** estudo de ou teoria sobre os sinônimos **2.1** lista de sinônimos

si.nô.ni.mo *adj.s.m.* LING (palavra) que tem com outra certa semelhança de significação, podendo substituí-la em alguns contextos sem alterar o sentido da sentença *<belo e bonito são s.>* ◉ COL sinonímia ~ **sinonímico** *adj.*

si.nop.se *s.f.* resumo, ger. escrito ~ **sinóptico** *adj.*

sin.tag.ma *s.m.* LING unidade sintática composta de um núcleo (p.ex., verbo, substantivo, adjetivo etc.) e de termos que a ele se unem e a que estão subordinados, formando uma locução que entrará na formação da oração ~ **sintagmático** *adj.*

sin.tá.ti.co ou **sin.tá.xi.co** /ss/ *adj.* **1** de, relativo ou pertencente a sintaxe **2** conforme as regras da sintaxe

sin.ta.xe /ss/ *s.f.* GRAM parte da gramática que estuda a ordem e as relações das palavras na frase e das orações no discurso

sin.tá.xi.co /ss/ *adj.* → ***SINTÁTICO***

sin.te.co *s.m.* verniz transparente e durável, us. para cobrir assoalho de madeira ~ **sintecar** *v.t.d.*

sín.te.se *s.f.* **1** reunião de elementos diferentes num todo coerente **2** operação intelectual que apreende um todo, partindo dos elementos que o constituem **3** exposição abreviada e genérica; resumo **4** BIOQ biossíntese **5** QUÍM preparação de um composto químico a partir de substâncias mais simples

sin.té.ti.co *adj.* **1** que não se detém em detalhes; conciso, resumido **2** produzido por síntese artificial ou elaborado com compostos artificiais

sin.te.ti.za.dor /ô/ [pl.: *-es*] *adj.* **1** que sintetiza ■ *s.m.* **2** MÚS instrumento eletrônico que imita sons de vários instrumentos, voz etc.

sin.te.ti.zar *v.* {mod. 1} *t.d. e t.d.i.* **1** (prep. *em*) reunir ou mostrar o que é mais importante sobre; resumir *<conseguiu s. a opinião da plateia>* *<sintetizou numa palavra o que todos sentíamos>* **2** (prep. *em*) combinar (partes, elementos) compondo um todo *<s. dados complexos>* *<s. informações científicas>* □ *t.d.* **3** ter as características principais, exemplares de; representar *<ela sintetiza todos os bons sentimentos>* **4** QUÍM produzir (uma substância) por síntese natural ou artificial

sin.to.ma *s.m.* **1** MED sensação subjetiva (dor, mal-estar etc.), narrada pelo paciente, us. para estabelecer o diagnóstico de uma doença **2** *fig.* indício, sinal ~ **sintomático** *adj.*

sin.to.ma.to.lo.gi.a *s.f.* MED estudo dos sintomas relatados por um paciente ~ **sintomatológico** *adj.* - **sintomatologista** *adj.2g.s.2g.*

sin.to.ni.a *s.f.* **1** RÁD igualdade de frequência de dois circuitos de transmissão ou recepção de ondas de rádio **2** *fig.* acordo, harmonia

sin.to.ni.zar *v.* {mod. 1} *t.d. e int.* **1** ajustar (aparelho de rádio) ao comprimento de onda da emissora □ *t.i.* *B* **2** (prep. *com*) entrar em sintonia; harmonizar-se *<ele não sintoniza com os sogros>*

si.nu.ca *s.f.* **1** RECR espécie de bilhar jogado com oito bolas numa mesa com seis caçapas **2** *infrm.* situação embaraçosa

si.nu.o.so /ô/ [pl.: /ó/; fem.: /ó/] *adj.* **1** cheio de curvas **2** *fig.* emaranhado, tortuoso ~ **sinuosidade** *s.f.*

si.nu.si.te *s.f.* MED inflamação de cavidade óssea próxima ao nariz

si.o.nis.mo *s.m.* movimento internacional judeu que resultou na criação do Estado de Israel ~ **sionista** *adj.2g.s.2g.* - **sionístico** *adj.*

si.re.ne ou **si.re.na** *s.f.* dispositivo de som estridente us. para sinalizar algo, como alarmes, horários em fábricas, deslocamento de ambulâncias, carros de bombeiros e de polícia

si.re.ní.deo *adj.s.m.* ZOO (espécime) dos sirenídeos, família de salamandras aquáticas que não possuem membros posteriores, dentes e pálpebras

si.rê.nio *s.m.* ZOO espécime dos sirênios, ordem de mamíferos aquáticos, herbívoros, que possuem cauda com forma de nadadeira

si.ri *s.m.* ZOO designação comum de certos crustáceos marinhos semelhantes ao caranguejo, que possuem o último par de pernas em forma de remo

si.ri.gai.ta *s.f.* *B* *pej.* mulher espertalhona

sí-rio-li.ba.nês [pl.: *sírio-libaneses*] *adj.* **1** relativo à Síria e ao Líbano **2** que tem elementos das duas culturas ■ *adj.s.m.* **3** que(m) é natural da unidade geográfica formada pela Síria e pelo Líbano

si.ri.ri.ca *s.f.* *gros.* masturbação feminina

si.ro.co /ô/ *s.m.* vento quente que sopra do sudeste sobre o Mediterrâneo

si.sal [pl.: *-ais*] *s.m.* BOT **1** planta que fornece fibra áspera e resistente us. para fazer cordas, tapetes etc. **2** essa fibra

sis.mo *s.m.* GEOL terremoto ~ **sísmico** *adj.*

sis.mó.gra.fo *s.m.* instrumento que detecta e registra terremotos ~ **sismografia** *s.f.*

si.so *s.m.* **1** bom senso, juízo **2** ODONT terceiro molar, que aparece entre os 17 e 21 anos; dente de siso

sis.te.ma *s.m.* **1** conjunto de elementos, concretos ou abstratos, relacionados entre si **2** conjunto de unidades organizadas de determinada forma para alcançar um fim **3** qualquer conjunto natural de partes interdependentes *<s. planetário>* **4** *p.ext.* constituição política, econômica ou social de um estado, de uma comunidade etc. **5** método, modo ▣ **s. cardiovascular** ou **circulatório** FISL conjunto formado pelo coração e pelos vasos sanguíneos e que possibilita a circulação do sangue • **s. digestivo** ou **digestório** FISL conjunto de órgãos que têm por função básica a assimilação dos alimentos, compreendendo o tubo digestivo e as glândulas digestivas (diz-se *digestórios* quando a fisiologia é humana) • **s. imunitário** FISL sistema graças ao qual o organismo se defende contra as infecções causadas por agentes patogênicos (vírus, bactérias, fungos e parasitas) e contra corpos estranhos de modo geral • **s. imunológico** FISL s. imunitário • **s. internacional de unidades** sistema de unidades de medida composto por unidade de base (quilograma, metro, segundo, kelvin, mol, ampere e candela) e unidades derivadas [sigla: *SI*] • **s. locomotor** FISL conjunto de órgãos que permite o deslocamento e que, nos vertebrados, compreende os ossos, as articulações dos membros e da coluna vertebral, assim como os ligamentos, músculos e tendões que se unem e os acionam • **s. métrico decimal** FÍS sistema de unidades de medida que emprega o metro e seus múltiplos e submúltiplos decimais • **s. nervoso** FISL nos vertebrados, conjunto dos centros nervosos (cérebro, medula e gânglios) e dos nervos que agem no comando e coordenação dos órgãos e do aparelho locomotor, na recepção dos estímulos sensoriais e, nos humanos, nas funções psíquicas e intelectuais • **s. operacional** INF *software* que controla a operação de *hardwares* e outros *softwares* instalados no computador • **s. respiratório** FISL conjunto dos órgãos que possibilitam a respiração e que compreendem as vias aéreas e os pulmões • **s. reprodutor** FISL conjunto dos órgãos (masculinos ou femininos) que possibilitam a reprodução • **s. solar** ASTR conjunto de corpos celestes (planetas, satélites, cometas etc.) que gravitam em torno do Sol • **s. urinário** FISL conjunto de órgãos que elaboram a urina e a eliminam do corpo, compreendendo os rins, os ureteres, a bexiga e a uretra ~ **sistematicidade** *s.f.*

sis.te.má.ti.ca *s.f.* **1** conjunto de elementos classificados e organizados segundo um ou mais critérios **2** BIO ciência que classifica os seres vivos através do estudo comparativo de suas características

sis.te.má.ti.co *adj.* **1** que segue ou observa um sistema **2** *p.ext.* que se processa segundo um método ou ordenação; metódico

sis.te.ma.ti.zar *v.* {mod. 1} *t.d.* **1** organizar num sistema □ *t.d. e pron.* **2** tornar(-se) metódico, ordenado, coerente *<s. a distribuição da água no prédio>* *<a iluminação da rua sistematizou-se com moderna aparelhagem>* ~ **sistematização** *s.f.*

sis.tê.mi.co *adj.* **1** relativo a sistema ou sistemática **2** MED que afeta o corpo inteiro

sís.to.le *s.f.* FISL movimento de contração do coração, que ejeta o sangue para a aorta e para a artéria pulmonar ☞ cf. *diástole* ~ **sistolar** *adj.2g.* - **sistólico** *adj.*

si.su.do *adj.s.m.* que(m) é muito sério, circunspecto ~ **sisudez** *s.f.*

site [ing.; pl.: *sites*] ou ***website*** [ing.; pl.: *websites*] *s.m.* INF endereço na internet que pode conter textos, gráficos e informações em multimídia; *website* ⇒ pronuncia-se sait, uébsait

[1]**si.ti.an.te** *s.2g.* quem possui ou mora em sítio, roça [ORIGEM: formação irreg. de [1]*sítio* + *-ante*]

[2]**si.ti.an.te** *adj.2g.s.2g.* que(m) sitia [ORIGEM: de *sitiar* + *-ante*]

si.ti.ar *v.* {mod. 1} *t.d.* impor cerco militar a; bloquear *<s. uma cidade>* ~ **sitiador** *adj.s.m.*

[1]**sí.tio** *s.m.* **1** local ocupado por um corpo qualquer *<encontrou as chaves fora do seu s.>* **2** qualquer local; lugar *<passaram por s. quase desertos>* **3** *B* chácara ou moradia rural **4** INF *site* [ORIGEM: desc.]

[2]**sí.tio** *s.m.* ação de sitiar ou o seu efeito [ORIGEM: duv., talvez regr. de *sitiar*]

si.to *adj.* que se situa, estabelecido ◉ GRAM/USO part.irreg. de *situar*

si.tu.a.ção [pl.: *-ões*] *s.f.* **1** localização de um corpo no espaço em relação a um ou vários pontos de referência fora dele; posição *<não foi possível precisar a s. do navio>* **2** estado de algo ou alguém *<após a demissão, ficou em s. desesperadora>* **3** combinação de circunstâncias num dado momento; conjuntura *<s. favorável>* **4** POL poder dirigente de um estado, de uma empresa etc. *<candidato da s.>*

si.tu.a.cio.nis.mo *s.m.* POL condição dos que exercem e/ou apoiam o governo ☞ cf. *oposicionismo*

si.tu.a.cio.nis.ta *adj.2g.* **1** próprio do situacionismo ■ *adj.2g.s.2g.* POL **2** partidário do situacionismo ☞ cf. *oposicionista*

si.tu.ar *v.* {mod. 1} *t.d. e pron.* **1** pôr(-se) em certo lugar; posicionar(-se) *<s. a casa na encosta>* *<veio s.-se a meu lado>* □ *t.d.* **2** determinar lugar certo a; localizar *<s. a ação da novela no Rio>* □ *pron.* **3** (prep. *em*) assumir uma opinião; posicionar-se *<não sei como me s. nesta questão>* ◉ GRAM/USO part.: *situado*, *sito*

skate [ing.; pl.: *skates*] *s.m.* RECR esqueite ⇒ pronuncia-se squêit

S

slide [ing.; pl.: *slides*] *s.m.* FOT REC.AV diapositivo ⇒ pronuncia-se slaid

slogan [ing.; pl.: *slogans*] *s.m.* frase curta e persuasiva us. em campanhas políticas, publicitárias etc. ⇒ pronuncia-se slôgã

Sm QUÍM símbolo de *samário*

smartphone [ing.; pl.: *smartphones*] *s.m.* telefone móvel com recursos e funções comparáveis às de um computador pessoal ⇒ pronuncia-se smartfoune

smoking [ing.; pl.: *smokings*] *s.m.* VEST terno preto com lapela de cetim, us. com gravata-borboleta preta em eventos formais ⇒ pronuncia-se smôuquin

SMS [ing.] *s.m.* INF mensagem curta de texto enviada e recebida em telefone celular ⇒ pronuncia-se ésse ême ésse

Sn QUÍM símbolo de *estanho*

so- *pref.* 'movimento de baixo para cima': *soerguer*

S.O. abrev. de *sudoeste* ('região')

só *adj.2g.s.m.* **1** que(m) não tem companhia; solitário ■ *adj.2g.* **2** que é apenas um; único ■ *adv.* **3** apenas, exclusivamente

so.a.lhar *v.* {mod. 1} *t.d.* assoalhar

so.a.lhei.ra *s.f.* calor mais intenso do sol; [2]soleira

so.a.lho *s.m.* assoalho

so.an.te ou **so.nan.te** *adj.2g.* que soa

so.ar *v.* {mod. 1} *t.d. e int.* **1** emitir ou produzir (som) □ *int.* **2** repercutir, ecoar *<o grito soou na caverna>* **3** *p.ext.* impressionar os ouvidos *<seus versos soam bem>* □ *pred. fig.* **4** ter semelhança com; parecer-se *<o elogio soou como zombaria>*

sob- *pref.* 'posição inferior ou abaixo': *sobescavar, sobpor*

sob /ô/ *prep.* **1** por baixo de *<usava camiseta s. a blusa>* **2** debaixo de *<dormiu s. a árvore>* **3** no tempo de ou no governo de *<s. o reinado de Pedro II>*

so.ba *s.m.* chefe de pequeno Estado africano

so.be.jar *v.* {mod. 1} *t.i. e int.* (prep. *de*) ultrapassar os limites do necessário; restar, sobrar *<esperavam a comida que sobejaria do jantar> <não há dinheiro que sobeje>*

so.be.jo /ê/ *adj.* **1** que sobra ■ *s.m.* **2** qualquer coisa que sobrou; resto ▣ **de s.** a mais que o necessário; demasiado

so.be.ra.ni.a *s.f.* **1** POL poder político supremo do Estado como afirmação de sua personalidade independente, de sua autoridade plena e governo próprio, dentro do território nacional e em suas relações com outros Estados **2** qualidade, condição de soberano ou autoridade de um soberano

so.be.ra.no *adj.* **1** que detém o poder sem restrições **2** que ocupa o mais alto grau em seu gênero ■ *s.m.* **3** quem exerce o poder supremo de uma monarquia; monarca **4** quem tem grande influência ou poder

so.ber.ba /ê/ *s.f.* arrogância, presunção ~ **soberbia** *s.f.*

so.ber.bo /ê/ *adj.s.m.* **1** que(m) é arrogante ■ *adj.* **2** que é mais alto ou está mais elevado **3** de aspecto grandioso, magnífico

so.bes.ca.var *v.* {mod. 1} *t.d.* socavar

sob.por *v.* {mod. 23} *t.d.i. e pron.* **1** (prep. *a*) pôr(-se), colocar(-se) debaixo ou por baixo de *<a água do lago sobpunha-se à camada de gelo>* **2** *fig.* (prep. *a*) diminuir o valor, a qualidade de (alguém, algo ou de si mesmo); depreciar(-se) *<sem escrúpulos, sobpõe os meios aos fins>*

so.bra *s.f.* o que fica depois de tirado o necessário ou principal ▣ **de s.** em muita quantidade ou em excesso

so.bra.çar *v.* {mod. 1} *t.d.* **1** segurar embaixo do ou com o braço **2** apoiar nos braços; sustentar

so.bra.do *s.m.* **1** piso de madeira **2** o pavimento superior de uma casa de dois pavimentos **3** *B* casa de dois andares

so.bran.cei.ro *adj.* **1** que está em local mais alto **2** que está em posição de superioridade **3** de quem se julga melhor; arrogante ~ **sobrançaria** *s.f.* - **sobranceria** *s.f.*

so.bran.ce.lha /ê/ *s.f.* arco de pelos acima de cada órbita ocular

so.brar *v.* {mod. 1} *t.d.i. e int.* **1** (prep. *a*) possuir ou existir em excesso; sobejar, exorbitar *<sobrara(-lhe) algo de prudência>* **2** (prep. *a, de*) subsistir depois de uso, destruição, gasto etc.; restar *<sobrou(-lhe) dinheiro> <pouco sobrou do jantar>* **3** ser mais do que suficiente; bastar *<o tempo sobrava-lhe para resolver tudo> <duas horas dão e sobram para descansarmos>* □ *int.* **4** ser esquecido ou posto em segundo plano *<fomos promovidos, mas ele sobrou>* □ *t.i. infrm.* **5** (prep. *para*) caber (alguma coisa ger. ruim ou desconfortável) *<ninguém quis o trabalho e então sobrou para mim>*

sobre- *pref.* **1** 'posição acima': *sobrescrever, sobrevoar* **2** 'excesso': *sobrecarregar*

so.bre /ô/ *prep.* **1** por ou em cima de *<casa s. a colina>* **2** na superfície de *<aves s. a lagoa>* **3** a respeito de *<leu o texto s. o pai>* **4** em relação de dominância ou influência *<exerce poder s. os irmãos>*

so.bre.a.vi.so *s.m.* prevenção, precaução

so.bre.ca.pa *s.f.* BIBLIO cobertura solta com que se envolve a capa de um livro para protegê-la

so.bre.car.ga *s.f.* carga excedente, excessiva

so.bre.car.re.gar *v.* {mod. 1} *t.d.* **1** pôr excesso de carga em **2** impor esforço, responsabilidade excessivos a **3** aumentar de forma exagerada

so.bre.car.ta *s.f.* envelope

so.bre.ca.sa.ca *s.f.* VEST casaco masculino comprido, abotoado até a cintura, hoje em desuso

so.bre.ce.nho /ê/ *s.m.* **1** o par de sobrancelhas **2** *fig.* aparência carrancuda

so.bre.céu *s.m.* dossel

so.bre.co.mum [pl.: *-uns*] *adj.2g.s.m.* GRAM (substantivo) que possui apenas um gênero gramatical para designar pessoas de ambos os sexos (p.ex.: o carrasco, a criança, a vítima) ☞ cf. *comum de dois* e *epiceno*

S

so.bre.co.xa /ô/ *s.f.* ZOO *B infrm.* coxa das aves

so.bre.cu *s.m.* ZOO *infrm.* uropígio

so.bre.cus.to *s.m.* ECON custo indireto acrescentado ao custo de alguma coisa

so.bre-hu.ma.no [pl.: *sobre-humanos*] *adj.* acima da capacidade ou natureza humana

so.bre.ja.cen.te *adj.2g.* que está por cima

so.bre.le.var *v.* {mod. 1} *t.d. e pron.* **1** exceder em altura; ultrapassar **2** erguer(-se) do chão; levantar(-se) ☐ *t.d.* **3** tornar mais elevado ou alto ☐ *t.d.,t.i. e int. fig.* **4** (prep. *a*) ser de maior qualidade ou importância; suplantar *<suas qualidades sobrelevam seus defeitos> <o peso do julgamento do presidente sobreleva a todos> <suas virtudes sobrelevam em muito>* ☐ *t.i.,int. e pron.* **5** (prep. *a, sobre*) sobressair entre outros; destacar-se *<sua inteligência sobreleva à dos colegas> <os aplausos sobrelevavam sobre as vaias> <entre os cantores, ele (se) sobreleva>*

so.bre.lo.ja *s.f.* **1** pavimento entre o térreo e o primeiro andar de prédio comercial **2** loja situada nesse pavimento

so.bre.ma.nei.ra *adv.* além da normalidade; em excesso; demasiado

so.bre.me.sa /ê/ *s.f.* **1** fruta, doce etc. que se come ao fim da refeição **2** momento da refeição em que se come essa fruta ou doce

so.bre.mo.do *adv.* sobremaneira

so.bre.na.dar *v.* {mod. 1} *int.* nadar ou surgir à superfície da água; boiar, flutuar

so.bre.na.tu.ral [pl.: *-ais*] *adj.2g.s.m.* **1** (o) que está fora das leis da natureza **2** (o) que é extraordinário ou maravilhoso

so.bre.no.me *s.m.* nome de família

so.bre.pe.liz [pl.: *-es*] *s.f.* veste branca que um clérigo usa sobre a batina

so.bre.por *v.* {mod. 23} *t.d.i. e pron.* **1** (prep. *a*) pôr(-se) em cima ou por cima de; superpor *<sobrepôs o xale ao vestido> <uma nuvem sobrepunha-se ao pico da montanha>* ☐ *t.d.i.* **2** *fig.* (prep. *a*) colocar por cima, para esconder *<s. o riso às lágrimas>* **3** (prep. *a*) juntar por acréscimo; acrescentar *<a seus títulos vai s. o de doutor>* **4** (prep. *a*) dar mais importância a; antepor *<s. o bem público ao particular>* ☐ *pron.* **5** (prep. *a*) vir depois; seguir-se *<a bonança sobrepõe-se à tempestade>* ◉ GRAM/USO part.: *sobreposto* ~ **sobreposição** *s.f.*

so.bre.pos.to /ô/ [pl.: /ó/; fem.: /ó/] *adj.* superposto

so.bre.pu.jar *v.* {mod. 1} *t.d.* **1** exceder em altura; ultrapassar, sobrelevar *<a torre sobrepujava os edifícios>* **2** vencer, dominar, superar *<s. um obstáculo>* **3** ter primazia sobre; suplantar *<o bem público há de s. o particular>* ☐ *t.i. e int.* **4** (prep. *a*) ganhar destaque; sobressair *<os bons valores devem s. (aos maus)>* ~ **sobrepujança** *s.f.*

so.bres.cre.ver *v.* {mod. 8} *t.d.* **1** escrever sobre ou acima de **2** sobrescritar ☞ cf. *subscrever* ◉ GRAM/USO part.: *sobrescrito*

so.bres.cri.tar *v.* {mod. 1} *t.d.* escrever nome e endereço do destinatário em (envelope); sobrescrever ☞ cf. *subscritar*

so.bres.cri.to *s.m.* **1** nome e endereço que se escrevem sobre envelope ou invólucro de correspondência ■ *adj.* **2** GRÁF diz-se de letra, número ou outro sinal, menor que as letras e sinais us. no texto, que se grafa acima deles ☞ p.opos. a *subscrito*

so.bres.sa.ir *v.* {mod. 25} *int.* **1** ser, estar ou ficar saliente; destacar-se *<um enfeite que sobressai muito>* **2** atrair a atenção; salientar-se *<apenas um quadro sobressaía>* **3** ser bem perceptível entre outros (sons, cores etc.); distinguir-se *<sua voz sobressai>* ☐ *t.i.,int. e pron.* **4** (prep. *a*) ganhar destaque sobre (os demais); sobrepujar *<o caçula sobressaía aos irmãos> <a casa nova sobressairá> <ela se sobressai como quituteira>*

so.bres.sa.len.te ou **so.bres.se.len.te** *adj.2g.s.m.* (peça) reservada para repor outra gasta, quebrada etc.

so.bres.sal.tar *v.* {mod. 1} *t.d. e pron.* **1** tomar ou ser tomado de surpresa, de repente; surpreender(-se) *<a tristeza sobressalta-a> <s.-se com a presença de estranhos>* **2** (fazer) sentir receio, temor; assustar(-se) *<a notícia sobressaltou-o> <sobressaltou-se ao ler o* email*>*

so.bres.sal.to *s.m.* **1** reação brusca causada por forte emoção **2** inquietação inesperada; susto

so.bres.se.len.te *adj.2g.s.m.* → ***SOBRESSALENTE***

so.bres.tar *v.* {mod. 7} *t.d. e int.* não (deixar) ir adiante; parar, interromper *<s. o teste> <ao ouvir o grito, sobrestou>* ~ **sobrestamento** *s.m.*

so.bre.ta.xa *s.f.* taxa que se acrescenta à normal ~ **sobretaxar** *v.t.d.*

so.bre.tu.do *adv.* **1** principalmente ■ *s.m.* **2** VEST casaco comprido e largo que se usa sobre outras roupas, para proteger do frio e da chuva

so.bre.vi.da *s.f.* prolongamento da vida além de certo limite

so.bre.vir *v.* {mod. 31} *t.d.i. e int.* **1** (prep. *a*) vir ou acontecer logo depois; seguir-se *<após esforço, sobrevinha-lhe a dor> <passado o caso, uma grande angústia sobreveio>* ☐ *int.* **2** acontecer de modo inesperado *<uma tempestade sobreveio>* ~ **sobrevindo** *adj.s.m.*

so.bre.vi.ver *v.* {mod. 8} *t.i. e int.* (prep. *a*) continuar a viver ou existir depois de (fato ruim, perda, morte etc.); manter-se *<poucos sobreviveram à avalancha> <a alegria do carnaval sobrevive>* ~ **sobrevivência** *s.f.* - **sobrevivente** *adj.2g.s.2g.*

so.bre.vo.ar *v.* {mod. 1} *t.d. e int.* voar ou pairar por cima (de) ~ **sobrevoo** *s.m.*

so.bri.nha *s.f.* filha de irmão ou irmã, ou de cunhado e cunhada

so.bri.nho *s.m.* filho de irmão ou irmã, ou de cunhado ou cunhada

so.bri.nho-ne.to [pl.: *sobrinhos-netos*] *s.m.* neto do irmão ou da irmã

S

só.brio *adj.* **1** sem excessos; simples <*decoração s.*> **2** não alcoolizado ~ **sobriedade** *s.f.*

so.ca *s.f.* **1** *infrm.* caule subterrâneo **2** brotamento da cana-de-açúcar após o primeiro corte

so.ca.do *adj.* **1** amassado com socador ou pisado com pilão; moído **2** que levou soco(s) **3** *p.ext.* enfiado em algum lugar não visível; metido <*s. no fundo da gaveta*> **4** *fig.* de físico vigoroso; forte **5** *fig.* gordo e baixo (diz-se de pessoa); atarracado

so.ca.pa *s.f.* **1** disfarce, máscara **2** *fig.* fingimento, dissimulação ▣ **à socapa** de maneira disfarçada, furtiva

so.car *v.* {mod. 1} *t.d. e pron.* **1** dar ou trocar socos <*s. a mesa*> <*socaram-se por meia hora*> □ *t.d.* **2** moer, esmagar, sovar (alimento, massa) **3** apertar ou bater (algo) para endurecer ou ganhar consistência <*s. a terra em volta das mudas*> **4** *p.ext.* pôr de qualquer jeito num espaço pequeno; meter □ *pron. fig.* **5** ir para lugar reservado; refugiar-se <*à tarde, socou-se no quarto*>

so.ca.var *v.* {mod. 1} *t.d.* escavar por baixo; sobescavar

so.ci.al [pl.: *-ais*] *adj.2g.* **1** que pertence a ou vive em sociedade **2** de boa convivência; sociável **3** *B* que não deve ser us. por empregados, entregadores etc. (diz-se de elevador, entrada etc. de edifício ou casa) ■ *s.m.* **4** o que pertence a todos; público, coletivo **5** o que diz respeito ao bem-estar das massas, esp. as menos favorecidas

so.ci.a.lis.mo *s.m.* POL ECON conjunto de doutrinas que pregam a reorganização social por meio da estatização dos bens e dos meios de produção

so.ci.a.lis.ta *adj.2g.* **1** do socialismo, relativo a socialismo ■ *adj.2g.s.2g.* **2** POL que(m) é partidário ou militante do socialismo

socialite [ing.; pl.: *socialites*] *s.2g.* pessoa proeminente, das camadas mais altas da sociedade, cujo nome aparece nas colunas sociais ⇒ pronuncia-se souchialait

so.ci.a.li.zar *v.* {mod. 1} *t.d. e pron.* **1** tornar(-se) sociável <*é preciso s. os animais desde filhotes*> <*socializa-se facilmente*> **2** tornar(-se) socialista ou estatal <*s. empresas*> **3** adaptar(-se) [p.ex., uma criança, um delinquente] à convivência normal com outras pessoas □ *t.d. fig.* **4** dividir com todos <*s. o lanche*> ~ **socialização** *s.f.*

so.ci.á.vel [pl.: *-eis*] *adj.2g.* **1** aberto ao convívio social; afável **2** passível de associação ~ **sociabilidade** *s.f.*

so.ci.e.co.nô.mi.co *adj.* → SOCIOECONÔMICO

so.ci.e.da.de *s.f.* **1** agrupamento de seres que convivem em colaboração mútua **2** SOC conjunto de pessoas que vivem em determinado período de tempo e lugar, seguindo normas comuns **3** grupo de pessoas que vivem, por vontade própria, sob normas comuns; comunidade, coletividade **4** grupo que, sob contrato, une recursos para certo fim, negócio etc. ▣ **s. anônima** DIR empresa mercantil cujo capital é dividido em ações

so.ci.e.tá.rio *adj.s.m.* **1** que(m) faz parte de uma sociedade comercial ■ *adj.* **2** que vive em sociedade

só.cio *s.m.* **1** parceiro, aliado **2** quem se associou a outro para abrir uma empresa comercial, industrial, de serviços etc. **3** quem ingressou em uma associação ou clube

so.cio.cul.tu.ral [pl.: *-ais*] *adj.2g.* que se refere a fatores ou aspectos sociais e culturais de um dado grupo

so.cio.e.co.nô.mi.co ou **so.ci.e.co.nô.mi.co** *adj.* relativo a fatores econômicos e sociais

so.cio.e.du.ca.ti.vo *adj.* que envolve condições, elementos, circunstâncias, fatores sociais e educativos

so.ci.o.lo.gi.a *s.f.* estudo da organização e do funcionamento das sociedades humanas e das leis fundamentais que regem as relações sociais, as instituições etc. ~ **sociológico** *adj.* - **sociólogo** *s.m.*

so.cio.po.lí.ti.co *adj.* que diz respeito simultaneamente ao social e ao político, contendo elementos ou aspectos dos dois

so.co /ô/ *s.m.* pancada forte dada com a mão fechada; murro

so.có *s.m.* ZOO designação comum a várias aves que se alimentam de peixes e vivem isoladas ou aos pares

so.ço.brar *v.* {mod. 1} *t.d.* **1** revolver de cima para baixo e vice-versa; revirar □ *t.d. e int.* **2** (fazer) naufragar; afundar(-se) <*temiam que a tempestade os soçobrasse*> <*a embarcação soçobrou*> **3** *fig.* reduzir(-se) a nada; aniquilar(-se) <*s. a própria vida*> <*toda sua fortuna soçobrara*> □ *t.d. e pron. fig.* **4** tornar(-se) inquieto, agitado; perturbar(-se) <*soçobrou-se com a negativa dela*> ~ **soçobro** *s.m.*

so.co-in.glês [pl.: *socos-ingleses*] *s.m.* peça metálica que se encaixa entre os dedos da mão, exceto o polegar, para intensificar o soco

so.cor.rer *v.* {mod. 8} *t.d.* **1** trazer auxílio, esmola ou remédio a; ajudar, salvar □ *pron.* **2** (prep. *de*) lançar mão de; valer-se <*s.-se de lembranças da infância*>

so.cor.ris.ta *adj.2g.s.2g.* **1** que(m) tem habilitação profissional para prestar primeiros socorros **2** que(m) é membro de instituição criada para tal fim

so.cor.ro /ô/ [pl.: *ó*] *s.m.* **1** ajuda, assistência em caso de perigo, doença etc. **2** aquilo que se dá para auxiliar ou socorrer alguém; ajuda, auxílio **3** reboque, guincho **4** *BA PR* pneu sobressalente; estepe ■ *interj.* **5** serve para pedir auxílio ou proteção ▣ **primeiros s.** em casos de emergência, atendimento prestado enquanto se aguarda a chegada do médico ou a internação hospitalar do paciente

so.crá.ti.co *adj.* **1** relativo a Sócrates ou a sua filosofia ■ *adj.s.m.* **2** que(m) é partidário dessa filosofia ☞ cf. *Sócrates* na parte enciclopédica

[1]so.da *s.f.* QUÍM **1** carbonato de sódio **2** hidróxido de sódio; soda cáustica [ORIGEM: do it. *soda* 'planta']

[2]so.da *s.f.* água gaseificada, de modo artificial, com gás carbônico [ORIGEM: do ing. *soda water* 'id.']

só.dio *s.m.* QUÍM elemento químico us. em ligas, lâmpadas, motores de aviões etc. [símb.: *Na*] ☞ cf. *tabela periódica* (no fim do dicionário)

so.do.mi.a *s.f.* coito anal ~ **sodomizar** *v.t.d.*

so.er *v.* {mod. 9} *t.d. e int.* ser comum, frequente; costumar ◉ GRAM/USO verbo defectivo

so.er.guer *v.* {mod. 8} *t.d. e pron.* **1** levantar(-se) um pouco **2** *fig.* tornar a erguer(-se), recobrando solidez, força, vitalidade; reerguer(-se) ~ **soerguimento** *s.m.*

so.ez /ê/ [pl.: *-es*] *adj.2g.* sem valor; desprezível, vulgar

so.fá *s.m.* assento com encosto e estofado, ger. dotado de braços, para duas ou mais pessoas

so.fá-ca.ma [pl.: *sofás-cama* e *sofás-camas*] *s.m.* sofá que se transforma em cama

so.fis.ma *s.m.* argumento ou raciocínio falso, mas com aparência de verdade ~ **sofista** *adj.2g.s.2g.* - **sofístico** *adj.*

so.fis.mar *v.* {mod. 1} *t.d.* **1** dar interpretação falsa a ☐ *int.* **2** raciocinar por ou usar sofisma(s) ~ **sofismável** *adj.2g.*

so.fis.ti.ca.ção [pl.: *-ões*] *s.f.* **1** extremo requinte **2** estado do que é muito avançado, eficiente

so.fis.ti.ca.do *adj.* **1** que tem requinte, bom gosto **2** muito avançado, complexo

so.fis.ti.car *v.* {mod. 1} *t.d.* **1** tornar mais complexo, com afetação ou exagero; complicar ☐ *t.d. e pron.* **2** *B* tornar(-se) fino, culto; requintar(-se) **3** tornar(-se) melhor, mais eficiente; aprimorar(-se) ~ **sofisticador** *adj.s.m.*

so.fre.ar *v.* {mod. 5} *t.d.* **1** controlar (cavalgadura) com as rédeas ☐ *t.d. e pron. fig.* **2** conter o ímpeto (de); controlar(-se) ~ **sofreadura** *s.f.* - **sofreamento** *s.m.*

so.fre.dor /ô/ [pl.: *-es*] *adj.s.m.* **1** que(m) sofre **2** que(m) padece com frequência ou todo o tempo

sô.fre.go *adj.* **1** que come ou bebe com pressa ou avidez; voraz **2** *p.ext.* impaciente pela posse ou realização de alguma coisa

S

so.fre.gui.dão [pl.: *-ões*] *s.f.* **1** voracidade, gulodice **2** *p.ext.* impaciência, ansiedade

so.frer *v.* {mod. 8} *t.d.,t.i. e int.* **1** (prep. *de, por*) sentir (dores físicas ou morais); padecer *<s. a dor da dúvida> <s. por orgulho> <a gastrite o faz s.>* ☐ *t.d. e int.* **2** experimentar com resignação e paciência; aguentar ☐ *t.d.* **3** ser alvo de (golpe, pancada, acusação etc.); receber **4** passar por; experimentar ☐ *t.i.* **5** (prep. *de*) ser acometido por (doença, mal) *<s. de asma>* ☐ *int.* **6** ter danos ou prejuízos; perder

so.fri.do *adj.* **1** que se sofreu ou que se sofre; suportado **2** que já sofreu ou sofre muito; sofredor **3** de que (alguém) é ou foi alvo; recebido **4** feito à custa de muito esforço e sofrimento

so.fri.men.to *s.m.* **1** dor física causada por ferimento ou doença; padecimento **2** dor moral; amargura, consternação, desgosto **3** vida miserável; desgraça, desventura, infortúnio

so.frí.vel [pl.: *-eis*] *adj.2g.* **1** que se pode sofrer; tolerável **2** que não é bom nem inteiramente mau; razoável, passável

software [ing.; pl.: *softwares*] *s.m.* INF programa ou conjunto de instruções que o computador interpreta e executa ⇒ pronuncia-se sóftuér

so.ga *s.f.* **1** corda grossa **2** *RS* nas boleadeiras, conjunto das três tiras de couro que ligam as pedras ▣ **andar à s.** *RS* estar apaixonado

so.gra *s.f.* a mãe de um dos cônjuges em relação ao outro

so.gro /ô/ [pl.: */ô/*; fem.: */ó/*] *s.m.* o pai de um dos cônjuges em relação ao outro

so.ja *s.f.* planta originária da China e do Japão, cuja semente é rica em proteínas, da qual se extrai óleo, farinha etc.

¹sol [pl.: *-óis*] *s.m.* **1** ASTR estrela em torno da qual a Terra e outros planetas giram ☞ inicial maiúsc. **2** *p.ext.* ASTR qualquer estrela, esp. aquelas que tb. são centro de um sistema planetário **3** *p.ext.* sua luz e calor [ORIGEM: do lat. *sol,sōlis* 'id.'] ▣ **chova ou faça s.** aconteça o que acontecer • **de s. a s.** do nascer ao pôr do sol; todo o dia, o dia todo • **tapar o s. com a peneira** *fraseol.* querer esconder algo que já é de conhecimento público

²sol [pl.: *-óis*] *s.m.* MÚS quinta nota da escala musical [ORIGEM: do it. *sol* 'id.']

so.la *s.f.* **1** peça do calçado que encosta no chão; solado **2** couro grosso curtido **3** *fig.* qualquer coisa dura e espessa como esse couro ▣ **s. do pé** planta do pé

so.la.do *s.m.* **1** sola ■ *adj.* **2** em que se pôs sola (diz-se de calçado) **3** *p.ext.* de consistência densa e dura como uma sola (diz-se de bolo ou outra massa)

so.la.ná.cea *s.f.* BOT espécime das solanáceas, família de arbustos, cipós e ervas, cultivados como alimento (p.ex., a batata, o tomate, algumas pimentas) e tb. para a extração de drogas medicinais e como ornamentais ~ **solanáceo** *adj.*

so.la.par *v.* {mod. 1} *t.d.* **1** fazer cova em; escavar **2** abalar as bases de; minar **3** *fig.* atacar, destruir, abalar **4** *fig.* não deixar que percebam; encobrir, disfarçar ~ **solapador** *adj.s.m.* - **solapamento** *s.m.*

¹so.lar [pl.: *-es*] *s.m.* palacete ou casa imponente [ORIGEM: *¹solo* + *-ar*]

²so.lar [pl.: *-es*] *adj.2g.* relativo ou semelhante ao Sol [ORIGEM: do lat. *solāris,e* 'do Sol']

³so.lar *v.* {mod. 1} *t.d.* **1** pôr sola em (calçado) ☐ *t.d. e int. B* **2** não assar por igual (bolo, massa) [ORIGEM: *sola* + *²-ar*]

⁴so.lar *v.* {mod. 1} *t.d. e int.* MÚS executar ou tocar um solo (de música, dança) [ORIGEM: *²solo* + *²-ar*]

so.lá.rio *s.m.* **1** estabelecimento onde se tratam certas doenças com banhos de sol **2** terraço ou cômodo reservado para banhos de sol

so.la.van.co *s.m.* balanço brusco, esp. de veículo; tranco

sol.da *s.f.* substância metálica que se funde para ligar peças tb. metálicas

sol.da.da *s.f.* salário de criado, operário etc.

sol.da.des.ca /ê/ *s.f.* **1** grupo de soldados; tropa **2** *pej.* grupo insubordinado de soldados

[1]**sol.da.do** *adj.* unido com solda [ORIGEM: part. de *soldar*]

[2]**sol.da.do** *s.m.* MIL **1** militar que ocupa o mais baixo grau da hierarquia das Forças Armadas e das Forças Auxiliares **2** designação genérica para militar terrestre [ORIGEM: do it. *soldato* 'quem luta em troca de pagamento'] ◉ COL tropa ~ **soldadesco** *adj.*

sol.dar *v.* {mod. 1} *t.d.* **1** unir ou lacrar por meio de solda □ *t.d.i.,int. e pron. fig.* **2** (prep. *a, com*) unir(-se), formando um todo *<s. uma palavra com outra> <a preposição soldou-se ao artigo> <em pouco tempo a fratura soldou(-se)>* ~ **soldadura** *s.f.* - **soldagem** *s.f.*

sol.do /ô/ *s.m.* salário de militar

so.le.cis.mo *s.m.* GRAM erro de sintaxe (p.ex., erros de concordância, de regência etc.)

so.le.da.de *s.f.* **1** lugar desabitado **2** tristeza de quem está só

[1]**so.lei.ra** *s.f.* **1** laje ou madeira na parte inferior do vão de uma porta ou de uma janela **2** limiar da porta [ORIGEM: [1]*solo* + *-eira*]

[2]**so.lei.ra** *s.f.* soalheira [ORIGEM: [1]*sol* + *-eira*]

so.le.ne *adj.2g.* **1** que se faz com pompa **2** executado com formalidades da lei ou do costume **3** que denota seriedade; austero, grave

so.le.ni.da.de *s.f.* **1** caráter solene de alguém ou de algo **2** festa solene **3** cerimônia ou festividade formal

so.le.ni.zar *v.* {mod. 1} *t.d.* **1** comemorar com cerimônia e pompa **2** dar caráter solene a

so.ler.te *adj.2g.* **1** que age com desembaraço; hábil, esperto **2** hábil para enganar, aparentando honestidade; velhaco, ardiloso

so.le.trar *v.* {mod. 1} *t.d. e int.* **1** ler ou pronunciar devagar, proferindo as sílabas letra por letra □ *t.d.* **2** enumerar na ordem correta as letras que compõem (uma palavra, um nome) **3** ler devagar ou por partes **4** ler por alto ~ **soletração** *s.f.*

sol.fe.jar *v.* {mod. 1} *t.d. e int.* MÚS entoar melodia, cantando o nome das notas ~ **solfejo** *s.m.*

sol.fe.ri.no *s.m.* **1** cor entre encarnado e roxo ■ *adj.* **2** que tem essa cor **3** diz-se dessa cor

so.li.ci.ta.ção [pl.: *-ões*] *s.f.* **1** ação de solicitar ou o seu efeito **2** pedido insistente

so.li.ci.tar *v.* {mod. 1} *t.d. e t.d.i.* **1** (prep. *a, de*) pedir com insistência; rogar **2** (prep. *a, de*) pedir com educação ou de acordo com as convenções; requerer □ *t.d.* **3** tentar conseguir; buscar ~ **solicitante** *adj.2g.s.2g.*

so.lí.ci.to *adj.* **1** que está pronto para atender; prestativo **2** que não poupa esforços para ajudar; atencioso ~ **solicitude** *s.f.*

so.li.dão [pl.: *-ões*] *s.f.* estado de quem está ou se sente só; solitude

so.li.da.ri.e.da.de *s.f.* **1** cooperação mútua entre duas ou mais pessoas **2** *fig.* interdependência entre seres e coisas **3** identidade de sentimentos, de ideias, de doutrinas

so.li.dá.rio *adj.* **1** em que há responsabilidade ou interesse mútuo **2** que adere à causa, sentimento etc. de outros

so.li.da.ri.zar *v.* {mod. 1} *t.d.,t.d.i. e pron.* (prep. *com*) tornar(-se) solidário com

so.li.déu *s.m.* VEST pequeno barrete que cobre o alto da cabeça, us. por bispos, padres e judeus, em certas ocasiões

so.li.dez /ê/ [pl.: *-es*] *s.f.* **1** propriedade do que é sólido, compacto **2** característica do que é firme, resistente, durável

so.li.di.fi.car *v.* {mod. 1} *t.d.,int. e pron.* **1** converter(-se) em sólido; endurecer(-se) **2** *fig.* tornar(-se) estável, firme, durável; fortalecer(-se) ~ **solidificação** *s.f.*

só.li.do *adj.* **1** que tem consistência dura **2** feito de matéria compacta, sem partes ocas; maciço **3** *fig.* firme, seguro, estável ■ *s.m.* **4** GEOM figura de três dimensões

so.li.ló.quio *s.m.* conversa de alguém consigo próprio; monólogo

so.lí.pe.de *adj.2g.s.m.* ZOO (mamífero) que possui um único casco em cada pata

so.lis.ta *adj.2g.s.2g.* que(m) executa [2]solo

so.li.tá.ria *s.f.* **1** ZOO designação comum a vários vermes platelmintos, ger. longos e finos, encontrados no homem e em outros animais **2** *B* cela para isolar um prisioneiro rebelde ou violento

so.li.tá.rio *adj.s.m.* **1** que(m) está ou vive só ■ *adj.* **2** resolvido em solidão **3** isolado, afastado ■ *s.m.* **4** joia com uma só pedra preciosa

so.li.tu.de *s.f.* solidão

[1]**so.lo** *s.m.* **1** camada superior da crosta terrestre **2** piso, chão [ORIGEM: do lat. *sŏlum,i* 'chão, pavimento']

[2]**so.lo** *s.m.* **1** MÚS DNÇ melodia ou dança executada por um só artista **2** algo que se faz sozinho ☞ nesta acp., tb. us. como adj.: *carreira s.* [ORIGEM: do it. *solo* 'só']

sols.tí.cio *s.m.* ASTR época em que o Sol está no ponto mais distante do equador, ao norte ou ao sul ☞ cf. *equinócio*

sol.ta /ô/ *s.f.* ▸ us. em: **à s.** livre, com liberdade *<viver à s.>*

sol.tar *v.* {mod. 1} *t.d. e pron.* **1** tornar(-se) livre; libertar(-se) **2** livrar(-se) da timidez; desinibir(-se) *<s. o espírito> <enfim soltou-se>* □ *t.d.* **3** retirar o que prende **4** desfazer, desatar (nó, elo etc.) **5** desfazer a tensão de; afrouxar *<s. as rédeas>* **6** lançar a distância; disparar **7** deixar escapar (som, fala, grito) de lábios, bico etc.; emitir **8** lançar de si; emitir *<s. fumaça>* **9** dar livre curso a, deixar fluir *<s. a imaginação>* **10** deixar escapar das mãos; largar **11** desprender, exalar (cheiro, perfume etc.) **12** *infrm.* dar, liberar (dinheiro, recursos, verba etc.) ◉ GRAM/USO part.: *soltado, solto* ~ **soltura** *s.f.*

sol.tei.rão [pl.: *-ões*] *adj.s.m.* (homem maduro) que nunca se casou

sol.tei.ro *adj.s.m.* que(m) não se casou ou não está mais casado

sol.to /ô/ *adj.* **1** livre de prisão **2** entregue à própria sorte; sozinho **3** desatado ou desprendido *<cabelo s.>* **4** folgado, largo **5** sem aderência entre suas partes **6** separado de outros a que estava ligado **7** não reprimido *<risada s.>* **8** que não rima *<versos s.>* ◉ GRAM/USO part. de *soltar*

so.lu.ção [pl.: *-ões*] *s.f.* **1** resultado, conclusão de um problema, enigma, dificuldade etc. **2** MAT conjunto de operações que levam à resposta de um problema ou equação **3** QUÍM líquido em que uma ou mais substâncias estão dissolvidas

so.lu.çar *v.* {mod. 1} *int.* **1** soltar soluço(s) **2** chorar muito □ *t.d.* **3** exprimir entre soluços *<a criança soluçava seu endereço>* ~ **soluçante** *adj.2g.*

so.lu.cio.nar *v.* {mod. 1} *t.d.* dar, ser ou encontrar a solução para (problema, questão, enigma etc.); resolver

so.lu.ço *s.m.* **1** FISL espasmo do diafragma seguido de ruído **2** suspiro ruidoso que entrecorta o choro

so.lu.to *s.m.* QUÍM numa solução, a substância dissolvida ☞ cf. *solvente*

so.lú.vel [pl.: *-eis*] *adj.2g.* **1** que se pode dissolver **2** *fig.* que se pode resolver, decifrar etc. ~ **solubilidade** *s.f.*

sol.vá.vel [pl.: *-eis*] *adj.2g.* solvível ~ **solvabilidade** *s.f.*

sol.ven.te *adj.2g.s.2g.* **1** devedor que paga ou pode pagar o que deve ■ *s.m.* QUÍM **2** numa solução, substância líquida em que outra se dissolve ☞ cf. *soluto*

sol.ver *v.* {mod. 8} *t.d.* **1** encontrar ou dar solução para (problema, dificuldade, questão, enigma etc.); resolver, solucionar **2** pôr fim ao funcionamento de (algo), desmembrando-o; dissolver **3** dissolver (substância sólida, em pó ou pastosa) em meio líquido **4** pagar, saldar (dívida) ~ **solvência** *s.f.*

sol.ví.vel [pl.: *-eis*] *adj.2g.* que (se) pode solver; solvável

som [pl.: *-ons*] *s.m.* **1** FÍS vibração que se propaga pelo ar e pode ser percebida pelo aparelho auditivo **2** sensação que resulta desse fenômeno **3** ruído ou timbre característico de uma determinada fonte sonora *<s. de passos>* **4** *B infrm.* música **5** *B infrm.* equipamento para reprodução sonora

S

so.ma *s.f.* **1** conjunto constituído pela reunião de diversos subconjuntos; total, conjunto, somatório **2** MAT operação e resultado da adição **3** certa quantidade de dinheiro; quantia

so.mar *v.* {mod. 1} *t.d. e t.d.i.* **1** (prep. *a*, *com*) fazer a soma de (uma coisa, quantidade) [a outras]; adicionar □ *t.d.* **2** formar o total de; totalizar □ *pron.* **3** vir para junto de; acrescentar-se *<ali, à riqueza somava-se a sorte>*

so.má.ti.co *adj.* do corpo; físico, corporal

so.ma.ti.zar *v.* {mod. 1} *t.d. e int.* manifestar problemas orgânicos em consequência de conflitos psíquicos, nervosismo, depressão etc. ~ **somatização** *s.f.*

so.ma.tó.rio *s.m.* MAT **1** soma dos resultados de várias somas ■ *adj.* **2** que envolve ou indica soma

som.bra *s.f.* **1** área escurecida pela presença de um corpo opaco que impede a passagem da luz **2** ausência de luz; escuridão **3** *fig.* indício, sinal *<sem s. de dúvida>* **4** *p.ext.* algo indistinto; vulto **5** *fig.* pessoa que segue outra por toda parte **6** maquiagem que serve para colorir as pálpebras ~ **sombroso** *adj.*

som.bre.ar *v.* {mod. 5} *t.d. e pron.* **1** cobrir(-se) de sombra □ *t.d.* **2** tornar menos claro, como sombra; escurecer □ *t.d. e int.* **3** ART.PLÁST fazer gradação de escuro em (pintura, desenho etc.) ~ **sombreado** *adj.* - **sombreamento** *s.m.*

som.brei.ro *s.m.* **1** VEST chapéu de aba muito larga **2** BOT árvore nativa da Amazônia, de flores grandes e violáceas, cultivada como ornamental e por dar muita sombra

som.bri.nha *s.f.* guarda-chuva ou guarda-sol pequeno, us. por mulheres

som.bri.o *adj.* **1** em que há sombra ou pouca luz **2** *fig.* nada estimulante; triste **3** *fig.* que denota desgraça; tenebroso, lúgubre

so.me.nos *adj.2g.2n* ▸ us. em: **de s.** sem importância; irrisório, irrelevante

so.men.te *adv.* apenas, só, exclusivamente

so.mí.ti.co *adj.s.m.* avarento, mesquinho

so.nam.bu.lis.mo *s.m.* PSIC distúrbio que leva a pessoa a se levantar, falar e andar durante o sono

so.nâm.bu.lo *adj.s.m.* que(m) sofre de sonambulismo ~ **sonambúlico** *adj.*

so.nan.te *adj.2g.* → ***SOANTE***

so.nar [pl.: *-es*] *s.m.* MAR equipamento que utiliza a propagação de ondas sonoras na água para detecção de objetos, escuta e comunicação no mar

so.na.ta *s.f.* MÚS **1** forma de composição instrumental para um ou mais instrumentos, em três ou quatro movimentos **2** composição com essa forma

son.da *s.f.* **1** prumo us. para conhecer a profundidade e a natureza do fundo (de mar, rio, represa etc.) **2** *p.ext.* qualquer instrumento com que se fazem investigações das condições físicas de um local **3** broca que perfura o solo para verificar a existência de minério, água, petróleo etc. **4** MED tubo fino e longo que se introduz no corpo para fins diagnósticos ou terapêuticos

son.da.gem [pl.: *-ens*] *s.f.* **1** ação de sondar ou o seu efeito **2** investigação das condições físicas de um local feita com aparelhagem especial **3** *fig.* pesquisa, estudo minucioso; investigação

son.dar *v.* {mod. 1} *t.d.* **1** examinar com sonda *<s. uma ferida>* *<s. o subsolo>* **2** *fig.* investigar de modo cauteloso, discreto; tentear *<s. os sentimentos de alguém>*

so.ne.ca *s.f.* *infrm.* dormida rápida, cochilo

so.ne.ga.ção [pl.: *-ões*] *s.f.* **1** ato ou efeito de sonegar **2** falta deliberada e fraudulenta de pagamento de algum imposto, esp. o de renda; calote **3** ocultação de dados, documentos etc.; omissão

so.ne.ga.dor /ô/ [pl.: *-es*] *adj.s.m.* que(m) deixa de pagar imposto devido

so.ne.gar *v.* {mod. 1} *t.d.* **1** deixar de mencionar ou descrever (algo), nos casos em que a lei o exige **2** não pagar ou não contribuir com (quantia devida prevista em lei) **3** *p.ext.* guardar para si (informação); ocultar

so.nei.ra *s.f.* sonolência

so.ne.tis.ta *adj.2g.s.2g.* que(m) escreve sonetos

so.ne.to /ê/ *s.m.* LIT poema com dois quartetos e dois tercetos

son.ga.mon.ga *s.2g. infrm.* pessoa sonsa, fingida

so.nhar *v.* {mod. 1} *t.d.,t.i. e int.* **1** (prep. *com*) ver a imagem de (algo ou alguém) enquanto dorme, em sonho(s) *<sonhou que ia à Europa> <sonhou (com o amigo) a noite toda>* **2** (prep. *com*) ter fantasias, devaneios com (o que é inacessível) *<s. coisas impossíveis> <vive a s. (com uma mulher desconhecida)>* □ *t.d. e t.i.* **3** (prep. *com*) desejar muito, com insistência; almejar *<sonha ser advogado> <s. com a riqueza>* ~ **sonhador** *adj.s.m.*

so.nho *s.m.* **1** sequência de imagens produzidas pela mente durante o sono **2** *fig.* forte aspiração, desejo **3** *fig.* desejo irrealizável; ilusão, utopia **4** CUL doce de massa frita passado em açúcar e ger. recheado com creme

sô.ni.co *adj.* relativo ao som ou a sua velocidade

so.ní.fe.ro *adj.s.m.* FARM (substância) que provoca sono

so.no *s.m.* **1** FISL estado de repouso, com supressão temporária da consciência, diminuição da atividade sensorial e desaceleração do metabolismo corporal **2** vontade ou necessidade de dormir

so.no.lên.cia *s.f.* **1** vontade de dormir; sono **2** estado de moleza, falta de vigor físico e de ânimo; soneira

so.no.len.to *adj.2g.* que sente sonolência ou sono

so.no.plas.ta *s.2g.* quem trabalha em sonoplastia

so.no.plas.ti.a *s.f.* CINE RÁD TEAT TV **1** conjunto de efeitos sonoros (música, ruídos etc.) em filme, peça, rádio, televisão etc. **2** atividade de criação e uso de tais efeitos

so.no.ri.za.dor /ô/ [pl.: *-es*] *adj.s.m.* **1** (o) que sonoriza ■ *s.m.* **2** redutor de velocidade constituído de conjunto de relevos baixos e seguidos fixados em ruas e estradas para fazer o carro trepidar com um ruído característico

so.no.ri.zar *v.* {mod. 1} *t.d. e pron.* FON **1** tornar(-se) sonoro (um som) □ *t.d.* **2** instalar aparelhagem de som em (ambiente) **3** REC.AV fazer amplificação, reprodução ou edição do som em (concerto, filme, espetáculo etc.) □ *int.* **4** produzir som; soar ~ **sonorização** *s.f.*

so.no.ro *adj.* **1** que tem, produz ou amplia um som **2** que tem som intenso; estrondoso, ruidoso

so.no.te.ra.pi.a *s.f.* MED tratamento que consiste em fazer o paciente dormir por dias seguidos, com o auxílio de medicamentos ~ **sonoterápico** *adj.*

son.so *adj.s.m.* que(m) é dissimulado, fingido ~ **sonsice** *s.f.*

so.pa /ô/ *s.f.* **1** CUL alimento líquido preparado com caldo (de carne, ave, peixe, legumes etc.), ger. com pedaços desses ingredientes e/ou massas, cereais, verduras **2** *infrm.* coisa fácil de resolver, de fazer

so.pa.pe.ar *v.* {mod. 5} *t.d.* dar sopapos em; estapear, bater

so.pa.po *s.m.* **1** golpe dado sob o queixo; soco, murro **2** tapa dado com força; bofetão

so.pé *s.m.* parte inferior (de monte, encosta, serra etc.)

so.pei.ra *s.f.* vasilha, ger. larga, funda e com tampa, em que se serve sopa

so.pe.sar *v.* {mod. 1} *t.d.* **1** avaliar com a mão o peso de **2** equilibrar o peso de; contrabalançar *<s. os pratos da balança>* **3** sustentar o peso de *<vigas sopesam o teto>* **4** considerar, avaliar *<s. uma proposta>*

so.pi.tar *v.* {mod. 1} *t.d.* **1** fazer dormir; adormecer **2** tirar a sensibilidade de; entorpecer **3** reduzir a força, a intensidade de; abrandar *<s. o instinto>* **4** refrear, conter, reprimir *<s. revoltas>* ~ **sopitável** *adj.2g.*

so.por /ô/ [pl.: *-es*] *s.m.* **1** sonolência causada por ingestão de substância química **2** sono profundo **3** estado de coma

so.po.rí.fe.ro *adj.s.m.* (substância) que causa sopor, sono; soporífico

so.po.rí.fi.co *adj.s.m.* soporífero

so.pra.no *s.m.* MÚS **1** a voz feminina de registro mais agudo ■ *s.2g.* MÚS **2** cantora com essa voz ■ *adj.2g.* MÚS **3** que tem esse registro (diz-se de cantora ou instrumento)

so.prar *v.* {mod. 1} *t.d. e int.* **1** expelir o ar dos pulmões com força em certa direção *<soprou o machucado da filha> <soprou com força>* □ *t.d.* **2** fazer mover-se com sopro *<s. o pó>* **3** apagar com sopro *<s. uma vela>* **4** encher de ar por meio de sopro, fole etc. *<s. um balão>* □ *t.d. e t.d.i.* **5** (prep. *a, para*) dizer em voz baixa (lição, resposta etc.) *<s. a resposta certa (para o colega)>*

so.pro /ô/ *s.m.* **1** expulsão do ar inspirado **2** o ar expirado **3** *p.ext.* movimento do ar; vento, brisa **4** MED ruído anormal ouvido por auscultação, que pode ocorrer em vários órgãos

so.que.ar *v.* {mod. 5} *t.d.* dar socos em; socar, esmurrar

so.que.te *s.f.* meia curta de mulher ◉ GRAM/USO tb. us. como apositivo: *meias soquete*

[1]**so.que.te** /ê/ *s.m.* **1** instrumento us. para comprimir a pólvora dentro da boca do canhão **2** peça para socar ou comprimir terra **3** *B* utensílio de cozinha próprio para socar, amassar; pilão [ORIGEM: *soco* (com alt. *-c-/-qu-*) + *-ete*]

[2]**so.que.te** /ê/ *s.m.* ELETR peça com roscas internas, para encaixar lâmpadas elétricas; bocal [ORIGEM: ing. *socket* 'abertura ou buraco que forma um encaixe para algo']

-sor *suf.* equivale a *-or* ('agente')

sorbet [fr.] *s.m.* CUL espécie de sorvete leve à base de água ou suco de frutas e pouco açúcar, às vezes com um licor ⇒ pronuncia-se sorbé

sór.di.do *adj.* **1** que é ou está sujo **2** *p.ext.* nojento, repugnante **3** *fig.* que fere a decência, os bons princípios; indigno ~ **sordidez** *s.f.*

so.ro /ô/ *s.m.* **1** BIO MED líquido de cor amarelada que surge após a coagulação do sangue ou do plasma **2** MED esse líquido contendo bactérias ou toxinas, us. com finalidade de prevenção ou tratamento de doenças **3** MED solução medicamentosa us. para alimentar, hidratar etc. pacientes **4** líquido amarelo-claro que se separa da parte sólida do leite quando este coalha

so.ro.al.bu.mi.na *s.f.* BIOQ proteína presente no plasma, essencial ao transporte de ácidos graxos e à regulação do volume do sangue; seroalbumina

so.ro.ne.ga.ti.vo *adj.s.m.* MED que(m) não tem anticorpos para determinado antígeno no soro sanguíneo

so.ro.po.si.ti.vo *adj.s.m.* MED **1** que(m) tem anticorpos para certo antígeno no soro sanguíneo **2** que(m) tem anticorpos no soro sanguíneo para o vírus da Aids ~ **soropositividade** *s.f.*

só.ror [pl.: *sorores*, ocorrendo tb. *sórores*] ou **so.ror** /ô/ [pl.: *sorores*] *s.f.* forma de tratamento us. para freiras; irmã, freira ● GRAM/USO fem. de *frei*

sor.ra.tei.ro *adj.* que faz ou é feito às ocultas, com astúcia

sor.ri.den.te *adj.2g.* **1** que sorri **2** que expressa alegria, felicidade

sor.rir *v.* {mod. 30} *int. e pron.* **1** rir sem fazer ruído, com ligeira contração muscular da boca e dos olhos *<ao vê-lo s.(-se) ela também sorriu>* **2** mostrar-se alegre *<s.(-se) de contentamento>* □ *t.i.* **3** (prep. *a*) dirigir um sorriso a *<contente, sorriu à noiva>* **4** (prep. *a*) ser favorável a; favorecer *<a sorte lhe sorriu>*

sor.ri.so *s.m.* riso leve, sem som

sor.te *s.f.* **1** o destino e seus efeitos **2** acaso feliz, favorável **3** característica de quem consegue o que quer **4** sorteio e o que nele se ganha **5** espécie, tipo *<havia ali gente de toda s.>*

sor.te.ar *v.* {mod. 5} *t.d.* dar, ganhar ou escolher ao acaso *<sortearam dez entradas de teatro>*

sor.tei.o *s.m.* **1** maneira de escolher, de forma aleatória, esp. por meio de números; loteria, rifa **2** concessão de prêmios por meio dessa escolha aleatória

sor.ti.do *adj.* **1** abastecido, provido **2** de vários tipos (em cor, espécie, tipo, modelo etc.); variado

sor.ti.lé.gio *s.m.* **1** ato de magia; bruxaria **2** *p.ext.* trama, maquinação **3** *fig.* dote natural ou artificial que causa atração, fascinação

sor.tir *v.* {mod. 27} *t.d.,t.d.i. e pron.* **1** (prep. *com*, *de*) abastecer(-se) de produtos, mercadorias, provisões etc. *<s. a despensa> <sortiu a loja com mercadorias novas> <s.-se para o ano todo>* □ *t.d.* **2** pôr junto (coisas diversas); misturar *<s. as cores de um quadro>* ~ **sortimento** *s.m.*

sor.tu.do *adj.s.m.* que(m) tem boa sorte

so.rum.bá.ti.co *adj.s.m.* que(m) é tristonho, sombrio

sor.ve.dou.ro *s.m.* **1** redemoinho em rio, mar etc., que leva coisas para o fundo; turbilhão, rebojo **2** cavidade natural de que não se vê o fundo; abismo

sor.ver *v.* {mod. 8} *t.d.* **1** beber aspirando, fazendo ruído **2** beber em pequenos goles *<sorveu o chá com calma>* **3** aspirar para a boca, fazendo um vácuo; sugar **4** embeber-se de; absorver *<a esponja sorveu a água>* **5** *fig.* atrair para o fundo; submergir *<o mar sorveu o navio>* **6** *fig.* destruir, aniquilar *<a nova epidemia já sorveu centenas de vidas>* ~ **sorvedura** *s.f.*

sor.ve.te /ê/ *s.m.* CUL iguaria doce feita de suco de frutas, cremes ou leite, que se consome gelada

sor.ve.tei.ra *s.f.* máquina de fazer sorvete

sor.ve.tei.ro *adj.s.m.* que(m) faz ou vende sorvetes

sor.ve.te.ri.a *s.f.* local onde se fazem ou vendem sorvetes

sor.vo /ô/ *s.m.* **1** ato de sorver ou o seu efeito; sorvedura **2** trago, gole

S.O.S. *s.m.* código internacional para pedido de socorro

só.sia *s.2g.* indivíduo quase idêntico a outro

sos.lai.o *s.m.* ▸ us. em: **de s.** de lado, de maneira oblíqua *<olhar de s.>*

sos.se.gar *v.* {mod. 1} *t.d.,int. e pron.* **1** (fazer) ficar quieto, sem agitar-se; aquietar(-se) *<quero s. meu corpo e minha mente> <não sossegou durante todo o dia> <logo depois o mar sossegava-se>* **2** (fazer) ficar sem preocupação; tranquilizar(-se), acalmar(-se) *<o médico sossegou-o quanto à gravidade da doença> <sossegou(-se) quando soube que o prazo fora prorrogado>* ~ **sossegado** *adj.*

sos.se.go /ê/ *s.m.* **1** descanso, repouso **2** ausência de preocupações; tranquilidade

sota- *pref.* 'posição inferior, subordinação': *sota-vento*

só.tão [pl.: *-ãos*] *s.m.* compartimento entre o teto e o telhado de uma casa

so.ta.que *s.m.* pronúncia característica de um país, região, indivíduo etc.

so.ta-ven.to [pl.: *sota-ventos*] *s.m.* MAR **1** direção para onde sopra o vento **2** *p.ext.* lado da embarcação contrário àquele que recebe o vento ☞ cf. *barlavento*, em todas as acp.

so.te.ro.po.li.ta.no *adj.* **1** de Salvador, BA ■ *s.m.* **2** natural ou habitante dessa capital; salvadorense

so.ter.rar *v.* {mod. 1} *t.d. e pron.* cobrir(-se) de terra, escombros, areia etc.; enterrar(-se) ~ **soterramento** *s.m.*

soto- *pref.* 'posição inferior, subordinação': *soto-pôr*

so.to-pôr *v.* {mod. 23} *t.d.i. e pron.* **1** (prep. *a*) pôr(-se) por baixo (de) *<s. o texto ao título> <as ondas soto-põem-se umas às outras>* □ *t.d.i.* **2** (prep. *a*) deixar em plano inferior, para favorecer (outro ou outrem); preterir *<s. os interesses da nação aos próprios>* ● GRAM/USO part.: *soto-posto*

so.tur.no *adj.* **1** escuro, sombrio **2** sem alegria, melancólico

soul music [ing.] *loc.subst.* MÚS estilo criado pelos negros norte-americanos, originário do canto *gospel* e caracterizado por uma expressão intensa de sentimentos ⇒ pronuncia-se sôul miusic

so.va *s.f.* espancamento, surra

so.va.co *s.m. infrm.* axila

so.var *v.* {mod. 1} *t.d.* **1** misturar bem a massa de (alimento), enrolando-a e apertando com as mãos **2** amassar bem (p.ex., barro, argila) para ficar homogêneo e liso **3** dar várias pancadas em; surrar **4** *fig.* usar muito; surrar

so.ve.la *s.f.* instrumento formado por uma agulha reta ou curva, com cabo, us. por sapateiros para furar o couro

so.ver.ter *v.* {mod. 8} *t.d. e pron.* **1** (fazer) sumir ☐ *t.d.* **2** cobrir de terra; soterrar

so.vi.e.te *s.m.* HIST cada um dos conselhos constituídos por representantes de trabalhadores, camponeses e soldados e que, após a Revolução de Outubro de 1917, na Rússia, e, depois, na ex-União Soviética, passaram a ter função de órgão deliberativo ☞ cf. *União Soviética* na parte enciclopédica

so.vi.é.ti.co *adj.s.m.* **1** (natural ou habitante) da antiga União Soviética ☞ cf. *União Soviética* na parte enciclopédica ■ *adj.* **2** relativo a soviete

so.vi.na *adj.2g.s.2g.* que(m) guarda dinheiro e não se dispõe a gastá-lo; pão-duro

so.vi.ni.ce *s.f.* característica ou atitude de sovina; avareza, mesquinharia

so.zi.nho *adj.* **1** inteiramente só, sem nenhuma companhia **2** sem auxílio ou intervenção de ninguém

SP sigla do Estado de São Paulo

spa [ing.] *s.m.* **1** hotel ou estabelecimento, ger. localizado fora das cidades, que oferece tratamentos de saúde e/ou beleza, emagrecimento, alimentação controlada, ginástica, massagens etc. **2** *p.ext.* estabelecimento com instalações para exercícios físicos e banhos de piscina, termas e/ou sauna ⇒ pronuncia-se spa

spam [ing.; pl.: *spams*] *s.m.* INTERN mensagem indesejada ou não solicitada, ger. com fins comerciais, recebida por correio eletrônico via internet ⇒ pronuncia-se spêm

spinning [ing.] *s.m.2n.* aula de ginástica composta apenas de exercícios sobre bicicleta ergométrica ⇒ pronuncia-se spinin

split [ing.; pl.: *splits*] *s.m.* tipo de ar-condicionado próprio para ambientes sem contato direto com o exterior ⇒ pronuncia-se split

spot [ing.; pl.: *spots*] *s.m.* pequena luminária direcionável, composta de uma lâmpada de alta potência e de refletor que concentra a luz num feixe estreito ⇒ pronuncia-se spót

spray [ing.; pl.: *sprays*] *s.m.* **1** recipiente fechado, com uma bomba de pressão, que projeta um jato de pequenas gotas de líquido **2** *p.ext.* esse jato (de tinta, perfume etc.) ⇒ pronuncia-se sprêi

Sr QUÍM símbolo de *estrôncio*

staff [ing.; pl.: *staffs*] *s.m.* **1** conjunto de funcionários de uma empresa, instituição etc. **2** grupo de assessores de um político, dirigente etc. ⇒ pronuncia-se staf

status [lat.] *s.m.2n.* **1** situação, estado ou qualidade de uma pessoa ou coisa em determinado momento; condição **2** *p.ext.* prestígio social ou funcional ⇒ pronuncia-se status

stent [ing.; pl.: *stents*] *s.m.* MED pequeno tubo artificial que se insere em um conduto do corpo, a fim de prevenir ou impedir seu estreitamento ⇒ pronuncia-se stent

step [ing.; pl.: *steps*] *s.m.* ver [3]***ESTEPE*** ⇒ pronuncia-se stép

STF *s.m.* sigla de Supremo Tribunal Federal

STJ *s.m.* sigla de Superior Tribunal de Justiça

STM *s.m.* sigla de Superior Tribunal Militar

stress [ing.] *s.m.* ver ***ESTRESSE*** ⇒ pronuncia-se strés

striptease [ing.; pl.: *stripteases*] *s.m.* ato de se despir em público de forma lenta e sensual, ger. ao som de música ⇒ pronuncia-se striptize

[1]**su.a** *pron.pos.* **1** determina um substantivo (coisa ou pessoa) do gênero feminino que pertence ao interlocutor (você, o senhor etc.) *<s. mãe está chamando>* **2** determina um substantivo (coisa ou pessoa) do gênero feminino que pertence a alguém ou algo de que se fala (ele, ela, eles, elas) *<ele perdeu s. chave>* ☞ em textos informais, pode ser substituído pela contr. *dele* ou *dela* [ORIGEM: fem. de [1]*seu*]

[2]**su.a** *pron.trat. infrm. pej.* senhora, dona *<cale a boca, s. boba>* [ORIGEM: fem. de [2]*seu*]

su.ã *s.f.* parte inferior do lombo do porco

su.a.dou.ro *s.m.* **1** o que faz suar (bebida, remédio etc.) **2** local quente **3** parte do lombo da cavalgadura onde se põe a sela

su.ar *v.* {mod. 1} *int.* **1** verter suor pelos poros; transpirar *<suou tudo o que tinha bebido>* *<suava por todos os poros>* **2** *p.ext.* cobrir-se de ou verter líquido ou umidade *<de tão gelado, o pote de sorvete suava>* ☐ *t.d.* **3** ensopar de suor; molhar ☐ *t.i. e int.* **4** (prep. *para, por*) empregar grandes esforços; empenhar-se *<teve de s. pelo cargo>* *<para entrar na universidade ele terá que s.>*

su.a.ren.to *adj.* **1** coberto de suor **2** que faz suar

su.ás.ti.ca *s.f.* **1** símbolo em forma de cruz com as extremidades das hastes curvas ou angulares, e que, entre brâmanes e budistas, representava a felicidade, a boa sorte, a saudação ou a salvação **2** essa cruz, com as hastes angulares voltadas para o lado direito, us. como símbolo do nazismo

su.a.ve *adj.2g.* **1** de pouca força ou intensidade; brando **2** feito sem movimentos rápidos ou repentinos **3** sem aspereza; macio **4** pouco íngreme **5** que se faz sem esforço ~ **suavidade** *s.f.*

su.a.vi.zar *v.* {mod. 1} *t.d. e pron.* **1** tornar(-se) suave, doce; abrandar(-se) **2** tornar(-se) menos intenso; amenizar(-se) **3** tornar(-se) menos severo, inflexível; afrouxar ~ **suavização** *s.f.* - **suavizante** *adj.2g.*

sub- *pref.* **1** 'posição abaixo ou inferior': *subconjunto, subdelegado, subsolo* **2** 'falta, insuficiência':

S

subdesenvolvido, subnutrido ☞ conforme indicado pela Academia Brasileira de Letras, o pref. *sub-* leva hífen antes de palavra começada com *r-* (*sub--reptício*), visto que aí não representa uma vibrante alveolar (como, p.ex., em *abraço*)

su.ba.li.men.ta.ção [pl.: *-ões*] *s.f.* subnutrição ~ **subalimentado** *adj.s.m.*

su.ba.li.men.ta.do *adj.s.m.* que(m) não ingeriu ou não ingere a quantidade necessária de alimentos; desnutrido, subnutrido

su.ba.li.men.tar *v.* {mod. 1} *t.d. e pron.* subnutrir

su.bal.ter.no *adj.s.m.* que(m) está sob as ordens de outro ou é inferior a outro ~ **subalternidade** *s.f.*

su.ba.lu.gar *v.* {mod. 1} *t.d. e t.d.i.* (prep. *a*) sublocar ~ **subaluguel** *s.m.*

su.ba.quá.ti.co *adj.* que está ou vive sob a água

su.bar.ren.dar *v.* {mod. 1} *t.d. e t.d.i.* (prep. *a*) transferir (a outrem) os direitos e os deveres sobre o arrendamento de (propriedade arrendada) ~ **subarrendamento** *s.m.* - **subarrendatário** *adj.s.m.*

su.ba.tô.mi.co *adj.* FÍS **1** menor que um átomo **2** relativo a cada uma das partículas que compõem os átomos, isto é, os prótons, nêutrons e elétrons

sub.con.jun.to *s.m.* MAT conjunto que está contido em outro

sub.cons.ci.en.te *adj.2g.* **1** PSIC que existe na mente, mas não ao alcance imediato da consciência ■ *s.m.* **2** conjunto dos fatos ou vivências fora do âmbito da consciência ☞ cf. *consciente* e *inconsciente*

sub.con.ti.nen.te *s.m.* GEO grande extensão de terra ligada a um continente, menor do que este, considerada como um pequeno continente ~ **subcontinental** *adj.2g.*

sub.cu.tâ.neo *adj.* aplicado, operado ou situado sob a pele

sub.de.le.ga.do *s.m.* substituto do delegado ou o funcionário imediatamente inferior a ele

sub.de.le.gar *v.* {mod. 1} *t.d.i.* **1** (prep. *a*) transmitir (parte de ou o que já fora delegado) a (terceiros) <*s. parte do serviço ao assistente*> □ *t.d.* **2** nomear ou substituir (alguém) como subdelegado

sub.de.sen.vol.vi.do *adj.s.m.* pouco desenvolvido; atrasado

sub.de.sen.vol.vi.men.to *s.m.* condição de país, região ou economia com baixo padrão de vida, escolarização, serviços de assistência e saúde de baixa qualidade, dependência externa quanto a produtos industrializados, instituições frágeis etc.

sub.di.vi.dir *v.* {mod. 24} *t.d.,t.d.i. e pron.* **1** (prep. *em*) dividir(-se) de novo (resultado de uma divisão) <*s. um lote de terra (em três partes)*> <*o setor subdividiu-se em dois outros*> **2** (prep. *em*) separar(-se) em várias partes; fragmentar(-se) <*s. a firma (em várias filiais)*> <*ali o rio subdivide-se em três braços*>

sub.di.vi.são [pl.: *-ões*] *s.f.* **1** divisão do que já estava dividido **2** divisão de algo inteiro em duas ou mais partes menores; ramificação

su.bem.pre.go /ê/ *s.m.* emprego sem qualificação e mal remunerado

su.ben.ten.der *v.* {mod. 8} *t.d.* perceber ou compreender (o que não está bem claro ou explicado, apenas sugerido) ~ **subentendimento** *s.m.*

sub.en.ten.di.do *adj.s.m.* (aquilo) que se pensa ou se deduz, mas que não foi dito ou escrito

su.bes.ta.ção [pl.: *-ões*] *s.f.* ELETR numa rede elétrica, estação que distribui a corrente elétrica de uma central

su.bes.ti.mar *v.* {mod. 1} *t.d.* dar menos estima, valor, apreço ou importância do que o devido; desdenhar <*subestimaram sua inteligência*> ~ **subestimação** *s.f.*

sub.fa.tu.rar *v.* {mod. 1} *t.d.* emitir fatura com preço menor do que o realmente cobrado por (serviço, produto), recebendo à parte a diferença, para burlar a lei ☞ cf. *superfaturar* ~ **subfaturamento** *s.m.*

sub.gru.po *s.m.* grupo que é parte de outro grupo

sub-hu.ma.no [pl.: *sub-humanos*] ou **su.bu.ma.no** /sub-u/ *adj.* **1** inferior (física, psíquica, moralmente) ao nível considerado humano **2** desumano, inumano

su.bi.da *s.f.* **1** movimento para cima (a pé, de carro etc.) **2** elevação de terreno; ladeira **3** ato ou processo de aumentar <*s. dos preços*>

su.bir *v.* {mod. 29} *t.d.* **1** percorrer de baixo para cima <*s. uma ladeira*> **2** elevar de plano mais baixo para mais alto; levantar, erguer □ *int.* **3** mover-se para lugar mais alto **4** ficar maior em volume, altura, intensidade etc.; aumentar <*a febre subiu*> **5** entrar em (veículo, embarcação etc.) <*s. no ônibus*> **6** ficar sobre; montar, trepar <*s. no muro*> □ *t.d. e int.* **7** (fazer) ficar maior (preço); encarecer □ *t.i.* **8** (prep. *a*) elevar-se a (cargo, posição social mais altos) <*s. a gerente*> □ *t.i. e int.* **9** (prep. *a, em, para*) passar a ocupar lugar mais alto em (classificação, *ranking* etc.) <*seu time subiu para a primeira divisão*>

sú.bi.to *adj.* **1** que ocorre de repente; inesperado ■ *adv.* **2** rápida e inesperadamente <*s. surgiu uma ave*> ▣ **de s.** de repente

sub.ja.cen.te *adj.2g.* **1** que está por baixo **2** *fig.* que existe mas não se manifesta de forma clara

sub.je.ti.var *v.* {mod. 1} *t.d.* tornar ou julgar subjetivo ~ **subjetivação** *s.f.*

sub.je.ti.vi.da.de *s.f.* **1** característica do que é subjetivo **2** domínio da consciência, das percepções e sentimentos de um indivíduo

sub.je.ti.vo *adj.* **1** do sujeito; pessoal <*sensação s.*> **2** que não é imparcial; tendencioso **3** que não é concreto, exato ou objetivo ~ **subjetivismo** *s.m.*

sub.ju.gar *v.* {mod. 1} *t.d.* **1** prender (bois) no jugo **2** sujeitar pela força das armas; dominar **3** *fig.* ter domínio sobre; vencer, domar <*s. o adversário*> <*s. os nervos*> □ *pron. fig.* **4** (prep. *a*) deixar-se dominar, seguindo os caprichos de <*subjugou-se às vontades do filho*> ~ **subjugação** *s.f.* - **subjugador** *adj.s.m.* - **subjugante** *adj.2g.*

sub.jun.ti.vo *adj.* **1** subordinado, dependente **2** GRAM que exprime a ação ou estado expressado pelo verbo como um fato irreal, ou apenas possível

S

ou desejado, ou que faz certo julgamento sobre o fato real (diz-se de modo verbal) [p.ex.; *é bom que cheguem logo*] ■ *s.m.* GRAM **3** modo subjuntivo

sub.le.var *v.* {mod. 1} *t.d.* **1** mover de baixo para cima; erguer *<um suspiro sublevou seu peito>* □ *t.d. e pron. fig.* **2** provocar ou armar revolta; rebelar(-se) *<o regimento sublevou-se>* ~ **sublevação** *s.f.*

su.bli.mar *v.* {mod. 1} *t.d. e pron.* **1** tornar(-se) sublime; engrandecer(-se) *<s. uma ação> <o artista sublima-se ao criar sua obra>* **2** FISQUÍM (fazer) passar diretamente do estado sólido ao gasoso □ *pron.* **3** distinguir-se pela excelência; sobressair *<sublimou-se por seus méritos>* ~ **sublimação** *s.f.*

su.bli.me *adj.2g.* **1** próximo da perfeição na qualidade **2** *p.ext.* esplêndido, magnífico ~ **sublimidade** *s.f.*

sub.li.mi.nar [pl.: *-es*] *adj.2g.* PSIC que atinge o subconsciente (estímulo indireto) *<propaganda s.>* ~ **subliminal** *adj.2g.* - **subliminaridade** *s.f.*

sub.lin.gual [pl.: *-ais*] *adj.2g.* que está, fica ou é posto sob a língua

sub.li.nhar *v.* {mod. 1} *t.d.* **1** traçar linha embaixo de (palavra, frase, número etc.), chamando a atenção do leitor; grifar **2** *p.ext.* fazer sobressair (palavra, frase etc.) com entonação, gesto etc.; frisar

sub.lo.car *v.* {mod. 1} *t.d. e t.d.i.* (prep. *a*) transmitir (a terceiro) em nova locação (parte de ou todo o imóvel que alugou); subalugar *<sublocou um quarto (à prima)>* ~ **sublocação** *s.f.* - **sublocatário** *s.m.*

sub.lu.nar [pl.: *-es*] *adj.2g.* que está abaixo da Lua ou entre a Terra e a Lua

sub.ma.ri.no *adj.* **1** que está no fundo do mar *<vegetação s.>* **2** que se realiza sob a superfície de águas *<pesca s.>* ■ *s.m.* MAR **3** navio de guerra que opera esp. submerso

sub.mer.gir *v.* {mod. 24} *t.d. e int.* **1** cobrir(-se) de água; inundar(-se) □ *t.d.,int. e pron.* **2** (fazer) ficar totalmente mergulhado na água; afundar *<a imensa onda submergiu o barco> <a embarcação submergiu(-se) em plena baía>* ◉ GRAM/USO **a)** part.: *submergido, submerso*; **b)** cf. observação no modelo ~ **submersão** *s.f.*

sub.mer.so *adj.* coberto pelas águas; inundado, alagado ◉ GRAM/USO part. de *submergir*

sub.me.ter *v.* {mod. 8} *t.d.* **1** tirar a liberdade e a independência de; dominar □ *t.d.,t.d.i. e pron.* **2** (prep. *a*) [fazer] ter obediência servil a; subjugar *<s. seus atos às convenções sociais> <os revoltosos submeteram-se (aos governantes)>* □ *t.d.i. e pron.* **3** (prep. *a*) [fazer] ser alvo, objeto de; sujeitar(-se) *<s. o aluno a humilhações> <s.-se a sofrimentos>* **4** (prep. *a*) apresentar(-se) ao exame ou à apreciação de *<s. o trabalho à aprovação do chefe> <s.-se à prova para a universidade>* ◉ GRAM/USO part.: *submetido, submisso*

sub.mi.nis.trar *v.* {mod. 1} *t.d. e t.d.i.* **1** (prep. *a*) prover com o necessário; fornecer *<s. alimentos aos doentes>* □ *t.d.i.* **2** (prep. *a*) dar a conhecer; apresentar *<s. à gerência as razões da dispensa>*

sub.mis.são [pl.: *-ões*] *s.f.* **1** condição em que se é obrigado a obedecer **2** disposição para obedecer; docilidade **3** *pej.* obediência servil, humilhante

sub.mis.so *adj.* **1** que demonstra ou envolve submissão **2** disposto à submissão; obediente **3** que serve sem contestar ou reclamar; servil, subserviente **4** dócil, humilde

sub.múl.ti.plo *s.m.* MAT número inteiro que divide outro número inteiro sem deixar resto

sub.mun.do *s.m.* setor social que desenvolve atividades ligadas a delinquência, vício, crime organizado etc.

sub.nu.tri.ção [pl.: *-ões*] *s.f.* alimentação insuficiente em quantidade e deficiente em vitaminas, sais minerais, proteínas etc.; subalimentação

sub.nu.tri.do *adj.s.m.* desnutrido

sub.nu.trir *v.* {mod. 24} *t.d. e pron.* alimentar(-se) pouco ou mal, sem ingerir as quantidades necessárias dos alimentos e nutrientes; subalimentar(-se)

su.bo.fi.ci.al [pl.: *-ais*] *s.m.* MIL **1** na Aeronáutica e na Marinha, graduação que corresponde à de subtenente no Exército **2** militar que detém essa graduação

su.bor.dem [pl.: *-ens*] *s.f.* BIO categoria taxonômica situada abaixo da ordem e acima da família

su.bor.di.na.ção [pl.: *-ões*] *s.f.* **1** ordem de sujeição de um a outro, ger. do inferior ao superior; dependência **2** disciplina, obediência **3** GRAM processo sintático que consiste numa relação de dependência entre unidades linguísticas com funções diferentes, formando um todo (p.ex., o verbo subordina-se ao sujeito; os complementos verbais, ao verbo etc.)

su.bor.di.na.da *s.f.* GRAM red. de ***ORAÇÃO SUBORDINADA***

su.bor.di.na.do *adj.* **1** que é inferior na hierarquia ou dependente de alguém ou de alguma coisa; subalterno **2** GRAM que exerce uma função sintática (de sujeito, adjunto adnominal, complemento etc.) dentro de uma oração principal (diz-se de oração, ou de cada um dos seus termos) ■ *s.m.* **3** quem serve ou trabalha sob as ordens de outrem; subalterno

su.bor.di.nar *v.* {mod. 1} *t.d.i.* **1** (prep. *a*) ter influência ou poder sobre (um ser inferior) [para que siga suas determinações]; dominar *<as leis subordinam o cidadão à autoridade>* □ *t.d.i. e pron.* **2** (prep. *a*) pôr(-se) sob a dependência de; submeter(-se) *<s. o desejo à realidade> <s.-se às normas>*

su.bor.di.na.ti.va *s.f.* GRAM ver ***CONJUNÇÃO SUBORDINATIVA***

su.bor.nar *v.* {mod. 1} *t.d.* induzir a burlar a lei em troca de (dinheiro, vantagem etc.); peitar ~ **subornado** *adj.s.m.* - **subornador** *adj.s.m.* - **subornável** *adj.2g.*

su.bor.no /ô/ *s.m.* **1** oferecimento de dinheiro ou vantagem em troca de um benefício, ger. indevido ou ilegal **2** esse dinheiro ou essa vantagem

sub.pre.fei.to *s.m.* quem, subordinado ao prefeito, administra parte da cidade

sub.pre.fei.tu.ra *s.f.* **1** porção de município administrada por subprefeito **2** local ou repartição onde ele trabalha **3** o mandato do subprefeito

sub.pro.du.to *s.m.* **1** produto obtido de outro **2** *fig.* consequência indireta

sub-re.gi.ão [pl.: *sub-regiões*] *s.f.* cada subdivisão de uma região ~ **sub-regional** *adj.2g.*

sub-rep.tí.cio [pl.: *sub-reptícios*] *adj.* **1** feito às ocultas; clandestino **2** conseguido por meios ilegais; fraudulento ~ **sub-repção** *s.f.*

sub-ro.gar *v.* {mod. 1} *t.d.i.* **1** (prep. *por*) colocar em lugar de; substituir, trocar *<s. um sim por um não>* □ *t.d. e pron.* **2** assumir ou tomar o lugar de (outrem) □ *t.d. e t.d.i.* DIR **3** (prep. *a*) transferir (encargo, direito) a; substabelecer *<sub-rogou(ao colega) o encargo que tinha assumido>* ~ **sub-rogação** *s.f.*

sub.sa.a.ri.a.no *adj.* relativo ou situado ao sul do deserto do Saara, na África

subs.cre.ver *v.* {mod. 8} *t.d. e pron.* **1** assinar embaixo; firmar □ *t.d. e t.i.* **2** (prep. *a*) estar ou pôr-se de acordo com; aprovar *<subscrevo a sua opinião> <s. ao regulamento>* □ *t.i. e t.d.i.* **3** (prep. *com, para*) obrigar-se a dar cota ou contribuição para *<s. para a construção de uma creche> <s. (com) mil reais para um orfanato>* □ *t.d.* **4** adquirir por subscrição (cota, ações de uma empresa etc.) ◉ GRAM/USO part.: *subscrito* ~ **subscrito** *adj.s.m.*

subs.cri.ção [pl.: *-ões*] *s.f.* **1** assinatura ao fim de carta, documento etc. **2** compromisso escrito de contribuição financeira **3** lista para angariar recursos para certo fim

subs.cri.tar *v.* {mod. 1} *t.d.* pôr assinatura em; subscrever ☞ cf. *sobrescritar*

subs.cri.to *adj.* **1** que foi assinado, demonstrando que obteve aprovação **2** que se obteve por meio de subscrição **3** GRÁF diz-se de sinal (letra, algarismo etc.) menor que os demais constantes do texto, que se grafa abaixo do alinhamento deles, us. em fórmulas químicas, linguagem matemática etc. ☞ p.opos. a *sobrescrito*

sub.se.quen.te /qü/ *adj.2g.s.m.* (o) que se segue imediatamente a outro; seguinte ~ **subsequência** *s.f.*

sub.ser.vi.ên.cia *s.f.* **1** característica ou estado do que é subserviente; submissão, servilismo **2** comportamento de quem bajula; bajulação, adulação

sub.ser.vi.en.te *adj.2g.* que se submete às vontades de outrem; submisso

S

sub.si.di.ar *v.* {mod. 1} *t.d.* **1** dar subsídio a; financiar **2** ajudar com subsídio para; contribuir

sub.si.di.á.ria *s.f.* empresa controlada por outra que detém a maior parte ou o total de suas ações

sub.si.di.á.rio *adj.* **1** relativo a subsídio **2** que subsidia, ajuda **3** secundário, acessório **4** que faz parte ou é controlado por empresa mais poderosa

sub.sí.dio *s.m.* **1** ajuda financeira **2** quantia que o governo destina a obras e atividades; subvenção ▼ ***subsídios*** *s.m.pl.* **3** dados, informações **4** salário, esp. de parlamentares

sub.sis.tên.cia *s.f.* **1** manutenção da vida **2** conjunto de meios para mantê-la; sustento **3** permanência, continuação ~ **subsistente** *adj.2g.*

sub.sis.tir *v.* {mod. 24} *int.* **1** continuar a existir; perdurar **2** ficar, existir depois da destruição, do uso, do gasto, da dispersão etc.; restar **3** *fig.* viver em condições impróprias e difíceis □ *t.i.* **4** (prep. *com, de*) prover as próprias necessidades; sustentar-se *<s. de empréstimos> <subsiste com uma pequena pensão>*

sub.so.lo *s.m.* **1** camada logo abaixo do solo **2** parte de um prédio abaixo do nível do chão

subs.ta.be.le.cer *v.* {mod. 8} *t.d.i.* **1** (prep. *a*) transferir (encargo, procuração recebidos) a; sub-rogar *<substabeleceu ao pai o encargo que tinha assumido>* □ *t.d.* **2** nomear como substituto ~ **substabelecimento** *s.m.*

subs.tân.cia *s.f.* **1** qualquer espécie de matéria **2** a parte essencial de algo **3** *fig.* força, vigor **4** o que há de nutritivo nos alimentos

subs.tan.ci.al [pl.: *-ais*] *adj.2g.* **1** relativo a substância **2** que é considerado grande ■ *adj.2g.s.m.* **3** (o) que tem substância, nutritivo **4** (o) que é mais importante

subs.tan.ci.o.so /ô/ [pl.: /ó/; fem.: /ó/] *adj.* **1** em que há substância, conteúdo; substancial **2** que alimenta; nutritivo, substancial

subs.tan.ti.va.ção [pl.: *-ões*] *s.f.* ato ou efeito de substantivar(-se)

subs.tan.ti.var *v.* {mod. 1} *t.d.* **1** usar como substantivo □ *t.d. e pron.* **2** tornar(-se) substantivo (vocábulo, locução etc.)

subs.tan.ti.vo *adj.s.m.* **1** GRAM (palavra) que nomeia um ser, coisa, ação, estado, qualidade ■ *adj.* **2** fundamental, substancial

subs.ti.tu.i.ção [pl.: *-ões*] *s.f.* **1** ato ou efeito de substituir(-se); troca, permuta **2** ESP troca de um jogador por outro, durante uma partida

subs.ti.tu.ir *v.* {mod. 26} *t.d.,t.d.i. e pron.* **1** (prep. *por*) pôr(-se) em lugar de; trocar(-se) *<s. leite (por suco) no almoço> <a filha substituiu-se à mãe na fila>* □ *t.d. e t.d.i.* **2** (prep. *a, em, por*) executar as funções e o serviço de *<s. a funcionária doente> <substituiu-o na coordenação>* □ *t.d.,t.i. e t.d.i.* **3** (prep. *a, por*) tomar o lugar de (algo, alguém) para pôr (outro) novo, diferente *<um prédio substituiu o cinema> <a praça substituiu ao terreno vazio> <ele quer s. o telhado por uma laje>*

subs.ti.tu.ti.vo *adj.s.m.* **1** substituto ■ *s.m.* **2** DIR alteração sugerida para o texto de um projeto de lei, proposta etc.

subs.ti.tu.to *adj.s.m.* **1** (o) que substitui **2** que(m) exerce, por um período determinado, a função de outro

subs.tra.to *s.m.* **1** a essência **2** o que sustenta; base **3** ECO superfície, sedimento, base ou meio no qual os organismos vivos se apoiam ou se desenvolvem

sub.te.nen.te *s.2g.* MIL **1** no Exército, a graduação mais elevada entre as praças e que, na Marinha e na Aeronáutica, corresponde à de suboficial **2** militar que detém essa graduação

sub.ter.fú.gio *s.m.* **1** evasiva **2** pretexto ou manobra para fugir de algo difícil

sub.ter.râ.neo *adj.* **1** que fica ou ocorre sob a terra ■ *s.m.* **2** passagem ou construção feita debaixo da terra

sub.tí.tu.lo *s.m.* título secundário que complementa o principal

sub.to.tal [pl.: *-ais*] *s.m.* total parcial ~ **subtotalidade** *s.f.*

sub.tra.ção [pl.: *-ões*] *s.f.* **1** MAT operação aritmética em que se diminui um número de outro **2** ato de se apossar de bem alheio sem violência; furto

sub.tra.en.do *s.m.* MAT número subtraído de outro ☞ cf. *diminuendo*

sub.tra.ir *v.* {mod. 25} *t.d. e t.d.i.* **1** (prep. *a, de*) apropriar-se de (algo), às escondidas, com astúcia ou fraude; furtar *<subtraiu o celular sem ser visto>* *<s. dinheiro da conta da empresa>* □ *t.d.,t.d.i. e int.* MAT **2** (prep. *a, de*) tirar (quantidade, quantia, parcela, número) [de outro]; diminuir *<subtraiu (do total) a parcela reclamada>* *<essa criança já sabe s.>* □ *pron.* **3** (prep. *a*) esquivar-se, livrar-se

sub.tro.pi.cal [pl.: *-ais*] *adj.2g.* situado perto dos trópicos

su.bu.ma.no /sub-u/ *adj.* → ***SUB-HUMANO***

su.bur.ba.no *adj.* **1** referente a subúrbio ■ *adj.s.m.* **2** que(m) vive em subúrbio

su.búr.bio *s.m.* região longe do centro de uma cidade; periferia

sub.ven.ção [pl.: *-ões*] *s.f.* ajuda financeira dada por órgão governamental ~ **subvencional** *adj.2g.*

sub.ven.cio.nar *v.* {mod. 1} *t.d.* **1** prestar auxílio a; ajudar **2** dar subvenção a; subsidiar

sub.ver.são [pl.: *-ões*] *s.f.* **1** revolta contra a ordem ou o poder estabelecido **2** perturbação, tumulto

sub.ver.si.vo *adj.s.m.* que(m) defende ou executa atos visando à transformação ou derrubada da ordem estabelecida; revolucionário

sub.ver.ter *v.* {mod. 8} *t.d.* **1** causar agitação, desequilíbrio em; perturbar **2** realizar mudanças profundas em; revolucionar **3** destruir os bons valores de; perverter □ *t.d. e pron.* **4** revolver(-se) de baixo para cima; revirar(-se)

su.ca.ta *s.f.* **1** ferro-velho **2** qualquer material que pode ser reaproveitado ou reciclado **3** *fig.* coisa imprestável ou sem importância ~ **sucatear** *v.t.d.*

suc.ção [pl.: *-ões*] *s.f.* ato de sugar ou o seu efeito

su.ce.dâ.neo *adj.s.m.* (o) que pode substituir outro por ter as mesmas propriedades; substituto

su.ce.der *v.* {mod. 8} *int.* **1** ocorrer, acontecer □ *t.i. e pron.* **2** (prep. *a*) vir ou ocorrer em seguida (a); seguir-se □ *t.d. e t.i.* **3** (prep. *a*) assumir, por direito, nomeação ou eleição, as funções de; substituir

su.ces.são [pl.: *-ões*] *s.f.* **1** série de coisas, fatos, pessoas que ocorrem seguidamente **2** transmissão de direitos, encargos ou bens de uma pessoa falecida a seus herdeiros **3** *p.ext.* conjunto dos herdeiros ou descendentes

su.ces.si.vo *adj.* **1** que vem em seguida **2** que se repete sem intervalos; consecutivo **3** hereditário

su.ces.so *s.m.* **1** bom resultado; triunfo **2** *B* o que alcança êxito ou fama *<o livro foi um s.>* **3** o que acontece; fato *<os s. da história>*

su.ces.sor /ô/ [pl.: *-es*] *adj.s.m.* **1** que(m) sucede a outro ou o substitui ■ *s.m.* **2** herdeiro (esp. de trono) ▼ ***sucessores*** *s.m.pl.* **3** os descendentes

su.ces.só.rio *adj.* **1** relativo a sucessão **2** relativo à transmissão de bens e direitos de alguém que morreu

sú.cia *s.f.* corja, malta

su.cin.to *adj.* **1** de poucas palavras; conciso **2** limitado ao essencial; breve

su.co *s.m.* **1** [1]sumo **2** FISL secreção de glândula ou mucosa *<s. gástrico>*

su.cra.lo.se *s.f.* QUÍM substância sintética derivada da sacarose, us. como adoçante [Não é metabolizada pelo nosso organismo.]

su.çu.a.ra.na *s.f.* ZOO felino grande cujo pelo do dorso é de cor marrom-clara e uniforme; onça-parda, puma

su.cu.len.to *adj.2g.* **1** cheio de suco ou caldo **2** que tem aspecto, aroma e sabor atraentes (diz-se de alimento)

su.cum.bir *v.* {mod. 24} *t.i.* **1** (prep. *a*) cair sob o peso ou a força de; dobrar-se, vergar □ *int.* **2** *fig.* perder o ânimo; abater-se **3** morrer, perecer □ *t.i. e int.* **4** (prep. *a*) ser vencido, dominado por; ceder

su.cu.pi.ra *s.f.* BOT árvore brasileira de madeira nobre e resistente

su.cu.ri *s.f.* ZOO serpente sul-americana não venenosa, a maior do mundo, que vive em rios e lagoas e se alimenta de vertebrados, que mata enroscando-se neles e triturando seus ossos; anaconda, boiuna

su.cur.sal [pl.: *-ais*] *s.f.* **1** filial **2** JOR representação de um jornal, revista em outra cidade, país etc.

su.da.ção [pl.: *-ões*] *s.f.* produção de suor

su.dá.rio *s.m.* **1** pano us. na antiguidade para enxugar o rosto **2** mortalha ▣ **Santo S.** REL mortalha que se crê ter envolvido Cristo, após ser retirado da cruz

su.des.te *s.m.* **1** direção a meio entre o sul e o leste; sueste **2** na rosa dos ventos, ponto colateral que marca essa direção [símb.: *SE*] ■ *adj.2g.s.m.* **3** (o) que se situa a sudeste (diz-se de região ou conjunto de regiões) [abrev.: *S.E.*] **3.1** diz-se de ou região brasileira que compreende os estados do Espírito Santo, Rio de Janeiro, de São Paulo e Minas Gerais [abrev.: *S.E.*] ☞ inicial maiúsc. ■ *adj.2g.* **3.2** que fica, está ou segue na direção sudeste (acp. 1 e 2); sueste

sú.di.to *adj.s.m.* que(m) está submetido a outrem; vassalo

su.do.es.te *s.m.* **1** direção a meio entre o sul e o oeste **2** na rosa dos ventos, ponto colateral que marca essa direção [símb.: *SW*] ■ *adj.2g.s.m.* **3** (o) que se situa a sudoeste (diz-se de região ou conjunto de regiões) [abrev.: *S.O.*] **4** (vento) que sopra dessa direção ■ *adj.2g.* **5** que se situa ou segue na direção sudoeste (acp. 1 e 2)

su.do.re.se *s.f.* FISL secreção de suor; transpiração

su.do.rí.fe.ro *adj.s.m.* (o) que faz suar

su.do.rí.pa.ro *adj.* **1** relativo a suor **2** que produz suor

su.es.te *adj.2g.s.m.* sudeste ('direção') [símb.: *SE*]

su.é.ter [pl.: *suéteres*] *s.2g.* VEST agasalho de lã fechado, que se veste pela cabeça; pulôver

su.fi.ci.en.te *adj.2g.s.m.* **1** (o) que basta ou satisfaz ■ *adj.2g.* **2** que está entre o bom e o tolerável **3** hábil, apto, capaz ~ **suficiência** *s.f.*

su.fi.xa.ção /cs/ [pl.: *-ões*] *s.f.* GRAM processo de formação de palavras em que um sufixo é acrescentado a uma palavra (p.ex., pedr-*a* > pedr-*eiro*) ☞ cf. *prefixação*

su.fi.xo /cs/ *s.m.* GRAM elemento acrescentado após o radical para produzir formas derivadas ou flexionadas (gênero, número etc.) ☞ cf. *prefixo*, [2]*infixo* e *afixo* ~ **sufixal** *adj.2g.* - **sufixar** *v.t.d. e int.*

su.flê *s.m.* CUL prato leve de forno, salgado ou doce, à base de um creme (de legumes, queijo, chocolate etc.) e claras em neve

su.fo.ca.ção [pl.: *-ões*] *s.f.* ou **su.fo.ca.men.to** *s.m.* **1** ato ou efeito de sufocar(-se); extrema dificuldade de respirar; asfixia **2** sensação de falta de ar; abafamento

su.fo.car *v.* {mod. 1} *t.d.,int. e pron.* **1** (fazer) perder a respiração; asfixiar **2** (fazer) sentir falta de ar ou forte mal-estar, ger. por calor, indisposição □ *t.d.* **3** impedir o desenvolvimento, a manifestação de; reprimir ~ **sufocante** *adj.2g.*

su.fo.co /ô/ *s.m.* **1** dificuldade de respirar **2** *B infrm.* situação muito difícil, assustadora, angustiante

su.fra.gar *v.* {mod. 1} *t.d.* **1** aprovar, apoiar com voto; eleger **2** rezar em favor da alma de

su.frá.gio *s.m.* **1** processo de escolha por votação **2** voto em uma eleição **3** aprovação, concordância **4** oração pelos mortos

su.ga.dor [pl.: *-es*] *adj.s.m.* **1** (o) que suga ■ *s.m.* ZOO **2** sugadouro

su.ga.dou.ro *s.m.* ZOO aparelho bucal de certos insetos, us. para sugar; sugador

su.gar *v.* {mod. 1} *t.d.* **1** fazer (líquido) entrar na boca com movimentos dos lábios e da língua, que formam um vácuo na cavidade bucal; chupar **2** extrair líquido de; absorver □ *t.d. e t.d.i. fig.* **3** (prep. *a*, *de*) apropriar-se com fraude ou abuso; extorquir ~ **sugação** *s.f.*

su.ge.rir *v.* {mod. 28} *t.d. e t.d.i.* **1** (prep. *a*) fazer pensar (algo) sem expor de forma clara ou completa; insinuar □ *t.d.i.* **2** (prep. *a*) apresentar (ideia, solução) a (alguém), para que a aceite ou não; propor **3** (prep. *a*) fazer surgir pensamento ou sentimento por associação de ideias; despertar □ *t.d.* **4** ser indício de; indicar

su.ges.tão [pl.: *-ões*] *s.f.* **1** o que é sugerido; proposta, conselho, indicação **2** estímulo, inspiração, instigação **3** ideia, lembrança

su.ges.tio.nar *v.* {mod. 1} *t.d. e pron.* **1** convencer(-se) por meio de sugestão; influenciar(-se) □ *t.d.* **2** fazer pensar ou agir por sugestão; induzir, manipular ~ **sugestionável** *adj.2g.*

su.ges.ti.vo *adj.* **1** que contém conselho ou insinuação **2** que sugestiona; inspirador

su.í.ça *s.f.* cada uma das faixas de barba masculina junto à orelha; costeleta ☞ mais us. no pl.

su.i.ci.da *adj.2g.s.2g.* **1** que(m) comete ou se dispõe ao suicídio ■ *adj.2g.* **2** relativo a ou que envolve suicídio **3** *p.ext.* que envolve grave risco

su.i.ci.dar-se *v.* {mod. 1} *pron.* **1** pôr fim à própria vida; matar-se **2** *fig.* causar a própria ruína; desgraçar-se

su.i.cí.dio *s.m.* **1** ação de dar fim à própria vida **2** *fig.* desgraça causada pela ação do próprio indivíduo

su.í.deo *adj.s.m.* ZOO (espécime) dos suídeos, família de mamíferos que compreende os porcos domésticos e selvagens

sui generis [lat.] *loc.adj.* sem semelhança com nenhum outro, único no seu gênero ⇒ pronuncia-se sui gêneris

su.í.no *s.m.* ZOO **1** espécime dos suínos, mamíferos que compreendem a família dos porcos e a dos caititus e queixadas **2** porco ■ *adj.* **3** relativo a suíno e a porco

su.i.no.cul.tu.ra *s.f.* criação de porcos ~ **suinocultor** *adj.s.m.*

su.í.te *s.f.* **1** quarto com banheiro anexo exclusivo **2** JOR desdobramento de matéria já publicada pelo veículo ou por outro órgão da imprensa **3** MÚS série de composições instrumentais com variação de andamentos, ger. no mesmo tom

su.jar *v.* {mod. 1} *t.d. e pron.* **1** (fazer) adquirir sujeira, manchas, substância poluidora etc. **2** construir má imagem (para); manchar(-se) □ *int.* **3** *B infrm.* não haver mais condição de praticar delito ou falta, devido à chegada de (polícia, guarda, vigilante etc.) *<ih, sujou, vamos dar o fora!>* ☞ nesta acp., é impessoal, exceto quando fig. ◉ GRAM/USO part.: *sujado*, *sujo*

su.jei.ra *s.f.* **1** acúmulo de lixo, detritos, poeira etc. **2** imundície, porcaria, sujidade **3** mancha, nódoa **4** *fig. infrm.* ato ou comportamento desonesto

su.jei.tar *v.* {mod. 1} *t.d.,t.d.i. e pron.* **1** (prep. *a*) reduzir(-se) à sujeição, tornando(-se) obediente ou dependente; submeter(-se) *<s. uma nação>* *<s. um povo à escravidão>* *<a tropa vencida sujeitou-se ao inimigo>* □ *t.d.i. e pron.* **2** (prep. *a*) [fazer] seguir, obedecer; submeter(-se) *<s. o doente à dieta>* *<s.-se a imposições>* □ *pron.* **3** (prep. *a*) entregar-se a lei, vontade, desejos de alguém; render-se **4** aceitar sem relutar; conformar-se *<teve de s.-se às contingências>* ◉ GRAM/USO part.: *sujeitado*, *sujeito* ~ **sujeição** *s.f.*

su.jei.to *s.m.* **1** pessoa indeterminada ou cujo nome não se cita **2** GRAM termo da oração a respeito do qual se afirma algo e com o qual o verbo concorda ■ *adj.* **3** que se submete ao poder ou à vontade dos outros **4** suscetível, passível de

su.ji.da.de *s.f.* **1** condição ou estado do que é ou está sujo; sujeira **2** o que suja; imundície **3** fezes, excremento

su.jo *adj.s.m.* **1** (o) que não tem asseio ou está coberto de sujeira ■ *adj. fig.* **2** *pej.* desonesto, inescrupuloso **3** *pej.* desmoralizado, desacreditado **4** obsceno *<piada s.>* ■ *s.m.* **5** *B* folião carnavalesco com fantasia improvisada *<bloco de s.>*

sul [pl.: *suis*] *s.m.* **1** direção à direita de quem se volta para o nascente **2** na rosa dos ventos, ponto cardeal que marca essa direção [símb.: *S*] ■ *adj.2g.s.m.* **3** GEO (o) que se situa ao sul (diz-se de região ou conjunto de regiões) [abrev.: *S.*] **3.1** diz-se de ou região brasileira que compreende os estados do Paraná, Santa Catarina e Rio Grande do Sul [abrev.: *S.*] ☞ inicial maiúsc. **4** (vento) que sopra dessa direção ■ *adj.2g.* **5** que fica, está ou segue na direção sul (acp. 1 e 2) *<latitude s.>*

sul.car *v.* {mod. 1} *t.d.* **1** fazer sulcos em **2** *fig.* MAR navegar, deixando esteira *<s. os mares>* **3** *fig.* ir de um lado a outro; atravessar, cortar *<estradas sulcam o país>* **4** marcar com ruga(s), prega(s) *<o tempo faz s. a face>*

sul.co *s.m.* **1** cavidade ou depressão alongada, em qualquer superfície **2** *p.ext.* rasto que a embarcação em movimento deixa nas águas; esteira **3** *p.ext.* traço profundo na pele; ruga

sul.fa *s.f.* FARM nome de uma família de substâncias medicamentosas com efeito bactericida

sul.fa.to *s.m.* QUÍM sal do ácido sulfúrico ou ânion dele derivado ~ **sulfatar** *v.t.d. e pron.*

súl.fur *s.m.* QUÍM enxofre ~ **sulfúreo** *adj.* - **sulfúrico** *adj.*

sul.fu.ro.so /ô/ [pl.: /ó/; fem.: /ó/] *adj.* **1** relativo a ou que tem a aparência (cor, cheiro etc.) do enxofre **2** que contém enxofre *<água s.>*

su.li.no *adj.* **1** do sul do Brasil; sulista ■ *s.m.* **2** natural ou habitante dessa região; sulista

su.lis.ta *adj.2g.s.2g.* **1** (natural ou habitante) de região ou país ao sul **2** sulino

sul-ma.to-gros.sen.se [pl.: *sul-mato-grossenses*] *adj.2g.s.2g.* mato-grossense-do-sul

sul-rio-gran.den.se [pl.: *sul-rio-grandenses*] *adj.2g.s.2g.* rio-grandense-do-sul

sul.tão [pl.: *-ães, -ãos, -ões*; fem.: *sultana*] *s.m.* **1** antigo imperador da Turquia **2** nome comum a alguns imperadores muçulmanos **3** *fig.* homem com muitas amantes; paxá ~ **sultanato** *s.m.*

su.ma *s.f.* resumo, sinopse ▣ **em s.** de forma resumida

su.ma.ré *s.m.* BOT orquídea terrestre de flor amarela, nativa do Brasil

su.ma.ren.to *adj.* cheio de sumo; suculento

su.ma.ri.ar *v.* {mod. 1} *t.d.* fazer sumário de; resumir, sintetizar

su.má.rio *adj.* **1** resumido, curto, escasso **2** que não demora; decisivo, rápido *<julgamento s.>* ■ *s.m.* **3** resumo dos pontos principais de livro, discurso etc. **4** índice de livro

su.ma.ú.ma *s.f.* BOT imensa árvore nativa da América do Sul e da África, com raízes em forma de tábuas, flores brancas e sementes revestidas de paina, de que se extrai óleo

su.mé.rio *s.m.* **1** natural ou habitante da Suméria, antiga região asiática **2** LING língua falada nessa região ■ *adj.* **3** relativo a essa região, indivíduo, povo e língua

su.mi.ço *s.m.* ato ou efeito de sumir; desaparecimento, perda, extravio

su.mi.da.de *s.f.* **1** qualidade de alto, eminente **2** ponto mais alto; cume, cimo **3** *fig.* pessoa de muito saber ou talento

su.mi.do *adj.* **1** de que não se sabe o paradeiro; desaparecido **2** encoberto por algo que lhe veda a visão **3** quase imperceptível; fraco *<voz s.>* **4** que já perdeu a intensidade; apagado

su.mi.dou.ro *s.m.* **1** orifício ou fenda por onde algo desaparece **2** GEO rio que some terra adentro e reaparece em outro local **3** espécie de esgoto **4** *fig.* local em que tudo some **5** *fig.* lugar ou coisa em que se gasta muito dinheiro

su.mir *v.* {mod. 29} *t.d.,t.i.,int. e pron.* **1** (prep. *com*) pôr(-se) onde não pode ser encontrado; desaparecer, ocultar(-se) *<o terremoto sumiu a cidade> <ela sumiu com os meus óculos> <as chaves sumiram> <depois do vexame, sumiu-se>* □ *int. e pron.* **2** gastar-se muito rápida ou inexplicavelmente; desaparecer □ *int.* **3** não estar mais onde deveria; desaparecer **4** ausentar-se por longo tempo de local que frequenta *<você sumiu; estava viajando?>* ◉ GRAM/USO no port. moderno a regência t.d. é pouco empr.

[1]**su.mo** *s.m.* caldo que se extrai de matéria animal ou vegetal por pressão ou sucção; suco [ORIGEM: de um lat. *zumu* 'id.', com influência do lat. *sucus,i* 'qualquer líquido; sumo'] ~ **sumoso** *adj.*

[2]**su.mo** *adj.* **1** mais elevado em poder ou categoria **2** muito grande **3** que já chegou ao limite; extremo, excessivo [ORIGEM: do lat. *summus,a,um* 'o mais alto']

sú.mu.la *s.f.* **1** sinopse, resumo **2** ESP breve relatório do juiz ao fim da partida

sundae [ing.; pl.: *sundaes*] *s.m.* CUL sorvete coberto com calda e, ger., castanhas, confeitos etc. ⇒ pronuncia-se sândei

sun.ga *s.f.* VEST *B* calção de banho de tecido elástico, com cintura baixa, curto e justo

su.ni.ta *adj.2g.s.2g.* (indivíduo) do grupo dos sunitas, muçulmanos ortodoxos que reconhecem a autoridade dos quatro primeiros califas ~ **sunismo** *s.m.*

sun.tu.á.rio *adj.* **1** relativo a gastos, despesas **2** luxuoso

sun.tu.o.so /ô/ [pl.: /ó/; fem.: /ó/] *adj.* **1** que consome muito dinheiro; dispendioso **2** *p.ext.* suntuoso, magnífico ~ **suntuosidade** *s.f.*

su.or [pl.: *-es*] *s.m.* **1** líquido incolor, salgado, secretado pelas glândulas sudoríparas e eliminado pelos poros **2** *fig.* trabalho árduo, intenso

super- *pref.* **1** 'posição acima': *supercílio, supervisão* **2** 'excesso': *superalimentação, superprodução*

su.pe.ra.bun.dar *v.* {mod. 1} *int.* **1** existir ou manifestar-se em excesso □ *t.i.* **2** (prep. *a*) ser mais do que o necessário para; exceder *<os suprimentos superabundavam às necessidades>* ~ **superabundância** *s.f.* - **superabundante** *adj.2g.*

su.pe.ra.ção [pl.: *-ões*] *s.f.* ato ou efeito de superar(-se)

su.pe.ra.do *adj.* **1** que foi derrotado; vencido, subjugado **2** que já não tem vigência ou aplicação; ultrapassado, obsoleto

su.pe.ra.li.men.ta.ção [pl.: *-ões*] *s.f.* dieta farta, de alto valor nutritivo, para atletas, doentes etc.

su.pe.ra.li.men.tar *v.* {mod. 1} *t.d. e pron.* **1** alimentar(-se) em excesso, fazendo ingerir ou ingerindo nutrientes além das necessidades do organismo *<insiste em s. os filhos> <você não deve s.-se antes de fazer exercícios>* **2** ingerir dieta de alto valor nutritivo (esp. pessoas ou animais debilitados, doentes)

su.pe.ra.que.cer *v.* {mod. 8} *t.d.* **1** submeter à temperatura muito alta *<s. um metal>* □ *t.d.,int. e pron.* **2** aquecer(-se) em excesso *<s. uma sala> <o café superaqueceu> <não vá se s. aí perto da fogueira>* ~ **superaquecimento** *s.m.*

su.pe.rar *v.* {mod. 1} *t.d.* **1** alcançar vitória sobre; derrotar **2** livrar-se de; afastar, ultrapassar □ *t.d. e pron.* **3** ser ou tornar-se superior (a) em quantidade, eficiência, talento, criatividade etc.; exceder, sobrepujar *<por vezes a arte supera a vida> <o cozinheiro conseguiu s.-se>* ~ **superável** *adj.2g.*

superavit [lat.] *s.m.2n.* ECON diferença a mais entre receita e despesa ⇒ pronuncia-se superávit ~ **superavitário** *adj.*

su.pe.rá.vit *s.m.* ver ***SUPERAVIT***

su.per.cí.lio *s.m.* sobrancelha ~ **superciliar** *adj.2g.v.int.*

su.per.ci.vi.li.za.ção [pl.: *-ões*] *s.f.* civilização muito desenvolvida ~ **supercivilizado** *adj.s.m.*

su.per.con.du.ti.vi.da.de *s.f.* FÍS ausência de resistência elétrica de certas substâncias quando atingem temperaturas muito baixas

su.per.con.du.tor /ô/ [pl.: *-es*] *adj.s.m.* FÍS (metal, composto etc.) em que ocorre supercondutividade

su.per.di.men.si.o.nar *v.* {mod. 1} *t.d.* **1** fazer com que (algo) pareça maior do que na realidade é *<s. uma conquista>* **2** dar importância exagerada a (algo) *<superdimensionou o resultado do exame>*

su.per.do.se *s.f.* dose excessiva ~ **superdosagem** *s.f.*

su.per.do.ta.do *adj.s.m.* que(m) tem inteligência acima da média ☞ cf. *bem-dotado*

su.pe.res.ti.mar *v.* {mod. 1} *t.d.* dar mais estima, valor, apreço ou importância do que o devido ou real; supervalorizar ~ **superestima** *s.f.* - **superestimação** *s.f.*

su.pe.res.tru.tu.ra *s.f.* **1** estrutura, construção etc. erguida como um prolongamento vertical de outra **2** ENG parte de uma construção situada sobre o solo, em nível ~ **superestrutural** *adj.2g.*

su.per.fa.tu.rar *v.* {mod. 1} *t.d.* **1** cobrar preço muito alto por *<s. uma obra>* **2** ECON emitir fatura de venda com preço acima do realmente cobrado para (produto, serviço) ☞ cf. *subfaturar* ~ **superfaturamento** *s.m.*

su.per.fi.ci.al [pl.: *-ais*] *adj.2g.* **1** que fica na superfície; pouco profundo **2** *fig.* que não se aprofunda; que não chega ao essencial **3** *fig.* que não tem seriedade ~ **superficialidade** *s.f.*

su.per.fí.cie *s.f.* **1** extensão de área delimitada **2** face externa dos corpos **3** parte da água em contato com o ar **4** *fig.* falta de aprofundamento em estudo, conhecimento, entendimento etc.

su.pér.fluo *adj.s.m.* **1** (o) que vai além da necessidade **2** *p.ext.* (o) que é redundante, excessivo

su.per-he.rói [pl.: *super-heróis*] *s.m.* personagem fictício com poderes sobre-humanos, que combate o mal, defende os fracos etc.

su.per-ho.mem [pl.: *super-homens*] *s.m.* homem com qualidades extraordinárias

su.pe.rin.ten.dên.cia *s.f.* **1** ato de superintender ou o seu efeito **2** cargo ou função de superintendente **3** local ou departamento onde se exercem essa função

su.pe.rin.ten.den.te *adj.2g.s.2g.* que(m) dirige ou supervisiona empresa, obra etc.

su.pe.rin.ten.der *v.* {mod. 8} *t.d.* **1** dirigir como chefe (obra, empresa etc.); administrar **2** inspecionar em nível superior; supervisionar *<o engenheiro irá s. a construção>*

su.pe.ri.or /ô/ [pl.: *-es*] *adj.2g.* **1** que está acima ou por cima de (algo) **2** de maior valor ou qualidade **3** de nível universitário *<curso s.>* ■ *adj.s.m.* **4** chefe, diretor **5** REL que(m) dirige convento ou comunidade religiosa

su.pe.ri.o.ri.da.de *s.f.* **1** posição ou condição de ser superior a outro(s); vantagem **2** arrogância, vaidade

su.per.la.ti.vo *adj.* **1** que exprime qualidade num grau elevado **1.1** extremo ■ *s.m.* **2** GRAM grau de um adjetivo ou de um advérbio que indica intensidade maior ou menor do que ele expressa normalmente

su.per.lo.ta.ção [pl.: *-ões*] *s.f.* **1** excesso de lotação **2** aglomeração (de seres) num espaço exíguo para sua quantidade

su.per.lo.tar *v.* {mod. 1} *t.d.* **1** ingressar (em um lugar) em quantidade maior do que o ambiente comporta **2** pôr (unidades de algo) além do correto ou desejável ~ **superlotado** *adj.*

su.per.mer.ca.do *s.m.* grande loja de alimentos, artigos para limpeza, eletrodomésticos etc., em que o cliente se serve sozinho e paga na saída

su.per.po.der [pl.: *superpoderes*] *s.m.* capacidade extraordinária de algum tipo, superior às que têm os seres humanos em geral

su.per.po.pu.la.ção [pl.: *-ões*] *s.f.* excesso de população; superpovoamento

su.per.por *v.* {mod. 23} *t.d.i. e pron.* sobrepor ◉ GRAM/USO part.: *superposto* ~ **superposição** *s.f.*

su.per.pos.to /ô/ [pl.: */ó/*; fem.: */ó/*] *adj.* que se superpõe, posto em cima; sobreposto

su.per.po.tên.cia *s.f.* POL país que se destaca das demais potências por seu poderio econômico e militar, esp. no que diz respeito a armas atômicas

su.per.po.vo.a.men.to *s.m.* superpopulação ~ **superpovoar** *v.t.d.*

su.per.pro.du.ção [pl.: *-ões*] *s.f.* **1** produção em excesso **2** produção, de custo elevado, de evento, filme, programa de televisão etc.

S

su.per.pro.te.ger *v.* {mod. 8} *t.d.* **1** dar proteção especial e acima do normal a **2** proteger em demasia, afastando (de um indivíduo) os perigos, mas impedindo-o freq. de se desenvolver por conta própria ~ **superproteção** *s.f.*

su.per.sen.sí.vel [pl.: *-eis*] *adj.2g.* **1** incompreensível aos sentidos humanos **2** sensível demais ~ **supersensibilidade** *s.f.*

su.per.sô.ni.co *adj.* **1** diz-se de velocidade superior à do som **2** que tem ou alcança essa velocidade

su.pers.ti.ção [pl.: *-ões*] *s.f.* **1** crença infundada em certos atos que trariam sorte, azar etc. **2** crença em presságios e sinais, originada por acontecimentos casuais ou coincidências

su.pers.ti.ci.o.so /ô/ [pl.: /ó/; fem.: /ó/] *adj.* **1** que é fruto de superstição ■ *adj.s.m.* **2** que(m) tem superstição

su.pérs.ti.te *adj.2g.* que sobreviveu

su.per.ve.ni.en.te *adj.2g.* que vem depois; subsequente ~ **superveniência** *s.f.*

su.per.vi.são [pl.: *-ões*] *s.f.* **1** ato de supervisionar ou o seu efeito **2** função de supervisor

su.per.vi.sar *v.* {mod. 1} *t.d.* supervisionar

su.per.vi.sio.nar *v.* {mod. 1} *t.d.* dirigir ou orientar inspecionando (trabalho, grupo, tarefa) de um nível superior

su.per.vi.sor /ô/ [pl.: *-es*] *adj.s.m.* que(m) tem o cargo ou a função de supervisionar

su.pe.tão [pl.: *-ões*] *s.m.* ▸ us. em: **de s.** de repente

su.pim.pa *adj.2g.* *B infrm.* ótimo, excelente

su.pi.no *adj.* **1** deitado de costas, de barriga para cima **2** que está em local elevado; alto **3** *fig.* excessivo

su.plan.tar *v.* {mod. 1} *t.d.* **1** calcar com os pés; pisar □ *t.d. e pron.* **2** ser ou tornar-se superior (a) em tamanho, quantidade, eficiência, talento etc.; superar(-se) ~ **suplantação** *s.f.*

[1]**su.ple.men.tar** [pl.: *-es*] *adj.2g.* relativo a ou que serve de suplemento [ORIGEM: *suplemento* + [1]*-ar*] ~ **suplementação** *s.f.*

[2]**su.ple.men.tar** *v.* {mod. 1} *t.d.* **1** acrescentar alguma coisa a **2** suprir ou compensar a deficiência de [ORIGEM: *suplemento* + [2]*-ar*]

su.ple.men.to *s.m.* **1** o que supre uma falta **2** acréscimo a um livro, apresentação etc. **3** JOR caderno ou página com matéria especial em jornal ou revista; encarte

su.plen.te *adj.2g.s.2g.* substituto previamente escolhido para eventual falta do titular ~ **suplência** *s.f.*

su.ple.ti.vo *adj.* **1** que serve de suplemento ■ *s.m.* *B* **2** ensino para adolescentes e adultos que não concluíram sua escolarização na idade própria

sú.pli.ca *s.f.* pedido humilde e intenso

su.pli.car *v.* {mod. 1} *t.d. e t.d.i.* (prep. *a*) pedir de maneira humilde e intensa; implorar *<suplicou auxílio aos amigos>* ~ **suplicante** *adj.2g.s.2g.*

sú.pli.ce *adj.2g.* que suplica

su.pli.ci.ar *v.* {mod. 1} *t.d.* **1** aplicar suplício em; torturar **2** *fig.* causar sofrimento a; afligir, magoar

su.plí.cio *s.m.* **1** tortura física imposta por sentença ('decisão') **2** sofrimento físico provocado intencionalmente; crueldade **3** *p.ext.* sofrimento longo e intenso

su.por *v.* {mod. 23} *t.d.* **1** admitir como hipótese **2** presumir como verdadeiro, existente, necessário etc.; pressupor □ *t.d.pred. e pron.* **3** considerar(-se), julgar(-se) ◉ GRAM/USO part.: *suposto*

su.por.tar *v.* {mod. 1} *t.d.* **1** ter sobre ou contra si e não ceder ao peso ou à força; aguentar, resistir **2** ser capaz de segurar ou carregar (certo peso) **3** *fig.* reagir com firmeza ou resignação a (algo ruim, penoso); aguentar **4** *fig.* ser tolerante com (algo desagradável); aturar ~ **suportado** *adj.* - **suportável** *adj.2g.*

su.por.te *s.m.* **1** o que sustenta; base **2** o que dá apoio, auxilia **3** base de qualquer material, como papel, plástico, madeira, tecido, filme, fita magnética etc., na qual se registram informações impressas, manuscritas, fotografadas, gravadas etc.

su.po.si.ção [pl.: *-ões*] *s.f.* **1** ideia sem comprovação **2** hipótese **3** proposição que se aceita verdadeira ou possível para dela se tirar uma indução ou conclusão

su.po.si.tó.rio *s.m.* FARM medicamento sólido, de forma cônica ou cilíndrica, que se introduz em orifícios do corpo, esp. ânus e vagina

su.pos.to /ô/ [pl.: /ó/; fem.: /ó/] *adj.* **1** admitido por hipótese **2** falso, fictício

supra- *pref.* **1** 'posição acima': *supracitado, suprarrenal* **2** 'excesso': *suprassumo*

su.pra.ci.ta.do *adj.* citado acima ou antes

su.pra.na.cio.nal [pl.: *-ais*] *adj.2g.* que pertence a um organismo ou a um poder posto acima do governo de cada nação

su.pra.par.ti.dá.rio *adj.* **1** que está acima dos partidos **2** que reúne vários partidos

su.prar.re.gi.o.nal [pl.: *-ais*] *adj.2g.* que está acima ou além do que é regional

su.prar.re.nal [pl.: *-ais*] *adj.2g.s.f.* ANAT (glândula) que fica acima dos rins

su.pras.su.mo *s.m.* grau mais elevado de algo; máximo

su.pre.ma.ci.a *s.f.* superioridade absoluta; hegemonia

su.pre.mo *adj.* **1** que está acima de tudo **2** que se refere a Deus; divino **3** que está no limite máximo

su.pres.so *adj.* *frm.* suprimido ◉ GRAM/USO part. de *suprimir*

su.pri.mir *v.* {mod. 24} *t.d.* **1** agir para acabar com; extinguir, eliminar □ *t.d. e t.d.i.* **2** (prep. *de*) tirar (parte) de (um todo); cortar *<o autor suprimiu diálogos do texto>* *<s. uma sobremesa do cardápio>* ◉ GRAM/USO part.: *suprimido, supresso* ~ **supressão** *s.f.*

su.prir *v.* {mod. 24} *t.d.* **1** ocupar o lugar de (pessoas ou coisas); substituir, preencher **2** ajuntar (uma parte) a algo incompleto; inteirar □ *t.d.i. e pron.* **3** (prep. *de*) fornecer ou adquirir (algo necessário ou útil); prover *<mandou supri-lo do necessário>* *<supriu-se de alimentos para o inverno>* ~ **suprimento** *s.m.*

su.pu.rar *v.* {mod. 1} *int.* MED formar ou expelir pus ~ **supuração** *s.f.* - **supurativo** *adj.s.m.*

-sura *suf.* equivale a *-ura* ('ação')

sur.dez /ê/ [pl.: *-es*] *s.f.* ausência, diminuição ou perda do sentido da audição; ensurdecimento

sur.di.na *s.f.* **1** som baixo, abafado **2** MÚS dispositivo móvel ou fixo us. para abafar o som e alterar o timbre de certos instrumentos; abafador ▣ **na s.** às escondidas

sur.do *adj.s.m.* **1** que(m) não ouve; deficiente auditivo ☞ nesta acp., a palavra pode ser ofensiva **2** que(m) não demonstra solidariedade; insensível ■ *adj.* **3** abafado (diz-se de som) ■ *s.m.* **4** MÚS tambor grave

sur.do-mu.do [pl.: *surdos-mudos*] *adj.s.m.* que(m) é surdo e mudo ☞ a palavra pode ser ofensiva ~ **surdo-mudez** *s.f.*

sur.fe *s.m.* ESP esporte aquático em que o praticante, de pé sobre uma prancha de poliuretano e resina, faz manobras sobre as ondas ~ **surfar** *v.int.*

sur.fis.ta *adj.2g.s.2g.* que(m) pratica o surfe

sur.gir *v.* {mod. 24} *int.* **1** chegar, vir ou tornar-se visível, perceptível, ger. de repente; aparecer **2** erguer-se de baixo, para fora de; elevar-se, aparecer **3** tornar-se realidade, passar a existir; acontecer, ocorrer **4** vir do fundo para a superfície; emergir ☞ com ou sem indicação de lugar ◉ GRAM/USO part.: *surgido, surto* ~ **surgimento** *s.m.*

su.ro *adj.* *B* sem rabo ou sem parte dele

sur.pre.en.den.te *adj.2g.* **1** que causa surpresa; inesperado **2** que causa grande admiração ou impacto; espantoso

sur.pre.en.der *v.* {mod. 8} *t.d.* **1** ver ou parar alguém quando fazia algo; flagrar **2** pegar desprevenido *<a chuva os surpreendeu na rua>* **3** aparecer de repente diante de *<s. o inimigo>* **4** fazer surpresa para □ *t.d.,int. e pron.* **5** (fazer) ter surpresa, pasmo; espantar(-se), admirar(-se) *<vindo de quem veio, isso não surpreende>* *<já não se surpreendem com mais nada>* ◉ GRAM/USO part.: *surpreendido, surpreso*

sur.pre.sa /ê/ *s.f.* **1** fato ou coisa que surpreende **2** fato repentino e imprevisto **3** presente inesperado que se dá ou promete dar

sur.pre.so /ê/ *adj.* **1** que se surpreendeu **2** espantado, perplexo

sur.ra *s.f.* **1** ação de maltratar por meio de pancadas; espancamento **2** *fig.* derrota imposta a um adversário

sur.ra.do *adj.* **1** que levou surra **2** *p.ext.* muito usado, gasto pelo uso; velho **3** *fig.* ultrapassado, repetido *<ideias s.>*

sur.rão [pl.: *-ões*] *s.m.* **1** saco para mantimentos; embornal **2** roupa gasta e suja

sur.rar *v.* {mod. 1} *t.d.* **1** curtir ou bater (as peles) para amaciar **2** dar surra em; bater, espancar □ *t.d. e pron.* **3** fazer ficar ou ficar gasto demais (roupa e acessórios) pelo uso excessivo *<a manga do casaco já começava a s.-se>* ~ **surrador** *adj.s.m.*

sur.re.a.lis.mo *s.m.* movimento literário e artístico surgido no início do séc. XX que busca representar as manifestações do inconsciente ~ **surrealista** *adj.2g.s.2g.*

sur.ru.pi.ar *v.* {mod. 1} *t.d. e t.d.i.* (prep. *a, de*) tirar às escondidas; furtar *<tentou s. o dinheiro ao irmão>*

sur.tar *v.* {mod. 1} *int.* entrar em surto (por ansiedade, falta de adaptação, neurose, psicose etc.)

sur.tir *v.* {mod. 24} *t.d.* dar como resultado, produzir (efeito)

sur.to *s.m.* **1** MED aparecimento repentino de vários casos de uma doença em determinado lugar **2** PSIQ crise psicótica **3** *fig.* arroubo, impulso

su.ru.bim [pl.: *-ins*] ou **su.ru.bi** *s.m.* ZOO bagre de cabeça grande e achatada

su.ru.cu.cu *s.f.* ZOO jararacuçu

su.ru.cu.tin.ga *s.f.* ZOO jararacuçu

su.ru.ru *s.m.* **1** ZOO molusco de concha alongada, azul por dentro e escura por fora, comum nos estuários dos rios da costa, esp. em Alagoas **2** *B infrm.* confusão, briga de muitas pessoas

SUS *s.m.* sigla de Sistema Único de Saúde

sus.ce.tí.vel [pl.: *-eis*] ou **sus.cep.tí.vel** [pl.: *-eis*] *adj.2g.* **1** capaz de ser afetado por (algo) **1.1** que tem tendência a sentir influências ou contrair doenças **2** que se ofende com facilidade; sensível ~ **suscetibilidade/susceptibilidade** *s.f.*

sus.ci.tar *v.* {mod. 1} *t.d.* **1** fazer nascer ou aparecer; criar □ *t.d. e t.d.i.* **2** (prep. *a, em, entre*) ser a causa, o motivo de; provocar, causar *<a peça suscitou polêmica (entre os atores)>* **3** (prep. *a, em, entre*) fazer surgir ou trazer à mente; sugerir, lembrar *<s. dúvidas>* *<o trecho lido suscitou-lhe novas ideias>*

su.se.ra.no *adj.s.m.* HIST que(m) tem feudo do qual pessoas e outros feudos dependem ~ **suserania** *s.f.*

sushi [jap.] *s.m.* CUL bolinho de arroz envolvido ou não em folha de alga, ornado com fatias de peixe cru, ovas de peixe etc. ⇒ pronuncia-se suxi

sus.pei.ção [pl.: *-ões*] *s.f.* suspeita, desconfiança, dúvida

sus.pei.ta *s.f.* **1** suposição não provada, fundamentada em certos indícios **1.1** pressentimento

sus.pei.tar *v.* {mod. 1} *t.d. e t.i.* **1** (prep. *de*) imaginar com base em indícios; pressentir, supor *<suspeitara a mudança de rumo>* *<s. da existência de mais um planeta>* □ *t.i.* **2** (prep. *de*) supor a culpa de; desconfiar *<o detetive suspeitou do mordomo>* **3** (prep. *de*) não confiar em; duvidar *<s. da sinceridade do colega>* ◉ GRAM/USO part.: *suspeitado, suspeito*

sus.pei.to *adj.* **1** que inspira desconfiança, suspeita **2** de cuja existência, veracidade ou exatidão não se tem certeza ■ *adj.s.m.* **3** (aquele) de quem se suspeita *<e>*

sus.pei.to.so /ô/ [pl.: /ó/; fem.: /ó/] *adj.* **1** que desperta dúvida ou suspeita **2** desconfiado, receoso

sus.pen.der *v.* {mod. 8} *t.d.,t.d.i. e pron.* **1** (prep. *a, em*) deixar ou ficar pendente; pendurar(-se) *<suspendeu o lampião (numa viga)>* *<o macaco suspendia-se*

pela cauda ao galho da árvore> **2** (prep. *a*, *em*) pôr(-se) em posição alta; levantar(-se) <*suspendeu o filho (ao ombro)*> □ *t.d.* **3** puxar ou empurrar para cima; levantar **4** *fig.* privar, para sempre ou não, de função, cargo etc. <*s. o jogador*> **5** *fig.* fazer parar de forma temporária ou definitiva; interromper **6** *fig.* impedir a realização de (algo antes decidido ou planejado); cancelar <*s. o desfile*> ◉ GRAM/USO part.: *suspendido*, *suspenso*

sus.pen.são [pl.: *-ões*] *s.f.* **1** interrupção temporária ou definitiva de (algo) **2** castigo imposto a alguém que o priva de suas atividades de forma temporária ou definitiva **3** QUÍM sistema constituído de líquido e partículas que não se dissolvem **4** MEC conjunto de molas e peças que sustenta a carroceria e amortece a trepidação nos veículos

sus.pen.se *s.m.* **1** CINE LIT RÁD TEAT TV gênero de ficção que se usa artifícios para criar e manter o interesse e a expectativa do público **2** *p.ext.* situação ou fato cuja continuação ou desfecho são aguardados com ansiedade

sus.pen.so *adj.* **1** sustentado do alto; pendente **2** que se interrompeu de forma temporária ou definitiva; parado **3** privado das suas funções, atividades ou cargo por um período determinado

sus.pen.só.rio *s.m.* VEST cada uma das duas tiras que passam pelos ombros e seguram as calças ou saias pelo cós

sus.pi.caz [pl.: *-es*] *adj.2g.* **1** que causa suspeitas; suspeito **2** que costuma suspeitar de outrem; desconfiado ~ **suspicácia** *s.f.*

sus.pi.rar *v.* {mod. 1} *int.* **1** inspirar de forma longa e profunda, por tristeza, saudade, cansaço etc. **2** *B* soltar a voz (a ema) ☞ nesta acp., só us. nas 3ªs p., exceto quando fig. □ *t.d.* *e* *t.i.* **3** (prep. *por*) exprimir entre suspiros (sentimento, emoção) <*s. (por) um amor perdido*> **4** (prep. *por*) sentir saudades de <*s. o tempo da infância*> <*suspira pelo filho ausente*>

sus.pi.ro *s.m.* **1** inspiração longa seguida de expiração de som melancólico, ger. provocada por cansaço, tristeza ou alívio **2** respiradouro **3** CUL doce feito de claras de ovos batidas com açúcar, ger. assado em forno

sus.sur.rar *v.* {mod. 1} *int.* **1** produzir leve rumor; murmurar <*a água do rio sussurrava*> □ *t.d.* *e* *t.d.i.* **2** (prep. *a*) dizer em voz baixa; cochichar <*sussurrou-lhe segredos*> ~ **sussurrante** *adj.2g.* - **sussurro** *s.m.*

sus.tan.ça *s.f.* *infrm.* sustância

sus.tân.cia *s.f.* o que alimenta, fortalece; substância, sustança

sus.tar *v.* {mod. 1} *t.d.,int.* *e* *pron.* (fazer) parar; suspender(-se), interromper(-se) <*s. a venda do carro*> <*na corrida, ele sustou*> ~ **sustação** *s.f.* - **sustamento** *s.m.*

sus.te.ni.do *s.m.* MÚS **1** sinal gráfico que indica que a nota por ele antecedida deve subir um semitom [símb.: #] ■ *adj.* **2** alterada por este sinal (diz-se de nota) ☞ cf. *bemol*

sus.ten.ta.ção [pl.: *-ões*] *s.f.* **1** abastecimento continuado das substâncias necessárias à conservação da vida **2** ação de amparar; apoio **3** aquilo que sustenta, apara; sustentáculo **4** ato ou efeito de defender (algo); defesa

sus.ten.tá.cu.lo *s.m.* o que sustenta; apoio

sus.ten.tar *v.* {mod. 1} *t.d.* **1** segurar por baixo, carregando o peso de; suster **2** segurar no alto; carregar **3** garantir os meios para a realização e continuação de; manter <*s. um projeto*> **4** impedir a ruína de; auxiliar **5** sofrer com resignação; suportar <*não conseguiu s. o desgosto*> **6** defender com argumentos, provas <*s. uma teoria*> **7** afirmar de forma categórica **8** repetir (algo já dito); insistir, reafirmar □ *t.d.* *e pron.* **9** manter o equilíbrio (de); apoiar(-se), firmar(-se) <*sustentou-se no corrimão*> **10** manter a resistência (a); aguentar(-se), resistir <*sustentaram o cerco por dois meses*> <*a tropa não pôde s.-se frente ao inimigo*> **11** dar ou receber o necessário à vida; manter(-se) <*s. a família*> <*não se sustenta sem auxílio*> **12** *fig.* manter(-se) firme, sem fraquejar; fortalecer(-se) <*os irmãos sustentaram-se um ao outro*> □ *pron.* **13** conservar a mesma posição; suster-se <*mal podia se sustentar em pé*>

sus.ten.tá.vel [pl.: *-eis*] *adj.2g.* **1** que pode ser sustentado **2** ECON planejado com base na utilização de recursos e na implantação de atividades industriais, de forma a não esgotar ou degradar os recursos naturais ~ **sustentabilidade** *s.f.*

sus.ten.to *s.m.* **1** satisfação das necessidades básicas para a sobrevivência **2** o que é necessário para essa satisfação

sus.ter *v.* {mod. 16} *t.d.* *e pron.* **1** segurar(-se) para evitar que caia; sustentar(-se) <*susteve-se a uma cerca*> **2** interromper movimento (de); parar <*s. o galope do cavalo*> <*s.-se na corrida*> **3** conter(-se), refrear(-se) **4** manter(-se) em equilíbrio; sustentar(-se) <*a ave não pôde s.-se no ar*> □ *t.d.* **5** impedir de soltar-se, mover-se etc.; deter, segurar **6** alimentar, nutrir <*a dieta sustinha suas forças*> **7** fazer ficar menor ou nulo; cortar, restringir, moderar <*s. os gastos*>

sus.to *s.m.* sobressalto ou medo repentino

su.ta.che *s.f.* trança ou cadarço de seda, lã ou algodão us. para enfeitar peças de roupa

su.ti.ã *s.m.* VEST peça do vestuário feminino us. sob a roupa para sustentar os seios

su.til [pl.: *-is*] *adj.2g.* **1** quase imperceptível **2** delicado, minucioso **3** *fig.* de grande sensibilidade; perspicaz

su.ti.le.za /ê/ *s.f.* **1** particularidade, minúcia **2** perspicácia **3** fala ou argumento inesperado e inteligente **4** fala ou ação de difícil entendimento **5** delicadeza

su.tu.ra *s.f.* MED costura cirúrgica ~ **suturação** *s.f.* - **suturar** *v.t.d.*

SUV [ing.] *s.m.* automóvel de passageiros de alto desempenho, similar às caminhonetes e de tração nas quatro rodas [ORIGEM: SUV é abrev. do inglês *sport utility vehicle* 'veículo utilitário esportivo'] ⇒ pronuncia-se *esse u vê*

su.ve.nir [pl.: *-es*] *s.m.* objeto típico de um lugar, trazido como lembrança

SW símbolo de *sudoeste* (na rosa dos ventos)

S

t *s.m.* **1** 20ª letra (consoante) do nosso alfabeto ■ *n.ord. (adj.2g.2n.)* **2** diz-se do 20º elemento de uma série ☞ empr. após um substantivo ou numeral ▲ **3** FÍS símbolo de *tonelada* ◉ GRAM/USO na acp. s.m., pl.: *tt*

T9 ® [ing.] *s.m.* INF TEL *software* com uma lista ampliável de palavras que auxilia a digitação da mensagem via celular (p.ex., ao digitar duas letras, o programa sugere a palavra) ◉ GRAM/USO tb. us. como adj.2g.2n.: *modo de digitação* T9 ⇒ pronuncia-se ti nain, *corrente* tê nove

ta *contr.* ver ***TO*** <*Queres a bolsa? Dou-ta.*>

Ta QUÍM símbolo de *tântalo*

tá *interj.* expressa concordância; sim, está bem ◉ GRAM/USO é aférese da 3ª p.sing. do pres.ind. do v. *estar*

ta.ba *s.f. B* aldeia indígena

ta.ba.ca.ri.a *s.f.* loja onde se vendem cigarros, charutos etc.; charutaria

ta.ba.co *s.m.* BOT **1** erva nativa das Américas, cultivada para a produção de cigarros, charutos etc., e tb. para combater pragas e vermes **2** folha seca dessa planta us. para fumar ou mascar; fumo

ta.ba.gis.mo *s.m.* **1** consumo excessivo de tabaco **2** intoxicação causada por esse consumo ~ **tabagista** *adj.2g.s.2g.* - **tabagístico** *adj.*

ta.ba.ja.ra *s.2g.* **1** indivíduo dos tabajaras, grupo indígena que vive no município de Viçosa (CE) ■ *adj.2g.* **2** relativo a esse indivíduo ou grupo

ta.ba.quei.ra *s.f.* caixa, bolsa etc. para guardar fumo

ta.ba.réu [fem.: *tabaroa*] *s.m. B* habitante do campo ou da roça; caipira

ta.ba.ro.a *s.f. B* mulher que vive no campo ou na roça; caipira

ta.ba.tin.ga *s.f. B* argila mole de coloração variada ◉ COL tabatingal

ta.be.fe *s.m.* **1** *infrm.* pancada dada com a mão; bofetada **2** CUL espécie de caldo grosso feito com gemas batidas com açúcar e fervidas no leite **3** CUL doce feito com claras de ovos, batidas com açúcar e canela **4** coalhada de soro de leite

ta.be.la *s.f.* **1** pequena tábua ou quadro para consulta de dados como preços, relação de pessoas, horários etc. **2** lista us. para registro, fixação ou recordação **3** relação oficial de preços de mercadorias ou serviços **4** ESP suporte retangular onde a cesta de basquete é fixada **5** ESP relação dos jogos de um campeonato com as datas **6** FUTB troca rápida de passes entre jogadores, rumo ao gol ▣ **por t.** *B infrm.* de forma indireta • **t. periódica** QUÍM quadro de sistematização dos elementos químicos que os distribui espacialmente em colunas e linhas por seus números atômicos, registrando nas colunas verticais as famílias ou grupos com propriedades químicas semelhantes, e nas linhas (ou períodos) horizontais os elementos com o mesmo número de níveis energéticos; sistema periódico ☞ ver *tabela periódica* (no fim do dicionário)

ta.be.la.men.to *s.m.* **1** organização em tabela, lista, colunas etc. **2** fixação de preços por tabela; tarifação **3** controle oficial desses preços

ta.be.lar *v.* {mod. 1} *t.d.* **1** organizar (dados, informações) em tabela; tabular **2** *p.ext.* submeter a uma tabela de preços □ *t.i. e int.* FUTB *B* **3** (prep. *com*) trocar passes rápidos com (outro jogador) rumo ao gol

ta.be.li.ã *s.f.* tabelioa

ta.be.li.ão [pl.: *-ães*; fem.: *tabeliã* e *tabelioa*] *s.m.* escrivão público; notário ~ **tabelional** *adj.2g.* - **tabelionar** *adj.2g.*

ta.be.li.o.a *s.f.* mulher que exerce funções de tabelião ou mulher de tabelião; tabeliã ◉ GRAM/USO fem. de *tabelião*

ta.be.li.o.na.to *s.m.* **1** função exercida pelo tabelião **2** local de trabalho do tabelião; cartório

ta.ber.na ou **ta.ver.na** *s.f.* **1** restaurante que serve refeições simples **2** estabelecimento onde se vende vinho a varejo ~ **taberneiro** *adj.s.m.*

ta.ber.ná.cu.lo *s.m.* REL **1** entre os hebreus, santuário portátil da arca da Aliança **2** local considerado sagrado **3** local onde ficam as hóstias consagradas no altar católico; sacrário

ta.bi.que *s.m.* **1** divisória us. em uma casa **2** parede feita de taipa

ta.bla.do *s.m.* estrutura de tábuas erguida acima do chão us. para apresentações artísticas, comícios etc.

tablet [ing.; pl.: *tablets*] *s.m.* INF dispositivo de entrada de dados que permite inserir gráficos desenhados à mão por meio de uma caneta ou estilete especial pressionado contra uma superfície sensível, similar a uma prancheta ⇒ pronuncia-se tablet ▣ ***t. PC*** INF computador portátil cuja tela, além de ser monitor de vídeo, é o principal dispositivo de entrada e comando [Pode ter acesso à internet ou funcionar como celular.]

ta.ble.te *s.m.* medicamento, alimento ou qualquer produto sólido em forma de placa, ger. retangular

ta.bloi.de /ói/ *s.m.* JOR **1** publicação que tem cerca da metade do tamanho habitual dos jornais ☞ marca registrada, em ing., *Tabloid*, que passou a designar o seu gênero ■ *adj.2g.* **2** relativo a essa publicação

ta.bo.a *s.f.* → *TABUA*

ta.bo.ca *s.f.* **1** vara de bambu **2** taquara

ta.bu *s.m.* **1** proibição religiosa, social ou cultural de certo comportamento, gesto ou linguagem **2** o que é objeto dessa proibição ■ *adj.2g.* **3** que não pode ser us., feito, tocado ou pronunciado, por crença, respeito ou pudor

ta.bu.a ou **ta.bo.a** *s.f.* BOT nome comum a várias ervas que nascem em brejos e margens de rios

tá.bua *s.f.* **1** peça de madeira serrada, plana, pouco espessa e relativamente larga **2** espécie de móvel us. para diversos fins; mesa **3** quadro, tabela ▣ **t. de salvação** *fig.* último recurso a que se apela em uma situação crítica

ta.bu.a.da *s.f.* **1** tabela com as operações aritméticas elementares e seus resultados **2** o livro que contém essa tabela

ta.bu.la.dor /ô/ [pl.: *-es*] *adj.s.m.* **1** (mecanismo) que permite, em máquinas de escrever, computadores etc., tabular colunas no texto que se escreve ■ *s.m.* INF **2** nos teclados de computador, tecla que permite passar de um campo a outro e/ou possibilita fazer alinhamentos, tabulações etc.

[1]**ta.bu.lar** [pl.: *-es*] *adj.2g.* relativo a tábua, tabela, mapa ou ao seu uso [ORIGEM: do lat. *tabulāris,e* 'feito em forma de tábua']

[2]**ta.bu.lar** *v.* {mod. 1} *t.d.* **1** organizar (informações) em tabela; tabelar **2** ajustar as margens laterais em máquina de escrever, computador etc. para alinhar (o texto) [ORIGEM: do ing. (*to*) *tabulate* 'colocar em forma de tabela'] ~ **tabulação** *s.f.*

ta.bu.le *s.m.* CUL salada da cozinha árabe feita com tomates picados, aromatizados com temperos e ervas, cebola, e a que se acrescenta trigo-sarraceno posto de molho

ta.bu.lei.ro *s.m.* **1** prancha sobre a qual se movimentam as peças de um jogo **2** mesa de tábuas na qual os feirantes expõem seus produtos **3** recipiente raso e com bordas baixas à volta, us. ger. para servir alimentos, líquidos etc.; bandeja **4** recipiente em que se assam comidas no forno; assadeira

ta.bu.le.ta /ê/ *s.f.* **1** placa na qual se inscrevem anúncios, avisos etc. **2** o que se escreve ou desenha sobre essa placa

ta.ça *s.f.* **1** copo com pé us., p.ex., para beber água, vinho etc. **2** o conteúdo desse copo **3** *p.ext.* ESP troféu com a forma desse copo

ta.ca.cá *s.m.* CUL *B* caldo feito com a goma da mandioca, camarões, tucupi e temperos, a que se adiciona jambu

ta.ca.da *s.f.* **1** ESP pancada com taco, ger. em bola ou similar, no bilhar, no hóquei etc. **2** *B infrm.* pedido de dinheiro **3** *fig. infrm.* golpe de sorte

ta.ca.nho *adj.* **1** pequeno, baixo ou curto, quanto às dimensões **2** *fig.* sem riqueza material; pobre **3** *fig.* sem valor; insignificante ■ *adj.s.m.* **4** que(m) não tem clareza de ideias; estúpido **5** avarento, sovina **6** (indivíduo) velhaco, manhoso ~ **tacanheza** *s.f.* - **tacanhice** *s.f.*

ta.cão [pl.: *-ões*] *s.m.* **1** salto do calçado **2** parte mais grossa da sola do calçado, na altura do calcanhar

ta.ca.pe *s.m.* *B* arma indígena de ataque; borduna

[1]**ta.car** *v.* {mod. 1} *t.d.* **1** dar pancada com taco em (bola de bilhar, golfe etc.) □ *t.d.i.* *B infrm.* **2** (prep. *em*) bater com (algo) em; acertar [ORIGEM: de *taco* + [2]*-ar*]

[2]**ta.car** *v.* {mod. 1} *t.d. e t.d.i.* **1** (prep. *em*) atirar, lançar, jogar a distância □ *t.d.i.* **2** (prep. *em*) atear (fogo) em [ORIGEM: alt. de *atacar*]

[1]**ta.cha** *s.f.* **1** nódoa, mancha **2** *fig.* defeito moral; desonra ☞ cf. *taxa* [ORIGEM: do fr. *tache* 'id.']

[2]**ta.cha** *s.f.* prego de cabeça redonda, chata e larga ☞ cf. *taxa* [ORIGEM: duv., talvez do esp. *tacha* 'id.'] ~ **tachear** *v.t.d.*

ta.char *v.* {mod. 1} *t.d.,t.d.pred. e pron.* (prep. *de*) atribuir(-se) defeitos, imperfeições; acoimar(-se), qualificar(-se) *<adora t. as pessoas>* *<tachou-o de insensível>* *<t.-se de inseguro>* ☞ cf. *taxar*

ta.cho *s.m.* grande panela de metal, barro etc., larga e pouco funda, ger. com alças

tá.ci.to *adj.* **1** não traduzido por palavras; silencioso, calado **2** que não é preciso dizer por estar implícito ou subentendido

ta.ci.tur.no *adj.* **1** de poucas palavras; calado **2** *fig.* tomado pela tristeza ou insatisfação; triste **3** *p.ext.* mal-humorado, carrancudo

ta.co *s.m.* **1** ESP bastão de madeira longo e roliço, us. para tocar a bola em jogo de bilhar, golfe etc. **2** pedaço de madeira, ger. retangular, us. para revestir pisos

ta.cô.me.tro *s.m.* ENG FÍS dispositivo que fornece informações sobre a velocidade de um veículo; conta-giros

tác.til [pl.: *-eis*] *adj.2g.* → *TÁTIL*

tac.to *s.m.* → *TATO*

tae kwon do [coreano] *loc.subst.* ESP arte marcial de origem coreana semelhante ao caratê ⇒ pronuncia-se tai cuon dô

ta.fe.tá *s.m.* tecido de seda com brilho, sem avesso, us. em vestidos, estofos de móveis etc.

ta.ga.re.la *adj.2g.s.2g.* **1** que(m) fala muito; linguarudo **2** que(m) não guarda segredo; indiscreto ~ **tagarelar** *v.int.*

ta.ga.re.li.ce *s.f.* **1** hábito de tagarelar **2** indiscrição, intrometimento **3** coisa de pouca importância que se diz ou escreve

tai.a.çu.í.deo *adj.s.m.* ZOO (espécime) dos taiaçuídeos, família de mamíferos aparentados aos porcos, que inclui o queixada e o caititu

T

tai chi chuan [chn.] *loc.subst.* série de movimentos lentamente executados, us. pelos chineses como sistema de exercícios de relaxamento e meditação ☞ tb. se diz apenas *tai chi* ⇒ pronuncia-se tai chi chuan

tai.fa *s.f.* MAR grupo de taifeiros ou marinheiros

tai.fei.ro *s.m.* MAR **1** soldado que faz o serviço de copa, mesa e camarotes dos oficiais de marinha **2** serviçal de navio mercante ◉ COL taifa

tai.ga *s.f.* BOT região situada ao norte da Europa, Ásia e América setentrional, constituída por florestas com algumas árvores que não perdem as folhas mesmo no rigoroso inverno

ta.i.nha *s.f.* ZOO grande peixe tropical de listas negras longitudinais ◉ GRAM/USO dim.irreg.: *tainhota*

tai.o.ba *s.f.* BOT *B* erva tropical da família do antúrio e do inhame, cujas folhas, muito grandes, e tubérculos são comestíveis

tai.pa *s.f.* **1** CONSTR processo de construção de paredes que usa barro amassado para preencher espaços entre paus, varas etc. trançados **2** *p.ext.* parede feita por esse processo; estuque **3** *p.ext.* esse barro amassado

tal *pron.dem.* **1** este, esta, isto, esse, essa, isso, aquele, aquela, aquilo **2** semelhante, análogo **3** us. quando se trata de algo que se deseja generalizar *<página t.>* ☞ empr. após um substantivo ■ *adv.* **4** desse jeito ou modo, assim ■ *s.2g.* **5** aquele de quem se fala, mas cujo nome se oculta **6** *B infrm.* pessoa notável, excepcional *<ele se acha o t.>* ◉ GRAM/USO pl. do pron. e do subst.: *tais* ▣ **t. como 1** us. para apresentar um exemplo ou uma enumeração **2** assim como

ta.la *s.f.* MED dispositivo us. para imobilizar um membro ou parte do corpo fraturada ou deslocada

ta.la.ga.da *s.f. B infrm.* gole de bebida alcoólica que se toma de uma vez

ta.la.gar.ça *s.f.* tecido encorpado, us. para bordar ou na encadernação de livros

ta.lan.te *s.m.* **1** vontade, desejo **2** atitude de interesse; empenho

ta.lão [pl.: *-ões*] *s.m.* **1** ANAT calcanhar dos humanos e de certos animais **2** parte do calçado ou da meia que cobre o calcanhar **3** extremidade de ferradura **4** bloco de folhas com uma parte destacável e outra onde se anota o emitente; talonário

[1]ta.lar *v.* {mod. 1} *t.d.* **1** abrir fenda em (terreno), para a água escoar **2** causar graves danos a; devastar, arrasar [ORIGEM: do esp. *talar* 'devastar']

[2]ta.lar [pl.: *-es*] *adj.2g.* **1** relativo a talão ('calcanhar') **2** que desce até os calcanhares [ORIGEM: do lat. *talāris,e* 'que desce até os tornozelos; comprido']

ta.lás.si.co *adj.* relativo a mar e a águas oceânicas profundas

ta.las.so.fo.bi.a *s.f.* PSIC pavor do mar ~ **talassofóbico** *adj.*

ta.las.so.te.ra.pi.a *s.f.* MED uso do clima marinho e de banhos de mar para o tratamento de doenças ~ **talassoterápico** *adj.*

tal.co *s.m.* MINER mineral em pó finíssimo, us. em remédios, cosméticos etc.

ta.len.to *s.m.* **1** inteligência notável, que se afirma por méritos excepcionais **2** *p.ext.* capacidade inata ou adquirida

ta.len.to.so /ô/ [pl.: /ó/; fem.: /ó/] *adj.* **1** que tem muito talento, inteligência **2** habilidoso na sua arte e/ou ciência

[1]ta.lha *s.f.* ART.PLÁST obra de arte que se faz entalhando a madeira [ORIGEM: de *talhar*]

[2]ta.lha *s.f.* **1** vaso bojudo us. para armazenar líquidos e cereais **2** *B* moringa [ORIGEM: de um lat. **tinacŭla* 'pequeno vaso de servir vinho']

ta.lha.dei.ra *s.f. B* ferramenta us. para esculpir ou cortar madeira, metal etc.

ta.lha.do *adj.* **1** dividido, cortado **2** disposto na vertical, em escarpa ou rampa **3** apropriado, adequado **4** que coalhou **5** ajustado e costurado, depois de cortado (peça de vestuário) ■ *s.m.* GEO *B* **6** passagem estreita de rio entre paredes íngremes

ta.lha.dor /ô/ [pl.: *-es*] *adj.s.m.* **1** (instrumento ou máquina) us. para talhar, cortar ■ *s.m.* **2** proprietário ou funcionário de açougue

ta.lha-mar [pl.: *talha-mares*] *s.m.* **1** quebra-mar **2** MAR parte externa da proa de uma embarcação

ta.lhar *v.* {mod. 1} *t.d.* **1** fazer talho(s) em; cortar **2** ART.PLÁST entalhar, esculpir, gravar *<t. uma imagem>* **3** VEST cortar tecido, couro etc. na justa medida do corpo, para confeccionar (peça do vestuário) **4** abrir sulcos em; fender **5** cortar ramos de (plantas); podar ☐ *t.d.i.* **6** (prep. *a*, *por*) fazer (algo) à imitação de; ajustar, moldar *<t. o comportamento pelo do irmão>* ☐ *int. e pron.* **7** coalhar(-se), coagular(-se) [o leite] ☐ *pron.* **8** ficar com fendas; abrir-se, rachar-se ~ **talhadura** *s.f.* - **talhamento** *s.m.*

ta.lha.rim [pl.: *-ins*] *s.m.* massa alimentícia cortada em tiras

ta.lhe *s.m.* **1** porte e configuração física **2** aspecto e forma de qualquer objeto; talho, feitio **3** modo de cortar um tecido ou esculpir uma obra de arte; talho

ta.lher [pl.: *-es*] *s.m.* **1** utensílio (garfo, faca, colher) us. para comer **2** *p.ext.* lugar de cada um à mesa *<banquete para 300 t.>* ◉ COL faqueiro

ta.lho *s.m.* **1** rasgo, corte ou golpe com objeto cortante; sulco, vergão **2** *p.ext.* corte da carne, no açougue, e sua divisão em categorias **3** talhe ('aspecto', 'modo de cortar')

ta.li.ão [pl.: *-ões*] *s.m.* qualquer vingança em proporção igual ou considerada equivalente ao mal sofrido; retaliação

ta.li.bã *adj.2g.s.2g.* **1** (membro) do movimento nacionalista islâmico que governou o Afeganistão entre 1996 e 2001 ■ *s.m.* **2** esse movimento ☞ inicial maiúsc. ■ *adj.2g.* **3** que resulta desse movimento *<governo t.>*

ta.li.do.mi.da *s.f.* FARM substância freq. presente em medicamentos sedativos e hipnóticos, que deve ser evitada por gestantes por causar má-formação no feto

tá.lio *s.m.* QUÍM elemento químico us. em vidros de baixo ponto de fusão, células fotoelétricas, pesticidas etc. [símb.: *Tl*] ☞ cf. *tabela periódica* (no fim do dicionário)

ta.lis.mã *s.m.* objeto a que se atribui o poder mágico de realizar desejos ☞ cf. *amuleto*

tal.mu.de *s.m.* REL conjunto das antigas leis e tradições do povo judeu ☞ inicial maiúsc. ~ **talmúdico** *adj.*

ta.lo *s.m.* BOT **1** parte das plantas que dá suporte a flores, folhas e frutos **2** nervura fibrosa principal das folhas de certas plantas ~ **taloso** *adj.*

ta.lo.ná.rio *s.m.* **1** bloco ou carnê cujas folhas são destacáveis **2** talão de cheques

tal.pí.deo *adj.s.m.* ZOO (espécime) dos talpídeos, família de mamíferos da Eurásia e América do Norte, que inclui diversas espécies de toupeiras

ta.lu.de *s.m.* **1** superfície inclinada de aterro, muro ou qualquer obra **2** terreno em declive; escarpa

ta.lu.do *adj.* **1** que tem talo rijo (diz-se esp. de vegetal) **2** *fig.* desenvolvido, grande, corpulento

tal.vez *adv.* possivelmente, porventura

ta.man.ca.da *s.f.* pancada com tamanco

ta.man.co *s.m.* VEST calçado grosseiro cuja base é de madeira

ta.man.du.á *s.m.* ZOO mamífero desdentado, de focinho comprido, língua longa e pegajosa e grandes garras us. para cavar formigueiros e cupinzeiros em busca de alimento

ta.man.du.á-ban.dei.ra [pl.: *tamanduás-bandeiras* e *tamanduás-bandeira*] *s.m.* ZOO tamanduá de focinho longo e cilíndrico, cauda comprida e peluda, de coloração cinza acastanhada, com listra preta que vai do peito até a metade do dorso

ta.ma.nho *s.m.* **1** grandeza física (volume, área etc.) **2** porte, corpo, estatura **3** cada uma das medidas de roupa e calçado padronizadas pela indústria ■ *adj.* **4** tão grande, tão notável, tão forte <*t. soco*>

tâ.ma.ra *s.f.* BOT fruto da tamareira

ta.ma.rei.ra *s.f.* BOT palmeira africana cultivada esp. pelas tâmaras, mas tb. pelo açúcar que delas se extrai, e como ornamental

ta.ma.rin.dei.ro *s.m.* BOT árvore que produz o tamarindo, cultivada como ornamental e pelos frutos ◉ COL tamarindal

ta.ma.rin.do *s.m.* BOT o fruto do tamarindeiro, cuja polpa escura é ácida, adstringente, refrigerante e laxativa, us. em farmácia e na alimentação

tam.ba.qui *s.m.* ZOO peixe encontrado no rio Amazonas e afluentes, que atinge 90 cm de comprimento e 13 kg de peso

tam.bém *adv.* **1** da mesma forma <*um queria falar e o outro t.*> **2** além disso <*ganhou livros e t. jogos*> **3** por outro lado, de outra forma <*uns gostam de calor, mas t. há os que preferem o frio*> **4** realmente <*essa história t. já é demais!*> ■ *conj.adt.* **5** nem <*nada disse, t. ninguém perguntou nada*> ■ *conj.advrs.* **6** mas, porém <*ela faltou ontem; t., hoje, trabalhou dobrado*> ■ *interj.* **7** exprime desgosto, desprazer <*chegamos atrasados. T., ele demorou tanto!*>

tam.bor /ô/ [pl.: *-es*] *s.m.* **1** MÚS instrumento de percussão, ger. de forma cilíndrica, revestido por membrana e tocado com as mãos ou baquetas **2** parte do revólver em que se colocam as balas **3** grande cilindro de metal us. para transportar e/ou armazenar substâncias as mais variadas <*t. de óleo*> **4** cilindro de fechaduras

tam.bo.re.te /ê/ *s.m.* assento individual sem encosto e sem braços; banco

tam.bo.ril [pl.: *-is*] *s.m.* ZOO peixe marinho, comestível, que vive escondido na areia ou na lama e possui uma haste no focinho us. para atrair presas

tam.bo.ri.lar *v.* {mod. 1} *int.* **1** percutir levemente com os dedos **2** produzir som semelhante ao do tambor ~ **tamborilada** *s.f.*

tam.bo.rim [pl.: *-ins*] *s.m.* MÚS pequeno tambor seguro por uma das mãos e tocado por baqueta

ta.moi.o /ô/ *s.2g.* **1** indivíduo dos tamoios, povo indígena que habitava a costa brasileira, do norte de São Paulo a Cabo Frio, e o vale do Paraíba (RJ) ■ *adj.2g.* **2** relativo a esse indivíduo e a esse povo

tam.pa *s.f.* **1** peça móvel com que se tapa ou cobre algo **2** tampo ('peça') ◉ GRAM/USO aum.irreg.: *tampão*

tam.pão [pl.: *-ões*] *s.m.* **1** grande tampa ou tampo **2** tampa de caixa de esgoto, pia, tanque etc. **3** MED bola de gaze ou algodão, us. para obstruir canal ou cavidade, deter hemorragia etc. ◉ GRAM/USO aum.irreg. de *tampa*

tam.par *v.* {mod. 1} *t.d.* pôr tampa ou tampo em; tapar, fechar

tam.pi.nha *s.f.* **1** tampa pequena **2** RECR *B* jogo infantil em que se usam tampas metálicas de garrafas de cerveja e/ou refrigerantes ■ *s.2g. infrm. pej.* **3** pessoa muito baixa

tam.po *s.m.* **1** peça us. para vedar ou tampar tonéis, tinas etc.; tampa **2** peça de madeira ou plástico que cobre o vaso sanitário; tampa **3** superfície de uma mesa **4** no piano, a cobertura móvel do teclado ◉ GRAM/USO aum.irreg.: *tampão*

tam.po.nar *v.* {mod. 1} *t.d.* **1** obstruir, vedar com tampão <*t. um duto*> **2** MED pôr tampão em (cavidade, orifício) para estancar hemorragia, impedir saída de remédio etc. ~ **tamponamento** *s.m.*

tam.pou.co *adv.* também não, muito menos <*não lê, t. estuda*>

tam-tam [pl.: *tam-tans*] *s.m.* MÚS **1** certo tambor africano **2** instrumento de percussão chinês; gongo ☞ cf. *tantã*

ta.na.ju.ra *s.f.* **1** ZOO fêmea alada de diversas espécies de saúva **2** *fig. joc.* mulher de cintura fina e quadris largos

ta.na.to.lo.gi.a *s.f.* **1** estudo sobre a morte, suas causas e fenômenos relacionados a ela **2** MED rotina de realização de autópsias ~ **tanatológico** *adj.* - **tanatologista** *adj.2g.s.2g.*

T

ta.na.to.pra.xi.a /cs/ *s.f.* qualquer das técnicas de conservação de cadáveres (p.ex., o embalsamamento)

tan.ga *s.f.* 1 VEST pedaço de pano ou de outro material que cobre da cintura até as coxas 2 VEST pedaço de pano ou outro material us. para cobrir o sexo; tapa-sexo 3 VEST parte de baixo do biquíni, esp. quando muito cavada 4 *N. N.E.* tipo de franja colocada na rede; varanda

tan.ga.rá *s.m.* ZOO ave cujas fêmeas são verdes e cujos machos, ger. coloridos, executam uma dança para o acasalamento

tan.gên.cia *s.f.* GEOM contato de uma reta com a curva ou superfície que ela toca

tan.gen.ci.al [pl.: *-ais*] *adj.2g.* relativo a tangência ou a tangente

tan.gen.ci.ar *v.* {mod. 1} *t.d.* 1 traçar uma tangente a ou seguir a tangente de 2 estar ou passar muito perto de; tocar 3 *fig.* ser muito parecido, semelhante; aproximar-se

tan.gen.te *s.f.* 1 GEOM linha que toca uma curva ou superfície sem cortá-la 2 MAT razão entre o cateto oposto a um ângulo agudo de um triângulo retângulo e o cateto adjacente ■ *adj.2g.* 3 que tangencia

tan.ger *v.* {mod. 8} *t.d.* 1 chegar até encostar em (ponto, objeto, pessoa etc.); tocar, atingir 2 executar, tocar (música) 3 apressar, estimular a marcha de (ser humano ou animal); tocar □ *t.d. e int.* 4 (fazer) soar (instrumento ou objeto); tocar *<t. campainhas, flautas, pandeiros> <sinos tangem ao meio-dia>* □ *t.i.* 5 (prep. *a*) dizer respeito a; referir-se *<no que tange a animais, não há ninguém mais hábil que ela>* ~ **tangedor** *adj.s.m.* - **tangimento** *s.m.*

tan.ge.ri.na *s.f.* BOT fruto da tangerineira, redondo, amarelo e com suco refrescante; bergamota, mexerica, laranja-cravo

tan.ge.ri.nei.ra *s.f.* BOT árvore de flores brancas e aromáticas, e frutos apreciados como alimento, cultivada tb. para extração de óleo us. em cosméticos

tan.gí.vel [pl.: *-eis*] *adj.2g.* 1 que se pode tanger 2 que se pode tocar ou alcançar ~ **tangibilidade** *s.f.*

tan.glo.man.glo *s.m.* 1 doença que supostamente se origina de feitiço, magia; tangolomango 2 *p.ext. infrm.* qualquer doença

tan.go *s.m.* 1 DNÇ dança de origem espanhola que se desenvolveu esp. na Argentina 2 MÚS música que acompanha essa dança

tan.go.lo.man.go *s.m. B* tanglomanglo

ta.ni.no *s.m.* QUÍM ácido de origem vegetal, us. esp. para curtir o couro, na produção de tintas e bebidas, e tb. no tratamento de queimaduras ~ **taninoso** *adj.*

ta.no.a.ri.a *s.f.* 1 ofício de tanoeiro 2 local onde se fabricam tonéis, pipas, barris

ta.no.ei.ro *s.m.* aquele que fabrica tonéis, pipas, barris etc.

[1]tan.que *s.m.* 1 depósito natural de águas; açude, cisterna, poço 2 *p.ext.* reservatório para armazenar líquidos 3 recipiente de louça, mármore, metal etc. em que se lava roupa [ORIGEM: duv., talvez de *estanque*]

[2]tan.que *s.m.* carro de guerra blindado e dotado de armas de combate; carro de combate [ORIGEM: do ing. *tank* 'id.']

tan.tã *adj.2g.s.2g. B infrm.* que(m) não está no uso da razão; desequilibrado, maluco ☞ cf. *tam-tam*

[1]tan.tá.li.co *adj.* relativo a tântalo *<ácido t.>* [ORIGEM: *tântalo* + *-ico*]

[2]tan.tá.li.co *adj.* MIT relativo a Tântalo, personagem mitológico condenado a passar sede e fome eternas por ludibriar os deuses [ORIGEM: *Tântalo* + *-ico*]

tan.ta.li.zar *v.* {mod. 1} *t.d.* 1 ser um suplício para, ser terrível; torturar, atormentar 2 despertar em (alguém) o desejo por algo inatingível 3 atrair muito a atenção ou a admiração de; maravilhar ~ **tantalização** *s.f.*

tân.ta.lo *s.m.* QUÍM elemento químico us. em aços, filamento de lâmpadas incandescentes, instrumentos cirúrgicos e dentários etc. [símb.: *Ta*] ☞ cf. *tabela periódica* (no fim do dicionário)

tan.to *adv.* 1 em tão grande quantidade *<t. repetiu que decorou>* 2 em tão alto grau ou intensidade *<desejar t., gritar t.>* ■ *pron.ind.* 3 tal número ou quantidade *<não deves comprar t. sapatos>* ■ *adj.* 4 tamanho, tão grande *<nunca teve t. alegria>* 5 tão numeroso *<t. aplauso recebido me fez chorar>* ☞ mais us. no pl. ■ *s.m.* 6 porção, quantidade ou quantia indeterminada *<ganha t. pelos aluguéis>* 7 volume, extensão (iguais ao de outro) *<neste tanque cabem quatro tantos de água daquele>* 8 quantidade igual a outra certo número de vezes *<um quadro que vale três tantos de outro>* ▼ ***tantos*** *s.m.pl.* 9 muitos *<entre os t. citados, estava seu nome>*

tão *adv.* em tal grau, maneira ou quantidade (em frases comparativas de igualdade) *<o terreno era t. grande que se perdia de vista>* ▣ **t. logo** assim que, mal

ta.o.is.mo *s.m.* FIL REL doutrina mística e filosófica que enfatiza a integração do ser humano à realidade cósmica primordial por meio de uma existência natural, espontânea e serena ~ **taoista** *adj.2g.s.2g.*

tão só *adv.* tão somente

tão so.men.te *adv.* apenas, só, exclusivamente; tão só

ta.pa *s.m.* 1 pancada aplicada com a mão aberta 2 *drg.* tragada em cigarro de maconha ◉ GRAM/USO aum.irreg.: *tapona*

ta.pa-bu.ra.co [pl.: *tapa-buracos*] *s.2g.2n. infrm.* indivíduo sem função definida que substitui outro por um período determinado

ta.pa.do *adj.* 1 que se tapou; fechado, vedado ■ *adj.s.m. pej.* 2 que(m) não tem inteligência, bronco

ta.pa.gem [pl.: *-ens*] *s.f.* 1 MIL barreira us. para defesa militar 2 cerca em volta de horta, quintal etc. 3 barragem feita com cipós na margem dos rios

ta.pa-o.lho [pl.: *tapa-olhos*] *s.m.* ou **ta.pa-o.lhos** *s.m.2n. B infrm.* 1 tabefe no olho 2 venda us. em um dos olhos e presa por uma tira em volta da cabeça

ta.par *v.* {mod. 1} *t.d.* **1** vedar (abertura, buraco, recipiente etc.) com rolha, tampa, tampo etc.; fechar <*t. as garrafas, o buraco*> **2** não deixar à mostra; esconder, ocultar, cobrir <*tapou o cartão de respostas para que o colega não o visse*> ~ **tapamento** *s.m.*

ta.pa-se.xo [pl.: *tapa-sexos*] *s.m.* VEST roupa mínima que cobre apenas os órgãos genitais

tape [ing.; pl.: *tapes*] *s.m.* ELETRÔN fita magnética us. para reproduzir ou gravar sons e imagens ⇒ pronuncia-se têipi ▣ ***t. deck*** ELETRÔN componente de sistema de áudio que, equipado de amplificador externo e caixas acústicas, é us. para tocar fitas

ta.pe.ar *v.* {mod. 5} *t.d.* enganar, ludibriar ~ **tapeação** *s.f.* - **tapeador** *adj.s.m.*

ta.pe.ça.ri.a *s.f.* **1** tecido bordado, próprio para adornar e/ou forrar móveis, assoalhos, paredes ou janelas **2** *p.ext. B* local onde se fabricam ou se vendem tapetes

ta.pe.cei.ro *s.m.* quem tece e/ou vende tapetes

ta.pe.ra *s.f.* **1** *B* aldeia indígena abandonada **2** casa em ruínas tomada pelo mato ■ *adj.2g.* **3** *B* diz-se de indivíduo sem um ou os dois olhos

ta.pe.re.bá *s.m.* BOT **1** fruto da cajazeira; cajá **2** cajazeira **3** umbuzeiro **4** umbu ('fruto')

ta.pe.te /ê/ *s.m.* **1** peça de tecido ou outro material, us. para revestir e/ou adornar pisos, paredes etc. **2** *fig.* o que cobre uma superfície extensa de solo ~ **tapetar** *v.t.d.*

ta.pi.o.ca *s.f.* **1** *B* farinha comestível extraída das raízes da mandioca ou do aipim **2** CUL *N.E.* beiju feito dessa farinha e recheado de coco ralado e outros ingredientes

ta.pir [pl.: *-es*] *s.m.* ZOO anta

ta.pi.rí.deo *adj.s.m.* ZOO (espécime) dos tapirídeos, família de grandes mamíferos que compreende as antas e os tapires

ta.pi.ti *s.m.* → ***TIPITI***

ta.po.na *s.f. infrm.* forte tapa ◉ GRAM/USO aum.irreg. de *tapa*

ta.pui.a *s.2g.* **1** indígena dos tapuias, grupo indígena que habita o noroeste de Goiás **2** HIST nome dado pelos portugueses ao indígena dos grupos que não falavam línguas do tronco tupi, e que viviam no interior do país **3** indígena dominado pelo branco e que perdeu alguns traços de sua própria civilização **4** filho de branco e índia; mameluco ■ *adj.2g.* **5** relativo a esses indígenas **6** relativo a esse mameluco

ta.pui.o *s.m. B* **1** tapuia ('nome', 'filho') **2** descendente de índio ■ *adj.* **3** relativo a tapuia **4** relativo a esse descendente

ta.pu.me *s.m.* proteção provisória, ger. de madeira, com que se veda a entrada numa área, num prédio, numa construção etc.

ta.pu.ru *s.m.* ZOO **1** *B* larva de mosca que se alimenta da carne de vertebrados vivos ou mortos, frutas como a goiaba, paus podres etc. **2** *MT* cupim

ta.qua.ra *s.f.* BOT *B* nome comum a várias plantas cujo caule é ger. oco, como os bambus ◉ COL taquaral

ta.que.ar *v.* {mod. 5} *t.d.* revestir com, pôr tacos em (piso, lugar); assoalhar ~ **taqueamento** *s.m.*

ta.qui.car.di.a *s.f.* MED aceleração dos batimentos cardíacos ~ **taquicardíaco** *adj.s.m.*

ta.qui.gra.fi.a *s.f.* estenografia ~ **taquigrafar** *v.t.d. e int.* - **taquigráfico** *adj.* - **taquígrafo** *s.m.*

ta.ra *s.f.* **1** defeito de fabricação **2** *fig.* defeito físico, mental ou moral **3** grande interesse por algo **4** *fig.* perversão, depravação **5** desconto da diferença entre o peso da mercadoria e o de sua embalagem **6** peso de uma carroceria de caminhão ou de um vagão de trem sem carga

ta.ra.do *adj.* **1** equilibrado com o desconto do peso da tara **2** que traz defeito ou falha **3** *B gír.* muito interessado; gamado ■ *adj.s.m.* **4** *B* que(m) é moralmente devasso ou sexualmente degenerado

ta.ra.me.la *s.f.* → ***TRAMELA***

ta.ra.me.lar *v.* {mod. 1} *t.d.* **1** fechar com a taramela ('peça'); trancar ☐ *int. infrm.* **2** falar muito e sem pensar; tagarelar

ta.ran.te.la *s.f.* **1** DNÇ dança popular originária de Nápoles (Itália), ger. acompanhada por castanholas e tamborim **2** *p.ext.* MÚS música que acompanha essa dança

ta.rân.tu.la *s.f.* ZOO aranha marrom ou negra cuja picada é venenosa

ta.rar *v.* {mod. 1} *t.d.* **1** pesar para descontar a tara **2** marcar o peso da tara em (recipientes, carrocerias etc.) ☐ *t.i. B infrm.* **3** (prep. *por*) desejar de forma ardente; apaixonar-se <*t. por um vestido*>

tar.dar *v.* {mod. 1} *t.d.* **1** passar para data ou oportunidade posterior; adiar ☐ *t.d.,t.i. e int.* **2** (prep. *em, a*) levar mais tempo ou muito tempo para; retardar(-se), demorar <*t. em responder*> <*tardou a levantar-se*> ☐ *t.i. e int.* **3** (prep. *em*) agir com lentidão, não ter pressa <*tardou em responder os* e-mails> <*boas notícias são sempre bem-vindas, mesmo que tardem*> ~ **tardança** *s.f.*

tar.de *s.f.* **1** período do dia que vai do meio-dia ao crepúsculo ■ *adv.* **2** depois do tempo ou da hora certa, apropriada ou combinada **3** em hora avançada <*dormir t.*>

tar.di.nha *s.f. infrm.* o fim da tarde

tar.di.o *adj.* **1** que se dá após o tempo apropriado **2** que leva muito tempo; lento

tar.do *adj.* **1** que tudo faz sem pressa **2** que demora **3** preguiçoso, indolente

ta.re.co *s.m.* **1** objeto de pouco valor; cacareco, tralha ☞ mais us. no pl. **2** CUL *PE AL* biscoito torrado

ta.re.fa *s.f.* **1** qualquer trabalho, manual ou intelectual **2** contrato de trabalho cujo salário é calculado pelo serviço executado; empreitada ~ **tarefeiro** *s.m.*

ta.ri.fa *s.f.* **1** tabela de preços de serviços como telefone, água e esgoto, energia elétrica etc. **2** tabela de taxas alfandegárias **3** tabela fixada para o transporte de passageiro ou de carga ◉ GRAM/USO aum.irreg.: *tarifaço* ~ **tarifário** *adj.*

T

ta.ri.fa.ço *s.m. B* grande aumento das taxas dos serviços em geral, impostos etc. ◉ GRAM/USO aum.irreg. de *tarifa*

ta.ri.far *v.* {mod. 1} *t.d.* **1** reduzir a tarifa de **2** aplicar tarifa a ~ **tarifação** *s.f.*

ta.rim.ba *s.f.* **1** MIL estrado em que dormem soldados em quartéis, postos de guarda etc. **2** *fig.* tempo de prática em uma profissão ou arte; experiência, jeito

ta.rim.ba.do *adj. B* que tem muita experiência e prática

ta.rim.bar *v.* {mod. 1} *int.* servir nas Forças Armadas

tar.ja *s.f.* **1** listra preta posta em envelopes, objetos etc. para indicar luto **2** listra negra us. para encobrir parte de um trabalho impresso **3** ornato que contorna um objeto ◉ GRAM/USO dim.irreg.: *tarjeta*

tar.jar *v.* {mod. 1} *t.d.* pôr tarja em; cercar, orlar

tar.je.ta /ê/ *s.f.* **1** tarja pequena ou estreita **2** pequeno ferrolho sobre placa metálica ◉ GRAM/USO dim.irreg. de *tarja*

ta.rô *s.m.* **1** conjunto de 78 cartas de baralho ilustradas por figuras simbólicas e us. para supostamente predizer o futuro e conhecer o que se encontra escondido no passado ou no presente **2** *p.ext.* jogo de interpretações que usa esse baralho

ta.rol [pl.: *-óis*] *s.m.* MÚS tipo de tambor mais estreito do que a caixa ('tipo de tambor'), que se percute com duas baquetas e que sustenta o ritmo, produzindo um som repicado, como o das marchas militares

tar.ra.fa *s.f.* rede de pesca circular com peso nas bordas e um cabo fino no centro, por onde é puxada ~ **tarrafar** *v.t.d.*

tar.ra.xa *s.f.* **1** rosca externa feita em parafuso, rebite, cano etc. para receber porca, luva etc. **2** ferramenta us. para fazer roscas **3** peça us. para apertar; cunha

tar.so *s.m.* ANAT esqueleto da parte posterior do pé

tar.ta.mu.de.ar *v.* {mod. 5} *t.d. e int.* falar (algo) com dificuldade, repetindo, interrompendo ou prolongando sílabas, letras; gaguejar

tar.ta.mu.do *adj.s.m.* **1** que(m) se exprime com dificuldade; gago **2** que(m) fala com voz trêmula ~ **tartamudez** *s.f.*

[1]tár.ta.ro *s.m.* **1** natural ou habitante da Tartária (república da Federação Russa) **2** LING língua falada nessa república ■ *adj.* **3** relativo a essa república e a essa língua [ORIGEM: do lat. *tartărus* 'tártaro, mongol']

[2]tár.ta.ro *s.m.* **1** substância espessa originária do suco de uva e do vinho; sarro **2** ODONT depósito duro sobre a borda dos dentes ou sob as gengivas [ORIGEM: do lat. *tartărum,i* 'sarro']

tar.ta.ru.ga *s.f.* **1** ZOO réptil cujo corpo é coberto por uma carapaça, encontrado tanto na água doce ou salgada como em ambientes terrestres **2** ZOO nome comum a répteis aquáticos, em oposição às espécies terrestres, ger. conhecidas como jabutis **3** *fig. pej.* indivíduo lerdo ou descansado

tar.tu.fi.ce *s.f.* **1** disfarce, dissimulação, hipocrisia **2** ato, dito ou modos de tartufo

tar.tu.fo *s.m.* **1** indivíduo hipócrita **2** beato enganador

ta.ru.go *s.m.* **1** espécie de torno us. para unir ou prender duas peças de madeira **2** peça que se embute na parede para receber prego, parafuso etc.

tas.ca *s.f. B* tasco ('porção')

tas.car *v.* {mod. 1} *t.d.* **1** tirar o tasco, a fibra de (linho) **2** *infrm.* comer, mastigar (alimento) **3** tirar pedaço de (algo), mordendo **4** *infrm.* dar uma surra em; espancar **5** *B infrm.* lançar-se sobre; atacar, pegar **6** *B infrm.* rasgar, despedaçar (balões ou pipas que caem) **7** *p.ext. fig. B infrm.* falar mal de; arrasar com □ *t.d.i.* **8** (prep. *em*) dar, aplicar *<tascou-lhe um tapa>* **9** (prep. *em*) atear, pôr (fogo) em **10** *B* (prep. *para*) ceder um pedaço de (o que se come) *<tascou um pedaço do sanduíche para o amigo>*

tas.co *s.m.* **1** a parte mais grossa e fibrosa do linho **2** *B infrm.* porção de alimento que se está comendo; pedaço, tasca

tã-tã [pl.: *tã-tãs*] *s.m.* MÚS **1** instrumento de percussão chinês **2** certo tambor africano

ta.ta.me *s.m.* esteira de palha de arroz us. nas casas japonesas e sobre a qual tb. se praticam certas artes marciais, tais como o judô e o caratê

ta.ta.ra.na *s.f.* → *TATURANA*

ta.ta.ra.ne.ta *s.f.* tetraneta

ta.ta.ra.ne.to *s.m.* tetraneto

ta.ta.ra.vó *s.f.* tetravó

ta.ta.ra.vô *s.m.* tetravô

ta.te.ar *v.* {mod. 5} *t.d.* **1** conhecer pelo tato; apalpar, tocar **2** examinar com cuidado *<t. um machucado>* **3** tentar conhecer com cautela; sondar *<tatearam o terreno antes de atacar>* □ *int.* **4** orientar-se pelo tato ou usando algum objeto *<tateou com a bengala e atravessou a ponte>* ~ **tateante** *adj.2g.*

ta.ti.bi.ta.te *adj.2g.s.2g.* **1** que(m) fala trocando algumas consoantes **2** *p.ext.* que(m) gagueja **3** *fig.* que(m) é muito acanhado, atrapalhado

tá.ti.ca *s.f.* **1** MIL manobra militar durante um combate **2** *p.ext.* maneira hábil de encaminhar empreendimento, negócio, disputa etc.

tá.ti.co *adj.* que envolve uma tática

tá.til [pl.: *-eis*] ou **tác.til** [pl.: *-eis*] *adj.2g.* **1** relativo a tato **2** que pode ser tocado, tateado ~ **tactilidade** *s.f.*

ta.to ou **tac.to** *s.m.* **1** sentido pelo qual se percebem as sensações de temperatura, forma, aspereza e consistência **2** *fig.* procedimento cauteloso; prudência **3** *fig.* habilidade, capacidade *<t. político>*

ta.to.ra.na *s.f.* → *TATURANA*

ta.tu *s.m.* ZOO mamífero desdentado, terrestre, cujo corpo é coberto por placas que formam uma carapaça

ta.tu.a.gem [pl.: *-ens*] *s.f.* **1** arte de gravar na pele, através de pigmentos coloridos, desenhos, símbolos etc. **2** *p.ext.* qualquer marca ou desenho feitos por esse processo **3** *p.ext.* sinal, marca

ta.tu.ar *v.* {mod. 1} *t.d. e pron.* **1** pintar ou gravar desenhos no corpo de (alguém ou de si mesmo)

<tatuou-se aos 20 anos> ☐ t.d. p.ext. **2** pôr sinal em; marcar ~ **tatuador** adj.s.m.

ta.tu-bo.la [pl.: tatus-bolas e tatus-bola] s.m. ZOO tatu marrom-escuro, com cerca de 30 cm de comprimento, capaz de se enrolar dentro da carapaça, formando uma bola

ta.tu.í s.m. ZOO pequeno crustáceo esbranquiçado que vive enterrado na areia da zona de arrebentação das praias

ta.tu.ra.na, **ta.ta.ra.na** ou **ta.to.ra.na** s.f. ZOO B lagarta de mariposa, dotada de pelos abundantes, longos e finos que, ao menor contato, liberam forte toxina que causa queimaduras

ta.tu.zi.nho s.m. ZOO pequeno crustáceo, comum no Brasil, que, para se proteger, se enrola formando uma bola perfeita

tau.ma.tur.gi.a s.f. **1** realização de milagres **2** poder de quem opera milagres

tau.ma.túr.gi.co adj. relativo a taumaturgia ou a taumaturgo

tau.ma.tur.go adj.s.m. **1** que(m) opera milagres **2** p.ext. que(m) adivinha; visionário

tau.ri.no adj.s.m. **1** ASTRL que(m) é do signo de Touro ■ adj. **2** relativo a esse signo **3** relativo ou pertencente a touro ('boi')

tau.ro.ma.qui.a s.f. arte de tourear ~ **tauromáquico** adj.

tau.to.lo.gi.a s.f. LING pleonasmo; redundância ~ **tautológico** adj.

ta.ver.na s.f. → *TABERNA*

ta.vo.la.gem [pl.: -ens] s.f. **1** qualquer casa de jogo **2** o vício do jogo

ta.xa s.f. **1** tributo arrecadado pela União, pelos estados ou pelos municípios, a título de prestar certos serviços **2** p.ext. preço cobrado a um usuário pela prestação de algum serviço **3** proporção de algo num conjunto, ger. expressa em percentagem <t. de mortalidade> ☞ cf. *tacha* ▣ **t. de câmbio 1** ECON preço da moeda estrangeira no mercado de capitais **2** relação de troca entre duas moedas

ta.xar v. {mod. 1} t.d. **1** cobrar imposto sobre; tributar **2** regulamentar, fixar preços de (mercadorias, serviços, salários etc.) ☐ t.d.pred. e pron. **3** atribuir(-se) qualidade ou defeito; qualificar(-se), considerar(-se) <taxaram-no de incapaz> <taxava-se de esperto> ☞ cf. *tachar* ~ **taxação** s.f.

ta.xa.ti.vo adj. **1** que limita ou regulamenta, com base em lei ou decreto; restritivo **2** fig. que não dá margem a objeção ou resposta; categórico

tá.xi /cs/ s.m. carro de aluguel para transporte de passageiros provido de taxímetro ▣ **t. aéreo** B pequeno avião de aluguel

ta.xi.ar /cs/ v. {mod. 1} int. movimentar-se (avião) na pista para decolagem ou após o pouso

ta.xi.der.mi.a /cs/ s.f. antigo processo de encher de palha animal morto, deixando-o com aparência de vivo ~ **taxidérmico** adj. - **taxidermista** adj.2g.s.2g.

ta.xí.me.tro /cs/ s.m. aparelho que, num táxi, registra o preço que o passageiro deve pagar pela corrida

ta.xi.no.mi.a /cs/ ou **ta.xo.no.mi.a** /cs/ s.f. **1** ciência da classificação **2** BIO parte da biologia que trata da classificação dos seres vivos ~ **taxinômico** adj. - **taxonômico** adj.

ta.xis.ta /cs/ s.2g. condutor de táxi

ta.xo.no.mi.a /cs/ s.f. → *TAXINOMIA*

Tb QUÍM símbolo de *térbio*

Tc QUÍM símbolo de *tecnécio*

tchau interj. **1** até logo, até a vista ■ s.m. **2** aceno, adeus

tchê s.2g. RS forma de tratamento us. para se dirigir a alguém com familiaridade

TCU s.m. sigla de Tribunal de Contas da União

te pron.p. da 2ª p.sing., caso oblíquo, com função de objeto direto (*a ti*) ou objeto indireto (*de ti*, *para ti*, *em ti*)

Te QUÍM símbolo de *telúrio*

tê s.m. nome da letra *t*

te.ar [pl.: -es] s.m. **1** máquina us. para fabricar tecidos, tapetes etc. **2** B equipamento us. para dividir mármore em pedaços

te.a.tral [pl.: -ais] adj.2g. **1** relativo ou pertencente a teatro **2** p.ext. que visa causar efeito espetacular <gesto t.> **3** fig. pej. pouco natural; forçado ~ **teatralidade** s.f.

te.a.tra.lis.mo s.m. B **1** conjunto de efeitos teatrais **2** fig. pej. tendência a atrair a atenção sobre si, com um comportamento teatral, dramático; teatralidade

te.a.tra.li.zar v. {mod. 1} t.d. **1** adaptar para ser representado no teatro <t. um romance> **2** dar caráter dramático a; dramatizar <t. uma dor>

te.a.tro s.m. **1** lugar destinado à apresentação de obras dramáticas, óperas etc. **2** LIT conjunto de obras dramáticas de um autor, de uma época ou de um país **3** fig. TEAT a arte de representar <estuda t.> **4** fig. TEAT o ofício do ator **5** fig. local em que acontece algo notável; palco **6** fig. fingimento, hipocrisia

te.a.tró.lo.go s.m. TEAT escritor de peças teatrais; dramaturgo

te.ce.du.ra s.f. **1** ato de tecer ou o seu efeito **2** conjunto das tramas dos fios de um tecido

te.ce.lã s.f. artesã que trabalha em tear, que tece panos; teceloa

te.ce.la.gem [pl.: -ens] s.f. **1** ofício de tecelão **2** indústria de tecidos

te.ce.lão [pl.: -ões; fem.: *teceloa* e *tecelã*] s.m. quem tece o pano no tear

te.ce.lo.a s.f. tecelã ◉ GRAM/USO fem. de *tecelão*

te.cer v. {mod. 8} t.d. **1** entrelaçar metodicamente os fios de **2** confeccionar (tecidos, redes, cestos etc.) entrelaçando fios **3** construir a habitação (certos animais), entrelaçando fios produzidos por seu próprio corpo ou materiais da natureza **4** fig. compor (algo) encadeando seus elementos **5** fig. formar na imaginação; criar **6** fig. expressar verbalmente; dizer **7** fig. arquitetar, tramar (intriga, golpe etc.)

techno [ing.] *s.m.* MÚS tipo de música eletrônica basicamente dançante, de ritmo acelerado e melodia repetitiva ◉ GRAM/USO **a)** tb. se usa como adj.2g.2n.: *músicas techno* **b)** f. aport.: tecno ⇒ pronuncia-se técno

te.ci.do *s.m.* **1** produto final da tecelagem de fios de algodão, seda, lã ou sintéticos, us. para fazer roupas, cortinas etc.; fazenda, pano **2** BIO grupo de células com mesma forma e função

te.cla *s.f.* peça móvel que, ao ser pressionada pelo dedo, produz som em alguns instrumentos, faz funcionar certas máquinas, aciona funções em calculadora, teclado de computador etc. ◉ COL teclado

te.cla.dis.ta *adj.2g.s.2g.* MÚS que(m) toca teclado de instrumento musical (esp. eletrônico)

te.cla.do *s.m.* **1** conjunto de teclas de um instrumento musical, computador etc. **2** parte de máquina ou instrumento em que se agrupam as teclas

te.clar *v.* {mod. 1} *t.d.* **1** acionar por meio de teclas □ *int.* **2** pressionar tecla de instrumento, máquina etc. □ *t.i. e int.* **3** (prep. *com*) usar o computador para se comunicar com *<tecla (com os amigos) todo dia>* ~ **teclagem** *s.f.*

tec.né.cio *s.m.* QUÍM elemento químico artificial e radiativo, us. em radiologia [símb.: *Tc*] ☞ cf. *tabela periódica* (no fim do dicionário)

téc.ni.ca *s.f.* **1** conjunto de procedimentos ligados a uma arte ou ciência **2** *p.ext.* maneira própria de realizar uma tarefa ~ **tecnicidade** *s.f.*

tec.ni.cis.mo *s.m.* **1** caráter técnico de algo **2** termo da área das técnicas ou da tecnologia **3** *p.ext.* uso excessivo desses termos na linguagem comum ~ **tecnicista** *adj.2g.s.2g.*

téc.ni.co *adj.* **1** relativo a uma arte, profissão, ofício ou ciência **2** dotado de certa técnica (diz-se de pessoa) **3** que visa formar profissionais de nível médio ■ *s.m.* **4** perito, especialista **5** treinador esportivo ◉ COL equipe

tec.ni.co.lor /ô/ [pl.: *-es*] *adj.2g.* CINE **1** processado esp. em cores (diz-se de cinema ou filme) ■ *s.m.* CINE **2** esse processo ou tipo de filme

tec.no *s.m.* MÚS aport. de *techno* ◉ GRAM/USO empr. tb. como adj.2g.2n.

T

tec.no.cra.ci.a *s.f.* POL sistema de organização política e social baseado na supremacia dos técnicos ~ **tecnocrático** *adj.*

tec.no.cra.ta *adj.2g.s.2g.* POL **1** adepto da tecnocracia **2** governante ou alto funcionário que busca apenas soluções técnicas ou racionais para os problemas, sem levar em conta aspectos humanos e sociais

tec.no.fo.bi.a *s.f.* aversão à tecnologia ~ **tecnofóbico** *adj.* - **tecnófobo** *s.m.*

tec.no.lo.gi.a *s.f.* **1** conjunto dos conhecimentos científicos, dos processos e métodos us. na criação e utilização de bens e serviços **2** técnica ou conjunto de técnicas de um domínio particular ▣ **t. de ponta** técnica avançada, de última geração ~ **tecnológico** *adj.* - **tecnologista** *adj.2g.s.2g.* - **tecnólogo** *adj.s.m.*

te.co-te.co [pl.: *teco-tecos*] *s.m.* AER *B infrm.* pequeno avião com um só motor, próprio para treinamento ou para trajetos curtos

tec.tô.ni.ca *s.f.* **1** a arte de construir edifícios **2** GEOL ramo da geologia que trata das deformações da crosta terrestre decorrentes das forças internas que sobre ela aconteceram

té.dio *s.m.* sensação de enfado, fadiga, aborrecimento ou zanga

te.di.o.so /ô/ [pl.: /ó/; fem.: /ó/] *adj.* que contém ou provoca tédio

teenager [ing.; pl.: *teenagers*] *s.2g.* adolescente ⇒ pronuncia-se tinêidjâr

Te.flon ® *s.m.* nome comercial de material não aderente e resistente ao calor, us. em revestimentos, isolantes térmicos etc.

te.gu.men.to *s.m.* **1** ANAT o conjunto formado pela pele e seus anexos (pelos, cabelos, unhas e glândulas) **2** BOT estrutura que reveste e protege um órgão vegetal ou parte dele ~ **tegumentar** *adj.2g.*

tei.a *s.f.* **1** tecido formado pelo entrelaçamento dos fios no tear; trama **2** *fig.* qualquer estrutura semelhante a essa trama **3** *fig.* série, sequência de eventos **4** rede tecida pela aranha

tei.í.deo *adj.s.m.* ZOO (espécime) dos teiídeos, família de lagartos que inclui o calango e o teiú, dotados de língua longa e bipartida

tei.ma *s.f.* **1** ato ou efeito de teimar **2** *p.ext.* sentimento ou demonstração de aversão ou antipatia; birra

tei.mar *v.* {mod. 1} *t.d.,t.i. e int.* (prep. *em*) manter constância e firmeza em (postura, atitude, decisão etc.); insistir *<até hoje ele teima que o homem não foi à Lua> <apesar da chuva, teimou em sair> <teimou até conseguir o aumento>*

tei.mo.si.a *s.f.* **1** qualidade de teimoso **2** teima repetida

tei.mo.so /ô/ [pl.: /ó/; fem.: /ó/] *adj.s.m.* **1** (o) que teima; turrão, cabeçudo ■ *adj.* **2** que não desiste facilmente; obstinado **3** *fig.* que se prolonga

te.í.na *s.f.* QUÍM alcaloide principal da folha do chá, análogo à cafeína

te.ís.mo *s.m.* FIL REL doutrina que afirma a existência de um único Deus ☞ cf. *deísmo* ~ **teísta** *adj.2g.s.2g.*

tei.ú *s.m.* ZOO grande lagarto brasileiro terrestre que se alimenta de pequenos animais e frutos

te.la *s.f.* **1** tecido formado por fios de lã, seda, ouro etc.; teia, trama **2** *p.ext.* ART.PLÁST tecido preparado e esticado sobre o qual se pintam quadros **3** *p.ext.* ART.PLÁST quadro pintado sobre esse tecido **4** *B* trançado de arame, próprio para cercados **5** REC.AV painel sobre o qual se projetam filmes, *slides* etc. **6** superfície de TV, computador etc. em que aparece a imagem ◉ GRAM/USO aum.irreg.: *telão* ▣ **t. subcutânea** ANAT tecido gorduroso situado abaixo da derme, antes denominado *hipoderme*

te.lão [pl.: *-ões*] *s.m.* **1** grande tela **2** *B* sistema de projeção de imagens em tela grande, como no cinema ◉ GRAM/USO aum.irreg. de *tela*

te.le.ci.na.gem [pl.: *-ens*] *s.f.* TV conversão de imagens de filmes de cinema ou *slides* em sinais elétricos, para transmissão por TV

te.le.ci.ne.si.a *s.f.* deslocamento de objetos a distância, sem intervenção direta ou contato físico de alguém e supostamente devido a poder paranormal ~ **telecinético** *adj.*

te.le.co.mu.ni.ca.ção [pl.: *-ões*] *s.f.* COMN TEL **1** sistema de comunicação a distância por fios, ondas eletromagnéticas etc. (telefone, rádio, televisão etc.) ▼ ***telecomunicações*** *s.f.pl.* COMN TEL **2** a totalidade dos meios técnicos de comunicação; comunicações

te.le.con.fe.rên.cia *s.f.* TEL comunicação entre mais de dois interlocutores ligados por telefonia, computador ou televisão

te.le.cur.so *s.m.* **1** conjunto de matérias ensinadas por meio de televisão educativa **2** curso oferecido por teleducação

te.le.du.ca.ção [pl.: *-ões*] *s.f.* processo de ensino a distância, ger. por meio de rádio, televisão ou internet

te.le.fé.ri.co *s.m.* **1** cabine suspensa por cabos, us. para transportar pessoas ou cargas ■ *adj.s.m.* **2** (cabo) que transporta algo a distância, em deslocamento aéreo

te.le.fo.nar *v.* {mod. 1} *t.i. e int.* **1** (prep. *a, para*) comunicar-se por telefone; ligar <*telefonou ao pai ontem*> <*pode t. quando quiser*> □ *int.* **2** fazer uso de telefone

te.le.fo.ne *s.m.* **1** aparelho que transmite e reproduz o som falado a grandes distâncias **2** *p.ext.* série de números com que se efetua uma ligação telefônica **3** *p.ext.* chamada telefônica **4** *B infrm.* tapa aplicado ao mesmo tempo nas duas orelhas de alguém com as mãos em concha ▣ **t. celular** TEL telefone portátil que utiliza ondas de rádio para a transmissão de sinais; celular ~ **telefonada** *s.f.*

te.le.fo.ne.ma *s.m.* comunicação telefônica

te.le.fo.ni.a *s.f.* TEL processo de transmissão e reprodução de sons a distância, tendo como receptor um telefone

te.le.fô.ni.co *adj.* **1** relativo a telefone ou telefonia **2** que se utiliza de telefone

te.le.fo.nis.ta *s.2g.* **1** profissional que recebe e transmite telefonemas numa central telefônica **2** pessoa encarregada do serviço telefônico de uma empresa ou repartição

te.le.fo.to *s.f.* TEL fotografia transmitida a distância por ondas de rádio; telefotografia

te.le.fo.to.gra.fi.a *s.f.* **1** FOT arte ou técnica de fotografar a grandes distâncias **2** TEL telefoto ~ **telefotografar** *v.t.d.*

te.le.gra.far *v.* {mod. 1} *t.d.,t.d.i.,t.i. e int.* (prep. *a, para*) comunicar(-se) pelo telégrafo <*t. as ordens*> <*telegrafou (a boa-nova) aos pais*> <*prometeu t. quando chegar*>

te.le.gra.fi.a *s.f.* TEL processo que transmite, em código Morse, através de fios, textos escritos (telegramas)

te.le.grá.fi.co *adj.* **1** relativo a telégrafo ou a telegrafia **2** transmitido ou recebido pelo telégrafo **3** *fig.* conciso, breve

te.lé.gra.fo *s.m.* aparelho que transmite ou recebe mensagens a distância, por meio de sinais ~ **telegrafista** *s.2g.*

te.le.gra.ma *s.m.* **1** comunicação transmitida ou recebida por telégrafo **2** o impresso que traz essa comunicação

te.le.gui.a.do *adj.s.m.* **1** (engenho) guiado a distância por ondas de rádio **2** *fig.* que(m) age influenciado por alguém ~ **teleguiar** *v.t.d.*

te.le.jor.nal [pl.: *-ais*] *s.m. B* noticiário transmitido pela televisão ~ **telejornalismo** *s.m.*

telemarketing [ing.] *s.m.2n.* utilização de telefone e demais meios de telecomunicação para fazer *marketing* de bens ou serviços ⇒ pronuncia-se telemarquetim

te.le.no.ve.la *s.f.* novela exibida em capítulos pela televisão

te.le.ob.je.ti.va *s.f.* CINE FOT TV lente especial para fotografar ou filmar a grande distância

te.le.o.lo.gi.a *s.f.* doutrina que considera a finalidade como princípio explicativo da realidade ~ **teleológico** *adj.*

te.le.pa.ti.a *s.f.* comunicação extrassensorial entre duas mentes ~ **telepata** *adj.2g.s.2g.* - **telepático** *adj.*

TelePrompTer ® [ing.] *s.m.* TV tela rotativa que exibe o texto a ser lido pelos atores ou apresentadores de programas, telejornais etc., fora da visão do telespectador ⇒ pronuncia-se teleprompter

te.les.có.pio *s.m.* ENG ÓPT instrumento óptico constituído de lentes e/ou espelhos que permite aproximar a imagem de um objeto muito distante ~ **telescópico** *adj.*

te.les.pec.ta.dor /ô/ [pl.: *-es*] *adj.s.m. B* que(m) assiste a programas de televisão

te.le.vi.são [pl.: *-ões*] *s.f.* TEL **1** transmissão e recepção de imagens em movimento e áudio convertidos em sinais eletromagnéticos **2** aparelho receptor de imagens televisionadas; televisor **3** estação transmissora dessas imagens; televisora

te.le.vi.sio.nar ou **te.le.vi.sar** *v.* {mod. 1} *t.d.* transmitir (imagem, programa etc.) por televisão

te.le.vi.si.vo *adj.* **1** relativo a televisão; televisual **2** transmitido pela televisão **3** produzido para exibição em televisão

te.le.vi.sor /ô/ [pl.: *-es*] *adj.* **1** relativo a televisão ■ *adj.s.m.* **2** (aparelho) que recebe imagens televisionadas

te.le.vi.so.ra /ô/ *s.f.* estação transmissora de imagens televisionadas; televisão

te.le.vi.su.al [pl.: *-ais*] *adj.2g.* relativo a televisão; televisivo

T

te.lex /cs/ *s.m.2n.* TEL **1** serviço telegráfico que permite a comunicação direta entre usuários por meio de aparelho próprio que conjuga teclado de letras e impressora **2** aparelho us. nesse serviço **3** a mensagem transmitida por esse aparelho ◉ GRAM/USO admite-se tb. o pl. *telexes*

te.lha /ê/ *s.f.* peça, ger. de barro cozido, us. em cobertura de casas e edifícios ◉ COL telhado

te.lha.do *s.m.* ARQ **1** conjunto de telhas que cobrem uma edificação **2** parte superior e exterior de uma edificação, coberta por telhas ou outro material

te.lha-vã [pl.: *telhas-vãs*] *s.f.* telhado sem [2]forro

te.lhei.ro *s.m.* **1** fabricante de telhas **2** cobertura feita de telhas e sustentada por colunas, us. para abrigar utensílios, animais, lenha etc.

te.lú.ri.co *adj.* **1** relativo à Terra ou ao solo **2** relativo ao telúrio

te.lú.rio *s.m.* QUÍM elemento químico us. em semicondutores [símb.: *Te*] ☞ cf. *tabela periódica* (no fim do dicionário)

te.ma *s.m.* **1** aquilo sobre o que se discorre numa conversa ou num trabalho **2** MÚS frase musical que se repete, por vezes com variações, em uma composição **3** GRAM parte da palavra constituída do radical mais a vogal temática ◉ COL temário

temaki [jap.] *s.m.* CUL espécie de *sushi* envolto em folha de alga, formando um cone aberto ⇒ pronuncia-se temaqui

te.má.rio *s.m.* reunião dos temas a serem discutidos em seminários, congressos etc.

te.má.ti.co *adj.* **1** relativo a tema **2** baseado num tema

te.me.mi.nó ou **te.mi.mi.nó** *s.2g.* **1** indivíduo dos tememinós, grupo indígena que habitava o sul do Espírito Santo, o Rio de Janeiro e o vale do Paranapanema (SP) ■ *adj.2g.* **2** relativo a esse indivíduo ou grupo indígena

te.mer *v.* {mod. 8} *t.d. e int.* **1** sentir medo ou temor (de); recear □ *t.i.* **2** (prep. *por*) sentir inquietação quanto a; preocupar-se □ *t.d. p.ext.* **3** ter profundo respeito e obediência a ~ **temente** *adj.2g.* - **temível** *adj.2g.*

te.me.rá.rio *adj.* **1** que apresenta risco; perigoso **2** audacioso, imprudente **3** *fig.* sem fundamento; contestável *<juízo t.>*

te.me.ri.da.de *s.f.* **1** audácia excessiva **2** ação ou dito imprudente, perigoso

te.me.ro.so /ô/ [pl.: */ó/*; fem.: */ó/*] *adj.* **1** que causa medo **2** que sente temor; medroso

te.mi.do *adj.* que mete medo

te.mi.mi.nó *adj.2g.s.2g.* → ***TEMEMINÓ***

te.mor /ô/ [pl.: *-es*] *s.m.* **1** sensação de ameaça; medo, receio **2** *p.ext.* sentimento de profundo respeito e obediência

têm.pe.ra *s.f.* **1** consistência que se dá aos metais banhando-os, em brasa, na água fria **2** esse banho **3** *fig.* comportamento característico de alguém; caráter, índole

tem.pe.ra.do *adj.* **1** que possui têmpera (diz-se de metal) **2** que tem tempero; condimentado **3** entre o quente e o frio *<região t.>* **4** *fig.* comedido, sóbrio **5** MÚS diz-se do sistema us. na afinação de piano e afins

tem.pe.ra.men.tal [pl.: *-ais*] *adj.2g.* **1** relativo a temperamento **2** de natureza, índole instável ■ *adj.2g.s.2g.* **3** que(m) age impulsivamente

tem.pe.ra.men.to *s.m.* modo de ser ou de agir; feitio psicológico

tem.pe.ran.ça *s.f.* virtude de quem é comedido, moderado, prudente

tem.pe.rar *v.* {mod. 1} *t.d.* **1** pôr tempero em; condimentar **2** reduzir a intensidade de; suavizar **3** misturar de forma proporcional **4** dar a (metal) consistência ou rijeza *<t. o ferro>* □ *t.d. e pron.* **5** moderar(-se), conter(-se)

tem.pe.ra.tu.ra *s.f.* grau ou quantidade de calor ou de frio existente num corpo ou num lugar

tem.pe.ro /ê/ *s.m.* substância us. para realçar o sabor da comida; condimento

tem.pes.ta.de *s.f.* manifestação atmosférica que pode ser acompanhada de vento, chuva, granizo, neve, raios e trovões; temporal

tem.pes.ti.vo *adj.* que ocorre no momento certo; oportuno ~ **tempestividade** *s.f.*

tem.pes.tu.o.so /ô/ [pl.: */ó/*; fem.: */ó/*] *adj.* **1** que causa tempestade ou está a ela sujeito **2** *fig.* muito agitado; violento ~ **tempestuosidade** *s.f.*

tem.plo *s.m.* **1** REL edifício destinado ao culto religioso **2** *fig.* lugar em que se pratica ou cultiva arte, ciência, esporte, prazer etc.

tem.po *s.m.* **1** período contínuo e indefinido no qual os eventos se sucedem e criam no homem a noção de presente, passado e futuro **2** oportunidade para a realização de algo **3** época em que determinados acontecimentos ocorrem **4** conjunto das condições meteorológicas **5** época propícia para certos fenômenos ou atividades; sazão **6** GRAM flexão verbal que indica o momento em que se dá o fato expresso pelo verbo **7** MÚS duração de cada unidade do compasso, a partir da qual se estabelecem as relações rítmicas ▣ **a t. 1** dentro do prazo **2** no momento apropriado *<a oferta veio a t.>*

têm.po.ra *s.f.* ANAT cada uma das partes laterais da cabeça, entre o olho e a orelha; fonte

tem.po.ra.da *s.f.* **1** certo espaço de tempo **2** estação do ano **3** época propícia para realização de certas atividades

[1]**tem.po.ral** [pl.: *-ais*] *adj.2g.* **1** relativo a tempo **2** temporário, passageiro **3** não religioso; mundano *<bens t.>* ■ *s.m.* **4** tempestade ■ *s.f.* GRAM **5** ver ***CONJUNÇÃO TEMPORAL*** [ORIGEM: do lat. *temporālis,e* 'relativo a tempo']

[2]**tem.po.ral** [pl.: *-ais*] *adj.2g.* ANAT da têmpora *<região t.>* [ORIGEM: do lat. *temporālis,e* 'id.']

T

tem.po.rão [pl.: *-ãos*; fem.: *temporã*] *adj.* **1** que surge fora da época adequada ■ *adj.s.m. B* **2** (filho) que nasce muito tempo depois do irmão que o precede

tem.po.rá.rio *adj.* provisório, não definitivo ~ **temporariedade** *s.f.*

tem.po.ri.za.dor /ô/ [pl.: *-es*] *adj.s.m.* ELETRÔN (interruptor) cuja função é ativar ou desativar um circuito em momentos predeterminados

tem.po.ri.zar *v.* {mod. 1} *t.d.* **1** transferir para depois; adiar, protelar □ *t.i.* **2** (prep. *com*) ser flexível, tolerante com; contemporizar *<resolveu t. com o amigo>* □ *int.* **3** esperar ocasião mais propícia ~ **temporização** *s.f.*

te.naz [pl.: *-es*] *adj.2g.* **1** que apresenta resistência **2** que adere ou prende com firmeza **3** *fig.* obstinado, persistente ■ *s.f.* **4** instrumento de metal com duas hastes unidas por um eixo, us. esp. para segurar carvão, ferro em brasa etc. ◉ GRAM/USO nas acp. adj., sup.abs.sint.: *tenacíssimo* ~ **tenacidade** *s.f.*

ten.ção [pl.: *-ões*] *s.f.* o que se pretende fazer; intenção, propósito ☞ cf. *tensão*

ten.cio.nar *v.* {mod. 1} *t.d.* ter intenção, propósito de; intentar, planejar

ten.da *s.f.* **1** barraca de acampamento **2** pequeno estabelecimento comercial para venda de gêneros alimentícios **3** REL *B* centro onde se realizam sessões espíritas ou umbandistas

ten.dão [pl.: *-ões*] *s.m.* ANAT tecido fibroso que une o músculo ao osso

ten.dên.cia *s.f.* **1** inclinação, vocação **2** força ou ação pela qual um corpo é levado a mover-se em determinado sentido **3** orientação, direção *<as t. da moda>*

ten.den.ci.o.so /ô/ [pl.: /ó/; fem.: /ó/] *adj.* que tem uma má intenção oculta

ten.der *v.* {mod. 8} *t.i.* **1** (prep. *a*) encaminhar-se para (certo rumo, desfecho, solução etc.) *<sua iniciativa tende ao fracasso>* **2** (prep. *para*) ter inclinação, pendor ou disposição para *<sempre tendeu para matemática>* **3** (prep. *para*) ter característica, aspecto parecido com; aproximar-se *<era um tecido cuja cor marrom tendia para o azul>* **4** (prep. *para*) inclinar-se, voltar-se *<t. para a direita>* □ *t.d. e pron.* **5** estender(-se) no espaço; esticar(-se) ~ **tendente** *adj.2g.*

tên.der [pl.: *-es*] *s.m.* CUL presunto cozido e defumado industrialmente

ten.di.nha *s.f. RJ RS* pequena mercearia, ger. em bairros pobres; birosca

ten.di.ni.te *s.f.* MED inflamação de tendão

te.ne.bro.so /ô/ [pl.: /ó/; fem.: /ó/] *adj.* **1** que provoca horror; medonho **2** cheio de trevas; escuro, sombrio ~ **tenebrosidade** *s.f.*

te.nên.cia *s.f. B infrm.* **1** precaução, cautela **2** vigor, firmeza, força *<homem de muita t.>*

te.nen.te *s.2g.* MIL **1** posto imediatamente inferior ao de capitão **2** oficial nesse posto

te.nen.te-bri.ga.dei.ro [pl.: *tenentes-brigadeiros*] *s.m.* AER **1** patente imediatamente superior à de major-brigadeiro **2** oficial que detém essa patente

te.nen.te-co.ro.nel [pl.: *tenentes-coronéis*] *s.m.* MIL *B* **1** patente logo acima da de major e imediatamente inferior à de coronel ■ *s.2g.* **2** oficial que detém essa patente

te.nes.so ou **te.nes.si.no** *s.m.* QUÍM elemento artificial superpesado [símb.: *Ts*] ☞ cf. *tabela periódica* (no fim do dicionário)

tê.nia *s.f.* ZOO designação comum a vários vermes de corpo alongado entre os quais se encontram importantes parasitas intestinais do homem; solitária ~ **teníase** *s.f.*

tê.nis *s.m.2n.* **1** VEST *B* sapato de material leve e sola de borracha flexível, ger. us. em práticas esportivas **2** ESP jogo entre dois jogadores ou duas duplas, com raquete e bola de borracha numa quadra dividida ao meio por uma rede ▣ **t. de mesa** ESP jogo semelhante ao tênis, praticado sobre uma mesa dividida por uma rede e jogado com raquete e bola de celuloide; pingue-pongue ~ **tenista** *adj.2g.s.2g.*

te.nor /ô/ [pl.: *-es*] *s.m.* MÚS **1** a voz masculina de registro mais agudo **2** cantor com essa voz ■ *adj.2g.2n.* MÚS **3** de registro comparável ao da voz dos tenores (diz-se de instrumento) *<sax t.>* ~ **tenorino** *s.m.*

ten.ro *adj.* **1** macio, mole **2** que tem frescor, viçoso **3** novo, fresco **4** gracioso, delicado

ten.são [pl.: *-ões*] *s.f.* **1** estado do que está esticado **2** *fig.* estado do que ameaça romper-se, desfazer-se **3** MED PSIC estado de sobrecarga física ou mental **4** FÍS diferença de potencial entre dois pontos de um circuito elétrico ☞ cf. *tenção* ▣ **t. alta** MED hipertensão • **t. pré-menstrual** MED conjunto de sintomas (irritação, ansiedade, dor de cabeça etc.) que podem ocorrer nos dias que antecedem a menstruação [sigla: *TPM*]

ten.so *adj.* **1** esticado com força **2** *fig.* em estado de tensão psicológica

ten.sor /ô/ [pl.: *-es*] *adj.s.m.* **1** (o) que estende **2** ANAT (músculo) que faz a extensão de qualquer órgão ou membro

ten.ta.ção [pl.: *-ões*] *s.f.* **1** desejo intenso **2** disposição para prática de atos censuráveis ou não recomendáveis **3** pessoa ou coisa que tenta, provoca ■ *s.m. B infrm.* **4** o diabo

ten.ta.cu.lar [pl.: *-es*] *adj.2g.* **1** relativo a tentáculo **2** que tem tentáculos

ten.tá.cu.lo *s.m.* ZOO apêndice fino e flexível de certos invertebrados aquáticos, como polvo, lula etc., us. na locomoção e esp. para obtenção de alimentos

ten.ta.me ou **ten.tâ.men** [pl.: *tentâmenes* e *(B) tentamens*] *s.m.* tentativa, ensaio

ten.tar *v.* {mod. 1} *t.d.* **1** esforçar-se para conseguir; buscar, procurar **2** pôr em experiência; testar *<tentou duas vezes abrir a porta>* **3** pôr em execução; empreender, arriscar *<tentaram organizar uma manifestação de protesto>* **4** despertar vontade em *<o convite não chegou a tentá-la>* **5** induzir a ou seduzir para o mal; atentar *<a cobiça sem medida que o tentou também o arruinou>* ~ **tentador** *adj.s.m.*

ten.ta.ti.va *s.f.* **1** esforço ou ensaio para fazer, resolver, estabelecer, conseguir algo **2** experimento

ten.ta.ti.vo *adj.* **1** que procura conseguir ou realizar algo **2** experimental

[1]ten.te.ar *v.* {mod. 5} *t.d.* **1** averiguar com cuidado; sondar <*t. uma saída para a situação*> **2** tocar com parte do corpo ou objeto para se orientar; tatear <*t. o caminho*> **3** fazer teste com; experimentar [ORIGEM: *tenta* 'estilete cirúrgico' + *-ear*]

[2]ten.te.ar *v.* {mod. 5} *t.d.* **1** dar atenção, cuidado a; cuidar <*t. as relações familiares*> **2** examinar ou dirigir com atenção, cuidado; pesar <*t. as despesas*> **3** aliviar de forma provisória; paliar <*t. a dor*> [ORIGEM: [1]*tento* + *-ear*]

[1]ten.to *s.m.* **1** cuidado especial; atenção **2** capacidade de avaliar as coisas com bom senso; juízo [ORIGEM: do lat. *tentus,a,um* 'detido, contido, atento']

[2]ten.to *s.m.* **1** peça com que se marcam pontos no jogo **2** *p.ext.* esse ponto **3** *p.ext. B* gol [ORIGEM: do lat. *talentum,i* 'peso, moeda romana']

tê.nue *adj.2g.* **1** delicado, fino **2** *fig.* fraco, débil **3** quase imperceptível; sutil

teo.cen.tris.mo *s.m.* doutrina que considera Deus o centro de tudo ~ **teocêntrico** *adj.* - **teocentrista** *adj.2g.s.2g.*

teo.cra.ci.a *s.f.* sistema de governo em que o poder político se encontra fundamentado no poder religioso, pela encarnação da divindade no governante, como no Egito dos faraós, ou por sua escolha direta, como nas monarquias absolutas ~ **teocrático** *adj.*

teo.cra.ta *adj.2g.s.2g.* **1** que(m) exerce o poder teocrático **2** integrante ou partidário de uma teocracia

teo.lo.gal [pl.: *-ais*] *adj.2g.* REL **1** relativo a teologia **2** que tem em Deus sua fonte e objeto <*virtude t.*>

teo.lo.gi.a *s.f.* REL **1** estudo de Deus e suas relações com o homem **2** doutrina religiosa ~ **teológico** *adj.* - **teólogo** *s.m.*

te.or /ô/ [pl.: *-es*] *s.m.* **1** proporção, num todo, de determinado componente **2** o conteúdo de um documento ou afim

te.o.re.ma *s.m.* proposição que pode ser demonstrada por meio de um processo lógico

T

te.o.ri.a *s.f.* **1** conjunto de regras sistematizadas que fundamentam uma ciência ou uma área específica **2** conhecimento especulativo sobre determinado assunto; conjectura ~ **teorético** *adj.*

te.ó.ri.co *adj.* **1** referente a teoria **2** próprio de uma teoria **3** hipotético, especulativo ■ *adj.s.m.* **4** que(m) teoriza sobre ou domina a teoria de uma arte, ciência, atividade, método ou conhecimento

te.o.ri.zar *v.* {mod. 1} *t.d.* **1** expor ou explicar por meio de teoria(s) <*t. uma escolha*> **2** reduzir a teoria(s) <*t. um fato*> ☐ *int.* **3** discorrer teoricamente <*em suas aulas, ele esquece a prática e apenas teoriza*> ~ **teorização** *s.f.*

té.pi.do *adj.* **1** não muito quente **2** *fig.* sem força ou intensidade; frouxo ~ **tepidez** *s.f.*

te.qui.la *s.f.* aguardente mexicana produzida pela destilação do agave

ter *v.* {mod. 16} *t.d.* **1** estar com a posse, a propriedade ou estar no gozo de; possuir, usufruir <*t. uma casa, fortuna*> **2** manter à disposição ou contar com; possuir <*teve um bom advogado*> **3** levar ou trazer consigo; portar <*você tem fósforos?*> **4** receber por transmissão; herdar <*tem a beleza da mãe*> **5** passar por, viver (certa experiência) <*tive o desprazer de vê-lo*> **6** possuir como medida (certa extensão, altura etc.); medir <*a piscina tem 15 metros*> **7** ser formado ou constituído por; compor-se <*o livro tem dez capítulos*> **8** contar de idade ou de existência <*tem dez anos*> **9** encerrar em si; conter <*o tonel tinha 20 litros de álcool*> **10** levar a efeito; realizar <*teremos reunião hoje*> **11** ser visitado, assistido etc. por; receber <*teve muitos ouvintes*> **12** gozar de (certo *status*, privilégio, título, direito) <*t. uma cadeira no estádio*> **13** manter vinculação (p.ex., de parentesco, hierárquica, afetiva) com <*t. amigos, patrão*> **14** dar vida a (filhos, crias) **15** conquistar para si; alcançar, obter <*t. a atenção merecida*> **16** frequentar, assistir a (curso, aula, lição) <*teve aulas de francês*> **17** apresentar ou caracterizar-se por (atributo, detalhe, qualidade); possuir <*t. juízo*> **18** experimentar no organismo; sentir <*t. sede*> **19** tomar consciência de (impressão, estado, sensação); sentir <*t. ódio, medo*> **20** adquirir por contágio (doença); contrair <*ele teve uma gripe forte*> ☐ *pron.* **21** ficar em certa posição; conservar-se <*mal podia t.-se em pé*> ☐ *t.d.,t.d.pred. e pron.* **22** (prep. *por*) fazer julgamento sobre; considerar(-se), julgar(-se) <*tenho que seu texto foi o melhor que li*> <*sempre o tivera como honesto*> <*tinha-se por entendido em música*> ☐ *int. B infrm.* **23** estar presente; haver <*tem muita gente aqui*> **24** fazer, haver <*tem muito tempo que viajou*> **25** acontecer, realizar-se <*hoje vai t. reunião*> ☞ nestas três acp., é impessoal ◉ GRAM/USO **a)** o verbo *ter*, seguido de prep. *de* e verbo no infinitivo, exprime 'obrigatoriedade' ou 'firme propósito' de realizar o fato expresso por este verbo: *tenho de fazer exercícios*; **b)** modernamente, nessas construções, tem-se us. *que* em vez da prep. *de*

tera- *pref.* **1** do SI, simbolizado por T, "um bilhão" (de vezes a unidade indicada) [na nomenclatura da numeração, correspondente à tradicional 'um trilhão'] <*teragrama = um bilhão de gramas*> ☞ adotado na 11ª Conferência Geral de Pesos e Medidas, em 1960 **2** INF para múltiplos binários, *tera-* equivale a 2^{40} (1.099.511.627.776), valor freq. arredondado para um trilhão ☞ terabaite, terabit (ing.), terabite, terabyte (ing.); ver ***GIGA-***

te.ra.bai.te *s.m.* INF aport. de *terabyte*

terabit [ing.; pl.: *terabits*] *s.m.* INF múltiplo do *bit*, que vale 1024 *gigabits* (símb.: Tb) [Freq., tem o valor arredondado para mil *gigabits*.] ⇒ pronuncia-se terabit

te.ra.bi.te *s.m.* INF aport. de *terabit*

terabyte [ing.; pl.: *terabytes*] *s.m.* INF múltiplo do *byte*, que vale 1024 *gigabytes* (símb.: TB) [Freq., tem o valor arredondado para mil *gigabytes*.] ⇒ pronuncia-se terabaite

te.ra.peu.ta *s.2g.* MED aquele que fornece tratamento ou cuidado médico a alguém

te.ra.pêu.ti.ca *s.f.* terapia

te.ra.pêu.ti.co *adj.* **1** relativo a terapêutica **2** que tem propriedades medicinais, curativas

te.ra.pi.a *s.f.* MED **1** tratamento de doentes; terapêutica **2** qualquer intervenção para tratar problemas físicos e/ou psíquicos

tér.bio *s.m.* QUÍM elemento químico us. em aparelhos de televisão colorida [símb.: *Tb*] ☞ cf. *tabela periódica* (no fim do dicionário)

ter.ça /ê/ *s.f.* red. de ***TERÇA-FEIRA***

ter.çã *s.f.* MED febre provocada pela malária, que reaparece a cada três dias ◉ GRAM/USO tb. us. com adj.: *febre terçã*

ter.ça-fei.ra [pl.: *terças-feiras*] *s.f.* o terceiro dia da semana, a partir de domingo

ter.çar *v.* {mod. 1} *t.d.* **1** mesclar (três substâncias, elementos etc.) em partes iguais *<t. farinha, ovos e açúcar para fazer um bolo>* **2** dividir em três partes *<t. uma herança>* **3** pôr em diagonal (esp. espada, lança); atravessar **4** dispor de forma transversal; cruzar *<terçou as pontas do cachecol e prendeu-o bem>* □ *t.d. e t.d.i.* **5** (prep. *com*) misturar em proporções adequadas *<t. concreto> <t. cal com água e areia>* □ *t.i.* **6** (prep. *por*) intervir em favor de; interceder *<terçava pelo pequeno negociante>* **7** (prep. *por*) lutar em defesa de; defender *<terçava por seus ideais>* ~ **terçador** *adj.s.m.*

ter.cei.ri.za.ção [pl.: *-ões*] *s.f.* ECON contratação de serviços de terceiros por uma empresa, para a realização de certas tarefas

ter.cei.ri.zar *v.* {mod. 1} *t.d.,int. e pron.* proceder à terceirização de ou sofrer processo de terceirização ~ **terceirizado** *adj.*

ter.cei.ro *n.ord.* **1** (o) que, numa sequência, ocupa a posição número três *<parágrafo t.> <o t. da fila>* ■ *s.m.* **2** aquele que intercede a favor de alguém ou de algo; mediador, intermediário **3** outra pessoa *<não houve opinião de t.>* ☞ nesta acp., tb. us. no pl.

ter.cei.ro-sar.gen.to [pl.: *terceiros-sargentos*] *s.m.* MIL **1** graduação imediatamente superior à de cabo e imediatamente inferior à de segundo-sargento **2** praça que detém essa graduação

ter.ce.to /ê/ *s.m.* **1** LIT estrofe de três versos **2** MÚS trio

ter.ci.á.rio *s.m.* GEOL **1** primeiro e mais antigo período geológico da era cenozoica, anterior ao Quaternário ☞ inicial maiúsc. ■ *adj.* **2** desse período **3** que está ou vem em terceiro lugar

ter.ço /ê/ *n.frac.* **1** (o) que é três vezes menor que a unidade ■ *s.m.* REL **2** a terça parte do rosário

ter.çol [pl.: *-óis*] *s.m.* MED pequeno abscesso na borda da pálpebra

te.re.bin.ti.na *s.f.* QUÍM resina extraída de certas plantas, us. na fabricação de vernizes, diluição de tintas etc.

te.re.rê *s.m.* aplique de linhas coloridas sobre uma trança de cabelo natural

te.re.si.nen.se *adj.2g.* **1** de Teresina (PI) ■ *s.2g.* **2** natural ou habitante dessa capital

ter.gi.ver.sar *v.* {mod. 1} *int.* **1** usar evasivas, subterfúgios, rodeios **2** voltar as costas ~ **tergiversação** *s.f.*

ter.mal [pl.: *-ais*] *adj.2g.* **1** quente **2** relativo a termas **3** cuja temperatura normal é superior a 25 °C (água)

ter.mas *s.f.pl.* **1** balneário equipado para uso terapêutico das águas medicinais quentes **2** estabelecimento equipado para banhos; balneário **3** HIST entre alguns povos da Antiguidade, edifício destinado aos banhos públicos

ter.me.lé.tri.ca ou **ter.mo.e.lé.tri.ca** *s.f.* usina produtora de energia elétrica que utiliza uma fonte térmica como fonte primária de energia ~ **termeletricidade/termoeletricidade** *s.f.* - **termelétrico/termoelétrico** *adj.*

tér.mi.co *adj.* **1** relativo a calor ou a termas **2** que conserva a temperatura

ter.mi.na.ção [pl.: *-ões*] *s.f.* **1** ato ou efeito de terminar(-se) **2** LING sufixo que adiciona ao radical da palavra significados gramaticais

ter.mi.nal [pl.: *-ais*] *adj.2g.* **1** que constitui o limite ou a extremidade **2** que evolui para a morte (diz-se da última fase de uma doença) ■ *s.m.* **3** aquilo que termina, completa **4** estação final de trem, ônibus etc. **5** INF conjunto de teclado e monitor que se comunica com um ou mais computadores remotos

ter.mi.nan.te *adj.2g.* **1** decisivo, categórico **2** que põe fim; conclusivo

ter.mi.nar *v.* {mod. 1} *t.d.,t.i.,int. e pron.* **1** (prep. *com*) [fazer] chegar ao fim; acabar(-se), concluir(-se) *<t. uma tarefa> <conseguiu t. com a festa> <a viagem terminou(-se) antes da hora>* □ *t.d.* **2** ocupar a extremidade de **3** estabelecer os limites de; delimitar □ *int. e pron.* **4** ter como limite *<a rua terminava(-se) num beco>* □ *t.i.* **5** (prep. *com*) pôr fim a ligação amorosa com; romper **6** (prep. *em*) ter certo fim (a palavra) *<no infinitivo, os verbos terminam em -r>* ◉ GRAM/USO tb. é empr. como v.aux., com as prep. *por* e *de* mais o inf. ou o gerúndio de outro verbo, dando a ideia de 'término de ação': *terminou por dizer (dizendo) que não ficaria mais ali* ~ **terminável** *adj.2g.*

ter.mi.na.ti.vo *adj.* que faz terminar

tér.mi.no *s.m.* **1** momento em que algo se interrompe; fim **2** parte extrema de um objeto; extremidade

ter.mi.no.lo.gi.a *s.f.* **1** conjunto de palavras de uma ciência, de uma técnica ou das ciências e tecnologias em geral **2** vocabulário próprio de um escritor, de uma região etc. ~ **terminológico** *adj.*

ter.mo /ê/ *s.m.* **1** fim no tempo ou espaço **2** marco divisório, limite **3** palavra, vocábulo **4** teor, conteúdo (de um texto) **5** modo, maneira **6** MAT qualquer elemento de uma expressão algébrica

ter.mo.di.nâ.mi.ca *s.f.* FÍS parte da física que estuda o calor e as demais formas de energia ~ **termodinâmico** *adj.*

ter.mo.e.lé.tri.ca *s.f.* → TERMELÉTRICA ~ **termoeletricidade** *s.f.*

ter.mô.me.tro *s.m.* **1** instrumento para medição de temperatura **2** *fig.* indicação do estado físico ou moral de algo; medida ~ **termométrico** *adj.*

ter.mo.nu.cle.ar [pl.: *-es*] *adj.2g.* FÍS que provoca fusão nuclear acompanhada de liberação de energia (diz-se de processo)

ter.mo.plás.ti.co *adj.s.m.* QUÍM diz-se de ou qualquer resina que amolece ao ser aquecida e enrijece ao ser resfriada (p.ex., o polietileno, o vinil etc.)

ter.mor.re.sis.ten.te *adj.2g.* que não mais se deforma sob a ação do calor (diz-se de matéria plástica)

ter.mos.fe.ra *s.f.* FÍS camada atmosférica (entre 95 km e 500 km de altitude) onde ocorre grande aumento de temperatura

ter.mos.ta.to *s.m.* FÍS dispositivo que controla as variações de temperatura de um sistema ~ **termostático** *adj.*

ter.ná.rio *adj.* **1** relativo ao número três **2** composto por três unidades **3** MÚS que tem três tempos iguais

ter.nei.ro *s.m.* **1** *RS* a cria da vaca até um ano de idade; bezerro **2** *RS* nonato (animal, como alimento) **3** *PE* feto de gado vacum

[1]**ter.no** *adj.* **1** que sente ou desperta afetos **2** que é brando, suave **3** que causa pena; lastimoso [ORIGEM: do lat. *tener,era,erum* 'id.']

[2]**ter.no** *s.m.* **1** conjunto de três seres, objetos etc. de igual natureza; trio **2** VEST traje composto de paletó, calça e, eventualmente, colete do mesmo tecido e cor [ORIGEM: do lat. *tĕrnus,i*, mais comum no pl. *tĕrni* 'cada três']

ter.nu.ra *s.f.* **1** sentimento terno, meigo, afetuoso **2** ligação afetiva manifestada em palavras, modos de agir etc.

ter.ra *s.f.* **1** ASTR nome do terceiro planeta do sistema solar, a partir do Sol ☞ inicial maiúsc.; cf. *Terra* na parte enciclopédica **2** a superfície mais externa da crosta terrestre; chão, solo **3** região, território **4** terreno cultivado de uma propriedade **5** pó, poeira **6** *fig.* a vida material ■ *s.m.* **7** ELETR ponto de contato de um circuito elétrico com o solo ▣ **t. batida** *B* piso de terra compactada

ter.ra a ter.ra *adj.2g.2n.* prosaico, trivial *<visão terra a terra da situação>* ☞ tb. us. como substantivo

ter.ra.ço *s.m.* **1** varanda descoberta **2** cobertura plana de um edifício **3** GEOL superfície plana, constituída por depósito sedimentar ou modelada pela erosão, num terreno inclinado ou numa encosta

ter.ra.co.ta *s.f.* **1** argila manufaturada e cozida em forno **2** cerâmica obtida por esse processo

ter.ral [pl.: *-ais*] *adj.2g.* **1** relativo a terra ■ *adj.2g.s.m.* **2** (vento) que sopra da terra para o mar

ter.ra.ple.nar *v.* {mod. 1} *t.d.* preparar (terreno, lugar) para abrigar uma construção, executando as operações necessárias, como escavação, aterro, compactação da terra etc. ~ **terraplenagem** *s.f.*

ter.rá.queo *adj.s.m.* (habitante) da Terra

ter.rei.ro *s.m.* **1** espaço de terra plano e amplo **2** porção de terra cultivável **3** terreno, ger. cimentado, onde cereais, grãos de café etc. são colocados para secar **4** REL *B* local onde se celebram cultos de candomblé, umbanda etc.

ter.re.mo.to *s.m.* GEOL tremor na superfície da Terra causado por movimentos de massas rochosas no seu interior; sismo

ter.re.no *s.m.* **1** espaço não construído de uma propriedade **2** chão, solo **3** área de ação; campo, domínio ■ *adj.* **4** que se assemelha à terra ou é da cor dela **5** *fig.* mundano

tér.reo *adj.* **1** relativo à ou próprio da terra ■ *adj.s.m.* ARQ **2** (pavimento) que fica ao nível do solo

ter.res.tre *adj.2g.* **1** relativo à ou próprio da Terra **2** que provém da terra **3** que vive na terra

terrier [ing.; pl.: *terriers*] *s.m.* **1** família de cães de origem inglesa, que inclui grande variedade de raças; são us. na caça de coelhos e outros animais que habitam covis **2** cão dessa família ⇒ pronuncia-se tériâr

ter.ri.fi.can.te *adj.2g.* que aterroriza; terrífico

ter.ri.fi.car *v.* {mod. 1} *t.d.* causar terror a; apavorar, aterrorizar

ter.rí.fi.co *adj.* terrificante

ter.ri.na *s.f.* vasilha larga e funda, ger. com tampa, us. para servir caldos, sopas etc.

ter.ri.to.ri.al [pl.: *-ais*] *adj.2g.* relativo a ou pertencente a um território

ter.ri.tó.rio *s.m.* **1** grande extensão de terra **2** área de um distrito, município, cidade, país etc. **3** DIR extensão geográfica do Estado sobre a qual ele exerce a sua soberania

ter.rí.vel [pl.: *-eis*] *adj.2g.* **1** que provoca terror; assustador, temível **2** muito grande; enorme **3** que produz resultados nefastos **4** muito ruim, de má qualidade ~ **terribilidade** *s.f.*

ter.ror /ô/ [pl.: *-es*] *s.m.* **1** medo intenso; pavor **2** o que inspira esse medo **3** aspecto amedrontador **4** terrorismo

ter.ro.ris.mo *s.m.* POL emprego sistemático da violência para fins políticos, esp. práticas como atentados, sequestros etc.

ter.ro.ris.ta *adj.2g.* **1** relativo a terrorismo ■ *adj.2g.s.2g.* **2** partidário do terrorismo **3** que(m) pratica atos de terrorismo

ter.ro.so /ô/ [pl.: /ó/; fem.: /ó/] *adj.* que tem cor, aspecto, natureza ou mistura de terra

ter.tú.lia *s.f.* **1** reunião de parentes ou amigos **2** palestra literária **3** pequena agremiação literária

te.são [pl.: *-ões*] *s.2g.* **1** característica do que é ou está teso **2** *gros.* estado ereto do pênis **3** *p.ext.* desejo sexual **4** *p.ext. B infrm.* qualquer coisa que causa prazer *<aquele doce era um t.>* ~ **tesudo** *adj.s.m.*

te.sar *v.* {mod. 1} *t.d.* tornar teso, estirado; entesar, retesar *<t. uma corda>*

te.se *s.f.* **1** proposição para discussão **2** proposição defendida para obtenção de um grau acadêmico *<t. de doutorado>* ▣ **em t.** teoricamente

te.so /ê/ *adj.* **1** que se esticou; estirado **2** rijo, duro **3** imóvel, parado

te.sou.ra *s.f.* instrumento cortante, composto de duas lâminas móveis que se unem por um eixo

te.sou.rar *v.* {mod. 1} *t.d.* **1** cortar com tesoura **2** destroçar com cortes *<t. papéis>* **3** *infrm.* falar mal de; malhar

te.sou.ra.ri.a *s.f.* **1** local onde se administra o tesouro público **2** cargo ou local de trabalho do tesoureiro

te.sou.rei.ro *s.m.* funcionário responsável pelas finanças de uma empresa, instituição etc.

te.sou.ro *s.m.* **1** grande quantidade de coisas valiosas como dinheiro, joias etc. **2** *fig.* pessoa ou coisa a que se tem profunda afeição ▣ **T. Público 1** o dinheiro do Estado **2** a administração desse dinheiro

tes.si.tu.ra *s.f.* **1** MÚS disposição das notas para se acomodarem a determinada voz ou instrumento **2** *p.ext.* composição, organização *<a t. de um conto>*

tes.ta *s.f.* **1** ANAT parte superior do rosto, entre as sobrancelhas e o couro cabeludo **2** *fig.* frente, vanguarda

tes.ta.da *s.f.* **1** porção de via pública que fica à frente de um prédio **2** parte anterior do imóvel que o separa da via pública **3** pancada com a testa **4** *fig. B* atitude impensada; tolice

tes.ta de fer.ro [pl.: *testas de ferro*] *s.2g.* quem se faz passar por responsável de ato ou empreendimento de outrem

[1]**tes.ta.dor** /ô/ [pl.: *-es*] *adj.s.m.* **1** que(m) faz um testamento **2** que(m) dá testemunho de alguma coisa [ORIGEM: do lat. *testātor,ōris* 'id.']

[2]**tes.ta.dor** /ô/ [pl.: *-es*] *adj.s.m. B* que(m) testa ou serve para submeter a prova ou exame [ORIGEM: do rad. de *testado* (part. de [2]*testar*) + *-or*]

tes.ta.men.tal [pl.: *-ais*] *adj.2g.* referente a testamento; testamentário

tes.ta.men.tá.rio *s.m.* **1** herdeiro por testamento ■ *adj.* **2** testamental

tes.ta.men.tei.ro *adj.s.m.* que(m) cumpre ou faz cumprir as determinações de um testamento

tes.ta.men.to *s.m.* DIR documento mediante o qual alguém determina a distribuição de seus bens após a sua morte ▣ **Antigo** ou **Velho T.** REL conjunto de textos sagrados, para judeus e cristãos, que relatam a origem do mundo, a criação e a queda do homem e a posterior aliança de Deus com os hebreus • **Novo T.** REL parte cristã da Bíblia, que relata a vida e o sacrifício de Jesus Cristo, a redenção e a nova aliança de Deus com os homens

[1]**tes.tar** *v.* {mod. 1} *t.d. e t.d.i.* **1** (prep. *a*) deixar em testamento (para) *<decidiu t. seu patrimônio (a um orfanato)>* □ *int.* **2** fazer o seu testamento □ *t.d.* **3** dar testemunho de; atestar [ORIGEM: do lat. *testāri* 'ser testemunha, deixar em testamento']

[2]**tes.tar** *v.* {mod. 1} *t.d.* **1** *B* aplicar teste(s) a; avaliar **2** *p.ext.* pôr à prova; experimentar *<t. a paciência dos pais>* [ORIGEM: *teste* + [2]*-ar*]

tes.te *s.m.* **1** prova, exame para avaliar as qualidades de alguém ou algo **2** exame para avaliar os conhecimentos de alguém **3** MED exame para estabelecer um diagnóstico

tes.te.mu.nha *s.f.* **1** quem presencia um fato qualquer **2** pessoa presente a uma transação ou cerimônia para atestar a sua ocorrência **3** DIR quem é chamado ou convocado para depor numa investigação ● COL testemunhal

tes.te.mu.nhal [pl.: *-ais*] *adj.2g.* **1** relativo a testemunha ou a testemunho **2** resultante das declarações de uma testemunha **3** que serve para testemunhar ■ *s.m.* **4** conjunto de testemunhas

tes.te.mu.nhar *v.* {mod. 1} *t.d.,t.i. e int.* **1** (prep. *a, contra, sobre*) declarar como testemunha *<t. (sobre) um crime>* *<ninguém quis t.>* □ *t.d.* **2** ser testemunha de; ver, presenciar □ *t.d. e t.d.i.* **3** (prep. *a*) tornar evidente, claro; comprovar, demonstrar *<os dados podiam t. (a todos) nosso sucesso>* □ *t.d.,t.d.i. e int.* **4** REL dar (depoimento sobre graças recebidas de Deus) a (alguém)

tes.te.mu.nho *s.m.* **1** ação de testemunhar ou o seu efeito **2** declaração de testemunha **3** prova, evidência

tes.tí.cu.lo *s.m.* ANAT cada uma das duas glândulas sexuais masculinas produtoras de testosterona e dos espermatozoides ~ **testicular** *adj.2g.*

tes.ti.fi.car *v.* {mod. 1} *t.d. e t.d.i.* **1** (prep. *a*) tornar evidente; testemunhar, comprovar *<precisa t. (aos pais) sua maturidade>* **2** (prep. *a*) afirmar com certeza; assegurar *<testificou(-lhe) que estava certa>*

tes.to /ê/ *s.m.* **1** tampa de vasilha **2** vaso de barro em que se põe a cal ☞ cf. *texto*

tes.tos.te.ro.na /ô/ *s.f.* BIOQ hormônio masculino produzido nos testículos

tes.tu.do *adj.* **1** (o) que tem testa ou cabeça grande **2** *fig.* que(m) é teimoso; cabeçudo

te.ta /ê/ *s.f.* glândula mamária; mama

te.tâ.ni.co *adj.* MED **1** referente a ou próprio do tétano **2** que produz sintomas semelhantes aos do tétano

té.ta.no *s.m.* MED infecção provocada por bacilo que penetra na pele através de ferimento e cuja toxina age no sistema nervoso central, provocando contrações musculares

te.tei.a /éi/ *s.f.* **1** enfeite, adorno **2** ser ou objeto gracioso e delicado

te.to *s.m.* **1** ARQ CONSTR parte superior interna de um recinto, que assenta ger. sobre paredes **2** *p.ext.* telhado **3** *p.ext.* casa, habitação **4** AER condição de visibilidade para pouso ou decolagem de aeronaves **5** limite máximo de determinado valor

te.tra *adj.2g.2n.s.2g.2n.* red. de ***TETRACAMPEÃO*** e tetracampeonato

T

te.tra.cam.pe.ão [pl.: *-ões*; fem.: *-ã*] *adj.s.m.* diz-se de ou indivíduo, time, clube etc. que é campeão quatro vezes de um mesmo campeonato, torneio ou competição ☞ tb. se diz apenas *tetra* ~ **tetracampeonato** *s.m.*

te.tra.ci.cli.na *s.f.* FARM antibiótico de ampla ação bactericida

te.tra.e.dro *s.m.* GEOM poliedro de quatro faces

te.trá.go.no *s.m.* GEOM quadrilátero ~ **tetragonal** *adj.2g.*

te.tra.ne.ta *s.f.* filha do trineto ou da trineta; tataraneta

te.tra.ne.to *s.m.* filho do trineto ou trineta; tataraneto

te.tra.ple.gi.a *s.f.* MED paralisia que atinge os membros inferiores e superiores ao mesmo tempo

te.tra.plé.gi.co *adj.* **1** relativo a tetraplegia ■ *adj.s.m.* **2** que(m) sofre de tetraplegia

te.tras.sí.la.bo *adj.s.m.* (palavra ou verso) que tem quatro sílabas ~ **tetrassilábico** *adj.*

te.tra.vó *s.f.* mãe do trisavô ou da trisavó; tataravó

te.tra.vô [fem.: *tetravó*] *s.m.* pai do trisavô ou da trisavó; tataravô

té.tri.co *adj.* **1** muito triste; fúnebre **2** que causa pavor; medonho

teu [fem.: *tua*] *pron.pos.* determina um substantivo (coisa ou pessoa) relacionado à pessoa com quem se fala, significando o que pertence ou diz respeito a ela *<t. irmão>* ▣ **os teus** a família, os amigos da pessoa com quem se fala

teu.tão [pl.: *-ões*; fem.: *teutoa*] *s.m.* **1** indivíduo dos teutões, povo germânico **2** LING língua falada por esse povo **3** *p.ext.* LING a língua alemã ■ *adj.* **4** relativo a esse indivíduo, povo ou língua

teu.to *adj.s.m.* teutônico

teu.tô.ni.co *adj.s.m.* **1** teutão **2** da Alemanha

te.vê *s.f.* televisão

têx.til [pl.: *-eis*] *adj.2g.* **1** que se pode tecer **2** de tecelagem

tex.to /ê/ *s.m.* **1** conjunto de palavras, frases escritas que constituem um todo dotado de sentido **2** trecho ou fragmento da obra de um autor ☞ cf. *testo* ◉ COL coletânea

tex.tu.al [pl.: *-ais*] *adj.2g.* **1** relativo a texto **2** reproduzido ou transcrito com fidelidade ~ **textualidade** *s.f.*

tex.tu.al.men.te *adv.* com total fidelidade ao que foi dito ou escrito por outrem

tex.tu.ra *s.f.* **1** trama, tecido **2** aspecto tátil de uma superfície

te.xu.go *s.m.* ZOO designação comum a diversos mamíferos de hábitos noturnos que vivem em tocas e cujos pelos são us. na confecção de pincéis

tez /ê/ [pl.: *-es*] *s.f.* pele, esp. a do rosto; cútis

Th QUÍM símbolo de *tório*

ti *pron.p.* da 2ª p.sing., caso oblíquo tônico, não reflexivo, para os dois gêneros, forma do pron. *tu*, sempre que precedido de preposição, salvo quando se trata da preposição *com* (caso em que se diz *contigo*) *<ela sofre por ti>*

Ti QUÍM símbolo de *titânio*

ti.a *s.f.* **1** para os filhos, a irmã do pai ou da mãe **2** para os sobrinhos, a mulher do tio **3** *B* tratamento carinhoso que os jovens dão às amigas de seus pais ou às mães de seus amigos, ou que, nas escolas, as crianças dispensam às suas professoras ▣ **ficar para tia** ou **titia** não se casar

ti.a-a.vó [pl.: *tias-avós*] *s.f.* irmã do avô ou da avó em relação aos netos destes

ti.a.mi.na *s.f.* substância encontrada em cereais, legumes, leite, ovos etc., essencial para o funcionamento do sistema nervoso e para o metabolismo de carbo-hidratos

ti.a.ra *s.f.* adorno de cabeça em forma de semicírculo

ti.be.ta.no *adj.* **1** do Tibete (região da China) ■ *s.m.* **2** natural ou habitante dessa região **3** LING a língua falada nessa região e em alguns territórios vizinhos

tí.bia *s.f.* ANAT o maior e mais interno osso da perna ~ **tibial** *adj.2g.*

tí.bio *adj.* **1** morno **2** fraco **3** sem ânimo **4** escasso ~ **tibieza** *s.f.*

ti.ção [pl.: *-ões*] *s.m.* **1** pedaço de lenha ou carvão aceso ou meio queimado **2** *fig. pej.* indivíduo muito sujo **3** *fig.* indivíduo negro ☞ nesta acp., uso por vezes pej.

ti.car *v.* {mod. 1} *t.d. e int.* assinalar com tique ou vezinho para efeito de verificação (texto, palavra(s), número(s) etc.)

ti.co *s.m. B* pequena quantidade

ti.co-ti.co [pl.: *tico-ticos*] *s.m.* **1** ZOO passarinho de até 15 centímetros de comprimento, de cabeça cinza e negra, com um topete, comum em quase todo o Brasil **2** RECR pequeno velocípede **3** serra de dentes pequenos, us. para recortar peças em madeira fina

ti.e.te *s.2g. B infrm.* admirador ou admiradora fanática; fã

ti.fo *s.m.* MED infecção causada por microrganismos que contaminam a água, o leite e os alimentos ~ **tífico** *adj.*

ti.foi.de /ói/ *adj.2g.* que se assemelha ao tifo

ti.fo.so /ô/ [pl.: /ó/; fem.: /ó/] *adj.* **1** tifoide ■ *adj.s.m.* **2** (o) que sofre de tifo

ti.ge.la *s.f.* **1** vasilha côncava, ger. sem asas, us. para preparar ou servir alimentos **2** o conteúdo dessa vasilha

ti.gre [fem.: *tigresa*] *s.m.* ZOO grande felino asiático de pelo amarelado com listras negras

ti.gre.sa *s.f.* ZOO a fêmea do tigre

ti.jo.lei.ro *s.m.* **1** fabricante ou vendedor de tijolos **2** forno para cozer tijolos

ti.jo.lo /ô/ [pl.: /ó/] *s.m.* **1** bloco de barro cozido us. em construções **2** a cor avermelhada do tijolo ■ *adj.2g.2n.* **3** que tem essa cor **4** diz-se dessa cor

ti.ju.co *s.m.* **1** pântano, atoleiro **2** barro, esp. quando de cor escura

til [pl.: *tis*] *s.m.* GRAM sinal (~) que indica nasalização da vogal sobre a qual é posto

ti.lá.pia *s.f.* ZOO designação comum a vários peixes originários da África, que se reproduzem rapidamente em lagos e açudes do Brasil

tíl.bu.ri *s.m.* carro de duas rodas e dois assentos, com capota, puxado por um só animal

tí.lia *s.f.* BOT designação comum a certas árvores de regiões temperadas, cultivadas como ornamentais e por suas madeiras claras

ti.li.ca *s.f.* *SC* bola de gude; quilica

ti.lin.tar *v.* {mod. 1} *t.d. e int.* (fazer) emitir sons metálicos repetidos, como sino, moedas que se chocam etc. ~ **tilintante** *adj.2g.*

ti.mão [pl.: *-ões*] *s.m.* **1** roda ou volante com que se manobra o leme de uma embarcação **2** *fig.* ação de dirigir ou governar

tim.ba.le *s.m.* MÚS tímpano ('instrumento')

tim.bra.do *adj.* marcado em relevo com timbre

tim.brar *v.* {mod. 1} *t.d.* **1** pôr timbre em; marcar com timbre □ *t.d.pred.* **2** (prep. *de*) atribuir certa característica, qualidade a; taxar <*timbraram-no de mesquinho*>

tim.bre *s.m.* **1** insígnia colocada sobre um escudo para indicar a nobreza de seu proprietário **2** *p.ext.* marca que se coloca sobre um impresso para distingui-lo de outros **3** carimbo, selo **4** MÚS o que permite distinguir sons de mesma altura e intensidade (p.ex., tocados por instrumentos diferentes)

ti.me *s.m.* **1** ESP grupo de atletas que constituem uma equipe **2** *p.ext.* grupo de pessoas empenhadas numa mesma tarefa

timer [ing.; pl.: *timers*] *s.m.* **1** dispositivo visual ou sonoro que sinaliza o fim de um período predeterminado de tempo **2** dispositivo que liga ou desliga uma máquina ou aparelho em um ou mais momentos preestabelecidos ⇒ pronuncia-se taimer

tí.mi.do *adj.* **1** que não tem facilidade no convívio social; acanhado **2** que tem temor; receoso **3** *fig.* que revela fraqueza; delicado ~ **timidez** *s.f.*

ti.mo *s.m.* ANAT pequena glândula situada no tórax, em frente à traqueia, cuja função é ligada ao *sistema imunitário*

ti.mo.nei.ro *s.m.* **1** quem controla o timão de uma embarcação **2** *fig.* quem dirige ou regula algo

ti.mo.ra.to *adj.* **1** que tem temor; medroso **2** acanhado, tímido **3** cuidadoso, exigente

tim.pâ.ni.co *adj.* relativo a ou próprio do tímpano ('membrana')

tím.pa.no *s.m.* **1** ANAT membrana fina e tensa que constitui o limite entre a orelha média e a orelha externa **2** nas campainhas, peça de metal em forma de sino **3** MÚS instrumento de percussão que pode ser afinado, composto por uma membrana de couro ou plástico esticada sobre uma meia esfera de cobre; timbale

tim-tim [pl.: *tim-tins*] *interj.* **1** expressão us. pelos que saúdam com copos de bebida ■ *s.m.* **2** *p.ext.* o ruído do bater desses copos ▣ **t. por t.** com todos os detalhes

ti.na *s.f.* **1** vasilha semelhante a um barril cortado ao meio us. para carregar água, lavar roupa etc. **2** banheira

tin.gir *v.* {mod. 24} *t.d.* **1** imergir na tinta, dando nova cor a □ *t.d.,t.d.i. e pron.* **2** *fig.* (prep. *de*) (fazer) tomar cor; colorir(-se) <*o sol tingiu o muro (de dourado)*> <*à luz da lua, o rio tinge-se de prateado*> □ *pron.* **3** (prep. *de*) tornar(-se) corado; enrubescer ◉ GRAM/USO part.: *tingido, tinto* ~ **tingimento** *s.m.*

ti.nha *s.f.* MED infecção da pele por fungos de diversos tipos

ti.nho.rão [pl.: *-ões*] *s.m.* BOT planta ornamental e venenosa, com propriedades vermífugas e contra o catarro

ti.nho.so /ô/ [pl.: /ó/; fem.: /ó/] *adj.s.m.* **1** que(m) sofre de tinha **2** *fig.* *B* que(m) é insistente; teimoso ■ *s.m.* **3** *infrm.* o diabo

ti.nir *v.* {mod. 24} *int.* **1** soar (vidro, metal etc.) de maneira aguda ou vibrante **2** sentir (o ouvido) vibração interior semelhante a esse som; zunir **3** estar muito quente **4** *infrm.* tremer de frio ou de medo; tiritar ▣ **deixar, estar** ou **ficar tinindo** *B infrm.* deixar, estar ou ficar em excelentes condições ou em boa forma

ti.no *s.m.* **1** juízo, discernimento **2** faculdade de perceber ou pressentir coisas; intuição **3** *fig.* capacidade de prever e evitar inconveniências e perigos; prudência, precaução

tin.ta *s.f.* **1** substância corante us. para pintura **2** essa substância, em estado líquido ou pastoso, us. para tingir, escrever ou imprimir **3** tom, cor ou conjunto de cores

tin.tei.ro *s.m.* frasco ger. de vidro em que se coloca tinta para escrever

tin.to *adj.* **1** que se tingiu; tingido **2** rosado, rubro, azulado ou preto (diz-se de uva) **3** que tem mancha, nódoa ■ *s.m.* **4** vinho tinto (ver)

tin.tu.ra *s.f.* matéria corante us. para tingir (tecido, cabelo etc.)

tin.tu.ra.ri.a *s.f.* **1** estabelecimento onde se tingem tecidos, roupas etc. **2** estabelecimento onde se lavam e passam roupas; lavanderia

tin.tu.rei.ro *s.m.* indivíduo que tinge tecidos ou que é dono ou empregado de tinturaria

ti.o *s.m.* **1** para os filhos, o irmão do pai ou da mãe **2** para os sobrinhos, o marido da tia **3** *B* tratamento carinhoso que os jovens dão aos amigos de seus pais ou aos pais de seus amigos

ti.o-a.vô [pl.: *tios-avôs, tios-avós*] *s.m.* para os netos, o irmão do avô ou da avó

tí.pi.co *adj.* que serve de tipo; característico ~ **tipicidade** *s.f.*

ti.pi.fi.car *v.* {mod. 1} *t.d. e pron.* tornar(-se) típico; caracterizar(-se)

ti.pi.ti ou **ta.pi.ti** *s.m.* cesto cilíndrico de palha em que se põe a massa de mandioca para ser espremida; paneiro

T

ti.po *s.m.* **1** categoria de seres ou objetos agrupados segundo algumas características; espécie **2** objeto ou coisa us. para produzir outro igual; modelo **3** conjunto de características de uma família, povo, região etc. **4** GRÁF bloco de metal fundido ou de madeira que traz, em uma das faces, gravação em relevo de um sinal de escrita **5** GRÁF caráter ('sinal'), letra **6** *infrm.* qualquer indivíduo; sujeito

ti.po.gra.fi.a *s.f.* **1** a arte e a técnica de compor e imprimir com uso de tipos ('bloco') **2** conjunto de procedimentos que abrangem as várias etapas de criação de caracteres, impressão e acabamento de um livro **3** *p.ext.* estabelecimento destinado a composição, paginação e impressão de livros, textos etc. ~ **tipográfico** *adj.*

ti.pó.gra.fo *s.m.* **1** proprietário ou administrador de oficina tipográfica **2** quem executa serviços tipográficos

ti.poi.a /ói/ *s.f.* tira de pano que se amarra ao pescoço para apoiar mão ou braço enfermo

ti.po.lo.gi.a *s.f.* **1** estudo, análise ou classificação baseada em tipos, em um conjunto de traços distintivos **2** GRÁF conjunto dos caracteres tipográficos us. num trabalho gráfico

ti.que *s.m.* **1** hábito ridículo ou incômodo; cacoete **2** *fig.* prática repetitiva; mania

ti.que-ta.que [pl.: *tique-taques*] *s.m.* som repetido e cadenciado, como o do relógio, do coração etc.

tí.que.te *s.m.* bilhete impresso que dá direito a um serviço qualquer, como uma passagem, um ingresso etc.

ti.ra *s.f.* **1** pedaço de pano, papel, couro etc., mais comprido do que largo **2** qualquer estrutura com largura e espessura bem menores que o comprimento; faixa **3** fragmento de história em quadrinhos, apresentado numa só faixa horizontal ■ *s.2g.* *B* *infrm.* **4** policial

ti.ra.co.lo *s.m.* tira atravessada de um lado do pescoço para o lado oposto do corpo, passando por baixo do braço ▣ **a t.** *loc.adv.* transpassado desse jeito <*bolsa a t.*>

ti.ra.da *s.f.* **1** longa caminhada **2** frase longa **3** *infrm.* dito espirituoso

T

ti.ra.gem [pl.: *-ens*] *s.f.* número de exemplares de uma edição de livro, revista etc.

ti.ra-gos.to [pl.: *tira-gostos*] *s.m.* *B* petisco, ger. salgado, que acompanha bebidas

ti.ra.ni.a *s.f.* **1** governo de tirano **2** *p.ext.* opressão, violência

ti.râ.ni.co *adj.* próprio de tirano ou tirania

ti.ra.ni.zar *v.* {mod. 1} *t.d.* **1** governar ou tratar com tirania **2** *p.ext.* tratar com grande severidade ou rigor; oprimir

ti.ra.no *s.m.* **1** quem usurpa o poder **2** soberano injusto e cruel **3** quem se excede em autoridade

ti.ra.nos.sau.ro *s.m.* ZOO grande dinossauro carnívoro, bípede, de até 12 metros e 6 toneladas, com membros anteriores muito reduzidos e dentes enormes

ti.ran.te *adj.2g.* **1** que se aproxima de ou assemelha a <*azul t. a verde*> ■ *s.m.* **2** correia que prende as cavalgaduras ao veículo que puxam **3** CONSTR viga que sustenta o madeiramento de um teto ■ *prep.* **4** exceto, salvo <*eram iguais, t. a cor dos cabelos*>

ti.rar *v.* {mod. 1} *t.d.* **1** fazer sair de onde estava; retirar **2** pôr de lado; excluir **3** *B* obter em banco (extrato, demonstrativo, dinheiro etc.) **4** puxar para fora de; sacar, arrancar **5** afastar de si ou mover, levantando, depondo, despindo etc.; retirar **6** fazer desaparecer; apagar, eliminar **7** atingir, receber (quantia, avaliação acadêmica etc.) <*t. nota boa em física*> **8** extrair (texto, informação) de uma fonte **9** reproduzir (texto, ilustração etc.) **10** ter imagem em (fotografia, radiografia etc.); bater **11** *B* transcrever (música, letra) por ouvi-la ou lembrar-se dela <*tiraram duas canções novas*> **12** *B* tocar (uma música) sem cifras ou partitura <*t. músicas de ouvido*> **13** convidar (para dançar) **14** *B* formar opinião sobre; julgar, avaliar <*não sei de onde ela tirou isso*> □ *t.d.i.* **15** (prep. *de*) retirar (quantidade, parcela, número) [de outro]; subtrair <*t. cinco de sete*> **16** (prep. *de*) deduzir a partir de; concluir <*tirou essa conclusão do fato de ela não ter chegado*> **17** *fig.* (prep. *de, a*) deixar sem; levar, privar <*a traição tirou-lhe a paz*> **18** (prep. *de*) colher, auferir (certo resultado) de <*t. proveito da ocasião*> □ *t.d. e t.d.i.* **19** (prep. *de*) apossar-se de (algo alheio) por fraude, violência etc. <*tirou(-lhe) as joias à força*> □ *t.d. e pron.* **20** (prep. *de*) [fazer] desvencilhar-se de situação difícil ou perigosa; salvar(-se) □ *t.i.* **21** (prep. *a*) ter semelhança com; aproximar-se <*um amarelo que tira ao castanho*>

ti.ra-tei.ma [pl.: *tira-teimas*] *s.m.* ou **ti.ra-tei.mas** *s.m.2n.* *infrm.* **1** prova categórica **2** qualquer objeto us. para castigar pessoas teimosas **3** TV *B* recurso eletrônico que analisa trechos de imagens gravadas, esp. lances de competições esportivas, avaliando detalhes que tenham suscitado dúvidas

ti.re.oi.de /ói/ *s.f.* ANAT **1** glândula controlada pela hipófise, situada na base do pescoço e responsável pela secreção de hormônios ■ *adj.2g.* **2** relativo a essa glândula ~ **tireoídeo** *adj.*

ti.ri.ri.ca *s.f.* BOT **1** nome comum a várias ervas daninhas ■ *adj.2g.* *B* *infrm.* **2** muito irritado; furioso

ti.ri.tar *v.* {mod. 1} *int.* tremer de frio, medo ou febre ~ **tiritante** *adj.2g.*

ti.ro *s.m.* **1** disparo de arma de fogo **2** bala ou carga que se dispara de cada vez **3** *p.ext.* distância que a carga pode alcançar **4** ação ou serviço de puxar carros, feito por animais <*besta de t.*>

ti.ro.cí.nio *s.m.* **1** primeiro ensino; aprendizado **2** prática, experiência **3** discernimento, sagacidade <*ter bom t.*>

ti.ro de guer.ra [pl.: *tiros de guerra*] *s.m.* *B* escola de treinamento e formação de reservistas do Exército

ti.ro.lês [pl.: *-eses*; fem.: *tirolesa*] *adj.2g.s.m.* relativo ao Tirol (província da Áustria) ou o que é seu natural ou habitante

ti.ro.le.sa /ê/ *s.f.* **1** mulher natural ou habitante do Tirol (província da Áustria) **2** RECR atividade ao ar livre em que a pessoa se desloca numa espécie de cadeirinha pendurada num cabo aéreo mais ou menos longo, fixado entre dois pontos

ti.ro.tei.o *s.m.* **1** sucessão de tiros **2** troca de tiros ~ **tirotear** *v.t.d. e int.*

ti.sa.na *s.f.* bebida obtida por maceração, infusão ou cocção de plantas, ger. us. como medicamento

tí.si.ca *s.f.* MED tuberculose

tí.si.co *adj.* **1** referente a ou próprio da tísica ■ *adj.s.m.* **2** tuberculoso **3** *fig.* (indivíduo) muito magro

tis.nar *v.* {mod. 1} *t.d. e pron.* **1** tornar(-se) negro com carvão, fumo etc.; enegrecer(-se) **2** sujar(-se), manchar(-se) □ *t.d.* **3** queimar de forma superficial; tostar

tis.ne *s.m.* **1** fuligem **2** escurecimento da pele pela ação do calor ou do fogo

ti.tã *s.m.* **1** MIT cada um dos gigantes que quiseram escalar o céu para destronar Júpiter ☞ inicial freq. maiúsc.; cf. *Júpiter* e *Titãs* na parte enciclopédica **2** *fig.* pessoa ou coisa gigantesca **3** *fig.* pessoa de grande capacidade, poder ou conhecimento ~ **titânico** *adj.*

ti.tâ.nio *s.m.* QUÍM elemento químico us. em aço, ligas leves e estáveis a altas temperaturas, na construção de barcos, aviões, mísseis etc. [símb.: *Ti*] ☞ cf. *tabela periódica* (no fim do dicionário)

tí.te.re *s.m.* **1** marionete **2** *fig. pej.* indivíduo que se deixa manipular

ti.ti.a *s.f. B infrm.* tia

ti.ti.ca *s.f.* **1** excremento, esp. de aves; caca **2** *fig. infrm. pej.* pessoa ou coisa insignificante, desprezível

ti.ti.lar *v.* {mod. 1} *t.d.* **1** fazer cócegas ligeiras em; coçar **2** *fig.* fazer afagos a; lisonjear, agradar *<t. a vaidade de alguém>* □ *int.* **3** palpitar, estremecer *<sua veia titilava>* ~ **titilante** *adj.2g.*

ti.ti.o *s.m. B infrm.* tio

ti-ti-ti [pl.: *ti-ti-tis*] *s.m. infrm.* **1** situação confusa, barulhenta **2** burburinho **3** mexerico, boato, falatório

ti.tu.be.ar *v.* {mod. 5} *int.* **1** não conseguir se manter em pé; cambalear *<anda titubeando>* **2** ficar indeciso, inseguro quanto a; hesitar *<seguiu, depois de t.>* □ *t.d. e int.* **3** falar com hesitação; gaguejar ~ **titubeante** *adj.2g.* - **titubeio** *s.m.*

[1]**ti.tu.lar** *v.* {mod. 1} *t.d.* **1** dar título a; intitular **2** registrar em livros de padrões e títulos autênticos [ORIGEM: do lat. *titulāre* 'dar título a'] ~ **titulação** *s.m.*

[2]**ti.tu.lar** [pl.: *-es*] *adj.2g.s.2g.* **1** que(m) tem título honorífico **2** que(m) ocupa função ou cargo efetivo [ORIGEM: *título* + [1]*-ar*] ~ **titularidade** *s.f.*

tí.tu.lo *s.m.* **1** nome ou expressão colocada em começo de livro, capítulo, matéria de jornal, filme etc. para indicar o assunto ou identificar a obra **2** *p.ext.* obra, trabalho *<autor de muitos t.>* **3** letreiro, rótulo **4** qualificação que exprime uma relação social, uma função, um cargo honorífico etc. **5** grau conferido por escola superior **6** documento que atesta a propriedade de um bem ou de um valor **7** motivo ou pretexto ▣ **t. de crédito** ECON documento que formaliza um crédito

-tivo *suf.* equivalente a *-ivo*

Tl QUÍM símbolo de *tálio*

Tm QUÍM símbolo de *túlio*

TNT *s.m.* QUÍM sigla de *trinitrotolueno*

to *contr.* do pron. pessoal oblíquo *te* com o pron. pessoal oblíquo *o*, que junta numa mesma palavra o objeto indireto e o objeto direto representados por esses pronomes *<teu livro não está aqui; já to devolvi>* ◉ GRAM/USO **a)** fem.: *ta*; pl.: *tos*, *tas*; **b)** no Brasil, tem hoje emprego escasso na língua corrente e no uso literário

TO sigla do Estado do Tocantins

to.a *s.f.* MAR cabo para reboque de embarcação ▣ **à t.** *loc.adv.* **1** ao acaso *<andar à t.>* **2** sem motivo *<brigaram à t.>* **3** sem fazer nada *<vive à t.>* ☞ cf. *à toa* (adj.)

to.a.da *s.f.* MÚS **1** entoação, canto **2** cantiga de melodia simples e monótona e texto ger. curto

to.a.le.te *s.f.* **1** ato de lavar-se, pentear-se, maquiar-se etc. (para deitar-se, sair etc.) **2** traje, esp. feminino, para noite ■ *s.m.* **3** banheiro ('local')

to.a.lha *s.f.* **1** pano de tecido absorvente, próprio para enxugar **2** peça de tecido ou plástico que se estende sobre a mesa à hora das refeições

to.a.lhei.ro *s.m.* **1** porta-toalhas **2** empresa que fornece toalhas para firmas, consultórios etc. e substitui as já usadas por limpas

to.ar *v.* {mod. 1} *int.* **1** fazer tom ou som forte **2** repercutir, ressoar, ecoar □ *t.i.* **3** (prep. *com*) estar em harmonia com; condizer, combinar *<cortinas leves toam com a sala>* *<o acompanhamento não toava com o cantor>* ~ **toante** *adj.2g.*

to.bo.gã *s.m.* **1** ESP trenó pequeno com esquis de aço atados a uma estrutura leve, us. em campeonatos **2** RECR rampa ondulada sobre a qual se desliza, em parque de diversões

to.ca *s.f.* buraco onde certos animais (tatus, coelhos etc.) se abrigam

to.ca-dis.cos *s.m.2n.* aparelho elétrico que reproduz o som gravado em disco de vinil

to.ca-fi.tas *s.m.2n.* aparelho que reproduz sons gravados em fita magnética

to.cai.a *s.f. B* ação de ocultar-se para atacar alguém ou para caçar ▣ **de t.** de vigia

to.cai.ar *v.* {mod. 1} *t.d.* **1** esperar, às escondidas, em prontidão para atacar ou matar (pessoa ou animal); emboscar □ *t.d. e int.* **2** vigiar, espreitar

to.can.te *adj.2g.* **1** referente, relativo **2** que comove; emocionante

to.can.ti.nen.se *adj.2g.* **1** do Tocantins ■ *s.2g.* **2** natural ou habitante desse estado

to.car *v.* {mod. 1} *t.d.,t.i. e int.* **1** (prep. *em*) pôr a mão em; pegar, apalpar *<é proibido t. (em) qualquer mercadoria>* *<precisava ver para crer e t. para sentir>* □ *t.d.,t.i.,t.d.i. e pron.* **2** (prep. *em*) pôr(-se) em contato com; encostar(-se) *<seus lábios tocaram os dela>*

<*atravessou a multidão, mas não tocou em ninguém*> <*por descuido, tocou o dedo no espinho*> <*a tacada fez que várias bolas se tocassem*> ☐ *t.d. e t.i.* **3** (prep. *em*) fazer alusão ou referência a; mencionar <*não chegou a t. o ponto essencial*> <*não toca mais no assunto*> **4** (prep. *em*) servir-se de, consumir (alimento ou bebida) <*não podia t. (em) camarão*> ☐ *pron.* **5** tornar-se próximo; unir-se, identificar-se <*suas ideias se tocavam*> **6** ficar magoado; ofender-se <*tocou-se muito com as acusações*> **7** *B infrm.* dar-se conta de; perceber <*custou a t.-se*> ☐ *int. e pron. B* **8** ir na direção de; dirigir-se <*do aeroporto tocou(-se) para casa*> ☐ *t.d.* **9** estimular a marcha de; tanger <*t. os bois*> **10** *p.ext.* fazer sair do lugar em que estava; expulsar <*tocou o brigão do bar*> **11** estar vizinho a ou junto de; confinar <*seu terreno toca o meu*> **12** causar abalo a; sensibilizar, comover <*a demissão do porteiro tocou todos os moradores*> **13** provocar inspiração ou mudança em; influir <*precisava de algo que tocasse os alunos*> **14** fazer mover a; impulsionar <*t. a bola no campo adversário*> **15** *fig. B* fazer progredir, ir adiante <*t. o projeto, a vida*> ☐ *t.d. e int.* **16** fazer soar (música, melodia) num ou mais instrumentos musicais <*a banda pôs-se a t. (um samba)*> **17** (fazer) emitir toques, sons, ger. para anunciar (algo) <*o relógio tocou três horas*> <*t. a campainha*> <*ouviu o sinal t.*> ☐ *t.i.* **18** (prep. *a*) caber por sorte; pertencer <*tocou-lhe boa parte da herança*> **19** (prep. *a*) ser da responsabilidade de; competir, caber <*a direção toca ao mais velho*> **20** (prep. *a*) dizer respeito a; interessar <*esse assunto não toca aos visitantes*>

to.ca.ta *s.f.* MÚS peça para instrumentos de teclado, ger. com características vivazes e de virtuosismo

to.cha *s.f.* facho de fogo, ger. na ponta de uma haste de qualquer material, us. para iluminar, sinalizar etc.

to.co /ô/ *s.m.* **1** parte de planta cortada que fica presa ao solo **2** pedaço de vela ou tocha; coto **3** *B* resto de algo que se quebrou ou gastou-se pelo uso

to.da.vi.a *conj.advrs.* mas, contudo

to.do /ô/ *adj.* **1** inteiro, completo <*comeu o bolo t.*> ■ *pron.ind.* **2** seja qual for; qualquer <*t. cidadão tem direitos iguais*> ■ *adv.* **3** completamente, por inteiro <*sou t. ouvidos*> ■ *s.m.* **4** totalidade <*as partes formam o t.*>

T

to.do-po.de.ro.so [pl.: *todo-poderosos* /ó/; fem.: /ó/] *adj.s.m.* **1** (aquele) que tudo pode **2** (o) que tem poderes relativamente ilimitados ■ *s.m.* **3** Deus ☞ iniciais maiúsc.

tofu [jap.] *s.m.* espécie de queijo feito de bebida de soja ⇒ pronuncia-se tofu

to.ga *s.f.* **1** manto de lã us. pelos antigos romanos **2** roupa de magistrado; beca

to.ga.do *adj.s.m.* **1** que(m) usa toga **2** diz-se de ou magistrado judicial <*juiz t.*>

toi.ci.nho *s.m.* → ***TOUCINHO***

tol.da *s.f.* **1** toldo ('cobertura') **2** MAR espécie de telhado de palha ou madeira us., em certos barcos, para abrigar carga e/ou passageiros

tol.dar *v.* {mod. 1} *t.d.* **1** cobrir com tolda ou toldo **2** *fig.* obscurecer, cegar <*a ira pode t. a razão*> ☐ *t.d. e pron.* **3** tornar(-se) nublado; anuviar(-se) <*uma neblina espessa toldava o horizonte*> <*o céu toldou-se de repente*> **4** tornar(-se) turvo; turvar(-se) <*a tinta toldou a água*> <*o vinho toldou-se*>

tol.do /ô/ *s.m.* cobertura, ger. de lona ou plástico, posta em janela, porta, varanda etc., para abrigar da chuva e/ou do sol

to.le.rân.cia *s.f.* **1** característica de certas pessoas de admitir e respeitar ideias diferentes das suas **2** dispensa (de regra geral); licença **3** capacidade do organismo para suportar (a ação de certas substâncias)

to.le.ran.te *adj.2g.* **1** que tolera; que desculpa certas falhas ou erros ■ *adj.2g.s.2g.* **2** que(m) é dotado de tolerância ou indulgência

to.le.rar *v.* {mod. 1} *t.d.* **1** aguentar com resignação, paciência; aceitar, suportar **2** ser conivente com; consentir **3** MED ser capaz de suportar, de assimilar (medicação)

to.le.rá.vel [pl.: *-eis*] *adj.2g.* **1** que se pode tolerar; suportável **2** que não tem grandes defeitos; aceitável, sofrível **3** merecedor de indulgência

to.le.te /ê/ *s.m.* **1** MAR cada uma das hastes de ferro ou madeira que servem de apoio para os remos **2** rolo de madeira, fumo etc. **3** *B gros.* rolo de fezes

to.lher *v.* {mod. 8} *t.d.* **1** ser obstáculo a; atrapalhar, impedir <*a dor tolheu seus movimentos*> **2** impor proibição a; vedar <*a polícia tolheu a passagem dos invasores*> **3** impedir que se manifeste; conter <*o susto tolheu sua voz*> ☐ *t.d. e t.d.i.* **4** (prep. *de*) deixar sem; privar <*tolheram sua liberdade*> <*a doença tolhera-o da visão*> ☐ *t.d. e pron.* **5** deixar ou ficar sem os movimentos; paralisar(-se) <*um derrame tolheu seu lado direito*> <*com a artrite, tolheram-se-lhe os dedos*> <*t.-se de medo*> ~ **tolhido** *adj.s.m.* - **tolhimento** *s.m.*

to.li.ce *s.f.* **1** ato ou dito tolo, impensado **2** coisa ou motivo fútil, insignificante

to.lo /ô/ *adj.s.m.* **1** bobo, trouxa ■ *adj.* **2** que não tem sentido ou significação

tom [pl.: *-ons*] *s.m.* **1** FÍS variação de altura, intensidade ou duração de um som **2** MÚS altura de um som na escala musical **3** MÚS tônica a partir da qual se estabelecem as relações tonais; tonalidade <*qual o t. dessa canção?*> **4** *p.ext.* maneira de se expressar, falando ou escrevendo <*t. ameaçador*> **5** *fig.* espírito, estilo, caráter <*romance de t. realista*> **6** gradação de uma cor; matiz, tonalidade

to.ma.da *s.f.* **1** ELETR dispositivo intermediário entre uma fonte de energia elétrica e um aparelho alimentado por essa energia **2** TV registro contínuo de cena de filme ou vídeo

to.mar *v.* {mod. 1} *t.d. e t.d.i.* **1** (prep. *de*) apossar-se de (algo alheio); tirar, arrebatar <*costumava t. nossos brinquedos*> <*tomou da irmã parte de sua herança*> **2** (prep. *com*) pedir, exigir (explicação, satisfação) [a alguém] <*decidiu t. satisfação (dos agressores)*>

3 (prep. *de*) ser vítima de (pancada, surra); levar <*tomou um tapa (do irmão)*> ☐ *t.d.* **4** *fig.* apropriar-se de; assumir <*o medo tomou-o por completo*> **5** conquistar, dominar <*t. o poder*> **6** realizar apreensão ou a prisão de; capturar <*a patrulha tomou os detentos fugidos*> **7** segurar com firmeza, para proteger, amparar <*tomou a mão do avô*> **8** ingerir (alimentos, medicamentos) <*t. um comprimido*> **9** engolir o conteúdo de <*t. um copo de café*> **10** *B* ingressar, embarcar em (ônibus, trem etc.) <*tomou um táxi e foi para casa*> **11** preencher, ocupar (espaço, local) <*a cama tomava quase todo o quarto*> **12** fazer uso de (tempo); consumir, gastar <*a tarefa tomará várias horas*> **13** ser surpreendido por; levar <*t. um susto*> **14** *fig.* invadir o espírito de; dominar <*o riso tomou a plateia*> **15** sofrer a ação de; expor-se <*t. sol*> **16** seguir ou encaminhar-se por <*t. a rua da direita*> **17** passar a ter; adquirir, assumir <*seu rosto tomou um ar de surpresa*> **18** receber, ter (aula, instrução) <*tomava aulas de piano*> ☐ *t.d. e t.i.* **19** (prep. *de*) ter em mãos, ger. para utilizar; empunhar, pegar, segurar <*t. armas*> <*t. da caneta para escrever*> ☐ *t.d.pred. e t.i.pred.* **20** (prep. *a*) fazer opção por; escolher <*tomei-o por testemunha*> ☐ *t.d. e pron. fig.* **21** sentir-se invadido por (impressão, sentimento) <*t. ódio à mulher*> <*t.-se de amores pelo vizinho*> ☐ *t.d. e t.d.pred.* **22** levar em consideração; considerar <*toma tudo com seriedade*> <*t. as palavras como insulto*>

to.ma.ra *interj. B* exprime desejo, votos <*t. que chova*>

to.ma.ra que cai.a *adj.2g.2n.s.m.* VEST diz-se de ou peça do vestuário feminino que vai até a altura das axilas sem que algo a prenda ao pescoço ou aos ombros

to.ma.te *s.m.* BOT fruto vermelho comestível, rico em proteínas e açúcar, muito us. em saladas, molhos etc.

to.ma.tei.ro *s.m.* BOT planta hortense que produz frutos comestíveis de polpa vermelha carnuda e rica em vitamina C

tom.ba.di.lho *s.m.* MAR construção erguida na popa de um navio, us. para alojamento

¹tom.ba.men.to *s.m.* **1** ato de se guardar alguma coisa num arquivo público **2** *B* ato de o governo colocar sob sua guarda bens imóveis e/ou móveis de valor histórico, arqueológico, paisagístico etc. [ORIGEM: ²*tombar* + *-mento*]

²tom.ba.men.to *s.m.* ato de cair, ruir [ORIGEM: ¹*tombar* + *-mento*]

¹tom.bar *v.* {mod. 1} *t.d. e int.* **1** (fazer) cair, deitar por terra; derrubar <*a ventania tombou o varal*> <*o muro tombou*> ☐ *t.d.* **2** deixar cair enviesado; inclinar <*com sono, tombava a cabeça*> ☐ *int.* **3** movimentar-se para baixo; descer <*o sol tomba no horizonte*> **4** perder a vida; morrer ☐ *int. e pron.* **5** cair para o lado; inclinar-se, virar <*o ônibus tombou(-se) na curva*> [ORIGEM: do rad. *tumb-*, imitativo do som da pancada de uma queda, + ²*-ar*]

²tom.bar *v.* {mod. 1} *t.d.* **1** fazer o ²tombo de; arrolar, inventariar **2** *B* pôr (o governo) sob sua guarda (bens imóveis e/ou móveis de interesse público por seu valor histórico, artístico etc.) <*t. um prédio*> [ORIGEM: ²*tombo* + ²*-ar*]

¹tom.bo *s.m.* queda, trambolhão [ORIGEM: de ¹*tombar*]

²tom.bo *s.m.* **1** inventário dos prédios urbanos e rurais com todas as demarcações **2** registro ou relação de coisas ou fatos referentes a uma especialidade, a uma região etc. [ORIGEM: duv., talvez do lat. *tomus,i* 'volume, tomo', ou relacionado ao port. *tumba*]

tôm.bo.la *s.f.* RECR tipo de loteria com fins beneficentes em que os prêmios não são em dinheiro

to.mi.lho *s.m.* BOT erva aromática, de folhas pequenas retas ou em forma de lança, us. como tempero

to.mo *s.m.* divisão de uma obra que pode ou não corresponder a um volume do trabalho impresso

to.mo.gra.fi.a *s.f.* exame radiológico que permite visualizar as estruturas anatômicas na forma de cortes ~ **tomógrafo** *s.m.*

to.na *s.f.* película externa, mais ou menos fina, que envolve certos corpos; pele, casca ▣ **à t.** à superfície

to.na.li.da.de *s.f.* **1** tom, matiz de cor **2** MÚS sistema de relações entre os tons, notas e harmonias de uma peça musical **3** MÚS tom ('tônica') <*um trecho de t. muito aguda*> ~ **tonal** *adj.2g.*

to.nan.te *adj.2g.* **1** vibrante, forte <*voz t.*> **2** que tem sons de trovão

to.nel [pl.: *-éis*] *s.m.* recipiente para líquidos formado por tábuas abauladas unidas e presas por aros metálicos e dois tampos planos; barril

to.ne.la.da *s.f.* FÍS unidade de medida de massa igual a 1.000 kg [símb.: *t*]

to.ne.la.gem [pl.: *-ens*] *s.f.* **1** capacidade ('volume') de um caminhão, navio etc. **2** a medida dessa capacidade

ton.go *adj.s.m.* ou **ton.ga** *adj.2g.s.2g. PR pej.* diz-se de ou pessoa tola

tô.ni.ca *s.f.* **1** GRAM sílaba ou vogal sobre a qual recai a acentuação **2** ponto de algo tratado com ênfase **3** MÚS nota que nomeia o tom de uma escala musical

tô.ni.co *adj.s.m.* FARM **1** (remédio) revigorante ■ *adj.* **2** relativo a tom **3** FON que, num vocábulo, se pronuncia com mais intensidade (vogal, sílaba) ~ **tonicidade** *s.f.* - **tonificação** *s.f.*

to.ni.fi.car *v.* {mod. 1} *t.d. e pron.* (fazer) adquirir força, vigor; fortalecer(-se), robustecer(-se) ~ **tonificante** *adj.2g.*

to.ni.tru.an.te *adj.2g.* **1** muito ruidoso **2** *fig.* que fala ou canta com estrondo ~ **tonitruância** *s.f.*

ton.si.la *s.f.* ANAT cada um dos órgãos formados por uma aglomeração de nódulos linfáticos, esp. os que se situam, em par, à entrada da garganta; amígdala

ton.si.li.te *s.f.* MED inflamação, de origem infecciosa, da(s) tonsila(s); amigdalite

ton.su.ra *s.f.* corte redondo dos cabelos no topo da cabeça, us. pelos clérigos ~ **tonsurar** *v.t.d. e pron.*

ton.te.ar *v.* {mod. 5} *int.* **1** agir como tonto; disparatar **2** deixar tombar a cabeça; cabecear ☐ *t.d. e int.* **3** (fazer) ter tonturas; estontear, atordoar(-se) **4** (fazer) sofrer agitação, perturbação; alvoroçar

ton.tei.ra *s.f.* 1 tolice 2 MED *infrm.* vertigem

ton.ti.ce *s.f.* asneira, tolice

ton.to *adj.s.m.* 1 que(m) tem ou sente tontura 2 que(m) está confuso, atrapalhado

ton.tu.ra *s.f.* MED *infrm.* sensação de que tudo está girando; vertigem

tô.nus *s.m.2n.* estado normal de elasticidade e resistência de um órgão ou tecido

top [ing.; pl.: *tops*] *s.m.* VEST 1 bustiê 2 blusa curta e justa, ger. sem mangas ⇒ pronuncia-se tóp

to.pa.da *s.f.* 1 tropeço 2 encontrão, esbarrão

to.par *v.* {mod. 1} *t.d.,t.i. e pron.* 1 (prep. *com*) ficar frente a frente com; deparar(-se), encontrar(-se) *<topou (com) a tia na saída do clube> <vez por outra topava-se (com) uma casa abandonada>* □ *int.* 2 bater sem querer com o pé em *<topou no degrau e caiu>* 3 ir de encontro a; chocar-se, bater *<t. no poste>* □ *t.d. B infrm.* 4 aceitar, concordar com (negócio, proposta etc.) 5 ter simpatia por; gostar

to.pa-tu.do *s.2g.2n.* quem aproveita ou aceita tudo que surge ou que lhe é proposto

to.pá.zio *s.m.* MINER pedra preciosa ger. amarela

to.pe *s.m.* 1 topo 2 laço de fita em chapéu, flâmula, estandarte 3 altura física, moral, intelectual etc.

to.pe.te /ê *ou* é/ *s.m.* 1 tufo de cabelos no alto da testa 2 *B infrm.* audácia, ousadia

to.pe.tu.do *adj.* 1 que traz ou usa topete ■ *adj.s.m. infrm.* 2 *B* valentão, arrogante

tó.pi.co *adj.* 1 relativo a lugar 2 FARM de uso externo (diz-se de remédio) ■ *s.m.* 3 ponto de um texto, discurso etc.; tema, assunto 4 JOR breve comentário de jornal, ger. sobre assunto da atualidade

to.po /ô/ *s.m.* 1 parte mais alta; cume, tope 2 ponto mais alto que se pode atingir na profissão, nos estudos etc.

to.po.gra.fi.a *s.f.* 1 representação gráfica do relevo de um terreno 2 descrição exata e minuciosa de uma localidade; topologia ~ **topográfico** *adj.* - **topógrafo** *s.m.*

to.po.lo.gi.a *s.f.* 1 descrição minuciosa de um local; topografia 2 MAT estudo das propriedades geométricas de um corpo não alteradas por uma deformação contínua ~ **topológico** *adj.*

to.po.ní.mia *s.f.* 1 estudo dos nomes próprios de lugares 2 lista de topônimos

to.pô.ni.mo *s.m.* nome próprio de lugar

to.que *s.m.* 1 ato de tocar ou o seu efeito 2 som produzido por contato ou percussão 3 sinal militar dado por clarim, corneta etc. 4 *fig.* o que restou; vestígio, marca 5 *B infrm.* conselho discreto 6 MED exame de uma cavidade natural do corpo praticado com o auxílio dos dedos

-tor *suf.* → *-OR*

to.ra *s.f.* tronco grosso de madeira, cortado ou não

to.rá *s.2g.* REL 1 lei sagrada dos judeus; Pentateuco ☞ inicial maiúsc. 2 livro que a contém (Antigo Testamento) ☞ inicial maiúsc.

to.rá.ci.co *adj.* relativo a ou próprio do tórax

to.ran.ja *s.f.* BOT fruta cítrica grande, arredondada, de casca amarela grossa e polpa branca ~ **toranjeira** *s.f.*

to.rar *v.* {mod. 1} *t.d.* 1 partir (a madeira) em toros 2 *B* cortar rente; tosar

tó.rax /cs/ *s.m.2n.* ANAT parte do corpo entre o pescoço e o músculo do diafragma que aloja os pulmões e o coração

tor.çal [pl.: *-ais*] *s.m.* 1 cordão torcido de retrós ou seda 2 *B* espécie de cabresto para conter animais ariscos

tor.ção [pl.: *-ões*] *s.f.* rotação brusca e doída (de articulação, órgão etc.); torcedura

tor.ce.dor /ô/ [pl.: *-es*] *adj.* 1 que torce ■ *adj.s.m.* 2 *B* que(m) torce por um time

tor.ce.du.ra *s.f.* torção

tor.cer *v.* {mod. 8} *t.d.* 1 revirar em espiral; enroscar, enrolar 2 unir enrolando 3 lesar os ligamentos de (parte do corpo) por movimento brusco de rotação 4 *fig.* alterar o sentido ou a proporção real de; deturpar, distorcer 5 reduzir à obediência; sujeitar □ *t.d.,int. e pron.* 6 mudar a direção ou a orientação (de); desviar *<a falência torceu seus planos de vida> <com os ventos, a expedição torceu(-se) para leste>* □ *t.d. e pron.* 7 tornar(-se) curvo; vergar(-se), dobrar(-se) 8 contrair ou contorcer (o corpo, parte dele) por dor, desespero, riso etc. 9 alterar a forma ou o aspecto habitual (de); contorcer(-se) □ *pron.* 10 seguir um curso sinuoso; serpear 11 mover-se dando voltas □ *t.i. fig.* 12 (prep. *por*) desejar com intensidade *<torço por sua melhora>* 13 *B* (prep. *por*) mostrar sua predileção por (equipe desportiva, agremiação etc.) ◉ GRAM/USO part.: *torcido*, *torto*

tor.ci.co.lo *s.m.* MED forte contração de músculo do pescoço, que leva a uma posição anormal da cabeça

tor.ci.da *s.f.* 1 mecha de candeeiro, lamparina etc.; pavio 2 numa competição, o conjunto dos torcedores 3 conjunto dos simpatizantes de um clube, entidade ou agremiação esportiva

tor.ci.do *adj.* 1 que se torceu; torto 2 que sofreu torção 3 *fig.* mal interpretado ou forçado

tor.ço /ô/ *s.m.* VEST *BA* espécie de xale ou manta que se enrola na cabeça como turbante ☞ cf. *torso*

tor.di.lho *adj.s.m.* diz-se de ou cavalo cujo pelo é de fundo branco-sujo, salpicado de pequenas manchas

-tório *suf.* equivalente a *-ório*

tó.rio *s.m.* QUÍM elemento químico us. como combustível nuclear, em lâmpadas solares, células fotoelétricas etc. [símb.: *Th*] ☞ cf. *tabela periódica* (no fim do dicionário)

tor.men.ta *s.f.* 1 tempestade violenta, esp. no mar; temporal, borrasca 2 *fig.* grande barulho; desordem

tor.men.to *s.m.* 1 sofrimento físico; suplício 2 aflição, angústia

tor.men.to.so /ô/ [pl.: /ó/; fem.: /ó/] *adj.* 1 relativo a ou em que há tormenta 2 que causa tormento; aflitivo 3 penoso, árduo

tor.na.do *s.m.* tempestade violenta cujo núcleo, uma nuvem em forma de cone invertido, gira velozmente, derrubando árvores, construções etc.

tor.nar *v.* {mod. 1} *int. e pron.* **1** voltar ao lugar de onde saiu; regressar *<tornou(-se) para a cabine>* ☐ *int.* **2** manifestar-se, acontecer de novo ☐ *t.d.i.* **3** (prep. *a*) dar de volta (o que é devido ou esperado); restituir, devolver *<t. o objeto a seu dono>* ☐ *t.d.pred. e pron.* **4** (fazer) mudar de estado, forma etc.; transformar(-se) *<t. os meninos maus em bons>* *<o céu tornara-se nublado>* ◉ GRAM/USO tb. é empr. como v.aux., com a prep. *a* e o inf. de outro verbo, para indicar a ideia de 'insistência da ação': *tornou a chorar, mal a viu*

tor.nas.sol [pl.: *-óis*] *s.m.* **1** girassol **2** QUÍM corante obtido de várias espécies de liquens, us. esp. para determinar o quanto uma substância é ácida ou básica

tor.ne.a.do *adj.2g.s.m.* **1** (o) que foi feito ou lavrado ao torno ■ *adj.* **2** que tem belo contorno

tor.ne.ar *v.* {mod. 5} *t.d.* **1** trabalhar ou modelar no torno **2** dar forma cilíndrica, arredondada ou roliça a *<exercícios para t. as pernas>* **3** estar em volta de; rodear *<uma gargantilha torneava seu pescoço>* **4** *fig.* tornar mais apurado; aprimorar, polir *<t. um verso>* ~ **torneamento** *s.m.*

tor.ne.a.ri.a *s.f.* ofício de torneiro

tor.nei.o *s.m.* **1** justa ('medieval') **2** ESP competição esportiva

tor.nei.ra *s.f.* **1** tubo com uma espécie de chave us. para reter ou deixar sair líquido ou gás; bica **2** a chave desse tubo

tor.nei.ro *s.m.* quem trabalha com o torno

tor.ni.que.te /ê/ *s.m.* **1** tipo de cruz horizontal que gira sobre um eixo vertical, colocada à entrada de rua, estrada etc., que deixa passar apenas pessoas a pé **2** instrumento destinado a apertar **3** instrumento ou recurso us. para impedir o fluxo de sangue em um membro

tor.no /ô/ *s.m.* suporte giratório us. para fabricar ou arredondar peças de madeira, ferro, aço etc.

tor.no.ze.lei.ra *s.f.* **1** peça elástica para proteger o tornozelo **2** adorno para o tornozelo

tor.no.ze.lo /ê/ *s.m.* ANAT região entre a perna e o pé

to.ro *s.m.* tronco de árvore cortada, ainda com a casca, sem os ramos

to.ró *s.m.* *B* chuva forte e súbita

tor.pe /ô/ *adj.2g.* **1** que contraria os bons costumes, a moral; indecoroso **2** que causa repulsa; repugnante **3** mesquinho, vil

tor.pe.de.ar *v.* {mod. 5} *t.d.* **1** MAR lançar torpedo(s) contra **2** *fig.* promover meios para prejudicar ou acabar com *<t. um plano>* ~ **torpedeamento** *s.m.*

tor.pe.dei.ro *s.m.* MAR navio de guerra que lança torpedos

tor.pe.do /ê/ *s.m.* **1** MAR míssil cilíndrico lançado contra alvos marítimos **2** *B infrm.* bilhete que alguém entrega ou manda entregar a outrem em local público, ger. com intenções amorosas **3** *p.ext.* mensagem de texto enviada de um telefone celular para outro(s)

tor.pe.za /ê/ *s.f.* **1** ato que revela indignidade; infâmia **2** ato indecoroso, obsceno; obscenidade

tor.por /ô/ [pl.: *-es*] *s.m.* **1** indiferença ou apatia moral **2** indolência, prostração **3** entorpecimento, insensibilidade física **4** MED ausência de reação a estímulos comuns

tor.que *s.m.* ENG MEC força que o motor imprime ao eixo de manivela, fazendo-o girar para impulsionar o veículo

tor.quês [pl.: *-eses*] *s.f.* espécie de alicate us. para segurar e/ou arrancar pregos, grampos etc. ou para cortar arame

tor.ra.da *s.f.* CUL fatia de pão torrado

tor.ra.dei.ra *s.f.* utensílio, ger. elétrico, para fazer torradas

tor.rão [pl.: *-ões*] *s.m.* **1** porção de terra mais ou menos endurecida **2** terreno próprio para cultivo **3** *p.ext.* pedaço de algo que se esfarela facilmente *<t. de açúcar>* **4** *fig.* terra natal

tor.rar *v.* {mod. 1} *t.d.* **1** tornar muito seco (ao sol ou ao fogo); ressecar **2** queimar levemente; tostar **3** tornar (mais) moreno; queimar **4** *fig. B infrm.* gastar com exagero (dinheiro, bens); esbanjar **5** *fig.* vender a preço ínfimo; liquidar, queimar ☐ *t.d. e int.* *B infrm.* **6** *gír.* importunar, aborrecer *<t. a paciência>* *<não torra, por favor!>* **7** ~ **torra** *s.f.* - **torração** *s.f.* - **torrado** *adj.*

tor.re /ô/ *s.f.* **1** ARQ parte alta, ger. cilíndrica, de uma construção **2** ARQ campanário **3** peça do jogo de xadrez, em forma de torre com ameias, que pode se movimentar em linha reta, para a frente, para trás e para os lados

tor.re.ão [pl.: *-ões*] *s.m.* ARQ **1** torre larga com ameias **2** torre ou terraço no alto de prédio

tor.re.fa.ção [pl.: *-ões*] *s.f.* **1** ação de torrefazer ou o seu efeito **2** local ou estabelecimento onde se torra café

tor.re.fa.to *adj.* bem torrado; torrefeito

tor.re.fa.zer *v.* {mod. 14} *t.d.* torrificar ◉ GRAM/USO part.: *torrefeito*

tor.re.fei.to *adj.* torrefato

tor.ren.ci.al [pl.: *-ais*] *adj.2g.* **1** relativo ou semelhante a torrente **2** *fig.* abundante, copioso *<chuvas t.>*

tor.ren.te *s.f.* **1** fluxo de água rápido e violento causado por enxurrada **2** *p.ext.* grande quantidade de coisa que jorra ou cai *<t. de lava>* **3** *fig.* grande fluência *<t. de palavras>*

tor.res.mo /ê/ *s.m.* CUL toucinho picado e frito

tór.ri.do *adj.* muito quente; abrasador *<zona t.>*

tor.ri.fi.car *v.* {mod. 1} *t.d.* **1** expor ao fogo; queimar, torrar **2** tornar tórrido *<t. o solo>* **3** torrar levemente, tostar ~ **torrificação** *s.f.* - **torrificante** *adj.2g.*

tor.so /ô/ *s.m.* **1** corpo humano sem a cabeça e os membros; tronco **2** estátua ou pintura do tronco de alguém

tor.ta *s.f.* CUL **1** massa ('mistura') assada com recheio doce ou salgado **2** bolo em camadas, com recheio e cobertura

tor.to /ô/ *adj.* **1** retorcido; sinuoso **2** não perpendicular; oblíquo **3** *fig.* que se mostra injusto, errado *<comportamento t.>*

tor.tu.o.so /ô/ [pl.: */ó/*; fem.: */ó/*] *adj.* **1** sinuoso, torto **2** *fig.* que não é honesto ou justo ~ **tortuosidade** *s.f.*

tor.tu.ra *s.f.* **1** dor violenta infligida a alguém; suplício **2** *p.ext.* sofrimento, angústia

tor.tu.ran.te *adj.2g.* **1** que tortura, que atormenta **2** que causa aflição, que angustia

tor.tu.rar *v.* {mod. 1} *t.d.* **1** submeter a dor longa, intensa, crescente; supliciar **2** causar incômodo físico *<o sapato apertado a torturava>* □ *t.d. e pron.* **3** (fazer) sofrer grande aflição, angústia; atormentar(-se) *<sua indiferença torturava-o> <t.-se por alguém>*

tor.ve.li.nho *s.m.* rodamoinho

tor.vo /ô/ *adj.* **1** que causa terror; medonho **2** de aspecto sombrio, sinistro ~ **torvar** *v.t.d.,int. e pron.*

to.sa *s.f.* **1** trabalho de tosar a lã ou aparar-lhe a felpa; tosadura, tosquia **2** *p.ext.* trabalho de cortar ou aparar pelos de cães

to.são [pl.: *-ões*] *s.m.* pelagem de carneiro

to.sar *v.* {mod. 1} *t.d.* **1** cortar o velo de (animais que produzem lã); tosquiar **2** *p.ext.* cortar ou aparar o pelo de (cães de pelo longo) **3** aparar os fios levantados de (estofos de lã, panos etc.) **4** *fig.* cortar rente; raspar *<t. o cabelo>* ~ **tosadura** *s.f.*

tos.co /ô/ *adj.* **1** tal como veio da natureza **2** sem apuro ou refinamento **3** inculto, bronco

tos.qui.ar *v.* {mod. 1} *t.d.* **1** cortar rente (lã, pelo, cabelo) **2** cortar lã, pelo ou cabelo de; tosar **3** cortar curto; aparar ~ **tosquia** *s.f.* - **tosquiadura** *s.f.*

tos.se *s.f.* **1** ato de tossir **2** o som provocado por esse ato **3** MED expectoração repetida de ar pela boca ~ **tossida** *s.f.* - **tossidela** *s.f.*

tos.sir *v.* {mod. 28} *int.* **1** expelir o ar dos pulmões de modo repentino e com ruído explosivo característico □ *t.d.* **2** expelir da garganta

tos.tão [pl.: *-ões*] *s.m.* **1** antiga moeda de 100 réis **2** *infrm.* qualquer quantia pequena

tos.tar *v.* {mod. 1} *t.d. e pron.* **1** queimar(-se) leve ou superficialmente; crestar(-se) **2** dar ou adquirir cor (mais) escura; bronzear(-se) ~ **tostadela** *s.f.* - **tostadura** *s.f.*

to.tal [pl.: *-ais*] *s.m.* **1** resultado de uma adição; soma **2** reunião das partes que formam um todo ■ *adj.2g.* **3** inteiro, completo

to.ta.li.da.de *s.f.* **1** reunião de todas as partes de um conjunto **2** condição de ser total, inteiro; universalidade

to.ta.li.tá.rio *adj.* POL **1** diz-se de regime político que concentra todos os poderes do Estado em um único grupo ou partido e exerce forte intervenção em todos os âmbitos da vida dos cidadãos **2** diz-se de Estado em que vigora esse regime ■ *adj.s.m.* POL **3** que(m) é adepto do totalitarismo

to.ta.li.ta.ris.mo *s.m.* **1** qualidade de quem ou do que é totalitário; autoritarismo **2** POL doutrina ou regime ditatorial ~ **totalitarista** *adj.2g.s.2g.*

to.ta.li.za.ção [pl.: *-ões*] *s.f.* **1** ato ou efeito de totalizar **2** resultado de soma

to.ta.li.zar *v.* {mod. 1} *t.d.* **1** calcular o total de **2** realizar por completo; concluir, completar **3** atingir o total de; perfazer ~ **totalizador** *adj.s.m.*

to.tal.men.te *adv.* de modo total, completo

to.tem [pl.: *-ens*] *s.m.* **1** animal, planta ou objeto sagrado, tido como ancestral protetor de tribo ou clã **2** *p.ext.* representação desse animal, planta ou objeto ~ **totêmico** *adj.* - **totemismo** *s.m.*

to.tó *s.m.* **1** cão pequeno **2** RECR ver ***FUTEBOL TOTÓ***

tou.ca *s.f.* VEST peça de tecido ou lã que cobre a cabeça

tou.ça *s.f.* BOT moita

tou.ca.dor /ô/ [pl.: *-es*] *s.m.* penteadeira

tou.cei.ra *s.f.* BOT **1** grande moita **2** conjunto de plantas da mesma espécie que nascem muito próximas entre si

tou.ci.nho ou **toi.ci.nho** *s.m.* gordura de porco, que fica por baixo da pele, com ou sem o respectivo couro

tou.pei.ra *s.f.* **1** ZOO nome comum a diversos pequenos mamíferos que se alimentam de insetos, de corpo e focinho longos, olhos muito pequenos e patas anteriores adaptadas para cavar ou nadar **2** *pej.* pessoa pouco inteligente

tou.ra.da *s.f.* duelo em arena pública entre homem e touro

tou.re.ar *v.* {mod. 5} *t.d. e int.* **1** correr ou lidar com (touros) □ *t.d. fig.* **2** efetuar ataque contra; investir ~ **toureador** *adj.s.m.*

tou.rei.ro *adj.* **1** relativo a touro ■ *adj.s.m.* **2** que(m) toureia

tou.ro *s.m.* **1** ZOO boi não castrado, us. como reprodutor ou em tauromaquia **2** *fig.* homem muito forte **3** segunda constelação zodiacal, situada entre Áries e Gêmeos ☞ inicial maiúsc. **4** ASTRL segundo signo do zodíaco (de 21 de abril a 20 de maio) ☞ inicial maiúsc.

tó.xi.co /cs/ *adj.s.m.* **1** (o) que produz efeitos nocivos no organismo **2** (o) que contém veneno ■ *s.m.* **3** droga, entorpecente ~ **toxicidade** *s.f.*

to.xi.co.lo.gi.a /cs/ *s.f.* MED ramo da medicina que estuda a composição e os efeitos das substâncias tóxicas e dos venenos, e trata intoxicações e envenenamentos ~ **toxicológico** *adj.* - **toxicólogo** *s.m.*

to.xi.co.ma.ni.a /cs/ *s.f.* uso compulsivo de substâncias que atuam sobre o psiquismo, como o álcool e as drogas ~ **toxicomaníaco** *adj.s.m.* - **toxicômano** *adj.s.m.*

to.xi.na /cs/ *s.f.* BIOQ substância tóxica produzida por um organismo vivo, que pode causar doenças em seres de outras espécies

to.xo.plas.mo.se /cs/ *s.f.* MED infecção, congênita ou adquirida, causada por um parasita intracelular e que ocorre em numerosos animais e no homem

TPM *s.f.* sigla de *tensão pré-menstrual*

tra- *pref.* → TRANS-

tra.ba.lha.dor /ô/ [pl.: *-es*] *adj.s.m.* **1** que(m) trabalha **2** que(m) gosta de trabalhar ■ *s.m.* **3** empregado, operário

tra.ba.lhar *v.* {mod. 1} *t.i. e int.* **1** (prep. *em, com*) ocupar-se com ofício, profissão ou atividade *<trabalha no comércio>* □ *int.* **2** realizar bem as atividades; funcionar □ *t.i.* **3** (prep. *em*) empenhar-se para executar ou alcançar (algo) *<t. na redação do livro>* **4** (prep. *para*) ter influência em (um resultado); contribuir *<tudo trabalha para sua vitória>* **5** (prep. *com*) ter comércio de (produtos, serviços) *<a loja trabalha com carne>* □ *t.d.* **6** dar nova forma, tratamento a (mármore, madeira etc.); manipular **7** preparar (solo) para cultivo **8** executar ou preparar com esmero **9** preparar para desempenhar certo papel ou função **10** *B* exercitar, fortalecer (musculatura, membros, o corpo)

tra.ba.lhei.ra *s.f.* **1** trabalho cansativo **2** *fig.* grande dificuldade

tra.ba.lhis.mo *s.m.* nome dado às formas de ação política e econômica que dão destaque aos direitos dos trabalhadores

tra.ba.lhis.ta *adj.2g.* **1** relativo a trabalhismo **2** relativo a trabalho **3** relativo a trabalhadores e a seus direitos ■ *adj.2g.s.2g.* **4** adepto do trabalhismo **5** DIR especialista em direito do trabalho

tra.ba.lho *s.m.* **1** atividade profissional, remunerada ou não **2** atividade produtiva ou criativa, exercida para determinado fim **3** o resultado ou o exercício dessas atividades **4** local onde a atividade é exercida **5** esforço, lida **6** REL em cultos afro-brasileiros, prática ritual que visa obter auxílio, proteção ou conquista de algum desejo

tra.ba.lho.so /ô/ [pl.: /ó/; fem.: /ó/] *adj.* **1** que dá ou causa trabalho **2** difícil

tra.bu.co *s.m.* bacamarte

tra.ça *s.f.* ZOO nome comum a larvas de várias espécies de mariposa que corroem papel, tecido etc.

tra.ça.do *adj.* **1** representado por meio de traços **2** delineado, delimitado **3** *fig.* que se esboçou; projetado ■ *s.m.* **4** ato ou efeito de traçar (linhas, riscos etc.) **5** ARQ ENG esboço ou desenho definitivo de trabalho a realizar-se ou já realizado (planta, projeto etc.)

tra.ção [pl.: *-ões*] *s.f.* **1** ato de puxar, arrastar, alongar ou o seu efeito **2** ação de uma força que desloca objeto móvel por meio de corda, cabo etc.

tra.çar *v.* {mod. 1} *t.d.* **1** descrever, desenhar traços; riscar **2** representar por traços; desenhar **3** fazer traços em; riscar **4** pôr marca em; assinalar **5** desenhar os contornos de; esboçar **6** compor o retrato, a trajetória de **7** descrever, expor **8** projetar, planejar **9** pôr de través, a tiracolo; cruzar

tra.ce.jar *v.* {mod. 1} *int.* **1** fazer traços ou linhas; riscar □ *t.d.* **2** formar com traços sucessivos **3** descrever ou planejar superficialmente ~ **tracejamento** *s.m.*

tra.cio.nar *v.* {mod. 1} *t.d.* deslocar por tração; puxar

tra.ço *s.m.* **1** risco ou linha feita com lápis, giz, pincel etc. **2** modo próprio de desenhar **3** fisionomia e/ou outras características corporais **4** caráter, qualidade **5** *fig.* o que restou; vestígio, rastro

tra.ço de u.ni.ão [pl.: *traços de união*] *s.m.* GRAM hífen

tra.di.ção [pl.: *-ões*] *s.f.* **1** herança cultural passada oralmente através das gerações **2** conjunto dos valores morais, espirituais etc. transmitidos de geração em geração

tra.di.cio.nal [pl.: *-ais*] *adj.2g.* **1** pertencente ou relativo a tradição **2** transmitido por tradição

tra.di.cio.na.lis.mo *s.m.* forte ligação com as tradições; conservadorismo ~ **tradicionalista** *adj.2g.s.2g.*

tra.du.ção [pl.: *-ões*] *s.f.* **1** transposição de uma língua para outra **2** obra traduzida **3** interpretação, explicação

tra.du.tor /ô/ [pl.: *-es*] *adj.* **1** que traduz ■ *adj.s.m.* **2** (aquele) cuja função ou profissão é traduzir textos

tra.du.zir *v.* {mod. 24} *t.d. e t.d.i.* **1** (prep. *para*) passar (texto, frase etc.) de uma língua para (outra) □ *t.d.pred.* **2** dar certo sentido a; considerar, interpretar *<t. um gesto como uma recusa>* □ *t.d. e pron.* **3** tornar(-se) evidente, perceptível; manifestar(-se), revelar(-se) □ *t.d.* **4** ser representação de; simbolizar **5** tornar conhecido ou compreensível; explicar ~ **traduzível** *adj.2g.*

tra.fe.gar *v.* {mod. 1} *int.* deslocar-se no tráfego ☞ cf. *traficar*

trá.fe.go *s.m.* trânsito ('circulação') ☞ cf. *tráfico*

tra.fi.can.te *adj.2g.s.2g.* que(m) trafica, faz tráfico

tra.fi.car *v.* {mod. 1} *t.d.,t.i. e int.* (prep. *com*) fazer negócio clandestino, fraudulento, ilegal *<t. (com) entorpecentes>* *<foi preso quando traficava>* ☞ cf. *trafegar*

trá.fi.co *s.m.* comércio ou negociação ilegal ☞ cf. *tráfego*

tra.ga.da *s.f.* **1** ato de aspirar fumaça de cigarro **2** gole, esp. de bebida alcoólica; trago

tra.gar *v.* {mod. 1} *t.d.* **1** engolir num gole **2** comer rapidamente, com avidez **3** fazer sumir; absorver *<a onda tragou o barco>* **4** aspirar, sorver **5** *fig.* ser tolerante com (alguém ou algo); aguentar, suportar *<não tragava o vizinho>* □ *t.d. e int.* **6** inalar a fumaça de (cigarro)

tra.gé.dia *s.f.* **1** CINE TEAT TV peça ou filme dramático ger. com final infeliz ou desastroso **2** *fig.* catástrofe, desgraça, infortúnio

trá.gi.co *adj.* **1** próprio de tragédia **2** *fig.* que traz morte ou desgraça; funesto

tra.gi.co.mé.dia *s.f.* **1** CINE TEAT TV peça que mescla tragédia e comédia **2** *fig.* mistura de acontecimentos trágicos e risíveis ~ **tragicômico** *adj.*

tra.go *s.m.* **1** gole, tragada **2** dose de bebida alcoólica

tra.i.ção [pl.: *-ões*] *s.f.* **1** quebra de fidelidade; deslealdade **2** *p.ext.* infidelidade amorosa

trai.ço.ei.ro *adj.* **1** em que há ou que revela traição **2** que é perigoso sem que o pareça ■ *adj.s.m.* **3** que(m) atraiçoa, é desleal; traidor

tra.i.dor /ô/ [pl.: *-es*] *adj.s.m.* **1** que(m) atraiçoa; traiçoeiro ■ *adj.* **2** perigoso sem o parecer; traiçoeiro

trailer [ing.; pl.: *trailers*] *s.m.* **1** CINE TV montagem de trechos de filme, novela etc., exibida como anúncio antes do lançamento **2** veículo puxado por carro, us. em viagens, excursões ou como casa ⇒ pronuncia-se trêiler

trainee [ing.; pl.: *trainees*] *s.2g.* **1** pessoa que está sendo treinada, esp. para um trabalho determinado **1.1** profissional ger. recém-formado que participa de programa de treinamento oferecido por uma empresa ⇒ pronuncia-se trêini

trai.nei.ra *s.f.* **1** MAR barco de pesca a motor com um grande porão **2** *B* grande rede em forma de trapézio, us. na pesca da sardinha

tra.ir *v.* {mod. 25} *t.d.* **1** ser desleal, infiel com; atraiçoar, enganar **2** abandonar, contrariar (crença, convicção etc.) **3** deixar de cumprir (promessa, compromisso etc.) **4** revelar de modo involuntário *<seu olhar traía seus pensamentos>* □ *pron.* **5** revelar, por descuido, o que deveria ficar oculto *<traiu-se ao depor>*

tra.í.ra *s.f.* ZOO peixe de até cerca de 60 cm de comprimento, cor que varia do negro ao pardo escuro, ventre branco e manchas escuras pelo corpo

tra.jar *v.* {mod. 1} *t.d.,int. e pron.* usar como vestuário; vestir(-se)

tra.je *s.m.* **1** roupa que se veste habitualmente **2** vestuário próprio de uma profissão **3** roupa, vestimenta

tra.je.to *s.m.* espaço a percorrer de um ponto a outro; percurso, trajetória

tra.je.tó.ria *s.f.* **1** trajeto **2** FÍS linha descrita por um corpo em movimento

tra.lha *s.f.* **1** pequena rede de pesca que pode ser lançada por uma só pessoa **2** amontoado de objetos velhos ou inúteis; bugiganga, cacareco

tra.ma *s.f.* **1** conjunto de fios paralelos à largura de um tecido ☞ cf. *urdidura* **2** o que foi tecido; tela **3** CINE LIT TEAT sucessão de fatos numa história; enredo **4** intriga contra alguém ou algo; complô

tra.mar *v.* {mod. 1} *t.d.* **1** passar a trama entre os fios da urdidura de; tecer **2** *fig.* planejar a execução de (ger. algo ruim); urdir, maquinar □ *t.d.,t.i. e t.d.i.* **3** (prep. *contra*) planejar em segredo e em conjunto (ações danosas) contra; conspirar *<tramaram invadir o castelo> <t. (um golpe) contra o imperador>*

tram.bi.que *s.m. B infrm.* negócio fraudulento; trapaça ~ **trambicar** *v.t.d. e t.i.* - **trambiqueiro** *adj.s.m.*

tram.bo.lhão [pl.: *-ões*] *s.m.* **1** ato de cair aos trancos ou rolando **2** queda com barulho ~ **trambolhar** *v.int.*

tram.bo.lho /ô/ *s.m.* **1** peso atado aos pés de animais domésticos para dificultar seu deslocamento **2** *fig.* obstáculo, empecilho

tra.me.la ou **ta.ra.me.la** *s.f.* peça que gira presa a um prego, us. para fechar porta, porteira etc.

tra.mi.ta.ção [pl.: *-ões*] *s.f.* **1** ato ou efeito de tramitar **2** DIR conjunto dos atos necessários para o andamento de um processo

tra.mi.tar *v.* {mod. 1} *int.* seguir os trâmites, o curso regular para conseguir (documento, requisição etc.)

trâ.mi.te *s.m.* **1** o que conduz a algum ponto; via **2** curso ou etapa regular para a realização de algo ☞ mais us. no pl.

tra.moi.a /ói/ *s.f.* esquema para enganar; artimanha, trapaça

tra.mon.ta.na *s.f.* **1** estrela polar **2** vento que sopra do norte **3** *p.ext.* direção, rumo

tram.po *s.m. B gír.* trabalho, serviço

tram.po.lim [pl.: *-ins*] *s.m.* **1** prancha para impulsionar salto, mergulho etc. **2** *fig.* pessoa ou coisa que serve de meio para se obter ou realizar algo

tran.ca *s.f.* **1** viga de madeira ou ferro que fecha portas e janelas pelo lado de dentro **2** artefato us. em portões, portas de residências, veículos etc. para fins de segurança

tran.ça *s.f.* entrelaçamento de três madeixas, fios etc.

tran.ça.do *adj.* **1** disposto em trança; entrelaçado ■ *s.m.* **2** obra trançada

tran.ca.fi.ar *v.* {mod. 1} *t.d. B* **1** prender em penitenciária, xadrez etc. □ *t.d. e pron. B* **2** isolar(-se) num ambiente, afastando(-se) do convívio social; encarcerar(-se)

tran.car *v.* {mod. 1} *t.d.* **1** fechar com chave ou tranca *<tranque a porta ao sair>* **2** prender em penitenciária, cela etc.; encarcerar **3** suspender (matrícula, inscrição), podendo reativá-la depois □ *t.d. e pron.* **4** manter(-se) em recinto fechado □ *pron.* **5** mostrar-se reservado, pouco comunicativo ~ **trancado** *adj.* - **trancamento** *s.m.*

tran.çar *v.* {mod. 1} *t.d.,t.d.i. e pron.* **1** (prep. *com*) juntar(-se), metendo(-se) uns por entre os outros; entrançar(-se) *<t. fitas amarelas (com brancas)> <a trepadeira trançou-se na cerca>* □ *t.d.* **2** fazer trança em *<t. os cabelos>*

tran.co *s.m.* **1** salto largo que dá o cavalo **2** solavanco **3** encontrão, esbarrão ▣ **aos t. e barrancos** *fig.* a muito custo

tran.quei.ra *s.f.* **1** *SP* pilha de troncos ou galhos secos de árvore, no meio da mata, ou impedindo o trânsito **2** *S.* dificuldade, obstáculo **3** *infrm. pej.* conjunto de coisas sem valor ou inúteis

tran.qui.li.da.de /qü/ *s.f.* ausência de agitação, inquietações, perturbações ou alvoroço

tran.qui.li.zan.te /qü/ *adj.2g.* **1** que tranquiliza ■ *adj.2g.s.m.* **2** FARM (medicamento) que acalma; sedativo

tran.qui.li.zar /qü/ *v.* {mod. 1} *t.d. e pron.* tornar(-se) tranquilo; acalmar(-se), serenar ~ **tranquilizador** *adj.s.m.*

tran.qui.lo /qü/ *adj.* **1** sem agitação, inquietação **2** sem receio; confiante **3** calmo, sereno **4** certo, seguro *<a aprovação é t.>* **5** que decorre sem sobressalto ou tumulto

tran.qui.ta.na *s.f.* → ***TRAQUITANA***

trans-, **tra-**, **tras-** ou **tres-** *pref.* 'mudança, deslocamento para além de ou através de': *transbordar, travestir, trasladar, tresnoitado*

tran.sa /z/ *s.f.* *B infrm.* **1** combinação para atingir determinado fim; acordo, entendimento **2** assunto, questão **3** relação sexual

tran.sa.ção /z/ [pl.: *-ões*] *s.f.* **1** ajuste devido ao qual se realiza uma negociação ou contrato; acordo, convenção **2** operação comercial **3** *infrm.* transa

tran.sa.cio.nar /z/ *v.* {mod. 1} *t.d.,t.d.i. e int.* (prep. *com*) efetuar transações ou negócios (com); comerciar *<transaciona produtos (com países europeus)>* *<com a recessão, passou a t. menos>* ~ **transacional** *adj.2g.*

tran.sac.to /z/ *adj.* → ***TRANSATO***

tran.sa.do /z/ *adj. infrm.* **1** moderno, na moda **2** especial, diferente **3** feito com capricho, bem-acabado

tran.sa.ma.zô.ni.co /za/ *adj.* que atravessa a região amazônica

tran.sar /z/ *v.* {mod. 1} *t.d. e t.i. infrm.* **1** (prep. *com*) negociar ou fazer operação comercial (com); transacionar *<t. a venda de um imóvel>* *<vai t. com produtos importados>* ☐ *t.d. infrm.* **2** conseguir, arrumar, arranjar *<t. um bom emprego>* **3** gostar de; apreciar *<t. filmes de terror>* ☐ *t.i. e int. infrm.* **4** (prep. *com*) fazer sexo (com)

tran.sa.tlân.ti.co /z/ *adj.* **1** que fica para lá do oceano Atlântico *<civilizações t.>* **2** que atravessa o oceano Atlântico ■ *s.m.* **3** MAR grande navio de passageiros que atravessa mares e oceanos

tran.sa.to /z/ ou **tran.sac.to** /z/ *adj.* que já passou; passado, pretérito

trans.bor.dar *v.* {mod. 1} *t.d. e int.* **1** (fazer) sair pelas bordas ☐ *t.d.,t.i. e int. fig.* **2** (prep. *de*) manifestar(-se) com intensidade, impetuosamente *<as crianças transbordavam alegria>* *<a ternura transborda de seu coração>* *<a revolta popular começou a t.>* ☐ *t.i. fig.* **3** (prep. *em, por*) lançar-se em muitas direções; derramar-se, espalhar-se *<após o comício, o povo transbordou pelas ruas>* **4** (prep. *de*) ter em excesso, estar repleto *<o estádio transbordava de gente>* ~ **transbordamento** *s.m.* - **transbordante** *adj.2g.*

trans.bor.do /ô/ *s.m.* **1** ato de transbordar ou o seu efeito; transbordamento **2** passagem de mercadoria, passageiro etc., de um veículo para outro; baldeação

trans.cen.den.ta.lis.mo *s.m.* FIL doutrina filosófica que afirma a supremacia da intuição ou da fé sobre os instrumentos materiais e racionais do conhecimento humano ~ **transcendentalista** *adj.2g.s.2g.*

trans.cen.den.te *adj.2g.* **1** que ultrapassa os limites normais; superior, sublime **2** que vai além da natureza física das coisas; metafísico **3** que ultrapassa a capacidade normal de conhecer ou compreender ~ **transcendental** *adj.2g.*

trans.cen.der *v.* {mod. 8} *t.d. e t.i.* **1** (prep. *a*) elevar-se sobre ou ir além de; ultrapassar, exceder *<costuma t. as funções de diretor>* *<fatos incomuns transcendem ao nosso entendimento>* ☐ *t.d.* **2** ser superior a; superar, exceder ☐ *pron.* **3** ultrapassar suas limitações; superar-se ~ **transcendência** *s.f.*

trans.con.ti.nen.tal [pl.: *-ais*] *adj.2g.* que atravessa um continente de um extremo a outro

trans.cor.rer *v.* {mod. 8} *int.* **1** decorrer, passar (o tempo) **2** desenrolar-se, acontecer de certa forma ☐ *t.d.* **3** passar além de (região, vale, ilha etc.); transpor ~ **transcorrência** *s.f.*

trans.cre.ver *v.* {mod. 8} *t.d.* **1** reproduzir (texto escrito ou falado) copiando-o **2** realizar a transcrição ('escrita') de ◉ GRAM/USO part.: *transcrito*

trans.cri.ção [pl.: *-ões*] *s.f.* **1** ato de reproduzir um texto, copiando-o **2** o texto assim reproduzido **3** FON LING escrita fonética de uma língua, procurando registrar sua pronúncia real ~ **transcrito** *adj.s.m.*

trans.cur.so *s.m.* **1** ato de transcorrer; passagem **2** intervalo de tempo

trans.du.ção [pl.: *-ões*] *s.f.* **1** BIO transferência de ADN entre bactérias, por meio de um vírus que nelas penetra e as destrói **2** FÍS processo pelo qual uma energia se transforma em outra de natureza diferente

tran.se /z/ *s.m.* **1** estado de extrema angústia; agonia **2** PSIC estado alterado de consciência, em que há distanciamento da realidade exterior; êxtase

tran.sep.to *s.m.* ARQ corredor transversal de igreja que atravessa o topo da nave central

tran.se.un.te /z/ *adj.2g.s.2g.* **1** que(m) passa ou está passando a pé; passante ■ *adj.2g.* **2** que não permanece; passageiro, transitório

tran.se.xu.al /cs/ [pl.: *-ais*] *adj.2g.s.2g.* **1** que(m) não se sente adaptado ao sexo com que nasceu **2** *p.ext.* que(m) recebeu tratamento médico e cirúrgico para adquirir as características físicas do sexo oposto ■ *adj.2g.* **3** relativo a transexualismo **4** relativo a mudança de sexo *<cirurgia t.>* ~ **transexualidade** *s.f.*

tran.se.xu.a.lis.mo /cs/ *s.m.* sentimento de total falta de adaptação ao próprio sexo, associado a um desejo forte de adquirir as características físicas do sexo oposto

trans.fe.rên.cia *s.f.* **1** ato ou efeito de transferir(-se) **1.1** troca de um lugar pelo outro **1.2** mudança, remoção **1.3** adiamento *<t. da festa>* **1.4** DIR cessão **1.5** INF movimentação de dados ou de controle de um programa de computador

trans.fe.ri.dor /ô/ [pl.: *-es*] *s.m.* **1** semicírculo de metal, plástico etc., dividido em graus, us. para medir ou reproduzir ângulos em um desenho ■ *adj.* **2** que transfere

trans.fe.rir *v.* {mod. 28} *t.d.,t.d.i. e pron.* **1** (prep. *para*) mudar(-se) de um lugar para outro; deslocar(-se) *<t. o domicílio> <t. a conta para outro banco> <t.-se para São Paulo>* □ *t.d.i.* **2** (prep. *a, para*) pôr a cargo de; incumbir *<transferiu ao secretário a culpa pelo ocorrido>* **3** (prep. *a*) transmitir (a outrem) [propriedade, direitos etc.] por meios legais *<t. aos filhos a posse do imóvel>* □ *t.d. e t.d.i.* **4** (prep. *para*) adiar, retardar *<t. a festa (para outro dia)>*

trans.fi.gu.rar *v.* {mod. 1} *t.d. e pron.* **1** (fazer) mudar de figura, feição ou caráter; alterar(-se) □ *t.d.i. e pron.* **2** (prep. *em*) [fazer] passar de um estado ou condição a (outro); transformar(-se) *<t. perdas em ganhos> <t.-se em monstro>* □ *t.d.* **3** dar ideia errônea de (fatos, palavras etc.); deturpar ~ **transfiguração** *s.f.* - **transfigurador** *adj.s.m.*

trans.fi.xar /cs/ *v.* {mod. 1} *t.d.* perfurar de lado a lado; atravessar, transpassar ~ **transfixação** *s.f.*

trans.for.ma.dor /ô/ [pl.: *-es*] *adj.s.m.* **1** (o) que transforma ■ *s.m.* ELETR **2** dispositivo que transforma a tensão, a intensidade ou a forma de uma corrente elétrica

trans.for.mar *v.* {mod. 1} *t.d. e pron.* **1** (prep. *em*) (fazer) tomar nova feição ou caráter; alterar(-se) □ *t.d.i. e pron.* **2** (prep. *em*) [fazer] passar de um estado ou condição a (outro); converter(-se) *<o trabalho transformou-o em pessoa responsável> <a lagarta transforma-se em borboleta>* □ *pron.* **3** (prep. *em*) passar por outra pessoa; disfarçar-se *<transformou-se num mendigo, para fazer pesquisa>* ~ **transformação** *s.f.* - **transformismo** *s.m.* - **transformista** *adj.2g.s.2g.*

trâns.fu.ga *s.2g.* **1** soldado desertor que passa a servir no exército inimigo **2** *p.ext.* pessoa que muda de partido político **3** pessoa que muda de crença religiosa

trans.fun.dir *v.* {mod. 24} *t.d. e t.d.i.* **1** (prep. *em, para*) derramar (líquido) de um recipiente para outro *<t. água (para uma jarra de metal)>* □ *t.d.i.* **2** (prep. *em, para*) fazer passar (sangue ou componentes de pessoa ou animal) para a corrente sanguínea de (outra pessoa ou animal) *<o veterinário teve de t. sangue no gorila>* **3** (prep. *em*) transmitir, difundir *<t. uma doutrina na comunidade>* □ *pron.* **4** (prep. *em*) transformar-se, converter-se

trans.fu.são [pl.: *-ões*] *s.f.* ato ou efeito de transfundir(-se) ▣ **t. de sangue** injeção de sangue ou de um de seus componentes na corrente sanguínea de um indivíduo

trans.gê.ne.ro *adj.s.m.* que(m) não se identifica com as noções convencionais de homem ou mulher, combinando ou alternando essas duas identidades

trans.gê.ni.co *adj.s.m.* BIO (organismo) que contém um ou mais genes transferidos de outra espécie de forma artificial

trans.gre.dir *v.* {mod. 27} *t.d.* **1** não seguir determinações de (ordem, lei etc.); infringir **2** ir além de; atravessar *<t. a fronteira>*

trans.gres.são [pl.: *-ões*] *s.f.* ato ou efeito de transgredir

trans.gres.sor /ô/ [pl.: *-es*] *adj.s.m.* que(m) transgride; contraventor, infrator

tran.si.ção /zi/ [pl.: *-ões*] *s.f.* passagem de um ponto, estado, condição etc. a outro

tran.si.do /zi/ *adj.* **1** dominado por medo, tristeza, frio etc. **2** *p.ext.* assustado, apavorado

tran.si.gên.cia /zi/ *s.f.* **1** conciliação, contemporização **2** tolerância, condescendência

tran.si.gen.te /zi/ *adj.2g.s.2g.* que(m) transige, cede; condescendente

tran.si.gir /zi/ *v.* {mod. 24} *t.i. e int.* **1** (prep. *com*) chegar a acordo por mútuas concessões; conciliar, ceder *<recusou-se a t. com os traidores> <relutou mas acabou transigindo>* **2** (prep. *com*) ser tolerante com; condescender *<não se deve t. com a falsidade> <alguns pais acabam transigindo>*

tran.sir /zi/ *v.* {mod. 24} *t.d.* **1** passar através de; transpassar *<o suor transiu a camisa>* □ *int.* **2** ficar imóvel de frio, dor ou medo ◉ GRAM/USO verbo defectivo

tran.sis.tor /zi...ô/ [pl.: *-es*] ou **tran.sís.tor** [pl.: *-es*] *s.m.* **1** ELETRÔN dispositivo semicondutor us. para controlar o fluxo de eletricidade em um equipamento eletrônico **2** *B* rádio de pilha, portátil, montado com esse dispositivo ~ **transistorizar** *v.t.d.*

tran.si.tar /zi/ *v.* {mod. 1} *t.d. e int.* **1** passar ou andar ao longo, entre ou através de; percorrer *<t. o quintal> <veículos transitam por aqui>* □ *t.i.* **2** (prep. *a, de, para*) mudar de lugar, situação ou condição *<t. de um partido para outro>*

tran.si.tá.vel /zi/ [pl.: *-eis*] *adj.2g.* por onde se pode passar

tran.si.ti.vo /zi/ *adj.* **1** que dura pouco; transitório **2** GRAM que requer a presença de um ou mais complementos (diz-se de verbo) ~ **transitividade** *s.f.*

trân.si.to /zi/ *s.m.* **1** ato de transitar **1.1** circulação, esp. de veículos e pedestres; tráfego **2** ASTR movimentação de um corpo celeste **3** *fig.* boa aceitação em certos meios

tran.si.tó.rio /zi/ *adj.* **1** efêmero, passageiro **2** provisório, temporário ~ **transitoriedade** *s.f.*

trans.la.ção [pl.: *-ões*] *s.f.* **1** ato, processo ou efeito de transladar; transferência **2** FÍS movimento de um sistema físico no qual todos os seus componentes se deslocam de forma paralela e mantendo as mesmas distâncias entre si ▣ **t. da Terra** movimento orbital da Terra em torno do Sol, cuja duração é de 365 ou 366 dias ☞ cf. *rotação da Terra* ~ **translativo** *adj.*

trans.la.dar *v.* {mod. 1} *t.d.* **1** transferir para outro lugar; mudar, levar *<t. o corpo para o país natal>* **2** transferir para outra ocasião; adiar *<t. um compromisso>* **3** fazer cópia de; reproduzir, transcrever □ *t.d.i.* **4** (prep. *para*) passar (texto, frase etc.) de uma língua para (outra); traduzir *<transladava um poema russo para o português>* □ *pron.*

5 mudar-se, transferir-se *<t.-se para o interior>* 6 alterar-se, transformar-se

trans.la.do *s.m.* traslado

trans.li.te.rar *v.* {mod. 1} *t.d.* representar com um sistema de escrita (algo escrito com outro) *<t. japonês para o português>* ~ **transliteração** *s.f.*

trans.lú.ci.do *adj.* diz-se de corpo que deixa passar a luz, sem que se possa ver claramente um objeto atrás dele ~ **translucidar** *v.t.d.* - **translucidez** *s.f.*

trans.lu.zir *v.* {mod. 24} *int.* **1** brilhar através de *<o sol transluzia entre as nuvens>* □ *int. e pron. fig.* **2** mostrar-se por meio de; transparecer *<a alegria transluzia(-se) em seu rosto>* ~ **transluzimento** *s.m.*

trans.mi.grar *v.* {mod. 1} *int. e pron.* **1** mudar(-se) de um lugar, país para outro *<t.(-se) para São Paulo>* □ *int.* **2** passar (a alma) de um corpo para outro ~ **transmigração** *s.f.* - **transmigratório** *adj.*

trans.mis.são [pl.: *-ões*] *s.f.* **1** ato de comunicar; comunicação **2** ação de passar característica genética, posses, cargo etc. a um similar **3** condução, propagação *<t. de calor>* **4** ENG transferência do movimento de um mecanismo a outro por engrenagens, eixos, correias etc. **5** TEL envio de informação sonora ou visual por ondas eletromagnéticas

trans.mis.sí.vel [pl.: *-eis*] *adj.2g.* passível de ser transmitido

trans.mis.sor /ô/ [pl.: *-es*] *s.m.* TEL **1** emissor de mensagem cifrada e convertida em sinais **2** equipamento que emite sinais telegráficos, telefônicos, radiofônicos etc. ■ *adj.s.m.* **3** que(m) transmite

trans.mi.tir *v.* {mod. 24} *t.d. e pron.* **1** ser condutor de ou conduzido por; propagar(-se), transportar(-se) *<o metal transmite calor> <o som transmite-se por ondulação>* □ *t.d. e t.d.i.* **2** (prep. *a*) passar a (alguém) por sucessão, contágio, herança etc. *<bichos que transmitem doenças> <t. bens aos filhos>* **3** (prep. *a*) destinar para; expedir, enviar *<t. ordem (ao secretário)>* **4** (prep. *a*) fazer sentir; infundir *<sua fala transmite calma (aos pacientes)>* □ *t.d.* **5** TEL enviar (informação sonora ou visual) por ondas eletromagnéticas **6** noticiar, relatar *<t. as novidades>* ~ **transmissivo** *adj.*

trans.mu.dar *v.* {mod. 1} *t.d.,t.d.i. e pron.* transmutar

trans.mu.tar *v.* {mod. 1} *t.d. e t.d.i.* **1** (prep. *a, para*) dar a posse de (algo) a; passar, transmitir *<t. bens> <o pai transmutou os imóveis aos filhos>* □ *t.d.,t.d.i. e pron.* **2** (prep. *em*) [fazer] passar de um estado ou condição a (outro); transformar(-se) *<o sucesso transmutou-a> <as longas viagens o transmutaram num solitário> <a indignação transmutou-se em raiva>* □ *t.d.* **3** mudar de lugar; transferir *<foi preciso t. hóspedes>* ~ **transmutação** *s.f.*

trans.na.cio.nal [pl.: *-ais*] *adj.2g.* que ocorre ou se estende por várias nações

tran.so.ce.â.ni.co *adj.* **1** que se situa além-mar **2** que atravessa o oceano

trans.pa.re.cer *v.* {mod. 8} *int.* **1** aparecer, total ou parcialmente, através de; transluzir *<pedras transpareciam sob a água clara>* **2** *fig.* fazer-se conhecido; revelar-se, mostrar-se *<seus verdadeiros motivos irão t.>*

trans.pa.ren.te *adj.2g.* **1** que deixa passar a luz e ver nitidamente o que está por trás **2** claro, luminoso **3** *fig.* que tem clareza, exatidão *<contabilidade t.>* **4** *fig.* que permite perceber com clareza a verdade *<caráter t.>* ~ **transparência** *s.f.*

trans.pas.sar *v.* {mod. 1} *t.d.* **1** furar de parte a parte; atravessar, transfixar *<a agulha transpassou o braço da boneca>* **2** passar através de; transpor *<o suor transpassou a roupa>* **3** ir de um extremo a outro de; atravessar *<t. um rio>* **4** ir além de (limites); ultrapassar *<t. os limites do bom senso>* **5** fechar (saia, cinto etc.), sobrepondo duas partes **6** *fig.* causar profunda dor moral a; ferir, pungir *<a traição transpassou sua alma>* ~ **transpasse** *s.m.*

trans.pi.ra.ção [pl.: *-ões*] *s.f.* **1** eliminação de suor pelos poros **2** suor

trans.pi.rar *v.* {mod. 1} *t.d. e int.* **1** secretar (suor) pelos poros do corpo; suar *<transpirava toda a cerveja que tomou> <t. muito>* □ *t.d. fig.* **2** lançar de si; exalar *<ele transpira sabedoria>* **3** deixar perceptível, evidente; transparecer, revelar *<seu olhar transpira amor>* □ *int.* **4** tornar-se público; divulgar-se *<o segredo transpirou>*

trans.plan.tar *v.* {mod. 1} *t.d. e t.d.i.* **1** (prep. *de, em, para*) remover (vegetal) e plantá-lo em outro lugar *<t. mudas (do jardim para o sítio)>* **2** *p.ext.* (prep. *de, em, para*) transferir de um lugar ou contexto para outro *<os imigrantes transplantam usos e costumes (para outra cultura)>* **3** MED implantar (tecido, órgão etc.) em outra parte do corpo ou em outro indivíduo *<hoje, é possível t. rins com bastante segurança> <t. o fígado de um acidentado para um paciente com insuficiência hepática>* ~ **transplantação** *s.f.*

trans.plan.te *s.m.* **1** ato ou efeito de plantar em outro lugar **2** MED transferência de tecido, órgão ou parte dele para outra parte do corpo ou para outro corpo

trans.pla.ti.no *adj.* **1** que fica além do rio da Prata (América do Sul) ☞ cf. *cisplatino* **2** relativo ao povo que habita na região além do rio da Prata ■ *s.m.* **3** natural ou habitante dessa região

trans.por *v.* {mod. 23} *t.d.* **1** passar além de; ultrapassar *<t. a fronteira>* **2** superar, vencer (obstáculo) *<t. os próprios limites>* **3** alterar a ordem de *<t. os termos de um contrato>* **4** mudar de um lugar e/ou de um tempo para outro; transferir *<transpôs o drama clássico para a época atual>* □ *pron.* **5** não se deixar ver; esconder-se *<o sol transpôs-se atrás das montanhas>* ◉ GRAM/USO part.: *transposto* ~ **transponível** *adj.2g.* - **transposição** *s.f.*

trans.por.ta.do.ra /ô/ *s.f.* *B* empresa especializada no transporte de cargas

trans.por.tar *v.* {mod. 1} *t.d.* **1** levar ou conduzir de um lugar para outro; carregar <*t. a carga até a fronteira*> □ *pron.* **2** passar de um lugar para outro; transferir-se <*não tinha disposição para transportar-se até a sala*> □ *t.d.i.* **3** (prep. *a, para*) fazer chegar (conhecimento, informação) a; transmitir <*a ciência transportará essa descoberta ao futuro*> □ *t.d.i. e pron. fig.* **4** levar ou ir mentalmente para (época, momento); remontar <*o jogo transportou-o às férias*> <*ao vê-la, transportou-se à infância*> **5** (fazer) sentir êxtase; arrebatar(-se) <*a paz do campo transportou o visitante*> <*t.-se de contentamento*> ~ **transportador** *adj.s.m.*

trans.por.te *s.m.* **1** ato de transportar ou o seu efeito **2** veículo que transporta

trans.pos.to /ô/ [pl.: /ó/; fem.: /ó/] *adj.* que se transpôs; que sofreu transposição ◉ GRAM/USO part. de *transpor*

trans.tor.na.do *adj.* **1** perturbado, descontrolado **2** alterado, desorganizado

trans.tor.nar *v.* {mod. 1} *t.d.* **1** modificar a ordem de; desorganizar <*a nova secretária transtornou os arquivos*> **2** provocar confusão em; atrapalhar <*o acidente transtornou o trânsito*> □ *t.d. e pron.* **3** (fazer) sofrer perturbação; atordoar(-se), confundir(-se) <*a chegada dos parentes transtornou a rotina da família*> <*transtornou-se com o prêmio*> **4** (fazer) perder o equilíbrio emocional; descontrolar(-se) <*a grave acusação transtornou-o*>

trans.tor.no /ô/ *s.m.* **1** situação incômoda; contratempo **2** contrariedade, decepção **3** perturbação de saúde <*t. digestório*> ▣ **t. bipolar** PSIQ depressão bipolar

tran.subs.tan.ci.a.ção [pl.: *-ões*] *s.f.* **1** transformação de uma substância em outra **2** REL no catolicismo, conversão de pão e vinho no corpo e sangue de Cristo ~ **transubstanciar** *v.t.d. e pron.*

tran.su.dar *v.* {mod. 1} *int.* **1** sair (o suor) pelos poros **2** correr em gotas; exsudar □ *t.d.* **3** deixar passar (um líquido); ressudar ~ **transudação** *s.f.*

tran.su.mân.cia *s.f.* migração de rebanhos ou de pessoas ~ **transumante** *adj.2g.*

trans.va.sar *v.* {mod. 1} *t.d.* derramar (líquido) de um recipiente para outro; transfundir ☞ cf. *transvazar*

trans.va.zar *v.* {mod. 1} *t.d. e pron.* (fazer) transbordar (um líquido) para fora do recipiente; derramar, entornar ☞ cf. *transvasar*

trans.ver.sal [pl.: *-ais*] *adj.2g.s.f.* **1** (linha) oblíqua em relação a um referente **2** (rua, avenida etc.) que corta outra não necessariamente na oblíqua

trans.ver.so *adj.* em posição transversal

trans.vi.ar *v.* {mod. 1} *t.d.i. e pron.* afastar(-se) do bom caminho, do dever; corromper(-se) <*t. os jovens (das boas atitudes)*> <*transviou-se pelos caminhos do vício*> ~ **transvio** *s.m.*

tra.pa.ça *s.f.* ação que envolve fraude ou artifício para enganar alguém, ou o seu efeito ~ **trapacear** *v.int.*

tra.pa.cei.ro *adj.s.m.* que(m) faz trapaças; vigarista

tra.pa.gem [pl.: *-ens*] *s.f.* monte de trapos

tra.pa.lha.da *s.f.* **1** grande desordem; confusão **2** ação de má-fé; logro

tra.pa.lhão [pl.: *-ões*; fem.: *trapalhona*] *adj.s.m.* **1** (o) que (se) atrapalha muito **2** que(m) faz trapaças

tra.pei.ro *s.m.* catador de trapos ou de papéis nas ruas, para vender

tra.pé.zio *s.m.* **1** GEOM quadrilátero que tem dois lados paralelos **2** tipo de balanço us. para exercícios físicos ou em acrobacias de circo **3** ANAT grande músculo posterior do pescoço humano **4** ANAT um dos ossos localizados na mão ~ **trapezoidal** *adj.2g.* - **trapezoide** *adj.2g.*

tra.pe.zis.ta *adj.2g.s.2g.* que(m) trabalha em trapézio

tra.pi.che *s.m.* **1** armazém à beira do cais **2** *N.E.* pequeno engenho de açúcar movido por bois ~ **trapicheiro** *adj.s.m.*

tra.pis.ta *adj.2g.* **1** relativo à ordem religiosa da Trapa ■ *adj.2g.s.2g.* **2** diz-se de ou religioso dessa ordem

tra.po *s.m.* **1** roupa ou pedaço de pano gasto, velho **2** *fig.* indivíduo muito velho **3** *fig.* indivíduo de aparência muito cansada, abatida ◉ COL trapagem

tra.que *s.m.* **1** estrondo pouco ruidoso; estouro **2** *infrm.* pum **3** certo fogo de artifício que, ao estourar, produz estalos

tra.quei.a /éi/ *s.f.* ANAT canal situado na frente do esôfago, que liga a laringe aos brônquios e serve para a passagem de ar

tra.que.jo /ê/ *s.m.* *B* muita prática ou experiência

tra.que.os.to.mi.a *s.f.* MED abertura cirúrgica da traqueia e colocação de uma cânula para a passagem de ar ~ **traqueostômico** *adj.*

tra.que.o.to.mi.a *s.f.* MED traqueostomia ~ **traqueotômico** *adj.*

tra.qui.na *adj.2g.s.2g.* traquinas

tra.qui.na.da *s.f.* **1** barulho forte; estrondo **2** ação de um traquinas ou o seu resultado; travessura, traquinagem, traquinice **3** *fig.* intriga, tramoia

tra.qui.na.gem [pl.: *-ens*] *s.f.* traquinada ('ação')

tra.qui.nas *adj.2g.2n.s.2g.2n.* (indivíduo) inquieto, travesso; traquina ~ **traquinar** *v.int.*

tra.qui.ni.ce *s.f.* **1** característica de quem é traquinas **2** traquinada ('ação')

tra.qui.ta.na ou **tran.qui.ta.na** *s.f.* **1** antiga carruagem de quatro rodas e um só assento **2** *p.ext. infrm.* automóvel velho, de mau aspecto; calhambeque

tras- *pref.* → ***TRANS-***

trás *adv.* **1** depois de, após **2** atrás, detrás <*bola jogada para t. do muro*> ■ *prep.* **3** após

tra.san.te.on.tem ou **tra.san.ton.tem** *adv.* no dia anterior a anteontem

tras.bor.dar *v.* {mod. 1} *t.d.,t.i. e int.* (prep. *de*) transbordar

tra.sei.ra *s.f.* a parte oposta à da frente

T

tra.sei.ro *adj.* **1** que fica atrás; dorsal ■ *s.m.* **2** *infrm.* conjunto das nádegas

tras.la.dar *v.* {mod. 1} *t.d.,t.d.i. e pron.* (prep. *para*) transladar

tras.la.do *s.m.* **1** ação ou efeito de trasladar; translado **2** em viagens de negócios ou de turismo, transporte de passageiros dos aeroportos, portos, estações etc. até o local de estadia ou vice-versa; translado

tras.pas.sar *v.* {mod. 1} *t.d.* transpassar

tras.te *s.m.* **1** móvel ou utensílio de pouco valor da casa **2** *fig. infrm.* indivíduo sem caráter ou imprestável **3** MÚS divisão no braço dos instrumentos de cordas, us. para orientar a posição dos dedos a fim de obter as notas necessárias

tras.to *s.m.* MÚS traste

tra.ta.dis.ta *s.2g.* indivíduo que escreve tratado sobre algo

tra.ta.do *adj.s.m.* **1** (o) que foi objeto de discussão, estudo ou exposição **2** (o) que foi combinado ■ *s.m.* **3** convenção entre dois ou mais países **4** trato ('contrato') **5** obra ou estudo extenso sobre um tema científico, de artes etc.

tra.ta.dor /ô/ [pl.: *-es*] *adj.s.m.* que(m) trata ou cuida de algo, esp. de animais, como o cavalo

tra.ta.men.to *s.m.* **1** ação de cuidar de pessoa, coisas ou animais; trato **2** maneira de interagir com alguém; trato **3** título honorífico ou de graduação **4** conjunto dos meios us. na cura de doença **5** abordagem de um tema, questão, assunto

tra.tan.te *adj.2g.s.2g.* que(m) age como patife ~ **tratantada** *s.f.* - **tratantice** *s.f.*

tra.tar *v.* {mod. 1} *t.d. e t.i.* **1** (prep. *de, sobre*) expor pensamentos, ideias sobre (tema, questão, proposta etc.); discorrer *<tratemos o problema dos vazamentos> <vou t. sobre morfologia>* □ *t.i.* **2** (prep. *de, sobre*) ter por assunto; versar *<livro que trata da (ou sobre) agricultura>* **3** (prep. *de, sobre*) examinar em conjunto (assunto, problema); discutir *<trataremos do problema na reunião>* □ *t.d. e t.d.i.* **4** (prep. *com*) fazer acerto com; ajustar, combinar *<tratou o preço (com o vendedor) antes de fechar o negócio>* □ *t.d.pred. e pron.* **5** (prep. *de*) dar ou trocar entre si denominação, qualificativo, título etc. *<t. alguém de ladrão> <são de gerações diferentes, mas tratam-se por você>* □ *t.d.,t.i. e pron.* **6** (prep. *com*) manter relações de convivência (com) *<teve de t. (com) muita gente> <viviam sob o mesmo teto, mas não se tratavam>* **7** (prep. *de*) tomar conta, ocupar-se de; cuidar(-se) *<t. bem (d)a casa e (d)os filhos> <ela tem boa aparência porque se trata>* **8** (prep. *de*) eliminar ou suavizar (doença, indisposição etc.) com medicamentos, procedimentos *<trataram a febre amarela nessa região> <é preciso t. da dor de cabeça> <tratou-se daquela tosse e curou-se>* □ *t.d.* **9** portar-se ou agir com (alguém ou algo) de certa maneira **10** preparar para cozinhar (alimento) □ *pron.* **11** submeter-se a tratamento ou procedimento médico **12** ter atenção, esmero consigo mesmo; cuidar-se **13** (prep. *de*) estar em questão, em causa ☞ nesta acp., só us. na 3ª p.sing.

tra.ta.ti.va *s.f.* trato ('contrato')

tra.tá.vel [pl.: *-veis*] *adj.2g.* **1** que se pode tratar **2** fácil de lidar; afável

tra.to *s.m.* **1** tratamento ('ação', 'maneira') **2** contrato entre particulares ou entre um particular e uma autoridade; tratado, tratativa **3** delicadeza, cortesia

tra.tor /ô/ [pl.: *-es*] *s.m.* ENG MEC veículo pesado us. para operar equipamentos agrícolas, de aterro, de escavação etc.

tra.to.ris.ta *s.2g.* indivíduo que dirige trator

trau.ma *s.m.* traumatismo

trau.má.ti.co *adj.* referente a trauma

trau.ma.tis.mo *s.m.* **1** lesão de um tecido, órgão ou parte do corpo, causada por um agente externo **2** o estado físico ou psíquico resultante dessa lesão

trau.ma.ti.zan.te *adj.2g.* que traumatiza, que causa trauma

trau.ma.ti.zar *v.* {mod. 1} *t.d. e pron.* causar ou sofrer trauma *<ele traumatizou-se com a queda>*

trau.ma.to.lo.gi.a *s.f.* MED especialidade que cuida dos traumatismos ~ **traumatologista** *adj.2g.s.2g.*

trau.pí.deo *adj.s.m.* ZOO (espécime) dos traupídeos, família de aves de plumagem colorida e contrastante, representada por gaturamos, saíras e sanhaços

trau.te.ar *v.* {mod. 5} *t.d. e int.* cantar baixo, para si mesmo; cantarolar *<passa o dia trauteando (antigas canções)>* ~ **trauteio** *s.m.*

tra.va *s.f.* **1** ato de travar ou o seu efeito; travamento **2** qualquer dispositivo que impeça o movimento de algum mecanismo **3** pedaço de madeira us. atravessado para trancar porta ou janela **4** peça de metal colocada à boca de cavalgadura e que serve para guiá-la **5** FUTB cada uma das saliências da sola da chuteira

tra.van.ca *s.f.* obstáculo, empecilho

tra.vão [pl.: *-ões*] *s.m.* **1** trava em que se amarram os animais **2** freio preso às rédeas das cavalgaduras **3** freio de máquinas ou de automóveis

tra.var *v.* {mod. 1} *t.d.* **1** segurar com força; agarrar **2** juntar, prender (peças de madeira) **3** prender com peia *<t. cavalos>* **4** dificultar ou impedir os movimentos a; tolher *<t. o adversário>* **5** dar início a; começar *<t. contato>* **6** pôr entrave em; obstruir *<o diretor travou o acordo>* □ *t.d. e pron.* **7** dispor(-se) de forma transversal; cruzar(-se) *<t. espadas>* □ *t.d. e int.* **8** parar por meio do travão; frear, brecar *<t. o carro> <a carroça travou>* □ *t.d.,t.i. e int.* **9** (prep. *em*) deixar ou ter travo, amargor; amargar *<a realidade travava em sua garganta>* ☞ tb. fig. □ *int.* **10** tornar-se difícil de movimentar; emperrar *<a roda travou>* **11** parar de funcionar (máquina, mecanismo) *<o motor travou>* ~ **travamento** *s.m.*

T

tra.ve *s.f.* **1** CONSTR grande tronco grosso e comprido, us. para sustentar partes elevadas de uma construção **2** CONSTR viga **3** ESP cada poste lateral do gol ◉ GRAM/USO dim.irreg.: *trabécula* ◉ COL travejamento

tra.ve.ja.men.to *s.m.* **1** colocação de traves ou vigas em um local **2** conjunto de traves ou vigas

tra.ve.jar *v.* {mod. 1} *t.d.* **1** colocar traves em **2** pôr sobre vigas *<t. um telhado>*

tra.vés *s.m.* direção oblíqua ou diagonal ▣ **de t.** de lado, de esguelha

tra.ves.sa *s.f.* **1** CONSTR trave ou barra longa atravessada sobre tábuas **2** CONSTR parte superior das portas, esp. de madeira **3** pequena rua secundária transversal **4** prato largo no qual a comida é servida à mesa **5** pente pequeno e arqueado us. para prender os cabelos **6** traço horizontal de certas letras maiúsculas, como o *A*, o *H*, o *E* etc.

tra.ves.são [pl.: *-ões*] *s.m.* **1** grande barra ou travessa **2** GRAM sinal de pontuação (–) que indica a mudança de interlocutores num diálogo, que acrescenta comentários num texto etc.

tra.ves.sei.ro *s.m.* almofada us. para deitar a cabeça

tra.ves.si.a *s.f.* **1** ação de atravessar uma região, um continente, um mar etc., ou o seu efeito **2** caminho longo e solitário

tra.ves.so /ê/ *adj.* **1** que se comporta de modo irrequieto, ruidoso; traquinas **2** malicioso, maroto *<sorriso t.>*

tra.ves.su.ra *s.f.* **1** ação de quem é travesso; estrepolia, traquinice **2** resultado dessa ação; arte, traquinada **3** atitude graciosa e maliciosa; brejeirice

tra.ves.ti *s.2g.* pessoa que se veste e se comporta como se fosse do sexo oposto

tra.ves.tir *v.* {mod. 28} *t.d.pred. e pron.* **1** (prep. *de*) vestir(-se) para aparentar ser de outro sexo, condição ou idade *<t. um ator de mulher> <travestiu-se de criança no carnaval>* ☐ *t.d.,t.d.i. e pron. fig.* **2** (prep. *em*) [fazer] tomar nova aparência, caráter; transformar(-se) *<t. desânimo em esperança> <a ideia copiada travestiu-se em projeto original>* ☐ *t.d. fig.* **3** tornar irreconhecível; falsificar *<t. a verdade>*

T

tra.ves.tis.mo *s.m.* PSIQ prática de vestir-se ou disfarçar-se com roupas do sexo oposto

tra.vo *s.m.* sabor amargo e adstringente; cica

tra.vor /ô/ [pl.: *-es*] *s.m.* travo

tra.zer *v.* {mod. 20} *t.d. e t.d.i.* **1** (prep. *para*) transportar ou conduzir, deslocando-se para o lugar onde está quem fala *<devo t. a sua bengala?> <pode t. as crianças para casa>* **2** (prep. *a*) fazer surgir em (mente do falante); suscitar, sugerir *<o texto trouxe belas recordações> <t. à lembrança fatos desagradáveis>* **3** (prep. *a*) ocasionar como consequência; acarretar *<dinheiro não traz felicidade> <o cargo trouxe satisfação ao gerente>* **4** (prep. *a*) fazer aproximar-se; atrair, chamar *<seu grito trouxe os vizinhos> <a publicidade trará lucro ao negócio>* ☐ *t.d.* **5** dirigir (um veículo) até onde está quem fala ou de quem se fala; guiar *<quem trará o caminhão?>* **6** levar consigo ou sobre si; carregar *<não trazia moeda alguma>* **7** ter em si; apresentar *<t. feridas nos pés>* **8** conter em si; abranger, incluir *<o livro traz boas dicas>* **9** fazer-se ou estar acompanhado de *<trouxe apenas o irmão>*

tre.cen.té.si.mo *n.ord.* **1** tricentésimo ■ *n.frac.* **2** tricentésimo

tre.cho /ê/ *s.m.* **1** intervalo entre dois pontos no tempo ou no espaço **2** fragmento de texto, música etc. **3** parte de um todo; fração, segmento

tre.co *s.m. B infrm.* **1** objeto cujo nome não se sabe ou que não se quer nomear **2** perturbação na saúde; mal-estar

trê.fe.go *adj.* **1** hábil para enganar; astuto, esperto **2** que se agita sem cessar; irrequieto

tré.gua *s.f.* suspensão temporária de confronto, hostilidade, esforço, dor etc.

trei.na.dor /ô/ [pl.: *-es*] *adj.s.m.* (profissional) que instrui ou treina um atleta ou um time

trei.nar *v.* {mod. 1} *t.d.* **1** tornar hábil, capaz com instrução, disciplina ou exercício; preparar **2** executar com regularidade (atividade); praticar *<t. saltos>* ☐ *t.d. e pron.* **3** exercitar-se para ter perícia, habilidade, destreza em algo; preparar-se para ~ **treinamento** *s.m.*

trei.no *s.m.* **1** ação, processo ou efeito de treinar(-se) **2** a habilidade, o conhecimento ou a experiência adquirida em qualquer ramo de atividades; destreza, treinamento **3** ESP conjunto de exercícios feitos com jogadores para avaliar suas habilidades; jogo onde são ensaiadas táticas de defesa e ataque

tre.jei.to *s.m.* **1** gesto cômico **2** movimento que altera a expressão do rosto; careta

tre.la *s.f.* correia para animais, ger. cães ▣ **dar t.** *fig.* **1** aceitar que alguém puxe conversa consigo ou demonstrar interesse por alguém **2** possibilitar atrevimento

tre.li.ça *s.f.* CONSTR *B* **1** estrutura ornamental feita de ripas cruzadas **2** cruzamento de vigas na estrutura de uma ponte

trem [pl.: *-ens*] *s.m.* **1** *B* veículo sobre trilho com vagões puxados por locomotiva **2** conjunto dos utensílios us. em certa tarefa *<t. de cozinha>* **3** comitiva, caravana **4** bagagem de uma viagem **5** ritmo, compasso **6** *MG GO TO* qualquer coisa, concreta ou abstrata ▣ **t. de pouso** AER mecanismo que sustenta as rodas de avião

tre.ma *s.m.* GRAM duplo ponto (¨) que, em algumas línguas, se sobrepõe a uma vogal para indicar que esta é pronunciada em sílaba separada (como no francês *naïve*) ou para alterar o som de determinada vogal (como no alemão *Führer*) [Pelo Acordo Ortográfico de 1990, no Brasil, o trema passou a ser us. apenas em palavras derivadas de nomes próprios estrangeiros (p.ex., *hübnerita*, a partir de Adolf *Hübner*).]

trem-ba.la [pl.: *trens-balas* e *trens-bala*] *s.m.* trem de passageiros de alta velocidade

tre.me.dal [pl.: *-ais*] *s.m.* área pantanosa; lodaçal

tre.me.dei.ra *s.f.* **1** *B infrm.* tremor ('movimentação') **2** *fig.* MED malária

tre.me.li.car *v.* {mod. 1} *int.* **1** tremer de frio, susto ou medo; tiritar ☐ *t.d. e int.* **2** (fazer) tremer de forma rápida e contínua *<o vapor tremelicava a tampa da panela> <as folhas tremelicavam>*

tre.me.li.que *s.m.* **1** ato de tremer de frio, susto ou medo, ou o seu efeito **2** *B infrm.* trejeito afetado, pedante

tre.me.lu.zir *v.* {mod. 24} *int.* brilhar com luz trêmula, intermitente ~ **tremeluzente** *adj.2g.*

tre.men.da.men.te *adv.* muito

tre.men.do *adj.* **1** que causa terror **2** respeitável **3** difícil de suportar **4** enorme **5** extraordinário, formidável

tre.mer *v.* {mod. 8} *t.d. e int.* **1** agitar(-se) fisicamente por medo, forte emoção ou por fenômeno externo **2** provocar ou sofrer grande abalo ☐ *t.d. e t.i. fig.* **3** (prep. *de, por*) sentir medo ou receio de; temer *<treme a má sorte> <tremia da desgraça> <tremeu pela sua honra>* ~ **tremente** *adj.2g.*

tre.me-tre.me [pl.: *tremes-tremes* e *treme-tremes*] *s.m.* **1** tremor constante **2** ZOO *B* arraia encontrada na costa brasileira, que produz uma corrente elétrica capaz de paralisar presas

tre.mo.cei.ro *s.m.* tremoço ('planta')

tre.mo.ço /ô/ [pl.: */ó/*] *s.m.* BOT **1** planta cultivada desde a Antiguidade para adubo e pelas sementes nutritivas, comestíveis após cozimento; tremoceiro **2** essa semente, amarelada e achatada

tre.mor /ô/ [pl.: *-es*] *s.m.* **1** série de movimentos repetidos que agita algo **2** movimentação involuntária, pequena e repetida do corpo ou de parte dele; tremura **3** *fig.* medo, receio

tre.mu.lar *v.* {mod. 1} *t.d. e int.* **1** mover(-se) no ar sem parar; tremer ☐ *int.* **2** tremeluzir **3** *fig.* vibrar de modo contínuo e trêmulo (som)

trê.mu.lo *adj.* **1** que tem vibrações físicas, em razão de algum fator externo ou interno **2** sem segurança ou firmeza **3** que cintila **4** *fig.* acanhado, receoso

tre.mu.ra *s.f.* tremor ('movimentação')

tre.na *s.f.* **1** corda que faz mover o pião **2** CONSTR *B* fita métrica ger. us. para medir terrenos

tre.no *s.m.* MÚS canto lamentoso; elegia

tre.nó *s.m.* pequeno carro provido de esquis, us. na locomoção sobre neve ou gelo

tre.pa.da *s.f.* *gros.* ato sexual; cópula, coito

tre.pa.dei.ra *s.f.* BOT planta que cresce apoiando-se sobre outra ou sobre barrancos, muros, cercas etc.

tre.pa.na.ção [pl.: *-ões*] *s.f.* MED técnica cirúrgica de perfuração de um orifício em um osso, esp. do crânio

tré.pa.no *s.m.* MED instrumento cirúrgico us. para abrir orifício em osso, esp. do crânio ~ **trepanar** *v.t.d.*

tre.par *v.* {mod. 1} *int.* **1** ir para cima de algo, agarrando-se com os pés e as mãos; subir **2** subir ao longo de algo ☐ *t.d. e int.* **3** pôr(-se) em cima ou por cima de; sobrepor(-se) ☐ *t.i. e int. fig. B gros.* **4** (prep. *com*) fazer sexo (com)

tre.pi.da.ção [pl.: *-ões*] *s.f.* **1** movimento vibratório; estremecimento **2** movimento saltitante de alguns veículos quando em marcha

tre.pi.dan.te *adj.2g.* **1** caracterizado por tremores; oscilatório **2** que vibra, sacode **3** *fig.* muito agitado, movimentado

tre.pi.dar *v.* {mod. 1} *t.d. e int.* **1** (fazer) sofrer rápido tremor físico; estremecer ☐ *t.i. e int. fig.* **2** (prep. *em*) revelar hesitação em; vacilar *<trepida em pedir--lhe o que deve> <t. na hora de decidir>* ☐ *int.* **3** tremer de medo, susto; tiritar

tré.pli.ca *s.f.* **1** a resposta a uma réplica **2** DIR resposta fundamentada com que o defensor responde à réplica do acusador

tre.pli.car *v.* {mod. 1} *t.d.,t.i. e int.* **1** (prep. *a*) responder a uma réplica *<t. uma refutação> <vou t. ao promotor, assim que encerrar sua contestação> <subiu à tribuna e treplicou>* ☐ *t.d. e t.d.i.* **2** DIR (prep. *a*) contestar ou responder com tréplica a (réplica, contradita etc.) *<t. uma objeção (ao colega)>*

tres- *pref.* → ***TRANS-***

três *n.card.* **1** dois mais um **2** diz-se desse número **3** diz-se do terceiro elemento de uma série **4** que equivale a essa quantidade (diz-se de medida ou do que é contável) ■ *s.m.2n.* **5** representação gráfica desse número ☞ em algarismos arábicos, *3*; em algarismos romanos, *III*

tre.san.dar *v.* {mod. 1} *t.d.* **1** mover para trás; recuar, desandar **2** *fig.* provocar (confusão, desordem); perturbar ☐ *t.d.,t.i. e int.* **3** (prep. *a*) exalar (odor desagradável); feder *<o lixo tresanda um forte mau cheiro> <t. a fumo> <lugar imundo, tresanda ao longe>*

tres.ca.lar *v.* {mod. 1} *t.d. e int.* exalar odor forte (de)

3D *adj.2g.2n.* produzido em três dimensões (diz-se de imagem)

tres.lou.ca.do *adj.s.m.* **1** louco, doido **2** (indivíduo) sem juízo

tres.lou.car *v.* {mod. 1} *t.d. e int.* (fazer) perder o juízo, a razão; enlouquecer

tres.ma.lha.do *adj.* **1** que fugiu **2** que se desgarrou, separando-se dos demais

tres.ma.lhar *v.* {mod. 1} *t.d.* **1** deixar cair ou perder as malhas de ☐ *t.d.,int. e pron.* **2** (deixar) escapar, afastando(-se) do bando; debandar **3** *p.ext.* espalhar(-se) em diferentes direções; dispersar(-se) ☐ *int. e pron.* **4** extraviar-se

tres.noi.ta.do *adj.* **1** que passou a noite em claro ou que dormiu muito pouco ■ *adj.s.m.* **2** que(m) sofre de insônia ~ **tresnoitar** *v.t.d. e int.*

tres.pas.sar *v.* {mod. 1} *t.d.* transpassar

tres.pas.se *s.m.* **1** ato de trespassar ou o seu efeito **2** *fig.* falecimento, morte

tres.va.ri.o *s.m.* ausência de razão; alucinação

tre.ta /ê/ *s.f.* **1** ESP habilidade no jogo da esgrima **2** *p.ext.* astúcia, manha ▼ ***tretas*** *s.f.pl.* **3** palavreado us. para enganar ~ **treteiro** *adj.s.m.*

tre.va *s.f.* **1** total ausência de luz; escuridão **2** *fig.* falta de conhecimento; ignorância **3** *fig.* o castigo do inferno ☞ tb. us. no plural

tre.vo /ê/ *s.m.* **1** BOT erva medicinal ou ornamental cujas folhas são compostas de três partes **2** *B* ponto de encontro de vias elevadas e/ou rebaixadas, para evitar cruzamentos de nível em rodovias de tráfego intenso

tre.ze *n.card.* **1** doze mais um **2** diz-se desse número **3** diz-se do décimo terceiro elemento de uma série **4** que equivale a essa quantidade (diz-se de medida ou do que é contável) ■ *s.m.* **5** representação gráfica desse número ☞ em algarismos arábicos, *13*; em algarismos romanos, *XIII*

tre.zen.tos *n.card.* **1** duzentos mais cem **2** diz-se desse número **3** diz-se do tricentésimo elemento de uma série **4** que equivale a essa quantidade (diz-se de medida ou do que é contável) ■ *s.m.2n.* **5** representação gráfica desse número ☞ em algarismos arábicos, *300*; em algarismos romanos, *CCC* ◉ GRAM/USO seguido do conectivo *e* antes das dezenas e unidades, forma os numerais cardinais entre 300 e 400

tri *adj.2g.2n.s.2g.2n.* red. de ***TRICAMPEÃO*** e de tricampeonato

trí.a.da *s.f.* tríade ('conjunto')

trí.a.de *s.f.* **1** conjunto de três entidades, objetos etc. de igual natureza; tríada **2** MÚS acorde de três sons ~ **triádico** *adj.*

tri.a.gem [pl.: *-ens*] *s.f.* separação, seleção, escolha

[1]**tri.an.gu.lar** [pl.: *-es*] *adj.2g.* **1** que tem três ângulos **2** cuja base é um triângulo **3** que tem forma de triângulo **4** que envolve três grupos, pessoas, países etc. [ORIGEM: do lat. *triangulāris,e* 'id.']

[2]**tri.an.gu.lar** *v.* {mod. 1} *t.d.* **1** dividir (terreno, região etc.) em triângulos □ *int.* FUTB **2** trocar passes (três ou mais jogadores) em posições que lembram a formação de um triângulo [ORIGEM: *triângulo* + [2]*-ar*] ~ **triangulação** *s.f.*

tri.ân.gu.lo *s.m.* **1** GEOM polígono de três lados **2** MÚS instrumento de percussão feito de metal, na forma triangular, tocado por vareta de metal

tri.á.si.co *adj.* composto por três; triplo

tri.ás.si.co *s.m.* **1** GEOL primeiro e mais antigo período geológico da era mesozoica, anterior ao Jurássico, em que surgem os primeiros dinossauros ☞ este subst. não se usa no plural; inicial maiúsc. ■ *adj.* **2** desse período

tri.a.tle.ta *s.2g.* ESP atleta que disputa provas de triatlo

tri.a.tlo *s.m.* ESP competição com três atividades esportivas diferentes (natação, ciclismo e corrida)

tri.bal [pl.: *-ais*] *adj.2g.* **1** relativo a tribo **2** que tem por base a tribo

tri.bo *s.f.* **1** grupo de pessoas que ocupa um mesmo território, fala a mesma língua, tem os mesmos costumes e, ger., as mesmas origens *<t. indígenas>* ☞ como termo de antropologia, é cada vez menos us., por sua definição ser imprecisa e preconceituosa **1.1** *p.ext. infrm.* grupo com ocupações e interesses comuns, ou ligado por laços de amizade **2** BIO na classificação dos seres vivos, categoria que agrupa gêneros afins de uma família

tri.bu.la.ção [pl.: *-ões*] *s.f.* sofrimento moral; aflição

tri.bu.na *s.f.* **1** lugar elevado de onde falam os oradores **2** lugar de onde o sacerdote faz o sermão aos fiéis; púlpito **3** palanque reservado para autoridades e figuras importantes em assembleias, cerimônias, espetáculos etc.

tri.bu.nal [pl.: *-ais*] *s.m.* DIR **1** lugar em que se realizam audiências judiciais e se fazem os julgamentos **2** conjunto dos magistrados ou pessoas que administram a justiça **3** jurisdição de magistrados

tri.bu.no *s.m.* orador popular, defensor dos direitos do povo ~ **tribunício** *adj.*

tri.bu.tar *v.* {mod. 1} *t.d.* **1** impor tributos a ou cobrar tributo sobre; taxar □ *t.d.i.* **2** (prep. *a*) pagar como tributo **3** (prep. *a*) dedicar, prestar como tributo *<t. respeito ao pai>* ~ **tributação** *s.f.*

tri.bu.tá.rio *adj.* **1** relativo a tributo ■ *adj.s.m.* **2** que(m) paga tributo ■ *s.m.* **3** rio que deságua em outro curso de água

tri.bu.to *s.m.* **1** ECON contribuição monetária imposta pelo Estado ao povo; imposto **2** *fig.* homenagem prestada **3** *fig.* aquilo que se sofre por razões morais, necessidade etc. *<pagar alto t. por uma ousadia>* ~ **tributal** *adj.2g.*

tri.cam.pe.ão [pl.: *-ões*; fem.: *-ã*] *adj.s.m.* diz-se de ou indivíduo, equipe ou clube campeão pela terceira vez numa competição ou campeonato ☞ tb. se diz apenas *tri* ~ **tricampeonato** *s.m.*

tri.cen.te.ná.rio *adj.* **1** que tem entre 300 e 400 anos ■ *s.m.* **2** espaço de 300 anos **3** festejo de evento ocorrido há 300 anos

tri.cen.té.si.mo *n.ord.* **1** (o) que, numa sequência, ocupa a posição número 300 ■ *n.frac.* **2** (o) que é 300 vezes menor que a unidade

trí.ceps *s.m.2n.* ANAT **1** músculo que tem três feixes fibrosos em uma das extremidades ■ *adj.2g.2n.* **2** diz-se desse músculo

tri.ci.clo *s.m.* veículo com pedal ou motor, selim e três rodas

tri.cô *s.m.* **1** malha tecida à mão com duas agulhas ou em máquina apropriada **2** ato de tecer essa malha **3** VEST peça de vestuário feita dessa malha

tri.co.lor /ô/ [pl.: *-es*] *adj.2g.* **1** de três cores **2** ESP *B* referente a um clube ou time com camisa e bandeira de três cores ■ *adj.2g.s.2g.* **3** ESP *B* torcedor ou jogador de um desses clubes ou times

tri.cór.nio *s.m.* VEST chapéu de três bicos ou de três pontas

tri.co.tar *v.* {mod. 1} *t.d. e int.* **1** fazer (roupa, manta etc.) em trabalho de tricô □ *int. fig.* **2** fazer intrigas, mexericos

tri.den.te *s.m.* **1** forquilha ou forcado de três dentes **2** o bastão mitológico de Netuno, divindade romana que reina nos mares ■ *adj.2g.* **3** que tem três dentes

tri.di.men.sio.nal [pl.: *-ais*] *adj.2g.* **1** que tem altura, largura e comprimento **2** que dá a sensação de relevo <*foto t.*> ~ **tridimensionalidade** *s.f.*

trí.duo *s.m.* espaço de três dias seguidos

tri.e.dro *s.m.* GEOM figura formada por três planos que se encontram num ponto

tri.e.nal [pl.: *-ais*] *adj.2g.* **1** que dura três anos **2** nomeado por três anos **3** que ocorre de três em três anos **4** que dá fruto de três em três anos (diz-se de planta)

tri.ê.nio *s.m.* período de três anos

tri.fá.si.co *adj.* de três fases (diz-se de corrente elétrica)

tri.fo.li.a.do *adj.* com três folhas

tri.fó.lio *s.m.* **1** BOT nome comum a várias plantas da família do trevo **2** forma decorativa que reproduz um trevo ou a disposição de suas folhas

tri.fur.ca.ção [pl.: *-ões*] *s.f.* divisão em três partes ou ramos

tri.gê.meo *s.m.* **1** cada um dos três irmãos que nasceram do mesmo parto **2** ANAT nervo do conjunto de nervos cranianos ■ *adj.* **3** diz-se desses irmãos **4** ANAT diz-se desse nervo

tri.gé.si.mo *n.ord.* **1** (o) que, numa sequência, ocupa a posição número 30 ■ *n.frac.* **2** (o) que é 30 vezes menor que a unidade

tri.go *s.m.* BOT **1** planta cujos frutos, ricos em amido, constituem o cereal mais us. na alimentação humana desde a Antiguidade **2** o grão dessa planta ~ **trigal** *s.m.*

tri.go.no.me.tri.a *s.f.* MAT parte da matemática que estabelece os métodos de resolução dos triângulos ~ **trigonométrico** *adj.*

tri.guei.ro *adj.* **1** relativo a trigo ■ *adj.s.m.* **2** que(m) tem a cor do trigo maduro; moreno

tri.lar *v.* {mod. 1} *int.* soltar a voz (certas aves); gorjear ◉ GRAM/USO só us. nas 3as p., exceto quando fig. ~ **trilo** *s.m.*

tri.lha *s.f.* **1** caminho, ger. estreito e tortuoso, entre vegetação; trilho **2** vestígio deixado no caminho percorrido; pista **3** *fig.* exemplo, modelo ▣ **t. sonora** CINE TV **1** fita ou sucedâneo em que está gravado o som de filme, novela etc. **2** *p.ext.* conjunto das músicas de um filme, novela etc.

tri.lhão [pl.: *-ões*] ou **tri.li.ão** [pl.: *-ões*] *n.card.* mil bilhões (10^{12})

tri.lhar *v.* {mod. 1} *t.d.* **1** tirar os grãos ou os bagos de (cereal, fruta, legume), com [1]trilho; debulhar **2** sinalizar com pegadas, vestígios **3** ir por, seguir (caminho, direção, rumo) **4** *fig.* guiar-se por (conduta moral, regra, preceito); seguir

[1]**tri.lho** *s.m.* espécie de grade us. para debulhar cereais [ORIGEM: do lat. *tribŭlum,i* 'id.']

[2]**tri.lho** *s.m.* **1** cada uma das barras paralelas pela qual passam bondes, trens etc.; carril **2** qualquer estrutura us. como guia ou apoio à movimentação de janelas, portas corrediças etc. **3** trilha ('caminho') [ORIGEM: de *trilhar*]

tri.li.ão [pl.: *-ões*] *n.card.* → ***TRILHÃO***

tri.lín.gue /gü/ *adj.2g.* **1** que tem três línguas **2** feito em três línguas ■ *adj.2g.s.2g.* **3** que(m) conhece ou fala três línguas

tri.lo *s.m.* trinado

tri.lo.gi.a *s.f.* grupo de três obras artísticas unidas entre si por temática comum ~ **trilógico** *adj.*

tri.men.sal [pl.: *-ais*] *adj.2g.* **1** que ocorre três vezes ao mês **2** trimestral ('que dura', 'que ocorre') ~ **trimensalidade** *s.f.*

tri.mes.tral [pl.: *-ais*] *adj.2g.* **1** relativo ao período de três meses **2** que dura três meses; trimensal **3** que ocorre de três em três meses; trimensal ~ **trimestralidade** *s.f.*

tri.mes.tre *s.m.* período de três meses

tri.na.do *s.m.* **1** som melodioso de alguns pássaros; gorjeio, trilo **2** MÚS tipo de ornamento que consiste na repetição rápida de uma nota alternada com uma nota próxima; trilo

tri.nar *v.* {mod. 1} *int.* **1** soltar a voz (pássaro); gorjear, trilar ☞ nesta acp., só us. nas 3as p., exceto quando fig. **2** soar à semelhança de trinado, de gorjeio **3** MÚS alternar de forma rápida e repetida duas notas próximas

[1]**trin.ca** *s.f.* reunião de três coisas ou seres similares [ORIGEM: duv., talvez do esp. *trinca* 'atadura, ligadura']

[2]**trin.ca** *s.f. B* **1** pequeno ferimento superficial; arranhão **2** qualquer abertura estreita; fresta, greta [ORIGEM: de *trincar*]

trin.car *v.* {mod. 1} *t.d.* **1** cortar ou prender com os dentes **2** triturar com os dentes; mastigar, morder **3** comprimir, apertar (os dentes) **4** partir em vários pedaços; cortar, picar □ *t.d. e int.* **5** (fazer) ficar com fendas, rachaduras; estalar, rachar

trin.cha *s.f.* **1** ferramenta us. para alargar orifícios quadrados em madeira **2** haste de ferro com ponta estreita us. para soltar pregos **3** grande pincel largo e achatado

trin.chan.te *adj.2g.s.2g.* **1** (o) que trincha ■ *s.m.* **2** faca grande ou conjunto de garfo e faca us. para cortar a carne **3** móvel sobre o qual se corta a carne

trin.char *v.* {mod. 1} *t.d.* cortar em pedaços ou fatias (esp. carne servida à mesa)

trin.chei.ra *s.f.* MIL fosso aberto na terra para proteger os soldados em combate

trin.co *s.m.* **1** em certas fechaduras, pequena tranca de mola acionada por maçaneta ou chave **2** fechadura que tem essa tranca

T

trin.da.de *s.f.* **1** conjunto de três entidades, seres, objetos etc. de igual natureza; trio **2** REL mistério central do cristianismo, segundo o qual em um só Deus há três pessoas distintas com a mesma essência: o Pai, o Filho e o Espírito Santo ☞ inicial maiúsc. **3** REL Deus, entendido como a união dessas três pessoas divinas ☞ inicial maiúsc.

tri.ne.to *s.m.* filho do bisneto ou bisneta ~ **trineta** *s.f.*

tri.ni.tro.to.lu.e.no *s.m.* QUÍM substância us. como intermediário em explosivos, em química fotográfica etc. ☞ sigla *TNT*

[1]**tri.no** *adj.* composto por três; triplo [ORIGEM: do lat. *trinus,a,um* 'id.']

[2]**tri.no** *s.m.* trinado [ORIGEM: onomatopaica]

tri.nô.mio *s.m.* MAT **1** polinômio de três termos ■ *adj.s.m. p.ext.* **2** (o) que tem três partes ou é composto por três elementos

trin.que *s.m.* **1** cabide em que o mascate expõe roupas de tecido barato **2** *p.ext.* elegância, esmero ▣ **estar nos t.** estar bem vestido

trin.ta *n.card.* **1** vinte mais dez **2** diz-se desse número *<ofício número t.>* **3** diz-se do trigésimo elemento de uma série *<capítulo t.> <dia t.>* **4** que equivale a essa quantidade (diz-se de medida ou do que é contável) *<t. alunos faltaram à prova>* ■ *s.m.* **5** representação gráfica desse número *<o t. está ilegível no carimbo>* ☞ em algarismos arábicos, *30*; em algarismos romanos, *XXX* ◉ GRAM/USO seguido do conectivo *e* antes das unidades, forma os numerais cardinais entre 30 e 40

tri.o *s.m.* **1** conjunto de três entidades, seres, objetos etc. de igual natureza; trindade **1.1** grupo de três músicos ou cantores *<um t. de flautas>* **2** MÚS composição escrita para três instrumentos ou três vozes

tri.pa *s.f.* **1** intestino animal **2** *B infrm.* o que tem forma alongada e estreita; tira

tri.pa.nos.so.mo *s.m.* BIO parasita do sistema circulatório do homem e de outros vertebrados, causador da doença de Chagas e da doença do sono ~ **tripanossomíase** *s.f.*

tri.par.tir *v.* {mod. 24} *t.d. e pron.* dividir(-se) em três partes ~ **tripartição** *s.f.* - **tripartido** *adj.* - **tripartite** *adj.2g.*

tri.pé *s.m.* **1** tripeça **2** suporte portátil com três apoios, sobre o qual se assenta uma máquina fotográfica, um telescópio etc.

tri.pe.ça *s.f.* assento de três pés, ger. baixo e arredondado; tripé

trí.plex /cs/ *n.mult.* **1** multiplicado por três ■ *adj.2g.2n.s.m.2n.* **2** (o) que se triplica em características ou funções **3** *B* (o) que tem três andares ◉ GRAM/USO em nível infrm. da língua, pronuncia-se como oxítona

tri.pli.car *v.* {mod. 1} *t.d.,int. e pron.* **1** tornar(-se) três vezes maior; multiplicar-se por três **2** *p.ext.* fazer crescer ou crescer muito ~ **triplicação** *s.f.*

tri.pli.ca.ta *s.f.* **1** terceira cópia **2** ECON documento substituto de duplicata ('título') extraviada

trí.pli.ce *n.mult.* **1** multiplicado por três ■ *adj.2g.* **2** composto por três elementos ou desenvolvido em três etapas ■ *s.f.* **3** nome reduzido da vacina us. contra difteria, tétano e coqueluche ~ **triplicidade** *s.f.*

tri.plo *n.mult.* **1** que contém três vezes a mesma quantidade ■ *s.m.* **2** quantidade três vezes maior ■ *adj.* **3** que tem três características, três componentes, três etapas etc.

tri.pu.di.ar *v.* {mod. 1} *int.* **1** dançar ou saltar batendo com os pés ☐ *t.i. e int.* **2** (prep. *sobre*) exultar por vitória, superioridade sobre outrem, desprezando-o ou humilhando-o *<t. sobre o time derrotado> <vencendo concorrências, não deixa de t.>* ~ **tripudiante** *adj.2g.s.2g.*

tri.pú.dio *s.m.* **1** ato de tripudiar ou o seu efeito **2** DNÇ dança de sapateado **3** agressão ou desafio a convenções sociais e morais; libertinagem

tri.pu.la.ção [pl.: *-ões*] *s.f.* conjunto de pessoas que trabalham a bordo de navio ou avião

tri.pu.lan.te *s.2g.* membro de tripulação ◉ COL equipagem

tri.pu.lar *v.* {mod. 1} *t.d.* **1** prover de pessoal (embarcação ou aeronave) **2** dirigir, pilotar (embarcação ou aeronave)

tri.que.cí.deo *adj.s.m.* ZOO (espécime) dos triquecídeos, família de mamíferos aquáticos conhecidos como peixes-boi

tri.qui.u.rí.deo *adj.s.m.* ZOO (espécime) dos triquiurídeos, família de peixes marinhos ósseos de corpo muito alongado e comprimido e dentes longos

tri.sa.nu.al [pl.: *-ais*] *adj.2g.* **1** que dura três anos **2** que ocorre de três em três anos

tri.sa.vó *s.f.* mãe do bisavô ou da bisavó

tri.sa.vô [fem.: *trisavó*] *s.m.* **1** pai do bisavô ou da bisavó ▼ ***trisavós*** *s.m.pl.* **2** gerações anteriores de um indivíduo; ancestrais

tris.sí.la.bo *adj.s.m.* (vocábulo) que tem três sílabas

tris.so.mi.a *s.f.* BIO condição de organismo que tem um cromossomo a mais em um dos pares de cromossomos, causando anomalias, como, p.ex., a síndrome de Down

tris.te *adj.2g.* **1** que exprime ou desperta tristeza; comovente **2** que provoca sentimentos de piedade **3** palavra que qualifica pessoas ou coisas com atributos negativos; feio, insuportável, mau, preguiçoso etc. ■ *adj.2g.s.2g.* **4** que(m) não sente alegria

tris.te.za /ê/ *s.f.* **1** estado emocional caracterizado pela melancolia **2** caráter do que desperta esse estado **3** falta de alento; desânimo

tris.to.nho *adj.* **1** que experimenta ou aparenta tristeza **2** que desperta sentimentos de tristeza

tri.ti.cul.tu.ra *s.f.* AGR cultura do trigo ~ **triticultor** *s.m.*

tri.ton.go *s.m.* GRAM grupo vocálico, formado de uma vogal cercada de duas semivogais, pronunciado em uma única sílaba (p.ex.: enxag*uei*, Urug*uai*, *quais*) ☞ cf. *ditongo* e *hiato*

T

tri.tu.ra.dor /ô/ [pl.: *-es*] *adj.s.m.* **1** (o) que tritura ■ *s.m.* **2** aparelho us. para triturar material sólido

tri.tu.rar *v.* {mod. 1} *t.d.* **1** reduzir a pó ou a pequenos pedaços; moer *<t. grãos de café>* **2** transformar em massa **3** *fig.* causar aflição, mágoa a; atormentar *<triturava seu cérebro com perguntas difíceis>* ~ **trituração** *s.f.*

tri.un.fal [pl.: *-ais*] *adj.2g.* **1** relativo a triunfo **2** *fig.* bem-sucedido; magnífico, esplêndido

tri.un.fa.lis.mo *s.m.* sentimento exagerado de triunfo ~ **triunfalista** *adj.2g.s.2g.*

tri.un.fan.te *adj.2g.* triunfal

tri.un.far *v.* {mod. 1} *int.* **1** obter triunfo, vitória (sobre); vencer, ganhar *<sofreram, mas triunfaram>* **2** levar vantagem (sobre); prevalecer *<a justiça há de t.>* **3** encher-se de alegria; exultar *<após a vitória decisiva, os torcedores triunfaram>* □ *t.i.* **4** (prep. *de*) ostentar méritos e conquistas; vangloriar-se *<tinha o desagradável costume de t. de seus conhecimentos>* ~ **triunfador** *adj.s.m.*

tri.un.fo *s.m.* **1** vitória em guerra ou disputa **2** *fig.* êxito, sucesso **3** *fig.* grande satisfação; regozijo

tri.un.vi.ra.to *s.m.* **1** cargo e título de triúnviro **2** governo de três pessoas ou triúnviros **3** *p.ext.* período de duração desse governo

tri.ún.vi.ro *s.m.* membro de triunvirato ~ **triunviral** *adj.2g.*

tri.vi.al [pl.: *-ais*] *adj.2g.* **1** que é do conhecimento de todos; corriqueiro **2** muito usado, repetido; vulgar **3** sem importância *<brigaram por motivo t.>* ■ *s.m.* **4** culinária simples, corriqueira ~ **trivialidade** *s.f.*

tri.vi.a.li.zar *v.* {mod. 1} *t.d. e pron.* tornar(-se) trivial, corriqueiro; banalizar(-se) *<t. uma conquista>* *<com as repetições, a comemoração trivializou-se>*

triz *s.m.* ◗ us. em: **por um t.** por pouco, quase

tro.a.da *s.f.* **1** ação de fazer um barulho semelhante ao estrondo de muitos tiros disparados **2** esse barulho

tro.ar *v.* {mod. 1} *int.* fazer grande barulho; estrondear *<a tempestade troava>* ◉ GRAM/USO verbo impessoal, exceto quando fig.

tro.ca *s.f.* **1** permuta de coisa por outra **1.1** transferência mútua de algo entre seus respectivos donos **2** colocação de coisa ou pessoa no lugar de outra; substituição **3** ato de confundir uma coisa com outra **4** mudança, transformação

tro.ça *s.f.* **1** ação ou palavras para provocar riso; zombaria **2** ato ou dito engraçado, divertido **3** *B* festa ou brincadeira muito animada

tro.ca.di.lho *s.m.* jogo de palavras com sons semelhantes e significados diferentes, de que resultam equívocos por vezes engraçados

tro.ca.do *s.m.* **1** conjunto de moedas ou cédulas de pequeno valor; troco ☞ tb. us. no pl. ■ *adj.* **2** que foi mudado ou substituído

tro.ca.dor /ô/ [pl.: *-es*] *adj.s.m.* **1** que(m) troca ■ *s.m.* **2** indivíduo que cobra as passagens nos ônibus; cobrador

tro.car *v.* {mod. 1} *t.d.,t.i. e t.d.i.* **1** (prep. *de, por*) pôr ou dar (uma coisa) no lugar de (outra); substituir, mudar *<t. a camisa>* *<t. de assunto>* *<t. o carro velho por um novo>* □ *t.d.i.* **2** (prep. *em*) converter, transformar em *<t. o amor em ódio>* □ *t.d.* **3** mudar as características originais de; alterar *<o jornal trocou suas declarações>* **4** mudar a posição de; cruzar *<bêbado, trocava os pés>* □ *t.d. e pron.* **5** mudar a roupa (de) *<t. o bebê>* *<t.-se para sair>*

tro.çar *v.* {mod. 1} *t.d. e t.i.* (prep. *com, de*) expor ao ridículo com gestos, atos de zombaria; caçoar *<troçaram (com) o rapaz a noite toda>*

tro.ca-tro.ca [pl.: *trocas-trocas* e *troca-trocas*] *s.m.* negociação que não envolve dinheiro, mas troca entre duas coisas ou pessoas

tro.cis.ta *adj.2g.s.2g.* que(m) gosta de fazer troças; debochado

tro.co /ô/ *s.m.* **1** dinheiro trocado **2** soma devolvida a quem pagou com nota, ou moeda, de valor maior que o preço da mercadoria **3** *fig. infrm.* vingança, resposta

tro.ço /ó/ *s.m.* *B gír.* palavra us. em lugar de qualquer fato ou objeto; negócio, coisa

tro.ço /ô/ [pl.: /ó/] *s.m.* **1** pedaço de pau **2** *p.ext.* pedaço de qualquer coisa **3** reunião de pessoas; multidão

tro.féu *s.m.* **1** triunfo sobre o inimigo; êxito, vitória **2** *p.ext.* qualquer objeto que atesta vitória ou grande feito

tro.glo.di.ta *s.2g.* **1** indivíduo dos trogloditas, povos da África que habitavam em cavernas ■ *adj.2g.* **2** relativo a esses povos ■ *adj.2g.s.2g.* **3** *fig. pej.* (sujeito) primitivo, incivilizado

tro.glo.di.tí.deo *adj.s.m.* ZOO (espécime) dos trogloditídeos, família de aves americanas, cujas vozes são variadas e de alta qualidade, que inclui, entre outros, os uirapurus e as cambaxirras

tro.le *s.m.* *B* **1** carretilha de metal que desliza sobre cabo elétrico e transmite energia ao motor de bondes e ônibus elétricos **2** pequeno carro, movido a força humana, que desliza sobre os trilhos nas ferrovias

tró.le.bus *s.m.2n.* *B* ônibus elétrico ligado a cabos aéreos

tro.lha /ô/ *s.f.* **1** CONSTR pequena tábua, provida de empunhadeira, us. para alisar reboco de parede ■ *s.m.* **2** *infrm.* ajudante de pedreiro

tró-ló-ló [pl.: *tró-ló-lós*] *s.m.* *B infrm.* **1** música ligeira, fácil de cantar **2** *p.ext.* conversa vazia; lero-lero

trom [pl.: *-ons*] *s.m.* estrondo ou qualquer grande ruído, como o som de trovão ou canhão

trom.ba *s.f.* **1** ZOO extensão longa, tubular e flexível do focinho de animais, como o elefante e a anta, com narinas na ponta, us. esp. para conduzir alimento e água até a boca **2** *fig. joc.* expressão fechada, zangada *<fazer t.>*

trom.ba.da *s.f.* **1** pancada com a tromba ou com o focinho **2** *p.ext.* qualquer colisão forte; batida

T

trom.ba-d'á.gua [pl.: *trombas-d'água*] *s.f.* **1** fenômeno meteorológico em que nuvens espessas e negras se movem, formando um cone cuja base é voltada para o alto; manga-d'água **2** *p.ext.* forte pancada de chuva

trom.ba.di.nha *s.m.* *B* *infrm.* menor em situação de rua que comete pequenos delitos

trom.bar *v.* {mod. 1} *t.i. e int.* *B* *infrm.* (prep. *com*) sofrer choque com; colidir, bater <*trombou com seu ex-namorado na rua*> <*vários veículos trombaram por causa da chuva*>

trom.be.ta /ê/ *s.f.* MÚS nome comum a grandes instrumentos de sopro, feitos de madeira ou metal, que emitem sons muito potentes

trom.be.te.ar *v.* {mod. 5} *t.d. e int.* **1** tocar na trombeta (música, melodia) <*t. um trecho de música*> <*no início da caçada, os arautos trombeteiam*> □ *t.d. fig.* **2** fazer divulgação de; alardear <*os jornais trombeteavam mais um escândalo!*>

trom.be.tei.ro *adj.s.m.* **1** que(m) toca trombeta **2** que(m) fabrica trombeta

trom.bi.car *v.* {mod. 1} *t.d.* *fig.* **1** enganar com artimanhas; ludibriar <*t. os competidores*> □ *pron.* *B infrm.* **2** sair-se mal; estrepar-se, trumbicar-se <*tentou enganar o chefe, mas se trombicou*>

trom.bo.ne *s.m.* **1** MÚS instrumento de sopro de metal, com vara ou pistons, e tubo longo que dá uma volta sobre si mesmo **2** *infrm.* pessoa de voz grossa

trom.bo.se *s.f.* MED formação de coágulo em um vaso sanguíneo ou no coração ~ **trombótico** *adj.*

trom.bu.do *adj.s.m.* **1** (o) que tem tromba **2** *fig.* que(m) é carrancudo, emburrado

trom.pa *s.f.* **1** MÚS instrumento musical de sopro, metálico, composto de tubo longo enrolado sobre si mesmo e que termina em um bocal largo **2** ANAT denominação substituída por *tuba* **3** instrumento de vidro us. em laboratório de química para aspirar o ar ▣ **t. de Eustáquio** ANAT denominação substituída por *tuba auditiva* • **t. de Falópio** ANAT denominação substituída por *tuba uterina*

trom.pe.te *s.m.* MÚS instrumento metálico de sopro com corpo cilíndrico alongado que termina em forma de sino

trom.pe.tis.ta *adj.2g.s.2g.* que(m) toca trompete

trom.pis.ta *adj.2g.s.2g.* que(m) toca trompa

tron.cho *s.m.* **1** talo grosso de couve ■ *adj.s.m.* **2** (membro) cortado, mutilado ■ *adj.* **3** torto de um lado

tron.co *s.m.* **1** caule grosso de árvores e arbustos **2** ANAT parte do corpo humano composta do tórax, abdome e bacia **3** estirpe, linhagem ou origem de família; cepa **4** TEL canal de comunicação entre dois equipamentos de uma mesma central **5** LING grande grupo de línguas que se supõe terem tido uma origem comum

tron.cu.do *adj.* *B* **1** com o tronco bem desenvolvido; corpulento, forte **2** *p.ext.* de maior diâmetro; grosso

tro.no *s.m.* **1** assento elevado destinado ao rei **2** *fig.* poder ou autoridade real **3** *joc.* vaso sanitário; latrina

tro.pa *s.f.* **1** grande grupo de soldados **2** conjunto de muitas pessoas **3** *p.ext.* *B* o conjunto dos trabalhadores braçais em estiva ou armazém de depósito **4** *B* bando de animais, esp. de carga

tro.pe.ção [pl.: *-ões*] *s.m.* **1** ato de bater o pé contra um obstáculo, o que faz perder o equilíbrio ou o ritmo, ou o seu efeito; tropeçada, tropeço **2** *fig.* *B* equívoco, erro

tro.pe.çar *v.* {mod. 1} *int.* **1** bater sem querer com o pé em; topar □ *t.i.* *fig.* **2** (prep. *em*) encontrar de modo inesperado (obstáculo, problema etc.) <*tropeçou na solução quando menos esperava*> **3** (prep. *em, com*) incidir em erro <*t. na tabuada*> □ *t.i. e int.* *fig.* **4** (prep. *em*) mostrar-se hesitante, indeciso (em); vacilar <*tropeçou na resposta*> <*declamou o poema sem t.*>

tro.pe.ço /ê/ *s.m.* **1** tropeção ('ato') **2** obstáculo em que se tropeça **3** *fig.* dificuldade, embaraço **4** *fig.* erro, mancada

trô.pe.go *adj.* que anda ou se move com dificuldade

tro.pei.ra.da *s.f.* grupo de tropeiros

tro.pei.ro *s.m.* **1** condutor de tropas **2** condutor de bestas de carga ou de gado

tro.pel [pl.: *-éis*] *s.m.* **1** grande número de pessoas ou animais em movimento **2** *p.ext.* grande barulho provocado pela marcha de animais **3** *fig.* confusão, balbúrdia

tro.pe.li.a *s.f.* **1** confusão causada por muita gente se movimentando **2** *fig.* ardil, artimanha **3** *fig.* arte de traquinas; travessura **4** *infrm.* dano, prejuízo

tro.pi.cal [pl.: *-ais*] *adj.2g.* **1** relativo ou pertencente a trópico **2** situado entre os trópicos, zona de clima quente, úmido e chuvoso (diz-se de região) ■ *s.m.* **3** tecido leve, ger. us. no vestuário masculino

tro.pi.ca.lis.mo *s.m.* MÚS movimento de um grupo de compositores baianos liderados por Caetano Veloso e Gilberto Gil, que resultou numa síntese de elementos brasileiros em sintonia com as manifestações estéticas e culturais daquela época (1967-1968)

tro.pi.car *v.* {mod. 1} *int.* **1** tropeçar várias vezes **2** andar a trote (a cavalgadura); trotar ~ **tropicada** *s.f.* - **tropicão** *s.m.*

tró.pi.co *s.m.* GEO **1** no globo terrestre, cada um dos dois círculos horizontais imaginários, paralelos ao equador e dele distantes 23° 27' **2** a região compreendida entre esses círculos ▣ **t. de Câncer** o círculo situado ao norte do equador • **t. de Capricórnio** o círculo situado ao sul do equador

tro.pis.mo *s.m.* BIO reação de atração ou de afastamento apresentada por organismos vivos ou por suas partes, em resposta a estímulos externos

tro.pos.fe.ra *s.f.* FÍS camada da atmosfera mais próxima da Terra, situada de 10 km a 12 km de altitude ~ **troposférico** *adj.*

tro.qui.lí.deo *adj.s.m.* ZOO (espécime) dos troquilídeos, família de aves que compreende os beija-flores

tro.ta.dor /ô/ [pl.: *-es*] *adj.s.m.* (cavalo) que trota

tro.tar *v.* {mod. 1} ou **tro.te.ar** *v.* {mod. 5} *int.* **1** andar a trote (cavalgadura) *<essa égua trota devagar>* ☞ nesta acp., só us. nas 3ªs p. **2** cavalgar a trote **3** andar imitando o trote do cavalo

tro.te *s.m.* **1** marcha ritmada de cavalgaduras, entre o passo e o galope **2** troça, zombaria **3** *p.ext.* telefonema anônimo para brincar, zombar etc. **4** brincadeira que alunos antigos das universidades impõem aos calouros

tro.te.ar *v.* {mod. 5} *int.* → ***TROTAR***

trou.xa *s.f.* **1** embrulho de pano para transportar objetos, ger. roupas **2** *p.ext.* grande embrulho ■ *adj.2g.s.2g.* **3** *infrm.* que(m) é facilmente iludido ou enganado; tolo

tro.va *s.f.* **1** cantiga poética medieval **2** LIT composição poética popular, composta de quatro versos **3** cantiga, canção

tro.va.dor /ô/ [pl.: *-es*] *adj.s.m.* **1** LIT MÚS na Idade Média, que(m) fazia ou cantava trovas **2** *p.ext.* que(m) divulga, cantando ou declamando, poemas próprios ou alheios

tro.va.do.res.co /ê/ *adj.* LIT MÚS que diz respeito aos trovadores medievais, a sua lírica e a sua época

tro.vão [pl.: *-ões*] *s.m.* **1** forte ruído causado por descarga elétrica na atmosfera; trovoada **2** *p.ext.* qualquer ruído forte ◉ COL trovoada

tro.var *v.* {mod. 1} *int.* compor ou cantar trovas

tro.ve.jar ou **tro.vo.ar** *v.* {mod. 1} *int.* **1** soar, retumbar (o trovão) ☞ nesta acp., é impessoal, exceto quando fig. **2** *p.ext.* soar forte como trovão (barulho, voz); ressoar ~ **trovejante** *adj.2g.*

tro.vo.a.da *s.f.* **1** série de trovões **2** *p.ext.* grande estrondo

tro.vo.ar *v.* {mod. 1} *int.* → ***TROVEJAR***

tru.a.ni.ce *s.f.* **1** palhaçada, momice **2** mentira ardilosa

tru.ão [pl.: *-ões*] *s.m.* pessoa que diverte outras; palhaço ~ **truanesco** *adj.*

tru.ca.gem [pl.: *-ens*] *s.f.* CINE **1** efeito cinematográfico que cria a ilusão de uma realidade inesperada, divertida ou dramática **2** fase final da produção de um filme, quando se fazem os truques

tru.ci.dar *v.* {mod. 1} *t.d.* matar de modo cruel; massacrar

tru.cu.lên.cia *s.f.* **1** ato de crueldade, de violência **2** brutalidade, grosseria, estupidez

tru.cu.len.to *adj.* **1** que usa de violência; cruel, bárbaro **2** que contém grosseria

tru.fa *s.f.* **1** BIO cogumelo subterrâneo comestível, de cor escura e sabor marcante, encontrado somente na Europa **2** CUL bombom de chocolate, aromatizado com conhaque, café etc., recoberto de pó de cacau

tru.fei.ra *s.f.* terreno em que se acham trufas ('cogumelo')

tru.fei.ro *adj.* **1** relativo a trufa ■ *adj.s.m.* **2** que(m) apanha trufas **3** (animal) farejador de trufas

tru.ís.mo *s.m.* verdade incontestável ou evidente

trum.bi.car-se *v.* {mod. 1} *pron. gír.* sair-se mal; estrepar-se, dar-se mal *<faltou às aulas e trumbicou-se na prova>*

trun.car *v.* {mod. 1} *t.d.* **1** separar do tronco; cortar **2** retirar uma parte de; mutilar **3** tirar parte importante de (escrito, obra literária), dificultando a compreensão ~ **truncamento** *s.m.*

trun.fo *s.m.* **1** RECR certo jogo de cartas em parceria de dois, quatro ou seis jogadores **2** *p.ext.* RECR em jogos de cartas, naipe que prevalece sobre os outros **3** RECR a carta desse naipe **4** *fig.* aquilo que dá vantagem a alguém para conseguir algo

tru.pe *s.f.* **1** conjunto de artistas, comediantes, de pessoas que atuam em conjunto **2** companhia de teatro

tru.que *s.m.* **1** modo hábil e sutil de agir **2** ação que visa enganar; tramoia **3** CINE TEAT processo us. para criar ilusões, em filmes ou no palco **3.1** prestidigitação, ilusionismo

trus.te *s.m.* ECON fusão de empresas, sem perda de autonomia jurídica, para assegurar o controle sobre o mercado e aumentar a margem de lucro

tru.ta *s.f.* **1** ZOO peixe de grande valor comercial, encontrado ou criado ger. em águas doces, frias e correntes **2** *infrm.* negociata, trambique, trapaça ◉ COL trutaria

tru.ta.ri.a *s.f.* ZOO grande quantidade de trutas

Ts QUÍM símbolo de *tenesso*

tsar [pl.: *-es*; fem.: *tsarina*] *s.m.* → ***CZAR***

tsa.ri.na *s.f.* → ***CZARINA***

tsa.ris.mo *s.m.* → ***CZARISMO***

TSE *s.m.* sigla de Tribunal Superior Eleitoral

tsé-tsé [pl.: *tsé-tsés*] *s.2g.* ZOO mosca africana transmissora de parasitas causadores da doença do sono

tsunami [jap.] *s.m.* onda gigantesca provocada por um tremor de terra ou por uma erupção vulcânica no fundo do mar ⇒ pronuncia-se tsunâmi

tu *pron.p.* representa a 2ª p.sing. e é us. para indicar aquele a quem se fala ou escreve *<tu és linda>*

tu.a *pron.pos.* **1** indica um ser (coisa ou pessoa) do gênero feminino que pertence, é parte de, está relacionado à 2ª p.sing. (tu) *<t. mão>* ■ *s.f.* **2** tua opinião, tua posição *<qual é a t., afinal?>* ◉ GRAM/USO fem. de *teu* ▣ **ficar na t.** *B infrm.* **1** permanecer com a sua própria opinião, hipótese etc. **2** não se envolver em (alguma coisa); ficar de fora

tu.ba *s.f.* **1** MÚS instrumento de sopro grande e grave, dotado de três ou quatro pistões, us. em banda de música **2** ANAT estrutura ou canal em forma de tubo, anteriormente denominada *trompa* ▣ **t. auditiva** ANAT canal auditivo que vai do tímpano à faringe, anteriormente denominado *trompa de Eustáquio* • **t. uterina** ANAT canal que corre em cada um dos lados do fundo do útero até o final do respectivo ovário, anteriormente denominado *trompa de Falópio*

tu.bá.ceo *adj.* em forma de tuba ('instrumento')

tu.ba.gem [pl.: *-ens*] *s.f.* tubulação ('conjunto', 'instalação')

tu.ba.rão [pl.: *-ões*] *s.m.* **1** ZOO nome de grandes peixes marinhos, predadores e comestíveis **2** *fig.* empresário sem escrúpulos, que só visa ao próprio lucro

tu.bá.rio *adj.* ANAT relativo a tuba ('estrutura em forma de tubo') *<gravidez t.>*

tu.bér.cu.lo *s.m.* **1** BOT parte espessa do caule de certas plantas rica em reservas nutritivas, ger. subterrânea *<a batata é um t.>* **2** ANAT saliência arredondada na superfície de um órgão **3** MED pequena lesão cutânea arredondada

tu.ber.cu.lo.se *s.f.* MED doença contagiosa, que pode afetar quase todos os tecidos do corpo, esp. os pulmões, causada por um bacilo; tísica

tu.ber.cu.lo.so /ô/ [pl.: /ó/; fem.: /ó/] *adj.s.m.* **1** MED que(m) tem tuberculose; tísico ■ *adj.* **2** relativo a tubérculo *<caule t.>*

tu.be.ri.for.me *adj.2g.* em forma de tubérculo *<raiz t.>*

tu.bi.for.me *adj.2g.* em forma de tubo; tubular

tu.bo *s.m.* **1** qualquer estrutura cilíndrica e oca pela qual podem passar líquidos ou gases **2** ANAT qualquer cavidade tubária **3** ESP espaço vazio, tubular, que se forma entre a parte mais baixa das ondas maiores e sua crista ◉ COL tubulação ▣ **t. de ensaio** QUÍM recipiente cilíndrico de vidro ou plástico, us. em laboratórios; proveta • **t. digestório** ANAT o que serve para o transporte dos alimentos, composto de boca, faringe, esôfago, estômago, intestinos delgado e grosso e ânus

tu.bu.la.ção [pl.: *-ões*] *s.f.* **1** conjunto de tubos; encanamento, tubagem **2** instalação de um ou mais tubos; tubagem **3** canalização para passagem de gás, água, eletricidade etc.

tu.bu.lar [pl.: *-es*] *adj.2g.* **1** relativo a tubo **2** que tem a forma de tubo; tubiforme

tu.ca.no *s.m.* ZOO *B* **1** ave de bico muito grande e forte, coloração preta, vermelha, laranja ou verde, e plumagem dorsal negra, com a garganta branca ou amarela ■ *s.2g.* **2** indivíduo dos tucanos, grupo indígena que habita no noroeste do Amazonas e na Colômbia

T

tu.cu.na.ré *s.m. B* **1** ZOO peixe amazônico prateado com mancha redonda no rabo, muito apreciado na alimentação **2** tipo de embarcação us. na Amazônia

tu.cu.pi *s.m.* CUL molho feito com mandioca e pimenta, típico da cozinha do norte do Brasil

tu.do *pron.ind.* **1** o total das coisas ou seres que são objeto do discurso **2** a totalidade das coisas (concretas ou abstratas), sem faltar nenhuma **3** o que importa, o essencial *<saúde é t.>*

tu.do-na.da [pl.: *tudos-nadas* e *tudo-nadas*] *s.m.* quantidade insignificante, quase nada

tu.fão [pl.: *-ões*] *s.m.* **1** furacão nos mares do Oriente, esp. no da China **2** *p.ext.* ventania, vendaval

[1]tu.far *v.* {mod. 1} *t.d.,int. e pron.* **1** (fazer) aumentar de volume; inchar(-se), estufar(-se) *<o vento tufava as velas do barco> <a saia tufou> <o peixe tufou-se e virou uma bola>* □ *int. e pron. fig.* **2** encher-se de orgulho ou vaidade; enfatuar-se *<a riqueza fez com que ele (se) tufasse>* [ORIGEM: do port.ant. *tufo* (ligado ao lat. *typhus,i* 'inchação, orgulho') + [2]*-ar*]

[2]tu.far *v.* {mod. 1} *t.d. e pron.* dar ou tomar forma de tufo [ORIGEM: *tufo* + [2]*-ar*]

tu.fo *s.m.* **1** porção de coisas que crescem ou estão juntas (como pelos, penas, cabelos, folhagens etc.) **2** *p.ext.* qualquer coisa arredondada e proeminente; saliência

tu.gir *v.* {mod. 24} *t.d. e int.* **1** falar baixo; murmurar, sussurrar *<os alunos continuavam a t.>* **2** *p.ext.* expressar-se oralmente; dizer, falar *<tugiu alguma coisa antes de sair> <de medo, ninguém tugia>*

tu.gú.rio *s.m.* **1** choupana, casebre **2** *p.ext.* abrigo, refúgio

tu.im [pl.: *-ins*] *s.m.* ZOO *B* nome comum a pequenas aves de coloração ger. verde e cauda curta; periquito

tui.ui.ú *s.m.* ZOO *B* ave de plumagem branca, enorme bico negro levemente curvado para cima e pescoço negro, nu e com a base vermelha

tu.le *s.m.* filó

tu.lha *s.f.* **1** recipiente us. para armazenagem de cereais **2** *p.ext.* construção rural para armazenar grãos ou provisões; celeiro **3** grande quantidade de cereais

tú.lio *s.m.* QUÍM elemento químico us. em tubos de raios X [símb.: *Tm*] ☞ cf. *tabela periódica* (no fim do dicionário)

tu.li.pa *s.f.* **1** BOT planta ornamental de flores eretas e raiz bulbosa, de grande valor comercial **2** BOT a flor dessa planta **3** *B* copo alto, em forma de cone, us. para servir chope **4** *p.ext.* o conteúdo de bebida que cabe nesse copo ~ **tulipáceo** *adj.*

tum.ba *s.f.* **1** cova em que se enterram os mortos; sepultura **2** construção de pedra, mármore etc. sobre essa cova

tu.me.fa.ção [pl.: *-ões*] ou **tu.me.fac.ção** [pl.: *-ões*] *s.f.* MED aumento de volume em algum tecido ou órgão do corpo, devido a inflamação ou edema; inchação ~ **tumefato/tumefacto** *adj.*

tu.me.fa.zer *v.* {mod. 14} *t.d. e pron.* (fazer) sofrer tumefação; inchar(-se), intumescer(-se) *<a pancada tumefez seu pé> <o estômago tumefez-se>* ◉ GRAM/USO part.: *tumefeito, tumefato*

tú.mi.do *adj.* **1** que aumentou de volume; inchado **2** saliente, proeminente **3** grosso, volumoso ~ **tumidez** *s.f.*

tu.mor /ô/ [pl.: *-es*] *s.m.* MED crescimento anormal de tecido ~ **tumoral** *adj.2g.*

tú.mu.lo *s.m.* **1** cova coberta de terra ou por uma laje de pedra, mármore etc., na qual um cadáver é enterrado **2** grande e imponente monumento funerário de uma família **3** *fig.* lugar triste, sem vida ~ **tumular** *adj.2g.*

tu.mul.to *s.m.* **1** explosão de rebeldia; motim **2** briga envolvendo várias pessoas; pancadaria **3** alvoroço, barulho **4** confusão, desordem **5** desavença, discórdia **6** *fig.* desassossego, inquietação

tu.mul.tu.ar *v.* {mod. 1} *t.d. e int.* **1** incitar à ou atuar em revolta; levantar(-se), sublevar(-se) □ *t.d.* **2** desordenar, desarrumar **3** destruir a paz, a tranquilidade de; agitar **4** causar confusão em; atrapalhar ~ **tumultuante** *adj.2g.*

tu.mul.tu.o.so /ô/ [pl.: /ó/; fem.: /ó/] *adj.* **1** em que há tumulto **2** agitado, efervescente **3** em que há revoltas, lutas, choques **4** acompanhado de rixas, disputas, desavenças **5** sem ordem, sem disciplina; confuso

tu.nar *v.* {mod. 1} *t.d.* realizar alterações mecânicas e/ou estéticas em (carros, motocicletas, equipamentos eletrônicos etc.), para personalizá-los ou melhorar seu aspecto, desempenho etc. ~ **tunagem** *s.f.*

tun.da *s.f.* **1** ato de maltratar por meio de pancadas, socos etc.; surra **2** *fig.* crítica dura

tun.dra *s.f.* **1** GEO paisagem geográfica da região ártica, caracterizada por vegetação baixa, herbácea, constituída por gramíneas, liquens e musgos **2** BOT essa vegetação

tú.nel [pl.: *-eis*] *s.m.* passagem subterrânea sob montanha, rio, estrada, rua etc., destinada à comunicação

tungs.tê.nio *s.m.* QUÍM elemento químico us. em filamentos de lâmpadas incandescentes, elétrodos, aviões etc. [símb.: *W*] ☞ cf. *tabela periódica* (no fim do dicionário)

tú.ni.ca *s.f.* **1** VEST roupa feminina mais longa que a blusa **2** VEST casaco militar justo e abotoado na frente; dólmã **3** LITUR veste do sacerdote **4** ANAT membrana que envolve órgãos animais ou certos órgãos vegetais

tu.pã *s.m.* MIT entre os indígenas de língua tupi, o trovão, cultuado como divindade suprema ☞ inicial freq. maiúsc.

tu.pi *s.2g.* **1** indígena de qualquer um dos grupos tupis, povos cujas línguas pertencem a um tronco linguístico de mesmo nome ■ *s.m.* **2** LING tronco linguístico formado de várias línguas desses povos, habitantes do Brasil e de vários outros países da América do Sul ■ *adj.2g.* **3** relativo a esse indígena, a esses povos ou a esse tronco linguístico

tu.pi-gua.ra.ni [pl.: *tupis-guaranis*] *s.2g.* **1** indígena pertencente a qualquer dos grupos tupis-guaranis, povos cujas línguas pertencem a uma família de mesmo nome ■ *s.m.* **2** LING família linguística que inclui o tupi, o guarani e outras línguas indígenas ■ *adj.2g.* **3** relativo a esse indígena, a esses povos ou a essa família linguística

tu.pi.nam.bá *s.2g.* **1** indígena dos tupinambás, grupo que habitava a costa brasileira, hoje considerado extinto ■ *s.m.* **2** LING língua da família linguística tupi-guarani falada por esse povo ■ *adj.2g.* **3** relativo a esse indígena, a esse grupo ou a essa língua

tu.pi.ni.quim [pl.: *-ins*] *s.2g.* **1** indígena dos tupiniquins, grupo da família linguística tupi-guarani, que habita no município de Aracruz (ES) e no município de Ilhéus (BA) ■ *adj.2g.* **2** relativo a esse indígena e a esse grupo **3** *B infrm.* brasileiro ☞ pode ter uso pejorativo

-tura *suf.* equivale a *-ura* (1)

tur.ba *s.f.* **1** grande número de pessoas reunidas; multidão **2** multidão desordenada ou em movimento **3** conjunto dos grupos menos favorecidos de uma comunidade **4** coro de vozes ☞ nos três primeiros sentidos, esta palavra é freq. de uso pejorativo

tur.ban.te *s.m.* VEST **1** faixa de tecido enrolada na cabeça, de origem oriental, us. por homens **2** *p.ext.* echarpe ou lenço enrolado em torno da cabeça das mulheres

tur.bar *v.* {mod. 1} *t.d.,int. e pron.* turvar ~ **turbação** *s.f.* - **turbamento** *s.m.*

tur.bi.lhão [pl.: *-ões*] *s.m.* **1** massa de ar em forte movimento giratório **2** movimento de um líquido que forma um redemoinho na superfície; sorvedouro **3** *fig.* aquilo que arrasta ou excita de maneira muito intensa

tur.bi.na *s.f.* ENG MEC máquina geradora de energia mecânica giratória, a partir da energia cinética de água, gás etc. em movimento ~ **turbinagem** *s.f.*

tur.bi.nar *v.* {mod. 1} *int.* **1** deslocar-se (a água) de modo circular ou helicoidal, formando um rodamoinho □ *t.d. fig. B infrm.* **2** melhorar o funcionamento, as características de ~ **turbinado** *adj.*

tur.bu.lên.cia *s.f.* **1** ação ou comportamento caracterizado por agitação, tumulto **2** *p.ext.* agitação ruidosa e desordenada **3** agitação de massa de água ou ar

tur.bu.len.to *adj.s.m.* **1** que(m) se comporta de modo irrequieto, ruidoso **2** (o) que é animado, alegre **3** (o) que se agita **4** que(m) se comporta com violência, brutalidade

tur.fa *s.f.* BIO massa constituída de restos de vegetais em decomposição, us. como fertilizante, forragem, combustível e na feitura de carvão

tur.fe *s.m.* **1** local para corridas de cavalo; hipódromo **2** o esporte das corridas de cavalos ~ **turfístico** *adj.*

tur.fis.ta *s.2g. B* **1** quem gosta de corridas de cavalos **2** quem joga em corridas de cavalos

túr.gi.do *adj.* **1** dilatado, inchado **2** gordo, cheio ~ **turgidez** *s.f.*

tu.rí.bu.lo *s.m.* vaso no qual se queima o incenso nas igrejas; incensório ~ **turibular** *v.t.d.*

tu.ris.mo *s.m.* **1** ação de viajar por diversão ou para fins culturais **2** atividade econômica de gerenciar grupos de turistas em viagem **3** conjunto de serviços decorrentes dessa atividade ▣ **t. ecológico** ECO ecoturismo ~ **turístico** *adj.*

tu.ris.ta *s.2g.* **1** indivíduo que faz turismo **2** *infrm. joc.* aquele cuja presença é imprevisível e inconstante

tur.ma *s.f.* **1** conjunto de pessoas; grupo **2** conjunto dos estudantes da mesma sala; classe **3** grupo profissional **4** *B* grupo de amigos **5** divisão de horário de trabalho ou estudo; turno

tur.ma.li.na *s.f.* MINER pedra semipreciosa de coloração variada, us. tb. em aparelhos de rádio e instrumentos ópticos ~ **turmalínico** *adj.*

tur.nê *s.f.* viagem com itinerário e paradas definidas com antecedência, ger. feita por artista, grupo de pessoas etc.

tur.no *s.m.* **1** cada um dos grupos de pessoas que alternam um trabalho ou ocupação com outro; turma **2** *B* hora, vez **3** *B* período fixado para um trabalho, serviço, tarefa, estudo etc.; horário **4** ESP *B* cada uma das etapas de um campeonato ou torneio

tur.que.sa /ê/ *s.f.* MINER **1** pedra preciosa de cor azul, verde-azulada ou verde-amarelada ■ *s.m.* **2** a cor dessa pedra ■ *adj.2g.2n.* **3** que tem essa cor **4** diz-se dessa cor

tur.ra *s.f.* **1** diferença entre pontos de vista **2** teimosia, teima **3** pancada, voluntária ou involuntária, com a cabeça ou a testa **4** *p.ext.* encontro violento; colisão ■ *adj.2g.* **5** que não se deixa convencer; teimoso

tur.rão [pl.: *-ões*; fem.: *turrona*] *adj.s.m.* que(m) é teimoso, obstinado

tur.rar *v.* {mod. 1} *t.d. e int.* **1** bater com a cabeça, a testa ou os chifres (em) □ *t.i. e int. fig.* **2** (prep. *com*) discutir com calor; altercar, brigar *<t. com um irmão>* *<os dois turram o tempo todo>*

tur.var *v.* {mod. 1} *t.d.,int. e pron.* **1** (fazer) ficar opaco, sem transparência; embaçar **2** cobrir(-se) de nuvens; nublar(-se) **3** *fig.* tornar(-se) fechado ou triste **4** (fazer) sofrer abalo psicológico, moral etc.; perturbar(-se) ~ **turvação** *s.f.* - **turvamento** *s.m.*

tur.vo *adj.* **1** que se movimenta muito; agitado **2** sem transparência; opaco **3** coberto de nuvens ou de nebulosidade **4** *fig.* desamparado, inseguro **5** *fig.* carrancudo, fechado **6** *fig.* intranquilo, instável

tu.ta.no *s.m.* **1** matéria que preenche as cavidades ósseas; medula **2** *fig.* essência, âmago **3** *infrm.* palavra us. em lugar de algumas boas qualidades, como coragem, talento etc.

tu.te.la *s.f.* **1** proteção exercida em relação a alguém ou a algo mais frágil **2** *p.ext.* dependência, subordinação ou submissão a alguém ou algo mais poderoso **3** DIR responsabilidade legal por alguém incapaz, como um órfão, um doente etc. **4** DIR a autoridade legal para ter essa responsabilidade

¹tu.te.lar [pl.: *-es*] *adj.2g.* **1** que tem sob sua responsabilidade ou ação a guarda, a defesa ou a proteção de alguém ou algo *<anjo t.>* **2** relativo a tutela [ORIGEM: do lat. *tutelāris,e* 'id.']

²tu.te.lar *v.* {mod. 1} *t.d.* **1** exercer tutela sobre **2** *p.ext.* agir na defesa de; amparar, proteger [ORIGEM: *tutela* + ²*-ar*]

tu.tor /ô/ [pl.: *-es*] *s.m.* **1** DIR indivíduo que exerce uma tutela **2** quem ampara, protege; guardião **3** quem ou o que supervisiona, dirige, governa **4** em algumas instituições de ensino, aluno escolhido para instrução de outros alunos ■ *adj.* **5** que exerce tutela, judicial ou não ~ **tutoria** *s.f.* - **tutorial** *adj.2g.*

¹tu.tu *s.m.* CUL *B* feijão cozido engrossado com farinha de mandioca [ORIGEM: duv., talvez do quimb. *ki'tutu* 'indigestão']

²tu.tu *s.m. infrm.* dinheiro, grana [ORIGEM: onomatopaica]

tu.xau.a *s.m. B* **1** entre indígenas da Amazônia, o chefe temporal **2** *p.ext. B* indivíduo influente no lugar em que mora

TV *s.f.* abrev. de *televisão* ▣ **TV aberta** TV sistema de televisão com transmissão gratuita de programas • **TV a cabo** TV sistema de televisão exclusivo para assinantes que transmite o sinal através de cabos subterrâneos ou terrestres • **TV por assinatura** sistema de transmissão de forma codificada para recepção exclusiva de assinantes, que pagam mensalmente pela utilização de aparelhos decodificadores

twist [ing.] *s.m.2n.* DNÇ MÚS dança americana caracterizada pelo movimento de rotação das pernas e dos quadris ⇒ pronuncia-se tuíst

Twitter ® [ing.] *s.m.* INF rede social projetada para envio e recepção, pela internet, de mensagens instantâneas com até 280 caracteres ⇒ pronuncia-se tuíter

tzar [pl.: *-es*; fem.: *tzarina*] *s.m.* → ***CZAR***

tza.ri.na *s.f.* → ***CZARINA***

tza.ris.mo *s.m.* → ***CZARISMO***

T

u *s.m.* **1** 21ª letra (vogal) do nosso alfabeto ■ *n.ord. (adj.2g.2n.)* **2** diz-se do 21º elemento de uma série *<casa U>* ☞ empr. após um substantivo ou numeral ◉ GRAM/USO na acp. s.m., pl.: *uu*

U QUÍM símbolo de *urânio*

u.a.ca.ri *s.m.* ZOO nome comum a macacos amazônicos arborícolas, de cauda curta e cabeça quase sem pelos; cacajau

u.ai *interj.* *B* exprime espanto, admiração, susto ou impaciência

u.au *interj.* exprime alegria, surpresa

u.bá *s.f.* pequena canoa indígena, de fundo chato, talhada em tronco ou casca de árvore

[1]ú.be.re *s.m.* mama de animal, esp. de vaca; teta [ORIGEM: do lat. *ūber,ĕris* 'peito, teta']

[2]ú.be.re *adj.2g.* **1** fértil, fecundo **2** que se desenvolve com abundância e vigor ◉ GRAM/USO sup.abs.sint.: *ubérrimo* [ORIGEM: do lat. *ūber,ĕris* 'id.']

u.bí.quo *adj.* onipresente ~ **ubiquidade** *s.f.*

-uça *suf.* 'aumento': *dentuça*

-ucho *suf.* 'diminuição': *gorducho*

UCP *s.f.* INF sigla de *unidade central de processamento*

-udo *suf.* 'posse, abundância': *cabeçudo, cabeludo, massudo*

u.é *interj.* exprime espanto, surpresa, admiração

u.fa *interj.* exprime cansaço, desabafo, por vezes alívio

u.fa.nar *v.* {mod. 1} *t.d. e pron.* **1** (fazer) sentir orgulho ou vaidade; envaidecer(-se) □ *pron.* **2** ostentar os próprios méritos e conquistas, reais ou falsos; gabar-se

u.fa.nis.mo *s.m.* **1** atitude ou sentimento exorbitante de orgulho de si mesmo ou de algo **2** orgulho exagerado do país em que se nasceu ~ **ufanista** *adj.2g.s.2g.*

u.fa.no *adj.* **1** orgulhoso, vaidoso **2** *pej.* arrogante, convencido ~ **ufania** *s.f.*

u.fo *s.m.* ver ***óvni***

u.fo.lo.gi.a *s.f.* conjunto de conhecimentos e de hipóteses sobre os chamados ufos ('óvnis') ~ **ufologista** *adj.2g.s.2g.*

-ugem *suf.* 'semelhança': *ferrugem*

ui *interj.* **1** exprime espanto, surpresa ou susto **2** exprime sensação de dor

ui.a.ra *s.f.* *B* **1** mãe-d'água **2** ZOO boto rosado amazônico

ui.ra.pu.ru *s.m.* ZOO ave florestal de plumagem colorida, ger. preto com vermelho, laranja ou branco, e canto melodioso

u.ís.que *s.m.* bebida alcoólica feita de grãos fermentados de cevada, milho ou centeio

ui.var *v.* {mod. 1} *int.* **1** soltar uivos (p.ex., cão, lobo) ☞ nesta acp., só us. nas 3as p., exceto quando fig. **2** *fig.* produzir ruído agudo e contínuo □ *t.d. e int. fig.* **3** exprimir (algo) com voz semelhante ao uivo *<a plateia uivava (sua decepção)>*

ui.vo *s.m.* **1** voz triste e aguda de animais como cães, lobos e raposas **2** *p.ext.* grito alto e contínuo de dor ou tristeza **3** *fig.* qualquer clamor alto ou estridente ~ **uivante** *adj.2g.*

úl.ce.ra *s.f.* MED ferida interna ou externa na pele ou mucosa, que provoca dor e, por vezes, sangramento ◉ COL ulceração

ul.ce.rar *v.* {mod. 1} *t.d.* **1** causar úlcera em □ *t.d.,int. e pron.* **2** transformar(-se) em úlcera *<a tensão ulcerou sua gastrite>* *<a inflamação ulcerou(-se)>* **3** cobrir(-se) de úlceras ~ **ulceração** *s.f.* - **ulcerativo** *adj.*

ul.ce.ro.so /ô/ [pl.: /ó/; fem.: /ó/] *adj.* **1** relativo a ou da natureza da úlcera ■ *adj.s.m.* **2** que(m) tem úlcera(s)

ul.na *s.f.* ANAT osso longo da parte interna do antebraço, antes denominado *cúbito* ~ **ulnar** *adj.2g.*

-ulo ou **-culo** *suf.* 'diminuição': *cubículo, nódulo, óvulo, versículo*

ul.te.ri.or /ô/ [pl.: *-es*] *adj.2g.* **1** que ocorre depois; posterior **2** localizado para além de ~ **ulterioridade** *s.f.*

úl.ti.ma *s.f.* **1** notícia mais recente; novidade **2** última tolice ou absurdo; ato pitoresco costumeiro de alguém ▼ ***últimas*** *s.f.pl.* **3** o ponto extremo ▣ **nas ú.** à beira da morte

ul.ti.mar *v.* {mod. 1} *t.d. e pron.* **1** (fazer) chegar ao fim; completar(-se), terminar(-se) □ *t.d.* **2** concluir (um negócio) ~ **ultimação** *s.f.*

ul.ti.ma.to ou **ul.ti.má.tum** [pl.: *-uns*] *s.m.* **1** exigência, pedido ou proposta final apresentada por um Estado a outro, cuja rejeição pode levar à guerra **2** na guerra, comunicado enviado por um chefe militar ao inimigo, exigindo rendição imediata **3** *p.ext.* exigência final e irrevogável ~ **ultimação** *s.f.*

úl.ti.mo *adj.s.m.* 1 (o) que vem depois de todos ■ *adj.* 2 mais moderno ou recente 3 que veio antes; anterior 4 que não volta atrás; final

ultra- *pref.* 1 'além de': *ultrapassar* 2 'excesso': *ultracorreção*

ul.tra.cor.re.ção [pl.: *-ões*] *s.f.* GRAM fenômeno que ocorre quando o falante estranha, e interpreta como incorreta, uma forma correta da língua e acaba trocando-a por uma que considera culta, por preocupação excessiva em falar de forma certa (por. ex., usar *rúbrica* por *rubrica*)

ul.tra.jar *v.* {mod. 1} *t.d.* 1 atingir de forma grave a dignidade de; ofender, insultar 2 não seguir determinações de (lei, regra); transgredir ~ **ultrajante** *adj.2g.*

ul.tra.je *s.m.* 1 ofensa muito grave; afronta 2 afirmação caluniosa a respeito de alguém

ul.tra.le.ve *adj.* 1 extremamente leve ■ *s.m.* AER 2 pequeno avião de um ou dois lugares dotado de motor pouco potente

ul.tra.mar [pl.: *-es*] *adj.2g.2n.s.m.* 1 (região) situada para lá do mar ■ *s.m.* 2 tinta azul extraída do lápis-lazúli 3 a cor dessa tinta

ul.tra.ma.ri.no *adj.* 1 situado no ultramar 2 relativo ou pertencente ao ultramar 3 da cor do ultramar ('tinta') *<azul u.>*

ul.tra.pas.sa.do *adj.* 1 que se ultrapassou 2 superado 3 fora de moda ou obsoleto; antiquado

ul.tra.pas.sar *v.* {mod. 1} *t.d.* 1 passar à frente de (pessoa, animal, veículo indo no mesmo sentido) 2 ir além de; transpor, extrapolar 3 *fig.* ser superior a; exceder *<sua inteligência ultrapassa sua simpatia>* ~ **ultrapassagem** *s.f.*

ul.tras.som [pl.: *-ons*] *s.m.* 1 FÍS vibração acústica inaudível ao ouvido humano 2 MED ultrassonografia

ul.tras.so.no.gra.fi.a *s.f.* MED 1 técnica de visualização de órgãos internos ou feto por meio de ultrassons; ultrassom, ecografia 2 exame baseado nessa técnica; ultrassom

ul.tra.vi.o.le.ta /ê/ *adj.2g.2n.s.2g.* FÍS diz-se de ou radiação eletromagnética invisível situada além da região da luz violeta (sigla: *UV*)

u.lu.lan.te *adj.2g.* 1 que uiva ou produz ruído semelhante ao uivo 2 *fig.* B gritantemente óbvio

u.lu.lar *v.* {mod. 1} *int.* soltar a voz (esp. aves noturnas, cães etc.) de modo triste, lamentoso; uivar ◉ GRAM/USO só us. nas 3as p., exceto quando fig.

um [pl.: *uns*] *n.card.* 1 número que indica a unidade 2 diz-se desse número *<pasta de número um>* 3 diz-se do primeiro elemento de uma série *<casa um>* 4 que equivale a essa quantidade (diz-se de medida ou do que é contável) *<um litro de gasolina> <uma hora de espera>* ■ *s.m.* 5 representação gráfica desse número *<na placa, o um está apagado>* ☞ em algarismos arábicos *1*; em algarismos romanos *I* ■ *art.ind.* 6 qualquer; algum *<um dia desses apareço>* ■ *pron.ind.* 7 alguém *<ela é uma que vencerá na vida>*

um.ban.da *s.f.* REL religião afro-brasileira que, originalmente, conjugava elementos espíritas e bantos e hoje apresenta-se segmentada em variados cultos

um.be.la ou **um.bre.la** *s.f.* 1 guarda-chuva 2 qualquer objeto em forma de guarda-chuva 3 pequeno dossel levado por uma só pessoa

um.bi.ga.da *s.f. infrm.* ação de dar encontrões umbigo contra umbigo, que ocorre esp. em danças de origem africana

um.bi.go *s.m.* 1 ANAT depressão localizada no centro do abdome, formada a partir da cicatriz do corte do cordão umbilical 2 qualquer depressão que lembre essa cicatriz *<o u. da maçã>*

um.bi.li.cal [pl.: *-ais*] *adj.2g.* ANAT relativo ao ou próprio do umbigo

um.bral [pl.: *-ais*] *s.m.* 1 CONSTR cada uma das peças verticais componentes dos vãos de portas ou janelas 2 *p.ext.* local de entrada

um.bre.la *s.f.* → ***UMBELA***

um.bro.so /ô/ [pl.: /ó/; fem.: /ó/] *adj.* 1 que produz sombra 2 sombrio, escuro

um.bu ou **im.bu** *s.m.* BOT fruto do umbuzeiro; taperebá

um.bu.zei.ro ou **im.bu.zei.ro** *s.m.* BOT árvore alta da América tropical, com pequenos frutos comestíveis, raízes e casca do caule com propriedades medicinais; imbu, umbu, taperebá

-ume *suf.* 'quantidade, abundância, coleção': *pretume*

u.me *s.m.* QUÍM alume

u.mec.tar *v.* {mod. 1} *t.d.* umedecer, hidratar ~ **umectante** *adj.2g.*

u.me.de.cer *v.* {mod. 8} *t.d. e pron.* 1 deixar ou ficar levemente molhado; umidificar(-se) □ *t.d.* 2 fazer penetrar líquido em; umectar ~ **umedecedor** *adj.* - **umedecimento** *s.m.*

ú.me.ro *s.m.* ANAT osso do braço que se articula com o ombro e o cotovelo ~ **umeral** *adj.2g.*

u.mi.da.de *s.f.* 1 característica ou estado do que está impregnado de vapor de água ou levemente molhado 2 MET quantidade de vapor de água na atmosfera, determinada por dada medida

ú.mi.do *adj.* 1 levemente molhado 2 impregnado de líquido ou de vapor de água 3 que tem consistência de água; aquoso

u.nâ.ni.me *adj.2g.* 1 que é da mesma opinião, sentimento etc. que todas as outras pessoas 2 que é resultado de acordo ou concordância geral ~ **unanimidade** *s.f.*

un.ção [pl.: *-ões*] *s.f.* 1 REL ato de ungir ou o seu efeito 2 ato de untar, de esfregar com gordura ou o seu efeito 3 *fig.* sentimento de piedade religiosa

un.dé.ci.mo *n.ord.* 1 (o) que, numa sequência, ocupa a posição do número 11 ■ *n.frac.* 2 (o) que corresponde a cada uma das 11 partes iguais em que se pode dividir um todo ■ *s.m.* 3 cada uma das 11 partes iguais em que se pode dividir um todo

underground [ing.] *s.m.* **1** local ou área situada abaixo da superfície **2** organização secreta que luta contra um governo estabelecido ou forças de ocupação **3** movimento ou grupo que atua fora dos padrões sociais comuns, ger. refletindo pontos de vista de vanguarda ou radicais **4** o submundo do crime **5** metrô, na Grã-Bretanha ◉ GRAM/USO tb. us. adjetivamente: *músicos* underground ⇒ pronuncia-se andergraund

un.dí.co.la *adj.2g.s.m.* BIO (animal) que vive na água

un.dí.va.go *adj.* que anda ou flutua sobre as ondas

un.gir *v.* {mod. 24} *t.d. e pron.* **1** passar(-se) óleo, unguento ou qualquer substância gordurosa ☐ *t.d.* **2** REL aplicar óleos consagrados em **3** REL dar a extrema-unção a **4** molhar, umedecer ☐ *t.d. e t.d.pred.* **5** investir de autoridade por sagração; sagrar *<ungir o bispo> <ungiram-no imperador>*

un.gue.al [pl.: *-ais*] *adj.2g.* relativo a unha

un.guen.to /gü/ *s.m.* medicamento gorduroso que se aplica sobre a pele

un.guí.fe.ro /gü/ *adj.* com unhas, garras ou estruturas similares

un.gu.la.do *adj.s.m.* ZOO (mamífero) que possui cascos

u.nha *s.f.* ANAT lâmina dura que recobre a última falange dos dedos e artelhos ▣ **com unhas e dentes** de todas as formas possíveis • **fazer as u.** *B* cortar, lixar e pintar as unhas com esmalte • **ser u. e carne** ser muito unido ou ter muita intimidade

u.nha.da *s.f.* ferimento feito com a unha

u.nha de fo.me [pl.: *unhas de fome*] *adj.2g.s.2g.* avarento

u.nha-de-ga.to [pl.: *unhas-de-gato*] *s.f.* BOT planta com espinhos recurvados

u.nhar *v.* {mod. 1} *t.d.,int. e pron.* **1** ferir(-se) com as unhas; arranhar(-se) *<unhou a criança ao tirá-la do berço> <este gato gosta de u.> <unhou-se para ver se estava acordado>* ☐ *t.d.* **2** marcar com riscos feitos com a unha *<unhou o tecido no seu comprimento>*

u.nhei.ro *s.m. infrm.* inflamação crônica da pele em volta da unha

u.ni.ão [pl.: *-ões*] *s.f.* **1** junção, ligação **2** pacto **3** casamento **4** *p.ext.* qualquer relação comparável ao casamento **5** harmonia, conciliação **6** *B* o governo federal brasileiro ☞ inicial maiúsc. **7** confederação ('agrupamento') ▣ **U. Europeia** associação política e econômica de alguns Estados europeus

u.ni.ce.lu.lar [pl.: *-es*] *adj.2g.* BIO composto por apenas uma célula ~ **unicelularidade** *s.f.*

ú.ni.co *adj.* **1** de que só existe um em seu gênero; sem outro igual **2** que é incomum, raro; exclusivo **3** que é o mesmo para vários indivíduos ou coisas *<tamanho ú.>* ~ **unicidade** *s.f.*

u.ni.cor.ne *adj.2g.* **1** que possui apenas um chifre ■ *s.m.* **2** unicórnio

u.ni.cór.nio *s.m.* ser fabuloso representado por um cavalo branco com um único chifre no meio da testa

u.ni.da.de *s.f.* **1** qualquer quantidade que se tome para comparar grandezas da mesma espécie **2** o número um **3** uniformidade, homogeneidade **4** coesão, união **5** MIL tropa militar constituída para manobrar em conjunto **6** setor, repartição ▣ **u. central de processamento** INF conjunto de circuitos internos de armazenamento, processamento e controle de um computador (sigla: *UCP*, em inglês, *CPU*) • **u. de terapia intensiva** MED unidade hospitalar própria para pacientes em situação de alto risco; centro de terapia intensiva [sigla: *UTI*]

u.ni.di.men.sio.nal [pl.: *-ais*] *adj.2g.* com apenas uma dimensão ~ **unidimensionalidade** *s.f.*

u.ni.di.re.cio.nal [pl.: *-ais*] *adj.2g.* que se faz ou se move em uma única direção

u.ni.fi.car *v.* {mod. 1} *t.d. e pron.* **1** reunir(-se) formando um todo; unir(-se) *<os moradores unificaram as casas, formando uma grande residência> <as várias tendências unificaram-se num movimento coeso>* **2** tornar(-se) uniforme, semelhante; padronizar(-se) *<fizemos esforços para u. nossos ideais> <nossas preferências unificaram-se>* ☐ *t.d.* **3** fazer convergir para o mesmo fim *<u. os objetivos de todos>* ~ **unificação** *s.f.* - **unificador** *adj.s.m.*

u.ni.for.me *adj.2g.* **1** que tem a mesma ou aprox. a mesma forma ou aspecto que outros do mesmo tipo **2** que não varia em forma, intensidade etc. ■ *s.m.* **3** traje comum a uma categoria; farda ~ **uniformidade** *s.f.*

u.ni.for.mi.zar *v.* {mod. 1} *t.d. e pron.* **1** tornar(-se) uniforme; padronizar(-se) *<o gerente resolveu u. os salários> <as despesas aos poucos uniformizaram-se>* **2** (fazer) vestir uniforme ou farda *<uniformizou os porteiros> <uniformizou-se para participar do desfile>* ~ **uniformização** *s.f.*

u.ni.la.te.ral [pl.: *-ais*] *adj.2g.* **1** que se situa ou vem de um lado só **2** feito ou emitido por uma só pessoa, grupo, partido etc. **3** DIR em que só uma das partes se obriga para com a outra (diz-se de contrato) ~ **unilateralidade** *s.f.* - **unilateralismo** *s.m.*

u.ní.pa.ro *adj.* **1** BIO que dá à luz um filho ou uma cria por vez ■ *s.m.* **2** quem pariu uma só vez

u.nir *v.* {mod. 24} *t.d.,t.d.i. e pron.* **1** (prep. *a*, *com*, *em*) reunir(-se) [com outros] formando um todo; unificar(-se) *<o professor uniu suas duas turmas para a prova> <resolvi u. o último capítulo à conclusão> <as duas firmas uniram-se numa única empresa>* **2** (prep. *a*, *com*) [fazer] ficar junto, grudado; aderir, colar(-se) *<uniu o pires que havia espatifado> <uniu os tijolos com cimento> <com este remédio os bordos do ferimento logo se unirão>* **3** (prep. *a*, *com*) associar(-se) [uma coisa] (com outra); aliar(-se), misturar(-se) *<u. o útil (ao agradável)> <água e azeite não se unem>* ☐ *t.d. e t.d.i.* **4** (prep. *a*) pôr em contato com (o que o completa); juntar, ligar *<u. as pontas da corda> <u. o fio à tomada>* **5** (prep. *a*) servir de elo entre; comunicar, ligar *<o corredor vai u. os quartos> <a rua une o centro à periferia>* **6** (prep. *a*) ligar(-se) pelo casamento; casar(-se) ☐ *t.d.* **7** estabelecer harmonia

U

entre; conciliar <*um grande político poderia u. aquele país dividido*> ~ **unido** *adj.*

u.nis.sex /cs/ *adj.2g.2n.* que pode ser usado por homem ou mulher

u.nís.so.no *adj.* **1** que tem o mesmo som que outro som, voz etc. **2** *fig.* que soa junto, em harmonia com outros ~ **unissonância** *s.f.*

u.ni.tá.rio *adj.* relativo a unidade

u.ni.val.ve *adj.2g.* que tem a concha constituída por uma só peça (diz-se de molusco)

u.ni.ver.sal [pl.: *-ais*] *adj.2g.* **1** que pertence ao universo **2** da Terra como um todo; mundial <*a internet foi um fênomeno u.*> **3** que pode ser exercido ou aproveitado por todos **4** comum a todos de uma classe ou grupo **5** geral; total ~ **universalidade** *s.f.*

u.ni.ver.sa.lis.mo *s.m.* **1** característica do que é universal **2** tendência a tornar universal uma religião, ideia, sistema etc., fazendo que alcance e inclua a totalidade e não um grupo particular ~ **universalista** *adj.2g.s.2g.*

u.ni.ver.sa.li.zar *v.* {mod. 1} *t.d. e pron.* **1** tornar(-se) universal; generalizar(-se) <*a rapidez dos meios de comunicação universaliza os fatos*> <*a tecnologia universaliza-se rapidamente*> ☐ *t.d.i.* **2** (prep. *a*) tornar comum a; propagar <*pretender u. o ensino religioso a todas as escolas públicas*> ~ **universalização** *s.f.*

u.ni.ver.si.da.de *s.f.* **1** conjunto de faculdades e escolas que visam à formação profissional e científica de pessoal de nível superior **2** *p.ext.* sede na qual funciona esse conjunto de faculdades

u.ni.ver.si.tá.rio *adj.s.m.* **1** que(m) é aluno de universidade ou de algum curso superior ■ *adj.* **2** de universidade <*professor u.*>

u.ni.ver.so *s.m.* **1** o conjunto de tudo que existe, inclusive os astros e planetas; o cosmos ☞ inicial por vezes maiúsc. **2** o sistema solar ☞ inicial por vezes maiúsc. **3** a Terra e seus habitantes ☞ inicial por vezes maiúsc. **4** conjunto que constitui uma totalidade tomada como referência **5** *fig.* ambiente em que se vive ou trabalha **6** *fig.* domínio de uma disciplina, atividade etc.

u.ni.vi.te.li.no *adj.* BIO que provém de um mesmo óvulo (diz-se de gêmeos)

u.ní.vo.co *adj.* **1** que só tem um significado **2** MAT que associa a cada elemento de um conjunto apenas um elemento de outro conjunto (diz-se de relação) ~ **univocidade** *s.f.*

u.no *adj.* **1** único em seu gênero; singular **2** sem partes; indivisível **3** unido, íntegro

un.tar *v.* {mod. 1} *t.d. e pron.* **1** aplicar óleo ou qualquer matéria gordurosa em; ungir <*untou a forma com manteiga*> <*untou-se com protetor solar antes de ir à praia*> **2** lambuzar(-se) <*untou a camisa com o molho*> <*u.-se de maionese*> ~ **untura** *s.f.*

un.to *s.m.* **1** gordura de porco; banha **2** *p.ext.* qualquer substância gordurosa **3** medicamento gorduroso us. sobre a pele; unguento

un.tu.o.so /ô/ [pl.: /ó/; fem.: /ó/] *adj.* **1** em que há gordura; gorduroso, oleoso **2** *fig. pej.* bajulador, hipócrita ~ **untuosidade** *s.f.*

unum- *el.comp.* do lat.cien., us. em química na designação provisória de elementos químicos (já descobertos ou não) cujos números atômicos sejam maiores que 110

-uoso *suf.* → ***-oso***

u.pa *interj.* **1** expressa admiração, espanto, estímulo ■ *s.m.* *RS l.inf.* **2** abraço

UPA *s.f.* sigla de Unidade de Pronto Atendimento

upgrade [ing.; pl.: *upgrades*] *s.m.* INF atualização dos componentes (*hardware* ou *software*) de um computador ⇒ pronuncia-se apgrêid

-ura *suf.* **1** 'ação ou resultado de ação': *atadura, clausura, soltura* **2** 'característica': *largura*

u.râ.nio *s.m.* QUÍM elemento químico us. na produção de energia nuclear [símb.: *U*] ☞ cf. *tabela periódica* (no fim do dicionário) ~ **urânico** *adj.*

u.ra.no *s.m.* ASTR nome do sétimo planeta do sistema solar, a partir do Sol ☞ inicial maiúsc.; cf. *Urano* na parte enciclopédica

u.ra.no.gra.fi.a *s.f.* astronomia

ur.ba.ni.da.de *s.f.* civilidade, cortesia

ur.ba.nis.mo *s.m.* estudo da organização das aglomerações humanas, que visa criar condições adequadas de habitação às populações das cidades ~ **urbanístico** *adj.*

ur.ba.nis.ta *adj.2g.* **1** relativo ou pertencente ao urbanismo ■ *adj.2g.s.2g.* **2** especialista em urbanismo

ur.ba.ni.zar *v.* {mod. 1} *t.d.* **1** realizar técnicas e obras para dotar (cidade ou área de cidade) de condições de infraestrutura, planejamento, administração e embelezamento ☐ *t.d. e pron.* **2** tornar(-se) urbano **3** *p.ext.* tornar(-se) cortês, polido; educar(-se) <*acreditavam que o colégio interno o urbanizaria*> ~ **urbanização** *s.f.*

ur.ba.no *adj.* **1** relativo a ou próprio da cidade **2** que tem caráter de cidade

ur.be *s.f.* cidade ('área')

ur.di.dei.ra *s.f.* **1** mulher que urde fios, que tece **2** máquina que urde

ur.di.dor /ô/ [pl.: *-es*] *adj.s.m.* **1** que(m) urde fios, tramas etc. ■ *s.m.* **2** tecelão

ur.di.du.ra *s.f.* **1** conjunto de fios transversais à largura do tear ☞ cf. *trama* **2** *fig.* enredo, trama

ur.dir *v.* {mod. 24} *t.d.* **1** dispor (os fios da urdidura) para depois tecer **2** *p.ext.* entrelaçar fios para (teia, tecido etc.); tecer **3** *fig.* planejar a execução de; tramar, maquinar **4** criar na imaginação; fantasiar, pensar ~ **urdimento** *s.m.*

u.rei.a /éi/ *s.f.* QUÍM substância encontrada na urina dos mamíferos, que tb. pode ser produzida de forma sintética para uso na indústria farmacêutica, na fabricação de papel, como fertilizante etc. ~ **ureico** *adj.*

u.re.mi.a *s.f.* acúmulo no sangue de substâncias tóxicas que normalmente devem ser eliminadas pelos rins na urina

u.ren.te *adj.2g.* que queima; ardente

u.re.ter [pl.: *-es*] *s.m.* ANAT cada um dos dois canais que conduzem a urina dos rins à bexiga ~ **ureteral** *adj.2g.* - **uretérico** *adj.*

u.re.tra *s.f.* ANAT canal pelo qual se elimina a urina da bexiga e que, no homem, tb. conduz o esperma ~ **uretral** *adj.2g.*

ur.gên.cia *s.f.* **1** o que exige atitude ou solução rápida **2** situação grave e prioritária; emergência

ur.gen.te *adj.2g.* que deve ser feito imediatamente

ur.gir *v.* {mod. 24} *int.* **1** ser necessário realizar-se ou resolver-se sem demora; instar *<urge comermos>* **2** estar próximo de ocorrer; instar *<a catástrofe urgia>* **3** não admitir demora ou atraso *<o tempo urgia>* ☐ *t.i.* **4** (prep. *com*) solicitar com insistência; insistir *<u. com os pais para sair>* **5** (prep. *a*) ser indispensável para *<urge ao idoso ter atenção>* ☐ *t.d.* **6** reclamar como necessário; exigir, requerer *<ele urgia um tratamento adequado>* ◉ GRAM/USO só us. nas 3ªs p.

ú.ri.co *adj.s.m.* QUÍM diz-se de ou ácido presente na urina dos animais carnívoros, us. em síntese orgânica

u.ri.na *s.f.* líquido orgânico que contém substâncias metabólicas a serem eliminadas, formado nos rins, coletado na bexiga e depois expelido pela uretra; xixi

u.ri.nar *v.* {mod. 1} *int.* **1** expelir urina ☐ *t.d.* **2** expelir junto com urina *<u. sangue>* **3** molhar com urina *<u. as calças>* ☐ *pron.* **4** sujar-se com urina sem querer *<u.-se de susto>* **5** *fig. infrm.* sentir muito medo

u.ri.ná.rio *adj.* relativo a urina

u.ri.nol [pl.: *-óis*] *s.m.* penico

ur.na *s.f.* **1** recipiente inviolável, us. para recolher os votos numa eleição, cupons para sorteio etc. **2** caixa na qual se depositam as cinzas ou os restos mortais **3** caixão de defunto

u.ro.de.lo *s.m.* ZOO **1** espécime dos urodelos, ordem de anfíbios com cauda, que compreende as salamandras ■ *adj.* **2** relativo a esse espécime ou a essa ordem

u.ro.lo.gi.a *s.f.* MED ramo da medicina que estuda as vias urinárias dos dois sexos e o sistema reprodutor masculino ~ **urológico** *adj.*

u.ro.lo.gis.ta *adj.2g.s.2g.* MED especialista em urologia

u.ro.pí.gio *s.m.* ZOO apêndice triangular do qual saem as penas da cauda das aves; sobrecu

ur.rar *v.* {mod. 1} *int.* **1** soltar urros (o animal); rugir **2** *p.ext.* produzir forte ruído (o vento, o mar); bramir ☞ nestas acp., só us. nas 3ªs p., exceto quando fig. ☐ *t.d. fig.* **3** soltar, proferir à maneira de urros

ur.ro *s.m.* **1** rugido de algumas feras **2** *fig.* berro rouco e forte

ur.sa.da *s.f. infrm.* traição, deslealdade

ur.so *s.m.* ZOO grande mamífero carnívoro, peludo e feroz, de membros curtos e fortes, e cauda curta ~ **ursídeo** *adj.* - **ursino** *adj.*

ur.so-po.lar [pl.: *ursos-polares*] *s.m.* ZOO grande urso branco, encontrado nas regiões árticas ao redor do polo norte, com patas adaptadas para nadar

ur.ti.cá.ria *s.f.* MED erupção cutânea que se caracteriza por placas avermelhadas, ger. acompanhadas de coceira ~ **urticante** *adj.2g.*

ur.ti.ga *s.f.* BOT planta cujas folhas peludas causam coceira e irritação na pele ~ **urtical** *adj.2g.*

u.ru.bu *s.m.* ZOO ave de cabeça e pescoço nus que se alimenta de carne podre de animais mortos

u.ru.bu-rei [pl.: *urubus-reis* e *urubus-rei*] *s.m.* ZOO ave de plumagem preta e branca, pescoço e cabeça nus, pintados de vermelho, com uma proeminência carnosa amarelo-alaranjada

u.ru.cu ou **u.ru.cum** [pl.: *-uns*] *s.m.* **1** BOT fruto de cuja polpa se extrai corante vermelho **2** esse corante

u.ru.cu.ba.ca *s.f. B infrm.* má sorte constante

u.ru.cum [pl.: *-uns*] *s.m.* → ***URUCU***

u.ru.cun.go *s.m.* MÚS berimbau

u.ru.cu.zei.ro *s.m.* BOT árvore do urucu

u.ru.pê *s.m.* BIO certo tipo de cogumelo que decompõe madeira e causa doença em árvores

u.ru.tu *s.2g.* ZOO serpente venenosa com até 2 m de comprimento, corpo marrom com manchas pretas, alto da cabeça marrom mais escuro com riscas claras, formando uma espécie de cruz

u.sar *v.* {mod. 1} *t.d. e t.i.* **1** (prep. *de*) ter como hábito ou empregar habitualmente; costumar *<usa farinha para engrossar os molhos> <ela usa de escovar os cabelos à noite>* **2** (prep. *de*) lançar mão de; servir-se, empregar *<usava os amigos sempre que desejava algo> <usaram de esperteza para conseguir o convite>* **3** (prep. *de*) ter como fonte de energia; consumir *<carros que usam (de) álcool>* **4** (prep. *de*) trazer vestido ou sobre si (roupa, acessório) *<usa as mesmas meias dias seguidos> <usa de uniforme para trabalhar>* ☐ *t.d.* **5** tirar vantagem de; aproveitar **6** expor-se à vista de; apresentar-se ~ **usável** *adj.2g.*

USB [ing.] *s.2g.* INF porta de interface de comunicação que permite conectar periféricos ao computador [ORIGEM: sigla de Universal Serial Bus 'barramento serial universal'] ⇒ pronuncia-se *correntemente* uessebê

-usco *suf.* **1** 'diminuição': *chamusco* **2** 'depreciação': *velhusco*

u.sei.ro *adj.* que costuma usar ou fazer algo

u.si.na *s.f.* **1** estabelecimento industrial equipado de máquinas, no qual se transforma matéria-prima em produtos finais ou quase acabados; fábrica **2** engenho ('fazenda') **3** conjunto de instalações para geração e aproveitamento de energia

u.si.nei.ro *adj.* **1** referente a usina ■ *adj.s.m.* **2** *B* que(m) é proprietário de usina de açúcar

U

u.so *s.m.* **1** prática, exercício **2** emprego habitual **3** aplicação de algo de acordo com sua finalidade **4** costume, prática consagrada pela tradição

u.su.al [pl.: *-ais*] *adj.2g.* costumeiro, habitual ~ **usualidade** *s.f.*

u.su.á.rio *adj.s.m.* **1** que(m) possui ou desfruta alguma coisa por direito de uso **2** que(m) usa habitualmente algo

u.su.ca.pi.ão [pl.: *-ões*] *s.f.* DIR direito de posse de bens móveis ou imóveis, adquirido por uso ininterrupto e longo do bem em questão ◉ GRAM/USO tb. us. como s.m. ~ **usucapir** *v.t.d. e int.*

u.su.fru.ir *v.* {mod. 26} *t.d. e t.i.* **1** (prep. *de*) possuir ou usar (algo inalienável) *<u. (de) um imóvel>* **2** (prep. *de*) estar na posse de (benefício material ou moral); gozar, desfrutar *<u. (de) boa condição financeira>* **3** *p.ext.* (prep. *de*) usar de forma prazerosa; desfrutar, apreciar *<u. (d)as férias>*

u.su.fru.to *s.m.* **1** DIR direito de gozar ou fruir de um bem que pertence a outrem **2** *p.ext.* posse ou uso de algo garantido por esse direito ~ **usufrutuário** *adj.*

u.su.ra *s.f.* **1** juro ou rendimento de capital **2** agiotagem ('empréstimo') **3** *p.ext. infrm.* avareza, mesquinharia ~ **usurar** *v.int.*

u.su.rá.rio *adj.* **1** em que há usura ■ *adj.s.m.* **2** que(m) faz empréstimos com usura; agiota **3** *p.ext.* que(m) é obcecado por adquirir e acumular dinheiro, muito apegado a bens materiais; mesquinho, sovina

u.sur.pa.ção [pl.: *-ões*] *s.f.* **1** ato ou efeito de usurpar **2** DIR crime de posse ilícita de bens, títulos, estado, autoridade etc.

u.sur.par *v.* {mod. 1} *t.d. e t.d.i.* **1** (prep. *a*) apossar-se de (algo) sem ter direito, à força ou por fraude *<u. o trono> <u. aos primos as terras de seus pais>* □ *t.d.* **2** exercer (cargo, função etc.) de forma indevida ~ **usurpador** *adj.s.m.*

u.ten.sí.lio *s.m.* **1** qualquer instrumento de trabalho; ferramenta **2** objeto criado para ser us. em determinada função *<u. de cozinha>*

ú.te.ro *s.m.* ANAT órgão muscular oco do aparelho genital feminino em que o feto dos mamíferos se desenvolve até o fim da gestação; matriz ~ **uterino** *adj.*

UTI *s.f.* sigla de *unidade de terapia intensiva*

ú.til [pl.: *úteis*] *adj.2g.* **1** que tem serventia **2** que traz benefícios **3** reservado para o trabalho produtivo (dia, hora etc.) *<dias ú.>*

u.ti.li.da.de *s.f.* **1** uso proveitoso de algo **2** função, serventia **3** proveito, vantagem **4** utensílio *<de u. doméstica>*

u.ti.li.tá.rio *adj.* **1** relativo à utilidade **2** que tem por objetivo a utilidade, o interesse comum ■ *s.m.* **3** carro us. para transporte de pequenas cargas **4** INF programa de computador us. para pesquisa, cópia e organização de arquivos ou detecção e correção de defeitos

u.ti.li.ta.ris.mo *s.m.* doutrina que valoriza o que é útil ~ **utilitarista** *adj.2g.s.2g.*

u.ti.li.za.ção [pl.: *-ões*] *s.f.* ato ou efeito de utilizar(-se)

u.ti.li.zar *v.* {mod. 1} *t.d.* **1** lançar mão de; usar, empregar **2** tornar (algo) útil, proveitoso; aproveitar *<u. o tempo vago>* □ *t.d. e pron.* **3** (prep. *de*) tirar vantagem de; aproveitar(-se) *<u. as falhas do inimigo> <u.-se de amizade para subir na vida>* ~ **utilizado** *adj.*

u.to.pi.a *s.f.* **1** descrição imaginativa de uma sociedade ideal **2** *p.ext.* plano irrealizável; fantasia

u.tó.pi.co *adj.* **1** relativo à ou próprio da utopia **2** *p.ext.* que tem o caráter de utopia; que é fruto da imaginação, da fantasia, de um ideal, de um sonho

u.to.pis.ta *adj.2g.s.2g.* que(m) tem projetos idealistas; sonhador

UV [ing.] FÍS sigla de *Ultraviolet* (*radiation*); (radiação) ultravioleta ⇒ pronuncia-se *correntemente* uvê

u.va *s.f.* BOT fruto da videira, que dá em cachos, oval, de cor verde, rosada, rubra ou preta, comestível ao natural e tb. seca, em geleias, sucos etc., e de que se fazem o vinho e o vinagre

u.vai.a *s.f.* BOT **1** nome comum a algumas plantas que têm frutos ger. pequenos e comestíveis **2** fruto dessas plantas

ú.vu.la *s.f.* ANAT **1** nome genérico de massas carnosas pendentes **2** pequena massa carnosa pendente da borda do palato; campainha

u.vu.li.te *s.f.* MED inflamação da úvula

u.xo.ri.cí.dio /cs/ *s.m.* DIR assassinato da mulher pelo marido ~ **uxoricida** *adj.2g.*

U

v *s.m.* **1** 22ª letra (consoante) do nosso alfabeto ■ *n.ord. (adj.2g.2n.)* **2** diz-se do 22º elemento de uma série *<casa V> <item 1v>* ☞ empr. após um substantivo ou numeral ◉ GRAM/USO na acp. s.m., pl.: *vv*

V 1 ELETR símbolo de *volt* **2** QUÍM símbolo de *vanádio*

va.ca *s.f.* ZOO fêmea do boi ◉ COL vacaria

va.ca-fri.a [pl.: *vacas-frias*] *s.f.* assunto já tratado ▣ **voltar à v.** retomar um assunto interrompido ou principal

va.cân.cia *s.f.* **1** estado do que não está ocupado ou preenchido **2** período durante o qual isso ocorre *<a v. desse cargo já dura um ano>* ~ **vacante** *adj.2g.*

va.ca.ri.a *s.f.* **1** rebanho de vacas **2** curral em que se recolhem as vacas

va.ci.la.ção [pl.: *-ões*] *s.f.* **1** movimento alternado de um lado a outro; oscilação **2** *fig.* indecisão, dúvida

va.ci.lan.te *adj.2g.* **1** que oscila ou não tem firmeza **2** *fig.* que se mostra incerto, inseguro

va.ci.lão [pl.: *-ões*] *adj.s.m. infrm.* papo-furado, conversa-fiada, furão

va.ci.lar *v.* {mod. 1} *int.* **1** balançar por falta de firmeza **2** estar sem firmeza; cambalear *<suas pernas já vacilam>* **3** sofrer abalo, tremor; tremer, oscilar *<a luz vacilava>* **4** *p.ext.* perder a força; enfraquecer *<a saúde um dia vacila>* □ *t.i. e int. fig.* **5** (prep. *em*) mostrar-se indeciso; hesitar *<v. em atravessar a ponte> <escolhi o vestido sem v.>*

va.ci.lo *s.m. B infrm.* **1** hesitação **2** erro, deslize (intencional ou não) *<perder a matrícula foi o maior v.>*

va.ci.na *s.f.* FARM MED vírus ou princípio orgânico que se inocula no organismo para imunizá-lo contra determinada doença ▣ **v. B.C.G.** FARM MED aquela que produz imunidade contra tuberculose • **v. Sabin** FARM MED aquela que produz imunidade contra poliomielite • **v. tríplice** FARM MED aquela que produz imunidade contra difteria, tétano e coqueluche ☞ tb. se diz apenas *tríplice*

va.ci.nar *v.* {mod. 1} *t.d. e pron.* (fazer) ficar imune a micróbios, vírus etc., por meio de vacina *<v.-se contra hepatite>* ~ **vacinação** *s.f.*

va.cum [pl.: *-uns*] *adj.2g.s.m.* (gado) composto de vacas, bois, touros, novilhos

vá.cuo *adj.s.m.* (espaço) sem qualquer matéria; vazio ~ **vacuidade** *s.f.*

va.cú.o.lo *s.m.* BIO pequena cavidade de uma célula preenchida por ar ou fluido

va.de.ar *v.* {mod. 5} *t.d.* atravessar (rio, brejo etc.) pelos lugares mais rasos ☞ cf. *vadiar*

va.de-mé.cum [pl.: *vade-mécuns*] *s.m.* livro de uso muito frequente, que o usuário costuma carregar consigo

va.di.a.gem [pl.: *-ens*] *s.f.* **1** ato ou efeito de vadiar **2** vida de vadio, ociosidade, vagabundagem **3** o conjunto dos vadios

va.di.ar *v.* {mod. 1} *int.* **1** andar à toa, sem destino certo; vagar, passear **2** viver na ociosidade ☞ cf. *vadear*

va.di.o *adj.s.m.* **1** que(m) não tem ocupação, trabalho **2** que(m) não se esforça; preguiçoso

[1]**va.ga** *s.f.* lugar ou cargo disponível *<v. de garagem> <a v. de secretária foi preenchida>* [ORIGEM: regr. de [1]*vagar*]

[2]**va.ga** *s.f.* grande onda ◉ GRAM/USO aum.irreg.: *vagalhão* [ORIGEM: do fr. *vague* 'onda']

va.ga.bun.da.gem [pl.: *-ens*] *s.f.* **1** vida ou condição de vagabundo **2** situação ou estado daquele que passa o tempo sem ocupação, sem empenho, sem responsabilidades; ociosidade, preguiça, vadiagem **3** o conjunto dos vagabundos

va.ga.bun.de.ar *v.* {mod. 5} ou **va.ga.bun.dar** *v.* {mod. 1} *int.* **1** viver de modo errante, sem objetivo certo **2** levar vida ociosa, sem ter ocupação; vadiar

va.ga.bun.do *adj.s.m. infrm.* **1** que(m) não trabalha; desocupado, vadio **2** que(m) anda sem destino **3** *B* que(m) age com desonestidade; canalha ■ *adj. B* **4** de má qualidade

va.ga.lhão [pl.: *-ões*] *s.m.* onda enorme

va.ga-lu.me [pl.: *vaga-lumes*] *s.m.* ZOO designação comum a certos besouros dotados de órgãos que emitem luz; pirilampo

va.ga.mun.do *adj.s.m.* que(m) anda sem destino

va.gão [pl.: *-ões*] *s.m.* cada um dos carros do trem

[1]**va.gar** *v.* {mod. 1} *int.* **1** estar ou ficar vago, vazio; desocupar-se □ *t.i.* **2** (prep. *para, a*) sobrar, restar (tempo) *<se me v. tempo, acho que irei>* □ *t.d.* **3** deixar ou proclamar vago ■ *s.m.* **4** falta de pressa; lentidão, calma ☞ como s.m., pl. *vagares* ◉ GRAM/USO part.: *vagado, vago* [ORIGEM: do lat. *vacāre* 'estar vazio, desocupado']

[2]va.gar *v.* {mod. 1} *int.* andar sem rumo, destino certo; errar [ORIGEM: do lat. *vagāre* 'andar errante']

va.ga.ro.so /ô/ [pl.: /ó/; fem.: /ó/] *adj.* **1** que tem ou atua com lentidão; demorado **2** que se faz sem pressa

va.gem [pl.: *-ens*] *s.f.* BOT **1** fruto longo e fino de certas plantas no qual as sementes ficam dispostas em fileira **2** fruto do feijoeiro; feijão

va.gi.do *s.m.* **1** choro da criança recém-nascida **2** *fig.* som semelhante a esse choro; gemido ~ **vagir** *v.int.s.m.*

va.gi.na *s.f.* ANAT **1** na genitália feminina, canal que se estende do útero à vulva **2** qualquer estrutura anatômica tubular que serve de revestimento para um órgão ou parte dele ~ **vaginal** *adj.2g.*

va.gi.ni.te *s.f.* MED inflamação das paredes da vagina; colpite

[1]va.go *adj.* não preenchido ou ocupado; vazio ◉ GRAM/USO part. de *[1]vagar* [ORIGEM: do lat. *vacŭus,a,um* 'vazio']

[2]va.go *adj.* **1** que vagueia **2** inconstante, mutável **3** sem características bem definidas [ORIGEM: do lat. *vagus,a,um* 'id.']

va.go.ne.te /ê/ *s.m.* vagão pequeno ◉ GRAM/USO dim.irreg. de *vagão*

[1]va.gue.ar *v.* {mod. 5} *t.d. e int.* **1** andar por (lugares) sem rumo certo; perambular, vagar □ *int.* **2** ficar ocioso, sem trabalho ou ocupação; vadiar [ORIGEM: *[2]vagar* + *-ear*] ~ **vagueação** *s.f.*

[2]va.gue.ar *v.* {mod. 5} *int.* flutuar nas vagas ou ao sabor delas [ORIGEM: *[2]vaga* + *-ear*]

vai.a *s.f.* desagrado manifestado por um público com gritos e assobios ~ **vaiar** *v.t.d. e int.*

vai.da.de *s.f.* **1** orgulho excessivo de si mesmo **2** necessidade de ser admirado e elogiado **3** futilidade, coisa sem importância

vai.do.so /ô/ [pl.: /ó/; fem.: /ó/] *adj.s.m.* que(m) tem ou mostra vaidade

vai e vem *s.m.2n.* vaivém

vai não vai *s.m.2n.* situação ou atitude que revela indecisão

vai.vém [pl.: *-éns*] *s.m.* **1** movimento de um lado para outro; balanço, oscilação **2** *fig.* sucessão de mudanças de eventos

va.la *s.f.* escavação longa que escoa água, esgoto etc. ▣ **v. comum** sepultura coletiva para indigentes ou para vítimas de calamidades etc.

V

val.de.vi.nos *s.m.2n.* sujeito vagabundo ou irresponsável

[1]va.le *s.m.* **1** depressão alongada entre montes, colinas, montanhas **2** depressão alongada cavada pelas águas de um rio [ORIGEM: do lat. *valles* ou *vallis,is* 'id.']

[2]va.le *s.m.* **1** declaração escrita de um empréstimo, adiantamento etc. **2** documento com valor impresso para ser trocado por serviços ou mercadorias, como transporte, alimentação, medicamento [ORIGEM: de *valer*]

va.le-a.li.men.ta.ção [pl.: *vales-alimentações* e *vales-alimentação*] *s.m.* vale fornecido pelo empregador ao funcionário, como complementação salarial ou mediante desconto no salário, ou provido pelo governo à população de baixa renda, para ser trocado por alimentos

va.le-brin.de [pl.: *vales-brindes* e *vales-brinde*] *s.m.* impresso que dá direito ao portador de receber, a título de brinde, um produto, um valor em dinheiro, uma viagem ou um desconto

va.lên.cia *s.f.* **1** QUÍM capacidade que os átomos e radicais químicos possuem de se unir e formar compostos **2** QUÍM número de ligações que um átomo pode formar

va.len.tão [pl.: *-ões*] *adj.s.m.* **1** que(m) é muito valente **2** que(m) diz ser mais valente do que realmente é

va.len.te *adj.2g.s.2g.* que(m) não tem medo do perigo; corajoso

va.len.ti.a *s.f.* qualidade do que ou de quem é valente; coragem

va.ler *v.* {mod. 10} *t.d.* **1** equivaler **2** ter o valor ou o preço de; custar **3** ser digno de; merecer □ *t.i.* **4** (prep. *por*) ter o mesmo valor de *<o lanche valeu por um jantar>* **5** (prep. *a*) ter utilidade para; servir *<sua aula valeu muito à turma>* **6** (prep. *a*) prestar auxílio a, socorrer, acudir *<valha-me Deus!>* □ *int.* **7** ter muito valor, importância **8** ser conveniente, útil, proveitoso □ *t.d.i.* **9** (prep. *a*) trazer como consequência para; acarretar, atrair *<o esforço valeu-lhe um prêmio>* □ *pron.* **10** (prep. *de*) contar com, servir-se de; utilizar

va.le.ta /ê/ *s.f.* pequena vala à beira de ruas para escoamento de águas

va.le.te *s.m.* RECR carta de baralho com a figura de um jovem escudeiro

va.le-trans.por.te [pl.: *vales-transportes* e *vales-transporte*] *s.m.* vale que o empregador fornece ao funcionário, como complementação salarial ou mediante desconto no salário, para ser utilizado no pagamento do transporte de ida e volta ao trabalho

va.le-tu.do *s.m.2n.* **1** certa luta livre que permite golpes muito violentos **2** *p.ext.* contexto em que qualquer expediente é válido

va.li.a *s.f.* **1** aquilo que uma coisa vale; preço, valor **2** proveito, serventia

va.li.da.ção [pl.: *-ões*] *s.f.* ação de tornar ou declarar algo válido; legitimação

va.li.da.de *s.f.* **1** capacidade do que está em condições de produzir os efeitos dele esperados **2** funcionamento satisfatório, eficácia **3** DIR atributo do ato jurídico que foi concluído de acordo com as formalidades legais exigidas

va.li.dar *v.* {mod. 1} *t.d. e pron.* tornar(-se) ou declarar(-se) válido, legítimo

va.li.dez /ê/ [pl.: *-es*] *s.f.* característica ou estado do que ou de quem é válido

vá.li.do *adj.* **1** que tem existência ou valor legal **2** que é apropriado ao fim a que se destina **3** que goza de saúde; são

va.li.o.so /ô/ [pl.: /ó/; fem.: /ó/] *adj.* **1** de grande valor monetário; caro **2** que é de grande utilidade **3** que é importante

va.li.se *s.f.* maleta de mão

va.lo *s.m.* **1** fosso que protege campo de batalha ou acampamento da tropa **2** vala pouco profunda; rego **3** rede de cercar peixe

va.lor /ô/ [pl.: *-es*] *s.m.* **1** preço de um bem ou serviço **2** importância que se atribui a algo ou alguém; mérito, estima **3** MÚS duração de nota musical ■ *s.m.pl.* **4** bens, riquezas **5** quaisquer títulos de crédito negociáveis em bolsa de valores

va.lo.rar *v.* {mod. 1} *t.d.* **1** analisar (algo) para atribuir-lhe valor ou julgamento **2** emitir juízo sobre o valor de **3** reconhecer o valor de; valorizar

va.lo.ri.za.do *adj.* **1** a que se deu valor ou cujo valor foi reconhecido **2** que teve o seu valor aumentado; encarecido

va.lo.ri.zar *v.* {mod. 1} *t.d. e pron.* **1** dar ou reconhecer o valor, a importância de (algo, alguém ou si mesmo) **2** (fazer) ter aumento no valor ou no preço □ *t.d.* **3** dar destaque positivo a <*o quadro valorizou a sala*> ~ **valorização** *s.f.* - **valorizador** *adj.s.m.*

va.lo.ro.so /ô/ [pl.: /ó/; fem.: /ó/] *adj.* que tem valor, bravura, energia

val.sa *s.f.* MÚS **1** certa dança de compasso ternário **2** música que acompanha essa dança

val.sar *v.* {mod. 1} *int.* **1** dançar valsas □ *t.d.* **2** dançar em ritmo de valsa <*v. um bolero*>

val.va *s.f.* **1** ANAT estrutura anatômica, antes denominada *válvula*, que permite o escoamento de um líquido (esp. sangue) em um único sentido **2** ZOO cada uma das peças da concha de um molusco **3** BOT cada um dos segmentos resultantes da abertura de antera ou de fruto maduro

vál.vu.la *s.f.* **1** pequena valva **2** peça que interrompe ou abre a passagem de um líquido ou gás numa tubulação **3** ANAT denominação substituída por *valva* ('estrutura') **4** ANAT estrutura no interior de um orifício cardíaco ou de um vaso que permite o retorno do sangue a seu ponto de origem ~ **valvular** *adj.2g.*

vam.pi.ro *s.m.* **1** ser lendário que sai à noite de seu túmulo para sugar o sangue dos vivos **2** ZOO designação comum aos morcegos que se alimentam de sangue ~ **vampírico** *adj.*

van [ing.; pl.: *vans*] *s.f.* utilitário que comporta entre oito e 16 passageiros ⇒ pronuncia-se *correntemente* vã

va.ná.dio *s.m.* QUÍM elemento químico us. em aços, reatores nucleares e tubos de raios X [símb.: *V*] ☞ cf. *tabela periódica* (no fim do dicionário)

van.da.lis.mo *s.m.* **1** ação própria dos vândalos ('povo') **2** *p.ext.* ato ou efeito de produzir estrago ou destruição de monumentos ou quaisquer bens públicos ou particulares

vân.da.lo *s.m.* **1** indivíduo dos vândalos, povo germânico que invadiu o sul da Europa e o norte da África no séc. V, provocando grande destruição ■ *adj.s.m. fig.* **2** que(m) estraga ou destrói bens públicos, coisas belas, valiosas, históricas etc. ~ **vandalização** *s.f.* - **vandalizar** *v.t.d.,int. e pron.*

van.gló.ria *s.f.* exaltação dos próprios méritos; vaidade, bazófia ~ **vanglorioso** *adj.*

van.glo.ri.ar *v.* {mod. 1} *t.d.* **1** estimular vanglória, vaidade em; envaidecer <*v. os jovens com falsos elogios*> □ *pron.* **2** (prep. *de*) ostentar os próprios méritos e conquistas, reais ou falsos; gabar-se

van.guar.da *s.f.* **1** parte de tropa militar que vai na frente **2** dianteira, frente **3** *fig.* parcela de indivíduos que exerce papel pioneiro entre outros do mesmo grupo ~ **vanguardista** *adj.2g.s.2g.*

van.ta.gem [pl.: *-ens*] *s.f.* **1** posição ou condição de superioridade **2** circunstância que beneficia algo ou alguém **3** ganho obtido numa transação; lucro

van.ta.jo.so /ô/ [pl.: /ó/; fem.: /ó/] *adj.* em que há superioridade, benefício ou lucro

vão [pl.: *vãos*] *adj.* **1** que não tem conteúdo; vazio **2** que não tem eficácia; inútil **3** que se baseia em aparências ou mentiras; enganador, falso ■ *s.m.* **4** espaço que se encontra vazio ◉ GRAM/USO fem. do adj.: *vã* ▣ **em vão** inutilmente

va.por /ô/ [pl.: *-es*] *s.m.* **1** substância em estado gasoso, ger. oriunda da vaporização de um líquido ou da sublimação de um sólido **2** embarcação movida por máquina acionada a vapor de água

va.po.ri.za.ção [pl.: *-ões*] *s.f.* **1** FÍS passagem do estado líquido ao gasoso **2** conversão de um líquido em gotículas

va.po.ri.zar *v.* {mod. 1} *t.d. e pron.* **1** converter(-se) em vapor □ *t.d.* **2** espalhar em gotículas; borrifar ~ **vaporizador** *adj.s.m.*

va.po.ro.so /ô/ [pl.: /ó/; fem.: /ó/] *adj.* **1** que tem ou exala vapores **2** *fig.* tênue, transparente <*tecido v.*> **3** *fig.* que tem aparência delicada, diáfana ~ **vaporosidade** *s.f.*

va.quei.ro *s.m.* pastor de gado bovino

va.que.ja.da *s.f.* *B* **1** competição de [1]peões; rodeio **2** ação de reunir o gado espalhado nos campos

va.qui.nha *s.f.* *B* **1** *infrm.* coleta de dinheiro entre um grupo de amigos para pagamento de uma despesa comum **2** ZOO designação comum a vários pequenos besouros de formato oval e que se alimentam de folhas

va.ra *s.f.* **1** galho fino e comprido **2** ramo fino us. como açoite **3** peça de qualquer material, fina, roliça e longa **4** cajado, bordão **5** haste à qual se prende uma linha com anzol para pescar **6** DIR área judicial em que o juiz exerce sua autoridade **7** DIR o cargo de juiz **8** manada de porcos **9** antiga unidade de comprimento brasileira equivalente a 1,10 m

va.ral [pl.: *-ais*] *s.m.* **1** em veículos puxados por animal, cada uma das duas varas grossas entre as quais ele é atrelado **2** *B* fio ou arame esticado, no qual se pendura roupa para secar

va.ran.da *s.f.* **1** parte da casa sem parede externa; alpendre, sacada, balcão **2** *N.* a sala da frente **3** *N. N.E.* guarnição rendada ou franjada que se estende nos dois lados das redes de dormir; tanga

va.rão [pl.: *-ões*] *adj.s.m.* **1** (indivíduo) do sexo masculino ■ *s.m. p.ext.* **2** homem respeitável ◉ GRAM/USO fem. do subst.: *varoa*

va.ra.pau *s.m.* **1** pau comprido **2** *fig. B infrm.* pessoa alta e magra

va.rar *v.* {mod. 1} *t.d.* **1** golpear com vara **2** transpor, percorrer (grandes distâncias) **3** *fig.* passar (certo período) <*v. a noite conversando*> **4** perfurar de lado a lado; atravessar □ *t.d. e t.i.* **5** (prep. *por*) ir para o interior de; embrenhar-se □ *t.i.* **6** (prep. *por*) sair ou passar com ímpeto por <*v. pela porta*>

va.re.jar *v.* {mod. 1} *t.d.* **1** sacudir ou bater com vara **2** derrubar batendo com vara **3** *fig.* destruir, arrasar **4** *B* atirar com força; arremessar **5** procurar algo em; revistar ~ **varejadura** *s.f.* - **varejamento** *s.m.*

va.re.jei.ra *s.f.* ZOO mosca-varejeira

va.re.jis.ta *adj.2g.s.2g.* **1** que(m) negocia a varejo ■ *adj.2g.* **2** próprio do varejo ☞ cf. *atacadista*

va.re.jo /ê/ *s.m.* venda de mercadorias em pequenas porções ou quantidades ☞ cf. [2]*atacado*

va.re.ta /ê/ *s.f.* **1** vara não muito longa e fina **2** cada uma das hastes da armação do guarda-chuva

var.gem [pl.: *-ens*] *s.f.* várzea ('terreno baixo')

va.ri.a.ção [pl.: *-ões*] *s.f.* ato ou efeito de variar; mudança

va.ri.a.do *adj.* **1** que se apresenta em formas múltiplas, diferentes **2** que apresenta diversidade em atributos como tons, cores, formato, tamanho, sonoridade etc. **3** que apresenta diversidade de tipos dentro de uma mesma classe ou espécie **4** que difere de outro em espécie **5** em estado de perturbação mental ou delírio; alucinado, desvairado

va.ri.an.te *adj.2g.s.f.* **1** (o) que varia ou pode variar ■ *s.f.* **2** GRAM forma alternativa de uma palavra, p.ex., *assobio* e *assovio* **3** caminho alternativo ou que substitui um trecho interrompido de uma estrada

va.ri.ar *v.* {mod. 1} *t.d.* **1** tornar diverso, variegado; diversificar **2** alternar, revezar <*v. banho quente e frio*> □ *int.* **3** exibir aspectos novos ou diferenciados; alterar-se, mudar **4** ser diferente; discrepar <*as opiniões sobre isso variam*> **5** perder o uso da razão; desvairar **6** mudar de direção; desviar-se □ *t.i. e int.* **7** (prep. *de*) optar por (algo diverso) ao que é familiar, comum <*vamos v. de cinema?*> <*vamos sair, só para v.*>

va.ri.á.vel [pl.: *-eis*] *adj.2g.s.f.* **1** (o) que pode variar ■ *s.f.* MAT **2** símbolo que representa qualquer um dos elementos de um conjunto **3** quantidade que pode assumir qualquer valor de um conjunto de valores

va.ri.ce.la *s.f.* MED catapora

va.ri.co.so /ô/ [pl.: /ó/; fem.: /ó/] *adj.* que tem varizes ou relativo a elas

va.ri.e.da.de *s.f.* **1** característica do que tem diferentes formas ou tipos <*a v. das espécies animais*> **2** cada um dos elementos diferentes dentro de uma mesma classe <*uma v. específica de flor*> **3** LING cada uma das modalidades que a língua abrange ▼ ***variedades*** *s.f.pl.* **4** espetáculo em teatro, rádio, televisão com números variados de canto, dança, mágica etc.

va.ri.e.gar *v.* {mod. 1} *t.d.* **1** dar cores ou tons diversos a; matizar **2** tornar diverso, variado; diversificar, variar

vá.rio *adj.* **1** que apresenta diferentes formas **2** que não tem coerência; contraditório, incongruente <*tem um discurso forte, mas é v. nas ações*> **3** que não é constante; volúvel ▼ ***vários*** *pron.ind.pl.* **4** alguns; muitos

va.rí.o.la *s.f.* MED doença contagiosa causada por vírus e caracterizada por febre, dor no corpo, vômitos e lesões na pele ~ **variólico** *adj.* - **varioloso** *adj.s.m.*

va.riz [pl.: *-es*] *s.f.* MED vaso sanguíneo ou linfático dilatado, esp. uma veia que perdeu a elasticidade ☞ mais us. no pl.

va.ro.ni.a *s.f.* **1** qualidade ou característica de varão **2** descendência pela linha paterna

va.ro.nil [pl.: *-is*] *adj.2g.* **1** de homem, de varão; viril **2** *p.ext.* que tem força; potente **3** *p.ext.* corajoso, heroico

var.rão [pl.: *-ões*] *s.m.* porco reprodutor; cachaço

var.re.du.ra *s.f.* **1** ação de varrer ou o seu efeito; varrição **2** busca cuidadosa; rastreamento

var.rer *v.* {mod. 8} *t.d. e int.* **1** limpar com vassoura □ *t.d.* **2** *fig.* deixar vazio; esgotar, esvaziar <*v. a despensa*> **3** arrastar-se por; roçar **4** *fig.* destruir, arrasar, devastar <*o incêndio varreu a mata*> **5** *fig.* examinar em detalhes; vasculhar <*v. um texto*> □ *t.d.i. fig.* **6** (prep. *de*) fazer desaparecer; excluir, expulsar <*v. do bairro os bandidos*> ~ **varredor** *adj.s.m.* - **varrição** *s.f.*

vár.zea *s.f.* **1** grande extensão de terra plana; planície, vale **2** *B* terreno baixo e plano à margem de um rio ou ribeirão; vargem

va.sa *s.f.* **1** lama muito fina, de origem orgânica, encontrada no fundo do mar **2** depósito de terra e matéria orgânica no fundo das águas do mar, rios, lagos etc.; lodo **3** *fig.* a camada mais baixa da sociedade; escória, ralé ☞ cf. *vaza*

vas.co *adj.* basco

vas.con.ço *s.m.* **1** idioma basco **2** *fig.* linguagem ininteligível

vas.cu.lar *adj.2g.* relativo a vaso ('canal', 'espécie de tubo') <*sistema v.*> ~ **vascularização** *s.f.* - **vascularizar** *v.t.d.*

vas.cu.lhar *v.* {mod. 1} *t.d. e int.* **1** varrer ou limpar com vasculho **2** *fig.* examinar com cuidado, procurando algo; revistar <*v. arquivos*> ~ **vasculhador** *adj.s.m.*

vas.cu.lho *s.m.* vassoura de cabo longo com que se limpam tetos

va.sec.to.mi.a *s.f.* MED corte ou laqueadura dos canais pelos quais passam os espermatozoides, promovendo a esterilização masculina

va.se.li.na *s.f.* FARM **1** substância gordurosa e incolor de uso farmacêutico ☞ marca registrada (ing. *Vaseline*) que passou a designar o seu gênero ■ *s.2g.* **2** *fig. B pej.* indivíduo maleável nas opiniões para agradar a todos, em qualquer ocasião

va.si.lha *s.f.* **1** vaso para líquidos **2** *B* recipiente para guardar alimentos sólidos ou líquidos; vasilhame ◉ COL vasilhame

va.si.lha.me *s.m.* **1** conjunto de vasilhas **2** *B* vasilha

va.so *s.m.* **1** recipiente côncavo, de vários formatos, próprio para conter líquidos ou sólidos **2** objeto semelhante a esse em que se põe terra e planta **3** jarra ou jarro para flores **4** ANAT canal que conduz sangue ou linfa **5** BOT espécie de tubo que permite a circulação de seiva na planta ▣ **v. sanitário** vaso de louça para dejeções em banheiro; latrina, privada, retrete

va.so.cons.tri.tor /ô/ [pl.: *-es*] *adj.s.m.* BIOQ (substância ou medicamento) que diminui o calibre dos vasos sanguíneos

va.so.di.la.ta.dor /ô/ [pl.: *-es*] *adj.s.m.* BIOQ (substância ou medicamento) que aumenta o calibre dos vasos sanguíneos

va.so.mo.tor /ô/ [pl.: *-es*] *adj.* relativo a ou que produz contração ou dilatação dos vasos sanguíneos ◉ GRAM/USO fem.irreg.: *vasomotriz*

vas.sa.la.gem [pl.: *-ens*] *s.f.* **1** estado ou condição de vassalo **2** tributo que o vassalo pagava ao suserano **3** *p.ext.* submissão, dependência **4** grupo de vassalos

vas.sa.lo *s.m.* HIST **1** no sistema feudal, indivíduo dependente de um suserano a quem jurava fidelidade ■ *adj.s.m.* **2** que(m) é súdito de um soberano ■ *adj. fig.* **3** que se subordina a; submisso ◉ COL vassalagem

vas.sou.ra *s.f.* utensílio com pelos ou fibras na extremidade de um cabo longo, us. para varrer, esfregar ou escovar superfícies ~ **vassoureiro** *s.m.*

vas.sou.ra.da *s.f.* golpe aplicado com vassoura

vas.ti.dão [pl.: *-ões*] *s.f.* **1** espaço de grande dimensão **2** *fig.* importância, relevância *<a v. de um saber>*

vas.to *adj.* **1** muito grande em tamanho, quantidade, alcance; amplo **1.1** extenso, espaçoso **2** *fig.* importante, relevante *<brilhou com tão v. argumentos>*

va.ta.pá *s.m.* CUL *B* prato baiano à base de pão amolecido (ou farinha de trigo), a que se acrescentam carne de peixe desfiada, camarão fresco, camarão seco e diversos temperos, além de leite de coco e azeite de dendê

va.te *s.m.* **1** pessoa que faz vaticínios; profeta **2** poeta

va.ti.ca.no *adj.* pertencente ou relativo ao Vaticano, estado soberano que tem o papa como chefe

va.ti.ci.nar *v.* {mod. 1} *t.d.,t.d.i. e int.* **1** (prep. *a*) adivinhar (algo) sobre o futuro (de); prenunciar, profetizar *<Cassandra vaticinou (aos troianos) grandes ruínas> <aprendeu ciências ocultas e passou a v.>* ☐ *t.d. p.ext.* **2** prever com base em fatos, indícios; antever ~ **vaticinação** *s.f.* - **vaticinador** *adj.s.m.*

va.ti.cí.nio *s.m.* profecia

vau *s.m.* local raso de rio, mar, lagoa, pelo qual se pode passar a pé ou a cavalo

va.za *s.f.* RECR conjunto de cartas recolhidas da mesa pelo ganhador ☞ cf. *vasa*

va.za.do *adj.s.m.* **1** (o) que vazou, entornou, escapou **2** GRÁF (espaço) não impresso ■ *s.m.* **3** lugar oco, vazio

va.za.dou.ro *s.m.* local em que se despejam líquidos ou detritos

va.za.men.to *s.m.* **1** ato de vazar ou o seu efeito **2** abertura pela qual vaza um líquido *<cano com v.>* **3** *p.ext.* o líquido vazado *<o v. atingiu o andar de baixo>*

va.zan.te *adj.2g.* **1** que vaza ■ *s.f.* **2** intervalo entre uma preamar e a baixa-mar subsequente **3** período de menor volume da água de um rio ☞ cf. *cheia*

va.zão [pl.: *-ões*] *s.f.* **1** ato de vazar ou o seu efeito; vazamento **2** *fig.* movimento de saída; escoamento *<porta que permite boa v.>* **3** *fig.* venda, comercialização *<produtos populares têm mais v.>*

va.zar *v.* {mod. 1} *t.d.,int. e pron.* **1** (fazer) ficar vazio (recipiente, vasilha); esvaziar(-se) *<v. uma estante> <a piscina vazou(-se) rapidamente>* ☐ *t.d. e pron. fig.* **2** (deixar) sair, externar(-se); desabafar(-se) *<v. a mágoa> <sua ira vazou-se em gritos>* ☐ *t.d. e int.* **3** (fazer) correr (líquido); entornar, escoar ☐ *int.* **4** (deixar) escapar (um líquido) pouco a pouco ☐ *t.d.* **5** despejar (metal fundido) nos moldes **6** deixar oco ou abrir buraco em; furar, escavar **7** passar através de; traspassar, varar ☐ *t.i. e int.* **8** tornar-se conhecido (algo sigiloso), por denúncia, engano, indiscrição ou negligência *<o escândalo vazou (para os jornais)>*

va.zi.o *adj.* **1** que não contém nada *<copo v.>* **1.1** que contém algo, mas em quantidade muito inferior à sua capacidade *<a gaveta está quase v.>* **2** sem ocupantes ou frequentadores *<rua v.>* **3** *p.ext.* privado ou carente de algo *<v. de boas ideias>* **4** *fig.* sem qualidades positivas; frívolo, fútil *<cabeça v.>* **5** *fig.* que não produz efeito positivo; inútil, vão *<esforços v.>* ■ *s.m.* **6** espaço desocupado; vácuo, deserto **7** *fig.* ausência de interesses, sentimentos, preocupações *<o v. de uma vida inútil>*

vê *s.m.* nome da letra *v*

ve.a.do *s.m.* **1** ZOO designação comum a vários mamíferos cervídeos de coloração acastanhada, pernas longas e cauda curta **2** *fig. gros.* homossexual masculino

ve.da.ção [pl.: *-ões*] *s.f.* **1** ato ou efeito de vedar; estancamento, veda **2** tudo que serve para vedar, estancar *<usa cortiça nos vidros como v.>* **2.1** qualquer tapume (cerca, sebe, valado etc.) próprio para cercar, fechar ou defender uma área **3** *fig.* ato de não permitir; impedimento, interdição, proibição *<v. de tráfego>*

ve.dar *v.* {mod. 1} *t.d.* **1** fechar bem abertura(s) [de recipiente ou local] para impedir que algo saia ou entre **2** impedir que escape (luz, som etc.) por abertura(s) ☐ *t.d.,int. e pron.* **3** (fazer) deixar de correr;

V

estancar(-se) ☐ *t.d. e t.d.i. fig.* **4** (prep. *a*) impedir ou proibir (atividade, entrada etc.) [a alguém] *<a lei veda a bigamia> <o médico vedou a meu pai o uso de açúcar>* ~ **veda** *s.f.*

ve.de.te *s.f.* **1** atriz de teatro de revista **2** atriz principal de um espetáculo **3** *p.ext.* quem se destaca em sua atividade *<Romário foi a v. da copa de 1994>*

ve.ei.ro *s.m.* GEOL filão

ve.e.mên.cia *s.f.* **1** força impetuosa que se manifesta nos sentimentos ou na sua expressão; ardor, fervor, intensidade *<declarou com v. seu amor>* **2** vigor de ânimo; arrebatamento, entusiasmo *<trabalhar com v.>* **3** eloquência que busca comover, tocar, convencer; magniloquência **4** grande força; energia, ímpeto, violência *<o vento sopra com v.>*

ve.e.men.te *adj.2g.* **1** que se manifesta com intensidade; vivo, ardente **2** que tem energia, vigor **3** que denota emoção; comovente

vé.gan [pl.: *végans*] ou **vé.gã** [pl.: *végãs*] *s.2g.* **1** pessoa que não usa produtos de origem animal na alimentação e evita empregar artefatos dessa mesma origem (p.ex., roupas ou bolsas de couro, acessórios de seda, lã etc.) ■ *adj.2g.* **2** relativo aos végans ou ao veganismo; baseado em princípios végans ~ **veganismo** *s.m.* - **veganista** *adj.2g.s.2g.*

ve.ga.no *adj.s.m.* végan

ve.ge.ta.ção [pl.: *-ões*] *s.f.* **1** ação de vegetar ou o seu efeito **2** conjunto de plantas características de uma região

ve.ge.tal [pl.: *-ais*] *adj.2g.* **1** referente a planta *<espécie v.>* **2** procedente de planta *<carvão, óleo v.>* ■ *s.m.* BIO **3** planta

ve.ge.tar *v.* {mod. 1} *t.d. e int.* **1** (fazer) crescer (planta); medrar ☐ *int. fig.* **2** ter vida apenas física, sem atividade mental *<após o acidente, não vive, apenas vegeta>* **3** levar vida sem entusiasmo, atividades

ve.ge.ta.ri.a.no *adj.s.m.* que(m) só come vegetais ~ **vegetarianismo** *s.m.*

ve.ge.ta.ti.vo *adj.* **1** relativo a crescimento e nutrição **2** que faz vegetar, crescer, medrar *<força v.>* **3** relativo, pertencente ou característico das plantas **4** BIO cujo funcionamento é involuntário ou inconsciente *<sistema nervoso v.>* **5** BOT diz-se do período ou estado em que um vegetal não se reproduz **6** BOT diz-se de estrutura vegetal que não está relacionada à reprodução *<broto v.>* **7** *fig.* caracterizado pela ausência de atividade *<estado v.>* ■ *s.m.* **8** o que vegeta **9** o que é vegetal

V

vei.a *s.f.* ANAT **1** vaso que reconduz o sangue ao coração **2** *fig.* disposição, tendência, vocação *<v. cômica>* ▣ **v. cava** ANAT a que drena o sangue para a aurícula direita do coração

ve.i.cu.la.ção [pl.: *-ões*] *s.f.* **1** ação de veicular ou o seu efeito **2** *fig.* ação de propagar, difundir *<v. de um alerta pela televisão>* **3** divulgação de mensagem publicitária pelos veículos de comunicação

[1]ve.i.cu.lar [pl.: *-es*] *adj.2g.* relativo ou pertecente a veículo [ORIGEM: *veículo* + [1]*-ar*]

[2]ve.i.cu.lar *v.* {mod. 1} *t.d.* **1** transportar em veículo; carregar **2** fazer a difusão de; propagar, transmitir *<o mosquito veicula doenças>* [ORIGEM: *veículo* + [2]*-ar*]

ve.í.cu.lo *s.m.* **1** qualquer meio us. para transportar ou conduzir pessoas, carga etc. **2** automóvel **3** *fig.* qualquer meio capaz de propagar, difundir algo *<o idioma é um v. da cultura>*

vei.o *s.m.* **1** parte da mina em que se encontra o minério; filão **2** faixa longa de cor diferente em rocha, madeira etc. *<mármore com veios>* **3** *p.ext.* rachadura, estria **4** corrente de água doce; riacho

-vel *suf.* 'passível de': *amável, navegável, perecível, suportável, visível*

[1]ve.la *s.f.* **1** peça de tecido que se estende no mastro de certas embarcações para que o vento soprado sobre essa superfície movimente o barco **2** *p.ext.* embarcação movida dessa forma **3** *p.ext.* ESP qualquer modalidade desportiva náutica em que se empregam embarcações a vela [ORIGEM: do lat. *vēla,ae* 'id.']

[2]ve.la *s.f.* **1** vigília **2** peça de cera ou outra substância gordurosa, ger. cilíndrica, com um pavio no centro que se acende para iluminar **3** peça cilíndrica oca que serve para filtrar água **4** peça que origina a fagulha que aciona o motor de combustão interna [ORIGEM: regr. de [1]*velar*]

[1]ve.lar *v.* {mod. 1} *t.d.* **1** permanecer de guarda; vigiar *<guardas velavam o palácio>* **2** passar acordado *<velava as noites, chorando de saudade>* **3** ficar acordado junto de (doente ou morto) ☐ *int.* **4** ficar acordado, em vigília ☐ *t.d. e t.i.* **5** (prep. *por*) dispensar cuidados, proteção a; zelar *<o padre velava pelos pobres da paróquia>* [ORIGEM: do lat. *vigilāre* 'velar, não dormir, vigiar'] ~ **velador** *adj.s.m.*

[2]ve.lar *v.* {mod. 1} *t.d. e pron.* **1** cobrir(-se) com véu *<v. o rosto> <velou-se para não ser reconhecida>* **2** *fig.* (fazer) desaparecer, encobrindo(-se); tapar(-se) *<as sombras velavam seu rosto> <velou-se na penumbra da sala>* **3** *fig.* tornar(-se) secreto; ocultar(-se) *<v. os próprios sentimentos> <seu olhar velou-se durante o interrogatório>* **4** *fig.* tornar(-se) sombrio, preocupado; anuviar(-se) *<a má resposta do neto velou a fisionomia do avô> <seu olhar velou-se de tristeza>* ☐ *t.d. fig.* **5** tornar escuro; escurecer *<quando a noite vela a cidade, o inimigo ataca>* [ORIGEM: do lat. *velāre* 'cobrir, ocultar, dissimular']

[3]ve.lar [pl.: *-es*] *adj.2g.* referente ao véu palatino [ORIGEM: *véu* (do lat. *vēlum*) sob a f. *vel-* + [1]*-ar*]

Velcro ® [fr.] *s.m.* tecido fabricado em tiras duplas aderentes, us. como fecho ou para fixar, uma na outra, duas coisas ou duas partes da mesma coisa ⇒ pronuncia-se *correntemente* velcro

ve.lei.da.de *s.f.* **1** ideia caprichosa ou excêntrica; fantasia *<v. de poeta>* **2** comportamento sem reflexão; leviandade **3** presunção, vaidade

ve.lei.ro *s.m.* barco movido a vela

ve.le.jar *v.* {mod. 1} *t.d. e int.* navegar em barco a vela *<v. os mares e lagoas> <veleja há muitos anos>* ~ **velejador** *adj.s.m.*

ve.lha.ca.ri.a *s.f.* **1** ação ou comportamento de pessoa que é velhaca ou que age como tal; canalhice, patifaria **2** atributo do que é velhaco *<seu ato teve erro, mas não v.>*

ve.lha.co *adj.s.m.* **1** que(m) é traiçoeiro, patife **2** que(m) é obsceno; devasso

ve.lha.ri.a *s.f.* **1** o que é antiquado **2** *pej.* objeto velho de pouco valor; traste **3** grupo de velhos

ve.lhi.ce *s.f.* período da vida humana que se segue à maturidade

ve.lho *adj.* **1** que tem muito tempo de vida **2** muito usado *<sapato v.>* **3** que data de época passada; antigo **4** que é antigo numa situação, função *<v. morador do bairro>* **5** que se contrapõe ao moderno; antiquado *<v. técnicas de impressão>* ■ *s.m.* **6** homem idoso **7** *infrm.* pai, papai *<meu v. viajou>* ▼ ***velhos*** *s.m.pl.* **8** *infrm.* o pai e a mãe *<chamei meus v. para jantar>* ◉ COL velharia

ve.lhus.co *adj.s.m.* **1** que(m) tem idade avançada; velho ■ *adj. infrm.* **2** que é velho ou um tanto velho *<casa v.>*

ve.lo *s.m.* **1** lã de carneiro, ovelha ou cordeiro **2** *p.ext.* pele desses animais com a respectiva lã **3** *p.ext.* lã desembaraçada

ve.lo.ci.da.de *s.f.* **1** movimento rápido, ligeiro *<o carro logo alcançou grande v.>* **2** FÍS relação entre espaço percorrido e tempo de percurso *<o trem se desloca a uma v. de 200 km/h>*

ve.lo.cí.me.tro *s.m.* instrumento que mede e indica a velocidade de um veículo

ve.lo.cí.pe.de *s.m.* veículo infantil de três rodas, movido por pedais ligados à roda dianteira

ve.lo.cis.ta *adj.2g.s.2g.* ESP *B* que(m) pratica corridas de velocidade ou é especialista nesse esporte

ve.ló.dro.mo *s.m.* ESP pista de corrida para bicicletas

ve.ló.rio *s.m.* evento coletivo no qual pessoas velam o defunto exposto, durante as horas que precedem o enterro ou a cremação

ve.loz [pl.: *-es*] *adj.2g.* que se movimenta com rapidez; rápido, ligeiro ◉ GRAM/USO sup.abs.sint.: *velocíssimo*

ve.lu.do *s.m.* **1** tecido que tem uma das superfícies coberta por pelos curtos, densos e macios **2** *fig.* maciez ou suavidade que lembra esse tecido *<o v. de sua voz>* ~ **veludoso** *adj.*

ve.nal [pl.: *-ais*] *adj.2g.* **1** relativo a venda *<valor v. do imóvel>* **2** que pode ser vendido **3** *fig.* que se corrompe por dinheiro *<político v.>* ~ **venalidade** *s.f.* - **venalizar** *v.t.d. e pron.*

ven.ce.dor /ô/ [pl.: *-es*] *adj.s.m.* **1** que(m) vence ou venceu; ganhador *<o (time) v. da copa>* **2** que(m) triunfa, que comemora as honras da vitória; triunfante, vitorioso *<o público aclama os (atletas) v.>* ■ *s.m.* **3** indivíduo que conseguiu superar dificuldades, vencer na vida

ven.cer *v.* {mod. 8} *t.d. e int.* **1** obter vitória ou triunfo (sobre); derrotar, ganhar *<nosso time venceu o visitante>* *<deu empate, ninguém venceu>* ☐ *t.d.* **2** ser vitorioso em (competição, eleição etc.); ganhar *<v. o campeonato>* **3** ter vantagem, primazia sobre (problema, obstáculo etc.); superar *<v. a doença>* **4** ter domínio sobre; refrear, conter *<v. o mau gênio>* **5** percorrer (caminho, percurso) *<v. a escadaria em poucos minutos>* **6** ir além de; ultrapassar *<venceu a curva e capotou>* **7** ganhar, receber (salário) ☐ *int.* **8** ser bem-sucedido; triunfar *<nasceu pobre, mas venceu>* **9** chegar ao fim (prazo de validade, vencimento etc.) *<prazo de inscrição venceu>* ~ **vencível** *adj.2g.*

ven.ci.lho *s.m.* corda de vime ou palha com que se prendem videiras ao suporte, amarram-se feixes etc.

ven.ci.men.to *s.m.* **1** ação de vencer ou o seu efeito **2** DIR fim do prazo para cumprimento de uma obrigação **3** DIR fim da validade de um contrato **4** remuneração de um cargo público ☞ nesta acp., mais us. no pl.

[1]**ven.da** *s.f.* **1** ato de vender ou o seu efeito *<as v. aumentam no Natal>* **2** *B* bar, botequim **3** *B* pequena mercearia [ORIGEM: regr. de *vender*]

[2]**ven.da** *s.f.* faixa de pano us. para cobrir os olhos [ORIGEM: f.divg. de [2]*banda*]

ven.dar *v.* {mod. 1} *t.d.* **1** cobrir com venda *<v. os olhos da aniversariante>* **2** pôr venda nos olhos de *<v. o falcão para acalmá-lo>* **3** *fig.* incapacitar de perceber a realidade; cegar *<a paixão vendou-a para os defeitos do amado>* ~ **vendagem** *s.f.*

ven.da.val [pl.: *-ais*] *s.m.* vento muito forte

ven.de.dor /ô/ [pl.: *-es*] *adj.* **1** que vende ■ *s.m.* **2** aquele que vende algo, em nome próprio ou de terceiros **3** pessoa que tem por profissão vender

ven.dei.ro *s.m.* proprietário de venda

ven.der *v.* {mod. 8} *t.d. e t.d.i.* **1** (prep. *a*) dar (a outrem) em troca de dinheiro *<vendeu todas as mercadorias>* *<v. a casa (a um amigo)>* **2** (prep. *a*) ceder o direito ao uso de (projeto, obra etc.) *<v. o roteiro de um filme>* *<v. o direito de imagem (a um patrocinador)>* **3** *fig. pej.* (prep. *a*) sacrificar, trair por interesse *<v. a pátria (ao inimigo)>* ☐ *t.d.* **4** ter negócio de (produto, serviço); comercializar **5** *fig.* possuir muito de (qualidade, virtude etc.) ☐ *int.* **6** trabalhar como vendedor *<na loja, uns trabalham nos caixas, outros vendem>* **7** ser facilmente vendido *<no verão, sorvete vende bem>* ~ **vendável** *adj.2g.* - **vendível** *adj.2g.*

ven.de.ta *s.f.* sentimento de hostilidade e vingança entre famílias ou grupos rivais

ven.di.lhão [pl.: *-ões*] *s.m.* **1** vendedor ambulante **2** *fig.* quem negocia coisas de valor moral

ve.ne.no *s.m.* **1** substância que destrói ou altera funções vitais de um organismo **2** *fig.* que causa prejuízo moral **3** *fig.* intenção perversa; intriga

ve.ne.no.so /ô/ [pl.: /ó/; fem.: /ó/] *adj.* **1** que tem veneno ou propriedade de envenenar **2** *fig.* em que há intenção perversa

ve.ne.ra.ção [pl.: *-ões*] *s.f.* **1** respeito inspirado pela dignidade; reverência **2** sentimento de amor devotado; admiração

ve.ne.ran.do *adj.* digno de respeito ou veneração; respeitável, venerável

ve.ne.rar *v.* {mod. 1} *t.d.* **1** dedicar respeito e deferência a; reverenciar **2** render culto a; cultuar, adorar **3** ter consideração ou estima por; respeitar

ve.ne.rá.vel [pl.: *-eis*] *adj.2g.* **1** digno de veneração, que se deve respeitar; respeitável, venerando **2** na Igreja católica, diz-se de pessoa cujo processo de beatificação foi instaurado ◉ GRAM/USO sup.abs.sint.: *venerabilíssimo*

ve.né.reo *adj.* **1** relativo a contato sexual **2** que afeta os órgãos genitais

ve.ne.ta /ê/ *s.f.* **1** acesso de loucura **2** *fig.* ímpeto, impulso

ve.ne.zi.a.na *s.f.* janela feita de lâminas (de madeira ou metal) que formam frestas, escurecendo o ambiente, mas deixando penetrar o ar

vê.nia *s.f.* **1** licença, permissão **2** absolvição de culpa; perdão **3** saudação respeitosa

ve.ni.al [pl.: *-ais*] *adj.2g.* digno de perdão; desculpável ~ **venialidade** *s.f.*

ve.no.so /ô/ [pl.: /ó/; fem.: /ó/] *adj.* que tem veias ou se refere a elas

ven.ta *s.f.* **1** narina ▼ ***ventas*** *s.f.pl.* **2** *infrm.* nariz ou focinho **3** *fig. infrm.* rosto, cara

ven.ta.na *s.f.* janela ('abertura')

ven.ta.ni.a *s.f.* vento contínuo e forte

ven.ta.ni.lha *s.f.* RECR cada buraco da mesa de sinuca; caçapa

ven.tar *v.* {mod. 1} *int.* haver vento ou soprar o vento ◉ GRAM/USO verbo impessoal, exceto quando fig.

ven.ta.ro.la *s.f.* espécie de leque que não se fecha; abano

ven.ti.la.ção [pl.: *-ões*] *s.f.* **1** ato ou efeito de ventilar **2** passagem contínua de ar fresco e renovado, num espaço ou recinto; aeração, circulação **3** agitação ou movimentação do ar, natural ou provocada **4** *fig.* exposição de assunto, para fins de exame e discussão **5** movimento de ar nos pulmões

ven.ti.la.dor /ô/ [pl.: *-es*] *adj.* **1** que ventila ■ *s.m.* **2** aparelho munido de pás que se movimentam para produzir corrente de ar e refrescar um recinto

ven.ti.lar *v.* {mod. 1} *t.d.* **1** fazer circular o ar em; arejar **2** *p.ext.* expor ao ar, ao vento; arejar **3** *fig.* trazer à mente; cogitar, pensar **4** *fig.* discutir, debater abertamente □ *pron.* **5** refrescar-se com abano; abanar-se

ven.to *s.m.* **1** movimento natural do ar atmosférico **2** agitação do ar provocada artificialmente **3** o ar atmosférico **4** *infrm.* ventosidade, flatulência

ven.to.i.nha *s.f.* **1** lâmina móvel do cata-vento; grimpa **2** pequeno ventilador que refrigera um motor

ven.to.sa *s.f.* **1** instrumento cônico que se aplica sobre a pele para fazer o sangue subir à superfície **2** ZOO órgão circular e abaulado de certos animais, como o polvo, que adere a determinadas superfícies

ven.to.si.da.de *s.f.* expulsão de gases do estômago ou intestino; flatulência

ven.to.so /ô/ [pl.: /ó/; fem.: /ó/] *adj.* **1** em que venta muito **2** exposto ao vento **3** caracterizado pela ocorrência de ventos ou de ventanias

ven.tre *s.m.* ANAT **1** no homem e em outros animais vertebrados, parte do corpo entre o tórax e a bacia ('cavidade'); abdome, barriga **2** útero **3** intestino ~ **ventral** *adj.2g.*

ven.trí.cu.lo *s.m.* ANAT pequena cavidade, esp. do coração ou do cérebro ~ **ventricular** *adj.2g.*

ven.tri.lo.qui.a *s.f.* técnica de falar, movendo muito pouco os lábios, para dar a impressão de que a voz vem de outra pessoa

ven.trí.lo.quo /co *ou* quo/ *adj.s.m.* que(m) pratica a ventriloquia

ven.tu.ra *s.f.* **1** acontecimento imprevisível; acaso, destino **2** boa sorte, felicidade **3** risco, perigo

vê.nus *s.f.* ASTR nome do segundo planeta do sistema solar; estrela-d'alva ☞ inicial maiúsc.; cf. *Vênus* na parte enciclopédica ~ **venusiano** *adj.*

ver *v.* {mod. 12} *t.d. e int.* **1** perceber pela visão; enxergar □ *t.d. e pron.* **2** dirigir os olhos a ou fixá-los em (algo, alguém, si mesmo); olhar(-se) **3** encontrar-se com **4** manter relações ou contato com; conviver, frequentar □ *t.d.* **5** estar presente a; testemunhar, assistir **6** ter contato, experiência com; conhecer **7** ter cuidado com; atentar, cuidar **8** tomar consciência ou conhecimento de; entender, perceber **9** experimentar, provar, verificar **10** pesquisar, procurar **11** fazer avaliação de; ponderar **12** providenciar, trazer, tratar □ *t.d.,t.d.pred. e pron.* **13** fazer julgamento de (outrem ou si mesmo); considerar(-se) *<vê o professor como amigo> <vê-se como vítima>* □ *pron.* **14** perceber-se, reconhecer-se

ve.ra.ci.da.de *s.f.* **1** natureza do que é verdadeiro ou corresponde à verdade; exatidão, fidedignidade **2** capacidade de ser verdadeiro ou de dizer a verdade; autenticidade

ve.ra.ne.ar *v.* {mod. 5} *int.* **1** passar o verão em **2** viajar a lazer no verão

ve.ra.nei.o *s.m.* ato de veranear, de passar o verão de folga, em local aprazível

ve.ra.ni.co *s.m.* **1** verão ameno **2** calor intenso em estação mais amena que o verão

ve.rão [pl.: *-ões*] *s.m.* estação mais quente do ano, entre o outono e a primavera

ve.raz [pl.: *-es*] *adj.2g.* **1** que diz a verdade; sincero **2** em que há verdade; verdadeiro, verídico

ver.ba *s.f.* **1** quantia de um orçamento destinada a fim específico **2** *p.ext.* qualquer importância em dinheiro **3** cada cláusula, condição ou artigo de uma escritura ou outro documento

ver.bal [pl.: *-ais*] *adj.2g.* **1** relativo a verbo **2** expresso oralmente; falado, oral ~ **verbalmente** *adv.*

ver.ba.lis.mo *s.m.* **1** transmissão oral de conhecimentos **2** PSIQ psitacismo

ver.ba.li.zar *v.* {mod. 1} *t.d. e int.* **1** expressar em palavras (pensamento, sentimento) **2** expor oralmente; falar ~ **verbalização** *s.f.*

ver.be.na *s.f.* BOT designação comum a várias ervas muito perfumadas, quase todas nativas de regiões tropicais e temperadas das Américas, cultivadas como ornamentais

ver.be.rar *v.* {mod. 1} *t.d. e pron.* **1** golpear(-se) com vara ou açoite; flagelar(-se) <*v.-se como penitência*> ☐ *t.d.* **2** fazer enérgica censura a; reprovar, criticar ☐ *int.* **3** reverberar ~ **verberação** *s.f.*

ver.be.te /ê/ *s.m.* **1** conjunto de informações explicativas sobre uma palavra listada em dicionário ou enciclopédia **2** papel com anotação **3** essa anotação

ver.bo *s.m.* **1** palavra, discurso **2** GRAM classe de palavras que designam ação, processo ou estado **3** REL a palavra de Deus, identificada com a segunda pessoa da Trindade ☞ inicial maiúsc. ▣ **v. abundante** GRAM verbo com duas ou mais formas equivalentes no particípio (p.ex.: *entregado* e *entregue*) • **v. defectivo** *v.* GRAM verbo que não se conjuga em todas as formas • **v. de ligação** GRAM verbo que estabelece a ligação entre um sujeito e um predicativo; verbo predicativo (p.ex.: *o dia está lindo*) • **v. intransitivo** GRAM verbo cuja ação do sujeito dispensa objeto (p.ex.: *nascer, crescer*) • **v. irregular** GRAM verbo que não segue os padrões de sua conjugação, apresentando alterações no seu radical e/ou na sua flexão • **v. predicativo** GRAM verbo de ligação • **v. pronominal** GRAM verbo que exige ou aceita pronome oblíquo átono de mesma pessoa e número do sujeito (p.ex.: *lastimar-se, queixar-se*) • **v. transitivo** GRAM verbo cuja ação do sujeito recai sobre o objeto • **soltar o verbo** dizer tudo que pensa

ver.bor.ra.gi.a *s.f. pej.* uso excessivo de palavras para dizer coisas de pouca importância; verborreia

ver.bor.rá.gi.co *adj.* **1** que pratica ou é propenso à verborragia; verborreico <*professor v.*> **2** em que há verborragia; verborreico <*discurso v.*>

ver.bor.rei.a /éi/ *s.f. pej.* verborragia ~ **verborreico** *adj.*

ver.bo.so /ô/ [pl.: /ó/; fem.: /ó/] *adj.* **1** que fala muito; palavroso **2** que tem facilidade para exprimir-se verbalmente; eloquente **3** que é abundante em palavras; prolixo <*texto v.*> ~ **verbosidade** *s.f.*

ver.da.de *s.f.* **1** o que está de acordo com o real; exatidão <*v. histórica*> **2** *p.ext.* procedimento sincero, sem fingimento **3** coisa, fato ou evento real, verdadeiro, certo

ver.da.dei.ro *adj.* **1** que está em conformidade com os fatos ou a realidade; real, verídico **2** que não é fictício, imaginário ou enganoso; factual, real **3** que é realmente o que parece; autêntico, legítimo **3.1** *fig.* extremamente semelhante a <*o divórcio foi uma v. guerra*> **4** que é exato; certo, incontestável, preciso <*o v. resultado da votação*> **5** *fig.* certo, com quem se pode contar; confiável, fiel, leal <*amigo v.*> ■ *s.m.* **6** a verdade, a realidade

ver.de *adj.2g.* **1** que tem a cor da relva **2** diz-se dessa cor <*cor v.*> **3** que ainda tem seiva <*madeira v.*> **4** que ainda não amadureceu <*fruta v.*> **5** *fig.* que não tem prática, experiência **6** *fig.* que tem o viço, o frescor do que é novo <*os v. anos da adolescência*> ■ *s.m.* **7** a cor da relva **8** a vegetação, as plantas em geral ou de determinado lugar <*o bairro tem muito v.*> ■ *adj.2g.s.2g.* **9** que(m) participa de ou apoia movimento, grupo ou partido político que defende o meio ambiente ▣ **jogar v. para colher maduro** *fraseol.* dizer algo para provocar alguém a dizer algo que não responderia se perguntado diretamente ~ **verdoso** *adj.*

ver.de-a.ma.re.lo *s.m.* **1** cor que fica entre o verde e o amarelo ■ *adj.* **2** que tem essa cor **3** diz-se dessa cor **4** *fig.* relativo ao Brasil <*o time v.*> **5** patriótico em relação ao Brasil ☞ tb. se diz *verde e amarelo* ◉ GRAM/USO pl. do subst.: *verdes-amarelos*; pl. do adj.: *verde-amarelos*

ver.de.jan.te *adj.2g.* que verdeja, que se torna verde ou ostenta a cor verde; verde, verdoso, viçoso

ver.de.jar *v.* {mod. 1} *int.* ter cor verde ou tornar-se verde <*os campos verdejam*> ◉ GRAM/USO só us. nas 3ªs p., exceto quando fig.

ver.de-o.li.va *s.m.* **1** a cor verde-escura da azeitona; oliva ■ *adj.2g.2n.* **2** que tem essa cor <*calças verde-oliva*> **3** diz-se dessa cor <*o v. das folhas*> ☞ pl. do s.m.: *verdes-olivas* e *verdes-oliva*

ver.do.en.go *adj.* **1** *B* de cor esverdeada **2** quase maduro (diz-se de fruto)

ver.dor /ô/ [pl.: *-es*] *s.m.* **1** propriedade visual do que é verde **2** a cor verde das plantas; verdura <*o v. de nossas matas*> **3** *p.ext.* a vegetação **4** *fig.* viço, força, vigor <*o v. da juventude*> **5** estado do que ainda não está maduro **5.1** *fig.* falta de experiência ou de prática (ger. de pessoa jovem); imperícia

ver.du.go *s.m.* [1]carrasco

ver.du.ra *s.f.* **1** a cor verde das plantas **2** ervas us. na alimentação humana; hortaliça

ver.du.rei.ro *s.m.* *B* vendedor de verduras, legumes e frutas

ve.re.a.dor /ô/ [pl.: *-es*] *s.m.* membro do poder legislativo de um município

ve.re.an.ça *s.f.* cargo ou função de vereador ~ **verear** *v.int.*

ve.re.da /ê/ *s.f.* **1** *B* caminho estreito **2** *fig.* caminho, direção **3** *B* nas caatingas, área mais úmida e com mais vegetação

ve.re.di.to ou **ve.re.dic.to** *s.m.* **1** sentença judicial **2** *p.ext.* opinião ou juízo definitivo

ver.ga /ê/ *s.f.* **1** vara flexível de madeira **2** barra fina de metal **3** CONSTR viga de pedra ou madeira que se apoia nas ombreiras de portas e janelas

ver.ga.lhão [pl.: *-ões*] *s.m.* barra de metal comprida e sólida

ver.ga.lhar *v.* {mod. 1} *t.d.* bater com vergalho ('chicote') em; açoitar

ver.ga.lho *s.m.* **1** pênis de boi ou cavalo, cortado e seco **2** chicote feito dele **3** *p.ext.* qualquer chicote

V

ver.gão [pl.: *-ões*] *s.m.* **1** verga comprida ou grossa **2** marca na pele provocada por chicotada ou outra causa

ver.gar *v.* {mod. 1} *t.d.,int. e pron.* **1** tornar(-se) curvo; arquear(-se), dobrar(-se) *<o poste vergou(-se)>* **2** (fazer) perder as forças, o ânimo; abater(-se) *<os insultos não a vergaram> <sua vontade jamais (se) vergou>* □ *t.d.,t.i. e pron. fig.* **3** (prep. *a*) tornar(-se) submisso a; sujeitar(-se) *<v.(-se) aos argumentos de outrem>* □ *int.* **4** ceder ao peso de algo ~ **vergadura** *s.f.* - **vergamento** *s.m.*

ver.gas.ta *s.f.* **1** vara fina e flexível, us. para açoitar **2** *p.ext.* qualquer chicote, chibata **3** *fig.* castigo, flagelo

ver.gas.tar *v.* {mod. 1} *t.d.* **1** golpear com vergasta; açoitar **2** *fig.* enxotar, espantar *<v. moscas>* **3** *fig.* criticar ou repreender com severidade

ver.go.nha *s.f.* **1** sentimento de ultraje, humilhação; opróbrio **2** sentimento penoso de insegurança; timidez *<v. de cantar>* **3** atitude indecorosa, desonesta *<roubar é uma v.>* ▣ **ter v. na cara** ser digno, honesto

ver.go.nhei.ra *s.f.* **1** grande vergonha; série de vergonhas **2** coisa ou situação que provoca vergonha; vexame **3** atitude ou ato desonesto; patifaria, negociata

ver.go.nho.so /ô/ [pl.: /ó/; fem.: /ó/] *adj.* **1** que causa vergonha **2** que tem ou sente vergonha *<rapaz v.>*

ve.rí.di.co *adj.* verdadeiro, autêntico, real *<história v.>* ~ **veridicidade** *s.f.*

ve.ri.fi.car *v.* {mod. 1} *t.d.* **1** examinar a veracidade de; averiguar **2** provar a verdade de; confirmar, comprovar *<os acontecimentos verificaram minhas suposições>* □ *pron.* **3** acontecer, realizar-se *<as profecias verificaram-se no século seguinte>* ~ **verificação** *s.f.* - **verificável** *adj.2g.*

ver.me *s.m.* **1** ZOO designação comum a invertebrados sem patas, de corpo longo e mole **2** ZOO larva **3** *fig. pej.* pessoa vil, desprezível ~ **vermicular** *adj.2g.* - **verminoso** *adj.*

ver.me.lhão [pl.: *-ões*] *s.m.* pigmento de mercúrio us. em tintas

ver.me.lhi.dão [pl.: *-ões*] *s.f.* **1** propriedade visual do que é vermelho *<a v. do tomate>* **2** rubor das faces

ver.me.lho /ê/ *s.m.* **1** primeira cor do espectro solar; cor primária entre o laranja e o violeta; a cor do sangue **2** ZOO peixe, abundante no Nordeste e Sudeste, que tem uma coloração vermelha; pargo ■ *adj.* **3** que tem essa cor *<xícara v.>* **4** diz-se dessa cor *<cor v.>* **5** *fig.* corado, enrubescido ■ *adj.s.m.* **6** que(m) segue o comunismo ou socialismo ~ **vermelhar** *v.t.d.,int. e pron.*

ver.mi.ci.da *adj.2g.s.m.* vermífugo

ver.mí.fu.go *adj.s.m.* (substância ou produto) que combate vermes; vermicida

ver.mi.no.se *s.f.* MED doença por infestação de vermes

ver.mu.te *s.m.* aperitivo à base de vinho e extratos aromáticos

ver.ná.cu.lo *adj.* **1** próprio de um país, nação ou região **2** sem estrangeirismos na pronúncia, vocabulário ou sintaxe; castiço *<português v.>* ■ *s.m.* **3** a língua própria de um país, nação ou região

vernissage [fr.; pl.: *vernissages*] *s.m.* ver **VERNISSAGEM** ⇒ pronuncia-se vérnissaj

ver.nis.sa.gem [pl.: *-ens*] *s.f.* inauguração de uma exposição de obras de arte

ver.niz [pl.: *-es*] *s.m.* **1** solução incolor à base de resina, us. para proteger e dar brilho em madeira, couro, cerâmica etc. **2** *fig.* cortesia superficial **3** *fig.* conhecimento superficial

ve.ro *adj.* verdadeiro, real

ve.rô.ni.ca *s.f.* imagem do rosto de Cristo estampada, gravada ou pintada sobre um tecido

ve.ros.sí.mil [pl.: *-eis*] *adj.2g.* **1** que parece verdadeiro **2** que é possível ou provável por não contrariar a verdade; plausível ~ **verossimilhança** *s.f.* - **verossimilhante** *adj.2g.*

ver.ru.ga ou **ber.ru.ga** *s.f.* **1** MED saliência pequena na pele causada por vírus **2** BOT pequena protuberância rugosa nas plantas ~ **verrugoso/berrugoso** *adj.* - **verruguento/berruguento** *adj.*

ver.ru.ma *s.f.* instrumento de aço com ponta em espiral, us. para furar madeira ~ **verrumar** *v.t.d. e int.*

ver.sa.do *adj.* **1** que foi ou é objeto de estudo ou discussão; estudado, tratado **2** conhecedor, perito

ver.sal [pl.: *-ais*] *s.2g.* GRÁF **1** letra maiúscula ■ *adj.2g.* **2** diz-se dessa letra

ver.sa.le.te /ê/ *s.m.* GRÁF letra com forma de maiúscula e altura de minúscula

ver.são [pl.: *-ões*] *s.f.* **1** tradução de um texto para uma língua estrangeira **2** esclarecimento de algum fato ou assunto; explicação **3** cada um dos diferentes modos de contar ou interpretar um assunto **4** produto que é apresentado para comercialização com modificações em relação a sua forma anterior

[1]**ver.sar** *v.* {mod. 1} *t.d.* **1** pegar (esp. livros) para manusear, consultar **2** observar ou estudar em detalhes **3** exercitar, praticar, treinar □ *t.d. e t.i.* **4** (prep. *sobre*) ter como tema; tratar *<a aula versou a conjuntura do país> <a conversa dela sempre versa sobre você>* [ORIGEM: do lat. *versāre* 'voltar, revirar, mudar']

[2]**ver.sar** *v.* {mod. 1} *t.d.* **1** pôr em versos (algo em prosa); versificar **2** compor em versos □ *int.* **3** fazer versos; versejar [ORIGEM: *verso* + [2]*-ar*]

ver.sá.til [pl.: *-eis*] *adj.2g.* **1** que tem tendência a mudar **2** que se move facilmente **3** que tem variadas qualidades ou habilidades, podendo aprender ou realizar diferentes coisas **4** que tem utilidade variada

ver.sa.ti.li.da.de *s.f.* **1** característica do que é versátil **2** falta de firmeza em princípios ou opiniões; inconstância, instabilidade **3** capacidade de ser diverso nas suas habilidades, saberes, usos etc.

ver.se.jar ou **ver.si.fi.car** *v.* {mod. 1} *int.* **1** compor versos; versar □ *t.d.* **2** pôr em versos (algo em prosa); versar **3** compor em versos; versar ~ **versejador** *adj.s.m.*

ver.sí.cu.lo *s.m.* **1** cada uma das breves divisões dos capítulos de certos livros, esp. os da Bíblia **2** cada subdivisão de um artigo ou parágrafo

ver.si.fi.car *v.* {mod. 1} *t.d. e int.* → ***VERSEJAR***

[1]**ver.so** *s.m.* **1** cada linha de um poema **2** *p.ext.* poema, poesia **3** *p.ext.* qualquer quadra ou estrofe que se declama **4** *p.ext.* a linguagem literária característica das obras poéticas, em oposição à prosa; poesia [ORIGEM: do lat. *versus,us* 'linha (de escritura)'] ◉ COL estrofe

[2]**ver.so** *s.m.* **1** página de uma folha de papel que fica oposta à da frente **2** *p.ext.* o lado posterior de qualquer objeto [ORIGEM: do lat. *versus,a,um* 'virado']

versus [lat.] *prep.* contra ⇒ pronuncia-se vérsus

vér.te.bra *s.f.* ANAT cada um dos cerca de 33 ossos que compõem a coluna vertebral

ver.te.bra.do *s.m.* ZOO **1** espécime dos vertebrados, subdivisão de um ramo de animais que compreende peixes, anfíbios, répteis, aves e mamíferos, caracterizados pela presença de coluna vertebral segmentada e de crânio que protege o cérebro ■ *adj.* **2** relativo a esse espécime **3** que possui vértebras

ver.te.bral [pl.: *-ais*] *adj.2g.* **1** relativo, semelhante ou pertencente à(s) vértebra(s) **2** composto por ou que apresenta vértebras

ver.ten.te *adj.2g.* **1** que verte **2** a respeito de que se fala ■ *s.f.* **3** encosta de montanha **4** cada lado de um telhado

ver.ter *v.* {mod. 8} *t.d. e int.* **1** fazer correr ou transbordar (um líquido) para fora do recipiente; derramar, entornar **2** (deixar) sair com força; jorrar, brotar □ *int.* **3** ter origem em; brotar **4** correr para; desaguar **5** deixar sair ou cair um líquido em gotas; gotejar □ *t.d.i.* **6** (prep. *para*) passar de uma língua para (outra); traduzir <*v. o poema para o português*>

ver.ti.cal [pl.: *-ais*] *adj.2g.* **1** perpendicular ao horizonte **2** que se opera, usa etc. nessa posição **3** *fig.* que compreende pessoas de níveis diferentes ■ *s.f.* GEOM **4** reta perpendicular a uma outra reta ou a um plano horizontal ~ **verticalidade** *s.f.*

vér.ti.ce *s.m.* **1** o ponto oposto mais afastado da base de uma figura <*v. de uma pirâmide*> **2** *p.ext.* ápice, cume **3** GEOM ponto em que duas ou mais retas se cruzam, formando um ângulo **4** ANAT parte superior do crânio

ver.ti.gem [pl.: *-ens*] *s.f.* **1** MED sensação de que o corpo ou as coisas ao seu entorno giram; tonteira, tontura **2** *p.ext.* qualquer sensação de desmaio ou fraqueza **3** *fig.* perda momentânea do autocontrole; loucura

ver.ti.gi.no.so /ô/ [pl.: /ó/; fem.: /ó/] *adj.* **1** que causa vertigem **2** que tem vertigem **3** *fig.* que muda muito e rapidamente **4** *fig.* que causa intensa perturbação

ver.ve *s.f.* **1** entusiasmo e inspiração de artista, orador ou poeta **2** *p.ext.* graça, vivacidade **3** *fig.* sentimento de vida, vitalidade

ves.go /ê/ *adj.s.m.* **1** que(m) sofre de desvio de um ou ambos os olhos; estrábico ■ *adj.* **2** *p.ext.* oblíquo, torto **3** que se revela desleal, insincero ~ **vesguear** *v.int.* - **vesguice** *s.f.*

ve.sí.cu.la *s.f.* **1** ANAT pequeno reservatório membranoso em forma de saco, ger. preenchido por líquido **2** MED bolha na pele cheia de líquido ~ **vesical** *adj.2g.*

ve.si.cu.lar [pl.: *-es*] *adj.2g.* **1** relativo a ou próprio da vesícula **2** BOT em forma de vesícula

ves.pa /ê/ *s.f.* ZOO inseto alado, da ordem que reúne as abelhas, formigas e marimbondos, provido de ferrão no abdome ◉ COL vespeiro

ves.pei.ro *s.m.* **1** ninho de vespas **2** agrupamento de vespas; enxame **3** *fig.* local ou situação perigosa, em que há desavenças, traições

vés.per *s.m.* ASTR o planeta Vênus, quando aparece à tarde ☞ inicial maiúsc.

vés.pe.ra *s.f.* **1** dia imediatamente anterior àquele de que se trata ▼ ***vésperas*** *s.f.pl.* **2** os dias que mais proximamente antecedem a um fato

ves.pe.ral [pl.: *-ais*] *adj.2g.* **1** relativo à tarde ■ *s.f.* *B* **2** filme, peça, concerto etc. realizados à tarde

ves.per.ti.no *adj.* **1** relativo à tarde **2** que ocorre à tarde ■ *s.m.* JOR **3** jornal publicado à tarde

ves.tal [pl.: *-ais*] *s.f.* **1** mulher virgem oferecida para velar o fogo sagrado perpétuo do altar de Vesta, a deusa romana do lar **2** *p.ext.* mulher casta; virgem ■ *adj.2g.* **3** relativo a essa deusa e a essa virgem

ves.te *s.f.* **1** roupa, vestimenta **2** roupa que se usa para certo fim

ves.ti.á.rio *s.m.* **1** lugar de um clube, colégio etc. onde as pessoas guardam ou trocam suas roupas **2** antessala de casa, restaurante etc., us. para deixar capas, casacos etc.

ves.ti.bu.lan.do *adj.s.m.* *B* (estudante) que se prepara para prestar o exame vestibular

ves.ti.bu.lar [pl.: *-es*] *s.m.* **1** *B* o exame que dá acesso aos cursos universitários ■ *adj.2g.* **2** *B* diz-se desse exame **3** relativo a vestíbulo

ves.tí.bu.lo *s.m.* **1** saguão de entrada **2** ANAT cavidade que dá acesso a um órgão oco

[1]**ves.ti.do** *s.m.* VEST roupa feminina composta de uma peça única em forma de saia e blusa [ORIGEM: do lat. *vestītus,us* 'roupa']

[2]**ves.ti.do** *adj.* **1** coberto com roupa **2** trajado de modo apropriado para uma ocasião **3** que usa roupa de um certo tipo ou feita de um material ou tecido [ORIGEM: do lat. *vestītus,a,um,* part.pas. de *vestīre* 'vestir']

ves.tí.gio *s.m.* **1** pisada ou marca deixada por homem ou animal nos caminhos por onde passa; rastro, pegada **2** *fig.* sinal, indício **3** *fig.* o que restou de algo destruído ou desaparecido

ves.ti.men.ta *s.f.* **1** peça de roupa que veste qualquer parte do corpo **2** roupa us. em cerimônia, liturgia etc.; traje

ves.tir *v.* {mod. 28} *t.d. e pron.* **1** cobrir(-se) com roupa **2** *fig.* (prep. *de*) recobrir(-se), envolver(-se) □ *t.d. e t.d.i.* **3** (prep. *em*) pôr (peça de roupa) <*venha v. o paletó*> <*vestiu o casaco na filha*> □ *int.* **4** acomodar-se de certa forma □ *t.d.* **5** usar (vestimenta, peça de roupa etc.); trajar **6** usar ou colocar (luvas) **7** *p.ext.* fazer roupa para; costurar **8** usar roupa de (certa marca, tipo etc.) □ *t.d.pred. e pron.* **9** (prep. *de*) [fazer] usar certa roupa como disfarce, fantasia <*vestiu a filha de havaiana*> <*vestiu-se de policial*>

ves.tu.á.rio *s.m.* **1** conjunto das peças de vestir; roupa **2** *fig.* modo de apresentar-se vestido e arrumado

ve.tar *v.* {mod. 1} *t.d.* **1** opor veto a (lei, proposta etc.) **2** *p.ext.* pôr obstáculo ou oposição a; impedir, proibir

ve.te.ra.no *adj.s.m.* **1** que(m) serviu muitos anos como militar **2** *p.ext.* que(m) é experiente numa atividade ou profissão ■ *s.m.* **3** militar já fora do serviço ativo **4** universitário que já cursou o primeiro ano

ve.te.ri.ná.ria *s.f.* **1** ciência que previne, diagnostica e trata as doenças dos animais **2** clínica veterinária

ve.te.ri.ná.rio *s.m.* **1** especialista em veterinária ■ *adj.* **2** relativo a veterinária

ve.to *s.m.* **1** DIR ato do chefe do poder executivo que nega, total ou parcialmente, aprovação de uma lei votada pelo poder legislativo **2** *p.ext.* proibição, impedimento

ve.tor /ô/ [pl.: *-es*] *s.m.* **1** MAT segmento orientado de reta **2** BIO todo ser vivo capaz de transmitir parasita, bactéria ou vírus causadores de doenças ☞ nesta acp., tb. us. como adj. ~ **vetorial** *adj.2g.*

ve.tus.to *adj.* **1** de idade muito avançada; antigo **2** originário de época remota **3** danificado ou deteriorado pelo tempo **4** respeitável pela idade <*v. ancião*> ~ **vetustez** *s.f.*

véu *s.m.* **1** tecido us. para cobrir **1.1** pano fino us. pelas mulheres para cobrir o rosto ou a cabeça **2** *fig.* o que serve para ocultar, envolver ou encobrir algo

ve.xa.do *adj.* **1** que foi maltratado **2** que foi humilhado **3** que sofreu vergonha; envergonhado **4** *N.E.* que tem pressa; apressado, impaciente

ve.xa.me *s.m.* **1** tudo aquilo que causa aflição ou dor; opressão **2** tudo o que causa vergonha ou afronta **3** sentimento de vergonha ~ **vexativo** *adj.* - **vexatório** *adj.*

V

ve.xa.mi.no.so /ô/ [pl.: /ó/; fem.: /ó/] *adj.* que vexa ou causa vexame; vexativo, vexatório

ve.xar *v.* {mod. 1} *t.d.* **1** impor maus-tratos a; maltratar **2** humilhar, afrontar □ *t.d. e pron.* **3** (fazer) sentir vergonha; envergonhar(-se) **4** *N.E.* dar pressa a ou ter pressa; apressar(-se)

vez /ê/ [pl.: *-es*] *s.f.* **1** termo que marca a ocorrência de um fato ou a repetição de um evento idêntico ou análogo <*o relógio bateu uma v.*> **2** ocasião, oportunidade **3** hora, turno <*esperar a v.*> ▼ *vezes s.m.pl.* **4** indicador de função que executa uma operação de multiplicação **5** o símbolo desse indicador (ger. *x*) **6** precedido de um número, indica a quantidade de repetições de outro número que, somadas, fornecem o resultado da multiplicação ▣ **às vezes** ou **por vezes** ocasionalmente • **de v.** *B* **1** quase maduro **2** definitivamente • **de v. em quando** ocasionalmente, uma vez ou outra • **em v. de 1** em lugar de **2** ao contrário de, ao invés de ☞ cf. *ao invés de* • **fazer as v. de** desempenhar as funções que são da competência de outro

ve.zei.ro *adj.* **1** que tem costume de fazer certa coisa; acostumado **2** que repete o que fez; reincidente ~ **vezar** *v.t.d. e pron.*

ve.zo /ê/ *s.m.* **1** hábito de fazer algo censurável **2** *p. ext.* costume, hábito

vi.a *s.f.* **1** avenida, caminho, estrada **2** rumo, direção **3** ANAT qualquer canal do organismo, conduto **4** meio de deslocamento ou transporte de algo ou alguém, ou de transmissão de uma mensagem <*v. aérea*> **5** cada exemplar ou cópia de carta ou documento escrito ■ *prep.* **6** através de; por <*voo via São Paulo*> **7** por meio de; por <*transmissão v. satélite*> ▣ **v. de regra** geralmente • **v. dolorosa** REL o trajeto seguido por Cristo do Pretório até o Calvário, carregando a cruz; via-crúcis, via-sacra ☞ iniciais ger. maiúsc. • **Via Láctea** ASTR faixa luminosa larga composta por imenso número de estrelas e outros corpos celestes, da qual fazem parte o Sol e o sistema solar; galáxia • **v. aéreas superiores** ANAT conjunto dos órgãos envolvidos na respiração, formado pelas fossas nasais, cavidade da boca, faringe e laringe • **por v. das dúvidas 1** como medida de precaução **2** para evitar mal-entendidos

vi.a.bi.li.da.de *s.f.* **1** qualidade ou condição do que é viável, realizável; possibilidade **2** *fig.* característica do que pode ter bom resultado, bom êxito; probabilidade

vi.a.bi.li.zar *v.* {mod. 1} *t.d.* tornar viável, possível; possibilitar ~ **viabilização** *s.f.*

vi.a.ção [pl.: *-ões*] *s.f.* **1** conjunto de caminhos, vias de determinado território **2** serviço ou empresa de transporte de passageiros ou carga

vi.a-crú.cis [pl.: *vias-crúcis*] *s.f.* **1** REL via dolorosa ☞ iniciais freq. maiúsc. **2** *fig.* grave provação; conjunto de terríveis experiências

vi.a.du.to *s.m.* via urbana situada acima do nível do solo

vi.a.gem [pl.: *-ens*] *s.f.* **1** deslocamento que se faz para ir de um local a outro relativamente distante **2** *fig. drg.* experiência alucinógena provocada pela ingestão de entorpecente **3** *p.ext. infrm.* experiência intensa que proporciona forte emoção, prazer etc. ~ **viageiro** *adj.s.m.*

vi.a.ja.do *adj.* que fez muitas viagens; que conhece muitos lugares

vi.a.jan.te *adj.2g.s.2g.* que(m) viaja; viageiro

vi.a.jar *v.* {mod. 1} *int.* **1** fazer viagem ou viagens **2** transitar (por um caminho, estrada etc.) □ *t.d. e t.i.* **3** (prep. *por*) passar por (lugar) viajando; visitar <*v. terras longínquas*> <*v. pela Europa*>

vi.á.rio *adj.* referente a viação

vi.a-sa.cra [pl.: *vias-sacras*] *s.f.* REL **1** série de 14 quadros ou esculturas com cenas da paixão de Cristo ☞ iniciais freq. maiúsc. **2** *p.ext.* o conjunto de orações rezadas diante desses quadros

vi.a.tu.ra *s.f.* automóvel, veículo

vi.á.vel [pl.: *-eis*] *adj.2g.* **1** que pode ser realizado **2** BIO capaz de viver, crescer, germinar ou se desenvolver

ví.bo.ra *s.f.* **1** nome comum a diversas serpentes venenosas encontradas na Europa, África e Ásia **2** *fig.* pessoa má, traiçoeira

vi.bra.ção [pl.: *-ões*] *s.f.* **1** movimento agitado e rápido; trepidação **2** oscilação, tremor **3** *fig.* sentimento ou manifestação de entusiasmo

vi.bra.fo.ne *s.m.* MÚS espécie de xilofone com lâminas de metal providas de ressoadores cujas tampas abrem e fecham acionadas por motor elétrico ~ **vibrafonista** *adj.2g.s.2g.*

vi.bran.te *adj.2g.* **1** que vibra; vibratório **2** que tem intensidade (diz-se de som, voz); sonoro, forte **3** *fig.* que contém ou comunica alegria ou entusiasmo

vi.brar *v.* {mod. 1} *t.d. e int.* **1** (fazer) sofrer tremor; tremer **2** (fazer) oscilar, balançar **3** emitir ou fazer-se ouvir (som, canção); soar □ *t.d.* **4** mover com força; agitar, brandir **5** produzir som tocando (corda, instrumento); dedilhar, tanger □ *int.* **6** ter som claro e distinto **7** sentir, mostrar alegria ou entusiasmo intenso ~ **vibrátil** *adj.2g.*

vi.bra.tó.rio *adj.* **1** que vibra; vibrátil, vibrante **2** em que há vibração

vi.bri.ão [pl.: *-ões*] *s.m.* BIO nome comum a bactérias móveis em forma de bastão curvo

vi.çar *v.* {mod. 1} *t.d. e int.* → ***VICEJAR***

vi.ca.ri.a.to *s.m.* **1** cargo ou jurisdição de vigário **2** duração do exercício desse cargo **3** território que está sob a responsabilidade de um vigário **4** colocação de uma pessoa no lugar de outra; substituição

vi.cá.rio *adj.* **1** que substitui outra coisa ou pessoa; substituto ■ *s.m.* **2** vigário

vice- *pref.* 'em lugar de, que substitui a, abaixo de': *vice-presidente, vice-campeão* ☞ sempre seguido de hífen

vi.ce *s.2g.* redução de substantivos compostos, tendo *vice-* como primeiro elemento, p.ex., *vice-presidente, vice-campeão*

vi.ce-al.mi.ran.te [pl.: *vice-almirantes*] *s.m.* MAR **1** na Marinha do Brasil, posto de oficial-general, logo acima de contra-almirante e imediatamente abaixo de almirante de esquadra **2** oficial que ocupa esse posto

vi.ce-cam.pe.ão [pl.: *vice-campeões*] *adj.s.m.* (o) que obteve o segundo lugar num campeonato

vi.ce.jan.te *adj.2g.* **1** que viceja, que tem viço; verde, verdejante **2** que emprega muitos recursos de retórica; florido, ornado

vi.ce.jar ou **vi.çar** *v.* {mod. 1} *t.d. e int.* **1** (fazer) adquirir viço, desenvolver-se com força **2** encher(-se) de plantas (um local)

vi.cê.nio *s.m.* período de 20 anos ~ **vicenal** *adj.2g.*

vi.ce-pre.si.den.te [pl.: *vice-presidentes*] *s.m.* **1** cargo imediatamente abaixo do de presidente **2** quem ocupa esse cargo e substitui o presidente em suas ausências ou impedimentos ~ **vice-presidência** *s.f.*

vi.ce-rei [pl.: *vice-reis*; fem.: *vice-rainha*] *s.m.* representante direto do poder do rei numa província importante ou num Estado subordinado a um reino

vi.ce-ver.sa *adv.* **1** em sentido inverso; ao contrário *<o que está em cima desce, e v.>* **2** de modo recíproco ou mútuo *<eu telefono para você, e v.>*

vi.ci.a.do *adj.s.m.* **1** que(m) tem um vício nefasto (p.ex., jogo) **2** que(m) se tornou dependente de droga estupefaciente **3** *fig.* que(m) sente dificuldade de se desligar de alguma prática habitual *<é (um) v. em vôlei>* **4** *fig.* que(m) gosta muito de alguém *<sou (um) v. em você>* ■ *adj.* **5** que se alterou para mal, tornando-se decadente, corrompido *<sociedade v., de gente sem caráter>* **6** que sofreu falsificação; adulterado *<dado v.>* **7** capaz de prejudicar a saúde por não ser puro *<ar v.>*

vi.ci.ar *v.* {mod. 1} *t.d. e pron.* **1** tornar(-se) mau, impuro física ou moralmente; deteriorar(-se), perverter(-se) □ *t.d.* **2** alterar (balança, medidor etc.) para ter vantagem **3** falsificar, adulterar (documento, contrato etc.) □ *t.d.,t.d.i. e pron.* **4** (prep. *em*) [fazer] adquirir dependência por (substância ou hábito nocivo) *<v. um jovem (em drogas)> <v.-se no jogo>*

vi.ci.nal [pl.: *-ais*] *adj.2g.* **1** próximo, adjacente *<bairro v.>* **2** que liga localidades próximas *<estrada v.>* ~ **vicinalidade** *s.f.*

ví.cio *s.m.* **1** hábito nocivo e ger. incontrolável **2** *p.ext.* costume persistente de fazer algo; mania *<tem o v. de tamborilar na mesa>* **3** defeito físico ou moral **4** tendência para o mal; depravação

vi.ci.o.so /ô/ [pl.: /ó/; fem.: /ó/] *adj.* **1** que tem ou em que há vício(s) *<vida v.>* **2** que apresenta erro ou defeito *<produto v.>* **3** que revela falha de caráter ou degradação moral; depravado ~ **viciosidade** *s.f.*

vi.cis.si.tu.de *s.f.* **1** sucessão de mudanças ou alternâncias *<as v. das estações>* **2** acaso, eventualidade *<enfrentar as v. da vida>* **3** condição contrária ou desfavorável a algo ou alguém; revés ~ **vicissitudinário** *adj.*

vi.ço *s.m.* **1** força de crescimento das plantas *<o v. do milharal>* **2** energia vital; vigor *<idoso, mas cheio de v.>* **3** caráter do que é jovem; frescor

vi.ço.so /ô/ [pl.: /ó/; fem.: /ó/] *adj.* **1** que tem força vegetativa; que cresce e se desenvolve com vigor; pujante, verdejante, vicejante *<hortaliças v.>* **2** coberto de verdura; em que plantas vicejam, vicejante *<vale fértil e v.>* **3** que está com aparência saudável; sadio, são *<faces v.>* **4** cheio de energia vital ou juvenil; bem-disposto, forte, vigoroso

vi.cu.nha *s.f.* **1** ZOO ruminante andino, menor e mais claro que a lhama **2** a lã desse animal **3** o tecido feito com essa lã

V

vi.da *s.f.* **1** conjunto de propriedades que mantêm ativos animais e plantas <*goiabeira seca, sem v.*> **2** período entre nascer e morrer; existência <*v. longa*> **3** *fig.* tempo de existência ou funcionamento de algo <*a v. de um carro*> **4** modo de viver <*v. de rico*> **5** conjunto de acontecimentos na existência de alguém; biografia <*estuda a v. de heróis*> **6** *fig.* conjunto dos fatos e atividades relativos a um grupo, uma época, um lugar <*v. republicana*> **7** *fig.* ânimo, força <*dar v. ao espetáculo*>

vi.de *s.f.* AGR muda de videira; bacelo

vide [lat.] *v.* fórmula us. para remeter a outro trecho, texto, fato etc. <*v. bula*> ⇒ pronuncia-se vide

vi.dei.ra *s.f.* BOT trepadeira que dá uva

vi.den.te *adj.2g.* **1** que pode ver o passado, prever o futuro ou ver cenas nas quais não está presente ■ *s.2g.* **2** pessoa que faz previsões; profeta, adivinho **3** aquele que é capaz de ver <*escola para cegos e v.*> ~ **vidência** *s.f.*

ví.deo *s.m.* **1** INF TV técnica de reprodução de imagens em movimento **2** parte visual de uma transmissão televisiva ou cinematográfica **3** videoteipe **4** tela da televisão **5** tela do monitor de um computador **6** videocassete

vi.de.o.cas.se.te *s.m.* **1** cassete cuja fita magnética registra e/ou reproduz som e imagem; vídeo **2** equipamento que reproduz as imagens gravadas nessa fita; vídeo

vi.de.o.cli.pe *s.m.* curta-metragem em filme ou vídeo que ilustra uma música e/ou apresenta o trabalho de um artista; clipe

vi.de.o.clu.be *s.m.* **1** CINE TV local que exibe obras gravadas em vídeo **2** videolocadora

vi.de.o.con.fe.rên.cia *s.f.* TEL teleconferência com transmissão de som e imagem realizada via televisão, em circuito fechado ou em rede de computadores

video game [ing.; pl.: *video games*] *loc.subst.* jogo com controle eletrônico praticado em tela de computador ou televisão ⇒ pronuncia-se vídeo guêim

vi.de.o.la.pa.ros.co.pi.a *s.f.* MED laparoscopia feita com o auxílio de uma câmera de vídeo

vi.de.o.lo.ca.do.ra /ô/ *s.f.* loja de aluguel de videocassetes, *video games*, videodiscos etc.

vi.de.o.quê *s.m.* equipamento de vídeo ou programa de computador, ligado a um microfone, que toca música em *playback*, apresentando na tela a letra para se cantar

vi.de.o.te.ca *s.f.* **1** coleção de fitas de vídeo **2** móvel ou local em que se guardam essas fitas

vi.de.o.tei.pe *s.m.* **1** gravação de imagens e som em fita magnetizada; vídeo **2** essa fita; vídeo

vi.de.o.tex.to *s.m.* ELETRÔN sistema de visualização de informações em monitor de vídeo, transmitidas por linha telefônica ou televisão a cabo

vi.dra.ça *s.f.* **1** folha de vidro polido us. em janelas **2** caixilho em que se encaixa essa folha

vi.dra.ça.ri.a *s.f.* local de fabricação e/ou comércio de vidros; vidraria

vi.dra.cei.ro *s.m.* quem fabrica, vende ou instala vidros

vi.dra.do *adj.* **1** revestido de substância vitrificável; vitrificado <*louça v.*> **2** guarnecido de vidros ou vidraças; envidraçado **3** brilhante como o vidro; lustroso **4** sem brilho, sem transparência; embaçado <*olhos v.*> **5** *fig. B infrm.* extremamente interessado; apaixonado, gamado <*estar v. numa garota*>

vi.drar *v.* {mod. 1} *t.d.* **1** cobrir com substância vitrificável <*v. a louça*> **2** pôr vidros ou vidraça em; envidraçar □ *t.i. e int. B infrm.* **3** (prep. *em, por*) ficar fascinado, encantado por; gamar <*vidrou na colega*> <*este carro vai fazê-lo v.*>

vi.dra.ri.a *s.f.* **1** arte de fabricar vidros ou objetos de vidro **2** grande quantidade de vidros **3** vidraçaria

vi.drei.ro *adj.s.m.* **1** que(m) trabalha com vidro ■ *adj.* **2** relativo à indústria do vidro

vi.dri.lho *s.m.* pequeno canudo oco de massa de vidro ou similar, us. na confecção de bijuterias, bordados em tecidos etc.

vi.dro *s.m.* **1** substância sólida, frágil e translúcida, fabricada por fusão a altas temperaturas de areia e carbonatos, seguida de rápida solidificação **2** recipiente feito desse material; frasco **3** lâmina desse material <*v. da janela*>

vi.e.la *s.f.* rua estreita; travessa

vi.és [pl.: *vieses*] *s.m.* **1** direção oblíqua **2** tira de pano cortada obliquamente, us. como enfeite ou para acabamentos **3** *fig.* meio dissimulado de fazer, conseguir ou concluir algo **4** caráter básico de algo; natureza <*comentário de v. satírico*> **5** *fig.* tendência determinada por fatores externos <*o v. inflacionário de uma medida econômica*> ▣ **de v.** de esguelha, de lado <*olhar de v.*>

vi.ga *s.f.* CONSTR peça de madeira, ferro ou concreto us. para dar sustentação horizontal à construção, reforçando as colunas; trave ▣ **v. mestra** ARQ CONSTR ENG numa estrutura, num edifício, a viga que recebe a maior carga

vi.ga.ri.ce *s.f.* caráter ou atributo de vigarista ou de ato de trapaça por ele praticado

vi.gá.rio *s.m.* padre que substitui o pároco; vicário ~ **vicarial** *adj.2g.*

vi.ga.ris.ta *adj.2g.s.2g.* que(m) se aproveita da boa-fé dos outros; trapaceiro ~ **vigarismo** *s.m.*

vi.ge ou **vi.xe** *interj. N.E.* exprime espanto, surpresa ou aborrecimento

vi.gên.cia *s.f.* tempo durante o qual algo tem validade <*v. de uma lei*>

vi.gen.te *adj.2g.* que está em vigor, que vigora, que vige; atual, contemporâneo <*ordem v.*>

vi.ger *v.* {mod. 8} *int.* estar em vigência; vigorar, valer

vi.gé.si.mo *n.ord.* **1** (o) que, numa sequência, ocupa a posição número 20 ■ *n.frac.* **2** (o) que é 20 vezes menor que a unidade ~ **vigesimal** *adj.2g.*

vi.gi.a *s.2g.* **1** sentinela ■ *s.f.* **2** observação atenta **3** guarita para sentinela **4** *p.ext.* orifício pelo qual se espreita

vi.gi.ar *v.* {mod. 1} *t.d.* **1** observar com atenção; controlar <*v. a passagem do carteiro*> **2** observar às escondidas; espionar <*a polícia vigia a movimentação dos bandidos*> **3** cuidar com atenção; velar <*v. o doente*> **4** verificar se (algo) está-se realizando como previsto; fiscalizar <*a polícia rodoviária vigia o uso do cinto de segurança*> □ *int.* **5** ficar de sentinela, de guarda

vi.gi.lân.cia *s.f.* **1** ato ou efeito de vigiar; guarda, patrulhamento, vigia <*permaneçamos em v. contra o crime*> **2** estado de quem permanece alerta, de quem age com precaução para não correr risco; cautela, cuidado <*a v. de quem atravessa a rua*> **3** interesse ou zelo que se aplica na realização de algo; aplicação, atenção, diligência

vi.gi.lan.te *adj.2g.s.2g.* **1** (o) que vigia ■ *s.2g.* **2** sentinela, segurança <*os. v. do banco*>

vi.gí.lia *s.f.* **1** estado daquele que passa a noite em claro em vigilância **2** REL celebração noturna em véspera de festa religiosa

vi.gor /ô/ [pl.: *-es*] *s.m.* característica do que ou de quem possui força; energia <*o v. de um atleta*> ▣ **com v.** com firmeza, determinação, segurança <*defender com v. uma opinião*> • **em v.** em vigência; válido <*preceito de lei em v.*>

vi.go.rar *v.* {mod. 1} *t.d. e int.* **1** (fazer) adquirir vigor físico; fortalecer(-se) <*o leite fresco vigora a criança*> <*o enfermo vigorou com o tratamento*> □ *t.d.* **2** tornar mais ativo, eficaz; potencializar <*v. um remédio*> **3** *fig.* dar estímulo a; encorajar □ *int.* **4** estar em vigência; viger, valer <*a lei vigora a partir da data de sua publicação*> ~ **vigorante** *adj.2g.*

vi.go.ro.so /ô/ [pl.: /ó/; fem.: /ó/] *adj.* **1** forte, poderoso <*v. lutadores*> **2** que tem saúde; saudável <*juventude v.*> **3** que tem viço <*árvore v.*> **4** robusto, corpulento <*homem v.*> **5** expressivo, acentuado <*discurso v.*>

vil [pl.: *vis*] *adj.2g.* **1** que não tem dignidade; desprezível, abjeto <*inimigo v.*> **2** de valor ou preço muito baixo <*objeto v.*>

vi.la *s.f.* **1** *B* conjunto de casas em beco, ger. com uma única saída para a rua **2** pequena cidade **3** agrupamento de moradias <*v. militar*>

vi.la.ni.a *s.f.* **1** afronta, ultraje **2** ato indigno

vi.lão [pl.: *vilães, vilãos* e *vilões*; fem.: *vilã, viloa*] *adj.s.m.* **1** que(m) mora em vila **2** (indivíduo) desprezível, indigno

vi.la.re.jo /ê/ *s.m.* pequena aldeia; povoado

vi.le.za /ê/ *s.f.* baixeza, indignidade

vi.li.pen.di.ar *v.* {mod. 1} *t.d.* **1** tratar com desdém; desprezar **2** considerar vil, indigno, sem valor; rebaixar **3** causar ofensa a; insultar

vi.li.pên.dio *s.m.* **1** desvalorização, aviltamento <*trata os empregados com v.*> **2** desprezo, desconsideração <*por sua ação iníqua, mereceu o v. dos amigos*>

vi.li.pen.di.o.so /ô/ [pl.: /ó/; fem.: /ó/] *adj.* em que há vilipêndio, menoscabo; afrontoso, agressivo, depreciador <*palavras v.*>

vi.me *s.m.* **1** vara de vimeiro, ger. flexível, us. em trabalhos trançados **2** *p.ext.* qualquer vara flexível

vi.mei.ro *s.m.* BOT nome comum a algumas árvores e arbustos de que se extrai o vime

vi.na *s.f.* CUL *PR* salsicha

vi.na.gre *s.m.* condimento resultante da fermentação do ácido de certas bebidas, esp. o vinho, ou de frutas ~ **vinagrado** *adj.*

vi.na.grei.ra *s.f.* **1** recipiente onde se faz ou guarda vinagre **2** BOT arbusto de até 3 m, caule avermelhado e folhas de sabor azedo us. na culinária

vi.na.gre.te /ê/ *s.m.* CUL molho preparado com vinagre, óleo, sal, pimenta e outros condimentos para acompanhar saladas, pratos frios etc.

vin.car *v.* {mod. 1} *t.d.* **1** fazer vinco(s) em <*vincou a bainha da saia antes de costurá-la*> **2** *fig.* pôr em destaque; realçar, marcar <*v. as palavras com longas pausas*> □ *t.d. e int.* **3** (fazer) ficar com rugas; encarquilhar(-se) <*a velhice vincou seu rosto*> <*vê-se que os cantos de seus olhos vincaram*>

vin.co *s.m.* **1** marca ou sulco que fica em algo que se dobrou <*calça com v.*> **2** sulco ou prega na pele ou em qualquer superfície

vin.cu.la.ção [pl.: *-ões*] *s.f.* ato ou efeito de ligar(-se) por vínculo; conexão, ligação

vin.cu.lar *v.* {mod. 1} *t.d. e pron.* **1** unir(-se) por laços ou nós <*v. embrulhos de livros*> <*o bombeiro vinculou-se ao andaime e jogou-se*> □ *t.d.,t.d.i. e pron.* **2** (prep. *a*) [fazer] estar unido, preso por algum vínculo; ligar(-se) <*a amizade vinculou-as*> <*o casamento vinculou sua filha ao filho de seu patrão*> <*a empresa vinculou-se à rival*> □ *t.d. e t.d.i.* **3** (prep. *a*) estabelecer relação lógica ou de dependência; associar <*v. dois fatos*> <*vinculou o acidente ao mau estado da pista*> ~ **vinculador** *adj.s.m.*

vín.cu.lo *s.m.* **1** o que ata, liga ou aperta; laço **2** o que liga duas ou mais pessoas ou instituições; relacionamento <*v. afetivo*> <*v. empregatício*>

vin.da *s.f.* **1** ato de chegar, comparecer ou o seu efeito <*a v. do médico foi um alívio*> **2** regresso, volta

vin.di.car *v.* {mod. 1} *t.d.* **1** exigir a restituição de (algo que lhe pertence) <*resolveu v. o apartamento da família*> **2** reclamar ou exigir com base na lei; reivindicar <*a mãe vindica a guarda dos filhos*> ~ **vindicação** *s.f.* - **vindicador** *adj.s.m.* - **vindicante** *adj.2g.s.2g.* - **vindicativo** *adj.*

vin.di.ma *s.f.* **1** colheita das uvas **2** época dessa colheita **3** *p.ext.* conjunto de uvas colhidas ~ **vindimador** *adj.s.m.*

vin.di.mar *v.* {mod. 1} *t.d. e int.* **1** colher a uva de <*terminaram de v. (todas as videiras) ontem*> □ *t.d.* *p.ext.* **2** fazer a colheita de; apanhar <*v. frutas no pomar*> **3** *fig.* aniquilar, destruir

vin.di.ta *s.f.* **1** vingança **2** punição ou castigo legal

vin.dou.ro *adj.* que está por vir ou por acontecer <*mês v.*>

vin.gan.ça *s.f.* ato praticado em represália contra aquele que é ou seria o causador de algum dano; retaliação, revide

V

vin.gar *v.* {mod. 1} *t.d.,t.d.i. e pron.* **1** (prep. *de*) obter reparação de (ofensa); desforrar *<v. a morte da família> <vingou a irmã das injúrias> <o artilheiro fez três gols e vingou-se da última derrota>* □ *t.d.* **2** servir de castigo a; punir *<sua pobreza vinga sua preguiça>* □ *int.* **3** resistir vivo; crescer, desenvolver-se *<a plantinha vingou e cresceu>* **4** *fig.* produzir resultado; consolidar-se, crescer *<o cristianismo vingou, apesar das perseguições>* ~ **vingador** *adj.s.m.*

vin.ga.ti.vo *adj.* **1** que se vinga; que sente necessidade de vingar-se *<pessoa v.>* **2** em que há vingança *<atitude v.>*

vi.nha *s.f.* **1** grande plantação de videiras **2** AGR BOT videira ◉ COL vinhedo

vi.nha-d'a.lhos [pl.: *vinhas-d'alhos*] ou **vi.nha--d'a.lho** [pl.: *vinhas-d'alho*] *s.f.* CUL molho de vinagre, sal, alho, cebola e algum outro condimento (pimenta, louro etc.) que se usa para conservar certos alimentos ou para amaciar e temperar carnes

vi.nha.ta.ri.a *s.f.* **1** fabricação de vinhos; viticultura **2** cultura de videiras; viticultura ~ **vinhateiro** *adj.s.m.*

vi.nhá.ti.co *s.m.* BOT árvore da família das leguminosas, de madeira amarelada

vi.nhe.do /ê/ *s.m.* grande plantação de vinhas em determinada área

vi.nhe.ta /ê/ *s.f.* **1** RÁD TV pequena peça ou trecho musical tocado em início e encerramento de programa de televisão ou rádio **2** GRÁF ornamento tipográfico que ilustra texto ou livro ~ **vinhetista** *s.2g.*

vi.nho *s.m.* **1** bebida alcoólica resultante da fermentação do mosto da uva **2** nome comum a vários tipos de bebidas resultantes da fermentação do sumo de plantas ou frutas *<v. de maçã>* **3** a cor do vinho tinto ■ *adj.2g.2n.* **4** dessa cor *<camisa v.>* **5** diz-se dessa cor ▣ **v. branco** vinho de cor branca ou amarelada, feito com a polpa de uvas brancas ou tintas • **v. tinto** vinho de cor vermelha acentuada, feito com a polpa e a película de uvas tintas

vi.ní.co.la *s.f.* **1** propriedade em que se cultivam vinhas **2** firma produtora de vinhos ■ *adj.2g.* **3** que diz respeito a vinicultura *<produção v.>*

vi.ni.cul.tor /ô/ [pl.: *-es*] *adj.s.m.* que(m) se dedica à vinicultura

vi.ni.cul.tu.ra *s.f.* fabricação de vinho

[1]**vi.nil** [pl.: *-is*] *s.m.* material us. na fabricação de discos ('placa') de sulco contínuo cuja leitura é feita por uma agulha [ORIGEM: *vin-* (do lat. *vīnum,i* 'vinho') + *-il*]

V

[2]**vi.nil** [pl.: *-is*] *s.m.* MÚS red. de disco de vinil

vin.te *n.card.* **1** dezenove mais um **2** diz-se desse número *<ofício número v.>* **3** diz-se do vigésimo elemento de uma série *<capítulo v.> <dia v.>* **4** que equivale a essa quantidade (diz-se de medida ou do que é contável) *<produção de v. litros de leite por dia>* ■ *s.m.* **5** representação gráfica desse número ☞ em algarismos arábicos, *20*; em algarismos romanos, *XX* **6** *infrm.* *vintes* ▼ *vintes* *s.f.pl.* **7** guimba de cigarro ou charuto ◉ GRAM/USO seguido do conectivo *e* antes das unidades, forma os numerais cardinais entre 20 e 30

vin.tém [pl.: *-éns*] *s.m.* antiga moeda portuguesa equivalente a 20 réis

vin.te.na *s.f.* **1** conjunto de 20 seres, objetos etc. de igual natureza **2** a vigésima parte

vi.o.la *s.f.* MÚS **1** instrumento de cordas dedilháveis menor que o violão, com cinco ou seis cordas duplas **2** instrumento de arco e quatro cordas friccionáveis semelhante ao violino, porém maior e de som mais grave

vi.o.la.ção [pl.: *-ões*] *s.f.* **1** desrespeito ao que é sagrado; profanação **2** estupro **3** transgressão a normas, leis etc.; desobediência

vi.o.lá.cea *s.f.* BOT espécime das violáceas, família que reúne muitas ervas e arbustos, poucos cipós e árvores, vários cultivados como ornamentais, como a violeta e o amor-perfeito, e alguns como medicinais

vi.o.lá.ceo *s.m.* **1** a cor roxa da violeta ■ *adj.* **2** que tem essa cor *<estofo v.>* **3** diz-se dessa cor *<a cor v.>* **4** relativo à violácea e a sua família

vi.o.lão [pl.: *-ões*] *s.m.* MÚS instrumento de seis cordas dedilháveis com caixa de ressonância em forma de oito

vi.o.lar *v.* {mod. 1} *t.d.* **1** tratar com desrespeito; profanar **2** ter relação sexual forçada com; estuprar **3** não seguir o que manda (lei, contrato etc.); transgredir **4** desrespeitar (direito alheio) **5** abrir (correspondência alheia) sem permissão **6** abrir à força; arrombar **7** entrar sem permissão em; invadir **8** conhecer, divulgar (segredo, intimidade) sem permissão ~ **violador** *adj.s.m.*

vi.o.lei.ro *s.m.* quem toca viola ('instrumento menor que o violão')

vi.o.lên.cia *s.f.* **1** uso de força física **2** ação de intimidar alguém moralmente ou o seu efeito **3** ação, freq. destrutiva, exercida com ímpeto, força **4** expressão ou sentimento vigoroso; fervor

vi.o.len.tar *v.* {mod. 1} *t.d.* **1** usar violência ou ameaça contra **2** ter relação sexual forçada com; estuprar **3** abrir à força; arrombar □ *pron.* **4** agir contra sua vontade ou consciência; forçar-se ~ **violentador** *adj.s.m.*

vi.o.len.to *adj.* **1** que ocorre com muita intensidade **2** que possui ou usa grande força; brutal

vi.o.le.ta /ê/ *s.f.* BOT **1** planta ornamental de flores vistosas e folhas cobertas de pequenos pelos ■ *s.m.* **2** a cor roxa, mais comum dessa planta ■ *adj.2g.2n.* **3** dessa cor *<saia v.>* **4** diz-se dessa cor *<a cor v.>*

vi.o.li.nis.ta *adj.2g.s.2g.* que(m) toca violino

vi.o.li.no *s.m.* MÚS instrumento de arco e quatro cordas friccionáveis, que se toca apoiado sobre o ombro

vi.o.lis.ta *adj.2g.s.2g.* que(m) toca viola ('instrumento de arco')

vi.o.lon.ce.lis.ta *adj.2g.s.2g.* que(m) toca violoncelo

vi.o.lon.ce.lo *s.m.* MÚS instrumento de arco e quatro cordas friccionáveis, que se toca apoiando-o no chão, entre as pernas

vi.o.lo.nis.ta *adj.2g.s.2g.* que(m) toca violão

vi.pe.ri.no *adj.* **1** próprio da víbora ou semelhante a ela **2** venenoso **3** *fig.* que agride ou critica em excesso; mordaz

vir *v.* {mod. 31} *t.i.,int. e pron.* **1** (prep. *a*) ir ou ser levado de um lugar para (onde estamos) *<meu amigo virá ao Rio> <a encomenda virá de avião> <cansada, vinha-se para meu colo e dormia>* □ *t.i.* **2** (prep. *a*) estar presente; comparecer *<os ministros vieram à reunião>* **3** (prep. *de*) partir, ser proveniente de; proceder *<a seda vem da China>* **4** (prep. *de*) ir para o lugar de onde saiu; regressar *<nos falamos quando vier de Paris>* **5** (prep. *de*) ter como origem; derivar *<o português vem do latim>* □ *int.* **6** estar prestes a ocorrer ou chegar *<estamos apreensivos com a tempestade que vem>* **7** acontecer, ocorrer, surgir *<a doença veio de repente>* □ *t.i. e int.* **8** (prep. *em*) atingir ou chegar a (certa extensão, comprimento, altura) *<seu cabelo vem na cintura> <a estrada vem até a entrada do sítio>* ◉ GRAM/USO seguido de gerúndio ou de *a* ou *de* + infinitivo, funciona como v.aux., exprimindo 'ocorrência de ação': *a tardinha vinha caindo*

[1]**vi.ra** *s.f.* tira estreita de couro que se prega entre as solas do sapato, junto às bordas [ORIGEM: do lat. *virĭa,ae* 'pequeno bracelete']

[2]**vi.ra** *s.m.* DNÇ MÚS música e dança popular portuguesas acompanhadas por cavaquinho, guitarra e tambor [ORIGEM: do v. *virar*]

vi.ra.bre.quim [pl.: *-ins*] *s.m.* MEC eixo de manivela

vi.ra.ção [pl.: *-ões*] *s.f.* **1** brisa marinha que sopra à tarde **2** *B gír.* biscate, bico

vi.ra-ca.sa.ca [pl.: *vira-casacas*] *s.2g.* quem troca constantemente de partido, time, opinião conforme sua conveniência

vi.ra.da *s.f.* **1** ato de virar(-se) ou o seu efeito **2** mudança súbita de situação, atitude etc. **3** FUTB reação de um time que, depois de estar perdendo um jogo, se sai vencedor no final

vi.ra.do *adj.* **1** que alguém virou ou que virou por si mesmo ■ *s.m.* CUL *B* **2** prato feito com feijão escorrido e refogado, misturado com farinha, servido freq. com linguiça, torresmo e ovo

vi.ral [pl.: *-ais*] *adj.2g.* **1** relativo a ou causado por vírus; virótico ■ *adj.2g.s.m. fig.* **2** (o) que se espalha como um vírus (p.ex., na internet)

vi.ra-la.ta [pl.: *vira-latas*] *adj.2g.s.2g.* (o) que não tem raça definida (diz-se de animal doméstico, esp. cão)

vi.rar *v.* {mod. 1} *t.d.,int. e pron.* **1** colocar(-se) em direção ou posição diversa da anterior *<v. o rosto> <o vento fez a aba do chapéu v.> <virou-se de lado para entrar>* **2** (fazer) tomar a direção de; desviar *<virou (o carro) para a porteira> <virou(-se) para a direita>* **3** (fazer) ficar de cabeça para baixo; emborcar *<a correnteza pode v. os caiaques> <o barco virou(-se) em meio à tempestade>* □ *t.d.* **4** seguir por (caminho que volteia ou se dobra); dobrar **5** pôr o lado interior para fora; revirar **6** jogar para fora; derramar, despejar **7** despejar bebendo □ *t.i. e t.d.i.* **8** (prep. *para*) apontar em certa direção; voltar *<a janela virava para o nascente> <virou o olhar para o pai>* □ *t.d. e int.* **9** mover(-se) em torno do próprio eixo; girar **10** sobrepor(-se) parte de (tecido, papel etc.) sobre ele mesmo; dobrar(-se) □ *pron.* **11** esforçar-se para vencer dificuldades, alcançar objetivos etc. *<teve de se v. para consertar o carro>* □ *int.* **12** sofrer alteração (o tempo); mudar □ *pred.* **13** assumir a forma ou a natureza de; transformar-se *<virou uma linda mulher> <Jesus fez água v. vinho>*

vi.ra.vol.ta *s.f.* reviravolta ~ **viravoltar** *v.int.* - **viravoltear** *v.int.*

vir.gem [pl.: *-ens*] *adj.2g.s.2g.* **1** que(m) nunca teve relações sexuais ■ *adj.2g.* **2** *p.ext.* que ainda não foi fecundado **3** *p.ext.* casto; puro **4** *p.ext.* que nunca foi visto ou explorado **5** *p.ext.* que nunca foi usado ■ *s.f.* **6** a mãe de Jesus Cristo ☞ inicial maiúsc. **7** ASTRL sexta constelação zodiacal, situada entre Leão e Libra ☞ inicial maiúsc. **8** ASTRL sexto signo do zodíaco (de 23 de agosto a 22 de setembro) ☞ inicial maiúsc.

vir.gi.nal [pl.: *-ais*] *adj.2g.* **1** relativo a ou próprio de virgem **2** que não tem pecado; casto

vir.gin.da.de *s.f.* **1** condição de quem nunca teve relação sexual **2** estado do que se encontra intacto **3** *p.ext.* pureza, inocência

vir.gi.ni.a.no *adj.s.m.* **1** ASTRL que(m) é do signo de Virgem ■ *adj.* **2** relativo a esse signo

vír.gu.la *s.f.* sinal de pontuação (,) que indica uma pausa ligeira, us. para separar frases ou elementos dentro de uma frase ~ **virgulação** *s.f.* - **virgular** *v.t.d. e int.*

vi.ril [pl.: *-is*] *adj.2g.* **1** referente a homem; masculino **2** *p.ext.* com características consideradas próprias do homem; másculo **3** *p.ext.* corajoso, forte ~ **virilizar** *v.t.d. e pron.*

vi.ri.lha *s.f.* ANAT área de junção da parte superior interna de cada coxa com o abdome

vi.ri.li.da.de *s.f.* **1** característica do que é viril **2** conjunto dos atributos e características físicas e sexuais próprias do homem; hombridade, masculinidade **3** capacidade do homem de realizar o ato sexual ou de procriar **4** idade que, no homem, vai da adolescência à velhice **5** *fig.* força física ou moral; energia, vigor

vi.ro.lo.gi.a *s.f.* BIO ramo da microbiologia que estuda os vírus

vi.ro.lo.gis.ta *adj.2g.s.2g.* especialista em virologia

vi.ro.se *s.f.* MED doença causada por vírus

[1]**vi.ró.ti.co** *adj.* relativo a ou próprio de virose [ORIGEM: *virose* + *-ico*]

[2]**vi.ró.ti.co** *adj.* relativo a ou pertencente a *vírus*; viral [ORIGEM: de *vírus*, com influência de [1]*virótico*]

vir.tu.al [pl.: *-ais*] *adj.2g.* **1** possível de ser, existir ou ocorrer **2** simulado por programas de computador **3** praticamente completo ~ **virtualidade** *s.f.*

vir.tu.de *s.f.* **1** tendência habitual para pensar e fazer o que é certo **2** boa qualidade moral **3** poder de produzir um efeito ou atingir um objetivo ▣ **v. cardeal** REL cada uma das quatro virtudes (prudência, justiça, fortaleza e temperança) que constituem o eixo da vida moral segundo o catolicismo • **v. teologal** REL cada uma das três virtudes (fé, esperança e caridade) que dirigem a alma a Deus por Cristo, segundo o catolicismo

vir.tu.o.se /ô/ *s.2g.* **1** músico muito talentoso **2** *p.ext.* quem tem total domínio de uma técnica ou arte ~ **virtuosidade** *s.f.* - **virtuosístico** *adj.*

vir.tu.o.sis.mo *s.m.* **1** a técnica e o talento do virtuose; virtuosidade **2** *p.ext.* grande habilidade técnica (na arte ou em geral) *<cozinhava com v.>* **3** *pej.* talento baseado na técnica, sem profundidade, emoção ou inspiração

vir.tu.o.so /ô/ [pl.: /ó/; fem.: /ó/] *adj.* **1** que tem virtudes ■ *s.m.* **2** quem possui ou pratica virtudes

vi.ru.lên.cia *s.f.* **1** qualidade ou estado do que é ou está virulento *<a v. de um veneno>* **2** capacidade de um vírus ou bactéria se multiplicar dentro de um organismo, provocando doença **3** *fig.* característica do que tem violência, rancor, ódio *<a v. de uma crítica>*

vi.ru.len.to *adj.* **1** relativo a vírus **2** que tem capacidade de se multiplicar num organismo, provocando doença; patogênico *<bactéria v.>* **3** que contém vírus ou veneno **4** que é provocado por vírus **5** *fig.* cheio de violência ou rancor *<discurso v.>*

ví.rus *s.m.2n.* **1** BIO agente infeccioso diminuto que se multiplica no interior de células vivas **2** INF programa de computador capaz de criar cópias de si mesmo, que ger. destrói arquivos, memória etc. ▣ **v. da imunodeficiência humana** BIO nome de dois tipos de vírus, responsáveis pela aids [sigla, em ing.: *HIV*]

vi.sa.do *adj.* **1** que recebeu visto, que se visou (diz-se de documento, cheque etc.) **2** que se tem em vista *<os alvos v.>* **3** sobre que(m) se presta muita atenção; marcado, procurado

vi.sa.gem [pl.: *-ens*] *s.f.* **1** trejeito ou expressão do rosto; careta **2** *B* assombração, fantasma

vi.são [pl.: *-ões*] *s.f.* **1** sentido através do qual, por meio dos órgãos da vista, se percebem cor, forma e tamanho dos objetos **2** *p.ext.* representação imaginária causada por delírio ou ilusão; aparição, fantasma **3** *fig.* ponto de vista

[1]**vi.sar** *v.* {mod. 1} *t.d.* pôr sinal de visto em *<v. um cheque>* [ORIGEM: do fr. *viser* 'examinar documento para validá-lo']

[2]**vi.sar** *v.* {mod. 1} *t.d.* **1** dirigir a vista para; olhar **2** dirigir arma para; mirar □ *t.d. e t.i. fig.* **3** (prep. *a*) ter como objetivo; mirar, propor-se *<estas medidas visam solucionar o problema> <os pais visam ao bem dos filhos>* [ORIGEM: do fr. *viser* 'dirigir o olhar para']

V

vís.ce.ra *s.f.* ANAT **1** qualquer órgão situado na cavidade do tronco que desempenha funções vitais do organismo ▼ ***vísceras*** *s.f.pl.* **2** o conjunto desses órgãos; entranhas **3** *fig.* a parte mais íntima ou essencial de qualquer coisa; âmago ~ **visceroso** *adj.*

vis.ce.ral [pl.: *-ais*] *adj.2g.* **1** relativo a ou pertencente a víscera(s); visceroso **2** que se encontra arraigado; muito íntimo ou profundo *<amor v. pela família>*

vis.ce.ral.men.te *adv.* de modo essencial, íntimo, substancial *<estão v. unidos na luta>*

vis.co *s.m.* → ***VISGO***

vis.con.da.do *s.m.* **1** título de visconde e viscondessa **2** área sob jurisdição de visconde ou viscondessa **3** terras ou bens de visconde ou viscondessa

vis.con.de [fem.: *viscondessa*] *s.m.* homem com título de nobreza superior ao de barão e inferior ao de conde

vis.con.des.sa /ê/ *s.f.* **1** a esposa ou viúva de um visconde **2** mulher que tem o título de um viscondado **3** dona de um viscondado ('terras e bens')

vis.co.si.da.de *s.f.* **1** atributo ou condição do que é viscoso, pegajoso **2** propriedade pela qual as partículas de uma substância aderem umas às outras *<óleo de pouca v.>*

vis.co.so /ô/ [pl.: /ó/; fem.: /ó/] *adj.* que tem visco; pegajoso, grudento ~ **viscidez** *s.f.*

vi.sei.ra *s.f.* **1** parte anterior do capacete que protege o rosto **2** pala do boné ou quepe **3** aba que se usa na cabeça, acima dos olhos, para proteger o rosto do sol

vis.go ou **vis.co** *s.m.* **1** seiva pegajosa de certos vegetais; visco **2** viscosidade ~ **visguento** *adj.*

vi.si.bi.li.da.de *s.f.* **1** caráter ou condição do que pode ser percebido pelo sentido da vista **2** percepção pela vista; visão *<o prédio tirou a v. da praia>*

vi.si.go.do /ô/ *adj.* **1** diz-se da ramificação ocidental dos godos, antigo povo germânico ■ *adj.s.m.* **2** (indivíduo) desse povo ☞ cf. *ostrogodo*

vi.sio.ná.rio *adj.s.m.* **1** que(m) tem ou acredita ter visões sobrenaturais **2** que(m) tem ideias grandiosas ou acredita em ideais **3** que(m) tem ideias extravagantes; excêntrico

vi.si.ta *s.f.* **1** ato de ir ver alguém por cortesia ou dever **2** aquele que cumpre esse ato *<as v. chegaram tarde>* **3** inspeção, vistoria ~ **visitador** *adj.s.m.*

vi.si.tan.te *adj.2g.s.2g.* **1** que(m) visita, faz visitas; visitador **2** que(m) percorre um local para conhecê-lo e apreciá-lo *<guias turísticos recebem os v. no aeroporto>*

vi.si.tar *v.* {mod. 1} *t.d.* **1** ir até um lugar ver (alguém) por cortesia, dever, afeição etc. **2** ir a (um lugar) por interesse ou curiosidade *<v. museus>* **3** percorrer para fiscalizar; inspecionar *<inspetores visitaram a fábrica>* ~ **visitação** *s.f.*

vi.sí.vel [pl.: *-eis*] *adj.2g.* **1** que pode ser visto **2** que se destaca, que é facilmente visto ou notado *<alterações v. de comportamento>* **3** fácil de se perceber; óbvio

vi.si.vel.men.te *adv.* de maneira visível, evidente *<ele está v. cansado>*

vis.lum.brar *v.* {mod. 1} *t.d. e int.* **1** lançar uma luz fraca em *<o lampião vislumbra o quarto> <na sala, poucas velas vislumbravam>* □ *t.d.* **2** enxergar com dificuldade, de forma confusa; entrever *<v. o contorno da floresta>* **3** *fig.* perceber ou compreender de forma parcial *<v. soluções>* □ *int. p.ext.* **4** mostrar-se vagamente ou aos poucos; despontar *<já vislumbra a aurora>*

vis.lum.bre *s.m.* **1** luz fraca **2** visão incompleta, imprecisa **3** *p.ext.* início do surgimento de algo, de algum sentimento etc. *<v. da Lua> <um v. de saudade>* **4** *fig.* ideia imprecisa, compreensão parcial *<um v. sobre o seu futuro>*

vi.so *s.m.* **1** maneira de apresentar-se; aspecto *<as respostas tinham um v. de certeza>* **2** sinal, vestígio

vison [fr.; pl.: *visons*] *s.m.* **1** animal semelhante à doninha, de pelo macio **2** a pele desse animal **3** agasalho feito dessa pele ⇒ pronuncia-se vizon

vi.sor /ô/ [pl.: *-es*] *adj.s.m.* **1** (o) que permite ou ajuda a ver ■ *s.m.* **2** em câmaras fotográficas e filmadoras, dispositivo us. para enquadrar o que se vai fotografar ou filmar

vís.po.ra *s.f.* RECR loto, bingo

vis.ta *s.f.* **1** capacidade de perceber o mundo exterior pelos órgãos da vista; visão **2** conjunto dos olhos **3** cada um dos olhos *<perdeu a v. direita>* **4** o que é visto; cena *<a v. da rua escura assustou-a>* **5** paisagem, panorama ('visão') ▣ **à v.** mediante pagamento integral no ato da compra ☞ cf. *a prazo*

vis.to *adj.* **1** percebido pela visão **2** tido em certo conceito *<pessoa bem v.>* ■ *s.m.* **3** assinatura, sinal que atesta a verificação de um documento *<este pedido precisa do v. do diretor>* **4** carimbo em passaporte que autoriza a entrada em certos países ▣ **v. que** dado que, já que *<não viajará, v. que está doente>*

vis.to.ri.a *s.f.* **1** DIR ato em que peritos, na presença do juiz, inspecionam coisas ou locais relacionados a uma ação judicial **2** *p.ext.* exame, inspeção

vis.to.ri.ar *v.* {mod. 1} *t.d.* fazer vistoria, exame em; inspecionar

vis.to.so /ô/ [pl.: /ó/; fem.: /ó/] *adj.* **1** agradável de ver *<pessoa alta e v.>* **2** que chama a atenção por seu tamanho, brilho, cores etc. *<casa v.>*

vi.su.al [pl.: *-ais*] *adj.2g.* **1** relativo à visão *<campo v.>* ■ *s.m. B infrm.* **2** aparência, aspecto exterior *<pintou o cabelo para mudar o v.>*

vi.su.a.li.za.ção [pl.: *-ões*] *s.f.* **1** capacidade ou ato de formar na mente imagens visuais de coisas que não estão à vista, ou a imagem daí resultante **2** conversão de conceitos em formas visíveis *<v. de estatísticas em gráficos>* **3** ato ou processo de tornar algo visível, perceptível à vista **4** *fig.* ato ou processo de colocar algo em evidência *<v. dos movimentos sociais>*

vi.su.a.li.zar *v.* {mod. 1} *t.d.* **1** converter em imagem mental ou real **2** tornar (algo) visível mediante determinado recurso *<usou contraste para v. certos órgãos>*

vi.tal [pl.: *-ais*] *adj.2g.* **1** que diz respeito à vida ou a sua preservação *<órgão v.>* **2** *fig.* essencial, fundamental *<opinião v.>*

vi.ta.lí.cio *adj.* que dura a vida toda ~ **vitaliciedade** *s.f.*

vi.ta.li.da.de *s.f.* **1** qualidade do que é vivo ou vital **2** capacidade de se desenvolver *<a v. de uma planta>* **3** vigor físico ou mental *<atleta de grande v.>* **4** *p.ext.* ânimo, entusiasmo *<sua v. era contagiante>*

vi.ta.li.zar *v.* {mod. 1} *t.d.* **1** restituir a vida a; ressuscitar **2** dar mais força, vigor a; revigorar ~ **vitalizante** *adj.2g.*

vi.ta.mi.na *s.f.* **1** BIOQ molécula orgânica essencial ao metabolismo dos seres vivos **2** *B* suco de fruta(s) e/ou legume(s) batidos ger. com leite

vi.ta.mi.nar *v.* {mod. 1} *t.d.* **1** incorporar vitamina(s) a (bebida, alimento) **2** *fig.* aumentar o rendimento de; otimizar *<nossos desfalques vitaminaram o adversário>*

vi.ta.mí.ni.co *adj.* que contém vitamina ('molécula')

vi.te.la *s.f.* **1** novilha de menos de um ano **2** a carne dessa novilha ou de vitelo **3** CUL prato feito com essa carne

vi.te.li.no *adj.* **1** relativo à gema do ovo **2** amarelo como a gema do ovo

vi.te.lo *s.m.* **1** novilho com menos de um ano **2** BIO material nutritivo contido nos óvulos dos animais

vi.ti.cul.tor /ô/ [pl.: *-es*] *adj.s.m.* que ou aquele que cultiva videiras

vi.ti.cul.tu.ra *s.f.* cultura de vinhas

vi.ti.li.go *s.m.* MED doença caracterizada por descoloração localizada da pele

ví.ti.ma *s.f.* **1** aquele que sofre qualquer desgraça, dano ou infortúnio **2** aquele que foi oferecido em sacrifício à divindade **3** DIR aquele contra quem se comete um crime

vi.ti.mar *v.* {mod. 1} *t.d. e pron.* **1** tornar(-se) vítima; sacrificar(-se) □ *t.d. p.ext.* **2** causar a morte de; matar **3** causar dano a; prejudicar

vi.ti.vi.ni.cul.tu.ra *s.f.* cultivo de vinhas e fabricação de vinho ~ **vitivinicultor** *adj.s.m.*

vi.tó.ria *s.f.* **1** ato de triunfar sobre um inimigo ou antagonista; triunfo **2** sucesso alcançado na extinção de uma adversidade ou como resultado de um esforço

vi.to.ri.ar *v.* {mod. 1} *t.d.* **1** saudar com entusiasmo; aclamar **2** mostrar aprovação a; aplaudir □ *int.* **3** comemorar vitória

vi.tó.ria-ré.gia [pl.: *vitórias-régias*] *s.f.* BOT planta aquática nativa da América do Sul, com folhas planas que formam um disco circular de quase 2 m de diâmetro e flores solitárias brancas

vi.to.ri.en.se *adj.2g.* **1** de Vitória (ES) ■ *s.2g.* **2** natural ou habitante dessa capital

vi.to.ri.o.so /ô/ [pl.: /ó/; fem.: /ó/] *adj.s.m.* que(m) alcançou a vitória, venceu; ganhador, vencedor

vi.tral [pl.: *-ais*] *s.m.* painel feito de vidros coloridos que ger. formam desenhos; vitrô

vi.tra.lis.ta *adj.2g.s.2g.* (artista) que faz vitrais

ví.treo *adj.* **1** relativo a ou próprio de vidro **2** que tem a natureza do vidro ou é feito de vidro **3** *p.ext.* que tem o aspecto do vidro

vi.tri.fi.ca.do *adj.* **1** que se transformou em vidro **2** recoberto de substância vitrificável; vidrado **3** *fig.* que tomou aparência ou consistência de vidro

vi.tri.fi.car *v.* {mod. 1} *t.d.,int. e pron.* **1** converter(-se) em vidro **2** (fazer) tomar aparência de vidro ~ **vitrificação** *s.f.* - **vitrificável** *adj.2g.*

vi.tri.ne ou **vi.tri.na** *s.f.* local, ger. envidraçado, onde ficam mercadorias destinadas a exposição ou venda; mostruário

vi.tri.nis.ta *adj.2g.s.2g. B* que(m) se ocupa da arrumação e decoração de vitrinas

vi.trô *s.m. B* vitral

vi.tro.la *s.f.* fonógrafo

vi.tu.pe.rar *v.* {mod. 1} *t.d.* **1** dirigir vitupérios a; insultar **2** criticar, repreender severamente **3** tratar com desdém; desprezar ~ **vituperação** *s.f.* - **vituperador** *adj.s.m.*

vi.tu.pé.rio *s.m.* **1** palavra, ato ou gesto que ofende a dignidade ou a honra de alguém; afronta, insulto **2** acusação infame; injúria ~ **vituperioso** *adj.*

vi.ú.va *s.f.* mulher cujo cônjuge morreu e que não se casou de novo

vi.ú.va-ne.gra [pl.: *viúvas-negras*] *s.f.* zoo aranha venenosa negra com uma mancha vermelha no ventre, ger. encontrada embaixo de pedras, troncos secos e em cavidades no solo

vi.u.vez [pl.: *-es*] *s.f.* **1** estado de viúvo ou viúva **2** *fig.* estado ou sentimento de desamparo, privação, solidão

vi.ú.vo *s.m.* **1** homem cujo cônjuge faleceu e que não se casou de novo ■ *adj.* **2** cujo cônjuge morreu e que não se casou de novo *<mulher v.> <homem v.>*

vi.va *s.m.* **1** aplauso, felicitação etc. ■ *interj.* **2** expressa aclamação, entusiasmo, desejo de que (alguém) viva muito e com sucesso

vi.va.ci.da.de *s.f.* **1** qualidade daquilo que tem vida ou vitalidade; força, vigor **2** desembaraço ou rapidez que se imprime a uma ação ou reação; agilidade **3** facilidade de compreender ou perceber rápido; esperteza **4** entusiasmo com que se realiza uma atividade; arrebatamento, energia **5** *gír.* esperteza, manha

vi.val.di.no *adj.s.m. B infrm.* que(m) é espertalhão

vi.val.ma *s.f.* alguma pessoa, alguém ◉ GRAM/USO emprega-se quase sempre em frases negativas ou que subentendem uma negação

vi.va.men.te *adv.* **1** de modo intenso; fortemente, intensamente **2** com vivacidade, esperteza; animadamente **3** com muito vigor, energia **4** de modo rápido; rapidamente

vi.va-voz *s.m.2n.* função ou dispositivo que permite que se escute a voz daquele com quem se fala ao telefone sem segurar o aparelho

vi.vaz [pl.: *-es*] *adj.2g.* **1** que vive ou pode viver por muito tempo; vivedouro **2** ativo, dinâmico ◉ GRAM/USO sup.abs.sint.: *vivacíssimo*

vi.ve.dou.ro *adj.* que vive ou pode viver por muito tempo; vivaz

vi.vei.ro *s.m.* local apropriado para criação, reprodução ou conservação de animais ou plantas

vi.vên.cia *s.f.* **1** existência, vida **2** conhecimento adquirido com a vida; experiência, prática ~ **vivencial** *adj.2g.* - **vivenciamento** *s.m.*

vi.ven.ci.ar *v.* {mod. 1} *t.d.* viver (uma situação) intensamente, sendo muito afetado por ela

vi.ven.da *s.f.* casa, mais ou menos luxuosa, em que se vive

vi.ven.te *s.2g.* **1** ser vivo ■ *adj.2g.* **2** vivo, que vive *<o pai ainda é v.>*

vi.ver *v.* {mod. 8} *int.* **1** ter vida **2** continuar a existir; perdurar **3** (prep. *em*) morar em; habitar *<quer viver na Europa>* **4** levar a vida (de certo modo) □ *t.d. e int.* **5** aproveitar (a vida) no que há de melhor □ *t.i.* **6** (prep. *de*) ter como principal alimento; alimentar-se *<o boi vive de capim>* **7** (prep. *de*) retirar o sustento de; manter-se *<v. da agricultura>* **8** (prep. *com*) ter relações com; conviver *<vive com a família>* □ *t.d.* **9** passar por (certa experiência); vivenciar ◉ GRAM/USO seguido de gerúndio ou de *a* + infinitivo, funciona como v.aux., exprimindo 'continuação da ação': *vive rindo de tudo*

ví.ve.res *s.m.pl.* provisão de alimentos

vi.vi.do *adj.* **1** que viveu muito **2** experiente

ví.vi.do *adj.* **1** que tem vivacidade, animação **2** cintilante, brilhante **3** intenso, vigoroso ~ **vividez** *s.f.*

vi.vi.fi.car *v.* {mod. 1} *t.d.* **1** dar vida a; animar **2** restituir a vida a; reanimar □ *t.d. e pron.* **3** tornar(-se) animado, vívido; revigorar(-se) ~ **vivificação** *s.f.*

vi.ví.pa.ro *adj.s.m.* zoo (animal) cujo ovo se desenvolve completamente dentro do útero materno e que pare filhos já formados ☞ cf. *ovíparo, ovovivíparo* ~ **viviparidade** *s.f.*

vi.vis.sec.ção [pl.: *-ões*] ou **vi.vis.se.ção** [pl.: *-ões*] *s.f.* operação feita em animal vivo para estudo ou experimentação

vi.vo *adj.* **1** que tem vida **2** esperto, inteligente **3** cheio de entusiasmo; dinâmico **4** que penetra nos sentidos; intenso **5** dotado de recursos para exprimir ideias, sentimentos, emoções; expressivo ■ *s.m.* **6** ser que está com vida ▣ **ao v.** no momento em que ocorre

vi.xe *interj. N.E.* → **VIGE**

vi.zi.nhan.ça *s.f.* **1** fato de estar próximo de algo ou alguém **2** *p.ext.* região perto ou ao redor de um local; cercania, imediação **3** *p.ext.* grupo de pessoas que moram próximas

vi.zi.nho *adj.s.m.* **1** que(m) está ou mora próximo ■ *adj.* **2** que está ao lado; limítrofe ~ **vizinhar** *v.t.d.,t.i.,int. e pron.*

vi.zir *s.m.* antigo governador ou ministro de um reino muçulmano

vo.a.dor /ô/ [pl.: *-es*] *adj.* (o) que voa ou pode voar

vo.ar *v.* {mod. 1} *int.* **1** sustentar-se ou mover-se no ar **2** *p.ext.* deslocar-se velozmente pelo ar **3** *fig.* passar rapidamente *<o ano voou>* **4** desaparecer rapidamente; sumir *<o dinheiro voou>* **5** *fig.* desligar-se da realidade; vagar *<deixou o pensamento v.>* □ *t.i. e int.* **6** (prep. *para*) viajar de avião **7** (prep. *para*) mover-se com velocidade

vo.ca.bu.lá.rio *s.m.* **1** conjunto de vocábulos de uma língua **2** esse conjunto com suas definições; dicionário **3** conjunto de termos de dado campo de conhecimento ou atividade, com ou sem definições; glossário **4** conjunto de vocábulos conhecidos ou utilizados por alguém ◉ COL léxico

vo.cá.bu.lo *s.m.* palavra, termo ◉ COL vocabulário ~ **vocabular** *adj.2g.*

vo.ca.ção [pl.: *-ões*] *s.f.* **1** disposição natural que orienta uma pessoa no sentido de uma atividade, uma função ou profissão; tendência **2** *p.ext.* qualquer talento ou dom natural **3** ato de chamar(-se) ou o seu efeito ~ **vocacional** *adj.2g.*

vo.cal [pl.: *-ais*] *adj.2g.* **1** que diz respeito à voz ou aos seus órgãos **2** que se exprime por meio da voz *<grupo v.>*

vo.cá.li.co *adj.* **1** relativo a ou próprio de vogal ☞ cf. *consonantal* **2** formado por vogais *<encontro v.>*

vo.ca.lis.ta *s.2g.* MÚS cantor de conjunto musical popular

vo.ca.li.za.ção [pl.: *-ões*] *s.f.* **1** emissão de sons falados ou cantados **2** passagem de som consonântico a vocálico

vo.ca.li.zar *v.* {mod. 1} *int.* cantar modulando a voz sobre uma vogal ~ **vocalizador** *adj.s.m.*

vo.ca.ti.vo *adj.s.m.* GRAM (termo) que expressa, num discurso direto, aquele com o qual se está falando, p.ex., – *Rapaz*, volte aqui!

vo.cê *pron.trat.* aquele a quem se fala ou escreve ☞ o pl. *vocês* tb. se empr. como pl. de *tu* no lugar de *vós*, e como o pl. de *o senhor, a senhora* ◉ GRAM/USO em quase todo o Brasil, *você* toma o lugar do *tu* como pronome de 2ª p., mas o verbo fica flexionado na 3ª p.: *Você fez o seu dever?*

vo.ci.fe.rar *v.* {mod. 1} *t.d. e int.* **1** falar aos gritos ou com raiva; berrar ☐ *t.i.* **2** (prep. *contra*) reclamar, acusar com veemência ou cólera ~ **vociferador** *adj.s.m.*

vod.ca *s.f.* aguardente de cereal originária da Rússia

vo.du *s.m.* REL **1** *B* nome genérico de cada uma das divindades jejes, equivalentes aos orixás **2** culto religioso das Antilhas, esp. Haiti, semelhante ao candomblé afro-brasileiro

vo.e.jar *v.* {mod. 1} *int.* bater as asas com força ◉ GRAM/USO só us. nas 3ªs p., exceto quando fig.

vo.ga *s.f.* **1** ato de remar ou o seu efeito **2** ritmo das remadas **3** moda, mania ■ *s.m.* **4** remador que marca o ritmo das remadas

vo.gal [pl.: *-ais*] *adj.2g.s.f.* **1** (som da fala) produzido sem obstrução da corrente de ar pela boca **2** (letra) que representa esse som: *a, e, i, o, u* ■ *s.m.* DIR **3** juiz que representa empregados ou empregadores em questões trabalhistas **4** quem tem direito a voto em assembleias **5** membro de júri, comissão etc. ▣ **v. temática** GRAM vogal que se junta a uma raiz ou radical, formando o tema, a que se juntam as desinências

vo.lan.te *adj.2g.* **1** que pode voar **2** que pode ser facilmente movido ou transportado; móvel ■ *s.m.* **3** peça circular presa a um eixo, que permite fazê-lo girar **4** nos veículos a motor, peça presa a um eixo, que permite dar rumo ao veículo; direção, guidão **5** formulário para marcar apostas de loteria ■ *s.2g.* FUTB **6** jogador de função defensiva no meio-campo

vo.lá.til [pl.: *-eis*] *adj.2g.* **1** que pode voar **2** que se evapora

vo.la.ti.li.zar *v.* {mod. 1} *t.d.,int. e pron.* **1** (fazer) passar ao estado de gás ou vapor **2** *fig.* (fazer) desaparecer; dissipar(-se)

vô.lei ou **vo.lei.bol** *s.m.* ESP jogo entre duas equipes de seis jogadores que devem passar a bola de um lado a outro de uma quadra retangular, dividida ao meio por uma rede, usando as mãos

vo.lei.o *s.m.* **1** ESP no tênis, devolução da bola ao oponente antes que ela toque o chão **2** FUTB lance em que o jogador chuta a bola a meia altura, antes que ela toque o chão

vo.li.ção [pl.: *-ões*] *s.f.* manifestação da vontade ~ **volitivo** *adj.*

vo-lo *contr.* do pron. pessoal oblíquo átono *vos* com o pron. pessoal oblíquo *lo* ou com o pron. demonstrativo neutro *lo* (= *o*), com assimilação do *s* ao *l* *<o segredo jamais vo-lo confessarei>* *<saireis apenas se vo-lo permitirem>* ◉ GRAM/USO **a)** fem.: *vo-la*; pl.: *vo-los, vo-las*; **b)** no Brasil, tais pronomes combinados já não têm uso na língua corrente e mesmo na linguagem literária

VOLP *s.m.* sigla de Vocabulário Ortográfico da Língua Portuguesa

volt *s.m.* unidade de medida de tensão elétrica [símb.: *V*]

vol.ta *s.f.* **1** regresso, retorno **2** movimento circular em torno de um centro ou eixo; giro **3** passeio ou caminhada curta **4** circuito circular completo **5** curva numa linha ou caminho **6** o que se recebe em resposta a algo que se disse ou fez ▣ **v. e meia** frequentemente • **por v. de** em torno de; aproximadamente • **dar a v. por cima** *fraseol. fig.* superar uma frustração, uma situação difícil etc.

vol.ta.gem [pl.: *-ens*] *s.f.* **1** tensão elétrica medida em volts **2** indicação do potencial de corrente elétrica necessário para o funcionamento de máquina ou aparelho elétrico

vol.tar *v.* {mod. 1} *int.* **1** vir ou ir de um local para lugar de onde partiu ou onde estivera; regressar, retornar *<v. de Paris>* *<partiu e nunca mais voltou>* **2** manifestar-se ou acontecer de novo; reaparecer, recomeçar *<a febre voltou>* ☐ *t.i.* **3** (prep. *a, para*) retroceder no tempo; regressar *<v. à infância>* **4** (prep. *a*) retornar a (estado anterior) *<v. ao normal>* **5** (prep. *a*) ocupar-se novamente de; tornar *<v. ao tema anterior>* ☐ *t.d.i.* **6** (prep. *a, para*) [fazer] tornar à posse de; restituir, devolver *<vai me v. o dinheiro que lhe emprestei?>* ☐ *t.d. e pron.* **7** mover(-se) em certa direção; virar *<v. o banco para o canto>* *<v.-se para os convidados>* ☐ *t.d.i. e pron.* **8** (prep. *para*) dirigir(-se), aplicar(-se) para *<v. as atenções para a família>* *<v.-se para Deus>* ☐ *pron.* **9** (prep. *contra*) tomar atitude contrária ou hostil com; revoltar-se *<v.-se contra a família>* ☐ *t.d. e t.d.i.* **10** (prep. *a, para*) responder na mesma medida; devolver, voltar *<v. o insulto (ao invejoso)>* ◉ GRAM/USO seguido de *a* + infinitivo, funciona como v.aux., exprimindo 'reiteração de ação': *voltar a chover*

vol.te.ar *v.* {mod. 5} *t.d.* **1** deslocar-se à volta de; contornar ☐ *t.d. e int.* **2** (fazer) dar voltas; girar ~ **volteio** *s.m.*

vol.tí.me.tro *s.m.* ELETR instrumento que mede a tensão elétrica entre dois pontos de um circuito elétrico

vo.lu.me *s.m.* **1** unidade encadernada de uma obra escrita **2** FÍS grandeza que indica a quantidade de matéria em um corpo; massa **3** *p.ext.* quantidade de água que flui de uma fonte ou curso de água **4** *fig.* quantidade de qualquer coisa *<imenso v. de trabalho>* **5** pacote, fardo **6** intensidade da voz ou do som emitido por instrumento ou aparelho

vo.lu.mo.so /ô/ [pl.: /ó/; fem.: /ó/] *adj.* **1** que tem grandes proporções **2** alto, forte (diz-se de voz ou som)

vo.lun.ta.ri.a.do *s.m.* **1** serviço de voluntários **2** grupo de voluntários

vo.lun.ta.ri.e.da.de *s.f.* **1** ato realizado ou comportamento tido por vontade ou iniciativa própria **1.1** ato ou modo de agir de quem segue apenas sua própria vontade; capricho

vo.lun.tá.rio *adj.* **1** que não é forçado, que depende da vontade; espontâneo ■ *s.m.* **2** quem ingressa no serviço militar ou num exército por vontade própria **3** quem se dedica a um trabalho sem vínculo empregatício

vo.lun.ta.ri.o.so /ô/ [pl.: /ó/; fem.: /ó/] *adj.s.m.* **1** que(m) só age segundo sua própria vontade **2** que(m) é obstinado

vo.lú.pia *s.f.* grande prazer dos sentidos, esp. o sexual

vo.lup.tu.o.so /ô/ [pl.: /ó/; fem.: /ó/] *adj.* **1** que aprecia ou procura os prazeres dos sentidos **2** em que existe grande prazer ~ **voluptuosidade** *s.f.*

vo.lu.ta *s.f.* **1** ARQ ornato em espiral no alto das colunas **2** *p.ext.* qualquer objeto, enfeite ou motivo decorativo enrolado em espiral

vo.lu.te.ar *v.* {mod. 5} *int.* dar voltas; girar, rodopiar ~ **voluteio** *s.m.*

vo.lú.vel [pl.: *-eis*] *adj.2g.* **1** que gira facilmente **2** que muda facilmente de opinião; inconstante ◉ GRAM/USO sup.abs.sint.: *volubilíssimo* ~ **volubilidade** *s.f.*

vol.ver *v.* {mod. 8} *t.d.* **1** mexer ou cavoucar muitas vezes; remexer ☐ *int.* **2** regressar, retornar, voltar *<v. do Egito> <viajou para não mais v.>* **3** acontecer ou surgir outra vez; reaparecer, recomeçar *<a dor volveu>* ☐ *t.i.* **4** (prep. *a, para*) recuar no tempo; voltar *<v. aos bons tempos>* **5** (prep. *a*) retornar a (estado anterior) *<v. a si>* **6** (prep. *a*) ocupar-se outra vez de; tornar, voltar *<v. à discussão>* ☐ *t.d.i.* **7** (prep. *a, para*) restituir, devolver *<vai me v. o que lhe emprestei?>* ☐ *t.d. e pron.* **8** mover(-se) para certa direção; virar, voltar ☐ *pron.* **9** (prep. *contra*) adotar comportamento hostil com *<v.-se contra os amigos>* ☐ *t.d. e t.d.i.* **10** dizer ou fazer em resposta a; voltar, devolver *<v. (ao adversário) a ofensa>* ☐ *pron.* **11** dar voltas; virar-se, voltar-se *<v.-se na cama>* ◉ GRAM/USO seguido de *a* + infinitivo, funciona como v.aux., exprimindo 'reiteração de ação': *volver a chorar*

V

vol.vo /ô/ *s.m.* MED obstrução causada por torção do intestino

vô.mi.co *adj.* que provoca vômito; emético, vomitivo, vomitório

vo.mi.tar *v.* {mod. 1} *t.d. e int.* **1** expelir pela boca (o que estava no estômago) ☐ *t.d. e pron. p.ext.* **2** sujar(-se) de vômito ☐ *t.d. fig.* **3** lançar pela boca ou de si; expelir *<o dragão vomita fogo>* **4** falar (injúrias, tolices etc.) *<v. bobagens>*

vo.mi.ti.vo *adj.s.m.* vomitório

vô.mi.to *s.m.* **1** ação de expulsar o conteúdo do estômago pela boca; golfada **2** o material expelido

vo.mi.tó.rio *adj.s.m.* (o) que provoca vômito; emético, vômico, vomitivo

vôn.go.le *s.m.* ZOO ***BERBIGÃO***

von.ta.de *s.f.* **1** faculdade que tem o ser humano de querer, de escolher, de livremente praticar ou não certos atos **2** ânimo, determinação, firmeza **3** empenho, interesse, zelo *<a v. política de um governo>* **4** desejo motivado por um apelo físico, fisiológico, psicológico ou moral *<v. de comer>* **5** sensação de prazer; gosto **6** capricho, fantasia, veleidade *<criança cheia de v.>* **7** deliberação, determinação, decisão *<deixar escritas suas v.>* ▣ **à v. 1** sem constrangimento; livremente *<sirva-se à v.>* **2** com fartura *<comer à v.>* ☞ loc.subst.; cf. *à vontade* (s.m.) • **boa v.** disposição favorável (em relação a alguém ou algo)

vo.o /ô/ *s.m.* **1** deslocamento de animal, inseto ou aeronave no ar e sem contato com o solo **2** maneira de voar *<v. rasante>* **3** o trajeto que uma aeronave percorre *<v. tranquilo>* ▣ **v. livre** ESP esporte que consiste em planar sem motor ou leme numa asa-delta • **levantar v.** decolar (aeronave)

vo.ra.gem [pl.: *-ens*] *s.f.* **1** tudo que devora, destrói com violência **2** rodamoinho ('movimento') **3** *fig.* o que arrebata *<a v. das paixões>* ~ **voraginoso** *adj.*

vo.raz [pl.: *-es*] *adj.2g.* **1** que é difícil de saciar; devorador *<fera v.>* **2** *p.ext.* que come muito **3** *p.ext.* que é capaz de destruir *<vício v.>* **4** *fig.* ambicioso, ávido *<a taxação v. dos impostos>* ~ **voracidade** *s.f.*

vór.ti.ce *s.m.* rodamoinho

vos *pron.p.* **1** da 2ª p. do pl., caso oblíquo, com função de objeto direto ou objeto indireto, equivalente a: *a vós, em vós, para vós* e *de vós* *<eu vos sou grato>* *<comprou-vos presentes>* **2** com alguns verbos, indica a voz passiva *<vós vos casastes naquela igreja?>*

vós *pron.p.* GRAM representa a 2ª p.pl. e é us. para indicar aqueles a quem se fala ou escreve, cerimoniosamente ◉ GRAM/USO apenas us. em textos mais formais (jurídicos, bíblicos etc.); ger. substituído por *vocês*

vos.me.cê *pron.trat.* contr. de vossemecê; forma respeitosa de tratamento, equivalente a *o senhor/a senhora* ou *você*

vos.se.me.cê *pron.trat.* contr. de *vossa mercê*; ver ***MERCÊ*** ◉ GRAM/USO não é mais us.

vos.so *pron.pos.* o que vos pertence *<v. mãos são abençoadas>* ◉ GRAM/USO fem.: vossa; pl.: vossos, vossas

▣ **os v.** *loc.* os membros da vossa família, os vossos companheiros, colegas, compatriotas, correligionários, subordinados *<só pensais no bem-estar dos v.>*

vo.ta.ção [pl.: *-ões*] *s.f.* **1** aprovação ou escolha por meio de votos **2** conjunto de votos *<foi grande a v. do segundo colocado>*

vo.tar *v.* {mod. 1} *t.d.* **1** submeter à votação **2** fazer voto de *<os padres votam castidade>* □ *t.d. e t.i.* **3** (prep. *em*) eleger por meio de voto *<direito de v. (n)os governantes>* **4** (prep. *por*) aprovar, decidir por meio de voto *<votaram a (pela) greve geral>* □ *int.* **5** ter direito a voto *<jovens de 16 podem v.>* □ *t.d.i. e pron.* **6** (prep. *a*) oferecer(-se) a (Deus, santo etc.); consagrar(-se) *<votou a filha à Virgem> <v.-se aos pais>* ~ **votante** *adj.2g.s.2g.*

vo.ti.vo *adj.* **1** relativo a voto ('promessa') **2** oferecido em cumprimento a voto ('promessa') *<missa v.>*

vo.to *s.m.* **1** sufrágio eleitoral **2** promessa, juramento *<fazer v. a um santo>* **3** manifestação de preferência dos participantes de uma assembleia, eleição etc. **4** REL obrigação a que alguém se compromete além dos deveres impostos pelas leis da religião *<v. de castidade>* **5** expectativa ou desejo íntimo, e sua manifestação *<faço votos de que fique bom>*

vo.vó *s.f. infrm.* a mãe do pai (avó paterna) ou da mãe (avó materna); avó

vo.vô [fem.: *vovó*] *s.m. infrm.* o pai do pai (avô paterno) ou da mãe (avô materno); avô

voz [pl.: *-es*] *s.f.* **1** som produzido pela vibração de pregas na laringe dos vertebrados, us. como meio de comunicação **2** capacidade de falar **3** direito de se manifestar; voto, opinião *<as crianças não têm v. naquela casa>* **4** GRAM forma do verbo que indica se a ação é praticada, sofrida ou praticada e sofrida ao mesmo tempo pelo sujeito **5** MÚS cada uma das partes vocais de uma composição ◉ GRAM/USO aum.irreg.: *vozeirão* ◉ COL rumor, vozerio ▣ **v. ativa 1** GRAM voz do verbo na qual o sujeito pratica a ação (p.ex., *João cortou a árvore*) ☞ tb. se diz apenas *ativa* **2** autoridade; direito de opinar, de influir sobre decisões *<ter v. ativa no trabalho>* • **v. passiva** GRAM voz do verbo na qual o sujeito da oração recebe a ação em vez de ser quem age (p.ex., *Pedro foi demitido*) ☞ tb. se diz apenas *passiva* • **v. reflexiva** ou **reflexa** GRAM voz com verbo na forma ativa, com pronome reflexivo, em que a pessoa que provoca a ação verbal é a mesma que a recebe: *feri-me*; *eles se prejudicaram* ~ **vozearia** *s.f.* - **vozeria** *s.f.*

vo.ze.ar *v.* {mod. 5} *int.* **1** emitir gritos; berrar **2** soltar a voz (algumas aves); cantar ☞ nesta acp., só us. nas 3as p., exceto quando fig. □ *t.d.* **3** dizer em voz alta; gritar *<v. apoio ao time>*

vo.zei.rão [pl.: *-ões*] *s.m.* voz forte e grossa

vo.ze.ri.o *s.m.* som de muitas vozes juntas

vul.ca.ni.za.ção [pl.: *-ões*] *s.f.* tratamento dado à borracha para torná-la mais resistente e flexível

vul.ca.ni.zar *v.* {mod. 1} *t.d.* **1** submeter (borracha) à vulcanização *<v. um pneu>* **2** *p.ext.* transmitir intenso calor a; calcinar ~ **vulcanizado** *adj.*

vul.ca.no.lo.gi.a *s.f.* GEOL ramo da geologia que estuda os vulcões

vul.cão [pl.: *-ões*] *s.m.* GEOL **1** abertura na crosta terrestre pela qual são expelidos magma, fogo, cinzas, fumaça e gases **2** montanha formada pelo magma resfriado ao redor dessa abertura ~ **vulcânico** *adj.*

vul.gar *adj.2g.* **1** referente à plebe, ao [1]vulgo; popular *<latim v.>* **2** comum, corriqueiro **3** chulo, grosseiro *<palavreado v.>*

vul.ga.ri.da.de *s.f.* **1** característica do que é comum, banal **2** ação, atitude ou dito vulgar **2.1** algo que incomoda por ser rude, desagradável ou imoral *<a v. de uma piada>* **3** termo us. para o que tem ou é de mau gosto *<a v. de um vestido>*

vul.ga.ri.zar *v.* {mod. 1} *t.d. e pron.* **1** tornar(-se) comum; popularizar(-se) **2** tornar(-se) muito conhecido; divulgar(-se) *<v. a imagem de um artista> <no Brasil, a ópera não se vulgarizou>* **3** (fazer) perder a dignidade, o respeito *<v. os costumes> <v.-se diante dos colegas>* ~ **vulgarização** *s.f.*

vul.gar.men.te *adv.* **1** de modo informal, comum ou não especializado *<os sifonápteros são v. conhecidos por pulgas>* **2** com grosseria ou vulgaridade *<comporta-se v.>*

vul.ga.ta *s.f.* tradução latina da Bíblia reconhecida pela Igreja como a versão oficial

[1]**vul.go** *s.m.* **1** a classe popular da sociedade; plebe, povo **2** a maior parte das pessoas [ORIGEM: do lat. *vūlgus* ou *vōlgus,i* 'o povo']

[2]**vul.go** *adv.* vulgarmente *<Édson Arantes, v. Pelé>* [ORIGEM: do lat. *vulgo* 'por toda parte, aqui e ali']

vul.ne.rar *v.* {mod. 1} *t.d.* **1** provocar ferimento em; machucar **2** causar mágoa a; ofender

vul.ne.rá.vel [pl.: *-eis*] *adj.2g.* **1** que pode ser fisicamente ferido **2** sujeito a ser atacado, derrotado, prejudicado ou ofendido ~ **vulnerabilidade** *s.f.*

vul.pi.no *adj.* **1** relativo a ou próprio de raposa **2** *fig.* ardiloso, astuto *<vendedor v.>*

vul.to *s.m.* **1** face, rosto **2** aparência, aspecto *<netos com o v. dos avós>* **3** constituição física, corpo *<um deus com v. humano>* **4** grandeza física; massa, tamanho, volume *<aumentou o v. das águas do rio>* **5** figura ou imagem pouco nítida *<no nevoeiro, viam-se vultos>* **6** importância, interesse *<negócio de v.>* **7** pessoa notável, importante *<os v. da História>* **8** imagem de escultura

vul.to.so /ô/ [pl.: /ó/; fem.: /ó/] *adj.* **1** que faz grande volume; volumoso **2** muito grande, considerável *<uma v. soma em dinheiro>* **3** importante, considerável *<v. fatos históricos>*

vul.tu.o.so /ô/ [pl.: /ó/; fem.: /ó/] *adj.* MED que tem a face e os lábios vermelhos e inchados, e os olhos salientes ~ **vultuosidade** *s.f.*

vul.va *s.f.* ANAT conjunto das partes externas dos órgãos genitais femininos da mulher e da fêmea dos animais mamíferos ~ **vulvar** *adj.2g.*

Ww

w *s.m.* **1** 23ª letra (consoante ou semivogal) do nosso alfabeto ☞ representa o som de 'v' (wagneriano) ou de 'u' (watt), us. em símbolos internacionais, em abreviaturas consagradas em todo o mundo, em termos estrangeiros e em derivados de nomes próprios dos quais consta essa letra ■ *n.ord. (adj.2g.2n.)* **2** diz-se do 23º elemento de uma série *<casa W>* *<item 1w>* ☞ empr. após um substantivo ou numeral ◉ GRAM/USO na acp. s.m., pl.: *ww*

W 1 ELETR FÍS símbolo de *watt* **2** símbolo de *oeste* (na rosa dos ventos) **3** QUÍM símbolo de *tungstênio*

waffle [ing.; pl.: *waffles*] *s.m.* CUL tipo de panqueca aberta, à base de leite, ovos, farinha de trigo e fermento, assada em forma elétrica especial, que se come pura ou com mel, manteiga, geleia, açúcar, canela etc. ⇒ pronuncia-se uófol

wag.ne.ri.a.no *adj.* **1** relativo ao compositor Richard Wagner (1813-1883) e a sua obra ☞ cf. *Wagner* na parte enciclopédica ■ *adj.s.m.* **2** que(m) admira, estuda ou é adepto das teorias e/ou do estilo musical desse compositor ~ **wagnerismo** *s.m.* - **wagnerista** *adj.2g.s.2g.*

walkie-talkie [ing.; pl.: *walkie-talkies*] *s.m.* ELETRÔN pequeno rádio emissor e receptor, us. para a comunicação em curtas distâncias ⇒ pronuncia-se uóki tóki

watt *s.m.* ELETR FÍS unidade de medida de energia elétrica ou mecânica [símb.: *W*]

w.c. [ing.] *s.m.* **1** compartimento ou recinto com vaso sanitário e pia; toalete, banheiro **2** vaso sanitário e seus acessórios ☞ us. tb. com maiúsc.: *W.C.* ou *WC* [ORIGEM: abrev. do ing. *water closet* 'idem'] ⇒ pronuncia-se *correntemente* dáblio cê

web [ing.; pl.: *webs*] *s.f.* INF nome pelo qual a rede mundial de computadores se tornou conhecida; é uma forma simplificada de *world wide web*, formada a partir de *web*, que significa "teia, rede", e *world wide*, "de alcance mundial" ☞ cf. *internet* ⇒ pronuncia-se uéb

web designer [ing.; pl.: *web designers*] *loc.subst.* INTERN profissional que cria a estrutura e o aspecto das diversas páginas que compõem um *site* da internet ⇒ pronuncia-se uéb desainer

web master [ing.; pl.: *web masters*] *loc.subst.* ***WEB DESIGNER*** ⇒ pronuncia-se uéb master

website [ing.; pl.: *websites*] *s.m.* → ***SITE*** ⇒ pronuncia-se uébsait

weekend [ing.; pl.: *weekends*] *s.m.* final de uma semana, esp. o período de sexta-feira à noite até a manhã de segunda-feira *<passaram o w. na fazenda>* ⇒ pronuncia-se uíquend

western [ing.; pl.: *westerns*] *s.m.* faroeste ⇒ pronuncia-se uéstern

wind.sur.fe *s.m.* ESP esporte em que se navega em pé sobre uma prancha dotada de uma vela ⇒ pronuncia-se uíndsurf ~ **windsurfista** *adj.2g.s.2g.*

w.o. [ing.] *s.m.* ESP **1** vitória fácil ou sem resistência em competição desportiva **2** vitória de um concorrente cujo oponente desistiu da disputa, ger. ao não comparecer ao campo, quadra ou ginásio ☞ us. tb. com maiúsc.: *W.O.* ou *WO* [ORIGEM: *w.o.* é abrev. do ing. *walkover*, de mesmo sentido] ⇒ pronuncia-se *correntemente* dáblio ó

workshop [ing.; pl.: *workshops*] *s.m.* curso rápido e intensivo, em que técnicas, saberes, artes etc. são demonstrados e aplicados; oficina ⇒ pronuncia-se uôrkchóp

x *s.m.* **1** 24ª letra (consoante) do nosso alfabeto **2** MAT incógnita **3** *fig.* o que é mais importante e ainda desconhecido *<voltar à estrada principal era o x do problema>* ■ *n.ord. (adj.2g.2n.)* **4** diz-se do 24º elemento de uma série *<casa X> <item 1x>* ☞ empr. após um substantivo ou numeral ◉ GRAM/USO na acp. s.m., pl.: *xx*

xá *s.m.* título de monarcas iranianos até a revolução islâmica de 1979

xá.ca.ra *s.f.* narrativa popular rimada, de origem árabe ☞ cf. *chácara*

xa.drez /ê/ *s.m.* **1** RECR ESP jogo que simula o conflito entre dois exércitos, cada qual representado por 16 peças que se movimentam sobre um tabuleiro de 64 casas de duas cores alternadas **2** padrão semelhante ao desenho quadriculado desse tabuleiro *<o x. brilhante da bolsa>* **3** *B infrm.* cela, prisão ■ *adj.2g.2n.* **4** que é quadriculado *<colcha x.>* ◉ GRAM/USO pl. do s.m.: *-es*

xa.dre.zis.ta *adj.2g.s.2g.* ESP enxadrista

xai.rel [pl.: *-éis*] *s.m.* revestimento de tecido ou couro que cobre a anca da cavalgadura; chairel

xa.le ou **xai.le** *s.m.* manta us. por mulheres sobre os ombros como agasalho

xa.mã *s.m.* ANTRPOL em certos povos ou culturas, sacerdote com supostos poderes mágicos para curar doentes, prever o futuro e desvendar enigmas ~ **xamanismo** *s.m.*

xam.pu *s.m. B* produto líquido us. para lavar os cabelos

xan.gô *s.m.* REL **1** *B* entidade iorubá, quarto rei (lendário) de Oyo, na Nigéria, orixá dos raios e trovões ☞ inicial maiúsc. **2** *PE AL SE* culto afro-brasileiro de padrão litúrgico nagô adaptado por diversos grupos étnicos que convivem no nordeste do Brasil **3** *PE AL SE* local onde se realiza esse culto; terreiro

xan.tun.gue *s.m.* tecido de seda com fios torcidos e superfície áspera

xa.rá *s.2g. B* **1** pessoa com nome ('prenome') igual ao de outra **2** *infrm.* us. como indeterminador de pessoa; cara *<tudo bem, x.?>*

xar.da ou **czar.da** *s.f.* dança e música populares húngaras

xa.re.le.te /ê/ ou **xe.re.le.te** /ê/ *s.m.* ZOO peixe marinho de dorso azulado, comum no Atlântico ocidental e Pacífico

xa.réu *s.m.* ZOO peixe marinho comum no nordeste do Brasil, com cerca de 1 m de comprimento

xa.ro.pa.da *s.f.* **1** quantidade de xarope que se toma em um só gole **2** *fig. B infrm.* coisa entediante, enfadonha

xa.ro.pe *s.m.* **1** FARM remédio líquido e doce **2** *p.ext.* qualquer solução preparada com muito açúcar ~ **xaroposo** *adj.*

xa.van.te *s.2g.* **1** indivíduo dos xavantes, povo indígena do centro-oeste brasileiro ■ *s.m.* **2** LING a língua falada pelos xavantes ■ *adj.2g.* **3** relativo a esse indivíduo, povo ou língua

xa.ve.co *s.m.* **1** tipo de antigo navio dos mouros **2** *p.ext.* barco velho, em mau estado de conservação **3** *p.ext. B* indivíduo ou objeto de pouca importância **4** *p.ext. B infrm.* comportamento trapaceiro; patifaria **5** *PR infrm.* conversa fiada ~ **xavecar** *v.int.*

xa.xa.do *s.m.* DNÇ MÚS **1** dança masculina pernambucana cujo ritmo é marcado por batidas dos pés no chão **2** a música para esta dança

xa.xim [pl.: *-ins*] *s.m. B* **1** BOT samambaia nativa da mata atlântica (MG, RJ a RS), de folhas que atingem até 2 m; samambaiaçu **2** massa fibrosa retirada do caule dessa planta, da qual se fabricam vasos, placas e jardineiras, adubo etc. **3** vaso e placa feitos dessa massa

xa.xi.xo *s.m. PR pej. joc.* qualquer coisa feita sem capricho

Xe QUÍM símbolo de *xenônio*

xei.que /êi/ *s.m.* → [1]***XEQUE***

xe.no.fi.li.a *s.f.* simpatia acentuada pelo que é estrangeiro ~ **xenófilo** *adj.s.m.*

xe.no.fo.bi.a *s.f.* repulsa ao que é estrangeiro ~ **xenófobo** *adj.s.m.*

xe.nô.nio *s.m.* QUÍM elemento químico da família dos gases nobres, us. em *laser* ultravioleta, tubos de descarga etc. [símb.: *Xe*] ☞ cf. *tabela periódica* (no fim do dicionário)

xe.pa /ê/ *s.f. B infrm.* **1** comida servida em quartel **2** resto de mercadorias que são pechinchadas ao final da feira livre ~ **xepeiro** *s.m.*

[1]**xe.que** ou **xei.que** /êi/ *s.m.* chefe muçulmano ☞ cf. *cheque* [ORIGEM: do ár. *xāyh* 'id.']

[2]**xe.que** *s.m.* **1** ESP RECR no xadrez, cerco ao rei **2** *p.ext.* situação perigosa; ameaça, risco ☞ cf. *cheque* [ORIGEM: do ár. *xāh* 'ataque ao rei (no jogo de xadrez)']

xe.que-ma.te [pl.: *xeques-mate* e *xeques-mates*] *s.m.* ESP RECR em xadrez, cerco sem saída ao rei e que põe fim à partida

xe.re.ca *s.f. gros.* vulva

xe.re.le.te /ê/ *s.m.* → ***XARELETE***

xe.rém [pl.: *-éns*] *s.m. B* milho pilado grosso, us. como comida para os pintos

xe.re.ta /ê/ *adj.2g.s.2g. B pej.* que(m) invade assuntos particulares de outras pessoas; intrometido, bisbilhoteiro

xe.re.tar *v.* {mod. 1} *t.d. e int.* investigar, participar de modo indiscreto, inconveniente; bisbilhotar *<os netos xeretaram as gavetas da avó procurando fotos antigas> <ele vive a x.>*

xe.rez /ê/ [pl.: *-es*] *s.m.* vinho andaluz branco e licoroso

xe.ri.fe *s.m.* autoridade policial, espécie de delegado, nos EUA e na Inglaterra

xe.ro.car *v.* {mod. 1} *t.d.* xerocopiar

xe.ro.có.pia *s.f.* xerox ('cópia')

xe.ro.co.pi.ar *v.* {mod. 1} *t.d.* fazer cópia de (texto, imagem) em máquina xerox; xerocar, xerografar

xe.ro.gra.far *v.* {mod. 1} *t.d.* xerocopiar

xe.ro.gra.fi.a *s.f.* **1** processo de reprodução de texto ou imagem com o uso da máquina xerox **2** *p.ext.* cópia obtida por esse processo

xe.ro.grá.fi.co *adj.* relativo a xerox e a xerografia

xe.rox /cs/ ou **xé.rox** /cs/ *adj.2g.2n.s.2g.2n.* **1** (máquina) que copia a seco texto ou imagem **2** diz-se de ou essa cópia ☞ marca registrada (*Xerox*) que passou a designar seu gênero; cf. *fotocópia*

xe.xe.len.to *adj. B infrm. pej.* **1** que tem mau aspecto; feio, desagradável **2** ordinário, ruim, malfeito **3** implicante, que incomoda (diz-se de pessoa)

xe.xéu *s.m. B* **1** ZOO japiim **2** *infrm.* mau cheiro corporal; bodum, catinga

xi *interj.* exprime decepção, espanto, desagrado *<xi! começou a chover!>*

xi.bio *s.m.* **1** *MG GO MT MS PR* diamante pequeno **2** *N.E. gros.* vulva

xi.biu *s.m.* xibio ☞ a term. *-iu* é de flexão verbal; prefira escrever essa palavra com final *-io*

xí.ca.ra *s.f.* **1** pequeno recipiente com asa us. esp. para bebidas quentes **2** a quantidade comportada por esse recipiente

xi.foi.de /ói/ *adj.2g.* em forma de espada

xi.fo.pa.gi.a *s.f.* MED deformidade genética que duplica a parte superior do corpo desde o tórax

xi.fó.pa.go *adj.s.m.* (gêmeo) que tem o corpo ligado ao outro na região do tórax e da cabeça

xi.i.ta *adj.2g.s.2g.* **1** REL (membro) de um grupo muçulmano caracterizado pelo zelo extremo da tradição religiosa **2** *fig.* (pessoa) radical, extremista ~ **xiismo** *s.m.*

xi.lin.dró *s.m. B infrm.* prisão, cadeia

xi.lo.fo.ne *s.m.* MÚS instrumento com lâminas de madeira ou metal de tamanhos variados que são percutidas com baqueta ~ **xilofonista** *adj.2g.s.2g.*

xi.lo.gra.far *v.* {mod. 1} *t.d.* xilogravar

xi.lo.gra.fi.a *s.f.* GRÁF ART.PLÁST **1** técnica de gravura em relevo cujos caracteres são entalhados em prancha de madeira e que permite a impressão tipográfica de figura ou texto **2** impressão obtida por esse processo ~ **xilógrafo** *adj.s.m.*

xi.lo.gra.var *v.* {mod. 1} *t.d.* GRÁF ART.PLÁST gravar em madeira (imagem ou texto em relevo), para posterior impressão; xilografar

xi.lo.gra.vu.ra *s.f.* GRÁF ART.PLÁST **1** arte e técnica de fazer gravuras em relevo sobre madeira **2** estampa obtida através dessa técnica ~ **xilogravador** *adj.s.m.* - **xilogravurista** *adj.2g.s.2g.*

xi.man.go *s.m.* ZOO *B* ave de rapina do sul, sudeste e parte do centro-oeste do Brasil

xim.bi.ca *s.f. RJ SP* carro velho; calhambeque

xin.ga.men.to *s.m.* agressão por meio de palavras; ofensa

xin.gar *v.* {mod. 1} *t.d. e t.d.pred.* (prep. *de*) agredir com palavras insultuosas; ofender, tachar *<xingou o cunhado (de maluco)>* ~ **xingação** *s.f.* - **xingatório** *adj.s.m.*

xin.to.ís.mo *s.m.* REL religião japonesa que venera várias divindades representantes das forças da natureza ~ **xintoísta** *adj.2g.s.2g.*

xin.xim [pl.: *-ins*] *s.m.* CUL *B* guisado baiano de carne ou frango com camarão seco, dendê, amendoim e castanha

xi.que.xi.que *s.m.* BOT *B* **1** designação comum a vários arbustos pequenos ou ervas lenhosas, ocorrentes no Brasil e freq. us. como adubo verde **2** certo tipo de cacto de frutos globosos, nativo de Pernambuco e da Bahia

xis *s.m.2n.* nome da letra *x*

xis.to *s.m.* designação comum a certas rochas com a propriedade de dividir-se em finas lâminas ~ **xistoso** *adj.*

xi.xi *s.m. B infrm.* urina

xi-xi-xi ou **xi-xi** *s.m. AC CE PE infrm.* chuva fina, miúda

XML [ing.] *s.m.* INF linguagem us. para codificar documentos eletronicamente e de forma estruturada para armazenagem e envio pela internet ⇒ pronuncia-se *correntemente* xis ême éle

xô *interj.* us. para enxotar aves

xo.dó *s.m. B infrm.* **1** namoro ou namorado **2** afeto especial; estima

xo.te *s.m.* MÚS música e dança populares difundidas esp. no Nordeste, em andamento não muito rápido e ao som de sanfonas

xo.xo.ta *s.f. gros.* vulva

xu.cro *adj.* chucro

X

y *s.m.* **1** 25ª letra (vogal ou semivogal) do nosso alfabeto ☞ us. em símbolos internacionais, em abreviaturas universalmente consagradas, em termos estrangeiros, em etnônimos brasílicos e em derivados de nomes próprios dos quais consta essa letra ■ *n.ord. (adj.2g.2n.)* **2** diz-se do 25º elemento de uma série *<casa Y> <item 1y>* ☞ empr. após um substantivo ou numeral ◉ GRAM/USO na acp. s.m., pl.: *yy*

Y QUÍM símbolo de *ítrio*

yakisoba [jap.] *s.m.* CUL prato japonês de macarrão com carne, legumes e verduras ⇒ pronuncia-se iakissôba

yang [chn.] *s.m.* FIL REL princípio fundamental presente nas manifestações ativas, quentes e luminosas do universo, cuja interação com a força oposta e complementar *yin* influenciou a filosofia, a religião e a medicina chinesas ⇒ pronuncia-se iang

Yb QUÍM símbolo de *itérbio*

yd símbolo de *jarda*

yin [chn.] *s.m.* FIL REL princípio fundamental presente nas manifestações passivas, frias e escuras do universo, cuja interação com a força oposta e complementar *yang* influenciou a filosofia, a religião e a medicina chinesas ⇒ pronuncia-se in

yom kippur [heb.] *loc.subst.* REL entre os judeus, o dia do perdão, dedicado a orações e jejum em busca do perdão divino ☞ iniciais maiúsc. ⇒ pronuncia-se iom kipur

yuppie [pl.: *yuppies*] *adj.2g.s.2g.* diz-se de ou jovem executivo bem remunerado que gasta seu dinheiro em artigos de luxo e atividades caras ⇒ pronuncia-se iâpi

Zz

z *s.m.* **1** 26ª letra (consoante) do nosso alfabeto ■ *n.ord. (adj.2g.2n.)* **2** diz-se do 26º elemento de uma série *<casa Z> <item 1z>* ☞ empr. após um substantivo ou numeral ◉ GRAM/USO na acp. s.m., pl.: *zz*

za.bum.ba *s.m.* MÚS tambor de sonoridade grave, formado por um cilindro de madeira ou metal e duas peles esticadas e presas em cada uma das bases desse cilindro ~ **zabumbar** *v.int.* - **zabumbeiro** *adj.s.m.*

za.ga *s.f.* FUTB **1** a dupla de zagueiros **2** a posição desses jogadores no campo

za.gai.a *s.f.* azagaia

za.guei.ro *s.m.* FUTB jogador da defesa que atua imediatamente à frente do goleiro; beque

zai.no *adj.s.m.* **1** (cavalo) que não apresenta malhas brancas no pelo **2** (animal) de pelagem castanha sem mesclas **3** (cavalo ou touro) que possui pelagem negra e fosca ■ *adj.* **4** que age com dissimulação; matreiro

zam.be.ta /ê/ *adj.2g.s.2g. pej.* que(m) tem as pernas tortas; cambaio

zam.bi *s.m.* HIST zumbi ('chefe')

zam.bo *adj.s.m.* **1** que(m) tem pés ou pernas tortos; cambaio **2** *B* mestiço de negro com índio

zan.ga *s.f.* **1** sensação de mau humor; irritação **2** exaltação de natureza violenta; ira **3** desavença; inimizade

zan.ga.do *adj.* **1** com raiva; bravo, furioso **2** que se zanga com frequência; que mantém uma constante irritação

zan.gão ou **zân.gão** [pl.: *-ões,-ãos*; fem.: *abelha*] *s.m.* ZOO o macho da abelha

zan.gar *v.* {mod. 1} *t.d.,int. e pron.* **1** tornar(-se) irritado, raivoso; aborrecer(-se), irar(-se) □ *t.i.* **2** (prep. *com*) censurar com severidade; repreender, brigar *<zangou com o filho>*

zan.zar *v.* {mod. 1} *int.* **1** andar ao acaso, sem destino certo; errar **2** andar de um lado para outro

za.pe.ar *v.* {mod. 1} *t.d. e int.* trocar a todo minuto de canal de TV para percorrer sua programação

za.ra.ba.ta.na *s.f.* tubo longo para arremessar setas, grãos etc. com o sopro

zar.cão [pl.: *-ões*] *s.m.* **1** produto us. sob a tinta para evitar ferrugem **2** a cor alaranjada forte desse produto ■ *adj.2g.2n.* **3** dessa cor **4** diz-se dessa cor

za.ro.lho /ô/ [pl.: /ó/] *adj.s.m.* **1** que(m) é cego de um olho **2** que(m) é estrábico, vesgo

zar.par *v.* {mod. 1} *int.* **1** partir (uma embarcação) **2** *p.ext.* ir embora; partir, sair **3** retirar-se depressa; fugir

-zarrão *suf.* equivalente a *-arrão*

zar.zu.e.la *s.f.* MÚS TEAT teatro musical espanhol em um ato, ger. com melodias folclóricas e texto irônico

zás ou **zás-trás** *interj.* **1** sugere ação rápida **2** sugere pancada, batida rápida

zê *s.m.* nome da letra *z*

ze.bra /ê/ *s.f.* **1** ZOO mamífero quadrúpede africano, listrado de preto e branco **2** *p.ext.* faixa listrada de preto e branco pintada em ruas, avenidas etc. para o trânsito de pedestres **3** ESP *B infrm.* em competições esportivas, resultado inesperado ▣ **dar z.** *B infrm.* dar um resultado inesperado ou negativo ~ **zebral** *adj.2g.*

ze.bral [pl.: *-ais*] *adj.2g.* zebrino

ze.brar *v.* {mod. 1} *t.d.* **1** cobrir com listras semelhantes às da zebra **2** cobrir com quaisquer listras; listrar

ze.bri.no *adj.* **1** relativo a ou próprio da zebra; zebral **2** caracterizado por ou semelhante ao padrão da pelagem das zebras; zebral

ze.broi.de /ói/ *adj.2g.* **1** relativo ou semelhante a zebra ■ *s.m.* ZOO **2** animal resultante do cruzamento de zebra e cavalo

ze.bru.no *adj.* de cor acastanhada (diz-se de cavalo); baio

ze.bu *adj.2g.s.m.* (espécime) de gado bovino de origem indiana, dotado de uma grande corcova

ze.bu.ei.ro ou **ze.bu.zei.ro** *adj.s.m.* que(m) cria ou negocia gado zebu

zé.fi.ro *s.m.* vento suave; aragem

ze.la.dor /ô/ [pl.: *-es*] *adj.s.m.* **1** que(m) zela, vigia ■ *s.m.* **2** *B* funcionário encarregado de tomar conta de prédios, condomínios etc.

ze.lar *v.* {mod. 1} *t.d. e t.i.* (prep. *por*) tratar com atenção, cuidado e interesse; proteger, velar

ze.lo /ê/ *s.m.* **1** cuidado que se dedica a alguém ou algo **2** presteza, empenho que se aplica na realização de algo **3** intensa afeição **4** ciúme ☞ nesta acp., mais us. no pl.

ze.lo.so /ô/ [pl.: /ó/; fem.: /ó/] *adj.* **1** que demonstra cuidado, esmero, atenção e aplicação no que faz; cuidadoso, diligente **2** que vigia, vela, permanece atento

3 que dispensa grande atenção, afeto, interesse e cuidados para com alguém; atencioso, dedicado **4** cioso, ciumento

zen *s.m.* FIL REL **1** escola do budismo que busca um estado de iluminação pessoal por meio de meditação ou de reflexão sobre absurdos, paradoxos e enigmas insolúveis; zen-budismo ■ *adj.2g.2n.* **2** *p.ext. infrm.* muito tranquilo e confiante

zen-bu.dis.mo [pl.: *zen-budismos*] *s.m.* FIL REL **ZEN** ~ **zen-budista** *adj.2g.s.2g.*

zé-nin.guém [pl.: *zés-ninguém*] *s.m. infrm. pej.* pessoa pobre ou sem importância na sociedade

zê.ni.te *s.m.* ASTR ponto da esfera celeste que se situa na vertical do observador, sobre a sua cabeça

ze.pe.lim [pl.: *-ins*] *s.m.* AER balão dirigível rígido e alongado muito us., na década de 1930, em travessias transatlânticas com passageiro

zé-pe.rei.ra [pl.: *zé-pereiras* e *zés-pereiras*] *s.m.* *B* **1** antigo bloco de foliões animado ao som de zabumbas **2** *p.ext.* ritmo carnavalesco executado em zabumba

zé-po.vi.nho [pl.: *zé-povinhos* e *zés-povinhos*] *s.m.* **1** *infrm.* homem do povo **2** *pej.* a camada mais humilde da população; ralé

ze.rar *v.* {mod. 1} *t.d.* **1** pagar, quitar (contas, dívidas etc.) **2** retirar o total de (dinheiro, conta bancária etc.) □ *t.d. e t.i.* **3** (prep. *em*) dar a ou obter nota zero em

ze.ro *n.card.* **1** cardinal que corresponde a um conjunto vazio **2** diz-se desse número *<roupa tamanho z.>* **3** diz-se do elemento inicial de uma série *<volume z.>* ■ *s.m.* **4** a representação gráfica desse número **5** ponto inicial de contagem, medida etc. **6** coisa nenhuma; nada ▣ **z. absoluto** FÍS a menor temperatura que, em teoria, é possível atingir, e corresponde ao zero na escala Kelvin e a 273,15 graus negativos na escala Celsius • **z. à esquerda** pessoa sem valor, ineficiente, imprestável

ze.ro-qui.lô.me.tro *adj.2g.2n.s.m.2n.* **1** (veículo) que ainda não percorreu nenhuma distância ■ *adj.2g.2n.* **2** novo em folha

zi.go.ma *s.m.* ANAT osso quadrangular que constitui as maçãs do rosto ~ **zigomático** *adj.*

zi.go.to /ô *ou* ó/ *s.m.* BIO primeira célula gerada da união dos gametas masculino e feminino

zi.gue-za.gue [pl.: *zigue-zagues*] *s.m.* **1** linha que sobe e desce formando ângulos **2** traçado que lembra essa forma ~ **ziguezagueante** *adj.2g.* - **ziguezaguear** *v.int.*

zi.lhão [pl.: *-ões*] *n.mult. infrm.* **1** falso numeral multiplicativo que descreve um grande número indeterminado de algo ■ *s.m. infrm.* **2** grande quantidade

zim.bó.rio *s.m.* ARQ parte superior externa da cúpula de grandes edifícios, esp. de igrejas; cúpula, domo

zim.bro *s.m.* BOT arbusto cuja pinha é doce e aromática, esp. us. no preparo do gim e na aromatização de licores

zi.na.bre *s.m.* azinhavre

zin.car *v.* {mod. 1} *t.d.* revestir (esp. metal) com capa de zinco

zin.co *s.m.* **1** QUÍM elemento químico us. em várias ligas, calhas e telhados, em pilhas secas etc. [símb.: *Zn*] ☞ cf. *tabela periódica* (no fim do dicionário) **2** chapa ou folha desse metal, us. para cobrir construções *<telhado de z.>*

zín.ga.ro *adj.* **1** relativo ou próprio do povo cigano ■ *s.m.* **2** cigano ('indivíduo')

-zinho *suf.* equivalente a *-inho*

zi.par *v.* {mod. 1} *t.d.* INF compactar (arquivo) para armazenamento de dados ou transmissão via *modem*

zí.per [pl.: *zíperes*] *s.m.* fecho ecler ☞ marca registrada (ing. *Zipper*) que passou a designar o seu gênero

zir.cô.nio *s.m.* QUÍM elemento químico us. em ligas que resistem à corrosão, como as necessárias à construção de barcos, reatores nucleares etc. [símb.: *Zr*] ☞ cf. *tabela periódica* (no fim do dicionário)

-zito *suf.* equivalente a *-ito* ('diminuição')

zi.zi.ar *v.* {mod. 1} *int.* **1** emitir seu ruído característico (p.ex., cigarra, gafanhoto) ☞ nesta acp., só us. nas 3as p., exceto quando fig. **2** produzir som agudo, longo e sibilante; zunir ~ **ziziamento** *s.m.* - **zizio** *s.m.*

Zn QUÍM símbolo de *zinco*

zo.a.da *s.f.* **1** som confuso; barulheira, zoeira **2** zumbido

zo.ar *v.* {mod. 1} *int.* **1** fazer barulho, produzir som forte e confuso **2** fazer ruído ao voar (p.ex., besouro, mosca); zumbir ☞ nesta acp., só us. nas 3as p., exceto quando fig. **3** produzir ruído semelhante ao dos insetos; zumbir □ *t.d.,t.i. e int.* *B gír.* **4** (prep. *com*) rir de (alguém) ou fazer brincadeira, por divertimento; gozar *<zoava (com) o irmão mais novo>* *<está só zoando, não é?>*

zo.dí.a.co *s.m.* ASTRL faixa da esfera celeste dividida em 12 partes iguais, sendo cada uma delas nomeada conforme a constelação mais próxima ☞ cf. *signo* ~ **zodiacal** *adj.2g.*

zo.ei.ra *s.f.* zoada

zom.bar *v.* {mod. 1} *t.i. e int.* **1** (prep. *de*) expor ao ridículo com gestos, palavras etc.; debochar, caçoar *<z. dos defeitos de alguém>* *<você está zombando, não é?>* **2** (prep. *de*) tratar com menosprezo; desdenhar *<o hábito de z. (dos menos favorecidos) revela falta de caráter>* **3** (prep. *de*) dizer em tom de brincadeira; brincar *<a criançada zomba do palhaço>* *<para de z., é sério>* □ *t.i. p.ext.* **4** (prep. *de*) não dar importância a; desprezar *<z. do perigo>* ~ **zombador** *adj.s.m.*

zom.ba.ri.a *s.f.* **1** o que é dito ou feito com intenção de provocar riso; caçoada *<sem z., pois a situação é grave>* **2** desprezo, escárnio **3** o que é objeto de troça, desdém, ironia *<servia de z. aos colegas>*

zom.be.tei.ro *adj.s.m.* **1** (o) que faz zombaria; brincalhão ■ *adj.* **2** em que há zombaria, troça, ironia *<sorriso z.>*

zo.na *s.f.* **1** região delimitada; faixa **2** GEO região com características particulares *<z. da mata>* **3** *B infrm.* local de prostituição **4** *B infrm.* bagunça, desordem *<o quarto está uma z.>* ▣ **z. franca** ECON área beneficiada com isenção de impostos ou redução de tarifas alfandegárias sobre produtos importados ~**zonal** *adj.2g.*

zo.ne.ar *v.* {mod. 5} *t.d.* **1** separar, delimitar ou distribuir por zonas ☐ *t.d. e int. B gír.* **2** (fazer) ficar em desordem; bagunçar *<esses meninos gostam de z. (a casa)>* **3** promover tumulto, confusão (em) *<vieram só para z. (a festa)>*

zon.zei.ra *s.f.* tontura, vertigem

zon.zo *adj.* **1** com tonteira *<sentiu-se z. ao levantar>* **2** que se atordoou; desnorteado *<ficou z. com a notícia>*

zo.o /ô/ *s.m.* forma reduzida de jardim zoológico

zo.o.fa.gi.a *s.f.* ZOO hábito alimentar de certos animais que ingerem a presa ainda viva ~ **zoofágico** *adj.* - **zoófago** *adj.s.m.*

zo.o.fi.li.a *s.f.* **1** amizade, amor aos animais ☞ cf. *zoofobia* **2** BOT polinização feita por animais ~**zoófilo** *adj.s.m.*

zo.o.fo.bi.a *s.f.* MED horror, medo doentio de animais ☞ cf. *zoofilia* ~**zoófobo** *adj.s.m.*

zo.o.la.tri.a *s.f.* **1** adoração por animais **2** REL culto a animais considerados como manifestações de divindades ~**zoólatra** *adj.2g.s.2g.*

zo.ó.li.te ou **zo.ó.li.to** *s.m.* GEOL MINER qualquer animal ou parte de um animal fossilizado ~**zoolítico** *adj.*

zo.o.lo.gi.a *s.f.* BIO ramo da biologia que estuda os animais ~**zoologista** *adj.2g.s.2g.* - **zoólogo** *s.m.*

zo.o.ló.gi.co *adj.* **1** relativo à zoologia ■ *s.m.* **2** *jardim zoológico*

zoom [ing.; pl.: *zooms*] *s.m.* CINE FOT TV ***ZUM*** ⇒ pronuncia-se zum

zo.o.plânc.ton [pl.: *zooplânctones* e *zooplânctons*] *s.m.* BIO conjunto de pequenos animais que vivem em suspensão nas águas doces, salobras e marinhas, sem tocar no fundo

zo.o.tec.ni.a *s.f.* ZOO **1** ciência da produção, criação, trato, domesticação ou manejo de animais **2** ciência que visa ao aumento da produtividade e da rentabilidade na criação de animais economicamente úteis **3** ciência voltada ao aperfeiçoamento genético de animais economicamente úteis ~**zootécnico** *adj.s.m.*

zor.ra /ô/ *s.f.* **1** carro baixo e resistente us. para o transporte de cargas pesadas **2** RECR piorra **3** *B infrm.* barulheira; bagunça *<a reunião foi uma z.>*

Zr QUÍM símbolo de *zircônio*

zu.ar.te *s.m.* tecido de algodão encorpado e sem refinamento, ger. azul ou preto

zum [pl.: *zuns*] *s.m.* CINE FOT TV **1** efeito de afastamento ou aproximação sucessiva obtido pela variedade de planos com uma câmera ■ *s.f.* CINE FOT TV **2** objetiva especial que permite obter os efeitos de afastamento ou aproximação sucessiva graças à sua distância focal, que, ajustada de forma contínua, oferece vários graus de ampliação sem prejuízo do foco

zum.bai.a *s.f.* salamaleque

zum.bi *s.m.* **1** personagem de forma humana ressuscitado por poderes sobrenaturais, capaz apenas de movimentos automáticos *<adorava filmes de zumbis>* **2** *fig.* indivíduo de comportamento maquinal, como se não tivesse consciência ou vontade própria **3** HIST título do chefe de um quilombo; zambi

zum.bi.do *s.m.* **1** ruído de abelha, besouro etc. **2** qualquer ruído semelhante ao dos insetos; zoada

zum.bir *v.* {mod. 24} *int.* **1** fazer ruído ao voar (p.ex., besouro, mosca); zoar, zunir *<um mosquito zumbiu a noite inteira>* ☞ nesta acp., só us. nas 3ªs p., exceto quando fig. **2** produzir ruído semelhante ao de um inseto; zoar **3** *fig.* perceber (o ouvido) som como um zumbido; zunir *<com o som estridente da serra, seus ouvidos zumbiam>*

zum-zum [pl.: *zum-zuns*] ou **zum-zum-zum** [pl.: *zum-zum-zuns*] *s.m.* **1** zumbido **2** *infrm.* boato, falatório *<estava cansada dos z. do escritório>*

zu.ni.do *s.m.* zumbido

zu.nir *v.* {mod. 24} *int.* **1** movimentar-se produzindo ruído agudo, sibilante; assobiar *<o vento zunia pelas frestas>* **2** zumbir **3** *B* partir ou deslocar-se com pressa, rapidez; correr *<como estavam distantes da cidade, os carros zuniam>* ☐ *t.d. e t.d.i. B* **4** (prep. *em*) atirar (algo) com força (em); arremessar *<o menino, com raiva, zuniu a pedra (no vizinho)>*

zu.ra *adj.2g.s.2g. B infrm.* avarento, sovina

zu.re.ta /ê/ *adj.2g.s.2g. infrm.* **1** (indivíduo) amalucado, doido *<ficou z. com a pancada na cabeça>* **2** (indivíduo) aborrecido, indignado *<estava z. com o desrespeito dos colegas>*

zur.ra.pa *s.f.* **1** vinho ruim ou estragado **2** *p.ext.* qualquer bebida de má qualidade ■ *adj.2g.* **3** de má qualidade; ordinário

zur.rar *v.* {mod. 1} *int.* soltar a voz (esp. burro, jumento) ◉ GRAM/USO só us. nas 3ªs p., exceto quando fig. ~**zurrador** *adj.s.m.*

zur.ro *s.m.* voz do burro

zu.ru.ó *adj. AC N.E. infrm.* confuso, transtornado

zur.zir *v.* {mod. 24} *t.d.* **1** bater com chibata, vara etc.; açoitar *<z. um cavalo>* **2** dar golpes violentos em; espancar **3** *fig.* causar dor ou sofrimento a; magoar **4** impor pena ou castigo a; punir **5** repreender com severidade

Adendos 1

Minienciclopédia

Adendos 2

Adendos 1

I • Correspondência de medidas

❶ lineares

1 polegada = 2,54 centímetros
1 pé = 12 polegadas = 30,48 centímetros
1 jarda = 3 pés = 91,44 centímetros
1 milha (inglesa) = 1.609,30 metros
1 milha náutica (nó) = 1.853 metros
1 légua terrestre = 3 milhas = 4.827 metros
1 légua marítima = 3 nós = 5.559 metros
1 quilômetro = 1.000 metros

❷ de superfície

1 polegada quadrada = 6,45 centímetros quadrados
1 pé quadrado = 929,03 centímetros quadrados
1 quilômetro quadrado = 1.000.000 de metros quadrados
1 hectare = 10.000 metros quadrados
1 alqueire mineiro = 4,84 hectares = 48.400 metros quadrados
1 alqueire paulista = 2,42 hectares = 24.200 metros quadrados

❸ de volume líquido

1 galão inglês = 4,54 litros
1 galão americano = 3,78 litros
1 barril = 42 galões americanos = 159 litros
1 *pint* = 1/8 galão inglês = 0,568 litro

❹ de volume sólido

1 *bushel* = 8 galões ingleses = 36,37 litros

❺ de peso comum

1 onça = 1/16 libra = 28,35 gramas
1 libra = 453,60 gramas
1 tonelada inglesa = 2.240 libras = 1.016 quilos
1 tonelada americana = 2.000 libras = 907,20 quilos

❻ de peso de pedras preciosas

1 quilate = 200 miligramas
1 onça *troy* = 31,10 gramas
1 libra = 12 onças *troy* = 373,20 gramas
1 grão = 64,80 gramas

II • Unidades de base

Comprimento: metro (m)
Massa: quilograma (kg)
Tempo: segundo (s)
Intensidade de corrente elétrica: ampere (A)
Temperatura termodinâmica: Kelvin (K)
Intensidade luminosa: candela (cd)
Quantidade de matéria: mol (mol)

III • Unidades derivadas

Superfície: metro quadrado
Volume: metro cúbico
Velocidade: metro por segundo
Aceleração: metro por segundo ao quadrado
Densidade: quilograma por metro cúbico
Frequência: hertz
Força: newton
Pressão: quilograma por metro quadrado
Energia, trabalho, quantidade de calor: joule
Potência: watt
Tensão elétrica, potencial elétrico: volt
Resistência elétrica: ohm
Capacitância: farad

IV • Quadro de algarismos

arábico	romano
1	I
2	II
3	III
4	IV (IIII)
5	V
6	VI
7	VII
8	VIII
9	IX (VIIII)
10	X
11	XI
12	XII
13	XIII
14	XIV (XIIII)
15	XV
16	XVI
17	XVII
18	XVIII
19	XIX (XVIIII)
20	XX
21	XXI
25	XXV
29	XXIX (XXVIIII)

arábico	romano
30	XXX
40	XL (XXXX)
50	L
60	LX
70	LXX
80	LXXX
90	XC (LXXXX)
100	C
101	CI
105	CV
110	CX

arábico	romano
200	CC
300	CCC
400	CD (CCCC)
500	D
600	DC
700	DCC
800	DCCC
900	CM (DCCCC)
1.000	M
2.000	MM
3.000	MMM

V • Quadro dos numerais

nº	cardinal	ordinal	fracionário
1	um	primeiro	—
2	dois	segundo	meio
3	três	terceiro	terço
4	quatro	quarto	quarto
5	cinco	quinto	quinto
6	seis	sexto	sexto
7	sete	sétimo	sétimo
8	oito	oitavo	oitavo
9	nove	nono	nono
10	dez	décimo	décimo
11	onze	undécimo ou décimo primeiro	onze avos
12	doze	duodécimo ou décimo segundo	doze avos
13	treze	décimo terceiro	treze avos
14	catorze (quatorze)	décimo quarto	catorze (quatorze) avos
15	quinze	décimo quinto	quinze avos
16	dezesseis	décimo sexto	dezesseis avos
17	dezessete	décimo sétimo	dezessete avos
18	dezoito	décimo oitavo	dezoito avos
19	dezenove	décimo nono	dezenove avos
20	vinte	vigésimo	vinte avos ou vigésimo
21	vinte e um	vigésimo primeiro	vinte e um avos
30	trinta	trigésimo	trinta avos ou trigésimo
31	trinta e um	trigésimo primeiro	trinta e um avos
40	quarenta	quadragésimo	quarenta avos ou quadragésimo
41	quarenta e um	quadragésimo primeiro	quarenta e um avos
50	cinquenta	quinquagésimo	cinquenta avos ou quinquagésimo
51	cinquenta e um	quinquagésimo primeiro	cinquenta e um avos
60	sessenta	sexagésimo	sessenta avos ou sexagésimo
61	sessenta e um	sexagésimo primeiro	sessenta e um avos
70	setenta	septuagésimo	setenta avos ou septuagésimo
71	setenta e um	septuagésimo primeiro	setenta e um avos
80	oitenta	octogésimo	oitenta avos ou octogésimo
81	oitenta e um	octogésimo primeiro	oitenta e um avos

nº	cardinal	ordinal	fracionário
90	noventa	nonagésimo	noventa avos ou nonagésimo
91	noventa e um	nonagésimo primeiro	noventa e um avos
100	cem	centésimo	cem avos ou centésimo
101	cento e um	centésimo primeiro	cento e um avos
200	duzentos	ducentésimo	duzentos avos ou ducentésimo
300	trezentos	trecentésimo ou tricentésimo	trezentos avos ou trecentésimo
400	quatrocentos	quadringentésimo	quatrocentos avos ou quadringentésimo
500	quinhentos	quingentésimo	quinhentos avos ou quingentésimo
600	seiscentos	sexcentésimo ou seiscentésimo	seiscentos avos ou sexcentésimo
700	setecentos	septingentésimo ou setingentésimo	setecentos avos ou septingentésimo
800	oitocentos	octingentésimo	oitocentos avos ou octingentésimo
900	novecentos	nongentésimo ou noningentésimo	novecentos avos ou nongentésimo
1.000	mil	milésimo	milésimo
2.000	dois mil	segundo milésimo ou bismilésimo	dois mil avos ou bismilésimo
3.000	três mil	terceiro milésimo	três mil avos
4.000	quatro mil	quarto milésimo	quatro mil avos
5.000	cinco mil	quinto milésimo	cinco mil avos
6.000	seis mil	sexto milésimo	seis mil avos
7.000	sete mil	sétimo milésimo	sete mil avos
8.000	oito mil	oitavo milésimo	oito mil avos
9.000	nove mil	nono milésimo	nove mil avos
10.000	dez mil	décimo milésimo	dez mil avos
20.000	vinte mil	vigésimo milésimo	vinte mil avos
100.000	cem mil	centésimo milésimo	cem mil avos
200.000	duzentos mil	ducentésimo milésimo	duzentos mil avos
1.000.000	um milhão	milionésimo	milionésimo
10.000.000	dez milhões	décimo milionésimo	dez milhões de avos
10^9	um bilhão	bilionésimo	bilionésimo
10^{12}	um trilhão	trilionésimo	trilionésimo

VI • Lista de elementos químicos

nome	símbolo	nº atômico
Actínio	Ac	89
Alumínio	Al	13
Amerício	Am	95
Antimônio	Sb	51
Argônio	Ar	18
Arsênio	As	33
Ástato	At	85
Bário	Ba	56
Berílio	Be	4
Berquélio	Bk	97
Bismuto	Bi	83
Bóhrio	Bh	107
Boro	B	5
Bromo	Br	35

nome	símbolo	nº atômico
Cádmio	Cd	48
Cálcio	Ca	20
Califórnio	Cf	98
Carbono	C	6
Cério	Ce	58
Césio	Cs	55
Chumbo	Pb	82
Cloro	Cl	17
Cobalto	Co	27
Cobre	Cu	29
Copernício	Cn	112
Criptônio	Kr	36
Cromo	Cr	24
Cúrio	Cm	96

nome	símbolo	nº atômico
Darmstádtio	Ds	110
Disprósio	Dy	66
Dúbnio	Db	105
Einstênio	Es	99
Enxofre	S	16
Érbio	Er	68
Escândio	Sc	21
Estanho	Sn	50
Estrôncio	Sr	38
Európio	Eu	63
Férmio	Fm	100
Ferro	Fe	26
Fleróvio	Fl	114
Flúor	F	9
Fósforo	P	15
Frâncio	Fr	87
Gadolínio	Gd	64
Gálio	Ga	31
Germânio	Ge	32
Háfnio	Hf	72
Hássio	Hs	108
Hélio	He	2
Hidrogênio	H	1
Hólmio	Ho	67
Índio	In	49
Iodo	I	53
Irídio	Ir	77
Itérbio	Yb	70
Ítrio	Y	39
Lantânio	La	57
Laurêncio	Lr	103
Lítio	Li	3
Livermório	Lv	116
Lutécio	Lu	71
Magnésio	Mg	12
Manganês	Mn	25
Meitnério	Mt	109
Mendelévio	Md	101
Mercúrio	Hg	80
Molibdênio	Mo	42
Moscóvio	Mc	115
Neodímio	Nd	60
Neônio	Ne	10
Netúnio	Np	93
Nihônio	Nh	113
Nióbio	Nb	41

nome	símbolo	nº atômico
Níquel	Ni	28
Nitrogênio	N	7
Nobélio	No	102
Oganessônio	Og	118
Ósmio	Os	76
Ouro	Au	79
Oxigênio	O	8
Paládio	Pd	46
Platina	Pt	78
Plutônio	Pu	94
Polônio	Po	84
Potássio	K	19
Praseodímio	Pr	59
Prata	Ag	47
Promécio	Pm	61
Protactínio	Pa	91
Rádio	Ra	88
Radônio	Rn	86
Rênio	Re	75
Ródio	Rh	45
Roentgênio	Rg	111
Rubídio	Rb	37
Rutênio	Ru	44
Rutherfórdio	Rf	104
Samário	Sm	62
Seabórgio	Sg	106
Selênio	Se	34
Silício	Si	14
Sódio	Na	11
Tálio	Tl	81
Tântalo	Ta	73
Tecnécio	Tc	43
Telúrio	Te	52
Tenesso	Ts	117
Térbio	Tb	65
Titânio	Ti	22
Tório	Th	90
Túlio	Tm	69
Tungstênio	W	74
Urânio	U	92
Vanádio	V	23
Xenônio	Xe	54
Zinco	Zn	30
Zircônio	Zr	40

Em *itálico*, os elementos artificiais.

VII • Tabela periódica

- Número atômico — 1
- Símbolo — H
- Nome — Hidrogênio
- Massa atômica — 1,0
- Distribuição eletrônica — 1

1	2	3	4	5	6	7	8	9	10	11	12	13	14	15	16	17	18
1 H Hidrogênio 1,0 1																	2 He Hélio 4,0 2
3 Li Lítio 6,9 2 1	4 Be Berílio 9,0 2 2											5 B Boro 10,8 2 3	6 C Carbono 12,0 2 4	7 N Nitrogênio 14,0 2 5	8 O Oxigênio 16,0 2 6	9 F Flúor 19,0 2 7	10 Ne Neônio 20,2 2 8
11 Na Sódio 23,0 2 8 1	12 Mg Magnésio 24,3 2 8 2											13 Al Alumínio 27,0 2 8 3	14 Si Silício 28,1 2 8 4	15 P Fósforo 31,0 2 8 5	16 S Enxofre 32,1 2 8 6	17 Cl Cloro 35,5 2 8 7	18 Ar Argônio 39,9 2 8 8
19 K Potássio 39,1 2 8 8 1	20 Ca Cálcio 40,1 2 8 8 2	21 Sc Escândio 45,0 2 8 9 2	22 Ti Titânio 47,9 2 8 10 2	23 V Vanádio 50,9 2 8 11 2	24 Cr Cromo 52,0 2 8 13 1	25 Mn Manganês 54,9 2 8 13 2	26 Fe Ferro 55,8 2 8 14 2	27 Co Cobalto 58,9 2 8 15 2	28 Ni Níquel 58,7 2 8 16 2	29 Cu Cobre 63,6 2 8 18 1	30 Zn Zinco 65,6 2 8 18 2	31 Ga Gálio 69,7 2 8 18 3	32 Ge Germânio 72,6 2 8 18 4	33 As Arsênio 74,9 2 8 18 5	34 Se Selênio 79,0 2 8 18 6	35 Br Bromo 79,9 2 8 18 7	36 Kr Criptônio 83,8 2 8 18 8
37 Rb Rubídio 85,5 2 8 18 8 1	38 Sr Estrôncio 87,6 2 8 18 8 2	39 Y Ítrio 88,9 2 8 18 9 2	40 Zr Zircônio 91,2 2 8 18 10 2	41 Nb Nióbio 92,9 2 8 18 12 1	42 Mo Molibdênio 96,0 2 8 18 13 1	43 Tc Tecnécio 2 8 18 13 2	44 Ru Rutênio 101,1 2 8 18 15 1	45 Rh Ródio 102,9 2 8 18 16 1	46 Pd Paládio 106,4 2 8 18 18	47 Ag Prata 107,9 2 8 18 18 1	48 Cd Cádmio 112,4 2 8 18 18 2	49 In Índio 114,8 2 8 18 18 3	50 Sn Estanho 118,7 2 8 18 18 4	51 Sb Antimônio 121,8 2 8 18 18 5	52 Te Telúrio 127,6 2 8 18 18 6	53 I Iodo 126,9 2 8 18 18 7	54 Xe Xenônio 131,3 2 8 18 18 8
55 Cs Césio 132,9 2 8 18 18 8 1	56 Ba Bário 137,3 2 8 18 18 8 2	57—71 Lantanídeos	72 Hf Háfnio 178,5 2 8 18 32 10 2	73 Ta Tântalo 180,9 2 8 18 32 11 2	74 W Tungstênio 183,8 2 8 18 32 12 2	75 Re Rênio 186,2 2 8 18 32 13 2	76 Os Ósmio 190,2 2 8 18 32 14 2	77 Ir Irídio 192,2 2 8 18 32 15 2	78 Pt Platina 195,1 2 8 18 32 17 1	79 Au Ouro 197,0 2 8 18 32 18 1	80 Hg Mercúrio 200,6 2 8 18 32 18 2	81 Tl Tálio 204,4 2 8 18 32 18 3	82 Pb Chumbo 207,2 2 8 18 32 18 4	83 Bi Bismuto 209,0 2 8 18 32 18 5	84 Po Polônio 2 8 18 32 18 6	85 At Ástato 2 8 18 32 18 7	86 Rn Radônio 2 8 18 32 18 8
87 Fr Frâncio 2 8 18 32 18 8 1	88 Ra Rádio 2 8 18 32 18 8 2	89—103 Actinídeos	104 Rf Rutherfórdio 2 8 18 32 32 10 2	105 Db Dúbnio 2 8 18 32 32 11 2	106 Sg Seabórgio 2 8 18 32 32 12 2	107 Bh Bóhrio 2 8 18 32 32 13 2	108 Hs Hássio 2 8 18 32 32 14 2	109 Mt Meitnério 2 8 18 32 32 15 2	110 Ds Darmstádtio 2 8 18 32 32 16 2	111 Rg Roentgênio 2 8 18 32 32 18 1	112 Cn Copernício 2 8 18 32 32 18 2	113 Nh Nihônio 2 8 18 32 32 18 3	114 Fl Fleróvio 2 8 18 32 32 18 4	115 Mc Moscóvio 2 8 18 32 32 18 5	116 Lv Livermório 2 8 18 32 32 18 6	117 Ts Tenesso 2 8 18 32 32 18 7	118 Og Oganessônio 2 8 18 32 32 18 8

57 La Lantânio 138,9 2 8 18 18 9 2	58 Ce Cério 140,1 2 8 18 19 9 2	59 Pr Praseodímio 140,9 2 8 18 21 8 2	60 Nd Neodímio 144,2 2 8 18 22 8 2	61 Pm Promécio 2 8 18 23 8 2	62 Sm Samário 150,4 2 8 18 24 8 2	63 Eu Európio 152,0 2 8 18 25 8 2	64 Gd Gadolínio 157,3 2 8 18 25 9 2	65 Tb Térbio 158,9 2 8 18 27 8 2	66 Dy Disprósio 162,5 2 8 18 28 8 2	67 Ho Hólmio 164,9 2 8 18 29 8 2	68 Er Érbio 167,3 2 8 18 30 8 2	69 Tm Túlio 168,9 2 8 18 31 8 2	70 Yb Itérbio 173,1 2 8 18 32 8 2	71 Lu Lutécio 175,0 2 8 18 32 9 2
89 Ac Actínio 2 8 18 32 18 9 2	90 Th Tório 232,0 2 8 18 32 18 10 2	91 Pa Protactínio 231,0 2 8 18 32 20 9 2	92 U Urânio 238,0 2 8 18 32 21 9 2	93 Np Netúnio 2 8 18 32 22 9 2	94 Pu Plutônio 2 8 18 32 24 8 2	95 Am Amerício 2 8 18 32 25 8 2	96 Cm Cúrio 2 8 18 32 25 9 2	97 Bk Berquélio 2 8 18 32 27 8 2	98 Cf Califórnio 2 8 18 32 28 8 2	99 Es Einstênio 2 8 18 32 29 8 2	100 Fm Férmio 2 8 18 32 30 8 2	101 Md Mendelévio 2 8 18 32 31 8 2	102 No Nobélio 2 8 18 32 32 8 2	103 Lr Laurêncio 2 8 18 32 32 9 2

Para os elementos químicos de número atômico 104 a 118, as distribuições eletrônicas são hipotéticas.

Fonte consultada: IUPAC. *Periodic table of the elements.* Disponível em: <https://iupac.org/what-we-do/periodic-table-of-elements/>. Acesso em: 10 out. 2019.

Minienciclopédia

Vera Lúcia Coelho Villar
Fabrício Neves

Esta é uma pequena enciclopédia com 2.265 entradas, selecionadas para suprir de informação os leitores, e que versa sobre personalidades (escritores, artistas, políticos etc.), cenas da história, dados geográficos e de cultura geral. Todas as cidades brasileiras com mais de 50 mil habitantes têm verbetes com seus dados de produção, turismo, bens tombados etc. Do mesmo modo, os países do mundo ganharam resumos. Os dados sobre o Brasil foram extraídos das estimativas do IBGE em 2019 (População e Indicadores Sociais), da Agência Nacional de Energia Elétrica (Banco de Informações sobre Geração), da Agência Nacional de Transportes Terrestres (ferrovias) e da Confederação Nacional do Transporte (rodovias), segundo as últimas atualizações até a conclusão desta obra. Os dados referentes ao mundo foram obtidos em fontes muito recentes disponíveis: ©2019 United Nations Statistics Division; ©2019 World Population Review; ©2019 ENCYCLOPÆDIA BRITANNICA e Ministério das Relações Exteriores – Portal Consular do Itamaraty.

A grafia de topônimos, como *Aquirás, Camarajibe, Campos de Goitacases, Itaquatiara, Majé, Moçoró, Mojiguaçu, Mojimirim, Piraçununga, Susana* não segue, nesta minienciclopédia, tal ortografia, preconizada como preferencial pelo *Vocabulário Onomástico da Língua Portuguesa* da Academia Brasileira de Letras (1999), mas sim a que ocorre no registro atual do IBGE. Quanto aos nomes das pessoas biografadas, a averbação foi feita, salvo casos especiais, seguindo as regras de correção da língua; não leva, portanto, em consideração a forma dos registros feitos em cartório, quando diferentes dessas regras, nem reproduz ortografias antigas.

Alguns adendos finalizam esta segunda parte da obra, incluindo os pontos mais altos do Brasil e um quadro de países/nacionalidade/idiomas/moedas.

Aachen, Aix-la-Chapelle para os franceses, cidade da Alemanha. Foi capital do império de Carlos Magno, que ali morreu. Termas.

Abaeté, lagoa situada em Salvador BA, famosa pelo contraste de suas águas escuras com as areias brancas.

Abaetetuba (PA), município com 1.610,4 km², no nordeste paraense. Desmembrado de Belém e instalado (1883) com o antigo nome de Abaeté, obteve o nome definitivo em 1944. Hab.: 157.698 (2019).

ABC (região do), região industrial do Estado de São Paulo, formada pelos municípios de Santo André, São Bernardo do Campo e São Caetano do Sul; por vezes inclui-se o município de Diadema, mudando a sigla para ABCD.

Abel, filho de Adão e Eva, que, segundo a Bíblia, foi morto pelo irmão, Caim.

Abertura dos Portos, ato (28/1/1808) do príncipe regente português D. João, mais tarde rei D. João VI, o Clemente, suspendendo o monopólio português e abrindo os portos brasileiros às nações amigas, esp. a Inglaterra.

ABI sigla de *Associação Brasileira de Imprensa*

Abissínia, antigo nome da *Etiópia*.

ABL sigla de *Academia Brasileira de Letras*

ABNT sigla de *Associação Brasileira de Normas Técnicas*

Abolicionismo, movimento pela extinção do trabalho escravo, cuja figura principal no Brasil foi Joaquim Nabuco, e que culminou com a promulgação da Lei Áurea (13/5/1888).

Abraão, patriarca hebreu, uma das figuras importantes do Antigo Testamento da Bíblja, cuja obediência foi testada por Deus, que lhe ordenou o sacrifício do filho Isaac.

Abrafil sigla de *Academia Brasileira de Filologia*

Abrantes (Miguel Calmon Du Pin e Almeida, **marquês de**) [Santo Amaro BA, 1794 ou 1796 — Rio de Janeiro RJ, 1865], diplomata e estadista brasileiro, várias vezes ministro e defensor do Brasil em causas internacionais.

Abreu, João **Capistrano** Honório **de** [Maranguape CE, 1853 — Rio de Janeiro RJ, 1927], historiador e pesquisador brasileiro. Obras: *O descobrimento do Brasil e o seu desenvolvimento no século XVI*, *Capítulos de história colonial* etc.

Abreu, **Casimiro** José Marques **de** [Capivari, atual Barra de São João RJ, 1839 — Nova Friburgo RJ, 1860], poeta romântico brasileiro, compôs esp. versos sobre a infância, a vida em família e a saudade da pátria, reunidos em um único livro, *Primaveras*. Patrono da cadeira 6 da ABL.

Abreu, **Manoel** Dias **de** [São Paulo SP, 1894 — Rio de Janeiro RJ, 1962], médico e cientista brasileiro, inventor da *abreugrafia*, método de fixação fotográfica da imagem radioscópica.

Abreu, José Gomes de (dito **Zequinha de**) [Santa Rita do Passa Quatro SP, 1880 — São Paulo SP, 1935], pianista e compositor popular brasileiro, autor de maxixes, valsas, como *Tardes de Lindoia*, e choros, como o *Tico-tico no fubá*.

Abreu e Lima (PE), município com 126,1 km², situado na região metropolitana do Recife. Hab.: 99.990 (2019).

Abrolhos (arquipélago dos), área de proteção ambiental composta de cinco ilhas (Guarita, Sueste, Siriba, Sta. Bárbara e Redonda), situada no sul da Bahia, 70 km ao largo do município de Caravelas BA.

Academia Brasileira de Ciências (ABC), instituição científica privada fundada em 1916, no Rio de Janeiro, com o nome de Sociedade Brasileira de Ciências. Possui centenas de membros titulares e associados. Publicações: *Anais da Academia Brasileira de Ciências* e *Revista Brasileira de Biologia*.

Academia Brasileira de Filologia (Abrafil), entidade cultural fundada em 1944, no Rio de Janeiro, com o objetivo de estudar a língua e seus documentos e estabelecer a autenticidade de textos literários. Compõe-se de 40 membros vitalícios, brasileiros, e de sócios correspondentes, do país e estrangeiros.

Academia Brasileira de Letras (ABL), instituição criada por Machado de Assis e Lúcio de Mendonça, no Rio de Janeiro (1896), com a finalidade de preservar a língua e a literatura nacionais, e composta de 40 membros efetivos e perpétuos. Publica atualmente: *Revista brasileira*, *Discursos acadêmicos*, *Vocabulário ortográfico da língua portuguesa* etc.

Academia Brasileira de Música (ABM), instituição fundada pelo compositor Heitor Villa-Lobos, no Rio de Janeiro (1945), e constituída de 40 membros, personalidades de destaque nas áreas da composição e educação musical, da interpretação e da musicologia.

Academia Nacional de Medicina (ANM), sociedade fundada em 1829 sob o nome de Sociedade de Medicina do Rio de Janeiro, que promove o estudo das ciências médicas e colabora com o governo como órgão consultivo em questões de saúde pública. Conta com 100 membros titulares. Publicação: *Boletim Informativo da Academia Nacional de Medicina*.

Açailândia (MA), município com 5.806,4 km², situado na divisa com o Estado do Pará, na área de transição de palmeiras e cerrados para a Floresta Amazônica. Hab.: 112.445 (2019).

Ação Integralista Brasileira (1932-1938), organização política de âmbito nacional inspirada no fascismo italiano, fundada por Plínio Salgado.

Acará (PA), município com 4.343,8 km²; a Denpasa cultiva ali palma para a produção de óleo. Hab.: 55.591 (2019).

Acaraú (CE), município com 842.5 km², situado na foz do rio de mesmo nome, no norte do estado. Pesca (maior produtor de lagosta do Brasil), agricultura e pecuária. Turismo. Hab.: 62.641 (2019).

Acari (RN), município com 608,5 km², situado na divisa com o Estado da Paraíba; antiga aldeia dos índios cariris. Casa de Câmara e Cadeia e Igreja de N. S.ª do Rosário tombadas pelo Iphan. Hab.: 11.136 (2019).

Aconcágua (pico do), ponto culminante dos Andes e do continente americano, na Argentina, com 6.960 m.

Acopiara (CE), município com 2.265,3 km², localizado na região centro-sul do estado. Agricultura e criação de aves. Hab.: 54.270 (2019).

Açores, arquipélago português (ilhas: São Miguel, Terceira, São Jorge, Faial, Graciosa, Pico, Santa Maria, Flores e Corvo), no oceano Atlântico, com 2.333 km². Região autônoma desde 1976, com assembleia e governo próprios. Capital: *Ponta Delgada*; recurso principal: agropecuária. Hab.: 242.846 (2019).

Acre (AC), estado brasileiro desde 1962, na Região Norte, com 164.123,739 km² e 22 municípios, sendo os mais populosos, além da capital: Cruzeiro do Sul, Sena Madureira e Tarauacá. Grande parte da população é ribeirinha e utiliza barcos para locomover-se. A Floresta Amazônica recobre todo o estado, com suas seringueiras, palmeiras e bambuzais, além de árvores frutíferas (açaí, andiroba, camu-camu, copaíba, cacau etc.) e plantas medicinais. Capital: *Rio Branco*; recursos principais: borracha, castanha-do-pará e madeira. Hab.: 881.935 (2019).

Açu (RN), município com 1.303,4 km², localizado na microrregião do Vale do Açu. Agricultura (fruticultura voltada para a exportação) e pecuária. Cerâmica. Hab.: 58.017 (2019).

Adão, segundo a Bíblia, o primeiro homem criado por Deus, expulso do paraíso terrestre juntamente com a mulher, *Eva*, após ter comido o fruto proibido.

Adonias Aguiar **Filho** [Ilhéus BA, 1915 — *id.*, 1990], jornalista, crítico, ensaísta e romancista brasileiro. Membro da ABL. Obras: *O forte*, *Corpo vivo*, *Memórias de Lázaro* etc.

Adônis, na mitologia grega, rapaz de grande beleza, nascido da casca da árvore em que sua mãe, Mirra, foi transformada pelos deuses. Afrodite apaixonou-se por ele.

Adorno, Antônio **Dias** [?, Bahia, ? — ?, Bahia, 1583], sertanista, chefiou uma bandeira, em fevereiro de 1574, à procura de pedras preciosas.

Adriático (mar), formado pelo Mediterrâneo, banha a Itália, a Albânia, a Eslovênia, a Croácia, a Bósnia-Herzegóvina e Montenegro.

Afeganistão, país da Ásia, entre o Irã e o Paquistão, com 652.864 km². Em 2004 ganhou nova constituição e adotou o regime presidencialista. Em 2005 teve novo parlamento eleito. Em 2010 entrou em marcha a retirada das forças da Otan do país, encerrada oficialmente em 2014. Capital: *Cabul*; recursos principais: agricultura (trigo, uva, outras frutas, algodão em pluma), mineração (lápis-lazúli) e indústria: alimentícia, têxtil (algodão), fertilizantes (químicos) etc. Hab.: 34,9 milhões (2018).

Afonso, Martim ver *Tibiriçá*

Afonso Celso (Afonso Celso de Assis Figueiredo Júnior) [Ouro Preto MG, 1860 — Rio de Janeiro RJ, 1938], político, escritor e jornalista brasileiro, um dos membros fundadores da Academia Brasileira de Letras. Obras: *Oito anos de parlamento*, *Porque me ufano de meu país*, *O imperador no exílio* etc.

África, um dos cinco continentes, com 54 países e 30.221.532 km². Pode-se dividi-lo em cinco regiões: Norte, Ocidental, Centro-ocidental, Centro-oriental e Meridional. A característica peculiar da Região Norte é o deserto do Saara, que se estende por mais de um quarto do território africano. Recursos minerais: grandes jazidas de carvão, reservas de petróleo e de gás natural, bem como as maiores reservas do mundo de ouro, diamante, cobre, bauxita, manganês, níquel etc. Hab.: aprox. 1,2 bilhão (2018).

África do Sul (República da), país da África, com 1.221.037 km², situado no sul do continente, dividido em nove províncias. Regime de segregação racial (*apartheid*) adotado em 1948 e encerrado em 1991. República presidencialista desde 1994. Capitais: *Pretória* (administrativa), *Cidade do Cabo* (legislativa) e *Bloemfontein* (judiciária); recurso principal: mineração (carvão, ouro, minério de ferro). Hab.: 55,8 milhões (2018).

Afrodite, Vênus entre os romanos, segundo a mitologia foi uma das 12 divindades gregas do Olimpo, considerada a deusa da beleza, do amor e da fertilidade.

Agostinho, santo [Tagaste, Argélia, 354 — Hipona (entre as atuais Argélia e Tunísia), 430], filho de santa Mônica, é um dos doutores da Igreja e seus escritos são um tratado sobre a fé, no qual demonstra todo seu amor e devoção ao Criador. Obras: *De civitate Dei* ("Sobre a cidade de Deus") e *Confessiones* ("Confissões").

Agreste, região semiárida do nordeste brasileiro, com vegetação intermediária entre a floresta e a caatinga, faixa de transição entre a Zona da Mata e o Sertão.

Águas Lindas de Goiás (GO), município com 192,39 km², situado no entorno de Brasília. Foi instalado em 1997. Hab.: 212.440 (2019).

Agulhas Negras (pico das), (2.791 m) no maciço de Itatiaia, um dos dez maiores do Brasil, na fronteira entre os estados do Rio de Janeiro e de Minas Gerais.

Aires, Matias Ramos da Silva de Eça [São Paulo SP, 1705 — Lisboa, Portugal, 1763], escritor brasileiro, cursou Direito na Universidade de Coimbra (1722) e viveu em Paris (1728-1733), onde estudou Direito Civil e Canônico, Física, Química e Matemática. Escreveu *Reflexões sobre a vaidade dos homens* (1752), obra moralista, de grande êxito na época.

Alagoas (AL), estado brasileiro desde 1889, na Região Nordeste, com 27.774,993 km² e 102 municípios, sendo os mais populosos, além da capital: Arapiraca, Palmeira dos Índios, União dos Palmares e Rio Largo. É um dos estados brasileiros mais densamente povoados. Capital: *Maceió*; recursos principais: agroindústria do açúcar e do álcool, polo alcoolquímico, indústrias (têxtil e de alimentos) e turismo. Hab.: 3.337.357 (est. 2019).

Alagoinhas (BA), município com 707,558 km², o maior produtor baiano de limão. Hab.: 151.596 (2019).

Alasca, região a noroeste da América do Norte, com 1.717.856 km², comprada do Império Russo pelos EUA (1867); é estado americano desde 1959. Capital: *Juneau*; recursos principais: pesca do salmão, exploração de ouro, petróleo e carvão e turismo. Hab.: 737.438 (2018).

Albânia, país da Europa, nos Bálcãs, às margens do mar Adriático, com 28.750 km². República parlamentarista desde 1991. Capital: *Tirana*; recursos principais: agricultura (trigo, batata, milho) e pecuária. Hab.: 2,9 milhões (2018).

Albuquerque, Jerônimo [Lisboa, Portugal, 1510 — Olinda PE, 1584], chegou em outubro de 1535 ao Brasil, na comitiva de Duarte Coelho. Feito prisioneiro pelos tabajaras, ia ser devorado, mas foi salvo pela filha do cacique Arcoverde, depois batizada Maria do Espírito Santo Arcoverde. Da união com Maria nasceram oito filhos, inaugurando a mais antiga linhagem miscigenada pernambucana. — **Jerônimo de Albuquerque Maranhão** [Olinda PE, 1548 — São Luís MA, 1618], seu filho, militar e colonizador brasileiro, lutou junto ao pai contra os índios potiguares; reconquistou a Capitania do Rio Grande (atual Rio Grande do Norte), invadida por franceses, e fundou a cidade de Natal em 25/12/1599. Capitão-mor da capitania do Maranhão, fixou-se na cidade de São Luís, onde faleceu.

Albuquerque, Matias de (marquês de Alegrete) [Olinda PE, 1590 — Lisboa, Portugal, 1647], governador da capitania de Pernambuco (1620) e governador-geral (1624), sucedendo a Diogo de Mendonça Furtado, combateu os holandeses, retomou Porto Calvo e fez enforcar Domingos Calabar.

Alcântara (MA), município com 1.168,4 km², situado na baía de São Marcos, que o separa de São Luís; foi das mais ricas cidades do país. Conjunto arquitetônico e urbanístico tombado pelo Iphan. Abriga uma base aeroespacial. Hab.: 22.097 (2019).

Alcorão ou **Corão**, livro sagrado que contém o código religioso, moral e político dos muçulmanos, segundo a tradição transmitido por Deus a Maomé por meio do arcanjo Gabriel.

Alegrete (RS), município com 7.803,9 km², o maior do estado em área. Agropecuária, esp. produção de leite. Hab.: 73.589 (2019).

Aleijadinho (Antônio Francisco Lisboa, dito **o**) [Ouro Preto MG, c. 1730 — *id.*, 1814], arquiteto e escultor do Rococó brasileiro, autor de numerosas obras, entre as quais as estátuas dos 12 profetas e as 66 imagens dos Passos do Calvário, em Congonhas do Campo MG.

Alemanha (República Federal da), país do centro-norte da Europa, com 357.137 km². República parlamentarista desde 1990, divide-se em 16 estados. Capital da Alemanha unificada desde 1990: *Berlim*; recurso principal: indústria, esp. automobilística. Hab.: 80,5 milhões (2018).

Alencar, José Martiniano **de** [Messejana CE, 1829 — Rio de Janeiro RJ, 1877], escritor considerado o maior representante do Romantismo brasileiro. Obras: *O guarani*, *Iracema*, *Senhora* etc. Patrono da cadeira 23 da ABL.

Alenquer (PA), município com 23.645,4 km², localizado na margem esquerda do rio Amazonas. Pecuária, pesca. Turismo (pinturas rupestres, no local denominado Cidade dos Deuses). Hab.: 56.789 (2019).

Alexandre Magno ou **o Grande** [Pela, Macedônia, 356 a.C. — Babilônia, 323 a.C.], rei da Macedônia, foi aluno de Aristóteles. Por muitos considerado o maior gênio militar da história, lutou contra os persas e derrotou Dario III. Em poucos anos expandiu o território helênico por todo o império persa, o maior reunido por um homem.

Alfaiates, Revolta dos ver *Baiana, Conjuração*

Alfenas (MG), município com 850,4 km², instalado em 1869; é quase totalmente cercado pela represa da hidrelétrica de Furnas. Hab.: 79.996 (2019).

Aliança Renovadora Nacional (Arena), partido político brasileiro criado pelo Ato Institucional nº 2 (1965), que extinguiu os partidos existentes e implantou o bipartidarismo no país.

Almeida, Aracy Teles **de** [Rio de Janeiro RJ, 1914 — *id.*, 1988], cantora popular, começou na Rádio Educadora em 1933. Amiga e principal intérprete de Noel Rosa, gravou várias músicas do compositor.

Almeida, Guilherme de Andrade e [Campinas SP, 1890 — São Paulo SP, 1969], jornalista, escritor e tradutor, participou da Semana de Arte Moderna (1922). Obras: poesia — *Nós, A dança das horas, A frauta que eu perdi* etc.; prosa — *Do sentimento nacionalista na poesia brasileira, Histórias talvez* etc.

Almeida, José Américo de [Areia PB, 1887 — João Pessoa PB, 1980], ficcionista, ensaísta e político brasileiro, membro da ABL. Obras: *Reflexões de uma cabra, A bagaceira, O boqueirão, Coiteiros, A Paraíba e seus problemas* etc.

Almeida, Manuel Antônio de [Rio de Janeiro RJ, 1831 — Macaé RJ, 1861], escritor e crítico literário brasileiro, precursor do romance urbano. Obra: *Memórias de um sargento de milícias*. Patrono da cadeira 28 da ABL.

Almeida, Miguel Calmon Du Pin e ver *Abrantes, marquês de*

Almeida Júnior, José Ferraz de [Itu SP, 1850 — Piracicaba SP, 1899], pintor naturalista brasileiro, frequentou a Escola de Belas-Artes de Paris, financiado por D. Pedro II. Obras: *Caipiras negaceando, Partida da monção, Saudade* etc.

Almirante (Henrique Foréis Domingues, dito) [Rio de Janeiro RJ, 1908 — *id.*, 1980], cantor e radialista brasileiro, organizou o primeiro grande arquivo de música popular, hoje incorporado ao acervo do Museu da Imagem e do Som (MIS), no Rio de Janeiro.

Almirante Tamandaré (PR), município com 194,7 km^2, no sudeste do estado, instalado em 1947. Indústrias de cal e calcário. Hab.: 118.623 (2019).

Alpes (maciço dos), maior cadeia de montanhas da Europa (1.200 km), atravessa oito países, do mar Mediterrâneo até Viena (Áustria). Ponto culminante: *Monte Branco* (4.808 m); recursos principais: pecuária e turismo.

Alphonsus de Guimaraens ver *Guimaraens, Alphonsus de*

Alsácia, região ao leste da França, às margens do rio Reno, com 8.280 km^2. Capital: *Estrasburgo*. Desde 2016 integra, com as vizinhas Champanha-Ardenas e Lorena, a região administrativa do Grande Leste. Hab.: 1,8 milhão (2016).

Altamira (gruta de), com suas gravuras e pinturas rupestres, é um dos mais impressionantes sítios paleolíticos conhecidos. Descoberta em fins do séc. XIX e situada na Cantábria, Espanha, está classificada como patrimônio mundial desde 1985.

Altamira (PA), município com 159.533,3 km^2, situado na margem esquerda do rio Xingu, é o maior do Brasil em área. Teve sua origem nas missões jesuíticas (primeira metade do séc. XVIII). Hab.: 114.594 (2019).

Alto Volta, antigo nome de *Burkina Faso*.

Alvarenga, Manuel Inácio da **Silva** [Vila Rica, atual Ouro Preto MG, 1749 — Rio de Janeiro RJ, 1814], poeta brasileiro, considerado um dos grandes representantes do Arcadismo no país. Sua obra principal é *Glaura* (1799).

Alves de Sousa, **Ataulfo** [Miraí MG, 1909 — Rio de Janeiro RJ, 1969], compositor e cantor popular brasileiro, compôs mais de 300 músicas. Obras: *Ai que saudades da Amélia, Pois é, Mulata assanhada, Na cadência do samba* etc.

Alves, Antônio Frederico de **Castro** [Muritiba BA, 1847 — Salvador BA, 1871], poeta romântico brasileiro. Defendeu o abolicionismo em versos de tom dramático e eloquente. Obras: *Espumas flutuantes, Cachoeira de Paulo Afonso, Vozes d'África, Navio negreiro, Os escravos, Gonzaga ou a revolução de Minas* (teatro) etc. Patrono da cadeira 7 da ABL.

Alves, Francisco de Paula **Rodrigues** [Guaratinguetá SP, 1848; Rio de Janeiro RJ, 1919], político brasileiro. Fez extensa carreira política por São Paulo (senador, deputado constituinte e federal), destacando-se tb. como ministro da Fazenda (1894-1986) e presidente da República (1902-1906). À frente do governo federal, executou moderno plano de saneamento e urbanização da cidade do Rio de Janeiro, então capital do país.

Alvim, Álvaro Freire de Villalba [Vassouras RJ, 1863 — Rio de Janeiro RJ, 1928], médico e cientista brasileiro, introdutor da radiologia e da radioterapia no Brasil e o primeiro a instalar um aparelho de raios X no Rio de Janeiro (1897).

Alvorada (RS), município com 71,3 km^2, situado na região metropolitana de Porto Alegre; desmembrado de Viamão, foi instalado em 1965. Hab.: 210.305 (2019).

Alvorada de Minas (MG), município com 374,9 km^2. Balneário Tanque do Carimbe, com cascatas e piscinas naturais. Igreja de São José, tombada pelo Iphan. Hab.: 3.606 (2019).

Amado, Jorge [Ferradas BA, 1912 — Salvador BA, 2001], escritor brasileiro mundialmente conhecido, autor de diversos romances e novelas de cunho social, membro da ABL. Obras: *Cacau*; *Suor*; *Mar morto*; *Dona Flor e seus dois maridos*; *Gabriela, cravo e canela* e outras, traduzidas em inúmeras línguas e adaptadas para teatro, cinema e televisão.

Amapá (AP), estado desde 1988, situado no extremo setentrional da Região Norte do país e cortado pela linha do equador; tem 142.470,7 km^2 e 16 municípios, sendo o mais populoso, além da capital, Santana. Capital: *Macapá*; recursos principais: extração de castanha-do-pará, madeira e palmito e mineração de manganês. Ecoturismo. Hab.: 845.731 (2019).

Amaral Leite Penteado, **Amadeu** Ataliba Arruda [Capivari SP, 1875 — São Paulo SP, 1929], poeta pós-parnasiano, folclorista, filólogo e ensaísta, estudou o linguajar regional. Obras: poesia — *Urzes, Névoa, Espumas, Lâmpada antiga*; prosa — *Letras floridas, O elogio da mediocridade, A pulseira de ferro, Dialeto caipira* etc.

Amarelo (mar), situado no oceano Pacífico, com 672.000 km² e 88 m de profundidade média, entre a China e as Coreias.

Amazonas (AM), o maior estado do Brasil, na Região Norte, com 1.559.168,117 km² e 62 municípios, sendo os mais populosos, além da capital: Manacapuru, Tefé, Parintins e Itacoatiara. Abriga a Floresta Amazônica e sua bacia hidrográfica (6.217.220 km²) e possui mais de 20 mil km de vias navegáveis. Principais rios: Amazonas, Negro, Solimões, Purus, Juruá e Madeira. Capital: *Manaus*; recursos principais: Zona Franca e ecoturismo. Hab.: 4.144.597 (2019).

Amazonas, barão do ver *Barroso, almirante*

Amazonas (rio), o maior e mais caudaloso rio do Brasil, primeiro do mundo em volume de águas e um dos mais extensos (cerca de 7.000 km); nasce na cordilheira dos Andes, no Peru, e desemboca no oceano Atlântico, junto à ilha de Marajó PA.

Amazônia, grande região do norte da América do Sul, formada pela bacia do rio Amazonas e com a maior floresta equatorial do mundo, a *Floresta Amazônica*. — **Amazônia Legal** — com 5.016.136,3 km² (cerca de 59% do território nacional) e abrange nove estados do Brasil (Acre, Amapá, Amazonas, Pará, Rondônia, Roraima e Tocantins, além de trechos do Maranhão e Mato Grosso). Hab.: 24.728.000 (2009).

América, um dos cinco continentes e o maior em extensão (15.000 km de norte a sul), com 42.560.270 km², é formado pelas Américas do Norte, Central e do Sul. Hab.: 1 bilhão (2017).

América Central, parte mais estreita do continente americano, com 523.780 km², estende-se da fronteira com o México até o limite do Panamá com a Colômbia, compreendendo Guatemala, Honduras, Belize, El Salvador, Nicarágua, Costa Rica, Panamá e as ilhas de Antígua e Barbuda, Bahamas, Barbados, Cuba, República Dominicana, Dominica, Granada, Haiti, Jamaica, Santa Lúcia, São Cristóvão e Névis, São Vicente e Granadinas, Trinidad e Tobago. Hab.: 177,3 milhões (2017).

América do Norte, parte superior do continente americano, com 24.709.000 km², compreende o Canadá, os Estados Unidos da América e o México. Hab.: 362.492.70 (2017)

América do Sul, parte inferior do continente americano, com 17.850.568 km², estende-se do limite da Colômbia com o Panamá até o cabo Horn, na Argentina, compreendendo os seguintes países: Colômbia, Venezuela, Guiana, Guiana Francesa, Suriname, Brasil, Equador, Peru, Bolívia, Chile, Paraguai, Argentina e Uruguai. Hab.: 430,4 milhões (2017).

América Latina, nome dado ao conjunto de países da América colonizados por espanhóis e portugueses.

Americana (SP), município com 133,9 km², situado na região leste do estado e colonizado por americanos, alemães, portugueses, árabes e italianos. Indústria têxtil. Hab.: 239.597 (2019).

Américo de Figueiredo e Mello, **Pedro** [Areia PB, 1843 — Florença, Itália, 1905], pintor brasileiro, autor de telas famosas sobre a história do Brasil, como *Batalha do Avaí, Batalha do Campo Grande* e *Grito do Ipiranga* etc.

Amora, Antônio Augusto **Soares** [São Paulo SP, 1917 — *id.*, 1999], linguista, crítico literário, professor de Literatura Portuguesa, foi um dos fundadores e organizadores da Fundação Padre Anchieta, além de professor emérito da Universidade de São Paulo. Obras: *História da literatura brasileira, Panorama da poesia brasileira* etc.

Amparo (SP), município com 445,3 km², situado na região de Campinas; estância hidromineral na serra da Mantiqueira, com fontes de águas medicinais. Turismo. Hab.: 72.195 (2019).

Ananindeua (PA), município com 190,4 km². Antiga parada da Estrada de Ferro de Bragança e depois distrito de Belém; sua instalação data de 1944. Hab.: 530.598 (2019).

Anápolis (GO), município com 933,2 km², situado no planalto Central, é o principal centro comercial de grãos do estado. Base aérea, sede do 1º Grupo de Defesa Aérea. Hab.: 386.923 (2019).

Anchieta (ES), município com 409,2 km², situado na foz do rio Benevente, no litoral sul. Antiga aldeia indígena, povoada pelos jesuítas (1565). Igreja de N. S.ª da Assunção tombada pelo Iphan. Hab.: 29.263 (2019).

Anchieta, Pe. José de [S. Cristóbal de la Laguna, Canárias, 1534 — Reritiba, atual Anchieta, ES, 1597], jesuíta, dito o Apóstolo do Brasil, dedicou-se à catequese dos índios. Compôs uma gramática (*Arte da gramática da língua mais usada na costa do Brasil*) e um vocabulário do tupi e usou o teatro na educação das crianças e dos jovens nativos. Obras: *Poema da Bem-Aventurada Virgem Maria, Mãe de Deus*; *Sermões*; *O auto de São Lourenço* etc.

Andaraí (BA), município com 1.590,3 km², situado na chapada Diamantina. Antigo território dos cariris, foi invadido no séc. XIX por garimpeiros em busca de pedras e ouro. Conjunto arquitetônico, urbanístico e paisagístico de Igatu, com ruínas de habitações de pedra, tombado pelo Iphan. Hab.: 13.143 (2019).

Andes (cordilheira dos), grande cadeia de montanhas, a oeste da América do Sul; estende-se da Venezuela até a Terra do Fogo, na Argentina (7.500 km). Ponto culminante: *Aconcágua* (6.960 m).

Andorra (Principado de), país do sudoeste da Europa, nos Pireneus, entre a França e a Espanha, com 470 km². Monarquia parlamentarista, independente desde 1993. Capital: *Andorra la Vella*; recursos principais: turismo e comércio. Hab.: 76.177 (2018).

Andrada, Antônio Carlos Ribeiro **de** [Barbacena MG, 1870 — Rio de Janeiro RJ, 1946], político, ocupou o cargo de prefeito de Belo Horizonte. Foi eleito deputado federal e senador, foi ministro de Estado, organizou a Aliança Liberal e criou o Partido Progressista.

Andrada e Silva, **José Bonifácio de** [Santos SP, 1763 — Niterói RJ, 1838], escritor, orador, poeta e estadista brasileiro, dito o Patriarca da Independência pela influência que exerceu junto a D. Pedro I. Foi tutor de D. Pedro II e um dos homens mais cultos de sua época. Obra poética: *Poesias avulsas de Américo Elysio*. — **Antônio Carlos** Ribeiro **de Andrada** Machado e Silva [Santos SP, 1773 — Rio de Janeiro RJ, 1845], seu irmão, político e grande orador, diplomata e jornalista, participou da revolução de 1817 e foi preso. Foi autor do projeto de constituição para a Constituinte de 1823, anulado por D. Pedro I, e deputado por São Paulo às Cortes Constituintes portuguesas.

Andrade, Joaquim Pedro de [Rio de Janeiro RJ, 1932 — *id.*, 1988], cineasta brasileiro. Obras: *Garrincha, alegria do povo* (documentário), *Macunaíma*, *O padre e a moça* etc.

Andrade, Mário Raul **de** Morais [São Paulo SP, 1893 — *id.*, 1945], poeta, romancista, contista, crítico e musicólogo brasileiro, líder do movimento modernista de 1922, influenciou gerações de escritores. Obras: *Pauliceia desvairada; Amar, verbo intransitivo; Macunaíma; Pequena história da música* etc.

Andrade, José **Oswald de** Sousa [São Paulo SP, 1890 — *id.*, 1954], poeta, romancista, dramaturgo, ensaísta e jornalista brasileiro, um dos expoentes do movimento modernista de 1922, criador da *Revista de antropofagia*. Obras principais: *Pau-Brasil*, *Memórias sentimentais de João Miramar*, *Marco zero*, *O rei da vela* (teatro) etc.

Andrade, Rodrigo Melo Franco de [Belo Horizonte MG, 1898 — Rio de Janeiro RJ, 1969], historiador, jornalista e escritor brasileiro, fundador e primeiro diretor do Instituto do Patrimônio Histórico e Artístico Nacional — Iphan (1937-1968). Obras: *Brasil: monumentos históricos e arqueológicos*; *Rio Branco e Gastão da Cunha; Artistas coloniais* etc.

Andradina (SP), município com 964,2 km²; planejado pelo maior fazendeiro do Estado de São Paulo, Antônio Joaquim de Moura Andrade, o "rei do gado", foi instalado em 1937. Recurso principal: pecuária. Hab.: 57.157 (2019).

Angola (República Popular de), país da África ocidental, junto ao oceano Atlântico, com 1.246.700 km². Antiga colônia de Portugal, é uma república presidencialista, independente desde 1975. Capital: *Luanda*; recursos principais: agricultura (café, cana-de-açúcar, mandioca), mineração (diamante), petróleo. Hab.: 30,7 milhões (2018).

Angra dos Reis (RJ), município com 813,2 km². Com um grande terminal marítimo de petróleo, um estaleiro naval e as usinas nucleares Angra I e II, é tb. polo turístico. Capela do Senhor do Bonfim, casa da Fazenda Morcego, convento do Carmo, igrejas de N. S.ª da Lapa da Boa Morte, de N. S.ª do Carmo, Matriz de N. S.ª da Conceição e o conjunto arquitetônico e paisagístico de Mambucaba, entre outros bens tombados pelo Iphan. Usina nuclear de Angra III (inacabada). Hab.: 203.785 (2019).

Anguilla, colônia britânica nas Antilhas, com 96 km², compreendendo a ilha principal e algumas ilhotas próximas, ao norte das ilhas de Sotavento, nas Pequenas Antilhas. Desmembrada de São Cristóvão e Névis, adquiriu autonomia em 1971. Em 2017 foi devastada por um furacão, mas se reergueu. Capital: *The Valley*. Hab.: 13,5 milhões (2018).

Anhanguera ("diabo velho" ou "espírito maligno") [séc. XVII], nome dado pelos indígenas ao bandeirante paulista Bartolomeu Bueno da Silva, que encontrou ouro nos sertões de Goiás.

Anjos, Augusto de Carvalho Rodrigues **dos** [Cruz do Espírito Santo PB, 1884 — Leopoldina MG, 1914], poeta brasileiro, considerado um pré-modernista e célebre por sua temática angustiada. Obra: *Eu e outras poesias*.

Anjos, Cyro Versiani **dos** [Montes Claros MG, 1906 — Rio de Janeiro RJ, 1994], romancista e ensaísta brasileiro. Foi membro da ABL. Obras: *O amanuense Belmiro*, *Abdias*, *Montanha* etc.

ANM sigla de *Academia Nacional de Medicina*

Antártica ou **Antártida**, continente de cerca de 14.000.000 km² quase inteiramente localizado dentro do círculo polar austral e habitado apenas nas estações de pesquisa científica e por animais (p.ex., pinguins, *krill*) e plantas (p.ex., musgos) perfeitamente adaptados às temperaturas glaciais.

Antígua e Barbuda, país com 440 km², situado a leste da América Central, no mar do Caribe, formado por três ilhas do arquipélago das Pequenas Antilhas (Antígua, Barbuda e Redonda). Monarquia parlamentarista, independente desde 1981. Capital: *Saint John's* (Antígua); recurso principal: turismo. Hab.: 103.050 (2018).

Antilhas, arquipélago da América Central, estende-se desde as proximidades da península da Flórida até a Venezuela (2.500 km) e separa o mar das Antilhas do oceano Atlântico. É formado pelas *Grandes Antilhas* (Cuba, Jamaica, Hispaniola, ou ilha de São Domingos, e

Porto Rico), ao norte, e *Pequenas Antilhas*, a leste e ao sul, que se subdividem em ilhas de Barlavento (Barbados, Martinica etc.) e de Sotavento (Aruba, Curaçau, Trinidad e Tobago etc.). Hab.: 37,5 milhões (2015).

Antilhas (mar das), tb. dito mar do Caribe ou das Caraíbas, é a parte do Atlântico entre a América Central, a América do Sul e o arco das Antilhas.

Antipoff, Helena [Grodno, Belarus, 1892 — Belo Horizonte MG, 1974], pedagoga de origem bielorrussa, emigrou para o Brasil, onde trabalhou na reforma do ensino, em Minas Gerais. Fundou em Belo Horizonte o 1º Laboratório de Psicologia Aplicada na América do Sul e o Instituto Pestalozzi.

Antonil, André João (padre Giovanni Antonio Andreoni S.J.) [Lucca, Itália, 1649 — Salvador BA, 1716], cronista da vida colonial brasileira, chegou ao Brasil em 1681 e viveu na Bahia. Obra: *Cultura e opulência do Brasil*.

Antônio Carlos (MG), município com 529,9 km². Fazenda da Borda do Campo tombada pelo Iphan. Hab.: 11.445 (2019).

Antônio de Pádua ou **de Lisboa, santo** (nome de batismo: Fernando) [Lisboa, Portugal, 1195 — Pádua, Itália, 1231], franciscano, conhecido como grande pregador, fixou-se em Pádua, reformou a cidade, acabou com a prisão de devedores e ajudou os pobres. No Brasil e em Portugal é o santo casamenteiro.

Antônio Prado (RS), município com 347,6 km², na região dos vinhedos, foi a última colônia italiana criada pelo governo imperial. Conjunto arquitetônico e urbanístico e casa de Dona Neni tombados pelo Iphan. Hab.: 13.050 (2019).

Antunes Filho, José Alves de [São Paulo SP, 1929 — *id.*, 2019], diretor teatral muitas vezes premiado, estreou em 1953, montando a comédia *Weekend*, de Noël Coward. *Macunaíma* foi seu espetáculo mais aplaudido e a origem do grupo de mesmo nome.

Anysio (Francisco Anysio de Oliveira Paula Filho, dito **Chico**) [Maranguape CE, 1931 — Rio de Janeiro RJ, 2012], escritor e humorista brasileiro. Fez sucesso na TV com programas, como Chico *City* (1973-1980), Chico Anysio *Show* (1982-1990) e, reunindo grandes outros artistas do gênero, Escolinha do Professor Raimundo (em diferentes épocas e versões). Obras: *O batizado da vaca*, *O enterro do anão* etc.

Apalaches (montes), cordilheira a leste da América do Norte, entre o Estado do Alabama, nos EUA, e a província de Terra Nova e Labrador, no Canadá. Ponto culminante: *monte Mitchell* (2.037 m).

Aparecida de Goiânia (GO), município com 278,5 km², situado na microrregião de Goiânia. Indústrias metalúrgicas. Hab.: 578.179 (2019).

Apolo, na mitologia grega, deus da luz, da beleza, da medicina e das artes, em cujo templo, em Delfos, uma pitonisa servia-lhe de oráculo.

Apucarana (PR), município com 558,3 km², situado no topo de uma montanha. No verão, para ali acorrem milhares de andorinhas, oriundas da América do Norte. Hab.: 134.996 (2019).

Aquiles, segundo a mitologia, um dos maiores heróis gregos. É filho de Tétis, a ninfa marinha, que o mergulhou, assim que nasceu, no rio Estige, para torná-lo invulnerável. O calcanhar pelo qual ela o segurava não foi coberto pela água, tornando-se seu ponto fraco. Por isso, a expressão "calcanhar de aquiles" indica o lado vulnerável de alguém.

Aquiraz (CE), município com 482,4 km², a primeira capital do Ceará. Local tradicional de jangadeiros e rendeiras, tem 24 km de praias e um grande parque aquático. Mercado da Carne tombado pelo Iphan. Hab.: 80.271 (2019).

Arábia, grande península no sudoeste da Ásia, entre o mar Vermelho e o golfo Pérsico, com cerca de 3.000.000 km². Hab.: 80,4 milhões (2018).

Arábia Saudita (Reino da), país do sudoeste da Ásia, o maior da península da Arábia, com 2.149.690 km². Monarquia islâmica desde 1932. Não há uma constituição formal no país; a xaria, conjunto das leis do Islã, regulamenta os assuntos públicos. Capital: *Riyad* (Riad); recurso principal: petróleo. Hab.: 33 milhões (2018).

Aracaju (SE), capital do Estado de Sergipe desde 1855, com 181,9 km². Primeira cidade planejada do Brasil, seu litoral, com 25 km de praias, justifica a expansão do turismo. Hab.: 657.013 (2019).

Aracati (CE), município com 1.228,1 km², situado às margens do rio Jaguaribe, na divisa com o Estado do Rio Grande do Norte. Casa de Câmara e Cadeia, Igreja Matriz de N. S.ª do Rosário e conjunto arquitetônico e urbanístico da cidade tombados pelo Iphan. Atrações turísticas: praias de Canoa Quebrada, Majorlândia e Quixaba. Hab.: 74.547 (2019).

Araçatuba (SP), município com 1.167,4 km², no noroeste do estado, em região pecuarista. Sua origem está intimamente ligada ao surgimento da Estrada de Ferro Noroeste do Brasil. Hab.: 197.016 (2019).

Araci (BA), município com 1.556,1 km², localizado no nordeste baiano. Agricultura, pecuária, avicultura. Artesanato com fibra de caroá. Complexo turístico do Poço Grande. Hab.: 54.379 (2019).

Aracruz (ES), município com 1.423,9 km². Antiga aldeia dos índios tememinós. É um dos maiores produtores de celulose do mundo. Hab.: 101.220 (2019).

Araguaia (rio), corta os estados de Goiás, Mato Grosso, Mato Grosso do Sul, Pará e Tocantins; deságua no rio Tocantins, após percorrer 2.627 km e formar a ilha do Bananal.

Araguaína (TO), município com 4.000,4 km²; seu desenvolvimento socioeconômico começou a partir de 1960, com a construção da rodovia Belém-Brasília. Hab.: 180.470 (2019).

Araguari (MG), município com 2.729,5 km², localizado no Triângulo Mineiro, na divisa com o Estado de Goiás, às margens da BR-050. Hab.: 117.267 (2019).

Aral (mar de), grande lago salgado asiático, entre o Cazaquistão e o Uzbequistão. Quarto maior lago do mundo em 1960 (68.000 km²), está hoje em vias de desaparecer (6.600 km²).

Aranha, José Pereira da **Graça** [São Luís MA, 1868 — Rio de Janeiro RJ, 1931], escritor e diplomata brasileiro, estreou na literatura com o romance *Canaã* (1902). Foi um dos organizadores da Semana de Arte Moderna (São Paulo, 1922) e um dos fundadores da ABL (cadeira 38). Outras obras: *A viagem maravilhosa* (romance), *Malazarte* (teatro), *O espírito moderno* (ensaio) etc.

Aranha, Osvaldo Euclides de Sousa [Alegrete RS, 1894 — Rio de Janeiro RJ, 1960], político brasileiro, um dos arquitetos da Revolução de 1930, com grande influência no primeiro governo de Getúlio Vargas. Chefiou a delegação brasileira na primeira sessão especial da assembleia geral da ONU (1947) e lutou pela criação do Estado de Israel.

Arapiraca (AL), município com 352 km², tem a maior área contínua de plantação de tabaco do mundo. Hab.: 231.747 (2019).

Arapongas (PR), município com 382,2 km², situado no médio rio Paranapanema; é conhecido como "Cidade dos Passarinhos", pois possui centenas de logradouros com nome de pássaros. Fábricas de móveis. Hab.: 123.027 (2019).

Araranguá (SC), município com 303,3 km², localizado no extremo sul do estado; antigo território de índios carijós e caingangues, foi colonizado pelos italianos. Hab.: 68.228 (2019).

Araraquara (SP), município com 1.003,6 km², situado na região central do estado. Grande produtor de sucos cítricos e cana-de-açúcar. Hab.: 236.072 (2019).

Araras (SP), município com 644,8 km², seu nome deriva da grande quantidade dessas aves existentes na região. Foi a primeira cidade do estado a libertar escravos, antes mesmo da Lei Áurea (1888). Indústria (Nestlé). Hab.: 134.236 (2019).

Arariboia, indígena brasileiro, chefe dos tememinós, lutou ao lado de Estácio de Sá e Mem de Sá contra os franceses e tamoios (séc. XVI) e estabeleceu-se em uma aldeia, hoje o município de Niterói RJ.

Araripe (chapada do), planalto do nordeste brasileiro, 700 m acima do nível do mar, situado entre os estados de Pernambuco, Ceará e Piauí; abriga uma Floresta Nacional (1946), uma Área de Proteção Ambiental (1997) e um Geoparque (2006).

Araripe Jr., Tristão de Alencar [Fortaleza CE, 1848 — Rio de Janeiro RJ, 1911], crítico, ensaísta e romancista. Teve atuação destacada no movimento abolicionista, ao lado de José do Patrocínio (1882-1888), participou da fundação da ABL (1896) e foi consultor-geral da República (1903-1911). Obras: *Contos brasileiros*, *Gregório de Matos*, *José de Alencar* etc.

Araripina (PE), município com 2.037,3 km², situado na divisa com os estados do Piauí e Ceará. Produtor de gesso. Hab.: 84.418 (2019).

Araruama (RJ), município com 638 km², situado na Região dos Lagos, às margens da lagoa de mesmo nome. Fazendas de café e cana-de-açúcar, da época do Império, abertas à visitação. Plantações de laranja e salinas. Hab.: 132.400 (2019).

Araucária (PR), município com 469,2 km², situado às margens do rio Iguaçu, na região metropolitana de Curitiba. Indústrias (química, de papel e papelão e de madeira) e agropecuária. Hab.: 143.843 (2019).

Araújo, Murilo [Serro MG, 1894 — Rio de Janeiro RJ, 1980], poeta simbolista brasileiro, estreou em 1917, com *Carrilhões*, e participou da Semana de Arte Moderna (1922) e do grupo Festa, com Cecília Meireles e Adonias Filho, entre outros. Outras obras: *Árias de muito longe*, *A cidade de ouro*, *A iluminação da vida*, *A estrela azul* etc.

Araxá (MG), município com 1.164,3 km²; estação termal, construída sobre a cratera de um vulcão extinto e rico em águas minerais e lamas medicinais. Maior produtor mundial de nióbio. Ali teria vivido Ana Jacinta de São José, dita Dona Beja. Hab.: 106.229 (2019).

Arcoverde (PE), município com 323,3 km², porta de entrada do sertão pernambucano. Turismo: festa de São João. Hab.: 74.338 (2019).

Arena sigla de *Aliança Renovadora Nacional*

Ares, chamado Marte entre os romanos, na mitologia grega foi uma das 12 divindades do Olimpo; deus da guerra. Era acompanhado em sua carruagem pelos filhos Deimos (Temor) e Fobos (Terror) e pela irmã Éris (Discórdia).

Arês (RN), município com 115,5 km², instalado em 1876. Portada do cemitério tombada pelo Iphan. Hab.: 14.306 (2019).

Argélia (República Democrática e Popular da), país do norte da África, junto ao Mediterrâneo, com 2.381.740 km². República mista, independente desde 1962. Capital: *Argel*; recursos principais: produtos petrolíferos (o país possui uma das maiores jazidas de gás natural do mundo). Hab.: 40,2 milhões (2016).

Argentina (República), país do sudeste da América do Sul, entre os Andes e o oceano Atlântico, com 2.791.810 km^2. República presidencialista, independente desde 1816. Os rios Paraná, Paraguai e Uruguai formam a bacia do Prata, segunda maior do continente. Capital: *Buenos Aires*; recursos principais: agricultura (esp. trigo) e pecuária. Hab.: 44,6 milhões (2018).

Arinos de Melo Franco, **Afonso** [Belo Horizonte MG, 1905 — Rio de Janeiro RJ, 1990], jurista e político mineiro, um dos autores do Manifesto dos Mineiros (1943), que apressou a derrubada da ditadura de Getúlio Vargas. Criou a lei contra a discriminação racial, dita Afonso Arinos, e, como senador pelo Rio de Janeiro, presidiu a Comissão de Sistematização da Assembleia Nacional Constituinte (1987).

Ariquemes (RO), município com 4.426,5 km^2, situado às margens do rio Jamari. O maior garimpo de cassiterita a céu aberto do mundo. Cacau, café e guaraná. Indústria de móveis. Hab.: 107.863 (2019).

Aristóteles [Estagira, Macedônia, 384 a.C. — Cálcis, Eubeia, Grécia, 322 a.C.], filósofo grego, discípulo de Platão, preceptor de Alexandre, o Grande, da Macedônia, fundou aos 49 anos o Liceu de Atenas, onde dava aulas passeando. Obras: *Poética*, *Ética a Nicômaco*, *Ética a Eudemo*, *Política*, *Retórica* etc.

Armação dos Búzios (RJ), município com 70,2 km^2, localizado em uma península, foi desmembrado de Cabo Frio e é hoje um dos balneários mais conhecidos internacionalmente. Turismo. Hab.: 40.532 (2019).

Armênia (República da), país do extremo leste da Europa, no Cáucaso, com 29.743 km^2. República parlamentarista, independente desde 1991. Capital: *Ierevan*; recursos principais: agricultura, pecuária, mineração (cobre, basalto, granito etc.) e indústrias (metalúrgica, máquinas industriais e equipamentos elétricos). Hab.: 2,9 milhões (2018).

Arquimedes [Siracusa, 287 a.C. — *id.*, 212 a.C.], sábio e inventor grego, considerado o mais importante matemático e físico da Antiguidade. Calculou o valor de pi (π) e estabeleceu as leis fundamentais da estática dos sólidos, da hidrostática etc. Tb. lhe são atribuídas a invenção do parafuso sem fim, da roldana móvel, das rodas dentadas etc.

Ártemis, Diana entre os romanos, na mitologia grega foi uma das 12 divindades do Olimpo; deusa do nascimento e da caça, armava-se com um arco e passava o tempo nas montanhas, acompanhada de seus cães.

Ártico (oceano), o menor dos oceanos, com 12.257.000 km^2, formado por pequenos mares situados no extremo norte do globo terrestre e limitados pelo litoral norte da Europa, Ásia e América do Norte e pelo círculo polar ártico. Liga-se ao oceano Atlântico por uma passagem entre a Groenlândia e as ilhas Spitzberg, e ao oceano Pacífico pelo estreito de Bering.

Aruba, ilha no mar do Caribe, com 193 km^2, situada diante do litoral da Venezuela. Capital: *Oranjestad*. Recursos principais: refino do petróleo venezuelano e turismo. Hab.: 110.848 (2017).

Arujá (SP), município com 96,2 km^2, situado na região nordeste, entre a zona do Alto Tietê e o vale do Paraíba. Grande polo industrial. Hab.: 89.824 (2019).

Ásia, o maior dos cinco continentes, com 44.397.460 km^2 — um terço da área terrestre —, localiza-se no hemisfério norte. É formado por 48 países: Afeganistão, Arábia Saudita, Armênia, Azerbaijão, Bangladesh, Barein, Brunei, Butão, Camboja, Catar, Cazaquistão, China, Chipre, Cingapura, Coreia do Norte, Coreia do Sul, Emirados Árabes Unidos, Filipinas, Geórgia, Iêmen, Índia, Indonésia, Irã, Iraque, Israel, Japão, Jordânia, Kuwait, Laos, Líbano, Malásia, Maldivas, Mongólia, Myanmar, Nepal, Omã, Palestina, Paquistão, Quirguistão, Rússia, Síria, Sri Lanka, Tadjiquistão, Tailândia, Turcomenistão, Turquia, Uzbequistão e Vietnã. Hab.: 4,5 bilhões (2018).

Ásia Menor, termo histórico que designa a Anatólia, península em que os continentes da Europa e da Ásia se encontram e que hoje forma a maior parte da Turquia asiática.

Assis, Joaquim Maria **Machado de** [Rio de Janeiro RJ, 1839 — *id.*, 1908], jornalista, contista, cronista, romancista, poeta e teatrólogo; fundador da cadeira 23 e por mais de dez anos presidente da ABL, tb. chamada Casa de Machado de Assis. Com 16 anos incompletos publicou o primeiro trabalho literário ("Ela", poema), no jornal *Marmota Fluminense*. Seu primeiro livro de poesias foi *Crisálidas* (1864) e o primeiro romance, *Ressurreição* (1872). Outras obras: *Contos fluminenses*, *Histórias da meia-noite* (contos), *A mão e a luva*, *Helena*, *Iaiá Garcia*, *Memórias póstumas de Brás Cubas*, *Quincas Borba*, *Dom Casmurro*, *Memorial de Aires* (romances) etc.

Assis (SP), município com 460,6 km^2, antiga aldeia dos índios caingangues, teve seu desenvolvimento inicial ligado à chegada dos trilhos da Estrada de Ferro Sorocabana. Pecuária de corte, cultivo de soja, trigo e cana-de-açúcar. Hab.: 104.386 (2019).

Associação Brasileira de Imprensa (ABI), entidade fundada em 1908, que visa congregar os profissionais da área, dando-lhes assistência e defendendo-lhes os interesses.

Associação Brasileira de Normas Técnicas (ABNT), entidade privada criada em 1940, responsável pela normalização técnica no país, fornecendo a base necessária ao desenvolvimento tecnológico brasileiro.

Associação Latino-Americana de Livre Comércio (ALALC), órgão criado em 1960, com sede em Montevidéu, visando à formação de um mercado comum latino-americano.

Ataíde, Manuel da Costa [Mariana MG, 1762 — *id.*, 1830], pintor barroco brasileiro, autor de várias pinturas e douramentos em igrejas de Ouro Preto e Mariana MG.

Ataíde, Tristão de ver *Lima, Alceu de Amoroso*

Atena, Minerva entre os romanos, na mitologia grega foi uma das 12 divindades do Olimpo; deusa da sabedoria, das artes e da guerra, inventou o carro de combate e ensinou o homem a extrair azeite das azeitonas.

Athayde, Belarmino Maria **Austregésilo** Augusto **de** [Caruaru PE, 1898 — Rio de Janeiro RJ, 1993], jornalista e escritor brasileiro, presidente da ABL durante 34 anos. Obras: *Histórias amargas*, *Quando as hortênsias florescem*, *Vana verba* etc.

Atibaia (SP), município com 478,5 km², estância climática (1945), na Serra da Mantiqueira. Maior produtor de morangos do país. Casa de Câmara e Cadeia tombadas pelo Iphan. Hab.: 142.761 (2019).

Atlântico (oceano), com 106.200.000 km² e formado por uma série de grandes bacias ao longo das costas continentais, separa a América da Europa e da África. O segundo do mundo em superfície e quase inteiramente localizado no hemisfério ocidental, alonga-se no sentido norte-sul e comunica-se com o oceano Ártico pelo estreito da Islândia e com o Pacífico e o Índico pela ampla passagem que se abre entre a América, a África e a Antártida.

Atlas, conjunto de montanhas ao norte da África, formado por diversas cadeias, cujo ponto mais alto é o monte Toubkal (4.167 m), em Marrocos.

Aulete, Francisco Júlio de **Caldas** [Lisboa, Portugal, 1823 — *id.*, 1878], pedagogo português, publicou uma *Gramática nacional* e uma *Cartilha nacional*, além do seu *Dicionário contemporâneo* (1881), um dos melhores da língua portuguesa.

Australásia, conjunto geográfico formado pela Austrália, Nova Zelândia, Tasmânia e Nova Guiné.

Austrália (Comunidade da), país do sudoeste da Oceania pertencente à Comunidade Britânica, com 7.741.220 km². Monarquia parlamentarista, independente desde 1901. É formado por seis estados e dois territórios. Capital: *Camberra*; recursos principais: agropecuária, indústria (aeronáutica, automobilística, têxtil etc.) e mineração (bauxita, ferro, cobre, ouro, chumbo, prata e zinco). Hab.: 24,7 milhões (2018).

Áustria (República da), país da Europa central, com 83.879 km². República parlamentarista, composta por nove províncias. Capital: *Viena*; recursos principais: mineração (minério de ferro), indústria (máquinas, metalúrgica, alimentícia, madeireira, papel, química), extrativismo mineral (petróleo, gás natural), pecuária e turismo. Hab.: 8,6 milhões (2018).

Autran, Paulo [Rio de Janeiro RJ, 1922 — São Paulo SP, 2007], ator brasileiro. Trabalhou no Teatro Brasileiro de Comédia (TBC). Formou companhia teatral com Tônia Carrero e Adolfo Celi. Atuou tb. em cinema e telenovelas.

Avaí (Batalha de), combate às margens do arroio Avaí, no Paraguai (1868), durante a Guerra da Tríplice Aliança, em que o Exército brasileiro, chefiado pelo duque de Caxias, derrotou os paraguaios (ver *Paraguai, Guerra do*).

Avaré (SP), município com 1.213,1 km², no vale do Paranapanema. Numerosos haras. Indústrias (metalurgia, laticínios, equipamentos náuticos). Hab.: 90.655 (2019).

Azerbaijão ou **Azerbaidjão (República do)**, país do sudeste da Europa, situado no Cáucaso, às margens do mar Cáspio, com 86.600 km². Antiga república soviética, atual república mista, independente desde 1991. Capital: *Baku*; recursos principais: indústrias (refino de petróleo, alimentícia, química, têxtil, máquinas), extração de petróleo, gás natural e minérios. Hab.: 9,9 milhões (2018).

Azevedo, Aluísio Tancredo Gonçalves de [São Luís MA, 1857 — Buenos Aires, Argentina, 1913], romancista brasileiro, representante do Naturalismo no Brasil. Obras: *O mulato*, *Casa de pensão*, *O coruja*, *O cortiço* etc.

Azevedo, Manuel Antônio **Álvares de** [São Paulo SP, 1831 — Rio de Janeiro RJ, 1852], poeta romântico brasileiro, foi tb. dramaturgo e contista. É patrono da cadeira 2 da ABL. Obras: *Lira dos 20 anos*, *Macário* (teatro), *Noite na taverna* (contos) etc.

Azevedo, Artur Nabantino Gonçalves de [São Luís MA, 1855 — Rio de Janeiro RJ, 1908], contista e teatrólogo brasileiro, um dos criadores do teatro musicado (revistas, farsas cômicas e operetas). Foi um dos fundadores da ABL. Obras: *Contos efêmeros*, *A capital federal*, *O dote* etc.

Azevedo, Fernando de [São Gonçalo de Sapucaí MG, 1894 — São Paulo SP, 1974], educador, crítico e sociólogo, realizou um levantamento sobre instrução pública que foi um marco decisivo na história educacional brasileira. Foi presidente da Associação Brasileira de Educação, fundou a Biblioteca Pedagógica Brasileira e foi membro da ABL. Obras: *A educação na encruzilhada*, *Princípios de sociologia*, *Sociologia educacional* etc.

Azov (mar de), golfo formado pelo mar Negro, entre a Ucrânia e o sul da Rússia, com 38.400 km² e profundidade máxima de 15 m.

Babilônia (chapada da), altiplano (1.000 m) do Estado de Minas Gerais, situado entre os rios Grande e das Velhas.

Babo, Lamartine de Azeredo [Rio de Janeiro RJ, 1904 — *id.*, 1963], um dos mais importantes compositores populares do Brasil, celebrizou-se pelas marchinhas para o Carnaval, das quais a mais famosa é *O teu cabelo não nega*. Outras obras: *Eu sonhei que tu estavas tão linda*, *Hino do Flamengo* etc.

Bacabal (MA), município com 1.683,1 km², situado na região central do estado, às margens do rio Mearim. Criação de gado. Hab.: 104.949 (2019).

Bach, Johann Sebastian [Eisenach, 1685 — Leipzig, Alemanha, 1750], compositor barroco alemão, autor de obras para coro vocal, piano, órgão, cravo, flauta, violino etc. e orquestra. Obras: *Cravo bem temperado*, *Concertos de Brandemburgo* etc.

Baco, divindade romana identificada com o *Dionísio* grego.

Badaró, Giovanni Battista **Líbero** [Laigueglia, Itália, 1796 — São Paulo SP, 1830], jornalista, médico e político italiano radicado no Brasil, liberal, com papel importante ao defender a liberdade dos cidadãos no país independente havia pouco tempo.

Baden-Powell (Robert Stephenson Smyth, lorde) [Londres, Inglaterra, 1857 — Nyeri, Quênia, 1941], general inglês, fundador do escotismo (1908). Sua experiência no Exército convenceu-o de que os meninos britânicos precisavam de mais educação física e experiência de vida ao ar livre.

Baffin (Terra de), grande ilha ao norte do Canadá, com 507.451 km², rica em minério de ferro.

Bagé (RS), município com 4.095,5 km². Forte de Santa Tecla e Igreja Matriz de São Sebastião tombados pelo Iphan. Hab.: 121.143 (2019).

Bahamas ou **Baamas (Comunidade das)**, país da América Central, com 13.880 km², formado por um arquipélago com cerca de 700 ilhas e 2.400 recifes de coral, que se estendem por mais de 800 km da costa leste da Flórida até o extremo noroeste de Cuba. Monarquia parlamentarista, independente desde 1973. As ilhas mais povoadas são a Nova Providência, onde fica a capital, e a Grande Bahama. Capital: *Nassau*; recurso principal: turismo. Hab.: 402.380 (2019).

Bahia (BA), o maior estado da Região Nordeste, com 564.733,081 km² e 417 municípios, sendo os mais populosos, além da capital: Feira de Santana, Vitória da Conquista, Camaçari, Itabuna e Juazeiro. Capital: *Salvador*; recursos principais: agricultura (cacau, mamona, coco, dendê, fumo, sisal etc.), pecuária, petróleo, indústria petroquímica e turismo. Hab.: 14.873.064 (2019).

Bahrein ou **Barein**, Estado monárquico do sudoeste asiático que é um arquipélago formado por 35 ilhas, com 760 km², que os portugueses ocuparam no séc. XVI. Ex-protetorado britânico, monarquia islâmica, independente desde 1971. Capital: *Manama*; recursos principais: refino de petróleo e indústrias (químicas, metalúrgicas etc.). Hab.: 1,4 milhão (2018).

Baiana (Conjuração), tb. dita Revolta dos Alfaiates, conspiração emancipacionista, surgida na Bahia (1798) por articulação de pequenos comerciantes e artesãos, destacando-se os alfaiates, além de soldados, religiosos, intelectuais e setores populares.

Baixo Império, período compreendido entre os séc. III e V, caracterizado pela crise e decadência do Império Romano, devido à desorganização econômica e à consequente desordem social.

Balaiada, movimento ocorrido no Maranhão (1838-1841) devido a uma crise na economia agrária, e caracterizado por intensa participação popular (vaqueiros, escravos, sertanejos), como no caso de Manuel Francisco dos Anjos Ferreira, um fazedor de balaios (de onde vem o nome da rebelião).

Bálcãs (península dos), região montanhosa do sul da Europa, que se estende pela Albânia, Bósnia-Herzegóvina, Bulgária, Croácia, Eslovênia, Grécia, Kosovo, Macedônia, Romênia, Sérvia, Montenegro e a parte europeia da Turquia. Recursos principais: agricultura e indústrias extrativas.

Baleares (ilhas), situadas na zona mais ocidental do Mediterrâneo, compõem-se de cinco ilhas principais: Maiorca, Minorca, Ibiza, Formentera e Cabrera. Os árabes ali chegaram em 901. Comunidade autônoma e província da Espanha. Capital: *Palma de Maiorca*; recurso principal: turismo. Hab.: 1,1 milhão (2017).

Bali, ilha da Indonésia, separada de Java pelo estreito de Bali. Cidade principal: *Denpasar*; recursos principais: artesanato e turismo. Hab.: 4,2 milhões (2018).

Balneário Camboriú (SC), município com 46,2 km², está situado na foz do rio Itajaí-Açu. Suas praias no verão atraem milhares de turistas. Hab.: 142.295 (2019).

Balsas (MA), município com 13.141,7 km², situado na divisa com o Estado de Tocantins, é grande produtor de soja. Hab.: 94.887 (2019).

Báltico (mar), faz parte do oceano Atlântico, tem baixa salinidade, área de 422.000 km² e profundidade média de 55 m. Separa a Escandinávia do continente europeu e comunica-se com o mar do Norte por vários estreitos. Gelado 150 dias por ano, é rico em esturjões, enguias e salmões.

Bálticos (países), nome dado ao conjunto formado por Letônia, Estônia e Lituânia, países de pequena dimensão banhados pelo mar Báltico, que foram os primeiros a se declararem independentes da União Soviética (1990-1991). Recursos principais: a pesca e a extração de xisto, turfa, madeira e âmbar. Hab.: 6,3 milhões (2014).

Baluchistão ver *Beluquistão*

Balzac, Honoré de [Tours, França, 1799 — Paris, França, 1850], escritor francês, autor da *Comédia humana*, que reúne cerca de 90 romances sobre a sociedade burguesa, além de contos e peças teatrais.

Bananal (ilha do), importante santuário ecológico do Brasil. É a maior ilha fluvial do mundo, situada entre os estados do Tocantins e Mato Grosso, cercada pelos rios Araguaia e Javaés, com aprox. 20.000 km^2, um terço dos quais corresponde ao Parque Nacional do Araguaia (desde 1959) e o restante a uma reserva indígena, em que vivem índios javaés e carajás.

Bananal (SP), município com 616,4 km^2. Casa da Fazenda do Resgate tombada pelo Iphan. Hab.: 10.945 (2019).

Bandeira, Antônio [Fortaleza CE, 1922 — Paris, França, 1967], pintor e desenhista brasileiro, autodidata, integrou o grupo de artistas da Escola de Paris, cidade para onde se mudou definitivamente em 1965.

Bandeira Filho, **Manuel** Carneiro de Sousa [Recife PE, 1886 — Rio de Janeiro RJ, 1968], um dos mais importantes poetas da literatura nacional e dos pioneiros do Modernismo. Obras: *A cinza das horas*, *Carnaval*, *Estrela da manhã*, *Itinerário de Pasárgada* etc.

Bandeira (pico da), o terceiro mais alto do Brasil (2.891,32 m), situado no Parque Nacional do Caparaó, entre os estados do Espírito Santo e de Minas Gerais, devendo seu nome ao fato de D. Pedro II ter mandado lá hastear uma bandeira (1859).

Bandeirantes do Brasil (Federação de), instituição fundada em 1919 para ajudar meninas e moças a desenvolver seu potencial como cidadãs responsáveis. Atualmente a Federação é aberta a todos, não só a meninas e moças.

Bandeiras, expedições armadas ao interior do Brasil organizadas por particulares, os *bandeirantes*, com o fim de desbravar os sertões, descobrir ouro e pedras preciosas, aprisionar indígenas e tb. escravos fugidos. As mais importantes percorreram os sertões nos séc. XVII e XVIII.

Bangladesh (República Popular de), república parlamentarista, independente desde 1971, localizada no delta dos rios Ganges e Bramaputra, no centro-sul da Ásia, com 144.000 km^2. Capital: *Daca*; recurso principal: indústrias (têxtil e de vestuário). Hab.: 173,5 milhões (2018).

Barão de Cocais (MG), município com 340,5 km^2. Capelas de N. S.ª do Rosário e de Santana e Igreja Matriz de São João Batista tombadas pelo Iphan. Hab.: 32.485 (2019).

Barata Ribeiro, Agildo da Gama [Rio de Janeiro RJ, 1905 — *id.*, 1968], tenente do Exército brasileiro, revolucionário de 1930, participante da insurreição comunista de 1935, ex-militante do PCB — **Agildo Ribeiro** [Rio de Janeiro RJ, 1932 — *id.*, 2018], seu filho, foi ator cômico de teatro e TV.

Barbacena (Felisberto Caldeira Brant Pontes Oliveira e Horta, **visconde** e **marquês de**) [Mariana MG, 1772 — Rio de Janeiro RJ, 1842], destacado militar e político, chegou ao posto de marechal no Exército brasileiro e comandante em chefe em operações no Rio Grande do Sul. Formou um gabinete para D. Pedro I, ocupando a pasta da Fazenda.

Barbacena (MG), município com 759,2 km^2. Capela de N. S.ª da Boa Morte, Igreja Matriz de N. S.ª da Piedade, sobrado dos Andradas e sede da Fazenda do Registro Velho tombados pelo Iphan. Hab.: 137.313 (2019).

Barbados, país integrado à Comunidade Britânica de Nações, com 430 km^2, localizado em uma ilha situada no oceano Atlântico, 160 km a leste do arco das Pequenas Antilhas. Monarquia parlamentarista, independente desde 1966. Capital: *Bridgetown*; recurso principal: turismo. Hab.: 286.388 (2018).

Barbalha (CE), município com 569,5 km^2, situado no sul cearense. Agricultura (esp. cana-de-açúcar). Balneário de Caldas. Hab.: 59.732 (2019).

Barbosa, Adoniran (João Rubinato, dito) [Valinhos SP, 1910 — São Paulo SP, 1982], compositor e cantor popular. Obras: *Saudosa maloca*, *Trem das onze*, *Samba do Arnesto* etc.

Barbosa, Francisco de Assis [Guaratinguetá SP, 1914 — Rio de Janeiro RJ, 1991], jornalista, biógrafo, historiador e ensaísta. Membro da ABL. Obras: *A vida de Lima Barreto*, *Achados do vento*, *Retratos de família*, *Machado de Assis em miniatura* etc.

Barbosa, Haroldo [Rio de Janeiro RJ, 1915 — *id.*, 1979], compositor, redator e humorista. Obras: *Adeus, América*; *Adiós, pampa mia*; *Amor*; *Baião de Copacabana*; *Bar da noite*; *Palhaçada*; *Nossos momentos* etc.

Barbosa, Orestes [Rio de Janeiro RJ, 1893 — *id.*, 1966], escritor brasileiro, autor de poemas, crônicas, crítica teatral e letras de músicas. Obras: *Penumbra sagrada* (livro de poemas), *Pato preto* (crônica), *Carioca*, *Sergipana*, *Flor do asfalto*, *Chão de estrelas* (letras) etc.

Barbosa de Oliveira, **Rui** [Salvador BA, 1849 — Petrópolis RJ, 1923], jurista, estadista, político e jornalista brasileiro; participou da transição do Império para a República; foi ministro da Fazenda, deputado e senador; defensor das liberdades civis, contribuiu para a consolidação jurídica da República; representou o Brasil na Segunda Conferência de Paz, o que o consagrou no meio popular como "Águia de Haia". Obras: *Queda do império, A questão social e política no Brasil, Cartas da Inglaterra, Oração aos moços* etc.

Barcarena (PA), município com 1.310,5 km², foi palco da Cabanagem, movimento popular ocorrido durante a regência. Extração e industrialização de bauxita e caulim. Hab.: 124.680 (est. 2019).

Bardi, Pietro Maria [La Spezia, Ligúria, Itália, 1900 — São Paulo SP, 1999], crítico e historiador de arte, veio para o Brasil em 1946 e, a convite de Assis Chateaubriand, orientou a aquisição do acervo do Museu de Arte de São Paulo, fundado em 1947, e encarregou-se de sua direção. — **Lina Bo Bardi** [Roma, Itália, 1914 — São Paulo SP, 1992], sua mulher, arquiteta, projetou o prédio do MASP, a Casa de Vidro e o SESC — Fábrica da Pompeia, todos em São Paulo, e fez intervenções no Centro Histórico de Salvador BA.

Barein ver *Bahrein*

Barra (BA), município com 11.422,5 km², situado no encontro do rio Grande com o rio São Francisco, no Médio São Francisco. Agropecuária. Cerâmica. Hab.: 53.578 (2019).

Barra do Corda (MA), município com 5.190,3 km², situado às margens dos rios Corda e Mearim, na região central do estado. Produz arroz. Hab.: 88.212 (2019).

Barra do Garças (MT), município com 9.078,9 km², antiga aldeia de índios xavantes e bororos, está situado na região do alto Araguaia, na divisa de Mato Grosso com Goiás. Reserva de vida selvagem. Esportes radicais. Pesca. Hab.: 61.012 (2019).

Barra do Piraí (RJ), município com 579 km², situado no vale do Paraíba, na confluência do rio Paraíba com o rio Piraí, é importante entroncamento ferroviário e rodoviário. Hab.: 100.374 (2019).

Barra Mansa (RJ), município com 547,2 km², localizado no vale do Paraíba, é importante eixo fluvial para a ligação Rio-São Paulo. Hab.: 184.412 (2019).

Barreiras (BA), município com 7.859,2 km², importante entroncamento rodoviário entre o norte, o nordeste e o centro-oeste do Brasil. Maior produtor de grãos do nordeste brasileiro. Hab.: 155.439 (2019).

Barreirinhas (MA), município com 3.024 km², situado nas margens do rio Preguiças, na região norte do Estado do Maranhão. Turismo (porta de entrada da região turística conhecida como Lençóis Maranhenses). Hab.: 62.528 (2019).

Barreto, João **Paulo** Emílio Cristóvão dos Santos Coelho ver *João do Rio*

Barreto, Afonso Henriques de **Lima** [Rio de Janeiro RJ, 1881 — *id.*, 1922], escritor brasileiro, fino representante do romance urbano carioca. Obras: *Clara dos Anjos, Triste fim de Policarpo Quaresma, Recordações do escrivão Isaías Caminha* etc.

Barreto, Luís Carlos [Sobral CE, 1928], cineasta, produtor e roteirista brasileiro, começou como corroteirista e coprodutor de *Assalto ao trem pagador* (1961). Figura importante do Cinema Novo, produziu mais de 70 filmes nacionais — **Bruno Barreto** [Rio de Janeiro RJ, 1955], seu filho, cineasta brasileiro, cujo primeiro longa-metragem foi *Tati, a garota* (1973). Outras obras: *A estrela sobe, Dona Flor e seus dois maridos, Gabriela, cravo e canela* etc. — **Fábio Barreto** [Rio de Janeiro RJ, 1957], tb. filho de Luís Carlos, cineasta brasileiro cujo primeiro longa-metragem foi *Índia, a filha do Sol*. Outras obras: *Luzia homem, Bela Donna, A paixão de Jacobina, O quatrilho, Lula, o filho do Brasil* etc.

Barreto, Mário Castelo Branco [Rio de Janeiro RJ, 1879 — *id.*, 1931], filólogo e gramático brasileiro, patrono da Abrafil. Obras: *Estudos da língua portuguesa, Fatos da língua portuguesa, De gramática e de linguagem, Através do dicionário e da gramática* etc.

Barreto de Menezes, **Tobias** [Campos do Rio Real SE, 1839 — Recife PE, 1889], escritor, ensaísta, poeta, professor, advogado e filósofo brasileiro, mestre da oratória, foi um dos fundadores da Escola do Recife. É patrono da cadeira 38 da ABL. Obras: *Ensaios e estudos de filosofia e crítica, Filosofia e crítica, Estudos alemães, Polêmicas, Discursos* etc.

Barreto, Vítor **Lima** [Casa Branca SP, 1906 — Campinas SP, 1982], cineasta brasileiro. Seu filme *O cangaceiro* foi o primeiro longa-metragem brasileiro a ganhar um prêmio no festival de cinema de Cannes, na França (1953). Obras: *Primeira missa, São Paulo em festa, Santuário* etc.

Barretos (SP), município com 1.566,1 km². Recurso principal: bovinos. Festa do Peão de Boiadeiro. Hab.: 122.098 (2019).

Barriga (serra da), situada no município de União dos Palmares, a 83 km de Maceió, foi o local de nascimento do núcleo do Quilombo dos Palmares, símbolo da resistência negra no país. Tombada pelo Governo Federal, ali foi criado o Parque Nacional de Zumbi.

Barros, Manoel Wenceslau Leite **de** [Cuiabá MT, 1916 — Campo Grande MS, 2014], poeta brasileiro de intimismo naturalista, aos 21 anos publicou *Poemas concebidos sem pecado*. Outras obras: *Face imóvel, Compêndio para uso dos pássaros, Gramática expositiva do chão, Matéria de poesia, O guardador de águas* etc.

Barroso, almirante (Francisco Manuel Barroso da Silva, barão do Amazonas) [Lisboa, Portugal, 1804 — Montevidéu, Uruguai, 1882], herói da Guerra do Paraguai, comandou os navios brasileiros na Batalha de Riachuelo, derrotando os paraguaios. É dele a frase: "O Brasil espera que cada um cumpra o seu dever".

Barroso, Ary Evangelista Resende [Ubá MG, 1903 — Rio de Janeiro RJ, 1964], compositor popular, pianista, responsável pela música brasileira mais executada no exterior, *Aquarela do Brasil*, compôs tb. para teatro e cinema. Homem de rádio e TV, sua "Hora de calouros" notabilizou-se por descobrir novos talentos musicais. Músicas: *No rancho fundo, Maria, Na batucada da vida, Na Baixa do Sapateiro, Camisa amarela* etc.

Barroso, Gustavo Dodt [Fortaleza CE, 1888 — Rio de Janeiro RJ, 1959], historiador e jornalista brasileiro, fundou o Museu Histórico Nacional (1922), militou na Ação Integralista Brasileira (1933) e foi duas vezes presidente da ABL. Obras: *Terra de sol, Heróis e bandidos, Almas de lama e de aço, O livro dos enforcados* etc.

Barueri (SP), município com 65,7 km², na região metropolitana de São Paulo, não possui zona rural, concentrando-se toda a população na zona urbana. Tem 99,9% de vias asfaltadas. Hab.: 274.182 (2019).

Basquíria ou **Bashkortostão**, república autônoma da Federação Russa com 143.600 km². Capital: *Ufa*; recursos principais: petróleo, gás natural, linhito. Hab.: 4 milhões (2018).

Bastilha, fortaleza construída em Paris no séc. XIV, para proteger a cidade dos ingleses, e depois transformada em prisão, tornou-se o símbolo da tirania e arbitrariedade da monarquia. Sua tomada pelos parisienses (14/7/1789) marcou o início da Revolução Francesa.

Bastos, Aureliano Cândido **Tavares** [atual Marechal Deodoro AL, 1839 — Nice, França, 1875], escritor, jornalista, historiador e político brasileiro. Notabilizou-se por sua oposição política à centralização administrativa do Segundo Império. É patrono da cadeira 35 da ABL. Obras: *Cartas do solitário, A província, Estudos sobre a reforma eleitoral* etc.

Batatais (SP), município com 849,5 km², situado entre duas colinas. Teve grande impulso econômico com o café. Estância turística. Hab.: 62.508 (2019).

Bates, Henry Walter [Leicester, Inglaterra, 1825 — Londres, Inglaterra, 1892], naturalista inglês, viveu na Amazônia brasileira de 1848 a 1859, onde catalogou e estudou cerca de 8.000 espécies (a maioria insetos) até então desconhecidas.

Batista de Oliveira, **Wilson** [Campos RJ, 1913 — Rio de Janeiro RJ, 1968], compositor brasileiro, polemizou com Noel Rosa a partir do samba *Lenço no pescoço* (1933). Os dois conheceram-se pessoalmente entre um e outro desafio e tornaram-se amigos.

Bauhaus, escola de arquitetura e artes aplicadas fundada em Weimar, Alemanha, por Walter Gropius (1919) e extinta em 1933 pelo regime nazista. Procurava conciliar a estética industrial com as vanguardas artísticas.

Bauru (SP), município com 667,7 km², situado no sudeste do estado. Antiga aldeia dos índios caingangues. Indústrias (metalomecânica, editorial e gráfica, alimentícia, eletroeletrônica e de plásticos). Hab.: 376.818 (2019).

Bayeux (PB), município com 27,5 km², situado na região metropolitana de João Pessoa. Ecoturismo. Manguezais. Aeroporto Internacional Presidente Castro Pinto. Hab.: 96.880 (2019).

BBC sigla da *British Broadcasting Corporation*, emissora oficial inglesa de rádio e televisão fundada em 1922.

Beatles, grupo inglês de *rock*, de Liverpool, Inglaterra. Surgido na década de 1960, o quarteto (Paul McCartney, John Lennon, George Harrison e Ringo Star) dissolveu-se em 1970 e deixou sucessos, como *Let it be, Hey Jude* e *I Want to Hold Your Hand*.

Bebedouro (SP), município com 683,1 km², antigo pouso de tropas e boiadas à beira do córrego Bebedor, teve sua instalação oficial em 1884. Economia baseada na produção de suco de laranja. Hab.: 77.496 (2019).

Beberibe (CE), município com 1.623,8 km², localizado no norte cearense. Agricultura (cana-de-açúcar, caju, coco-da-baía). Pecuária. Jazidas de quartzo e feldspato. Hab.: 53.573 (2019).

Bechuanalândia, antigo nome de *Botsuana*.

Becker Yáconis, **Cacilda** [Pirassununga SP, 1921 — São Paulo SP, 1969], atriz brasileira, uma das pioneiras da revolução do teatro no país. Primeira atriz por muitos anos, a partir de 1948, do Teatro Brasileiro de Comédia (TBC), fundou mais tarde com o marido, Walmor Chagas, o Teatro Cacilda Becker.

Beckman, Manuel (ou Bequimão) [Portugal, primeiro terço do séc. XVII — São Luís MA, 1685], senhor de engenho do Brasil colonial e principal líder da revolta, que levou seu nome, contra a Companhia de Comércio do Estado do Maranhão (1684). Condenado, foi decapitado.

Beja (Ana Jacinta de São José, dita **Dona**) [Formiga MG, 1800 — Estrela do Sul MG, 1874], viveu em Araxá MG e, por ter sido mãe solteira de duas filhas, escandalizou a sociedade. Teria tido influência política e sido proprietária de imóveis e escravos. A residência em que teria recebido personalidades para saraus e reuniões políticas hoje abriga um museu.

Belarus, Bielorrússia ou **Rússia Branca**, país da Europa oriental, com 207.600 km², situado entre a Ucrânia e os países bálticos. Ex-república federada da URSS, atual república mista, independente desde

1991. Capital: *Minsk*; recursos principais: indústria pesada e agricultura. Hab.: 9,5 milhões (2018).

Bela Vista de Goiás (GO), município com 1.253,4 km². Casa do Senador Canedo tombada pelo Iphan. Hab.: 29.975 (2019).

Belém (PA), capital do Estado do Pará, com 1.059,5 km², às margens da baía de Guajará e do rio Guamá. Maior entreposto comercial da Região Norte. Atrações turísticas: o *Círio de Nazaré*, uma das maiores festas religiosas do Brasil; monumentos tombados pelo Iphan: Forte do Castelo, Igreja da Sé, parque zoobotânico do Museu Emílio Goeldi, conjunto arquitetônico do mercado Ver-o-Peso etc. Hab.: 1.492.745 (2019).

Belford Roxo (RJ), município com 78,9 km², na Baixada Fluminense, foi desmembrado de Nova Iguaçu e instalado em 1/1/1993. Hab.: 510.906 (2019).

Bélgica (Reino da), país da Europa ocidental, com 30.530 km². Monarquia parlamentarista. Capital: *Bruxelas*; recursos principais: siderurgia e metalurgia. Hab.: 11,3 milhões (2018).

Belize (ant. Honduras Britânicas), país da América Central, a sudeste da península de Iucatã, com 22.970 km². Monarquia parlamentarista, independente desde 1981. Capital: *Belmopan*; recurso principal: agricultura (cana-de-açúcar, banana, citrinos, cacau e coco). Hab.: 382.444 (2018).

Belo Horizonte (MG), capital do Estado de Minas Gerais, com 331,4 km². Planejada para ser a sede do governo, foi inaugurada em 1897. Casa da Fazenda do Leitão, Igreja de São Francisco de Assis, conjunto paisagístico da serra do Curral e conjunto arquitetônico e paisagístico da Pampulha tombados pelo Iphan. Hab.: 2.512.070 (2019).

Belo Jardim (PE), município com 647,6 km², localizado no vale do Ipojuca, em pleno Agreste pernambucano. Recursos principais: agroindústria e turismo. Hab.: 76.439 (2019).

Belo Vale (MG), município com 365,9 km², um dos primeiros arraiais mineiros fundados pelos bandeirantes. Casa da Fazenda da Boa Esperança tombada pelo Iphan. Hab.: 7.715 (2019).

Beluquistão ou **Baluchistão**, região da Ásia que se estende do leste do Irã ao oeste do Paquistão. Atualmente é uma província do Paquistão.

Benedetti, Lúcia [Mococa SP, 1914 — Rio de Janeiro RJ, 1998], escritora e teatróloga brasileira especializada na temática infantil; a Fundação Nacional do Livro Infantil e Juvenil criou um prêmio que leva seu nome. Obras: *A rainha do fundo do mar*, *O casaco encantado*, *Auto de Natal* etc.

Beneditinos, membros da ordem monástica mais antiga do Ocidente, fundada por são Bento (529), que tem por divisa "reza e trabalha".

Benevides (PA), município com 187,8 km², localizado na região metropolitana de Belém. Agricultura. Hab.: 62.737 (2019).

Bengala, região da Ásia meridional banhada pelos rios Bramaputra e Ganges e politicamente dividida entre a Índia (Bengala Ocidental) e Bangladesh (Bengala Oriental). A língua lá falada, o bengali, é usada por cerca de 180 milhões de falantes.

Bengala (golfo de), situado no norte do oceano Índico, entre o Decã (região ao sul da Índia), Bangladesh e Myanmar.

Benim (República do), antigo Daomé, país da África Ocidental, com 112.620 km². República presidencialista, independente desde 1960. Capital: *Porto Novo*; recursos principais: agropecuária e pesca. Sua antiga estatuária de bronze e marfim é das mais belas da África negra. Hab.: 11,4 milhões (2018).

Bento Gonçalves (RS), município com 274,1 km², situado na serra gaúcha, foi instalado em 1938. Maior produtor de vinho do país. Hab.: 120.454 (2019).

Bequimão ver *Beckman, Manuel*

Berilo (MG), município com 587,1 km². Igrejas de N. S.ª do Rosário e Matriz de N. S.ª da Conceição tombadas pelo Iphan. Hab.: 11.932 (2019).

Bering (estreito de), separa a Sibéria do Alasca e une o oceano Pacífico ao Ártico.

Bering (mar de), parte do oceano Pacífico, com 2.261.330 km² e 1.491 m de profundidade, entre a Ásia e a América.

Bermudas conjunto de 360 ilhas (20 habitadas), situadas no Atlântico, a leste do cabo Hatteras (EUA), com 53 km². Capital: *Hamilton*. Em 1941, os EUA arrendaram 6 km² para ali construir uma base aeronaval. Hab.: 61.070 (2018).

Bernardelli, José Maria Oscar **Rodolfo** [Guadalajara, México, 1852 — Rio de Janeiro RJ, 1931], escultor naturalizado brasileiro, diretor da Escola Nacional de Belas-Artes (1890-1915) e autor de inúmeras obras no campo da escultura monumental, no Rio de Janeiro e em outras cidades brasileiras. — **Henrique Bernardelli** [Valparaíso, Chile, 1858 — Rio de Janeiro RJ, 1936], irmão de Rodolfo, pintor e desenhista, professor de pintura na Escola Nacional de Belas-Artes, autor da decoração do Teatro Municipal do Rio de Janeiro, entre outras obras.

Bernardes, Artur da Silva [Viçosa MG, 1875 — Rio de Janeiro RJ, 1955], político brasileiro, presidente da República (1922-1926), teve sua administração marcada por revoltas militares (como o Tenentismo, p.ex.) e crises políticas.

Bertioga (SP), município com 490,1 km², localizado na Baixada Santista. Estância balneária. Turismo. Hab.: 63.249 (2019).

Bessarábia, região do leste da Europa situada entre os rios Dniester e Prut, anexada pelos soviéticos e hoje pertencente à Moldávia.

Bethânia Viana Telles Veloso, **Maria** [Santo Amaro da Purificação BA, 1946], cantora brasileira, apresentou-se em público pela primeira vez na peça *Boca de Ouro* (1963), de Nelson Rodrigues, musicada por seu irmão, *Caetano Veloso*, e projetou-se no *show Opinião* (Teatro de Arena, 1965), cantando *Carcará*, de João do Vale e José Cândido. Em 2015 recebeu o Prêmio da Música Brasileira, nos seus 50 anos de carreira musical.

Betim (MG), município com 343,8 km², situado na zona metalúrgica e instalado em 1923. Fábrica de automóveis Fiat. Hab.: 439.340 (2019).

Betinho (Herbert José de Sousa, dito) [Bocaiuva MG, 1935 — Rio de Janeiro RJ, 1997], sociólogo e cientista político brasileiro exilado em 1971; morou no Chile, Canadá e México. De volta ao Brasil, fundou o Instituto Brasileiro de Análises Sociais e Econômicas — Ibase, criou a Ação da Cidadania contra a Miséria e pela Vida e a campanha "Natal sem fome".

Beviláqua, Clóvis [Viçosa do Ceará CE, 1859 — Rio de Janeiro RJ, 1944], jurista brasileiro, redator do anteprojeto do Código Civil (1889) e um dos fundadores da ABL. Obra mais importante: *Teoria geral do Direito Civil* (1908).

Bezerros (PE), município com 490,8 km², localizado no Agreste pernambucano; tem mirantes com cerca de 900 m de altitude, de onde se pode ver a paisagem da reserva ecológica da serra Negra e praticar voos de asa-delta. Ecoturismo. Hab.: 60.798 (2019).

Biafra, república da região do sudeste da Nigéria, rica em petróleo; manteve-se independente de maio de 1967 a janeiro de 1970, quando se rendeu ao governo central da Nigéria, após uma guerra civil que deixou quase um milhão de mortos, na maioria de fome.

Bielorrússia ou **Rússia Branca** ver *Belarus*

Biguaçu (SC), município com 367,9 km², situado na região metropolitana de Florianópolis. Turismo. Sobradão e conjunto arquitetônico e paisagístico da vila de São Miguel tombados pelo Iphan. Hab.: 68.481 (2019).

Bilac, Olavo Brás Martins dos Guimarães [Rio de Janeiro RJ, 1865 — *id.*, 1918], poeta brasileiro expoente do Parnasianismo, defendeu a República e a abolição da escravatura e foi um dos fundadores da ABL. Obras: *Poesias, Tarde, Dicionário de rimas, Conferências literárias* etc.

Biquíni (atol de), situado no oceano Pacífico, a noroeste das ilhas Marshall. Entre 1946 e 1958 foi usado pelos EUA como centro experimental de explosões atômicas.

Birigui (SP), município com 530 km², no noroeste do estado. Antiga parada de locomotivas da Estrada de Ferro Noroeste. Indústrias de móveis, confecções, cartonagem. Hab.: 123.638 (2019).

Birmânia, antigo nome de *Myanmar*.

Biscaia, província do norte da Espanha, na região denominada País Basco, junto ao mar Cantábrico, com 2.217 km², tb. chamado golfo de Biscaia. Capital: *Bilbao*. Recursos principais: siderurgia e metalurgia. Hab.: 1,2 milhão (2018).

Bittencourt, Edmundo [Santa Maria RS, 1866 — Rio de Janeiro RJ, 1943], jornalista brasileiro, fundou o *Correio da Manhã* (1901), jornal de opinião, defensor das causas populares. Combateu o controle do poder pelas oligarquias e chegou a duelar a pistola com o senador gaúcho Pinheiro Machado (1906), ferindo-se no combate.

Bloqueio Continental, série de medidas adotadas por Napoleão (1806) para isolar totalmente a Inglaterra do continente europeu, com maus resultados para a economia francesa. Levou à invasão de Portugal (fins de 1807), à insurreição espanhola e às hostilidades com a Rússia.

Blumenau (SC), município com 518,4 km², às margens do rio Itajaí-Açu. Originou-se de uma colônia agrícola estabelecida pelo filósofo alemão Dr. Hermann Bruno Otto Blumenau. Hab.: 357.199 (2019).

Boa Esperança (cabo da), situado no extremo sul de uma península da região da Cidade do Cabo (África do Sul), eleva-se a 243 m de altitude e nele se juntam as águas dos oceanos Atlântico e Índico. Antigo cabo das Tormentas, foi transposto pela primeira vez pelo navegador português *Bartolomeu Dias* (1488).

Boa Viagem (CE), município com 2.836,7 km², situado no sertão cearense. Agricultura (esp. algodão). Hab.: 54.470 (2019).

Boa Vista (RR), capital do Estado de Roraima desde 1943, com 5.687 km². A instalação como município data de 1928; a cidade localiza-se na margem direita do rio Branco. Hab.: 399.213 (2019).

Bobadela (Antônio Gomes Freire de Andrade, **conde de**) [Juromenha, Portugal, 1685 — Rio de Janeiro RJ, 1763], militar e político português, foi nomeado governador e capitão-general do Rio de Janeiro (1733), onde fomentou obras públicas, de assistência e culturais.

Bocage, Manuel Maria Barbosa du [Setúbal, Portugal, 1765 — Lisboa, Portugal, 1805], poeta português árcade e romântico, reconhecido principalmente pelos sonetos, sendo famosos os eróticos e satíricos. Obras: *Rimas, Poesias*.

Bocaina (serra da), nome de várias elevações no relevo brasileiro, sendo a mais alta (2.088 m) a situada entre os estados de São Paulo e do Rio de Janeiro.

Bocaiuva, Quintino Antônio Ferreira de Sousa [Itaguaí RJ, 1836 — Rio de Janeiro RJ, 1912], jornalista e político brasileiro. Defensor da República, foi ministro do primeiro gabinete republicano, senador e governador do Rio de Janeiro.

Boêmia, região ocidental da República Tcheca, com 52.769 km², que formou com a Morávia e a Eslováquia, até 31/12/1992, a Tchecoslováquia. Jazidas de hulha e ferro.

Boff (Genézio Darci, dito **Leonardo**) [Concórdia SC, 1938], teólogo brasileiro, da Ordem dos Frades Menores Franciscanos. Um dos criadores da Teologia da Libertação e ardoroso defensor da causa dos direitos humanos, foi premiado no Brasil e no exterior por sua luta em favor dos oprimidos e marginalizados. Obras: *Igreja, carisma e poder*, *Feminino e masculino*, *Tempo de transcendência* etc.

Boituva (SP), município com 248,9 km², localizado na região de Sorocaba. Maior centro de paraquedismo da América Latina. Hab.: 60.997 (2019).

Bojunga Nunes, **Lygia** [Pelotas RS, 1932], escritora brasileira dedicada à literatura infantojuvenil. Recebeu diversos prêmios no Brasil e no exterior, destacando-se a medalha *Hans Christian Andersen* (1982). Obras: *A bolsa amarela*, *Angélica*, *Corda bamba*, *Tchau* etc.

Bolívar, Simón [Caracas, Venezuela, 1783 — Santa Marta, Colômbia, 1830], general venezuelano, dito El Libertador; derrotou os espanhóis e tornou independentes a Bolívia, a Colômbia, o Equador, o Peru e a Venezuela.

Bolívia (República da), país da América do Sul, com 1.098.580 km², situado na vertente ocidental dos Andes. República presidencialista, independente desde 1825. Capitais: administrativa — *La Paz*, legal — *Sucre*; recursos principais: agricultura (coca), petróleo, gás natural e minérios (cobre, ouro, prata, estanho, zinco). Hab.: 11,2 milhões (2018).

Bolshoi, teatro de Moscou para espetáculos de ópera e balé. A sua escola de balé é uma das mais famosas da Rússia. A primeira e única cidade do mundo a ter uma filial dessa escola é Joinville SC, no Brasil.

Bolsonaro, Jair Messias [Campinas SP, 1955], militar reformado e político brasileiro. Capitão do Exército, foi vereador e deputado federal pelo Rio de Janeiro. Em 2018 foi eleito Presidente da República do Brasil.

Bom Jesus da Lapa (BA), município com 4.115,5 km², situado no centro-oeste do estado, às margens do rio São Francisco. Cresceu em torno da gruta de Bom Jesus, descoberta em 1691. Santuário religioso e centro de peregrinação e turismo. Hab.: 69.148 (2019).

Bom Jesus do Amparo (MG), município com 195,6 km². Casa da Fazenda do Rio São João tombada pelo Iphan. Hab.: 6.083 (2019).

Bom Jesus dos Navegantes (festa do), procissão marítima realizada em Salvador BA, a 1º de janeiro, em honra do Senhor Bom Jesus dos Navegantes e de N. S.ª da Boa Viagem, na baía de Todos-os-Santos. Atração turística.

Bonito (MS), município com 4.934,4 km². Grutas do lago Azul e de N. S.ª Aparecida tombadas pelo Iphan. Hab.: 21.976 (2019).

Bopp, Raul [Santa Maria RS, 1898 — Rio de Janeiro RJ, 1984], poeta modernista e diplomata brasileiro. Obras: *Cobra Norato*, *Memórias de um embaixador* etc.

Borba de Carvalho Filho, Hermilo [Palmares PE, 1917 — Recife PE, 1976], escritor e crítico brasileiro, de estilo autobiográfico e linguagem despojada, pautada na realidade política e na cultura popular brasileira. Obras: *Apresentação do bumba meu boi*, *Fisionomia e espírito do mamulengo*, *Sobrados e mocambos* etc.

Bornéu, ilha do sudeste asiático, a maior da Insulíndia e a terceira maior do mundo, com 750.000 km². Está dividida entre a Indonésia, ao sul, e a Malásia (Sabah e Sarawak) e o Brunei, ao norte. Hab.: 21,4 milhões (2015).

Bósforo (estreito de), braço de mar entre a Europa e a Ásia, que liga o mar Negro ao mar de Mármara, com cerca de 30 km de comprimento, largura entre 600 e 3.000 m e profundidade entre 30 e 120 m.

Bósnia-Herzegóvina (República da), país europeu nos Bálcãs, com 51.210 km² (9.119 km² da Herzegóvina). República presidencialista tripartite, com um representante bósnio, um croata e um sérvio. Integrou a antiga Iugoslávia de 1918 até se tornar independente em 1992. Capital: *Sarajevo*; recursos principais: minérios e indústrias (têxteis, aço, couro e alimentos). Hab.: 3,8 milhões (2018).

Bosquímanos ver *Boxímanes*

Botafogo Gonçalves Fonseca, **Ana** Maria [Rio de Janeiro RJ, 1957], primeira-bailarina do Teatro Municipal, premiada pelo Ministério da Cultura do Brasil com o Troféu Mambembe/1998 pelo conjunto de seu trabalho e divulgação da dança em todo o território nacional.

Botafogo (enseada de), situada no Rio de Janeiro, na baía de Guanabara, entre os morros da Viúva e da Urca; seu primeiro nome foi *Le Lac* ("O lago"), dado pelos franceses. Passou à denominação atual depois que nela foi morar João Sousa Pereira Botafogo, dono de uma fazenda que se estendia da praia até a quinta de São Clemente.

Botelho, Diogo [? — ?], oitavo governador e capitão-mor da Bahia e oitavo governador-geral do Brasil (1602 a 1607); continuou a obra do seu antecessor, D. Fernando de Sousa, subjugou os aimorés e autorizou Pero Coelho de Sousa a explorar os rios cearenses e expulsar franceses instalados em arraiais na serra da Ibiapaba.

Botelho de Oliveira, **Manuel** [Salvador BA, 1636 — *id.*, 1711], poeta, advogado e político brasileiro, escreveu versos em latim, italiano e espanhol, além do português. Obras: *À ilha de Maré, Música do Parnaso, Lira sacra.*

Botsuana (República de), antiga Bechuanalândia, país do sul da África, com 581.730 km². República presidencialista, independente desde 1966. Capital: *Gaborone*; recursos principais: extração de diamantes, minério de cobre, minério de níquel, carbonato de sódio. Hab.: 2,3 milhões (2016).

Botticelli (Alessandro di Mariano di Vanni Filipepi, dito **Sandro**) [Florença, Itália, 1445 — *id.*, 1510], pintor renascentista italiano, começou pintando retratos para as grandes famílias de Florença, como os Médici. Pintou alguns afrescos da Capela Sistina, em Roma (1481-1482). Outras obras: *Adoração dos magos, O nascimento de Vênus, Madonna do Magnificat* etc.

Botucatu (SP), município com 1.482,6 km², situado na região de Itapetininga. Teve 26% de seu território transformado em área de proteção ambiental. *Campus* da Universidade Estadual Paulista - Unesp. Hab.: 146.497 (2019).

Boxímanes /cs/ ou **bosquímanos**, povos nômades de pele pardo-amarelada, rosto triangular e baixa estatura, que habitam esp. Botsuana, Namíbia, noroeste da África do Sul e sudeste de Angola.

Braga, Antônio **Francisco** [Rio de Janeiro RJ, 1868 — *id.*, 1945], compositor e regente brasileiro, autor da música do *Hino à Bandeira* e um dos fundadores da Sociedade de Concertos Sinfônicos. Obras: *Jupira* (ópera), *Marabá* (poema sinfônico), entre muitas outras.

Braga, Rubem [Cachoeiro de Itapemirim ES, 1913 — Rio de Janeiro RJ, 1990], escritor e jornalista brasileiro; autor de vários livros. Fundou a *Folha do Povo*, e a revista *Diretrizes*, com Samuel Wainer, e *Comício*, com Joel Silveira e Rafael Correia de Oliveira (Rio de Janeiro RJ).

Bragança (PA), município com 2.092 km², às margens do rio Caeté e banhado pelo oceano Atlântico; é um dos mais antigos do estado. Atrações turísticas: praia de Ajuruteua e ilha de Canelas (santuário ecológico, reserva de guarás). Hab.: 127.686 (2019).

Bragança Paulista (SP), município com 512,5 km², estância climática na serra da Mantiqueira. O nome é uma homenagem à família real portuguesa. Indústria (linguiça) e agropecuária. Hab.: 168.668 (2019).

Braguinha (Carlos Alberto Ferreira Braga, dito **João de Barro**) [Rio de Janeiro RJ, 1907 — *id.*, 2006], compositor popular brasileiro, começou a cantar no grupo amador A Flor do Tempo; como profissional, apresentava-se ao lado de Noel Rosa no Bando dos Tangarás. Especializou-se em marchinhas para o carnaval, como *Linda lourinha, Dama das camélias, Cadê Mimi, Pastorinhas, Chiquita bacana* etc.

Brahms, Johannes [Hamburgo, Alemanha, 1833 — Viena, Áustria, 1897], compositor erudito e pianista alemão, recebeu do pai as primeiras aulas de música aos cinco anos e, aos sete, já era capaz de tocar violino, violoncelo e trompa, além de piano. Compôs música sinfônica e de câmara. Algumas obras: *Concerto nº 2 para piano e orquestra, Variações sobre um tema de Haydn, Um réquiem alemão* etc.

Braille, Louis [Coupvray, Seine-et-Marne, França, 1809 — Paris, França, 1852], pedagogo francês cego, inventou um alfabeto que utiliza pontos em relevo (escrita *braille*) para os deficientes visuais.

Branco (cabo), situado na costa ocidental da África, junto à fronteira do Saara Ocidental com a Mauritânia, foi descoberto (1441) por Nuno Tristão, navegador português.

Branco, Camilo Castelo [Lisboa, Portugal, 1825 — S. Miguel de Seide, Portugal, 1890], escritor português, o primeiro a viver apenas de seus livros. Seu gênio criador revelou-se esp. na novela (58 obras que vão do Romantismo ao Realismo). Obras: *Vingança, Amor de perdição, O romance d'um homem rico, Novelas do Minho, A brasileira de Prazins, A corja* etc.

Branco (rio), afluente do rio Negro, no Estado de Roraima, formado pelos rios Tacutu e Urariquera (584 km).

Brandão, Ignácio de Loyola [Araraquara SP, 1936], escritor brasileiro. Recebeu o Prêmio Jabuti em 2000 e 2008, por *O homem que odiava a segunda-feira* (contos) e *O menino que vendia palavras* (ficção), respectivamente. Outras obras: *Zero, Bebel que a cidade comeu, Não verás país nenhum, O ganhador* etc. Foi agraciado em 2016 com o Prêmio Machado de Assis, da ABL, pelo conjunto de sua obra.

Brant Pontes Oliveira e Horta, **Felisberto Caldeira** ver *Barbacena, visconde e marquês de*

Brás Pereira Gomes, **Venceslau** [Brasópolis MG, 1868 — Itajubá MG, 1966], presidente da República (1914-1918), em seu governo, durante a Primeira Guerra Mundial, ocorreu o afundamento do navio brasileiro *Paraná*, o que provocou o rompimento das relações com o Império Alemão e uma declaração de guerra (26/10/1917). Tb. houve a pacificação do *Contestado.*

Brás Cubas, personagem principal do romance de Machado de Assis, *Memórias póstumas de Brás Cubas* (1881), um típico burguês da segunda metade do séc. XIX, homem contraditório, que passou a vida sem realizar quase nada e que, após morrer, conta a própria história, do fim para o começo.

Brasil (República Federativa do), quinto país do mundo em extensão territorial e em população e o maior da América Latina (8.510.820,623 km²). População: 210.147.125 hab. (IBGE, 2019); produto interno bruto (PIB): R$ 6,26 trilhões; PIB *per capita*: R$ 30.548,40 (IBGE, 2016). Constitui uma república presidencialista, dividida administrativamente em 26 estados, agrupados em cinco grandes regiões (Norte, Nordeste, Sudeste, Sul e Centro-Oeste), o *Distrito Federal*, onde está a capital do país, *Brasília*, e 5.570 municípios. Pontos extremos do território: ao norte, nascente do rio Ailã (RR), ao sul, o arroio Chuí (RS), a leste, a Ponta do Seixas (Cabo Branco PB) e a oeste, a nascente do rio Moa, na serra da Contamana (AC). Fusos horários: quatro. Climas: equatorial, tropical de altitude, tropical atlântico, semiárido e subtropical. Malha viária: *ferrovias* — 29.849 km; *rodovias* — 1.691.000 km (212.798 pavimentados). Recursos principais: *agricultura* — café, cana-de-açúcar (para açúcar refinado e álcool combustível), cacau, milho, soja etc.; *pecuária* — gado bovino para corte e leite, além de suínos, aves, ovinos e equinos; *silvicultura* — carnaúba, castanha, borracha, plantas medicinais, óleos vegetais, resinas, madeiras para construção e móveis etc.; *mineração* — ferro, petróleo bruto, gás natural, prata, manganês, diamante, cromo, zircônio etc.; *indústria* — alimentos processados, ferro e aço, cimento, tecidos, veículos automotores, produtos químicos, navios, equipamentos elétricos etc.; *energia* — 3.636 empreendimentos em operação (usinas hidrelétricas, termelétricas etc.) geram cerca de 135.137.539 kW de potência instalada.

Cronologia histórica (quadro)

1500-1822	**Brasil Colônia**
1500	Descobrimento por Pedro Álvares Cabral
1501-1503	Expedições de Gaspar de Lemos, Fernão de Noronha — exploração do pau-brasil
1508-1513	João Ramalho e Caramuru: colonizadores acidentais
1516-1526	Expedições guarda-costas de Cristóvão Jacques
1530-1532	Expedição de Martim Afonso de Sousa: fundação da primeira vila (São Vicente)
1534-1536	Capitanias hereditárias
1549-1553	Governo-geral (Tomé de Sousa, Salvador, Bahia) e vice-reinados
1555	Primeira invasão francesa — Villegagnon no Rio de Janeiro (França Antártica)
1580	Portugal fica sob domínio espanhol (mudança de orientação no Brasil)
1612-1615	Franceses no Maranhão (França Equinocial)
1624	Primeira invasão holandesa: Bahia
1630	Segunda invasão holandesa: ocupação de Pernambuco
1637-1644	Maurício de Nassau: missões artísticas e científicas
1640	Restauração do trono português (dinastia de Bragança)
1641-1644	Invasão holandesa no Maranhão
1645	Insurreição Pernambucana
1645-1649	Batalha do Monte das Tabocas e duas dos Guararapes
1664-1693	Entradas e bandeiras
1684	Revolta de Beckman
1694	Destruição do Quilombo dos Palmares
1702	A corrida do ouro: Minas Gerais e a cobrança do "quinto"
1707-1709	Guerra dos Emboabas
1710-1711	Guerra dos Mascates
1711	Duguay-Trouin e a invasão do Rio de Janeiro
1720	O levante de Vila Rica (Filipe dos Santos)
1720	As monções (expedições fluviais)
1729	Mineração: diamantes no arraial do Tijuco
1750-1777	Tratado de Madri — marquês de Pombal — As derramas
1754-1756	Os Sete Povos das Missões e as guerras contra os guaranis
1759	Expulsão dos jesuítas pelo marquês de Pombal
1763	Transferência da capital para o Rio de Janeiro
1785	Proibição de indústrias no Brasil
1789-1792	A Inconfidência Mineira e a morte de Tiradentes
1794	A Conjuração do Rio de Janeiro
1808	Vinda de D. João e sua corte para o Brasil; Abertura dos Portos
1809-1827	As questões de Caiena e a do Prata
1815	Elevação do Brasil a Reino Unido a Portugal e Algarves
1816-1819	As missões artísticas francesa e austro-alemã
1822-1889	**Brasil Império**
1822-1831	Primeiro Reinado: D. Pedro I
1822	Proclamação da Independência do Brasil

Brasil | Brasil

1823	Assembleia Constituinte
1824	Confederação do Equador Primeira Constituição
1825-1828	Guerra da Cisplatina
1826	Abdicação de D. Pedro I do trono de Portugal
1831	Abdicação de D. Pedro I do trono do Brasil
1831-1840	Regências Trina Provisória, Trina Permanente, 1ª e 2ª Regências Unas
1835-1845	Guerra dos Farrapos
1835-1840	Cabanagem
1837-1838	Sabinada
1838-1841	Balaiada
1840-1889	Segundo Reinado: D. Pedro II
1847-1889	Parlamentarismo
1848-1849	Revolução Praieira
1850	Extinção do tráfico de escravos
1864-1870	Guerra do Paraguai
1871	Lei do Ventre Livre
1872-1875	Questão religiosa
1883-1887	Questão Militar
1885	Lei dos Sexagenários
1888	Lei Áurea
1889	Proclamação da República
1889	**Brasil República**
1889-1930	A Primeira República ou República Velha
1889	Mal. Deodoro da Fonseca: chefe do Governo Provisório
1889	Governo Provisório: iniciado com o banimento da família imperial (17/11)
1891	Mal. Deodoro da Fonseca: eleito pelo Congresso Constituinte, renunciou. Mal. Floriano Peixoto, vice-presidente, assumiu o cargo
1891-1894	Revolta da Armada
1892-1894	Mal. Floriano Peixoto
1893-1895	Revolta Federalista
1894-1898	Prudente de Morais: presidente eleito pelo voto direto
1896-1897	Guerra de Canudos
1898-1902	Campos Sales: presidente eleito pelo voto direto
1902-1906	Rodrigues Alves: presidente eleito pelo voto direto
1906-1909	Afonso Pena: presidente eleito pelo voto direto
1909	Afonso Pena: presidente; faleceu no cargo Nilo Peçanha: vice-presidente; assumiu
1909-1910	Nilo Peçanha Mal. Hermes da Fonseca: presidente eleito pelo voto direto Revolta da Chibata
1911-1914	Mal. Hermes da Fonseca
1914	Venceslau Brás: presidente eleito pelo voto direto
1915-1918	Venceslau Brás
1918	Rodrigues Alves: presidente; faleceu sem assumir Delfim Moreira: vice-presidente; assumiu o cargo
1919-1922	Epitácio Pessoa: presidente eleito pelo voto direto
1922	Artur Bernardes: presidente eleito pelo voto direto
1923-1926	Artur Bernardes
1925	Início da Coluna Prestes
1926	Washington Luís: presidente eleito pelo voto direto
1927-1930	Washington Luís
1930	Washington Luís: deposto pela Revolução de 1930 Getúlio Vargas: chefe do Governo Provisório
1931-1934	Getúlio Vargas
1932	Revolução Constitucionalista; Ação Integralista Brasileira
1934	Getúlio Vargas: presidente eleito pela Assembleia Constituinte
1935-1936	Getúlio Vargas
1935	Intentona Comunista
1937	Getúlio Vargas: chefe do Estado Novo
1938-1944	Getúlio Vargas II
1945	Getúlio Vargas II: deposto; redemocratização Min. José Linhares: assumiu a presidência

Brasil | Brasil

1946	Gen. Eurico Gaspar Dutra: presidente eleito pelo voto direto Assembleia Nacional Constituinte
1947-1950	Gen. Eurico Gaspar Dutra
1951	Getúlio Vargas III: presidente eleito pelo voto direto
1952-1954	Getúlio Vargas III
1953	Petrobras
1954	Getúlio Vargas III: suicidou-se Café Filho: vice-presidente; assumiu o cargo; impedido em novembro Carlos Luz: presidente da Câmara dos Deputados; assumiu
1955	Nereu de Oliveira Ramos: vice--presidente do Senado; assumiu a presidência
1956	Juscelino Kubitschek: presidente eleito pelo voto direto; tomou posse
1957-1960	Juscelino Kubitschek
1960	Inauguração de Brasília
1961	Jânio Quadros: eleito presidente; tomou posse e renunciou após 8 meses João Goulart: vice-presidente; assumiu a presidência. Instalou-se o parlamentarismo Tancredo Neves: primeiro-ministro; Francisco Brochado da Rocha: primeiro-ministro
1962	João Goulart: presidente; Hermes Lima: primeiro-ministro
1963	João Goulart: presidente. Reinstaura-se o presidencialismo
1964	João Goulart deposto por golpe militar Pascoal Ranieri Mazzilli: presidente da Câmara; assumiu a presidência Mal. Castelo Branco: presidente eleito pelo Congresso
1965-1966	Mal. Castelo Branco
1967	Gen. Costa e Silva: presidente eleito indiretamente
1969	Mal. Costa e Silva: adoeceu no cargo Junta Militar: ministros militares assumiram provisoriamente
1970	Gen. Emílio Garrastazu Médici: presidente eleito indiretamente
1970-1974	Gen. Emílio Garrastazu Médici
1974-1979	Gen. Ernesto Geisel: presidente eleito indiretamente
1979	Gen. João Batista Figueiredo: presidente eleito indiretamente Lei da Anistia
1980-1984	Gen. João Batista Figueiredo
1985	Tancredo Neves: presidente eleito indiretamente Faleceu na véspera de assumir a presidência José Sarney: vice-presidente; assumiu a presidência
1986-1990	José Sarney
1990	Fernando Collor de Mello: presidente eleito pelo voto direto
1991-1992	Fernando Collor de Mello
1992	Fernando Collor de Mello: sofreu *impeachment* Itamar Franco: vice-presidente; assumiu interinamente (2/10) enquanto Collor era julgado. Assumiu o cargo em caráter definitivo a 29/12
1993-1994	Itamar Franco
1994	Fernando Henrique Cardoso: presidente eleito pelo voto direto
1995-1998	Fernando Henrique Cardoso
1999-2002	Fernando Henrique Cardoso: presidente reeleito pelo voto direto
2002	Luís Inácio Lula da Silva: presidente eleito pelo voto direto
2003-2006	Luís Inácio Lula da Silva
2007-2010	Luís Inácio Lula da Silva: presidente reeleito pelo voto direto
2010	Dilma Roussef: presidente eleita pelo voto direto
2011-2013	Dilma Roussef
2014	Dilma Rousseff : presidente reeleita pelo voto direto
2015	Dilma Rousseff
2016	Dilma Rousseff: sofreu *impeachment*
2017	Michel Temer: vice-presidente; assumiu a Presidência
2018	Jair Bolsonaro: presidente eleito pelo voto direto

Brasil Mineiro da Campanha, **Vital** [Campanha MG, 1865 — Rio de Janeiro RJ, 1950], médico sanitarista, durante as epidemias de febre amarela, varíola e cólera, chefiou a comissão sanitária e combateu a peste bubônica na cidade de Santos. Foi o criador e o primeiro diretor do Instituto Butantan.

Brasília (DF), capital do Distrito Federal, com 5.760,7 km², concebida por Lúcio Costa e construída por Oscar Niemeyer, com jardins de Burle Marx, sob encomenda do presidente Juscelino Kubitschek e inaugurada em 1960. É a maior área urbana tombada do mundo. Conjunto urbanístico, Catedral Metropolitana e Catetinho tombados pelo Iphan. Patrimônio da Humanidade, pela Unesco. Hab.: 3.015.268 (2019).

Brecheret, Vítor [São Paulo SP, 1894 — *id.*, 1955], escultor brasileiro, participou da Semana de Arte Moderna (1922) e foi um dos fundadores da Sociedade Pró-Arte Moderna. Em 1936 iniciou sua obra mais famosa, o *Monumento às bandeiras* (Parque Ibirapuera SP).

Brecht, Bertolt [Augsburg, Alemanha, 1898 — Berlim, Alemanha, 1956], poeta e dramaturgo alemão. Deixou a Alemanha com a subida de Hitler ao poder; esteve na Finlândia, na Dinamarca e nos EUA, onde permaneceu até 1947. Foi nesse período que escreveu suas grandes obras da maturidade. De regresso à Europa, fundou o Berliner Ensemble. Obras: *A mãe, A ópera dos três vinténs, Vida de Galileu, Mãe coragem e seus filhos, O círculo de giz caucasiano* etc.

Brennand, Francisco [Recife PE, 1927 — *id.*, 2019], pintor e escultor brasileiro, usava o barro para conseguir efeitos de rara criatividade, em figuras mitológicas e eróticas e em imagens religiosas.

Breu Branco (PA), município com 3.941,9 km², localizado na margem direita do rio Tocantins, próximo à Hidrelétrica de Tucuruí. Siderúrgica, reserva de minério de quartzo. Hab.: 66.046 (2019).

Breves (PA), município com 9.550,4 km², antiga sesmaria doada em 1738 a dois irmãos portugueses, Manuel e Ângelo Breves, que ali construíram um engenho (Engenho dos Breves). Realiza anualmente o Festival Brevense de Folclore. Hab.: 102.701 (2019).

Britânicas (ilhas), grupo de ilhas do noroeste da Europa com 314.900 km². Dele fazem parte a Grã-Bretanha (Inglaterra, País de Gales e Escócia), a Irlanda do Norte e a República da Irlanda, o arquipélago das Hébridas, as ilhas Órcadas e Shetland, bem como a ilha de Man.

Brito, Francisco de **Paula** [Rio de Janeiro RJ, 1809 — *id.*, 1861], livreiro e escritor brasileiro, dono de uma tipografia, depois livraria, que marcou o início do movimento editorial no Rio de Janeiro. Obras: *A mulher do Simplício, Poesias de Francisco de Paula Brito* (ed. póstuma).

Brizola, Leonel Itajiba de Moura [Carazinho RS, 1922 — Rio de Janeiro RJ, 2004], político brasileiro, chefiou em 1961 a Campanha da Legalidade, que apoiava a subida do então vice-presidente João Goulart à Presidência da República. De 1964 a 1979 viveu no exílio. Em 1980 fundou o Partido Democrático Trabalhista — PDT, pelo qual foi eleito governador do Estado do Rio de Janeiro em 1982 e 1990.

Broadway, área de Nova York, em Manhattan, em que se localiza o maior conjunto de teatros dos EUA.

Broca, José **Brito** [Guaratinguetá SP, 1903 — Rio de Janeiro RJ, 1961], crítico literário e historiador cultural brasileiro. Em São Paulo, trabalhou em vários jornais e escreveu as primeiras crônicas literárias, sob os pseudônimos de Lauro Rosas e Alceste. Sua obra *A vida literária no Brasil — 1900* foi quatro vezes premiada.

Brodowski (SP), município com 278,4 km². Casa natal de Cândido Portinari tombada pelo Iphan. Hab.: 24.939 (2019).

Brumado (BA), município com 2.207,6 km², situado na serra das Éguas, é o portão de entrada do sertão. Reservas de magnesita e talco. Hab.: 67.195 (2019).

Brunei (Sultanato de), pequeno país da Ásia tropical, com 5.765 km², situado a noroeste da ilha de Bornéu. Monarquia islâmica (sultanato), independente desde 1984. Capital: *Bandar Seri Begawan*; recursos principais: petróleo e gás natural. Hab.: 434.076 (2018).

Brusque (SC), município com 283,2 km², situado no vale do rio Itajaí-Mirim; é um dos maiores polos têxteis do sul do país e sede da única colônia de língua inglesa do estado e do primeiro núcleo de colonização polonesa do Brasil. Hab.: 134.723 (2019).

Buarque de Holanda (Francisco, dito **Chico**) [Rio de Janeiro RJ, 1944], compositor, cantor e escritor brasileiro, filho de Sérgio Buarque de Holanda. Venceu o 2º Festival de Música Popular Brasileira com *A banda* (1966). Perseguido pela ditadura militar, foi para Roma (1969-1970). Sua obra inclui, além da discografia e filmografia, peças teatrais (*Gota d'água, Calabar, Roda viva, Ópera do malandro*) e romances (*Fazenda modelo, Benjamim, Estorvo, Budapeste, Leite derramado*). Primeiro músico a receber, pelo conjunto da obra, o Prêmio Camões (2019), de literatura.

Buarque de Holanda Ferreira, **Aurélio** [Passo de Camaragibe AL, 1910 — Rio de Janeiro RJ, 1989], ensaísta, tradutor, contista e lexicógrafo. Aos 15 anos ingressou no magistério. Foi membro da ABL e da Abrafil. Obras: *Território lírico, Vocabulário ortográfico brasileiro, Novo dicionário da língua portuguesa* (1975), *Minidicionário da língua portuguesa* etc.

Buda (em sânscrito, "iluminado") [Índia, c. 566 a.C. — *id.*, c. 486 a.C.], cognome de Siddharta Gautama, fundador do budismo. Após tornar-se monge viajante e levar uma vida penitente, atingiu a "iluminação".

Bueno da Ribeira, **Amador** [São Paulo SP, c. 1584 — *id.*, c. 1649], filho de um explorador de origem espanhola. Ficou conhecido como o Aclamado, por ter sido escolhido para ser rei de São Paulo, honraria que recusou.

Bueno, Maria Esther Andion [São Paulo SP, 1939 — *id.*, 2018], tenista brasileira, aos 15 anos era a campeã do país. Venceu em Wimbledon (Inglaterra) e no Aberto dos EUA. Seu nome faz parte do International Tennis Hall of Fame, em Nova York.

Buíque (PE), município com 1.329,8 km², localizado no Vale do Ipanema. Reserva arqueológica do Vale do Catimbau. Parque Nacional do Catimbau, cavernas. Hab.: 58.378 (2019).

Bulgária (República da), país europeu, com 111.000 km², situado na península dos Bálcãs. República parlamentarista, independente desde 1908. Capital: *Sófia*; recursos principais: bauxita, cobre, chumbo, petróleo e gás natural. Hab.: 7,1 milhões (2018).

Buriticupu (MA), município com 2.545,4 km², tem 43,9 mil hectares de terra repletos de árvores valiosas para o mercado madeireiro, como o ipê e o jatobá. Seu nome resulta da junção dos nomes buriti e cupuaçu, frutos típicos da região. Hab.: 72.358 (2019).

Burle Marx, Roberto ver *Marx, Roberto Burle*

Burkina Faso (República do), país da África ocidental, antigo Alto Volta, dos mais pobres do continente, com 274.220 km². República mista, independente desde 1960. Capital: *Uagadugu* (*Ouagadougou*); recursos principais: gado e agricultura. Hab.: 19,7 milhões (2018).

Burroughs, Edgar Rice [Chicago, EUA, 1875 — Encino, Califórnia, EUA, 1950], escritor norte-americano, criador de Tarzã (1914), personagem sobre quem escreveu mais de 20 livros.

Burundi (República do), país do centro-leste da África, antigo Urundi, com 27.830 km². República presidencialista, independente desde 1962. Capital: *Bujumbura*; recursos principais: mineração (ouro, estanho); reservas não exploradas de níquel, vanádio e urânio. Hab.: 11,2 milhões (2018).

Bush, George H. W. [Milton, Mass., EUA, 1924 — Houston, Texas, EUA, 2018], político americano, diretor da CIA (1976-1977), vice-presidente (1981-1989) e presidente dos EUA (1989-1993). — **George** Walker **Bush** [New Haven, Conn., EUA, 1946], seu filho, foi presidente dos EUA (2001-2009), eleito tb. pelo Partido Republicano.

Butão ou **Butã (Reino do)**, país asiático, com 38.394 km², situado no centro-sul da Ásia, a leste do Himalaia, entre a Índia e o Tibete. Monarquia parlamentarista, independente desde 1949. Capital: *Timbu*, único centro urbano; recursos principais: mineração (carvão, gipsita, calcário, dolomita, ardósia), indústria (cimento). Hab.: 817.054 (2018).

Búzios, península de aprox. 8 km de extensão, 180 km ao norte do Rio de Janeiro, situada em região habitada por tamoios e goitacases e onde piratas franceses, ingleses e holandeses agiam (séc. XVI). Em 1950, José Bento Ribeiro Dantas deu início ao desenvolvimento da cidade. Balneário concorrido, tem 23 praias.

Cc

Cabanada, revolta popular que pretendia trazer o imperador D. Pedro I de volta ao trono do Brasil, ocorrida em Pernambuco e Alagoas (1832-1835), contra o governo da Regência Trina Permanente. Liderados por Vicente Ferreira de Paula, os cabanos — assim chamados devido às suas pobres moradias — entraram em luta contra as tropas do governo, mas foram perdendo força após a morte do imperador (1834).

Cabanagem, grande revolta popular que explodiu na província do Grão-Pará, em 1835, e da qual participaram negros, índios e mestiços que trabalhavam na exploração de produtos da floresta e moravam em cabanas à beira dos rios — daí o nome de *cabanos*. Eles chegaram a tomar o poder, mas foram derrotados em 1840 pelas tropas do governo do Império. Calcula-se que cerca de 30% da população local morreram por causa da revolta.

Cabardino-Balcária (Kabardino-Balkaria), república autônoma da Federação Russa, situada nos contrafortes ao norte do Cáucaso, com 12.500 km². Capital: *Naltchik*. Hab.: 859.939 (2010).

Cabedelo (PB), município com 32 km², situado na Zona da Mata, porto fluvial entre a foz do rio Paraíba e o oceano Atlântico. Fortaleza de Santa Catarina e ruínas do Forte Velho tombadas pelo Iphan. Folclore: nau catarineta. Hab.: 67.736 (2019).

Cabo de Santo Agostinho (PE), município com 448,7 km², com 24 km de praias, foi o primeiro ponto do solo brasileiro a ser pisado pelos europeus, já que consta que Vicente Pinzón ali chegou em janeiro de 1500 e tomou posse das terras para a Espanha, antes que Cabral chegasse ao Brasil. A posse não foi reivindicada devido ao Tratado de Tordesilhas. Igreja de N. S.ª de Nazaré tombada pelo Iphan. Hab.: 207.048 (2019).

Cabo Frio (RJ), município com 410,4 km², situado na Região dos Lagos. Extração de sal. Pesca. Turismo. Conjunto paisagístico, Capela de N. S.ª da Guia, Convento e Igreja de N. S.ª dos Anjos e Forte de São Mateus tombados pelo Iphan. Hab.: 219.863 (2019).

Cabo Verde (República de), país africano com 4.030 km², a oeste de Dacar, Senegal, no oceano Atlântico. É constituído por dez ilhas de origem vulcânica e cinco ilhotas, divididas em dois grupos, Sotavento (Santiago, Fogo, Brava, Maio e os ilhéus Grande, Luís Carneiro e Cima) e Barlavento (Santo Antão, São Vicente, Santa Luzia, São Nicolau, Sal, Boavista e os ilhéus Branco e Raso). A maior ilha é Santiago (903 km²) e a menor, a Brava. República parlamentarista. Capital: *Praia* (em Santiago); recurso principal: agricultura (café, banana, cana-de-açúcar, frutos tropicais etc.) e pesca. Hab.: 560.349 (2019).

Cabral, Pedro Álvares [Belmonte, Portugal, 1467 ou 1468 — Santarém, Portugal, 1520 ou 1526], navegador português a quem D. Manuel I confiou o comando da 2ª armada (13 caravelas e 1.500 homens) que enviou à Índia. Consta ter-se desviado da rota, descobrindo o Brasil no dia 22 de abril de 1500. Seguiu depois até a Índia e voltou a Portugal em 1501 com apenas cinco embarcações carregadas de especiarias. Morreu esquecido em Santarém, no Ribatejo, por ter-lhe D. Manuel concedido muitas honras, mas nunca mais utilizado seus serviços.

Cabral de Melo Neto, João [Recife PE, 1920 — Rio de Janeiro RJ, 1999], poeta e diplomata brasileiro, membro da ABL. Filho de senhor de engenho, sua obra caracteriza-se pelo rigor estético e pela preocupação com a construção do poema. Obras: *Pedra do sono, O cão sem plumas, Duas águas, Quaderna, Morte e vida severina, A escola das facas, Agrestes* etc.

Cabrália (baía), situada no Estado da Bahia, município de Sta. Cruz de Cabrália, com 13 km de extensão e 5,5 km de largura, nela aportou a esquadra de Pedro Álvares Cabral, em 1500.

Caçador (SC), município com 984,2 km², no alto vale do rio do Peixe. Indústrias: madeira serrada, celulose, papel e papelão, mobiliário. Hab.: 78.595 (2019).

Caçapava (SP), município com 368,9 km², às margens da rodovia Presidente Dutra, no vale do Paraíba. Abriga as principais indústrias de vidro do país. Hab.: 94.263 (2019).

Caçapava do Sul (RS), município com 3.047,1 km², nas serras do Sudeste. Importante centro geológico com fósseis. Forte de Caçapava tombado pelo Iphan. Hab.: 33.624 (2019).

Cáceres (MT), município com 24.593,1 km², antiga aldeia dos índios bororos às margens do rio Paraguai, é uma das entradas do Pantanal mato-grossense. Marco do Jauru tombado pelo Iphan. Festival de pesca de água doce. Pecuária. Hab.: 94.376 (2019).

Cachoeira (BA), município com 395,2 km², situado na região metropolitana de Salvador, na margem esquerda do rio Paraguaçu. Conjunto arquitetônico e paisagístico, igrejas do Seminário de Belém, do Convento do Carmo, da Ordem Terceira do Carmo, do Convento de Paraguaçu, casas, sobrados e outros prédios tombados pelo Iphan. Monumento nacional em 1971. Hab.: 33.470 (2019).

Cachoeira do Sul (RS), município com 3.735,1 km², cidade centenária às margens do rio Jacuí, antiga aldeia de índios provenientes da região das Missões. Recurso principal: agricultura (arroz). Hab.: 82.201 (2019).

Cachoeiras de Macacu (RJ), município com 953,8 km², localizado na região metropolitana do Rio de Janeiro. Esportes radicais. Ecoturismo. Reserva Ecológica de Guapiaçu. Hab.: 58.937 (2019).

Cachoeirinha (RS), município com 44 km², desmembrado de Gravataí e instalado em 1965. Pecuária (gado leiteiro). Hab.: 130.293 (2019).

Cachoeiro de Itapemirim (ES), município com 864,5 km², antiga aldeia dos índios puris às margens do rio Itapemirim e mais tarde parada de tropeiros que desciam dos sertões. Terra natal de Roberto Carlos. Extração e industrialização de mármore. Hab.: 208.972 (2019).

Cacoal (RO), município com 3.792,9 km², situado na divisa com o Estado de Mato Grosso. Próspero distrito industrial. Hab.: 85.359 (2019).

Caetano dos Santos, **João** [Itaboraí RJ, 1808 — Rio de Janeiro RJ, 1863], ator e empresário teatral brasileiro, rompeu com a tradição criando uma dramaturgia autenticamente nacional, e inaugurou sua companhia com uma peça (*O príncipe amante da liberdade ou A independência da Escócia*) interpretada exclusivamente por atores nacionais. Publicou dois livros com seu ideário estético: *Reflexões dramáticas* e *Lições dramáticas*.

Caeté (MG), município com 542,6 km², na região metropolitana de Belo Horizonte. Foi palco da Guerra dos *Emboabas*, a primeira revolução civil do país. Igreja de N. S.ª do Rosário, Matriz de N. S.ª de Nazaré, Matriz de N. S.ª do Bonsucesso e conjunto arquitetônico e paisagístico do Santuário de N. S.ª da Piedade tombados pelo Iphan. Produtor de laranja. Hab.: 44.718 (2019).

Caetité (BA), município com 2.651,5 km², localizado no centro-sul baiano. Jazidas minerais (urânio, ametista, manganês e ferro). Pecuária. Hab.: 50.975 (2019).

Café Filho, João [Natal RN, 1889 — Rio de Janeiro RJ, 1970], presidente do Brasil de 1954 a 1955. Vice-presidente da República desde 1951, assumiu a presidência após o suicídio de Getúlio Vargas (24/8/1954). Depois de 15 meses de governo, renunciou por motivos de saúde.

Caicó (RN), município com 1.228,5 km², antiga aldeia dos índios caicós, na região do Seridó, foi elevado a município com o nome de Vila Nova do Príncipe. Tem o nome atual desde 1890. Hab.: 67.952 (2019).

Caieiras (SP), município com 97,6 km²; seu nome deve-se ao primeiro núcleo habitacional planejado para trabalhadores livres no país, surgido em torno de uma produtora de cal. Hab.: 101.470 (2019).

Caiena (questão de), em 1º de maio de 1808, já instalada no Brasil a sede do reino, D. João VI declarou guerra a Napoleão e à França, considerando nulos os tratados assinados anteriormente. Visando ampliar seu império na América, eliminar a ameaça francesa e, ao mesmo tempo, vingar-se da invasão napoleônica em Portugal, resolveu ocupar a Guiana Francesa, incorporando-a aos seus domínios. Com a derrota de Napoleão, foram iniciadas conversas para que a França retomasse o território, o que aconteceu em 1817.

Caim, filho de Adão e Eva, que, segundo a Bíblia, matou o irmão mais novo, Abel.

Caimãs (ilhas), colônia britânica, ao sul de Cuba, com 260 km². Capital: *Georgetown*. Região turística, esp. para pesca e mergulho. Hab.: 62.348 (2018).

Cairu (BA), município com 448,8 km², situado na costa do Dendê, sul do estado, foi desmembrado de Ilhéus. Suas principais atrações são o morro de São Paulo e Boipeba, ilhas do arquipélago de Tinharé. Convento e Igreja de Santo Antônio, ruínas da Fortaleza e Fonte Grande do morro de São Paulo tombados pelo Iphan. Hab.: 18.176 (2019).

Cairu, José da Silva Lisboa, **visconde de** [Salvador BA, 1756 — Rio de Janeiro RJ, 1835], político, jornalista, economista brasileiro e o primeiro professor de Ciências Econômicas do país. Conselheiro de D. João VI, foi o responsável por medidas econômicas em prol da autonomia brasileira, como a abertura dos portos às nações amigas. Escreveu, entre outras obras, *Princípios de economia política*.

Cajamar (SP), município com 131,4 km². Extração de calcário para produção de cimento e brita. Hab.: 76.801 (2019).

Cajazeiras (PB), município com 565,9 km², situado na planície dos rios Piranha e do Peixe, região castigada pela seca. Centro de educação e cultura. Hab.: 61.993 (2019).

Calabar, Domingos Fernandes [Porto Calvo AL, c. 1600 — *id.*, 1635], militar brasileiro; participou das lutas contra a invasão holandesa, mas passou para o lado inimigo (1632). Profundo conhecedor da região, foi nomeado major do exército holandês. Três anos depois, foi preso por Matias de Albuquerque e enforcado.

Calais (passo de), estreito que separa do continente europeu o Reino Unido e do mar do Norte o canal da Mancha, com 185 km de extensão e 33 km de largura. Sob o passo há um túnel que liga a França à Inglaterra.

Caldas, Antônio Pereira de **Sousa** [Rio de Janeiro RJ, 1762 — *id.*, 1814], sacerdote, poeta e orador sacro brasileiro. Preso por suas ideias iluministas, passou seis meses internado em um convento. Posteriormente, tornou-se sacerdote e passou a dedicar-se mais como pregador e poeta sacro. Patrono da cadeira 34 da ABL. Obras: *Poesias sacras e profanas*, *Ode ao homem selvagem* etc.

Caldas Novas (GO), município com 1.596 km². Polo turístico do Estado de Goiás, dotado de piscinas termais. Hab.: 91.162 (2019).

Califórnia (golfo da), situado entre a península da Califórnia (Baixa Califórnia) e o México, tem 1.100 km e uma área de 160.000 km².

Callado, Antônio Carlos [Niterói RJ, 1917 — Rio de Janeiro RJ, 1997], jornalista e escritor brasileiro, membro da ABL, trabalhou no *Correio da Manhã*, em *O Globo* e na BBC de Londres. Foi correspondente na Guerra do Vietnã pelo *Jornal do Brasil*. Obras: *Quarup*, *A assunção de Salviano*, *Bar Don Juan*, *Reflexos do baile* etc. (romances); *A cidade assassinada*, *Frankel*, *Pedro Mico* (teatro).

Calmon Muniz de Bittencourt, **Pedro** [Amargosa BA, 1902 — Rio de Janeiro RJ, 1985], historiador, ensaísta e orador brasileiro, celebrizou-se com a sua *História do Brasil*, em sete volumes.

Calógeras, João **Pandiá** [Rio de Janeiro RJ, 1870 — Petrópolis RJ, 1934], engenheiro, político e historiador brasileiro, foi autor da Lei Calógeras, de regulação da propriedade das minas. Ministro da Fazenda do governo Venceslau Brás, reorganizou o Banco do Brasil; ministro da Guerra de Epitácio Pessoa (primeiro civil a ocupar o cargo). Obras: *As minas do Brasil e sua legislação*, *Os jesuítas e o ensino*, *Rio Branco e a política exterior* etc.

Calvário, em hebraico *Gólgota* ("caveira"), é a colina de Jerusalém em que, segundo a Bíblia, Jesus Cristo foi crucificado e onde hoje se situa a Igreja do Santo Sepulcro.

Camaçari (BA), município com 784,7 km², na região metropolitana de Salvador, antiga aldeia indígena fundada pelos jesuítas, é a sede do maior polo petroquímico do hemisfério sul. Turismo: orla com 42 km, incluindo a praia de Arembepe. Hab.: 299.132 (2019).

Camaquã (RS), município com 1.679,4 km², localizado na Serra do Sudeste, à margem direita da laguna dos Patos. Turismo (Caminho Farroupilha). Hab.: 66.261 (2019).

Câmara, Dom Hélder Pessoa [Fortaleza CE, 1909 — Recife PE, 1999], religioso brasileiro, arcebispo emérito de Recife e Olinda, fortaleceu as comunidades eclesiais de base, criou o Banco da Providência e a Cruzada São Sebastião (Rio de Janeiro) e foi o fundador e primeiro secretário-geral da Conferência Nacional dos Bispos do Brasil (CNBB). Recebeu inúmeros prêmios e títulos nacionais e internacionais e foi indicado ao Prêmio Nobel da Paz por seu trabalho em prol dos direitos humanos.

Camaragibe (PE), município com 51,2 km^2, antigo distrito de São Lourenço da Mata emancipado em 1982, suas terras foram as primeiras a serem ocupadas pelos portugueses (séc. XVI) para exploração do pau-brasil. Hab.: 157.828 (2019).

Camarão, Antônio **Filipe** [aldeia Igapó, Pernambuco, 1600 ou 1601 — Recife PE, 1648], nome adotado por Poti, chefe índio potiguara, ao ser batizado. Herói na luta contra os holandeses na Bahia e em Pernambuco, notabilizou-se como guerreiro, o que lhe valeu o título de Dom, de "Governador de todos os índios do Brasil" e a patente de capitão-mor. Sua mulher, **Clara Camarão** [Pernambuco, início do séc. XVII — *id.*, 1648], tb. indígena, lutou a seu lado, chefiando um grupo de mulheres.

Camargo, **Iberê** Bassani de [Restinga Seca RS, 1914 — Porto Alegre RS, 1994], pintor, gravador e desenhista brasileiro, com obras figurativas, abstratas e expressionistas. Fundou o curso de gravura no Instituto Nacional de Belas-Artes (1953, RJ); executou o painel de 49 m^2 oferecido pelo Brasil à Organização Mundial de Saúde, em Genebra.

Camargo, **Joracy** Schafflor [Rio de Janeiro RJ, 1898 — *id.*, 1973], jornalista, cronista, professor e teatrólogo, membro da ABL. Em 1931, escreveu a primeira comédia para o ator Procópio Ferreira, *O bobo do rei*, considerada pela crítica como o início do teatro social no Brasil. Outras obras: *Deus lhe pague*, *Sindicato dos mendigos*, *Figueira do inferno* etc.

Camarões, República de (República do Cameroun), país do centro-oeste da África, com 475.440 km^2, situado no golfo da Guiné. República presidencialista, independente desde 1960. Ex-colônia da França e da Inglaterra, persistem ainda tensões entre governo e cidadãos de língua inglesa, minoria no país. Capital: *Iaundê*; recursos principais: petróleo, bauxita e ferro. Hab.: 24,6 milhões (2018).

Cambé (PR), município com 495,3 km^2, foi fundado por alemães e chamou-se Nova Dantzig, antes da Segunda Guerra Mundial. Hab.: 106.533 (2019).

Camboja ou **Cambodja (Reino do)**, país do sudeste asiático, antigo Império *khmer* e ex-República Popular do Kampuchea, com 181.040 km^2, situado na península da Indochina. Monarquia parlamentarista, independente desde 1953. Capital: *Phnom Penh*; recurso principal: agricultura (esp. arroz). Turismo (ruínas de Angkor, antiga capital do império). Hab.: 16,2 milhões (2018).

Camboriú (SC), município com 212,3 km^2, localizado na mesorregião e microrregião de Itajaí. Turismo ecológico e rural. Hab.: 82.989 (2019).

Cametá (PA), município com 3.081,3 km^2, às margens do rio Tocantins, que o atravessa e forma várias ilhas. Hab.: 137.890 (2019).

Caminha, **Adolfo** Ferreira [Aracati CE, 1867 — Rio de Janeiro RJ, 1897], romancista, contista e poeta, grande representante do Naturalismo no Brasil; sua curta vida coincidiu com um período de profundas transformações econômicas, políticas e sociais no país. Obras: *A normalista*, *Bom-crioulo*, *Cartas literárias* (crítica), *Voos incertos* (poesia) etc.

Caminha, Pero Vaz de [Porto, Portugal, 1450 — Calicute, Índia, 1500], escrivão na esquadra de Pedro Álvares Cabral, enviou ao rei D. Manuel a *Carta sobre o achamento do Brasil*, o mais importante documento relativo ao descobrimento do país.

Camocim (CE), município, com 1.124,7 km^2, cercado por antigas muralhas de pedra. Importante porto pesqueiro. Hab.: 63.661 (2019).

Camões, Luís Vaz de [?, c. 1525 — Lisboa, Portugal, 1580], poeta português, combateu em Ceuta, onde perdeu um dos olhos. Autor do célebre poema épico *Os Lusíadas*, foi após a sua morte que se publicou a maior parte de sua obra lírica e suas peças de teatro. É um dos maiores nomes da literatura portuguesa de todos os tempos.

Campina Grande (PB), município com 594,2 km^2, situado na região do Agreste, é o maior polo industrial e tecnológico do estado e importante centro universitário. Turismo: Festa de São João. Hab.: 409.731 (2019).

Campinas (SP), município com 794,5 km^2, antigo pouso de tropeiros a caminho das minas de Goiás e Mato Grosso. É um dos maiores polos industriais do país. Palácio dos Azulejos tombado pelo Iphan. Aeroporto internacional (Viracopos), centros de pesquisa e universidades (entre as quais a Unicamp). Hab.: 1.204.073 (2019).

Campo Alegre (AL), município com 313,6 km^2, localizado no leste alagoano. Agricultura. Pecuária. Hab.: 57.063 (2019).

Campo Belo (MG), município com 528,2 km^2, localizado no oeste mineiro. Indústria têxtil e cerâmica. Agropecuária. Hab.: 54.029 (2019).

Campo Bom (RS), município com 60,5 km^2. Grande indústria de calçados, exporta para vários países. Hab.: 66.712 (2019).

Campo Formoso (BA), município com 7.161,8 km^2. Ali se localizam as duas maiores cavernas do Brasil: a Toca da Boa Vista (92.100 m) e a Toca da Barriguda (23.700 m). Hab.: 71.206 (2019).

Campo Grande (MS), capital do Mato Grosso do Sul, com 8.093 km^2, fundada em 1899. É uma das maiores comunidades de descendentes de japoneses oriundos de Okinawa; destaca-se no cultivo de milho, algodão, arroz e café e na pecuária. Hab.: 895.982 (2019).

Campo Largo (PR), município com 1.243,5 km^2. Museu Parque do Mate tombado pelo Iphan. Indústrias de louça e cerâmica. Fonte de água mineral. Hab.: 132.002 (2019).

Campo Limpo Paulista (SP), município com 79,4 km²; surgiu com a construção do leito da estrada de ferro São Paulo Railway (1867), ligando Jundiaí a Santos, para o transporte de café dos fazendeiros da zona bragantina. Hab.: 84.650 (2019).

Campo Maior (PI), município com 1.675,7 km², o maior produtor de gado de corte do estado. Cemitério do Batalhão tombado pelo Iphan. Hab.: 46.833 (2019).

Campo Mourão (PR), município com 757,8 km², antiga aldeia guarani. Sede de importante cooperativa agropecuária e importante eixo rodoviário. Hab.: 94.859 (2019).

Campos, **Augusto** Luís Browne **de** [São Paulo SP, 1931], poeta concretista, ensaísta, crítico e tradutor, publicou sua primeira obra, *O rei menos o reino* (poemas), em 1951 e no ano seguinte lançou a revista literária *Noigandres*, com seu irmão, Haroldo de Campos, e Décio Pignatari. Outras obras: *Poetamenos*, *Linguaviagem*, *Equivocábulos*. — **Haroldo** Érico Browne **de Campos** [São Paulo SP, 1929 — *id.*, 2003], foi tb. poeta concretista, crítico, ensaísta e tradutor. Traduziu James Joyce, Goethe, Mallarmé, Dante, além de textos em grego, hebraico etc.

Campos, **Paulo Mendes** [Belo Horizonte MG, 1922 — Rio de Janeiro RJ, 1991], escritor brasileiro. Autor de poesias, contos, perfis e crônicas, foi neste último gênero literário que mais se destacou. Sua obra trata com lirismo de temas existencialistas e variados, como futebol, cidades e boêmia. Obras: *O domingo azul do mar* (poesias), *O cego de Ipanema* (crônicas) etc.

Campos, Dioclécio **Redig de** [Belém PA, 1905 — Roma, Itália, 1990], crítico, historiador e restaurador de arte brasileiro. Formou-se em Filosofia e Letras pela Universidade de Roma, Itália. Tornou-se superintendente dos museus e do patrimônio da Santa Sé, no Vaticano, Itália.

Campos, **Roberto** de Oliveira [Cuiabá MT, 1917 — Rio de Janeiro RJ, 2001], político e economista brasileiro, tornou-se mestre em economia pela Universidade George Washington, Washington D.C., EUA. No Brasil, foi colaborador e executor do plano de metas do governo Juscelino Kubitschek e colaborou na criação do FGTS — Fundo de Garantia do Tempo de Serviço, do Banco Central do Brasil, do BNDES etc.

Campos do Jordão (SP), município com 290,5 km², localizado no maciço da Serra da Mantiqueira, mesorregião do Vale do Paraíba paulista. Estância climática. Turismo. Hab.: 52.088 (2019).

Campos dos Goytacazes (RJ), município com 4.026,7 km², situado no litoral norte do estado. Capela de N. S.ª do Rosário do Visconde, solares da Baronesa de Muriaé, de Santo Antônio, do Colégio, do Visconde e dos Airizes tombados pelo Iphan. Maiores reservas de petróleo e gás natural do país. Usina termelétrica. Hab.: 507.548 (2019).

Canaã, romance de Graça Aranha (1902) sobre a colonização alemã.

Canadá, país da Comunidade Britânica que abrange o extremo setentrional da América do Norte, com 9.984.670 km². É o segundo maior país em extensão territorial e, hoje, um dos mais prósperos do mundo. Monarquia parlamentarista, independente desde 1867, divide-se em dez províncias e três territórios. Capital: *Ottawa*; recursos principais: indústria (alimentos, papel), mineração (ouro, urânio, prata, cobre, ferro), petróleo, gás natural e agropecuária (cevada, trigo, cereais). Hab.: 36,9 milhões (2018).

Cananeia (SP), município com 1.239,4 km², estância balneária do litoral sul do estado desde 1948, originou-se de antiga aldeia dos tupis. Abriga as ilhas do Cardoso, Bom Abrigo, Casca e Cananeia. Hab.: 12.540 (2019).

Canárias (ilhas), arquipélago espanhol situado a oeste da costa de Marrocos, no oceano Atlântico, com 7.447 km². Principais ilhas: Tenerife, La Palma, La Gomera, El Hierro, Gran Canaria, Lanzarote, Fuerteventura. Capitais: *Las Palmas* (Gran Canária) e *Santa Cruz de Tenerife*. Recurso principal: turismo. Hab.: 2,1 milhões (2016).

Canastra (serra da), nome de três serras do Brasil: a primeira, com cerca de 1.000 m de altitude, no Estado de Minas Gerais; a segunda, no Estado da Bahia, na divisa com o Estado de Sergipe (c. 500 m), e a terceira, no Estado da Paraíba, no limite com o Estado do Rio Grande do Norte (c. 600 m).

Canaveral (cabo), estreito promontório que se estende sobre o oceano Atlântico, na costa leste da Flórida, EUA, antigo cabo Kennedy (1963 a 1973), no qual se situa o Centro Espacial Kennedy.

Candeias (BA), município com 258,4 km², na microrregião de Salvador, foi centro de romarias à Igreja de N. S.ª das Candeias, a partir do séc. XVII. A grande mudança, porém, ocorreu a partir de junho de 1941, com a descoberta de petróleo. Engenhos da Freguesia e Matoim tombados pelo Iphan. Hab.: 87.076 (2019).

Cândido de Melo e Sousa, **Antônio** [Rio de Janeiro RJ, 1918 — São Paulo SP, 2017], escritor, ensaísta e professor universitário, foi um dos principais críticos da literatura e cultura brasileiras. Ajudou a fundar o Partido dos Trabalhadores. Recebeu o Prêmio Camões (1998), dentre outros da literatura. Obras: *Formação da literatura brasileira*, *Literatura e sociedade* etc.

Cândido do Nascimento, **João** [Encruzilhada RS, 1880 — Rio de Janeiro RJ, 1969], marinheiro brasileiro, dito o Almirante Negro, foi o líder da *Revolta da Chibata* (1910), página sangrenta, heroica e esquecida de nossa história.

Caneca (Joaquim do Amor Divino Rabelo, dito **Frei**) [Recife PE, 1779 — *id.*, 1825], sacerdote e revolucionário brasileiro, participou da *Revolução Pernambucana*, de 1817, e foi um dos chefes da revolução republicana e separatista de 1824. Morreu fuzilado.

Canguaretama (RN), município com 245,4 km², situado no litoral sul do estado. Capela de N. S.ª das Candeias tombada pelo Iphan. Atração turística: passeio pelo estuário do rio Curimataú, com mangues e rica biodiversidade. Hab.: 34.276 (2019).

Canguçu (RS), município com 3.525,2 km², situado no topo da serra dos Tapes; foi palco da Guerra dos Farrapos. Hab.: 56.045 (2019).

Canindé (CE), município com 3.218,4 km², situado no sertão. Recebe anualmente numerosos romeiros devotos de são Francisco das Chagas. Hab.: 76.997 (2019).

Canoas (RS), município com 131 km², situado na região metropolitana de Porto Alegre. Antiga aldeia de indígenas guaranis, foi colonizado por alemães, italianos, palestinos e ucranianos. Indústrias metalúrgicas e petroquímicas. Hab.: 346.616 (2019).

Canoinhas (SC), município com 1.140,4 km², fundado em 1912, sua economia foi organizada em torno da exploração das reservas de madeira e erva-mate. Hab.: 54.401 (2019).

Canudos (Guerra de), teve como estopim uma encomenda de madeira para a construção da igreja da cidade de Canudos feita por *Antônio Conselheiro* em Juazeiro BA. Por ter pago adiantado e não ter recebido a madeira, espalhou-se o boato de que a cidade seria invadida pelos conselheiristas. O juiz local, que tinha antigas divergências com Conselheiro, solicitou tropas policiais e foi atendido pelo governador Luís Viana. A guerra durou um ano (1896-1897) e mobilizou mais de 10 mil soldados oriundos de 17 estados brasileiros. Estima-se que morreram mais de 25 mil pessoas, culminando com a destruição total da cidade de Canudos.

Capanema (PA), município com 614,7 km², conhecido pelos tapetes de serragem que ornamentam a festa de *Corpus Christi*. Hab.: 69.027 (2019).

Capibaribe ou **Capiberibe (rio)**, nasce na serra do Jacarará, na divisa de Pernambuco com a Paraíba. Seu curso tem cerca de 250 km e sua bacia aprox. 5.880 km². Com cerca de 74 afluentes, banha 42 municípios pernambucanos.

Capitanias hereditárias, faixas de terra de extensão entre 30 e 100 léguas, do litoral até a linha de Tordesilhas, em que foi dividido o território brasileiro (1534-1536). D. João III doou-as a pessoas de sua confiança, os capitães-mores, para que nelas fundassem vilas, construíssem engenhos, nomeassem funcionários, aplicassem a justiça etc., com o direito de explorá-las e transmitir a sua posse a descendentes.

Capitão Poço (PA), município com 2.899,6 km², localizado no nordeste paraense. Agricultura (grande produtor de laranja). Hab.: 54.303 (2019).

Capitu, principal personagem feminina do romance *Dom Casmurro*, de Machado de Assis, caracterizada por seus "olhos de cigana oblíquos e dissimulados".

Capivara (serra da) ver *Serra da Capivara (Parque Nacional da)*

Capivari (SP), município com 322,9 km², localizado na região de Piracicaba. Agricultura (cana-de-açúcar, cereais, algodão, chá, café). Hab.: 55.768 (2019).

Capri, ilha italiana, no golfo de Nápoles, com 10,4 km²; divide-se em dois municípios: Capri e Anacapri. De clima temperado, é centro turístico. Hab.: 14.025 (2018).

Caraguatatuba (SP), município com 485,1 km², situado no litoral norte do Estado de São Paulo, entre a serra do Mar e o oceano Atlântico, belo balneário procurado por turistas. Hab.: 121.532 (2019).

Carajás (serra dos), situada no Estado do Pará, sua altitude máxima não ultrapassa os 600 m. Sua riqueza está nos minerais com bilhões de toneladas de metais, inclusive a mais rica jazida de minério de ferro do mundo.

Caramuru (Diogo Álvares Correia, dito) [Viana do Castelo, Portugal, c. 1475 — Salvador BA, 1557], colonizador português, sobreviveu a um naufrágio ocorrido na baía de Todos-os-Santos (c. 1510). Casou-se com Paraguaçu, filha de um cacique tupinambá, aprendeu a língua e os costumes indígenas e muito contribuiu para a fundação das primeiras povoações da Bahia.

Carapicuíba (SP), município com 34,5 km², foi uma das 12 aldeias fundadas pelo Pe. Anchieta (c. 1580). Conjunto arquitetônico e urbanístico e Capela de São João Batista tombados pelo Iphan. Hab.: 400.927 (2019).

Caratinga (MG), município com 1.258,7 km², situado no sul do estado. Reserva Particular do Patrimônio Natural (RPPN) Feliciano Miguel Abdalla, com 957,6 hectares de área de mata Atlântica preservados. Hab.: 92.062 (2019).

Carazinho (RS), município com 665,1 km², situado entre as bacias hidrográficas do Uruguai e do Jacuí, no centro-norte do estado. Fazia parte da redução de Santa Teresa, província das Missões. Hab.: 62.110 (2019).

Cardim, Fernão [Viana do Alentejo, Portugal, 1540 — Salvador BA, 1625], padre jesuíta português, veio em 1583 para o Brasil (Bahia), onde foi reitor do Colégio dos Jesuítas. Obras: *Narrativa epistolar de uma viagem e missão jesuítica*, *Tratados da terra e gente do Brasil* etc.

Cardoso Valdez, **Elizeth** [Rio de Janeiro RJ, 1918 — *id.*, 1990], cantora popular brasileira, dita "A divina", foi descoberta por Jacob do Bandolim e apresentou-se pela primeira vez em 1936, na Rádio Guanabara, ao lado de Vicente Celestino, Aracy de Almeida, Noel Rosa e Moreira da Silva. Sua primeira gravação foi *Canção de amor*, em 1950.

Cardoso, Fernando Henrique [Rio de Janeiro RJ, 1931], sociólogo e político brasileiro, eleito presidente da República em 1994 e reeleito em 1998. Exilado em 1964, foi professor no Chile e na França. Obras: *Capitalismo e escravidão no Brasil meridional*, *O modelo político brasileiro*, *Dependência e desenvolvimento na América Latina* etc.

Cardoso Filho, Joaquim **Lúcio** [Curvelo MG, 1912 — Rio de Janeiro RJ, 1968], jornalista, dramaturgo, poeta e escritor brasileiro. Criador de um universo literário intimista, a inquietação marcou sua vida e obra. Obras: *Crônica da casa assassinada*, *A luz no subsolo*, *Mãos vazias* etc.

Carélia, república autônoma da Federação Russa com 172.400 km^2. Grande parte está ocupada por lagos e o restante, coberto de pinheiros e abetos. Capital: *Petrozavodsk*; recurso principal: indústria madeireira. Hab.: 622.484 (2018).

Cariacica (ES), município com 280 km^2, situado na região central do estado, foi uma antiga aldeia dos goitacases, colonizada por jesuítas. Atrações: Reserva Biológica Estadual Duas Bocas e Parque Municipal do Monte Mochuara. Hab.: 381.285 (2019).

Caribe (mar do) ou **Caraíbas (mar das)** ver *Antilhas, mar das*

Cariri (região do), é um oásis em pleno semiárido do Ceará, por sua natureza exuberante. Ali estão as cidades de Barbalha, única estância hidromineral do estado, e Santana do Cariri, que concentra um dos maiores sítios de fósseis do mundo, em que podem ser encontrados vegetais, invertebrados, peixes, anfíbios, quelônios, lagartos, crocodilos, pterossauros e dinossauros.

Cáritas ["caridade" em latim], organização católica internacional, surgida em 1928 e reestruturada em 1951, que tem por objetivo promover e coordenar obras de alcance social. No Brasil, está ligada à CNBB.

Carlos Braga, **Roberto** [Cachoeiro de Itapemirim ES, 1941], cantor e compositor popular brasileiro; tornou-se símbolo do movimento Jovem Guarda (1965-1968). Em cinco décadas, vendeu mais de 100 milhões de discos. Participou de diversos filmes nacionais. Compôs, entre outros sucessos, *Detalhes* e *Emoções*.

Carlos Magno [?, 742 — Aachen, Alemanha, 814], filho de Pepino, o Breve, rei dos francos a partir de 768 e imperador do Ocidente coroado pelo papa Leão III (800). Conquistou o norte da Itália, a Baviera, a Saxônia e a Panônia, criando um vasto império no Ocidente. Defensor do cristianismo, foi o criador da Europa cristã ocidental. Sua maior obra foi como patrono da cultura.

Carlota Joaquina de Bourbon [Aranjuez, Espanha, 1775 — Queluz, Portugal, 1830], rainha de Portugal, filha de Carlos IV de Espanha e esposa de D. João VI. Ambiciosa e manipuladora, em 1806 tornaram-se públicas as suas desavenças com o marido, que considerava fraco e tolerante. Veio para o Brasil em 1808 e ficou até 1821. Recusou-se a jurar a Constituição portuguesa de 1822.

Carmo (RJ), município serrano, com 306,5 km^2, na divisa com o Estado de Minas Gerais, emancipado em 1881. Igreja Matriz de N. S.ª do Carmo tombada pelo Iphan. Hab.: 18.895 (2019).

Cárpatos, cadeia montanhosa da parte oriental da Europa, em forma de arco, com 1.300 km de extensão, estendendo-se sobre a República Tcheca, Eslováquia, Polônia, Romênia e Ucrânia. Atinge a altitude máxima de 2.663 m no monte Tatra (Cárpatos ocidentais). Nos seus contrafortes há jazidas de petróleo, gás natural, hulha e linhito.

Carpina (PE), município com 144,9 km^2, na Zona da Mata, instalado em 1928. Os festejos de Reis atraem turistas. Hab.: 83.641 (2019).

Carrero (Maria Antonieta Portocarrero Thedim, dita **Tônia**) [Rio de Janeiro RJ, 1922 — *id.*, 2018], atriz brasileira, estreou em teatro com a peça *Um deus dormiu lá em casa*, com Paulo Autran. Fez cinema na Vera Cruz (*Tico-tico no fubá*, *É proibido beijar* etc.), entrou para o Teatro Brasileiro de Comédia — TBC (*Uma certa cabana*) e fez novelas na TV (*Sangue do meu sangue*, *Pigmalião 70*, entre outras). — **Cecil Thiré** [Rio de Janeiro RJ, 1943], seu filho, é ator e diretor teatral.

Cartola (Angenor de Oliveira, dito) [Rio de Janeiro RJ, 1908 — *id.*, 1980], compositor popular brasileiro. Ganhou o apelido quando trabalhava em obras, por usar um chapéu-coco para não sujar os cabelos. Foi um dos fundadores da Estação Primeira de Mangueira, para a qual compôs o primeiro samba-enredo e escolheu as suas cores, verde e rosa. Obras: *Alvorada no morro*, *O mundo é um moinho*, *As rosas não falam* etc.

Caruaru (PE), município com 920,6 km^2, conhecido como Princesa do Agreste, é o maior centro de arte popular e local da mais famosa feira popular do país. Hab.: 361.118 (2019).

Carvalho (Elizabeth Santos Leal de Carvalho, dita **Beth**). [Rio de Janeiro RJ, 1946 — *id.*, 2019]. Apelidada de "madrinha do samba", participou do movimento de renovação do samba carioca (1980). Gravou grandes nomes do gênero, como Cartola (*As rosas não falam*) e Nelson Cavaquinho (*Folhas secas*). Está entre seus grandes sucessos *Coisinha do pai*, canção escolhida pela NASA — agência do governo dos EUA para exploração espacial — em missão a Marte.

Carvalho, Eleazar de [Iguatu CE, 1912 — São Paulo SP, 1996], maestro brasileiro, regente da Orquestra Sinfônica Brasileira, fez sua primeira apresentação no Teatro Municipal do Rio de Janeiro (1939). Foi maestro titular da Orquestra Sinfônica de Saint Louis, nos Estados Unidos, e, em 1972, assumiu a Orquestra Sinfônica do Estado de São Paulo, onde ficou 24 anos. Foi membro da Academia Brasileira de Música. Obras: *A descoberta do Brasil* e *Tiradentes* (óperas).

Carvalho, Joubert de [Uberaba MG, 1900 — Rio de Janeiro RJ, 1977], compositor popular brasileiro. Começou a compor aos 13 anos. Formou-se em Medicina, mas continuou compondo valsas, toadas, fox-trotes, canções, até hoje sucessos. Obras: *Cai cai, balão; Tutu Marambá; Taí; Maringá; De papo pro ar* etc.

Carvalho, Ronald de [Rio de Janeiro RJ, 1893 — *id.*, 1935], poeta, ensaísta, crítico e historiador brasileiro, estudou Filosofia em Paris, lançou ali sua primeira obra, *Luz gloriosa*; estabeleceu-se em Portugal, onde participou do lançamento da revista *Orpheu*, marco inicial do Modernismo português. No Brasil, tomou parte na Semana de Arte Moderna (1922). Obras: *Poemas e sonetos, Epigramas irônicos e sentimentais, Toda a América* (poesia), *Pequena história da literatura brasileira* (prosa) etc.

Carvalho, Vicente Augusto **de** [Santos SP, 1866 — São Paulo SP, 1924], advogado, jornalista e poeta lírico brasileiro, de tendência parnasiana. Obras: *Ardentias*; *Relicário*; *Rosa, rosa de amor*; *Poemas e canções*; *Versos da mocidade* etc.

Casa Nova (BA), município com 9.647 km², localizado à margem esquerda do lago de Sobradinho. Agricultura em área irrigada. Vitivinicultura. Hab.: 71.969 (2019).

Cascavel (CE), município com 835 km². Atrações turísticas: 15 km de praias, artesanato de barro e móveis de cipó. Hab.: 71.743 (2019).

Cascavel (PR), município com 2.100,8 km², situado no oeste do estado, foi colonizado por poloneses, alemães e italianos que se dedicaram à lavoura de cereais e criação de suínos. É o maior produtor de soja do estado. Hab.: 328.454 (2019).

Cascudo, Luís da **Câmara** [Natal RN, 1898 — *id.*, 1986], jornalista, pesquisador e autoridade nacional em folclore, desde cedo dedicou-se às pesquisas de campo sobre as tradições, hábitos, crendices e superstições nas áreas rurais e urbanas. Na África, pesquisou sobre a influência africana na alimentação brasileira, de que resultou a *História da alimentação no Brasil*. Outras obras: *Vaqueiros e cantadores, Antologia do folclore brasileiro, Dicionário de folclore brasileiro, Geografia dos mitos brasileiros* etc.

Casimiro de Abreu (RJ), município com 460,8 km², situado na microrregião da Bacia de São João. Casa de Casimiro de Abreu tombada pelo Iphan. Reserva biológica com micos-leões-dourados. Hab.: 44.184 (2019).

Cáspio (mar), maior mar interior da Terra, situa-se 28 m abaixo do nível dos oceanos, com 371.000 km² e profundidade máxima de 995 m. Localiza-se entre o extremo leste da Europa e o extremo oeste da Ásia, a leste do Cáucaso. Alimentado pelo rio Volga, sofre forte evaporação. Constitui uma das principais fontes de exploração pesqueira da Rússia.

Castanhal (PA), município com 1.028,9 km², foi desmembrado de Belém e instalado em 1932. Criação de gado e exportação de pimenta-do-reino. Hab.: 200.793 (2019).

Castelo Branco, Humberto de Alencar [Fortaleza CE, 1897 — *id.*, 1967], militar e político brasileiro. Foi o primeiro presidente do regime instaurado no país em 1964. Confrontado por um grupo de militares "linha-dura", foi substituído, em 1967, pelo general Costa e Silva.

Castilho, Antônio Feliciano de [Lisboa, Portugal, 1800 — *id.*, 1875], escritor e poeta português, cego aos 6 anos de idade. Esteve no Brasil em 1863. Criticou as renovações da literatura portuguesa e foi um dos polemistas da questão literária do Bom Senso e do Bom Gosto. Obras: *Cartas de Eco e Narciso, A primavera, A noite do castelo, O outono* etc.

Castro, Inês Pires **de** [Galícia, Espanha, 1320 — Coimbra, Portugal, 1355], dama que viajou para Portugal no séquito de D. Constança, noiva castelhana do infante D. Pedro, que se apaixonou por Inês, tomando-a como amante. Tiveram quatro filhos. O rei D. Afonso IV expulsou-a de Portugal, mas D. Pedro trouxe-a de volta assim que ficou viúvo. Por ordem do rei, Inês foi degolada. É lenda literária que, ao subir ao trono, D. Pedro mandou desenterrá-la e coroou-a rainha.

Castro, Josué Apolônio **de** [Recife PE, 1908 — Paris, França, 1973], escritor, cientista e professor universitário, realizou o primeiro inquérito levado a efeito no Brasil para apurar as condições de alimentação e nutrição do povo (1932). Foi presidente da Organização de Alimentação e Agricultura das Nações Unidas (FAO, 1951). Obras: *Geopolítica da fome, O livro negro da fome, Geografia da fome* etc.

Castro (PR), município com 2.531,5 km², colonizado por holandeses, alemães e poloneses. Produção de leite, extração de talco e calcário, ecoturismo. Hab.: 71.484 (2019).

Castro, Ruy [Caratinga MG, 1948], jornalista e escritor brasileiro, é autor de biografias (Garrincha, Nelson Rodrigues, Carmem Miranda) e de livros de ensaios, crônicas, ficção e reconstituição histórica. Obras: *Tempestade de ritmos, A onda que se ergueu no mar, Era no tempo do Rei, Morrer de prazer, A noite do meu bem* etc.

Castro Alves ver *Alves, Antônio Frederico de Castro*

Castro Alves (BA), município com 711,7 km². Capela de São José de Jenipapo tombada pelo Iphan. Hab.: 26.264 (2019).

Cataguases (MG), município com 491,8 km², situado na Zona da Mata, antiga aldeia de índios coroados, coropós e puris, catequizados por jesuítas. Conjunto histórico, arquitetônico e paisagístico tombado pelo Iphan. Indústria de tecidos. Hab.: 75.123 (2019).

Catalão (GO), município com 3.821,5 km², na divisa com o Estado de Minas Gerais. Jazidas de minério. Hab.: 108.823 (2019).

Catanduva (SP), município com 290,5 km², situado no noroeste do estado, desenvolveu-se com a chegada da Estrada de Ferro Araraquara. Produção de laranjas. Hab.: 121.862 (2019).

Catar, **Qatar (Al-)** ou **Katar (Estado do)**, país do sudoeste da Ásia, com 11.590 km², situado em uma península, no golfo Pérsico. Monarquia islâmica (emirado), independente desde 1971. Foi escolhido para ser sede da Copa do Mundo de 2022, a primeira disputada no Oriente Médio. Capital: *Doha*; recurso principal: petróleo. Hab.: 2,6 milhões (2018).

Catete (Palácio do), construído no Rio de Janeiro (1858-1864) por Antônio Clemente Pinto, primeiro barão de Nova Friburgo, foi adquirido pelo governo brasileiro e serviu de palácio presidencial de 1897 a 1960, tornando-se depois o Museu da República.

Catu (BA), município com 416,2 km², localizado na região metropolitana de Salvador. Setor petrolífero. Comércio. Hab.: 54.704 (2019).

Caucaia (CE), município com 1.228,5 km², situado na região metropolitana de Fortaleza, antiga aldeia indígena potiguara. Casa de Câmara e Cadeia tombada pelo Iphan. Hab.: 361.400 (2019).

Caxambu (MG), município com 100,5 km², estância hidromineral turística, com 12 fontes de água mineral, situada no planalto da Mantiqueira. Hab.: 21.656 (2019).

Caxias (Luís Alves de Lima e Silva, **barão, marquês** e **duque de**) [Vila do Porto da Estrela RJ, 1803 — Barão de Juparanã RJ, 1880], militar e estadista brasileiro, patrono do Exército; aos 5 anos de idade assentou praça como cadete no Regimento de Infantaria do Exército. Combateu em guerras internas e externas e saiu-se sempre vitorioso. O dia de seu nascimento, 25 de agosto, passou a ser, por decreto, o Dia do Soldado.

Caxias (MA), município com 5.196,8 km², situado na região leste do estado, antigo aglomerado de aldeias dos índios timbiras e gamelas invadido por colonizadores portugueses no séc. XVIII. Produz óleo de babaçu. Hab.: 164.880 (2019).

Caxias do Sul (RS), município com 1.644,2 km², situado na serra gaúcha; foi colonizado por agricultores italianos, que introduziram as primeiras mudas de videira. Produção de vinho. Festa da uva. Hab.: 510.906 (2019).

Caymmi, Dorival [Salvador BA, 1914 — Rio de Janeiro RJ, 2008], compositor e cantor popular, fez de sua terra natal o tema principal de suas canções. Obras: *O que é que a baiana tem*, *Você já foi à Bahia?*, *Saudade de Itapoã*, *A lenda do Abaeté* etc. Seus filhos Nana, Dorival e Danilo tb. se dedicam à música.

Cazaquistão (República do), país do centro-oeste da Ásia, com 2.724.900 km², um dos dez maiores em extensão territorial. Antiga república soviética, atual república mista, independente desde 1991. Capital: *Nursultan* (ex-*Astana*); recursos principais: mineração (minério de ferro, cobre, zinco) e indústrias (metalúrgica, petroquímica etc.). Hab.: 18,4 milhões (2018).

Ceará (CE), estado brasileiro ao norte da Região Nordeste, com 148.886,308 km² e 184 municípios, sendo os mais populosos, além da capital: Juazeiro do Norte, Maracanaú, Caucaia, Sobral, Crato, Iguatu, Crateús, Quixadá e Maranguape. Diversidade de ecossistemas: caatinga, floresta, mata de cocais, matas de várzea e manguezais. Capital: *Fortaleza*; recursos principais: agricultura (esp. caju e algodão), pecuária de corte (bovinos, suínos), pesca (lagosta e camarão), indústrias (têxtil, vestuário, calçados etc.), extrativismo mineral (calcário, argila, granito etc.) e artesanato. É um dos centros turísticos mais procurados do país. Hab.: 9.132.078 (2019).

Ceará-Mirim (RN), município com 724,4 km². Cidade histórica. Ecoturismo e parques nacionais. Agropecuária. Hab.: 73.497 (2019).

Cearense, Catulo da Paixão [São Luís MA, 1863 — Rio de Janeiro RJ, 1946], poeta popular, compositor, cantor e teatrólogo brasileiro, sofreu influência dos cantadores do Nordeste, com quem conviveu durante parte da juventude, chegando a produzir literatura de cordel. Acompanhava ao violão os seus recitais poéticos. Obras: canções — *Luar do sertão*, *Flor amorosa*, *Caboca de Caxangá* etc.; poemas — *Alma do sertão*, *Sertão em flor* etc.

CEE sigla de *Comunidade Econômica Europeia*

Ceilão, antigo nome do *Sri Lanka*.

Celi, Adolfo [Messina, Itália, 1922 — Siena, Itália, 1986], ator e diretor teatral italiano; no Teatro Brasileiro de Comédia (TBC), encenou peças que mudaram a gramática do teatro brasileiro, como *Arsênico e alfazema*, *Antígona*, *Seis personagens à procura de um autor* e *A longa jornada de um dia para dentro da noite*. A seguir formou sua própria companhia de teatro, com Paulo Autran e Tônia Carrero, a Companhia Tônia-Celi-Autran.

Celsius, Anders [Uppsala, Suécia, 1701 — *id.*, 1744], astrônomo e físico sueco. Foi o criador da escala termométrica centesimal (1742), que tem seu nome.

Centro-Africana (República), país situado na África Central, com 622.980 km². República mista, independente desde 1960. Massacres contra a população muçulmana (minoria) praticados por milícias cristãs têm provocado deslocamentos forçados em massa (crise humanitária). Capital: *Bangui*; recursos principais: mineração de diamantes e extração de cobre. Hab.: 4,8 milhões (2019).

Centro-Oeste (região) ver *Região Centro-Oeste*

Cervantes Saavedra, **Miguel de** [Alcalá de Henares, Espanha, 1547 — Madri, Espanha, 1616], escritor, dramaturgo e poeta espanhol, autor de *Dom Quixote*, uma das obras-primas da literatura universal. Outras obras: *Novelas exemplares*, *Viagem ao Parnaso* etc.

César, Caio **Júlio** [Roma, 100 a.C. — *id.*, 44 a.C.], general e estadista romano, uma das grandes figuras da história universal. Formou extenso império na Europa, cuja capital era Roma. Morreu assassinado por inimigos políticos.

Chacrinha (José Abelardo Barbosa de Medeiros, dito) [Surubim PE, 1917 - Rio de Janeiro RJ, 1988], apresentador brasileiro de programa de auditório. Com figurino cômico e extravagante, e acompanhado de suas "chacretes", fez grande sucesso na TV, esp. com seu programa Cassino do Chacrinha (1982-1988).

Chade ou **Tchad (República do)**, ex-colônia francesa, com 1.284.000 km², situada no centro-norte da África. República mista, independente desde 1960. Capital: *Jamena (N'Djamena)*; recursos principais: agricultura (algodão, sorgo, amendoim), pecuária, mineração (carbonato de sódio, argila, sal). Hab.: 15,3 milhões (2015).

Chagas, Carlos Ribeiro Justiniano [Oliveira MG, 1879 — Rio de Janeiro RJ, 1934], cientista, pesquisador e médico brasileiro, especializou-se em doenças tropicais e descobriu o mal que tem o seu nome (1909). Foi diretor do Instituto Osvaldo Cruz. — **Evandro Serafim Lobo Chagas** [Rio de Janeiro RJ, 1905 — *id.*, 1940], seu filho, tb. médico, seguiu-lhe os passos na pesquisa sobre doenças tropicais. — **Carlos Chagas Filho** [Rio de Janeiro RJ, 1910 — *id.*, 2000], cientista e ensaísta, foi membro da ABL e presidente da Academia Brasileira de Ciências.

Chalaça (Francisco Gomes da Silva, dito) [Lisboa, Portugal, 1791 — *id.*, 1852], cortesão português, veio com a corte de D. João VI para o Brasil e tornou-se amigo e confidente de D. Pedro I. Foi ele quem apresentou a marquesa de Santos ao imperador. O apelido deve-se ao fato de ter sido bom contador de anedotas.

Champollion, Jean-François [Figeac, França, 1790 — Paris, França, 1832], linguista e estudioso francês, aos 11 anos já conhecia o latim e o grego e começava a aprender hebraico. Foi o primeiro a decifrar os hieróglifos egípcios, usando as inscrições da Pedra de Roseta.

Chapada dos Guimarães (MT), município com 6.450,5 km², situado no centro-sul do estado, dentro do parque nacional de mesmo nome. Igreja da Sé de Santana tombada pelo Iphan. Hab.: 19.752 (2019).

Chapadinha (MA), município com 3.247,4 km², cortado pela estrada BR 222. Riquezas naturais: amêndoa de babaçu, cera de carnaúba. Agricultores da Região Sul vêm comprando ali terras e preparando-as para o plantio de soja. Hab.: 79.675 (2019).

Chapecó (SC), município com 626,1 km², situado na região oeste do estado, na divisa com o Estado do Rio Grande do Sul. Criação, abate e comercialização de aves e suínos. Indústrias alimentícias. Hab.: 220.367 (2019).

Chaplin, Charles Spencer [Londres, Inglaterra, 1889 — Corsier-sur-Vevey, Suíça, 1977], ator e cineasta inglês, foi um dos fundadores da United Artists e criou o personagem *Carlitos*, um vagabundo, de bengala e chapéu-coco. Filmes: curtos — *Carlitos repórter*, *O vagabundo* etc.; longos — *O grande ditador*, *Tempos modernos*, *Em busca do ouro*, *Luzes da cidade* etc.

Chateaubriand Bandeira de Melo, Francisco de **Assis** [Umbuzeiro PB, 1892 — São Paulo SP, 1968], jornalista brasileiro, fundador dos *Diários Associados* (1924) e do Museu de Arte de São Paulo (MASP), e criador das revistas *O Cruzeiro* e *A Cigarra*, entre outras publicações. Foi membro da ABL. Obras: *Terra desumana*; *Um professor de energia — Pedro Lessa* etc. — **Gilberto Chateaubriand** [Paris, França, 1925], seu filho, é colecionador de arte.

Chibata (Revolta da), movimento que surgiu em 1910, quando a tripulação (majoritariamente formada por negros e mulatos pobres) da armada brasileira, liderada por João Cândido, o Almirante Negro, prendeu os oficiais e tomou o controle dos navios, rebelando-se contra os maus-tratos recebidos. O governo resolveu anistiar os revoltosos e atender a todas as suas reivindicações, desde que o grupo se rendesse e entregasse os navios, mas a promessa não foi cumprida.

Chile (República do), país com 756.096 km², no sudoeste da América do Sul, encravado entre a cordilheira dos Andes e o oceano Pacífico; tem o território mais estreito do mundo — sua largura média é de 175 km. República presidencialista, independente desde 1818. Capital: *Santiago*; recursos principais: mineração (cobre, ouro, prata, molibdênio, minério de ferro, nitrogênio, minério de manganês, chumbo, carvão), indústria (alimentícia, metalúrgica). Hab.: 18,1 milhões (2018).

China (República Popular da), país mais populoso do mundo, com 9.600.000,5 km²; é banhado pelo mar da China e possui vegetação e clima bastante variados. Regime de partido único (Partido Comunista Chinês) e um órgão supremo (Congresso Nacional do Povo). Capital: *Pequim*; recurso principal: indústria e agropecuária. Hab.: 1,4 bilhão (quase metade nas áreas rurais e em pequenas aldeias) [2018].

Chipre (República de), país situado em uma ilha com 9.251 km², na extremidade nordeste do mar Mediterrâneo. República presidencialista, independente desde 1960. Capital: *Nicósia*; recursos principais: turismo, azeite de oliva, vinho. Hab.: 1,3 milhão (2018).

Christie (Questão), crise diplomática, surgida entre o Brasil e a Inglaterra no Segundo Reinado, originada por dois incidentes: o saque de um navio inglês naufragado, no Rio Grande do Sul, e a prisão de oficiais navais britânicos embriagados, no Rio de Janeiro. Causou o rompimento das relações diplomáticas entre os dois países (de 1863 a 1865).

Cianorte (PR), município com 811,6 km², maior polo atacadista de confecções do sul do país. Hab.: 82.620 (2019).

Cícero (Cícero Romão Batista, dito **Padre**) [Crato CE, 1844 — Juazeiro do Norte CE, 1934], religioso brasileiro, desenvolveu intenso trabalho pastoral em Juazeiro do Norte CE e ganhou a simpatia e o respeito da comunidade. Suspenso pela Igreja católica por ter divulgado milagres ocorridos em sua paróquia, tomou o caminho da política e tornou-se a maior liderança da região. Até hoje fazem-se romarias à cidade de Juazeiro, onde lhe ergueram grande estátua.

Cidade Ocidental (GO), município com 390 km², localizado no leste goiano, entorno do Distrito Federal. Pecuária (gado bovino de corte e leite). Agricultura (soja). Hab.: 71.376 (2019).

Cingapura (República de), país com 718,3 km², localizado na maior ilha de um arquipélago do sudeste da Ásia. República parlamentarista, independente desde 1965. Capital: *Cidade de Cingapura*; recursos principais: turismo e indústrias (produtos eletroeletrônicos, refino de petróleo, química, metalúrgica, naval). É um dos maiores centros financeiros do mundo. Hab.: 5,6 milhões (2018).

Cintra, Luís Filipe **Lindley** [Lisboa, Portugal, 1925 — *id.*, 1991], linguista português, doutorado em Filologia pela Faculdade de Letras da Universidade de Lisboa (1952), local em que exerceu toda a sua atividade docente. Fez parte da equipe de linguistas que recolheu material para o *Atlas linguístico da península Ibérica* (1953-1954). Obras: *Breve gramática do português contemporâneo* e *Nova gramática do português contemporâneo* (com Celso Cunha), entre outras.

Círio de Nazaré, uma das maiores festas religiosas do Brasil, em homenagem a N. S.ª de Nazaré, introduzida em 1793 e realizada em Belém PA, no segundo domingo de outubro.

Cisplatina (Guerra da), luta pela independência do Uruguai (1825), envolvendo Brasil e Argentina, que lutaram entre si. Um acordo de paz foi firmado (1828), pelo qual a província cisplatina não pertenceria nem ao Brasil nem à Argentina e, sim, seria um país independente.

Clark, **Lygia** [Belo Horizonte MG, 1920 — Rio de Janeiro RJ, 1988], pintora e escultora neoconcretista brasileira, criou os *Bichos*, estruturas móveis de placas de metal que convidam à manipulação, e a *Obra-mole*, pedaços de borracha laminada entrelaçados (1964). Criou tb. *Objetos relacionais* com fins terapêuticos.

Cléopatra [Alexandria, 69 a.C. — *id.*, 30 a.C.], rainha do Egito (51 a.C.), da linhagem dos Ptolomeus; uniu-se a Júlio César, imperador romano, com quem teve um filho, e depois a Marco Antônio, militar e político romano. Suicidou-se, após ser derrotada pelo imperador Otávio Augusto.

CNBB ver *Conferência Nacional dos Bispos do Brasil*

Coari (AM), município com 57.921,9 km², a segunda maior cidade do Estado do Amazonas, é cortada pelo rio Solimões. Extrativismo vegetal (madeira, castanha, cacau). Hab.: 85.097 (2019).

Cochrane, **Thomas** ver *Maranhão* (*Thomas Cochrane, marquês do*)

Codó (MA), município com 4.361,3 km², situado nas margens do rio Itapicuru. Tradicional desse município é o terecô ou tambor da mata, denominação usual de certo ritual religioso afro-brasileiro. Hab.: 122.859 (2019).

Coelho Pereira, **Duarte** [Miragaia, Portugal, c. 1480 — Portugal, 1554], militar e administrador português, primeiro donatário da capitania hereditária de Pernambuco, a que mais prosperou. **— Gonçalo Coelho** [c. 1451 — 1512], seu pai, foi um navegador e cosmógrafo português que comandou uma expedição exploratória pelo Brasil (1503) e fez o reconhecimento de alguns pontos do litoral, publicando uma *Descrição do Brasil*. **— Duarte Coelho de Albuquerque** [Olinda PE, 1537 — África, 1580], filho de Duarte Coelho e segundo donatário da capitania de Pernambuco, expulsou de lá os franceses e enviou tropas para auxiliar o governador-geral Mem de Sá a combatê-los no Rio de Janeiro (1567).

Coelho, Paulo [Rio de Janeiro RJ, 1947], escritor, compositor e jornalista brasileiro, tornou-se conhecido como parceiro de Raul Seixas (*Gita*, *Eu nasci há dez mil anos atrás* etc.). Membro da ABL, é, segundo o *Guinness Book*, o autor vivo mais traduzido do mundo. Obras: *O diário de um mago*, *Brida*, *O alquimista* etc.

Coelho Neto (Henrique Maximiano) [Caxias MA, 1864 — Rio de Janeiro RJ, 1934], escritor, jornalista e professor brasileiro, um dos fundadores da ABL, destacou-se nos romances e nos contos (*Rapsódia* foi o primeiro livro publicado). É autor do poema "Ser mãe". Outras obras: *A capital federal*, *Fruto proibido*, *O rei fantasma* etc.

Colatina (ES), município com 1.416,8 km², situado no noroeste do estado, às margens do rio Doce. Indústrias de confecções e moveleira. Hab.: 122.499 (2019).

Collor de Mello, **Fernando** Afonso [Rio de Janeiro RJ, 1949], político brasileiro, prefeito de Maceió e governador de Alagoas, foi o primeiro presidente da República eleito pelo voto direto após 1960. Assumiu o governo (1990), mas teve o mandato cassado e os direitos políticos suspensos por oito anos (1992). Foi eleito (2006) e reeleito (2014) senador por Alagoas.

Colômbia (República da), país com 1.138.914 km², situado no noroeste da América do Sul, o único do continente banhado simultaneamente pelo oceano Pacífico e o mar do Caribe. República presidencialista, independente desde 1810. As Forças Armadas Revolucionárias da Colômbia, depois de negociações de paz iniciadas em 2012 com o governo, foram transformadas em partido político. Capital: *Bogotá*; recursos principais: agricultura (café, cacau, cana-de-açúcar, banana, tabaco) e mineração (petróleo, gás natural, carvão, níquel, esmeralda). Hab.: 49,4 milhões (2018).

Colombo, Cristóvão [Gênova, Itália, c. 1451 — Valladolid, Espanha, 1506], navegador genovês considerado o descobridor da América, em 1492. Sua expedição ao dito Novo Mundo, composta por uma frota de três caravelas (Santa Maria, Pinta e Niña), foi patrocinada pelos reis Fernando de Aragão e Isabel de Castela.

Colombo (PR), município com 197,8 km², situado na região metropolitana de Curitiba; colonizado por imigrantes italianos. Atração turística: grutas do Bacaetava. Hab.: 243.726 (2019).

Comores (República Federal Islâmica de), país com 1.861 km², situado entre a África e Madagascar, no oceano Índico. República presidencialista, independente desde 1975. Formado por três grandes ilhas e outras menores. Capital: *Moroni* (ilha de Njazidja); recursos principais: agricultura, mineração, indústria alimentícia, esp. baunilha e essências. Hab.: 832.347 (2018).

Companhia de Jesus, ordem fundada por santo Inácio de Loyola (1540) para a conversão dos heréticos e a serviço da Igreja. Os jesuítas dedicaram-se à catequese indígena e à educação dos colonos. Estabeleceram as primeiras missões, onde os nativos eram aculturados, cristianizados e preservados da escravização colonial.

Companhia Geral do Grão-Pará e Maranhão, empresa privada criada pelo marquês de Pombal (1755), recebeu concessão do Estado português para navegar, transportar e comercializar produtos da região por cerca de 20 anos. Fornecia créditos, escravos e ferramentas aos lavradores, que começaram a dedicar-se mais intensamente e com mais condições à cultura do algodão, mudando toda a economia do Maranhão, que experimentou então grande prosperidade.

Comte, Augusto [Montpellier, França, 1798 — Paris, França, 1857], filósofo francês. Fundou a escola filosófica conhecida como Positivismo e é considerado um dos fundadores da Sociologia.

Comunidade Econômica Europeia (CEE), organização internacional criada em 1958 com a finalidade de estabelecer um mercado comum europeu, com impostos alfandegários externos comuns, uma política conjunta para a agricultura, políticas comuns para o movimento de mão de obra e para os transportes, e instituições comuns para o desenvolvimento econômico. Em 1993, a CEE foi substituída pela União Europeia.

Conceição do Coité (BA), município com 1.016 km², situado no nordeste do estado. Indústria de fibras de sisal (terceiro produtor baiano). Hab.: 66.612 (2019).

Conceição do Mato Dentro (MG), município com 1.726,8 km², situado na zona metalúrgica do estado, na borda da serra do Espinhaço. Chafariz da praça D. Joaquim, igrejas de N. S.ª do Rosário e Matriz de N. S.ª da Conceição e prédio na praça D. Joaquim tombados pelo Iphan. Hab.: 17.842 (2019).

Concórdia (SC), município com 799,9 km². Considerado um dos melhores lugares do estado em qualidade de vida. Lago da hidrelétrica de Itá. Avicultura, suinocultura. Frigoríficos. Hab.: 74.641 (2019).

Confederação dos Tamoios, reunião dos chefes índios da região do litoral norte paulista e sul fluminense (1554 a 1567), devido à revolta ante a ação violenta dos portugueses contra os índios tupinambás. Cunhambebe, eleito chefe da confederação, junto com Pindobuçu, Aimberê e outros, resolveu guerrear os portugueses. Foi combinada a Paz de Iperoig (praia em Ubatuba), que depois os portugueses traíram, dizimando os índios.

Conferência Nacional dos Bispos do Brasil (CNBB), entidade religiosa que congrega a ação evangelizadora dos bispos do Brasil, idealizada por Dom Hélder Câmara e concretizada em 1952.

Confúcio (K'ung Ch'iu, dito) [Tsou, China, 551 a.C. — *id.*, 479 a.C.], erudito chinês, criador do Confucionismo, pregador moralista, tratadista e legislador, legou um conjunto de normas e elevados valores morais expressos em frases curtas, de fácil entendimento.

Congo (República Democrática do), antigo Zaire, com 2.345.409 km^2, no centro da África, é o segundo maior país africano. República presidencialista, independente desde 1960. Capital: *Kinshasa*; recursos principais: exploração e produção de diamantes, reservas de cobre e cobalto. Parques nacionais de Kahuzi-Biega e Virunga, ambos santuários de gorilas, declarados Patrimônio Natural da Humanidade. Hab.: 84,8 milhões (2018).

Congo (República do), país com 342.000 km^2, localizado no centro-oeste da África e cortado pela linha do equador. República presidencialista, independente desde 1960. Capital: *Brazzaville*; recursos principais: agricultura (mandioca, banana-da-terra, cana-de-açúcar, cacau etc.), mineração (petróleo, gás natural), indústrias (alimentícia, madeireira, cimento, química). Hab.: 5,3 milhões (2018).

Congonhas (MG), município com 304,1 km^2, situado na região metropolitana de Belo Horizonte. Conjunto arquitetônico e urbanístico, Igreja Matriz de N. S.ª da Conceição e Santuário de Bom Jesus de Matosinhos tombados pelo Iphan. Hab.: 54.762 (2019).

Conjuração Mineira ver *Inconfidência Mineira*

Conselheiro (Antônio Vicente Mendes Maciel, dito **Antônio**) [Campo Maior de Quixeramobim CE, 1830 — Canudos BA, 1897], andarilho e pregador com fama de milagreiro que reuniu seguidores e criou uma comunidade às margens do rio Vaza-Barris, em Canudos BA. Vários conflitos com autoridades e proprietários de terra locais provocaram a intervenção federal contra os seus seguidores, os *conselheiristas*, e originaram a *Guerra de Canudos*.

Conselheiro Lafaiete (MG), município com 370,2 km^2, situado na serra do Espinhaço; antiga aldeia dos índios carijós, suas terras foram desbravadas por garimpeiros. Turismo ecológico. Hab.: 128.589 (2019).

Constant Botelho de Magalhães, **Benjamim** [Niterói RJ, 1833 — Rio de Janeiro RJ, 1891], militar, professor e político brasileiro, lutou na Guerra do Paraguai, foi um dos fundadores do Clube Militar (1887) e fez parte da campanha pela proclamação da República.

Constitucionalista (Revolução), desencadeou-se em São Paulo (1932), no Governo Provisório de Getúlio Vargas, com o fito de trazer o país de volta ao regime constitucional. Em maio de 1933, realizaram-se eleições para a Assembleia Nacional Constituinte, preparatória da Constituição de 1934.

Contagem (MG), município com 195,2 km^2, situado na região metropolitana de Belo Horizonte, o segundo mais populoso do estado. Antigo posto de registro do gado que vinha do rio São Francisco. Hab.: 663.855 (2019).

Contamana ou **do Divisor (serra da)**, situada no extremo oeste do continente brasileiro, na nascente do rio Moa, na fronteira do Estado do Acre com o Peru. Seu ponto mais alto tem 609 m.

Contestado ou **dos Pelados (Guerra do)**, conflito iniciado (1912) em uma região disputada por Paraná e Santa Catarina, em que camponeses, expulsos de suas terras e sem trabalho, decidiram organizar uma comunidade sob o comando de um líder religioso, o "monge" João Maria, que se considerava enviado por Deus. O governo sufocou o movimento, utilizando até aviões (1916).

Cony, Carlos Heitor [Rio de Janeiro RJ, 1926 — *id.*, 2018], jornalista e escritor brasileiro, representante do Neorrealismo; escreveu seu primeiro romance, *O ventre* (1958), sob a influência de Jean-Paul Sartre. Colaborou em jornais com suas crônicas, gênero no qual tb. se destacou. Foi membro da ABL. Outras obras: *A verdade de cada dia, Tijolo de segurança, Matéria de memória, Quase memória* etc.

Cook (ilhas), Estado autônomo associado, arquipélago formado por 15 ilhas com 236 km^2, situado no Pacífico sul, a nordeste da Nova Zelândia. Capital: *Avarua*. Hab.: 17.411 (2018).

Copérnico, Nicolau [Torun, Polônia, 1473 — Frauenburgo, Polônia, 1543], astrônomo e matemático polonês, autor da teoria segundo a qual o Sol é o verdadeiro centro do sistema solar, devendo-se a sucessão de dias e noites ao movimento da rotação da Terra sobre seu próprio eixo.

Corão ver *Alcorão*

Corção Braga, **Gustavo** [Rio de Janeiro, 1896 — *id.*, 1978], professor, jornalista e escritor católico brasileiro, foi colaborador semanal de *O Estado de S. Paulo*, *Diário de Notícias*, do Rio de Janeiro, e *Correio do Povo*, de Porto Alegre. Obras: *A descoberta do outro, Três alqueires e uma vaca, Lições de abismo* etc.

Corcovado (morro do), com 710 m de altitude, em plena floresta da Tijuca, é uma atração turística da cidade do Rio de Janeiro RJ, com o *Cristo Redentor* no topo.

Cordisburgo (MG), município com 823,6 km^2, situado na microrregião de Sete Lagoas, onde fica a gruta de Maquiné. Hab.: 8.890 (2019).

Coreia do Norte (República Democrática Popular da Coreia), Estado socialista com 120.540 km^2, situado no leste da Ásia. Regime de partido único (PTC) e um órgão supremo (Assembleia Suprema do Povo). Capital: *Pyongyang*; recursos principais: agricultura (arroz, milho, batata etc.) e indústrias (aço, química, cimento, máquinas, têxtil). Hab.: 25,5 milhões (2018).

Coreia do Sul (República da Coreia), país com 99.900 km^2, um dos chamados Tigres Asiáticos.

Situado no leste da Ásia. República mista. Capital: *Seul*; recursos principais: mineração (carvão, minério de ferro, ouro) e indústrias (naval, química, siderúrgica, alimentícia, têxtil). Hab.: 50,8 milhões (2018).

Coroatá (MA), município com 2.263,8 km², situado à margem esquerda do rio Itapicuru-Mirim, no centro do Maranhão. Hab.: 65.296 (2019).

Coronel Fabriciano (MG), município com 221,2 km², na zona metalúrgica do estado, suas terras começaram a ser desbravadas por engenheiros que construíram a Estrada de Ferro Vitória-Minas. Hab.: 109.855 (2019).

Correia, Manuel **Pio** [Porto, Portugal, 1874 — Paris, França, 1934], botânico naturalista. Foi pesquisador e autor de inúmeros trabalhos científicos, entre eles a obra referencial *Dicionário das plantas úteis do Brasil e das exóticas cultivadas* (6 vols., 1926-1931), um marco no estudo da botânica nacional.

Correia, Raimundo da Mota de Azevedo [Maranhão, 1859 — Paris, França, 1911], magistrado, professor e poeta parnasiano brasileiro, fundador da ABL (cadeira 5). Obras: *Primeiros sonhos*, *Sinfonias*, *Versos e versões*, *Aleluias* etc.

Correia Baima do Lago Filho, Manuel **Viriato** [Pirapemas MA, 1884 — Rio de Janeiro RJ, 1967], jornalista, advogado e escritor brasileiro, radicou-se no Rio de Janeiro, onde advogou e atuou na imprensa. Membro da ABL. Escreveu romances, peças teatrais, livros para crianças e crônicas históricas. Obras: *Terra de Santa Cruz*, *Balaiada*, *História do Brasil para crianças* etc.

Correios ver *Empresa Brasileira de Correios e Telégrafos*

Cortés, Hernán [Medellín, Espanha, 1485 — Castilleja de la Cuesta, Espanha, 1547], conquistador espanhol; encarregado da exploração do império asteca, contrariou as ordens e lançou-se à sua conquista. Foi nomeado governador-geral da Nova Espanha (1522).

Corumbá (MS), município com 64.962,7 km², situado às margens do rio Paraguai, abrange 60% do pantanal sul-mato-grossense. Pecuária, mineração, pesca e turismo. Conjunto histórico arquitetônico e paisagístico e Forte de Coimbra tombados pelo Iphan. Hab.: 111.435 (2019).

Coruripe (AL), município com 898,6 km², localizado na microrregião de São Miguel dos Campos. Agricultura (cana-de-açúcar, coco). Usina açucareira. Turismo. Hab.: 56.933 (2019).

Cosmópolis (SP), município com 154,6 km², localizado na microrregião de Campinas. Usina Açucareira Ester S/A. Hab.: 72.252 (2019).

Costa, Cláudio Manuel da [Vila do Ribeirão do Carmo MG, 1729 — Ouro Preto MG, 1789], poeta brasileiro, considerado o mais barroco dos árcades, participou da Inconfidência Mineira. Patrono da cadeira 8 da ABL. Obras: *Obras poéticas* (lírica); *Vila Rica* (épica) etc.

Costa, Duarte da [Portugal, início do séc. XVI — ?, c. 1560] segundo governador-geral do Brasil (1553-1557), tendo sucedido Tomé de Sousa. Seu governo foi marcado pela invasão dos franceses, que vieram fundar a França Antártica, e tb. por conflitos entre colonos, que sujeitavam os indígenas ao trabalho forçado, e jesuítas, que eram contra isso.

Costa (Maria da Graça Costa Pena Burgos, dita **Gal**) [Salvador BA, 1945], cantora popular brasileira; iniciou-se na música quando conheceu Caetano Veloso e participou do *show* "Nós, por exemplo", no Teatro Vila Velha, em Salvador BA, fazendo dueto com Maria Bethânia. Em seguida, mudou-se para o Rio de Janeiro e seu nome artístico tornou-se conhecido no país. Participou do movimento tropicalista.

Costa Pereira Furtado de Mendonça, **Hipólito** José **da** [Colônia do Sacramento, hoje Uruguai, 1774 — Londres, Inglaterra, 1823], jornalista brasileiro; após ter sido acusado pela Inquisição de disseminar a maçonaria e ficar três anos preso, fugiu para Londres, onde fundou o *Correio Braziliense*, que consta ser o primeiro jornal do Brasil. É patrono da cadeira 17 da ABL. Obras: *Diário de minha viagem para Filadélfia*, *Narrativa da perseguição* etc.

Costa, Lúcio [Toulon, França, 1902 — Rio de Janeiro RJ, 1998], arquiteto e urbanista brasileiro, estudou pintura e arquitetura na Escola Nacional de Belas-Artes, da qual foi diretor (1930). Venceu o concurso nacional para a elaboração do plano piloto de Brasília (1957); chefiou a equipe que projetou a recuperação de Florença (Itália), afetada por uma inundação (1964) etc.

Costa do Marfim (República da), país com 322.460 km², situado no oeste da África. República presidencialista, independente desde 1960. A história política do país desde 1999 é marcada por golpe militar, períodos de guerra civil e violação de direitos humanos. Capital: *Yamoussoukro*; recursos principais: agricultura (cacau, café), mineração, indústrias alimentícia e têxtil (algodão), refino de petróleo. Hab.: 24,3 milhões (2018).

Costa do Ouro, antigo nome de *Gana*.

Costa e Silva, Arthur da [Taquari RS, 1899 — Rio de Janeiro RJ, 1969], militar e político brasileiro. Presidente da República (1967-1969), integrava a chamada "linha dura" do regime instaurado no país em 1964. Lançou em 1968 o Ato Institucional Número 5 (AI-5), que endureceu a repressão política praticada pelos militares.

Costa Marques (RO), município com 4.987,1 km², situado na fronteira com a Bolívia, na região Madeira-Guaporé. Forte Príncipe da Beira tombado pelo Iphan. Hab.: 18.331 (2019).

Costa Rica (República da), país com 51.100 km², situado no sudoeste da América Central. República presidencialista, independente desde 1821. Capital: *San José*; recursos principais: agricultura (banana, café, frutas tropicais, flores), turismo. Hab.: 4,9 milhões (2018).

Cotia (SP), município com 324 km². Casas do Sítio do Padre Inácio e do Sítio Mandu tombadas pelo Iphan. Cultivo de rosas e plantas ornamentais (Roselândia). Hab.: 249.210 (2019).

Coutinho, Bento do Amaral [Rio de Janeiro RJ, 2ª metade do séc. XVII — *id.*, 1711], herói brasileiro que comandou o batalhão de estudantes do Colégio dos Jesuítas e voluntários que derrotou o corsário francês Duclerc, quando este invadiu o Rio de Janeiro (1710). Ao fazer o mesmo contra Duguay-Trouin, foi morto.

Couto, Deolindo Augusto de Nunes [Teresina PI, 1902 — Rio de Janeiro RJ, 1992], médico neurologista, professor e ensaísta brasileiro, fundador e diretor do Instituto de Neurologia da Universidade do Brasil. Obras: *Vultos e ideias; Afrânio Peixoto, professor e homem de ciência; Clementino Fraga, o médico* (ensaios) etc.

Couto, Diogo do [Lisboa, Portugal, 1542 — Goa, Índia, 1616], historiador português. Em 1559 vai para a Índia, de onde só regressaria uma década depois. Ao retornar, em 1569, encontra Camões em Moçambique, com dívidas e sem dinheiro para voltar. Com outros amigos, resolve ajudar financeiramente o poeta, que deste modo pode apresentar em Lisboa a sua maior obra, *Os Lusíadas*. Obras: *Diálogo do soldado prático* e *Décadas* (IV a XII).

Couto, Miguel [Rio de Janeiro RJ, 1865 — *id.*, 1934], médico e professor brasileiro, membro da Academia Nacional de Medicina, presidiu a entidade durante 21 anos consecutivos. Em 1930, apresentou um projeto sobre educação, em que era sugerida a criação do Ministério da Educação com dois departamentos: o do ensino e o da higiene. Obras: *Lições de clínica médica, No Brasil só há um problema nacional: a educação do povo* etc.

Couto, Rui **Ribeiro** [Santos SP, 1898 — Paris, França 1963], escritor e jornalista brasileiro. Escreveu poesias, romances, contos e crônicas. Recebeu influências simbolistas e esp. modernistas. Membro da ABL. Obras: *Um homem na multidão, A casa do gato cinzento, Cabocla* etc.

Crateús (CE), município com 2.985,1 km², localizado no sertão dos Inhamuns. Região de caatinga. Vários sítios arqueológicos importantes. Hab.: 75.074 (2019).

Crato (CE), município com 1.176,4 km², situado na região do Cariri, das mais férteis do Nordeste, na divisa com o Estado de Pernambuco. É a terra natal do Pe. Cícero Romão Batista. Hab.: 132.123 (2019).

Crespo, Antônio Cândido **Gonçalves** [Rio de Janeiro RJ, 1846 — Lisboa, Portugal, 1883], poeta parnasiano luso-brasileiro, formou-se em Direito em Coimbra e naturalizou-se português, para poder advogar. Fez carreira no mundo das letras e tb. na política, pois chegou a ser deputado às Cortes, pela Índia (1879). Obras: *Miniaturas* e *Noturnos*.

Criciúma (SC), município com 235,7 km², situado na região sul do estado, possui uma das maiores reservas de carvão mineral do país. Indústria de vestuário. Cerâmica. Hab.: 215.186 (2019).

Criciúma (serra da), situada na fronteira de Minas Gerais com o Estado do Espírito Santo (1.200 m de altitude).

Cristalina (GO), município com 6.162 km², localizado no entorno do Distrito Federal. Agricultura (esp. grãos). Comercialização de pedras de cristal de rocha. Turismo. Hab.: 58.997 (2019).

Cristo Redentor, imagem com 38 m de altura, revestida de pedra-sabão, executada na França pelo escultor polonês Paul Landowski e transportada para o topo do morro nos trens da Estrada de Ferro do Corcovado, Rio de Janeiro. Foi inaugurado em 1931 e eleito, em 7/7/2007, uma das sete maravilhas do mundo moderno.

Croácia (República da), país com 56.590 km², situado no centro-sul da Europa. República mista, independente desde 1991. Ingresso na UE em 2013. Capital: *Zagreb*; recursos principais: agropecuária, petróleo e turismo. Hab.: 4,1 milhões (2018).

Cromwell, Oliver [Huntington, Inglaterra, 1599 — Londres, Inglaterra, 1658], político inglês, de formação puritana. Em 1649 conseguiu a condenação à morte de Carlos I e a proclamação da República (Commonwealth). Tornou-se ditador virtual da Grã-Bretanha, manteve a conquista da Irlanda e da Escócia, dissolveu o Parlamento (1653) e proclamou-se Lorde Protetor.

Cronos, Saturno entre os romanos, na mitologia grega era filho de Urano e Gaia, e pai de Zeus (Júpiter).

Cruz, Eddy Dias da ver *Rebelo, Marques*

Cruz, Joaquim Carvalho [Taguatinga DF, 1963], atleta brasileiro, campeão olímpico, vencedor dos 800 metros rasos nos Jogos Olímpicos de Los Angeles (1984), quando estabeleceu um novo recorde.

Cruz, Osvaldo Gonçalves [São Luís do Paraitinga SP, 1872 — Petrópolis RJ, 1917], médico sanitarista brasileiro, assumiu a direção técnica do Instituto de Manguinhos (1900). Como diretor da Saúde Pública (1903), liderou a equipe sanitária que erradicou as doenças que dizimavam a população: febre amarela, varíola e peste bubônica. Membro da ABL.

Cruz Alta (RS), município com 1.360,3 km². Teve início quando os jesuítas, depois que os bandeirantes destruíram a missão de Sta. Teresa e os expulsaram, mudaram-se para a Capela do Menino Jesus, onde havia um enorme cruzeiro de madeira. Hab.: 60.299 (2019).

Cruz das Almas (BA), município com 145,7 km², localizado no Recôncavo Baiano. Plantações de fumo, laranja e mandioca. Escola de Agronomia. Atração turística: festa de São João, "guerra de espadas" (fogos de artifício). Hab.: 63.239 (2019).

Cruzeiro (SP), município com 305,6 km², situado às margens do rio Paraíba. Instalado (1891) com o nome de Vila Novais, passou ao nome atual (1901), devido a um marco divisório no formato de cruz. Hab.: 82.238 (2019).

Cruzeiro do Sul (AC), município com 8.779,4 km², situado a oeste de Rio Branco, quase na fronteira com o Peru. É a capital do vale do Juruá, um dos mais importantes polos econômicos e turísticos do estado. Hab.: 88.376 (2019).

Cuba (República de), país com 109.890 km², ilha das Antilhas, única nação comunista das Américas, localizada na entrada do golfo do México. Regime de partido único (PCC) e um órgão supremo (Assembleia Nacional do Poder Popular). Abertura política e econômica em andamento. Retomada das relações diplomáticas com os EUA em 2015, após 54 anos de rompimento. Capital: *Havana*; recursos principais: agricultura (cana-de-açúcar, tabaco, arroz, frutas cítricas, banana), turismo. Hab.: 11,4 milhões (2018).

Cubatão (SP), município com 142,8 km², situado na área da Baixada Santista, no sopé da serra do Mar. Usinas hidrelétrica e termelétrica. Indústrias químicas. Refino de petróleo. Título de Exemplo Mundial de Recuperação Ambiental, dado pela ONU (1992). Hab.: 130.705 (2019).

Cuiabá (MT), capital do Mato Grosso, com 3.495,4 km², situada na margem esquerda do rio Cuiabá, no centro da América do Sul. Conjunto arquitetônico, urbanístico e paisagístico e Igreja de N. S.ª do Rosário e São Benedito tombados pelo Iphan. Ecoturismo. Pantanal mato-grossense. Hab.: 612.547 (2019).

Cunha, Brasílio Itiberê da [Paranaguá PR, 1846 — Berlim, Alemanha, 1913], compositor e diplomata brasileiro, um dos pioneiros na utilização de temas folclóricos na música erudita. Obras: *Poème d'amour*, *Rhapsodies brésiliennes*, *A sertaneja* etc.

Cunha, Celso Ferreira da [Teófilo Otoni MG, 1917 — Rio de Janeiro RJ, 1989], professor, ensaísta e filólogo, dedicou-se ao estudo dos cancioneiros medievais, importantes para o conhecimento da origem e evolução da língua. Foi membro da ABL e da Abrafil. Escreveu várias gramáticas (*Gramática da língua portuguesa*, *Nova gramática do português contemporâneo*, com Luís Filipe Lindley Cintra etc.).

Cunha (Antônio Álvares da Cunha, 1º **Conde da**) [Lisboa, Portugal, 1700 — *id.*, 1791], primeiro vice-rei do Brasil, encarregado de instalar no Rio de Janeiro a capital (1763), antes localizada em Salvador. Fortificou a cidade, promoveu reformas e mandou fazer o primeiro levantamento topográfico.

Cunha, Euclides Rodrigues Pimenta **da** [Cantagalo RJ, 1866 — Rio de Janeiro RJ, 1909], engenheiro, jornalista, escritor e ensaísta brasileiro, participou ativamente da propaganda republicana no jornal *O Estado de S. Paulo*. Durante a Guerra de Canudos, foi enviado por esse jornal para presenciar o fim do conflito. Escreveu, então, sua obra-prima: *Os sertões: campanha de Canudos*. Foi membro da ABL. Outras obras: *Contrastes e confrontos*, *Peru* versus *Bolívia*, *À margem da história* etc.

Cunha Filho, **Fausto** Fernandes da [Recife PE, 1923 — Rio de Janeiro RJ, 2004], escritor e crítico literário, mudou-se ainda jovem para o Rio de Janeiro, onde foi um dos fundadores da *Revista Branca*, dedicada à divulgação de obras dos escritores da Geração de 1945. Atuou nos jornais *Folha de S.Paulo*, *A Manhã*, *Correio da Manhã*, entre outros. Obras: *Poesia de Deolindo Tavares*, *A luta literária*, *As noites marcianas* etc.

Cunhambebe [?, ? — litoral de São Paulo, c. 1557], guerreiro da tribo dos tupinambás, índios que habitavam extensa faixa no litoral; entrou para a história por sua valentia, destreza e obstinação contra os portugueses. Exímio estrategista, foi eleito chefe supremo da *Confederação dos Tamoios*, principal movimento de resistência contra os portugueses.

Curie, família de cientistas franceses: **Pierre** [Paris, França, 1859 — *id.*, 1906] e sua mulher **Marie** [Varsóvia, Polônia, 1867 — perto de Sallanches, França, 1934], receberam o Prêmio Nobel de Física (1903), juntamente com Antoine Henri Becquerel, por suas descobertas no campo da radioatividade. Marie foi a primeira mulher a ensinar na Sorbonne e recebeu ainda o Prêmio Nobel de Química (1911) pela descoberta do polônio e do rádio e por ter conseguido obter este último em estado puro. — **Irene** [Paris, França, 1897 — *id.*, 1956], filha dos dois, e seu marido **Jean Frédéric Joliot** [Paris, França, 1900 — *id.*, 1958] tb. receberam o Prêmio Nobel de Química (1935), pela descoberta do isótopo radiativo artificial e do pósitron.

Curitiba (PR), capital do Paraná, com 435 km², modelo de qualidade de vida e de planejamento urbano. Antigo ponto estratégico do caminho do Viamão a São Paulo e às Minas Gerais, o povoado inicial viu crescer o comércio com a passagem dos tropeiros. Prédio do Paço Municipal tombado pelo Iphan. Hab.: 1.933.105 (2019).

Curvelo (MG), município com 3.296,2 km², situado no chapadão central do estado; é o pioneiro da indústria têxtil mineira. Hab.: 80.129 (2019).

Dd

Dacosta (Milton Rodrigues da Costa, dito **Milton**) [Niterói RJ, 1915 — Rio de Janeiro RJ, 1988], pintor e gravador brasileiro, estudou em Nova York e Paris e frequentou os ateliês de Braque e Rouault. Casou-se com a tb. pintora **Maria Leontina** Mendes Franco da Costa [São Paulo SP, 1917 — Rio de Janeiro RJ, 1984].

Daguestão, república autônoma da Federação Russa, situada no Cáucaso, na costa leste do mar Cáspio, com 50.300 km². Capital: *Makhatchkala*; recursos principais: gás natural, petróleo, hulha e enxofre. Hab.: 3 milhões (2018).

Daimler, Gottlieb [Schorndorf, 1834 — Cannstatt, Alemanha, 1900], engenheiro alemão, criou um motor de combustão interna (1883) e adaptou-o a sua motocicleta; em seguida, ao primeiro automóvel Daimler, a barcos, veículos sobre trilhos, dirigíveis e, por fim, a aviões.

Dalí i Domènech, **Salvador** Domingo Felipe Jacinto [Figueras, Espanha, 1904 — *id.*, 1989], pintor espanhol surrealista, criou cenas oníricas de desenho refinado e técnica meticulosa. Dentre suas numerosas obras, destacam-se *A persistência da memória*, *A última ceia*, *Metamorfose de Narciso* e *Sono*.

Dalmácia, região a sudoeste dos Bálcãs, junto ao mar Adriático, com 19.635 km². Compreende parte da Croácia, da Bósnia-Herzegóvina e de Montenegro. Hab.: 2 milhões.

Damão, território da Índia, ao norte de Bombaim, com 72 km². Faz parte da União Indiana, juntamente com a ilha de Diu. Conquistado por D. Constantino de Bragança (1559), esteve na posse de Portugal até ser ocupado pelas tropas indianas (1961). Capital: *Damão*; recurso principal: turismo. Hab.: aprox. 246.958 (2018).

Dâmocles [séc. IV a.C.], cortesão do tirano Dionísio, o Moço, de Siracusa. O rei ofereceu-lhe um banquete, mas pendurou acima do lugar que ele ocuparia uma espada presa apenas por um fio da crina de cavalo. A expressão "espada de Dâmocles" passou a significar "a iminência de perigo mortal".

Dante Alighieri [Florença, Itália, 1265 — Ravena, Itália, 1321], poeta italiano, cultivou o lirismo e a epopeia. Escreveu, entre outras obras, *A vida nova*, coleção de poemas inspirados em seu amor por Beatriz, e a *Divina comédia*, com 100 cantos repartidos por três partes (Inferno, Purgatório e Paraíso) — epopeia que tem por tema o destino do homem após a morte, a sua aventura espiritual à luz da revelação cristã.

Danton, Georges Jacques [Arcis-sur-Aube, 1759 — Paris, França, 1794], político que teve destacada participação nos primeiros anos da Revolução Francesa. Após o julgamento de Luís XVI, tornou-se praticamente o chefe do governo. Afastado do poder por Robespierre, morreu na guilhotina.

Danúbio (rio), o segundo maior rio da Europa central (o primeiro é o Volga), nasce na Floresta Negra e deságua no mar Negro após um percurso de 2.850 km, em sua maior parte navegáveis.

Daomé, antigo nome da República do *Benim*.

Dardanelos (estreito dos), antigo Helesponto, braço de mar situado entre a Europa e a Ásia, com 65 km de comprimento, largura variando entre 1.200 e 6.000 m e profundidade média de 50 m. Faz a ligação entre o mar de Mármara e o mar Egeu.

Dario I, o Grande [?, c. 550 a.C. — Egito, 486 a.C.], governou o império persa no seu auge, sufocou revoltas internas e, depois de restabelecer a ordem no império, empreendeu importante reforma administrativa. Alargou as fronteiras persas, conquistando a Trácia e a Macedônia, ao norte da Grécia, mas foi derrotado pelos gregos na planície de Maratona (490 a.C.).

Darwin, **Charles** [Shrewsbury, 1809 — Downe, Kent, Inglaterra, 1882], médico e naturalista inglês, estabeleceu uma nova teoria na obra *Sobre a origem das espécies* (1859): a formação das novas espécies é fruto da seleção natural e da sobrevivência do mais forte na luta pela conservação da vida.

David [?, c. 1040 a.C. — ?, c. 970 a.C.], sucedendo a Saul, foi proclamado rei de Judá e, a seguir, de todas as tribos de Israel. Submeteu os filisteus e conquistou Jerusalém, fazendo dela a capital e centro religioso do Estado hebreu. Autor de muitos salmos, dos mais belos da Bíblia.

Debret, **Jean Baptiste** [Paris, França 1768 — *id.*, 1848], desenhista, gravador e pintor francês que veio para o Brasil e viveu no Rio de Janeiro (1816-1831); suas gravuras e pinturas retratam fielmente os costumes e vestuários do país no séc. XIX.

Debussy, **Claude**-Achille [Saint-Germain-en-Laye, 1862 — Paris, França, 1918], compositor francês, rompeu com o Romantismo alemão e francês. Mestre do impressionismo musical. Obras: *Prèlude à l'aprés-midi d'un faune* ("Prelúdio à tarde de um fauno"), *La mer* ("O mar"), *Pelléas et Mélisande* etc.

Decão, região no sul da Índia, constituída por um planalto de altitude média entre 500 e 600 m. De um lado e outro cercam-no os Gates, orientais e ocidentais, enquanto ao sul erguem-se vários maciços que atingem 2.700 m. Ali predominam florestas, pastos e lavouras e encontra-se a maior parte dos minérios do país.

Dedo de Deus (pico) [1.695 m]. Seu contorno lembra uma espécie de mão apontando o indicador para cima. É um dos vários monumentos geológicos da serra dos Órgãos, entre as cidades de Petrópolis e Teresópolis RJ, e encontra-se nos limites do Parque Nacional da Serra dos Órgãos.

Delfim Neto, Antônio [São Paulo SP, 1928], economista e político brasileiro, ministro da Fazenda do governo Costa e Silva; autor do Plano Estratégico de Desenvolvimento, tentativa de contenção do processo inflacionário (1974), e ministro da Agricultura e do Planejamento do governo Figueiredo (1980). Foi deputado federal por São Paulo (1987-2007).

Delfino dos Santos, **Luís** [Nossa Senhora do Desterro, hoje Florianópolis SC, 1834 — Rio de Janeiro RJ, 1910], médico, político e poeta romântico, parnasiano e simbolista brasileiro. Teve uma vastíssima produção literária, mas nunca editou um livro em vida. Obras: *Algas e musgos*, *Rosas negras*, *Poesias líricas* etc.

Della Costa Polloni, Gentile **Maria** Marchioro [Flores da Cunha RS, 1926 — São Paulo SP, 2015], atriz brasileira, fundou uma companhia de teatro, ao lado do marido, Sandro Polloni, e construiu sua própria casa de espetáculos.

Del-Rei, Francisco **Homem** [séc. XVIII], marinheiro e piloto brasileiro, tornou-se sertanista, por ter encalhado sua embarcação no Rio de Janeiro. Embrenhou-se terra adentro e chegou até as Minas Gerais, onde fundou uma vila que hoje é Belo Horizonte.

Dentro (mar de), região de mangue formada por lagunas emolduradas por extensas porções de mata Atlântica. Um dos últimos santuários de flora e fauna da mata Atlântica, com extensão de cerca de 200 km pontilhados continuamente por ilhas — desde Iguape, no litoral sul de São Paulo, até Guaraqueçaba, no Paraná.

Descartes, René [La Haye en Touraine, atual Descartes, França, 1596 — Estocolmo, Suécia, 1650], filósofo, matemático e físico francês, considerado o pai da filosofia moderna. Seu sistema tornou-se conhecido como filosofia cartesiana. Sua proposição básica era: "Penso, logo existo."

Descoberto (serra do), situada em Minas Gerais, na divisa dos municípios de Guarani e Descoberto, junto ao rio Pomba, integra o Patrimônio Natural do Alto da Boa Vista, supervisionado pelo Ibama.

D'Eu (Luís Filipe Maria Fernando Gastão D'Orléans, **conde**) [Neuilly-sur-Seine, França, 1842 — a bordo do navio *Massília*, 1922], príncipe que adotou a nacionalidade brasileira, marido da princesa Isabel. Como marechal de exército, substituiu Caxias à frente das tropas na Guerra do Paraguai, comandou a artilharia e acompanhou a rendição dos paraguaios em Uruguaiana.

Diadema (SP), município com 30,7 km², situado na região metropolitana de São Paulo, cuja urbanização ocorreu em consequência da expansão industrial de São Bernardo do Campo. Autopeças e embalagens. Metalurgia, indústrias de cosméticos e plásticos. Hab.: 423.884 (2019).

Diamantina (MG), município com 3.891,6 km², situado na região do Jequitinhonha. Conjunto arquitetônico e urbanístico, igrejas de N. S.ª das Mercês, de N. S.ª do Amparo, de N. S.ª do Rosário, de São Francisco de Assis, do Senhor do Bonfim, Matriz de Santana e Museu do Diamante tombados pelo Iphan. Patrimônio Histórico da Humanidade (1999). Hab.: 47.723 (2019).

Diana, divindade romana identificada com a *Ártemis* grega.

Diários Associados, grupo de empresas de comunicação fundado por Assis Chateaubriand (1924), chegou a contar com 36 jornais, 36 estações de rádio, 18 estações de televisão e 18 revistas, além de uma agência de notícias e outra de publicidade.

Dias, Antônio Manuel Lima [Campina Grande PB, 1944 — Rio de Janeiro RJ, 2018], pintor brasileiro, estudou sob a orientação de Osvaldo Goeldi. Foi premiado na Bienal de Paris (1965). Professor da Universidade Federal da Paraíba, ali criou o Núcleo de Arte Contemporânea.

Dias, Bartolomeu [c. 1450 — 1500], navegador português; foi o primeiro europeu, em 1486, a navegar além do cabo das Tormentas (extremo sul da África), hoje cabo da Boa Esperança. Em 1500, acompanhou Pedro Álvares Cabral na viagem em que este descobriu o Brasil.

Dias, Cícero [Escada PE, 1907 — Paris, França 2003], pintor brasileiro, estudou na Escola de Belas-Artes do Rio de Janeiro; em 1927 ali realizou sua primeira exposição de desenhos e aquarelas. Viajou para a França (1937), expôs seus trabalhos em Paris, frequentou o ateliê de Picasso e juntou-se aos surrealistas.

Dias, Antônio **Gonçalves** [Caxias MA, 1823 — costas do Maranhão, 1864], poeta romântico brasileiro, em 1847 publicou os *Primeiros cantos*, livro que lhe trouxe a fama e a admiração de Alexandre Herculano e do imperador Dom Pedro II. É patrono da cadeira 15 da ABL e da 6 da Abrafil. Obras: *I-Juca-Pirama*, *A canção do exílio*, *Os timbiras* (poemas), *Leonor de Mendonça*, *Boabdil* (teatro) etc.

Dias, Henrique [Pernambuco, início do séc. XVII — *id.*, 1662], herói brasileiro. Um dos líderes da reação contra as invasões holandesas em Pernambuco e na Bahia, comandava um contingente de negros e mulatos, muitos ex-escravos. Participou ativamente da Insurreição Pernambucana, junto a Filipe Camarão, João Fernandes Vieira e André Vidal de Negreiros.

Dias, Marcílio [Rio Grande RS, 1838 — a bordo da corveta Parnaíba, Paraguai, 1865], marinheiro brasileiro, herói da Guerra do Paraguai, morreu em combate na batalha naval do Riachuelo.

Dias d'Ávila (BA), município com 184,2 km², localizado na região metropolitana de Salvador. Estância hidromineral. Hab.: 81.089 (2019).

Di Cavalcanti (Emiliano Augusto Cavalcanti de Albuquerque e Melo, dito) [Rio de Janeiro RJ, 1897 — *id.*, 1976], pintor, desenhista e caricaturista brasileiro, participou da Semana de Arte Moderna (1922). Em Paris, conheceu Picasso, a maior influência de sua carreira artística. No Brasil, optou pela arte figurativa, passando a mostrar o país em seus múltiplos aspectos e retratando esp. mulatas.

Dickens, Charles John Huffam [Portsmouth, Inglaterra, 1812 — Kent, Inglaterra, 1870], escritor inglês, começou a carreira como cronista parlamentar e redator de jornais humorísticos. Com *As aventuras do Sr. Pickwick*, aos 20 anos, tornou-se um autor de sucesso. Outras obras: *David Copperfield*, *Oliver Twist*, *Um conto de Natal* etc.

Diegues (Carlos José Fontes Diegues, dito **Cacá**) [Maceió AL, 1940], cineasta brasileiro, no Rio de Janeiro criou um cineclube e iniciou as atividades de cineasta amador, com David Neves, Arnaldo Jabor, Paulo Perdigão e outros. É um dos líderes do Cinema Novo. Obras: *Ganga Zumba*, *Joanna francesa*, *Xica da Silva*, *Bye bye Brasil*, *Orfeu*, *Deus é brasileiro* etc.

Diesel, Rudolf Christian Karl [Paris, França, 1858 — Canal da Mancha, 1913], engenheiro alemão, inventor do motor que leva seu nome.

Dinamarca, país do norte da Europa, com 43.090 km², formado por uma península, a Jutlândia, 406 ilhas, sendo 97 inabitadas, a Groenlândia e as ilhas Féroe, ambos territórios externos. Monarquia parlamentarista. Capital: *Copenhague*; recurso principal: agropecuária. Hab.: 5,7 milhões (2018).

Dionísio ou **Dioniso**, Baco entre os romanos, na mitologia grega era o deus do vinho e da embriaguez.

Disney (Walter Elias, dito **Walt**) [Chicago, 1901 — Los Angeles, EUA, 1966], desenhista, produtor e cineasta norte-americano, pioneiro e grande divulgador do desenho animado e criador de personagens, como Mickey, Pato Donald etc. Implantou o parque temático Disneyland, em Anaheim, Califórnia.

Distrito Federal (DF), unidade da federação brasileira, com 5.779,999 km², situada no planalto Central. Concentra as sedes dos poderes Executivo, Legislativo e Judiciário, os ministérios, as embaixadas e a maioria dos órgãos públicos federais. É composto por um município, Brasília, sua capital, e 18 cidades-satélites: Gama, Taguatinga, Brazlândia, Sobradinho, Planaltina, Paranoá, Núcleo Bandeirante, Ceilândia, Guará, Cruzeiro, Samambaia, Santa Maria, São Sebastião, Recanto das Emas, Lago Sul, Riacho Fundo, Lago Norte e Candangolândia. Hab.: 3 milhões (2019).

Divina Pastora (SE), município com 91,8 km², situado na microrregião de Cotinguiba. Igreja Matriz da Divina Pastora tombada pelo Iphan. Hab.: 5.138 (2019).

Divinópolis (MG), município com 708,1 km², situado na região oeste do estado; antiga aldeia indígena. Indústrias de confecções. Hab.: 238.230 (2019).

Divisor (serra do) ver *Contamana ou do Divisor (serra da)*

Djacarta ver *Jacarta*

Djanira da Mota e Silva [Avaré SP, 1914 — Rio de Janeiro RJ, 1979], pintora, desenhista e gravadora brasileira, começou a desenhar em um sanatório em São José dos Campos, após ser internada com tuberculose. Em 1940, já no Rio de Janeiro, aprimorou sua arte em contato com Émeric Marcier e Milton Dacosta. Ganhou o Prêmio Guggenheim, em Nova York (1958).

Djavan Caetano Viana [Maceió AL, 1949], cantor, músico e compositor popular brasileiro, gravou no Rio de Janeiro seu primeiro LP, *A voz, o violão, a música de Djavan* (1976), contendo *Flor-de-lis*, uma de suas canções mais consagradas. Outros discos: *Alumbramento*, *Seduzir*, *Lilás* etc.

Djibuti (República de), país situado no nordeste do continente africano, com 23.200 km², é uma das áreas mais quentes e áridas do planeta. Seus desertos contêm lagos salgados e apenas 1% do território é arável. República mista, ex-Somália francesa, foi a última colônia a conquistar a independência no continente (1977). Capital: *Djibuti*; recursos principais: comércio e serviços. Hab.: 971.408 (2018).

Doce (rio), interestadual (MG e ES), nasce na serra da Mantiqueira, no município de Ressaquinha MG, a 1.200 m de altitude, e tem mais de 1.000 km de extensão até a foz, no Espírito Santo. Seu vale é rico em jazidas minerais, esp. ferro e pedras preciosas.

Dodô (Adolfo Antônio Nascimento, dito) [Salvador BA, 1914 — *id.*, 1978], músico brasileiro, criador, com Osmar Macedo, do 'trio elétrico' e do 'pau elétrico', espécie de bandolim eletrificado, conhecido tb. como guitarra baiana.

Dom Eliseu (PA), município com 5.268,8 km², localizado no sudeste paraense. Agricultura (goiaba). Pecuária. Hab.: 59.719 (2019).

Dominica (Comunidade de), Estado-membro da Comunidade Britânica, com 750 km², situado em uma ilha de origem vulcânica do arquipélago das Pequenas Antilhas, no mar do Caribe. República parlamentarista, independente desde 1978. Capital: *Roseau*. Recurso principal: turismo. Hab.: 74.308 (2018).

Dominicana (República), país do centro-leste da América Central, no mar das Antilhas, com 48.670 km^2. República presidencialista com 31 províncias e um distrito nacional (Santo Domingo), independente desde 1865. Capital: *São Domingos*; recurso principal: agricultura, esp. café, tabaco e bananas. Patrimônio Cultural da Humanidade, pela Unesco, em 1990 (área colonial de Santo Domingo). Hab.: 10,8 milhões (2018).

Dominicanos, ordem católica fundada em 1215 por são Domingos de Gusmão, que tem como finalidade o apostolado por meio de pregação e ensino.

Don (rio), localizado na Europa, nasce ao sul de Moscou, percorre 1.967 km e deságua no mar de Azov.

Donga (Ernesto Joaquim Maria dos Santos, dito) [Rio de Janeiro RJ, 1891 — *id.*, 1974], compositor popular e violonista brasileiro, autor do primeiro samba gravado, *Pelo telefone* (1916), com letra de João Mauro de Almeida. Participou do conjunto Oito Batutas, criado por Pixinguinha.

Dourados (MS), município com 4.086,3 km^2; a cidade, fundada no séc. XIX, foi habitada por gaúchos, paraguaios e índios caiouás. Hab.: 222.949 (2019).

Douro (região do), situada no nordeste de Portugal, estende-se por cerca de 250.000 ha, dividida em três sub-regiões: Baixo Corgo, Cima Corgo e Douro Superior. Cerca de 15% da região estão ocupados por vinhas; é ali que se produz o vinho do Porto.

Douro (rio), nasce na Espanha, nos picos da serra de Urbión, a 2.080 m de altitude, e tem a foz na cidade do Porto, Portugal. Seu curso tem a extensão total de 850 km, sendo 213 km em Portugal.

Dover, cidade inglesa, porto de onde partem e onde chegam os *ferryboats* e a ferrovia que fazem a travessia de 35 km do canal da Mancha entre a Inglaterra e a França (cidade de Calais). Hab.: 115.349 (2019).

Drummond (João Batista Viana Drummond, **barão de**) [Itabira MG, 1825 — Rio de Janeiro RJ, 1897], diretor da Companhia de Ferro-Carril de Vila Isabel e criador do Jardim Zoológico, no Rio de Janeiro. Inventou uma loteria para arrecadar dinheiro para a manutenção e compra dos animais, conhecida como jogo do bicho.

Drummond de Andrade, Carlos [Itabira MG, 1902 — Rio de Janeiro RJ, 1987], poeta e prosador brasileiro, começou a carreira de escritor como colaborador do *Diário de Minas* e fundou com outros escritores *A Revista*, veículo de afirmação do Modernismo em Minas. Colaborou como cronista no *Correio da Manhã* e no *Jornal do Brasil*. Obras: *Alguma poesia, Brejo das almas, O sentimento do mundo, A rosa do povo, Claro enigma* etc.

Duarte (Ariclenes Venâncio Martins, dito **Lima**) [Sacramento MG, 1930], ator brasileiro, radioator, dublador, atuou em diversos filmes (*O auto da Compadecida; Eu, tu, ele; Sargento Getúlio; Os sete gatinhos* etc.) e novelas de televisão (*O Salvador da Pátria, Roque Santeiro* etc.).

Duclerc, Jean-François [Guadalupe, ? — Rio de Janeiro RJ, 1711], corsário francês, invadiu o Rio de Janeiro (1710), com seis navios e cerca de mil homens. As tropas do governo e um grupo de estudantes do Colégio dos Jesuítas e voluntários, chefiado por Bento do Amaral Coutinho e pelo Pe. Francisco de Meneses, resistiram. Foi aprisionado e morreu assassinado em circunstâncias misteriosas.

Duguay-Trouin, René [Saint-Malo, 1673 — Paris, França, 1736], corsário francês, comandou a esquadra de 17 embarcações que, em 1711, invadiu o Rio de Janeiro. Ameaçou incendiar a cidade, se não fosse pago um resgate, e conseguiu 610.000 cruzados, 100 caixas de açúcar, 200 bois, escravos etc.

Dulce (Maria Rita de Souza Brito Lopes Pontes, dita **irmã**) [Salvador BA, 1914 — *id.*, 1992], aos 13 anos começou a ajudar mendigos, enfermos e desvalidos e, aos 18 anos, decidiu tornar-se freira. Cuidou de doentes, criou um albergue, construiu uma farmácia, um posto de saúde e uma cooperativa de consumo. Fundou o Círculo Operário da Bahia. Canonizada em 2019 pelo Papa Francisco, recebeu o nome de Santa Dulce dos Pobres, a primeira santa nascida no Brasil.

Dumas, Alexandre [Villers-Cotterêts, França, 1802 — Puys, França, 1870], romancista e dramaturgo francês, seus romances, publicados em fascículos, obtiveram grande êxito popular. Obras: *O conde de Monte Cristo, Os três mosqueteiros, A rainha Margot* etc. — Alexandre, dito **Dumas Filho** [Paris, França, 1824 — Marly-le-Roi, França, 1895], seu filho ilegítimo, começou escrevendo novelas e terminou por dedicar-se exclusivamente ao teatro. É autor de *A dama das camélias, As ideias de madame Aubray, Denise* etc.

Duque de Caxias (Refinaria), com 13 km^2 e uma capacidade de 239 mil barris por dia, produz lubrificantes, gasolina, óleo diesel, querosene de aviação, GLP e nafta petroquímica. Inaugurada em 1961, é hoje a mais completa refinaria do sistema Petrobras.

Duque de Caxias (RJ), município da Baixada Fluminense, com 467,6 km^2. Casa-grande da Fazenda São Bento e Igreja Matriz de N. S.ª do Pilar tombadas pelo Iphan. Polo industrial. Refinaria de petróleo. Hab.: 919.596 (2019).

Duran (Adileia Silva da Rocha, dita **Dolores**) [Rio de Janeiro RJ, 1930 — *id.*, 1959], cantora e compositora brasileira, criou, em parceria com músicos como Tom Jobim, várias canções da MPB: *Castigo, A noite do meu bem, Por causa de você, Estrada do sol* etc.

Durão, frei José de **Santa Rita** [Cata Preta MG, 1722 — Lisboa, Portugal, 1784], poeta neoclássico brasileiro e orador. Pode ser considerado um precursor do indianismo no Brasil: seu poema épico *Cara-*

muru, a primeira obra a ter como tema o habitante nativo do Brasil, foi escrito ao estilo de Camões.

Dutra, Eurico Gaspar [Cuiabá MT, 1883 — Rio de Janeiro RJ, 1974], militar e político brasileiro, foi ministro da Guerra do governo de Getúlio Vargas. Presidente da República de 1946 a 1951, em seu governo ocorreram a promulgação de uma nova Constituição, a proibição dos jogos de azar e a inauguração da primeira estação de televisão do país (TV Tupi, 1950).

Ee

Eanes, Gil [séc. XV], navegador português, escudeiro do Infante D. Henrique, que pela primeira vez passou além do cabo Bojador, ou Cabo do Medo (1434), na costa africana, dissipando o terror supersticioso que este promontório inspirava e iniciando assim a época dos grandes descobrimentos.

Eastman, George W. [Waterville, Nova York, EUA, 1854 — Rochester, Nova York, EUA, 1932], industrial norte-americano, em 1884 organizou a companhia Eastman Dry Plate and Film. Fabricou a primeira máquina fotográfica Kodak (1888), tornando a fotografia mais acessível a todos.

Eça de Queirós ver *Queirós, José Maria Eça de*

Eckout, Albert [Groningen, Países Baixos, c. 1610 — ? c. 1666], pintor e desenhista holandês, veio para o Brasil na comitiva do conde Maurício de Nassau, de quem recebeu a incumbência de retratar a fauna, a flora e o povo durante a dominação holandesa em Pernambuco.

Eco, Umberto [Alexandria, Itália, 1932 — Milão, Itália, 2016], linguista, ensaísta e escritor italiano, dedicou-se à pesquisa nos campos da informação e comunicação. Obras: *Tratado geral de semiótica, O nome da rosa, O pêndulo de Foucault etc.*

Edimburgo (príncipe Philip da Grécia e Dinamarca, **duque de**) [Corfu, Grécia, 1921], príncipe grego naturalizado britânico e casado desde 1947 com a rainha Elizabeth II da Inglaterra.

Édipo, segundo a mitologia grega, filho de Laio, rei de Tebas, e de Jocasta. Abandonado ao nascer e adotado, soube por um oráculo que seria o assassino do pai e que se casaria com a própria mãe — profecia que se cumpriu.

Edison, Thomas Alva [Milan, Ohio, EUA, 1847 — West Orange, Nova Jersey, EUA, 1931], físico e inventor norte-americano, criou o gramofone (1877), a lâmpada elétrica (1878), a primeira usina elétrica (Nova York, 1882) e uma câmara cinematográfica (1891).

Edmundo de Melo Pereira da Costa, **Luís** [Rio de Janeiro RJ, 1878 — *id.*, 1961], escritor e jornalista brasileiro, membro da ABL. Como cronista histórico, publicou: *O Rio de Janeiro no tempo dos vice-reis, O Rio de Janeiro do meu tempo* etc. Como poeta, escreveu: *Nimbus, Poesias, Rosa dos ventos* etc.

Egeu (mar), porção do mar Mediterrâneo entre a costa leste da Grécia, com a ilha de Creta ao sul, e o litoral da Turquia. Tem 196.000 km² e sua profundidade máxima é de 1.256 m. Portos principais: Pireu (Grécia) e Izmir (Turquia).

Egito (República Árabe do), país com 1.001.450 km², situado no nordeste da África, na fronteira com a Ásia, é berço de uma das mais remotas civilizações da Antiguidade. República mista. Onda de protestos em 2011, no contexto da Primavera Árabe, leva à queda do ditador Hosni Mubarak, no poder desde 1981. Período democrático de 2012 a 2013, ao que se seguiram perseguições e cassações políticas. Capital: *Cairo*; recursos principais: agricultura (esp. algodão), mineração (petróleo, gás natural, manganês etc.), indústrias (têxtil e alimentícia), refino de petróleo, turismo. Pirâmides consideradas patrimônio da humanidade. Hab.: 99,3 milhões (2018).

Eiffel (torre), construída em Paris (1887-1889) por Alexandre Gustave Eiffel, engenheiro francês, tem 324 m de altura.

Einstein, Albert [Ulm, Alemanha, 1879 — Princeton, EUA, 1955], físico alemão, formulou a *Teoria da relatividade restrita* (1905) e a *Teoria da relatividade geral* (1915), revolucionando a física de Newton. Recebeu o Prêmio Nobel de Física (1921).

Eire ver *Irlanda*

Elba, ilha montanhosa, com 224 km², a maior do arquipélago toscano e a terceira em grandeza das ilhas italianas, situada no mar Tirreno. Capital: *Portoferraio*. Ali esteve preso e depois exilado Napoleão Bonaparte, que fez construir estradas e incrementou a produção e exportação do vinho. Turismo.

Élis Fleury de Campos Curado, **Bernardo** [Corumbá de Goiás GO, 1915 — *id.*, 1997], poeta, contista e romancista brasileiro, escreveu o primeiro conto aos 12 anos. Fundou a revista *Oeste* (1942) e publicou *Ermos e gerais* (contos, 1944). Foi membro da ABL. Outras obras: *O tronco* (romance), *Veranico de janeiro, Caminhos e descaminhos* (contos) etc.

Elis Regina ver *Regina, Elis*

Elizabeth II [Londres, Inglaterra, 1926], rainha da Grã-Bretanha e da Irlanda do Norte desde 1952. Em 1947, casou-se com o príncipe Philip da Grécia, duque de Edimburgo, com quem teve quatro filhos: Charles, Anne, Andrew e Edward.

El Salvador (República de), o menor país da parte continental da América Central, com 21.040 km^2, e o único da região que não possui litoral no mar das Antilhas — é banhado pelo oceano Pacífico. República presidencialista, independente desde 1821. Divide-se em 14 departamentos, cada um com governo próprio. Capital: *São Salvador*; recursos principais: café e cana-de-açúcar. Hab.: 6,4 milhões (2018).

Emboabas (Guerra dos), sucessão de conflitos pelo controle das Minas Gerais (1708-1710), em que se enfrentaram, de um lado, os paulistas — descobridores e exploradores da área — e, do outro, os emboabas, gente chegada após os paulistas se terem ali estabelecido.

Embu das Artes (SP), município com 70,398 km^2, na região metropolitana do estado, com tradição artística, desde que os jesuítas ali esculpiam santos. Daí seu nome. Igreja de N. S.ª do Rosário tombada pelo Iphan. Hab.: 273.726 (2019).

Embu Guaçu (SP), município com 155,641 km^2, localizado na região metropolitana de São Paulo. Represa Guarapiranga. Parque Ecológico da Várzea do Embu-Guaçu Professor Aziz Ab'Saber. Hab.: 69.385 (2019).

Emirados Árabes Unidos, país localizado no extremo sul do golfo Pérsico, Oriente Médio, aprox. 83.600 km^2; federação formada por sete emirados (Abu Dhabi, Dubai, Sharjah, Aiman, Um al Qaiuan, Al Fujayrah e Ra's al Khaymah), cada um governado por um xeque, com total soberania nos assuntos internos. Capital: *Abu Dhabi*; recurso principal: exploração de petróleo e gás natural. Hab.: 9,5 milhões (2018).

Empresa Brasileira de Correios e Telégrafos (ECT), instituição pública, importante fator de integração nacional pela natureza dos serviços que presta. A data do início da atividade postal regular no país é a de nomeação do alferes João Cavalheiro Cardoso para o cargo de Correio da Capitania do Rio de Janeiro (1663).

Engels, Friedrich [Barmen, Alemanha, 1820 — Londres, Inglaterra, 1895], cientista social, jornalista e teórico socialista alemão. Colaborador de Karl Marx, fez importantes contribuições à teoria marxista.

Entradas, nome que se davam às incursões feitas pelos portugueses ao interior do Brasil, logo após o Descobrimento, em busca de ouro, prata, pedras preciosas ou visando tomar terras dos indígenas.

Equador (Confederação do), movimento republicano de caráter separatista (1824) que ocorreu em Pernambuco e em outras províncias do nordeste brasileiro, como reação à tendência absolutista do governo de D. Pedro I. Os rebeldes foram cercados no Recife pelas forças do brigadeiro Francisco de Lima e Silva e pela frota do almirante Cochrane e fugiram para o interior, onde os principais chefes foram julgados e condenados à prisão (Cipriano Barata) ou executados (Frei Caneca).

Equador (República do), país do noroeste da América do Sul, com 283.561 km^2, banhado pelo oceano Pacífico e cortado por duas cadeias montanhosas da cordilheira dos Andes. República presidencialista, independente desde 1809. Capital: *Quito*; recursos principais: agricultura (café, cacau e banana, da qual é o maior exportador mundial) e exploração de petróleo. Hab.: 16,8 milhões (2018).

Erechim (RS), município com 429,295 km^2, situado na região noroeste do estado, sobre a cordilheira da serra Geral. Foi colonizado por poloneses, italianos e alemães. Hab.: 105.862 (2019).

Eritreia (República da), país do leste da África, com 117.600 km^2, às margens do mar Vermelho. República presidencialista, independente desde 1993, ocupa posição estratégica no estreito de Bab el-Mandeb (ou Bab al-Mandab), que dá acesso ao canal de Suez. Capital: *Asmará*; recurso principal: turismo (arquipélago de corais Dahlak, parque nacional). Hab.: 5,1 milhões (2018).

Ernesto do Rego Batista, **Pedro** [Recife PE, 1884 — Rio de Janeiro RJ, 1942], médico e político brasileiro, participou da Revolução de 1930 e foi interventor no Distrito Federal (1931 a 1936). Foi preso sob acusação de ligação com os comunistas e, em seguida, absolvido (1935). Em 1937 abandonou a vida política.

Escada (PE), município com 342,201 km^2, localizado na região da mata sul do estado, onde o solo fértil para a lavoura da cana motivou a concentração de engenhos para produção de açúcar. Hab.: 68.875 (2019).

Escandinávia, península do norte da Europa que compreende os países da Noruega, Suécia, Dinamarca, Finlândia e Islândia. É delimitada ao norte pelo mar de Barents, a leste pela Rússia e pelo mar Báltico, e a oeste pelo mar do Norte e o mar da Noruega.

Escócia, um dos quatro países que formam o Reino Unido da Grã-Bretanha e Irlanda do Norte (junto com Inglaterra, o País de Gales e Irlanda do Norte), com 78.772 km^2, localizado no norte da Grã-Bretanha. Capital: *Edimburgo*; recursos principais: indústrias de aparelhos eletrônicos, têxteis e bebidas (uísque). Hab.: 5,4 milhões (2017).

Escurial ou **Escorial (serra do)**, elevação no Estado da Bahia, junto ao rio São Francisco, com 1.200 m de altitude.

Eslováquia (República Eslovaca), país da Europa, com 49.040 km^2, situado na porção oriental da antiga Tchecoslováquia, que foi dividida pacificamente no início da década de 1990. República parlamentarista, independente desde 1993. Capital: *Bratislava*; recursos principais: agricultura (cereais), indústria madeireira, jazidas de carvão, minério de cobre e ferro etc. Hab.: 5,4 milhões (2018).

Eslovênia (República da Eslovênia), país da Europa Central, nos Bálcãs, com 20.270 km^2, é a mais ocidental das repúblicas da ex-Iugoslávia. República mista, independente desde 1991. Capital: *Liubliana*; recursos principais: mineração (carvão, minério de chumbo, minério de zinco), indústrias (de equipamentos elétricos, alimentícia, química, metalúrgica, madeireira). Hab.: 2 milhões (2018).

Esmeraldas (MG), município com 909,679 km^2, localizado na região metropolitana de Belo Horizonte. Extração de areia. Agropecuária. Artesanato. Hab.: 70.552 (2019).

Esopo [séc. VII ou VI a.C.], fabulista grego, ex-escravo, libertado pelo último dono, foi mestre na criação de fábulas que contêm ensinamentos por meios de histórias vividas por animais e ou coisas que falam. Não deixou nada escrito: as fábulas que lhe são atribuídas pela tradição foram recolhidas pela primeira vez por Demétrio de Falera, por volta de 325 a.C.

Espanha (Reino da), país do sudoeste da Europa, com 505.370 km^2, ocupa cerca de 80% da península Ibérica e é banhado pelo mar Mediterrâneo e pelo oceano Atlântico. Monarquia parlamentarista. Capital: *Madri*; recursos principais: indústrias (automobilística, naval, química, siderúrgica, têxtil, de calçados) e turismo. Hab.: 46,6 milhões (2018).

Espártaco [Trácia, 111 a.C. — Lucânia, Itália, 71 a.C.], prisioneiro de guerra trácio; vendido como escravo (73 a.C.), conseguiu fugir e chefiar uma rebelião de escravos contra Roma, mas acabou derrotado e executado.

Espia (morro da), situado entre os estados de Santa Catarina e Paraná, com 1.350 m de altitude.

Espia (ponta da), no litoral paulista, separada da ilha Anchieta por um estreito canal de cerca de 900 m.

Espigão (serra do), situada no Estado de Santa Catarina, perto da fronteira com o Estado do Paraná, com cerca de 1.200 m de altitude.

Espigão Mestre, extenso chapadão, com altitudes de 700 a 900 m, entre as bacias dos rios Tocantins (TO) e São Francisco (BA), onde nascem vários de seus afluentes e predominam grandes áreas de solos estéreis.

Espinhaço (serra do), cadeia de montanha, entre as bacias do rio São Francisco e de rios que deságuam no Atlântico, alcança 2.044 m no pico do Itambé (MG). Recebe denominações locais (p.ex., chapada Diamantina, na Bahia).

Espírito Santo (ES), estado brasileiro na Região Sudeste, com 46.074,444 km^2 e 78 municípios, sendo os mais populosos, além da capital: Vila Velha, Cariacica, Serra e Cachoeiro de Itapemirim. Capital: *Vitória*. Recursos principais: extração de petróleo, gás natural e calcário; agricultura (café, milho, feijão etc.); indústrias (química, alimentícia, madeireira, metalúrgica e de mineração). Hab.: 4 milhões (2019).

Estado Novo, regime político (1937-1945) que se caracterizou pelo poder centralizado no Executivo, instituído após o golpe de Estado dado por Getúlio Vargas. Foi criado o Departamento de Imprensa e Propaganda (DIP), encarregado do controle ideológico dos meios de comunicação.

Estados Unidos da América (EUA), o quarto país mais extenso do mundo, com 9.826.675 km^2 e o terceiro mais populoso; banhado pelos oceanos Atlântico e Pacífico, está situado no centro da América do Norte. Divisão administrativa: 50 estados e o Distrito de Colúmbia. República presidencialista, independente desde 1776. Capital: *Washington D.C.*; recursos principais: agricultura (tabaco, milho, soja etc.); pecuária; extração de petróleo, gás natural, carvão, minérios etc.; indústrias (de transportes, alimentícia, máquinas, química, metalúrgica etc.). Hab.: 326,7 milhões (2018).

Estância (SE), município com 646,235 km^2, situado na região leste do estado. Área de catequese dos jesuítas, é das mais antigas cidades do país. Casa à praça Rio Branco tombada pelo Iphan. Hab.: 69.184 (2019).

Esteio (RS), município com 27,676 km^2, na região metropolitana de Porto Alegre. Indústrias (de cimento, óleos, escovas, telhas). Hab.: 83.202 (2019).

Estônia, país localizado no centro-norte da Europa, com 45.230 km^2, é o menor e mais ocidental dos países bálticos e tem mais de 1.500 ilhas e ilhotas espalhadas pelo litoral. República mista, independente desde 1991. Capital: *Tallinn*; recursos principais: mineração (óleo de xisto, turfa); indústrias (alimentícia, de bebidas, têxtil etc.). Hab.: 1,3 milhão (2018).

Estrada, Joaquim Osório **Duque** [Paty do Alferes RJ, 1870 — Rio de Janeiro RJ, 1927], poeta, professor e crítico brasileiro, venceu o concurso que escolheu o autor da letra do Hino Nacional do Brasil (1909). Membro da ABL. Obras: *A arte de fazer versos*, *Crítica e polêmica* etc.

Estrela, **Arnaldo** de Azevedo [Rio de Janeiro, 1908 — Petrópolis RJ, 1980], pianista brasileiro, venceu o concurso Columbia Concertos, em Nova York, e realizou numerosas turnês internacionais. Catedrático da Escola de Música da UFRJ. Seu livro, *Os quartetos de cordas de Villa-Lobos*, foi premiado em concurso (1970).

Estrela (serra da), com cerca de 800 m de altitude, está situada na fronteira dos estados de Mato Grosso e Goiás, entre o rio Araguaia e o rio das Garças.

Estrondo (serra do), elevação no Estado do Tocantins, com cerca de 400 m de altitude, que se estende por 200 km no sentido norte-sul, entre os rios Tocantins e Araguaia.

Eswatini, país do sul da África, com 17.360 km², chamado de Reino da Suazilândia até 2018. Monarquia parlamentarista, independente desde 1968, as eleições para o parlamento ficam sob o jugo do rei, que detém o poder absoluto. Maior taxa do mundo de contaminação pelo vírus HIV (cerca de um quarto da população). Capitais: *Mbabane* (administrativa) e *Lobamba* (legislativa e sede da corte); recurso principal: mineração (carvão, ouro, diamante). Hab.: 1,3 milhão (2018).

Etiópia (República Federal Democrática da), antiga Abissínia, país da África Oriental, com 1.104.300 km², é uma das duas únicas nações africanas (a outra é a Libéria) que não foram colonizadas por europeus. República parlamentarista. Sua população detém uma das menores rendas *per capita* do mundo. Capital: *Adis Abeba*; recurso principal: agricultura (café, feijão, cana-de-açúcar, trigo, milho, sorgo e cevada). Hab.: 107,5 milhões (2018).

Etna, o vulcão mais ativo da Europa (3.323 m), está localizado na Sicília (sul da Itália). Desde a primeira erupção conhecida (475 a.C.) até hoje, contam-se cerca de 150. A pior foi em 1669 — durou quatro meses e destruiu 27 mil casas na Catânia, porto italiano na Sicília.

Euclides [séc. IV ou III a.C.], matemático grego conhecido por sua obra *Os elementos*, tratado de geometria que se tornou o centro do ensino de matemática por 2.000 anos.

Euclides da Cunha (BA), município situado na região nordeste do estado, com 1.992,639 km², desmembrado de Monte Santo e instalado em 1898. Turismo. Hab.: 60.585 (2019).

Eufrates, o maior rio do Oriente Médio, nasce na Turquia, atravessa a Síria e o Iraque e vai unir-se ao rio Tigre, formando o Shatt al-Arab. Deságua no golfo Pérsico, após 2.775 km de percurso.

Euler, Leonhard [Basileia, Suíça, 1707 — São Petersburgo, Rússia, 1783], matemático suíço, iniciou a carreira na Academia de Berlim, Alemanha, onde passou 25 anos. Ocupou-se de quase todos os ramos da matemática pura e aplicada, sendo responsável pelas notações que se usam até hoje.

Eunápolis (BA), município com 1.425,970 km², situado na região sul do estado. Grande produtor baiano de pimenta-do-reino. Hab.: 113.380 (2019).

Eurásia, massa continental formada pela Ásia e pela Europa, com cerca de 55 milhões de km². Hab.: aprox. 4,2 bilhões (2012).

Europa, o mais densamente povoado dos cinco continentes, com 10.498.000 km², localiza-se no hemisfério norte. É formado por 49 países, 28 dos quais integram hoje a União Europeia (UE), bloco econômico em que não há barreiras comerciais. O euro, moeda única comum, começou a operar em 11 dos países-membros em 1999. Hoje são 19 países no continente que utilizam a moeda. Hab.: 743 milhões (2019).

Eva, segundo a Bíblia, a primeira mulher, criada por Deus a partir de uma das costelas de *Adão*. Depois de ter comido e feito Adão comer o fruto proibido, ambos foram expulsos do Paraíso.

Everest (monte), pico dos Himalaias situado na Ásia, na fronteira do Nepal com o Tibete. Com 8.846 m de altitude, é o cume mais elevado do mundo.

Extremo Oriente, conjunto das regiões que abrangem a China, Japão, Coreia, Mandchúria, Mongólia e Sibéria oriental e das regiões que abrangem os países que margeiam o Pacífico, inclusive a Indonésia e as Filipinas. Denominação tb. atribuída aos países do leste e sul da Ásia, o que inclui os do subcontinente da Índia, o Tibete, a península e o arquipélago malaios, China, Japão, Coreia, Mandchúria, Mongólia e o leste da Sibéria.

FAB ver *Força Aérea Brasileira (FAB)*

Fahrenheit, Daniel Gabriel [Gdansk, Alemanha, 1686 — Haia, Holanda, 1736], físico alemão. Elaborou uma escala de temperatura que leva seu nome e até hoje é utilizada nos países de língua inglesa. Criou o primeiro termômetro de mercúrio (1714).

Falkland, ilhas ver *Malvinas ou Falkland (ilhas)*

Farias, Roberto [Nova Friburgo RJ, 1932 — Rio de Janeiro RJ, 2018], cineasta brasileiro; todos os filmes que dirigiu foram roteirizados por ele próprio. Obras: *O assalto ao trem pagador; Pra frente, Brasil; Cidade ameaçada* etc.

Farofa (serra da), com 1.200 m de altitude, situada no Estado de Santa Catarina, na fronteira com o Rio Grande do Sul.

Farrapos (Guerra dos) ou **Revolução Farroupilha**, a mais longa guerra civil brasileira (1835-1845), foi liderada por fazendeiros de gado gaúchos que repudiavam o desinteresse do governo central pelos problemas das províncias. Comandados por Bento Gonçalves, tomaram Porto Alegre, proclamando a República Rio-Grandense (ou República de Piratini); auxiliados por Giuseppe Garibaldi, conquistaram tb. Santa Catarina. Capitularam em 1845.

Farroupilha (Revolução) ver *Farrapos (Guerra dos)*

Farroupilha (RS), município com 361,729 km², na serra Gaúcha, está ligado ao início da colonização italiana no estado. Grande produtor de quiuís. Hab.: 72.331 (2019).

Fazenda, José **Vieira** [Rio de Janeiro RJ, 1847 — *id.*, 1917], médico, político e historiador brasileiro. Nomeado bibliotecário do IHGB (1898), fez inúmeras pesquisas históricas, destacando-se *Antiqualhas e memórias do Rio de Janeiro*.

Fazenda Rio Grande (PR), município com 116,678 km², na microrregião de Curitiba. Hab.: 100.209 (2019).

FEB ver *Força Expedicionária Brasileira*

Federalista (Revolução), iniciou-se no Rio Grande do Sul (1893), durante o governo de Floriano Peixoto, como resistência ao excessivo controle exercido pelo governo central e tentativa de garantir um sistema federativo em que os estados tivessem maior autonomia. Os revoltosos receberam a adesão dos participantes da Revolta da Armada, que tomaram Santa Catarina e parte do Paraná (1894). Os focos de revolução só foram dominados em 1895.

Feijó, **Padre** Antônio **Diogo** [São Paulo SP, 1784 — *id.*, 1843], estadista brasileiro, foi deputado por São Paulo em Lisboa e lutou abertamente pela Independência do Brasil. Após a abdicação de D. Pedro I, assumiu a regência do Império (1835) e presidiu o Senado (1839). Obras: *Demonstração da abolição do celibato clerical, Noções preliminares da filosofia* etc.

Feira de Santana (BA), município com 1.304,425 km². No início era parada obrigatória de viajantes e tropeiros procedentes do alto sertão baiano e de outros estados a caminho do porto de Cachoeira. Conhecida como "Princesinha do Sertão", é o segundo maior centro urbano do estado. Indústria diversificada (têxtil, autopeças, bebidas, utensílios domésticos etc.). Criação de gado. Hab.: 614.872 (2019).

Fernandes, **Millôr** [Rio de Janeiro RJ, 1924 — *id.*, 2012], escritor, jornalista, teatrólogo, tradutor, cartunista, trabalhou na revista *O Cruzeiro* e escreveu para vários jornais. Obras: *Fábulas fabulosas, Livro branco do humor, Livro vermelho dos pensamentos de Millôr* etc.; teatro — *Um elefante no caos; Liberdade, liberdade; É...* etc.

Fernando de Noronha (PE), município (Distrito Estadual) com 18,609 km² na ilha principal, é um arquipélago vulcânico (21 ilhas, ilhotas e rochedos). Foi descrito por Américo Vespúcio em 1503. Forte de N. S.ª dos Remédios e Igreja de N. S.ª dos Remédios tombados pelo Iphan. Turismo. Hab.: 3.061 (2019).

Fernandópolis (SP), município com 549,797 km², situado na região noroeste do estado. Plantações de cana-de-açúcar. Hab.: 69.116 (2019).

Féroe ou **Feroé (ilhas)**, arquipélago dinamarquês com 1.399 km², no norte da Europa. Autônomo desde 1948. Capital: *Thoshavn*; recursos principais: pesca e criação de gado. Hab.: 50.844 (2018).

Ferraz de Vasconcelos (SP), município com 29,564 km², na área metropolitana de São Paulo, conhecido como berço da uva tipo Itália. Hab.: 194.276 (2019).

Ferreira, **Alexandre Rodrigues** [Bahia, 1756 — Lisboa, Portugal, 1815], naturalista brasileiro. Estudou a biodiversidade da região amazônica (1783). Seus manuscritos, reunidos em *Viagem filosófica*, constituem importante fonte de estudo da estrutura social brasileira da época.

Ferreira, **Ascenso** Carneiro Gonçalves [Palmares PE, 1895 — Recife PE, 1965], escritor, poeta e ensaísta brasileiro, sua temática é a vida nordestina. Foi o primeiro poeta brasileiro a gravar seus poemas em disco. Obras: *Catimbó, Cana-caiana, Xenhenhém*.

Fico (Dia do), assim ficou conhecido o dia 9 de janeiro de 1822, quando D. Pedro I, então regente do Império no lugar de D. João, seu pai, recusou-se a partir para Portugal, com a frase: "se é para o bem de todos e felicidade geral da nação, diga ao povo que fico".

Figueiredo, **Guilherme** Oliveira **de** [Campinas SP, 1915 — Rio de Janeiro RJ, 1997], escritor, jornalista, poeta e dramaturgo brasileiro. Obras: autobiografia — *A bala perdida: memórias*; teatro — *A raposa e as uvas* e *Um deus dormiu lá em casa* etc.

Figueiredo, **João** Batista de Oliveira [Rio de Janeiro RJ, 1918 — *id.*, 1999], militar e político brasileiro. Foi chefe do Serviço Nacional de Inteligência (1974-1978). Último presidente (1979-1985) do ciclo militar iniciado em 1964, concluiu o processo de democratização do país, em curso desde o governo do general Ernesto Geisel.

Fiji ou **Fidji (República de)**, arquipélago do centro-sul da Oceania, no oceano Pacífico, com 18.270 km² (nove ilhas e cerca de 300 ilhotas e atóis de origem vulcânica), dos quais apenas um terço é habitado. República mista, independente desde 1970; ditadura militar desde 2000. Capital: *Suva*; recursos principais: agricultura (cana-de-açúcar e coco) e exportação de açúcar. Hab.: 912.241 (2018).

Filipinas (República das), arquipélago do sudeste asiático (7 mil ilhas), com 300.000 km², 90% dos quais nas 11 ilhas maiores. República presidencialista, independente desde 1898. Capital: *Manila*; recursos principais: agricultura (coco, cana-de-açúcar), exportação de matérias-primas (madeira). Hab.: 106,5 milhões (2018).

Finlândia (República da), nação escandinava com 338.420 km²; o norte do território abrange parte da Lapônia, região montanhosa e semidesértica. República mista, independente desde 1917. Capital: *Helsinque*; recursos principais: indústrias de madeira e papel. Hab.: 5,5 milhões (2018).

Fleming, Sir **Alexander** [Lochfield, Escócia, 1881 — Londres, Inglaterra, 1955], bacteriologista escocês, descobridor da penicilina e Prêmio Nobel de Fisiologia e Medicina (1945).

Floresta Amazônica, situada no norte da América do Sul, tem cerca de 67% no Brasil, sendo o restante distribuído entre Venezuela, Suriname, Guianas, Bolívia, Colômbia, Peru e Equador. É banhada pelo rio Amazonas e afluentes e formada por três tipos de mata: igapó (sempre inundada), várzea (inundada na cheia) e mata de terra firme.

Floriano (PI), município com 3.409,647 km², porto fluvial no rio Parnaíba, na divisa com o Estado do Maranhão. Castanha-de-caju. Hab.: 59.935 (2019).

Florianópolis (SC), capital do Estado de Santa Catarina, com 674,844 km². Dividido em duas partes, a maior parte do município fica na ilha de Sta. Catarina e apenas 12 km² no continente. Fortaleza de Sto. Antônio de Ratones, Forte de Santa Bárbara, sítio arqueológico e paisagístico da ilha do Campeche, Museu Casa Natal de Vítor Meirelles e Ponte Hercílio Luz, entre outros bens tombados pelo Iphan. Hab.: 500.973 (2019).

Fluminense (baixada), região litorânea do Estado do Rio de Janeiro, de relevo baixo e ondulado, onde estão os municípios de Belford Roxo, Duque de Caxias, Guapimirim, Itaguaí, Japeri, Magé, Mangaratiba, Mesquita, Nilópolis, Nova Iguaçu, Paracambi, Queimados, São João de Meriti e Seropédica.

FMI ver *Fundo Monetário Internacional*

Fonseca, Mal. Manuel **Deodoro da** [atual Marechal Deodoro AL, 1827 — Rio de Janeiro RJ, 1892], militar e político brasileiro, proclamador da República (1889), primeiro presidente eleito pelo Congresso (1891), logo depois dissolveu-o e declarou estado de sítio. Intimado pelo almirante Custódio de Melo, à frente de uma esquadra armada, rendeu-se, renunciando em favor de Floriano Peixoto.

Fonseca, Hermes Rodrigues **da** [São Gabriel RS, 1855 — Petrópolis RJ, 1923], militar e político brasileiro, republicano. Ministro da Guerra (1906-1909), instituiu a lei do serviço militar obrigatório. Foi presidente da República (1910-1914).

Fonseca, José **Rubem** [Juiz de Fora MG, 1925], contista e romancista brasileiro. Ganhou vários prêmios literários, dentre os quais o Prêmio Camões (2003), o mais alto da língua portuguesa, pelo conjunto da sua obra. Obras: *Os prisioneiros*, *A coleira do cão*, *Lúcia McCartney*, *Feliz ano novo* (contos); *O caso Morel*, *A grande arte*, *Agosto*, *Bufo & Spallanzani*, *O seminarista* (romances).

Força Aérea Brasileira (FAB), surgiu em 20 de janeiro de 1941, quando da criação do ministério da Aeronáutica, no governo Getúlio Vargas. Tem a missão de defender a integridade e a inviolabilidade do espaço aéreo brasileiro.

Força Expedicionária Brasileira (FEB), força militar enviada pelo Brasil à Europa, para lutar ao lado dos Aliados na Segunda Guerra Mundial. Seus integrantes eram ditos pracinhas e combateram os alemães na Itália (1944), sob as ordens do general Mascarenhas de Morais. Suas principais batalhas aconteceram em Monte Castelo e Castelnuovo di Garfagna.

Ford (Sean Aloysius Feeney O'Fearna, dito **John**) [Cape Elizabeth, Maine, 1895 — Palm Desert, Califórnia, EUA, 1973], cineasta norte-americano de origem irlandesa, recebeu o Oscar por *O delator*, *As vinhas da ira*, *Depois do vendaval* (direção) e *Como era verde meu vale* (direção e melhor filme).

Formiga (MG), município com 1.501,915 km², situado no centro-oeste do estado, próximo ao lago de Furnas; é uma das raras cidades mineiras que conservam o nome dado pelos primeiros povoadores da região. Hab.: 67.683 (2019).

Formosa, antigo nome de *Taiwan*.

Formosa (GO), município com 5.813,637 km², situado na região leste do estado, na divisa com o Estado de Minas Gerais. Parque Municipal de Itiquira, com a maior queda de água da Região Centro-Oeste (169 m). Hab.: 121.617 (2019).

Fortaleza (CE), capital do Estado do Ceará, com 312,407 km². Tem um dos mais importantes parques industriais do Nordeste. Turismo. Casa de José de Alencar, Passeio Público, prédio da antiga sede do DNOCS e Teatro José de Alencar tombados pelo Iphan. Hab.: 2,7 milhões (2019).

Foz do Iguaçu (PR), município com 618,353 km², localizado na fronteira com o Paraguai e a Argentina. Cataratas do Iguaçu tombadas pela Unesco como Patrimônio Natural da Humanidade. Usina Binacional de Itaipu (com o Paraguai). Hab.: 258.532 (2019).

Fragoso, Augusto **Tasso** [São Luís MA, 1869 — Rio de Janeiro RJ, 1945], político e historiador militar brasileiro. Participou da comissão encarregada do levantamento da Carta Geral da República (1903). Foi o chefe da Casa Militar da Presidência no governo Hermes da Fonseca. Após a Revolução de 1930, integrou a junta governativa que assumiu o poder. Escreveu, entre outros, *História da guerra entre a Tríplice Aliança e o Paraguai*.

França, o terceiro maior país da Europa, com 549.190 km², situado no oeste da Europa. República mista. Capital: *Paris*; recursos principais: turismo, indústrias (aeroespaciais, de telecomunicações e de biotecnologia); exportação de alimentos (esp. queijos e vinhos). Hab.: 65,2 milhões (2019).

Franca (SP), município com 605,679 km², situado na região nordeste do estado. Não tem favelas nem bolsões de miséria. Indústria de calçados, curtumes, agricultura e pecuária. Hab.: 353.187 (2019).

França Antártica, primeira tentativa de estabelecimento, no Rio de Janeiro, de uma colônia de protestantes franceses, liderada por Nicolau Durand de Villegaignon (1555). O grupo foi expulso (1565) pelas forças do governador-geral Mem de Sá e de Estácio de Sá.

França Equinocial, segunda tentativa francesa de estabelecimento de uma colônia no Brasil, desta vez no Maranhão (1612), sob a liderança de Daniel de la Touche, senhor de La Ravardière, com a fundação da cidade de São Luís. Os franceses renderam-se e entregaram o forte S. Luís (1615).

França Júnior, Joaquim José da [Rio de Janeiro RJ, 1838 — Poços de Caldas MG, 1890], escritor brasileiro, autor de peças teatrais de apelo crítico e popular. Obras: *Meia hora de cinismo, A república modelo, O defeito de família, Amor com amor se paga, Caiu o ministério* etc.

Francisco Beltrão (PR), município com 735,111 km², um dos principais polos econômicos do estado. Pecuária, indústrias alimentícias, de confecções, móveis etc. Hab.: 91.093 (2019).

Francisco de Assis, são [Assis, Itália, 1182 — *id.*, 1226], religioso italiano, fundou a Ordem dos Frades Menores, que em poucos anos se transformou numa das maiores da cristandade. Com Clara de Assis, criou o ramo feminino da mesma ordem; e, para os que não faziam parte do clero mas desejavam ser fiéis ao espírito de pobreza, fundou a Ordem Terceira.

Francisco Morato (SP), município com 49,001 km², na Grande São Paulo, instalado em 1964. Hab.: 175.844 (2019).

Franco, Afrânio de Melo [Paracatu MG, 1870 — Rio de Janeiro RJ, 1943], político e jurista brasileiro, um dos fundadores da Faculdade de Direito de Minas Gerais (1892). Participou da preparação do Código Civil (1916) e presidiu a comissão que elaborou o anteprojeto da Constituição (1932).

Franco, Itamar Augusto Cautiero [Juiz de Fora MG, 1930 — São Paulo SP, 2011], político brasileiro, assumiu a presidência da República após o *impeachment* de Fernando Collor de Melo (29/9/1992). No seu governo (1992-1994) foi lançado o Plano Real, programa de estabilização econômica (27/2/1994) que acabou com as elevadas taxas de inflação.

Franco da Rocha (SP), município com 132,775 km², situado na região metropolitana de São Paulo. Hab.: 154.489 (2019).

Freire, Nélson [Boa Esperança MG, 1944], pianista brasileiro consagrado internacionalmente; aos oito anos tocou um concerto de Mozart com a Orquestra Sinfônica Brasileira. João Moreira Sales, cineasta, filmou um documentário sobre sua vida e obra (2003).

Freire, Paulo Reglus Neves [Recife PE, 1921 — São Paulo SP, 1997], educador brasileiro, criou um método de alfabetização para adultos. Obras: *Pedagogia do oprimido, Educação prática da liberdade* etc.

Freud, Sigmund [Freiberg, atual Příbor, República Tcheca, 1856 — Londres, Inglaterra, 1939], neurologista austríaco, seus estudos sobre o inconsciente humano e suas motivações deram-lhe o título de "Pai da psicanálise". Obras: *A interpretação dos sonhos, Cinco lições de psicanálise, O mal-estar na civilização* etc.

Freyre, Gilberto de Melo [Recife PE, 1900 — *id.*, 1987], sociólogo e escritor brasileiro, sua obra retrata a terra, a vida, as coisas, os animais, os fatos do cotidiano, enfim a própria identidade do Brasil e do brasileiro. Obras: *Casa-grande & senzala, Sobrados e mocambos, Novo mundo nos trópicos* etc.

Frutal (MG), município com 2.426,965 km², localizado na mesorregião do Triângulo Mineiro, Alto Paranaíba. Agricultura (cana-de-açúcar, abacaxi, grãos). Pecuária. Hab.: 59.496 (2019).

Fundo Monetário Internacional (FMI), organização criada em uma conferência das Nações Unidas (1944) para promover a cooperação e a estabilidade econômica internacional, estimular o crescimento econômico e fornecer assistência financeira temporária a países em crise.

Furtado, Celso Monteiro [Pombal PB, 1920 — Rio de Janeiro RJ, 2004], economista brasileiro, doutor em Economia pela Universidade de Paris e membro da ABL. Obras: *Formação econômica do Brasil, O Brasil pós-"milagre", Dialética do desenvolvimento* etc.

Furtado, Diogo de Mendonça [?, Portugal, séc. XVII — ?, séc. XVII], administrador português, governador-geral do Brasil (1621-1624), foi preso quando da invasão holandesa na Bahia e enviado para a Holanda.

Gabão (República do), país com 267.670 km², situado no centro-oeste da África, é um dos mais ricos e urbanizados do continente. República mista, independente desde 1960. Capital: *Libreville*; recursos principais: extração de petróleo, mineração de ferro e manganês. Hab.: 2 milhões (2018).

Gal Costa ver *Costa* (*Maria da Graça Costa Pena Burgos, dita Gal*)

Gales, País de, um dos quatro países que compõem o Reino Unido da Grã-Bretanha e da Irlanda do Norte (os outros são a Inglaterra, a Irlanda do Norte e a Escócia), com 20.766 km², ocupa uma larga península da costa oeste da ilha da Grã-Bretanha. Monarquia parlamentarista. Capital: *Cardiff.*; recursos principais: mineração de carvão, processamento de metais, jazidas de pedra calcária e ardósia, indústria metalúrgica (alumínio, ferro, aço, folha de flandres e outros metais). Hab.: 3,1 milhões (2017).

Galileu Galilei [Pisa, Itália, 1564 — Arcetri, Itália, 1642], físico, matemático e astrônomo italiano, descobriu a lei dos corpos e enunciou o princípio da inércia. Construiu uma luneta astronômica e fez observações da Via Láctea (1610) que o levaram a adotar o sistema de Copérnico.

Galvão (santo Antônio de Sant'Ana Galvão, dito **são frei**) [Guaratinguetá SP, 1739 — São Paulo SP, 1822], sacerdote católico da Ordem dos Frades Menores, primeiro santo brasileiro, canonizado pelo papa Bento XVI em 11 de maio de 2007.

Gama, José **Basílio da** [atual Tiradentes MG, 1741 — Lisboa, Portugal, 1795], poeta brasileiro, tornou-se secretário do Marquês do Pombal, a quem louvou no poema épico *O Uraguai*. É patrono da cadeira 4 da ABL. Outras obras: *Declamação trágica: poema dedicado às belas-artes*, *Os Campos Elíseos* etc.

Gama, Luís Gonzaga Pinto da [Salvador BA, 1830 — São Paulo SP, 1882], escritor, advogado e líder abolicionista brasileiro, filho de Luísa Mahin, escrava liberta, e de pai desconhecido, foi alfabetizado aos 17 anos. Obra principal: *Primeiras trovas burlescas de Getulino*.

Gama, Vasco da [Sines, Portugal, c. 1460 — Cochim, Índia, 1524], navegador e explorador português, alcançou as Índias contornando o continente africano (1497).

Gâmbia (República da), país da África ocidental, com 11.300 km², economicamente pobre, pertencente à Comunidade Britânica. República presidencialista, independente desde 1965. País de maioria muçulmana, convertido oficialmente ao islamismo (2015). Fim do governo de Yahya Jammeh em 2016, depois de 22 anos no poder. Capital: *Banjul*; recursos principais: mineração (argila, areia sílica), agropecuária. Hab.: 2,1 milhões (2018).

Gana (antiga Costa do Ouro), país da África ocidental, com 238.540 km², uma das nações economicamente mais estáveis do continente, membro da Comunidade Britânica. República presidencialista, independente desde 1957. Capital: *Acra*; recursos principais: agricultura (cacau), extrativismo mineral (petróleo, ouro, manganês e diamantes). Hab.: 29,2 milhões (2018).

Gândavo, Pêro de Magalhães [Braga, Portugal, c. 1540 — ?, c. 1580], historiador e cronista português, viveu no Brasil nas capitanias da Bahia e de Ilhéus. É autor de um manual ortográfico da língua portuguesa (1574) e do primeiro livro publicado sobre o Brasil (*História da província de Santa Cruz*).

Gandhi (Mohandas Karamchand Gandhi, dito **Mahatma**) [Porbandar, Índia, 1869 — Nova Délhi, Índia, 1948], líder pacifista indiano. Na luta pela independência de seu país, usou o método da resistência passiva, negou-se a colaborar com o domínio britânico e pregou a não violência.

Garanhuns (PE), município com 458,552 km², situado na serra da Borborema, região agreste do sul do estado. Antiga aldeia dos índios cariris. Fontes ricas em magnésio. Hab.: 139.788 (2019).

Garcia, padre José Maurício Nunes [Rio de Janeiro RJ, 1767 — *id.*, 1830], compositor e organista autodidata brasileiro, compôs motetos, salmos, missas, réquiens, matinas, obras orquestrais etc. Sua mais antiga obra conhecida é uma antífona, *Tota pulchra est Maria* ("Toda bela é Maria"), que fez aos 16 anos.

Garibaldi (Ana Maria Ribeiro da Silva, dita **Anita**) [Laguna SC, 1821 — Mandriole, Itália, 1849], heroína brasileira da Guerra dos Farrapos e da luta pela unificação da Itália. — **Giuseppe Garibaldi** [Nice, França, 1807 — Caprera, Itália, 1882], seu marido, herói italiano, lutou no Rio Grande do Sul e no Uruguai. Na Itália, organizou a expedição dos Camisas Vermelhas (1860), que desembarcou na Sicília e derrotou as tropas do rei de Nápoles.

Garrafadas (Noite das), assim ficou conhecida a noite de 13/3/1831, em que brasileiros, insatisfeitos com o reinado de D. Pedro I, entraram em conflito com portugueses que lhe ofereciam uma festa; na briga houve grande quebra de garrafas. Pouco depois (7/4/1831), o monarca abdicou em favor de seu filho, Pedro de Alcântara, encerrando o 1º Reinado.

Garrett, João Francisco da Silva Leitão de **Almeida** [Porto, 1799 — Lisboa, Portugal 1854], poeta e dramaturgo português, responsável pela introdução do Romantismo em Portugal. Obras: *Viagens na minha terra*, *Frei Luís de Sousa* etc.

Garrincha (Manuel Francisco dos Santos, dito **Mané**) [Pau Grande, Magé RJ, 1933 — Rio de Janeiro RJ, 1983], jogador brasileiro de futebol, conhecido como "Anjo das pernas tortas", ponta-direita aclamado internacionalmente, foi bicampeão mundial (1958 e 1962).

Gaspar (SC), município com 386,202 km², localizado na mesorregião do Vale do Itaguaí, desmembrado de Blumenau. Turismo. Hab.: 69.639 (2019).

Gato, Manuel de **Borba** [São Paulo SP, c. 1630 — Sabará MG, 1718], bandeirante brasileiro, acompanhou o sogro, Fernão Dias Pais, na procura de esmeraldas pelo sertão mineiro e foi o primeiro a achar ouro no rio das Velhas. Acusado do assassinato de um fidalgo, ficou foragido por 18 anos, vivendo com os índios no vale do rio Sabará, onde fundou a cidade de Sabará.

Gattai, Zélia [São Paulo SP, 1916 — Salvador BA, 2008], fotógrafa e escritora brasileira, filha de pais italianos e casada com Jorge Amado, cuja vida narra em seu primeiro livro (1979), *Anarquistas graças a Deus*. Membro da ABL. Outras obras: *Um chapéu para viagem*, *Jardim de inverno* etc.

Geisel, Ernesto [Bento Gonçalves RS, 1907 — Rio de Janeiro RJ, 1996], militar e político brasileiro, apoiou a revolução de 1930. Eleito indiretamente presidente da República (1974-1979), os anos de seu governo foram marcados por uma lenta transição ao regime democrático.

Geórgia (República da), país do sudeste europeu, no Cáucaso, com 69.700 km^2, às margens do mar Negro. República presidencialista, independente desde 1991 (ex-república soviética). Capital: *Tbilisi*; recursos principais: turismo, extração de carvão e manganês. Hab.: 3,9 milhões (2018).

Gerchman, Rubens [Rio de Janeiro RJ, 1942 — São Paulo SP, 2008], pintor, desenhista e gravador brasileiro, iniciou sua aprendizagem artística no Liceu de Artes e Ofícios do Rio de Janeiro (1957). Prêmio de viagem ao estrangeiro do Salão Nacional de Arte Moderna (1967).

Gibraltar, última colônia existente em território europeu, na península Ibérica, com 6,5 km^2, que, pelo Tratado de Utrecht (1713), a Espanha cedeu ao Reino Unido, mantendo-se até o presente sob a soberania da Coroa britânica. Capital: *Gibraltar*; recursos principais: turismo e serviços. Hab.: 34,7 (2018).

Gil Moreira, **Gilberto** Passos [Salvador BA, 1942], cantor e compositor brasileiro, aos 18 anos formou o conjunto "Os desafinados". Logo após conhecer Caetano Veloso, Maria Bethânia e Gal Costa, iniciou a carreira fazendo com eles o *show* "Nós, por exemplo", no Teatro Vila Velha, em Salvador BA (1963). Ministro da Cultura (2002-2008).

Gilberto Prado Pereira de Oliveira, **João** [Juazeiro BA, 1931 — Rio de Janeiro RJ, 2019], cantor, violonista e compositor brasileiro, mudou a maneira de tocar violão e cantar no país. Em 1958 gravou duas músicas que lançaram seu estilo e inauguraram o movimento bossa nova: *Chega de saudade* e *Desafinado*. — **Bebel Gilberto** [Nova York, EUA, 1966], sua filha, tb. é cantora.

Gilmar dos Santos Neves [Santos SP, 1930 — São Paulo SP 2013], goleiro brasileiro, foi duas vezes campeão do mundo (1958 e 1962).

Giorgi, Bruno [Mococa SP, 1905 — Rio de Janeiro RJ, 1993], escultor brasileiro; autor do *Monumento à juventude brasileira* (1947, jardins do Palácio da Cultura RJ); *Candangos* (1960, praça dos Três Poderes) e *Meteoro* (1967, no lago do Ministério das Relações Exteriores), ambos em Brasília, entre outros.

Gnattali, Radamés [Porto Alegre RS, 1906 — Rio de Janeiro RJ, 1988], compositor brasileiro, sua música destaca-se pela temática nacionalista, recriada em um estilo pessoal; autor de 6 mil arranjos, foi considerado um dos melhores arranjadores de música popular do país. Obras: *Brasilianas*, *Concerto para violoncelo e orquestra* etc.

Goeldi, Emílio Augusto [Ennetbuhl, Suíça, 1859 — Berna, Suíça, 1917], naturalista e zoólogo suíço, veio dirigir o Museu Nacional do Rio de Janeiro (1884). Em Belém PA (1894), reorganizou o Museu Paraense, que hoje tem seu nome. Obras: *As aves do Brasil*, *Os mamíferos do Brasil* etc. — **Osvaldo Goeldi** [Rio de Janeiro RJ, 1895 — *id.*, 1961], seu filho, gravurista e desenhista expressionista, ilustrou várias obras literárias.

Goiana (PE), município com 445,886 km^2, no litoral norte do estado. Convento e Igreja de N. S.ª da Soledade, igrejas da Ordem Terceira do Carmo, N. S.ª da Conceição, N. S.ª da Misericórdia e Matriz de N. S.ª do Rosário, entre outros bens tombados pelo Iphan. Hab.: 79.758 (2019).

Goianésia (GO), município com 1.547,274 km^2, localizado no centro goiano, Vale do São Patrício. Agricultura (cana-de-açúcar). Usinas sucroalcoleiras (álcool combustível). Hab.: 70.084 (2019).

Goiânia (GO), capital do Estado de Goiás, com 728,841 km^2. É uma cidade planejada, próxima de Brasília, com ruas em forma de raio, tendo como centro a praça cívica, onde estão as sedes dos governos estadual e municipal. Hab.: 1,5 milhão (2019).

Goiás (GO), estado brasileiro a leste da Região Centro-Oeste, com 340.125,715 km^2 e 246 municípios, sendo os mais populosos, além da capital: Anápolis e Luziânia. Relevo de planalto e planície; vegetação de cerrado. Ali está encravado o Distrito Federal. Capital: *Goiânia*; recursos principais: agricultura (esp. a soja), pecuária (corte e leite), exploração de madeira (esp. mogno), extrativismo vegetal (babaçu, pequi), extrativismo mineral (calcário, titânio, ardósia, níquel, cobre etc.), indústrias (de alimentos, metalúrgica, química etc.). Hab.: 7,0 milhões (2019).

Góis, Damião de [Alenquer, Portugal, 1502 — *id.*, 1574], historiador, cronista e humanista português, desempenhou importantes missões diplomáticas na Holanda, Polônia, Alemanha, Itália etc. Obras: *Crônica do felicíssimo rei D. Manuel*, *Crônica do príncipe D. João*, *Livro de Marco Túlio Cícero* etc.

Golan (planalto ou **colinas do)**, região a sudoeste da Síria, ocupada por Israel na Guerra dos Seis Dias (1967).

Gomes, Antônio **Carlos** [Campinas SP, 1836 — Belém PA, 1896], compositor e maestro brasileiro, iniciou os estudos musicais aos 10 anos, aprendendo a tocar vários instrumentos, e aos 15 já compunha valsas, polcas e quadrilhas. Obras: *A noite do castelo*, *Joana de Flandres*, *O guarani*, *Fosca* (óperas) etc.

Gonçalves da Silva, **Bento** [Triunfo RS, 1788 — Pedras Brancas RS, 1847], militar e político brasileiro, líder da Revolução Farroupilha e presidente da República Rio-Grandense (1836-1845), única experiência republicana efetiva no Brasil antes da Proclamação da República.

Gonçalves, Mílton [Monte Santo MG, 1933], ator e diretor. O Teatro de Arena de São Paulo foi sua escola e seu trabalho: ali foi ator, contrarregra, produtor, iluminador etc. Além de atuar em teatro (mais de 30 peças), faz tb. cinema (mais de 60 filmes) e TV (seriados, minisséries, casos especiais e novelas).

Gonzaga, Ademar [Rio de Janeiro RJ, 1901 — *id.*, 1978], cineasta, pioneiro do cinema brasileiro, ator, crítico, diretor e criador dos Estúdios Cinédia (*Alô, alô carnaval; O ébrio; Bonequinha de seda*).

Gonzaga (Francisca Edwiges Neves, dita **Chiquinha**) [Rio de Janeiro RJ, 1847 — *id.*, 1935], compositora, pianista e regente; historicamente foi a primeira mulher pianista de choro e tb. a primeira compositora brasileira a ser reconhecida. Obras: *Atraente*, *Abre alas*, *Lua branca* etc.

Gonzaga do Nascimento, **Luís** [Exu PE, 1912 — Recife PE, 1989], compositor, sanfoneiro e cantor brasileiro. *Vira e mexe* foi seu primeiro sucesso (1941). Outras obras: *Asa branca*, *Juazeiro*, *Qui nem jiló* etc. — Luís Gonzaga do Nascimento Júnior, dito **Gonzaguinha** [Rio de Janeiro RJ, 1945 — Renascença PR, 1991], seu filho, foi cantor e tb. compositor. Obras: *Grito de alerta*, *Explode coração*, *É* etc.

Gonzaga, Tomás Antônio [Porto, Portugal, 1744 — Moçambique, África, 1810], poeta lírico português. Ouvidor em Vila Rica (Ouro Preto), apaixonou-se por Maria Doroteia Joaquina de Seixas Brandão, a quem se referia como Marília, e para quem compôs as *Liras*. Foi preso e depois enviado para o degredo em Moçambique. Patrono da cadeira 37 da ABL.

Goulart (**João** Belchior Marques, dito **Jango**) [São Borja RS, 1919 — Mercedes, Argentina, 1976], político brasileiro, presidente da República após a renúncia de Jânio Quadros (de 8/9/1961 a 24/1/1963), junto com o primeiro gabinete parlamentarista, chefiado por Tancredo Neves. Restabeleceu o presidencialismo, mas foi deposto por um golpe de Estado em 31 de março de 1964. Morreu no exílio.

Gouveia, Delmiro Augusto da Cruz [Ipu CE, 1863 — Pedra (atual Delmiro Gouveia) AL, 1917], industrial brasileiro, instalou uma fábrica de linhas, abriu estradas e construiu a primeira hidrelétrica da América Latina (Usina Angiquinho). Morreu assassinado.

Governador Celso Ramos (SC), município litorâneo, com 127,356 km², situado na região metropolitana de Florianópolis. Fortaleza de Santa Cruz de Anhatomirim tombada pelo Iphan. Hab.: 14.471 (2019).

Governador Valadares (MG), município com 2.342,325 km², na região do vale do Rio Doce. Pico do Ibituruna e campeonatos de voo livre. Mineração e agropecuária. Hab.: 279.885 (2019).

Grã-Bretanha e Irlanda do Norte (Reino Unido da), monarquia parlamentarista formada por quatro países: Inglaterra, Irlanda do Norte, Escócia e País de Gales, com 243.610 km², localizado na Europa ocidental. Capital: *Londres*; recursos principais: mineração (carvão, gás natural, petróleo, calcário), indústrias (alimentícia, equipamentos de transporte, máquinas não elétricas), química, metalúrgica. Hab.: 65,9 milhões (2018).

Gracindo (Pelópidas Guimarães Brandão Gracindo, dito **Paulo**) [Rio de Janeiro RJ, 1911 — *id.*, 1995], ator brasileiro, trabalhou em teatro (*Gata em teto de zinco quente*, *O rei de Ramos* etc.), rádio (*O direito de nascer*, *Balança mas não cai*), cinema (*A falecida*, *Terra em transe* etc.) e televisão (*O bem-amado*, *Roque santeiro* etc.). — Epaminondas Xavier Gracindo, dito **Gracindo Júnior** [Rio de Janeiro, 1943], seu filho, é ator de teatro, cinema e TV.

Grajaú (MA), município com 8.863,570 km², localizado no centro maranhense. Turismo (rio Grajaú, balneários, cachoeiras). Hab.: 69.527 (2019).

Gramado (RS), município com 237,588 km², situado na serra Gaúcha, colonizado por italianos e alemães. Indústria de alimentos, malhas, chocolates e vinhos. Turismo. Hab.: 36.232 (2019).

Granada, país em uma ilha com 334 km², no sudeste da América Central (Antilhas). Monarquia parlamentarista, independente desde 1974 e membro da Comunidade Britânica. Capital: *Saint George's*; recursos principais: agricultura (esp. noz-moscada, cardamomo, banana e cacau), pecuária (suínos, ovinos, caprinos). Hab.: 108 mil (2018).

Grande (rio), um dos afluentes da margem esquerda do rio São Francisco, na Bahia, com 505 km de extensão.

Grande (rio), com 1.351 km de extensão, é um dos dois rios dos estados de Minas Gerais e São Paulo que formam o rio Paraná (o outro é o Paranaíba). Alimenta usinas hidrelétricas (Furnas, Mal. Mascarenhas de Morais, Camargos e Itutinga).

Grande Otelo (Sebastião Bernardes de Souza Prata, dito) [Uberlândia MG, 1915 — Paris, França, 1993], ator brasileiro de teatro (*O petróleo é nosso*), cinema (várias chanchadas da Atlântida, *Assalto ao trem pagador*, *Macunaíma* etc.), *shows* etc.

Granja (CE), município com 2.663,032 km², localizado no noroeste cearense. Turismo. Açude Gangorra (capacidade de 62.500.000 m³). Hab.: 54.748 (2019).

Gravatá (PE), município com 503,946 km², estância climática serrana da região do agreste pernambucano. Antiga aldeia cariri. Turismo. Hab.: 84.074 (2019).

Gravataí (RS), município com 463,166 km², situado na região metropolitana de Porto Alegre; antiga aldeia guarani. Foi colonizado por açorianos, desmembrado de Porto Alegre e instalado em 1880. Hab.: 281.519 (2019).

Grécia ou **República Helênica**, país do sul da Europa, com 131.960 km², berço da civilização europeia. República parlamentarista, independente desde 1832. Epicentro da crise econômica europeia em 2010. Capital: *Atenas*; recursos principais: turismo, indústria alimentícia (esp. azeite de oliva). Hab.: 10,8 milhões (2018).

Greenhalgh, João Guilherme [Rio de Janeiro RJ, 1845 — Paraguai, 1865], herói naval brasileiro morto na Batalha do Riachuelo, tentando evitar que um oficial paraguaio arriasse a bandeira do Brasil hasteada na corveta *Parnaíba*.

Groenlândia, território da Dinamarca com 2.166.086 km², dos quais 4/5 cobertos de gelo (inlândsis), é a maior ilha do mundo, situada a nordeste da América do Norte. Capital: *Nuuk* (ou *Godthab*); recurso principal: pesca. Bases aeronáuticas. Hab.: 56.673 (2018).

Guadalupe, uma das pequenas Antilhas francesas, departamento da França desde 1946, com 1.708 km². Capital: *Basse-Terre*; recursos principais: agricultura (cana-de-açúcar, banana) e rum. Hab.: 474 mil (2018).

Guaíba (rio), na realidade um lago, formado pelos rios Jacuí, Caí, Sinos e Gravataí, com 60 km de extensão. Em sua margem esquerda fica Porto Alegre RS.

Guaíba (RS), município com 376,166 km², situado a 37 km de Porto Alegre, na outra margem do rio Guaíba. Indústrias de celulose e papel. Hab.: 98.143 (2019).

Guam (Território de), ilha com 544 km², ao norte da Oceania, sob o domínio dos EUA. Base militar norte-americana. Capital: *Agaña*; recurso principal: turismo. Hab.: 167.245 (2019).

Guanabara (baía de), com 412 km², no Estado do Rio de Janeiro, é a segunda maior baía do litoral do Brasil. Banha o Rio de Janeiro, Niterói, Duque de Caxias, Magé, São Gonçalo e Itaboraí.

Guanabara (Quarteto da), conjunto instrumental criado em 1972 e formado inicialmente por Mariuccia Iacovino, violino, Arnaldo Estrela, piano, Frederick Stephany, viola, e Iberê Gomes Grosso, violoncelo.

Guanambi (BA), município com 1.272,366 km², localizado numa das ramificações da serra Geral, 525 m acima do nível do mar. Pecuária. Hab.: 84.481 (2019).

Guapimirim (RJ), município com 358,443 km², localizado na região metropolitana do Rio de Janeiro (Serra Verde Imperial). Turismo (*mountain bike*, ciclismo, rapel, escalada e *trekking*). Hab.: 60.517 (2019).

Guaporé (rio), com 1.185 km de extensão, seu vale é uma região riquíssima em biodiversidade e belezas naturais na fronteira oeste do Estado de Rondônia, divisa do Brasil com a Bolívia.

Guarabira (PB), município com 165,744 km², situado na microrregião do Piemonte da Borborema, ao pé da cordilheira do mesmo nome. Turismo religioso (Frei Damião). Hab.: 58.833 (2019).

Guarapari (ES), município com 589,825 km², situado no litoral do estado. Estação balneária com praias de areias monazíticas. Igreja de N. S.ª da Conceição tombada pelo Iphan. Hab.: 124.859 (2019).

Guarapuava (PR), município com 3.168,087 km², situado na região centro-sul do estado. Agricultura (erva-mate, grãos) e pecuária. Hab.: 181.504 (2019).

Guararapes (Batalhas dos), lutas que determinaram o fim do domínio holandês no nordeste brasileiro (19/4/1648 e 18/2/1649), travadas no monte Guararapes, Recife PE.

Guararema (SP), município com 270,816 km², situado na região metropolitana de São Paulo. Turismo. Igreja de N. S.ª da Escada tombada pelo Iphan. Hab.: 29.798 (2019).

Guaratinguetá (SP), município com 752,636 km², situado no vale do Paraíba. Agropecuária. Casa de Rodrigues Alves tombada pelo Iphan. Hab.: 121.798 (2019).

Guaratuba (PR) município litorâneo com 1.326,670 km², na região de Paranaguá. Turismo. Igreja Matriz de Guaratuba tombada pelo Iphan. Hab.: 37.067 (2019).

Guarnieri, Mozart **Camargo** [Tietê SP, 1907 — São Paulo SP, 1993], compositor brasileiro com cerca de 700 títulos em que predominam as composições para piano e canto e piano. Obras: *Pedro Malasarte* e *Um homem só* (óperas), sonatas, cantatas, sinfonias, concertos etc.

Guarnieri, Gianfrancesco (Sigfrido Benedetto Martinenghi de) [Milão, Itália, 1934 — São Paulo SP, 2006], teatrólogo e ator italiano naturalizado brasileiro. Integrou a fase nacionalista do Teatro de Arena, produzindo textos voltados à realidade nacional e discutindo problemas sociais e políticos. Trabalhou em teatro, cinema e TV. Obras: *Eles não usam* black-tie, *Gimba*, *A semente*, *O filho do cão* etc.

Guarujá (SP), município com 144,794 km², situado na ilha de Santo Amaro, litoral sul do estado. Turismo. Fortaleza de Barra Grande e Forte de São Filipe tombados pelo Iphan. Hab.: 320.459 (2019).

Guarulhos (SP), município industrial com 318,675 km², no nordeste da região metropolitana de São Paulo. Aeroporto de Cumbica. Hab.: 1,4 milhão (2019).

Guatemala (República da), país ao norte da América Central, com 108.890 km². República presidencialista, independente desde 1821. Capital: *Cidade de Guatemala*; recursos principais: agricultura (café, cana-de-açúcar, algodão), madeiras raras e extração de petróleo. Hab.: 17,3 milhões (2018).

Guaxupé (MG), município com 286,398 km², localizado no sudoeste do estado. Agricultura (esp. café). Hab.: 51.917 (2019).

Guerras Mundiais — **Primeira Guerra Mundial** (1914-1918), iniciou-se com o assassinato do arquiduque Francisco Ferdinando, herdeiro do trono da Áustria-Hungria, e terminou com um armistício (11/11/1918) entre as nações envolvidas (Alemanha, França, Grã-Bretanha, Estados Unidos e mais 28 nações aliadas ou coligadas) — **Segunda Guerra Mundial** (1939-1945), a mais terrível guerra da história mundial inaugurou a era atômica e opôs os países aliados (Polônia, Inglaterra, França e, mais tarde, URSS, Estados Unidos e China) ao bloco das potências do Eixo (Alemanha, Itália, Japão e países que serviram de apoio estratégico). As principais causas do conflito estão relacionadas com os acordos resultantes da Primeira Guerra Mundial; em 1º de setembro de 1939 a Alemanha atacou a Polônia. Em 2 de setembro de 1945, a bordo do encouraçado *Missouri*, na baía de Tóquio, os Aliados assinaram com o Japão o acordo de rendição.

Guiana (República Cooperativa da), país com 214.969 km², ao norte da América do Sul. República mista, independente desde 1966. Membro da Comunidade Britânica. Conflitos étnicos entre descendentes de africanos e de indianos. Capital: *Georgetown*; recursos principais: agricultura (cana-de-açúcar, arroz) e jazidas de bauxita, ouro e diamante. Hab.: 782.225 (2018).

Guiana Francesa, departamento francês com 91.000 km², ao norte da América do Sul. Capital: *Caiena*; recursos principais: agricultura (cana-de-açúcar) e jazidas de bauxita. Hab.: 289.763 (2018).

Guignard, Alberto da Veiga [Nova Friburgo RJ, 1896 — Belo Horizonte MG, 1962], pintor e desenhista brasileiro, dirigiu a Escola de Belas-Artes em Belo Horizonte. Muitos de seus quadros inspiraram-se na paisagem de Minas Gerais.

Guimaraens (Afonso Henrique da Costa Guimarães, dito **Alphonsus de**) [Ouro Preto MG, 1870 — Mariana MG, 1921], poeta simbolista brasileiro. Obras: *Setenário das dores de Nossa Senhora*, *Câmara ardente*, *Kyriale* etc. — **João Alphonsus de Guimaraens** [Conceição do Mato Dentro MG, 1901 — Belo Horizonte MG, 1944], seu filho, foi contista e romancista. Obras: *Galinha cega*, *Pesca da baleia* etc. — **Alphonsus de Guimaraens Filho** [Mariana MG, 1918 — Rio de Janeiro RJ, 2008], tb. seu filho, foi poeta. Obras: *A cidade do Sul*, *Poemas reunidos* etc.

Guimarães, Bernardo Joaquim da Silva [Ouro Preto MG, 1825 — *id.*, 1884], poeta romântico, crítico e ficcionista brasileiro, estreou com *Cantos de solidão* (poemas). Patrono da cadeira 5 da ABL. Obras: *A escrava Isaura*, *O índio Afonso*, *O garimpeiro* (ficção).

Guimarães, Ulysses Silveira [Rio Claro SP, 1916 — Angra dos Reis RJ, 1992], político e advogado brasileiro, foi deputado estadual e federal, ministro, presidente do PMDB e da Assembleia Nacional Constituinte. Liderou a campanha pelas eleições diretas (1983-1984), lutando pela redemocratização do país.

Guimarães Júnior, Luís Caetano Pereira [Rio de Janeiro RJ, 1845 — Lisboa, Portugal, 1898], poeta lírico e diplomata brasileiro; aos 16 anos escreveu *Lírio branco*, romance dedicado a Machado de Assis. Foi um dos fundadores da ABL (cadeira 31). Obras: *Uma cena contemporânea* (teatro); *Corimbos*, *Noturnos* (poesia); *A família agulha* (romance) etc. — **Luís Guimarães Filho** [Rio de Janeiro RJ, 1878 — Petrópolis RJ, 1940], seu filho, foi tb. poeta e diplomata. Foi membro da ABL. Obras: *Versos íntimos*, *Pedras preciosas* etc.

Guiné (República da), país com 245.860 km², situado na África ocidental, ao sul do Senegal. Ex-colônia francesa. República presidencialista, independente desde 1958. Capital: *Conacri*; recurso principal: produção de bauxita. Hab.: 13,6 milhões (2018).

Guiné-Bissau (República da), país com 36.130 km², situado na África ocidental, ao sul do Senegal, e banhado pelo oceano Atlântico. Ex-província ultramarina de Portugal, república mista, independente desde 1974. Capital: *Bissau*; recurso principal: agricultura (caju, coco, amendoim). Hab.: 1,9 milhão (2018).

Guiné Equatorial (República da), país situado na África ocidental, no golfo da Guiné, com 28.050 km². Ex-província espanhola, república mista, independente desde 1968. Capital: *Malabo*; recurso principal: agricultura (café e cacau). Hab.: 1,3 milhão (2018).

Guinle Filho, Jorge [Nova York, EUA, 1947 — *id.*, 1987], pintor brasileiro, estudou em Paris, fez a primeira exposição no Rio de Janeiro (1973) e destacou-se entre os representantes da Geração 80.

Gullar, José Ribamar **Ferreira** [São Luís MA, 1930 — Rio de Janeiro RJ, 2016], poeta, crítico e teatrólogo brasileiro, com 15 anos publicou seu primeiro poema

("O trabalho") e quatro anos depois o livro *Um pouco acima do chão*. Foi membro da ABL. Obras: poesia — *Muitas vozes, Poema sujo* etc.; ensaios — *Cultura posta em questão, Relâmpagos* etc.; teatro — *Se correr o bicho pega, se ficar o bicho come, A saída? Onde fica a saída?* etc.

Gurupá (PA), município com 8.570,333 km². Criação de camarão nos rios. Forte de Santo Antônio tombado pelo Iphan. Hab.: 33.376 (2019).

Gurupi (TO), município com 1.836,091 km², instalado em 1958, sedia uma das etapas do Rally Internacional dos Sertões, no mês de julho. Hab.: 86.647 (2019).

Gusmão (Pe. **Bartolomeu** Lourenço **de**) [Santos SP, 1685 — Toledo, Espanha, 1724], jesuíta e inventor brasileiro, dedicou-se à construção de um aeróstato (espécie de balão), pela qual ficaria conhecido como o Padre Voador. — **Alexandre de Gusmão** [Santos SP, 1695 — Lisboa, Portugal, 1753], seu irmão, geógrafo e diplomata brasileiro, destacou-se na negociação com a Espanha do Tratado de Madri (1750), que revogou o limite estabelecido pelo Tratado de Tordesilhas (1494), triplicando o território que originalmente caberia a Portugal e que viria a constituir, em sua maior parte, o Brasil atual.

Gutenberg, Johannes Gensfleisch zur Laden zum [Mogúncia, Alemanha, c. 1398 — *id*., 1468], aristocrata alemão, inventou os tipos móveis de metal para impressão, revolucionando e facilitando o modo de fazer livros.

Hades, Plutão entre os romanos, na mitologia grega foi uma das 12 divindades do Olimpo; deus do mundo subterrâneo e dos mortos.

Haiti (República do), país da América Central, com 27.750 km², situado a oeste da ilha de Hispaniola, no mar do Caribe. República mista, independente desde 1804. Crise política e onda de violência deflagrada em todo o país, ocupado pelas forças de paz da ONU (2004-2017). País mais pobre das Américas (80% da população vive na pobreza). Capital: *Porto Príncipe*; recurso principal: agricultura, esp. café e cana-de-açúcar. Hab.: 11,1 milhões (2018).

Haydée, Márcia Salaverry Pereira da Silva [Niterói RJ, 1937], bailarina clássica de renome internacional, começou a carreira aos 16 anos no Royal Ballet, em Londres. Fez par de Rudolf Nureiev e foi diretora e primeira bailarina do Balé Nacional de Stuttgart, Alemanha (1976).

Helênica (República) ver *Grécia*

Henfil (Henrique de Souza Filho, dito) [Ribeirão das Neves MG, 1944 — Rio de Janeiro RJ, 1988], cartunista, jornalista e escritor brasileiro, foi colaborador de *O Pasquim* (1969) e lançou a revista *Os fradinhos*, seus personagens mais famosos. Engajou-se na luta contra o regime militar, lançando o bordão "Diretas Já", que inspirou o movimento pelas eleições diretas para presidente. Obras: *Diário de um cucaracha, Dez em humor, Diretas já* etc.

Henrique, o Navegador [Porto, Portugal, 1394 — Sagres, Portugal, 1460], infante português filho do rei D. João I, incentivou as pesquisas cartográficas e as primeiras viagens expansionistas que descobriram a costa africana até Serra Leoa.

Hera, Juno entre os romanos, na mitologia grega foi uma das 12 divindades do Olimpo; deusa do casamento, simbolizava a grandeza e a soberania maternal.

Héracles, Hércules entre os romanos, na mitologia grega foi um semideus, personificação da força, filho de Zeus com Alcmena.

Herculano de Carvalho e Araújo, **Alexandre** [Lisboa, Portugal, 1810 — Santarém, Portugal, 1877], erudito historiador e escritor do Romantismo português. Obras: *A harpa do crente* (poesia), *Eurico, o presbítero* (romance), *O monge de Cister, Lendas e narrativas, História de Portugal* etc.

Hércules, divindade romana identificada com o Héracles grego.

Hermes, Mercúrio entre os romanos, na mitologia grega foi uma das 12 divindades do Olimpo; deus dos pastores e protetor dos rebanhos.

Herval, marquês do ver *Osório* (*Manuel Luís, marquês do Herval, dito general*)

Higino Duarte Pereira, **José** [Pernambuco, 1847 — México, 1901], magistrado brasileiro, pesquisou e selecionou na Holanda um total de cerca de 12 mil folhas manuscritas sobre a fase da ocupação holandesa (1630-1654), material inédito arquivado no Instituto Arqueológico, Histórico e Geográfico de Pernambuco.

Himalaias, sistema montanhoso de 2.410 km em extensão no continente asiático, formado por uma série de cordilheiras paralelas e convergentes, constituindo a região montanhosa mais alta do planeta. Ali está o *monte Everest* (8.846 m), a montanha mais elevada do mundo.

Hirszman, Leon [Rio de Janeiro RJ, 1937 — *id*., 1987], cineasta brasileiro, um dos fundadores do Cinema Novo. Obras: *A falecida, São Bernardo, Eles não usam* black-tie etc.

Hitler, Adolf [Braunau, Áustria, 1889 — Berlim, Alemanha, 1945], ditador alemão, líder do nazismo, chefe de Estado da Alemanha e causador da Segunda Guerra Mundial (1939). Promoveu o genocídio do povo judeu. Ante a iminente vitória dos Aliados, suicidou-se com a mulher, Eva Braun. Deixou uma biografia (*Minha luta*).

Holanda, designação não oficial dos *Países Baixos*.

Honduras, país da América Central com 112.088 km^2, banhado pelo mar do Caribe e oceano Pacífico. Grande parte da superfície é coberta por florestas. República presidencialista, independente desde 1821. Capital: *Tegucigalpa*; recurso principal: agricultura (banana e café). Hab.: 8,4 milhões (2018).

Honduras Britânica, antigo nome de *Belize*.

Hong Kong, região administrativa especial da República Popular da China, com 1.104 km^2 de terras continentais e 235 ilhas, no sudeste da Ásia. É um dos principais portos do mundo. Capital: *Distrito Central e Ocidental* (antes, *Victoria*); recursos principais: turismo e indústria têxtil. Hab.: 7,4 milhões (2018).

Horizonte (CE), município com 160,764 km^2, localizado na região metropolitana de Fortaleza. Agricultura (caju). Indústria (têxtil, calçados). Hab.: 67.337 (2019).

Hortência de Fátima Marcari Oliva [Potirendaba SP, 1957], atleta brasileira, jogou basquete na seleção brasileira durante 16 anos. Medalha de ouro nos Jogos Pan-Americanos (1991) e campeã mundial (1994).

Hortolândia (SP), município com 62,416 km^2, a 24 km de Campinas, colonizado por espanhóis e italianos. Hab.: 230.851 (2019).

Houaiss, Antônio [Rio de Janeiro RJ, 1915 — *id.*, 1999], filólogo, enciclopedista, crítico literário e diplomata, membro da ABL e da Abrafil. Obras: *Seis poetas e um problema*, *Sugestões para uma política da língua*, *O português no Brasil*, *A crise da nossa língua de cultura*, *Elementos de bibliologia*, *Grande enciclopédia Delta Larousse*, *Enciclopédia Mirador internacional*, *Dicionário Houaiss da língua portuguesa* (concluído em dezembro de 2000) etc.

Humboldt (Alexander, **Barão von**) [Berlim, Alemanha, 1769 — *id.*, 1859], naturalista e explorador alemão, é autor da expressão Hileia amazônica, referindo-se à imensa área de floresta da Amazônia. Obra: *Cosmos*.

Hungria (República da), país do leste da Europa, com 93.030 km^2. República parlamentarista, independente desde 1918. País de influência soviética (1945-1991), ingressa na UE em 2004. Capital: *Budapeste*; recursos principais: bauxita e manganês (2º produtor da Europa); reservas de gás natural maiores que as de petróleo. Hab.: 9,7 milhões (2018).

Ibéria, nome dado pelos geógrafos e historiadores da Antiguidade à atual península Ibérica.

Ibérica (península), região do sudoeste da Europa, dividida entre Portugal e Espanha, com aprox. 597.000 km^2. Hab.: 57,2 milhões (2018).

IBGE ver *Instituto Brasileiro de Geografia e Estatística*

Ibiporã (PR), município com 297,742 km^2, localizado no norte paranaense. Agropecuária. Hab.: 54.558 (2019).

Ibirité (MG), município com 72,573 km^2, situado na região metropolitana de Belo Horizonte, instalado em 1962. Hab.: 180.204 (2019).

Ibitinga (SP), município com 689,391 km^2, localizado na microrregião de Araraquara. Indústria têxtil (bordado). Agropecuária. Hab.: 60.033 (2019).

Ibiúna (SP), município com 1.058,082 km^2, estância turística a 62 km de São Paulo. Centro abastecedor hortifrutigranjeiro da capital. Hab.: 78.878 (2019).

Içara (SC), município com 230,256 km^2, localizado no litoral sul de Santa Catarina. Turismo (20 km de praias e lagoas). Apicultura. Agricultura (fumo). Hab.: 56.421 (2019).

Icó (CE), município histórico com 1.871,995 km^2, na região centro-sul do estado. Conjunto arquitetônico e urbanístico e Casa de Câmara e Cadeia tombados pelo Iphan. Hab.: 68.018 (2019).

Idade da Pedra, período da Pré-História em que os seres humanos começaram a usar pedras, além de madeira e ossos, para fazer suas armas e ferramentas, e que terminou por volta de 2700 a.C., quando se descobriu o bronze. Esse período subdivide-se em Idade da Pedra Lascada (Paleolítico) e Idade da Pedra Polida (Neolítico), com um período intermediário (o Mesolítico).

Idade do Bronze, período da Pré-História, de c. 2700 a c. 1200 a.C, que se caracteriza pela utilização deste metal em utensílios, obras de arte etc.

Idade do Ferro, período da História em que o homem começou a fazer utensílios e armas de ferro, em substituição ao bronze. Seu início varia de acordo com a região geográfica. No Oriente Médio e no sudeste da Europa, começou aproximadamente em 1200 a.C.

Iêmen (República do), país do sudoeste da Ásia, com 527.970 km², ao sul da península da Arábia, às margens do mar Vermelho e golfo de Áden. República mista, reunificada em 1990. Revolta popular, no contexto da Primavera Árabe, obriga o ditador Ali Abdullah Saleh, no poder há 33 anos, a renunciar o cargo de presidente. Um dos mais pobres entre os países árabes. Capital: *Saná*; recurso principal: petróleo. Hab.: 28,9 milhões (2018).

Igarapé-Miri (PA), município com 1.996,790 km², a 73 km de Belém. É conhecido como a "Capital Mundial do Açaí", por ser o município com a maior produção do fruto no mundo. Hab.: 62.698 (2019).

Igarassu (PE), município com 305,782 km², na região metropolitana do Recife; antiga aldeia dos índios caetés. Conjunto arquitetônico e paisagístico, Convento e Igreja de Santo Antônio, igrejas de São Cosme e São Damião e do Sagrado Coração de Jesus etc. tombados pelo Iphan. Hab.: 117.019 (2019).

Igreja de Jesus Cristo dos Santos dos Últimos Dias, doutrina protestante, fundada nos EUA por Joseph Smith em 1830. Seus seguidores são ditos mórmons.

Iguaçu (Parque Nacional do), com cerca de 185.000 ha e localizado no extremo oeste do Paraná, foi criado em 10/1/1939 e tombado pela Unesco (1986) como Patrimônio Natural da Humanidade. Faz fronteira com o território argentino e é uma das maiores reservas florestais da América do Sul. Ali estão as **cataratas do Iguaçu**, de forma semicircular, com 2.700 m de largura e altura de até 72 m.

Iguatu (CE), município com 1.029,214 km², situado no centro-sul do estado, às margens do rio Jaguaribe. Fachada da Igreja Matriz de Santana tombada pelo Iphan. Hab.: 102.498 (2019).

IHGB ver *Instituto Histórico e Geográfico Brasileiro*

Ijuí (RS), município com 689,094 km², situado na região noroeste do estado. Turismo. Extração de erva-mate. Hab.: 83.475 (2019).

Ilhabela (SP), município com 346,389 km², estação balneária do litoral norte do estado. Casa da Fazenda Engenho d'água tombada pelo Iphan. Hab.: 34.970 (2019).

Ilha de Itamaracá (PE), município com 66,770 km², situado em uma ilha separada do continente pelo canal de Santa Cruz e rio Jaguaribe. Fortaleza de Orange tombada pelo Iphan. Hab.: 26.258 (2019).

Ilhéus (BA), município com 1.588,555 km², do litoral sul do estado, é o principal porto exportador de grãos da Bahia. Capela de N. S.ª Santana tombada pelo Iphan. Hab.: 162.327 (2019).

Imperatriz (MA), município com 1.368,988 km², na região oeste do estado, às margens do rio Tocantins. Atrações turísticas: balneários Estância do Recreio e do Bananal, praias do Cacau e do Imbiral e ilha da Serra Quebrada. Hab.: 258.682 (2019).

Império Romano, vigorou de 31 a.C. a 476 d.C., tendo atingido o seu auge no início da Era Cristã. Após o regime republicano (510 a 31 a.C.), durante o qual Roma ocupou toda a bacia do mar Mediterrâneo, o império estendeu a todo esse território uma civilização comum.

Inconfidência Mineira (ou **Conjuração Mineira)**, principal movimento de emancipação do Brasil Colônia, inicialmente organizado como oposição à cobrança por Portugal do pagamento de tributos atrasados. Lideraram a conspiração (1789-1792) proprietários rurais, intelectuais, clérigos e militares de Minas Gerais. Denunciados, 11 dos acusados foram condenados à morte, mas apenas Tiradentes foi executado, tendo tido os demais a pena comutada em degredo perpétuo por D. Maria I.

Indaial (SC), município com 429,673 km², localizado no Vale do Itajaí, microrregião de Blumenau. Turismo (rotas de cicloturismo e mochileiros). Hab.: 69.425 (2019).

Indaiatuba (SP), município com 311,545 km², situado na região sudoeste do estado. Antigo pouso de sertanistas, viajantes e tropeiros que iam para Sorocaba. Hab.: 251.627 (2019).

Índia (República da), país com 3.287.260 km², situado no centro-sul da Ásia, é o segundo mais populoso do mundo (China é o primeiro). República parlamentarista, independente desde 1947. Capital: *Nova Délhi*; recursos principais: agricultura (esp. arroz), minérios (carvão e ferro), reservas de petróleo. Hab.: 1,3 bilhão (2018).

Indonésia (República da), país asiático, com 1.904.570 km², situado no sudeste do continente, o quarto mais populoso do mundo; é o maior arquipélago-Estado do mundo, com 17.500 ilhas: Grandes Ilhas de Sonda (Bornéu, Java, Samatra etc.), Pequenas Ilhas de Sonda (Bali, Timor etc.) e Molucas. República presidencialista, independente desde 1945. Capital: *Jacarta*; recursos principais: agricultura (arroz, chá, café, seringueira, dendê etc.) e petróleo. Hab.: 266,7 milhões (2018).

Inglaterra, maior dos quatro países que constituem o Reino Unido da Grã-Bretanha e Irlanda do Norte (os outros são a Escócia, o País de Gales e a Irlanda do Norte), com 130.395 km², e uma das maiores nações industriais e comerciais do mundo. Situa-se na região sudeste da ilha da Grã-Bretanha. Monarquia constitucional. Capital: *Londres*; recursos principais: extração de carvão, minério de ferro, petróleo e gás natural (no mar do Norte); indústrias (aço e ferro, automóveis, aviões, cerâmica e porcelana etc.). Hab.: 65,9 milhões (2018).

Inhaúma (Joaquim José Inácio, **visconde de**) [Lisboa, Portugal, 1808 — Rio de Janeiro RJ, 1869], militar brasileiro, foi comandante da esquadra brasileira na Guerra do Paraguai.

Inhumas (GO), município com 615,278 km², localizado no centro goiano. Indústria (esp. confecção). Hab.: 52.866 (2019).

Inquisição, instituição judicial eclesiástica, criada na Idade Média (séc. XIII) pela Igreja católica, para localizar, processar e sentenciar sumariamente pessoas culpadas de heresia e pretensos feiticeiros.

Instituto Brasileiro de Geografia e Estatística (IBGE), órgão federal criado por Getúlio Vargas (1938) para coordenar nacionalmente todas as atividades estatísticas das diversas esferas administrativas. É integrado pelo Conselho Nacional de Estatística e pelo Conselho Nacional de Geografia.

Instituto Butantan, centro de renome internacional em pesquisa científica de animais dotados de veneno, possui uma das maiores coleções de serpentes do mundo (54 mil exemplares) e é o maior produtor nacional de soros e vacinas. Foi criado em 1901 e seu primeiro diretor foi Vital Brasil.

Instituto do Patrimônio Histórico e Artístico Nacional (Iphan), órgão federal, criado em 1990, em substituição à Secretaria do Patrimônio Histórico e Artístico Nacional (1937), fundada por Rodrigo Melo Franco de Andrade. Realiza um trabalho permanente de fiscalização, proteção, identificação, restauração, preservação e revitalização dos monumentos, sítios e bens móveis do país.

Instituto Histórico e Geográfico Brasileiro (IHGB), criado em 1838, dedica-se a publicar e arquivar documentos sobre História e Geografia do Brasil.

Insulíndia, região da Ásia que compreende o conjunto de ilhas entre o sudeste da Ásia e a Austrália, formado pela Indonésia, Filipinas, Malásia e Brunei.

Insurreição Pernambucana, revolta contra o domínio holandês em Pernambuco (1645-1654) liderada por João Fernandes Vieira, com a participação de Antônio Filipe Camarão, porque a Holanda, em guerra na Europa, passou a cobrar os empréstimos que fizera às elites rurais pernambucanas.

Intentona Comunista, insurreição político-militar promovida pelo Partido Comunista Brasileiro (PCB), em novembro de 1935, com o objetivo de derrubar o presidente Getúlio Vargas e instalar um governo no Brasil.

Invasões Holandesas, em 1621 o governo da Holanda e um grupo de comerciantes fundaram a Companhia das Índias Ocidentais, para tentar recuperar seus negócios na África e na América, onde tinham tido os seus interesses econômicos prejudicados quando o trono português passou para a Coroa espanhola (1580). Investiram contra a Bahia (1624) e Pernambuco (1630). Foram rechaçados na primeira vez, mas conseguiram seu intento na segunda.

Ipatinga (MG), município com 164,884 km², situado na região do vale do Rio Doce, sede da Usiminas (Usina Siderúrgica de Minas Gerais). Hab.: 263.410 (2019).

Iperó (SP), município com 170,289 km², na microrregião de Sorocaba. Remanescentes da Fábrica de Ferro São João do Ipanema tombados pelo Iphan. Hab.: 37.133 (2019).

Iphan ver *Instituto do Patrimônio Histórico e Artístico Nacional*

Ipirá (BA), município com 3.105,280 km², situado na região centro-norte do estado. Pecuária e artesanato em couro. Hab.: 59.595 (2019).

Ipiranga (Grito do), episódio ocorrido em 7 de setembro de 1822, às margens do rio Ipiranga. D. Pedro, tendo recebido ordens para retornar a Portugal, lançou o brado "Independência ou Morte", proclamando a independência do Brasil.

Ipixuna do Pará (PA), município com 5.215,555 km², localizado no nordeste paraense. Agropecuária. Agroindústria (beneficiamento de castanha de caju). Hab.: 64.053 (2019).

Ipojuca (PE), município litorâneo com 521,801 km², na microrregião de Suape. Usinas de cana-de-açúcar. Convento e Igreja de Santo Antônio tombados pelo Iphan. Hab.: 96.204 (2019).

Irã (República Islâmica do), país do sudoeste da Ásia, com 1.745.150 km². República islâmica presidencialista, desde 1979. Capital: *Teerã*; recursos principais: agricultura (algodão, arroz, cereais), fabrico artesanal de tapetes, petróleo. Hab.: 81,8 milhões (2018).

Iraque (República Democrática Islâmica do), país do sudoeste da Ásia, com 435.240 km². República presidencialista, regime ditatorial até 2003, com a queda de Saddam Hussein. Capital: *Bagdá*; recursos principais: agricultura (tâmaras) e petróleo. Hab.: 39,3 milhões.

Irati (PR), município com 999,517 km², na região sudeste do estado, antiga aldeia dos índios caingangues. Hab.: 60.727 (2019).

Irecê (BA), município com 319,174 km², situado na região centro-norte do estado; é um dos maiores produtores de feijão da Bahia. Hab.: 72.967 (2019).

Irlanda (República da) ou **Eire**, país do noroeste da Europa, com 70.280 km², independente desde 1922. República mista. Capital: *Dublin*; recursos principais: pecuária e indústrias (de alimentos, bebidas alcoólicas, tabaco etc.). Hab.: 4,8 milhões (2018).

Irlanda do Norte, um dos quatro países integrantes do Reino Unido da Grã-Bretanha e Irlanda do Norte (junto com Escócia, País de Gales e Inglaterra), e o menor dos quatro, com 14.120 km². Capital: *Belfast*; recursos principais: indústrias de tecidos (linho, lã, algodão), estaleiros, fábricas de aviões. Hab.: 1,8 milhão (2018).

Isabel, a Redentora (Isabel Cristina Leopoldina Augusta Micaela Gabriela Rafaela Gonzaga de Bragança e Bourbon, **princesa**) [Rio de Janeiro RJ, 1846 — Castelo d'Eu, França, 1921], filha do imperador D. Pedro II, casada com o príncipe francês Luís Gastão de Orléans, conde d'Eu, promulgou a Lei do Ventre Livre (1871) e a Lei Áurea (1888), acabando com a escravidão no Brasil.

Islândia (República da), país da Europa, uma ilha com 103.000 km² situada logo abaixo do círculo polar ártico. República mista, independente desde 1944. Capital: *Reykjavik*; recurso principal: pesca (bacalhau, hadoque, arenque etc.). Hab.: 337.780 (2018).

Israel (Estado de), país da Ásia ocidental, com 22.070 km², situado no litoral leste do mar Mediterrâneo. República parlamentarista, independente desde 1948. Ocupa militarmente os territórios: colinas de Golan (Síria), Cisjordânia e a Grande Jerusalém. Capital: *Tel-Aviv* (reconhecida pela ONU); recursos principais: agricultura, lapidação de diamantes. Hab.: 8,4 milhões (2012).

Itabaiana (SE), município com 337,295 km², na microrregião do agreste de Itabaiana. Indústria madeireira, confecção de carrocerias de caminhão. Hab.: 95.427 (2019).

Itaberaba (BA), município com 2.386,390 km², situado no centro-norte do estado. Maior produtor de abacaxi do Nordeste. Hab.: 64.489 (2019).

Itabira (MG), município com 1.253,704 km², na microrregião de mesmo nome. Terra natal de Carlos Drummond de Andrade. Minério de ferro (Cia. Vale do Rio Doce). Igreja de N. S.ª do Rosário tombada pelo Iphan. Hab.: 120.060 (2019).

Itabirito (MG), município com 542,609 km². Igrejas de N. S.ª do Rosário e de São Vicente e conjunto paisagístico do pico de Itabira, ou do Itabirito, tombados pelo Iphan. Hab.: 51.875 (2019).

Itaboraí (Joaquim José Rodrigues Torres, **visconde de**) [São João de Itaboraí RJ, 1802 — Rio de Janeiro RJ, 1872], político brasileiro, foi deputado, senador, primeiro presidente da província do Rio de Janeiro e presidente do Banco do Brasil.

Itaboraí (RJ), município com 430,438 km². Casa do visconde de Itaboraí (atual Fórum), ruínas do Convento de São Boaventura e Igreja Matriz de São João Batista tombadas pelo Iphan. Hab.: 240.592 (2019).

Itabuna (BA), município com 401,028 km², no sul do estado, centro geográfico da região cacaueira. Cultura e industrialização do cacau, criação de gado e cavalos de raça, extração de granito etc. Hab.: 213.223 (2019).

Itacoatiara (AM), município com 8.891,906 km², situado na região centro do estado, na margem esquerda do rio Amazonas. Hab.: 101.337 (2019).

Itaguaí (RJ), município com 273,414 km², situado na região metropolitana do Rio de Janeiro e sede do porto de Sepetiba. Hab.: 133.019 (2019).

Itaituba (PA), município com 62.042,472 km², situado no noroeste do estado, às margens do rio Tapajós. Jazidas de calcário, ouro e pedras preciosas. Hab.: 101.247 (2019).

Itajaí (SC), município com 288,402 km², situado no litoral norte do estado, na foz do rio Itajaí-Açu. Terra de índios xoclengues colonizada por imigrantes alemães. Hab.: 219.536 (2019).

Itajubá (MG), município com 294,835 km², situado na região sul/sudoeste do estado. Antiga aldeia dos índios puris (coroados). Sete universidades. Fábrica de helicópteros (HELIBRAS — Helicópteros do Brasil S/A). Hab.: 96.869 (2019).

Itália (República Italiana), país da Europa, com 301.340 km², situado em uma península do mar Mediterrâneo. República parlamentarista. Berço da cultura ocidental, abriga o maior número de patrimônios da Unesco. É um dos países mais procurados por refugiados africanos e dos que adota as medidas mais rígidas de combate à imigração ilegal. Capital: *Roma*; recursos principais: agricultura (esp. oliveiras e vinhedos), pecuária e indústrias (alimentícia, metalúrgica, mecânica, têxtil etc.). Hab.: 59,7 milhões (2018).

Itamaraju (BA), município com 2.360,289 km², situado no sul do estado. Antiga aldeia dos índios pataxós, foi desmembrado de Prado e instalado em 1961. Hab.: 64.486 (2019).

Itanhaém (Manuel Inácio de Andrade Souto Maior Pinto Coelho, **barão e marquês de**) [Marapicu RJ, 1782 — *id.*, 1867], militar e político brasileiro, foi nomeado tutor de D. Pedro II e suas irmãs (1833) e redigiu um texto ("Instruções"), contendo os princípios a observar na educação do príncipe.

Itanhaém (SP), município histórico do litoral sul do estado, com 601,711 km², é a segunda cidade mais antiga do Brasil. Convento e igrejas de N. S.ª da Conceição e Matriz de Santana tombados pelo Iphan. Hab.: 101.816 (2019).

Itapajé (CE), município com 430,565 km², localizado no norte cearense. Agricultura. Pecuária. Hab.: 52.675 (2019).

Itaparica (BA), município com 118,040 km², situado em uma ilha da região metropolitana de Salvador. Turismo. Conjunto arquitetônico, urbanístico e paisagístico, igrejas Matriz do Santíssimo Sacramento e de São Lourenço e Forte de São Lourenço tombados pelo Iphan. Hab.: 22.228 (2019).

Itapecerica da Serra (SP), município com 150,742 km², na região metropolitana de São Paulo. Represa de Guarapiranga. Hab.: 175.693 (2019).

Itapecuru Mirim (MA), município com 1.478,562 km², localizado no norte maranhense, desmembrado de São Luís. Agricultura (babaçu). Hab.: 68.203 (2019).

Itapema (SC), município com 57,262 km², localizado no Vale do Itajaí. Turismo (praias, ecoturismo, ultraleves). Hab.: 65.312 (2019).

Itaperuna (RJ), município com 1.106,169 km², situado na região noroeste do estado, divisa com Minas Gerais. Fonte de águas minerais no distrito de Raposo. Hab.: 103.224 (2019).

Itapetinga (BA), município com 1.651,158 km², situado na região sul do estado. Agropecuária. Hab.: 76.147 (2019).

Itapetininga (SP), município com 1.789,350 km², situado na região sul do estado; antigo pouso de tropeiros que levavam gado para Minas Gerais. Universidades. Agricultura (pêssegos) e pecuária. Hab.: 163.901 (2019).

Itapeva (SP), município com 1.826,258 km², situado no sudoeste do estado. Mata de araucária e mata Atlântica. Mineração. Hab.: 94.354 (2019).

Itapevi (SP), município com 82,658 km², situado na região oeste da Grande São Paulo, desmembrado de Cotia e instalado em 1959. Hab.: 237.700 (2019).

Itapipoca (CE), município com 1.613,913 km², situado no litoral norte do estado. Assentamento Maceió (1985) abriga cerca de 5.000 pessoas em 12 comunidades. Hab.: 129.358 (2019).

Itapira (SP), município com 518,416 km², localizado na região de Campinas. Indústria (biotecnologia). Hab.: 74.773 (2019).

Itaporanga d'Ajuda (SE), município com 739,702 km², situado no litoral. Igreja do Engenho Retiro, primeira residência jesuíta no estado. Casa de Tejubeba tombada pelo Iphan. Hab.: 34.356 (2019).

Itaquaquecetuba (SP), município com 82,622 km², na região metropolitana de São Paulo, banhado pelo rio Tietê. Hab.: 370.821 (2019).

Itararé (Aparício Fernando de Brinkerhoff Torelly, dito **barão de**) [Rio Grande RS, 1895 — Rio de Janeiro RJ, 1971], jornalista e humorista brasileiro, colaborou em vários jornais cariocas e fundou seu próprio jornal, *A manha*, tabloide de circulação nacional. Obras: *Pontas de cigarro*, *Almanhaque*.

Itarema (CE), município com 718,016 km², no litoral norte do estado. Igreja de N. S.ª da Conceição de Almofala tombada pelo Iphan. Hab.: 41.826 (2019).

Itatiaia (Parque Nacional de), com cerca de 30.000 ha, foi o primeiro parque criado no país (1937). Localizado na divisa dos estados do Rio de Janeiro e de Minas Gerais, abrange a serra da Mantiqueira, onde está o pico das Agulhas Negras, o quinto mais alto do Brasil (2.790,94 m).

Itatiba (SP), município com 322,276 km², situado na serra da Jurema, região de Campinas. Indústria de móveis. Hab.: 120.858 (2019).

Itaúna (MG), município com 495,769 km², situado na região oeste do estado, desmembrado de Pará de Minas e instalado em 1901. Siderurgia, pecuária. Hab.: 93.214 (2019).

Itaverava (MG), município com 284,220 km², situado no nordeste do estado. Igreja Matriz de Santo Antônio e Sobrado do Padre Taborda tombados pelo Iphan. Hab.: 5.419 (2019).

Itororó (Batalha de), confronto na Guerra do Paraguai (6/12/1868), entre cinco mil paraguaios e 20 mil brasileiros comandados pelo duque de Caxias, na ponte sobre o arroio Itororó. Os paraguaios foram derrotados.

Itu (SP), município com 640,719 km², situado na microrregião de Sorocaba. Convento e igrejas de N. S.ª do Carmo, Matriz de N. S.ª da Candelária e Museu Republicano Convenção de Itu tombados pelo Iphan. Hab.: 173.939 (2019).

Ituaçu (BA), município com 1.199,374 km², situado no sudoeste do estado. Gruta de Mangabeira (há uma igreja inteira construída dentro dela) tombada pelo Iphan. Hab.: 18.962 (2019).

Ituiutaba (MG), município com 2.598,046 km², situado no Triângulo Mineiro. Agropecuária. Indústria alimentícia. Hab.: 104.671 (2019).

Itumbiara (GO), município com 2.464,510 km², situado na região sul do estado. Beneficiamento de grãos. Usinas elétricas de Cachoeira Dourada e Itumbiara, no rio Paranaíba. Hab.: 104.742 (2019).

Itupeva (SP), município com 200,816 km², localizado na microrregião de Jundiaí. Indústria (plásticos, química, autopeças). Comércio. Hab.: 61.252 (2019).

Itupiranga (PA), município com 7.880,109 km², localizado no sudeste paraense. Agropecuária. Hab.: 53.269 (2019).

Iugoslávia (República Federal da), instituída em 1992 e integrada a Montenegro, foi extinta em fevereiro de 2003, quando passou a se chamar República da Sérvia e Montenegro. Em junho de 2006, Sérvia e Montenegro tornaram-se independentes, constituindo a *República da Sérvia* e a *República de Montenegro*.

Ivo, Ledo [Maceió AL, 1924 — Sevilha, Espanha, 2012], poeta, romancista e ensaísta, estreou (1944) com o livro de poemas *As imaginações*. Membro da ABL. Obras: *Ode e elegia, Acontecimento do soneto, Cântico, Ninho de cobras, Poesia observada* etc.

Ivoti (RS), município com 63,092 km², situado na serra gaúcha, colonizado por alemães. Ponte do Imperador tombada pelo Iphan. Hab.: 24.293 (2019).

Jaboatão dos Guararapes (PE), município com 258,724 km², na região metropolitana do Recife. Igrejas de N. S.ª da Piedade e de N. S.ª dos Prazeres e Parque Histórico Nacional dos Guararapes tombados pelo Iphan. Hab.: 702.298 (2019).

Jabor, Arnaldo [Rio de Janeiro RJ, 1940], cineasta e escritor brasileiro. Expoente do Cinema Novo, é autor de documentários e filmes premiados: *Toda nudez será castigada* (Festival de Berlim, 1973), *Eu sei que vou te amar* etc. Escreveu *Pornopolítica* e outros livros. É tb. comentarista político (jornal, rádio e TV).

Jaboticabal (SP), município com 706,602 km², situado no noroeste do estado. Cultura de cana-de-açúcar, usinas de açúcar e álcool. Hab.: 77.263 (2019).

Jabre (pico do), localizado no parque estadual de mesmo nome, no município de Matureia, microrregião da serra do Teixeira PB, tem 1.197 m de altitude.

Jacareí (SP), município com 464,272 km², situado na região do vale do Paraíba. Grandes fábricas de cerveja. Hab.: 233.662 (2019).

Jacob do Bandolim (Jacob Pick Bittencourt, dito) [Rio de Janeiro RJ, 1918 — *id.*, 1969], instrumentista e compositor brasileiro, tocava violão e bandolim. A preferência pelo choro é demonstrada nos discos que gravou a partir de 1957: *Choros evocativos, Assanhado, Chorinhos e chorões, Vibrações* (os dois últimos com o conjunto Época de Ouro) etc.

Jacobina (BA), município com 2.192,903 km², situado na região centro-norte do estado. Sítio arqueológico (gruta dos Ossos). Capela do Bom Jesus da Glória tombada pelo Iphan. Hab.: 80.518 (2019).

Jacundá (PA), município com 2.008,315 km², localizado no sudeste paraense. Agropecuária. Hab.: 59.155 (2019).

Jaguaquara (BA), município com 924,743 km², localizado no centro sul baiano. Agricultura (abacate, limão, hortigranjeiros). Pecuária. Hab.: 54.423 (2019).

Jaguar (Sérgio de Magalhães Gomes Jaguaribe, dito) [Rio de Janeiro RJ, 1932], humorista e cartunista brasileiro, um dos fundadores da revista *O Pasquim*, já passou por vários jornais cariocas.

Jaguaribe Gomes de Matos, **Hélio** [Rio de Janeiro RJ, 1923 — *id.*, 2018], sociólogo e escritor brasileiro, participou da fundação do Instituto Superior de Estudos Brasileiros (Iseb, 1955) e foi ministro da Ciência e Tecnologia (1992). Obras: *Alternativas do Brasil, Desenvolvimento econômico e político* etc.

Jaguaripe (BA), município com 863,112 km², situado no Recôncavo Baiano, cortado por túneis subterrâneos que eram usados pelos moradores como defesa contra os índios. Casa do Ouvidor, Igreja Matriz de N. S.ª da Ajuda e prédio do Paço Municipal tombados pelo Iphan. Hab.: 18.788 (2019).

Jamaica, país situado em uma ilha no centro do mar do Caribe (a terceira maior das Antilhas), América Central, com 10.990 km². Nação independente desde 1962, associada à Comunidade Britânica, monarquia parlamentarista. Capital: *Kingston*; recursos principais: produção de bauxita e turismo. Hab.: 2,8 milhões (2018).

Janaúba (MG), município com 2.181,319 km², situado na região norte do estado. Fruticultura irrigada. Hab.: 71.648 (2019).

Jandira (SP), município com 17,449 km², situado na microrregião de Osasco; seu surgimento está ligado ao desenvolvimento da Estrada de Ferro Sorocabana. Hab.: 124.937 (2019).

Januária (MG), município com 6.661,588 km², situado às margens do rio São Francisco, suas terras foram desbravadas por Manuel de Borba Gato, genro de Fernão Dias. Engenho de cana-de-açúcar. Hab.: 67.742 (2019).

Japão, país situado em um arquipélago, no leste da Ásia, com 377.947 km². Monarquia parlamentarista. É um dos países mais ricos e populosos do mundo. Capital: *Tóquio*; recursos principais: pesca, agropecuária, indústrias de equipamento de transporte e maquinaria elétrica e eletrônica. Hab.: 127,1 milhões (2018).

Japeri (RJ), município com 81,697 km², situado na Baixada Fluminense, às margens do rio Guandu. Agricultura e comércio. Hab.: 104.768 (2019).

Jaraguá (GO), município com 1.849,552 km², situado na microrregião de Anápolis. Igreja de N. S.ª do Rosário tombada pelo Iphan. Hab.: 50.511 (2019).

Jaraguá do Sul (SC), município com 529,412 km², situado na região nordeste do estado. Suas terras eram parte do dote da princesa Isabel, ao casar-se (1864). Hab.: 177.697 (2019).

Jardel Jércolis **Filho** [São Paulo SP, 1928 — Rio de Janeiro RJ, 1983], ator brasileiro de teatro, cinema e televisão. Filmes: *Floradas na serra*, *Terra em transe*, *Macunaíma*, *Rio Babilônia*.

Jardim, Antônio da **Silva** [Capivari RJ, 1860 — vulcão Vesúvio, Itália, 1891], jornalista brasileiro, defensor da república, considerado radical até por seus companheiros republicanos. Colaborou no periódico carioca *Gazeta de Notícias*. Publicou: *A crítica de escada abaixo*, *Campanhas de um propagandista* etc.

Jaru (RO), município com 2.944,128 km², situado na região leste do estado. Reserva biológica. Turismo. Frigoríficos e curtumes. Hab.: 51.775 (2019).

Jataí (GO), município com 7.174,225 km², situado na região sul do estado, na serra do Caiapó. Grãos e bananas. Lençol de águas termais. Hab.: 100.882 (2019).

Jatene, Adib Domingos [Xapuri AC, 1929 — São Paulo SP, 2014] cirurgião cardíaco brasileiro, operava no Incor — Instituto do Coração, no Hospital das Clínicas SP. Foi duas vezes ministro da Saúde (1992 e 1995). Escreveu mais de 300 trabalhos científicos.

Jaú (SP), município com 687,103 km², situado na região centro-oeste do estado. Indústria (esp. calçados) e agricultura (cana-de-açúcar). Hab.: 150.252 (2019).

Jequié (BA), município com 2.969,034 km², situado no centro-sul do estado, desenvolveu-se em torno de movimentada feira que atraía comerciantes de toda região. Pecuária e agricultura. Hab.: 155.966 (2019).

Jequitinhonha, visconde de (Francisco Gomes Brandão, que adotou o nome de Francisco Gê Acaiaba de Montezuma) [Salvador BA, 1794 — Rio de Janeiro RJ, 1870], político brasileiro, um dos precursores do abolicionismo, teve parte ativa na luta pela independência da Bahia. Fundador e presidente honorário da Ordem dos Advogados do Brasil (1830), foi tb. sócio-fundador do Instituto Histórico e Geográfico Brasileiro (IHGB).

Jesus Cristo, para os cristãos, o filho de Deus que se tornou homem, o Messias que veio salvar a humanidade. Para os católicos, nasceu da Virgem Maria por obra e graça do Espírito Santo.

Ji-Paraná (RO) município com 6.896,649 km², situado na região leste do estado, na divisa com Mato Grosso. Indústria madeireira e turismo. Hab.: 128.969 (2019).

Joana Angélica de Jesus (**sóror**) [Salvador BA, 1762 — *id.*, 1822], monja da Ordem Concepcionista, abadessa do Mosteiro da Lapa, em Salvador BA, heroína da Independência, morreu trespassada por uma baioneta ao tentar impedir que as forças portuguesas invadissem o mosteiro.

João de Barro ver *Braguinha* (*Carlos Alberto Ferreira Braga, dito João de Barro*)

João do Rio (João Paulo Emílio Cristóvão dos Santos Coelho Barreto, dito) [Rio de Janeiro RJ, 1881 — *id.*, 1921], escritor, teatrólogo, ensaísta e um dos jornalistas mais importantes de sua época. Obras: *A bela madame Vargas*, *A última noite* (teatro), *As religiões do Rio* (reportagens), *Vida vertiginosa*, *Os dias passam* (crônicas) etc.

João Monlevade (MG), município com 99,158 km², situado na microrregião de Itabira; sede da Cia. Siderúrgica Belgo-Mineira, criada em 1939. Hab.: 79.910 (2019).

João Pessoa (PB), capital do Estado da Paraíba, com 211,286 km², situada no litoral. Ali fica a ponta do Seixas, extremo oriental da América. Turismo. Pesca. Extração de caju e coco. Capela do Engenho da Graça, Convento e Igreja de Santo Antônio, Fonte do Tambiá, igrejas da Misericórdia, da Ordem Terceira de São Francisco, da Ordem Terceira do Carmo, entre outros bens imóveis tombados pelo Iphan. Hab.: 809.015 (2019).

Jobim, Danton [Avaré SP, 1906 — Rio de Janeiro RJ, 1978], redator-chefe do *Diário Carioca*, diretor de *Última Hora* (1965), criador do primeiro curso de jornalismo do Brasil e um dos maiores teóricos da comunicação brasileira. Foi presidente da Associação Brasileira de Imprensa (ABI) e senador pelo Estado da Guanabara. Obras principais: *Introdução ao jornalismo contemporâneo*, *Espírito do jornalismo* etc.

Jobim (Antônio Carlos Brasileiro de Almeida Jobim, dito **Tom**) [Rio de Janeiro RJ, 1927 — Nova York, EUA, 1994], compositor brasileiro conhecido internacionalmente. Além de piano, aprendeu flauta, harmônica de boca e violão. Suas harmonias e melodias foram fundamentais para o surgimento da bossa nova. Criou em 1984 o grupo musical Banda Nova, para *shows* e gravações. Compôs, entre outros sucessos, *Garota de Ipanema* (com Vinicius de Moraes).

Jofre, Éder [São Paulo SP, 1936], pugilista entre os maiores da história, primeiro brasileiro campeão mundial de boxe, primeiro sul-americano a ingressar no Hall da Fama do Boxe (Nova York). Conquistou os títulos mundiais de pesos galo e pena.

Joinville (SC), município com 1.127,946 km², situado na região norte do estado, é o 3º polo industrial do sul do país. Suas terras faziam parte do dote da irmã de D. Pedro II, D. Francisca, ao casar-se com o príncipe de Joinville. Cemitério protestante, Palácio dos Príncipes e parque à rua Mal. Deodoro tombados pelo Iphan. Hab.: 590.466 (2019).

Jordânia (Reino Hachemita da), país da Ásia ocidental, com 89.320 km²; monarquia parlamentarista, independente desde 1946. Crise política desencadeada a partir dos protestos da Primavera Árabe (2011) contra o governo do rei Abdullah II, que trocou quatro vezes de primeiro-ministro até 2012. É um dos reinos mais pobres e ocidentalizados do Oriente Médio. Capital: *Amã*; recursos principais: extrativismo mineral (sal de fosfato, sais de potássio) e indústrias (química, refino de petróleo, alimentícia, produtos minerais não metálicos). Hab.: 7,9 milhões (2018).

Juazeiro (BA), município com 6.721,237 km², situado na região do vale do rio São Francisco, na divisa com o Estado de Pernambuco. Polo agroindustrial e porto fluvial. Turismo: Gruta do Convento, com mais de 5.000 m de comprimento, na divisa com Campo Formoso. Hab.: 216.707 (2019).

Juazeiro do Norte (CE), município com 248,832 km², situado na região sul do estado, no Cariri. É famoso pela devoção ao padre Cícero, responsável até hoje pelo grande número de fiéis que para ali são atraídos. Hab.: 274.207 (2019).

Judas Iscariotes, um dos 12 apóstolos de Jesus Cristo, que, por 30 moedas de prata, indicou-o à guarda com um beijo — o "beijo de Judas", sinônimo de traição. No Brasil é tradição malhar um judas no Sábado de Aleluia.

Juiz de Fora (MG), município com 1.435,749 km², situado na Zona da Mata do estado. Indústria automobilística (Mercedes Benz) e siderúrgica (Belgo-Mineira); pecuária e agricultura. Cineteatro Central tombado pelo Iphan. Hab.: 568.873 (2019).

Jundiaí (SP), município com 431,207 km², situado na microrregião de mesmo nome. Agricultura (esp. café). Parque industrial diversificado. Hab.: 418.962 (2019).

Juno, divindade romana identificada com a *Hera* grega.

Junqueira, Ivan Nóbrega [Rio de Janeiro RJ, 1934 — *id.*, 2014], crítico literário, ensaísta e poeta brasileiro; presidente da ABL (2004-05). Detentor de importantes prêmios literários, seus poemas estão vertidos para oito línguas. Obras: *Os mortos*, *Três meditações na corda lírica*, *A rainha arcaica*, *A sagração dos ossos* etc.

Júpiter, divindade romana identificada com o *Zeus* grego. Em astronomia, é o primeiro dos planetas gasosos e o maior do sistema solar. Diâmetro equatorial: 142.796 km; diâmetro polar: 133.708 km; distância média do Sol: 778.330.000 km; satélites: 16.

Juruena (rio), corre nos estados de Mato Grosso e Pará (1.036 km). Conhecido por ser piscoso; tem como atrativo o salto do Juruena, com cerca de 40 m de queda. Um braço do seu leito abastece a usina hidrelétrica Santa Lúcia, em Sapezal MT.

Juruna, Mário [Barra do Garças MT, 1943 — Brasília DF, 2002], cacique xavante, lutou pelos direitos indígenas. Como deputado federal, criou a Comissão Permanente do Índio, propôs soluções para a demarcação das terras e idealizou o I Encontro de Lideranças dos Povos Indígenas do Brasil, reunindo 664 caciques de todo o país.

Juruti (PA), município com 8.305,454 km², localizado no baixo Amazonas. Mineração (Alcoa). Agropecuária. Hab.: 57.943 (2019).

Kafka, Franz [Praga, atual República Tcheca, 1883 — Kierling, Áustria, 1924], escritor tcheco. Seus escritos não se encaixam em nenhuma escola literária tradicional. Grande parte de sua obra só foi publicada postumamente. Autor de: *A metamorfose*, *O processo*, *O julgamento* etc.

Kant, **Immanuel** [Königsberg, antiga Prússia, 1724 — *id.*, 1804], filósofo alemão. Em seus estudos, dedicou-se esp. a desvendar a natureza e os limites do conhecimento humano. Obras: *Crítica da razão pura*, *Crítica da razão prática* etc.

Kardec (Léon Hippolyte Denizard Rivail, dito **Allan**) [Lyon, França, 1804 — Paris, França 1869], pedagogo e escritor francês, foi discípulo de Pestalozzi e dedicou-se ao ensino. Estudou o fenômeno das "mesas girantes e falantes" e converteu-se ao espiritismo. Obras: *O livro dos espíritos*, *O livro dos médiuns* etc.

Katar ver *Catar*

Kepler, Johannes [Weil, hoje Weil der Stadt, Württemberg, Alemanha, 1571 — Ratisbona, atual Regensburg, Alemanha, 1630], astrônomo e matemático alemão. Formulou três leis do movimento planetário, que formaram a base da lei da gravitação universal de Newton.

Khouri, **Walter Hugo** [São Paulo SP, 1929 — *id.*, 2003], cineasta brasileiro; foi assistente do diretor Lima Barreto em *O Cangaceiro*. Seu primeiro longa-metragem foi *O gigante de pedra* (1953). Outros filmes: *Amor, estranho amor*; *Noite vazia*; *Corpo ardente* etc.

Kierkegaard, Sören Aabye [Copenhague, Dinamarca, 1813 — *id.*, 1855], filósofo e pensador religioso dinamarquês, considerado um dos fundadores do existencialismo. Dedicou-se esp. ao pensamento religioso, na filosofia e na literatura.

Kiribati (República do), país da Oceania centro-oriental, um arquipélago da Polinésia com 33 ilhas e 810 km². Antiga ilha Gilbert, que formava com Ellice (atual Tuvalu) uma colônia inglesa, tornou-se independente (1979) e país-membro da ONU (1999). Capital: *Taraua*; recurso principal: turismo. Hab.: 118.414 (2018).

Klink, **Amir** [São Paulo SP, 1955], navegador brasileiro, em 1984 realizou a primeira travessia do Atlântico Sul a remo, viagem contada no livro *Cem dias entre céu e mar*, e dois anos depois a viagem preparatória à Antártida e cabo Horn, a bordo do veleiro polar "Rapa Nui". A bordo do "Paratii", percorreu 27.000 milhas, da Antártida ao Ártico, em 642 dias (1989-1991). Os livros *Paratii - entre dois polos* e *As janelas do Paratii* relatam e ilustram esse projeto.

Kosovo, país europeu localizado nos Bálcãs, ao sul da antiga Iugoslávia, com 10.908 km². Até 2008 era uma província da Sérvia, quando se declarou independente. As relações do país com a Sérvia são ainda tensas e conflituosas. É um dos países mais pobres da Europa. Capital: *Pristina*; recurso principal: agricultura (trigo, cevada, milho, tabaco). Hab.: 1,8 milhão (2018).

Krajcberg, Frans [Kozienice, Polônia, 1921 — Rio de Janeiro RJ, 2017], gravador e pintor, veio para o Brasil (1948) e naturalizou-se brasileiro (1954); fixado em Nova Viçosa BA, passou a recolher do mangue e da floresta os materiais com que trabalhava. Suas obras estão expostas em museus e coleções particulares do Rio de Janeiro, São Paulo, Paris e Nova York.

Krieger, Edino [Brusque SC, 1928] violinista e compositor brasileiro. Estudou no Conservatório Brasileiro de Música RJ (1943), ganhou o prêmio Música Viva com sua composição *Trio de sopros* (1945) e passou a fazer parte do grupo que defendia no Brasil o dodecafonismo. Foi diretor da Orquestra Sinfônica Nacional.

Kubitschek de Oliveira, **Juscelino** [Diamantina MG, 1902 — Via Dutra, em Resende RJ, 1976], político brasileiro, foi deputado federal (1934-1937; 1946-1950) e prefeito de Belo Horizonte (1940). Elegeu-se governador de seu estado (1950) e presidente da República (1955). Iniciou a construção de estradas e hidrelétricas e a instalação da indústria automobilística. A construção da nova capital federal (inaugurada em 1960), Brasília, foi outra realização sua.

Kuweit ou **Kuwait (Estado do)**, pequeno país desértico, com 17.820 km²; localizado no sudoeste asiático. Monarquia islâmica (emirado), independente desde 1961. Capital: *Cidade do Kuweit* ou *Kuwait*; recurso principal: petróleo. Hab.: 4,1 milhões (2018).

Lacerda, Benedito [Macaé RJ, 1903 — Rio de Janeiro RJ, 1958], flautista e compositor popular brasileiro. Criou o conjunto Gente do Morro (1930), depois chamado Regional Benedito Lacerda. Compôs grandes sucessos carnavalescos: *Acorda, escola de samba!*; *Jardineira*; *Despedida da Mangueira* etc.

Lacerda, Carlos Frederico Werneck de [Vassouras RJ, 1914 — Rio de Janeiro RJ, 1977], político e jornalista brasileiro. Fundou o jornal *A Tribuna da Imprensa* (1949). Foi um dos líderes da oposição ao segundo governo Vargas e do golpe militar de 1964. Primeiro governador eleito do antigo Estado da Guanabara (1960-1965), atual município do Rio de Janeiro.

Lacombe, Américo Lourenço **Jacobina** [Rio de Janeiro RJ, 1909 — *id.*, 1993], historiador e professor brasileiro. Secretário do Conselho Nacional de Educação, diretor da Casa de Rui Barbosa e presidente do Instituto Histórico e Geográfico Brasileiro (IHGB). Membro da ABL. Obras: *Um passeio pela história do Brasil*, *Ensaios brasileiros de história*, *Formação literária de Rui Barbosa* etc.

Laet, Carlos Maximiliano Pimenta **de** [Rio de Janeiro RJ, 1847 — *id.*, 1927], professor, jornalista, escritor, filólogo e político brasileiro, grande defensor da monarquia durante a campanha republicana. Membro fundador e presidente da ABL. Obras: *Poesias*, *A descoberta do Brasil*, *Antologia nacional* (com Fausto Barreto) etc.

La Fontaine, Jean de [Château-Thierry, França, 1621 — Paris, França, 1695], poeta francês conhecido pelas suas *Fábulas* (1668 a 1694), versos leves inspirados nas *Fábulas de Esopo*, que mostram o comportamento humano através dos animais. São utilizadas, até hoje, como parte da educação das crianças de muitos países.

Lagarto (SE), município com 968,921 km², situado a 78 km de Aracaju, foi uma antiga aldeia dos índios cariris, na confluência dos rios Piauí e Jacaré. Hab.: 104.408 (2019).

Lages (SC), município com 2.637,660 km², situado na microrregião de Campos de Lages, na divisa com o Estado do Rio Grande do Sul. Pioneira do turismo rural. Hab.: 157.544 (2019).

Lagoa Santa (MG), município da região metropolitana de Belo Horizonte, com 229,409 km². É o segundo produtor de abacaxi do estado. Túmulos do Dr. Pedro Guilherme Lund e seus colaboradores tombados pelo Iphan. Gruta da Lapinha, com 511 m de extensão e 40 de profundidade. Hab.: 64.527 (2019).

Laguna (Retirada da), episódio da Guerra do Paraguai, em 1867, quando uma tropa de 1.700 homens, liderada pelo coronel Carlos de Morais Camisão, entrou em território inimigo, foi rechaçada pelos paraguaios e teve de retirar-se.

Laguna (SC), município histórico litorâneo, com 333,986 km², situado na extremidade sul de uma península da região sul do estado. Por ali passava a linha imaginária do Tratado de Tordesilhas. Centro histórico e casa à praça da Bandeira tombados pelo Iphan. Pesca e turismo. Hab.: 45.814 (2019).

Lajeado (RS), município com 91,591 km², na região centro-oriental do estado, às margens do rio Taquari. Agroindústria, indústria alimentícia e de móveis. Hab.: 84.014 (2019).

Lampião (Virgulino Ferreira da Silva, dito) [Serra Talhada PE, 1898 — Angicos SE, 1938], cangaceiro brasileiro, dito Rei do Cangaço. Chefiou um bando que dominou o sertão nordestino por quase 20 anos. Suas histórias serviram de inspiração para muitos autores da literatura de cordel.

Langsdorf, Georg Heinrich von [Wöllstein, Alemanha, 1773 — Freiburg, Alemanha, 1852], naturalista alemão. Participou da expedição russa à América do Sul (1803) e realizou importante pesquisa sobre a fauna e a flora brasileiras. Foi cônsul-geral da Rússia no Rio de Janeiro (1813-1820). Obra: *Notas sobre uma viagem ao redor do mundo nos anos 1803-1807*.

Laos (República Popular Democrática do), país do sudeste asiático, com 236.800 km². Regime de partido único (militar ditatorial de orientação comunista), desde 1975. É um dos países menos desenvolvidos do sudeste asiático. Capital: *Vientiane*; recursos principais: agricultura (arroz, milho, cana-de-açúcar, café) e pecuária (bovinos, búfalos, suínos). Hab.: 7,1 milhões (2018).

Lapa (PR), município da microrregião de mesmo nome, com 2.093,859 km², situado na divisa com o Estado de Santa Catarina. Conjunto arquitetônico e paisagístico, cadeia pública, Igreja Matriz da Lapa e Teatro São João tombados pelo Iphan. Hab.: 48.163 (2019).

Lapa, Manuel **Rodrigues** [Anadia, Portugal, 1897 — *id.*, 1989], filólogo e historiador literário português. Dedicou-se à pesquisa de textos clássicos. Morou algum tempo no Brasil, onde foi professor na Faculdade de Filosofia de Belo Horizonte MG. Obras: *Lições de literatura portuguesa — época medieval*, *Estilística da língua portuguesa* etc.

Laranjeiras (SE), município com 162,273 km², situado na região leste do estado, no vale do Cotinguiba. Importante cidade histórica. Conjunto arquitetônico e paisagístico, Capela do Engenho Jesus Maria José, Casa do Engenho Retiro, Igreja de Comandaroba e Igreja Matriz do Coração de Jesus tombados pelo Iphan. Hab.: 29.826 (2019).

Lara Resende, Otto de Oliveira ver *Resende, Otto de Oliveira Lara*

Lassance (MG), município com 3.204,217 km², situado na região de Pirapora, na margem direita do rio São Francisco. Casa de Saúde Carlos Chagas e estação ferroviária tombadas pelo Iphan. Hab.: 6.512 (2019).

Lattes, César Mansueto Giulio [Curitiba PR, 1924 — Campinas SP, 2005], físico brasileiro, um dos fundadores e diretor do Centro Brasileiro de Pesquisas Físicas, instituto que inspirou a criação do hoje Conselho Nacional de Desenvolvimento Científico e Tecnológico (CNPq), em 1951. A descoberta do píon, partícula nuclear elementar, em 1947, foi o grande marco da sua carreira.

Lauro de Freitas (BA), município com 57,664 km², situado na região metropolitana de Salvador. Aeroporto internacional. Igreja Matriz de Santo Amaro de Ipitanga tombada pelo Iphan. Hab.: 198.440 (2019).

Lavras (MG), município com 564,744 km² situado na região sul do estado. Café e gado leiteiro. Igreja Matriz de N. S.ª do Rosário tombada pelo Iphan. Hab.: 103.773 (2019).

Leão Diegues, **Nara** Lofego [Vitória ES, 1942 — Rio de Janeiro RJ, 1989], cantora brasileira, considerada a musa da bossa nova, e uma das grandes intérpretes desse movimento. Imortalizou clássicos da MPB: *O barquinho*; *Olê, olá*; *Esse mundo é meu*; *Com açúcar, com afeto*; *Apanhei-te cavaquinho* etc.

Le Corbusier (Charles-Édouard de Jenneret-Gris, dito) [La Chaux-de-Fonds, Suíça, 1887 — Roquebrune-Cap-Martin, França, 1965], arquiteto e urbanista franco-suíço, um dos pioneiros da arquitetura moderna, criador de um novo estilo de habitação, dito funcional. Exerceu influência decisiva sobre a obra dos arquitetos brasileiros Lúcio Costa e Oscar Niemeyer.

Lei Áurea foi promulgada pela regente princesa Isabel em 13/5/1888, abolindo a escravidão no Brasil.

Leibniz, Gottfried Wilhelm [Leipzig, Alemanha, 1646 — Hannover, Alemanha, 1716], matemático e filósofo alemão. Descobriu, simultaneamente com Isaac Newton, a teoria do cálculo integral e diferencial. Inventou a máquina de calcular. Obras: *Novos ensaios sobre o entendimento humano* etc.

Lei dos Sexagenários, escrita originalmente pelo então jovem deputado Rui Barbosa, foi aprovada em 1885, tornando livres os escravos com idade igual ou superior a 65 anos. Provocou grande mobilização nas cidades e nos campos contra a escravidão.

Lei do Ventre Livre, promulgada pelo governo imperial, tornou livres as crianças nascidas de mães escravas a partir de 28/9/1871.

Leite, Ascendino [Conceição do Piancó PB, 1915 — João Pessoa PB, 2010], romancista, memorialista e jornalista brasileiro. Fundou a *Gazeta da Paraíba* (1937) e dirigiu vários jornais no Rio de Janeiro e em São Paulo. Obras: *A viúva branca*, *Estética do modernismo*, *A prisão*, *O brasileiro* etc.

Leme (SP) município com 402,871 km², situado na região administrativa de Campinas e cortado pelo rio Mogi Guaçu. Anualmente acontece a Romaria dos Canoeiros e Cavaleiros de Leme. Hab.: 103.391 (2019).

Leminski Filho, **Paulo** [Curitiba PR, 1944 — *id.*, 1989], poeta brasileiro, um dos mais reconhecidos de sua geração. Compositor, realizou parcerias com músicos como Caetano Veloso e o conjunto A cor do som. Obras: *Catatau*, *Caprichos e relaxos*, *Agora é que são elas*, *Distraídos venceremos* etc.

Lençóis (BA), município da chapada Diamantina, região centro-sul do estado, com 1.283,328 km². Conjunto arquitetônico e paisagístico tombado pelo Iphan. Hab.: 11.409 (2019).

Lençóis Paulista (SP), município com 809,541 km², localizado na região centro-oeste do estado. Indústria (açúcar, álcool, celulose, óleo lubrificante, estruturas metálicas e alimentos). Hab.: 68.432 (2019).

Lênin (Vladimir Ilitch Ulianov, dito) [Simbirsk, Rússia, 1870 — Gorki, Rússia, 1924], estadista russo, fundador do Estado soviético. Chefiou a revolução socialista de 1917 e lançou as bases da doutrina comunista. Obras: *Imperialismo, fase superior do capitalismo*; *O Estado e a revolução* etc.

Leoni Ramos, **Raul de** [Petrópolis RJ, 1895 — Itaipava RJ, 1926], poeta brasileiro da fase pré-modernista, considerado um autor independente, sem ligações com movimentos literários. Obras: *Ode a um poeta morto*, *Luz mediterrânea* etc.

Leônidas da Silva [Rio de Janeiro RJ, 1913 — Cotia SP, 2004], jogador de futebol brasileiro, centroavante, dito Diamante Negro. Jogou no Flamengo (1936-1941) e tornou-se um grande ídolo da história do clube. Artilheiro da Copa de 1938. Considerado o inventor do chute "bicicleta".

Leopoldina (Maria Leopoldina Josefa Carolina de Habsburgo-Lorena, **imperatriz**) [Viena, Áustria, 1797 — Rio de Janeiro RJ, 1826], primeira imperatriz brasileira, esposa de D. Pedro I. Dita Paladina da Independência por sua atuação política favorável à independência do Brasil.

Leopoldina (MG), município com 943,077 km², situado na região da Zona da Mata, às margens da BR-116. Pecuária leiteira. Hab.: 52.587 (2019).

Léry, Jean de [La Margelle, França, 1536 — Berna, Suíça, 1613], missionário protestante francês, veio ao Brasil (1557) para fixar-se na França Antártica, colônia fundada por Villegaignon no Rio de Janeiro. Publicou o livro *Viagem à terra do Brasil*, fonte de estudo das origens do país, da vida e dos costumes dos primeiros habitantes.

Lesoto (Reino de), país do sul da África, com 30.360 km². Monarquia parlamentarista, independente desde 1966. Capital: *Maseru*; recurso principal: agropecuária. Hab.: 2,2 milhões (2018).

Lessa, **Aureliano** José [Diamantina MG, 1828 — Conceição do Serro MG, 1861], poeta brasileiro, da segunda fase do Romantismo, companheiro de Álvares de Azevedo. Obras: *Poesias póstumas* etc.

Lessa, **Orígenes** [Lençóis Paulista SP, 1903 — Rio de Janeiro RJ, 1986], jornalista e escritor brasileiro. Trabalhou em diversos jornais e foi redator publicitário. Na literatura, escreveu contos e romances. Membro da ABI e da ABL. Obras: *O feijão e o sonho*, *Rua do sol*, *O evangelho de Lázaro*, *Não há de ser nada* etc.

Letícia Quadros, **Ana** [Teresópolis RJ, 1929 — Rio de Janeiro RJ, 2018], gravadora e pintora brasileira, notabilizou-se por suas gravuras de caracóis e folhas. Bastante atuante nos anos 1960, foi contemporânea de Ivan Serpa, Osvaldo Goeldi e Darel Lins.

Letônia (República da), país do norte da Europa central, um dos países bálticos, com 64.560 km². República parlamentarista, é uma das 15 ex-repúblicas da União Soviética que se tornaram independentes em 1991. Capital: *Riga*; recursos principais: agricultura e serviços. Hab.: 1,9 milhão (2018).

Líbano (República do), país da Ásia ocidental, com 10.450 km², situado na extremidade leste do mar Mediterrâneo. República parlamentarista, independente desde 1943. Relações conflituosas com a vizinha Síria desde os anos 1940. Capital: *Beirute*; recurso principal: agricultura (trigo, algodão, oliveira, vinhas). Hab.: 6 milhões (2018).

Libéria (República da), país da África ocidental, com 111.370 km². República presidencialista, independente desde 1847. Capital: *Monróvia*; recursos principais: agricultura (arroz, café, cana-de-açúcar, cacau), extrativismo mineral (ferro). Hab.: 4,8 milhões (2018).

Líbia (Grande Jamahirya Popular Socialista da), país do norte da África, com 1.759.540 km². República ditatorial militar instalada em 1969; guerra civil desde 2011, com a queda da ditadura de Muammar Khaddafi; Capital: *Trípoli*; recurso principal: petróleo. Hab.: 6,5 milhões (2018).

Liechtenstein (Principado de), país da Europa centro-ocidental, entre a Suíça e a Áustria, com 160 km². Monarquia parlamentarista, independente desde 1806. Capital: *Vaduz*; recursos principais: agricultura (trigo, aveia, centeio, milho) e indústrias (têxteis, produtos farmacêuticos, instrumentos de precisão etc.). Hab.: 38 mil (2018).

Lima, José Inácio Ribeiro de **Abreu e**, dito *padre Roma* [Recife PE, 1768 — Salvador BA, 1817], revolucionário brasileiro, lutou na Revolução Pernambucana de 1817 e foi julgado e executado na Bahia. — **José Inácio de Abreu e Lima** [Recife PE, 1794 — *id.*, 1869], seu filho, militar, revolucionário, político e historiador brasileiro, lutou pela independência da Venezuela, junto a Simón Bolívar.

Lima, **Alceu de Amoroso** (Rio de Janeiro RJ, 1893 — Petrópolis RJ, 1983) ensaísta, crítico e pensador brasileiro, adotou o pseudônimo de Tristão de Ataíde; convertido ao catolicismo, tornou-se um defensor da Igreja católica no Brasil. Foi membro da ABL. Obras:

Introdução à economia moderna, Preparação à sociologia, No limiar da idade nova, O espírito e o mundo etc.

Lima, Arthur Moreira [Rio de Janeiro RJ, 1940], pianista brasileiro. Tocou com a OSB, pela primeira vez, aos 9 anos. Apresentou-se em orquestras de diversos países e lançou alguns discos. Além da música clássica, a MPB tb. faz parte de seu repertório.

Lima, Antônio **Augusto de** [Nova Lima MG, 1859 — Rio de Janeiro RJ, 1934], professor, político e poeta parnasiano brasileiro. Desempenhou importantes funções públicas. Foi um dos fundadores da Faculdade de Direito de Minas Gerais. Membro da ABL. Obras: *Contemporâneas, Símbolos, Noites de sábado* etc.

Lima, Hermes [Livramento do Brumado BA, 1902 — Rio de Janeiro RJ, 1978], magistrado e político brasileiro. Chefe da Casa Civil durante o governo João Goulart, membro do Conselho Federal de Educação, ministro do Supremo Tribunal Federal, membro da ABL. Obras: *Introdução à ciência do Direito, Problemas do nosso tempo, Lições da crise* etc.

Lima, Jorge Mateus **de** [União dos Palmares AL, 1895 — Rio de Janeiro RJ, 1953], escritor brasileiro, recebeu influências de diversos movimentos literários no romance e na poesia. A religiosidade fez parte da sua temática e tornou-se conhecido como o poeta do lirismo cristão. Obras: *Invenção de Orfeu, O acendedor de lampiões, A túnica inconsútil, Calunga, Mulher obscura* etc.

Lima Barreto, Afonso Henriques de ver *Barreto, Afonso Henriques de Lima*

Lima Barreto, Vítor ver *Barreto, Vítor Lima*

Lima e Silva, Luís Alves de ver *Caxias, duque de*

Lima Sobrinho, Alexandre José **Barbosa** [Recife PE, 1897 — Rio de Janeiro RJ, 2000], advogado, jornalista, ensaísta, historiador, professor, político brasileiro e membro da ABL, defendeu a liberdade de imprensa e os direitos humanos. Obras: *A língua portuguesa e a unidade do Brasil, Estudos nacionalistas, Sistemas eleitorais e partidos políticos* etc.

Limeira (SP), município com 580,711 km², da região central do estado, localizado entre os rios Mogi Guaçu e Piracicaba. Maior produtor de cítricos da América Latina. Hab.: 306.114 (2019).

Limoeiro (PE), município da região do Agreste do estado, com 273,739 km², entre a serra do Redentor e o rio Capibaribe. Hab.: 56.250 (2019).

Limoeiro do Norte (CE), município com 750,068 km², localizado na mesorregião de Jaguaribe. Agropecuária. Artesanato. Cantaria. Hab.: 59.540 (2019).

Lincoln, Abraham [Hodgenville, EUA, 1809 — Washington, EUA, 1865], político norte-americano, décimo sexto presidente dos EUA (1861 a 1865), conhecido pelos seus ideais democráticos e abolicionistas. Governou em meio à Guerra de Secessão e seu maior feito foi preservar a unidade norte-americana durante o conflito. Morreu assassinado por um fanático oposicionista.

Linhares (ES), município com 3.496,263 km², situado no litoral norte do estado, às margens do rio Doce; antiga aldeia dos índios botocudos, é responsável por 60% do petróleo e 90% do gás natural do estado. Hab.: 173.555 (2019).

Linhares, José [Baturité CE, 1886 — Caxambu MG, 1957], magistrado brasileiro. Foi juiz de Direito, desembargador, ministro do Tribunal Superior Eleitoral e presidente do Supremo Tribunal Federal. Presidiu interinamente o país por três meses (1945-1946), após a queda de Getúlio Vargas. Passou o cargo para o marechal Eurico Gaspar Dutra.

Lins, Álvaro de Barros [Caruaru PE, 1912 — Rio de Janeiro RJ, 1970], escritor, crítico, ensaísta, professor e jornalista brasileiro. Foi chefe da Casa Civil do governo Juscelino Kubitscheck, embaixador em Portugal e membro da ABL. Obras: *História literária de Eça de Queirós, A glória de César e o punhal de Brutus, Literatura e vida literária* etc.

Lins, Osman da Costa [Vitória de Santo Antão, PE, 1924 — São Paulo SP, 1978], escritor brasileiro, produziu romances, contos, peças teatrais e ensaios. Obras: *O visitante, Avalovara, Lisbela e o prisioneiro, Guerra do cansa-cavalo* etc.

Lins (SP), município da região oeste do estado, com 570,058 km², formado a partir do povoamento de um núcleo em torno da estação ferroviária da Estrada de Ferro Noroeste do Brasil. Hab.: 78.013 (2019).

Lins e Silva, Evandro ver *Silva, Evandro Lins e*

Lisboa, Henriqueta [Lambari MG, 1903 — Belo Horizonte MG, 1985], poetisa simbolista brasileira, primeira mulher eleita para a Academia Mineira de Letras (1963), recebeu o prêmio Machado de Assis da ABL. Obras: *Fogo-fátuo, Enternecimento, Velário, Flor da morte* etc.

Lisboa, João Francisco [Pirapema MA, 1812 — Lisboa, Portugal, 1863], historiador, pensador político e escritor brasileiro, patrono da ABL, cadeira 18. Obras: *Jornal de Timon, Vida do padre Antônio Vieira, Obra completa* etc.

Lispector, Clarice [Tchetchelnik, Ucrânia, 1920 — Rio de Janeiro RJ, 1977], jornalista e escritora brasileira de origem ucraniana, publicou romances, contos, crônicas e livros infantojuvenis. Inspirou-se nos conflitos da existência humana e dissecou a alma dos personagens. Obras: *O lustre, A hora da estrela, Perto do coração selvagem, Laços de família* etc.

Liszt, Franz [Doborján, Hungria, 1811 — Bayreuth, Alemanha, 1886], compositor húngaro, conhecido pelo virtuosismo ao piano. Compôs poemas sinfônicos e regeu óperas e concertos. Obras: *Fausto, Rapsódias húngaras, Sonata em si menor, Sonhos de amor* etc.

Lituânia (República da), país do norte da Europa central, com 65.300 km², o maior dos países bálticos. República parlamentarista, uma das 15 ex-repúblicas da União Soviética que se tornaram independentes em 1991. Capital: *Vilnius*; recursos principais: agropecuária e indústria de alimentos e máquinas. Hab.: 2,8 milhões (2018).

Lobato, José Bento **Monteiro** [Taubaté SP, 1882 — São Paulo SP, 1948], escritor brasileiro, um dos maiores autores de literatura infantil da língua portuguesa. Criou personagens antológicos, como a boneca Emília e o visconde de Sabugosa. Foi um nacionalista, defensor do petróleo brasileiro. Obras: *O sítio do pica-pau amarelo, Reinações de Narizinho, Caçadas de Pedrinho, Urupês, Cidades mortas* etc.

Lobo, Aristides da Silveira [Mamanguape PB, 1838 — Barbacena MG, 1896], político brasileiro, um dos chefes do levante da Proclamação da República (1889). Adversário do governo Deodoro da Fonseca (1891), apoiou Floriano Peixoto.

Lobo (Eduardo de Góis Lobo, dito **Edu**) [Rio de Janeiro RJ, 1943], cantor e compositor brasileiro. Sua obra foi no início influenciada pela bossa nova. Fez parcerias com Vinicius de Moraes e Capinam, entre outros. Recebeu o prêmio Shell de melhor compositor brasileiro (1994) e o Grammy Latino de Melhor álbum de MPB por *Cambaio* (2002) e *Dos navegantes* (2017). Outras obras: *Edu canta Zumbi, 5 na bossa, Camaleão, O grande circo místico* etc.

Lobo, Francisco **Rodrigues** [Leiria, Portugal, c. 1580 — Lisboa, Portugal, 1622], escritor português, destacou-se na prosa e na poesia. Suas *Éclogas* são consideradas clássicos da língua portuguesa. Autor tb. de importante trilogia pastoril: *Primavera, Pastor peregrino* e *Desencantado.*

Lomas Valentinas (Batalha das), uma das decisivas batalhas da Guerra do Paraguai (1868), comandada pelo futuro duque de Caxias e pelo general Mena Barreto, forçou os paraguaios, liderados pelo general Solano López, a baterem em retirada da região.

Londrina (PR), município com 1.652,569 km², situado na região norte central do estado. Plantações de café. Hab.: 569.733 (2019).

Lopes, Fernão [Portugal, séc. XIV — ?, séc. XV], cronista português, registrou a história dos primeiros reis portugueses. Seus escritos são de grande importância para a história de Portugal e para a língua portuguesa. Obras: *Crônica de Dom João I, Crônica de Dom Pedro I, Crônica de Dom Fernando* etc.

Lopes, José **Leite** [Recife PE, 1918 — Rio de Janeiro RJ, 2006], físico brasileiro, diretor científico do Centro Brasileiro de Pesquisas Físicas. Professor universitário no Brasil, México, França, Argentina e Venezuela. Membro da ABC. Obras: *Introdução à teoria atômica da matéria, Unificando as forças da natureza* etc.

Lopes, Moacir Costa [Quixadá CE, 1927 — Rio de Janeiro RJ, 2010], romancista brasileiro. Seus livros têm sido adotados em colégios do ensino fundamental e estudados em universidades brasileiras e estrangeiras. Obras: *Maria de cada porto, A ostra e o vento, O almirante negro* etc.

Lopes Neto, João **Simões** [Pelotas RS, 1865 — *id.*, 1916], escritor e jornalista brasileiro. Produziu diversos gêneros literários, mas notabilizou-se como dramaturgo e contista. Obras: *Contos gauchescos, Lendas do Sul* etc.

Lorena (SP), município com 414,160 km², situado na região do vale do Paraíba, aos pés da serra da Mantiqueira. Hab.: 88.706 (2019).

Lucas do Rio Verde (MT), município com 3.675,221 km², localizado no norte mato-grossense. Agricultura (grãos, esp. soja; agronegócio). Pecuária. Hab.: 65.534 (2019).

Lucena (PB), município com 89,204 km². Igreja de N. S.ª da Guia tombada pelo Iphan. Hab.: 13.080 (2019).

Luft, Lia Fett [Santa Cruz RS, 1938], tradutora e escritora brasileira, formou-se em Pedagogia e Letras anglo-germânicas. Professora de Linguística, traduziu mais de cem livros. Escreveu poemas, romances, crônicas e ensaios. Obras: *Canções de limiar, A asa esquerda do anjo, O quarto fechado, O rio do meio, Histórias do tempo, Perdas & Ganhos* etc.

Luís Pereira de Sousa, **Washington** [Macaé RJ, 1869 — São Paulo SP, 1957], político brasileiro, elegeu-se presidente da República (1926-1930), sendo o último da República Velha (1989-1930). A Revolução de 1930 eclodiu pouco antes do fim de seu mandato. Foi deposto por uma junta militar e Getúlio Vargas assumiu o poder.

Luís Eduardo Magalhães (BA), município com 3.940,537 km², localizado no extremo oeste baiano. Agricultura (soja, agronegócio). Pecuária. Hab.: 87.519 (2019).

Luís IX ou **São Luís** [Poissy, França, 1214 — Túnis, Tunísia, 1270], rei da França (1226-1270), conhecido por sua integridade e justiça. Assinou o Tratado de Paris (1259) com Henrique III da Inglaterra e obteve a Normandia, Anjou, Maine e Poitou. Lançou as bases do parlamento francês. Construiu em Paris a Sainte-Chapelle. Foi canonizado (1287).

Luís XIV, o Grande [Saint-Germain-en-Laye, França, 1638 — Versalhes, França, 1715], rei da França (1643-1715), dito o Rei-Sol, monarca absolutista, a ele se atribui a frase "O Estado sou eu". Restabeleceu as finanças, fomentou o comércio e a indústria, investiu em obras públicas e na marinha. Incentivou escritores e artistas. Deflagrou várias guerras para impor o predomínio francês, o que arruinou as finanças do país.

Luís XVI [Versalhes, França, 1754 — Paris, França, 1793], rei da França (1774-1791) e dos franceses (1791-1792), mergulhou o país em crise econômica. Ao eclodir a Revolução Francesa (1789), tentou fugir do país (1791). Foi preso, julgado traidor da República e condenado à morte na guilhotina. Sua mulher, Maria Antonieta, teve o mesmo fim.

Lula da Silva, Luís Inácio [Garanhuns PE, 1945], político brasileiro. Torneiro mecânico na juventude, presidiu o Sindicato dos Metalúrgicos do ABC paulista na década de 1970. Foi um dos fundadores do PT (1980). Presidente de honra do partido, elegeu-se à Presidência da República em 2002 e reelegeu-se em 2006. Mesmo afastado do poder, continuou influenciando a política nacional até ser preso em 2018, sob a acusação de envolvimento em forte esquema de corrupção durante seu governo.

Lund, Peter Wilhelm [Copenhague, Dinamarca, 1801 — Lagoa Santa MG, 1880], naturalista dinamarquês radicado no Brasil, tido como pai da paleontologia brasileira. Encontrou em Minas Gerais (1843) os ossos do dito Homem da Lagoa Santa, um antepassado do homem moderno.

Lutero, Martinho [Eisleben, Alemanha, 1483 — *id.*, 1546], teólogo alemão, líder da Reforma, movimento religioso que originou o protestantismo em oposição ao catolicismo. Foi excomungado pelo papa Leão X (1521). Suas doutrinas e crenças ficaram conhecidas como *luteranas*.

Lutz, Adolfo [Rio de Janeiro RJ, 1855 — *id.*, 1940], médico e cientista brasileiro, estudioso do combate a diversas doenças epidêmicas: cólera, febre amarela, febre tifoide e malária. Foi diretor do Instituto Bacteriológico de São Paulo, agora chamado Instituto Adolfo Lutz. Obras: *A propósito da leishmaniose*, *Novas espécies de mosquitos no Brasil*, *Febre tifoide em São Paulo* etc.

Luxemburgo (Grão-Ducado de), o menor dos países da Comunidade Europeia, com apenas 2.590 km², incrustrado entre a França, a Alemanha e a Bélgica. Monarquia parlamentarista, independente desde 1867. Capital: *Cidade de Luxemburgo*; recurso principal: indústria (metalúrgica e siderúrgica). Hab.: 590.321 (2018).

Luz, Carlos Coimbra da [Três Corações MG, 1894 — Rio de Janeiro RJ, 1961], político brasileiro, ocupou interinamente a Presidência da República (1955), durante o governo Café Filho. Ao longo de sua vida pública, exerceu diversos cargos municipais, estaduais e federais.

Luziânia (GO), município histórico com 3.961,100 km², no entorno de Brasília. É rico em ouro, cristais de rocha e madeira de lei. Hab.: 208.299 (2019).

Lyra Barbosa, **Carlos** Eduardo [Rio de Janeiro RJ, 1936], compositor e cantor popular brasileiro, um dos pioneiros da bossa nova. Compôs: *Coisa mais linda*, *Minha namorada*, *Primavera*, *Marcha da quarta-feira de cinzas* etc.

Mm

Mabe, Manabu [Kumamoto, Japão, 1924 — São Paulo SP, 1997], pintor brasileiro de origem japonesa. Chegou ao Brasil em 1934. Pintou seus primeiros quadros na década de 1940, tendo sido premiado em diversas exposições nacionais e internacionais. Dedicou-se tb. à tapeçaria. Foi um dos pioneiros da pintura abstrata no Brasil.

Macaé (RJ), município litorâneo, com 1.215,485 km², situado na região norte do estado. Suas terras faziam parte da Capitania de São Tomé. Extração de petróleo. Hab.: 256.672 (2019).

Macaíba (RN), município com 510,092 km², situado na região metropolitana de Natal, a apenas 20 km da capital. Primeiro produtor de mandioca e o segundo maior de caju do estado. Hab.: 80.792 (2019).

Macapá (AP), capital do Estado do Amapá desde 1943, com 6.563,849 km², localizada na margem esquerda do rio Amazonas, em sua foz. Foi colonizada por açorianos. Zona de comércio livre desde 1991. Fortaleza de São José tombada pelo Iphan. Hab.: 503.327 (2019).

Macau (Região Administrativa Especial de), antiga colônia portuguesa, localizada na Ásia oriental, com 28,6 km², desde dezembro de 1999 região autônoma administrada pela China. Capital: *Macau*; recursos principais: chá e pesca. Hab.: 632.418 (2018).

Macaúbas (Abílio César Borges, **barão de**) [Rio de Contas BA, 1824 — Rio de Janeiro RJ, 1891], educador brasileiro conhecido por suas ideias renovadoras, como a da abolição dos castigos corporais nas escolas. Foi um dos precursores do livro didático no Brasil e mestre de Castro Alves, Rui Barbosa e Raul Pompeia.

Macedo, Joaquim Manuel de [Itaboraí RJ, 1820 — Rio de Janeiro RJ, 1882], escritor brasileiro, amigo pessoal de D. Pedro II. Seu primeiro romance, *A moreninha* (1945), alcançou grande popularidade. Patrono da cadeira 20 da ABL. Obras: *Os dois amores*, *A luneta mágica*, *Memórias do sobrinho de meu tio* etc.

Macedônia (República da), país do sudeste europeu, com 25.710 km². República parlamentarista, independente desde 1991. Capital: *Escópia (Skopje)*; recurso principal: agropecuária. Hab.: 2.066.785 (2012).

Maceió (AL), capital do Estado de Alagoas, cidade turística litorânea com 509,320 km², entre a lagoa de Mundaú e o oceano Atlântico. Tem a maior unidade de preservação marinha do Brasil, a costa dos Corais (415.565 ha). Hab.: 1 milhão (2019).

Machado, Ana Maria [Rio de Janeiro RJ, 1941], escritora brasileira, autora, entre outros estilos, de literatura infantojuvenil. Suas obras foram traduzidas para vários idiomas. Membro da ABL. Obras: *Alice e Ulisses, Bisa Bia. Bisa Bel, A audácia dessa mulher* etc.

Machado, Anésia Pinheiro [Itapetininga SP, 1904 — Rio de Janeiro RJ, 1999], aviadora brasileira, uma das primeiras mulheres a tirar brevê de piloto no Brasil (1922). Recebeu várias condecorações do governo do Brasil e de governos estrangeiros. Suas cinzas estão no Museu Santos Dumont, em Minas Gerais.

Machado, Aníbal Monteiro [Sabará MG, 1894 — Rio de Janeiro RJ, 1964], escritor brasileiro. Presidente da Associação Brasileira de Escritores (1944), ajudou a criar grupos de teatro, como o Teatro Popular Brasileiro, Os Comediantes, o Teatro Experimental do Negro e o Tablado. Obras: *João ternura, Histórias reunidas, A morte da porta-estandarte* etc. — **Maria Clara Machado** [Belo Horizonte MG, 1921 — Rio de Janeiro RJ, 2001], sua filha, teatróloga, diretora e atriz brasileira, referência do teatro infantil. Fundou o Tablado, grupo de teatro amador e escola de atores (Rio de Janeiro, 1951). Obras: *Pluft, o fantasminha, A bruxinha que era boa, O rapto das cebolinhas, A menina e o vento* etc.

Machado, Gilka da Costa de Melo [Rio de Janeiro RJ, 1893 — *id.*, 1980], poetisa simbolista brasileira, adepta do verso livre. Recebeu o prêmio Machado de Assis da ABL (1979). Obras: *Cristais partidos, Mulher nua, Carne e alma* etc.

Machado, José Gomes **Pinheiro** [Cruz Alta RS, 1851 — Rio de Janeiro RJ, 1915], político brasileiro. Abolicionista e um dos fundadores do Partido Republicano Conservador (1910). Elegeu-se senador na primeira Constituinte republicana (1891). Teve muita força e influência política.

Machado de Assis, Joaquim Maria ver *Assis, Joaquim Maria Machado de*

Maciel, Luís Carlos [Porto Alegre RS, 1938 — Rio de Janeiro RJ, 2017], teatrólogo, cineasta, escritor e jornalista brasileiro, foi ícone da contracultura. Lecionou na Escola de Teatro da Universidade Federal da Bahia. Ajudou a fundar a edição brasileira da revista *Rolling Stones*. Obras: *Nova consciência, A morte organizada* etc.

Maciel, Olegário [Bom Despacho MG, 1855 — Belo Horizonte MG, 1933], político brasileiro. Durante o Império, elegeu-se duas vezes deputado por MG. Após a Proclamação da República, foi deputado na Assembleia Constituinte mineira e senador. Durante o governo Getúlio Vargas, foi nomeado interventor (1930) e depois presidente de Minas Gerais, cargo que ocupou até a morte.

Madagascar (República de), país situado em uma ilha do sudeste africano, separada do continente pelo canal de Moçambique, com 587.040 km². República parlamentarista, independente desde 1960. Capital: *Antananarivo*; recursos principais: agricultura (maior produtor mundial de baunilha) e pecuária. Hab.: 26,2 milhões (2018).

Madeira (rio), afluente da margem direita do rio Amazonas, é o 3º rio do país em extensão (3.370 km) e o 20º do mundo. Banha algumas das regiões mais férteis do Brasil, nos estados do Amazonas e de Rondônia.

Mafra (SC), município com 1.404,084 km², localizado no norte catarinense. Agricultura (soja, milho, feijão). Pecuária. Silvicultura. Hab.: 56.292 (2019).

Magaldi, Antônio **Sábato** [Belo Horizonte MG, 1927 — São Paulo SP, 2016], crítico de teatro brasileiro, tornou-se conhecido como comentarista cultural de *O Estado de S. Paulo* e do *Jornal da Tarde*. Foi professor da Sorbonne, em Paris, França, e membro da ABL. Obras: *Panorama do teatro brasileiro, Iniciação ao teatro, O cenário no avesso* etc.

Magalhães, Basílio de [Barroso MG, 1874 — Lambari MG, 1957], historiador, escritor e professor brasileiro, um dos primeiros a estudar com seriedade o folclore brasileiro. Escreveu tb. livros didáticos de História e Geografia. Membro do IHGB. Obra: *Expansão geográfica do Brasil colonial*.

Magalhães, Antônio **Valentim** da Costa [Rio de Janeiro RJ, 1859 — *id.*, 1903], jornalista e escritor brasileiro. Colaborou em diversas publicações literárias e foi diretor de *A semana*. Como poeta, foi um dos precursores do Parnasianismo. Membro fundador da ABL. Obras: *Vinte contos e fantasias, Flor de sangue, Cantos e lutas, Rimário* etc.

Magé (RJ), município da região metropolitana do Rio de Janeiro, com 390,775 km², localizado no lado norte da baía de Guanabara. Trecho da estrada de ferro Mauá-Fragoso tombado pelo Iphan. Hab.: 245.071 (2019)

Mairiporã (SP), município com 320,697 km², situado na região metropolitana de São Paulo, na serra da Cantareira. A riqueza da biodiversidade encontrada em suas áreas naturais determinou sua inclusão na chamada Reserva da Biosfera do Cinturão Verde da Cidade de São Paulo, estabelecida pela Unesco em 1994. Hab.: 100.179 (2019).

Malásia (Federação da), país do sudeste asiático, com 330.800 km². Monarquia parlamentarista, independente desde 1957. Capital: *Kuala Lumpur*; recurso principal: exportação de aparelhos e componentes eletrônicos. Hab.: 32 milhões (2018).

Malaui ou **Malawi (República do)**, país situado no sudeste da África, com 118.480 km². República presidencialista, independente desde 1964. Capital: *Lilongue*; recurso principal: agricultura (chá). Hab.: 19,1 milhões (2018).

Maldivas (República das), país situado em um arquipélago ao sul da Ásia, no oceano Índico, com 300 km². República presidencialista, independente desde 1965. Capital: *Malé*; recurso principal: pesca. Hab.: 451.738 (2018).

Mali (República do), país situado no noroeste da África, com 1.240.190 km², é um dos mais pobres do mundo. República mista, independente desde 1960. Capital: *Bamako*; recurso principal: agropecuária. Hab.: 19,1 milhão (2018).

Mallarmé, Stéphane [Paris, França, 1842 — Valvins, França, 1898], poeta francês, integrante do movimento simbolista, sua obra antecipou a moderna poesia do século XX.

Malta (República de), país localizado em ilhas do sul da Europa, no mar Mediterrâneo, com 320 km². República parlamentarista independente desde 1964. Capital: *Valeta*; recursos principais: turismo e agricultura. Hab.: 432.089 (2018).

Malthus, Thomas Robert [Westcott, Inglaterra, 1766 — Bath, Inglaterra, 1834], economista inglês, famoso por sua obra *Um ensaio sobre o princípio da população* (1798), que sugeriu a Charles Darwin a relação entre o progresso e a sobrevivência do indivíduo mais apto, tese fundamental para a teoria da evolução das espécies.

Malvinas ou **Falkland (ilhas)**, arquipélago formado por duas ilhas maiores e quase 200 ilhas ou ilhotas, com 12.200 km², situado no Atlântico sul, ao largo da costa da Argentina. Capital: *Stanley*; recursos principais: pesca, agricultura, criação de ovinos. Hab.: 2.921 (2019).

Man (ilha de), ilha na Europa ocidental, localizada a meio do mar da Irlanda, com 572 km². Território dependente do Reino Unido. Capital: *Douglas*; recursos principais: turismo e pesca. Hab.: 84.831 (2018).

Manacapuru (AM), município com 7.336,579 km², localizado à margem esquerda do rio Solimões, no encontro deste com o rio Manacapuru. Extrativismo vegetal e pesca. Hab.: 97.377 (2019).

Manaus (AM), capital do Estado do Amazonas, cidade portuária histórica, com 11.401,092 km², situada na margem esquerda do rio Negro. Zona Franca. Conjunto arquitetônico e paisagístico do Porto de Manaus, Mercado Público, Reservatório do Mocó e Teatro Amazonas tombados pelo Iphan. Hab.: 2,2 milhões (2019).

Manga (MG), município na divisa entre Minas Gerais e Bahia, às margens do rio São Francisco, com 1.950,184 km². Igreja Matriz de N. S.ª da Conceição tombada pelo Iphan. Hab.: 18.407 (2019)

Mangaratiba (RJ), município litorâneo da região metropolitana do Rio de Janeiro, com 358,563 km². Turismo. Igreja de N. S.ª da Guia tombada pelo Iphan. Hab.: 44.468 (2019).

Manhuaçu (MG), município com 628,318 km², situado na região da Zona da Mata do estado. Cafeicultura e pecuária, esp. produção de leite. Orquidários. Hab.: 90.229 (2019).

Manicoré (AM), município com 48.315,021 km², localizado no sul amazonense. Agricultura (esp. banana) e extrativismo (borracha, castanha) Hab.: 55.751 (2019).

Maomé [Meca, Arábia Saudita c. 570 — Medina, Arábia Saudita, 632], fundador da religião islâmica, dito o Profeta do Islã. Seus seguidores, os muçulmanos ou maometanos, acreditam ter sido ele o último mensageiro de Deus, por ter completado os ensinamentos sagrados dos profetas anteriores (Abraão, Moisés e Jesus).

Maquiavel, Nicolau [Florença, Itália, 1469 — *id.*, 1527], estadista, escritor e estudioso de política italiano. Notabilizou-se pelo seu livro *O príncipe* (1513), pelo qual é considerado o pai da moderna ciência política.

Marabá (PA), município com 15.128,058 km², situado na margem esquerda do rio Tocantins, rico em jazidas de ouro e cobre. Hab.: 279.349 (2019).

Maracanaú (CE), município da região metropolitana de Fortaleza, com 106,648 km², cercado pelos rios Timbó e Maranguapinho. Indústrias. Hab.: 227.886 (2019).

Maragogipe (BA), município com 438,182 km², situado no Recôncavo Baiano. Turismo náutico, reduto de saveiros. Igreja Matriz de São Bartolomeu, Forte do Paraguaçu, casa da Fazenda São Roque e Paço Municipal tombados pelo Iphan. Hab.: 44.677 (2019).

Marajó (ilha de), situada no Estado do Pará, na foz do rio Amazonas, a maior ilha fluviomarinha do mundo (45.000 km²) é um dos mais preservados santuários ecológicos da Amazônia, tendo o búfalo como meio de transporte mais comum. Recursos principais: pecuária e produção de borracha.

Maranguape (CE), município com 590,873 km², situado a 30 km de Fortaleza, no pé da serra com o mesmo nome. Hab.: 128.978 (2019).

Maranhão, Jerônimo de Albuquerque ver *Albuquerque, Jerônimo*

Maranhão (MA), estado brasileiro a oeste da Região Nordeste, com 329.642,170 km² e 217 municípios, sendo os mais populosos, além da capital: Imperatriz, Caxias, Bacabal, Santa Inês e Alcântara. Diversidade de ecossistemas: desde a Floresta Amazônica e litoral a cerrados e pântanos. Maior banco de corais da América Latina. Capital: *São Luís;* recursos principais: agricultura (arroz), indústrias de transformação de alumínio e extrativismo vegetal (babaçu). Hab.: 7 milhões (2019).

Maranhão (Thomas Cochrane, **marquês do**) [Annsfield, Escócia, 1775 — Kensington, Inglaterra, 1860], militar e político inglês, teve papel determinante na luta pela Independência do Brasil, do Chile e do Peru. Foi primeiro-almirante da Marinha do Brasil. Comandou a esquadra brasileira que lutou contra a resistência portuguesa contrária à Independência.

Marechal Deodoro (AL), município com 331,186 km², banhado pelas lagoas de Mundaú e Manguaba. Casa do Mal. Deodoro da Fonseca e Convento e Igreja de São Francisco tombados pelo Iphan. Polo cloro-álcool-químico. Hab.: 51.901 (2019).

Maria Bonita [Paulo Afonso BA, c. 1908 — Angicos SE, 1938], apelido dado por Lampião a sua companheira, cujo nome se desconhece. Sabe-se que era casada com um sapateiro e largou tudo para viver no cangaço. Morreram juntos em uma emboscada da polícia.

Maria I [Lisboa, Portugal, 1734 — Rio de Janeiro RJ, 1816], dita A Louca, rainha de Portugal (1777-1816), filha mais velha de D. José I. Subiu ao trono e mudou os rumos políticos do país, restabelecendo a influência da nobreza e soltando os jesuítas que tinham sido presos pelo Marquês de Pombal. Pressionada política e emocionalmente, enlouqueceu em 1792. Seu filho, D. João VI, governou como regente até a sua morte.

Maria II de Bragança [Rio de Janeiro RJ, 1819 — Lisboa, Portugal, 1853], rainha de Portugal (1834-1853), filha de D. Pedro I e da imperatriz Leopoldina, chegou ao trono com 15 anos. Enfrentou grandes crises e muitas revoltas durante seu reinado. Só após a reforma da Constituição (1852), a situação tranquilizou-se.

Mariana (MG), município histórico, com 1.194,208 km², situado na microrregião de Ouro Preto. Conjunto arquitetônico e urbanístico, Casa do Seminário Menor, Fonte da Samaritana, igrejas da Sé, de N. S.ª das Mercês, de São Francisco de Assis, Matriz de Bom Jesus do Monte e Passos da Ladeira do Rosário, entre outros bens tombados pelo Iphan. Hab.: 60.724 (2019).

Mariano Carneiro da Cunha, **Olegário** [Recife PE, 1889 — Rio de Janeiro RJ, 1958], poeta brasileiro. Sua poesia, de cunho pessoal, teve alguma influência simbolista. O compositor Joubert de Carvalho musicou-lhe os poemas *Cai, cai, balão* e *Tutu Marambá*. Membro da ABL. Obras: *Angelus*, *Últimas cigarras*, *Castelos na areia*, *A vida que já vivi* etc.

Maricá (RJ), município litorâneo, recortado por vários lagos, com 361,572 km², situado na região metropolitana do Rio de Janeiro. Turismo. Hab.: 161.207 (2019).

Marília (SP), município com 1.170,515 km², situado no oeste do estado. Agropecuária e indústria. Universidades. Hab.: 238.882 (2019).

Maringá (PR), município planejado, com 487,013 km² e extensas áreas verdes, situado no centro da região norte do estado e cortado pelo trópico de Capricórnio. Hab.: 423.666 (2019).

Marinho, Irineu [Niterói RJ, 1876 — Rio de Janeiro RJ, 1925], jornalista brasileiro. Em *A Gazeta de Notícias*, foi repórter, chefe de reportagem e diretor. Fundou o jornal *A Noite* e morreu poucos dias após fundar o jornal *O Globo*. — **Roberto Marinho** [Rio de Janeiro RJ, 1904 — *id.*, 2003], seu filho, jornalista brasileiro, continuou a obra paterna. Tornou-se um grande empresário. Com 61 anos, fundou a *TV Globo* (1965). Membro da ABL. Obra: *Uma trajetória liberal*.

Marituba (PA), município novo, com 103,343 km², instalado em 1994 na região metropolitana de Belém. Cidade-dormitório. Hab.: 131.521 (2019).

Marques Rebelo ver *Rebelo (Eddy Dias da Cruz, dito Marques)*

Marrocos (Reino do), país do noroeste da África, com 446.550 km². Monarquia parlamentarista, independente desde 1956. Capital: *Rabat*; recursos principais: minerais (fosfato, chumbo), extração de madeira e cortiça, e turismo. Hab.: 35,6 milhões (2018).

Marshall (República das Ilhas), país da Oceania, independente dos EUA desde 1986 e reconhecido pela ONU em 1991; é um arquipélago com 1.152 ilhas a leste do oceano Pacífico, com 180 km². República parlamentar. Capital: *Majuro* (Dalap-Uliga-Darrit); recurso principal: turismo. Hab.: 53.211 (2018).

Marte, divindade romana identificada com o *Ares* grego. Em astronomia, planeta esp. explorado em missões espaciais, por sua proximidade com a Terra. Tipo: rochoso; diâmetro: 6.794 km; distância média do Sol: 227.940.000 km; satélites: Fobos e Deimos.

Martinho da Vila (Martinho José Ferreira, dito) [Duas Barras RJ, 1938], cantor e compositor popular e escritor brasileiro. Popularizou o samba de partido-alto. Faz parte da ala dos compositores da escola de samba Vila Isabel. Compôs sucessos, como *Canta, canta, minha gente*, *Ex-amor*, *Disritmia* e *Devagar, devagarinho*. Escreveu romances, crônicas, livros infantis etc.

Martinica (Departamento Ultramarino da), ilha no sudeste da América Central, pertencente ao grupo Barlavento das Pequenas Antilhas, com 1.128 km², território administrado pela França. Capital: *Fort-de-France*; recursos principais: cultura de cana-de-açúcar e frutas tropicais. Hab.: 385.320 (2018).

Martins Pena, Luís Carlos ver *Pena, Luís Carlos Martins*

Marx, Roberto **Burle** [São Paulo SP, 1909 — Rio de Janeiro RJ, 1994], arquiteto, pintor e paisagista de renome internacional, projetou, entre outros, os jardins do Parque Ibirapuera SP, do Aterro do Flamengo RJ, do Eixo Monumental, em Brasília, e da sede da Unesco, em Paris. Sua coleção de plantas, no Rio de Janeiro, foi doada à Fundação Nacional Pró-Memória (1985).

Marx, Karl Heinrich [Trier, Prússia, 1818 — Londres, Inglaterra, 1883], filósofo, cientista social e revolucionário alemão. Foi o principal idealizador do socialismo e do comunismo revolucionário. Obras: *Manifesto do Partido Comunista*, *O capital* etc.

Mascates (Guerra dos), guerra civil entre Olinda e Recife (1710), depois que esta foi elevada à categoria de vila. A aristocracia de Olinda, que até então era o centro das decisões em Pernambuco, não aceitou a ascensão da povoação vizinha, em que os comerciantes (mascates) começavam a prosperar.

Mata de São João (BA), município com 605,210 km², localizado na microrregião de Catu. Casa da Torre de Garcia D'Ávila tombada pelo Iphan. Atrações turísticas: Praia do Forte e Imbassaí. Hab.: 46.583 (2019).

Matão (SP), município com 524,899 km², situado na região nordeste do estado, a 300 km de São Paulo. Hab.: 83.170 (2019).

Matarazzo, conde **Francisco** [Castellabate, Itália, 1854 — São Paulo, 1937], patriarca de uma família de industriais paulistas. Pioneiros da industrialização brasileira, a família Matarazzo criou um dos maiores complexos fabris da América do Sul.

Matias Barbosa (MG), município com 157,066 km², situado no sul do estado. Capela de N. S.ª da Conceição tombada pelo Iphan. Hab.: 14.468 (2019).

Mato Grosso (MT), estado brasileiro a oeste da Região Centro-Oeste, com 903.206,997 km² e 141 municípios, sendo os mais populosos, além da capital: Várzea Grande, Rondonópolis, Cáceres e Barra do Garça. Apresenta três ecossistemas: o Pantanal, a Floresta Amazônica e os cerrados. Ali está o marco geodésico da América Latina. Capital: *Cuiabá*; recursos principais: agricultura (cana-de-açúcar, soja, arroz, algodão), extrativismo mineral (cassiterita, ouro, diamante), pecuária e extrativismo vegetal (borracha, castanha, madeira, babaçu). Hab.: 3,5 milhões (2019).

Mato Grosso do Sul (MS), estado brasileiro ao sul da Região Centro-Oeste, com 357.145,535 km² e 79 municípios, sendo os mais populosos, além da capital: Dourados, Corumbá e Três Lagoas. Contém dois terços do Pantanal. Capital: *Campo Grande*; recursos principais: agricultura (soja, arroz, café, trigo), extrativismo mineral (ferro, manganês, calcário, estanho), pecuária, indústria (cimento, fiação, curtume e siderúrgica), além de uma das maiores jazidas mundiais de ferro (em Corumbá, no Monte Urucum). Hab.: 2,8 milhões (2019).

Matos Guerra, **Gregório de** [Salvador BA, 1636 — Recife PE, 1696], poeta brasileiro, dito Boca do Inferno devido à veia satírica dos seus versos. Como poeta, foi um cronista da sociedade colonial brasileira do séc. XVII. Patrono da cadeira 16 da ABL. Bibliografia: *Obras poéticas*, *Obras completas* etc.

Matozinhos (MG), município com 252,280 km², na região de Sete Lagoas. Patrimônio arqueológico (pinturas na pedra). Lapa da Cerca Grande tombada pelo Iphan. Hab.: 37.820 (2019).

Mauá (Irineu Evangelista de Sousa, **barão de**) [Arroio Grande RS, 1813 — Petrópolis RJ, 1889], empresário, industrial e político brasileiro. Foi dono de fundição, estaleiro, banco, companhia de iluminação a gás e companhia de navegação, entre outros. Destacou-se pela criação da primeira estrada de ferro no Brasil (1854).

Mauá (SP), município com 61,909 km², situado na região do ABC, na Grande São Paulo. Polo petroquímico de Capuava e polo industrial de Sertãozinho. Hab.: 472.912 (2019).

Maués (AM), município com 39.991,066 km², localizado no centro amazonense. Agricultura (guaraná). Pecuária. Hab.: 63.905 (2019).

Maurício ou **Mauritius (República de)**, país situado em ilhas do sudeste africano, no oceano Índico, com 2.040 km². República parlamentarista, independente desde 1968. Capital: *Port Louis*; recursos principais: agricultura (cana-de-açúcar, chá e tabaco), empresas do setor financeiro e turismo. Hab.: 1,2 milhão (2018).

Mauritânia (República Islâmica da), país do noroeste da África, com 1.030.700 km². República mista, independente desde 1960. Capital: *Nouakchott*; recursos principais: minério de ferro e agricultura. Hab.: 4,3 milhões (2018).

Mauro, **Humberto** [Volta Grande MG, 1897 — *id.*, 1983], cineasta brasileiro, trabalhou como diretor, ator, roteirista e fotógrafo. Produziu em muitos estilos, entre eles documentários e filmes de aventura. Obras: *Brasa dormida*, *Sangue mineiro*, *O canto da saudade* etc.

Mayotte (Coletividade Territorial de), ilha do arquipélago de Comores, na África meridional, com 374 km². Território independente, administrado pela França. Capital: *Mamoudzou*; recursos principais: turismo e agricultura (flor de ilangue-ilangue, baunilha e canela). Hab.: 266.380 (2019).

Maysa Figueira Monjardim Matarazzo [Vitória ES, 1936 — Niterói RJ, 1977], cantora e compositora popular brasileira. Sua música *Meu mundo caiu* imortalizou um estilo musical, dito *fossa*. Seu LP *O barquinho* tornou-se marco da bossa nova, gênero no qual tb. se destacou. Obras: *Ouça*, *Adeus*, *Agonia*, *Rindo de mim* etc.

MDB ver *Movimento Democrático Brasileiro*

Meca, cidade santa da Arábia Saudita, terra natal de Maomé, centro de peregrinações que os muçulmanos procuram visitar ao menos uma vez na vida. Ali está a mesquita que guarda a *caaba*. Hab.: 1,6 milhão (2018).

Medeiros, Antônio Augusto **Borges de** [Caçapava do Sul RS, 1864 — Porto Alegre RS, 1961], político brasileiro, governador do Rio Grande do Sul e chefe do Partido Republicano gaúcho, apoiou a *Revolução Constitucionalista* de 1932, articulando um levante no Rio Grande do Sul contra o interventor federal, Flores da Cunha, e sendo por isso preso.

Médici, Emílio Garrastazu [Bagé RS, 1905 — Rio de Janeiro RJ, 1985], militar e político brasileiro, 3º militar presidente da República eleito indiretamente, após a Revolução de 1964. A rodovia Transamazônica (2.075 km) e o chamado "milagre econômico" foram marcas do seu governo (1969-1974), período mais crítico da repressão política militar, tb. chamado de "anos de chumbo".

Medina, cidade santa da Arábia Saudita que serviu de refúgio a Maomé em 622. Hab.: 1,3 milhão (2018).

Médio Oriente ver *Oriente Médio*

Meireles, Cecília [Rio de Janeiro RJ, 1901 — *id.*, 1964], poetisa brasileira, um dos grandes nomes da literatura moderna do Brasil. Sua poesia é lírica e pessoal. Foi tb. educadora, tradutora e folclorista. Recebeu da ABL o prêmio Machado de Assis. Obras: *Espectros*; *Romanceiro da Inconfidência*; *Ou isto ou aquilo* etc.

Meireles de Lima, **Victor** [Desterro, hoje Florianópolis SC, 1832 — Rio de Janeiro RJ, 1903], pintor e professor de pintura brasileiro. Pintou esp. telas históricas. Lecionou na antiga Academia Imperial de Belas-Artes e no Liceu de Artes e Ofícios. Foi o mestre de Henrique Bernardelli, Rodolfo Amoedo, Antônio Parreiras e Eliseu Visconti.

Melo, Custódio José **de** [Salvador BA, 1840 — Rio de Janeiro RJ, 1902], militar e político brasileiro, lutou na Guerra do Paraguai. Comandou revoltas contra os presidentes Deodoro da Fonseca (1891), que renunciou, e Floriano Peixoto (1893), que o derrotou.

Melo, José Alexandre **Teixeira de** [Campos RJ, 1833 — Rio de Janeiro RJ, 1907], médico, jornalista, historiador e poeta brasileiro. Sua poesia lírica, influenciada pelo Romantismo, apresenta características que a tornam precursora do Parnasianismo no Brasil. Membro fundador da ABL. Obras: *Sombras e sonhos*, *Efemérides nacionais* etc.

Melo Franco, Afrânio de ver *Franco, Afrânio de Melo*

Mercosul (Mercado Comum do Sul), zona de livre comércio, instituída em 1991 pelo Tratado de Assunção. Seus membros plenos são Brasil, Argentina, Paraguai, Uruguai e Venezuela. Bolívia, Chile, Colômbia, Equador e Peru são estados associados.

Mercúrio, divindade romana identificada com o *Hermes* grego. Em astronomia, é um planeta que pode ser visto a olho nu ao amanhecer e ao entardecer. Tipo: rochoso; diâmetro: 4.878 km e distância média do Sol: 57.910.000 km.

Mesquita (RJ), município com 41,490 km², situado na Baixada Fluminense, região metropolitana do Rio de Janeiro. Hab.: 176.103 (2019).

México (Estados Unidos Mexicanos), país do sul da América do Norte, com 1.964.380 km². República presidencialista, independente desde 1821. Capital: *Cidade do México*; recursos principais: turismo, carvão, minério de ferro. Hab.: 131,7 milhões (2018).

Micronésia (Federação dos Estados da), país situado em um arquipélago com 607 ilhas e ilhotas, na Oceania ocidental, com 700 km². República presidencialista, independente desde 1991. Capital: *Palikir*; recursos principais: agricultura (coco, banana, mandioca) e turismo. Hab.: 531.996 (2018).

Mignone, Francisco [São Paulo SP, 1897 — Rio de Janeiro RJ, 1986], compositor nacionalista brasileiro. Compôs óperas, poemas sinfônicos, música de câmara etc. Obras: *O sargento de milícias*, *Maracatu do Chico Rei*, *Festa das igrejas*, *Valsas brasileiras* etc.

Miguez, Leopoldo Américo [Rio de Janeiro RJ, 1850 — *id.*, 1902], compositor brasileiro. Compôs a melodia do Hino da Proclamação da República. Foi diretor do Instituto Nacional de Música. Estudou na Europa e recebeu influências de Wagner e de Liszt. Obras: *Sinfonia em si bemol*, *Parisina*, *Prometeu* etc.

Milliet da Costa e Silva, **Sérgio** [São Paulo SP, 1898 — *id.*, 1966], sociólogo, jornalista e escritor modernista brasileiro. Sua obra inclui diversos gêneros literários. Fundador da revista *Cultura* e da Sociedade de Etnografia e Folclore. Membro da Academia Paulista de Letras. Obras: *Quinze Poemas*, *Duas cartas do meu destino*, *Roteiro do café* etc.

Minas Gerais (MG), o maior estado da Região Sudeste, o quinto do Brasil em área, com 586.521,121 km² e 853 municípios, sendo os mais populosos, além da capital: Contagem, Juiz de Fora, Montes Claros e Uberlândia. Maior produtor nacional de aço durante décadas, até perder a liderança em 2017 para o Estado do Rio de Janeiro. Capital: *Belo Horizonte;* recursos principais: agricultura (café, feijão), pecuária (esp. gado leiteiro) e extrativismo mineral (ferro, manganês). Hab.: 21,1 milhões (2019).

Minas Novas (MG), município com 1.812,398 km², situado no vale do Jequitinhonha. Igreja de São José e Sobradão tombados pelo Iphan. Hab.: 31.484 (2019).

Mineiros (GO), município com 9.038,775 km², localizado no sudoeste de Goiás. Agricultura (soja, trigo). Pecuária. Avicultura. Hab.: 66.801 (2019).

Minerva, divindade romana identificada com a *Atena* grega.

Miranda (Maria do Carmo Miranda da Cunha, dita **Carmen**) [Marco de Canaveses, Portugal, 1909 — Califórnia, EUA, 1955], cantora e atriz naturalizada brasileira, tb. dita a Pequena Notável. Seu traje de baiana tornou-se sua marca registrada. Trabalhou no cinema americano (*Uma noite no Rio, Entre a loura e a morena* etc.). Musicografia: *No tabuleiro da baiana, Na baixa do sapateiro, O que é que a baiana tem?* etc.

Mirassol (SP), município com 243,228 km², localizado na mesorregião de São José do Rio Preto. Indústria (móveis). Agricultura. Hab.: 59.824 (2019).

Moçambique (República de), país do sudeste da África, com 799.380 km². República mista, independente desde 1975. Capital: *Maputo*; recursos principais: açúcar e refino de petróleo. Hab.: 30,5 milhões (2018).

Mococa (SP), município com 855,156 km², situado no vale do rio Pardo, na divisa com o Estado de Minas Gerais. Turismo rural (antigas fazendas de café). Hab.: 68.885 (2019).

Mogi das Cruzes (SP), município com 712,541 km², situado na região metropolitana de São Paulo. Produção de cogumelos. Casarão do Chá e Convento e Igreja do Carmo tombados pelo Iphan. Hab.: 445.842 (2019).

Mogi Guaçu (SP), município com 812,753 km², às margens do rio do mesmo nome, a 160 km da capital. Central Hidrelétrica (AES — Tietê — Usina Mogi-Guaçu). Produção de cítricos. Hab.: 151.888 (2019).

Mogi Mirim (SP), município com 497,708 km², situado na região metropolitana de Campinas. Indústria alimentícia. Hab.: 93.189 (2019).

Moisés, líder e profeta dos israelitas, escolhido por Deus para libertar os judeus da escravidão no Egito e dar-lhes um código de leis. Consolidou a ideia de um Deus único e criador de todas as coisas, promulgou os dez mandamentos e várias leis civis convenientes para a legislação da época.

Moju (PA), município com 9.094,139 km², situado no nordeste paraense. Hab.: 82.094 (2019).

Moldávia (República da), país do centro-leste europeu, com 33.850 km². República mista independente desde 1991. Capital: *Chisinau*; recursos principais: agricultura (cereais) e pecuária. Hab.: 4 milhões (2018).

Mônaco (Principado de), pequeno país da Europa ocidental, entre a França e a Itália, com 2 km². Monarquia parlamentarista. Capital: *Mônaco-Ville*; recursos principais: turismo e lazer (cassinos). Competições automobilísticas. Hab.: 38.897 (2018).

Mongaguá (SP), município com 143,205 km², localizado no litoral sul paulista. Turismo. Hab.: 56.702 (2019).

Mongólia (República da), país do centro-leste asiático, com 1.564.120 km². República parlamentarista, independente desde 1945. Capital: *Ulan Bator*; recursos principais: criação de ovelhas, cavalos e camelos; minerais (cobre, estanho, carvão e petróleo). Deserto de Gobi. Hab.: 3,1 milhões (2018).

Monte Alegre (PA), município com 18.152,559 km², situado na região do baixo Amazonas, no oeste do estado. Agropecuária, produção de cal, pesca. Hab.: 58.032 (2019).

Monteiro, Antônio Peregrino **Maciel** [Recife PE, 1804 — Lisboa, Portugal, 1868], político, médico e poeta brasileiro. Sua formação cultural europeia tornou-o precursor do Romantismo no Brasil. Patrono da ABL, cadeira 27. Obra: *Poesias* (ed. póstuma).

Monteiro, Vicente do Rego [Recife PE, 1889 — *id.*, 1970], pintor, desenhista, muralista, escultor e poeta brasileiro. Teve participação ativa na Semana de Arte Moderna de 1922. Sua pintura é *art déco* e a temática religiosa é nela frequente.

Monteiro Lobato, José Bento ver *Lobato, José Bento Monteiro*

Montello, Josué [São Luís MA, 1917 — Rio de Janeiro RJ, 2006], escritor brasileiro. Escreveu novelas, ensaios, literatura infantil, biografias, dramaturgia e romances. Recebeu diversos prêmios literários. Membro da ABL e da Academia Portuguesa da História. Obras: *Cais da sagração, Aleluia, O baile da despedida* etc.

Monte Mor (SP), município com 240,566 km², localizado na mesorregião de Campinas. Agropecuária. Hab.: 59.772 (2019).

Montenegro (Arlete Pinheiro Monteiro Torres, dita **Fernanda**) [Rio de Janeiro, RJ, 1929], atriz brasileira. Interpreta comédia e drama, e atua no teatro, cinema e televisão. Filmografia: *Eles não usam* black-tie, *A hora da estrela, O auto da compadecida, Central do Brasil* etc. Teatro: *As lágrimas amargas de Petra von Kant* (Prêmio Molière), *Panorama visto da ponte, É...* etc.

Montenegro (República de), país balcânico do sudeste da Europa, com 13.810 km². Ex-república da Iugoslávia comunista (1945 a 1992) e da nova Iugoslávia (República Federal da Iugoslávia), que, em 2003, passou a se chamar Sérvia e Montenegro, uma confederação sérvia. Ganhou sua independência em 5 de junho de 2006. Capital: *Podgorica*; recurso principal: turismo. Hab.: 629.219 (2018).

Montenegro (RS), município com 424,846 km², situado na microrregião de mesmo nome, no vale do Caí, uma das regiões mais produtivas do estado. Agropecuária. Hab.: 65.264 (2019).

Monte Santo (BA), município com 3.034,197 km², situado no sertão de Canudos. Local de peregrinação. Conjunto arquitetônico, urbanístico e paisagístico tombado pelo Iphan. Hab.: 49.418 (2019).

Montes Claros (MG), município com 3.568,941 km² situado na serra do Espinhaço, no Polígono das Secas, nordeste do estado. Indústrias têxteis e de alimentos. Hab.: 409.341 (2019).

Montezuma, Francisco Gomes Brandão, dito Francisco Gê **Acaiaba de** ver *Jequitinhonha, visconde de*

Montserrat (Colônia de), território ultramarino administrado pelo Reino Unido, é uma das ilhas do grupo sotavento, das Pequenas Antilhas, no norte do Caribe, 40 km a sudoeste de Antígua, com 102 km². Capital: *Plymouth*; recurso principal: turismo. Hab.: 5.203 (2018).

Moog, Clodomir **Viana** [São Leopoldo RS, 1906 — Rio de Janeiro RJ, 1988], ensaísta e romancista brasileiro. Durante muitos anos foi o representante brasileiro na Comissão de Ação Cultural da OEA. Membro da ABL. Obras: *Heróis da decadência, Um rio imita o Reno, Bandeirantes e pioneiros, Toia* etc.

Morada Nova (CE), município com 2.778,578 km², situado a leste do estado, na microrregião do baixo Jaguaribe. Agricultura (arroz). Hab.: 61.890 (2019).

Moraes, Antônio **Evaristo de** [Rio de Janeiro RJ, 1871 — *id.*, 1939], advogado, historiador e jornalista brasileiro, conhecido como defensor dos fracos e dos pobres devido à sua atuação na justiça e na imprensa. Foi um dos fundadores da ABI. Obras: *Apontamentos de direito operário, A campanha abolicionista, Estudos de direito criminal* etc.

Moraes, Marcus **Vinicius** da Cruz **de** Mello [Rio de Janeiro RJ, 1913 — *id.*, 1980], poeta e compositor brasileiro. Como compositor, foi um expoente da bossa nova e formou, com Tom Jobim, uma das parcerias mais celebradas da MPB. Bibliografia: *Antologia poética, Orfeu da Conceição, Para viver um grande amor* etc. Musicografia: *Garota de Ipanema, Valsa de Eurídice, Tarde em Itapoã, Eu sei que vou te amar* etc.

Moraes Filho, Evaristo de [Rio de Janeiro RJ, 1914 — *id.*, 2016], jurista e sociólogo brasileiro, lecionou na Faculdade Nacional de Direito. Publicou vários estudos sobre Direito do Trabalho. Membro da ABL. Obras: *O problema de uma sociologia do direito, Liberdade e cultura, Liberalismo e federalismo* etc.

Morais Silva, Antônio de [Rio de Janeiro RJ, 1757 — Recife PE, 1824], lexicógrafo, filólogo e magistrado brasileiro. Sua maior obra, o *Dicionário da língua portuguesa*, lançada em 1789 com dois volumes, recebeu sucessivas ampliações e reedições. Outras obras: *Epítome da gramática da língua portuguesa, Gramática portuguesa* etc.

Morais Barros, **Prudente** José **de**. [Itu SP, 1841 — Piracicaba SP, 1902], político brasileiro. Lutou pela implantação da República em 1889, quando foi nomeado governador da província de SP. Foi o primeiro presidente civil do país (1894-1898); em seu governo, pacificou o RS, conflagrado pela Revolução Federalista, e venceu os rebeldes de Canudos BA, guiados por Antônio Conselheiro.

Moreira da Costa Ribeiro, **Delfim** [Cristina MG, 1868 — Rio de Janeiro RJ, 1920], político brasileiro, exerceu diversos cargos no legislativo. Vice-presidente, tomou posse em 1918, como presidente interino devido à enfermidade de Rodrigues Alves. Após a morte do presidente, passou a faixa presidencial para Epitácio Pessoa.

Moreno (PE), município com 196,072 km², localizado na região metropolitana do Recife. Agricultura (cana-de-açúcar, coco, banana). Hab.: 62.784 (2019).

Mossoró (RN), município com 2.099,333 km², situado na divisa com o Estado do Ceará. Produção de sal. Maior produtora terrestre de petróleo do país. Hab.: 297.378 (2019).

Movimento Democrático Brasileiro, partido político criado pelo Ato Institucional nº 2 (1965), que extinguiu os partidos políticos existentes e instituiu o bipartidarismo, reunindo os oposicionistas, em contraponto à Arena (Aliança Renovadora Nacional), partido político da situação.

Mucugê (BA), município com 2.462,153 km², situado na chapada Diamantina. Conjunto arquitetônico e paisagístico e cemitério tombados pelo Iphan. Ecoturismo. Hab.: 9.062 (2019).

Muriaé (MG), município com 841,693 km², situado na Zona da Mata do estado. Parque Estadual da Serra do Brigadeiro (flora e espécimes raros de animais em extinção). Hab.: 108.763 (2019).

Musas, na mitologia grega, deusas das artes e ciências, filhas de Zeus e de Mnemósine, a deusa da memória. Podiam ver o futuro. Eram nove: Calíope (musa da poesia épica), Érato (poesia lírica), Melpômene (tragédia), Talia (comédia), Clio (história), Urânia (astronomia), Polímnia (canto religioso), Terpsícore (dança) e Euterpe (música).

Mussolini, **Benito** [Predappio, Itália, 1883 — Mezzegra, Itália, 1945], político italiano, inicialmente socialista, depois fundador e chefe do Movimento Fascista (1919). Tomou o poder em 1922. Responsável pela entrada de seu país na Segunda Guerra Mundial, junto com os alemães (1940), foi deposto em julho de 1943 e fuzilado em abril de 1945.

Myanmar, **Myanma** ou **Mianmá (República da União de)**, antiga Birmânia, país do sudeste asiático, com 676.590 km², situado na parte oeste da Indochina. Independente desde 1948; regime militar implantado em 1988 e oficialmente dissolvido em 2011. Capital: *Naypyidaw*; recursos principais: petróleo e minérios. Hab.: 53,8 milhões (2018).

Nabuco de Araújo, **Joaquim** Aurélio Barreto [Recife PE, 1849 — Washington D.C., EUA, 1910], político, diplomata e escritor brasileiro, defensor da abolição da escravatura e advogado do Brasil na questão dos limites com a Guiana Inglesa.

Namíbia (República da), país do sudoeste da África, com 824.290 km². República mista, independente desde 1990. Deserto de Kalahari. É um dos países menos povoados do mundo. Capital: *Windhoek*; recursos principais: pesca e mineração (cobre, zinco, cádmio); segundo produtor mundial de chumbo. Hab.: 2,5 milhões (2018).

Napoleão I [Ajácio, Córsega, 1769 — Santa Helena, 1821], imperador dos franceses (1804-1815), nascido Napoleão Bonaparte. No comando do exército na Itália, em 1796, obteve várias vitórias. Empreendeu campanha no Egito (1798-1799), mas sua frota foi destruída pelo almirante Nelson. Nomeado cônsul vitalício (1802), promulgou o Código Civil e proclamou-se imperador da França (1804). Abdicou em 1814 e foi confinado na ilha de Elba. Fugiu para a França em 1815, promulgou nova constituição e foi derrotado na batalha de Waterloo e preso na ilha de Santa Helena.

Nascentes, **Antenor** de Veras [Rio de Janeiro, 1886 — *id.*, 1972], filólogo, lexicógrafo e professor brasileiro. Grande estudioso da língua portuguesa, renovador do ensino do português. Escreveu livros didáticos e consagrou-se como dicionarista. Obras: *Dicionário etimológico da língua portuguesa*, *A gíria brasileira* etc.

Nascimento, **Edson Arantes do** ver *Pelé*

Nascimento, **Mílton** [Rio de Janeiro RJ, 1942], cantor e compositor popular brasileiro, um dos grandes representantes da música "mineira" (LP *Clube da Esquina*, 1972). Já recebeu diversos prêmios no Brasil e no exterior, inclusive o Grammy de World Music (1998). Musicografia: *Travessia*, *Nos bailes da vida*, *Canção da América*, *Caçador de mim*, *Coração de estudante* etc.

Nassau (Johann Mauritius Van Nassau-Siegen, dito **Maurício de**) [Dillemburg, Alemanha, 1604 — Kleve, Alemanha, 1679], militar e administrador colonial holandês. Foi nomeado governador das possessões holandesas no Brasil (1637-1644) pela Companhia das Índias Ocidentais. Entre as suas realizações, destacam-se o incentivo às atividades culturais e as inúmeras obras de melhorias na cidade do Recife.

Natal (RN), capital do Estado do Rio Grande do Norte, com 167,401 km²; importante porto marítimo no oceano Atlântico. Foi base aérea norte-americana na Segunda Guerra Mundial. Turismo. Forte dos Reis Magos, Palácio do Governo e casa na rua da Conceição tombados pelo Iphan. Hab.: 884.122 (2019).

Natividade (TO), município com 3.240,715 km². Conjunto arquitetônico, urbanístico e paisagístico tombado pelo Iphan. Hab.: 9.244 (2019).

Nauru (República do), país do centro-norte da Oceania, no oceano Pacífico, com 20 km²; o terceiro menor país do mundo, depois do Vaticano e de Mônaco. República parlamentarista, independente desde 1968. Capital: *Yaren*; recurso principal: fosfato. Hab.: 11.312 (2018).

Nava, **Pedro** da Silva [Juiz de Fora MG, 1903 — Rio de Janeiro RJ, 1984], escritor e médico brasileiro, especialista em reumatologia. Na literatura, foi poeta e memorialista. Participou do grupo modernista mineiro "A revista". Obras: *Baú de ossos*, *Balão cativo*, *Chão de ferro* etc.

Navegantes (SC), município com 111,653 km², localizado no Vale do Itajaí. Porto. Indústria naval (estaleiro). Hab.: 81.475 (2019).

Navio (serra do), localizada no noroeste do Estado do Amapá, às margens do rio Amapari, com altitude média de 150 m; ali se implementou o primeiro grande projeto de extrativismo mineral (manganês) na Amazônia.

Nazaré (BA), município com 278,629 km², situado na microrregião de Sto. Antônio de Jesus, às margens do rio Jaguaribe. Grande produtor de azeite de dendê. Igrejas de N. S.ª da Conceição, de N. S.ª de Nazaré de Camamu e Matriz de N. S.ª de Nazaré tombadas pelo Iphan. Hab.: 28.525 (2019).

Nazaré da Mata (PE), município com 130,572 km², localizado no sul da Região da Mata. Sede de bispado. Capela do Engenho Bonito tombada pelo Iphan. Hab.: 32.471 (2019).

Nazareth, Ernesto [Rio de Janeiro, 1863 — *id.*, 1934], compositor brasileiro. Compôs valsas, polcas e maxixes para o piano. Sua musicalidade, influenciada pela seresta e pelo choro, expressou a alma carioca no início do séc. XX. Obras: *Odeon*; *Ameno Resedá*; *Apanhei-te, cavaquinho*; *Polonaise* etc.

Neblina (pico da), ponto culminante do Brasil, com 2.995,30 m de altitude, na serra do Imeri, Estado do Amazonas, na fronteira com a Venezuela.

Negreiros, André Vidal de [Engenho São João PB, 1606 — Engenho Novo PE, 1681], militar e administrador colonial brasileiro, líder vitorioso do exército luso-brasileiro que derrotou os holandeses na Bahia e em Pernambuco (*Insurreição Pernambucana* e *Batalhas de Guararapes*). Ocupou vários cargos, entre eles governador do Estado do Maranhão e do Grão-Pará e chefe de governo de Angola.

Negro (rio), principal afluente do rio Amazonas, percorre 1.700 km e banha três países sul-americanos: nasce no leste da Colômbia, na fronteira com a Venezuela, entra no Brasil pelo Estado do Amazonas e corre na direção sudeste até encontrar o rio Solimões e formar o rio Amazonas.

Neiva, Artur [Salvador BA, 1880 — Rio de Janeiro RJ, 1943], cientista brasileiro, discípulo de Osvaldo Cruz, estudou os barbeiros, insetos transmissores da doença de Chagas. Fez diversas campanhas sanitárias. Remodelou o serviço sanitário de São Paulo SP. Foi diretor do Museu Nacional (Rio de Janeiro RJ).

Nelson Cavaquinho (Nelson Antônio da Silva, dito) [Rio de Janeiro RJ, 1911 — *id.*, 1986], compositor popular brasileiro, legítimo representante da cultura carioca relacionada ao samba. Seu parceiro mais constante foi Guilherme de Brito. Obras: *A flor e o espinho*, *Palhaço*, *Luz negra* etc.

Neolítico, período da Pré-História tb. chamado de *Idade da Pedra Polida*.

Nepal (Reino do), país do centro-sul da Ásia, norte da Índia, com 147.180 km², situa-se na região dos Himalaias, cordilheira com o ponto mais alto do planeta, o monte Everest. República parlamentarista desde 2008, depois de mais de dois séculos de monarquia. Capital: *Katmandu*; recursos principais: agricultura (arroz, cana-de-açúcar, tabaco) e pecuária. Hab.: 29,5 milhões (2018).

Nepomuceno, Alberto [Fortaleza CE, 1864 — Rio de Janeiro RJ, 1920], compositor e maestro brasileiro, estudou no Brasil e na Europa. Foi professor e diretor do INM, atual Escola de Música da UFRJ. Inspirou-se nos elementos populares brasileiros. Obras: *Série brasileira*, *Abul*, *O garatuja* (baseado na obra de José de Alencar) etc.

Néri, Ana Justina Ferreira [Cachoeira de Paraguaçu, atual Cachoeira BA, 1814 — Rio de Janeiro RJ, 1880], pioneira da enfermagem no Brasil, dita Mãe dos Brasileiros por sua atuação voluntária na assistência aos soldados feridos durante a Guerra do Paraguai. O governo federal deu seu nome à primeira escola oficial de enfermagem do país (1923).

Neruda (Neftalí Ricardo Reyes Basoalto, dito **Pablo**) [Parral, Chile, 1904 — Santiago, Chile, 1973], poeta chileno, considerado um dos grandes da América Latina, influenciado esp. pelo Surrealismo. Recebeu o Prêmio Nobel de Literatura (1971). Obras: *Vinte poemas de amor e uma canção desesperada*, *Cem sonetos de amor*, *A rosa separada* etc.

Nery, Adalgisa [Rio de Janeiro RJ, 1905 — *id.*, 1980], escritora, jornalista e política brasileira. Colaborou em diversas revistas e jornais cariocas. Na política, elegeu-se por três vezes deputada estadual. Foi poetisa, mas sua obra mais conhecida é o romance memorialista *A imaginária*. Outras obras: *Poemas*, *A mulher ausente*, *Mundos oscilantes* etc.

Nery, Ismael [Belém PA, 1900 — Rio de Janeiro RJ, 1934], artista plástico brasileiro, de influências cubista e esp. surrealista. Estudou na Escola Nacional de Belas-Artes, no Rio de Janeiro, e na Academia Julian, em Paris. Sua obra só teve o valor reconhecido postumamente.

Neto Campelo ver *Campelo Júnior, Manuel Neto Carneiro*

Netuno, divindade romana identificada com o *Poseidon* grego. Em astronomia, é o último dos planetas gasosos. Diâmetro equatorial: 49.528 km; diâmetro polar: 48.600 km; distância média do Sol: 4.504.000.000 km; satélites: 8.

Neves (Luiz Moreira Neves, dito **Dom Lucas Moreira**) [São João del Rei MG, 1925 — Roma, Itália, 2002], sacerdote brasileiro, arcebispo de Salvador BA (1987-1998). Nomeado cardeal pelo papa João Paulo II (1988), foi presidente da CNBB e prefeito da Sagrada Congregação para os Bispos, no Vaticano.

Neves, Tancredo de Almeida [São João del Rei MG, 1910 — São Paulo SP, 1985], político brasileiro. Foi deputado, senador e ministro da Justiça no governo Getúlio Vargas. Em 1985, então governador de Minas Gerais, candidatou-se e foi eleito presidente da República, indiretamente, pelo Colégio Eleitoral. Seria o primeiro presidente civil desde 1964, mas faleceu pouco antes de tomar posse.

Newton, Sir **Isaac** [Lincolnshire, Inglaterra, 1642 — Londres, Inglaterra, 1727], físico, astrônomo e matemático inglês, considerado um dos maiores nomes da ciência de todos os tempos. Formulou as teorias físicas do movimento e da gravitação, criou o cálculo infinitesimal, um novo ramo da matemática, e fez importantes descobertas na física óptica.

Nicarágua (República da), maior país da América Central, com 130.370 km². República presidencialista, independente desde 1821. Capital: *Manágua*; recursos principais: agricultura (banana, café, algodão), pecuária e indústria (vestuário, tecidos). Hab.: 6,2 milhões (2018).

Niemeyer Soares Filho, **Oscar** [Rio de Janeiro RJ, 1907 — *id.*, 2012], arquiteto brasileiro considerado grande nome da arquitetura mundial. Utiliza o concreto como escultura em seus projetos. Obras: conjunto arquitetônico da Pampulha MG, Museu de Arte Contemporânea (MAC) RJ, Palácio da Alvorada, Palácio do Planalto e Congresso Nacional DF etc.

Níger (República do), país do centro-oeste africano, com 1.267.000 km². República mista, independente desde 1960. Capital: *Niamei*; recurso principal: jazidas de minérios (urânio, ferro, carvão e estanho). Hab.: 22,4 milhões (2018).

Nigéria (República Federal da), país do centro-oeste da África, com 923.770 km². República presidencialista, independente desde 1960. É o oitavo país mais populoso do mundo. Capital: *Abuja*; recursos principais: agricultura (amendoim, cacau) e petróleo. Hab.: 196,7 milhões (2018).

Nilópolis (RJ), município com 19,393 km², situado na região metropolitana do Rio de Janeiro. Campo de Instrução de Gericinó, do Ministério do Exército. Hab.: 162.485 (2019).

Niquelândia (GO), município com 9.843,247 km², situado na microrregião de Porangatu, às margens do rio Tocantins. Jazidas de níquel. Ruínas da Igreja de N. S.ª do Rosário (antiga São José do Tocantins) tombadas pelo Iphan. Hab.: 46.388 (2019).

Niterói (RJ), município com 133,757 km², na região metropolitana do Rio de Janeiro. Estaleiros, turismo. Fortaleza de Santa Cruz, Igreja de São Lourenço, conjunto arquitetônico e paisagístico da ilha da Boa Viagem, Museu Antônio Parreiras e Museu de Arte Contemporânea (MAC), entre outros bens imóveis tombados pelo Iphan. Hab.: 513.584 (2019).

Niue (Governadoria do), território autônomo administrado pela Nova Zelândia, com 260 km², situado em uma ilha do leste da Oceania. Capital: *Alofi*. Hab.: 1.398 (2009).

Nóbrega, Pe. Manuel da [Sanfins do Douro, Portugal, 1517 — Rio de Janeiro RJ, 1570], missionário jesuíta português, chefiou a primeira missão jesuítica ao Brasil e tornou-se conhecido como o grande catequizador dos indígenas brasileiros. Conseguiu pacificar os tamoios. Fundou a aldeia de Piratininga (1554), atual São Paulo SP.

Nordeste (região) ver *Região Nordeste*

Noronha, Fernando ou **Fernão de** [Portugal, séc. XV — *id.*, séc. XVI], comerciante português, enviou diversas expedições marítimas à costa brasileira para explorar o pau-brasil. Uma delas descobriu a ilha de São João (1504), atual Fernando de Noronha. Ganhou do rei de Portugal essa ilha, que foi a 1ª capitania do Brasil.

Norte (região) ver *Região Norte*

Noruega (Reino da), país do extremo norte europeu, com 323.780 km². Monarquia parlamentarista, independente desde 1905. Capital: *Oslo*; recursos principais: polpa de madeira, papel, petróleo e produtos químicos. Hab.: 5,3 milhões (2018).

Nossa Senhora do Socorro (SE), município com 155,018 km², na região metropolitana de Aracaju. Igreja Matriz de N. S.ª do Perpétuo Socorro tombada pelo Iphan. Hab.: 183.628 (2019).

Nova Caledônia e Dependências (Território de Ultramar de), arquipélago localizado a leste da Oceania, com 18.575 km²; território autônomo sob a administração da França, independente desde 1979. Capital: *Numeia* (*Noumea*); recurso principal: níquel. Hab.: 279.821 (2018).

Nova Era (MG), município com 361,9 km², situado na região central do estado. Produção de ferro. Jazida de esmeraldas. Igreja Matriz de S. José e conjunto arquitetônico e paisagístico da praça da Matriz tombados pelo Iphan. Hab.: 21.168.791 (2019).

Nova Friburgo (RJ), município com 933,4 km², situado na região serrana do estado. Horticultura, floricultura, indústria têxtil. Casa e Parque da Cidade, Hotel do Parque São Clemente e conjunto arquitetônico e paisagístico da praça Getúlio Vargas tombados pelo Iphan. Hab.: 190.631 (2019).

Nova Iguaçu (RJ), município com 521,2 km², situado na região metropolitana do Rio de Janeiro. Reserva Biológica de Tinguá. Casa da Fazenda São Bernardino tombada pelo Iphan. Hab.: 821.128 (2019).

Novais Pinto, **Guiomar** [São João da Boa Vista SP, 1896 — São Paulo SP, 1979], pianista brasileira, considerada grande intérprete de Chopin. Começou a tocar piano aos quatro anos. Ganhou uma bolsa do governo (1909) e estudou no Conservatório de Paris, França, formando-se em primeiro lugar. Apresentou-se por todo o mundo e recebeu muitos prêmios e condecorações.

Nova Lima (MG), município com 429 km², situado na região metropolitana de Belo Horizonte. Extração de minério de ferro e ouro. Hab.: 94.889 (2019).

Nova Odessa (SP), município com 73,7 km², localizado na mesorregião de Campinas. Indústria (alimentos, tecidos). Hab.: 60.174 (2019).

Nova Serrana (MG), município com 282,3 km², localizado no oeste mineiro. Indústria (calçados esportivos). Hab.: 102.693 (2019).

Nova Zelândia, país do sudoeste do Pacífico, na Polinésia, com 267.710 km². Composto por duas ilhas principais e numerosas ilhotas, estende-se por mais de 1.600 km ao longo de seu eixo principal norte-nordeste. Monarquia parlamentarista, membro da Comunidade Britânica. Capital: *Wellington*; recurso principal: pecuária (bovinos e ovinos). Hab.: 4,78 milhões (2019).

Novo Gama (GO), município com 195 km², no entorno do Distrito Federal, a 40 km de Brasília. Hab.: 115.711 (2019).

Novo Hamburgo (RS), município com 223,8 km², no vale dos Sinos, região metropolitana de Porto Alegre. O maior exportador de calçados do país. Casa Presser tombada pelo Iphan. Hab.: 246.748 (2019).

Novo Repartimento (PA), município com 15.398,7 km², localizado no sudeste paraense. Sua origem está relacionada à construção da rodovia Transamazônica e da Usina Hidrelétrica de Tucuruí. Agricultura. Hab.: 75.919 (2019).

Nutels, Noel [Ananiev, Rússia, 1913 — Rio de Janeiro RJ, 1973], médico sanitarista e indigenista naturalizado brasileiro. Foi diretor do Serviço de Proteção ao Índio, da Fundação Nacional do Índio e da Fundação Brasil Central. Publicou dezenas de trabalhos em revistas científicas do Brasil e do exterior.

Óbidos (PA), município com 28.021,4 km², localizado no baixo Amazonas. Agricultura (juta, castanha-do-pará). Pesca. Hab.: 52.137 (2019).

Oceania, não é exatamente um continente, mas uma divisão geográfica do mundo, com 14 países independentes e 8.480.354 km². Ali estão a Austrália, a Nova Zelândia e cerca de dez mil ilhas e atóis espalhados pelo oceano Pacífico (ilhas Fidji, Salomão e Marshall, Kiribati, Micronésia, Nauru, Palau, Papua-Nova Guiné, Samoa, Tonga, Tuvalu e Vanuatu). Hab.: 42,13(2019).

OEA ver *Organização dos Estados Americanos*

Oeiras (PI), município com 2.702,4 km², antiga capital do estado. Igreja Matriz de N. S.ª das Vitórias, Ponte Grande e o sobrado João Nepomuceno tombados pelo Iphan. Hab.: 37.029 (2019).

Ohtake, Tomie [Kioto, Japão, 1913 — São Paulo SP, 2015], artista plástica japonesa naturalizada brasileira. Seu estilo é o abstracionismo informal. Além de pintura, trabalhou com serigrafia, litografia e gravuras em metal. Realizou obras públicas, como os painéis para o Memorial da América Latina.

Oiapoque (rio), situado no Estado do Amapá, na fronteira com a Guiana Francesa; nasce na serra de Tumucumaque e percorre 350 km antes de desaguar no oceano Atlântico.

Oiticica, Hélio [Rio de Janeiro RJ, 1937 — *id.*, 1980], artista plástico brasileiro, influenciado esp. pelo Neoconcretismo. Fundou o grupo Frente, com Ivan e Franz Weissman e Lygia Clark (1953-56). Vanguardista e experimentador, a linguagem de sua obra instiga a interação do observador. Um de seus trabalhos, *Tropicália*, deu nome ao Tropicalismo, movimento do final dos anos 1960.

Olímpia (SP), município com 802,6 km², localizado na região de São José do Rio Preto. Agroindústria. Turismo. Capital do Folclore. Hab.: 54.772 (2019).

Olinda (PE), município com 41,6 km², situado na região metropolitana do Recife. Conjunto arquitetônico, urbanístico e paisagístico, Convento e Forte de São Francisco, igrejas da Misericórdia, de N. S.ª do Monte, de Santa Teresa, do Antigo Convento de N. S.ª do Carmo, Igreja e Mosteiro de São Bento e Seminário de Olinda, entre outros bens imóveis, tombados pelo Iphan. Patrimônio Cultural da Humanidade desde 1982. Hab.: 392.482 (2019).

Olinto Marques da Rocha, **Antônio** [Ubá MG, 1919 — Rio de Janeiro RJ, 2009], escritor, jornalista, poeta e crítico literário brasileiro. Foi adido cultural em Londres e na Nigéria e especializou-se na África. Assinou a crítica literária do jornal *O Globo* durante 25 anos. Recebeu o Prêmio Machado de Assis da ABL (1994). Membro da ABL. Obras: *Presença*, *Resumo*, *Caderno de crítica*, *A verdade na ficção* etc.

Omã (Sultanato de), pequeno país situado no extremo sudeste da península da Arábia, a sudoeste da Ásia, com 309.500 km². Monarquia islâmica. Capital: *Mascate*; recursos principais: extração de petróleo e gás natural, e indústria metalúrgica (cobre). Hab.: 4,8 milhões (2018).

ONU ver *Organização das Nações Unidas*

Organização das Nações Unidas (ONU), organismo internacional sediado em Nova York, constituído em 1945, e criado pelos Estados que acataram as obrigações previstas na Carta das Nações Unidas, no interesse da salvaguarda da paz e da segurança internacionais e da cooperação econômica, social e cultural entre as nações.

Organização das Nações Unidas para Educação, Ciência e Cultura (Unesco), organismo da ONU sediado em Paris e criado em 1945 com o fito de contribuir para a paz e a segurança internacionais, estreitando os laços entre as nações por meio da educação, ciência, cultura, comunicação e respeito aos direitos humanos e liberdades fundamentais.

Organização dos Estados Americanos (OEA), organismo internacional constituído em 1948, que reúne os 35 Estados independentes das Américas que assinaram os princípios de paz e colaboração mútua estabelecidos no ato constitutivo da Carta da Organização dos Estados Americanos, de Bogotá.

Oriente Médio, território que abrange a Turquia, os países do sudeste da Ásia e do norte da África, incluindo ainda o Afeganistão, o Irã e o Iraque; Médio Oriente, Oriente Próximo, Próximo Oriente

Oriente Próximo ver *Oriente Médio*

Oriximiná (PA), município com 107.603,2 km², localizado no baixo Amazonas. Agropecuária. Pesca. Extração de bauxita. Hab.: 73.096 (2019).

Orlando da Silva, **Artur** [Recife PE, 1858 — *id.*, 1916], advogado, jornalista e escritor brasileiro, pertenceu à chamada Escola do Recife. Foi redator-chefe do *Diário de Pernambuco* (1901-1911) e um dos primeiros a defender a aproximação dos países latino-americanos com os EUA. Membro da ABL. Obras: *O meu álbum*, *Pan-americanismo*, *O Brasil, a terra e o homem* etc.

Orquestra Sinfônica Brasileira (OSB), entidade cultural sem fins lucrativos, criada em 11 de julho de 1940 por um grupo de músicos liderados pelo maestro José Siqueira, com o objetivo de preservar a música erudita.

Osasco (SP), município com 64,9 km², situado na região metropolitana de São Paulo. Grande parque industrial (esp. indústrias têxteis e metalúrgicas). Hab.: 698.418 (2019).

Oscarito (Oscar Lorenzo Jacinto de la Imaculada Concepción Teresa Diaz, dito) [Málaga, Espanha, 1906 — Rio de Janeiro RJ, 1970], ator cômico naturalizado brasileiro. Formou com o ator Grande Otelo uma dupla de muito sucesso no cinema, nas chamadas "chanchadas" da Atlântida. Filmografia: *Carnaval Atlântida*, *Nem Sansão nem Dalila*, *Dupla do barulho* etc.

Osório (Manuel Luís, marquês do Herval, dito **general**) [Santo Antônio do Arroio RS, 1808 — Rio de Janeiro RJ, 1879], militar e político brasileiro, destacado comandante na Guerra do Paraguai. Na Guerra dos Farrapos esteve inicialmente ao lado dos rebeldes, mas passou para o lado do governo, iniciando as negociações para pacificar a província.

Oswald, Henrique José Pedro Maria Carlos Luís [Rio de Janeiro RJ, 1852 — *id.*, 1931], pianista e compositor brasileiro. Foi professor catedrático do Instituto Nacional de Música, atual Escola de Música da UFRJ, e compositor de grande produção musical. Sofreu influência esp. do estilo romântico europeu. Obras: *Ofélia*, *Valsa lenta*, *Idílio* etc.

Otaviano de Almeida Rosa, **Francisco** [Rio de Janeiro RJ, 1825 — *id.*, 1889], político, jornalista e poeta romântico brasileiro. Defendeu as causas do Partido Liberal e engajou-se na campanha pela promulgação da Lei do Ventre Livre. Participou da elaboração do Tratado da Tríplice Aliança (1865). Patrono da cadeira 13 da ABL. Obras: *Cantos de Selma*, *Traduções e poesias* etc.

Ottoni, Teófilo Benedito [atual Serro MG, 1807 — Rio de Janeiro RJ, 1869], político brasileiro. Conhecido por suas ideias republicanas durante o Império, liderou a revolução liberal no seu estado (1842); foi derrotado, preso e depois anistiado. Fundou a Companhia do Mucuri (1850), para desenvolver e colonizar o nordeste mineiro. — **Cristiano Benedito Ottoni**, seu irmão, [atual Serro MG, 1811 — Rio de Janeiro RJ, 1896], político brasileiro, elegeu-se deputado e senador diversas vezes. Autor do primeiro plano ferroviário do Brasil (*O futuro das estradas de ferro no Brasil*, 1859), foi o primeiro diretor da Estrada de Ferro Dom Pedro II, atual Central do Brasil, Rio de Janeiro RJ.

Ouricuri (PE), município com 2.422,9 km², situado no sertão de Araripe, na região oeste do estado. Seus primitivos habitantes foram índios da família dos cariris. Hab.: 69.459 (2019).

Ourinhos (SP), município com 295,8 km², situado na Região Sudoeste do estado. Importante entroncamento ferroviário responsável pela distribuição de combustível no sul do país. Hab.: 113.542 (2019).

Ouro Branco (MG), município com 258,7 km², situado na microrregião de Conselheiro Lafaiete; compõe o Circuito do Ouro. Siderúrgica Açominas. Igreja Matriz de Sto. Antônio e Matriz de Sto. Antônio de Itatiaia tombadas pelo Iphan. Hab.: 39.500 (2019).

Ouro Preto (MG), município histórico, antiga Vila Rica, com 1.245,8 km², situado na serra do Espinhaço. Conjunto arquitetônico e urbanístico, Casa dos Contos, igrejas de N. S.ª das Mercês e Misericórdia, de Bom Jesus do Matosinho, de N. S.ª do Carmo, de N. S.ª do Rosário, de São Francisco de Assis, Matriz do Pilar, Museu da Inconfidência, entre outros bens imóveis tombados pelo Iphan. Monumento Nacional, em 1933, e Patrimônio Histórico e Cultural da Humanidade, pela Unesco, em 1980. Hab.: 74.281 (2019).

Ovale, Jayme [Belém PA, 1894 — Rio de Janeiro RJ, 1955], compositor erudito e poeta brasileiro. Sua música mais famosa, *Azulão*, foi feita em parceria com Manuel Bandeira. A inspiração de sua obra erudita está nas raízes da cultura brasileira. Obras: *Pedro Álvares Cabral*, *Modinha* etc.

Pacajus (CE), município com 254,6 km², localizado na região metropolitana de Fortaleza. Agricultura (esp. caju). Indústria. Turismo. Hab.: 72.203 (2019).

Pacaraima (serra do), situada no Estado de Roraima; ali fica o monte Roraima, com 2.875 m de altitude.

Pacatuba (CE), município com 132 km², situado na microrregião de Fortaleza, a 25 km dessa capital. Hab.: 83.432 (2019).

Pacheco, José **Félix** Alves [Teresina PI, 1879 — Rio de Janeiro RJ, 1935], escritor simbolista e político brasileiro, fundador do Gabinete de Identificação e Estatística, hoje Instituto Félix Pacheco. Introduziu no Brasil o processo de tirar impressões digitais. Elegeu-se várias vezes para cargos legislativos. Membro da ABL. Obras: *Chicotadas, poesias revolucionárias*; *Tu, só tu* etc.

Paço do Lumiar (MA), município com 122,8 km², na região metropolitana de São Luís. Hab.: 122.197 (2019).

Pais, Fernão Dias [São Paulo SP, 1608 — ? MG, 1681], bandeirante brasileiro, desbravou o sul do Brasil. Foi depois nomeado governador das esmeraldas e partiu para o interior do país à procura de pedras preciosas. Nada encontrou. Olavo Bilac inspirou-se nele para compor o poema "O caçador de esmeraldas".

País Basco, comunidade autônoma pertencente à França e à Espanha e situada na região dos Pireneus ocidentais, com 7.234 km². Compreende, na Espanha, as províncias Alava (cap. *Vitória*), Biscaia (cap. *Bilbao*), Guipúzcoa (cap. *San Sebastián*) e Navarra (cap. *Pamplona*); e, na França, Soule, Labourd e a Baixa Navarra (*Pyrenées-Atlantiques*, sudoeste da França); recursos principais: indústria, comércio, pesca, turismo e siderurgia. Hab.: 2,1 milhões (2018).

Países Baixos (Reino dos), país do noroeste da Europa, junto ao mar do Norte, com 41.540 km². Monarquia parlamentarista. Capital: *Amsterdã*; recursos principais: pesca, mineração (gás natural, petróleo), indústrias (alimentícia, de máquinas, química). Hab.: 17 milhões (2018).

Pajeú (rio), afluente do rio São Francisco, nasce na chapada de Borborema, na serra da Balança, entre os estados de Pernambuco e Paraíba (430 km).

Palau (República de), país constituído por um arquipélago no oeste da Oceania, com 460 km². República presidencialista, independente desde 1994. Capital: *Ngerulmud*; recursos principais: agricultura (coco, banana, raízes e tubérculos) e indústria (vestuário). Hab.: 21.964 (2018).

Paleolítico, período mais antigo da Idade da Pedra, na Pré-História, caracterizado pelo uso de armas e ferramentas feitas de pedaços de rocha quebrados grosseiramente. É tb. chamado de Idade da Pedra Lascada.

Palestina (Território da Autoridade), país situado no extremo oeste da Ásia, dividido em duas partes: uma estreita faixa de terra entre o deserto de Neguev e o litoral, denominada "Faixa de Gaza", e uma parte da Cisjordânia, na margem ocidental do rio Jordão, com 6.220 km². República independente, não instituída. Capital atual: *Ramallah*. A autoridade Nacional Palestina reivindica Jerusalém Oriental como capital do futuro Estado Palestino. Área de conflito entre palestinos e israelenses.

Palheta, Francisco de Melo [? PA, 1670 — ?, 1750], desbravador brasileiro, chefiou diversas expedições pelo interior do país, alcançando inclusive a Guiana Francesa, lugar de onde trouxe as primeiras sementes de café (1727). Plantado primeiramente no Pará, em 1767 o fruto já era exportado para a Europa.

Palhoça (SC), município com 395,1 km², situado na região metropolitana de Florianópolis entre o litoral e a serra do Mar. Turismo: Parque Estadual Serra do Tabuleiro. Hab.: 171.797 (2019).

Palmares (PE), município com 339,2 km², situado na região da Mata do estado. Seu nome recorda a rebelião dos negros, os quilombos e a República Independente dos Palmares. Hab.: 63.250 (2019).

Palmares (Quilombo dos) ver *Quilombo dos Palmares*

Palmas (TO), capital do Estado do Tocantins, com 2.218,9 km², cidade planejada e construída (1989) sobre o centro geodésico do Brasil, às margens do rio Tocantins. Hab.: 299.127(2019).

Palmeira dos Índios (AL), município com 452,5 km², situado na região do Agreste do estado, na divisa com o Estado de Pernambuco. Antiga aldeia de índios cariris. Hab.: 73.218 (2019).

Palmeiras (BA), município com 700,6 km², situado na chapada Diamantina. Conjunto paisagístico do morro do Pai Inácio tombado pelo Iphan. Hab.: 9.019 (2019).

Palmério, Mário de Ascensão [Monte Carmelo MG, 1916 — Uberaba MG, 1996], professor, educador, político e romancista brasileiro. Fundou as Faculdades de Odontologia, de Direito e de Medicina, em Minas Gerais. Começou na literatura aos 40 anos de idade. Membro da ABL. Obras: *Vila dos confins*, *Chapadão do bugre* etc.

Panamá (canal do), liga os oceanos Atlântico e Pacífico, encurtando distâncias entre o Ocidente e o extremo Oriente. Tem 82 km de extensão e três sistemas de eclusas. Em suas extremidades ficam a Cidade do Panamá, no Pacífico, e Colón, no Atlântico (mar das Antilhas).

Panamá (República do), país situado no sudoeste da América Central, com 75.420 km². República presidencialista, independente desde 1903. Capital: *Cidade do Panamá*; recursos principais: turismo, esp. ecoturismo. Hab.: 4,1 milhões (2018).

Pancetti (Giuseppe Gianinni, dito **José**) [Campinas SP, 1902 — Rio de Janeiro RJ, 1958], pintor brasileiro. Não se ligou a nenhum movimento. Pintou esp. marinhas, autorretratos e paisagens litorâneas brasileiras. Conquistou muitos prêmios e a medalha de ouro do Salão Nacional de Belas-Artes (1948).

Pantagruel, personagem de um romance de François Rabelais (c. 1494-1553), filho de Gargântua, é um gigante comilão, fortíssimo, que vive diversas aventuras com seu companheiro Panurge.

Pantanal Mato-grossense (Parque Nacional do), criado em 1981, possui uma área de 135.000 ha, com perímetro de 260 km. Está localizado no extremo sudoeste do Estado do Mato Grosso, no município de Poconé, junto à divisa com o Estado do Mato Grosso do Sul, na confluência dos rios Paraguai e Cuiabá. Uma de suas principais atrações é a abundância de fauna (jacarés, garças, capivaras, tuiuiús, piranhas etc.).

Pão de Açúcar, elevação na cidade do Rio de Janeiro RJ, com 396 m de altitude; o nome vem da semelhança de forma com o açúcar em massa saído das formas, nos antigos engenhos. Uma linha de bondes aéreos liga-o ao morro da Urca (220 m) e este à praia Vermelha.

Papagaio (serra do) ver *Serra do Papagaio (Parque Estadual da)*

Papua-Nova Guiné (Estado Independente de), país a oeste da Oceania, com 462.840 km². Monarquia parlamentarista, independente desde 1975. Capital: *Port Moresby*; recursos principais: agricultura (cacau, coco, chá), pecuária, extração de cobre e turismo. Hab.: 8,4 milhões (2018).

Paquistão (República Islâmica do), país do centro-sul da Ásia, com 796.100 km². República parlamentarista, independente desde 1947. Sucessivos períodos de ditadura militar. Capital: *Islamabad*; recursos principais: agricultura (algodão, cana-de-açúcar), indústria (cimento, fertilizantes) e extração (gás natural, petróleo). Hab.: 200 milhões (2018).

Pará (PA), estado brasileiro da Região Norte, com 1.247.954,666 km² e 143 municípios, sendo os mais populosos, além da capital: Santarém, Marabá, Altamira, Caucaia e Abaetuba. Porta de entrada da Amazônia, ali fica Marajó, a maior ilha fluviomarinha do mundo. Capital: *Belém;* recursos principais: agricultura (dendê, pimenta-do-reino), pecuária (esp. bovinos e búfalos), e extração de madeira, castanha-do-pará. Hab.: 8,6 milhões (2019).

Paracatu (MG), município com 8.229,6 km², situado na região noroeste do estado. Mineração de ouro e pecuária leiteira. Igreja de N. S.ª do Rosário e Matriz de Santo Antônio tombadas pelo Iphan. Hab.: 93.158 (2019).

Paracatu (rio), afluente do rio São Francisco, corre em Minas Gerais. Tem 441 km de extensão.

Pará de Minas (MG), município com 551,2 km², situado na região metropolitana de Belo Horizonte. Polo da avicultura. Hab.: 93.969 (2019).

Paragominas (PA), município com 19.342,2 km², situado a leste do estado, na fronteira com o Estado do Maranhão. Exploração da madeira. Hab.: 113.145 (2019).

Paraguai, Guerra do [1864-1870], tb. dita Guerra da Tríplice Aliança, referindo-se ao tratado assinado pelo Brasil, Argentina e Uruguai contra o Paraguai, originou-se devido à política militar e expansionista do presidente paraguaio Solano López. A Batalha do Riachuelo foi decisiva para a vitória dos aliados. A guerra provocou mais de 30 mil baixas no Exército brasileiro.

Paraguai (República do), país do centro-sul da América do Sul, com 406.750 km²; república presidencialista, independente desde 1811. Capital: *Assunção*; recursos principais: agropecuária e indústria alimentícia (carnes). Hab.: 6,8 milhões (2018).

Paraguai (rio), nasce na chapada dos Parecis, em Mato Grosso, banha tb. o Estado de Mato Grosso do Sul e, ao longo de seu curso rumo ao sul, recebe vários afluentes importantes, destacando-se os rios Cuiabá e Negro. Desde a nascente até seu encontro com o rio Paraná, na fronteira do Paraguai com a Argentina, percorre 2.621 km, sendo 1.683 km em território brasileiro.

Paraíba (PB), estado brasileiro, a leste da Região Nordeste, com 56.469,778 km² e 223 municípios, sendo os mais populosos, além da capital: Campina Grande, Santa Rita, Patos, Bayeux e Sousa. Grande parte do seu território está no Polígono das Secas. A ponta do Seixas, limite oriental do país, fica em seu litoral. Capital: *João Pessoa*; recursos principais: agropecuária e indústrias (alimentícia, de cimento e de plásticos). Hab.: 4 milhões (2019).

Paraíba do Norte (rio), formado pelos rios da Serra e do Meio, nasce na chapada da Borborema, no limite do Estado da Paraíba com o Estado de Pernambuco. Tem 360 km de extensão.

Paraíba do Sul (rio), formado pelos rios Paraibuna e Paraitinga, suas águas abastecem parte da população de três estados brasileiros, Rio de Janeiro, São Paulo e Minas Gerais, e são aproveitadas por importantes hidrelétricas, como Fontes, Funil e Paraibuna. Tem 1.019 km de extensão.

Paraibuna (rio), está localizado na divisa dos estados do Rio de Janeiro e Minas Gerais, onde nasce, perto da cidade de Juiz de Fora. Sua profundidade média é de 4 m e pode chegar a até 30 m em alguns trechos. Deságua no rio Paraíba do Sul. Tem 170 km de extensão.

Paraná (PR), estado brasileiro da Região Sul, com 199.307,922 km² e 399 municípios, sendo os mais populosos, além da capital: Maringá, Londrina, Ponta Grossa, Foz do Iguaçu e Cascavel. É cortado ao norte pelo trópico de Capricórnio. Capital: *Curitiba;* recursos principais: agricultura (café, soja), indústrias (agroindústria, papel e celulose) e extrativismo vegetal (erva-mate, madeira). Hab.: 11,4 milhões (2019).

Paranaguá (PR), município histórico litorâneo, com 826,6 km², situado na região metropolitana de Curitiba. Colégio dos Jesuítas, Fortaleza da Ilha do Mel, igrejas da Ordem Terceira de São Francisco das Chagas e de São Benedito tombados pelo Iphan. Hab.: 154.936 (2019).

Paranaíba (rio), nasce na serra da Mata da Corda, corre nos estados de Minas Gerais e Goiás, e forma, com o rio Grande, o rio Paraná. Tem 1.170 km de extensão.

Paranapanema (rio), nasce na serra de Paranapiacaba, corre nos estados de São Paulo e Paraná, e deságua no rio Paraná, formando limite entre os dois estados. Tem 929 km de extensão.

Paranavaí (PR), município com 1.202,2 km², situado na região noroeste do estado, na divisa com o Estado de São Paulo. Agricultura (laranja) e indústria (alimentos, vestuário). Hab.: 88.374 (2019).

Paraopeba (rio), nasce na serra da Mantiqueira, banha o Estado de Minas Gerais e deságua na margem direita do rio São Francisco. Tem 546,5 km de extensão.

Paraty (RJ), município histórico litorâneo, com 925,3 km², situado na região sul do estado. Conjunto arquitetônico e paisagístico da cidade, Forte Defensor Perpétuo, igrejas de N. S.ª das Dores, de N. S.ª do Rosário, de Santa Rita, Matriz de N. S.ª dos Remédios e município de Parati (Monumento Nacional desde 1966), entre outros monumentos tombados pelo Iphan. Hab.: 43.165 (2019).

Parauapebas (PA), município com 6.886,2 km², situado na região sudeste do estado, no sopé da serra de Carajás. Grande parte de suas terras é ocupada pela mineradora Vale, pelos índios caiapós-xicrins e por áreas de preservação ambiental. Hab.: 208.273 (2019).

Pardo (rio), afluente do Paraná (428 km), corre no Estado de Mato Grosso do Sul — rio dos estados de Minas Gerais e Bahia (644 km), nasce na serra das Almas e deságua no oceano Atlântico — rio dos estados de Minas Gerais e São Paulo, desce da serra do Cervo MG (573 km), banhando a cidade de São José do Rio Pardo SP — rio do Estado do Rio Grande do Sul (250 km), afluente do rio Jacuí — rio do Estado de São Paulo (240 km), afluente do rio Paranapanema, nasce na serra de Botucatu.

Parima (serra do), formação do relevo brasileiro, localizada no Planalto das Guianas, na fronteira do Brasil com a Venezuela, no extremo oeste do Estado de Roraima.

Parintins (AM), município com 5.951,2 km², situado na região central do estado, na ilha de Tupinambarana, na margem direita do rio Amazonas. Grandes reservas de madeira. Festival folclórico no Bumbódromo. Hab.: 114.273 (2019).

Parnaíba (PI), município com 435,5 km², situado no litoral norte do estado, no delta do Parnaíba. Turismo. Hab.: 153.078 (2019).

Parnaíba (rio), nasce na serra da Tabatinga, a 800 m de altitude, e banha vários municípios do Estado do Piauí. Um dos rios mais extensos do Nordeste (1.450 km), faz divisa entre Maranhão e Piauí. Na sua foz, forma um delta com cinco ramificações.

Parnamirim (RN), município litorâneo com 123,4 km², situado na região metropolitana de Natal. Na Segunda Guerra Mundial ficou conhecido como "Trampolim da Vitória". Aeroporto Augusto Severo. Hab.: 261.469 (2019).

Parobé (RS), município com 108,6 km², localizado na região metropolitana de Porto Alegre. Indústria (calçados). Hab.: 58.272 (2019).

Parreiras, Antônio Diogo da Silva [Niterói RJ, 1860 — *id.*, 1937], pintor brasileiro, fundou a Escola do Ar Livre, onde os alunos pintavam fora dos estúdios. Foi muito premiado e reconhecido como um dos pintores mais importantes de sua época. A partir do início do séc. XX, dedicou-se à pintura histórica. Obras: *Proclamação da República*, *Prisão de Tiradentes*, *A tarde* etc.

Paru (rio), afluente da margem esquerda do rio Amazonas (741 km), corre no Estado do Pará.

Pascal, Blaise [Clermont-Ferrand, França, 1623 — Paris, França, 1662], físico, matemático, filósofo e escritor francês, conhecido esp. por suas descobertas científicas. Formulou a Lei de Pascal, que descreve as relações de pressão sobre um líquido contido em um recipiente fechado, princípio hoje us. nos motores hidráulicos e compressores de ar.

Pascoal, Hermeto [Lagoa da Canoa, Arapiraca AL, 1936], músico brasileiro. Começou a tocar sanfona de ouvido, ainda criança. Seu estilo musical é único e pessoal, difícil de ser rotulado. Tornou-se conhecido por usar objetos comuns e animais para obter sons durante as gravações. Obras: *O ovo*, *Porco na festa* etc.

Pascoal (monte), elevação montanhosa, com 586 m de altitude, foi o primeiro ponto de terra avistado pelos portugueses, em 1500, quando descobriram o Brasil. — O **Parque Nacional do Monte Pascoal**, criado no seu entorno, é uma das mais importantes reservas de mata Atlântica do sul da Bahia, com 22.500 ha de área total e 110 km de perímetro.

Passo Fundo (RS), município com 783,4 km², situado na região noroeste do estado. Usinas hidrelétricas de Ernestina e Leonel de Moura Brizola (antiga Jacuí). Agricultura (trigo, soja) e pecuária (bovinos). Bispado. Hab.: 203.275 (2019).

Passos, **Edison** Junqueira [Carangola MG, 1893 — Rio de Janeiro RJ, 1954], engenheiro e político brasileiro. Dirigiu a construção da Estrada de Ferro Mossoró, em 1919. Foi secretário de Viação da Prefeitura do antigo Distrito Federal, catedrático da Escola Nacional de Engenharia, deputado federal e presidente do Clube de Engenharia.

Passos (MG), município com 1.338 km², situado na região sudoeste do estado. Gado leiteiro e indústria de confecção. Hab.: 114.679 (2019).

Passos, Francisco **Pereira** [São João Marcos RJ, 1836 — no mar, 1913], engenheiro e político brasileiro, autor de projetos ferroviários, como o trecho do morro do Corcovado RJ. Foi nomeado prefeito do Rio de Janeiro (1903-1906), construiu avenidas e túneis e realizou importantes obras de infraestrutura.

Pasteur, **Louis** [Marnes-la-Coquette, França, 1822 — Villeneuve-l'Étang, França, 1895], químico e biólogo francês, um dos grandes cientistas da humanidade. Criou a primeira vacina contra a raiva e descobriu que as doenças são transmitidas por micro-organismos. Desenvolveu um processo (pasteurização) que mata os germes pela alternância de frio e calor.

Pato Branco (PR), município com 539 km², situado na região sudoeste do estado. Parque industrial de eletrônica (*software*). Hab.: 82.881 (2019).

Patos (lagoa dos), grande lagoa costeira no Estado do Rio Grande do Sul, com 280 km de extensão e 60 km de largura, recebe as águas dos rios Turucu, Jacuí e Camaquã. Comunica-se com o Atlântico pela barra do Rio Grande e com a lagoa Mirim pelo canal de São Gonçalo. Em suas margens estão localizadas as cidades de Porto Alegre, Pelotas e Rio Grande.

Patos (PB), município com 473 km², situado no sertão, na margem esquerda do rio Espinhares, microrregião da Depressão do Alto Piranhas. Turismo religioso (Santuário Cruz da Menina). Hab.: 107.605 (2019).

Patos de Minas (MG), município com 3.189,7 km², situado no Triângulo Mineiro / Alto Paranaíba. Agricultura e indústria de alimentos. Hab.: 152.488 (2019).

Patrocínio, **José** Carlos **do** [Campos RJ, 1853 — Rio de Janeiro RJ, 1905], jornalista, orador e escritor brasileiro, um dos líderes do movimento abolicionista. Considerado grande jornalista, foi proprietário dos periódicos *Gazeta da Tarde* e *Cidade do Rio*. Membro fundador da ABL. Obras: *Os retirantes*, *Pedro espanhol* etc.

Patrocínio (MG), município com 2.874,3 km², estância hidromineral, situado no Alto Paranaíba. Exportação de café. Hab.: 90.757 (2019).

Paty do Alferes (RJ), município com 318,8 km², situado na microrregião de Vassouras. Maior produtor de tomates do estado. Igreja Matriz de N. S.ª da Conceição tombada pelo Iphan. Hab.: 27.769 (2019).

Paudalho (PE), município com 277,5 km², situado ao norte da Zona da Mata do estado. Mosteirinho de São Francisco tombado pelo Iphan. Hab.: 56.506 (2019).

Paula, **Inimá** José **de** [Itanhomi MG, 1918 — Belo Horizonte MG, 1999], pintor paisagista brasileiro, autodidata, frequentou o ateliê de Cândido Portinari. Conhecido por seu lirismo, foi abstracionista e depois recebeu forte influência do fauvismo. Ganhou diversos prêmios e medalhas em mostras e participou de exposições e bienais no Brasil e no exterior.

Paulinho da Viola (Paulo César Batista de Faria, dito) [Rio de Janeiro RJ, 1942], cantor e compositor popular brasileiro, um dos grandes nomes contemporâneos do samba e do choro. Desde pequeno conviveu com grandes músicos, como Pixinguinha e Jacob do Bandolim. Fez parte do conjunto A voz do morro. Obras: *Coração leviano*, *Bebadosamba*, *Sinal fechado*, *Foi um rio que passou em minha vida* etc.

Paulínia (SP), município com 138,7 km², situado no nordeste do estado. Polo petroquímico. Hab.: 109.424 (2019).

Paulista (PE), município com 97,3 km², situado na região metropolitana do Recife. Turismo (praia de Maria Farinha). Forte do Pau Amarelo tombado pelo Iphan. Hab.: 331.774 (2019).

Paulo Afonso (BA), município com 1.579,7 km², situado na região do vale do São Francisco, na divisa dos estados de Sergipe e Alagoas. Cachoeira de Paulo Afonso. Hab.: 117.782 (2019).

Peçanha, **Nilo** Procópio. [Campos SP, 1867; Rio de Janeiro RJ, 1924], político brasileiro. Um dos fundadores do Partido Republicano Fluminense, foi constituinte (1890), deputado federal e senador pelo RJ, além de presidente do estado (1903-1906). Assumiu a Vice-Presidência (1906) na chapa de Afonso Pena e, com a morte deste, a Presidência da República (1909). Foi tb. ministro das Relações Exteriores (1917).

Pederneiras, **Mário** Veloso Paranhos [Rio de Janeiro RJ, 1867 — *id.*, 1915], poeta brasileiro, pertenceu à segunda geração simbolista. Fundou as revistas *Galáxia*, *Mercúrio*, *Rio-Revista* e *Fon-Fon*. Foi pioneiro no uso do verso livre. Obras: *Agonia*, *Rondas noturnas*, *Histórias do meu casal*. — **Raul** Paranhos **Pederneiras** [Rio de Janeiro RJ, 1874 — *id.*, 1953], seu irmão, caricaturista e escritor brasileiro, consagrou-se no *Jornal do Brasil*, com a série de cartuns *Cenas da vida carioca*. Lecionou na Escola Nacional de Belas-Artes. Obras: *Lições de caricatura*, *Geringonça carioca* etc.

Pedra da Mina (pico), o ponto mais alto da serra da Mantiqueira (2.798,06 m) e o quarto em altura do país, 7 m acima do pico das Agulhas Negras RJ, está situado entre Passa Quatro MG e Queluz SP.

Pedra do Sino de Itatiaia (pico), situado na serra da Mantiqueira MG (2.670 m), é o nono em altura do país.

Pedro I, Dom [Queluz, Portugal, 1798 — *id.*, 1834], primeiro imperador do Brasil. Proclamou a Independência brasileira no dia 7 de setembro de 1822 e subiu ao trono, ficando até 1831. Cercado por pressões políticas, abdicou em favor de seu filho, ainda criança, Dom Pedro II.

Pedro II, Dom [Rio de Janeiro RJ, 1825 — Paris, França, 1891], segundo e último imperador do Brasil (1841-1889), filho de Dom Pedro I e da imperatriz Leopoldina, subiu ao trono com 14 anos. Seu reinado foi marcado por transformações sociais e econômicas, pela *Guerra do Paraguai* (1864-1870) e pela promulgação da Lei Áurea (1888). Com o advento da República, foi obrigado a retirar-se do Brasil com a família (1889).

Pedro Leopoldo (MG), município com 293 km^2, a 40 km de Belo Horizonte. O fóssil conhecido como Luzia, com idade de 11.500 anos, encontrado na região, é uma das peças de maior importância da arqueologia brasileira. Hab.: 64.258 (2019).

Pedrosa, Mário [Timbaúba PE, 1900 — Rio de Janeiro RJ, 1981], crítico de arte e literatura, e jornalista brasileiro. Presidiu a Associação Brasileira de Críticos de Arte, dirigiu o Museu de Arte Moderna de São Paulo SP. Colaborou em diversos jornais, como o *Diário da Noite* (SP) e o *Jornal do Brasil* (RJ). Obras: *Panorama da pintura moderna*; *Arte, forma e personalidade*; *A opção imperialista* etc.

Peixe (rio), situado no Estado de São Paulo, é afluente da margem esquerda do rio Paraná (500 km).

Peixoto, Júlio **Afrânio** [Lençóis BA, 1876 — Rio de Janeiro RJ, 1947], escritor, professor e médico brasileiro. Escreveu romances, crítica literária, livros didáticos e ensaios sobre Pedagogia, Medicina e Direito. Foi autor regionalista, de influência simbolista. Membro da ABL. Obras: *Rosa mística*, *A esfinge*, *Fruta do mato* etc.

Peixoto, Inácio José de **Alvarenga** [Rio de Janeiro RJ, 1744 — Angola, 1793], poeta brasileiro, ativo participante da Inconfidência Mineira, foi condenado a desterro na África, onde morreu. Suas obras poéticas só foram publicadas postumamente (1865).

Peixoto, Floriano [Maceió AL, 1839 — Barra Mansa RJ, 1895], militar e político brasileiro, vice-presidente no governo Deodoro da Fonseca. Quando este renunciou, assumiu a presidência (1891 a 1894). Autoritário, dito *Marechal de Ferro*, enfrentou muitas revoltas durante seu governo, como a Revolução Federalista e a Revolta da Armada.

Pelé (Edson Arantes do Nascimento, dito) [Três Corações MG, 1940], jogador de futebol brasileiro, eleito pela Fifa (2000) o melhor jogador de futebol do séc. XX. Marcou 1.282 gols oficiais. Participou de quatro Copas do Mundo e conquistou três (1958, 1962 e 1970), recorde que ainda não foi alcançado por nenhum outro jogador. Consagrou-se vestindo a camisa 10 da seleção brasileira.

Pelotas (RS), município com 1.610 km^2, situado no sudeste do estado, às margens do canal São Gonçalo, que liga as lagoas dos Patos e Mirim. Caixa-d'água na praça Piratinino de Almeida, obelisco republicano, prédios na praça Cel. Pedro Osório e Teatro Sete de Abril tombados pelo Iphan. Indústria de conservas. Hab.: 342.405 (2019).

Pena, Afonso Augusto Moreira [Santa Bárbara MG, 1847 — Rio de Janeiro RJ, 1909], político brasileiro, presidente da República (1906-1910), legítimo representante da chamada "política café com leite". Seu governo sofreu grande desgaste político por causa da sucessão presidencial. Faleceu antes de completar o mandato.

Pena, Cornélio de Oliveira [Petrópolis RJ, 1896 — Rio de Janeiro RJ, 1958], escritor modernista brasileiro. Escreveu densos romances psicológicos, ambientados esp. nas grandes fazendas de Minas Gerais. Obras: *Fronteira*, *Dois romances de Nico Horta*, *Repouso* etc.

Pena, Luís Carlos **Martins** [Rio de Janeiro RJ, 1815 — Lisboa, Portugal, 1848], dramaturgo brasileiro, considerado o fundador do teatro de costumes no Brasil. Sua obra é bem-humorada e os tipos populares são seus preferidos. Patrono da cadeira 29 da ABL. Obras teatrais: *O juiz de paz na roça*, *O noviço*, *As casadas solteiras* etc.

Penápolis (SP), município com 711,3 km^2, localizado na região de Araçatuba. Agricultura (cana-de-açúcar, café). Pecuária. Hab.: 63.407 (2019).

Penedo (AL), município com 689,8 km^2, situado na região leste do estado, sobre um rochedo às margens do rio São Francisco, na divisa com o Estado de Sergipe. Convento dos Franciscanos, igrejas de São Gonçalo Garcia dos Homens Pardos e de N. S.ª da Corrente tombados pelo Iphan. Hab.: 63.683 (2019).

Pereira, Geraldo Theodoro [Juiz de Fora MG, 1918 — Rio de Janeiro RJ, 1955], compositor popular brasileiro. Seu samba sincopado é considerado precursor da bossa nova. Boêmio, sua música fala do cotidiano dos cariocas dos morros. Obras: *Acabou a sopa*, *Acertei no milhar*, *Bolinha de papel*, *A voz do morro* etc.

Pereira, Lafayette Rodrigues [Queluz MG, 1834 — Rio de Janeiro RJ, 1917], advogado, jornalista, político e diplomata brasileiro. Ocupou diversos cargos públicos, entre eles, presidente das províncias do Ceará e do Maranhão, e conselheiro de

Estado. Membro da ABL. Obras: *Direitos de família*, *Direito das coisas* etc.

Pereira, **Lúcia** Vera **Miguel** [Barbacena MG, 1903 — Rio de Janeiro RJ, 1959], escritora brasileira, filha do médico Miguel Pereira, na literatura escreveu ensaios, romances, críticas e biografias. Obras: *Maria Luísa*, *Amanhecer*, *A vida de Gonçalves Dias* etc.

Pernambuco (PE), estado brasileiro, no centro-leste da Região Nordeste, com 98.149,119 km² e 185 municípios, sendo os mais populosos, além da capital: Jaboatão dos Guararapes, Olinda, Caruaru, Paulista e Petrolina. Abriga o arquipélago de Fernando de Noronha, uma das grandes atrações turísticas do país. Capital: *Recife*; recursos principais: agricultura (cana-de-açúcar), pecuária, indústrias (alimentícia, têxteis, cimento) e turismo. Hab.: 9,5 milhões (2019).

Perneta, **Emiliano** David [Curitiba, PR, 1866 — *id*., 1921], escritor brasileiro, vanguardista do Simbolismo no país. Fundou e dirigiu diversos jornais e revistas literárias, destacando-se sua atuação no periódico carioca *Folha Popular* (1891). Obras: *Músicas*, *O inimigo*, *Alegoria*, *Ilusão* etc.

Peru (República do), país situado a oeste da América do Sul, na costa do oceano Pacífico, com 1.285.220 km². República presidencialista, independente desde 1821. Foi o berço da civilização inca. Capital: *Lima*; recursos principais: ecoturismo, agricultura e pesca. Hab.: 32,5 milhões (2018).

Peruíbe (SP), município com 324,5 km², situado no litoral sul do estado. Estação Ecológica Jureia-Itatins. Praias, rios, cachoeiras. Hab.: 68.284 (2019).

Pesqueira (PE), município com 995,5 km², situado na região do Agreste do estado, na divisa com o Estado da Paraíba. Artesanato e doces. Hab.: 67.395 (2019).

Pessoa, **Epitácio** Lindolfo da Silva [Umbuzeiro PB, 1865 — Petrópolis RJ, 1942], político e jurista brasileiro, elegeu-se presidente da República (1919 a 1922), concorrendo com Rui Barbosa. O ano final de seu governo foi marcado por intensa agitação política, destacando-se a Revolta dos 18 do Forte de Copacabana.

Pessoa, **Fernando** Antônio Nogueira [Lisboa, Portugal, 1888 — *id*., 1935], poeta modernista português, de estatura internacional, ao lado de Luís de Camões. Criou inúmeros heterônimos, autores imaginários, para escrever suas obras: entre eles, Alberto Caeiro, Álvaro de Campos e Ricardo Reis. Só depois de sua morte foi editada sua obra completa. Em vida publicou apenas *Mensagem* (1934).

Pessoa Cavalcanti de Albuquerque, **João** [Umbuzeiro PB, 1878 — Recife PE, 1930], político brasileiro. Elegeu-se presidente da Paraíba em 1928. Um ano depois foi candidato à vice-presidência da República na chapa de Getúlio Vargas (1929). Este fato desencadeou revoltas armadas em seu estado, culminando com seu assassinato. Seu nome foi dado à capital do Estado da Paraíba, em 1930.

Petrobras (Petróleo Brasileiro S.A.), empresa de economia mista criada em 1953, que opera no segmento de energia, esp. em prospecção, produção, refino, comercialização e transporte de petróleo e derivados no Brasil e em diversos países.

Petrolina (PE), município com 4.561,8 km², situado no sertão do São Francisco, na divisa com o Estado da Bahia. É o maior polo agroindustrial do Nordeste. Agricultura irrigada (uva, melão, cebola). Carrancas. Hab.: 349.145 (2019).

Petrópolis (RJ), município com 795,7 km², situado na região serrana, foi capital do estado por nove anos (1894-1903). Conjunto urbano-paisagístico, Casas da Fazenda Samambaia, da Fazenda Santo Antônio, de Santos-Dumont, do Padre Correia, de Carlos Oswald, Palácio de Cristal, da Princesa Isabel e Palácio Imperial tombados pelo Iphan. Museu Imperial. Indústria têxtil e de confecções. Hab.: 306.191 (2019).

Piauí (PI), estado brasileiro, a noroeste da Região Nordeste, com 251.611,932 km² e 222 municípios, sendo os mais populosos, além da capital: Parnaíba, Picos e Floriano. Abriga o delta do Parnaíba, com suas cerca de 80 ilhas. Achados pré-históricos e pinturas rupestres. Capital: *Teresina*; recursos principais: agropecuária e extrativismo vegetal (carnaúba, babaçu, castanha-de-caju etc.). Hab.: 3,2 milhões (2019).

PIB ver *Produto Interno Bruto*

Picasso, **Pablo** Ruiz y [Málaga, Espanha, 1881 — Mougins, França, 1973], artista plástico espanhol, considerado um dos grandes mestres da pintura do séc. XX, um dos criadores do estilo dito cubismo. Os horrores da Guerra Civil Espanhola foram a inspiração da célebre *Guernica* (1937).

Picos (PI), município com 577,3 km², situado na região sudeste do estado. Agricultura (esp. alho e cebola), produção de mel e de castanha-de-caju. Hab.: 78.222 (2019).

Piedade (SP), município com 746,8 km², situado nas encostas da serra de Paranapiacaba. Reserva Estadual do Jurupará, com 24.000 ha de Mata Atlântica (criada em 1992). Agricultura (esp. cebola e alcachofra). Hab.: 55.348 (2019).

Pignatari, **Décio** [Jundiaí SP, 1927 — São Paulo SP, 2012], poeta, semiólogo, ensaísta e teórico da comunicação brasileiro, grande nome da poesia concreta e um dos precursores desse estilo, em 1956, ao lado dos irmãos Haroldo e Augusto de Campos. Foi membro fundador da Associação Internacional de Semiótica, em Paris, França (1969).

Pilar (PB), município com 102,3 km^2, situado na microrregião de Sapé, a leste do estado. Prédio da Antiga Cadeia Pública tombado pelo Iphan. Hab.: 11.917 (2019).

Pilar de Goiás (GO), município com 906,6 km^2, situado nas montanhas do centro-norte do estado. Antigo reduto de escravos negros foragidos (Quilombo Papuã). Conjunto arquitetônico e paisagístico e Casa da Princesa tombados pelo Iphan. Hab.: 2.253 (2019).

Pindamonhangaba (SP), município com 730 km^2, situado na região central do vale do Paraíba paulista, a leste do estado. Produção de leite e derivados e cultura de arroz. Aviários. Hab.: 168.328 (2019).

Pindaré-Mirim (MA), município com 273,5 km^2, situado às margens do rio Pindaré. Prédio do Engenho Central São Pedro (onde funcionou a Companhia Progresso Agrícola do Maranhão) tombado pelo Iphan. Hab.: 32.941 (2019).

Pinhais (PR), município com 61 km^2, situado na região metropolitana de Curitiba. Cerâmica. Hab.: 132.157 (2019).

Pinheiro (MA), município com 1.513 km^2, situado na Baixada Maranhense. Barragem e eclusa do rio Pericumã. Hab.: 83.387 (2019).

Pinzón, Vicente Yáñez [Palos de la Frontera, Espanha, 1462 — Sevilha, Espanha, 1514], navegador espanhol, financiou parte da viagem de Cristóvão Colombo à América (1492) e dela participou no comando da caravela *Niña*. Em 1499 liderou viagem de exploração em direção ao hemisfério austral. Descobriu a foz do rio Amazonas. Sem registros precisos, considera-se que atingiu o atual cabo de Santo Agostinho, em Pernambuco.

Piracicaba (SP), município com 1.378 km^2, situado às margens do rio Piracicaba. Antiga aldeia dos índios paiaguás, desenvolveu-se graças aos engenhos de açúcar. Indústrias (metalúrgica, alimentícia, têxtil, petroquímica). Bispado. Aeroporto. Hab.: 404.142 (2019).

Piracuruca (PI), município com 2.380,4 km^2, Parque Nacional Sete Cidades, inscrições rupestres. Igreja Matriz de N. S.ª do Carmo tombada pelo Iphan. Hab.: 28.791 (2019).

Piranga (MG), município com 658,8 km^2, situado na microrregião de Viçosa, às margens do rio Piranga. Conjunto arquitetônico e paisagístico do Santuário do Senhor Bom Jesus de Matosinhos tombado pelo Iphan. Hab.: 17.626 (2019).

Pirapora (MG), município com 549,5 km^2, situado na região norte do estado, às margens do rio São Francisco. Agropecuária. Carrancas. Hab.: 56.428 (2019).

Piraquara (PR), município com 227 km^2, situado aos pés da serra do Mar, na região metropolitana de Curitiba. Muitas nascentes de água. Hab.: 113.036 (2019).

Pirassununga (SP), município com 727,1 km^2, situado na região leste do estado. Turismo, agropecuária, metalurgia e mecânica. Hab.: 76.409 (2019).

Piratini (RS), município histórico com 3.539,6 km^2, situado na região sudeste do estado. Casa de Garibaldi, Palácio Farroupilha e Quartel Farroupilha tombados pelo Iphan. Hab.: 20.663 (2019).

Pireneus, cordilheira (430 km) que se estende do golfo de Gasconha ao golfo de Lion; a vertente norte pertence à França, e a vertente sul, à Espanha. Maior altitude: 3.404 m, no pico de Aneto.

Pirenópolis (GO), município histórico com 2.205 km^2. Festa do Divino Espírito Santo e Cavalhadas. Conjunto arquitetônico, urbanístico e paisagístico, Casa da Fazenda da Babilônia e Igreja Matriz de N. S.ª do Rosário tombados pelo Iphan. Hab.: 24.908 (2019).

Piripiri (PI), município com 1.408,9 km^2, situado na região norte do estado. Parque Nacional Sete Cidades, inscrições rupestres. Hab.: 63.742 (2019).

Pita, Sebastião da **Rocha** [Salvador BA, 1660 — *id.*, 1738], escritor, poeta e historiador brasileiro. Sua obra mais importante, *História da América portuguesa, desde o ano de 1500 até o de 1724*, foi pioneira na pesquisa histórica nacional.

Pitágoras [Samos, Grécia, primeira metade do séc. VI a.C. — Metaponto, Itália, início do séc. V a.C.], filósofo e matemático grego, formulou o teorema que leva seu nome sobre a relação matemática entre os lados de um triângulo retângulo. Na filosofia, considerava o número como a essência de todas as coisas.

Pitangui (MG), município com 569,6 km^2, situado a 131 km de Belo Horizonte; foi a Sétima Vila do Ouro das Gerais. Casa do Padre Belquior e Paço Municipal tombados pelo Iphan. Hab.: 27.989 (2019).

Pitanguy, Ivo Hélcio Jardim de Campos [Belo Horizonte MG, 1926; Rio de Janeiro RJ 2016], médico brasileiro, referência mundial no campo da cirurgia plástica, premiado e condecorado no Brasil e no exterior. Membro titular da ANM, do Colégio Brasileiro de Cirurgiões e da Sociedade Brasileira de Cirurgia Plástica. Fundou em 2005 o Instituto Ivo Pitanguy, que presta assistência médica gratuita na área de cirurgia plástica reparadora. Membro da ABL. Obras: *Um jeito de ver o Rio*, *Aprendendo com a vida* etc. Obras científicas: *Mamaplastias*, *Atlas de cirurgia palpebral* etc.

Pixinguinha (Alfredo da Rocha Viana Júnior, dito) [Rio de Janeiro RJ, 1897 — *id.*, 1973], músico e compositor popular brasileiro, mestre da flauta, um dos responsáveis pela popularização do choro. Liderou vários grupos musicais, entre eles Oito Batutas. Compôs mais de mil músicas; a mais famosa, *Carinhoso* (letra de Braguinha). Tornou-se referência da MPB.

Pizarro, Francisco [Trujillo, Espanha, c. 1475 — Lima, Peru, 1541], conquistador espanhol, derrotou o Império Inca e conquistou o Peru. Fundou a cidade de Lima, atual capital desse país. Ganhou do rei espanhol o título de marquês e o cargo de governador.

Planaltina (GO), município com 2.543,6 km², situado no entorno de Brasília. Hab.: 89.918 (2019).

Platão [Atenas, Grécia, c. 428 a.C. — *id.*, c. 348 a.C.], filósofo e pensador grego, um dos maiores da cultura ocidental, discípulo de Sócrates. Fundou a Academia, escola de filosofia e ciências, considerada a primeira universidade. Escreveu os *Diálogos*, peças teatrais em que os personagens discutem temas filosóficos. O filósofo grego Aristóteles foi o seu discípulo mais famoso.

Plutão, divindade romana identificada com o *Hades* grego. Em astronomia, é um planeta-anão do sistema solar. Diâmetro: 2.320 km; distância média do Sol: 5.913.520.000 km; satélite: 1.

PNB ver *Produto Nacional Bruto*

Poá (SP), município com 17,2 km², situado na mesorregião metropolitana de São Paulo. Estância turística e hidromineral. Hab.: 117.452 (2019).

Poços de Caldas (MG), município com 547,2 km², situado no sudoeste do estado, na divisa com o Estado de São Paulo, foi construído sobre a cratera de um vulcão extinto. Fontes de águas e lama medicinais. Hab.: 167.397 (2019).

Polígono das Secas, compreende a área do nordeste brasileiro (1.079.893 km²) reconhecida pela legislação (1951) como sujeita a repetidos e longos períodos de estiagem e, portanto, objeto de especiais providências do setor público. Abrange oito estados do Nordeste (exceto o Maranhão e o litoral leste) e parte do norte do Estado de Minas Gerais.

Polinésia Francesa (Território da), arquipélago ao sul da Oceania, com 4.167 km²; colônia ultramarina francesa. Compreende as ilhas da Sociedade (com Taiti), as Marquesas, Tuamotu e Gambier e mais de 100 outras ilhas e atóis. Capital: *Papeete* (em Taiti); recurso principal: turismo. Hab.: 294.647 (2018).

Polo, Marco [Veneza, Itália, 1254 — *id.*, 1324], comerciante e explorador italiano, tornou-se famoso por suas viagens pelo Oriente. Partiu com 17 anos e retornou a sua terra natal 24 anos depois. Escreveu *O livro das maravilhas*, que relata os hábitos e os costumes do império de Kublai Khan e faz um mapeamento geográfico da Ásia oriental.

Polônia (República da), país do centro-norte da Europa, com 312.680 km². República mista, independente desde 1918. Capital: *Varsóvia*; recursos principais: indústria (máquinas, ferro, aço, navios etc.) e mineração (cobre, prata, carvão e zinco) Hab.: 38,5 milhões (2018).

Pombal (Sebastião José de Carvalho e Melo, primeiro conde de Oeiras e primeiro **marquês de**) [Lisboa, Portugal, 1699 — Quinta de Pombal, Portugal, 1782], estadista português, a mais importante figura política durante o reinado de D. José I (1750 a 1777). Considerado um déspota esclarecido, melhorou a organização da economia colonial brasileira, com o intuito de gerar mais lucros para Portugal.

Pombo, José Francisco da **Rocha** [Morretes PR, 1857 — Rio de Janeiro RJ, 1933], historiador e escritor brasileiro. Considerado um dos pioneiros do romance simbolista no país. Eleito para a ABL, morreu antes da posse. Obras: *História do Brasil*, *Nossa Pátria*, *No hospício* etc.

Pompeia, Raul d'Ávila [Angra dos Reis RJ, 1863 — Rio de Janeiro RJ, 1895], escritor e jornalista brasileiro. Escreveu ficção, poemas e crônicas, recebendo, na poesia, certa influência do Parnasianismo. Abolicionista e republicano, colaborou em diversos jornais paulistas e cariocas. Obras: *O Ateneu*, *As joias da coroa* etc.

Ponta Grossa (PR), município com 2.054,7 km², situado na região centro-oriental do estado. Centro processador de soja. Turismo. Parque estadual de Vila Velha. Hab.: 351.736 (2019).

Ponta Porã (MS), município com 5.328,6 km², situado na Região Sudoeste do estado, na fronteira com o Paraguai. Erva-mate. Hab.: 92.526 (2019).

Ponte Nova (MG), município com 470,3 km², situado na Zona da Mata do estado, às margens do rio Piranga. Cana-de-açúcar. Hab.: 59.742 (2019).

Portella, Eduardo Matos [Salvador BA, 1932; Rio de Janeiro RJ, 2017], crítico literário, professor e ensaísta brasileiro. Foi diretor da Faculdade de Letras da UFRJ, ministro da Educação e Cultura no governo João Figueiredo, diretor-geral adjunto da Unesco, na França, e membro da ABL. Foi agraciado postumamente com a Grã-Cruz da Ordem do Mérito Cultural (2017). Obras: *Dimensões I*, *Teoria da comunicação literária*, *Vanguarda e cultura de massa* etc.

Portinari, Cândido Torquato [Brodósqui SP, 1903 — Rio de Janeiro RJ, 1962], artista plástico modernista brasileiro, pintor nacional de expressão internacional. Sua temática explora esp. problemas sociais. Produziu vasta obra, destacando-se, p.ex., os afrescos da biblioteca do Congresso norte-americano, em Washington, e o painel do edifício da ONU, em Nova York, ambos nos EUA.

Porto-Alegre, Manuel José de **Araújo** (barão de Santo Ângelo) [Rio Pardo RS, 1806 — Lisboa, Portugal, 1879], pintor e escritor, precursor do Romantismo brasileiro; estudou pintura com Debret, no Rio de Janeiro. Obras: *Brasilianas*, *Colombo*.

Porto Alegre (Manuel Marques de Sousa, dito **barão, visconde** e **conde de**) [Rio Grande RS, 1804 — Rio de Janeiro RJ, 1875], político e militar brasileiro. Sempre apoiando o monarquismo, empunhou armas e foi o líder em diversas batalhas, como a resistência à Revolução Farroupilha, a vitória de Monte Caseros e o cerco de Uruguaiana.

Porto Alegre (RS), capital do Estado do Rio Grande do Sul, com 496,8 km², situada na margem esquerda do rio Guaíba. Cais do Porto, pórtico central e armazéns, casa do visconde de Pelotas, Correios e Telégrafos, Igreja de N. S.ª das Dores, Palacete Argentina, prédios do Observatório Astronômico e da Faculdade de Direito tombados pelo Iphan. Indústrias (têxtil, de artefatos de couro e de tecidos) e metalurgia. Hab.: 1,4 milhão (2019).

Porto Calvo (AL), município com 260,1 km², situado na microrregião da Zona da Mata alagoana. Igreja de N. S.ª da Apresentação tombada pelo Iphan. Hab.: 27.165 (2019).

Porto Feliz (SP), município com 556,7 km², localizado na microrregião de Sorocaba. Indústria (metalurgia, papelão, tintas, confecção). Turismo. Hab.: 53.098 (2019).

Porto Ferreira (SP), município com 244,9 km², localizado na mesorregião de Campinas. Agricultura (cana-de-açúcar). Indústria (vidro, cerâmica). Hab.: 56.150 (2019).

Porto Nacional (TO), município com 4.450 km², localizado na região oriental do Tocantins. Agropecuária. Hab.: 53.010 (2019).

Porto Rico (Comunidade de), ilha ao norte da América Central, uma das ilhas antilhanas a leste do Haiti, com 13.790 km²; território independente administrado pelos EUA. Capital: *San Juan*; recurso principal: exportação de açúcar, café, cacau, tabaco etc. Hab.: 3,6 milhões (2018).

Porto Seguro (BA), município histórico com 2.408,5 km², situado na região sul do estado. Conjunto arquitetônico e paisagístico da cidade alta e Monte Pascoal tombados pelo Iphan. Turismo. Hab.: 148.686 (2019).

Porto Velho (RO), capital do Estado de Rondônia, com 34.082,3 km², situado na margem direita do rio Madeira, na divisa com o Estado do Amazonas. Extração de cassiterita. Universidade. Hab.: 529.544 (2019).

Portugal (República Portuguesa), país do extremo oeste da Europa, situado na península Ibérica, com 92.090 km², incluindo os Açores e a ilha da Madeira. República mista. Capital: *Lisboa*; recursos principais: pesca e vinho. Hab.: 10,2 milhões (2018).

Posêidon ou **Posídon,** Netuno entre os romanos, na mitologia grega foi uma das 12 divindades do Olimpo; deus grego dos mares.

Poti ver *Camarão, Antônio Filipe*

Pouso Alegre (MG), município com 543,9 km², situado na região sudoeste do estado, no vale do Sapucaí. Indústrias (alimentícia, têxtil e metalúrgica). Hab.: 150.737 (2019).

Prado Freitas, **Adélia** Luzia [Divinópolis MG, 1935], escritora e professora brasileira. Destacou-se na prosa e na poesia. Recebeu o Prêmio Jabuti de Poesia em 1978, pelo livro *O coração disparado*, e a Ordem do Mérito Cultural. Outras obras: *O homem da mão seca*, *Oráculos de maio* etc.

Prado Júnior, Caio [São Paulo SP, 1907 — *id.*, 1990], historiador e político brasileiro, de ideias marxistas. Foi dirigente da Aliança Nacional Libertadora. Fundou a *Revista Brasiliense*. Obras: *Formação do Brasil contemporâneo*, *O mundo do socialismo*, *Dialética do conhecimento* etc.

Prados (MG), município histórico com 264,1 km², situado na microrregião de São João del Rei. Igrejas de N. S.ª da Penha e Matriz de N. S.ª da Conceição tombadas pelo Iphan. Hab.: 9.031 (2019).

Praia Grande (SP), município com 147 km², situado na microrregião de Santos. Estação balneária. Turismo. Hab.: 325.073 (2019).

Praieira (Revolução ou **Insurreição)**, movimento de caráter liberal e federalista contra o Império, ocorrida em Pernambuco (1848-1849). Seus líderes foram o deputado Joaquim Nunes Machado, o jornalista Antônio Borges da Fonseca e o capitão Pedro Ivo Veloso da Silveira.

Prata (questão do), surgida em 1809, devido à insistência de D. João VI em retomar a Colônia do Sacramento, atual Uruguai, e com ela a Banda Oriental, para dessa forma fixar a fronteira meridional brasileira na margem esquerda da bacia do rio da Prata.

Prazeres, Heitor dos [Rio de Janeiro RJ, 1898 — *id.*, 1966], pintor primitivo e compositor popular brasileiro. Seus quadros retratam a vida dos morros cariocas. Na música, dedicou-se ao samba e foi autor de diversos sucessos carnavalescos. Obras: *Deixaste meu lar*, *Mulher de malandro*, *Pierrô apaixonado* (com Noel Rosa) etc.

Presidente Prudente (SP), município com 560,6 km², situado no planalto ocidental paulista. Pecuária. Exportação de carne bovina. Bacia leiteira. Hab.: 228.743 (2019).

Prestes (Coluna), movimento político-militar de origem tenentista, que se deslocou pelo interior do país, pregando reformas políticas e sociais, e combatendo o governo do presidente Artur Bernardes (1924 a 1927) e, depois, de Washington Luís. Sem jamais ser vencida, enfrentou tropas regulares do Exército, forças policiais dos estados e bandos de jagunços. Seu principal líder foi Luís Carlos Prestes, que buscou o exílio na Bolívia após a longa marcha.

Prestes de Albuquerque, **Júlio** [Itapetininga SP, 1882 — São Paulo SP, 1946], político brasileiro. Elegeu-se governador, deputado federal e seis vezes deputado estadual, sempre por São Paulo. Em 1930, elegeu-se presidente da República, mas não tomou posse, em decorrência da revolução que levou Getúlio Vargas ao poder.

Prestes, Luís Carlos [Porto Alegre RS, 1898 — Rio de Janeiro RJ, 1990], político brasileiro ligado ao movimento comunista. Foi um dos líderes do tenentismo. Organizou a Coluna Prestes (1924-1927). Em 1945, líder do Partido Comunista Brasileiro, elegeu-se senador, mas foi cassado em 1948. Viveu no exílio (1971-1979) na União Soviética.

Primavera Árabe, onda de revoltas populares que, entre 2011 e 2012, sacudiu diversos países do norte da África e do Oriente Médio, desencadeando reformas políticas ou mesmo derrubando regimes autoritários, como o do coronel Muammar Kadafi, na Líbia. Teve início na Tunísia, de onde se irradiou para outros países da região. Embora de expressão laica, os protestos impulsionaram os partidos islamistas, há décadas reprimidos pelas ditaduras seculares do mundo árabe apoiadas por governos ocidentais.

Primavera do Leste (MT), município com 5.471,6 km², localizado na região oriental do Tocantins. Agroindústria (soja). Avicultura. Hab.: 62.019 (2019).

Produto Interno Bruto (PIB), produto interno de um país, incluindo os gastos de depreciação. Mostra o valor dos bens e serviços que o país produz em um determinado período.

Produto Nacional Bruto (PNB), somatório de todos os bens e serviços produzidos por um país durante certo período. É índice utilizado para medir o desempenho da economia nacional.

Próximo Oriente ver *Oriente Médio*

Prudentópolis (PR), município com 2.236,5 km², localizado no sudeste paranaense. Cachoeiras gigantes. Ecoturismo (tirolesa, rapel). Hab.: 52.241 (2019).

Purus (rio), afluente da margem direita do rio Amazonas, nasce no Peru, nas encostas da cordilheira dos Andes (3.330 km).

Qq

Qatar ver *Catar*

Qorpo-Santo (José Joaquim de Campos Leão, dito) [Triunfo RS, 1829 — Porto Alegre RS, 1883], teatrólogo brasileiro, considerado um dos precursores do teatro do absurdo e do surrealismo na dramaturgia nacional. Obras (encenadas postumamente): *A separação de dois esposos*, *Mateus e Mateusa* etc.

Quadros, Jânio da Silva [Campo Grande MS, 1917 — São Paulo SP, 1992], político brasileiro, ocupou vários cargos, como prefeito e governador de São Paulo, até atingir a Presidência da República (1961). Renunciou após seis meses no poder, alegando ser pressionado por "forças ocultas". Foi prefeito de São Paulo pelo Partido Trabalhista Brasileiro (1986 a 1988).

Queimados (RJ), município com 75,6 km², situado na Baixada Fluminense, região metropolitana do Rio de Janeiro. Desmembrado de Nova Iguaçu, foi instalado em 1990. Hab.: 150.319 (2019).

Queirós, José Maria **Eça de** [Póvoa de Varzim, Portugal, 1845 — Paris, França, 1900], escritor português, maior representante do Realismo em seu país e um dos grandes romancistas do séc. XIX. Autor de romances que reproduzem um exato quadro da sociedade portuguesa de seu tempo. Obras: *O crime do padre Amaro*, *O primo Basílio*, *A relíquia*, *Os Maias* etc.

Queirós Coutinho Matoso da Câmara, **Eusébio de** [São Paulo de Luanda, Angola, 1812 — Rio de Janeiro RJ, 1868], político e magistrado brasileiro. Foi um dos líderes do Partido Conservador e ministro da Justiça no gabinete do Visconde de Olinda, o político mais influente do país durante o Segundo Reinado. Autor de importantes leis, como a que extinguiu o tráfico de escravos africanos no Brasil (1850).

Queiroz, Dinah Silveira de [São Paulo SP, 1911 — Rio de Janeiro RJ, 1982], contista, romancista e cronista brasileira. Consagrou-se com o romance *Floradas na serra* (1939). Membro da ABL. Obras: *A sereia verde*, *A muralha*, *As noites do morro do Encanto* etc.

Queiroz, Rachel de [Fortaleza CE, 1910 — Rio de Janeiro RJ, 2003], escritora e jornalista brasileira, considerada uma das mais importantes autoras da literatura nacional. Primeira mulher a entrar para a ABL (1977). Obras: *O quinze*, *As três Marias*, *Memorial de Maria Moura* etc.

Quênia ou **Kênia (República do)**, país da África oriental, com 580.370 km², república presidencialista, independente desde 1963. Capital: *Nairóbi*; recurso principal: turismo (safáris). Hab.: 42.749.418 (2012).

Quental, Antero Tarquínio **de** [Ponta Delgada, Açores, 1842 — *id.*, 1891], poeta e prosador português. Sua poesia rompeu com os rígidos padrões da época. Tornou-se líder de sua geração e referência na literatura portuguesa. Obras: *Odes modernas*, *Sonetos completos*, *Primaveras românticas* etc.

Questão Militar, série de eventos (1884-1887) que colocaram em confronto direto oficiais do Exército e políticos conservadores e monarquistas. O estopim foi o fato de os militares estarem proibidos por lei de discutir assuntos políticos na imprensa. O verdadeiro motivo foi o crescente ressentimento dos militares com o impatriotismo da classe política.

Questão Religiosa, conflito (1872) entre a Igreja católica e a maçonaria. Como ambas as partes radicalizaram suas posições, quase se tornou um confronto entre o próprio D. Pedro II, maçom, e o papa Pio IX. Os bispos de Olinda e do Pará foram presos por ordem do imperador e condenados a quatro anos de prisão, com trabalhos forçados (1874). A pena foi comutada para prisão simples.

Quilombo dos Palmares, maior e mais importante quilombo do Brasil, ocupou uma área de cerca de 400 km², onde hoje estão localizados os estados de Alagoas e Pernambuco. Estado independente formado por escravos negros fugidos (e outros participantes) que se organizaram em aldeias para produzir e resistir à escravidão (1630 a 1695). Seu primeiro rei foi Gangazumba, que terminou envenenado e foi substituído por Zumbi, o mais famoso herói da resistência negra.

Quintana, Mário de Miranda [Alegrete RS, 1906 — Porto Alegre RS, 1994], escritor, jornalista e tradutor brasileiro, notabilizou-se como poeta. Sua obra recebeu influência simbolista e surrealista: *A rua dos cataventos*, *Espelho mágico*, *Antologia poética*, *Velório sem defunto* etc.

Quirguistão ou **Quirguizistão (República do)**, país do centro-oeste da Ásia, com 199.949 km², ex-república soviética, tornou-se independente em 1991. República parlamentarista desde 2010. Capital: *Bisqueque (Bishkek)*; recursos principais: agricultura (trigo, legumes e verduras) e pecuária. Hab.: 6,2 milhões (2018).

Quitéria de Jesus Medeiros, **Maria** [Feira de Santana BA, 1792 — Salvador BA, 1853], patriota e heroína brasileira. Alistou-se no Exército durante as guerras da Independência e lutou contra os portugueses. Foi promovida a cadete e condecorada pessoalmente por D. Pedro I com a *Ordem Imperial do Cruzeiro do Sul* (1823).

Quixadá (CE), município com 2.019,8 km², situado no sertão de Quixeramobim. Possui 121 açudes com capacidade para armazenar 633.130.000 m³ de água e sete lagoas com capacidade de 4.380.000 m³. Açude do Cedro tombado pelo Iphan. Hab.: 87.728 (2019).

Quixeramobim (CE), município com 3.275,6 km², situado no sertão de mesmo nome. Casa de Câmara e Cadeia tombadas pelo Iphan. Hab.: 81.082 (2019).

Rabelo, Laurindo José da Silva [Rio de Janeiro RJ, 1826 — *id.*, 1864], poeta do Romantismo brasileiro, dito Poeta Lagartixa por seu físico esguio. Notabilizou-se por seus versos satíricos e por vezes nostálgicos. Patrono da cadeira 26 da ABL. Bibliografia: *Trovas*, *Obras completas* etc.

Rademaker Grünewald, **Augusto** Hamann [Rio de Janeiro RJ, 1905 — *id.*, 1985], almirante brasileiro, lutou na batalha do Atlântico, durante a Segunda Guerra Mundial. Participou ativamente do golpe militar de 1964, que depôs o presidente João Goulart. Foi ministro da Marinha no governo Costa e Silva e vice-presidente da República no governo Médici.

Ramos, Graciliano [Quebrangulo AL, 1892 — Rio de Janeiro RJ, 1953], escritor brasileiro. Seus romances contam a vida e o sofrimento do nordestino com uma linguagem seca e vigorosa e são considerados clássicos da literatura nacional. Obras: *São Bernardo*, *Angústia*, *Vidas secas*, *Memórias do cárcere* etc.

Ramos, Nereu de Oliveira [Lages SC, 1888 — Curitiba PR, 1958], político brasileiro, ocupou muitos cargos, entre eles: deputado federal constituinte (1934), governador de Santa Catarina, senador e vice-presidente da República (no governo Dutra). Foi um dos fundadores do PSD (1945) e ministro da Justiça no governo de Juscelino Kubitschek.

Rangel, Alberto do Rego [Recife PE, 1871 — Nova Friburgo RJ, 1945], historiador e escritor brasileiro, discípulo de Euclides da Cunha. Sua obra constitui importante trabalho de pesquisa sobre fatos e figuras da história do Brasil. Autor de: *Inferno verde — cenas e cenários do Amazonas*, *No rolar do tempo*, *A educação do príncipe* etc.

Rangel, Flávio Nogueira [Tabapuã SP, 1934 — São Paulo SP, 1988], diretor de teatro e dramaturgo brasileiro, importante figura do movimento teatral brasileiro dos anos 1960 e 1970. Autor de: *A praça dos sem poderes*, *Seria cômico se não fosse trágico*, *Liberdade, liberdade* (com Millôr Fernandes) etc.

Raposos (MG), município com 72,2 km², situado na região metropolitana de Belo Horizonte. Igreja de N. S.ª da Conceição tombada pelo Iphan. Hab.: 16.354 (2019).

Ratto, Gianni [Milão, Itália, 1916 — São Paulo SP, 2005], diretor, ator, figurinista e cenógrafo italiano, fixou-se no Brasil desde 1954. Foi um dos fundadores do Teatro dos Sete. Dirigiu o Teatro Brasileiro de Comédia (TBC). Escreveu: *A mochila do mascate*, *Antitratado de cenografia* etc.

Reale, Miguel [São Bento do Sapucaí SP, 1910 — São Paulo SP, 2006], advogado, jurista, professor, filósofo e ensaísta brasileiro. Foi reitor da USP e secretário de Justiça de SP. Fundou a *Revista Brasileira de Filosofia*. Membro da ABL. Obras: *O Estado moderno*, *Fundamentos do direito*, *Pluralismo e liberdade*, *Introdução à filosofia* etc.

Real Gabinete Português de Leitura, maior biblioteca de autores portugueses fora de Portugal, fundada pela colônia portuguesa no Rio de Janeiro (1837). Tornou-se biblioteca pública a partir de 1900. Em 1935, passou a receber da Biblioteca Nacional de Lisboa um exemplar de cada livro publicado em Portugal.

Rebelo (Eddy Dias da Cruz, dito **Marques**) [Rio de Janeiro, RJ, 1907 — *id.*, 1973], escritor e jornalista brasileiro. Produziu diversos gêneros literários. Pertencente à segunda geração modernista, foi um cronista da vida simples do subúrbio carioca. Membro da ABL. Obras: *Três caminhos*, *Cortina de ferro*, *A estrela sobe* etc.

Rebouças, André Pinto [Cachoeira BA, 1838 — Funchal, ilha da Madeira, 1898], engenheiro e jornalista brasileiro. De suas obras de engenharia destacam-se as primeiras docas do Rio de Janeiro, Bahia, Pernambuco, Paraíba e Maranhão. Utilizou a imprensa para divulgar suas ideias abolicionistas.

Recife (PE), capital do Estado de Pernambuco, com 218,4 km², situada na foz dos rios Capiberibe e Beberibe. Antigo bairro do Recife — conjunto arquitetônico, urbanístico e paisagístico, casas de Gilberto Freyre e Joaquim Nabuco, Convento e Igreja de N. S.ª do Carmo, Forte de Cinco Pontas, Igrejas da Ordem Terceira de N. S.ª do Carmo, de N. S.ª do Pilar, Mercado de São José e Teatro Santa Isabel, entre outros bens tombados pelo Iphan. Turismo. Hab.: 1,6 milhão (2019).

Redenção (PA), município com 3.823,8 km², situado na região sudeste do estado. Desmembrado de Conceição do Araguaia, foi instalado em 1982. Hab.: 84.787 (2019).

Redenção da Serra (SP), município com 309,4 km², situado entre as montanhas da serra do Mar, no vale do Paraíba. Fazenda Ponte Alta tombada pelo Iphan. Turismo rural, ecológico e cultural. Hab.: 3.851 (2019).

Redondo (morro do), situado no Estado de Minas Gerais, entre os rios Araçuaí e das Velhas (1.200 m).

Reforma, movimento contra certas práticas da Igreja católica, iniciado em 1517 por Martinho Lutero, teólogo alemão; deu origem ao protestantismo.

Regências, sistema de governo brasileiro adotado logo após a abdicação de D. Pedro I em favor de seu filho menor, D. Pedro II. O período, um dos mais conturbados da história brasileira, durou de 1831 a 1840 e dividiu-se em várias fases, ditas Regência Trina Provisória, Regência Trina Permanente e Regência Una. Dentre os regentes que governaram o país, destacam-se o brigadeiro Lima e Silva, apelidado Chico Regência, e o padre Diogo Antônio Feijó.

Região Centro-Oeste, formada pelos estados de Mato Grosso, Mato Grosso do Sul, Goiás e Distrito Federal, com 1.606.415 km² e cerca de 16 milhões de hab. Ali fica Brasília, a capital federal. Agropecuária. Reservas de manganês. Pantanal mato-grossense e chapada dos Guimarães.

Região Nordeste, formada pelos estados do Maranhão, Piauí, Ceará, Rio Grande do Norte, da Paraíba, de Pernambuco, Alagoas, Sergipe e da Bahia, com 1.561.177,8 km² e cerca de 56 milhões de hab. Bacia do rio São Francisco. Polígono das Secas. Divide-se em Zona da Mata (cana-de-açúcar, cacau e coco), Agreste (pecuária), Sertão Semiárido (caatinga e seca) e Meio-Norte (babaçu, carnaúba e arroz). Metrópoles: Salvador BA, Recife PE e Fortaleza CE.

Região Norte, formada pelos estados do Acre, Amazonas, Amapá, Pará, de Rondônia, Roraima e Tocantins, com 3.869.638 km² e cerca de 18 milhões de hab. Única região brasileira cortada pela linha do equador. Extensa planície. Bacia Amazônica e Floresta Amazônica. Extrativismo vegetal (seringueira, guaraná, baunilha, castanha-do-pará) e mineral (manganês AP; cassiterita RO, AM e PA; minério de ferro, bauxita, cobre e níquel PA; ouro PA, RO e RR; e diamante RR). Ilha de Marajó PA (o maior rebanho de búfalos do país). Zona Franca de Manaus AM.

Região Sudeste, formada pelos estados do Espírito Santo, Rio de Janeiro, São Paulo e Minas Gerais, com 927.286 km² e cerca de 85 milhões de hab. A região possui grandes reservas de minério de ferro MG; sal marinho RJ; manganês MG; apatita SP e MG; petróleo, na bacia de Campos no litoral norte do Estado do Rio de Janeiro, que representa cerca de 90% da produção nacional. Agricultura (café, cana-de--açúcar e laranja).

Região Sul, a menor das regiões brasileiras, formada pelos estados do Paraná, de Santa Catarina e do Rio Grande do Sul, com 577.142 km² e cerca de 29 milhões de hab. Extrativismo vegetal: madeiras (pinho, cedro, imbuia), erva-mate e carvão mineral, esp. em Santa Catarina, que fornece 70% do carvão brasileiro, e Rio Grande do Sul. Agricultura (esp. soja e trigo) e pecuária.

Regina Carvalho da Costa, **Elis** [Porto Alegre RS, 1945 — São Paulo SP, 1982], cantora brasileira, considerada uma das maiores intérpretes do país em todos os tempos, lançou alguns grandes compositores nacionais (João Bosco e Aldir Blanc, Renato Teixeira, Fátima Guedes). Foi a primeira a inscrever a voz como instrumento na Ordem dos Músicos do Brasil. Deixou extensa discografia: *Trem azul, Luz das estrelas, Elis Regina no fino da bossa* etc. Seus filhos, **João Marcelo Bôscoli** (com Ronaldo Bôscoli) e **Pedro Camargo Mariano** e **Maria Rita** (com César Camargo Mariano), tb. se dedicam à música.

Registro (SP), município com 722,2 km², situado no vale do Ribeira, litoral sul do estado. Agricultura (banana e chá preto) e turismo rural. Pesca. Hab.: 56.322 (2019).

Rego Cavalcanti, **José Lins do** [Pilar PB, 1901 — Rio de Janeiro RJ, 1957], escritor brasileiro. Suas memórias do mundo rural do Nordeste formaram a base de seus romances, que retratam a decadência dos senhores de engenho, o patriarcalismo, o cangaço e o misticismo. Membro da ABL. Obras: *Menino de engenho, Cangaceiros, Riacho doce* etc.

Reidy, Affonso Eduardo [Paris, França, 1909 — Rio de Janeiro RJ, 1964], arquiteto brasileiro. Entre seus projetos destacam-se o Ministério da Educação, o Conjunto Residencial Prefeito Mendes de Moraes e o MAM, todos no Rio de Janeiro RJ.

Reino Unido da Grã-Bretanha e Irlanda do Norte ver *Grã-Bretanha e Irlanda do Norte (Reino Unido da)*

Reis, Aarão Leal de Carvalho [Belém PA, 1853 — Rio de Janeiro RJ, 1936], engenheiro brasileiro, planejou a construção da cidade de Belo Horizonte MG (1894). Foi diretor do Banco do Brasil e da Comissão das estradas de ferro em PE e deputado federal.

Renault, Abgar de Castro Araújo [Barbacena MG, 1901 — Rio de Janeiro RJ, 1995], escritor, político e educador brasileiro. Foi secretário da Educação de MG, ministro da Educação e Cultura e representante brasileiro junto à Unesco. Como poeta, participou do movimento modernista mineiro. Membro da ABL. Obras: *Sonetos antigos, A outra face da lua, Sofotulafai* etc.

República Rio-Grandense, tb. conhecida como República de Piratini e única experiência republicana efetiva no Brasil antes da Proclamação da República, foi proclamada em 11 de setembro de 1836 pelo general Antônio de Sousa Neto, como consequência direta da vitória obtida por forças oligárquicas gaúchas na Batalha do Seival (1836), durante a Revolução Farroupilha (1835-1845). A presidência da nova República ficou a cargo de Bento Gonçalves.

República Velha ou **Primeira República**, período da história brasileira que se iniciou com a Proclamação da República (1889) e terminou com a Revolução de 1930. Foi marcado pelo domínio político das oligarquias paulistas e mineiras, dita "política do café com leite".

Resende, Otto de Oliveira **Lara** [São João del Rei MG, 1922 — Rio de Janeiro RJ, 1992], escritor e jornalista brasileiro, colaborou em vários jornais e revistas mineiras e cariocas. Escreveu contos, novelas, romances e crônicas. Membro da ABL. Obras: *O lado humano, O retrato na gaveta, Boca do inferno, O braço direito* etc.

Resende (RJ), município com 1.094,3 km², situado na região sul do estado, na divisa com os estados de São Paulo e Minas Gerais. Sede da Academia Militar das Agulhas Negras. Turismo (esp. Visconde de Mauá, na serra da Mantiqueira). Hab.: 131.341 (2019).

Resende Costa (MG), município com 618,3 km², situado na microrregião de São João del Rei. Artesanato (tapeçaria). Casa à Praça Cônego Cardoso, 84, tombada pelo Iphan. Hab.: 11.500 (2019).

Reunião (Departamento de), ilha no sudeste da África, com 2.512 km², território ultramarino administrado pela França. Capital: *Saint-Denis*; recursos principais: agricultura (baunilha e outras especiarias), exportação de açúcar e rum. Hab.: 889.918 (2019).

Revolta do Forte de Copacabana, movimento que eclodiu em 5/7/1922 e culminou, no dia seguinte, com a marcha de um grupo de tenentes e um civil (os "18 do Forte") pela orla da praia, em confronto aberto contra as forças governistas. A revolta ocorreu em meio à crise política envolvendo o nome do marechal Hermes da Fonseca, difamado nas "cartas falsas" atribuídas ao presidente Artur Bernardes. Entre os sobreviventes da marcha estavam os líderes Eduardo Gomes e Siqueira Campos. Marcou o início do tenentismo nos anos 1920.

Revolução de 1930, movimento político-militar brasileiro, iniciado em 3 out. 1930, que derruba o presidente Washington Luís e encerra a República Velha (1889 a 1930), levando Getúlio Vargas ao poder. Foi causado pela quebra do pacto oligárquico entre SP e MG (política do "café com leite"). Contou com a participação decisiva dos "tenentes" oriundos da década de 1920 e das oligarquias dissidentes (de MG, PB e RS) aglutinadas na Aliança Liberal. Marco fundador do Brasil moderno.

Revolução Francesa, processo social e político ocorrido na França (1789-1799). Causas: incapacidade das classes dominantes (nobreza, clero e burguesia) de enfrentar os problemas do Estado, indecisão da monarquia, excesso de impostos, empobrecimento dos trabalhadores, agitação intelectual e o exemplo da Guerra da Independência norte-americana. Consequências: queda de Luís XVI, abolição da monarquia e proclamação da república.

Revolução Industrial foi a acelerada transformação no setor produtivo industrial, ocorrida primeiro na Inglaterra (final do séc. XVIII, início do séc. XIX), seguida pela França, Bélgica, Holanda, Rússia, Alemanha e Estados Unidos, e devida à descoberta do carvão como fonte de energia e à consequente invenção da máquina a vapor e da locomotiva.

Revolução Pernambucana (1817), último movimento de revolta anterior à Independência do Brasil, suas causas estão intimamente relacionadas ao estabelecimento e permanência do governo português no Brasil (1808-1821) e à grave crise econômica em razão do declínio das exportações do açúcar e do algodão. Os líderes da rebelião chegaram a constituir um governo provisório, composto por representantes de várias classes sociais.

Riachuelo (batalha naval do), combate ocorrido no rio Paraná, no dia 11 de junho de 1865, durante a Guerra do Paraguai. A esquadra brasileira, liderada pelo almirante Barroso, alcançou a vitória em menos de 24 horas acabando com o domínio naval paraguaio na bacia do Prata.

Riachuelo (SE), município com 78,9 km², situado no leste sergipano. Capela do Engenho Penha tombada pelo Iphan. Hab.: 10.213 (2019).

Ribeira do Pombal (BA), município com 762,2 km², localizado no nordeste baiano. Agricultura (feijão). Pecuária. Hab.: 53.807 (2019).

Ribeirão das Neves (MG), município com 155,5 km², situado na região metropolitana de Belo Horizonte. Fábrica de circuitos integrados, microprocessadores. Hab.: 334.858 (2019).

Ribeirão Pires (SP), município com 99 km², situado na região metropolitana de São Paulo, na serra do Paranapiacaba. Estância turística. Esportes aquáticos e radicais (rapel, *trekking* etc.). Hab.: 123.393 (2019).

Ribeirão Preto (SP), município com 650,3 km², situado na região nordeste do estado. Produção de açúcar e álcool. Café. Santuário das Sete Capelas. Hab.: 703.293 (20198).

Ribeiro Carneiro Monteiro, **Bento** Manuel [Jaguarão RS, 1856 — Rio de Janeiro RJ, 1921], militar e político brasileiro. Formou-se em engenharia e chefiou a construção de estradas de ferro, linhas telegráficas e colônias militares. No governo Hermes da Fonseca, foi prefeito do Distrito Federal.

Ribeiro, Bernardim [Vila do Torrão, Portugal, c. 1500 — ?, Portugal, c. 1550], escritor e poeta português, fundador da poesia bucólica no seu país e considerado um dos maiores desse gênero, ao lado de Luís de Camões. Escreveu: *Menina e moça*, *Éclogas* etc.

Ribeiro, Darcy [Montes Claros MG, 1922 — Brasília DF, 1997], etnólogo, antropólogo, professor, educador e político brasileiro. Estudou as comunidades indígenas brasileiras. Fundou a Universidade de Brasília. Elegeu-se vice-governador (1982) e depois senador (1990), ambos pelo RJ. Membro da ABL. Obras: *As Américas e a civilização*, *O povo brasileiro*, *Maíra* etc.

Ribeiro de Andrade Fernandes, **João** Batista [Laranjeiras SE, 1860 — Rio de Janeiro RJ, 1934] foi filólogo, folclorista, ensaísta, jornalista e crítico literário. Membro da ABL. Obras: *Dicionário gramatical*, *História do Brasil*, *Estudos filológicos* etc.

Ribeiro Vaughan, **Júlio** César [Sabará MG, 1845 — Santos SP, 1890], escritor, filólogo, gramático e jornalista brasileiro, um dos primeiros romancistas naturalistas do país. Patrono da cadeira 24 da ABL. Obras: *Gramática portuguesa*, *A carne* etc.

Ricardo Leite, **Cassiano** [São José dos Campos SP, 1895 — Rio de Janeiro RJ, 1974], escritor e jornalista brasileiro. Notabilizou-se como poeta, sofreu influência do Parnasianismo e, depois, do Modernismo. Membro da ABL. Obras: *Vamos caçar papagaios*, *O arranha-céu de vidro*, *Martim Cererê* etc.

Rio Bonito (RJ), município com 456,4 km², situado nas baixadas litorâneas do estado. Turismo rural. Igreja de Santana do Basílio tombada pelo Iphan. Hab.: 60.201 (2019).

Rio Branco (AC), capital do Estado do Acre, com 8.835,5 km², situado às margens do rio Acre. Porto fluvial. Madeira, borracha, plantas medicinais etc. Hab.: 407.319 (2019).

Rio Claro (SP), município com 498,4 km², situado na região de Campinas. Cana-de-açúcar, cítricos e pastagens. Sobrado da baronesa de Dourados tombado pelo Iphan. Hab.: 206.424 (2019).

Rio das Ostras (RJ), município com 229 km², situado na Região dos Lagos; recebeu *royalties* da Petrobras aplicados em infraestrutura. Hab.: 150.674 (2019).

Rio de Contas (BA), município com 1.071 km², situado na chapada Diamantina. Conjunto arquitetônico, Casa da Câmara e Cadeia, casa natal do barão de Macaúbas, igrejas de Santana e Matriz do Santíssimo Sacramento tombados pelo Iphan. Hab.: 12.989 (2019).

Rio de Janeiro (Conjuração do), também conhecida como **Conjuração Carioca**, movimento conspiratório surgido em 1794, no seio de uma sociedade literária, cujos membros foram acusados de conspirar contra a dominação portuguesa e tramar a independência do Brasil.

Rio de Janeiro (RJ), estado brasileiro da Região Sudeste, com 43.777,954 km² e 92 municípios, sendo os mais populosos, além da capital: São Gonçalo, Nova Iguaçu, Duque de Caxias e Niterói. Capital: *Rio de Janeiro*; recursos principais: agricultura (cana-de-açúcar, arroz, laranja), petróleo (bacia de Campos), agropecuária (vale do Paraíba do Sul), indústrias (construção naval, siderurgia, química, editorial e gráfica) e turismo. Hab.: 17,2 milhões (2019).

Rio de Janeiro (RJ), capital do Estado do Rio de Janeiro, cidade turística litorânea com 1.197,4 km², situada no litoral leste do estado. Prédios públicos (Biblioteca Nacional, Casa da Moeda, Teatro Municipal, Fundação Oswaldo Cruz, Observatório Nacional etc.), igrejas (Santa Teresa, Santo Antônio, Candelária, N. S.ª da Glória do Outeiro, entre várias outras), morros (Corcovado, Pedra da Gávea, Pão de Açúcar, Cara de Cão, Dois Irmãos etc.), museus (do Açude e Chácara do Céu, Nacional de Belas-Artes), parques (do Flamengo, Guinle, Lage e Nacional da Tijuca), Estádio Mário Filho (Maracanã), Fortaleza da Conceição, Jardim Botânico, conjunto paisagístico da Lagoa Rodrigo de Freitas, Passeio Público, praça Quinze de Novembro, praia de Paquetá, entre outros bens, tombados pelo Iphan. Hab.: 6,7 milhões (2019).

Rio dos Cedros (SC), município com 554 km², situado na microrregião de Blumenau. Escola rural tombada pelo Iphan. Hab.: 11.676 (2019).

Rio do Sul (SC), município com 261 km², situado na região do vale do Itajaí. Turismo ecológico. Hab.: 71.061 (2019).

Rio Grande (RS), município com 2.709,5 km², situado na região sudeste do estado. Único porto marítimo do estado. Indústria de carnes. Petróleo. Casa da Alfândega e Igreja Matriz de São Pedro tombadas pelo Iphan. Hab.: 211.005 (2019).

Rio Grande do Norte (RN), estado brasileiro, a nordeste da Região Nordeste, com 52.811,126 km² e 167 municípios, sendo os mais populosos, além da capital: Mossoró, Apodi, Açu, Piranhas e Potengi. A maior parte de seu território fica no Polígono das Secas. Capital: *Natal*; recursos principais: agricultura (algodão, feijão, caju), extrativismo vegetal (carnaúba), pecuária e indústrias (alimentícia, têxtil, de vestuário). Hab.: 3,5 milhões (2019).

Rio Grande do Sul (RS), estado brasileiro, ao sul da Região Sul, com 281.731,445 km² e 497 municípios, sendo os mais populosos, além da capital: Pelotas, Caxias do Sul, Canoas, Santa Maria e Novo Hamburgo. Capital: *Porto Alegre*; recursos principais: agricultura (aveia, soja, milho, erva-mate), vinicultura, pecuária, mineração (calcário, cobre, granito) e indústrias (couro, calçado, pele, têxtil, alimentícia). Hab.: 11,3 milhões (2019).

Rio Largo (AL), município com 299,1 km², situado na região leste do estado, às margens do rio Mundaú. Agroindústria. Hab.: 75.120 (2019).

Rio Verde (GO), município com 8.379,6 km², situado na região sudeste do estado. Agropecuária e turismo rural. Hab.: 235.647 (2019).

Ritápolis (MG), município com 404,8 km², situado na região de São João del Rei. Remanescentes da Fazenda do Pombal, onde nasceu Tiradentes, tombados pelo Iphan. Hab.: 4.604 (2019).

Rocas (atol das), reserva biológica marinha com 36.249 ha, foi a primeira do Brasil, criada em 1979. Única formação de atol existente no Atlântico sul, esse santuário ecológico, localizado cerca de 260 km a leste da cidade de Natal RN, abriga cerca de 150 mil aves, além de peixes, tartarugas e crustáceos. Foi descoberto em 1503 por Gonçalo Coelho, que ali naufragou.

Rocha, Glauber Pedro de Andrade [Vitória da Conquista BA, 1939 — Rio de Janeiro RJ, 1981], cineasta brasileiro. Foi o nome principal do Cinema Novo, movimento estético que buscou uma linguagem cinematográfica nacional. Obras: *Deus e o diabo na terra do sol*, *Terra em transe*, *O dragão da maldade contra o santo guerreiro* etc.

Rocha, Ruth Machado Lousada [São Paulo SP, 1931], escritora brasileira, uma das grandes autoras da literatura infantojuvenil do país. Recebeu diversas premiações nacionais e internacionais. Obras: *Marcelo, marmelo, martelo*; *Boi, boiada, boiadeiro*; *O reizinho mandão*; *Palavras, muitas palavras*; *Minidicionário* etc.

Rodin, François-**Auguste**-René [Paris, França, 1840 — Meudon, França, 1917], escultor francês, considerado grande mestre. Dedicou-se, quase que exclusivamente, às figuras humanas. *O pensador* e *O beijo* estão entre suas obras mais conhecidas.

Rodrigues, Augusto [Recife PE, 1913 — Resende RJ, 1993], pintor, desenhista e caricaturista brasileiro, grande incentivador da educação artística infantil. Fundou a Escolinha de Arte do Brasil (1948) e dedicou-se à pintura figurativa.

Rodrigues, João **Barbosa** [São Gonçalo de Capivari MG, 1842 — Rio de Janeiro RJ, 1909], botânico e antropólogo brasileiro, estudou a fauna e a flora do rio Amazonas. Obras: *Genera et species orchidearum novarum* etc.

Rodrigues, Lupicínio [Porto Alegre RS, 1914 — *id.*, 1974], compositor popular brasileiro. Autor de sambas famosos, notabilizou-se tb. como grande nome do estilo dito "dor de cotovelo". Obras: *Se acaso você chegasse*, *Brasa*, *Nervos de aço*, *Vingança* etc.

Rodrigues, Nelson Falcão [Recife PE, 1912 — Rio de Janeiro RJ, 1980], dramaturgo, romancista e jornalista brasileiro. Como autor teatral, desenvolveu nova estética e linguagem cênica; considerado criador do moderno teatro brasileiro. Obras: *Vestido de noiva*, *A falecida*, *Perdoa-me por me traíres*, *Boca de ouro*, *O beijo no asfalto* etc.

Rodrigues, Raimundo **Nina** [Vargem Grande MA, 1862 — Paris, França, 1906], médico, etnógrafo, folclorista, sociólogo e criminalista brasileiro, considerado pioneiro nos estudos sobre criminologia no Brasil e as influências da cultura negra. Baseou-se em teorias racistas da época em sua crítica à miscigenação. Obras: *O animismo fetichista dos negros da Bahia*, *Os africanos no Brasil* , *As raças humanas e a responsabilidade penal no Brasil* etc.

Rolândia (PR), município com 459 km², localizado na região metropolitana de Londrina. Agronegócio (soja, café, trigo). Hab.: 66.580 (2019).

Rolim de Moura (RO), município com 1.457,8 km², localizado no leste rondoniense. Agropecuária. Indústria madeireira. Hab.: 55.058 (2019).

Rolling Stones, banda de *rock* inglesa, formada em 1962 e ainda na ativa. Liderada por Mick Jagger (vocalista), a banda já gravou mais de 20 álbuns de estúdio e compôs sucessos, como *(I can't get no) Satisfaction*, *Jumpin' Jack flash* e *Start me up*.

Roma, Padre ver *Lima, José Inácio Ribeiro de Abreu e*

Romênia, país do sudeste europeu, com 238.390 km²; é uma república mista dividida em 41 condados e uma municipalidade. Constituição de caráter socialista de 1948 a 1991, quando o país adota o pluripartidarismo e a economia de mercado. Ingresso na UE em 2007. Capital: *Bucareste*; recursos principais: exploração de petróleo e gás natural, mineração (minério de ferro, carvão, linhita etc.). Hab.: 19,1 milhões (2018).

Romero, Sílvio Vasconcelos da Silveira Ramos [Lagarto SE, 1851 — Rio de Janeiro RJ, 1914], crítico, ensaísta e professor brasileiro. Foi um dos líderes da chamada Escola do Recife e um dos primeiros a buscar uma metodologia para a crítica literária no país. Membro fundador da ABL. Obras: *História da literatura brasileira*, *A literatura brasileira e a crítica moderna* etc.

Rondônia (RO), estado brasileiro, a oeste da Região Norte, com 237.590,543 km² e 52 municípios, localizados esp. às margens dos rios, sendo os mais populosos, além da capital: Ji-Paraná, Ariquemes, Vilhena e Cacoal. Um dos estados de menor densidade populacional do país. Capital: *Porto Velho*; recursos principais: extrativismo vegetal (borracha, madeira, castanha-do-pará) e mineral (primeiro produtor brasileiro de estanho). Hab.: 1,7 milhão (2019).

Rondonópolis (MT), município com 4.159,1 km², situado na região sudeste do estado. Maior produtor de grãos do Estado de Mato Grosso. Pecuária leiteira. Turismo. Hab.: 232.491 (2019).

Roosevelt, Franklin Delano [Hyde Park NY, EUA, 1882 — Warm Springs, EUA, 1945], político norte-americano. Elegeu-se, quatro vezes consecutivas, presidente dos EUA (1933 a 1945). Em resposta à depressão econômica causada pela crise de 1929, implantou uma série de medidas socioeconômicas, chamadas *New Deal*.

Roquette-Pinto, Edgar [Rio de Janeiro RJ, 1884 — *id.*, 1954], antropólogo brasileiro. Fundou a Rádio Sociedade do Rio de Janeiro (atual Rádio Ministério da Educação e Cultura), a *Revista Nacional de Educação* e o Instituto Nacional do Cinema Educativo etc. Membro da ABL. Obras: *Rondônia*, *Guia de antropologia*, *Samambaia* etc.

Roraima (monte), monte do Estado de Roraima, na convergência dos limites com Venezuela e Guiana (2.734,05 m de altitude), é a maior atração turística do parque nacional de mesmo nome.

Roraima (RR), estado brasileiro, a noroeste da Região Norte, com 224.303,187 km² e 15 municípios, sendo os mais populosos, além da capital: Mucajaí, Alto Alegre e Normandia. Criação de reserva ianomâmi (1991). Capital: *Boa Vista*; recursos principais: extrativismo vegetal (madeira, castanha-do-pará), mineral (ouro, diamante, cassiterita), agricultura e pecuária. Hab.: 605.761 (2019).

Rosa, Noel de Medeiros [Rio de Janeiro RJ, 1910 — *id.*, 1937], músico e compositor popular brasileiro, considerado um dos grandes sambistas cariocas, autor de obras-primas do gênero: *Fita amarela*, *Conversa de botequim*, *Pra que mentir*, *Pastorinhas*, *Pierrô apaixonado* etc.

Rousseff, Dilma Vana [Belo Horizonte MG, 1947], economista e política brasileira. Ajudou na fundação do Partido Democrático Trabalhista (PDT) e, em 2001, filiou-se ao Partido dos Trabalhadores. Foi ministra de Minas e Energia (2002-2005) e, depois, da Casa Civil. Em 2010, foi eleita a primeira presidente do Brasil (2011-2014) e em seguida reeleita. Foi destituída do posto em 2016 por um processo de *impeachment*.

Ruanda (República Ruandesa), país do centro-leste da África, com 26.340 km². República mista, independente desde 1962. Capital: *Kigali*; recursos principais: exportação de chá e café, e mineração de estanho e tungstênio. Hab.: 12,4 milhões (2018).

Rubens, Petrus Paulus [Siegen, Alemanha, 1577 — Antuérpia, Bélgica, 1640], pintor flamengo, um dos maiores do seu tempo. Sua influência é o Barroco e seus quadros são carregados de cores e emoções. De sua obra destacam-se, esp., os retratos e as pinturas históricas e mitológicas.

Rubião, Murilo Eugênio [Carmo de Minas MG, 1916 — Belo Horizonte MG, 1991], jornalista literário e contista brasileiro, um dos pioneiros do realismo fantástico no país. Criou o *Suplemento Literário de Minas Gerais*, que se tornou muito prestigiado. Obras: *O pirotécnico Zacarias*, *A estrela vermelha*, *O convidado* etc.

Rugendas, Johann Moritz [Augsburgo, Alemanha 1802 — Weilheim, Alemanha, 1858], pintor e desenhista alemão. Chegou ao Brasil, em 1821, na expedição do barão de Langsdorff. Pintou cenas brasileiras, mostrando imagens do cotidiano rodeadas de paisagens exuberantes. Escreveu *Viagem pitoresca através do Brasil*.

Ruschi, Augusto [Santa Teresa ES, c. 1916 — Vitória ES, 1986], naturalista e zoólogo brasileiro, considerado uma das grandes autoridades mundiais em beija-flores. Catalogou centenas de espécies da fauna e da flora brasileira e seu nome virou gênero de orquídea (*Ruschia*).

Russas (CE), município com 1.590,2 km², situado na região do Baixo Jaguaribe. Açude do DNOCS (abastecimento, irrigação e piscicultura). Hab.: 78.194 (2019).

Rússia (Federação da), antiga União Soviética (URSS), com 17.098.240 km^2, é a maior nação do mundo, localizada uma parte no leste da Europa e outra no norte da Ásia. República mista, divide-se em 21 repúblicas, uma região autônoma, 46 regiões administrativas, 9 províncias, 4 distritos autônomos e duas cidades com status federal (Moscou e São Petersburgo). Capital: *Moscou*; recursos principais: extrativismo mineral (cobre, minério de ferro, níquel, turfa, gás natural, petróleo) e indústrias (alimentícia, de máquinas, siderúrgica). Hab.: 143,2 milhões (2018).

Rússia Branca ver *Belarus*

Ss

Sá, Estácio de [Portugal, c. 1520 — Rio de Janeiro RJ, 1567], militar e administrador colonial português, sobrinho de Mem de Sá. Foi o fundador, em 1º de março de 1565, e primeiro capitão-mor da cidade de São Sebastião do Rio de Janeiro, atual Rio de Janeiro.

Sá, Francisco [Grão Mogol MG, 1862 — Rio de Janeiro RJ, 1936], engenheiro e político brasileiro. Ocupou diversos cargos públicos e foi o responsável, na cidade do Rio de Janeiro, por obras de modernização e infraestrutura.

Sá, Mem de [Coimbra, Portugal, c. 1500 — Salvador BA, 1572], administrador colonial português, terceiro governador-geral do Brasil (1557-1572). De seu governo destacam-se o processo de pacificação dos indígenas e a expulsão dos franceses, que invadiram o Rio de Janeiro.

Sabará (MG), município histórico com 302,1 km^2, situado na região metropolitana de Belo Horizonte. Casa da Intendência, igrejas de N. S.ª das Mercês, N. S.ª do Carmo, N. S.ª do Ó e de N. S.ª do Pilar, conjunto arquitetônico e urbanístico da rua D. Pedro II e Teatro Municipal, entre outros bens tombados pelo Iphan. Hab.: 136.344 (2019).

Sabin, Albert [Bialystok, Polônia, 1906 — Washington D.C., EUA, 1993], médico norte-americano de origem polonesa. Grande pesquisador, sua maior descoberta foi a vacina oral contra a poliomielite (1955), dita vacina Sabin.

Sabinada, revolta que explodiu na Bahia (1837-1838), liderada por Francisco Sabino Álvares da Rocha Vieira. Os revoltosos, ditos sabinos, proclamaram a independência e instalaram um governo, a República Baiense. Conseguiram apoio popular, mas o movimento foi violentamente rechaçado pelas tropas federais.

Sabino, Fernando Tavares [Belo Horizonte MG, 1923 — Rio de Janeiro RJ, 2004], escritor e jornalista brasileiro. Consagrou-se como grande cronista contemporâneo. Recebeu o prêmio Machado de Assis, da ABL (1999). Obras: *O encontro marcado*, *O homem nu*, *O grande mentecapto*, *A faca de dois gumes* etc.

Sá e Benevides, Salvador Correia **de** [Cádis, Espanha, 1602 — Lisboa, Portugal, 1688], militar e administrador colonial português. Ocupou vários cargos importantes como capitão-mor do Rio de Janeiro, governador das capitanias do sul do Brasil e governador de Angola, entre outros.

Saint-Pierre e Miquelon (Território da Coletividade de), arquipélago na costa leste do Canadá, com 242 km^2. Território autônomo em comunidade com a França desde 1946. Capital: *Saint-Pierre*; recurso principal: pesca. Hab.: 6.342 (2018).

Sales, Manuel Ferraz **Campos**. [Campinas SP, 1841 — Guarujá SP, 1913], político brasileiro. Foi deputado geral, presidente da província de SP e legislador pelo estado, bem como ministro da Justiça (1889-1891) e presidente da República (1898-1902). Aplicou a chamada "política dos governadores", que consistia em dar o aval ao governo federal em troca do apoio deste aos governadores de estado.

Sales, Herberto de Azevedo [Andaraí BA, 1917 — Rio de Janeiro RJ, 1999], jornalista e escritor brasileiro, foi romancista, contista, memorialista e diretor do Instituto Nacional do Livro. Membro da ABL. Obras: *Cascalho*, *A porta de chifre*, *Histórias ordinárias*, *Subsidiário* etc.

Salgado, Plínio [São Bento do Sapucaí SP, 1895 — São Paulo SP, 1975], político, escritor modernista e jornalista brasileiro. Na política, foi líder e fundador da Ação Integralista Brasileira (1932). Publicou trabalhos políticos: *Psicologia da revolução*, *O que é o integralismo*, *Espírito da burguesia* etc.

Salgueiro (PE), município com 1.686,8 km^2, situado na região do sertão, na divisa com o Estado do Ceará. Agropecuária. Hab.: 60.930 (2019).

Salomão (ilhas), país-membro da Comunidade Britânica, é um arquipélago no sudoeste do oceano Pacífico, a leste da Papua-Nova Guiné, com 28.900 km^2. Departamento francês de ultramar, independente desde 1978. Capital: *Honiara*; recursos principais: pesca e agricultura. Hab.: 623.281 (2018).

Salto (SP), município com 133 km^2, na microrregião de Sorocaba, às margens do rio Tietê. Usina hidrelétrica. Indústrias (cimento, química, componentes eletrônicos). Hab.: 118.663 (2019).

Salvador (BA), capital do Estado da Bahia, com 692,8 km², situada na entrada da baía de Todos-os-Santos. Cidade histórica mais antiga do país. Centro histórico, conjunto arquitetônico, urbanístico e paisagístico, Catedral Basílica, Convento e Igreja de São Francisco, Fortalezas de São Pedro, Barbalho e Monte Serrat, Forte de São Marcelo, Oratório da Cruz do Pascoal, Palacete Berquó, Solar do Unhão e inúmeras igrejas, prédios, sobrados solares, palácios e casas tombados pelo Iphan. Hab.: 2,8 milhões (2019).

Salvador (Vicente Rodrigues Palha, dito **frei Vicente do**) [Salvador BA, c. 1564 — *id.*, c. 1639], padre franciscano, historiador e cronista brasileiro, autor de uma *História do Brasil* (1627). No Estado da Bahia foi cônego, vigário-geral e governador do bispado.

Samoa (Estado Independente de), país na Oceania central com 2.840 km², arquipélago formado por duas ilhas principais, Upolu e Savaii. República parlamentarista (2007), independente desde 1962. Capital: *Ápia*; recursos principais: agricultura (banana, coco e cacau), indústrias (alimentícia, bebidas, tabaco, construção, madeireira, couro). Hab.: 197.695 (2018).

Samoa Americana (Território da), arquipélago no sul da Oceania, com 197 km²; território autônomo administrado pelos EUA. Capital: *Pago-Pago*; recursos principais: agricultura, pesca e turismo. Hab.: 55.679 (2018).

Sampaio, Teodoro Fernandes [Santo Amaro BA, 1885 — Rio de Janeiro RJ, 1937], geógrafo e historiador brasileiro. Acompanhou o geógrafo norte-americano Orville Derby nos seus estudos e expedições ao vale do rio São Francisco. Publicou *O tupi na geografia nacional, O rio São Francisco e a Chapada Diamantina* etc.

San Marino (República de), país do sul da Europa, situado no norte da Itália, próximo ao mar Adriático, com 60 km²; república parlamentarista, a mais antiga da Europa, proclamada em 1866. Capital: *Cidade de San Marino*; recursos principais: turismo e selos postais. Hab.: 33.557 (2018).

Santa Bárbara (MG), município histórico com 684 km², situado na região metropolitana de Belo Horizonte. Conjunto arquitetônico e paisagístico do Caraça (colégio), casa no largo do Rosário, Igreja de Santo Amaro, Matriz de N. S.ª da Conceição e de Santo Antônio tombados pelo Iphan. Hab.: 31.324 (2019).

Santa Bárbara d'Oeste (SP), município com 271 km², situado na microrregião de Campinas. Cana-de-açúcar. Indústrias (açúcar, álcool, mecânica e têxtil). Hab.: 193.475 (2019).

Santa Catarina (SC), estado no centro da Região Sul, o menor da região, com 95.733,978 km² e 295 municípios, sendo os mais populosos, além da capital: Joinville, Blumenau, Criciúma, Itajaí e Chapecó. Abriga um dos maiores centros de lazer e entretenimento do mundo, Beto Carrero World. Capital: *Florianópolis*; recursos principais: agricultura (arroz, milho, maçã), agropecuária, extrativismo mineral (carvão) e indústrias (agroindustrial, moveleira, cerâmica, metalomecânica, têxtil, máquinas e equipamentos eletromecânicos). Hab.: 7,1 milhões (2019).

Santa Cruz Cabrália (BA), município histórico litorâneo, com 1.459,8 km², situado na região sul do estado, próximo à foz do rio João de Tiba. Ali foi rezada a primeira missa do Brasil. Conjunto paisagístico, esp. o ilhéu da Coroa Vermelha, e conjunto arquitetônico e paisagístico da cidade alta (com a Igreja de N. S.ª da Conceição e a Casa da Câmara e Cadeia) tombados pelo Iphan. Hab.: 27.778 (2019).

Santa Cruz do Capibaribe (PE), município com 335,3 km², situado no extremo oeste do estado, na região do Alto Capibaribe. Feira da Sulanca, maior feira livre do país, produz 96 milhões de peças de vestuário por ano, fatura média de R$ 300 milhões anuais e concentra mais da metade das indústrias de confecção do estado. Hab.: 107.937 (2019).

Santa Cruz do Sul (RS), município com 733,4 km², situado na região centro-leste do estado. Agricultura (fumo), pecuária (bovinos e suínos). Bispado. Hab.: 130.416 (2019).

Santa Helena, Ascensão e Tristão da Cunha, arquipélago no oceano Atlântico sul, com 308 km²; território ultramarino administrado pelo Reino Unido e território ultramarino da União Europeia. Foi ali que esteve preso Napoleão Bonaparte. Capital: *Jamestown*; recursos principais: agricultura de subsistência e pesca. Hab.: 7.841 (2018).

Santa Inês (MA), município com 605,6 km², situado na região oeste do estado, antiga aldeia dos guajajaras e urubus. Pecuária. Hab.: 89.044 (2019).

Santa Isabel (SP), município com 363,3 km², localizado na região metropolitana de São Paulo. Agricultura (hortifrutigranjeiros). Indústria (têxtil). Hab.: 57.386 (2019).

Santa Izabel do Pará (PA), município com 717,6 km², localizado na região metropolitana de Belém. Turismo (balneários, igarapés). Hab.: 70.801 (2019).

Santa Lúcia, país do leste da América Central, maior das ilhas de Barlavento, Pequenas Antilhas, no mar do Caribe, com 620 km². Monarquia parlamentarista, independente desde 1979. Capital: *Castries*; recursos principais: agricultura (banana) e turismo. Hab.: 179.667 (2018).

Santa Luzia (MA), município com 5.462,9 km², localizado no oeste maranhense. Agricultura (arroz, milho, mandioca, feijão). Hab.: 72.667 (2019).

Santa Luzia (MG), município histórico com 235,3 km², situado na região metropolitana de Belo Horizonte. Convento de Macaúbas e casa à praça da Matriz (quartel-general da Revolução de 1842) tombados pelo Iphan. Hab.: 219.134 (2019).

Santa Maria (RS), município com 1.781,7 km², situado na região central do estado. Agricultura (arroz, trigo). Indústrias (móveis, serralheria). Bispado. Hab.: 282.123 (2019).

Santana (AP), município com 1.569,4 km², situado na margem esquerda do rio Amazonas, a 20 km de Macapá, a capital do estado. Porto. Hab.: 121.364 (2019).

Santana de Parnaíba (SP), município histórico com 180 km², situado no vale do Tietê, região metropolitana de São Paulo. Capela de N. S.ª da Conceição e casas à praça da Matriz, nºs 9, 19 e 25 tombadas pelo Iphan. Hidrelétrica. Hab.: 139.447 (2019).

Santana do Araguaia (PA), município com 11.591,4 km², localizado no sudeste paraense. Turismo (rio Araguaia, praias, cachoeiras). Hab.: 72.817 (2019).

Santana do Livramento (RS), município com 6.950,3 km², situado na região sudoeste do estado, na Campanha, fronteira com o Uruguai. Casa de Davi Canabarro (chefe da Revolução Farroupilha) tombada pelo Iphan. Produção de vinho. Hab.: 77.027 (2019).

Sant'Anna, Affonso Romano de [Belo Horizonte MG, 1937], poeta, jornalista e crítico literário brasileiro. Cronista na imprensa carioca e presidente da Fundação Biblioteca Nacional (1990). Autor de poesia vanguardista. Obras: *Drummond — o "gauche" no tempo, Música popular e moderna poesia brasileira, Vestígios* etc.

Sant'Anna e Silva, **Sérgio** Andrade [Rio de Janeiro RJ, 1941], contista, romancista e poeta brasileiro, vencedor por duas vezes do Prêmio Jabuti. Seu livro, *A senhorita Simpson*, foi adaptado para o cinema (*Bossa nova*, de Bruno Barreto). Obras: *Amazona, Um crime delicado, Breve história do espírito* etc.

Santarém (PA), município com 17.898,3 km², situado na margem direita do rio Amazonas, na foz do rio Tapajós. Indústria madeireira; frigoríficos. Produção de borracha, castanha-do-pará e juta. Agropecuária. Usina hidrelétrica. Hab.: 304.589 (2019).

Santa Rita (PB), município com 730,2 km², situado na microrregião de João Pessoa, às margens do rio Paraíba. Agricultura (cana-de-açúcar), usinas de açúcar. Têxteis. Capelas de N. S.ª das Batalhas, de N. S.ª do Socorro e do Engenho tombadas pelo Iphan. Hab.: 136.586 (2019).

Santa Rosa (RS), município com 489,8 km², situado na região noroeste do estado. Agricultura (soja) e indústria de máquinas e implementos agrícolas. Hab.: 73.254 (2019).

Santa Rosa Júnior, Tomás [João Pessoa PB, 1909 — Nova Délhi, Índia, 1956], pintor, ilustrador, gravador, desenhista, cenógrafo e crítico de arte brasileiro. Notabilizou-se como ilustrador das obras de grandes escritores, como Jorge Amado e Graciliano Ramos. No teatro, é considerado um revolucionário da cenografia nacional, como em *Vestido de noiva*, de Nelson Rodrigues.

Santo Amaro (BA), município histórico, com 493 km², situado na região metropolitana de Salvador. Igrejas Matriz de N. S.ª da Purificação e de N. S.ª da Oliveira dos Campinhos, Paço municipal, Santa Casa e Solar do conde de Subaé tombados pelo Iphan. Hab.: 60.069 (2019).

Santo Amaro das Brotas (SE), município com 234,1 km², situado no leste sergipano. Capela de N. S.ª da Conceição e Igreja Matriz de Santo Amaro tombadas pelo Iphan. Hab.: 12.102 (2019).

Santo André (SP), município com 175,7 km², situado na região metropolitana do estado, no ABC paulista. Bispado. Indústrias (metalúrgica, química, farmacêutica, têxtil). Hab.: 718.773 (2019).

Santo Ângelo (RS), município com 680,4 km², situado na região noroeste do estado, nas Missões. Turismo. Casa feita com material missioneiro e ruínas da Igreja de São Miguel tombadas pelo Iphan. Hab.: 77.593 (2019).

Santo Antônio de Jesus (BA), município com 261,3 km², situado no Recôncavo Baiano. Agropecuária. Hab.: 101.512 (2019).

Santo Antônio do Descoberto (GO), município com 944,1 km², situado no entorno de Brasília. Usina Hidrelétrica Corumbá IV. Turismo. Hab.: 74.744 (2019).

Santo Estêvão (BA), município com 362,9 km², localizado no centro norte baiano. Agricultura (fumo). Pecuária. Hab.: 52.850 (2019).

Santoro, Cláudio [Manaus AM, 1919 — Brasília DF, 1989], músico e regente brasileiro, importante compositor erudito. Obras: *Sinfonia n.5, Canto do amor e paz, Frevo* etc.

Santos, Joaquim **Felício dos** [Diamantina MG, 1828 — *id.*, 1895], escritor, historiador e político brasileiro. Foi deputado e senador constituinte (1890), mas foi na literatura que se notabilizou, com a obra *Memórias do distrito diamantino* (1868), considerada um clássico na historiografia brasileira.

Santos, (Domitila de Castro Canto e Melo, dita viscondessa e **marquesa de**) [São Paulo SP, 1797 — *id.*, 1867], sua ligação amorosa com D. Pedro I, com quem teve quatro filhos, tornou-a famosa.

Santos, Milton Almeida dos [Brotas de Macaúbas BA, 1926 — São Paulo SP, 2001], professor e geógrafo brasileiro. Publicou dezenas de livros e centenas de artigos científicos, editados em vários países. Notabilizou-se como um dos intelectuais brasileiros de maior projeção internacional. Obras: *Espaço e método*, *Por uma outra globalização* etc.

Santos, Nélson Pereira dos [São Paulo SP, 1928 — Rio de Janeiro RJ, 2018], cineasta, jornalista e educador brasileiro. Estreou na direção com *Rio 40 graus* (1955), considerado um dos precursores do Cinema Novo. Criou o primeiro curso de cinema no Brasil, na Universidade de Brasília, e a especialidade na graduação da Universidade Federal Fluminense. Membro da ABL. Premiado no Festival de Cannes por *Vidas secas* e *Memórias do cárcere*, rodou ainda outros filmes, como *Boca de ouro* e *Como era gostoso o meu francês*.

Santos (SP), município com 280,6 km², situado no litoral paulista, na ilha de São Vicente. Maior porto do país. Casa de Câmara e Cadeia, Casa do Trem, Fortaleza de São João, Igreja da Ordem Terceira de N. S.ª do Carmo e Igreja e Mosteiro de São Bento, entre outros bens, tombados pelo Iphan. Hab.: 433.311 (2019).

Santos, Turíbio Soares [São Luís MA, 1943], violonista brasileiro de renome internacional. Estudou com dois grandes nomes do violão: o inglês Julian Bream e o espanhol Andrés Segovia. Foi diretor do Museu Villa-Lobos. Solista de importantes orquestras europeias e criador da Orquestra Brasileira de Violões.

Santos-Dumont, Alberto [atual Santos Dumont MG, 1873 — Guarujá SP, 1932], inventor e aeronauta brasileiro, patrono da FAB, considerado o Pai da Aviação. Sua maior invenção, o *14-bis*, foi o primeiro aparelho mais pesado que o ar a decolar usando meios mecânicos próprios (1906). Caiu em depressão quando o avião começou a ser us. em guerras e acabou por se suicidar.

Santos Dumont (MG), município com 637,3 km², situado na Zona da Mata, serra da Mantiqueira. Pecuária leiteira e indústria de laticínios. Usinas hidrelétricas. Casa do Sítio Cabangu tombada pelo Iphan. Hab.: 46.487 (2019).

São Bento do Sul (SC), município com 501,6 km², situado na região norte do estado, na divisa com o Estado do Paraná. Estância climática. Indústria de móveis. Metalurgia e cerâmica. Hab.: 84.507 (2019).

São Bento do Una (PE), município com 719,1 km², localizado no agreste pernambucano. Agropecuária e avicultura. Hab.: 59.504 (2019).

São Bernardo do Campo (SP), município com 409,5 km², situado na região metropolitana de São Paulo, no ABC paulista. Indústria automobilística, agricultura e pecuária. Hab.: 838.936 (2019).

São Borja (RS), município com 3.616 km², situado na região sudoeste do estado, na Campanha, fronteira do Brasil com a Argentina. Ponte da Integração liga o município à cidade de São Tomé. Agropecuária. Hab.: 60.282 (2019).

São Caetano do Sul (SP), município com 15,3 km², situado na região metropolitana de São Paulo, no ABC paulista. Tem a mais alta densidade demográfica do país. Indústrias (tecnologia de ponta). Hab.: 161.127 (2019).

São Carlos (SP), município com 1.137 km², situado na região de Araraquara, centro do estado. Bispado. Universidade. Indústrias (mecânica, de material elétrico e eletrônico, de móveis). Fazenda do Pinhal tombada pelo Iphan. Hab.: 251.983 (2019).

São Cristóvão (SE), município com 436,8 km², situado na região leste do estado. Monumento Histórico Nacional desde 1939. Conjunto arquitetônico, urbanístico e paisagístico, Convento e Igreja do Carmo, igrejas da Misericórdia e da Ordem Terceira do Carmo, Matriz de N. S.ª das Vitórias, entre outros monumentos, tombados pelo Iphan. Hab.: 90.072 (2019).

São Cristóvão e Névis (Federação de), país formado por duas ilhas das Pequenas Antilhas, no arquipélago de Sotavento, ao leste da América Central, com 260 km². Monarquia parlamentarista, independente desde 1983. Capital: *Basseterre*; recurso principal: agricultura (algodão e cana-de-açúcar). Hab.: 55.850 (2018).

São Félix do Xingu (PA), município com 84.213 km², situado na zona do mesmo nome e desmembrado de Altamira. Pecuária de corte. Produção de arroz com casca, borracha e milho. Hab.: 128.481 (2019).

São Francisco (MG), município com 3.308,1 km², situado na região norte do estado, às margens do rio de mesmo nome. Pecuária (um dos maiores rebanhos bovinos do estado). Hab.: 56.323 (2019).

São Francisco (rio), chamado "rio da unidade nacional", nasce na serra da Canastra MG, percorre 3.160 km e drena uma área de 631.133 km². O maior rio genuinamente brasileiro banha cinco estados (MG, BA, SE, AL e PE) e 504 municípios. É navegável entre Pirapora MG e Juazeiro BA / Petrolina PE (1.371 km) e entre Piranhas AL e a foz, no oceano Atlântico. Várias hidrelétricas (Paulo Afonso, Três Marias, Sobradinho etc.) são movidas por suas águas. Parte das obras de transposição das águas do rio (iniciadas em 2007), para áreas do semiárido nordestino, foi concluída e inaugurada em 2017 e 2018.

São Francisco do Conde (BA), município com 262,8 km², situado na região metropolitana de Salvador. Convento e Igreja de Santo Antônio e casa do Engenho São Miguel e Almas tombados pelo Iphan. Hab.: 39.802 (2019).

São Francisco do Sul (SC), município histórico com 498,6 km², situado na região norte do estado. Porto natural. Centro histórico tombado pelo Iphan. Hab.: 52.721 (2019).

São Gabriel (João de Deus Mena Barreto, primeiro **barão** e **visconde de**) [Rio Pardo RS, 1769 — São Gabriel RS, 1849], titular do império e militar brasileiro. Lutou nas batalhas de Ibirocaí (1816), Catalão (1817) e Taquarembó (1820). Foi governador das armas e da província do Rio Grande do Sul.

São Gabriel (João Propício Mena Barreto, segundo **barão** com grandeza **de**) [Rio Pardo RS, 1808 — São Gabriel RS, 1867], militar brasileiro. Tomou parte na Batalha do Passo do Rosário e na Revolução Farroupilha. Durante a campanha do Uruguai, recebeu o comando do exército brasileiro em operações naquele país (1864).

São Gabriel (RS), município com 5.023,8 km², situado na região sudoeste do estado. Sobrado à praça Fernando Abott tombado pelo Iphan. Agricultura (arroz, soja) e pecuária (gado de corte). Hab.: 62.105 (2019).

São Gonçalo (RJ), município com 247,7 km², situado na região metropolitana do estado. Indústria (esp. têxtil, cerâmica, papel etc.). Fazenda do Columbandê tombada pelo Iphan. Hab.: 1 milhão (2019).

São Gonçalo do Amarante (RN), município com 249,1 km², situado no leste potiguar, a 18 km de Natal. Igreja de São Gonçalo tombada pelo Iphan. Hab.: 102.400 (2019).

São João da Barra (RJ), município com 455 km², situado na região norte do estado. Praias. Foz do rio Paraíba do Sul, no pontal de Atafona. Casa de Câmara e Cadeia tombada pelo Iphan. Hab.: 36.102 (2019).

São João da Boa Vista (SP), município com 516,3 km², situado na região de Campinas, na encosta oeste da serra da Mantiqueira, divisa com o Estado de Minas Gerais. Agropecuária (esp. batata-inglesa). Hab.: 91.211 (2019).

São João del Rei (MG), município histórico com 1.464,3 km², situado na região dos Campos das Vertentes. Turismo. Conjunto arquitetônico e urbanístico, igrejas de N. S.ª do Carmo, de São Francisco de Assis e Matriz de N. S.ª do Pilar, entre outros bens imóveis, tombados pelo Iphan. Hab.: 90.082 (2019).

São João de Meriti (RJ), município com 35,2 km², situado na região metropolitana do Rio de Janeiro, na Baixada Fluminense. Hab.: 472.406 (2019).

São José (SC), município com 150,4 km², situado no litoral catarinense, região metropolitana de Florianópolis. Colonizado por açorianos. Turismo (Balneário de Guararema, Pedra Branca). Hab.: 246.586 (2019).

São José de Ribamar (MA), município com 388,3 km², situado na região norte do estado, na ilha de São Luís. Centro de peregrinação e romaria. Hab.: 177.687 (2019).

São José do Barreiro (SP), município com 570,6 km², situado no vale do Paraíba, no sopé da serra da Bocaina. Turismo ecológico e fazendas de café. Casa da Fazenda do Pau D'Alho tombada pelo Iphan. Hab.: 4.147 (2019).

São José do Rio Pardo (SP), município com 419,2 km², situado na serra da Mantiqueira, região de Campinas. Casa de Zinco, em que o autor de *Os sertões*, Euclides da Cunha, trabalhou em sua obra, construção tombada pelo Iphan. Hab.: 54.946 (2019).

São José do Rio Preto (SP), município com 432 km², situado na região noroeste do estado. Estação Ecológica do Noroeste Paulista (área de 168,63 ha). Hab.: 460.671 (2019).

São José dos Campos (SP), município com 1.099,4 km², situado no vale do Paraíba. Estância hidromineral. Instituto Nacional de Pesquisas Espaciais (Inpe), Instituto Tecnológico da Aeronáutica (ITA) e Empresa Brasileira de Aeronáutica (Embraer). Indústrias. Hab.: 721.944 (2019).

São José dos Pinhais (PR), município com 946,4 km², situado na região metropolitana de Curitiba. Indústria (eletrodomésticos, celulose, móveis, plásticos etc.). Aeroporto internacional Afonso Pena. Hab.: 323.340 (2019).

São Leopoldo (RS), município com 102,7 km², situado na região metropolitana de Porto Alegre. Indústrias metalúrgicas, de borracha, couro e peles e de calçados. Hab.: 236.835 (2019).

São Lourenço da Mata (PE), município com 262,1 km², situado na região metropolitana do Recife. Antiga aldeia de índios tabajaras. Reservas ecológicas. Hab.: 113.230 (2019).

São Luís (MA), capital do Estado do Maranhão, com 834,7 km², situada na ilha de São Luís. Liga-se ao continente por duas pontes. Patrimônio da humanidade. Conjunto arquitetônico e paisagístico, Academia Maranhense de Letras, Fortaleza de Santo Antônio, Palacete Gentil Braga, Sambaqui do Pindaí, ruínas do Sítio do Fisco e outros bens imóveis tombados pelo Iphan. Hab.: 1,1 milhão (2019).

São Luís do Paraitinga (SP), município histórico com 617,3 km², situado no vale do Paraíba, entre as montanhas da serra do Mar. Turismo ecológico. Agricultura (milho, feijão) e pecuária leiteira. Casa natal de Osvaldo Cruz tombada pelo Iphan. Hab.: 10.687 (2019).

São Luiz Gonzaga (RS), município com 1.295,6 km², situado na região noroeste do estado, nas Missões. Ruínas de São Lourenço tombadas pelo Iphan. Hab.: 33.468 (2019).

São Mateus (ES), município histórico com 2.338,7 km², situado no litoral norte do estado. Antiga aldeia dos índios aimorés. Petróleo. Hab.: 130.611 (2019).

São Miguel das Missões (RS), município com 1.229,8 km², situado na região noroeste do estado, nas Missões. Uma das rotas turísticas culturais reconhecidas pela Unesco (1966). Ruínas da Igreja de São Miguel das Missões tombadas pelo patrimônio mundial em 1983. Hab.: 7.673 (2019).

São Miguel do Guamá (PA), município com 1.110,1 km², localizado no nordeste paraense. Agropecuária. Indústria (cerâmica). Hab.: 58.986 (2019).

São Miguel dos Campos (AL), município litorâneo com 360,8 km², situado na região leste do estado. Petróleo e gás natural. Agroindústria. Hab.: 61.251 (2019).

São Nicolau (RS), município com 485,3 km², situado na região noroeste do estado, nas Missões. Ruínas tombadas pelo Iphan. Hab.: 5.265 (2019).

São Paulo (SP), estado brasileiro da Região Sudeste, com 248.222,362 km² e 645 municípios, sendo os mais populosos, além da capital: Campinas, Guarulhos, Osasco, Santo André, São Bernardo do Campo. O mais importante centro industrial e econômico da América do Sul. Capital: *São Paulo*; recursos principais: agricultura (cana-de-açúcar, cebola, laranja, mandioca), pecuária (gado bovino para corte e leiteiro, suínos, ovinos e caprinos), mineração (calcário, caulim, dolomita), indústrias (têxtil, metalúrgica, de calçados, aeronáutica etc.). Hab.: 45,9 milhões (2019).

São Paulo (SP), capital do Estado de São Paulo, com 1.521,1 km², situado a sudeste da Região Sudeste. Maior centro consumidor e produtivo do país e uma das maiores metrópoles do mundo. Estação da Luz, Igreja da Ordem Terceira do Carmo, Mosteiro da Luz, conjunto composto pelo Museu Paulista, Monumento à Independência, Parque da Independência e Casa do Grito, entre outros imóveis tombados pelo Iphan. Hab.: 12,2 milhões (2019).

São Pedro da Aldeia (RJ), município com 332,7 km², situado na Região dos Lagos, no litoral norte do estado. Base aeronaval. Igreja jesuítica e residência anexa tombadas pelo Iphan. Hab.: 104.476 (2019).

São Raimundo Nonato (PI), município com 2.415,6 km², situado na região sudoeste do estado. Parque Nacional da Serra da Capivara tombado pelo Iphan e declarado Patrimônio Histórico e Natural da Humanidade pela Unesco (1991). Hab.: 34.710 (2019).

São Roque (SP), município com 306,9 km², situado na microrregião de Sorocaba. Sítio de Santo Antônio tombado pelo Iphan. Hab.: 91.016 (2019).

São Sebastião (SP), município com 399,6 km², situado no litoral norte do estado. Estação balneária. Terminal da Petrobras. Sobrado na avenida Dr. Altino Arantes tombado pelo Iphan. Hab.: 88.980 (2019).

São Sebastião do Paraíso (MG), município com 815 km², situado na região sudoeste do estado. Agricultura (café). Produção de couro. Hab.: 70.956 (2019).

São Sebastião do Passé (BA), município com 538,3 km², situado no litoral norte. Extração de petróleo. Sobrado do Engenho Lagoa e Capela de Santo Antônio dos Valasques tombados pelo Iphan. Hab.: 44.300 (2019).

São Tomé e Príncipe (República Democrática de), país formado por duas ilhas do centro-oeste africano, no golfo da Guiné, com 960 km². República mista, independente desde 1975. Capital: *São Tomé*; recursos principais: agricultura (café, coco, cacau) e pecuária. Hab.: 208.818 (2018).

São Vicente (SP), município com 147,8 km², situado na microrregião de Santos. Estância balneária. Primeira vila fundada no país (1532). Remanescentes da Vila Colonial tombados pelo Iphan. Hab.: 365.798 (2019).

São Vicente e Granadinas, país formado pela ilha de São Vicente e ilhas do arquipélago das Granadinas do Norte (Barlavento), no mar das Antilhas, com 390 km². Monarquia parlamentarista, independente desde 1979. Capital: *Kingstown*; recurso principal: agricultura (banana, raízes e tubérculos, cana-de-açúcar, coco etc.). Hab.: 110.200 (2018).

Sapé (PB), município com 315,5 km², localizado na região da Mata paraibana. Agricultura (abacaxi, cana-de-açúcar). Hab.: 52.625 (2019).

Sapiranga (RS), município com 138,3 km², situado na região metropolitana de Porto Alegre. Indústrias de calçados, metalurgia e extrativismo vegetal. Hab.: 81.734 (2019).

Sapucaia do Sul (RS), município com 58,3 km², situado na microrregião metropolitana de Porto Alegre. Indústria (ferro, lanifício). Esportes radicais. Hab.: 141.075 (2019).

Saquarema (RJ), município com 353,5 km², situado na Região dos Lagos, no litoral norte do estado. Turismo e esportes náuticos (esp. o surfe). Hab.: 89.170 (2019).

Saraiva, conselheiro José Antônio [Santo Amaro BA, 1823 — Salvador BA, 1895], político e conselheiro do Império brasileiro. Foi deputado, senador e presidente das províncias de Alagoas, São Paulo, Pernambuco e Piauí. Nesta última, fundou a cidade de Teresina, transformando-a na capital, que até então era Oeiras. Foi homem de confiança de D. Pedro II.

Saramago, José de Sousa [Azinhaga, Portugal, 1922 — Lanzarote, Espanha, 2010], escritor português, considerado um dos maiores do seu país. Foi o primeiro autor de língua portuguesa a conquistar o Prêmio Nobel de Literatura (1998). Obras: *Ensaio sobre a cegueira*, *A jangada de pedra*, *História do cerco de Lisboa*, *O evangelho segundo Jesus Cristo* etc.

Sarandi (PR), município com 103,4 km², situado na microrregião de Maringá. Indústria (carrocerias). Hab.: 96.688 (2019).

Sardinha, Pero Fernandes [Évora, Portugal, c. 1496 — Alagoas, 1556], sacerdote português, primeiro bispo brasileiro, nomeado por D. João III, rei de Portugal. Estabeleceu-se em Salvador BA, onde criou as paróquias da Sé de Nossa Senhora da Vitória de Vila Velha e de São Jorge, em Ilhéus. Tendo naufragado no litoral de Alagoas, foi preso e devorado pelos índios caetés.

Sarney, José Ribamar Ferreira de Araújo Costa [Pinheiro MA, 1930], político e escritor brasileiro. Presidente da República (1985-1990) e primeiro civil a governar o país após o golpe de 1964. Em seu governo houve a promulgação da nova Constituição Federal (1988). Membro da ABL. Obras: *Marimbondos de fogo*, *O dono do mar* etc.

Saturno, o sexto planeta a partir do Sol e o segundo maior, famoso por seus anéis. Tipo: gasoso; diâmetro equatorial: 120.536 km; diâmetro polar: 108.728 km; distância média do Sol: 1.429.400.000 km; satélites: 18.

Schemberg, Mário [Recife PE, 1916 — São Paulo SP, 1990], físico brasileiro, alcançou renome internacional por suas pesquisas nas áreas da física quântica, do eletromagnetismo e da gravitação. Formulou, com o físico brasileiro José Leite Lopes, a teoria do elétron puntiforme.

Scliar, Moacyr Jaime [Porto Alegre RS, 1937 — *id.*, 2011], médico e escritor brasileiro. Sua obra literária abrange crônica, conto, romance, ensaio e literatura infantil. Recebeu por três vezes o Prêmio Jabuti. Membro da ABL. Obras: *O centauro no jardim*, *A majestade do Xingu*, *O imaginário cotidiano* etc.

Segall, Lasar [Vilnius, Lituânia, 1891 — São Paulo SP, 1957], pintor, desenhista, gravador e escultor naturalizado brasileiro. Retratou as questões sociais brasileiras e é considerado introdutor da arte moderna no Brasil, ao lado de Anita Malfatti. Sua residência, em São Paulo SP, tornou-se um museu com seu nome e abriga grande parte de sua obra.

Seicheles ou **Seychelles (República de)**, país formado por um arquipélago de cerca de 90 ilhas, no oceano Índico, a sudeste da África, com 460 km^2. República presidencialista, independente desde 1976. Capital: *Vitória*; recursos principais: agricultura (coco, chá, canela, limão e lima, baunilha, patchuli), pecuária (bovinos, suínos, caprinos) e pesca. Hab.: 95.235 (2018).

Seixas (ponta do), ponto extremo oriental do Brasil, situado em João Pessoa, capital do Estado da Paraíba.

Seixas, Raul Santos [Salvador BA, 1945 — São Paulo SP, 1989], cantor e compositor brasileiro. Pioneiro do *rock* nacional, fez música de protesto. Entre seus álbuns de sucesso estão *O dia em que a Terra parou*, *Gita* e *Há dez mil anos atrás*.

Semana de Arte Moderna, encontro de artistas brasileiros, no Teatro Municipal de São Paulo SP (1922), com o objetivo de lançar o movimento modernista brasileiro. Houve exposição de artes plásticas, conferências, leituras, música e dança. Participaram, entre outros artistas, Anita Malfatti, Di Cavalcanti, Oswald de Andrade, Villa Lobos, Vítor Brecheret e Goeldi.

SENAC sigla de *Serviço Nacional de Aprendizagem Comercial*

Senador Canedo (GO), município com 248,2 km^2, situado na microrregião de Goiânia. Polo petroquímico. Hab.: 115.371 (2019).

SENAI sigla de *Serviço Nacional de Aprendizagem Industrial*

Senegal (República do), país da África ocidental, com 196.720 km^2. República mista, independente desde 1960. Capital: *Dacar*; recursos principais: agricultura (amendoim, algodão em pluma), pecuária (bovinos, ovinos, caprinos), mineração (fosfato de cálcio, sal, fosforito) e indústria (alimentícia, química, têxtil, refino de petróleo). Hab.: 16,5 milhões (2018).

Senhor do Bonfim (BA), município com 827,4 km^2, situado no centro-norte do estado, junto às nascentes do rio Itapicuru. Festejos de São João. Bispado. Açude para irrigação e abastecimento. Hab.: 79.015 (2019).

Senna da Silva, **Ayrton** [São Paulo SP, 1960 — Imola, Bolonha, Itália, 1994], automobilista brasileiro, tricampeão mundial de Fórmula 1 (1988, 1990 e 1991). Considerado um dos maiores pilotos de todos os tempos, faleceu em um acidente durante o GP de San Marino, Itália.

Sergipe (SE), estado brasileiro da Região Nordeste, com 21.918,493 km^2 e 75 municípios, sendo os mais populosos, além da capital: Lagarto, Itabaiana e Estância. Menor estado do país, apresenta a melhor renda *per capita* da região. Capital: *Aracaju;* recursos principais: agricultura (cana-de-açúcar, laranja, coco-da-baía, maracujá), extrativismo (mármore, potássio, calcário etc.), pecuária e indústrias (têxtil, de alimentos, petroquímica). Hab.: 2,2 milhões (2019).

Seropédica (RJ), município com 283,7 km^2, situado na mesorregião metropolitana do Rio de Janeiro. Universidade Federal Rural do Rio de Janeiro. Hab.: 82.312 (2019).

Serpa, Ivan Ferreira [Rio de Janeiro RJ, 1923 — *id.*, 1973], pintor, gravador e desenhista brasileiro, professor do ateliê livre do MAM RJ e um dos criadores do grupo Frente (1954). Foi um dos precursores do concretismo no Brasil; produziu, principalmente, obras abstratas.

Serra (ES), município litorâneo com 551,6 km^2, situado na região metropolitana de Vitória. Centro industrial. Siderúrgica. Balneários. Igreja dos Reis Magos tombada pelo Iphan. Hab.: 517.510 (2019).

Serra da Capivara (Parque Nacional da), com 97.933 ha e situado no sudeste do Estado do Piauí, foi criado (1979) para a proteção de sítios arqueológicos em que se encontram antigos vestígios da presença do homem (entre 50 mil e 60 mil anos) e pinturas rupestres, talvez as primeiras manifestações da arte pré-histórica americana. Patrimônio mundial pela Unesco.

Serra do Papagaio (Parque Estadual da), criado em 5/8/1998, com área total de 22.917 ha, está localizado na região sul de Minas Gerais, na serra da Mantiqueira, abrangendo os municípios de Aiuruoca, Alagoa, Baependi, Itamonte e Pouso Alto.

Serra Leoa (República de), país da África ocidental, ao norte da linha do equador, com 71.740 km². República presidencialista, independente desde 1961. Capital: *Freetown*; recursos principais: agricultura (amendoim, banana, café, cacau), pecuária (bovinos, ovinos) e mineração (ouro, diamantes, minério de ferro e bauxita). Hab.: 6,8 milhões (2018).

Serra Talhada (PE), município com 2.980 km², situado na região do sertão do estado, no Alto Pajeú. Açude para irrigação e abastecimento. Piscicultura. Hab.: 86.350 (2019).

Serrinha (BA), município com 613,6 km², situado na região nordeste do estado. Universidade estadual. Mineração. Hab.: 80.861 (2019).

Serro (MG), município histórico com 1.217,8 km², situado no Alto Jequitinhonha. Agropecuária, mineração e laticínios. Conjunto arquitetônico e urbanístico, igrejas do Bom Jesus de Matosinhos, de N. S.ª da Conceição e de N. S.ª do Carmo tombados pelo Iphan. Hab.: 20.966 (2019).

Sertãozinho (SP), município com 403 km², situado no nordeste do estado, na região de Ribeirão Preto. Usinas de açúcar e álcool. Hóquei sobre patins. Hab.: 125.815 (2019).

Sérvia (República da), país balcânico do sudeste da Europa, com 88.360 km². Ex-república da Iugoslávia comunista (1945 a 1992) e da nova Iugoslávia (República Federal da Iugoslávia), que, em 2003, passou a se chamar Sérvia e Montenegro. Ganhou sua independência em 5 de junho de 2006. Capital: *Belgrado*; recursos principais: agricultura (trigo, milho, cânhamo, linho) e indústrias (processamento do cobre e manufatura de tecidos, produtos químicos e maquinaria). Hab.: 8,7 milhões (2018).

SESC sigla de *Serviço Social do Comércio*

SESI sigla de *Serviço Social da Indústria*

Sete Lagoas (MG), município com 537,6 km², situado a 69 km de Belo Horizonte, na zona metalúrgica. Exportação de ferro-gusa. Reserva de ardósia. Pecuária leiteira. Casa à praça Santo Antônio tombada pelo Iphan. Hab.: 239.639 (2019).

Severo de Albuquerque Maranhão, **Augusto** [Macaíba RN, 1864 — Paris, França, 1902], aeronauta e político brasileiro. Construiu um balão dirigível, o *Pax*, e faleceu a bordo do seu invento, que explodiu durante o primeiro voo, realizado em Paris.

Shakespeare, **William** [Stratford-upon-Avon, Inglaterra, 1564 — *id.*, 1616], escritor inglês, considerado um dos maiores dramaturgos de todos os tempos e grande poeta da língua inglesa. Escreveu peças históricas, trágicas e cômicas. Obras: *Hamlet*, *Romeu e Julieta*, *Macbeth*, *Rei Lear*, *Ricardo III* etc.

Shaw, George **Bernard** [Dublin, Irlanda, 1856 — Ayot Saint Lawrence, Inglaterra, 1950], dramaturgo, crítico e ensaísta irlandês. Prêmio Nobel de Literatura (1925). Escreveu mais de 50 peças teatrais. Obras: *Cândida*, *Pigmalião*, *Santa Joana* etc.

Silva, **Antônio José da** [Rio de Janeiro RJ, 1705 — Lisboa, Portugal, 1739], teatrólogo brasileiro, dito o Judeu, figura exponencial da dramaturgia portuguesa do séc. XVIII, expoente do estilo rococó. Obras: *Anfitrião*, *Labirinto de Creta*, *Guerras do alecrim e da manjerona* etc.

Silva (Francisca da Silva, dita **Chica da**) [Diamantina MG, c. 1732 — *id.*, 1796], figura popular brasileira. Escrava liberta, amante do contratador de diamantes João Fernandes de Oliveira, viveu no arraial do Tijuco, hoje Diamantina MG, e foi detentora de poder e riquezas. Sua casa foi tombada pelo Iphan.

Silva, **Evandro** Cavalcanti **Lins e** [Parnaíba PI, 1912 — Rio de Janeiro RJ, 2002], escritor e jurista brasileiro, foi um dos maiores criminalistas do país. Foi ministro das Relações Exteriores (1963) e do Supremo Tribunal Federal (1963 a 1969). Defendeu vários presos políticos durante a ditadura militar e colaborou na refundação do Partido Socialista Brasileiro (1985). Membro da ABL. Obras: *A defesa tem a palavra*, *Arca de guardados*, *O salão dos passos perdidos* etc.

Silva, **Francisco Manuel da** [Rio de Janeiro RJ, 1795 — *id.*, 1865], compositor brasileiro, autor da melodia do *Hino Nacional brasileiro*. Compôs valsas, peças para canto e piano e música religiosa. Escreveu diversas obras de teoria musical.

Silva Neto, **Serafim** Pereira **da** [Rio de Janeiro RJ, 1917 — *id.*, 1960], professor e filólogo brasileiro, seus estudos têm importância considerável para a nossa língua. Fundou a *Revista Brasileira de Filologia*. Obras: *História da língua portuguesa*, *Fontes do latim vulgar* etc.

Silveira, **Nise da** [Maceió AL, 1905 — Rio de Janeiro RJ, 1999], psicóloga e psicanalista brasileira, fundou o Museu de Imagens do Inconsciente (1952), centro de estudos voltado para a terapia ocupacional, e a Casa das Palmeiras (1956), clínica de reabilitação para doentes mentais. Publicou: *Jung vida e obra*, *Imagens do inconsciente*, *A farra do boi* etc.

Silveira, Tasso Azevedo **da** [Curitiba PR, 1895 — Rio de Janeiro RJ, 1968], poeta, ensaísta e jornalista brasileiro. Foi um dos fundadores da revista simbolista *Festa*. Sua poesia, de cunho religioso, recebeu influência do modernismo. Obras: *Alegorias do homem novo, Cântico do Cristo do Corcovado, O canto absoluto* etc.

Simões Filho (BA), município com 201,5 km², situado na região metropolitana de Salvador. Indústrias. Hab.: 134.377 (2019).

Simonsen, Mário Henrique [Rio de Janeiro RJ, 1935 — *id.*, 1997], economista brasileiro, ministro da Fazenda, durante o governo Geisel, e do Planejamento, no governo seguinte. Foi professor e primeiro diretor de pós-graduação da FGV. Publicou: *A nova economia brasileira* etc.

Singapura ver *Cingapura*

Sinhô (José Barbosa da Silva, dito) [Rio de Janeiro RJ, 1888 — *id.*, 1930], compositor popular e pianista brasileiro. Notabilizou-se como autor de sambas e marchinhas. Compôs *Fala, meu louro*; *O pé de anjo*; *Jura* etc.

Sinop (MT) município com 3.942,2 km², situado na região norte do estado. Foi colonizado pela Sociedade Imobiliária do Nordeste do Paraná, cujas iniciais lhe deram o nome. Indústria madeireira. Hab.: 142.996 (2019).

Siqueira Campos, Antônio de [Rio Claro SP, 1898 — Rio da Prata, perto de Montevidéu, Uruguai, 1930], militar e político brasileiro. Integrou o movimento tenentista, tendo participado de revoltas, como a dos Dezoito do Forte de Copacabana (1922), e da Coluna Prestes.

Síria (República Árabe da), país da Ásia Ocidental, com 185.180 km². República presidencialista, independente desde 1946. Sob ditadura desde 1970. Guerra civil deflagrada em 2011, com centenas de milhares de mortos e milhões de refugiados. Capital: *Damasco*; recursos principais: agricultura (algodão em pluma, frutas, legumes e verduras), pecuária (bovinos, ovinos, caprinos) e mineração (gás natural, petróleo). Hab.: 19,4 milhões (2018).

Sirinhaém (PE), município com 374,6 km², situado na Zona da Mata, ao sul do estado. Praias selvagens e desertas. Convento de Santo Antônio tombado pelo Iphan. Hab.: 45.865 (2019).

Soares (José Eugênio Soares, dito **Jô**) [Rio de Janeiro, RJ, 1938], ator, diretor, escritor, dramaturgo e apresentador de TV brasileiro, considerado um dos grandes humoristas do país. Em seu programa televisivo Viva o Gordo, lançou tipos famosos, como o Capitão Gay e o Zé da Galera. Apresentou os *talk shows* Jô Soares Onze e Meia e Programa do Jô. Membro da ABL. Obras: *O xangô de* Baker Street, *O homem que matou Getúlio Vargas, As esganadas* etc.

Sobral (CE), município com 2.123 km², situado na região noroeste do estado. Indústrias. Conjunto arquitetônico e urbanístico tombado pelo Iphan. Hab.: 208.935 (2019).

Sócrates [Atenas, Grécia, c. 470 a.C. — *id.*, 399 a.C.], filósofo grego. Seus pensamentos, baseados na teoria das ideias, valorizavam a ética e a lógica. Nada publicou em vida e seus ensinamentos vêm das obras de seus discípulos, esp. Platão e Xenofonte.

Sodré e Silva, **Lauro** Nina [Belém PA, 1858 — Rio de Janeiro RJ, 1944], político e militar brasileiro. Abolicionista e republicano. Assumiu o governo do Pará (1891) e foi o único governador que se opôs ao golpe de Estado do marechal Deodoro. Candidatou-se à presidência da República, mas perdeu para Campos Sales.

Sodré, Nélson Werneck [Rio de Janeiro RJ, 1911 — Itu SP, 1999], militar, ensaísta, crítico, historiador e memorialista brasileiro. Na carreira militar chegou a general. Foi professor do Instituto Superior de Estudos Brasileiros. Obras: *Memórias de um escritor, História da literatura brasileira, O naturalismo no Brasil* etc.

Solimões (rio), nasce no Peru, entra no Brasil pelo município de Benjamin Constant AM e encontra-se com o rio Negro nas imediações de Manaus AM, passando a se chamar Amazonas. O encontro dos dois rios provoca curioso fenômeno: as águas escuras do rio Negro e as barrentas do Solimões correm lado a lado, sem se misturar, por quilômetros.

Somália (República Democrática Somali), país do extremo leste da África, com 637.660 km², às margens do golfo de Áden e do oceano Índico. República com forma mista de governo, independente desde 1960. Grave período de fome durante o auge da guerra civil (1991 a 1994). Capital: *Mogadíscio*; recurso principal: agricultura de subsistência. Hab.: 12 milhões (2018).

Sorocaba (SP), município com 450,3 km², situado na macrorregião metropolitana de São Paulo. Polo industrial (cerca de 1.400 indústrias). Hab.: 679.378 (2019).

Sorriso (MT), município com 9.329,6 km², localizado no norte mato-grossense. Agricultura (soja). Hab.: 90.313 (2019).

Sousa, Auta de [Macaíba RN, 1876 — Natal RN, 1901], poetisa brasileira. Deixou somente um livro de poesia publicado, *Horto* (1900), de tendência simbolista, prefaciado por Olavo Bilac.

Sousa, Bernardino José **de** [Vila Cristina SE, 1884 — Rio de Janeiro RJ, 1949], historiador e magistrado brasileiro. Escreveu *Onomástica geral da geografia brasileira, O ciclo do carro de boi no Brasil* etc.

Sousa (Manuel de Sousa Coutinho, dito **Frei Luís de**) [Santarém, Portugal, c. 1556 — Lisboa, Portugal, 1632], escritor português, importante prosador da língua. Notabilizou-se tb. como tradutor e grande latinista. Obras: *Vida de Dom frei Bartolomeu dos mártires, História de são Domingos* etc.

Sousa, Gabriel Soares de [?, Portugal, c. 1540 — sertão da Bahia, c. 1592], cronista português, autor de importante estudo para o conhecimento da sociedade brasileira do séc. XVI: *Tratado descritivo do Brasil* (1587).

Sousa, Herbert José **de** ver *Betinho*

Sousa, Mauricio Araújo **de** [Santa Isabel SP, 1935]. Desenhista e empresário brasileiro, estreou com tiras em jornais (1959) e lançou o primeiro gibi em 1970. Criador da *Turma da Mônica*, com seus quase 400 personagens (Cascão, Mônica, Magali, Cebolinha etc.), alcançou o público *teen* a partir de 2008 com a publicação de *Turma da Mônica Jovem*. Ganhou prêmios no Brasil e no exterior por seus desenhos, que fazem sucesso tb. no cinema e na TV.

Sousa, Otávio Tarquínio de [Rio de Janeiro RJ, 1889 — *id.*, 1959], romancista, biógrafo, historiador e crítico literário brasileiro. Foi o primeiro presidente da Associação Brasileira de Escritores. Obras: *História dos fundadores do império do Brasil; Fatos e personagens em torno de um regime* etc.

Sousa (PB), município com 738,5 km², situado na depressão do Alto Piranhas, no sertão do estado. Vale dos Dinossauros (vestígios de animais pré-históricos). Casa, capela e sobrado da Fazenda Acauã tombados pelo Iphan. Hab.: 69.444 (2019).

Sousa, Tomé de [Portugal, 1501 — *id.*, c. 1579], administrador colonial português, primeiro governador-geral do Brasil (1549-1553). De seu governo, destaca-se a construção da cidade de Salvador BA e o incentivo ao desenvolvimento da agricultura e da pecuária naquele estado.

Sousândrade (Joaquim de Sousa Andrade, dito) [Guimarães MA, 1832 — São Luís MA, 1902], poeta brasileiro, representante da segunda geração romântica, considerado um precursor do Simbolismo e do Modernismo no país. Obras: *Harpas selvagens, Obras poéticas, O novo Éden* etc.

Sri Lanka (República Social Democrática do), antigo Ceilão, país do sul da Ásia, situado em uma ilha do oceano Índico, com 65.610 km². República com forma mista de governo, independente desde 1948. Guerra entre governo e separatistas (1983 a 2008), que termina com a rendição destes. Capital: *Kotte*; recursos principais: chá, especiarias, pedras preciosas. Hab.: 20,9 milhões (2018).

Staden, Hans [Alemanha, séc. XVI], viajante e cronista alemão. Escreveu importante material de pesquisa histórica sobre os indígenas brasileiros do séc. XVI, colhido em duas viagens que fez ao Brasil: *Descrição verdadeira de um país de selvagens nus, ferozes e canibais.*

Stevenson, Robert Louis Balfour [Edimburgo, Escócia, 1850 — Vailima, Samoa, 1894], romancista, ensaísta e poeta escocês. Escreveu histórias cheias de imaginação e fantasia, inspiradas em muitas de suas viagens. Obras: *A ilha do tesouro, Raptado, O médico e o monstro* etc.

Suassuna, Ariano Vilar [João Pessoa PB, 1927 — Recife PE, 2014], advogado, professor, teatrólogo e romancista brasileiro. Fundou o Teatro Popular do Nordeste (1959) e iniciou o Movimento Armorial (1970), dedicado ao estudo da cultura tradicional nordestina. Membro da ABL. Obras: *Auto da compadecida, O santo e a porca, A pena e a lei* etc.

Suassunas (Conspiração dos), influenciados pelos ideais republicanos, os irmãos Suassuna, Francisco de Paula (proprietário do Engenho Suassuna), Luís Francisco e José Francisco de Paula Cavalcante de Albuquerque, tramaram (1801) a independência de Pernambuco. Foram denunciados e presos e, mais tarde, libertados por falta de provas. [Pela ortografia aceita pela ABL, este nome se grafa *Suaçuna*.]

Suazilândia (Reino da) ver *Eswatini*

Sudão (República do), país do centro-leste da África, com 1.879.358 km². República presidencialista, independente desde 1956. Golpe de Estado em 1989 e ditadura do general Omar Hassan al-Bashir até 2019. O rio Nilo atravessa o país de norte a sul. Capital: *Cartum*; recursos principais: agricultura irrigada (esp. algodão). Hab.: 43,1 milhões (2018).

Sudão do Sul (República do), país situado no nordeste da África, com 644.329 km²; república presidencialista, independente desde 2011, após décadas de guerra civil com o Sudão. Com um dos maiores índices de pobreza do mundo e em guerra civil desde 2013, o país assiste a atrocidades entre grupos rivais e deslocamentos em massa. Capital: *Juba*; recursos principais: agricultura (algodão, trigo, milho), petróleo. Hab.: 12,5 milhões (2018).

Sudeste (região) ver *Região Sudeste*

Suécia (Reino da), país do norte da Europa, com 450.300 km². Monarquia parlamentarista, com um dos sistemas de bem-estar social mais desenvolvidos do mundo, tendo, porém, registrado aumento da desigualdade em décadas recentes. Capital: *Estocolmo*; recursos principais: madeira, minério de ferro e energia hidráulica. Hab.: 9,6 milhões (2018).

Suíça (Confederação Helvética), país do centro-oeste da Europa, com 41.280 km². República confederativa. Capital: *Berna*; recursos principais: indústria alimentícia (esp. chocolate), de relógios de precisão, química, têxtil, farmacêutica. Hab.: 8,5 milhões (2018).

Sul (região) ver *Região Sul*

Sumaré (SP), município com 153,4 km², situado na região metropolitana de Campinas. Indústrias nos setores automotivo, metalomecânico, plásticos e borracha e químico. Hab.: 282.441 (2019).

Suriname (República do), país ao norte da América do Sul, antiga Guiana Holandesa, com 163.820 km². República presidencialista, independente desde 1975. Capital: *Paramaribo*; recursos principais: agricultura (arroz, banana) e mineração (bauxita, ouro, petróleo). Hab.: 568.301 (2018).

Surubim (PE), município com 252,8 km², situado no agreste pernambucano. Casa Grande da Fazenda Cachoeira do Taepe tombada pelo Iphan. Hab.: 65.089 (2019).

Suzano (SP), município com 206,2 km², situado na microrregião de Mogi das Cruzes. Termelétricas. Indústrias de papel, papelão e produtos farmacêuticos. Hab.: 297.637 (2019).

Svalbard (Spitzbergen), arquipélago ao norte da Europa, com 62.045 km², situado entre o extremo norte daquele país e o polo Norte, pertencente à Noruega. Território autônomo administrado pela Noruega. Capital: *Longyearbyen*; recurso principal: turismo. Hab.: 2.752 (2018).

Swift, Jonathan [Dublin, Irlanda, 1667 — *id.*, 1745], escritor irlandês, autor de um dos maiores clássicos da literatura em língua inglesa, *Viagens de Gulliver*, que conta a história de um náufrago que percorre lugares estranhos, como uma ilha habitada por indivíduos minúsculos.

Tabatinga (AM), município com 3.224,8 km², localizado no sudoeste amazonense. Comércio (Área Livre). Agricultura (banana, mandioca). Pesca. Hab.: 65.844 (2019).

Taboão da Serra (SP), município com 20,3 km², situado na microrregião de Itapecerica da Serra. Indústrias mecânicas, químicas e de móveis. Hab.: 289.664 (2019).

Tacutu (rio), situado no Estado de Roraima, forma o rio Branco, juntando-se ao Urariquera, e serve de limite entre o Brasil e a Guiana (400 km).

Tadjiquistão ou **Tajiquistão (República do)**, país situado no centro-oeste da Ásia, com 142.550 km². República presidencialista, independente desde 1991 (ex-república soviética). Guerra civil entre comunistas e grupos islâmicos (1992 a 1997). Capital: *Duchambe*; recursos principais: mineração (carvão, gás natural, petróleo, ouro), indústrias (alimentícia, têxtil, metalúrgica). Hab.: 9 milhões (2018).

Tagliaferro (Magdalena Maria Yvonne, mais conhecida como **Magda**) [Petrópolis RJ, 1893 — Rio de Janeiro RJ, 1986], pianista brasileira, professora do Conservatório de Paris. Nessa mesma cidade, promovia anualmente importante concurso de piano com seu nome.

Tahan (Júlio César de Melo e Sousa, dito **Malba**) [Rio de Janeiro RJ, 1895 — Recife PE, 1974], escritor e professor brasileiro. Produziu contos, romances e livros didáticos, esp. sobre o ensino da matemática. Obras: *O homem que calculava*, *Céu de Alá*, *O livro de Aladim* etc.

Tailândia (PA), município com 4.430,2 km², localizado no nordeste paraense. Agricultura (dendê, caju). Pecuária. Agroindústria (castanha-de-caju). Hab.: 106.339 (2019).

Tailândia (Reino da), país situado no sudeste da Ásia, com 513.120 km²; monarquia parlamentarista. Comandado por uma junta militar desde 2014, o país realizou em 2019 as primeiras eleições gerais após o golpe. Capital: *Bangkok*; recursos principais: agropecuária, mineração (pedras preciosas, estanho), indústrias (têxtil, do vestuário). Hab.: 68,4 milhões (2018).

Taiwan (República da China — território da ilha de Taiwan**)**, antiga Formosa, país com 35.980 km², situado no leste da Ásia; é um arquipélago (uma ilha grande e 77 menores), situado a 160 km da China continental, no mar da China oriental. República mista. Capital: *Taipé*; recursos principais: indústrias de produtos eletrônicos (esp. computadores), têxteis (fios sintéticos) etc., agricultura (arroz, milho, cana-de-açúcar), pecuária (suínos, ovinos, caprinos), mineração (carvão, mármore). Hab.: 23,4 milhões (2018).

Tamandaré (Joaquim Marques Lisboa, **barão**, **visconde**, **conde** e **marquês de**) [Rio Grande RS, 1807 — Rio de Janeiro RJ, 1897], almirante brasileiro, patrono da Marinha do Brasil. Considerado a figura mais importante da Marinha brasileira no séc. XIX. O Dia do Marinheiro é comemorado na data de seu nascimento.

Tangará da Serra (MT), município com 11.323,6 km², situado na região médio norte do estado. Aviários e frigoríficos. Turismo (cachoeira Salto das Nuvens). Hab.: 103.750 (2019).

Tanzânia (República Unida da), país do sudeste da África, com 947.300 km²; república presidencialista, formada em 1964 a partir da unificação das repúblicas da Tanganica e de Zanzibar. Capital: *Dodoma* (constitucional) e *Dar es Salaam* (sede do governo); recursos principais: agricultura (café, algodão, castanha-de-caju), pecuária, mineração (diamante, ouro), indústria (alimentícia, têxtil). Hab.: 58,6 milhões (2018).

Tapajós (rio), afluente da margem direita do rio Amazonas, corre nos estados de Mato Grosso e Pará (1.784 km).

Taquara (RS), município com 457,8 km², situado na microrregião Gramado-Canela. Pecuária leiteira. Indústria calçadista, metalúrgica, eletrônica. Hab.: 57.466 (2019).

Taquari (bacia do rio), abrange cerca de 78.000 km² nos estados de Mato Grosso e Mato Grosso do Sul. Da sua área total, 50.000 km² constituem a planície de aluvião correspondente a 36 % do Pantanal.

Taquaril (serra do), situada no Estado do Rio de Janeiro, com 1.200 m de altitude.

Taquaritinga (SP), município com 594,3 km², situado na microrregião de Jabuticabal. Agricultura (cana-de-açúcar). Hab.: 57.177 (2019).

Tarsila do Amaral [Capivari SP, 1886 — São Paulo SP, 1973], pintora brasileira, modernista. Assimilou na Europa influências cubistas (fase Pau-Brasil). Seu quadro *Abaporu* estimulou o marido, Oswald de Andrade, a criar o movimento antropofágico. Obras: *A negra*, *O ovo*, *Operários* etc.

Tatuí (SP), município com 523,7 km², situado na microrregião de Sorocaba. Pecuária leiteira. Cerâmica. Hab.: 121.766 (2019).

Tauá (CE), município com 4.018,1 km², situado no sertão de Inhamuns, no sudoeste do estado. Agropecuária. Hab.: 58.859 (2019).

Taubaté (SP), município com 625 km², situado no vale do Paraíba. Terra natal de Monteiro Lobato. Capela de N. S.ª do Pilar e casa de Monteiro Lobato tombadas pelo Iphan. Pecuária leiteira e hortifrutigranjeiros. Hab.: 314.924 (2019).

Taunay (Félix Émile Taunay, **barão de**) [Montmorency, França, 1795 — Rio de Janeiro RJ, 1881], pintor brasileiro de origem francesa, diretor da Academia de Belas-Artes e um dos fundadores do IHGB. Sua obra, de estilo academicista, está em grande parte no acervo do Museu Nacional de Belas-Artes, no Rio de Janeiro RJ. — O **visconde de Taunay** (Alfredo Maria Adriano d'Escragnolle Taunay) [Rio de Janeiro RJ, 1843 — *id.*, 1899], seu filho, foi engenheiro militar, professor, político, historiador, sociólogo, romancista e memorialista. Presidiu as províncias de Santa Catarina e do Paraná. Membro fundador da ABL. Obras: *Inocência*, *A retirada da Laguna*, *O encilhamento* etc. — **Afonso d'Escragnolle Taunay** [Florianópolis SC, 1876 — São Paulo SP, 1958], seu neto, foi professor, historiador, ensaísta, biógrafo, romancista, tradutor e lexicógrafo brasileiro. Dedicou-se especialmente aos estudos sobre o bandeirismo paulista. Membro da ABL. Obras: *Leonor de Ávila*, *História geral das bandeiras paulistas*, *Léxico de termos técnicos e científicos* etc.

Tavares da Silva Cavalcanti, **Adelmar** [Recife PE, 1888 — Rio de Janeiro RJ, 1963], advogado, professor, jurista, magistrado e poeta brasileiro. Notabilizou-se como trovador, um dos maiores nesse gênero no Brasil. Membro da ABL. Obras: *Trovas e trovadores*, *A poesia das violas*, *Noite cheia de estrelas* etc.

Tavares, Hekel [Satuba AL, 1896 — Rio de Janeiro RJ, 1969], compositor brasileiro. Sua obra musical, influenciada pelo nosso folclore, situa-se entre o erudito e o popular: *Sabiá*; *Azulão*; *Casa de caboclo*; *Chove, chuva!* etc.

Tavares, Aurélio de **Lyra** [João Pessoa PB, 1905 — Rio de Janeiro RJ, 1998], engenheiro civil, general de exército, ensaísta, historiador da engenharia militar e memorialista brasileiro. Membro da ABL. Obras: *O Brasil de minha geração; Nosso exército, essa grande escola* etc.

Távora, João **Franklin** da Silveira [Baturité CE, 1842 — Rio de Janeiro RJ, 1888], escritor e jornalista brasileiro, considerado precursor do regionalismo nordestino. Escreveu contos, romances e peças de teatro. Patrono da cadeira 14 da ABL. Obras: *O cabeleira*, *O matuto*, *A casa de palha* etc.

Tchad ver *Chade*

Tcheca (República), país da Europa central desde 1993, com 78.870 km²; república parlamentarista, criada após a dissolução da antiga Tchecoslováquia. Capital: *Praga*; recursos principais: jazidas de carvão e indústrias (cristais, equipamentos militares, maquinaria, produtos químicos etc.). Hab.: 10,5 milhões (2018).

Teatro Brasileiro de Comédia (TBC), fundado em 1948 pelo italiano Franco Zampari, é considerado um marco na modernização do teatro brasileiro. Formou toda uma geração de diretores, dramaturgos e atores, entre eles, Cacilda Becker, Paulo Autran e Tônia Carrero. Fechou as portas em 1964.

Tefé (AM), município com 23.704,4 km², situado na fronteira noroeste do país, na margem esquerda do rio Solimões. 16ª Brigada de Infantaria Motorizada. Hab.: 59.849 (2019).

Tefé (Antônio Luís von Hoonholtz, **barão de**) [Itaguaí RJ, 1837 — Petrópolis RJ, 1931], almirante e ministro plenipotenciário brasileiro. Participou ativamente da Guerra do Paraguai, esp. da batalha naval do Riachuelo. Foi senador pelo Estado do Amazonas e escreveu o primeiro compêndio de hidrografia do Brasil.

Teixeira, Anísio Spínola [Caetité BA, 1900 — Rio de Janeiro RJ, 1971], educador e escritor brasileiro, seus estudos influenciaram fortemente o sistema educacional brasileiro e de toda a América Latina. Sua obra pedagógica é considerada uma das mais importantes sobre educação na língua portuguesa: *Educação não é privilégio, Educação e o mundo moderno* etc.

Teixeira, Bento [Porto, Portugal, c. 1560 — ?, c. 1618], poeta luso-brasileiro, autor de uma das primeiras obras da literatura brasileira, *Prosopopeia* (1601), um elogio aos primeiros donatários da capitania de Pernambuco, obra inspirada em *Os lusíadas* de Camões.

Teixeira de Freitas (BA), município com 1.165,6 km², situado na região sul do estado, na microrregião de Porto Seguro. Turismo. Hab.: 160.487 (2019).

Telêmaco Borba (PR), município com 1.382,8 km², situado no leste do estado, às margens do rio Tibagi. Agropecuária. Centro industrial da madeira. Indústria de papel. Hab.: 78.974 (2019).

Telles, Lygia Fagundes [São Paulo, SP, 1923], escritora brasileira, considerada entre os grandes autores da moderna ficção brasileira. Recebeu os principais prêmios literários do país. Membro da ABL. Obras: *Antes do baile verde, As horas nuas, Os contos* etc.

Temer Lulia, **Michel** Miguel Elias [Tietê SP, 1940], advogado e político brasileiro. Como deputado federal por São Paulo (1995-2010), foi líder do MDB na Câmara dos Deputados. Vice-presidente da República desde 2011, assumiu a posição de titular em 2016, após conturbado processo de *impeachment* da presidente Dilma Rousseff.

Tenentismo, movimento político, militar e revolucionário brasileiro, liderado pela jovem oficialidade das forças armadas (1922 a 1932). De sua ação, destacaram-se a Revolta dos 18 do Forte de Copacabana (1922) e a Revolução de 1924.

Teófilo Otoni (MG), município com 3.242,2 km², situado no nordeste do estado, no vale do Mucuri. Exploração e comercialização de pedras preciosas. Hab.: 140.592 (2019).

Teresina (PI), capital do Estado do Piauí, com 1.392 km², foi a primeira capital planejada do país e é a única capital nordestina não litorânea. Banhada pelo rio Parnaíba. Indústria de confecções. Igreja de São Benedito tombada pelo Iphan. Hab.: 864.845 (2019).

Teresópolis (RJ), município com 770,6 km², situado na região serrana, é o mais alto do estado. Cercado pela serra dos Órgãos. Turismo: Dedo de Deus. Produção de hortaliças. Hab.: 182.594 (2019).

Terra, quinto maior planeta do sistema solar. Diâmetro: 12.756,3 km; distância média do Sol: 149.600.000 km; satélite: 1.

Tianguá (CE), município com 908,8 km², situado na região noroeste do estado, na serra de Ibiapaba, divisa com o Estado do Piauí. Pecuária leiteira. Turismo rural. Hab.: 75.946 (2019).

Tibete (Região Autônoma do), situada no oeste da China, ao norte dos Himalaias, com 1.200.000 km². República parlamentarista ocupada pela China. Capital: *Lhasa*; recurso principal: criação de carneiros, cabras e iaques. Hab.: 2,9 milhões (2009).

Tibiriçá [?, ? — Santana de Parnaíba SP, 1562], índio brasileiro, cacique dos guaianases, dito Martim Afonso após sua conversão ao catolicismo. Combateu ao lado das forças do governador Mem de Sá, quando de um ataque indígena à cidade de São Paulo.

Tietê (rio), nasce em Salesópolis SP, na serra do Mar, a 840 m de altitude, percorre o estado de leste a oeste. Não conseguindo vencer os picos rochosos rumo ao litoral, segue para o interior, atravessa a região metropolitana de São Paulo e percorre 1.100 km até a sua foz no rio Paraná, divisa com Mato Grosso do Sul.

Tigre, Manuel **Bastos** [Recife PE, 1882 — Rio de Janeiro RJ, 1957], jornalista, poeta, compositor, teatrólogo, humorista e publicitário brasileiro. Foi autor da letra do primeiro *jingle* do Brasil (1934), "Chopp em garrafa", com música de Ari Barroso e cantado por Orlando Silva. Obras: *Versos perversos, Fonte da Carioca, A ceia dos coronéis, Poemas da primeira infância* etc.

Timbaúba (PE), município com 289,5 km², situado na região da Mata Norte do estado. Turismo rural, voo livre, esportes radicais. Hab.: 53.022 (2019).

Timberg, Nathalia [Rio de Janeiro RJ, 1929], atriz brasileira, considerada uma das grandes intérpretes do teatro. Iniciou a carreira nos teleteatros da TV Tupi e integrou o elenco do Teatro Brasileiro de Comédias (TBC). Atua tb. na TV e no cinema, tendo recebido vários prêmios. Filmes: *Viagem aos seios de Duília, Dedé Mamata, Condenado à liberdade* etc.

Timon (MA), município com 1.764,6 km², situado na microrregião de Caxias, às margens do rio Parnaíba. Hab.: 169.107 (2019).

Timor Leste (República Democrática de), país do sudeste asiático, com 14.870 km². República parlamentarista, independente desde 2002, é um dos países mais novos e pobres do mundo. Ex-colônia portuguesa, permaneceu sob domínio da Indonésia de 1975 a 1999, ao que se seguiu um governo provisório até a independência. Capital: *Dili*; recursos principais: agricultura (café), silvicultura (sândalo) e mineração (petróleo, mármore). Hab.: 1,2 milhão (2018).

Timóteo (MG), município com 144,3 km², situado na região do vale do Rio Doce, no chamado "Vale do Aço". Sede da Cia. de Aços Especiais Itabira. Hab.: 89.842 (2019).

Tiomno, Jayme [Rio de Janeiro RJ, 1920 — *id.*, 2011], físico brasileiro. Foi um dos fundadores do Centro Brasileiro de Pesquisas Físicas (CBPF). Formulou a teoria que previu a existência de ressonância nos mésons, partícula atômica elementar (1960).

Tiradentes (Joaquim José da Silva Xavier, dito) [São João del Rei MG, 1746 — Rio de Janeiro RJ, 1792], herói nacional, mártir da independência do Brasil. Participou da Inconfidência Mineira, foi preso, enforcado e esquartejado. A data de sua morte, 21 de abril, é feriado nacional.

Tiradentes (MG), município histórico com 83 km², situado na região dos Campos das Vertentes, às margens do rio das Mortes. Conjunto arquitetônico e urbanístico, capelas da Santíssima Trindade e do Senhor Bom Jesus, Chafariz de São José, igrejas de N. S.ª do Rosário e Matriz de Santo Antônio, entre outros bens tombados pelo Iphan. Hab.: 7.981 (2019).

Titãs, segundo a mitologia grega, eram os 12 filhos gigantes de Gaia (a Terra) e Urano (o Céu). Seis eram do sexo masculino e seis do sexo feminino.

Tobias Barreto (SE), município com 1.021,3 km², localizado na mesorregião do Agreste sergipano. Confecções (cama, mesa, banho). Artesanato. Hab.: 52.191 (2019).

Tocantins (rio), corta os estados de Tocantins, Goiás, Maranhão e Pará. Encontra o rio Araguaia na divisa dos estados de Tocantins e Pará e deságua na baía de Marajó (2.416 km).

Tocantins (TO), estado brasileiro a sudeste da Região Norte do país, criado pela divisão da parte norte de Goiás, com 277.720,569 km² e 139 municípios, sendo os mais populosos, além da capital: Araguaína, Gurupi e Porto Nacional. Capital: *Palmas;* recursos principais: agricultura (arroz, milho, feijão etc.), pecuária (bovinos e suínos) e extrativismo mineral (cristal de rocha) e vegetal (babaçu, pequi, mogno etc.). Hab.: 1,5 milhão (2019).

Todos-os-Santos (baía de), situada no litoral do Estado da Bahia, é a maior baía da costa brasileira, com 1.100 km² de extensão. É bordejada por exuberantes manguezais nos estuários dos rios Paraguaçu, Subaé, Jaguaripe, dentre outros, apresentando uma flora muito rica e duas pequenas baías em seu interior: a do Iguape e a de Aratu.

Togo (República Togolesa), país do oeste da África, com 56.790 km². República mista (ditadura militar desde 1967), independente desde 1960. Capital: *Lomé*; recursos principais: agricultura (algodão em pluma, café, cacau, mandioca, milho) e mineração (fosfato de cálcio, cádmio, calcário). Hab.: 7,8 milhões (2018).

Toledo (PR), município com 1.197 km², situado na região oeste do estado. Universidade. Piscicultura comercial. Suinocultura. Hab.: 140.635 (2019).

Tomar do Geru (SE), município com 304,9 km², situado a 131 km de Aracaju, na divisa com o Estado da Bahia. Igreja de N. S.ª do Socorro tombada pelo Iphan. Hab.: 13.536 (2019).

Tomás de Aquino, são [Roccasecca, Itália, c. 1225 — Abadia de Fossanova, Lácio, Itália, 1274], teólogo e filósofo italiano da Igreja cristã. Influenciado pelo pensamento de Aristóteles, afirmava não haver conflito entre a filosofia e o cristianismo. Escreveu vários livros, destacando-se a *Suma teológica*. Foi canonizado em 1323.

Tomé-Açu (PA), município com 5.145,3 km², localizado no nordeste paraense. Agricultura (pimenta-do-reino, acerola). Hab.: 63.447 (2019).

Tonga (Reino de), país do centro-sul da Oceania, em um arquipélago da Polinésia, no oceano Pacífico, com 750 km². Monarquia parlamentarista, independente desde 1970. Capital: *Nukualofa*; recursos principais: agricultura (coco, baunilha) e pecuária. Hab.: 109.008 (2018).

Toquelau ou **Tokelau (ilhas)**, território autônomo administrado pela Nova Zelândia, com 12 km², situado na Polinésia, Pacífico sul. Cada atol tem seu centro administrativo. Recurso principal: pesca. Hab.: 1.319 (2018).

Torelly, Aparício ver *Itararé, barão de*

Trairi (CE), município com 925,7 km², localizado no norte cearense. Agricultura (coco). Turismo. Hab.: 55.918 (2019).

Três Corações (MG), município com 828 km², situado na região sudoeste do estado, é a terra natal de Pelé. Agricultura (café, milho) e pecuária. Indústria de couro. Extração da pedra de São Tomé. Hab.: 79.482 (2019).

Três Estados (pico dos), situado na serra da Mantiqueira, no encontro dos estados de Minas Gerais, Rio de Janeiro e São Paulo; está entre os dez maiores do país, com 2.665 m de altitude.

Três Lagoas (MS), município com 10.207 km², situado na região leste do estado, na divisa com o Estado de São Paulo. Pecuária. Hab.: 121.388 (2019).

Três Pontas (MG), município com 689,7 km², situado na região sudoeste do estado e banhado pelo rio Verde. Terra de Milton Nascimento. Grande produtor de café. Hab.: 56.746 (2019).

Três Rios (RJ), município com 326,7 km², situado na região central do estado, divisa com o Estado de Minas Gerais. É banhado pelos rios Paraíba do Sul,

Paraibuna e Piabanha. Turismo ecológico. Estação Rodoviária de Paraibuna tombada pelo Iphan. Hab.: 81.804 (2019).

Trevisan, Dalton Jérson [Curitiba PR, 1925], escritor e advogado brasileiro, notabilizou-se como contista, considerado um dos maiores do gênero no país. Obras: *O vampiro de Curitiba*, *Cemitério de elefantes*, *Essas malditas mulheres* etc.

Trindade (GO), município com 710,7 km², situado na região metropolitana de Goiânia. Romaria de Trindade, em julho, quando milhares de romeiros se dirigem ao Santuário do Divino Pai Eterno. Hab.: 127.599 (2019).

Trinidad e Tobago (República de), país do sudeste da América Central, situado em duas ilhas do mar das Antilhas, com 5.130 km². República parlamentarista, independente desde 1962. Capital: *Port of Spain*; recursos principais: agricultura (cana-de-açúcar, café, cacau, frutas cítricas) e mineração (petróleo, gás natural, asfalto natural). Hab.: 1,3 milhão (2018).

Trinta e Um de Março (pico), situado na serra do Imeri, entre o Estado do Amazonas e a Venezuela, é o segundo mais alto do Brasil, com 2.974,18 m de altitude.

Tríplice Aliança (Guerra da) ver *Guerra do Paraguai*

Triunfo (José Joaquim de Andrade Neves, **barão do**) [Rio Pardo RS, 1807 — Assunção, Paraguai, 1869], militar brasileiro. Comandante das brigadas de cavalaria, destacou-se em ações militares no Uruguai e na Guerra do Paraguai. Seu nome, Andrade Neves, foi dado ao Regimento Escola de Cavalaria do Exército.

Triunfo (RS), município com 818,7 km², situado na região metropolitana de Porto Alegre. Polo Petroquímico. Casa de Bento Gonçalves tombada pelo Iphan. Hab.: 29.538 (2019).

Trombetas (rio), um dos mais importantes da Bacia Amazônica, tem 800 km de extensão. Seu trecho navegável fica entre a cachoeira da Porteira e a foz (260 km).

Tubarão (SC), município com 301,7 km², situado na região sul do estado, entre a serra e o mar. Cerâmica. Turismo. Hab.: 105.686 (2019).

Tucano (BA), município com 2.799,1 km², situado na região nordeste do estado, em plena caatinga. Ali está a estância hidromineral de Caldas do Jorro, um oásis no sertão. Turismo. Agricultura. Hab.: 50.687 (2019).

Tucuruí (PA), município com 2.086,1 km², situado na região sudeste do estado, às margens do rio Tocantins. Hidrelétrica. Produção de alumínio. Danças folclóricas (carimbó, lundu etc.). Pesca do tucunaré. Hab.: 113.659 (2019).

Tucuruí (Usina de), criada para aproveitar o potencial hidrelétrico do rio Tocantins; inaugurada em 1984. Já gerou mais de 250 milhões de MWh de energia, beneficiando cerca de 11 milhões de habitantes em 360 municípios dos estados do Pará, Maranhão e Tocantins.

Tunísia (República da), país do norte da África, com 163.610 km². República mista, independente desde 1956. Ali eclodiu a Revolução de Jasmim, que derrubou a ditadura em 2011 e inspirou a Primavera Árabe na região. Capital: *Tunes*; recursos principais: agricultura (trigo, cevada, azeitona, tâmara), pecuária (camelos, ovinos, caprinos) e mineração (petróleo, fosforito). Hab.: 11,6 milhões (2018).

Tupã (SP), município com 628,1 km², situado na Alta Paulista, no oeste de São Paulo. Indústrias (calçados, malas para viagem, implementos agrícolas, móveis) e agricultura (café, amendoim, arroz etc.). Hab.: 65.524 (2019).

Turcomenistão (República do), país da Ásia central, com 488.100 km². Ex-república soviética, independente desde 1991. República presidencialista. Capital: *Asgabate*; recursos principais: agricultura (algodão em pluma), mineração (petróleo, gás natural), indústrias (refino de petróleo, têxtil, beneficiamento de algodão). Hab.: 5,5 milhões (2018).

Turks e Caicos (ilhas), arquipélago no norte da América Central, com 948 km². Território ultramarino administrado pelo Reino Unido. Com mais de 30 ilhas, divide-se em dois grandes grupos, mas apenas oito das maiores são habitadas. Capital: *Cockburn Town*; recursos principais: turismo e pesca. Hab.: 35.963 (2018).

Turquia (República da), país do sudeste europeu e oeste da Ásia, com 783.560 km². República presidencialista desde 2017. Tentativa de golpe de Estado em 2016, revertida pelo presidente Recep Erdogan, que fortaleceu seus poderes no cargo por meio da transição do parlamentarismo para o presidencialismo. Capital: *Ancara*; recursos principais: agricultura (algodão em pluma, tabaco, trigo), mineração (cromita, feldspato, cobre, bórax) e indústrias (têxtil, alimentícia, refino de petróleo, siderúrgica, química). Hab.: 81 milhões (2018).

Tutoia (MA), município com 1.651,6 km², localizado no norte maranhense. Pesca. Agricultura. Artesanato (fibra de buriti). Hab.: 58.860 (2019).

Tuvalu (ilhas de), país situado no centro da Oceania, no oceano Pacífico, um arquipélago com nove atóis, com 30 km². Monarquia parlamentarista, independente desde 1978, membro da Comunidade Britânica. Capital: *Funafuti*; recursos principais: agricultura (coco), indústria alimentícia (coco), química (sabão) e artesanato. Hab.: 11.287 (2018).

Uaupés (rio), nasce na Colômbia, nas encostas da serra de Araraquara, e corre para o Brasil, Estado do Amazonas, onde encontra o rio Negro (1.102 km).

Ubá (MG), município com 407,6 km², situado na Zona da Mata. Produção de móveis, fabricação de vestuário, calçados e colchões. Terra natal de Ari Barroso. Hab.: 115.552 (2019).

Ubaldo Ribeiro, João Osório Pimentel [Itaparica BA, 1941 — Rio de Janeiro RJ, 2014], jornalista, professor, romancista, contista e cronista brasileiro. Considerado um dos grandes escritores do moderno romance brasileiro. Membro da ABL. Obras: *Sargento Getúlio*, *Viva o povo brasileiro*, *O sorriso do lagarto* etc.

Ubatuba (SP), município litorâneo com 723,8 km², situado na região do vale do Paraíba. Única cidade litorânea cortada pelo trópico de Capricórnio. Turismo. Sobrado do Porto tombado pelo Iphan. Hab.: 90.799 (2019).

Uberaba (MG), município com 4.524 km², situado na região do Triângulo Mineiro. Pecuária (gado zebu). Produção de grãos. Igreja de Santa Rita tombada pelo Iphan. Hab.: 333.783 (2019).

Uberlândia (MG), município com 4.115,2 km², situado na região do Triângulo Mineiro. Ecoturismo e esportes náuticos (rio Araguari). Hidrelétrica. Hab.: 691.305 (2019).

Ucrânia (República da), país do centro-leste da Ásia, com 603.550 km². República mista, independente desde 1991 (ex-república soviética). Enfrenta movimentos separatistas pró-russos, no leste, desde 2014, quando ocorreu tb. a crise na Crimeia, anexada pela Rússia. Capital: *Kiev*; recursos principais: mineração (minério de ferro, manganês, petróleo, gás natural, carvão, turfa) e indústrias (metalúrgica, de máquinas, química, de engenharia mecânica). Hab.: 44,1 milhões (2018).

UE sigla de *União Europeia*

Uganda (República de), país do centro-leste da África, com 241.550 km². República presidencialista, ditadura militar de 1986 a 2005. Capital: *Kampala*; recursos principais: agricultura (café, algodão em rama) e indústrias (equipamentos de transporte, alimentícia, materiais de construção, têxtil, fertilizantes). Hab.: 43 milhões (2018).

Umuarama (PR), município com 1.234,5 km², situado na região noroeste do estado. Pecuária (gado bovino de corte e leiteiro). Indústrias (alimentos, móveis etc.). Centro universitário. Hab.: 111.557 (2019).

Unaí (MG), município com 8.447,1 km², situado na região noroeste do estado, no chapadão de Paracatu. Agricultura (soja). Turismo (gruta do Tamboril e corredeiras do rio Preto). Hab.: 84.378 (2019).

Unesco (United Nations Educational, Scientific and Cultural Organization) ver *Organização das Nações Unidas para Educação, Ciência e Cultura*

União da Vitória (PR), município com 719,9 km², localizado no sul paranaense. Agropecuária. Indústria. Hab.: 57.517 (2019).

União dos Palmares (AL), município histórico com 420,7 km², situado na região leste do estado. Quilombo dos Palmares. Serra da Barriga tombada pelo Iphan. Hab.: 65.611 (2019).

União Europeia (UE), associação política e econômica formada por 28 países (Alemanha, Áustria, Bélgica, Bulgária, Chipre, Croácia, Dinamarca, Eslováquia, Eslovênia, Espanha, Estônia, Finlândia, França, Grécia, Hungria, Irlanda, Itália, Letônia, Lituânia, Luxemburgo, Malta, Países Baixos, Polônia, Portugal, Reino Unido, República Tcheca, Romênia e Suécia); seus membros têm representantes no Parlamento Europeu e gozam de livre comércio entre si.

União Ibérica (1580-1640), após as mortes do rei Dom Sebastião I, na batalha de Alcácer-Quibir contra os mouros, no norte da África (1578), e do seu tio e sucessor, cardeal D. Henrique (1580), e não havendo herdeiros, extinguiu-se a segunda dinastia de Portugal, a de Avis. Filipe II, rei da Espanha, neto de Dom Manuel, o Venturoso, tomou a Coroa portuguesa, unindo Portugal e Espanha. O fato marcou uma mudança na orientação da política de colonização do Brasil, até então baseada na ocupação da costa e na extração do pau-brasil.

União Soviética (União das Repúblicas Socialistas Soviéticas — URSS), formada por 15 repúblicas socialistas — Federação Russa, Bielorrússia, Ucrânia, Letônia, Estônia, Lituânia, Armênia, Azerbaidjão, Geórgia, Cazaquistão, Quirguistão, Uzbequistão, Tadjiquistão, Moldávia e Turcomenistão —, foi o maior Estado do mundo (mais de 1/7 da superfície terrestre) e o bloco comunista mais poderoso entre 1922, quando foi criado, e dezembro de 1991, quando extinto.

Unicef sigla de *United Nations International Children's Emergency Fund* (Fundo das Nações Unidas para a Infância)

Urano divindade grega que personificava o céu; em astronomia, é o sétimo planeta a partir do Sol. Tipo: gasoso; diâmetro equatorial: 51.118 km; massa: 8.686 elevado a 25 kg; distância média do Sol: 2.870.990.000 km; satélites: 15.

URSS ver *União Soviética*

Uruguai (República Oriental do), país do sudeste da América do Sul, com 176.220 km²; república presidencialista, independente desde 1825. Capital: *Montevidéu*; recursos principais: agricultura (arroz, cana-de-açúcar, trigo), pecuária (bovinos, ovinos), mineração (ouro, pedras semipreciosas), indústrias (alimentícia, têxtil, vestuário, petroquímica, couro). Hab.: 3,4 milhões (2018).

Uruguaiana (RS), município com 5.715,7 km², situado no extremo oeste do estado, na fronteira com a Argentina. Exportação de carne, lã e arroz. Turismo. Hab.: 126.970 (2019).

Uzbequistão (República do), país do centro-oeste da Ásia, com 447.400 km²; república presidencialista, independente desde 1991 (ex-república soviética). Capital: *Tashkent*; recursos principais: mineração (petróleo, gás natural, carvão), indústrias (máquinas e equipamentos, metalúrgica) e agricultura (algodão). Hab.: 31 milhões (2018).

Vacaria (RS), município com 2.124,5 km², situado na região nordeste do estado, na divisa com Santa Catarina. Um dos maiores produtores de maçã do país e o que mais exporta a fruta. Produz tb. mudas de flores para exportação. Hab.: 66.218 (2019).

Valença (BA), município histórico litorâneo com 1.192,6 km², situado na costa do Dendê. Polo turístico. Estaleiros navais. Primeiro produtor de dendê do estado. Casa da Fazenda Santa Mônica tombada pelo Iphan. Hab.: 96.562 (2019).

Valença (RJ), município histórico, com 1.304,8 km², situado na região sul do estado, entre os vales dos rios Preto e Paraíba do Sul, na divisa com o Estado de Minas Gerais. Distrito de Conservatória (serestas). Hab.: 76.523 (2019).

Valentim da Fonseca e Silva (dito **Mestre**) [Serro MG, 1750 — Rio de Janeiro RJ, 1813], escultor e entalhador brasileiro. De suas obras no Rio de Janeiro, destacam-se as escadarias e a cascata dos Jacarés, no Passeio Público, os dois lampadários da igreja do Mosteiro de São Bento e a decoração da Igreja da Candelária.

Valinhos (SP), município turístico com 148,5 km², situado na microrregião de Campinas. Fruticultura (figo e goiaba). Hab.: 129.193 (2019).

Valparaíso de Goiás (GO), município com 61,4 km², situado no entorno de Brasília. Hab.: 168.468 (2019).

Vanuatu (República de), país da Oceania (Melanésia), a nordeste da Nova Caledônia, arquipélago vulcânico com 12.190 km². República parlamentarista, independente desde 1980. Capital: *Port Vila*; recursos principais: agricultura (coco, cacau, café), pecuária (suínos, bovinos), indústria alimentícia. Hab.: 282.117 (2018).

Vargas, Getúlio Dornelles [São Borja RS, 1882 — Rio de Janeiro RJ, 1954], político brasileiro. Assumiu a presidência da República após a Revolução de 1930 e permaneceu no cargo até 1945. Vencedor da disputa presidencial de 1950, assumiu novamente a chefia do país em 1951 e suicidou-se antes do fim do mandato (24/8/1954). Promoveu grandes avanços na legislação trabalhista brasileira e alavancou a modernização nacional, com a criação de importantes empresas estatais, como a Companhia Siderúrgica Nacional e a Petrobras.

Vargem Grande (MA), município com 1.957,7 km², localizado no norte maranhense. Agropecuária. Extração de babaçu. Hab.: 56.510 (2019).

Varginha (MG), município com 395,3 km², situado na região sudoeste do estado. Cultivo e industrialização de café e produção de leite. Porto seco. Hab.: 135.558 (2019).

Varnhagen, Francisco Adolfo de (visconde de Porto Seguro) [Sorocaba SP, 1816 — Viena, Áustria, 1878], historiador e diplomata brasileiro. Considerado um dos maiores pesquisadores da história brasileira dos séc. XVI, XVII e XVIII. Membro do IHGB, da Academia Real de Ciências de Lisboa e patrono da cadeira 39 da ABL.

Várzea Grande (MT), município com 1.048,2 km², situado na região metropolitana de Cuiabá. Artesanato (redes), pecuária e indústria de transformação. Hab.: 284.971 (2019).

Várzea Paulista (SP), município com 35,1 km², situado na microrregião de Jundiaí. Agropecuária. Hab.: 121.838 (2019).

Vasconcelos, Bernardo **Pereira de** [Ouro Preto MG, 1795 — Rio de Janeiro RJ, 1850], político e magistrado brasileiro. Uma das figuras mais influentes do Império, ocupou diversos cargos, entre eles o de senador, ministro da Fazenda, ministro da Justiça e conselheiro de Estado.

Vassouras (RJ), município histórico com 538,1 km², situado no vale do Paraíba, na região centro-sul do estado. Universidade. Fazendas de café. Conjunto urbano-paisagístico, Casa da Hera e Fazenda Santa Eufrásia tombados pelo Iphan. Hab.: 36.896 (2019).

Vaticano (Estado da Cidade do), estado soberano, situado em Roma, capital da Itália, com 0,44 km².

Capital: *Cidade do Vaticano*. Papado vitalício, constituído após o Tratado de Latrão (1929), assinado entre a Santa Sé (Pio XI) e o governo italiano (Benito Mussolini), reconhecendo a soberania do papa. Hab.: 801 (2018).

Veadeiros (chapada dos), o ponto de maior luminosidade visto da órbita da Terra, segundo a Nasa, devido à quantidade de cristais de quartzo que afloram do solo; possui o mais antigo patrimônio geológico do continente, a placa Araí, formada há 1 bilhão e 800 milhões de anos. — O **Parque Nacional da Chapada dos Veadeiros**, criado em 11 de janeiro de 1961 e ocupando área de 65.515 ha, está localizado no Estado de Goiás, a 250 km de Brasília e 500 km de Goiânia. Sua rica fauna abriga espécies ameaçadas de extinção, como o veado-campeiro, o cervo-do-pantanal, a onça-pintada e o lobo-guará.

Veiga e Barros, **Evaristo** Ferreira **da** [Rio de Janeiro RJ, 1799 — *id.*, 1837], político, jornalista e escritor brasileiro. Liberal moderado, fundou o jornal *A Aurora Fluminense*. Patrono da ABL, foi um dos pioneiros do Romantismo no Brasil. Autor da letra do Hino da Independência, musicado por Dom Pedro I.

Veiga (José Jacinto Veiga, dito **J.J.**) [Corumbá de Goiás GO, 1915 — Rio de Janeiro RJ, 1999], contista brasileiro, um dos introdutores do realismo fantástico na literatura do país. Obras: *Os cavalinhos de Platiplanto*, *A máquina extraviada*, *Objetos turbulentos* etc.

Velhas (rio das), é o maior afluente em extensão (1.135 km) do rio São Francisco e tem grande importância econômica e social para o estado onde corre, Minas Gerais. No seu alto curso está localizada a região metropolitana de Belo Horizonte.

Velho, **Domingos Jorge** [Santana de Parnaíba SP, c. 1641 — Piancó PB, c. 1703], bandeirante paulista. Grande desbravador do interior do país, combateu tribos indígenas hostis e comandou a destruição do Quilombo dos Palmares.

Veloso, **Caetano** Emanuel Vianna Telles [Santo Amaro da Purificação BA, 1942], cantor e compositor brasileiro. Foi um dos mentores do Tropicalismo, integrou o conjunto Doces Bárbaros e é considerado um dos artistas mais importantes da MPB. Compôs: *Alegria, alegria*, *Sampa*, *Força estranha*, *Podres poderes*, *Você é linda*, *Haiti* etc.

Venâncio Aires (RS), município com 773,2 km², situado na região centro-oeste do estado, entre os vales Taquari e rio Pardo. Indústrias de beneficiamento de fumo e erva-mate. Hab.: 71.554 (2019).

Venezuela (República da), país do norte da América do Sul, com 912.050 km². República presidencialista, independente desde 1811. Guinada ao socialismo sob o governo de Hugo Chávez (1999-2012), que deu início à chamada Revolução Bolivariana. Crise política e humanitária no país desde 2014. Capital: *Caracas*; recursos principais: mineração (petróleo, gás natural, carvão, diamante, bauxita, minério de ferro) e indústrias (refino de petróleo, metalúrgica, siderúrgica, alimentícia, química). Hab.: 32,3 milhões (2018).

Vênus, divindade romana identificada com a *Afrodite* grega. Em astronomia, é o segundo planeta a partir do Sol, pode ser visto a olho nu e é chamado de estrela matutina e estrela vespertina. Tipo: rochoso; diâmetro: 12.103,6 km e distância média do Sol: 108.200.000 km.

Verissimo, **Érico** Lopes [Cruz Alta RS, 1905 — Porto Alegre RS, 1975], escritor brasileiro. Produziu diversos gêneros literários, mas notabilizou-se com o romance. Sua obra caracteriza-se pelos temas regionais e históricos do Rio Grande do Sul. Obras: *Olhai os lírios do campo*, *O tempo e o vento* (trilogia), *Incidente em Antares* etc. — **Luís Fernando Verissimo**, seu filho [Porto Alegre RS, 1936], é escritor, humorista e jornalista brasileiro, um dos grandes cronistas contemporâneos. Tem colaborado em diversas revistas e jornais. Já foi redator publicitário e de programas televisivos. Entre sua vasta obra, destacam-se: *Guia — O clube dos anjos*, *Comédias para ler na escola*, *Comédias da vida privada* etc.

Veríssimo, **José** Dias de Matos [Óbidos, PA, 1857 — Rio de Janeiro RJ, 1916], escritor e crítico literário brasileiro, considerado um dos introdutores do Naturalismo na literatura nacional. Membro do IHGB e da ABL (fundador da cadeira 18). Obras: *Estudos de literatura*, *Questão de limites*, *Cenas da vida amazônica* etc.

Verne, **Júlio** Gabriel [Nantes, França 1828 — Amiens, França 1905], escritor francês. Tido como o pai do gênero ficção científica, escreveu obras, como *20 mil léguas submarinas*, *Viagem ao centro da Terra* e *A volta ao mundo em 80 dias*.

Vespasiano (MG), município com 71,2 km², situado na região metropolitana de Belo Horizonte, na área da depressão do São Francisco. Polo industrial. Folclore (boi da mata). Hab.: 127.601 (2019).

Vespúcio, **Américo** [Florença, Itália, c. 1454 — Sevilha, Espanha, 1512], explorador e navegador italiano, o primeiro a perceber que as terras visitadas por Colombo, Pinzón e Cabral não integravam as três antigas partes do mundo (Europa, Ásia e África), mas formavam um novo continente. Teria alcançado a América em 1499, um ano após a 3ª expedição de Cristóvão Colombo, e o Brasil, a mando de D. Manuel I, em 1501. O nome do continente americano foi dado em sua homenagem.

Via Láctea, galáxia em espiral, em que fica a Terra, de diâmetro equivalente a 100.000 anos-luz e espessura de 16.000 anos-luz. O nome vem de sua aparência leitosa.

Viamão (RS), município com 1.497 km², situado na região metropolitana de Porto Alegre. Indústrias metalúrgicas e de couro. Igreja de N. S.ª da Conceição de Viamão tombada pelo Iphan. Hab.: 255.224 (2019).

Viana (ES), município com 312,7 km², situado na região metropolitana de Vitória. Um dos mais antigos núcleos da colonização açoriana no estado. Agropecuária e turismo. Hab.: 78.239 (2019).

Viana (MA), município com 1.168,4 km², localizado no norte maranhense. Agricultura. Hab.: 52.441 (2019).

Viana Filho, Luís [Paris, França, 1908 — São Paulo SP, 1990], ensaísta, biógrafo e político brasileiro. Colaborou em diversos órgãos da imprensa. Foi governador e senador pelo Estado da Bahia. Membro da ABL. Obras: *O negro na Bahia*, *A vida de Joaquim Nabuco*, *A vida de José de Alencar* etc.

Viana Filho, Oduvaldo [Rio de Janeiro RJ, 1936 — *id.*, 1974], ator e autor teatral brasileiro, tb. dito Vianinha. Sua dramaturgia refletiu os problemas sociais e políticos do país. Participou ativamente do Teatro de Arena e foi um dos fundadores do Grupo Opinião e do CPC da UNE. Autor de: *Chapetuba F.C.*, *Se correr o bicho pega, se ficar o bicho come*, *Rasga coração* etc.

Vicente, Gil [Guimarães, Portugal, c. 1465 — Lisboa, Portugal, c. 1536], dramaturgo português. Considerado o maior escritor da literatura portuguesa na passagem da Idade Média para o Renascimento. Obras: *O velho da horta*, *Auto da barca do inferno*, *Farsa de Inês Pereira*, *Auto da Lusitânia* etc.

Viçosa (MG), município com 299,4 km², situado na Zona da Mata do estado. Universidade Federal. Agropecuária e agroindústria. Hab.: 78.846 (2019).

Viçosa do Ceará (CE), município com 1.311,6 km², localizado no noroeste cearense. Agropecuária. Hab.: 60.889 (2019).

Vieira, padre Antônio [Lisboa, Portugal, 1608 — Salvador BA, 1697], orador sacro, missionário português, um dos maiores escritores da língua no séc. XVII. Da sua obra, destacam-se os *Sermões* e as *Cartas*. Foi notável orador e por muitas vezes representou o governo português. Viveu no Brasil a maior parte de sua vida.

Vietnã, Vietname ou **Viet-Nam (República Socialista do)**, país do sudeste da Ásia, com 331.051 km², independente desde 1950. Regime de partido único (PC) e um órgão supremo (Assembleia Nacional). Divisão (1954) e reunificação do país (1975) sob a bandeira do socialismo. Abertura econômica a partir dos anos 1990. Capital: *Hanói*; recursos principais: agricultura (arroz, látex, chá, algodão em pluma), pecuária (bovinos, búfalos), mineração (carvão, estanho, zinco, petróleo) e indústrias (alimentícia, química, máquinas, têxtil). Hab.: 96,3 milhões (2018).

Vigia (PA), município com 539 km², situado na microrregião de Salgado. Igreja da Madre de Deus tombada pelo Iphan. Hab.: 53.686 (2019).

Vila Bela da Santíssima Trindade (MT), município com 13.421 km², situado na microrregião do Alto Guaporé, na fronteira com a Bolívia. Ruínas da Igreja Matriz da Santíssima Trindade tombadas pelo Iphan. Hab.: 16.128 (2019).

Vila Flor (RN), município com 47,6 km², situado no litoral sul do estado. Ruínas da Casa de Câmara e Cadeia tombadas pelo Iphan. Hab.: 3.170 (2019).

Vila Velha (ES), município com 210 km², situado na região metropolitana de Vitória. Indústria alimentícia (chocolate). Convento e Igreja de N. S.ª da Penha e Igreja de N. S.ª do Rosário tombados pelo Iphan. Hab.: 493.838 (2019).

Vilhena (RO), município com 11.518,9 km², situado no planalto dos Parecis, na divisa com o Estado de Mato Grosso. Extrativismo e industrialização da madeira. Hab.: 99.854 (2019).

Villa-Lobos, Heitor [Rio de Janeiro RJ, 1887 — *id.*, 1959], compositor e regente brasileiro, considerado o maior nome da história da música erudita no Brasil. Compôs mais de mil peças, com influências modernistas, folclóricas e populares, nos mais diversos gêneros e formações instrumentais e vocais. De sua obra destacam-se os *Choros* e as *Bachianas brasileiras*.

Villas Boas (irmãos), sertanistas e indigenistas brasileiros, **Orlando** [Botucatu SP, 1914 — São Paulo SP, 2002], **Cláudio** [Botucatu SP, 1916 — São Paulo SP, 1998] e **Leonardo** [Botucatu SP, 1918 — São Paulo SP, 1962] seguiram os passos do marechal Rondon. Lideraram a expedição Roncador-Xingu (1943), que durante 40 anos criou 43 cidades e a reserva do Parque Nacional do Xingu. Pode-se dizer que foram os responsáveis por incorporar o indígena e o território do Xingu à sociologia e à geografia nacional.

Villegaignon, Nicolau Durand de [Provins, França, 1510 — Nemours, França, 1571], oficial de marinha e colonizador francês. Organizou uma expedição ao Brasil (1555) e fundou a França Antártica, na atual ilha de Villegaignon, no Rio de Janeiro. A colônia tinha o objetivo de explorar as riquezas do país e acolher protestantes, proibidos de exercer sua religião na França. Ficou no Brasil até 1559.

Vinci, Leonardo da [Vinci, Itália, 1452 — Amboise, França, 1519], pintor, escultor, arquiteto, engenheiro, cientista e inventor italiano, considerado o maior nome no campo das artes e das ciências na Renascença. Inventou máquinas voadoras. Pintou um dos quadros mais famosos de todos os tempos, a *Gioconda* (Mona Lisa).

Vinhedo (SP), município com 81,6 km², localizado na região de Campinas. Agricultura (uva). Turismo. Hab.: 78.728 (2019).

Virgílio Marão, Públio [atual Pietole, Itália, c. 70 a.C. — Brindisi, Itália, 19 a.C.], poeta latino, considerado o maior poeta da Roma antiga e um dos grandes nomes da literatura universal. Sua obra-prima, *Eneida*, conta a epopeia nacional de Roma. Influenciou escritores, como Dante Alighieri e Luís de Camões, através dos séculos.

Visconti, Eliseu D'Angelo [Salerno, Itália, 1866 — Rio de Janeiro RJ, 1944], pintor e desenhista brasileiro. Impressionista, é considerado o introdutor desse movimento no país. Notabilizou-se como grande paisagista. Autor da decoração do Teatro Municipal, da Biblioteca Nacional e do Palácio Tiradentes, todos no Rio de Janeiro RJ.

Viseu (PA), município com 4.915 km², situado na microrregião de Guamá, na margem esquerda do rio Gurupi. Pesca. Extrativismo (bacuri, murici, cupuaçu, buriti, açaí). Hab.: 61.403 (2019).

Vitalino Pereira dos Santos (dito **Mestre**) [Caruaru PE, 1909 — *id.*, 1963], ceramista popular brasileiro. Sua obra foi ligada aos tipos e às tradições nordestinas, destacando-se figuras de cangaceiros, homens do campo, animais etc. Deu notoriedade à feira de artesanato de Caruaru PE, local em que vendia seus trabalhos.

Vitória (ES), capital do Estado do Espírito Santo, com 98,1 km², município histórico formado por 34 ilhas, na baía de Vitória, e uma área continental. A maior ilha é a de Vitória, porto ligado à terra firme por uma ponte. Pesca e turismo. Igrejas de N. S.ª do Rosário, de Santa Luzia e de São Gonçalo e Chácara Barão de Monjardim tombadas pelo Iphan. Hab.: 362.097 (2019).

Vitória da Conquista (BA), município com 3.704 km², situado no sudoeste do estado, tem a melhor infraestrutura urbana da região. Agropecuária. Hab.: 341.597 (2019).

Vitória de Santo Antão (PE), município histórico, com 336 km², situado na Zona da Mata, palco de uma batalha durante a invasão holandesa. Hab.: 138.757 (2019).

Volpi, Alfredo [Lucca, Itália, 1896 — São Paulo SP, 1988], pintor brasileiro de origem italiana. Veio para o Brasil ainda bebê. Autodidata, jamais admitiu a influência de pintores ou movimentos sobre sua obra. Voltou-se esp. para temas populares e religiosos e notabilizou-se por suas casas, bandeiras, fachadas e composições.

Volta Redonda (RJ), município com 182,4 km², situado no médio vale do Paraíba, entre as serras do Mar e Mantiqueira. Companhia Siderúrgica Nacional (CSN). Hab.: 273.012 (2019).

Votorantim (SP), município com 183,5 km², situado na região sudoeste do estado. Indústrias (papel, celulose, tecidos e esp. cimento), agricultura (hortifrutigranjeiros) e pecuária (corte e leite). Hab.: 122.480 (2019).

Votuporanga (SP), município com 421 km², situado na região noroeste do estado. Agricultura (café, milho, laranja etc.), pecuária (de corte e leiteira) e indústrias, esp. moveleira e de confecções. Hab.: 94.547 (2019).

Vulcano, divindade romana identificada com o Hefesto grego.

Wagner, Richard [Leipzig, Alemanha, 1813 — Veneza, Itália, 1883], compositor alemão. Criou uma nova linguagem musical e notabilizou-se por suas óperas: *O anel do Nibelungo*, *Tristão e Isolda*, *Lohengrin*, *Parsifal*, *A valquíria* etc.

Wandenkolk, Eduardo [Rio de Janeiro RJ, 1838 — *id.*, 1902], militar e político brasileiro. Participou da Guerra do Paraguai. Ocupou diversos postos de destaque, como senador (eleito quatro vezes consecutivas), ministro da Marinha do Governo Provisório (1889) e chefe do Estado-Maior da Armada.

Washington, George [Westmoreland, EUA, 1732 — Mount Vernon, EUA, 1799], general e político norte-americano. Liderou as tropas que venceram a guerra da Independência (1781) e foi um dos fundadores da República. Presidiu a Assembleia Constituinte, que redigiu a Constituição dos EUA (1787) e foi o primeiro presidente eleito de seu país.

Xavier, Joaquim José da Silva ver *Tiradentes*

Xingu (rio), com 1.979 km de extensão, corre da savana tropical da região central do Estado do Mato Grosso, rumo ao norte da Amazônia. Corta o Parque Nacional do Xingu, reserva indígena criada em 1961. Sua bacia cobre uma área de 531.000 km².

Xuí (arroio), localizado no extremo sul do território brasileiro, delimita a fronteira entre o Brasil e o Uruguai. Desemboca no oceano Atlântico, ao lado do farol da barra do Xuí, o ponto mais meridional do país.

Yy

Yáconis, Cleide Becker [Pirassununga SP, 1923 — São Paulo SP, 2013], atriz brasileira, irmã de Cacilda Becker. Integrou o elenco do Teatro Brasileiro de Comédia (TBC), no qual estreou em 1950. Atuou em dezenas de peças teatrais. Fez cinema e foi uma das pioneiras da televisão. Participou da fundação do Teatro Cacilda Becker, no Rio de Janeiro RJ.

Zz

Zagallo, Mário Jorge Lobo [Maceió AL, 1931], jogador e técnico, uma das grandes figuras do futebol brasileiro. Esteve presente nas conquistas de quatro dos cinco títulos mundiais da seleção do Brasil.

Zaire antigo nome do *Congo, República Democrática do.*

Zâmbia (República de), país do sul da África, com 752.610 km². República presidencialista, independente desde 1964. Capital: *Lusaka*; recursos principais: agricultura (milho, sorgo), pecuária (bovinos, caprinos), mineração (cobre, cobalto), indústrias (metalúrgica, automobilística, refino de petróleo, alimentícia etc.). Hab.: 17,6 milhões (2018).

Zerbini, Euryclides de Jesus [Guaratinguetá SP, 1912 — São Paulo SP, 1993], médico brasileiro. Realizou no Hospital das Clínicas de São Paulo SP (maio de 1968) a primeira cirurgia de transplante de coração humano da América do Sul. A cirurgia aconteceu poucos meses depois da primeira realizada em todo o mundo.

Zeus, Júpiter entre os romanos, na mitologia grega foi uma das 12 divindades do Olimpo; o rei dos deuses.

Zico (Arthur Antunes Coimbra, dito) [Rio de Janeiro RJ, 1953], jogador de futebol brasileiro, tb. dito Galinho de Quintino. Atacante e artilheiro, considerado um dos maiores jogadores de todos os tempos, é um dos grandes ídolos do Flamengo, clube pelo qual conquistou dezenas de títulos, destacando-se o Mundial Interclubes (1981). Em 2002, tornou-se técnico da seleção japonesa de futebol.

Zimbábue (República do), país do sudeste da África, com 390.760 km². República presidencialista, independente desde 1965. Crise política e humanitária desde 2008. Capital: *Harare*; recursos principais: agricultura (tabaco, cana-de-açúcar, café), mineração (ouro, níquel, amianto), indústrias (alimentícia, siderúrgica, química, têxtil). Hab.: 16,9 milhões (2018).

Ziraldo Alves Pinto [Caratinga MG, 1932], desenhista e escritor brasileiro. Notabilizou-se por suas caricaturas e charges políticas. Foi um dos fundadores de *O Pasquim*. Autor de histórias em quadrinhos, roteiros cinematográficos, peças teatrais e literatura infantil. Dentre seus muitos personagens, destacam-se *o Menino Maluquinho*, *a Supermãe*, a *Turma do Pererê* e o *Mineirinho*.

Zumbi dos Palmares [Palmares AL, 1655 — *id.*, 1695], figura histórica brasileira, símbolo da resistência negra contra o escravismo e de sua luta por liberdade. Foi líder do Quilombo dos Palmares na luta contra as tropas coloniais portuguesas. O dia de sua morte, 20 de novembro, passou a ser comemorado como Dia da Consciência Negra.

Zwinglio, Ulrich [Wildhaus, Suíça, 1484 — Kappel, Suíça, 1531], humanista e reformador suíço, líder da Reforma protestante, formulou teses doutrinárias que exigiam o recurso exclusivo à Bíblia, o uso da língua alemã na liturgia e a rejeição do magistério de Roma.

Adendos 2

I • Pontos mais altos do Brasil IBGE/2015

	localização	altitude
Pico da Neblina	Serra do Imeri (Amazonas)	2.995,30 metros
Pico 31 de Março	Serra do Imeri (Amazonas)	2.974,18 metros
Pico da Bandeira	Serra do Caparaó (ES/MG)	2.891,32 metros
Pico Pedra da Mina	Serra da Mantiqueira (SP/MG)	2.798,06 metros
Pico das Agulhas Negras	Serra da Mantiqueira (RJ/MG)	2.790,94 metros
Pico do Cristal	Serra do Caparaó (ES/MG)	2.769,05 metros
Monte Roraima	Tríplice fronteira Brasil, Venezuela e Guiana	2.734,05 metros

II • Países/nacionalidades/idiomas/moedas

país	nacionalidade	idioma	moeda
Afeganistão	afegane/afegã	pusthu, dari	afegane
África do Sul	sul-africana	africânder, inglês, línguas tribais	rand
Albânia	albanesa	albanês	lek
Alemanha	alemã	alemão	euro
Andorra	andorrana/andorrense	catalão	euro
Angola	angolana/angolense	português, dialetos tribais	kwanza
Antígua e Barbuda	antiguana	inglês	dólar do Caribe oriental
Arábia Saudita	árabe-saudita/saudita	árabe	rial
Argélia	argelina/argeliana	árabe	dinar argelino
Argentina	argentina	espanhol	peso argentino
Armênia	armênia	armênio	dram
Austrália	australiana	inglês	dólar australiano
Áustria	austríaca	alemão	euro
Azerbaidjão	azerbaidjana/azeri	azerbaidjano	manat azerbaidjano
Baamas (Bahamas)	baamesa/baamiana/ baamense	inglês	dólar baamense
Bangladesh	bengalesa/bengali	bengali, dialetos regionais	taca
Barbados	barbadiana	inglês	dólar barbadiano
Barein (Bahrein)	bareinita/baremês/ baremense	árabe	dinar bareinita
Bélgica	belga	neerlandês, francês, alemão	euro
Belize	belizenha/belizense	inglês	dólar belizenho

país	nacionalidade	idioma	moeda
Benim	beninense/beninesa	francês, ioruba	franco CFA
Bielorrússia (Belarus)	bielorrussa	bielorrusso, russo	rublo bielorrusso
Bolívia	boliviana	espanhol, quéchua, aimará	boliviano
Bósnia-Herzegóvina	bósnia/bosnense/ bosníaca/bosniense	servo-croata/serbo-croata	marco conversível
Botsuana	botsuanesa/botsuana/ botsuanense	inglês	pula
Brasil	brasileira	português	real
Brunei	bruneana	malaio	dólar de Brunei
Bulgária	búlgara	búlgaro	lev
Burquina (Burkina Fasso)	burquinense/burquinabê	francês	franco CFA
Burundi	burundiense/burundinesa/ burundiana	francês, quirundi	franco burundinês
Butão (Butã)	butanesa/butâni/ butani/ butanense	dzonka	ngultrum e rupia indiana
Cabo Verde	cabo-verdiana	português	escudo cabo-verdiano
Camarões	camaronense/camaronesa	francês, inglês, línguas regionais	franco CFA
Camboja	cambojana/cambojiana/ campucheana	khmer	riel
Canadá	canadense	inglês, francês	dólar canadense
Catar, Katar ou Qatar	catarense/catari	árabe, inglês	rial catariano
Cazaquistão	cazaque/cazaquistanesa	kazac, russo	tenge
Chade (Tchad)	chadiense/tchadiana/ tchadiense	francês	franco CFA
Chile	chilena	espanhol	peso chileno
China	chinesa/sínica	chinês (mandarim, wu, min)	renmimbi
Chipre	cipriota/cípria	grego, turco	euro
Cingapura	cingapuriana/cingapurense	malaio, mandarim, tâmil, inglês	dólar cingapuriano
Colômbia	colombiana	espanhol, línguas indígenas	peso colombiano
Comores	comorense/comoriana	comorense, árabe, francês	franco comorense
Congo (República do)	congolense/congolesa	francês, congo, ruanda	franco CFA
Congo (Rep. Democrática do)	congolense/congolesa	francês, quicongo, lingala	franco congolês
Coreia do Norte	norte-coreana	coreano	won norte-coreano
Coreia do Sul	sul-coreana	coreano	won sul-coreano
Costa do Marfim	ebúrnea/marfinense/ marfiniana	francês	franco CFA
Costa Rica	costa-riquenha/costa--riquense/costa-ricense	espanhol	colom costa-riquenho
Croácia	croata	croata	kuna

país	nacionalidade	idioma	moeda
Cuba	cubana	espanhol	peso cubano
Dinamarca (Escandinávia)	dinamarquesa	dinamarquês	coroa dinamarquesa
Djibouti	djibutiense/djibutiana	árabe, francês	franco djibutiano
Dominica	dominiquesa/ dominiquense	inglês, crioulo	dólar do Caribe oriental
Egito	egípcia	árabe	libra egípcia
El Salvador	salvadorenha/ salvatoriana/salvadorense	espanhol	dólar americano
Emirados Árabes Unidos	árabe	árabe	dirham/dirrã
Equador	equatoriana	espanhol, línguas regionais	dólar americano
Eritreia	eritreia	árabe, tigrino, línguas regionais	nafka
Escandinávia – *ver* Dinamarca, Finlândia, Islândia, Noruega, Suécia			
Escócia (Reino Unido)	escocesa	inglês, gaélico	libra esterlina
Eslováquia (Rep. Eslovaca)	eslovaca	eslovaco, línguas regionais	coroa eslovaca
Eslovênia	eslovena	esloveno	euro
Espanha	espanhola	espanhol	euro
Estados Unidos da América	americana/norte- -americana/estadunidense	inglês	dólar americano
Estônia	estoniana	estônio	euro
Eswatini (antigo Reino da Suazilândia)	suázi, suazilandesa	inglês, suázi	lilangeni suázi
Etiópia	etíope	aramaico, línguas regionais	birr
Federação Russa (Rússia)	russa	russo	rublo
Fidji	fidjiana/fijiana	fidjiano, híndi, inglês	dólar fidjiano
Filipinas	filipina	tagalo, inglês, espanhol	peso filipino
Finlândia (Escandinávia)	finlandesa/finesa/finense/ fínica	finês, sueco	euro
França	francesa (esp. bretã)	francês, línguas regionais	euro
Gabão	gabonense/gabonesa	francês, fang	franco CFA
Gâmbia	gambiana/gambiense	inglês, línguas regionais	dalasi
Gana	ganense/ganesa	inglês, línguas tribais	cedi
Geórgia	georgiana	georgiano	lari
Grã-Bretanha (Inglaterra, Escócia, País de Gales)	britânica/bretã	inglês, galês, gaélico	libra esterlina
Granada	granadina	inglês, crioulo francês	dólar do Caribe oriental
Grécia	grega	grego	euro
Guatemala	guatemalteca/ guatemalense	espanhol, línguas indígenas	quetzal

país	nacionalidade	idioma	moeda
Guiana	guianense/guianesa	inglês, línguas regionais	dólar guianense
Guiné	guineana/guineia	francês, línguas indígenas (mandinga, p. ex.)	franco guineano
Guiné-Bissau	guineense	português, crioulo português	franco CFA
Guiné Equatorial	guinéu-equatoriana	português, espanhol, fang, línguas tribais	franco CFA
Haiti	haitiana	francês, crioulo francês	gourde
Holanda – *ver* Países Baixos			
Honduras	hondurenha	espanhol, línguas indígenas	lempira
Hungria	húngara/hungaresa/ magiar	húngaro	florim húngaro/forinte
Iêmen	iemenita	árabe	rial iemenita
Ilhas Marshall	marshalina	inglês, línguas regionais	dólar americano
Ilhas Salomão	salomoniana	inglês, dialetos regionais	dólar das Ilhas Salomão
Ilhas Seychelles	seichelense/seychellense	crioulo francês, inglês, francês	rupia seichelense
Índia	indiana/hindu/índia	híndi, inglês	rupia indiana
Indonésia	indonésia	indonésio, bahasa	rupia indonésia
Inglaterra	inglesa/bretã/britânica	inglês	libra esterlina
Irã	iraniana/irânica	iraniano	rial iraniano
Iraque	iraquiana	árabe	dinar iraquiano
Irlanda (Eire)	irlandesa	irlandês, inglês	euro
Irlanda do Norte (Ulster)	irlandesa/bretã/britânica	inglês, gaélico	libra esterlina
Islândia (Escandinávia)	islandesa	islandês	coroa islandesa
Israel	israelense	hebraico	shekel novo
Itália	italiana	italiano, dialetos	euro
Jamaica	jamaicana	inglês, crioulo inglês	dólar jamaicano
Japão	japonesa/japônica	japonês	iene
Jordânia	jordaniana/jordaniense/ jordânia	árabe	dinar jordaniano
Kiribati	quiribatiana	kiribati, inglês	dólar de Kiribati e dólar australiano
Kuwait (Kuweit, Coveite)	kuwaitiana/kuweitiana/ kowaitiana/koweitiana/ coveitiana	árabe, inglês	dinar kuwaitiano
Laos	laosiana	lao, laosiano	kip
Lesoto	lesotiana/lesotense/lesota	inglês, sesoto	loti
Letônia	letã/leta	letão	euro
Líbano	libanesa	árabe	libra libanesa

país	nacionalidade	idioma	moeda
Libéria	liberiana	inglês, línguas tribais	dólar liberiano
Líbia	líbia/líbica	árabe	dinar líbio
Liechtenstein	liechtensteinense/ liechtensteiniense/ listenstainiana	alemão	franco suíço
Lituânia	lituana	lituano	euro
Luxemburgo	luxemburguesa	luxemburguês	euro
Macedônia	macedônia	macedônio	dinar macedônio
Madagascar	malgaxe/madagascarense	francês, malgaxe, dialetos locais	ariary
Malásia	malásia/malaia	malaio	ringgit
Malaui	malauiana/malauiense/ malauita	chicheua, inglês	kwacha do Malaui
Maldivas	maldívia	divehi	rupia das Maldivas
Mali	malinesa	francês, línguas nativas	franco CFA
Malta	maltesa	maltês, inglês	euro
Marrocos	marroquina	árabe	dirham/dirrã
Maurício	mauriciana	inglês	rupia mauriciana
Mauritânia	mauritana/mauritânica/ mauretânica	árabe, línguas regionais	ouguiya mauritana
México	mexicana	espanhol	peso mexicano
Mianmá (Myanmar)	birmanesa/bermá/bermã/ bermana/birmã/birmane/ birmanense/birmaniana/ birmana/mianmarense	birmanês, dialetos regionais	quiate/kyat
Micronésia (Estados Federados)	micronésia	micronesiano, inglês	dólar americano
Moçambique	moçambicana	português, línguas regionais	metical
Moldávia (Moldova)	moldávia/moldávica	romeno, russo	leu
Mônaco	monegasca	francês, inglês, italiano, monegasco	euro
Mongólia	mongol/mogol	mongol, cazaque	tugrik
Montenegro	montenegrina	montenegrino, sérvio	euro
Namíbia	namibiana	inglês, africânder, alemão, dialetos locais	dólar da Namíbia
Nauru	nauruana	nauruano	dólar australiano
Nepal	nepalesa	nepali, dialetos locais	rupia nepalesa
Nicarágua	nicaraguense/nicaraguana	espanhol	córdoba ouro
Níger	nigerense/nigerina	francês, línguas locais	franco CFA
Nigéria	nigeriana	inglês, hauçá, ioruba, ibo	naira

país	nacionalidade	idioma	moeda
Noruega (Escandinávia)	norueguesa	bokmal, nynorsk	coroa norueguesa
Nova Zelândia	neozelandesa	inglês	dólar neozelandês
Omã	omani/omanense/ omaniana	árabe, dialetos	rial omani
País de Gales	galesa/galense/bretã/ britânica	inglês, galês	libra esterlina
Países Baixos (Holanda)	holandesa	neerlandês	euro
Palau	palauense	paluano, inglês	dólar americano
Palestina	palestina	árabe	novo shekel e dinar jordaniano
Panamá	panamenha	espanhol	dólar americano e balboa
Papua Nova Guiné	papuásia	inglês	kina
Paquistão	paquistanesa/ paquistanense	urdu	rupia paquistanesa
Paraguai	paraguaia	espanhol	guarani
Peru	peruana	espanhol, aimará, quéchua	sol novo
Polônia	polonesa/polaca	polaco	zloty
Portugal	portuguesa	português	euro
Quênia	queniana	suaíli	xelim queniano
Quirguistão ou Quirguízia	quirguiz/quirguistanesa	quirguiz, russo	som
Reino Unido (Grã-Bretanha e Irlanda do Norte)	bretã/britânica	inglês	libra esterlina
República Centro-africana	centroafricana	francês, sango	franco CFA
República Dominicana	dominicana	espanhol	peso dominicano
República Tcheca	tcheca/checa	tcheco	coroa tcheca
Romênia	romena	romeno	leu
Ruanda	ruandesa	francês, ruanda (banto), dialetos tribais	franco ruandês
Rússia – *ver* Federação Russa			
Samoa (Estado Independente)	samoana/samoense	inglês, samoano	tala
San Marino	samarinesa	italiano	euro
Santa Lúcia	santa-luciense	inglês	dólar do Caribe oriental
São Cristóvão e Névis	são-cristovense	inglês	dólar do Caribe oriental
São Tomé e Príncipe	santomense/são-tomense/ sã-tomense	português	dobra
São Vicente e Granadinas	são-vicentina	inglês	dólar do Caribe oriental

país	nacionalidade	idioma	moeda
Senegal	senegalesa	francês, línguas regionais	franco CFA
Serra Leoa	serra-leonesa/ serra-leonense	inglês	leone
Sérvia	sérvia	sérvio	dinar sérvio
Síria	síria/siríaca/sírica	árabe	libra síria
Somália (República Democrática Somali)	somali/somaliana/ somaliense	somali	xelim somaliano
Sri Lanka	cingalesa	cingalês, tâmil, inglês	rupia cingalesa
Suazilândia (Reino da) - *ver* Eswatini			
Sudão	sudanesa	árabe	libra sudanesa
Sudão do Sul	sul-sudanesa	árabe	libra sul-sudanesa
Suécia (Escandinávia)	sueca	sueco	coroa sueca
Suíça	suíça/helvécia/helvética	alemão, francês, italiano, romanche	franco suíço
Suriname	surinamesa	neerlandês	dólar surinamês
Tadjiquistão	tadjique/tadjiquistanesa/ tajiquistanesa	tajique	somoni
Tailândia	tailandesa	tailandês	baht
Taiwan (Formosa)	taiwanesa/formosina	chinês (mandarim), dialetos	novo dólar de Taiwan
Tanzânia	tanzaniana	suaíli, inglês, línguas locais	xelim tanzaniano
Timor Leste	timorense	português, tétum	dólar americano
Togo	togolesa/togolense/ toguense/toguesa	francês	franco CFA
Tonga	tonganesa	tonganês, inglês	paanga
Trinidad e Tobago	trinitário-tobagense/ trinitária/trinitina/ tobaguiana	inglês	dólar de Trinidad e Tobago
Tunísia	tunisiana/tunetana	árabe	dinar tunisiano
Turcomenistão	turcomena/turcmena	turquemeno	manat turcomeno
Turquia	turca	turco	lira turca
Tuvalu	tuvaluana	tuvaluano, inglês	dólar australiano
Ucrânia	ucraniana/ucraína/ucrânia	ucraniano	hryvnia
Uganda	ugandense/ugandesa	inglês, línguas locais	novo xelim ugandense
Uruguai	uruguaia	espanhol	peso uruguaio
Uzbequistão	uzbeque/uzbequistanesa	uzbeque	som
Vanuatu	vanuatense	bislamá/bichlamar, inglês, francês, línguas regionais	vatu
Vaticano	vaticana	italiano, latim	euro
Venezuela	venezuelana	espanhol	bolívar soberano

país	nacionalidade	idioma	moeda
Vietnã (Vietname)	vietnamita/vietnamesa/ vietnamense	vietnamita	dong
Zaire – *ver* Congo (República Democrática)			
Zâmbia	zambiense/zambiana/ zâmbia	inglês, línguas locais	kwacha da Zâmbia
Zimbábue	zimbabuana/zimbabuense	línguas locais, inglês	dólar zimbabuano

Composto em Cambria, corpo 6/7 pt,

impresso em papel Alta Alvura 56 g/m².

Com o *Minidicionário Houaiss da Língua Portuguesa* impresso, você tem acesso ao *Pequeno Dicionário Houaiss da Língua Portuguesa*, que apresenta mais de 32.000 entradas de palavras e locuções de forma clara e simples. Integralmente redigido segundo o Acordo Ortográfico, traz as novas regras de acentuação, hifenização e grafia. Contém ainda:

+ separação silábica e indicação de sílaba tônica e dos seus timbres quando fechados;
+ indicação do plural, do feminino, do aumentativo e do diminutivo irregulares, do plural das palavras compostas e das estrangeiras;
+ vocabulário técnico e científico classificado por áreas com rubricas (biologia, matemática, religião etc.);
+ termos atuais relacionados à informática, internet, ciência e tecnologia;
+ informações sobre Gramática: estrutura das orações, classes de palavras, crase, pontuação, modelos de conjugação verbal;
+ Enciclopédia atual e abrangente com mais de 2.200 verbetes.

Além de apresentar todo o conteúdo da versão impressa, o *Pequeno Dicionário* digital:

+ reconhece palavras digitadas de maneira errada e sugere a grafia correta;
+ permite ir de um verbete a outro apenas tocando no verbete desejado;
+ disponibiliza 3 tamanhos de fontes para a visualização dos verbetes.